Langenscheidt

Taschenwörterbuch Latein

Lateinisch – Deutsch
Deutsch – Lateinisch

von Prof. Hermann Menge

Herausgegeben von der
Langenscheidt-Redaktion

Langenscheidt

Berlin · München · Wien · Zürich · New York

In der neuen deutschen Rechtschreibung

Inhaltsverzeichnis

Auflage: 9. 8. | *Letzte Zahlen*
Jahr: 2006 2005 | *maßgeblich*

Druck: Graph. Betriebe Langenscheidt, Berchtesgaden/Obb.
Printed in Germany · ISBN 3-468-11201-7

NOTIZEN

NOTIZEN

168

(= gekreuzigt); *abi* ~ geh zum Henker!
iēs, ēī *m f* (*altl. gen.* diē *u.* diī, *dat.* diē; *bei Cicero im sg. als Termin, Zeitraum u. Briefdatum f, sonst m; cf.* Diēs-piter, diū, deus) °**1.** Tageslicht, -helle, lichter Tag; *das* Licht der Welt; **2.** Tag (= Zeitabschnitt); °*cum die* mit Tagesanbruch; *medius* Mittag; *multo die* hoch am Tage; *in dies* täglich; *diem ex die* Tag für Tag; **3. a)** Tagewerk, Tagesereignisse; °**b)** Tagereise, -marsch; **4.** °**a)** Todestag [*diem obire* sterben]; **b)** Geburtstag [*m. od. ohne natalis*]; **5.** (*f*!) **a)** Datum des Briefes; **b)** festgesetzter Termin [*constituta*]; *diem dicere* vor Gericht laden; *pecuniae* Zahltag; **c)** Frist [*ad deliberandum*]; **6.** Zeit [°*brevior*].
iēs-piter (*Dies pater*) = *Iuppiter.*
⋆**dieta** *u.* **-aeta,** *ae f* Tagereise, -geld.
if-fāmō 1 (*dis; fāma; cf. īnfāmō*) verunglimpfen; Gerüchte verbreiten. [den, unähnlich.
ifferēns, *entis* (*differō*) verschie-
ifferentia, *ae f* (*differēns*) **1.** Verschiedenheit, Unterschied; **2.** Spezies [*Ggs. genus*].
if-ferō, *distulī, dīlātum, differre* **1.** (*trans.*) **a)** auseinander tragen; verbreiten; °**b)** *gewaltsam* zerstreuen [*classem*]; °**c)** überall bekannt machen, ins Gerede bringen; **d)** auf-, verschieben, verzögern [*rem in aliud tempus*], hinhalten, vertrösten; **2.** (*intr.; nur im Präsensstamm*) verschieden sein, sich unterscheiden; *impers.* **differt** es ist ein Unterschied.
if-fertus 3 (*dis + P.P.P. v. farciō*) vollgepfropft, voll.
if-ficilis, e (*m.* °*comp.*; *sup. difficillimus*; *facilis*) **1.** schwierig, schwer, beschwerlich, mühsam [*dictu*]; **2.** gefährlich, misslich, ungünstig [*tempus*]; **3.** mürrisch, eigensinnig, unzugänglich, spröde, empfindlich; *adv.* (*m. comp., sup.*) *non facile, difficulter, selten difficiliter,* °*difficile.*
ifficultās, *ātis f* (*difficilis*) **1.** Schwierigkeit, Beschwerlichkeit; **2.** Mangel, Not, Verlegenheit; Geldnot; **3.** Unzugänglichkeit, Eigensinn. [trauen.
iffīdentia, *ae f* (*diffīdēns*) Miss-

- Hinweis auf altlateinische Deklinationsformen
- Arabische Ziffern zur Bedeutungsdifferenzierung
- Weitere Differenzierung durch Unterteilung in a), b) usw.
- Hinweis auf wechselndes Genus
- Der Bindestrich verdeutlicht die Zusammensetzung des Stichwortes
- Hinweis auf spät- oder mittellateinische Ausdrücke
- Angabe der Stammformen beim unregelmäßigen Verb (Averbo)
- Unterscheidung zwischen transitiver und intransitiver Verwendung des Verbs
- Hinweis auf die Zahl der Genusendungen beim Adjektiv (-us, -a, -um)
- Angabe des Neutrums bei Adjektiven mit zwei Endungen
- Angaben zur Steigerung des Adjektivs
- Angaben zur Bildung des Adverbs und seiner Steigerung

Vorwort

Die vorliegende Ausgabe des bewährten Taschenwörterbuchs Latein hat die neue deutsche Rechtschreibung, gültig seit dem 1. 8. 1998, bereits berücksichtigt. Das Werk, von dem renommierten Altphilologen Prof. Hermann Menge erstmalig zusammengestellt und von Prof. Heinrich Müller überarbeitet, will dem Unterricht und der Schule und darüber hinaus einem größeren Kreis von Benutzern, insbesondere Studenten bei der Lektüre, eine zuverlässige Hilfe bieten.

Besondere Beachtung ist der genauen Angabe der Quantitäten geschenkt worden (bei schwankendem Gebrauch eingeklammert). Die Ziffern 1, 2, 3 oder 4 bei den Verben – Grundlage des Stichworteintrags ist stets die 1. Person Singular des Präsens Aktiv – verweisen stets auf die Konjugationsklasse: **1 = āre; 2 = ēre; 3 = ĕre; 4 = īre.** Ferner wurden auch kurze etymologische Hinweise entsprechend den Erkenntnissen wissenschaftlicher Forschung gegeben. Fragliche oder unsichere Deutungen sind als solche bezeichnet worden.

Bei Wörtern, die je nach ihrer Bedeutung oder ihrem formalen oder syntaktischen Gebrauch klassisch bzw. vor- oder nachklassisch oder nur in der Dichtung belegt sind, ist eine klare Differenzierung vorgenommen worden.

Bei der Auswahl der Stichwörter fand vor allem die so genannte klassische Latinität Berücksichtigung. Für die Prosa wurden in erster Linie Caesar und Cicero, für poetische Redewendungen Vergil, Horaz und Ovid herangezogen.

Aufnahme gefunden haben auch die wichtigsten Eigennamen aus der griechischen und römischen Welt sowie mittellateinische Ausdrücke, soweit diese sprachlich oder kulturhistorisch für die Kontinuität der Latinitas bedeutsam erschienen.

Die Anhänge bieten Hinweise zur lateinischen Schrift, zur Aussprache und Betonung und zur römischen Namengebung. Hier finden die Benutzer auch die Zahlwörter, den römischen Kalender, eine Übersicht über die wichtigsten Maße, Gewichte und Münzen, ein Verzeichnis von Abkürzungen in lateinischen Inschriften sowie ein Verzeichnis lateinischer unregelmäßiger Verben mit ihren Stammformen.

Für wertvolle Anregungen und Ratschläge sind wir Herrn Prof. Dr. Munari zu aufrichtigem Dank verpflichtet.

Besonderer Dank gebührt Herrn Prof. Pacitti, Direktor des „Centro di Studi Ciceroniani“ in Rom, der uns eine ausführliche Sammlung neulateinischer Ausdrücke zur Verfügung gestellt hat.

Frau Dr. Christhild Tschentscher hat es dankenswerterweise übernommen, den Wortschatz unter Heranziehung der einschlägigen Nachschlagewerke einer genauen Durchsicht zu unterziehen.

VERFASSER UND VERLAG

Teil I

Lateinisch-Deutsch

Von

Prof. Hermann Menge

Bearbeitung

von

Dr. Erich Pertsch

Die l a n g e n Vokale sind bezeichnet (-), die k u r z e n (˘) nur dann, wenn es aus besonderen Gründen nötig ist. Bei mittellateinischen Wörtern (**) ist auf die Angabe von Quantitäten und Etymologie verzichtet worden.

In besonderen Fällen, namentlich in griech. Wörtern und Eigennamen, wird die Tonsilbe durch einen Punkt unter dem Vokal gekennzeichnet.

Die Ziffern hinter den Verben bedeuten die 1.–4. Konjugation, die hinter den Adjektiven und Pronomina die Anzahl der Genusendungen.

Jahreszahlen nach Christus werden, soweit nötig, durch den Zusatz *n. Chr.* gekennzeichnet, die vor Christus bleiben unbezeichnet.

Abkürzungen zum Teil Lateinisch-Deutsch

° unklassisch
/ in übertragener Bedeutung
~ Tilde (Wiederholungszeichen) wiederholt das fett gedruckte Kopfwort
ዳ dsgl., aber mit veränderter Groß- bzw. Kleinschreibung
√‾ Wurzel
< entstanden aus
> geworden zu
* nicht belegte, nur sprachwissenschaftlich erschlossene Form
** spät- od. mittellateinisch

abgek.; *Abk.* abgekürzt; Abkürzung
abl. Ablativ
abl. abs. ablativus absolutus
abl. mens. ablativus mensurae
abs. absolut
abstr. abstrakt, Abstraktum
acc. Akkusativ
a.c.i. accusativus cum infinitivo
act. aktivisch, Aktiv
adi. adjektivisch, Adjektiv
adv. adverbial, Adverb
ägypt. ägyptisch
adh. althochdeutsch
alci alicui
alcis alicuius
allg. allgemein
alqa(*m*) aliqua(m)
alqd aliquid
alqm aliquem
alqo aliquo
altbrit. altbritisch
altind. altindisch
altit. altitalisch
altl. altlateinisch
altnord. altnordisch
aram. aramäisch
archit. architektonisch, Architektur
arithm. arithmetisch
assim. assimiliert
astr. astronomisch, astrologisch
athen. athenisch
att. attisch
attr. attributiv, Attribut
b. bei(m)
Bein. Beiname
belg. belgisch
ber. berühmt
Bew. Bewohner
bsd. besonders
bzw. beziehungsweise
Ca. Catull
cf. confer (vergleiche)
ci. Konjunktion
cogn. cognomen
coll. kollektivisch, Kollektivum
Com. Komiker
comp. komparativisch, Komparativ, comparationis
conc. konzessiv
concr. konkret, Konkretum
coni. Konjunktiv
cons. konsekutiv, consecutivum
Cu. Curtius Rufus
dat. Dativ
dcht. dichterisch
def. defektivisch, Defektivum
dem. Deminutivum
demonstr. demonstrativ(um)
dep. Deponens
desid. Desiderativum
d. h. das heißt
d. i. das ist
dial. dialektisch, (der) Dialektik
dir. direkt
diss. dissimiliert
dor. dorisch
ds. dasselbe
dsgl. desgleichen
dt. deutsch
eigtl. eigentlich
Einw. Einwohner
EN Eigenname
engl. englisch
et. etymologisch
etr. etruskisch
etw. etwas
f Femininum
feindl. feindlich
Fl.; *-fl.* Fluss; -fluss
frequ. Frequentativum
freundl. freundlich
fut. futurisch, Futur
fut. ex. futurum exactum
Fw. Fremdwort
gall. gallisch
Geb. Gebirge
gen. Genetiv
geom. geometrisch
ger. Gerundium
germ. germanisch
geschäftl. geschäftlich
gespr. gesprochen
getr. getrennt
Ggs. Gegensatz
gr., *griech.* griechisch
gramm. grammatisch
haplol. haplologisch
hebr. hebräisch
Ho. Horaz
Hpts. Hauptsatz
Hptst. Hauptstadt
i. in, im
idg. indogermanisch
imp. Imperativ
impers. unpersönlich
impf. Imperfekt
incoh. Inkohativum
ind. Indikativ
indecl. undeklinierbar
indef. indefinitum
indir. indirekt
inf. Infinitiv
instr. intrumental, instrumenti
int. Interjektion
intens. Intensivum

interr. interrogativ(um)
intr. intransitiv
it. italisch
j. jetzt, jetzig
jd. jemand
Ju. Juvenal
jur. juristisch
karthag. karthagisch
kelt. keltisch
kl. klassisch (d. h. bei Cäsar und Cicero belegt)
l. links
lat. lateinisch
Ldsch. Landschaft
Li. Livius
loc. lokativisch, casus localis (Lokativ)
log. logisch, (der) Logik
Lu. Lukrez
Lw. Lehnwort
m Maskulinum
m. mit
Ma. Martial
M.A. Monumentum Ancyranum
math. mathematisch
med. medizinisch
mediopass. Mediopassiv; cf. P.
metr. metrisch, (der) Metrik
mil. militärisch
ml. mittellateinisch
mod. modal, modi
mündl. mündlich
mus. musikalisch
n Neutrum
Nachk. Nachkomme
Nbfl. Nebenfluss
Nbs. Nebensatz
n. Chr. Nach Christus
n.c.i. nominativus cum infinitivo
nd. niederdeutsch
Ne. Cornelius Nepos
nhd. neuhochdeutsch
nkl. nachklassisch
nom. Nominativ
nö. nordöstlich
nördl. nördlich
num. adv. Zahladverb
num. card. Kardinalzahl
num. distr. Distributivzahl
num. ord. Ordinalzahl
nw. nordwestlich
ö. östlich
obi. obiectivus; Objekt
od. oder
osk. oskisch
Ov. Ovid
P. Passiv; Mediopassiv
part. Partizip
part. pf. das passivisch ge-
pass. brauchte part. pf. eines Deponens od. Semideponens
partit. partitiv(us)
pass. passivisch; medial
patriz. patrizisch
pers. persönlich, personale
personif. personifiziert
pf. Perfekt
Ph. Phaedrus
philos. philosophisch
Pl. Plautus
pl. Plural
pl. tant. plurale (-ia) tantum
pleb. plebejisch
plqpf. Plusquamperfekt
Pli. Plinius d. J.
pol. politisch
pos. Positiv
poss. possessiv(us), Possessivum
P.P.P. participium perfecti passivi
Pr. Properz
praed. prädikativ
praef. Präfix
praes. Präsens
praev. Präverbium
pron. Pronomen
prp. Präposition
pun. punisch
Qu. Quintilian
r. rechts
räuml. räumlich
redupl. redupliziert
refl. reflexiv(um)
rel. relativisch, Relativum
relig. religiös, sakral
result. Resultativum
rhet. rhetorisch
röm. römisch
s. siehe
Sa. Sallust
sabin. sabinisch
sagenh. sagenhaft
sc. scilicet (ergänze)
scherzh. scherzhaft
schriftl. schriftlich
s.d. siehe dieses
Se. Seneca
sem. semitisch
sg. Singular
siz. sizilisch
s.o. siehe oben
sö. südöstlich
spätl. spätlateinisch
Spr. Sprache
St.; *-st.* Stadt; -stadt
s.u. siehe unten
subi. subiectivus; Subjekt
subst. Substantiv
südl. südlich
Suet. Sueton
sup. Superlativ
Sup. Supinum
sw. südwestlich
synk. synkopiert
Ta. Tacitus
Te. Terenz
Ti. Tibull
trans. transitiv
t.t. terminus technicus (Fachausdruck)
u.Ä. und Ähnliches
umbr. umbrisch
unkl. unklassisch
urspr. ursprünglich
v. von
v. Chr. vor Christus
Ve. Vergil
verb. Verbum
Vfssr. Verfasser
vkl. vorklassisch
voc. Vokativ
volkset. volksetymologisch
Vorst. Vorstadt
w. westlich
wahrsch. wahrscheinlich
zeitl. zeitlich
zus. zusammen
zw. zwischen

A

A, a[1] (*Abk.*) **1.** = *Aulus*; **2.** = *absolvō* spreche frei; **3.** = *antīquō* verwerfe das beantragte Gesetz; **4. a.d.** = *ante diem*; **5. a.u.c.** = *ab urbe conditā*; **A.U.C.** = *annō urbis conditae*; **6. A.** (*in Dialogen*) = *audītor*; (*Ggs. M.* = *magister*); ****a.Chr.n(at).** = *ante Christum natum*; **A.D.** = *anno Domini*; **A et O** Anfang und Ende = Christus.

ā[2] (*int.*) = *āh.*

ā[3] (*nur vor Kons. außer h*), **ab** (**abs tē** = *ā tē*) (*ab* < **apo*; *cf. nhd.* „ab") **I.** (*in der Komposition*) (*abs-* vor *c, q, t* [*abscondo*], *as-* vor *p* [*asporto*], > *ā* vor *l, m, n, v* [*aveho*]): **1.** ab-, weg- [*abduco*]; **2.** un-, miss- [*absimilis, abutor*]; **II.** *prp. b. abl.*: **1.** (*räuml.*) **a**) von, von ... her, von ... an, von ... aus, von ... weg, von ... herab; *a summo* von oben; *ab imo* von unten; **b**) aus der Nähe *von* [*a Gergovia*]; **c**) in einem Abstande, in einer Entfernung von [*a milibus passuum octo*]; **d**) in, an, auf; *a tergo* im Rücken, *a latere* in der Flanke, *a dextra* (*parte*) auf der rechten Seite, zur Rechten, *a fronte* vorn; *a terra* auf der Landseite; *a septentrionibus* auf der Nordseite; *cf. sum, stō*; **2.** (*zeitl.*) **a**) von ... an, von ... her, seit [*a pueritia, puero, pueris*]; **b**) unmittelbar nach, gleich nach [*a cena dormire*]; **3.** (*b. Angabe des persönlichen Urhebers; log. Subjekt*) von, durch [*ab Hannibale victus*]; °**4.** (*b. Angabe des Beweggrundes, der Ursache*) wegen, aus, vor [*ab odio*]; **5.** (*einschränkend*) vonseiten, in Bezug auf, hinsichtlich [*firmus ab equitatu*]; **6.** (*b. Amtsbezeichnungen*) *servus a pedibus* Eilsbote; *servus a manu* Schreiber; (*nkl.*) *servus ab epistulis* Geheimschreiber; **7.** (*b. Ausdrücken des Schützens u. Verteidigens*) vor, gegen [*tueri, defendere ab iniuriis*].

abāctus, *ūs m* (*abigō*) das (gewaltsame) Wegtreiben.

abacus, *ī m* (*gr. Lw.*) **1.** Prunktisch; °**2.** Spielbrett.

abaliēnātiō, *ōnis f* (*abaliēnō*) Veräußerung.

ab-aliēnō 1 **1.** entfremden, abspenstig machen, zum Abfall bringen; **2.** veräußern, abtreten; °**3.** berauben [*iure civium*]; °**4.** (*P.P.P.*) *adi.* **abaliēnātus** 3 abtrünnig; abgestorben [*membra*].

Abās, *antis m König in Argos*; *adi.* **-antēus** 3; (*subst.*) **-antiadēs,** *ae m sein Sohn* (Acrisius) *od. sein Urenkel* Perseus.

ab-avus, *ī m* Ururgroßvater; Ahn(-herr).

****abba; abbas,** *tis m* Vater, Abt.

ab-baetō 3 *s. ābītō.*

****abbatia, abbateia,** *ae f* Abtei.

****abbatissa,** *ae f* Äbtissin.

ab-bītō 3 = *ābītō.*

****abbrevio** 1 einen Entwurf machen; verbriefen.

Abdēra, *ōrum n* (*gr.* Ȧbd-) *St. in Thrakien*; **-rītēs,** *ae m* Abderit, Schildbürger.

abdicātiō, *ōnis f* (*abdicō*[1]) Enterbung; Amtsniederlegung.

ab-dicō[1] 1 **1. a**) sich lossagen *von* [*tutela*]; °**b**) verleugnen; verstoßen; **2. a**) (*ein befristetes Amt*) niederlegen [°*dictaturam, se magistratu*]; **b**) *abs.* abdanken.

ab-dīcō[2], *dīxī, dictum* 3 absagen, verwerfen, nicht zulassen.

abditīvus 3 (*abditus*) entfernt.

abditus 3 (*abdō*) entfernt, entlegen; verborgen; geheim; °*subst.* **-a,** *ōrum n* entlegene Räume; Geheimnisse; unbekannte Begriffe.

ab-dō, *didī, ditum* 3 ($\sqrt{}$ **dhē* „setzen") **1.** entfernen, beiseite schaffen; (*Truppen*) zurückziehen; **2. a**) verbergen, verstecken, vergraben; °**b**) (*eine Waffe*) tief hineinstoßen; **3. sē abdere** sich zurückziehen, entweichen; sich verbergen [*in silvas*; (*in*) °*suis tectis*]; sich vertiefen [*in litteras; litteris*].

abdōmen, *inis n* (*wohl* = *pars „abdita"*) Unterleib; Schmerbauch.

ab-dūcō, *dūxī, ductum* 3 **1. a**) ab-, weg-, fort-, entführen, rauben; °**b**) wegziehen; abziehen [*clavem*];

2. / a) abbringen *von* [*animum a sollicitudine*]; b) trennen; c) abspenstig machen, zum Abfall verleiten [*a fide, ad se*]; d) erniedrigen [*artem ad quaestum*].

Abella, *ae f obstreiche St. in Kampanien, j.* Avella.

ab-eō, *iī, itum, īre* **1.** ab-, fort-, weggehen, scheiden; **2.** / a) scheiden [*e vita*]; sich trennen [*ab alqo*]; ausscheiden, niederlegen [*magistratu*]; °*exulatum* (*Sup.*) ~ in die Verbannung gehen; b) irgendwie davonkommen, wegkommen [°*inultus*; °*victor* als S.]; c) (*v. Zeit, Zuständen*) verfließen, vergehen, (ver-) schwinden; d) abgehen, abschweifen [*illuc, unde abii, redeo*]; abweichen *von*; e) (*b. Versteigerungen*) entgehen [*res ab alqo*]; °f) übergehen, sich verwandeln *in*; *in ora hominum* ins Gerede der Leute kommen; °g) (*im Werte*) fallen.

ab-equitō 1 wegreiten.

aberrātiō, *ōnis f* (*aberrō*) Entfernung, Ablenkung [*a dolore*].

ab-errō 1 abirren, abkommen, sich verirren; *kl. nur* /: abweichen, abschweifen [*a proposito*]; sich in etw. irren [*coniecturā*].

ab-hibeō, — — 2 (*habeō*; *Pl.*) vom Leibe halten.

ab-hinc *adv.* °**1.** (*räuml.*) von hier; **2.** (*zeitl.*) a) von jetzt an; b) (*b. acc. od. abl.*) vor nunmehr [~ *viginti annos*].

ab-horrēns, *entis* (*abhorreō*) fremd, abweichend, widerstrebend [*a studio*]; (*Li.*) unpassend [*lacrimae*]; unverständlich [*carmen*].

ab-horreō, *uī,* — 2 zurückschrecken *vor* [*a*], verabscheuen; / nichts wissen wollen *von*; abweichen *von*, nicht passen *zu*, widersprechen [*meis moribus*].

ab-iciō, *iēcī, iectum* 3 (*iaciō*) **1.** a) ab-, wegwerfen, von sich werfen, hinwerfen; (*Geschosse*) schleudern; b) hinab-, niederwerfen, zu Boden werfen, hinstrecken; *se -ere* sich werfen, (sich) stürzen [*ad pedes*]; **2.** / a) verschleudern; b) aufgeben, fahren lassen, opfern, *salutem -ere pro* sich rücksichtslos opfern für; c) entmutigen; d) herabsetzen, verkleinern; *se -ere* sich wegwerfen.

abiectiō, *ōnis* (*abiciō*) Entmutigung, Mutlosigkeit.

abiectus 3 (*m. comp.*, °*sup.*, *adv.*; *abiciō*) **1.** schwunglos; prosaisch [*oratio*]; **2.** niedrig, gemein, gewöhnlich, verworfen; **3.** kleinmütig, mutlos, verzagt.

abiegnus 3 (-ē-?; *im Vers auch dreisilbig*; *abiēs*; *Li.*) tannen.

abiēs (-ĕ-?), *etis f* (*im Vers auch abjetis usw. gespr., et. unklar*) **1.** (*unkl.*) Tanne, Tannenholz, -bretter; **2.** (*dcht.*) Gegenstände aus (Tannen-)Holz: Schiff, Speer, Lanze; Briefchen, Bücherfutteral.

ab-igō, *ēgī, āctum* 3 (*agō*) weg-, forttreiben; / rauben [*pecus*]; abtreiben [*partum*]; °verstoßen [*uxorem*]; (*dcht.*) verscheuchen [*curas*].

abitiō, *ōnis f* (*abeō*; *Com.*) *das* Weg-, Fortgehen.

ā-bītō 3 (*baetō*; *Pl.*) weggehen.

abitus, *ūs m* (*abeō*) **1.** Weg-, Fortgang, Abreise; **2.** (*als Ort*; *nkl., dcht.*) Ausgang.

ab-iūdicō 1 aberkennen, absprechen [*alqd ab alqo*; *sibi libertatem*].

ab-iungō, *iūnxī, iūnctum* 3 **1.** (*dcht.*) abspannen, abschirren, ausspannen; **2.** / trennen, entfernen.

ab-iūrō 1 abschwören; °verleugnen.

ablēgātiō, *ōnis f* (*ablēgō*; *nkl.*) Entsendung; Verbannung.

ab-lēgō 1 wegsenden, entfernen; (*mil. t.t.*; *Li.*) abkommandieren.

ab-ligurriō 4 ablecken, verprassen.

ab-locō 1 (*Suet.*) verpachten, vermieten.

ab-lūdō, — — 3 (*im Ton*) abweichen; / nicht passen *auf zu* [*a te*].

ab-luō, *luī, lūtum* 3 (*lavō*) **1.** abwaschen [*pedes*]; / tilgen, beseitigen; °**2.** fortspülen, mit sich fortführen; ** taufen.

****ablutio,** *onis f* Taufe.

ab-negō 1 abschlagen, verweigern, versagen; sich weigern.

ab-nepōs, *pōtis m*, **-neptis,** *is f* Ururenkel(in).

Abnoba, *ae m* (*kelt.*) *der* Schwarzwald (*einschl. der Rauhen Alb*).

ab-noctō 1 (*nox*) auswärts übernachten.

ab-nōrmis, *e* (-ŏ-?; *ab nōrmā*) von der Regel abweichend; keiner Schule angehörig [*sapiens*].

ab-nuō, *nuī, nuitūrus* 3 (*nuō* 3 „winken"; *cf. nūmen*) °**1.** abwinken; **2.** a) abschlagen, versagen, verweigern; (*mil. t.t.*; *nkl.*) den Gehorsam verweigern; **b**) nicht zulassen, verschmähen; **c**) leugnen, bestreiten. [abwinken.]

abnūtō 1 (*intens. v. abnuō*) heftig

aboleō, *ēvī, itum* 2 (*et. unklar*) vernichten, zerstören; / beseitigen, abschaffen; aberkennen [*ei magistratum*]. [schwinden, erlöschen.]

abolēscō, *ēvī,* — 3 (*et. unklar*) ver-

abolitiō, *ōnis f* (*aboleō*) Abschaffung, Aufhebung; Amnestie [*facti*].

abolla, *ae f* (*siz. Fw.*) Umwurf; Mantel.

ab-ōminor (*u.* **-ō**) 1 wegwünschen, verwünschen, verabscheuen; *quod ~* was Gott verhüte!; (*Gerundiv*) *adi. abominandus* 3 verabscheuenswert.

Aborīginēs, *um m* (*ab origine* = „Ureinwohner"?) *sagenhaftes Stammvolk der Latiner.* [gehen.]

ab-orior, *ortus sum* 4 unter-, ver-

aborīscor, — 3 (*incoh. v. aborior*) vergehen.

abortiō, *ōnis f u.* **-tus,** *ūs m* (*aborior*) Früh-, Fehlgeburt.

abortīvus 3 (*abortus, part. pf. v. aborior*) zu früh geboren.

ab-rādō, *sī, sum* 3 abscheren; / abpressen, abzwacken [*ex meo*].

ab-ripiō, *ripuī, reptum* 3 (*rapiō*) wegraffen, -reißen, -schleppen; entführen, rauben; °*se -ere* sich aus dem Staube machen. [hebung.]

abrogātiō, *ōnis f* (*abrogō*) Auf-

ab-rogō 1 durch Volksbeschluss abschaffen [*legem*]; aberkennen, entziehen [*consulatum*].

abrotonum, *ī n u.* **-us,** *ī m* (*gr. Fw.*) Eberraute (*Arzneipflanze*).

ab-rumpō, *rūpī, ruptum* 3 **1.** ab-, losreißen, abbrechen; / abreißen, sprengen [*pontem, ordines*]; *se -ere* sich lossagen *von* [*latrocinio*]; **2.** / unterbrechen, endigen [*vitam*]; verletzen [*fidem*].

abruptiō, *ōnis f* (*abrumpō*) *das* Abreißen; / Ehebruch.

abruptus 3 (*m. comp., sup., adv.*; *abrumpō*) steil, jäh; / schroff, trotzig; abgehackt; *subst.* **-um,** *ī n* Abgrund; *auch* /.

abs *s. ab.*

abs-cēdō, *cessī, cessum* 3 **1.** weggehen, sich entfernen; (*mil. t.t.*; *nkl.*) abziehen, sich zurückziehen; **2.** / **a**) abstehen *von* [*obsidione*]; **b**) schwinden, vergehen.

abscessiō, *ōnis f* (*abscēdō*) *das* Zurückweichen; / Abnahme.

abscessus, *ūs m* (*abscēdō*) Weggang, Abzug.

abs-cīdō, *cīdī, cīsum* 3 (*caedō*) **1.** abhauen, -schneiden; / trennen; °**2.** / (be)nehmen, entziehen; verstummen lassen [*vocem*].

ab-scindō, *scidī, scissum* 3 **1.** ab-, los-, aufreißen, öffnen [*venas*]; °**2.** / trennen; entziehen.

abscīsus 3 (*m. comp., adv.*; *abscīdō*) jäh, schroff, steil; / abgebrochen; kurz angebunden [*responsum*].

absconditus 3 (*m. adv.*; *abscondō*) verborgen, versteckt; / tiefsinnig.

abs-condō, *condī* (*u. condidī*), *conditum* 3 verbergen, verstecken; / aus den Augen verlieren; verheimlichen.

ab-sēns, *sentis* (*absum*) abwesend, entfernt; *me absente* in meiner Abwesenheit; °falsch [*comae*].

absentia, *ae f* (*absēns*) Abwesenheit; °/ Mangel.

ab-siliō, — — 4 (*saliō*) wegspringen.

ab-similis, e unähnlich.

absinthium, *ī n* (*gr. Fw.*) Wermut; / etwas Bitteres, aber Heilsames.

absis, *īdis f* (*gr. Fw.*) Wölbung; Segment; ** Apsis.

ab-sistō, *stitī,* — 3 **1.** weggehen, sich entfernen; °**2.** / abstehen, ablassen *von* [*obsidione*]; (*m. inf.*) aufhören.

absolūtiō, *ōnis f* (*absolvō*) Freisprechung; / Vollendung, Vollkommenheit; Vollständigkeit in der Darstellung; ** Absolution.

absolūtōrius 3 (*absolūtor v. absolvō*) freisprechend.

absolūtus 3 (*m.* °*comp.,* °*sup., adv.*; *absolvō*) **1.** vollendet, vollkommen [*vita*]; **2.** uneingeschränkt, unbedingt [*necessitudo*]; °**3.** (*gramm. t.t.*) *adiectivum -um* (Adjektiv im) Positiv.

absolvō, *solvī, solūtum* 3 **1.** **a**) ablösen; losmachen, befreien; **b**) freisprechen *von* [*ambitu, capitis*]; **2.** **a**) beendigen, vollenden, zu Ende führen [*opera*]; °**b**) (*einen Gläubiger*) befriedigen; **c**) erzählen, darstellen; ** Absolution erteilen.

ab-sonus 3 (*m.* °*adv.*) misstönend; °/ nicht übereinstimmend *mit* [*a voce; fidei dat.*].

ab-sorbeō, *uī,* — 2 verschlingen; aufsaugen; / ganz für sich in Anspruch nehmen.
absque 1. *altl.* = et ab [*nam,* ~ *te esset, ego haberem* ... denn ohne deine Hilfe hätte ich]; 2. *prp. b. abl.* sonder, ohne.
abs-tēmius 3 (*cf. tēmētum*) enthaltsam, mäßig [*vini*].
abs-tergeō, *tersī, tersum* 2 abwischen, abtrocknen [*lacrimas*]; / abbrechen [*remos*]; beseitigen.
abs-terreō, *terruī,* (*territum*) 2 verjagen, verscheuchen; / abschrecken, abhalten *von* [*a consilio; bello*]; entziehen, versagen.
abstinēns, *entis* (*m.* °*comp.,* °*sup., adv.*; *abstineō*) enthaltsam, uneigennützig; °/ keusch, züchtig.
abstinentia, *ae f* (*abstinēns*) Enthaltsamkeit *von* [*cibi*]; / Uneigennützigkeit; °Genügsamkeit.
abs-tineō, *tinuī, tentum* 2 (*teneō*) **1.** (*trans.*) abhalten, fern-, zurückhalten *von* [*vim uxore*]; **2.** (*intr. u. se -ere*) sich enthalten, (ver)schonen, fernbleiben *von* [*a mulieribus, pugnā*]; ** fasten.
ab-stō, — — 1 **1.** entfernt, abseits stehen; 2. fern halten [*amorem*].
abs-trahō, *trāxī, tractum* 3 **1.** wegziehen, -schleppen, -reißen; *navem remulco* ~ ins Schlepptau nehmen; **2.** / abziehen, abhalten *von* [*a rebus gerendis*]; abspenstig machen [*copias*].
abs-trūdō, *sī, sum* 3 verstecken, verbergen; / abstreifen [*metum*].
abstrūsus 3 (*m. comp.,* °*sup.*; *abstrūdō*) verborgen, versteckt; °/ verschlossen [*homo*].
ab-sum, *āfuī, āfutūrus, abesse* (*auch āforem* = *abessem*; *āfore* = *āfutūrum esse*) **1. a**) abwesend, fern, fort sein [(°*a*) *domo, foro*]; **b**) fernbleiben, sich fern halten *von,* nicht teilnehmen *an* [*a periculis*] **c**) nicht beistehen [*nobis*]; **d**) fehlen, mangeln; **2. a**) entfernt, getrennt sein; **b**) fernbleiben; **c**) befreit, frei sein *von* [*a culpa*]; **d**) unpassend sein *für* [*a forensi condicione*]; **e**) verschieden sein, abweichen, sich unterscheiden *von* [*a natura ferarum*]; **3.** *multum, longe abest, ut* es fehlt viel daran, dass; *non multum* (*non longe, paulum*) *abest, quin* es fehlt nicht viel daran, dass; *tantum abest, ut ... ut* weit entfernt, dass ..., vielmehr.
absūmēdō, *inis f* (*absūmō*) *das* Verzehren.
ab-sūmō, *sūmpsī, sūmptum* 3 °**1.** verbrauchen, verzehren; **2.** / **a**) verbringen [*tempus*]; °**b**) verschwenden, vergeuden [*res paternas*]; °**c**) vernichten, weg-, hinwegraffen [*mors*]; P. umkommen, sterben, vergehen [*morbo*].
ab-surdus 3 (*m. comp., sup., adv.*; *cf. su-surrus* „Summen") **1.** misstönend; **2.** / **a**) abgeschmackt, sinnlos; (*Ta.*) nicht passend [*cognitu; ab initio*]; **b**) ungeschickt, unbegabt; *non* ~ gescheit.
abundāns, *antis* (*m. comp., sup., adv.*; *abundō*) überfließend, übervoll; / (über)reich *an* [*fontibus*]; im Überfluss vorhanden, (über-) reichlich; (*v. d. Rede*) überladen.
abundantia, *ae f* (*abundāns*) °**1.** *das* Überströmen; 2. **a**) Überfluss, reiche Fülle, Reichtum [*omnium rerum*]; **b**) Übermaß; Überschwänglichkeit.
abundē (*abundus aus abundō*) *adv.* im Überfluss, vollauf; (*nkl.*) *mihi* ~ *est, si* ich bin überaus zufrieden, wenn.
ab-undō 1 °**1.** überfließen, über die Ufer treten; sich ergießen; **2.** / Überfluss haben, (über)reich sein [*lacte*]; im Überfluss vorhanden sein.
abūsiō, *ōnis f* (*abūtor*) Katachrese (*Gebrauch eines Wortes in uneigentlicher Bedeutung*). [eigentlich.]
abūsīvus 3 (*m. adv.*; *abūtor*) un-
ab-ūsque (*-ŭ-?*) *prp. b. abl.* (*auch nachgestellt*) = *ūsque ab* (bis) von ... her; seit [*Oceano; Tiberio*].
abūsus, *ūs m* (*abūtor*) Verbrauch.
ab-ūtor, *ūsus sum* 3 **1. a**) auf-, verbrauchen; **b**) ausnutzen [*errore*]; 2. missbrauchen; 3. uneigentlich gebrauchen [*verbo*].
Abȳdus, *ī f* (*gr.* Abȳdos) *Ort am Hellespont*; *adi.* **-dēnus** 3; *subst.* -*us, ī m* = Leander.
****abyssus,** *i m* unermessliche Tiefe, Abgrund; Hölle.
ac *s. atque.*
Acadēmīa, *ae f* (*gr.* Akadēmeia) Akademie, *ein Hain b. Athen, dem Heros Akademos geweiht*; *Schule Platos*; *Landgut Ciceros*; ** Universität.

Acadēmus, ī *m der gr. Heros* Akądēmos; *adi.* -*micus* 3 zur Akademie gehörig; *subst.* **-mica,** *ōrum n Schrift Ciceros*; **-micī,** *ōrum m die* Akademiker.
acalanthis, *idis f* (*gr. Fw.*) Stieglitz.
acanthus, ī (*gr. Fw.*) **1.** *m* **a)** Akanthus, Bärenklau; **b)** *die im korinthischen Kapitell nachgebildeten Blätter des* ~; **2.** / *f* ägyptischer Schotendorn.
acapnos, *on* (*gr. Fw.*) rauchlos.
Acarnān, *ānis m* Akarnane, Bewohner von **Acarnānia,** *ae f* (*gr.* Akarnānịā), *der westlichsten Landschaft Mittelgriechenlands*; *adi.* -*nān(ic)us* 3.
Acca Lārentia, *ae f* („Larenmutter") *röm. Flurgöttin*; *Pflegemutter von Romulus und Remus.*
ac-cēdō, *cessī, cessum* 3 **1. a)** hinzugehen, herantreten, (-)kommen, gelangen *zu*, sich nähern [*ad urbem*]; eintreten [*in aedes*]; **b)** (*feindl.*) heranrücken [*ad oppidum*]; **2.** / **a)** sich machen *an*, übernehmen, sich befassen *mit* [*ad rem publicam* sich dem Staatsdienst widmen]; **b)** sich anschließen *an*; *ad amicitiam alcis* jds. Freundschaft gewinnen; beipflichten [*ad condiciones*]; **c)** nahe kommen, ähnlich sein, werden [*propius ad deos*]; **3. a)** (*als Zuwachs*) hinzukommen; zuteil werden [*pecunia vobis*]; **b)** *impers.* **accēdit** dazu kommt noch; *quod* dass (*vorliegende Tatsache as neuer Grund*), *ut* dass (*neue Tatsache als Folge*); ** (*zur Kommunion*) herantreten.
ac-celerō 1 **1.** (*trans.*) beschleunigen [*iter*]; **2.** (*intr.*) (herbei)eilen.
ac-cendō, *cendī, cēnsum* 3 (*ad* + **candō* 3 „glühen machen"; *cf. candeō*) **1.** anzünden, anstecken, in Brand setzen; °*focum* auf dem Herd Feuer machen; **2.** / **a)** erhellen, erleuchten; **b)** entzünden, entflammen, anfeuern [*irā accensus*]; **c)** vermehren, vergrößern, steigern; P. wachsen, steigen [*vis venti*].
ac-cēnseō, —, *sum* 2 zurechnen, zugesellen.
accēnsus, ī *m* (*accēnseō*) **1.** Amtsdiener, -bote; **2.** (*mil. t.t.*) *pl.* Ersatzmannschaft der Legionen; *auch accensi velati.*
accentus, *ūs m* (*cantus*) Betonung, Ton; Akzent.
****acceptabilis,** *e* annehmbar, wohlgefällig.
acceptiō, *ōnis f* (*accipiō*) Annahme, Empfang.
acceptō 1 (*frequ. v. accipiō*) empfangen, annehmen; sich gefallen lassen; ** auf sich nehmen [*crucem*].
acceptor, *ōris m* (*accipiō*) **1.** Empfänger; *verbis* ~ *fui* ich billige die Worte; **2.** = *accipiter.*
acceptrīx, *īcis f* (*acceptor*) Empfängerin.
acceptum, *ī n s. accipiō.*
acceptus 3 (*m. comp.*, °*sup.*; *accipiō*) willkommen, angenehm, lieb [*deo*].
accersō 3 = *arcessō.*
accessiō, *ōnis f* (*accēdō*) **1.** Annäherung; Zutritt, Audienz; (*nkl.*) (Fieber-)Anfall; **2. a)** Zuwachs, Wachstum, Vermehrung [*dignitatis*]; **b)** Anbau; Anhängsel; Anhang, Zusatz, Zugabe; °*pl.* Fortschritte; **3.** Zustimmung.
accessus, *ūs m* (*accēdō*) **1. a)** Annäherung; ~ *et recessus aestuum* Flut und Ebbe; °**b)** Zugangsstelle; **c)** Zutritt, Audienz; **2.** / Neigung [*ad res salutares*]; °**3.** Zuwachs.
accidentia, *ium n* (*accīdō*) zufällige Ereignisse, Umstände; Unfälle; ** (*philos. t.t.*) unwesentliche Eigenschaften.
ac-cidō[1], *cidī*, — 3 (*cadō*) **1.** hin-, niederfallen [*ad terram*], sich niederwerfen [*ad pedes*; °*genibus dat.*]; **2.** / **a)** *die Sinne* treffen, kommen, dringen *zu* [*ad aures*]; **b)** (*zeitl.*) vorfallen, sich zutragen, sich ereignen, eintreten, geschehen [*accidit ut*; *perincommode accidit quod*]; **c)** widerfahren, zustoßen [*si quid tibi accidat*]; **d)** ausfallen, ablaufen [*contra opinionem*].
ac-cīdō[2], *cīdī, cīsum* 3 (*caedō*) anhauen, anschneiden [*arbores*]; / schwächen, zerrütten [*copias*; (*Ho.*) *opes accisae* (*Ggs. integrae*)].
accieō 2 = *acciō.*
ac-cingō, *cinxī, cinctum* 3 (*cīnxī, cīnctum?*; *unkl.*) **1.** gürten; **2.** ausrüsten, ausstatten, versehen *mit* [*armis*]; **3.** (*se*) -*ere u. mediopass.* sich rüsten; / sich anschicken, sich bereit machen [*in proelium*].
ac-ciō 4 herbeirufen, kommen lassen; (*P.P.P.*) *adi.* **accītus** 3 (*Ta.*) ausländisch.
accipetrīna, *ae f* (*accipiter*; *Pl.*) Habichtsfraß.

ac-cipiō, *cēpī, ceptum* 3 (*capiō*) **1.** (*unter aktiver Beteiligung des Subjektes*) in Empfang nehmen: **a)** annehmen, sich geben lassen; *ius iurandum* sich schwören lassen; *rationes* sich Rechnung legen lassen; einnehmen [*pecuniam*]; **b)** auf sich nehmen, übernehmen [*causam*]; **c)** billigen, gutheißen, gelten lassen [*condicionem*]; *nomen* einen Bewerber zur Wahl zulassen; **d)** aufnehmen [*in civitatem*]; bewirten [*hospitio*]; gut *od.* übel aufnehmen [*leniter, male*]; / **e)** aufnehmen, wahrnehmen [*auribus, animo*]; hören, vernehmen [*orationem*]; **f)** begreifen, verstehen, lernen; **g)** auslegen, deuten [*in bonam partem*; (*Li.*) *in omen* als Vorzeichen, *falsa pro veris*]; **2.** (*ohne aktive Beteiligung des Subjektes*) empfangen: **a)** (*Schlimmes*) erleiden [*cladem, iniuriam*]; **b)** vernehmen, hören, erfahren [*multa auribus*]; *pf.* wissen; (*P.P.P.*) *adi.* **acceptus** 3 *s. d.*; *subst.* **-um,** *ī n* Einnahme; *in -um referre* gutschreiben.

accipiter, *tris m* (*wahrsch.* „schnell fliegend", *volkset. an accipiō angelehnt*) Habicht, Edelfalke; / (*Pl.*) habgieriger Mensch [*pecuniae*].

accipitrīna = *accipetrīna.*

accītū (*nur abl.*) (*acciō*) durch Herbeirufen, auf (die) Vorladung.

Accius, *ī m röm. Gentilname*: *L.* ~ *Tragiker, geb. 170.*

acclāmātiō, *ōnis f* (*acclāmō*) Zuruf (*des Missfallens oder des Beifalls*).

ac-clāmō 1 zurufen, (zu)schreien (*beifällig od. missfällig*) [°*nocentem* „Schuldig!"]; laut nennen.

ac-clārō 1 offenbaren.

acclīnis, e (*acclīnō*; *dcht., nkl.*) sich anlehnend [*trunco arboris*]; / geneigt.

ac-clīnō 1 anlehnen; / *se -are* sich zuneigen [*ad causam senatus*].

ac-clīvis, e *u.* (*dcht.*) **-vus** 3 (*clīvus*) ansteigend.

acclīvitās, *ātis f* (*acclīvis*) sanfte Steigung.

accola, *ae m* (*accolō*) Anwohner, Nachbar; °*adi.* benachbart [*-ae fluvii* Nebenflüsse].

ac-colō, *luī,* — 3 wohnen *an, bei* [*Tiberim*].

accommodātiō, *ōnis f* (*accommodō*) Anpassung; Rücksichtnahme.

accommodātus 3 (*m. comp., sup., adv.*; *accommodō*) passend; geeignet.

ac-commodō 1 **1.** anpassen, anlegen [*coronam sibi ad caput*]; **2.** / **a)** einrichten *nach* [*sumptus ad mercedem*]; anwenden *auf* [*in plures causas*]; **b)** widmen [*operam studiis*]; *se ad rem publicam -are* sich dem Staatsdienst zuwenden.

accommodus 3 (*Rückbildung zu accommodō*) passend.

ac-crēdō, *crēdidī, crēditum* 3 Glauben schenken.

ac-crēscō, *crēvī, crētum* 3 **1.** anwachsen, steigen [*flumen*]; °**2.** / hinzukommen.

accrētiō, *ōnis f* (*accrēscō*) Zunahme.

accubitiō, *ōnis f* (*accubō*) Platznehmen bei Tisch.

ac-cubō, — — 1 °**1.** lagern, liegen [*humi*]; °**2.** (*geschlechtl.*) beiwohnen; **3.** bei Tische liegen; °*accuba!* nimm Platz!

ac-cubuō *adv.* (*accubō*; *scherzh. nach assiduō*) dabeiliegend.

ac-cūdō, *cūdī, cūsum* 3 dazuprägen, -schlagen [*tres minas*].

ac-cumbō, *cubuī, cubitum* 3 (*cumbō*; *cf. cubō*) °**1.** sich hinlegen, sich lagern [*in via*]; **2.** zum Essen Platz nehmen; °**3.** beiwohnen.

accumulātor, *ōris m* (*accumulō*) „Anhäufer" [*opum*].

ac-cumulō 1 **1.** anhäufen; °**2.** / überhäufen *mit*; vergrößern.

accūrātiō, *ōnis f* (*accūrō*) Sorgfalt, Genauigkeit [*in rebus inveniendis*].

accūrātus 3 (*m.* °*comp., sup., adv.*; *accūrō*) sorgfältig; genau.

ac-cūrō 1 **1.** sorgfältig betreiben, pünktlich besorgen; °**2.** gut bewirten.

ac-currō, (*cu*)*currī, cursum* 3 herbeilaufen, -eilen.

accursus, *ūs m* (*accurrō*) *das* Herbeilaufen; Zulauf; / Hilfe.

accūsābilis, e (*accūsō*) strafbar.

accūsātiō, *ōnis f* (*accūsō*) **1.** Anklage(schrift); °**2.** Denunziation.

accūsātīvus 3 (*accūsō*) *casus* Akkusativ; ** *subst.* Kläger.

accūsātor, *ōris m* (*accūsō*) Ankläger; °Denunziant.

accūsātōrius 3 (*m. adv.*; *accūsātor*) Advokaten...

accūsātrīx, *īcis f* (*accūsātor*) Anklägerin: **1.** (*Pl.*) Beschwerdeführerin; **2.** (*Pli.*) Angeberin.

accūsitō 1 (*frequ. v. accūsō*) anschuldigen.

ac-cūsō 1 (= *ad causam* [*agō*]) **1.** gerichtlich belangen, anklagen [*capitis, de veneficiis; inter sicarios*]; **2.** / beschuldigen, sich beklagen *über* [*de epistularum negligentia*].
acer[1], *eris n* (*zu ācer*[2]? *cf. nhd.* „Ahorn") Ahorn(baum).
ācer[2], **ācris, ācre** (*m. comp., sup., adv.; cf. aciēs, acuō*) °**1.** scharf, schneidend, spitz [*ferrum*]; **2.** / **a**) schneidend [*frigus*]; beißend; °**b**) laut, gellend, schmetternd [*vox*]; **c**) scharfsinnig, fein [*ingenium*]; **d**) eifrig, energisch, mutig; **e**) heftig, hitzig, leidenschaftlich, streng; **f**) hart, grausam [*supplicium*]; °*subst.* **ācre,** *is n* bittere Schärfe, beißender Witz.
acerbitās, *ātis f* (*acerbus*) Herbheit, Säure, Bitterkeit; / Härte, Unfreundlichkeit, finsteres Wesen; Missgeschick, Elend.
acerbō 1 (*acerbus*) verbittern; verschlimmern.
acerbus 3 (*m. comp., sup., adv.; cf. ācer*[2]) °**1.** herb, bitter, sauer; **2.** / **a**) unreif, unzeitig; **b**) hart, unfreundlich, rücksichtslos, pedantisch; **c**) schmerzlich, betrübend; *adv.* **-ē** mit Unwillen.
acernus 3 (*acer*[1]) aus Ahornholz.
acerra, *ae f* (*altes sakrales Wort; et. ungedeutet*) Weihrauchkästchen.
Acerrae, *ārum f St. i. Kampanien, j.* Acerra; *Einw.* **-ānī,** *ōrum m.*
acersecomēs, *ae m* (*gr. Fw.*) mit ungeschorenem Haupthaar, schön gelockter Jüngling.
acervālis, e (*acervus*) haufenartig; *subst.* ~, *is m* Haufenschluss, Kettenschluss (= *sōrītēs*).
acervātim *adv.* (*acervus*) °**1.** haufenweise; **2.** summarisch.
acervō 1 (*acervus*) (auf)häufen.
acervus, *ī m* (*et. ungedeutet*) Haufe; Masse, Menge; / Haufenschluss, Kettenschluss (= *sōrītēs*).
acēscō, *acuī,* — 3 (*incoh. zu aceō* „bin sauer"; *cf. acidus*) sauer werden.
acētābulum, *ī n* (*eigtl.* „Essiggefäß"; *acētum*) Becher *eines Taschenspielers.*
acētum, *ī n* (*aceō*) Essig; °/ beißender Witz.
Achaemenēs, *is m* (*gr.* Achaimenēs) *Ahnherr der altpersischen Könige; adi.* **-menius** 3 persisch, parthisch.
Achaeus, *ī m* (*gr.* Achaios) *Stammvater der* **Achaeī,** *ōrum m* **1.** *Bewohner des nördl. Küstenlandes der Peloponnes;* **2.** *Bewohner der röm. Provinz Achaia* (*s.u.*); **3.** (*dcht.*) = Griechen; **4.** *gr. Siedler am Schwarzen Meer.* — **Achāia,** *ae f* (*im Vers -āïa; gr.* Achāįā) **1.** *nördl. Küstenlandschaft der Peloponnes;* **2.** *seit 146 die röm. Provinz Griechenland; adi.* **Achāicus** 3 achaeisch, griechisch; *subst.* **Achāïas,** *adis f u.* **Achāis,** *idis* (*od.* -*idos*) *f* Griechenland; *adi.* griechisch.
Achelōus, *ī m* (*gr.* -lōos) *Grenzfl. zw. Akarnanien u. Ätolien; Flussgott; adi.* -*lōïus* 3 [*pocula* voll Wasser].
Acherōn, *ontis m* (*gr.* Acherōn) *Fl. in Epirus, in Bruttium, in der Unterwelt;* / Unterwelt.
Acherontia, *ae f Ort i. Apulien, j.* Acerenza.
Acherūns, *untis m* (*f*) (*durch etr. Vermittlung aus gr.* Acherōn; *im Vers auch* Ā-) Unterwelt; *-untī* (*loc.*) in der Unterwelt; *adi. -runticus, -rūsius* 3.
Achillēs, *is m* (*gr.* Achilleus) *Held vor Troja, Sohn des Peleus u. der Thetis; adi* Achillēus 3; *subst.* **Achillīdēs,** *ae m Nachkomme des A.*
Achīvī, *ōrum m* (*cf. Achaeī*) *die* (*homerischen*) *Griechen; adi. -us* 3 achivisch, griechisch.
Achradina, *ae f* (-ī-?; *gr.* -dinē) *Stadtteil v. Syrakus.*
Acīdalia, *ae f* (*gr.* Akidaliā) *Beiname der Venus* (*nach einer Quelle in Böotien*); *adi. -alius* 3.
acidus 3 (*m. comp., sup., adv.; aceō* „bin sauer"; *zu ācer*[2]) sauer; / widerlich, lästig.
aciēs, *ēī u.* ē *f* (*cf. ācer*[2]) **1.** Schärfe, Schneide, Spitze; / **2.** **a**) *das* Stechende des Blickes [*oculorum*]; Sehkraft; °**b**) Blick; Auge; **3.** Geisteskraft, Scharfsinn [*animi, ingenii, mentis*]; **4.** (*mil. t.t.*) **a**) Schlachtfront, -ordnung; **b**) Heer, Truppen; **c**) (offene) Feldschlacht; **d**) Schlachtfeld.
Acilius, *ī m röm. Gentilname:* **1.** *M.'* ~ *Glabriō, Sieger über Antiochus* (*190*); *sein Gesetz* de *repetundis;* **2.** *C.* ~ *Glabriō, Historiker um 155.*
acina, *ae f* (*Ca.*) = *acinus.*
acīnacēs, *is m* (*pers. Fw.*) kurzer Säbel.
acinus, *ī m u.* **-um,** *ī n* (*et. unklar*) Beere, Weinbeere.

acipēnser, *eris m u.* (*Ma.*) **-ēnsis,** *is m* (*et. unklar*) Stör.
aclys, *ydis f* (*ā-?; wahrsch. gr. Fw.*) kleiner Wurfspieß.
acoenōnētus 3 (*gr. Fw.*) nicht gern teilend, auf s. Vorteil bedacht.
****acolut(h)us,** *i m* Mesner.
aconītum, *ī n* (*gr. Fw.*) Eisenhut; *das daraus bereitete Gift.*
acor, *ōris m* (*aceō*) Säure.
ac-quiēscō, *quiēvī, quiētum* 3 **1. a)** zur Ruhe kommen, ausruhen; schlafen; °**b)** sterben, tot sein; **2.** / **a)** sich beruhigen *bei,* zufrieden sein *mit;* Beruhigung, Trost finden *in* [*in liberorum caritate*]; °**b)** beipflichten.
ac-quīrō, *quīsīvī, quīsītum* 3 (*quaerō*) **1.** hinzuerwerben; °**2.** erwerben, gewinnen [*sibi famam*].
****acquisitio,** *onis f* Erwerbung.
Acraeus 3 (*gr.* -ạios) auf Höhen verehrt; *Beiname des Jupiter u. der Juno.*
Acragās *s. Agrigentum.*
acrātophorum, *ī n u.* **-us,** *ī m* (*gr. Fw.*) Krug für unvermischten Wein.
acrēdula, *ae f* (*et. ungedeutet*) *Vogel- od. Froschart.*
ācriculus 3 (*dem. v. ācer*[2]) etwas hitzig; *subst.* ~, *ī m* kleiner Hitzkopf.
ācrimōnia, *ae f* (*ācer*[2]) Schärfe; Energie; Wirksamkeit.
Acrisius, *ī m* (*gr.* Akrịsios) *König v. Argos, Vater der Danaë;* **-siōnē,** *ēs f = Danaë;* **-siōniadēs,** *ae m* Nachkomme des ~, Perseus; *adi.* *-siōnēus* 3.
ācriter *adv. zu ācer*[2].
acroāma, *atis n* (*gr. Fw.*) Ohrenschmaus, Musikvortrag; Musiker, Sänger, Vorleser.
acroāsis, *is f* (*gr. Fw.*) Vortrag, Vorlesung.
Acroceraunia, *ōrum n* Vorgebirge der *Ceraunīī montēs in Epirus.*
Acrocorinthus, *ī f* (*gr.* -kọrinthos) *Burg v. Korinth.*
acta[1], *ae f* (*gr. Fw.*) Seegestade; *pl.* Strandleben.
ācta[2], *ōrum n* (*agō*) **1.** Handlungen, Taten, Werke; **2.** Verfügungen, Verordnungen; **3. a)** öffentl. Verhandlungen; °**b)** Protokolle, Akten [*senatūs*]; **4.** Tageschronik, Amtsblatt, Zeitung [*acta diurna*].
Actaeus 3 *adi. zu* Actē (*gr.* Aktẹ = „Küstenland", *alter Name für Attika*): attisch; *subst.* **-a,** *ae f* Athenerin; **-ī,** *ōrum m* Attiker; **-ias,** *adis f* Athenerin.
Actiacus 3 *s. Actium.*
āctiō, *ōnis f* (*agō*) **1.** Ausführung, Verrichtung; *gratiarum* Danksagung; **2.** *das* Handeln, äußere Tätigkeit [*vitae*]; **3.** mündl. Vortrag, Vortragsweise; **4.** öffentl. Verhandlung, öffentl. Rede, Amtshandlung; *pl.* Amtsführung, öffentl. Tätigkeit; **5.** (*jur. t.t.*) **a)** Gerichtsverhandlung, Prozess [*civilis;* **b)** Klageformel; Klagerede, -schrift; Klagerecht; **c)** gerichtl. Termin.
āctitō 1 (*frequ. von agō*) betreiben, führen [*causas multas*]; als Schauspieler auftreten *in* [*tragoedias*].
Actium, *ī n* (*gr.* Ạktion) **1.** *Hafen bei Kerkyra;* **2.** *Vorgeb. i. Akarnanien* (*Seesieg Oktavians über Antonius 31*); *adi.* Acti(ac)us 3.
āctiuncula, *ae f* (*dem. v. āctiō*) kl. Gerichtsrede.
āctīvus 3 (*m. adv.; agō*) tätig, aktiv.
āctor, *ōris m* (*agō*) °**1.** Treiber [*pecoris* Hirt]; **2.** Besorger, Vermittler; °**3.** Vermögensverwalter, Geschäftsführer; **4.** Kläger; Rechtsbeistand; **5.** Schauspieler, Darsteller.
āctuāriola, *ae f* (*dem. v. āctuāria*) Barke, Nachen.
āctuārius 3 (*āctus, ūs*) schnell; schnell segelnd; *subst.* ~, *ī m* Schnellschreiber; **-ia,** *ae f* Schnellsegler.
āctuōsus 3 (*m. °comp., adv.; āctus, ūs*) tätig, lebhaft; leidenschaftlich.
āctus, *ūs m* (*agō*) **1.** *das* Treiben, Antreiben; **2. a)** Treiben des Viehes; **b)** Recht des Viehtriebs, Trift, Weiderecht; °**c)** Feldmaß (halber Morgen [*iugerum*] = 1260 qm); °**3.** Bewegung; Schwung; **4.** °**a)** Gebärdenspiel, Vortrag; °**b)** schauspielerische Darstellung; **c)** Akt *eines Bühnenstückes* [*primus, extremus*]; **d)** Abschnitt; °**5. a)** Amt, Beruf; **b)** Tat, Werk; Wirklichkeit; **c)** Richtschnur für sein Handeln; ** *pl. actus apostolorum* Apostelgeschichte.
āctūtum *adv.* (*ā-?; āctus, ūs*) augenblicklich.
acula, *ae f = aquula.*
aculeātus 3 (*aculeus*) °**1.** stachlig; **2.** / beißend, spitzfindig.
aculeus, *ī m* (*cf. acus*[1]) **1.** Stachel, Spitze; **2.** / (*oft pl.*) **a)** *das* Verletzende [*orationis*]; Spitzfindigkeiten, Stichelei; °**b)** Sporn, Antrieb; **c)** tiefer Eindruck.
acūmen, *inis n* (*acuō*) Spitze; *pl.*

Elmsfeuer an den Speerspitzen; / Scharfsinn, Witz; *pl.* Kniffe.
acuō, *uī, ūtum* 3 (*acus*¹) **1.** spitzen, schärfen, wetzen; **2.** / **a**) schärfen = üben [*linguam*]; **b**) anspornen, antreiben; **c**) steigern, erhöhen; °**d**) (*gramm. t.t.*) betonen.
acupēnser, *eris m* = *acipēnser.*
acus¹, *ūs f* (*cf. ācer*²) Nadel; Haarnadel; (*Ve.*) *-u pingere* sticken; °/ *-u tangere* den Nagel auf den Kopf treffen.
acus², *ūs m* (= *acus*¹?) *ein* Seefisch.
acūtulus 3 (*dem. v. acūtus*) ziemlich spitzfindig.
acūtus 3 (*m.* °*comp., sup., adv.*; *acuō*) **1.** gespitzt, geschärft, spitz, scharf [*culter*]; **2.** / **a**) scharf, schneidend, stechend [*gelu, oculi*]; **b**) hell, gellend [*vox*]; °**c**) (*gramm. t.t.*) (scharf) betont; **d**) scharfsinnig, geistreich [*ingenium*]; **e**) (*rhet. t.t.*) treffend; °**f**) (*med. t.t.*) *morbus* akute Krankheit.
ad (*cf. engl.* at) **I.** *in der Komposition* (*meist dem folgenden Konsonanten assimiliert*: *acc-, aff- usw.*): **1.** heran- [*adeo*]; **2.** hinzu-, dazu- [*addo*]; **3.** dabei- [*adiaceo*]; **4.** (*zur Bez. des Beginns einer Handlung*) [*adamo* 1 lieb gewinnen]; **II.** *prp. b. acc.*: **1.** (*räuml.*) **a**) (*auf die Frage „wohin?"*) zu, nach, nach ... hin, auf ... hin, auf ... los; (*bei Städtenamen*) in die Gegend von, vor; (*bei Angabe des Endpunktes*) bis zu, bis nach, bis an; **b**) (*auf die Frage „wo?"*) nahe bei [esse *ad urbem*]; (*bei Städtenamen*) in der Gegend von; vor; **2.** (*zeitl.*) bis zu, bis an; auf, zu, an [*ad vesperum*]; auf, für [*ad paucos dies*]; *ad tempus* auf Zeit; gegen, um ... herum [*ad aestatem*]; *ad annum* übers Jahr; **3.** / **a**) (*bei Zahl- u. Maßangaben*) bis zu, bis auf; *ad unum omnes* alle bis auf den letzten Mann; an die ..., gegen, ungefähr [*ad ducentos sumus*]; **b**) (*final*) zu, für [*ad discendum nati sumus*]; gegen, für [*ad morsum; ad morbum*]; **c**) (*limitativ*) in Bezug auf [*ad pericula fortis*]; **d**) (*modal*) gemäß, nach [*ad naturam vivere*]; *ad verbum* wörtlich; (*Qu.*) *ad litteras* buchstäblich; **e**) (*komparativ*) im Vergleich mit, gegen [*mus parvus est ad felem*]; °**f**) (*additiv*) zu = außer, neben; *ad hoc, ad haec, ad cetera* überdies, außerdem; **g**) (*äußere Veranlassung*) auf, auf Veranlassung *von*, aus [*respondere ad alqd*]; (*innere Veranlassung*; *Li.*) auf ... hin, aus, vor [*ad spem*]; ** *statt dat.*; in [*ad ollam*].
adāctiō, *ōnis f* (*adigō*) *das* Hinbringen zu; *iuris iurandi* Vereidigung.
adāctus, *ūs m* (*adigō*) *das* Heranbringen; *dentis* Biss.
ad-aequē *adv.* auf gleiche Weise, ebenso.
ad-aequō 1 **1. a**) gleichmachen [*molem moenibus*]; **b**) / gleichstellen, vergleichen [*fortunam cum virtute, virtuti*]; **2.** gleichkommen, erreichen [*altitudinem muri*]; *abs.* Stimmengleichheit ergeben.
adamantēus *u.* **-tinus** 3 (*gr. Fw.*) stahlhart, Stahl...
adamās, *antis m* (*gr. Fw.*) Stahl; Diamant; / gefühlloses Herz.
ad-ambulō 1 auf- und abgehen *neben, bei.*
ad-amō 1 lieb gewinnen; lieben.
ad-aperiō, *eruī, ertum* 4 aufdecken, entblößen; öffnen.
adapertilis, e (*adaperiō*) zum Öffnen eingerichtet.
ad-aptō 1 anpassen; passend herrichten.
ad-aquō 1 (= *ad aquam* [*dūcō*]) anfeuchten; zur Tränke bringen; P. zur Tränke gehen.
ad-aquor 1 (*cf. adaquō*) Wasser holen.
adauctus, *ūs m* (*adaugeō*) Wachstum, Zunahme.
ad-augeō, *auxī, auctum* 2 noch vergrößern, vermehren.
ad-augēscō, — — 3 zunehmen, wachsen.
adaugmen, *inis n* (*adaugeō*) Wachstum, Zunahme.
adaxint (*altl.*) = *adēgerint.*
ad-bibō, *bibī,* — 3 trinken, nippen; / aufnehmen, sich zu Herzen nehmen.
ad-bītō, — — 3 (*baetō*) herangehen.
adc... = *acc...*
ad-decet 2 es ziemt sich *für* [*matrem*].
ad-dēnseō, — — 2 noch dichter machen.
ad-dīcō, *dīxī, dictum* 3 zusagen; °**1.** (*i. d. Auguralsprache*) **a**) als günstig bezeichnen; **b**) *abs.* günstig sein; **2.** (*jur. t.t.*) zuerkennen [*bona illi*]; °*liberum corpus in servitutem* als Schuldknecht zusprechen; **3. a**) (*bei Auktionen*) dem Meistbietenden zuschlagen [*fundum illi*]; **b**) verkaufen; **4.** weihen, überlas-

sen [*captos servituti*]; se -ere sich ganz zu eigen geben [*senatui*]; °**5.** (*als Verfasser*) zuschreiben; **6.** (*P.P.P.*) *adi.* **addictus** 3 sklavisch ergeben, verpflichtet; °*subst.* **-us, ī** *m* Schuldknecht.
addictiō, *ōnis f* (*addīcō*) *das* Zuerkennen als Eigentum.
ad-discō, *didicī,* — 3 (*-īsc-?*) hinzulernen [*sermonem Germanicum*].
additāmentum, *ī n* (*additō* 1, *frequ. zu addō*) Zugabe; Anhang. [gen.]
additiō, *ōnis f* (*addō*) *das* Hinzufü-
ad-dō, *didī, ditum* 3 ($\sqrt{}$ **dhē* „setzen") **1.** (*mit voller Bedeutung des praev.*) **a**) hinzutun, hinzufügen; °*gradum* (*sc. gradui*) den Schritt beschleunigen; **b**) addieren; **c**) (*als Frist*) hinzufügen, gewähren [*paucos dies*]; **d**) (*mündl. od. schriftl.*) hinzufügen; dazu bedenken; *adde* (*huc*) nimm dazu, rechne noch dazu [*exilia, luctus*]; *adde* (*huc*), *quod* dazu kommt noch die Tatsache, dass...; **2.** (*mit verblasster Bedeutung des praev.*) **a**) beilegen, beigeben, anlegen; **b**) / beibringen, einflößen; erweisen [*honorem*].
ad-doceō, — — 2 (*Neues*) hinzulehren.
addormīscō, — — 3 (*incoh. v. addormiō* 4 „einschlafen") ein Nickerchen machen.
ad-dubitō 1 **1.** (*intr.*) einige Zweifel hegen, Bedenken tragen; **2.** (*trans.*) anzweifeln, beanstanden.
ad-dūcō, *dūxī, ductum* °**1. a**) an sich ziehen [*ramum*]; **b**) (straff) anziehen; °**c**) zusammenziehen, runzeln [*frontem*]; **2.** heranführen, hinführen, -bringen, holen [*aegris medicum*]; *in iudicium, in ius* vor Gericht ziehen; **3.** / **a**) in eine Lage bringen, in einen Zustand versetzen [*in suspicionem*]; **b**) bewegen, veranlassen, verleiten, bestimmen *zu* [*ad iracundiam, in metum*]; *timore adductus* aus Furcht; *non adducor, ut putem* (*oder nur*: *non adducor* + *a.c.i.*) ich lasse mich nicht zu dem Glauben bestimmen, dass ...
adductus 3 (*m. comp., sup., adv.*; *addūcō*) zusammengezogen, gerunzelt; / ernst, streng, gemessen.
ad-edō, *ēdī, ēsum* 3 °**1.** anfressen, annagen; **2.** / fast verbrauchen [°*bona adesa* zerrüttete Vermögenslage].
Adelphī *u.* **-oe,** *ōrum m* (*gr.* -οι) Die Brüder (*Komödie des Terenz*).
adēmptiō, *ōnis f* (*adimō*) Entziehung, Wegnahme, Konfiskation.
ad-eō[1], *iī, itum, īre* **1.** herangehen, sich nähern [*ad fundum; castellum aditur*]; **2. a**) angehen = sich *bittend od. fragend* wenden *an* [*patrem*], befragen [*oraculum*]; **b**) bereisen, besuchen; **3.** (*feindl.*) losgehen *auf*, angreifen [*ad quemvis numerum militum*]; **4.** / übernehmen, auf sich nehmen, sich unterziehen [*ad rem publicam, periculum*], antreten [*hereditatem*].
ad-eō[2] *adv.* °**1.** (*räuml.*) bis dahin, bis zu dem Punkte, so weit; **2.** (*zeitl.*) *usque* ~, *quoad* (*dum, donec*) so lange, bis; **3.** (*steigernd*) in dem Grade, in dem Maße, so sehr; (*nkl.*) ~ *non* ..., *ut* so wenig..., dass; sogar, vielmehr; **4.** (*hervorhebend*) °**a**) sogar, gar sehr (= *admodum*); **b**) *non* ~ eben nicht, nicht eben, keineswegs; °**5.** (*enklitisch*) eben, gerade [*id* ~, *si placet, considerate*].
adeps, *ipis* °*m, f* (*wahrsch. gr. Lw.*) °**1.** Schmalz, Fett; **2.** / **a**) *pl.* Schmerbauch; °**b**) Schwulst (*i. d. Rede*).
adeptiō, *ōnis f* (*adipīscor*) Erlangung. [nebenherreiten.]
ad-equitō 1 **1.** heranreiten; **2.**
ad-ēs(s)uriō 4 hungrig werden, Appetit bekommen.
adf... = *aff...*
adg... = *agg...*
adgn... = *agn...*
ad-haereō, *haesī, haesum* 2 **1.** hängen, kleben *an* [*saxis*]; **2.** / °**a**) angrenzen, sich anschließen; °**b**) kleben *an* [*uxori*]; **c**) ein Anhängsel bilden.
ad-haerēscō, *haesī, haesum* 3 (*incoh. v. adhaereō*) sich anhängen, haften, stecken bleiben; / treu anhängen, festhalten *an* [*iustitiae*]; stecken bleiben, stocken [*oratio*].
adhaesiō, *ōnis f* (*adhaereō*) *das* Anhängen. [haften.]
adhaesus, *ūs m* (*adhaereō*) *das* An-
ad-hibeō, *uī, itum* 2 (*habeō*) **1.** hinhalten, hinwenden, hinrichten *auf* [*aures et animos ad vocem*]; **2.** hinzunehmen [*nihil ad panem*]; **3.** / **a**) anwenden, benutzen, üben, zeigen [*saevitiam in famulos*]; **b**) heran-, zuziehen *zu* [*ad, in con-*

silium]; c) mitnehmen *als* [*comitem*]; zu Rate ziehen *als* [*interpretem*]; d) (*zur Tafel*) ziehen; **4.** (*m. adv.*) a) behandeln [*liberaliter*]; b) *se -ere* sich benehmen.
ad-hinniō 4 °**1.** zuwiehern [*visae equae*]; **2.** / geil sein *nach*; lechzen *nach* [*ad hanc orationem*].
adhōc = *adhūc*.
adhortātiō, *ōnis f* (*adhortor*) Aufmunterung.
adhortātor, *ōris m* (*adhortor*) Mahner, Antreiber.
ad-hortor 1 aufmuntern, mahnen, antreiben, anfeuern [*ad laudem*].
ad-hūc *adv.* **1.** (*zeitl.*) bis jetzt, bisher; (immer) noch, auch jetzt noch; °**2.** (*steigernd*) noch mehr, außerdem; (*bsd. b. comp.*) noch; **3.** (*m. ut od. quī m. coni.*) insoweit, dass.
ad-iaceō, — — 2 liegen, angrenzen *an* [*ad Aduatucos*, °*vallo dat.*]; (*part. praes.*) °*subst.* **adiacentia,** *ium n* Umgegend, Umgebung.
ad-iciō, *iēcī, iectum* 3 (*iaciō*) **1.** a) (hin)werfen [*telo*]; °b) stellen, setzen *an, auf*; c) / hinlenken, -richten *auf* [*oculos ad hereditatem, hereditati*]; **2.** a) hinzutun, hinzufügen; b) (*b. Auktionen*) mehr bieten; °c) (*rhet. Formel*) *adice* (*quod*) nimm noch hinzu, denke dir noch.
adiectiō, *ōnis f* (*adiciō*) Hinzufügung, Aufnahme; (*b. Auktionen*) *ein* höheres Gebot; (*rhet. t.t.*) Verdoppelung (*eines Wortes*).
adiectus, *ūs m* (*adiciō*) *das* Heranbringen, *das* Nahebringen.
ad-igō, *ēgī, āctum* 3 (*agō*) **1.** heran-, hineintreiben; **2.** / treiben, drängen *zu* [*ad mortem*]; (*ad*) *arbitrum* vorladen; (°*ad*) *ius iurandum* (*od. iure iurando*) vereidigen; Treue schwören lassen [*in verba Caesaris*].
ad-imō, *ēmī, ēmptum* 3 (*emō*) **1.** an sich nehmen, wegnehmen, rauben [*praedam*]; **2.** abnehmen [*vincula canibus*]; / **3.** absprechen [*equum* Ritterrang]; °**4.** dahinraffen; benehmen [*metum*]; verbieten [*cantare*].
ad-īnspectō 1 mit ansehen.
adipātus 3 (*adeps*) °**1.** fettig; *subst.* **-a,** *ōrum n* Schmalzgebackenes; **2.** / *tamquam adipata dictio* (*v. schwülstigem Stil*).
ad-ipīscor, *adeptus sum* 3 (*apīscor*) erreichen, einholen [*fugientem*]; erringen [*victoriam*]; °*part. pf. pass.* [*adepta libertate*].
aditiālis, e (*aditus*) Antritts... [*cena*].
aditiō, *ōnis f* (*adeō*[1]) *das* Hin(zu)gehen.
aditus, *ūs m* (*adeō*[1]) **1.** *das* Hingehen; **2.** a) Zutritt [*in curiam*], Audienz [*ad consulem*]; b) (*als Ort*) Zugang, Eingang [*ad castra*]; Landungsplatz [*insulae*]; **3.** / a) Beginn, Anfang; b) Schritt; °*mortis das* Hinscheiden; c) Weg, Zugang [*ad honorem*]; ** Tür.
ad-iūdicō 1 **1.** (*richterlich*) zusprechen, zuerkennen [*agrum populo*]; **2.** / zuschreiben [*salutem*].
adiūmentum, *ī n* (*adiuvō*) Hilfsmittel, Hilfe, Beistand.
adiūnctiō, *ōnis f* (*adiungō*) **1.** Anknüpfung, Anschluss [*naturae ad hominem*]; **2.** Mitwirkung [*virtutis*]; **3.** (*rhet. t.t.*) a) Beziehung eines Prädikats auf mehrere Subjekte; b) einschränkender Zusatz.
adiūnctor, *ōris m* (*adiungō*) *der* „Hinzufüger"; *ulterioris Galliae* der das jenseitige G. (*zu Cäsars Provinz*) hinzufügte.
adiūnctus 3 (*m. comp.*, °*sup.*; *adiungō*) **1.** angrenzend; *-um esse* grenzen *an* [*fundo*]; **2.** eng verbunden, wesentlich, eigentümlich; *subst.* **-um,** *ī n* charakteristisches Zeichen [*pietatis*]; *pl.* Eigenheiten; (*rhet. t.t.*) Nebenumstände.
ad-iungō, *iūnxī, iūnctum* 3 °**1.** anschirren; anbinden [*ulmis vites*]; **2.** / a) anfügen, anschließen; beigeben [*comitem filio*]; b) (*in der Rede*) beifügen, anknüpfen; *verba ad nomen adiuncta* Epitheta; c) (*pol.*) vereinigen, einverleiben [*Ciliciam ad imperium populi Romani*]; *se -ere ad* sich anschließen *an*; **3.** verschaffen, erwerben [*sibi auxilium*]; **4.** hinrichten, -lenken *auf* [*suspicionem ad praedam*].
adiūrō[1] = *adiūverō* (*s. adiuvō*).
ad-iūrō[2] 1 °**1.** noch dazu schwören; **2.** a) beschwören, eidlich versichern; °b) schwören *bei* [*tuum caput*]; ** flehentlich bitten; beschwören; bannen [*daemones*].
adiūtābilis, e (*adiūtō*) förderlich.
adiūtō 1 (*frequ. v. adiuvō*) unterstützen, fördern.
adiūtor, *ōris m* (*adiuvō*) Helfer, Gehilfe, Beistand; Helfershelfer; Unterbeamter, Adjunkt; °Hilfslehrer; °Spieler einer Nebenrolle.

adiūtōrium, *ī n* (*adiūtor*) Beistand, Hilfe.

adiūtrīx, *īcis f* (*adiūtor*) Helferin, Förderin, Beistand; Helfershelferin; (*nkl.*) *Beiname v. zwei vorübergehend aus Seeleuten aufgestellten Reservelegionen.*

ad-iuvō, *iūvī, iūtum* 1 **1.** helfen, unterstützen, beistehen [*socios auxilio*]; ermutigen; nähren [*maerorem lacrimis*]; **2.** förderlich sein, (gute) Dienste leisten, beitragen [*multum ad eam rem*]; (*philos. t.t.*) *causae adiuvantes* mittelbare [Gründe, Ursachen.

adl... = *all...*

Admagetobriga (*Magetobriga?*), *ae f Ort in Gallien* (*Ariovists Sieg über die Häduer*).

ad-mātūrō 1 noch mehr be- [schleunigen.

ad-mētior, *mēnsus sum* 4 zumessen [*frumentum militi*].

Admētus, *ī m* (*gr.* Admētos) *Gemahl der Alkestis, Teilnehmer am Argonautenzug.*

ad-migrō 1 / hinzutreten.

adminiculō 1 (*adminiculum*) (durch Pfähle) stützen.

adminiculum, *ī n* (*cf. moenia*) Stütze; Stützpfahl; Hilfsmittel, Werkzeug; / Stütze, Beistand; ** *a. ligni* Kreuz Christi.

administer, *trī m* (*administrō*) **1.** Mitarbeiter, Diener, Gehilfe; Helfershelfer; °**2.** Arbeiter.

ad-ministra, *ae f* (*administer*) Dienerin, Gehilfin.

administrātiō, *ōnis f* (*administrō*) **1.** Hilfeleistung; **2.** Leitung, Handhabung; **3.** Verwaltung, Regierung; °*pl.* Verrichtungen; **4.** *pl. portus* freie Benutzung des Hafens.

administrātīvus 3 (*administrō*) praktisch.

ad-ministrātor, *ōris m* (*administrō*) Leiter, Verwalter.

ad-ministrō 1 °**1.** (*intr.*) behilflich sein [*alci ad rem divinam*]; **2.** (*trans.*) **a**) besorgen, ausführen, verrichten [*negotium*]; verwalten; **b**) Maßregeln treffen; **c**) (*abs.*) arbeiten; **d**) leiten, lenken [*rem publicam*]; **e**) befehligen, kommandieren.

admīrābilis, e (*m.* °*comp., adv.*; *admīror*) bewundernswert, wunderbar; verwunderlich, seltsam, paradox.

admīrābilitās, *ātis f* (*admīrābilis*) Bewunderungswürdigkeit.

admīrandus 3 (*admīror*) = *admīrābilis.*

admīrātiō, *ōnis f* (*admīror*) **1.** Bewunderung; *hominum gen. subi., divitiarum gen. obi.*; Interesse; Verehrung; *das* Bewundertwerden [*in magna admiratione esse*]; **2.** Verwunderung, Staunen; **3.** Merkwürdigkeit.

admīrātor, *ōris m* (*admīror*) Bewunderer; Verehrer.

ad-mīror 1 bewundern, anstaunen; sich wundern *über* [*tarditatem, de amico*], sonderbar finden [*a.c.i.*; *quod*; *indir. Fragesatz*].

ad-misceō, *miscuī, mixtum* 2 (-*ī*-?; *od. misceō, miscuī, mīxtum?*) hinzu-, beimischen [*aquae calorem*]; vermengen *mit* [*lacte*]; / beifügen [*versus orationi*]; verwickeln *in* [*ad consilium*].

admissārius, *ī m* (*admissus* 3) °**1.** Zuchthengst; **2.** / geiler Mensch.

admissiō, *ōnis f* (*admittō*) Zutritt, Audienz.

admissum, *ī n* (*admittō*) Schuld, [Vergehen.

ad-mittō, *mīsī, missum* 3 **1.** loslassen [*equum*]; *equo admisso* im Galopp; (*Ov.*) *admisso passu* eilends; **2. a**) zu-, einlassen, Zutritt gewähren [*ad capsas; ad se virum*]; **b**) zur Teilnahme hinzuziehen [*ad consilium*]; °**c**) (*Worte, Bitten*) annehmen, anhören; **d**) (*Übeltaten*) begehen, verüben [*facinus*]; **e**) gestatten, geschehen lassen [*religiones*].

ad-mixtiō, *ōnis f* (-*ī*-?; *admisceō*) [Beimischung.

admoderātē *adv.*(*admoderātus, part. pf. v. admoderor*) entsprechend.

ad-moderor 1 mäßigen [*risu dat.!*].

ad-modum („bis zum [vollen] Maß") *adv.* **1.** (*b. Maß- u. Zeitangaben*) genau, gerade; ~ *infans* noch sehr jung; **2.** (*b. Zahlen*) mindestens, gut an die; höchstens; **3.** (*b. Gradangaben*) völlig, ungemein, äußerst; *non* ~ nicht eben; ~ *nihil* gar nichts; ~ *nullus* gar keiner; **4.** (*in Antworten*) jawohl.

admoeniō 4 (= *ad moenia* [*dūcō*]) einschließen.

ad-mōlior 4 (*Schweres*) hinbringen; sich in Bewegung setzen.

ad-moneō, *uī, itum* 2 **1.** erinnern *an,* mahnen [*aeris alieni*]; **2. a**) zu bedenken geben; warnen ; °**b**) zurechtweisen [*liberos verberibus*];

3. auffordern, antreiben [*ut, ne*; *bloßer coni.*] [nungen.]
admonita, *ōrum n* (*admoneō*) War-
admonitiō, *ōnis f* (*admoneō*) **1.** Erinnerung; **2.** Mahnung, Warnung; °**3.** Zurechtweisung, Züchtigung.
admonitor, *ōris m* (*admoneō*) Mahner. [Mahnerin.]
admonitrīx, *īcis f* (*admonitor*)
admonitus, *abl. ū m* (*admoneō*) Mahnung, Warnung; Zuspruch.
ad-mordeō, —, *morsum* 2 benagen; / „anzapfen, anpumpen".
admōrunt (*dcht.*) = *admōvērunt.*
admōsse = *admōvisse.*
admōtiō, *ōnis f* (*admoveō*) *das* Anlegen; *admotio digitorum* Fingersatz (*beim Saitenspiel*).
ad-moveō, *mōvī, mōtum* 2 **1. a)** heranbewegen, -bringen, -führen, nahe bringen [*aures ad vocem, gladium iugulo*]; **b)** (*mil. t.t.*) anrücken lassen [*copias propius*], vorschieben [*turrim*]; °**c)** heranziehen [*ad curam rei publicae*]; **d)** *calcar, stimulos* den Sporn geben, fühlen lassen; *stimulos* [*homini*] anspornen; °**e)** (*zeitl.*) *admotus supremis* dem Ende nahe; **f)** richten *auf* [*mentem ad vocem*]; **2.** (*ein Mittel*) anwenden [*curationem ad* Kur; *terrorem*]; einflößen [*metum animis*]; °**3.** befördern [*in propiorem amicitiae locum*].
ad-mūgiō 4 an-, zubrüllen.
admurmurātiō, *ōnis f* (*admurmurō*) (*beifälliges od. missbilligendes*) Gemurmel, Murren.
ad-murmurō 1 (*beifällig od. missbilligend*) dabei murmeln, murren.
ad-mutilō 1 verstümmeln; / [prellen.]
adn... = *ann...*
ad-nāscor = *agnāscor.*
ad-nōscō = *agnōscō.*
adoleō¹, *uī,* — 2 (*cf. altāre*) (*als Opfer*) darbringen, verbrennen [*viscera tauri*]; / anzünden.
ad-oleō², *uī,* — 2 duften.
adolēscēns, *entis* (*m. comp.*; *adolēscō²*) heranwachsend, jung; *als subst.* = *adulēscēns.*
adolēscentia, *ae f* = *adulēscentia.*
adolēscō¹, — — 3 (*incoh. v. adoleō¹*) auflodern, aufflammen.
ad-olēscō², *adolēvī, adultum* 3 (*ad* + *incoh. v. alō*) heran-, aufwachsen; wachsen, erstarken; *cf. adultus.*
Adōnis, *idis,* **Adōn,** *ōnis,* **Adōneus,** *eī m* (*gr.* Adōnis, Adōn, Adōnios) *Geliebter der Venus.*
ad-operiō, *ruī, rtum* 4 bedecken, verhüllen; schließen [*fenestras*].
ad-opīnor 1 (dazu) vermuten.
adoptātīcius, *ī m* (*adoptō*) Adoptivsohn. [*adoptiō.*]
adoptātiō, *ōnis f* (*adoptō*) =
adoptiō, *ōnis f* (**ad-opiō* 3; *cf. optō*) Annahme an Kindes statt, Adoption.
adoptīvus 3 (**adoptus, P.P.P. v. adopiō* 3; *cf. optō*) **1.** zur Adoption gehörig, durch Adoption erlangt, Adoptiv...; °**2.** / eingepfropft.
ad-optō 1 **1.** (hinzu)erwählen, zu Hilfe nehmen; **2. a)** an Kindes statt annehmen, adoptieren [*sibi filium*; (*Pl.*) *illum pro filio*]; °*in regnum* durch Adoption als Nachfolger berufen; °**b)** in seine Verwandtschaft aufnehmen; / *sibi nomen -are* sich einen Namen aneignen; (*v. Bäumen*) durch Pfropfen annehmen [*ramum*].
ador *n* (*nur nom., acc.*; *wohl „das* Grannige") Spelt.
adōrātiō, *ōnis f* (*adōrō*) Anbetung.
adōreus 3 (*ador*) aus Spelt (bestehend).
adōria (*adōrō*) *u.* **-rea** (*volkset. an adōreus angeglichen*), *ae f* Siegesruhm, Sieg.
ad-orior, *ortus sum* 4 **1.** sich erheben *gegen,* angreifen; **2.** (*mit Bitten od. Drohungen*) angehen, bestürmen; **3.** sich machen *an,* unternehmen, beginnen [°*nefas, oppugnare urbem*].
ad-ōrnō 1 **1.** herrichten, ausrüsten [*naves*]; ausstatten, versehen *mit;* **2.** schmücken, zieren.
ad-ōrō 1 **1.** anreden; anflehen; erflehen [*pacem deorum* die Gnade der Götter]; **2.** anbeten, verehren; feiern [*consulatum*]; ** *deo alieno.*
adp..., adq... *u.* **adr...** *auch* = *app..., acq... u. arr...*
ad-rādō, *sī, sum* 3 ankratzen; Bart und Haupthaar stutzen.
Adrana, *ae m* Eder, *Nbfl. d. Fulda.*
Adrāstus, *ī m* (*gr.* Adrāstos) *König von Argos, einer der Sieben gegen* [*Theben.*]
Adria = *Hadria.*
Adrūmētum, *ī n s. Hadrūmētum.*
ads..., adsc..., adsp..., adst..., adt... = *ass..., asc..., asp..., ast..., att...*

Aduatuca, *ae f Kastell der Eburonen.*

Aduatucī, *ōrum m germanisches Volk in Belgien.*

adūlātiō, *ōnis f* (*adūlor*) **1.** (*abstr.*) **a**) *das* Schweifwedeln [*canum*]; **b**) Schmeichelei; knechtische Verehrung; (*nkl.*) *die* Proskynesis *vor asiatischen Fürsten*; °**2.** (*concr.*) Hofschranzen.

adūlātor, *ōris m* (*adūlor*) Schmeichler, Speichellecker.

adūlātōrius 3 (*adūlātor*) kriechend, schmeichelnd.

adulēscēns, *entis* (*adolēscō*[2]) **1.** *adi.* = *adolēscēns*; **2.** *subst. m* Jüngling, junger Mann (*zwischen puer u. iuvenis*); °*f* Jungfrau, junges Mädchen, junge Frau.

adulēscentia, *ae f* (*adulēscēns*) Jünglingsalter, Jugend(zeit); (*selten*) *coll.* Jugend = junge Leute.

adulēscentulus 3 (*dem. v. adulēscēns*) (noch) ganz jung; *subst.* **-us,** *ī m* Junge; (*Com.*) **-a,** *ae f* Mädchen.

adūlō (*selten*; *unkl.*) *u.* **-or** 1 (**ūlos* Schweif) (*hündisch*) anwedeln; sich anschmiegen; kniefällig verehren; kriechen *vor* [*plebem*].

adulter, *erī m,* **-tera,** *ae f* (*Rückbildung aus adulterō*) Ehebrecher (-in); °Liebhaber; °Liebchen; °*adi.* ehebrecherisch; / nachgemacht [*clavis*].

adulterīnus 3 (*adulter*) gefälscht, nachgemacht [*nummus, signum*]; unecht; ** unebenbürtig.

adulterium, *ī n* (*adulter*) Ehebruch, Buhlschaft; Untreue.

adulterō 1 (*ad* + **alterō* 1 „anders machen"; *alter*) **1.** verfälschen, nachmachen; **2.** / **a**) (*intr.*) Ehebruch treiben; °**b**) (*trans.*) zum Ehebruch verführen; *mediopass.* buhlen *mit* [*miluo dat.!*].

adultus 3 (*m.* °*comp.*; *adolēscō*[2]) **1.** herangewachsen, erwachsen; **2.** erstarkt; **3.** vorgerückt [°*aestas*].

adumbrātim *adv.* (*adumbrō*) nur dunkel.

adumbrātiō, *ōnis f* (*adumbrō*) °**1.** Umriss, Skizze; **2.** / Andeutung.

adumbrātus 3 (*adumbrō*) nur im Umriss gegeben, skizziert, undeutlich; erdichtet, falsch, Schein ...

ad-umbrō 1 °**1.** einen Umriss entwerfen, skizzieren; **2.** / **a**) kurz darstellen, andeuten; °**b**) nachahmen [*morem*].

aduncitās, *ātis f* (*aduncus*) Krümmung.

ad-uncus 3 einwärts gekrümmt, krummschnäbelig.

ad-urgeō, *ursī,* — 2 andrücken; / bedrängen, verfolgen.

ad-ūrō, *ussī, ustum* 3 (*ūssī, ūstum?*) **1. a**) an-, (ver)brennen, (ver)sengen; °**b**) / entflammen [*te Venus*]; °**2.** erfrieren lassen.

ad-ūsque (-*ū*-?) **1.** *prp. b. acc.* = *ūsque ad*; **2.** *adv.* überall.

adustus 3 (-*ū*-?; *m. comp.*; *adūrō*) gebräunt.

advecticius 3 (*advectus, P.P.P. v. advehō*) aus dem Auslande eingeführt, ausländisch [*vinum*].

advectō 1 (*frequ. v. advehō*) (immerfort) zuführen.

advectus, *ūs m* (*advehō*) Einführung.

ad-vehō, *vēxī, vectum* 3 **1.** herzuführen, herbeibringen, -tragen, -schaffen, -fahren; *mediopass.* (*mit u. ohne curru, equo, navi*) heranfahren, -reiten, -segeln, hingelangen, landen [*ad ripam*; *Teucros*]; **2.** / einführen [*religionem*].

ad-vēlō 1 umhüllen; bekränzen / *lauro*].

advena, *ae m* (*u. f*) (*adveniō*) Ankömmling, Fremdling; Neuling, Laie; *adi.* ausländisch, fremd.

ad-veniō, *vēnī, ventum* 4 **1.** heran-, ankommen [*in provinciam*]; **2.** / **a**) herankommen [*dies*]; **b**) erscheinen, ausbrechen [*morbi*]; °**c**) zufallen [*Numidiae pars*]; °**d**) *advenit id quod* dazu kommt noch, dass.

adventīcius 3 (*adventus*; *P.P.P. v. adveniō*) **1.** ausländisch, fremd; °**2.** Ankunfts... [*cena*]; **3.** / **a**) äußerer, sinnlich [*visio*]; **b**) außergewöhnlich, zufällig; °*fructus* Nebengewinn.

adventō 1 (*frequ. v. adveniō*) herannahen.

adventor, *ōris m* (*adveniō*) Besucher.

adventus, *ūs m* (*gen. sg.* °*auch* -*ī*; *adveniō*) Ankunft, *das* Nahen; (*mil. t.t.*) Anmarsch, Einrücken; Einzug [*imperatoris*]; / °*lucis* Tagesanbruch; Ausbruch [*malorum*]; Einbruch; ** Angriff; Adventszeit.

adverbium, *ī n* (*verbum*) Umstandswort [*locale, temporale*].

adversārius 3 (*adversus*) entgegenstehend, Gegen...; gegnerisch, feindlich, widerstrebend [*dux, opinio*]; *subst.* **-us,** *ī m* Gegner, Widersacher, Feind; **-a,** *ae f* Gegnerin;

-a, *ōrum n* Behauptungen der Gegenpartei; Konzeptbuch, Kladde; ****-us,** *ī m* Teufel.
adversātiō, *ōnis f* (*adversor*) zänkische Gegenrede.
adversātrīx, *īcis f* (*adversātor* Gegner; *adversor*) Widersacherin.
adversitor, *ōris m* = *advorsitor*.
adversō 1 (*intens. v. advertō*) ohne Unterlass richten *auf* [*animum*].
adversor 1 (*adversus*) sich widersetzen, widerstreben, entgegentreten [*imperatori*].
adversus[1] 3 (*m. °comp., sup., °adv.; advertō*) **1.** zugekehrt, zugewandt; **a**) gegenüber befindlich, gegenüber liegend [*collis*]; *in adversum os* gerade ins Gesicht; *flumine -o* flussaufwärts; *-a via* geradeswegs; *-o colle* bergan; **b**) vorn (befindlich), vorderer; *dentes -i* Vorderzähne; *vulnus -um* Wunde auf der Brust; °*hastis -is* mit eingelegten Lanzen; **2.** / **a**) entgegenstehend, feindlich; (*Li.*) *-o senatu* gegen den Willen des Senates; °**b**) verhasst, zuwider, widerwärtig; **c**) widrig, ungünstig, unglücklich [*ventus*]; *res -ae* Unglück; **d**) (*dial. t.t.*) den Gegensatz bildend *od.* bezeichnend; *subst.* **adversus,** *ī m* (*nkl.*) Gegner; **-um,** *ī n* **1.** °**a**) entgegengesetzte Richtung; *ex -o* (von) gegenüber; *in -um* entgegen; **2.** Gegenteil, Gegensatz; **3.** (*meist pl. -a, ōrum*) Widerwärtigkeit, Missgeschick [*nihil -i; -a montium*].
adversus[2] *u.* **-um** (*erstarrter nom. bzw. acc. des part. adversus*) °**1.** *adv.* (*freundl. od. feindl.*) entgegen [*ire, arma ferre*]; **2.** *prp. b. acc.* **a**) (*räuml.*) gegen, nach ... hin, auf ... zu; gegenüber [*montes*]; **b**) gegen (*feindl. od. freundl.*); wider, im Widerspruch *mit* [*legem*]; **c**) / in Hinsicht auf; °**d**) im Vergleich mit, neben, gegen.
ad-vertō, *tī, sum* 3 °**1. a**) hinwenden, -richten [*aures ad vocem*]; **b**) (*v. Schiffern*) landen [*classem in portum*]; *P.* man steuert los *auf* [*notae advertuntur arenae*]; **2.** / **a**) auf sich ziehen [*omnium oculos*]; **b**) beherzigen; **c**) bemerken, wahrnehmen, erkennen; °**d**) strafend einschreiten *gegen*, strafen [*durius, in Marcium*]; **e**) *animum* ~ Geist, Aufmerksamkeit richten, Acht geben *auf* [*ad religionem; monitis*]. — *cf. animadvertō*.
ad-vesperāscit, *rāvit,* — 3 es wird Abend.
ad-vigilō 1 wachen *bei*; wachsam [sein.]
****advocata,** *ae f nostra* Fürsprecherin = Maria.
****advocatia,** *ae f* Vogtei.
advocātiō, *ōnis f* (*advocō*) **1.** Berufung von Sachverständigen; **2.** Beistand vor Gericht; **3.** juristische Ratgeber, Anwälte; **4.** Frist zur Besprechung mit den Rechtsbeiständen; (*nkl.*) Aufschub, Frist; **5.** *in* (*der Kaiserzeit*) Prozessführung.
****advocatitia** = *advocatia*.
advocātus, *ī m* (*advocō*) **1.** (*in republikanischer Zeit*) Rechtsbeistand (*sowohl des Richters wie der Parteien*); **2.** (*in der Kaiserzeit*) Rechtsanwalt (*der den Prozess für den Klienten selbstständig führt*); ** Vertreter, Vogt.
ad-vocō 1 **1. a**) herbeirufen, berufen, einladen [*alqm in* (*ad*) *consilium*]; **b**) (*Versammlungen*) berufen; **2.** (*jur. t.t.*) **a**) (*in republikanischer Zeit*) als Rechtsbeistand berufen; **b**) (*in der Kaiserzeit*) einen Anwalt nehmen (*cf. advocātus*); **3.** °**a**) anrufen [*deos*]; **b**) zu Hilfe rufen, gebrauchen [°*omnia arma* alles als Waffe].
advolātus, *abl. ū m* (*advolō*) das [Herbeifliegen.]
ad-volō 1 heranfliegen; / herbeieilen [*ad urbem*].
ad-volvō, *volvī, volūtum* 3 heranwälzen; *se -ere u. mediopass.* niederfallen [*genibus* zu Füßen].
advorsitor, *ōris m* (*advorsum itor*) Sklave, der seinen Herrn abholt.
advors..., advort... (*altl.*) = *advers..., advert...*
adytum, *ī n* (*gr. Fw.*) *meist pl. das* Allerheiligste *des Tempels*; Grabkammer; / *das* Innerste [*cordis*].
Aeacus, *ī m* (*gr.* Aiakos) *Sohn des Jupiter u. der Nymphe Aegina, König v. Aegina; nach seinem Tod Richter i. d. Unterwelt*; **-acidēs,** *ae m* Nachkomme des A. (Telamon, Phocus, Peleus; *Achills Sohn* Pyrrhus; Pyrrhus *v. Epirus*; Perseus *v. Makedonien*); *adi.* *-cidēius* 3.
Aeaeus 3 *zur sagenhaften Insel Aea* (*gr.* Aia) *gehörig*.
aed.cur., pl. = *aedīlis curūlis, plēbis*.

aedēs *u.* **aedis,** *is f (wohl „Feuerstätte")* Gemach, Zimmer; Gotteshaus, Tempel; *pl.* Haus [*regiae*]; (*Pl.*) Haus = Familie; (*Ve.*) Zellen der Bienen; Bienenstock.

aedicula, *ae f (dem. v. aedēs)* kleines Zimmer; Kapelle; Nische, Blende (*in Wänden u. an Ecken*); *pl.* ärmliche Wohnung.

aedificātiō, *ōnis f (aedificō) das* Bauen; Bauanlage; Bauwerk; °*pl.* Bauten; ** (geistliche) Erbauung.

aedificātiuncula, *ae f (dem. v. aedificātiō)* kleiner Bau.

aedificātor, *ōris m (aedificō)* **1.** Baumeister; Schöpfer [*mundi*]; °**2.** Bauherr.

aedificium, *ī n (aedēs; faciō)* Bauwerk, Gebäude.

aedificō 1 (*aedēs; faciō*) **1.** (*trans.*) (er)bauen; anlegen, gründen; **2.** *abs.* Häuser bauen; ** (geistlich) erbauen.

aedīlicius 3 (*aedīlis*) *des* Ädilen; *subst.* **-us,** *ī m* gewesener Ädil.

aedīlis, *is m (aedēs; wohl „Tempelbeamter")* Ädil (*urspr.* 2 *aediles plebei als Stadtpolizisten u. Veranstalter der Spiele der Plebs; seit 366 außerdem 2 patrizische* [*curules*] *als Veranstalter der großen Spiele u. Aufsichtsbeamte der patrizischen Tempel; gemeinsame Aufgabe der 4 Ä.: Polizeiwesen u. Fürsorge f. öffentl. Bauten*).

aedīlitās, *ātis f (aedīlis)* Ädilität.

aedis *s. aedēs.*

aedituēns, *entis m (aedēs, tueor)* Tempelhüter.

aeditumus, *ī m (aedēs;* „zum Tempel gehörig") *u.* °**aedituus,** *ī m (aedēs; volkset. Anlehnung an tueor* „den Tempel bewachend") Tempelhüter; ** Glöckner, Küster.

aēdōn, *onis f (gr. Fw.)* Nachtigall.

Aeduī, *ōrum m keltische Völkerschaft Galliens.*

Aeēta *u.* **-tēs,** *ae m (gr.* Aiētēs), *König in Kolchis, Vater der Medea; adi.* -*aeus* 3; **Aeētias,** *adis u.* **Aeētīnē,** ēs *f* = Medea.

Aegaeōn, *ōnis m (gr.* Aigaiōn) = Briareus, *hundertarmiger Riese;* Meergott.

Aegaeus 3 ägäisch [*mare*]; *subst.* **-um,** *ī n das* Ägäische Meer.

Aegātēs, *ium f u.* **Aegātae,** *ārum f (īnsulae) die* Ägatischen Inseln *an der Westküste Siziliens.*

aeger, *gra, grum (m adv.* **-ē**; *s. d.; et. unklar)* **1. a)** krank, leidend; **b)** / zerrüttet [*res publica*]; °**2.** (*geistig od. seelisch*) krank, krankhaft, bekümmert, ärgerlich, verdrießlich; °**3.** schmerzlich, betrübend [*luctus*], traurig, mühselig [*senectus*]; *subst.* **~,** *ī m ein* Kranker; °**-a,** *ae f eine* Kranke.

Aegeus, *eī m (gr.* Aigeus) *König v. Athen, Vater des Theseus;* **-gīdēs,** *ae m* Nachkomme des A. = Theseus.

Aegīna, *ae f (gr.* Aigina) *Insel im Saronischen Meerbusen; Einw.* -*nētae, ārum m.*

aegis, *idis f (gr. Fw.)* Ägis: **1.** *Schild Jupiters;* **2.** *Ziegenfell (mit Schlangen u. Medusenhaupt) über Schultern u. Brust Minervas;* **3.** / Schild, Schirm.

Aegisthus, *ī m (gr.* Aigisthos) *Mörder der Agamemnons.*

Aeglē, ēs *f (gr.* Aiglē) *Najade, Mutter der Grazien.*

aegocerōs, *ōtis m (gr. Fw.)* Steinbock (*als Tierkreiszeichen*).

Aegos flūmen (*gr.* Aigos potamos) Ziegenfluss *auf der thrakischen Chersones (Schlacht 405).*

aegrē *adv. (m. comp., sup.; aeger)* **1.** schmerzlich, unangenehm, ärgerlich; **2.** ungern [*pati*]; *aegre ferre* unwillig, bekümmert sein, sich gekränkt fühlen [*a.c.i., seltener* °*quod*]; **3.** mit Mühe, mit (genauer) Not.

aegreō, — — 2 (*aeger*) krank sein.

aegrēscō, — — 3 (*incoh. v. aegreō*) krank werden; / sich ärgern, sich betrüben; sich verschlimmern.

aegrimōnia, *ae f (aeger)* Kummer, Verstimmung.

aegritūdō, *inis f (aeger)* °**1.** Unwohlsein; **2.** Kummer, Gram.

aegrōtātiō, *ōnis f (aegrōtō)* Kranksein, Siechtum; seelische Störung.

aegrōtō 1 (*aegrōtus*) **1.** krank sein; kränkeln; °**2.** / daniederliegen [*artes*].

aegrōtus 3 (*cf. aeger*) krank, leidend, siech; zerrüttet [*res publica*].

Aegyptus, *ī f (gr.* Aigyptos) Ägypten; *seit 30 röm. Provinz; adi.* -*tius* 3; *subst.* **-tius** *u.* **-tīnus,** *ī m der* Ägypter.

aelinos, *ī m (gr. Fw.)* Weheruf, Klagelied.

Aelius 3 *Name einer pleb. gens; adi.* [-*iānus* 3.]

Aëllō, *ūs f (gr.* Aëllō) **1.** *Harpyie;* **2.** *Hund des Actaeon.*

Aemilius 3 *Name einer patr. gens:* L. ~ *Paulus, fiel b. Cannae 216;* L. ~ *Paulus Macedonicus, Besieger des Perseus;* **Aemilia** (*via*), *ae f Straße v. Ariminum (j. Rimini) bis Placentia (j. Piacenza), 187 angelegt;* **Aemiliānus,** *ī m* (= Sohn des Aemilius) *Beiname des jüng. Scipio;* **Aemiliāna,** *ōrum n Vorst. Roms.*

aemulātiō, *ōnis f* (*aemulor*) °**1.** Nacheiferung, Wetteifer; **2.** Eifersucht, Rivalität.

aemulātor, *ōris m* (*aemulor*) Nacheiferer; Nachtreter.

aemulātus, *ūs m = aemulātiō.*

aemulor 1 (*aemulus*) **1.** nacheifern, wetteifern *mit* [*virtutes maiorum*]; **2.** eifersüchtig, neidisch sein *auf* [*homini diviti*].

aemulus (*cf. imitor, imāgō*) **I.** °*adi.* 3 **1.** nacheifernd, wetteifernd *mit* [*summis oratoribus*]; **2.** eifersüchtig, neidisch *auf* [*imperii Romani*]; **3.** gleichkommend, ebenbürtig; **II.** *subst.* **-us,** *ī m* **1.** Nacheiferer; Anhänger *eines philosophischen Systems;* **2.** ~, *ī m u.* **-a,** *ae f* Rivale (-in), Nebenbuhler(in).

Aenāria, *ae f vulk. Insel b. Neapel, j.* Ischia.

Aenēās, *ae m* (*gr.* Ainẹiās) *Sohn des Anchises u. der Venus, Stammvater Roms u. des Julischen Hauses; Nachk.* **-neadēs,** *ae m* (*gr.* Aineạdēs) Ascanius; Augustus; *pl.* Gefährten des Aeneas; Trojaner, Römer.

aēneātōrēs, *um m* (*aēneus*) Tubabläser.

Aenēis, *idis f Vergils Epos v. Äneas; adi.* *-nēïus* 3.

aēneus *u.* **ahēneus** 3 (*aes*) **1.** ehern, kupfern, bronzen; °**2.** / **a**) bronzefarben, rotgelb; **b**) unbezwinglich, eisern.

aenigma, *atis n* (*gr. Fw.*) Rätsel; / *das* Rätselhafte [*somniorum*], dunkle Andeutung.

aenigmaticē *adv.* (*aenigma*) in Rätseln.

aēni-pēs, *edis* (*aēnus, pēs*) erzfüßig.

Aēnobarbus, *ī m s. Domitius.*

aēnus 3 = *aēneus; subst.* **-um,** *ī n* (eherner) Kessel.

Aenus[1], *ī f* (*gr.* Ạinos) *Ort in Thrakien; Einw.* **Aeniī,** *ōrum m.*

Aenus[2], *ī m der* Inn.

Aeolēs, *um m* Äoler, *Bewohner v.* **Aeolia**[1], *ae od.* **Aeolis,** *idis f* (*gr.* Ạiolịs) *Landschaft im nw. Kleinasien; adi.* *-lius* 3 [*puella -a* = Sappho; *carmen -um* = Lyrik von Sappho und Alkaios].

Aeolus, *ī m* (*gr.* Ạiolos) *Stammvater der Äoler; Beherrscher der Winde; Nachk.* **-lidēs,** *ae m* (Sisyphus, Athamas; Cephalus, Odysseus); **-lis,** *idis f Tochter des Aeolus; adi.* *-lius* 3; *subst.* **Aeolia**[2], *ae f* (*gr.* Ạiolịā) Äolusinsel, *j.* Stromboli.

aequābilis, e (*m. comp., adv.; aequō*) °**1.** ebenbürtig; **2.** gleichmäßig, -förmig; unparteiisch [*ius*]; °**3.** leutselig.

aequābilitās, *ātis f* (*aequābilis*) Gleichmäßigkeit, -förmigkeit; / Unparteilichkeit; Gleichmut.

aequ-aevus 3 (*aequus; aevum*) gleichaltrig.

aequālis, e (*m.* °*comp., adv.; aequus*) °**1.** gleich hoch, eben, flach [*loca*]; **2.** gleichförmig, -mäßig; **3.** gleichwertig; **4.** gleichzeitig [*illis temporibus scriptor*], gleichaltrig; *subst.* ~, *is m f* Zeit-, Altersgenosse, Jugendfreund(in).

aequālitās, *ātis f* (*aequālis*) °**1.** Gleichförmigkeit; **2.** Gleichheit: °**a**) Rechtsgleichheit; **b**) Altersgleichheit; °**3.** (*coll.*) *die* Altersgenossen.

aequanimitās, *ātis f* (*aequanimus* gleichmütig) **1.** Billigkeit; **2.** Gleichmut, Geduld.

aequātiō, *ōnis f* (*aequō*) Ausgleichung, gleiche Verteilung.

****aequator,** *oris m* Äquator.

Aequī, Aequiculī, *ōrum m italische Stämme ö. v. Rom; adi.* *-icus, -īculus* 3.

aequi-lībritās, *ātis f* (*aequus, lībra*) Gleichgewicht(sgesetz).

Aequimaelium (*u. -mēlium*), *ī n Platz am Kapitol.*

aequinoctiālis, e (*aequinoctium*) zur Zeit der Tag- und Nachtgleiche.

aequi-noctium, *ī n* (*aequus, nox*) Tag- und Nachtgleiche.

aequiperābilis, e (*aequiperō*) vergleichbar.

aequi-perō 1 (*aequus, pār*) gleichstellen, -setzen; gleichkommen, erreichen [*magistratum*].

aequitās, *ātis f* (*aequus*) °**1. a**) ebene Lage; **b**) Gleichheit, Ebenmaß; **2.** / **a**) Gleichmut [*animi*]; Geduld; **b**) Gleichgültigkeit; **c**) Billigkeit(sgefühl); ~ *humana* menschliches

Recht; **d**) rechtliche Gleichheit, Unparteilichkeit.

aequō 1 (*aequus*) **1.** gleichmachen, ebnen [*locum*]; gerade stellen [°*mensam*]; *aciem* ausrichten; **2.** °**a**) gleichmachen [*urbem solo*]; **b**) / auf gleiche Stufe stellen, vergleichen [*tenuiores cum principibus*]; **3.** ausgleichen, gleichmäßig verteilen; °**4.** gleichkommen, erreichen [*fugientes cursu*].

aequor, *oris n* (*aequus*) **1.** Ebene; flaches Feld; °**2.** Meeresfläche, -spiegel; Seewasser; *pl.* Fluten.

aequoreus 3 (*aequor*) zum Meer gehörig, Meeres..., See...

aequus 3 (*m. comp., sup., adv.*; *et. ungeklärt*) eben, gleich: **I.** eben: **1.** (*räuml.*) waagerecht, flach [*locus*]; **2.** / **a**) günstig gelegen [*ad dimicandum*]; **b**) günstig, wohlwollend, geneigt, gnädig; **c**) ruhig, gelassen, zufrieden; ~ *animus* Gleichmut; **d**) billig, unparteiisch, gerecht; *aequum est* es ist recht und billig; **II.** gleich: **1.** gleich groß, gleichmäßig, gleich verteilt [*-o spatio*; *-i* °*numeri* Rhythmen]; **2.** unentschieden [*-o Marte*]; *subst.* **aequī,** *ōrum m die* Freunde; *aequi et iniqui* Freund u. Feind; **aequum,** *ī n* **1.** ebenes Gelände, freies Feld; **2.** Recht, Billigkeit; *aequi boni(que) facere* als recht und billig anerkennen, sich *etw.* gern gefallen lassen; °**3.** gleiche Lage, gleiches Recht [*esse, stare in aequo*]; *plus -o* über Gebühr; *ex -o* gleichermaßen; *adv.* **aequē** **1.** gleich (-mäßig) [*-e longus*]; **2.** in gleicher Weise, ebenso (wie) [*-e ac tu*]; **3.**(*m.* °*comp.*) (in) billiger Weise [*tueri*].

āēr, *āeris m* (*acc. āera*) (*gr. Fw.*) **1.** *die* untere Luftschicht; Luft; °**2.** Nebel.

aerārius 3 (*aes*) zum Kupfer, Erz gehörig, Kupfer..., Erz...; zum Geld gehörig, Geld...; *tribunus* ~ Zahlmeister; *subst.* **aerārius,** *ī m* **1.** Ärarier (*Bürger der untersten Klasse*) [*in aerarios referri iubere*]; °**2.** Erzarbeiter, Schmied; **aerāria,** *ae f* Erzgrube; **aerārium,** *ī n* Schatzkammer, Staatskasse, -schatz; Staatsarchiv [°*militare* Kriegskasse; °*privatum* Privatkasse].

aerātus 3 (*aes*) **1.** erzbeschlagen; °**2.** ehern [*securis*]; **3.** gut bei Kasse; °*subst.* **-ae,** *ārum f* (erzbeschlagene) Kriegsschiffe. [*aerātus.*]

aereus 3 (*aes*) *unkl.* = *aēneus u.* =

aeri-fer, *era, erum* (*aes, ferō*) eherne Zimbeln tragend.

aeri-pēs, *pedis* (*aes, pēs*) erzfüßig.

āërius 3 (*gr. Fw.*) **1.** in der Luft befindlich, luftig; °**2.** hochragend [*mons*].

aerūginōsus 3 (*aerūgō*) voll Grünspan; / schmutzig, bettelhaft.

aerūgō, *inis f* (*aes*; *cf. ferr-ūgō*) **1.** Kupferrost, Grünspan; °**2.** / Missgunst, Neid; Habgier.

aerumna, *ae f* (*wohl gr. Lw.*) Mühsal, Mühseligkeit, Drangsal.

aerumnābilis, e (*aerumna*) trübselig.

aerumnōsus 3 (*m.* °*comp., sup.*; *aerumna*) **1.** mühselig, kummervoll; °**2.** / stürmisch [*mare*].

aes, *aeris n* (*cf. nhd.* „Erz") **1.** Erz, Kupfer, Bronze; **2.** Kupfer- *od.* Bronzegerät: °**a**) ehernes Gefäß; Trompete; *aera* Bronzestatuen; **b**) *aera legum* eherne Gesetzestafeln; °**c**) *aera* eherne Waffen; *aes triplex* dreifacher Panzer; **d**) *das* eherne Geschlecht; **3. a**) Kupfergeld; *rude* Kupferbarren; *grave* gestempelter ein Pfund schwerer Barren; *aeris* = *asses* [*centum milia aeris*]; *decies* (*sc. centena milia*) *aeris* eine Million (As); **b**) *pl.* Rechenpfennige; °Marken; **4.** Vermögen; *aes alienum* Schulden [*esse in aere alieno*]; **5.** (*meist pl.*) Löhnung, Sold; Dienstjahre; (*Ho.*) Schulgeld.

aesar (*etr.*) = *deus.*

Aeschinēs, *is m* (*gr.* Aischinēs) **1.** *Schüler des Sokrates*; **2.** *Lehrer der neuen Akademie in Athen*; **3.** *athenischer Redner, Gegner des Demosthenes.*

Aeschylus, *ī m* (*gr.* Aischylos) *athenischer Tragödiendichter* (*525-456*); *adi.* -*ēus* (*im Hexameter auch* -*ēus*) 3.

Aesculāpius, *ī m* (*gr.* Asklēpios) *Gott der Heilkunde*; **-ium,** *ī n Tempel des A.* [wald.]

aesculētum, *ī n* (*aesculus*) Eichen-

aesculeus 3 (*aesculus*) eichen.

aesculus, *ī f* (*et. unklar*) *die* immergrüne Wintereiche.

Aesōn, *onis m* (*gr.* Ai-) *Vater Jasons*; **-nidēs,** *ae m* = Iason; *adi.* -*onius* 3.

Aesōpus, *ī m* (*gr.* Aisōpos) *griech.*

Fabeldichter um 550; adi. -eus (*u.* -īus) 3.

aestās, ātis *f* (*cf.* aestus) **1.** Sommer; (*nkl.*) nova Vorsommer, adulta Hochsommer, praeceps Spätsommer; °**2.** / Sommerhitze, -wetter; Jahr.

aesti-fer, era, erum (aestus, ferō) Hitze bringend, heiß; canis Hundsstern, Sirius.

Aestiī, ōrum *m Volk a. d. Ostsee.*

aestimābilis, e (aestimō) schätzbar, beachtenswert.

aestimātiō, ōnis *f* (aestimō) **1. a)** Abschätzung des Wertes [frumenti]; / **b)** an Zahlungs statt angenommenes Grundstück; **c)** Bezahlung mit taxierten Grundstücken; **d)** Strafsumme [litis]; **2.** Schätzung, Würdigung, Anerkennung [virtutis]; (*philos. t.t.*) Wertschätzung.

aestimātor, ōris *m* (aestimō) **1.** Taxator; °**2.** / Beurteiler.

aestimō 1 (*wahrsch. „das Erz zerschneiden"*) **1. a)** den Geldwert abschätzen, bewerten [(per)magno; minoris]; **b)** die Strafsumme *in einem Prozess* bestimmen; Geldbuße verhängen [litem]; **2.** / **a)** (*nach dem inneren Werte*) würdigen, beurteilen; **b)** hoch schätzen [magni]; °**c)** glauben, meinen, halten *für.*

aestīvō 1 (aestīvus) den Sommer zubringen.

aestīvus 3 (*m.* °*adv.*; aestās) sommerlich; im Sommer, Sommer...; *subst.* **-a,** ōrum *n* °**1.** Sommerweide; Herde; **2.** Sommerlager; / Feldzug.

aestuārium, ī *n* (aestus) **1.** Lagune, Meereslache; °**2.** Bucht, Bai; **3.** Flussmündung; ** heizbarer Raum.

aestumō 1 (*altl.*) = aestimō.

aestuō 1 (aestus) **1.** °**a)** (*v. Feuer*) auflodern; kochen; **b)** Hitze leiden, erhitzt sein; °**2.** (*v. Wasser*) wallen, schäumen, branden; gären; **3.** / **a)** leidenschaftlich erregt sein, glühen; **b)** unschlüssig sein, schwanken.

aestuōsus 3 (*m.* °*comp., sup.,* °*adv.*; aestus) **1.** glühend, schwül; °**2.** brandend, wogend.

aestus, ūs *m* (*cf.* aestās; aedēs) **1.** Hitze, Glut, Schwüle; Sommer-, Fieberhitze; Sommer; **2.** Wogen, Brandung; Flut [decessus aestus Ebbe]; **3.** / **a)** Leidenschaft, Ungestüm; **b)** Unruhe, Besorgnis.

aetās, ātis *f* (*cf.* aevum) **1.** Lebenszeit, Leben; tertiam -tem hominum drei Menschenalter; aetatem zeitlebens; **2.** Lebensalter, Altersstufe; Jugend [iniens, prima, bona]; Mannesalter, Blütezeit [constans, media, confirmata]; Greisenalter [extrema, exacta]; aetate confectus altersschwach; **3.** Altersklasse [puerilis, °militaris]; **4.** Zeit [longa aetas *die* Länge der Zeit], Zeitalter; °**5.** *das* (in einem Zeitalter lebende) Geschlecht [aurea]; Generation; ** Volljährigkeit.

aetātula, ae *f* (*dem. v.* aetās) zartes Alter.

****aeternalis,** e ewig; *adv.* -iter im Jenseits.

aeternitās, ātis *f* (aeternus) Ewigkeit; Unsterblichkeit; °ewige Wohlfahrt; °vestra *Titel der Kaiser*; ** ewiges Leben.

aeternō 1 (aeternus) verewigen.

aeternus 3 (*m.* °*comp.*; *cf.* aevum; °*adv.* **-ō**) ewig, unvergänglich, unsterblich; fortwährend; *subst.* **-um,** ī *n* Ewigkeit [ab aeterno; in aeternum]; *pl.* unsterbliche Taten.

aethēr, eris *m* (*acc.* aethera) (*gr. Fw.*) **1.** *die* obere Luftschicht; Äther; °**2.** Himmel(sraum); Himmelsbewohner, himmlische Dinge; Oberwelt; **3.** ♀ *der* Himmelsgott; *der* höchste Gott *der Stoiker* [pater omnipotens]; ** Himmel, Jenseits; *pl.* -a Gestirne.

****aethereus** 3 = aetherius.

aetherius 3 (*gr. Fw.*) **1.** ätherisch; himmlisch [°domus]; °**2.** luftig; oberweltlich.

Aethiops, opis *m* (*pl.* -ĕs) Äthiopier, Mohr; *auch adi.*; *subst.* **-pia,** ae *f* (*gr.* Aithiopịā) Äthiopien.

aethra, ae *f* (*gr. Fw.*) helle Luft, Himmelsglanz.

Aetna, ae *f* (*gr.* Aitnē) **1.** *Berg auf Sizilien*; *adi.* -naeus 3 des Ä., sizilisch; *subst.* **-naeī,** ōrum *m* Anwohner des Ä.; **2.** *St. am Fuß des Ä.*; *adi. u. Einw.* -nēnsis, (e).

Aetōlī, ōrum *m Bewohner v.* **Aetōlia,** ae *f* (*gr.* Aitōlịā) *im w. Griechenland*; *adi.* -tōli(c)us, -tōlus 3.

Aetōlis, idis *f* Ätolierin = Deianira.

aevitās, ātis *f* (*alte Form*) = aetās.

aevos *u.* **-us,** ī *m* (*altl.*) = aevum.

aevum, ī *n* (*cf. nhd.* „ewig") **1.** lange Dauer, Ewigkeit; **2.** = aetās.

Āfer *s.* Āfrī.

affābilis, e (*m.* °*comp.*, °*adv.*; *affor*) freundlich, leutselig.
affābilitās, *ātis f* (*affābilis*) Leutseligkeit.
af-fabrē *adv.* (*faber*) kunstvoll.
af-fatim *adv.* (*ad* °*fatim* „bis zur Erschöpfung“; *cf. fatīgō*) zur Genüge, reichlich.
affātus, *ūs m* (*affor*) Anrede, Ansprache.
affectātiō, *ōnis f* (*affectō*) Streben, Trachten *nach*; Anspruch *auf* [*Germanicae originis*]; (*rhet. t.t.*) Künstelei, Manier.
affectātor, *ōris m* (*affectō*) der v. d. Sucht nach etw. ergriffen ist; Freund.
affectātus 3 (*affectō*) affektiert, geziert.
affectiō, *ōnis f* (*afficiō*) **1.** Einwirkung, Eindruck *auf* [*sapientis*]; **2.** Zustand, Beschaffenheit; **3.** / **a**) Gemütsverfassung, Stimmung; °**b**) Neigung, Liebe; ** Streben, geistige Anlage.
affectō 1 (*intens. v. afficiō*) **1.** ergreifen wollen, einschlagen [*iter*]; °**2.** / eifrig streben *nach*, zu gewinnen suchen [*regnum*]; hegen [*spem*]; erkünsteln, affektieren [*decus in dicendo*].
affectus^1, *ūs m* (*afficiō*) **1. a**) (*körperl.*) Zustand; **b**) Gemütsverfassung, Stimmung; °**2. a**) Leidenschaft, Affekt; **b**) Zärtlichkeit, Neigung.
affectus^2 3 (*m.* °*sup.*; *afficiō*) **1. a**) angetan, versehen, ausgerüstet *mit* [*virtutibus*]; **b**) eingerichtet [*oculus ad munus fungendum*]; **c**) / gestimmt, gesinnt; **2. a**) angegriffen erschöpft, geschwächt [*corpus senectute*]; **b**) zu Ende gehend, dem Ende nahe.
af-ferō, *attulī, allātum, afferre* **1.** herbeitragen, -schaffen, hinbringen; *mediopass. u.* (*dcht.*) *se -ferre* erscheinen; **2.** (*Nachrichten*) überbringen [*litteras*]; melden, verkünden, erzählen; **3.** (Hand) (an-) legen *an* [*manus amico*; *sibi*]; sich vergreifen *an* [*vim* (*od. manus*) *virgini*]; **4.** vor-, beibringen, anführen [*argumenta*]; **5.** bewirken, verursachen, bereiten, einflößen [*laetitiam*]; **6.** beitragen *zu*, helfen, nützen [*nihil ad communem fructum*]; **7.** (*als Zutat*) hinzubringen, -fügen [*multa de suo*].
af-ficiō, *fēcī, fectum* 3 (*faciō*) **1.** behaften, versehen, erfüllen *mit*; *vulnere* verwunden, *poenā* bestrafen, *iniuriā* beleidigen, *honore* Ehre erweisen, *timore* in Furcht setzen, *laude* loben, *muneribus* beschenken, *praemio* belohnen, *supplicio* hinrichten, *cruce* ans Kreuz schlagen, *dolore* in Schmerz versetzen *u.Ä.*; P. *vulnere affici* verwundet werden, *morbo* erkranken, *iniuriā* Unrecht erleiden *u.a.* **2.** behandeln, in einen Zustand versetzen; gewöhnen [*corpus*]; **3.** (*den Geist, die Seele*) in eine Stimmung versetzen, ergreifen, anregen [*litterae me ita affecerunt*]; °**4.** (*den Körper*) hart mitnehmen, schwächen, erschöpfen; *cf. affectus^2*.
af-fīgō, *fīxī, fīxum* 3 **1.** anstecken, anheften, befestigen *an* [*falces longuriis*]; **2.** / **a**) ketten, fesseln *an* [*lectulo*]; **b**) einprägen [*memoriae*].
af-fingō, *fīnxī, fictum* 3 **1.** bildend anfügen [*statuae manus*]; **2.** / hinzudenken, andichten, hinzulügen.
af-fīnis, e (*ad fīnēs*) **1.** angrenzend, benachbart; **2.** / **a**) mitwissend, beteiligt *an*, verwickelt *in* [*rei capitalis, huic sceleri*]; **b**) verschwägert; *subst.* ~, *is m f der* (*od. die*) Verschwägerte; Schwiegersohn, Schwiegervater; Schwager, Schwägerin; Verwandte(r); ** (*höfische Anrede*) „Vetter“.
affīnitās, *ātis f* (*affīnis*) **1.** Verschwägerung, Schwägerschaft; Verwandtschaft; °**2.** = *affīnēs*; °**3.** / enger Zusammenhang [*litterarum*]; ** Freundschaft.
affirmāte *adv.* (-ī-?; *m.* °*sup.*; *P.P.P. v. affirmō*) unter Beteuerungen, hoch und heilig [*promittere*].
affirmātiō, *ōnis f* (-ī-?; *affirmō*) Versicherung, Beteuerung.
****affirmator,** *oris m* Bürge.
af-firmō 1 (-ī-?) **1.** befestigen, bekräftigen, bestätigen; **2.** beteuern, versichern, behaupten; ** P. gelten *als*.
afflātus, *ūs m* (*afflō*) **1.** *das* Anwehen, Anhauchen, Luftzug; **2.** / *divinus* Anhauch göttlichen Geistes, Begeisterung.
af-fleō, — — 2 weinen *bei, mit*.
afflīctātiō, *ōnis f* (*afflīctō*) Pein, Qual.
afflīctiō, *ōnis f* (*afflīgō*) Niedergeschlagenheit.
afflīctō 1 (*intens. v. afflīgō*) **1.** °**a**) (heftig, wiederholt) schlagen; *sese -are* sich an die Brust schlagen;

b) beschädigen, übel zurichten; **2.** / plagen, heimsuchen [*morbo gravi*]; se *-are u. mediopass.* sich abhärmen, sich Sorge machen.
afflīctor, *ōris m* (*afflīgō*) Schänder, Peiniger, Zerstörer.
afflīctus 3 (*m. comp.*; *afflīgō*) **1.** zerschlagen; bedrängt, zerrüttet, elend, unglücklich; *res -ae* verzweifelte Lage; **2.** niedergebeugt, mutlos, betrübt; **3.** verworfen [*homo*].
af-flīgō, *flīxī, flīctum* 3 **1. a)** schlagen, schmettern *an*; **b)** niederschlagen, zu Boden werfen; P. zu Boden fallen [*alces casu afflictae*]; **c)** umstürzen [*statuam*]; **d)** zerschlagen, beschädigen; **2.** / ins Verderben stürzen, unglücklich machen; entmutigen; hart mitnehmen, schwer heimsuchen, schädigen; P. scheitern; leiden unter [*desiderio*].
af-flō 1 **I.** (*trans.*) **1.** °**a)** anwehen, anblasen; **b)** P. hin-, entgegenwehen [*odores*]; °**c)** versengen; **2.** / **a)** zutragen [*rumorem*]; °**b)** mit Begeisterung erfüllen; °**II.** (*intr.*) **1.** an-, entgegenwehen; **2.** / günstig, hold sein.
af-fluēns, *entis* (*m. comp.*, °*sup.*, *adv.*; *affluō*) **1.** reichlich zuströmend, vorhanden; **2.** reichlich versehen *mit*, reich *an*; triefend *von* [*unguentis*]; *adv. affluenter* reichlich, verschwenderisch.
af-fluentia, *ae f* (*affluēns*) Überfluss, Fülle.
af-fluō, *flūxī,* — 3 (*-flŭxī?*) °**1.** heranfließen, herbeiströmen; **2. a)** im Überfluss vorhanden sein; **b)** Überfluss haben *an*; **3.** / **a)** unvermerkt zufließen; **b)** einwirken *auf*.
af-for 1 anreden, ansprechen; °anflehen [*deos*]; (°*pass.*) *affatum esse* (*vom Schicksal*) verhängt sein.
af-fore, af-forem *s. assum.*
af-formīdō 1 bange werden (*ne*).
af-fricō, *uī, ātum* 1 anreiben; / übertragen.
af-fulgeō, *fulsī,* — 2 entgegenstrahlen, -leuchten; / leuchtend erscheinen, (wie ein Gestirn) aufgehen, entgegenlächeln.
af-fundō, *fūdī, fūsum* 3 hinzugießen [*venenum potioni*]; zuströmen lassen; P. sich ergießen; unversehens überlaufen [*rubor*]; *affusus* hingeworfen [*genibus* kniend], hingelagert [*tumulo*].
af-futūrus 3 *s. assum.*
ā-fluō, — — 3 abströmen, wegfließen.
āfore, āforem *s. absum.*
Āfrānius 3 *Name einer pleb. gens*: **1.** L. ~, *ber. Dichter der fabula togata* (*um 100*); **2.** L. ~, *Legat des Pompejus.*
Āfrī, *ōrum m* Afrikaner; *sg.* *Āfer, frī m* Punier; *adi.* **Āfer,** *ra, rum,* **Āfricus** 3, **Āfricānus** 3 afrikanisch, punisch; *subst.* **Āfricus,** *ī m* (*sc. ventus*) Westsüdwestwind; **Āfrica,** *ae f* Afrika; *die röm. Provinz* Afrika; **Āfricānae,** *ārum f* wilde Tiere aus A.; **Āfricānus,** *ī m Beiname des älteren u. des jüngeren Scipio.*
Agamemnō(n), *onis m König von Mykenä*; *adi.* *-nonius* 3; *puella -a* = Iphigenie; **-nonidēs,** *ae m* Nachkomme des A. (Orestes).
Aganippē, *ēs f Muse u. Musenquelle am Helikon*; *adi.* *-ēus* 3 / den Musen heilig [*lyra*]; *-nippis, idis f* von der A. stammend.
****agape,** *es f* christl. Liebesmahl.
agāsō, *ōnis m* (*et. unsicher*) Stall-, Pferdeknecht; Eseltreiber; / Tölpel.
Agauē, *ēs f Tochter des Kadmos, Mutter des Pentheus.*
age, agedum *s. agō.*
Agedincum, *ī n* (*-ē-?*) *Hauptort der Senonen in Gallien, j.* Sens *in der Champagne.*
agellus, *ī m* (*dem. v. ager*) Gütchen.
agēma, *atis n* (*gr. Fw.*) Leibgarde (*im makedonischen Heere*).
Agēnōr, *oris m Vater des Kadmos u. der Europa, Ahnherr der Dido*; *-oris urbs* Karthago; *adi.* *-oreus* 3; *bos der unter die Sterne versetzte Stier der Europa*; *subst.* **-ridēs,** *ae m* Nachkomme des A. (= Kadmos, Perseus).
agēns, *entis* (*agō*) lebhaft [*orator*]; ** *subst. m* Beamter.
ager, *grī m* (*cf. agō*) **1.** Acker, Feld, Boden, Grundstück; °*in agrum* feldein, in die Tiefe; **2.** (*pl.*) plattes Land (*Ggs. urbs*); **3.** Gebiet, Landschaft, Mark [*Helvetiorum*]; *publicus* Staatsdomäne.
ā-gerō, — — 3 (*Pl.*) wegschaffen.
Agēsilāus, *ī m* (*gr. -silāos*) *König von Sparta* (*397-361*).
ag-gemō, — — 3 (*Ov.*) dabei seufzen.
agger, *eris m* (*aggerō²*) **1.** herbeigeschaffte Erde, Schanzmaterial; **2.** Erdwall, Schutzdamm, Schanze;

3. (*nkl.*; *dcht.*) **a**) Stadtmauer; **b**) Grenzwall; **c**) Dammweg, Uferböschung, Hafendamm; **d**) Oberbau der Straße; **e**) Höhe, Hügel; **f**) Scheiterhaufen, Holzstoß.

aggerō[1] 1 (*agger*; *nkl., dcht.*) dammartig aufschütten; aufhäufen; / erhöhen, steigern [*iras dictis*].

ag-gerō[2], *gessī, gestum* 3 herbeitragen, -schleppen, -bringen; / (*Ta.*) überhäufen *mit*; vorbringen.

aggestus, *ūs m* (*aggerō*[2]; *nkl.*) *das* Herbeischaffen; Damm; Grabhügel.

ag-glomerō 1 (*Ve., nkl.*) (zu einem Knäuel) fest anschließen [*se lateri*].

ag-glūtinō 1 anleimen, ankleben; / anfügen; *se -are* (*Pl.*) sich (wie Kletten) anhängen [*meretrix*].

ag-gravēscō, — — 3 (*Te.*) sich verschlimmern [*morbus*].

ag-gravō 1 (*nkl.*) schwerer, schlimmer machen, steigern [*inopiam*]; belästigen; zur Last fallen [*reum*].

ag-gredior, *gressus sum* 3 (*gradior*) **1.** heranschreiten, sich nähern, sich begeben; **2.** (*freundlich*) angehen, sich wenden *an* [*iudicem*]; **3. a**) (*feindlich*) angreifen, überfallen; **b**) (*nkl.*) *gerichtl.* verfolgen; **4. a**) sich anschicken *zu* [*ad dicendum*]; **b**) beginnen, versuchen [*opus*; *oppugnare oppidum*].

aggregō 1 (*ad*; *grex*) zu-, beigesellen; *se -are* sich anschließen.

aggressiō, *ōnis f* (*aggredior*) **1.** (erster) Anlauf (*eines Redners*); **2.** (*philos. t.t.*; *Qu.*) log. Schluss, Syllogismus.

agilis, e (*m. comp.*; *agō*; *dcht., nkl.*) leicht beweglich [*manus*]; schnell, rasch; / tätig, rührig, geschäftig.

agilitās, *ātis f* (*agilis*) (*nkl.*) Beweglichkeit [*naturae des* Charakters].

Āgis, *idis m Name spartan. Könige.*

agitābilis, e (*agitō*; *Ov.*) leicht beweglich [*aër*].

agitātiō, *ōnis f* (*agitō*) **1.** (*act.*) **a**) Bewegung, Schwingen; **b**) / Beschäftigung *mit* [*studiorum*]; **2.** (*pass.*) **a**) *das* Schwanken, Schwankung [*fluctuum*]; **b**) Regsamkeit [*animi*].

agitātor, *ōris m* **1.** (*Ve.*) Treiber [*aselli*]; **2.** Wagenlenker, Wettfahrer.

agitātus 3 (*m. comp.*; *agitō*; *nkl.*) [geweckt, lebhaft.

agite (**dum**) *s. agō.*

agitō 1 (*frequ. bzw. intens. v. agō*) **1. a**) (wiederholt *bzw.* heftig) bewegen; (hin und her) treiben; jagen, hetzen [*feras*], schütteln, schwingen [*hastam*]; aufwirbeln, aufrühren *u. Ä.*; / **b**) (*dcht.*) antreiben, anspornen; **c**) beunruhigen, aufregen; **d**) verspotten; **2.** wiederholt besprechen [*rem*]; verhandeln [*sententiam in senatu*]; **3. a**) betreiben, verrichten, ausüben [*artes*]; (*abs.*) es treiben, sich benehmen [*промiter*]; P. betrieben werden, herrschen [*pax, laetitia*]; **b**) begehen, feiern [*dies festos*]; °**4.** (*Zeit*) zubringen; verleben [*vitam*]; °**5.** sich aufhalten, leben, wohnen; **6.** (*cf. cogitō*) überlegen, bedenken, erwägen, beabsichtigen, planen [*bellum*].

Aglaïē, *ēs f* (*gr.* -ïē) *Name der* [*ältesten Grazie.*

agmen, *inis n* (*ā-?*; *agō*) °**1.** Strömung, Schwung, Windung (*remorum* Ruderschlag); **2. a**) Zug, Schar, Trupp; °**b**) Meute, Rudel, Schwarm [*ferarum*]; **3.** (*mil. t.t.*) **a**) Heer auf dem Marsche, Marschkolonne [~ *primum* Vortrab, -hut; *medium* Mitte; *extremum, novissimum* Nachhut]; **b**) Marsch des Heeres; °**c**) Schlacht, Krieg, Feldzug; Kriegsdienst; **d**) Flotte, Geschwader.

agna, *ae f* (*āgn-?*; *agnus*) Schaf- [lamm.

Agnālia, *ium n* = *Agōnālia.*

agnāscor, *agnātus sum* 3 (*āgn-?*; *nāscor*) nachgeboren werden.

agnātiō, *ōnis f* (*āgn-?*; *agnāscor*) Blutsverwandtschaft v. väterl. Seite.

agnātus, *ī m* (*āgn-?*; *agnāscor*) °**1.** nachgeborener Sohn; **2.** Blutsverwandter v. väterl. Seite, Agnat.

agnellus, *ī m* (*āgn-?*; *dem. v. agnus*) Lämmchen; / (*Kosewort*).

agnīnus 3 (*āgn-?*; *agnus*) vom Lamm; *subst.* **-a,** *ae f* (*sc. carō*[1]) Lammfleisch.

agnitiō, *ōnis f* (*āgn-?*; *agnōscō*) Anerkennung; Erkenntnis; genaues Kennenlernen.

agnōmen, *inis n* (*āgn-?*; *nōmen*; *agnōscō*) Beiname (*der den tria nomina* [*praenomen, nomen gentile, cognomen*] *aufgrund persönlicher Eigenschaften* [*Pius*] *od. Verdienste* [*Africanus*] *hinzugefügt wurde u. sich weitgehend vererbte*; *cf. cognōmen*).

agnōscō, *agnōvī, agnitum* 3 (*āgn-?*; *ad, nōscō*) **1.** erkennen [*auribus notos cantus*]; wahrnehmen;

2. wiedererkennen; sich besinnen *auf* [*virum*]; **3.** anerkennen [*filium*]; zugeben [*gloriam facti*].

agnus, *ī m* (*āgn-?*; ⟨ **agvnos*) Lamm.

agō, *ēgī, āctum* 3 (= *gr.* ągō) treiben: **I.** in Bewegung setzen: **1. a**) vorwärtstreiben, fahren, führen, lenken [*asellum*]; **b**) vorschieben, näher rücken [*vineas ad oppidum*]; einrammen [*sublicas*]; °**c**) *se -ere u. mediopass.* sich in Bewegung setzen, aufbrechen, marschieren [*agmen agitur*]; **2. a**) vertreiben, wegtreiben, fortführen, rauben; °*ferre atque agere* rauben und plündern; **b**) (*Ho.*) vorführen [*Parthos triumpho*]; **c**) *in crucem* zur Kreuzigung abführen lassen; **d**) *animam* in den letzten Zügen liegen; **e**) hetzen, jagen; °**3.** / **a**) beunruhigen, heimsuchen; **b**) hinreißen, treiben *zu* [*ad scelus*]; **II.** (*m. proleptischem Objekt*) hervortreiben: **1.** hervorbringen [°*vitis gemmas*]; schlagen [*radices*]; ausstoßen [*gemitum*]; **2.** machen, anlegen [*molem*]; ziehen [*parietem*]; °/ bahnen [*viam*]; **III.** / betreiben; **1.** (*trans.*) **a**) tun, treiben; *alqd agere* tätig sein; *nihil* untätig sein, nichts erreichen; *quid agis?* wie geht es dir?; **b**) verrichten, ausführen, zustande bringen; *censuram* verwalten; *honorem* ein Ehrenamt bekleiden; **c**) (*Feste*) feiern, veranstalten [*triumphum de Gallis*]; **d**) (*v. Schauspielern*) ein Stück aufführen [*fabulam*], eine Rolle spielen [*consulem*]; **e**) (*v. Redner*) vortragen, deklamieren; **f**) *id agere, ut* (*ne*) darauf ausgehen, sich bemühen, dass (nicht); **g**) zeigen, an den Tag legen [*paenitentiam*]; °*pacem* Frieden halten; *gratias* (*grates*) sich bedanken *bei*, Dank sagen [*tibi*]; (*nkl.*) *se agere* sich benehmen [*ferociter; pro victore*]; **h**) (*eine Zeit*) verleben, zubringen [*diem*]; *otia* in Ruhe leben; *octogesimum annum ago* ich stehe im 80. Lebensjahr; (*abs.*; *nkl.*) leben [*homines, qui tum agebant*]; sich aufhalten [*prope mare*]; wohnen, Kriegsdienste tun; **2.** (*intr.*) **a**) tätig sein, handeln [*iuste, ferociter*]; **b**) verfahren, umgehen [*male cum alqo*]; *bene mecum agitur* es geht mir gut; **IV.** verhandeln: **1.** besprechen, reden, verhandeln [*cum plebe de reditu*]; *agitur de* es handelt sich *um*, es steht auf dem Spiele; *actum est de me* mit mir ist's aus; **2.** (*jur. t.t.*) **a**) klagen, den Rechtsweg beschreiten *wegen* [*furti*]; **b**) (*v. Verteidiger*) *causam* einen Prozess führen; verteidigen; **V. age, agedum,** °**agite** (**dum**) wohlan! auf! vorwärts!; ferner; schön! gut! meinetwegen! lass das! leider!; *cf. agēns; ācta*; ** *legatum agere latere Pontificis* vom Papst als Gesandter kommen.

agōn, *ōnis m* (*acc. sg. -ōna, acc. pl. -ōnas*; *gr. Fw.*) Wettkampf, Kampfspiel; *nunc demum ~ est* jetzt endlich gilt's; ** *~ exitus* Todeskampf; *agones* Glaubenskämpfe.

Agōnālia, *ium u. ōrum n* (*altl. agō* „der das Opfertier tötende Priester"; *zu agō 3*) *die* Agonalien (*Opferfest zu Ehren des Ianus u. anderer Götter*); *adi. -ālis,* e.

agōnia, *ōrum n* (*altl. agō* [*s. Agōnālia*]) **1.** Opfertiere, -vieh; **2.** = *Agōnālia.*

agorānomus, *ī m* (*gr. Fw.*) Marktaufseher, -richter (*in Griechenland*).

Agragās, Agragantīnus = *Agrigentum, -entīnus.*

agrārius 3 (*ager*) die Staatsländereien betreffend; *lex* **-a** Ackergesetz, *res -a* Ackerverteilung; (*triumvir*) zur Verteilung von Staatsländereien; *subst.* **-ia,** *ae f* = *lēx agrāria*; **-iī,** *ōrum m* Freunde der Ackerverteilung.

agrestis, e (*m. comp.*; *ager*; *gen. pl. -um*) **1.** auf dem Felde befindlich [*mus* Feldmaus]; wild wachsend ländlich; **2.** / bäurisch, ungebildet, plump, derb [*dominus*]; *subst. ~, is m* Bauer; / ungebildeter Mensch.

agricola¹, *ae m* (*ager*; *colō*) Landmann.

Agricola², *ae m*: *Cn. Iūlius ~, Schwiegervater des Tacitus (40-93).*

agricultiō, -cultor, -cultūra *s. cultiō, cultor, cultūra.*

Agrigentum, *ī n* (⟨ *gr.* Akrąganta, *acc. v.* Akrągās) *Stadt Siziliens* (*jetzt* Girgenti); *adi. u. Einw.* *-tīnus* (3).

agripeta, *ae m* (*ager*; *petō*) Kolonist, Ansiedler.

Agrippa, *ae m röm. cogn.*: **1.** *Menēnius ~, versöhnt 494 die Plebs durch seine Fabel v. Magen*;

2. *M.* Vipsānius ~, *63-12, Freund des Augustus, Sieger v. Actium 31, Gemahl der Julia*; **3.** ~ Postumus, *nachgeborener Sohn v. 2.*; **4.** Hērōdēs ~ I. *u.* II., *Könige v. Judäa.*

Agrippīna, ae *f* **1.** *Töchter des Vipsanius Agrippa, die ältere Gemahlin des Tiberius, die jüngere des Germanicus*; **2.** *Tochter des Germanicus, Mutter des Nero*; *ihr Geburtsort* **Colōnia Agrippīnēnsis,** *50 n. Chr. kolonisiert, j.* Köln; *Einw.* -īnēnsēs, ium *m.*

Agyieus, *voc.* eu (*gr.* -eus) *Beiname Apollos als des Beschützers der Straßen.*

āh *int.* (*cf. gr.* ā) ach! ah!

aha *int.* (*cf.* āh) oho!

Ahāla, ae *m*: C. Servīlius ~ *tötete als* magister equitum *439 den plebejischen Ritter Sp. Maelius.*

ahēneus, ahēnus *s.* aēn...

ai *int.* (*cf. gr.* ai) ach!

Āiāx, ācis *m* (*gr.* Aiās) **1.** *Sohn des Oileus v. Lokris*; **2.** *Sohn des Telamon v. Salamis.*

ain' = aisne; *s.* āiō.

āiō (*gespr.* aijō; *def.*: ais, ait, aiunt; aiat; aiebam *u.* °aibam *usw.*; ⟨ *agjō; *cf.* prōdigium) **1.** ja sagen; *part.* āiēns, entis bejahend; **2.** sagen, versichern; *oft in die Rede eingeschoben*: ut ait Homerus; ut aiunt wie man sagt; **3.** ain' (= aisne) meinst du? wirklich?; quid ais was meinst du? hör mal!

Āius Locūtius *u.* **Āius Loquēns** *m* (āiō; loquor) „der ansagende Sprecher", *die göttliche Stimme, die 390 die Römer vor der Ankunft der Gallier warnte.*

āla, ae *f* (*cf. nhd.* „Achsel") °**1.** Achsel(grube), -haare; **2.** Flügel des Vogels; **3.** (*mil. t.t.*) Flügel des Heeres; Hilfstruppen; °Reiterei; °**4.** Schildrand.

alabaster, strī *m* (*gr. Fw.*) Salbenfläschchen *aus Alabaster od. Onyx.*

alacer, cris, cre *u.* (*selten*) °**alacris,** cre (*m.* °*comp.*, °*adv.*; *wohl zu ahd.* ellen „Eifer") aufgeregt, gespannt; lebhaft, feurig; freudig, munter [vultus].

alacritās, ātis *f* (alacer) Eifer, Lust; Fröhlichkeit, Munterkeit.

alapa, ae *f* (*vl. etr. Fw.*) **1.** Ohrfeige; **2.** *symb.* Backenstreich *bei der Freilassung eines Sklaven.*

ālārius 3 *u.* °**ālāris,** e (āla) Flügel... [equites]; *subst.* **ālāriī,** ōrum *u.* **-ēs,** ium *m* Hilfstruppen der Bundesgenossen.

ālātus 3 (āla) geflügelt.

alauda, ae *f* (*gall. Lw.*) Haubenlerche; *pl. Name einer gall. Legion Cäsars m. schopfähnlichen Helmbüschen.*

Alāzōn, onis *m* „*der* Prahlhans"; *Titel der gr. Komödie, die Plautus in seinem* „Miles gloriosus" *nachgestaltete.*

Alba[1], ae *f* **1.** Alba Longa, *urspr.* Longa Alba *St. sö. v. Rom*; *adi. u. Einw.* Albānus (3); römisch [°secures]; **Albānum,** ī *n* **a)** (*sc.* praedium) *vornehmer Villenort am Albaner Berg, j.* Albano; **b)** (*sc.* vīnum) Albaner Wein; **2.** Alba (Fūcentia) *St. am Fucinersee in Samnium, röm. Staatsgefängnis*; *adi.* Albēnsis, e.

****alba[2],** ae *f das* weiße Chorhemd der Geistlichen; Helle, Morgenröte.

albātus 3 (albus) weiß gekleidet, im Festkleide; ** *subst.* ~, ī *m* Engel.

albeō, — — 2 (albus) weiß sein; caelo albente im Morgengrauen; (*part. praes.*) °*adi.* **albēns,** entis weiß; equus Schimmel.

albēscō, — — 3 (*incoh. v.* albeō) weiß, hell werden, schimmern [mare]; °lux albescit *der* Tag graut.

albicapillus 3 (albus; capillus) weißhaarig.

albicō 1 (*cf.* albus) weißlich sein, [schimmern.]

albidus 3 (*m. comp., sup.*; albeō) weißlich.

Albinovānus, ī *m* **1.** C. ~ Pedō, *epischer Dichter, Freund Ovids*; **2.** Celsus ~, *Privatsekretär des Tiberius.*

Albintimilium *s.* Intemeliī.

Albis, is *m* Elbe.

albitūdō, inis *f* (albus) *das* Weiß; capitis graues Haar.

Albius 3 *röm. Gentilname*; **Albiānus** 3 des ~; *cf.* Tibullus.

Albrūna, ae *f germ. Seherin.*

Albula, ae *m u. f* **1.** *alter Name des Tiber*; **2.** *sg. od. pl.* (aquae) *schwefelhaltiger Bach w. v. Tibur, j.* Solfatara di Tivoli.

albulus 3 (*dem. v.* albus) weißlich.

Albunea, ae *f weissagende Nymphe einer schwefelhaltigen Quelle bei Tibur*; *Name der Quelle selbst.*

albus 3 (*cf. gr.* alphọs „weißer Ausschlag") **1.** (*glanzlos*) weiß, weißgrau; °*pōpulus -a* Silberpappel; *plumbum -um* Zinn; °**2. a**) weiß gekleidet; **b**) blass; **c**) hell, licht [*stella*]; **d**) Glück bringend, günstig [*genius*]; **3.** *subst.* **album,** *ī n* weiße Farbe; weiße Tafel *zu öffentl. Bekanntmachungen*; (*nkl.*) Liste, Verzeichnis.

Alcaeus, *ī m* (*gr.* Alkạ̄os) *lesbischer Lyriker um 600*; *adi.* -*cāicus* 3.

Alcamenēs, *is m* (*gr.* -kamẹnēs) *athenischer Bildhauer, Schüler des Phidias.*

alcēdō, *inis f* (*gr. Lw.*) Eisvogel; **alcēdōnia,** *ōrum n* (*sc. tempora*) Eisvogelbrutzeit, stille Winterzeit.

alcēs, *is f* (*germ. Lw.*) Elentier, Elch.

Alcibiadēs, *is m* (*gr.* Alkibiạdēs) *athenischer Staatsmann, † 404.*

Alcīdēs, *ae m der* Alkide (*Nachkomme des Alceūs* = Herkules).

Alcinous, *ī m* (*gr.* Alkịnoos) *König der Phäaken*; °/ -*i silvae* fruchtbare Obstbäume; *poma dare -o* Holz in den Wald tragen; -*i iuventus* Phäaken; verwöhnte Schwächlinge.

Alcmēna, *ae,* **-ē,** *ēs u.* **Alcumēna,** *ae f* (*gr.* Alkmẹ̄nē) *Gemahlin des Amphitryo, durch Jupiter Mutter des Herkules.* [Eisvogel.]

alcyōn, *onis f* (*acc. pl. -as*; *gr. Fw.*)

Alcyonē, *ēs f* (*gr.* Alkyọnē) **1.** *Tochter des Äolus*; **2.** *eine Plejade, Tochter des Atlas.*

alcyonēus 3 *u.* **-onius** 3 (*gr. Fw.*) zum Eisvogel gehörig; (*medicamen*) -*um* Meerschaum (*Mittel gegen Flecken im Gesicht*).

ālea, *ae f* (*wohl gr. Lw.*) Würfel [-*ā ludere*]; Würfel-, Glücksspiel [*in -ā perdere*]; / Wagnis, Gefahr.

āleārius 3 (*ālea*) das Würfelspiel betreffend. [Hasardspieler.]

āleātor, *ōris m* (*ālea*) Würfel-,

āleātōrius 3 (*āleātor*) zum Spiel gehörig, Spiel... [*damna*].

ālēc = *allēc.* [*der drei Furien.*]

Al(l)ēctō, *acc. -ō f* (*gr.* -ēktọ) *eine*

Alēī campī „*Irrgefilde*" *in Kilikien, wo nach der Sage Bellerophon vom Pegasus stürzte.* [Spieler.]

āleō, *ōnis m* (*ālea*) leidenschaftlicher

āles, *itis* (*gen. pl. auch -itum*; *āla*) **1.** *adi.* geflügelt; *deus* = Merkur; *puer* = Amor; / rasch, flüchtig [*passus*]; **2.** *subst. m f* **a**) Vogel; *albus* Schwan; *Iovis* = Adler; *Palladis* = Eule; / *Maeonii carminis* epischer Sänger, Dichter; **b**) Weissagevogel; / Wahrzeichen, Vorbedeutung [*secunda, mala*].

alēscō, — — 3 (*cf. alō*) heranwachsen, gedeihen.

Alesia, *ae f St. der Mandubier, v. Cäsar niedergebrannt.*

Ālēus = *Ēlēus*; *s. Ēlis.*

Alexander, *drī m* (*gr.* Alẹxandros) **1.** = Paris, *Sohn des Priamus*; **2.** *berüchtigter Tyrann v. Pherae* (*370 bis 357*); **3.** *König der Molosser, Oheim Alexanders d. Gr.*; **4.** *Magnus, König v. Makedonien* (*336–323*).

Alexandrīa *u.* **-ēa,** *ae f* (*gr.* Alexạndrẹ̄a) *Name vieler v. Alexander d. Gr. gegründeten Städte*; *am bekanntesten* **1.** ~ *Trōas an der troischen Küste*; **2.** *St. in Ägypten, j.* Alexandrien; *adi.* -*drīnus* 3; *bellum -um* Cäsars Krieg in Ägypten; *Einw.* **-drīnī,** *ōrum m.*

Alfēnus, *ī m*: *P.* ~ *Vārus, angesehener Jurist unter Augustus.* [/ Seeküste.]

alga, *ae f* (*cf. ulva*) Seegras, Tang;

algeō, *alsī,* — 2 (*cf. algor*) frieren, unter der Kälte leiden.

algēscō, *alsī,* — 3 (*incoh. v. algeō*) sich erkälten.

algidus 3 (*algeō*) (eis)kalt.

algor, *ōris u.* **-us,** *ūs m* (*algeō*) Kältegefühl; Frost, Kälte.

Ālia, *ae f s. Allia.*

aliā (*sc. viā*) *adv.* auf anderem Wege.

aliās *adv.* (*acc. pl. f v. alius*) **1.** zu anderer Zeit, ein andermal, sonst; ~ ... ~ bald ... bald; *alias aliter* bald so, bald so; *alias aliud* bald dies, bald jenes; °**2.** bei anderen Gelegenheiten, sonst; °**3.** *non* ~ *quam, non* ~ *nisi* nicht anders als, aus keinem anderen Grunde als.

āliātus, *ī m* (*ālium*) Knoblauchesser; armer Schlucker.

alibī *adv.* (-*ĭ*? ‹ *aliubī*) **1. a**) anderswo, anderwärts; ~ ... ~ hier ... dort; *alius* ~ der eine hier, der andere dort; °**b**) bei einem anderen (Schriftsteller); °**2.** in anderer Beziehung, sonst. [Grütze.]

alica, *ae f* (*gr. Lw.*) Graupen,

alicārius 3 (*alica*) Graupen... [*reliquiae ae* = Abfälle], *subst.* **-āria,** *ae f* gemeine Dirne.

alicubī *adv.* (-*ī*?; *d.i. ali-cubī*; *alius*; *cf. ubī*) irgendwo.

alicula, *ae f* (*gr. Lw., volkset. m. alica verknüpft*) Zipfelmantel (*Kindertracht; Jagdkleid*).
alicunde *adv.* (*d.i. ali-cunde; alius; cf. unde*) irgendwoher.
alid *s. alis.*
Ālidēnsis = *Ēleus.*
aliēnātiō, *ōnis f* (*aliēnō*) **1.** Ent-, Veräußerung; **2.** / **a**) Entfremdung, Abfall, Abneigung; °**b**) Bewusstlosigkeit, Wahnsinn [*mentis*].
aliēni-gena, *ae m* (*gignō*) ausländisch; Ausländer.
aliēni-genus 3 (*aliēnigena*) fremdartig; ausländisch.
aliēnō 1 (*aliēnus*) °**1. a**) weggeben, in fremde Hände geben; P. in fremde Gewalt geraten; **b**) verstoßen; **2.** (*jur. t.t.*) veräußern, abtreten; **3.** *mentem* wahnsinnig machen; **4.** entfremden, abtrünnig machen [*a senatu*]; P. abfallen *von*, feind werden; (*P.P.P.*) °*adi.* **aliēnātus** 3 außer sich, wahnsinnig.
aliēnus 3 (*m. comp., sup.; alius*) **1.** einem andern gehörig, fremd; *aes alienum* Schulden; **2. a**) fern stehend, nicht verwandt; **b**) ausländisch; **3.** abgeneigt, feindselig, gleichgültig *gegen* [*a commodis vestris*]; **4.** ungünstig, nachteilig [*locus*]; **5.** unangemessen, unpassend, unvereinbar *mit* [*aetate nostra*]; *subst.* ~, *ī m* Fremder, Ausländer; **-um,** *ī n* fremdes Gut, fremder Grund u. Boden; fremde Angelegenheit(en); **-a,** *ōrum n* Fremdartiges, Zutaten; Unsinn.
āli-ger, *gera, gerum* (*āla; gerō*) geflügelt [*agmen -um* Zug der Vögel].
Āliī *s. Ēlis.*
alimentārius 3 (*alimentum*) zum Unterhalt gehörig, unterhaltsberechtigt.
alimentum, *ī n* (*alō*) **1.** Nahrungsmittel; *pl.* Nahrung, Proviant; **2.** (*jur. t.t.*) Alimente, Ammen-, Erzieherlohn, Kostgeld.
alimōnium, *ī n* (°*alimō* „Pflegling") Ernährung, Unterhalt.
aliō *adv.* (*alius*) anderswohin; zu einem anderen Zweck.
aliō-quī(n) *adv.* (*urspr. abl. v. aliud quid*) **1.** in anderer Hinsicht, im Übrigen; **2.** überhaupt, ohnehin, schon; **3.** andernfalls, sonst.
aliōrsum *u.* **aliō-vorsum** (*vertō*) anderswohin; in anderem Sinne.
āli-pēs, *edis* (*āla; pēs*) mit geflügelten Füßen [*deus* = Merkur]; schnellfüßig [*equi*]; *subst. m* Rennpferd.
ālipilus, *ī m* (*āla; pilō*) Sklave, der die Achselhaare zu entfernen hatte.
alīptēs, *ae m* (*gr. Fw.*) „Einsalber", Masseur.
aliquā *adv.* (*sc. viā*) auf irgendeinem Wege; °irgendwie.
aliquam-diū *adv.* ziemlich lange.
aliquam multī (*auch zus.*) 3 ziemlich viele.
aliquandō (*u.* **-ŏ**?) *adv.* irgendeinmal, einst; endlich einmal; zuweilen, manchmal.
aliquantillum, *ī n* (*dem. v. aliquantum*) ein bisschen.
aliquantīsper *adv.* (*-īsp-?; aliquantum; -per*) eine Weile.
aliquantulus 3 (*dem. v. aliquantus*) ziemlich klein, wenig; *subst.* **-um,** *ī n* ein wenig.
aliquantus (*cf. alis; quantus*) °**1.** *adi.* 3 ziemlich viel, groß, bedeutend; **2.** *subst.* **-um,** *ī n ein* Bedeutendes, *eine* reichliche Menge, Strecke; **3.** *adv.* **-um** (*acc.*) ziemlich, erheblich; **-ō** (*abl. mens.*) bedeutend [*-o ante* ziemlich lange vorher].
aliquā-tenus *adv.* einigermaßen.
aliquī[1], *quae* (*qua*), *quod pron. indef.* (*meist adi.*) (*alis; quī*) irgendein.
aliquī[2] *adv.* irgendwie.
aliquis, *quid* (*f auch -qua*) *pron. indef. subst.* (*m u. f auch adi.*) (*alis; quis*) **1.** irgendjemand, ein beliebiger, irgendein(er); etwas; *pl. aliqui* einige, manche; *is aliquis* dieser Jemand; *si aliquis* wenn wirklich jemand; **2.** (*b. Zahlen*) ungefähr [*tres aliqui aut quattuor*]; **3.** bedeutend [*sine aliquo vulnere* ohne wesentlichen Verlust]; etwas Wichtiges [*dicis aliquid*]; *adv. aliquid* einigermaßen.
aliquō *adv.* (*aliquis*) irgendwohin.
aliquot (*alis, quot*) *indecl.* (*meist adi.*) einige, ein paar.
aliquotiē(n)s *adv.* mehrmals.
aliquō-vorsum *adv.* irgendwohin.
Ālis[1], *idis f* = *Ēlis.*
alis[2], **alid** (*altl.*) = *alius, aliud.*
Alisō, *ōnis m* (*-ī-?; röm. Kastell in Germanien.*
aliter *adv.* (*wohl erstarrter nom. sg.* ‹ **ali-teros, comp. zu alius; cf. alter*) **1.** anders, auf andere Weise; *non* ~, *haud* ~ ebenso, gerade (*ac si, quam*

si wie wenn); **2.** entgegengesetzt, umgekehrt, dagegen; **3.** andernfalls, sonst.
ali-ubī (-*ĭ*?; *alis*) = *alibī*.
ālium, *jünger* **allium,** *ī n* (*et. ungedeutet*) Knoblauch.
ali-unde *adv.* (*alis*) anderswoher; auf einer anderen Seite [*stare*].
alius, *a, ud* (*gen. alterīus, dat. aliī u. alterī*; °*selten*: *gen. sg. f -iae, dat. sg. m -iō, f -iae*; ‹ **aljos*; *cf. nhd.* Elend ‹ *ahd.* eli-lenti = „fremdes Land") **1.** ein anderer; *pl. alii* andere; *alius ... alius* der eine ... der andere, *alii ... alii* die einen ... die anderen; *alius aliud* der eine dieses, der andere jenes; *alius alio more vivit* jeder lebt auf seine Weise; *alius atque alius* bald dieser, bald jener; *alius ac, atque, et* (*im positiven Satz*), *quam, nisi, praeter* (*im negativen Satz*) ein anderer als; *nihil aliud nisi* nur, lediglich; **2.** andersartig, verschieden [*totam orationem aliam facere* umarbeiten]; *alias res agere* Nebendinge (Allotria) treiben; °**3.** ein zweiter (= *alter*); **4.** sonstiger; *adv.* **alia** (*acc. pl. n*) im Übrigen, sonst.
al-lābor, *lāpsus sum* 3 herangleiten, -schlüpfen, -fluten [*angues*].
al-labōrō 1 mühsam erstreben; (unter Mühen) hinzufügen.
al-lacrimāns, *antis* (*ad, lacrimō*) dabei weinend.
allāpsus, *ūs m* (*allābor*) *das* Herangleiten.
al-lātrō 1 anbellen; / ankläffen.
al-laudābilis, e lobenswert.
al-laudō 1 loben.
allēc, *ēcis n* (*gr. Lw. m. volkset. Anlehnung an allectō u. lac*) Fischtunke.
allectātiō, *ōnis f* (*allectō*) *das* Anlocken.
allēctiō, *ōnis f* (*allegō*[2]) Zuwahl; *das* Gewinnen [*amici*].
allectō[1] 1 (*intens. v. alliciō*) anlocken.
Allēctō[2] *s. Alēctō.*
allēctus[1], *ī m* (*allegō*[2]) **1.** *der* (*durch kaiserliche Gnade*) in einen höheren Rang Erhobene; **2.** *pl. die in der Kaiserzeit durch Begünstigung* in den Senat aufgenommenen Ritter.
allectus[2] *s. alliciō.*
allēgātiō, *ōnis f* (*allēgō*[1]) Absendung *einer Person in Privatangelegenheiten.*
allēgātus, *abl. ū m* (*allēgō*[1]) Sendung, Auftrag.
al-lēgō[1] 1 **1.** (*in Privatangelegenheiten*) absenden, abordnen; **2.** vorbringen, geltend machen.
al-legō[2], *lēgī, lēctum* 3 **1.** hinzuwählen; durch Wahl aufnehmen; **2.** (*in einen höheren Rang*) erheben.
allēgoria, *ae f* (*gr. Fw.*) Allegorie *als rhet. Figur.*
allevāmentum, *ī n* (*allevō*) Erleichterung.
allevātiō, *ōnis f* (*allevō*) °**1.** *das* Aufheben, -richten; **2.** Erleichterung.
al-levō 1 °**1. a**) emporheben, aufrichten; / **b**) unterstützen; **2. a**) erleichtern, mildern; P. sich erholen; **b**) erheitern.
allex[1], *icis m* (*cf. pollex*) große Zehe; / *viri* (*scherzh.*) Däumling.
allēx[2], *ēcis m f* = *allēc.*
Allia *u.* **Ālia,** *ae f Nebenfl. des Tiber, j.* Aja; (*Schlacht 390*); *adi.* [-*iēnsis*, e.]
alliātus = *āliātus.*
allicefaciō, — *factum* 3 (*alliciō*; *faciō*) anlocken.
al-liciō, *lēxī, lectum* 3 (*laciō* 3 locke; *cf. lacessō*) anlocken, ködern, für sich gewinnen [*oratione animos ad*].
al-līdō, *sī, sum* 3 (*laedō*) *etw.* anschlagen, schleudern *gegen* [*ad scopulos*]; P. eine Schlappe erleiden.
Allīfae, *ārum f St. in Samnium, j.* Alife; *adi. -fānus* 3; *subst.* **-fāna,** *ōrum n* (Allifaner) irdene Humpen.
al-ligō 1 **1. a**) anbinden [*ad palum*]; **b**) festhalten, fesseln; **c**) verbinden; **2.** / **a**) fesseln, hemmen [*virtutem*]; **b**) ketten [*beneficio*]; verpflichten; *se scelere -are* sich e-s Verbrechens schuldig machen; *abs. alligatus* 3 in ein Verbrechen verwickelt.
al-linō, *lēvī, litum* 3 °**1.** (*einen Strich*) dazusetzen; **2.** / beflecken.
allium, *ī n s. ālium.*
Allobroges, *um m* (*sg. -brox*) *Bergvolk in Gallia Narbonensis.*
allocūtiō, *ōnis f* (*alloquor*) **1.** Anrede; **2.** Zuspruch; **3.** Charakterschilderung.
****allodium,** *i n* Allod, Volleigentum, Freigut.
alloquium, *ī n* (*alloquor*) **1.** Gespräch; Ansprache; **2.** Zuspruch, Trost. [°/ trösten.]
al-loquor, *locūtus sum* 3 anreden;
allubēscit, — — 3 (*incoh.*; *cf. lubet*) es gelüstet mich.
al-lūceō, — — 2 danebenleuchten; / *faculam* die günstige Gelegenheit zeigen.
allūdiō 1 (*cf. allūdō*) kosen.
al-lūdō, *lūsī, lūsum* 3 **1. a**) spielen,

kosen, schäkern *mit*; **b**) anspielen *auf* [*ad nomen*]; °**2. a**) sich spielend nähern; heranplätschern [*unda*]; **b**) / nahe kommen [*sapientiae*].

al-luō, *luī*, — 3 (*lavō*) bespülen [*fluvius moenia*].

alluviēs, *ēī f* (*alluō*) Überschwemmung.

alluviō, *ōnis f* (*alluō*) Anschwemmung, angeschwemmtes Land.

****almitas,** *atis f Titel für höhere Geistliche.*

Almō, *ōnis m kl. Nebenfl. des Tiber, j.* Aquataccio; *Flussgott.*

almus 3 (*alō*) nährend, Nahrung spendend, fruchtbar; / gütig, hold, segnend [*Venus*].

alnus, *ī f* (*cf. nhd.* „Eller") Erle; Kahn *aus Erlenholz.*

alō, *aluī, altum* (*u. alitum*) 3 (*cf. altus, nhd.* „alt") **1. a**) (er)nähren; **b**) aufziehen; **c**) (*Haustiere*) halten; **2.** / **a**) wachsen lassen, hervorbringen; **b**) vergrößern [*spem*]; verschlimmern [*morbum*]; **c**) fördern, pflegen [*honos artes*].

aloē, *ēs f* (*gr. Fw.*) Aloe; / Bitterkeit.

alogia, *ae f* (*gr. Fw.*) Unvernunft; *pl.* tolle Ideen.

Alōīdae, *ārum m Söhne des Neptun u. der Gattin des* Alōeūs, *die Giganten* Otus *u.* Ephialtes.

Alpēs, *ium f* Alpen; *adi.* -*pīnus* 3; *subst.* **-picī,** *ōrum m* Alpenbewohner.

alpha *n* (*indekl.*; *gr. Fw.*) *der erste Buchstabe des gr. Alphabets*; / *der* erste.

****alphabetum,** *ī n das* Alphabet.

Alphēos *u.* **-ēus,** *ī m* (*gr.* Alpheiọs) *Fl. in Elis*; *Flussgott*; *adi.* -*ēus* 3; *subst.* **-phēïas,** *adis f Beiname der Nymphe Arethusa.*

****alpis,** *is f* Berg; *pl.* Almen, Viehweiden.

Alsium, *ī n Ort in Etrurien*; *adi.* -*iēnsis, e*; *subst.* -*iēnse, is n Landgut des Pompejus b.* ~.

alsius[1] *comp. n* (*cf. algeō*) kühler, erfrischender.

alsius[2] 3 (*cf. algeō*) frostig.

altāria, *ium n* (*adoleō*[1]) °**1.** Aufsatz auf dem Opfertisch; **2.** Brandaltar; Altar; ** *altare, is n* Altar; *maius* Hochaltar.

****altarista,** *ae m* Kaplan.

alter, *era, erum* (*gen. alterīus, im Vers auch -īus*; *dat. alterī, f auch -ae*; *im Vers auch synk.*: *altrum, altrī usw.*; < *aliteros, comp. v.* alis) **1.** der eine, der andere von beiden [*consul*, °*consulum, de censoribus*]; *alter* ... *alter* der eine ... der andere; *alter alteri inimicus* einander Feind; **2.** *der* Nächste, *der* Mitmensch; **3.** entgegengesetzt; *ripa -a* jenseitig; *factio -a* Gegenpartei; **4.** der Zweite; ein Zweiter [~ *Marius*]; ~ *ego* mein zweites Ich; ~ *idem* ein zweites Selbst; *unus et alter* ein Paar; *unus aut alter* ein bis zwei; *alterum tantum* doppelt so groß, viel.

altera, *īus f* (*sc. febris*; *alter*) Wechselfieber.

alterās (*sc. partēs*) *adv.* ein andermal.

altercātiō, *ōnis f* (*altercor*) Wortwechsel, Zank, Wortstreit.

altercātor, *ōris m* (*altercor*) Diskussionsredner.

altercor *u.* (*vkl., nkl.*) **-ō** 1 (*cf. alter*) zanken; diskutieren.

alternīs *adv.* (*alternus*) abwechselnd.

alternō 1 (*alternus*) abwechseln *mit* [*cibum*]; bald dies, bald jenes erwägen, schwanken.

alternus 3 (*alter*) **1.** abwechselnd; *sermones -i* Dialog; **2.** elegisch, in Distichen [*versus*]; *carmen -um* Elegie.

alter-uter, *utra, utrum u. altera utra, alterum utrum* (*gen. alterutrīus u. alterīus utrīus usw.*) einer von beiden.

alti-cinctus 3 (-*īnct-?*; *altus*; *cingō*) hochgeschürzt.

altilis, *e* (*altus, P.P.P. v. alō*) gemästet; *subst.* **-ēs,** *ium f u.* **-ia,** *ium n* Mastgeflügel.

alti-sonus 3 (*altus*; *sonō*) donnernd; / erhaben.

alti-tonāns, *antis* (*altus*; *tonō*) aus der Höhe donnernd.

altitūdō, *inis f* (*altus*) Höhe, Tiefe, Dicke; / Erhabenheit, Größe; Verschlossenheit.

altiusculus 3 (*dem. v. comp. altius*) etwas zu hoch.

alti-volāns, *antis* (*altus*; *volō*[1]) hochfliegend.

altor, *ōris m* (*alō*) Ernährer, Erhalter.

altrim secus *u.* °**altrīnsecus** *adv.* (*alter*) auf der anderen Seite.

altrīx, *īcis f* (*altor*) Ernährerin, Amme; *adi.* heimatlich.

altrō-vorsum *adv.* (*altrō* „anderswohin"; *vorsum* = *versum*) nach der anderen Seite.

altus 3 (*m. comp., sup., adv.*; *urspr. P.P.P. v. alō*) **1.** (*v. unten gemessen*) **a**) hoch (ragend); **b**) / hoch, erhaben [*Iuppiter*]; **2.** (*v. oben gemessen*)

a) tief [*flumen*]; tief eindringend [*radix*]; / b) tief [*silentium*]; c) gründlich [*studia*]; d) versteckt, geheim; 3. (*in die Weite gemessen*) a) breit, weit [*vallis*]; b) / weit zurückliegend [*oratio -e repetita*]; uralt [*gens*]; *subst.* **-um,** *ī n* 1. a) Höhe, Himmel; b) *die* hohe See; 2. a) Tiefe; *-a °pelagi* Meerestiefen; °b) / Tiefe, Grund [*animi*]; 3. *die* Weite, *die* Ferne [*ex -o causas petis*]; ** hell; teuer; *sup. subst. altissimus, i m* Gott.

alūcinātiō, *ōnis f* (*alūcinor*) gedankenloses Reden.

alūcinor (*gr. Lw.*) 1 ins Blaue hinein reden, faseln.

alūminōsus 3 (°*alūmen* „Alaun") alaunhaltig.

alumna, *ae f* (*alumnus*) Pflegetochter.

alumnus (*urspr. part. praes. P. v. alō*) °1. *adi.* 3 aufgezogen; 2. *subst.* Pflegesohn, Zögling; Sprössling; Jünger [*Platonis*]; ** Dienstmann; junger Christ.

alūta, *ae f* (*cf. alūmen* „Alaun") 1. mit Alaun gegerbtes u. gefärbtes Leder; °2. / a) Schuh(riemen); b) lederner Beutel; c) Schönheitspflästerchen; d) = *mentula*.

alv(e)ārium, *ī n u.* **alveāre,** *is n* (*alvus bzw. alveus*) Bienenkorb, -stock.

alveolus, *ī m* (*dem. v. alveus*) °1. Mulde; Trog; °2. Flussbett; 3. a) Spielbrett; b) Würfelspiel; °4. Schanzkorb.

alveus, *ī m* (*alvus*) bauchige Vertiefung; 1. a) Mulde, Wanne, Badewanne; Bassin; °b) Wasserbecken; °2. a) Flussbett; b) Schiff(sbauch), Kahn; c) Bienenstock; d) Würfelbrett, -spiel.

alvus, *ī f u. m* (*gr. Fw.*?) Höhlung, Wölbung: 1. a) Bauch; b) Mutterleib; c) Magen; °2. Schiffsbauch; °3. Bienenstock.

am- *s. ambi-.*

amābilis, e (*m. comp., sup.,* °*adv.*; *amō*) liebenswürdig, liebevoll.

amābilitās, *ātis f* (*amābilis*) Liebenswürdigkeit.

Amalthēa, *ae f* (*gr.* Amalthēia) 1. *Nymphe od. Ziege auf Kreta, die den Zeus aufzog;* 2. *Sibylle;* **-thēum** *od.* **-thīum,** *ī n* Heiligtum d. Nymphe A. (*auf den Landgütern des Attikus u. des Cicero*).

āmandātiō, *ōnis f* (*āmandō*) Verweisung, Verbannung [*rusticana* aufs Dorf].

ā-mandō 1 wegschicken; verweisen, verbannen.

amandus 3 (*amō*) liebenswürdig, lieblich.

amāns, *antis* (*m. comp., sup., adv.*; *amō*) liebend, liebevoll; *subst. m* Liebhaber.

āmanuēnsis, *is m* (*ā manū*) Sekretär.

amāracinum, *ī n* (*gr. Fw.*) Majoransalbe.

amāracum, *ī n u.* **-us,** *ī m f* (*gr. Fw.*) Majoran.

amarantus, *ī m* (*gr. Fw.*) Tausendschön.

amāritiēs, *ēī f,* **amāritūdō,** *inis f u.* **amāror,** *ōris m* (*amārus*) Bitterkeit, bitterer Geschmack.

amārus 3 (*m. comp.,* °*sup.,* °*adv.*; *cf. nhd.* „Ampfer") 1. a) bitter, herb; °b) beißend, scharf; 2. / °a) herb, widerlich, unangenehm [*vita*]; b) verbittert, empfindlich, reizbar [*senex*]; °c) beißend, verletzend, kränkend [*sermo*]; *subst.* **-a,** *ōrum n* Bitterkeit.

Amasēnus, *ī m Fl. in Latium, j.* Amaseno.

amāsius, *ī m* (*amō*) Liebhaber.

Amathūs, *ūntis f* (*gr.* -thūs) *St. auf Zypern m. Venustempel; adi.* -thūsi(ac)us 3; *subst.* **-thūsia,** *ae f* Venus.

amātiō, *ōnis f* (*amō*) Liebschaft, Liebelei.

amātor, *ōris m* (*amō*) Liebhaber; Freund; °**amātrīx,** *īcis f* Liebchen; *adi.* buhlerisch.

amātorculus, *ī m* (*dem. v. amātor*) kümmerlicher Liebhaber.

amātōrius 3 (*m. adv.*; *amātor*) verliebt, galant, Liebes...; °*subst.* **-um,** *ī n* Liebestrank.

Amāzōn, *onis f* (*gr.* -zōn), *meist pl.* **-ones** *u.* **-onides,** *um sagenh. kriegerisches Frauenvolk,* Amazonen; *adi. -oni(c)us* 3.

amb- *s. ambi-*

ambactus, *ī m* (*gall. Lw.*) Dienstmann, Vasall.

amb-āgēs, *um f* (*sg. nur abl.* -*āge*; *amb-, agō*) 1. Umweg, Irrweg; 2. / a) Umschweife; b) Ausflüchte; c) Zweideutigkeit, rätselhafte Andeutungen [*tacitae*].

Ambarrī, *ōrum m gall. Volk an der Saône, m. den Äduern verwandt.*

amb-edō, *ēdī, ēsum* 3 annagen, auffressen, verzehren.

amb-ēstrīx, *īcis f* (-ē-?; *edō*) Fresserin.

ambi-, amb-, am-, an- (*cf. ambō,*

nhd. „um“) zu beiden Seiten, ringsum, um.

Ambiānī, *ōrum m belgisches Küstenvolk.*

Ambibariī, *ōrum m gall. Volk i. d. Normandie.*

amb-igō, — — 3 (*agō*) **1.** (*trans.*) bezweifeln, bestreiten; P. zweifelhaft, strittig sein; **2.** (*intr.*) °**a**) schwanken, unschlüssig sein; **b**) (*namentl. vor Gericht*) rechten, streiten *über* [de hereditate]; *ii, qui ambigunt die* streitenden Parteien.

ambiguitās, *ātis f* (*ambiguus*) Zweideutigkeit, Doppelsinn.

ambiguus 3 (*m. adv.*; *ambigō*) **1.** nach zwei Seiten neigend, Zwitter... [*Proteus*]; / °**2.** schwankend, unentschlossen [*imperandi*]; °**3.** zweifelhaft, unsicher; -e *pugnare* unentschieden kämpfen; °**4.** unzuverlässig; misslich [*res*]; strittig [*possessio*]; **5.** zweideutig, doppelsinnig; *subst.* **-um,** *ī n* °**1.** ungewisse Lage; **2.** Zweideutigkeit.

Ambiliātī, *ōrum m gall. Volk a. d. Loire.*

ambiō, *īvī u. iī, ītum* 4 (*impf. nkl., dcht. auch* -*ībat*; *amb-, eō*) **1.** herumgehen *um*, umgeben [*Ta.*: *silvas palus profunda*]; **2. a**) bittend herumgehen *bei*, um Stimmen werben *bei* [*cives*]; °**b**) angehen; (betend) nahen [(*ad*) *deum precationibus*].

Ambiorīx, *īgis m Fürst der Eburonen.*

ambitiō, *ōnis f* (*ambiō*) *das* Herumgehen: **1.** Bewerbung *beim Volk um ein Amt*; °**2.** Aufzug, Gepränge [*funerum*]; **3. a**) Liebedienerei, Haschen nach Volksgunst; **b**) Parteilichkeit [*iudicum*]; **4.** Ehrgeiz, Ehrsucht; °**5.** Streben *nach* [*gloriae*].

ambitiōsus 3 (*m.* °*comp.*, °*sup.*, *adv.*; *ambitiō*) °**1.** herumgehend *um*, fest umschlingend; üppig rankend; **2.** / **a**) sich eifrig um die Volksgunst bewerbend; **b**) nach Ämtern trachtend; **c**) parteiisch; **d**) ehrgeizig, anspruchsvoll, eitel.

ambitus, *ūs m* (*ambiō*) *das* Herumgehen: **1. a**) Umlauf, Kreislauf [*lunae*]; **b**) Windung [*aquae*]; Rand [*rotundus*]; °**c**) Umfang [*muri*]; **d**) (*rhet. t.t.*) Satz, Periode; °**e**) Umschweif [*multos ambitus facere*]; **2.** Amtserschleichung [*lex de -u*]; Bewerbung *bei Wahlen*; °**3.** *das* Buhlen um Gunst, Werben; °**4.** Parteilichkeit [*iudicum*].

Ambivaretī, *ōrum m gall. Volk a. d. Loire.*

ambō[1], *ae, ō* (*gen.* -*ōrum*, -*ārum*; *dat., abl.* -*ōbus*, -*ābus*; *acc.* -*ō(s)*, -*ās*, -*ō*; *cf. ambi-*) beide (zusammen) [*hic qui utrumque probat, ambobus debuit uti*].

****ambo**[2], *onis m* Kanzel, Lesepult.

Ambracia, *ae f* (*gr.* -*kiā*) *St. in Epirus, j.* Arta; *adi.* -*acius* 3 *u.* -*aciēnsis, e*; *Einw.* -*aciōtēs, ae u.* -*ēnsis, is m.*

ambrosius (*gr. Fw.*) °**1.** *adi.* 3 unsterblich, göttlich; aus Ambrosia bestehend; nach A. duftend; **2.** *subst.* **ambrosia,** *ae f* Ambrosia, Speise der Götter und °Götterrosse; °Göttersalbe.

ambūbāia, *ae f* (*aram. Fw.*) syrische Flötenspielerin u. Tänzerin, Bajadere.

ambulācrum, *ī n* (*ambulō*) Allee.

ambulātiō, *ōnis f* (*ambulō*) °**1.** *das* Aufundabgehen *des Redners*; **2.** Spaziergang; **3.** Wandelhalle.

ambulātiuncula, *ae f* (*dem. v ambulātiō*) **1.** kleiner Spaziergang; **2.** kleine Wandelhalle.

ambulātor, *ōris m* (*ambulō*) Spaziergänger; Hausierer.

ambulātōrius 3 (*ambulātor*) hin und her gehend; beweglich.

ambulō 1 (*wohl amb-* + *gr. Lw.*) **1.** (*intr.*) °**a**) sich herumtreiben; **b**) spazieren gehen; **c**) stolz einherschreiten; **d**) reisen, wandern, marschieren; **2.** (*trans.*) durchwandern, fahren *über* [*maria*].

amb-ūrō, *ussī, ustum* (-*ūssī*, -*ūstum?*) **1.** ringsum anbrennen, halb verbrennen; **2.** P. / **a**) hart mitgenommen werden; °*prope ambustum evadere* mit einem blauen Auge davonkommen; **b**) (*P.P.P.*) °*adi.* **ambustus** 3 halb erfroren.

ambustulātus 3 (-*ūst-*?; *amb-*; *ustulō*) um und um verbrannt, gebraten.

amellus, *ī m* (*wohl gall. Lw.*) Sternblume.

****amen** *indekl. subst.* Amen; es geschehe; ~ *dicere alicuius rei* zu etwas ja sagen.

āmendō 1 = *āmandō*.

ā-mēns, *entis* (*m. comp., sup.*) von Sinnen, außer sich, unsinnig; sinnlos.

āmentātus 3 (*āmentum*) mit einem Schwungriemen versehen [*hasta*].

āmentia, *ae f* (*āmēns*) Sinnlosigkeit, Wahnsinn.
āmentum, *ī n* (*wohl zu agō*) Wurf-, Schwungriemen; Geschoss.
Ameria, *ae f St. i. Umbrien, j.* Amelia; *adi. u. Einw. -īnus* (3).
ames, *itis m* (*cf. amplus*) Stellgabel (*für Vogelnetze*).
amethystinātus 3 (*amethystinus*) amethystfarben gekleidet, mit Amethysten besetzt.
amethystinus 3 (*gr. Fw.*) amethystfarben; mit Amethysten besetzt; *subst.* **-ina,** *ōrum n* amethystfarbene Kleider.
amethystus, *ī f* (*gr. Fw.*) Amethyst (*Halbedelstein*).
amfrāctus, *ūs m* = *ānfrāctus.*
amīca, *ae f* (*amīcus*) °**1.** Freundin; **2.** Geliebte, Liebchen, Dirne.
amiciō, (*kl. nur*) *ictum* 4 (*am*[*b*]-, *iaciō*) **1.** umwerfen, anlegen; *amictus* bekleidet *mit* [*toga*]; **2.** / umhüllen, einwickeln.
amīciter (*altl.*) *adv. zu amīcus.*
amīcitia, *ae* (*Lu.* **-tiēs,** *ēī*) *f* (*amīcus*) Freundschaft; Freundschaftsbündnis; *die* Freunde.
amictōrium, *ī n* (*amiciō*) Busentuch.
amictus, *ūs m* (*amiciō*) **1. a)** *das* Umwerfen *eines Gewandes*; **b)** Faltenwurf des Obergewandes; **2. a)** Obergewand, Mantel; °**b)** / Hülle, Schleier.
amīcula, *ae f* (*dem. v. amīca*) Liebchen.
amiculum, *ī n* (*amiciō*) Mantel.
amīculus, *ī m* (*dem. v. amīcus*) lieber Freund.
amīcus (*amō*) **I.** *adi.* 3 (*m. comp., sup., adv.*) **1.** befreundet, freundschaftlich gesinnt; °**2.** günstig [*ventus*]; **II.** *subst.* ~, *ī m* **a)** Freund; Gefährte, Verbündeter; *amicissimus* bester Freund; °**b)** *pl.* Hofleute, Vertraute, Günstlinge.
ā-migrō 1 fortziehen.
Amīsia, *ae m* Ems; *Ort a. d. Mündung der Ems.*
āmissiō, *ōnis f u.* °**āmissus,** *ūs m* (*āmittō*) Verlust (*auch durch Tod*).
amita, *ae f* (*Weiterbildung eines Lallwortes; cf. nhd.* „Amme") Tante (*väterlicherseits*); °Großtante.
Amiternum, *ī n alte Sabinerst., Geburtsort Sallusts, j.* Amatrice; *adi -us u. -īnus* 3; *Einw. -īnī, ōrum m.*
ā-mittō, *mīsī, missum* 3 **1. a)** fortschicken, loslassen, fahren lassen; **b)** / aufgeben [*spem*]; °*fidem* sein Wort brechen; **2.** (*unabsichtlich*) **a)** sich entgehen lassen [*occasionem*]; **b)** verlieren, einbüßen.
ammentum, -tātus = *āment...*
Ammōn, *ōnis m* = *Hammōn.*
amni-cola, *ae m f* (*amnis, colō*) am Strome heimisch; *salix* Flussweide.
amniculus, *ī m* (*dem. v. amnis*) Flüsschen.
amnis, *is m* (*auch* °*f*; *abl.* -e *u.* -ī) **1.** Strom; °Wildbach; °**2. a)** Strömung; *secundo* -e stromabwärts, mit der Strömung; **b)** Flut; Wasser.
amō 1 (*altes fut. amassō; etr.?*) **1. a)** lieben (*aus Neigung*), verliebt sein *in*; °**b)** sich eine Geliebte halten; die Freuden der Liebe genießen; **c)** Gefallen finden *an* [*otium*]; *se -are* mit sich zufrieden sein; °**2.** gern tun, zu tun pflegen [*scribere versus*]; **3.** verpflichtet, verbunden sein, vielen Dank schulden *für* [*de, in negotio; quod*]; **4.** (*i. Formeln der Umgangsspr.*) *ita* (*sic*) *me dii ament, amabunt* so wahr mir Gott helfe! *amabo* (*te*) sei so gut!; *si me amas* mir zuliebe; (*P.P.P.*) °*subst.* **amāta,** *ae f die* Geliebte.
amoenitās, *ātis f* (*amoenus*) **1.** reizende Lage, Gegend; °**2.** / Reiz, Annehmlichkeit; Wonne; *Kosewort* [*mea* ~].
amoenus 3 (*m.* °*comp.,* °*sup.,* °*adv.*; *etr.? wohl zu amō*) reizend gelegen; °/ angenehm, lieblich, schön.
ā-mōlior 4 **1.** (*m. Anstrengung*) wegschaffen; se *-iri* sich entfernen, sich packen; **2.** / **a)** beseitigen [*invidiam*]; **b)** übergehen [*nomen*]; **c)** (*etw. Nachteiliges*) widerlegen.
amōmum, *ī n* (*gr. Fw.*) *oriental. Gewürzpflanze*; (*aus ihrer Frucht bereiteter*) Balsam.
amor, *ōris m* (*amō*) **1.** Liebe, Liebelei, Liebesglut; *pl.* Liebesverhältnis; °**2.** Liebeslied; **3.** Liebling, Geliebte(r); **4.** Begierde, Streben, Verlangen *nach* [*laudis, habendi*]; °*generandi* Zeugungstrieb; **5.** ♀ (*gr.* Erōs) Amor, Liebesgott, *Sohn der Venus*; ** Liebhaberei, Liebesbrief.
Amorgos *u.* **-us,** *ī f* (*gr. -os*) *Sporadeninsel südl. v. Naxos, in der Kaiserzeit Verbannungsort, j.* Morgo.
āmōtiō, *ōnis f* (*āmoveō*) Entfernung.

ā-moveō, *mōvī, mōtum* 2 **1. a**) fortschaffen, entfernen; (*Umgangspr.*) se *-ere* sich drücken; °**b**) entwenden; °**c**) verbannen; **2.** / °**a**) beseitigen, fern halten [*culpam a se*]; **b**) aus dem Spiele lassen.

Amphiarāus, *ī m* (*gr.* -ạrāos) *Seher aus Argos, einer der Sieben gegen Theben*; **-arēïadēs,** *ae m Nachk. d.* ~ = *Alcmaeōn*; *adi. -araeus* 3.

amphibolia, *ae f* (*gr. Fw.*) Zweideutigkeit.

amphibrachys, *acc. yn m* (*gr. Fw.* „auf beiden Seiten kurz"; *metr. t.t.*) Amphibrachys (◡–◡).

Amphictyones, *um m die* Amphiktyonen, *religiös-politische Verbände in Delphi u. Delos.*

amphimacrus, *ī m* (*gr. Fw.* „auf beiden Seiten lang"; *metr. t.t.*) = *crēticus.*

Amphīō(n), *onis m Gemahl der Niobe, Gründer Thebens, Meister des Gesangs.*

Amphipolis, *is f St. in Makedonien, j.* Emboli.

amphitheātrālis, *e* (*amphitheātrum*) amphitheatralisch.

amphitheātrum, *ī n* (*gr. Fw.*) Amphitheater (*für Fechterspiele u. Tierkämpfe*).

Amphitrītē, *ēs f Nereide, Gemahlin Neptuns*; / Meer, Ozean.

Amphitryōn *u.* **-truō,** *ōnis m* (*gr.* -try̯ōn) *Gemahl der Alkmene*; *Titel einer Komödie des Plautus, v. ihm selbst als tragicomoedia bezeichnet*; **-tryōniadēs,** *ae m* Nachk. d. A. = Herkules.

amphora, *ae f* (*gr. Lw.*) Amphora: **1.** (*zweihenkliger*) Krug (*f. Wein, Öl, Früchte*); **2.** *Hohlmaß* ($26^1/_4$ *l*); °**3.** *Gewichtseinheit zur Bestimmung der Schiffsgröße* (*26 kg*) [*navis duum milium amphorum*].

Amphrȳsos, *ī m* (*gr.* Ạm-) *kl. Fl. in Thessalien, an dem Apollo die Herden des Admetos weidete*; *adi.* **-ȳsius** 3 apollinisch; lokrisch.

ampla, *ae f* (*cf. amplus*) °Handhabe; / Anlass.

am-plector, *plexus sum* 3 (*plectō*) **1.** °**a**) umschlingen, umarmen; **b**) umgeben, umschließen, umringen [*aciem*]; **2. a**) lieb gewinnen, in sein Herz schließen [*amore, amicissime*]; **b**) gutheißen, gern annehmen; großen Wert legen *auf* [*ius civile*]; **c**) durchdenken, erwägen, überlegen; **3. a**) einschließen *in* [*honestum virtute nomine*]; **b**) zusammenfassen [*breviter*].

amplexor *u.* (*selten*) **-ō** (*intens. v. amplector*) **1.** umarmen; **2.** hochhalten, großen Wert legen *auf.*

amplexus, *ūs m* (*amplector*) Umschlingung, Umarmung; Beischlaf.

amplificātiō, *ōnis f* (*amplificō*) Vergrößerung; / Steigerung; (*rhet. t.t.*) Häufung des Ausdrucks.

amplificātor, *ōris m* (*amplificō*) Mehrer; Förderer.

amplificē *adv.* (*amplificus* 3) herrlich.

amplificō 1 (*amplificus* 3 „herrlich"; *amplus, faciō*) erweitern, vergrößern; / erhöhen, steigern [*gloriam*]; (*rhet. t.t.*) höheren Schwung verleihen [*orationem*].

ampliō 1 (*adv. amplius*; *s. amplus*) °**1. a**) erweitern, vergrößern; **b**) (*rhet. t.t.*) verherrlichen; **2.** (*jur. t.t.*) die Entscheidung *über* [*causam*] verschieben; das Urteil vertagen.

amplitūdō, *inis f* (*amplus*) Geräumigkeit, großer Umfang [*urbis*]; Erweiterung; / Großartigkeit, Erhabenheit; Ansehen, Würde.

amplius *s. amplus.*

ampliusculē *adv.* (*amplius*) allzu reichlich.

amplus 3 (*m. comp., sup., adv.* **-ē** *u.* [*altl.*] **-iter;** *cf. ānsa*) **1.** umfangreich, weit, geräumig [*domus*]; **2.** viel, bedeutend, ansehnlich, reichlich [*copiae, pecunia*]; **3.** / glänzend, prächtig, herrlich; hoch angesehen, erlaucht [*sacerdotium*]; *comp.* **amplius I.** *subst. n ein* Mehr, größere Menge [*frumenti*]; **II.** *adv.* **1.** (*zeitl.*) **a**) weiter, länger, mehr; °**b**) öfter; **2.** in höherem Grade, stärker; **3.** (*b. bestimmter Zahlenangabe*) mehr als, über [*amplius* (*quam*) *septingenti cives*; *triennium* (*od. -ō*) *amplius*]; **4.** (*formelhaft*) *nihil* ~ nichts weiter, sonst nichts; *hōc* ~ noch mehr; *non dicam* ~ ich schweige lieber; (*jur. t.t.*) ~ *pronuntiare* die Entscheidung vertagen.

Am(p)sivariī, *ōrum m germ. Volk an der Ems.*

ampulla, *ae f* (*dem. v. amphora*) Salbenfläschchen, Schminkbüchse; °/ Schwulst.

ampullārius, *ī m* (*ampulla*) Flaschenmacher.

ampullor 1 (*ampulla*) schwülstig schreiben *od.* reden.

amputātiō, *ōnis f* (*amputō*) *das* Abschneiden.

am-putō 1 **1.** ringsum beschneiden; **2.** **a**) abschneiden, abhauen; **b**) (*med. t.t.*) amputieren; **3.** / **a**) vermindern, verkürzen; **b**) (*rhet. t.t.*) *amputata loqui* ohne harmonischen Zusammenhang reden.
Amūlius, *ī m König v. Alba Longa.*
amurca *u.* **amurga,** *ae f* (*gr. Lw.*) Ölschaum.
amussis, *is f* (*gr. Lw.?*) *das* Lineal der Zimmerleute; *ad -im* regelrecht, genau.
amussitātus 3 *s. ēmussitātus.*
Amyclae, *ārum f* (*gr.* Amyklai) **1.** *St. in Lakonien, Heimat der Dioskuren; adi. -claeus* 3 spartanisch [*fratres* = *die* Dioskuren; *mater* = Leda]; **2.** *alte St. in Latium.*
amygdalum, *ī n* (*gr. Fw.*) Mandel[(-kern).]
amystis, *idis f* (*gr. Fw.*) *das* Leeren des Bechers *in einem Zuge.*
an-[1] *s. ambi-.*
an-[2] (*vl. i. an-hēlō u. an-testor; cf. ana- i. gr. Fw. wie* analogia *usw.*) auf-, hinan-.
an[3] (*Fragepartikel.; cf. gr.* an „wohl, etwa") **1.** *im zweiten u. in den folgenden Gliedern einer* (*direkten od. indirekten*) *Doppelfrage*: oder (*direkt*); oder ob (*indirekt*) [*utrum mentitus es an verum dixisti* (*od. annon*)?; *dic, meane haec verba sint an tua* (*od. necne*)]; **2.** *nach Ausdrücken des Zweifels u. der Unsicherheit* (*haud scio, nescio, dubito, dubium od. incertum est*): **a**) (*im zweiten u. in den folgenden Gliedern*) oder, oder ob [*honestumne factu sit an turpe, dubitant*]; **b**) (*mit Unterdrückung des ersten Gliedes*) ob nicht, vielleicht doch [*haud scio, an turpe sit haec dicere* vielleicht ist es schmachvoll...; *testis non mediocris, sed haud scio an gravissimus*]; *haud scio, an non* vielleicht nicht; **3.** *rhetorisch* (*in scheinbar einfachen direkten Fragen unter Unterdrückung des ersten Gliedes*) oder, oder etwa [*nemo iratus considerate facit; an est quidquam similius insaniae quam ira?*]; (*nach vorhergehender Frage*) doch wohl [*quis Atheniensium civitatem tyrannide liberavit? an Thrasybulus?*]; **4.** (= *sive od. vel potius*) oder, oder vielmehr: *Simonides an alius quis; paucis diebus an mensibus*; °**5.** *in einfacher indirekter Frage* = *num* ob [*consuluit, an ...*].
****anabaptista,** *ae m* Wiedertäufer.
anabathra, *ōrum n* (*gr. Fw.*) erhöhter Sitz, Podium.
Anaces, *um m* = *Anactes.*
****anachoreta,** *ae m* Eremit.
Anacreōn, *ontis m* (*gr.* -kreōn) *griech. Lyriker* (*559 - 478*).
Anactes, *um m* (*gr.* Anaktes = *die* Herrscher) *Beiname der Dioskuren.*
anadēma, *atis n* (*gr. Fw.*) Kopfbinde *der Frauen.*
anaglypta, *ōrum n* (*gr. Fw.*) ziselierte Arbeiten, Reliefs.
Anāgnia, *ae f St. d. Herniker, ö. v. Rom, j.* Anagni; *adi. u. Einw. -gnīnus* (3); *subst.* **-gnīnum,** *ī n Landgut Ciceros b. A.*
anagnōstēs, *ae m* (*gr. Fw.*) Vorleser.
analecta, *ae m* (*gr. Fw.*) Brocken-[sammler.]
analectris, *idis f* (*gr. Fw.*) kleines Schulterkissen.
analogia, *ae f* (*gr. Fw.*) gleiches Verhältnis, Analogie, Gleichförmigkeit.
anancaeum, *ī n* (*gr. Fw.*) Humpen.
anapaestus 3 (*gr. Fw.* = zurückgeschlagen, umgekehrt) anapästisch; *subst.* **-us,** *ī m* Anapäst („umgekehrter Daktylus"?; ◡◡–); **-um,** *ī n* Gedicht in Anapästen.
anas, *atis u. itis f* (*cf. nhd.* „Ente") Ente; °*adi. -tīnus* 3.
****anathema,** *atis n* **1.** Weihgeschenk; **2.** Verfluchung; ~ *sit* er soll verflucht sein.
anaticula *u.* **aniticula,** *ae f* (*dem. v. anas*) Entchen; °/ *Kosewort.*
anatocismus, *ī m* (*gr. Fw.*) Zinseszins.
Anaxagorās, *ae m* (*gr.* -gorās) [*gr. Philosoph, 500 - 428.*]
anceps, *itis* (*ambi-, caput*) **1.** doppelköpfig; **2.** / **a**) doppelseitig; °**b**) zweischneidig [*securis*]; **c**) von zwei Seiten; *ancipites bestiae* Amphibien; **d**) schwankend, ungewiss, zweifelhaft [*ancipiti Marte pugnare* unentschieden]; °**e**) unentschlossen; °**f**) unzuverlässig; °**g**) doppelsinnig, zweideutig [*oraculum*]; **h**) gefährlich, bedenklich [*via*]; *subst.* ~ *n* gefährliche Lage.
Anchīsēs, *ae m Vater des Äneas; adi. -chīsēus* 3; *subst.* **-chīsiadēs,** *ae m* Nachk. d. A. = Aeneas.
ancīle, *is n* (*gen. pl. auch -iōrum;*

ambi-, caedō: „auf beiden Seiten eingeschnitten") *der heilige Schild des Königs Numa*; Schild.
ancilla, *ae f* (*altl. anculus* „Diener"; *am[bi]-, colō*) Magd, Dienerin, Sklavin.
ancillāriolus, *ī m* (*ancilla*) Schürzenjäger.
ancillāris, e (*ancilla*) Mägden zukommend.
ancillula, *ae f* (*dem. v. ancilla*) junge Magd.
ancipes = *anceps*.
ancīsus 3 (*am[b]-, caedō*) um und um beschnitten.
Ancōn, *ōnis u.* **-ōna,** *ae f* (*gr.* Ankọn) *St. in Picenum, j.* Ancona; *Einw.* **-ōnitānus,** *ī m.*
ancora, *ae f* (*gr. Lw.*) Anker; *ad ancoram, in ancoris* vor Anker; *-am tollere, solvere* den A. lichten.
ancorāle, *is n* (*ancora*) Ankertau.
ancorārius 3 (*ancora*) zum Anker gehörig; *funis* Ankertau.
Ancus *s. Mārcius.*
Ancȳra, *ae f* (*gr.* Ạnkȳra) *St. in Galatien, j.* Ankara (Angora).
andabata, *ae m* (*gall. Fw.*) Gladiator mit Helm ohne Visier, Blindkämpfer.
Andecāvī, *ōrum u.* **Andēs,** *ium m gall. Volk a. d. Loire im jetzigen Anjou.*
androgynus, *ī m* (*gr. Fw.*) Zwitter, Hermaphrodit.
Andromachē, *ēs u.* **-a,** *ae f* (*gr.* -mạchē) *Gemahlin Hektors; Titel einer Tragödie d. Ennius.*
Andromeda, *ae u.* **-medē,** *ēs f* (*gr.* -mẹdē) *äthiopische Königstochter, v. Perseus vor einem Meerungeheuer gerettet, nach dem Tode unter die Sterne versetzt.*
andrōn, *ōnis m* (*gr. Fw.*) Gang (*zwischen zwei Zimmern od. Gebäuden, Höfen od. Gärten*).
Andronīcus, *ī m: T. Līvius ~, als Kriegsgefangener* (*gr.* -drọnīkos) *Sklave des M. Livius Salinator, ältester röm. Dramatiker um 240.*
Andros *u.* **-us,** *ī f nördlichste Kykladeninsel; adi.* -drius 3; *subst.* **Andria,** *ae f das* Mädchen v. A., *Komödie des Terenz.*
ānellus, *ī m* (*dem. v. ānus*[2]) kleiner Ring.
aneō, — — 2 (*anus*[1]) wie ein altes Weib zittern.
anēthum, *ī n* (*gr. Fw.*) Dill.
anetīnus 3 (*anas*) Enten...
ānfrāctus, *ūs m* (*ănfr-?; am[b]-, frangō*) Biegung, Krümmung; Kreislauf, -bahn [*anni, solis*]; / Weitschweifigkeit, Winkelzüge.
****angelicus** 3 Engels...; *panis das* heilige Abendmahl.
angellus, *ī m* (*angulus*) Winkelchen, Eckchen.
****angelus,** *i m* Bote; Engel; / Fahne mit dem Bilde des Erzengels Michael.
angina (*gr. Fw., an angō angeglichen*) Halsentzündung.
angiportum, *ī n u.* (*selten*) **-us,** *ūs m* (*cf.* „eng"; *portus*) enges Gässchen, Seitengasse.
Angitia, *ae f marsische Göttin der Heilkunde.*
Angliī, *ōrum m die* Angeln *in Schleswig.*
angō, *ānxī,* — 3 (*cf. nhd.* „eng") °**1.** beengen, zusammendrücken, würgen; **2.** / ängstigen, beunruhigen, quälen; *mediopass.* sich ängstigen [*animo, animi*].
angor, *ōris m* (*angō*) °**1.** Beklemmung; **2.** / Angst, Bangigkeit; *pl.* Melancholie.
Angrivariī, *ōrum m germ. Volk an der Weser.*
angui-comus 3 (*anguis, coma*) schlangenhaarig.
anguiculus, *ī m* (*dem. v. anguis*) kleine Schlange.
angui-fer, *era, erum* (*anguis, ferō*) Schlangen tragend.
angui-gena, *ae m f* (*anguis, gignō*) von Schlangen erzeugt.
anguilla, *ae f* (*wohl zu anguis*) Aal.
angui-manus, *ūs m* (*anguis*) schlangenarmig (*v. Elefanten*).
anguineus *u.* **anguīnus** 3 (*anguis*) schlangenartig, Schlangen...; ** teuflisch.
angui-pēs, *pedis* (*anguis*) schlangenfüßig; *subst. pl.* **-pedēs,** *um m* Schlangenfüßler, Giganten.
anguis, *is m f* (*vl. m. nhd.* „Egel" *verwandt*) Schlange; (*als* °*Sternbild*) *der* Drache.
Angui-tenēns, *entis m* (*anguis, teneō; Lehnübersetzung aus d. Gr.*) Schlangenträger (*ein Sternbild*).
****angularis,** e winklig, eckig; *lapis* Eckstein.
angulātus 3 (*angulus*) eckig.
angulus, *ī m* (*cf. nhd.* „Enkel" = Knöchel; *uncus*) **1.** Ecke, Winkel; (*math.*) Winkel; °**2.** Bucht; **3.** Schlupfwinkel.
angustiae, *ārum* (*selten sg.*) *f* (*angustus*) **1. a)** Enge, enger Raum, enge Grenzen; **b)** Land-, Meerenge, Engpass; **2. a)** Kürze [*temporis*]; **b)**

/ kurze Darstellung; **3.** Knappheit, Mangel [*pecuniae*]; Not, Armut; **4.** missliche Lage, Schwierigkeit; *in -is* esse in Verlegenheit sein; **5.** Engherzigkeit [*pectoris*].

angusticlāvius 3 (*angustus, clāvus*) mit schmalem Purpurstreifen an der Tunika [*Ggs. lāticlāvius*], *Abzeichen pleb. Standes.* [enger fassen.]

angustō 1 (*angustus*) einengen; //

angustus 3 (*m. comp., sup., adv.; cf. angor*) **1.** eng, schmal, kurz [*iter, spiritus*]; °**2.** (*zeitl.*) kurz; **3.** (*v. d. Rede*) kurz, gedrängt; **4.** beschränkt, dürftig, kärglich, arm; *fides -tior* geschwächter Kredit; **5.** misslich, bedenklich, schwierig; **6.** engherzig, kleinlich [*animus*]; *subst.* **-um,** *ī n* °**1.** Enge [*viarum*]; **2.** bedenkliche Lage, Verlegenheit.

anhēlitus, *ūs m* (*anhēlō*) **1.** Keuchen, Schnaufen; °**2.** Atmen, Hauch; **3.** Ausdünstung; Duft.

anhēlō 1 (*wohl an*² + *hālō*) °**1.** (*intr.*) keuchen, schnauben; / sausen, brausen; **2.** (*trans.*) hervor-, ausschnauben [*ignes*]; / lechzen *nach* [*scelus*].

anhēlus 3 (*Rückbildung aus anhēlō*) keuchend, schnaubend; engbrüstig; Keuchen verursachend [*cursus*].

Aniciānus 3 zu einem Anicius gehörig [*lectica*]; *nota -a* Weinsorte aus dem Konsulatsjahr des *L. Anicius Gallus* (*160*). [Mütterchen.]

anicula, *ae f* (*dem. v. anus*¹) altes

Aniēn *s. Aniō.*

anīlis, e (*m. adv.; anus*¹) altweiberhaft [*fabellae -es* Ammenmärchen].

anīlitās, *ātis f* (*anīlis*) hohes Alter (*einer Frau*).

anima, *ae f* (*cf. animus*) **1.** °**a**) Lufthauch, Wind; **b**) Luft (*als Element*); **2.** Atem [*viperae* Gifthauch]; **3.** Seele, Leben: *-am efflare, edere u. a.* die Seele aushauchen, *agere s. agō* I, 2c; **4.** abgeschiedene Seele, Schatten [*inferorum*]; **5. a**) beseeltes Wesen; (*Kosewort*) Herz; °**b**) (*Scheltwort*) *servientium animae* Sklavenseelen; **6.** (*selten = animus*) vernünftige Seele, Geist.

animābilis, e (*animō*) belebend.

animadversiō, *ōnis f* (*animadvertō*) **1. a**) Aufmerksamkeit; **b**) sinnliche Wahrnehmung; **2.** Tadel, Rüge, Strafe. [*tō*) Beobachter.]

animadversor, *ōris m* (*animadver-*

anim-advertō, *tī, sum u.* (*altl.*) *-vortō, tī, sum* 3 (< *animum advertō*) **1.** aufmerken, Acht geben; **2.** beachten, bemerken, wahrnehmen; **3.** tadeln, rügen, übel vermerken [*in iudices*]; ahnden, strafen; einschreiten *gegen* [*patris iure in filium*].

animal, *ālis n* (< *animāle, n v. animālis*) lebendes Wesen, Geschöpf; Tier.

animālis, e (*anima*) **1.** luftig, luftartig; **2.** lebend, lebendig [*exemplum -e* Original]; belebend.

animāns, *antis* (*animō*) beseelt; lebend; *subst. m f* (*pl. auch n*) Lebewesen.

animātiō, *ōnis f* (*animō*) Geschöpf.

animātus 3 (*animō*) beseelt; gesinnt, gestimmt; mutig, beherzt.

animō 1 (1. *anima*; 2. *animus*) **1.** beseelen, beleben; °verwandeln [*guttas in angues*]; **2.** mit einem Temperament erfüllen, stimmen; ermutigen; P. willens sein, sich entschließen; ** ermuntern *zu*, ermutigen.

****animositas,** *atis f* Tapferkeit; Ehrgeiz; Unwille, Erbitterung.

animōsus 3 (*m. comp.,* °*sup., adv.; animus*) **1.** beherzt, mutig; **2.** ungestüm, heftig; **3.** stolz *auf* [*spoliis*].

animula, *ae f* (*dem. v. anima*) °**1.** Seelchen; **2.** etwas Leben(sgeist).

animulus, *ī m* (*dem. v. animus; Kosewort*) Herzchen.

animus, *ī m* (= *gr.* ạnemos „Hauch, Wind“ **1. a**) Seele, Geist (*im Ggs. zum Körper*) [*homo constat ex corpore et -o*]; *loc. -i* im Herzen; **b**) Mensch, Mann; °**c**) (*Kosewort*) Herz [*mi anime*]; **2.** Seele (*in ihren Grundfähigkeiten des Denkens, Fühlens u. Wollens*) **a**) Denkkraft, Geist [*animo concipere*]; Gedächtnis; Bewusstsein; Urteil, Ansicht, Überzeugung [*ut meus est* ~; *-o meo*]; **b**) empfindende Seele, Gefühl, Gemüt [*ex -o amare* aufrichtig lieben; *ex -i sententia* offen und ehrlich]; Stimmung, Gesinnung [*tuus in me*]; Sinnesart, Charakter; Mut, Selbstvertrauen [*bono -o esse; -os militum inflammare*]; Übermut, hochfahrender Sinn; Trotz; Unmut, Zorn, Leidenschaft; **c**) begehrende Seele, Verlangen, Wunsch [*libentissimus*]; Absicht, Entschluss [*in -o habeo od. in -o mihi est* ich bin willens]; Lust, Neigung [*toto -o se dedere studiis*];

-i causa zum Vergnügen, zur Unterhaltung.
Aniō (-ō?) *u.* **-iēn,** *ēnis m Nebenfl. des Tiber, j.* Teverone; *adi. -iēnus* 3, *-iēnsis,* e.
aniticula, *ae f s. anaticula.*
Anius, *ī m Apollopriester u. König auf Delos.*
Anna, *ae f* **1.** *Didos Schwester;* **2.** *A. Perenna, altit. Frühlingsgöttin od. Göttin des Jahresanfangs u. -endes.*
Annaeus 3 *röm. Gentilname; s. Seneca.*
annālis, e *adi.* (*annus*) die Jahre betreffend, Jahres...; *lex* Gesetz, das das Mindestalter (*für die Ämter*) festsetzte; *subst.* (*meist pl.*) **annālēs,** *ium m* Annalen, Jahrbücher; Chronik [*maximi, pontificum*]; (*liber*) *annalis* einzelnes Buch der A.
an-natō 1 heranschwimmen.
anne (*Partikel*) = *an*³.
an-nectō, *nexuī, nexum* 3 anknüpfen, anbinden; / verbinden, vereinigen *mit,* hinzufügen *zu* [*rebus praesentibus futuras*].
annexus, *abl. ū m* (*annectō*) sozialer Verband.
anniculus 3 (*dem. v. annus*) einjährig, ein Jahr alt.
an-nītor, *nīsus u. nīxus sum* 3 sich anstemmen, sich anlehnen [*hastis*]; / sich anstrengen, sich Mühe geben [*summis opibus, ut*].
Annius 3 *röm. Gentilname: T. ~ Milō, Gegner des Clodius; adi. -iānus* 3.
anniversārius 3 (*annus, vertō*) jedes Jahr wiederkehrend, jährlich [*festi dies*].
an-nō 1 **1.** heran-, hinzuschwimmen *an* [°*navibus* (*dat.*)]; °**2.** schwimmen *neben* [*equis*].
annōn = *an nōn.*
annōna, *ae f* (*annus*) **1.** Jahresertrag (*bsd. an Kornfrüchten*); **2.** Getreide, Nahrungsmittel; Getreideversorgung; **3. a)** Marktpreis für Korn; **b)** hohe Marktpreise, Teuerung; ** Pferdefutter; Portion; *vitae* Lebensunterhalt.
annōsus 3 (*annus*) (hoch)bejahrt, alt.
annotātiō, *ōnis f* (*annotō*) schriftliche Bemerkung, Anmerkung.
annōtinus 3 (*annus*) vorjährig.
an-notō 1 schriftlich vermerken, amtlich notieren (*zur Bestrafung*); / bemerken, wahrnehmen.
****an-nullo** 1 zunichte machen.
an-numerō 1 aufzählen, auszählen [*pecuniam*]; hinzuzählen; -rechnen, mitzählen [*his duobus*].
****annuntiatio,** *onis f* Verkündigung.
****annuntiator,** *oris m* Verkündiger, Prediger.
an-nūntiō 1 ankündigen, berichten.
an-nuō, *nuī,* — 3 **1.** zunicken, einen Wink geben; **2.** zustimmen [*rex praemiis*]; **3.** zugestehen, zusagen, versprechen; **4.** durch Nicken bezeichnen.
annus, *ī m* (< **at-nos, wohl urspr. „der* Läufer") **1. a)** Jahr; *-o* während eines ganzen Jahres, in jedem Jahre; *-um* ein (volles) Jahr hindurch; *ad -um* übers Jahr; *in -um* auf, für ein Jahr; **b)** Lebensjahr [*puer novem -orum*]; *pl.* Alter (*-is confectus*); **c)** *~ magnus u. maximus das* große Weltjahr (= 25800 *gewöhnliche Jahre*); **2.** (*dcht.*) Jahreszeit; **3.** Ertrag des Jahres, Ernte.
annūtō 1 (*frequ. v. annuō*) immer wieder zunicken.
annuus 3 (*annus*) **1.** jährig, auf, für ein Jahr [*consulum potestas*]; **2.** = *anniversārius;* °*subst.* **-a,** *ōrum n* Jahresgehalt.
an-quīrō, *sīvī, sītum* 3 (*am*[*b*]-, *quaerō*) **1.** aufsuchen, suchen *nach* [*quem diligamus*]; / **2.** untersuchen, nachforschen [*siderum magnitudines*]; °**3.** (*jur. t.t.*) **a)** untersuchen [*de perduellione*]; **b)** eine Strafe beantragen [*capite, -tis*].
ānsa, *ae f* (*cf. nhd.* ;;Öse") °**1.** Griff, Henkel; **2.** / Anlass, Gelegenheit [*sermonis*].
ānsātus 3 (*ānsa*) mit Henkeln versehen; / die Arme in die Seiten gestemmt.
ānser, *eris m f* (*cf. nhd.* „Gans") Gans.
ante (< **anti; cf. nhd.* Ant-, ent-) °**I.** *adv.* **1.** (*räuml.*) vorn; vorwärts; **2.** (*zeitl.*) vorher, früher [*biduo ante*]; **II.** (*i. d. Komposition*) **1.** (*räuml.*) vorn [*antefixus*]; voraus [*antefero*]; **2.** (*zeitl.*) vor- [*antea*]; **3.** (*v. Vorzug u. Vorrang*) über-, hervor- [*antecello*]; **III.** *prp. b. acc.* **1.** (*räuml.*) vor; **2.** (*zeitl.*) vor [*a. d. IV. Id. Mart.* = *ante diem quartum Idus Martias* am 4. Tag vor den Iden des März = am 12. März; *in a. d. V. Kal. Nov.* auf den 28. Oktober; *ex a. d. ... usque a. d. ...*

vom ... bis zum ...]; *ante tempus* vorzeitig, vor der rechten Zeit; °**3.** (*v. Vorzug u. Vorrang*) vor, über = mehr als [*gloria belli Galli ante Romanos sunt*]; *ante omnes, ante alios* vor allen anderen; *ante omnia* vor allem = besonders.
anteā (*ante, eā*) *adv.* vorher, früher.
anteambulō, *ōnis m* (*ante, ambulō* 1) Vorläufer, Lakai.
ante-canis, *is m* (*Lehnübersetzung aus d. Gr.*) Vorhund, kleiner Hund (*Vorläufer des Sirius*).
ante-capiō, *cēpī, ceptum* (*captum*) 3 °**1.** vorwegnehmen, im Voraus besetzen; **2.** °**a**) im Voraus besorgen, ausnutzen; erregen [*famem luxu*]; **b**) (*philos. t.t.*) *antecepta animo rei informatio* Begriff a priori.
antecēdēns, *entis* (*antecēdō*) vorhergehend; *subst. n sg. u. pl.* wirkende Ursache.
ante-cēdō, *cessī, cessum* 3 voraus-, vorangehen; (*mil. t.t.*) die Spitze bilden; überholen [*nuntios*]; / übertreffen, den Vorrang haben *vor* [*ceteros; reliquis*]; sich hervortun.
ante-cellō, — — 3 (*cf. celsus*) hervorragen; / übertreffen, sich auszeichnen *vor* [*omnibus; reliquos*].
antecessiō, *ōnis f* (*antecēdō*) *das* Vorauseilen, Vorsprung; / wirkende Ursache, Bedingung.
antecessor, *ōris m* (*antecēdō*) Vorläufer; (*mil. t.t.*) Spitze; ** Vorgänger im Amt.
antecursōrēs, *um m* (*antecurrō* voranlaufen) Vorausabteilung; ** *sg.* Vorläufer Jesu (*Johannes*).
ante-eō, *iī, selten īvī,* —, *īre* **1. a**) (*räuml.*) vorangehen; **b**) (*zeitl.*) vorausgehen [*aetatem*]; **2.** übertreffen [*omnes virtute*]; (*abs.*) sich auszeichnen; °**3.** zuvorkommen [*damnationem*].
ante-ferō, *tulī, lātum, ferre* **1.** vorantragen; / vorziehen, den Vorzug geben [*omnibus Demosthenem*]; **2.** vorausnehmen.
ante-fīxus 3 vorn befestigt; *subst.* **-a,** *ōrum n* Gesimsfiguren.
ante-gredior, *gressus sum* 3 (*räuml., zeitl.*) vorausgehen. [*vetera novis*].
ante-habeō, *uī,* — 2 vorziehen
ante-hāc *adv.* bisher, früher.
ante-logium, *ī n* (*Lehnübersetzung aus d. Gr.*) Prolog.
ante-lūcānus 3 (*ante lūcem*) bis zum frühen Morgen [*cena*]; ** *coetus* Frühmesse.
ante-merīdiānus 3 (*ante merīdiem*) Vormittags... [*ambulatio*].
ante-mittō, *mīsī, missum* 3 (*auch getr.*) vorausschicken.
Antemnae, *ārum f sabin. St. a. d. Aniomündung*; *Einw.* **-ātēs,** *ium m.*
antenna *u.* **-mna,** *ae f* (*et. ungedeutet*) Segelstange, Rahe.
Antēnor, *oris m* (*gr.* -ōr) *vornehmer Trojaner, Gründer v. Patavium*; *adi.* -oreus 3 patavinisch; *subst.* **-oridēs,** *ae m* Nachk. d. A.
anteoccupātiō, *ōnis f* (**anteoccupō*) Vorwegnahme eines Einwurfs.
antepartum *u.* **-pertum,** *ī n* (*pariō*) *das* vorher Erworbene.
ante-pēs, *edis m* Vorderfuß.
ante-pīlānī, *ōrum m* (*ante pīla*) *die* vor den mit Pilen bewaffneten Triariern stehenden *hastati* und *principes*.
ante-pōnō, *posuī, positum* 3 °**1.** vorsetzen; °**2.** voranstellen; **3.** vorziehen.
ante-potēns, *entis* vor allen reich.
ante-quam (*auch i. Tmesis ante ... quam*) *ci.* eher, als; ehe, bevor.
Anterōs, *ōtis m* (*gr.* -ęrōs) *der rächende Genius verschmähter Liebe.*
antēs, *ium m* (*ante?*) Reihen der Weinstöcke.
ante-sīgnānus, *ī m* (*-ī-?*; *ante sīgna*) Vorkämpfer; *pl.* Antesignanen (*Elitekorps*).
ante-stō 1 *s. antistō.*
an-testor 1 (*-ē-?*; *entweder an-*[2] *od. ante* + *testor*) als Zeugen anrufen.
ante-veniō, *vēnī, ventum* 4 (*meist trans.*) **1. a**) zuvorkommen, überholen; **b**) (*abs.*) darüber hinausgehen; **2.** / **a**) übertreffen; **b**) vereiteln.
ante-vertō, *tī, sum u.* (*Pl.*) **-vertor,** *versus sum* 3 (*altl. -vortō usw.*) **1.** vorangehen, einen Vorsprung gewinnen; **2.** / **a**) zuvorkommen (*im Handeln*); **b**) vorziehen; **c**) vereiteln. [*Seefisch.*
anthiās, *ae m* (*gr. Fw.*) *unbekannter*
Anticatō, *ōnis m Gegenschrift Cäsars in 2 Büchern* (*daher pl. -ōnēs, um*) *gegen Ciceros Lobrede auf den jüngeren Cato.*
****Antichristus,** *ī m der* Antichrist.
anticipātiō, *onis f* (*anticipō*) angeborene Idee, vorgefasste Vorstellung *von* [*deorum*].

anticipō 1 (*ante; cf. capiō*) **1.** vorwegnehmen (*eine Vorstellung*); °**2.** früher zurücklegen [*viam*]; *ludos* vor der Zeit feiern; *mortem* sich vorher umbringen; °**3.** zuvorkommen.

antīcus 3 *s. antīquus.*

Anticyra, *ae f* (*gr.* -kyra) *St. in Phokis; die in d. Umgebung wachsende Nieswurz galt als Heilmittel gegen Geistes- u. Gemütskrankheiten.*

antid-eā (*altl.*) = *anteā.*

antid-eō (*altl.*) = *ante-eō;* **antid-hāc** (*altl.*) = *ante-hāc.*

antidotum, *ī n* (*gr. Fw.*) Gegenmittel, -gift.

Antigonē, *ēs u.* **-a,** *ae f* (*gr.* -gonē) *Tochter des Ödipus u. der Iokaste.*

Antigonēa, *ae f* (*gr.* -goneia) **1.** *St. in Epirus;* **2.** *St. auf d. Chalkidike; adi.* -*nēnsis*, e.

Antigonus, *ī m* (*gr.* -os) **1.** *Feldherr Alexanders d. Gr., später König;* **2.** *Name mehrerer syrischer u. makedonischer Könige.*

Antilibanus, *ī m* (*gr.* -os) Antilibanon, *Gebirgszug ö. v. Libanon.*

Antimachus, *ī m* (*gr.* -os) *Epiker aus Klaros in Ionien z. Z. Platos.*

Antiochīa *u.* **-chēa,** *ae f* (*gr.* -ocheia) **1.** *Hauptst. Syriens, j.* Antakie; *adi. u. Einw.* -*ochēnsis*, (e); **2.** *St. in Karien.*

Antiochus, *ī m* (*gr.* -os) **1.** *Name mehrerer syrischer Könige;* A. III., *Beschützer Hannibals;* **2.** *Name mehrerer Könige v. Kommagene;* **3.** A. v. Askalon, *Philosoph d. akademischen Schule, Lehrer Ciceros; adi.* -*chīnus* 3.

Antipater, *trī m* (*gr.* -patros) **1.** *Feldherr Philipps u. Alexanders d. Gr.;* **2.** *Name mehrerer gr. Philosophen;* **3.** *L. Caelius* ~ *s. Caelius.*

Antiphō(n), *ōn(t)is m* (*gr.* -phōn) *athenischer Redner 479–411.*

****antiphona,** *ae f* kirchlicher, Wechselgesang.

****antiphonarium,** *i n* Sammlung der Antiphonen.

antipodes, *um m* (*gr. Fw.*) Gegenfüßler; / Menschen, die die Nacht zum Tage machen.

Antipolis, *is f Gründung der Massilier in Südgallien; j.* Antibes; *adi.* -*itānus.*

antīquārius, *ī m u.* (*Ju.*) **-a,** *ae f* (*antīquus*) Freund(in) u. Kenner (-in) der altröm. Sprache u. Literatur; ** Bücherschreiber.

antīquitās, *ātis f* (*antīquus*) **1.** Altertum (*Menschen, Zeit, Geschichte*); °*pl.* Altertümer; **2.** hohes Alter; **3.** gute alte Sitte.

antīquitus *adv.* (*antīquus*) von alters her; vordem.

antīquō 1 (*antīquus*) (*einen Gesetzesvorschlag*) verwerfen.

antīquus 3 (*m. comp., sup.,* °*adv.; ante*) **1.** (*räuml.; meist antīcus geschrieben*) vorderer; **2.** (*nur comp. u. sup.*) wichtiger, angelegentlicher, wichtigster, angelegentlichster; *nihil antiquius habere* (*ducere u. ä.*) *quam* nichts für wichtiger halten als ...; **3.** (*zeitl.*) **a)** alt, einstig, früher; **b)** altertümlich, altehrwürdig; **c)** von altem Schrot und Korn, bieder; *subst.* **-ī,** *ōrum m die* Altvordern, *die* Alten; **-um,** *ī n die* alte Sitte; **-a,** *ōrum n* Vorzeit.

antisophista, *ae m* (*gr. Fw.; nkl.*) Antisophist, Grammatiker mit nichtsophistischen Grundsätzen.

antistes, *itis m f* (*antistō*) Tempelvorsteher(in), Oberpriester(in); Meister [*artis dicendi*]; ** Vorsteher (einer größeren Gemeinschaft); Bischof; Erzbischof, Papst.

Antisthenēs, *is m* (*gr.* -sthenēs) *Schüler des Sokrates, Stifter der kynischen Schule.*

antistita, *ae f* (*antistes*) Priesterin.

anti-stō *u.* **ante-stō,** *stetī*, — 1 voranstehen; überlegen sein, übertreffen [*omnibus corporis robore*].

Antium, *ī n Küstenst. in Latium, j.* Porto d'Anzio; *adi. u. Einw.* -*iās*, *ātis* (*m*).

antlia, *ae f* (*gr. Fw.; nkl., dcht.*) Pumpe, Schöpfrad.

Antōnius 3 *röm. Gentilname:* **1.** *M.* ~, *ber. Redner, † 87;* **2.** *M.* ~, *Enkel v.* 1, *der Triumvir;* **Antōnia,** *ae f Name der Töchter des Triumvirn:* **1.** *Gemahlin des L. Domitius Ahenobarbus, Großmutter Neros;* **2.** *Gattin des Drusus, Mutter des Germanicus; adi.* -*iānus* 3.

antrum, *ī n* (*gr. Fw.; dcht., nkl.*) Grotte, Höhle.

Anūbis, *idis m* (*acc.* -*im; gr.* -bis) *ägyptische Gottheit der Unterwelt, m. Schakalskopf dargestellt.*

ānulārius 3 (*ānulus; kl. nur subst.*) zum Siegelring gehörig; *subst.* ~, *ī m* Ringmacher; *Scalae -ae* Ringmachertreppe *i. Rom.*

ānulātus 3 (*ānulus*) mit Ringen geschmückt.

ānulus, *ī m* (*dem. v. ānus*[2]) Finger-,

Siegelring; (*equestris*) (*goldener*) Ritterring; (*Suet.*) *-ō aureo donari* die Ritterwürde erlangen; *ius anulorum* Ritterwürde.

anus[1], *ūs f* (*gen. altl. auch -uis*; *cf. nhd.* „Ahne") alte Frau, Greisin; *adi.* (*dcht., nkl.*) alt, bejahrt.

ānus[2], *ī m* (*cf. altirisch* änne „Ring, Steiß") **1.** (*Pl.*) Fußring; **2.** After.

anxietās, *ātis f* (*ā-?*; *anxius*) **1. a)** Ängstlichkeit; **b)** (*nkl.*) Angst, Kummer; **2.** (*nkl.*) Genauigkeit.

anxi-fer, *era, erum* (*ā-?*; *anxius, ferō*; *dcht.*) Angst bringend, quälend.

anxitūdō, *inis f* (*ā-?*; *anxius*) Ängstlichkeit.

anxius 3 (*ā-?*; *m. adv.*; *angō*) ängstlich, beunruhigt, besorgt; (*act.*) beängstigend [*curae*].

Ānxur, *uris n alte Volskerstadt, später* Tarracina, *j.* Terracina; *adi. -urnās, ātis*; **Ānxurus,** *ī m Schutzgottheit der St.*

Āones, *um m* (*acc. -as*) *Urbewohner Böotiens*; *adi.* (*dcht.*) böotisch; **Āonides,** *um f die* Musen vom Helikon; *adi. -nius* 3 böotisch [*sorores* = Musen].

Ap. = *Appius* (*röm. Vorn.*).

apage (*gr. Fw.*; *Umgangsspr.*) fort mit, weg mit; *apage te a me* fort mit dir!

apathīa, *ae f* (*acc. -ān*; *gr. Fw.*; *Se.*) Leidenschaftslosigkeit.

apēliōtēs, *ae m* (*gr. Fw.*; *dcht., nkl.*) Ostwind.

Apellēs, *is m* (*gr. -ę̄s*) *griechischer Maler, †308*; *adi. -ēus* 3.

Apennīnus = *Appennīnus.* [Keiler.}

aper, *prī m* (*cf. nhd.* „Eber") Eber,}

aperiō, *ruī, rtum* 4 (⟨**ap-veriō*; *cf. operiō*) **1. a)** öffnen, aufmachen; °**b)** bahnen [*viam*]; **c)** eröffnen [*ludum* eine Schule, *locum* ... *asylum* einen Ort als Asyl], erschließen, zugänglich machen [*Asiam*]; **2.** (*Verhülltes*) enthüllen, aufdecken, bloßlegen [*coniurationem*]; sichtbar machen, sehen lassen; offenbaren, klarmachen; darlegen, eröffnen; Geld zur Verfügung stellen. [entblößen.}

apertō 1 (*intens. v. aperiō*; *Pl.*) ganz}

apertus 3 (*m. comp., sup., adv.*; *aperiō*) **1. a)** offen, entblößt [*caput*]; ungeschützt [*latus*]; **b)** unverschlossen, zugänglich; (*Li.*) *acies, proelium* offene Feldschlacht; **c)** ungehindert; *in -o est* es ist leicht möglich; **2. a)** offenkundig, offenbar; klar, deutlich; **b)** offenherzig, freimütig; rücksichtslos; *subst.* **-um,** *ī n* freies Feld.

apex, *icis m* (*cf. aptus*) **1.** (*meist dcht.*) Spitze, Kuppe; **2. a)** (*unkl.*) Priestermütze; **b)** persische Tiara; Königskrone, Diadem; **c)** Königsmacht, -würde; **d)** höchste Zierde [*senectutis est auctoritas*]; **3.** (*Ve.*) Helm; **4.** (*gramm. t.t.*; *Qu.*) Längezeichen, Apex [*a′* = *ā*].

aphractus, *ī f u.* **-um,** *ī n* (*gr. Fw.*) Schiff ohne Verdeck. [dite.}

Aphrodīsia, *ōrum n* Fest der Aphro-}

aphronitrum, *ī n* (*gr. Fw.*; *Ma.*) Schaumsalpeter.

apicātus 3 (*apex*; *Ov.*) mit der Priestermütze geschmückt.

Apīcius, *ī m röm. cogn.*: *M. Gabius* ~, *röm. Feinschmecker unter Augustus u. Tiberius.* [Bienchen.}

apicula, *ae f* (*dem. v. apis*; *Pl.*)}

apinae, *ārum f* (*gr. Lw.*; *Ma.*) leere Ausflüchte, Ausreden.

apis[1], *is f* (*gen. pl. -ium, nkl. -um*; *et. ungeklärt*) Biene. [*Ägypter*).}

Āpis[2], *is m* Apis (*heiliger Stier der*}

apīscor, *aptus sum* 3 (*incoh. zu apiō* 3 „binden"; *kl. selten*) erreichen, einholen; erlangen [*summum honorem*], sich aneignen [*artem*].

apium, *ī n* (*apis*; *nkl., dcht.*) Eppich, Sellerie. [Schiffes.}

aplustra, *ōrum n* (*gr. Lw.*) Heck des}

apoclēti, *orum m* (*gr. Fw.* = *die* Berufenen; *Li.*) *ständiger Ausschuss des Ätolischen Bundes.*

apodytērium, *ī n* (*gr. Fw.*) Auskleideraum *i.d. Thermen.* [stoßen.}

apolactizō 1 (*gr. Fw.*; *Pl.*) von sich}

Apollō, *inis m* (*gen. nkl. auch -ōnis*; *gr. -ōn*) *Sohn des Jupiter u. der Latona, Gott der Weissagung, Poesie, Musik, Heilkunde*; *Sonnengott*; *im J. 28 wurde ihm auf dem Palatin durch Augustus ein Tempel geweiht* (~ *Palatinus*); *adi. Apollināris, e* dem Apoll geweiht, des A. (*subst. -āre, āris n ein* A. geweihter Platz) *u. -ineus* 3 [*proles* = Äskulap; *urbs* = Delos].

Apollodōrus, *ī m* (*gr. -ọdōros*) **1.** *Rhetor aus Pergamon, Lehrer des jungen Oktavian*; **2.** *Grammatiker aus Athen, Schüler des Aristarch.*

Apollōnia, *ae f* (*gr. -įā*) *häufiger gr.*

Stadtname; *Einw.* **-niātēs,** *ae m* (*pl. auch* -ēs, (*i*)*um*); *adi.* *-niēnsis*, e.

Apollōnius, *ī m* (*gr.* -os) **1.** *A. Rhodius, Epiker u. Grammatiker um 295–215*; **2.** *A. Molō, gr. Rhetor, Lehrer Ciceros.*

****apologeticum,** *i n* Verteidigung, Verteidigungsschrift. [-schmähen.]

apologō 1 (*gr. Fw.*; *Se.*) verwerfen,

apologus, *ī m* (*gr. Fw.*) Erzählung; (äsopische) Fabel, Märchen.

apophorēta, *ōrum n* (*gr. Fw.*; *Ma.*) zum Mitnehmen für die Gäste bestimmte Geschenke.

apoproēgmena, *ōrum n* (*gr. Fw.*; *philos. t.t. der Stoiker*) Zurückgewiesenes, Verwerfliches; *Dinge, die an sich kein Übel sind, aber diesem nahe stehen* (*rein lateinisch reducta, rēiectānea*).

aposphrāgisma, *atis n* (*gr. Fw.*; *Pli.*) in den Siegelring eingeschnittenes Bild; Siegel.

****apostata,** *ae m* Abtrünniger.

****apostolicus** 3 apostolisch, Apostel...; *subst.* ~, *i m* Apostel, Papst.

****apostolus,** *i m* Apostel.

apostrophē, *ēs u.* **-a,** *ae f* (*gr. Fw.*; *rhet. t.t.*; *Qu.*) Abkehr (*wenn sich der Redner vom Richter ab- u. dem Gegner zuwendet od. die Zuhörer vom Thema ablenkt*; *rein lat. āversiō*).

apothēca, *ae f* (*gr. Fw.*) Vorratskammer; Weinlager; ** Kramladen, Apotheke.

apparātiō, *ōnis f* (*apparō*) Zurüstung; / Vorbereitung des Redners; Absichtlichkeit.

apparātus[1], *ūs m* (*apparō*) **1.** Vorbereitung, Rüstung zum Kriege; **2.** Werkzeug, Gerät, Kriegsmaschinen; *sacrorum* (*Li.*) Opfergerät; **3.** Prunk; Redeschmuck.

apparātus[2] 3 (*m. comp., sup., adv.*; *apparō*) **1.** (*v. Pers.*; *Pl.*) wohl ausgerüstet; **2.** (*v. Sachen*) prächtig ausgestattet, glänzend [*epulae*].

****apparentia,** *ae f* Erscheinung.

ap-pāreō, *uī*, °*itūrus* 2 **1.** zum Vorschein kommen, sich zeigen, sichtbar werden; **2.** aufwarten, dienen [*consulibus*]; **3. a**) offenkundig, ersichtlich sein, einleuchten [*ex oratione*]; **b**) *impers.* **appāret** es ist klar, es leuchtet ein.

ap-pariō, — — 3 (*Lu.*) erwerben, gewinnen.

appāritiō, *ōnis f* (*appāreō*) **1.** Dienst (-leistung) eines Unterbeamten; **2.** (*coll.*) *pl.* Unterbeamte.

appāritor, *ōris m* (*appāreō*) Unterbeamter, Diener. [Subalterndienst.]

appāritūra, *ae f* (*appāreō*; *Suet.*)

ap-parō 1 vorbereiten, sich anschicken *zu* [*bellum, imperata facere*].

appellātiō, *ōnis f* (*appellō*[1]) **1.** Anrede, Ansprache; **2.** (*jur. t.t.*) Berufung *an* [*tribunorum*]; **3.** Benennung, Name, Titel; **4.** Aussprache [*litterarum*]; ** Einspruch.

appellātor, *ōris m* (*appellō*[1]) Berufungskläger. [zu nennen pflegen.]

appellitō 1 (*intens. v. appellō*[1]; *Ta.*)

ap-pellō[1] 1 (*ad*; *iter. v. pellō* 3) **1.** ansprechen, anreden, anfahren [*legatos superbius*]; **2.** auffordern, zu verleiten suchen [*ut*; *de proditione*]; **3.** mahnen [*de pecunia*]; **4.** (*meist gerichtlich*) **a**) um Beistand anrufen, appellieren *an* [*praetorem*]; **b**) zur Rede stellen, belangen *wegen* [*damni*]; **5.** namentlich bezeichnen, benennen, titulieren [*Ciceronem patrem patriae*]; P. heißen [*Celtae appellantur*]; **6.** aussprechen [*litteras*]; ** sich wenden *an*; Berufung einlegen.

ap-pellō[2], *pulī, pulsum* 3 **1.** herantreiben, -bewegen [*turres ad opera hostium*]; **2.** ansteuern, anlegen [*naves, classem ad Delum, in insulam*]; *abs. u.* P. landen.

appendicula, *ae f* (*-ī-*?; *dem. v. appendix*) kleines Anhängsel.

appendix, *icis f* (*-īx, -īcis*?; *appendō*) Anhängsel, Zugabe; *pl.* (*Li.*) kleinere Truppenkontingente.

ap-pendō, *pendī, pēnsum* 3 zuwägen, auszahlen [*aurum*].

Appennīnus, *ī m* (*stets sg.*!) *die* Apenninen.

appetēns, *entis* (*m. comp., sup., adv.*; *appetō*) begierig *nach* [*gloriae*]; habgierig [*homo*]. [*petītiō.*]

appetentia, *ae f* (*appetēns*) = *ap-*

appetītiō, *ōnis f* (*appetō*) *das* Greifen *nach*; Streben, Verlangen, Trachten [*principatus*]; Neigung; ** Sehnsucht, Trieb. [*tiō.*]

appetītus, *ūs m* (*appetō*) = *appetī-*

ap-petō, *petīvī, petītum* 3 **1. a**) greifen, langen *nach* [*mammam*]; **b**) / streben, trachten *nach*, erstreben [*regnum*]; **2. a**) aufsuchen, ziehen *nach* [*Europam*]; **b**) (*feindl.*)

losgehen *auf*, anfallen [*ferro filium*]; **3.** *abs.* (*zeitl.*) anbrechen [*dies, lux*].

Appia (via), *ae f Hauptstraße v. Rom nach Brundisium, erbaut v. Appius Claudius Caecus, Zensor 312*; **aqua Appia,** *ae f eine v. ihm angelegte Wasserleitung.*

ap-pingō, *pīnxī, pictum* **1.** (*Ho.*) dazu malen [*delphinum silvis*]; **2.** dazu schreiben.

Appius, *ī m praenomen, bsd.* in *der gens Claudia*; *cf. Claudius u. Appia*; **Forum Appii** *Marktflecken an der via Appia*; *adi. Appiānus* 3; *subst.* **Appietās,** *ātis f* (*scherzh.*) *der* alte Adel der Appier.

ap-plaudō, *sī, sum* 3 (*dcht., nkl.*) schlagen *mit* [*corpus palmis*]; / Beifall klatschen.

applicātiō, *ōnis f* (*applicō*) Anschluss, *bsd.* an einen Patron; / Zuneigung [*animi*].

ap-plicō, *cāvī, cātum* (*u. cuī, citum*) 1 **1.** anfügen, anlehnen, anschließen [*ratem rati, se ad arborem*]; **2.** landen lassen, anlegen [*naves ad terram*]; *abs.* (*nkl.*) *u.* P. (*dcht.*) landen; **3.** hinrichten, -wenden [*Ho. aures modis*]; *se -are* sich verlegen *auf* [*ad eloquentiam*]; **4.** vereinigen *mit* [*voluptatem ad honestatem*]; *se -are* sich anschließen *an* [*ad amicitiam*].

applōdō = *applaudō.*

ap-plōrō 1 (*nkl., dcht.*) dabei jammern.

ap-pōnō, *posuī, positum* 3 **1.** hinsetzen, -stellen, -legen; (*Speisen*) auftragen; mitgeben [*custodem filio*]; **2.** hinzutun [*vitiis modum*]; °*lucro* als Gewinn anrechnen.

ap-porrēctus 3 (*Ov.*) daneben hingestreckt [*draco*].

ap-portō 1 herzutragen, verursachen [*damnum*]; / mit sich bringen.

ap-poscō, — — 3 (*-ōsc-?*; *dcht.*) dazufordern.

appositiō, *ōnis f* (*appōnō*; *Qu.*) Zusatz.

appositus 3 (*m. comp.* °*sup., adv.*; *appōnō*) **1.** (*nkl.*) nahe liegend, benachbart; **2.** / geeignet, brauchbar, geschickt [*menses ad agendum*]; *adv.* **-ē** bequem, geeignet; *subst.* **-um,** *ī n* (*gramm. t.t., Qu.*) Adjektiv; (*rhet. t.t.*; *Qu.*) Epitheton.

ap-pōtus 3 (*Pl.*) angetrunken, betrunken.

ap-precor 1 (*Ho.*) anflehen.

ap-prehendō, *endī, ēnsum* 3 anfassen, ergreifen, festnehmen; in Besitz nehmen; (*v. Redner*) vorbringen.

ap-prīmē *adv.* (*ad* „nahezu"; *adv. prīmē* in höchstem Grade; *unkl.*) vorzüglich, besonders.

ap-primō, *pressī, pressum* 3 (*premō*; *Ta.*) andrücken.

approbātiō, *ōnis f* (*approbō*) Billigung, Zustimmung; Beweis.

approbātor, *ōris m* (*approbō*) jeder, der billigt.

ap-probē *adv.* (*ad* „nahezu"; *Pl.*) ganz gut.

ap-probō 1 **1. a)** billigen, zustimmen, gutheißen; P. Beifall finden; **b)** segnen [*di approbent!*]; **2.** (*nkl.*) zur Zufriedenheit machen [*opus*]; **3.** erweisen, dartun.

ap-prōmittō, — — 1 noch dazu versprechen.

ap-properō 1 **1.** (*trans.*; *nkl., dcht.*) beschleunigen; **2.** (*intr.*) hineilen; sich beeilen.

appropinquātiō, *ōnis f* (*appropinquō*) Annäherung, *das* Nahen.

ap-propinquō 1 sich nähern, nahe kommen; / (*zeitl.*) herannahen; bevorstehen; (*v. Pers.*) nahe daran sein *zu* [*ut videat*].

****approximo** 1 sich nähern.

ap-pūgnō 1 (*-ŭ-?*; *Ta.*) angreifen, bestürmen [*castra*].

appulsus, *ūs m* (*appellō²*) **1.** Annäherung [*solis*; *Ggs. abscessus*]; **2.** (*nkl.*) Landung *an* [*litoris*]; *pl.* Landungsstellen; **3.** / Einwirkung [*caloris*].

aprīcātiō, *ōnis f* (*aprīcor*) Sonnenbad.

aprīcor 1 (*aprīcus*) sich sonnen.

aprīcus 3 (*m.* °*cvmp.,* °*sup.*; *et. ungeklärt*; *kl. nur 1.*) **1.** von der Sonne beschienen; sonnig; **2.** den Sonnenschein liebend; *subst.* **-um,** *ī n* Sonnenlicht; *in -um* ans Licht.

Aprīlis, e (*et. ungeklärt*) April...; *subst.* ~, *is m* (*sc. mēnsis*) April.

aprū(g)nus 3 (*aper*; *Pl.*) vom Eber.

aps... = *abs...* [*callum*].

aptō 1 (*aptus*; *meist nkl., dcht.*) genau anpassen, anfügen; *arma* (*corpori*) Waffen anlegen; / zurechtmachen, instand setzen [*arma*]; ausrüsten, versehen *mit* [*se armis*].

aptus 3 (*m. adv.*; *apiō* 3 „binden, erreichen") **1.** *part.* **a)** (genau) angepasst, fest anschließend [*calcei ad pedem*]; angeknüpft, Hängend *an* [*gladius setā equinā*]; **b)** abhängig *von* [*officium ex honesto*];

verknüpft, verbunden [*omnia inter se*]; **c**) in gutem Zustande [*naves*]; **d**) ausgestattet *mit* [*caelum stellis*]; **2.** *adi.* (*m. comp., sup.*) passend, angemessen ,geeignet [*locus ad insidias*].

apud *prp. b. acc.* (*eigtl.* „erreicht habend"; *zu apiō* 3 „binden, erreichen"; *cf. aptus, apīscor*) **1.** (*v. Orte*) bei, in der Nähe von, im Gebiet von [*Plataeas, oppidum*]; *manchmal fast = in b. abl.* zu, auf, in [*forum, °Germanias*]; **2.** (*v. Pers.*) **a**) bei, in der Nähe *von* [*Persas*]; *~ me* in meinem Hause; **b**) (*v. Verhandlungen*) bei, vor, in Gegenwart [*~ iudices verba facere, ~ regem queri, ~ praetorem accusari*]; **c**) (*zeitl.*) bei, z. Z. *von* [*maiores nostros*]; **d**) bei, in den Augen *jds.* [*multum ~ me veterum auctoritas valet*]; **e**) (*b. Verfasser- u. Urhebernamen*) bei, in [*~ Xenophontem Cyrus haec dicit*].

Āpulia *u.* **Āpūlia,** *ae f Landsch. i. Unteritalien*; *adi. u. Einw.* -*ulus* (3).

aput = *apud*.

apȳrēnum (*u.* **-inum**), *ī n* (*gr. Fw.* = ohne Kerne) Granatapfel.

aqua, *ae f* (*altl. gen. sg.* -*āī*; *cf. nhd.* „Stein-ach") **1. a**) Wasser; *aqua et igni interdicere* ächten [*civi*]; *°aquam terramque petere od. poscere* (= *Sinnbild der Unterwerfung*); *~ haeret* da hapert es; **b**) Meer, See (= *lacus*); *pl.* Hochwasser; °Fluss; °Regen; **c**) Quelle; *pl.* Heilquelle, Bad; **d**) *Aquae Sextiae j.* Aix *i. d. Provence*; °**e**) Tränen; **2.** Wasserleitung; **3.** Wasseruhr; [*°aquam dare* zum Reden Zeit].

aquae-ductus, *ūs m* Wasserleitung.

aquāliculus, *ī m* (*aquālis*) Magen, [Schweinemagen.]

aquālis, *is m* (*sc. urceus*; *aqua*) Wasserkrug.

aquārius 3 (*aqua*) Wasser...; *provincia -a* Aufsicht über die Wasserleitungen, Quästur zu Ostia; *°subst.* **~,** *ī m* **1.** Röhrenmeister (*Unterbeamter des Ädils*); Wasserträger; **2.** Wassermann (*Sternbild*).

aquāticus 3 (*nkl. dcht.*) *u.* **aquātilis,** e (*aqua*) im, am Wasser befindlich, lebend; Wasser... [*bestia*]; Regen bringend [*auster*].

aquātiō, *ōnis f* (*aquor*) *das* Wasser-[holen.]

aquātor, *ōris m* (*aquor*) Wasserholer.

aquātus 3 (*aqua*) wässerig; dünn.

aquila, *ae f* (*wohl zu aquilus*) **1.** Adler; °**2.** ♀ *Sternbild* Adler; **3. a**) Legionsadler; °**b**) *pl.* Giebelfeld *am Tempel des Iuppiter Capitolinus.*

Aquilēia, *ae f St. i. Oberitalien*; *adi. u. Einw.* -*ēiēnsis*, (e).

aqui-lex, *legis m* (*aqua*; *legō* „sammle") Wasserbauingenieur.

aquili-fer, *ferī m* (*aquila, ferō*) Adlerträger.

aquilīnus 3 (*aquila*) Adler...

Aquīl(l)ius 3 *röm. Gentilname*: *C. ~ Gallus, Redner, Jurist, Freund Ciceros*; *adi.* -*iānus* 3.

aquilō, *ōnis m* (*aquilus*) **1.** Nordnordostwind; °Sturm; **2.** Norden.

aquilōnius 3 (*aquilō*) nördlich.

aquilus 3 (*wohl zu aqua*) schwärzlich, dunkelbraun.

Aquīnum, *ī n St. in Latium, Geburtsort Juvenals, bekannt durch Purpurfärbereien, j.* Aquino; *adi. u. Einw.* -*īnās, ātis*.

Aquītānī, *ōrum m* (*iberische*) *Bewohner v.* **Aquītānia,** *ae f Landschaft im sw. Gallien*; *adi.* -*ānus* 3.

aquor 1 (*aqua*) Wasser holen.

aquōsus 3 (*m. comp., sup.*; *aqua*) wasserreich; regnerisch [*hiems*]; *mater -a* = Thetis; / wasserhell.

aquula, *ae f* (*dem. v. aqua*) **1.** Wässerchen; °**2.** etw. Wasser.

āra, *ae f* (*altl. āsa*; *cf. āreō*) **1.** Altar; **2.** Erhöhung, Gerüst, Denkmal [*°sepulcri* Scheiterhaufen]; *Āra Ubiōrum, später Colōnia Agrippinēnsis* Köln; *~ Pācis s. pāx*[1]; **3.** / **a**) Zufluchtsstätte, Schutz [*legum*]; °**b**) *ein Sternbild.*

arabarchēs, *ae m* (*gr. Fw.*) Oberzolleinnehmer (*Magistrat in Ägypten*; *scherzh.* = Pompejus).

Arabia, *ae f* (*im Vers auch Ā-*) Arabien; *im Altertum eingeteilt in ~ Eudaemōn od. Fēlīx, ~ Petraea u. ~ Dēserta* (*Wüste*); *Einw.* **Arabs,** *is m* (*pl.* -*es u.* -*ī*); *adi.* -*i(c)us* 3.

****arabilis,** e pflügbar; *terra non arabilis* unantastbar (= Maria).

Arachnē, *ēs f* (♀ *gr. Fw.* = Spinne) *lydische Spinnerin, von Athene in eine Spinne verwandelt.*

arānea, *ae f* (*arāneus*) Spinne; Spinngewebe.

arāneola, *ae f u.* (*Ve.*) **-us,** *ī m* (*dem. v. arānea*) kleine Spinne.

arāneōsus 3 (*arāneus*) voll Spinngewebe.

arāneus 3 (*cf. Arachnē*) zur Spinne gehörig; *subst.* ~, *ī m* Spinne; **-um,** *ī n* Spinnengewebe.

Arar, *is m* (*acc. -im, abl. -ī*) *Fl. in Gallien, j.* Saône.

arātiō, *ōnis f* (*arō*) *das* Pflügen, Ackerbau; Ackerland; (*pl.*) Pachtgüter, Domänen. [Äckerchen.]

arātiuncula, *ae f* (*dem. v. arātiō*)

arātor, *ōris m* (*arō*) **1.** Pflüger, Bauer; **2.** Domänenpächter; °**3.** *adi.* Pflug... [*taurus*]. [Land.]

arātrum, *ī n* (*arō*) Pflug; ** Stück

Arātus, *ī m* (*gr.* Ạrātos) **1.** *gr. Feldherr aus Sikyon, Stifter des Achäischen Bundes;* **2.** *Vfssr. eines astronom. Lehrgedichts* (*um 270*), *das Cicero übersetzte; adi. -īus* 3.

arbiter, *trī m* (*ad; baetō;* „der (als Zeuge) Hinzutretende") **1.** Augenzeuge; **2.** Schiedsrichter; **3.** / (*nkl., dcht.*) Richter; Gebieter, Herr [*bibendi* Symposiarch, Präside].

arbitra, *ae f* (*arbiter; nkl., dcht.*) Zeugin, Mitwisserin, Richterin.

arbitrārius 3 (*arbiter; Pl.*) willkürlich; *adv.* **-ō** vermutlich.

arbitrātus, *ūs m* (*arbitror; kl. nur abl. sg.*) freier Wille, unbeschränkte Vollmacht, Belieben, Ermessen [*suo arbitratu vivere*].

arbitrium, *ī n* (*arbiter*) **1.** (*Se.*) *das* Dabeisein, Gegenwart; **2.** Schiedsspruch *über* [*pecuniae incertae*]; **3. a)** freies Ermessen *über* [*pacis et belli*]; Belieben, Gutdünken; **b)** (*willkürliche*) Verfügung, Bestimmung [°*salis vendendi* des Salzpreises; *pl. funeris* Leichengebühren]; **4.** Herrschaft, unbeschränkte Macht [*Iovis*]; *sui arbitrii esse* sein freier Herr sein.

arbitror (*selten* **-ō**) 1 (*arbiter*) **1.** (*Com.*) beobachten, belauschen; **2.** erachten, dafürhalten, meinen, [glauben.]

arbitum = *arbutum.*

arbor *u.* (*dcht.*) **-ōs,** *oris f* (*cf. arduus*) **1.** Baum; (*Sa.*) Baumbestand; **2.** (*dcht.*) Mast, Ruder, Schiff; **3.** Galgen [*infelix*]; ** Kreuz.

arboreus 3 (*arbor; dcht.*) vom Baum, Baum...; / baumähnlich: baumlang, verästelt [*cornua*].

arbōs *s. arbor.* [*unkl.*] Bäumchen.]

arbuscula, *ae f* (*dem. v. arbōs;*)

arbustus 3 (*arbōs*) mit Bäumen bepflanzt; *subst.* **-um,** *ī n* Baumpflanzung, Weingarten; °Buschwerk. [Erdbeerbaum.]

arbuteus 3 (*arbutus; dcht.*) vom

arbutum, *ī n* (*arbutus; dcht.*) Frucht des Erdbeerbaumes, Meerkirsche; *pl.* Laub des E.

arbutus, *ī f* (*et. ungedeutet; Ve.*) Erdbeerbaum.

arca[1], *ae f* (*cf. arceō*) (Geld-) Kasten, Lade; / Kasse; Gefängniszelle; (*nkl.; dcht.*) Sarg; ** Arche; *dominica* Bundeslade; *ventris* Mutterleib.

****arca**[2], *ae f* Brückenbogen.

Arcades, -ia, -i(c)us *s. Arcas.*

arcānus 3 (*arca*[1]; „verschlossen") **1.** (*dcht.*) verschwiegen; **2.** geheim, heimlich; geheimnisvoll; *subst.* **-um,** *ī n* (*meist pl.; nkl., dcht.*) Geheimnis; *adv.* **-ō** insgeheim, heimlich; ** *subst.* **-um,** *i n* Geheimfach.

Arcas, *adis m* (*gr.* -kạs) *Sohn des Zeus u. der Kallisto; Stammvater der* **Arcades,** *um m Bew. v.* **Arcadia,** *ae f* (*gr.* -kadịā), *der mittleren Landsch. d. Peloponnes; adi. -i(c)us* 3.

arceō, *uī,* — 2 √‾*ark- „abschließen" **1.** eindämmen, in Schranken halten; **2. a)** abhalten, fern halten *von* [*ab iniuria*]; **b)** hindern [*nkl., dcht. ne; inf.*]; **c)** bewahren, schützen *vor* [*classes aquilonibus*].

arcessītor, *ōris m* (*arcessō;* „*der* Herbeirufer") Ruhestörer.

arcessītus, *abl. ū m* (*arcessō*) *das* Herbeirufen; *ipsius -u* auf seine Einladung (hin).

arcessō, *īvī* (*nkl. -ī*), *ītum* 3 (*vl. zu accēdō:* „ich will an jd. herantreten") **1. a)** herbeirufen, kommen lassen; **b)** (*jur. t.t.*) vor Gericht fordern, anklagen [*capitis, crimine, ambitūs*]; **2.** holen, sich verschaffen; herholen [*Te.*: *virginem*; *Ve.*: *manes coniugis* aus der Unterwelt]; **3.** (*einen Gedanken usw.*) von irgendwo hernehmen, heranziehen [*argumentum*]; *P.P.P. adi.* **arcessītus** 3 gesucht, forciert [*dictum*].

****archangelus,** *i m* Erzengel.

archetypus 3 (*gr. Fw.; nkl., dcht.*) Original...; *subst.* **-um,** *ī n* Urbild, Original; ** Vorbild, Modell.

****archiantistes,** *itis m* Erzbischof.

Archiās, *ae m* (*gr.* -ịās) **1.** *A. Li-*

cinius ~ *gr. Dichter, v. Cicero verteidigt*; **2.** *Tischler in Rom*; *adi.* -*iacus* 3 [*Ho.*: *lecti -i* kleine Speisesofas]. [kanzler.]

****archicancellarius,** *i m* Erz-

archiclīnicus, *ī m* (*gr. Fw.*; *Ma.*) Obertotengräber.

****archidiaconus,** *i m* Archidiakon.

****archidux,** *cis m* Erzherzog. [lich.]

****archiepiscopalis,** e erzbischöf-

****archiepiscopus,** *i m* Erzbischof.

Archilochus, *ī m* (*gr.* -os) *griech. Jambendichter um 650*; *adi.* **-chīus** 3 beißend, scharf. [Küchenmeister.]

archimagīrus, *ī m* (*gr. Fw.*; *Ju.*)

****archimandrita,** *ae m Vorsteher eines griech. Klosters.*

Archimēdēs, *is m Mathematiker in Syrakus, † 212.*

archimīmus, *ī m* (*gr. Fw.*; *nkl.*) Hauptdarsteller im Mimus.

archipīrāta, *ae m* (*gr. Fw.*) Seeräuberhauptmann.

****archipoeta,** *ae m* Erzpoet.

****archisynagogus,** *i m* Synagogenvorsteher. [des Baumeisters.]

architecticus 3 (*architectus*; *Pl.*)

architectōn, *onis m* (*gr. Fw.*; *Pl.*, *nkl.*) Baumeister; / Ränkeschmied.

architectonicē, ēs *f* (*gr. Fw.*; *Qu.*) Baukunst.

architector 1 (*architectus*) **1.** (*nkl.*) bauen; **2.** / künstlich schaffen.

architectūra, *ae f* (*architectus*) Baukunst.

architectus, *ī m* (*gr. Lw.*) Baumeister; / Schöpfer; Anstifter.

archōn, *ontis m* (*gr. Fw.*) Archont (*einer der 9 höchsten athen. Beamten*).

arci-tenēns, *entis* (*arcus, teneō*; *dcht.*) **1.** *adi.* bogenführend; *deus* = Apollo; **2.** *subst. m Sternbild des Schützen.*

Arctophylax, *acis m* (*gr.* -ktophylax) „Bärenhüter" (*Sternbild* = *Boōtēs*).

Arctos, *ī f* (*gr.* -kt-; *acc. sg.* -*on*; *nom. pl.* -*oe*) Bärin *als Sternbild* (*meist pl.* Großer u. Kleiner Bär); / (*dcht.*) Norden, Nacht; *adi.* **-ōus** 3 (*Ma.*) nördlich.

Arctūrus, *ī m* (*gr.* -ktūros) „Bärenhüter": **1.** *hellster Stern im Boōtēs*; **2.** (*Ve.*) = *Boōtēs*.

arcuātus 3 (*arcuō* krümmen; *nkl.*) bogenförmig gewölbt [*currus*].

arcula, *ae f* (*dem. v. arca*) Kästchen (*für Schmuck und Farben*).

arculārius, *ī m* (*arcula*; *Pl.*) Schmuckkästchenmacher.

arcus, *ūs m* (*gen. sg. altl. arquī*; *dat.*, *abl. pl.* -*ubus*; *cf. got.* arhwazna „Pfeil") **1.** Bogen (*Waffe*); **2.** Regenbogen [*pluvius*]; **3.** (*nkl.*, *Ju.*) Schwibbogen; Triumphbogen [*tropaea arcusque*]; Ehrenbogen [*marmoreus*]; **4.** (*nkl.*, *dcht.*) Krümmung, Wölbung, Windung [*aquarum*]; *quinque -us die* fünf Himmelszonen.

ardaliō, *ōnis m* (*gr. Lw.*; *dcht.*) geschäftiger Nichtstuer; Schlemmer.

ardea[1], *ae f* (√*arōd-; *Ve.*) Reiher.

Ardea[2], *ae f St. der Rutuler in Latium*; *adi. u. Einw.* -*eās, ātis*; *adi.* -*eātīnus* 3 [*foedus -um* mit A.].

ārdēns, *entis* (*ā-?*; *m. comp.*, °*sup.*, *adv.*; *ārdeō*) **1.** brennend, glühend, heiß [*fax*]; **2.** / **a)** brennend [*sitis*]; **b)** (*dcht.*) funkelnd [*oculi*]; **c)** glühend [*odium*]; feurig [*oratio*]; leidenschaftlich [*amor*].

ārdeō, *ārsī, ārsum* 2 (*ā-?*; *āridus*) brennen, in Flammen aufgehen [*domus*]; / blitzen [*oculi*]; glühen, entbrannt sein; heiß verliebt sein [(*in*) *virgine*(*m*)]; in hellem Aufruhr stehen [*Syria bello*].

ārdēscō, *ārsī*, — 3 (*ā-?*; *incoh. v. ārdeō*; *nkl.*, *dcht.*) entbrennen, in Brand geraten; / glühen, leuchten; auflodern.

ārdor, *ōris m* (*ā-?*; *ārdeō*) Brand; Glut; °*pl.* heiße Zone; / *das* Glühen, Leuchten, Blitzen; (*geistig*) Glut, Feuer, Begeisterung; Gier, Leidenschaft; (*dcht.*) Liebesglut; geliebte Person, Flamme.

Arduenna, *ae f* (*silva*) *die* Ardennen.

arduus 3 (*kl. comp. u. sup. m. magis u. maximē umschrieben*; *cf. Arduenna*) steil; hochragend; / schwierig, beschwerlich, lästig; *res -ae* Missgeschick; *subst.* **-um,** *ī n* (*nkl.*, *dcht.*) steile Höhe; / Schwierigkeit.

ārea, *ae f* (*āreō*; *ab 1b meist nkl.*, *dcht.*) freier Platz: **1. a)** Bauplatz; **b)** Hofraum, Impluvium; **c)** öffentlicher Platz; **d)** Spielplatz; **e)** Rennbahn (*im Zirkus*); **f)** Tenne; / **2. a)** (*geom. t.t.*) Fläche, Ebene; **b)** Glatze; **3.** Betätigungsfeld; Laufbahn; Gebiet.

Arecomici *s. Volcae.*

āre-faciō, *fēcī, factum* 3; P. -*fīō, factus sum, fierī u. fīerī* (*u. ārē-*; *unkl.*) trocknen.

Arelāte, *is n St. a. d. Rhone, j.* Arles.

Aremoricae cīvitātēs (*im Vers* Arē-; *kelt.* = „am Meer") *Küstenvölker in Bretagne u. Normandie.*

arēna *u.* **harēna,** ae *f* (*et. ungedeutet*) **1.** Sand; °*pl.* Sandkörner, -massen; **2. a**) sandiger Ort; (*nkl.*) Sandwüste [Libycae]; **b**) (*dcht.*) Sandstrand; **3.** (*nkl., dcht.*) Arena, Kampfplatz *im Amphitheater*; **4.** (*nkl.*) / Tummel-, Schauplatz.

arēnāria, ae *f* (*u.* ha...; *sc.* fodīna Grube; arēna) Sandgrube.

arēnōsus 3 (*u.* ha...; *m. comp., sup.*; arēna; *nkl., dcht.*) sandig.

ārēns, entis (āreō; *nkl., dcht.*) trocken, dürr; / lechzend [faux]; *subst.* **ārentia,** ium *n* Sandwüste.

āreō, uī, — 2 (*cf.* āridus; *nhd.* „Asche"; *unkl.*) trocken, dürr sein; / (*vor Durst*) lechzen.

āreola, ae *f* (*dem. v.* ārea; *Pli.*) kleiner freier Platz.

Arēopagus *u.* **Ario-,** ī *m* (*gr.* Areios pagos) *Areshügel in Athen*; *der dort tagende oberste Gerichtshof*; **-gītēs,** ae *m Mitglied des Areopags*; / (*spöttisch*) unparteiischer Richter.

ārēscō, āruī, — 3 (*incoh. v.* āreō) (ver)trocknen, versiegen.

aretālogus, ī *m* (*gr. Fw.*; *Suet., Ju.*) Tugendschwätzer, Aufschneider.

Arethūsa, ae *f* (*gr.* Arę-) *Quelle b. Syrakus*; *adi.* -ūsis, idis.

Arēus 3 (*gr.* Areios) *des* Ares; -um iudicium (*Ta.*) = Areopag.

Argēī, ōrum *m* (*Ov.*) **1.** (*24*) *Sühneopferkapellen in Rom*; **2.** (*24*) *Menschenfiguren aus Binsen, die jährlich am 15. Mai von der Pfahlbrücke in den Tiber gestürzt wurden.*

argentārius (argentum) **1.** *adi.* 3 (*Com., nkl.*) Silber..., Geld...; taberna Wechselbude, -geschäft; **2.** *subst.* ~, ī *m* Wechsler, Bankier; ** Silberschmied; **-ia,** ae *f* **a**) (*sc.* fodīna Bergwerk; *Li.*) Silbergrube; **b**) (*sc.* taberna; *Pl., Li.*) Wechselbude, Bank; **c**) (*sc.* ars) Wechselgeschäft, Geldgeschäft.

argentātus 3 (argentum; *unkl.*) **1.** mit Silber beschlagen; milites mit silberbeschlagenen Schilden; **2.** mit Geld versehen.

argenteolus 3 (*dem. v.* argenteus; *Pl.*) fein in Silber gearbeitet.

argenteus 3 (argentum) **1.** silbern; / proles (*Ov.*) des silbernen Zeitalters; **2.** versilbert; (*Li.*) mit Silber verziert, beschlagen, eingelegt; **3.** (*dcht.*) silberweiß [fons]; *subst.* **-us,** ī *m* (*nkl.*) Silberdenar.

argentum, ī *n* (*cf.*: *gall.* Argentorātus „Straßburg"; arguō) Silber; Silbergeschirr; Silbergeld, Geld; vivum (*nkl.*) Quecksilber.

argentumexterebrōnidēs, ae *m* (argentum, exterebrō; *Pl.*) *scherzh.* = Erpresser.

argestēs, ae *m* (*gr. Fw.*) West-südwestwind.

Argēus, Argī *s.* Argos.

Argīlētum, ī *n* (*vl. v.* argilla; *später als* Argī lētum *gedeutet*) *Straße in Rom, nördl. v. Forum*; *adi.* -tānus 3.

argilla, ae *f* (-ī-?; *gr. Fw.*) weißer Ton.

Arginūs(s)ae, ārum *f* (*gr.* -ai) *Inseln bei Lesbos* (*Schlacht 406*).

argītis, (id)is *f* (*gr. Fw.*; *Ve.*) weiße Rebe.

Argō, ūs *f* (*acc., abl.* -ō; *gr.* -ǭ) *Schiff, auf dem die* Argonautae, ārum *m* (*Jason u. seine Gefährten*) *nach Kolchis segelten, um das goldene Vlies zu holen*; *adi.* -gōus 3.

Argolis, idis *f* (*gr.* -lịs) *Landsch. auf d. Peloponnes*; *adi.* ~, idis *u.* -golicus 3 argivisch; (*dcht.*) griechisch.

Argos *n* (*nur nom. u. acc., sonst*) **Argī,** ōrum *m Hauptst. v. Argolis*; *adi.* -gēus, -gīus, -gus, -gīvus 3 argivisch, (*dcht.*) griechisch; *subst.* **-gīvus,** ī *m* Argiver; (*dcht.*) Grieche.

argūmentātiō, ōnis *f* (argūmentor) Beweisführung.

argūmentor 1 (argūmentum) **1.** (*intr.*) den Beweis führen; **2.** (*trans.*) als Beweis anführen.

argūmentōsus 3 (argūmentum; *Qu.*) reich an Stoff; ** geschickt, schlau.

argūmentum, ī *n* (arguō) Mittel der Veranschaulichung: **1. a**) Beweis(mittel), Grund; **b**) Kennzeichen, Merkmal; **2. a**) Geschichte, Fabel, Erzählung; Gedicht; Darstellung; Theaterstück; **b**) bildliche Darstellung, Bild; **3.** Fabel, Stoff, Inhalt.

arguō, uī, ūtum 3 („hell machen"; *cf.* argentum) **1.** klar darstellen, erweisen; **2.** (*nkl., dcht.*) als verkehrt erweisen [legem]; **3. a**) beschuldigen, anklagen [facinoris, (de) crimine]; **b**) (*nkl.*) rügen [culpam].

Argus[1] 3 *s.* Argos.

Argus², *ī m* (*gr.* -os) *der hundertäugige Wächter der Io.*
argūtātiō, *ōnis f* (*argūtor; Ca.*) *das* Knarren [*lecti*].
argūtiae, *ārum f* (*argūtus*) *das* Ausdrucksvolle [*digitorum*]; / Scharfsinn, Feinheit, Witz; Spitzfindigkeit, Kniffe. [vorschwatzen.
argūtor *u.* **-ō** 1 (*argūtus; unkl.*)
argūtulus 3 (*dem. v. argūtus*) ziemlich scharfsinnig.
argūtus 3 (*m. comp., sup., adv.; arguō*) **1. a**) scharf ausgeprägt; unzweideutig [*omen*]; **b**) ausdrucksvoll, lebhaft [*oculi*]; °**c**) hell tönend; liederreich; zwitschernd; kreischend; geschwätzig; **d**) (*Ma.*) penetrant [*odor*]; **2. a**) geistreich, scharfsinnig, witzig; **b**) (*dcht.*) pfiffig, schlau.
argyraspides, *um m* (*gr. Fw.; nkl.*) „Silberschildträger" (*makedon. Elitetruppe*).
Argyripa, *verderbte Form des gr. Siedlungsnamens für das spätere Arpī; s. d.*
Ariadnē, *ēs u.* **-na,** *ae f Tochter des Minos; adi. -nēus* (*u. -naeus*) 3.
Arīcia, *ae f alte St. a. d. via Appia mit Tempel u. Hain d. Diana u. des Hippolytus Virbius, j.* Ariccia; *adi. u. Einw. -īcīnus* (3). [etw. trocken.
āridulus 3 (*dem. v. āridus; Ca.*)
āridus 3 (*m. °comp., °sup.; āreō*) **1.** trocken, dürr; **2.** / **a**) (*dcht.*) heiß, brennend [*febris*]; **b**) mager; **c**) dürftig; **d**) trocken, langweilig [*genus orationis*]; **3.** *subst.* **-um,** *ī n das* Trockene.
ariēs (-ĕ-?), *etis m* (*im Vers auch arjēs, arjetis usw. gespr.*) **1. a**) Widder, Schafbock; °**b**) *Sternbild* Widder; **2.** / (*mil. t.t.*) Sturmbock, Mauerbrecher; Wellenbrecher.
arietō 1 (*ariēs*) **1.** (*vom Widder*) stoßen; **2.** / **a**) (*trans.*) niederstoßen; **b**) (*intr.*) anstürmen.
Arīminum, *ī n St.* (*j.* Rimini) *u. Fl. in Umbrien; adi. u. Einw. -nēnsis* (e).
ariolus, ariolor *s. hariolus usw.*
Arīōn, *onis m Dichter u. Sänger aus Methymna auf Lesbos; adi. -onius* 3.
Ariovistus, *ī m Suebenkönig, 72–58 Herr in Gallien.* [Arithmetik.
****arismetica** (*-trica*), *ae f* (*ars*)
arista, *ae f* (*wahrsch. etr. Lw.*) **1.** Granne; **2.** (*nkl., dcht.*) Ähre; Ährenfrucht.

Aristarchus, *ī m* (*gr.* -ịstarchos) *ber. alexandrinischer Philologe* (*Homerrezension um 170*); / strenger Kritiker.
Aristīdēs, *is u. -ī m* (*gr.* -ẹidēs) **1.** *aus Athen, Gegner des Themistokles;* **2.** *aus Milet, Vfssr. schlüpfriger Novellen* (*Mīlēsiaca*).
Aristippus, *ī m* (*gr.* -istippos) *aus Kyrene, Schüler des Sokrates, Gründer der kyrenäischen Schule; adi. -ippēus* 3.
Aristius Fuscus, *ī m Dichter, Rhetor u. Grammatiker, Freund des Horaz.*
Aristogītōn, *onis m* (*gr.* -gẹitōn) *Mörder des Tyrannen Hipparch* (*514*).
aristolochia, *ae f* (*gr. Fw.*) Osterluzei.
Aristophanēs, *is m* (*gr.* -phạnēs) **1.** *größter Dichter der alten attischen Komödie, † 388; adi. -nēus u. -nīus* 3; **2.** *aus Byzanz, alexandrinischer Philologe, Lehrer Aristarchs, um 230.*
Aristotelēs, *is u. ī m* (*gr.* -tẹlēs) *aus Stagira i. Makedonien, Schüler Platos, Lehrer Alexanders d. Gr.; Gründer der peripatetischen Schule; adi. -lēus u. -līus* 3.
Aristoxenus, *ī m* (*gr.* -os) *aus Tarent, Philosoph u. Musiker, Schüler des Aristoteles.*
Aristus, *ī m* (*gr.* Ạristos) *Akademiker in Athen, Freund Ciceros.*
arithmētica, *ōrum n* (*gr. Fw.*) Arithmetik; *nkl. auch* ~, *ae f.* [heit.
āritūdō, *inis f* (*āreō; Pl.*) Trocken-
arma, *ōrum n* („Gefügtes") **1. a**) Gerät(e), Werkzeug; Baugerät; Schiffsgerät, Takelwerk; °**b**) Ackergerät; Gerät zum Backen, Haarschneiden *usw.*; **2.** Kriegsgerät, Waffen; ~ *atque tela* Schutz- u. Trutzwaffen; *vi et -is* mit Waffengewalt; **3.** / **a**) Krieg; **b**) Waffenmacht; **c**) Bewaffnete, Krieger; **d**) (geistige) Waffen, Hilfsmittel *gegen* [*senectutis*].
armamaxa, *ae f* (*gr. Fw.; Cu.*) pers. Reisewagen. [werk.
armāmenta, *ōrum n* (*armō*) Takel-
armāmentārium, *ī n* (*armāmenta*) Zeughaus; Arsenal.
armāriolum, *ī n* (*dem. v. armārium; Pl.*) Schränkchen.
armārium, *ī n* (*arma*) Schrank; ** Bücherschrank, -regal; *pl.* Archiv, Bibliothek; **-ius,** *i m* Bibliothekar, Archivar.

armātūra, *ae f* (*armō*) Waffengattung; Bewaffnete.

armātus[1], *abl.* -*ū m* (*armō*; *nkl.*) = *armātūra.*

armātus[2] 3 (*m. sup.*; *armō*) bewaffnet; (*geistig*) gewappnet; *subst.* **-ī,** *ōrum m* Soldaten.

Armenia, *ae f* (*gr.* -*ịā*) *Hochland Asiens*; *adi. u. Einw.* -*menius* (3).

armentālis, e (*armentum*; *Ve.*) in Herden weidend.

armentārius, *ī m* (*armentum*; *unkl.*) Rinderhirt.

armentum, *ī n* (*vl.* „Zusammenfügung"; *cf. arma*) **1.** (*nkl.*) Viehherde; **2.** (*pl.*) Großvieh (Rinder u. Pferde).

armi-fer, *era, erum* (*arma, ferō*; *Ov.*) waffentragend; kriegerisch.

armi-ger, *era, erum* (*arma, gerō*) **1.** (*nkl.*) Waffen tragend; **2.** (*Pr.*) Bewaffnete hervorbringend; *subst.* **~,** *ī m* **1.** Waffenträger (-*era, ae f* (*Ov.*) -in = Diana); Schildknappe; **2.** (*Cu.*) Leibwächter.

armilla, *ae f* (*dem. v. armus*) Armband, -spange; ** Spange.

armillātus 3 (*armilla*; *nkl., dcht.*) mit Armspangen geschmückt; ** bewehrt.

Armi-lūstrum, *ī n* (*arma, lūstrum*[2]) *Platz auf dem Aventin, auf dem man jährlich die Waffenweihe* (*armilūstrium*) *beging.*

Arminius, *ī m Cheruskerfürst, „Befreier Deutschlands"* (*9 n. Chr.*).

armi-potēns, *entis* (*arma*; *dcht.*) waffenmächtig.

armi-sonus 3 (*arma, sonō*; *Ve.*) waffenklirrend.

armō 1 (*arma*) **1.** mit Geräten versehen, auftakeln [*naves*]; **2.** zum Kampfe rüsten, bewaffnen, wappnen; **3.** / versehen, ausstatten *mit* [*auctoritate*].

armus, *ī m* (*cf. nhd.* „Arm"; *dcht., nkl.*) Oberarm, Schulterblatt; Vorderbug; *pl.* Flanken [*equi*].

Arnus, *ī m der* Arno; *adi.* -*iēnsis*, e.

arō 1 (*cf. got.* arjan „pflügen") **1. a)** *trans.* pflügen; **b)** *abs.* Ackerbau treiben; **2.** / (*dcht.*) durchfurchen, -fahren [*latum aequor*]; *frontem rugis* die Stirn runzeln.

****aroma,** *atis n* Wohlgeruch; Gewürz, Spezerei; *adi.* -*maticus* 3 wohlriechend.

****aromatizo** 1 duften; einbalsamieren.

Arpi, *orum m* (*dcht. Argyripa, ae f*; *angebl. verderbt aus gr.* Argos hịppion) *St. i. Apulien*; *adi. u. Einw.* -*īnus* (3).

Arpīnum, *ī n St. i. Latium, Geburtsort v. Cicero u. Marius, j.* Arpino; *adi.* -*pīnus* 3; *chartae* -*ae* Ciceros Schriften; *adi. u. Einw.* -*pīnās, ātis* (*m*) (*subst. n Landgut Ciceros b. A.*).

arquātus 3 (*arcuō* 1 „krümmen"; *nkl.*) regenbogenfarbig; *subst.* **~,** *ī m* (*Lu.*) ein an Gelbsucht Erkrankter; *cf. arcuātus.*

arqui-tenēns = *arcitenēns.*

arrabō, *ōnis m* (*gr., aus dem Hebräischen stammendes Fw.*; *Com.*) Handgeld; ** Unterpfand, Kaufgeld.

arrēctus 3 (*m. comp.*; *arrigō*; *Li.*) emporgerichtet, steil.

ar-rēpō, *psī, ptum* 3 herankriechen, -schleichen.

****arrepticius** 3 begeistert; besessen.

Arrētium, *ī n St. in Etrurien, j.* Arezzo; *adi. u. Einw.* -*tīnus* (3).

ar-rīdeō, *rīsī, rīsum* 2 **1.** (*nkl., dcht.*) mitlachen [*ridentibus*]; **2. a)** (*nkl., dcht.*) zu-, anlächeln [*notis*]; **b)** belächeln [*quid*]; **3.** / gefallen [*amicis*].

ar-rigō, *rēxī, rēctum* 3 (*regō*; *unkl.*) auf-, emporrichten; *in digitos arrectus* auf den Zehen; geil sein *auf* [*ad puellas*]; / in Spannung versetzen; erheben, anfeuern.

ar-ripiō, *ripuī, reptum* 3 (*rapiō*) **1.** an sich reißen, erraffen, zusammenraffen; **2.** (*dcht., nkl.*) angreifen, überfallen [*castra*]; **3.** (*Li.*) verhaften, vor Gericht schleppen; **4. a)** / sich aneignen, schnell benutzen [*occasionem*]; **b)** (*geistig*) erfassen; **5.** *sibi* -*ere* sich anmaßen [*imperium, cognomen*].

arrīsor, *ōris m* (*arrīdeō*; *Se.*) der stets lächelt; Schmarotzer.

ar-rōdō, *sī, sum* 3 an-, benagen.

arrogāns, *antis* (*m.* °*comp.,* °*sup., adv.*; *arrogō*) anmaßend, hochmütig.

arrogantia, *ae f* (*arrogāns*) Anmaßung, Hochmut, Dünkel.

ar-rogō 1 **1.** (*Pl.*) noch einmal fragen *nach* [*haec te*]; **2.** (*Li.*) einem Beamten einen andern beigeben; **3.** (*dcht.*) verschaffen [*decus*]; **4.** *sibi* -*are* sich anmaßen [*nomen*].

arrōsor, *ōris m* (*arrōdō*; *Se.*) Schmarotzer.

Arrūns, *untis m etr. Vorname der nachgeborenen Söhne.*

ars, *artis f* (*cf. nhd.* „Art") **1.** Geschick(lichkeit), Handfertigkeit; **2.**

Handwerk, Gewerbe; **3.** *sg.* Kunst, Wissenschaft; *carminis* (*Ho.*) Dichtkunst; *pl. die* schönen Künste u. Wissenschaften [*ingenuae, liberales, optimae*]; **4. a**) Kunstlehre, wissenschaftliches System, Theorie; **b**) Lehrbuch einer Kunst, Wissenschaft; **c**) Kunstwerk; Kunstwert; **d**) ♀ (*dcht.*) Muse [*Artium chorus*]; **5. a**) Eigenschaft, Bestrebung; *pl.* Mittel, Wege, Verfahren; **b**) (*nkl., dcht.*) Kunstgriffe, Ränke; **c**) (*nkl., dcht.*) erkünsteltes Wesen.

Arsacēs, *is m* (*gr.* -sạkēs) *Stifter der parthischen Dynastie der* **Arsacidae,** *ārum m* Arsakiden; *adi. -sacius* 3.

arsis, *is f* (*acc. -in; gr. Fw.; metr. t.t.*) Arsis, Hebung (*des Fußes zur Bezeichnung des schwachen, spätl. der Stimme zur Bezeichnung des starken Taktteils; cf.* thesis).

Artaxerxēs, *is m persischer Königsname.*

Artemīsium, *ī n* (*gr.* -on) *nördliches Vorgebirge Euböas.*

artēria, *ae f* (*gr. Fw.*) **1.** Luftröhre [*aspera*]; **2.** Schlagader, Arterie.

arthrīticus 3 (*gr. Fw.*) gichtkrank, gichtig.

articulāris, e (*articulus; nkl.*) die Gelenke betreffend.

articulātim *adv.* (*articulus*) **1.** (*dcht.*) gliedweise, Stück für Stück; **2.** / gegliedert, Punkt für Punkt.

articulō 1 (*articulus; Lu.*) deutlich aussprechen, artikulieren.

articulus, *ī m* (*dem. v. artus*[1]) **1. a**) Gelenk, Knöchel; Fingerglied; **b**) (*b. Pflanzen*) Knoten; **2.** / **a**) (*v. d. Rede*) Teil, Abschnitt; **b**) (*gramm. t.t.; Qu.*) Artikel; **c**) (*v. d. Zeit*) Wendepunkt; **d**) (*nkl.*) Abschnitt, Absatz, Punkt; Stufe; ** Grundsatz, Satz.

artifex, *ficis* (*ars, faciō*) **1.** *adi.* **a**) *act.* kunstfertig, geschickt; **b**) *pass.* (*dcht.*) kunstgerecht; *equus* dressiert, zugeritten; **2.** *subst. m f* Künstler(in), Meister; Schöpfer [*mundi*]; Urheber; (*dcht.*) Schelm, Betrüger.

****artificialis,** e künstlich; künstlerisch.

artificiōsus 3 (*m. °comp., sup., adv.; artificium*) kunstfertig; kunstgerecht, kunstvoll; *adv.* **-ē** schlau.

artificium, *ī n* (*artifex*) **1.** Handwerk, Gewerbe, Kunst; **2.** Kunstwerk; **3.** Kunstfertigkeit, Geschicklichkeit; **4.** Kunstlehre, Theorie; **5.** Kunstgriff, Kniff; Schlauheit.

artō 1 (*artus*[2]; *unkl.*) einengen; beschränken; knapp zumessen.

artolaganus, *ī m* (*gr. Fw.*) Brotkuchen.

artopta, *ae m* (*gr. Fw.; dcht.*) Brotbäcker (*Backform*).

artus[1], *ūs m* (*pl. Pl. -ua-; dat., abl. -ubus; cf. arma*) Gelenk; (*pl.*) Glieder.

artus[2] 3 (*m. comp., sup., adv.; cf. artus*[1]) eng zusammengedrängt, dicht, fest [*vinculum*]; / fest [*somnus*], innig [*familiaritas*], knapp, beschränkt; (*nkl., dcht.*) misslich [*res*]; *subst.* **-um,** *ī n* (*nkl.*) enger Raum, Gedränge; / missliche Lage.

artūtus 3 (*artus*[1]) starkgliedrig.

ārula, *ae f* (*dem. v. āra*) kleiner Altar.

arund... = *harund...*

aruspex = *haruspex.*

arvālis, e (*arvum; M. A.*) Flur... [*fratres -es* Arvalbrüder, *Kollegium v. 12 röm. Priestern, die am 1. Mai Fruchtbarkeit der Felder erflehten*].

Arvernī, *ōrum m gallisches Volk i. der j. Auvergne.*

arvīna, *ae f* (*vl. zu *arvā* „Darm") Speck, Fett.

arvus 3 (*a-ō*) pflügbar, Acker..., Saat...; *subst.* **-um,** *ī n* **1.** Ackerland, Saatfeld; / (*dcht.*) (weibliche) Scham; **2.** (*dcht.*) Flur, Gefilde, Gegend; Weideplatz; Gestade; *-a Neptunia* = Meer; **3.** (*Ve.; Sa.*) Getreide.

arx, *cis f* (*arceō*) **1.** befestigte Anhöhe, Burg; Akropolis; °**2.** Gipfel, Hügel [*septem arces Romanae*]; **3.** / Bollwerk, Zuflucht; Höhepunkt [*Ta.: eloquentiae*]; ** Himmel(shöhe); *cerebri* Kopf, Geist.

as, *assis m* (*statt ass; ās?; gen. pl. -ium; zu assis* (Brett) viereckiges Metallplättchen) **1.** (*nkl.*) Einheit, *das* Ganze [*heres ex asse* Universalerbe]; **2.** (*Gewichtseinheit; Ov., nkl.*) As, röm. Pfund (*Kupferbarren v. 1 Pfd.* [= *327 g*] *Gewicht, in 12 Unzen* [*unciae*] *geteilt*); **3.** (*Münzeinheit*) As (*urspr. 1 röm. Pfd. schwer* [*aes grave*], *anfangs etwa 1,50 Mark, später nur etwa 4 Pfg. wert*); / Heller, Pfennig.

Ascanius, *ī m Sohn des Äneas.*

ascaulēs, *ae m* (*gr. Fw.; Ma.*) Sackpfeifer.

a-scendō, *endī, ēnsum* 3 (*scandō*) **1.** (*intr.*) **a**) hinauf-, emporsteigen; **b**) / sich aufschwingen [*ad honores*];

2. (*trans.*) a) er-, besteigen; b) / erreichen [*altiorem gradum*].
ascēnsiō, *ōnis f* (*ascendō*) **1.** (*unkl.*) *das* Hinaufsteigen; **2.** / Aufschwung; ** *domini* Himmelfahrt.
ascēnsus, *ūs m* (*ascendō*) *das* Hinauf-, Ersteigen [*Capitolii, in arcem*]; Aufstieg, Zugang; / Stufe [*in virtute*].
ascia, *ae f* (*cf. nhd.* „Axt") Zimmeraxt. [*rhein.*]
Asciburgium, *ī n St. am Nieder-*
a-sciō, — — 4 (*dcht., nkl.*) auf-, annehmen.
ascīscō, *scīvī, scītum* 3 (*incoh. v. asciō*) **1.** heranziehen [*socios ad bellum*]; an-, aufnehmen [*in civitatem*]; **2.** / a) an-, übernehmen, sich aneignen; b) für sich beanspruchen [*laudem*]; c) billigen, gutheißen; (*P.P.P.*) *adi.* **ascītus** 3 (*nkl.*) fremd [*dapes*].
ascopa *u.* **ascopēra,** *ae f* (*gr. Fw.*; *Suet.*) lederner Bettelsack.
Ascra, *ae f* (*gr.* Askrā) *Ort i. Böotien, Wohnsitz Hesiods*; *adi.* **-aeus** 3; *subst.* **-aeus,** *ī m* = Hesiod.
a-scrībō, *scrīpsī, scrīptum* 3 **1.** dazuschreiben, schriftlich hinzufügen; **2.** eintragen *in* [*in civitatem* Bürgerliste; *Ta.*: *militiae* Stammrolle]; **3.** (*schriftlich*) einsetzen, bestellen *zu* [*tutorem liberis*]; **4.** a) zurechnen *zu* [*tertium ad amicitiam*]; b) zuschreiben, beimessen.
ascrīpticius 3 (*ascrīptus, P.P.P. v. ascrībō*) (*in die Bürgerliste*) neu eingetragen.
ascrīptiō, *ōnis f* (*ascrībō*) Beischrift, Zusatz.
ascrīptīvus 3 (*ascrīptus, P.P.P. v. ascrībō*; *Pl.*) überzählig.
ascrīptor, *ōris m* (*ascrībō*) Mitunterzeichner [*legis*]; / Förderer.
Asculum, *ī n St. i. Picenum, j.* Ascoli; *adi. u. Einw.* **-lānus** (3).
asellus, *ī m u.* (*Ov.*) **-a,** *ae f* (*dem. v. asinus*) Esel(in).
Asia, *ae f* (*gr.* -įā) **1.** Asien; **2.** Kleinasien; **3.** *die röm. Provinz* Asia; *adi.* **1.** **-ānus** 3; *subst.* **-ānī,** *ōrum m* Steuerpächter *i. d. Provinz* Asia; **2.** **-āticus** 3 [*bellum -um* mit Mithridates; *oratores -i* schwülstig]; **3.** **Āsis,** *idis f* [*Ov.*: *terra*]; **4.** **Āsius** 3 [*Ve.*: *palus b. Ephesus*].
Asiāgenēs, *is m* = *Asiāticus Beiname des L. Cornēlius Scīpiō.*
asīlus, *ī m* (*et. ungeklärt*; *Ve., nkl.*) Bremse, Stechfliege.
asinārius 3 (*asinus*; *vkl.*) Esel...; *subst.* **-a,** *ae f* (*sc. fābula*) Eselskomödie *des Plautus*; **-us,** *ī m* (*unkl.*) Eseltreiber.
Asinius 3 *röm. Gentilname*: *C.* ~ *Pōlliō Anhänger Cäsars u. später des Augustus, Dichter, Redner u. Kritiker, Gründer der ersten Bibliothek i. Rom*; † *6 n. Chr.* [*auch* /.]
asinus, *ī m* (*kleinasiat. Lw.*) Esel;
Āsōpus, *ī m* (*gr.* -ōs) *Fl. i. Böotien, j.* Asopo; **-piadēs,** *ae m Nachkomme des Flussgottes* ~ = *Aeacus*; **-pis,** *idis f* = *Aegīna.* [Wüstling.]
asōtus, *ī m* (*gr. Fw.*) Schlemmer,
asparagus, *ī m* (*gr. Fw.*; *unkl.*)
aspargō = *aspergō.* [Spargel.]
Aspasia, *ae f* (*gr.* -įā) *gr. Hetäre*; *Geliebte, später Gattin d. Perikles.*
aspectābilis, e (*aspectō*) sichtbar.
aspectō 1 (*intens. v. aspiciō*) **1.** (aufmerksam) anschauen, anblicken; **2.** / a) (*Ve., Ta.*) (*v. Örtlichkeiten*) liegen *nach* [*arces*]; b) (*Ta.*) achten *auf* [*iussa principis*].
aspectus, *ūs m* (*aspiciō*) **1.** (*act.*) a) *das* Ansehen; Blick [*primo -u*]; b) Gesichtskreis; c) Sehkraft, Gesicht; **2.** (*pass.*) a) *das* Erscheinen [*-u tuo*]; b) Aussehen. [treiben.]
as-pellō, *pulī, pulsum* 3 (*abs-*) weg-
asper, *era, erum* (*m. comp.,* °*sup., adv.*; <**apo-speros, eigtl.* „weg-, abstoßend"; *zu spernō*) **1.** a) rau, uneben, holperig; b) (*nkl.*) rau, unwirtlich; stürmisch [*mare*], kalt; **2.** / a) (*meist nkl.*) herb, derb, scharf, grob; b) roh, unfei.; [*vox, orationis genus*]; c) bitter, kränkend, bissig; d) (*v. Charakter*) roh, ungeschliffen, streng; e) (*v. Zuständen, Maßregeln usw.*) misslich, schwierig, drückend; *subst.* **-a,** *ōrum n* Widerwärtigkeiten.
a-spergō¹, *rsī, rsum* 3 (*ad*; *spargō*) **1.** hinspritzen, hinstreuen; anspritzen; / beimischen [*severitati comitatem*]; **2.** bespritzen, bestreuen; / besudeln.
aspergō², *inis f* (*aspergō¹*; *unkl.*) Bespritzung; Spritzer, Tropfen.
asperitās, *ātis f* (*asper*) Rauheit, Unebenheit; / (*sinnlich*) Kälte, Schärfe, Härte; (*v. d. Rede*) Bitterkeit; (*v. Charakter*) Rohheit, Schroffheit, Strenge; (*v. Zuständen, Maßregeln usw.*) Härte, Schwierigkeit.

aspernātiō, *ōnis f* (*ā-?; aspernor*) Verschmähung; (*Se.*) Abneigung.
a-spernor 1 (*ā-?; spernō*) zurückweisen; / verschmähen, verwerfen; sich weigern; *vereinzelt pass.*
asperō 1 (*asper; unkl.*) rau machen, schärfen, spitzen; / (auf)reizen.
aspersiō, *ōnis f* (*aspergō*) *das* Anspritzen [*aquae*]; *das* Auftragen der Farben.
a-spiciō, *spexī, spectum* 3 (*spēxī?; speciō*) **1.** erblicken [*hanc lucem* das Licht der Welt]; **2. a)** (*absichtlich*) hin-, ansehen, anschauen [*vultum hominis*]; **b)** mit Achtung blicken *auf*, bewundern; **c)** (dreist) ins Auge sehen [*hostem*]; **d)** genau betrachten, inspizieren; **3.** (*dcht., nkl.*) (*v. Örtlichkeiten*) liegen *nach* [*meridiem*]; **4.** (*geistig*) betrachten, erwägen; untersuchen; **5.** beherzigen, beachten, berücksichtigen.
aspīrātiō, *ōnis f* (*aspīrō*) *das* Anhauchen, Anwehen; Ausdünstung; (*gramm. t.t.*) H-Laut, Aspiration [*in vocali aspiratione uti*].
a-spīrō 1 **I.** (*intr.*) **1. a)** wehen; **b)** Luft aushauchen [*pulmones*]; **c)** (*gramm. t.t.; Qu.*) zu einem Laut den H-Laut setzen, aspirieren; / **2.** günstig, förderlich sein [*Ve.*: *canenti*]; **3.** trachten, streben *nach* [*ad laudem*]; **II.** (*trans.*) (*nkl., dcht.*) **1.** zuhauchen, zuwehen; **2.** / einflößen [*amorem*].
aspis, *idis f* (*gr. Fw.*) Viper, Natter.
asportātiō, *ōnis f* (*asportō*) *das* Wegschaffen; Abtransport.
as-portō 1 (*abs-*) wegführen, -bringen, -schaffen.
asprētum, *ī n* (*asper; Li.*) rauher, steiniger Ort.
assārius 3 (*as; Se.*) einen As wert.
assecla, *ae m* (*assequor*) = *assectātor.*
assectātiō, *ōnis f* (*assequor*) beständige Begleitung.
assectātor, *ōris m* (*assequor*) beständiger Begleiter; Anhänger eines Parteihauptes; (*Pli.*) Freier; (*Qu.*) Schürzenjäger; (*Se.*) Schmarotzer.
as-sector 1 (*intens. v. assequor*) beständig begleiten.
assecula, *ae m* = *assecla.*
****assecutor,** *oris m* Anhänger.
assēnsiō, *ōnis f* (*assentior*) Zustimmung, Beifall; (*philos. t.t.*) *das* Fürwahrhalten der Sinneserscheinungen.
assēnsor, *ōris m* (*assentior*) der beipflichtet.
assēnsus, *ūs m* (*assentior*) = *assēnsiō*; (*Ve.*) Nachhall, Echo.
assentātiō, *ōnis f* (*assentor*) Liebedienerei; (*nkl.*) Zustimmung.
assentātiuncula, *ae f* (*dem. v. assentātiō*) niedrige Schmeichelei.
assentātor, *ōris m* (*assentor*) Schmeichler, Speichellecker.
assentātōriē *adv.* (*assentātor*) nach Art der Schmeichler.
assentātrīx, *īcis f* (*assentātor; Pl.*) Schmeichlerin.
as-sentior, *sēnsus sum* (*seltener* **-sentiō,** *sēnsī, sēnsum*) 4 zu-, beistimmen.
assentor 1 (*frequ. v. assentior*) nach dem Munde reden, schmeicheln.
as-sequor, *secūtus sum* 3 **1. a)** einholen, erreichen; **b)** gleichkommen [*Qu.*: *vim dicendi*]; **c)** erlangen, bekommen; **2.** einsehen, begreifen, verstehen; *suspicione* vermuten.
asser, *eris m* (*et. unklar*) Stange, Latte, Bohle; ****asserculus,** *ī m u.* **-um,** *ī n* kleine Latte; *-a dolata* Schindeln.
as-serō[1], *sēvī, situm* 3 (*vkl., dcht.*) danebenpflanzen.
as-serō[2], *seruī, sertum* 3 **1. a)** (*nkl., dcht.*) einreihen, zugesellen [*me caelo*]; *se -ere* sich widmen [*studiis*]; **b)** zusprechen [*regnum*]; *sibi -ere* sich anmaßen; **2.** (*jur. t.t.*) rechtlich zuweisen: *in libertatem* für frei erklären; *in servitutem* als seinen Sklaven beanspruchen; **3.** (*Pli.*) sicherstellen [*dignitatem*]; schützen [*ab iniuria*].
assertiō, *ōnis f* (*asserō*[2]; *nkl.*) Freisprechung eines Sklaven.
assertor, *ōris m* (*asserō*[2]; *nkl.*) der Anspruch macht *auf* [*virginis*]; Wahrer der Freiheit, Befreier.
as-serviō 4 beistehen.
as-servō 1 (auf)bewahren, verwahren [*publicis custodiis praedones*]; bewachen, beobachten [*portas*].
assessiō, *ōnis f* (*assideō*) *das* Dabeisitzen; Beistand.
assessor, *ōris m* (*assideō*) Beisitzer, Amtsgehilfe.
assessus, *abl. ū m* (*assideō; Pr.*) = *assessiō.*
assevēranter *adv.* (*assevērō*) ernstlich.
assevērātiō, *ōnis f* (*assevērō*) Versicherung, Beteuerung; (*nkl.*) Ernst, Nachdruck.
as-sevērō 1 (*sevērus*) **1.** mit Ernst verfahren, beharren [*in re*];

2. ernstlich behaupten; zeugen *von* [*originem*] Germanicam].

as-siccō 1 (*Se.*) trocknen [*lacrimas*].

as-sideō, *sēdī, sessum* 2 (*sedeō*) **1.** sitzen, stehen *bei* (als Tröster, Helfer, Berater), beistehen; **2.** (*jur. t.t.*) als Beisitzer tätig sein; **3.** (*mil. t.t.*; *nkl.*) vor *einem Orte* lagern [*muris*]; belagern [*moenia, moenibus dat.*]; vor *einem Orte* Wache halten [*theatro*].

as-sīdō, *sēdī, sessum* 3 sich niederlassen [*in bibliotheca*; °*dextra Adherbalem* rechts v. A.].

assiduitās, *ātis f* (*assiduus*) **1.** beständige Gegenwart, Begleitung, fleißiger Verkehr; beständige Aufwartung *e-s Amtsbewerbers*; **2.** Fortdauer; **3.** Ausdauer, Beharrlichkeit; **4.** häufige Wiederholung.

assiduus 3 (*m.* °*sup.*; *adv.* **-ē,** (*Pl.*) **-ō**; *assideō*) **1. a)** ansässig; **b)** beständig sich irgendwo aufhaltend; **2.** fleißig, tätig, unermüdlich; **3.** (*v. Sachen*) anhaltend, ununterbrochen [*imbres*]; *subst.* **~,** *ī m* (ansässiger) Vollbürger.

assīgnātiō, *ōnis f* (*-sī-?*; *assīgnō*) Anweisung; *pl.* angewiesene Ländereien.

assīgnō 1 (*-ĭ-?*) **1.** anweisen, zuweisen [*agrum colonis*]; / gewöhnen *an* [*Ho.*: *agros hominibus*]; **2.** zuschreiben, beimessen [*tempori*].

as-siliō, *siluī,* — 4 (*saliō*) **1.** (*nkl., dcht.*) heranspringen; anstürmen *gegen* [*moenibus*]; heranwogen; **2.** / überspringen *auf* [*ad aliud genus orationis*].

assimilis, e (*m.* °*adv.*; *Rückbildung aus assimulō*; *kl. selten u. nur m. dat.*) ziemlich ähnlich [*facti, fratribus*]; *adv.* **-iter** ganz ähnlich, ebenso.

assimilō = *assimulō.*

assimulātiō, *ōnis f* (*assimulō*; *Ta.*) Gleichstellung.

as-simulō 1 ähnlich machen, nachbilden [*litteras*]; / vergleichen, für ähnlich erklären [*Ov.*: *grandia parvis*]; vortäuschen, heucheln.

assis, *is m* = *asser*; *cf. axis*².

as-sistō, *stitī,* — 3 **1.** sich dazustellen, herantreten [*ad tumulum*]; **2.** dabeistehen, dastehen [*in publico*; *ad epulas regis* aufwarten]; **3.** (*nkl.*) beistehen.

as-soleō, — — 2 (*nur i. d. 3 Pers. gebräuchlich*) pflegen; *ut assolet* wie es zu geschehen pflegt.

as-sonō, — — 1 (*Ov.*) einstimmen *mit* [*plangentibus -at Echo*].

assūdāscō, — — 3 (*incoh. v.* [*as-*] *sūdō*; *Pl.*) in Schweiß geraten.

as-suēfaciō, *fēcī, factum* 3 gewöhnen *an* [*frigore, parere*; (*nkl.*) *operi, ad supplicia*].

as-suēscō, *suēvī, suētum* 3 **1.** (*intr.*) sich gewöhnen *an* [*ad homines*; (*nkl.*) *genere pugnae, quieti*], liebgewinnen; *pf.* *assuēvī* ich pflege; **2.** (*trans.*; *nkl., dcht.*) gewöhnen *an* [*bella*]; (*P.P.P.*) *adi.* **assuētus** 3 (*m. comp.*) gewöhnt, gewohnt; bekannt, vertraut.

assuētūdō, *inis f* (*assuēscō*; *unkl.*) Gewöhnung *an* [*mali*]; Umgang *mit* [*mulieris*].

as-sūgō, —, *sūctum* 3 (*Lu.*) ein-, festsaugen.

assula, *ae f* (*ā-?*; *dem. v. assis*; *unkl.*) Splitter, Span.

assulātim *adv.* (*ā-?*; *assula*; *Pl.*) splitterweise, in kleinen Stücken.

as-sultō 1 (*frequ. v. assiliō*; *nkl., dcht.*) heranstürmen; angreifen.

assultus, *ūs m* (*assiliō*; *nkl., dcht.*) Ansturm, stürmischer Angriff.

as-sum¹, *affuī, adesse* (*afforem* = *adessem, affore* = *affutūrum esse*; *altl. coni. praes. assie(n)t*) **1.** dabei, anwesend, zugegen, da sein; **2.** erscheinen, erschienen sein; vor Gericht erscheinen [*in iudicio, ad iudicium*]; **3.** da sein, bevorstehen [*tempus*]; **4.** vorhanden sein [*frumentum*]; **5.** teilnehmen *an*, mitwirken *bei* [*proelio, funeri*]; **6.** Beistand leisten, zur Seite stehen, beistehen [*absenti amico, in hac causa*]; gnädig sein, hold sein [*Ta.*: *fortuna coeptis*]; 7. *animo, pl. -is* aufmerken, Acht geben; ruhig, gefasst sein.

assum², *ī n s. assus.*

as-sūmō, *sūmpsī, sūmptum* 3 **1.** an sich nehmen, annehmen, aufnehmen [*sacra de Graecia*; *alqm in societatem*]; **2.** (*additiv*) hinzunehmen [*ad reliquas etiam hanc molestiam*]; *verba assumpta*: (*Ci.*) entlehnte, (*Qu.*) tropische Ausdrücke; **3.** herbeiziehen, zu Hilfe nehmen; **4. a)** sich aneignen, erwerben; **b)** sich anmaßen [*laudem sibi*]; **5.** (*log. t.t.*) als Untersatz im Syllogismus aufstellen.

assūmptiō, *ōnis f* (*assūmō*) Annahme, Wahl; (*log. t.t.*) Untersatz *im logischen Schluss* (*s. atqui*); ** Himmelfahrt Mariä (15. Aug.).

assūmptīvus 3 (*assūmptus, P.P.P. v. assūmō*) unvollständig [*causa*].

as-suō, *uī, ūtum* 3 (*dcht., nkl.*) annähen, anflicken; ** aufnähen [*cruces vestibus*].

as-surgō, *surrēxī, surrēctum* 3 sich aufrichten, sich erheben, aufstehen [*Li.*: *ex morbo*]; / (*nkl.*) steigen, ansteigen [*montes*]; einen höheren Schwung nehmen [*Hesiodus raro*].

assus 3 (*ā-?; cf. āreō*) **1.** trocken, warm [*sol*]; **2.** (*unkl.*) gebraten; *subst.* **-um,** *ī n* Schwitzbad; Braten.

Assyria, *ae f* (*gr.* -ịā) *Landsch. am Tigris*; *adi.* **Assyrius** 3 assyrisch; (*dcht.*) indisch; *venenum -um* syrischer Purpur; *subst.* **-ius,** *ī m* Assyrer. [2. aber.

ast *adv.* (*at*; *kl. selten*) **1.** dann;

a-sternō, *strāvī, strātum* 3 (*dcht.*) hinstreuen; *mediopass.* sich hinstrecken. [*subst.* ∼, *ī m* Städter.

asticus 3 (*gr. Fw.*; *nkl.*) städtisch;

astipulātiō, *ōnis f* (*astipulor*; *nkl.*) völlige Übereinstimmung.

astipulātor, *ōris m* (*astipulor*) **1.** (*jur. t.t.*) Vertragszeuge; **2.** / Nachbeter, Anhänger [*Stoicorum*].

a-stipulor 1 (*Li.*) beipflichten.

a-stituō, *uī, ūtum* 3 (*statuō*; *Pl.*) hinstellen.

a-stō, *stitī,* — 1 dabeistehen; (*Pl.*) helfen [*cognato*]; (*dcht.*) aufrecht stehen; ** aufwarten, dienen.

Astraea, *ae f* (*gr.* -ạīā) *jungfräuliche Göttin der Gerechtigkeit*; *cf. Virgō.*

Astraeus, *ī m* (*gr.* -ạīos) *Titan, Vater der -i fratres* (*Ov.*) = Winde.

a-strepō, *puī, pitum* 3 (*nkl.*) dazu lärmen, lärmend zujauchzen; lärmend einstimmen *in.*

astrictus 3 (*m. comp., adv.*; *astringō*) **1.** (*dcht., nkl.*) straff angezogen, festgeschnürt; *aquae -ae* gefroren; **2.** / **a**) (*dcht., nkl.*) sparsam; **b**) rhythmisch gebunden; **c**) bündig, kurz [*eloquentia*]. [*Ma.*) gestirnt.

astri-fer, *era, erum* (*astrum, ferō*;

a-stringō, *strīnxī, strictum* 3 (*strīnxī?*) **1. a**) festschnüren; anbinden; **b**) gefrieren lassen (P. hart gefrieren); **2.** °**a**) zusammenziehen; / **b**) zusammenfassen [*argumenta breviter*], einschränken; **c**) binden, verpflichten [*cives legibus*]; *scelere se -ere* sich eines Verbrechens schuldig machen.

astrologia, *ae f* (*gr. Fw.*) Sternkunde, Astronomie. [Astrolog.

astrologus, *ī m* (*gr. Fw.*) Astronom;

astronomia, *ae f* (*gr. Fw.*; *nkl.*) Sternkunde, Astronomie.

astrum, *ī n* (*gr. Fw.*) Gestirn, Sternbild; / (*pl.*) Himmel; Unsterblichkeit, Ruhm.

a-struō, *strūxī, strūctum* 3 anbauen; / (*nkl., dcht.*) noch hinzufügen.

astu *n* (*nur acc. u. abl.* (-ū); *gr. Fw.*) „die Stadt" = Athen.

astula = *assula.* [staunen [*sibi*].

a-stupeō, — — 2 (*nkl., dcht.*) an-

Astura, *ae m Fl., f Städtchen i. Latium, j.* Torre Astura.

asturcō, *ōnis m* (*Astur* „Bewohner der span. Landschaft *Asturia*"; *nkl.*) asturisches Pferd.

astus, *ūs m* (*et. ungedeutet*; *unkl.*) listiger Anschlag, Finte.

astūtia, *ae f* (*astūtus*) Schlauheit, List.

astūtus 3 (*m. comp., adv.*; *astus*) schlau, listig. [*Hektors.*

Astyanax, *actis m* (*gr.* -ạnax) *Sohn*

asȳlum, *ī n* (*gr. Fw.*) Freistätte.

asymbolus 3 (*gr. Fw.*; *Te.*) keinen Beitrag zur Zeche zahlend.

at (*adversative ci.*; ⟨ *idg.* *ati „darüber hinaus"; *cf. atavus, et*) aber dagegen, aber doch; *at contra* aber im Gegenteil; *at vero* aber fürwahr; *at certe* aber sicherlich; *at tamen* aber dennoch; (*beim Einwurf*) aber, höre ich sagen, könnte man einwenden; *verstärkt at enim*; *si non ... at* (*at certe, at tamen*) wenn nicht ... so doch (wenigstens); (*b. Verwünschungen u. Drohungen, b. Ausrufen des Erstaunens u. Unwillens*) aber! oh!

atābulus, *ī m* (*apulisches Wort*; *nkl., dcht.*) Südostwind, Schirokko.

Atalanta, *ae u.* **-ē,** *ēs f ber. Jägerin.*

atat = *attat.*

at-avus, *ī m* (*wohl at* „darüber hinaus") Vater des Urgroßvaters; Ahnherr; / (*pl., dcht.*) Vorfahren; ** Oheim.

Ātella, *ae f oskisches Städtchen in Kampanien*; *adi. u. Einw.* **-ānus** (3); *auch* Schauspieler i. der (*fābella*)

Ātellāna, *ae f urspr. oskische, dann nach Rom verpflanzte* Volksposse; *adi.* **-āni**(c)*us* 3.

āter, *ātra, ātrum* (*m.* °*comp.*; *et. ungedeutet*) schwarz; (*dcht.*) schwarz gekleidet; / (*dcht., nkl.*) traurig [*mors*]; Unheil bringend [*dies* Unglückstag]; grauenvoll [*venenum*]; boshaft, neidisch [*dens*].

Ateste, *is n St. im Land der Veneter, j.* Este; *adi.* -*īnus* 3.

Athamās, *antis m* (*gr.* -thamās) *Sohn des Äolus, Gemahl der Nephele* (*Kinder: Phrixus u. Hellē*) *u. der Kadmustochter Ino* (*Kinder: Melicertēs u. Learchus*); *adi.* -*mantēus* 3; *subst.* **-mantiadēs,** *ae m Sohn des A.*; **-mantis,** *idis f Tochter des A.*

Athēnae, *ārum f* (*gr.* -ai) *Hauptst. Attikas*; *adi. u. Einw.* -*niēnsis,* (e).

Athesis, *is m* (*acc.* -*im*) *j.* Adige, Etsch.

āthlēta, *ae m* (*gr. Fw.*) Athlet, Wettkämpfer; ** Glaubenskämpfer.

āthlēticus 3 (*gr. Fw.*; *nkl.*) Ringer-; *adv.* **-ē** (*Pl.*) wie ein Athlet.

Athō, *ōnis u.* **Athōs** *m* (*dat. u. abl.* -*ō, acc.* -*ō,* -*ōn*) Athosgebirge *auf der Chalkidike.*

Atīlius 3 *röm. Gentilname*: **1.** *A.* ~ *Calatīnus Konsul im 1. Pun. Kriege*; **2.** *M.* ~ *Rēgulus röm. Feldherr im 2. Pun. Kriege.*

Atlās, *antis m* (*acc.* -*lanta, voc.* -*lā*) **1.** (*dcht.*) *einer der Titanen, Träger des Himmelsgewölbes, Vater der Plejaden u. Hyaden, v. Perseus i. Stein verwandelt* = **2.** Atlasgebirge; *adi.* **-antēus** 3 (*dcht.*) des Atlas; atlantisch; **-anticus** 3: *mare* -*um der* Atlantische Ozean; *subst.* **-antiadēs,** *ae m* (*dcht.*) männl. Nachkomme des ~: Merkur; Hermaphroditus; **-antis,** *idis f* (*acc.* -*ida*; *dcht.*) weibl. Nachkomme des ~: *sg.* Elektra; Kalypso; *pl.* Plejaden, Hyaden.

atomus, *ī f* (*gr. Fw.*) unteilbares Urkörperchen, Atom.

atque *u.* (*vor Konsonanten außer c, g, q, h meist*) **ac** *ci.* (*ad* „dazu" + *que*) **1.** und noch dazu, und auch, und: **a)** (*b. Verbindungen ähnlicher u. entgegengesetzter Begriffe*) [*orare atque obsecrare, honesta atque inhonesta*]; *etiam atque etiam* immer wieder; **b)** (*erklärend*) und zwar; **c)** (*steigernd*) und sogar (*auch atque etiam*), und besonders, und überhaupt [*pauci atque admodum pauci*]; **d)** (*folgernd*) und so, und daher; **e)** (*bestätigend*) und wirklich; **f)** (*kontrastierend*) und doch, und dabei, und trotzdem (*auch atque tamen*); *atque adeo* oder vielmehr; **g)** *i. Übergängen* (*zum ersten Teile*) *ac primum quidem*; (*zu einem neuen Teile*) *atque haec quidem hactenus; videamus nunc ...; atque ut veniamus ad illud u. Ä.*; **2.** (*nach Wörtern der Gleichheit u. Ungleichheit, der Ähnlichkeit u. Unähnlichkeit*) wie, als [*virtus eadem in homine ac deo est; non aliter scribo ac sentio*]; **3.** (*nach negativen Ausdrücken*) und vielmehr, sondern; ** *nach comp.* als.

at-quī *u.* (*nkl.*) **at-quīn** (*quī* „aber wie?", *nkl. mit quīn vermischt*) *ci.* **1.** (*adversativ*) gleichwohl, trotzdem; ja, aber doch [*magnum narras, vix credibile: atqui res sic se habet*]; **2.** (*im Untersatz der Schlussformel*) nun aber: *Obersatz*: *omnes homines mortales sunt*; *Untersatz*: *atqui Gaius homo est od. Gaius autem homo est*; *Schlusssatz*: *ergo Gaius mortalis est.*

ātrāmentum, *ī n* (*āter*) schwarze Farbe; Tinte; *sutorium* Schusterschwärze.

ātrātus 3 (*āter*) °**1.** geschwärzt; **2.** schwarz gekleidet.

Atrebates, *um m* (*sg.* -*bas, atis*) *Volk i. Gallia Belgica* (*i. j.* Artois).

Atreus, *eī m* (*gr.* -*eus*; *acc. auch* -*ea, voc.* -*eu*) *Sohn des Pelops, König v. Mykene*; **Atrīdēs (-a),** *ae m der* Atride (Agamemnon *od.* Menelaus).

Atria = *Hadria.*

ātriēnsis, *is m* (*ātrium*) Hausmeister.

ātriolum, *ī n* (*dem. v. ātrium*) kleines Atrium.

ātritās, *ātis f* (*āter*; *Pl.*) Schwärze.

ātrium, *ī n* (*etr. Fw.*) Atrium, *der Hauptraum des röm. Hauses,* Saal, Halle; Palast; (*dcht.*) *Vestae* Vestalenhaus *auf dem Forum*; ** Hofraum; Vorhalle einer Kirche.

atrōcitās, *ātis f* (*atrōx*) Schrecklichkeit, Abscheulichkeit [*Li.*: *poenae*]; Härte, Wildheit [*animi*].

atrōx, *ōcis* (*m.* °*comp., sup., adv.*; *wohl zu āter*; *cf. oculus, fer-ōx*; *eigtl.* „finster blickend") abscheulich, grässlich; hart, streng, trotzig.

attāctus, *abl. ū m* (*attingō*; *unkl.*) Berührung.

attagēn, *ēnis m u.* **-gēna,** *ae f* (*gr. Fw.*; *unkl.*) Haselhuhn.

Attalus, *ī m* (*gr.* -*os*) *Königsname i. Pergamon*: *A. III.* (*† 133*); *er hinterließ sein Reich den Römern*; *adi.*

-alicus 3 des A., pergamenisch; golddurchwirkt. [doch.]
at-tamen *ci.* aber dennoch, aber
attat *u.* **attāt** (*-ā- emphatische Dehnung*; *cf.* *tat*) *wohl Kürzung von*
attatae *int.* (*gr. Fw.*; *Com.*) ha! ach! ja, ja! [Zelt.]
attegia, *ae f* (*gall. Fw.*; *Ju.*) Hütte,
attemperātē *adv.* (*attemperō*; *Te.*) zur rechten Zeit. [auf sich richten.]
at-temperō 1 (*nkl.*) anpassen; *sibi*
at-temptō 1 versuchen, sich in etw. versuchen; in Versuchung führen; angreifen.
at-tendō, *dī, tum* 3 hinstrecken, spannen, richten; / *animum, pl.* *-os* seine Aufmerksamkeit richten, achten *auf* [*ad cavendum*]; beachten, merken. [Aufmerksamkeit.]
attentiō, *ōnis f* (*attendō*) Spannung,
at-tentō 1 = *attemptō*.
attentus 3 (*m.* °*comp.*, *sup.*, *adv.*; *attendō*) **1.** gespannt, aufmerksam [*animus*]; **2.** bedacht *auf* [*Ho.*: *quaesitis* (*dat.*)]; genau, sparsam, geizig; ** inbrünstig.
attenuātus 3 (*m.* °*sup.*, *adv.*; *attenuō*) schmucklos, schlicht.
at-tenuō 1 dünn machen; *vocem* im Diskant sprechen; P. dünn werden, abmagern; / schwächen, vermindern; P. schwinden, herunterkommen.
at-terō, *trīvī, trītum* 3 (*inf. pf. auch atteruisse*; *nkl.*, *dcht.*) reiben *an*; tüchtig wund reiben [*manus*]; abnutzen; / aufreiben, schwächen.
at-testor 1 (*-ē-?*; *unkl.*) bezeugen, beweisen. [/ hinzufügen.]
at-texō, *texuī, textum* 3 anflechten;
atticissō 1 (*gr. Fw.*; *Pl.*) attisch reden, attischen Ton haben.
Atticus 3 (*gr.* -ǫs) attisch, athenisch; *subst.* ~, *ī m* Attiker, Athener; *cf.* *Pompōnius*; *pl.* attische Redner; **-a,** *ae f* (*gr.* -kę̄) *Landschaft Attika.*
attigās, -ātis = *atting...*; *s.* *attingō*.
at-tineō, *tinuī, tentum* 2 (*teneō*) **1.** (*trans.*) **a)** zurück-, auf-, festhalten; **b)** hinhalten; **c)** (*nkl.*) als Besitz behaupten [*ripam*]; **d)** (*Pl.*) (*geistig*) fesseln; **2.** (*intr.*) **a)** (*nkl.*) sich erstrecken [*ad Tanaim*]; / **b)** angehen; *quod ad me attinet* was mich betrifft; **c)** *non, nihil attinet* es ist gleichgültig.
at-tingō, *tigī, tāctum* 3 (*tangō*) **1. a)** an-, berühren; **b)** (*dcht.*) (*eine Frau*) liebend berühren, intim verkehren *mit*; **c)** (*Speisen*) kosten, essen; **2. a)** (*fremdes Gut*) sich aneignen [*partem de praeda*]; **b)** erreichen, betreten; **c)** (*feindselig*) angreifen, schlagen, treffen; **3.** angrenzen *an* [*Gallia Rhenum*]; **4.** angehen [*haec causa me non*]; **5.** sich beschäftigen *mit* [*Graecas litteras*]; **6.** (*in der Rede*) berühren, erwähnen.
Attis, *idis m* (*acc.* *-in*) *Priester der Kybele, von ihr in eine Fichte verwandelt.*
Attius 3 *röm. Gentilname*: *P.* ~ *Vārus, Prätor i. Afrika, Anhänger des Pompejus*; *adi.* *-iānus* 3.
at-tollō, — — 3 (*unkl.*) empor-, aufheben, erheben [*manus*]; errichten [*turres*]; *se -ere u. mediopass.* sich erheben, emporwachsen; / erheben, aufrichten [*animos*]; auszeichnen [*consulem triumpho*]; *orationem* der Rede einen höheren Schwung geben.
at-tondeō, *tondī, tōnsum* 2 **1.** (*dcht.*, *nkl.*) scheren, beschneiden; benagen; **2.** / **a)** (*Pl.*) prellen, durchprügeln; **b)** schmälern [*laudem*].
attonitus 3 (*attonō*; *nkl.*, *dcht.*) **1.** vom Donner betäubt; **2.** / **a)** gelähmt, bestürzt, entsetzt; **b)** verzückt, begeistert [*vates*].
at-tonō, *uī, itum* 1 (*nkl.*, *dcht.*) andonnern; / in Bestürzung versetzen.
at-torqueō, — — 2 (*Ve.*) wirbeln, schwingen.
at-tractō 1 (*altl.*) = *attrectō*.
at-trahō, *trāxī, tractum* 3 heranziehen, an sich ziehen [*magnes lapis ferrum*]; spannen [*Ov.*: *arcum*]; herbeischleppen; kommen lassen; anlocken [*ad amicitiam*].
attrectātus, *abl.* *-ū m* (*attrectō*; *dcht.*) Betastung.
at-trectō 1 (*tractō*) betasten, berühren; in die Hand nehmen [*libros*]; unzüchtig berühren; °/ sich anzueignen suchen; sich befassen *mit*, erwähnen.
at-trepidō 1 (*Pl.*) herbeitrippeln.
at-tribuō, *uī, ūtum* 3 **1.** zuerteilen, anweisen: **a)** (*als Wohnsitz*) [*urbes*]; **b)** (*als mil. Standort*) [*partem vici cohortibus ad hibernandum*]; **c)** (*geschäftl. t.t.*) [*pecuniam ex aerario*]; **2.** beigeben, zugesellen [*comitem*]; **3.** (*Völkerschaften, Gebiete*) unterstellen [*Suessiones Remis*]; **4.** (*als*

Aufgabe, zur Leitung, Besorgung usw.) übertragen [*urbem inflammandam Cassio*]; **5. a**) (*als Eigenschaft, Schuld, Verdienst*) verleihen, beilegen [*facultatem dicendi*]; in den Mund legen [*legi orationem*]; **b**) (*rhet. od. gramm. t.t.*) *attribui bzw. attributum esse* als Eigenschaft, Prädikat *od.* Attribut beigelegt werden *bzw.* zukommen; **c**) zuschreiben [*bonus exitus diis immortalibus*].

attribūtiō, *ōnis f* (*attribuō*) Geldanweisung; (*gramm. t.t.*) Attribut; (*rhet. t.t.*) Nebenumstand.

****attritio,** *onis f* Zerknirschung, [Reue.]

attrītus¹ 3 (*m. comp.*; *atterō*) abgerieben, abgenutzt; / *Ju.*: schamlos, frech; *Ta.*: matt [*orator*].

attrītus², *ūs m* (*atterō*; *nkl.*) *das* [Reiben.]

Atuatuc ... = *Aduatuc ...*

Atys, *yos m* **1.** *Sohn des Herkules u. der Omphale, Stammvater der lydischen Könige*; **2.** *Stammvater der gēns Attia.*

au¹ *int.* (*cf. nhd.* „au"; *Com.*) ach! [bewahre!]

au-² *praev.* (*cf. vē-²*, *altindisch* ava „herab"; *nicht m. lat. ab verwandt*) fort-, ent- [*aufero, aufugio*].

au-ceps, *cupis m* (*avis, capiō*) **1.** (*unkl.*) Vogelfänger; **2.** / Geflügelhändler; *syllabarum* Wortklauber, geriebener Anwalt.

auctārium, *ī n* (*augeō*; *Pl.*) Zulage, Zugabe (*zu einer Summe*).

aucti-ficus 3 (*auctus¹, faciō*; *Lu.*) das Wachstum fördernd.

auctiō, *ōnis f* (*augeō*) Versteigerung; Auktionsgut. [*tabulae*].

auctionārius (*auctiō*) 3 Versteige-[rungs...]

auctiōnor 1 (*auctiō*) Versteigerung vornehmen.

auctitō 1 (*frequ. v. augeō*; *Ta.*) [stark vermehren.]

auctō 1 (*frequ. v. augeō*; *dcht.*) vermehren, bereichern.

auctor, *ōris m f* (*augeō*) Mehrer, Förderer: **1.** (*nkl., dcht.*) Gründer, Schöpfer [*urbis Romae*], Erbauer [*templi*]; Stifter, Verfasser [*carminis*]; Schriftsteller, Historiker [*rerum*]; Ahnherr [*generis*]; **2.** Urheber; Anstifter; Ratgeber; *auctor pacis populo est* er rät dem Volke zum Frieden; ~ *sum, ut* (*ne*) raten, abraten; *te auctore* auf deinen Rat, deine Veranlassung; *patres auctores fiunt* der Senat bestätigt (einen Volksbeschluss); *auctor legis fuerat* er hatte ein Gesetz eingebracht; **3.** Gewährsmann, Bürge, Zeuge; **4.** Vertreter, Wortführer [*civitatis*]; **5.** Muster, Vorbild, Meister, Lehrer, Autorität; **6.** (*jur. t.t.*) **a**) Vertreter eines strittigen Eigentums [*fundi*]; **b**) Vertreter, Vormund *einer Frau.*

auctōrāmentum, *ī n* (*auctōrō*) **1.** (*nkl.*) Verpflichtung; Handgeld; **2.** Preis [*servitutis*].

auctōritās, *ātis f* (*auctor*) **1. a**) Gewähr, Bürgschaft, Sicherheit; Glaubwürdigkeit, Gültigkeit (*v. Pers. u. Sachen*); *auctoritates praescriptae* die zur Beglaubigung (*eines Senatsbeschlusses*) vorangesetzten Unterschriften; **b**) Beispiel, Muster, Vorbild [*maiorum*]; **c**) würdevolle Haltung; Unerschrockenheit, Entschlossenheit; Besonnenheit, sittlicher Ernst; Selbstgefühl, Würde; Gewicht, Ansehen, Einfluss, Bedeutung; **d**) Dokument, Aktenstück; **e**) einflussreiche Person; **2. a**) Rat, Zureden, Antrieb; Empfehlung; **b**) Erklärung, Auftrag, Geheiß [*censoria, consulum*]; *senatūs* ~ *das* (*noch nicht durch die Sanktionierung der Volkstribunen zum Senatsbeschluss* [*senatus consultum*] *gewordene*) Senatsgutachten; (*Li.*) *in auctoritate alcis* esse (*manere*) jd. gehorchen; **c**) Vollmacht [*legatos cum auctoritate mittere*]; **3.** (*jur. t.t.*) rechtsgültiges Eigentum, Eigentumsrecht; ** Vollmacht [*praedicandi*]; Vorbildlichkeit.

auctōrō 1 (*auctor*; *nkl., dcht.*) verpflichten, dingen; *auch* /.

auctumnus, *ī m* = *autumnus.*

auctus¹, *ūs m* (*augeō*; *nkl., dcht.*) Vergrößerung, Zunahme, Wachstum [*aquarum* Anschwellen]; / Gedeihen.

auctus² 3 (*nur comp. -ior*; *augeō*) vergrößert, reichlich.

aucupātiō, *ōnis f* (*aucupor*; *Qu.*) Vogelfang.

aucupium, *ī n* (*auceps*) **1. a**) Vogelfang; °**b**) gefangene Vögel; **2.** / *das* Haschen *nach*; *verborum* Wortklauberei.

aucupor *u.* (*vkl.*) **-ō** 1 (*auceps*) / jagen, haschen *nach* [*gratiam*].

audācia, *ae f* (*audāx*) Verwegenheit; Mut; Tollkühnheit; Frechheit.

audāx, *ācis* (*m. comp., sup.*; *adv.*

audāc[i]ter; audeō) verwegen; mutig; frech.

audēns, *entis (m. comp., sup., adv.; audeō; nkl., dcht.)* kühn, beherzt.

audentia, *ae f (audēns; nkl.)* Kühnheit, Mut.

audeō, *ausus sum 2 (altl. coni. potentialis ausim; *audus < avidus)* **1.** Lust haben, wollen [*sapere*]; *si audes (cf. sōdēs)* gefälligst, bitte; **2.** wagen, sich erdreisten, übers Herz bringen.

audiēns, *entis m (audiō)* Hörer, Zuhörer.

audientia, *ae f (audiēns)* Aufmerksamkeit, Gehör; *-am facere* Gehör verschaffen [*orationi*]; ** Tagung.

audiō 4 *(dcht. -ībam, -ībō; cf. auris)* hören: **1.** *abs.* **a)** Gehör haben [*audiendi sensu carere*]; **b)** zuhören; **2.** hören, vernehmen, erfahren [*vocem; pugnam; a.c.i. (a.c.p.), indir. Fragesatz; im* P. *n.c.i.; ab, ex, de*]; **3.** an-, zuhören [*orationem*]; *(v. Schülern)* Unterricht haben *bei* [*Cratippum*]; *(v. Richter)* verhören [*testes*], *eine* Untersuchung anstellen [*de ambitu*]; erhören [*preces*]; beistimmen [*Homerum*]; *audio* das lässt sich hören; *non audio* davon will ich nichts wissen; **4.** gehorchen, folgen, sich fügen [*cohortationes*]; *dicto audientem esse* aufs Wort gehorchen [*imperatori*]; **5. a)** *(dcht.)* sich nennen hören, wofür gelten [*rex paterque*]; **b)** *bene (male) audire* in gutem (schlechtem) Rufe stehen [*a bonis civibus*]; **6.** *(P.P.P.) subst. (nkl.)* **audītum,** *ī n das* Hörensagen, Gerücht.

audītiō, *ōnis f (audiō) das* Hören, Anhören; Gerücht.

audītō 1 (?) *(frequ. v. audiō; Pl.)* oft hören.

audītor, *ōris m (audiō)* Zuhörer; Schüler.

audītōrium, *ī n (audītor; nkl.)* Hörsaal, Schule; / Zuhörerschaft; ** Sprechzimmer; Sakristei.

audītus, *ūs m (audiō)* **1.** Gehör (-sinn); **2.** *(nkl.) = audītiō.*

audus 3 *s. avidus.*

au-ferō, *abstulī, ablātum, auferre (au²)* **1. a)** wegtragen, -bringen, -schaffen; *se auferre u. (dcht., nkl.) mediopass.* sich entfernen, entschwinden; **b)** fortführen, fortreißen [*fuga*]; ablenken [*aliorum consilia*]; entfremden; **2.** mit Gewalt wegnehmen, rauben, entwenden; entziehen [*honorem indignis*]; beseitigen; vertreiben [*Ho.: curas*]; **3.** für sich davontragen, gewinnen [*praemium*].

Aufidus, *ī m Fl. i. Apulien, j.* Ofanto.

au-fugiō, *fūgī, — 3 (au²)* entfliehen; / *(dcht.)* meiden [*aspectum*].

augeō, *xī, ctum 2 (altl. auxis, auxitis = auxeris, auxeritis; cf. nhd.* „wachsen") **1.** wachsen machen, befruchten; **2.** vermehren, vergrößern, steigern, fördern; übertreiben [*omnia nimis*]; verherrlichen, preisen; P. sich vermehren, wachsen, größer werden; **3.** überhäufen, beglücken [*milites agris*].

augēscō, *auxī, — 3 (incoh. v. augeō)* wachsen, zunehmen.

augmen, *inis n (augeō; Lu.)* Vermehrung, Zuwachs.

augur, *uris (vl. < *augos, eris n* „Vermehrung" *zu augeō)* **1.** *m* Vogelschauer, Deuter des Vogelflugs, Augur *(Mitglied eines Priesterkollegiums)*; **2.** / *(dcht.) m f* Weissager(in), Seher(in).

augurālis, e *(augur) der* Auguren, Augur(en)... [*cena*]; *subst.* **-e,** *is n (nkl.)* Feldherrnzelt im Lager.

augurātiō, *ōnis f (augurō)* Weissagung.

augurātō *s. augurō.*

augurātus, *ūs m (augur)* Auguramt.

augurium, *ī n (augur)* **1.** Beobachtung und Deutung der Wahrzeichen; **2.** *(nkl.)* Wahr-, Vorzeichen; **3. a)** Prophezeiung; **b)** Ahnung; °**c)** Weissagekunst.

augurius 3 *= augurālis.*

augurō *u.* **-or** 1 *(augur)* **1.** *(intr.)* Augurien anstellen, Wahrzeichen deuten; *(nkl.) augurātō* nach Anstellung der Augurien; **2.** *(trans.)* **a)** prophezeien; **b)** P. *res, locus -atur* wird (durch Augurien) geweiht; **c)** / ahnen, vermuten.

augustus 3 *(m. °comp., °sup., adv.; zu *augos* „Vermehrung"; *cf. augur)* hochheilig; ehrwürdig, erhaben; ehrfurchtsvoll; *subst.* **Augustus,** *ī m Ehrenname des Oktavian (seit 27) u. der späteren Kaiser; adi.* 3 augusteisch, kaiserlich [*domus*]; *mensis* August, *der frühere Sextīlis, der Sterbemonat des Augustus;* **Augusta,** *ae f* **1.** *Titel der weiblichen Mitglieder des Kaiserhauses;* **2.** *Städtenamen [-a Taurinorum, j.* Turin]; *adi. -ālis,* e [*ludi; sodales*];

subst. **Augustālēs,** *ium m* (= *sacerdōtēs A.*) *Priesterkollegium zur Pflege des Kaiserkultes*; **-ālia,** *ium n die* Augustalien (*Feiertag zu Ehren der Rückkehr des Augustus aus dem Orient*); **Augustiāni,** *ōrum m* kaiserliche Leibgarde; ** *Imperator ac semper Augustus* der Deutsche Kaiser (allzeit Mehrer des Reiches).

aula¹, *ae f* (*gr. Fw.*; *1—3 nkl., dcht.*) **1. a)** Hof, Gehöft; **b)** = *ātrium*; **2.** königl. Palst; Schloss, Hof; **3.** Hofstaat; Höflinge; **4.** fürstliche Macht; ** Saal; Fürstenhof.

aula², *ae f* (*cf. ōlla*; *unkl.*) Topf.

aulaeum, *ī n* (*gr. Fw.*) **1.** (*unkl.*) Teppich; Decke; **2.** (*Ho.*) Baldachin; **3.** Theatervorhang.

Aulercī, *ōrum m weitverzweigte gallische Völkerschaft.*

aulicus 3 (*gr. Fw.*; *cf. aula¹*; *nkl.*) zum Fürstenhof gehörig; *subst.* **-ī,** *ōrum m* Höflinge.

Aulis, *idis f* (*gr.* -is) *Hafenstadt in* [*Böotien.*]

auloedus, *ī m* (*gr. Fw.*) Sänger zum Flötenspiel.

Aululāria (**fābula**), *ae f* (*aulula, dem. v. aula²* = Töpfchen) Topfkomödie *des Plautus.*

Aulus, *ī m röm. Vorname, abgek. A.*

aura, *ae f* (*altl. gen. -āī*; *gr. Fw.*) **1. a)** Lufthauch, -zug; Lüftchen; (*dcht.*) Wind; **b)** (*dcht.*) Duft; **c)** (*Pr.*) Echo; **2.** (*dcht.*) Luft; **3.** *pl.* **a)** (*Ve.*) Tageslicht [*ferre sub auras*]; **b)** (*Ve.*) Himmel; (*Ov.*) Oberwelt; **4.** / **a)** Gunst [*Ho.*: *popularis*]; **b)** schwacher Hauch, Schimmer [*Li.*: *spei*].

aurārius 3 (*aurum*; *unkl.*) Gold...; *subst.* **-a,** *ae f* Goldgrube.

aurātus 3 (*aurum*) vergoldet, golddurchwebt; (*Ve.*) mit Goldhelm; (*Pl.*) mit goldenem Schmuck.

Aurēlius 3 *Name einer pleb. gens*; **Forum -um** *St. i. Etrurien an der* **via -a** (*v. Rom bis Pisa, später bis Arelate*).

aureolus 3 (*dem. v. aureus*) **1.** (*dcht.*) golden; **2.** / allerliebst [*libellus*]; *subst.* ~, *ī m* (*sc. nummus*; *Ma.*) Goldstück.

aureus 3 (*aurum*) **1.** golden; **2.** vergoldet, goldgeschmückt; **3.** (*unkl.*) goldfarbig, strahlend; **4.** (*dcht.*) herrlich, prächtig, köstlich; *subst.* ~, *ī m* (*sc. nummus*; *Li.*) *der* (*von Cäsar eingeführte*) Golddenar, *der* Aureus.

aurichalcum, *ī n* (*-ī-?*; *gr. Fw.* = „Bergerz", *erster Bestandteil an aurum angelehnt*) **1.** (*Pl.*) (*fingiertes*) kostbares goldglänzendes Metall; **2.** (*nkl.*) Messing; *cf. orichalcum.*

auricilla, *ae f* (*dem. v. auris*; *Ca.*) Ohrläppchen.

auri-comus (*aurum, coma*) **1.** (*nkl.*) goldhaarig; **2.** / (*Ve.*) goldbelaubt.

auricula, *ae f* (*dem. v. auris*) Öhrchen; Ohr(läppchen).

****auricularis,** *is m u.* **-larius,** *i m* vertrauter Ratgeber; Ohrenbläser.

auri-fer, *era, erum* (*aurum, ferō*; *dcht.*) **1.** Gold hervorbringend; goldene Äpfel tragend [*arbor*]; **2.** goldhaltig [*amnis*].

auri-fex, *ficis m* (*aurum, faciō*) Goldschmied.

aurīga, *ae m* (*aureae* Gebiss am Zaum, *zu ōs¹*; *agō*) **1.** Wagenlenker, Fuhrmann (*dcht. als Gestirn*); Rennfahrer; **2.** (*dcht.*) Steuermann.

aurīgārius, *ī m* (*aurīga*; *Suet.*) Rennfahrer.

aurīgātiō, *ōnis f* (*aurīgō*; *nkl.*) *das* Wagenrennen.

auri-gena, *ae m* (*aurum, gignō*; *Ov.*) *der* Goldgeborene (Perseus *als Sohn der Danae*).

auri-ger, *era, erum* (*aurum, gerō*; [*dcht.*) Gold tragend.]

aurīgō 1 (*aurīga*; *nkl.*) die Wagen lenken, Rennfahrer sein.

auris, *is f* (*cf. nhd.* „Ohr") **1. a)** Ohr; **b)** (*pl.*) Gehör(sinn); **2.** *pl.* **a)** (*kritisches*) Urteil; *-es praebere, dare* Gehör schenken; **b)** (*Ho.*) Zuhörer; **3.** (*Ve.*) Streichbrett (*am Pfluge*).

auri-scalpium, *ī n* (*auris, scalpō*; *Ma.*) Ohrlöffel.

aurītulus, *ī m* (*dem. v. aurītus*; *Ph.*) Langohr = Esel.

aurītus 3 (*auris*; *unkl.*) langohrig; [/ lauschend.]

aurōra, *ae f* (*cf. nhd.* „Os-ten"; *unkl.*) **1.** Morgenröte; ♀ *Göttin der Morgenröte, Gemahlin des Tithonus* (*gr.* Ēọs); **2.** / Osten.

aurum, *ī n* (*eigtl.* „rötlich schimmerndes Metall"; *cf. aurōra*) **1.** Gold; **2.** Goldgerät(e), -schmuck; gemünztes Gold, Geld [*Ve.*: *auri sacra fames*]; **3.** (*dcht.*) **a)** Goldglanz; **b)** Goldenes Zeitalter.

Auruncī, *ōrum m Volk i. Südlatium*; (*oft* = *Ausones*); *adi.* *-us* 3.

ausculor, -culum = *ōscul...*
auscultātiō, *ōnis f* (*auscultō*) *das* Horchen; *das* Gehorchen.
auscultātor, *ōris m* (*auscultō*) Zuhörer.
auscultō 1 (*cf. auris, clueō*) **1.** (*dcht.*) zuhören, horchen, lauschen; **2.** (*kl. selten*) gehorchen.
ausim *s. audeō.*
Ausones, *um,* **-onii,** *ōrum u.* **-onidae,** *um m* (*nkl.*) *die Völker in Mittel- u. Süditalien,* (*dcht.*) Italiker; *adi. -onius* 3; *-onis, idis f* ausonisch, (*dcht.*) italisch, römisch; *subst.* **-onia,** *ae f* Unteritalien, (*dcht.*) Italien.
auspex, *icis m, selten f* (*avis; speciō*) **1.** Vogelschauer; **2.** / **a**) (*dcht.*) Anführer, Führer, Beschützer [*auspice Musa*]; **b**) Ehestifter, -zeuge; *adi.* (*dcht.*) günstig.
auspicātō *s. auspicor.*
auspicātus 3 (*m. °comp., °sup.; auspicō*) (ein)geweiht; / (*nkl.*) glücklich begonnen, günstig.
auspicium, *ī n* (*auspex*) **1. a**) Vogelschau; **b**) Recht der Vogelschau; **2.** Vorzeichen, Vorbedeutung [*bona*]; **3.** (*nkl.*) Einleitung, Beginn [*belli*]; **4.** (*nkl., dcht.*) **a**) Oberleitung, Oberbefehl; **b**) Macht, Wille; ** Hoffnung.
auspicor *u.* (*unkl.*) **-ō** 1 (*auspex*) **1.** (*intr.*) Auspizien anstellen; **2.** (*trans.; nkl.*) (unter guter Vorbedeutung) beginnen, anfangen; **3.** (*abl. abs.*) **auspicātō a**) nach Anstellung der Auspizien; **b**) (*Com.*) unter günstigen Vorzeichen.
auster, *strī m* (*cf. nhd.* „Osten", „Öster-reich") (regenbringender) Südostwind, Schirokko; Süden.
austēritās, *ātis f* (*austērus; nkl.*) Herbheit, Herbe [*vini*]; dunkler Farbton; / finsteres Wesen.
austērus 3 (*m. comp., °sup., adv.; gr. Fw.*) **1.** (*nkl.*) herb, sauer; (*v. d. Farbe*) dunkel; **2.** / ernst; finster, unfreundlich.
austrālis, e (*auster*) südlich.
austrīnus 3 (*auster; Ve.*) vom Südwind herrührend, *des* Südwindes.
austrum = *haustrum.*
ausum, *ī n* (*audeō; dcht., nkl.*) Wagnis.
aut *ci.* (**au* „wiederum"; *cf. autem*) **1.** (*disjunktiv*) oder; **2.** (*steigernd*) oder gar; oder vielmehr, oder überhaupt; **3.** (*vermindernd*) oder doch wenigstens; **4.** (*am Satzanfang*) sonst, widrigenfalls; **5.** (*in negativen Sätzen*) und; **6. aut ... aut** entweder ... oder; *neque* (*ne*) *aut ... aut* und (damit) weder ... noch.
autem *ci.* (*nachgestellt; eigtl.* „hinwiederum"; *cf. aut; zur Bedeutung vgl. nhd.* „abermals") **1.** (*entgegenstellend*) aber, dagegen, andrerseits; **2.** (*anreihend*) aber auch; **3.** (*in der Schlussformel*) nun aber (*cf. atquī*).
authepsa, *ae f* (*gr. Fw.*) *Topf mit einem Boden für das Feuer u. einem für die Speise,* Kochmaschine.
autographus 3 (*gr. Fw.; Suet.*) eigenhändig [*epistula*].
Autolycus, *ī m* (*gr.* -kos) *listiger Sohn Merkurs, Großvater des Odysseus;* / (*Pl.*) listiger Dieb.
automatum *od.* **-on,** *ī n* (*gr. Fw.; nkl.*) Automat.
Automedōn, *ontis m* (*gr.* -mẹdōn) *Wagenlenker Achills;* / geschickter Wagenlenker.
autumnālis, e (*autumnus*) herbstlich.
autumnus (*wohl etr. Fw.*) **1.** *adi.* 3 (*nkl., dcht.*) herbstlich; **2.** *subst.* **~,** *ī m* Herbst.
autumō 1 (*autem* „hinwiederum"; *unkl.*) behaupten, sagen, nennen.
auxiliāris, e *u.* **-ārius** 3 (*auxilium*) hilfreich; *subst.* **-ārēs,** *ium m* Hilfstruppen.
auxiliātor, *ōris m* (*auxilior; nkl.*) Helfer.
auxiliātus, *ūs m* (*auxilior; Lu.*) Hilfeleistung, Beistand.
auxilior 1 (*auxilium*) helfen; heilen.
auxilium, *ī n* (*augeō*) **1.** Hilfe, Beistand, Unterstützung; *-o esse, -um ferre* Hilfe leisten [*sociis contra vim*]; *-o noctis* (*Sa.*) unter dem Schutze der Nacht; **2.** *pl.* **a**) Hilfsmittel, -quellen; **b**) (*mil. t.t.*) Hilfstruppen; Streitkräfte; **3.** ♀ (*Pl.*) Gottheit der Hilfe.
Avariçum, *ī n* (*-ā-?*) *Hauptst. der Bituriger, j.* Bourges; *adi. -cēnsis,* e.
avāritia, *ae u.* (*Lu.*) **-tiēs,** *ēī f* (*avārus*) Habsucht, Geiz; (*Pl.*) Fressgier; *gloriae* (*Cu.*) Ruhmsucht.
avārus 3 (*m. comp., °sup.; adv.* **-ē** *u.* [*Pl.*] **-iter**; *aveō*[1]) **1.** (*nkl., dcht.*) gierig *nach* [*laudis*]; **2. a**) geldgierig; **b**) geizig, knauserig; *subst.* **~,** *ī m* Geizhals.
avē (*vulgär havē*) *int.* (*punisches Fw.; später avēte* (*Suet.*), *avētō* (*Sa.*),

avēre (*Ma.*) *hinzugebildet*) sei gegrüßt! leb wohl!; *cf. aveō*².

ā-vehō, *vēxī, vectum* 3 wegführen, -bringen, -schaffen; *mediopass.* (*Ve., Li.*) sich entfernen, wegfahren, -reiten.

ā-vellō, *vellī u. vulsī, vulsum* 3 ab-, losreißen [*poma*]; / gewaltsam entfernen, wegreißen]; entreißen.

avēna, *ae f* (*cf. altpreußisch* wyse „Hafer") **1.** wilder Hafer; Unkraut; **2.** (*dcht.*) **a)** Halm, Rohr; **b)** Hirtenflöte; *pl. die* (*aus 7 od. 4 Rohrpfeifen bestehende*) Syrinx.

Aventīnus, *ī m u.* **-um,** *ī n Hügel Roms; auch adi.* -*us* 3 [*mons*].

aveō¹, — — 2 begierig sein [*audire*].

aveō², — — (*spätlat. Bildung zu avē*) sich wohl befinden.

Avernus, *ī m* (*gr.* ąornos „vogelleer") *vulkanischer See bei Cumae; auch lacus -i Eingang in die Unterwelt; adi.* (= *Avernālis*, e) Unterwelts...; *subst.* **-a,** *ōrum n* Gegend am A. See; Unterwelt [*ima*].

ā-verrō, *verrī,* — 3 (*dcht.*) wegfegen; / wegraffen; aufkaufen.

ā-verruncō 1 (*sakrales Wort*; *cf. verruncō*) abwenden, -wehren.

āversābilis, e (*āversor*¹; *Lu.*) abscheulich.

āversātiō, *ōnis f* (*āversor*¹; *nkl.*) Abneigung.

āversiō, *ōnis f* (*āvertō*; *nkl.*) **1.** *das* Abwenden; **2.** (*rhet. t.t.*) = *apostrophē*; ** Abfall; Abscheu.

ā-versor¹ 1 (*frequ. v. āvertō*; *unkl.*) sich abwenden von [*filium*]; / verschmähen [*honorem*], nicht anerkennen wollen [*principes*].

āversor², *ōris m* (*āvertō*) der unterschlägt [*pecuniae publicae*].

āversus 3 (*āvertō*) **1.** (*m. °sup.*) abgewandt, im Rücken, von hinten; **2.** / (*m. comp., °sup.*) abgeneigt, feindlich [*a vero*]; *subst.* **-a,** *ōrum n* (*nkl.*) Rückseite, *die* abgelegenen Teile.

ā-vertō, *vertī, versum* 3 **1.** wegwenden, ablenken [*iter ab Helvetiis*]; **2.** *mediopass.* (*nkl., dcht.*) sich umwenden, sich abwenden; / verschmähen; **3.** in die Flucht schlagen; **4.** entwenden, unterschlagen [*pecuniam*]; **5.** entfremden [*legiones ab Antonio*]; **6.** (*Unglück, Böses*) abwehren, fernhalten.

avia, *ae f* (*avus*; *urspr. nur mütterlicherseits*) Großmutter.

aviārium, *ī n* (*avis*) Vogelhaus; (*Ve.*) Niststätte.

aviditās, *ātis f* (*avidus*) Begierde, Gier *nach* [*pecuniae, cibi*]; Geiz.

avidus 3 (*m. °comp., sup., adv.*; *synk. audus, nur i. gen. belegt*; *s. audeō, aveō*¹) begierig, lüstern *nach* [*laudis*]; gefräßig, unersättlich; habsüchtig; (*nkl., dcht.*) herrschsüchtig.

avis, *is f* (*cf. altindisch* vih „Vogel") Vogel; (*Ov.*) Weissagevogel; / (*nkl., dcht.*) Wahrzeichen, Vorzeichen.

avītus 3 (*avus*) großväterlich, -mütterlich; uralt; ererbt [*malum*].

āvius 3 (*Hypostase aus ā viā*; *nkl., dcht.*) vom Wege abliegend, abgelegen, einsam; vom (rechten) Wege ablenkend; *subst.* **-a,** *ōrum n* abgelegene Orte, Wildnis.

āvocāmentum, *ī n* (*āvocō*; *nkl.*) Zerstreuungsmittel, Erholung.

āvocātiō, *ōnis f* (*āvocō*) Ablenkung; (*nkl.*) Zerstreuung.

ā-vocō 1 **1.** (*nkl.*) ab(be)rufen, wegrufen; **2.** abziehen; fern halten; abbringen; **3.** (*nkl.*) / zerstreuen [*animum*].

ā-volō 1 wegfliegen; enteilen; (hin)scheiden.

āvors..., āvort... (*altl.*) = *āvers..., āvert...*

avunculus, *ī m* (*altl. -onc-*; *avus*) Oheim *mütterlicherseits*; Großoheim [*magnus*].

avus, *ī m* (*altl. -os*; *cf. nhd.* „Oheim, Ohm"; *urspr. nur mütterlicherseits*) Großvater; Urgroßvater; (*nkl., dcht.*) Vorfahr.

Axenus *u.* **-īnus,** *ī m* (*gr.* Ąxenos *u.* Ąxeinos *das* „ungastliche" Meer) *das* Schwarze Meer (*später Euxīnus, s. d.*).

axicia = *axitia*.

axilla, *ae f* (*dem. v. āla*) Achselhöhle.

axis¹, *is m* (*cf. nhd.* „Achse") **1.** (*nkl., dcht.*) Wagenachse; Wagen; **2.** / **a)** Erdachse; **b)** (*dcht.*) Pol, Nordpol; Himmelsgegend [*boreus* Norden]; Himmel.

axis², *is m* (*richtiger assis*; *cf. asser*) Brett, Bohle.

axitia, *ae f od. ōrum n* (*et. ungedeutet*; *Pl.*) Toilettegegenstand (Schminke? Schminkspachtel? Schere?).

Axona, *ae f* (*u. m?*) *Nebenfl. d. Oise, j.* Aisne.

azymus 3 ungesäuert; *subst.* **-on,** *ī n* ungesäuertes Brot; **-a,** *orum n* Fest der süßen Brote.

B

babae *u.* **papae** *int.* (*gr. Fw.*; *Com.*) potztausend!
babulus, *ī m* (*Lallwort*; *cf. nhd.* „babbeln"; *Te.*) Schwätzer, Narr.
Babylōn, *ōnis f* (*acc. -a*; *gr.* -ọn) *Hauptst. Babyloniens am Euphrat*; *Babylō, ōnis m* (*Te.*) „*der* Babylonier", *ein* Nabob; *adi. -lōniēnsis, e u. -lōni(c)us* 3 [*numeri* (*Ho.*) chaldäische Weissagung *aus den Sternen*]; *subst.* **-lōnius,** *ī m der* Babylonier; **-ia,** *ae f* Babylonien; Babylon; Babylonierin.
bāca *u.* **bacca,** *ae f* (*wahrsch. Fw. aus einer vorindogerm. Mittelmeersprache*) Beere; runde Baumfrucht, Olive; / (*Ho.*) Perle.
bācātus 3 (*bāca*; *Ve.*) mit Perlen besetzt.
baccar, *aris n* (*gr. Fw.*; *dcht.*, *nkl.*) *Pflanze mit wohlriechender Wurzel.*
Baccha, *ae f* (*gr.* Bạkchē) Bacchantin, *Begleiterin des Bacchus.*
bacchābundus 3 (*bacchor*; *Cu.*) bacchantisch, schwärmend.
Bacchānal, *ālis n* (*Bacchus*) *Ort der Bacchusfeier*; *pl.* **-ālia,** *ōrum u. ium* Bacchusfest (*186 wegen Ausschweifungen verboten*); (*dcht.*) Orgien.
bacchātiō, *ōnis f* (*bacchor*) Schwärmen, wildes Gelage.
Bacchē(ī)us *u.* **Bacchicus** 3 (*gr. Fw.*) bacchisch.
bacchor 1 (*Bacchus*) **1.** (*dcht.*, *nkl.*) das Bacchusfest feiern; **2.** / Orgien feiern; (*part. pf. pass.*) *adi.* **bacchātus** 3 (*dcht.*) durchschwärmt.
Bacchus, *ī m* (*gr.* Bạkchos *u.* Diọnȳsos) *Sohn Jupiters u. der Semele, Gott des Weines*; / (*Ve.*) *der* Bacchusruf [*lo Bacche!*]; Weinstock, Wein.
Bacēnis, *is f* (*wohl eigtl.* „Buchenwald"; *zu fāgus*) *der* (*westl.*) Thüringer Wald.
baceolus, *ī m* (*gr. Fw.*; *Suet.*) Dummkopf.
bāci-fer, *era, erum* (*bāca, ferō*; *dcht.*) Beeren tragend, fruchttragend.
bacillum, *ī n* (*dem. v. baculum*) Stäbchen, Stöckchen; Stab (*des Liktors*).
****baco,** *onis m* Mastschwein; geräucherter Speck, Schinken.
Bactra, *ōrum n* (*gr.* -k-) **1.** *Landsch. am Oxus*; **2.** *Hauptst. der Baktrer, j.* Balkh; *adi. -trius* 3; *adi. u. Einw. -triānus* (3); *subst.* **-trus,** *ī m* (*gr.* Baktros) *Nebenfl. des Oxus.*
baculum, *ī n u.* (*dcht.*) **-us,** *ī m* (*cf. nhd.* „Pegel") Stock, Stab; ** *-us* Stütze.
badissō 1 (*gr. Fw.*; *Pl.*) schreiten, marschieren.
Baetis, *is m Fl. in Südspanien, j.* Guadalquivir; *adi. u. Einw. -ticus* (3); *subst.* **-tica,** *ae f röm. Provinz, j.* Andalusien.
baetō, — — 3 (*altl.*; *et. ungedeutet*; *cf. bītō*) gehen, schreiten.
Bāiae, *ārum f Seebad bei Neapel*, *adi. -iānus* 3.
bāiulō 1 (*bāiulus*; *unkl.*) (*eine Last*) tragen.
bāiulus, *ī m* (*et. ungedeutet*) Lastträger.
bālaena = *ballaena*[1].
balanus, *ī f* (*gr. Fw.*; *nkl.*, *dcht.*) **1.** (Öl der) Behennuss; **2.** *eine Seemuschel.*
balatrō, *ōnis m* (*wohl etr. Fw.*; *vkl.*, *dcht.*) Possenreißer, Schwätzer.
bālātus, *ūs m* (*bālō*; *nkl.*, *dcht.*) *das* Blöken; *das* Meckern.
balbus 3 (*m. °adv.*; *lautmalendes Wort*) stammelnd; ♀ *röm. Familienname, s. Cornēlius.*
balbūtiō 4 (*balbus*) **1.** (*intr.*) stammeln, stottern; unklar reden; **2. a)** (*trans.*) (*Ho.*) herstammeln [*pauca*]; **b)** / beschönigend nennen.
Baleāris *u.* **-iāris,** *e* balearisch, zu den Balearen gehörend; *subst.* **-ārēs,** *ium m die* Bewohner der B.; *f die* Balearen [*maior* Mallorca; *minor* Minorca]; *adi. -ārius* 3.
balin... = *baln...*
bālitō 1 (*intens. v. bālō*; *Pl.*) blöken(?).
ballaena[1], *ae f* (*gr. Lw.*; *unkl.*) Walfisch.
****ballaena**[2] *u.* **-ena,** *ae f* (=[1]?) Reisesack.
Balliō, *ōnis m* **1.** *Name eines Kupplers*; **2.** / Kuppler.
ballista *u.* **ballistra,** *ae f* (*gr. Fw.*) Wurfmaschine; (*dcht.*, *nkl.*) Wurfgeschoss.
ballistārium, *ī n* (*ballista*; *Pl.*) Wurfmaschine.
balneārius (*balneum*) **1.** *adi.* 3 (*dcht.*, *nkl.*) Bade...; **2.** *subst.* **-ia,** *ōrum n* Bäder, Badezimmer.
balneātor, *ōris m* (*balneum*) Bademeister.
****balneo** 1 baden.

balneolum, ī *n* (*dem. v. balneum*) kleines Bad.
balneum, ī *n* (*gr. Lw.*) **1. a)** Badezimmer; **b)** (*nkl.*) Badewanne, Bad; **2.** *pl.* **-a,** ōrum *n u. meist* **-ae,** ārum *f* Badeanstalt, Bad; ** -um widerliches Getränk.
bālō 1 (*lautmalendes Wort; unkl.*) blöken; *subst.* (*part. praes.*) **bālantēs,** (i)um *f* (*dcht.*) Schafe.
balsamum, ī *n* (*gr. Fw.*; *nkl., dcht.*) Balsam(staude).
balteus, ī *m u.* **-um,** ī *n* (*etr. Fw.*) **1.** (*unkl.*) Gürtel, Gurt; **2.** Wehrgehenk; **3.** (*Ma.*) Gürtel der Venus.
balūx, ūcis *f* (*spanisch-iberisches Fw.*; *Ma.*) Goldsand, -körner.
****bancales,** ium *m f* Bankkissen.
Bandusia, ae *f Quelle auf dem sabinischen Landgut des Horaz.*
****bannus,** i *m* Bann, Interdikt.
Bantia, ae *f St. in Apulien*; *adi.* -tīnus 3.
****baptisma,** tis *n* Taufe.
****baptismalis,** e Tauf...; ecclesia Taufkirche.
****baptismus,** i *m* Taufe.
****baptista,** ae *m* Täufer.
baptistērium, ī *n* (*gr. Fw.*; *Pl.*) Badebassin; ** Taufkapelle.
****baptizo** 1 taufen.
barathrum, ī *n* (*gr. Fw.*) Abgrund, Schlund; / macelli Fresssack; donare alqd barathro etw. verschwenden; femineum = cunnus; **Hölle.
barba, ae *f* (*cf. nhd.* „Bart") Bart.
barbaria, ae *u.* **-riēs,** ēī *f* (barbarus) **1.** Ausland, Fremde; *die* Barbaren; **2.** Barbarei, Rohheit, Unkultur; **wilde Horde; Deutschland.
barbaricus 3 = barbarus.
barbarismus, ī *m* (*gr. Fw.*) fremdartige Aussprache; sprachlicher Schnitzer.
****barbarizo** 1 ungebildet reden.
barbarus 3 (*m.* °*comp., adv.*; *gr. Fw.*) **1.** ausländisch, fremd; (*Pl.*) -e vertere ins Lateinische übersetzen; **2.** unwissend, ungebildet, unmanierlich; wild, grausam; *subst.* ~, ī *m* Barbar, Ausländer; ** *adi.* in deutscher Sprache; *subst.* **-i,** orum *m die* nichtrömischen Schriftsteller des Mittelalters.
barbātulus 3 (*dem. v.* barbātus) mit schütterem Bart.
barbātus 3 (barba) **1.** bärtig; °**2.** erwachsen; *subst.* ~, ī *m* **1.** (bärtiger) Römer der alten Zeit; **2.** Philosoph; °**3.** Langbart = Ziegenbock.
barbi-ger, era, erum (barba, gerō) barttragend, bärtig.
barbitos, ī *m* (*acc.* -on, *voc.* -e; *gr. Fw.*) Laute, Leier.
barbula, ae *f* (*dem. v.* barba) Bärtchen, Milchbart.
Barca, ae *m* (*sem.* = Blitz) *Stammvater der Barkiden in Karthago, Beiname Hamilkars*; *adi.* -īnus 3; *subst.* **-īnī,** ōrum *m die* Barkiden.
Barcaeī, ōrum *m Nomaden in Kyrenaika.*
bardītus, ūs *m* (*et. ungedeutet*) germ. Schildgesang.
bardo-cucullus, ī *m* (*wohl v. gall.-lat.* bardus Barde) *gall.* Kapuzenmantel *aus Filz.*
bardus 3 (*etr. Fw.*) stumpfsinnig, dumm.
bāris, idos *f* (*gr. Fw., aus dem Koptischen stammend*) Nilbarke.
Bārium, ī *n Hafenst. in Apulien, j.* Bari.
bārō[1], ōnis *m* (*etr. Fw.*) Tölpel.
****baro**[2], onis *m* freier Mann; Baron.
barrītus, ūs *m* (barriō 4 „brüllen"; *cf.* barrus; *urspr.* Elefantengebrüll, *volkset. m.* bardītus *vermengt*) Schlachtgeschrei.
barrus, ī *m* (*Lw. aus einer asiat. Sprache, vl. dem Indischen*) Elefant.
bascauda, ae *f* (*altbrit. Lw.*; *urspr. wohl* „geflochtener Korb" [> *engl.* basket]; *cf. lat.* fascia) Spülnapf aus Metall.
bāsiātiō, ōnis *f* (bāsiō) *das Küssen,* Kuss.
bāsiātor, ōris *m* (bāsiō) „Küsser" (*der einen Freund mit einem Kuss begrüßt*).
****basileus,** i *m der oströmische* [*Kaiser.*]
basilicus (*gr. Fw.*) **1.** *adi.* 3 (*m. adv.*; königlich, fürstlich; **2.** *subst.* **a)** ~, ī *m* (*sc.* iactus) Königswurf *beim Würfelspiel*; **b) -a,** ae *f* mehrschiffige Halle; Gerichtshalle; Rathaus, Börse; ** Basilika, Hauptkirche, Dom; **c) -um,** ī *n* Königskleid; kostbares Frauengewand.
bāsiō 1 (bāsium) küssen.
basis, is *f* (*acc.* -im, *abl.* -ī; *gr. Fw.*) Fußgestell, Sockel; Grundmauer; Basis (Säulenfuß); (*math. t.t.*) Grundlinie, Basis; ** Brückenpfeiler.
bāsium, ī *n* (*Lw. unbekannter Herkunft*) Kuss.

Bassarēūs, eī *m* (*voc.* -ēū; *gr.* -ẹūs) *Beiname des Bacchus; adi.* -aricus 3.
Bastarnae *u.* **-ternae,** ārum *m germ. Volk a. den Donaumündungen.*
bat *scherzhafte Reimbildung zu* at.
Batāvī, ōrum *m germ. Inselvolk an den Rheinmündungen; adi.* -us 3.
Bathyllus, ī *m* (*gr.* Bą...os) **1.** *ein von Anakreon geliebter Knabe;* **2.** *Freigelassener des Maecenas, ber.* [*Mime.*]
batillum, ī *n* = vatillum.
batioca, ae *f* (*gr. Fw.*) große Trinkschale.
Battiadēs, ae *m* Nachk. des Battos, *des Gründers v. Kyrene* = Kallimachos.
****batlinea,** ae *f* Bettlaken.
bat(t)uō, uī, — 3 (*gall. Lw.*) **1.** (*trans.*) stoßen, schlagen; **2.** (*intr.*) **a)** (*v. Fechtern*) sich schlagen *mit;* **b)** = futuō.
baubor 1 (*lautmalendes Wort der Kindersprache*) kläffen, bellen.
Baucis, idis *f* (*gr.* -kịs) *hochbetagte Gattin des Philemon aus Phrygien.*
baxea, ae *f* (*gr. Lw.*) leichte Sandale.
bdellium, ī *n* (*gr. Fw. sem. Herkunft*) (Harz der) Weinpalme; / *Schmeichelwort.*
****beatifico** 1 glücklich machen; glücklich preisen; auszeichnen, schmücken.
beātitās, ātis *u.* **beātitūdō,** inis *f* (beātus) Glückseligkeit.
beātus 3 (*m. comp., sup., adv.;* beō) **1.** begütert, reich; fruchtbar; herrlich [Roma]; **2.** glückselig; beglückend [vita]; (*v. Verstorbenen*) selig [beatorum insulae]; *subst.* **-um,** ī *n* Glückseligkeit; ** verewigt, (*als kultisches Prädikat*) selig.
beccus, ī *m* (*gall. Fw.*) Schnabel.
Belgae, ārum *m* Belgier, *kelt.-germ. Völkergruppe im nördl. Gallien; adi.* -gicus 3; *subst.* **-gica,** ae *f röm. Provinz* Belgica; **-ium,** ī *n* **1.** = Belgica; **2.** *w. Teil v.* Belgica.
Bēlides, -līdēs *s.* Bēlus.
bellāria, ōrum *n* (bellus) Naschwerk, Nachtisch.
bellātor, ōris *m* (bellō) Krieger; °*adi.* streitbar. [stilus].
bellātōrius 3 (bellātor) polemisch
bellātrix, īcis *f* (bellātor) kriegerisch [Roma; *kl. nur* / iracundia].
Bellerophōn, ōntis (*gr.* -ọn) *u.* **-phontēs,** ae *m Sohn des Glaukos v. Korinth, erlegte mit Hilfe des Pegasus die Chimära; adi.* -phontēus 3.
belliātu(lu)s 3 (bellus) schön.
bellicōsus 3 (*m.* °*comp., sup.;* bellicus) kriegerisch, kriegslustig, streitbar.
bellicus 3 (bellum) °**1.** kriegerisch; **2.** Kriegs..., Schlacht...; res -a Kriegswesen; *subst.* **-um,** ī *n* Signal (*mit der Kriegstrompete*); -um canere zum Kampfe blasen.
belli-ger, era, erum (bellum, gerō) Krieg führend, streitbar.
belligerō 1 (belliger) Krieg führen, streiten, kämpfen.
belli-potēns, entis (bellum) kriegsgewaltig; *subst. m* Kriegsgott.
bellō *u.* (*Ve.*) **-or** 1 (bellum) Krieg führen, streiten, kämpfen.
Bellōna, ae *f Kriegsgöttin, Schwester des Mars.*
Bellovacī, ōrum *m belg. Volk in d. Gegend v. Beauvais.* [bēlua.]
bellua *schlechte Schreibung für*
bellulus 3 (*m. adv.; dem. v.* bellus) ganz allerliebst.
bellum, ī *n* (*altl.* duellum = Feindseligkeit; *kaum mit* duo *verwandt*) **1.** Krieg; -um gerere Krieg führen, ducere, trahere in die Länge ziehen, (com)parare rüsten, inferre alci, contra, in alqm bekriegen; domi bellique im Krieg u. im Frieden; (in) bello im Kriege; **2.** Schlacht, Treffen, Kampf; **3.** / **a)** Kampf, Streit, Zank, Hader; °**b)** Liebeshändel.
bellus 3 (*m.* °*comp., sup., adv.;* ‹ *dven[e]los, *dem. v. altl.* duenos = bonus) hübsch, niedlich, allerliebst; hübsch gesund [fac bellus revertare]; *adv.* **-ē!** bravo!
bēlua, ae *f* (bēstia) Tier; Untier, Ungeheuer; / Ungeheuer; (°*Schimpfwort*) Rindvieh.
bēluātus 3 (bēlua) mit eingestickten Tierfiguren. [geheuern.]
bēluōsus 3 (bēlua) reich an Un-
Bēlus, ī *m* (*gr.* -os; *urspr. sem. Hauptgott* Baal) **1.** *Gründer des assyr. Reiches;* **2.** *König v. Tyrus, Vater der Dido;* **3.** *König v. Ägypten, Vater des Danaus* (= 2?); **-līdēs,** ae *m* Nachk. des B. (= Lynkeus; Palamedes); **-lides,** um *f die* Danaiden.
Bēnācus, ī *m* (lācus) Gardasee.

bene *adv.* (< **dvenē*; *adv. v. bonus*; *comp.* **melius,** *sup.* **optimē** *s. bonus*) **1.** (*bei Verben*) gut, wohl, gehörig, tüchtig, recht, richtig, mit Recht, genau, glücklich *u. Ä.*; **bene agere** recht verfahren, *cum alqo* freundlich behandeln; **bene audīre** in gutem Rufe stehen; **bene dīcere** (*auch zus.*) gut, schön, richtig, anständig, passend reden [*absenti* Gutes von dem Abwesenden sprechen, den A. loben]; (*Pl.*) Worte von guter Vorbedeutung gebrauchen; °*benedictum, ī n* Lob; **bene facere** (*auch zus.*) gut, recht machen, trefflich ausführen, recht daran tun; *alci* Wohltaten erweisen, gute Dienste leisten; °*benefactum, ī n* gute Tat, Wohltat, Verdienst; **bene est** es geht gut [*mihi*]; befindet sich wohl *bei* [*illi aquā calidā*]; **bene tē** (°*tibi*) auf dein Wohl! prosit! **2.** (*bei adi. u. adv.*) tüchtig, recht, sehr, überaus, völlig [*homo bene sanus, epistula bene longa*; *bene mane*].

benedicē *adv.* (**bene-dicus* 3; *Konträrbildung zu maledicus*) mit freundlichen Worten.

bene-dīcō 3 *s. bene*; ** rühmen, segnen, weihen.

****benedictio,** *onis f* Lobpreis, Segnung, Segen.

benedictum *s. bene.*

****benedictus** 3 gebenedeit.

bene-faciō 3 *s. bene*; ** wohltun, beglücken; belehnen.

benefactum *s. bene.*

beneficentia, *ae f* (*beneficus*) Wohltätigkeit.

beneficiārius (*beneficium*) °**1.** *adi.* 3 zur Wohltat gehörig; **2.** *subst.* ~, *ī m* von niedrigen Arbeiten befreiter Soldat, Gefreiter.

****beneficiatus,** *i m* Lehnsmann.

****beneficientia,** *ae f* Lehnshoheit.

****beneficiolum,** *i n* Gefälligkeit.

beneficium, *ī n* (<**bene-faciom*; *faciō*) **1.** Wohltat, Verdienst; Gefälligkeit, Freundschaftsdienst; *-o deorum* mit Hilfe der Götter; **2. a)** Auszeichnung, Begünstigung, Beförderung [*dictatorum* durch die D.]; °**b)** Vorrecht, Privilegium; ** Pfründe, Lehen.

bene-ficus 3 (*m* °*adv.*; °*comp. -ficentior, sup. -ficentissimus*; *faciō*) wohltätig, gefällig.

Beneventum, *ī n St. i. Samnium, j.* Benevento; *adi. u. Einw. -tānus* (3).

bene-volēns, *entis* (*s. benevolus*) wohlwollend; *subst. m u. f* Gönner (-in).

benevolentia, *ae f* (*benevolēns*) **1.** Wohlwollen, Zuneigung [*erga, in Aeduos*]; **2.** Beliebtheit.

bene-volus 3 (*m. adv.*; *comp. -volentior*; *sup. -volentissimus*; *volō*) wohlwollend, gewogen, gütig.

benīgnitās, *ātis f* (*-ī-?*; *benīgnus*) **1.** Güte, Freundlichkeit, Wohlwollen, Liebe, Gefälligkeit; **2.** Wohltätigkeit, Freigebigkeit.

benīgnus 3 (*-ī-?*; *m. comp.*, °*sup.*, *adv.*; *bene*; *gignō*) **1.** gütig, freundlich, wohlwollend, gefällig, liebevoll, willig; (*Höflichkeitsformel*) *benīgnē!* sehr gütig! schönen Dank! **2.** wohltätig, freigebig; *-ē facere* wohl tun, Gutes erweisen; °**3.** reichlich [*praeda*]; reich [*ager*].

beō 1 (*cf. bonus*; *beātus*) beglücken, erfreuen; beschenken.

Berecyntes, *um m Volk in Phrygien*; *adi. -tius* 3 phrygisch (*mater* Kybele; *heros Kybeles Sohn* Midas).

Berenīcē, *ēs f* (*gr. -nikē*) **1.** *Gemahlin des ägypt. Königs Ptolemaeus Euergetes*; *ihr schönes Haar, das sie für die Heimkehr des Gatten weihte, wurde unter die Sterne versetzt*; **2.** *Tochter des Judenkönigs Agrippa I., Geliebte des Titus.*

Beroea, *ae f* (*gr.* Bẹrōia) *St. in Makedonien*; *adi. u. Einw. -ōeaeus* (3).

bēryllus, *ī m f* (*gr. Fw.*) Beryll (*grüner Edelstein*).

Bērȳtos *u.* **-us,** *ī f* (*gr.* -tọs) *Hafenst. in Phönikien, j.* Beirut.

bēs, *bessis m* (*statt bess*; < **duo ass*[*is*]) zwei Drittel (*eines 12-teiligen Ganzen*).

bēsālis, e (*bēs*) zwei Drittel (*eines 12-teiligen Ganzen*) umfassend; 8 Unzen wiegend.

bēstia, *ae f* (*eigtl.* „atmendes Wesen"; *cf. mhd.* getwās „Gespenst", *nhd.* „Tier") Tier; Raubtier, reißendes Tier.

****bestialis,** e viehisch.

bēstiārius (*bēstia*) °**1.** *adi.* 3 Tier... [*ludus* Kampf *mit*]; **2.** *subst.* ~, *ī m* Tierkämpfer.

bēstiola, *ae f* (*dem. v. bēstia*) Tierchen.

bēta[1] *indecl. zweiter Buchstabe des gr. Alphabets* [*alpha et beta* das Abc]; *der* zweite.

bēta^{2}, *ae f* (*kelt. Lw.*) Mangold, Beete. [wurzel.

bētāceus, *ī m* (*bēta^{2}*) Mangold-

bētizō 1 (*bēta^{2}, nach lachanizō gebildet: Augustus*) Gemüse sammeln; / weichlich sein.

bi- (*in der Komposition; cf. bis*) zwei-, zwie-. [*sieben Weisen.*

Biās, *antis m aus Priene, einer der*

Biberius, *ī m* (*bibō*) *Spottname des* Kaisers *Tiberius.*

****biblia,** *ae f* Bibel; *sacra* Heilige Schrift. [händler.

bibliopōla, *ae m* (*gr. Fw.*) Buch-

bibliothēca, *ae f* (*gr. Fw.*) °**1.** Bücherschrank; **2.** Büchersammlung, Bücherei; ** Bibel, Heilige Schrift.

bibō, *bibī,* — 3 (*pōtō*) **1.** trinken; ein Trinkgelage abhalten; *Graeco more* sich zutrinken; °*Tiberim* am Tiber wohnen; °**2.** / einsaugen, einziehen, (begierig) in sich aufnehmen.

Bibracte, *is n Hauptst. d. Äduer.*

Bibrax, *actis f feste St. d. Remer.*

bibulus 3 (*bibō*) gern trinkend, stets durstig, Feuchtigkeit (*Wasser od. Farbe*) begierig einsaugend; *lapis* Bimsstein; trinkbar, süffig [*vinum Falernum*]; ** *subst.* **~,** *i m* Zechgenosse.

bi-ceps, *cipitis* (*caput*) zweiköpfig [*Ianus*]; °/ zweigipfelig [*Parnassus*].

bi-clīnium, *ī n* (*nach triclīnium gebildet*) Speisesofa für zwei Personen. [*pōpulus* Silberpappel.

bi-color, *ōris* zweifarbig, scheckig;

bi-corniger, *era, erum u.* **bicornis,** e (*cornu; gerō*) mit zwei Hörnern [*luna* Halbmond]; zweizinkig, zweiarmig. [leibig.

bi-corpor, *oris* (*corpus*) doppel-

bi-dēns, *dentis* mit zwei Zähnen, Zacken; *subst.*: **1.** *m* (*sc. răster*) zweizinkige Hacke, Karst; **2.** *f* (*sc. hostia*) ausgewachsenes Opfertier (*das schon die mittleren Schneidezähne gewechselt hat*), Schaf.

bidental, *ālis n* (*wahrsch. v. bidēns* Zweizack *als Symbol des Blitzes*) Blitzmal (*vom Blitz getroffener Ort*).

bīduum, *ī n* (*cf. diēs*) Zeit, Frist von zwei Tagen; *-o post* zwei Tage später; *eo -o* während dieser zwei T., nach diesen zwei T.

bi-ennium, *ī n* (*annus*) Zeit von zwei Jahren, zwei Jahre.

bi-fāriam *adv.* (*adv. acc. eines v. fās* „Äußerung" *abgeleiteten adi.*) zweifach, doppelt.

bi-fer, *era, erum* (*ferō*) zweimal (*im Jahr*) Früchte tragend [*vites*].

bi-fidus 3 (*findō*) (in zwei Teile) gespalten.

bi-foris, e zweitürig, -flügelig [*fenestrae*]; zweifach, doppelt.

bi-fōrmātus 3 *u.* **-fōrmis,** e (*fōrma*) zweigestaltig.

bi-frōns, *ontis* doppelstirnig, mit doppeltem Antlitz [*Ianus*].

bi-furcus 3 (*furca*) zweizackig, gabelförmig.

bīgae, *ārum f* (*selten* **-a,** *ae; bi-, iugum*) Zweigespann.

bīgātus 3 (*bīgae*) mit dem Gepräge des Zweigespanns [*argentum*]; *subst.* **~,** *ī m* Silberdenar mit d. Gepr. d. Zw.

bi-iugis, e *u.* **-iugus** 3 (*iugum*) zweispännig; *subst.* **-ī,** *ōrum m* Zweigespann, Streitwagen.

Bilbilis, *is m Nebenfluss des Ebro; f Stadt am B., Geburtsort Martials.*

bi-lībra, *ae f* zwei Pfund [*farris*].

bilībris, e (*bilībra*) zwei Pfund fassend.

bi-linguis, e (*lingua*) zweizüngig; zweisprachig; Kauderwelsch redend; / doppelzüngig, heuchlerisch.

bīlis, *is f* (*abl. -ī, seit Horaz -e*; ‹ **bis*[*t*]*lis; nur ital.- kelt.*) **1.** Galle; **2.** / **a**) Zorn, Wut; **b**) *atra* Schwermut; °Wahnsinn.

bi-līx, *īcis* (*līcium*) zweifädig, doppeldrähtig.

bi-lūstris, e (*lūstrum^{2}*) (*zwei Lustren, d. i.*) zehn Jahre dauernd.

bi-maris, e (*mare*) an zwei Meeren gelegen. [zweier Frauen.

bi-marītus, *ī m der* Ehemann

bi-māter, *tris* von zwei Müttern geboren (*Bein. des Bacchus*).

bi-membris, e (*membrum*) doppelgliedrig; zweigestaltig; *subst.* **-ēs,** *ium m* Kentauren.

bi-mē(n)stris, e (*mēnsis*) zwei Monate alt, zwei M. dauernd.

bīmulus 3 (*dem. v. bīmus*) erst zweijährig.

bīmus 3 (*bi* + **himos; cf. hiems*) zweijährig; *sententia -a* Antrag, die Amtsdauer auf zwei Jahre zu verlängern. [*gegenüber v. Bingen.*

Bingium, *ī n belg. St. a. d. Nahe*

bīnī 3 (*gen. meist* -um; *cf. nhd.* „Zwirn") **1.** je zwei; **2.** (*bei pluralia tantum*) zwei, beide [bina castra beide Lager; binae litterae zwei Briefe (duae litterae zwei Buchstaben!)]; **3.** ein Paar; ** *auch* binus.

bi-noctium, ī *n* (nox) Zeit von zwei Nächten, zwei Nächte.

bi-nōminis, e (nōmen) zweinamig [Ascanius = Iūlus].

Biōn, ōnis *m Kyniker um 280*; °*adi.* **-ōnēus** 3 bissig, satirisch.

bi-palmis, e (palma) zwei Spannen lang *od.* breit.

bi-partītus 3 (*adv.* **-ō**; partiō²) in zwei Teile(n), von zwei Seiten.

bi-patēns, entis (pateō) doppelt geöffnet, mit geöffneten Doppeltüren. [breit, stark.

bi-pedālis, e (pēs) zwei Fuß lang,

bipenni-fer, era, erum (bipennis; ferō) eine Doppelaxt tragend.

bi-pennis, e (penna) / zweischneidig; *subst.* ~, is *f* Doppelaxt.

bi-pertītus 3 = bipartītus.

bi-pēs, edis zweibeinig; *subst. m* Zweifüßler, Mensch.

bi-rēmis, e (rēmus) °**1.** *adi.* zweiruderig; **2.** *subst.* ~, is *f* Zweidecker (*mit zwei Reihen von Ruderbänken übereinander*).

****birso** 1 pirschen, jagen.

bis *adv.* (duo) **1.** zweimal; ~ bina vier; ~ tantum *u.* tanto doppelt so groß, so weit; bis(que) terque zwei- bis dreimal, öfter; bis terve nur zwei- bis dreimal, selten; °**2.** zum zweitenmal (= iterum).

bisōn, ontis *m* (*wahrsch. germ. Lw.*; *cf. nhd.* „Wisent") Auerochs.

Bistones, um *m thrakisches Volk*; *adi.* -onius 3; -onis *f* (*auch subst.* thrakische Bacchantin).

bi-sulcus 3 *u.* **-sulcis,** e (sulcus) gespalten.

Bīthȳnia, ae *f* (*gr.* -niā) *Landsch. a. d. Nordküste Kleinasiens*; *adi.* -ȳn(ic)us 3; *Einw.* **-ȳnī,** ōrum *m.*

bītō, — — 3 (-ī- *aus den Komposita übernommen*; *cf.* baetō, ābītō *usw.*) gehen, schreiten.

bitūmen, inis *n* (*osk.-umbr. od. kelt. Lw.*; *cf. nhd.* „Kitt") Erdpech, Asphalt. [pech.

bitūmineus 3 (bitūmen) aus Erd-

Bituriges, um *m kelt. Volk in Aquitanien, in d. Gegend v. Bourges.*

bi-vius 3 (via) mit zwei Wegen, Eingängen; *subst.* **-um,** ī *n* Scheideweg, Kreuzweg.

blaesus 3 (*gr. Fw.*) lispelnd, lallend.

blandidicus 3 (blandus, dīcō²) schmeichlerisch.

blandiloquentulus *u.* **-loquus** 3 (blandus, loquor) schmeichlerisch.

blandīmentum, ī *n* (blandior) = blanditia.

blandior, ītus sum 4 (blandus) **1.** schmeicheln [mihi]; °**2.** begünstigen; reizen, anlocken [voluptas sensibus].

blanditer *s.* blandus.

blanditia, ae *f* (blandus) Schmeichelei, Liebkosung; *pl.* Schmeichelworte; / Reiz, Annehmlichkeit.

blandus 3 (*m.* °*comp.*, °*sup.*; *adv.* **-ē** *u.* (*Com.*) **-iter**; *zu mollis*) schmeichelnd, schmeichlerisch, liebkosend; / höflich, artig [oratio]; lockend, reizend. [Gotteslästerung.

****blasphemia,** ae *f* Schmähung,

****blasphemo** 1 lästern.

****blasphemus** 3 lästernd.

blaterō 1 (*Schallwurzel* *blat-; *cf. niederdeutsch* „pladdern") plappern, faseln. [zen.

blatiō, — — 4 (*cf.* blaterō) schwät-

blatta, ae *f* (*et. ungedeutet*) Motte, Schabe.

blattārius 3 (blatta) zur Schabe gehörig; balnea -a dunkle Badezimmer.

blennus, ī *m* (*gr. Fw.*) Tölpel.

bliteus 3 (blitum) albern.

blitum, ī *n* (*gr. Fw.*) Melde (*Küchenkraut*).

boārius 3 (bōs) Rinder..., Ochsen... [forum].

Boeōtarchēs, ae *m* Boeotarch, *einer der 11 höchsten Beamten in Böotien.*

Boeōt(i)ī, ōrum *u.* -um *m Bewohner v.* **-ōtia,** ae *f* (*gr.* Boiōtiā) *Böotien in Mittelgriechenland*; *adi.* -t(i)us, -ticus 3.

boia, ae *f* (-ō-?; *et. unklar*) Halseisen. [*Oberitalien.*

Bō(i)ī, ōrum *m Volk in Böhmen u.*

Bōi(o)haemum, ī *n* (Bŏ-?) Böhmen.

Bōla, ae *u.* **-ae,** ārum *f Äquerst. in Latium*; *adi. u. Einw.* -ānus (3).

bōlētar, āris *n* (bōlētus) Geschirr für Pilze. [Pilz, *bsd.* Champignon.

bōlētus, ī *m* (*et. unklar*) essbarer

bolus, ī *m* (*gr. Fw.*) Wurf (*beim*

Würfelspiel); / guter Wurf, Gewinn.
bombax *int.* (*gr. Fw.*) potztausend!
bombus, ī *m* (*gr. Fw.*) dumpfer Schall.
bombȳcinus 3 (*bombȳx*) seiden; *subst.* **-a,** ōrum *n* seidene Kleider, Stoffe.
bombȳx, ȳcis *m* (*gr. Fw.*) Seidenraupe; Seide.
Bona Dea, ae *f altit. Fruchtbarkeitsgöttin* (*Tempelfest der röm. Frauen am 1. Mai*).
bonitās, ātis *f* (*bonus*) gute Beschaffenheit [*agrorum*]; Herzensgüte, trefflicher Charakter.
Bonna, ae *f fester Ort am l. Rheinufer*; *j.* Bonn; *adi.* -nēnsis, e.
Bonōnia, ae *f St. in Gallia Cisalpina*, *j.* Bologna; *adi.* -niēnsis, e.
bonum, ī *n* (*bonus*) **1.** *das* Gute [*in bonum vertere* zum Guten ausschlagen]; guter Zustand; **2.** (*meist pl.*) **a**) Hab und Gut, Vermögen; **b**) physische, geistige und moralische Vorzüge; Tugenden; **3.** Nutzen, Vorteil [*cui bono est?*]; ~ *publicum* Staatswohl.
bonus 3 (*altl. dvonos* < *dvenos*; *cf. altind.* duvas „Gabe"), *comp.* **melior,** *ius* (√*mel- „stark, groß"; *cf. multus*), *sup.* **optimus** 3 (*altl. optumus*; *zu ops*; *cf. adv. bene*) gut: **I.** (*in allen Beziehungen*) **1.** in seiner Art gut, trefflich [*vinum*; *bona valetudo* Gesundheit]; **2.** tüchtig, tauglich, zweckmäßig [*ager pecori*]; *optimum est* es ist am geratensten [*facere, factu*]; **3. a**) (*von Menschen*) vornehm, edel, von guter Abkunft [*adulescens*]; trefflich, tüchtig, geschickt [*magister*]; kriegstüchtig, tapfer, tatkräftig [*imperator*]; wohlhabend, begütert; **b**) (*von Sachen*) schön, fein [*forma*; *signa* Statuen]; *bonae artes* Künste u. Wissenschaften]; ansehnlich, günstig [*auspicium, res*]; **II.** (*charakterlich, sittlich*) **1.** sittlich gut, rechtschaffen [*mores, filius*]; edel, ehrenhaft, brav, sittsam [*femina*]; *bonus vir* Bieder-, Ehrenmann, *bonae artes* gute Eigenschaften; **2. a**) gutmütig, gnädig, wohlwollend [*di*; *manes*]; *bonā veniā* mit gütiger Erlaubnis; **b**) gutmütig = geistig beschränkt; **3.** der herrschenden Staatsform zugetan, patriotisch gesinnt; völkisch; konservativ; *optimi cives die* Optimaten (= *optimātēs*); *subst.* **-us,** ī *m* Patriot, Optimat; *cf. bonum.*
boō 1 (*gr. Fw.*) brüllen; widerhallen.
Boōtēs, ae *u.* is *m* (*voc.* -ē; *eigtl.* „Ochsentreiber") *Sternbild am nördlichen Himmel*; *cf. Arctophylax.*
boreās, ae *m* (*gr. Fw.*) Nord(ost)wind; Norden.
borēus 3 (*gr. Fw.*) nördlich.
Borysthenēs, is *m* (*gr.* -sthęnēs) *Strom in Sarmatien*, *j.* Dnjepr; *adi.* -enius 3.
bōs, *bovis m f* (*gen. pl. boum, altl. bovom, dat. u. abl. pl. bōbus u. būbus*; *osk.-umbr. Lw.*; *cf. nhd.* „Kuh") **1.** Rind, Ochse, Kuh; °**2.** *ein Seefisch.*
Bosp(h)orus, ī *m* (*gr.* Bǫsporos „Ochsenfurt") Meerenge: **1.** *Straße v. Konstantinopel* [*Thracius*]; **2.** *Straße zwischen dem Schwarzen u. Asowschen Meer* [*Cimmerius*]; *f* Bosporanisches Reich; *adi.* -oricus 3, -orānus 3; *subst.* **-orānī,** ōrum *m* Anwohner des Bosporus.
botellus, ī *m* (*dem. v. botulus*) Würstchen.
botryō(n), ōnis *m* (*gr. Fw.*) Traubenstängel (*m. u. ohne Beeren*).
botulārius, ī *m* (*botulus*) Wursthändler.
botulus, ī *m* (*wohl osk.-umbr. Lw.*) Eingeweide; / Wurst.
bovārius 3 = *boārius.*
bovīle, is *n* = *būbīle.*
bovillus 3 (-ī-?) = *būbulus.*
brabeuta, ae *m* (*gr. Fw.*) Kampfrichter.
brācae, ārum *f* (*selten sg.* **-a,** ae; *gall. Fw., aus dem Germ. stammend*; *cf. engl.* breeches) weite Hosen, Pluderhosen.
brācātus 3 (*brācae*) Hosen tragend; transalpinisch; / verweichlicht.
bra(c)chiālis, e (*bracchium*) Arm...; ** *subst.* **-e,** is *n* Armspange.
bra(c)chiolum, ī *n* (*dem. v. bracchium*) kleiner, niedlicher Arm.
bra(c)chium, ī *n* (*gr. Lw.*) **1.** Unterarm; Arm; °**2.** / **a**) Schere *des Krebses u. Skorpions*; **b**) Meeresarm; **c**) Ausläufer *eines Gebirges*; **d**) Arm *des Bogens*; **e**) Ast *des Baumes*; **f**) Segelstange; **g**) Seitendamm *eines Hafens*; Querdamm *bei Belagerungs- u. Befestigungswerken*; **h**) Schenkel *des Zirkels.*

bract... = *bratt...*
****brandea,** *ae f u.* **-um,** *i n* linnene *od.* seidene Hülle für Reliquien.
brassica, *ae f* (*et. ungedeutet*) Kohl.
brattea (**-ia**) *u.* **-eola,** *ae f* (*et. ungedeutet*) dünnes Metallblättchen, Goldblättchen.
bratteātus 3 (*brattea*) mit Goldblech überzogen; / goldschimmernd.
Brennus, *ī m latinisierte Amtsbezeichnung gallischer Könige; nach der Überlieferung Name gallischer Heerführer (390 Schlacht an der Allia; 279 Einfall in Makedonien u. Griechenland).*
breviārium, *ī n* (*brevis*) Auszug, kurze Übersicht; ** Urkunde, Brevier.
breviculus 3 (*dem. v. brevis*) etwas klein.
brevi-loquēns, *entis* (*brevis; loquor*) sich kurz fassend.
breviloquentia, *ae f* (*breviloquēns*) Kürze im Ausdruck.
breviō 1 (*brevis*) verkürzen, kurz aussprechen.
brevis, e (*m. comp.,* °*sup., adv.; cf. nhd.* „Brief", *Lw. aus breve; s. u.*) kurz: **1. a)** (*räuml.*) kurz, klein [*spatium; iter*]; schmal [°*libellum in breve cogere* eng zusammenrollen]; °**b)** niedrig, flach, seicht [*herba; litus*]; °**c)** / klein, gering, unbedeutend, knapp [*exspectatio; census*]; **d)** kurz gefasst; gedrängt [*litterae, sententia*]; *breviter, brevi* mit wenigen Worten; **2.** (*zeitl.*) **a)** kurz [*dies*]; *brevi* (*tempore*) in Kürze, bald darauf; **b)** kurz dauernd, vergänglich [*vita*]; **c)** kurz gesprochen [*syllaba*]; °*subst.* **breve,** *is n* seichte Stelle, Untiefe; ** *in brevi* in Kürze; *subst.* **breve,** *is n u.* **brevis,** *is f* Verzeichnis; Urkunde, Brief; *-e apostolicum* päpstliches Schreiben.
brevitās, *ātis f* (*brevis*) Kürze; Knappheit, Gedrängtheit.
Briareūs, *eī m* (*gr. -eus*) *hundertarmiger Riese.*
Brīsēis, *idis f* (*acc. -a; gr. -is*) *Tochter des Brises, Kriegsgefangene des Achilles.*
Britannia, *ae f* England und Schottland; *adi. -ann(ic)us* 3; *subst. Einw.* **-annī,** *ōrum m.*
Britannicus, *ī m Sohn des Kaisers Claudius.*
Brittiī = *Bruttiī.*
Bromius, *ī m* (*gr.* -os = „der Lärmende") *Beiname des Bacchus.*
Bructerī, *ōrum m germ. Volk zw. Ems u. Lippe; adi. -erus* 3.
brūma, *ae f* (*altl. sup. f v. brevis*) kürzester Tag, Wintersonnenwende; °/ Winter(kälte).
brūmālis, e (*brūma*) zur Wintersonnenwende gehörig; Winter...
Brundisium, *ī n St. in Kalabrien, j.* Brindisi; *adi. u. Einw. -sīnus* (3).
****brutalis,** e grob.
Bruttiī, *ōrum m Bew. der südlichsten Landschaft Italiens (ager Bruttius).*
brūtus 3 (*osk.-umbr. Lw.* = *gravis*) °**1.** schwer(fällig), unbeweglich [*tellus*]; **2.** / stumpfsinnig, dumm; ♀ *cogn. in d. gens Iunia:* **1.** *L. Iūnius ~, Befreier Roms, mit Collatīnus erster röm. Konsul;* **2.** *M. Iūnius ~, Redner u. Philosoph, Freund, später Mörder Cäsars;* **3.** *D. Iūnius ~, Verschwörer gegen Cäsar, später Gegner des Antonius.*
būbalus, *ī m* (*gr. Fw., urspr.* „afrik. Gazelle"; *Bedeutungsverschiebung durch volkset. Anlehnung an bōs*) Büffel; ** Auerochs.
Būbastis, *is f ägypt. Mondgöttin.*
būbīle, *is n* (*bōs; cf. dat. u. abl. būbus*) Ochsen-, Kuhstall.
būbō, *ōnis m, vereinzelt f* (*Schallwurzel *bū-; cf. nhd.* Uhu) Uhu.
bubulcitor 1 (*bubulcus*) den Ochsentreiber spielen.
bubulcus, *ī m* (*bōs; in der Bildung an subulcus angeglichen*) Ochsentreiber, Knecht.
būbulus 3 (*bōs; cf. būbalus*) Rind..., Ochsen...; *caput* Stierkopf; *subst.* **-a,** *ae f* Rindfleisch.
būcaeda, *ae m* (*bōs, caedō*) *der* mit einem Ochsenziemer Geprügelte.
bucca, *ae f* (*eigentl.* „die aufgeblasene Backe"; *cf. niederdt.* „Pogge") Backe; °/ Mundvoll, Bissen; *der* Bläser.
buccea, *ae f* (*bucca; Augustus*) Bissen.
buc(c)ella, *ae f* (*dem. v. bucca*) Brocken.
buccō, *ōnis m* (*bucca*) Pausback; Tölpel.
buccula, *ae f* (*dem. v. bucca*) Bäckchen; Backenstück am Helm; Schildbuckel.
bucculentus 3 (*bucca*) pausbackig; / großmäulig.
Būcephalās, *ae u.* **-us,** *ī m* „Stierkopf", *Leibpferd Alexanders d. Gr.*
būcer(i)us 3 *u.* **-rōs,** *ōn* (*gr. Fw.*) mit Stierhörnern, gehörnt.

būcina, *ae f* (*wahrsch. bōs, canō*) **1.** gewundenes Horn aus Blech: °**a**) Hirtenhorn; **b**) Signalhorn; °/ Signal; Nachtwache; °**2.** Tritonsmuschel. [peter; °/ Ausposauner.

būcinātor, *ōris m* (*būcinō*) Trom-

būcinō 1 (*būcina*) das Horn blasen; blasen.

būcolicus 3 (*gr. Fw.*) Hirten..., ländlich; *subst.* **-a,** *ōrum n* Hirtengedicht(e). [Kuh, Färse.

būcula, *ae f* (*dem. v. bōs*) junge

****buffo,** *onis m* Spielmann, Hanswurst.

būfō, *ōnis m* (*osk.-umbr. Lw.*) Kröte.

bulbus, *ī m* (*wohl gr. Fw.*) Zwiebel; Knoblauch. [versammlung.

būlē, *ēs f* (*gr. Fw.*) (gr.) Rats-

būleuta, *ae m* (*gr. Fw.*) Ratsherr.

būleutērium, *ī n* (*gr. Fw.*) Rathaus.

bulla, *ae f* (*zu* *bu- „aufblasen"; *cf. bucca*) °**1.** Wasserblase; **2.** Gürtel-, Türknopf; **3.** Goldkapsel mit Amulett; ** (*päpstl.*) Siegel (*aus Blei*); (*kaiserl.*) Siegel (*aus Gold*); Urkunde. [Geheimschreiber.

****bullator,** *oris m* päpstlicher

bullātus 3 (*bulla*) mit einem Amulett geschmückt.

bū-mastus, *ī f* (*gr. Fw.*) großtraubige Rebenart.

****burgensis,** *is m* Bürger.

****burg(g)ravius** *m* Burggraf.

****burgus,** *i m* Burg; Vorstadt.

būris, *is m* (*et. ungedeutet*) Krummholz (*am Pflug*).

****bursa,** *ae f* Tasche, Börse; Alumnat.

Būsīris, *idis m* (*acc.* -*in*; *gr.* Bụ-) *sagenhafter ägypt. König, der die Fremden opferte.*

busti-rapus, *ī m* (*būst-?; bustum, rapiō*) Grabschänder.

bustuārius 3 (*būst-?; bustum*) für die Leichenfeier bestimmt.

bustum, *ī n* (*būst-?; ūrō; durch falsche Zerlegung am-būrō statt amb-ūrō entstanden; cf. combūrō*) °**1.** Leichenbrandstätte; Scheiterhaufen; **2.** Grabhügel, -mal, Grab.

būthysia, *ae f* (*gr. Fw.*) feierliches Rinderopfer.

****buticula,** *ae f* Krug, Flasche.

****butyrum,** *i n u.* **-us,** *i m* Butter.

buxētum, *ī n* (*buxus*) Buchsbaumpflanzung. [farbig, gelblich.

buxeus 3 (*buxus*) buchsbaum-

buxi-fer, *era, erum* (*buxus; ferō*) Buchsbaum tragend.

****buxis** = *pyxis.*

buxus, *ī f u.* **-um,** *ī n* (*gr. Lw. od. aus einer Mittelmeersprache entlehnt*) Buchsbaum(holz); Gegenstände aus Buchsbaumholz (Flöte, Kamm, Kreisel, Schreibtafel).

Byrsa, *ae f die Burg v. Karthago.*

****byssinus** 3 aus Leinen, Batist.

****byssus,** *i f* feines Leinen, Batist; Leinentuch.

Bȳzantium, *ī n* (*gr.* -on) Byzanz = *Konstantinopel; adi. u. Einw.* -*antius* (3).

C

C. (*Abk.*) **1.** = *Gāius*; **2.** (*auf den Stimmtäfelchen der Richter*) = *condemnō* [*littera tristis*]; **3.** = *centum*; **4.** = *cēnsuērunt*; **5.** = *comitiālis* [*dies*].

caballus, *ī m* (*altes Wanderwort; et. ungedeutet*) Gaul, Klepper.

Cabillōnum, *ī n St. der Äduer, j.* Chalon-sur-Saône.

Cabīrī, *ōrum m* (*gr.* Kạbeiroi) *auf Lemnos u. Samothrake verehrte phönikische Gottheiten.*

cachinnātiō, *ōnis f* (*cachinnō*) = *cachinnus.*

cachinnō 1 (*cachinnus*) laut lachen.

cachinnus, *ī m* (*Schallwort*) schallendes Gelächter; / lautes Geplätscher [*undarum*].

cacō 1 (*cf. gr.* kakạō) kacken; besudeln. [Götze.

****cacodaemon,** *is m* böser Geist,

caco-ēthes, *is n* (*gr. Fw.*) bösartige Krankheit; / Schreibsucht.

cacozēlia, *ae f* (*gr. Fw.*) ungeschickte Nachahmung; *das* Nachäffen.

cacozēlus, *ī m* (*gr. Fw.*) Nachäffer.

cacula, *ae m* (*wahrsch. etr. Fw.*) Offiziersbursche.

cacūmen, *inis n* (*wohl* <**kakudmen*; *queu- „biegen") Spitze; °/ Gipfel, Wipfel; ** Dach. [spitzen.

cacūminō 1 (*cacūmen*) spitzen, zu-

Cācus, *ī m* (*gr.* Kạkos) *von Herkules erschlagener italischer Straßenräuber.*

cadāver, *eris n* (*cadō*) Leichnam, Leiche; Aas; °/ Ruine.

cadāverōsus 3 (*cadāver*) leichenhaft.

Cadmus, *ī m* (*gr.* Kądmos) *Gründer Thebens*; *adi.* -*mēus* 3, -*mēis, idis f* (*subst.* Kadmustochter); *subst.* **-mēa,** *ae f Burg von Theben.*

cadō, *cecidī, cāsūrus* 3 (*cf. altind.* śad- „ab-, ausfallen") fallen: **1.** herabfallen: fallen, niederfallen, -stürzen, hinfallen [*de equo, in terram*]; (*v. Geschossen*) einschlagen, auftreffen [*tela*]; niederfahren [*fulmina*]; (*v. Würfel*) [*talus cadit rectus*]; (*dcht.*) (*v. Blättern, Obst usw.*) [*folia, poma*]; herabfließen, sich ergießen [*lacrimae, fluvius in mare*]; (*v. Gestirnen*) untergehen, sinken; (*dcht., nkl.*) (*v. einer Frau*) sich einem Mann hingeben; fallen [*verba*]; **2.** / schwinden; untergehen: **a**) abnehmen, schwinden [*spes; auctoritas principum*]; *animus cadit* der Mut sinkt; *animo cadere* den Mut sinken lassen; abkommen [*vocabula*]; **b**) (*sterbend*) fallen [*in proelio, pro patria*]; geschlachtet werden [*haedus*]; **c**) (*v. Städten usw.*) fallen, erobert werden [°*cecidit Ilium*]; **d**) unterliegen, stürzen, durchfallen [*orator; fabula*]; *in iudicio od. causā* ~ den Prozess verlieren; **3.** zufallen, anheim fallen: **a**) (*in eine Zeit*) fallen [*Romuli aetas in id saeculum*]; (*v. Zahlungen*) fällig sein [*in eum diem*]; **b**) hineingeraten, fallen, anheim fallen [*in morbum, in suspicionem, sub imperium*]; *in conspectum* gesehen werden, *sub oculos* in die Augen fallen; **c**) zutreffen, passen *zu,* sich schicken *für,* stimmen *mit* [*invidia non cadit in sapientiam*]; **d**) (*beim Würfeln, Losen*) zufallen; **e**) begegnen, widerfahren, zuteil werden; sich ereignen, eintreten [*opportune cecidit, quod; imperanti mihi cecidit, ut*]; **f**) ausfallen, ablaufen, ausschlagen [*Li.*: *spes ad* (*in*) *irritum*]; **g**) (*gramm. t.t.*) endigen, ausgehen [*in syllabam longam*].

cādūceātor, *ōris m* (*cādūceus*) Herold, Unterhändler.

cādūceus, *ī m* (*gr. Lw., vl. durch etr. Vermittlung*) Heroldsstab.

cādūci-fer, *ferī m* (*cādūceus, ferō*) Stabträger (*Beiname Merkurs*).

cadūcus 3 (*cadō*) °**1.** fallend, gefallen; **2.** leicht fallend, zum Fallen geneigt [*vitis*]; **3.** / **a**) hinfällig, vergänglich, nichtig; **b**) (*jur. t.t.*) verfallen, herrenlos [*hereditas*].

Cadurcī, *ōrum m gall. Volk in Aquitanien i. d. Gegend v. Cahors.*

cadus, *ī m* (*gr. Fw., aus dem Hebr. stammend*) Weinkrug, Aschenkrug; Urne; / Wein.

caeci-genus 3 (*caecus, gignō*) blind geboren.

Caecilius 3 *Name einer pleb. gens*: *C.* ~ *Stātius, Komödiendichter um 180*; *adi.* -*iānus* 3.

Caecīna, *ae m* (-*ī*-?) *cogn. in der gens Licinia.*

caecitās, *ātis f* (*caecus*) Blindheit, Verblendung; ** Unwissenheit.

caecō 1 (*caecus*) **1.** °**a**) blenden; **b**) / verblenden; **2.** verdunkeln.

Caecubum, *ī n Wein vom ager Caecubus in Latium.*

caecus 3 (*m.* °*comp.*; *cf. got.* haihs „blind") **1.** (*act.*) nicht sehend: **a**) blind; °*corpus -um* Rücken; °*vulnus -um* Wunde auf dem Rücken; / **b**) geistig blind, verblendet; **c**) unsicher, ungewiss; °*Mars-us* aussichtsloser Kampf; **2.** (*pass.*) lichtlos: **a**) dunkel, finster [*domus*]; **b**) unsichtbar, verborgen; **c**) unergründlich [*sors*].

caedēs *u.* (*Li.*) **-is,** *is f* (*caedō*) **1. a**) *das* Niederhauen; *das* Töten; °**b**) *das* Schlachten; *das* Erlegen [*ferarum*]; Opfer [*armenti*]; **c**) Ermordung [*Clodii*], Mord(tat); Gemetzel, Blutbad; °**2.** vergossenes Blut [*caede madere*]; °**3.** Gefallene.

caedō, *cecīdī, caesum* 3 (*cf. altind.* khidáti „reißt, stößt") **1.** hauen, schlagen, klopfen, peitschen [*virgis*]; werfen [*lapidibus*]; **2.** fällen, um-, abhauen, brechen [*marmor*]; (*nkl.*) zerhauen, brechen [*lapides*]; **3.** niederhauen, -machen, töten, morden, schlachten, opfern [*hostias*]; erlegen [*cervos*]; °**4.** beschlafen, schänden.

caelāmen, *inis n* (*caelō*) Relief.

caelātor, *ōris m* (*caelō*) Reliefkünstler.

caelātūra, *ae f* (*caelō*) Ziselier-, Reliefkunst; getriebene Arbeit.

caelebs, *libis* (*eigtl.* „allein lebend"; *cf. nhd.* „heil", „leben") unver-

mählt, ehelos, Hagestolz; einsam [°*vita*]; °*platanus* ohne Reben.
caeles, *itis* (*abl. sg.* -e, *gen. pl.* -*um*; *caelum*) himmlisch; *subst. m* Gott.
caelestis, e (*m.* °*comp.*, °*sup.*; *abl. sg. auch* -e; *caelum*) himmlisch, Himmels...; göttlich; ausgezeichnet, herrlich, unvergleichlich; *subst.* **-ēs,** *ium m die* Götter; **-ia,** *ium n* Himmelskörper; Astronomie; ** Himmel.
caelibātus, *ūs m* (*caelebs*) Ehelosigkeit.
caelicola, *ae m* (*gen. pl.* -*um*; *caelum, colō*) Himmelsbewohner, Gott; ** Engel; Heiliger.
****caelicus** 3 himmlisch.
caeli-fer, *era, erum* (*caelum, ferō*) den Himmel tragend.
****caeligenus** 3 vom Himmel stammend.
caeli-potēns, *entis* (*caelum*) mächtig im Himmel.
****caelitus** *adv.* vom Himmel her.
Caelius[1] **mōns** *einer der Hügel Roms.*
Caelius[2] 3 *Name einer pleb. gens*: **1.** *L.* ~ *Antipater, röm. Annalist in d. Gracchenzeit*; **2.** *M.* ~ *Rūfus, Staatsmann u. Redner, Freund Ciceros*; *adi.* -*iānus* 3.
caelō 1 (*caelum*[1]) in getriebener Arbeit, als Relief ausführen; ziselieren; mit Bildwerk verzieren; °/ schmücken *mit.*
caelum[1], *ī n* (*caedō*) Grabstichel, Meißel.
caelum[2], *ī n* (*et. unklar*) **1.** Himmel; *de -o* °*tangi* (*ici, percuti*) vom Blitz getroffen werden; *de -o servare* Himmelszeichen beobachten; °**2.** Wohnsitz der Götter; Oberwelt; **3.** °**a**) Himmelsstrich; Gegend; **b**) Luft, Witterung, Klima; **4.** / **a**) höchste Ehre, höchstes Glück; °**b**) Unsterblichkeit; ** *pl. auch caeli.*
Caelus, *ī m der* Himmelsgott.
caementum, *ī n* (*caedō*) Bruchstein; Mauerstein; ** Mörtel.
Caeneus, *eī m* (*gr.* Kaineus) *die Lapithin Caenis, die von Neptun in einen Mann verwandelt wurde.*
caenōsus 3 (*caenum*) morastig.
caenum, *ī n* (*cf. inquinō*) Schmutz, Kot, Unflat; / niedrigster Stand, Hefe des Volkes; Schmutzfink.
caepa, *ae f u.* **caepe** *indecl.* = *cēpa.*
Caepiō *s. Servīlius.*
Caere *n indecl. alte etruskische Bundesstadt, j.* Cervetri; *adi. Caerēs, ētis u.* -*es, itis*; *Einw.* **-ētēs** *u.* **-itēs,** *um m* (*sie hatten früh röm. Bürgerrecht, aber kein Stimmrecht*).
caeri- *u.* **caeremōnia,** *ae f* (*wohl etr. Fw.*) heilige Verehrung, Ehrfurcht *vor* [*deorum*]; Heiligkeit; heilige Handlung, Feierlichkeit.
****caerimonior** 1 opfern.
caerul(e)us 3 (*caelum*) **1.** blau, bläulich; °**2.** dunkelfarbig, schwärzlich [*nubes*]; °*subst.* **-la,** *ōrum n* Bläue (*des Meeres, Himmels*).
Caesar, *aris m cogn. in der gens Iulia*: **1.** *C. Iūlius* ~ *der Diktator*; **2.** *sein Großneffe u. Adoptivsohn C. Iūlius* ~ *Octāviānus*; *nach ihm führten alle Kaiser die Amtsbezeichnung Caesar neben dem Titel Augustus*; *seit Hadrian bezeichnete Caesar Augustus den regierenden Kaiser u. Caesar den Thronfolger*; *seit 293 n. Chr. wurde Caesar Amtsbezeichnung der beiden Unterkaiser*; *adi.* -*areus* 3, -*ariānus* 3; (*Ta.*) -*ariēnsis*, e östlich [*Mauretania*]; -*arīnus* 3 *des* C. Iulius Caesar [*celeritas*]; ** *subst. m* Kaiser *des Heiligen Röm. Reiches Deutscher Nation*; *adi. caesareus* 3 kaiserlich.
Caesarēa, *ae f* (*gr.* Kaisareia) **1.** *Hauptst. v. Kappadokien*; **2.** *Hafenst. in Palästina, j.* Kayseri.
caesariātus 3 (*caesariēs*; *Pl.*) mit buschigem Haar.
caesariēs, *ēī f* (*cf. altind.* kēsara „Haar, Mähne") Haupt-, Lockenhaar; / Laub, Nadeln *der Bäume*; ** Tituskopf.
caesīcius 3 (*caesus, P.P.P. v. caedō*) dicht gewebt.
caesim *adv.* (*caedō*) °**1.** mit Hieben; **2.** / in kurzen Sätzen.
caesius 3 (*vl. m. caelum verwandt*; *cf. nhd.* „heiter") blaugrau; °/ grauäugig.
caespes, *itis m* (*caedō?*) **1.** Rasenstück; °**2.** Rasenaltar, -hütte; faseriger Wurzelstock.
caestus, *ūs m* (*wohl zu caedō*) Zästus (*Boxhandschuh aus Leder mit eingenähten Bleistücken*).
caetra, *ae f* (*wohl iberisches Fw.*) leichter Lederschild.
caetrātus 3 (*caetra*) mit leichtem Lederschild bewaffnet; °*subst.* **-ī,** *ōrum m* Leichtbewaffnete.
Cāiēta, *ae f* (*gr.* Kaiētē) **1.** *Amme des Äneas*; **2.** *Hafenst. in Latium, j.* Gaëta.
caiō, —— 1 (*caia* „Prügel"; *caedō*) schlagen, hauen.

C

Cāius *s. Gāius.*

Cal. *s. Calendae.*

Calaber, *bra, brum* aus **Calabria,** *ae f sö. Halbinsel Italiens.*

Calactē, *ēs f* (*gr.* Kalę̄ aktę̄ = „schöne Küste") *Küstenst. in Nordsizilien; adi. u. Einw.* -*tīnus* (3).

calamārius 3 (*calamus*) Schreibrohr...; *theca -a* Federbüchse.

calamister, *trī m* = *calamistrum.*

calamistrātus 3 (*calamistrum*) gekräuselt, mit gebrannten Locken.

calamistrum, *ī n* (*gr. Lw.*) Brenneisen (*zum Lockenbrennen*); / Schnörkelei, Künstelei (*im Ausdruck*).

calamitās, *ātis f* (*wahrsch. m. clādēs u. incolumis verwandt; volkset. m. calamus verbunden*) **1.** Schaden, Unheil, Verlust; *fructuum* Hagelschlag, Brand, Missernte; **2.** Niederlage [*Cannensis*].

calamitōsus 3 (*m.* °*comp., sup., adv.*; *calamitās*) **1.** (*act.*) schädlich, unheilvoll; **2.** (*pass.*) schwer geschädigt [*agri*]; unglücklich, elend.

calamus, *ī m* (*gr. Fw.*; *dcht., kl. nur 3e*) **1.** Rohr; Schilf; **2.** Halm, Stängel; **3.** Gegenstand aus Rohr: **a)** Rohrpfeil; **b)** Rohrflöte; *pl.* Hirtenflöte; *die aus 7—9 Rohrpfeifen bestehende* Syrinx; **c)** Leimrute; **d)** Angelrute; **e)** Schreibrohr, -feder; **f)** Rohrstab.

calathiscus, *ī m* (*gr. Fw.*) Körbchen.

calathus, *ī m* (*gr. Fw.*) Korb; Schale; Napf.

calātor, *ōris m* (*calō*[1]; *eigtl.* „Ausrufer") Diener, Aufwärter.

calautica, *ae f* (*ungedeutetes Fw.*) Haube (*Kopfbedeckung vornehmer Frauen m. herabhängenden Zipfeln*).

calcar, *āris n* (*calx*[2]) °**1.** Sporn, Stachel; **2.** / Ansporn, Antrieb, Reiz.

calceāmentum, *ī n u.* °**calceātus,** *ūs m* (*calceō*) Schuhwerk.

calceārium, *ī n* (*calceus*) Schuhgeld.

calceō 1 (*calceus*) beschuhen, mit Schuhen versehen; (*P.P.P.*) °*adi.* (*scherzh.*) **calceātus** 3 gut beißend.

calceolārius, *ī m* (*calceolus*) Schuhmacher.

calceolus, *ī m* (*dem. v. calceus*) kleiner Schuh.

calceus, *ī m* (*calx*[2]) Schuh, Halbstiefel.

Calchās, *antis m* (*abl. -ā; gr.* K-) *gr. Seher vor Troja.*

Calchēdōn, *onis f* (*gr.* Chalkēdo̧n) *St. in Bithynien; adi. u. Einw.* -*onius* (3).

calcitrō[1] 1 (*calx*[2]) **1.** hinten ausschlagen; **2.** / sich sträuben.

calcitrō[2], *ōnis m* (*calcitrō*[1]) Polterer, Raufbold.

calcō 1 (*calx*[2]) treten *auf* [*viperam*]; festtreten [*terram pedibus*]; *uvas* keltern; betreten [*viam*]; / niedertreten, mit Füßen treten [*libertatem*]; beschimpfen.

calculātor, *ōris m* (*calculō* „zusammenrechnen") Rechenmeister, -lehrer.

calculus, *ī m* (*dem. v. calx*[1]) **1.** glattes Steinchen; **2.** °**a)** Stimmstein; **b)** Spielstein; **3.** °**a)** Rechenstein; **b)** *pl.* Rechnung; (*Li.*) *alqm ad -os vocare* m. jd. abrechnen.

caldārius 3 (*cal[i]dus*) zum Wärmen gehörig; *subst.* **-um,** *ī n* Warmbad.

caldus 3 = *calidus.*

Calēdonia, *ae f schott. Hochland.*

cale-faciō, *fēcī, factum* 3 (P. -*fīō, factus sum, fierī u. fīerī*) **1.** warm *od.* heiß machen, erwärmen; **2.** / **a)** derb zusetzen; °**b)** aufreizen.

calefactō 1 (*intens. v. calefaciō*) erhitzen.

Calendae, *ārum f* (*auch Kalendae, meist abgek.* CAL. *od.* KAL.; *calō*[1]) *der* erste Tag im Monat; Zahltag [*tristes*]; (*scherzh.*; *Augustus*) *solvere ad -as Graecas* = nie bezahlen.

calendārium, *ī n* (*Calendae*) Schuldbuch (*mit den am Monatsersten verbuchten Schuldzinsen*).

caleō, *uī,* (*calitūrus*) 2 (*cf. calidus, nhd.* „lau") **1.** warm, heiß sein; **2.** / **a)** in Aufregung sein, entbrannt sein [*furore; cupidine* in Liebe; *feminā* zu einer Frau]; emsig betrieben werden; **b)** noch neu, noch frisch sein [*crimen*].

calēscō, *luī,* — 3 (*incoh. v. caleō*) warm, heiß werden; °/ erglühen [*amore*].

cal-faciō, -factō = *calefaciō usw.*

cal-ficiō = *calefaciō.*

caliandrum, *ī n* (*wahrsch. gr. Lw.*) Perücke.

calidus 3 (*m. comp.,* °*sup.,* °*adv.*; *caleō*) **1.** warm, heiß; **2.** / **a)** hitzig, feurig, unbesonnen; leidenschaftlich; °**b)** noch neu, frisch; *subst.* ~, *ī m* Hitzkopf; (*unkl.*) **-a,** *ae f* (*sc. aqua*) warmes Wasser; **-um,** *ī n* (*auch pl.*) Wärme; (*sc. vīnum*) Glühwein.

C

caliendrum = *caliandrum*.
caliga, *ae f* (*vl. calx*[2] + *ligō*[2]: „Fersenbinder") lederner Halbstiefel, Soldatenstiefel; °/ Gamaschendienst.
caligātus 3 (*caliga*) in schweren Schuhen; *subst.* ~, *ī m* gemeiner Soldat.
cālīginōsus 3 (*cālīgō*[1]) neblig, dunstig; / finster, düster, dunkel.
cālīgō[1], *inis f* (*cf. cālidus* [*callidus*] „mit einer Blesse auf der Stirn") **1.** Nebel, Dunst, Rauch; **2. a**) Finsternis; **b**) *das* Dunkelwerden vor den Augen; Schwindelgefühl; **3.** / **a**) geistiges Dunkel; Unwissenheit: **b**) Trübsal.
cālīgō[2] 1 (*cālīgō*[1]) **1.** (*trans.*) **a**) Dunkel verbreiten; **b**) / Schwindel erregen; **2.** (*intr.*) **a**) dunkel, blind sein; *caligant oculi* es wird düster vor den Augen; **b**) / im Finstern tappen.
caligula, *ae f* (*dem. v. caliga*) Soldatenstiefelchen (♀ *Beiname des Kaisers Gaius*).
calix, *icis m* (*et. unklar*; *nhd.* „Kelch" *lat. Lw.*) **1.** Kelch, Becher; **2.** Topf; ** Abendmahlskelch.
callaïnus 3 (*gr. Lw.*) blassgrün, [meergrün.]
calleō, *uī*, — 2 (*wahrsch. callum*) °**1.** (*intr.*) **a**) Schwielen haben; **b**) / geübt, erfahren sein [*usu*]; **2.** (*trans.*) kennen, verstehen, wissen [*iura*].
calliditās, *ātis f* (*callidus*) (Lebens-) Klugheit, Gewandtheit; Schlauheit, List.
callidus 3 (*m. comp.*, °*sup.*, *adv.*; *calleō*) gewandt, praktisch, schlau; bewandert *in* [°*rei militaris*]; schlau [ausgedacht.]
callīgō = *cālīgō*[1].
Callimachus, *ī m* (*gr.* K-os) *gr. Dichter u. Leiter der Bibliothek v. Alexandria* (*um 250*).
Calliopē, *ēs u.* **-opēa,** *ae f* (*gr.* Kalliọpē *u.* -ọpēia- „*die* Schönstimmige") *Mutter des Orpheus, Chorführerin der neun Musen*; *Muse der* (*epischen*) *Poesie*; / Lied.
Callipolis, *is f* (*gr.* K-) **1.** *St. am Hellespont*, *j.* Gallipoli; **2.** *St. auf der Krim.*
callis, *is m f* (*cf. dt. mundartl.* Helle = *Winkel zw. Ofen u. Wand, winkliges Waldtal*) Fußsteig, Bergpfad; Viehsteig; *pl.* Bergtriften [*Italiae* Abruzzen].

Callistō, *ūs f* (*dat.* -*ō*; *gr.* Kallistọ) *Mutter des Arkas v. Jupiter, als* Arktos (*Bärin*) *zu den Sternen versetzt.*
callōsus 3 (*m. comp.*; *callum*) dick-[häutig; hartschalig.]
callum, *ī n u.* (*nkl.*) **-us,** *ī m* (*cf. altirisch* calath „hart") dicke Haut, Schwiele; / Gefühllosigkeit.
calō[1] 1 (*cf. nhd.* „holen; holla!"; *relig. t.t.*) zusammenrufen.
cālō[2], *ōnis m* (*et. ungedeutet*) Trossknecht.
cālō[3], *ōnis m* (*altl. cāla* [*gr. Lw.*] [„Holz") Holzschuh.]
calor, *ōris m* (*caleō*) Wärme, Hitze; Tageshitze; °*mediis -ibus* mitten im Sommer; °Fieberhitze; °/ Eifer; Glut, Leidenschaft; *-em trahere* sich verlieben.
Calpurnius 3 *röm. Gentilname*: **1.** *C.* ~ *Pīsō, Schwiegersohn Ciceros*; **2.** *L.* ~ *Pīsō Caesōnius, Schwiegervater Cäsars, Gegner Ciceros.*
caltha, *ae f* (*gr. Fw.*?) gelbe Ringelblume.
calthula, *ae f* (*caltha*) gelbes Frauenunterkleid.
calumnia, *ae f* (*cf. calvor*) **1.** Rechtsverdrehung; Schurkerei, Betrug; **2. a**) falsche Anklage; **b**) (Strafe für) Verleumdung; ** *-am generare* einen Rechtsstreit anhängen.
calumniātor, *ōris m* (*calumnior*) Ränkeschmied, falscher Ankläger.
calumnior 1 (*calumnia*) fälschlich anklagen, schikanieren, nörgeln; böswillig angreifen, (be)mäkeln, bekritteln; ** **-o** 1 verleumden, schmähen.
calva, *ae f* (*calvus*) Hirnschale, [Schädel.]
****calvaria,** *ae f* Schädel; Schädelstätte.
calvitium, *ī n* (*calvus*) Glatze.
calvor, — 3 (*cf. calumnia*) täuschen.
calvus 3 (*cf. altind.* ati-kulva „ganz kahl"; *nhd.* „kahl" *wohl nicht lat. Lw.*) kahl, glatzköpfig.
calx[1], *cis* (*m*) *f* (*wohl gr. Lw.*; *nhd.* „Kalk" *lat. Lw.*) **1.** Kalkstein; *das* (*mit Kalk bezeichnete*) Ziel *der Rennbahn*; Ende; °**2.** Stein *im Brettspiel.*
calx[2], *cis f* (*idg. Grundbedeutung* „biegsames Gelenk") °**1.** Ferse [*adversum stimulum -es* (*iactare*) wider den Stachel löcken; *calcem* ₒ*calce terere* auf den Fersen sein, verfolgen; *pugnis et -ibus* mit Händen u. Füßen]; °**2.** Huf.

Calydōn, *ōnis f* (*acc. auch -a; gr.* K-ǫn) *Hauptst. Ätoliens; adi. -ōnius* 3 [*heros* Meleager], *-ōnis f* (*subst.* Deianira).
Calypsō, *ūs f* (*acc. -ō; gr.* K-ǫ) *Nymphe, Tochter des Atlas.*
camara, *ae f = camera.*
****cambio** 1 *u.* 4 tauschen, wechseln.
camella, *ae f* (*dem. v. camera*) Schale, Eimer.
camēlus, *ī m* (*gr. Fw.*) Kamel.
Camēna, *ae f weissagende Quellnymphe*; Muse; °/ Gedicht.
camera, *ae f* (*gr. Lw.*) **1.** Gewölbe, Wölbung; °**2.** Barke; ** Vorratskammer; Schatzkammer; Staatskasse.
****camerarius,** *i m* Kämmerer, Kammerherr.
****camerula,** *ae f* Kämmerlein.
Camillus *s. Fūrius.*
****caminata,** *ae f* heizbares Gemach, Kemenate; Klause.
camīnus, *ī m* (*gr. Fw.; kl. nur 3b*) Feuerstätte: **1.** Schmelzofen; **2.** Esse; **3. a**) Kamin; **b**) Kaminfeuer.
****camis(i)a,** *ae f* Hemd.
cammarus, *ī m* (*gr. Lw.*) Hummer.
****campana,** *ae f* Glocke.
****campanarium,** *i n* Glockenturm.
****campania,** *ae f* flaches Land.
Campānus 3 *u.* **-āns,** *antis* kampanisch, aus Capua; *subst.* **-nī,** *ōrum m Einw. v. Capua*; **-nia,** *ae f Landschaft in Mittelitalien.*
campester (*selten* **-stris**), *stris, stre* (*campus*) **1.** in der Ebene; **2.** zum Marsfelde gehörig; auf dem Marsfeld; die Wahlen betreffend; °*subst.* **-stre,** *is n* Schurz, Kampfgurt; **-stria,** *ium n* Ebene, Blachfeld.
****campio,** *onis m* Kämpe, Gladiator.
campus, *ī m* (*eigtl.* „Biegung, Winkel"; *nhd.* „Kampf" *wohl lat. Lw.*) **1. a**) freies Feld, Ebene; **b**) Ackerland, Saatfeld; °**c**) Schlachtfeld, Feldschlacht; °**d**) Meeresfläche; **2. a**) freier Platz *in Rom* [*Esquilinus*]; **b**) Marsfeld [*Martius*], *als Sport- u. Exerzierplatz u. zu Wahlversammlungen benutzt*; / Komitien, Wahlen; *dies campi* Wahltag; **3.** / Betätigungsfeld, Tummelplatz; ** eingehegte Weide; / Kampf.
camur(us), *ra, rum* (*vl. etr. Fw.*) gekrümmt.
canālis, *is m* (*canna*) Röhre, Rinne; Kanal.
****cancellarius,** *i m* Kanzler.
cancellī, *ōrum m* (*dem. v. cancer, dissimiliert aus carcer* „Gitter") Umfriedung, Gitter, Schranken; / Grenzen; ** Fenstergitter; *altaris* Altarraum.
cancer, *crī m* (*dissimiliert aus *carcer; cf. carcinōma*) °**1.** Krebs; **2.** *Sternbild* Krebs; °/ Süden; Sommerhitze; °**3.** (*med. t.t.*) Krebsgeschwür.
candē-faciō, — — 3 (*-ĕ-?; candeō*) glänzend weiß machen.
candēla, *ae f* (*candeō*) Wachs-, Talgkerze; Wachsschnur.
candēlābrum, *ī n* (*candēla*) Leuchter.
candeō, *uī,* — 2 (*cf. ac-, incendō*) **1.** glänzend weiß sein, schimmern; weiß erglänzen; °*circus candens* Milchstraße; **2.** glühend heiß sein, glühen.
candēscō, *duī,* — 3 (*incoh. v. candeō*) **1.** (weiß) erglänzen; **2.** erglühen, heiß werden.
candidātōrius 3 (*candidātus*) des Amtsbewerbers.
candidātus (*candidus*) °**1.** *adi.* 3 weiß gekleidet; **2.** *subst.* **-us,** *ī m* (*der mit weißer Toga gekleidete*) Amtsbewerber; Bewerber; ** *adi.* weiß.
candidulus 3 (*dem. v. candidus*) schön weiß.
candidus 3 (*m. comp., sup.,* °*adv.; candeō*) **1. a**) glänzend weiß, schneeweiß, weiß schimmernd; °**b**) weiß gekleidet; °**c**) glänzend, strahlend; **2.** / **a**) ungekünstelt, einfach [*dicendi genus*]; °**b**) aufrichtig, redlich [*animal*]; °**c**) ungetrübt, glücklich, fröhlich [*nox*].
candor, *ōris m* (*candeō*) **1. a**) glänzend weiße Farbe, heller Glanz; **b**) weißer Teint; °**2.** / **a**) Klarheit, Natürlichkeit; **b**) Aufrichtigkeit, Redlichkeit.
cāneō, — — 2 (*cānus*) grau, weiß sein; (*part. praes.*) *adi.* **cānēns,** *entis* grau, gräulich; silbergrau.
canēphoros, *ī f* (*gr. Fw.*) Korbträgerin; *pl. -oe* Kanephoren (*Gemälde od. Statuen athenischer Jungfrauen aus dem Panathenäenzug m. Opferkörbchen auf dem Kopf*).
canēs (*altl.*) = *canis.*
cānēscō, *uī,* — 3 (*incoh. v. cāneō*) °**1.** grau werden; **2.** altern.
canīcula, *ae f* (*dem. v. canis*) °**1.** Hündchen; / = bissiger Mensch; **2.** ♀ Hundsstern, Sirius.
Canīnius 3 *röm. Gentilname*: **1.** *L.* ~ *Gallus, Volkstribun 56; adi. -nī-*

niānus 3; **2.** *L.* ~ *Rēbilus, Legat Caesars.* [Hunde...; / bissig.]
canīnus 3 (*canis*) hündisch,
canis, *is m f* (*abl. sg.* -*e*, *gen. pl.* -*um*; *cf. nhd.* „Hund") **1.** Hund; *marinus* Seehund; °**2.** *zwei Sternbilder: der* große Hund *mit dem Sirius; der* kleine Hund (*der Erigone*); °**3.** Hundswurf (*der schlechteste Wurf, wenn alle vier Würfel die 1 zeigen*); **4.** (*Schimpfwort*) Hund; **5. a**) bissiger Mensch; **b**) Schmarotzer; °**6.** Fußfessel; ** *pl.* Ungläubige. [Körbchen.]
canistra, *ōrum n* (*gr. Lw.*) (Rohr-)
cānitiēs, *ēī f* (*cānus*) graue Farbe; graues Haar; *das* Alter.
canna[1], *ae f* (*gr. Fw., über das Babylonische aus dem Sumerischen stammend*) Rohr; Rohrflöte; Gondel.
****canna**[2], *ae f* Kanne.
Cannae, *ārum f Flecken in Apulien* (*Niederlage der Römer 216*); *adi. Cannēnsis*, e.
canō, *cecinī, cantātum* 3 (*cf. nhd.* „Hahn") tönen (lassen): **1.** (*intr.*) **a**) (*v. Menschen*) singen; **b**) (*von Tieren*) krähen, krächzen, quaken; heulen; **c**) (*v. Instrumenten*) ertönen, erschallen; **d**) *auf einem Instrumente* [*tibiā*] spielen; *receptui* -*ere* zum Rückzuge blasen; **2.** (*trans.*) **a**) singen, dichten [*carmen*]; **b**) besingen, verherrlichen [*virtutes*]; **c**) (*v. Sehern, Orakeln usw.*) weissagen, verkünden [*omina*]; °**d**) (*v. Lehrern, Philosophen*) verkünden, vortragen [*praecepta*]; **e**) (*Instrumente*) spielen; *bellicum, classicum, signum* zum Angriff blasen.
canōn, *onis m* (*gr. Fw.*) Regel, Richtschnur; ** kirchl. Bestimmung; Kanon; Dogma. [stelle.]
****canonicatus,** *us m* Domherrn-
****canonicus** 3 nach kirchlichem Recht; *civis* Weltgeistlicher; *subst.* ~, *i m* Dom-, Stiftsherr.
****canonista,** *ae m* Vertreter des Kirchenrechts.
Canōpus, *ī f* (*gr.* Kạnōbos, *selten* -pos) *St. a. d. w. Nilmündung*; Unterägypten.
canor, *ōris m* (*canō*) Gesang, Klang.
canōrus 3 (*m.* °*adv.*; *canor*) singend, tönend [*animal* Hahn]; wohlklingend, melodisch [*vox*]; *subst.* **-um,** *ī n* Wohlklang.

Cantabrī, *ōrum m* (*sg.* -*ber*) *Volk im Quellgebiet des Ebro; ihr Land* **-bria,** *ae f*; *adi.* -*bricus* 3. [formel.]
cantāmen, *inis n* (*cantō*) Zauber-
cantātor, *ōris m* (*cantō*) Sänger.
cantērius = *canthērius.*
cantharis, *idis f* (*gr. Fw.*) spanische Fliege. [Kanne.]
cantharus, *ī m* (*gr. Fw.*) Humpen,
canthērius, *ī m* (*Lw. unbekannter Herkunft*) Wallach; Klepper; °*adi.* -*rīnus* 3. [Radreifen.]
canthus, *ī m* (*gr. Fw.*) eiserner
canticum, *ī n* (*cantus*) **1.** (*i. d. röm. Komödie*) Monolog, lyrische Stelle *mit Flötenbegleitung* [*agere* vortragen]; **2.** °**a**) Gesang, Lied;; **b**) Rezitativ; ** geistl. Lied, Psalm; -*um canticorum das* Hohelied.
cantilēna, *ae f* (*cantus*) Singsang, alte Leier; ** Lied; Kirchengesang.
cantiō, *ōnis f* (*canō*) °**1.** Gesang, Lied; **2.** Zauberspruch; ** Kanzone; Geleier. [singen.]
cantitō 1 (*frequ. v. cantō*) oft
Cantium, *ī n Landsch. in Südostengland, j.* Kent.
cantiuncula, *ae f* (*dem. v. cantiō*)
****cantizo** 1 (be)singen. [Liedchen.]
cantō 1 (*intens. v. canō*) **1.** (*intr.*) **a**) singen; krähen; °**b**) spielen [*tibiis*]; °**c**) Zauberformel hersagen; **2.** (*trans.*; *kl. nur a*) **a**) besingen, preisen; **b**) vortragen, herleiern; **c**) dichten; **d**) verkünden, vorpredigen; **e**) durch Zauber bannen, bezaubern.
cantor, *ōris m* (*canō*) °**1.** Sänger; Sprecher *im Schauspiel*; **2.** (*verächtlich*) **a**) Schreier; **b**) Lobhudler.
cantrīx, *īcis f* (*cantor*) Sängerin.
cantus, *ūs m* (*canō*) **1.** Gesang, Musik; **2.** Klang, Schall; °**3. a**) Zauberspruch; **b**) Weissagung.
Canulēius 3 *Name einer pleb. gens: C.* ~, *Volkstribun 445* [*lex Canuleia de conubio* = *Legitimierung der Ehe zw. Patriziern u. Plebejern*].
cānus (*cf. nhd.* „Hase" = *der* Graue) °**1.** *adi.* 3 **a**) grau, weiß; **b**) hochbetagt, ehrwürdig; **2.** *subst.* **-ī,** *ōrum m* (*sc. capilli*) graues Haar.
Canusium, *ī n alte* (*urspr. gr.*) *St. Apuliens* [*bilinguis*], *j.* Canosa; *adi. u. Einw.* -*sīnus* (3).
capācitās, *ātis f* (*capāx*) Raum, Umfang; ** Umfang, Größe.

C

capāx, *ācis* (*m.* °*comp.*, °*sup.*; *capiō*) °**1.** geräumig, weit [*portus*]; **2.** / empfänglich, geeignet *für* [°*vir imperii*].
capēdō, *inis f* (*et. unklar*) *mit Henkeln versehene* Opferschale.
capēduncula, *ae f* (*dem. v. capēdō*) kleine Opferschale.
capella[1], *ae f* (*dem. v. capra*) kleine Ziege; °/ *Stern im Fuhrmann.*
****cap(p)ella**[2], *ae f* Kapelle; Geistlichkeit.
****capellánus,** *i m* Hilfsgeistlicher.
****capellus,** *i m* Kapuze.
Capēna[1], *ae f St. in Etrurien*; *adi. u. Einw.* -*ēnās, ātis* (*m*); *adi.* -*ēnus* 3.
Capēna[2] (**porta**) *Tor in Rom, Ausgangspunkt der via Appia.*
caper, *prī m* (*cf. nhd.* „Haber-geiß") Ziegenbock; Bocksgestank.
caper(r)ō 1 (*caper?*) sich in Runzeln zusammenziehen; *illi -at frons* er runzelt die Stirn.
capessō, *sīvī, sītum* 3 (*intens. v. capiō*) **1.** hastig ergreifen; **2.** / **a**) eifrig sich machen *an* [*otium*], einschlagen [*viam*]; *rem publicam -ere* die politische Laufbahn einschlagen; **b**) streben *nach* [*superiora*].
capillāmentum, *ī n* (*capillus*) Perücke; / Wurzelfasern.
capillāre, *is n* (*capillus*) Haarpomade.
capillātus 3 (*m. comp.*; *capillus*) behaart, langhaarig; °/ alt [*vinum*]; °*subst.* **-ī,** *ōrum m* Lieblingssklaven (*denen man das Haar lang wachsen ließ*).
capillus, *ī m* (*et. ungedeutet, volkset. mit caput verbunden*) Haupthaar, Barthaar.
capiō[1], *cēpī, captum* 3 (*altl. fut. ex. capsō, is usw.*; *cf. nhd.* „heben; Haft", „-haft" = *captus*) f a s s e n: **1. a**) ergreifen, nehmen; *arma* zu den Waffen greifen; (*Örtlichkeiten*) besetzen; erreichen, gelangen *an* [*montem, portum*]; **b**) (*Geschäfte, Tätigkeiten*) auf sich nehmen [*conatus*]; *consilium* einen Entschluss fassen; *fugam* die Flucht ergreifen; (*Ämter*) übernehmen [*consulatum*; *honores*]); **c**) (*v. Zuständen u. Stimmungen*) befallen [*senatum metus cepit*]; P. gelähmt, geschwächt werden, erkranken [*oculis*]; *mente captus* geistesschwach; **2. a**) an sich nehmen, wegnehmen, einnehmen, erobern [*oppidum*; *rem publicam* die Staatsgewalt]; gefangen nehmen; erbeuten [*signa*]; kapern [*naves*]; (*Tiere*) fangen [*uros*]; **b**) erwerben, gewinnen [*gloriam virtutibus*]; **c**) für sich einnehmen, fesseln [*humanitate*]; verlocken, verleiten [*blanditiis*]; P. sich verlocken lassen *durch* [*novitate rei*]; **3.** (er)wählen *als* [*sibi tabernaculum*; *alqm arbitrum*]; **4.** annehmen, erhalten [*pecuniam*]; (*Einkünfte, Proviant u. ä.*) beziehen; *fructum* Vorteil haben; (*Freude, Schmerz*) empfinden, (*Schaden*) erleiden; °*finem* ein Ende nehmen; **5.** in sich aufnehmen, fassen: **a**) (*räumlich*) [°*portus ingentem vim navium*]; **b**) geeignet, brauchbar sein *für*; **c**) (*geistig*) völlig erfassen, verstehen [°*veram speciem senatus Romani*]; ** *impers.* (*non*) *capit* es ist (un)möglich.
capiō[2], *ōnis f* (*capiō*[1]) Ergreifung; *ūsūs capiō* (*auch zus. ūsū[s]capiō*) Eigentumserwerb durch dauernden Besitz *od.* Verjährung.
capis, *idis f* (*acc. pl. -idas*; *gr. Lw.*) Henkelschale; Opferschale des Pontifex.
capistrō 1 (*capistrum*) (an)halftern, anschirren.
capistrum, *ī n* (*capiō*[1]) Halfter; lederner Maulkorb; ** Zaumzeug.
capital, *ālis n* (*capitālis*) todeswürdiges Verbrechen.
capitālis, e (*m. comp.*, °*adv.*; *caput*) **1. a**) den Kopf, das Leben betreffend; Lebens... [°*periculum*]; Todes... [°*poena*]; *tresviri* Oberkerkermeister; **b**) / *hostis* Todfeind; tödlich [*odium*]; **2.** vorzüglich in seiner Art [*ingenium*]; °*subst.* **-e,** *is n* = *capital*.
****capitaneus,** *i m* italienischer Graf; Gemeindevorsteher.
****capitium,** *i n* Kapuze.
capitō, *ōnis m* (*caput*) Großkopf, Dickkopf.
Capitōlium, *ī n* (*nach antiker Deutung zu caput*) *das* Kapitol: **1.** = *clīvus Capitōlīnus mit Burg, tarpejischem Felsen u. Jupitertempel*; **2.** *Jupitertempel*; *adi.* -*līnus* 3.
****capitularis,** e Haupt...; *-es litterae* Initialen; *subst.* **-e,** *is n* königliche Verordnung.
capitulātim *adv.* (*capitulum*) kurz zusammengefasst.

****capitulo** 1 ein Kapitel versammeln; strafen, abkanzeln.
capitulum, *ī n* (*dem. v. caput*) Köpfchen; / Mensch [*lepidissimum*]; ** Kapitel; Domkapitel; Bibelabschnitt; = *capitulare*.
cāpō, *ōnis m* (*richtiger wohl cappō; wahrsch. v. capiō abgeleitet*) Kapaun; / Eunuch.
****cappa,** *ae f* Mantel; Soutane; Kappe.
Cappadocia, *ae f* (*gr.* K-kịā) *Landschaft Kleinasiens; Einw.* **-dox,** *ocis m.*
capparis, *is* (*gr. Fw.*) Kaper.
cap(p)ūdō = *capēdō*.
capra, *ae f* (*caper*) **1.** Ziege; °**2.** / **a)** *ein Sternbild* = *capella*[1]; **b)** Bocksgeruch. [Reh (?).
caprea, *ae f* (*capra*) wilde Ziege;
Capreae, *ārum f Insel a. d. kampanischen Küste, j.* Capri; *adi.* -eēnsis, e; *subst.* -prīneus, *ī m Spottname des Tiberius.*
capreāginus 3 (*caprea, gignō*) von wilden Ziegen (Rehen?) stammend.
capreolus, *ī m* (*dem. v. capreus* 3 „von Ziegen"; *caper*) °**1.** wilder Ziegenbock (Rehbock?); **2.** *pl.* Streben, Dachsparren.
capri-cornus, *ī m* (*caper; cornū*) Steinbock (*bsd. als °Gestirn*).
capri-fīcus, *ī f* (*caper, fīcus*) wilder Feigenbaum, wilde Feige. [gen...
capri-genus 3 (*caper, gignō*) Zie-
capri-mulgus, *ī m* (*caper, mulgeō*) Ziegenmelker, Hirt.
caprīnus 3 (*caper*) Ziegen..., Bocks...
capri-pēs, *pedis* (*caper*) bocksfüßig.
capsa, *ae f* (*capiō*) Kapsel, Kästchen; Bücherkapsel; ** Reliquienkästchen, Tabernakel.
capsārius, *ī m* (*capsa*) Kapselträger (*Sklave, der dem Sohn seines Herrn die Büchertasche nachtrug*).
capsō, *is usw. s. capiō.*
capsula, *ae f* (*dem. v. capsa*) kleine Kapsel.
captātiō, *ōnis f* (*captō*) *das* Haschen, Jagen; *verborum* Wortklauberei; (*t.t. der Fechtersprache*); *Qu.*) Finte.
captātor, *ōris m* (*captō*) der *einer Sache* nachjagt [*aurae popularis*]; Erbschleicher.
captiō, *ōnis f* (*capiō*[1]) Täuschung; Schaden; Verfängliches; Trugschluss.
captiōsus 3 (*m. comp., sup., adv.*; *captiō*) betrügerisch; verfänglich; *subst. pl.* **-a,** *ōrum n* Trugschlüsse.
captiuncula, *ae f* (*dem. v. captiō*) (kleine) Verfänglichkeit.
captīvitās, *ātis f* (*captīvus*) Gefangenschaft; Eroberung, Besetzung.
captīvus 3 (*captus, P.P.P. v. capiō*[1]) **1.** kriegsgefangen [*servi*]; erobert, erbeutet [*navis*]; °**2.** einem Kriegsgefangenen gehörig; **3.** *subst.* **~,** *ī m u.* **-a,** *ae f* Kriegsgefangene(r).
captō 1 (*intens. v. capiō*[1]) °**1.** greifen, haschen *nach*; **2.** / **a)** zu überlisten suchen; **b)** streben, jagen *nach* [*gratiam civium*]; °**3.** Erbschleicherei treiben [*testamenta*].
captūra, *ae f* (*capiō*) Fang; / Gewinn; Hurenlohn.
captus, *ūs m* (*capiō*) °**1.** Umfang [*corporis*]; **2.** / Fassungsvermögen, Bildungsstand [*ut est ~ Germanorum*].
Capua, *ae f Hauptstadt Kampaniens.*
cap(p)ūdō = *capēdō* (?). [nahe.
capulāris, e (*capulus*) dem Grabe
capulus, *ī m* (*capiō*) °**1.** Handhabe, Griff; (*obszön*) = *mentula*; *kl. nur* Schwertgriff; °**2.** Sarg.
caput, *itis n* (*cf. nhd.* „Haupt") **1. a)** Kopf, Haupt; *supra c. esse* auf dem Nacken sitzen; *capite demisso* gesenkten Hauptes; **b)** / Mensch, Person; (*nkl. von Tieren*) Stück [*capite censi die* (*wie Vieh nur nach Köpfen gezählten*) Angehörigen der untersten Bürgerklasse]; **2.** Spitze; Anfang *od.* Ende; (*von Flüssen*) Quelle, Mündung; / Ursprung, Grundursache [*miseriarum*]; **3.** Leben; *capitis accusare* auf Leben und Tod anklagen; *capitis damnare* zum Tode verurteilen; *causa, iudicium capitis* Prozess über Leben und Tod; **4.** bürgerliche Ehre, Existenz [*capitis deminutio*]; **5. a)** Hauptperson, Rädelsführer; Seele [*coniurationis*]; **b)** Hauptsache, -inhalt [*litterarum*]; **c)** Hauptort [*provinciae*]; **d)** Hauptabschnitt, Kapitel; **e)** Kapital [*de capite ipso demere*].
Cār, *is m, meist pl.* **-es** (*acc. -as*) *Volk i. Südwestkleinasien; ihr Land* **-ia,** *ae f* (*gr.* Karịā); *cf. cārica.*
carbaseus *u.* (*Pr.*) **-sus**[1] 3 (*carbasus*[2]) aus feiner Leinwand.
carbasus[2], *ī f* (*Lw. aus einer Mittelmeersprache*) feine Leinwand, Ba-

tist; Musselin; **-a,** *ōrum n* Batist-, Musselingewänder; Segel.
carbatinus = *carpatinus.*
carbō, *ōnis m* (*cf. nhd.* „Herd") Kohle.
carbōnārius, *ī m* (*carbō*) Köhler; [Kohlenhändler.]
carbunculus, *ī m* (*dem. v. carbō*) kleine Kohle; / Gram; ** „Karfunkel"stein (*rötl. Edelstein*); Geschwür, Karbunkel.
carcer, *eris m* (*et. ungedeutet*) **1.** °*sg.* Umfriedigung, Schranke; *meist pl.* Schranken *der Rennbahn*; **2. a)** Gefängnis, Kerker; **b)** *der* eingekerkerte Verbrecher; **c)** °Schurke.
carcerārius 3 (*carcer*) Kerker...; *subst.* **~,** *ī m* Kerkermeister.
carchēsium, *ī n* (*gr. Fw.*) Trinkgeschirr *mit Henkeln vom Rand bis zum Boden.*
carcinōma, *atis n* (*gr. Fw.*) Krebsgeschwür; °/ *Schimpfwort.*
cardaces, *um m* (*acc. -as, gr. Fw., aus dem Persischen stammend*) *eine Persertruppe.*
cardiacus 3 (*gr. Fw.*) magenkrank.
****cardinalis,** e wichtig; Haupt-; *subst.* **~,** *is m* Kardinal.
cardō, *inis m* (*eigtl.* „Schwinge"; *cf. gr. Fw. cordax*) °**1.** Türangel, -zapfen; **2.** / **a)** Pol, Weltachse; °**b)** Angel-, Hauptpunkt; ** *summus* Himmel.
carduus, *ī m* (*-ā-?; carrō*) Distel.
cārectum, *ī n* (*cārex*) Platz voll Riedgras.
****carentia,** *ae f* Mangel, Verzicht [*auf.*]
careō, *uī,* °*itūrus* 2 (*cf. castus*) **1.** frei sein *von,* nicht haben [*culpā*]; **2.** sich fern halten, enthalten, sich versagen [*cibo*]; **3.** entbehren, vermissen, verzichten müssen *auf* [*consuetudine amicorum*].
cārex, *icis f* (*et. ungedeutet*) Riedgras.
cārica, *ae f* (*Cār; sc. fīcus*) karische, [d. h. getrocknete Feige.]
cariēs, *ēī f* (*cf.* „*die* Keren" [*gr.* Todesgottheiten]) *das* Morschsein, Fäulnis.
carīna, *ae f* (*gr. Lw.; eigtl.* „Nussschale") Schiffskiel; °/ Schiff, Fahrzeug; **Carīnae,** *ārum f Stadtteil von Rom am Esquilin.*
carinārius, *ī m* (*carinum*) Verfertiger eines *carinum.*
carinum, *ī n* (*carinus*) nussbraunes [Kleid.]
carinus 3 (*cf. carīna*) nussbaumfarbig.
cariōsus 3 (*cariēs*) morsch, mürbe.
cāris, *idis f* (*gr. Fw.*) Krabbe.
caristia, *ōrum n* (*gr. Fw.*) Fest der Verwandtenliebe *am 22. Februar.*
cāritās, *ātis f* (*cārus*) hoher Preis, Teuerung; *nummorum* Geldmangel; / Hochachtung, Liebe [*patriae od. erga patriam* zum Vaterland]; ** Nächstenliebe.
****caritativus** 3 lieb, freundlich.
carmen, *inis n* (*dissimiliert* <**canmen; canō*) **1. a)** Eides-, Gebets-, Gesetzesformel; °**b)** Zauberformel; **c)** Weissagung, Orakelspruch; **2. a)** Kultlied [*Saliorum*]; **b)** Lied, Gesang; **c)** Dichtung, Gedicht; Vers; **d)** poet. Inschrift, Aufschrift.
Carmenta, *ae u.* **-tis,** *is f* (*vl. etr.; volkset. m. carmen verbunden*) *altit. Geburts- u. Weissagegöttin; später als Seherin Mutter des Euander; adi.* -*tālis,* e [*porta am Südfuß des Kapitols*]; *subst.* **-tālia,** *ium n* (*sc. sacra*) Frauenfest zu Ehren d. C.
****carnalis,** e fleischlich, sündhaft, irdisch.
carnārium, *ī n* (*carō*[1]) Fleisch-[haken; Räucherkammer.]
carnārius, *ī m* (*carō*[1]) (*scherzh.*) Fleischliebhaber.
Carneadēs, *is* (*gr. -ądēs*) *gr. Philosoph aus Kyrene 213–129; adi. -dēus u. -dīus* 3.
****carneus** 3 fleischlich, irdisch.
carnifex, *icis m* (*carō*[1], *faciō*) Henker(sknecht), Schinder; Schurke.
carnificīna, *ae f* (*carnifex*) Henkeramt; Folterkammer; / Folter, Marter, Qual.
carnificius 3 (*carnifex*) Henkers...
carnificō 1 (*carnifex*) in Stücke hauen, köpfen.
carnis, *is f* = *carō*[1].
****carnosus** 3 fleischig.
carnufex *usw.* = *carnifex usw.*
Carnutēs, *um u.* **-nūtī,** *ōrum m kelt. Volk an der Loire.*
carō[1], *carnis f* (*urspr.* „Stück [Fleisch]"; *cf. nhd.* „scheren") **1.** Fleisch; °*pl.* Fleischstücke; **2.** / **a)** (*Schimpfwort*) Aas; °**b)** Schwulst.
cārō[2] 3 *falsche Schreibung für carrō.*
carpatinus 3 (*gr. Lw.*) aus rohem Leder.
****carpentarius** 3 Wagen...; *subst.* [**~,** *ī m* Stellmacher.]
carpentum, *ī n* (*gall. Lw.*) zweirädriger Wagen; kelt. Streitwagen.
carpō, *psī, ptum* 3 (*cf. nhd.* „Herbst" = *Zeit des Abpflückens*)

C

1. pflücken: **a)** abreißen, (ab-) fressen, abweiden; °rauben [*oscula*]; °**b)** (*Stück für Stück, mit Muße*) genießen [*diem*]; (*nach u. nach*) verzehren; zurücklegen [*iter, viam*]; **2.** zerpflücken: °**a)** auseinander reißen, auseinander zupfen [*lanam*]; **b)** zersplittern [*vires hostium*]; °**c)** entkräften [*laboribus*]; **d)** (*mit Worten*) verspotten; **e)** (*mil. t.t.*) (durch kleinere Angriffe) reizen, dauernd beunruhigen [*agmen*].

carptim *adv.* (*carpō*) stückweise, teilweise; wiederholt.

carptor, *ōris m* (*carpō*) Zerleger, Tranchierer (*von Speisen*).

carrō, — — 3 (*cf. nhd.* „harsch") (Wolle) krempeln.

****carrocium,** *ī n Bannerwagen der Langobarden.*

carrūca, *ae f* (*gall. Lw.*) vierrädriger Wagen.

carrus, *ī m u.* (*nkl.*) **-um,** *ī n* (*gall. Lw.*; *cf. currus*) vierrädriger Lastwagen, Karren.

Carthāgō *u.* (**K-**), *inis f* (*gr.* Karchēdọn) **1.** *Tochterstadt v. Tyrus in Afrika*; *adi. u. Einw.* -*giniēnsis* (e); **2.** ~ *nova St. im sö. Spanien, j.* Cartagena.

caruncula, *ae f* (*dem. v. carō*[1]) [Stückchen Fleisch.]

cārus 3 (*m. comp., sup.,* °*adv.*; *urspr.* „begehrt"; *cf. nhd.* „Hure") **1.** teuer, hoch im Preis; **2.** teuer; lieb, wert.

Caryātides, *um f* **1.** *die* (*nach Caryae* [*gr.* Karyai] *i. Lakonien benannten*) Tempeldienerinnen der Diana (Artemis); °**2.** ♀ (*archit. t.t.*) *das Gebälk tragende weibliche Figuren,* Karyatiden.

caryōtis, *idis u.* **-ōta,** *ae f* (*gr. Fw.*) nussförmige Dattel.

casa, *ae f* (*wohl osk.-umbr. Lw.* = „Flechtwerk"; *cf. cassis*[2], *catēna*) Hütte, Baracke; Land-, Gartenhaus.

Casca *s. Servīlius.*

cascus 3 (*m. adv.*; *sabinisches Lw.*; *cf. cānus*) uralt.

cāseolus, *ī m* (*dem. v. cāseus*) kleiner Käse.

cāseus, *ī m* (*urspr.* „aus Gärstoff") Käse; °/ *Kosewort* [*meus molliculus*].

casia, *ae f* (*gr. Fw.*) wilder Zimt; Seidelbast.

Casīnum, *ī n St. in Latium am Fuß des j.* Monte Cassino; *adi. u. Einw.* -*sīnās, ātis* (*m*).

Caspius 3 kaspisch [*mare*]; **-iae** (*portae*) *Pass im Kaukasus*; *subst.* **-iī,** *ōrum m* Anwohner des Kaspischen Meeres.

Cassandra, *ae f* (*gr.* Kassạndrā) *trojanische Seherin, Tochter des Priamus.*

Cassiānus 3 *s. Cassius.*

cassida, *ae f* (*cassis*[1]) (Metall-) Helm.

Cassiopē, *ēs f* (*gr.* K-ọpē) **1.** *Mutter der Andromeda*; *als Gestirn* -*iepīa, ae f*; **2.** *Hafenstadt auf Korfu, j.* Cassopo.

cassis[1], *idis f* (*vl. sabin. Lw.*) (Metall-) Helm, Sturmhaube.

cassis[2], *is m* (*meist pl.*; *catēna*) Fangnetz, Netz; Spinngewebe; / Nachstellung, Falle.

Cassius 3 *röm. Gentilname*: **1.** *L.* ~ *Longīnus Ravilla, Konsul 127, strenger Richter* [*iūdex Cassiānus*]; **2.** *L.* ~ *Longīnus, 107 im Kampf gegen die Tigurinen gefallen* [*bellum Cassiānum*]; **3.** ~ *Parmēnsis u.* **4.** ~ *Longīnus, Cäsarmörder*; **5.** *C.* ~ *Longīnus, Rechtsgelehrter unter Tiberius.*

cassō 1 (*zu cadō od.* = *quassō* ?) taumeln, torkeln.

cassus 3 (*vl. neben cas-tus urspr. P.P.P. v. careō*) °**1.** hohl, leer; °**2.** beraubt, ohne [*luminis, -ne*]; **3.** (*m.* °*adv.*) vergeblich, unnütz, nichtig; *in cassum* erfolglos [*tela iactare*].

Castalia, *ae f* (*gr.* K-lịā) *dem Apollo heilige Quelle bei Delphi*; *adi.* -*alius* 3; -*alis, idis f* kastalisch.

castanea, *ae f* (*gr. Fw., wahrsch. aus kleinasiatischer Spr. entlehnt*) Kastanie; *adi.* -*eus* 3 Kastanien...

castellānus 3 (*castellum*) zu einem Kastell gehörig; °*subst.* **-ī,** *ōrum m* Kastellbewohner, -besatzung.

castellātim *adv.* (*castellum*) kastellweise.

castellum, *ī n* (*dem. v. castrum*) **1.** befestigter Platz, Kastell, Blockhaus; Brückenkopf; °**2.** Gebirgsdorf; **3.** / Zuflucht(sort) [*scelerum*]; ** Burg; Dorf.

castēria, *ae f* (*gr. Lw.*) Schlafraum der Ruderer.

castificus 3 (*castificō* 1 reinigen; *castus, faciō*) rein, keusch.

castīgābilis, e (*castīgō*) Züchtigung verdienend, strafbar.

castīgātiō, *ōnis f* (*castīgō*) Züchtigung, Strafe, Zurechtweisung.

castīgātor, *ōris m* (*castīgō*) Zuchtmeister.

castīgātōrius 3 (*castīgātor*) zurechtweisend.

castīgātus 3 (*m. comp., sup., adv.*; *castīgō*) straff, gedrungen [*pectus*].
castīgō 1 (*castus*; *Nachbildung nach fatīgō*: „zur moralischen Anständigkeit treiben, anhalten") **1.** züchtigen, strafen; zurechtweisen; °**2.** verbessern [*vitia*]; **3.** zügeln, bändigen.
castimōnia, *ae f* (*castus*) **1.** (*relig. t.t.*) körperliche Reinheit, Enthaltsamkeit; Fasten; **2.** Sittenreinheit.
castitās, *ātis f* (*castus*) Keuschheit.
castor[1], *oris m* (*acc. -a*; *gr. Fw.*) Biber.
Castor[2], *oris m* (*gr.* Kąstōr) *Sohn des Tyndareus u. der Leda, Schutzpatron der Seefahrer, mit seinem Bruder Pollux als Doppelgestirn* (*Dioskuren*) *an den Himmel versetzt.*
castoreum, *ī n* (*castor*[1]) Bibergeil.
castrātus, *ī m* (*castrō*) Eunuch.
castrēnsis, e (*castrum*) im Lager, Lager...
castrō 1 (*wohl zu *kastrom* „Messer") °**1.** entmannen; kastrieren; *libellos* von Zoten reinigen; / **2.** entkräften.
castrum, *ī n* (*wohl identisch m. *kastrom*; *s. castrō*) **1.** *sg.* = *castellum*; *kl. nur in Ortsnamen*: ♀ *Album* „Weißenburg" *in Spanien*; **2.** *pl.* **castra,** *ōrum n* **a)** Lager, Kriegslager; *-a ponere* aufschlagen, *movere* abbrechen; °*praetoriana* Kaserne der Prätorianer; **b)** Marschtag = Tagesmarsch [*quintis castris*]; / **c)** Kriegsdienst; Krieg; **d)** Lager, Partei [*Epicuri*]; °**e)** *cerea* Bienenstock; ** *sg.* Burg, Stadt; *pl.* Quartier; Heer.
castus 3 (*m. comp., sup., adv.*; *urspr. als P.P.P. v. careō* „frei von (Fehlern), enthaltsam") **1.** sittenrein, keusch, züchtig; **2.** fromm, heilig; **3.** uneigennützig.
****casula,** *ae f* Messgewand, Kasel.
cāsus, *ūs m* (*cadō*) **1.** Fall, Sturz; °*nivis* Schneefall; °**2.** Fehltritt; Verfall, Untergang; **3.** Ende, Ausgang; **4. a)** Eintritt [*mortis*]; Vorfall; **b)** Zufall [*mirabilis*]; *casu* zufällig; Gelegenheit; **c)** Unfall, Unglücksfall [*gravis*]; **5.** (*gramm. t.t.*) Kasus.
catadromus, *ī m* (*gr. Fw.*) schräg in die Höhe gespanntes Seil.
catagelasimus 3 (*gr. Fw.*) lächerlich.
catagraphus 3 (*gr. Fw.*) bunt bemalt, bestickt.
****catalogus,** *i m* Verzeichnis, Liste.
Catamītus *u.* **-meitus,** *ī m* (*wahrsch. etr. Lw., aus dem Gr. stammend*) °**1.** Ganymed; **2.** / ♀ Lustknabe (= *pathicus*).
cataphagās, *ae m* (*gr. Fw.*) Fresser.
cataphractēs, *ae m* (*gr. Fw.*) Schuppenpanzer.
cataphractus 3 (*gr. Fw.*) gepanzert; *subst.* **-a,** *ae f* (*sc. lōrīca*) Panzer.
cataplūs, *ī m* (*gr. Fw.*) Landung; (landende) Flotte; ** Hafen.
catapulta, *ae f* (*gr. Lw.*) **1.** Wurfmaschine; °**2.** Wurfgeschoss.
catapultārius 3 (*catapulta*) von der Wurfmaschine abgeschossen.
cataracta, *ae f u.* **-tēs,** *ae m* (*gr. Fw.*) Wasserfall; Schleuse; Fallgitter.
cataractria, *ae f* (*wohl gr. Lw.*) [*unbekanntes Gewürz.*]
catascopus, *ī m* (*gr. Fw.*) Wachtschiff.
catasta, *ae f* (*gr. Lw.*) Schaugerüst [*auf Sklavenmärkten.*]
****catechumenus,** *i m* Täufling, Katechumene.
catēia, *ae f* (*vl. gall. Lw.*) Wurfkeule (*eine Art Bumerang*).
catēlla[1], *ae f* (*dem. v. catēna*) Kettchen.
catella[2], *ae f* (*dem. v. catula*) [Hündchen.]
catellus, *ī m* (*dem. v. catulus*) **1.** Hündchen; °/ *Kosewort*; **2.** (?) *in scherzh. Doppelsinn*: Hündchen *u.* Kettchen (*cf. catēlla*[1]).
catēna, *ae f* (*meist pl.*; *eigtl.* „*das* Geflochtene"; *cf. casa, cassis*[2]) Kette, Fessel; / Bande, Schranke, Zwang [*legum*].
catēnārius 3 (*catēna*) Ketten... [*canis*].
catēnātus 3 (*catēna*) gekettet, gefesselt; / verbunden; ununterbrochen.
caterva, *ae f* (*cf. catēna*) **1. a)** Schar, Haufe; °**b)** Söldnertruppe; **2.** Schauspielertruppe; Chor (*im Drama*).
catervārius 3 (*caterva*) zum Trupp gehörig; truppweise fechtend.
catervātim *adv.* (*caterva*) trupp-, haufenweise.
cathedra, *ae f* (*gr. Fw.*) Armsessel; Tragsessel; Lehrstuhl, Katheder; ** Lehramt; Bischofssitz.
cathedrālicius 3 (*cathedra*) zum Tragsessel gehörig; / weichlich.
****cathedralis,** e zum Bistum gehörig.
cathedrārius 3 (*cathedra*) Katheder... [*philosophi*].

C

****catholicus** 3 allgemein, katholisch, christlich.

Catilīna, *ae m röm. cogn.*: *L. Sergius* ~, *Anstifter der sog. Catilinarischen Verschwörung,* † *62*; *adi.* -*nārius* 3.

catīllo 1 (-ĭ-?; *catīllus*^{1}) Teller ab[lecken.

catīllus^1, *ī m* (-ĭ-?; *dem. v. catīnus*) Schüsselchen, Tellerchen.

Cātil(l)us^2, *ī m Erbauer v. Tibur.*

catīnus, *ī m* (*et. ungeklärt*; *nhd.* „Kessel" *lat. Lw.*) Napf, Schüssel.

Catō, *ōnis m cogn. i. d. gens Porcia*: **1.** *M. Porcius* ~ *Cēnsōrius, strenger Sittenrichter* (*234–149*); **2.** *M. Porcius* ~ *Uticēnsis, Gegner Cäsars,* † *46 in Utica*; *adi.* -*ōniānus* 3; *subst.* **-ōnīnī,** *ōrum m* Anhänger des jüngeren C.

catōnium, *ī n* (*gräzisierende Scherzbildung*) Unterwelt (?).

catula, *ae f* (*catulus*) Hündchen.

Catullus, *ī m röm. cogn.*: *C. Valerius* ~, *ber. Lyriker aus Verona 87-54*; *adi.* -*ulliānus* 3 [*basia*].

catulus, *ī m* (*cf. cogn. Catilīna*) °**1.** *das* Junge; **2.** junger Hund.

Caturīgēs, *um m gall. Volk i. d. Provence.*

catus 3 (*m.* °*adv.*; *nach Varro sabinisch* = *acūtus*; *cf. cōs*) gescheit, schlau.

Caucasus, *ī m* (*gr.* K-os) **1.** *der* Kaukasus; *adi. u. Einw.* -*casius* (3); **2.** *der* Hindukusch.

cauda *u.* **cōda,** *ae f* (*cf. caudex* ?) **1.** Schwanz, Schweif; (*Ho.*) -*am trahere* Hohn ernten; **2.** / **a**) Anhängsel; °**b**) = *mentula.*

caudeus 3 (*cauda?*) Binsen...

caudex *u.* **cōdex,** *icis m* (*cūdō*; *cauda?*) °**1.** Baumstamm, Klotz (*auch als Schimpfwort*); Strafblock; **2.** Heft, Notizbuch; Hauptbuch [*accepti et expensi*]; ** Handschrift; Bibel.

caudicālis, e (*caudex*) Holz...

Caudium, *ī n St. in Samnium*; *adi. u. Einw.* -*īnus* (3) [*furculae*].

caulae^1, *ārum f* (= *caulae*^{2}, *aber sekundär auf cavus bezogen*) *die* Poren.

caulae^2, *ārum f* (*cf. nhd.* „Hag, Hecke") Schafhürde.

caulātor (*synk. aus cavillātor mit volkset. Anlehnung an caulis* = *mentula*) = *cavillātor.*

cauliculus, *ī m* (*dem. v. caulis*) zarter Stängel, Trieb.

caulis, *is m* (*cf. nhd.* „hohl") Stängel, Strunk; Kohlstängel; °/ = *mentula.*

Caunus, *ī f* (*gr.* Kaunos) *Seest. in Karien u.* (*m*) *Name ihres Gründers*; *adi. u. Einw.* -*eus u.* -*ius* (3); *subst.* **-eae,** *ārum f* (*sc. fīcī*) Feigen von K.

caupō^1, *ōnis m* (*Lw. unsicherer Herkunft*) Krämer, Schenkwirt.

****caupo^2** = *cāpō.*

caupōna, *ae f* (*caupō*^{1}) Schenke, Wirtshaus.

caupōnius 3 (*caupō*^{1}) Schenk...; *puer* Kellner.

caupōnor 1 (*caupō*^{1}) schachern *mit* [*bellum*].

caupōnula, *ae f* (*dem. v. caupōna*) (elende) Kneipe.

caurus, *ī m* (*cf. nhd.* „Schauer") Nordwestwind.

causa, *ae f* (*et. unklar*) **1.** Grund, Beweggrund, Ursache, Anlass: **a**) -*a* guter Grund, (volles) Recht; *cum -a, non sine -a* mit gutem Grunde; **b**) begründete Entschuldigung, Einwand; **c**) Scheingrund, Ausrede; *per -am* unter dem Vorwande; **2.** vorliegender Fall, Gegenstand, Sachverhalt: **a**) (*jur. t.t.*) Streitsache, Prozess; -*am agere, defendere* einen Prozess führen; -*am dicere* (sich) verteidigen; -*am perdere* = -*ā cadere* den Prozess verlieren; **b**) Thema, Streitfall; **c**) Sache, Partei, Interesse [*iusta plebis*]; **d**) Auftrag, Geschäft; **e**) Lage, Verhältnis, Umstände [*in meliore -a esse*]; **f**) persönliche Beziehungen, Freundschaftsverhältnis [*cum consule*]; **3.** (*abl.*) **causā** wegen, um ... willen: **a**) (*m. meist vorausgehendem gen.*) [*honoris, praedandi,* (*nichtrefl.*) *eius causa*]; **b**) (*m. pron. poss.*) *meā, tuā,* (*refl.*) *suā, nostrā, vestrā causā* meinetwegen *usw.*; ** *in causa* esse schuld sein; *sine causa* esse ohne Schuld sein; *in causam ponere* vor Gericht ziehen.

causārius 3 (*causa*) kränklich; *subst.* **-ī,** *ōrum m* Invaliden.

causia, *ae f* (*gr. Fw.*) breitkrempiger Hut.

causi-dicus, *ī m* (*causa, dīcō*^{2}) Rechtsanwalt, Sachwalter.

causificor 1 (**causificus*: *causa, faciō*) vorschützen, einwenden.

causor 1 (*causa*) als Grund angeben, vorschützen; ** sich beklagen; sich streiten *um* [*partem oboli*].

caussa = *causa.*

causticus 3 (*gr. Fw.*) beizend;

spuma -a Schaumseife (*zum Blondieren*).
causula, *ae f* (*dem. v. causa*) °**1.** unbedeutende Veranlassung; **2.** Bagatellprozess.
****cautela,** *ae f* Vorsicht; Schutzmittel.
cautēs, *is f* (*bis Vergil cōtēs; cōs*) [spitzer Fels, Riff.]
cautim *adv.* (*cautus*) vorsichtig.
cautiō, *ōnis f* (*caveō*) Vorsicht, Behutsamkeit; Vorsichtsmaßregel; (*jur. t.t.*) Sicherstellung, Sicherheit [*pecuniarum*]; Schuldschein; Kaution.
cautor, *ōris m* (*caveō*) °**1.** (*scherzh.*) Sicherheitskommissar; **2.** der abwehrt [*periculi*].
cautus 3 (*m. comp., sup., adv.; caveō*) **1.** sichergestellt [*pecunia*]; **2. a)** vorsichtig, behutsam; °**b)** schlau, listig.
cavaedium, *ī n* (= *cavum aedium* „das Hohle des Hauses") Vor-, Empfangsraum.
cavea, *ae f* (*cf. cavus*) Höhlung: **1.** Käfig; °Bienenstock; **2. a)** Zuschauerraum [*prima* erster Rang; *summa* Galerie]; **b)** Zuschauer.
caveō, *cāvī, cautum* 2 (*imp. im Vers auch -ĕ; cf. nhd.* „schauen") **1.** sich hüten, in Acht nehmen *vor* [*inimicitias, ab insidiis; ut, ne accidat*]; *cave istud facias* tu das ja nicht; **2.** Fürsorge tragen *für*, Vorsichtsmaßregeln treffen *für* [*securitati*]; **3.** (*jur. t.t.*) **a)** (*als Anwalt*) Beistand leisten; *bei Sicherstellungen* intervenieren *für* [*mihi*]; Rat erteilen [*in iure*]; **b)** Kaution stellen *durch, wegen* [*obsidibus de pecunia*]; **c)** sich Sicherheit geben lassen; **d)** (*gesetzlich*) verfügen, verordnen [*lege, testamento u. Ä.*].
caverna, *ae f* (*etr. Wortbildung zu cavus*) Höhlung, Höhle; Schiffsraum; °Bassin.
cavilla, *ae f* (*cf. calvor, calumnia*) [Neckerei.]
cavillātiō, *ōnis f* (*cavillor*) Necken, Spott, Stichelei; °Sophisterei; °*verborum* Wortklauberei.
cavillātor, *ōris m* (*cavillor*) Spötter; [Sophist.]
Cavillōnum, *ī n* = *Cabillōnum.*
cavillātrīx, *īcis f* (*cavillātor*) **1.** Spötterin, Sophistin; **2.** Sophistik, Spitzfindigkeit.
cavillor 1 (*cavilla*) **1.** necken, sticheln, sich lustig machen *über* [*oratorem*]; °**2.** Ausflüchte suchen.
cavō 1 (*cavus*) aushöhlen, durchbohren; hohl ausarbeiten [*lintres*]; (*P.P.P.*) *adi.* **cavātus** 3 hohl.
cavus 3 (*cf. gr. Fw. cyathus*) **1.** hohl, gewölbt; °**2.** umhüllend; °**3.** / nichtig; °*subst.* **~,** *ī m u.* **-um,** *ī n* Höhlung, Loch; *cf. cavaedium.*
Caystros *u.* **-us,** *ī m* (*gr.* Kaÿstros) *Fl. in Ionien, bei Ephesus mündend; adi. -ystrius* 3 [*ales* Schwan].
-ce *demonstr. Partikel* (*an pron. angehängt, in hīc, hinc, illinc, nunc usw. zu -c verkürzt, vor -ne zu -ci verdünnt; cf. engl.* he) hier, da [*huiusce; istocine*].
Cēa *u.* **Cīa,** *ae f* (*Cīa?; gr.* Keōs) *Kykladeninsel ö. v. Sunion, j.* Zea; *adi. Cēus u. Cīus* 3. [*mons*].
Cebenna, *ae m die* Cevennen
Cecrops, *opis m* (*gr.* Kekr-) *ältester König von Attika; adi.* **-pius** 3 von Athen; attisch [*cothurnus* Tragödie]; **-pis,** *-idis f* attisch; *subst.* Kekropstochter; **-pidēs,** *ae m* Athener; Theseus.
cedo[1], (*altl.*) *pl.* **cette** (*wohl* (-)*ce* + *-*do* = „hierzu"; *cf. dōnec* **1.** gib her! her mit! [*tabulas*]; **2.** / lass hören! heraus mit! [*consilium tuum*]; da nimm nur! sieh nur! [~ *orationes et dic*].
cēdō[2], *cessī, cessum* 3 (*wohl* < **ce-zd-ō; 1. Glied: Partikel* (-)*ce; zum 2. Glied vgl. altind.* ā-sad- „hintreten") **I.** (*intr.*) **1.** gehen: °**a)** einhergehen, -schreiten; **b)** übergehen *auf* [°*res Albana in Romanum imperium*]; zufallen, anheim fallen; °**c)** vonstatten gehen, ablaufen [*prospere*]; °**d)** gelten *für* [*epulae pro stipendio*]; **2.** weggehen: **a)** sich zurückziehen, weichen [*de oppido*]; (°e) *loco* seinen Posten verlassen; °*senatu* ausscheiden; (de, e) *vita* sterben; **b)** aus dem Wege gehen [°*nocti*]; nachgeben, sich fügen [*tempori*]; **c)** abtreten, überlassen, aufgeben, verzichten *auf* [*agrorum possessione*]; **d)** nachstehen, den Vorrang einräumen [*Graecis*]; **e)** (ver)schwinden, vergehen [*horae*]; **II.** (*trans.*) **1.** abtreten [*multa de iure suo*]; **2.** einräumen, zugestehen.
cedrus, *ī f* (*gr. Fw.*) Zeder; Zedernholz, Zedernöl.
celeber (*später* **-bris**), *bris, bre* (*m.* °*comp., sup.; eigtl.* „betrieben"; *cf. celer*) **1. a)** stark besucht; °**b)** volk-

reich; 2. festlich [*triumphus*]; 3. viel besprochen, allgemein verbreitet [*vox*]; allbekannt, berühmt, gepriesen.

****celebrans,** *antis m* geistlicher Gehilfe.

celebrātiō, *ōnis f* (*celebrō*) 1. zahlreicher Besuch; 2. glänzende Feier, Festlichkeit [*ludorum*]; ** *paschae* Osterfest.

celebrātor, *ōris m* (*celebrō*) Verherrlicher, Lobredner.

celebrātus 3 (*m.* °*comp.*, *sup.*; *celebrō*) = *celeber.*

celebritās, *ātis f* (*celeber*) 1. a) lebhafter Verkehr, Belebtheit [*viae*]; b) zahlreicher Besuch, Zulauf [*totius Graeciae*]; c) Häufigkeit, häufiges Vorkommen, große Zahl; 2. Volksmenge; Öffentlichkeit; 3. Feierlichkeit, Feier; 4. Berühmtheit; ** Festtag, Feier.

celebrō 1 (*celeber*) 1. zahlreich besuchen, beleben; P. dicht gefüllt sein [*atria*]; 2. zahlreich begleiten; sich drängen *um*; 3. festlich begehen, feiern [*epulas vino*]; 4. fleißig betreiben [°*seria et iocos*]; 5. a) überall verbreiten [*caedem fama*]; b) rühmen, preisen, verherrlichen [*gloriam populi Romani*]; 6. erfüllen *mit* [*contiones convicio*]; ** abhalten [*comitia* Reichstag].

celer, *eris, e* (*m. comp.*, °*sup.*; *adv.* **-iter,** *vkl.* **-ĕ**; ‹ **keleris eigtl.* „angetrieben") 1. schnell, rasch; °schnell wirkend [*remedium*]; 2. / a) (*geistig*) gewandt; °b) zu schnell, übereilt, hitzig [*consilia*].

Celerēs, *um m* (*wohl nicht zu celer, sondern etr. Lw.*) *älteste Bezeichnung der römischen Ritter.*

celeri-pēs, *edis* (*Lehnübersetzung aus d. Gr.*) schnellfüßig; *subst. m* Eilbote, Kurier.

celeritās, *ātis f* (*celer*) 1. Schnelligkeit, Gewandtheit; / Regsamkeit; °*consilii* Geistesgegenwart; 2. schnelle Wirkung; 3. a) Geläufigkeit (*der Rede*); b) rasche Aussprache [*syllabarum*].

celerō 1 (*celer*) 1. (*trans.*) beschleunigen [*iter*]; 2. (*intr.*) eilen.

celeuma, *tis n* (*gr. Fw.*) Ruderkommando.

Celeus, *ī m* (*gr.* Keleọs) *mythischer König v. Eleusis, Begründer des Ackerbaus.*

cella, *ae f* (*urspr. wohl* **cēlā*; *zu cēlō*; *cf. altnord. Todesgöttin* Hel) 1. a) Vorratskammer; Keller, Weinkeller; °b) Bienenzelle; °2. Dachstübchen *im Mietshause*; Kammer, *bsd. für Sklaven*; 3. Tempelcella (*mit Götterbild*), Heiligtum; ** Mönchszelle; Kloster.

cellārius 3 (*cella*) zur Vorratskammer gehörig; *subst.* **~,** *ī m* Küchen-, Kellermeister; ** **-um,** *ī n* Weinkeller.

****cellerarius,** *i m* Kellermeister.

cellula, *ae f* (*dem. v. cella*) Kämmerchen; ** Mönchszelle, Kloster.

cēlō 1 (*altl. cēlassis* = *cēlāveris*; *Dehnstufe zu* √ **kel-* „bergen, verhüllen" *in oc-culō*; *cf. nhd.* „hehlen") 1. verhüllen, bedecken; verbergen, verstecken; 2. verheimlichen, geheim halten *vor*, verhehlen [*iter omnes, regem de insidiis*]; P. *celor* mir wird verheimlicht [*a fratre de re familiari*].

celōc(u)la (?), *ae f* (*dem. v. celōx*) kleine Jacht.

celōx, *ōcis m f* (*gr. Lw., angeglichen an vēlōx*) Schnellsegler, Jacht.

celsitūdō, *inis f* (*celsus*) Höhe; ** Erhabenheit; *vestra* ~ Ew. Hoheit; *serenissima* ~ Allergnädigster.

celsus[1] 3 (*m.* °*comp.*, *sup.*, °*adv.*; *P.P.P. des aus ante-, ex-, praecellō zu erschließenden Simplex*) hoch ragend, hoch; / erhaben; hochherzig; hochmütig.

Celsus[2], *ī m*: *A. Cornēlius* ~, *ber. Arzt z. Z. des Tiberius.*

Celtae, *ārum m* (*ursprüngliche Bezeichnung aller keltischen Stämme*; *cf. Gallī, Galatae*) Kelten; **-ticum,** *ī n* Keltenreich.

Celtibērī, *ōrum m Volk im nördl. Spanien*; **-ria,** *ae f ihr Land*; *adi.* *-ricus* 3.

cēna, *ae f* (*urspr.* „Portion"; *cf. carō*[1]) 1. Hauptmahlzeit, Essen; *inter -am* bei Tische; Gastmahl; °2. Gang (*einer Mahlzeit*) [*tertia*]; °3. Tischgesellschaft; ** *domini, dominica* Abendmahl.

Cēnabum, *ī n Hauptst. d. Karnuter, später Aurēliānī, j.* Orléans; *adi. u. Einw. -bēnsis* (e).

cēnāculum, *ī n* (*cēna*) 1. Speisezimmer; 2. Dachgeschoss, Dachstübchen.

cēnāticus 3 (*cēna*) zur Mahlzeit gehörig.

cēnātiō, *ōnis f* (*cēnō*) Speisezimmer.

cēnātiuncula, *ae f* (*dem. v. cēnātiō*) kleines Speisezimmer.

cēnātōrium, *ī n* (cēna) Tischkleid.
cēnāturiō, — — 4 (cēnō) speisen wollen.
cēnitō 1 (*frequ. v.* cēnō) zu speisen pflegen.
cēnō 1 (*altl.* cēnassit = cēnāverit; cēna) **1.** (*intr.*) die Hauptmahlzeit einnehmen, speisen; cenatus der gespeist hat, nach dem Essen; °**2.** (*trans.*) verspeisen, verzehren; cenatae noctes Nachtgelage.
****cenobium** = coenobium.
Cenomanī, ōrum *m Stamm der Aulerker.*
cēnseō, suī, sum 2 (*zu altind.* śámsati „sagt auf, lobt") **1.** (*jur. t.t.*) **a**) das Vermögen (ab)schätzen und in die Bürgerliste eintragen; censum ~ die offizielle Schätzung vornehmen; °legem censui censendo dicere die offizielle Schätzungsformel feststellen; *mediopass.* sich schätzen (lassen); sein Vermögen angeben; °**b**) zählen; capite censi *s.* caput; **2.** / **a**) bewerten, schätzen; **b**) der Ansicht sein, meinen [Carthaginem esse delendam]; censeo (*eingeschoben*) ich dächte doch; **3. a**) (*v. einzelnen Senatoren*) seine Stimme abgeben, dafür stimmen; **b**) (*vom gesamten Senat*) beschließen, verordnen; (*Ta.*) zuerkennen [insignia triumphi].
cēnsiō, ōnis *f* (cēnseō) Schätzung, Bestrafung [bubula mit dem Ochsenziemer].
cēnsor, ōris *m* (cēnseō) „Schätzer", Zensor (*seit 443 2 Zensoren in Rom, anfänglich auf 5, später auf 1½ Jahre gewählt; cf.* cēnsūra); / strenger Richter, scharfer Kritiker.
cēnsōrius 3 (cēnsor) *des* Zensors, zensorisch [funus Staatsbegräbnis]; / streng richtend, kritisierend; *subst.* **~,** *ī m* gewesener Zensor, Mann von zensorischem Rang.
cēnsūra, ae *f* (cēnsus, cēnseō) Zensur, Zensoramt, *das vornehmste, nur Konsularen vorbehaltene Amt in Rom; Aufgaben:* **1.** *Vermögenseinschätzung;* **2.** *Sittenkontrolle;* **3.** *Verpachtung der Staatseinkünfte u. Vergebung v. Bauaufträgen;* ** Spruch; Aufsicht; Tadel.
cēnsus, ūs *m* (cēnseō) **1.** Vermögenseinschätzung, Volkszählung; **2.** Bürger-, Steuerliste; **3.** Vermögen, Besitz; ** Abgabe, Zins; Morgengabe; Romanus Peterspfennig.
centaurium *u.* **-rēum,** *ī n* (*gr. Fw.*) Tausendgüldenkraut.
centaurus, *ī m* (*gr. Fw.*) Kentaur (*Zwittergestalt v. Mensch u. Ross*); *ein Gestirn; adi.* -ēus 3, -icus 3.
****centenarium,** *i n* Zentner.
centēnus 3 (centum) °**1.** *sg.* hundertmalig, hundertmal vorhanden; **2.** *pl. num. distr.* je hundert.
centēsimus 3 *num. ord.* (centum) *der* hundertste; *subst.* **-a,** ae *f* (*sc.* pars) ein Hundertstel, ein Prozent; einprozentige Abgabe; *pl.* (*1% Zinsen monatlich* =) 12% Zinsen (*jährlich*).
centi-ceps, cipitis (centum, caput) hundertköpfig.
centiē(n)s *num. adv.* (centum) hundertmal.
centi-manus 3 (centum) hundert-[armig.]
centō, ōnis *m* (*cf. nhd.* „Hadern" = Lumpen) Flickwerk; Decke, Matratze; Lumpenrock.
****centrum,** *i n* Mittelpunkt.
centum *num. card. indecl.* (*cf. nhd.* „hundert") hundert; °/ sehr viele.
centum-geminus 3 hundertfältig; -armig.
centum-plex, plicis (*wahrsch. nicht zu* plicō 1 „falten", *sondern zu* plaga² „Fläche") hundertfältig.
centum-pondium, *ī n* (pondus) Zentnergewicht.
centum-virī, ōrum *m die* Hundertmänner (*ein Richterkollegium in Privatsachen*); *adi.* -virālis, e.
centunculus, *ī m* (*dem. v.* centō) kleiner Lappen; Reitdecke.
centuria, ae *f* (centum) **1.** Hundertschaft, Zenturie: **a**) (*mil. t.t.*) Kompanie (*urspr. 100, später 60 Mann stark*); **b**) Wahlabteilung *der röm. Bürger für Abstimmung in den Zenturiatkomitien;* **2.** Flurbezirk (= *100, später 200 iugera*).
centuriātim *adv.* (centuria) zenturienweise.
centuriātus, ūs *m* **1.** (centuriō²) Zenturionenstelle; °**2.** (centuriō¹) Einteilung in Zenturien.
centuriō¹ 1 (centuria) nach Zenturien einteilen; comitia centuriata Zenturiatkomitien; lex centuriata in den Zenturiatkomitien beschlossenes Gesetz.
centuriō², ōnis *m* (centuria) Führer einer Zenturie; Hauptmann.
centuriōnātus, ūs *m* (centuriō²)

Zenturionenwahl; Hauptmannsrang.

cēnula, ae *f* (*dem. v.* cēna) einfache Mahlzeit.

Ceōs = *Cēa.*

cēpa, ae *f u.* **-e** *indecl.* (*wahrsch. gr. Lw.*) Zwiebel.

Cephallēnia *u.* **-lānia,** ae *f* (*gr.* K-niā) *größte ionische Insel, j.* Kephalonia; *Einw.* **-lēnes** *u.* **-lānes,** um *m.*

Cēphēnes um *m s.* Cēpheus.

Cēpheus, eos *u.* eī *m* (*acc.* -ea; *gr.* K-eus) *König v. Äthiopien; Vater der Andromeda; adi.* -ē(ī)us 3; *subst.* **-ēnes,** um *m* Äthiopier; *adi.* -ēnus 3.

Cēphīsus, ī *m* (*gr.* K-os) **1.** *Fl. in Böotien, als Flussgott Vater des Narcissus; adi.* -īsius 3; -īsis, idis *f;* **2.** *Fl. in Attika;* adi. -īsias, adis *f.*

cēpolendrum, ī *n* (*wahrsch. an* cēpa *u.* oleō *angelehnt*) *erfundener Gewürzname.*

cēra, ae *f* (*wahrsch. gr. Lw.*) **1.** Wachs; °**2.** Wachszelle *der Bienen;* °**3.** Wachsschminke; **4. a)** Wachs-, Schreibtafel; **b)** Wachssiegel; °**c)** *pl.* Ahnenbilder *aus Wachs.*

Ceramīcus, ī *m* (*gr.* Kerameikos) Topfmarkt (*Platz in Athen*).

cērārium, ī *n* (cēra) Gebühren für verbrauchtes Siegelwachs.

cerastēs, ae *m* (*gr. Fw.*) Hornschlange.

cerasus, ī *f* (*gr. Fw., aus einer kleinasiatischen od. der thrakisch-phrygischen Sprache stammend*) Kirschbaum; Kirsche (*v. Lucullus 76 eingeführt*).

ceratinus 3 (*gr. Fw.*) von den Hörnern [ambiguitas]; *subst.* **-a,** ae *f* Hörnertrugschluss: „*Was du nicht verloren hast, hast du noch; Hörner hast du nicht verloren; also hast du Hörner.*"

cērātus 3 (cēra) mit Wachs überzogen, zusammengeklebt.

Cerberus, ī *m* (*gr.* K-os) Höllenhund; *adi.* -eus 3.

Cercōpes, um *m* (*gr.* Ker- = Affen) *Räubervolk auf Pithēcūsa(e), v. Jupiter in Affen verwandelt.*

cercopithēcus, ī *m* (*gr. Fw.*) Meerkatze.

cercūrus, ī *m* (*gr. Fw.*) **1.** Schnellsegler; **2.** *ein Seefisch.*

cerdō, ōnis *m* (*gr. Lw.*) einfacher Handwerker.

Cereālis *s.* Cerēs.

cerebrōsus (cerebrum) **1.** *adi.* 3 hirnverbrannt, toll; **2.** *subst.* ~, ī *m* Hitzkopf.

cerebrum, ī *n* (*cf. nhd.* „Hirn") Gehirn; Schädel; °/ Verstand; Hitzköpfigkeit.

Cerēs, Cereris *f* (*urspr. Göttin des pflanzlichen Wachstums, cf.* creō, crēscō; *sehr früh der gr.* Dēmētēr *gleichgesetzt u. nicht nur bsd. als Göttin des Ackerbaus u. der Ehe, sondern auch neben Tellus als Totengottheit verehrt*) *Mutter der Proserpina;* °/ Getreide, Brot; *adi.* **Cere-** *u.* **Ceriālis,** e der C. (heilig), Getreide..., Brot...; *subst.* **-ālia,** ium *n* Ceresfest *am 12. April.*

cēreus (cēra) **1.** *adi.* 3 **a)** aus Wachs; °**b)** / wachsgelb, weiß wie Wachs; fettig, schmierig; geschmeidig wie Wachs; **2.** *subst.* ~, ī *m* (*sc.* fūnis) Wachskerze, -fackel.

****cerevisia,** ae *f* Bier.

ceriāria, ae *f* (Cerēs) Lebensmittellieferantin (?).

cērintha, ae *f* (*gr. Fw.*) Wachsblume.

cērinum, ī *n* (*gr. Fw.*) wachsfarbiges Kleid.

cernō, crēvī, crētum 3 (*cf.* certus, crībrum) °**I.** scheiden, sondern, sichten; **II.** / **1.** unterscheiden: **a)** (*deutlich*) sehen, wahrnehmen; **b)** (*geistig*) erkennen, einsehen; P. erkannt werden, sich zeigen *in* [*Ennius:* amicus certus in re incerta]; **2. a)** entscheiden [°sors]; **b)** beschließen; °**c)** durch Kampf entscheiden, kämpfen [pro patria, vitam um das Leben]; **d)** (*jur. t.t.*) sich *für die Annahme* entscheiden, annehmen, antreten [hereditatem]; ** P. = videor scheinen.

cernulō 1 (cernuus) kopfüber zu Fall bringen.

cernuus 3 (*cf.* cerebrum) kopfüber stürzend; ** sich demütig neigend.

cērōma, atis *n* (*gr. Fw.*) Wachssalbe (*der Ringer*); *das* Ringen; Ringplatz.

cērōmaticus 3 (cērōma) mit Wachssalbe bestrichen.

cerrītus 3 (*m.* °*comp* ; Cerēs: „von der Ceres besessen") verrückt, toll.

certāmen, inis *n* (certō²) **1.** Kampf, Streit; Gefecht, Schlacht [navale]; (*oft pl.*) Händel [verborum linguaeque]; **2.** Wettkampf [gladiatorium]; **3.** Wetteifer [°eloquentiae]; ** locus certaminis Richtplatz.

certātim *adv.* (*certātus, P.P.P. v.* certō²) um die Wette.
certātiō, ōnis *f* (certō²) Streit, Kampf; Wettstreit, -kampf; / öffentliche Verhandlung vor Gericht.
certē *adv.* (*m.* °*comp.*; certus) gewiss, ohne Zweifel; sicherlich, allerdings; doch wenigstens.
certō¹ *adv.* (certus) sicher, gewiss; genau [certo scire].
certō² 1 (certus; „zur Entscheidung bringen") kämpfen, streiten [cum hoste de imperio]; wetteifern [cursu cum aequalibus]; *bsd. gerichtlich* streiten, verhandeln.
certus 3 (*m. comp., sup.*; *adv.* **-ē** *u.* **-ō**; *s.d.*; cernō) **1. a)** entschieden; beschlossen; mihi certum est es ist mein fester Entschluss; °**b)** (*v. Pers.*) entschlossen *zu* [mori]; **2.** festgesetzt, bestimmt [tempus]; **3.** zuverlässig, glaubwürdig [auctor, spes]; **4.** unzweifelhaft, unbestritten, entschieden [victoria]; **5.** (*v. Pers.*) sicher benachrichtigt; certiorem facere de benachrichtigen *von* [imperatorem de discessu Germanorum].
cērula, ae *f* (*dem. v.* cēra) ein Stückchen Wachs(farbe); miniata Rotstift. [weiß; Schminke.]
cērussa, ae *f* (*vl. gr. Lw.*) Blei-
cērussātus 3 (cērussa) mit Bleiweiß geschminkt. [°/ Hirsch.]
cerva, ae *f* (cervus) Hirschkuh;
cervīcal, ālis *n* (cervīx) Kopfkissen.
cervīcula, ae *f* (*dem. v.* cervīx) (kleiner) Nacken. [Hirsch...]
cervīnus 3 (cervus) vom Hirsch,
cervīx, īcis *f* (*meist pl.*; *cf.* cerebrum; vinciō; *eigtl.* „Kopfhalter") Nacken, Genick, Hals; / °esse in cervicibus unmittelbar bevorstehen, drohen [bellum].
cervus, ī *m* (< *keravos „gehörnt"; *eigtl.* „Horntier") Hirsch / *pl.* spanische Reiter. [*lat.* praecō).]
cēryx, ȳcis *m* (*gr. Fw.*) Herold (=
cessātiō, ōnis *f* (cessō) °**1.** *das* Zögern; Saumseligkeit; **2.** Untätigkeit.
cessātor, ōris *m* (cessō) Saumseliger, Müßiggänger.
cessiō, ōnis *f* (cēdō²) Abtretung des Besitzes [in iure vor Gericht].
cessō 1 (*intens. v.* cēdō²) **1.** zögern, säumen; **2.** nachlassen [in studio suo], es fehlen lassen *an* [°nullo officio]; **3.** untätig sein, rasten, ausruhen, feiern; (*v. Acker*) °brachliegen; P. (*dcht. auch trans.*) untätig hinbringen [tempora cessata].
cestrosphendonē, ēs *f* (*gr. Fw.*) Geschütz (*Pfeile u. Steine*).
cestus, ī *m* (*wohl gr. Lw.*) Gürtel der Venus. [bucht, -behälter.]
cētārium, ī *n* (cētus) Thunfisch-
cētārius, ī *m* (cētus) Seefischhändler.
cetastī (*illyrisches od. venetisches Fw.?*) *Wort unbekannter Bedeutung* [ludi].
cētē *s.* cētus.
cētera *adv.* (cēterus) im Übrigen, sonst.
cēterō-quī(n) *adv.* (*urspr. abl. v.* cēterum quid; *cf.* aliōquī[n]) im Übrigen, sonst.
cēterum *adv.* (cēterus) übrigens, sonst; aber, doch.
cēterus 3 (*meist pl.* -ī; *wohl* < *ceetero „da der andere"; *cf.* iterum) *der* übrige, *der* andere; (et) cetera und so weiter; de cetero übrigens, ** in Zukunft.
Cethēgus *s.* Cornēlius. [trātus.]
cētra, cētrātus = caetra, cae-
cette *s.* cedo¹.
cētus, ī *m* (*gr. Lw.*; *pl.* cētē *n*) *ein walfischartiges Tier,* Thunfisch.
ceu (ce „da" + -ve; *cf.* neu = nē-ve) **1.** *adv.* so wie, ganz wie, gleichwie; ceu cum, ceu si wie wenn; **2.** *ci.* (*meist m. coni.*) als ob, wie wenn.
Cēus 3 *s.* Cēa.
Ceutrones, um *m kelt. Völker* **1.** *in den Westalpen*; **2.** *im belgischen Gallien.*
cēveō, cēvī, — 2 (*eigtl. wohl* „bücken, beugen"; *bsd. Ausdruck der Päderastensprache*) mit dem Hintern wackeln.
chalcaspides, um *m* (*gr. Fw.*) *mit Erzschilden bewaffnete makedonische Truppe.* [Waffen.]
chalcea, ōrum *n* (*gr. Fw.*) eherne
Chalcēdōn = Calchēdōn.
Chalcis, idis *f* (*gr.* -kịs) *Ort auf Euböa*; *adi. u. Einw.* -cidēnsis (e); *adi.* -cidicus 3; arx -a Cumae (*chalkidische Kolonie*); *subst.* **Chalcidicum,** ī *n das an die* curia Iulia *in Rom angrenzende* Heiligtum der Minerva von Chalcis.
Chaldaeī, ōrum *m Bewohner v. Chaldäa* (*gr.* -dạiā) *in Babylonien, als Sterndeuter bekannt*; Astrologen, Wahrsager; *adi.* -dae(ic)us, -daicus 3; ** -daeus betrügerisch.

C

chalybēïus 3 (*gr. Fw.*) stählern, Stahl...
Chalybes, um *m Volk in Pontus, das als Erfinder der Stahlerzeugung galt.*
chalybs, ybis *m* (*gr. Fw.*; *cf.* Chalybes) Stahl; ** Schwert.
channē, ēs *f* (*gr. Fw.*) *ein Seefisch.*
Chāones, um *m Volk in Epirus*; *ihr Land* **-onia,** ae *f* (*gr.* -ịā); *adi.* -onius 3, -onis, *-idis f auch* epirotisch, dodonäisch [pater Jupiter].
chaos *n* (*abl.* chaō; *gr. Fw.*) **1.** *das* Chaos, finsterer Weltraum; Unterwelt; **2.** formlose Urmasse; Schöpfung.
chara, ae *f* (*Fw.?*) *essbare* Knollenfrucht *v. bitterem Geschmack.*
****character,** eris *m* Buchstabe; Zeichen [crucis].
****charisma,** tis *n* Gnadengabe.
charistia = caristia.
Charites, um *f* (*gr.*) = Grātiae, ārum *f die drei Grazien.*
Charmidēs, āī *u.* ī *m* (*gr.* -mịdēs) *komischer Alter b. Plautus.*
charmidō 1 (Charmidēs) zum Charmides machen (*scherzhaft*).
Charōn, ōn(t)is *m Fährmann der Unterwelt.*
c(h)arta, ae *f* (*gr. Lw.*) **1.** Papyrusblatt, Papier; **2.** Schrift, Buch, Gedicht; °**3.** (dünne) Platte [plumbea].
chartula, ae *f* (*dem. v.* charta) Briefchen.
Charybdis, is *f* (*gr.* Chạ-) *Meeresstrudel bei Messina*; °/ Habgier.
chasma, atis *n* (*gr. Fw.*) Erdriss, Kluft.
C(h)attī, ōrum *m germ. Volk in* [*Hessen*; *adi.* -us 3.]
Chaucī, ōrum *m germ. Volk an der Nordsee.*
chēlae, ārum *f* (*gr. Fw.*) Scheren *des Sternbildes Skorpion*; *Sternbild Waage.*
chelydrus, ī *m* (*gr. Fw.*) Schild-[krötenschlange.]
chelys, yos *f* (*acc.* -yn, *voc.* -y; *gr. Fw.*) Schildkröte; / *die* (*aus der Schale der Schildkröte verfertigte*) Lyra; Leier.
cheragra (*im Vers*) = chīragra.
Cherronēsus *u.* **Chersonēsus,** ī *f* (*gr.* Cherrọ- *u.* Chersọnēsos „Halbinsel") Thracia Halbinsel von Gallipoli, Taurica *die* Krim.
chersos, ī *f* (*gr. Fw.*) Landschildkröte.
Cheruscī, ōrum *m germ. Volk an der Weser.*
cheuma, atis *n* (*abl. pl.* -atīs; *gr. Fw.*) Guss, Ausguss.
chīliarchus, ī *u.* **-ēs,** ae *m* (*gr. Fw.*) Anführer von 1000 Mann, Oberst; Staatskanzler, Großwesir der Perser.
Chimaera, ae *f* (*gr.* Chịmaira) *ein feuerschnaubendes Ungeheuer* (*Löwe, Drache, Ziege*); *adi.* -rēus 3.
chimaeri-fer, era, erum (Chimaera, ferō) die Chimära erzeugend.
Chios *u.* **-us,** ī *f Insel an der ionischen Küste*; *adi. u. Einw.* Chīus (3); *subst.* **-ïa,** ae *f* chiische Feige; **-ïum,** ī *n* Chierwein.
chīragra, ae *f* (*gr. Fw.*) Handgicht.
chīrographum, ī *n u.* **-us,** ī *m* (*gr. Fw.*) (eigene) Handschrift; Schriftstück, Schuldschein.
Chīrōn, ōnis *m* (*gr.* Chẹi-) *Kentaur, Erzieher Achills.*
chīronomia, ae *f* (*gr. Fw.*) Panto-[mimik.]
chīronomōn, ūntis *m* (*gr. Fw.*) Pantomime.
chīrūrgia, ae *f* (*gr. Fw.*) Chirurgie; / Gewaltmaßnahmen.
****chirurgicus** 3 chirurgisch.
chīrūrgus, ī *m* (*gr. Fw.*) Chirurg.
Chius *s.* Chios.
chlamydātus 3 (chlamys) mit einer [Chlamys bekleidet.]
chlamys, ydis *f* (*gr. Fw.*) (*über der Rüstung getragener gr. Kriegs-*) Mantel; ** Umhang, Mantel; Krönungsmantel.
Chlōris, idis *f* („*die* Grünende") *Göttin der Blumen*; *auch Mädchenname*; *cf.* Flōra.
chorāgium, ī *n* (*gr. Fw.*) Bühnen-[ausstattung.]
chorāgus, ī *m* (*gr. Fw.*) Kostümverleiher; Ausstatter.
choraulēs *u.* **-a,** ae *m* (*gr. Fw.*) Flötenspieler zum Chortanz.
c(h)orda, ae *f* (*gr. Fw.*) Darm (-saite); (*pl.*) Strick; ** Saitenspiel.
chorēa, ae *f* (*im Vers auch* -ea; *gr. Fw.*) Chortanz, Reigen.
chorēus, ī *m* (*gr. Fw.*) = trochaeus [(-◡).]
chorocitharistēs, ae *m* (*gr. Fw.*) Zitherspieler beim Chortanz.
c(h)ōrs = cohors.
chorus, ī *m* (*gr. Fw.*) °**1. a**) Chortanz, Reigen; **b**) Sternenreigen; **2.** Chor (*als tanzende u. singende Schar*); Chor *in der Tragödie*; **3.** Schar, Menge [philosophorum]; ** Chor (*in d. Kirche*).
Chremēs, ētis *m der mürrische Geizhals im Lustspiel.*

chrīa, *ae f* (*gr. Fw.*) (*rhet. t.t.*) (Ausarbeitung über eine) Sentenz; Gemeinplatz.
****chrisma,** *tis n* Salböl; Salbung.
****chrismo** 1 salben.
****christianitas,** *atis f* Christentum, -heit.
****christicola,** *ae m* Christ.
****christipara,** *ae f* (Gottesmutter) Maria.
Chrīstus, *ī m* (*gr.* -ǫs: „*der* Gesalbte") Christus; *adi.* **-iānus** 3 christlich; *subst.* ~, *ī m* Christ.
****chronica,** *ae f* Chronik.
****chronographia,** *ae f* Geschichtsschreibung.
chrȳsanthes, *is n* (*gr. Fw.*) Goldblume.
chrȳsendetos, *a, um* (*gr. Fw.*) mit Gold eingelegt; *subst.* **-a,** *ōrum n* mit Gold eingelegte Gefäße, Schüsseln (*od.* mit Goldrand).
Chrȳsēs, *ae m Apollopriester*; **-ēis,** *idos f* (*acc. -ida*) *Tochter des* ~.
Chrȳsippus, *ī m* (*gr.* Chrȳsippos) *stoischer Philosoph, Schüler des Zenon, 290–210*; *adi.* -*ippēus* 3.
chrȳsocolla, *ae f* (*gr. Fw.*) Kupfergrün, Borax.
chrȳsolithus, *ī m* (*gr. Fw.*) Chrysolith, Goldtopas (*Halbedelstein*).
chrȳsophrȳs, *acc. ȳn m* (*gr. Fw.*) *Fisch m. goldenem Fleck über den Augen.*
chrȳsos, *ī m* (*gr. Fw.*) Gold.
Cīa *s. Cēa.*
cibārius (*cibus*) **1.** *adi.* 3 °**a**) zur Speise gehörig; **b**) gewöhnlich, grob [*panis*]; **2.** *subst.* **-ia,** *ōrum n* Nahrungsmittel, Speise, Futter; Ration *des Soldaten*; Deputatgetreide *der Magistrate.*
cibātus, *ūs m* (*cibō*; *Pl.*) Nahrung.
cibō 1 (*cibus*) füttern; ** speisen [*hominem*]; P. essen, sich nähren.
cibōrium, *ī n* (*gr. Fw.*: „Fruchtgehäuse der ägyptischen Bohne", *v. d. Ägyptern als Trinkgefäß benutzt*) Trinkbecher (*aus Metall*); ** Altarbaldachin; Hostiengefäß.
cibus, *ī m* (*et. ungedeutet*) **1. a**) Nahrung, Futter; °**b**) Lockspeise, Köder; **2.** / Nahrung.
cicāda, *ae f* (*Lw. aus einer Mittelmeerspr.*) Baumgrille, Zikade.
cicātrīcōsus 3 (*cicātrīx*) narbig; *subst.* **-a,** *ōrum n* Flickwerk.
cicātrīx, *īcis f* (*et. ungedeutet*) **1.** Narbe, Schmarre; °**2.** Kerbe; **3.** / alte Wunde.
ciccum, *ī n* (-ī-?; *gr. Lw.*) Kerngehäuse; / *non* ~ keinen Deut.
cicer, *eris n* (*vl. Lw. unbekannter Herkunft*) Kichererbse.
Cicerō, *ōnis m cogn. der gens Tullia*: **1.** *M. Tullius* ~, *der berühmte Redner, 106–43*; **2.** *sein gleichnamiger Sohn*; **3.** *Q. Tullius* ~, *Bruder des Redners.*
cichorēum, *ī n* (*gr. Fw.*) Endivie.
cīcilendrum *u.* **cīcimandrum,** *ī n erfundene Namen für Gewürze.*
Cicirrus, *ī m* (*scherzh. schallnachahmender oskischer Beiname* = „Kikeriki") Kampfhahn; Schreihals.
Cicones, *um m* (*gr.* Kị-) *thrakische Völkerschaft.*
cicōnia, *ae f* (*vl. Lw. aus dem Etr. od. einer anderen Mittelmeerspr.*) Storch.
cicur, *uris* (*cf. altind.* śakura) zahm.
cicūta, *ae f* (*et. ungedeutet, vl. Fw.*) **1.** Schierling (*Saft als Gift, Blätter als kühlender Umschlag verwendet*); Schierlingstrank; *pl.* Schierlingsblätter, -stängel; **2.** / (*aus dem Schierlingsstängel verfertigte*) Hirten-, Rohrpfeife.
cidaris, *is f* (*pers. Fw.*) hoher, spitz zulaufender Turban *der persischen Könige*, Tiara.
cieō, *cīvī, citum* 2 (°*selten ciō, cīre*; *fut. Pl. cībit*; *cf. citus, citō, nhd.* „heißen") **1.** in Bewegung setzen, erregen; aufwühlen [°*aequora*]; °**2.** herbeirufen, zu Hilfe rufen, aufrufen, aufbieten [*cives ad arma*]; °**3. a**) rufen, nennen [*nomina singulorum*]; **b**) (*jur. t.t.*) *patrem* (*zum Beweise freier Abkunft*) einen Vater angeben können; **c**) ertönen lassen [*murmur*]; **4.** hervorrufen, anstiften, veranlassen [*procellas*]; [°*bellum*] beginnen.
Cilicia, *ae f* (*gr.* K-kịā) *Küstenlandschaft im südl. Kleinasien*; **-ces,** *um m* (*acc. meist -ăs*) *ihre Bewohner*; *adi. Cilix, icis m, Cilissa, ae f, Ciliciu*s 3, *Ciliciēnsis, e.*
cilicium, *ī n* (*Cilicius* 3) Decke *aus* (*kilikischen*) *Ziegenhaaren*, Haarteppich; ** Bußgewand; Teppich.
Cilnius 3 *Name eines mächtigen etr. Geschlechts*; *cf. Maecēnās.*
Cimbrī, *ōrum m germ. Volk an der unteren Elbe*; *adi. Cimber, bra, brum u. -bricus* 3.
cīmex, *icis m* (*zu altind.* śyāma- „schwarzgrau, schwarzbraun"; *Suf-*

C

fix wohl an culex *u.* pūlex *angeglichen*) Wanze; / (*Schimpfwort*) bissige Wanze.

****cimiterium** = **coemeterium.

Cimmeriī, ōrum *m* **1.** *sagenhaftes Volk im äußersten Westen am Eingang zur Unterwelt*; °*adi.* -ius 3 finster; -i lacūs = Unterwelt; **2.** *thrakisches Volk auf der heutigen Krim*; *adi.* -ius 3; *cf.* Bosp(h)orus.

Cimōn, ōnis *m* (*gr.* K-) **1.** *Vater des Miltiades*; **2.** *Sohn des Miltiades, athenischer Feldherr.*

cinaedicus 3 (cinaedus) (widernatürlich) wollüstig; *subst.* ~, ī *m* = cinaedus.

cinaedus, ī *m* (*gr. Fw.*) Kinäde (= scortum masculum); Wüstling; *adi.* 3 schamlos, verhurt.

cincinnātus 3 (cincinnus) gelockt, Lockenkopf; ♀ *Beiname des Diktators* (458) L. Quīnctius.

cincinnus, ī *m* (*gr. Lw., vl. auf ein kleinasiatisches Wort zurückgehend*) (künstliche) Haarlocke; / Künstelei im Ausdruck.

Cinciolus, ī *m* (*dem. v.* Cincius 2) [*der* gute Cincius.]

Cincius 3 *röm. Gentilname*: **1.** L. ~ Alimentus, *Annalist z. Z. des 2. Punischen Krieges*; **2.** M. ~ Alimentus, *Volkstribun 204* (lex -ia *verbot den Anwälten die Annahme v. Geschenken*).

cincticulus, ī *m* (cīnct- ?; *dem. v.* cinctus) kleiner Gurt. [*der Toga.*]

cinctūra, ae *f* (-ī-?; cingō) Gürtung

cinctus, ūs *m* (-ī-?; cingō) Gürtung (*cf.* Gabīnius); Gurt, Schurz.

cinctūtus 3 (-ī-?; cinctus) (nur) mit einem Schurz (*statt der Tunika*) bekleidet; altrömisch, altmodisch.

cine-factus 3 (cinis, faciō) zu Asche geworden.

cinerārius, ī *m* (cinis) Sklave, der die Frisiereisen in glühender Asche erhitzt; Friseur.

Cingetorīx, īgis *m* **1.** *Fürst der Treverer*; **2.** *britannischer Fürst.*

cingō, cinxī, cinctum 3 (cīnxī, cīnctum ?; *cf.* Cingeto-rīx) **1.** (um)gürten; umwinden, umkränzen [°tempora floribus]; °*mediopass.* sich (um)gürten [gladio]; **2.** / **a)** umgeben, einschließen; **b)** begleiten; **c)** (schützend) decken; **d)** (*feindl.*) umringen, umzingeln.

cingulum, ī *n u.* **-a,** ae *f* (cingō) **1.** Gürtel, Leibgurt; °**2.** Wehrgehenk; °**3.** Bauchgurt *der Pferde*; **4. Cingulum,** ī *n Bergfestung in Picenum, j.* Cingolo; ** militiae, militare Ritterstand; Kriegsdienst.

cingulus, ī *m* (cingō) Erdgürtel, Zone.

cini-flō, ōnis *m* (cinis; „*Aschenbläser*") = cinerārius.

cinis, eris *m* (°*selten f*; *eigtl.* „*Staub*" [*des Feuers*]) **1.** Asche; **2.** Leichenasche; °post -em nach der Einäscherung; **3.** (*pl.*) Aschenhaufen, Trümmer; °**4.** / Ruin, Vernichtung; in -em vertere vernichten; ** dies -um Aschermittwoch.

Cinna, ae *m röm. cogn.*: **1.** C. Helvius ~, *Dichter, Freund Catulls*; **2.** L. Cornēlius ~, *Parteigänger des Marius*; *adi.* -nānus 3; **3.** *der gleichnamige Sohn v. 2, Mörder Cäsars.*

cinnamum, ī *n* (*gr. Fw.*) Zimt(rinde).

ciō, cīre *s.* cieō.

cippus, ī *m* (<*keipos; *eigtl.* „Spitze" *zu altind.* śēpa „Penis") °**1.** viereckige Spitzsäule *als Leichenstein*; **2.** spitzer Schanzpfahl.

Circa[1], ae *f* = Circē.

circā[2] (circum; *Umbildung nach* suprā, īnfrā) °**1.** *adv.* ringsum, umher, in der Umgegend; **2.** *prp. b. acc.* **a)** (*räuml.*) um, um ... her; bei, nahe *bei*; in ... umher, herum zu [legatos ~ vicinas gentes mittere]; °**b)** (*zeitl.*) um, gegen, ungefähr; °**c)** (*b. Zahlen*) gegen, ungefähr; °**d)** / in Bezug auf.

circāmoerium, ī *n* (circā; *altl.* moerus = mūrus) *der* (*für die Bebauung gesperrte*) Maueranger; *cf.* pōmērium.

Circē, ēs *f* (*gr.* Kirkē) *Tochter des Helios, Zauberin b. Homer*; *adi.* -caeus 3.

circēnsis, e (circus) Zirkus... [ludi]; °*subst.* **-ēs,** ium *m* Zirkusspiele.

circinō 1 (circinus) durchkreisen, -fliegen [auras easdem].

circinus, ī *m* (*gr. Fw.*) Zirkel (*als Instrument*); ** Kreis.

circiter (circum; *Bildung wie* propter *zu* prope) **1.** *adv.* °**a)** ringsumher; **b)** ungefähr [media ~ nocte]; **2.** *prp. b. acc.* (= circā) um, gegen, an [meridiem].

circitō 1 (*wohl v.* circō 1 umhergehen; circus) durchwandern.

circius, ī *m* (*gr. Lw.*) scharfer Nordwestwind.

circlus = circulus.

C

circu-eō = *circumeō.*
circuit... *s. circumit...*
circulātim *adv.* (*circulor*) gruppenweise.
circulātor, *ōris m* (*circulor*) Trödler; Marktschreier.
circulātōrius 3 (*circulātor*) marktschreierisch.
circulātrīx, *īcis f* (*circulātor*) Marktschreierin; Herumtreiberin; [*lingua* eines Gauklers].
circulor 1 (*circulus*) **1.** in Gruppen zusammentreten; °**2.** einen Kreis um sich bilden; umherziehen.
circulus, *ī m* (*dem. v. circus*) **1.** Kreis(linie); Kreisbahn, Umfang; °**2.** (*concr.*) **a**) Ring, Reif; **b**) runde Schüssel; **3.** gesellschaftlicher Kreis; Versammlung; ** Kreislauf, Verlauf; Befestigungsring.
circum (*adverbiell erstarrter acc. v. circus*) **1.** *adv. u. in der Komposition* **a**) ringsum, im Kreise; °**b**) auf beiden Seiten; **2.** *prp. b. acc.* **a**) um, ringsum; **b**) in der Nähe, bei; **c**) umher zu, auf.
circum-āctus 3 (*agō*) gekrümmt, gebogen.
circum-agō, *ēgī, āctum* 3 **1. a**) herumführen; **b**) *se -ere u. mediopass.* sich herumbewegen, umherziehen; (*v. der Zeit*) verfließen [*tertius annus*]; **2.** umdrehen, umwenden, umlenken [*signa, aciem*]; / P. sich umstimmen, verleiten lassen.
circum-arō 1 umpflügen.
circum-caesura, *ae f der* äußere Umriss (*eines Körpers*).
****circumcellio,** *onis m* Wanderpriester.
circum-cīdō, *cīdī, cīsum* 3 (*caedō*) **1.** rings abschneiden, beschneiden; abstechen [*caespitem*]; **2.** / **a**) vermindern, einschränken [*sumptūs*]; °**b**) (*in der Rede*) abkürzen.
circum-circā *adv.* (*-ă? Umdeutung aus acc. sg. -um + acc. pl. -a?*) ringsherum.
circumcīsus 3 (*circum-cīdō*) abschüssig, steil [*collis*]; °/ (*m. adv.*) kurz, gedrängt.
circum-clūdō, *sī, sum* 3 (*claudō*) ringsum einschließen; einfassen [*cornua argento*]; (*feindl.*) umzingeln.
circum-colō, — — 3 wohnen um ... herum [*paludem*].
circum-currō, — — 3 herumlaufen; / umherschweifen.
circumcursō 1 (*intens. v. circum-currō*) ringsherum laufen.
circum-dō, *dedī, datum* 1 **1. a**) herumlegen, -stellen *um* [*armatos contioni*]; °**b**) / verleihen, zugesellen; **2. a**) umgeben, umstellen, umschließen, umzingeln, umringen *mit* [*portum moenibus*]; **b**) / beschränken, einengen.
circum-dūcō, *dūxī, ductum* 3 **1.** herumführen, -ziehen [*aratrum*]; **2.** umherführen *an* [*legatos praesidia*]; °**3.** / **a**) betrügen *um* [*ornamentis*]; **b**) (*gramm.-rhet. t.t.*) einklammern [*litteram*]; lang aussprechen [*syllabam*]; °**c**) ausspinnen, umschreiben; (*P.P.P.*) °*subst.*
circumductum, *ī n* Periode.
circumductiō, *ōnis f* (*circumdūcō*) **1.** Prellerei; **2.** Umschreibung eines Gedankens, Periode.
circum-eō, *iī, itum, īre* **1.** herumgehen *um,* umgehen, -fahren, -reiten [*castra*]; **2.** einschließen, umzingeln; **3.** von einem zum andern gehen: °**a**) (*mil. t.t.*) die Runde machen *bei* [*vigilias*]; **b**) besuchen, besichtigen [*provinciam*]; **4. a**) einen Umweg, einen Bogen machen *um*; °/ **b**) (*einen Begriff*) umschreiben; nicht nennen [*nomen*]; **c**) hintergehen, täuschen.
circum-equitō 1 umreiten.
circum-errō 1 herumirren *um,* umgaukeln [*lateri*].
circum-ferō, *tulī, lātum* 3 **1.** herumtragen, -bewegen; herumschweifen lassen [°*oculos*]; herumgeben, herumgehen lassen [°*poculum*]; °**2.** / ringsum verbreiten [*clamorem*]; bekannt machen [*meritum*].
circum-flectō, *exī, exum* 3 kreisförmig umfahren [*cursum* im Bogen].
circum-flō 1 umwehen; / P. [*ab omnibus ventis invidiae*].
circum-fluō, *flūxī,* — 3 (*flŭxī?*) °**1.** (*trans.*) **a**) rings umfließen; **b**) (*in Fülle*) umgeben; **2.** (*intr.*) / **a**) überströmen [*oratio*]; in reicher Fülle vorhanden sein; **b**) überreich sein *an* [*omnibus copiis*].
circumfluus 3 (*circumfluō*) umfließend; umflossen.
circum-fodiō, *fōdī, fossum* 3 umgraben.
circum-forāneus 3 (*forum*) auf dem Markte geborgt [*aes -um* Schulden]; die Märkte bereisend.
circum-fremō, *uī,* 3 umlärmen, umgirren.
circum-fundō, *fūdī, fūsum* 3 °**1.** herumgießen *um*; *se -ere u.*

mediopass. umfließen [*mare urbi*]; / sich anschmiegen *an* [*iuveni*]; **2.** übergießen *mit* [°*mortuum cera*]; **3.** / (*meist mediopass.*) umgeben, umringen, umdrängen [*cedentibus*].

circum-gemō, — — 3 umbrummen.

circum-gestō 1 überall herumtragen.

circum-gredior, *gressus sum* 3 [(*feindl.*) umringen.

circum-iaceō, — — 2 ringsherum liegen *um* [*Europae*], wohnen.

circum-iciō, *iēcī, iectum* 3 (*iaciō*) **1.** werfen, stellen, legen *um* [*fossam verticibus*], rings aufwerfen [*vallum*]; **2.** umgeben; (*P.P.P.*) *adi.*

circum-iectus[1] 3 °**1.** überall liegend *an* [*aedificia muris*]; **2.** umgeben *von* [*saltibus*].

circumiectus[2], *ūs m* (*circumiciō*) °**1.** Umschlingung; **2.** Umgebung.

circu(m)itiō, *ōnis f* (*circumeō*) °**1.** (*mil. t.t.*) Rundgang bei den Wachen, Ronde; **2.** / Umweg, Umschreibung.

circu(m)itus, *ūs m* (*circumeō*) °**1.** Umseglung [*Hispaniae*]; **2.** periodischer Umlauf [*solis*]; **3.** Umweg; **4.** Umfang, Umkreis [*munitionis*]; *in circuitu* ringsum; **5.** / °**a**) Umschreibung [*verborum*]; **b**) Periode [*orationis*]; ** Reigentanz.

circum-lātrō 1 um-, anbellen.

circum-ligō 1 umbinden *um*; umwickeln, umschlingen [*angui* (*abl.*); °*hastae* (*dat.*)].

circum-linō, —, *litum* 3 (*nkl. auch liniō, iī,* — 4) °**1.** (*m. dat.*) herumschmieren *um* [*sulfura taedis*]; **2.** bestreichen, überziehen *mit* [°*auro*].

circumlitiō, *ōnis f* (*circumlinō*) Bemalung *der Statuen.*

circumlocūtiō, *ōnis f* (*circumloquor* 3 umschreiben) Umschreibung.

circumlūcēns, *entis* (*lūceō*) hell strahlend.

circum-luō, — — 3 (*lavō*) umfließen, umspülen.

circum-lūstrō 1 rings beleuchten.

circumluviō, *ōnis f* (*circumluō*) Umspülung; Inselbildung.

circum-mittō, *mīsī, missum* 3 °**1.** einen Umweg nehmen lassen; **2.** überall herumschicken.

circum-moeniō 4 (*Pl.*) = *-mūniō.*

circum-mūgiō 4 (*auch in Tmesis*) umbrüllen.

circum-mūniō 4 rings ummauern, einschließen.

circummūnītiō, *ōnis f* (*circummūniō*) Einschließung.

circum-padānus 3 (*Padus*) zu beiden Seiten des Po.

circum-pendeō, — — 2 ringsherum hängen (*intr.*).

circum-plaudō, — — 3 rings mit Klatschen begrüßen.

circum-plector, *plexus sum* 3 (*altl. -ō*) umfassen, umschlingen; / umgeben.

circum-plicō 1 umwickeln, umschlingen.

circum-pōnō, *posuī, positum* 3 herumstellen, rings aufstellen; anlegen rings *um* [*nemus stagno*]; *curuli* zu beiden Seiten des kurulischen Sessels Platz nehmen lassen.

circumpōtātiō, *ōnis f* (*circum, pōtō*) *der* Umtrunk, *bsd. beim Leichenschmaus.*

circumrētiō 4 (*rēte*) rings umgarnen, umstricken.

circum-rōdō, *rōsī,* — 3 °**1.** ringsum benagen; **2.** / herumkauen *an.*

circum-saepiō, *psī, ptum* 4 °**1.** umzäunen; **2.** / umgeben, umringen.

circum-scindō, — — 3 die Kleider vom Leibe abreißen.

circum-scrībō, *psī, ptum* 3 **1.** mit einem Kreis umschreiben, umreißen; beschreiben [*orbem*]; **2.** ab-, begrenzen [*advenis locum habitandi*]; **3.** beschränken, einschränken, in seine Schranken verweisen [*tribunum plebis*]; **4.** umstricken [*fallaci interrogatione*]; übervorteilen, täuschen; **5.** ausscheiden, beiseite lassen [*genus hoc oratorum*].

circumscrīptiō, *ōnis f* (*circumscrībō*) **1.** umschriebener Kreis; **2.** / **a**) Begrenzung, Umfang; **b**) (*rhet. t.t.*) Periode; **c**) Übervorteilung.

circumscrīptor, *ōris m* (*circumscrībō*) Betrüger.

circumscrīptus 3 (*m.* °*comp., adv.*; *circumscrībō*) **1.** scharf begrenzt, bündig; **2.** periodisch abgerundet; °**3.** beschränkt.

circum-secō, —, *sectum* 1 **1.** ringsum herausschneiden; °**2.** beschneiden.

circum-sedeō, *sēdī, sessum* 2 °**1.** herumsitzen *um* [*templum*]; **2.** belagern [*arcem*]; **3.** / bestürmen [*lacrimis*].

circumsessiō, *ōnis f* (*circumsedeō*) Belagerung.

circum-sīdō, *sēdī,* — 3 umlagern, umzingeln.

circum-siliō, *siluī,* — 4 (*saliō*) herumhüpfen; / umringen.
circum-sistō, *stetī,* — 3 sich herumstellen; feindlich umringen; °/ rings bedrängen.
circum-sonō, *uī,* — 1 **1.** (*intr.*) ringsum ertönen; °**2.** (*trans.*) umrauschen [*clamor hostes*].
circumsonus 3 (*circumsonō*) umlärmend.
circumspectātrīx, *īcis f* (*circumspectō*) die überall umherspäht; Beobachterin.
circumspectiō, *ōnis f* (*circumspiciō*) Umsicht; ** *vestra* (*Anrede an den Erzbischof*) Ew. Weisheit.
circum-spectō 1 **1.** (*intr.*) (*aufmerksam, vorsichtig, ängstlich*) umherschauen, sich umschauen [*quanam evaderet; inter se*]; **2.** (*trans.*) **a**) sich umsehen *nach* [°*alium*; °*fugam*]; °**b**) genau betrachten [*aedem*]; **3.** (*altl.*) *sese -are* sich umblicken.
circumspectus¹, *ūs m* (*circumspiciō*) Umschau; °/ allseitige Erwägung [*aliarum rerum*].
circumspectus² 3 (*m. comp., sup., adv.*; *circumspiciō*) umsichtig, überlegt, besonnen.
circum-spiciō, *spexī, spectum* 3 (*spēxī?*) **1.** (*intr.*) (*aufmerksam, vorsichtig, ängstlich*) sich umschauen; **2.** (*trans.*) **a**) ringsum betrachten, mustern [*situm urbis*]; **b**) sich umsehen *nach* [*Caesarem*]; / °**c**) ausfindig zu machen suchen [*consilia*]; **d**) genau erwägen, überlegen, bedenken [*omnia pericula*]; achten *auf* [*diligenter, ut, ne*].
circumstantia, *ae f* (*circumstō*) Umgebung; / *die* Umstände.
circum-stō, *stetī,* — 1 **1.** (*intr.*) herumstehen; **2.** (*trans.*) umgeben, umringen; umlagern [*tribunal praetoris*]; bedrängen.
circum-strepō, *uī, itum* 3 umrauschen, umlärmen; rings laut rufen.
circum-struō, *strūxī, strūctum* 3 ummauern.
circum-tendō, —, *tentum* 3 umspannen.
circum-terō, — — 3 (ringsum reiben), dicht umstehen.
circum-textus 3 (*texō*) rings umwebt, verbrämt.
circum-tonō, *uī,* — 1 umdonnern, umrauschen.
circum-tōnsus 3 (*tondeō*) rund geschoren; / gekünstelt.
circum-vādō, *sī,* — 3 umringen, überfallen; / befallen [*terror aciem*].
circum-vagus 3 ringsum schweifend; rings umflutend.
circum-vallō 1 rings (mit einem Wall) einschließen; °/ (*se*) *-are* sich auftürmen.
circumvectiō, *ōnis f* (*circumvehō*) **1.** der Handelsverkehr im Inland; *portorium -onis* Durchgangszoll; **2.** Umlauf [*solis*].
circumvector 1 (*intens. v. circumvehor*) herumfahren *an* [*oram*]; / durchgehen, beschreiben [*singula*].
circum-vehor, *vectus sum* 3 **1.** (*intr.*) herumfahren, -reiten; °**2.** (*trans.*) umfahren, umreiten, umsegeln; die Runde machen *bei*; / *verbis* umschreiben.
circum-vēlō 1 rings umhüllen.
circum-veniō, *vēnī, ventum* 4 **1.** umringen, umgeben, umfließen; **2.** (*feindl.*) umzingeln, einschließen; **3.** / umgarnen, gefährden, unterdrücken; hintergehen, überlisten.
circum-versiō, *ōnis f* (*circumvertō*) *das* Umwenden, Umdrehen.
circum-vertō, *tī, sum* 3 umdrehen, umwenden; *mediopass. u. se -ere* sich umdrehen; / betrügen *um* [*argento*].
circum-vestiō 4 ringsum bekleiden; / schützen [*se dictis*].
circum-vinciō, *vinxī, vinctum* 4 (*vīnxī, vīnctum* ?) (ringsum) binden.
circum-vīsō, — — 3 ringsum ansehen.
circumvolitō 1 (*intens. v. circumvolō*) **1.** (*intr.*) umherfliegen; **2.** (*trans.*) umfliegen, umflattern.
circum-volō 1 umfliegen, -flattern.
circum-volvō, *volvī, volūtum* 3 herumrollen; *mediopass.* im Kreislauf vollenden [*annum sol*].
circum-vortō (*altl.*) = *-vertō.*
circus, *ī m* (*vl. gr. Lw.*) °**1.** Kreislinie, Ring; *candens* Milchstraße; **2.** Rennbahn, Zirkus [*maximus*] (*in Rom zwischen Palatin u. Aventin*); °**3.** / Zirkusspiele.
cīris, *is f* (*gr. Fw.*) *ein Seevogel.*
****ciro...** = *chīro...*
cirrātus 3 (*cirrus*) kraushaarig, gelockt.
cirrus, *ī m* (*et. unklar*) **1. a**) Haarlocke; **b**) Krauskopf; **2.** Franse.
Cirta, *ae f St. i. Numidien, seit Constantin Constantina, j.* Constantine; *Einw.* **-tēnsēs,** *ium m.*

C

cis (-ce da) *prp. b. acc.* **1.** (*räuml.*) diesseits; °**2.** (*zeitl.*) binnen, innerhalb. [südlich.

cis-alpīnus 3 diesseits der Alpen;

cisium, *ī n* (*gall. Lw.*) Kabriolett, leichter zweirädriger Wagen.

cis-rhēnānus 3 diesseits des Rheines wohnend, linksrheinisch.

cista, *ae f* (*gr. Fw.*) Kiste, Kasten.

cistella, *ae f* (*dem. v. cista*) Kästchen.

Cistellāria, *ae f* (*cistella*) (*fābula*) *die* Kästchenkomödie (*des Plautus*).

cistellātrīx, *īcis f* (*cistella*) Sklavin, die Schmuckkästchen in Verwahrung hat.

cistellula, *ae f* (*dem. v. cistella*) kleines Kästchen.

cisterna, *ae f* (*cista m. wahrsch. etr. Suffix*) Zisterne. [Zisterne.

cisternīnus 3 (*cisterna*) aus der

cistifer *od.* **-ber,** *erī m* (*cista, ferō*) Kistenträger.

cistophorus, *ī m* (*gen. pl.* °*auch -phorum*; *gr. Fw.* = „Kistenträger"; *sc. nummus*) *Münze der Provinz Asien* (*m. geprägter cista*) = $2^1/_2$ *Denar.*

cistula, *ae f* (*dem. v. cista*) Kistchen.

citātim *adv.* (*citō*[1]) eilends.

****citatio,** *onis f* Vorladung.

citātus 3 (*m.* °*comp.*, °*sup.*; *citō*[2]) schnell, eilend, beschleunigt; *equo citato* im Galopp.

citerior, *ius* (*comp. des vkl. citer, tra, trum*; *cf. cis*) diesseitig; / näher liegend, irdisch; *sup.* **citimus** 3 am nächsten liegend, sehr nahe befindlich.

Cithaerōn, *ōnis m* (*gr.* Kithairọn) *Gebirge zwischen Attika u. Böotien.*

cithara, *ae f* (*gr. Fw.*) (*viersaitige*) Zither, Laute; Zitherspiel.

citharista, *ae m* (*gr. Fw.*) Zitherspieler. [spielerin.

citharistria, *ae f* (*gr. Fw.*) Zither-

citharizō 1 (*gr. Fw.*) die Zither spielen. [Zithersängers.

citharoedicus 3 (*gr. Fw.*) des

citharoedus, *ī m* (*gr. Fw.*) Zithersänger (*der seinen Gesang auf der cithara begleitet*).

citimus 3 *s. citerior.*

citius, citō[1] *s. citus.*

citō[2] 1 (*intens. v. cieō*) **1.** in schnelle Bewegung setzen; **2. a**) aufrufen, herbeirufen; **b**) einberufen, aufrufen (*z. B. zur Versammlung* [*patres in curiam*], *zur Eintragung in die Stammrolle u. zur Ableistung des Fahneneides*); **c**) vor Gericht laden, vorladen; anklagen [*capitis* auf Tod und Leben]; **3. a**) namentlich anführen, nennen [*testem*]; **b**) sich berufen *auf*, zitieren [*libros auctores*]; **4.** immerfort anstimmen [*paeanem*].

citrā (*Analogiebildung nach ultrā*; *cf. citerior*) °**1.** *adv.* diesseits, auf dieser Seite; *nec citra nec ultra* nicht hin, nicht her; / weniger [*quam debuit*]; **2.** *prp. b. acc.* diesseits: **a**) (*räuml.*) innerhalb, vor; °**b**) (*zeitl.*) vor; °**c**) / unter, nach, geringer *als* [*nec virtus est* ~ *genus*], ohne [*damnum*], außer, ausgenommen [*spectaculorum dies*].

citreus 3 (*citrus*) aus Zitrusholz.

citrō *adv.* (*abl. sg. m des vkl. citer*; *cf. citrā*) hierher; *kl. nur ultro* (*et*) *citro* hinüber und herüber, hin und her.

citrum, *ī n* (*citrus*) Zitrusholz.

citrus, *ī f* (*gr. Lw.*) Zitrusbaum (*Zitronatbaum u. afrikanischer Nadelbaum, Thuja*).

citus 3 (*m.* °*comp.*; *P.P.P. v. cieō*) **1.** geschwind, schnell, rasch; **2.** in Eilmärschen ziehend [*milites*]; *adv.* **citō** (*u.* **-ŏ**?) (*m. comp., sup.*) schnell, rasch; *non cito* nicht leicht; *citius quam* eher, leichter als; ** *quam cito ci.* sobald als.

cīvicus 3 (*cīvis*) bürgerlich, Bürger... *corona -a* Bürgerkranz (*Eichenkranz für Rettung eines Bürgers im Kampf*).

cīvīlis[1], e (*m.* °*comp.*, °*sup.*, *adv.*; *cīvis*) **1.** bürgerlich, Bürger..., Privat...; *ius civile* bürgerliches Recht, Staatsrecht; Zivil-, Privatrecht; °**2.** voll Bürgersinn, patriotisch [*animus*]; °**3.** leutselig, herablassend [*ingenium*]; **4.** staatlich, politisch [*procellae*]; zivil [*munera*]; ** heimisch, weltlich; *lis* ~ Zivilprozess.

Cīvīlis[2], *is m Führer des Bataveraufstandes 69 n. Chr.*

cīvīlitās, *ātis f* (*cīvīlis*) **1.** Leutseligkeit, Popularität; **2.** Staatskunst; ** Höflichkeit.

cīvis, *is m f* (*abl. sg. auch -ī*; *cf. nhd.* „Heirat", *urspr.* = Hauswesen) **1.** (Einheimischer), Bürger(in), Bürgerstochter; Mitbürger(in); **2.** Untertan; ** *pl.* Landsleute.

cīvitās, *ātis f (cīvis)* **1.** Bürgerrecht; **2.** Bürgerschaft; Staat, Stadt, Gemeinde; ** Bischofsstadt; *dei* Gottesstaat.
cīvitātula, *ae f (dem. v. cīvitās)* Bürgerrecht einer Kleinstadt; ** Städtchen.
clādēs *u. (Li.)* **clādis,** *is f (cf. [per-] cellō, calamitās)* °**1.** Verletzung; **2.** Schaden, Unglück, Unheil, Verlust; **3.** Niederlage; °**4.** Seuche; **5.** *(v. Pers.)* Urheber des Unglücks, Verderber.
clam *(cēlō)* **1.** *adv.* heimlich, insgeheim; **2.** *prp. b. abl. u. °acc.* heimlich *vor [vobis]*; ohne Wissen *[patrem]*.
clāmātor, *ōris m (clāmō)* Schreier; ** Beschwerdeführer.
clāmitātiō, *ōnis f (clāmitō)* heftiges Schreien.
clāmitō 1 *(intens. v. clāmō)* laut schreien [*„ad arma!"*]; laut nennen *[se reum]*; / deutlich verraten *[calliditatem]*.
clāmō 1 *(calō[1]; clārus)* **1.** *(intr.)* schreien, laut rufen *[cum tacent, clamant]*; **2.** *(trans.)* **a)** laut ausrufen *[°Saturnalia]*; °**b)** an-, herbeirufen *[comites]*; laut nennen *[se deum]*; **c)** deutlich zeigen, verraten *[quid deliqueris]*.
clāmor, *ōris m (clāmō)* **1.** Geschrei; **2.** Beifallsgeschrei; **3.** Klage-, Jammergeschrei; Kriegsgeschrei; °**4.** Getöse, Widerhall *[montium]*; ** Beschwerde, Klage.
clāmōsus 3 *(m. adv.; clāmor)* **1.** laut schreiend; **2.** von Geschrei erfüllt; **3.** mit Geschrei verbunden.
clanculārius 3 *(clanculum)* geheim, verborgen.
clanculum *(volkstümliches dem. v. [clam]) = clam.*
clandestīnus 3 *(°adv.* **-ō**; *clam)* heimlich, geheim.
clangor, *ōris m (clangō 3 „schreien, schnattern")* Klang, lautes Geschrei *[anserum]*; Geschmetter *[tubarum]*.
clāreō, — — 2 *(clārus)* hell sein, glänzen; / einleuchten, klar sein.
clārēscō, *ruī,* — 3 *(incoh. v. clāreō)* **1.** hell werden, erglänzen; **2.** ertönen, erschallen; **3.** / **a)** klar werden, einleuchten; **b)** berühmt werden, sich auszeichnen.
clārigātiō, *ōnis f (clārigō 1 „laut fordern"; t.t. der Fetialen; clārus)* **1.** laute Forderung nach Genugtuung *gegenüber einem Feind an der Grenze*; **2.** Ersatzanspruch *(an denjenigen [eius], der außerhalb seiner Bannmeile betroffen wird)*.
clāri-sonus 3 *(clārus, sonō)* hell tönend.
clāritās, *ātis f (clārus)* °**1.** Helligkeit *[solis]*; **2.** Klarheit *[vocis]*; **3.** / Berühmtheit; erlauchter Name.
clāritūdō, *inis f = clāritās.*
clārō 1 *(clārus)* erhellen; / klarmachen; verherrlichen.
clārus 3 *(m. comp., sup., adv.; cf. calō[1], clāmō)* **1.** *(für das Auge)* hell, klar, glänzend; **2.** *(für das Ohr)* laut, hell, deutlich; **3.** / **a)** *(geistig)* klar, deutlich, verständlich; **b)** hervorleuchtend, berühmt; **c)** berüchtigt.
classiārius *(classis)* °**1.** *adi.* 3 zur Flotte gehörig *[centurio* Seeoffizier*]*; **2.** *subst. (meist pl.)* **-ī,** *ōrum m* Seesoldaten, Matrosen.
classicula, *ae f (dem. v. classis)* [kleine Flotte.]
classicum, *ī n (classis)* (Trompeten-)Signal *[canere]*; °/ Kriegstrompete *[inflare]*.
classicus 3 *(classis)* zur Flotte gehörig, Flotten...; *subst.* **-ī,** *ōrum m = classiāriī.*
classis, *is (nkl. auch: abl. -ī, acc. -im; vl. zu calō[1])* **1.** *servianische* Vermögensklasse *der Bürger*; °**2.** Klasse, Abteilung: **a)** Schulklasse; **b)** kaiserliche Umgebung; **3.** *(mil. t.t.)* °**a)** Heer, Landmacht; **b)** Flotte, Seemacht, Geschwader; *°abl.* -e (-ī) zur See; / *(dcht.)* Schiff.
clātrātus 3 *(clātrī)* vergittert.
clātrī, *ōrum m u.* **-a,** *ōrum n (dor. Lw.)* Gitter.
claudeō, — — 2 = *claudicō.*
claudicātiō, *ōnis f (claudicō) das* Hinken.
claudicō 1 *(claudus)* hinken, lahm sein; / wanken, auf schwachen Füßen stehen, mangelhaft sein.
Claudius *u.* **Clōdius** 3 *Name einer patriz. gens*: **1.** *App. Claudius Caecus, Erbauer der via Appia (cf. Appius)*; **2.** *P. Clōdius Pulcher, Feind Ciceros*; **3.** *Clōdia, jüngste Schwester v. 2, Catulls „Lesbia"*; **4.** *Kaiser Claudius, 54 n. Chr. v. seiner Gattin, der jüngeren Agrippina, vergiftet*; *adi.* *-iālis,* **e**; *-iānus* 3; — *cf. Marcellus.*
claudō[1], —, *sūrus* 3 *(claudus) = claudicō.*

claudō², *sī, sum 3 (wohl < *clāvidō zu clāvis)* **1.** (ver-, zu-)schließen; **2. a)** einschließen, einsperren; **b)** (*mil. t.t.*) umzingeln, einschließen; **3.** absperren [= *intercludere*]; für den Verkehr sperren [*aditum*]; abschneiden [*commeatum, fugam*]; °**4. a)** abschließen, beendigen [*epistulam*]; **b)** (*mil. t.t.*) *agmen* die Nachhut bilden; °*dextrum latus* decken; *cf. clūdō 3 u. clausum, ī n.*
claudus *u.* (*vulgär*) **clōdus** 3 (*vl. urspr.* = „mit Haken versehen, gehemmt" *zu clāvis, clāvus*) lahm [*altero pede*]; °/ unvollständig, mangelhaft; schwankend.
****clausa,** *ae f* Zelle, Klause.
claustra, *ōrum u.* (*nkl.*) **-um** *ī n* (*claudō*) **1.** Verschluss, Schloss, Riegel; **2.** / °**a)** Sperre; Käfig; enger Durchgang; Pass; **b)** Schlüssel (*zu einer Gegend od. Stadt*), Bollwerk [*Corinthus* ~ *locorum*]; **c)** Schranken, Hindernisse [°*pudoris*]; ** *sg.* Kloster; Versteck; Schoß [*Mariae*].
****claustralis,** e klösterlich.
clausula, *ae* (*dem. des substantivierten P.P.P. f v. claudō²*) **1.** Schluss, Ende; 2. Klausel (*meist rhythmischer Schluss einer Periode*); **3.** Schlussszene -verse; ** Klause.
clausum, *ī n* (*claudō*) Verschluss, [Schloss.]
****clausura,** *ae f* Türschloss; Engpass; abgesonderter Teil des Hauses (Klausur).
clāva, *ae f* (*wohl zu clāvus*) **1.** Knüttel, Keule; °**2.** Briefstab der Spartaner, geheime Depesche.
clāvārium, *ī n* (*clāvus*) Schuhnagelgeld (*Zahlung an die Soldaten zur Anschaffung von Schuhnägeln*).
clāvātor, *ōris m* (*clāva*) Keulenträger.
clāvīcula, *ae f* (-*ī*-?; *wohl in beiden Bedeutungen dem. zu clāvis*) °**1.** kleiner Schlüssel; **2.** schwache Ranke; Rebsenker.
clāvi-ger¹, *erī m* (*clāva, gerō*) Keulenträger [*Hercules*].
clāvi-ger², *erī m* (*clāvis, gerō*) Schlüsselträger [*Ianus*]; ** *caelorum* Pförtner (Petrus).
clāvis, *is f* (*acc. auch -im, abl. -ī; dor. Lw.?; cf. claudō*) **1.** Schlüssel [°*adulter(in)a* Nachschlüssel]; *claves uxori adimere* sich scheiden lassen; °**2.** Riegel; °**3.** Treibstock, *um einen Spielreifen in Bewegung zu setzen*; ** Schloss; *pl.* Schlüsselgewalt [*ecclesiae*].
clāvus, *ī m* (*cf. claudō, clāvis*) **1.** Nagel; Jahresnagel (*nach etr. Brauch jährlich am 13. Sept. in die Cellawand des Jupitertempels geschlagen*); *ex eo die clavum anni movere* den Jahresanfang rechnen; **2.** Steuerruder; °**3.** Hühnerauge; °**4.** Purpursaum an der Tunika [*latus* (*der Senatoren*); *angustus* (*der Ritter*)]; / Tunika (*m. Purpursaum*).
Cleanthēs, *is m* (*gr.* K-) *stoischer Philosoph, Schüler des Zeno.*
clēmēns, *entis* (*m. comp., sup., adv.*; *eigtl.* „angelehnt, geneigt"; *cf.* (*in*)*clīnō*) mild, sanftmütig, zahm; °/ gelind, ruhig, still [*mare*].
clēmentia, *ae f* (*clēmēns*) Milde, Sanftmut, Nachsicht.
****clenodium,** *i n* Kleinod.
Cleombrotus, *ī m* (*gr.* K-os) **1.** *spartan. Feldherr bei Leuktra*; **2.** *akademischer Philosoph.*
Cleōn, *ōnis m* (*gr.* K-) *athen. Parteiführer, † 422.*
Cleopatra, *ae f* (*gr.* Kleopatrā) *letzte ägypt. Königin.*
clepō, *epsī, eptum 3* (*cf. gr. Fw. kleptō* „stehlen") stehlen.
clepsydra, *ae f* (*gr. Fw.*) Wasseruhr (*Zeitmesser bei Reden u. Vorträgen*); / Sprechzeit.
clepta, *ae m* (*gr. Fw.*) Dieb.
****clericatus,** *us m* geistlicher Stand.
****cleric(ul)us,** *i m* Geistlicher.
****clerus,** *i m* Geistlichkeit.
cliēns, *entis m* (*gen. pl. meist -ium; wahrsch. urspr. Aoristpart. wie parēns²*: „der Anlehnung gefunden hat"; *cf.* (*in*)*clīnō*) **1.** (*römisch*) Höriger; *halbfreier, sich an einen patrōnus anschließender* Klient; **2.** (*außerrömisch*) Dienstmann, Vasall; **3.** *pl.* (*v. Gemeinden u. Völkern*) Schutzbefohlene; °**4.** Schützling (*einer Gottheit*).
clienta, *ae f* (*cliēns*) Schutzbefohlene, Klientin.
clientēla, *ae f* (*cliēns*) Schutzverwandtschaft; Gesamtheit der Klienten; ** Ingesinde; Gefolgschaft.
clientulus, *ī m* (*dem. v. cliēns*) ärmlicher Klient.
****clima,** *atis n* Gegend; *climata mundi* Erdzonen.
clīmactēr, *ēris m* (*gr. Fw.*) Stufenleiter, *gefahrvolle Epoche im Men-*

schenleben (jedes 7., bsd. das 63. Jahr); *adi.* -tēricus 3 [tempus].
clīnāmen, inis *n* (*cf.* (in)clīnō) Neigung [principiorum].
clīnātus 3 (*aus den Komposita, z.B.* in-clīnō, *verselbstständigtes* P.P.P.; *cf. nhd.* „lehnen") geneigt, gesenkt.
clīnicus, ī *m* (*gr. Fw.*) **1.** Arzt am Krankenbett; **2.** Leichenmann (*entspr. unserer Totenfrau*); ** *adi.* 3 bettlägerig, kränklich, leidend.
clīnopalē, ēs *f* (*gr. Fw.*) Ringen im Bett (= concubitus).
Clīō, ūs *f* (*gr.* Kleiọ̄) **1.** *Muse der Geschichte*; **2.** *Nymphe.*
clipeātus 3 (clipeus) schildtragend; *subst.* **-ī,** ōrum *m* Schildträger.
clipeus (*altl.* clupeus), ī *m*, °*seltener* **-um,** ī *n* (*et. ungedeutet, wohl* [*vl. etr.*] *Fw.*) **1.** großer eherner Rundschild; °**2.** / **a)** Sonnenscheibe; **b)** (*meist* -um) Brustbild, Medaillon.
Clīsthenēs, is *m* (*gr.* Kleisthẹnēs) *athen. Staatsmann, um 500.*
Clītarchus, ī *m* (*gr.* Kleịtarchos) *gr. Historiker, Begleiter Alexanders d.Gr.*
clītellae, ārum *f* (*dem. zu* *clītrā; *cf.* (in)clīnō; *nhd.* „Leiter" = die Angelehnte) Packsattel.
clītellārius 3 (clītellae) einen Saumsattel tragend.
Clītus, ī *m* (*gr.* Kleịtos) *Reiterführer Alexanders d. Gr.*
clīvōsus 3 (clīvus) hügelig; abschüssig, steil.
clīvus, ī *m* (*cf.* (in)clīnō) **1.** Abhang, Steigung; Hügel [Capitolinus]; **2.** Hügelstraße; Capitolinus *od.* °sacer Straße *vom Forum* zum Kapitol; °**3.** / schräger, schiefer Stand [mensae].
cloāca, ae *f* (*altl.* cluō 3 „spülen, reinigen") Abzugskanal [maxima *Hauptkanal unter dem Forum*].
Cloācīna, ae *f* (cloāca) „*Göttin der* cloaca maxima", *Beiname der Venus.*
Clōdius, clōdus *s.* Claudius, claudus.
clōdō, clōstra = claudō, claustra.
Cloelius *u.* **Cluilius** 3 *urspr. albanischer, später röm. Gentilname*: **1.** *letzter König v. Alba*; **2. Cloelia,** ae *f als Geisel an Porsenna ausgeliefert.*
Clōthō, ūs *f* (*gr.* Klōthọ̄ „Spinnerin") *eine der drei Parzen.*
clūdō, clūsī, clūsum 3 (*vulgär, aus den Komposita gebildet*) = claudō.
cluēns = cliēns.
Cluentius 3 *röm. Gentilname*; *adi.* -iānus 3.
clueō, — — 2, **clueor,** — 2 *u.* **cluō,** — — 3 (*cf.* Cloelius) genannt werden, heißen; gerühmt werden.
clūnis, is *m f* (*cf. bretonisch* klun „Hinterbacke") Hinterbacke, Steiß.
clupeātus, clupeus *s.* clipe...
clūrīnus 3 (clūra „Schwanzaffe", *wohl gr. Lw.*) Affen... [pecus].
****clusa,** ae *f* Engpass; = **clausa.
Clūsium, ī *n St. in Etrurien, j.* Chiusi; *adi. u. Einw.* -sīnus (3).
Clūsius, ī *m* (clūdō) *Bein. des Janus.*
clystēr, ēris *m* (*gr. Fw.*) Einlauf (-spritze).
Clytaem(n)ēstra, ae *f* (*gr.* Klytaimẹstrā) *Tochter des Tyndareus u. der Leda, Gemahlin Agamemnons.*
Cn. (*Abk.*) = Gnaeus.
Cnidus, ī *f* (*gr.* Knịdos) *Seestadt in Karien m. Aphroditetempel*; *adi. u. Einw.* -dius (3).
Cnōs(s)us = Gnōs(s)us.
co- (*praev.*) *s.* com-.
coa, ae *f* (*Scherzbildung v.* coëō) [Hure.]
co-accēdō, — — 3 noch hinzukommen.
coacervātiō, ōnis *f* (coacervō) Anhäufung (*v. Beweisen.*)
co-acervō 1 zusammen-, anhäufen.
co-acēscō, acuī, — 3 sauer werden; / verwildern.
coāctiō, ōnis *f* (cōgō) Eintreibung [von Geld.]
coāctō 1 (*intens. v.* cōgō) mit aller Gewalt zwingen.
coāctor, ōris *m* (cōgō) **1. a)** Steuereinnehmer; °**b)** Makler; °**2.** (*mil. t.t.*) *pl.* agminis Nachhut (*die die Nachzügler vorwärts zu treiben u. den Marsch zu decken haben*); °**3.** / Antreiber.
coāctum *s.* cōgō.
coāctus, *abl.* ū *m* (cōgō) Zwang.
co-addō, — — 3 mit hinzutun.
****coadiutor,** oris *m* Mitarbeiter; Stellvertreter des Bischofs.
co-aedificō 1 bebauen; erbauen.
****co-aequalis,** is *m* Standesgenosse; *adi.* ~, e gleich.
co-aequō 1 °**1.** gleichmachen; ebnen; [**2.** / gleichstellen.]
coāgmentātiō, ōnis *f* (coāgmentō) Zusammenfügung, Verbindung.
coāgmentō 1 (coāgmentum) zusammenfügen, -leimen; verbinden.
coāgmentum, ī *n* (cōgō) Fuge.
coāgulum, ī *n* (cōgō) *das* Lab.
co-alēscō, aluī, alitum 3 (*incoh. zu* coalō 3 „zusammen ernähren") **1. a)** zusammen-, verwachsen; **b)** ver-

C

schmelzen; **2. a)** emporwachsen, Wurzel fassen; **b)** erstarken.

co-angustō 1 °**1.** zusammendrängen; **2.** / einschränken [*legem*].

co-arguō, *arguī, argūtum, arguitūrus* 3 **1.** deutlich dartun, aufdecken, beweisen [*mendacium*]; °**2.** als unbrauchbar, falsch erweisen [*legem*]; widerlegen; **3.** überführen [*avaritiae*].

coartātiō, *ōnis f* (*coartō*) *das* Zusammendrängen.

co-artō 1 zusammendrängen; verengen; °/ abkürzen.

coaxō 1 (*wohl gr. Lw.*) quaken.

Coccēius 3 *röm. Gentilname*: **1.** *L.* ~ *Nerva, Jurist, Vermittler zw. Oktavian u. Antonius*; **2.** *M.* ~ *Nerva, Jurist unter Tiberius*; **3.** *M.* ~ *Nerva, Enkel v. 2, Kaiser 96–98.*

coccinātus 3 (*coccinum*) in Scharlach gekleidet.

coccin(e)us 3 (*coccum*) scharlachfarben; *subst.* **-num,** *ī n* Scharlachdecke, -kleid.

coccum, *ī n* (*gr. Fw.*) Scharlach (*Farbe*); Scharlachfaden.

coc(h)lea, *ae f* (*gr. Lw.*) **1.** Schnecke; °**2.** Schneckenhaus.

coc(h)lear *u.* **-eāre,** *āris n* (*coc[h]lea*) Löffel (*mit dessen spitzem Ende die Schnecken aus der Schale gezogen wurden*).

cocles, *itis* (*-ō-?; -ē-?; gr. Lw.?*) (*v. Natur*) einäugig; *Horātius* ♀ *Verteidiger der Tiberbrücke gegen Porsenna.*

coctilis, e (*coquō*) gebrannt; aus Backsteinen.

coctūra, *ae f* (*coquō*) *das* Kochen.

cocus, *ī m* = *coquus.*

Cōcȳtus, *ī m* (*gr.* Kōkȳtos = „Klagestrom") *Fluss der Unterwelt*; *adi* *-tius* 3.

cōda, cōdex *s. cauda, caudex.*

Cōdēta (*ae f*) **minor** (*cōda caballī*, „Pferdeschwanz", Schachtelhalm) *mit Schachtelhalm bedeckter Teil des Marsfeldes.*

cōdicārius 3 (*cōdex*) aus einem Baumstamm [*navis*].

cōdicillus, *ī m* (*dem. v. cōdex*) °**1.** Stämmchen; **2.** (*pl.*) **a)** (*mit Wachs überzogene*) Schreibtafel; / **b)** Brief; °**c)** Bittschrift; kaiserliches Schreiben, Kabinettsorder; Zusatz zu einem Testament, Kodizill; ** Büchlein, Heft.

Codrus, *ī m* (*gr.* Kodros) **1.** *letzter König v. Athen*; **2.** *Dichter, Zeitgenosse Vergils.*

Coelē, *ēs* (*Syria*) *f* (*gr.* Koilē Syriā „*das hohle Syrien*") *Tal zwischen Libanon u. Antilibanon* Südsyrien.

****coemeterium,** *i n* Kirchhof.

co-ëmō, *ēmī, ēmptum* 3 zusammen-, aufkaufen.

coēmptiō, *ōnis f* (*coëmō*) **1.** Kaufehe (*bei der eine Frau sich in Zeugengegenwart in die manus eines Mannes verkauft*); **2.** Scheinehe (*die eine Frau auf Zeit mit einem älteren Mann eingeht, um selbstständig zu werden*); ** Kauf.

coēmptiōnālis, e (*coēmptiō*) °**1.** nur zur Scheinehe tauglich [*senex*]; **2.** / in Bausch u. Bogen gekauft, käuflich; wertlos.

****coenobita,** *ae m* Mönch.

****coenobium,** *i n* Kloster.

co-ëō, *iī, itum, īre* **1.** (*intr.*) **a)** zusammenkommen, -treffen [*Capuae, Pharsalum*]; °**b)** (*feindl.*) zusammenstoßen; **c)** sich vereinigen, zusammentreten; °**d)** sich ehelich verbinden; sich paaren; **e)** (*mil. t.t.*) sich vereinigen; sich sammeln; °**f)** zusammenfließen; °**g)** (*v. Wunden*) sich schließen; (*v. Milch, Blut*) gerinnen; / erstarren; **2.** (*trans.*) schließen [*societatem*].

coepiō, *coepī, coeptum* 3 (*praes.-Formen nur vkl.*; co- + **apiō* = „zusammenfügen"; *cf. apīscor*) anfangen, beginnen [°*trans.*: *bellum coeperunt*; °*intr.*: *ubi silentium coepit*]; *coepi kl. meist m. inf. act.* [*dicere coeperam*], *selten m. inf.* P. [*corpus moveri coepit*] *verbunden*; *coeptus sum m. inf.* P. *verbunden* [*lapides iaci coepti sunt*]; *cf. incipiō.*

****co-episcopus,** *i m* Mitbischof.

coeptō 1 (*intens. v. coepiō*) = *incipiō.*

coeptum, *ī n* (*coepiō*) angefangenes Werk, Unternehmen, Beginnen.

coeptus, *ūs m* (*coepiō*) Anfang, Beginnen.

co-ëpulōnus, *ī m* (*epulōnus altl.* = *epulō*) Tischgenosse.

co-ërceō, *cuī, citum* 2 (*arceō*) **1. a)** zusammenhalten, einschließen; °/ *numeris* in Verse fassen [*verba*]; **b)** in Ordnung halten, kurz halten; **2.** in Schranken halten, zügeln [*socios, cupiditates*]; **3.** strafen, züchtigen [*verberibus*].

coërcitiō, *ōnis f* (*coërceō*) **1.** Einschränkung; °**2.** Strafe; Strafrecht; ** Regelung.

coetus, *ūs m* (= *co-itus*) °**1.** *das* Zusammentreffen; **2.** Versammlung, Zusammenrottung, Auflauf; Verein, Kreis.

co-exercitō 1 zugleich einüben.

cōgitābilis, e (*cōgitō*) denkbar.

cōgitātim *adv.* (*cōgitātus*) mit Bedacht, Überlegung.

cōgitātiō, *ōnis f* (*cōgitō*) **1.** (*act.*) **a**) Nachdenken, Überlegung, Erwägung; **b**) Denkvermögen; Fantasie; **2.** (*pass.*) **a**) Gedanke [*litteris mandare*]; **b**) Vorhaben, Absicht, Plan, Entschluss.

cōgitātus 3, **cōgitātē** *adv. s. cōgitō.*

cōgitō 1 (*co-* + *agitō* „eine Sache im Geist zusammenfassen") **1. a**) (*intr.*) (nach)denken; denken *an* [*de claris viris*]; **b**) (*trans.*) bedenken, überlegen, erwägen [*multa cum animo suo*]; **2.** bedacht sein *auf* [*de salute*]; **3.** ausdenken, ersinnen; beabsichtigen, vorhaben [*fugam*]; **4.** gesinnt sein [*male*]; (*P.P.P.*) *adi.* **cōgitātus** 3 wohl bedacht [*verbum*], beabsichtigt [*facinus*]; *adv.* **-ē** mit Bedacht; *subst.* **-um,** *ī n* Gedanke; Vorhaben, Plan.

cognātiō, *ōnis f* (*cō-?*; *co-* + **gnāscor* „zusammen geboren werden") **1.** Blutsverwandtschaft [*est mihi tecum*]; **2.** Verwandte, Sippe; **3.** / Ähnlichkeit, Übereinstimmung [*studiorum*].

co-gnātus 3 (*cō-?*; **gnātus* = *nātus*) blutsverwandt; / ähnlich, übereinstimmend [*vocabula rebus*]; *subst.* **~,** *ī m* (Bluts-)Verwandter.

cognitiō, *ōnis f* (*cō-?*; *cognōscō*) **1.** nähere Bekanntschaft *mit* [*hominis*]; **2.** Kenntnis, Erkenntnis, Begriff [*naturae*]; **3.** (*jur. t.t.*) gerichtliche Untersuchung [*caedis, de crimine*].

cognitor, *ōris m* (*cō-?*; *cognōscō*) **1.** Identitätszeuge; **2. a**) Vertreter vor Gericht, Rechtsbeistand [*viduarum*]; / Vertreter [*sententiae*]; °**b**) Staatsanwalt.

cognitūra, *ae f* (*cō-?*; *cognitor*) Staatsanwaltschaft.

cognitus 3 *s. cognōscō.*

co-gnōmen, *inis n* (*cō-?*; *zu nōmen nach cognōscō gebildet*) **1.** Familienname [*Scipio, Sulla*]; **2. a**) (*ehrender*) Beiname [*Africanus*]; **b**) Spitzname [*Bambalio* Stammler]; °**3.** Name, Bezeichnung.

cognōmentum, *ī n* (*cō-?*) = *cognōmen.*

cognōminis, e (*cō-?*; *cognōmen*) gleichnamig.

cognōminō 1 (*cō-?*; *cognōmen*) mit Beinamen nennen; *verba cognominata* sinnverwandte Wörter, Synonyma.

co-gnōscō, *gnōvī, gnitum* 3 (*cō-?*; *gnōscō* = *nōscō*) **1.** kennen lernen, erkennen; **2. a**) wiedererkennen; **b**) (*jur. t.t.*) die Identität anerkennen; **3. a**) wahrnehmen, erfahren; (*pf.*) kennen, wissen; *cognitum est m. a.c.i.* man weiß aus Erfahrung; °**b**) (*euphemistisch*) geschlechtlich verkehren *mit* [*virgo virum*]; **4.** sich genaue Kenntnis verschaffen: **a**) Erkundigung einziehen; **b**) (*mil. t.t.*) auskundschaften; **c**) untersuchen, verhören (*bsd. vom Richter od. einem anderen Magistrat*); (*vom Sachwalter*) prüfen [*rem, causam*]; **d**) (*Schriften*) lesen, studieren [*totum Demosthenem*]; (*P.P.P.*) *adi.* **cognitus** 3 (*m.* °*comp.*, °*sup.*) bekannt, erprobt [*virtute*].

cōgō, *coēgī, coāctum* 3 (*co-*; *agō*) **I. 1.** zusammentreiben [*oves*]; **2.** zusammenholen, -ziehen, -bringen: **a**) (*mil. t.t.*) zusammenziehen [*copias, naves*]; **b**) berufen, entbieten, laden [*in curiam*]; **c**) (*Geld*) eintreiben; **3. a**) vereinigen, sammeln; P. sich vereinigen, sich sammeln; °**b**) verdichten, fest machen; *lac* gerinnen lassen; P. sich verdichten [*aqua in nivem*]; °**c**) zusammenhalten; *agmen* die Nachhut bilden; **d**) / zusammenfassen; logisch folgern, schließen [*falsas esse litteras*]; **II. 1. a**) hineintreiben, -drängen; °**b**) be-, verengen [*in fauces*]; °**c**) / *in ordinem* in die Schranken weisen, (*einen Offizier od. Magistrat*) degradieren, entrechten; **2.** drängen, zwingen, nötigen *zu*, erzwingen [°*ad militiam od. m. inf., a.c.i., ut*]; *nullo cogente* ohne Zwang; (*P.P.P.*) *adi.* **coāctus** 3 gezwungen; erzwungen; erheuchelt; *subst.* **coācta,** *ōrum n* gewalkte Wolle, Filz.

cohaerentia, *ae f* (*cohaerēns, part. praes. v. cohaereō*) Zusammenhang.

co-haereō, *haesī, haesūrus* 2 **1.** zusammenhängen, verbunden sein *mit* [*nobiscum*] **2.** organisch zu-

sammenhängen [*mundus*]; Bestand, Halt haben.
cohaerēscō, *haesī,* — 3 (*incoh. v. cohaereō*) verwachsen, sich verbinden.
co-hērēs, *ēdis m f* Miterbe.
co-hibeō, *buī, bitum* 2 (*habeō*) **1.** zusammenhalten; **2.** fest umschließen, einschließen; °**3.** zurückhalten, festhalten [*milites intra castra*]; **4.** fern halten *von* [*oculos a praeda*]; 5. zügeln, bändigen.
co-honestō 1 mit anderen ehren, verherrlichen; feiern.
co-horrēscō, *horruī,* — 3 zusammenschaudern.
co-hors, *tis f* (*cf. hortus*) °**1.** umzäunter Ort, Gehege, Hofraum, Viehhof; **2.** Umgebung, Gefolge [*reginae*]; *praetoria* Leibwache *des Feldherrn,* Gefolge *des Statthalters einer Provinz*; Schiffsmannschaft; **3.** (*mil. t.t.*) **a**) Kohorte (*der 10. Teil einer Legion*); **b**) (*in der Kaiserzeit*) *cohortes praetoriae od. togatae* (*da sie außer Dienst die Toga tragen*) *die* Prätorianer(kohorten) (*9 zu je 1000 Mann*); °**c**) *pl.* Hilfstruppen (*der Bundesgenossen*); **4.** Haufe, Schar, Schwarm.
cohortātiō, *ōnis f* (*cohortor*) Aufmunterung, Ermahnung.
cohorticula, *ae f* (*dem. v. cohors*) kleine Kohorte.
co-hortor 1 ermuntern, anfeuern.
co-iciō = *coniciō.*
****coincidentia,** *ae f das* Zusammenfallen.
co-inquinō 1 besudeln, beflecken; ** schänden.
coitiō, *ōnis f* (*coëō*) °**1.** feindliches Zusammentreffen; **2.** Vereinigung (*v. zwei Amtsbewerbern zur Verdrängung eines dritten*), Komplott.
coitus, *ūs m* (*coëō*) **1.** Vereinigung, Verbindung; **2.** Begattung, Beischlaf; **3.** (*gramm. t.t.*) Verschmelzung *von Silben u. Wörtern.*
col- *s. com-.*
colaphus, *ī m* (*gr. Fw.*) Faustschlag, Ohrfeige.
Colchus, *ī m Einw. v. Colchis, idis f* (*gr.* Kolchịs) *am Schwarzen Meer.*
cōleus, *ī m* (*et. unklar*) Hode(nsack).
cōliculus (*vulgär*) = *cauliculus.*
cōlis (*vulgär*) = *caulis.*
col-labāscō, — — 3 mit zu wanken beginnen.
col-labefactō 1 zum Wanken bringen.
col-labefīō, *factus sum, fierī u. fierī* zusammensinken, -fallen; °/ (*v. Staatsmännern*) gestürzt werden.
col-lābor, *lāpsus sum* 3 zusammensinken, -fallen, -brechen.
col-lacerātus 3 (*lacerō*) ganz zerfleischt.
collacrimātiō, *ōnis f* (*collacrimō*) Tränenguss.
col-lacrimō 1 in Tränen ausbrechen; beweinen.
col-lactea, *ae f* (*lacteō*) Milchschwester.
collāre, *is n* (*collum*) Halseisen.
Collātia, *ae f alte Sabinerst. ö. v. Rom*; *adi. u. Einw.* **-tīnus** (3); *Beiname des L. Tarquinius, des Gemahls der Lucretia.*
collātīcius 3 (*collātus, P.P.P. v. cōnferō*) zusammengetragen, geliehen.
Collātīnus *s. Collātia u. Tarquiniī.*
collātiō, *ōnis f* (*cōnferō*) **1.** *das* Zusammentragen; *signorum* Angriff, Zusammenstoß; °**2.** *das* Zusammenschießen von Geld, Beitrag; **3.** / Vergleichung, Gleichnis; *rationis* Analogie; ** Besprechung, Aussprache; Gebet.
collātīvus 3 (*collātus, P.P.P. v. cōnferō*) zusammengetragen, voll gestopft [*venter*].
collātor, *ōris m* (*cōnferō*) *der* Beisteuernde.
col-lātrō 1 anbellen; / begeifern.
collātus, *abl. ū* (*cōnferō*) *m* Angriff, Kampf.
collaudātiō, *ōnis f* (*collaudō*) Belobigung.
col-laudō 1 (be)loben, sehr loben.
col-laxō 1 erweitern, weit machen.
collēcta, *ae f* (*P.P.P. v. colligō*[2]; *sc. pecūnia*) Beisteuer, Geldbeitrag (*zu einem gemeinsamen Mahl*); / Beitrag zur Unterhaltung; ** Geldsammlung; Kollekte; Kolleggeld; Honorar.
collēctāneus 3 (*collēctus, P.P.P. v. colligō*[2]) gesammelt; *dicta -a* „Gesammelte Sentenzen" (*Jugendschrift Cäsars*).
collēctīcius 3 (*collēctus, P.P.P. v. colligō*[2]) zusammengelesen, -gerafft.
collēctiō, *ōnis f* (*colligō*[2]) **1.** *das* Sammeln; **2.** (*rhet. t.t.*) kurze Zusammenfassung; °**3.** (*philos. t.t.*) Syllogismus, Schluss.
collēctus[1], *ūs m* (*colligō*[2]) Ansammlung [*aquae*].
collēctus[2] 3 (*m. comp., adv.*; *colligō*[2]) bündig, kurz.
collēga, *ae m* (*vl. zu collēgium*) **1. a**) Amtsgenosse, Kollege; °**b**) Mitregent; **2.** Standesgenosse.

C

collēgium, *ī n* (*vl. con + lēx =* „durch eine *lēx* geschaffene Korporation") **1.** Amtsgenossenschaft; **2.** Priesterkollegium; **3.** Bruderschaft, Korporation, Verein; **4.** Innung, Zunft; ** *militare* Ritterstand.
col-lēvō 1 (völlig) glätten.
col-lībertus, *ī m* Mitfreigelassener.
col-libet, *libitum est u.* °*libuit* 2 es beliebt, gefällt.
col-līdō, *sī, sum* 3 (*laedō*) **1. a)** zusammenschlagen, -drücken; °**b)** *P.* zusammenstoßen *mit* [*barbariae dat.*]; **2.** zerdrücken.
colligātiō, *ōnis f* (*colligō*[1]) Verbindung, Bund.
col-ligō[1] 1 (*ligō*[2]) **1.** zusammenbinden, -heften; fesseln; **2.** / **a)** verbinden [*homines inter se*]; **b)** zusammenfassen [*uno libro*]; **3.** zurückhalten, hemmen.
col-ligō[2], *lēgī, lēctum* 3 (*legō*[2]) **1. a)** zusammenlesen, aufsammeln; **b)** (*mil. t.t.*) *vasa* zusammenpacken, sich fertig machen; zusammenziehen [*equites ex hibernis*]; °**c)** in die Höhe nehmen, aufnehmen [*capillos in nodum*]; *arma* die Segel reffen; °**2.** zusammendrängen; *se -ere u. mediopass.* sich ducken [*in arma* hinter dem Schild]; **3.** erwerben, sich zuziehen [*odium*]; **4.** / sammeln, erholen [*se* (°*animum*) *ex timore*]; **5. a)** zusammenstellen, aufzählen; **b)** überdenken, berechnen; folgern, schließen.
col-lineō *u.* **-iō** 1 **1.** (*trans.*) geradeaus schleudern; zielen, richten [*hastam*]; **2.** (*intr.*) das Ziel treffen.
col-linō, *lēvī, litum* 3 bestreichen, beschmieren, beschmutzen.
Collīnus 3 **1.** am *collis* (*Quirīnālis*) gelegen [*porta*]; **2.** an der *porta Collina* gelegen, wachsend.
col-liquefactus 3 ganz geschmolzen, aufgelöst.
collis, *is m* (<**col-nis*; *cf. celsus, ostpr. St.* Pill-kallen) Gehänge, Hügel, Anhöhe.
****collisio,** *onis f* Zusammenstoß, Erschütterung.
collocātiō, *ōnis f* (*collocō*) Stellung, Anordnung; / Verheiratung.
col-locō 1 **1. a)** auf-, hinstellen, setzen, legen [*librum in mensa*]; **b)** (*mil. t.t.*) aufstellen, postieren [*in prima acie*]; **c)** unterbringen, ansiedeln; anlegen [*colonias*]; **d)** (*mil. t.t.*) einquartieren; stationieren; **e)** verheiraten [*filiam in matrimonio* (*-ium*)]; **f)** anlegen [*pecuniam in agris*]; **2.** zusammenstellen, zurechtlegen, ordnen [*statum civitatis*]; **3.** verwenden *auf* [*studium in sapientia*]; *se -are* sich vertiefen *in* [*in scientia*].
col-locuplētō 1 bereichern [*se*].
col-locūtiō, *ōnis f* (*colloquor*) Unterredung.
colloquium, *ī n* (*colloquor*) Unterredung, Besprechung, Gespräch; brieflicher Verkehr; ** Versammlung.
col-loquor, *locūtus sum* 3 sich unterreden, unterhandeln; besprechen [*de alqa re*; °*alqd*].
col-lubet = *collibet.*
col-lūceō, — — 2 von allen Seiten leuchten, hell sein; / klar hervortreten [*insulae*].
colluctātiō, *ōnis f* (*colluctor*) *das* Ringen; (Todes-)Kampf.
col-luctor 1 ringen; *auch obszön* [*cum viro*].
col-lūdō, *sī, sum* 3 °**1.** spielen *mit* [*paribus* seinesgleichen]; **2.** / unter einer Decke stecken *mit* [*tecum*].
collum, *ī n* (*cf. nhd.* „Hals") Hals; Nacken; °/ Flaschenhals; Stängel; ** Bergrücken.
col-luō, *luī, lūtum* 3 bespülen, benetzen; *ora* den Durst löschen.
collus, *ī m* (*altl.*) = *collum.*
collūsiō, *ōnis f* (*collūdō*) geheimes Einverständnis.
collūsor, *ōris m* (*collūdō*) °**1.** Spielgefährte; **2.** Mitspieler.
col-lūstrō 1 hell erleuchten; / genau betrachten.
col-lutulentō 1 (*lutulentus*) besudeln.
colluviēs, *ēī f u.* **-viō,** *ōnis f* (*colluō*) Zusammenfluss von Unrat; / Mischmasch, Gesindel.
collybus, *ī m* (*gr. Fw.*) Aufgeld, Agio; *das* Geldwechseln.
collȳra, *ae f* (*gr. Fw.*) grobes Brot; *adi.* *-ricus* 3 [*ius* Brotsuppe].
collȳrium, *ī n* (*gr. Fw.*) Augensalbe.
colō, *coluī, cultum* 3 (<**quelō*; *cf. inquilīnus*) **1.** (*von der Landwirtschaft*) bebauen, bestellen [*agrum*], ziehen [*vitem*]; **2. a)** (*trans.*) bewohnen; °**b)** (*intr.*) wohnen; **3.** / hegen u. pflegen: °**a)** verpflegen [*milites*]; **b)** pflegen [°*capillos*]; schmücken, putzen [°*bracchia auro*; *genus orationis*]; **c)** betreiben, üben [*me-*

moriam]; **d)** hochhalten [*bonos mores*]; **e)** anbeten [*deos*], verehren [*parentes*]; (*part. praes.*) *subst.* **colēns,** *entis m* Verehrer; (*P.P.P.*) *adi.* **cultus** 3 (*m.* °*comp.*, *sup.*, °*adv.*) **1.** pfleglich bearbeitet [*ager*]; °**2. a)** geschmückt, geputzt [*puella*]; **b)** gebildet, fein [*ingenia*]; °*subst.* **culta,** *ōrum n* Pflanzungen.

colocāsium, *ī n* (*gr. Fw.*) indische Wasserrose.

cōlon, *ī n* (*gr. Fw.*) Glied, Teil (*eines Verses*), Kolon.

colōna, *ae f* (*colōnus*) Bäuerin.

colōnia, *ae f* (*colōnus*) Pflanzstadt; Ansiedelung, Kolonie; Kolonisten.

colōnicus 3 (*colōnus*) in (den) Kolonien ausgehoben [*cohortes*].

colōnus, *ī m* (*colō*) **1.** Landwirt; Pächter; **2.** Kolonist, Ansiedler; °**3.** Einwohner.

color *u.* (*altl.*) **colōs,** *ōris m* (*cf. nhd.* „Hülle, Hülse") **1. a)** Farbe; **b)** frische Gesichtsfarbe [*-em mutare* blass werden]; °**c)** Schönheit; Farbenpracht (*der Blumen*); **3.** / äußere Verfassung [*civitatis*], Färbung, Kolorit, Ton [*urbanitatis*].

colōrō 1 (*color*) färben; bräunen; (*der Rede*) Kolorit geben; (*P.P.P.*) *adi.* **colōrātus** 3 (*m.* °*adv.*) gefärbt, gebräunt; °/ *non c.* ungeschminkt.

coloss(i)aeus *u.* **-ēus** 3 (*gr. Fw.*) riesengroß.

colossus, *ī m* (*gr. Fw.*) Riesenbildsäule, Koloss.

colostra *u.* **-um** = *colustr...*

coluber, *brī m* (*et. unklar*) (kleine) Schlange.

colubra, *ae f* (*coluber*) Schlange(nweibchen).

colubri-fer, *era, erum* (*coluber, ferō; gr. Lehnübersetzung*) Schlangen tragend.

colubrīnus 3 (*coluber*) schlangenartig (= listig).

cōlum, *ī n* (*et. unklar*) Sieb, Durchschlag.

columba, *ae f* (*eigtl.* „*die* Dunkle") Taube; °/ *mea* ~ mein Täubchen.

columbar, *āris n* (*columba; cf. columbārium* „Taubenschlag") Halsfessel *für Sklaven.*

columbīnus 3 (*columba*) Tauben...

columbor 1 (*columba; Maecenas*) sich nach Taubenart küssen, sich schnäbeln.

columbulus, *ī m u.* **-a,** *ae f* (*dem. v. columbus, -a*) Täubchen.

columbus, *ī m* (*columba*) Tauber; Taube.

columella, *ae f* (*dem. v. columna*) kleine Säule, Pfosten, Pfeiler.

columen, *inis n* (*synk. culmen; cf. celsus, nhd.* „Holm") **1.** Spitze, Gipfel; Giebel; **2.** / Gipfel [°*audaciae*]; Säule, Stütze [*rei publicae*].

columis = *incolumis* (?).

columna, *ae f* (*wohl* ⟨**kelomenā, mediales part.praes.* „*die* Ragende"; *cf. celsus, columen*) **1.** Säule, Pfeiler; (*Maenia*) Schandsäule *auf dem Forum* (*an der über Verbrecher Gericht gehalten wurde*); °*rostrata die* mit Schiffsschnäbeln verzierte Säule (*die im 1. Pun. Krieg Duilius zu Ehren errichtet wurde*); *-ae* °*Herculis die* Säulen des Herakles (*Str. v. Gibraltar*); *-ae* °*Protei* = *die* Insel Pharos; °*columnae die* Säulen in Rom (*an denen die Buchhändler ihre Bücher verkauften*); °**2.** / **a)** Stütze; **b)** Wasserhose; **c)** = *mentula.*

columnārii, *ōrum m* (*columna*) Gesindel, Mob.

columnārium, *ī n* (*columna*) Säulensteuer.

columnātus 3 (*columna*) von Säulen getragen; °/ auf den Arm gestützt [*ōs*].

colurnus 3 (*dissimiliert* ⟨**corulinos; corulus*) aus Haselholz.

colus, *ūs u. ī f m* (*et. ungedeutet*) **1.** Spinnrocken; °**2.** Wollfaden; / Lebensfaden.

colustra, *ae f u.* **-um,** *ī n* (*et. unklar*) Biestmilch; / (*Kosewort*) *mea* ~.

colūtea, *ōrum n* (*gr. Fw.*) *Art* Linsen.

cōlȳphia, *ōrum n* (*gr. Fw.*) Hüftstück des Schweins (*Athletenkost*).

com (*altl.*) = *cum*[1]; *als praev.* *com-* (*con- vielfach assimiliert zu col-, cor-, vor Vokalen u. h: co-; cf. nhd. ge-*) **1.** zusammen; **2.** gemeinsam; **3.** zugleich; **4.** völlig.

coma, *ae f* (*gr. Lw.*) **1.** Haupthaar, Haar; °**2.** Tierhaar; Wolle; *das* Haarige *am Pergament*; °**3.** / Laub, Blätter; Blüten, Ähren, Gras.

comāns, *antis* (*comō* 1 „mit Haaren versehen sein") behaart; mit Helmbusch; belaubt; *stella* Komet.

cōmarchus, *ī m* (*gr. Fw.*) Dorfschulze.

comātus 3 (*comō* 1 „mit Haaren versehen sein") langhaarig; *-a Gallia das* transalpinische Gallien (*nach der Haartracht der Einw.*); / belaubt.

com-bardus 3 einfältig.

combibō[1], *ōnis m* (*combibō*[2]) Zechgenosse.

com-bibō[2], *bibī,* — 3 °**1.** in Gesellschaft trinken; **2.** in sich hineintrinken, einsaugen; **3.** °/ **a**) bekommen [*maculas*]; **b**) gründlich erlernen.

combūrō, *ussī, ustum* 3 (*ūssī, ūstum* ?; *com* + *ūrō*; *Analogiebildung nach falsch zerlegtem ambūrō*; *cf. bustum*) verbrennen, versengen; / vernichten [*iudicio*]; °*diem* totschlagen.

com-edō, *ēdī, ēs(s)um* 3 aufessen, verzehren; verprassen, durchbringen; / *se -ere* sich (*vor Gram usw.*) verzehren, aufreiben.

Cōmēnsis *s. Cōmum.*

comes, *itis m f* (*com-, eō*) **1.** Begleiter(in), Teilnehmer; **2.** °**a**) Erzieher, Hofmeister; Klient; **b**) (*pl.*) Gefolge; °Hof(staat); ** Graf [*palatii* Pfalz..., *stabuli* Marschall].

comētēs, *ae m* (*gr. Fw.*) Haarstern, Komet.

cōmicus 3 (*m. adv.*; *gr. Fw.*) zum Lustspiel gehörig, komisch, Komödien...; in der Komödie dargestellt; *subst.* ~, *ī m* Komödiendichter; Schauspieler in der Komödie.

cōmis, e (*m. comp.*, °*sup.*, *adv.*; *et. unklar*) leutselig, freundlich, gefällig, höflich; heiter, launig.

cōmissābundus 3 (*cōmissor*) umherschwärmend.

cōmissātiō, *ōnis f* (*cōmissor*) lustiges Umherschwärmen; Trinkgelage, Kommers.

cōmissātor, *ōris m* (*cōmissor*) Zechgenosse; / Kumpan [*coniurationis*].

cōmissor 1 (*gr. Lw.*) lärmend umherziehen; einkehren [*in domum*].

cōmitās, *ātis f* (*cōmis*) Leutseligkeit, Freundlichkeit, Höflichkeit, Heiterkeit, Frohsinn.

comitātus, *ūs m* (*comitor*) **1.** (*abstr.*) Begleitung, Geleit; **2.** (*concr.*) **a**) Gefolge, Umgebung; **b**) Reisegesellschaft, Karawane; °**c**) Hof (-staat); ** Grafschaft.

comitiālis, e (*comitium*) **1.** Wahl...; °**2.** (*m. adv.*) epileptisch [*morbus* Epilepsie (*weil sie als unheilvoll die Wahlen unterbrach*)].

comitiātus, *ūs m* (*comitiō* 1 „eine Wahlversammlung einberufen") Volksversammlung; ~ *maximus* Zenturiatkomitien.

****comitissa,** *ae f* Gräfin.

comitium, *ī n* (*co[m]eō*) **1.** *sg.* Versammlungsplatz: **a**) (*in Rom*) *der für die Abhaltung der Komitien bestimmte Teil des Forums*; °**b**) (*in Sparta*) *das* Ephoreion (*Amtshaus der Ephoren*); **2.** *pl. die* Komitien (*beschließende Versammlung des römischen Volkes, das nach Kurien, Zenturien od. Tribus abstimmte*) [*curiata, centuriata, tributa*].

comitor *u.* (*dcht., nkl.*) **-ō** 1 (*comes*) begleiten; (zu Grabe) geleiten; / sich zugesellen, verbunden sein *mit* [*illi domino*]; (*P.P.P.*) *adi.* **comitātus** 3 (*m. comp.*) begleitet *von* [*alienis viris*].

comma, *atis n* (*gr. Fw.*) kleiner Abschnitt *einer Periode.*

com-maculō 1 beflecken, besudeln.

com-manipulāris, *is m* Kamerad (*aus demselben Manipel*).

com-marītus 3 (*scherzh.*) mitbe- [weibt.]

****commater,** *tris f* Gevatterin.

commeātus, *ūs m* (*commeō*) °**1. a**) *das* Gehen u. Kommen, *der* freie Verkehr; **b**) Urlaub [*-um petere*]; **2. a**) Verpflegungszug, Warentransport; **b**) Zufuhr, Lebensmittel, Proviant; °**c**) Gepäck.

com-meditor 1 / treu wiedergeben.

com-meminī, *isse* sich genau erinnern.

commemorābilis, e (*commemorō*) [denkwürdig.]

commemorātiō, *ōnis f* (*commemorō*) Erinnerung; Erwähnung, Anführung; ** Gedächtnis.

com-memorō 1 **1.** sich erinnern *an* (*m. a.c.i.*); **2. a**) *jd.* erinnern *an* [*beneficia*]; **b**) erwähnen, anführen.

commendābilis, e (*m. comp.*; *commendō*) empfehlenswert.

commendātīcius 3 (*commendātus, P.P.P. v. commendō*) empfehlend; *litterae* Empfehlungsschreiben.

commendātiō, *ōnis f* (*commendō*) Empfehlung; Wert [*ingenii*].

commendātor, *ōris m u.* (*kl.*) **-trīx,** *īcis f* (*commendō*) der *od.* die empfiehlt; Gönner(in); ** Komtur.

com-mendō 1 (*mandō*) anvertrauen, übergeben; empfehlen; *se -are* sich beliebt machen [*tibi*].

commentāriolum, *ī n u.* **-us,** *ī m* (*dem. v. commentārium u. -us*) Entwurf, Aufsatz, Skizze.

commentārium, *ī n u.* **-us,** *ī m* (*commentor*[1]) schriftliche Aufzeichnungen (*oft pl.*): **1.** Entwurf, Skizze; **2.** Chronik [*rerum urbanarum*]; **3.** (*jur. t.t.*) Protokoll;

C

°**4.** (*gramm. t.t.*) **a)** Beispiele, Exzerpte; **b)** Kommentar; **5.** (*stets pl.*) Denkwürdigkeiten, Memoiren [*Caesaris de bello Gallico*].
commentātiō, *ōnis f* (*commentor*[1]) sorgfältiges Studium, Vorbereitung *auf* [*mortis*].
commentīcius 3 (*commentus, P.P.P. v. comminīscor*) **1.** erdacht, ersonnen, ideal [*civitas Platonis*]; **2.** erdichtet, erlogen.
commentor[1] 1 (*intens. v. comminīscor*) **1.** durchdenken, sorgfältig überlegen; **2.** Studien machen, sich (ein)üben; **3.** entwerfen, niederschreiben; °*part. pf.* (*pass.*) entworfen [*oratio*]; *subst.* **commentāta,** *ōrum n* (mündliche) Vorstudien; ** erklären.
commentor[2], *ōris m* (*comminīscor*) Erfinder.
commentum, *ī n* (*comminīscor*) **1.** Einfall; °**2.** Lüge.
com-meō 1 aus und ein gehen, hin und her gehen, fahren, verkehren.
commercium, *ī n* (*merx*) **1.** Handel, Geschäftsverkehr; **2.** Handels-, Marktrecht; **3. a)** Verkehr, Umgang; °**b)** Geschlechtsverkehr.
com-mercor 1 aufkaufen.
com-mereō, *uī, itum u.* (*vkl., nkl.*) **-eor,** *itus sum* 2 **1.** verdienen [*poenam*]; °**2.** auf sich laden [*culpam*].
commers (*Pl.*) = *commercium.*
com-mētior, *mēnsus sum* 4 ausmessen; vergleichen *mit.*
commētō[1] 1 (*frequ. v. commeō*) ab- und zugehen; gewöhnlich seinen Weg nehmen [*ad mulierculam*].
com-mētō[2] 1 durchmessen; (*scherzh.*) seine Fäuste herumtanzen lassen *auf* [*ora*].
commigrātiō, *ōnis f* (*commigrō*) *das* Wandern [*sideris*].
com-migrō 1 wandern, (ver)ziehen.
commīlitium, *ī n* (*com-; mīles*) Kriegskameradschaft; Gemeinschaft.
commīlitō, *ōnis m* (*com-; mīles*) Kriegskamerad; ** Glaubensgenosse.
comminātiō, *ōnis f* (*comminor*) [Drohung.]
com-mingō, *mī(n)xī, mīnctum* (*mictum*) 3 (*mīnxī, mīnctum* ?) bepissen; besudeln.
com-minīscor, *mentus sum* 3 (*cf. me-minī*) °**1.** sich besinnen; **2. a)** ausdenken, ersinnen; °**b)** erdichten, fingieren; (*part. pf. pass.*) °*adi.* **commentus** 3 erlogen.
com-minor 1 (an)drohen.
com-minuō, *uī, ūtum* 3 **1. a)** vermindern; **b)** verringern, schwächen; **3.** zertrümmern.
comminus *adv.* (*com-, manus*) **1.** handgemein, Mann gegen Mann; °**2.** in der Nähe, persönlich.
com-misceō, *cuī, xtum* 2 (*-ī-?*) **1.** vermischen; *corpora* geschlechtlich verkehren; / vermengen; °**2. a)** beimengen; **b)** *P.P.P.* **commixtus** (*ex*) durch Vermischung hervorgegangen.
commiserātiō, *ōnis f* (*commiseror*) **1.** *das* Bejammern *des Angeklagten* (*durch d. Redner*); **2.** rührseliger Ton.
com-miserēscit, — — 3 *impers. me* ich fühle Mitleid *mit* [*mulieris*].
com-miseror 1 °**1.** beklagen, bedauern; **2.** (*rhet. t.t.*) in einen rührseligen Ton übergehen.
****commissarius,** *i m* Beauftragter.
commissiō, *ōnis f* (*committō*) **1.** Wettkampf; °**2.** Prunkrede.
commissum, *ī n* (*committō*) °**1.** *das* Unternehmen; **2.** Vergehen, Schuld; °**3.** Konfiskation; **4.** (*meist pl.*) *das* Anvertraute, Geheimnis.
commissūra, *ae f* (*committō*) Verbindung, Band, Fuge.
com-mītigō 1 (durch Schläge) mürbe machen.
com-mittō, *mīsī, missum* 3 **1. a)** zusammenfügen, aneinander fügen, verbinden, vereinigen; °*manum* handgemein werden; °**b)** aufeinander hetzen [*classem*]; **c)** zustande bringen, beginnen; *proelium* eine Schlacht liefern; **d)** verüben, begehen [*scelus*]; **e)** es dahin kommen lassen, dass [*ut*]; **f)** verwirken [*poenam*]; *P.* in Erfüllung gehen; (*als Pfand*) verfallen; **2. a)** übergeben, überlassen, anvertrauen; *rem proelio* es auf einen Kampf ankommen lassen; *se -ere* sich hineinwagen [*in senatum*]; **b)** preisgeben, in einen Zustand bringen [*rem publicam in discrimen*]; **c)** Vertrauen schenken [*eis*].
****commixtio,** *onis f* Mischung; Gemeinschaft; Ehe.
commoditās, *ātis f* (*commodus*) **1. a)** gehörige Beschaffenheit, Zweckmäßigkeit; **b)** rechter Zeitpunkt; günstige Umstände; **c)** Be-

quemlichkeit, Annehmlichkeit; **d)** Vorteil; °**2.** Zuvorkommenheit, Gefälligkeit.

commodō 1 (*commodus*) **1.** (*trans.*) °**a)** anpassen [*orationi oculos*]; **b)** leihen; widmen [*rei publicae tempus*]; **2.** (*intr.*) sich gefällig erweisen.

commodulē *adv.* (*dem. v. commodē*) gerade, eben.

commodum¹ *adv.* (*erstarrter acc. n v. commodus*) gerade, (so)eben.

commodum², *ī n* (*n v. commodus*) **1.** Bequemlichkeit, gelegene Zeit; °*ex -o*, °*per -um* gelegentlich; **2. a)** Vorteil, Nutzen, Interesse; **b)** (*oft pl.*) Glück, Wohl; **c)** (*stets pl.*) Vergünstigungen, Vorrechte; **3.** (*pl.*) Leihgaben.

commodus 3 (*m. comp., sup., adv.*; ⟨*com modō* „mit Maß") **1. a)** angemessen, passend, zweckmäßig; **b)** geeignet [*curationi*; *ad cursum*]; **2.** leicht, bequem, behaglich; **3.** gelegen, günstig; **4.** gefällig, zuvorkommend [*homo*].

commoeniō (*altl.*) = *commūniō*.

com-mōlior 4 in Bewegung setzen, loslassen.

commonefaciō, *fēcī, factum* 3; P. *-fīō, factus sum, fierī u. fīerī* = *commoneō*.

com-moneō, *uī, itum* 2 erinnern *an*; auffordern *zu*.

commonitiō, *ōnis f* (*commoneō*) Erinnerung.

com-mōnstrō 1 (*altl. commōstrō*; *-mōnstrassō* = *-mōnstrāverō*) deutlich zeigen, bezeichnen.

commorātiō, *ōnis f* (*commoror*) *das* Verweilen, Aufenthalt.

com-mordeō, —— 2 beißen *auf* [*tela*].

com-morior, *mortuus sum* 3 mitsterben.

com-moror 1 °**1.** (*trans.*) aufhalten; **2.** (*intr.*) sich aufhalten, verweilen.

commōtiō, *ōnis f* (*commoveō*) Bewegung, Erregung, Aufregung.

commōtiuncula, *ae f* (*dem. v. commōtiō*) kleine Unpässlichkeit.

com-moveō, *mōvī, mōtum* 2 **1. a)** bewegen; **b)** fortbewegen, -rücken, -schaffen; **c)** (*mil. t.t.*) zum Weichen bringen; *castra* aufbrechen; °*aciem* anrücken; / **2.** anregen, erregen, veranlassen, wecken [*iram, bellum*]; hervorrufen; **3.** bestimmend einwirken *auf*; **4. a)** erschüttern, rühren; **b)** aufregen, beunruhigen, erschrecken; (*P.P.P.*) *adi.* **commōtus** 3 (*m. comp.*, °*sup.*) schwankend, unstet; erregt, gereizt.

commūnicātiō, *ōnis f* (*commūnicō*) Mitteilung; (*rhet. t.t.*) *Redefigur, mit der der Redner die Zuhörer gewissermaßen zu Rate zieht.*

commūnicō *u.* (*Li.*) **-or** 1 **1.** (*trans.*) **a)** gemeinsam machen, vereinigen [*pecunias suas cum dote*]; **b)** teilen [*iudicia cum equestri ordine*]; **c)** besprechen *mit*, mitteilen [*consilia cum amico*]; **d)** geben, gewähren [*praemium*; **2.** (*intr.*) °**a)** verkehren *mit* [*tecum*]; **b)** *jd.* eine Mitteilung machen, sich besprechen *mit* [*cum alqo de maximis rebus*]; ** das Abendmahl empfangen; das Abendmahl reichen.

com-mūniō¹ 4 befestigen; / stärken, sichern.

commūniō², *ōnis f* (*commūnis*) Gemeinschaft; ** Abendmahl, Kommunion.

com-mūnis, e (*m. comp.*, °*sup., adv.*; *wahrsch. eigtl.* „mit anderen zusammen dienstbereit"; *cf. Ggs. immūnis*; *nhd.* „gemein[sam]") **1.** gemeinschaftlich, gemeinsam [*mihi cum illo*]; **2.** überall üblich, gewöhnlich, öffentlich; *loca -ia* öffentliche Plätze; *loci -es* (*philos. od. rhet. t.t.*) Gemeinplätze; **3.** / **a)** (sich anderen gleichstellend:) leutselig, herablassend [*erga Lysandrum*]; **b)** (alle im Staate gleichstellend:) demokratisch gesinnt; *subst.* **commūne,** *is n* **1.** Gemeingut; **2.** Gemeinwesen, Gemeinde; **3.** *adv. in -e* **a)** zum allgemeinen Nutzen; °**b)** im Allgemeinen; in Bausch u. Bogen; °**c)** halbpart; ** *in -e* im Chor.

commūnitās, *ātis f* (*commūnis*) **1.** Gemeinschaft; **2.** / **a)** Gemeinsinn; °**b)** Leutseligkeit; ** städtische Gemeinde.

commūnītiō, *ōnis f* (*commūniō*) Wegbahnung.

com-murmuror 1 bei sich murmeln.

commūtābilis, e (*commūtō*) veränderlich.

commūtātiō, *ōnis f* (*commūtō*) Veränderung, Wechsel; Austausch [°*captivorum*]; ** Tauschmittel.

commūtātus, *ūs m* (*commūtō*) Umwandlung.

com-mūtō 1 verändern, umwandeln; ver-, aus-, eintauschen.

cōmō, *cōmpsī, cōmptum* 3 (*co-, emō*) zusammennehmen, ordnen; kämmen, flechten; (*P.P.P.*) *adi.* **cōmptus** 3 (*m.* °*comp.*, °*sup.*, °*adv.*) gefällig; korrekt.

cōmoedia, *ae f* (*gr. Fw.*) Lustspiel.

cōmoedicē *adv.* (*cōmoedicus* 3 *gr. Fw.*) wie im Lustspiel.

cōmoedus (*gr. Fw.*) °**1.** *adi.* 3 Komödien...; **2.** *subst.* ~, *ī m* komischer Schauspieler, Komiker.

comōsus 3 (*coma*) stark behaart.

(**com-paciscor**), *compactus u. -pectus sum* 3 einen Vertrag schließen; *kl. nur* (*part. pf.*) *subst.* **compactum** *u.* **-pectum,** *ī n* Vertrag; (°*de*, °*ex*) *compactō* verabredetermaßen.

compāctiō, *ōnis f* (*compingō*) Zusammenfügung.

compactus[1] 3 *s.* (*compaciscor*).

compāctus[2] 3 *s. compingō.*

compāgēs, *is f* (**com-pangō* = *compingō*) °**1.** Zusammenfügung; Fuge; **2.** / °**a**) Umarmungen [*Veneris*]; **b**) Gefüge, Bau [*corporis*].

compāgō, *inis f* (**compangō* = *compingō*) Bindemittel; Gefüge.

com-pār, *paris* gleich, ebenbürtig; *subst. m f* Gefährte (-in), Geliebte(r), Gatte (-in).

comparābilis, *e* (*comparō*[1]) vergleichbar.

comparātē *adv.* (*comparō*[1]) vergleichsweise.

comparātiō[1], *ōnis f* (*comparō*[1]) **1.** Vergleichung; **2.** Zusammenstellung, (gleiche) Stellung, (gleiches) Verhältnis [*solis et lunae*]; °**3.** Übereinkunft (*mit Amtsgenossen*).

comparātiō[2], *ōnis f* (*comparō*[2]) Zubereitung, Beschaffung.

comparātīvus 3 (*m.* °*adv.*; *comparātus P.P.P. v. comparō*[1]) vergleichend.

comparcō = *compercō.*

com-pāreō, *uī,* — 2 erscheinen, sichtbar, noch vorhanden sein.

com-parō[1] 1 (*altl. fut. ex. comparassit*; *com-* + *pār*) **1. a**) paaren, zusammenstellen; **b**) feindlich gegenüberstellen [*gladiatores*]; **2.** vergleichen [*tempus cum tempore*]; **3.** gleichstellen, an die Seite stellen [*Catonem Lysiae, cum Lysia*]; °**4.** sich einigen *über,* unter sich teilen [(*inter se*) *provincias*]; **5.** (durch Vergleichung) erwägen, ermessen.

com-parō[2] 1 (*altl. fut. ex. comparassit*; *com-* + *parō*[2]) **1. a**) bereiten, be-, anschaffen; aufbringen [*accusatores pecuniā*]; **b**) (aus)rüsten, vorbereiten [*omnia ad fugam*]; zum Kampfe ausrüsten; (*abs.*) die nötigen Vorkehrungen treffen; **c**) *se -are u. mediopass.* sich anschicken; sich rüsten; **2.** verschaffen, erwerben [*sibi gloriam*]; **3.** zurüsten, veranstalten [*convivium*], herbeiführen [*interitum*]; **4.** einrichten, anordnen, bestimmen.

com-pāscō, *pāvī, pāstum* 3 gemeinsam weiden.

compāscuus 3 (*compāscō*) gemeinsam beweidet; *ager* Gemeindetrift.

****compassio,** *onis f* Mitleid.

****compater,** *tris m* Gevatter.

****compatior** 3 Mitleid haben.

****compatriota,** *ae m* Landsmann.

compectus, -um *s. compaciscor.*

compediō 4 (*compēs*) an den Füßen fesseln.

compellātiō, *ōnis f* (*compellō*[1]) lauter Vorwurf.

com-pellō[1] 1 (*com-* + *iter. v. pellō* 3; *cf. appellō*[1], *interpellō*) **1.** anreden, anrufen; **2.** hart anlassen, tadeln, schelten, beschimpfen; (*jur. t.t.*) anklagen [*iudicem*].

com-pellō[2], *pulī, pulsum* 3 **1.** zusammentreiben, -drängen; **2.** hintreiben, jagen; in die Enge treiben, einengen; **3.** antreiben, bewegen *zu*; ** zwingen; schelten.

compendiārius 3 (*compendium*) Ersparnis bringend, kurz [*via*]; °*subst.* **-a,** *ae f* (*sc. ratiō*) abgekürztes Verfahren; **-um,** *ī n* (*sc. iter*) Richtung, Richtweg.

compendium, *ī n* (*vl. compendō* 3 „gegeneinander abwiegen") Ersparnis: °**1.** Abkürzung, kürzerer Weg; **2.** Vorteil, Gewinn.

compēnsātiō, *ōnis f* (*compēnsō*) Ausgleichung; Gegenüberstellung.

com-pēnsō 1 (*intens. v. compendō* 3 „gegeneinander abwiegen") **1.** gegenüberstellen, abwägen; **2.** ausgleichen, aufwiegen [*labores gloriā*].

com-percō, *persī,* — (*parcō*) 3 ersparen; / unterlassen.

comperendinātus, *ūs m u.* (*nkl.*) **-tiō,** *ōnis f* (*comperendinō*) Vertagung des Urteils auf den drittnächsten Tag; ** Aufschub, Verzug.

com-perendinō 1 (*com-*; *perendinus*) **1.** den Urteilsspruch auf den drittnächsten Tag vertagen; zum zweiten Termin vorladen; **2.** Vertagung auf den drittnächsten Tag beantragen; ** Aufschub fordern.

com-periō, *perī, pertum* (*unkl.* **-perior,** *pertus sum*) 4 (*cf. perīculum, perītus; in der Flexion z. T. an pariō angelehnt*) zuverlässig erfahren; (*abl. abs.*) °*compertō* nachdem man erfahren hatte.

compertus 3 (*comperiō*) **1.** gehört, vernommen [°*-a narrare*]; **2.** (*m.* °*adv.*) gewiss, genau, zuverlässig; °**3.** überführt [*nullius probri*].

com-pēs, *pedis f* (**pedis* „Fußfessel" *zu pēs*) Fußfessel; / Fessel, Bande.

com-pescō, *cuī,* — 3 (-ē-?; ⟨**com-parc-scō; parcō*) in Schranken halten, bezähmen, unterdrücken; beschneiden [*ramos*].

****competens,** *entis* angemessen; zuständig; passend, entsprechend.

****competentia,** *ae f* Eignung.

competītor, *ōris m* (*competō*) Mitbewerber. [Mitbewerberin.]

competītrīx, *īcis f* (*competītor*)

com-petō, *petīvī* (*petiī*), *petītum* 3 **1.** zusammenfallen *mit* [*tempora cum*]; **2. a)** zustehen, zukommen; **b)** stimmen, zutreffen; (*impers.*) *competit, ut* es trifft sich, dass; **3.** fähig sein, ausreichen *zu*; ** streben; kämpfen; zur Ehe begehren; *competit* es ziemt sich.

compīlātiō, *ōnis f* (*compīlō*) Ausbeute (*an Tagesneuigkeiten*).

****compilator,** *oris m* Plünderer, Dieb; / Plagiator.

com-pīlō 1 (*altl. pīlō* 1 „zusammendrücken") (aus)plündern, berauben; / ausbeuten; ** entlehnen.

com-pingō[1], *pēgī, pāctum* 3 (*pangō*) **1.** zusammenfügen; **2.** drängen, stoßen, verstecken [*se in Apuliam*]; (*P.P.P.*) °*adi.* **compāctus** 3 fest, gedrungen.

com-pingō[2], *pīnxī,* — 3 (*pingō*) bemalen; / mäkeln *an* [*carmina*].

compitālicius 3 (*compitālis*) des Kompitalienfestes [*ludi*].

compitālis, e (*compitum*) zum Scheideweg gehörig; *kl. nur subst.* **♀-ālia,** *ium u. iōrum n* Larenfest an den Scheidewegen. [Kreuzweg.]

compitum, *ī n* (*competō*) Scheide-,

com-placeō, *uī u. placitus sum* 2 gefallen. [machen, einebnen.]

com-plānō 1 dem Erdboden gleich-

com-plector, *plexus sum* 3 **1. a)** umschlingen, umfassen; zärtlich umarmen; **b)** (*räuml.*) umgeben, einschließen; **2.** / **a)** zusammenfassen, vereinigen; **b)** (*in der Rede*) zusammenfassend darstellen; **c)** (*geistig*) begreifen, verstehen [*mente*]; **d)** mit Liebe betreiben [*philosophiam*]; sich aneignen, erlangen [*facultatem*]; (*part. pf. pass.*) **complexus**[1] 3 umschlossen; ** *adi.* geflochten.

complēmentum, *ī n* (*compleō*) Ergänzung(smittel).

com-pleō, *ēvī, ētum* 2 **1. a)** aus-, anfüllen; **b)** bemannen [*naves*]; **c)** vollzählig machen, ergänzen [*legiones*]; **d)** überfüllen [*navigia*]; °**e)** schwängern; **2.** / **a)** erfüllen [*omnia clamore*]; **b)** vollenden, zu Ende führen [*sortem*]; **c)** erleben, zurücklegen [*centum annos*].

****completorium,** *i n* Schlussandacht; Vespergottesdienst.

complexiō, *ōnis f* (*complector*) **1.** Verknüpfung; **2.** / **a)** Zusammenfassung [*verborum* Periode]; Ausdruck; **b)** Erzählung; **c)** Inbegriff [*bonorum*]; **d)** (*philos. t.t.*) Schlusssatz; **e)** Dilemma; °**f)** (*gramm. t.t.*) Verschmelzung, Synalöphe.

complexus[1] 3 *s. complector.*

complexus[2], *ūs m* (*complector*) **1.** Umschließung; **2. a)** Umarmung; *-um* °*ferre* umarmen [*matri*], °*accipere* sich umarmen lassen; / liebendes Umfangen [*totius gentis humanae*]; °**b)** *armorum* Handgemenge.

com-plicō, *āvī, ātum u. uī, itum* 1 (⟨**com-plecō; cf. plectō, plicō*) zusammenfalten, -wickeln; (*P.P.P.*) *adi.* **complicātus** 3 unklar, verworren. [sammenschlagen.]

com-plōdō, *sī, sum* 3 (*plaudō*) zu-

com-plōrātiō, *ōnis f u.* **-tus,** *ūs m* (*complōrō*) lautes Wehklagen (*mehrerer Personen*). [klagen, -jammern.]

com-plōrō 1 (gemeinsam) laut be-

com-plūrēs, *a* (*selten -ia; gen. -ium*) mehrere, ziemlich viele.

complūriē(n)s *adv.* (*complūrēs*) mehrmals. [ziemlich viele.]

complūsculī 3 (*dem. v. complūrēs*)

compluvium, *ī n* (*compluō*) *das* Compluvium: **1.** *viereckige* Dachöffnung *über dem inneren Säulenhof des römischen Hauses*; **2.** Säulenhof.

com-pōnō, *posuī, positum* 3 (*pf. act. auch* °*composivēre*; *P.P.P. auch synk. compostus*) **1.** zusammenstellen: **a)** zusammenstellen, -setzen, -legen, -bringen, sammeln [*opes*], aufbewahren [°*cineres*]; **b**) einziehen [*armamenta*]; °**c**) zusammenziehen [*copias*]; **2.** zu einem Ganzen zusammenstellen: **a**) bilden, gestalten, bereiten, stiften [°*templa*]; zusammenfügen, zustande bringen [°*foedus*]; **b**) (*schriftlich*) ab-, verfassen [*carmen*]; **c**) verabreden, festsetzen [*diem*]; abkarten, ersinnen [*dolum*]; **d**) vereinigen [°*genus dispersum*]; **3.** ordnend zusammenstellen: **a**) zurechtlegen, ordnen [*capillum*]; °**b**) (*mil. t.t.*) aufstellen [*exercitum pugnae*]; °**c**) betten, lagern [*aegrum lecto*]; bestatten, beisetzen; **d**) beruhigen, besänftigen, versöhnen [°*mare*; *controversias*]; *componitur* der Streit wird beigelegt; **e**) anordnen, einrichten [*rem publicam*]; **f**) (*rhet. t.t.*) einordnen, richtig stellen [*verba*]; **4.** vergleichend zusammenstellen: **a**) gegenüberstellen, vergleichen [*Sa.*: *dicta cum factis*]; **b**) als Gegner gegenüberstellen [(*Gladiatoren*) °*par compositum*]; (*gerichtlich*) konfrontieren [*Ta.*: *cum indice*]; ** komponieren.

com-portō 1 zusammentragen [*aggerem*], einbringen [*frumentum*].

com-pos, *potis* (*abl. sg.* -e, *gen. pl.* -*um*; *cf. potis*) **1.** völlig mächtig [*mentis*]; **2.** teilhaftig; im Besitz, im Genuss *von* [*virtutis*].

com-positiō, *ōnis f* (*compōnō*) **1.** Zusammenstellung; **2.** Abfassung [*iuris pontificalis*]; **3.** Anordnung, Gestaltung [*anni*]; **4.** (*rhet. t.t.*) Wort- u. Satzstellung, Periodenbau; **5.** Einigung, Aussöhnung; ** Sühne, Buße; Schadenersatz; Strafe.

compositor, *ōris m* (*compōnō*) **1.** Ordner; °**2.** Verfasser.

compositūra, *ae f* (*compōnō*) Zusammensetzung; feines Gewebe.

compositus 3 (*m. comp.*, *sup.*, *adv.*; *compōnō*) °**1.** zusammengesetzt; **2.** wohl geordnet [*dicendi genus*], gut eingerichtet [*res publica*]; **3.** geschult, geeignet; °**4.** erdichtet, erlogen; **5.** ruhig, gelassen, gemessen [*vultus*]; °**6.** *subst.* (**ex**) **compositō** verabredetermaßen; **composita,** *ōrum n die* geordneten Verhältnisse.

composivēre, compostus *s. compōnō.* [gelage, Symposion.}

compōtātiō, *ōnis f* (*pōtō*) Trink-}

compotiō 4 (*compos*) teilhaftig machen; P. teilhaftig werden, sich bemeistern [*locis*].

com-pōtor, *ōris m* Zechbruder.

compōtrix, *īcis f* (*compōtor*) Zechgenossin. [Tischgenosse.}

com-prānsor, *ōris m* (*prandeō*)}

comprecātiō, *ōnis f* (*comprecor*) Gebet. [*deos*].}

com-precor 1 anflehen, beten *zu*}

com-prehendō, *endī*, *ēnsum* 3 **I.** °**1. a**) zusammenfassen, -halten [*chlamydem*]; **b**) umfassen [*circuitus triginta stadia*]; **2.** erfassen, ergreifen, fangen [*casae ignem*]; **3. a**) festnehmen, verhaften, mit Beschlag belegen, besetzen; **b**) ertappen [*in furto*], entdecken [*adulterium*]; **II.** / **1.** liebend umfassen, umschließen [*multos amicitia*]; **2.** *in einen Begriff* einbeziehen [*omnia cum deorum notione*]; **3.** beschreiben, ausdrücken [*verbis pluribus rem eandem*]; **4.** erfassen, begreifen, verstehen [*animo*]. [*dō*) fasslich.}

comprehēnsibilis, e (*comprehen*-}

comprehēnsiō, *ōnis f* (*comprehendō*) **1.** (Fähigkeit der) Zusammenfassung; **2. a**) *das* Anfassen; **b**) Festnahme [*sontium*]; **3.** / **a**) (*rhet. t.t.*) Periode, Satz [*verborum*]; Stil, Ausdruck [*orationis*]; **b**) (*philos. t.t.*) *das* Begreifen, Begriff. [*comprehendō.*}

com-prēndō, *prēndī*, *prēnsum* 3 =}

compressiō, *ōnis f* (*comprimō*) °**1.** Umarmung, Beischlaf; **2.** / gedrängte Darstellung.

compressus[1] 3 (*m. comp.*, *adv.*; *comprimō*) knapp, gedrängt [-*ius loqui*].

compressus[2], *abl. ū m* (*comprimō*) °**1.** Umarmung, Beischlaf; **2.** befruchtendes Umschließen (*der Erde*).

com-primō, *pressī*, *pressum* 3 (*premō*) **1. a**) zusammendrücken, -pressen; (*Li.*) *compressis manibus sedere* die Hände in den Schoß legen; **b**) zerdrücken, -quetschen; °**c**) zusammendrängen [*ordines*]; °**d**) notzüchtigen [*virginem*]; **2.** / **a**) unterdrücken, hemmen; **b**) dämpfen, beschwichtigen, Einhalt tun [*tumultum*]; **c**) nicht ausgeben [*rumentum*]; **d**) geheim halten [°*famam*].

comprobātiō, *ōnis f* (*comprobō*) Anerkennung.

comprobātor, *ōris m* (*comprobō*) der anerkennt; Verteidiger.

com-probō 1 billigen, genehmigen,

anerkennen; als richtig erweisen, bestätigen [*sententiam vitā*].
comprōmissum, *ī n* (*comprōmittō*) Übereinkunft, gegenseitiges Versprechen (*die Entscheidung eines Schiedsrichters anzuerkennen*).
com-prōmittō, *mīsī, missum* 3 (sich) gegenseitig versprechen, übereinkommen (*die Entscheidung einer Sache dem Ausspruche eines Schiedsrichters zu überlassen*).
compsissumē *adv.* (*sup. zu gr. Fw.*) witzig.
cōmptiōnālis = *coēmptiōnālis.*
cōmptus[1] 3 *s. cōmō.*
cōmptus[2], *ūs m* (*cōmō*) **1.** Zusammenfügung; **2.** Frisur.
****compulso** 1 heftig drängen; *exsequias* zum Begräbnis läuten.
****compunctio,** *onis f* Einstich; / Reue, Zerknirschung.
com-pungō, *pūnxī, pūnctum* 3 (*pŭnxī, pŭnctum?*) zerstechen; tätowieren; ** / erschüttern; P. Reue empfinden; *compunctus* schmerzlich berührt, zerknirscht.
computātiō, *ōnis f* (*computō*) **1.** Berechnung; *pl. das* Rechnen; **2.** Knauserei.
computātor, *ōris m* (*computō*) Berechner, Rechner.
com-putō 1 zusammenrechnen; (be)rechnen; überschlagen; abrechnen.
com-putrēscō, *truī,* — 3 (*bei Lu. in Tmesis*) ganz verfaulen.
****computus,** *ī m* Berechnung der Zeit, *vor allem* des Osterfestes; Handbuch der Zeitrechnung.
Cōmum, *ī n St. in Norditalien, seit Cäsar Novum Cōmum, j.* Como; *adi. u. Einw. -mēnsis* (e).
cōnāmen, *inis n* (*cōnor*) **1.** Bemühung; **2.** Stütze.
cōnātum, *ī n* (*cōnor*) Unternehmen, Wagnis.
cōnātus, *ūs m* (*cōnor*) **1.** Versuch, Unternehmen, Wagnis; Anlauf; **2.** Bemühung, Anstrengung; **3.** Trieb, Drang.
con-b... = *com-b...*
con-cacō 1 bekacken, beschmutzen.
con-caedēs, *ium f* Verhau.
con-cal(e)faciō, *fēcī, factum* 3; P. *-fīō, factus sum, fierī u. fīerī* durch und durch erwärmen; (*P.P.P.*) *adi.* **-factus** 3 wärmehaltig.
con-caleō, — — 2 ganz warm sein.
concalēscō, *luī,* — 3 (*incoh. v. concaleō*) sich erhitzen; °/ vor Liebe erglühen.
con-callēscō, *luī,* — 3 (*con-* + *incoh. v. calleō*) Schwielen bekommen, gefühllos werden; / gewitzigt werden.
concamerō 1 (*camera*) überwölben.
con-castīgō 1 stark züchtigen.
concavō 1 (*concavus*) hohl machen, krümmen.
con-cavus 3 hohl, gewölbt, gekrümmt.
con-cēdō, *cessī, cessum* 3 **1.** (*intr.*) **a)** (*abs.*) fortgehen, sich entfernen, weichen [*ab oculis*]; °/ (*vita*) aus dem Leben scheiden; **b)** (*m. Zielangabe*) sich begeben, (hin)gehen [*hinc domum*]; °/ geraten *in*, übergehen *in* [*in dicionem*]; beitreten, beipflichten [*in sententiam*]; sich anschließen [*in partes*]; **c)** zurückweichen *vor* [*bellum paci*], das Feld räumen, aus dem Wege gehen [*voluptas dignitati*]; zurücktreten *hinter*, den Vorrang lassen [*tibi uni*]; sich fügen [*postulationi*]; hingehen lassen [*temere dicto*]; °*naturae* (°*fato*) eines natürlichen Todes sterben; **2.** (*trans.*) **a)** abtreten, überlassen, hingeben [*sedes suas*]; **b)** erlauben, gestatten, einräumen [*bona diripienda*]; **c)** (*eine Behauptung*) zugeben, zugestehen, anerkennen [*summos deos esse*]; **d)** aufgeben zugunsten [*rei publicae amicitias*]; **e)** ungestraft hingehen lassen, verzeihen [*peccata*]; **f)** (*Schuldige*) freilassen, *jd.* zuliebe begnadigen [*illum senatui*].
con-celebrō 1 °**1.** beleben [*mare*]; **2.** feiern, festlich begehen; **3. a)** lebhaft betreiben [*studia*]; **b)** überall bekannt machen, ausposaunen [*victoriam*]; rühmen, preisen.
concēnātiō, *ōnis f* (*cēnō*) Tischgesellschaft, Gelage.
concentiō, *ōnis f* (*concinō*) Harmonie, Zusammenklang.
con-centuriō 1 (*eigtl.* in Zenturien sammeln) (*scherzh.*) schockweise aufhäufen, wecken [*metum in corde*].
concentus, *ūs m* (*concinō*) **1. a)** Einklang, Harmonie; Chorgesang, Musik; °**b)** einstimmiger Beifall; **2.** / Übereinstimmung, Einigkeit.
conceptiō, *ōnis f* (*concipiō*) **1.** Empfängnis; **2.** Abfassung juristischer Formeln.
conceptum, *ī n* (*concipiō*) Leibesfrucht.
conceptus[1], *ūs m* (*concipiō*) **1.** *das* Fassen, Ergreifen; °*camini* Feuers-

C

brunst; **2. a)** Empfängnis; °**b)** Leibesfrucht.

conceptus[2] 3 (*concipiō*) empfangen, entsprossen [*Suet.*: *ex adulterio*].

con-cerpō, *psī, ptum* 3 (*carpō*) zerpflücken, zerreißen [*epistulam*]; °/ durchhecheln.

con-certātiō, *ōnis f* (*concertō*) Kampf, Streit; Wortstreit, Disput.

con-certātor, *ōris m* (*concertō*) Nebenbuhler.

concertātōrius 3 (*concertō*) zum Wortgefecht gehörig.

con-certō 1 streiten, kämpfen; disputieren.

concessiō, *ōnis f* (*concēdō*) **1.** Zugeständnis, Bewilligung, Vergünstigung; **2.** Straferlass.

con-cessō 1 aufhören, nachlassen.

concessus, *abl. ū m* (*concēdō*) Erlaubnis, Bewilligung.

concha, *ae f* (*gr. Fw.*) **1.** Muschel, Schnecke (*bsd.* Perlmuschel *u.* Purpurschnecke); **2.** Muschelschale; °Tritonshorn; °**3. a)** Perle; **b)** Purpur; **c)** Büchschen, Näpfchen, Schale; **d)** weibliche Scham.

concheus 3 (*concha*) zur Muschel gehörig; *baca -a* Perle.

conchis, *is f* (*gr. Lw.*) Bohnen mit Schale (*ein Gericht*).

conchīta, *ae m* (*gr. Fw.*) Muschelsammler.

conchȳliātus 3 (*conchȳlium*) purpurfarben.

conchȳlium, *ī n* (*gr. Fw.*) **1. a)** Schaltier; **b)** Auster; **2.** °**a)** Purpurschnecke; **b)** Purpurfarbe; °**c)** Purpurgewand.

con-cidō[1], *cidī, —* 3 (*cadō*) zusammenfallen, einstürzen; niederstürzen, (*im Kampfe*) fallen; / zu Fall kommen, gestürzt werden, sinken, schwinden, unterliegen [*mens concidit* die Besinnung schwindet]; sich legen [°*venti*].

con-cīdō[2], *cīdī, cīsum* 3 (*caedō*) **1. a)** zusammen-, niederhauen; **b)** zerhauen, -stückeln, -legen; **c)** durchprügeln; **2.** / **a)** zu Boden schlagen, niederwerfen, zugrunde richten, vernichten; **b)** (*rhet. t.t.*) zerteilen; zerstückeln [*sententias*]; **c)** (*philos. t.t.*) logisch zerlegen.

con-cieō, *cīvī, citum* 2 *u.* (*in Prosa meist*) **-ciō** 4 (*impf. auch* °*concībant*) **1.** zusammenbringen, herbeirufen, aufbieten; **2.** in rasche Bewegung setzen, treiben, schleudern; **3.** / **a)** aufregen, -reizen, -wiegeln; **b)** erschüttern [*tormento saxa*]; **c)** erregen, hervorrufen [*seditionem*].

conciliābulum, *ī n* (*conciliō*) Versammlungsplatz, Marktplatz, Gerichtsort; (*damni*) Lasterhöhle.

conciliātiō, *ōnis f* (*conciliō*) **1.** Vereinigung, Verbindung; **2.** Gewinnung der Herzen (*der Zuhörer*); **b)** Geneigtheit *zu* [*ad ea, quae*]; **3.** Erwerbung [*gratiae*].

conciliātor, *ōris m* (*conciliō*) Stifter, Vermittler, Fürsprecher.

conciliātrīcula, *ae f* (*dem. v. conciliātrīx*) Vermittlerin, Fürsprecherin.

conciliātrīx, *īcis f* (*conciliātor*) Stifterin, Vermittlerin; Kupplerin.

conciliātūra, *ae f* (*conciliō*) Kuppelei.

conciliātus[1], *abl. ū m* (*conciliō*) *die* atomistische Verbindung der Körper.

conciliātus[2] 3 (*m. comp.*, °*sup.*; *conciliō*) °**1.** beliebt *bei*, befreundet *mit* [*nobis*]; **2.** geneigt *zu*.

conciliō 1 (*concilium*) **1.** °**a)** vereinigen [*corpora*]; **b)** / verbinden, befreunden; gewinnen [*sibi legiones pecuniā*]; **2.** stiften, vermitteln [°*nuptias*]; **3. a)** erwerben, gewinnen [*gratiam*]; °**b)** (*um ein Mädchen*) werben; (*ein Mädchen*) verkuppeln.

con-cilium, *ī n* (*wahrsch. calō*[1]) °**1.** Vereinigung, Verbindung; °**2.** Zusammenkunft; **3. a)** Versammlung, Verein [*amicorum*]; **b)** *eine zu politischer Beratung einberufene* Versammlung: Bundesversammlung [°*Achaium*]; Landtag [*Belgarum*]; (*in Rom*) Senatsversammlung, Sitzung [°*patrum*]; Volksversammlung, Komitien [*plebis, populi*]; ** Konzil.

concinnitās, *ātis u.* **-tūdō,** *inis f* (*concinnus*) **1.** kunstgerechte Zusammenfügung, Abrundung; °**2.** *das* Gedrechselte, Gesuchte.

concinnō 1 (*con-*; *cinnus* [*et. ungeklärt*] „Mischtrank"; *eigtl.* „im richtigen Verhältnis zusammenmischen") kunstgerecht zusammenfügen; zurechtlegen; / die rechte Fassung geben; anrichten, anstiften; machen [*hominem insanum verbis suis*].

concinnus 3 (*m. comp., adv.*; *Rückbildung aus concinnō*) **1.** kunstgerecht; harmonisch, geschmackvoll; °**2.** gefällig [*amicis*].

con-cinō, *cinuī, centum* 3 (*canō*) **1.** (*intr.*) °**a)** zusammen singen; zusammen (er)tönen, einfallen [*tubae*]; begleiten [*tragoedo* (*dat.*)]; **b)** / übereinstimmen [*cum Peripateticis*]; **2.** (*trans.*) **a)** zugleich anstimmen [*carmen*]; / °**b)** besingen, preisen [*laetos dies*]; °**c)** *als Warnung* verkünden, prophezeien [*omen*].

con-ciō 4 *s. concieō.*

con-cipilō 1 (*capulō* 1 „mit dem Fangseil fangen", *verwandt m. capiō?*) fassen; (in Stücke hauen?).

con-cipiō, *cēpī, ceptum* 3 (*capiō*) **1.** °**a)** zusammenfassen; **b)** / (*Worte*) in bestimmter Formel aus-, nachsprechen [°*vota*]; feierlich ansagen [°*nova auspicia*]; **2.** auffassen, auffangen, in sich aufnehmen: °**a)** (*Flüssigkeiten*) einsaugen; °**b)** (*Feuer*) fangen; **c)** (*Samen*) empfangen, schwanger, trächtig werden; P. erzeugt werden, entstehen; (*Ov.*) *concepta crimina* Sündenkind; **d)** (*geistig*) erfassen, begreifen, verstehen; sich vorstellen [*animo, mente*]; **e)** empfinden, fühlen, in sich aufkommen lassen [*odium*]; **f)** sich zuziehen, auf sich laden, begehen [*scelus*]; **planen.

con-cipulō 1 = *concipilō.*

concīsiō, *ōnis f* (*concīdō*²) Zerstückelung der Sätze.

concīsūra, *ae f* (*concīdō*²) Verteilung.

concīsus 3 (*m.* °*comp.*, °*adv.*; *concīdō*²) **1.** sich kurz fassend [*orator*]; **2.** kurz (gefasst), konzis [*oratio*]; °*subst.* **concīsa,** *ōrum n* abgehackte Sätze.

concitāmentum, *ī n* (*concitō*) Reizmittel.

concitātiō, *ōnis f* (*concitō*) °**1.** rasche Bewegung; **2.** / **a)** Auflauf, Aufruhr [*plebis*]; **b)** *animi* Aufregung, Leidenschaft; °**c)** (*v. Redner*) Feuer.

concitātor, *ōris m* (*concitō*) Aufwiegler; Anstifter.

con-citō (*frequ. v. concieō*) **1.** hastig zusammenziehen, aufbieten [*multitudinem armatorum*]; **2.** stark bewegen, schwingen, schleudern [°*navem*; °*telum*]; (*Ve., Li.*) *se -are* sich stürzen, sich schwingen; / **3.** antreiben, aufreizen, erbittern [*colonias*]; aufwiegeln [*Etruriam*]; anfeuern, entflammen [*animos*]; **4.** erregen, veranlassen, hervorrufen [*novum bellum*]; P. entstehen, sich entspinnen [°*pugna atrox*]; (*P.P.P.*) *adi.*

concitātus 3 (*m. comp.*, °*sup.*, °*adv.*) beschleunigt, rasch, eilend [°*cursus*; °*equo concitato* im Galopp]; / erregt, aufgeregt, heftig [*clamor*].

°**concitor,** *ōris m* (*concieō*) = *concitātor.*

****concivis,** *is m* Mitbürger.

conclāmātiō, *ōnis f* (*conclāmō*) lauter Zuruf, lautes Geschrei.

con-clāmitō 1 (*intens. v. conclāmō*) laut rufen.

con-clāmō 1 **1.** zusammenrufen, alarmieren; **2.** laut rufen, ein Geschrei erheben; *victoriam* „Viktoria" rufen; *vasa* den Befehl zum Aufbruch geben; °*alqm* den Verlust jds. beklagen.

conclāve, *is n* (*con-, clāvis*) Gemach, Zimmer; ** Schlafzimmer; *Christi* = Maria; Wahlraum.

con-clūdō, *sī, sum* 3 (*claudō*) **1.** (*lebende Wesen*) zusammen-, einschließen, einsperren; **2.** (*etw. v. allen Seiten*) abschließen, absperren [°*aedem*]; **3.** / **a)** einengen, beschränken; **b)** systematisch zusammenfassen; P. enthalten sein *in*; **c)** abschließen, zum Abschluss bringen; (*rhet. t.t.*) rhythmisch, periodisch abschließen, abrunden; (*philos. t.t.*) schließen, folgern, beweisen.

conclūsē *adv.* (*conclūsus, P.P.P. v. conclūdō*) (rhythmisch) abgerundet.

conclūsiō, *ōnis f* (*conclūdō*) **1.** Einschließung, Sperre, Blockade; **2. a)** Schluss, Abschluss, letzter Teil [*orationis*]; **b)** (*rhet. t.t.*) abgeschlossene Periode, (rhythmische) Abrundung; **c)** (*philos. t.t.*) Schlussfolgerung, logischer Schluss; ** Gefangenschaft.

conclūsiuncula, *ae f* (*dem. v. conclūsiō*) erbärmliche Schlussfolgerung; lächerlicher Trugschluss.

con-color, *ōris* (*abl. sg. -ī*) gleichfarbig.

con-comitātus 3 begleitet.

con-coquō, *coxī, coctum* 3 °**1.** (mehreres) zusammenkochen; **2.** °**a)** gar kochen; **b)** verdauen; **3.** / **a)** sich gefallen lassen, dulden [*odia*]; °**b)** (*geistig verdauen*) sich zu eigen machen; **c)** reiflich überlegen [*consilium*].

****concordantia,** *ae f* Übereinstimmung; Konkordanz.

concordia, *ae f* (*concors*) **1.** Eintracht, Einigkeit; °**2.** Herzensfreund [*felix*]; **3.** Einklang, Harmonie [°*mundi*]; **4.** ♀ *Göttin der Eintracht* (*in ihrem Tempel am Kapitol häufig Senatssitzungen*).

concordō 1 (*concors*) einig sein, übereinstimmen.

con-cors, *dis* (*m.* °*comp.*, *sup.*, *adv.*; *cor*) einig, einträchtig, übereinstimmend.

con-crēbrēscō, *bruī*, — 3 mit *etw.* zunehmen [*cum euro*].

con-crēdō, *didī*, *ditum* 3 anvertrauen.

con-cremō 1 (*trans.*) völlig verbrennen, niederbrennen.

con-crepō, *uī*, — 1 **1.** (*intr.*) stark tönen, dröhnen (rasseln, klirren); *digitis* mit den Fingern schnalzen; *si digitis concrepuerit* (*sc. erus*) auf den ersten Wink; °**2.** (*trans.*) rasseln lassen [*aera* Becken].

con-crēscō, *crēvī*, *crētum* 3 **1. a**) sich verdichten, gerinnen, erstarren; °**b**) sich verdunkeln; **2.** (durch Verdichtung) sich bilden; (*P.P.P.*) *adi.*

concrētus 3 (*m.* °*comp.*) **1.** geronnen, verdichtet, starr; °*lac -um* Käse; °*dolor -us* tränenloser Schmerz; **2.** zusammengesetzt, bestehend *aus*; °**3.** anhaftend.

concrētiō, *ōnis f* (*concrēscō*) Verdichtung; / Körperlichkeit [*mortalis* vergänglicher Stoff].

con-crīminor 1 heftige Klage führen.

con-cruciō 1 quälen.

concubīna, *ae f* (*concubō*) Konkubine; Freudenmädchen.

concubīnātus, *ūs m* (*concubīna*) **1.** (*gesetzlich erlaubte außereheliche Geschlechtsverbindung, Art morganatischer Ehe*) Konkubinat; **2.** außerehelicher Geschlechtsverkehr [*nuptarum* mit verheirateten Frauen].

concubīnus, *ī m* (*concubīna*) Beischläfer, Liebhaber; im Konkubinat lebender Mann.

concubitus, *ūs m* (*concumbō*) °**1.** *das* Sichniederlegen (*bsd. zu Tisch*); **2. a**) Beischlaf; °**b**) (*von Tieren*) Begattung.

concubium, *ī n* (*concubō*) **1.** *noctis die* Zeit des tiefsten Schlafes, tiefe Nacht; **2.** Beischlaf.

concubius 3 (*concubō*) zur Zeit des tiefen Schlafes; *-a nox* tiefe Nacht.

con-culcō 1 (*calcō*) niedertreten; mit Füßen treten, misshandeln; missachten.

con-cumbō, *cubuī*, *cubitum* 3 (**cumbō*; *cf. cubō*) °**1.** (*v. Tieren*) sich (zusammen) niederlegen; **2.** den Beischlaf ausüben [*cum alqa*; (*dcht.*) *alci u. abs.*].

con-cupīscō, *pīvī u. piī*, *pītum* 3 (*con-* + *incoh. v. cupiō*) eifrig begehren, verlangen.

con-cūrō 1 gehörig besorgen.

con-currō, (*cu*)*currī*, *cursum* 3 **1.** zusammenlaufen, -strömen, von allen Seiten herbeieilen; **2. a**) zusammentreffen, sich vereinigen; **b**) (*feindl.*) zusammenstoßen; **3.** seine Zuflucht nehmen; °**4.** (*abs.*) hereinbrechen [*bellum*]; **5.** zugleich stattfinden.

concursātiō, *ōnis f* (*concursō*) **1.** *das* Herumlaufen; **2.** *das* Umherreisen; °**3.** (*mil. t.t.*) Geplänkel.

concursātor, *ōris m* (*concursō*) (*mil. t.t.*) Plänkler; *adi.* nur an Geplänkel gewöhnt [*pedes*].

concursiō, *ōnis f* (*concurrō*) **1.** *das* Zusammentreffen; **2.** (*Redefigur*) Symploke (= „Verflechtung", *d.h. Wiederholung derselben Worte am Anfang u. Ende der Sätze*).

con-cursō 1 (*intens. v. concurrō*) **1.** (*intr.*) **a**) hin und her laufen; umherreisen; °**b**) (*mil. t.t.*) wiederholt angreifen, plänkeln; °**c**) hin- u. herwogen; **2.** (*trans.*) bereisen, besuchen.

concursus, *ūs m* (*concurrō*) **1.** *das* Zusammenlaufen, Auflauf; Aufruhr; **2.** (zufälliges) Zusammentreffen, Zusammenstoß [*navium*]; **3.** Mitwirkung [*studiorum*]; **4.** feindlicher Zusammenstoß, Ansturm; ** Wettstreit.

concussiō, *ōnis f* (*concutiō*) *das* Schwingen [*facium*]; Erdbeben.

concussus, *abl. ū m* (*concutiō*) Erschütterung.

con-custōdiō 4 (*-ū-?*) bewachen.

con-cutiō, *cussī*, *cussum* 3 (*quatiō*) °**1.** (dröhnend) zusammenschlagen [*frameas*]; °**2.** schütteln, schwingen; °**3.** erschüttern [*terram motu*]; / °**4.** erregen, aufrütteln [*pectus*]; **5.** erschrecken, ängstigen, beunruhigen; **6.** zerrütten, schwächen [*rem publicam*]; °**7.** (*refl.*) *se -ere* sich sorgfältig prüfen.

condalium, *ī n* (*gr. Lw.*) kleiner Ring (*v. Sklaven getragen*).

con-decet 2 *impers.* es geziemt sich *für* [*senem*].

con-decorō 1 sorgfältig schmücken.

condemnātiō, *ōnis f* (*condemnō*) Verurteilung; ** Verdammnis.

condemnātor, *ōris m* (*condemnō*) *ein* Ankläger, der die Verurteilung durchsetzt.

con-demnō 1 (*damnō*) **1.** verurteilen [*wegen iniuriarum, de vi; zu capitis* (-te)]; **2.** (*vom Ankläger*) die Verurteilung durchsetzen [*alqm furti*]; **3.** / missbilligen, tadeln.

con-dēnseō 2 *u.* **-sō** 1 dicht zusammendrängen [*aciem*].

con-dēnsus 3 sehr dicht, dicht besetzt [*arboribus* dicht bewaldet].

condiciō, *ōnis f* (*condīcō*) **1. a)** Übereinkunft, Vertrag, Vergleich; **b)** Heiratsantrag, -partie; Liebesverhältnis; **c)** Vorschlag, Zumutung; **d)** Bedingung [*pacis*]; **2. a)** Stellung, Aufgabe, Beruf [*vitae*]; **b)** Verhältnis, Lage, Zustand, Stand, Beschaffenheit [*infima servorum*]; Möglichkeit [*nulla est ~ deditionis*].

con-dīcō, *dīxī, dictum* 3 °**1.** gemeinsam festsetzen [*diem*]; **2.** *abs. od. ad cenam* sich zu Tisch ansagen *bei* [*alci*].

condīgnus 3 (*jünger* -ī-; *m. adv.*) ganz würdig, entsprechend.

condīmentum, *ī n* (*condiō*) Gewürz, Würze.

condiō 4 (*wohl zu condō*) würzen, lecker zubereiten; wohlriechend machen, einlegen; einbalsamieren [*mortuos*]; / geschmackvoll machen [*orationem*]; mildern; ** weihen (*bei der Taufe*).

condiscipula, *ae f* (*condiscipulus*) Mitschülerin.

condiscipulātus, *ūs m* (*condiscipulus*) Schulfreundschaft.

con-discipulus, *ī m* Mitschüler, Schulfreund.

con-discō, *didicī*, — 3 (-īsc-?) sorgfältig (er)lernen.

conditiō[1], *ōnis f* (*condiō*) *das* Würzen (*der Speisen*), Einmachen (*der Früchte*).

****conditio**[2], *onis f* Gründung, Schöpfung.

conditiō[3], *ōnis f falsche Schreibung für condiciō.*

conditīvus 3 (*conditus, P.P.P. v. condō*) zum Einlegen bestimmt; *subst.* **-um,** *ī n* Grab.

conditor, *ōris m* (*condō*) **1.** Gründer, Begründer, Schöpfer, Stifter; °**2.** Verfasser.

conditōrium, *ī n* (*condō*) Sarg; Grabmal.

conditūra, *ae f* (*condiō*) *das* Einmachen (*v. Früchten*); (leckere) Zubereitung.

conditus 3 (*m. comp.*; *condiō*) gewürzt; schmackhaft; ansprechend.

con-dō, *didī, ditum* 3 (*con-* + V‾*dhē „setzen“) **1.** zusammenfügen: **a)** gründen, erbauen, anlegen; **b)** begründen, schaffen; **c)** verfassen; °besingen [*Caesaris acta*]; **2.** verwahren: **a)** aufheben, bergen, in Sicherheit bringen [*litteras in aerarium u. -o*]; (*nkl.*) in die Scheide stecken [*gladium*], einsperren [*in carcerem*]; beisetzen, begraben; °**b)** beschließen, zubringen [*diem*]; °**c)** verbergen, verstecken [*iram; se in tenebras*].

condoce-faciō, *fēcī, factum* 3 (*condoceō*) belehren, abrichten, anleiten.

con-doceō, *docuī, doctum* 2 einüben, abrichten.

con-doleō, — — 2 Schmerz empfinden; ** Mitleid haben *mit* [*crucifixo*].

condolēscō, *luī*, — 3 (*incoh. v. condoleō*) ein Schmerzgefühl bekommen; *meist pf.* schmerzen; wehtun [*latus ei dicenti*].

condōnātiō, *ōnis f* (*condōnō*) *das* Verschenken; Schenkung.

con-dōnō 1 **1.** (ver)schenken; **2.** (*Schulden*) erlassen [*pecunias creditas*]; / **3.** überlassen, preisgeben, zum Opfer bringen [°*vitam rei publicae*]; **4.** vergeben [*scelus*]; ungestraft lassen aus Rücksicht *auf*, begnadigen um ... willen [*alci filium*]; ** verleihen; nachsehen [*culpam*].

con-dormiō 4 völlig einschlafen.

condormīscō, *īvī*, — 3 (*incoh. v. condormiō*) einschlafen.

condūcibilis, *e* (*condūcō*) zuträglich, zweckdienlich; gemeinnützig.

con-dūcō, *dūxī, ductum* 3 **I.** (*trans.*) **1.** zusammenziehen, versammeln [*copias in unum locum*], vereinigen; **2.** (durch Bezahlung, Sold *u. ä.*) zusammenbringen): **a)** mieten, pachten [*agrum*; °*vectigalia*]; **b)** anwerben [*equites*]; dingen [°*scortum*]; **c)** gegen Entgelt *eine Arbeit od. Lieferung* übernehmen [*columnam faciendam*]; °**d)** kaufen [*librum*]; **II.** (*intr.*) zuträglich sein, nützen [*rei publicae; ad commoditatem*]; **III.** (*P.P.P.*) *subst.* **conductī,** *ōrum m* (*Ne.*) Söldner; **-um,** *ī n* Miete, Mietswohnung.

C

****conducta,** *ae f* Eingangslied.
conductīcius 3 (*conductus, P.P.P. v. condūcō*) gemietet, Miets..., Söldner...
conductiō, *ōnis f* (*condūcō*) **1.** (*rhet. t.t.*) Rekapitulation; **2.** Pacht(ung); Miet-, Pachtvertrag.
conductor, *ōris m* (*condūcō*) Mieter, Pächter; Unternehmer.
****conductus,** *us m* Geleit [*salvus Caesaris* freies kaiserliches]; Eingangslied.
conduplicātiō, *ōnis f* (*conduplicō*) Verdoppelung (*scherzh.* = Umarmung).
con-duplicō 1 verdoppeln; (*scherzh.*) *corpora* sich umarmen.
con-dūrō 1 härten.
condus, *ī m* (*cf. condō*) Beschließer (*der Vorräte*); Haushofmeister.
condylus, *ī m* (*gr. Fw.*) *das* Rohr (*der Rohrpfeife*).
cō-nectō, *nex(u)ī, nexum* 3 **1.** zusammenknüpfen, -schlingen; **2.** / **a**) verknüpfen, -binden; °**b**) verwickeln *in* [*criminibus mariti*]; **c**) (*philos. t.t.*) als Schlusssatz anfügen; (*P.P.P.*) °*adi.* **cōnexus** 3 verschwägert *mit* [*Caesari*]; *subst.* **-um,** *ī n* (logische) Schlussreihe.
cōnexiō, *ōnis f* (*cōnectō*) Verbindung, Verknüpfung; (*philos. t.t.*) logischer Schluss.
cōnexus, *ūs m* (*cōnectō*) Verknüpfung, enge Verbindung.
cōn-fābulor 1 **1.** (*intr.*) traulich plaudern; **2.** (*trans.*) *etw.* besprechen *mit.*
cōnfarreātiō, *ōnis f* (*cōnfarreō*) Konfarreationsehe, (*feierlichste Form der*) patriz. Eheschließung (*unter Opferung eines Speltkuchens* [*farreum lībum*]).
cōn-farreō 1 (*farreum, sc. lībum*) in religiöser Form ehelich verbinden; *confarreatis parentibus genitus* aus einer Konfarreationsehe (stammend); *cf. cōnfarreātiō.*
cōn-fātālis, e mitverhängt.
cōnfectiō, *ōnis f* (*cōnficiō*) **1.** Anfertigung, Herstellung; Abfassung [*libri*], Beendigung [*belli*], Eintreibung [*tributi*]; **2.** Vernichtung, Schwächung [*valetudinis*].
cōnfector, *ōris m* (*cōnficiō*) **1.** Beendiger; **2.** Vernichter.
cōnferbuī *pf. v. cōnfervēscō.*
cōn-ferciō, *rsī, rtum* 4 (*farciō*) zusammendrängen; (*P.P.P.*) *adi.* **cōnfertus** 3 (*m.* °*comp.*, *sup.*) voll gestopft [*cibo*]; / zusammengedrängt, dicht; (*mil. t.t.*) in geschlossenen Reihen [*acies*].
cōn-ferō, *contulī, collātum, cōnferre* **1.** (*mit voller Bedeutung des praev.*): **a**) zusammentragen, -bringen [°*ligna*]; zusammenziehen, -fassen, [°*vires in unum*; / *rem in pauca*]; **b**) einander nahe bringen [*capita*]; (*feindl.*) [*castra castris hostium*]; zum Kampfe bringen; kämpfen, handgemein werden [*arma, manum, signa, gradum*]; *signis collatis* in offener Feldschlacht; °*collato pede* Mann gegen Mann; **c**) zusammenschießen, aufbringen [*pecuniam*]; / °**d**) beitragen *zu*, nützen [*multum moribus*]; **e**) (*Meinungen*) austauschen, *etw.* besprechen [*condiciones*]; **f**) vergleichen [*pacem cum bello*; *parva magnis* (*dat.*!)]; **2.** (*mit abgeschwächter Bedeutung des praev. u. mit Betonung des Zieles*): **a**) hinbringen, -schaffen [*in oppidum*]; vor-, darbringen [°*vota ad deos*]; / **b**) verlegen, verschieben *auf* [*in posterum diem*]; °**c**) verwandeln [*corpus in volucrem*]; **d**) zukommen lassen [°*munera amicis*]; **e**) zuschreiben, zur Last legen [*vitia in senectutem*]; **f**) übertragen, überlassen [*spem salutis ad clementiam victoris*]; **g**) (*die Gedanken*) richten *auf* [*studium ad philosophiam*]; **h**) verwenden, hergeben [*praedam in monumenta*]; **3. sē cōnferre** (*zunächst mit voller Bedeutung des praev. nur im pl., frühzeitig aber auch schon im sg.*) sich begeben [*ad Manlium*]; / *in fugam* sich flüchten; *ad studium philosophiae* sich der Ph. widmen; *ad senatus auctoritatem* sich anschließen.
cōnfertim *adv.* (*cōnfertus, P.P.P. v. cōnferciō*) dicht gedrängt, geschlossen.
cōnfertus 3 *s. cōnferciō.*
cōn-fervefaciō, — — 3 (*u.* -*vē*-) zum Schmelzen bringen.
cōn-fervēscō, *buī,* — 3 (*con-* + *incoh. v. ferveō*) erglühen, entbrennen.
cōnfessiō, *ōnis f* (*cōnfiteor*) Geständnis, Bekenntnis; ** Glaubensbekenntnis; Beichte.
****confessor,** *oris m* Bekenner (*kirchlicher Ehrentitel*); Beichtvater.

cōnfestim *adv.* (-ē-?; *wahrsch. aus * com festī* „mit Eile", *in Anlehnung an statim usw.*; *cf.* *festīnō*) unverzüglich, sogleich.

cōnficiēns, *entis* (*m. sup.*; *cōnficiō*) bewirkend, verursachend.

cōn-ficiō, *fēcī, fectum* 3 **1.** zustande bringen: **a**) anfertigen, verfertigen [*vestem*]; abfassen [*libros, orationem*]; ausführen, vollenden, beendigen [*bellum*]; **b**) erledigen [*negotia*]; **c**) verursachen, bewirken [*pacem*]; machen [*auditorem benevolum*]; **d**) (*räuml.*) zurücklegen [*iter*]; (*zeitl.*) zubringen [*noctem*]; **2.** zusammenbringen: **a**) auftreiben [*frumentum*]; auf die Beine bringen [*equites*]; **b**) (*philos. t.t.*) durch Schlussfolgerung dartun; *ex quo conficitur, ut* daraus folgt, dass; **3.** (*vielfach pejorativ*) fertig werden mit, zu Ende bringen: **a**) zerkauen, verdauen [*cibum*]; verzehren [°*prandium*]; **b**) durchbringen, vergeuden [*patrimonium*]; **c**) aufreiben, erschöpfen, schwächen [*vulneribus confectus*]; **d**) niederhauen, töten; unterwerfen, besiegen [*plures provincias*]; — *cf.* *cōnfīō*.

cōnfictiō, *ōnis f* (*cōnfingō*) Erdichtung.

cōnfīdēns, *entis* (*m.* °*comp.*, °*sup.*, *adv.*; *cōnfīdō*) zuversichtlich, mutig; dreist, verwegen.

cōnfīdentia, *ae f* (*cōnfīdēns*) °**1.** festes Vertrauen; **2. a**) Selbstvertrauen; **b**) Dreistigkeit, Frechheit, Unverschämtheit.

cōnfīdentiloquus 3 (*m. comp.*; *cōnfīdēns, loquor*) großsprecherisch.

cōn-fīdō, *fīsus sum* 3 vertrauen, sich verlassen *auf* [*virtuti militum, naturā loci*]; fest glauben; *abs.* seiner Sache sicher sein.

cōn-fīgō, *xī, xum* 3 zusammenheften, -nageln; durchbohren; / lähmen.

cōn-findō, — — 3 zerspalten.

cōn-fingō, *fīnxī, fictum* 3 erdichten, ersinnen.

cōn-fīnis, e angrenzend, benachbart [*Senonibus*]; °/ verwandt, nahe kommend.

cōnfīnium, *ī n* (*cōnfīnis*) **1.** Grenzgebiet, Grenze; *pl.* Grenzverhältnisse; °**2.** / Grenzscheide [*lucis et noctis* Dämmerung].

cōn-fīō, —, *fierī u. fierī* (*selten*) = *cōnficior*: °**1.** zusammen-, aufgebracht werden; **2.** ausgeführt werden, zustande kommen, geschehen; °**3.** verbraucht werden.

cōnfirmātiō, *ōnis f* (-fīrm-?; *cōnfirmō*) **1. a**) Befestigung [*libertatis*]; **b**) Beruhigung, Tröstung, Trost [*animi*]; **2. a**) Bestätigung; **b**) (*rhet. t.t.*) Begründung, Beweis (*als Teil der Rede*); ** Firmung.

cōnfirmātor, *ōris m* (-ī-?; *cōnfirmō*) Bürge [*pecuniae*].

cōnfirmātus 3 (-ī-?; *m. comp.*, °*adv.*; *cōnfirmō*) mutig, beherzt; bestätigt.

cōnfirmitās, *ātis f* (-fīrm-?; *cōnfirmō*) Halsstarrigkeit.

cōn-firmō 1 (-ī-?) **1.** befestigen, festmachen [*stipitem*]; **2. a**) stärken, kräftigen, stählen [*corpus*]; **b**) (*mil. t.t.*) verstärken, sichern [*praesidia*]; **3. a**) dauerhaft machen [*pacem*]; **b**) bestätigen, für gültig erklären [*acta Caesaris*]; **c**) bekräftigen, beweisen [*testimoniis*]; **d**) ermutigen, trösten [*militum animos*], in der Gesinnung bestärken; **e**) bestimmt erklären; beteuern.

cōn-fiscō 1 (*fiscus*) in der Kasse aufheben, bar liegen haben; **2.** für die kaiserliche Kasse einziehen, beschlagnahmen; konfiszieren.

cōnfīsiō, *ōnis f* (*cōnfīdō*) Vertrauen.

cōn-fiteor, *fessus sum* 2 (*fateor*) **1.** (zu)gestehen, bekennen; anerkennen; °**2.** zu erkennen geben, offenbaren [*se deam*]; (** *abs.* bekennen; beichten); (*part. pf.*) *adi.* **cōnfessus** 3 **1.** (*act.*) geständig; **2.** (*pass.*) **a**) eingestanden; °**b**) anerkannt.

cōnflagrātiō, *ōnis f* (*cōnflagrō*) *das* Auflodern; Ausbruch [*Vesuvii montis*]; ** Verbrennung.

cōn-flagrō 1 verbrennen, in Flammen aufgehen; / zugrunde gehen.

cōnflīctātiō, *ōnis f* (*cōnflīctō*) *das* Stoßen u. Drängen (*um den Platz im Theater*), Gedränge; ** Kampf; Hader.

cōnflīctiō, *ōnis f* (*cōnflīgō*) °**1.** Zusammenstoß; **2.** / Streit.

cōnflīctō 1 (*intens. v. cōnflīgō*) **1.** (*trans.*) °**a**) niederschlagen; zerrütten; **b**) P. hart mitgenommen werden [*morbo gravi*]; (*Ta.*) ins Gedränge kommen; **2.** (*intr.*) sich herumschlagen [*cum malo*].

cōnflīctus, *ūs m* (*cōnflīgō*) Zusammenstoß.

cōn-flīgō, *īxī, īctum* 3 **1.** (*trans.*) °**a**) zusammenschlagen, vereinigen [*semina*]; **b**) / (vergleichend) zusammenhalten; **2.** (*intr.*) zusammenstoßen, aneinander geraten, kämpfen.

cōn-flō 1 **1.** °**a**) anblasen, anfachen [*incendium*]; **b**) / schüren [*seditionem*]; **2.** °**a**) (*durch Gebläse*) einschmelzen [*vasa aurea*]; **b**) münzen, schlagen [*pecuniam*]; / **c**) zusammenbringen, vereinigen [*exercitum*], zusammenschlagen [°*rem* Vermögen], aufhäufen [*aes alienum*]; **d**) schmieden, aushecken [°*iudicia* Rechtssprüche].

cōn-fluō, *flūxī,* — 3 (*flūxī?*) zusammenfließen; / zusammen-, zuströmen; (*part. praes.*) *subst.* **cōnfluēns,** *entis m* (*auch pl.*) Zusammenfluss [*Mosae et Rheni*]; °**Cōnfluentēs,** *ium f* Koblenz.

cōn-fodiō, *fōdī, fossum* 3 **1.** umstechen, umgraben [*hortum*]; **2.** durchbohren, niederstechen; *confossior* (*comp. des P.P.P.*) stärker durchbohrt; **3.** / **a**) zu Boden schlagen; *confossi* geschlagene Leute; **b**) durch einen Querstrich tilgen; ausstreichen.

****confoedero** 1 einen Bund schließen, vereinigen.

cōnfore *s. cōnfuit.*

cōnfōrmātiō, *ōnis f* (*cōnfōrmō*) **1.** (harmonische) Gestalt(ung), Bildung; **2.** / **a**) *vocis* richtige Tonsetzung; *verborum* richtige Wortstellung; *doctrinae* geregelte Bildung; **b**) (*philos. t.t.*) Vorstellung, Begriff [*animi*]; **c**) (*rhet. t.t.*) Redefigur [*sententiae*].

****conformis,** e gleichförmig; gleichartig.

****conformitas,** *atis f* Gleichartigkeit.

cōn-fōrmō 1 formen, gestalten; ausbilden, schulen [*mentem*].

cōnfossior *s. cōnfodiō.*

cōnfragōsus 3 (*con-* + *frangō*) uneben, holperig; / geschraubt, zu hoch; *subst.* **-um,** *ī n* holperige Stelle; gebirgige Gegend.

****confrater,** *tris m* Bruder, Mitchrist.

cōn-fremō, *uī,* — 3 (zusammen) murren; / erbrausen.

cōn-fricō, *uī, ātum* 1 ab-, einreiben; °/ bittend umfassen [*genua*].

cōn-fringō, *frēgī, frāctum* 3 (*frangō*) (zer)brechen, sprengen; / zunichte machen; °vergeuden [*rem*].

cōn-fugiō, *fūgī,* — 3 flüchten; / seine Zuflucht nehmen *zu etw.*

cōnfugium, *ī n* (*cōnfugiō*) Zuflucht(sort).

cōn-fuit, *inf. fut. cōnfutūrum* (esse) *u. cōnfore* es war zugleich, trat zugleich ein, gelang.

cōn-fulciō, —, *ltum* 4 fest stützen.

cōn-fulgeō, — — 2 erglänzen.

cōn-fundō, *fūdī, fūsum* **I.** zusammengießen *bzw.* -schütten: **1. a**) zusammengießen, -schütten; **b**) vermischen; / **2.** vereinigen; verbinden [°*duos populos in unum*]; **3. a**) in Unordnung bringen, verwirren [*ordines*]; °**b**) unkenntlich machen, entstellen; °**c**) verwirren, aus der Fassung bringen [*animum*]; **II.** in einen Raum gießen *bzw.* schütten: °**1.** ausgießen, eingießen [*cruor confusus in fossam*]; schütten; / verteilen; **2.** *mediopass.* sich ergießen; / sich verteilen, sich verbreiten; (*P.P.P.*) *adi.* **cōnfūsus** 3 (*m.* °*comp.*, °*sup.*, *adv.*) **1.** verwirrt, verworren, ungeordnet [*contio*; *oratio*]; °**2.** verstört, bestürzt, aus der Fassung gebracht [*facies irā*].

cōnfūsīcius 3 (*cōnfūsus, P.P.P. v. cōnfundō*) zusammengegossen [*ius* Brühe].

cōnfūsiō, *ōnis f* (*cōnfundō*) °**1.** Vermischung; **2.** / **a**) Vereinigung; **b**) Verwirrung; °**c**) *das* Erröten (*vor Scham od. Zorn*); Verstörtheit; ** Schmach; Vergehen; *linguarum* babylonische Sprachverwirrung.

cōn-fūtō 1 (*et. unklar*; *cf. refūtō*) zum Schweigen bringen; Einhalt tun [*impudentiam*]; widerlegen; ** verdammen, zurückweisen.

cōn-futuō, — — 3 herumhuren *mit* (*m. acc.*).

con-gelō 1 °**1.** (*trans.*) zum Gefrieren bringen; / verdichten, verhärten; **2.** (*intr.*) °**a**) zufrieren; **b**) / sich verhärten, erstarren.

congeminātiō, *ōnis f* (*congeminō*) Verdoppelung (*scherzh.* = Umarmung).

con-geminō 1 (sich) verdoppeln.

con-gemō, *uī,* — 3 **1.** (*intr.*) laut seufzen; °**2.** (*trans.*) klagen *über* [*mortem*].

conger, *grī m* (*gr. Lw., volkset. an congerō angelehnt*) Meeraal.

congeriēs, *ēī f* (*congerō*) **1.** Haufe, (ungeordnete) Masse; **2.** Holzstoß,

Scheiterhaufen; **3.** Chaos; **4.** (*Redefigur*) Anhäufung.

con-gerō, *gessī, gestum* 3 **1. a**) zusammentragen, -bringen, sammeln [*ligna*]; aufhäufen [*opes*]; °*oscula* aufdrücken; *plagas* aufzählen; **b**) zusammenschießen [*viaticum*]; °**2. a**) zusammensetzen, errichten, erbauen; **b**) *abs.* nisten; **3.** / **a**) (*in Rede od. Schrift*) zusammenstellen, -fassen [*nomina poetarum*]; **b**) reichlich zuwenden [*beneficia in hospitem*], häufen *auf* [*maledicta in adversarium*].

con-gerrō, *ōnis m* Spießgeselle, Zechkumpan.

congestīcius 3 (*congestus, P.P.P. v. congerō*) aufgeschüttet.

congestus, *ūs m* (*congerō*) °**1.** Anhäufung; Lieferung; **2.** *das* Nisten; °**3.** Haufen, Masse [*lapidum*].

congiālis, e (*congius*) einen *congius* enthaltend.

congiārium, *ī n* (*congius*) Spende (*v. Geld od. Naturalien, urspr. v. einem congius Getreide, Öl od. Ä., an Volk od. Soldaten*).

congius, *ī m* (*gr. Lw.* = „Muschel") *röm. Hohlmaß* (= 3,28 l).

con-glaciō 1 gefrieren, einfrieren; °/ untätig vorübergehen [*tribunatus*].

con-gliscō, — — 3 fortglimmen; / wieder erstehen.

conglobātiō, *ōnis f* (*conglobō*) Zusammenrottung.

con-globō 1 zusammenballen, abrunden; / zusammendrängen [°*multitudinem in unum*].

con-glomerō 1 zusammenrollen, -ballen.

conglūtinātiō, *ōnis f* (*conglūtinō*) Zusammenleimung, -fügung.

con-glūtinō 1 (*glūtinō* 1 „leimen" *v. glūten*) °**1.** zusammenleimen; **2.** / **a**) eng verbinden, (ver)knüpfen [*voluntates*]; °**b**) ersinnen.

con-graecō 1 (*graecor*) auf griechische Art verwenden; verprassen.

con-grātulor 1 Glück wünschen *zu* [*concordiam*].

con-gredior, *gressus sum* 3 (*gradior*) **1.** zusammenkommen, -treffen [*cum Caesare*]; **2. a**) (*feindlich*) zusammenstoßen, kämpfen; **b**) / (*m. Worten*) streiten.

congregābilis, e (*congregō*) gesellig.

congregātiō, *ōnis f* (*congregō*) **1.** geselliges Zusammenleben, Geselligkeit; °**2. a**) Zusammenstellung [*argumentorum*]; **b**) Zusammenfassung, Rekapitulation [*rerum*]; ** Versammlung; Klostergemeinschaft, Kongregation.

con-gregō 1 (*grex*) **1.** zu einer Herde vereinigen; **2.** / **a**) (ver-) sammeln, vereinigen [*dispersos in unum locum*]; *mediopass. u. se -are* sich vereinigen; **b**) aufhäufen [*signa*; °/ *argumenta*].

congressiō, *ōnis f* (*congredior*) = *congressus.*

congressus, *ūs m* (*congredior*) **1.** Zusammenkunft; **2. a**) Gesellschaft, Verkehr; **b**) Geschlechtsverkehr; **3.** Zusammenstoß, Angriff, Kampf.

congruēns, *entis* (*m.* °*sup., adv.*; *congruō*) **1.** übereinstimmend *mit*, passend *zu* [*gestus cum sententiis*]; **2.** gleichförmig; einstimmig [*clamor*].

congruentia, *ae f* (*congruēns*) Übereinstimmung, Harmonie.

con-gruō, *uī,* — 3 (⟨*-*ghravō*; *eigtl.* „überfallen, bedrängen"; *cf. ingruō*) °**1.** zusammentreffen; **2.** (*zeitl.*) °**a**) zusammenfallen; **b**) stimmen; **3.** übereinstimmen, harmonieren [*linguā*].

congruus 3 (*congruō*) = *congruēns.*

con-iciō, *iēcī, iectum* 3 (*altl. coniexit* = *coniēcerit*; *iaciō*) **1.** (*mit voller Bedeutung des praev.*): **a**) zusammenwerfen, -tragen [°*sarcinas in acervum*]; **b**) / vermuten, schließen, erraten; **2.** (*mit geschwächter Bedeutung des praev. u. Betonung des Zieles*): **a**) hinwerfen, schleudern, schießen, stoßen [*lapides in nostros*]; **b**) bringen, treiben, richten *auf, gegen* [*auxilia in mediam aciem*]; *se -ere* sich werfen, sich stürzen [*in paludem*]; **c**) / in einen Zustand versetzen [*rem publicam in perturbationes*].

coniectiō, *ōnis f* (*coniciō*) **1.** *das* Werfen, Schleudern [*telorum* Beschießung]; **2.** / **a**) Zusammenlegung, Vergleichung [*annonae atque aestimationis* von Markt- u. Taxpreis]; **b**) Deutung [*somniorum*].

coniectō 1 (*intens. v. coniciō*) vermuten, schließen; deuten.

coniector, *ōris m* (*coniciō*) Traumdeuter, Wahrsager.

coniectrix, *īcis f* (*coniector*) Traumdeuterin.

coniectūra, *ae f* (*coniciō*) Mutmaßung, Annahme; Deutung; Wahrsagung.

coniectūrālis, e (*coniectūra*) mutmaßlich.

C

coniectus, *ūs m* (*coniciō*) °**1.** *das* Hineinwerfen; **2.** Abschießen *v. Geschossen*; Wurf; *teli* Schussweite; **3.** / **a)** Richtung [*oculorum* des Blickes]; °**b)** Kombination.

cōni-fer, *era, erum u.* **cōni-ger,** *era, erum* (*cōnus* + *ferō*; *gerō*) Zapfen tragend.

cō-nītor, *nīxus u. nīsus sum* 3 **1. a)** sich anstemmen; sich aufraffen; **b)** sich emporarbeiten, emporklettern; °**c)** gebären; **2.** / sich anstrengen, sich bemühen.

coniugālis, e (*coniux*) ehelich.

coniugātiō, *ōnis f* (*coniugō*) (*rhet. t.t.*) Stammverwandtschaft der Wörter.

coniugātor, *ōris m* (*coniugō*) Vereiniger [*amoris* der die Liebesbande knüpft].

coniugiālis, e (*coniugium*) ehelich.

coniugium, *ī n* (*coniungō*; *cf. coniux*) °**1.** Verbindung, Vereinigung [*corporis atque animae*]; **2. a)** Ehe; **b)** (*dcht.*) außereheliches Verhältnis, Liebschaft *mit* [*sororis*]; °**c)** Begattung (*v. Tieren*); **3.** / Gatte, Gattin; Geliebte.

con-iugō 1 (*coniux*) zu einem Paar verbinden; knüpfen [*amicitiam*]; (*rhet. t.t.*) (*P.P.P.*) *adi.* **coniugātus** 3 stammverwandt.

coniūnctē *adv.* (*m. comp., sup.*; *coniūnctus*) **1.** zusammen, zugleich *mit* [*cum reliquis rebus*]; **2.** (*rhet. t.t.*) bedingt, hypothetisch.

coniūnctim *adv.* (*coniūnctus*) gemeinschaftlich.

coniūnctiō, *ōnis f* (*coniungō*) **1.** Verbindung, Zusammenhang; Komplex [*tectorum*]; **2.** gesellige Verbindung, Freundschaft; Verwandtschaft; Ehe; politische Verbindung *mit* [*Caesaris*]; **3.** (*rhet. t.t.*) Verbindung der Rede; **4.** (*log. t.t.*) Begriffsverbindung; **5.** (*gramm. t.t.*) Bindewort, Konjunktion.

coniūnctus 3 (*m. comp., sup., adv.* [*s.d.*]; *coniungō*) **1.** (*räuml.*) verbunden, vereinigt; zusammenhängend; angrenzend [*munitio flumini*]; **2.** (*zeitl.*) unmittelbar folgend; gleichzeitig; **3.** (*durch Verwandtschaft od. Freundschaft*) verbunden, nahe stehend; befreundet, vertraut; verwandt; **4.** übereinstimmend [*verba*]; *subst.* **-a,** *ōrum n* verwandte Begriffe.

con-iungō, *iūnxī, iūnctum* 3 **1.** (*räuml.*) verbinden, vereinigen, verknüpfen; *se* **-ere** *u. mediopass.* sich zusammenschließen; zusammenhängen; **2.** (*zeitl.*) **a)** verbinden; °**b)** ununterbrochen fortsetzen [*cursum*]; **3.** / **a)** (*Dinge od. Personen*) in Verbindung bringen; (*bsd. politisch od. ehelich*) verbinden; °aussöhnen; **b)** schließen, stiften [*amicitiam*]; *bellum* gemeinsam führen.

coniūnx (*sekundäre Bildung v. coniungō*) = *coniux*.

coniūrātiō, *ōnis f* (*coniūrō*) **1.** °**a)** gegenseitig geleisteter Eid; gemeinsame Vereidigung; **b)** Eidgenossenschaft; **2.** Verschwörung, Komplott; **3.** *die* Verschworenen.

con-iūrō 1 °**1.** zusammen schwören; **2.** (*mil. t.t.*) (gemeinsam) den Fahneneid leisten; **3. a)** sich eidlich verbinden, sich verbrüdern; **b)** sich verschwören; (*P.P.P.*) *adi.* **coniūrātus** 3 °**1.** vereidigt; °**2.** eidlich verbunden; **3.** verschworen; *subst.* **-ī,** *ōrum m die* Verschworenen.

coniux, *iugis m f* (*Wurzelnomen v. d.* √‾*iug-; *cf. coniungō, coniūnx*) **1.** Gatte; *kl. meist* Gattin; °*pl.* Ehepaar; °**2. a)** Verlobte, Braut; **b)** Geliebte, Konkubine; °**3.** (*v. Tieren*) Weibchen.

cō-nīveō, *nīvī u. nīxī,* — 2 (*cf. nictō, nītor, nhd.* „neigen") **1. a)** die Augen schließen; **b)** geschlossen sein [*oculi*]; **2.** / ein Auge zudrücken, durch die Finger sehen.

conl... = *coll...*; **conm...** = *comm...*; **con-n...** = *cō-n...*

Conōn, *ōnis m* (*gr.* K-) *athenischer Feldherr u. Admiral, 413–392.*

cōnōpēum *u.* **-ium,** *ī n* (*gr. Lw.*) Mückennetz; mit Mückennetz verhängtes Ruhebett.

cōnor 1 (*cf. gr. Lw.* „Dia-kon", *eigtl.* „Aufwärter") °**1.** sich körperlich anstrengen; **2.** versuchen, wagen, unternehmen.

conp... = *comp...*

conquassātiō *ōnis f* (*conquassō*) Erschütterung; / Zerrüttung.

con-quassō 1 erschüttern; / zerrütten.

con-queror, *questus sum* 3 °**1.** laut klagen; **2.** sich beschweren [*de iniuria*; *contumelias*; *cum alqo*].

conquestiō, *ōnis f* (*conqueror*) **1.** laute Klage; (*rhet. t.t.*) *der Teil der Rede, der das Mitleid der Zuhörer wecken soll*; **2.** Beschwerde.

conquestus, *abl. ū m* (*conqueror*) Wehklage.

con-quiēscō, *ēvī, ētum* 3 **1.** zur Ruhe kommen, (aus)ruhen, rasten; **2.** / **a)** sich ruhig verhalten, Frieden halten; **b)** Ruhe, Befriedigung finden *in* [*in litterarum studiis*]; **c)** daniederliegen, nachlassen.

con-quinīscō, *quēxī,* — 3 (*cf. nhd.* „hocken") niederkauern.

con-quīrō, *sīvī, sītum* 3 (*quaerō*) **1. a)** zusammensuchen, -bringen; **b)** (*Kolonisten, Soldaten*) ausheben, werben; **2.** / eifrig aufsuchen, -spüren, sammeln.

conquīsītiō, *ōnis f* (*conquīrō*) **1.** *das* Zusammensuchen, Sammeln; **2.** Aushebung, (gewaltsame) Werbung (*v. Soldaten u. Kolonisten*).

conquīsītor, *ōris m* (*conquīrō*) °**1.** geheimer Aufpasser; **2.** (gewaltsamer) Werber.

conquīsītus 3 (*m. sup.,* °*adv.*; *conquīrō*) ausgesucht, erlesen [*epulae*].

conquīstor, *ōris m* = *conquīsītor.*

conr... = *corr...*

consacerdos, *otis m* (geistl.) Amtsbruder.

cōnsacrō = *cōnsecrō.*

cōn-saepiō, *psī, ptum* 4 umzäunen, einfriedigen.

cōnsaeptum, *ī n* (*cōnsaepiō*) Gehege; *fori* Schranken.

cōnsalūtātiō, *ōnis f* (*cōnsalūtō*) Begrüßung.

cōn-salūtō 1 laut begrüßen, bewillkommnen [*Li.*: *alqm regem* als König].

cōn-sānēscō, *nuī,* — 3 genesen; heilen [*vulnus*].

cōn-sanguineus 3 (*sanguis*) blutsverwandt; geschwisterlich; *subst.* **-us,** *ī m* Blutsverwandter; Bruder; **-a,** *ae f* (*Ca.*) Schwester.

cōnsanguinitās, *ātis f* (*cf. cōnsanguineus*) Blutsverwandtschaft.

cōn-sauciō 1 schwer verwunden.

cōnscelerātus 3 (*m. sup.*; *cōnscelerō*) frevelhaft, verrucht.

cōn-scelerō 1 (mit einem Verbrechen) beflecken.

cōn-scendō, *endī, ēnsum* 3 (*scandō*) **1.** (gemeinsam) be-, ersteigen; *navem u. abs.* sich einschiffen; °**2.** / sich aufschwingen *zu* [*carmen*].

cōnscēnsiō, *ōnis f* (*cōnscendō*) *das* Einsteigen [*in naves*].

****conscholaris,** *is m* Mitschüler.

cōnscientia, *ae f* (*cōnsciēns, part. praes. v. cōnsciō*) **1.** *das* Mitwissen; Einverständnis; **2. a)** Bewusstsein, Gefühl; **b)** Selbstbewusstsein; **c)** Gewissen [*recta, mala*].

cōn-scindō, *scidī, scissum* 3 zerreißen; / herunterreißen; *sibilīs* auszischen, -pfeifen.

cōn-sciō, — — 4 sich bewusst sein [*nil*].

cōn-scīscō, *scīvī, scītum* 3 **1.** gemeinsam beschließen; förmlich beschließen [*bellum*]; **2.** *sibi -ere* auf sich nehmen, begehen [*kl. nur mortem, necem* sich töten].

cōnscius 3 (*sciō*; *cf. nescius*) **1.** mitwissend, eingeweiht [*facinori*; *coniurationis*]; *sibi* sich bewusst [*iniuriae*]; *subst.* ~, *ī m* Mitwisser, Zeuge, Teilnehmer; **2. a)** selbstbewusst; °**b)** schuldbewusst.

cōn-screor 1 sich stark räuspern.

cōnscrībillō 1 (*dem. v. cōnscrībō*) bekritzeln; / blutig schlagen.

cōn-scrībō, *scrīpsī, scrīptum* 3 **1.** *mit jd.* zusammen schreiben [*ad me cum Oppio*]; **2.** ab-, verfassen, schreiben [*epistulam, testamentum*]; (*v. Arzt*) verordnen; °**3.** voll schreiben [*tabellas*]; **4.** in eine Liste eintragen: **a)** einschreiben, aufzeichnen [*servos*; (*Li.*: *als Kolonisten*) *sex milia familiarum*]; **b)** (*mil. t.t.*) ausheben [*milites*]; *modo conscripti* Rekruten; **c)** in eine Bürgerklasse einreihen [°*centurias equitum*]; **d)** in die Senatorenliste eintragen; (neue Senatoren) beiordnen; (*P.P.P.*) *subst.* **cōnscrīptī,** *ōrum m die* neuen (*der Überlieferung nach aus dem Ritterstande übernommenen, den alten Senatoren — patres — beigeordneten*) Senatoren; *patres conscripti* „Väter u. Beigeordnete" = Senat(oren).

cōnscrīptiō, *ōnis f* (*cōnscrībō*) Abfassung, Aufzeichnung; ** Urkunde; Werk, Schrift.

cōn-secō, *cuī, ctum* 1 in Stücke (zer)schneiden, zerstückeln.

cōnsecrātiō, *ōnis f* (*cōnsecrō*) **1.** Weihe, Heiligung; Verfluchung [*capitis*]; *s. cōnsecrō*; °**2.** Vergötterung, Apotheose (*des Kaisers*).

cōn-secrō 1 (*sacrō*) **1. a)** *der Gottheit* weihen, heiligen [*aedem*]; **b)** den unterirdischen Göttern weihen, verfluchen; **2. a)** zur Gottheit erheben, vergöttern [°*Claudium*]; **b)** für unverletzlich erklären; **3.** / unsterblich machen [*memoriam rerum gestarum*]; ** weihen [*panem*]; heiligen; verwandeln; *baptisma* die Taufe vollziehen.

C

cōnsectārius 3 (*con-* + **sectus, altes part. pf. v.* sequor) folgerichtig; *subst.* **-a,** *ōrum n* Schlussfolgerungen.
cōnsectātiō, *ōnis f* (*cōnsector*) *das* Streben *nach* [*concinnitatis*].
cōnsectātrīx, *īcis f* (*cōnsectātor*) eifrige Anhängerin, Freundin.
cōnsectiō, *ōnis f* (*cōnsecō*) *das* Zerschneiden.
cōn-sector 1 **1.** eifrig nachgehen; streben *nach* [*gloriam*]; **2.** *feindlich* verfolgen, nachsetzen [*praedones*].
cōnsecūtiō, *ōnis f* (*cōnsequor*) Folge: **1.** (*rhet. t.t.*) richtige Aufeinanderfolge [*verborum*]; **2.** (*philos. t.t.*) Folge (*als Wirkung*); Schlussfolge, Folgerung.
cōn-senēscō, *senuī,* — 3 °**1.** (gemeinsam) alt werden; **2.** / schwach, stumpf werden, erlahmen; an Geltung verlieren [*leges*].
cōnsēnsiō, *ōnis f u.* **-sus,** *ūs m* (*cōnsentiō*) **1.** Übereinstimmung, Einigkeit; einstimmiger Beschluss, Wunsch; **2.** geheimes Einverständnis, Verabredung, Komplott.
cōnsentāneus 3 (*cōnsentiō*) übereinstimmend *mit* [*cum litteris*; *tempori*]; *-um est* (*m. inf., a.c.i.,* °*ut*) es ist vernunftgemäß, folgerichtig, natürlich; *subst.* **-a,** *ōrum n* übereinstimmende Umstände.
cōn-sentiō, *sēnsī, sēnsum* 4 **1. a)** übereinstimmen, einig sein; *sibi -ire* sich treu bleiben, konsequent sein; **b)** sich einigen; einstimmig beschließen; **2.** ein Komplott machen; **3.** übereinstimmen, passen, harmonieren [*vultus cum oratione, orationi*]; (*part. praes.*) *adi.* **cōnsentiēns,** *entis* einstimmig, einhellig [*vox*]; ** sich einigen *auf* [*in alqd*]; (dem Manne) zu Willen sein.
cōnsequēns, *entis* (*m.* °*adv.*; *cōnsequor*) **1.** (*philos. t.t.*) konsequent; vernunftgemäß; angemessen; **2.** (*gramm. t.t.*) richtig konstruiert; *subst. n* Folge(rung).
cōnsequentia, *ae f* (*cōnsequēns*) Folge.
cōn-sequor, *secūtus sum* 3 **1. a)** unmittelbar nachfolgen; **b)** erfolgen, eintreten [*silentium*]; **c)** verfolgen [*hostes*]; **d)** / sich streng halten *an* [*viam*]; folgen, sich zum Muster nehmen [*morem*]; **e)** *als Wirkung* folgen [*pudorem rubor*]; **f)** logisch *aus etw.* folgen; **2.** *durch Nachfolgen* erreichen: **a)** einholen [*novissimum agmen*]; **b)** erlangen, gewinnen [*magistratum*]; **c)** gleichkommen [*maiores*]; **d)** vollständig ausdrücken [*laudes verbis*]; **e)** begreifen, erkennen, einsehen [*facta memoriā*].
cōn-serō¹, *sēvī, situm* 3 **1.** besäen, bepflanzen; bestellen [*agrum*]; (*Lu.*) schwängern; °/ belästigen, beschweren; °**2.** (an)pflanzen.
cōn-serō², *seruī, sertum* 3 °**1. a)** (*zwei od. mehrere Dinge*) aneinander reihen, aneinander heften, zusammenflechten [*vehicula vinculis*]; verknüpfen, befestigen; **b)** (*einen Gegenstand in seinen Teilen*) zusammenheften, -ketten [*sagum fibulis*]; **2.** °**a)** liebend anschmiegen [*femur femori*]; **b)** (*feindlich*) aneinander bringen; (*mil. t.t.*) *manūs, manum* handgemein werden *mit* [*cum*]; beginnen [°*pugnam*]; **c)** (*jur. t.t.*) *alqm ex iure manum consertum* (*Sup.!*) *vocare* jd. zur Eröffnung eines Eigentumsprozesses vorladen (*bei der beide Parteien ihre Hand an die strittige Sache legen mussten*).
cōnsertē *adv.* (*cōnsertus, P.P.P. v. cōnserō²*) verknüpft, im engen Zusammenhang [*dicere*].
cōn-serva, *ae f* (*cōnservus*) Mitsklavin.
cōnservātiō, *ōnis f* (*cōnservō*) Aufbewahrung, Erhaltung; Bewahrung, Rettung, Beobachtung.
cōnservātor, *ōris m* (*cōnservō*) Erhalter, Retter.
cōnservātrīx, *īcis f* (*cōnservātor*) Erhalterin.
cōn-servitium, *ī n* Dienstgenossenschaft.
cōn-servō 1 **1.** (auf)bewahren, erhalten; **2. a)** (er-)retten, am Leben erhalten, unversehrt lassen, begnadigen [*captivos*]; **b)** aufrechterhalten; *ordines* in Reih u. Glied bleiben; *fidem* treu bleiben.
cōn-servus, *ī m* Mitsklave.
cōnsessor, *ōris m* (**cōnsideō*; *sedeō*) (Platz-)Nachbar, Tischgenosse; Beisitzer (*bei Gericht*).
cōnsessus, *ūs m* (**cōnsideō*; *sedeō*) **1.** Versammlung; (Gerichts-)Sitzung; **2.** Publikum.
cōnsīderātiō, *ōnis f* (*cōnsīderō*) Betrachtung, Erwägung; Aufmerksamkeit.
cōnsīderātus 3 (*m. comp., sup., adv.*; *cōnsīderō*) **1.** (reiflich) überlegt, (wohl) erwogen [*verbum*]; **2.** bedächtig, besonnen.

cōn-sīderō 1 (*sīdus*; *eigtl.* „die Gestirne beobachten“; *cf.* *dēsīderō*) betrachten, besichtigen; / überlegen [*secum, cum animo suo*]; Betrachtungen anstellen [*de praemiis*]; darauf bedacht sein, dass [*ut*].

cōnsidium, *ī n wohl volkset. Umformung v. cōnsilium nach praesidium.*

cōn-sīdō, *sēdī, sessum* 3 **1. a**) (*v. mehreren*) sich zusammensetzen, sich gemeinsam niederlassen [*eodem in loco*]; **b**) (*v. einzelnen*) sich setzen, sich niederlassen; **2.** eine Sitzung abhalten, zu Gericht sitzen; **3.** (*mil. t.t.*) sich festsetzen, Stellung nehmen, sich lagern; **4.** sich ansiedeln [*in Ubiorum finibus*; (*Cu.*) *in urbem*]; **5.** landen; **6.** sich senken; einsinken, -stürzen; **7.** / **a**) sich festsetzen, sich einnisten [*in mente*]; **b**) sich legen, nachlassen, aufhören.

cōn-signō 1 (*-ī-?*) **1.** (ver)siegeln; / bestätigen, beglaubigen, verbürgen; **2.** auf-, einzeichnen; ** = *signo*.

cōn-silēscō, — — 3 verstummen.

cōnsiliārius 3 (*cōnsilium*) ratgebend; *kl. nur subst.* **~,** *ī m* Ratgeber, Berater; Beisitzer (*im Rat od. vor Gericht*); ** kaiserlicher Rat.

cōnsiliātor, *ōris m* (*cōnsilior*) Ratgeber.

cōnsilior 1 (*cōnsilium*) beratschlagen, sich beraten, Rat geben.

cōnsilium, *ī n* (*zu* $\sqrt{}$*sel- „nehmen, ergreifen“; *cf.* *cōnsul, cōnsulō*) Rat: **I.** (*act.*) **1. a**) Beratung; **b**) amtliche, richterliche Sitzung [*in -um advocare*]; **c**) Ratsversammlung, Kollegium [*pontificum, senatus*]; Kriegsrat; Beirat [°*regium*]; **d**) (*dcht.*) *ein einzelner* Ratgeber; **2.** Überlegung, Einsicht, Klugheit; *bono -o* aus gutem Grunde; **II.** (*pass.*) **1.** Ratschluss, Be-, Entschluss; **2. a**) Plan, Absicht; *-o* planmäßig, absichtlich; **b**) List, Kriegslist; militärischer Plan; **3.** Ratschlag, Vorschlag.

cōn-similis, e (*m.* °*adv.*) ganz ähnlich [*causarum*; *homini*].

cōn-sipiō, — — 3 (*sapiō*) bei Sinnen bleiben.

cōn-sistō, *stitī,* — 3 **1.** (*urspr. aus der Ruhe heraus*) **a**) sich gemeinsam aufstellen, zusammentreten [*tota Italia*]; sich aufstellen, hintreten; (*mil. t.t.*) antreten, Stellung beziehen; **b**) (*v. einzelnen*) auf-, hintreten; *pf.* stehen [*in muro*]; **c**) (*v. Zuständen*) eintreten, stattfinden, bestehen [*ubi maleficia, ibi poena*]; **d**) beruhen *auf*, bestehen *in od. aus* [*victus in lacte et caseo*]; **2.** (*urspr. aus der Bewegung heraus*) **a**) still stehen, stehen bleiben [°*ante donum*]; **b**) (*mil. t.t.*) Halt machen, sich lagern; *in ancoris* vor Anker gehen; **c**) sich niederlassen, ansiedeln; sich aufhalten [*in Italia*]; festen Fuß fassen, feststehen; / **d**) sich behaupten, sich halten; **e**) verharren, verweilen [*in singulis*]; **f**) aufhören, zum Stillstand kommen [*administratio belli*]; zur Ruhe kommen, sich fassen, sich sammeln; **g**) *in causa* den Prozess gewinnen; *in dicendo* seine Rede durchführen; ** = *sum*.

****consistorium,** *i n* Versammlung(sort); *das* innere Gemach; Versammlung der Kardinäle.

cōnsitiō, *ōnis f* (*cōnserō*[1]) *das* Bepflanzen, Anbau; *pl.* Anbauarten.

cōnsitor, *ōris m* (*cōnserō*[1]) Pflanzer.

cōnsitūra, *ae f* (*cōnserō*[1]) *das* Besäen.

cōn-sobrīnus, *ī m u.* **-a,** *ae f* (*zu soror*) Geschwisterkind (*urspr. nur mütterlicherseits*); Vetter, Base.

cōn-socer, *cerī m* Mitschwiegervater.

cōnsociātiō, *ōnis f* (*cōnsociō*) Verbindung, Vereinigung.

cōn-sociō 1 **1.** vereinigen, verbinden; °*dii consociati* Bundesgottheiten; **2.** gemeinsam machen, teilen [°*regnum*]; *consilia cum amico* in seine Pläne hineinziehen; **3.** (*P.P.P.*) *adi.* **cōnsociātus** 3 (*m. sup.*) übereinstimmend; innig verbunden.

cōnsōlābilis, e (*cōnsōlor*) tröstlich; *vix* ~ kaum zu beschwichtigen.

cōnsōlātiō, *ōnis f* (*cōnsōlor*) Trost, Beruhigung; Trostschrift, -rede.

cōnsōlātor, *ōris m* (*cōnsōlor*) Tröster; ** *der* Heilige Geist.

cōnsōlātōrius 3 (*cōnsōlātor*) tröstend; Trost...

cōn-sōlor 1 **1.** trösten, ermutigen [*de morte filii*]; sein Beileid bezeigen; **2.** lindern, mildern; ** *auch pass.* Trost finden.

cōn-somniō 1 zusammenträumen.

cōnsonāns, *antis f* (*sc. littera*; *cōnsonō*) Konsonant.

C

cōn-sonō, *uī,* — 1 zusammentönen, widerhallen; / übereinstimmen; (*rhet. t.t.*) *extremis syllabis* gleichen Auslaut haben.
cōn-sonus 3 | °**1.** harmonisch; **2.** / übereinstimmend, passend.
cōn-sōpiō 4 °**1.** völlig betäuben; **2.** fest einschläfern; P. in tiefen Schlaf fallen.
cōn-sors, *tis* (*abl.* -ī *u.* -e) **1.** gleichen Anteil habend; °*socius* Geschäftsteilhaber; **2.** ein ungeteiltes Erbe gemeinsam besitzend, in Gütergemeinschaft lebend; °**3.** a) gemeinsam; **b**) geschwisterlich; *subst.* (*meist dcht.*) **1.** *m* Teilhaber, Genosse, Gefährte; *potestatis* Amtsgenosse; *tori* Gatte; **2.** *m* Bruder *f,* Schwester.
cōnsortiō, *ōnis f* (*cōnsors*) Teilhaberschaft, Gemeinschaft.
cōnsortium, *ī n* (*cōnsors*) **1.** = *cōnsortiō*; **2.** Gütergemeinschaft; ** Verkehr; Beistand.
cōnspectus¹ 3 *s. cōnspiciō.*
cōnspectus², *ūs m* (*cōnspiciō*) **1.** (*act.*) **a**) *das* Erblicken, Anblick, Blick; *in -u* esse vor Augen stehen, sichtbar, gegenwärtig sein; *in -um venire* vor (die) Augen treten, erscheinen; *in -u* gegenüber; *a,* e *-u* aus den Augen, aus dem Gesichtskreise; **b**) / (geistiger) Blick, Anschauung, Betrachtung; *in -u* angesichts [*legum*]; **2.** (*pass.*) **a**) *das* Sichtbarwerden, Erscheinung; **b**) Aussehen, Anblick.
cōn-spergō, *sī, sum* 3 (*spargō*) bespritzen, benetzen, bestreuen; / übergießen, -schütten.
cōnspicillum, *ī n* (*cōnspiciō*) Warte.
cōn-spiciō, *spexī, spectum* 3 (*spēxī?*; *speciō*) **1.** anblicken, ansehen, hinschauen *nach*; **2.** erblicken, gewahr werden; P. ins Auge fallen, auffallen; **3.** genau betrachten; **4.** / (*geistig*) wahrnehmen, einsehen, begreifen; (*P.P.P.*) *adi.* °**cōnspectus** 3 sichtbar; / (*m. comp.*) in die Augen fallend, auffallend, stattlich; (*Gerundiv*) *adi.* °**cōnspiciendus** 3 sehenswert, beachtlich.
cōnspicor 1 (*cōnspiciō*) erblicken, gewahren; (*selten*) °*pass.* sichtbar werden.
cōnspicuus 3 (*cōnspiciō*) (weithin) sichtbar; auffallend, in die Augen fallend.
cōnspīrātiō, *ōnis f* (*cōnspīrō*) **1.** Einklang, Einigkeit; **2.** Verschwörung.
cōn-spīrō 1 °**1.** zusammen ertönen [*cornua*]; **2.** / **a**) einig sein, übereinstimmen; **b**) sich verschwören; (*part. praes.*) *adi.* **cōnspīrāns,** *antis* übereinstimmend, einmütig; (*P.P.P.*) *subst.* °**cōnspīrātī,** *ōrum m die* Verschworenen.
cōn-spōnsor, *ōris m* (*cōnspondeō* 2 „gemeinsam verpflichten") Mitbürge.
cōn-spuō, *uī, ūtum* 3 bespeien, an-[spucken; / bedecken.]
cōn-spurcō 1 besudeln. [anspeien.]
cōn-spūtō 1 (*intens. v. cōnspuō*)
cōn-stabiliō 4 befestigen; sichern.
cōnstāns, *antis* (*m. comp., sup., adv.*; *cōnstō*) **1.** fest (stehend), ruhig [*vultus*]; **2.** unwandelbar, gleich-, regelmäßig [*stellarum cursus*]; **3. a**) übereinstimmend, einstimmig [*rumores*]; **b**) konsequent durchgeführt [*oratio*]; **4.** beständig, charakterfest, standhaft.
cōnstantia, *ae f* (*cōnstāns*) **1.** Festigkeit; **2.** Stetigkeit, Beharrlichkeit; **3.** Übereinstimmung, Folgerichtigkeit; **4.** Standhaftigkeit, Charakterfestigkeit, Besonnenheit.
cōnsternātiō, *ōnis f* (*cōnsternō*¹) **1.** *das* Scheuwerden; **2.** Bestürzung, Angst; **3.** Aufruhr, -stand.
cōn-sternō¹ 1 (*cf. sternāx*; *nhd.* „starren, störrisch"; *fast nur nkl.*) **1. a**) scheu machen; **b**) auf-, verscheuchen; **2.** (er)schrecken, ängstigen; **3.** aufregen, erbittern.
cōn-sternō², *strāvī, strātum* 3 **1. a**) bestreuen, dicht bedecken; **b**) überdecken [°*vehiculum*], mit Verdeck versehen [*naves*]; °**2.** niederwerfen; ** überbrücken; pflastern.
cōn-stīpō 1 zusammendrängen.
cōn-stituō, *uī, ūtum* 3 (*statuō*) **I.** (*m. affiziertem Objekt*) **1.** (*m. voller Bedeutung des praev.*) **a**) (*v. mehreren Subjekten*) gemeinsam aufstellen; **b**) (*v. mehreren Objekten od. Kollektivbegriffen*) (*Truppen*) aufstellen [*legiones pro castris*]; Halt machen lassen [*agmen*]; vor Anker gehen lassen [*naves*]; verlegen, stationieren [*hiberna in Belgis*]; ansiedeln [*plebem in agris publicis*]; **2.** (*ohne volle Bedeutung des praev. v. einzelnen Subjekten bzw. Objek-*

ten) **a**) hinstellen, -setzen, -legen; **b**) einsetzen [*imperatorem*]; bestellen [*iudicem*]; **c**) in feste Ordnung bringen [*rem publicam*]; **II.** (*mit effiziertem Objekt*) **1.** errichten [*turres*]; bauen [*oppidum*]; anlegen [°*portum*]; **2.** / schaffen, zustande bringen [*amicitiam*]; stiften [*pacem*]; errichten [*imperium*]; vornehmen, veranstalten [*auctionem*]; **III. 1. a**) festsetzen, bestimmen, verabreden [*diem concilio*]; **b**) gesetzlich feststellen [*controversiam* Streitpunkt]; **c**) richterlich entscheiden [*de iure*]; **2.** beschließen, sich entschließen [*de profectione*; *bellum gerere*]; (*P.P.P.*) *adi.* **cōnstitūtus** 3 festgesetzt, bestimmt; beschaffen [*corpus bene -um*]; ** befindlich *als part. v.* esse.

cōnstitūtiō, *ōnis f* (*cōnstituō*) **1. a**) (physischer) Zustand; Beschaffenheit; **b**) Einrichtung, Verfassung [*rei publicae*]; **2. a**) Begriffsbestimmung [*summi boni*]; **b**) Feststellung des Streitobjektes; °**3.** Verordnung.

cōnstitūtum, *ī n* (*cōnstitūtus*) °Verfügung; Verabredung; Vorsatz.

cōnstitūtus 3 *s. cōnstituō.*

cōn-stō, *stitī, stātūrus* 1 °**1.** zusammenstehen; feststehen, still (da-) stehen [*milites aqua*]; **2.** fortbestehen, unverändert bleiben, gleich bleiben [*idem sermo omnibus*]; **3.** übereinstimmen [*oratio cum re*]; *sibi -are* sich gleich bleiben, konsequent sein; *ratio -at* die Rechnung stimmt; **4.** vorhanden sein, existieren; **5. a**) bestehen *aus* [*homo ex corpore et animo*]; **b**) bestehen *in*, beruhen *auf* [*victoria in virtute militum*]; **6.** (*geschäftl. t.t.*; *urspr. vom Einstehen der Waage*) zu stehen kommen, kosten [*victoria multo sanguine*; *parvo, magno*]; **7.** feststehen, bekannt sein; (*meist impers.*): **cōn-stat a**) es ist bekannt [*omnibus, inter omnes* allgemein; *hiemari in Gallia oportere*]; **b**) *mihi -at* ich bin fest entschlossen [*nec meam contumeliam nec meorum ferre*]; ** *-are* = esse.

cōnstrātum, *ī n* (*cōnsternō*[2]) Decke; (*meist pl.*) Belag.

cōn-stringō, *strīnxī, strictum* 3 (*strĭnxī?*) **1.** °**a**) festbinden [*sarcinam*]; **b**) zusammenschnüren, binden, fesseln; °**c**) P. zusammenfrieren; **2.** / **a**) unauflöslich machen [°*fidem religione*]; **b**) beschränken, hemmen; **c**) (*rhet. t.t.*) kurz zusammenfassen.

cōnstrūctiō, *ōnis f* (*cōnstruō*) **1. a**) Zusammenfügung; **b**) (*rhet. t.t.*) *verborum* Periodenbau; **c**) systematische Aufstellung (*der Bücher in einer Bibliothek*); **2.** Bau.

cōn-struō, *strūxī, strūctum* 3 **1.** zusammenschichten, aufhäufen; **2.** bauen, erbauen.

cōnstuprātor, *ōris m* (*cōnstuprō*) Schänder.

cōn-stuprō 1 schänden, vergewaltigen.

cōn-suādeō, *suāsī, suāsum* 2 dringend anraten.

Cōnsuālia *s. Cōnsus.*

cōn-suāsor, *ōris m* (*cōnsuādeō*) Ratgeber.

cōn-sūcidus 3 vollsaftig.

cōn-sūdō 1 stark schwitzen.

cōn-suē-faciō, *fēcī, factum* 3; P. *-fīō, factus sum, fierī u. fīerī* gewöhnen *an*.

cōn-suēscō, *suēvī, suētum* 3 (*cōnsuēmus synk.* < *cōnsuēvimus*) **1.** (*intr.*) sich gewöhnen *an*; *pf.* **cōnsuēvī** bin gewohnt, pflege; *cum mulieribus* mit Weibern Umgang haben; °**2.** (*trans.*) gewöhnen *an*; **3.** (*P.P.P.*) **cōnsuētus** 3 gewöhnt *an*; °*adi.* (*m.* °*sup.*, *adv.*) gewohnt, gewöhnlich.

cōnsuētiō, *ōnis f* (*cōnsuēscō*) vertrauter Umgang.

cōnsuētūdō, *inis f* **1.** Gewohnheit, Herkommen, Sitte, Brauch; **2.** Lebensweise; **3.** Sprachgebrauch; **4. a**) Umgang, Verkehr; *epistularum* Briefwechsel; °**b**) zärtlicher Umgang der Eheleute; Geschlechtsverkehr, Verhältnis, Liebschaft.

cōnsuētus 3 *s. cōnsuēscō.*

cōnsul, *ulis m* (*et. nicht sicher geklärt*; *cf. cōnsulō, cōnsilium*) **1.** Konsul (*Bezeichnung der beiden höchsten Beamten der röm. Republik seit etwa 450*; *für jeweils 1 Jahr anfänglich nur aus der Klasse der Patrizier in den Zenturiatkomitien gewählt*; *seit 365 stets* e i n *Konsul ein Plebejer*); *Abk. sg. COS, pl. COSS*; °*suffectus* der nachgewählte K.; *designatus* der für das folgende Jahr gewählte K.; *Bruto (et) Collatino* coss. unter dem Konsulat *von* (= *Jahresbezeichnung*); *pro consule* Stellvertreter eines Konsuls; *cf. prō-*

C

cōnsul; °**2.** (*selten*) Prokonsul; ** Ratsherr, Vorsteher.

cōnsulāris, e (*cōnsul*) konsularisch [*imperium*]; *subst.* **-is,** *is m* gewesener Konsul, Konsular; (*in der Kaiserzeit*) Legat mit Konsularrang; *adv.* °**cōnsulāriter** eines Konsuls würdig.

cōnsulātus, *ūs m* (*cōnsul*) Konsulat, Konsulwürde; ** Rat (einer Stadt).

cōnsulō, *luī, ltum* 3 (*con-* + √*sel- „nehmen"; cf. cōnsilium, cōnsul; senātum cōnsulere urspr.* „den Senat versammeln") **1.** (*intr.*) **a**) (*gemeinsam*) Rat halten; °*in medium*, °*in commune* (für das Gemeinwohl) beratschlagen; **b**) beschließen, Maßregeln treffen [°*de perfugis*], verfahren [*graviter in plebem*]; **c**) Rat schaffen, sorgen *für*, bedacht sein *auf* [*dignitati*; *sibi* auf seine Rettung]; **2.** (*trans.*) **a**) befragen, um Rat fragen [*senatum de re publica*]; (*einen Rechtskundigen*) zu Rate ziehen [*de iure*]; (*eine Gottheit, ein Orakel*) befragen; **b**) *populum* beim Volk den Antrag stellen; **c**) (*kl. selten*) beraten, erwägen, überlegen; °**d**) *boni consulere* gutheißen, zufrieden sein *mit* [*hoc munus*].

cōnsultātiō, *ōnis f* (*cōnsultō*[2]) **1.** Beratung, Erwägung; **2.** Anfrage; **3.** Thema; These, Untersuchung.

cōnsultātor, *ōris m* (*cōnsultō*[2]) Fragesteller.

cōnsultō[1] *adv. s. cōnsultus.*

cōnsultō[2] 1 (*intens. v. cōnsulō*) **1.** (*intr.*) **a**) reiflich überlegen, beratschlagen; °**b**) sorgen *für* [*rei publicae*]; **2.** (*trans.*; *unkl.*) um Rat fragen; befragen.

cōnsultor, *ōris m* (*cōnsulō*) °**1.** Berater; **2.** *der* Ratsuchende; Klient.

cōnsultrīx, *īcis f* (*cōnsultor*) Fürsorgerin.

cōnsultum, *ī n* (*cōnsultus*, *P.P.P. v. cōnsulō*) **1. a**) Beschluss, Plan, Maßregel; **b**) *senatūs* Senatsbeschluss (*Abk. SC*); °**2.** Orakelspruch; ** *ex maturitatis consulto* infolge geistiger Reife.

cōnsultus[1] 3 (*m.* °*comp.*, °*sup.*; *cōnsulō*) **1.** reiflich überlegt, erwogen, (wohl) bedacht; **2.** kundig, erfahren, Kenner; *iuris* (*iure*) ~ rechtskundig; *subst.* ~, *ī m* Rechtsgelehrter; *adv.* °**-ē** mit Bedacht; **-ō** mit Absicht.

****consultus**[2], *us m* Beratung; Hilfe.

cōnsummābilis, e (*cōnsummō*) vervollkommnungsfähig.

cōnsummātiō, *ōnis f* (*cōnsummō*) Vollendung; Ausführung.

cōn-summō 1 (*summa*) **1.** zusammenrechnen; **2.** / **a**) vollbringen, zur höchsten Vollendung bringen; **b**) *abs.* seine Dienstzeit vollenden; (*P.P.P.*) °*adi.* **cōnsummātus** 3 (*m. sup.*) vollkommen ausgebildet.

cōn-sūmō, *sūmpsī, sūmptum* 3 „zusammennehmen": **1. a**) (*Kraft, Eifer, Gaben*) verwenden *auf* [*ingenium in musicis*]; **b**) (*Zeit*) verwenden, zu-, hinbringen [*aestatem in Treveris*]; P. verstreichen, vergehen [*magna parte die consumpta*]; **c**) vergeuden, unnütz verstreichen lassen; **2.** (*durch Verwenden*) verbrauchen: **a**) verzehren [*pabulum*]; **b**) verprassen [*pecuniam*]; **c**) aufreiben, erschöpfen; dahinraffen; P. umkommen.

cōnsūmptiō, *ōnis f* (*cōnsūmō*) Aufzehrung, Vernichtung.

cōnsūmptor, *ōris m* (*cōnsūmō*) Verzehrer, Verschwender.

cōn-suō, *suī, sūtum* 3 zusammennähen; / anzetteln, [*dolum*]; *os alcis* jd. das Maul stopfen.

cōn-surgō, *surrēxī, surrēctum* 3 **1.** (gemeinsam) sich erheben; **2.** / (*meist nkl., dcht.*) **a**) aufstehen [*in arma* zum Kampf]; **b**) sich auftürmen, emporsteigen [*aër, mare, murus*]; **c**) ausbrechen [*bellum*]; **d**) emporstreben, [*ad gloriam*]; sich aufschwingen [*carmine Maeonio*].

cōnsurrēctiō, *ōnis f* (*cōnsurgō*) allseitiges Aufstehen.

Cōnsus, *ī m* (*wahrsch. zu condō*; „*der* Berger") *altröm. Gott, unter dessen Schutz die Bergung der Feldfrucht stand; sein Fest am 21. Aug. u. 15. Dez. mit Pferde- u. Mauleselrennen* **Cōnsuālia,** *ium n.*

cōn-susurrō 1 zusammen flüstern.

con-tābēfaciō, *fēcī, factum* 3 nach und nach hinschwinden lassen; / verzehren.

con-tābēscō, *buī,* — 3 hinschwinden.

contabulātiō, *ōnis f* (*contabulō*) Bretterdecke; Stockwerk.

con-tabulō 1 mit Brettern belegen;

mit mehrstöckigen Türmen versehen; °/ überbrücken.

contāctus, *ūs m,* **contāgiō,** *ōnis f u.* **-gium,** *ī n* (*contingō*) **1.** Berührung; Einwirkung, Einfluss; **2. a)** Ansteckung, Seuche; **b)** / verderblicher Einfluss, böses Beispiel.

contāgēs, *is f* (*contingō*) Berührung.

contāminō 1 (*contāmen* Berührung; *zu contingō*) in Berührung bringen: **1.** entehren, verderben [*gentes durch Übertritt eines Patriziers in den Plebejerstand*; °*fabulas durch Verschmelzung v. zwei griechischen Originalen zu einem römischen*: verhunzen; kontaminieren]; **2.** mit Unreinem in Berührung bringen, besudeln, beflecken, entweihen; (*P.P.P.*) *adi.* **contāminātus** 3 (*m. sup.*) befleckt, gemein, entweiht, *bsd.* durch unnatürliche Wollust befleckt; *subst.* **-ī,** *ōrum m* (*Ta.*) Lustknaben.

con-technor 1 (*techna*) Ränke schmieden, listig ersinnen.

****contectalis,** *is f* Gemahlin.

con-tegō, *tēxī, tēctum* 3 **1. a)** (be-)decken; **b)** schützen [*corpus veste*]; **2. a)** verdecken, -hüllen; °**b)** begraben; **3.** / verbergen, verheimlichen.

con-temerō 1 beflecken, entweihen.

con-temnō, *psī, ptum* 3 **1.** verachten, gering schätzen, zurücksetzen; *me* ich bin bescheiden; *non contemnendus* beachtlich; **2.** verspotten.

contemplātiō, *ōnis f* (*contemplor*) *das* Beschauen, Betrachtung.

contemplātīvus 3 (*contemplātus, part. pf. v. contemplor*) beschaulich, theoretisch.

contemplātor, *ōris m* (*contemplor*) Beschauer, Betrachter.

contemplātus, *abl. ū m* (*Ov.*) = *contemplātiō.*

con-templor *u.* (*altl.*) **-ō** 1 (*urspr. t.t. der Auguralsprache*: „unverwandt beobachten"; *cf. templum*) beschauen, betrachten; / erwägen.

contemptim *adv.* (*contemptus*[1]) verächtlich.

contemptiō, *ōnis f* (*contemnō*) Geringschätzung, Gleichgültigkeit.

contemptor, *ōris m* (*contemnō*) Verächter; *adi.* nicht achtend; hochfahrend [*animus*].

contemptrīx, *īcis f* (*contemptor*) Verächterin.

contemptus[1] 3 (*m. comp., sup.,* °*adv.*; *contemnō*) verachtet; verächtlich.

contemptus[2], *ūs m* (*contemnō*) Gleichgültigkeit, Geringschätzung, Missachtung: °**1.** (*act.*) = *das* Nichtachten [*pecuniae*]; °**2.** (*pass.*) = *das* Nichtgeachtetsein [*kl. nur*: *Gallis contemptui est* wird v. den Galliern verachtet].

con-tendō, *tendī, tentum* 3 **1.** „zusammenspannen"; (*nur /*) **a)** (*trans.*) zusammenstellen, vergleichen; **b)** (*intr.*) sich messen *mit,* wetteifern [*cum aequalibus virtute*]; sich herumstreiten; kämpfen; **2. a)** (*trans.*) (an)spannen [°*arcum*]; anstrengen [*omnes nervos*]; schleudern [°*tela*]; **b)** (*intr.*) sich anstrengen, sich bemühen [*de salute rei publicae*]; streben, eilig sich begeben, marschieren [*domum*]; sich beeilen [*proficisci*]; **c)** (*abs. od. trans.*) eifrig streben *nach,* erstreben, dringend verlangen [*magistratum a populo*]; **d)** nachdrücklich versichern, fest behaupten [*hoc*; *a.c.i.*].

contentē[1] *adv.* (*m. comp.,* °*sup.*; *contentus*[1]) angestrengt, eifrig.

contentē[2] *adv.* (*contentus*[2]) knapp, kurz.

contentiō, *ōnis f* (*contendō*) **1. a)** Vergleich(ung); °**b)** (*rhet. t.t.*) Antithese; **2.** Wettstreit, -kampf; Kampf, Streit; Streitrede, -frage; Streitsucht; **3. a)** Anstrengung; **b)** eifriges Streben *nach* [*honoris*]; **c)** Leidenschaft, Heftigkeit.

contentiōsus 3 (*m. comp., adv.*; *contentiō*) streitsüchtig, polemisch; / hartnäckig.

contentus[1] 3 (*m.* °*sup.*; *adv.*; *s. d.*; *contendō*) °**1.** gespannt, straff; **2.** / angestrengt, eifrig.

contentus[2] 3 (*m.* °*comp.*; °*adv.*; *s. d.*; *contineō*) sich begnügend, zufrieden *mit* [*suis rebus*].

con-terminus 3 angrenzend, benachbart; *subst.* **-um,** *ī n die* benachbarte Gegend.

con-terō, *trīvī, trītum* 3 °**1.** zerreiben, -bröckeln; **2. a)** (*physisch od. geistig*) aufreiben, abnutzen; hart mitnehmen; zugrunde richten, vertun [°*quaestum*]; *se -ere u. mediopass.* sich abplagen *mit* [*in studiis*]; **b)** mit Füßen treten, geringschätzig behandeln; für wertlos halten [*praemium*]; **c)** (*in Rede od. Schrift*) abnutzen; **3.** (*eine Zeit*) hinbringen; vergeuden; (*P.P.P.*) *adi.* **contrītus**

C

3 abgedroschen; ** zerknirscht, reuig [*cor*]. [einschüchtern.]
con-terreō, *uī, itum* 2 (er)schrecken,
contestātiō, *ōnis f* (-ē-?; *contestor*) inständige Bitte, Beschwörung.
con-testor 1 (-ē-?) **1.** als Zeugen anrufen, beschwören; **2.** (*jur. t.t.*) *litem* einen Prozess (durch Zeugenaufruf) anhängig machen; *oft pass.* [*contestata lite*]; (*part. pf. pass.*) *adi.* **contestātus** 3 (-ē-?) beglaubigt, erprobt [*virtus*].
con-texō, *xuī, xtum* 3 **1.** zusammenweben, -flechten; **2.** zusammenfügen, aneinander reihen; **3.** / **a**) verknüpfen, verbinden *mit* [*extrema cum primis*]; **b**) fortsetzen, anfügen, ergänzen; **c**) anstiften [*crimen*].
contextus[1] 3 (*m. adv.*; *contexō*) **1.** verflochten; **2.** fortlaufend, ununterbrochen.
contextus[2], *ūs m* (*contexō*) **1.** Zusammenhang; °**2.** Verlauf.
con-ticēscō, *ticuī,* — 3 (*incoh. v. conticeō* 2 „schweigen") verstummen; schweigen; / sich legen.
conticinium, *ī n* (*conticēscō, wohl unter Anlehnung an gallicinium* „Zeit des Hahnenschreis, Dämmerung") Zeit vor Mitternacht.
conticīscō = *conticēscō*.
contignātiō, *ōnis f* (-tĭgn-?; *contīgnō*) Balkenlage, Gebälk; Stockwerk. [ken belegen.]
con-tīgnō 1 (-ĭ-?; *tīgnum*) mit Bal-
contiguus 3 (*contingō*) **1.** (*act.*) angrenzend, benachbart [*domus Aventino*]; ~ *poni tibi* würdig, dir an die Seite gestellt zu werden; **2.** (*pass.*) erreichbar *für* [*hastae*].
continēns, *entis* (*contineō*) **1.** (*m. adv.*) **a**) zusammenhängend; *terra* Festland; **b**) angrenzend, benachbart [*ripae dat., cum Cilicia*]; **c**) unmittelbar folgend *auf* [°*timori*]; **d**) ununterbrochen [*impetus*]; **2.** (*m. comp., sup., adv.*) enthaltsam, mäßig; **3.** *subst.* **a**) ~, *entis f* (*sc. terra*; *s.o.*) Festland, Kontinent; **b**) **continentia**[1], *ium n* (*rhet. t.t.*) Hauptpunkte, Hauptsache.
continentia[2], *ae f* (*continēns*) °**1.** (*physische*) Zurückhaltung; **2.** (*moralische*) Zurückhaltung; Enthaltsamkeit, Selbstbeherrschung; ** Zusammenhang; Inhalt.
con-tineō, *tinuī, tentum* 2 (*teneō*) **1.** z u s a m m e n h a l t e n: **a**) (*Objekt pl. od. coll.*) beieinander halten, nicht auseinander lassen [*exercitum* (*in*) *castris*]; (*Objekt sg.*) (fest)halten [°*agricolam imber*]; **b**) verbinden [*fundamenta saxis*]; **c**) / bewahren, in einem Zustande erhalten [°*socios in fide*]; **2.** b e h a l t e n: **a**) um-, einschließen, eingeschlossen halten [*beluas saeptis*]; P. umgeben, begrenzt werden [*montibus*]; **b**) (*feindl.*) einschließen [*equitatum*]; **c**) in sich enthalten [°*res gestas populi Romani*]; / das Wesen einer Sache ausmachen [*haec res omnem vitam*]; P. beruhen *auf*, bestehen *in* [*vita corpore et spiritu*]; **3.** z u r ü c k h a l t e n: **a**) an-, zurückhalten [*aquam operibus*]; *se -ere* fest bleiben, verharren *bei* [*in studiis*]; **b**) in Schranken halten, zügeln, mäßigen [*exercitum, linguam*]; *se -ere u. mediopass.* sich beherrschen [*in libidine*]; **c**) ab-, zurückhalten *von* [*a libidine*]; *vix me contineo, quin* ich kann mich kaum enthalten zu tun; bei sich behalten, verschweigen; *aures* die Ohren verschlossen halten.
con-tingō, *tigī, tāctum* 3 (*tangō*) **1.** (*trans.*) **a**) be-, anrühren; erfassen, ergreifen [°*habenas*]; °**b**) bestreichen, -netzen, -streuen; kosten, essen; °**c**) erreichen, treffen [*hostem ferro*]; gelangen *nach* [*Italiam*]; **d**) stoßen, grenzen *an* [*fines*]; °**e**) verwandtschaftlich, freundschaftlich nahe stehen [*domum Caesarum*]; betreffen, angehen [*Romanos nihil*]; °**f**) beflecken, anstecken [*contactus scelere*]; **2.** (*intr.*) **a**) zuteil werden, begegnen, widerfahren [*omnia tibi*]; **b**) (*impers.*) **contingit** es ereignet sich, gelingt, glückt [*Thrasybulo, ut*].
continuātiō, *ōnis f* (*continuō*[2]) ununterbrochene Fortdauer; **2. a**) Zusammenhang [*rerum*]; **b**) (*rhet. t.t.*) (*verborum*) Periode.
continuō[1] *adv.* (*continuus*) **1.** fortwährend; **2.** gleich darauf, unverzüglich; **3.** (*in negativem Satz od. Fragesatz m. negativer Bedeutung*) sofort, ohne weiteres.
continuō[2] 1 (*continuus*) **1.** (*räuml.*) aneinander reihen, verbinden, vereinigen, anschließen; erweitern, abrunden [*agros*]; **2.** (*zeitl.*) **a**) fortsetzen, nicht unterbrechen, fortführen [°*militiam*]; P. fortgesetzt werden,

fortdauern; °**b**) unmittelbar folgen lassen *auf* [*aedilitati praeturam*]; **c**) *magistratum* das Amt verlängern.
continuus 3 (*m. adv.* **-°ē** *u.* **-ō**; *s. d.*; *contineō*) °**1.** (*räuml.*) zusammenhängend, unmittelbar anstoßend, fortlaufend; **2.** (*zeitl.*) nacheinander [*quattuor dies*]; fortwährend; °**3.** / nächststehend; *principi* Günstling.
contiō, *ōnis f* (*cōnt-?*; *altl. coventiō*; *conveniō*) **1.** (*abstr. u. concr.*) Versammlung des Volkes *od.* des Heeres; *pro contione* in der Versammlung, beim Appell; **2.** Rede an die Volks- *od.* Heeresversammlung; ** Predigt.
contiōnābundus 3 (*cōnt-?*; *contiōnor*) in einer Versammlung öffentlich redend, erklärend.
contiōnālis, e *u.* **-nārius** 3 (*cōnt-?*; *contiō*) zur Volksversammlung gehörig [°*senex der* alte Demagoge]; wie in einer Volksversammlung.
contiōnātor, *ōris m* (*cōnt-?*; *contiōnor*) Volksredner, Demagoge.
contiōnor 1 (*cōnt-?*; *contiō*) **1.** öffentlich reden, erklären; °**2.** versammelt sein; ** predigen; zu Gericht sitzen.
contiuncula, *ae f* (*cōnt-?*; *dem. v. contiō*) kleine Versammlung; unbedeutende Rede.
con-tollō, —— 3 aufheben; *gradum* [sich hinbegeben.]
con-tonat 1 *impers.* es donnert stark.
con-torqueō, *torsī, tortum* 2 **1. a**) herumdrehen, -wenden; **b**) / umstimmen [*auditorem ad severitatem*]; **2.** drehen, drechseln; *verba* schwungvoll reden; °**3.** schleudern [*tela*]; / [*fulmina*]; **4.** (*P.P.P.*) *adi.* **contortus** 3 (*m. adv.*) **a**) verwickelt; / **b**) schwungvoll; **c**) geschraubt, gekünstelt.
contortiō, *ōnis f* (*contorqueō*) verschrobener Ausdruck.
contortiplicātus 3 (*contortus*; *plicō*) verwickelt, verworren.
contortor, *ōris m* (*contorqueō*) Verdreher.
contortulus 3 (*dem. v. contortus*) [etwas verschroben.]
contrā *adv., prp. u. praev.* (*altl. -ă*; *abl. sg. f v. *kom-tero-s* „im Beisammensein von zweien gegenüber befindlich"; *cf. contrō-versus*; *com-*) **1.** *adv.* °**a**) (*räuml.*) gegenüber [*intueri* ins Gesicht]; auf der entgegengesetzten Seite; **b**) / (*oft in feindlichem Sinne*) andrerseits; im Gegenteil; ganz anders, (gerade) umgekehrt [~ *ac, atque, quam* anders als]; dagegen [*dicere*]; **2.** *prp. b. acc.* **a**) (*räuml.*) gegenüber; **b**) (*oft in feindlichem Sinne*) gegen, wider, im Widerspruch mit; **3.** *praev.* entgegen, wider-.
contractiō, *ōnis f* (*contrahō*) **1.** *das* Zusammenziehen [*frontis*]; **2.** / **a**) Verkürzung [*syllabae* Kontraktion]; enge Schrift; gedrängte Darstellung [*orationis*]; **b**) Beklommenheit [*animi*].
contractiuncula, *ae f* (*dem. v. contractiō*) leichte Beklommenheit.
contractus[1], *ūs m* (*contrahō*) *das* Eingehen *eines Geschäftes* [*rei*]; ** Vertrag; Kontrakt.
contractus[2] 3 (*m. comp.*; °*adv.*; *contrahō*) zusammengezogen: °**1.** steif, starr; **2. a**) (*räuml.*) eng, beschränkt, knapp; **b**) (*zeitl.*) kurz; **c**) / gepresst [°*vox*]; gedrängt [*ratio dicendi*]; lähmend; drückend [°*paupertas*]; °knickerig, geizig; °in stiller Zurückgezogenheit.
contrā-dīcō, *dīxī, dictum* 3 widersprechen; ** widerrufen [*gubernacula*].
contrādictiō, *ōnis f* (*contrādīcō*) [Widerspruch.]
con-trahō, *trāxī, tractum* 3 zusammenziehen: **1.** verengernd zusammenziehen: **a**) verengern; runzeln [*frontem*]; einziehen [*vela*]; (*Glieder*) steif, starr machen; **b**) verkürzen, verengern [*castra*]; **c**) einschränken; be-, einengen, beklemmen [*animum*]; **2.** auf einen Punkt zusammenziehen: **a**) vereinigen, (ver)sammeln; *bsd.* (*mil. t.t.*) [*copias*]; zusammenbringen, einbringen; / °**b**) *in Zuneigung, Liebe* einander näher bringen; **c**) zustande bringen, bewirken, sich zuziehen [*damnum*]; abschließen [*negotia*]; *res contracta* Vertrag.
contrā-pōnō, *posuī, positum* 3 entgegensetzen; (*P.P.P.*) *subst.* **contrāpositum,** *ī n* Gegensatz.
contrārius 3 (*m. adv.*; *contrā*) **1.** (*räuml.*) gegenüber liegend [*ripa*]; entgegengesetzt [*pars terrarum*]; **2. a**) widersprechend; °**b**) feindlich, widerstrebend, abgeneigt; **c**) nachteilig, verderblich; *subst.* **-um,** *ī n* entgegengesetzte Richtung; Gegenteil, -satz; **e** *u. ex contrario* im Gegenteil; **-us,** *ī m* Gegner.

contrectābiliter *adv.* (*contrectābilis* „betastbar"; *contrectō*) mit sanfter Berührung.

contrectātiō, *ōnis f* (*contrectō*) unzüchtige Berührung, Betastung.

con-trectō 1 (*tractō*) °**1.** (unzüchtig) betasten, anfassen; streicheln; schänden; **2.** / erfassen, erwägen [*varias voluptates*].

con-tremīscō *u.* **-mēscō,** *muī,* — 3 (*incoh. v. con-tremō*) **1.** (*intr.*) erbeben, (er)zittern; / wanken [*fides*]; °**2.** (*trans.*) fürchten, zittern *vor* [*iniurias*].

con-tremō, — — 3 stark zittern, beben.

con-tribuō, *uī, ūtum* 3 **1.** vereinigen [*novos cives in tribus*]; zuerteilen, einverleiben, zugesellen; **2.** *etw.* beisteuern.

con-trīstō 1 (*trīstis*) verdüstern, trübe machen; / betrüben.

****contritio,** *onis f* Zerknirschung, Reue; Elend, Kummer.

contrītus *s. conterō.*

contrōversia, *ae f* (*contrōversus*) Streit(igkeit), Rechtsstreit; wissenschaftliche Streitfrage; Widerspruch, -rede.

contrōversiōsus 3 (*contrōversia*) streitig, strittig.

contrō-versus 3 (**contrō abl. sg. m v.* **kom-tero-s*; *cf. contrā*; *vertō*) streitig, strittig.

con-trucīdō 1 zusammenhauen; / hinschlachten.

con-trūdō, *sī, sum* 3 °**1.** zusammenstoßen, -drängen, -pferchen; **2.** hineinstoßen, -stecken.

con-truncō 1 zerhauen; verzehren.

con-tubernālis, *is m* (*u. f*) (*taberna*) **1.** Zelt-, Kriegskamerad; **2.** (*zur Ausbildung überwiesener*) ständiger Begleiter eines Prätors; °/ (*ironisch*) *pl. f* Dirnen (*im Zelt des Antonius*); **3. a**) Gefährte, Kollege; **b**) Hausfreund, Tischgenosse; °**c**) *als Mann u. Frau zusammenlebende Sklaven u. Sklavinnen.*

con-tubernium, *ī n* (*taberna*) **1.** °**a**) soldatische Zeltgenossenschaft; kameradschaftliches Zusammenleben [*militum*]; Kameradschaft; **b**) Verhältnis des zu seiner Ausbildung überwiesenen jungen Römers zu seinem Prätor (*cf. contubernālis*); / (*ironisch*) intimes Verhältnis; °**c**) Haus-, Tischgenossenschaft; **2. a**) gemeinschaftliches Zelt; °**b**) gemeinschaftliche Wohnung, *bsd. eines Sklavenpaares*; °**c**) Sklavenehe; °**d**) wilde Ehe, Konkubinat.

con-tueor, *tuitus sum* 2 beschauen, bemerken, betrachten; besichtigen.

contuitus, *abl. ū m* (*contueor*) *das* Betrachten; Anblick.

contumācia, *ae f* (*contumāx*) Trotz, Eigensinn; edler Stolz.

contumāx, *ācis* (*m. comp.*, °*sup.*, °*adv.*; *wahrsch. con-* + *tumeō*) **1.** trotzig, eigensinnig; °**2.** spröde; sich nicht ins Metrum fügend [*syllaba*].

contumēlia, *ae f* (**contumēlis* „übermütig"; *wahrsch. con-* + *tumeō*) Misshandlung; Stoß; / Beschimpfung, Beleidigung; Schändung.

contumēliōsus 3 (*m. comp.*, °*sup.*, *adv.*; *contumēlia*) schmähsüchtig; schmählich, schmachvoll.

con-tumulō 1 bestatten, begraben.

con-tundō, *tudī, tūsum* 3 zerschlagen, -schmettern; / niederschlagen, vernichten, lähmen, brechen, beugen.

con-tuor, — 3 (*altl.*) = *contueor.*

conturbātiō, *ōnis f* (*conturbō*) Verwirrung; Bestürzung.

conturbātor, *ōris m* (*conturbō*) *adi.* zum Bankrott führend, kostspielig.

con-turbō 1 verwirren, in Unordnung bringen; *rationes u. abs.* Bankrott machen; / bestürzt machen, ängstigen; (*P.P.P.*) *adi.*

conturbātus 3 (*m. comp.*) verwirrt, verstört, bestürzt.

contus, *ī m* (*gr. Fw.*) (Ruder-) Stange; Wurfspieß.

contūtus, *abl. ū m* (*altl.*) = *contuitus.*

cōnūbiālis, e (*u. -nŭb-*; *cōnūbium*) ehelich.

cō-nūbium, *ī n* (*u. -nŭb-*; *nūbō*) **1.** Eingehung einer (*vollgültigen röm.*) Ehe; streng bürgerliche Vermählung; **2.** (*dcht.*) Beischlaf; **3.** *das* Recht zum *conubium*, Eherecht.

cōnus, *ī m* (*gr. Fw.*) Kegel; Helmspitze.

con-vador 1 vor Gericht laden; (*scherzh.*) zum Stelldichein laden.

con-valēscō, *luī,* — 3 **1.** erstarken; hell auflodern [°*ignis*]; **2.** / **a**) an Macht *od.* Geltung zunehmen, wachsen; **b**) genesen [*ex morbo*]; °**c**) sich vom Staunen erholen; °**d**) (*v. Preisen*) steigen.

con-vallis, *is f* Talkessel.

con-vāsō 1 (*vās*[2]) einpacken.

convectō 1 (°*intens. v.* convehō) = convehō.

convector, ōris *m* (convehō) Reisegefährte, *bsd.* zu Schiff.

con-vehō, vēxī, vectum 3 zusammenfahren, -bringen.

con-vellō, vellī *u.* (*selten*) vulsī, vulsum 3 **1. a)** los-, heraus-, niederreißen, zerreißen; **b)** (*mil. t.t.*) signa die Feldzeichen aus dem Boden reißen = aufbrechen; °**c)** (sich) verstauchen [artūs]; °**d)** P. einen Krampf bekommen; **2.** / untergraben, verderben.

convena, ae (conveniō) °**1.** *adi. m f* zusammentreffend; **2.** *subst.* **-ae,** ārum *m* zusammengelaufenes Volk.

conveniēns, entis (*m.* °*comp.*, °*sup.*, *adv.*; conveniō) °**1.** passend [toga]; **2.** / übereinstimmend *mit* [oratio tempori], angemessen, schicklich; bene gut harmonierend.

convenientia, ae *f* (conveniēns) Übereinstimmung, Harmonie; partium Symmetrie.

con-veniō, vēnī, ventum 4 (*altl. fut.* convenībō) **I.** (*intr.*) **1.** zusammenkommen, -treffen, sich versammeln [in unum locum]; **2.** (*durch Heirat*) in die Gewalt [in manum] des Mannes kommen; **3.** sich einigen, übereinkommen [°de ea re inter nos convenimus]; *kl. nur*: **a)** convenit (*m. sachl. Subjekt od. impers.*) man einigt sich *über* [pax, de pace inter duces convenit]; **b)** (*impers.*) convenit, ut man beschließt gemeinsam; mihi cum Dolabella convenit ich habe mich mit D. dahin geeinigt, dass [ut in meis castris esset]; **c)** (*impers.*) inter omnes convenit man behauptet allgemein, dass [Sibyllam tres libros attulisse]; **d)** bene convenit mihi cum eo ich stehe mit ihm gut; **4. a)** passen *zu* [cothurnus apte ad pedem]; **b)** übereinstimmen *mit* [captivorum oratio cum perfugis]; **c)** Anwendung finden *auf* [non in omnes omnia]; **5.** (*impers.*) **convenit** es ziemt sich, schickt sich [ire ad praetorem]; **II.** (*trans.*) treffen, aufsuchen, besuchen [legati eum in itinere].

conventīcius (conventus, P.P.P. *v.* conveniō) °**1.** *adi.* 3 zusammenkommend; patres -i Gelegenheitsväter (*aus dem Verkehr m. meretrices?*); **2.** *subst.* **-um,** ī *n* Sitzungsdiäten (*für Teilnahme an d. gr. Volksversammlung*).

conventiculum, ī *n* (*dem. v.* conventus) **1.** unbedeutende Zusammenkunft, kleine Vereinigung; °**2.** Versammlungsort; ** kleine Gemeinde (*der Klosterbrüder*).

conventiō, ōnis *f* (*nkl.*) *u.* **-tum,** ī *n* (conveniō) Übereinkunft, Vertrag.

****conventionalis,** e Vertrags...

conventus, ūs *m* (conveniō) **1.** Zusammenkunft, Versammlung; **2.** °**a)** Bundesversammlung; **b)** Bezirksversammlung; Kreistag, Landtag [-um agere abhalten]; **3.** Gerichtsbezirk (*in einer Provinz*); **4.** Verband der römischen Bürger (*in einer Provinz*), Kommune; **5.** Übereinkunft, Vertrag; ** Klostergemeinde; Lehrkörper der Universität; Synode; Konzil; Reichstag.

con-verberō 1 stark schlagen.

con-verrō, verrī, versum 3 **1.** °**a)** zusammenfegen, -scharren; **b)** /; °**2.** auskehren; / durchprügeln.

conversātiō, ōnis *f* (conversō) Umgang, Verkehr; ** Sinnesänderung; Lebenswandel.

conversiō, ōnis *f* (convertō) **1.** Umlauf, periodische Wiederkehr [mensium]; / **2.** Umwälzung [rei publicae]; **3.** (*rhet. t.t.*) **a)** verborum Periode; **b)** orationis in extremum Wiederholung desselben Wortes am Satzende; **c)** chiastische Gegenüberstellung; °**d)** Übertragung, Übersetzung; ** Bekehrung, Eintritt ins Kloster.

con-versō 1 (*intens. v.* convertō) **1.** (her)umdrehen, bewegen; °/ hin und her erwägen; °**2.** *mediopass.* sich aufhalten, verkehren.

****conversus,** i *m* Novize, Laienbruder.

con-vertō, vertī, versum 3 **I.** (*trans.*) **1. a)** umwenden, -kehren; **b)** (*mil. t.t.*) signa eine Schwenkung machen, kehrtmachen; terga fliehen; hostem den Feind werfen; °fugam die Flucht einstellen; **2. a)** verwandeln, -ändern; umstimmen [animos militum]; vertauschen *mit* [castra castris]; **b)** (*rhet. t.t.*) den Ausdruck wechseln; **c)** (*gramm. t.t.*) casus conversi = casus obliqui; **d)** übersetzen, übertragen [e Graeco in Latinum]; **3. a)** hinwenden, -richten, -lenken [oculos, animos ad (in) se]; in fugam in die Flucht schlagen; *signa ad hostem* Front machen zum F.; **b**) ver-, anwenden [*tempora in laborem*]; **II.** *se -ere u. mediopass.*: **1. a**) sich (um)wenden; kehrtmachen; fliehen; **b**) sich im Kreise (um)drehen [*terra circum axem*]; **2.** sich ändern, sich verwandeln [*ex homine in beluam*]; **3.** sich wenden *nach, an* [*hinc in Asiam; ad equites*]; **III.** (*intr.*) **1.** (*meist nkl.*) sich wenden *nach, zu*; **2.** / sich wenden, umschlagen, ausschlagen [*in falsum*]; ** (sich) bekehren; *in opus* nachbilden; *e converso* im Gegenteil.

con-vestiō 4 bekleiden; °/ umgeben.

convexus 3 (*cf. vacillō; dēvexus; nhd.* „Wange") **1.** (nach oben) gewölbt, gerundet [°*caelum*]; °**2.** geneigt, abschüssig [*iter*]; kesselförmig; *subst.* **-um,** *ī n* (*häufig pl.*) Wölbung; Talkessel.

convīciātor, *ōris m* (*convīcium*) Lästerer.

convīcior 1 (*convīcium*) schmähen, lästern.

convīcium, *ī n* (*wohl zu vocō; volkset. an vīcus angeglichen*) **1.** lautes Geschrei; Gezänk; **2. a**) Vorwurf, Tadel; **b**) lauter Widerspruch; **3. a**) Scheltwort; °**b**) Lästermaul.

convīctiō, *ōnis f* (*convīvō*) *das* Zusammenleben; Gesellschaft; *pl.* Hauspersonal.

convīctor, *ōris m* (*convīvō*) täglicher Gesellschafter, Gast, Hausfreund.

convīctus, *ūs m* (*convīvō*) **1.** geselliger Umgang; °**2.** Tischgesellschaft, Gastmahl.

con-vincō, *vīcī, victum* 3 **1.** widerlegen; **2.** überführen; **3.** unwiderleglich beweisen.

convinctiō, *ōnis f* (*-vīnct-?; con-* + *vinciō*) Konjunktion, Partikel.

con-vīsō, — — 3 betrachten, durchforschen; / bescheinen [*sol*].

convīva, *ae m* (*convīvō*) Tischgenosse, Gast.

convīvālis, e (*convīva*) zum Gastmahl gehörig, Tisch..., Tafel...

convīvātor, *ōris m* (*convīvor*) Gastgeber, Wirt.

convīvium, *ī n* (*convīvō*) Gastmahl, Schmaus; Gelage; °Tischgesellschaft, -gäste.

con-vīvō, *vīxī, vīctum* 3 zusammenleben, -speisen.

convīvor 1 (*convīva*) gemeinsam schmausen, ein Gelage abhalten.

convocātiō, *ōnis f* (*convocō*) Berufung.

con-vocō 1 zusammenrufen, berufen, versammeln.

con-volō 1 herbeieilen, hineilen.

con-volūtor 1 sich herumtreiben.

con-volvō, *volvī, volūtum* 3 **1.** zusammenrollen, -winden; *se -ere u. mediopass.* rollen, kreisen; °**2.** weiterrollen, überschlagen [*magnam partem libri*]; **3.** umwickeln.

con-vomō, *uī, itum* 3 bespeien.

con-vorrō, con-vortō 3 (*altl.*) = *converrō, convertō.*

con-vulnerō 1 (schwer) verwunden.

****cooperator,** *oris m* (geistlicher) Mitarbeiter.

co-operiō, *eruī, ertum* 4 ganz bedecken, überhäufen, -schütten [*lapidibus;* / °*flagitiis*].

cooptātiō, *ōnis f* (*cooptō*) Ergänzungswahl (*meist von den Mitgliedern selbst vollzogen*), Zuwahl [°*in patres* in den Senat]; *censoria* Ergänzung (*des Senats*) durch die Zensoren.

co-optō 1 hinzuwählen, zur Ergänzung wählen.

co-orior, *ortus sum* 4 °**1.** gemeinsam sich erheben, losbrechen; **2.** entstehen, ausbrechen [*tempestas*].

coortus, *ūs m* (*coorior*) Entstehung, Ausbruch.

Coōs *s. Cōs*[2].

cōpa, *ae f* (*cf. caupō*) (Schenk-)Wirtin.

cophinus, *ī m* (*gr. Fw.*) großer Korb (*von den Juden zum Warmhalten der Speisen verwendet*); ** Koffer; Kästchen; Schrank.

cōpia, *ae f* (< **co-opia zu ops; cf. inopia*) **1.** Vorrat, Fülle, Überfluss [*frumenti; navium*]; **2. a**) (*v. lebenden Wesen*) Masse, große Zahl [*civium*]; (*mil. t.t.*) Trupp, Mannschaft; (*pl.*) Truppen, Streitkräfte [*magnae, parvae*]; **b**) *pl.* Vorräte; Kriegsvorräte; **c**) (*v. abstr.*) Fülle, Schatz, Reichtum [*verborum, scribendi*]; **3.** (*sg. u. pl.*) Wohlstand, Vermögen, reicher Besitz; **4.** Möglichkeit, Gelegenheit, Erlaubnis [*dimicandi*]; °**5.** ∼ *Göttin des Überflusses.*

cōpiolae, *ārum f* (*dem. v. cōpiae; s. cōpia* 2a) *ein* Häuflein Truppen.

cōpiōsus 3 (*m.* °*comp., sup., adv.; cōpia*) **1.** wohlhabend; **2. a**) reich versehen *mit* [*omnibus rebus*]; **b**) reichlich vorhanden; **3.** / **a**) wort-, gedankenreich; °**b**) reich begabt.

cōpis[1], e (< *co-opis, *cf.* cōpia) reich, mächtig. [Krummsäbel.]
copis[2], *idis f* (*gr. Fw.*) persischer
cōpō = caupō[1].
coprea, *ae m* (*gr. Fw.*) Possenreißer.
copta, *ae f* (*gr. Fw.*) harter Kuchen.
cōpula, *ae f* (< *co-apula; *cf.* apīscor) **1.** °**a**) Band; Leine, Koppel; **b**) Enterhaken; °**2.** / Verbindung.
cōpulātiō, *ōnis f* (cōpulō) Verbindung.
cōpulō *u.* (*altl.*) **-or** 1 (cōpula) **1.** zusammenkoppeln, -binden; **2.** / **a**) verknüpfen, -binden [futura cum praesentibus]; **b**) (*rhet. t.t.*) zu einem Satz verbinden [verba]; zu einer Periode zusammenfügen; zwei Wörter verschleifen [sī audēs > sōdēs]; (*P.P.P.*) *adi.* **cōpulātus** 3 verknüpft; / vereint; ** vermählen [filias ducibus].
coqua, *ae f* (coquus) Köchin.
coquinō 1 (coquō) kochen.
coquīnus 3 (coquō) Koch...; ** **coquina,** *ae f* Küche.
coquō, coxī, coctum 3 (< *quequō; *idg.* *pequō; *cf.* culīna; popīna) **1. a**) kochen, backen; zubereiten; **b**) reif machen; °**c**) dörren, austrocknen; **2.** zersetzen, auflösen; °**3.** / **a**) ersinnen; **b**) beunruhigen.
coquus, *ī m* (coquō) Koch.
cor, cordis *n* (*cf. nhd.* „Herz") **1.** Herz; **2. a**) Gemüt, Gefühl; mihi cordi est mir liegt am Herzen; °**b**) Mut; **c**) Verstand, Einsicht; **3.** (*dcht.*) **a**) Herz, Seele = Person, Individuum; **b**) *Kosewort* [cor meum]; °**4.** Magen(mund). [ralle.]
corallium, *ī n* (*gr. Fw.*) (rote) Ko-
cōram (*Iuxtapositum aus co(m)- u. einer Form v. ōs mit Anlehnung an clam, palam*) **1.** *adv.* **a**) öffentlich, vor aller Augen; **b**) persönlich, an Ort und Stelle, mündlich [loqui]; **2.** *prp. b. abl.* in Gegenwart, angesichts, vor. [Rückentrage) Korb.]
corbis, is *f* (*cf. nhd.* „Reff" =
corbīta, *ae f* (corbis; *eigtl. adi. f* „mit einem Mastkorb versehen") langsam fahrendes Lastschiff.
corbula, *ae f* (*dem. v.* corbis) Körbchen.
corcodīlus, *ī m* (*dcht.*) = crocodīlus.
corcōtārius = crocōtārius.
corculum, *ī n* (*dem. v.* cor) (*Kosewort*) Herzchen; ♀ (= „der Verständige") *Bein. des* Scīpiō Nāsīca.

Corcȳra, *ae f* (*gr.* Korkȳra) *Insel im Ionischen Meer, j.* Korfu; *adi. u. Einw.* -aeus. [dig, gescheit.]
cordātus 3 (*m. adv.*; cor) verstän-
cordāx, ācis (*gr. Fw.*) **1.** Kordax (*ausgelassener Tanz der alten attischen Komödie*); **2.** / *der* Trochäus (*wegen seines hüpfenden Rhythmus*).
cor-dolium, *ī n* (cor; doleō) Herzeleid.
Corduba, *ae f ber. Handelsst. i. d. Hispania Baetica, Geburtsort Senecas, j.* Córdoba. [der.]
coriandrum, *ī n* (*gr. Fw.*) Korian-
Corinna, *ae f* (*gr.* Ko-) **1.** *Dichterin aus Tanagra um 510*; **2.** *fingierter Name der Geliebten Ovids.*
Corinthus, *ī f* (*gr.* Korinthos) *ber. Handelsst. am Isthmus, 146 v. Mummius zerstört*; *adi* -thiacus 3, -thius 3, -thiēnsis, e; *aes* -thium kor. Bronze (*Legierung aus Gold, Silber u. Kupfer*); *subst.* **-thia,** ōrum *n* (*od.* vasa -thia) Kunstwerke aus kor. Bronze; **-thiārius,** *ī m Spottname des Augustus wegen seiner Bevorzugung korinth. Metallarbeiten*; *Einw.* **-thiī,** ōrum *m.*
Coriolī, ōrum *m St. der Volsker i. Latium*; *adi. u. Einw.* -lānus (3), *auch Bein. des* C. Mārcius.
corium, *ī n u.* (*altl.*) **-ius,** *ī m* (*wahrsch. eigtl.* „Abgeschnittenes"; *cf.* carō[1], cēna) **1.** Fell, Haut; **2. a**) Leder; **b**) Riemenpeitsche.
Cornēlius 3 *Name einer röm. gens*; *zu ihr gehörten u. a.*: **I.** *patriz. Familien*: Scīpiōnēs (*s. d.*), Sullae (*s. d.*), Lentulī (*s. d.*), Dolābellae (*s. d.*), Cethēgī (**1.** M., *ber. Redner, Konsul 204*; **2.** C., *Mitgl. der Katilinarischen Verschwörung*); **II.** *pleb. Familien*: Balbī (L., *einflussreicher Parteigänger Cäsars u. nach dessen Ermordung Oktavians*), Cinnae (*s. d.*); A. ~ Celsus *s.* Celsus; *adi.* leges *von Corneliern, bsd. v. L. Cornelius Sulla gegebene Gesetze*; **Forum Cornēlium** *od.* **-liī** *von L. Cornelius Sulla gegründeter Ort an der via Aemilia, j.* Imola. — **Cornēlia,** *ae f jüngste Tochter des Africanus maior, die Mutter der Gracchen.*
corneolus 3 (*dem. v.* corneus[2]) hornartig. [kirschholz.]
corneus[1] 3 (cornus[1]) aus Kornel-
corneus[2] (cornū) aus Horn.

C

corni-cen, *cinis m* (*cornū, canō*) **1.** Hornist; **2.** Flötist.
cornīcula, *ae f* (*dem. v. cornīx*) (*verächtlich*) alberne (junge) Krähe.
corniculārius, *ī m* (*corniculum*) Gefreiter (*mit dem Ehrenhorn ausgezeichneter Soldat*).
corniculum, *ī n* (*dem. v. cornū*) Hörnchen; hornförmige Helmzier (*mil. Auszeichnung*).
corni-ger, *era, erum* (*cornū, gerō*) horntragend, gehörnt.
corni-pēs, *pedis* (*cornū*) hornfüßig, Hufe tragend; *subst. m* Ross.
cornīx, *īcis f* (*cf. corvus; nhd.* „Krähe") Krähe (*ihr Flug zur Linken galt als günstiges Omen, ihr Geschrei als Regenvorzeichen*).
cornū, *ūs n u.* (*selten*) °**-num**[1], *ī n* (*cornū?; cf. nhd.* „Horn") **1. a)** Horn; *pl.* Gehörn, Geweih; °**b)** *-ua tollere in alqm* jd. Widerstand leisten; °**c)** *cornu Copiae* Füllhorn (*das unter die Sterne versetzte Horn der Ziege Amalthea*); **2.** °**a)** Auswuchs an der Stirn; **b)** Horn *am Schnabel od. Huf*; °**3.** / *Hornähnliches*: **a)** *pl.* Hörner *der Mondsichel*; **b)** Flussarm; **c)** Landzunge; **d)** Rahe, Segelstange; **e)** Helmkegel; **f)** Knopf einer Bücherrolle; **g)** *das* äußerste Ende *einer Örtlichkeit*; *kl. nur*: **h)** Flügel *des Heeres od. der Flotte*; **4.** *Gegenstände aus Horn*: **a)** Heerhorn, Trompete (*anfangs aus Horn, später aus Metall*); °**b)** Hornansatz *an der phrygischen Flöte*; °**c)** *die zwei* Hörner des Bogens; *der* Bogen; °**d)** Horntrichter; °**e)** Ölfläschchen; **f)** *der urspr. aus zwei Hörnern bestehende* Resonanzboden *der Lyra*.
cornum[2], *ī n* (*cornus*[1]) Kornelkirsche; / Lanze *aus Kornelholz*.
cornus[1], *ī f* (*wahrsch. m. cerasus verwandt*) Kornelkirschbaum; Hartriegelholz; / Lanze.
cornus[2], *ūs m* (*vereinzelt*) = *cornū*.
cornūtus 3 (*cornū*) gehörnt; ** *cornuto capite* im Schmuck der Bischofsmütze.
corōlla, *ae f* (*dem. v. corōna*) Kränzchen.
corōllārium, *ī n* (*corōlla*) Kränzlein (*als Geschenk an Schauspieler, Dichter u. a.*); Geschenk, Ehrengabe.
corōna, *ae f* (*gr. Lw.*) **1. a)** Kranz, Krone, Diadem; *sub -ā vendere* als Sklaven verkaufen (*sie wurden bekränzt*); **b)** Ehrenkranz; °**2.** Mauerkranz, -ring; **3.** Kreis von Zuhörern, Versammlung; **4.** (*mil. t.t.*) Truppenkette, Einschließung(slinie); °**5.** ♀ (*Gestirn*) Kranz (*der Ariadne*); ** Königs-, Kaiserkrone; *martyrii* Märtyrerkrone; *rasa, clericalis, capitis* Tonsur.
corōnārius 3 (*corōna*) zum Kranze (gehörig); *aurum -um* Kranzgeld (*Geldgeschenk der Provinzialen an den Triumphator für die Anschaffung eines Goldkranzes*); ** *subst.* **-a,** *ae f* (*sc. domus*) Krönungssaal.
corōnis, *idis f* (*gr. Fw.*) Schlussschnörkel (*eines Buches od. Abschnitts*).
corōnō 1 (*corōna*) bekränzen; (*einen Sieger*) krönen; °/ umgeben, umschließen; ** krönen; / zum Könige erheben.
****coropalatus,** *i m* Hofmarschall.
corporālis, e (*m. adv.; corpus*) körperhaft, körperlich; ** leiblich, fleischlich; *adv.* wirklich.
corporātus 3 (*P.P.P. v. corporō* „mit einem Körper versehen") verkörpert, körperhaft.
corporeus 3 (*corpus*) körperlich, körperhaft; ** leiblich, irdisch.
****corporor** 1 Mensch werden.
corpulentus 3 (*m. comp.; corpus*) wohlbeleibt.
corpus, *oris n* (*cf. persisch* karp) **1.** Körper, Leib; °*vulgare* sich preisgeben; °*vulgatum* Dirne; **2. a)** Fleisch; °**b)** Rumpf, Bauch; *facere* sich einen Bauch zulegen; °**c)** Hoden; **3.** Leichnam, Leiche; **4.** leblose Masse [°*aquae*]; *individua -a* Atome; °**5.** Person, Wesen; **6.** *ein* körperhaft gegliedertes Ganzes, *ein* Komplex: **a)** Schiffskörper [*navium*]; **b)** *das* Weltganze [*universitatis*]; **c)** Staatskörper, Staat, Gemeinde; °**d)** Stand, Innung, Körperschaft, Volksklasse; **e)** Sammlung [°*iuris Romani*]; ** *die* Hostie; *venerabile die* geweihte Hostie.
corpusculum, *ī n* (*dem. v. corpus*) **1. a)** Körperchen; °**b)** Kind im Mutterleibe; °**c)** (*scherzh.*) Bäuchlein; °**d)** *Kosewort*; **2.** Atom; ** Leichnam.
cor-rādō, *rāsī, rāsum* 3 zusammenkratzen; / zusammenraffen.
corrēctiō, *ōnis f* (*corrigō*) **1. a)** Verbesserung; **b)** (*rhet. t.t.*) Berichti-

gung *durch einen passenderen Ausdruck*; **2.** Zurechtweisung.

corrēctor, *ōris m* (*corrigō*) Verbesserer; Sittenprediger.

cor-rēpō, *rēpsī, rēptum* 3 sich verkriechen.

correptiō, *ōnis f* (*corripiō*) (*gramm. t.t.*) Verkürzung [*vocum*]; ** Verweis, Strafe, Züchtigung.

correptus 3 (*m. adv.*; *corripiō*) kurz (ausgesprochen).

cor-rīdeō, — — 2 auflachen.

corrigia, *ae f* (√ *rig- „binden") Schuhriemen; ** Streichriemen des Barbiers; Ledergürtel.

cor-rigō, *rēxī, rēctum* 3 (*regō*) °**1.** geraderichten; **2.** / berichtigen, verbessern; wieder gutmachen [*errorem*]; zurechtweisen.

cor-ripiō, *ripuī, reptum* 3 (*rapiō*) **1. a**) zusammenraffen, heftig ergreifen, anpacken; **b**) (gewaltsam) an sich reißen, rauben; **c**) aufgreifen, verhaften; °**d**) / ergreifen, hinraffen [*morbi corpora*]; **e**) schelten; °**f**) vor Gericht ziehen, anklagen; °**2. a**) beschleunigen; schleunigst antreten, zurücklegen [viam]; **b**) (ver)kürzen [*verba*].

cor-rōborō 1 stärken, kräftigen; *se -are u. mediopass.* erstarken.

cor-rōdō, *sī, sum* 3 benagen, zernagen, zerfressen.

cor-rogō 1 zusammenbitten, -betteln; einladen.

cor-rotundō 1 (rhythmisch) abrunden; *mediopass.* sich abrunden.

cor-rūgō 1 runzelig machen; *nares* die Nase rümpfen.

cor-rumpō, *rūpī, ruptum* 3 (*altl. rumptum*) **1. a**) (*gänzlich*) vernichten, zugrunde richten, zerstören; P. verderben (*intr.*), zugrunde gehen; **b**) vereiteln, unbenutzt lassen [*occasionem*]; **2.** (*zum Schlechten verändern*): **a**) verderben, verschlechtern; **b**) entstellen, beschädigen; herunterbringen; **c**) (ver)fälschen [*litteras publicas*; **3.** (*moralisch*) verderben: **a**) untergraben [*mores; disciplinam*]; **b**) bestechen [*populum largitione*]; **c**) (*zur Unzucht*) verführen, schänden; (*P.P.P.*) *adi.* **corruptus** 3 (*m.* °*comp.*, °*sup.*, *adv.*) **1.** verdorben [*hordeum*]; **2.** (*in Ausdruck u. Gedanken*) verkehrt, verschroben; **3.** (*moralisch*) verdorben: **a**) schlecht; **b**) bestochen; **c**) sitten-, zuchtlos.

corrumptor (*altl.*) = *corruptor.*

cor-ruō, *ruī, ruitūrus* 3 **1.** (*intr.*) **a**) zusammen-, einstürzen, zu Boden stürzen; / **b**) zugrunde gehen [*opes*]; **c**) Bankrott werden; **d**) durchfallen [*histriones*]; °**2.** (*trans.*) **a**) ins Verderben stürzen; **b**) zusammenscharren [*ditias*].

corruptēla, *ae f* (*corrumpō*) **1.** (*moralischer*) Verderb; Verführung (zur Unzucht); Bestechung; °**2.** *der* Verführer, *die* Pest [*liberorum*].

****corruptibilis,** e vergänglich.

corruptiō, *ōnis f* (*corrumpō*) °**1.** (*act.*) Verführung, Bestechung; **2.** (*pass.*) **a**) verdorbener Zustand [*corporis*]; **b**) Verkehrtheit [*opinionum*].

corruptor, *ōris m* (*corrumpō*) *u.* **-trīx,** *īcis f* Verderber(in), Verführer(in); *adi.* verführerisch.

cōrs = *cohors.*

Corsus 3 korsisch; *subst.* **-ī,** *ōrum m die* Korsen; *adi. -icus* 3; *subst.* **Corsica,** *ae f die Insel* Korsika, *Verbannungsort Senecas.*

cortex, *icis m* (*dcht. oft f; eigtl.* „abgeschälte Rinde"; *cf. corium*) **1.** Baumrinde; °**2.** Kork; °**3.** Schale.

cortīna[1], *ae f* (*wahrsch. zu curvus*) **1.** Kessel; **2. a**) Dreifuß (des delphischen Orakels); **b**) *das* delphische Orakel; **3.** / Zuhörerkreis;

****cortina**[2], *ae f* Vorhang, Wandteppich.

****cortis** = ***curtis.*

corulētum, *ī n* (*corulus*) Haselgebüsch.

corulus, *ī f* (*cf. nhd.* „Hasel") Hasel(strauch).

cōrus, *ī m* = *caurus.*

coruscō 1 (*coruscus; fast nur dcht.*) **1.** mit den Hörnern stoßen; **2. a**) (*trans.*) schnell schwingen [*hastam*]; *linguas* züngeln; **b**) (*intr.*) sich zitternd bewegen, flattern; / blinken, schimmern [*flamma*].

coruscus 3 (*vl. m. currō verwandt; cf. nhd.* „Ross") zitternd, schwankend, zuckend; / blinkend, schimmernd.

Corvīnus *s. Valerius.*

corvus, *ī m* (*Schallwort* „Krächzer"; *cf. cornīx*) **1.** Rabe (*Weissagevogel: Flug u. Gekrächze zur Rechten günstiges, zur Linken ungünstiges Omen*); °**2.** Brechstange, Mauerbrecher; °**3.** = *fēllātor.*

Corybantes, (*i*)*um m Priester der Kybele* (*Rhea*), *deren Gottesdienst sie mit wilder Musik u. lärmenden*

C

Waffentänzen begingen; (*selten*) *sg.* **-bās,** *antis m Sohn der Kybele*; *adi.* -antius 3.
cōrycus, *ī m* (*gr. Fw.*) Sandsack, Ledersack *für Kraftübungen der Athleten.*
coryl... = corul...
corymbi-fer, era, erum (corymbus, ferō) Efeutrauben tragend.
corymbus, *ī m* (*gr. Fw.*) Blütentraube des Efeus (*Attribut des Bacchus*).
coryphaeus, *ī m* (*gr. Fw.*) Oberhaupt.
cōrȳtus, *ī m* (*gr. Fw.*) Köcher.
cōs[1], cōtis *f* (*cf.* catus, cautēs) Schleif-, Wetzstein.
Cōs[2] (Coōs, Cous), Coī *f* (*gr.* Kọ̄os *u.* Kōs) *Sporadeninsel, durch Weinbau u. Seidenweberei berühmt*; *adi. u. Einw.* Cōus (3); °*subst.* **Cōum,** *ī n* Koerwein; **Cōa,** ōrum *n* schleierartige Seidengewänder (*der Hetären*).
COS, COSS *s.* cōnsul.
cosmētēs, ae *m* (*gr. Fw.*) Aufseher über Garderobe u. Schmuck *einer Römerin.*
cosmica, ōrum *n* (*gr. Fw.*) *das* Weltliche, *die* Welt.
cosmicos, *ī m* (*gr. Fw.*) Weltbürger.
cosmoe, ōrum *m* (*gr. Fw.*) Ordner (*höchste kretische Behörde*).
****cosmos,** *i m* Welt.
costa, ae *f* (*cf. serbisch* kost) Rippe; / (*pl.*) Gerüst, Bauch.
costum, *ī n* (*gr. Fw.*) indische Gewürzstaude, Kostwurz; (*der aus ihr bereitete*) Balsam, Salbe.
cōtēs, ium *f* (*nur pl.*) *s.* cautēs.
cothurnātus 3 (cothurnus) **1.** auf dem Kothurn schreitend; **2.** / (*m. adv.*) tragisch erhaben; *subst.* **-ī,** ōrum *m* tragische Schauspieler.
cot(h)urnus, *ī m* (*gr. Fw.*) **1.** Kothurn, Hochschuh (*der tragischen Schauspieler*); °/ tragischer Stil, Tragödie; °**2.** Jagdstiefel.
cottabus, *ī m* (*gr. Fw.*) *griech. Spiel, bei dem man mit der Weinneige eine kleine Schale treffen musste*; / klatschender Schlag [bubuli mit dem Ochsenziemer].
cottana, ōrum *n* (*gr. Fw., aus einer sem. Sprache entlehnt*) trockene kleine Feigen.
cot(t)īdiānus 3 (cot[t]īdiē) **1.** täglich; *adv.* -ō; **2.** / gewöhnlich.
cot(t)īdiē *adv.* (*adv. eines adi. zu* quot + diē; *eigtl.* „am wievielten Tage auch immer") täglich, Tag für Tag.
cottona = cottana.
cotula, ae *f* (*gr. Fw.*) kleines Gefäß; Hohlmaß (= 1/2 sextarius).
cōturnīx, īcis *f* (*seit Ovid* cŏt-; *altl.* cocturnīx; *wohl Schallwort*) Wachtel; / *Kosewort.*
coturnus = cothurnus.
cotyla = cotula.
Cotyttō, ūs *f* (*acc.* -ō; *gr.* Kotyttọ̄) *urspr. thrakische Göttin*; **Cotyttia,** ōrum *n zuchtlose nächtliche Feier zu ihren Ehren.*
Cous, Cōus *s.* Cōs[2].
covinnārius, *ī m* (covinnus) Sichelwagenkämpfer.
covinnus, *ī m* (*kelt. Fw.*) britann. Sichelwagen; / röm. Reisewagen.
coxa, ae *f* (*cf. nhd.* „Hesse", *bayr.* „Haxn") Hüfte; leporis Hasenkeule.
coxendīx, īcis *f* (-īx, īcis?; coxa) Hüftbein, Hüfte.
crābrō, ōnis *m* (*cf. nhd.* „Hornisse") Hornisse.
crambē, ēs *f* (*gr. Fw.*) Kohl; / repetita aufgewärmter Kohl.
crāpula, ae *f* (*gr. Lw.*) Rausch; Katzenjammer.
crāpulārius 3 (crāpula) zum Rausch gehörig.
crās *adv.* (*et. unklar*) morgen; °/ künftig; *subst. n der* morgige Tag.
crassēscō, — — 3 (crassus) dick werden.
crassitūdō, inis *f* (crassus) Dicke.
crassus 3 (*m.* °comp., °adv.; *cf.* curvus) **1.** dick, stark, beleibt; **2.** dicht [aër]; °**3.** grobfädig [toga]; °**4.** / roh, hausbacken, ungebildet; **5.** ~ *cogn. in d.* gens Licinia; *s.* Licinius.
crāstinus 3 (*adv.* °**-ō**; crās) morgig; *subst.* **-um,** *ī n der* morgige Tag; in -um auf morgen; ** in -o am folgenden Tage.
crātēr, ēris *m* (*acc. sg.* -ēra; *acc. pl.* -ēras; *gr. Fw.*) *u.* **crātēra,** ae *f* (*nach gr. acc.*) **1.** Mischgefäß, -kessel, -krug (*zum Mischen v. Wasser u. Wein*), Kratér; °**2.** Ölkrug; °**3.** Wasserbecken, Bassin; °**4.** (Vulkan-)Schlund, Kráter; °**5.** ~ Becher (*als Sternbild*); **6.** ~ *Bucht bei Baiae.*
crātis, is *f* (*cf.* crassus, *nhd.* „Hürde") *meist pl.* Flechtwerk, Reisigbündel, Faschinen; °/ Gefüge; favorum Waben; pectoris Brustkorb.
creātiō, ōnis *f* (creō) Wahl.
creātor, ōris *m* (creō) °**1.** Schöpfer, Erzeuger; **2.** Gründer.

creātrīx, *īcis f* (*creātor*) Mutter.
****creatura,** *ae f* Schöpfung, Welt; Geschöpf.
crēber, *bra, brum* (*m. comp., sup.; adv., s. u.; eigtl.* „Wachstum habend"; *cf. crēscō*) **1.** dicht wachsend [*arbores*]; **2.** dicht stehend, gedrängt, zahlreich; voll, reich *an*; **3.** häufig, wiederholt, rasch nacheinander [*impetus*]; *adv.* (*acc. pl. n*) °**-a** *u.* (*abl. sg. n*) **-ō,** *crēbrius, crēberrimē* häufig, wiederholt; *an Stelle des adv. häufig adi praed.* [*hostes crebri cadunt* Mann für Mann].
crēb(r)ēscō, *b(r)uī,* — 3 (*crēber*) zunehmen, sich vermehren; sich verbreiten [*fama*].
crēbritās, *ātis f* (*crēber*) Häufigkeit, Fülle.
crēdibilis, e (*m.* °*comp., adv.; crēdō*) glaubhaft, glaubwürdig.
crēditor, *ōris m* (*crēdō*) Gläubiger; ** Geldgeber.
crēditum, *ī n* (*crēdō*) Darlehen, Schuld.
crēdō, *didī, ditum* 3 (*altl. coni. praes. -duam, -duās usw. u. -duis, -duit; crēdin = crēdisne; wohl eigtl.* „die magische Kraft *in etw.* setzen"; *2. Glied* √ **dhē-* „setzen") **1. a)** anvertrauen, übergeben, überlassen [*hosti salutem*]; **b)** borgen [*pecuniam*]; **2.** Vertrauen schenken, glauben [*testibus, promissis*]; **3.** glauben (= für wahr halten) [*deos* an Götter]; **4.** glauben (= der Ansicht sein), meinen, halten *für* [°*se Iovis filium*]; **5.** *credo* (*eingeschaltet*) denk' ich, sollte ich meinen, wahrscheinlich; *crederes* man hätte glauben sollen; ** (*abs.*) den christlichen Glauben annehmen; *bene creditus* zuverlässig.
crēdulitās, *ātis f* (*crēdulus*) Leichtgläubigkeit; ** christliche Religion, *der* Glaube.
crēdulus 3 (*crēdō*) **1.** (*act.*) leichtgläubig, arglos; °**2.** (*pass.*) gern geglaubt; ** gläubig; *subst.* Christ.
Cremera, *ae m kl. Fluss in Etrurien (477 Tod der 300 Fabier); adi. -rēnsis,* e.
cremō 1 (*carbō*) verbrennen, niederbrennen [*urbem*].
Cremōna, *ae f St. am Po, noch j.* Cremona; *adi. u. Einw. -ōnēnsis*(e).
cremor, *ōris m* (*wohl gall. Fw.*) Schleim.
creō 1 (*altl. creassit = creāverit; cf. crēscō*) **1.** (er)schaffen, hervorbringen [*natura res*]; **2.** erzeugen, °gebären; **3.** verursachen, bereiten [*sibi periculum*]; **4.** °**a)** (*eine Staatsgewalt*) schaffen, ins Leben rufen [*tribuniciam potestatem*]; **b)** (*Beamte*) (erwählen, ernennen, wählen lassen.
crepāx, *ācis* (*crepō; Maecenas*) knisternd.
creper, *pera, perum* (*et. ungedeutet; cf. crepusculum*) ungewiss, zweifelhaft.
crepida, *ae f* (*gr. Lw., wohl volkset. an crepō u. trepidō angelehnt*) Sandale, Halbschuh.
crepidātus 3 (*crepida*) Sandalen tragend.
crepīdō, *inis f* (*gr. Lw.*) **1.** Sockel; / Grundlage; **2.** Ufermauer.
crepidula, *ae f* (*dem. v. crepida*) kleine Sandale.
crepitācillum, *ī n* (*dem. v. crepitāculum*) kleine Klapper.
crepitāculum, *ī n* (*crepitō*) Klapper.
crepitō 1 (*intens. v. crepō*) schallen, klappern, knistern, klirren, rauschen, knurren.
crepitus, *ūs m* (*crepō*) Schall, Klappern, Klatschen; Blähung [*ventris*].
crepō, *uī, itum* 1 (*Schallwurzel *kr-ep-*) **1.** (*intr.*) schallen, tönen, klappern, rauschen *u. Ä.* **2.** (*trans.*) erschallen lassen; immer im Munde führen [*militiam*]; ** krepieren.
crepundia, *ōrum n* (*crepō*) Kinderklapper.
crepusculum, *ī n* (*et. ungedeutet; cf. creper*) Zwielicht, Abenddämmerung; Dunkel.
Crēs *s. Crēta.*
crēscō, *crēvī, crētum* 3 (*cf. creō, crēber, Cerēs*) °**1.** (*v. noch nicht Vorhandenem*) wachsen; entstehen [*bracchia in ramos*]; **2.** (*v. schon Vorhandenem*) **a)** aufwachsen, groß werden; **b)** / zunehmen, emporkommen; °(*P.P.P.*) *adi.* **crētus** 3 geboren, entsprossen [*Troiano (ab) sanguine*].
Crēta[1], *ae u.* **-ē,** ēs *f die Insel* Kreta (*gr.* Krētē); *Bewohner Crētes, um u. Crētēnsēs, ium m; sg.* (*auch adi.*) *Crēs, Crētis m; Crēssa f; adi. Crēs(s)ius* 3, *Crētaeus* 3; *Crēticus* 3 [*pes* Kretikus (*Versfuß* — ∪ —)]; *Crētēnsis,* e; *Crētis, idis f.*
crēta[2], *ae f* (*et. ungedeutet*) **1.** Kreide, Siegelerde; °**2.** Schminke; / Schlamm.

C

crētātus 3 (*crēta*²) mit Kreide bestrichen. [*Umformung*) = *crātēr*.
crētēra *u.* **crēterra,** *ae f* (*wohl etr.*
crēteus 3 (*crēta*²) tönern.
crētiō, *ōnis f* (*cernō* II, 2, d) Willenserklärung über die Annahme einer Erbschaft.
crētōsus 3 (*crēta*²) kreidereich.
crētula, *ae f* (*dem. v. crēta*²) Siegelerde; Siegel.
crētus 3 *P.P.P. v. cernō u. crēscō.*
Creūsa, *ae f* (*gr.* Kręūsa) *Gemahlin des Äneas.* [Durchschlag.
crībrum, *ī n* (*cf. cernō*) Sieb,
crīmen, *inis n* (*wohl Erweiterung einer Schallwurzel: Notruf des in seinem Recht Behinderten; cf. nhd.* „Schrei") **1.** Beschuldigung, Anklage *wegen* [*prōditiōnis*]; **2. a)** Vorwurf; *alqd crimini dare illi* ihm etw. zum Vorwurf machen; *crimini esse* ein Vorwurf sein; °**b)** Vorwand [*belli*]; **3.** °**a)** Gegenstand des Vorwurfs; **b)** Verbrechen, Vergehen, Schuld.
crīminātiō, *ōnis f* (*crīminor*) Beschuldigung, Verleumdung.
crīminātor, *ōris m* (*crīminor*) Verleumder.
crīminor *u.* (*altl.*) **-ō** 1 (*crīmen*) beschuldigen, verleumden [*patres apud populum*]; Beschwerde führen *über* [*inopiam*]; vorwerfen.
crīminōsus 3 (*m.* °*comp.*, °*sup.*, *adv.*; *crīmen*) verleumderisch, vorwurfsvoll, gehässig.
crīnālis, e (*crīnis*) Haar...; haarähnlich; *subst.* **-e,** *is n* Haarschmuck, *curvum* Diadem.
crīnis, *is m* (*altl. f*; *urspr.* „Wallendes, Zitterndes"; *cf. crista*; *nhd.* „Reis, Rispe") **1.** Haar; Haarflechte; **2.** Kometenschweif.
crīnītus 3 (*crīnis*) °**1.** behaart, langhaarig; **2.** / *stella -a* Komet.
crisis, *is f* (*gr. Fw.*) entscheidende Wendung, Krisis.
crīsō 1 (*cf. crīnis*) mit den Schenkeln wackeln (*v. der Frau*).
crispi-sulcāns, *antis* (*crispus, sulcō*) eine Zickzacklinie bildend.
crispō 1 (*crispus*) **1.** kräuseln [*capillum*]; **2.** schwingen. [haarig.
crispulus 3 (*dem. v. crispus*) kraus-
crispus 3 (*m. comp., sup.*; *cf. crīnis, nhd.* „Rispe") **1.** kraus, gekräuselt; **2.** wellenförmig vibrierend; *subst.* ~ *ī m* Krauskopf; **3.** ♀ *s. Sallustius.*
crīssō *schlechte Schreibung für crīsō.*
crista, *ae f* (*cf. crīnis*) **1.** Kamm, Schopf; **2.** / **a)** Helmbusch; **b)** Kitzler. [buschtragend.
cristātus 3 (*crista*) kamm-, helm-
criticus, *ī m* (*gr. Fw.*) Kunstrichter, Kritiker.
Critō, *ōnis m* (*gr.* Kritōn) *Schüler u. Freund des Sokrates.*
crōc(c)iō 4 (*altl. impf.* **-ībat**; *Schallwort*; *Pl.*) krächzen.
croceus 3 *u.* **crocinus** 3 (*crocus*) Safran...; / safrangelb, blond [*comae*]; *subst.* **crocinum,** *ī n* Safranöl; / *Kosewort.* [Krokodil.
crocodīlinus 3 (*crocodīlus*) vom
crocodīlus, *ī m* (*gr. Fw.*) Krokodil.
crocōta, *ae f* (*sc. vestis*; *gr. Lw.*) *u.* °*dem.* **crocōtula,** *ae f* Safrankleid; °*adi.* **crocōtārius** 3 zum Safrankleid gehörig; *infector* Färber von Safrankleidern.
crocum, *ī n u.* **crocus,** *ī m* (*gr. Fw.*) Safran; Safranfarbe; Safranessenz (*zum Besprengen der Bühne*).
Croesus, *ī m* (*gr.* Kroisos) *König v. Lydien, um 550*; / „*ein* Krösus".
crotalistria, *ae f* (*gr. Lw.*) Kastagnettentänzerin.
crotalum, *ī n* (*gr. Fw.*) Klapper, Kastagnette.
Crotō(n), *ōnis f* (*gr.* Krotōn) *gr. St. a. d. Ostküste v. Bruttium, seit 194 röm. Kolonie, j.* Crotone; *Einw.* **-ōniātēs,** *ae m*; *adi u. Einw.* *-ōniēnsis,* (e). [qualvoll.
cruciābilis, e (*belegt nur adv.*; *cruciō*)
cruciābilitās, *ātis f* (*cruciābilis*) Marter.
cruciāmentum, *ī n* (*cruciō*) Marter.
cruciārius, *ī m* (*crux*) *der* Gekreuzigte.
cruciātus, *ūs m* (*cruciō*) **1.** Folter, Marter, Qual; **2.** qualvolle Hinrichtung; **3.** Folterwerkzeug.
cruci-fīxus 3 (*dat. v. crux*; *fīgō*) ans Kreuz geschlagen.
cruciō 1 (*crux*) **1.** foltern, martern; **2.** / **a)** quälen; °P sich abhärmen; °**b)** *part. praes. cruciāns, antis* sich abquälend.
crūdēlis, e (*m. comp.*. *sup.*, *adv.*; *crūdus*) grausam, gefühllos, hart; / entsetzlich, schrecklich.
crūdēlitās, *ātis f* (*crūdēlis*) Grausamkeit, Gefühllosigkeit.
crūdēscō, *duī,* — 3 (*crūdus*) heftiger werden, zunehmen.

crūditās, *ātis f* (*crūdus*) verdorbener Magen.

crūdus 3 (*m. comp.*, °*sup.*; *cf. cruor*) °**1.** noch blutig; blutend [*vulnus*]; **2.** roh [°*caro*]; unreif [*pomum*]; ungebrannt [°*later*]; mit verdorbenem Magen; °**3.** noch unbearbeitet [*corium*]; **4.** / °**a**) noch unreif [*cruda viro virgo*]; noch frisch, zu neu; noch rüstig [*senectus*]; **b**) gefühllos, grausam, roh.

cruentō 1 (*cruentus*) **1.** blutig machen, mit Blut bespritzen; °*collum morsu* blutig beißen; **2.** / °**a**) durch Mord entweihen; **b**) bis aufs Blut kränken.

cruentus 3 (*m.* °*comp.*, °*sup.*, °*adv.*; *cf. cruor*) **1.** blutig, blutbefleckt; °**2.** blutrot; °**3.** / blutdürstig, grausam.

crumilla, *ae f* (*dem. v. crumīna*) Geldbeutelchen.

crumīna (*schlechter* **-mēna**), *ae f* (*wohl gr. Lw.*) Geld(beutel).

cruor, *ōris m* (*cf. nhd.* „roh“) Blut (*außerhalb des Körpers*), geronnenes Blut; Blutstropfen; / Blutvergießen, Mord(en).

cruppellārius, *ī m* (*gall. Fw.*) geharnischter Fechter (*bei den Äduern*).

crūri-crepida, *ae m* (*crūs, crepō*) (*Scherzwort*) *nichtsnutziger Sklave, dem Schläge auf die Beine prasseln.*

Crūri-fragius, *ī m* (*crūs, frangō*) (*Scherzname*) *nichtsnutziger Sklave, dem die Schienbeine zerbrochen worden sind*; Halunke.

crūs, *crūris n* (*et. unklar*) **1.** Unterschenkel, Schienbein, Schenkel; °**2.** / Stütze, Pfeiler.

crūsma, *atis n* (*gr. Fw.*) Tonstück (*auf Schlaginstrument*); Ton.

crusta, *ae f* (*-ū-?*; *eigtl.* „Erstarrtes“; *cf. cruor, Name* Monte Rosa) **1.** Kruste; Rinde, Schale; °Eisdecke; **2.** °**a**) Mosaik, Stuckarbeit; **b**) Basrelief.

crustulārius, *ī m* (*crūst-?*; *crustulum*) Zuckerbäcker.

crustulum, *ī n* (*crūst-?*; *dem. v. crustum*) Zuckerplätzchen; *pl.* Zuckerwerk; ** Brotkruste.

crustum, *ī n* (*crūst-?*; *cf. crusta*) Back-, Zuckerwerk.

crux, *crucis f* (*cf. curvus*; *nhd.* „Rücken“) **1.** Marterpfahl **a**) *zum Anpfählen, Hängen, Spießen*; **b**) *Kreuz* (*in T- od. Kreuzform*); **2.** Kreuzigung; °**3.** (*Schimpfwort*) Galgenstrick; Quälgeist; **4.** / Qual, Marter, Unheil; °(*abi*) *in malam crucem* zum Henker!; ** *signum crucis* Kreuzzeichen.

crypta, *ae f* (*gr. Fw.*) bedeckter Gang; Gewölbe, Grotte.

crypto-porticus, *ūs f* (*gr. Fw.* + *porticus*) verdeckte Halle.

crystallinus 3 (*crystallus*) aus Kristall; *subst.* **-um,** *ī n* Kristallgefäß.

crystallus, *ī f* (*gr. Fw.*) **1.** Eis; **2.** Bergkristall; **-um,** *ī n* Kristallgefäß.

cubiculāris, e (*cubiculum*) Schlafzimmer... [*lectus*].

cubiculārius, *ī m* (*cubiculum*) Kammerdiener.

cubiculātus 3 (*cubiculum*) mit Zimmern ausgestattet; *subst.* **-a,** *ae f* (*sc. navis*) Prunkschiff.

cubiculum, *ī n* (*cubō*) **1.** (Schlaf-)Zimmer; °**2.** Kaiserloge im Zirkus.

cubīle, *is n* (*cubō*) **1.** Bett; **2. a**) Ehebett; **b**) Tierlager; Nest; **3.** / Heimat [*avaritiae*].

cubital, *ālis n* (*cubitālis*) Armpolster.

cubitālis, e (*cubitum*) eine Elle lang.

cubitō 1 (*frequ. v. cubō*) (oft) liegen; schlafen [*cum alqa od. alqo*].

cubitum, *ī n u.* **-tus**[1], *ī m* (*eigtl.* „Krümmung“; *cf. nhd.* „Hüfte“) °**1.** Ellenbogen; Unterarm; **2.** / Elle (44 cm).

cubitus[2], *ūs m* (*cubō*) *das* Liegen; Beischlaf.

cubō, *buī, bitum* 1 (*eigtl.* „sich krümmen, kauern“; *cf. cubitum*) **1. a**) liegen, ruhen; °**b**) sanft abgedacht sein; **2.** bei Tisch liegen, speisen; **3.** zu Bett liegen: **a**) schlafen; °**b**) schlafen *mit* [*cum alqa, cum alqo*]; **c**) krank liegen.

cubus, *ī m* (*gr. Fw.*) Würfel.

****cuculla,** *ae f* Mönchskutte; Kapuze *am Mantel*.

cucullus[1], *ī m* (*wohl gall. Lw.*) Kapuze; Tüte.

cucūlus *u.* **-cullus**[2], *ī m* (*Schallwort*) Kuckuck; / Tölpel, Faulpelz; Ehekrüppel.

cucuma, *ae f* (*gr. Fw., wohl sem. Herkunft*) Koch-, Badekessel.

cucumis, *eris m* (*Lw. aus nichtidg. Spr.*) Gurke. [/ Schröpfkopf.]

cucurbita, *ae f* (*et. unklar*) Kürbis; / Schröpfkopf.

cūdō, *dī, sum* 3 (*wohl aus den Komposita gebildet statt *caudō*; *cf. nhd.* „hauen“) schlagen; prägen [*nummos*]; ** schmieden.

cūiās, *ātis* (*cūius*) woher gebürtig? was für ein Landsmann?
cuicuimodī (*statt cūiuscūius modī*) wie immer beschaffen.
cūius 3 *wohl identisch m. gen. cūius*) °**1.** (*interrog.*) wem gehörig? wessen?; **2.** (*rel.*) dessen.
cūius-modī von welcher Art? wie beschaffen?
cūiusque-modī von jeder Art.
culcit(r)a, *ae f* (*et. nicht völlig klar*) Kissen, Polster.
culcitula, *ae f* (*dem. v. culcita*) Polsterchen; (*obszön*) Unterlage.
culex, *icis m* (*wohl urspr.* „stechendes [Tier]"; *cf. cuneus*) Mücke, Schnake; / *f* (*Schimpfwort*).
culilla, *ae f od.* **-us,** *ī m* (*wohl dem. des gr. Lw. culigna* „Becher") Becher, Pokal.
culīna, *ae f* (*wohl zu coquō, cf. coquīna*) Küche; °/ Kost, Essen.
culleus, *ī m* (*wohl Lw. aus einer Mittelmeerspr.*) (Leder-)Sack, Schlauch.
culmen, *inis n* (*synk. aus columen*) **1. a**) höchster Punkt; **b**) Gipfel, Kuppe; °**c**) First, Dach; Hütte; Haus; °**d**) Scheitel; **2.** / Gipfel; **3.** (*dcht.* = *culmus*) Halm.
culmus, *ī m* (*cf. nhd.* „Halm") Strohhalm; °/ Ähre; Strohdach.
culpa, *ae f* (*et. ungedeutet*) **1. a**) Schuld, Verschuldung, Vergehen, Fehler; °**b**) Sittenlosigkeit, Unzucht; °**c**) Nachlässigkeit; °**2.** *der* Schuldige.
culpitō 1 (*intens. v. culpō*) hart tadeln.
culpō 1 (*culpa*) beschuldigen; tadeln, missbilligen.
cultellus, *ī m* (*dem. v. culter*) Messerchen.
culter, *trī m* (*cf. scalpō*) Messer; Schlacht-, Schermesser.
cultiō, *ōnis f* (*colō*) Bebauung, Anbau.
cultor, *ōris m* (*colō*) **1.** Bebauer, Bearbeiter, Pfleger; °**2. a**) Landmann; **b**) Be-, Anwohner; **3.** / **a**) Verehrer, Anbeter; Priester; **b**) Freund, Liebhaber.
cultrārius, *ī m* (*culter*) Opferstecher, -schlächter.
cultrīx, *īcis f* (*cultor*) **1.** Pflegerin, Wärterin; °**2.** Bewohnerin.
cultūra, *ae f* (*colō*) **1.** Bearbeitung, Anbau; *agri* Ackerbau; °**2.** Landwirtschaft; **3. a**) (*geistige*) Ausbildung; (*sittl.*) °Veredlung; °**b**) Verehrung.
cultus[1] 3 *s. colō.*
cultus[2], *ūs m* (*colō*) **1.** Bearbeitung, Anbau; Anpflanzung; **2.** Pflege, Wartung; **3. a**) Lebensweise, -gewohnheit; °**b**) Üppigkeit; °**4.** Kleidung, Tracht; Putz, Schmuck; / **5.** Bildung, Ausbildung, Erziehung, Verfeinerung; Kultur, Gesittung; **6. a**) Beschäftigung [*studiorum liberalium*]; **b**) Verehrung, Huldigung.
cululla, *ae f u.* **-us,** *ī m* = *culill...*
cūlus, *ī m* (*cf. irisch* cul „Rücken") After, *der* Hintere.
cum[1] (*altl. com, unter Anlehnung an cum*[2] *auch quom; als praev. cf. com-; nhd.* „ge-") *prp. b. abl.* (*an pron. pers. u. im kl. Lat. auch an rel. angehängt*) zusammen: **1.** (*zur Bezeichnung räuml.-zeitlicher Gemeinsamkeit*) **a**) mit, samt, nebst; **b**) unter *jds.* Anführung, Kommando, Schutz [*legio hiemabat cum legato*]; **c**) im Verein, im Bunde mit [*cum Aegyptiis adversus regem*]; *secum vivere* für sich allein leben; **d**) (*in feindlichem Sinne*) mit, gegen [*pugnare*]; bei, vor [*queri*]; **e**) versehen, ausgerüstet, bekleidet, bewaffnet mit [esse *cum telo, cum sordida veste*]; **f**) (*selten zur Bezeichnung des Mittels od. Werkzeugs*) mit [°*cum lingua lingere*]; °(*gramm. t.t.*) [*scripta cum R uno*]; **2.** (*zur Bezeichnung der Gleichzeitigkeit*) **a**) (*rein temporal, oft durch simul od. pariter verstärkt*) zugleich mit [*cum prima luce proficisci*]; **b**) (*modal*) mit [*cum studio discere*]; **c**) *begleitende Nebenumstände*) mit, unter [*multis cum lacrimis dicere*]; (*Wirkung*) mit, zu [*hoc fecisti cum magna civium calamitate*]; **d**) nur unter der Bedingung [*optabilis est mors cum gloria*].
cum[2], **quum** (*altl. quom; urspr. acc. sg. — wahrsch. m, vl. aber auch* [*adv.*] *n — des pron. rel. quī; cf. tum*) *ci.* **1.** *m. ind.* **a**) (*cum temporale*) zu der Zeit als, jetzt wo [*eo tempore paruisti, cum necesse erat*]; seit, seitdem, nachdem [*multi anni sunt, cum haec lex lata est*]; **b**) (*cum iterativum*) sooft, jedesmal wenn [*Verres, cum rosam viderat* (sah), *tum ver incipere arbitrabatur*]; (*seit Cäsar u. Cicero auch m. coni.*) **c**) (*cum inversivum m. pf., praes. od.*

inf. hist. — bei plötzlichen Ereignissen) als; da (*mit folgendem Hpts.*) [*iam ver appetebat, cum Hannibal ex hibernis movit*]; **d**) (*cum explicativum*) indem, dadurch, dass, wenn [*hoc cum confiteris, scelus te admisisse concedis*]; **2.** *m. coni.* **a**) (*cum historicum — in der Erzählung*) als, nachdem [*Epaminondas, cum vicisset Lacedaemonios, quaesivit*]; **b**) (*cum causale*) da, weil [*cum vita sine amicis plena sit insidiarum, ratio ipsa monet amicitias comparare*]; *quae cum ita sint* unter diesen Umständen; **c**) (*cum concessivum*) obgleich, obwohl [*Socrates, cum facile posset educi e custodia, noluit*]; **d**) (*cum adversativum*) während dagegen, da doch [*solus homo particeps est rationis, cum cetera animalia sint expertia*]; **e**) (*cum iterativum*) *s. 1 b*; **3. a**) **cum prīmum** (*meist m. ind. pf.*) sobald als [*cum primum potuit, ad exercitum contendit*]; **praesertim cum** (*m. coni.*; *s. 2 b*) zumal da; **quippe cum** (*dsgl.*) da ja; **utpote cum** (*dsgl.*) da nämlich; **b**) **cum ... tum** wenn schon ... dann besonders, sowohl ... als (auch) besonders, zwar ... besonders aber: *α*) *meist m. ind.* (*bsd. wenn Nbs. u. Hpts. nur* e i n *Verbum haben od. bei zwei verschiedenen Verben diese im gleichen Tempus stehen und kein kausales od. konzessives Verhältnis vorliegt*) [*te cum semper valere cupio, tum certe, dum hic sumus; cum convenerant, tum coegerant*]; *β*) *sonst m. coni.* [*cum te semper dilexerim, tum his tuis factis incensus sum*]; *γ*) (*Verbindung einzelner Begriffe*) [°*quom virum, tum uxorem di vos perdant*]; **c**) **cum maximē** (*verkürzt etwa aus* cum *aliis in rebus, tum maxime*) ganz besonders, mehr denn je [°*cum maxime volo*].

Cūmae, *ārum f* (*gr.* Kȳmē) *v. Kyme in d. Äolis aus gegründete St. in Kampanien, Sitz der Sibylle v.* ~; *adi.* -*aeus* 3; *adi. u. Einw.* -*ānus* (3); *subst.* **-ānum,** *ī n Ciceros Landgut b.* ~.

cūmatile, *is n* (-*ā*-?, *gr. Fw. kyma* „*Woge*" *m. lat. Suffix*) meerblaues Kleid.

cumba, *ae f* (*gr. Fw.*) Nachen, Kahn, *bsd. der des Charon.*

cumbula, *ae f* (*dem. v. cumba*) kleiner Kahn.

cumera, *ae f* (*et. unklar*) (Getreide-) Korb.

cumīnum, *ī n* (*gr. Fw.*) Kümmel.

cum-prīmīs *adv.* (*besser getr.*) besonders, vornehmlich.

cum-que *adv.* (*cum*[2] + *Verallgemeinerungspartikel* -*que*; *cf. uterque*) *meist m. pron. od. adv. rel. verbunden* [*quicumque*; *ubicumque*]; *dcht. auch allein*: wann nur immer, jedesmal.

cumulātus 3 (*m. comp.*, °*sup.*, *adv.*; *cumulō*) vermehrt, gesteigert; / vollkommen [*virtus*].

cumulō 1 (*cumulus*) °**1.** (auf-) häufen [*auch* / *honores in alqm*]; **2.** °**a**) hoch anfüllen *mit*; **b**) / überhäufen, überschütten [*amicos laudibus*]; **3.** vergrößern, steigern; **4.** vollkommen machen, vollenden.

cumulus, *ī m* (*eigtl.* „Anschwellung") °**1.** Haufen; Masse; **2.** / Übermaß, Gipfel(punkt), Krone.

cūnābula, *ōrum n* (*cūnae*) Wiege; °/ Geburtsort, Heimat, Ursprung.

cūnae, *ārum f* (*urspr.* „Lager"; *cf. cīvis*) Wiege; °Nest.

cūnctābundus 3 (*cūnctor*) zaudernd.

cūnctāns, *antis* (*m.* °*comp.*, °*adv.*; *part. praes. v. cūnctor*) **1.** zaudernd, zögernd; °**2.** langsam; bedächtig; °**3.** zäh [*glaebae*].

cūnctātiō, *ōnis f* (*cūnctor*) *das* Zaudern; Unentschlossenheit.

cūnctātor, *ōris m* (*cūnctor*) **1. a**) Zauderer; **b**) (*adi.*) bedächtig; **2.** ♀ *Beiname des Q. Fabius Maximus.*

cūnctātus 3 (*m. comp.*; *part. pf. v. cūnctor*) vorsichtig.

****cuncti-potens,** *entis m* allmächtig.

cūnctor *u.* (*altl.*) **-ō** 1 (*wohl frequ. v.* **concō* „schwanken"; *cf. nhd.* „hangen [u. bangen]") **1.** zögern, zaudern, säumen; **2.** unschlüssig sein, schwanken.

cūnctus 3 (*wohl synk. aus* **concitos* „versammelt", *P.P.P. v. conciō*) sämtlich, gesamt; (*pl.*) alle zusammen.

cuneātim *adv.* (*cuneō*) keilförmig.

cuneātus 3 (*m. comp.*; *cuneō*) keilförmig zugespitzt.

cuneō 1 (*cuneus*) verkeilen, keilförmig zuspitzen.

C

cuneolus, *ī m* (*dem. v. cuneus*) kleiner Keil, Stift.
cuneus, *ī m* (*cf. culex*) **1.** Keil, Pflock; °**2.** Zwickel; **3.** keilförmige (Schlacht-)Ordnung; °**4.** (keilförmiges Segment der) Sitzreihen *im Theater*; / *die* Zuschauer; ** Heerschar.
cunīculōsus 3 (*cunīculus*) kaninchenreich.
cunīculus, *ī m* (*wohl spanisch-iberisches Fw.*) °**1.** Kaninchen; **2.** / unterirdischer Gang, Stollen.
cunīla, *ae f* (*gr. Lw.*) Quendel.
cunni-lingus, *ī m* = *cunnum lingēns.*
cunnus, *ī m* (*et. ungedeutet*) **1.** weibliche Scham; **2.** / **a)** feile Dirne; **b)** Schnecke (*Gebäck*).
cunque = *cumque.*
cūpa, *ae f* (*urspr.* „Wölbung [Höhle, Haufen]"; *cf. Höhlengöttin* Kybele) Tonne, Fass.
cupēdia, cupēdinārius = *cuppēd...*
cupēs = *cuppēs.*
Cupīdineus 3 des Cupido, Liebes... [*sagittae*]; / lieblich, reizend.
cupiditās, *ātis f* (*gen. pl.* -(*i*)*um*; *cupidus*) **1.** Begierde, Leidenschaft; **2. a)** Kauflust, Habsucht, Geldgier; **b)** Hang zu Ausschweifungen; **c)** Ehrgeiz; **d)** Parteilichkeit.
cupīdō, *inis f* (*dcht. m*) (*cupiō*) **1.** *das* Begehren, Sucht, Hang; *pl.* Leidenschaften; **2. a)** Trieb, Lust, Liebe; Brunst; **b)** Habsucht, Geldgier; **c)** Ehrgeiz, -sucht; **3.** ♀, *inis m* (*gr.* Erōs) Liebesgott, Amor, *Sohn der Venus*; *pl.* Amoretten.
cupidus 3 (*m. comp., sup., adv.*; *cupiō*) **1.** begierig, lüstern *nach* [*gloriae*]; *novarum rerum* auf Umsturz bedacht; **2. a)** begehrlich, hab-, selbstsüchtig; °**b)** verliebt; liebestoll; **c)** leidenschaftlich ergeben [*optimi cuiusque*]; **d)** parteiisch; *adv.* **-ē** eifrig, gern.
cupiēns, *entis* (*m. comp., sup., adv.*; *cupiō*) begierig; lüstern *nach* [*huius corporis*].
cupiō, *īvī* (*u. iī*), *ītum* 3 (*eigtl.* „aufwallen"; *cf. altind.* kupyati „gerät in Bewegung, zürnt") natürliches Verlangen haben: **1.** (*trans.*) **a)** wünschen, verlangen, begehren [*pacem*; *te videre*; *Antonium haec audire*]; °**b)** mit (sinnlicher) Liebe begehren; **2.** (*intr.*) zugetan, gewogen sein [*Helvetiis*; *eius causa*].
cupītor, *ōris m* (*cupiō*) der *etw.* begehrt [*matrimonii*].
cuppēdia[1], *ae f* (*cf. cuppēs*) Naschhaftigkeit.
cuppēdia[2], *ōrum n* (*cf. cuppēs*) Näschereien.
cuppēdinārius, *ī m* (*cuppēdia*[2]) Leckerbissenverkäufer, -hersteller.
cuppēdō, *inis f* (*cuppēs*) **1.** *cuppēdia*[2]; °**2.** (*durch cupīdō beeinflusst*) Begierde.
cuppēs *m* (*nur nom. sg. belegt*; *zu cupiō m. affektischer Konsonantengemination*) Feinschmecker.
cupressētum, *ī n* (*cupressus*) Zypressenhain.
cupresseus 3 (*cupressus*) aus Zypressenholz.
cupressi-fer, *era, erum* (*cupressus, ferō*) Zypressen tragend.
cupressus, *ī u. ūs f* (*wahrsch. Lw. aus einer Mittelmeerspr.*) Zypresse (*als Totenbaum dem Pluto heilig*); / Kästchen aus Zypressenholz.
cūr *adv.* (*altl. quōr, qūr*; *zu quī*; *cf. ahd.* hwār „wo"; *nhd.* „war-um") **1.** (*rel.*) wozu, weshalb, warum; **2.** (*interr.*) warum? wozu?
cūra, *ae f* (*et. ungedeutet*) **I.** Fürsorge: **1. a)** Sorge, Fürsorge, Sorgfalt, Bemühung; Interesse; *mihi curae est* ich lasse mir angelegen sein; **b)** Studium, Forschung; °Schrift, °Buch; °**c)** Neugierde; **2. a)** Besorgung, Pflege, Wartung; °**b)** Putz; Pflege [*comae*]; °**c)** Kur; °**d)** Aufsicht; °**e)** Gottesdienst [*deorum*]; °**f)** Verwaltung, Kommando; °**g)** Amt, Geschäft; °**3. a)** Aufseher, Wärter; **b)** Schützling, Liebling [*Veneris*]; **II.** Besorgnis: **1.** Sorge, Kummer; °**2. a)** Liebeskummer; **b)** Geliebte(r).
cūrābilis, e (*cūra*) Sorge schaffend; heilbar (?).
cūralium, *ī n* = *corallium.*
cūrātiō, *ōnis f* (*cūrō*) **1. a)** Besorgung, Wartung, Pflege; **b)** Behandlung, Heilung; **2. a)** Besorgung *einer Sache*; **b)** Verwaltung, Leitung; *in -one regni esse* Reichsverweser sein.
cūrātor, *ōris m* (*cūrō*) °**1.** Wärter; **2.** Verwalter, Vorsteher; °**3.** Vormund.
cūrātūra, *ae f* (*cūrō*) Wartung, Pflege.
cūrātus 3 (*m. comp., sup., adv.*; *cūrō*) **1.** gepflegt; **2.** sorgfältig, eifrig.
curculiō, *ōnis m* (*reduplizierte Bildung*; *cf. curvus*) **1.** Kornwurm;

2. ♀ (*volkset. u. scherzh. Verbindung m. gurguliō; s. d.*) der Schlemmer (*Plautinische Komödie*).

curculiunculus, ī *m* (*dem. v.* curculiō) Kornwürmchen = etwas Nichtiges.

Curēs, ium *f Hauptst. der Sabiner, nördl. v. Rom, j.* Correse; *adi.* -rēs, ētis *u.* -rēnsis, e; *cf.* Quirīs.

cūria, ae *f* (*vl. aus* *co-viria „Männerversammlung"; *cf.* Quirīs) **1. a)** Gentilversammlung, Kurie (*Abteilung des röm. Volkes* = $^1/_{10}$ *einer der drei urspr. patriz. Tribus m. je 10 gentes*); **b)** Kuriengebäude, Kurie, (*Versammlungsort einer Kurie*); **2. a)** Senat(sversammlung); **b)** Senatsgebäude, Rathaus [Hostilia *u.* Iulia *auf dem Comitium*; Pompeia *auf dem Marsfeld*; Calabra *auf dem Kapitol*; Saliorum *auf dem Palatin*]; **c)** Versammlungshaus *nichtrömischer Behörden außerhalb Roms* [Martis Areopag *in Athen*]; ** päpstliche Regierung, Kurie; / caeli Himmelssaal.

cūriālis, e (cūria) zur (gleichen) Kurie gehörig; *subst.* ~, is *m* Kurien-, Demosgenosse; ** *adi.* höfisch; zuverlässig; höflich; gesellig. [höfisches Wesen.]

****curialitas,** atis *f* Hofleben;

Curiātii, ōrum *m albanische, später röm. gens.* [nach Kurien.]

cūriātim *adv.* (cūria) kurienweise,

cūriātus 3 (cūria) zu den Kurien gehörig; comitia -a Kuriatkomitien (*Patrizierversammlungen*); lex -a von den Kurien beschlossenes Gesetz.

cūriō¹, ōnis *m* (cūria) **1.** Kurienvorsteher; **2.** Ausrufer.

cūriō², ōnis *m* (*vl. scherzh. Vermengung v.* cūriō¹ *u.* cūra) „Kümmerling". [begierde, Neugier.]

cūriōsitās, ātis *f* (cūriōsus) Wiss-

cūriōsus 3 (*m comp., sup., adv.*; cūra) **1.** sorgfältig, eifrig; besorgt; **2.** wissbegierig; neugierig.

curis, is *f* (*et. ungedeutet*) Lanze.

Curius 3 *Name einer pleb. gens: M.* ~ Dentātus, *Besieger der Samniten u. des Pyrrhus, Muster altröm. virtus*; *adi.* -iānus 3.

cūrō 1 (cūra) **1.** sorgen, *für* [omnia], besorgen [pontem faciendum eine Brücke bauen lassen]; sich kümmern *um*; cura, ut valeas bleib gesund! lebe wohl!; **2. a)** besorgen, ausführen; °**b)** kommandieren, befehligen [cohortes]; °**3. a)** verpflegen, behandeln [aegros]; **b)** erquicken [vino]; corpus -are sich gütlich tun; **4. a)** (*Geld*) beschaffen; **b)** auszahlen [nummos]; *abs.* Zahlung leisten.

curriculum, ī *n* (currō) **1.** (*abstr.*) °**a)** Lauf; -o eilends; **b)** Wettlauf; Wettrennen; **c)** Umlauf, Kreislauf [solis]; / vitae Lebensbahn. **2.** (*concr.*) **a)** Rennwagen; °**b)** Streitwagen; **c)** Rennbahn.

currō, cucurrī, cursum 3 (*cf. mhd.* hurren „sich rasch bewegen") **1.** laufen, rennen; °zur See fahren [trans mare]; **2.** um die Wette laufen; **3.** durchlaufen [°aequora]; °**4.** umlaufen, kreisen; °**5. a)** (*von Gegenständen*) laufen, sich ziehen [purpura Purpurstreifen]; **b)** (*von Zuständen*) sich verbreiten, rieseln *u. ä.* [rubor; tremor]; **6.** rasch fortschreiten [°aetas].

currus, ūs *m* (*cf.* currō) **1.** Wagen; *bsd.* Renn-, Streit-, Triumphwagen; / Triumph; °**2.** (*zweirädriger*) Pflugwagen; °**3.** Gespann; Fahrzeug, Schiff.

cursim *adv.* (currō) im Fluge, eilends; / flüchtig [dicere].

cursitō *u.* **cursō** 1 (*frequ. v.* currō) hin und her laufen, rennen.

cursor, ōris *m* (currō) Läufer; Wettläufer; °/ Eilbote.

cursūra, ae *f* (currō) *das* Laufen.

cursus, ūs *m* (currō) **I.** Lauf: **1.** *das* Laufen; Lauf; **2.** Sturmschritt, Eilmarsch; °Galopp; **3.** Fahrt, Reise; °Ritt, °Flug; **4. a)** Bahn *der Himmelskörper*; **b)** (*meist dcht.*) Wasserlauf, Strömung; / Strom *der Rede*; **5.** Marschroute, Richtung, Kurs; / Verlauf, Fortgang; Lebenslauf; **6.** Schnelligkeit, Eile; **II.** Wettlauf: **1. a)** Wettlauf; °**b)** Wettrennen; **2.** / **a)** Streben *nach einem Ziel*; **b)** Karriere, amtl. Laufbahn [honorum]; ** Gottesdienst. [Pfalz.]

****curtis,** is *f* fürstliche Hofhaltung;

****curtisanus** 3 zum Hofe gehörend; *subst.* Höfling.

Curtius 3 *röm. Gentilname*: **1.** *M.* ~, *röm. Jüngling, der sich der Sage nach 362 als Opfer in einen auf dem Forum entstandenen Schlund* [lacus Curtius] *stürzte*; **2.** *Q.* ~ Rūfus,

Vfssr. der Historiae Alexandri Magni (um 50 n. Chr.). [lern.]

curtō 1 (*curtus*) (ver)kürzen, schmä-

curtus 3 (*eigtl.* „abgeschnitten"; *cf. carō*¹) °**1.** verkürzt, verstümmelt; beschnitten; **2.** / unvollständig [*sententia*].

curūlis, e (< **currūlis*; *currō*) °**1.** Wagen..., Renn... [*equi*]; **2.** *sella curulis urspr.* Wagensessel; / Amtssessel *der höheren Magistrate (mit Elfenbein ausgelegter Klappstuhl ohne Rücken- u. Seitenlehnen)*; **3.** kurulisch [*magistratus* = Konsulat, Prätur, Ädilität]; °*subst.* **~,** *is f* = *sella curulis.*

curvāmen, *inis n u.* **curvātūra,** *ae f* (*curvō*) Krümmung, Rundung; / *rotae* Felgen. [*curvus.*]

curvātus 3 (*P.P.P. v. curvō*) =

curvō 1 (*curvus*) **1.** krümmen, wölben, runden; / beugen, nachgiebig machen; **2.** (krümmend) spannen [*cornu*].

curvus 3 (*cf. gr. Lw. corōna*) **1.** gebogen, gekrümmt, krumm; / gebückt, gebeugt; **2. a**) hohl; bauchig; **b**) sich schlängelnd [*via*]; **c**) sich auftürmend [*undae*].

cuspis, *idis f* (*et. ungedeutet*) **1.** Spitze, Stachel: **a**) [°*scorpionis*]; **b**) Speerspitze; °**2. a**) Spieß, Lanze; **b**) Dreizack; **c**) Bratspieß.

****cussinus,** *i m* Kissen.

custōdēla, *ae f* (-*ū*-?; *custōs*; *nach tūtēla*; *vkl., nkl.*) = *custōdia.*

custōdia, *ae f* (-*ū*-?; *custōs*) **1.** Bewachung, Bewahrung, Obhut, Aufsicht; **2. a**) Wache, Wachposten; **b**) Standort (*der Wache*); **3. a**) (*abstr.*) Gewahrsam; °**b**) (*concr.*) Gefängnis; **c**) Gefangener; ** Küsteramt.

custōdiō 4 (-*ū*-?; *custōs*) **1.** bewachen, bewahren, (be)hüten; *se -ire* sich in Acht nehmen; **2.** aufbewahren, verwahren; **3.** beaufsichtigen, überwachen; **4.** gefangen halten.

custōdītus 3 (*m. adv. cust-?*; *custōdiō*) wohl bemessen: *adv.* **-ē** behutsam, vorsichtig [*ludere*].

custōs, *ōdis m f* (-*ū*-?; *et. nicht klar*) **1.** Wächter(in), Hüter, Aufseher; **2. a**) Bewahrer, Beschützer; °**b**) Mentor; °**c**) Wächter (*einer Frau*), *meist Eunuch*; **d**) Posten, Schildwache; °**e**) Leibwächter, Trabant; Aufpasser; Gefängniswärter; °**3.** Behältnis [*eburnea*]; ** Küster(in).

cutīcula, *ae f* (*dem. v. cutis*) Haut.

cutis, *is f* (*cf. nhd.* „Haut") Haut; Leder; / Hülle; *-em curare* es sich wohlgehen lassen. [füllen.]

cyathissō 1 (*gr. Fw.*) die Becher

cyathus, *ī m* (*gr. Fw.*) **1.** Schöpfbecher, Becher; **2.** / Becher (= $^1/_{12}$ *sextarius* = *0,045 l*).

cybaeus 3 (*gr. Fw.*) bauchig; *subst.* **-a,** *ae f* (*sc. navis*) Transportschiff.

Cybelē (**Cybēbē**), *ēs u. ae f* (*gr.* Kybẹlē *u.* -bẹbē) *phrygische Göttermutter*; *adi.* -*lēïus* 3.

cybiosactēs, *ae m* (*gr. Fw.*) Salzfischhändler (*Spottname Vespasians*). [(-gericht).]

cybium, *ī n* (*gr. Fw.*) Thunfisch

cycladātus 3 (*cyclas*) mit einer *cyclas* bekleidet.

Cyclades, *um f* (*gr.* Kyklạdes) Kykladen (*im Kreise um Delos liegende Inselgruppe*).

cyclas, *adis f* (*gr. Fw.*) weißes Staatskleid *der röm. Damen (seitlich nicht geschlitztes Rundkleid).*

cyclicus 3 (*gr. Fw.*) zum epischen Zyklus gehörig; *poetae, scriptores nachhomerische gr. Epiker, die die Ereignisse vor u. nach dem Trojanischen Krieg behandelten.*

Cyclōps, *ōpis m* (*gr.* Kỵklōps) *einäugiger Riese*; *pl. Schmiedegesellen Vulkans.* [Wechsel, Zyklus.]

****cyclus,** *i m* Kreis; periodischer

cycnēus 3 (*gr. Fw.*) Schwanen...

cycnus, *ī m* (*gr. Fw.*) Schwan, *dem Apollo heilig*; °/ Dichter; *Dircaeus* = Pindar.

Cydōn, *ōnis m* Einw. *v.* *Cydōnia* (*gr.* Kydōnịā) *auf Kreta*; *adi.* -*ōnius* 3 kretisch [°*māla* Quitten].

cygn... = *cycn...* [linder.]

cylindrus, *ī m* (*gr. Fw.*) Walze, Zy-

Cyllēnē, *ēs f* (*gr.* K-) *Geb. am Nordrand v. Arkadien, Geburtsstätte Merkurs*; *adi.* -*ēnius u.* -*ēnēus* 3 [°*ignis* Planet Merkur], -*ēnis, idis f.*

cymba... = *cumb...* [Becken.]

cymbalum, *ī n* (*gr. Fw.*) Zimbel,

cymbium, *ī n* (*gr. Fw.*) kleine nachenförmige Trinkschale.

Cȳmē, *ēs f* (*gr.* K-) **1.** = *Cūmae*; **2.** *St. in d. Äolis, Mutterst. v. Cumae*; *adi. u. Einw.* -*maeus* (3).

Cynicus 3 (*m.* °*adv.*; *gr.* kynikọs „hündisch") zur Philosophie der

Kyniker gehörig, kynisch; *subst.* ~, *ī m* Kyniker. [Hundsaffe.]
cynocephalus, *ī m* (*gr. Fw.*)
Cynosūra, *ae f* (*gr.* Kynos ūrą „Hundeschwanz") *der* Kleine Bär; *adi.* -ūris, *idis f* [ursa].
Cynthus, *ī m* (*gr.* Kynthos) *Berg auf Delos, Geburtsstätte v. Apollo u. Diana*; *adi.* -thius 3. [sus.]
cyparissus, *ī f* (*gr. Fw.*) = cupres-
Cypros *u.* **-us,** *ī f* (*gr.* Kypros) Zypern (*Aphroditekult*; *reiche Kupfergruben*); *adi. u. Einw.* -prius (3); ** *subst.* **cyprum,** *i n* Kupfer.
Cyrēnē, ēs *f u.* **-nae,** *ārum f* (*gr.* Kyrēnē) *griech. Kolonie in Nordafrika*; *adi. u. Einw.* -naeus (3) *u.* -nēnsis (e); *adi.* -naïcus 3; *subst.* **Cyrēnaicī,** *ōrum m* Anhänger der *v. Aristipp gegründeten* kyrenäischen Schule.
Cȳrus, *ī m* (*gr.* Kyros) **1.** *Gründer des pers. Weltreiches,* † *529*; **2.** *Bruder des Artaxerxes Mnemon,* † *401 bei Kunaxa*; **3.** *Architekt in Rom z. Z. Ciceros*; **Cȳrēa,** *ōrum n* Bauten des K.
Cythēra, *ōrum n* (*gr.* Kythēra) *Insel s. v. Lakonien m. Aphroditekult*; *adi.* -ē(ï)us, -iacus 3, -ēïas, *adis f*; *subst.* **Cytherē(ï)a,** *ae,* **-ēïs,** *idis f* Venus.
cytisus, *ī m f* (*gr. Fw.*) Schneckenklee.

D

D (*Abk.*) = **1.** (*Zahlzeichen*) 500; **2.** Decimus; **3.** Dīvus; **4.** diēs (*a. d.* = ante diem); **5.** (*in Briefen*) dabam; **D.M.** = Dīs Mānibus; **D.O.M.** = Deō Optimō Maximō; **D.D.** = dōnō dedit; **D.D.D.** = dat, dicat, dēdicat (*Weihungsformel*).
Dācī, *ōrum m* Einw. v. **Dācia,** *ae f* Dakien (*Rumänien, Siebenbürgen, Ungarn bis zur Theiß*); *adi.* -cicus 3; *subst.* **-cicus,** *ī m* (*unter Domitian geprägte*) Goldmünze.
dacruma (*altl.*) = lacrima.
dactylicus 3 (*gr. Fw.*) daktylisch.
dactyliothēca, *ae f* (*gr. Fw.*) Ringkästchen.
dactylus, *ī m* (*gr. Fw.* = „Finger") Daktylus (—◡◡); ** Dattel.
daedalus[1] 3 (*gr. Fw.*) **1.** (*act.*) kunstreich; listig; **2.** (*pass.*) kunstvoll.
Daedalus[2], *ī m* (*gr.* Daidalos) *Vater des Ikarus, Erbauer des Labyrinths auf Kreta*; *adi.* -alēus (*dcht.* -alĕus) 3.
****daemon,** *onis m* böser Geist, Teufel [cultus daemonum Götzendienst]; Unhold.
****daemoniacus** 3 teuflisch; *subst.* Teufelskreatur.
****daemonicus** 3 teuflisch.
Dalmatia, *ae f* (*gr.* -tįā) *Landsch. a. d. Adria*; *Einw.* **-tae,** *ārum m*; *adi.* -ticus 3; ** **dalmatica,** *ae f liturgisches Gewand.*
****dama**[1], *ae f* (= domina) Dame [(*im Schach*).]
dāma[2] = damma.
Damascus, *ī f* (*gr.* -skos) *Hauptst. Kölesyriens*; *adi.* -scēnus 3.
dāmiūrgus = dēmiūrgus.
damma, *ae f* (*selten m*; *wohl m.* domō 1 *verwandt*; „gezähmtes Horntier") Reh, Gemse; Hirschkuh, -kalb; Antilope, Gazelle.
****damnabilis,** e verdammenswert.
damnās *indecl.* (*wohl* < *damnātos, P.P.P. v. damnō; *jur. t.t.*) *zu einer Leistung* verpflichtet.
damnātiō, *ōnis f* (damnō) Verurteilung [ambitūs wegen Amtserschleichung, pecuniae zu einer Geldstrafe].
damnātōrius 3 (*damnātor v.* damnō) verurteilend.
damnātus 3 (damnō) **1.** verurteilt; -ior schärfer verurteilt; °**2.** verrucht, verbrecherisch.
damni-ficus 3 (damnum, faciō) *u.* **-gerulus** 3 (gerō) schädlich.
damnō 1 (damnum) °**1.** (*an seinem Vermögen*) schädigen; **2.** (*jur. t.t.*) **a)** verurteilen, schuldig sprechen [proditionis; inter sicarios als Mörder; capitis (capite) zum Tode]; °**b)** causam eine Sache als ungerecht verwerfen; / missbilligen; **c)** (*vom Kläger*) die Verurteilung durchsetzen; °**3.** dem Tode weihen °**4.** verpflichten *zu*: **a)** (*v. d. Gottheit*) voti damnari zur Erfüllung eines Gelübdes verpflichtet werden = seinen Wunsch erfüllt sehen; **b)** (*vom Erblasser*) *den Erben* testamentarisch verpflichten [summam incidere sepulcro].

damnōsus 3 (*m. comp., sup., adv.*; *damnum*) **1.** (*act.*) schädlich, verderblich, zum Schaden; **2.** (*medio-pass.*) sich selbst zum Schaden, verschwenderisch [*in aedificando*]; **3.** (*pass.*) (*durch Verschwendung*) ruiniert [senex].

damnum, *ī n* (< **dap-nom* [durch Bewirtung verursachter] Aufwand; *cf. daps*) °**1.** Aufwand; **2.** Verlust, Schaden, Nachteil; °**3.** Gebrechen, Fehler; **4.** Niederlage, Schlappe; **5.** Geldstrafe.

Danaē, ēs *f* (*gr.* -nạē) *Mutter des Perseus*; *adi.* -ēïus 3.

Danaus, *ī m* (*gr.* -ọs) *Sohn des Bēlus, sagenhafter Gründer v. Argos, Vater der 50* **Danaides,** *um f* (*gr.* -ịdes) Danaiden; *adi. Danaus* 3 argivisch; *subst.* **-ī,** *ōrum u. -um m* = Griechen (*bsd. vor Troja*).

danīsta, *ae m* (*gr. Fw.*) Wucherer; *adi.* **-sticus** 3 Wucherer...

danunt (*altl.*) = *dant*; *s. dō.*

Dānuvius, *ī m* **1.** Oberlauf der Donau (*Ggs.* Hister); **2.** (*bsd. dcht.*) Donau.

Daphnē, ēs *f* (*gr.* ♀ „Lorbeer“) *die in einen Lorbeerbaum verwandelte Tochter des Flussgottes Penēus.*

Daphnis, *idis m Sohn Merkurs, junger sizilischer Hirt, Erfinder der Bukolik.*

daphnōn, *ōnis m* (*acc. sg. -ōna, pl. -ōnas*; *gr. Fw.*) Lorbeergarten.

****dapifer,** *eri m* Aufwärter; Truchsess.

dapinō 1 (*gr. Lw.*) auftischen.

daps, *dapis f* (*eigtl.* „Ausgeteiltes, Portion“; *cf. dapinō*) *meist pl.* Opfer-, Festmahl; Speise.

dapsilis, e (*m. adv.* **-ē**; *gr. Lw.*) reichlich, glänzend.

Dardanus, *ī m* (*gr.* -os) *Sohn Jupiters, Ahnherr des trojanischen Herrscherhauses u.* (*durch Äneas*) *der Römer*; **-anidēs,** *ae m u.* **-anis,** *idis f* Nachk. des D. (Troer; Äneas, Creusa); *adi. -an(i)us* 3 troisch; *subst.* **-nia,** *ae f* (*gr.* -nịā; *dcht.*) Troja; **-nus,** *ī m* **1.** Troer; **2.** = Äneas.

Darēus (-īus), *ī m* (*gr.* -rẹ̄os) *pers. Königsname*: **1.** *D. I. Hystaspis, 521-485*; **2.** *D. III. Kodomannos, v. Alexander d. Gr. besiegt, 336-330.*

datārius 3 (*datus, P.P.P. v. dō*); zu verschenken.

datātim *adv.* (*datō*) sich gegenseitig zuwerfend.

datiō, *ōnis f* (*dō*) **1.** *das* Geben; °**2.** Veräußerungsrecht.

datīvus, *ī m* (*dō*) Dativ; (*scherzh.*) Geldgeber.

datō 1 (*frequ. v. dō*) (ab-, weg)geben [*faenore argentum*].

dator, *ōris m* (*dō*) Geber; Spender.

datum, *ī n* (*dō*) °**1.** Gabe; Geschenk; **2.** *pl.* Ausgaben.

datus, *abl. ū* (*dō*) *das* Geben.

Daulis, *idis f* (*gr.* -lịs) *St. in Phokis*; *adi. -lias, adis f*; *ales* Schwalbe; *puellae* Prokne u. Philomele; *subst.* Prokne.

Daunus, *ī m* (*gr.* -os) *mythischer König in Nordapulien*; *Vater od. Ahnherr des Turnus*; *adi. -nius* 3; *Camena* römische, Horazische Muse; *subst.* **-nias,** *adis f* (*gr.* -ịạs) Apulien.

dē, dē- (*wohl urspr. zu einem Pronominalstamm* *de-, do-) **I.** *adv.* abwärts, unten (*nicht mehr selbstständig erhalten*; *s. susque dēque, demum, denique*); **II.** *in der Komposition*: **1.** (*Entfernung, Trennung*) **a**) ab-, weg-, fort-, ent- [decedo, dearmo]; **b**) nieder-, herab- [deicio]; **2.** (*Mangel, Fehlen*) miss-, un-, weniger [deformis, deunx]; **3.** (*hoher Grad, Verstärkung, Vollendung*) völlig, gänzlich, sehr, bis zu Ende [devinco]; **III.** *prp. b. abl.* (*oft zwischen adi. od. pron. u. subst. stehend* [*qua de re*]; *gelegentlich in Relativsätzen dem rel. folgend* [*illud, quo de agitur*]): **1.** (*räuml.*) **a**) von ... herab [*de muro se deicere*]; **b**) von ... weg, von ... her, von, aus [*de foro discedere*;] (*Herkunft*) [*homo de plebe*; *pecuniam dare de publico*]; (*Stoff*) [°*signum de marmore factum*]; **2.** (*zeitl.*) **a**) unmittelbar nach [°*somnus de prandio*]; **b**) noch während, schon während [*de nocte surgere*]; **3.** / **a**) (*statt gen. part.*) von, aus, unter [*quattuor de novem*]; **b**) (*kausal*) aus, wegen, um ... willen [*multis de causis*]; **c**) (*Maßstab, Richtschnur*) nach, gemäß, zufolge, auf [*de meo more*]; **d**) (*Hinsicht*) über, von, hinsichtlich, in Betreff [*legatos de pace mittere*]; **e**) (*adverbiale Ausdrücke*) *de integro* von Neuem, *de improviso* unversehens, *de industria* absichtlich *u. Ä.*; ** *laetus de*; *de cetero* in Zukunft; danach.

dea, *ae f* (*dat. u. abl. pl.* *deīs, dīs, deābus*; *deus*) Göttin. [tünchen.

de-albō 1 (*albus*) weißen, (über-)

deambulātiō, *ōnis f* (*deambulō*) Spaziergang.

de-ambulō 1 spazieren gehen.

de-amō 1 **1.** sterblich verliebt sein *in*, großen Gefallen finden *an* [*munera*]; **2.** herzlich danken; ~ *te* vielen Dank!

de-armō 1 entwaffnen.

de-artuō 1 (*artus*[1]) zerstückeln; / durch Betrug zugrunde richten.

de-asciō 1 (*ascia*) mit der Axt glatthauen; / um sein Geld betrügen.

dē-bacchor 1 sich austoben, rasen.

dēbellātor, *ōris m* (*dēbellō*) Bezwinger.

dē-bellō 1 **1.** (*trans.*) **a)** bezwingen [*superbos*]; **b)** beenden; **2.** (*intr.*) den Krieg beendigen; (*abl. abs.*) *debellato* nach beendigtem Kriege.

dēbeō, *uī, itum* 2 (< **dē-habeō*; *cf.* *dehibeō*; *urspr. wohl* „vorenthalten"; *cf. Ggs.* *praebeō, praehibeō*) **1.** schuldig sein: **a)** (*abs.*) Schulden haben; *ei, quibus debeo* meine Gläubiger; °*debentes* Schuldner; **b)** (*trans.*) schulden [°*aurum*]; **2.** / **a)** vorenthalten; **b)** (*moralisch*) verpflichtet sein *zu* [*gratiam*]; sollen, müssen [*non debere* nicht dürfen]; **c)** verdanken [*beneficia parentibus*]; °**d)** vom *fatum* auserkoren sein, (naturgemäß) schulden [*urbem* eine Stadt zu bauen]; **e)** *P.* verfallen, bestimmt sein; (*P.P.P.*) *adi.* **dēbitus** 3 schuldig, gebührend.

dēbilis, *e* (*m.* °*comp.*; <**de-bel-is* „entkräftet"; *cf. altind.* balam „Kraft") gebrechlich; / schwach, haltlos. [lichkeit; / Schwäche.

dēbilitās, *ātis f* (*dēbilis*) Gebrech-

dēbilitātiō, *ōnis f* (*dēbilitō*) Lähmung; / *animi* Gedrücktheit.

dēbilitō 1 (*dēbilis*) lähmen; verletzen, -stümmeln; / schwächen; entmutigen. [sein; Schuld(en).

dēbitiō, *ōnis f* (*dēbeō*) *das* Schuldig-

dēbitor, *ōris m* (*dēbeō*) **1.** Schuldner; °**2.** / **a)** verpflichtet *zu*; **b)** zu Dank verpflichtet *für* [*vitae*].

dēbitum, *ī n* (*dēbitus*; *s.* *dēbeō*) Schuld(en); Verpflichtung; °*super -um* über Gebühr.

dē-blaterō 1 ausplaudern, vorschwatzen. [Dekans.

****decanatus,** *us m* Würde eines

dē-cantō 1 **1.** (*trans.*) °**a)** vorsingen; **b)** herunterleiern; **2.** (*intr.*) mit dem Gesange aufhören.

****decanus,** *i m* Dekan, Propst; Domänenaufseher.

dē-cēdō, *cessī, cessum* 3 **1.** (*abs. od. m. Ortsbezeichnung*) **a)** weggehen, sich entfernen [*ex, de urbe*]; **b)** abmarschieren, -ziehen; **c)** (*v. Beamten*) abgehen, die Provinz verlassen; **d)** (*de*) *vita* aus dem Leben scheiden, versterben; **e)** (*v. einem Recht od. Besitz*) abstehen, ablassen [*iure suo*; *de suis bonis*]; *de via* vom rechten Weg abweichen; (*de*) *officio* von seiner Pflicht abgehen; °*de foro* sich vom Staatsdienst zurückziehen; **2.** (*abs. od. m. dat.*) **a)** vergehen, (ver)schwinden, aufhören [°*ira*]; **b)** ausweichen, aus dem Wege gehen; °**c)** weichen, nachstehen; **d)** entzogen werden.

decem *num. card. indecl.* (*cf. nhd.* „zehn") zehn; / (*unbestimmte größere Zahl*).

December, *bris, bre* (*abl.* -*ī*; *decem*; *Bildung ungeklärt*) zum Dezember gehörig [*nonae -bres*]; °*subst.* ~, *bris m* Dezember (*altröm. urspr. der 10. Monat*).

decem-iugis, *e* (*iugum*) zehnspännig; *subst.* ~, *is m* (*sc. currus*) Zehnspänner. [von 10 Fuß Länge.

decem-peda, *ae f* (*pēs*) Messstange

decempedātor, *ōris m* (*decempeda*) Landmesser. [zehnfach.

decem-plex, *plicis* (*cf. duplex*)

decem-prīmī, *ōrum m* (*u. getr.*) *die* zehn ersten Ratsherren in Munizipien und Kolonien.

decem-scalmus 3 mit zehn Dollen (*Ruderpflöcken*) versehen, zehnruderig. [Zehnmänner.

decemvirālis, *e* (*decemvirī*) der

decemvirātus, *ūs m* (*decemvirī*) Dezemvirat.

decem-virī, *ōrum m* (*sg.* -*vir seltene Rückbildung aus dem pl.*) Dezemvirn, Zehnmännerkolleg: **1.** ~ *agris metiendis dividendisque* (*Aufteilung des ager publicus*); **2.** ~ *legibus scribundis* (*Zwölftafelgesetze 451 bis 449*); **3.** ~ *stlitibus iudicandis* (*Entscheidung von Streitigkeiten über Freiheit u. Bürgerrecht*); °**4.** ~ *sacris* *faciundis* (*od.* ~ *sacrorum*) (*Aufsicht über die Sibyllinischen Bücher u. ihre Auslegung*); *cf.* *duumvirī.*

decennis, e (*haplol.* < * *decem-ennis*) zehnjährig.

decēns, *entis* (*m. comp., sup., adv.*; *deceō*) **1.** schicklich, anständig; **2.** reizend, anmutig.

decentia, *ae f* (*decēns*) Schicklichkeit.

deceō, *uī,* — 2 (*nur 3. sg. u. pl.*; *cf. decor*) zieren, kleiden, gut stehen; / sich schicken, sich (ge)ziemen *für* [*oratorem*].

decēris, *is f* (*gr. Fw.*) *Schiff mit 10 Ruderbänken übereinander,* Zehndecker.

dē-cernō, *crēvī, crētum* 3 **1. a)** entscheiden [°*rem dubiam*]; **b)** der Meinung sein; **2. a)** als Schiedsrichter entscheiden; **b)** (*v. öffentlichen Körperschaften u. Magistraten*) bestimmen [*de hereditate, poenam*]; anordnen, beschließen, stimmen *für* [*de salute*]; zuerkennen, bewilligen [°*servo libertatem*]; erklären *für* [*Dolabellam hostem*]; **3.** sich entscheiden *für,* sich entschließen [*Rhenum transire*]; **4. a)** den Entscheidungskampf liefern [*proelium, proelio*]; **b)** mit Worten kämpfen.

dē-cerpō, *psī, ptum* 3 (*carpō*) °**1.** abpflücken; **2.** / **a)** entnehmen [*nihil ex laude ista*]; °**b)** auswählen; °**c)** genießen; **d)** Abbruch tun [*iocus de gravitate*].

dēcertātiō, *ōnis f* (*dēcertō*) Entscheidung(skampf).

dē-certō 1 um die Entscheidung kämpfen [*proelio*].

dēcesse = *dēcessisse.*

dēcessiō, *ōnis f* (*dēcēdō*) Abgang; Weggang; / Verminderung, *das* Schwinden.

dēcessor, *ōris m* (*dēcēdō*) Amtsvorgänger.

dēcessus, *ūs m* (*dēcēdō*) **1. a)** Weggang; **b)** Rücktritt *eines Beamten*; **2.** *das* Zurückströmen [*aestūs* Ebbe]; / **3.** Abscheiden, Tod.

dē-cidō[1], *cidī,* — 3 (*cadō*) **1.** herab-, herunterfallen; °**2.** sterben; **3.** / **a)** entschwinden *aus* [°*pectore*]; ~°*a spe* um eine Hoffnung ärmer werden; **b)** geraten, verfallen *in* [*in fraudem*]; °**c)** (durch Verfall) tief sinken; **d)** Misserfolg haben.

dē-cīdō[2], *cīdī, cīsum* 3 (*caedō*) °**1.** abschneiden, abhauen; **2.** / **a)** kurz abmachen; **b)** abschließen; ein Abkommen treffen.

deciē(n)s *adv. num.* (*decem*) **1.** zehnmal; *decies sestertium* eine Million Sesterzien (*cf. sestertius*); °**2.** / oft.

deci- *u.* **decumānus** 3 (*decimus*) **1.** zum Zehnten gehörig, zehntpflichtig (*ager*); *frumentum -um* Getreidezehnt; *subst.* ~, *ī m* Zehntpächter; **-a,** *ae f* Frau *od.* Kebsfrau eines Zehntpächters; **2. a)** zur zehnten Kohorte gehörig; *porta -a* Haupttor des Lagers (*da hinter ihm die zehnten Kohorten lagen*); °**b)** zur zehnten Legion gehörig; *subst.* **-ī,** *ōrum m* Soldaten der 10. Legion.

decimō 1 (*decimus*) jeden 10. Mann (mit dem Tode) bestrafen.

decimus *u.* **decumus** 3 *num. ord.* (*decem*) *der* Zehnte; °/ gewaltig; *subst.* **-um,** *ī n das* Zehnfache, *das* zehnte Korn [*ager effert cum decumo* trägt zehnfach]; °*adv.* zum zehnten Male; **-a,** *ae f* ein Zehntel, *bsd.* **a)** *das* (*einer Gottheit gelobte*) Zehntel (*der Beute usw.*); **b)** *der* Zehnte (*als Abgabe*); °**c)** *die* zehnte Stunde = 16 Uhr; **Decimus,** *ī m röm. Vorname* (*abgek. D.*).

dē-cipiō, *cēpī, ceptum* 3 (*capiō*) **1.** täuschen, irreleiten; °**2.** *jd.* entgehen [*amatorem*]; °**3.** hinwegtäuschen *über,* vergessen lassen; unvermerkt hinbringen [*noctem*].

dēcīsiō, *ōnis f* (*dēcīdō*[2]) Abkommen.

Decius 3 *röm. Gentilname*: P. ~ *Mūs, Vater u. Sohn weihten sich (340 u. 295) als Konsuln freiwillig im Krieg dem Tode.*

dēclāmātiō, *ōnis f* (*dēclāmō*) **1.** lautes Eifern; **2. a)** Redeübung, Lehrvortrag; °**b)** Thema eines Lehrvortrags; **3.** / leeres Gerede.

dēclāmātor, *ōris m* (*dēclāmō*) Redekünstler, Rhetor.

dēclāmātōrius 3 (*dēclāmātor*) des Rhetors, deklamatorisch.

dēclāmitō 1 (*intens. v. dēclāmō*) = *dēclāmō* 1a; 2.

dē-clāmō 1 **1.** (*intr.*) **a)** Übungsreden halten; **b)** poltern, eifern; **2.** (*trans.*) **a)** laut hersagen; **b)** *causas* Prozessreden zur Übung halten.

dēclārātiō, *ōnis f* (*dēclārō*) Kundgebung.

dēclārātor, *ōris m* (*dēclārō*) Verkündiger der Wahl eines Magistrats.

dē-clārō 1 **1.** deutlich bezeichnen; **2. a)** öffentlich verkünden; **b)** öffentlich als gewählt ausrufen, bekannt machen [*Ciceronem consulem*]; **3. a)** deutlich zu erkennen geben, klar darlegen; **b)** einen Wortbegriff deutlich wiedergeben [*verba rem declarantia*]; °**c)** (*durch die Darstellung*) aufhellen.

dēclīnātiō, *ōnis f* (*dēclīnō*) **1.** (*t.t. der Fechtersprache*) *das* Abbiegen, Ausweichen [*corporis*]; **2.** (*philos. t.t.*) **a)** Abweichung von der Bahn [*atomi*]; **b)** / Abneigung; **3.** (*rhet. t.t.*) Abschweifung [*a proposito* vom Thema]; °**4.** (*gramm. t.t.*) (*urspr.*) *jede* Veränderung einer Wortform (Deklination, Komparation, Konjugation usw.); (*später nur*) Deklination; **5.** Vermeidung [*periculi*].

dē-clīnō 1 **1.** (*trans.*) **a)** abbiegen, abwenden, ablenken; **b)** / vermeiden, scheuen [*impetum*]; °**c)** (*intr.*) (*gramm. t.t.*) *einen Redeteil* verändern (deklinieren, komparieren, konjugieren usw.); **2.** (*intr.*) **a)** ab-, ausweichen, sich fern halten [*a Capua, de via*]; **b)** abschweifen; **c)** sich hinwenden, absinken *zu.*

dē-clīvis, e (*aus dē clīvō*) abgedacht, abschüssig; sich neigend; *subst.* **-e,** *is n* Abhang.

dēclīvitās, *ātis f* (*dēclīvis*) Abschüssigkeit.

dēcoctor, *ōris m* (*dēcoquō*) Verschwender, Bankrotteur.

dēcoctus 3 (*P.P.P. v. dēcoquō*) fade, kraftlos; °*subst.* **-a,** *ae f* (*sc. aqua*) abgekochtes Eisgetränk (*v. Nero erfunden*).

dē-collō 1 (*aus dē collō* [*caput dēcīdō*]) enthaupten.

dē-cōlō 1 (*altl. dēcōlasset* = *dēcōlāverit*; *wohl dē cōlō* (*stīllō*) durchsickern; / fehlschlagen.

dē-color, *ōris* ent-, verfärbt; gebräunt; / entartet, entstellt; gerötet [*Rhenus sanguine*].

dēcolōrātiō, *ōnis f* (*dēcolōrō*) Ent-, Verfärbung.

dēcolōrō 1 (*dēcolor*) ent-, verfärben; beschmutzen.

dē-condō, — — 3 verbergen.

dē-coquō, *coxī, coctum* 3 °**1.** (*trans.*) **a)** abkochen, gar kochen; **b)** einkochen (lassen); **c)** sich verflüchtigen lassen; **2.** (*abs.*) Bankrott machen; °**3.** (*intr.*) nicht befriedigen [*creditori*].

decor, *ōris m* (*deceō*) **1.** Anstand; **2.** Anmut, Liebreiz; **3.** Zier(de), Schmuck.

decorō 1 (*decus*) schmücken, zieren; / verherrlichen, ehren.

decōrus 3 (*decor*) **1.** (*m. adv.*) schicklich, geziemend, passend; °**2.** (*m. comp., sup., adv.*) schön, reizend, stattlich; geziert; **3.** *subst.* **-um,** *ī n* = *decor* 1.

dēcrepitus 3 (*vl. zu crepō in spät belegter Bedeutung* „platzen, krepieren") abgelebt, alt.

dē-crēscō, *crēvī,* — 3 **1.** kleiner werden, abnehmen; °**2.** / allmählich verschwinden.

****decretalis,** *is f* (*constitutio*) Verfügung.

dēcrētōrius 3 (*dēcernō*) entscheidend.

dēcrētum, *ī n* (*dēcernō*) Beschluss, Entscheidung, Verordnung; / Lehr-, Grundsatz; ** *pl.* (*canones et*) *-a das* geistliche Recht.

decuma, -mus, -mānus = *decim...*

decumātes agrī *m* (*decumus?*; *Wortsinn strittig*) Dekumatlande (*zwischen Rhein u. Donau*).

dē-cumbō, *cubuī, cubitum* 3 °**1.** sich nieder-, hinlegen; *pf.* krank daniederliegen; **2.** unterliegen.

decuria, *ae f* (*decem*; *cf. centuria*) **1.** Zehnergruppe, Dekurie; *bsd.* °**a)** (*mil. t.t.*) (*meist berittene*) Abteilung v. 10 Mann; **b)** Senatsgruppe (*urspr. v. 10, später v. 30 Mitgliedern*); **2.** Abteilung, Klasse; (*scherzh.*) °Zechgesellschaft.

decuriātiō, *ōnis f u.* (*Li.*) **-tus,** *ūs m* (*decuriō*¹) Einteilung in Zehnergruppen.

decuriō¹ 1 (*decuria*) in Zehnergruppen, nach Dekurien einteilen.

decuriō², *ōnis m* (*decuria*) Dekurio: **1.** (*mil. t.t.*) (*equitum*) Wachtmeister; **2.** Ratsherr *i. Munizipien u. Kolonien*; *pl.* Stadt-, Gemeinderat; °**3.** *cubiculariorum* Oberkammerdiener.

decuriōnātus, *ūs m* (*decuriō*²) Amt eines Ratsherrn (*i. Munizipien od. Kolonien*).

dē-currō, (*cu*)*currī, cursum* 3 **1.** (*intr.*) **a)** herablaufen, -eilen, -marschieren, -rücken, -segeln; **b)** laufen, eilen, reisen, segeln; °**c)** (*mil. t.t.*) in Parade vorbeimarschieren; / **d)** seine Zuflucht nehmen *zu*; °**e)** (*i. der Darstellung*) fortschreiten; hinwegeilen *über* [*per* *materiam*]; **2.** (*trans.*) **a**) durchlaufen [*spatium*]; / **b**) zurücklegen, vollenden [*aetatem*]; **c**) besprechen.

dēcursiō, *ōnis f* (*dēcurrō*) *das* Herablaufen; *bsd.* (*mil. t.t.*) °**1.** Manöver; Parade; **2.** Überfall.

D

dēcursus, *ūs m* (*dēcurrō*) °**1.** *das* Herabströmen; Lauf; °**2.** Senkung; **3.** Ausflug; °**4.** (*mil. t.t.*) = *dēcursiō*; **5.** / °**a**) *der* rhythmische Verlauf *des Verses*; **b**) *das* Durchlaufen der Ämterbahn [*honorum*].

dē-curtō 1 verkürzen, verstümmeln.

decus, *oris n* (*deceō*) **1.** Zier(de), Schmuck; °**2.** Schönheit; *naturae* natürliche Reize; °**3.** Verzierung, Zierrat; **4. a**) äußere Würde, Ehre, Ruhm; **b**) Anstand, Ehre; °**c**) Helden-, Ruhmestat; °**5.** *pl.* ruhmreiche Ahnen(reihe); **6.** (*philos. t.t.*) *das* Sittlich-Gute; *die* Tugend.

decussō 1 (*decassis* = *decem assēs* „zehn Asse, Zehnzahl, Zahlzeichen X") in der Form eines X, *d. i.* kreuzweise abteilen.

dē-cutiō, *cussī, cussum* 3 (*quatiō*) abschütteln, -schlagen, -werfen; herabschießen; / niederwerfen.

dē-deceō, *uī,* — 2 °**1.** verunzieren, schlecht kleiden, übel anstehen; / **2.** nicht (ge)ziemen [*dominam*].

dē-decorō 1 entehren, in Schande bringen.

dēdecōrus 3 (*dēdecus*; *nach decō-* [*rus gebildet*) entehrend.

dē-decus, *oris n* **1.** Unehre, Schande, Schmach; **2.** entehrende Handlung, schändlicher Streich; **3.** (*philos. t.t.*) *das* Sittlich-Schlechte, *das* Laster.

dēdicātiō, *ōnis f* (*dēdicō*) Einweihung; *dedicationis dies* Einweihungsfest.

dē-dicō 1 °**1.** beweisen, erklären; **2.** angeben [*in censu praedia*]; **3. a**) (*der Gottheit*) weihen [*templum*]; °**b**) durch ein Heiligtum ehren [*Iunonem*]; °**c**) *für einen Zweck* bestimmen [*scripta publicis bibliothecis*]; °**d**) widmen, zueignen; °**4.** einweihen.

dēdīgnātiō, *ōnis f* (*jünger -dīgn-*; *dēdīgnor*) Verschmähung, Verweigerung.

dē-dīgnor 1 (*jünger -ī-*) verschmähen, abweisen.

dē-discō 3 (*-ī-?*) verlernen, vergessen.

dēditīcius 3 (*dēditus, P.P.P. v. dēdō*) der sich auf Gnade und Ungnade ergeben hat, unterworfen; *subst.* ~, *ī m* Untertan.

dēditiō, *ōnis f* (*dēdō*) Übergabe, Unterwerfung; *in -em venire* kapitulieren; *in -em accipere urbes* die Kapitulation annehmen.

dēditus 3 (*m.* °*comp.*, °*sup.*; *dēdō*) ergeben, zugetan [*populo*]; beschäftigt *mit*; frönend [*libidinibus*].

dē-dō, *didī, ditum* 3 **1.** ganz hingegeben; *deditā operā* absichtlich; **2.** übergeben, -lassen, preisgeben; **3.** *dem Feinde* ausliefern; *se -ere* sich unterwerfen; kapitulieren; **4.** hingeben, weihen, widmen [*se -ere litteris*].

dē-doceō, *uī,* — 2 verlernen machen, vergessen lassen; eines Bessren belehren.

dē-doleō, *uī,* — 2 seinen Schmerz enden.

dē-dolō 1 herunterhauen, behauen; / verprügeln.

dē-dūcō, *dūxī, ductum* **1.** herabführen: **a**) hinabführen, -bringen; (°*Lebloses*) herabstreifen [*tunicam*]; *vela* Segel setzen; **b**) (*mil. t.t.*) hinabmarschieren lassen; °auslaufen lassen [*naves*]; °**c**) (*durch Zauber*) herabziehen [*lunam e curru*]; **2.** wegführen (*teilw. m. 3 identisch*) **a**) ab-, fort-, wegführen, entfernen; / (*jur. t.t.*) jd. (*symbolisch*) wegführen (*als Einleitung der Vindikationsklage*); **b**) (*mil. t.t.*) verlegen [*legiones in hiberna*]; **c**) (*Kolonisten*) verpflanzen, ansiedeln; **d**) ableiten [*aquam*]; °herleiten [*genus ab Achille*]; **e**) entführen, vertreiben, verstoßen [*ex regno*]; **f**) abbringen, abwendig machen [*a, de fide*]; **g**) abziehen, subtrahieren [*de capite* vom Kapital]; °**h**) abspinnen [*filum*]; / ausarbeiten [*carmen*]; **3.** hinführen (*cf. 2 b, c*) **a**) (hin)bringen; **b**) geleiten, begleiten, mit sich nehmen; **c**) abführen; aufführen [°*triumpho*]; **d**) (*eine Braut in das Haus des Bräutigams*) geleiten; (*eine Konkubine*) zuführen; (*vom Bräutigam*) heimführen; **e**) verleiten, verführen *zu* [*ad misericordiam*]; gewinnen *für* [*in societatem belli*]; in einen Zustand versetzen; *in periculum* in Gefahr bringen; *res ad arma deducitur* es kommt zum Krieg.

dēductiō, *ōnis f* (*dēdūcō*) **1.** *das* Ab-, Wegführen [*militum*]; **2.** Ableitung *des Wassers*; **3.** (*symbolische*) Vertreibung *aus einem strittigen Besitz zur Sicherung der Vindikationsklage*; **4.** Über-, Ansiedelung; **5.** Abzug *v. einer Summe.*

dēductor, *ōris m* (*dēdūcō*) Begleiter eines Amtsbewerbers.

dēductus 3 (*m. comp.*; *dēdūcō*) **1.** einwärts gebogen; **2.** leise [*carmen*].

de-errō 1 abirren, abweichen, sich verirren.

dēfaecō 1 (*faex*) von der Hefe befreien; / reinigen; erheitern.

dēfaenerō = *dēfēnerō.*

dēfatīgātiō, *ōnis f* (*dēfatīgō*) Ermüdung, Erschöpfung.

dē-fatīgō 1 völlig ermüden, erschöpfen.

dēfectiō, *ōnis f* (*dēficiō*) **1.** Abfall [*a Romanis*]; **2. a)** *das* Abnehmen, Schwinden; Mangel; °**b)** Ermüdung, Erschöpfung; **c)** (*v. Gestirnen*) Finsternis [*solis*].

dēfector, *ōris m* (*dēficiō*) der Abtrünnige.

dēfectus[1], *ūs m* (*dēficiō*) = *dēfectiō.*

dēfectus[2] 3 *s. dēficiō.*

dē-fendō, *endī, ēnsum* 3 (*fendō* „schlagen, stoßen"; *cf. offendō*) **1. a)** abwehren, fernhalten, zurückweisen; **b)** (*abs.*) sich wehren, Widerstand leisten; **2.** verteidigen, schützen [*castra ab hostibus*]; verfechten, vertreten [*ius suum*]; **3.** zu seiner Rechtfertigung geltend machen; **4.** / (*eine Stellung, Rolle, Meinung*) einnehmen, verfechten.

dē-fēnerō 1 durch Wucher aussaugen.

dēfēnsiō, *ōnis f* (*dēfendō*) **1.** Verteidigung; **2. a)** Verteidigungsmittel, -art; **b)** Verteidigungsrede, -schrift; Rechtfertigung; ** Vogtei.

dēfēnsitō 1 (*frequ. v. dēfēnsō*) zu verteidigen pflegen; *causas* als Rechtsanwalt tätig sein.

dēfēnsiuncula, *ae f* (*dem. v. dēfēnsiō*) eine Art Verteidigung.

dēfēnsō 1 (*intens. v. dēfendō*) gehörig verteidigen, schützen.

dēfēnsor, *ōris m* (*dēfendō*) **1.** der (ab)wehrt [*periculi*]; **2.** (*mil. t.t.*) Verteidiger; *pl.* Besatzung, Bedeckung; **3.** Verteidiger, Vertreter (*bsd. vor Gericht*).

dē-ferō, *tulī, lātum, ferre* **1. a)** hinab-, herabtragen, -bringen, -schaffen; °**b)** stromabwärts treiben; °**c)** hinabstoßen, -stürzen; P. sich stürzen; **2.** (vom rechten Wege) abbringen; verschlagen; P. abirren, wohin geraten; **3. a)** hintragen, -bringen, -schaffen, -führen; **b)** abführen, anweisen [*pecuniam in aerarium*]; **4. a)** anbieten; **b)** darbringen; **c)** übertragen [*summam imperii*]; **d)** zur Entscheidung verweisen [*ad senatum*]; **e)** überbringen, melden, berichten, anzeigen [*rem ad consules*]; **f)** (*jur. t.t.*) anzeigen, anklagen, denunzieren [*nomen alcis ad praetorem, de parricidio*]; *crimen* eine Beschuldigung anbringen; °**g)** anmelden [*censum* sein Vermögen].

dē-fervēscō, *fervī u. ferbuī* 3 verbrausen; / austoben; (*v. der Rede*) sich abklären.

dēfetīg... = *dēfatīg...*

dē-fetīscor, *fessus sum* 3 (*fatīscor*) ermüden; (*part. pf.*) *adi.* **dēfessus** 3 ermüdet, erschöpft [*labore*].

dē-ficiō, *fēcī, fectum* 3 (*altl. dēfexit* = *dēfēcerit*; P. *auch* °*dēfīō, factus sum, fierī u. fīerī*; *faciō*) **1.** (*intr.*) **a)** abfallen, übergehen *zu* [°*a patribus ad plebem*]; *a se -ere* sich selbst untreu werden; **b)** zu fehlen beginnen, ausgehen, zu Ende gehen [*frumentum, dies*]; sich verfinstern [*sol*]; **c)** erlahmen, ermatten; °verscheiden [°*deficiens der* Sterbende]; (*animo*) *deficere* den Mut sinken lassen; **2.** (*trans.*) **a)** verlassen, im Stiche lassen; **b)** ausgehen, zu fehlen beginnen [*tela, animus oppidanos*]; *deficior* °*pecuniā* es mangelt mir an Geld; *P.P.P.*, °*adi.* **dēfectus** 3 (*m. sup.*) verlassen [*artūs sanguine* ausgeblutet]; entkräftet, geschwächt.

dēfīcō (*altl.*) = *dēfaecō.*

dē-fīgō, *fīxī, fīxum* 3 **1. a)** hineinschlagen, einrammen; **b)** hineinstoßen, -bohren [*cultrum in iugulo*]; **2.** / **a)** fest richten, heften *auf* [*curas in salute patriae*]; **b)** regungslos machen; P. festhaften, wie angewurzelt sein; **c)** fest einprägen [*sententiam in mente*]; **d)** (*relig. t.t.*) als unabänderlich bezeichnen; °**e)** (*t.t. der Zaubersprache*) bannen.

dē-fingō, *fīnxī, fictum* 3 abformen; verunstalten.

dē-fīniō 4 **1.** ab-, begrenzen; **2. a)** genau bestimmen; **b)** (*Begriffe*) abgrenzen, definieren; **3.** festsetzen [*suum cuique locum*]; **4.** be-, einschränken.

dēfīnītiō, *ōnis f* (*dēfīniō*) **1.** (*t.t. der Logik u. Rhetorik*) Begriffsbestimmung, Definition; **2.** Vorschrift.

dēfīnītīvus 3 (*dēfīnītus, P.P.P. v. dēfīniō*) begriffsbestimmend, erklärend.

dēfīnītus 3 (*m. adv.*; *dēfīniō*) abgegrenzt; / bestimmt, deutlich; konkret.

dē-fīō *s. dēficiō.*

dēflagrātiō, *ōnis f* (*dēflagrō*) gänzliche Vernichtung durch Feuer.

dē-flagrō 1 **1.** (*intr.*) **a)** in Flammen aufgehen [*domus*]; / **b)** seine ganze Habe durch eine Feuersbrunst verlieren; °**c)** zugrunde gehen; / verrauchen [*ira*]; **2.** (*trans.*) °**a)** niederbrennen; **b)** / [*imperium*].

dē-flectō, *flexī, flexum* 3 **1.** (*trans.*) **a)** herabbiegen; **b)** zur Seite biegen, abbiegen; / **c)** ablenken, abwendig machen; **d)** abändern, entstellen; **2.** (*intr.*) abweichen, abschweifen.

dē-fleō, *flēvī, flētum* 2 **1.** (*trans.*) **a)** beweinen; °**b)** unter Tränen sprechen [*carmen*]; °**2.** (*intr.*) sich ausweinen.

dē-floccō 1 (*floccus*) kahl, fadenscheinig machen; (*P.P.P.*) *adi.* **dē-floccātus** 3 kahlköpfig.

dē-flōrēscō, *ruī,* — 3 °**1.** verblühen; **2.** / abnehmen.

dē-fluō, *flūxī,* — 3 (*flŭxī?*) **I.** herabfließen: **1. a)** herabfließen, -strömen; °**b)** herabschwimmen; **2.** / **a)** herabsinken, -gleiten; °**b)** schlaff herabfallen (*toga*); **c)** übergehen *zu*; (*in der Rede*) kommen *zu*; **II.** abfließen: °**1.** abfließen, sich verlaufen; **2.** / °**a)** sich verlieren, verschwinden; °**b)** ausgehen [*comae*]; **c)** abfallen; °**d)** aus dem Gedächtnis entschwinden.

dē-fodiō, *fōdī, fossum* 3 **1. a)** ein-, vergraben [*thesaurum sub lecto*]; **b)** begraben; °**2. a)** aufgraben, ausgraben, -werfen [*terram*]; **b)** in *od.* unter der Erde anlegen [*specus*].

dē-fore *inf. fut. v. dēsum*; ** *auch* = *deesse.*

dē-fōrmātiō, *ōnis f* (*dēfōrmō*) Entstellung; °/ Beschimpfung.

dēfōrmis, e (*m. comp.*, °*sup.*, °*adv.*; *wohl Rückbildung aus dēfōrmō* II) °**1.** gestaltlos; **2. a)** missgestaltet, hässlich; / **b)** entehrt, geschändet; **c)** roh, gemein; **d)** unanständig, schimpflich.

dēfōrmitās, *ātis f* (*dēfōrmis*) Hässlichkeit; / Schmach.

dē-fōrmō 1 °**I. 1.** Gestalt geben, abbilden; **2.** / (*in Wort od. Schrift*) gestalten, darstellen, schildern; **II. 1.** entstellen; **2.** / **a)** (*in Wort od. Schrift*) verunstalten; **b)** entehren.

dē-fraudō 1 betrügen.

dē-fremō, *uī,* — 3 / austoben.

dē-frēnātus 3 (*frēnō*) 3 zügellos.

dē-fricō, *fricuī, frictum u. fricātum* 1 abreiben, putzen; / durchhecheln.

dē-fringō, *frēgī, frāctum* 3 (*frangō*) **1.** abbrechen; °**2.** Abbruch tun.

dē-frūdo = *dēfraudō.*

dē-frūstror 1 gründlich betrügen.

dēfrutum, *ī n* (*Pl. auch -frūt-*; *P.P.P. v.* **dēfruō* „koche ein, lasse gären"; *sc. mustum*; *cf. ferveō, nhd.* „Brot, brauen") Most.

dē-fugiō, *fūgī,* — 3 °**1.** (*intr.*) entfliehen; **2.** (*trans.*) vermeiden, ablehnen, sich entziehen [*proelium*].

dē-fundō, *fūdī, fūsum* 3 **1.** herab-, ausgießen; spenden [*merum pateris*]; **2.** abfüllen.

dē-fungor, *fūnctus sum* 3 **1.** völlig beendigen, erledigen, überstehen [*labore*]; *honoribus defunctus* der die ganze Ämterbahn durchlaufen hat; °**2.** sterben; *subst.* **dēfūnctus,** *ī m der* Tote.

dē-futūtus 3 (*futuō*) ausgemergelt; verhurt, verlebt [*puella*].

dēgener, *eris* (*wohl Rückbildung aus dēgenerō*) **1.** aus der Art geschlagen, unecht **2.** / verkommen, gemein.

dē-generō 1 **1.** (*intr.*) °**a)** aus-, entarten; **b)** (*geistig od. moralisch*) entartet sein, sich unwürdig zeigen [*a parentibus*]; °**2.** (*trans.*) Unehre machen [*propinquos*]; *subst.* **-ātum,** *ī n* Entartung.

dē-gerō, *gessī, gestum* 3 wegführen; [bringen *zu.*]

dē-glūbō, *glūpsī, glūptum* 3 die Haut abziehen, schinden [*pecus*].

dēgō, *dēgī,* — 3 (*dē* + *agō*) **1.** (*trans.*) (*Zeit*) zubringen; °**2.** (*intr.*) leben.

****degrado** 1 herabsetzen, degradieren.

dē-grandinat 1 *impers.* es hagelt zu [Ende.]

dē-gravō 1 niederdrücken, -beugen; / belästigen, beschweren.

dē-gredior, *gressus sum* 3 (*gradior*) **1.** hinabschreiten, -marschieren; **2.** weggehen.

dē-grunniō 4 sein Stückchen her-[untergrunzen.]

dē-gustō 1 (-ū-?) °**1.** kosten *von;* **2.** / **a)** probeweise versuchen; **b)** nur oberflächlich berühren.

de-hibeō, *uī,* — 2 (*Pl.*) = *dēbeō.*

de-hinc *adv.* (*im Vers auch einsilbig gespr.*) **1.** (*räuml.*) von hier aus; **2.** (*zeitl.*) **a)** von jetzt an; **b)** hierauf.

de-hīscō, — — 3 sich klaffend auftun; sich spalten, sich öffnen.

dehonestāmentum, *ī n* (*dehonestō*) **1.** Verunstaltung [*oris*]; **2.** / Schimpf, Schande.

dehonestō 1 entehren, schänden.

de-hortor 1 **1.** abmahnen, abraten; °**2.** entfremden [*me a vobis*].

dē-iciō, *iēcī, iectum* 3 (*iaciō*) **1. a)** herab-, niederwerfen, niederfallen lassen; **b)** *se -ere u. mediopass.* niederstürzen, herunterspringen, herabfahren [°*caelo*]; **2.** zu Boden werfen, einreißen, zerstören; töten; zu Fall bringen; **3. a)** (*mil. t.t.*) aus einer Stellung werfen, vertreiben; **b)** (*jur. t.t.*) (*aus seinem Besitz*) verdrängen; °**c)** (*aus seinem Amt*) verdrängen; der Aussicht berauben auf [*consulatu*]; **d)** (*nautischer t.t.*) P. verschlagen werden; **e)** abbringen von [*de fide*]; P. getäuscht werden [*spe*]; **f)** abwenden, beseitigen; **4.** (*den Blick* senken, niederschlagen [*oculos*].

dēiectiō, *ōnis f* (*dēiciō*) (*jur. t.t.*) Vertreibung aus dem Besitztum.

dēiectus[1] 3 (*dēiciō*) tief (liegend); °/ entmutigt, mutlos.

dēiectus[2], *ūs m* (*dēiciō*) °**1.** *das* Herabwerfen, -stürzen; **2.** °**a)** *aquae* Wasserfall; **b)** jäher Abhang.

dē-ierō 1 (*iūrō*) feierlich schwören.

de-in *adv.* (*im Vers auch einsilbig*) Kurzform für *deinde.*

dein-ceps *adv.* (*dein*(*de*) + *caps*; *capiō*; *urspr. adi.*; *cf. prīnceps*) **1.** (*räuml.*) hintereinander; **2.** (*zeitl.*) der Reihe nach; demnächst.

de-inde *adv.* (*im Vers auch zweisilbig*) °**1.** (*räuml.*) von da (hier) an; weiterhin; **2.** (*zeitl.*) hierauf, alsdann, nachher; **3.** (*Reihenfolge, Aufzählung*) ferner, weiter(hin).

Dēiotarus, *ī m* (*gr.* -os) *Tetrarch in Galatien, v. Pompejus durch Königstitel geehrt, wegen angebl. Mordversuchs an Cäsar angeklagt* (*Cicero: Pro rege Deiotaro*).

****deitas,** *atis f* Göttlichkeit.

dē-iungō, *iūnxī, iūnctum* 3 ab-, ausspannen; °/ *se -ere* sich los- [machen.

dē-iūrō 1 = *dēierō.*

dē-iuvō, — — 1 nicht mehr unterstützen.

dē-lābor, *lāpsus sum* 3 **1.** herabgleiten, -fallen, -sinken; entgleiten, -fallen; **2.** / **a)** entstammen; **b)** hineingeraten, verfallen *auf.*

dē-lāmentor 1 bejammern.

dē-lassō 1 völlig ermüden.

dēlātiō, *ōnis f* (*dēferō*) *das* Angeben; Denunziation. [Denunziant.

dēlātor, *ōris m* (*dēferō*) Angeber,

dēlēbilis, e (*dēleō*) zerstörbar.

dēlectābilis, e (*m. comp.*; *dēlectō*) ergötzlich; delikat; *cibus* Lieblingsspeise. [götzlichkeit, Kurzweil.

dēlectāmentum, *ī n* (*dēlectō*) Er-

dēlectātiō, *ōnis f* (*dēlectō*) Ergötzung, Unterhaltung, Genuss.

dēlectō 1 (*intens. v. altl. dē-liciō* 3 [*laciō* 3 „verlocken"]; *cf. lacessō*) ergötzen, erfreuen; P. seine Freude haben *an* [*otio*]; *impers. delectat* es macht Freude [*equitare*].

dēlēctus, *ūs m* (*dēligō*) **1.** Auswahl, Wahl; **2.** = *dīlēctus.*

dēlēgātiō, *ōnis f* (*dēlēgō*) Zahlungsanweisung.

dēlē-gō 1 °**1. a)** verweisen, hinschicken [*in Tullianum*]; **b)** überweisen, anvertrauen [*infantem ancillae*]; **2.** / **a)** zuschreiben [*crimen consuli*]; °**b)** verweisen *auf* [*ad librum*]; **c)** (*eine schuldige Summe*) anweisen (*alci u. abs.*).

dēlēni-ficus 3 (*dēlēniō, faciō*) besänftigend, bezaubernd.

dēlēnīmentum, *ī n* (*dēlēniō*) Linderungsmittel; Reizmittel.

dē-lēniō 4 besänftigen, beschwichtigen; gewinnen, bezaubern.

dēlēnītor, *ōris m* (*dēlēniō*) der für sich einnimmt [*iudicis*].

dēleō, *ēvī, ētum* 2 (*urspr.* „[*auf die Wachstafel Geschriebenes*] abwischen, tilgen"; „*dēleō*" *u.* „*dēlētum*" *Neubildung zu dēlēvī, pf. v. dēlinō*) **1.** auslöschen, tilgen [*litteras*]; **2.** vernichten, zerstören.

dēlētrīx, *īcis f* (**dēlētor*; *dēleō*) [Vernichterin.

Dēli(*ac*)**us** *s. Dēlos.*

****delibatio,** *onis f* Verminderung; Probe, Kostprobe.

dēlīberābundus 3 (*dēlīberō*) in tiefes Nachdenken versunken.

dēlīberātiō, *ōnis f* (*dēlīberō*) **1.** Er-

wägung, Überlegung; Bedenkzeit; **2.** (*rhet. t.t.*) beratende Rede.
dēlīberātīvus 3 (*dēlīberātus, P.P.P. v. dēlīberō*) überlegend, beratend.
dēlīberātor, *ōris m* (*dēlīberō*) der immer Bedenkzeit braucht.
dēlīberō 1 (*dē + lībra; volkset. an līberō angelehnt*) **1.** erwägen, überlegen; **2.** sich entscheiden, beschließen; °**3.** das Orakel befragen; **4.** (*P.P.P.*) *adi.* **dēlīberātus** 3 (*m. comp.*) entschieden, bestimmt.
dē-lībō 1 **1.** ein weniges hinwegnehmen; [°*oscula*] flüchtig küssen; **2.** / **a**) entnehmen, entlehnen, schöpfen; **b**) kosten, genießen; **c**) schmälern [*alqd de honestate*].
dē-librō 1 (*liber*[1] Bast) abschälen.
dē-libūtus 3 (*P.P.P. des erst spät belegten dēlibuō 3; vl. Kreuzung v. dēlibātus u. imbūtus*) benetzt, gesalbt; °*gaudio* freudetrunken.
dēlicātus 3 (*m. comp., sup., adv.; wohl P.P.P. v. *dēlicō 1 = altl. dē-liciō 3* „anlocken"; *cf. dēlectō*) **1.** reizend, köstlich; **2.** wollüstig, schlüpfrig [*versus*]; **3.** weichlich, geziert [*pueri*]; **4.** zart, sanft; **5.** verwöhnt, verzogen; °*subst.* **~,** *ī m* Schlemmer, Wüstling.
dēliciae, *ārum u.* (*unkl.*) **-ia,** *ae f* (*cf. dēlectō*) **1.** Wonne, Genuss, Vergnügen; Schlüpfrigkeiten; Obszönitäten; **2.** Liebhaberei; Kleinod; °**3.** Liebling(-ssklave).
dēliciolae, *ārum f u.* (*Se.*) **-olum,** *ī n* (*dem. v. dēliciae*) Liebling, Herzblatt.
****deliciosus** 3 köstlich.
dēlicium, *ī n* (*dcht.*) = *dēliciae.*
dēlicō 1 = *dēliquō.*
dēlictum, *ī n* (*dēlinquō*) Vergehen, Fehler.
dēlicuos (*-uus*) 3 = *dēliquus.*
dē-ligō[1], *lēgī, lēctum* 3 (*legō*[2]) °**1.** (ab)lesen, pflücken; **2.** / **a**) auslesen, wählen [*locum colloquio*]; **b**) wählen [*in senatum*]; **c**) (*mil. t.t.*) ausheben, mustern; °**d**) aussondern [*senes*]; **e**) (*P.P.P.*) *subst.* **dēlēcti,** *ōrum m* Elite; (engerer) Ausschuss.
dē-ligō[2] 1 **1.** (an)binden, befestigen; °**2.** verbinden [*saucios*].
dē-līneō 1 zeichnen.
dē-lingō, — — 3 auslecken; *salem* magere Kost haben.
dēlīniō = *dēlēniō.*
dē-linō, *lēvī, litum* 3 (*cf. dēleō*) °**1.** bestreichen; **2.** (*nur P.P.P.*) abwischen.
dē-linquō, *līquī, lictum* 3 sich vergehen, fehlen; / *etw.* verschulden.
dē-liquēscō, *licuī,* — 3 °**1.** zerschmelzen; zerfließen; **2.** / sich schwach zeigen.
dē-liquiō, *ōnis f* (*dēlinquō*) Mangel.
dē-liquō 1 klären [*vinum*]; / klar machen.
dēliquus 3 (*dēlinquō*) mangelnd, fehlend.
dēlīrāmentum, *ī n* (*dēlīrō*) albernes Zeug.
dēlīrātiō, *ōnis f* (*dēlīrō*) Wahnsinn, Albernheit.
dē-līrō 1 (*dē līra īre* [*bäuerliche Redensart*] von der (Furche) geraden Linie abweichen) wahnsinnig sein, faseln.
dēlīrus 3 (*m.* °*comp.*; *wohl Rückbildung aus dēlīrō*) wahnsinnig; °*subst.* **-a,** *ōrum n* wirres Zeug.
dē-litēscō *u.* **-tīscō,** *lituī,* — 3 (*latēscō*) sich verbergen, verstecken; sich *hinter etw.* stecken.
dē-lītigō 1 sich ereifern, zanken.
Delmāt... = *Dalmāt...*
Dēlos *u.* **-us,** *ī f* (*acc. -on u. -um*) *Insel im Ägäischen Meer, Geburtsort Apolls u. Dianas; adi.* **-li(ac)us;** *subst.* **Dēlius,** *ī m* Apollo; **-lia,** *ae f* Diana.
Delphī, *ōrum m* (*gr. -oi*) *St. u. Orakel Apolls am Parnass; adi. -phicus 3;* °(*mensa*) *-ica* Prunktisch in Dreifußform; °*subst.* **-phicus,** *ī m* Apoll.
delphīnus, *ī u.* (*nkl., dcht.*) **-phīn,** *īnis m* (*gr. Fw.*) Delphin.
deltōton, *ī n* (*gr. Fw.*) *Gestirn in Dreiecksform.*
dēlūbrum, *ī n* (*dē-luō 3* „wasche ab"; *urspr.* „Wasserstelle für die relig. Waschung vor der Opferhandlung") Tempel, Heiligtum.
dē-luctō *u.* **-or** 1 um die Entscheidung ringen.
dē-lūdificō *u.* **-or** 1 foppen.
dē-lūdō, *sī, sum* 3 zum Besten haben, täuschen, (ver)spotten.
dē-lumbō 1 (*lumbus*) °**1.** lendenlahm machen; **2.** / lähmen.
dē-madēscō, *maduī,* — 3 ganz feucht werden.
dē-mandō 1 anvertrauen, übertragen.
dē-manō 1 herabfließen.
dēmarchus, *ī m* (*gr. Fw.*) **1.** Vorsteher eines Demos (*in Athen*); **2.** = *tribūnus plēbis.*
dē-mēns, *entis* (*m. comp. sup., adv.; aus dē mente*) unsinnig, toll.
dēmēnsus 3 (*part. pf. pass. v. dēmē-*

tior) zugemessen; °*subst.* **-um,** *ī n mtl.* Deputat (*der Sklaven*).
dēmentia, *ae f* (dēmēns) Unsinn, Wahnsinn.
dēmentiō, — — 4 (dēmēns) sich [unsinnig gebärden.]
dē-mereor, — 2 *u.* **-eō,** *uī, itum* 2 **1.** sich Verdienste erwerben *um*, für sich gewinnen [civitatem]; **2.** *etw.* verdienen.
dē-mergō, *mersī, mersum* 3 **1.** °**a**) eintauchen, versenken; **b**) P. versinken; °**2.** in den Grund bohren; **3.** / unterdrücken, (ins Verderben) stürzen.
dē-mētior, *mēnsus sum* 4 abmessen, zumessen; *nur dēmēnsus*; *s. d.*
dē-metō[1], *messuī, messum* 3 abmähen, -pflücken; °/ abhauen [caput].
dē-mētō[2] 1 = *dīmētō.*
dē-migrātiō, *ōnis f* (dēmigrō) Auswanderung.
dē-migrō 1 weggehen, auswandern; / seinen Posten verlassen [de statu suo]; *hinc* sterben.
dē-minuō, *uī, ūtum* 3 **1. a**) vermindern; P. abnehmen, zusammenschmelzen; **b**) teilweise veräußern; **2.** wegnehmen; **3.** / **a**) schmälern, schwächen; **b**) *capite se -ere u. mediopass.* seine bürgerlichen Rechte teilweise verlieren; °**c**) (*gramm. t.t.*) eine Verkleinerungsform bilden; *nomen deminutum ein* Deminutiv.
dēminūtiō, *ōnis f* (dēminuō) **1.** Verminderung, Verringerung [*luminis lunae* abnehmender Mond]; *vectigalium* Steuernachlass; *provinciae* Verkürzung der Amtszeit; °**2.** Veräußerungsrecht; **3.** / Beeinträchtigung, Schmälerung: °**a**) *sui* seiner Ehre; **b**) *capitis maxima* (*od. libertatis*) Verlust des Bürgerrechts und der persönlichen Freiheit, *c. d. media od. minor* Verlust des Bürgerrechts; °**c**) *mentis* Geistesabwesenheit; °**d**) (*gramm. t.t.*) Deminutiv.
dē-mīror 1 sich (höchlich) wundern; gern wissen wollen [*quid*...].
dēmissīcius 3 (*dēmissus, P.P.P. v. dēmittō*) herabhängend.
dēmissiō, *ōnis f* (*dēmittō*) *das* Herablassen; / *animi* Niedergeschlagenheit.
dē-mītigō 1 milder stimmen.
dē-mittō, *mīsī, missum* 3 **I.** hinablassen: **1. a**) hinab-, herab-, niederlassen, fallen lassen; hinabgehen lassen; **b**) *se -ere u. mediopass.* sich einlassen *auf*; sich erniedrigen *zu*; **2. a**) senken [*oculos*]; *se -ere u. mediopass.* sich senken, herabströmen; **b**) sinken lassen [*animum*]; *se animo -ere* verzagen; **3.** hinein-, versenken; einrammen; °hineinstoßen [*ferrum iugulo*]; **4.** (*das Gewand,* °*das Haar*) herabwallen, -hängen lassen; P. herabwallen, -hängen; **II.** hinabschicken: **1.** hinab-, herabschicken, -führen; *se -ere u. mediopass.* hinabsteigen, -kommen; °**2.** / P. seine Herkunft ableiten, abstammen [*ab Iulo*]; (*P.P.P.*) *adi.* **dēmissus** 3 (*m. comp., adv.*) **1. a**) herabhängend; **b**) niedrig (gelegen), tief; **2.** / °**a**) gedämpft [*vox*]; **b**) bescheiden, schlicht [*sermo*]; **c**) niedergeschlagen, kleinmütig [*animus*]; °**d**) niedrig, dürftig.
dēmiūrgus, *ī m* (*gr. Fw.*) *höchster Beamter in einigen gr. Staaten*; ** *der* Weltschöpfer.
dēmō, *dēmpsī, dēmptum* 3 (emō) **1. a**) wegnehmen; °**b**) nicht gelten lassen [*velle iuvare deos*]; **2.** (*von einem Ganzen od. einer Summe*) wegnehmen; abziehen.
Dēmocritus, *ī m* (*gr.* -kritos) *Philosoph aus Abdera, † 361; Begründer der Atomlehre*; *adi.* -tēus 3 *u.* -tīus 3.
dē-mōlior 4 °**1.** (*nur* /) abwälzen [*culpam*]; **2.** nieder-, einreißen; zerstören; *auch* °/.
dēmōlītiō, *ōnis f* (*dēmōlior*) *das* [Niederreißen.]
dēmōnstrātiō, *ōnis f* (*dēmōnstrō*) *das* Hinweisen, Zeigen; / Nachweis, Darlegung; (*rhet. t.t.*) epideiktische Redegattung.
dēmōnstrātīvus 3 (*m.* °*adv.*; *dēmōnstrātus, P.P.P. v. dēmōnstrō*) °**1.** hinzeigend; **2.** / (*rhet. t.t.*) epideiktisch, verherrlichend [*genus orationis*].
dēmōnstrātor, *ōris m* (*dēmōnstrō*) [der *etw.* zeigt, angibt.]
dē-mōnstrō 1 **1.** genau bezeichnen; **2.** / **a**) anführen, darlegen, erwähnen, auseinander setzen; **b**) beweisen; **c**) näher umreißen, bestimmen; **d**) bezeichnen, bedeuten.
dē-morior, *mortuus sum* 3 **1.** (*intr.*) wegsterben; °/ schwinden; °**2.** (*trans.*) sterblich verliebt sein *in* [*te*].
dē-moror 1 °**1.** (*intr.*) sich aufhalten, zögern; **2.** (*trans.*) **a**) aufhalten, verzögern; °**b**) *annos* noch leben.
Dēmosthenēs, *is u. ī m* (*acc. -en u.*

-em; *gr.* -sthęnēs) *athen. Staatsmann u. Redner, 385-322.*
dē-moveō, *mōvī, mōtum* 2 fortschaffen, entfernen; vertreiben, verdrängen; / aus der Fassung bringen.
dē-mūgitus 3 (*mūgiō*) mit Gebrüll erfüllt.
dē-mulceō, *lsī, lsum u. lctum* 2 [streicheln.]
dēmum *u.* (*altl.*) **-us** *adv.* (*erstarrter acc. bzw. nom. v.* **dēmos, sup. v.* dē; *eigtl.* „zu unterst") **1.** zuletzt, erst, endlich [*nunc* ~]; **2.** (*hervorhebend, meist m. pron.*) erst, gerade; vollends [*ea* ~ *firma amicitia est*]; °**3.** (*einschränkend*) eben, nur.
dē-mūneror 1 reichlich beschen-[ken.]
dē-murmurō 1 hermurmeln.
dēmus *s. dēmum.*
dēmūtātiō, *ōnis f* (*dēmūtō*) Veränderung, Entartung.
dē-mūtō 1 **1.** (*trans.*) ab-, verändern; **2.** (*intr.*) abweichen, -gehen *von.*
dēnārius (*dēnī*) °**I.** *adi.* 3 je zehn enthaltend; *nummus* Zehnasstück; **II.** *subst.* ~, *ī m* (*gen. pl. meist -um*) Denar: **1. a)** *röm. Hauptsilbermünze, urspr.* = *10, seit der Gracchenzeit* = 16 As, *etwa 80 Pfg.*; °**b)** *Goldmünze,* Dukaten; °**c)** (*in der späten Kaiserzeit*) *Kupfermünze*; °**2.** (*als Gewicht*) = 3,5 g; ** *Silbermünze* = $^1/_{12}$ Solidus; ~ *grossus* Groschen.
dē-narrō 1 (*-ā-?*) genau erzählen.
dē-nāsō 1 (*nāsus*) der Nase berauben.
dē-natō 1 hinabschwimmen.
dē-negō 1 in Abrede stellen; abschlagen, verweigern.
dēnī, *ae, a num. distr.* (*selten sg.*; *gen. altl. oft -um*; *decem*; *nach bīnī*) **1.** je zehn; °**2.** zehn auf einmal.
dē-nicālis, *e* (*wohl aus dē nece, sc. piāre*; *nex*; *cf. parent-ālis*) von einem Todesfall reinigend; *feriae -es* Totenfest.
dēnique *adv.* (*wohl aus *dē-ne-que*; *ne verstärkend, -que verallgemeinernd*; *eigtl.* „gerade immer am Ende") **1.** (*in Aufzählungen beim vorletzten od. letzten Punkt*) außerdem, schließlich; **2.** (*abschließend*) mit einem Wort, kurz; **3.** (*verallgemeinernd*) überhaupt; ja; **4.** (*steigernd*) ja sogar, außerdem noch; **5.** (*vermindernd*) auch nur, wenigstens; **6.** (= *dēmum*) erst, endlich; **7.** (*ironisch*) am Ende gar.
dē-nōminō 1 benennen.
dē-nōrmō 1 (*-nōrm-?*; *aus dē nōrmā*) unregelmäßig machen.
dē-notō 1 **1.** bezeichnen, hinweisen *auf* [*res similes*]; °**2.** brandmarken.
dēns, *dentis m* (*cf. nhd.* „Zahn"; *vl. altes part. praes. v.* edō[1]) **1.** Zahn; / **2.** °**a)** Zahn der Zeit; **b)** Neid, Spott; °**3.** (*Zahnähnliches*) Zacken; Zinke, Sichel; Winzermesser.
dēnseō, — — 2 *u.* **dēnsō** 1 (*dēnsus*) **1. a)** dicht machen, verdichten; **b)** (*nur dēnsō*) *ein Gewebe* mit dem Kamm dicht schlagen; **2. a)** dicht gedrängt aufstellen; **b)** rasch aufeinander folgen lassen [*ictus*].
dēnsitās, *ātis f* (*dēnsus*) Häufigkeit, häufiges Vorkommen.
dēnsus 3 (*m.* °*comp., sup.,* °*adv.*; *et. nicht klar*) **1. a)** dicht; °**b)** dicht besetzt *mit* [*arboribus*]; °**2.** / **a)** dicht gedrängt, gehäuft; zahlreich; **b)** ununterbrochen; **c)** anhaltend, stark, heftig.
dentālia, *ium n* (*dēns*) Scharbaum [(*am Pflug*).]
dentātus 3 (*dēns*) **1.** mit Zähnen Zinken, Zacken, versehen; gezähnt; **2.** (*m. Elfenbein*) geglättet.
denti-frangibulus 3 (*dēns, frangō*; *Scherzbildung*) zahnbrechend; *subst.* ~, *ī m jd.,* der einem die Zähne ausschlägt; **-a,** *ōrum n* (*sc. īnstrūmenta*) *die* Fäuste.
denti-legus 3 (*dēns, legō*) die (ausgeschlagenen) Zähne zusammenlesend.
dentiō 4 (*dēns*) °**1.** zahnen; °**2.** / *ne mihi dentes dentiant* (vor Hunger) Junge bekommen.
denti-scalpium, *ī n* (*dēns, scalpō*) [Zahnstocher.]
dē-nūbō, *nūpsī, nuptum* 3 (*nūptum?*) (*aus dem Elternhause*) wegheiraten, sich verheiraten [*nepoti*].
dē-nūdō 1 entblößen; ausplündern; °/ offenbaren.
dē-numerō = *dīnumerō.*
dēnūntiātiō, *ōnis f* (*dēnūntiō*) **1.** Ankündigung, Anzeige; **2. a)** (*mil. t.t.*) *belli* Kriegsdrohung, -erklärung; **b)** (*jur. t.t.*) α) Aussage (*vor Gericht*); β) *testimonii* Zumutung einer Zeugenaussage; **c)** Prophezeiung.
dē-nūntiō 1 **1.** an-, verkündigen, erklären; androhen; **2. a)** (*mil. t.t.*) α) *bellum* mit Krieg drohen; °β) Meldung machen; befehlen; **b)** (*jur.*

t.t.) einen Prozess ankündigen; *in iudicium* das Ansinnen stellen, als Beistand vor Gericht zu erscheinen; *iudici* dem Richter die Zurückziehung des Prozesses ankündigen; *testimonium* zur Zeugenaussage auffordern [*illi*]; **3.** prophezeien.

dēnuō *adv.* (*dē novō*) von Neuem, noch einmal. [*ex invidia alqd*].

de-onerō 1 entlasten; / abnehmen

de-orsum *u.* **-us** *adv.* (*erstarrtes P.P.P. v. dēvortō*) **1.** abwärts, hinunter; °**2.** unten.

de-ōsculor 1 abküssen.

dē-pacīscor, *pactus sum* 3 einen Vertrag, Vergleich schließen; sich ausbedingen [*sibi praedia*]; °/ *morte -i cupio* ich sterbe gern.

de-pangō, —, *pāctum* 3 °**1.** in di Erde einschlagen; °**2.** / einsetzen.

dē-parcus 3 knauserig.

dē-pāscō, *pāvī, pāstum* 3 °**1.** abweiden lassen; **2.** abweiden; **3.** / beschneiden.

dē-pāscor, *pāstus sum* 3 abfressen; / verzehren. [*pacīscor*.

dē-pecīscor, *pectus sum* 3 = *dē-*

dē-pectō, (*pexī*), *pexum* 3 (-*pēxī*?) (her)abkämmen; / durchprügeln.

dēpecūlātor, *ōris m* (*dēpecūlor*) Plünderer. [Ausplündern.

dēpecūlātus, *ūs m* (*dēpecūlor*) das

dē-pecūlor 1 (*wohl aus dē pecūliō; eigtl.* „vom Eigentum entblößen") ausplündern; unterschlagen.

dē-pellō, *pulī, pulsum* 3 **1.** hinabtreiben; herabwerfen; **2. a**) vertreiben, verjagen; **b**) (*mil. t.t.*) aus der Stellung vertreiben; °**c**) (*vom Kurs*) abtreiben; **d**) verdrängen; °verbannen; °**e**) entwöhnen [*agnum a lacte*]; **3.** / abhalten, abwehren, abbringen *von* [*de conatu*].

dē-pendeō, — — 2 herabhängen; hängen *an* [*collo*]; abhängig sein [*a die*]; etymologisch zusammenhängen *mit* [*origine*].

dē-pendō, *endī, ēnsum* 3 bezahlen; / büßen [*poenam morte*].

dē-perdō, *didī, ditum* 3 °**1.** zugrunde richten, verderben; (*P.P.P.*) *deperditus* sterblich verliebt *in* [*amore alcis*; (*in*) *alqa*]; **2.** verlieren.

dē-pereō, *iī, itūrus, īre* zugrunde, verloren gehen; °sterblich verliebt sein *in* [*amore virginis*].

dē-pilō 1 enthaaren, rupfen.

dē-pingō, *pinxī, pictum* 3 °**1.** abmalen, abbilden; **2.** / **a**) schildern, beschreiben [*vitam*]; **b**) (*cogitatione*) sich vorstellen; °**3.** bemalen; mit Stickerei verzieren.

dē-plangō, *plānxī, plānctum* 3 (*planxī, planctum* ?) beklagen, bejammern.

dē-plexus 3 (*plēctō*) umklammernd.

dēplōrābundus 3 (*dēplōrō*) jammernd. [Bejammern.

dēplōrātiō, *ōnis f* (*dēplōrō*) das

dē-plōrō 1 **1.** (*intr.*) laut weinen; **2.** (*trans.*) **a**) beweinen, beklagen; °**b**) (als verloren) aufgeben.

dē-pluō, — — 3 herabregnen.

dē-pōnō, *posuī, positum* 3 **1. a**) niederlegen, -setzen, -stellen; hinlegen [*caput strato*]; °**b**) an Land setzen; **c**) (*dcht.*) gebären [*onus naturae*]; **2. a**) in Verwahrung geben, in Sicherheit bringen [*omnia in silvis*]; **b**) anvertrauen; **3. a**) weg-, beiseite legen; **b**) *arma* die Waffen strecken; **c**) aufgeben, niederlegen [*dictaturam*], beendigen [°*bellum*]; ** bestatten; / herabsetzen; absetzen [*sacerdotem*]; betrügen.

dēpopulātiō, *ōnis f* (*dēpopulor*) Verwüstung, Plünderung.

dēpopulātor, *ōris m* (*dēpopulor*) Verwüster, Plünderer.

dē-populor *u.* (*kl. nur im P.P.P.*) **-ō** 1 verwüsten, verheeren.

dē-portō 1 **1. a**) hinabbringen, -schaffen; **b**) wegführen, fortschaffen; **c**) ü'bersetzen [*exercitum in Italiam*]; **d**) mit sich führen [*Nilus vim seminum*]; **2.** (*aus der Provinz od. aus dem Kriege*) heimbringen, -führen; davontragen [*exercitum victorem; triumphum*]; °**3.** lebenslänglich verbannen.

dē-poscō, *poposcī,* — 3 (-*pōsc*-?) **1.** dringend fordern; **2. a**) (*Geschäft od. Amt*) ausbedingen [*sibi id muneris*]; **b**) (*Auslieferung od. Bestrafung*) verlangen [°*Hannibalem*]; °**3.** zum Kampfe herausfordern.

dēpositus 3 (*dēpōnō*) °**1.** im Sterben liegend, verstorben; **2.** / aufgegeben, verloren.

dēprāvātiō, *ōnis f* (*dēprāvō*) Verdrehung; Entstellung; Verschlechterung; Verkehrtheit.

dē-prāvō 1 (*prāvus; nach dēfōrmō*) verdrehen, entstellen; / verderben, verführen; (*P.P.P.*) *adv.* **dēprāvātē** verkehrt.

dēprecābundus 3 (*dēprecor*) inständig bittend.

dēprecātiō, *ōnis f* (*dēprecor*) **1.** Bitte um Abwendung [*periculi*]; Fürbitte; Anrufung [*deorum*]; **2.** Bitte um Gnade [*facti*].

dēprecātor, *ōris m* (*dēprecor*) Fürsprecher.

dē-precor 1 **1.** durch Bitten abzuwenden suchen [°*poenam*]; **2. a)** um Gnade bitten; °**b)** als Entschuldigung anführen; °**c)** verwünschen; **3.** (er)bitten, sich ausbitten.

dē-prehendō, *endī, ēnsum* 3 **1.** wegfangen, aufgreifen; **2. a)** auffinden, entdecken; **b)** überraschen, ertappen; in die Enge treiben; **c)** überfallen [*hostes*]; **3.** (*geistig*) erkennen, entdecken.

dēprehēnsiō, *ōnis f* (*dēprehendō*) *das* Auffinden, Entdeckung.

dē-prēndō, *ndī, nsum* 3 = *dēprehendō.*

dēpressus 3 (*m.* °*comp.*, °*sup.*, °*adv.*; *dēprimō*) niedrig (gelegen).

dē-primō, *pressī, pressum* 3 (*premō*) **1.** niederdrücken, -ziehen; **2. a)** versenken [*naves*]; **b)** tief in die Erde graben; °**c)** senken [*vocem*]; **3.** / **a)** unterdrücken; **b)** (*m. Worten*) herabsetzen.

dē-proelior 1 wütend kämpfen.

dē-prōmō, *prōmpsī, prōmptum* 3 hervornehmen, -holen; / entnehmen, entlehnen [*ex iure civili*]; zum Besten geben.

dē-properō 1 **1.** (*intr.*) sich beeilen; **2.** (*trans.*) eilig anfertigen.

depsō, *suī, stum* 3 kneten, durcharbeiten; (*vulgär*) / = *futuō.*

dē-pudet, *uit,* — 2 *impers.* alle Scham ablegen [*eum*].

dē-pūgis, e (*pūga*) mit dürrem Hintern.

dē-pūgnō 1 (-ŭ-?) **1.** (*intr.*) auf Leben und Tod kämpfen; °**2.** (*trans.*) auskämpfen [*proelium*].

dēpulsiō, *ōnis f* (*dēpellō*) **1.** *das* Ab-, Zurückstoßen; **2.** Abweisung (einer Beschuldigung).

dēpulsō 1 (*intens. v. dēpellō*) fortstoßen.

dēpulsor, *ōris m* (*dēpellō*) Abwehrer, Zerstörer.

dē-pūrgō 1 reinigen.

****deputatum,** *i n* Abgabe.

****deputatus,** *i m* Höriger.

dē-putō 1 **1.** ab-, beschneiden; **2.** halten *für* [*operam parvi pretii*]; ** zu-, anweisen [*habitacula*].

dē-pȳgis, e = *dēpūgis.*

dēque *s. sus*².

dē-rādō, *rāsī, rāsum* 3 abschaben, abkratzen; (*P.P.P.*) *adi.* **dērāsus** 3 kahl.

dērēctus 3 = *dīrēctus.*

****derelicta,** *ae f* Witwe.

dērelictiō, *ōnis f* (*dērelinquō*) Vernachlässigung.

dē-relinquō, *līquī, lictum* 3 **1.** völlig aufgeben,; *pro derelicto habere* als herrenloses Gut ansehen; **2.** vernachlässigen; °**3.** hinterlassen.

dē-repente *adv.* urplötzlich.

dē-rēpō, *rēpsī,* — 3 herabkriechen, -schleichen.

dē-rīdeō, *rīsī, rīsum* 2 verlachen, (ver)spotten.

dē-rīdiculus 3 (*dērīdeō; cf. rīdiculus*) lächerlich; *subst.* **-um,** *ī n* Gespött; Lächerlichkeit.

dē-rigēscō, *riguī,* — 3 völlig erstarren; zu Berge stehen.

dē-rigō = *dīrigō.*

dē-ripiō, *ripuī, reptum* 3 (*rapiō*), los-, wegreißen; / schmälern.

dērīsor, *ōris m* (*dērīdeō*) Spötter, Schalk.

dērīsus, *ūs m* (*dērīdeō*) Spott, Gespött.

dērīvātiō, *ōnis f* (*dērīvō*) **1.** Ableitung; °**2.** / **a)** (*gramm. t.t.*) *et.* Ableitung; **b)** (*rhet. t.t.*) beschönigender Austausch verwandter Ausdrücke.

dē-rīvō 1 (*Hypostase aus dē rīvō* [*sc. ducō*]) **1.** ab-, hinleiten; **2.** / **a)** schieben *auf*; auf sich laden; °**b)** (*gramm. t.t.*) ableiten *von.*

dērogātiō, *ōnis f* (*dērogō*) Einschränkung, Aufhebung *eines Gesetzes.*

dē-rogō 1 **1.** teilweise abschaffen [*ex lege aliquid*]; **2.** / wegnehmen, entziehen, absprechen.

dērōsus 3 (*rōdō*) abgenagt.

dē-runcinō 1 abhobeln; / übers Ohr hauen.

dē-ruō, *ruī, rutum* 3 herabwerfen.

dē-ruptus 3 (*m. comp.*; *rumpō*) steil, abschüssig; *subst.* **-a,** *ōrum n* abschüssige Stellen.

dē-saeviō 4 sich austoben; / zu toben aufhören.

dē-saltō 1 „abtanzen", pantomimisch vortragen [*canticum*].

dē-scendō, *scendī, scēnsum* 3 (*scandō*) **1.** hinab-, herabsteigen, -gehen, -kommen; (*dcht.*) sich zum Beischlaf niederlegen; **2.** / °**a)** sich senken, sich hinabziehen, sich ergießen, eindringen [*in corpus*]; **b)** (*v. Tönen u. Silben*) sich senken;

3. sich einlassen *auf*; sich erniedrigen *zu*.
dēscēnsiō, *ōnis f u.* °**-sus,** *ūs m* (*dēscendō*) **1.** *das* Hinabsteigen, -fahren; °**2.** abwärts führender Weg; °**3.** eingelassene Badewanne.
dē-scīscō, *scīvī u. sciī, scītum* 3 abfallen; / sich lossagen *von*, abweichen, untreu werden [*a se* sich].
dē-scrībō, *scrīpsī, scrīptum* 3 **1. a)** (ab)zeichnen, entwerfen; schreiben *auf*; **b)** abschreiben [*tabulas publicas*]; **2.** / **a)** beschreiben, darstellen; anspielen *auf*; **b)** festsetzen, auf(er)legen [*sociis auxilia*]; **3.** (= *discrībō*) einteilen, verteilen.
dēscrīptiō, *ōnis f* (*desctībō*) **1.** Abschrift, Kopie; **2.** Zeichnung, Entwurf, Abriss; Figur; **3.** Beschreibung, (Charakter-)Schilderung; Definition; **4.** (= *discrīptiō*) gehörige Verteilung, Ordnung.
dēscrīptiuncula, *ae f* (*dem. v. dēscrīptiō*) hübsche Schilderung.
dēscrīptus 3 (*m. comp., adv.*; *dēscrībō*) gehörig eingeteilt, geordnet.
dē-secō, *secuī, sectum* 1 abschneiden.
dē-serō, *seruī, sertum* 3 **1. a)** verlassen, aufgeben; **b)** brachliegen lassen [*agros*]; **2.** treulos verlassen; *exercitum, castra u.* °*abs.* desertieren; **3.** / vernachlässigen, verabsäumen; *vadimonium u.* °*abs.* einen Termin versäumen; (*P.P.P.*) *adi.*
dēsertus 3 (*m. comp., sup.*) verlassen, leer; unbewohnt, einsam; °*subst.* **-a,** *ōrum n* Einöde(n), Wüste(n).
dēsertor, *ōris m* (*dēserō*) **1.** Ausreißer, Deserteur; Verräter [*amicorum*]; °**2.** Flüchtling.
dē-serviō 4 eifrig dienen, sich angelegen sein lassen [*divinis rebus*]; frönen [*corpori*].
dēses, *idis* (**dē-sedeō*) untätig, müßig.
dē-siccō 1 abtrocknen [*vasa*].
dē-sideō, *sēdī, sessum* 2 (*sedeō*) müßig dasitzen.
dēsīderābilis, e (*dēsīderō*) **1.** wünschenswert; °**2.** (*m. comp.*); unvergesslich [*avus*].
dēsīderātiō, *ōnis f* = *dēsīderium*.
dēsīderium, *ī n* (*dēsīderō*) **1. a)** Sehnsucht, Verlangen *nach* [*urbis*]; **b)** Geliebte(r); °**c)** natürliches Bedürfnis; °**2.** Anliegen, Bitte.
****desiderius** 3 voll Sehnsucht *nach*.
dē-sīderō 1 (*dē*; *sīdus*; *eigtl.* „von den Sternen erwarten"; *cf. cōnsīderō*) **1.** sich sehnen *nach*, begehren; **2. a)** vermissen, entbehren; **b)** verlieren; *P.* verloren gehen.
dēsidia, *ae f* (*dēsideō*) °**1.** *das* lange Herumsitzen; **2.** Müßiggang.
dēsidiābulum, *ī n* (*dēsidia*) Faulenzerort.
dēsidiōsus 3 (*m.* °*comp., sup.,* °*adv.*; *dēsidia*) müßig, träge; erschlaffend.
dē-sīdō, *sēdī u. sīdī*, — 3 sich senken, (herab)sinken; °/ verfallen.
dēsīgnātiō, *ōnis f* (*-sīgn-?*; *dēsīgnō*) **1.** Bezeichnung, Angabe; **2. a)** Einrichtung, Plan; °**b)** amtliche Ernennung [*consulatūs* zum Konsul].
dēsīgnātor (*-ī-?*) = *dissīgnātor*.
dēsīgnātus 3 (*-ī-?*; *dēsīgnō*) erklärt, designiert [*consul*; *Bezeichnung bis zum Amtsantritt*].
dē-sīgnō 1 (*-ī-?*) **1.** bezeichnen, angeben, bestimmen; **2.** *für das künftige Jahr* zu einem Amte bestimmen, ernennen (*cf. dēsīgnātus*); °**3.** im Umriss darstellen; **4.** an-, hindeuten *auf*; °**5.** zu Tage fördern; anrichten; **6.** (= *dissīgnō*) einrichten, anordnen.
dē-siliō, *siluī, sultum* 4 (*Pl. auch -suluī*; *saliō*) herabspringen.
dē-sinō, *siī, situm* 3 **1.** (*intr.*) **a)** aufhören, ein Ende nehmen [*oratio*]; *abs.* aufhören zu reden; °**b)** auslaufen *in* [*in piscem*]; **2.** (*trans.*) ablassen, aufgeben.
dēsipientia, *ae f* (*dēsipiō*; *nach sapientia*) Wahnsinn.
dē-sipiō, — — 3 (*sapiō*) unsinnig, toll sein; (*Ho.*) schwärmen.
dē-sistō, *stitī, stitūrus* 3 abstehen *von*, aufhören *mit* [*bello, incitare plebem*; (*dcht.*) *pugnae* (*gen.*)].
dē-sōlō 1 einsam machen, verlassen.
dēspectō 1 (*intens. v. dēspiciō*) **1. a)** herabsehen *auf*; **b)** (*von Örtlichkeiten*) überragen, beherrschen; **2.** verachten.
dēspectus[1] 3 (*m. comp.*; *dēspiciō*) verachtet, verächtlich.
dēspectus[2], *ūs m* (*dēspiciō*) Aus-, Fernsicht; °/ Verachtung.
dēspēranter *adv.* (*dēspērāns, part. praes. v. dēspērō*) hoffnungslos.
dēspērātiō, *ōnis f* (*dēspērō*) Verzweiflung, Hoffnungslosigkeit; (*Li.*) *das* Aufgeben (*eines Kranken*).
dē-spērō 1 verzweifeln *an* [*salutem, de salute, sibi*]; (*einen Kranken*)

aufgeben; (*P.P.P.*) *adi.* **dēspērātus** 3 (*m. comp., sup.*) hoffnungslos, verzweifelt; nichtswürdig; *subst.* **-us,** *ī m ein* aufgegebener Kranker.

dēspicātiō, *ōnis f* (*dēspicor*) Verachtung. [achtung.)

dēspicātus[1], *ūs m* (*dēspicor*) Ver-|

dēspicātus[2] 3 *s. dēspicor.*

dēspicientia, *ae f* (*dēspiciēns, part. praes. v. dēspiciō*) Verachtung.

dē-spiciō, *spexī, spectum* 3 (*spēxī?; speciō*) **1.** (*intr. u. trans.*) herabblicken *auf*; **2.** / (*trans.*) verachten; **3.** (*intr.*) den Blick wegwenden.

dē-spicor 1 (**specor* 1 = *speciō*) verachten, verschmähen; (*part. pf. pass.*) *adi.* **dēspicātus** 3 (*m. sup.*) verachtet.

dēspoliātor, *ōris m* (*dēspoliō*) Plünderer. [*armis abl.*].)

dē-spoliō 1 ausplündern, berauben|

dē-spondeō, *spondī, spōnsum* 2 **1.** förmlich versprechen, zusagen; *sibi -ere* sich ausbedingen; **2.** verloben [*alci filiam*]; °**3.** aufgeben; *animum* den Mut verlieren.

dēspōnsō 1 (*intens. v. dēspondeō*) verloben; ** vermählen.

dē-spūmō 1 **1.** (*trans.*) abschäumen; **2.** (*intr.*) verbrausen.

dē-spuō, *uī, ūtum* 3 **1.** (*intr.*) ausspucken; **2.** (*trans.*) / verabscheuen, verschmähen. [schuppen [*pisces*].)

dē-squāmō 1 (*squāma*) ab-|

dēstīllātiō, *ōnis f* (*-stĭll-?; dēstīllō*) fließender Schnupfen, Katarrh.

dē-stīllō 1 (*-ĭ-?*) herabtropfen; / triefen *von.* [anspornen.)

dē-stimulō 1 (*cf. distimulō*) heftig|

dēstinātiō, *ōnis f* (*dēstinō*) Bestimmung, fester Entschluss.

dē-stinō 1 (*dē* + **stanō; eigtl.* „stelle fest hin"; *cf. stō*) **1.** festmachen, -binden; **2.** / **a**) bestimmen, festsetzen; **b**) sich fest vornehmen [*agere*]; °**c**) verloben; °**d**) (*für ein Amt*) auserlesen, bestimmen *zu* [*illum consulem*]; **e**) kaufen wollen; (*P.P.P.*) °*adi.* **dēstinātus** 3 (*m. adv.*) bestimmt, fest [*sententia*]; entschlossen *zu,* gefasst *auf* [*morti, ad mortem*]; °*subst.* **-um,** *ī u.* **-a,** *ōrum n* bestimmtes Ziel; Vorsatz, Entschluss; (*ex*) *-o* vorsätzlich.

dē-stituō, *tuī, tūtum* 3 (*statuō*) **1.** hinstellen, antreten lassen; **2. a**) ver-, zurücklassen; **b**) preisgeben [*vulneratum*]; **c**) täuschen, betrügen *um* [°*mercede pacta*]; (*P.P.P.*) *adi.* **dēstitūtus** 3 entblößt *von,* beraubt.

dēstitūtiō, *ōnis f* (*dēstituō*) **1.** *das* treulose Verlassen; **2.** Täuschung.

dē-stringō, *strīnxī, strictum* 3 (*-strīnxī?*) **1. a**) abstreifen; blank ziehen [*gladium*]; °(*im Bade*) striegeln; °**b**) / prellen; °**2. a**) streifen, ritzen; **b**) durchhecheln; (*P.P.P.*) °*adi.* **dēstrictus** 3 (*m. comp., adv.*) scharf, streng, entschieden.

dēstrūctiō, *ōnis f* (*dēstruō*) *das* Niederreißen; / Widerlegung.

dē-struō, *strūxī, strūctum* 3 niederreißen; °/ zugrunde richten [*ius*], unschädlich machen.

dē-subitō *adv.* urplötzlich.

dē-sūdāscō, — — 3 (*incoh. v. dēsūdō*) stark in Schweiß geraten.

dē-sūdō 1 °**1.** stark schwitzen; **2.** / sich abmühen. [entwöhnt werden.)

dē-suēfīō, *factus sum, fierī u. fīerī*|

dēsuētūdō, *inis f* (*dēsuēscō* „[sich] entwöhnen") Entwöhnung.

dēsuētus 3 (*P.P.P. v.* „*dēsuēscō* „[sich] entwöhnen") ungewohnt; entwöhnt.

dēsultor, *ōris m* (*dēsiliō*) Kunstreiter (*der während des Rennens von einem Pferd auf das andere springt*); / *amoris ein* Don Juan.

dēsultōrius 3 (*dēsultor*) eines Kunstreiters [*equus*].

dēsultūra, *ae f* (*dēsiliō*) *das* Abspringen *vom Pferde.*

dēsuluī *s. dēsiliō.*

dē-sum, *dēfuī, deesse* (*dcht. kontrahiert*: *dēst, dēssem, dērō, dērit usw.*; *im Vers auch*: *dēfuĕrunt*) **1.** nicht dasein, nicht anwesend sein, fehlen, mangeln; **2.** nicht helfen, sich entziehen [*senatui*]; versäumen, unbenutzt lassen [*occasioni*]; *sibi deesse* es an sich fehlen lassen.

dē-sūmō, *sūmpsī, sūmptum* 3 auf sich nehmen, sich ausersehen.

dē-super *adv.* von oben her(ab); oberhalb. [stehen *von* [*cenā*].)

dē-surgō, *surrēxī, surrēctum* 3 auf-|

dē-tegō, *tēxī, tēctum* 3 °**1.** abdecken [*villam*]; **2.** aufdecken, enthüllen, entblößen; °**3.** / **a**) offenbaren, verraten; **b**) *se -ere u. mediopass.* sich offenbaren, sich zeigen; sich verraten.

dē-tendō, *tendi, tēnsum* 3 abspannen, abbrechen [*tabernacula*].
dē-tergeō, *tersī, tersum* 2 *u.* °**-gō** 3 **1.** °**a**) abwischen; reinigen; **b**) / herausschlagen [*octoginta* 80000 Sesterze]; **2.** abstreifend zerbrechen [*remos*]; °**3.** verscheuchen [*nubes*].
dēterior, *ius* (*m. adv.*; *comp. v.* **dē-ter, wohl comp. v. dē*; *eigtl.* „noch weiter unten befindlich") geringer, weniger gut, schlechter, schwächer, tiefer stehend; *sup.* **dēterrimus** 3 schlechtester, letzter, tiefster.
dēterminātiō, *ōnis f* (*dēterminō*) Abgrenzung; Grenze; / Ende.
dē-terminō 1 °**1.** abgrenzen; **2.** / schließen.
dē-terō, *trīvī, trītum* 3 abreiben, -feilen, -schleifen; abnutzen; / schmälern; P. vergehen.
dē-terreō, *uī, itum* 2 **1.** abschrecken, abhalten [*a scribendo*]; **2.** ab-, fernhalten.
dētestābilis, e (*-tēst-*?; *dētestor*) abscheulich.
dētestātiō, *ōnis f* (*-tēst-*?; *dētestor*) °**1.** Verwünschung; **2.** / Sühne.
dē-testor 1 (*-tēst-*?) **1.** (*relig. t.t.*) °**a**) herabwünschen [*pericula in caput*]; **b**) verwünschen, verfluchen; *part. pf. auch* °*pass.* **2.** ablehnen, sich feierlich verwahren *gegen* [*omen*].
dē-texō, *texuī, textum* 3 °**1.** zu Ende weben, spinnen, fertig flechten; **2.** / vollenden [*libros*].
dē-tineō, *tinuī, tentum* 2 (*teneō*) **1.** auf-, zurück-, festhalten [*naves*]; **2.** / **a**) beschäftigen, fesseln [*in negotiis*]; °**b**) erhalten; *se -ere* sein Leben fristen; °**c**) vorenthalten [*pecuniam*]; °**d**) beibehalten, belassen.
dē-tondeō, *tondī, tōnsum* 2 (ab-)scheren [*comas*; *oves*]; rauben; ** zum Mönch machen.
dē-tonō, *uī,* — 1 **1.** herabdonnern; **2.** aufhören zu donnern; / sich austoben [*nubes belli*].
dē-torqueō, *torsī, tortum* 2 **1.** wegdrehen, abwenden; **2.** verdrehen, verrenken; °/[*verba*].
dē-tractātiō = *dētrectātiō*.
dētractiō, *ōnis f* (*dētrahō*) **1. a**) *das* Wegnehmen, -meißeln; **b**) (*med. t.t.*) *das* Abführen; **2.** / **a**) *das* Vorbehalten; °**b**) (*gramm. t.t.*) *das* Weglassen eines Buchstabens *od.* Wortes, Ellipse; **c**) Entziehung, Beeinträchtigung.

dētractō 1 = *dētrectō*.
dētractor, *ōris m* (*dētrahō*) Verkleinerer.
dē-trahō, *trāxī, tractum* 3 **1. a**) herab-, niederziehen, -reißen; °schleifen [*muros*]; °**b**) / erniedrigen; **2. a**) weg-, abziehen, abreißen; **b**) / entziehen, entreißen, wegnehmen; **3.** Abbruch tun, schmälern; **4. a**) fortschleppen; entfernen; **b**) herbeischleppen, -bringen; **c**) zwingen *zu* [°*ad certamen*].
dētrectātiō, *ōnis f* (*dētrectō*) Verweigerung [*militiae*].
dētrectātor, *ōris m* (*dētrectō*) Verkleinerer.
dētrectō 1 (*intens. v. dētrahō*) **1.** verweigern, ablehnen; °**2.** verkleinern, schmälern.
dētrīmentōsus 3 (*dētrīmentum*) sehr nachteilig.
dētrīmentum, *ī n* (*dēterō*) °**1.** *das* Abreiben; **2.** / **a**) Nachteil, Verlust, Schaden; **b**) (*mil. t.t.*) Schlappe, Niederlage; °**c**) Krüppel.
dētrītus 3 (*dēterō*) abgedroschen, gewöhnlich.
dē-trūdō, *sī, sum* 3 **1.** hinabstoßen, -drängen, -treiben; **2.** °**a**) (*mil. t.t.*) in die Flucht schlagen; **b**) verdrängen [*ex praedio*]; °**c**) verschlagen; **d**) abbringen [*de sententia*]; **3.** drängen, nötigen *zu*; **4.** verschieben, hinziehen [*comitia*].
dē-truncō 1 abhauen; / stutzen; verstümmeln.
dē-turbō 1 **1.** herabwerfen, -stürzen [*statuam*]; vertreiben; **2.** berauben [(*ex*) *spe*].
dē-turpō 1 verunstalten.
Deucaliōn, *ōnis m* (*gr.* -kalịōn) *Sohn des Prometheus, allein m. seiner Gattin Pyrrha aus der Sintflut gerettet*; *adi.* -ōnēus 3.
dē-ungō, — — 3 tüchtig (ein)ölen.
de-ūnx, *cis m* (*-ŭ-*?; *dē* + *ūncia*; *eigtl.* „fehlend eine Unze", *näml. vom as, dem zwölfteiligen Ganzen*) elf Zwölftel.
de-ūrō, *ussī, ustum* 3 (*ūssī, ūstum*?) nieder-, verbrennen; °/ erstarren lassen [*hiems arbores*].
deus, *ī m* (*voc. sg.* dīve *u.* (*spätl.*) deus; *pl. nom.* (deī), diī, dī; *dat. u. abl.* (deīs, diīs) dīs; *gen.* deōrum, *altl. u. dcht.* deum; < *altl.* deivos; *cf.* dīvus, *altind.* dēva-, *ahd.* Zio) **1.** Gott, Gottheit; *di meliora* gottbewahre; *ita me di ament* so wahr mir Gott helfe; *si diis placet* mit

Gottes Hilfe; **2.** / **a)** Schutzgott, Helfer; °**b)** glücklicher Mensch; °**c)** Kaiser; Machthaber.

****deuteronomium,** *ī n das* fünfte Buch Mosis.

de-ūtor, *ūsus sum* 3 misshandeln [*victo abl.*].

dē-vāstō 1 (*-ă-?*) gänzlich verwüsten, ausplündern.

dē-vehō, *vēxī, vectum* 3 hinabführen, -fahren, schaffen, bringen; P. (herab-, ab-)fahren, segeln.

dē-vellō, *vellī,* (*volsī*), *vulsum* 3 abrupfen, -reißen; depilieren.

dē-vēlō 1 enthüllen.

dē-veneror, 1 **1.** innig verehren; **2.** durch Gebet abwenden.

dē-veniō, *vēnī, ventum* 4 **1. a)** herabkommen; **b)** kommen, gelangen; **2.** / geraten [*in manus hostium*]; **werden.

dē-verberō 1 durchprügeln.

dē-verbium = *dī-verbium.*

dēversor[1] 1 (*frequ. v. dēvertor*) (*als Gast*) eingekehrt sein, logieren.

dēversor[2], *ōris m* (*dēvertō*) Gast (*im Wirtshaus*).

dēversōriolum, *ī n* (*dem. v. dēversōrium*) Herberge.

dēversōrius (*dēversor*[2]) °**1.** *adi.* 3 zum Einkehren geeignet; **2.** *subst.* **-um,** *ī n* Herberge; / Schlupfwinkel, Zuflucht.

dēverticulum, *ī n* (*dēvertō*) **1. a)** Ab-, Seitenweg; °**b)** / Abschweifung; Abweichung; **2.** = *dēversōrium.*

dē-vertō *u.* (*häufiger*) **-vertor,** *vertī, versum* (*versus sum*) 3 **1.** sich abwenden, abbiegen [*viā*]; **2. a)** einkehren [*ad cauponam*]; °**b)** seine Zuflucht nehmen; **3.** / abschweifen.

dēvexitās, *ātis f* (*dēvexus*) abschüssiges Gelände.

dēvexus 3 (*cf. convexus*) **1. a)** sich abwärts bewegend, fließend; **b)** / sich (zu)neigend; **2.** sich senkend, abschüssig; *subst.* **-um,** *ī n* Abhang.

dē-vinciō, *vinxī, vinctum* 4 (*vīnxī, vīnctum?*) **1.** fest umwinden, festbinden; / **2.** eng verbinden; *se -ire* sich verstricken *in* [*scelere*]; **3.** verpflichten [*iure iurando*]; **4.** an sich fesseln, für sich gewinnen; **5.** (*rhet. t.t.*) kurz zusammenfassen; (*P.P.P.*) *adi.* **dēvinctus** 3 (*m.* °*comp.*) ganz ergeben.

dē-vincō, *vīcī, victum* 3 **1.** völlig besiegen; siegreich beendigen; °**2.** / sich siegreich durchsetzen.

dēvītātiō, *ōnis f* (*dēvītō*) Vermeidung.

dē-vītō 1 vermeiden.

dē-vius 3 (*Hypostase aus dē viā*) **1. a)** abseits vom Wege, abgelegen; **b)** einsam lebend, hausend; °**c)** verirrt; **2.** / unstet, töricht; °*subst.* **-a,** *ōrum n* ungebahnte Wege; Schleichwege.

dē-vocō 1 **1.** herabrufen, herabkommen lassen; **2.** wegrufen, abberufen [*de provincia*]; **3.** einladen; **4.** / verleiten, verlocken.

dē-volō 1 °**1.** herabfliegen, -eilen; **2.** °**a)** wegfliegen; **b)** / enteilen.

dē-volvō, *volvī, volūtum* 3 **1.** herabwälzen, -rollen [*saxa*]; °/ abspinnen; dahinströmen lassen [*verba*]; **2.** *mediopass.* (*kl. nur* /) herabstürzen, zurücksinken.

dē-vorō 1 **1.** verschlingen, verschlucken; **2.** / **a)** verprassen; °**b)** verbeißen, unterdrücken; vergessen; **c)** verschlingen [*librum*]; **d)** ertragen [*ineptias*]; **e)** unverstanden hinnehmen [*orationem*].

dēvortium, *ī n* (*dēvortō*) *das* Abweichen; Umweg; *cf. dīvortium.*

dēvortō, -or (*altl.*) = *dēvertō, -or.*

dēvōtiō, *ōnis f* (*dēvoveō*) **1.** *das* Geloben, Weihung; Gelübde; **2.** Todesweihe; °**3.** Verwünschung; *pl.* Zauberei; ** Verehrung; Ergebenheit; Frömmigkeit; Andacht.

dēvōtō 1 (*intens. v. dēvoveō*) zum Tode weihen; °verzaubern.

dēvōtus 3 (*m. comp.,* °*sup.; dēvoveō*) verflucht; treu ergeben; *kl. nur subst.* **-ī,** *ōrum m die* Getreuen; ** fromm; einfältig.

dē-voveō, *vōvī, vōtum* 2 **1.** (*relig. t.t.*) **a)** als Opfer geloben; **b)** dem Tode weihen; °**c)** verfluchen, verwünschen; verzaubern; **2.** ganz hingeben, aufopfern.

dēxtāns, *antis m* (*-ĕ-?; dē + sextāns, eigtl.* „fehlend ein Sechstel“, *näml. v. as, dem zwölfteiligen Ganzen*) fünf Sechstel.

dextella, *ae f* (*dem. v. dextra*) rechtes Händchen.

dexter, *t(e)ra, t(e)rum* (*aus dexiteros, vl. comp. zu loc.* *deksi „auf der passenden Seite“; *cf. deceō*) rechts; °/ Glück bringend; passend, geschickt; *comp.* **dexterior;** *sup.* **dextimus** (*dextumus*); *subst.* **dext(e)ra,** *ae f* rechte Hand, Rechte; °/ Handschlag; feierliche Versicherung, Versprechen, Wort, Treue, Bund; Mut, Tapferkeit; (*kl.*) *dextrā u. ad dextram* zur Rechten, rechts [°*viam* vom Wege]; °*adv.* **dext(e)rē** (*m. comp.*) anstellig, gewandt.

dexteritās, *ātis f* (*dexter*) Gewandtheit.

dextrōrsum *u.* **-sus** *adv.* (*dextrō-vorsum*) nach rechts.

dextrō-vorsum *u.* **-versum** (*dexter; vortō*) *altl.* = *dextrōrsum.*

dextumus 3 *s. dexter.*

dī-, di- *s. dis-*^{1}.

diabathrārius, *ī m* (*diabathrum* — *gr. Fw.* — leichter Frauenschuh) Verfertiger von *diabathra*, Schuhmacher.

****diabolicus** 3 des Teufels; teuflisch.

****diabolus,** *m* Teufel.

****diacon,** *nis m* Diakon.

diadēma, *atis n* (*gr. Fw.*) *blaue, weiß durchwirkte* Binde *um die Tiara des Perserkönigs*; Diadem; ** Königskrone.

diadēmātus 3 (*diadēma*) mit einer Kopfbinde geschmückt.

diadūmenos *u.* **-us,** *ī m* (*gr. Fw.*) = *diadēmātus.*

diaeta, *ae f* (*gr. Fw.*) **1.** (geregelte) Lebensweise; Diät; °**2.** Zimmer; Gartenhaus; *s.* ** *dieta.*

dialecticē, *ēs f* (*gr. Fw.*) = *dialectica*^{1}.

dialecticus 3 (*m. adv.*; *gr. Fw.*) dialektisch; *subst.* **~,** *ī m* Dialektiker; **-a**^{1}, *ae f* Dialektik, Logik; **-a**^{2}, *ōrum n* dialektische Erörterungen *od.* Lehrsätze.

dialectos, *ī f* (*gr. Fw.*) Mundart.

Diālis, e (*cf. deus; Iupiter*) *des* Jupiter [*flamen*]; *apex* Priestermütze; *subst.* **~,** *is m* Priester des J.

dialogus, *ī m* (*gr. Fw.*) Dialog.

Diāna, *ae f* (*altl. u. im Vers -ī-; dīus*) *urspr. italische Geburts-, Mond- u. Jagdgöttin; der gr. Artemis gleichgesetzt; aber auch als Trivia, d. h. Göttin der Dreiwege, mit der dreigestaltigen Hekate identifiziert; Tochter Jupiters u. der Latona*; °/ Mond; Jagd; *adi. -ānius* 3.

dianomē, *ēs f* (*gr. Fw.*) Verteilung, Spende.

diapasma, *atis n* (*gr. Fw.*) duftendes Streupulver.

diārium, *ī n* (*diēs*) tägliche Kost *der Sklaven, Soldaten usw.*

diatrēta, *ōrum n* (*gr. Fw.; sc. pōcula*) *Becher mit durchbrochener Arbeit,* Diatretgläser.

dibaphus, *ī f* (*gr. Fw.; adi.* „doppelt gefärbt"; *sc. vestis*) (purpurverbrämtes) Staatskleid *der höheren Magistrate.*

dica, *ae f* (*gr. Fw.*) Prozess, Klage; *-am sortiri* Richter für eine Klage auslosen.

dicācitās, *ātis f* (*dicāx*) beißender Witz, Stichelei.

dicāculus 3 (*m. adv.; dem. v. dicāx*) schnippisch.

dicātiō, *ōnis f* (*dicō*^{1}) (Bewerbung um) Einbürgerung; Bürgerbrief.

dicāx, *ācis* (*m.* °*comp.*; *cf. dīcō*^{2}) beißend, witzig.

dichorēus, *ī m* (*gr. Fw.*) Doppeltrochäus.

diciō, *ōnis f* (*eigtl.* „Weisung, Spruchrecht"; *dīcō*^{2}) Botmäßigkeit, Gewalt; *sub -em redigere u.* °*suae -is facere* in seine Gewalt bringen.

dicis causā (*gen. dicis vl. wie dica aus dem Gr. entlehnt*) der Form wegen, zum Schein.

dicō^1 1 (*Schwundstufe zu dīcō*^{2}; *eigtl.* „feierlich verkünden") **1.** (*relig. t.t.*) **a)** einer Gottheit widmen, weihen; °**b)** zur Gottheit erheben; **2.** / **a)** (ganz) hingeben, widmen; °(*eine Schrift*) zueignen, widmen; **b)** *se -are* sich hingeben; *se civitati, in civitatem* sich einbürgern lassen; °**c)** (durch ersten Gebrauch) einweihen [*nova signa*].

dīcō^2, *dīxī, dictum* 3 (*altl.: deicō, imp. dīce, nē dīxis = nē dīxeris; cf. nhd.* „zeihen, zeigen") **1.** z e i g e n: **a)** zeigen, weisen; *ius* Recht sprechen; **b)** festsetzen, bestimmen [*diem* einen Termin]; **c)** ernennen *zu* [*dictatorem*]; **2.** s a g e n: **a)** sagen, sprechen, vortragen; **b)** (*phonetisch*) aussprechen; **c)** reden, Reden halten; *causam* eine Rechtssache vor Gericht führen (*als patronus Anwalt*); *sententiam* (*als Senator*) seine Stimme abgeben; *pro reo* verteidigen; *pro se* sich verteidigen; *ars dicendi* Redekunst; °**d)** singen, dichten [*carmen*]; besingen, preisen; °**e)** schriftlich darstellen, erzählen; **f)** versprechen, zusagen; °**g)** vorhersagen; versichern; **h)** nennen, benennen; P. heißen.

dicrotum, *ī n u.* °**-ta,** *ae f* (*gr. Fw.*) Schiff mit zwei Reihen v. Ruderbänken, Zweidecker.

dictamnus, *ī f u.* **-num,** *ī n* (*gr. Fw.*) *ein nach dem Gebirge Dikte auf Kreta benanntes Heilkraut,* Diptam.

D

dictāta, *ōrum n* (*dictō*) (*zum Auswendiglernen diktierte*) Lehrsätze, Aufgaben; Kommandos.
dictātor, *ōris m* (*dictō*) Diktator (*höchste obrigkeitl. Gewalt in latinischen Städten; in Rom außerordentl. Magistrat in Notzeiten; pl. höchste Beamte für besondere Aufgaben; in Karthago* = Suffet); ** Diktierer; Lehrer des Briefschreibens. [rischl; des Diktators.
dictātōrius 3 (*dictātor*) diktato-
dictātrīx, *īcis f* (*dictātor*) Gebieterin.
dictātūra, *ae f* (*dictātor*) **1.** Diktatur; °**2.** *das* Diktieren. [wort.
dīctērium, *ī n* (*vl. gr. Fw.*) Witz-
dictiō, *ōnis f* (*dīcō²*) **1. a)** *das* Sagen, Aussprechen; **b)** (*jur. t.t.*) Festsetzung [*multae*]; *iuris* Rechtsprechung, Zivilgerichtsbarkeit; *causae* Verteidigung; *pl.* °Gerichtssprengel; °**2.** (*gramm. t.t.*) Ausdrucksweise, Redewendung; **3.** (*rhet. t.t.*) **a)** rednerischer Vortrag; °**b)** Übungsvortrag; **c)** Redeweise, Diktion [*popularis*]; °**4.** Orakelspruch; °**5.** Gespräch, Rede.
dictitō 1 (*frequ. v. dictō*) oft sagen, nachdrücklich erklären.
dictō 1 (*frequ. v. dīcō²*) oft nennen; vorsagen, diktieren; °verfassen.
dictum, *ī n* (*dīcō²*) **1.** Aussage, Äußerung, Wort [*breve u. breviter*]; **2.** Ausspruch, Spruch, Sentenz; °**3.** Orakelspruch; °**4.** Versprechen; **5.** Befehl [*-o audientem esse* aufs Wort gehorchen].
Dīdō¹, *ūs u. ōnis f* (*acc. -ō; gr.* -dọ) *Tochter des Belus v. Tyrus, Gründerin u. Königin v. Karthago.*
dī-dō², *dīdidī, dīditum* 3 (⟨**dis-dō*; *√**dhē- „setzen") verteilen; *mediopass.* sich verbreiten [*rumor*].
dī-dūcō, *dūxī, ductum* 3 (*dis*) **1.** auseinander ziehen; weit aufsperren, aufreißen, öffnen; **2. a)** *gewaltsam* auseinander reißen, teilen, zerstreuen; **b)** in Parteien spalten [°*civitatem*]; **c)** (*mil. t.t*) auseinander ziehen, entfalten; zersplittern.
dīductiō, *ōnis f* (*dīdūcō*) **1.** °**a)** Ausdehnung; **b)** / Weiterführung einer Folgerung; °**2.** Trennung.
diēcula, *ae f* (*dem. v. diēs*) kurze Frist; *kl. nur* Zahlungsfrist.
dīērēctus 3 (*m. adv.*; *dis*; *ērigō*) hoch aufgerichtet und ausgespannt (= gekreuzigt); *abi* ~ geh zum Henker!
diēs, *ēī m f* (*altl. gen. diē u. diī, dat. diē; bei Cicero im sg. als Termin, Zeitraum u. Briefdatum f, sonst m; cf. Diēs-piter, diū, deus*) °**1.** Tageslicht, -helle, lichter Tag; *das* Licht der Welt; **2.** Tag (= Zeitabschnitt); °*cum die* mit Tagesanbruch; *medius* Mittag; *multo die* hoch am Tage; *in dies* täglich; *diem ex die* Tag für Tag; **3. a)** Tagewerk; Tagesereignisse; °**b)** Tagereise, -marsch; **4.** °**a)** Todestag [*diem obire* sterben]; **b)** Geburtstag [*m. od. ohne natalis*]; **5.** (*f!*) **a)** Datum des Briefes; **b)** festgesetzter Termin [*constituta*]; *diem dicere* vor Gericht laden; *pecuniae* Zahltag; **c)** Frist [*ad deliberandum*]; **6.** Zeit [°*brevior*].
Diēs-piter (*Diēs pater*) = *Iuppiter*.
****dieta** *u.* **-aeta,** *ae f* Tagereise, -geld.
dif-fāmō 1 (*dis*; *fāma*; *cf. īnfāmō*) verunglimpfen; Gerüchte verbreiten. [den, unähnlich.
differēns, *entis* (*differō*) verschie-
differentia, *ae f* (*differēns*) **1.** Verschiedenheit, Unterschied; **2.** Spezies [*Ggs. genus*].
dif-ferō, *distulī, dīlātum, differre* **1.** (*trans.*) **a)** auseinander tragen; verbreiten; °**b)** *gewaltsam* zerstreuen [*classem*]; °**c)** überall bekannt machen, ins Gerede bringen; **d)** auf-, verschieben, verzögern [*rem in aliud tempus*], hinhalten, vertrösten; **2.** (*intr.*; *nur im Präsensstamm*) verschieden sein, sich unterscheiden; *impers.* **differt** es ist ein Unterschied.
dif-fertus 3 (*dis* + *P.P.P. v. farciō*) vollgepfropft, voll.
dif-ficilis, e (*m.* °*comp.*; *sup. difficillimus*; *facilis*) **1.** schwierig, schwer, beschwerlich, mühsam [*dictu*]; **2.** gefährlich, misslich, ungünstig [*tempus*]; **3.** mürrisch, eigensinnig, unzugänglich, spröde, empfindlich; *adv.* (*m. comp., sup.*) *nōn facile, difficulter, selten difficiliter,* °*difficile.*
difficultās, *ātis f* (*difficilis*) **1.** Schwierigkeit, Beschwerlichkeit; **2.** Mangel, Not, Verlegenheit; Geldnot; **3.** Unzugänglichkeit, Eigensinn. [trauen.
diffīdentia, *ae f* (*diffīdēns*) Miss-

dif-fīdō, *fīsus sum* 3 misstrauen; (*part. praes.*) *adj.* **diffīdēns,** *entis* (*m. adv.*) misstrauisch,ängstlich.
dif-findō, *fidī, fissum* 3 (zer)spalten [*saxum*]; °/ *diem* den Termin hinausschieben; *nihil hinc -ere possum* ich muss dir zustimmen.
dif-fingō, *fīnxī, fictum* 3 umbilden, umgestalten.
dif-fiteor, — — 2 (*fateor*) in Abrede stellen.
dif-flāgitō 1 ungestüm verlangen.
dif-flō 1 auseinander blasen.
dif-fluō, *flūxī,* — 3 (*flŭxī?*) **1.** auseinander fließen; sich fließend ausbreiten; **2.** / °**a**) zerfließen, vergehen; **b**) *luxuriā* in Saus u. Braus leben.
dif-fringō, *frēgī, frāctum* 3 (*frangō*) zerbrechen, -schmettern.
dif-fugiō, *fūgī, fugitūrus* 3 auseinander fliehen, zerstieben; °/ sich zerstreuen.
diffugium, *ī n* (*diffugiō*) *das* Auseinanderstieben.
dif-funditō 1 verschleudern.
dif-fundō, *fūdī, fūsum* 3 **1.** aus-, ergießen, auseinander fließen lassen; *mediopass. u. se -ere* zerfließen, sich ergießen; **2.** / **a**) ausdehnen, aus-, verbreiten, zerstreuen; *mediopass.* sich ausbreiten [*lux*]; °**b**) erleichtern, Luft machen [*dolorem suum flendo*]; **c**) (*meist dcht.*) zerstreuen, erheitern; **3.** (*P.P.P.*) *adi.* **diffūsus** 3 (*m.* °*comp., adv.*) ausgedehnt, ausgebreitet; / weitschweifig.
diffūsilis, e (*diffundō*) sich leicht verbreitend.
diffūsiō, *ōnis f* (*diffundō*) Heiterkeit [*animi*].
dif-futūtus 3 (*futuō*) durch häufigen Beischlaf geschwächt, verhurt.
digamma, *indecl. n u. ae f* (*gr. Fw.*) *der gr. Buchstabe* Digamma (F); (*scherzh.*) Zins-, Kontobuch (*weil es* F = *fēnus als Aufschrift trug*).
Dīgentia, *ae f Bach beim Sabinergut des Horaz, j.* Licenza.
dī-gerō, *gessī, gestum* 3 °**1.** trennen, (ab)teilen; **2. a**) ein-, verteilen; ordnen, ordnungsmäßig eintragen; °**b**) erklären, deuten; °**3.** verdauen.
dīgestiō, *ōnis f* (*dīgerō*) °**1.** Ein-, Verteilung; **2.** Verdauung; **3.** (*rhet. t.t.*) Aufzählung der einzelnen Punkte.
digitulus, *ī m* (*dem. v. digitus*) Fingerchen.
digitus, *ī m* (*wohl mit dīcō*[2] „zeigen" *verwandt*; *eigtl.* „Zeiger"; *cf. nhd.* „Zehe") **1.** Finger; *extremus* Fingerspitze; *-o liceri* (*bei Versteigerungen*) durch Handzeichen bieten; °*numerare per -os* an den Fingern abzählen; **2.** (*Maß*) Fingerbreite, Zoll ($^1/_{16}$ *pes* = 18,5 mm); °**3.** Zehe.
dī-gladior 1 (*dis-, gladius*) erbittert kämpfen, hitzig streiten.
dīgnātiō, *ōnis f* (*jünger -ĭ-; dīgnō*) Achtung; Würde, Rang, Stellung.
dīgnitās, *ātis f* (*jünger -ĭ-; dīgnus*) **1.** Würdigkeit, Verdienst; **2.** Würde; würdevolle Schönheit; Pracht, Glanz; Erhabenheit; sittliche Würde, Ehrenhaftigkeit; **3.** äußere Ehre, Ansehen, Bedeutung; **4. a**) Stellung, Rang; Ehrenstelle, Amt; **b**) Mann von Rang.
dīgnō 1 (*jünger -ĭ-; dīgnus; nur im P. gebräuchlich*) würdigen.
dīgnor 1 (*jünger -ĭ-; dīgnus*) **1.** für würdig halten; **2.** sich entschließen, wollen.
dī-(g)nōscō, (*g*)*nōvī,* — 3 (⟨**dis-gnōscō; s. nōscō*) unterscheiden, erkennen [*curvo rectum*].
dīgnus 3 (*m.* °*comp., sup., adv.*; *jünger -ĭ-*; ⟨**dec-nos, eigtl.* „geziert"; *deceō*) **1.** würdig, wert [*laude; qui laudetur; dictu*]; **2.** passend, angemessen.
dī-gredior, *gressus sum* 3 (*gradior*) **1. a**) auseinander gehen, weggehen, scheiden; °**b**) *a marito* sich scheiden; **2.** / abweichen, abschweifen [*a, de causa*].
dīgressiō, *ōnis f u.* **-sus,** *ūs m* (*dīgredior*) *das* Weggehen, Trennung, Abschied; / Abschweifung (*in der Rede*), Episode.
diiūdicātiō, *ōnis f* (*diiūdicō*) Entscheidung.
dī-iūdicō 1 **1.** (urteilend) entscheiden, die Entscheidung treffen; **2.** unterscheiden.
dī-iungō, dī-iūnctiō = *dis-iungō, -iūnctiō.*
dī-lābor, *lāpsus sum* 3 **1.** °**a**) auseinander fallen, zerfallen; **b**) sich auflösen; **c**) / verfallen, verschwinden; **2. a**) abfließen [°*aestus*]; / °**b**) sich zerstreuen, entweichen; desertieren [*a signis*]; **c**) entschwinden [*de memoria*].
dī-lacerō 1 °**1.** zerfleischen; **2.** / zerrütten.
dī-lāminō 1 (*lāmina*) entzweispalten.
dī-laniō 1 zerfleischen, zerreißen.
dī-lapidō 1 (*lapis*) (*wie Steine hier- u. dahin werfen*) verschleudern, verschwenden.

D

dī-largior 4 reichlich verschenken.
dīlātiō, *ōnis f (differō)* **1.** Verzögerung, Aufschub; °**2.** / *das* Hinhalten *(eines Bewerbers).*
dī-lātō 1 *(lātus²)* ausbreiten, ausdehnen; / weitläufig darstellen; gedehnt aussprechen [*litteras*].
dīlātor, *ōris m (differō)* Zauderer.
dī-laudō 1 allseitig loben.
dīlēctus, *ūs m (dīligō)* **1. a)** Aushebung; °**b)** *die* Rekruten; **2.** = *dēlēctus.*
dī-līdō, — — 3 *(laedō)* zerschlagen.
dīligēns, *entis (m. comp., sup., adv.; dīligō)* **1.** achtsam, aufmerksam, sorgfältig, pünktlich, gewissenhaft; *officii* pflichteifrig; **2.** wirtschaftlich, sparsam.
dīligentia, *ae f (dīligēns)* **1.** Aufmerksamkeit, Sorgfalt, Pünktlichkeit, Umsicht; **2.** Wirtschaftlichkeit.
dī-ligō, *lēxī, lēctum* 3 *(dis + legō; eigtl.* „wähle aus"; *cf. intellegō, neglegō)* hoch achten, hoch schätzen, lieben; *(P.P.P.)* °*adi.* **dīlēctus** 3 *(m. comp., sup.)* lieb, teuer [*tibi*]; °*subst.* **~,** *ī m* Liebling; *dīlēctī* = *dēlēctī; s. dēligō.*
dī-lōrīcō 1 *(lōrīca)* auseinander reißen, aufreißen.
dī-lūceō, — — 2 klar sein, sich aufklären.
dī-lūcēscō, *lūxī,* — 3 *(incoh. v. dīlūceō)* °**1.** licht werden, erscheinen; **2.** *impers.* tagen.
dī-lūcidus 3 *(m. comp., adv.; dīlūceō)* deutlich, klar; *kl. nur* /.
dīlūculum, *ī n (dīlūceō)* Morgendämmerung, -röte.
dīlūdium, *ī n (eigtl.* „Unterbrechung des Kampfspiels" *nach dīlātiō; lūdus)* Ruhetag *(der Gladiatoren)*; / Galgenfrist.
dī-luō, *luī, lūtum* 3 *(Vermengung v. lavō* 1 „waschen" *u. luō* 3 „lösen") **1. a)** erweichen [*aqua lateres*]; **b)** / vermindern, verscheuchen; **2.** °**a)** auflösen [*mella Falerno*]; °**b)** verdünnen [*vinum*]; °**c)** *(durch Lösen)* bereiten [*venenum*]; **d)** / auflösen [*amicitiam*]; entkräften, tilgen [*crimen*].
dīluviēs, *ēī u.* **-vium,** *ī n (dīluō)* Überschwemmung; / Verderben; ** *diluvium* Sintflut.
dīluviō 1 *(dīluvium)* überschwemmen.
dimachae, *ārum m (gr. Fw.)* Reiter, die auch zu Fuß kämpfen *(makedonische Sonderformation).*
dī-mānō 1 auseinander fließen; / sich ausbreiten.
dīmēnsiō, *ōnis f (dīmētior)* Ausmessung, Ausmaß; °Quantität.
dī-mētior, *mēnsus sum* 4 ver-, aus-, abmessen [*syllabas*]; abstecken [°*campum*]; *(part. pf. pass.) adi.* **dīmēnsus** 3 abgemessen.
dī-mētō *u.* **-or** 1 abgrenzen, abstecken [*locum castris*].
dīmicātiō, *ōnis f (dīmicō) das* Kämpfen, Kampf; / *das* Ringen *um, das* Risiko [*capitis*].
dī-micō 1 *(t.t. der Fechtersprache* „herumfuchteln"; *pf. dcht. auch -uī) mit blanker Waffe* kämpfen, fechten, streiten; *proeliō* eine Schlacht schlagen; / ringen, sich mühen *um* [*de vita, pro salute*].
dīmidiātus 3 *(P.P.P. v. dīmidiō* 1 „halbieren"; *dis + medius)* halb(iert).
dīmidius 3 *(wahrsch. Rückbildung aus dīmidiō* 1 „halbieren") halb; *subst.* **-um,** *ī n* Hälfte; *-o minor* nur halb so groß.
dī-minuō, *uī, ūtum* 3 zerschlagen, zerspalten.
dīminūtiō = *dēminūtiō.*
dīmissiō, *ōnis f (dīmittō)* **1.** Aussendung; **2.** Dienstentlassung.
dī-mittō, *mīsī, missum* 3 **1.** aus-, umherschicken, entsenden; **2. a)** entlassen, auflösen [*concilium*]; °**b)** *uxorem, alqam e matrimonio* sich scheiden *von,* verstoßen; **3.** freigeben, laufen lassen [*hostem e manibus*]; **4.** aufgeben, verzichten *auf* [*ius suum*]; unbenutzt lassen [*occasionem*]; °erlassen [*tributa*].
dī-moveō, *mōvī, mōtum* 2 auseinander schieben, zerteilen, trennen; / losmachen, vertreiben, entfernen; abwendig machen.
Dindymus, *ī m (gr. -os) u.* **-a,** *ōrum n Geb. in Phrygien m. Kybelekult;* **-mēnē,** *ēs f* Kybele.
dī-nōscō = *dīgnōscō.*
dī-notō 1 unterscheiden.
dīnumerātiō, *ōnis f (dīnumerō)* Aufzählung, Zählung.
dī-numerō 1 ab-, aufzählen; berechnen.
diōbolāris, e *(gr. Fw. m. lat. Suffix)* für 2 Obolen käuflich [*scortum* Zweigroschenhure].
****dio(e)cesanus,** *i m* Bewohner eines Kirchensprengels.
dioecēsis, *is f (gr. Fw.)* Distrikt, Bezirk; ** Sprengel, Bistum.

dioecētēs, *ae m* (*gr. Fw.*) Verwalter *der königlichen Einkünfte.*
Diogenēs, *is m* (*gr.* -gęnēs) *der bekannte Kyniker aus Sinope, † 323.*
Diomēdēs, *is m Sohn des Tydeus, Held vor Troja, sagenhafter Gründer v. Arpi in Apulien; adi.* -mēdēus 3.
Diōnē, *ēs u.* **-a,** *ae f Mutter der Venus, auch Venus; adi.* -naeus 3.
Dionȳsius, *ī m* (*gr.* -ios) *Herrscher v. Syrakus:* **1.** *der ältere, † 367;* **2.** *der jüngere, 343 vertrieben.*
Dionȳsus, *ī m* (*gr.* -ǫnȳsos) Bacchus; *adi.* -sius 3; *subst.* **-sia,** *ōrum n* Bacchusfest.
diōta, *ae f* (*gr. Fw.*) zweihenkliger Weinkrug.
diplōma, *atis n* (*gr. Fw.*) Urkunde (*aus 2 Blättern*); *bsd.* °**1.** Begnadigungsschreiben; Bürgerrechtsurkunde; **2.** (*in d. republ. Zeit*) Geleitbrief *des Senats für die in eine Provinz Reisenden;* °**3.** (*in d. Kaiserzeit*) *Pass zur Benutzung der Staatspost.*
dipsas, *adis f* (*gr. Fw.*) *eine Giftschlange.*
****diptych(i)um,** *i n* Schreibtafel, Verzeichnis.
dipyros, *on* (*gr. Fw.*) zweimal gebrannt.
dīrae, Dīrae *s. dīrus.*
dirēctiō, *ōnis f* (*dīrigō*) *das* Hinrichten *auf,* Richtung.
dīrēctus 3 (*m.* °*comp.*; *adv.* **-ē** *u.* **-ō**; *dīrigō*) **1.** in gerader Richtung, gerade; **2.** waagerecht, horizontal; **3.** vertikal, senkrecht, steil abfallend; **4.** / geradezu, ohne Umschweife; streng.
dirēmptus, *ūs m* (*dirimō*) Trennung.
dīreptiō, *ōnis f* (*dīripiō*) Plünderung, Raub.
dīreptor, *ōris m* (*dīripiō*) Plünderer.
dir-ibeō, —, *ibitum* 2 (*dis; habeō*) / *die Stimmtäfelchen* [*tabellas*] sondern.
diribitiō, *ōnis f* (*diribeō*) Zählung der Stimmtäfelchen.
diribitor, *ōris m* (*diribeō*) Zähler der Stimmtäfelchen.
diribitōrium, *ī n* (*diribitor*) *Gebäude in Rom, urspr. für Stimmzählungen, später für Austeilung v. Geschenken u. Löhnung.*
dī-rigēscō = *dērigēscō.*
dī-rigō, *rēxī, rēctum* 3 (*regō*) **1.** gerade richten, gerade machen, in gerader Linie aufstellen; *flumina* regulieren; **2.** **a**) hinwenden, -lenken [*cursum ad litora*]; °**b**) abschießen, schleudern; **3.** / **a**) richten nach, hinwenden *auf* [*ad veritatem*]; **b**) einrichten, bestimmen *nach* [*artes ad voluptatem*]; ** schicken.
dir-imō, *ēmī, ēmptum* 3 (*dis; emō*) **1.** auseinander nehmen, trennen, scheiden [*corpus*]; **2.** / **a**) unterbrechen, stören, vereiteln; **b**) abbrechen [*proelium*]; schlichten, beilegen [*controversiam*].
dī-ripiō, *ripuī, reptum* 3 (*rapiō*) °**1.** auseinander reißen, zerreißen; herab-, weg-, entreißen; **2.** plündern; rauben.
dīritās, *ātis f* (*dīrus*) schreckliches Unglück, Grausamkeit.
dī-rumpō, *rūpī, ruptum* 3 **1.** zerreißen, -brechen, -schlagen (*P.P.P.*) **dīruptus** 3 gebrechlich [*homo*]; **2.** / **a**) *se -ere* sich die Lunge aus dem Hals schreien; **b**) (gewaltsam) abbrechen; **c**) *mediopass.* (*Umgangssprache*) bersten, platzen *vor* [*dolore*].
dī-ruō, *ruī, rutum* 3 niederreißen, einreißen, zerstören; / (*aere*) *dirutus* bankrott.
dīrus 3 (*m.* °*comp.*, °*sup.*; *Dialektwort zu* √ *dwei- „fürchten") °**1.** (*relig. t.t.*) Unheil verkündend; **2.** / grausig, grässlich, schrecklich; *subst.* **-ae,** *ārum f u.* **-a,** *ōrum n* unheilvolle Zeichen; °Verwünschungen; °**3.** **Dīra,** *ae f* Rachegöttin, Furie.
dis-[1] *praev.* (*vor b, d, g, l, m, n, v u.* (*seltener*) *vor r: dī-; vor f assimiliert zu dif-, vor Vokalen dir-, vor sc, sp, st vl. vereinfacht zu di-; cf. bis, nhd.* „zer-") auseinander: **1.** (*Trennung od. Entfernung*) zer-, ver-, fort-, weg- [*discurro*]; **2.** (*Verneinung*) un- [*dissimilis*]; **3.** (*Verstärkung; meist in d. Umgangssprache*) ganz, völlig [*distaedet*].
dīs[2], *dītis m f u.* **dītis,** e (*m.* °*comp.*, *sup.*; *cf. dīves*) **1.** (*kl. nur sup.*) = *dīves*; **2.** ♀ (*Übersetzung aus gr.* Plūtōn) Pluto, *Gott der Unterwelt.*
dis-calceātus 3 (*dis-* + *P.P.P. v. calceō*) unbeschuht.
****discantus,** *us m* hohe Tonlage, Sopran.
dis-cēdō, *cessi, cessum* 3 **1.** **a**) auseinander gehen, sich trennen; **b**) sich zerstreuen; **c**) (*bei der Abstimmung im Senat*) *einer Ansicht* beitreten [*Li.*: *in hanc sententiam*]; °**d**) (*log. od. gramm.*) zerfallen *in* [*in tres partes*]; **2.** **a**) weggehen, sich entfernen; *ab armis* die Waffen niederlegen; **b**) (*mil. t.t.*) abmarschieren, aufbrechen; **c**) abfallen,

untreu werden [ab amicis]; sich trennen *von*; **d**) (*aus einem Kampf od. Streit vor Gericht*) hervorgehen *als* [superior], davonkommen [sine detrimento]; **e**) ablassen *von*, aufgeben [ab officio]; *in der Beurteilung* absehen *von* [a vobis]; **f**) schwinden, vergehen, scheiden [memoria ex animo; e vita].

disceptātiō, *ōnis f* (disceptō) **1.** Erörterung, Verhandlung; Streitfrage; °**2.** richterliche Entscheidung, Urteil.

disceptātor, *ōris m u.* **-trīx,** *īcis f* (disceptō) Schiedsrichter(in).

dis-ceptō 1 (*dis-* + *intens. v.* capiō) **1.** (*als Richter od. Schiedsrichter*) untersuchen, entscheiden [controversias]; **2.** (*v. d. Parteien*) verhandeln *über* [de controversiis]; **3.** / beruhen *auf*.

dis-cernō, *crēvī, crētum* 3 °**1.** absondern, trennen, scheiden; **2.** / **a**) unterscheiden [ius ab iniuria]; **b**) entscheiden, beurteilen; ** (*P.P.P.*) *adi.* **discretus** 3 weise; bescheiden, höflich; vornehm.

dis-cerpō, *psī, ptum* 3 (carpō) **1.** zerpflücken, -reißen; zerstreuen; **2.** / **a**) (*in der Rede*) zerstückeln; °**b**) herunterreißen [dictis].

discessiō, *ōnis f* (discēdō) °**1.** *das* Auseinandergehen, Trennung; **2.** (*im Senat*) Abstimmung (*durch eine Art Hammelsprung*); ~ *fit* es wird abgestimmt; °**3.** Abmarsch.

discessus, *ūs m* (discēdō) **1.** *das* Auseinandergehen [caeli Wetterleuchten]; **2.** *das* Weggehen, Scheiden; Abwesenheit [meo discessu]; Abreise, Abmarsch; Verbannung.

discidium, *ī n* (*dī-?*: discindō) Trennung; Ehescheidung; Zerwürfnis.

dis-cīdō, *cīdī, cīsum* 3 (caedō) zerhauen.

discinctus *s.* discingō.

discindō, *scidī, scissum* 3 (*dī-?*) zerreißen, zerschneiden; aufreißen [tunicam]; / plötzlich abbrechen.

dis-cingō, *cinxī, cinctum* 3 (*cīnxī, cīnctum?*) los-, aufgürten; (*P.P.P.*) *adi.* **discinctus** 3 (*-cīnctus?*) ungegürtet (*ohne Waffe in der Tunika* [*Zeichen der Trauer*] *od. mit blankem Schwert ohne Scheide u. Wehrgehenk* [*milit. Strafe*]; / ungebunden, locker, leichtfertig.

disciplīna, *ae f* (discipulus) **1. a**) Unterricht, Unterweisung; **b**) Kenntnis, Wissen, Bildung; **c**) Lehrmethode, System; **d**) Unterrichtsfach, Wissenschaft [bellica]; **e**) Schule; **2. a**) Erziehung, Zucht; **b**) Kriegs-, Manneszucht, Disziplin; **c**) Lebensweise, Grundsätze; Ordnung, Einrichtung; Opfer, Ritus; *meretricia* Mätressenwirtschaft; **d**) Staatsverfassung.

****disciplinatus** 3 geschult, gebildet.

discipula, *ae f* (discipulus) Schülerin.

discipulus, *ī m* (**dis-cipiō* „fasse geistig auf"; *cf.* disceptō) Schüler.

dis-clūdō, *sī, sum* 3 (claudō) voneinander abschließen, trennen.

discō, *didicī,* — 3 (*-īsc-?*; *wohl aus* **di-dc-scō*; *cf.* doceō) **1.** lernen, studieren; *pf.* kennen, wissen, verstehen; **2.** kennen lernen; **3.** erfahren; (*part. praes.*) °*subst.* **discentēs,** *ium m* Schüler, Lehrlinge.

discobolos, *ī m* (*gr. Fw.*) Diskuswerfer.

dis-color, *ōris* verschiedenfarbig, bunt; °/ verschieden, unähnlich.

dis-condūco, — — 3 nicht zuträglich sein, schaden.

dis-conveniō, — — 4 nicht übereinstimmen, schlecht passen.

discordābilis, e (discordō) nicht übereinstimmend.

discordia, *ae f* (discors) **1. a**) Uneinigkeit, Zwietracht, Zwist; °**b**) Meuterei; °**2.** Zankapfel; °**3.** ♀ (*gr.* Eris) *Göttin der Zwietracht.*

discordiōsus 3 (discordia) händelsüchtig.

discordō 1 (discors) **1. a**) uneinig sein; °**b**) meutern; °**2.** / nicht übereinstimmen.

dis-cors, *cordis* (cor) **1. a**) uneinig; °**b**) meuterisch; °**2.** / entgegengesetzt; ungleich, zwiegestaltig; verschieden [moribus].

discrepantia, *ae f* (discrepāns) Widerspruch.

discrepātiō, *ōnis f* (discrepō; *nkl.*) = *discrepantia.*

dis-crepō, *āvī,* — 1 ungleich klingen; / verschieden sein, abweichen, widersprechen; °*impers.* **discrepat** man ist uneins, man streitet.

****discretio,** *onis f* Unterscheidung; peinliches Gericht; (*Anrede*) Ew. Weisheit.

****discretus** 3 *s.* discernō.

discrībō, *scrīpsī, scrīptum* 3 (*dī-?*)

1. ein-, abteilen, ordnen; °2. zu-, verteilen, anweisen; *cf. dēscrībō.*

discrīmen, *inis n* (*discernō*) **1. a)** (*concr.*) Scheidelinie; **b)** (*abstr.*) Abstand, Entfernung; Intervall [°*septem discrimina vocum* = siebensaitige Leier]; Zwischenraum; **2.** / **a)** Unterschied, Unterscheidung; **b)** Entscheidung *über* [*belli*], Entscheidungskampf; **c)** entscheidender Augenblick, Wendepunkt; (höchste) Gefahr [*res est in summo discrimine*]; Spannung; Ausschlag; °Probe; **d)** Unterscheidungsgabe.

discrīminō 1 (*discrīmen*) trennen, scheiden; °/ unterscheiden.

discrīptiō, *ōnis f* (*dī-?; discrībō*) **1.** Ein-, Verteilung, Gliederung; **2.** = *dēscrīptiō.* [*dēscrīptus.*}

discrīptus 3 (*dī-?; discrībō*) = }

dis-cruciō 1 (zer)martern, quälen.

dis-cumbō, *cubuī, cubitum* 3 (**cumbō; cf. cubō*) sich zu Tisch, zu Bett legen. [wünschen.}

dis-cupiō, *īvī, ītum* 3 sehnlich}

dis-currō, (*cu*)*currī, cursum* 3 auseinander laufen, sich zerstreuen; hin- und herlaufen.

discursātiō, *ōnis f* (*discursō*) *das* Hin- und Herlaufen. u. herlaufen.}

discursō 1 (*intens. v. discurrō*) hin-}

discursus, *ūs m* (*discurrō*) **1.** *das* Auseinanderlaufen; Streifzug; **2.** *das* Hin- und Herlaufen, -reiten.

discus, *ī m* (*gr. Fw.*) Wurfscheibe, Diskus; ** Schüssel, Teller, Platte; Tisch. [chenschaft.}

****discussio,** *onis f* Prüfung, Re-}

dis-cutiō, *cussī, cussum* 3 (*quatiō*) **1. a)** zerschlagen, zertrümmern; °**b)** auseinander jagen, verjagen; °**c)** zerteilen, fortschaffen; *discussa nive* als der Schnee geschmolzen war; **2.** / beseitigen, hintertreiben, vereiteln; ** untersuchen; diskutieren.

disertus 3 (*m. comp., sup.; wohl aus dissertus, P.P.P. v. disserō*[2]) **1.** wohl geordnet, klar, deutlich, bestimmt; **2.** beredt, redegewandt; *adv.* **-ē** (*m.* °*sup.*) *u.* (*altl.*) **-im** deutlich, bestimmt, klar.

dis-iciō, *iēcī, iectum* 3 (*iaciō*) °1. auseinander werfen; zerstören, zertrümmern; 2. auseinander treiben, zerstreuen, (zer)sprengen; °/ verschwenden; °**3.** vereiteln, hintertreiben.

disiectō 1 (*intens. v. disiciō*) zerstreuen. [streuen.}

disiectus[1], *ūs m* (*disiciō*) *das* Zer-}

disiectus[2] 3 (*disiciō*) zerstreut (liegend); vereinzelt; °ausgedehnt.

disiūnctiō, *ōnis f* (*disiungō*) **1.** Trennung; **2. a)** Verschiedenheit, Ungleichheit [*sententiae*]; **b)** (*dial. t.t.*) Gegensatz; **c)** (*rhet. t.t.*) Asyndeton.

disiūnctus 3 (*m. comp., sup., adv.; disiungō*) **1.** getrennt, entlegen, fern; / **2.** abweichend, verschieden; **3.** (*rhet. t.t.*) abgerissen; **4.** (*log. t.t.*) entgegengesetzt, disjunktiv.

dis-iungō, *iūnxī, iūnctum* 3 **1.** losbinden, abspannen; **2.** trennen, scheiden, entfernen; **3.** / **a)** entfremden; **b)** unterscheiden.

dis-marītus, *ī m* (*gr.* „zweimal" + *marītus*) = *bimarītus.*

dis-pālēscō, — — 3 (*incoh. v. dispālor*) weithin bekannt werden.

dis-pālor 1 zerstreut umherschweifen. [spannen, -breiten.}

dis-pandō, *pandī, pānsum* 3 aus-}

dis-pār, *aris* ungleich, verschieden.

disparātum, *ī n* (*P.P.P. v. disparō*) (*rhet. t.t.*) *der* kontradiktorische Gegensatz [*sapere, non sapere*].

dis-parilis, e (*m.* °*adv.*) ungleich, -ähnlich, verschiedenartig.

disparō, — — 1 absondern, trennen.

dispectus, *ūs m* (*dī-?; dispiciō*) allseitige Erwägung.

dis-pellō, *pulī, pulsum* 3 auseinander treiben; verscheuchen.

dispendium, *ī n* (*dis-pendō*[1] 3 „auswiegen") Unkosten; Aufwand; / Verlust, Schaden.

dis-pendō[2], —, *pessum* 3 *u.* (*vulgär*) **-pennō,** — — 3 = *dispandō.*

dispēnsātiō, *ōnis f* (*dispēnsō*) genaue Einteilung; Verwaltung; Amt des Schatzmeisters; ** Dispens; Sündenerlass.

dispēnsātor, *ōris m* (*dispēnsō*) Verwalter, Wirtschafter; Schatzmeister.

dispēnsō 1 (*intens. v. dis-pendō*[1] 3 „auswiegen,") **1.** (im richtigen Verhältnis) ver-, austeilen; **2.** / einteilen, ordnen; verwalten, haushalten; ** spenden; dispensieren.

dis-pērcutiō, — — 3 zerschmettern.

dis-perdō, *didi, ditum* 3 ganz zugrunde richten, verderben, verhunzen; P. *meist ersetzt durch*:

dis-pereō, *iī,* —, *īre* ganz zugrunde

gehen, verloren gehen; °*dispeream, ni* ich will des Todes sein, wenn nicht...

dispergō, *sī, sum* 3 (*dī-?; spargō*) **1.** aus-, zerstreuen, zersplittern; überall bespritzen *mit*; **2.** / aus-, verbreiten, verteilen.

dispersē *u.* °**-sim** *adv.* (*dī-?; dispersus, P.P.P. v. dispergō*) zerstreut, vereinzelt.

dispersiō, *ōnis f* (*dī-?; dispergō*) Zerstreuung; Zerstörung.

dispersus[1], *abl. ū m* (*dī-?; dispergō*) Zerstreuung.

dispersus[2] 3 (*dī-?; dispergō*) an verschiedenen Orten stattfindend.

dispertiō *u.* (*selten*) **-ior** 4 (*partiō*) **1.** zer-, verteilen; einteilen; zuteilen; °**2.** *mediopass.* auseinander gehen.

dispertītiō, *ōnis f* (*dispertiō*) Zerteilung.

dispiciō, *spexī, spectum* 3 (*dī-?; spēxī?; speciō*) **1.** (*abs.*) **a)** die Augen öffnen; (wieder) sehen können; °**b)** umherspähen; °**2.** (*intr.*) sich umsehen; **3.** (*trans.*) **a)** erblicken, wahrnehmen; / **b)** erkennen, durchschauen; **c)** erwägen.

displicentia, *ae f* (*displiceō*) Unzufriedenheit.

dis-pliceō, *uī, itum* 2 (*placeō*) missfallen, nicht gefallen; *sibi -ere* übler Laune, unpässlich sein.

dis-plōdō, *sī, sum* 3 zersprengen.

dis-pōnō, *posuī, positum* 3 **1.** an verschiedenen Orten aufstellen; **2. a)** planmäßig verteilen; / **b)** gut einrichten; **c)** (*rhet. t.t.*) ordnen; °**d)** geordnet darstellen; **3.** (*P.P.P.*) *adi.* **dispositus** 3 wohl geordnet.

dispositiō, *ōnis f* (*dispōnō*) gehörige Anordnung, Disposition; ** Fügung; Verwaltung.

dispositūra, *ae f* (*dispōnō*) Stellung.

dispositus, *abl. ū m* (*dispōnō*) Anordnung.

dis-pudet, *uit,* — 2 *impers.* sich sehr schämen [*memorare*].

dis-pungō, *pūnxī, pūnctum* 3 (*pŭnxī, pŭnctum?*) durchgehen, prüfen.

disputābilis, e (*disputō*) worüber sich viel sagen lässt.

disputātiō, *ōnis f* (*disputō*) (*wissenschaftliche*) Untersuchung, Abhandlung; ** öffentliches Streitgespräch.

disputātiuncula, *ae f* (*dem. v. disputātiō*) (kurze) Abhandlung.

disputātor, *ōris m* (*disputō*) gründlicher Denker; Diskussionsredner.

disputātrīx, *trīcis f* (*disputātor*) im Disputieren bestehend; *subst.* Dialektik.

dis-putō 1 °**1.** genau berechnen; *rationem* ~ *cum* abrechnen *mit*; **2.** wissenschaftlich untersuchen; disputieren.

dis-quīrō, — — 3 (*quaerō*) untersuchen.

disquīsītiō, *ōnis f* (*disquīrō*) Untersuchung.

dis-rumpō 3 = *dīrumpō.*

dis-saepiō, *psī, ptum* 4 wie durch eine Scheidewand trennen, absondern.

dissaeptiō, *ōnis f* (*dissaepiō*) *das* Ziehen einer Zwischenwand, Trennung [*iuris humani* (?); *cf. dissertiō*].

dissaeptum, *ī n* (*dissaepiō*) Zwischenwand.

dis-sāvior 1 abküssen.

dis-secō, *secuī, sectum* 1 zer-, aufschneiden.

dis-sēminō 1 aussäen; / verbreiten [*sermonem*].

dissēnsiō, *ōnis f u.* °**-sus,** *ūs m* (*dissentiō*) Meinungsverschiedenheit; Uneinigkeit; / Widerspruch.

dissentāneus 3 (*dissentiō*) nicht übereinstimmend.

dis-sentiō, *sēnsī, sēnsum* 4 **1.** verschiedener Meinung sein, nicht beistimmen [*abs te, tecum*]; streiten; **2.** / (*v. Sachen*) abweichen, widersprechen [*a more maiorum*].

dis-serēnāscit, *nāvit,* — 3 (*incoh. v. dis-serēnat* „es ist heiter"; *serēnus*) *impers.* es wird heiter.

dis-serō[1], *sēvī, situm* 3 °**1.** in Abständen aussäen; **2.** / in Abständen in die Erde setzen [*taleas*].

dis-serō[2], *seruī, sertum* 3 *mündl.* auseinander setzen, erörtern [°*libertatis bona; de immortalitate*].

dis-serpō, — — 3 unmerklich sich ausbreiten.

dissertātiō, *ōnis f* (*dissertō*) Erörterung.

dissertiō, *ōnis f* (*-s-?; disserō*[2]*?*) allgemeine Auflösung [*iuris humani* (?); *cf. dissaeptiō*].

dissertō 1 (*intens. v. disserō*[2]) gründlich erörtern.

dissiciō (*dcht.*) = *disiciō.*

dis-sideō, *sēdī,* — 2 (*sedeō*) **1.** entfernt, getrennt sein [*castris dat.*]; °*toga dissidet impar* die T. sitzt schief; **2.** / **a)** uneinig sein; zerfallen sein *mit* [*a re publica*]; **b)** widersprechen, widerstreben [*a ratione*].

dissīgnātiō (*-sīgn-?*) = *dēsīgnātiō*.
dissīgnātor, *ōris m* (*-sīgn-?*; *dissīgnō*) Anordner; *bsd.* Platzanweiser (*im Theater*); Bestattungsordner.
dis-sīgnō 1 (*-sīgn-?*) **1.** °**a**) entsiegeln; **b**) / enthüllen; **2. a**) anordnen, einrichten; °**b**) anrichten, anstiften; *cf. dēsīgnō*.
dis-siliō, *luī, sultum* 4 (*saliō*) zerspringen, bersten; / sich auflösen, zerrinnen [*gratia*].
dis-similis, e (*m. comp., sup. -simillimus*; °*adv.*) unähnlich, verschieden.
dissimilitūdō, *inis f* (*dissimilis*) Unähnlichkeit, Verschiedenheit.
dissimulābiliter *adv.* (*dissimulō*) unvermerkt.
dissimulanter *adv.* (*dissimulō*) insgeheim, unvermerkt; *non* ~ unverhohlen.
dissimulantia, *ae f* (*dissimulāns, part. praes. v. dissimulō*) Verstellung.
dissimulātiō, *ōnis f* (*dissimulō*) °**1.** *das* Unkenntlichmachen; **2.** Verstellung, Ironie; °**3.** Nichtbeachtung, absichtliches Übersehen.
dissimulātor, *ōris m* (*dissimulō*) Verleugner; *cuius rei lubet, simulator ac* ~ *ein* Meister der Verstellung.
dis-simulō 1 °**1.** unkenntlich machen; verstecken; **2.** / **a**) verbergen, verheimlichen; °**b**) nicht beachten, übersehen; **c**) sich verstellen.
dissipābilis, e (*dissipō*) zerteilbar.
dissipātiō, *ōnis f* (*dissipō*) **1.** Zerstreuung; Zersplitterung; **2.** (*rhet. t.t.*) Zerlegung *eines Begriffs in seine Teile.*
dis-sipō 1 (*altl. supō* 1 „werfen") **1.** zerstreuen, zersprengen; **2.** / **a**) zerstören, vernichten; **b**) verschleudern [*patrimonium*]; **c**) aussprengen [*rumores*]; **d**) aus-, verbreiten [°*bellum*]; °**e**) vertreiben [*curas*]; **3.** (*P.P.P.*) *adi.* **dissipātus** 3 zusammenhanglos [*oratio*].
dissociābilis, e (*dissociō*) **1.** (*pass.*) unvereinbar; **2.** (*act.*) trennend [*Oceanus*].
dissociātiō, *ōnis f* (*dissociō*) Trennung.
dis-sociō 1 °**1.** trennen, scheiden; **2.** / entfremden, verunreinigen.
dissolūbilis, e (*dissolvo*) auflösbar, zerlegbar.
dissolūtiō, *ōnis f* (*dissolvō*) **1.** Auflösung; **2.** / **a**) Abschaffung, Aufhebung [*legum*]; **b**) Widerlegung; **c**) Energielosigkeit, Schwäche; **d**) (*rhet. t.t.*) Asyndeton (*Weglassung der Bindewörter*).
dissolūtus 3 (*m. comp., sup., adv.*; *dissolvō*) **1.** aufgelöst, gelockert; **2.** / **a**) ungebunden, regellos; **b**) nachlässig, gleichgültig, sorglos; **c**) leichtsinnig, ausschweifend.
dis-solvō, *solvī, solūtum* 3 **1.** auflösen, zerlegen, abbrechen; **2.** / **a**) abschaffen aufheben, vernichten; **b**) widerlegen, entkräften [*crimina*]; **c**) losmachen, freimachen; **d**) (*rhet. t.t.*) (*Verse, Perioden*) auflösen, zerlegen; **e**) ab-, bezahlen.
dis-sonus 3 unharmonisch, verworren; / verschieden *durch* [*sermone*]; abweichend *von* [*a moribus*].
dis-sors, *tis* nicht gemeinsam *mit* [*ab omni milite*].
dis-suādeō, *suāsī, suāsum* 2 widerraten [*legem*].
dissuāsiō, *ōnis f* (*dissuādeō*) Gegenrede.
dissuāsor, *ōris m* (*dissuādeō*) „Widerrater"; °*legis agrariae* Redner gegen das Agrargesetz.
dis-suāvior = *dissāvior*.
dissultō 1 (*intens. v. dissiliō*) **1.** sich überallhin verbreiten; **2.** abspringen, abprallen; **3.** zerspringen.
dis-suō, *suī, sūtum* 3 (*Genähtes*) auftrennen: °**1.** öffnen [*sinum*]; **2.** allmählich auflösen [*amicitiam*].
dis-supō (*altl.*) = *dissipō*.
dis-taedet, —— *impers.* ganz überdrüssig sein [*me tui*].
distantia, *ae f* (*dī-?*; *distō*) °**1.** Abstand; **2.** / Verschiedenheit.
dis-tendō, *tendī, tentum u. tēnsum* 3 **1.** ausdehnen, ausstrecken; °**2.** *bis zur Gespanntheit, d. h.* ganz anfüllen [*nectare cellas*]; °**3.** (*mil. t.t.*) hier und dort beschäftigen [*hostes*]; °**4.** / zerstreuen; verwirren [*animos*].
distentus[1] 3 (*m. comp.*; *distendō*) ganz angefüllt, prall.
distentus[2] 3 (*m. sup.*; *distineō*) vielfach beschäftigt.
dis-terminō 1 scheiden.
distichon, *ī n* (*gr. Fw.*) Zweizeiler, Distichon (*bsd. Hexameter + Pentameter*).
distimulō 1 (*dī-?*) / zugrunde richten.
distīnctiō, *ōnis f* (*dī-?*; *-stīnct-?*; *distinguō*) **1.** Scheidung; **2.** Unterschied; **3.** (*rhet. t.t.*) **a**) Wechsel

im Kasus u. Genus bei demselben Wort; **b**) Pause (*in d. Rede*).

distīnctus¹, *abl. ū m* (*dī-? -stīnct-?*; *distinguō*) Abwechselung in Farbe *od.* Zeichnung.

distīnctus² 3 (*dī-?*; *-stīnct-?*; *m. °comp., adv.*; *distinguō*) **1.** gehörig abgeteilt, verschieden, mannigfaltig; °**2.** bunt; **3.** geschmückt; **4.** deutlich, bestimmt, klar.

D

dis-tineō, *tinuī, tentum* 2 (*teneō*) **1.** auseinander halten, trennen, an der Vereinigung hindern; **2.** / **a**) vielseitig in Anspruch nehmen, beschäftigen; **b**) verzögern [*pacem*].

di-stinguō, *īnxī, īnctum* (*dī-?*; *īnxī, īnctum?*; *eigtl.* „steche auseinander"; *cf. īnstīgō, nhd.* „sticken, stechen") **1. a**) trennen, unterscheiden; °**b**) (*gramm. t.t.*) interpungieren; **2.** mannigfach verzieren, bunt färben, ausschmücken; **3.** Abwechslung bringen *in* [*orationem*].

distō, — — 1 (*di-?*) **1.** (*räuml.*) auseinander stehen, getrennt, entfernt sein [*a mari*]; **2.** /°**a**) (*zeitl.*) auseinander liegen; **b**) sich unterscheiden; *impers.* **distat** es ist ein Unterschied.

dis-torqueō, *torsī, tortum* 2 verdrehen; / martern.

distortiō, *ōnis f* (*distorqueō*) Verrenkung.

distortus 3 (*m. comp., sup.*; *distorqueō*) verdreht, verrenkt, verwachsen; / verschroben.

distractiō, *ōnis f* (*distrahō*) Trennung; / Zerwürfnis.

dis-trahō, *trāxī, tractum* 3 **1. a**) auseinander ziehen, zerreißen, zerteilen; °**b**) / in Verruf bringen; **2.** °**a**) zerstückeln, einzeln verkaufen [*agros*]; **b**) (*gramm. t.t.*) *zwischen zwei Worten* den Hiat zulassen [*voces*]; **3.** losreißen, trennen *von*; **4.** auflösen [*societatem*]; aufheben; vereiteln, hintertreiben; schlichten [*controversias*]; **5. a**) schwankend machen; °**b**) spalten [*rem publicam*].

dis-tribuō, *buī, būtum* 3 ver-, aus-, zuteilen; auseinander legen [*exercitum latius*]; (logisch) einteilen; (*P.P.P.*) *adv.* **distribūtē** (*m. comp.*) wohl geordnet.

distribūtiō, *ōnis f* (*distribuō*) Verteilung; (logische) Einteilung; (*rhet. t.t.*) Auflösung *eines Begriffs*.

districtus¹ 3 (*dī-?*; *m. comp.*; *distringō*) in Anspruch genommen.

****districtus²**, *us m* Umgebung der Stadt; (Bann-)Bezirk.

di-stringō, *strīnxī, strictum* 3 (*di-?*; *strīnxī?*) °**1.** auseinander ziehen, foltern; °**2.** (*mil. t.t.*) *die feindlichen Kräfte* an- mehreren Punkten zugleich beschäftigen; °**3.** / vielseitig in Anspruch nehmen.

dis-truncō 1 auseinander hauen.

disturbātiō, *ōnis f* (*disturbō*) Zerstörung.

dis-turbō 1 **1.** auseinander treiben; **2. a**) zerstören; **b**) / zersprengen, vernichten, hintertreiben.

disyllabus 3 (*gr. Fw.*) zweisilbig.

dītēscō, — — 3 (*incoh. zu dīs²*) reich werden.

dīthyrambicus 3 (*gr. Fw.*) dithyrambisch, schwungvoll.

dīthyrambus, *ī m* (*gr. Fw.*) Dithyrambus, Loblied (*bsd. auf Bacchus*).

dītiae, *ārum f* (*altl.*) = *dīvitiae*.

ditiō *falsche Schreibung für diciō*.

dītis, dītior, dītissimus *s. dīs²*.

dītō 1 (*dīs²*) bereichern.

diū¹ *adv.* (*diēs*; *cf. interdiū*) bei Tage [*noctu diuque*].

diū² *adv.* (*comp.* **diutius**, *sup.* **diutissimē**) (*altl. diū*; *diūtius, diūtissimē ?*; *diū¹*) lange, längere Zeit; seit langer Zeit.

diurnus 3 (*diū¹*; *nach nocturnus*) Tages... [*tempus*]; täglich, für einen Tag [*cibus*]; °*subst.* **-a**, *ōrum n* Tageblatt, Amtsblatt, Zeitung.

dius¹ *adv.* (*-ū-?*; *wohl urspr. gen. temp. v. diēs*; *cf. adv. nox* „nachts") bei Tage.

dīus² 3 (*wahrsch. unter gr. Einfluss* ⟨**divios*; *nur dcht.*) himmlisch, göttlich; herrlich; *cf. Fidius*; *subst.* **-um**, *ī n* Himmelsraum; *sub dīō u. sub dīū* unter freiem Himmel; *cf. dīvus*.

diūtinus *u.* **diutinus** 3 (*m. °adv.*; *diū²*) langwierig, lange dauernd.

diuturnitās, *ātis f* (*diū-?*; *diuturnus*) lange Dauer; dauernder Bestand, Besitz.

diuturnus 3 (*m. comp.*; *diū-?*; *nach nocturnus*) lange dauernd, langlebig.

dī-vāricō 1 auseinander spreizen.

dī-vellō, *vellī* (°*vulsī*), *vulsum* 3 **1.** °**a**) auseinander reißen, zerreißen; **b**) weg-, losreißen; **2.** / gewaltsam trennen; *se -ere u. mediopass.* sich lösen, sich losreißen.

dī-vendō, *didī, ditum* 3 (*-ē-?*) einzeln verkaufen, versteigern [*bona*].

dī-verberō 1 zerhauen, -teilen.
dī-verbium, *ī n* (*verbum*; *fehlerhafte Übersetzung des gr. Fw. dialogus*) Dialog (*im Schauspiel*).
dīversitās, *ātis f* (*dīversus*) Verschiedenheit; Widerspruch.
dīversor, dīversōrium = *dēv...*
dīversus 3 (*m.* °*comp.*, °*sup.*, *adv.*; *dīvertō*) **1.** nach der entgegengesetzten Seite gewandt: **a)** entgegengesetzt, gegenüber; °*per -um* auf der entgegengesetzten Seite; **b)** / völlig verschieden, widersprechend; °*e -o* im Gegenteil; °**c)** feindlich, gegnerisch [*acies*]; **2.** nach verschiedenen Seiten gewandt: **a)** hierhin und dorthin führend [*itinera*]; **b)** zerstreut, vereinzelt; °**c)** wetterwendisch, unstet [*vulgus*]; unschlüssig[*animi*]; °**3.** abgelegen, fern.
dīverticulum = *dēv...*
dīvertium = *dīvortium.*
dī-vertō, *tī, sum* 3 auseinander gehen; / verschieden sein; (*mediopass.*) *ad alios -i* einen Abstecher machen; *cf. dēverto.*
dīves, *itis* (*m. comp.*; *sup.*; *abl. sg.* -e, *gen. pl.* -um; *gen. sg. auch unter Schwund des v zwischen gleichen Vokalen* > *dītis*; *hieraus Neubildung des nom. dīs*; *s. d.*; — *dīvus*; *eigtl.* „unter dem Schutz der Götter stehend") **1. a)** (*abs.*) reich; °**b)** reich *an* [*pecoris*]; **2.** / **a)** reichlich, fruchtbar, einträglich; °**b)** kostbar, prächtig.
dī-vexō 1 °**1.** auseinander zerren; **2.** / misshandeln, zerstören.
Dīviciācus, *ī m* **1.** *Fürst der Äduer*; **2.** *Fürst der Suessionen.*
dīvidia, *ae f* (*dīvidō*) Verdruss, Kummer.
dī-vidō, *vīsī, vīsum* 3 (*cf. vidua*; *nhd.* „Witwe") **1.** (*mehrere Ganze voneinander*) **a)** trennen, scheiden, absondern, fern halten; **b)** / unterscheiden; **2.** (*ein Ganzes in seine Teile*) **a)** (zer)teilen, zerlegen, trennen; °*auch* = *futuō*; **b)** einteilen [*in partes*]; gliedern; **c)** aus-, ver-, zuteilen; °*carmina cithara* Lieder auf der Zither vortragen. [teilt.]
dīviduus 3 (*dīvidō*) **1.** teilbar °**2.** ge-
dīvīnātiō, *ōnis f* (*dīvīnō*) **1.** Sehergabe; Ahnung; **2.** (*jur. t.t.*) Bestimmung des Anklägers.
dīvīnitās, *ātis f* (*dīvīnus*) **1.** Göttlichkeit, göttliche Natur, Weisheit; **2.** übermenschliche Vortrefflichkeit [*loquendi*]; ** Gottheit.
dīvīnitus *adv.* (*dīvīnus*) durch göttliche Eingebung; / herrlich.
dīvīnō 1 (*dīvīnus*) weissagen; ahnen.
dīvīnus 3 (*m. comp.*, *sup.*, *adv.*; *dīvus*) **1.** göttlich; *res -a* Opfer; *res -ae* Gottesdienst, Gott u. Welt (*Ggs. res humanae*); Physik, Metaphysik; **2.** gotterfüllt, gottbegeistert [°*vates*]; prophetisch [*mens*]; **3.** / übermenschlich, göttlich, unvergleichlich, vortrefflich; *bsd. Beiwort des Kaisers*; °*-a domus* Kaiserpalast; *subst.* **~,** *ī m* Seher, Prophet; °**-um,** *ī n das* Göttliche, Gottesdienst, Opfer; *kl. nur pl.* göttliche Dinge, Eigenschaften; ** *litterae* Theologie; Bibel; *subst.* **~,** *ī m* Theologe.
dīvīsiō, *ōnis f* (*dīvidō*) **1. a)** Teilung; *auch obszön*; **b)** (*philos. u. rhet. t.t.*) Einteilung, Aufgliederung; **2.** Verteilung.
dīvīsor, *ōris m* (*dīvidō*) Ver-, Austeiler, Geldverteiler.
dīvīsus, *dat. uī m* (*dīvidō*) *das* Verteilen; *facilis -ui* leicht teilbar.
dīvitiae, *ārum f* (*dīves*) Reichtum, Schätze; / Fülle, Fruchtbarkeit.
dīvortō, dīvorsus 2 (*altl.*) = *dīvertō, dīversus.*
dīvortium, *ī n* (*dīvortō*; *cf. dēvortium*) **1.** Scheidung, Trennung [*itinerum*]; **2.** Weg-, Wasserscheide; °**3.** Grenzscheide; **4.** / **a)** Ehescheidung [*-um facere cum uxore* sich scheiden lassen]; **b)** Auflösung *eines Liebesverhältnisses.*
dī-vulgō 1 bekannt machen, veröffentlichen; allen preisgeben; (*P.P.P.*) *adi.* **dīvulgātus** 3 (*m. sup.*) **1.** gemein; °**2.** allgemein verbreitet.
dīvus °**1.** *adi.* 3 (*Rückbildung aus dem gen. sg. des urspr. Paradigmas deus, dīvī, dīvō, deum* „Gott"; *cf. deus*) göttlich, himmlisch; vergöttert [*Augustus*]; **2.** *subst.* **a)** **~,** *ī m* Gott; **b)** **-a,** *ae f* Göttin; °/ Geliebte; **c)** **-um,** *ī n* freier Himmel [*sub divo* im Freien]; ** heilig; *subst.* **~,** *ī m* Götze.
dō, *dedī, datum* 1 (*altl.*: *danunt* = *dant*; *dān* = *dāsne?*; *datin* = *datisne?*; *dabin* = *dabisne?*; *coni. praes. duim, duis, duit, duint u. duās*; *cf. altind.* dá-dāti „gibt";

in den Komposita vielfach mit √‾*dhē- *vermengt*) geben: **1. a**) (über)geben, darreichen, verleihen, spenden [*filiam in matrimonium*]; *obsides* Geiseln stellen; °**b**) (*Göttern*) darbringen, weihen, opfern [*tura divis*; *Weiheformel*: *do, dono, dico*]; **c**) übertragen, erteilen, anweisen [*bellum gerendum*]; **d**) (*Briefe*) dem Boten übergeben, einhändigen [*tabellario epistulam*]; absenden [*ad alqm*]; (*Geld*) zahlen; *poenas* büßen; °**e**) anbieten, geben wollen (*nur praes. u. impf.*) [*equites mille, cum duo milia daret, accepti*]; **f**) (*Festlichkeiten*) veranstalten, (*Spiele*) geben [°*ludos populo*]; **2.** überlassen, preisgeben, ergeben [*se quieti, se ad lenitatem*]; °*bracchia cervici* die Arme um den Nacken schlingen; °*lora* die Zügel schießen lassen; **3. a**) irgendwohin richten, bringen [*hostes in fugam*]; *vela* in See stechen; **b**) *se dare* sich begeben, sich stürzen, kommen [*in viam, in periculum*]; sich zeigen, sich gestalten [*prout tempus se dat*]; sich willig zeigen, sich fügen; **4. a**) geben, gewähren, gestatten, gönnen [*tempus colloquio*]; *veniam* Erlaubnis *od.* Verzeihung, Gnade gewähren; °*datur m. a.c.i.* es ist erlaubt; **b**) zugestehen [*mortem esse malum*]; **c**) zusprechen, bestimmen [°*locum*]; **d**) *jd. etw.* zu Gefallen tun, *um jds. willen* verzeihen, begnadigen [*da hunc populo*]; **e**) widmen [°*ludum amori*]; *operam* Mühe verwenden *auf* [*litteris*]; *se dare* sich widmen [*populo*]; **5.** (*m. praed. dat.*) anrechnen *zu*, auslegen *als* [*vitio, quod*]; *crimini* zum Vorwurf machen; zuschreiben [*tantum ingenio*]; °**6.** (*ein Amt*) verschaffen, besorgen; **7.** verursachen, bewirken, hervorbringen, erregen, machen [*dolorem*; *hostes* °*victos* ~ = *h. vincere*]; °*cuneum* einen Keil bilden; °*locum* Platz machen; **8.** °**a**) von sich geben (hören, sehen, vernehmen lassen) [*verba*]; **b**) sagen, angeben, melden, nennen [*Tulliola tibi diem dat*]; *nomen* sich (*zum Kriegsdienst*) stellen, sich melden; (*part. praes.*) °*subst.* **dāns**, *dantis m* der Geber; (*P.P.P.*) °*subst.* **datum**, *ī n* Spende; *kl. nur pl.* Ausgaben; ** zuschreiben; *datur* = *dicitur*.

doceō, *docuī*, *doctum* 2 (*Kausativum zu deceō*; *cf. discō*) **1.** (be)lehren, unterrichten, unterweisen [*puerum artem*]; **2. a**) zeigen, dartun, auseinander setzen [*ut supra docuimus*]; **b**) (*einen Richter, einer Behörde*) den Sachverhalt vortragen [°*senatum de caede*]; **3.** auf die Bühne bringen, einüben [*fabulam*]; **4.** Unterricht erteilen.

dochmius, *ī m* (*gr. Fw.*) dochmischer Versfuß (⏑ — — ⏑ —).

docilis, e (*m.* °*comp.*; *doceō*) **1.** gelehrig, bildungsfähig, gewandt; °**2.** leicht fasslich.

docilitās, *ātis f* (*docilis*) Gelehrigkeit.

docimen(tum) = *documen(tum)*.

doctor, *ōris m* (*doceō*) Lehrer; ** *gentium* Apostel Paulus; Universitätslehrer; Kirchenlehrer; *akademischer Grad.*

doctrīna, *ae f* (*doctor*) **1.** Unterricht, Unterweisung; **2. a**) Gelehrsamkeit, gelehrte Kenntnisse; **b**) Lehrfach, *einzelne* Wissenschaft.

doctus 3 (*m.* °*comp.*, *sup.*, °*adv.*; *doceō*) **1. a**) gelehrt, gebildet; **b**) mit der griechischen Literatur vertraut; **2.** / geübt, geschickt, klug; *subst.* **~**, *ī m* Gelehrter, Kenner, Kritiker.

documen, *inis* (*Lu.*) *u.* **-mentum**, *ī n* (*doceō*) (warnendes) Beispiel, Beweis; ** Unterweisung, System; Urkunde; *antiquum* Altes Testament.

Dōdōna, *ae f* (*gr. -nē*) **1.** *St. in Epirus m. uraltem Eichenhain u. Zeusorakel*; °**2. a**) *Eichenhain v.* ~; **b**) *Priesterschaft v.* ~; *adi. -naeus* 3 *u. -nis, idis f.*

dōdrāns, *antis m* (<**dē quadrāns*; *eigtl.* „fehlend ein Viertel"; *cf. deūnx*) **1.** drei Viertel des röm. *as*; °**2.** $^3/_4$ Fuß; °**3.** $^8/_4$ Morgen.

dōdrantārius 3 (*dōdrāns*) um drei Viertel ermäßigt; *tabulae* -*ae* Schuldbücher, in denen $^3/_4$ der Schulden getilgt waren.

dogma, *atis n* (*gr. Fw.*) Lehrsatz; ** Lehre [*papae*]; Glaubenssatz.

Dolābella, *ae m cogn. in d. gens Cornelia*: *P. Corn.* ~, *Ciceros Schwiegersohn.*

dolābra, *ae f* (*dolō*[1]) Hacke, Brechaxt.

dolēns, *entis*; *adv.* **-enter** (*doleō*) schmerzlich, mit Trauer.

doleō, *doluī*, *dolitūrus* 2 (*eigtl.* „zerrissen sein"; *zu dolō*[1]) **1. a**) (*v. Gliedern*) schmerzen, wehtun [*oculi*]; °**b**) (*v. Personen*) Schmerz empfinden; *impers. dolet* es schmerzt, tut weh; °**2.** Schmerzen hervorrufen; **3.** / **a**) sich betrüben, bedauern; betrübt, ärgerlich sein *über* [*interitum viri, laude aliena*]; **b**) (*impers.*) *dolet mihi, quod* ... es tut mir leid, dass ...

dōliāris, *e* (*dōlium*) dick wie ein Fass [*anus*].

dōliolum, *ī n* (*dem. v. dōlium*) Fässchen.

dōlium, *ī n* (*dolō*[1]) Fass; Weinfass; ** Behälter; / *Saturni* Höllenschlund, Hexensabbat.

dolō[1] 1 (*V‾**del- „spalten") **1.** behauen, zuhauen, zimmern; / bearbeiten [°*fuste* durchprügeln]; **2.** roh herausarbeiten [*opus*].

dolō(n)[2], *ōnis m* (*gr. Fw.*) **1.** Stockdegen, Dolch, Stilett; / Stachel der Fliege; **2.** Vordersegel.

dolor, *ōris m* (*doleō*) **1.** (*körperlicher*) Schmerz; **2.** / (*seelischer*) Schmerz: **a**) Betrübnis, Kummer; **b**) Ärger, Unmut, Unwille, Groll, Leidenschaft; **c**) Pein, Qual, Kränkung; **3.** (*rhet. t.t.*) wehmütiges Pathos.

****dolorosus** 3 schmerzensreich.

dolōsus 3 (*m. adv.*; *dolus*) trügerisch, arglistig, ränkevoll.

dolus, *ī m* (*cf. sēdulō*) Betrug, Trug, Arglist, Täuschung, Hinterlist; *pl.* Ränke.

domābilis, *e* (*domō*) bezwingbar, überwindlich.

domesticātim *adv.* (*domesticus*) in Privathäusern.

domesticus 3 (*domus*) **1.** häuslich, Haus...; **2.** Familien...; **3.** privat, persönlich, eigen; *Furiae -ae* in der eigenen Brust; **4.** vaterländisch, innerer [*bellum*]; *subst.* **~**, *ī m* Hausgenosse; *pl.* Familie; Umgebung; Hausfreunde; °Gesinde; **-a**, *ōrum n* einheimische Beispiele.

****domicella**, *ae f* Mädchen; Jungfrau Maria; Ritterfräulein.

domicēnium, *ī n* (*domus*, *cēna*) Mahlzeit zu Hause.

domicilium, *ī n* (*domus* + (*vl.*) *colō*) Wohnung, Wohnsitz, Wohnort; / Sitz [*imperii*].

domina, *ae f* (*dominus*) **1.** Herrin im Hause, Hausfrau; °**2. a**) Herrin, Gebieterin [°*Venus*]; **b**) Dame *aus dem kaiserlichen Hause*; **c**) Geliebte.

domināns, *antis* (*dominor*) °**1.** *adi.* (*m. comp.*) herrschend; °**2.** *subst. m* Gebieter, Herrscher; Despot.

dominātiō, *ōnis f* (*dominor*) Herrschaft; Gewaltherrschaft; *unius* Monarchie; °*pl. die* Herrscher.

dominātor, *ōris m* (*dominor*) Beherrscher.

dominātrīx, *īcis f* (*dominātor*) Beherrscherin.

dominātus, *ūs m* (*dominor*) = *dominātiō*.

dominicus 3 (*dominus*) herrschaftlich; kaiserlich; ** dem Herrn gehörend; *dominica* [*dies*] Sonntag; *-a in palmis* Palmsonntag; *cena -a* Abendmahl; *oratio -a* Vaterunser; *corpus -um* Hostie.

dominium, *ī n* (*dominus*) °**1.** Besitz, Eigentum(srecht); °**2. a**) Herrschaft, Gewalt; **b**) / Gebieter; **3.** Gelage, Gastmahl.

dominor 1 (*dominus*) Herr sein, gebieten, den Herrn spielen; °/ *dominantia nomina* eigentliche Bezeichnungen.

dominus, *ī m* (*domus*) **1.** Hausherr; **2.** Eigentümer, Besitzer; **3.** Herrscher, Gebieter *über* [°*vitae necisque*]; **4.** Veranstalter *eines Schau- od. Gladiatorenspiels od. einer Auktion*; Bauherr; Gastgeber; °**5.** Gatte, Geliebter; °**6. a**) (*Anrede*) *etwa = nhd.* „mein Herr!"; **b**) *Titel des Kaisers*: Herr; °**7.** *adi.* 3 des Herrn [*torus*]; ** Christus; Gott; Lehnsherr.

domiō, —, *domītum* 4 (*domus*) einheimsen (?).

domi-porta, *ae f* (*domus*, *portō*) Hausträgerin (*Schnecke*).

Domitius 3 *Name einer pleb., seit Augustus patriz. gens*: **I.** *Familie der A(h)ēnobarbī* („Rotbärte"): **1.** *Cn. ~ A. Allobrogicus, Besieger der Allobroger (121); Erbauer der via Domitia*; **2.** *L. ~ A., Feldherr des Pompejus*; **II.** *Familie der Calvīnī* („Kahlköpfe"): *Cn. ~ C., Legat Cäsars*; *adi. -iānus* 3; *subst. T. Flāvius* **Domitiānus**, *ī m röm. Kaiser (81–96).*

domitō 1 (*intens. v. domō*) bezähmen, bändigen.

domitor, *ōris m* (*domō*) Bändiger; / Bezwinger.

domitrīx, *īcis f* (*domitor*) Bezwingerin.

domitus, *abl. u m* (*domō*) Zähmung, Bändigung.

domō, *uī*, *itum* 1 (*cf. domus*; *nhd.* „zähmen") **1.** zähmen [*leones*]; **2.** /

a) überwältigen, besiegen; °b) veredeln [arbores]; kochen; keltern.
domus, ūs *f* (*sg.*: *altl. gen.* -ī; *dat.* °*auch* -ū *u.* -ō; *abl.* -ō, *selten* -ū; *pl.*: *gen.* -ōrum *u.* -uum, *acc.* -ōs *u.* -ūs; √*demā- „fügen, bauen"; *cf. nhd.* „Zimmer") **1.** Haus, Wohnung, Behausung; Palast; **2.** / °**a**) Bau, Nest; **b**) Heimat, Vaterland, -stadt; **c**) Hausgenossen, Familie; **d**) Philosophenschule; **e**) Hauswesen, Haushalt; *adv.* **domum** (*pl.* domōs) nach Hause, ins Haus, in die Heimat, heim; **domō** von Hause; **domī** (*loc.*) zu Hause, im Hause, in der Heimat, daheim; *domi meae* in meinem Hause; *domi bellique* (*od. militiaeque*) in Krieg und Frieden.
dōnābilis, e (*dōnō*) beschenkenswert.
dōnārium, ī *n* (*dōnum*) Opferaltar, Tempel; ** Weihgeschenk; Schatzkammer.
dōnātiō, ōnis *f* (*dōnō*) Schenkung, Gabe.
dōnātīvum, ī *n* (*dōnātus, P.P.P. v. dōnō*) Geldgeschenk *des Kaisers an die Soldaten.*
dōnātor, ōris *m* (*dōnō*) Geber.
dōnec, *altl.* **dōnicum,** (*Lu.*) **dōnique** *ci.* (*wohl aus* *dō-ne-quom *bzw.* *dō-ne-que; *„dō" „hinzu"; „ne" *verstärkend*; *quom* = *cum* „wann"; „que" *wohl verallgemeinernd*; *urspr.* „bis zu dem Zeitpunkt, wann"; *cf. dēnique*; *quandō*) °**1.** (*m. ind.*) so lange als; **2.** (*m. ind. u. coni.*) bis, bis dass.
dōnō 1 (*dōnum*) **1. a**) (ver)schenken [*praedam militibus*]; **b**) beschenken [*milites coronis*]; **2.** verleihen, vergönnen; **3. a**) zum Opfer bringen; °**b**) weihen, opfern; **4. a**) erlassen [*aes alienum*]; °**b**) ungestraft lassen, vergeben [*alci jd.* zuliebe]; ** geben.
dōnum, ī *n* (*cf. altind.* dānam; *dō*) **1.** Gabe, Geschenk; °-*a ultima die* letzte Ehre; **2.** Opfer(gabe), Weihgeschenk.
dorcas, adis *f* (*gr. Fw.*) Gazelle; [/ Mädchen.]
Dōrēs, um *m die* Dorier, *ein Hauptstamm der Griechen, urspr. am Olymp, später im Peloponnes*; *adi.* Dōri(c)us 3 dorisch; °griechisch.
dormiō 4 (*altl. fut.* -ībō; *cf. altind.* drāti „schläft") schlafen; / untätig, °sorglos sein; ** sterben.
dormītātor, ōris *m* (*dormītō*) Träumer, Faselhans.
dormītō 1 (*intens. v. dormiō*) schläfrig sein; / schlafen, nachlässig sein, träumen.
dormītor, ōris *m* (*dormiō*) der Schläfer.
dormītōrius 3 (*dormītor*) Schlaf... [*cubiculum*]; ** *subst.* **-um,** ī *n* Schlafsaal der Mönche.
dorsum, ī *n u.* **-us,** ī *m* (*et. ungedeutet*) Rücken; / Bergrücken, Kamm; °*saxeum* Steindamm.
doryphoros, ī *m* (*gr. Fw.*) Speerträger (*ber. Statue des Polyklet*); °*pl.* Leibwache des *Perserkönigs.*
dōs, ōtis *f* (*dō*) **1.** Mitgift, Aussteuer; **2.** / **a**) Gabe; °**b**) (treffliche) Eigenschaft; Vorzug.
Dossennus, ī *m* (*etr. EN*) *der* Bucklige (*burleske Figur der Atellane*).
dōtālis, e (*dōs*) zur Mitgift gehörig.
dōtātus 3 (*m. sup.*; *dōtō*) reich ausgestattet; / reich *an.*
dōtō 1 (*dōs*) ausstatten.
drachma, ae *f* (*gr. Fw.*) Drachme (*gr. Silbermünze im Wert des röm. Denars*).
drachmissō 1 (*drachma*) für eine Drachme arbeiten.
drachum ... (*Com.*) = *drachm* ...
dracō[1], ōnis *f* (*gr. Fw.*) **1.** Schlange, Drache; *bsd. eine in vornehmen röm. Familien als Lieblingstier gehaltene ungiftige Schlange*; **2.** Drache (*Sternbild*); ** Teufel.
Dracō[2], ōnis *m* (*gr.* -kōn) *erster Gesetzgeber Athens* (*621*).
dracōni-gena, ae *m f* (*dracō*[1], *gignō*) drachenentstammt, schlangengeboren; *urbs* Theben.
drāpeta, ae *m* (*gr. Fw.*) entlaufener Sklave.
draucus, ī *m* (*wohl gall. Fw.*) junger Athlet (*der für Geld Unzucht treibt*).
dromas, adis *m* (*gr. Fw.*) Dromedar.
drōpax, acis *m* (*gr. Fw.*) Pechpflaster (*Enthaarungsmittel*).
Druidae, ārum *u.* **-dēs,** um *m* Druiden (*Priester der alten Kelten*).
Drūsus, ī *m cogn. in der gens Livia u. Claudia*: **1.** *M. Līvius* ~, *Gegner des C. Gracchus*; **2.** *M. Līvius* ~, *Sohn v. 1, suchte als Volkstribun (91) einige Gesetzesvorschläge der Gracchen zu erneuern*; **3.** *Claudius Nerō* ~, *meist nur Drusus gen., Stiefsohn des Augustus, † 9*; *adi.* -iānus 3; *fossa -a Kanal zw. Rhein u. Yssel*;
Drūsilla, ae *f Name v. Frauen i. d. Fam. der Drusi.*

Dryades, *um f (gr. Fw., selten sg. Dryas)* Baumnymphen.
duālis, e *(duo)* zwei enthaltend; *numerus* Dual.
Dūbis, *is m Nbfl. d. Saône, j.* Doubs.
dubitābilis, e *(dubitō)* zweifelhaft.
dubitanter *adv. (dubitāns, part. praes. v. dubitō)* **1.** zweifelhaft; **2.** zaudernd, zögernd.
dubitātiō, *ōnis f (dubitō)* **1.** Zweifel, Ungewissheit; *-em habere* zweifelhaft sein; *sine ulla -e* unzweifelhaft; **2.** Zaudern, Unschlüssigkeit; *sine -e* unbedenklich.
dubitō 1 *(intens. v. altl. dubat* „er zweifelt"; *dubius)* **1.** (be)zweifeln *(de eius fide; utrum ... an; non ~, quin)*; **2.** Bedenken tragen [*hoc facere*].
dubius 3 *(m. adv.; duo; cf. dubitō; nhd.* „zweifelhaft") **1.** *(act.)* in der Überzeugung *od.* im Entschluss schwankend; ungewiss, unschlüssig; **2.** *(pass.)* **a)** zweifelhaft [*non -um est, quin*]; unentschieden, unsicher, ungewiss; **b)** bedenklich, misslich, gefährlich; °**c)** gefährdet; *subst.* **-um,** *ī n* Zweifel; Gefahr; *sine -o* ohne Zweifel; °*in -o esse* zweifelhaft sein; *in -um devocare* aufs Spiel setzen.
ducātus, *ūs m (dux)* Feldherrnwürde; Kommando; ** Führerstelle; Geleit; Herzogtum.
ducēnārius 3 *(ducēnī)* zweihundert(tausend Sesterzen) habend *(an Vermögen od. Einkommen)*.
ducēnī 3 *num. distr. (gen. pl. oft -um; ducentī; nach vīcēnī gebildet)* **1.** je zweihundert; °**2.** zweihundert auf einmal.
ducentēsimus 3 *num. ord. (ducentī) der* Zweihundertste; °*subst.* **-a,** *ae f (sc. pars)* $^1/_{200}$; Steuer v. $^1/_2$ $^0/_0$.
ducentī 3 *num. card. (duo, centum)* zweihundert; / sehr viele.
ducentiē(n)s *num. adv. (ducentī)* zweihundertmal; °/ vielmals.
****ducissa,** *ae f* Herzogin.
dūcō, *dūxī, ductum* 3 *(altl. imp. dūce; cf. nhd.* „ziehen") **1.** ziehen: **a)** ziehen, hinter sich her ziehen; **b)** heraus-, hervorziehen [*sortes aus der Urne*]; **c)** einziehen, -atmen [*spiritum*]; °(ein)schlürfen; °**d)** anziehen, an sich ziehen [*frena, arcum*]; **e)** verlocken, reizen, ergötzen; °**f)** bekommen, erhalten [*colorem; notam*]; **g)** verziehen [*os* das Gesicht]; **h)** ziehend bilden, machen [°*lineam*]; spinnen; künstlerisch gestalten; °dichten [*versus*]; ziehen, aufführen [*murum*]; **i)** in die Länge ziehen, hinziehen [*noctem*]; [*bellum*]; hinhalten; zubringen; **2.** führen, leiten: **a)** führen [*nullo ducente* ohne Führer]; **b)** hinführen, hinbringen [*aquam ex montibus in urbem*]; **c)** heimführen, heiraten [*uxorem, in matrimonium*]; **d)** abführen [*ad mortem*]; **e)** ableiten, hernehmen *von* [*nomen ab eundo*]; °**f)** herbeiführen; °**g)** verursachen, bewirken; **h)** mitnehmen, -bringen; **i)** führen, veranstalten [°*pompas*]; **k)** *(mil. t.t.)* marschieren lassen [*exercitum*]; anführen, kommandieren; (°*abs.*) an der Spitze marschieren, der Erste sein; *(vom Feldherrn)* marschieren, ziehen; **l)** / (an)treiben, bewegen *zu* [*ad credendum me tua oratio ducit*]; P. sich leiten, bestimmen lassen *von* [caritate patriae]; **3.** / *(aus einer Rechnung od. Überlegung)* den Schluss ziehen; **a)** rechnen *unter* [*in hostium numero*]; *rationem* Rücksicht nehmen *auf* [*sui commodi*]; **b)** glauben, meinen, halten *für,* ansehen *als* [*pro nihilo; despicatui* für verächtlich; *a. c. i.*].
ductilis, e *(dūcō)* künstlich geleitet [*flumen*].
ductim *adv. (ductus, P.P.P. v. dūcō)* in vollen Zügen
ductitō 1 *(intens. v. ductō)* wegführen; heimführen, heiraten; / anführen, betrügen.
ductō 1 *(intens. v. dūcō)* **1.** (mit sich) führen; *bsd. (eine Konkubine)* heimführen; **2.** (an)führen, kommandieren; **3.** / betrügen.
ductor, *ōris m (dūcō)* °**1.** Führer [*itineris*]; **2.** Anführer; °*ordinum* Zenturio.
ductus, *ūs m (dūcō)* **1.** *das* Ziehen; *pl. oris* Gesichtszüge, °*litterarum* Schriftzüge; °**2. a)** innerer Zusammenhang *(eines Theaterstücks)*; **b)** Periode; **3.** *(mil. t.t.)* Führung, Kommando; **4.** *aquarum* Wasserleitung.
dūdum *adv. (dū-* „lange"; *-dum demonstr. Partikel; cf. dum)* **1.** seit einer Weile; *iam ~* schon längst;

D

quam ~ wie lange? seit wann? 2. vorhin, vor kurzem.
duellātor, *ōris m* (*altl.*) = *bellātor.*
duellicus 3 (*altl.*) = *bellicus.*
duellum, *ī n* (*altl.* = *bellum*) Krieg; ** Zweikampf.
D
duim, duis, duit, duint *s. dō.*
dulcēdō, *inis f* (*dulcis*) °1. Süßigkeit; 2. / a) Reiz, Lieblichkeit; b) Lust, Trieb, Sinnenlust. [süß werden.
dulcēscō, — — 3 (*incoh. zu dulcis*)
dulciārius 3 (*dulcia, ōrum n* „Zuckerwerk"; *dulcis*) Kuchen..., Zucker...
dulciculus 3 (*dem. v. dulcis*) süßlich.
dulci-fer, *era, e* (*rum dulcis, ferō*) süß.
dulcis, e (*m. comp., sup.; adv.* **-iter** *u.* [*acc. sg. n*] °**-e**; *cf. gr. EN Glycera* „*die* Süße") süß; / lieblich, angenehm, anziehend; lieb, geliebt, liebenswürdig; subst. **-e,** *is n* 1. Süßigkeit, süßer Wein; 2. *pl.* Süßigkeiten.
dulcitūdō, *inis f* (*dulcis*) Süßigkeit.
dūlicē *adv.* (*gr. Fw. mit lat. Endung*) wie ein frecher Sklave.
Dūlichium, *ī n u.* **-ia,** *ae f* (*gr.* -on) *Insel sö. v. Ithaka; adi.* -ius 3.
dum (*acc. sg. m eines pron.; cf. dō-nec, quandō*) 1. *adv.* (*enklitisch* a) (*nachgestellt*) unterdessen; (*altl.*) *ne dum* damit nicht unterdessen; b) (*an imp. u. int. angehängt*) doch, einmal [*agedum,* °*cedodum*]; (*an andere Partikeln gehängt*) noch [*nondum*]; 2. *ci.* a) (*zeitl.*) während [*dum haec geruntur*]; so lange als [*dum leges vigebant*]; so lange bis, bis (dass) [*dum redeo*]; (*final*) [*dum conderet*]; b) (*kondizional; Negation ne; oft verstärkt dummodo*) wenn nur; sofern nur; ** *m. coni.* weil ja, während doch; = *cum*; *dum ... dum m. coni.* = *sive ... sive.*
dūmētum, *ī n* (*dūmus*) Dickicht, Gestrüpp; / unverständliche Behauptung.
dum-modō (-*ŏ*?) *s. dum* 2 b.
dūmōsus 3 (*dūmus*) mit Gebüsch bewachsen.
dum-taxat *adv.* (*taxat wahrsch. coni. v. taxō* 3 „abschätzen"; *also urspr.* „sofern er (*sc. magistratus*) genau abschätzt"; *cf. taxō* 1) 1. genau genommen; 2. höchstens, lediglich; wenigstens, wenn auch nur; °3. natürlich, selbstverständlich.

dūmus, *ī m* (*cf. nhd.* „zer-zausen") *oft pl.* Gebüsch, Gestrüpp.
duo, *ae, o num. card.* (*altl. gen. duum; nhd.* „zwei") 1. zwei; 2. *die* zwei, beide.
duo-deciē(n)s *num. adv.* zwölfmal.
duo-decim *num. card. indecl.* zwölf. [*ord. der* Zwölfte.
duodecimus 3 (*duodecim*) *num.*
duo-dēnī 3 *num. distr.* 1. je zwölf; °2. zwölf (zusammen).
duo-et-vicē(n)simānus, *ī m* Soldat der 22. Legion.
duovirī = *duumvirī.*
du-plex, *icis* (*m. adv.; duo; cf. plaga*[3]) 1. zwiefach; doppelt so groß; 2. zweifach, verdoppelt; (*dcht.*) beide [*palmae*]; °3. a) zweideutig; b) doppelzüngig; °4. *subst. n das* Doppelte.
duplicārius, *ī m* (*duplex*) Soldat mit doppeltem Sold, Gefreiter.
duplicō (*duplex*) °1. zusammenbiegen, krümmen; 2. a) verdoppeln; b) / vergrößern, -mehren.
duplus 3 (*duo*; √ *pel „falten"; *cf. nhd.* „zweifältig") zweifach, doppelt so groß, viel, lang *usw.*; *subst.* °**-a,** *ae f* (*sc. pecūnia*) *der* doppelte Preis; **-um,** *ī n das* Doppelte; *poenam dupli subire u. in duplum ire* doppelte Strafe zahlen.
du-pondius, *ī m* (*duo, pondus*) Zweiasstück. [dauerhaft.
dūrābilis, e (*m. comp.; dūrō*)
dūracinus (*dūrus, acinus*) hart (-schalig).
dūrāmen, *inis n* (*dūrō*) Verhärtung.
dūrāmentum, *ī n* (*dūrō*) Dauerhaftigkeit.
dūrateus 3 (*gr. Fw.*) hölzern.
dūrēscō, *ruī,* — (*incoh. zu dūrus*) 3 hart, steif werden, sich verhärten; gefrieren; °/ verknöchern.
dureta, *ae f* (-*ū*-?; -*ē*-?; *spanisches Fw.*) hölzerne Badewanne.
dūritās, *ātis f* (*dūrus*) Härte, Unfreundlichkeit.
dūritia, *ae f u.* °**-tiēs,** *ēī f* (*dūrus*) °1. Härte [*ferri*]; 2. / a) Abhärtung; b) Hartherzigkeit, Gefühllosigkeit, Strenge; °c) Druck, Beschwerde.
dūriter *s. dūrus.*
dūriusculus 3 (*dem. v. dūrius, comp. n v. dūrus*) etwas steif.
dūrō 1 (*dūrus*) I. 1. (*trans.*) °a) härten; trocknen, dörren, rösten; *Cererem in foco* backen; gerinnen

machen; / **b**) abhärten; °**c**) abstumpfen; °**2.** (*intr.*) **a**) hart werden; austrocknen; **b**) / sich verhärten; °**II. 1.** (*trans.*) aushalten [*laborem*]; **2.** (*intr.*) **a**) aushalten [*hiemem* (einen Winter lang) *in castris*]; **b**) noch vorhanden sein, leben; sich halten.

Durrachium = *Dyrrhachium.*

dūrus 3 (*m. comp., sup.; adv.* **-ē** *u.* °**-iter;** ⟨**dreu-ros* „kernholzhart, baumstark") hart: **1.** °**a**) (*für das Gefühl*) hart; **b**) (*für das Auge*) steif, ungefällig [*signa*]; **c**) (*für das Ohr*) hart, rau, schwerfällig [*verbum*]; °**d**) (*für den Geschmack*) derb, herb [*cibus*]; **2.** / **a**) abgehärtet; **b**) ungebildet, plump, roh; unempfänglich *für* [*ad haec studia*]; **c**) unverschämt; **d**) knauserig; **e**) unbeugsam, streng; **f**) drückend [*servitus*], beschwerlich, mühsam [*labor*], rau [*tempestas*]; **g**) misslich [*tempora*]; °*subst.* **-a,** *ōrum n* harte Behandlung; Mühsal, Elend, Not.

duumvirātus, *ūs m* (*duumvir*) Duumvirat.

duumvirī, *ōrum m* (*Rückbildung aus duumvirum* (*sententia*); *selten sg. duumvir*) Duumvirn, Kommission von zwei Männern: **1. a**) *perduellionis* (*Untersuchungsrichter bei Hochverrat*); °**b**) *navales* (*für Flottenangelegenheiten*); °**c**) *aedi faciendae od. dedicandae* (*für Bau od. Weihung eines Tempels*); °**d**) *sacrorum od. sacris faciundis* (*Aufsicht über die Sibyllinischen Bücher; cf.* decemvirī *u. quindecimvirī; die Kommission bestand anfangs aus 2, seit 367 aus 10, seit Sulla aus 15 Priestern*); **2.** *municipiorum* (*Bürgermeister in den Landstädten*).

dux, *ducis m f* (*dūcō*) **1.** Führer(in) [°*viae*]; **2.** Anführer; Rädelsführer; **3. a**) Anführer, Feldherr; °**b**) Herrscher, Fürst, Kaiser; ** Graf, Herzog; *pl. die* Großen des Reiches.

dynamis, *is f* (*acc. -in; gr. Fw.*) Menge.

dynastēs, *ae m* Herrscher (*Titel abhängiger Fürsten*); Machthaber.

Dyrr(h)achium, *ī n* (*gr.* -on) *St. in Illyrien, vormals Epidamnus, j.* Durazzo; *adi. u. Einw. -achīnus* (3).

E

E, e[1] (*Abk.*) **1.** = *ēmeritus*; **2.** = *ēvocātus*; **3. E.Q.R.** = *eques Rōmānus.*

ē[2] *prp. u. praev. s.* ex.

eā *adv.* (*sc. viā bzw. parte; abl. sg. f v. is*) dort, daselbst.

eādem *adv.* **1.** (*sc. viā; abl. sg. f v. īdem*) ebenda, [*qua* wo]; **2.** / (*sc. operā*) °**a**) ebenso; **b**) zugleich; °~ ... ~ bald ... bald.

eampse (*Pl.*) = *eam ipsam.*

eā-propter (*unkl.*) = *propterea.*

eāpse (*Pl.*) = *eā ipsā.*

eā-tenus *adv.* (*sc. parte; abl. sg. f v. is*) insoweit, insofern [*quatenus od. quoad od. ut* als, wie].

ebenum, *ī n* (*ebenus*) Ebenholz.

ebenus, *ī f* (*gr. Fw., aus dem Ägypt. entlehnt*) Ebenholz(baum), Gestell von Ebenholz.

ē-bibō, *bibī,* — 3 austrinken; / vertrinken, -prassen; durch Trinken vergessen.

ē-bītō, — — 3 ausgehen.

ē-blandior 4 erschmeicheln; *part. pf. pass. eblanditus* durch Schmeicheleien gewonnen [*suffragia*].

eboreus 3 (*ebur*) aus Elfenbein.

ēbrietās, *ātis f* (*ēbrius*) Rausch, Trunkenheit.

ēbriolus 3 (*dem. v. ēbrius*) angetrunken.

ēbriōsitās, *ātis f* (*ēbriōsus*) Trunksucht.

ēbriōsus (*ēbrius*) **1.** *adi.* 3 (*m.* °*comp.*) trunksüchtig; °/ sehr saftig; **2.** *subst.* **~,** *ī m* Trunkenbold.

ēbrius (*et. ungedeutet; cf. sōbrius*) **1.** *adi.* 3 **a**) betrunken; °**b**) / im Rausch gesprochen, frei; liebestrunken; überreichlich [*cena*]; **2.** *subst. pl.* **-ī,** *ōrum m* Betrunkene.

ē-bulliō 4 (*bulla*) *trans. u. intr.* °**1.** (her)aussprudeln; *animam* sterben; **2.** / prahlen *mit* [*virtutes*].

ebulum, *ī n* (*nhd.* „Attich") Zwergholunder.

ebur, *oris n* (*ägypt. Fw.*) °**1.** Elefant; **2.** Elfenbein; °**3.** Elfenbeinbild; -flöte, -scheide, -sessel.

eburātus 3 (*ebur*) mit Elfenbein ausgelegt.

eburneolus 3 (*dem. v. eburneus*) elfenbeinern.

eburneus *u.* °**-nus** 3 (*ebur*) **1.** elfenbeinern; °**2.** / weiß wie Elfenbein [*colla*].

Eburōnēs, *um m germ. Volk zw. Lüttich u. Aachen.*

ē-castor *int.* (-ō-?; ē- *wohl Rufpartikel*) bei Kastor! (*nur von Frauen gebraucht*).

Ecbatana, *ōrum n Hauptst. v. Medien, j.* Hamadan.

ecca, eccam, eccum *s.* ecce.

ecce *int.* (*wohl* ‹ **ed* (*vl.* = *id*) + *ce*) **1.** siehe, siehe da! [°~ *me* da bin ich!; ~ *tuae litterae* da ist ja ein Brief von dir!]; °**2.** *m. pron. verschmolzen eccam, eccillam u. ä.*

ecce-re *adv.* (-*rē*?; *vl.* ‹ *ecce rem*) fürwahr! da haben wir's!

eccillam, eccillum, eccistam *s.* ecce.

ecclēsia, *ae f* (*gr. Fw.*) griech. Volksversammlung; ** Kirche (*Gemeinde u. Gebäude*); *maior* Hauptkirche, Dom.

****ecclesiasticus** 3 kirchlich.

eccōs *s.* ecce.

ecdicus, *ī m* (*gr. Fw.*) Staatsanwalt.

ec-dūrus 3 = *ēdūrus.*

ecf... = *eff...*

echenēis, *idis f* (*gr. Fw.*) *ein Fisch, der sich angeblich an den Schiffen festsaugt, um sie aufzuhalten.*

echidna, *ae f* (*gr. Fw.*) Natter, Schlange; ♀ *Ungeheuer der Unterwelt, Mutter des Kerberus*; *adi.* -*neus* 3.

echīnus, *ī m* (*gr. Fw.*) Seeigel; / Spülnapf.

ēchō, *ūs f* (*gr. Fw.*) Echo, Widerhall; ♀ *eine Waldnymphe.*

****eclipsis,** *is f das* Ausbleiben, Finsternis (*der Sonne, des Mondes*).

ecloga, *ae f* (*gr. Fw.*) kurzes Gedicht; Hirtengedicht, Ekloge.

eclogārii, *ōrum m* (*ecloga*) ausgewählte Stellen (*zum Vorlesen*).

ec-quandō *adv.* (*wohl* ‹**ed*-; *s.* ecce) wann denn? wohl jemals?

ec-quī, -quae *u.* **-qua, -quod** (*adi.*) *u.* **ec-quis, -quid** (*meist subst.*) (*wohl* ‹**ed*-; *s.* ecce; *verstärkt durch* -*nam*) (*dir.*) etwa irgendein(er)?; (*indir.*) ob wohl irgendeiner; *adv.* **ecquid** (*dir.*) etwa? wohl?; (*selten*) warum wohl?; (*indir.*) ob wohl, ob etwa; °**ec-quī** (*dir.*) wohl irgendwie; (*indir.*) ob wohl irgendwie;

ec-quō wohin wohl?

****ecstasis,** *is f* Entzückung, Ekstase.

ectypus 3 (*gr. Fw.*) herausgeschnitten, in erhabener Arbeit.

eculeus, *ī m* (*dem. v. equus*) Pferdchen, Füllen; hölzernes Folterpferd; / Folter.

ecus = *equus.*

edācitās, *ātis f* (*edāx*) Gefräßigkeit.

edāx, *ācis* (*m.* °*sup.*; *edō*) gefräßig; °/ verzehrend.

ē-dentō 1 (*dēns*) zahnlos machen.

ēdentulus 3 (*dem. v. ē-dēns*) zahnlos; / alt [*vinum*].

ede-pol *int.* (*u.* -*ō*-; *wohl* ‹**ē de(iv)e pol(lūx)*; *cf.* ēcastor) bei Pollux! bei Gott! (*urspr. nur v. Männern gebraucht*).

edera, *ae f* = *hedera.*

ē-dīcō, *dīxī, dictum* 3 **1.** ansagen; bekannt machen, verkündigen; **2.** verordnen, befehlen, bestimmen.

ēdictiō, *ōnis f* (*ēdīcō*) Bekanntmachung.

ēdictō 1 (*intens. v. ēdīcō*) offen heraussagen.

ēdictum, *ī n* (*ēdīcō*) °**1.** Ausspruch, Satz; **2.** Bekanntmachung, Verordnung; *bsd.* **a)** *praetoris* prätorisches Edikt (*beim Amtsantritt*), Proklamation; °**b)** *das* zensorische Edikt; °**3.** Anschlag über die öffentlichen Spiele.

edim *altl. coni. praes. v.* edō[1].

ē-discō, *didicī*, — 3 (-*dīsc*-?) auswendig lernen; gründlich erlernen.

ē-disserō, *seruī, sertum* 3 ausführlich erörtern.

ēdissertō 1 (*intens. v. ēdisserō*) ausführlich besprechen.

ēditīcius 3 (*ēditus, P.P.P. v. ēdō*[2]) vorgeschlagen [*iudices die* vorgeschlagenen 125 Geschworenen, *v. denen der Angeklagte 75 ablehnen durfte*].

ēditiō, *ōnis f* (*ēdō*[2]) °**1. a)** Herausgabe [*libri*]; **b)** *die* herausgegebene Schrift, Ausgabe; **2.** °**a)** Angabe, Bericht; **b)** (*jur. t.t.*) Vorschlag [*tribuum* der 4 Tribus, *aus denen die Geschworenen gewählt wurden*; *cf.* ēditīcius].

ēditus 3 (*m. comp.*, °*sup.*; *ēdō*[2]) **1.** verkündet; °*subst.* **-a,** *ōrum n* Befehle; °**2.** abstammend; *nuper* neugeboren; **3. a)** emporragend, hoch; °*subst.* **-um,** *ī n* Anhöhe, Höhe; °**b)** / hervorragend.

edō[1], *ēdī, ēsum* 3 (*altl. athematische Kurzformen*: *ēs, ēst, ēstis, ēsse, ēssem*; *ēstur* (ĕ-?); *nhd.* „essen") essen, fressen; °/ verzehren; zerstören.

ē-dō[2], *didī, ditum* 3 (*Vermengung v. dō* 1 „geben" *u.* √*dhē-„setzen")

I. herausgeben: **1.** von sich geben; aushauchen, ausstoßen [*voces*]; **2. a**) gebären, erzeugen; **b**) herausgeben [*librum*]; **3.** (*Gerüchte*) verbreiten, ausstreuen; **4. a**) angeben, äußern, sagen, nennen; verraten [°*consilia*]; **b**) Befehle ergehen lassen, befehlen; **c**) (*jur. t.t.*) veröffentlichen, bestimmen, vorschlagen [*iudices, tribus; cf. ēditiō*]; **d**) (*Orakel*) verkünden; **5.** hervorbringen [*fructum*], bewirken, (*Dienst*) leisten [°*annuam operam* ein Jahr dienen]; liefern [°*proelium*]; veranstalten [°*ludos*]; °**II.** in die Höhe heben [*corpus super equum* sich aufs Pferd schwingen].

ē-doceō, *docuī, doctum* 2 gründlich lehren; genau berichten; *P.P.P. ēdoctus* genau unterrichtet *von* [*cuncta*].

ē-dolō 1 °**1.** zurechtzimmern; **2.** / fertig machen.

ē-domō, *uī, itum* 1 völlig (be-) zähmen; / bezwingen.

ē-dormiō 4 **1.** (*intr.*) ausschlafen; **2.** (*trans.*) ausschlafen, verschlafen.

ēdormīscō, — — 3 (*incoh. v. ēdormiō*) ausschlafen, verschlafen.

ēducātiō, *ōnis f* (*ēducō*¹) Erziehung.

ēducātor, *ōris m* (*ēducō*¹) Erzieher; °Hofmeister. [zieherin.

ēducātrīx, *īcis f* (*ēducātor*) Er-

ē-ducō¹ 1 (*dūcō; zur Bedeutung vgl. nhd.* „erziehen") auf-, erziehen.

ē-dūcō², *dūxī, ductum* 3 **1. a**) herausziehen [*gladium*]; *sortem* das Los ziehen; auslosen [*tres*]; °**b**) (*zeitl.*) verleben [*annos*]; **2. a**) (her-) ausführen; **b**) (*mil. t.t.*) ausrücken lassen; *abs.* mit dem Heere ausmarschieren; auslaufen lassen [*naves*]; **c**) (*jur. t.t.*) vor Gericht ziehen, vorführen [*in ius*]; °abführen; **d**) mitnehmen; °**e**) vorschieben [*turrem*]; in ein Gewässer hineinbauen [*molem in Rhenum*]; **3.** °**a**) aufführen, errichten [*pyramides*]; **b**) = *ēducō*¹.

edūlis, e (*edō*) essbar; *subst.* **-ia,** *ium n* Esswaren.

ē-dūrō 1 fortdauern.

ē-dūrus 3 (*wohl Rückbildung aus ēdūrō* 1 „abhärten") sehr hart.

effāfilātus 3 = *exfāfillātus* 3.

ef-farciō = *efferciō*.

effātum, *ī n* (*effor*) Ausspruch; Prophezeiung; philos. Satz.

effectiō, *ōnis f* (*efficiō*) Ausübung; wirkende Kraft.

effectīvus 3 (*effectus, P.P.P. v. efficiō*) bewirkend, auf der Wirkung beruhend. [Urheber.

effector, *ōris m* (*efficiō*) Schöpfer,

effectrīx, *īcis f* (*effector*) Schöpferin, Urheberin. [entwickelt.

effectus¹ 3 (*efficiō*) durchgearbeitet,

effectus², *ūs m* (*efficiō*) **1.** Ausführung, Verrichtung; °*in -u* im Bau; **2.** Tätigkeit; °*pl.* wirksame Kräfte, Substanzen; **3.** Wirkung, Erfolg.

effēminātus 3 (*m.* °*comp., sup., adv.*; *effēminō*) weibisch, weichlich; *subst.* ~ *ī m* = *cinaedus*.

ef-fēminō 1 (*ex, fēmina*) **1.** weibliches Geschlecht beilegen [*aëra*]; **2.** verweichlichen.

efferbuī *s. effervēscō.*

efferciō, *fersī, fertum* 4 (*farciō*) voll stopfen, ausfüllen. [Rohheit.

efferitās, *ātis f* (*efferus*) Wildheit,

ef-ferō¹ 1 (*ferus*) wild machen, verwildern lassen; °/ erbittern; *P.P.P. adi.* **efferātus** 3 (*m.* °*comp.,* °*sup.*) verwildert; °grimmig.

ef-ferō², *extulī, ēlātum* 3 **1.** hinaustragen: **a**) hinaustragen, -bringen, -schaffen; entfernen; **b**) zu Grabe tragen; **c**) tragen, hervorbringen [*fruges cum decumo* zehnfach]; **d**) aussprechen, ausplaudern [*consilia*], verbreiten; **2.** über das Ziel hinausführen: °**a**) zu weit führen; **b**) / fort-, hinreißen; *mediopass.* sich hinreißen lassen; **3.** emportragen: **a**) emporheben; *mediopass.* emporsteigen [*ad sidera*]; / **b**) stolz, hochmütig machen; *mediopass. u. se efferre* sich überheben [*rebus secundis*]; **c**) rühmen, preisen [*laudibus*]; ** gebären.

effertus 3 (*m. sup.*; *efferciō*) voll gestopft, reich *an*.

ef-ferus 3 wild, roh.

ef-fervēscō, *ferbuī u. fervī,* — 3 aufwallen; / aufbrausen. [vēscō.

ef-fervō, — — 3 (*dcht.*) = *effer-*

ef-fētus 3 °**1.** (*durch Gebären*) erschöpft; **2.** / entkräftet, schwach; unempfänglich *für* [°*veri*].

efficācitās, *ātis f* (*efficāx*) Wirksamkeit.

efficāx, *ācis* (*m. comp., sup., adv.*; *efficiō*) wirksam, tätig, erfolgreich.

efficiēns, *entis* (*m.* °*comp., adv.*;

efficiō) bewirkend, wirksam; *causa* Entstehungsgrund; °*subst.* **-ientia**[1], *ium n* bewirkende Dinge. [samkeit.
efficientia[2], *ae f* (*efficiēns*) Wirk-
ef-ficiō, *fēcī, fectum* 3 (*altl. coni. pf. effexis; coni. praes.* P. *effiant; inf. praes.* P. *effierī; faciō*) **1.** herausbringen: **a**) hervorbringen, tragen [*fructus*]; / ausmachen, betragen; **b**) herstellen, schaffen, bilden; **c**) zusammen-, aufbringen, [*pecuniam*]; **d**) machen *zu* [*montem arcem*]; **2.** zu Ende bringen: **a**) veranlassen, bewirken, verursachen, [*caedem; ut, ne; effici non potest, quin*]; eine Strecke zurücklegen; **b**) beweisen, dartun; *ex quo efficitur, ut od. a.c.i.* daraus folgt.
effigia, *ae f* (*altl.*) = *effigiēs*.
effigiēs, *ēī f* (*effingō*) **1.** Bild, Bildnis, Bildwerk; °**2.** Gestalt; **3.** Schatten-, Traumbild; Erscheinung; **4.** / Ebenbild [*virtutis paternae*]; Ideal [*iusti imperii*].
ef-fingō, *fīnxī, fictum* 3 °**1.** hinstreichen *über*, streicheln; **2.** weg-, abwischen; **3.** heraus-, nachbilden; **4.** / nachahmen, ausdrücken, darstellen; veranschaulichen.
ef-fīō *s. efficiō*.
efflāgitātiō, *ōnis f u.* **-tātus,** *abl. ū m* (*efflāgitō*) dringendes Verlangen, Forderung.
ef-flāgitō 1 dringend verlangen, fordern; auffordern. [*eines Windes.*
efflātus, *ūs f* (*efflō*) *das* Aufkommen
ef-fleō, *ēvī, ētum* 2 sich ausweinen.
efflīctim *adv.* (*efflīgō*) heftig [*amare*]. [schlagen.
efflīctō 1 (*intens. v. efflīgō*) tot-
ef-flīgō, *xī, ctum* 3 totschlagen.
ef-flō 1 **1.** aushauchen; °**2.** aussprühen; verlieren [*colorem*].
ef-flōrēscō, *ruī,* — 3 emporblühen; aufblühen; / erblühen.
ef-fluō, *flūxī,* — 3 (*flūxī?*) **1.** (her-) ausfließen, entströmen; **2.** / °**a**) herausfallen, entgleiten [*manibus*]; **b**) vergessen werden; **c**) verschwinden; **d**) bekannt werden.
effluvium, *ī n* (*effluō*) Ausfluss.
ef-fōcō *falsche Schreibung für offōcō*.
ef-fodiō, *fōdī, fossum* 3 **1.** aus-, aufgraben, ausstechen; °**2.** umgraben, durchwühlen.
(**ef-for**), *fātus sum* 1 (*nur wenige Formen gebräuchlich*) **1.** aussprechen, (aus)sagen; **2.** (*t.t. der Auguralsprache*) weihen, bestimmen [*locum templo*]; *part. pf. effātus* 3 *oft pass.*: bestimmt, geweiht, abgegrenzt; **3.** (*dial. t.t.*) als Satz aufstellen. [brecher.
effrāctārius, *ī m* (*effringō*) Ein-
effrēnātiō, *ōnis f* (*ef-frēnō* 1 „abzäumen"; *frēnum*) Zügellosigkeit.
effrēnātus 3 (*ef-frēnō* 1 „abzäumen"; *frēnum*) °**1.** ohne Zaum; **2.** / (*m. comp.*, °*sup.*, *adv.*) zügellos, unbändig.
effrēnus 3 (*nkl., dcht.*) = *effrēnātus*.
ef-fricō, — — 1 abreiben.
ef-fringō, *frēgī, frāctum* 3 (*frangō*) **1.** aufbrechen; °**2.** zerschmettern.
ef-fugiō, *fūgī, fugitūrus* 3 **1.** (*intr.*) entfliehen, entkommen [*e proelio*]; **2.** (*trans.*) entgehen [*periculum*]; (*impers.*) *me effugit* es entgeht mir, ich beachte nicht, vergesse.
effugium, *ī n* (*effugiō*) °**1.** Flucht; **2.** / °**a**) Ausweg, Ausgang; **b**) Gelegenheit zur Flucht.
ef-fulgeō, *fulsī,* — 2 hervorleuchten.
ef-fulgō, — — 3 = *effulgeō*.
ef-fultus 3 (*fulciō*) liegend *auf* [*foliis*].
ef-fundō, *fūdī, fūsum* 3 **1.** ausgießen: **a**) aus-, vergießen; ausleeren, -schütten; *se -ere u. mediopass.* überströmen [°*Tiberis*]; **b**) / (*eine Menge*) (her)aussenden [*equitatum*]; *se -ere u. mediopass.* sich ergießen, herauseilen [*castris*]; °herbeiströmen [*vulgus oppido*]; **c**) loslassen, fahren lassen / [*odium omne*]; die Zügel schießen lassen [°*iram*]; aushauchen; *mediopass.* sich ganz hingeben [*in socordiam*]; **d**) ausströmen lassen; *sein Herz* ausschütten; **2.** fortschleudern: **a**) abwerfen [*equitem*]; (*nach allen Seiten hin*) schleudern [*tela*]; in Menge hervorbringen [*fruges*]; ausstoßen [*voces*]; **b**) vergeuden [°*vires*].
effūsiō, *ōnis f* (*effundō*) **1.** *das* Ausgießen, Erguss; **2.** / **a**) *das* Herausströmen; **b**) Verschwendung; **c**) Ausgelassenheit; °**d**) maßlose Sucht.
effūsus 3 (*m. comp.*, °*sup.*, *adv.*; *effundō*) °**1.** weit (ausgedehnt), weit und breit; °**2.** zerstreut, unordentlich; °**3.** aufgelöst [*comae*]; verhängt [*habenae*], gestreckt [*cursus*];

4. verschwenderisch; maßlos, übertrieben.

ef-fūtiō 4 (*fūtis* „Gießkanne"; *cf. fundō*) schwatzen; ausplaudern.

ef-futuō, *futuī, futūtum* 3 verhuren, durch Unzucht durchbringen.

ē-gelidus 3 (*eigtl.* „abgekühlt") lau; kühl.

egēns, *entis* (*m. comp., sup.*; egeō) (be)dürftig, arm [*rerum*].

egēnus 3 (egeō) bedürftig, arm *an*; *subst.* ~, *ī m der* Arme.

egeō, *uī,* — 2 (*cf. altnordisch* ekla „Mangel") **1.** darben, Mangel leiden; **2. a)** nötig haben [*pecunia*; *classis*]; **b)** entbehren; °**c)** sich sehnen *nach* [*pane*; *plausoris*].

Ēgeria, *ae f* (*wohl urspr. etr. als Geburtsgöttin verehrte*) Quellnymphe, Vertraute des Numa.

ē-gerō¹, *gessī, gestum* 3 **1.** hinausbringen, fortschaffen; **2.** von sich geben, ausspeien; P. münden; **3.** / vertreiben.

ēgerō² (?), *ōnis m* (ēgerō¹) jd., der fortschafft.

egestās, *ātis f* (egeō) Armut, Dürftigkeit, Not; Mangel *an* [*cibi*].

ēgestiō, *ōnis f* (ēgerō¹) *das* Wegschaffen, Plünderung; (*med. t.t.*) Entleerung [*ventris*].

ēgestus, *ūs m* (ēgerō¹) Entleerung.

ē-gignō, — — 3 (-ī-?) hervorbringen; P. hervorwachsen.

egō, egŏ (*gen.* meī, *dat.* mihī *u.* mihĭ (*dcht. auch* mī), *acc. u. abl.* mē (*altl.* mēd); *cf. nhd.* „ich") ich; *ad me* in mein Haus; *a me* aus meinem Haus, aus meiner Tasche; *verstärkt durch -met u. -pte*; *s.d.*; *pl. s. nōs*.

ego-met *u.* ego-mẹt (*cf.* -met) ich meinerseits.

ē-gredior, *ēgressus sum* 3 (*gradior*) **1.** (*intr.*) **a)** hinaus-, herausgehen, -kommen, ausrücken, abmarschieren; **b)** (*v. unten*) emporsteigen; aussteigen, landen [*e navi*]; absegeln; **c)** / abschweifen [*a proposito*]; **2.** (*trans.*) °**a)** verlassen [*urbem*]; **b)** überschreiten [*fines*; °/ *modum*].

ē-gregius 3 (*m. adv.*; *grex*) **1.** auserlesen, vorzüglich, außerordentlich; °**2.** rühmlich; *subst.* **-um,** *ī n* Ehre, rühmliche Tat; Vorzug.

ēgressiō, *ōnis f* (ēgredior) / Abschweifung vom Thema.

ēgressus, *ūs m* (ēgredior) **1. a)** *das* Ausgehen, öffentliches Erscheinen; **b)** Landung; °**c)** Ausgang (*als Ort*); °**d)** Mündung; °**2.** / Abschweifung vom Thema.

ē-gurgitō 1 (*gurges*) herausschütten.

ehem (*Schallwort*; *cf. nhd.* „hm") ha! sieh da!.

ēheu *u.* **eheu** (*Schallwort*) o! ach! wehe!

eho(dum) (*cf. altind.* áha, ahō) *int.* he! heda! holla!

ei *int.* (*Schallwort*) ach! wehe! *oft ei mihi!* = *vae mihi!*

ēia *u.* **ēia** *int.* (*gr. Fw.*) ei! heda! wohlan!

ē-iaculor 1 herausschleudern; *se -ari* emporschießen, aufspritzen.

ē-iciō, *iēcī, iectum* 3 (*iaciō*) **1.** hinaus-, herauswerfen; *se -ere* hervorbrechen [*ex castris*]; **2.** (*rasch*) anlegen, landen (lassen) [*naves in terram*]; P. stranden; **3.** auswerfen [*sanguinem*]; herausstrecken [*linguam*]; von sich geben [*vocem*]; °verrenken [*armum*]; **4.** vertreiben, -drängen; verbannen; ausstoßen [(*de*) *senatu*]; **5. a)** auspfeifen, auszischen [*citharoedum*]; **b)** verwerfen [*sententiam*]; **6.** (*P.P.P.*) *adi.* **ēiectus** 3 (*cf.* 2) schiffbrüchig.

ēiectāmentum, *ī n* (ēiectō) Auswurf.

ēiectiō, *ōnis f* (ēiciō) Verbannung.

ēiectō 1 (*intens. v.* ēiciō) (her)auswerfen, ausspeien.

ēiectum, *ī n* (*ēiectus, P.P.P. v. ēiciō*) Vorsprung.

ēiectus, *ūs m* (ēiciō) *das* Hervorstoßen (*des Atems*).

ēier... = ēiūr...

ēiulātiō, *ōnis f u.* **-tus,** *ūs m* (ēiulō) *das* Wehklagen.

ēiulō 1 (*ei*; *eigtl.* „ei rufen") heulen, wehklagen.

ēiūrātiō, *ōnis f* (ēiūrō) *das* Entsagen [*bonae spei*].

ē-iūrō 1 **1. a)** abschwören, eidlich von sich (ab)weisen, verleugnen; *bonam copiam* den Offenbarungseid leisten; °**b)** feierlich niederlegen [*consulatum*]; °**c)** sich lossagen *von* [*patriam*]; **2.** ablehnen [*iudicem*].

ēiusdem-modī von derselben Art.

ēius-modī derart(ig), so beschaffen.

ē-lābor, *lāpsus sum* 3 **1.** herausgleiten, -schlüpfen; **2.** entgleiten, entfallen [*de manibus*]; °(*med. t.t.*) verrenkt werden; **3.** / **a)** entrinnen [*e proelio*]; davonkommen [*ex iudicio*]; °**b)** geraten *in* [*in servitutem*]; °**4.** hinaufschlagen [*ignis frondes in altas*].

ē-labōrō 1 **1.** (*intr.*) sich bemühen, sich anstrengen [*in litteris*]

2. (*trans.*) sorgfältig ausarbeiten; betreiben; 3. (*P.P.P.*) *adi.* **ēlabōrātus** 3 a) sorgfältig ausgearbeitet; °b) durchgebildet; c) gekünstelt.

ē-lāmentābilis, e kläglich.

ē-languēscō, *guī,* — 3 erschlaffen, ermatten; / eingehen [*arbor*].

ēlātiō, *ōnis f* (*efferō*) 1. Erhebung, Aufschwung; 2. Überordnung.

ē-lātrō 1 herausbellen, -poltern.

ēlātus 3 (*m.* °*comp.*, °*sup.*, *adv.*; *efferō*) erhaben, stolz, übermütig.

ē-lavō 1 *s.* *ēluō.*

Elea, *ae f* (*gr.* Elẹā) *St. i. Lukanien, Geburtsort der Stifter der eleatischen Schule, Parmenides u. Zeno*; **Eleātēs,** *ae m der* Eleat = Zeno; *adi.* -*āticus* 3; *cf. Velia.*

ēlecebra, *ae f* „Entlockerin" *des Geldes* (*v. einer Dirne*).

ēlēctilis, e (*ēligō*) auserlesen.

ēlēctiō, *ōnis f* (*ēligō*) Auswahl, Wahl; °-*ones vitiatarum die* Entscheidungen der Geschändeten (*Wahl zwischen Hinrichtung des Verführers u. Ehe mit ihm*); ** Königswahl, kirchliche Wahl. [locken.⌉

ēlectō[1] 1 (*intens. v. ēliciō*) heraus-⌋

ēlēctō[2] 1 (*intens. v. ēligō*) auswählen.

****elector,** *oris m* Wähler; Kurfürst.

Electra, *ae f* (*gr.* -ktrā) 1. *Plejade, Tochter des Atlas*; 2. *Tochter Agamemnons, Schwester des Orest.*

ēlectrum, *ī n* (*gr. Fw.*) 1. Bernstein; *pl.* Bernsteintropfen; 2. Elektron (*Legierung aus* $^3/_4$ *Gold u.* $^1/_4$ *Silber*).

ēlēctus[1] 3 (*m.* °*comp.*, *sup.*, *adv.*; *ēligō*) (aus)erlesen, ausgewählt; ** *subst.* erwählter (*noch nicht eingeführter*) Bischof.

ēlēctus[2], *ūs m* (*ēligō*) Wahl.

****eleemosyna,** *ae f* Almosen; Geschenk; Speisung.

ēlegāns, *antis* (*m. comp.*, *sup.*, *adv.*; *part. praes. v.* *ēlegō 1 „wähle aus") geschmackvoll, fein; korrekt, gewählt; *subst.* **-ēs,** *ium m* feine Leute, gebildete Redner.

ēlegantia, *ae f* (*ēlegāns*) (feiner) Geschmack, Feinheit, Anstand; Korrektheit. [Gedicht.⌉

elegēum, *ī n* (*gr. Fw.*) elegisches⌋

elegī, *ōrum m* (*gr. Fw.*) Elegie.

elegē(ï)a *u.* **-gīa,** *ae f* (*gr. Fw.*)⌉

****elegicus** 3 traurig. [Elegie.⌋

elementum, *ī n* (*meist pl.*; *et. ungedeutet*; *Grundbed.* (*sg.*) *wahrsch.* „Buchstabe") °1. Buchstaben; Alphabet; 2. (*philos. t.t.*) Ur-, Grundstoff, Element; 3. / a) Anfangsgründe; Anfänge; °b) *decem Aristotelis die* Kategorien; °c) *prima* Elementarschüler.

elenchus, *ī m* (*gr. Fw.*) °1. Tropfenperle (*als Ohrgehänge*); 2. Register.

elephantus, *ī u.* °**-phās,** *antis m* (*gr. Fw., aus dem Ägypt. entlehnt*) 1. Elefant; °2. Elfenbein; °3. Elephantiasis (*Krankheit*).

Ēlēus *s. Elis.*

Eleusīn, *īnis f* (*gr.* -sịs *u.* -sịn) Eleusis *in Attika* (*ber. durch seine Mysterien*), *j.* Levsina; *adi.* -*sīn(i)us* 3.

eleutheria, *ae f* (*gr. Fw.*) Freiheit.

ēlevātiō, *ōnis f* (*ēlevō*) (*rhet. t.t.*) ironische Lobeserhebung.

ē-levō 1 1. auf-, emporheben; 2. / a) vermindern, schwächen; mildern; b) herabsetzen.

Ēlias *s. Ēlis.*

ē-liciō, *cuī, citum* 3 (*laciō* 3 „locken"; *cf. lacessō*) hervorlocken; / entlocken, ermitteln; reizen.

ē-līdō, *sī, sum* 3 (*laedō*) 1. herausschlagen, -stoßen, -treiben; °*retrorsum* zurückwerfen [*imaginem*]; 2. zerschlagen, -schmettern; / vernichten.

ē-ligō, *lēgī, lēctum* 3 (*legō*[2]) auslesen; ausjäten, -raufen; / auswählen. [treiben; / ausplaudern.⌉

ē-līminō 1 (*līmen*) aus dem Hause⌋

ē-līmō 1 (aus)feilen; / ausarbeiten.

ē-linguis, e (*lingua*) sprachlos, stumm; / nicht redegewandt.

ē-linguō 1 (*lingua*) die Zunge abschneiden [*alqm*].

ē-liquō 1 klären, durchseihen.

Ēlis, *idis f Landsch. im w. Peloponnes m. gleichnamiger Hauptst.*; *adi. u. Einw.* -*lēus u.* -*līus* (3); *adi.* -*lias, adis f.* [stoßen, Auspressen.⌉

ēlīsiō, *ōnis f* (*ēlīdō*) *das* Heraus-⌋

Elissa, *ae f zweiter Name der Dīdō.*

ēlix, *icis m* (*cf. liqueō*) Wasserfurche, -graben.

ē-lixus 3 (*cf. liqueō*) gesotten, gekocht; stark schwitzend.

ellebor... = *hell...*

ellipsis, *is f* (*acc.* -*in*; *gr. Fw.*) (*gramm. t.t.*) Auslassung eines⌉

el(l)ops = *helops.* [Wortes, Ellipse.⌋

elluātiō, elluō, elluor = *hellu...*

ellum, ellam (< *em illum, illam*) da ist er (sie).

ē-locō 1 verpachten, verdingen; zinsbar machen. [Stil.}
ēlocūtiō, *ōnis f* (*ēloquor*) Ausdruck,}
ēlocūtōrius 3 (**ēlocūtor*; *cf. ēlocūtrīx*) den Stil betreffend; *subst.* **-a,** *ae f* Redekunst.
ēlocūtrīx, *īas f* (*ēloquor*) Redekunst.
ēlogium, *ī n* (*gr. Fw. unter Anlehnung an ēloquium*; *cf. ante-logium*) Ausspruch: **1.** Spruch, (rühmende) Inschrift (*auf Grabsteinen u. Ahnenbildern*); **2.** Zusatz im Testament, Klausel, Kodizill; °**3.** politische Tatbestandsaufnahme.
ēloquēns, *entis* (*m.* °*comp.*, *sup.*, °*adv.*; *ēloquor*) beredt.
ēloquentia, *ae f* (*ēloquens*) *das* Aussprechen; Beredsamkeit; ** Kunst, lat. zu schreiben; *vulgaris das* Dichten in der Muttersprache.
ēloquium, *ī n* (*ēloquor*; *nkl. dcht.*) = *ēlocūtiō u. ēloquentia*; ** Predigt; *divinum* Gottes Wort.
ē-loquor, *locūtus sum* 3 heraussagen, aussprechen; vortragen.
ēlōtum = *ēlautum*; *s. ēluō.*
ē-lūceō, *xī,* — 2 hervorleuchten; / in die Augen fallen, glänzen, sich auszeichnen [*virtutibus*].
ēluctābilis, e (*ēluctor*) überwindbar.
ē-luctor 1 **1.** (*intr.*) sich hervorringen, hervordringen; **2.** (*trans.*) mit Mühe überwinden [*difficultates*].
ē-lūcubrō *u.* **-or** 1 bei Licht ausarbeiten.
ē-lūdificor 1 zum Besten haben.
ē-lūdō, *sī, sum* 3 **1.** (*intr.*) **a**) (*aus dem Meer*) spielend heranplätschern [*fluctus*]; **b**) (*vom Fechter*) ausweichen, parieren [*rudibus* (*abl.*!)]; **2.** (*trans.*) °**a**) (*im Spiel*) abgewinnen [*alqm anulum*]; besiegen; **b**) °α) (*vom Fechter*) ausweichen, parieren [*telum*]; *kl. nur* /; °β) ausweichen, zu entgehen suchen [*pugnam*]; **c**) verspotten, necken; °**d**) vereiteln.
ē-lūgeō, *xī,* — 2 **1.** (°*intr. u. trans.*) die übliche Zeit trauern, betrauern.
ē-lumbis, e (*lumba*) lendenlahm; / lahm, schleppend.
ē-luō 3 (*luō*; *lavō*) **1.** (*trans.*: —, *ēlūtum*) **a**) aus-, abwaschen, reinigen [*corpus*]; **b**) / tilgen [*maculam*]; °**2.** (*intr.*: *ēlāvī, ēlautum*) **a**) (sich) baden; **b**) Schiffbruch erleiden; **c**) sein Vermögen verbaden; sich ruinieren.
ēlūtus 3 (*m. comp.*; *ēluō*) saftlos, kraftlos.
ēluviēs, *ēī f* (*ēluō*) **1.** °**a**) Ausfluss; Unterspülung; Überschwemmung; **b**) Wellengrab, Grab; °**2.** Lache; (ausgewaschene) Schlucht; °**3.** Kanal.
ēluviō, *ōnis f* (*ēluō*) Überschwemmung.
Ēlysium, *ī n* (*gr.* Ēlysion pedion) *Wohnsitz der Seligen*; *adi.* **-sius** 3.
em *int.* (*apokopierter imp. v. emō*) da! nimm! sieh da!
ēmacerō 1 (*macer*) ausmergeln.
emācitās, *ātis f* (*emāx*) Kaufsucht.
ēmancipātiō, *ōnis f* (*ēmancipō*) (*jur. t.t.*) **1.** Entlassung aus der väterlichen Gewalt; **2.** Abtretung von Grundstücken (*Scheinverkauf in Gegenwart v. 5 Zeugen*).
ē-mancipō 1 (*jur. t.t.*) °**1.** den Sohn aus der väterlichen Gewalt entlassen; **2.** **a**) ein Kind in die Gewalt eines andern entlassen, überlassen [*filium in adoptionem*]; °**b**) abtreten [*agrum*]; **3.** / übergeben, überlassen. [bleiben.}
ē-maneō, *mānsī, mānsum* 2 aus-}
ē-mānō 1 °**1.** herausfließen; **2.** / entspringen, hervorgehen; sich verbreiten, bekannt werden. [den.}
e-marcēscō, *cuī,* — 3 dahinschwin-}
Ēmathia, *ae f* (*gr.* -thia) Südmakedonien; Nordthessalien; *adi.* **-thius** 3; *subst.* **-thides,** *um f die* Musen.
ē-mātūrēscō, *ruī,* — 3 reif werden; / sich mildern [*ira*].
emāx, *ācis* (*emō*) kauflustig.
emblēma, *atis n* (*dat. u. abl. pl.* *-matis*; *gr. Fw.*) °**1.** **a**) eingelegte Arbeit; Mosaik; **b**) / Einschiebsel (*in einer Rede*); **2.** Relief (*an Gefäßen*).
embolium, *ī n* (*gr. Fw.*) pantomimisches Zwischenspiel; / *pl.* Liebeshändel. [lich.}
ēmendābilis, e (*ēmendō*) verbesser-}
ēmendātiō, *ōnis f* (*ēmendō*) Verbesserung; Besserung.
ēmendātor, *ōris m* (*ēmendō*) Verbesserer; Sittenrichter.
ēmendātrīx, *īcis f* (*ēmendātor*) Verbesserin.
ē-mendīcō 1 erbetteln.
ē-mendō 1 (*mendum*) von Fehlern befreien, (ver)bessern; (*P.P.P.*) *adi.* **ēmendātus** 3 (*m.* °*comp.*, °*sup.*, *adv.*) fehlerfrei, korrekt.
ē-mentior 4 (er)lügen, erdichten,

vorgeben; (*abs.*) falsche Aussagen machen; *part. pf.* -*tītus* 3 *auch pass.* erdichtet, erlogen.

ē-mercor 1 erkaufen; bestechen.

ē-mereō, *uī, itum* 2 *u.* °**ē-mereor,** *itus sum* 2 **1.** verdienen; sich Verdienste erwerben *um* [*illum*]; **2.** (*mil. t.t.*) ausdienen; *stipendia* Dienstzeit ableisten; **3.** (*part. pf.*) *adi.* **ēmeritus** 3 **a**) ausgedient; °**b**) unbrauchbar; °*subst.* **-us,** *ī m* Veteran.

ē-mergō, *mersī, mersum* 3 **1.** (*trans.*) auftauchen lassen; *se -ere u. mediopass.* auftauchen, emporkommen; **2.** (*intr.*) **a**) auftauchen; / sich zeigen; **b**) sich herausarbeiten.

ē-mētior, *mēnsus sum* 4 °**1.** ab-, ausmessen; **2.** (*M. A.*) zumessen, zuteilen; °**3.** / **a**) durchwandern, zurücklegen; **b**) ver-, erleben; überleben; *part. pf. oft pass.*

ē-metō, —, *messum* 3 abmähen.

ē-micō, *uī* (*āvī*), *ātum* 1 hervorzucken, -leuchten; aufspringen; / emporragen. [/ scheiden [e *vita*].]

ē-migrō 1 auswandern, ausziehen;

ēmina = *hēmina.* [drohung.]

ēminātiō, *ōnis f* (*ēminor*) An-

ēminēns, *entis* (*m. comp.*, °*sup.*; *ēmineō*) **1.** hervorragend, -springend; °**2.** / ausgezeichnet, glänzend; *subst.* **-tēs,** *ium m* hervorragende Männer; **-tia**[1], *ium n* Glanzpartien.

ēminentia[2], *ae f* (*ēminēns*) *das* Hervorragende; (*t.t. der Malerei*) Licht(partien); ** Höhe [*aetatis*]; Hoheit.

ē-mineō, *uī,* — 2 (*cf. minae*; *mōns*; *mentum*) **1.** hervorragen; **2.** / **a**) hervortreten, sichtbar sein; **b**) sich auszeichnen.

ē-minīscor, *mentus sum* 3 (*cf. meminī*) aussinnen, erdenken.

ē-minor 1 drohend aussprechen.

ē-minus *adv.* (*manus*; *cf. comminus*) von ferne, fern.

ē-mīror 1 anstaunen.

ēmissārium, *ī n* (*ēmissus, P.P.P. v. ēmittō*) (Abzugs-)Kanal.

ēmissārius, *ī m* (*ēmissus, P.P.P. v. ēmittō*) Späher, Spion; ** *adi. equus* Zuchthengst.

ēmissīcius 3 (*ēmissus, P.P.P. v. ēmittō*) spähend [*oculi*].

ēmissiō, *ōnis f* (*ēmittō*) **1.** *das* Schleudern; Wurf; **2.** *das* Laufenlassen; ** *das* Gebären.

ēmissus, *ūs m* (*ēmittō*) *das* Entsenden.

ē-mittō, *mīsī, missum* 3 **1.** herausschicken: **a**) aussenden, abschicken; **b**) abschießen [*tela*], ausstoßen [*vocem*], ablaufen lassen [°*aquam*]; **c**) ausstoßen, ausweisen; **d**) herausgeben [°*libellos*]; **2.** loslassen: **a**) laufen, gehen, fallen lassen; **b**) freilassen, frei abziehen lassen; °**c**) (*jur. t.t.*) (*aus einem Rechtsverhältnis*) entlassen, freilassen [(*einen Sklaven*) *manu*; (*einen Schuldner*) *libra et aere liberatum*; *cf. lībra*].

emō, *ēmī, ēmptum* 3 (*altl. coni. pf. empsim*; *urspr.* „nehmen", *nur noch ersichtlich in* em *u. den Komposita adimō, sūmō u. a.*) **1.** kaufen; pachten [*magno* teuer; *minoris* billiger]; **2.** / erkaufen, bestechen.

ē-moderor 1 ermäßigen.

ē-modulor 1 (be)singen. [*tum.*]

ēmolimentum, *ī n* = *ēmolumen-*

ē-mōlior 4 zustande bringen; aufwühlen [*fretum*]. [verweichlichen.]

ē-molliō 4 erweichen; / mildern;

ēmolumentum, *ī n* (*urspr. Wort der Bauernsprache*: „Mahlgewinn"; *ē-molō* 3 ausmahlen) Vorteil, Nutzen; °*pl.* Segnungen [*pacis*].

ē-moneō, — — 2 ermahnen.

ē-morior, *mortuus sum* 3 (*altl. inf. ēmorīrī*) hinsterben; / verschwinden, vergehen.

ēmortuālis, e (*ēmortuus, part. pf. v. ēmorior*) Sterbe... [*dies*].

ē-moveō, *mōvī, mōtum* 2 (*pf. auch synk. ēmōstis*) **1. a**) hinausschaffen, entfernen; **b**) (*med. t.t.*) ausrenken; / *mens emota* verrückt; **2.** erschüttern.

Empedoclēs, *is m* (*gr.* -klẹs) *gr. Philosoph aus Agrigent, um 450*; *adi.* -*clēus* 3.

emphasis, *eos f* (*acc. -im, abl. -ī*; *gr. Fw.*) Kraft des Ausdrucks, Emphase.

empīricī, *ōrum m* (*gr. Fw.*) Empiriker (*Ärzte, die sich auf die Erfahrung stützen*). [platz.]

emporium, *ī n* (*gr. Fw.*) Handels-

emporos, *ī m* (*gr. Fw.*) Kaufmann.

ēmptiō, *ōnis f* (*emō*) **1.** Kauf, Ankauf; **2.** *der* gekaufte Gegenstand.

ēmptitō 1 (*frequ. v. emō*) erkaufen; / durch Bestechung erwerben.

ēmptor, *ōris m* (*emō*) Käufer.

ē-mūgiō 4 / herausbrüllen (*v. Redner*).
ē-mulgeō, —, *mulsum* 2 abmelken (*auch obszön*); ausschöpfen.
ēmūnctiō, *ōnis f* (ēmungō) *das* Naseputzen.
ēmūnctus 3 (ēmungō) geschneuzt, scharf witternd; *homo -ae naris* ein gewitzter Kopf.
ē-mundō 1 gründlich säubern.
ē-mungō, *mūnxī, mūnctum* 3 (*cf. mūcus*) sich die Nase putzen; / betrügen.
ē-mūniō 4 vermauern, stark befestigen; gangbar machen.
ēmussitātus 3 (*wohl* = *examussitātus*; *amussis*) genau abgemessen; vollkommen.
ēmūtātiō, *ōnis f* (ēmūtō) Umänderung.
ē-mūtō 1 umändern.
ēn *int.* (= *gr.* ēn) **1.** (*hinweisend*) sieh da! da hast du! da ist [~ °*Priamus*; ~ °*aras*; *en, cui liberos committas*]; °**2.** (*auffordernd*) wohlan! auf! **3.** (*fragend*) wohl? etwa? denn? [~ °*umquam?*].
ēnarrābilis, e (*-nārr-?*; *ēnarrō*) erzählbar.
ēnarrātiō, *ōnis f* (*-nārr-?*; *ēnarrō*) **1.** *syllabarum das* Skandieren; **2.** Interpretation (*eines Textes*).
ē-narrō 1 (*-ā-?*) **1.** vollständig erzählen °**2.** interpretieren [*poemata*].
ē-nāscor, *nātus sum* 3 herauswachsen, entstehen.
ē-natō 1 °**1.** sich schwimmend retten; **2.** / sich heraushelfen.
ē-nāvigō 1 °**1.** (*intr.*) absegeln; hinausfahren; *kl. nur* /; °**2.** (*trans.*) durchfahren.
encaustus 3 (*gr. Fw.*) eingebrannt, enkaustisch.
****encomium,** *i n* Lobrede.
endo *altl. prp.* (en „in"; dō „zu"; *cf. indi-gena*) in; ~ *caelo locare* in den Himmel versetzen.
endo-plōrō (*altl.*) = *implōrō*.
endromis, *idis f* (*acc. sg. auch -ida, -idam*; *acc. pl. -idas*; *gr. Fw.*) warmer Wollüberwurf.
Endymiōn, *ōnis m* (*gr.* -miōn) *Geliebter der Luna, v. ihr in ewigen Schlaf versenkt*; *-onis somnus* ewiger Schlaf.
ē-necō, *necuī u. necāvī, nectum* 1 °**1.** erwürgen, ersticken; **2.** (*P.P.P.*) *adi.* **ēnectus** 3 völlig erschöpft.
ēnervis, e (*Rückbildung aus ēnervō*) entnervt, unmännlich; / kraftlos.
ē-nervō 1 (*nervus*) entnerven, schwächen; (*P.P.P.*) *adi.* **ēnervātus** 3 kraftlos, schwach.
Engonasi(n) *m* (*gr. Fw.*; ♀ „auf den Knien") *der* Kniende (= *Sternbild Herkules*).
ēnicō 1 (*altl. fut. ex. ēnicassō*) = ēnecō.
enim *ci.* (*erstarrter acc. eines pron. demonstr.*; *cf. nam*) **1.** (*bekräftigend*; *oft an erster Stelle*; *cf. enimverō*; *meist altl.*) sicherlich, fürwahr, freilich, in der Tat; *at enim, sed enim* aber freilich; **2.** (*begründend*; *immer nachgestellt*) denn; nämlich; ja; zum Beispiel; *quid enim?* was denn? wieso?
enim-verō *adv.* fürwahr, wahrlich, in der Tat; (aber) freilich.
ē-niteō, *uī,* — 2 hervorleuchten.
ē-nitēscō, *tuī,* — 3 (*incoh. v.* ēniteō) hervorleuchten, erglänzen [*gloria*].
ē-nītor, *nīxus u. nīsus sum* 3 **1.** (*intr.*) °**a)** sich herausarbeiten, emporsteigen, -streben; **b)** / sich anstrengen, sich bemühen; **2.** (*trans.*) °**a)** gebären; °**b)** ersteigen; **c)** / erstreben, erreichen.
ēnīxus 3 (*m.* °*comp.*, °*sup.*; *ēnītor*; *kl. nur adv.* **-ē**) angestrengt, eifrig.
Ennius, *ī m Q., Dichter aus Rudiä in Kalabrien, 239-169.*
ennosigaeus, *ī m* (*gr. Fw.*) Erderschütterer (*Beiname Neptuns*).
ē-nō 1 **1.** herausschwimmen; °**2.** / entfliegen.
ēnōdātiō, *ōnis f* (ēnōdō) Entwirrung, Erklärung.
ēnōdātus 3 (*m.* °*comp.*, *adv.*; ēnōdō) deutlich; ausführlich.
ēnōdis, e (*Rückbildung aus* ēnōdō) knotenlos, glatt; / geglättet, geschmeidig.
ē-nōdō 1 °**1.** entknoten; **2.** / erklären.
ē-nōrmis, e (*-ŏ-?*; *m. adv.*; *Hypostase aus* ē *nōrmā*) **1.** unregelmäßig; **2.** übermäßig, ungeheuer.
ēnōrmitās, *ātis f* (*-ŏ-?*; ēnōrmis) **1.** Unregelmäßigkeit; **2.** ungeheure Größe.
ē-nōtēscō, *tuī,* — 3 allgemein bekannt werden.
ē-notō 1 aus-, aufzeichnen.
ēns, entis (*nach Quintilian von Cäsar gebildetes part. praes. v. sum*; *gr. Lehnübersetzung*) seiend; *subst. n das* Ding.
ēnsiculus, *ī m* (*dem. v.* ēnsis) kleines Schwert.
ēnsi-fer *u.* **-ger,** *era, erum* (ēnsis; *ferō, gerō*) schwerttragend.
ēnsis, *is m* (*cf. altind.* asih) zwei-

schneidiges Langschwert (*Ggs. gladius*).

enterocēlē, ēs *f* (*gr. Fw.*) Darmbruch; *adi.* -*licus* 3 mit einem D.

entheātus *u.* **entheus** 3 (*gr. Fw.*) (gott)begeistert; begeisternd.

enthȳmēma, *atis n* (*gr. Fw.*) bündiger Gedanke; (*log. t.t.*) Enthymem, abgekürzter Schluss.

ē-nūbō, *nūpsī, nuptum* 3 (*nūptum?*) (*aus einem Stande in einen anderen od. aus einer Stadt in eine andere*) heraus-, wegheiraten (*v. Frauen*).

ē-nucleō 1 (*nucleus*) °**1.** entkernen; **2.** / vorsichtig abgeben [*suffragia*], austüfteln [*argumenta*]; (*P.P.P.*) *adi.* **ēnucleātus** 3 (*m. adv.*) schlicht, bündig.

ēnumerātiō, *ōnis f* (*ēnumerō*) **1.** Aufzählung; **2.** (*rhet. t.t.*) kurze Wiederholung.

ē-numerō 1 **1.** ausrechnen; **2.** aufzählen.

ēnūntiātiō, *ōnis f* (*ēnūntiō*) (*log. t.t.*) Aussage, Satz.

ēnūntiātīvus 3 (*ēnūntiātus, P.P.P. v. ēnūntiō*) zur Aussage gehörig, ausgesagt.

ēnūntiātrīx, *īcis f* (**ēnūntiātor*) die mit Worten ausdrückt [*ars*].

ēnūntiātum, *ī n* (*ēnūntiō*) Satz.

ē-nūntiō 1 **1.** aussagen, -sprechen, angeben, ausdrücken; **2.** verraten.

ēnuptiō, *ōnis f* (-*ū*-?; *ēnūbō*) *das* Wegheiraten [*gentis* aus einer *gens* (in eine andere)].

ē-nūtriō 4 ernähren, aufziehen.

eō¹ *adv.* (*erstarrter abl. v. is*; *cf. ideō, adeō*) **1.** °**a**) daselbst, dort; *kl. nur* /; **b**) dahin, dorthin; **c**) bis zu dem Punkte, soweit [°*furoris*]; **d**) (*zeitl.*) solange [*usque eo timui, donec...*]; **e**) dazu; *eo accedit, ut od. quod* hierzu kommt noch, dass; **2.** deswegen, darum; **3.** (*beim comp.*) desto, um so [*magis*].

eō², *iī* (*īvī*), *itum, īre* (*altl. praes. īn = īsne, imp. ei*; (*dcht.*) *pf. īt*; ⟨**ejō* **1. a**) gehen, kommen; einhergehen; reisen, reiten, fahren, segeln *u.ä.*; *in ius* vor Gericht gehen; *in sententiam* der Ansicht zustimmen; **b**) (*mil. t.t.*) marschieren; angreifen [*ad, contra hostem*]; °*bello* ins Feld ziehen; **2.** / **a**) *an etw.* gehen, *etw.* begehen; °*in lacrimas* in Tränen ausbrechen; **b**) *auf etw.* ausgehen; *cubitum* schlafen gehen; **c**) (*v. leblosen Dingen*) gehen, hindringen [*clamor ad aethera*]; **d**) vonstatten gehen, verlaufen [*res melius it*]; °**e**) übergehen *in*, werden *zu*; °**f**) (ent-)schwinden [*anni*]; °**g**) *ire per* durchmachen; **3.** *Sup.* + *ire* = *inf. fut. P.*; ** *in placitum* beschließen.

eōdem *adv.* (*erstarrter abl. v. īdem*) **1.** ebendahin, dazu; **2.** ebenda(selbst) [~ *loci, ubi*].

eōpse *adv.* (*altl.*) = *eō ipsō.*

Eōs *u.* **Ēōs** *f* (*indecl. gr.* Hẹōs *u.* Ēọs) Morgenröte; *adi.* **eōus** *u.* **ēōus** 3 morgendlich; östlich; *subst.* **-us,** *ī m* Morgenstern; *der* Orient, *die* Orientalen.

Epamīnōndās, *ae m* (*gr.* -meinọndās) *Feldherr der Thebaner, † 362.*

epaphaeresis, *is f* (*gr. Fw.*) *das* wiederholte Wegnehmen.

ē-pāstus 3 (*pāscor*) aufgefressen.

Epēus, *ī m* (*gr.* Epẹ̄os) *Erbauer des trojanischen Pferdes.*

ephēbus, *ī m* (*gr. Fw.*) (griechischer) Jüngling (*zw. 16 u. 20 Jahren*).

ephēmeris, *idis u. idos f* (*acc. sg.* -*ida*, *acc. pl.* -*idas*; *gr. Fw.*) Tage-, Wirtschaftsbuch.

Ephesus, *ī f* (*gr.* -os) *ionische St. in Kleinasien m. ber. Dianatempel*; *adi. u. Einw.* -*sius* (3).

ephippiātus 3 (*ephippium*) auf gesatteltem Pferde reitend.

ephippium, *ī n* (*gr. Fw.*) Reitdecke, Sattel.

ephorus¹, *ī m* (*gr. Fw.*) Ephor (*einer der 5 höchsten Beamten in Sparta*).

Ephorus², *ī m* (*gr.* -os) *gr. Historiker um 350.*

epibata, *ae m* (*gr. Fw.*) Schiffssoldat.

Epicharmus, *ī m* (*gr.* Epịcharmos) *gr. Philosoph u. Komödiendichter in Syrakus, um 540-450.*

epichīrēma, *atis n* (*gr. Fw.*) (*rhet. t.t.*) ein nicht ganz korrekter Syllogismus.

epichysis, *is f* (*acc.* -*in*; *gr. Fw.*) Gefäß zum Eingießen.

epicōpus 3 (*gr. Fw.*) mit Rudern versehen.

epicrocus 3 (*gr. Fw.*) mit feinen Einschlagfäden; / dünn (*scherzh. v. einer Suppe*).

Epicūrus, *ī m* (*gr.* Epịkūros) *griech. Philosoph aus Samos, † 270*; *adi.* -*cūrēus* 3; *subst.* **-cūrēī,** *ōrum m* epikureische Philosophen.

epicus (*gr. Fw.*) **1.** *adi.* 3 episch; °**2.** *subst.* ~, *ī m* Epiker.

Epidamnus, *ī f* (*gr.* Epịdamnos) = Dyrrhachium.

Epidauros, *ī f* (*gr.* Epi-) *St. in Argolis mit Äskulaptempel*; *adi.* -*rius* 3, *subst.* = Äskulap. [*oratio*].
epidīcticus 3 (*gr. Fw.*) Prunk...
epidīpnis, *idis f* (*gr. Fw.*) Nachtisch, Dessert.
Epigonī, *ōrum m* „*die* Nachgeborenen", *d.h. die Nachkommen der „Sieben gegen Theben"* (*Drama des Äschylos, v. Accius übersetzt*).
epigramma, *atis n* (*gen. pl.* -*atōn*, *dat. pl.* -*atīs*; *gr. Fw.*) **1.** Auf-Inschrift; **2.** Epigramm, Sinngedicht.
epigrus, *ī m* (*gr. Lw.*) hölzerner [Nagel.
epilogus, *ī m* (*gr. Fw.*) Schluss einer Rede, Epilog.
epimēnia, *ōrum n* (*gr. Fw.*) monatliches Deputat (*für die Sklaven*).
epinīcia, *ōrum n* (*gr. Fw.*) Siegeslieder.
****epiphania,** *ae f* (-*a*, *ōrum n*) Erscheinung; Dreikönigstag.
epiphōnēma, *atis n* (*gr. Fw.*) Ausruf.
epiphora, *ae f* (*gr. Fw.*) Schnupfen.
epi-raedium *u.* **-rēdium,** *ī n* (*gr. prp.* „an" + *raeda*) Zugriemen *an der Kutsche.*
Ēpīrus, *ī f* (*gr.* Ēpeiros) *Landsch. a. der Westküste Nordgriechenlands*; *adi.* -*rēnsis*, e, -*rōticus* 3; *Einw.* **-rōtēs,** *ae m.*
****episcopium,** *i n* Bistum.
****episcopus,** *i m* Bischof.
epistola = *epistula.*
epistolāris, e (*epistola*) zum Brief gehörig; *chartae* -es Briefpapier; ** *subst.* **-e,** *is n* Briefsammlung.
epistolium, *ī n* (*gr. Fw.*) Briefchen.
epistula, *ae f* (*gr. Fw.*) **1.** (*nkl. auch pl.*) Brief, Zuschrift; *ab epistulis* Geheimschreiber; °**2.** kaiserlicher Erlass, Reskript.
****epitaphium,** *i n* Grabschrift.
epitaphius, *ī m* (*gr. Fw.*) Leichenrede.
epithalamium, *ī n* (*gr. Fw.*) Braut-[lied.
epithēca, *ae f* (*gr. Fw.*) Zugabe.
epitheton, *ī n* (*gr. Fw.*) Beiwort, Epitheton.
epi-togium, *ī n* (*gr. prp.* „an, auf" + *toga*) ein über die Toga gezogenes Kleid, Oberkleid.
epitoma, *ae u.* **-mē,** *ēs f* (*gr. Fw.*) kurzer Auszug.
epitonion, *ī n* (*gr. Fw.*) Hahn *an einer Röhre.*
epitȳrum, *ī n* (*gr. Fw.*) Olivensalat.
epodes, *um m* (*et. ungedeutet*) *ein Art Seefische.*
epōdos, *ī m* (*gr. Fw.*) **1.** *kürzerer Vers, der auf einen längeren folgt*; **2.** *Gedicht mit abwechselnd längeren u. kürzeren Versen*, Epode (*v. Archilochos erfunden, v. Horaz nach Rom verpflanzt*).
epops, *opis m* (*gr. Fw.*) Wiedehopf.
epos *n* (*indecl.*; *gr. Fw.*) Heldengedicht.
ē-pōtō, *āvī, ātūrus, ēpōtus* 1 **1. a)** (*kl. nur P.P.P.*) austrinken; °**b)** / einsaugen; °**2.** vertrinken [*argentum*].
epulae, *ārum f* (*altes sakrales Wort, et. unklar*) Gerichte, Mahl(zeit), Schmaus; / Genuss.
epulāris, e (*epulae*) beim Mahle; mit einem Essen verbunden [*sacrificium*].
epulātiō, *ōnis f* (*epulor*) Fest-[essen.
epulō, *ōnis m* (*epulae*) **1.** Ordner des Festmahles; [*tresviri u. septemviri epulones Priesterkollegien zur Ausrichtung des mit den öffentl. Spielen verbundenen Festmahls*]; **2.** Schmauser, Fresser.
epulor 1 (*epulae*) **1.** (*intr.*) speisen, schmausen [*Saliarem in modum* üppig]; °**2.** (*trans.*) verspeisen, verzehren.
epulum, *ī n* (*cf. epulae*) Festmahl.
equa, *ae f* (*equus*) Stute.
eques, *itis m* (*cf. equus*) **1.** Reiter; °(*coll.*) Reiterei; **2.** Ritter; °(*coll.*) Ritterstand; / Klasse der Gebildeten; ** Springer (*im Schachspiel*).
equester (*nkl.* **-tris**), *tris, tre* (*eques od. equus*) **1.** Reiter...; **2.** Ritter...; °*subst.* **equester,** *tris m* = *eques*; **equestria,** *ium n* Sitze der Ritter *in den Schauspielen.*
e-quidem *adv.* (*verstärktes quidem*; *Vorsilbe nicht sicher gedeutet*) allerdings, in der Tat; freilich; *kl. nur bei 1. Person*: ich meinerseits.
equīle, *is n* (*equus*) Pferdestall.
equīnus 3 (*equus*) zum Pferde gehörig, Pferde..., aus Rosshaaren.
equir(r)ia, *ōrum u.* -*ium n* (-*īria?*; *wohl* <**equicirria*; *equus* + *currus*) Pferderennen (*zu Ehren des Mars am 27. Febr. u. 14. März*).
equitābilis, e (*equitō*) für Reiterei tauglich.
****equitatura,** *ae f* Ritterwürde.

equitātus, *ūs m* (*equitō*) **1.** Reiterei; Reiterschar; **2.** Ritterschaft.

equitō 1 (*eques*) **1. a)** reiten; / °**b)** daherstürmen; °**c)** = *futuō*; **2.** plänkeln.

equola, *ae f* (*dem. v. equa*) kleine Stute; / Frau.

equuleus, *ī m* = *eculeus.*

equus, *ī m* (*gen. pl. auch -um*) **1.** Pferd, Ross; Hengst; **2.** Reiter; *ad equum rescribere doppeldeutig*: „zur Reiterei versetzen" *u.* „in den Ritterstand erheben"; **3.** *pl.* °**a)** Gespann, Kampfwagen; **b)** Reiterei; °**c)** *~ bipes* Seepferd; °**4.** ♀ *das* Gestirn Pegasus.

ēr, *ēris m* (*acc. auch ērim*; ⟨**hēr, Bauernwort*) Igel.

era, *ae f* (*cf. erus*) **1.** Hausfrau; [*maior* Frau des Hauses; *minor* Tochter des Hauses]; **2.** Herrin (*des Geliebten*), Geliebte.

ē-rādīcō 1 (*rādīx*) mit der Wurzel herausreißen; / ausrotten.

ē-rādō, *sī, sum* 3 aus-, abkratzen; (aus)streichen; *genas* rasieren; / in Vergessenheit bringen.

eranus, *ī m* (*gr. Fw.*) Sammlung für die Armen.

Eratō, *ūs f* (*gr.* -tọ̄) *Muse des Liebesliedes.*

Eratosthenēs, *is m* (*gr.* -sthẹnēs) *gr. Gelehrter, Leiter der alexandrinischen Bibliothek, 275-194.*

ercīscō, erctum = *herc...*

Erebus, *ī m* (*gr.* -os) *Sohn des Chaos u. der Nacht*; *Gott der Finsternis*; Unterwelt; ** Hölle.

Erec(h)theūs, *eī m* (*gr.* -theūs) *König v. Athen*; *adi.* -*thēus* 3; *subst.* **-thīdae,** *ārum m* Athener; — **-this,** *idis f* Tochter des ~ (*Prokris od. Orithyia*).

ērēctus 3 (*m. comp.*, °*adv.*) (*ērigō*) **1.** aufrecht (stehend), gerade; **2.** / **a)** erhaben, hoch(herzig); **b)** hochmütig; **c)** erwartungsvoll; **d)** mutig.

****eremita,** *ae m* Einsiedler.

****eremus,** *i f* Wüste, Einsamkeit.

ē-rēpō, *psī, ptum* 3 **1.** (*intr.*) **a)** herauskriechen; **b)** emporkriechen, -klettern; **2.** (*trans.*) **a)** durchkriechen; **b)** erklettern.

ēreptiō, *ōnis f* (*ēripiō*) Entreißung, Raub.

ēreptor, *ōris m* (*ēripiō*) Räuber.

ērēs, *ēdis m* = *hērēs.*

Eretria, *ae f St. auf Euböa*; *adi. u. Einw.* -*triēnsis* (e); *adi.* -*tricus* 3.

ergā *prp. b. acc.* (*ergō*; *bei den Komikern noch oft nachgestellt*) gegenüber; / gegen (*kl. nur freundlich*).

ergastērium, *ī n* (*gr. Fw.*) Werkstätte.

ergastulum, *ī n* (*gr. Lw.*) Arbeitshaus, Zuchthaus (*für Sklaven u. Schuldner*); / Sträfling.

ergō (*wohl* ⟨**ē regō* „aus der Richtung") **1.** *prp. b. vorangehendem gen.* wegen, um ... willen [*honoris*]; ** *obsidis ergo* als Geisel; **2.** *cj.* (*im Vers auch* ergŏ) **a)** (*in Schlußsätzen*) folglich, deshalb, also (*siehe atquī*); **b)** (*in Fragen u. Aufforderungen*) denn, so ... denn; also, wie gesagt [*quid ~?*].

ērīcius, *ī m* (-ĭ-?; *ēr*) °**1.** Igel; **2.** / spanischer Reiter.

Ēridanus, *ī m* (*gr.* -nọs) (*dcht.*) Po.

eri-fuga, *ae m* (*erus, fugiō*) dem Herrn entlaufen.

ē-rigō, *rēxī, rēctum* 3 **1.** aufrichten, emporheben; *se -ere u.* °*mediopass.* sich aufrichten, erheben; **2.** errichten, aufführen [*turres*]; °**3.** hinaufrücken lassen [*aciem in collem*]; **4.** / **a)** erregen, spannen [*animum ad audiendum*]; aufmerksam machen; **b)** aufrichten, ermutigen; *se -ere u.* °*mediopass.* sich ermannen.

erīlis, e (*erus, era*) des Herrn; der Herrin; ** *subst. m* (*f*) Herr(in); Fräulein.

Erīnȳs, *yos f* (*gr.* -nȳs) Rachegöttin, Furie; Wut; / Verderben.

ē-ripiō, *ripuī, reptum* 3 (*rapiō*) **1.** heraus-, wegreißen; **2. a)** entreißen [*gladium*]; gewaltsam wegnehmen, rauben; **b)** benehmen [*dolorem*]; hinraffen; **3.** retten; befreien *aus.*

ē-rōdō, *ōsī, ōsum* 3 abnagen; °/ zerfressen.

ērogātiō, *ōnis f* (*ērogō*) Auszahlung; Ausgabe.

ē-rogitō 1 ausfragen, -forschen.

ē-rogō 1 verausgaben, ausgeben.

errābundus 3 (*errō*[1]) umherirrend.

errāticus 3 (*errātus, P.P.P. v. errō*[1]) umherirrend; °*stella* Planet.

errātiō, *ōnis f* (*errō*[1]) Verirrung.

errātor, *ōris m* (*errō*[1]) *der* Umherirrende (= Mäander).

errātum, *ī n* (*errō*[1]) Irrtum, Fehler.

errātus, *ūs m* (*errō*[1]) Irrfahrt.

errō[1] 1 (*cf. nhd.* „irren") **1.** (*intr.*) **a)** umherirren, unstet sein; °**b)** sich verirren; **c)** im Irrtum sein; °**2.** (*trans.*) durchirren.

errō², ōnis *m* (errō¹) Landstreicher; / ungetreuer Liebhaber.
errōneus 3 (errō²) sich umhertreibend.
error, ōris *m* (errō¹) **1.** *das* Umherirren: **a)** Irrfahrt; °**b)** Irrgang, Windung; **c)** / Ungewißheit, Unsicherheit, Zweifel; **2.** *das* Abirren: **a)** *das* Abweichen vom richtigen Wege; **b)** Versehen, Missgriff, Fehler; °**c)** Fehlschuss; *bsd.* Sprachfehler; **d)** Irrtum, Missverständnis, Täuschung; °Liebeswahn; °**e)** sittliche Verirrung; °**3.** ♀ Göttin der Verblendung (= *gr.* Ate).
ē-rubēscō, *buī*, — 3 °**1.** sich rot färben; **2.** erröten, sich schämen.
ērūca, *ae f* (*et. unklar*) Rauke (*Kohl*; *Aphrodisiakum*).
ē-rūctō 1 (-ŭ-?) **1.** ausrülpsen, -speien; °**2.** auswerfen; ** herleiern [*psalmos*].
ē-rudiō 4 (*rudis*) unterrichten, (aus-)bilden, belehren [*filium in re militari*]; (*P.P.P.*) *adi.* **ērudītus** 3 (*m.* °*comp.*, *sup.*, *adv.*) gebildet, gelehrt, kenntnisreich.
ērudītiō, *ōnis f* (ērudiō) Unterricht; / gelehrte Bildung.
ērudītulus 3 (*dem. v.* ērudītus) recht gebildet.
ē-rumpō, *rūpī, ruptum* 3 **1.** (*trans.*) °**a)** hervorbrechen lassen, herauswerfen; **b)** se -ere herausstürzen, hervorbrechen; **c)** / ausschütten, auslassen [*stomachum in hominem*]; °**d)** durchbrechen [*nubem*]; **2.** (*intr.*) **a)** heraus-, hervorbrechen, -stürzen; einen Ausfall machen; / **b)** zum Ausbruch kommen, offenbar werden [*coniuratio ex tenebris*]; **c)** plötzlich übergehen *zu* [*nox in scelus*]; °(*rhet. t.t.*) plötzlich abschweifen.
ē-ruō, *ruī, rutum, ru(i)tūrus* 3 **1. a)** (her)ausgraben, -scharren; aufwühlen; **b)** aufstöbern, ermitteln [*argumenta*]; **2.** °**a)** ausreißen [*oculos*]; **b)** / herausreißen; °**c)** vernichten.
ēruptiō, *ōnis f* (ērumpō) Ausbruch; Ausfall.
erus, *ī m* (*et. ungedeutet*) **1.** Hausherr, Herr; °**2.** / Gebieter, Besitzer.
ervum, *ī n* (*Lw. aus einer unbekannten Sprache*; *cf. nhd.* „Erbse") Erve (*Wickenart*).
Eryc... *s.* Eryx.
Erymanthus, *ī m* (*gr.* Erymanthos) **1.** *Geb. im NW Arkadiens*; *adi.* -thius 3, -this, idis *f*; **2.** *Nbfl. des Alpheus.*
erythīnus, *ī m* (*gr. Fw.*) rote Meerbarbe.
Erythraeus 3 erythräisch, zum *mare Erythraeum* (*gr.* Erythraios pontos „Rotes Meer" = *Indisches Meer mit Arabischem u. Persischem Meerbusen*) gehörig: **1.** im persischen Meerbusen (gefischt) [*lapilli* Perlen]; **2.** indisch [*dens* Elfenbein; *triumphi* des Bacchus].
Eryx, *cis u.* **Erycus,** *ī m Berg u. St. in Sizilien* (*nach dem gleichnamigen Sohn der Venus benannt*) *m. Venustempel*; *adi.* Erycīnus 3.
ēsca, *ae f* (ĕ-?; edō¹) **1.** Essen Speise, Futter; **2.** Köder.
ēscārius 3 (ĕ-?; ēsca) **1.** Ess...; *subst.* **-a,** ōrum *n* Essgeschirr; **2.** zum Köder gehörig.
ē-scendō, *endī, ēnsum* 3 (*scandō*) **1.** (*intr.*) **a)** emporsteigen; °**b)** (*v. der Küste ins Innere*) hinaufziehen, -reisen; °**2.** (*trans.*) besteigen.
ēscēnsiō, *ōnis f* (ēscendō) Landung.
ēscēnsus, *abl.* ū *m* (ēscendō) *das* Ersteigen.
eschatocollion, *ī n* (*gr. Fw.*) *die* letzte Seite (*einer Schrift*).
escit, escunt (*altl. incoh. zu* est, sunt) er ist, sie sind (vorhanden); (*selten*) = erit, erunt.
ēsculentus 3 (ĕ-?; ēsca) essbar; *subst.* **-a,** ōrum *n* Speisen.
ēsculētum = aesculētum.
ēsculeus, ēsculus = aescul...
ēsiliō = exsiliō.
ēsitō 1 (*frequ. v.* edō¹) (zu) essen (pflegen).
Esquiliae, *ārum f* (*wohl aus* ex + colo: „Außenwohnstätten, Vorstadt") *größter Hügel Roms* (*als Begräbnis- u. Richtplatz dienend, später Park*); *adi.* -līnus 3, -lius 3.
esseda, *ae f u. pl.* (*nkl.*) = essedum.
essedārius, *ī m* (essedum) Wagenkämpfer: **1.** *als gallischer od. britischer Krieger*; °**2.** *als röm. Gladiator.*
essedum, *ī n* (*kelt. Fw.*; en = *lat.* in; sed- „sitzen") *zweirädriger keltischer Streitwagen, v. den Römern als Reisewagen u. bei den Gladiatorenkämpfen benutzt.*
essentia, *ae f* (*essēns, *künstlich gebildetes part. praes. v.* esse) *das* Wesen einer Sache.
essitō, essur... (ē-?) = ēsitō, ēsur...
ēstrīx = ambēstrīx.

ēstur *s.* edō¹.
ēsūdō *s.* exsūdō.
ēsuriālis, e (ēsuriō¹) Hunger...
ēsuriō¹ 4 (*desid. v.* edō¹ = „wünsche zu essen") Hunger haben, hungrig sein; *auch* °/.
ēsuriō², ōnis *m* (ēsuriō¹) Hungerleider.
ēsurītiō, ōnis *f* (ēsuriō¹) *das* Hungerleiden.
ēsurītor, ōris *m* (ēsuriō¹) Hungerleider.
et (*idg.* *eti „darüber hinaus"; *cf.* at) *ci.* **1.** auch [°salve et tu]; ferner; sogar; **2.** und: **a)** und; und (so) auch, und zugleich; und somit, und so (denn), und daher; **b)** (*erklärend*) und zwar, nämlich, das heißt; und überhaupt; **c)** (*kontrastierend*) und doch, und dabei; **d)** (*im Syllogismus*) nun aber; **e)** (*bestätigend*) und wirklich, und in der Tat; **f)** (*advers. nach Negation*) sondern; **g)** (*nach Ausdrücken der Gleichheit u. Ähnlichkeit*) wie, als; **3. et non** (*im Ggs. zu* neque *Negation eines einzigen Begriffs*) und nicht; **4. et — et** sowohl — als auch, teils — teils; **neque — et** einerseits nicht — andrerseits aber; nicht nur nicht, sondern (auch); **et — neque** einerseits (wohl) — andrerseits nicht; **5.** *nach* multus *nicht zu übersetzen* [multa et improbissima facinora viele Schandtaten].
et-enim *ci.* (*dcht. auch nachgestellt*) denn, nämlich; allerdings.
etēsiae, ārum *m* (*gr. Fw.* „Jahreswinde") Passatwinde (*die in den Hundstagen 40 Tage lang wehenden NW-Winde*).
etēsius 3 (*gr. Fw.*) jährlich.
ēthicē, ēs *u.* **-ca,** ae *f* (*gr. Fw.*) Ethik, Moralphilosophie.
ēthicus 3 (*m. gr. adv.* **-cōs**; *gr. Fw.*) ethisch.
ēthologia, ae *f* (*gr. Fw.*) Sittenschilderung, Charakterdarstellung.
ēthologus, ī *m* (*gr. Fw.*) Charakterdarsteller; Possenreißer.
et-iam *ci.* („auch noch") **1. a)** (*zeitl.*) noch, noch immer; noch einmal, wieder; ~ atque ~ immer wieder; **b)** (*in Antworten*) ja; ach richtig!; **2. a)** (*steigernd*) auch, sogar, selbst; noch obendrein, gar; **quīn etiam** ja sogar; **b)** (*vermehrend*) ferner, außerdem; **nōn sōlum** (*od.* **modo**) **..., sed** (*od.* vērum) **etiam** nicht nur ..., sondern auch; **c)** (*beim comp.*) noch [~ maior].
etiam-dum *adv.* auch jetzt noch.
etiam-num *u.* **-nunc** *adv.* **1.** auch jetzt noch, noch immer; °**2.** nochmals; °**3.** ferner, außerdem.
etiam-sī *ci.* wenn auch, auch wenn.
etiam-tum *u.* **-tunc** *adv.* **1.** (auch) damals noch; immer noch; °**2.** damals erst.
Etrūria, ae *f Landschaft Italiens, j. Toskana*; *adi. u. Einw.* Etrūscus (3).
et-sī *ci.* wenn auch, wenn schon, obschon; (*korrigierend, ohne Nachsatz*) indessen, jedoch, doch.
etymologia, ae *f* (*gr. Fw.*) Ableitung eines Wortes, Etymologie.
eu *int.* (*gr. Fw.*) gut!; schön!
euān *u.* **euhān** *int.* (*gr. Fw.*) *Jubelruf der Bacchantinnen*; ♀ = Bacchus.
****euangelizo** 1 das Evangelium verkünden.
euāns, antis (euān) „euan" rufend; unter Jubelruf feiernd.
euax *int.* (*wohl gr. Fw.*) juchhei!; Triumph!
Euboea, ae *f* (*gr.* Eubōia) *Insel an der Ostküste Mittelgriechenlands*; *adi.* -boïcus 3; urbs -a = Cumae (*euböische Kolonie!*); carmen -um Spruch der Sibylle von Cumae.
****eucharistia,** ae *f* Danksagung; *das* heilige Abendmahl; Hostie.
Euclīdēs, is *m* (*gr.* -klẹidēs) *Mathematiker in Alexandria, um 300.*
euge *u.* **-gẹ** (-gae *schlechte Schreibung*; *gr. Fw.*); **eugepae** (*wohl* euge + papae) *int.* = eu.
euhān, euhāns = euān, euāns.
Euhias, Euhius, euhoe *s.* euoe.
****eulogia,** ae *f* Geschenk; Segen.
Eumenides, dum *f* (*gr.* -nides „*die* Wohlwollenden") = lat. Furiae.
eumpse (*altl.*) = eum ipsum.
eunūchus, ī *m* (*gr. Fw.*) Kastrat, Eunuch; ♀ *Titel einer Komödie des Terenz*; ** Kämmerer (*am Hofe v. Byzanz*).
euoe *u.* **euhoe** *int.* (*gr. Fw.*) juchhe! (*Jubelruf der Bacchantinnen*); **Eu(h)ius,** ī *m Beiname des Bacchus*; **Eu(h)ias,** adis *f* Bacchantin.
****euphonia,** ae *f* Wohlklang, Gesang.
Euphorbus, ī *m* (*gr.* Euphorbos) *Trojaner*; *in seiner Gestalt wollte Pythagoras den trojanischen Krieg erlebt haben.*
Euphrātēs, is *u.* ī *m* (*acc.* -ēn) *der* Euphrat.

Eupolis, *idis m (abl.* -ī) *Dichter der alten attischen Komödie, etwa 445-411.*

Eurīpidēs, *is u.* ī *m (acc. auch* -ēn; *gr.* -pidēs) *athenischer Tragiker 485 od. 480-406*; *adi.* -pidēus 3.

eurīpus *u.* **-os,** ī *m (gr. Fw.)* **1.** Meerenge; ♀ *(gr.* Euripos) *M. zwischen Euböa u. Griechenland*; **2.** / Graben, Kanal.

Eurōpa, *ae u.* **-ē,** ēs *f Tochter des phönikischen Königs Agenor u. der nach ihr benannte Erdteil*; *adi.* -paeus 3 von der Europa stammend [*dux* = *Minos*]; europäisch.

Eurōtās, *ae m Hauptfl. Lakoniens, j.* Iri.

eurōus 3 (*eurus*) (süd)östlich.

eurus, ī *m (gr. Fw.)* Südostwind; Ostwind.

Eurydicē, ēs *f (gr.* -dikē) *Gemahlin des Orpheus.*

Eurystheūs, *eī m (acc. auch* -ea; *gr.* -stheus) *König v. Mykene, der auf Junos Befehl Herkules die 12 Arbeiten auferlegte.*

euschēmē *adv. (gr. Fw. m. lat. Endung)* mit Anstand.

Euterpē, ēs *f Muse der Tonkunst.*

Eutrapelus, ī *m s. Volumnius.*

euxīnus 3 (*gr. Fw.*) gastlich; *Pontus* ♀ *das* Schwarze Meer (*früher Axenus*; *s. d.*).

ē-vādō, *vāsī, vāsum* 3 **1.** (*intr.*) **a)** heraus-, hervorgehen; **b)** emporklimmen; **c)** entkommen, entgehen, entrinnen [*e periculo*]; **d)** ablaufen, ausschlagen [*res in magnum malum*], in Erfüllung gehen [*somnia*]; **e)** sich *zu etw.* entwickeln, schließlich werden [*orator*]; °**2.** (*trans.*) **a)** zurücklegen, passieren [*media castra*]; **b)** erklimmen; **c)** entgehen [*insidias*].

ēvagātiō, *ōnis f (ēvagor)* Ausbreitung.

ē-vagor 1 **1.** (*intr.*) °**a)** umherschweifen; °**b)** (*mil. t.t.*) schwenken; / **c)** sich verbreiten, um sich greifen [*vis morbi*]; °**d)** (*v. Thema*) abschweifen; °**2.** (*trans.*) überschreiten.

ē-valēscō, *luī,* — 3 erstarken, wachsen; / (*pf.*) imstande sein [*pervincere*].

ē-validus 3 ganz stark.

ē-vānēscō, *nuī,* — 3 (*vānus*) verschwinden; verloren gehen.

****evangelicus** 3 zum Evangelium gehörig.

****evangelista,** *ae m* Evangelist.

****evangelium,** *i n* Evangelium; Evangelienbuch.

****evangelizo** *s.* eu...

ēvānidus 3 (*ēvānēscō*) vergehend; verlöschend [*ignis*].

ēvapōrātiō, *ōnis f (ēvapōrō* 1 ausdünsten; *vapor)* Ausdünstung.

ē-vāstō 1 (-ă-?) völlig verwüsten.

****evectio,** *onis f* Ausfuhr; Handel.

ē-vehō, *vēxī, vectum* 3 **1.** hinausführen, fortschaffen; °**2.** hinaufführen, emporführen [*in collem*]; / erheben [*ad deos*]; °**3.** *mediopass.* **a)** hinausfahren, -reiten, -segeln; hinausgehen, -fahren *über* [*os amnis*]; / sich hinreißen lassen; *longius* zu weit vom Thema abschweifen; **b)** (*auch se -ere*) los-, anstürmen; **c)** hinauffahren; / sich emporschwingen.

ē-vellō, *vellī* (°*auch vulsī*), *vulsum* 3 (her)ausreißen; / (ver)tilgen.

ē-veniō, *vēnī, ventum* 4 (*altl. coni. praes.* -*nat,* -*nant*) °**1.** heraus-, hervorkommen; **2.** / **a)** sich ereignen, eintreten, geschehen; **b)** eintreffen, in Erfüllung gehen; **c)** widerfahren, begegnen, zustoßen; **d)** zufallen, zuteil werden; **e)** ausgehen [*prospere*]; ** = *fierī.*

ēventum, ī *n (ēveniō)* **1.** Ausgang, Erfolg, Ergebnis; **2.** Ereignis; °**3.** (*t.t. der Physiker*) *das* äußerlich Zufällige.

ēventus, *ūs m (ēveniō)* **1. a)** Ausgang, Ergebnis [*bonus, malus*]; *pl.* Wechselfälle [*belli*]; Wirkungen; **b)** günstiger Ausgang; °**c)** ungünstiger Ausgang, Ende; (im *Drama*) Katastrophe; **2.** Vorfall, Ereignis; **3.** Schicksal, Los.

ē-verberō 1 aufpeitschen; zerschlagen [*os*]; abschütteln.

ē-vergō, — — 3 hervorsprudeln lassen.

ēverriculum, ī *n (ēverrō)* Kehrbesen.

ē-verrō, *rrī, rsum* 3 °**1.** ausfegen; **2.** / ausplündern [*fanum*].

ēversiō, *ōnis f (ēvertō) das* Umwerfen, Zerstörung [*tectorum*]; / Umsturz, Zerrüttung.

ēversor, *ōris m (ēvertō)* Zerstörer.

ē-vertō, *vertī, versum* 3 °**1.** umkehren, -drehen; aufwühlen; **2.** umwerfen, umstürzen; **3.** zerstören; **4. a)** zugrunde richten, zerrütten [*rem publicam*]; (*pol.*) stürzen; **b)** vertreiben [*sedibus*].

ē-vestīgātus 3 (**ē-vestīgō*) aufgespürt, erforscht.
ē-vidēns, *entis* (*m. comp.*, °*sup.*, °*adv.*; *videor*) augenscheinlich, einleuchtend, offenbar.
ēvidentia, *ae f* (*ēvidēns*) Veranschaulichung, (*rhetorische*) Evidenz.
ē-vigilō 1 **1.** (*intr.*) °**a**) auf-, erwachen; **b**) wach sein; **2.** (*trans.*) °**a**) durchwachen [*noctem*]; **b**) bei Nacht ausarbeiten.
ē-vīlēscō, *luī*, — 3 (*vīlis*) wertlos [werden].
ē-vinciō, *vinxī, vinctum* 4 (*vīnxī, vīnctum?*) **1.** binden, fesseln; **2.** umbinden, umwinden.
ē-vincō, *vīcī, victum* 3 **1.** völlig besiegen; **2.** / **a**) erweichen; **b**) durchsetzen, bewirken; **c**) unumstößlich dartun.
ē-virō 1 (*vir*) entmannen, entnerven.
ē-vīscerō 1 (*-ī-?*; *vīscera*) ausweiden; zerfleischen, zerreißen; / auswaschen.
ēvītābilis, *e* (*ēvītō*) vermeidbar.
ēvītātiō, *ōnis f* (*ēvītō*[1]) *das* Vermeiden.
ē-vītō[1] 1 vermeiden, entgehen; aus[weichen].
ē-vītō[2] 1 (*vīta*) das Leben rauben [*alqm*] [*eines Schuldners.*]
ēvocātiō, *ōnis f* (*ēvocō*) Vorladung
ēvocātor, *ōris m* (*ēvocō*) Aufwiegler.
ē-vocō 1 **1. a**) hervorrufen; **b**) (*mil. t.t.*) herausfordern [*ad pugnam*]; **c**) (*relig. t.t.*) zitieren, erwecken [°*animas orco*]; °**d**) (*dsgl.*) *den feindl. Gott* zur Auswanderung *aus der belagerten Stadt* auffordern, *um ihn für sich zu gewinnen* [*deos*]; **2. a**) vorladen; **b**) (*mil. t.t.*) aufrufen, aufbieten [*milites*]; **c**) (*desgl.*) abberufen, beordern; **d**) erheben [*ad honorem* in ein Ehrenamt berufen]; **3.** / hervorrufen, erregen; abnötigen [°*risum*]; **4.** (*P.P.P.*) *subst.*
ēvocātī, *ōrum m* (*mil. t.t.*) Freiwillige, Veteranen (*die in Notzeiten wieder aufgeboten wurden*).
ēvoe = euoe.
ē-volō 1 **1.** herausfliegen; / entfliehen, enteilen; **2.** hervorbrechen; **3.** sich emporschwingen.
ēvolūtiō, *ōnis f* (*ēvolvō*) *das* Aufschlagen, Lesen [*poetarum*].
ē-volvō, *volvī, volūtum* 3 (*dcht. auch ēvoluam, ēvoluisse*) °**1. a**) hinaus-, hervorwälzen; entströmen lassen [*aquas in campos*]; (*Spindeln*) abspinnen; **b**) herauswickeln, -helfen [*se ex his turbis*]; **c**) emporwirbeln lassen [*fumum*]; **d**) entkleiden; (*kl.*) entlarven; **e**) auftreiben [*argentum*]; **f**) verdrängen [*sede patria*]; **2. a**) auseinander rollen, aufrollen [*volumen epistularum*]; aufschlagen, lesen [*librum*]; **b**) / entwickeln, deutlich machen, enthüllen, darstellen, schildern; ** P. abrollen [*dies*].
ē-vomō, *muī, mitum* 3 ausspeien; / ausstoßen, ausschütten.
ē-vortō, *rtī, rsum* 3 = ēvertō.
ē-vulgō 1 **1.** veröffentlichen; **2.** dem Volke preisgeben.
ēvulsiō, *ōnis f* (*ēvellō*) *das* Heraus[reißen.]
ex, ē (*cf. gr. Fw.* exodium) **I.** *in der Komposition* (*Zusammensetzungen m. adi. sind verbal bedingt*) **ex-, ec-, ē-** (*vor Vokalen, h u.* c, p, t: ex, *vor Konsonanten auch* ec-, *sonst* ē-; *vor f assimiliert* [efficio]; *nach* ex- *kann s ausfallen* [exto]) **1. a**) aus-, heraus- [exeo]; **b**) empor-, er- [exstruo]; **2. a**) völlig, ganz [evito]; **b**) sehr, ziemlich [edurus]; **3.** auf-, ver-, -los, ohne [effrenatus]; ** (*vor Amtsbezeichnungen*) gewesener, ehemaliger, Ex- [exconsul]; **II.** *prp. b. abl.* **ex**; **ē** (*nur vor Konsonanten außer h*) **1.** (*räuml.*) aus, aus ... heraus, aus ... herab, von ... aus, von ... her [*e loco superiore impetum facere; Rhenus oritur ex Alpibus*]; *pugnare ex equo* zu Pferd; *es itinere* auf dem Marsch, unterwegs; *pendere ex arbore* an einem Baum; *ex magistro audire, cognoscere* aus des Lehrers Mund hören, erfahren; *ex vinculis causam dicere* in Fesseln sich verteidigen; **2.** (*zeitl.*) seit, (so)gleich nach, nach [*ex Calendis Martiis; ex praetura urbem relinquere*]; °*ex quo* seitdem; *alius ex alio* einer nach dem anderen; *diem ex die* von Tag zu Tag; **3.** / **a**) (*Herkunft, Abstammung*) aus, von, vonseiten [*liberos habere ex femina*]; *soror ex matre* mütterlicherseits; °*puer ex aula* Page; **b**) (*partitiv*) von, unter [*unus ex multis*]; **c**) (*Stoff*) aus, von [*statua ex aere facta*]; **d**) (*Grund, Ursache*) aus, wegen, infolge von, durch, an [*avem ex pennis cognoscere; ex pedibus laborare; ex eadem causa*]; *ex quo fit (accidit), ut* daher kommt

es, dass; **e**) (*Übergang v. einem Zustand in den anderen*) aus [*ex oratore arator factus est*]; **f**) (*Maßstab, Standpunkt*) zufolge, gemäß, kraft, nach, in Hinsicht auf [*ex senatus consulto; ex consuetudine*]; *ex sententia* nach Wunsch; *ex usu esse* vorteilhaft sein; *e mea re* zu meinem Vorteil; °*ex eius iniuria* zu seinem Schaden; **g**) (*in adverbiellen Verbindungen*) *ex contrario* im Gegenteil; *e regione* gegenüber (*m. gen. od. dat.*); °*ex composito* verabredetermaßen; *ex improviso* unversehens; *ex memoria* auswendig; *ex parte* teilweise; *magna ex parte* zum großen Teil; ** *ex quo* weil, sobald; *ex toto* vollkommen; *oft = ā, dē od. per u. = abl. instr.*

ex-acerbō 1 erbittern.

exāctiō, *ōnis f* (*exigō*) **1.** Vertreibung; **2. a**) (*act.*) Eintreibung, Erhebung; **b**) (*pass.*) Einnahme, Abgabe; **3.** Beaufsichtigung; ** Steuer, Auflage.

exāctor, *ōris m* (*exigō*) °**1.** Vertreiber; **2.** Steuererheber; °**3.** Vollstrecker [*supplicii*]; Mahner.

exāctus[1] 3 (*m. comp., sup., adv.; exigō*) genau, pünktlich; vollkommen *in* [*artis*]. [Verkauf.}

exāctus[2], *ūs m* (*exigō*) Vertrieb,}

ex-acuō, *uī, ūtum* 3 **1.** °**a**) schärfen, wetzen; **b**) / [*mucronem tribunicium*]; **2.** / aufreizen, aufstacheln.

ex-adversum (*u. -vorsum*) *u.* **-sus** °**1.** *adv.* genau gegenüber [*ei loco*]; **2.** *prp. b. acc.* gegenüber [°*Athenas*].

exaedificātiō, *ōnis f* (*exaedificō*) *der* Aufbau.

ex-aedificō 1 **1.** aus-, aufbauen; / vollenden [*opus*]; °**2.** (*scherzh.*) aus dem Haus werfen. [stellung.}

exaequātiō, *ōnis f* (*exaequō*) Gleich-}

ex-aequō 1 °**1.** gleichmachen; **2.** auf gleiche Stufe stellen [°*facta dictis* würdig, entsprechend darstellen]; **3.** gleichstellen [°*se diis*]; vergleichen [*se cum alqo*]; °**4.** gleichkommen, erreichen [*Sabinas*].

exaeresimus 3 = *exhaeresimus.*

ex-aestuō 1 **1.** (*intr.*) aufwallen, branden; / erglühen, aufbrausen [*mens ira*]; **2.** (*trans.*) aufwallend ausströmen lassen.

exaggerātiō, *ōnis f* (*exaggerō*) Erhebung [*animi*].

ex-aggerō 1 °**1.** aufdämmen; **2.** aufhäufen; vermehren; **3.** / **a**) erheben, einen höheren Schwung geben; **b**) (*durch Worte*) vergrößern.

exagitātor, *ōris m* (*exagitō*) Tadler.

ex-agitō 1 °**1.** aufscheuchen; **2.** / **a**) beunruhigen, quälen; °**b**) vielfach besprechen; **c**) verspotten, tadeln; °**d**) aufwiegeln; **e**) wieder auffrischen.

exagōga, *ae f* (*gr. Fw.*) Ausfuhr.

ex-albēscō, *buī*, — 3 weiß werden, erbleichen.

****exalto** 1 erheben; / erhöhen.

ex-ambulō 1 herumspazieren.

exāmen, *inis n* (<**eks-ag-smen* „*das* Heraustreiben“; *agō*) **1.** Schwarm [*apium*], Haufe, Schar; °**2.** Zünglein an der Waage; °**3.** Untersuchung, Prüfung; ** Urteil; Gottesurteil; *ultimum das* Jüngste Gericht. [suchung.}

****examinatio,** *onis f* Unter-}

exāminō 1 (*exāmen*) abwägen; / untersuchen, prüfen.

ex-amussim *adv.* (*amussis*) nach dem Richtscheit; genau, pünktlich.

ex-anclō 1 (*ex + gr. Lw.* „schöpfen“; *cf. antlia*) °**1.** ausschöpfen, austrinken; **2.** / ertragen, aushalten [*labores*].

exanguis = *exsanguis.*

ex-animālis, e (*exanimō*) **1.** (*pass.*) entseelt; **2.** (*act.*) tödlich.

exanimātiō, *ōnis f* (*exanimō*) Entsetzen, Beklemmung; Mutlosigkeit.

ex-animis, e *u.* **-us** 3 (*wahrsch. Rückbildung aus exanimō*) entseelt, tot; / entsetzt.

ex-animō 1 **1. a**) *nur P.* außer Atem kommen; **b**) / aus der Fassung bringen, entmutigen, ängstigen; **2. a**) töten; °**b**) peinigen, quälen. [... an [*diem*].}

ex-ante (*auch getr.*) *prp. b. acc.* von}

exantlō 1 = *exanclō.*

ex-aptus 3 angefügt, befestigt.

ex-ārdēscō, *ārsī, ārsum* 3 (*-ă-?*) **1.** sich entzünden; erglühen; **2.** / **a**) entbrennen, ergrimmen [*desiderio*]; **b**) ausbrechen [*bellum*]; °**c**) (*im Preise*) steigen, anziehen.

ex-ārēscō, *āruī*, — 3 vertrocknen, versiegen; / verschwinden.

ex-armō 1 entwaffnen; abtakeln [*navem*]; / entkräften.

ex-arō 1 **1.** umpflügen, ausgraben; **2.** durch Ackerbau gewinnen [*multum frumenti*]; °**3.** durchfurchen

[*frontem rugis*]; **4.** / schreiben, entwerfen [*exemplum litterarum*].
ex-asciō 1 (*ascia*) (*mit der Zimmeraxt*) sorgfältig behauen; / abkarten.
ex-asperō 1 aufrauen: **1. a**) rau machen [*vocem*]; **b**) (*med. t.t.*) entzünden, angreifen [*fauces*]; **c**) aufwühlen [*mare*]; **2.** / **a**) (*durch die Darstellung*) in ein schlechtes Licht setzen; **b**) erbittern, aufreizen; (*P.P.P.*) *adi.* **exasperātus** 3 verwildert.
ex-auctōrō 1 verabschieden; se *-are* den Dienst quittieren.
ex-audiō 4 (*altl. impf. -ībam*) **1.** deutlich hören; °**2.** / erhören [*preces*]; gehorchen.
ex-augeō, — — 2 stark vermehren.
exaugurātiō, *ōnis f* (*exaugurō*) Entweihung, Profanierung.
ex-augurō 1 die Weihe aufheben, profanieren [*fana*].
ex-auspicō 1 (*unter günstigen Vorzeichen, d. h.*) glücklich herauskommen [*ex vinculis*].
ex-ballistō (*ballista*) über den Haufen schießen; / zum Besten haben.
ex-bibō = *ēbibō*.
ex-caecō 1 **1.** blenden; °**2.** / verstopfen.
ex-calceō 1 „entschuhen"; *pedes* ~ *u. mediopass.* die Schuhe ausziehen; (*P.P.P.*) *subst.* **excalceātī,** *ōrum m* mimische Schauspieler (*mit Sandalen statt auf cothurni od. socci*).
****excalcio** 1 = *excalceō* [*caecos*].
excandēscentia, *ae f* (*excandēscēns, part. praes. v. excandēscō*) Jähzorn.
excandēscō, *duī,* — 3 erglühen; / (*irā*) aufbrausen.
ex-cantō 1 herab-, hervorzaubern.
ex-carnificō 1 **1.** zu Tode foltern; °**2.** / auf die Folter spannen.
excavātiō, *ōnis f* (*excavō*) Aushöhlung.
ex-cavō 1 aushöhlen.
ex-cēdō, *cessī, cessum* 1 (*altl. coni. pf. excessis*) **1.** (*intr.*) **a**) weggehen, auswandern; **b**) scheiden [*e vita*]; *e pueris* aus dem Knabenalter treten; (ver)schwinden; °**c**) fallen *in* [*in eum annum*]; übergehen *in* [*in altercationem*]; °**d**) (*v. Thema*) abschweifen; **e**) hinaus-, hervorragen [*ultra*]; °**2.** (*trans.*) **a**) räumen [*urbem*]; **b**) (*die Grenze*) überschreiten; / über das Maß hinausgehen, überschreiten [*tempus finitum*]; ** sündigen.
excellēns, *entis* (*excellō*) °**1.** emporragend; **2.** (*m.* °*comp., sup., adv.*) vorzüglich, vortrefflich.
excellentia, *ae f* (*excellēns*) **1.** Erhabenheit [*animi*]; **2.** Vorzug, Vorzüglichkeit, Vortrefflichkeit; **3.** *pl.* hervorragende Persönlichkeiten; ** *vestra* Ew. Hoheit.
ex-cellō, — — 3 *u.* °**-celleō,** *uī,* — 2 (*cf. celsus*) hervor-, emporragen; *cf. excellēns, excelsus*; *als verbum finitum nur* /: sich auszeichnen [*ceteris, praeter ceteros, inter omnes*].
excelsitās, *ātis f* (*excelsus*) Erhabenheit.
excelsus 3 (*m. comp.,* °*sup., adv.*; *excellō*) emporragend, hoch; / erhaben, ausgezeichnet; *subst.* **-um,** *ī n* Höhe, hoch gelegener Punkt; °/ hoher Rang, hohe Stellung.
exceptiō, *ōnis f* (*excipiō*) **1.** Ausnahme, Einschränkung; **2.** (*jur. t.t.*) Einrede, Protest *gegen den Kläger.*
exceptiuncula, *ae f* (*dem. v. exceptiō*) kleine Einschränkung.
exceptō 1 (*intens. v. excipiō*) herausnehmen; fassen; °/ einatmen [*auras*].
ex-cernō, *crēvī, crētum* 3 aussondern.
ex-cerpō, *psī, ptum* 3 (*carpō*) °**1.** herausklauben, -lesen [*semina pomis*]; **2.** / **a**) auswählen; °(*als vorzüglich*) hervorheben [*paucos*]; **b**) exzerpieren; **c**) weglassen.
excessus, *ūs m* (*excēdō*) **1.** Weggang, *das* Scheiden [*e vita od. vitae*]; Tod; °**2.** (*rhet. t.t.*) Abschweifung vom Thema, Digression; ** *mentis* Ekstase; Ausschreitung, Vergehen; Sünde.
excetra, *ae f* (*durch etr. Vermittlung aus dem Gr. entlehnt*: *ex- vl. durch excitare beeinflusst*) Schlange; / (ränkevolles Weib).
excidiō, *ōnis f* (*ex-scindō*; *cf. excidium*) *od.* **excīdiō,** *ōnis f* (*excīdō*[2]) Zerstörung.
excidium, *ī n* (*ex-scindō*; *cf. excidiō*) Zerstörung, Vernichtung, Untergang; *pl.* Trümmer.
ex-cidō[1], *cidī,* — 3 (*cadō*) **1. a**) (her-) aus-, herabfallen [*de manu*]; °**b**) (*aus der Urne*) herauskommen [*sors*]; **2. a**) entschlüpfen [*verbum ex ore*]; **b**) entfallen [*de memoria*]; entschwinden; °**3. a**) (*rhet. t.t.*) ausgehen *auf* [*in breves* (*syllabas*)];

b) herabsinken, ausarten *in* [*in vitium*]; **4.** untergehen, vergehen, verloren gehen; °**5.** verlieren [*regno*].

ex-cīdō², *cīdī, cīsum* 3 (*caedō*) **1. a**) (her)aushauen, -schneiden, -brechen, abhauen; °**b**) kastrieren [*alqm; genitalia*]; **c**) aushöhlen [*saxum*]; **2.** zerstören, zertrümmern; **3.** / °**a**) tilgen, streichen [*alqm numero civium*]; **b**) ausrotten, zugrunde richten [°*multorum status* Wohlstand].

ex-cieō, —, *citum* 2 *u.* (*sekundär*) **exciō**, *cīvī*, — 4 °**1.** in Bewegung setzen, aufscheuchen; herausrufen, -jagen, aufwecken; **2.** entbieten; aufbieten [*milites*]; zu Hilfe holen; **3.** / **a**) aufschrecken, aufregen; erschüttern [*tellurem*]; **b**) erregen, verursachen.

ex-cipiō, *cēpī, ceptum* 3 (*capiō*) **1. a**) herausnehmen [*natantes e mari* auffischen]; / befreien *von* [°*servitute*]; **b**) ausnehmen; *exceptis patribus* mit Ausnahme der Väter; als Bedingung festsetzen [*lex excipit, ut, verneint ne*]; **2. a**) auffangen [°*moribundum*]; abwehren, abhalten [*impetum*]; stützen; **b**) abfangen, gefangen nehmen, aufgreifen; °**c**) belauschen [*sermonem*]; **d**) auf sich nehmen, aushalten [*labores*]; **3. a**) empfangen [*consulem clamore*]; (*gastlich*) bei sich aufnehmen, bewirten; **b**) / erwarten, bevorstehen, treffen [°*casus te*]; **4. a**) fortsetzen, fortführen [°*proelium dubium*]; **b**) folgen *auf*, (so)gleich kommen *nach* [°*aestas hiemem*]; ablösen [*legionem*]; das Wort nehmen *nach* [*hunc excipit Labienus*].

excīsiō, *ōnis f* (*excīdō²*) Zerstörung.

ex-citō 1 **1. a**) herausjagen, aufscheuchen [*feras*]; **b**) zitieren [*alqm a mortuis*]; **c**) aufwecken, -schrecken; **d**) herbei-, aufrufen, entbieten [*testes*]; **e**) verursachen [*risum*]; **2. a**) aufstehen heißen [*reum*]; **b**) errichten [*turres*]; **c**) anfachen ; / erregen [°*iram*]; **3. a**) aufrichten, ermutigen [*afflictos*]; **b**) anfeuern, antreiben, begeistern; (** *ad vitam* von den Toten erwecken); **4.** (*P.P.P.*) *adi.* **excitātus** 3 (*m.* °*comp.*, °*sup.*, °*adv.*) heftig, stark.

exclāmātiō, *ōnis f* (*exclāmō*) Ausruf; Aufschrei (*auch als rhet. Figur*).

ex-clāmō 1 **1.** (*intr.*) aufschreien; laut applaudieren; **2.** (*trans.*) **a**) laut ausrufen, vortragen; **b**) laut beim Namen nennen.

ex-clūdō, *sī, sum* 3 (*claudō*) **1. a**) ausschließen, nicht einlassen [*a domo*]; °**b**) trennen, absondern [*locum*]; **2.** / **a**) fern halten; ausschließen [*ab hereditate*]; **b**) beseitigen, verhindern; **c**) abschneiden *von* [*milites a re frumentaria*]; **3.** ausbrüten [*pullos*]; °*mediopass.* ausschlüpfen.

exclūsiō, *ōnis f* (*exclūdō*) Ausschließung.

excōgitātiō, *ōnis f* (*excōgitō*) *das* Ausdenken, Erfinden.

excōgitātor, *ōris m* (*excōgitō*) der sich etw. ausdenkt, aussinnt.

excōgitātus 3 (*m. sup.*; *excōgitō*) ausgesucht, vorzüglich.

ex-cōgitō 1 ausdenken, ergründen.

ex-colō, *coluī, cultum* 3 °**1.** sorgfältig bebauen, bearbeiten; °**2.** ausschmücken; **3. a**) veredeln, vervollkommnen; erhöhen [°*gloriam*]; °**b**) anbeten [*deos*].

****excommunicatio**, *onis f* Kirchenbann.

****excommunico** 1 aus einer Gemeinschaft ausschließen, exkommunizieren.

ex-concinnō 1 gehörig herrichten.

****exconsul**, *is m u.* **exconsularis**, *is m* gewesener Konsul.

ex-coquō, *coxī, coctum* 3 auskochen, (aus)schmelzen; austrocknen; / aussinnen; ängstigen.

ex-cors, *dis* (*cor*) einfältig, dumm.

excrēmentum, *ī n* (*excernō*) Ausscheidung, Speichel.

ex-crēscō, *crēvī, crētum* 3 empor-, aufwachsen; / überhand nehmen.

excruciābilis, e (*excruciō*) die Folter verdienend.

ex-cruciō 1 martern, foltern; / quälen, peinigen, ängstigen.

excubiae, *ārum f* (*excubō*) °**1.** Beilager außer dem Hause; Seitensprung; **2.** *das* Wachen, Wachehalten (*bsd. der Soldaten*); °*divum aeternae das* ewige Feuer; **3.** Wache, Wachtposten.

excubitor, *ōris m* (*excubō*) Wächter, Wache.

excubitrīx, *īcis f* (*excubitor*) Wächterin.

excubitus, *ūs m* (*excubō*) *die* Wache.

ex-cubō, *buī, bitum* 1 draußen

liegen; (*mil. t.t.*) Wache halten, wachen; / wachsam, besorgt sein; ** die Vigilien halten (*im Kloster*).
ex-cūdō, *dī, sum* 3 °**1.** herausschlagen [*scintillam silici*]; **2.** / ausbrüten; **3.** °**a**) schmieden, kunstvoll bilden; **b**) schriftlich verfertigen; ** *editionem* drucken.
ex-culcō 1 (*calcō*) **1.** austreten [*furfures*]; **2.** festtreten, -stampfen.
ex-cūrātus 3 gut versorgt.
ex-currō, (*cu*)*currī, cursum* 3 **I.** (*intr.*) **1. a**) hinaus-, herauslaufen, hervoreilen; einen Ausflug machen; °**b**) (*v. Redner*) rasch auf die Zuhörer zulaufen; **c**) (*mil. t.t.*) einen Ausfall machen; **2.** / °**a**) entspringen [*fons*]; **b**) (*rhet. t.t.*) abschweifen; °**c**) ausgehen *auf* [*in quattuor syllabas*]; °**d**) vorspringen [*promunturium*]; °**II.** (*trans.*) durchlaufen [*excurso spatio*].
ex-cursiō, *ōnis f* (*excurrō*) **1.** *das* rasche Vorlaufen *des Redners gegen die Zuhörer*; °**2.** Ausflug (*aufs Land*); **3.** (*mil. t.t.*) Ausfall; Streifzug, Einfall, °**4. a**) (*rhet. t.t.*) Abschweifung; **b**) Spielraum.
excursor, *ōris m* (*excurrō*) Kundschafter.
excursus, *ūs m* (*excurrō*) °**1.** *das* Ausschwärmen [*apium*]; °**2.** Ausfluss [*fontis*]; **3. a**) (*mil. t.t.*) Ausfall, Überfall; °**b**) *das* Auslaufen [*navigiorum*]; °**4.** / Abschweifung *vom Thema*.
excūsābilis, e (*excūsō*) verzeihlich.
excūsātiō, *ōnis f* (*excūsō*) **1.** Entschuldigung; *pl.* Entschuldigungsgründe; **2.** Ablehnung; **3.** Ausrede, Vorwand.
ex-cūsō 1 (*causa*) **1.** rechtfertigen, entschuldigen; **2.** sich entschuldigen *mit*, vorschützen [°*valetudinem*]; °**3.** (mit Entschuldigungsgründen) ablehnen, abschlagen; *mediopass.* sich entziehen; (*P.P.P.*) *adi.* **excūsātus** 3 (*m. comp., sup., adv.*) entschuldigt, gerechtfertigt; (*adv. comp.*) *excusatius* mit besserer Entschuldigung.
excūsor, *ōris m* (*excūdō*) Kupferschmied.
ex-cutiō, *cussī, cussum* 3 (*altl. coni. pf. excussit; quatiō*) **1.** herausschütteln: °**a**) (her)abschütteln [*poma*]; / [*metum de corde*]; **b**) ausschlagen, -reißen; auspressen [°*sudorem*]; entreißen [°*agnam ore lupi*]; °*onus* zu früh gebären; °/ entlocken, abnötigen [*risum*]; °**c**) hinabwerfen, herunterschlagen, -reißen, -stürzen [*puppi in mare*]; P. herab-, herausfallen, -stürzen; °**2.** wegschütteln: **a**) (*Geschosse*) abschießen, schleudern; **b**) gewaltsam entfernen, vertreiben, verstoßen; / [*cogitationem periculi*]; **3.** auseinander schütteln: **a**) heftig hin und her bewegen, schütteln [°*caesariem*]; ausbreiten, ausstrecken [°*bracchia*]; **b**) / durchsuchen, visitieren, erforschen.
ex-dorsuō 1 (*dorsum*) entgräten.
exe... *auch* = exse...
ex-edō, *ēdī, ēsum* 3 (*altl.: Sup. exessum; coni. praes. exedint; athematische Kurzformen wie bei* edō[1]) °**1.** aufessen, verzehren; **2.** zerfressen; zerstören; **3.** / aufreiben, vernichten, quälen.
exedra, *ae f* (*gr. Fw.*) halb runder Anbau, Rotunde; Sprechzimmer.
exedrium, *ī n* (*gr. Fw.*) kleine Rotunde.
ex-efficiō, *fēcī, fectum* 3 ganz vollenden.
exemplar *u.* (*Lu.*) **-āre,** *āris n* (*exemplāris*) **1.** Kopie, Abschrift; **2.** Abbild, Ebenbild; **3.** Muster, Vorbild; Urbild, Ideal.
exemplāris, e (*exemplum*) als Abschrift dienend; *subst.* **-ēs,** *ium* (*m? f?; sc. litterae?*) Abschriften.
exemplum, *ī n* (⟨*ex-em-lom „das aus einer Menge gleichartiger Dinge Herausgenommene"; *eximō*) **1.** Abbild: **a**) Abschrift, Kopie; Niederschrift; **b**) Wortlaut, Inhalt [*litterarum*]; °**c**) Kopie (*eines Kunstwerks*); **2.** Vorbild: **a**) Entwurf, Konzept; **b**) Modell, Muster, Probe; **c**) Original; **3. a**) Vorbild, Beispiel [*insigne, pessimum*]; **b**) Präzedenzfall; **c**) Verfahren, Handlungsweise, Vorgang, Art und Weise; **4.** warnendes Beispiel, exemplarische Strafe [*severitatis*]; **5.** Beispiel *zur Belehrung od. Erläuterung* [*praeclarum*]; *-i causa* zum Beispiel.
exenterō 1 (*gr. Fw.*) ausweiden [*piscem*]; / *marsuppium* den Geldbeutel ausleeren; martern.
ex-eō, *iī* (°*-īvī*) *itum, īre* (*altl. pf. exīt*; (*vereinzelt*) *fut. exiēs*) **1.** (*intr.*) **a**) heraus-, hinausgehen, ausziehen,

weggehen; ab-, verreisen; landen, ans Land gehen [*in Piraeea*]; ins Feld ziehen; absegeln; herauskommen [*sors*]; **b**) scheiden, austreten *aus* [*ex, de vita, e patriciis*]; **c**) (*als Ergebnis*) hervorgehen, daraus werden [°*urceus*]; **d**) ablaufen, zu Ende gehen [*annus*]; °**e**) emporsteigen, -ragen; **f**) sich verbreiten [°*fama*]; °**2.** (*trans.*) **a**) überschreiten [*limen*], hinausgehen *über* [*modum*]; **b**) ausweichen, entgehen [*vim viribus*].

ex-erceō, *uī, itum* 2 (*arceō*) **1.** °**a**) in rastlose Bewegung setzen, umhertreiben, tummeln; °**b**) bearbeiten, bebauen; **c**) unaufhörlich beschäftigen [*milites in munitionibus*]; **d**) / beunruhigen, quälen, plagen; **2. a**) üben [*corpus*]; *se -ere u. mediopass.* sich üben [*in venando; currendo*]; **b**) (*mil. t.t.*) exerzieren, ausbilden; **c**) ausüben, betreiben [*negotia*]; bestellen [°*praedia*], ausbeuten [°*metalla*], verrichten; auslassen *an* [*crudelitatem in mortuo*].

exercitātiō, *ōnis f* (*exercitō*) Übung; Geübtheit; Ausübung.

exercitātrīx, *īcis f* (*exercitō*) Gymnastik.

exercitātus 3 (*m. comp., sup.,* °*adv*; *exercitō*) eingeübt, wohlerfahren [*bello, in dicendo*]; geplagt [*curis*].

exercitium, *ī n* (*exerceō*) militärische Übung; *das* Exerzieren; ** Beschäftigung; Prüfung; Gedicht.

exercitō 1 (*intens. v.* exerceō) **1.** anhaltend üben; **2.** ausüben.

exercitor, *ōris m* (*exerceō*) Lehrmeister, Trainer.

exercitus[1] 3 (*m.* °*adv.*; *exerceō*) °**1.** geübt, geschult; **2.** geplagt, hart mitgenommen; **3.** voller Widerwärtigkeiten.

exercitus[2], *ūs m* (*exerceō*) °**1.** Übung; **2.** geübte Mannschaft, Heer, Fußvolk; **3.** Schwarm, Haufe; °**4.** Unruhe, Qual.

exēsor, *ōris m* (*exedō*) der ausfrisst, unterwühlt.

exēsus 3 (*P.P.P. v.* exedō) zernagt, verwittert, zerklüftet.

ex-fāfillō 1 (*-ă-* ?; „passend fügen" ? [*cf. faber*]; *vl. volkset. fafilla* = *papilla*) aus dem Gewand hervorstrecken *od.* bis zur Brust entblößen [*bracchium*].

exhaeresimus 3 (*gr. Fw.*) ausschaltbar [*dies* Schalttag].

exhālātiō, *ōnis f* (*exhālō*) Ausdünstung.

ex-hālō 1 **1.** (*trans.*) °**a**) ausdünsten; ausatmen [*nebulas*]; **b**) *vinum* nüchtern werden, °**c**) (*animam, vitam*) sterben; °**2.** (*intr.*) heraufwehen.

ex-hauriō, *hausī, haustum* 4 (*part. fut.* °*auch -hausūrus*) **1. a**) herausschöpfen [*vinum*]; / **b**) herausheben, -graben, fortschaffen [*praedam ex agris*]; **c**) (be)nehmen, entziehen; **2. a**) ausschöpfen, -leeren [°*fossas*]; austrinken [*poculum*]; / **b**) arm machen; aussaugen; °**c**) durchführen [*mandata*], abzahlen [*aes alienum*]; überstehen [*pericula*].

exhedra, exhedrium = *exedra, exedrium*.

exhērēdātiō, *ōnis f* (*exhērēdō*) Enterbung.

ex-hērēdō 1 (*wohl Hypostase aus* ex *hērēdibus* [eximō]) enterben.

ex-hērēs, *ēdis* (*wohl Rückbildung aus* exhērēdō) von der Erbschaft [*bonorum*] ausgeschlossen, enterbt.

ex-hibeō, *uī, itum* 2 (*habeō*) **1. a**) herausholen, herbeibringen; *bsd.* (*jur. t.t.*) zur Stelle schaffen; (*widerrechtlich Zurückgehaltenes*) herausgeben, ausliefern [*servum*]; °**b**) darbringen, liefern, stellen [*librum*]; gestatten, gewähren [*liberam contionem*]; **2.** / **a**) zeigen; darbieten, erkennen lassen [*artem*]; betätigen, erweisen [*virtutem*]; **b**) verursachen, bereiten, machen.

ex-hilarō 1 aufheitern.

ex-horrēscō, *ruī*, — 3 erschaudern, sich entsetzen *vor* [*in eo;* °*amicos*].

exhortātiō, *ōnis f* (*exhortor*) Aufmunterung, Ermahnung.

exhortātīvus 3 (*exhortātus, part. pf. v. exhortor*) aufmunternd.

ex-hortor 1 ermutigen, anfeuern; anregen.

ex-igō, *ēgī, āctum* 3 (*agō*) **1.** forttreiben: **a**) hinaus-, vertreiben [*reges*]; °**b**) vertreiben, verkaufen [*fructus*]; °**c**) durchtreiben, -stoßen [*ferrum per ilia*]; °**d**) schwingen [*ensem*]; **2.** hereinholen: **a**) eintreiben, anfordern [*vectigalia;* °*nautas*]; aufbieten, requirieren [*obsides a civitatibus*]; **b**) fordern, verlangen [*mercedem*]; °**c**) erfragen, wissen wollen; **3.** abmessen: °**a**) genau abmessen; abwägen; einrichten [*cultum suum ad luxuriam*];

b) untersuchen, prüfen, beurteilen *nach* [°*ius ad leges nostras*]; °**c**) beraten, überlegen; **4.** ausführen: °**a**) zustande bringen, vollenden; **b**) (*eine Zeitspanne*) verleben [*hiemem*]; *exacta aetate* hochbetagt; **c**) bestimmen, festsetzen; *non satis exactum est* es ist nicht ausgemacht.

exiguitās, *ātis f* (*exiguus*) **1.** (*quantitativ*) Kleinheit, geringe Zahl, Enge, Kürze; °**2.** (*qualitativ*) Dürftigkeit.

exiguus 3 (*m.* °*comp.*, °*sup.*, *adv.*; (*eigtl.* „knapp zugewogen"; *exigō*) **1.** eng, knapp, dürftig, beschränkt [*locus*]; **2.** unansehnlich, klein, schwach [°*corpus*]; **3.** kurz [*tempus*]; **4.** gering, unbedeutend [*copiae*]; schwach; °*subst.* **-um,** *ī n ein* Geringes, Weniges.

exīlis, e (*m.* °*comp.*, *adv.*; *exigō*; *cf. exiguus*) mager, schmächtig, dünn; / kraftlos, ärmlich, kümmerlich.

exīlitās, *ātis f* (*exīlis*) / **1.** Trockenheit [°*orationis*]; °**2.** Feinheit des Tons; Diskant.

exilium, *ī n* (*exul*) **1.** Verbannung; **2.** / **a**) Verbannungsort, Exil; Zufluchtsort; °**b**) *die* Verbannten; ** Ausland, Fremde.

exim = *exinde*.

eximius 3 (*m. adv.*; *eximō*) **1.** ausgenommen; **2.** außerordentlich.

ex-imō, *ēmī, ēmptum* 3 (*emō*) **1.** heraus-, wegnehmen; verschleppen [*diem dicendo*]; **2.** ausnehmen, ausscheiden [*neminem*]; **3.** befreien, entheben *von* [*urbem* (*ex*) *obsidione*]; **4.** entfernen, beseitigen.

exin = *exinde*.

ex-ināniō 4 (*inānis*) ausleeren, ausladen [*navem*]; / ausplündern.

ex-inde *adv.* ((<**ex-imde*; *cf. inde*) **1.** (*räuml.*) von da (her); **2.** (*zeitl.*) hierauf, dann; seitdem; °**3.** (*aufzählend*) hierauf, alsdann; °**4.** (*folgernd*) daraufhin, dementsprechend.

exinterō = *exenterō*.

exīstimātiō, *ōnis f* (*exīstimō*) **1.** Urteil, Meinung; **2.** guter Ruf, Achtung; **3.** Kredit.

exīstimātor, *ōris m* (*exīstimō*) Beurteiler; Kritiker.

ex-īstimō (*altl.* *-īstumō*) 1 (*aestimō*) **1.** schätzen [*magni, tanti*]; **2.** / **a**) beurteilen, halten *für* [*Socratem sapientissimum*]; P. gelten *als* [*Socrates sapientissimus existimatur*]; **b**) entscheiden, (be-)urteilen [*ex eventu de consilio*]; **c**) meinen, glauben, denken; (*part. praes.*) *subst.* **exīstimantēs,** *ium m* Kunstrichter.

existō = *exsistō*.

exitiā(bi)lis, e (*exitium*) verderblich, unheilvoll.

exitiō, *ōnis f* (*exeō*) *das* Herauskommen.

exitiōsus 3 (*m.* °*comp.*; *exitium*) verderblich, unheilvoll.

exitium, *ī n* (*exeō*) (schlimmer) Ausgang; Verderben, Untergang.

exitus, *ūs m* (*exeō*) **1.** Ausgang [*portūs*]; **2.** / **a**) Schluss, Ende; Katastrophe (*in d. Tragödie*); **b**) Untergang, Tod; **c**) Erfolg, Ergebnis.

exlecebra = *ēlecebra*.

ex-lēx, *lēgis* an kein Gesetz gebunden.

exlīdō, ex-loquor, ex-moveō = ē-...

ex-obsecrō 1 inständig bitten.

ex-oculō 1 (*oculus*) die Augen ausschlagen; ** (*P.P.P.*) *adi.* **ex-oculatus** 3 verblendet.

exodium, *ī n* (*gr. Fw.* = „Ausgang") (scherzhaftes) Schluss-, Nachspiel.

ex-olēscō, *lēvī, lētum* 3 (*altl. pf.* *-oluēre*; *alō*; *cf. adolēscō*) **1.** (auswachsen, heranwachsen); *nur* (*P.P.P.*) *s. u.*; °**2.** vergehen, verschwinden, veralten, aus der Mode kommen; (*P.P.P.*) *adi.* **exolētus** 3 **1.** °**a**) erwachsen, reif [*virgo*]; **b**) (*obszön*) liederlich, feil; *subst.* **-us,** *ī m* Lustknabe; **2.** veraltet, vergessen.

exolō = *exsulō*.

ex-onerō 1 entlasten: **1.** entladen; abspinnen; **2.** / **a**) fortschaffen, beseitigen; **b**) befreien.

exoptābilis, e (*exoptō*) wünschenswert.

ex-optō 1 °**1.** auswählen; **2.** herbeiwünschen, ersehnen [*sibi gloriam*]; (*P.P.P.*) *adi.* **exoptātus** 3 (*m. comp.*, *sup.*) erwünscht, lieb.

exōrābilis, e (*m.* °*comp.*; *exōrō*) leicht zu erbitten, nachgiebig.

exōrābulum, *ī n* (*exōrō*) Bitte.

exōrātor, *ōris m* (*exōrō*) Bittsteller; ** Fürsprecher.

****exorcizo** 1 die bösen Geister beschwören.

ex-ōrdior, *ōrsus sum* 4 (*ein Gewebe*) anfangen; / beginnen [*a re*; *bellum*]; (*part. pf.*)°*subst.* **exōrsa,** *ōrum n* Einleitungen.

exōrdium (*exōrdior*) °**1.** Anfang eines Gewebes; **2. a**) Anfang, Beginn(en); **b**) Einleitung.

ex-orior, *ortus sum* 4 (*ind. praes., imp., coni. impf. vkl. dcht.* 3) **1.** sich heben, aufgehen [°*sol*]; **2.** / **a)** zum Vorschein kommen, auftreten, erscheinen [°*ultor*]; **b)** entstehen, beginnen; entspringen; herrühren [*timor ex conscientia*].
exōrnātiō, *ōnis f* (*exōrnō*) Ausschmückung; Schmuck; Prunkrede.
exōrnātor, *ōris m* (*exōrnō*) „Ausschmücker"; glänzender Redner.
exōrnātulus 3 (*dem. v. exōrnātus, P.P.P. v. exōrnō*) reich geschmückt.
ex-ōrnō 1 °**1.** ausrüsten, versehen *mit*; **2.** ordnen, anordnen; **3.** ausschmücken, putzen; **4.** / verherrlichen.
ex-ōrō 1 **1.** anflehen; durch Bitten erweichen; °**2.** erbitten, erflehen.
exōrsa *s. exōrdior.*
exōrsus, *ūs m* (*exōrdior*) = *exōrdium.*
exortus, *ūs m* (*exorior*) **1.** Aufgang; °**2.** / Erhebung auf den Thron; ** Ursprung.
ex-os, *ossis* knochenlos.
ex-ōsculor 1 abküssen; / mit Lob überhäufen.
ex-ossō 1 (*exos*) entgräten; (*P.P.P.*) *adi.* **exossātus** 3 biegsam.
exōstra, *ae f* (*gr. Fw.*) Roll-, Drehmaschine *im Theater* (*durch die das Innere des Hauses sichtbar gemacht wurde*); / *in exostra* vor aller Augen.
ex-ōsus 3 (*ōdī*) grimmig hassend.
exōticus 3 (*gr. Fw.*) ausländisch; *Graecia -a* Großgriechenland; *subst.* **-um,** *ī n* ausländisches Gewand.
ex-pallēscō, *luī,* — 3 **1.** (*intr.*) erblassen; **2.** (*trans.*) zurückschrecken *vor.*
ex-palliātus 3 des Mantels beraubt.
ex-pallidus 3 sehr bleich.
ex-palpor *u.* **-ō** 1 schmeichelnd erbitten; schmeicheln.
ex-pandō, *pandī, passum u. pānsum* 3 ausspannen, -breiten; / ausführlich darlegen.
ex-papillātus 3 (*papilla*) bis an die Brust entblößt.
ex-patrō 1 verhuren, vergeuden.
ex-pavēscō, *pāvī,* — 3 sich entsetzen *vor* [*elephantos*].
ex-pectorō 1 (*pectus*) aus dem Herzen reißen.
ex-pecūliātus 3 des Vermögens beraubt.
ex-pediō 4 (*altl. fut. -pedībō; nach compediō*) entfesseln: **I.** (*trans.*) **1. a)** losmachen, -binden [*se ex laqueis*]; **b)** / befreien, retten; *se -ire u.* °*mediopass.* sich heraushelfen, entkommen; °**c)** schleudern [*discum*]; **d)** abstreifen, überwinden [°*curas*]; **e)** erledigen, besorgen [*negotia*]; **f)** ausfindig machen, ermitteln; °**2.** entwickeln, darlegen, erzählen [*initia belli*]; **3. a)** herbeischaffen, holen; instand setzen [*virgas; agrum*]; **b)** (*mil. t.t.*) in Kriegsbereitschaft setzen, schlagfertig machen [*arma, legiones*]; segelfertig machen [*classem*]; *se ad bellum -ire* zum Kriege rüsten; °**4.** *se -ire* = II, 2; **II.** (*intr.*) °**1.** sich bereit machen, ausziehen [*ad bellum*]; °**2.** sich entwickeln, ablaufen; **3.** *impers.* **ex-pedit** es ist förderlich, zuträglich [*omnibus*].
expedītiō, *ōnis f* (*expediō*) Feldzug, Unternehmen.
expedītus 3 (*m. comp., sup., adv.; expediō*) **1.** (*v. Personen*) **a)** frei, ungehindert, bereit [*ad dicendum*]; rüstig; leicht gekleidet; **b)** (*mil. t.t.*) kampfbereit, schlagfertig; *subst.* **-ī,** *ōrum m* Leichtbewaffnete; **2.** (*v. Sachen*) segelfertig; ungehindert, bequem, leicht [*reditus*]; fließend [*oratio*].
ex-pellō, *pulī, pulsum* 3 **1.** hinaus-, wegtreiben, -stoßen; ans Land werfen; **2.** vertreiben, -jagen, -bannen, -stoßen; berauben [*vitā, regno*]; **3.** / vertreiben, beseitigen.
ex-pendō, *pendī, pēnsum* 3 **1. a)** abwiegen; °gegeneinander aufwiegen; **b)** / erwägen, prüfen, beurteilen; **2.** aus-, bezahlen, ausgeben [*pecuniam*]; *P.P.P.* **expēnsus** 3 ausgezahlt; *expensum ferre muneribus* unter dem Titel „Geschenke" verbuchen; °*pecunias sine fenore -as ferre* G. ohne Zinsen ausleihen; °**3.** / büßen *für* [*scelus*]; leiden [*poenas*].
****expensa,** *ae f* Aufwand; *pl.* Gaben.
expergēfaciō, *fēcī, factum* 3, *P. -fīō, factus sum, fierī u. fīerī* (*expergō* 3 „sich aufmachen") °**1.** auf-, erwecken; °**2.** / **a)** hervorlocken; **b)** *flagitium* begehen; **3.** *se -ere* zur Besinnung kommen.
expergīscor, *perrēctus sum* 3 (°*part. pf. -pergītus; incoh. zu expergō* 3

"sich aufmachen") aufwachen, erwachen.

experiēns, *entis* (*m.* °*comp.*, *sup.*; *experior*) unternehmend, geschäftig; gewöhnt *an* [*laborum*].

experientia, *ae f* (*experiēns*) **1.** Versuch, Probe; °**2.** / Erfahrung *in* [*multarum rerum*].

experīmentum, *ī n* (*experior*) °**1.** Probe; Versuch(sobjekt); **2.** Beweis.

ex-perior, *pertus sum* 4 (*cf. comperiō, perītus*) **1.** *abs.* einen Versuch machen; **2.** versuchen, auf die Probe stellen, prüfen [*amicos, fortunam belli*]; **3.** aufs Spiel setzen, es ankommen lassen *auf* [*extrema*]; **4. a)** sich messen *mit* [°*Romanos*]; **b)** (*jur. t.t.*) gerichtlich vorgehen *gegen* [*cum, de tantis iniuriis*]; **5. a)** kennen lernen, erfahren, erleben; **b)** erleiden.

expers, *tis* (*pars*) unteilhaft, ohne Anteil *an* [*dignitatis*]; / ledig, frei *von*, ohne [*humanitatis*].

expertus 3 (*m.* °*sup.*; *experior*) **1.** (*act.*) erfahren *in* [°*belli*]; **2.** (*pass.*) bewährt [*virtus*]. [wert.]

expetendus 3 (*expetō*) erstrebens-

expetēns, *entis* (*expetō*) begehrlich.

expetessō, — — 3 (*intens.v. expetō*) begehren. [erstrebbar.]

expetibilis, e (*expetō*) wünschbar,

ex-petō, *petīvī, petītum* 3 **1.** (*trans.*) **a)** erstreben; **b)** / begehren, trachten *nach* [*gloriam*]; °**2.** (*intr.*) widerfahren, treffen [*belli clades in eum*]; °**3.** (*abs.*) dauern, ausreichen [*aetatem* ewig]. [Sühnung; Sühne.]

expiātiō, *ōnis f* (*-pī-?*; *expiō*)

expīlātiō, *ōnis f* (*expīlō*[1]) Ausplünderung. [derer.]

expīlātor, *ōris m* (*expīlō*[1]) Plün-

ex-pīlō[1] 1 (*cf. compīlō*) ausplündern, berauben.

****ex-pilo**[2] 1 (*die Haare*) ausraufen.

ex-pingō, *pīnxī, pictum* 3 °**1.** ausmalen, schminken; **2.** / ausmalen, schildern.

ex-piō 1 (*-ī-?*) **1. a)** entsündigen, reinigen, **b)** (*ein Verbrechen*) sühnen, wieder gutmachen; (ab)büßen; **2. a)** (*durch Sühneopfer*) abwenden [°*prodigium*]; **b)** versöhnen, besänftigen. [*piscis*) / ausforschen.]

ex-piscor 1 (*eigtl.* „herausfischen";

explānābilis, e (*explānō*) deutlich, artikuliert [*vox*].

explānātiō, *ōnis f* (*explānō*) **1.** Auslegung, Deutung; **2.** (*rhet. t.t.*) Verdeutlichung; °**3.** deutliche Aussprache. [leger, Erklärer.]

explānātor, *ōris m* (*explānō*) Aus-

ex-plānō 1 °**1.** ebnen; **2.** / **a)** erklären, auslegen; °**b)** deutlich aussprechen [*verba*]; **3.** (*P.P.P.*) *adi.* **explānātus** 3 (*m.* °*comp.*, *adv.*)

ex-plaudō = *explōdō*. [deutlich.]

explēmentum, *ī n* (*expleō*) Ausfüllungs-, Sättigungsmittel; Futter.

ex-pleō, *plēvī, plētum* 2 **1.** ausfüllen, (an)füllen; **2. a)** vollständig betragen [*quattuor milia*]; **b)** vervollständigen, ergänzen [*quod deest*]; **3.** / sättigen, stillen [°*desiderium*]; zustande bringen, ausführen; erfüllen [*officium*]; überstehen [*annum*]; **4.** (*P.P.P.*) *adi.* **explētus** 3 vollständig, vollkommen.

explētiō, *ōnis f* (*expleō*) Vervollständigung.

explicātiō, *ōnis f* (*explicō*) *das* Abrollen [*rudentis*]; / Deutung.

explicātor, *ōris m* (*explicō*) Entwickler, Erklärer. [klärerin.]

explicātrīx, *īcis f* (*explicātor*) Er-

explicātus[1], *m ūs* (*explicō*) Erörterung, Lösung; Entwicklung.

explicātus[2], **-citus** 3 *s. explicō*.

****explicit** (*liber*) *das* B. ist zu Ende.

ex-plicō, *cāvī, cātum u. cuī* (*seit Ve.*), *citum* 1 **1. a)** entfalten, aufrollen [*librum*]; heraus-, loswickeln; **b)** ausdehnen [*forum*]; **c)** (*mil. t.t.*) entwickeln, entfalten [°*ordines*]; **2.** / **a)** entwirren, in Ordnung bringen; **b)** abwickeln, glücklich durchführen [*consilium*]; **c)** erlösen, befreien, retten [*rem publicam*]; **d)** entwickeln, erklären [*causas rerum*]; **e)** frei wiedergeben, paraphrasieren; **f)** sich aussprechen *über* [*de rerum natura*]; ** ausleeren; P. sich entfalten; **3.** (*P.P.P.*) *adi.* **explicātus** 3 (*m. comp.*, °*sup.*, *adv.*) geordnet, geregelt; / deutlich, klar; **explicitus** 3 (*m. comp.*) leicht, einfach.

ex-plōdō, *sī, sum* 3 (*plaudō*) °**1.** forttreiben; **2. a)** auspfeifen, -zischen; **b)** / verwerfen.

explōrātiō, *ōnis f* (*explōrō*) Erkundung, Spionage; Erforschung.

explōrātor, *ōris m* (*explōrō*) °**1.** Kundschafter; Spion; **2.** *meist pl.* (*mil. t.t.*) Aufklärungstruppen, Spähtrupps; °**3.** *Beamter aus dem*

Gefolge des Kaisers, der bei dessen Reisen für die Beseitigung von Hindernissen auf den Straßen zu sorgen hatte. [schafter...]
explōrātōrius 3 (*explōrātor*) Kund-
ex-plōrō 1 (*urspr. Ausdruck der Jägersprache*: *„das Wild aus den Schlupfwinkeln* „herausschreien", *d.h.* aufstöbern") **1.** (*bsd. als mil. t.t.*) auskundschaften, ausfindig machen; °*abl. abs. explorato* nachdem man Kundschaft eingezogen hatte; **2.** aus-, erforschen, ermitteln; °**3.** prüfen, untersuchen; **4.** (*P.P.P.*) *adi.* **explōrātus** 3 (*m. comp., sup., adv.*) gewiss, sicher, zuverlässig; *habere -um* (*pro -o*) sicher wissen.
explōsiō, *ōnis f* (*explōdō*) *das* Auspfeifen, -zischen.
ex-poliō 4 °**1.** glätten; **2.** / ausbilden, verfeinern; ausschmücken.
expolītiō, *ōnis f* (*expoliō*) *das* Glätten; *das* Abputzen, Anstreichen; / Ausschmückung.
ex-pōnō, *posuī, positum* 3 (*altl. pf. -posīvit*) **1.** offen aussetzen, -stellen, hinlegen [*herbam in sole*]; **2.** öffentlich zur Schau stellen, vor Augen stellen [*argentum*; *vitam iuventuti ad imitandum*]; zur Verfügung stellen; aussetzen [*praemium*]; **3.** (*Kinder*) aussetzen; **4.** ans Land setzen, ausschiffen; **5.** bloßstellen, preisgeben; **6.** auseinander setzen, darlegen, erörtern, mitteilen; (*P.P.P.*) *adi.* **expositus** 3 (*m.* °*adv.*) **1.** frei da liegend; 2. jedermann zur Benutzung überlassen; **3.** / **a**) preisgegeben; zugänglich [*voluptatibus*]; °**b**) allgemein verständlich, nahe liegend; °**c**) leutselig.
ex-porrigō *u.* **exporgō**, *porrēxī, porrēctum* 3 ausstrecken, ausbreiten; glätten [*frontem*].
ex-portātiō, *ōnis f* (*exportō*) **1.** Ausfuhr; °**2.** Verbannung.
ex-portō 1 **1.** fortschaffen; **2.** ausführen [*aurum*]; **3.** verbannen.
ex-poscō, *poposcī*, — 3 (*-ōsc-?*) **1. a**) erbitten, fordern; °**b**) erfordern [*opes magnas*]; °**2.** die Auslieferung verlangen [*Hannibalem*]; **3.** (*relig. t.t.*) erflehen anflehen.
expositīcius 3 (*expositus, P.P.P. v. expōnō*) ausgesetzt.
expositiō, *ōnis f* (*expōnō*) Darlegung; ** Auslegung.
expostulātiō, *ōnis f* (*-pōst-?*; *expostulō*) **1.** Forderung, Verlangen; **2.** Beschwerde.
ex-postulō 1 (*-pōst-?*) **1. a**) dringend fordern; °**b**) die Auslieferung *jds.* verlangen [*alqm*]; **2.** sich beschweren *bei* [*cum consule de*
ex-pōtō = ēpōtō. [*iniuria*].
exprētus 3 (*altl.*) *Et. u. genaue Bedeutung ungeklärt*; = *expressus*?
ex-primō, *pressī, pressum* 3 (*premō*) **1.** °**a**) (her)ausdrücken, -pressen [*nasum* sich die Nase putzen]; **b**) emportreiben, in die Höhe heben; **c**) / erpressen [*frumentum a sociis*]; **2.** °**a**) (ab)bilden, gestalten, darstellen [*simulacra ex auro*]; **b**) nachbilden, -ahmen; **c**) wiedergeben [*verbis*]; übersetzen [*verbum e verbo*]; **d**) deutlich aussprechen; **e**) schildern, darstellen; (*P.P.P.*) *adi.* **expressus** 3 (*m. comp.*, °*adv.*) **1. a**) deutlich artikuliert [*voces*]; **b**) herausgequetscht [*litterae*]; **2.** deutlich, anschaulich.
exprobrātiō, *ōnis f* (exprobrō) Vorwurf. [Tadler.]
exprobrātor, *ōris m* (*exprobrō*)
exprobrātrīx, *īcis f* (*exprobrātor*) Tadlerin; (*attr.*) vorwerfend, vorwurfsvoll [*memoria*].
ex-probrō 1 (*probrum*) **1.** vorwerfen; **2.** vorwurfsvoll erwähnen, vorhalten.
ex-prōmō, *prōmpsī, prōmptum* °**1. a**) hervorholen; **b**) / hervorstoßen [*voces*]; **2.** / **a**) an den Tag legen, zeigen, betätigen [*odium*]; **b**) darlegen [°*causas*]; (*P.P.P.*) °*adi.* **exprōmptus** 3 bei der Hand, bereit.
expūgnābilis, e (*-ŭ-?*; *expūgnō*) einnehmbar.
expūgnātiō, *ōnis f* (*-ŭ-?*; *expūgnō*) Erstürmung, Eroberung.
expūgnātor, *ōris m* (*-ŭ-?*; *expūgnō*) Eroberer [*urbis*; / *pudicitiae*].
expūgnāx, *ācis* (*m. comp.*; *-ŭ-?*; *expūgnō*) wirksam.
ex-pūgnō 1 (*-ŭ-?*; *altl. inf. fut. act. -pūgnassere*) **1. a**) erstürmen, erobern, einnehmen; **b**) / bezwingen, überwinden, vernichten; **2.** erzwingen, erpressen; °**3.** (*m. Worten*) angreifen. [bung.]
expulsiō, *ōnis f* (*expellō*) Vertrei-
expulsō 1 (*intens. v. expellō*) heraus-, forttreiben.
expulsor, *ōris m* (*expellō*) Vertreiber.

expultrīx, *īcis f* (*expulsor*) Vertreiberin.

ex-pungō, *pūnxī, pūnctum* (*pūnxī, pūnctum?*) **1. a)** ausstreichen [*nomen*]; **b)** aus dem Dienst entlassen; **c)** / tilgen, aufheben; **2.** prüfend durchgehen, nachprüfen.

expūr(i)gātiō, *ōnis f* (*expūrgō*) Rechtfertigung, Entschuldigung.

ex-pūr(i)gō 1 °**1.** reinigen; **2.** / **a)** reinigen [*sermonem*]; °**b)** rechtfertigen, entschuldigen.

ex-pūtēscō, — — 3 verfaulen.

ex-putō 1 erwägen, ergründen.

ex-quīrō, *sīvī, sītum* 3 (*altl. exquaerō; quaerō*) **1. a)** aus-, aufsuchen; °**b)** durchsuchen; **2.** / **a)** untersuchen, prüfen; **b)** erforschen [*verum*]; sich erkundigen *nach* [*sententias ab eis*]; **c)** verlangen, erwarten, erbitten [*consilium*]; **3.** (*P.P.P.*) *adi.* **exquīsītus** 3 (*m. comp., sup., adv.*) auserlesen, ausgezeichnet; *subst.* **exquīsīta,** *ōrum n* Erkundigungen.

ex-rādīcitus *adv.* (*rādīx*) mit der Wurzel.

ex-sacrificō 1 das Opfer darbringen.

ex-saeviō 4 austoben.

ex-sangius, e °**1.** blutlos; **2. a)** leblos; ohnmächtig; **b)** / kraftlos, matt [°*scripta*]; °**c)** tot; **3.** blass; °**4.** blass machend.

ex-saniō 1 (*saniēs*) reinigen (*v. Eiter od. Jauche*).

ex-sarciō, —, *sartūrus* 4 ausflicken; / ersetzen.

ex-satiō 1 = *exsaturō.*

exsaturābilis, e (*exsaturō*) zu sättigen [*non* ~ unersättlich].

ex-saturō 1 °**1.** völlig sättigen; **2.** / befriedigen, stillen [*saevitiam*].

ex-scendō, -scēnsiō, -scēnsus = *ēscendō usw.*

ex-scindō, *scidī, scissum* 3 zerstören, vernichten.

ex-screō 1 sich räuspern.

ex-scrībō, *scrīpsī, scrīptum* 3 **1. a)** abschreiben; °**b)** abzeichnen, -malen; **2.** aufschreiben.

ex-sculpō, *sculpsī, sculptum* 3 °**1.** ausmeißeln (= beseitigen); °**2.** (*durch Fragen*) herauspressen; **3.** ausschnitzen, -meißeln.

ex-secō, *secuī, sectum* 1 **1. a)** (her-) ausschneiden; **b)** entmannen, kastrieren [*Caelum; testes*]; °**2.** / herausschinden [*quinas capiti mercedes* mtl. 5% Zinsen aus dem Kapital].

exsecrābilis, e (*m. adv.*; *exsecror*) **1.** (*pass.*) fluchwürdig; **2.** (*act.*) verfluchend; tödlich [*odium*].

exsecrātiō, *ōnis f* (*exsecror*) **1.** Verwünschung, Verfluchung; **2.** feierlicher Schwur; ** Bann.

exsecrātus 3 (*m.* °*sup.*; *exsecror*) verwünscht, verflucht.

ex-secror 1 (*sacer*) **1.** (*trans.*) verfluchen, -wünschen; **2.** (*abs.*) Verwünschungen ausstoßen, fluchen;

****exsecro** = *exsecror.*

exsectiō, *ōnis f* (*exsecō*) *das* Aus-, Abschneiden.

exsecūtiō, *ōnis f* (*exsequor*) Vollziehung, Durchführung; Verwaltung.

exsecūtor, *ōris m* (*exsequor*) Vollstrecker, Rächer.

exsequiae, *ārum f* (*exsequor*) Leichenbegängnis, -feier (= *feierliche Begleitung durch die Angehörigen; cf. fūnus, pompa*).

exsequiālis, e (*exsequiae*) Leichen...

ex-sequor, *secūtus sum* 1 °**1.** zu Grabe geleiten; **2. a)** erstreben; geltend machen [*ius suum armis*]; °**b)** (*einer Partei*) anhängen [*sectam*]; °**c)** (*feindl.*) verfolgen [*Tarquinium*]; °**d)** *gerichtlich* verfolgen, rächen, strafen; °**e)** zu ermitteln suchen, erforschen [*quaerendo*]; **f)** durchführen, vollziehen; **g)** beschreiben, angeben; **h)** ertragen [*cladem*].

ex-serciō 4 = *exsarciō.*

ex-serō, *seruī, sertum* 3 **1.** °**a)** aus-, hervorstrecken [*linguam*]; ziehen [*mucronem*]; entfalten [*vexillum*]; **b)** entblößen [°*mammam*]; **2.** losmachen [*alqm vinculis*]; / erlösen, befreien.

exsertō 1 (*intens. v. exserō*) hervorstrecken.

ex-sībilō 1 **1.** auszischen, auspfeifen; °**2.** hervorzischen.

ex-siccō 1 **1.** austrocknen; °**2.** / austrinken; **3.** (*P.P.P.*) *adi.* **exsiccātus** 3 trocken [*genus dicendi*].

ex-sicō 1 = *exsecō.*

ex-sīgnō 1 (*-ī-?*) genau aufzeichnen, -schreiben.

ex-siliō, *siluī, sultum* 4 (*pf.* °*auch silīvī u. siliī; saliō*) °**1.** heraus-, hervorspringen; **2.** aufspringen.

exsilium *falsche Schreibung für exilium.*

ex-sistō, *stitī,* — 3 **1. a)** heraus-, hervortreten; emportauchen; °**b)** (*mil. t.t.*) hervorbrechen; **2.** zum Vorschein kommen, sich zeigen; werden [*ex amicis inimici*]; **3.** (*lo-

gisch) sich ergeben [*mit ut od. a.c.i.*]; **4.** *pf.* exstitī = *fuī*; ** = *sum*.
exsolētus = *exolētus, s. exolēscō*.
exsolō = *exulō*.
exsolūtiō, *ōnis f* (*exsolvō*) Erlösung.
ex-solvō, *solvī, solūtum* 3 °**1. a)** (auf-) lösen; öffnen [*venas*]; / **b)** aufheben [*obsidium*]; entwirren [*nodum*]; **c)** erklärend auflösen, erklären; **2.** °**a)** erlösen, befreien [*alqm vinculis*]; **b)** / [°*poena*]; **3. a)** auszahlen, bezahlen [°*aes alienum*]; **b)** / leisten, erfüllen [°*vota*]; erweisen [°*gratiam*], vergelten [°*beneficia*], büßen [*poenas*].
ex-somnis, e (*somnus*) schlaflos; [nächtlich schwärmend.]
ex-sorbeō, *uī u.* (*selten*) *sorpsī*, — 2 **1.** ausschlürfen, einsaugen; **2.** / **a)** auskosten; °**b)** verschwenden; °**c)** (*sc. concubitu*) entkräften.
ex-sors, *tis* **1.** unteilhaftig [*culpae*]; **2.** außergewöhnlich.
ex-spatior 1 von der Bahn abschweifen; übertreten [*flumina*]; (*v. Thema*) abschweifen.
exspectātiō, *ōnis f* (*exspectō*) Erwartung, Sehnsucht, Aussicht.
ex-spectō 1 **1.** (*intr.*) warten, abwarten; **2.** (*trans.*) **a)** erwarten, warten *auf*; **b)** gespannt sein *auf*, vermuten, befürchten, hoffen, wünschen; ** wollen; **3.** (*P.P.P.*) *adi.* **exspectātus** 3 (*m.* °*comp.*, *sup.*) erwartet; willkommen, erwünscht.
ex-spergō, *spersī, spersum* 3 (*spargō*) **1.** über und über bespritzen; **2.** zersprengen, zerstreuen.
ex-spēs (*nur nom.*) hoffnungslos; ohne Hoffnung *auf* [*vitae*].
exspīrātiō, *ōnis f* (*exspīrō*) Ausdünstung.
ex-spīrō 1 **1.** (*trans.*) aushauchen [*animam*]; **2.** (*intr.*) **a)** verscheiden; / in Vergessenheit geraten; **b)** hervorbrechen [*ventus*].
ex-splendēscō, *duī*, — 3 hervorleuchten; / sich hervortun.
ex-spoliō 1 ausplündern; berauben [*hos auxilio*].
ex-sprētus = *exprētus*.
ex-spuō, *spuī, spūtum* 3 ausspeien; / von sich geben; loslassen.
****exstasis,** *is f* = ** *ecstasis*.
ex-sternō 1 (*cf. cōnsternō*) heftig erschrecken; P. sich entsetzen.
ex-stīllēscō, — — 3 (-ĭ-?, *incoh. v. exstīllō*) ausfließen.
ex-stīllō 1 (-ĭ-?) triefen.

exstimulātor, *ōris m* (*exstimulō*) Aufwiegler.
ex-stimulō 1 aufstacheln.
ex(s)tīnctiō, *ōnis f* (-ĭnc-?; *exstinguō*) Vernichtung.
ex(s)tīnctor, *ōris m* (-ĭ-?; *exstinguō*) „Auslöscher"; / Unterdrücker.
ex-(s)tinguō, *īnxī, īnctum* 3 (*ĭnxī, ĭnctum*?; *altl. coni. pf. -inxit*; *stinguō*) **1. a)** (aus)löschen [*incendium*; °*sitim*]; P. erlöschen; °**b)** / austrocknen; **2.** °**a)** umbringen, vernichten; **b)** P. umkommen; zugrunde gehen; **3.** in Vergessenheit bringen, P. geraten. [**2.** / [*vitia*].]
ex-stirpō 1 (*stirps*) °**1.** ausrotten;
ex-stō, — — 1 **1.** heraus-, hervorstehen, -ragen; **2.** / **a)** sich zeigen, in die Augen fallen; *impers. exstat* es stellt sich klar heraus; **b)** noch vorhanden sein, noch existieren; ** = *sum*.
exstrūctiō, *ōnis f* (*exstruō*) Erbauung, Bau.
ex-struō, *strūxī, strūctum* 3 **1. a)** aufschichten, -häufen, -türmen; **b)** beladen *mit* [*mensas epulis*]; **2.** aufbauen, errichten.
ex-sūcus 3 saftlos.
ex-sūdō 1 **1.** (*intr.*) (her)ausschwitzen; **2.** (*trans.*) / im Schweiße seines Angesichtes durchführen [*ingens certamen*].
****exsufflo** 1 fortblasen, Teufel austreiben.
ex-sūgō, *sūxī, sūctum* 3 (*altl. fut. -sūgēbō*) aussaugen; (*P.P.P.*) *adi.* **exsūctus** 3 ausgemergelt.
exsul, exsulō *falsche Schreibung für exul, exulō*.
exsultāns, *antis* (*m. comp., sup., adv.*; *exsultō*) **1.** hüpfend (*v. Wörtern, die nur aus kurzen Silben bestehen*); **2.** ausgelassen; maßlos, frei.
exsultātiō, *ōnis f* (*exsultō*) Jubel.
exsultim *adv.* (*exsultō*) in ausgelassenen Sprüngen.
ex-sultō 1 (*saltō*) **1. a)** hoch aufspringen; °**b)** / aufwallen [*vada*]; sich ausgelassen tummeln; **2.** frohlocken, (auf)jauchzen; prahlen.
exsuperābilis, e (*exsuperō*) zu überwinden; *non* ~ unüberwindlich.
exsuperantia, *ae f* (*exsuperāns, part. praes. v. exsuperō*) *das* Hervorragen; / Vorzüglichkeit.
ex-superō 1 **1.** (*intr.*) **a)** sich hoch erheben; emporschlagen [*flammae*]; **b)** / hervorragen; **2.** (*trans.*) **a)** emporragen *über* [*undas*]; **b)**

übersteigen, passieren; / c) überleben, überdauern; d) übertreffen, überwinden. [abstumpfen.]
ex-surdō 1 (*surdus*) betäuben; /
ex-surgō, *surrēxī, surrēctum* 3 **1.** sich erheben, aufstehen, -steigen; **2.** / °a) auftreten *gegen*; b) wieder erstehen, sich erholen.
ex-suscitō 1 **1.** a) aufwecken; °b) anfachen; **2.** / erregen [*animos*]; se -*are* sich aufraffen, sich ermannen.
exta, *ōrum n* (*vl. unter Schwund des c haplologisch vereinfacht aus* ex-se(c)ta *v.* ex-secō) **1.** (edlere) Eingeweide *der Opfertiere* (*Herz, Lunge, Leber, Galle, aus denen geweissagt wurde*); °**2.** Opferschmaus.
ex-tābēscō, *buī*, — 3 °**1.** sich abzehren; **2.** / gänzlich (ver)schwinden.
extāris, e (*exta*) zum Kochen der Eingeweide dienlich [*aula*].
ex-templō (⟨ex *templō* „vom Beobachtungsplatz der Auguren aus"; *cf.* templum) *adv.* sogleich, augenblicklich.
extemporālis, e (*Hypostase aus* ex *tempore* „aus dem Augenblick heraus") aus dem Stegreif, unvorbereitet.
extemporālitās, *ātis f* (*extemporālis*) *die* Fähigkeit zur Stegreifrede *od.* -dichtung.
extempulō = *extemplō*.
ex-tendō, *tendī, tentum u. tēnsum* 3 **1.** ausdehnen, -spannen, -strecken; °**2.** a) erweitern, vergrößern; b) (*mil. t.t.*) auseinander ziehen [*aciem latius*]; °**3.** anspannen, anstrengen; °**4.** hinziehen, verlängern [*pugnam ad noctem*]; °**5.** (*P.P.P.*) *adi.* **extentus** 3 (*m. sup., adv.*) ausgedehnt; -*is itineribus* in Eilmärschen.
****extensor,** *oris m* Folterknecht.
ex-tentō[1] (*intens. v.* extendō) ausdehnen, ausstrecken.
ex-tentō[2] 1 (= *ex-temptō*) versuchen, probieren.
extenuātiō, *ōnis f* (*extenuō*) °**1.** Verdünnung; **2.** (*rhet. t.t.*) Verkleinerung.
ex-tenuō 1 **1.** a) verdünnen, zerkleinern; P. dünn werden, °zerfliepen; °b) (*mil. t.t.*) auseinander ziehen [*aciem*]; **2.** schwächen, schmälern; °**3.** (*P.P.P.*) *adi.* **extenuātus** 3 (*m. sup.*) gering, schwach.
exter(us), *era, erum* (*urspr. wohl comp. v.* ex) *pos.* (*kl. nur pl.*) auswärtig, -ländisch; *comp.* **exterior,** *ius der* äußere = weiter draußen; auf der Außenseite (befindlich); °*exteriorem ire* zur Linken gehen; *sup.* **extimus** (*selten*) 3 *der* Äußerste [*orbis*] *u.* **extrēmus** 3 **1.** (*räuml.*) *der* Äußerste, Entfernteste; *der* Letzte; *in -o libro* am Ende des Buches; **2.** (*zeitl.*) *der* Letzte; *der* letzte Teil, Ende [*annus*]; **3.** / *der* Äußerste [°-*a pati*]; *der* Größte, Höchste [*periculum*]; *der* Geringste, Niedrigste, Schlechteste; *der* Gefährlichste, Schlimmste [*fortuna*]; *subst.* **extrēmum,** *ī n* Ende; *der* äußerste Punkt [°*aestatis*]; *adv.* **ad extrēmum** (bis) zuletzt; schließlich; °**extrēmō** endlich.
ex-terebrō 1 (her)ausbohren; °/ erpressen.
ex-tergeō, *tersī, tersum* 2 °**1.** auswischen; **2.** / ausplündern.
ex-terminō 1 vertreiben, verbannen; / entfernen, beseitigen.
externus 3 (*exter*; *cf.* inter-nus) **1.** *der* Äußere, äußerlich; **2.** auswärtig, ausländisch, fremd(artig); *subst.* ~, *ī m* Fremdling; **-a,** *ōrum n* auswärtige Dinge; *die* Fremde.
ex-terō, *trīvī, trītum* 3 **1.** herausreiben; **2.** zerreiben; / zertreten.
ex-terreō, *ruī, ritum* 2 °**1.** (*Wild*) aufscheuchen; **2.** erschrecken, einschüchtern.
extersus, *ūs m* (*extergeō*) *das* Auswischen.
exterus 3 *s.* *exter*.
ex-texō, — — 3 (ein Gewebe auftrennen); °/ (*scherzh.*) *jd.* Geld *b. Spiel* abnehmen [*illum*].
ex-timēscō, *muī,* — 3 **1.** (*intr.*) Angst bekommen, sich fürchten [*de fortunis*]; **2.** (*trans.*) befürchten, bangen *vor* [*adventum*].
extimus 3 *s.* *exter(us)*.
ex-tinguō *s.* *ex(s)tinguō*.
exti-spex, *icis m* (*exta, speciō*) Eingeweideschauer, Zeichendeuter (= *haruspex*).
extispicium, *ī n* (*extispex*) Eingeweideschau, Opferschau (= *haruspicīna*).
extō = *exstō*.
ex-tollō, *extulī* (°*selten exsustulī*), — 3 °**1.** herausnehmen, -setzen [*mea domo pedem*]; **2.** empor-, auf-, erheben; **3.** / a) preisen, rühmen; b) ermutigen; übermütig machen; °c) verschönern; °d) verschieben [*in alium diem*].

ex-torqueō, *torsī, tortum* 2 **1.** herausdrehen, entwinden; **2.** aus-, verrenken; foltern; **3.** / entreißen; erpressen; benehmen [*errorem*].

ex-torris, e (*wohl zu terra*) außer Landes lebend, heimatlos, verbannt [°*patriā*].

extortor, *ōris m* (*extorqueō*) Erpresser.

extrā (*abl. sg. f v. exter; sc. viā; cf. intrā*) **1.** *adv.* **a)** außen, außerhalb, auswendig; / **b)** ~ *quam* außer; ~ *quam si* außer wenn; °**c)** außerdem, überdies; **2.** *prp. b. acc.* außerhalb; außer; aus ... hinaus, über ... hinaus; / mit Ausnahme *von*; ohne, gegen.

ex-trahō, *trāxī, tractum* 3 **1. a)** herausziehen, -reißen; °**b)** herausschleppen, -locken; ans Licht ziehen; **c)** / befreien [*urbem ex periculis*]; **2. a)** in die Länge ziehen [*tempus*]; **b)** nutzlos hinbringen; °**c)** hinhalten.

extrāneus 3 (*extrā*) **1.** außen befindlich, *der* Äußere; **2.** auswärtig, fremd, ausländisch; °*subst.* ~, *ī m der* Auswärtige, Ausländer.

extrā-ōrdinārius 3 (*extrā-?, Hypostase aus extrā ōrdinem*) außerordentlich, außergewöhnlich; unnatürlich; °/ auserlesen [*cohortes*].

extrārius 3 (*extrā*) = *extrāneus.*

extrēmitās, *ātis f* (*extrēmus*) **1.** Grenze, Umkreis; Rand; **2.** (*geom. t.t.*) Fläche; °**3.** *pl.* (*rhet. t.t.*) Extreme.

extrēmus 3 *s. exter(us).*

ex-trīcō (*altl. auch* **-or**) 1 (*trīcae*) herauswickeln, -winden; / zustande bringen, auftreiben [*nummos*].

extrīn-secus *adv.* (⟨**extrim-; exter, cf. altrīnsecus*) von außen (her); auf der Außenseite.

ex-trūdō, *sī, sum* 3 hinausstoßen, -treiben, zurückdrängen; / sich vom Halse schaffen.

ex-tūberō 1 (*tūber*[1]) emporwölben.

extume-factus 3 (*extumeō, faciō*) aufgeschwollen.

ex-tumeō, — — 2 aufschwellen.

extumus 3 = *extimus; s. exter.*

ex-tundō, *tudī,* — 3 **1. a)** in erhabener Arbeit bilden, treiben; **b)** / herausbilden; **2.** zerschlagen [*frontem*]; **3.** mit Mühe zustande bringen [*artem*], erringen [*honorem*]; **4.** / **a)** herauspressen, abnötigen; **b)** vertreiben [*fastidia*].

ex-turbō 1 hinausjagen, vertreiben.

ex-ūberō 1 (*ūberō* „befruchten"; *ūber*[2]) reichlich hervorströmen, aufwallen; / überströmen, Überfluss haben *an* [*pomis*].

exul, *ulis m* (*eigtl.* „umherschweifend"; *cf. amb-ulō*) **1.** verbannt; *subst. m der* Verbannte; °**2.** ausgeschlossen *von,* ohne [*mentisque domusque*]; ** heimatlos.

exulcerātiō, *ōnis f* (*exulcerō*) / *das* Aufreißen (und Eiternlassen) einer Wunde.

ex-ulcerō 1 (*ulcus*) °**1.** zum Eitern bringen, wund machen; **2.** / **a)** verschlimmern; **b)** erbittern.

exulō 1 (*exul*) verbannt sein, in der Verbannung leben; / nicht mehr bestehen; ** fern von der Heimat leben; eine Auslandsreise machen.

exultābundus, exultātiō, exultim, exultō = *exsult...*

ex-ululō 1 aufheulen; (*P.P.P.*) *adi.*

exululātus 3 **1.** mit Heulen gerufen; **2.** (*mediopass.*) aufheulend.

exundātiō, *ōnis f* (*exundō*) Überschwemmung.

ex-undō 1 überfluten [*in adversa litora*]; / überströmen; überreichlich vorhanden sein.

ex-ung(u)ō, —, *ūnctum u.* **-(u)or,** — 3 (*-ūnctum?*) mit Salben verschmieren, vertun; vergeuden.

ex-uō, *uī, ūtum* 3 (⟨**ex-ovō; vl. eigtl.* „aus einer Hülle schlüpfen"; *cf. induō*) °**1.** *etw.* **a)** ausziehen, ablegen [*vestem*]; abnehmen [*alci clipeum*]; **b)** / ablegen, aufgeben [*humanitatem*]; **2.** *jd.* °**a)** ausziehen, entkleiden, entblößen [*alqm veste*]; *se monstris -ere* die unnatürliche Gestalt ablegen; **b)** berauben [*hostem impedimentis*].

ex-urgeō, — — 2 ausdrücken, auspressen.

ex-ūrō, *ussī, ustum* 3 (*ūssī, ūstum?*) °**1.** herausbrennen; **2.** verbrennen, einäschern; °**3.** / **a)** aus-, vertrocknen; **b)** zerfressen; **c)** (*v. der Liebe*) entflammen; **d)** (*v. Sorgen*) zermürben.

exustiō, *ōnis f* (*-ū-?; exūrō*) Verbrennung, Brand.

exuviae, *ārum f u.* °**-ium,** *ī n* (*exuō*) °**1.** abgezogene (Tier-) Haut; °**2.** (abgelegte) Kleidung, Kopfbedeckung; **3.** abgenommene Waffenrüstung, Beute.

F

F. (*Abk.*) = *fīlius u. fēcit.*
Fab. = *Fabiā (tribū) aus der Fabischen Tribus.*
faba, *ae f (redupliziertes Lallwort mit der Bedeutung des Schwellenden; cf. Fabius)* **1.** Bohne; Saubohne; °**2.** Bohnenbrei.
fabālis, e (*faba*) von Bohnen, Bohnen...
fābella, *ae f (dem. v. fābula)* **1.** kleine Erzählung; °**2.** Fabel, Märchen; **3.** kleines Schauspiel.
faber, *bra, brum (eigtl.* „passend"; *cf. nd.* „deftig") °kunstfertig, °geschickt; *subst.* ~, *brī m* **1. a)** Handwerker; *tignarius* Zimmermann; °*ferrarius* Schmied; **b)** *pl.* Bauhandwerker; (*mil. t.t.*) Pioniere; *praefectus fabrum* Werkmeister, (*als mil. t.t.*) Feldzeugmeister; °**2.** Sonnenfisch.
Fabius 3 *Name einer patriz. gens:* **1.** *Q.* ~ *Pictor, geb. um 250, Vfssr. des ersten röm. Geschichtswerkes (i. gr. Sprache);* **2.** *Q.* ~ *Maximus Cūnctātor, Gegner Hannibals;* **3.** *Q.* ~ *Maximus Allobrogicus, Konsul 121, Besieger der Allobroger; adi.* -i(ān)us 3.
fabrē-faciō, *fēcī, factum* 3; P. *fīō, factus sum, fierī u. fīerī* kunstvoll verfertigen.
fabrica, *ae f (faber)* **1.** Werkstätte; Schmiede; **2.** Handwerk, Baukunst; **3.** kunstvoller Bau [*membrorum*]; °**4.** Kunstgriff, List; ** Bauhütte.
fabricātiō, *ōnis f (fabricō)* **1.** kunstvoller Bau; **2.** künstliche Veränderung.
fabricātor, *ōris m (fabricō)* **1.** Bildner; °**2.** Urheber.
Fabricius 3 *röm. Gentilname: C.* ~ *Luscinius, Sieger über Pyrrhus, ber. wegen seiner Rechtlichkeit; adi.* -ius 3.
fabricor *u.* °**-ō** 1 (*faber*) verfertigen; bilden; °Böses aussinnen.
fabrīlis, e (*faber*) *des* Handwerkers, Künstler..., Schmiede...; °*subst.* **-ia,** *ium n* Handwerke; Schmiedearbeiten.
fabula[1], *ae f (dem. v. faba)* kleine Bohne.
fābula[2], *ae f (for)* **1.** Gerede der Leute, Stadtgespräch; °**2.** Unterhaltung; **3. a)** Erzählung; °**b)** *äsopische* Fabel; **c)** Märchen, Sage, Mythos; *pl.* Mythologie; °**4.** Gegenstand, Fabel der Dichtung; **5. a)** Drama, Bühnenstück; °**b)** Epos; °**6. a)** (*verächtlich*) *fabulae!* dummes Zeug!; **b)** *quae haec est fabula?* was ist hier los?
fābulāris, e (*fābula*[2]) sagenhaft, Sagen...
fābulātor, *ōris m (fābulor)* Erzähler; Märchenerzähler.
fābulor 1 (*fābula*[2]) plaudern, schwatzen.
fābulōsus 3 (*m. comp., sup., adv.; fābula*[2]) **1.** sagenreich, berühmt; **2.** wunderbar, unglaublich.
facessō, *cessīvī u. cessī, cessītum* 3 (*intens. v. faciō*) **1.** (*trans.*) °**a)** ausrichten, ausführen; **b)** (*Böses*) tun; **2.** (*intr.*) sich entfernen, sich packen.
facētia, *ae f (facētus)* °**1.** *sg.* Scherz, Witz; **2.** *pl.* drollige Einfälle, beißender Witz, Sticheleien.
facētus 3 (*m.* °*comp., sup., adv.; eigtl.* „glänzend"; *cf. fax*) **1.** fein, anmutig; °**2.** freundlich, artig; **3.** witzig, launig, scherzhaft.
faciēs, *ēī f (altl. gen.* -*iē*; *faciō*) **1.** äußere Erscheinung, *das* Aussehen; °**2.** / **a)** Art, Beschaffenheit; **b)** äußerer Schein; **3. a)** Gesicht(sbildung); °**b)** schönes Gesicht; °**c)** Anmut, Schönheit.
facilis, e (*m. comp.; sup. facillimus; faciō*) **1.** (*pass.*) **a)** tunlich, leicht (zu tun) [*via ad honores; dictu;* °*corrumpi;* °*selten facile fuit, ut procederet*]; **b)** günstig [*res*], bequem [*aditus*]; **2.** (*act.*) **a)** leicht beweglich, gewandt, geschickt [*ad dicendum*]; **b)** willig, freundlich, gefällig, zugänglich; bereit *zu* [*ad concedendum*]; (** ~ *ad* empfänglich für); *adv.* **facile** (*m. comp., sup.; nkl. auch* -*iter; altl. facil*) **1. a)** leicht, mühelos; *non (haud) facile* schwerlich, kaum; **b)** sicher, unstreitig; **2. a)** willig, gern; **b)** angenehm, behaglich [°*vivere*]; ** *-e, ut* vielleicht, dass.
facilitās, *ātis f (facilis)* °**1.** (*pass.*) Leichtigkeit [*camporum* Passierbarkeit des Geländes]; **2.** (*act.*) °**a)** Leichtigkeit (*i. d. Auffassung*), leichte Auffassung; °**b)** Gewandtheit, Geläufigkeit (*i. Ausdruck*);

c) Neigung, Anlage *zu*; Trieb; **d**) (*i. gutem Sinn*) Umgänglichkeit, Leutseligkeit; °(*i. schlechtem Sinn*) Leichtsinn.

facinorōsus *u.* **-nerōsus** 3 (*m.* °*comp.*, *sup.*; *facinus*) verbrecherisch, ruchlos.

facinus, *oris n* (*faciō*) **1.** (auffallende) Tat [*nefarium*; *praeclarum*]; **2.** Schandtat, Verbrechen; °**3.** Werkzeug eines Verbrechens, *z. B.* Giftbecher; °**4.** Verbrecher; °**5.** Ding, Sache, Umstand.

faciō, *fēcī*, *factum* 3; P. *durch fīō*, *factus sum*, *fierī u. fīerī ersetzt*; (*altl.*: *imp. face*; *fut. faciem*; *coni. pf. faxim*; *fut. ex. faxō*; *fut. ex.* P. *faxitur*; *k-Erweiterung der* √‾*dhē-; *cf. dō, addō usw.*) tun: **I.** (*trans.*) **1.** tun, machen; anfangen *mit* [°*quid eo fecisti puero?* (*kl. huic homini*)]; *quo facto* hierauf; **2. a**) verfertigen, bilden, schaffen, bereiten [*scuta ex cortice*]; bauen, anlegen, schlagen [*pontem*], aufschlagen [*castra*]; **b**) ab-, verfassen [*libros*]; **c**) erwerben, verdienen, gewinnen; **d**) be-, verarbeiten [*ebur*]; **e**) aufbringen, auftreiben [*exercitum*]; **3. a**) tun, machen, zustande bringen [*omnia amici causa*], ausführen, verrichten, leisten, liefern [*proelium*]; schließen [*pacem*]; verüben [*scelus*]; begehen [*vim* Gewalttat]; erheben [*clamorem*]; sagen, reden [*verba*]; *initium belli* den Krieg beginnen; *finem vitae* mit seinem Leben Schluss machen; *mentionem* ~ *de* (*od. gen.*) erwähnen; betreiben [°*medicinam*]; feiern, begehen [*ludos*]; **b**) erleiden [*naufragium*]; **4.** erregen, verursachen, hervorrufen, bewirken, anstiften [*spem, coniurationem*]; verschaffen, gewähren [*potestatem* Gelegenheit]; *negotia* Schwierigkeiten machen; **5.** Sonderkonstruktionen: **a**) *m. Objektsacc. u. Prädikatsnomen*: α) *im acc.* machen, ernennen, wählen *zu* [*Ciceronem consulem*]; β) (*nkl.*) *im gen. potestatis od. dicionis suae* unter seine Gewalt (Botmäßigkeit) bringen; (*kl.*) zum Eigentum machen [*Asiam populi Romani*]; **b**) redend *od.* handelnd einführen, darstellen, tun *od.* sagen lassen [*Polyphemum cum ariete colloquentem*]; **c**) schätzen, achten [*magni, pluris, pro nihilo*]; **d**) bewirken, dafür sorgen; verschulden [*ne cui iniuria inferatur*]; **e**) den Fall setzen, annehmen [*fac ita esse*]; **II.** (*intr.*) **1. a**) tun, handeln, tätig sein; °**b**) Feldarbeit verrichten; °**c**) = *futuō*; **2.** verfahren, sich benehmen [*bene*; *contra leges*]; **3.** es halten *mit*, stehen auf der Seite [*dei nobiscum faciunt*]; **4.** opfern [*Iunoni*]; °**5.** dienen, nützen, geeignet sein, wohl bekommen [*aqua mihi non facit*].

facteon *indecl.* (*scherzh. wie gr. Verbaladj. gebildet*) = *faciendum*.

factiō, *ōnis f* (*faciō*) °**1.** *das* Tun, Handeln, Treiben; **2.** *das* Recht, *etw.* zu machen [*testamenti*]; **3.** Umtriebe, Parteiungen; **4. a**) Partei; Anhang, Verwandtschaft; °**b**) Artistenclique; *histrionum* Theaterclaque; ** Rotte; *das* boshafte Treiben.

factiōsus 3 (*m.* °*sup.*; *factiō*) °**1.** zum Handeln aufgelegt [*lingua* rasch mit der Zunge]; **2.** partei-, herrschsüchtig; *subst.* ~, *ī m* Parteigänger, -führer; °**3.** einflussreich.

factitō 1 (*frequ. v. factō*) gewöhnlich machen, gewerbsmäßig (be-) treiben; machen *zu* [*alqm heredem*].

factō 1 (*intens. v. faciō*) machen, verrichten.

factor, *ōris m* (*faciō*) Verfertiger; *pilae* der den Ball weiterwirft; ** Schöpfer = Gott.

factus 3 (*m.* °*comp.*; *faciō*) **1.** °**a**) geschehen; *factius nihilō* (*abl. mens.*) *facit* es nützt ihm nichts; **b**) geschaffen [*ad iocum*]; **2. a**) kunstvoll (bearbeitet); **b**) gebildet [°*ad unguem* vollkommen]; *subst.*

factum, *ī n* **1.** Tat, Handlung, Werk; Verfahren; °**2.** Vorfall, Ereignis; Tatsache, Erfolg.

facula, *ae f* (*dem. v. fax*) Kienspan, Fackel.

facultās, *ātis f* (*altl. facul = facilis*) **1.** Möglichkeit, Gelegenheit [*rei bene gerendae*]; **2.** Erlaubnis; **3.** Fähigkeit, Geschicklichkeit, Anlage, Talent [*dicendi*]; **4.** Vorrat, Fülle; *pl.* Hilfsmittel, -quellen; Geldmittel, Vermögen; ** Fakultät.

fācundia, *ae f* (*fācundus*) Redegabe, Beredsamkeit.

fācunditās, *ātis f* (*fācundus*) Gesprächigkeit.

fācundus 3 (*m. comp.*, *sup.*, *adv.*;

for; cf. īrā-cundus) redegewandt; geläufig [*lingua*].
faeceus 3 (*faex*) aus Hefe; / unflätig.
faecula, *ae f* (*dem. v. faex*) Weinsteinsalz.
faelēs *u.* **-is** = *fēlēs u. -is.*
faen... = *fēn...*
Faesulae, *ārum f St. i. Etrurien, j.* Fiesole; *adi. u. Einw. -ānus* (3).
faet... = *foet...*
faex, *cis f* (*et. ungedeutet*) **1.** °**a**) Bodensatz, Hefe; / **b**) Abschaum [*populi*]; °**c**) *dies sine faece* wolkenloser Tag; °**d**) Boden einer Kassette; °**2. a**) Weinsteinsalz; **b**) Weinhefe.

F

fāgin(e)us 3 (*fāgus*) buchen.
fāgus, *ī f* (*cf. nhd.* „Buche") Buche; °Buchenholz.
****faida,** *ae f* Fehde.
fala, *ae f* (*etr. Fw.*) **1.** Belagerungsturm; **2.** hölzerne Säule *an der spina des Circus für die ova* (*s. d.*).
falārica, *ae f* (*fala*) Speer; Brandpfeil.
falcārius, *ī m* (*falx*) Sichelmacher; *inter -os* in der Sichelmachergasse.
falcātus 3 (*falx*) mit Sicheln versehen; sichelförmig.
****falco,** *onis m* Falke.
****falconarius,** *i m* Falkner.
falerae = *phalerae.*
Falerii, *ōrum m St. der Falisker.*
Falernus 3 *ager Gebiet an der Grenze v. Latium u. Kampanien; -um (vinum)* Falernerwein, (*praedium*) Landgut (*des Pompejus*) *im Falernerlande.*
Faliscī, *ōrum m Völkerschaft i. Südetrurien; adi. -us 3; subst.* **-um,** *ī n* Gebiet von Falerii.
fallācia, *ae f* (*fallāx*) Täuschung, Betrug, Intrige.
fallāci-loquus 3 (*fallāx, loquor*) trügerisch redend.
fallāx, *ācis* (*m.* °*comp., sup., adv.*; *gen. pl.* °*auch -um; fallō*) trügerisch, täuschend, ränkevoll.
fallō, *fefellī, — 3* (*falsus gewöhnl. adi.; P.P.P. durch dēceptus ersetzt; et. nicht sicher gedeutet*) °**1.** einen Fehltritt tun lassen; **2.** / **a**) täuschen, betrügen, hintergehen; *me fallit* ich irre mich; *mediopass.* sich täuschen, sich irren; **b**) nicht leisten, nicht erfüllen [°*promissum*]; verletzen, brechen [*fidem*]; °**c**) täuschend nachmachen; °**d**) hinwegtäuschen *über,* vergessen lassen [*laborem*], verkürzen [*horas*]; **e**) °α) entgehen [*gaudia nos*], unbemerkt bleiben; *hostis fallit incedens* der F. setzt sich unbemerkt in Marsch; β) *impers. non me fallit* es entgeht mir nicht.
falsārius, *ī m* (*falsus*) Fälscher.
falsi-dicus 3 (*falsus, dīcō*[2]) lügenhaft. [handelnd.]
falsi-ficus 3 (*falsus, faciō*) falsch
falsi-iūrius 3 (*falsus, iūrō*) falsch schwörend.
falsi-loquus *u.* **-locus** 3 (*falsus, loquor*) lügenhaft.
falsimōnia, *ae f* (*falsus*) Betrügerei.
falsi-parēns, *entis* (*falsus, parēns*) mit einem erdichteten Vater.
falsus 3 (*m.* °*sup.; P.P.P. v. fallō*) **1.** (*medial*) °**a**) sich irrend; **b**) irrig, nichtig, eitel [*spes*]; **2.** (*act.*) betrügerisch, heuchlerisch; **3.** (*pass.*) **a**) falsch, gefälscht [*testamentum*]; **b**) (*v. Personen*) untergeschoben [°*genitor*], unecht [*testis*]; °**c**) (*v. Sachen*) unecht, nachgemacht; *subst.* **-um,** *ī n* Unwahrheit, Lüge, Irrtum; °Heuchelei; *adv.* **falsō** (*selten* °**-ē**) irrtümlich, fälschlich, grundlos.
falx, *cis f* (*et. unklar*) Sichel, Sense; Garten-, Winzermesser; Mauerhaken.
fāma, *ae f* (*cf. for; kl. nur sg.*) **1.** Gerücht, Sage, Überlieferung; **2.** öffentliche Meinung, Volksstimme; **3. a**) Ruf, Leumund; **b**) guter Ruf, guter Name; **c**) Ruhm, Berühmtheit; °**d**) üble Nachrede; °**4.** ♀ *Göttin des Gerüchts.*
famēlicus 3 (*famēs*) hungrig; *subst.* **~,** *ī m* Hungerleider.
famēs, *is f* (*abl. dcht. -ē; et. ungedeutet*) **1.** Hunger; **2.** Hungersnot; **3.** / **a**) Armut, Dürftigkeit; °**b**) Gier *nach* [*auri*].
fāmigerātiō, *ōnis f* (*fāmi-gerō* 1 „in einen Ruf bringen"; *fāma + gerō*) Geschwätz *der Leute.*
fāmigerātor, *ōris m* (*fāmi-gerō* 1 „in einen Ruf bringen"; *fāma + gerō*) Schwätzer.
familia, *ae f* (*gen. sg. auch -ās; et. ungedeutet; cf. famulus*) **1.** Hausgenossenschaft; **2. a**) Dienerschaft; **b**) Leibeigene, Hörige; **c**) Truppe [*gladiatoria*]; **d**) Philosophenschule; **3.** Vermögen; **4. a**) Familie (= *Linie einer gens, durch cogn. bezeichnet*); °**b**) = *gēns.*

familiāris, e (*m. comp., sup., adv.*; *familia*) **1.** häuslich, Haus... [°*servus*]; *res -is* Vermögen; **2.** Sklaven...; °*subst.* **~,** *is m* Sklave; *pl.* Gesinde; **3.** Familien... [°*consilium*]; **4. a)** (*v. Pers.*) vertraut, bekannt [*mihi*]; freundschaftlich; *adv.*: *-iter vivere cum alqo*; °*-issime uti alqo*; *subst.* **~,** *is m f* Freund(in); **b)** (*v. Sachen*) vertraulich [*sermo*], freundschaftlich; **5.** (*relig. t.t.*) einheimisch, vaterländisch; *pars derjenige Teil der Eingeweide, aus dem der Priester das Schicksal des eigenen Staates prophezeite.*

familiāritās, *ātis f* (*familiāris*) **1.** vertrauter Umgang, Freundschaft; °**2.** vertraute Freunde.

fāmōsus 3 (*m.* °*comp.*, °*sup.*, °*adv.*; *fāma*) **1.** (*pass.*) °**a)** berühmt, ruhmvoll; **b)** berüchtigt; °**2.** (*act.*) ehrenrührig, Schmäh... [*carmen*].

famul *altl.* = *famulus.*

famula, *ae f* (*famulus*) Dienerin, Sklavin.

famulāris, e (*famulus*) Sklaven...; °*iura -laria dare* zum Sklaven machen.

famulātus, *ūs m* (*famulor*) Dienstbarkeit; Knechtschaft.

famulor 1 (*famulus*) dienstbar sein.

famulus (*et. ungedeutet*; *cf. familia*) °**1.** *adi.* 3 dienend; aufwartend; **2.** *subst.* **~,** *ī m* Diener, Sklave.

fānāticus 3 (*fānātus, P.P.P. v. fānor*) begeistert, rasend; fanatisch; °*error* Wahnsinn.

fandum, fandus *s. for.*

fānor 1 (*fānum*) umherrasen.

fantas... = *phantas...*

fānum, *ī n* (*cf. fēriae, fēstus*; *antike Ableitung v. for volkset.*) Tempel, Heiligtum.

far, *farris n* (⟨**farr*; *-ā-?*; *cf. altnord.* harr „Korn, Gerste") **1.** Spelt, Dinkel; **2.** Schrot, Opfermehl; **3.** Brot.

farciō, *sī, tum* 4 (*wohl urspr.* „umschließen, einfriedigen") (voll) stopfen; °*se -ire* sich voll fressen.

farferum, *ī n* (*et. unklar*; *vl. Dialektwort*) Huflattich.

farīna, *ae f* (*far*) Mehl.

farrāgō, *inis f* (*far*) Mischfutter; / vermischter Inhalt; Bagatelle.

farrātus 3 (*far*) aus Getreide gemacht; mit Brei angefüllt; *subst.* **-a,** *orum n* Mehlspeise.

(***fars** *od.* ***fartis**), *abl. farte f* (*altl. acc. -im*; *farciō*) Füllung; (*scherzh.*) Hackepeter; *vestis* **~** Leib, Person; *adv.* **-im** gestopft, dicht.

fartor, *ōris m* (*farciō*) Geflügelmäster.

fās indecl. n (*urspr. alter s-Stamm*; „Ausspruch"; *for*) **1.** göttliches Gesetz, Recht; **2.** *das* sittlich Gute, Erlaubte; **3.** Schicksal, Verhängnis; *fas est* es ist recht; es ist vom Schicksal bestimmt.

fascia, *ae f* (*cf. fascis*) **1.** Binde, Band; **2. a)** Schenkelbinde; °**b)** Büstenhalter; **c)** Bettgurt; °**d)** Kopfbinde, Diadem; °**e)** *pl.* Wickelbinden *für Säuglinge*; °**3.** Wolkensaum.

fasciātim *adv.* (*fascis*) bündelweise.

fasciculus, *ī m* (*dem. v. fascis*) Bündelchen; Strauß.

fascinō 1 (*fascinum*) beschreien, behexen.

fascinum, *ī n u.* **-us,** *ī m* (*als Zauberwort wohl thrakisches Lw.*; *urspr.* „Behexung"; *cf. fascinō*) männliches Glied (*als Amulett gegen Behexung getragen*).

fasciō 1 (*fascia*) mit Binden umwickeln.

fasciola, *ae f* (*dem. v. fascia*) kleine Binde, Band; *bsd.* Schenkelbinde; ** *pl.* Gamaschen.

fascis, *is m* (*cf. fascia, bascauda*) °**1.** Bündel; Bürde, Last; **2.** *pl.* **a)** Rutenbündel (*mit Beil, den höchsten Magistraten als Symbol der Strafgewalt v. den Liktoren vorangetragen*); **b)** Konsulat; (°*populi*) hohe Ämter; ** *pl.* Ehrenbezeigungen.

fasēlus = *phasēlus.*

fasma = *phasma.*

fastīdiō 4 (*fastīdium*) °**1.** Widerwillen empfinden, sich ekeln; **2.** / °**a)** sich zu vornehm dünken,; **b)** verschmähen.

fastīdiōsus 3 (*m.* °*comp.*, °*sup.*, *adv.*; *fastīdium*) **1.** °**a)** voll Ekel, voll Widerwillen; **b)** / wählerisch; °**c)** spröde; °**2.** Ekel erregend, widerwärtig.

fastīdium, *ī n* (*wohl aus *fastitīdium haplologisch verkürzt*: *fastus*[1] + *taedium*) **1.** Ekel, Überdruss, Widerwille *gegen* [*cibi*]; **2.** / **a)** Geringschätzung, Verachtung; **b)** verwöhnter Geschmack; **c)** Dünkel; **d)** Nörgelei, Pedanterie.

fastīgātus 3 (*m. adv.*; *P.P.P. v. fastīgō* 1 „schräg zulaufen lassen"; *cf. fastīgium*) **1. a)** ansteigend; °**b)** in eine Spitze auslaufend; **2.** abgedacht, schräg.

fastīgium, *ī n* (*cf. nhd.* „Borste") **1.** schräge Richtung: **a**) Steigung, Erhebung; **b**) Abdachung, Senkung, Neigung; Gefälle; **2.** °**a**) Höhe; Spitze, Gipfel; **b**) Oberfläche, Niveau; **c**) Tiefe, Grund; **3.** Giebel(feld); **4.** / **a**) hohe Stellung, Würde; °**b**) Hauptpunkt.

fastōsus 3 (*fastus*[1]) **1.** kalt, spröde [*moecha*]; **2.** köstlich, prächtig.

fastus[1], *ūs m* (*eigtl.* „*das* Aufgerichtetsein"; *cf. fastīgium*; *nd.* „barsch") Stolz, Hochmut; Sprödigkeit, Kälte.

fāstus[2] 3 (*fās*) *nur mit diēs verbunden, meist pl.*: *diēs fāstī* Gerichtstage (*an denen der Prätor Recht sprach*); *subst.* **fāstī,** *ōrum m* (*acc. unkl. auch -ūs*) **1.** Verzeichnis der Gerichtstage, *305 v. Cn. Flavius veröffentlicht*; **2.** Kalender (*Verzeichnis der Gerichts- u. Festtage*); ♀ *Ovids poetischer* Festkalender; **3.** °**a**) Jahrbücher der Geschichte; **b**) Konsularfasten [*consulares od. Capitolini*], *Verzeichnis der höchsten Magistrate von 508 v. bis 354 n. Chr.*

fātālis, e (*m. adv.*; *fātum*) **1. a**) *des* Schicksals; **b**) vom Geschick bestimmt; **2.** verhängnisvoll; °verderblich.

fateor, *fassus sum* 2 (**fatos, part. pf. zu for*) gestehen, bekennen; °/ zu erkennen geben, verraten, zeigen [*iram vultu*].

fāti-canus *u.* **-cinus** 3 (*fātum, canō*) weissagend.

fāti-dicus 3 (*fātum, dīcō*[2]) weissagend; *subst.* ~, *ī m* Wahrsager.

fāti-fer, *era, erum* (*fātum, ferō*) todbringend.

fatīgātiō, *ōnis f* (*fatīgō*) Ermüdung.

fatīgō 1 (**fati-agos* „zur Erschöpfung treibend"; *cf. af-fatim*; *agō*) **1.** °**a**) abhetzen; **b**) ermüden, ermatten; **2.** / **a**) hart mitnehmen, quälen, plagen; °**b**) unaufhörlich antreiben; °**c**) bestürmen, mürbe machen [*precibus*].

fāti-loqua, *ae f* (*fātum, loquor*) Wahrsagerin.

fatim *acc. zu *fatis, is f* Erschöpfung; *s. affatim.*

fātīscō, — — *u.* **-or,** — 3 (*fatīgō*) Risse bekommen, bersten; sich öffnen [*ianua*]; / erschlaffen.

fatuitās, *ātis f* (*fatuus*) Albernheit.

fātum, *ī n* (*for*) **1. a**) Götterspruch, Weissagung; °**b**) Götterwille; **2.** Schicksal, Weltordnung; **3.** Schicksal (*des einzelnen od. einer Gemeinschaft*): **a**) Geschick, Verhängnis [*civitatis*]; **b**) Tod; Untergang, Verderben, Unheil; *pl.* Unglücksdämonen; °**4. Fāta,** *ōrum n* Schicksalsgöttinnen, Parzen.

fatuor 1 (*fatuus*) albern schwatzen.

fatuus 3 (*wohl eigtl.* „(vor den Kopf) geschlagen"; *cf. batuō*) albern, einfältig; nüchtern; °*subst.* ~, *ī m* Narr; **-a,** *ae f* Närrin.

faucēs, *ium f* (*im °sg. nur abl. -e*; *et. ungedeutet*) **1.** °**a**) Schlund; Kehle; **b**) / Rachen; **2.** / °**a**) Fressgier; **b**) enger Zugang; Engpass, Schlucht [*Caudinae*]; **c**) Meer-, Landenge; **d**) Höhle, Tiefe [*terrae*].

Faunus, *ī m* (*et. vl. illyrisch, m. Daunus verwandt*; *cf. Lupercus*) *sagenhafter König v. Latium, nach seinem Tode als Feld- u. Waldgott verehrt*; *später = gr. Pān*; *pl. Fauni nackte Walddämonen in Bocksgestalt*; ** Waldschrat.

Faustitās, *ātis f* (*faustus*) *Göttin des Flursegens.*

Faustulus, *ī m Hirt des Amulius, Pflegevater v. Romulus u. Remus.*

faustus 3 (*m. adv.*; ⟨**faves-tos*; *faveō*) von guter Vorbedeutung, beglückend, gesegnet; *Eingangsformel quod bonum, faustum, felix, fortunatumque sit* möge es gut, günstig, glücklich u. gedeihlich sein; ♀ *röm. cogn.*: *L. Cornelius Sulla F., Sohn des Diktators.*

fautor, *ōris m* (*faveō*) Gönner, Beschützer; °Beifallklatscher.

fautrīx, *īcis f* (*fautor*) Gönnerin, Beschützerin.

faux, *cis f s. faucēs.*

favea, *ae f* (*faveō*) Lieblingssklavin.

faveō, *fāvī, fautum* 2 (*cf. ahd.* goumen = „sorgen für") **1. a**) günstig, gewogen, geneigt sein, begünstigen [*hosti*]; °**b**) sich hingeben [*operi*]; °**2.** Beifall klatschen; **3.** (*bei religiösen Handlungen*) *linguā* andächtig schweigen.

favilla, *ae f* (*-ī-?*; ⟨**fovilla*; *foveō*) (glühende) Asche; / Funke, Ursprung [*mali*].

favitor (*altl.*) = *fautor.*

favōnius, *ī m* (⟨**fovōnius*; *foveō*) *der* laue Westwind, Zephyr; Föhn.

favor, *ōris m* (*faveō*) **1.** Gunst; Beifall; °**2.** andächtige Stille, Andacht.

favōrābilis, e (*m. comp., adv.*; *favor*) **1.** (*act.*) einnehmend, gewinnend; **2.** (*pass.*) beliebt, begünstigt.
favus, *ī m* (*et. ungedeutet*) Honigwabe; °Honig.
fax, *facis f* (*cf. facētus*) **1.** Kienspan, Fackel; **2.** **a)** Hochzeitsfackel; Hochzeit; Leichen-, Brandfackel; **b)** / Urheber, Anstifter [*belli*]; **3.** Licht (*der Gestirne*); Sternschnuppe; **4.** / (*oft. pl.*) Glut, Feuer; Qual.
faxim, faxō *s. faciō.*
febrārius = *februārius.*
febricitō 1 (*-brī-?*; *febris*) fiebern.
febricula, *ae f* (*-ī-?*; *dem. v. febris*) leichtes Fieber, Fieberanfall.
febriculōsus 3 (*-ī-?*; *febricula*) fiebrig.
febris, *is f* (*acc. -im, später -em*; *abl. -ī, später -e*; *foveō*) Fieber; ♀ Fiebergöttin.
februa *s. februum.*
februārius 3 (*februus*) zur Reinigung gehörig; *subst.* ♀, *ī m* Reinigungs- u. Sühnemonat, Februar; *adi.* zum Februar gehörig [*mensis*].
februum, *ī, meist pl.* **-a,** *ōrum n* (*urspr. wohl* „Räucherung", *relig. t.t., cf. fīmus, fūmus*) **1.** (*Unheil abwehrendes*) Reinigungs- und Sühnemittel; **2.** Reinigungs- u. Sühnefest (*jährlich im Februar gefeiert*).
fēcunditās, *ātis f* (*fēcundus*) **1.** Fruchtbarkeit; °**2.** ♀ Göttin der Fruchtbarkeit.
fēcundō 1 (*fēcundus*) befruchten.
fēcundus 3 (*m. comp., °sup., °adv.*; *cf. fē-līx*) **1.** fruchtbar [*terra*]; **2.** / **a)** ergiebig, reich [*segetes*]; **b)** reichlich, üppig; °**3.** befruchtend.
fel, *fellis n* (*cf. nhd.* „Galle") **1.** Gallenblase, Galle; °**2.** Galle der Schlange, Schlangengift; °**3.** / Bitterkeit, Zorn, Gehässigkeit.
fēlēs *u.* **-lis,** *is f* (*Lw. aus einer unbekannten Sprache, vl. des Alpengebietes*) Katze; °/ Räuber.
felicātus 3 = *filicātus.*
fēlīcitās, *ātis f* (*fēlīx*) °**1.** Fruchtbarkeit; **2.** / Glück, Gedeihen, Segen, Erfolg; ♀ Göttin des Glücks.
fēlīx¹, *īcis* (*m. comp., sup., adv.*; *altes Wort der Sakral- u. Bauernsprache*; *eigtl.* „säugend"; *fēlō* 1 „säugen"; *cf. fēmina, fīlius*) °**1.** fruchtbar, ergiebig; **2.** / **a)** (*pass.*) glücklich, gesegnet, erfolgreich; ♀ *cogn.* [*Sulla*]; reich; **b)** (*act.*) Glück bringend; günstig; gnädig; labend [*poma*]; *adv. -iter* Glückauf!
felix² = *filix.*
fēl(l)ātor, *ōris m* (*fēl[l]ō*) *qui penem lambit.*
fēl(l)ō 1 (*cf. fēmina, fīlius*) saugen [(= *penem lambo*).
Felsina, *ae f alter Name v. Bonōnia.*
fēmella, *ae f* (*dem. v. fēmina*) Weibchen, Frauenzimmerchen.
fēmina, *ae f* (*eigtl. wohl* „*die* Säugende"; *fēlō* 1 „säugen") **1.** **a)** Weib; **b)** Weibchen [*anguis* ~]; °**2.** (*Schimpfwort*) weibischer Mensch; °**3.** (*gramm. t.t.*) *das* weibliche Geschlecht.
feminālia, *ium n* (*femin(is)*; *s. femur*) Binden um die Oberschenkel; Unterhosen.
fēmineus 3 (*fēmina*) Weiber...; weibisch.
fēminīnus 3 (*fēmina*) (*gramm. t.t.*) weiblich [genus].
****femorale,** *is u. pl.* **-ia,** *ium n* Hose.
femur, *minis u.* (*seit Cicero*) *moris n* (*et. ungedeutet*) Oberschenkel.
fēnebris, e (*fēnus*) Zinsen...; *pecunia* auf Zins ausgeliehen.
fēnerātiō, *ōnis f* (*fēnerō*) Wucher.
fēnerātō *adv.* (*fēnerātus, P.P.P. v. fēnerō*) mit Wucherzinsen; / zum großen Schaden *jds.*
fēnerātor, *ōris m* (*fēnerō*) Geldverleiher, Kapitalist; Wucherer.
fēnerō *u.* **-or** 1 (*fēnus*) **1.** auf Zinsen ausleihen [*pecuniam binis centesimis* zu 2% mtl. = 24% jährl.]; **2.** Wucher treiben; °**3.** / **a)** Zinsen bringen, reichlich ersetzen; **b)** wuchern *mit* [*beneficium*].
fenestella, *ae f* (*dem. v. fenestra*) Fensterchen; ♀ *kleines Tor in Rom.*
fenestra, *ae f* (*altl. fēstra, wahrsch. etr. Fw.*) **1.** Maueröffnung, Luke, Fenster (*mit Gittern od. Läden, dann mit Marienglas, erst in der Kaiserzeit mit Glas verschlossen*); **2.** Loch, Öffnung; Schießscharte.
fēneus 3 (*fēnum*) aus Heu; *kl. nur* / *homines -i* Strohmänner.
fēniculārius 3 (*fēniculum*) Fenchel...; ♀ *campus* Spanien.
fēniculum, *ī n* (*fēnum*) Fenchel.
fēnīlia, *ium n* (*fēnum*) Heuboden.
fēnum, *ī n* (*et. unklar*) Heu.
fēnus, *oris n* (*zu fē-līx*) **1.** Zinsen; **2.** / **a)** Wucher(geschäft); °**b)** Schuldenlast; °**c)** (auf Zinsen ausgeliehenes) Kapital.
fēnusculum, *ī n* (*dem. v. fēnus*) hübsche Zinsen.

fera, *ae f s. ferus.*
fērālis, e (*vl. eigtl.* „den Seelen gehörig“; *cf. mhd.* getwas „Gespenst“) °**1.** Toten..., Leichen...; °**2.** todbringend, verderblich [*dona*]; **3.** *subst.* **ᵔlia,** *ium n* Totenfest (*am 21. Febr., dem Schlusstag der dies parentales*).
ferāx, *ācis* (*m. comp., sup.,* °*adv.; ferō*) fruchtbar, ergiebig.
ferbuī *s. ferveō.*
fer(i)culum, *ī n* (*ferō*) **1.** Traggestell; °**2.** Auftragebrett, Tablett; / Gang, Gericht.
ferē *adv.* (*altl. auch -ĕ cf. firmus*) **1.** fast, beinahe, ungefähr; *nemo* ~ so leicht niemand; **2.** in der Regel, meistens; *non* ~ selten.
ferentāriī, *ōrum m* (*wohl v.* **ferēns, Aoristpart. v. feriō; cf. parēns*) **1.** (*leicht bewaffnete, nicht berittene*) Wurfschützen; Plänkler; **2.** *sg.* **a)** (*coll.*) = *pl.*; **b)** (*scherzh.*) Helfer in der Not.
Feretrius, *ī m* (*wohl* „Schleuderer (*des Blitzes*)“; *cf. ferentāriī*) *Beiname Jupiters.*
feretrum, *ī n* (*ferō*) Trage; Totenbahre.
fēriae, *ārum f* (*altl. fēsiae; cf. fēstus, fānum*) **1.** Ruhe-, Feiertage; °**2.** (*scherzh.*) Fasten; °**3.** Ruhe, Frieden; ** *sg.* Wochentag, *z.B. secunda* Montag.
fēriātus 3 (*part. pf. v. fērior* 1 „feiern, müßig sein“) **1.** feiernd, müßig; frei [*a negotiis*]; °**2.** festlich [*dies*].
ferīculum *s. ferculum.*
ferīnus 3 (*ferus*) von *u.* an wilden Tieren; *caedes -a* Weidwerk; *subst.* **-a,** ae *f* Wildbret.
feriō, — — 4 (*pf. u. Sup. ersetzt durch īcī, ictum v. īcō od. percussī, percussum v. percutiō; altl. impf. ferībant; cf. forō* 1; *nhd.* „bohren“) **1. a)** schlagen, hauen, stoßen; **b)** treffen, berühren [°*sidera* reichen *bis zu*]; **2. a)** erlegen, töten, schlachten; / *foedus ferire* (*unter Schlachtung eines Opfertieres*) ein Bündnis schließen; **b)** hinrichten; °**3.** / prellen, täuschen.
feritās, *ātis f* (*ferus*) Wildheit, Rohheit.
fermē *adv.* (⟨**ferimē, sup. v. ferē*) = *ferē.*
fermentum, *ī n* (*cf. ferveō; nhd.* „Bärme“ = Bierhefe) **1. a)** Gärung; **b)** / Erbitterung, Wut; **2. a)** Gärungsmittel, Sauerteig, Ferment; **b)** gegorenes Getränk, Malzbier; Malz; ** / Sauerteig.
ferō, *tulī, lātum, ferre* (*synk.: fers, fert, fertis; fer, ferte; fertō(te); ferris; ferrem u. ferrer usw.; altl. pf. auch tetulī; cf. nhd.* „gebären, Bahre“; *pf. v. altl. tulō; cf. tollō; Sup.* ⟨**tlātum*) tragen: **I.** tragen: **1. a)** auf, an, in, bei sich tragen; *arma* ~ *contra* (°*in,* °*adversus,* °*pro*) kämpfen; *arma ferre posse* waffenfähig sein; °*signa* (*tela*) ~ *in* [*hostem*] angreifen; °*ventrem* schwanger sein; **b)** (*tragend*) hervorbringen, erzeugen [*terra fruges;* °/ *aetas oratorem*]; **c)** / tragen, führen [*nomen*]; *prae se ferre* (vor sich her) zur Schau tragen, offen zeigen [*vitam beatam*]; °*personam* ~ eine Rolle spielen; **d)** ertragen, erdulden, aushalten [*molestias*]; *non, vix ferendus* unerträglich; **e)** (*m. adv.*) *aegre, moleste, graviter* ~ unwillig sein, sich ärgern; **2.** umhertragen: **a)** (*mündl. od. schriftl.*) verbreiten, überall erzählen; **b)** rühmen, preisen [*summis laudibus*]; **c)** allgemein nennen, ausgeben *für* [*se vindicem*]; P. in aller Leute Händen, in aller Munde sein [*libri, responsa*]; **d)** *ferunt* (*mit a.c.i.*), *fertur, feruntur* (*mit n.c.i.*) man sagt, man erzählt; *fama fert* es geht das Gerücht; **3.** forttragen: **a)** forttragen, wegschaffen, mitnehmen; hinwegraffen, rauben, wegnehmen; °*ferre et agere* rauben und plündern; **b)** davontragen, erhalten, erlangen, ernten, gewinnen [*fructum laboris*]; *centuriam* ~ die Stimmen der Z. bekommen; *repulsam* ~ durchfallen; **II.** bringen: **1. a)** herbei-, hin-, überbringen [*auxilium*]; °*alci complexum* ~ *jd.* umarmen; **b)** darbringen, entrichten, weihen [*vectigalia*]; **c)** erweisen [°*suprema cineri* die letzten Ehren]; verursachen [*luctum*]; **2.** hinterbringen, melden, berichten [°*responsa*]; **3. a)** antragen, anbieten; **b)** (*politischer bzw. jur. t.t.*) seine Stimme abgeben [*suffragium in der Volksversammlung, sententiam als Richter*]; einbringen, beantragen, vorschlagen [*legem, rogationem ad populum; iudicem*]; **4.** (*mit abstr. Subjekt*) mit sich bringen, erfordern, verlangen, gestatten [*tempus hoc*

fert]; (*abs.*) [*ut mea fert opinio*]; **5.** ins Rechnungsbuch eintragen, verbuchen [*acceptum et expensum*]; **III.** (*tragend*) in Bewegung setzen: **1. a)** rasch dahintragen, -treiben, fort-, hinreißen; °**b)** *pedem* ~ gehen; *pedem retro* ~ zurückgehen; *gradus ingentes* ~ große Schritte machen; *caelo supinas manus* ~ die Hände zum Himmel erheben; **c)** *se ferre u. mediopass.* sich rasch bewegen, dahineilen, sich stürzen, fortstürmen (fahren, fliegen, strömen, steigen, sich erheben, sich schwingen *u.ä.*); °*equo ferri* reiten; °*penna ferri* fliegen; *Rhenus fertur per fines* strömt durch das Land; **2.** / führen, fortreißen [°*gloria*]; erheben [*alqm ad caelum*]; *se ferre u. mediopass.* sich hinreißen lassen [*crudelitate*]; **3.** (*abs.*) **a)** führen [*via fert Romam*]; °**b)** / *animus fert* treibt (mich) [*dicere*].

ferōcia, *ae f* (*ferōx*) **1.** Unerschrockenheit; **2.** Wildheit, Trotz.

ferōcitās, *ātis f* (*ferōx*) = *ferōcia.*

Fērōnia, *ae f* (-ĕ- *in gr. Umschrift, wohl infolge falscher Et.*) *altitalische Erd- u. Totengöttin, urspr. etr. Gentilgottheit.*

ferōx, *ōcis* (*m. comp.,* °*sup., adv.*; *wohl ferus* + *-ōx*; *cf. oculus, atr-ōx*) **1.** wild, trotzig; °**2.** mutig, unerschrocken.

ferrāmentum, *ī n* (*ferrum*) eisernes Werkzeug.

ferrārius 3 (*ferrum*) zum Eisen gehörig, Eisen...; *subst.* °~, *ī m* Schmied; **-a,** *ae f* Eisenbergwerk.

ferrātilis, e (*ferrum*) mit Eisen versehen, gefesselt.

ferrātus 3 (*ferrum*) **1.** mit Eisen beschlagen; gefesselt; geharnischt; **2.** eisenhaltig; **3.** eisern; *subst.* ~, *ī m* Geharnischter.

ferreus 3 (*ferrum*) **1.** eisern; **2.** / °**a)** fest, stark, unerschütterlich; **b)** hart, gefühllos, grausam, frech; °*proles -a* eisernes Zeitalter.

ferri-crepīnus 3 (*-pī?*; *ferrum, crepō*) eisenklirrend; (*scherzh.*) *insulae -ae* Gefängnis.

ferri-terium, *ī n* (*ferrum, terō*) (*scherzh.*) = *ergastulum.*

ferri-terus 3 (*ferrum, terō*), **ferri-trībāx,** *ācis* (*-trī?*; *ferrum* + *gr. Fw.* „reibe") *der* „Eisen abscheuernde" (= *der* gefesselte Sklave).

ferrūgin(e)us 3 (*ferrūgō*) eisengrau, stahlblau, dunkel(farbig).

ferrūgō, *inis f* (*ferrum*; *cf. aer-ūgō*) Eisenrost; dunkle Farbe.

ferrum, *ī n* (*Lw. aus vorderasiatischer Sprache, wohl durch etr. Vermittlung*) **1.** Eisen; °**2.** eisernes Gerät: Beil, Messer, Schere, Pflug (-schar), Ketten; **3.** eiserne Waffe: Schwert, Dolch, Panzer *u. ä.*; *ferro ignique* mit Feuer und Schwert; **4.** / **a)** Waffengewalt; °**b)** Gefühllosigkeit; °**c)** eisernes Zeitalter.

fer(r)ūminō 1 (*fer[r]ūmen* „Bindemittel, Kitt"; *cf. con-fervē-faciō*) zusammenkitten, -leimen, -löten; / *labra in labris.*

fertilis, e (*m.* °*comp., sup.,* °*adv.*; *ferō*) **1.** tragfähig [*ager*]; fruchtbar, ergiebig; °**2.** befruchtend, Segen spendend.

fertilitās, *ātis f* (*fertilis*) Fruchtbarkeit.

ferula, *ae f* (*et. ungedeutet*) Pfriemenkraut; Gerte, Stange; Stock (*als Stütze od. Züchtigungsmittel*); **Rute; *pontificalis* Bischofsstab.

ferus 3 (*cf. nhd.* „Tier") **1.** wild, ungezähmt; **2.** wild wachsend; °**3.** wild, öde; **4.** / roh, hart, gefühllos, grausam; *subst.* °~, *ī m u.* **-a,** *ae f* (wildes) Tier, Wild.

fervē-faciō, *fēcī, factum* 3 (*auch -ĕ-*; *ferveō*) heiß machen.

fervēns, *entis* (*m. comp., sup., adv.*; *part. praes. act. v. ferveō*) = *fervidus.*

ferveō, *ferbuī,* — 2 *u.* (*vkl., dcht.*)

fervō, *vī,* — 3 (*ferveō Neubildung nach caleō*; *cf. fermentum*) **1.** (*kl. nur -ēns*; *s. d.*) sieden, kochen; °**2.** (auf)wallen, brausen; toben; °**3. a)** glühen, brennen [*avaritiā*]; **b)** hin- und herwogen, wimmeln, schwärmen.

fervēscō, — — 3 (*incoh. v. ferveō*) sich erhitzen.

fervidus 3 (*m. comp.,* °*sup.*; *ferveō*) siedend, brausend; glühend, wallend; / hitzig, heftig; wütend.

fervō 3 *s. ferveō.*

fervor, *ōris m* (*ferveō*) Glut; *das* Wogen; / Leidenschaft.

Fescennīnus 3 *aus der faliskischen St. Fescennia in Etrurien*; *-ī versūs* Spottverse.

fessus 3 (*fatīscor*; *Rückbildung aus dē-fessus zur Vermeidung des Gleichklangs m. fassus, part. pf. v.*

fateor) **1.** (*v. Personen*) matt, müde, erschöpft; °**2.** (*v. Sachen*) morsch, abgenutzt, verbraucht.

festīnanter *adv.* (*m.* °*comp.*; *fēst-?*; *festīnāns*, *part. praes. v. festīnō*) eilends, in Hast.

festīnātiō, *ōnis f* (*-ē-?*; *festīnō*) Eile, Hast; *pl.* eilige Fälle.

festīnātō *adv.* (*-ē-?*; *m. comp.*; *festīnātus*, *P.P.P. v. festīnō*) eilig.

festīnō 1 (*-ē-?*; *cf. cōnfestim*) **1.** (*intr.*) (*plan- u. ziellos*) hasten, sich beeilen; °**2.** (*trans.*) beschleunigen [*iter*]; schleunig vollbringen.

festīnus 3 (*-ē-?*; *Rückbildung aus* [*festīnō*) eilend, hastig.

fēstīvitās, *ātis f* (*fēstīvus*) °**1.** Vergnügen; (*Kosewort*) *mea* ~ meine Wonne; **2.** Heiterkeit, Witz; **3.** Redeschmuck; ** Festlichkeit, feierliche Gelegenheit.

fēstīvus 3 (*m. comp.*, °*sup.*, *adv.*; *fēstus*) °**1.** festlich; **2.** / **a**) heiter, fröhlich; **b**) hübsch, niedlich, fein; **c**) witzig; herzig, gemütlich.

fēstra *s. fenestra.*

festūca, *ae f* (*et. unklar*; *vl. m. ferula verwandt*) °**1. a**) Rute, Halm; **b**) / Stäbchen des Prätors, *m. dem er den Sklaven zum Zeichen der Freilassung schlug*; **2.** Schlegel, Ramme.

fēstus 3 (*cf. fēriae*; *urspr. sakrales Wort*) festlich, feierlich; (*Kosewort*) *meu' festus dies*; °*subst.* **-um,** *ī n* Fest(tag), Feier.

fēteō = *foeteō.*

fētiālis, *is m* (°*fētis*, *altes sakralrechtliches Wort* „Satzung, Vertrag") Kriegsherold; *pl. Fētiālēs*, *ium die* Fetialen (*Kollegium v. 20 Priestern für die Sicherung der völkerrechtlichen Beziehungen des römischen Staates*); *adi.* *-is*, e [*ius*].

fētidus, fētor = *foet...*

fētūra, *ae f* (*fētus*) **1.** Fortpflanzung, Zucht; °**2.** Nachwuchs, Jungvieh.

fētus[1] 3 (*cf. fē-cundus*); °**1.** *-a* schwanger, trächtig; °**2.** *-a* die geboren, die Junge geworfen hat, säugend; *subst.* **-a,** *ae f* Mutter, Muttertier; **3.** / fruchtbar, reich, voll [*frugibus*; *armis*].

fētus[2], *ūs m* (*cf. fētus*[1]) **1. a**) *das* Gebären, Geburt, Erzeugung; °**b**) Wachstum; **2.** Junges: **a**) °*cervae* Kitz; °*suis* Ferkel; *pl.* junge Brut; °*ovium* Lämmer; °**b**) Kind; °**3.** Trieb, Spross; **4.** Frucht, Ertrag; / [°*Musarum*].

****feudalis,** e Lehns... [*bona*].

****feudum,** *ī n* Lehen; Dienst.

fiber, *brī m* (*wohl germ. Lw.*, *eigtl.* „*der* Braune") Biber.

fibra, *ae f* (*cf. fīlum*) **1.** Faser; **2.** Lappen *an den Eingeweiden, bsd. der Leber*; °*pl.* Eingeweide; ** Wurzel [*malorum*]; *pl.* Stimmbände.

fībula, *ae f* (*fīgō*) **1.** Klammer; Bolzen; **2.** Spange; °**3.** (*med. t.t.*) Infibulationsring (*der zur Verhinderung des Beischlafs durch die Vorhaut gezogen wurde*).

fīcēdula, *ae f* (*im Vers auch -ĕ-*; *fīcus*) Feigendrossel (*Grasmückenart*).

fīcētum, *ī n* (*fīcus*) Feigenpflan-[zung; / Feigwarzen.

fīcōsus 3 (*fīcus*) voller Feigwarzen.

fictilis, e (*fingō*) tönern, irden; °*subst.* **-e,** *is n* Tongefäß.

fictiō, *ōnis f* (*fingō*) **1. a**) Bildung, Gestaltung; **b**) (*rhet. t.t.*) Bildung *od.* Umbildung eines Wortes; **2.** Personifikation; **3.** Fiktion.

fictor, *ōris m* (*fingō*) **1.** Bildhauer; **2.** Opferkuchenbäcker; °**3.** / Schöpfer, Urheber; *fandi* Lügenmeister.

fictrīx, *īcis f* (*fictor*) Gestalterin.

fictūra, *ae f* (*fingō*) Bildung; Erdichtung.

fictus (*fingō*) **1.** *adi.* 3 (*m. adv.*) gebildet; / erdichtet, erlogen; heuchlerisch, falsch; **2.** *subst.* °**a**) ~, *ī m* Heuchler; **b**) **-um,** *ī n* Erdichtung, Trug, Lüge, Märchen.

fīcula, *ae f* (*-us, ī f?*; *dem. v. fīcus*) kleine Feige.

fīculnus 3 (*fīcula*) vom Feigenbaum.

fīcus, *ī u. ūs f* (*Lw. aus Mittelmeer- od. kleinasiat. Spr.*) **1.** Feigenbaum; °**2. a**) Feige; **b**) (*scherzh.*) Gesäß; **c**) *m* Feigwarze, Kondylom.

fidei-commissum, *ī n* (*fidēs*; *P.P.P. v. committō*) Fideikommiss (*testamentarische Verfügung, durch die ein Erblasser eine gesetzlich zugelassene Person als Erben in dem Vertrauen einsetzt, dass sie das Erbe einer bestimmten gesetzlich nicht zugelassenen Person übergibt*).

fidēlia, *ae f* (*cf. fiscus*) Tongefäß, [Topf.

fidēlis, e (*m.* °*comp.*, *sup.*, *adv.*; *fidēs*[1]) **1.** (*v. Personen*) treu, zuverlässig; **2.** / (*v. Sachen*) fest, sicher

** rechtgläubig; *subst.* ~, *is m* Christ; Vasall.

fidēlitās, *ātis f* (*fidēlis*) Treue, Zuverlässigkeit; ** Lehnstreue; Treueid.

fīdēns, *entis* (*m.* °*comp.*, °*sup.*, *adv.*; *fīdō*) getrost, zuversichtlich, dreist.

fīdentia, *ae f* (*fīdēns*) Selbstvertrauen, Zuversicht.

fidēs¹, *eī f* (*altl.*: *gen.* -*ēī*, -*ēs*, -*ē*; *dat.* -*ē*; *fīdō*) **1. a**) Glaube, Vertrauen, Zutrauen; *-em habere* Glauben schenken; *-em facere* Glauben finden [*Caesari* bei C.]; *per fidem* treuloserweise [*fallere*]; *cf. per*; **b**) (*geschäftl. t.t.*) Kredit [*homo sine -e*]; *cum fide* auf Kredit; *res fidesque* Kapital, Kredit; **2. a**) Treue, Zuverlässigkeit, Ehrlichkeit; (*ex*) *bonā*, *optimā fide* nach bestem Wissen; ♀ *Göttin der Treue*; **b**) Glaubwürdigkeit; *-em habere* glaublich sein; **3.** Beglaubigung, Bestätigung [°*ad -em rei*]; Erfüllung [°*verba sequitur*]; sicherer Beweis; Gewissheit, Wahrheit; **4. a**) Ehrenwort, Versprechen; *-em conservare* sein Wort halten; *-em fallere* sein Wort brechen; **b**) Schutz, Obhut; °*in -em venire* sich auf Gnade *od.* Ungnade ergeben [*populi Romani*]; **c**) persönliche Sicherheit, freies Geleit [*-em publicam dare*]; ** Bürgschaft; christlicher Glaube, Glaubensbekenntnis.

fidēs², *is f* (*eigtl. „das* Gespannte"; *cf. spissus*) °**1.** *sg.* Darmsaite; **2.** *pl.* Lyra; *fidibus canere* die Laute schlagen; Saitenspiel.

fidi-cen, *inis m* (*fidēs²*, *canō*) Lautenspieler; °/ lyrischer Dichter.

fidicina, *ae f* (*fidicen*) Lautenspielerin.

fidicinius 3 (*fidicen*) *des* Lautenspielers.

fidicula, *ae*, (*meist pl.*) **-ae,** *ārum f* (*dem. v. fidēs²*) **1.** kleine Laute; °**2.** / Folterwerkzeug.

Fidius, *ī m* (*fidēs¹*): *Dĭŭs F.* (*aus dīus² umgebildet*) *Gott der Treue, Schwurgott*; *kl. nur me D.F.* (*sc. iuvet*) so wahr mir Gott helfe; bei Gott!; *cf. dīus²*, *mēdius Fidius.*

fīdō, *fīsus sum* 3 (*vl. m. nhd.* „bitten" *verwandt*) **1.** (ver)trauen [*nemini*, *prudentiā*]; °**2.** wagen [*committere*].

fīdūcia, *ae f* (*v.* **fīd-ūcus*; *fīdō*; *cf. cad-ūcus*) **1. a**) Vertrauen, zuversichtlicher Glaube *an* [*victoriae*]; **b**) Selbstvertrauen, Mut; °**2.** Zuverlässigkeit; **3.** (*jur. t.t.*) **a**) Überlassung (*eines Eigentums*) auf Treu und Glauben (*durch Scheinverkauf*); Verpfändung; **b**) (*durch Scheinverkauf*) anvertrautes Gut; **c**) (*in der Form des Scheinverkaufs gegebene*) hypothekarische Sicherheit; **d**) / Unterpfand.

fīdūciārius 3 (*fīdūcia*) auf Treu und Glauben anvertraut; kommissarisch [*opera* Amt].

fīdus 3 (*m.* °*comp.*, *sup.*, *adv.*; *fīdō*) [= *fidēlis.*]

fīgō, *xī, xum* 3 (*cf. nhd.* „Deich, Teich") **1. a**) (an)heften, fest anschlagen, befestigen; *hominem in cruce* ans Kreuz schlagen; °*oscula* küssen; **b**) / fest einprägen [(*in*) *animo*]; *oculos* die Augen fest richten *auf* [°*in terram*]; / P. fest haften (bleiben); *pf.* feststehen; **2. a**) öffentlich anschlagen [*tabulam immunitatis*]; **b**) (*als Weihgeschenk*) aufhängen [°*arma in postibus*]; **c**) errichten; **3. a**) (hin)einschlagen, -stoßen, -bohren [*mucronem in hoste*]; **b**) durchbohren, treffen.

figularis, e (*figulus*) Töpfer...

figulus, *ī m* (*fingō*) Töpfer; / Schöpfer; ♀ *s. Nigidius.*

figūra, *ae f* (*fingō*) **1.** Bildung, Gestaltung, Beschaffenheit; Art; Gepräge der Stimme; *dicendi* Redeform; **2. a**) äußere Gestalt, Figur, Form; **b**) schöne Gestalt; Schönheit; **3.** / **a**) Gebilde, Bild [*fictilis*]; °**b**) (*rhet. t.t.*) *orationis od. verborum* Redefigur; °**c**) Anspielung; °**d**) (*philos. t.t.*) Urbild, Idee; *pl.* Atome [*Epicuri*]; °**4.** Schemen, Schatten; ** Symbol.

figūrātiō, *ōnis f* (*figūrō*) Gestaltung; Einbildung, Vorstellung.

figūrō 1 (*figūra*) **1.** gestalten, bilden, formen; °**2. a**) mit Redefiguren ausschmücken; **b**) *sibi -are* sich vorstellen.

fīlātim *adv.* (*fīlum*) fadenweise.

filex = *filix.*

fīlia, *ae f* (*dat. u. abl. pl.* -*ābus in der Verbindung filiis filiabusque*; *fīlius*) Tochter.

filicātus 3 (*filix*) mit Farnkrautmuster verziert.

fīliola, *ae f* (*dem. v. fīlia*) Töchterchen; / weibischer Mensch.

fīliolus, *ī m* (*dem. v. fīlius*) Söhnchen.

fīlius, *ī m* (*voc. sg.* (*mī*) *fīlī*; *fēlō* 1 „säugen"; *eigtl.* „Säugling") Sohn; °*fortunae* Glückskind; *pl.* Kinder.

filix, *icis f* (*et. ungedeutet*) Farnkraut. [Filter.}

****filtrum,** *i n* Matratze; Filz;}

fīlum, *ī n* (*cf. fibra*) **1. a**) Faden, Garn; °**b**) Staubfaden; °**c**) Lebensfaden; °**d**) Gewebe; °**2.** Saite; **3.** / Art, Form, Manier [*orationis*].

fimbria, *ae f* (*et. nicht klar*) Franse, Troddel; *pl.* Gekräusel [*cincinnorum*]; ** Besatz.

fimbriātus 3 (*fimbria*) mit Fransen.

fimus, *ī m u.* **-um,** *ī n* (*cf. foeteō*; *suf-fiō*) Dünger, Mist, Kot; / Schmutz.

****finalis,** e endgültig.

findō, *fidī, fissum* 3 (*cf. nhd.* „beißen; bitter") **1.** spalten, durchschneiden; durchströmen, -fliegen; **2. a**) *se -ere u. mediopass.* sich spalten; °**b**) bersten.

fingō, *fīnxī, fictum* 3 (*altl. auch fīnctum*; *cf. nhd.* „Teig") °**1.** streicheln; **2. a**) bilden, formen, gestalten; **b**) (*künstlerisch*) schaffen, darstellen; *ars fingendi* Bildhauerkunst; bauen; °**c**) (*das Haar*) ordnen, frisieren; **d**) zurechtmachen, einrichten; *se -ere* sich richten *nach* [*ad arbitrium patris*]; **e**) ausbilden, dressieren; neu schaffen [*vitam*]; **3. a**) sich denken, vorstellen [*animo imaginem*]; **b**) ersinnen, erdichten; vorgeben.

fīniēns, *entis m* (*fīniō*) Gesichtskreis, Horizont.

fīniō 4 (*fīnis*) **I.** (*trans.*) **1. a**) be-, abgrenzen; **b**) ein-, beschränken [°*censuram*]; **c**) festsetzen, bestimmen; °**d**) (*philos. t.t.*) definieren; **2. a**) beenden [*bellum*]; P. aufhören; **b**) (*rhet. t.t.*) periodisch abschließen, abrunden; °**II.** (*intr.*) enden; zu reden aufhören; sterben.

fīnis, *is m, selten f* (*abl. sg. auch -ī*; ⟨**fīg-snis, eigtl. wohl* „festgesteckter Grenzpfahl"; *fīgō*) **1. a**) Grenze, Grenzlinie; °*fine* bis an [*genūs*]; *pl.* Gebiet, Land [*Germanorum*]; Grundbesitz; / **b**) Einschränkung, Maß und Ziel [*naturae humanae*]; **c**) Ziel; Zweck; Absicht; °**d**) Erklärung, Definition; **e**) Äußerstes, Höchstes, Gipfel; *bonorum* höchstes Gut; **2. a**) Ausgang, Schluss; *finem facere* ein Ende machen [*orationi u. orationi*]; °**b**) Lebensende, Tod; ** Schlussgesang. [mäßig.}

fīnītē *adv.* (*fīnītus, P.P.P. v. fīniō*)}

fīnitimus 3 (*fīnis*) **1.** angrenzend, benachbart [*mari*]; *subst.* **-ī,** *ōrum m* Grenznachbarn; **2.** nahe stehend, verwandt. [finition.}

fīnītiō, *ōnis f* (*fīniō*) Erklärung, De-}

fīnītīvus 3 (*fīnītus, P.P.P. v. fīniō*) auf Bestimmung, Erklärung beruhend.

fīnītor, *ōris m* (*fīniō*) **1.** Feldmesser; °**2.** Horizont.

fīnitumus = *fīnitimus.*

fīō, *factus sum, fierī u. fīerī* (*altl. imp. fī, fīte*; *cf. fuī*; *gr. Fw. physi...*) werden: **1. a**) entstehen; erzeugt, geboren, geschaffen werden [°*fragor*; *proelium*]; werden [*dominus*; *dives*; *palam*]; Eigentum werden [*domus patris, tua*]; **b**) geschehen, sich ereignen, stattfinden, eintreten [*clamor*]; *quid* (*de*) *me* (°*mihi*) *fiet?* was wird aus mir werden?; *fit, ut* es geschieht, dass ...; *fieri potest, ut* möglicherweise; *fieri non potest, quin* notwendigerweise, durchaus; **2.** (*als* P. *v. faciō*) **a**) gemacht, getan, bewirkt *usw.* werden [*insidiae*]; **b**) gemacht, ernannt werden *zu* [*Cicero consul*]; **c**) geschätzt werden [*magni, plurimi u. ä.*]; **d**) (*meist impers.*) geopfert werden [*pro populo*; °*unā hostiā* nur ein Tier].

firmāmen, *inis n* (*-ī-?*; *firmō*) Stütze.

firmāmentum, *ī n* (*-ī-?*; *firmō*) Befestigungsmittel, Stütze; / Stärke [*imperii*]; Verstärkung; Hauptpunkt; ** (*caeli*) Himmelsgewölbe.

firmātor, *ōris m* (*-ī-?*; *firmō*) Befestiger.

firmitās, *ātis u.* **-tūdō,** *inis f* (*fīrm-?*; *firmus*) Festigkeit, Stärke / Standhaftigkeit, Ausdauer.

firmiter *s. firmus.*

firmō 1 (*-ī-?*; *firmus*) **1.** befestigen, dauerhaft machen, sichern [*turres praesidiis*]; **2.** / **a**) stärken, sichern [°*pacem*]; °*gradum* festen Fuß fassen; °*subsidium* eine starke Nachhut aufstellen; **b**) stärken, kräftigen [*corpus*]; **c**) ermutigen [*animum*]; **d**) (*eine Behauptung*) bekräftigen, bestätigen [*iure iurando*] **e**) beweisen; ** abschließen [*pactum*]; bestätigen; (*m. a.c.i.*) fest behaupten.

firmus 3 (*m. comp., sup.*; -ī-?; *eigtl.* „gestützt"; *cf. ferē, fermē, frētus*) fest, stark, kräftig; / dauerhaft; standhaft, beharrlich; zuverlässig, treu, sicher; *adv.* **-ē** *u.* **-iter.**

fiscālis, e (*fiscus*) zur Staatskasse gehörig.

fiscella, *ae f* (*dem. v. fiscus*) Körbchen; Käseform.

fiscina, *ae f* (*fiscus*) Korb.

fiscus, *ī m* (*cf. fidēlia*) **1.** geflochtener Korb, *bsd.* Geldkorb, Kasse; **2.** Staatskasse; °**3.** kaiserliche Privatkasse, Fiskus; ** Lehen, königliche Domäne.

fissilis, e (*findō*) spaltbar; gespalten, geschlagen.

fissiō, *ōnis f* (*findō*) *das* Spalten, Zerteilen.

fissum, *ī n* (*fissus, P.P.P. v. findō*) Spalt, Einschnitt.

fistūca, *ae f* = *festūca*; ** Splitter.

fistula, *ae f* (*et. nicht geklärt*) **1.** Röhre, *bsd.* Wasserleitungsrohr; **2.** *aus einem hohlen Rohrstengel hergestellter Gegenstand, bsd.* Hirtenpfeife, -flöte; °**3.** (*med. t.t.*) Fistel.

fistulātor, *ōris m* (*fistulō*) Pfeifer (*der dem Redner die Tonhöhe angab*).

fistulātus 3 (*fistulō*) mit Röhren, hohl.

fistulōsus 3 (*fistula*) porös.

fitilla, *ae f* (*wohl Dialektwort, cf. fingō, fictor*) Opferbrei.

fixus 3 (*fīgō*) bleibend, unabänderlich.

flābelli-fera, *ae f* (*flābellum, ferō*) Fächerträgerin.

flābellulum, *ī n* (*dem. v. flābellum*) kleiner Fächer.

flābellum, *ī n* (*dem. v. flābrum*) Fächer, Wedel; *kl. nur* /.

flābilis, e (*flō*) luftförmig, luftig.

flābrum, *ī n* (*flō*) *meist pl. das* Wehen (*des Windes*).

flacceō, — — 2 (*flaccus*) °**1.** welk sein; **2.** / keinen Mut haben.

flaccēscō, — — 3 (*incoh. v. flacceō*) ermatten.

flaccidus 3 (*m.* °*comp.*; *flaccus*) matt, kraftlos.

flaccus (*et. nicht klar*) °**1.** *adi.* 3 schlaff; **2.** *subst.* ~, *ī m* Schlappohr; ♀ *röm. cogn.*; *cf. Horātius* 3.

flagellō 1 (*flagellum*) peitschen, schlagen; / wohl verwahren.

flagellum, *ī n* (*dem. v. flagrum*) **1.** Peitsche, Geißel; °**2.** / **a**) Wurfriemen (*am Wurfspieß*); **b**) Ranke; **c**) Fangarm (*eines Polypen*).

flāgitātiō, *ōnis f* (*flāgitō*) Forderung, Mahnung.

flāgitātor, *ōris m* (*flāgitō*) Forderer, Mahner.

flāgitiōsus 3 (*m.* °*comp., sup., adv.*; *flāgitium*) schändlich, schmählich, schmachvoll.

flāgitium, *ī n* (*urspr. als t.t. der Militärjustiz* „Ausprügelung" *u. als Ausdruck der Volksjustiz* „öffentliche (*nächtliche*) Beschimpfung"; *cf. flagrum*) **1. a**) Schandtat; **b**) schimpfliche Behauptung; **2.** Schande, Schimpf; °**3.** Schandbube.

flāgitō 1 (*urspr.* „ausprügeln; öffentlich ausschimpfen"; *cf. flāgitium*) °**1.** öffentlich ausrufen lassen; **2.** dringend erfordern [*res ipsa severitatem*]; dringend fordern, ungestüm verlangen [*Aeduos frumentum*]; **3.** zu wissen verlangen; °**4.** vor Gericht fordern; °**5.** die Auslieferung verlangen [*ministros in tormenta*]; ** anflehen.

flagrāns, *antis* (*m* °*comp., sup., adv.*; *flagrō*) °**1.** brennend; flammend; **2.** / °**a**) leuchtend, funkelnd; **b**) heftig, leidenschaftlich.

flagrantia, *ae f* (*flagrō*) **1.** Glut; °**2.** (*Schimpfwort*) *flagitii* Schandbube.

flagri-trība, *ae m* (-trī-?; *flagrum* + *gr. Fw.* „reibe") (*scherzh.*) „Geißelreiber", geprügelter Sklave.

flagrō 1 (*cf. nhd.* „blaken") brennen, lodern; / °glänzen; glühen *von.*

flagrum, *ī n* (*cf. altnordisch* blak „Schlag") Peitsche, Knute.

flāmen[1], *inis n* (*flō*) *das* Wehen, Blasen; Hauch, Wind; Flötenton.

flāmen[2], *inis m* (*cf. gotisch* blōtan „opfern, verehren") Priester *eines bestimmten Gottes,* Flamen (*3 maiores* [*cf. Diālis, Mārtiālis, Quirīnālis*] *aus patriz. u. 12 minores aus pleb. Geschlechtern für geringere Gottheiten, auch verehrte Kaiser*).

flāminica, *ae f* (*sc. uxor*; *flāmen*[2]) Gattin des Flamen, *bsd. des Diālis.*

Flāminīnus *s. Quīnctius.*

flāminium *u.* **-**°**mōnium,** *ī n* (*aus *flāmi[ni]mōnium haplologisch gekürzt*; *flāmen*[2]) Amt eines Flamen.

Flāminius 3 *Name einer pleb. gens*: *C.* ~, *Erbauer der via -a, fiel 217 am Trasimenischen See.*

flamma, *ae f* (*altl. gen. -āī*; *flagrō*) **1.** Flamme, Feuer; **2.** Fackel; **3.** Blitz, Stern, Hitze, Glut, Licht, Glanz; **4.** / **a**) Feuer, Glut, Hitze; °Liebesglut; °**b**) Geliebte; **c**) Verderben.

flamm(e)ārius, *ī m* (*flammeum*) Weber von Brautschleiern.
flammeolum, *ī n* (*dem. v. flammeum*) kleiner Brautschleier.
flammēscō, — — 3 (*incoh. v. flamma*) feurig werden.
flammeus 3 (*flamma*) flammend, feurig; *subst.* °**-um,** *ī n der* (feuerrote) Brautschleier.
flammi-fer, *era, erum* (*flamma, ferō*) Flammen tragend, brennend; leuchtend.
flammō 1 (*flamma*) **1.** (*intr.*; *nur part. praes. act.*) brennen, lodern; **2.** (*trans.*) anzünden; verbrennen; / entflammen, erhitzen.
flammula, *ae f* (*dem. v. flamma*) Flämmchen.
flāmōnium, *ī n s. flāminium.*
****flasco,** *onis m* Weinflasche.
flātus, *ūs m* (*flō*) °**1. a**) *das* Blasen *des Windes*; Wind; *kl. nur* /; **b**) (lautlose) Blähung; °**2. a**) Hauch; **b**) Schnauben; **c**) Flötenspiel; °**3.** (*meist pl.*) Aufgeblasenheit.
flāveō, — — 2 (*flāvus*) goldgelb sein; (*part. praes.*) *adi.* **flāvēns,** *entis* = *flāvus.* [goldgelb, blond werden.]
flāvēscō, — — 3 (*incoh. v. flāveō*)
Flāvius 3 *Name einer* (*urspr. sabinischen*) *gens*: **1.** *Cn.* ~, *Sekretär des Appius Claudius*; *cf. fāstus*²; **2.** *T.* ~ *Vespasiānus, Kaiser 69-79*; **3.** *gleichnamiger Sohn v. 2, Titus, Kaiser 79-81*; **4.** *T.* ~ *Domitiānus, Bruder v. 3, Kaiser 81-96*; *adi.* *-i(ān)us* 3.
flāvus 3 (*cf. flōrus*; *nhd.* „blau") goldgelb, rotgelb; blond; *color* helle Hautfarbe; *subst.* ~, *ī m* Gold-denar; *cf. aureus.*
flēbilis, *e* (*m.* °*comp.*, *adv.*; *fleō*) **1.** (*pass.*) beweinenswert; **2.** (*act.*) weinend, klagend, kläglich.
flectō, *exī, exum* 3 (*et. ungedeutet*) **1.** (*trans.*) **a**) biegen, beugen; umsegeln [*promunturium*]; / umstimmen [*ad deditionem*]; rühren; **b**) lenken, richten [*iter ad urbem*]; **c**) (ver)ändern [°*iter* Marschrichtung]; modulieren [*vocem*]; °**d**) beziehen *auf* [*versūs in Tiberium*]; °**2.** (*intr.*) umkehren, marschieren, ziehen; / [*in ambitionem*]; (*P.P.P.*) *adi.* **flexus** 3 °**1.** gebogen, gewunden; **2.** / zitternd. [Krampfadern.]
flēmina, *um n* (*wohl gr. Lw.*)
fleō, *ēvī, ētum* 2 (°*synk. Formen*: *pf. flēstī, flērunt, flēsse*; *cf. nhd.* „blöken") **1.** (*intr.*) weinen [*de supplicio*]; aufwiehern; **2.** (*trans.*; *kl. selten*) beweinen, beklagen.
flētus, *ūs m* (*fleō*) *das* Weinen, Wehklagen; Rührung; Tränenstrom.
flex-animus 3 (*flectō, animus*) herzrührend.
flexibilis, *e* (*flectō*) biegsam, geschmeidig; / unbeständig.
flexilis, *e* (*flectō*) biegsam.
flexi-loquus 3 (*flectō, loquor*) dunkel redend [*oraculum*].
flexiō, *ōnis f* (*flectō*) Biegung; / Ausflüchte; Modulation.
flexi-pēs, *edis* (*flexus*) sich rankend.
flexuōsus 3 (*m.* °*sup.*, °*adv.*; *flexus*²) voll Krümmungen.
flexūra, *ae f* (*flectō*) Krümmung.
flexus¹ 3 *s. flectō.*
flexus², *ūs m* (*flectō*) **1. a**) Biegung, Krümmung, Windung; °**b**) Seitenwendung; **c**) Seiten-, Umweg; °**d**) (*rhet. t.t.*) Abschweifung *v. einfachen Thema*; °**e**) Modulation; **2. a**) Wendung, Wandlung [*rerum publicarum* in der Verfassung]; **b**) Wendepunkt; Neige; °**c**) (*gramm. t.t.*) Flexion, Flexionsform.
flīctus, *ūs m* (*flīgō*) *das* Anschlagen, Anprall.
flīgō, — — 3 (*eigtl.* „drücken, quetschen") (an)schlagen.
flō 1 (*cf. nhd.* „blähen") **1.** (*intr.*) blasen, wehen; °ertönen; **2.** (*trans.*) °**a**) (hervor)blasen [*flammam*; *tibiam*]; **b**) herwehen [*pulverem*]; **3.** (*Geld*) gießen, prägen.
floccus, *ī m* (*cf. nhd.* „Blahe") °**1.** Flocke, Faser; **2.** / Kleinigkeit; *non flocci facio* ich kümmere mich nicht darum.
Flōra, *ae f* (*flōs*; *cf. Chlōris*); (*vl. urspr. sabinische*) Blumengöttin; *adi.* *-ālis, e* [*sacrum* = *Flōrālia*]; *subst.* **-ālia,** *ium u. iōrum n* Florafest (*28. 4.-3. 5.*); *adi.* *-ālicius* 3.
flōrēns, *entis* (*m. comp., sup.*; *flōreō*) **1.** blühend; **2.** / jugendlich blühend; glänzend ausgestattet *mit* [*ingenio*]; mächtig, angesehen, einflussreich; glücklich; blumenreich.
****florenus,** *i m* Gulden.
flōreō, *uī,* — 2 (*flōs*) **1.** blühen, in Blüte stehen; °schäumen **2.** / °**a**) glänzen, prangen; **b**) angesehen, mächtig, in glänzenden Verhältnissen sein; sich hervortun.

flōrēscō, — — 3 (*incoh. v. flōreō*) auf-, erblühen.
flōreus 3 (*flōs*) aus Blumen; blumenreich.
flōridulus 3 (*dem. v. flōridus*) lieblich, blühend.
flōridus 3 (*m. comp.*, °*adv.*; *flōs*) °**1.** blühend; / [*puella*]; blumig; **2.** aus Blumen.
flōri-fer, *era, erum* (*flōs, ferō*) Blumen tragend.
flōri-legus 3 (*flōs, legō*) Blütenstaub, Honig sammelnd [*apes*].
flōrus 3 (*flāvus*; *flōs*?) blond (*od.* blühend, glänzend?).
flōs, *ōris m* (*cf. mhd.* „bluost", *nhd.* „Blüte") **1. a**) Blüte, Blume; °**b**) Blütenstaub, Honig; **2.** / **a**) Glanzzeit; **b**) junge Mannschaft, Kern; bester Teil; **c**) Glanz, Schmuck, Zier(de), Kleinod; °**d**) Flaum; (*vom jungen Mädchen*) Unberührtheit.
flōsculus, *ī m* (*dem. v. flōs*) **1.** Blümlein, Blütchen; °**2.** / Zierde, zierliche Redensart; Sentenz.
flūcti-fragus 3 (*-ŭct-?*; *flūctus, frangō*) Wellen brechend.
flūcti-ger, *era, erum* (*-ŭct-?*; *flūctus, gerō*) Wellen ertragend.
flūcti-sonus 3 (*-ŭct-?*; *flūctus, sonō*) wellenrauschend.
flūctuātiō, *ōnis f* (*-ŭct-?*; *flūctus*) unruhige Bewegung; / Schwanken, Unentschlossenheit.
flūctuō *u.* **-or** 1 (*-ŭct-?*; *flūctus*) °**1.** wogen, wallen; **2.** in der See treiben; **3.** / °**a**) aufbrausen; **b**) unschlüssig sein.
flūctuōsus 3 (*-ŭct-?*; *flūctus*) wogend, stürmisch.
flūctus, *ūs m* (*-ŭct-?*; *fluō*) Strömung, Woge, Flut; / *pl.* Unruhe.
fluēns, *entis* (*m.* °*adv.*; *fluō*) (dahin-) fließend; / gleichmäßig, ruhig; einförmig [*oratio*]; schlaff herabhängend.
fluenti-sonus 3 (*fluentum, sonō*) wogenrauschend.
fluentum, *ī n* (*fluēns, part. praes. v. fluō*) Strömung.
fluidus 3 (*fluō*) **1.** fließend; flüssig; **2.** / **a**) niederwallend [*vestis*]; **b**) locker, schlaff [*lacerti*]; **c**) erschlaffend [*calor*].
fluitō 1 (*intens. v. fluō*) °**1.** fließen; **2.** mit den Wellen treiben; **3.** / °**a**) flattern [*vestis*]; **b**) schwanken.
flūmen, *inis n* (*fluō*) **1.** Strömung, Flut; *pl.* Gewässer; *secundo -ine* stromabwärts, *adverso -ine* stromaufwärts; **2. a**) Fluss, Strom; °**b**) Flussgott; **3.** / Strom; reiche Fülle; Redestrom.
flūmineus 3 (*flūmen*) Fluss..., Wasser...
fluō, *flūxī, flūxum* 3 (*flŭxī, flŭxum*?; *Sup. vor Plautus flūctum* (*-ŭ-?*); <**bhleugvō, wohl eigtl.* „schwellen") **1.** fließen, strömen; triefen; **2. a**) aus-, hervorströmen; sich ergießen; °**b**) herabwallen; **3.** / **a**) sich ausbreiten [*doctrina*]; **b**) vonstatten gehen [*res*]; **c**) einförmig dahinfließen [*oratio*]; **d**) hinauslaufen *auf* [*ad interregnum*]; °**e**) vergehen [*tempus*]; **f**) erschlaffen [*vires*]; nieder-, entsinken [*arma* [*de manibus*].
flūtō 1 (*Lu.*) = *fluitō*.
fluviā(ti)lis, e (*fluvius*) Fluss...
fluvidus 3 (*im Vers flūv- nach ūvidus*) = *fluidus*.
fluvius, *ī m* (*fluō*) °**1.** fließendes Wasser; 2. Fluss, Strom.
flūxus[1] 3 (*m.* °*comp.*, °*adv.*; *-ŭ-?*; *fluō*) °**1.** fließend; **2.** / °**a**) herabwallend; schlaff (herabhängend); °**b**) halt-, charakterlos, schwankend, unsicher; **c**) zerrüttet.
flūxus[2], *ūs m* (*-ŭ-?*; *fluō*) *das* Fließen.
fōcāle, *is n* (*fōx vulgär = faux*) Halstuch, -binde.
fōculō *u.* **fōcil(l)ō** 1 (*foveō*) (*durch Wärme*) wiederbeleben.
fōculum, *ī n* (*foveō*) Wärmemittel; Geschirr zum Wärmen.
foculus, *ī m* (*dem. v. focus*] Opferpfanne; Herdfeuer.
focus, *ī m* (*et. unklar*) **1. a**) Herd; **b**) Pfanne; Opferpfanne; Opferherd; °**c**) Brandstätte des Scheiterhaufens; **2.** / Haus [*arae focique die* Heiligtümer der Tempel und Häuser]; Heim, Familie; °**3.** Feuer, Glut.
fodicō 1 (*intens. v. fodiō*) °**1.** stoßen; **2.** / beunruhigen.
fodiō, *fōdī, fossum* 3 (*eigtl.* „stechen, stochern") **1. a**) stechen [*stimulis*]; °**b**) durchbohren [*hastā*]; **2. a**) (*intr.*) graben; **b**) (*trans.*) °um-, ausgraben; durch Graben fertig stellen [*vallum*].
foederātus 3 (*P.P.P. v. foederō* 1 „durch ein Bündnis zusammenschließen"; *foedus*[2]) verbündet.
foedi-fragus 3 (*foedus*[2] + *frangō*) vertragsbrüchig.
foeditās, *ātis f* (*foedus*[1]) Hässlichkeit, Schändlichkeit.
foedō 1 (*foedus*[1]) °**1.** verunstalten,

F

übel zurichten; besudeln; **2.** schänden, entehren.

foedus[1] 3 (*m. comp., sup., adv.; et. nicht sicher gedeutet*) hässlich, scheußlich, abscheulich, grässlich.

foedus[2], *eris n* (*fīdus*) **1.** Bündnis; **2.** Vertrag, Verbindung; °*thalami* Ehebund; °*Veneris* Liebschaft; °**3.** Bestimmung, Gesetz; Verhei-[ßung.]

foen... = *fēn...*

foeteō, — — 2 (*cf. fimus*) stinken.

foetidus 3 (*m.* °*comp.*; *foeteō*) stinkend. [°Ekelhaftigkeit.]

foetor, *ōris m* (*foeteō*) Gestank; /

foetus = *fētus*[1, 2].

foliātus 3 (*folium*) aus (wohlriechenden) Blättern gemacht; *subst.* **-um,** *ī n* (*sc. unguentum*) Parfüm.

folium, *ī n* (*cf. gr. Fw.* „Chlorophyll") Blatt; °*pl.* Laub, Kranz.

folliculus, *ī m* (*dem. v. follis*) **1.** Ledersack, Schlauch; °**2.** Luftball; °**3.** Balg.

follis, *is m* (*cf. nhd.* „Bolle") **1.** Ledersack; °**2.** Übungsball *der Faustkämpfer*; °**3.** Luftball; **4.** Blasebalg; °/ Lunge; °**5.** Geldbeutel.

follītim *wahrsch. falsche Schreibung für „follītum"*. [sack versehen.]

follītus 3 (*follis*) mit einem Geld-

fōmentum, *ī n* (*foveō*) °**1.** Umschlag; Verband; **2.** / Linderungsmittel.

fōmes, *itis m* (*foveō*) Zündstoff, Zunder.

fōns, *fontis m* (*wohl eigtl. „das Laufen, Rinnen"; cf. altind.* dhanayati „läuft, rennt") **1.** Quelle; (*dcht.*) Quellwasser; **2.** / Ursprung, Ursache, Anfang, Urheber; **3.** ♀ Quellgott; *adi.* **Fontinālis,** e [*porta* „Quelltor" *am Quirinal*]; ** *sacer* Taufe.

fontānus 3 (*fōns*) Quell...

Fontēius 3 *röm. Gentilname: M.* ~, *v. Cicero verteidigt*; **Fontēia** *seine Schwester*; *adi.* *-iānus* 3.

fonticulus, *ī m* (*dem. v. fōns*) kleine Quelle, kleiner Brunnen.

for, *fātus sum* 1 (*cf. fābula*) sprechen, sagen; *fando* °*accipere, audire* sagen hören; weissagen; besingen; (*Gerundiv*) *adi.* °**fandus** 3 sagbar; erlaubt; *non fandus* unaussprechbar; *subst.* °**-um,** *ī n* Recht.

°**forābilis,** e (*forō*) durchbohrbar; verwundbar. [nung.]

forāmen, *inis n* (*forō*) Loch, Öff-

forās *adv.* (*acc. pl. v.* **fora* „Türflügel"; *cf. foris*) hinaus, heraus [*ire*]; *dare* bekannt machen.

°**forceps,** *ipis m f* (*altl. formus* „warm", [*cf. gr. Fw.* thermae, *nhd.* „warm"] + *capiō*) Feuerzange; Zange; (*auch als Marterwerkzeug*).

fordeum *dial.* = *hordeum*.

°**fordus** 3 (⟨**foridus; ferō*) trächtig; *subst.* **-a,** *ae f* trächtige Kuh.

fore, forem *s. fuō*.

forēnsis, e (*forum*) **1.** Markt...; **2.** für die Öffentlichkeit bestimmt; **3.** gerichtlich, Gerichts...; °**4.** *subst.* ~, *is m* öffentlicher Redner, Rechtsanwalt; °**-ia,** *ium n* Prunkgewänder.

****forestarius,** *ī m* Forstbewohner,

****forestis,** *is f* Forst. [-beamter.]

°**forfex,** *icis m f* (⟨*forceps durch Metathese u. Assimilation*) Zange, Barbierschere.

forica, *ae f* (*sc. taberna, eigtl. „die draußen befindliche"; *fora* „Türflügel") öffentlicher Abort.

foris[1], *is f* (*cf. nhd.* „Tor") Türflügel; *pl.* (*zunächst* Flügeltür) Tür; / Pforte, Zugang *zu* [*caeli*].

forīs[2] *adv.* (*erstarrter loc., bzw. abl. pl. v.* **fora* „Türflügel") **1.** draußen, außerhalb, auswärts; im Ausland; im Krieg; **2.** von draußen, von außen (her).

fōrma, *ae f* (*altl. gen.* *-āī*; *et. nicht sicher gedeutet*) **1.** (*abstr.*) **a)** Form, Gestalt, Äußeres; Gesichtsbildung; **b)** Schönheit; **c)** Art, Beschaffenheit, Einrichtung, Charakter; **d)** (*log. t.t.*) Spezies; **e)** Vorstellung, Idealbild; **2.** (*concr.*) **a)** Gebilde, Bild, Abbildung; **b)** (*math. t.t.*) Figur; Entwurf, Abriss; °**c)** Modell; Leisten; Stempel; °**d)** Erscheinung [*deorum*]; ** Wortlaut; Geschöpf.

°**fōrmālis,** e (*fōrma*) förmlich; *epistula* Verfügung. [*mātiō.*]

fōrmāmentum, *ī n* (*fōrmō*) = *fōr-*

°**fōrmātiō,** *ōnis f* (*fōrmō*) Gestaltung, Bildung.

°**fōrmātor,** *ōris m* (*fōrmō*) Bildner.

fōrmātūra, *ae f* (*fōrmō*) = *fōrmātiō.* [myrmēx) Ameise.]

formīca, *ae f* (⟨**mormīca; cf. gr.*

°**formīcinus** 3 (*formīca*) Ameisen...

°**formīdābilis,** e (*formīdō*[1]) furchtbar.

formīdō[1] 1 (*formīdō*[2]) °**1.** (*intr.*) sich fürchten, sich grausen; **2.** (*trans.*) sich fürchten, sich entsetzen *vor* [*iracundiam*].

formīdō², *inis f* (*dissim.* ⟨**mormīdō*; *cf. gr.* mormọ̄ „Schreckgespenst") **1.** Schreckbild, *bsd.* °Vogelscheuche; **2.** Grausen, Furcht; **3.** heiliger Schauer, Ehrfurcht.

formīdolōsus *u.* **-dulōsus** 3 (*m.* °*comp.*, *sup.*, *adv.*; *formīdō²*) **1.** furchtbar; °**2.** ängstlich, scheu.

fōrmō 1 (*fōrma*) **1.** formen, bilden; darstellen; **2. a)** verfertigen; **b)** aussprechen [*verba*]; **3.** ausbilden, unterweisen, abrichten.

fōrmō(n)sitās, *ātis f* (*fōrmōsus*) Schönheit.

fōrmō(n)sus 3 (*m. comp.*, *sup.*, °*adv.*; *fōrma*) wohlgestaltet, schön.

fōrmula, *ae f* (*dem. v. fōrma*) Gestalt, Form: °**1.** Schönheit, schöne Gestalt; **2.** Norm, Regel; **3.** Regel, Vorschrift: °**a)** Vertrag; °**b)** (*zensorisches*) Steuerformular, Tarif, Taxe; **c)** (*jur. t.t.*) Rechts-, Klageformel; Formular; Verfahrensnorm; °*-ā cadere* den Prozess verlieren; ** Glaubensformel.

°**fōrmulārius,** *ī m* (*fōrmula*) Rechtsanwalt.

°**fornācālis,** e (*fornāx*) (Back-)Ofen... [*dea*]; *subst.* **-ālia,** *ium n* Fest der Ofengenossenschaften zu Ehren der *dea* ~.

°**fornācula,** *ae f* (*dem. v. fornāx*) kleiner Ofen; / *Kopf des Tiberius.*

fornāx, *ācis f* (*gen. pl. -ium*; *fornus = furnus*) **1.** Ofen; Back-, Schmelzofen; °**2.** ♀ *Ofengöttin.*

°**fornicātiō,** *ōnis f* (*fornix*) Wölbung, Schwibbogen; ** Hurerei; Unzucht.

****fornicator,** *oris m* Liederjan, Lüstling.

****fornicatrix,** *icis f* Hure.

fornicātus 3 (*fornix*) gewölbt; °*via* „Schwibbogengasse".

fornix, *icis m* (*eigtl.* „Kuppelofenwölbung"; *fornus = furnus*; *cf. fornāx*) **1. a)** Wölbung; Bogen, Schwibbogen; *pl.* Gewölbe; **b)** überwölbter Weg, Zugang zu einem *forum*; **c)** Ehrenbogen; °**d)** überwölbte Ausfallspforte; °**2.** unterirdisches Gewölbe, Kellerkneipe; Bordell; / = *pathicus.*

°**forō** 1 (*cf. feriō*; *nhd.* „bohre") (durch)bohren.

Forōiūliēnsis *s. forum.*

°**forpex,** *icis f* (*Metathese v. forceps*) Feuerzange.

fors, *abl. forte f* (*nur nom. u. abl. sg.*; *ferō*) **1.** blinder Zufall, das Ungefähr; ~ *fortuna die* glückliche Schickung; *forte fortunā* auf gut Glück; °**2.** *dea Fors* Schicksalsgöttin; *Fors Fortuna* = Glücksgöttin der kleinen Leute; **3.** *adv.* °**a)** (*nom.*) *fors* vielleicht; *fors et* vielleicht auch; **b)** (*abl.*) *forte* zufällig, von ungefähr; (*enklitisch nach si, nisi, ne, sin*) vielleicht, etwa.

°**forsan,** °**forsit, forsitan** (⟨*fors, an*; *fors sit*; *fors sit, an*) vielleicht.

fortasse *u.* **fortassis** *adv.* (-*ā*-?; *zu fors*; *Bildung unklar*) **1.** vielleicht, hoffentlich; **2.** (*b. Zahlen*) etwa, ungefähr [*sextā* ~ *horā*].

forte *s. fors.*

forticulus 3 (*dem. v. fortis*) recht mutig.

fortis, e (*m. comp.*, *sup.*, *adv.*; *cf. altl. foretus*; *gall.* Brigantes) **1.** stark, kräftig, rüstig, tüchtig; dauerhaft, fest [*ligna*]; **2.** mächtig, tapfer, mutig, mannhaft; °**3.** gewaltsam; ** *adv. auch* **forte** stark, sehr.

fortitūdō, *inis f* (*fortis*) °**1.** Stärke; **2.** Mut, Tapferkeit, Energie.

fortuītus 3 (*fors*) zufällig; *adv.* **-ō**; *subst.* **-a,** *ōrum n* Zufälle, zufällige Güter.

fortūna, *ae f* (*vl. urspr. adi.*, *aus *fortus entwickelt*; *cf. fors fortūna*) **1.** (*das zufällige*) Schicksal, Geschick, Los; **2.** Glück, Unglück; **3.** ♀ Glücksgöttin; **4. a)** Umstände; äußere Lage; Lebensstellung, Stand, Herkunft; **b)** (*meist pl.*) Glücksgüter, Vermögen, Habe.

fortūnātus 3 (*m. comp.*, *sup.*, *adv.*; *fortūnō*) **1. a)** beglückt, glücklich, selig; °**b)** *-orum insulae od. -a nemora* Elysium; **2.** begütert, vermögend; *subst.* ~, *ī m* Glückskind.

fortūnō 1 (*fortūna*) glücklich machen, segnen.

°**foruli,** *ōrum m* (*dem. v. forus*) Büchergestell.

forum, *ī n* (*coll. n v. forus*; *eigtl.* „Umplankung"; *cf. vallum — vallus*) °**1.** Platz vor dem Grabe; **2.** Markt(platz); (Marktplätze in Rom: *bo(v)arium* „Rindermarkt"; °*(h)olitorium* „Gemüsemarkt"; °*piscatorium* „Fischmarkt"; *forum Romanum od. nur forum*; *Iulium* (= Cäsars); *Augusti*; *Traiani*; *Nervae*; *Pacis*); **3. a)** Marktflecken, Handelsplatz; **b)** Kreisstadt; **4. a)** öffentliches Leben [°*in foro esse*]; *foro carere* sich vom öffentlichen

Leben fern halten; **b**) Geschäftsleben, Geldgeschäfte, Verkehr; **c**) Gerichtsverhandlungen; Gerichtstag; **5.** ♀ Stadtnamen: **a**) *Appiī s. Appius*; **b**) *Aurēlium s. Aurēlius*; **c**) *Cornēliī s. Cornēlius*; **d**) *Gallōrum bei Mutina*; **e**) *Iūliī od. Iūlium sw. v. Nizza, v. Cäsar angelegt, j.* Fréjus; *adi. Forōiūliēnsis*, e.

forus, *ī, meist pl.* **-ī,** *ōrum m* (*eigtl.* „Planke"; *cf. nhd.* „Barren") **1. a**) Schiffsgänge; °**b**) Gänge *zwischen den Bienenzellen*; °**2.** Sitzreihen *im Theater u. im Zirkus*; °**3.** *-us aleatorius* Spielbrett.

F

fossa, *ae f* (*fodiō*) **1.** Graben; °**2.** Grube, Loch; **3.** Abzugsgraben; Flussbett; Kanal; °**4.** Furche.

fossiō, *ōnis f* (*fodiō*) *das* Umgraben.

°**fossor,** *ōris m* (*fodiō*) „Gräber", Landmann; / grober Mensch.

°**fossūra,** *ae f* (*fodiō*) *das* Graben.

fovea, *ae f* (*et. ungedeutet*) Grube; °Fallgrube; ** unterirdischer Gang; *ein* gehobener Schatz.

foveō, *fōvī, fōtum* (*kausativ*; *eigtl.* „mache brennen"; *cf. favilla*; *altind.* dáhati „brennt") **1. a**) warm halten, (er)wärmen; °**b**) warm baden; °**c**) *amplexu* umarmen; **2.** / **a**) hegen und pflegen; °**b**) heilen; stützen; °**c**) nicht verlassen [*castra*]; °**d**) begünstigen, unterstützen.

****fractura,** *ae f das* Zerbrechen; (*med. t.t.*) Knochenbruch, Fraktur.

frāctus 3 (*m. comp.*, °*adv.*; *frangō*) schwach, kraftlos; °unmännlich.

fragilis, e (*m.* °*comp.*, °*sup.*; *frangō*) °**1.** zerbrechlich; °**2.** knatternd, prasselnd; **3.** gebrechlich, schwach, vergänglich.

fragilitās, *ātis f* (*fragilis*) Gebrechlichkeit, Schwäche.

°**fragmen,** *inis n* (*frangō*) = *fragmentum.*

fragmentum, *ī n* (*frangō*) Bruchstück, Splitter; *pl.* Trümmer, Reisig; ** Überrest.

°**fragor,** *ōris m* (*frangō*) **1.** *das* Zerbrechen; **2.** *das* Krachen, Lärm, Getöse; lauter Beifall.

°**fragōsus** 3 (*m. adv. fragor*) **1.** brüchig; **2.** uneben; / holperig [*oratio*]; *subst.* **-a,** *ōrum n* Unebenheiten; **3.** krachend, tosend [*torrens*].

°**fragrō** 1 (*cf. nd.* „Bracke" = Spürhund) duften.

°**frāgum,** *ī n* (*et. ungedeutet*) Erdbeere.

°**framea,** *ae f* (*germ. Fw.*) Wurfspieß (*der Germanen*); ** Schwert.

frangō, *frēgī, frāctum* 3 (*cf. nhd.* „brechen") **1.** (zer)brechen; °zermalmen; P. zerbrechen, bersten; **2.** / **a**) brechen, verletzen [*fidem*]; **b**) entmutigen, demütigen; **c**) schwächen [*vires*]; **d**) bezähmen, überwinden [*dolorem*]; **e**) erweichen, erschüttern.

frāter, *tris m* (*cf. nhd.* „Bruder") **1.** Bruder; *geminus*, °*gemellus* Zwillingsbruder; °*fratres gemini* die Dioskuren Kastor u. Pollux; °**2.** *pl.* Geschwister; / (*gleichartige Dinge*) [*nummi*]; **3.** Vetter, Neffe, Schwager, Blutsverwandter; **4.** (*Kosewort*) Freund; **5.** (*Ehrentitel*) Bundesgenosse [*Aedui*]; ** Ordensbruder; *minores* Minoriten, Franziskaner.

°**frāterculus,** *ī m* (*dem. v. frāter*) Brüderchen.

°**frāternitās,** *ātis f* (*frāternus*) Brüderlichkeit.

frāternus 3 (*m. adv.*; *frāter*) brüderlich, Bruder...; °verwandtschaftlich; / herzlich.

frātri-cīda, *ae m* (*frāter, caedō*) Brudermörder.

fraudātiō, *ōnis f* (*fraudō*) Betrügerei.

fraudātor, *ōris m* (*fraudō*) Betrüger.

fraudō 1 (*altl. coni. pf. fraudassis*; *fraus*) **1.** betrügen, übervorteilen; betrügen *um* [°*praedā*]; **2.** unterschlagen; (*P.P.P.*) *subst.* **fraudāta,** *ōrum n* unterschlagene Summen.

****fraudulenter** *adv.* betrügerisch.

fraudulentia, *ae f* (*fraudulentus*; *Pl.*) Gaunerei, Schurkerei.

fraudulentus 3 (*m. comp., sup.*; *fraus*) betrügerisch.

fraus, *dis f* (*gen. pl.* -[*i*]*um*; *altl. frūs*; *cf. frūstrā, nhd.* „trügen, Traum") **1. a**) Betrug, Täuschung; °**b**) Betrüger, Gauner; **2.** Selbstbetrug, Irrtum; **3.** Schaden, Nachteil; **4.** Verbrechen, Frevel.

frausus 3 (*part. pf. v.* **fraudor*; *fraudō*; *Pl.*) der etw. ausgeheckt hat.

°**fraxin(e)us** 3 (*-ā-?*; *fraxinus*[2]) eschen.

°**fraxinus,** *ī f* (*-ā-?*; *cf. nhd.* „Birke") Esche; / Eschenspeer.

°**fremebundus** *u.* °**fremidus** 3 (*fremō*) rauschend, tobend.

fremitus, *ūs m* (*fremō*) dumpfes Getöse (Schnauben, Murren *u. Ä.*).

fremō, *uī itum* 3 (*cf. nhd.* „brummen") dumpf tosen, lärmen (schnauben, brausen, murren *u. Ä.*); °*auch tr.*

°**fremor,** *ōris m* (*fremō*) *das* Murmeln.
°**frēnātor,** *ōris m* (*frēnō*) Lenker.
frendō, —, *frē(n)sum* 3 (*cf. nhd.* „Grind") (*dentibus*) mit den Zähnen knirschen; °/ klagen, wütend [sein.
frenēticus = *phrenēticus.*
frēnī, *ōrum s. frēnum.*
frēno 1 (*frēnum*) °**1.** aufzäumen; **2.** / im Zaum halten: °**a**) lenken, regieren; **b**) zügeln, bändigen.
frēnum, *ī n* (*pl. auch* **-ī,** *ōrum m*; *eigtl.* „das, womit man einhält"; *zu firmus*) Zaum, Zügel, Gebiss.
frequēns, *entis* (*m. comp.,* °*sup., adv.*; *eigtl.* „gestopft voll"; *cf. farciō*) **1. a**) zahlreich; vollzählig, beschlussfähig [*senatus*]; **b**) viel besucht [*theatrum*]; angefüllt *mit*; **2.a**) wiederholt, gewöhnlich, oft vorkommend; **b**) häufig anwesend, fleißig.
frequentātiō, *ōnis f* (*frequentō*) Häufung; °Zusammenfassung.
frequentia, *ae f* (*frequēns*) Häufigkeit, zahlreiche Versammlung, (starker) Andrang; Menge.
frequentō 1 (*frequēns*) **1. a**) in großer Menge versammeln [*populum*]; **b**) bevölkern [*urbes*]; **2.** in großer Menge aufsuchen, besuchen [°*Marium*]; **3. a**) oft besuchen [*domos*], oft kommen; °**b**) *jd.* oft bei sich sehen; **c**) oft tun, wiederholen; **4.** feiern [*ludos*].
fretēnsis, e (*fretum*) zur Meerenge gehörig; *mare* -e Meerenge *bei Messina.*
fretum, *ī n* (*ferveō, cf. nhd.* „Brodem") **1.** Meerenge, Sund (*bsd. bei Messina*); Kanal; °**2. a**) (*oft pl.*) Meer; **b**) Brandung, Strömung; °**3.** / **a**) (*pl.*) Übergangszeit [*anni*]; **b**) *das* Überschäumen [*adulescentiae*].
fretus[1], *ūs m* = *fretum.*
frētus[2] 3 (*eigtl.* „gestützt"; *firmus*) fest vertrauend *auf*; pochend *auf* [*opibus*].
°**fricō,** *cuī, c(ā)tum* 1 (*cf. friō*) abreiben, frottieren.
frīgēfactō (-ĕ-?; *frīgeō*; *Pl.*) kühlen.
frīgeō, — — 2 (*cf. frīgus*; *wohl m. rigeō verwandt*) kalt sein, frieren; / °tot sein; schlaff, matt sein, stocken; nichts ausrichten, unbeachtet bleiben.
frīgerō 1 (*frīgus*; *Cu.*) kühlen.
°**frīgēscō,** — — 3 (*incoh. v. frīgeō*) erkalten; / erstarren.
°**frīgidārius** 3 (*frīgidus*) abkühlend, zum Kaltbaden [*cella*].
°**frīgide-factō** 1 (*frīgidus*) (ab-)kühlen.
°**frīgidulus** 3 (*dem. v. frīgidus*) ein wenig kalt; / etwas matt.
frīgidus 3 (*m. comp., sup.,* °*adv.*; *frīgeō*) **1.** kalt, kühl; °/ tot; **2.** °Kälte erregend; *subst.* °**-a,** *ae f* kaltes Wasser; **-a,** *ōrum n das* Kalte, *die* Kälte; **3.** / matt, schlaff, lässig, lau; frostig, fade [*verba*].
°**frīgō,** *frīxī, frīctum* 3 (**fergō* 3 „backen") rösten.
frīgus, *oris n* (<**srīgos, cf. frīgeō*) **1. a**) Kälte, Frost; °**b**) Kühlung; **c**) Winterkälte; °**2.** / **a**) Schauder, Entsetzen; Todesschauder; **b**) Lauheit; °**c**) kühle Aufnahme, Ungnade; °**d**) Fadheit.
°**friguttiō** 4 (*Schallwort*) zwitschern; / stottern.
°**fringillus,** *ī m* (*cf. friguttiō*) Fink *od.* Spatz.
°**friō** 1 (*cf. fricō*) zerreiben, zerbröckeln.
°**frit** *n* (*nom. u. acc.*; *wohl Schallwort*) Körnchen.
fritilla = *fitilla.*
°**fritillus,** *ī m* (*vl. Schallwort, cf. fritinniō vom Klappern der Würfel*) Würfelbecher.
°**fritinniō** 4 (*Schallwort*) zwitschern; quietschen.
°**frīvolus** 3 (*cf. fricō, friō*) wertlos, armselig; läppisch, albern; *subst.* **-a,** *orum n* nichts sagende Worte; / Kleinigkeiten.
°**frondātor,** *ōris m* (*frōns*[1]) Baumscherer; Winzer.
°**frondeō,** — — 2 (*frōns*[1]) belaubt sein, grünen.
frondēscō, — — 3 (*incoh. v. frondeō*) sich belauben, ausschlagen.
°**frondeus** 3 (*frōns*[1]) belaubt, aus Laub(holz).
°**frondi-fer,** *era, erum* (*frōns*[1], *ferō*) [belaubt.
°**frondōsus** 3 (*frōns*[1]) reich belaubt.
frōns[1], *frondis f* (*et. unklar*) (*oft pl.*) Laub; °Laubkranz.
frōns[2], *frontis f* (*altl. auch m*; *eigtl.* „hervorragender Körperteil") **1.** Stirn; Gesicht; **2.** / **a**) Vorderseite, Front; **b**) (*mil. t.t.*) Front; °*in frontem derigere* in Front aufstellen; °*dextra fronte* auf dem rechten Flügel; *a* (*in*) *fronte* von vorn; °**c**) Außenrand *einer Bücherrolle*; Außenseite; °**d**) vordere breite

Seite, Breite; *in fronte* in der Breite; °**e**) erster Anblick, Schein.
°**frontālia,** *ium n* (*frōns*[2]) Stirnschmuck der Pferde.
frontō, *ōnis m* (*frōns*[2]) der Breitstirnige.
°**frūctuārius** 3 (*frūctus*) fruchtbringend.
frūctuōsus 3 (*m.* °*comp., sup.*; *frūctus*) fruchtbar; / einträglich, nützlich.
frūctus, *ūs m* (*altl. gen.* -*ī*; *fruor*) **1.** Nutzung, Nutznießung; **2.** Frucht, Erzeugnisse, Ertrag; Zinsen, Renten; **3.** / Nutzen, Vorteil, Gewinn; Genuss; ** *fructa, orum n die* Gutserzeugnisse.

F

frūgālior *comp.*, *frūgālissimus sup.*, *frūgāliter adv. zu frūgī* (*pos. frūgālis, e kl. ungebräuchlich*; *frūx*).
frūgālitās, *ātis f* (*frūgālis*) Wirtschaftlichkeit, Ordnungssinn; Biederkeit, Mäßigkeit, solides Leben; °/ strenges Maßhalten [*eloquentiae*].
frūgī *indecl.* (*erstarrter dat. v. frūx, als adi. gebraucht*; *cf. frūgālior*) wirtschaftlich; °sparsam; / bieder, besonnen, brav.
frūgi-fer, *era, erum u.* °**frūgiferēns,** *entis* (*frūx, ferō*) fruchtbar; Segen bringend.
°**frūgi-legus** 3 (*frūx, pariō*) Früchte sammelnd.
°**frūgi-parus** 3 (*frūx, pariō*) fruchtbringend.
frūmentārius 3 (*frūmentum*) Getreide..., Korn...; *subst.* ~, *ī m* Getreidehändler; °*pl.* Proviantkolonnen.
frūmentātiō, *ōnis f* (*frūmentor*; *Li.*) **1.** *das* Getreideholen, Verproviantierung; °**2.** Getreidespende.
frūmentātor, *ōris m* (*frūmentor*; *Li.*) **1.** Getreidehändler, -lieferant; **2.** Getreideholer, Furier.
frūmentor 1 (*frūmentum*) Getreide, Futter holen, furagieren.
frūmentum, *ī n* (*fruor*) **1.** Getreide, Korn; *pl.* Getreidekörner, -arten; °**2.** Weizen.
°**frūniscor,** *nītus sum* 3 (*fruor*) genießen.
fruor, (*ūsus sum,* °*selten frūctus u. fruitus sum*), *fruitūrus* 3 (<**frugvor*; *cf. nhd.* „(ge)brauchen") **1.** benutzen, genießen, sich erfreuen [*otio*; °*ingenium*]; **2.** (*jur. t.t.*) den Nießbrauch haben *von* [*certis fundis*].
°**frustillātim** *adv.* (-*ū*-?; *frustum*) stückweise.
frūstrā *adv.* (*seit Cicero u. Lukrez Analogiebildung nach contrā usw.*; *älter* -*ă*; *wahrsch. nom. pl. od. adv. acc. pl. v.* **frūstrum* „Täuschung"; *fraus*) °**1.** irrtümlich; *esse* sich getäuscht sehen; *habere* in der Erwartung täuschen; **2.** vergeblich, erfolglos; °*esse* fehlschlagen; °*habere* vernachlässigen; **3.** grundlos, zwecklos.
°**frūstrāmen,** *inis n* (*frūstrō*) Täuschung.
°**frūstrātiō,** *ōnis f* (*frūstrō*) Täuschung; *das* Hinhalten, Verzögerung.
frūstrātus, *ūs m* (*frūstrō*; *Pl.*) Täuschung; -*ui habere* zum Besten haben.
frūstror *u.* °-**ō** 1 (*frūstrā*) **1.** täuschen, hintergehen, foppen; °**2.** (*nur dep.*) vereiteln [*spem*].
°**frustulentus** 3 (*frūst-?*; *frustum*) voller Stückchen [*aqua* Fleischbrühe].
frustum, *ī n* (*frūst-?*; *cf. feriō*; *nhd.* „Brosamen") Brocken, Bissen; (°*scherzh.*) *pueri!* du „halbe Portion"!; °*pl.* allzu kleine Teile (*in der logischen Gliederung*).
°**frutex,** *icis m* (*cf. mhd.* „briezen" = „knospen") **1.** Strauch, Busch; **2.** Stammende *eines Baumes m. frischen Trieben*; **3.** (*Schimpfwort*) Dummkopf.
°**fruticētum,** *ī n* (*frutex*) Gebüsch.
fruticor 1 (*frutex*) Zweige treiben.
°**fruticōsus** 3 (*m. comp., sup.*; *frutex*) voll Gebüsch, buschig.
frūx, *ūgis f* (*meist pl.*; *fruor*) Frucht, *bsd.* Feldfrucht; Getreide; (*dcht.*) Baumfrucht; / Ertrag; sittl. Tüchtigkeit; Besserung; — *cf. frūgī.*
°**fu** *int.* (*Naturlaut des Abscheus*) pfui!
fuam, fuās *usw. s. fuō.*
fūcina, *ōrum n* (*fūcus*[1]; *Qu.*) mit Orseille (*statt Purpur*) gefärbte Stoffe.
Fūcinus (*lacus*) *See im Gebiet der Marser, j.* Lago di Celano.
fūcō 1 (*fūcus*[1]) °**1.** färben; **2.** schminken; **3.** / verfälschen.
fūcōsus 3 (*fūcus*[1]) verfälscht, unecht.
fūcus[1], *ī m* (*gr. Lw., aus dem Hebr. stammend*) °**1.** *rot färbende* Steinflechte (Orseille); °**2.** *jeder* rote Farbstoff: **a**) Purpur(farbe); **b**) *rotes* Bienenharz; **c**) rote Schminke; **3.** / Verstellung, Schein.
°**fūcus**[2], *ī m* (*cf. nd.* „Bau" = „Bremse") Drohne.

fūfae *int.* (*fū*; *Pl.*) pfui!

fuga, *ae f* (*cf. fugiō*) **1.** Flucht; Gelegenheit zur Flucht; **2.** (freiwillige) Verbannung, Exil; Verbannungsort; °**3.** Schnelligkeit, Eile; **4.** Scheu *vor*, Abneigung *gegen* [*laborum*].

fugāx, *ācis* (*m.* °*comp.*, °*sup.*, °*adv.*; *fugiō*) °**1. a)** flüchtig, scheu; spröde; **b)** vermeidend [*ambitionis*]; **2.** / vergänglich.

fugiēns, *entis* (*fugiō*) fliehend; *laboris* arbeitsscheu.

fugiō, *fūgī, fugitūrus* 3 (*cf. fuga*) **1.** (*intr.*) **a)** entfliehen, -laufen; **b)** landesflüchtig werden *od.* sein; °**c)** ent-, forteilen; **d)** / (ent)schwinden, vergehen; **2.** (*trans.*) **a)** fliehen *vor* [*hostem*], zu entfliehen suchen; **b)** entfliehen, -gehen; / **c)** (ver)meiden; °**d)** verschmähen, nicht mögen [*laborem*]; **e)** unbekannt bleiben; *impers. me fugit* ich habe vergessen [*scribere*].

°**fugitāns,** *antis* (*fugitō*) fliehend, scheu *vor* [*litium*].

fugitīvus 3 (*fugiō*) flüchtig, entflohen; *subst.* **~,** *ī m* entlaufener Sklave, Ausreißer.

fugitō 1 (*intens. v. fugiō*) **1.** (*trans.*) **a)** meiden, fliehen; °**b)** sich scheuen [*facere*]; **2.** (*intr.*) eilig fliehen.

°**fugitor,** *ōris m* (*fugiō*) Ausreißer.

fugō 1 (*fuga*) **1.** in die Flucht schlagen; **2.** vertreiben, verjagen; °verbannen.

fulcīmen, *inis n* (*fulciō*; *Ov.*) Stütze, Pfeiler.

fulciō, *fulsī, fultum* 4 (*cf. gr. Fw. phalanx, nhd.* „Balken") **1. a)** stützen, aufrechthalten; **b)** / unterstützen; °**2.** befestigen, schützen; *pedibus* festtreten; / stärken.

°**fulcrum,** *ī n* (*fulciō*) Bett- *od.* Speisesofa (-gestell).

fulgeō, *fulsī,* — 2 *u.* °**-gō,** — — 3 (*zu flagrō*) blitzen; °/ glänzen, sich hervortun.

°**fulgidus** 3 (*fulgeō*) blitzend, schimmernd.

fulgor, *ōris m* (*fulgeō*) Blitz, *das* Blitzen; °/ Glanz; Ruhm.

fulgur, *uris n* (*abl. sg.* °*auch* -*ere*; *pl. auch* -*ora*; *fulgeō*) **1.** Blitz, Wetterleuchten; Blitzstrahl; °**2.** Schimmer, Glanz.

fulgurālis, e (*fulgur*) die Blitze betreffend.

°**fulgurātiō,** *ōnis f* (*fulgurō*) Wetterleuchten.

fulgurātor, *ōris m* (*fulgurō*) *der* den Blitz deutende Priester.

°**fulgurītus** 3 (*P.P.P. v. fulguriō* 4 „blitzen"; *fulgur*) vom Blitz getroffen.

fulgurō 1 (*fulgur*) **1. a)** blitzen; °**b)** (*impers.*) -*at* es blitzt; °**2.** / (*vom Redner u. v. d. Rede*); °**3.** (*P.P.P.*) *adi.* **fulgurātus** 3 vom Blitz getroffen.

°**fulica,** *ae f* (*cf. nhd.* „Belche") Blesshuhn, Wasserhuhn.

fūligō, *inis f* (*cf. altind.* dhūlikā „Nebel") **1.** Ruß; °**2.** Augenbrauenschwärze.

fulix, *icis f* = *fulica.*

°**fullō,** *ōnis m* (*et. unklar*) Tuchwalker.

°**fullōnius** 3 (*fullō*) zum Tuchwalker gehörig; *subst.* **-ia,** *ae f* Tuchwalkerhandwerk.

fulmen[1], *inis n* (*fulgeō*) Blitz (-schlag), Wetterstrahl; / °feuriger Hauch; zerschmetternder Schlag; Kriegsheld.

fulmen[2], *inis n* (*fulciō*) Stütze (?).

°**fulmenta,** *ae f* (*fulciō*) Stütze, *bsd.* Absatz am Schuh.

°**fulminātiō,** *ōnis f* (*fulminō*) Blitz.

°**fulmineus** 3 (*fulmen*[1]) zum Blitze gehörig; / mörderisch.

°**fulminō** 1 (*fulmen*[1]) **1.** (*intr.*) blitzen u. donnern; **2.** (*trans.*) mit dem Blitz treffen.

°**fultūra,** *ae f* (*fulciō*) Stütze; / Stärkung.

Fulvius 3 *Name einer pleb. gens*: **1.** *M.* ~ *Flaccus, Anhänger der Gracchen*; **2. Fulvia,** *Gemahlin zuerst des Clodius, später des Triumvirn Antonius, Ciceros Feindin.*

°**fulvor,** *ōris m* (*fulvus*) *das* Rotgelb (?).

°**fulvus** 3 (*wohl m. flāvus verwandt*) rotgelb, braun.

°**fūmārium,** *ī n* (*fūmus*) Rauchkammer.

°**fūmeus** 3 (*fūmus*) rauchig; im Rauch aufbewahrt [*vinum*].

°**fūmidus** 3, °**fūmifer,** *era, erum* (*fūmus*; *ferō*) rauchend, dampfend.

°**fūmificō** 1 (*fūmificus*) räuchern.

°**fūmi-ficus** 3 (*fūmus*; *faciō*) rauchend, dampfend.

fūmō 1 (*fūmus*) rauchen, dampfen.

fūmōsus 3 (*fūmus*) °**1.** rauchend, dampfend; **2.** rußig, verräuchert; °geräuchert.

fūmus, *ī m* (*cf. gr.* thȳmiaō „rauche") **1.** Rauch, Dampf, Dunst; °**2.** / dummes Geschwätz, Unsinn.

fūnālis, e (*fūnis*) zum Seile gehörig; °*equus* Handpferd; °*subst.* **-e,** *is n* Strick; Wachsfackel; Kandelaber.

°fūn-ambulus, *ī m* (*fūnis, ambulō*) Seiltänzer.

fūnctiō, *ōnis f* (*fungor*) Verrichtung.

funda, *ae f* (*et. ungedeutet*) **1. a)** Schleuder(riemen); **b)** Schleudergeschoss; °**2.** Wurfnetz.

°fundāmen, *inis u.* **-mentum,** *ī n* (*fundō*¹) Grund(lage).

°fundātor, *ōris m* (*fundō*¹) Gründer.

Fundī, *ōrum m St. in Latium, j.* Fondi; *adi. u. Einw.* -*ānus* (3).

°funditō 1 (*intens. v. fundō*²) (hin-) schleudern, niederstrecken; / über die Lippen kommen lassen [*verba*].

funditor, *ōris m* (*funda*) Schleuderer.

funditus *adv.* (*fundus*) **1. a)** von Grund aus; **b)** / gänzlich, völlig; °**2. a)** im Grunde, in der Tiefe; **b)** im Innersten.

fundō¹ 1 (*fundus*) °**1.** mit einem Boden versehen [*navem*]; / gründen [*urbem*]; **2.** / begründen, sichern, befestigen; (*P.P.P.*) *adi.* **fundātus** 3 (*m.* °*comp., sup.*) festbegründet.

fundō², *fūdī, fūsum* 3 (< **ghu-n-dō*; *cf. nhd.* „gießen") **1. a)** gießen, ausgießen; °*mediopass.* sich ergießen, fließen; °**b)** schmelzen [*aera*] °**c)** benetzen [*tempora mero*]; **d)** hinab-, ausschütten; °**2.** schleudern, werfen [*tela*]; **3.** / **a)** hören lassen [*oracula*]; **b)** °gebären; dichten; hervorbringen, erzeugen [*fruges*]; **c)** aus-, verbreiten; *se* -*ere u. mediopass.* sich ausbreiten; **d)** vertreiben, schlagen; °**e)** niederwerfen, zu Boden strecken; *mediopass.* sich ausstrecken, lagern [*in herba*]; °**f)** vergeuden, verschwenden [*opes*].

fundus, *ī m* (*cf. nhd.* „Boden") **1. a)** Boden, Grund; -*o* von Grund aus; / **b)** Maß u. Ziel; °**c)** Autorität; °**2.** Pokal; 3. Grundstück, Landgut.

fūnebris, e (*fūnus*) **1.** zum Leichenbegängnis gehörig; Leichen...; *subst.* **-ia,** *ium n* Totenfeier [*iusta*]; °**2.** den Toten betreffend; *sacra* Menschenopfer; °**3.** / verderblich, unheilvoll.

°fūnereus 3 (*fūnus*) **1.** Leichen...; *frons -a* Zypressenzweig; **2.** todbringend, unheilvoll.

°fūnerō 1 (*fūnus*) bestatten; / töten.

fūnestō 1 (*fūnestus*) (*durch Blutvergießen*) beflecken, besudeln.

fūnestus 3 (*m. comp.,* °*sup.*; *fūnus*) °**1.** (*durch eine Leiche*) befleckt, in Trauer versetzt; **2.** / **a)** verderblich, unheilvoll, unselig; °**b)** tödlich [*venenum*].

°fungīnus 3 (-*ī*-?; *fungus*) von Pilzen.

fungor, *fūnctus sum* 3 (*cf. altind.* bhunktē „genießt"; *im altl. m. acc., später zumeist m. abl.*) **1.** verrichten, besorgen, verwalten, ausführen, vollbringen [*munere*]; °**2.** überstehen [*periculis*]; (*meist pf.*) vollendet haben, tot sein [*fato suo*]; (*part. pf.*) *subst.* °**fūnctī,** *ōrum m* = *dēfūnctī die* Toten.

fungus, *ī m* (*wohl gr. Lw.*) **1.** Pilz; °**2.** / **a)** (*Schimpfw.*) Dummkopf; **b)** Lichtschnuppe.

fūniculus, *ī m* (*dem. v. fūnis*) dünnes Seil.

fūnis, *is m* (°*vereinzelt f*; *et. unklar*) Seil, Tau, Strick; °*funem ducere* befehlen, herrschen, °*sequi* gehorchen.

fūnus, *eris n* (*et. ungedeutet*) **1.** Leichenbegängnis (*als Ganzes*; *cf. pompa, exsequiae*); Leichenzug, Bestattung; °**2. a)** Leiche; **b)** Schatten, Manen; **c)** Tod, Mord; **3.** / Untergang, Verderben.

fuō, fuī, futūrus, fore (*altl. fū*[*v*]*ī*; *cf. altind.* bhavati „ist, wird"; *nhd.* „bin; bauen") °**1.** werden; **2.** sein (*als Ergänzung v. esse*): **a)** *alle Formen des pf.-Stamms u. futūrus*; °**b)** *coni. impf. forem, ēs usw.* = *essem, ēs usw.*; °**c)** *coni. praes. fuam, ās usw.* = *sim, sīs usw.*; **d)** *inf. fut. fore* = *futūrum, am, um esse*; **3. futūrus** 3 (zu)künftig; *subst.* °**futūrum,** *ī u.* (*Ci.*) **-a,** *ōrum n die* Zukunft; ** *fore* = *esse u. fieri.*

fūr, *fūris m f* (*ferō*; *gr. Lw.*?) Dieb(in); / Schurke.

°fūrātim *adv.* (*fūr*) diebischerweise.

fūrāx, *ācis* (*m.* °*comp., sup., adv.*; *fūr*) diebisch.

furca, *ae f* (*et. unklar*) **1.** zweizinkige Gabel; Mistgabel; **2.** °**a)** Stützgabel (*für Bäume*); / Stütze; **b)** Gabelholz (*bei Auspeitschung*); °*ire sub -am* in schimpfliche Knechtschaft geraten; °**c)** Tragholz (*für Lasten*).

furci-fer, *erī m* (*furca, ferō*) Galgenstrick.

furcilla, *ae f (dem. v. furca)* kleine Gabel; Heugabel.
furcillō 1 *(furcilla; Pl.)* mit der Heugabel zu Leibe gehen [*fidem*]; (stützen?).
°**furcula,** *ae f (dem. v. furca)* Stütze; / Engpass.
furenter *adv. (furēns, part. praes. v. furō)* wütend.
°**furfur,** *uris m (et. unklar)* Kleie.
furia, *ae f (furō)* °**1.** Wut, Raserei; Brunst, Verzückung; **2.** / rasender Dämon; **3.** ♀ Rachegöttin, Furie; *pl.* **Furiae,** *ārum f mit den gr. Erinnyen verschmolzen.*
furiālis, e *(m.* °*adv.; furia)* **1.** wütend, wahnsinnig; (bacchantisch) begeistert; °**2.** in Raserei versetzend [*vestis*]; °**3.** ♀ zu den Furien gehörig; der Furien [*membra*].
°**furiātus** 3 *(furiō)* wütend, rasend, unsinnig.
furibundus 3 *(furō)* wütend; begeistert.
Furīna, *ae f röm. Göttin unbekannter Funktion, v. Cicero fälschlich m. den Furien in Verbindung gebracht.*
°**fūrīnus** 3 *(fūr)* Diebs... [*forum*].
°**furiō** 1 *(furia)* in Raserei versetzen; begeistern.
furiōsus 3 *(m.* °*comp.,* °*sup., adv.; furia)* rasend, unsinnig; begeisternd.
Fūrius 3 *Name einer patriz. gens: M.* ~ *Camillus Eroberer v. Veji, Besieger der Gallier 390.*
furnāria, *ae f (furnus)* Bäckerei.
°**furnus,** *ī m (cf. fornāx)* Backofen, Backstube, Backhaus.
furō, — — 3 *(et. mehrdeutig, vl.* ⟨**dhusō* „rasen, stürmen") **1.** einherbrausen, hineilen; **2.** / rasen, schwärmen, begeistert sein: °**a)** *v. prophetischer Begeisterung;* **b)** *v. sinnlicher Raserei;* °**c)** *v. bacchantischer Lust;* °**d)** *vom Rasen der Elemente.*
furor[1], *ōris m (furō)* **1.** Wahnsinn, Verblendung; **2. a)** Empörung, Aufruhr; °**b)** Kampfwut, Kriegswut; ♀ *(im Gefolge des Mars);* **c)** Zorn, Wut, blinde Leidenschaft; **d)** kultische Raserei; °**e)** Liebeswahnsinn, Brunst; Geliebte; °**f)** Gier *nach* [*lucri*]; °**3.** Aufruhr der Elemente, *das* Toben [*maris*]; **4.** Begeisterung, Verzückung.
fūror[2] 1 *(fūr)* **1.** stehlen; °**2.** / **a)** entziehen [*oculos labori*]; **b)** erschleichen [*civitatem*]; annehmen [*speciem*]; Handstreiche ausführen.
°**fūrti-ficus** 3 *(fūrtum, faciō)* diebisch.
fūrtim *adv. (fūr)* verstohlen, heimlich.
fūrtīvus 1 *(m.* °*adv.; fūrtum)* °**1.** gestohlen; **2.** / verstohlen, heimlich [*amor*].
fūrtum, *ī n (fūr)* **1.** Diebstahl; **2.** gestohlenes Gut; °**3. a)** Heimlichkeit; heimliche Liebschaft; **b)** Hinterlist, Gaunerei; *pl.* Schliche; **c)** Handstreich, Kriegslist; **d)** geheimer Vorwand.
°**fūrtus,** *ūs m (fūr)* Diebstahl.
fūrunculus, *ī m (dem. v. fūr)* elender Spitzbube.
°**furvus** 3 *(cf. fuscus)* schwarz; finster.
fuscina, *ae f (et. ungedeutet)* Dreizack.
°**fuscō** 1 *(fuscus)* schwärzen.
fuscus 3 *(cf. furvus; engl.* dusk „trübe") dunkel(braun); schwärzlich; / dumpf [*vox*].
fūsilis, e *(fundō*[2]*)* geschmolzen, gegossen, flüssig.
fūsiō, *ōnis f (fundō*[2]*)* Ausguss, -fluss.
fūstis, *is m (abl. sg. -e u. -ī; cf. mhd.* busch „Knüttel") Knüttel, Stock.
fūsti-tūdīnus 3 *(-dīnus?; fūstis, tundō; Pl.)* mit dem Stock schlagend; *(scherzh.) insula -a* Arbeitshaus.
fūstuārium, *ī n (fūstis) (sc. supplicium) das* Totprügeln *(mil. Strafe).*
°**fūsus**[1], *ī m (et. nicht klar)* Spindel *(Attribut der Parzen).*
fūsus[2] 3 *(m.* °*comp., adv.; fundō*[2]*)* hingegossen: / °**1. a)** hingestreckt, lagernd [*humi*]; **b)** ausgedehnt [*campi*]; °**2.** (herab)wallend; °**3.** fleischig, stark [*corpora*]; **4.** ausführlich, weitläufig [*-e dicere*].
fūtātim *adv. (fundō*[2]*?; Pl.)* reichlich, häufig.
fūtilis, e *(u. futt-; vl. zu fundō*[2]*)* °**1.** durchlässig; zerbrechlich; *canis* nicht stubenrein; **2.** / unzuverlässig, eitel, nichtig; °*adv.* **-e** eitel, unnütz.
fūtilitās, *ātis f (u. futt-; fūtilis)* Nichtigkeit, leeres Geschwätz.
°**futuō,** *tuī, tūtum* 3 *(vulgär; cf. battuō)* huren, beschlafen *(auch abs.).*
futūrus 3 *s. fuō.*
°**futūtiō,** *ōnis f (futuō)* Beischlaf.
°**futūtor,** *ōris m (futuō)* Beischläfer.
°**futūtrīx,** *īcis f (futūtor)* Tribade; *auch adi.*

G

°**gabata,** ae *f* (*Fw. aus einer orientalischen Spr.*) Schale, Schüssel.

Gabiī, ōrum *m St. in Latium*; *adi. u. Einw.* Gabīnus (3); °saxum -um Tuffstein; cinctus -us (*urspr. rituelle*) *Gürtung der Toga, bei der man den über die linke Schulter geschlagenen Zipfel unter dem r. Arm durchzog.*

Gabīnius 3 *röm. Gentilname:* A. ~, *Volkstribun 67* [lex -a *Antrag auf Übertragung des Oberbefehls gegen die Seeräuber an Pompejus*].

Gādēs, ium *f phönikische St. im sw. Spanien, j.* Cadiz; *adi. u. Einw.* -ītānus (3); -ītānae *Tänzerinnen aus* ~.

gaesum, ī *n* (*gall. Fw.*; *cf. nhd.* „Ger") *schwerer* Wurfspieß *der Gallier.*

Gaetulī, ōrum *m Nomadenvolk in Algerien*; *adi.* -us 3 afrikanisch.

Gāius, ī *m* (*im Vers auch dreisilbig*) *röm. Vorn., Abk.* C.; Gāius *u.* Gāia *Bezeichnung v. Bräutigam u. Braut*; *adi.* -iānus 3 *des* ~ (*d.h. des Kaisers Caligula*).

Galatae, ārum *m kleinasiatische Kelten, um 275 eingewandert, später nur noch Einw. v.* **Galatia,** ae *f Landsch. am mittleren Halys* (*cf.* Celtae, Gallī).

Galatēa, ae *f* (*gr.* -lạtēịa) *Tochter des Nereus, Meernymphe.*

°**galba,** ae *f* (*gall. Lw.*) **1.** Larve des Eschenspinners; **2.** Schmerbauch; **3.** ♀ *röm. cogn.*: Ser. Sulpicius ~, *röm. Kaiser 69 n. Chr.*; -iānī, ōrum *m* Anhänger Galbas.

°**galbanum,** ī *n* (*gr. Lw. sem. Ursprungs*) Galban (*wohlriechendes Harz*); *adi.* -neus 3 aus G.

°**galbeum,** ī *n u.* °**-us,** ī *m* (*cf.* galba) mit Heilmitteln getränkte wollene Armbinde.

°**galbinātus** 3 (galbinus) mit einem galbinum, *d.h.* modisch, weibisch gekleidet.

°**galbinus** 3 (galbus — *gall. Lw.* — „gelber Vogel, *vl.* Goldammer") grüngelb; / weichlich; *subst.* **-um,** ī *n* grüngelbes Modegewand der Männer.

°**galbulus,** ī *m* (*dem. v.* galbus; *s.* galbinus) *Vogel m. grüngelbem Gefieder, vl. Goldammer.*

galea, ae *f* (*gr. Lw.* „Wiesel, Marder") (Leder-)Helm.

°**galeō** 1 (galea) mit einem Helm bedecken, den Helm aufsetzen; (*P. P. P.*) *adi.* **galeātus** 3 (*Ci.*) mit Helm [*Minerva*].

°**galēriculum,** ī *n* (*dem. v.* galērum = galērus) kleine Kappe aus Fell; / kleine Perücke.

°**galērītus** 3 (galērus) mit einer Fellkappe.

°**galērus,** ī *m* (*gr. Fw.* „aus Wiesel- *od.* Marderfell"; *cf.* galea) Pelzkappe; / Perücke.

°**galla**[1], ae *f* (*eigtl.* „kugeliger Auswuchs"; *cf. altind.* gulma „Geschwulst") Gallapfel.

Galla[2] *s.* Gallī[1].

Galla[3] *s.* Gallī[2].

Gallī[1], ōrum *m* (*cf.* Celtae, Galatae) *lat. Gesamtname aller kelt. Stämme, bsd. in Frankreich u. Oberitalien*: Gallier, Kelten; *sg.* **-us,** ī *m u.* **-a,** ae *f*; *ihr Land* **Gallia,** ae *f*: **I. Gallia cisalpīna** (citerior, togāta) = Oberitalien; **II. Gallia trānsalpīna** (ulterior, comāta *od. pl.* Galliae) = Gallien, Frankreich: **1.** G. Narbonēnsis (Prōvincia) = *Provence bis zur Rhone, seit 121 römisch*; **2.** Aquitānia = *Südwestgallien bis zur Loire*; **3.** G. Celtica (Lugdunēnsis) *zw. Loire, Seine u. Marne*; **4.** G. Belgica, *seit Augustus das ganze nö. Gallien*; *adi.* Gallicus 3, *ager* Gallicus *Landstrich in Umbrien*; Gallicānus 3 aus Umbrien; Gallus 3 gallisch.

Gallī[2], ōrum *m* (*gr. Fw., vl. aus dem Phrygischen stammend*) *verschnittene Priester der Kybele*; *sg.* **-us,** ī *m*; (*scherzh.*) **-a,** ae *f*; *adi.* -icus 3; turba -a = Priester der Isis.

°**galliambus** *u.* **-os,** ī *m* (*acc.* -on; *gr. Fw.*; *cf.* Gallī[2]; iambus) *ein v. den Galli beim Kybelekult gesungenes Lied,* Galliambus.

gallica, ae *f* (Gallicus; *s.* Gallī[1]; *sc.* solea) *in Gallien üblicher Holzschuh,* Sandale.

gallīna, ae *f* (gallus) Henne, Huhn; (°*Kosewort*) „mein Hühnchen"; °*ad Gallinas* „Hühnerhof" (*Villa bei Rom*).

gallīnāceus *u.* **-cius** 3 (gallīna) Hühner...

gallīnārius 3 (*gallīna*) Hühner...; *subst.* ~, *ī m* Hühnerwärter.

gallus¹, *ī m* (*Lw. aus einer vorder-asiat. Spr.*) Hahn.

Gallus² *s. Gallī¹*.

Gallus³ *s. Gallī²*.

Gallus⁴ 3 *röm. cogn.*: *C. od. Cn. Cornēlius* ~, *Elegiker, Freund Vergils.*

****gamba,** *ae f* Fessel; Bein.

gamēliōn, *ōnis m* (*gr. Fw.*) *attischer* Monat Gamelion (*Januar/Februar*).

gānea, *ae f u.* (*altl.*) **-eum,** *ī n* (*vulgär; et. ungedeutet; vl. gr. Fw.*) **1.** Kneipe; Bordell; °**2.** / Schlemmerei. [Wüstling.

gāneō, *ōnis m* (*gānea*) Schlemmer,

°**gangaba,** *ae m* (*persisches Lw.*) Lastträger.

Gangēs, *is m* (*acc. auch -ēn*) *Hauptfl. Indiens; adi.* -*ēticus* 3 *u.* -*ētis, itis f.*

°**ganniō,** — — 4 (*v. Naturlaut der Hunde u. Füchse*) kläffen; / (*vom Menschen*) belfern.

°**gannītus,** *ūs m* (*ganniō*) *das* Gekläff (*kleiner Hunde*); / (*v. Menschen*) *das* Belfern.

Ganymēdēs, *is m* (*gen. auch -ī, acc. auch -ēn*) *Mundschenk Jupiters; adi.* -*mēdēus* 3.

****garcio,** *onis m* Knappe, Diener.

garriō 4 (*Schallwort*) **1.** (*intr.*) schwatzen, plaudern; **2.** (*trans.*) (her)plappern. [schwätzigkeit.

°**garrulitās,** *ātis f* (*garrulus*) Ge-

°**garrulus** 3 (*garriō*) geschwätzig; *subst.* ~, *ī m* Schwätzer.

°**garum,** *ī n* (*gr. Fw.*) Fischtunke.

Garumna, *ae m Fl. in Gallien, j. Garonne;* **-nī,** *ōrum m Stämme an d.* ~.

gaudeō, *gāvīsus sum* 2 (<**gāvideō*) **1.** sich (*innerlich*) freuen (*Ggs. laetor*), froh sein: **a)** (*intr.*) [*laudibus; quod*]; °*gaudent scribentes* sie schreiben nach Herzenslust; **b)** (*trans.*) [°*dolorem; kl. meist a.c.i.; dcht. u. später auch inf.*]; °**2.** / *etw.* lieben, gern haben; °**3.** *inf.* (*briefliche Begrüßungsformel*) Gruß [*Celso -ere refer*].

gaudium, *ī n* (*gaudeō*) **1.** (*innere*) Freude (*Ggs. laetitia*); °**2.** Genuss; *corporis* Wollust; °**3.** / Liebling.

gaulus, *ī m* (*gr. Fw.; Pl.*) kahnförmige Trinkschale.

°**gausapa,** *ae f;* **-e,** *is u.* **-um,** *ī n;* **-ēs,** *is m* (*gr. Fw.; aus Balkanspr. stammend*) Fries (-kleid, -decke); Wischtuch; ** Tischtuch.

°**gausapātus** 3 (*gausapa*) mit Fries bekleidet.

°**gausapinus** 3 (*gausapa*) aus Fries (gemacht); *subst.* **-a,** *ae f* Gewand aus Fries.

gaza, *ae f* (*gr. Fw.; aus dem Persischen stammend*) **1.** Schatz(kammer) des Perserkönigs; **2.** Schätze, Kleinodien; °**3.** Besitz; Vorrat.

****gehenna,** *ae f* Hölle.

Gela, *ae f* (*gr. -ā*) *St. im südl. Sizilien; adi.* -*lōus* 3; *Einw.* -*lēnsēs, ium m.*

°**gelasīnus,** *ī m* (*gr. Fw.*) Grübchen.

gelidus 3 (*m. comp.,* °*sup.,* °*adv.; gelū*) eisig, (eis)kalt [*aqua*]; °/ kalt machend [*mors*]; °*subst.* **-a,** *ae f* kaltes Wasser.

°**gelō** 1 (*gelū*) zum Gefrieren bringen.

°**gelū,** *ūs u.* **-um,** *ī n* (*cf. nhd.* „kalt") Eiskälte, Frost; Erstarrung.

°**gemebundus** 3 (*gemō*) seufzend.

°**gemelli-para,** *ae f* (*gemellī, pariō*) Zwillingsmutter. [*geminus.*

gemellus 3 (*dem. v. geminus*) =

geminātiō, *ōnis f* (*geminō*) Verdoppelung.

geminō 1 (*geminus*) **1.** (*trans.*) **a)** verdoppeln; wiederholen; °**b)** paaren, vereinigen (*avibus dat.*); °**2.** (*intr.*) doppelt sein.

geminus 3 (*m.* °*sup.,* °*adv.; altl. sup. -nissumus; et. ungedeutet*) **1.** Zwillings...; *subst.* ~, *ī m* Zwilling; °*Geminī Gestirn* „Zwillinge"; **2. a)** doppelt, zweifach, beide, *ein* Paar [*aures*]; °**b)** doppelt gestaltet [*centauri*]; **3.** wie Zwillinge gleich.

gemitus, *ūs m* (*altl. gen. -ī; gemō*) *das* Seufzen, Stöhnen; °Getöse; °/ Betrübnis.

gemma, *ae f* (*et. unklar*) **1.** Knospe, Auge (*einer Pflanze*); **2.** / **a)** Edelstein; Gemme; °**b)** *mit Edelsteinen besetzter* Becher; Siegelring; °**c)** Perle; °**d)** Auge *im Pfauenschweif.*

°**gemmātus** 3 (*gemma*) mit Edelsteinen *od.* Perlen besetzt.

gemmeus 3 (*gemma*) aus Edelstein; °/ mit Edelsteinen geschmückt; glänzend, schimmernd.

°**gemmi-fer,** *era, erum* (*gemma, ferō*) Perlen mit sich führend; mit Edelsteinen *od.* Perlen geschmückt.

gemmō 1 (*gemma*) Knospen treiben; °/ von Edelsteinen funkeln; glänzen.

gemō, *uī, itum* 3 (*eigtl.* „bedrückt, beklommen sein"; *cf. nhd.* „Kummer") **1.** (*intr.*) **a)** stöhnen, seufzen; °**b)** tönen, dröhnen; ächzen; **2.** (*trans.*) beseufzen, beklagen [*virtutem*].

Gemōniae, *ārum f* (*sc. scālae*; *etr. Gentilnamen enthaltend, volkset. an gemō angelehnt*) *Treppe am Kapitol, über die man Hingerichtete schleifte.*

gena, *ae f* (*meist pl.*; *cf. nhd.* „Kinnlade") **1.** Wange, Backe; °**2.** / Auge(nhöhle).

Genava, *ae f St. der Allobroger, j.* Genf.

G

****genealogia,** *ae f* Geschlecht, Sippe.

geneālogus, *ī m* (*gr. Fw.*) Verfasser von Stammbäumen.

gener, *erī m* (<**gemeros nach genitor u. soc-er umgebildet*) **1. a)** Schwiegersohn; °**b)** Verlobter *od.* Geliebter der Tochter; °**2.** Schwager; °**3.** Mann der Enkelin *od.* Urenkelin.

generālis, e (*m. adv.*; *genus*) **1.** zum Geschlecht *od.* zur Gattung gehörig; **2.** allgemein; *adv.* **-iter** im Allgemeinen; ** öffentlich, gemein; *conventus* Volksversammlung; *subst.* ~, *is f* Dirne; **-e,** *is n* Universität.

°**generāscō,** — — 3 (*incoh. v. generō*) erzeugt werden, sich der Gattung des Erzeugers anpassen.

generātim *adv.* (*genus*) **1.** klassenweise, nach Gattungen, Stämmen; **2.** im Allgemeinen, überhaupt.

****generatio,** *onis f* Zeugungsfähigkeit; Generation; Sippe; Menschenalter.

generātor, *ōris m* (*generō*) **1.** Erzeuger, Stammvater; °**2.** Züchter.

generō 1 (*genus*) (er)zeugen, hervorbringen.

generōsus 3 (*m.* °*comp.*, °*sup.*, °*adv.*; *genus*) adlig, edel (geboren); / edelmütig, hochherzig.

°**genesis,** *is f* (*acc. -im u. -in, abl. -ī*; *gr. Fw.*) **1.** Schöpfung; **2.** Horoskop.

genesta = *genista.*

****genethliacus,** *i m* Horoskopsteller, Astrolog.

°**genetīvus** 3 (*gignō*) angeboren; (*gramm. t.t.*) (*casus*) Genetiv.

°**genetrīx,** *īcis f* (*genitor*) Erzeugerin, Mutter; *urbium* Mutterstadt.

geniālis, e (*m.* °*adv.*; *genius*) **1.** dem Genius geweiht; hochzeitlich, ehelich [*lectus* Ehebett]; °**2.** (den Genius erfreuend =) fröhlich, heiter.

geniculātus 3 (*geniculum, dem. v. genū*) knotig.

°**genista,** *ae f* (*wohl etr. Fw.*) Ginster.

°**genitābilis,** e (*gignō*) die Zeugung fördernd, befruchtend.

°**genitālis,** e (*m. adv.*; *gignō*) zur Zeugung gehörig, erzeugend, Geburts... [*dies*]; (*membra*) *genitalia* Geschlechtsteile.

genitīvus 3 = *genetīvus.*

genitor, *ōris m* (*gignō*) Erzeuger, Vater; °/ Urheber, Schöpfer.

°**genitūra,** *ae f* (*gignō*) Geburtsstunde; Horoskop; Nativität.

°**genius,** *ī m* (*voc. -ī*; *gignō*; *cf. got.* kuni „Geschlecht") **1.** *der* Genius, *die Verkörperung der männlichen Zeugungskraft*; *der* Schutzgeist, *der den Menschen durch sein Leben begleitet*; *-um vino curare* sich mit Wein gütlich tun; *belligerare cum -o suo* sich nichts gönnen; **2.** Schutzgeist von Örtlichkeiten [*loci*]; **3.** / Gönner, Gastgeber.

genō 3 (*altl.*) = *gignō.*

gēns, *gentis f* (*gignō*; *cf. nhd.* „Kind") **1. a)** Geschlecht, Familie, Sippe (*urspr. nur v. Patriziern*: °*sine gente* von niederem Stande, ohne Ahnen); *patres maiorum gentium* Senatoren aus alten patriz. Familien, *minorum gentium* aus Familien, deren Ahnen erst unter Tarquinius Priscus in den Senat kamen; / *di maiorum gentium die* höheren, *minorum gentium die* niederen Götter; **b)** Abkömmling, Spross [*deum*]; **2. a)** Volksstamm, Völkerschaft; *ubi(nam) gentium* wo in aller Welt?; **b)** Gemeinde; °**c)** Landschaft, Gegend; **3.** = *genus*: **a)** Geschlecht [*humana*]; °**b)** Art, Gattung [*vulpium*]; ** gewöhnliche Leute; Heiden.

genticus 3 (*gēns*; *Ta.*) einem Volk eigen(tümlich); national [*mos*].

gentīlicius 3 (*gentīlis*) Geschlechts...

gentīlis, e (*gēns*) **1.** °**a)** zu derselben Sippe (*gens*) gehörig; **b)** *subst.* ~, *is m* Verwandter; °**2.** national, vaterländisch; ** heidnisch; *libri -es* antike Autoren; *subst.* ~, *is m der* Heide.

gentīlitās, *ātis f* (*gentīlis*) Sippenverwandtschaft; *pl.* Gentilverbände; ** Nation; Heidentum.

genū, *ūs n* (°*dat. pl. -ubus; genua* °*zweisilbig; cf. nhd.* „Knie") Knie.
°**genuāle,** *is n* (genū) Kniebinde.
genuīnus[1] 3 (*m.* °*adv.; gignō; cf. ingenuus*) angeboren, natürlich.
genuīnus[2] 3 (*gena*) Backen... [*dens*]; °*subst.* ~, *ī m* Backenzahn.
genus[1], *eris n* (*gignō*) Geschlecht: **1. a)** Geburt, Abstammung; **b)** hohe Geburt, Adel; **2. a)** Volk, Volksstamm; **b)** Familie, Haus; °**c)** Sprössling; **3. a)** (*physisch*) Geschlecht [*virile*]; **b)** Gattung; Klasse, Art, Schlag; Rasse; °**c)** (*gramm. t.t.*) Geschlecht, Genus [*femininum*]; **d)** Art und Weise, Beschaffenheit; [*dicendi* Redeweise, Stil, Sprache; °*vitae* Lebensweise]; Hinsicht, Beziehung, Verhältnis.
genus[2], *ūs m n* (*dcht.*) = *genū.*
****geodesia,** *ae f* Erdvermessung.
geōgraphia, *ae f* (*gr. Fw.*) Erdbeschreibung.
geōmetrēs, *ae m* (*gr. Fw.*) Feldmesser; Mathematiker.
geōmetria, *ae f* (*gr. Fw.*) Feldmesskunst, Geometrie, Mathematik.
geōmetricus 3 (*m.* °*adv.; gr. Fw.*) zur Feldmesskunst gehörig, geometrisch; *subst.* **-a,** *ōrum n* Geometrie.
°**geōrgicus** 3 (*gr. Fw.*) den Landbau betreffend; *subst.* **Geōrgica,** *ōrum n Vergils Dichtung vom Landbau.*
Gergovia, *ae f St. der Arverner.*
Germānī, *ōrum m* (*wohl keltischer Name*) Germanen; *ihr Land* **-nia,** *ae f; pl.* Ober- u. Niedergermanien; *adi.* -n(ic)us 3; *subst.* **-nicus,** *ī m Ehrenname wegen siegreicher Kriegführung i. G.*: **1.** *Germānicus Caesar Drusus' Sohn*; **2.** (*sc. nummus*) *Goldmünze m. Kopf Domitians*; °*adi.* -*niciānus* 3 in Germanien stationiert [*exercitus*].
germānitās, *ātis f* (*germānus*) **1.** Brüderschaft, Schwesterschaft; °**2.** Verbrüderung.
germānus 3 (*m. sup., adv.; urspr. subst. -us, -a* „Bruder (Schwester) von denselben Eltern"; *germen*) **1.** (*v. Geschwistern*) leiblich, echt [*frater*]; °*subst.* **-us,** *ī m* (leiblicher) Bruder, **-a,** *ae f* Schwester; **2.** / °**a)** (ver)traut; brüderlich, schwesterlich; **b)** echt, wahr, wirklich, auf richtig.
germen, *inis n* (*dissim. aus* °*gen-men; gignō*) **1.** Keim, Spross; °**2.** Sprössling; Stamm.
°**germinō** 1 (*germen*) keimen, sprossen.
gerō, *gessī, gestum* 3 (<**gesō*; *et. ungedeutet*) **1.** °**a)** tragen, hinschaffen [*saxa in muros*]; °**b)** (an sich, mit sich) tragen [*vestem*]; **c)** *prae se -ere* an den Tag legen, zeigen; *personam gerere* eine Rolle spielen [*regis*]; **d)** in sich haben, hegen, nähren [°*animum invictum*]; *morem ~ alci* sich jd. fügen; °**e)** hervorbringen [*silva frondes*]; **f)** *se -ere* sich betragen, sich benehmen, sich zeigen [*ita, honeste, pro cive*]; **2. a)** ausführen, ausüben, verrichten, verwalten, besorgen, führen [*bellum*]; bekleiden [*magistratum*]; leiten [*rem publicam*]; betreiben [*negotia*]; *rem bene* (*male*) *-ere* eine Sache gut (schlecht) ausführen, ein gutes (schlechtes) Geschäft machen, glücklich (unglücklich) kämpfen; **rēs gestae** (= **gesta,** *ōrum n*) (Kriegs-)Taten; **b)** P. geschehen, vorgehen [*dum haec geruntur*]; °**c)** (*eine Zeit*) hinbringen, verleben [*aetatem*].
°**geronticōs** *adv.* (*gr. Fw.*) nach Greisenart.
°**gerrae,** *ārum f* (*gr. Lw.*) Possen, Lappalien.
°**gerrēs,** *is m* (*et. unklar*) *kleiner minderwertiger Seefisch.*
°**gerrīnum,** *ī n* (*gerrae*) Narrenkleid (?).
°**gerrō,** *ōnis m* (*gerrae*) Possenreißer.
°**geruli-figulus,** *ī m* (*gerulus, figulus*) Helfershelfer.
°**gerulus,** *ī m* (*gerō*) Träger; ** Bote.
°**gerūsia,** *ae f* (*gr. Fw.*) Altersheim.
Gēryōn, *onis u.* **-onēs,** *ae m* (*gr.* -ọn *u.* -ọnēs) *dreileibiger Riese auf der südspan. Insel Erytheia; Herkules entführte ihm seine Rinder.*
°**gestāmen,** *inis n* (*gestō*) **1.** Bürde, Last; **2.** Trage, Bahre; Sänfte.
°**gestātiō,** *ōnis f* (*gestō*) **1.** Ausfahrt; **2.** Promenade, Allee, Reitbahn.
°**gestātor,** *ōris m* (*gestō*) **1.** Träger; **2.** *der* Ausgetragene, Ausgefahrene.
°**gestātōrius** 3 (*gestō*) zum Tragen dienend; *sella -a* Sänfte.
°**gesticulātiō,** *ōnis f* (*gesticulor*) bezeichnende Bewegung, Geste.
°**gesticulor** 1 (*gesticulus, dem. v. gestus*) **1.** (*intr.*) gestikulieren; **2.** (*trans.*) durch Gesten ausdrücken.
gestiō[1], *ōnis f* (*gerō*) Ausführung.

gestiō[2] 4 (*altl. impf. -ībant; gerō*) **1.** (*intr.*) vor Freude ausgelassen sein, frohlocken; **2.** (*trans.*) heftig verlangen [*scire*]. [pflegen.]
°**gestitō** 1 (*frequ. v. gestō*) zu tragen
gestō 1 (*intens. v. gerō*) **1.** (*trans.*) **a)** tragen, fahren; °/ *in sinu od. in oculis* abgöttisch lieben; °**b)** P. sich tragen lassen, fahren; *equo* reiten; °**c)** zutragen, hinterbringen [*verba*]; °**2.** (*intr.*) sich tragen, fahren lassen. [krämer.]
°**gestor,** *ōris m* (*gerō*) Neuigkeits-
gestus, *ūs m* (*gerō*) **1.** Haltung [*corporis*]; Bewegung; **2.** Gebärde(nspiel), Geste.
Getae, *ārum m thrakischer Stamm i. d. heutigen Ukraine*; *sg.* **-ta** *u.* **-tēs**; *adi. -ticus* 3.
°**gibba,** *ae f* (*gibbus*) Höcker.
°**gibber**[1], *era, erum* (*gibbus*) buckelig. [Höcker.]
gibber[2], *eris m n* (*gibbus*) Buckel,
gibbus, *ī m* (*cf. norwegisch* keiv „schief") Buckel; Rundung; Ge-[schwulst.]
****giga,** *ae f* Geige.
Gigās, *antis m* schlangenfüßiger Riese; *adi. -antēus* 3.
gignō, *genuī, genitum* 3 (*gī-?; praes. redupliziert für altl. genō; cf. genus; nhd.* „Kind") **1.** (er)zeugen; gebären; hervorbringen; °*subst.* °**gignentia,** *ium n* Geschöpfe, Gewächse; **2.** / verursachen.
°**gilvus** 3 (*gall. Lw.; cf. nhd.* „gelb") honigfarben, isabellfarbig.
°**gingīva,** *ae f* (√ **geng-*, **gong-* „Klumpen, klumpig") Zahnfleisch.
ginnus *s. hinnus.*
girrēs = *gerrēs.*
°**glaber,** *bra, brum* (<**gladh-ros; cf. nhd.* „glatt; Glatze") glatt, kahl; *subst.* **-brī,** *ōrum m* enthaarte Sklaven, Lustknaben.
glabrāria, *ae f* (*glaber; Ma.*) (*m. scherzh. Doppelbedeutung v. einer Frau*) **1.** glatt geschorene Sklaven liebend; **2.** glatt geschoren = des Vermögens beraubt.
°**glaciālis,** *e* (*glaciēs*) eisig, Eis...
°**glaciēs,** *ēī f* (*zu gelū*) Eis; Kälte; / Sprödigkeit, Härte [*aeris*].
°**glaciō** 1 (*glaciēs*) in Eis verwandeln.
gladiātor, *ōris m* (*gladius*) **1.** Fechter, Gladiator; **2.** (*Schimpfwort*) Bandit; **3.** (*pl.*) Gladiatorenkämpfe, -spiele [*dare*].
gladiātōrius 3 (*gladiātor*) Gladiatoren...; °*subst.* **-ium,** *ī n* (*sc. auctōrāmentum*) Handgeld *für Freie, die sich als Gladiatoren anwerben ließen.*
°**gladiātūra,** *ae f* (*gladiātor*) Gladiatorenkampf. [*-us*) kleines Schwert.]
°**gladiolum,** *ī n* (*dem. v. gladium* =
gladius, *ī m* (*wohl kelt. Lw.*) *kurzes zweischneidiges* Schwert *für Hieb u. Stoß* (*Ggs. ēnsis*); Waffe(n); *licentia gladiorum* Mordtaten.
glaeb... = *glēb...*
°**glaesum,** *ī n* (*germ. Lw.; ahd.* glās „Bernstein") Bernstein.
glandi-fer, *era, erum* (*glāns, ferō*) Eicheln tragend.
glandiōnida, *ae m* = *glandium.*
°**glandium,** *ī n* (*glāns*) Drüsenstück (*vom Schweinehals als Leckerbissen*).
°**glandulae,** *ārum f* (*dem. v. glāns*) = *glandium.*
glāns, *glandis f* (*cf. balanus*) **1.** jede Kernfrucht, *bsd.* Eichel; **2.** Schleuderkugel. [Kies, Steinchen.]
glārea, *ae f* (<**grārejā; grā-num*)
°**glāreōsus** 3 (*glārea*) voll Steinchen.
°**glaucina,** *ōrum n* (*glaucion gr. Fw.* „Schöllkraut") Schöllkrautsalbe.
°**glaucōma,** *atis n u. ae f* (*altl. u. vulgär -cūma; gr. Fw.*) (*med. t.t.*) grüner Star; / blauer Dunst.
°**glaucus** 3 (*gr. Fw.*) blaugrau; graugrün.
glēba, *ae f* (*cf. globus*) **1.** Erdscholle; °**2.** Acker, Boden; **3.** Klumpen, Stückchen.
°**glēbula,** *ae f* (*dem. v. glēba*) Stückchen Acker; Klümpchen.
glēsum = *glaesum.* [Siebenschläfer.]
°**glīs,** *glīris m* (*cf. galea*) Haselmaus,
glīscō, — — 3 (*et. unklar*) in Glut geraten; / überhand nehmen.
globōsus 3 (*globus*) kugelförmig.
globus, *ī m* (*cf. glēba, nhd.* „Kolben") Kugel, Klumpen; Feuerkugel; / dichter Haufe; Verein, Klub; Clique.
glomerāmen, *inis n* (*glomerō; Lu.*) zusammengeballtes Kügelchen; *pl.* runde Atome.
°**glomerō** 1 (*glomus*) **1. a)** (zu einem Knäuel) zusammenballen, aufwickeln; *annus* (*sc. se*) *glomerans* Kreislauf des Jahres; **b)** (zu einem Kloß) zusammenballen; **c)** *gressūs superbos* stolz einhertraben; **2.** / zusammendrängen, -häufen, verdichten; *se -are u. mediopass.* sich (zusammen)drängen.

°**glomus,** *eris n (im Vers auch -ō-; cf. globus, nhd.* „klemmen") Knäuel.

glōria, *ae f (et. unklar)* **1.** Ruhm; Ehre, Zierde; °*pl.* Ruhmestaten; **2.** Ruhmsucht, Ehrgeiz; **3.** Prahlerei. [redigkeit.

glōriātiō, *ōnis f (glōrior)* Ruhm-

****glorificatio,** *onis f* Lobpreis, Ansehen, Anerkennung.

****glorifico** 1 preisen; rühmen.

glōriola, *ae f (dem. v. glōria)* ein bisschen Ruhm.

glōrior 1 *(glōria)* sich rühmen, prahlen [*victoriā*], viel Rühmens machen *von* [*de suis beneficiis*], seinen Ruhm suchen [*in virtute*].

glōriōsus 3 *(m. comp., sup., adv.; glōria)* **1.** ruhmvoll, rühmlich; **2.** ruhmsüchtig, ehrgeizig; **3.** prahlerisch. [Textstelle.

****glossa,** *ae f* Erklärung einer

°**glōssēma,** *atis n (gen. pl. -matum u. -matōrum; gr. Fw.) veraltetes od. fremdartiges Wort, das durch ein bekanntes Wort erklärt werden muss,* Glossem.

°**glūbō,** *psī, ptum* 3 *(cf. nhd.* „klauben"; *gr. Fw.* „Glyptothek") abschälen; berauben. [Leim.

°**glūten,** *inis n (cf. nhd.* „Kleie")

glūtinātor, *ōris m (glūtinō* 1 [zusammen]leimen; *glūten)* Buchbinder.

°**gluttiō** *u.* **glūtiō** 4 *(cf. gula)* hinunterschlürfen.

Glycera, *ae f (gr. -kẹrā)* **1.** *ber. Hetäre i. Athen, Geliebte Menanders;* **2.** *Name einer fingierten Geliebten b. Horaz u. Tibull.*

Gnaeus, *ī m (altl. Gnaivos = naevus) röm. Vorname; Abk. Cn.*

°**gnāritās,** *ātis f (gnārus)* Kenntnis.

gnāruris, e *(altl.) = gnārus.*

gnārus 3 *(cf. narrō; īgnōrō, nōscō)* **1.** kundig [°*linguae Latinae*]; °**2.** bekannt [*id Caesari*].

gnāscor, gnātus, gnāvus *u. ä. (altl.) = nāscor, nātus, nāvus usw.*

Gnōs(s)us, *ī f (gr.* Knōs[s]ọs) *St. auf Kreta, Residenz des Minos, des Vaters der Ariadne; adi. -si(ac)us* 3; *-sias, adis u. -sis, idis f* kretisch *(als subst. f* = Ariadne); *Einw.* **-siī,** *ōrum m.*

****gnostici,** *orum m die* Gnostiker *(Anhänger der relig. Bewegung der Gnosis).*

°**gōbius,** *ī u.* **-iō,** *ōnis m (gr. Fw., aus einer Mittelmeerspr. stammend)* Gründling *(Fisch).*

gonger = conger. [*Phrygiens.*

Gordium, *ī n (gr. -on) Hauptst.*

Gordius, *ī m (gr.-os) sagenhafter König v. Phrygien, bekannt durch den von ihm geknüpften Knoten.*

Gorgiās, *ae m (gr. -gịās) griech. Sophist aus Leontini auf Sizilien, 427 i. Athen.*

Gorgō, *onis u. ūs f (gr. -gọ̄), meist pl.* **-ones** *die 3 schlangenhaarigen Töchter des Phorkys (lat. -cus), deren Anblick in Stein verwandelte; der schrecklichsten, Medūsa od. nur Gorgō, schlug Perseus das Haupt ab; aus ihrem Blute entsprang das Flügelross Pegasus; das abgeschlagene Haupt trug Athene auf ihrem Schild od. Brustpanzer; adi. -oneus* 3 [*equus* = Pegasus; *lacus die durch den Hufschlag des Pegasus entstandene Quelle Hippocrēnē; s. d.*].

Gortȳni(ac)us 3 aus Gortyn *auf Kreta;* kretisch; *Einw.* **-ȳniī,** *ōrum*

gōrȳtus = *cōrȳtus.* [*m.*

Gotōnēs, *um m (-ŏ-?; -ĕ-?) germ. Volk a. d. unteren Weichsel (Goten?).*

grabātus, *ī m (jünger grabattus; makedonisches Lw.)* niedriges Ruhebett *(für Kranke);* ** Bahre.

Gracchus, *ī m röm. cogn. (urspr. etr.); s. Semprōnius; adi. Gracchānus* 3.

°**gracilis,** e *(m. comp., sup., -illimus, adv.; altl. f -la; dissim. aus *cracilis; eigtl.* „abgemagert"; *cf. altnord.* horr „Magerkeit") schlank, dünn, schmächtig; / knapp, dürftig; einfach, schlicht.

gracilitās, *ātis f (gracilis)* **1.** Schlankheit, Magerkeit; °**2.** / Einfachheit, Schlichtheit [*narrationis*].

°**grāculus,** *ī m (-ă-?; Schallwort; cf. nhd.* „krähen") Dohle.

°**gradārius** 3 *(gradus)* Schritt für Schritt gehend.

gradātim *adv. (gradus)* schrittweise, °stufenweise; nach und nach.

gradātiō, *ōnis f (gradus) (rhet. t.t.)* Steigerung *des Ausdrucks,* Klimax.

°**gradātus** 3 *(gradus)* abgestuft.

gradior, *gressus sum (gressus ⟨*grassus, nach den Komposita umgebildet; cf. litauisch* gridiju „gehen") schreiten, gehen.

Grādīvus 3 *(im Vers auch -ă-; ungedeutetes Fw. unbekannter Herkunft) Beiname des Mars.*

gradus, *ūs m* (*gradior*) **1.** Schritt; °*-um conferre* handgemein werden; / Schritt; *das* Herannahen [°*mortis*]; **2.** °**a**) (*t.t. der Fechtersprache*) Stellung, Stand; **b**) / *de -u deicere* aus der Fassung bringen; **3. a**) Stufe, Sprosse; *pl.* Treppe, Leiter; °**b**) Haarflechte; **c**) Tonstufe; **4.** / **a**) Grad; Reihenfolge; Verwandtschaftsgrad; Altersstufe; **b**) Rang, Würde.

Graecī, *ōrum m* (*gr.* Graikọi, *vl. urspr. Stamm um Dōdōna*; *gr. Gesamtname* Hẹllēnes) Griechen; *selten sg.* **-us,** *ī m n*; **-a,** *ae f*; *adi. Graecus* 3 [*subst. -um, ī n das* Griechische]; *-cānicus* 3; *Graeculus* 3 (*verächtlich*) [*subst. -us, ī m* Griechlein]; von den Griechen stammend, nach Art der Griechen.

Graecia, *ae f* (*gr.* Hellạs; *cf. Graecī*) **1.** Griechenland; **2.** Großgriechenland [*magna, maior*] = *das v. den Griechen besiedelte* Unteritalien.

graecissō 1 (*gr. Fw*; *Pl.*) griechische Art nachahmen.

°**graecor** 1 (*Graecus*) auf griechische Weise leben.

Graeculus, Graecus *s. Graecī.*

Grāiī *u.* **Grāī,** *ōrum u. um m* (*gr.* Grāẹ̄s) *altl. u. dcht.* = *Graecī*; *adi. -ius* 3.

Grāiocelī, *ōrum m kelt. Volk i. den Grajischen Alpen*; *cf. Ocelum.*

°**Grāiu-gena,** *ae m* (*Grāius*[1]; *gignō*) Grieche von Geburt.

Grāius[1] 3 *s. Grāiī.*

Grāius[2] 3 grajisch [*Alpes*].

°**grallātor,** *ōris m* (*grallae* Stelzen; *gradior*) Stelzenläufer.

grāma, *ae f* (?) Augenbutter.

°**grāmen,** *inis n* (*cf. nhd.* „Gras, grün") Gras; Pflanze, Kraut.

grāmineus 3 (*grāmen*) °**1.** grasig; **2.** aus Bambusrohr [*hasta*].

grammaticus 3 (*gr. Fw.*) °**1.** grammatisch; **2.** *subst.* **~,** *ī m* Sprachkundiger, Philologe, Gelehrter; **-a,** *ae f u.* **-a,** *ōrum n* Grammatik, Philologie.

°**grammatista,** *ae m* (*gr. Fw.*) Elementarlehrer.

grānārium, *ī n* (*grānum*) Kornboden, -speicher.

grand-aevus 3 (*grandis, aevum*) hochbetagt.

grandēscō, — — 3 (*incoh. zu grandis*) groß werden, wachsen.

grandiculus 3 (*dem. v. grandis*) ziemlich groß; ziemlich erwachsen.

grandi-fer, *era, erum* (*grandis, ferō*) sehr einträglich.

grandi-loquus 3 (*grandis, loquor*) **1.** großsprecherisch; **2.** großartig, feierlich *im Stile.*

grandinat 1 *impers.* (*grandō*) es hagelt.

grandiō, — — 4 (*altl. fut. -ībō*; *grandis*) vergrößern.

grandis, e (*m. comp., sup.,* °*adv.*; *wohl eigtl.* „aufgeschossen, schwellend") **1.** groß; lang; **2.** erwachsen; **3.** bejahrt [*natu*]; **4.** / **a**) großartig, bedeutend; **b**) erhaben, feierlich [*carmen*]; edel.

grandi-scāpius 3 (*grandis, scāpus*) großstämmig.

granditās, *ātis f* (*grandis*) Erhabenheit.

grandō, *inis f* (*cf. altkirchenslawisch* gradu „Hagel") Hagel.

Granīcus, *ī m* (*gr.* -kọs) *Fl. i. Mysien, Schlacht 334.*

grāni-fer, *era, erum* (*grānum, ferō*) Körner schleppend.

grānum, *ī n* (*cf. nhd.* „Korn, Kern") **1.** °**a**) Korn; **b**) Kern; °**2.** / Beere.

graphiārius 3 (*graphium*) zum Schreibgriffel gehörig; *theca -a od. subst.* **-um,** *ī n* Griffelbüchse.

graphicus 3 (*m. adv.*; *gr. Fw.*) **1.** malerisch; fein; **2.** leibhaftig.

graphium, *ī n* (*gr. Fw.*) (Schreib-) Griffel.

grassātor, *ōris m* (*grassor*) Wegelagerer, Bandit.

grassātūra, *ae f* (*grassor*) Landstreicherei, Banditentum.

grassor 1 (*intens. v. gradior*) **1.** (einher)schreiten; **2.** sich herumtreiben; **3.** / **a**) zu Werke gehen, verfahren [*dolo*]; erpicht sein *auf* [*ad gloriam*]; wüten *gegen* [*ferro in homines*]; **b**) (*abs.*) wüten [*vis*].

grātēs *f pl.* (*nur nom., acc.*; *abl. -ibus u. nur in feierlichen Formeln*; *grātus*) Dank [*habere* wissen; *agere* sagen]; Dankfest.

grātia, *ae f* (*grātus*) Gefälligkeit: **1.** °**a**) Anmut, Liebenswürdigkeit, Grazie; **b**) Gunst (*die man genießt*); Beliebtheit, Ansehen; *-am inire a populo* sich die Volksgunst erwerben; **c**) Freundschaft, Liebe; *in -am redire* sich aussöhnen [*cum patre*]; °*cum bonā -ā* in Güte; **2. a**) Gunst (*die man erweist*), Gefälligkeit, Gefallen, Gnade; Freude, Lust *an* [°*armorum*]; °*cum -ā consulis* zur Freude des Konsuls; **b**) Dank; *-as agere* sich bedanken;

-am habere dankbar sein; *-am referre* sich dankbar erweisen; *-am debere* Dank schulden; **3.** °a) **Grātiae,** *ārum f* (*gr.* Charites) *die* Grazien, *Göttinnen der Anmut* (*cf.* 1. a); **b**) **grātiā** *adv.* (*dem abhängigen gen. nachgestellt*) zuliebe, um ... willen [*ludorum*; *aber meā, tuā, nostrā, vestrā*] (*cf.* 2. a); **c**) **grātīs** (*älter grātiīs*) *adv.* „für bloßen Dank", unentgeltlich, umsonst; ** Huld, Gnade; *pl.* Gnadenerweisungen, Loblieder; *dei gratia* von Gottes Gnaden.

grātificātiō, *ōnis f* (*grātificor*) Gefälligkeit; / Schenkung, Landanweisung [*Sullana*].

grātificor 1 (*grātus, faciō*) **1.** (*intr.*) willfahren [*tibi*]; **2.** (*trans.*) darbringen, (auf)opfern [*sua populo*].

grātiōsus 3 (*m. comp., sup.*; *grātia*) **1.** (*act.*) Gunst erweisend, gefällig; **2.** (*pass.*) °a) aus Gunst, Gnade erteilt; **b**) Gunst genießend, beliebt, einflussreich [*apud publicanos, praetori*]; **c**) *subst.* ~, *ī m* Günstling.

grāt(i)īs *adv. s. grātia.*

°**grātor** 1 (*grātus*) = *grātulor.*

grātuītus 3 (*adv.* **-ō**; *grātīs*) unentgeltlich, uneigennützig; nicht erkauft.

grātulābundus 3 (*grātulor*) beglückwünschend.

grātulātiō, *ōnis f* (*grātulor*) Glückwunsch; Danksagung, -fest; Ehren-, Freudentag.

grātulātor, *ōris m* (*grātulor*) Gratulant.

grātulor 1 (*v.* **grāti-tulos*; *grātus* + *tulō altl. praes. zu tulī*) **1.** Glück wünschen *zu* [°*victoriam*; *de reditu*]; °**2.** freudig danken.

grātus 3 (*m. comp., sup., adv.*; *urspr. sakrales Wort, cf. altind.* gūrtáh „willkommen") **1.** erwünscht, willkommen, dankenswert, angenehm, teuer, lieb; *-um facere* einen Gefallen tun; °**2.** anmutig, lieblich, hold; **3.** dankbar [*parentibus, in deos*].

°**gravanter** *adv.* (*gravāns, part. praes. v. gravō*) = *gravātē.*

grāvāstellus (*-ăst-?*) *s. rāvistellus.*

gravātē *u.* °**-tim** *adv.* (*gravātus, P.P.P. v. gravō*) ungern; *non* ~ ohne Umstände.

gravēdinōsus 3 (*gravēdō*) verschnupft.

gravēdō, *inis f* (*gravis*) *der* Stockschnupfen.

gravēscō, — — 3 (*incoh. zu gravis*) schwer werden; / sich verschlimmern.

graviditās, *ātis f* (*gravidus*) Schwangerschaft.

°**gravīdō**[1], *inis f* = *gravēdō.*

gravidō[2] 1 (*gravidus*) °**1.** schwängern; **2.** / befruchten.

gravidus 3 (*gravis*) **1. a**) schwanger; °**b**) trächtig; °**2.** / voll, beladen, reich.

gravis, e (*m. comp., sup., adv.*; *cf. brūtus*) **1. a**) schwer, gewichtig; **b**) dumpf, tief [*vox*]; **c**) (ge)wichtig [*testis*]; **d**) bedeutend, mächtig; angesehen [*civitas*]; ernst, ehrwürdig; einflussreich [*vir*]; **2.** (*act.*) **a**) drückend, beschwerlich [*autumnus*]; **b**) heftig, hart, streng [*poena*]; feindlich; schwer (zu tragen) [*fatum*]; °**c**) widerlich, abstoßend [*odor*]; **3.** (*pass.*) **a**) beschwert, belastet, schwer beladen [*navis*] °**b**) schwer bewaffnet; schwer verdaulich; °**c**) schwanger; °**d**) be-, gedrückt; gebeugt [*aetate*]; **4.** (*adv.*) **-iter** verdrießlich, ungern [*ferre*].

gravitās, *ātis f* (*gravis*) **1. a**) Schwere, Gewicht, Last; / **b**) Bedeutung, Größe [*imperii*]; **c**) Kraft, Nachdruck; Würde, Erhabenheit [*orationis*]; **2.** (*act.*) **a**) Schwere, Druck; Widrigkeit, Unannehmlichkeit [*caeli*]; Ungesundheit [*loci*]; **b**) Härte, Strenge [*legum*]; **3.** (*pass.*) °a) Beschwertsein; Schwangerschaft; **b**) / Beschwerde, Mattigkeit, krankhafter Zustand [*corporis*]; Schwermut [°*mentis*].

gravō 1 (*gravis*) **1.** beschweren, belasten; **2.** / **a**) erschweren, verschlimmern; **b**) belästigen, bedrücken.

gravor 1 (*gravō*) **1.** (*intr.*) **a**) (= *P. v. gravō*) sich beschwert fühlen, verdrießlich sein; **b**) sich weigern, Umstände machen [*de nuptiis*]; °**2.** (*trans.*) verweigern; ungern übernehmen, ertragen; *equitem* abwerfen.

gregālis, e (*grex*) °**1.** zur Herde, zum großen Haufen gehörig, gemein: **a**) (zu) einem gemeinen Soldaten gehörig [*amiculum*]; **b**) von gewöhnlicher Sorte [*poma*]; **2.** zum selben Haufen, gehörig; *nur subst.* **-ēs,** *ium m* Kameraden, Spießgesellen.

gregārius 3 (*grex*) zum Haufen gehörig; *miles* Gemeiner.

G

gregātim *adv.* (*grex*) scharenweise.
gremium, *ī n* (*cf. altind.* grāmah „Schar, Haufe") Schoß; / Innerstes, Herz. [Gang; / Fahrt.
gressus, *ūs m* (*gradior*) Schritt,
grex, *gregis m °f* (√ *ger[e]- „sammeln") **1.** Herde; **2.** / **a**) Schar, Schwarm, Gesellschaft; °**b**) Rotte, Trupp; °**c**) Schauspielertruppe; **d**) [Sekte.
gruis (*Ph.*) = *grūs.*
grūmus *u.* **grummus,** *ī m* (*cf. nhd.* „Krume") Erdhaufe.
grunniō *u.* **grundiō** 4 (*Schallwort*) grunzen. [(*grunniō*) *das* Grunzen.
grunnītus *u.* **grundītus,** *ūs m*
grūs, *uis f* (*vereinzelt m*; *aus Schallwurzel*; *cf. nhd.* „Kranich") Kranich.
grȳps, *pis f* (*acc. pl. -as*; *gr. Fw.*) Greif (*Fabelwesen mit Löwenleib, Flügeln u. Adlerkopf*).
gubernābilis, e (*gubernō*) leitbar, lenkbar.
gubernāculum, *ī n* (*dcht. synk. -clum*; *gubernō*) Steuerruder; / (*meist pl.*) Lenkung, Leitung.
gubernātiō, *ōnis f* (*gubernō*) *das* Steuern; / Lenkung, Leitung.
gubernātor, *ōris m* (*gubernō*) Steuermann; / Lenker, Leiter.
gubernātrīx, *īcis f* (*gubernātor*) Lenkerin.
gubernō 1 (*gr. Lw. unbekannter Herkunft*) steuern; / lenken, leiten, regieren.
gubernum, *ī n* (*nur pl.*; *Lu.*) = *gubernāculum.*
****g(u)erra,** *ae f* Streit, Krieg.
gugga, *ae m* (*wohl punisches Lw. unbekannter Bedeutung*).
gula, *ae f* (*cf. nhd.* „Kehle") Speiseröhre, Schlund; / Schlemmerei; ** *Cerberi* Höllenschlund.
gulōsus 3 (*gula*) gefräßig, genusssüchtig; / wählerisch.
gumia, *ae f* (*umbr. Lw.*) Schlemmer.
gum(i)nas... = *gymnas...*
gunaecēum = *gynaecēum.*
gurdus 3 (*wohl iberisches Lw.*) dumm, tölpelhaft.
gurges, *itis m* (*cf. vorō*) **1.** Strudel, Wirbel; °**2.** tiefes Wasser, Gewässer; Wasser; **3.** / **a**) Abgrund, Schlund; **b**) Schlemmer.
gurguliō, *ōnis m* (*cf. gurges*) **1.** Schlund, Kehle; °/ Rausch; **2.** *s. curculiō.*
gurguliōnius 3 (*gurguliō*) zum Schlund, zum Rausch gehörig; *campi* „Rauschgefilde" = Zecherei.
gurgustium, *ī n* (*gurges*; *eigtl.* „dunkles Loch") ärmliche Hütte, [Kneipe.
gūrus = *gȳrus.*
gustātōrium, *ī n* (*gūst-?*; *sc. vās*; *gustō*) Essgeschirr; Schüssel.
gustātus, *ūs m* (*gūst-?*; *gustō*) Geschmack(ssinn).
gustō 1 (*-ū-?*; *Iterativbildung*; *cf. nhd.* „kosten") kosten, schmecken; / genießen.
gustus, *ūs m* (*gūst-?*; *cf. gustō*) *das* Schmecken; / Vorgeschmack, Probe; Vorgericht.
gutta, *ae f* (*et. ungedeutet*) **1.** Tropfen; °**2.** / ein bisschen; *pl.* Flecken.
guttātim *adv.* (*gutta*) tropfenweise.
guttātus 3 (*gutta*) gesprenkelt; *Numidicae -ae* Perlhühner.
guttula, *ae f* (*dem. v. gutta*) Tröpfchen.
guttur, *uris n* (*altl. auch m*; *et. unklar*) Gurgel, Kehle; (*scherzh.*) *inferior* After; / Schlemmerei.
gūtus (*schlechte Schreibung guttus*), *ī m* (*gr. Lw.*) enghalsiger Krug.
Gyās, Gyēs, *ae m hundertarmiger Riese.* [*um 700.*
Gȳgēs, *is u. ae m lydischer König*
gymnasiarchus, *ī m* (*gr. Fw.*) Vorsteher einer Ringschule.
gymnasium, *ī n* (*gr. Fw.*) Turn-, Ringschule; *Versammlungsort u. Lehrstätte der Philosophen u. Rhetoren*; / Tummelplatz.
gymnasticus 3 (*gr. Fw.*) Turn... [*exercitus* Übung]. [turnerisch.
gymnicus 3 (*gr. Fw.*) gymnastisch,
gynaecēum *u.* **-īum,** *ī n u.* °**gynaecōnītis,** *idis f* (*gr. Fw.*) Frauenwohnung, *der innere Teil des gr. Hauses.*
gypsō 1 (*gypsum*) mit Gips überziehen; *pes gypsatus* Sklavenfuß (*für den Verkauf wurden angeblich die Füße mit Gips bestrichen*); *kl. nur manibus gypsatissimis* (*v. Schauspielern, die Frauenrollen spielten*).
gypsum, *ī n* (*gr. Fw.*) Gips; / Gipsbild.
gȳrus, *ī m* (*gr. Fw.*) °**1.** Kreis, Ring, Windung; Volte (*beim Reiten*); **2.** / **a**) Tummelplatz, Bahn; °**b**) (*v. d. Zeit*) Kreislauf.
Gythēum, -īum *u.* **-ium,** *ī n* (*gr.* Gytheion *u.* Gythion) *lakonischer Hafen, Arsenal v. Sparta.*

H

H (*Abk.*) = *hōra*; **HS** *s. sēstertius.*

habēna, *ae f* (*habeō*) Halter: °**1. a**) Riemen; **b**) Schleuder; Peitsche; **2.** (*meist pl.*) **a**) Zügel; °**b**) / Leitung, Regierung.

habeō, *uī, itum* 2 (*altl. habessit* = *habuerit*; *habēn* = *habēsne*; *result. zu capiō*; *cf. got.* gabei „Reichtum, Habe") haben: **I.** halten: **1.** halten, tragen, führen, haben [°*anulum in digito*]; **2. a**) festhalten [*milites in castris*]; **b**) behalten [*honores sibi* für sich]; **c**) enthalten [*epistula nihil habet*]; **d**) halten [*orationem*]; **e**) abhalten, anstellen, veranstalten [*dilectum*]; **3. a**) in einem Zustande erhalten [*libidines domitas*]; **b**) behandeln [*socios male, praecipuo honore*]; **4.** (*mit* °*dopp. acc. od. präpos. Ausdruck*) halten *für*, ansehen *als* [*deos aeternos, illud pro certo, Romulum in deorum numero*]; P. (*m. dopp. nom.*) gehalten werden *für*, gelten *als* [*Cato magnus*; *auctoritas magni* gilt viel]; **5.** (*se*) *habere* sich verhalten, sich befinden [*bene, sic, ita*]; **II.** besitzen: **1.** Vermögen haben [*in Bruttiis*]; **2. a**) in Besitz haben [*hortos*]; °**b**) bewohnen [*Capuam*], wohnen [*ibi*]; °**c**) (*Vieh*) halten, züchten; **3.** wissen, kennen [*habes consilia nostra*]; **4.** (*mit dopp. acc.*) haben *als, zu, an* [*hunc amicum*]; °**5.** (*v. Zuständen*) ergriffen, befallen haben, fesseln [*somnus filium*]; **III.** haben: **1. a**) an sich, in sich haben [*virtus hoc habet, ut*], zeigen [*spem salutis*]; **b**) mit sich bringen, verursachen [*molestiam*]; **2.** vermögen, können [*haec habeo dicere*]; °**3.** (*m. n des Gerundivums*) müssen [*habeo dicendum*]; **4.** (*m. P.P.P. acc. n*) (*als dauernden Zustand*) haben [*exploratum, propositum, persuasum*]; **5.** *in animo -ere* im Sinne haben, beabsichtigen; °*ludibrio -ere* zum Besten haben; *sic habeto* sei davon überzeugt; *in manibus habere* unter den Händen haben; *gratiam habere* Dank wissen; *satis habere* zufrieden sein; ** *dicere habemus* = *dicemus*; müssen [*cantare habes* du musst singen]; P. sich befinden.

habilis, e (*m.* °*comp.*, °*adv.*; *habeō*) **1.** handlich, leicht zu handhaben [*calceus ad pedem*]; **2.** passend, tauglich, geschickt.

habilitās, *ātis f* (*habilis*) geschickte Anlage.

habitābilis, e (*habitō*) bewohnbar.

habitātiō, *ōnis f* (*habitō*) **1.** Wohnung; °**2.** Miete [*annua*].

habitātor, *ōris m* (*habitō*) Bewohner; Einwohner.

habitō 1 (*frequ. v. habeō*) **1.** (*trans.*) °**a**) bewohnen [*silvas*]; **b**) P. als Wohnsitz dienen; **2.** (*intr.*) **a**) wohnen [*ruri*]; **b**) / heimisch sein, häufig verkehren [*in foro*]; zu seiner Hauptbeschäftigung machen [*in eo genere rerum*].

habitūdō, *inis f* (*habeō*) Haltung, *das* Äußere.

habituriō 4 (*desid. v. habeō*) begehren.

habitus[1], *ūs m* (*habeō*) °**1.** Haltung, Stellung; **2.** äußere Erscheinung, Gestalt; *oris* Gesichtsbildung; **3.** Tracht, Kleidung; **4.** / Beschaffenheit, Zustand; Befinden, Stimmung; °Gesinnung; **Handhabung; Lage; Lebensweise; *mutare -um* ins Kloster gehen.

habitus[2] 3 (*habeō*) wohlbeleibt.

habroton... *s. abroton...*

hāc (*sc. parte*; *zu hic*[1]) *adv.* auf dieser Seite, hier; °*hac atque illac* hier u. dort = überall.

hāc-tenus *adv.* (<*hāc* [*parte*] *tenus*) °**1.** bis hierher, bis dahin, so weit; **2.** bis jetzt; **3.** / bis zu dem Grade, insofern.

Hadria *u.* **Adria,** *ae* **1.** *f St. zw. Podelta u. Etschmündung, j.* Adria; **2.** *m* Adriatisches Meer, *die* Adria; *adi. -acus, -āticus* 3; *adi. u. Einw. -ānus* (3); *mare -um die* Adria.

Hadrū- *u.* **Adrūmetum,** *ī n St. a. d. Kl. Syrte in der Prov. Africa.*

haedilia, *ae f* (*haedus*) Geißlein, Zicklein.

haedillus, *ī m* (*dem. v. haedus*) Böckchen.

haedīnus 3 (*haedus*) von jungen Ziegenböcken.

Haeduī = *Aeduī.*

haedulus, *ī m* (*dem. v. haedus*) Ziegenböckchen.

haedus, *ī m* (*cf. nhd.* „Geiß") **1.** junger Ziegenbock, Böckchen; °**2.** *pl. zwei Sterne im Fuhrmann, deren Aufgang Sturm u. Regen bedeutete.*

Haemonia, *ae f* (*gr.* Haimoniā)

alter Name für Thessalien; *adi.* -*ius* 3 [*puppis* Argo, *iuvenis* Jason; *puer* Achill, *artes* Zauberkünste].

Haemus, *ī m* (*gr.* Haimos) *der* große Balkan.

haereō, *haesī, sum* 2 (<**ghais-ejō*) **1. a**) haften, kleben; **b**) festsitzen; *in equo* fest im Sattel sitzen; °*amplexibus* (*od.* °*in complexu alcis*) *jd.* fest umschlungen halten; °**c**) hängen *an*, nicht loskommen *von* [*apud fidicinam*]; **d**) beharren *bei* [*in eadem sententia*]; **2.** °**a**) stecken bleiben; °**b**) stocken, aufhören; **c**) ratlos sein.

haerēscō, — — 3 (*incoh. v. haereō*) stecken bleiben.

haeresis, *eos f* (*acc.* -*im*, *abl.* -*ī*; *gr. Fw.*) Lehrart, Dogma, Philosophenschule; ** Ketzerei, Irrlehre; Sekte. [*i m* Ketzer.]

****haereticus** 3 ketzerisch; *subst.* ~,

haesitābundus 3 (*haesitō*) verlegen stotternd.

haesitantia, *ae f* (*haesitō*) *das* Stocken; *linguae das* Stottern.

haesitātiō, *ōnis f* (*haesitō*) *das* Stocken *beim Reden*; / Unentschlossenheit. [Unentschlossene.]

haesitātor, *ōris m* (*haesitō*) *der*

haesitō 1 (*intens. zu haereō*) festhängen, -sitzen; / stottern; unschlüssig, verlegen sein.

hahae, hahahae *int. des Lachens* (*cf. cachinnus*) haha!

halagora, *ās f* (*gr. Fw.*) Salzmarkt.

halcēdō, halcyōn = *alcēdō usw.*

hālēc = *allēc.*

haliaeetos *u.* **-us,** *ī m* (*gr. Fw.*) Seeadler, *in den Nisus, Vater der Skylla, verwandelt wurde.*

Halicarnāsus, *ī f* (*gr.* -karnāsos) *St. in Karien, Geburtsort Herodots, Residenz des Mausolos*; *adi. u. Einw.* -*seūs, eī m*; -*sius* (3), -*sēnsis* (e).

halieuticus 3 (*gr. Fw.*) zum Fischen gehörig; *subst.* **-a,** *ōn n Lehrgedicht Ovids.* [Dunst.]

hālitus, *ūs m* (*hālō*) Hauch, Atem;

hallēc, hallēx[1] = *allēc.*

hallex[2] = *allex*[1].

hal(l)ūc... = *alūc...*

hālō 1 (<**an-slō*, *cf. anhēlō*) **1.** (*intr.*) hauchen, duften; **2.** (*trans.*) aushauchen, ausdünsten.

halophanta, *ae m* (*im Vers auch hā-*; *gr. Fw.*; *Scherzbildung nach sȳcophanta, eigtl.* „*Angeber derjenigen, die verbotenerweise Salz ausführen*") Halunke, Bauernfänger.

halōs, *ō m* (*acc.* -*ō*; *gr. Fw.* „Tenne") Hof (*um Sonne od. Mond*). [rung.]

halōsis, *acc.* -*in f* (*gr. Fw.*) Erobe-

haltēres, *um m* (*gr. Fw.*) Hanteln.

Halys, *yos m* (*acc.* -*yn u.* -*ym*) *Fl. in Kleinasien, j.* Kisil-Irmak.

hama, *ae f* (*gr. Fw.*) Feuereimer.

hamadryas, *adis f* (*dat. pl.* -*asin*, *acc. pl.* -*adas*; *gr. Fw.*) Baumnymphe. [*hāmus*) mit Angeln.]

hāmātilis, e (*hāmō* 1 „angeln";

hāmātus 3 (*hāmō* 1 „angeln") °**1.** mit Haken *od.* Angel versehen; stachelig; **2.** hakenförmig; °**3.** / eigennützig; *munera* Köder; ** -*a lorica* Ring-, Kettenhemd.

Hamilcar, *aris m punischer Name*; ~ *Barcas Vater Hannibals.*

hāmiōta, *ae m* (*hāmus*) Angler.

Hammōn, *ōnis m* (*gr.* Ammōn, *ägypt.* Amūn) *widderköpfiger libysch-ägypt. Orakelgott, urspr. Stadtgott v. Theben in Oberägypten*; *v. den Griechen als Zeus* ~, *v. den Römern als Iuppiter* ~ *verehrt*; *sein Heiligtum in der Oase Siwa* (*Einw.* -*ōniī, ōrum m*).

hāmulus, *ī m* (*dem. v. hāmus*) kl. Haken; *piscarius* Angel.

hāmus, *ī m* (*et. unklar*) **1.** Haken; **2.** °**a**) Widerhaken; **b**) Angel (-haken); °**c**) Bügel *des Schwertgriffs*; **3.** Kralle; °**4.** Dorn.

Hannibal, *is m punischer Name*; *karthagischer Feldherr 247–183.*

hapalopsis, *idis f* (*gr. Fw.*) *erdichteter Name eines Gewürzes.*

haphē, *ēs f* (*gr. Fw.* „*das* Berühren") feiner Sand (*mit dem sich die Ringer bestreuten, um besser zu-*

hapsis = *absis.* [*fassen zu können*).]

hara, *ae f* (*cf. co-hors, hortus*) Schweinestall; °/ (*Schimpfwort*).

harēn... = *arēn...* [sagerin.]

hariola, *ae f* (*hariolus*) Wahr-

hariolātiō, *ōnis f* (*hariolor*) Wahrsagung. [°/ faseln; ** vermuten.]

hariolor 1 (*hariolus*) wahrsagen;

hariolus, *ī m* (*dem. v.* **harius*; *cf. haru-spex*) Wahrsager.

harispex = *haruspex.*

Harmodius, *ī m* (*gr.* -os) *Mörder Hipparchs*; *cf. Aristogītōn*; °/ Tyrannenmörder.

harmonia, *ae f* (*gr. Fw.*) Einklang,

****harpa,** *ae f* Harfe. [Harmonie.]

harpagō[1], *ōnis m* (*harpaga, ae f* [*gr. Fw.*] „Haken") **1.** Hakenstange (*zum Einreißen v. Mauern*); **2. a)** Enterhaken; °**b)** / (*Schimpfwort*) Räuber.

harpagō[2] 1 (*gr. Lw.*; *cf. harpagō*[1]) rauben.

harpastum, *ī n* (*gr. Fw.*) Fangball.

****harpator,** *is m* Harfner.

harpax, *agis* (*acc. -aga*; *gr. Fw.*) räuberisch; / ♀ *erdichteter Name.*

harpē, *ēs f* (*gr. Fw.*) Sichelschwert.

Harpocratēs, *is m* (*gr. -kratēs*; *ägypt.* Harpechrat = „Horus *das* Kind") *ägypt. Sonnengott, als Kind mit Finger am Mund dargestellt*; / *alqm reddere -em* jd. Schweigen auferlegen.

Harpyia, *ae f* (*gr. Harp-* „Rafferin") Harpyie (*raubvogelartiges Ungeheuer*).

Harūdēs, *um m germ. Volk nördl. v. Bodensee.*

hārunc (*Com.*) = *hārum*; *s. hic*[1].

harundi-fer, *era, erum* (*harundō, ferō*) schilftragend.

harundinētum, *ī n* (*harundō*) Rohrpflanzung; Röhricht.

harundineus 3 (*harundō*) aus Rohr, mit Schilf; *carmen -um* Hirtenlied.

harundinōsus 3 (*harundō*) schilfreich.

harundō, *inis f* (*et. ungedeutet*) **1.** Schilf, Rohr; Bambusrohr; **2.** / Gegenstand aus Rohr: Schilfkranz, Hirtenflöte, Angelrute, Pfeil(schaft), Steckenpferd, Kamm (*des Webstuhles*); Rohrbündel; Stock; Schiene (*des Chirurgen*).

haruspex, *icis m* (*cf. nhd.* „Garn", *eigtl.* „aus Därmen Gedrehtes"; *speciō*) Opferschauer (*der aus den Eingeweiden der Opfertiere weissagt*); Weissager, Seher.

haruspica, *ae f* (*haruspex*) Opferbeschauerin, Weissagerin.

haruspicīnus 3 (*haruspex*) die Eingeweideschau betreffend; *subst.* **-a,** *ae f* Opferschau.

haruspicium, *ī n* (*haruspex*) Opferschau.

Hasdrubal, *is m punischer Name.*

****hashardus,** *i m* Glücksspiel; Zufall.

hasta, *ae f* (*cf. nhd.* „Gerte") **1.** Stange, Pfahl, Schaft, Stab; °Haarpfeil; **2.** Spieß, Speer, Lanze; / *hastas abicere* die Flinte ins Korn werfen; **3.** / (*die aufgesteckte Lanze als Symbol staatlicher Macht*): **a)** Auktion; °*sub -ā vendere* öffentlich versteigern; °**b)** *-am centumviralem cogere* ein Zentumviralgericht einberufen.

hastātus (*hasta*) °**1.** *adi 3* mit einem Speer bewaffnet; **2.** *subst.* °**a) -ī,** *ōrum m* °α) Speerträger; Lanzenreiter; β) Legionssoldaten des ersten Gliedes; **-us,** *ī m* (*sc. ōrdō*) Hastatenmanipel [*primus* = 1. Kompanie].

hastīle, *is n* (*hasta*) °**1.** Schaft, Stange; **2. a)** Speerschaft; °**b)** Speer.

****hastiludium,** *i n* Turnier [Tjost].

hastula, *ae f* (*vulgärlat. an hasta angelehnt*) = *assula.*

Hatria = *Hadria.*

hau[1] = *au.*

haud, *altl.* **hau**[2] *adv.* (*et. ungedeutet*) nicht (eben), nicht gerade; *~ scio an* vielleicht; *~ scio an non* schwerlich.

haud-dum *adv.* noch nicht.

haud-quāquam *adv.* keineswegs.

hauriō, *hausī, haustum* 4 (*altl. impf. -ībant*; *part. fut. dcht. auch hausūrus*; *cf. mhd.* ōsen „schöpfen") **1. a)** (heraus)schöpfen [*aquam ex puteo*]; vergießen [*sanguinem*]; **b)** / entnehmen, entlehnen; heraufholen, (auf)sammeln [°*pulverem*]; °**2. a)** ausschöpfen, leeren, austrinken [*pateram*]; *kl.* / : *dolorem* erdulden; *voluptatem* genießen; **b)** aussaugen [*provincias*], durchbringen [*sua*]; **c)** durchbohren [*pectora ferro*]; **3. a)** einziehen, -schlürfen, -saugen, trinken [*auras*; °*oculis gaudium*; *lucem*]; °**b)** verschlingen, verzehren [*naves mare haurit*]; **c)** gründlich, kennen lernen [*studium philosophiae*].

hausciō = *haud sciō.*

haustrum, *ī n* (*hauriō*) Schöpfrad.

haustus, *ūs m* (*hauriō*) *das* Schöpfen: **1.** *das* Wasserschöpfen; (*jur. t.t.*) Schöpfrecht; Recht der Quellenbenutzung; °**2.** Geschöpftes, Handvoll; °**3. a)** *das* Einatmen; **b)** *das* Trinken; Schluck, Trunk; / *fontis Pindarici.*

haut, haut... = *haud, haud...*

havē = *avē.*

haveō = *aveō.*

Heautontīmōrūmenos, *ī m* (*gr. Fw.*) *der* Selbstpeiniger (*Lustspiel des Terenz*).

hebdomas, *adis f* (*acc. -ada*; *gr. Fw.*) *der* siebente (kritische) Tag (*einer Krankheit*) [*quarta der*

28. Tag]; ****hebdomada,** *ae f* Woche.

Hēbē, *ēs f gr. Göttin der Jugend, Tochter der Juno, Schenkin der Götter, Gemahlin des Herkules.*

heben... = *eben...*

hebeō, — — 2 (*hebes*) stumpf, matt sein; nicht mehr tätig sein.

hebes, *etis* (*et. ungedeutet*) stumpf; abgestumpft; / schwach, matt; stumpfsinnig, dumm.

hebēscō, — — 3 (*incoh. v. hebeō*) °**1.** stumpf werden **2.** / a) erlahmen; °**b**) erblassen [*sidera*].

hebetātiō, *ōnis f* (*hebetō*) Abstumpfung.

hebetō 1 (*hebes*) stumpf machen; / abstumpfen, schwächen; verdunkeln [*sidera*].

Hebraeus 3 hebräisch, jüdisch.

Hebrus, *ī m* (*gr.* -os) *Hauptstrom Thrakiens, j.* Maritza.

Hecatē, *ēs u.* **-a,** *ae f* (*gr.* -kąte) *alte chthonische, dreigestaltige Göttin der Jagd, der Wege u. der Zauberei; bald Diana, bald Proserpina gleichgesetzt; adi.* -tēïus 3, -tēis, *idis f.*

hecatombē, *ēs f* (*acc.* -ēn; *gr. Fw.*) *urspr.* Opfer von 100 Ochsen; *großes öffentl. Opfer,* Hekatombe.

Hector, *oris m* (*acc.* -a; *gr.* Hęktōr) *Held v. Troja, Sohn des Priamus u. der Hekuba, Gemahl der Andromache, v. Achill getötet; adi.* -toreus 3.

Hecuba, *ae f* (*gr.* -kąbē) *Mutter Hektors;* °/ *altes garstiges* Weib.

Hecyra, *ae f* (*gr.* -kyrą) *die* Schwiegermutter (*Lustspiel des Terenz*).

hedera, *ae f* (*cf.* pre-hendō, *praeda*) Efeu.

hederi-ger, *era, erum* (*hedera, gerō*) Efeu tragend.

hederōsus 3 (*hedera*) voll Efeu.

hēdychrum, *ī n* (*gr. Fw.*) Balsam, Parfüm.

hei *int.* = *ei.*

heia *int.* = *eia.*

heic (*altl.*) = *hīc*².

hēiul... = *ēiul...*

helciārius, *ī m* (*helcium* — *gr. Fw.* + *lat. Suffix* — „Halsbügel *der Zugtiere*") Treidler.

Helena, *ae u.* **-nē,** *ēs f* (*gr.* -lęnē) *Gemahlin des Menelaus.*

Hēliades, *um f* (*gr.* -ądes) *Töchter des Sol* (*Helios*); *Schwestern Phaëtons; ihre Tränen um ihn in Bernstein, sie selbst in Pappeln verwandelt.*

helica, *ae f* (*gr. Fw.*) Schneckengewinde. [*der* Große Bär.]

Helicē, *ēs f gr.* -lįkē = *helica*)

Helicōn, *ōnis m* (*gr.* -kǫn) *Berg in Böotien, Sitz der Musen; adi.* -nius 3; °*subst.* **-niades,** *um f die* Musen.

hēliocamīnus, *ī m* (*gr. Fw.*) nach der Sonnenseite gelegenes Zimmer.

****hēliotropium,** *i n* Heliotrop: **1.** Sonnenwendblume; **2.** Bandjaspis (*Halbedelstein*).

Hellē, *ēs f Tochter des Athamas u. der Nephelē, floh mit ihrem Bruder Phrixus auf einem Widder mit goldenem Vließ vor ihrer Stiefmutter Ino u. ertrank in der nach ihr benannten Meerenge.*

helleborōsus 3 (*helleborus*) der *viel Nieswurz braucht,* nicht recht bei Verstand ist.

helleborus, *ī m u.* **-rum,** *ī n* (*gr. Fw.*) Nieswurz (*Heilmittel gegen Epilepsie u. Geisteskrankheit; Brechmittel*).

Hellēspontus, *ī m* (*gr.* -lęspontos „Meer der Helle") Hellespont, *j. Dardanellen; adi.* -tiacus 3; *adi. u. Einw.* -tius (3). [rei.]

helluātiō, *ōnis f* (*helluor*) Schwelge-

helluō, *ōnis m* (*et. ungedeutet*) Schwelger, Prasser. [*libris*].

helluor 1 (*helluō*) schwelgen; / *in*

helops, *opis m* (*gr. Fw.*) *eine Art* [Stör.]

Hēlōtae = *Hīlōtae.*

hēlu... = *hellu...*

helvella, *ae f* (*helvus* 3 „honiggelb"; *cf. gilvus*) Küchenkraut.

Helvētiī, *ōrum m kelt. Volk um den Genfer See; adi.* -ti(c)us 3. [*Cinna.*]

Helvius 3 *Name einer pleb. gens; s.*

hem *int.* (*cf. ehem*) hm! ei! o!

hēmerodromos, *ī m* (*nom. pl.* -oe; *gr. Fw.*) „Tagläufer"; Eilbote.

hēmicillus, *ī m* (*gr. Fw.*) (*Schimpfwort*) Halbesel.

hēmicyclium, *ī n* (*gr. Fw.*) °**1.** Halbkreis; **2.** / (halb runder) Lehnsessel; (*halb runde*) Gartenbank.

hēmīna, *ae f* (-ī-?; *gr. Fw.*) halber Sextarius, Becher (1/4 l).

hēmīnārium, *ī n* (-ī-?; *hēmīna*) Geschenk vom Maß einer *hemina.*

hēmistichium, *ī n* (*gr. Fw.*) Halbvers.

hēmitritaeos *u.* **-us,** *ī m* (*gr. Fw.*) *das* (2 1/2 Tage dauernde) Wechselfieber; *adi.* am Wechselfieber leidend.

hendecasyllabus, ī *m* (*gr. Fw.*) elfsilbiger Vers.

Henetī = *Venetī.*

Henna, *ae f* (*gr.* Ẹnna) *St. auf Sizilien m. Cerestempel; adi. u. Einw.* -ēnsis (e).

hēpatiārius 3 (*hēpar, atis n — gr. Fw.* — „Leber") Leber... [morbus].

heptēris, *is f* (*gr. Fw.*) Sieben-ruderer, Siebendecker.

hera, *ae f* = *era.*

Hēraclēa *u.* **-īa,** *ae f* (*gr.* -rạkleia „Heraklesstadt"): **1.** *in Lukanien* (*Schlacht 230*); **2.** *Mīnōa in Südsizilien*; **3.** *Pontica* (= *am Schwarzen Meer*) *in Bithynien*; **4.** *Sintica am Strymon*; **5.** *Trachinia bei den Thermopylen*; *adi. u. Einw.* -ēnsis (e) *u.* -ōtēs, *ae* (*m*).

Hēraclītus, ī *m* (*gr.* -rakleitos) *Philosoph aus Ephesus, um 500.*

Hēraea, *ōrum n* (*gr.* -rạ̄ia) *das* Herafest.

herba, *ae f* (*vl. eigtl.* „hervorstechender Trieb"; *cf. nhd.* „Grat, Gräte") **1.** Halm; *pl. u.* °*sg. coll.* Saat; **2. a)** Kraut, Gras; Küchenkraut; °**b)** Zauberkraut; Unkraut; **3.** °*coll. u. pl.* Rasen; °**4.** *pl.* Weideplatz.

herbēscō, — — 3 (*incoh. zu herba*) Halme treiben, hervorsprießen.

herbeus 3 (*herba*) grasgrün; grün unterlaufen [*oculi*].

herbidus 3 (*herba*) grasreich, Gras...

herbi-fer, *era, erum* (*herba, ferō*) grasreich.

herbi-gradus 3 (*herba, gradior*) im Grase wandelnd.

herbōsus 3 (*herba*) gras-, kräuterreich, mit Kräutern angemacht.

herbula, *ae f* (*dem. v. herba*) Kräutlein, Pflänzchen.

hercēus 3 (*gr. Fw.*) zum Vorhof gehörig; *Iuppiter* ♀ *Beschützer v. Haus, Hof, Herd* (*Altar im Vorhof*).

herciscō, — — 3 (*cf. herctum*) die Erbschaft teilen.

hercīus = *hercēus.*

hercle *s. Herculēs.*

herctum, ī *n* (*et. ungedeutet*) Erbschaft; *-um ciēre* die Erbschaft teilen.

Herculāneum, ī *n St. in Kampanien, 79 n. Chr. zerstört durch Vesuvausbruch; adi.* -neus 3; -nēnsis, e.

Herculēs, *is u.* ī (*gr.* Hēraklẹ̄s) *berühmtester Held der griechischen Sagenwelt; Sohn Jupiters u. der Alkmene;* (*nur v. Männern gebrauchte*) *Beteuerungsformeln:* hercle (*urspr. voc. des o-Stammes* Herclo-); mehercle (-ĕ?), (me)herc(u)lēs [*wohl* ⟨ (*ita*) mē Herculēs (iuvet, ut)] beim Herkules! bei Gott! fürwahr!; *adi.* -eus 3.

Hercȳnia (**silva**) *u.* **saltus Hercȳnius** (-ȳ-?) *Gesamtheit der deutschen Mittelgebirge vom Rhein bis zu den Karpaten, auch Rauhe Alb od. Taunus od. Westerwald.*

here *adv.* = *herī.*

hērēditārius 3 (*hērēditās*) **1.** Erbschafts...; **2.** erblich.

hērēditās, *ātis f* (*hērēs*) Erbschaft.

hērēdium, ī *n* (*hērēs*) Erbgut.

hērēs, *ēdis m f* (*eigtl.* „wer den verwaisten Besitz empfängt"; *zum ersten Glied vgl. orbus, zum zweiten altind.* ā-dā- „in Empfang nehmen") **1.** Erbe, Erbin; °*ex asse* Universalerbe; °*ex dodrante* Dreiviertelerbe; *secundus* Nacherbe; **2.** / **a)** Nachfolger; °**b)** (*scherzh.*) Besitzer, Herr.

herī *u.* **-ĭ** *adv.* (*cf. nhd.* „gestern") gestern.

herifuga = *erifuga.*

herīlis = *erīlis.*

Hermae, *ārum m* (*gr.* -mạ̄ī, *pl. v.* Hermẹ̄s, *dem Götterboten der gr. Sage*) viereckige Pfeiler *mit* (*Hermes-*) *Kopf u. aufgerichtetem Phallos,* Hermen.

Hermaeum, ī *n* (*gr.* Hẹrmaion „Hermestempel") **1.** *Ort in Böotien*; **2.** Gartensaal.

Hermagorās, *ae m* (*gr.* -gọrās) *Rhetor aus Rhodus, um 100; seine Schüler* **-ēī,** *ōrum m.*

Hermaphrodītus, ī *m* (*gr.* -phrọditos) *Sohn des Hermes u. der Aphrodite,* Zwitter.

Herm-athēna, *ae f* (*gr.* -nē) *Doppelbüste* (Merkur, Diana) *auf einem Sockel.*

Herm-ēraclēs, *is m* (*gr.* -klẹ̄s) *Doppelbüste* (Merkur, Herkules) *auf einem Sockel.*

Herminonēs, *um m germ. Völkergruppe zw. Elbe u. Main.*

Hermionē, *ēs u.* **-a,** *ae f* (*gr.* -ọnē) **1.** *Tochter des Menelaos u. der Helena*; **2.** *St. in Argolis; adi.* -onĭcus 3.

Hermundūrī, *ōrum m* (-ŭ-?) *germ. Volk in Thüringen u. Franken.*

H

Hermus, ī *m* (*gr.* -os) *Gold führender Hauptfluss Lydiens.*
hernia, *ae f* (*cf.* haru-[spex]) Nabel-, Leistenbruch.
Hernicī, *ōrum m Volk in Latium*; *adi. u. Einw.* -cus (3).
herniōsus 3 (hernia) an einem Bruch leidend. [*liebte Leanders.*]
Hērō, *ūs f* (*acc.* -ōn; *gr.* -rọ̄) *Ge-*
Hērōdēs, *is m König v. Judäa* (*37–4*); -dis dies Sabbat.
Hērodotus, ī *m* (*gr.* -os) *griech. Geschichtsschreiber um 484–425.*
hērōicus 3 (*gr. Fw.*) **1.** *der* Heroen; heroisch, mythisch; °**2.** / episch.
hērōīnē, *ēs f* (*pl.* -ae; *gr. Fw.*) Halbgöttin, Heroine.
hērōis, *idis f* (*dat. pl.* -isin; *acc. pl.* -idas; *gr. Fw.*) Halbgöttin; *pl.* **Hērōides** Heroinenbriefe *Ovids.*
hērōs, *ōis m* (*gr. Fw.*) °**1.** Heros, Halbgott; **2.** / Held, Ehrenmann.
hērōus 3 (*gr. Fw.*) = hērōicus; *kl. nur* : episch; pes Daktylus; versus Hexameter; °carmen Epos; °*subst.* **~,** ī *m* epischer Vers, Hexameter.
herus, ī *m* = erus.
Hēsiodus, ī *m* (*gr.* -os) *Dichter aus Askra in Böotien* (*um 700*); *adi.* -dēus *u.* -dīus 3.
Hesperus, ī *m* (*gr.* -os) Abendstern; °*adi.* -ius 3, -is, idis *f* abendlich, westlich; *subst.* °**-ria,** *ae f* Abendland (Italien, Spanien); **-rides,** *um f* (*gr.* -ịdes) Hesperiden, *Töchter des Atlas, die auf einer Insel des Okeanos den Baum m. den goldenen Äpfeln bewachen.*
hesternus 3 (herī) gestrig; *adv.* **-ō** = herī. [bund, Verein.]
hetaeria, *ae f* (*gr. Fw.*) Geheim-
hetaericē, *ēs f* (*gr. Fw.* = „Kameradschaft") (*aus vollbürtigen Makedoniern gebildete*) Reitertruppe.
heu *int. kl.* = eheu. [finder.]
heureta *od.* **-ēs,** *ae m* (*gr. Fw.*) Er-
heus *int.* (*Naturlaut*) he! heda! höre!
hexaclīnon, ī *n* (*gr. Fw.*) sechssitziges Sofa.
hexameter, *tra, trum* (*gr. Fw.*) sechsfüßig [versus]; *subst.* **~,** ī *m* Hexameter.
hexaphoron, ī *n* (*gr. Fw.*) *eine v. 6 Mann getragene* Sänfte.
hexapylon, ī *n* (*gr. Fw.*) Tor mit sechs Durchgängen (*in Syrakus*).
hexēris, *is f* (*gr. Fw.*) Sechsruderer, Sechsdecker.

hiātus, *ūs m* (hiō) **1.** *das* Klaffen; Öffnung, Kluft, Schlund; °**2.** Rachen; **3.** / °**a**) pomphafte Ankündigung; °**b**) Gier *nach* [praemiorum]; **c**) (*rhet. t.t.*) Zusammenstoß zweier Vokale, Hiat.
Hibēres, *um* (*gr.* Ịbēres) *u.* **-ī**[1], *ōrum m* (*sg.* Hibēr) *Volk am Ebro,* Iberer, Spanier; *adi.* -(ic)us 3; *subst.* **-us,** ī *m* Ebro; **-ia,** *ae f* Spanien.
Hibērī[2], *ōrum m Volk südl. vom Kaukasus*; *ihr Land* **-ia,** *ae f.*
hībernāculum, ī *n* (hībernō) °**1.** Winterwohnung; **2.** *pl.* Winterzelte; Winterlager, -quartiere.
Hibernia, *ae f* Irland, *j.* Eire.
hībernō 1 (hībernus) überwintern; *bsd.* (*mil. t.t.*) die Winterquartiere beziehen.
hībernus 3 (*cf.* hiems) **1. a**) winterlich, Winter...; °**b**) / stürmisch [nox]; °**2.** (*adv. acc. n*) -um heftig [increpui]; **3.** *subst.* °**a**) **hībernum,** ī *n* Sturm; **b**) **-a,** *ōrum n* Winterlager, -quartier; °/ terna -a drei [Winter.]
Hibērus, ī *m s.* Hibēres.
hibiscum, ī *n* (*vl. als Gallizismus der Poebene v. Vergil übernommen*) Eibisch. [hybrida.]
hibrida *schlechtere Schreibung für*
hic[1], **haec, hoc** (*im Vers auch* hīc (= hicc *nach Analogie v.* hocc), hōc (= hocc); ‹he-ce, hae-ce, hoc-ce *für* hod-ce; *altlat. Formen*: *nom. pl. m* hīsce, *nom. pl. f* haec; *gen. pl.* hōrunc, hārunc; *dat. pl.* hībus; *fragend*: hicine *u.* hīcine, haecine, hōcine; *ghe-, gho- + *deiktisches* -ce) *pron. demonstr.* dieser, diese, dieses (*d.h. dem Sprechenden in Raum, Zeit od. Vorstellung am nächsten stehende Person od. Sache*): **1.** (*räuml.*) hiesig, anwesend; hunc hominem = mē; **2.** (*zeitl.*) gegenwärtig, jetzig; his duobus mensibus in den letzten zwei Monaten; haec die jetzigen Zustände; **3.** in Rede stehend, unser [causa]; derartiger, solcher; **4.** *der* eben Genannte *od. der* Folgende; hic ... ille dieser ... jener, der Letztere ... der Erstere; **5.** hoc nur so viel [dico], hoc est das heißt; °quid hoc sit hominis? was soll ich mit diesem Menschen? °quid hoc sit negotii? was soll das heißen? ** haec et haec alles Mögliche; hoc est nämlich.

hīc[2] *adv.* (*altl.* heic; *urspr. loc. v.* hic[1]) **1.** (*räuml.*) hier, an dieser Stelle; **2.** (*zeitl.*) jetzt, da, nunmehr, alsdann; **3.** / hierbei, hierin, bei dieser Gelegenheit, unter solchen Umständen; ** auf Erden.

hīce, haece, hōce = hic[1].

hīcine, haecine, hōcine (*interr.*) = hic[1] + -ne.

hiemālis, e (hiems) winterlich.

hiemō 1 (hiems) **1.** überwintern; *bsd.* (*mil. t.t.*) Winterquartiere beziehen; °**2.** stürmisch sein.

hiem(p)s, emis *f* (*cf.* bīmus; *altind.* himáh „Winter") **1.** Unwetter, Sturm; **2. a)** Regenzeit, Winter; °**b)** Winterkälte, Frost; / amoris mutati *das* Erkalten der Liebe; °**3.** Jahr.

Hiempsal, alis *m numidischer Königsname*: **1.** *Sohn des Micipsa*; **2.** *Freund des Pompeius.*

Hierō(n), ōnis *m* (*gr.* -ẹrōn) *syrakusanischer Königsname*: **1.** ~ *I., 477–67, Förderer gr. Dichter*; **2.** *im 2. Pun. Krieg erst Gegner, dann Verbündeter der Römer*; *adi.* -nicus 3.

hieronīcae, ārum *m* (*gr. Fw.*) *die* Sieger in den heiligen Spielen.

Hierosolyma, ōrum *n* Jerusalem; *adi.* -lymārius 3 (*scherzh.* = Pompeius).

hietō 1 (*intens. v.* hiō) den Mund aufsperren, gaffen.

hilariculus 3 (*dem. v.* hilarus) ziemlich heiter.

hilaris, e (*m.* °*adv.*) *jünger für* hilarus.

hilaritās, ātis *u.* (*Pl.*) **-tūdō,** inis *f* (hilaris) Heiterkeit, Frohsinn, Fröhlichkeit.

hilarō 1 (hilarus) erheitern, aufheitern.

hilarulus 3 (*dem. v.* hilarus) recht heiter.

hilarus 3 (*m. comp.,* °*sup., adv.*; *gr. Lw.*) heiter, fröhlich.

hīlla, ae *f* (*dem. v.* hīra) Würstchen.

Hīlōtae, ārum *m* (*gr.* Heilọtai) Heloten (*Staatssklaven in Sparta*).

hīlum, ī *n* (*et. nicht sicher*; *vl.* = fīlum; *cf.* nihil) Fäserchen; (*meist mit einer Negation*) *ein Geringes, eine* Kleinigkeit.

Hilur... (-ī-?) = Illyr...

Hīmera, ae (*gr.* -mẹrā) *m Name zweier Fl. auf Sizilien.*

hinc *adv.* (⟨*him-ce; hic[1]) **1.** (*räuml.*) von hier (aus); hier, auf dieser Seite; °**2.** (*zeitl.*) **a)** von jetzt an; **b)** hierauf, dann; **3.** / hieraus, daher.

hinniō 4 (*Schallwort*) wiehern.

hinnītus, ūs *m* (hinniō) *das* Wiehern.

hinnuleus *od.* **hīnuleus,** ī *m* (*gr. Lw., an hinnus angeglichen*) junger Hirsch- *od.* Rehbock.

hinnulus, ī *m* (*dem. v.* hinnus) junger Maulesel; ** junger Hirsch.

hinnus, ī *m* (*gr. Fw.*) Maulesel (*Kreuzung v. Pferdehengst u. Eselstute*; *Ggs.* mūlus); **ginnus,** ī *m* (*unerklärtes gr. Fw.*) kleiner, verkrüppelter Maulesel.

hiō 1 (*cf.* hīscō, *nhd.* „gähnen") **1.** (*intr.*) **a)** klaffen, offen stehen; °**b)** gähnen; °**c)** gaffen, staunen; **d)** lückenhaft sein [hiantia loqui]; **e)** gierig schnappen [°corvus]; °**2.** (*trans.*) zart erklingen lassen [carmen]; ** den Mund aufsperren (*im Tode*).

hippagōgoe, ōn *f* (*acc.* -ūs; *gr. Fw.*) Transportschiffe für die Reiterei.

Hippō, ōnis *m* (*gr.* -ọn) regius *St. in Numidien, j.* Bone.

hippocentaurus, ī *m* (*gr. Fw.*) Kentaur (*Fabelwesen, halb Mensch, halb Pferd*).

Hippocratēs, is *m* (*gr.* -krạtēs) *ber. gr. Arzt v. der Insel Kos, um 440.*

Hippocrēnē, ēs *f* (*gr.* hịppū krẹ̄nē „Rossquelle") *Musenquell am Helikon* (*cf.* Gorgō).

Hippodamē, ēs *u.* **-ēa, -īa,** ae *f* (*gr.* -dạmē *od.* -dạmēia) **1.** *Tochter des Önomaus v. Pisa, Gattin des Pelops*; **2.** *Gattin des Pirithous.*

hippodamus, ī *m* (*gr. Fw.*) Rossebändiger; Reiter.

hippodromos *u.* **-us,** ī *m* (*gr. Fw.*) Rennbahn, Zirkus.

Hippolytē, ēs *u.* **-a,** ae *f* (*gr.* -lỵtē) *Königin der Amazonen*; *Gattin v. Theseus*; *Mutter des Hippolytus.*

Hippolytus, ī *m* (*gr.* -os) *Sohn des Theseus, wegen Verschmähung der Liebe seiner Stiefmutter Phädra zu Tode geschleift, aber v. Asklepius wieder erweckt u. als Gott Virbius im Hain der Diana in Aricia verehrt* (*cf.* Hippolytē *u.* Virbius).

hippomanes, is *n* (*gr. Fw.,* „rosstoll") **1.** Brunstschleim; **2.** Auswuchs auf der Stirn neugeborener Füllen (*beides zu Liebestränken u. als Liebeszauber verwendet*).

Hippōnax, actis *m aus Ephesus, Vfssr. v. Spottgedichten, Erfinder der Hinkjamben*; *um 540*; *adi.* -nactēus 3 beißend, Spott...; *subst.*

-nactēī, *ōrum m* Hinkjamben; *cf. scazōn.*

hippoperae, *ārum f* (*gr. Fw.*) Packsattel eines Reiters.

hippotoxotae, *ārum m* (*gr. Fw.*) Bogenschützen zu Pferde.

hippūros *od.* **-us,** *ī m* (*gr. Fw.*) *ein Fisch* (Goldkarpfen?).

hīr *n indecl.* (?) (*et. ungedeutet*) *die* hohle Hand (?).

hīra, *ae f* (*cf. hernia, haru-spex*) *der* leere Darm; *pl.* Eingeweide.

hircīnus 3 (*hircus*) vom Bock, bocksledern; wie ein Bock stinkend.

hircosalius, *ī m* (*hircus, saliō*) springender Bock (?)

hircōsus 3 (*hircus*) stinkend wie ein Bock.

hircus, *ī m* (*cf. hirtus; ēr*) Bock; Bocksgestank; / (*Schimpfwort*) geiler Bock.

hirnea, *ae f* (*et. unklar*) Schenkkanne; Krug.

Hirpīnī, *ōrum m* (*hirpus*) *Volk i. Samnium*; *adi.* *-us* 3.

hirniōsus = *herniōsus.*

hirqu... = *hirc...*

hirsūtus 3 (*m.* °*comp.*; *cf. hirtus*) borstig, struppig, rau; / roh, ungebildet.

Hirtius 3 (*hirtus*) *röm. Gentilname*: *A. ~, Legat Cäsars, fiel 43 b. Mutina*; *adi. -tiānus, -tīnus* 3.

hirtus 3 (*eigtl.* „starrend", *cf. horreō*) = *hirsūtus.*

hirūdō, *inis f* (*et. ungedeutet*) °**1.** Blutegel; **2.** / Blutsauger.

hirundinīnus 3 (*hirundō*) Schwalben...

hirundō, *inis f* (*wohl zu hirriō 4* „girren" — *Schallwort*; *cf. nhd.* „girren, gurren") Schwalbe.

hīscō, — — 3 (*incoh. v. hiō*) **1.** (*intr.*) °**a**) sich öffnen; **b**) / den Mund auftun, mucksen; **2.** (*trans.*) (*dcht.*) versuchen zu besingen.

Hispānia, *ae f* Spanien; *pl. die* beiden spanischen Provinzen [*Tarracōnēnsis od. citerior*; *Lūsitānia* et *Baetica od. ulterior*]; *adi. u. Einw.* *-nus* (3); *adi. -niēnsis, e* in Spanien stationiert [exercitus röm. Heer].

hispidus 3 (*wohl osk.-umbr. Lw.*; *cf. hirtus*) rau, struppig.

hister[1], *trī m* (*etr. Lw.*) *nkl.* = *histriō.*

Hister[2], *trī m* (*gr.* Ịstros) *die* untere Donau (*Ggs. Dānuvius*).

historia, *ae f* (*gr. Fw.*) **1. a**) Kenntnis; **b**) Geschichtsforschung; **2.** Erzählung, Geschichte, Sage; °Stadtgespräch; **3.** Geschichtswerk.

historicē, *ēs f* (*gr. Fw.*) Erklärung der Schriftsteller.

historicus 3 (*m.* °*adv.*; *gr. Fw.*) geschichtlich; *subst.* **~,** *ī m* Historiker.

****historiographus,** *i m* Geschichtsschreiber.

Histrī, *ōrum m Einw. d. Halbinsel* **Histria,** *ae f an der Grenze Illyriens*; *adi. -tricus*[1], *-trus* 3.

histricus[2] 3 (*hister*) schauspielerisch, Theater...

histriō, *ōnis m* (*hister*) Schauspieler; ** *der* Spielmann.

histriōnālis, e (*histriō*) schauspielerisch, Schauspieler...

histriōnia, *ae f* (*sc. ars*; *histriō*) Schauspielkunst.

hiulcō 1 (*hiulcus*) spalten.

hiulcus 3 (*m. adv.*; *hiō*) °**1.** klaffend, zerrissen; **2.** / **a**) mit Hiat [*-ē loqui*]; °**b**) gierig.

****hoba,** *ae f* = *huba.*

hōc °**1.** *adv.* = *hūc*; **2.** = *eō* desto [*maior*].

hodiē (< **hō diē* „an diesem Tage"; *Verkürzung durch Tonanschluss*) **1.** (noch) heute; **2.** (noch) heutzutage; *hodieque* noch heute; **3.** sogleich [*non dices ~?*]; °**4.** (*b. Drohungen u. Beteuerungen*) je, jemals.

hodiernus 3 (*hodiē*) **1.** heutig; *subst.* **-um,** *ī n das* Heute; **2.** jetzig.

hol... *auch* = *ol...*

****holocaustum,** *i n* Brandopfer.

Homēr(ōn)ida, *ae m* (*gr. Fw.*) Nachahmer Homers, Homeride.

Homērus, *ī m* (*gr.* Họmēros) *ältester gr. Dichter*; *adi. -ri(c)us* 3.

homi-cīda, *ae m f* (*homō, caedō*) **1.** Mörder(in); °**2.** männermordend [*Hector*].

homicīdium, *ī n* (*homicīda*) Totschlag, Mord.

****homilia,** *ae f* Predigt.

****hominium,** *i n* Lehnsmannschaft, Lehnseid [*exhibere* schwören].

homō, *inis m* (*altl. -ōnis usw.*; *ältere Form hemō — cf. nēmō —*; *cf. nhd.* „Bräuti-gam") **1.** (*Gattungsbegriff*) Mensch; *pl.* Menschen; **2.** Mensch, Mann; *pl.* Leute; **3. a**) tüchtiger Mann; **b**) schändlicher Mann; Kerl; **c**) schwaches Menschenkind; **4.** Sklave, Angehöriger; **5.** *pl.* Fußvolk; °**6.** *pl.* Kolonisten mit ihren Familien; °**7.** Mannes-, Zeugungskraft; **8. a**) *pron. pers.* er, sie; *der* eben Genannte; °**b**) *hic ~* ich; **

Mann *Ggs.* Frau); Lehnsmann, Untergebener.

homoeomeria, *ae f (gr. Fw.)* Ähnlichkeit der Teile.

homōnyma, *ōrum n (gr. Fw.)* gleich lautende Wörter, Homonyme.

homullus, *ī m (dem. v. homō)* Menschlein, Schwächling; erbärmlicher Kerl.

homunciō, *ōnis u.* **homunculus,** *ī m (dem. v. homō)* armer, schwacher Mensch (*im Ggs. zur Gottheit*).

honestāmentum, *ī n (honestō)* Schmuck, Anstand.

honestās, *ātis f (honestus)* **1. a)** Ehre, Ansehen; **b)** *pl.* Auszeichnungen; Honoratioren [*civitatis*]; **2. a)** Ehrbarkeit, Anstand, Würde; **b)** (*philos. t.t.*) Sittlichkeit, Tugend; **c)** Schönheit.

honestō 1 (*honestus*) ehren, auszeichnen.

honestus 3 (*m. comp., sup., adv.; wohl zu *honos, eris n; cf. honōs*) **1.** (*v. Personen*) angesehen, geehrt, ansehnlich, ehrenwert; vornehm; *-o loco natus* aus angesehener Familie; *subst.* **-ī,** *ōrum m* Männer aus gutem Hause; **2.** (*v. Sachen*) anständig, ehrenhaft; sittlich gut; *subst.* **-um,** *ī n* Tugend, Moral; **3.** hübsch, schön (klingend); °*subst.* **-um,** *ī n* Schönheit, *etw.* Schönes.

honor *u.* (*älter*) **-ōs,** *ōris m (et. ungedeutet)* Ehre: **1. a)** Ehrenbezeigung, Auszeichnung; Hochachtung; *honoris causā* ehrenhalber; **b)** ♀ Gott der Ehre; **c)** Ehrenamt, -sold; °Siegespreis; °Ehrenfest, -opfer; **2. a)** Ansehen, Glanz; °**b)** Zierde, Schmuck, Schönheit; ** Ehrerbietung; Lehen; Recht; Fürstenamt.

honōrābilis, e (*honōrō*) ehrenvoll; ** *honorabilem esse erga* ehren.

honōrārius (*honor*) **1.** *adi.* 3 als Ehrenbezeigung gewährt, Ehren...; °**2.** *subst.* **-ium,** *ī n* Ehrengeschenk; *decurionatūs* Abgabe an den Fiskus für die Ratsherrnwürde.

****honorificentia,** *ae f* Ehrerweisung; Würde, Hoheit.

****honorifico** 1 ehren; zu Ehren bringen; unterstützen (*mit Geld*).

honōrificus 3 (*m. comp. -centior, us; sup. -centissimus* 3; *adv.; honor, faciō*) ehrenvoll.

honōrō 1 (*honor*) **1.** ehren; °**2.** auszeichnen, belohnen; °**3.** verherrlichen, zieren; **4.** (*P.P.P.*) *adi.* **honōrātus** 3 (*m. comp.,* °*sup.,* °*adv.*) geehrt, angesehen; hoch gestellt; ehrenvoll [*militia*].

honōrus 3 (*honor*) ehrenvoll.

honōs, *ōris m s. honor.*

hoplomachus, *ī m (gr. Fw.)* Gladiator.

hōra, *ae f (gr. Lw.)* **1.** (*eine bestimmt abgemessene*) Tageszeit, Stunde (*b. den Römern der 12. Teil des Tages, je nach der Jahreszeit v. verschiedener Länge*); °*hora quota est?* wie spät ist es?; *sexta* (*vom Aufgang der Sonne gerechnet*) Mittagszeit; °**2.** Zeit; °**3.** Jahreszeit; **4.** *pl.* Uhr, Uhrwerk; °**5. Hōrae,** *ārum f (gr. -ai)* Horen, *Göttinnen der (3 schönen) Jahreszeiten*; ** *horae canonicae* die Horen, *die* (7) *Gebetsstunden, bsd. die abendliche*; *ab hora ad horam* einmal am Tage.

horaeos *u.* **-us** 3 (*gr. Fw.*) rechtzeitig eingesalzen, mariniert.

Horātius 3 *röm. Gentilname*: **1.** *die drei Horatier, Besieger der drei Curiatier*; **2.** *s.* Cocles; **3.** *Q.* ~ *Flaccus röm. Dichter, 65–8.*

hordeāceus *u.* **-cius** 3 (*hordeum*) Gersten...

hordeārius 3 (*hordeum*) **1.** zur Gerste gehörig; **2.** der Gerste ähnlich = aufgebläht.

hordēia, *ae f (vl. f v. adi. hordēius) unbekannter Fisch.*

hordēius 3 (*cf. hordēia*) = *hordeāceus.*

hordeum, *ī n (nach den stehenden langen Grannen benannt; cf. horreō; nhd.* „Gerste") Gerste.

hōria *u.* (*dem.*) **hōriola,** *ae f (et. unklar)* Fischerkahn.

horizōn, *ontis m (acc. -tem u. -ta; gr. Fw.* „begrenzend") Gesichtskreis, Horizont.

hōrnōtinus 3 (*hōrnus*) diesjährig, heurig.

hōrnus 3 (<* *hōiōrinos v. *hō iōrō* „in diesem Jahr"; *hic*[1]; *cf. gr. Lw. hōra, nhd.* „Jahr" *u.* „heuer") diesjährig, heurig; (*abl.*) *adv.* **-ō** heuer, in diesem Jahr.

hōrologium, *ī n (gr. Fw.)* Uhr (Sonnen- *od.* Wasseruhr).

horrendus 3 (*horreō*) **1.** schaudervoll, schrecklich; **2.** ehrwürdig, bewundernswert.

horrēns, *entis (horreō)* struppig.

horreō, *uī,* — 2 (*eigtl.* „starr sein"; *cf. hirtus*) **1.** (*intr.*) °**a)** starren, sich sträuben [*comae*]; **b)** (*vor Frost*) schaudern; **c)** / schaudern, sich entsetzen; **2.** (*trans.*) zurückschaudern *vor* [*crudelitatem*].

horrēscō, *ruī,* — 3 (*incoh. zu horreō*) **1.** (*intr.*) °**a**) zu starren beginnen, starren; sich sträuben; **b**) aufwallen; °**c**) schaudern, zittern; **2.** (*trans.*) schaudern *vor* [°*procellas*].

horreum, *ī n* (*et. ungedeutet*) Vorratskammer, Scheune, Speicher.

horribilis, e (*m. comp.*; *horreō*) schrecklich, entsetzlich; erstaunlich.

horridulus 3 (*dem. v. horridus*) °**1.** starrend; strotzend, straff [*papillae*]; **2.** °**a**) struppig; **b**) / ungehobelt.

horridus 3 (*m. comp., adv.*; *horreō*) °**1.** starrend; struppig, rauh; **2.** schaudernd; schaurig kalt; **3.** / **a**) schmucklos, wild, roh, ungebildet [°*miles*]; **b**) einfach, schlicht [*verba*]; **c**) entsetzlich, grausig.

horri-fer, *era, erum* (*horror, ferō*) **1.** schaurig kalt; **2.** schrecklich.

horrificō 1 (*horrificus*) **1.** rau, uneben machen; aufwallen lassen [*mare*]; **2.** Schauder einflößen.

horri-ficus 3 (*m. adv.*; *horreō, faciō*) schrecklich.

horri-sonus 3 (*horreō, sonō*) schrecklich tönend.

horror, *ōris m* (*horreō*) **1.** Rauheit; / °*dicendi* rauhe Sprache; **2. a**) Schauder; Fieberschauer; **b**) Entsetzen, Grausen; **c**) Wonneschauer; **3.** heilige Scheu.

hōrsum *adv.* (‹**hō-vorsum* = *hūc versum*) hierher.

hortāmen, *inis u.* **hortāmentum,** *ī n* (*hortor*) Ermunterung(smittel).

hortātiō, *ōnis f* (*hortor*) Ermunterung.

hortātor, *ōris m* (*hortor*) Ermahner, Anreger; °Rudermeister.

hortātrīx, *īcis f* (*hortātor*) Mahnerin, Anregerin.

hortātus, *ūs m* (*hortor*) Ermunterung, Antrieb.

hortēnsius[1] 3 (*hortus*) zum Garten gehörig; *subst.* **-ē(n)sia,** *ōrum n* Gartengewächse, -früchte.

Hortēnsius[2] 3 *röm. Gentilname*: *Q.* ~ *Hortalus, ber. Redner, Rivale Ciceros*; *adi.* -*iānus* 3; *subst.* **-iāna,** *ōrum n Ciceros Schrift* „Hortensius“.

hortor *u.* (*altl.*) **-ō** 1 (‹ *altl. horitor, intens. v. horior* 4 „antreiben“, *eigtl.* „Lust machen“, *cf. nhd.* „begehren, gern“) ermuntern, antreiben, ermutigen; auffordern.

hortulus, *ī m* (*dem. v. hortus*) Gärtchen; *pl.* Park.

hortus, *ī m* (*cf. cohors, nhd.* „Garten“) **1.** Garten; **2.** *pl.* Park; °Gemüse.

hospes, *itis m* (*selten f*; *gen. pl.* °*auch -ium*; ‹**hosti-pot-s* „Fremdenherr“; *hostis*; *cf. potis*) **1. a**) Gastfreund, Gast; **b**) Wirt; **2.** Fremder; Fremdling; *auch adi.* unerfahren [*in agendo*]; fremd [*huius urbis*].

hospita *s. hospitus.*

hospitālis, e (*m.* °*comp., sup.,* °*adv.*; *hospes*) **1.** zu den Gastfreunden gehörig; des Gastes, des Gastfreunds [*Iuppiter*]; **2.** gastlich, gastfreundlich; ** *subst.* **-e,** *is n* Kranken-, Armenhaus, Herberge.

hospitālitās, *ātis f* (*hospitālis*) Gastlichkeit.

hospitium, *ī n* (*hospes*) **1.** Gastfreundschaft; **2.** gastliche Aufnahme, Bewirtung; **3. a**) gastliches Haus, Herberge, Quartier; °**b**) Lager (*der Tiere*); °**c**) / (*scherzh.*) Unterkunft.

hospitor 1 (*hospes*) als Gast einkehren.

hospitus 3 (*nur f sg. u. n pl.*; *hospes*) °**1.** fremd; **2.** gastlich; *subst.* **-a,** *ae f* (weiblicher) Gast; Wirtin.

hostia, *ae f* (*et. ungedeutet*) Opfertier; Schlachtopfer; ** Hostie.

hostiātus 3 (*hostia*) mit Opfertieren versehen.

hosticus 3 (*hostis*) **1.** fremd, ausländisch; **2.** feindlich; *subst.* **-um,** *ī n* Feindesland.

hosti-ficus 3 (*m.* °*adv.*; *hostis, faciō*) feindselig.

hostīlis, e (*m. adv.*; *hostis*) **1.** feindlich, des Feindes, der Feinde; **2.** feindselig; °*subst.* **-ia,** *ium n* Feindseligkeiten.

Hostīlius 3 *röm. Gentilname*: *Tullus* ~ *3. röm. König.*

hostīmentum, *ī n* (*hostiō*) Vergeltung.

hostiō 4 (*et. unklar*) vergelten.

hostis, *is m f* (*cf. nhd.* „Gast“) °**1.** Fremdling, Ausländer; **2.** Feind (-in): **a**) Landesfeind (*Ggs. inimīcus*); **b**) erbitterter Feind (*in Privatverhältnissen*); °Gegner; °Nebenbuhler; ** *antiquus* Teufel.

HS. (*statt* II *S* = *duo sēmis*) *Abk.* = *sēstertius.*

****huba,** *ae f* Hufe (*germ. Landmaß*).

hūc *adv.* (*wohl* ‹**hoi-ce, loc. v. hic*[1]) **1.** (*räuml.*) hierher, hierhin; **2.** / hierzu, bis zu diesem Punkte,

so weit; **hūcine?** bis hierhin? bis dahin? so weit?; °**hūc-ūsque** (-*ūsque*?) bis hierher, so weit.
hui *int.* (-*ī*?; *lautmalend*; *urspr. Schnelligkeit u. Plötzlichkeit, dann* [*meist ironisch*] *Erstaunen u. Spott ausdrückend*) hui! ei! ach was!
hūiusce-modī *u.* **hūius-modī** (*hic*¹; *modus*) derartig.
hūmānitās, *ātis f* (*hūmānus*) **1.** Menschentum, Menschlichkeit, menschliche Art; **2.** Menschlichkeit, Milde; Höflichkeit; **3. a**) höhere Bildung; **b**) (feiner) Geschmack, Anstand, feine Lebensart.
hūmāniter *u.* **-nitus** *adv.* = *hūmānē* (*adv. v. hūmānus*).
****humanor** 1 Mensch werden.
hūmānus 3 (*m. comp., sup., adv.*; *wahrsch. zu homō, humus*; -*ū*- *ungeklärt*) **1.** menschlich, Menschen...; *res -ae* Menschliches, Irdisches, Menschenschicksal, irdische Güter; **2.** menschenwürdig, edel, gebildet, fein; **3.** menschenfreundlich, mild, höflich; **4.** gelassen, ruhig; **5.** *subst.* °**a**) **~,** *ī m der* Sterbliche, *der* Mensch; **b**) °**-um,** *ī u.* **-a,** *ōrum n* = *res -ae*; ** *militia die* streitende Christenheit.
humātiō, *ōnis f* (*humō*) Beerdigung.
hūmectō, hūmeō = *ūmectō usw.*
humerus, *ī m* = *umerus.*
hūmēscō, hūmidus = *ūmēscō usw.*
humilis, e (*m. comp.*; *sup. -illimus*; *adv.*; *humus*) **1. a**) niedrig; klein; °**b**) flach; **2.** / **a**) unbedeutend, schwach, gering, ärmlich [-*ī loco natus*]; **b**) schmucklos, schwunglos; schlicht [*oratio*]; **c**) kleinlich; **d**) demütig, knechtisch; **e**) kleinmütig, verzagt.
humilitās, *ātis f* (*humilis*) **1.** Niedrigkeit, Kleinheit [*navium*]; **2.** / **a**) niederer Stand, unedle Geburt; **b**) Unbedeutendheit, Schwäche, Ohnmacht; **c**) Niedergeschlagenheit, Unterwürfigkeit, knechtischer Sinn; ** *mentis* Demut.
humō 1 (*humus*) bestatten.
hūmor, *ōris m* = *ūmor.*
humus, *ī f* (*wohl Umformung eines konsonantischen Stammes*; *daher f*; *cf. gr. Fw.* „chthonisch") **1.** Erdboden, -reich; Erde; *loc.* **humī** auf dem Boden, auf den Boden, zu Boden [*prosternere*]; *abl.* **humō** vom Boden, von der Erde; auf dem Boden, auf der Erde; in der Erde [*alqm condere*]; °**2.** Grund und Boden; °**3.** Gegend, Land; °**4.** *das* Niedrige, Gemeine.
Hyacinthia, *ōrum n* Hyazinthusfest (*in Sparta zu Ehren des v. Apoll geliebten* **Hyacinthus** (*gr.* -ąkinthos), *der durch einen unglücklichen Diskuswurf getötet wurde u. aus dessen Blut die Blume hyacinthus entsprang*).
hyacinthinus 3 (*gr. Fw.*) Hyazinthen...
hyacinthus, *ī m* (*gr. Fw.*; *cf. vaccinium*) Hyazinthe (*violettblaue Schwertlilie od. Gartenrittersporn, nicht unsere H.*; *cf. Hyacinthia*).
Hyades, *um f* (*acc. -as*; *gr.* -ądes „Regenbringerinnen", *volkset. als* „Wildschweine" *gedeutet, cf. Suculae*) *die* Hyaden, Siebengestirn (*dessen Aufgang Regen anzeigte*); *in der Sage Töchter des Atlas, Schwestern der Plejaden.*
hyaena, *ae f* (*gr. Fw.*) Hyäne.
hyalus, *ī m* (*gr. Fw.*) Glas; *color -i* glasgrüne Farbe; ** Trinkglas.
hybrida, *ae m f* (*Fw. unbekannter Herkunft*) Mischling, Bastard.
Hydaspēs, *is m* (*acc. -ēn*) *Nbfl. des Indus, j.* Dschelam.
hydra, *ae f* (*gr. Fw.*) **1.** Wasserschlange; °**2.** ♀ **a**) *Ungeheuer der Unterwelt*; **b**) *Gestirn* (= *Anguis*).
hydraulēs, *ae m* (*gr. Fw.*) Wasserorgelspieler.
hydraulicus 3 (*gr. Fw.*) durch Wasser getrieben, hydraulisch.
hydraulus, *ī m* (*gr. Fw.*) Wasserorgel.
hydria, *ae f* (*gr. Fw.*) Wasserkrug; Krug, Urne, Topf.
hydrocēlē, *ēs f* (*gr. Fw.*) Hodenbruch.
hydrochous *od.* **-os,** *ī m* (*gr. Fw.*) Wassermann (*Gestirn*).
****hydromellum,** *i n* = *hydromeli, itos n* Met.
hydrōpicus 3 (*gr. Fw.*) wassersüchtig.
hydrōps, *ōpis m* (*gr. Fw.*) Wassersucht.
hydrus *u.* **-os,** *ī m* (*gr. Fw.*) (Wasser-)Schlange; *pl. bsd. die* Schlangen *in den Haaren der Furien u. der Medusa.*
Hygīa, *ae f* (*gr.* Hygįeia) *Göttin der Gesundheit.*
Hylās, *ae m jugendlicher Begleiter des Herkules, v. Nymphen geraubt.*
hȳlē, *ēs f* (*gr. Fw.*) Material, Stoff; / schriftliche Materialien.

H

Hymēn, *enis m* (*u.* -ȳ-; *gr.* -mēn; *cf. altind.* syūman „Band") Hochzeitsgott; / Hochzeitslied.

hymenaeos *u.* **-us,** *ī m* (*gr. Fw.*) Braut-, Hochzeitslied; (*meist pl.*) Brautzug, Hochzeit; Begattung; ♀ = *Hymēn.*

Hymēttus, *ī m* (*gr.* -ọs) *Berg b. Athen, ber. durch Honig u. Marmor*; *adi.* -ius 3.

hymnus, *ī m* (*gr. Fw.*) Lobgesang; Hymne; ** geistliches Lied.

hyperbaton, *ī n* (*gr. Fw.*; *rhet. t.t.*) künstliche Änderung der Wortfolge, Hyperbaton; *cf. trānsgressiō.*

hyperbolē, *ēs f* (*gr. Fw.*; *rhet. t.t.*) Übertreibung, Hyperbel.

Hyperborēī, *ōrum m* (-ĕ-?; *gr.* -bọre[i]ọ̄i) *Märchenvolk im hohen Norden*; *adi.* -ĕus 3 nördlich.

Hyperīdēs, *is m* (*gr.* -ẹ̄idēs) *att. Redner z. Z. des Demosthenes.*

Hyperīōn, *onis m* **1.** *Titane, Vater des Sol* (*Helios*); **2.** *der* Sonnengott.

hypocauston *u.* **-um,** *ī n* (*gr. Fw.*) Heizgewölbe unter dem Fußboden, Hypokausten.

****hypocrisis,** *is f* Heuchelei.

hypocritēs *u.* **-a,** *ae m* (*acc. auch* -ēn; *gr. Fw.*) Mime (*der die Worte eines Schauspielers m. Gebärden begleitet*); ** Heuchler.

hypodidascalus, *ī m* (*gr. Fw.*) Unterlehrer.

hypomnēmata, *um n* (*abl.* -atīs; *gr. Fw.*) schriftliche Bemerkungen.

hypothēca, *ae f* (*gr. Fw.*) (Unter-) Pfand, Hypothek.

Hyrcānia, *ae f* (*gr.* -ịā) *Landsch. sö. vom Kaspischen Meer*; *adi.* -ān(i)us 3; *Einw.* **-ānī,** *ōrum m*; *Macedones Hyrcānī* Hyrkanomakedonier *in Lydien.*

hystericus 3 (*gr. Fw.*) hysterisch.

I

Ĭacchus, *ī m* (*gr.* Ịakchos) *Kultname des Bacchus*; °/ Wein.

iaceō, *uī,* — 2 (*result. zu iaciō*) **1. a**) (da)liegen; **b**) ruhen; **c**) krank zu Bett liegen; **d**) zu Tische liegen; **e**) tot daliegen; *iacentes, ium m die* Gefallenen; **f**) irgendwo liegenbleiben, rasten; °**g**) (*v. Örtlichkeiten*) liegen, gelegen sein [*locus*]; sich erstrecken; (*v. Völkern*) wohnen [*gens*]; **h**) flach *od.* tief liegen [*terrae*]; **2.** / °**a**) nachschleppen [*vestis*]; °**b**) in Trümmern liegen; **c**) (*in einen Zustand*) versunken sein [*in maerore*]; **d**) mutlos sein; **e**) machtlos sein; brachliegen [*studia*]; **f**) niedrig stehen [*pretia*].

iaciō, *iēcī, iactum* 3 (*cf. iaceō*) **1.** werfen, schleudern, stürzen; auswerfen [*ancoram*]; zuwerfen [°*oscula* Kusshände]; °ausstreuen [*semen*]; **2.** wegwerfen [*arma*]; **3.** / **a**) (*Drohungen usw.*) schleudern, ausstoßen [*minas*]; **b**) (*im Gespräch*) fallen lassen [*verba superba*]; **4.** aufführen, errichten, bauen [*aggerem*]; / *fundamenta* den Grund legen *zu* [*pacis*].

iactāns, *antis* (*m.* °*comp.*, °*adv.*; *iactō*) prahlerisch.

iactantia, *ae f* (*actiāns*) **1.** (*act.*) *das* Anpreisen [*sui*]; **2.** (*medial*) Prahlerei, Ruhmredigkeit; **3.** (*pass.*) (gezollter) Beifall.

iactātiō, *ōnis f* (*iactō*) **1.** (*act.*) °**a**) *das* Hin- und Herwerfen, Schütteln, Erschüttern; **b**) gestikulierende Bewegung; °**c**) / Prahlerei; **2.** (*medial u. pass.*) **a**) Erschütterung, Schwanken [*navis*]; / **b**) (*seelische*) Erregung, Regung [*animi*]; °**c**) Wankelmut [*animi*]; **d**) (gezollter) Beifall [*popularis* Volksgunst].

iactātor, *ōris m* (*iactō*) Prahler.

iactātus, *ūs m* (*iactō*) = *iactātiō* 1a.

iactitō 1 (*intens. v. iactō*) öffentlich vortragen.

iactō 1 (*intens. u. frequ. v. iaciō*) **1. a**) immer wieder *od.* kräftig werfen; °**b**) wegwerfen, ausstreuen [*semina*]; verbreiten, austeilen [*vulnera*]; **c**) ausstoßen [*minas*]; **d**) wiederholt zur Sprache bringen; im Munde führen; **e**) *se -are* sich brüsten, großtun *mit* [*in pecuniis*]; **2. a**) hin und herwerfen, schwingen, schütteln; **b**) hin und hertreiben, tummeln; **c**) rhythmisch bewegen [°*bracchia in numerum*]; **d**) *medio-pass. u. se -are* sich viel beschäftigen *mit* [*in causis*].

iactūra, *ae f* (*iaciō*) **1.** *das* Überbordwerfen; **2.** / **a**) Aufopferung, Verlust, Schaden; *-am facere*

Schaden leiden *an* [*rei familiaris*]; **b)** Aufwand; (Geld-)Opfer.

iactus, *ūs m* (*iaciō*) **1.** *das* Werfen, Schleudern; °**2.** Schussweite; **3.** Wurf (*im Würfelspiel*).

iaculābilis, e (*iaculor*) zum Werfen geeignet, Wurf...

iaculātiō, *ōnis f* (*iaculor*) *das* Schleudern; Wurf.

iaculātor, *ōris m* (*iaculor*) Schleuderer, Speerschütze.

iaculātrīx, *īcis f* (*iaculātor*) Schleuderin, Jägerin [*Diana*].

iaculor 1 (*iaculus*) **1.** (*intr.*) **a)** den Speer schleudern; °**b)** / (*mit Worten*) losziehen *gegen* [*in uxorem*]; °**2.** (*trans.*) **a)** werfen, schleudern; **b)** *se -ari* sich stürzen; **c)** schießen, erlegen [*cervos*]; **d)** / jagen, streben *nach* [*multa*]. [°-netz.

iaculum, *ī n* (*iaculus*) Wurfspieß,

iaculus 3 (*iaciō*) zum Werfen geeignet, Wurf....

iāientāculum (-ē-?) = *ientāculum*.

iāiūnus *älter statt iēiūnus*.

iam *adv.* (*erstarrter acc. sg. f eines pron.*; *cf. is*) **1.** (*zeitl.*) **a)** (*positiv*) schon, bereits; nunmehr, jetzt; bald; °*iam ... iam* bald ... bald; sofort, sogleich; **iamiam** jeden Augenblick, im nächsten Augenblick; *iam pridem, iam dudum* schon längst; **b)** (*negativ*) *non iam u. iam non* nicht mehr, nicht länger, noch nicht; **2.** (*in Übergängen*) nun ferner, außerdem; nun gar, wirklich [*iam vero*].

ïambēus 3 (*gr. Fw.*) jambisch.

ïambus, *ī m* °**1.** Jambus (◡ —); **2.** jambisches Gedicht, Spottgedicht.

Iāniculum, *ī n u.* **mōns -lus** *Hügel Roms, auf dem rechten Tiberufer.*

Iānigena, *ae m f* (*Iānus, gignō*) Kind des Janus.

iānitor, *ōris m* (*iānus*) Pförtner; ** Küster; *caeli* = Petrus.

iānitrīx, *īcis f* (*iānitor*) Pförtnerin.

ïanthina, *ōrum n* (*gr. Fw.*) violette

iantō = *ientō*. [Kleider.

iānua, *ae f* (*iānus*) **1.** Haustür, Tür; **2.** Eingang, Zugang.

Iānuārius 3 (*Iānus*) zum Janus *od.* zum Januar gehörig [*Kalendae*]; ~ (*mensis*) *m* Januar.

iānus, *ī m* (*eigtl.* „Bahn, Gang") bedeckter Durchgang, Torbogen, *bsd.*: **1.** Janusbogen *nördl. v. Forum* (*im Frieden geschlossen*); **2.** *eine der drei überwölbten* Torhallen *am Forum* (*summus; medius* [*Sitz der Wechsler*]; *imus*); **Iānus,** *ī m der personifizierte Torbogen, altit. Gott jedes Ein- u. Ausgangs; auf dem As doppelköpfig dargestellt.*

Īapetus, *ī m* (*gr.* -os) *Titane, Vater des Atlas* (*-tīonidēs, ae m*) *sowie des Prometheus u. des Epimetheus.*

Īāpyx, *ygis m* (*acc. -a*) **1.** *Sohn des Dädalus, Heros v. Südapulien*; **2.** *Einw. v. Südapulien* (*-ygia, ae f*); *auch adi.*; **3.** (*der aus Südapulien nach Griechenland wehende*) Nordwestwind.

Īāsōn, *onis m Führer der Argonauten*; *adi. -onius* 3. [*Halbedelstein*).

ïaspis, *idis f* (*gr. Fw.*) Jaspis (*grüner*

ïātralīptēs, *ae m* (*ī-?; gr. Fw.*) Salbenarzt, Badearzt.

Ibēr, Ibēres = *Hibēr, Hibēres*.

ibī *u.* **ibi** *adv.* (*cf. is*) **1.** (*räuml.*) da, dort, daselbst; **2.** (*zeitl.*) da, damals, alsdann; **3.** / dabei, darin, in diesem Punkte.

ibī-dem *u.* **ibi-dem** *adv.* (*cf. īdem*) ebendaselbst; / ebendabei, ebendarin. [*der* Ibis.

ībis, *is u. idis f* (*acc. -im; gr. Fw.*)

ibiscum = *hibiscum*.

ibrida = *hibrida*.

ibus *s. is.* [*Rhegium, um 540.*

Ībycus, *ī m* (*gr.* -kos) *gr. Lyriker aus*

Īcarius, *ī m* (*gr.* -karios) **1.** *Vater der Penelope*; **-iōtis,** *idis f subst.* = *Penelope, adi. der* Penelope; **2.** *s. Īcarus* 1.

Īcarus, *ī m* (*gr.* Īkaros) **1.** (*od. Īcarius*) *ein Athener, der v. Bacchus eine Rebe erhielt; nach seinem Tode als* Arctūrus *od.* Boōtes, *sein Hund als Hundsstern an den Himmel versetzt*; *adi. -ius* 3 [*canis*]; **2.** *Sohn des Dädalus, stürzt bei der Flucht aus Kreta ins Meer*; *adi. -ius* 3 [*mare Teil des Ägäischen Meers*].

īcas, *adis f* (*gr. Fw.*) *der* 20. Tag des Monats, Epikur zu Ehren gefeiert.

iccircō = *idcircō*.

ichneumōn, *onis m* (*gr. Fw.*) Pharaomaus.

īciō *u.* **īcō** 3 *fehlerhafte Grammatikerformen für īcō.*

īcō, *īcī, ictum* 3 (*praes. kl. selten*; *cf. ictus*[2]) **1.** treffen, schlagen, stoßen; **2.** *foedus* ein Bündnis schließen. [Leben dargestellt.

īconicus 3 (*gr. Fw.*) nach dem

īconismus, *ī m* (*gr. Fw.*) Abbildung, treue Darstellung.
ictericus 3 (*gr. Fw.*) gelbsüchtig.
ictis, *idis f* (*acc. sg. -tim, acc. pl. -tidas; gr. Fw.*) Frettchen.
ictus¹ 3 (*īcō*) betroffen, beunruhigt.
ictus², *ūs m* (*cf. īcō*) **1.** Schlag, Hieb, Stoß, Wurf; / Schicksalsschlag; °**2.** Takt(schlag); °**3.** Angriff.
Īda, *ae u.* **-ē,** *ēs f* **1.** *Berg auf Kreta*; **2.** *Berg i. Phrygien m. Kybelekult*; *adi. -aeus* 3.
Īdalium, *ī n* (*gr.* -on) *Vorgeb. u. St. auf Zypern m. Venuskult*; *adi. -ius* 3; *subst.* **-iē,** *ēs f* Venus; **-ia,** *ae f* Gegend um ~.
id-circō *adv.* (*vl. eigtl. „dies* im Umkreis"; *id*; *circus*) deswegen, deshalb, darum.
idea, *ae f* (*gr. Fw.*) Urbild, Idee.
īdem, eadem, idem (*n id* + [*verstärkendes*] *-em*; *durch falsche Zerlegung* [*i-dem*] *īdem u. eadem hinzugebildet*) (eben)derselbe, *der* Nämliche, Gleiche; *idem ac od. et* derselbe wie; (*b. gleichem Subj. u. neuem Prädikat*) zugleich, auch [*viri fortes iidemque boni*]; gleichwohl.
identidem *adv.* (*vl.* ‹*idem et idem*) zu wiederholten Malen, mehrfach.
id-eō *adv.* (*eigtl.* „das aus dem Grunde") = *idcircō*.
Īdib. = *Īdibus*.
****idioma,** *atis n das* Eigentümliche im Ausdruck; Mundart.
idiōta *u.* **-ēs,** *ae m* (*gr. Fw.*) unwissender Mensch, Laie, Stümper.
Idistavīsō campus *Talebene auf dem rechten Weserufer.*
īdōlum, *ī n* (*gr. Fw.*) °**1.** Schattenbild, Gespenst; **2.** (*stoischer t.t.*) Bild in der Seele, Vorstellung; ** Götzenbild.
idōneus 3 (*m. comp. u. sup. magis u. maximē* ~; *adv. -eē*; *et. ungedeutet*) **1.** (*act.*) geeignet, passend, tauglich, fähig; **2.** (*pass.*) wert, würdig; empfänglich [*natura*]; °straffällig.
īdos *indecl.* (*gr. Fw.*) Ansehen, Gestalt.
Īdūs, *uum f* (*wohl etr. Fw.*) *die* Iden (*der 15. im März, Mai, Juli, Oktober, sonst der 13.*).
īdyllium, *ī n* (*gr. Fw.*) Hirtengedicht, Idylle.
i.e. = *id est.*
iecur, *jünger* **iocur,** *iecoris u. °iocineris n* (*vl. m. nhd.* „Leber" *verwandt*) Leber (*nach antiker Auffassung Sitz der sinnlichen Liebe u. des Zornes*).
iecusculum, *ī n* (*dem. v. iecur*) kleine Leber.
iēientāculum = *ientāculum.*
iēiūniōsus 3 (*iēiūnium*) ganz nüchtern, hungrig.
iēiūnitās, *ātis f* (*iēiūnus*) °**1.** Nüchternheit; **2.** / **a)** Trockenheit *der Rede*; **b)** Unkenntnis.
iēiūnium, *ī n* (*iēiūnus*) *das* Fasten, Hunger; Magerkeit; ** Fastenzeit.
iēiūnus 3 (*m. °comp., adv.; et. ungedeutet*) **1.** nüchtern, hungrig; **2.** / **a)** mager, dürr, trocken; **b)** armselig, dürftig.
ientāculum, *ī n* (*-ē-?; ientō*) erstes Frühstück.
ientō 1 (*-ē-?; et. unklar; m. iēiūnus verwandt?*) frühstücken.
igitur *ci.* (*meist an 2. Stelle*; ‹ (*quid*) *agitur?* was ist los? was nun?) **1.** (*schlussfolgernd*) also, daher, demnach, folglich, so ... denn; **2.** (*wieder aufnehmend*) also, wie gesagt; **3.** (*zusammenfassend*) kurz, mit einem Worte.
īgnārus 3 (*m. °sup*; ‹**in-gnārus*) **1.** (*act.*) unbekannt *mit etw.*, unkundig, unerfahren; *me ignaro* ohne mein Wissen; °**2.** (*pass.*) unbekannt, fremd [*regio hostibus*].
īgnāvia, *ae f* (*īgnāvus*) Trägheit; Schlaffheit; Feigheit.
īgnāvus 3 (*m. comp., °sup., adv.* **-ē** *u.* °**-iter**; ‹**ingnāvus; s. nāvus*) **1.** träge, untätig, schlaff, lässig; **2.** kraftlos, matt; **3.** erschlaffend [*aestus*]; **4.** feige, mutlos; *subst.* ~, *ī m* (*kl. nur pl.*) Feigling.
ignēscō, — — 3 (*ī-?; ignis*) sich entzünden, in Brand geraten; °/ entbrennen.
igneus 3 (*ī-?; ignis*) feurig; feuerfarben; °/ hitzig, glühend.
igniculus, *ī m* (*īgn-?; dem. v. ignis*) Flämmchen; / Glut; Funke; *pl.* Keime [*virtutum*].
igni-fer, *era, erum* (*īgn-?; ignis, ferō*) feurig.
igni-gena, *ae* (*īgn-?; ignis, gignō*) feuergeboren.
igni-pēs, *edis* (*īgn-?; ignis*) feuerfüßig, schnell.
igni-potēns, *entis m* (*īgn-?; ignis*) Beherrscher des Feuers; (*Beiname des Vulcanus*).
ignis, *is m* (*īgn-?; abl. sg. -ī u. -e; altind. agni- ds.*) **1.** Feuer(sbrunst); **2. a)** Feuerbrand; Fackel; °**b)** brennender Scheiterhaufen; Blitz; Stern;

3. Feuerglanz, Röte; Schimmer; °fiebrige Röte; **4.** Glut, Hitze (*kl. nur l*); Wut, Leidenschaft; Liebesglut; Zorn; °**5.** Geliebte(r), Flamme; ** *aeternus* Höllenfeuer; Feuerprobe.

ignītus 3 (*īgn-?; ignis*) feurig, glühend.

īgnōbilis, e (*m. °comp., sup., °adv.;* ⟨**in-gnōbilis; s. nōbilis*) **1.** unbekannt, unberühmt; **2.** von niedriger Herkunft, gemein.

īgnōbilitās, *ātis f* (*īgnōbilis*) **1.** Ruhmlosigkeit; **2.** niedrige Herkunft.

īgnōminia, *ae f* (*in* [= „un-"] + *nōmen m. Anlehnung an* [g]*nōscō; eigtl.* „Aberkennung des guten Namens" = *nota cēnsōria*) Beschimpfung, Entehrung; Schimpf.

īgnōminiōsus 3 (*m. °adv.; īgnōminia*) **1.** schimpflich; °**2.** beschimpft, entehrt.

īgnōrābilis, e (*m. °comp., °adv.; īgnōrō*) unbekannt.

īgnōrantia, *ae f* (*īgnōrāns, part. praes. v. īgnōrō*) Unkenntnis, Unerfahrenheit.

īgnōrātiō, *ōnis f* (*īgnōrō*) **1.** Unbewusstheit, Unfreiwilligkeit; **2.** = *īgnōrantia.*

īgnōrō 1 (*v. adi. *īgnōrus* „nicht wissend", *wohl ablautend zu īgnārus*) unkundig sein, nicht kennen, nicht wissen; *non* ~ sehr wohl wissen; (*P.P.P.*) *adi.* **īgnōrātus** 3 **1.** unbekannt; °**2.** unerkannt, unbemerkt; °**3.** unbewusst, unfreiwillig.

(**ignōscēns**) *entis* (*nur comp. -entior, ōris; īgnōscō*) versöhnlich.

ignōscō, *gnōvī, gnōtum* 3 (*prp. in* + *gnōscō; s. nōscō*) verzeihen, Nachsicht haben [*adulescentiae*]; begnadigen; (*Gerundiv*) °*adi.* **ignōscendus** 3 verzeihlich.

īgnōtus 3 (*m. °comp., sup.* ⟨**in-gnōtus; s. nōtus*) **1.** (*pass.*) **a)** unbekannt, fremd; °**b)** niedrig geboren, gemein; **2.** (*act.*) unbekannt *mit.*

Iguvium, *ī n St. in Umbrien, j.* Gubbio; *Einw.* *-vīnī, ōrum u. -vīnātēs, um m.*

īle, *is u.* **īleum** *u.* **īlium,** *ī n sg. zu īlia²* Scham.

Ilerda, *ae f St. der Ilergētes, um m im nö. Spanien, j.* Lerida.

īlex, *icis f* (*Lw. aus Mittelmeerspr.*) Steineiche.

Īlia¹, Īliacus, Īliadēs, Īlias *s. Īlium.*

īlia², *ium n die* Weichen; Gedärme.

īlicet *adv.* (⟨ *īre licet*) **1.** man kann gehen! lasst uns gehen! es ist vorbei! **2.** = *īlicō.*

īlicētum, *ī n* (*īlex*) (Stein-)Eichenwald.

īlicō *adv.* (⟨**en-stlocōd; in, locus*) °**1.** (*räuml.*) auf der Stelle; **2.** (*zeitl.*) sogleich.

īlignus 3 (*-līgn-?; īlex, an lignum angeglichen*) von der Steineiche.

Īlīthyia, *ae f* (*gr.* Eileị-) *Geburtsgöttin.*

Īlium *u.* **-on,** *ī n,* **Īlios,** *ī f* Troja; *adi. Īli(ac)us* 3; *subst.* **Īlia,** *ae f* Troerin; Rhea Silvia; **Īliadēs,** *ae m der* Troer (*Ganymedes*); Sohn der Ilia (*Romulus od. Remus*); **Īlias,** *adis f* Troerin; *die* Ilias *Homers;* **Īliēnsēs,** *ium m* Troer; *ein Volk auf Sardinien.*

illā *adv.* (*sc. parte od. viā*) auf jener Seite, dort; dorthin.

il-labefactus 3 (*in* + *P.P.P. v. labefaciō*) unerschütterlich.

il-lābor, *lāpsus sum* 3 hineingleiten, -schlüpfen; einstürzen, fallen.

il-labōrātus 3 unbearbeitet; mühelos.

il-labōrō 1 sich abmühen *bei* [*domibus abl.*].

illāc *adv.* (*sc. parte od. viā; illic¹*) °**1.** da, dort; **2.** dorthin; ~ *facere* zu jener Partei gehören.

il-lacessītus 3 ungereizt, unangefochten.

il-lacrimābilis, e **1.** (*pass.*) unbeweint; **2.** (*act.*) nicht weinend, unerbittlich.

il-lacrimō *u.* **-or** 1 **1.** weinen *über* [*morti*]; °**2.** dazu weinen.

il-laesus 3 (*in* + *P.P.P. v. laedō*) unverletzt.

il-laetābilis, e unerfreulich, traurig.

il-laqueō 1 umgarnen.

il-laudātus 3 ungelobt, ruhmlos; fluchwürdig.

il-lautus = *illūtus.*

ille, *a, ud* (*gen. sg. illīus, altl. illī, im Vers auch illĭus; dat. sg. illī; altl. ollus u. olle; cf. ultrā*) jener: **1. a)** jener; **b)** dortig, entlegen, jenseitig; **c)** damalig, früher; **d)** früher erwähnt, schon genannt; **2.** *der* Bekannte, Berühmte [*illud Homeri das* bekannte Wort aus Homer]; *der* Berüchtigte; **3.** (*ankündigend*) Folgender; dieser; der [*cum alia tum illud*]; **4.** (*unbetont*) er, sie es; **5. hic ... ille** dieser ... jener, der eine ... der andere; der Letztere ... der Erstere; **ille aut ille**

der und der, irgendeiner; **ille quidem** (der) allerdings, freilich.
illecebra, *ae f* (*illiciō*) Lockung; Reiz; Verführung; °Lockvogel.
illecebrōsus 3 (*m.* °*comp.*, °*adv.*; *illecebra*) verführerisch.
il-lectus[1] 3 *s. illiciō.* [ungelesen.]
il-lēctus[2] 3 (*in* + *P.P.P. v. legō*[2])
il-lectus[3], *ūs m* (*illiciō*) Lockung.
il-lepidus 3 (*m. adv.*) unfein.
illex, *icis m f* (*illiciō*) Verführer(in), Lockvogel.
illī *adv.* (*altl. loc. v. ille*) dort.
il-lībātus 3 (*in* + *P.P.P. v. lībō*) unvermindert, ungeschmälert; ** unberührt, keusch.
il-līberālis, e (*m. adv.*) **1.** eines freien Mannes unwürdig; **2.** unedel, ungefällig; unanständig, gemein; **3.** knauserig, geizig.
illīberālitās, *ātis f* (*illīberālis*) **1.** Ungefälligkeit; **2.** Knauserei.
illic[1], *aec, uc* (*Schlusssilbe des n* [= *illucc*] *stets u. in falscher Analogie die des m* [= *illicc*] *oft lang gemessen*; *altl.*: *nom. pl. m illīsce, abl. pl. illīsce, nom. pl. f illaec*; *ille* + *-ce*; *altl.*, *im n auch vulgär*) jener da.
illīc[2] *adv.* (*loc. v. illic*[1]) **1. a**) dort, daselbst; °**b**) auf jener Seite, bei jenem Menschen; °**c**) im Jenseits; °**2.** bei jener Gelegenheit.
il-liciō, *lēxī, lectum* 3 (*-lĕxī?*; *laciō* 3 „verlocke“; *cf. lacessō*) anlocken; verlocken, verführen.
illicitātor, *ōris m* (*Vermischung v. licitor u. illiciō*) Scheinkäufer, Preistreiber.
il-licitus 3 (*m.* °*adv.*) unerlaubt.
illicō *adv.* = *īlicō.*
il-līdō, *sī, sum* 3 (*laedō*) °**1.** hineinschlagen, -stoßen; °**2.** anschlagen, anstoßen [*caput foribus*]; **3.** zerschlagen.
il-ligō 1 **1.** anbinden, -knüpfen; **2.** befestigen; **3.** / **a**) an sich ketten [*foedere se cum Romanis*]; **b**) umgarnen, hemmen.
illim *adv.* (*altl.*; *erstarrter acc. eines i-Stammes zu ille*) **1.** (*räuml.*) von dort; °**2.** (*zeitl.*) von da an.
il-līmis, e (*līmus*[1]) schlammfrei, rein.
illinc *adv.* (*illim* + *-ce*) **1.** von dort; **2.** von *od.* auf jener Seite, dort; ~ *facere* zu jener Partei gehören.
il-linō, *lēvī, litum* 3 °**1.** aufstreichen, hinschmieren [*quodcumque chartis*]; °**2.** einweben [*aurum* (Goldfäden) *vestibus*]; **3.** °**a**) bestreichen; **b**) / überziehen *mit.* [gebracht.]
il-liquefactus 3 (*u. -liquē-*) in Fluss
il-litterātus 3 ungelehrt, unwissenschaftlich; ** *subst.* ~, *i m* Laie.
illō *adv.* (*sc. locō*) **1.** (*räuml.*) dorthin; **2.** / dahin, zu der Sache [*perficere*].
illōc = *illūc.*
il-locābilis, e (*in, locō*) nicht an den Mann zu bringen [*virgo*].
illōtus 3 = **illūtus.**
illūc *adv.* (*illic*[1]; *Bildung wie hūc*) **1.** (*räuml.*) **a**) dorthin, dahin; **b**) ins Jenseits; °**2.** (*zeitl.*) (bis) dahin; **3.** / dahin, zu jener Sache.
il-lūceō, — — 2 leuchten *auf* [*capiti*].
illūcēscō, *lūxī,* — 3 **1.** (*intr.*) zu leuchten beginnen, anbrechen [*dies*]; / leuchten, sich zeigen; °**2.** (*trans.*) bescheinen; °**3.** (*impers.*) *illucescit* es wird Tag.
il-lūdō, *sī, sum* 3 °**1. a**) spielen *an*, umspielen [*palla talis*]; **b**) *alqd chartis* spielend zu Papier bringen; **2. a**) sein Spiel treiben *mit*, verspotten [*miseros*; *in Albutium*]; °**b**) täuschen [*Neroni*]; °**c**) sich vergreifen *an*, schänden [*matri, corpus*]; übel mitspielen.
illūminātē *adv.* (*vom P.P.P. v. illūminō*) lichtvoll, klar.
****illuminatio,** *onis f* Erleuchtung.
il-lūminō 1 erleuchten, erhellen, schmücken, verherrlichen.
il-lūnis, e (*in*; *lūna*) ohne Mondschein. [Ironie; Täuschung.]
illūsiō, *ōnis f* (*illūdō*) Verspottung,
illūstrāmenta, *ōrum n* (*illūstrō*) Verschönerungsmittel.
illūstrātiō, *ōnis f* (*illūstrō*) anschauliche Darstellung.
illūstris, e (*m. comp.*, °*sup.*, *adv.*; *wohl Rückbildung aus illūstrō*) **1.** erleuchtet; hell, strahlend; **2.** / **a**) klar, anschaulich; **b**) auffallend, merkwürdig; **c**) berühmt, ausgezeichnet; **d**) vornehm, angesehen.
il-lūstrō 1 **1.** erleuchten; **2.** / **a**) ans Licht bringen [*consilia*]; **b**) anschaulich machen, erklären; **c**) verherrlichen, berühmt machen.
illūti(bi)lis, e (*-luō*[1]) durch Waschen nicht zu beseitigen.
il-lūtus 3 (*-luō*[1]; *cf. lavō 3, lautus*) **1.** ungewaschen, unrein; / unanständig; **2.** unabgewaschen.
il-luviēs, *ēī f* (*in*; *lavō*) **1.** Schmutz;

2. Überschwemmung; Uferwasser; 3. Morast.

Illyriī, *ōrum m Volk in Dalmatien u. Albanien; adi.* **-ricus** 3, **-ris,** *idis f; subst.* **-ricum,** *ī n u.* **-ris,** *idis f* [Illyrien.]

Īlōtae = *Hīlōtae.*

Īlus, *ī m (gr.* -os) **1.** *Sohn des Trōs, Vater des Lāomedōn, König v. Troja;* **2.** = *Iūlus.*

Ilva, *ae f Insel w. v. Etrurien, j.* [Elba.]

imāginārius 3 *(imāgō)* scheinbar, Schein...; ** fantastisch.

imāginātiō, *ōnis f (imāginor)* Einbildung, Fantasie, Vorstellung.

imāginor 1 *(imāgō)* sich vorstellen, träumen *von.*

imāginōsus 3 *(imāgō)* voller Ein-[bildungen.]

imāgō, *inis f (cf. imitor; ablautend zu aemulus)* Bild: **1.** Bildnis, Porträt, Plastik; **2.** Ahnenbild, Wachsmaske; *meist pl.* [*ius imaginum: es bestimmte, dass nur der Inhaber eines kurulischen Amtes (vom Ädilen an) sie mit tituli in besonderen Schränken im Atrium verwahren durfte; bei feierlichen Leichenzügen wurden sie v. Männern, die den dargestellten an Figur glichen, vor dem Gesicht getragen*]; **3.** Abbild, Ebenbild; **4. a)** Schattenbild, Schemen; **b)** Traumbild; **c)** Echo; **d)** Trugbild, Schein; Vorspiegelung; °**5.** Anblick, Erscheinung; °**6.** Gleichnis, bildliche Darstellung; **7.** Vorstellung, Idee, Gedanke.

imāguncula, *ae f (dem. v. imāgō)* Bildchen.

imbēcillitās, *ātis f (imbēcillus)* Schwäche, Kränklichkeit; / Haltlosigkeit, Ohnmacht.

imbēcillus 3 *u.* **-is,** e *(m. comp., °sup., adv.; vl. zu baculum)* schwach, schwächlich, kraftlos; / ohnmächtig, haltlos.

im-bellis, e *(m. °comp.; bellum)* **1. a)** unkriegerisch; **b)** feige; °**2.** friedlich [*annus*].

imber, *bris m (abl.* -e *u.* -ī; *cf. gr.* ombros „Regen") **1.** Platzregen, Regen(guss); **2.** Unwetter; *grandinis* Hagelschlag; °**3.** / Feuchtigkeit, Nass; Wasser; Tränenstrom; *ferreus* Hagel von Geschossen.

im-berbis, e *u.* **-bus** 3 *(barba)* bartlos.

im-bibō, *bibī,* — 3 *kl. nur* /: **1.** sich aneignen, annehmen; **2.** sich vornehmen.

im-bītō, — — 3 hineingehen.

imbrex, *icis f (imber)* **1.** Hohlziegel *zur Ableitung des Regenwassers;* **2.** / **a)** Beifallklatschen mit hohlen Händen; **b)** Rippenstück [*porci*].

imbricus 3 *u.* **imbrifer,** *era, erum (imber, ferō)* Regen bringend.

im-buō, *uī, ūtum* 3 *(et. ungeklärt)* **1.** benetzen, befeuchten; **2.** / **a)** beflecken, anstecken; **b)** erfüllen *mit,* gewöhnen *an;* vertraut machen *mit;* **c)** einweihen, beginnen.

imitābilis, e *(m. °comp.; imitor)* nachahmbar.

imitāmen, *inis u.* **-mentum,** *ī n (imitor)* Nachahmung.

imitātiō, *ōnis f (imitor)* **1.** *(abstr.)* **a)** Nachahmung, -äffung; **b)** Nachahmungstrieb; **2.** *(concr.)* Nachahmung, Kopie.

imitātor, *ōris m (imitor)* Nachahmer, -äffer.

imitātrīx, *īcis f (imitātor)* Nach-[ahmerin.]

imitor 1 *(part. pf. auch pass.; cf. imāgō; ablautend zu aemulus)* **1. a)** nachahmen [*exemplum*]; **b)** nachbilden, -machen; **2.** *(v. Sachen)* gleichkommen, ähnlich sein; **3.** *(dcht.) etw.* durch etw. Ähnliches ersetzen; **4.** *(noch nicht Dagewesenes)* ausführen, darstellen.

****immaculatus** 3 unbefleckt, rein.

im-madēscō, *duī,* — 3 nass werden.

im-mānis, e *(m. comp., sup.; adv.* °**-iter**; *mānēs)* **1.** riesig, übermäßig, ungeheuer; **2.** *(adv.* °**-ĕ**) schrecklich, furchtbar, unmenschlich.

immānitās, *ātis f (immānis)* **1.** ungeheure Größe; **2.** Schrecklichkeit, Wildheit, Rohheit; **3.** Scheusal, Unmensch(en).

im-mānsuētus 3 *(m. °comp., °sup.)* [ungezähmt, roh.]

immātūritās, *ātis f (immātūrus)* °**1.** Unreife; **2.** / Voreiligkeit.

im-mātūrus 3 °**1.** unreif; **2.** *(m. °adv.)* zu früh.

****immediatus** 3 unmittelbar.

im-medicābilis, e unheilbar.

im-memor, *oris (abl.* -e *u.* -ī) uneingedenk, vergessend [*beneficii*]; undankbar.

im-memorābilis, e **1.** *(pass.)* nicht erwähnenswert; **2.** *(act.)* schweigsam.

im-memorātus 3 unerwähnt, neu.

immēnsitās, *ātis f* Unermesslichkeit.

im-mēnsus 3 *(part. pf. v. mētior)*

unermesslich, unendlich, ungeheuer; *subst.* **-um,** *ī n der* unermessliche Raum; °*adv.* **-um** ungemein (-weit).
im-merēns, *entis* (*m. adv.*) unschuldig.
im-mergō, *rsī, rsum* 3 eintauchen, versenken; / *se -ere* sich einnisten.
im-meritus 3 (*m. adv.* **-ō**; *mereor, mereō*) °**1.** (*medial*) unschuldig, ohne Schuld; °**2.** (*pass.*) unverdient, unverschuldet.
im-mersābilis, e (*mergō*) unversenkbar.
im-mētātus 3 (*mētō*²) unabgemessen.
im-migrō 1 einwandern, einziehen.
im-mineō, — — 2 (*minae*; *cf. ēmineō*) **1. a**) hereinragen, sich hinneigen; °**b**) emporragen *über*, beherrschen [*tumulus urbi*]; **2.** / **a**) hart bedrängen [*hostes portis*]; **b**) trachten, streben *nach*, lauern *auf*; **c**) drohend bevorstehen [*bellum*].
im-minuō, *uī, ūtum* 3 **1.** vermindern, schmälern; **2.** / **a**) schwächen, entkräften; hintertreiben [*pacem*]; °**b**) von oben herab behandeln.
imminūtiō, *ōnis f* (*imminuō*) **1.** Schmälerung, Verkrüppelung; **2.** / **a**) Beeinträchtigung; **b**) (*rhet. t.t.*) *scheinbar* verkleinernder Ausdruck, Litotes [*non minime = maxime*].
im-misceō, *cuī, xtum* 2 (*-mī-?*; *od. misceō, miscuī, mīxtum?*) (hin)einmischen, einmengen [*plebem patribus*]; einreihen; / verflechten *mit* [*vitia (cum) virtutibus*]; *mediopass. u. se -ere* sich einlassen *in*, teilnehmen *an* [*colloquiis*].
im-miserābilis, e unbemitleidet, ohne Erbarmen (zu finden).
im-misericors, *dis* (*m.* °*adv.*) unbarmherzig.
immissiō, *ōnis f* (*immittō*) das Wachsenlassen.
im-mītis, e (*m. comp., sup.*) herb unreif; / unsanft, hart, wild.
im-mittō, *mīsī, missum* 3 **1. a**) hineinschicken, -lassen; **b**) (*mil. t.t.*) vorgehen, angreifen lassen; *mediopass. u. se -ere* sich (hinein)stürzen, eindringen, vorgehen; **c**) (hinein-) schleudern, abschießen [*tela*]; **d**) hineinleiten [*aquam*]; einfügen, einsenken [*tigna in flumen*]; **e**) loslassen, hetzen [*canes*]; **f**) (*jur. t.t.*) einsetzen *in* [*in bona*]; **2. a**) anstiften; **b**) erregen [*timorem*]; **3. a**) (*die Zügel*) schießen lassen [*frena*]; / *habenas classi* mit vollen Segeln fahren; °**b**) wachsen lassen [*vitem*]; °**4.** (*P.P.P.*) *adi.* **immissus** 3 lang herabhängend [*capilli*].
immō *adv.* (*kl. stets am Anfang des Satzes*; *altl. u. in Verbindung mit anderen adv. auch -ŏ*; *et. ungedeutet*) **1.** (*bestätigend*) aber ja; gewiss doch; allerdings; **2.** (*ablehnend*) im Gegenteil, keineswegs; **3.** (*steigend*) ja vielmehr, ja sogar.
im-mōbilis, e (*m.* °*comp.*) **1.** unbeweglich; °**2.** / unerschütterlich.
im-moderātiō, *ōnis f* (*immoderātus*) Maßlosigkeit.
im-moderātus 3 (*m.* °*comp.,* °*sup., adv.*) maßlos; unermesslich; / unmäßig, zügellos, regellos.
immodestia, *ae f* (*immodestus*) Unbescheidenheit; Ungehorsam, Zuchtlosigkeit.
im-modestus 3 (*m.* °*adv.*) unmäßig, unbescheiden, zügellos, frech.
im-modicus 3 (*m.* °*adv.*) übermäßig, zu groß; / zügellos, übertrieben.
im-modulātus 3 unmelodisch.
immoenis *altl.* = *immūnis.*
immolātiō, *ōnis f* (*immolō*) Opferung.
immolātor, *ōris m* (*immolō*) der Opfernde.
im-mōlītus 3 (*part. pf. v.* **immōlior*; *pass. nach in-aedificātus*) hineingebaut.
im-molō 1 (*in*; *mola*; *eigtl.* „[*das Opfertier*] mit Opfermehl bestreuen“) opfern; °/ hinopfern, töten.
im-morior, *mortuus sum* 3 sterben *in, bei, auf* [*aquis*]; / sich abquälen *mit* [*studiis*].
im-moror 1 verweilen *bei.*
im-morsus 3 (*mordeō*) **1.** derb gebissen; **2.** / gebeizt, gereizt.
im-mortālis, e (*m. adv.*) **1.** unsterblich; *subst.* **~,** *is m* Gott; **2.** / **a**) unvergänglich, ewig; °**b**) selig.
immortālitās, *ātis f* (*immortālis*) **1.** Unsterblichkeit; **2.** / **a**) ewiger Ruhm; °**b**) Seligkeit.
im-mōtus 3 (*in + P.P.P. v. moveō*) **1.** unbewegt, unbeweglich; **2.** / **a**) ungestört [*pax*]; **b**) sicher, fest; unerschütterlich; **c**) ungerührt [*animus*].
im-mūgiō 4 dazu brüllen, ertönen.

im-mulgeō, — — 2 hineinmelken *in* [*ubera labris*].
immunditia, *ae f* (*immundus*) Unreinlichkeit; ** Unanständigkeit.
im-mundus 3 (*m* °*comp.*, °*sup.*) schmutzig; / gemein; ** sündhaft.
im-mūniō 4 hineinbauen [*praesidium* in ihrem Gebiet ein Kastell anlegen].
im-mūnis, e (*eigtl.* „nicht dienstbereit"; *cf.* *com-mūnis*; *mūnia*) **1. a**) frei von Leistungen, abgaben-, steuerfrei; °**b**) frei vom Kriegsdienst; **2.** °**a**) ohne Beitrag; schmarotzend; **b**) befreit *von*, ledig [*omnium rerum*]; °**c**) rein; **d**) pflichtvergessen.
immūnitās, *ātis f* (*immūnis*) **1.** Abgabefreiheit; Vergünstigung, Privilegium; **2.** / *das* Freisein *von*.
im-mūnītus 3 °**1.** unbefestigt; **2.** ungepflastert.
im-murmurō 1 hineinmurmeln, zumurmeln [*silvis*].
immūtābilis[1], e (*immūtō*) verändert.
im-mūtābilis[2], e unveränderlich.
immūtābilitās, *ātis f* (*immūtābilis*[2]) Unveränderlichkeit.
immūtātiō, *ōnis f* (*immūtō*) Veränderung, Vertauschung; (*rhet. t.t.*) Metonymie.
immūtātus[1] 3 (*immūtō*) verändert.
im-mūtātus[2] 3 (*in* + *P.P.P. v. mūtō*) unverändert.
im-mūtēscō, *mūtuī,* — 3 (*mūtus*) verstummen.
im-mūtō 1 verändern, umwandeln; (*rhet. t.t.*) metonymisch *od.* allegorisch gebrauchen.
Imp. = *imperātor.*
im-pācātus 3 unfriedlich, unruhig.
im-pār, *aris* (*m.* °*adv.*; *abl. sg. im Vers auch* -e) **1.** ungleich(förmig) [°*versus impariter iuncti* elegisches Distichon]; schief sitzend [°*toga*]; **2.** ungerade [*par et impar ludere*]; **3.** nicht gewachsen, unterlegen; **4.** nicht ebenbürtig.
im-parātus 3 (*m. sup.*) unvorbereitet, ungerüstet.
impartiō, -or = *impertiō, -or.*
im-pāstus 3 (*in* + *P.P.P. v. pāscō*) ungefüttert, hungrig.
impatibilis = *impetibilis.*
im-patiēns, *entis* (*m. comp., sup., adv.*) unfähig zu ertragen [*laboris*]; nicht mächtig, nicht gewachsen; ungeduldig; (*stoischer t.t.*) leidenschaftslos.
impatientia, *ae f* (*impatiēns*) Unvermögen zu ertragen; Ungeduld; (*stoischer t.t.*) Leidenschaftslosigkeit.
im-pavidus 3 (*m. adv.*) unerschrocken, furchtlos.
impedīmentum, *ī n* (*impediō*) Hindernis; *pl.* Gepäck, Bagage, Tross, Train.
im-pediō 4 (*cf.* *compedēs, compediō*) °**1.** umwickeln, umwinden, festhalten, fesseln; **2.** / **a**) versperren [*iter*]; **b**) verwickeln, verwirren [*mentem dolore*]; **c**) aufhalten, (ver-) hindern, zurückhalten, im Wege stehen [*nihil impedit, quominus*].
impedītiō, *ōnis f* (*impediō*) Verhinderung; Hemmung.
impedītus 3 (*m.* °*comp., sup.*; *impediō*) **1.** gehindert, gehemmt; **2.** unwegsam, unzugänglich [*saltus*]; **3.** schwer bepackt, nicht schlagfertig, schwerfällig; **4.** schwierig [*iter*], misslich [*tempora*].
im-pellō, *pulī, pulsum* 3 **1. a**) anstoßen, schlagen; **b**) in Bewegung setzen; fortstoßen, -treiben, -bewegen [*navem remis*]; **c**) zum Weichen bringen, den letzten Stoß geben, zu Fall bringen, niederwerfen; **2.** antreiben, bewegen, verleiten *zu* [*ad bellum*].
im-pendeō, — — 2 **1.** *über etw.* hängen, (*drohend*) schweben [*gladius cervici(bus)*]; überhängen [*montes impendentes*]; **2.** / drohend bevorstehen, drohen [*periculum*].
impendiōsus 3 (*impendium*) großen Aufwand machend, verschwenderisch.
impendium, *ī n* (*impendō*) **1.** Aufwand, Kosten; Unkosten; °**2.** Verlust, Schaden; **3.** Zinsen; **4.** *adv.* **-ō** (*b. comp.*) bei weitem.
im-pendō, *pendī, pēnsum* 3 **1.** aufwenden, ausgeben [*pecuniam in res vanas*]; **2.** / anwenden, verwenden [*operam*].
im-penetrābilis, e undurchdringlich; / unüberwindlich.
impēnsa, *ae f* (*impēnsus*) Aufwand, Kosten; °/ Aufopferung, Verwendung.
impēnsus 3 (*m.* °*comp.*, °*sup., adv.*; *impendō*) **1.** teuer, kostspielig; **2.** / bedeutend, heftig, stark; ** *adv.* sehr.
imperātor, *ōris m* (*imperō*) **1.** Gebieter, Herr; **2.** Feldherr, Befehls-

haber; **3.** *Ehrentitel des siegreichen Feldherrn*; **4. a)** *Beiname Jupiters*; °**b)** *seit Cäsar Titel der röm. Herrscher, dem Namen vor- od. nachgestellt* [~ *Augustus*; *Otho* ~]; °**c)** (*abs.*) *der* röm. Kaiser.
imperātōrius 3 (*imperātor*) **1.** feldherrlich, Feldherrn...; °**2.** kaiserlich.
imperātrīx, *īcis f* (*imperātor*) Gebieterin, „Befehlshaberin".
imperātum *s. imperō.*
im-perceptus 3 (*m.* °*comp.*; *in* + *P.P.P. v. percipiō*) unerkannt, unentdeckt.
im-percō, — — 3 (*parcō*) schonen [*alci*]; (*abs.*) sich schonen.
im-percussus 3 (*in* + *P.P.P. v. percutiō*) geräuschlos.
im-perditus 3 (*in* + *P.P.P. v. perdō*) nicht getötet.
im-perfectus 3 (*m.* °*comp.*, °*adv.*) **1.** unvollendet, unvollständig; °**2.** unverdaut [*cibus*; / *verba*]; °**3.** sittlich unvollkommen.
im-perfossus 3 (*in* + *P.P.P. v. perfodiō*) undurchbohrt.
****imperialis,** e kaiserlich, Reichs...
imperiōsus 3 (*m. comp.*, *sup.*, °*adv.*; *imperium*) **1.** herrschend; mächtig; **2.** herrisch, tyrannisch.
imperītia, *ae f* (*imperītus*) Unerfahrenheit, Unwissenheit.
imperitō 1 (*intens. v. imperō*) **1.** (*intr.*) befehligen, beherrschen; lenken [*equis*]; **2.** (*trans.*) befehlen, verlangen; ** Kaiser sein.
im-perītus 3 (*m.* °*comp.*, °*sup.*, *adv.*) unerfahren, unkundig [*iuris civilis*]; *subst.* ~, *ī m* Laie.
imperium, *ī n* (*imperō*) **1.** Befehl, Vorschrift; **2. a)** Gewalt, Macht; **b)** Herrschaft, Regierung; **c)** Amtsgewalt, obrigkeitliche Gewalt; Zivilgewalt, Amt; **d)** Amtsführung, -jahr; **e)** Oberbefehl, Kommando; *-a magistratusque* Ämter im Krieg und Frieden; **3.** Beamter, Behörde; Befehlshaber, Militärbehörde; *-a et potestates* Militär- u. Zivilbehörden; **4.** Reich, Staat, Gebiet; ** Kaisertum; Regierung; Reichsoberhaupt.
im-periūrātus 3 (*in* + *P.P.P. v. periūrō*) bei dem man nicht falsch zu schwören wagt [*aquae* Wasser des Styx].
im-permissus 3 (*in* + *P.P.P. v. permittō*) unerlaubt.
imperō 1 (*altl. fut. imperassit*; *parō*[2]) **1.** befehlen, gebieten, anordnen [*meist*: *ut, ne*]; **2.** (*jd. eine Leistung*) auferlegen, zu liefern befehlen [*alci naves*]; **3.** herrschen, den Oberbefehl haben *über* [*classi*]; (*P.P.P.*) *subst.* **imperātum,** *ī n* Befehl, Auftrag.
im-perpetuus 3 unbeständig.
im-perspicuus 3 undurchschaubar, versteckt.
im-perterritus 3 (*in* + *P.P.P. v. perterreō*) unerschrocken.
im-pertiō *u.* °**-or** 4 (*partiō u. -or*) **1.** (*alci alqd od. de alqa re*) zuteilen, gewähren, schenken; *salutem patri* den Vater grüßen lassen; °**2.** (*alqm alqa re*) ausrüsten, versehen *mit*; (*P.P.P.*) °*subst.* **impertīta,** *ōrum n* Vergünstigungen, Konzessionen.
im-perturbātus 3 ungestört, ruhig.
im-pervius 3 unwegsam; *ignibus* feuerfest.
impete *s. impetus.*
im-petibilis, e (*patibilis*) unerträglich.
impetīgō, *inis f* (*impetō*) Räude.
im-petō, — — 3 anfallen, angreifen.
impetrābilis, e (*m. comp.*; *impetrō*) **1.** (*pass.*) leicht erreichbar; **2.** (*act.*) leicht erreichend, überzeugend [*orator*]; / ersprießlich.
impetrātiō, *ōnis f* (*impetrō*) Vergünstigung.
impetriō 4 (*sakrale Nebenform zu impetrō*) durch günstige Vorzeichen zu erlangen suchen.
im-petrō 1 (*altl. inf. fut. impetrassere*; *patrō*) °**1.** ausführen, zustande bringen; **2.** erreichen, durchsetzen.
impetus, *ūs m* (*nach praepes dcht. gen. sg. -petis, abl. sg. -pete*; *dat. sg. -ū*; *impetō*) **1.** Ungestüm, schneller Lauf, Schwung; **2.** Angriff, Überfall; **3.** / **a)** heftiges Verlangen, Begierde, Drang, Eifer, Begeisterung; **b)** Aufwallung, Leidenschaft; **c)** Schwung [*dicendi* der Rede]; °**d)** rascher Entschluss; **e)** ungestümes, leidenschaftliches Wesen, Laune.
im-pexus 3 (*in* + *P.P.P. v. pectō*) ungekämmt, ungepflegt, wirr; / rau, schmucklos.
impietās, *ātis f* (*-pī-?*; *impius*) Pflichtvergessenheit, Ruchlosigkeit; °*in principem* Majestätsverbrechen.
im-piger, *gra, grum* (*m.* °*adv.*) unverdrossen, rastlos.
impigritās, *ātis f* (*impiger*) Unverdrossenheit.
im-pingō, *pēgī, pāctum* 3 (*pangō*)

1. (hin)einschlagen, schlagen *an, gegen* [*dentes, arbori*]; **2.** / °**a**) treiben [*hostes in vallum*]; **b**) aufdrängen, aufnötigen.
impiō 1 (*-pī-?*; *impius*) mit Schuld beflecken; *se -are* sündigen.
im-pius 3 (*-pī-?*; *m. adv.*) gottlos, ruchlos, pflichtvergessen.
im-plācābilis, e (*m.* °*adv.*) unversöhnlich.
im-plācātus 3 unbesänftigt, unversöhnlich; unersättlich. [wild.]
im-placidus 3 unsanft, kriegerisch,
im-plectō, —, *xum* 3 (hin)einflechten; *luctu implexus* sich der Trauer hingebend.
im-pleō, *ēvī, ētum* 2 **1. a**) anfüllen voll gießen; **b**) / erfüllen; **2. a**) sättigen; *kl. nur* /; °**b**) schwängern; °**3. a**) vollzählig machen, ergänzen; **b**) (*ein Maß, eine Zeit*) voll erreichen, vollenden; **c**) (*eine Stelle*) ausfüllen; **d**) vollbringen; erfüllen [*fata*].
implicātiō, *ōnis f* (*implicō*) Verflechtung; / Verworrenheit.
implicātus 3 (*implicō*) verwickelt, verworren. [verwirren.]
implicīscor, — 3 (*implicō*) sich
implicitē *adv.* (*implicō*) verwickelt, verworren. [wickeln, schlingen.]
implicitō 1 (*intens. v. implicō*) ver-
im-plicō, *āvī* (*u. uī*), *ātum* (*u. itum*) 1 (⟨**implecō*; *cf. plectō, plicō*) **1. a**) ein-, verwickeln; *se -are* sich anschmiegen; P. sich verwickeln [*laqueis*]; **b**) / verwickeln; P. verwickelt, -strickt werden, hineingeraten, fallen *in* [*morbo*; *in morbum*]; *mediopass. u. se -are* sich einlassen *auf* [*consiliis eius*]; **c**) verknüpfen, -binden; **d**) in Unordnung bringen; **2.** umwickeln, -winden, schlingen *um* [*bracchia collo*].
implōrātiō, *ōnis f* (*implōrō*) *das* Anflehen; Anrufung; Hilferuf.
im-plōrō 1 **1.** unter Tränen rufen [*nomen filii*]; **2.** anrufen, -flehen [*deos*]; **3.** erbitten [*auxilium urbi*].
im-plūmis, e (*plūma*) ungefiedert.
im-pluō, *uī*, — 3 hinein-, herabregnen; / *malum -it* es regnet Hiebe.
impluviātus 3 (*impluvium*) *entweder* viereckig (*v. der Form des impluvium*) *od.* regengrau [*vestis -a Regenmantel* (?)].
impluvium, *ī n* (*impluō*) *der viereckige, v. einem Säulengang umschlossene, ungedeckte innere Raum des cavaedium, das* Impluvium.
im-polītus 3 (*m. adv.*) °**1.** ungeglättet; **2.** / schmucklos; unvoll-
im-pollūtus 3 unbefleckt. [endet.]
im-pōnō, *posuī, positum* 3 (*altl.*: *pf. -posīvī, inf. pf. -posīsse*) **1.** setzen, legen, stellen *auf* [*in caput*], *in* [*in carros*]; **2. a**) hineinlegen, -setzen; **b**) einschiffen [*milites in naves*]; **3. a**) auflegen, aufsetzen [*victori coronam*]; **b**) (*als Aufseher, Befehlshaber*) einsetzen, anstellen [*custodem*; *alqm legionibus*]; **c**) auferlegen, aufbürden [*tributa*]; **d**) einen Bären aufbinden; **4.** °**a**) anlegen, ansetzen [*manum supremam*]; **b**) beilegen [*labori nomen inertiae*]; **c**) antun, zufügen, beibringen [*vim*].
im-portō 1 einführen [*vinum*]; / verursachen [*detrimentum*].
importūnitās, *ātis f* (*importūnus*) Rücksichtslosigkeit, Schroffheit.
importūnus 3 (*m. comp., sup., adv.*; *Konträrbildung zu op-portūnus*) **1. a**) unzugänglich [*locus*]; **b**) ungünstig [*tempus*]; °**c**) lästig, beschwerlich, misslich; **2.** (*v. Personen u. ihrem Benehmen*) unzugänglich, rücksichtslos, schroff, frech.
im-portuōsus 3 (*m. sup.*) hafenlos.
impos, *tis* (*potis*) nicht mächtig [*animi*].
im-possibilis, e unmöglich.
****impositio,** *onis f das* Auflegen; *manuum* Weihe.
****impostor,** *oris m* Betrüger.
****impostura,** *ae f* Betrug.
****impostus,** *us m* Betrug.
im-potēns, *entis* (*m. comp., sup.,* °*adv.*) **1.** ohnmächtig, schwach; **2.** nicht mächtig, nicht Herr [*irae*]; **3.** seiner selbst nicht mächtig; zügellos, leidenschaftlich, vermessen, maßlos.
impotentia, *ae f* (*impotēns*) °**1.** Unvermögen, Ohnmacht; **2.** Zügellosigkeit, Leidenschaftlichkeit.
impraesentiārum (*wohl* ⟨ *in praesentiā rērum*) für jetzt, vorderhand.
im-prānsus 3 ohne Frühstück, nüchtern.
imprecātiō, *ōnis f* (*imprecor*) Verfluchung. [*alci diras*].]
im-precor 1 (*Böses*) anwünschen
impressiō, *ōnis f* (*imprimō*) **1.** (*rhet. t.t.*) Artikulation; *pl.* Hebungen u. Senkungen; **2.** *pl.* (*philos. t.t.*) Ein-

drücke *der Erscheinungen auf die Seele*; **3.** Überfall, Angriff: °**a**) *als mil. t.t.*; **b**) /; ** Abdruck, Siegel.

imprīmīs *adv.* (< *in prīmīs*) vorzüglich, besonders.

im-primō, *pressī, pressum* 3 (*premō*) **1. a**) ein-, hineindrücken [*epistulae anulum*]; **b**) durch Eindrücke bezeichnen [*tabellas signo*]; **c**) / P. Spuren hinterlassen; **2. a**) (*eine Figur*) ein-, abdrücken [*sigillum in cera*]; **b**) (*philos. t.t.*) Ideen *od.* Begriffe in die Seele pflanzen; ** *litteras* schreiben, *libros* drucken.

im-probābilis, e verwerflich.

improbātiō, *ōnis f* (*improbō*) Missbilligung.

improbitās, *ātis f* (*improbus*) Schlechtigkeit, Unredlichkeit; Schelmerei [*simiae*]. [umstoßen.

improbō 1 missbilligen, verwerfen.

improbulus 3 (*dem. v. improbus*) etwas dreist.

improbus 3 (*m.* °*comp.*, *sup.*, *adv.*) **1.** unter dem rechten Maß bleibend: **a**) schlecht; **b**) unredlich, boshaft, böse; **2.** das rechte Maß überschreitend: °**a**) maßlos, übertrieben; unersättlich, gierig; **b**) frech, dreist; **c**) schamlos, lüstern; °**d**) geil machend [*satureia*].

im-prōcērus 3 von niedrigem Wuchs, unansehnlich.

im-prōdictus 3 (*in* + *P.P.P. v. prōdīcō*) nicht verschoben [*dies*].

im-professus 3 (*in* + *part. pf. v. profiteor*) **1.** (*act.*) der sich nicht bekannt hat (*zum Judentum*); **2.** (*pass.*) (*beim Zollamt*) nicht deklariert. [schlagfertig, langsam.

im-prōmptus 3 nicht rasch, nicht

im-properātus 3 (*in* + *P.P.P. v. properō*) nicht beschleunigt, langsam.

im-proprius 3 (*m. adv.*) uneigentlich, unpassend; *subst.* **-a,** *ōrum n* unpassende Ausdrücke.

im-prosper(us), *era, erum* (*-ō-?*; *m. adv.*) unglücklich, unheilvoll.

im-prōvidus 3 °**1.** nicht voraussehend [*certaminis*]; ahnungslos; **2.** (*m.* °*adv.*) unvorsichtig, unbekümmert (*um*) [*futuri*].

im-prōvīsus 3 (*m.* °*comp.*, *adv. s. u.*; *in* + *P.P.P. v. prōvideō*) unvermutet; *subst.* °**-um,** *ī n* unvorhergesehener Fall; *adv.* **-ō** unversehens (*auch de, ex -o*).

im-prūdēns, *entis* (*m.* °*comp.*, °*sup.*, *adv.*) **1.** ahnungslos; **2.** unabsichtlich; **3.** unkundig [*maris*]; unerfahren; **4.** unwissend, unverständig, unklug; unvorsichtig.

imprūdentia, *ae f* (*imprūdēns*) **1.** Unabsichtlichkeit; **2.** Unkenntnis; **3.** Unklugheit.

im-pūbēs, *eris u.* °**impūbis,** e unerwachsen, unreif; keusch; °unbehaart [*genae*]; *subst.* **-berēs,** *um u.* °**-bēs,** *ium m* Knaben, Kinder.

im-pudēns, *entis* (*m. comp., sup., adv.*) unverschämt, schamlos.

impudentia, *ae f* (*impudēns*) Unverschämtheit, Schamlosigkeit.

impudīcitia, *ae f* (*impudīcus*) Unkeuschheit, Unzucht; *bsd.* unzüchtige Knabenliebe.

im-pudīcus 3 (*m.* °*comp.*, *sup.*, °*adv.*) unzüchtig, unkeusch; °*digitus* Mittelfinger. [Bestürmung.

impūgnātiō, *ōnis f* (*-ŭ-?*; *impūgnō*)

im-pūgnō 1 (*-ŭ-?*) angreifen, bestürmen; / bekämpfen, anfeinden.

impulsiō, *ōnis f* (*impellō*) = *impulsus*. [ber.

impulsor, *ōris m* (*impellō*) Antrei-

impulsus, *ūs m* (*impellō*) Anstoß, Stoß; / Antrieb, Anregung.

impūne *adv.* (*m. comp.*, °*sup.*; *cf. pūniō, poena*) **1.** ungestraft, straflos; **2.** ohne Schaden, ohne Gefahr.

impūnitās, *ātis f* (*adi. impūnis,* e *Rückbildung aus adv. impūne*) Straflosigkeit; / Zügellosigkeit, Ungebundenheit.

im-pūnītus 3 (*m.* °*comp.*, °*sup.*, *adv.*; *in* + *P.P.P. v. pūniō*) straflos; / zügellos [*libertas*].

impūrātus 3 (*m. sup.*; *impūrus*) schmutzig, schuftig; *ille* jener Schuft. [*f* (*impūrus*) Unflätigkeit.

impūritās, *ātis u.* °**impūritia,** *ae*

im-pūrus 3 (*m.* °*comp.*, *sup.*, *adv.*) °**1.** unrein, schmutzig; *kl. nur* /; **2.** lasterhaft, gemein, abscheulich.

imputātor, *ōris m* (*imputō*) „*der* Anrechner", *der* Selbstgerechte (*der sich damit brüstet, anderen Gutes zu tun*).

im-putātus 3 (*in* + *P.P.P. v. putō*) unbeschnitten [*vinea*].

im-putō 1 **1. a**) anrechnen, in Rechnung stellen; **b**) schenken, widmen; **2.** / als Schuld *od.* Verdienst anrechnen. [unterste.

īmulus 3 (*dem. v. īmus*) der Aller-

īmus 3 (*et. ungeklärt*) **1.** (*räuml.*) *der* Unterste, Niedrigste, Tiefste; (*partit.*) *quercus die* Wurzel der Eiche; *mare die* Tiefe des Meeres; °**2.** (*zeitl.*) *der* Letzte [*mensis*]; **3. a**) (*Rang, Reihenfolge*) *der* Unterste [*deorum*]; **b**) (*Grad*) *der* Tiefste [*vox*]; *subst.* **-um,** *ī n das* Unterste, Boden [*ab imo ad summum*]; Ende, Schluss; ** Erde; *cf. īnferus.*

in-[1] *praev.* (*oft Voll- od. Teilassimilationen: vor l > il-, vor r > ir-; vor b, p, m > im-; vor gn > ī-, d. h. zu gutturalem Nasal; vor f u. s > īn-; cf. ne- in nefās, neque usw.; nhd.* „un-", „ohn-") *Negation in Zusammensetzungen* (*meist m. adi. od. adv.*) [*inexpertus; improbus; īnfectus, īnscius; impudenter*].

in-, in[2] (*Voll- od. Teilassimilation wie bei in-*[1]; *altl.* en; *cf. nhd.* „in-", „in"): **A: in-** *praev.* (*in verbalen Zusammensetzungen*): **1.** (*b. Verben der Ruhe; Frage:* „wo?") in, an, auf, bei [*incolo; insum*]; **2.** (*b. Verben der Bewegung; Frage:* „wohin?") hinein, ein- [*incurro, incido, incīdo*]; **B: in** *prp.*: **I.** *b. abl.*: **1.** (*räuml. zur Bezeichnung der Ruhe*) in, an, auf: **a**) (*im Dt. Frage:* „wo?") [*in urbe vivere, anulum in digito habere, arx in monte sita*]; *in armis esse* unter den Waffen stehen, *in oculis esse* vor Augen liegen, *in Sequanis* im Lande der S., *in barbaris* bei den Barbaren; **b**) (*b.* „stellen, setzen, legen"; *im Dt. Frage:* „wohin?") [*pontem facere in flumine* über einen Fluss schlagen; *in libellis nomen inscribere* in die Bücher schreiben]; **c**) innerhalb *eines Raumes von* [*in milibus passuum tribus*]; **2.** (*zeitl.*) **a**) im Verlauf, innerhalb, während [*in multis annis, in bello civili, bis in die, in consulatu*; **b**) bei Gelegenheit *von* [*in funere amici eum vidi*]; *in tempore* zur rechten Zeit; **3. a**) (*zur Bezeichnung v. Zuständen, Umständen u. Verhältnissen*) in, an, bei, unter [esse *in calamitate,* °*amicus certus in re incerta cernitur*]; **b**) (*zur Bezeichnung der Person od. Sache, an der etw. sich findet od. sich zeigt*) in, an, bei [*est in alqo virtus od. consilium; in homine laudo modestiam* an dem Menschen, *quantum in me est* soviel an mir liegt]; **c**) (*zur Bezeichnung v. Personengruppen od. Sachkategorien*) unter [*in bonis civibus haberi; in bonis numerare* unter die Güter rechnen; *cf.* 1 b]; **d**) (*limitativ*) in Betreff, bezüglich, hinsichtlich [*peccare in civibus, rudis od. exercitatus in armis*]; **e**) (*konzessiv*) trotz, ungeachtet [*Cato in summa senectute cotidie commentabatur*]; **II.** *b. acc.* **1.** (*räuml. zur Bezeichnung der Bewegung*) in ... hinein, in, auf, nach, zu: **a**) (*Frage:* „wohin?") [*in patriam redire, in umeros tollere*]; **b**) (*bei* „ankommen, zusammenkommen, -ziehen, melden" *u. Ä.; im Dt. Frage:* „wo?") [*in provinciam advenire; in oppidum convenire; in Asiam Antigono nuntiat; abdere in silvas* (*u. in silvis*); *adesse in senatum*]; **c**) / [*incidere in morbum; venire in suspicionem, in ius vocare u. Ä.*]; **d**) (*Dimension*) in [*in longitudinem*]; **e**) (*Richtung, Ziel*) hin ... zu, nach ... hin, -wärts [*in orientem; in dextrum, in sinistrum* rechts, links]; *auch in ... versus* [*in Galliam versus*]; **2.** (*zeitl.*) **a**) in ... hinein [*bellum in hiemem ducere*]; **b**) auf, für [*amicum in posterum diem invitare; in futurum* für die Zukunft]; **c**) *in dies* von Tag zu Tag, täglich, °*in horas* stündlich; **3.** / **a**) (*Gesinnung, Handlungsweise, Gemütsstimmung*) gegen [*amor in patriam, odium in malos cives; gratus in matrem*]; **b**) (*Einteilung*) in [*Gallia divisa est in partes tres*]; (*Verteilung*) auf [*in capita* auf den Mann]; **c**) (*Zweck, Bestimmung*) zu, für, wegen [*pecunia in rem militarem data, legio in praesidium missa, in speciem* zum Schein, *in contumeliam* zum Schimpf]; (*im Dt. auch auf die Frage* „wo?") *in potestatem senatus esse* (= *venisse et in potestate esse*) sich in der Gewalt befinden; *alci in mentem est* es fällt jd. ein; *ut in funebrem pompam* wie bei der Beerdigung; *in medium relinquere* unentschieden lassen; *cf.* II, 1 b; **d**) (*modal*) gemäß, auf, nach, wie [*mirum in modum* auf wunderbare Weise, *hostilem in modum* auf feindliche Art, *in vicem* wechselweise, *in universum* im Allgemeinen, *pax convenit in has leges unter folgenden Bedingungen, in rem esse*

I

sachgemäß sein u. Ä.]; ** *in via m. gen.* nach Art *von*; *in regem accipere* als; *in ore gladii interficere* mit; *thesaurus in auro* an; *gloriari in m. abl.*; *in quantum* soweit, *in tantum* so sehr.
in-accessus 3 (*in* + *P.P.P. v. accēdō*) unzugänglich.
in-acēscō, *acuī* — 3 sauer werden; / verdrießen [*tibi*].
Īnachus, *ī m* (*gr.* -os) *Fl. in Argolis, j.* Najo; *nach der Sage Flussgott u. erster König v. Argos, Vater der Io*; *adi.* *-ius* 3; *-is, idis f* (*subst. Io*); *subst.* **-idēs,** *ae m* Nachk. des ~ (*Epaphus, Sohn der Io*; *Perseus*).
in-ads..., in-adt... = *in-ass..., in-att...*
in-adustus 3 (*-ūst-?*) nicht angebrannt.
in-aedificō 1 **1.** an-, aufbauen [*tecta*]; **2.** zubauen, verbarrikadieren.
in-aequābilis, e (*m.* °*adv.*) °**1.** uneben; **2.** ungleichmäßig.
in-aequālis, e (*m.* °*comp.*, °*sup.*, °*adv.*) **1.** °**a**) uneben, schief; **b**) / ungleich; unbeständig; °**2.** uneben machend [*tonsor* der das Haar unregelmäßig schneidet].
inaequālitās, *ātis f* (*inaequālis*) Ungleichheit.
in-aequātus 3 (*in* + *P.P.P. v. aequō*) ungleich.
in-aequō 1 gleich hoch machen.
in-aequus 3 (*Pl.*) = *inīquus.*
in-aestimābilis, e (*m.* °*adv.*) °**1.** unberechenbar, nicht schätzbar; °**2.** von unschätzbarem Werte, außerordentlich; **3.** wertlos.
in-aestuō 1 aufbrausen.
in-affectātus 3 (*in* + *P.P.P. v. affectō*) ungekünstelt, ungeziert.
in-agitābilis, e (*agitō*) unfähig, sich zu bewegen.
in-agitātus 3 (*in* + *P.P.P. v. agitō*) unbewegt; / nicht beunruhigt [*terroribus*].
in-alpīnus 3 (*Alpēs*) auf den Alpen wohnend, Alpen...; *subst.* **-ī,** *ōrum m* Alpenbewohner, -völker.
in-amābilis, e (*m. comp.*) unfreundlich.
in-amārēscō, — — 3 bitter werden; / anekeln.
in-ambitiōsus 3 nicht ehrgeizig, anspruchslos.
inambulātiō, *ōnis f* (*inambulō*) *das* Auf- und Abgehen; °/ *das* Schwanken [*lecti*].
in-ambulō 1 spazieren gehen.
in-amoenus 3 unerfreulich.
ināniae, *ārum f* (*inānis*) (*scherzh.*) *die* Leere.
inānilogista, *ae m* (*inānis* + *gr. Fw.*) Phrasendrescher.
ināni-loquus 3 (*inānis*; *loquor*) vergeblich redend.
in-animālis, e (*nkl.*) *u.* **in-animus** 3 (*kl.*) unbeseelt, leblos.
inānimentum, *ī n* (*-nī-?*; *Scherzbildung nach explēmentum*; *inānis*) Leere.
ināniō 4 (*inānis*) leer machen.
inānis, e (*m.* °*comp.*, *sup.*, *adv.*; *et. ungedeutet*) **1.** leer; ledig; unbemannt [*navis*], ohne Reiter [*equus*]; *-ia Tartara* Schattenreich; **2. a**) mit leeren Händen; **b**) arm, ausgeplündert; **c**) hungrig; **3.** / **a**) leer *an* [*verborum*]; **b**) gehalt-, wertlos; **c**) eitel, vergeblich; nichtig; **d**) prahlerisch, geckenhaft; **4.** *subst.* **-e,** *is n* leerer Raum, Leere; Äußerlichkeit; *pl.* nichtige Dinge, eitler Dunst; °**-ēs,** *ium m* eitle Toren, Dichterlinge.
inānitās, *ātis f* (*inānis*) Leere, leerer Raum; / Eitelkeit, Nichtigkeit.
in-arātus 3 (*in* + *P.P.P. v. arō*) ungepflügt.
in-ārdēscō, *ārsī,* — 3 (*-ă-?*) **1.** sich einbrennen *in* [*umeris*]; **2.** in Brand geraten, erglühen; **3.** / entbrennen.
in-ārēscō, *ruī,* — 3 (ver)trocknen.
Īnarimē, *ēs f* (*gr.* „im Arimerland", *dem Ort des Kampfes zwischen Zeus u. Typhōeus*) = *Aenāria, j.* Ischia.
in-artificiālis, e (*m. adv.*) (*rhet. t.t.*) nicht kunstgerecht.
in-ascēnsus 3 (*in* + *P.P.P. v. ascendō*) unbestiegen, nicht betreten.
in-assuētus 3 ungewohnt.
in-attenuātus 3 (*in* + *P.P.P. v. attenuō*) ungeschwächt.
in-audāx, *ācis* verzagt.
in-audiō 4 unter der Hand hören.
in-audītus 3 (*in* + *P.P.P. v. audiō*) **1.** ungehört; °**2.** unverhört; **3.** / unerhört.
in-augurō 1 °**1.** (*intr.*) Augurien anstellen; *abl. abs. inaugurato* nach Anstellung von Augurien; **2.** (*trans.*) (durch Augurien) einweihen.
in-aurēs, *ium f* (*wohl aus in auribus* [*sc.* esse]) Ohrgehänge, Ohrringe.
in-aurō 1 (*aurum*) **1.** (*kl. nur P.P.P.*) vergolden; **2.** / (*scherzh.*) in Gold fassen, reich machen.
in-auspicātus 3 (*m.* °*sup.*; *kl. nur*

adv. **-ō**) ohne Anstellung von Auspizien. [*v. audeō*) ungewagt.}

in-ausus 3 (*in + part. pf. pass.*}

inb... = *imb...*

****inbeneficio** 1 belehnen.

in-caeduus 3 ungehauen.

in-calēscō, *luī,* — 3 heiß werden; / erglühen, entbrennen.

in-calfaciō, — — 3 erwärmen.

in-callidus 3 (*m. adv.*) unklug.

in-candēscō, *duī,* — 3 weiß werden; / erglühen. [schimmern.}

in-cānēscō, *nuī,* — 3 weißgrau}

****incantatio,** *onis f* Zauberei, Zauberspruch.

****incantator,** *oris m* Zauberer.

****incantatrix,** *icis f* Zauberin, Hexe. [weihen.}

in-cantō 1 durch Zaubersprüche}

incānus 3 (*Rückbildung aus incānēscō*) ganz grau. [dung (Christi).}

****incarnatio,** *onis f* Menschwer-}

****incarnatus** 3 Fleisch geworden.

in-cassum = *in cassum; s. cassus.*

in-castīgātus 3 (*in + P.P.P. v. castīgō*) ungestraft, ungetadelt.

in-cautus 3 (*m. comp., adv.*) **1.** (*act.*) **a)** unvorsichtig, sorglos; °**b)** unbekümmert *um* [*futuri*]; °**2.** (*pass.*) **a)** unbesetzt [*iter*]; **b)** unvermutet.

in-cēdō, *cessī, cessum* 3 **1.** (*intr.*) **a)** einhergehen; **b)** (*mil. t.t.*) marschieren, vor-, anrücken; **c)** / auftreten, hereinbrechen, um sich greifen [*vis morbi*]; aufkommen [*religio*]; **d)** befallen [*patribus*]; °**2.** (*trans.*) **a)** betreten [*locos*]; **b)** sich ausbreiten *bei, unter* [*legiones seditio*].

in-celebrātus 3 (*in + P.P.P. v. celebrō*) unveröffentlicht.

in-cēnātus 3 (*in +* [*mediales*] *part. pf. v. cēnō*) der noch nicht gegessen hat; hungrig. [Brandstifter.}

incendiārius, *ī m* (*incendium*)}

incendium, *ī n* (*incendō*) **1. a)** Brand (-stiftung), Feuersbrunst; °**b)** / Feuerbrand; Fackel; **2.** / **a)** Feuer der Leidenschaft; °Liebesglut; **b)** Verderben.

in-cendo, *cendī, cēnsum* 3 (**candō; cf. candeō*) **1. a)** anzünden, in Brand setzen; P. in Brand geraten; **b)** einäschern; °**c)** Feuer machen *auf* [*altaria*]; **d)** erleuchten, erhellen; **2.** / **a)** entzünden, entflammen [*iram*]; aufhetzen; P. entbrennen; °**b)** steigern, vergrößern; °**c)** ver-}

in-cēnō 1 darin speisen. [derben.}

incēnsiō, *ōnis f* (*incendō*) Brand (-stiftung). [Weihrauch.}

****incensum,** *i n* Brandopfer;}

incēnsus¹ 3 (*P.P.P. v. incendō*) **1.** entbrannt, heiß; **2.** / feurig; heiß, hitzig; erbittert.

in-cēnsus² 3 (*in + P.P.P. v. cēnseō*) vom Zensor nicht (ab)geschätzt.

inceptiō, *ōnis f* (*incipiō*) **1.** *das* Beginnen; **2.** *das* Vorhaben.

inceptō 1 (*intens. v. incipiō*) **1.** (*trans.*) anfangen; **2.** (*intr.*) anbinden [*cum illo*]. [beginnt.}

inceptor, *ōris m* (*incipiō*) der *etw.*}

inceptum, *ī n u.* °**-tus,** *ūs m* (*incipiō*) Anfang, *das* Anfangen, Beginn, Unternehmen. [streuen.}

in-cernō, *crēvī, crētum* 3 darüber-}

in-cērō 1 (*cēra; cf. cērātus*) mit Wachs überziehen; / *genua deorum* (*durch Berühren u. Küssen schmierig machen* =) inbrünstig zu den G. flehen.

incertō 1 ungewiss machen.

in-certus 3 (*m. comp., sup.; adv.* **-ē** *u.* °**-ō**) **1.** (*meist v. Dingen*) **a)** ungewiß, unzuverlässig, unbestimmt; **b)** unerkennbar, trübe [*luna*]; °**c)** unordentlich [*crines*]; °**d)** unverständlich; **2.** (*v. Personen*) unsicher, unschlüssig, schwankend; *subst.* **-um,** *ī n das* Ungewisse; Ungewissheit; unbestimmte Zeit; °*pl.* Wechselfälle.

incessō, *cessī,* — 3 (*intens. v. incēdō; kl. nur praes. u. impf.; pf. zu incēdō*) losgehen *auf,* angreifen [*hostes iaculis*]; / schmähen, bedrohen.

incessus, *ūs m* (*incēdō*) **1.** *das* Einhergehen, Gang; °**2.** (feindlicher) Einfall; Marschlinie; °**3.** Zugang.

incestō 1 (*incestus*) beflecken.

incestus¹ 3 (*m. adv.; castus*) **1.** unkeusch, unzüchtig, blutschänderisch; **2.** befleckt, unrein; *subst.* **~,** *ī m* Frevler; **-um,** *ī n* Unzucht, Blutschande.

incestus², *ūs m* (°*castus, ūs m* „geschlechtliche Enthaltsamkeit"; *careō*) Unzucht mit Vestalinnen;}

inchoō 1 = *incohō.* [Blutschande.}

incidō¹, *cidī,* — 3 (*cadō*) **1. a)** hineinfallen [*in foveam*], auf *etw.* fallen; **b)** (*in eine Zeit*) fallen; °**2.** (sich) hineinstürzen, sich ergießen [*flumini*]; **3.** überfallen, angreifen [*in hostem*]; **4.** vorfallen, sich ereignen, eintreten [*periculum*]; **5.** (unvermutet) geraten *in*, stoßen *auf* [*in latrones*]; **6.** begegnen, widerfahren.

incīdō², *cīdī, cīsum* 3 (*caedō*) **1. a)** einschneiden, -graben, -meißeln [*in aes, ligno*]; °**b)** *dentes* Zähne (*in die Säge*) schneiden; **c)** beschneiden [*vites*]; **2. a)** zer-, durchschneiden; zerhauen; **b)** / unter-, abbrechen; °rauben [*spem*].

incīle, *is n* (*incīdō²*) Abzugsgraben.

incīlō 1 (*wohl zu incīle; eigtl.* „Einschnitt machen") schelten, tadeln.

****incinero** 1 zu Asche brennen; P. zu Staub werden.

in-cingō, *cinxī, cinctum* 3 (*cīnxī, cīnctum?*) **1.** umgürten; *mediopass.* sich umgürten, sich bekränzen [*lauro*]; **2.** / umgeben, umschließen.

in-cinō, — — 3 (*canō*) ertönen lassen, anstimmen.

in-cipiō, *incēpī, inceptum* 3 (*pf. act. kl. meist durch* coepī *u. bei passivem inf. durch* coeptus sum *ersetzt*; *capiō*) **1.** (*trans.*) anfangen, beginnen, unternehmen; **2.** (*intr.*) seinen Anfang nehmen [*ver*].

incipissō, — — 3 (*intens. v. incipiō*) eifrig beginnen.

incīsē *u.* **incīsim** *adv.* (*incīdō²*) in kurzen Sätzen.

incīsiō, *ōnis f u.* **incīsum,** *ī n* (*incīdō²*) / (*rhet. t.t.*) kurzer Abschnitt *einer Periode* (= *gr.* „Komma").

incitāmentum, *ī n* (*incitō*) Anreiz, Reizmittel, Antrieb, Sporn.

incitātiō, *ōnis f* (*incitō*) **1.** (*act.*) Erregung, Anfeuerung; **2.** (*pass.*) **a)** rasche Bewegung; **b)** / Schwung; Antrieb, Drang.

incitātus 3 (*m. comp., sup., adv.*; *incitō*) beschleunigt, schnell; / aufgeregt, erregt, erbittert.

in-citō 1 **1.** in schnelle Bewegung setzen, antreiben; anschwellen lassen; *mediopass. u.* se *-are* vorwärtseilen; **2.** / **a)** erregen, (an)spornen; **b)** begeistern; **c)** (auf)reizen, aufhetzen; **d)** vergrößern, steigern; verschärfen [°*poenas*].

incitus¹ 3 (*P.P.P. v.* **in-cieō*) stark bewegt, schnell.

in-citus² 3 (*in + P.P.P. v. cieō*) unbeweglich [*ad incitas* (*calces*) *redigere* schachmatt setzen].

in-cīvīlis, e (*m.* °*comp.,* °*adv.*) tyrannisch.

inclāmitō 1 (*intens. v. inclāmō*) anschreien.

in-clāmō 1 **1.** (*intr.*) **a)** laut rufen; °**b)** zurufen [*puellae*]; **2.** (*trans.*) anschreien; um Hilfe anrufen.

in-clārēscō, *ruī,* — 3 bekannt, berühmt werden.

in-clēmēns, *entis* (*m.* °*comp.,* °*adv.*) schonungslos, hart.

inclēmentia, *ae f* (*inclēmēns*) Schonungslosigkeit, Härte, Rauheit.

inclīnābilis, e (*inclīnō*) sich leicht neigend.

inclīnātiō, *ōnis f* (*inclīnō*) **1.** Neigung, Biegung; **2.** (*rhet. t.t.*) *vocis* Heben u. Senken der Stimme; **3.** / **a)** Neigung, Wendung; Veränderung, Wechsel; **b)** Zuneigung.

inclīnātus 3 (*m.* °*comp.*; *inclīnō*) **1.** geneigt, sich neigend; **2.** steigend u. sinkend, wechselnd [*vox*]; **3.** / **a)** sinkend, gesunken [*fortuna*]; °**b)** geneigt, zugetan, günstig gestimmt.

in-clīnō 1 (*cf.* *clīnātus*) **I.** (*trans.*) °**1. a)** neigen, beugen; *mediopass. u.* se *-are* sich neigen; **b)** zum Beischlaf hinlegen [*alqam, se cum liberta*]; **2.** *mediopass. u.* se *-are* (*mil. t.t.*) weichen [*acies*]; **3.** / **a)** hinneigen, wenden, wälzen [°*onera in divites*]; **b)** zum Sinken bringen, schädigen; *mediopass. u.* se *-are* sinken, sich (zum Schlechten) wenden; **c)** entscheidend wenden, entscheiden; **d)** *mediopass. u.* se *-are* sich zuneigen, geneigt sein; °**II.** (*intr.*) **1.** sich neigen, sich senken [*inclinat dies*]; **2.** weichen; **3.** sich zuneigen.

inclitus 3 = *inclutus.*

inclūdō, *sī, sum* 3 (*claudō*) **1.** einschließen, -sperren, -engen; **2.** einfügen, hineinbringen [*orationem in epistulam*]; **3. a)** verschließen, hemmen, zurückhalten; °**b)** (*v. d. Zeit*) endigen; ** *includi* Nonne werden; *inclusa, ae f* Nonne.

inclūsiō, *ōnis f* (*inclūdō*) Einschließung.

****inclusive** *adv.* einschließlich.

in-clutus 3 (*m. sup.*; *cf.* *clueō*) berühmt, bekannt.

in-coāctus 3 ungezwungen.

incoctus¹ 3 (*incoquō*) eingekocht; gefärbt.

in-coctus² 3 (*in + P.P.P. v. coquō*) ungekocht.

in-cōgitābilis, e *u.* **in-cōgitāns,** *antis* (*cōgitō*) unbedachtsam, unbesonnen.

incōgitantia, *ae f* (*incōgitāns*) Unbedachtsamkeit.

in-cōgitātus 3 **1.** unbedacht; **2.** undenkbar. [socio].

in-cōgitō 1 aussinnen [fraudem

in-cognitus 3 (-ō-?) **1.** unbekannt; nicht erkennbar; **2.** (*jur. t.t.*) ununtersucht; °**3.** nicht als Eigentum anerkannt.

in-cohō 1 (*eigtl.* „anschirren"; *cf.* *cohum, ī n* „Halter") **1.** anfangen, beginnen; **2.** / **a)** zu schildern beginnen; °**b)** im Senat zur Sprache bringen; **3.** (*P.P.P.*) *adi.* **incohātus** 3 (nur) angefangen, unvollendet.

incola, *ae m f* (*incolō*) **1.** Ein-, Bewohner; *dcht. auch adi.* (ein)heimisch; **2.** ansässiger Nichtbürger (*Ggs. cīvis*).

in-colō, *coluī, cultum* 3 **1.** (*trans.*) bewohnen; **2.** (*intr.*) wohnen, sesshaft sein; (*part. praes.*) °*subst.* **incolentēs,** *ium m* Einwohner.

incolumis, e (*wohl mit calamitās, clādēs verwandt*) unverletzt, unversehrt.

incolumitās, *ātis f* (*incolumis*) Unverletztheit, Erhaltung.

in-comitātus 3 (*in* + *P.P.P. v. comitō*) unbegleitet.

in-comitiō 1 (= *in comitium* [*dūcō*]) *jd.* zwingen, vor den Komitien zu erscheinen; an den Pranger stellen.

in-commendātus 3 (*in* + *P.P.P. v. commendō*) nicht (zur Schonung) empfohlen, preisgegeben.

incommodesticus 3 (*scherzh. Vermengung v. in-commodus u. domesticus*) lästig.

incommoditās, *ātis f* (*incommodus*) **1.** Unbequemlichkeit, Unannehmlichkeit; °**2.** Unhöflichkeit; °**3.** Nachteil, Schaden. [schwerlich fallen.

incommodō 1 (*incommodus*) be-

incommodum, *ī n* (*incommodus*) **1.** Unbequemlichkeit; **2.** Nachteil; Unglück, Schaden.

in-commodus 3 (*m. comp.*, °*sup.*, *adv.*) **1.** unbequem, unangenehm, lästig, beschwerlich; **2.** (*v. Pers.*) unfreundlich *gegen.* [lich.

in-commūtābilis, e unveränder-

in-comparābilis, e unvergleichlich.

in-compertus 3 (*in* + *P.P.P. v. comperiō*) unerforscht, unsicher.

in-compositus 3 (*m. adv.*) ungeordnet, ungeregelt; / kunstlos, plump.

in-comprehēnsibilis, e unfassbar, unendlich.

in-cōmptus 3 (*m.* °*comp.*) ungepflegt; / kunstlos, schlicht.

in-concessus 3 (*in* + *P.P.P. v. concēdō*) unerlaubt, versagt.

in-conciliō 1 **1.** ins Unglück bringen; **2.** betrügerisch an sich bringen. [monisch, plump, ungereimt.

in-concinnus 3 (*m.* °*adv.*) unhar-

in-concussus 3 (*in* + *P.P.P. v. concutiō*) unerschüttert.

in-conditus 3 (*m. adv.*) (*in* + *P.P.P. v. condō*) ungeordnet; kunstlos.

in-cōnfūsus 3 (*in* + *P.P.P. v. cōnfundō*) nicht verwirrt; nicht außer Fassung. [ungereimt.

in-congruēns, *entis* unpassend,

incōnsequentia, *ae f* (*incōnsequēns*) Inkonsequenz.

incōnsīderantia, *ae f* (*incōnsīderāns*) Unbesonnenheit.

in-cōnsīderātus 3 (*m.* °*comp.*, *sup.*, *adv.*) unbedacht; übereilt; unbesonnen.

in-cōnsolābilis, e untröstlich.

in-cōnstāns, *antis* (*m. comp.*, °*sup.*, *adv.*) unbeständig, inkonsequent.

incōnstantia, *ae f* (*incōnstāns*) Unbeständigkeit; Inkonsequenz.

in-cōnsultus[1] 3 (*in* + *P.P.P. v. cōnsulō*) °**1.** unbefragt; °**2.** ratlos; **3.** (*m. adv.*) unüberlegt, unbesonnen.

in-cōnsultus[2], *abl. ū m* (*in* + *cōnsulō*) *das* Nichtbefragen; *meo -u* ohne mich befragt zu haben.

in-cōnsūmptus 3 (*in* + *P.P.P. v. cōnsūmō*) unverbraucht; / unvergänglich.

in-contāminātus 3 (*in* + *P.P.P. v. contāminō*) unbefleckt.

in-contentus 3 (*in* + *P.P.P. v. contendō*) ungespannt [*fides* Saite].

in-continēns, *entis* (*kl. nur adv.* **-enter**) unenthaltsam, lüstern; unmäßig.

incontinentia, *ae f* (*incontinēns*) Unenthaltsamkeit, Begehrlichkeit.

****incontrectabilis,** e unbetastbar.

in-conveniēns, *entis* nicht übereinstimmend, unähnlich.

in-coquō, *coxī, coctum* 3 **1.** in *od.* mit *etw.* kochen; **2.** färben; **3.** tüchtig kochen, braten.

in-corporālis, e unkörperlich.

****incorporatus** 3 Leib geworden.

in-corrēctus 3 (*in* + *P.P.P. v. corrigō*) unverbessert.

****incorruptio,** *onis f* Unvergänglichkeit; sittliche Reinheit.

in-corruptus 3 (*m.* °*comp.*, °*sup.*, *adv.*; *in* + *P.P.P. v. corrumpō*) **1.** unverdorben, unversehrt; **2.** / **a**) echt; **b**) aufrichtig; **c**) unbestochen, unbestechlich.
in-crēb(r)ēscō, *b(r)uī,* — 3 häufig werden, zunehmen, sich verbreiten.
in-crēbrō 1 (*crēber*) häufig tun.
in-crēdibilis, e (*m. adv.*) **1. a**) unglaublich; **b**) erstaunlich; °**2.** unglaubwürdig, unzuverlässig.
****incredulitas,** *atis f* Unglaube.
in-crēdulus 3 ungläubig.
incrēmentum, *ī n* (*incrēscō*) **1.** Wachstum; **2.** / **a**) Zunahme; Vermehrung; °**b**) Same, Saat; Nachwuchs; Zinsen; °**c**) Sprössling.
increpitō 1 (*intens. v. increpō*) °**1.** (*intr.*) **a**) laut zurufen; **b**) anfahren [*tibi*]; **2.** (*trans.*) **a**) anfahren, schelten, tadeln; °**b**) *jd. etw.* vorwerfen [*alci rugas*].
in-crepō, *puī, pitum*; *vkl. u. nkl. auch āvī, ātum* 1 **1.** (*intr.*) **a**) rauschen, rasseln, lärmen; / **b**) laut werden; °**c**) zurufen; **2.** (*trans.*) °**a**) ertönen lassen; °**b**) anfahren, schelten; beschuldigen; **c**) vorwerfen, tadeln; °**d**) bejammern; °**e**) anrufen, -treiben.
in-crēscō, *crēvī,* — 3 **1.** ein-, anwachsen [*ligno*]; **2.** wachsen, zunehmen; **3.** / wachsen, steigen.
incrētus 3 *P.P.P. v. incernō.*
in-cruentātus 3 (*in* + *P.P.P. v. cruentō*) unblutig.
in-cruentus 3 unblutig, ohne Blutvergießen; unverwundet.
incrustātiō, *ōnis f* (*-ū-?*; *incrustō*) Marmorverkleidung *der Wände,* Inkrustation.
in-crustō 1 (*-ū-?*; *crusta*) **1.** mit einer Kruste überziehen, beschmutzen; **2.** *die Wände* mit Marmorplatten verkleiden.
incubitō 1 (*intens. v. incubō*) bebrüten; / *auch obszön.*
in-cubō, *buī, bitum* 1 **1.** °**a**) liegen *auf* [*cortici*]; **b**) *an einem heiligen Orte* schlafen, *um ein Tempelorakel zu erhalten*; °**c**) brüten *auf* [*nidis*]; **2.** / **a**) sorgsam, geizig hüten [*pecuniae*]; °**b**) brüten *über* [*dolori*]; °**3. a**) sich *an einem Ort* aufhalten [*Erymantho*]; **b**) sich *über einem Ort* ausbreiten [*ponto nox*].
in-cūdō, *dī, sum* 3 (*wohl für -*caudō*; *cf. cūdō*) schmieden, bearbeiten; schärfen.
in-culcō 1 (*calcō*) **1. a**) (*in die Rede*) einflicken, -schieben; **b**) (*die Rede*) bereichern; **2.** / **a**) einschärfen, -prägen; **b**) aufdrängen.
in-culpātus 3 (*in* + *P.P.P. v. culpō*) unbescholten.
in-cultus[1] 3 (*m.* °*comp.*, °*sup.*, *adv.*; *in* + *P.P.P. v. colō*) **1.** unangebaut, öde; **2.** / **a**) ungeordnet, ungepflegt; **b**) ungebildet, roh.
in-cultus[2], *ūs m* Verwahrlosung; / Mangel an Bildung.
in-cumbō, *cubuī, cubitum* 3 (**cumbō*; *cf. cubō*) °**1.** sich legen *auf* [*toro*]; sich lehnen *an*; sich niederbeugen *zu* [*ad od. super alqm*]; **2. a**) *in gladium od.* °*ferro* sich ins Schwert stürzen; °**b**) (*mil. t.t.*) sich stürzen *auf* [*in hostes*]; **3.** / **a**) sich widmen [*iuris studio*]; sich angelegen sein lassen [*ad id bellum*]; °**b**) beschleunigen [*fato*]; **c**) schwer lasten *auf* [°*invidia mihi*].
in-cūnābula, *ōrum n* (*eigtl.* „Einbettung": *v.* **incūnō* 1; *cf. cūnābula*) °**1.** Wickelbänder u. Windeln; **2.** / **a**) Geburtsort; °**b**) erste Kindheit; **c**) Anfang, Ursprung.
in-cūrātus 3 (*in* + *P.P.P. v. cūrō*) ungeheilt.
in-cūria, *ae f* (*cūra*) Mangel an Sorgfalt; Vernachlässigung.
incūriōsus 3 (*m. comp.*, *sup.*, *adv.*) **1.** (*act.*) nachlässig, sorglos; **2.** (*pass.*) vernachlässigt.
in-currō, *(cu)currī, cursum* 3 **I.** absichtlich laufen *gegen*: **1.** rennen *gegen* [*in columnas* mit dem Kopf gegen die Wand]; °**2.** (*mil. t.t.*) (her)anstürmen *gegen*, angreifen [*in hostes*]; einen Einfall machen, einfallen; **II.** zufällig laufen *gegen*: **1. a**) begegnen, stoßen *auf*; **b**) / °*in oculos* in die Augen fallen; **2.** grenzen, stoßen *an*; **3.** geraten, verfallen *in* [*in morbum*]; **4. a**) eintreffen, vorfallen; **b**) (*in eine Zeit*) fallen, treffen; ** *iram* sich den Zorn zuziehen.
incursiō, *ōnis f* (*incurrō*) **1.** Anlauf, Andrang; **2.** Einfall, Angriff.
incursitō 1 (*intens. v. incurrō*) **1. a**) (*absichtlich*) *auf jd.* losgehen; **b**) (*zufällig*) *gegen jd.* anrennen; **2.** / anstoßen.
incursō 1 (*intens. v. incurrō*) **1.** °**a**)

(*absichtlich*) losgehen *auf*; (*bsd. als mil. t.t.*) einfallen [*in agros*]; anstürmen, angreifen; **b**) / befallen [*in te dolor*]; °**2. a**) (*zufällig*) *auf jd.* stoßen; (an)rennen *gegen* [*rupibus*]; / **b**) sich aufdrängen [*oculis*].

incursus, *ūs m* (*incurrō*) °**1.** Andrang, Ansturm; **2.** Anfall, Angriff; Einfall; °**3.** / Anschlag, Plan.

in-curvō 1 (*curvus*) **1. a**) krümmen, biegen; °P. gebückt gehen; °**b**) = *paedīcō*; °**2.** / niederbeugen.

incurvus 3 (*Rückbildung aus incurvō*) (einwärts) gekrümmt.

incūs, *ūdis f* (*incūdō*) Amboss.

incūsātiō, *ōnis f* (*incūsō*) Beschuldigung.

incūsō 1 (*wohl* = *in causam* [*sc. dūcō*]) beschuldigen, anklagen; sich beschweren. [schlagen.]

incussus, *abl. ū m* (*incutiō*) *das* An-

in-custōdītus 3 (*-cūst-?*; *in* + *P.P.P. v. custōdiō*) **1.** (*pass.*) **a**) unbewacht; unbesetzt; nicht beobachtet; **b**) unterlassen; **c**) (*dcht.*) nicht geheim gehalten [*amor*]; **2.** (*act.*) unvorsichtig.

incūsus 3 *P.P.P. v. incūdō.*

in-cutiō, *cussī, cussum* 3 (*quatiō*) °**1.** anschlagen, anstoßen [*in caput*]; **2.** hinschleudern, -werfen; **3.** / einjagen, einflößen. [forschung.]

indāgātiō, *ōnis f* (*indāgō*[1]) Er-

indāgātor, *ōris m* (*indāgō*[1]) Erforscher. [forscherin.]

indāgātrīx, *īcis f* (*indāgātor*) Er-

indāgō[1] 1 (*indāgō*[2]) **1.** aufspüren; **2.** / erforschen.

indāgō[2], *inis f* (⟨**ind*[*u*]*-āgō*; *agō*; *Ausdruck der Jägersprache*) Umzingelung, Umstellung (*des Wildes*), Treibjagd, Kesseltreiben.

ind-audiō 4 (*inde*) = *inaudiō.*

inde *adv.* (⟨**im-de*; *im altl. acc. v. is*; *cf. inter-im*; *cf. dē*) **1.** (*räuml.*) von da, von dort, daher; **2.** (*zeitl.*) von der Zeit an, hierauf; *inde a* von ... an; **3.** / **a**) daraus, davon; deshalb, daher; °**b**) von ihm, von ihr, von ihnen.

in-dēbitus 3 nicht gebührend; ** unverschuldet, unverdient.

in-decēns, *entis* (*m. comp., sup., adv.*) unschicklich, unanständig.

indecentia, *ae f* (*indecēns*) Unschicklichkeit.

indeceō, — — 2 übel anstehen [*servos*].

in-dēclīnābilis, e unbeugsam, unveränderlich.

in-dēclīnātus 3 (*in* + *P.P.P. v. dēclīnō*) unverändert, treu.

in-decoris, e (*decus*) schimpflich.

indecorō 1 (*indecoris*; *nach dēdecorō gebildet*) entstellen, schänden.

in-decōrus 3 (*m. adv.*) **1.** hässlich; **2.** unanständig, unrühmlich.

in-dēfatīgābilis, e (*dēfatīgō*) unermüdlich. [*dēfatīgō*) unermüdet.]

in-dēfatīgātus 3 (*in* + *P.P.P. v.*

in-dēfēnsus 3 (*in* + *P.P.P. v. defendō*) unverteidigt, unbeschützt.

in-dēfessus 3 unermüdet.

in-dēflētus 3 (*in* + *P.P.P. v. dēfleō*) unbeweint.

in-dēflexus 3 (*in* + *P.P.P. v. dēflectō*) ungeschwächt.

in-dēiectus 3 (*in* + *P.P.P. v. dēiciō*) nicht niedergeworfen, nicht eingestürzt. [vertilgbar.]

in-dēlēbilis, e unauslöschlich, un-

in-dēlībātus 3 (*in* + *P.P.P. v. dēlībō*) ungeschmälert.

in-demnātus 3 (*in* + *P.P.P. v. damnō*) unverurteilt. [lust.]

in-demnis, e (*damnum*) ohne Ver-

****indemnitas,** *atis f* Schadloshaltung. [*dēplōrō*) unbeweint.]

in-dēplōrātus 3 (*in* + *P.P.P. v.*

in-dēprāvātus 3 (*in* + *P.P.P. v. deprāvō*) unverdorben.

in-dēprehēnsibilis, e (*in* + *P.P.P. v. dēprehendō*) unbemerkbar.

in-dēprēnsus 3 (*in* + *P.P.P. v. dēprendō*) unbegreiflich.

in-dēsertus 3 nie verlassen, unvergänglich. [*dēstringō*) unverletzt.]

in-dēstrictus 3 (*in* + *P.P.P. v.*

in-dētōnsus 3 (*in* + *P.P.P. v. dētondō*) mit wallendem Haar.

in-dēvītātus 3 (*in* + *P.P.P. v. dēvītō*) unvermeidlich.

index, *icis m f* (⟨**in-dic-s*; *indicō*[1]; *eigtl.* „Anzeiger") **1.** (*v. Personen*) **a**) Entdecker(in); **b**) Verräter, Spion; °**c**) Fachmann; **2.** / (*v. Sachen*) **a**) *adi.* anzeigend, verratend; *subst.* Kennzeichen [*paenitentiae*]; (*digitus*) ~ Zeigefinger; **b**) Titel, Aufschrift; °**c**) Verzeichnis; **d**) Inhalt, Resümee; °**e**) Pro- [bierstein.]

Indī, India *s. Indus.*

indicātiō, *ōnis f* (*indicō*[1]) Preis(angabe), Taxe.

in-dīcēns, *entis* (*in* + *part. praes. v. dīcō*[2]); *me indicente* ohne dass ich es sage, ohne meine Warnung, ohne mein Geheiß.

indicium, *ī n* (*index*) **1.** Anzeige, Angabe; Verrat; **2. a**) Erlaubnis, (*vor Gericht*) Angaben zu machen; **b**) Denunziationsprämie; **3.** / Kennzeichen, Merkmal.

indicō[1] 1 (*Schwundstufe zu indīcō*[2]) **1.** anzeigen, angeben, melden, sagen; **2.** (*vor Gericht*) aussagen, anzeigen; verraten; **3.** den Preis *e-r Sache* bestimmen, taxieren.

in-dīcō[2], *dīxī, dictum* 3 **1.** ansagen, ankündigen[*diem comitiis*; *bellum*]; beordern [°*exercitum Aquileiam*]; °**2.** (*eine Leistung*) auferlegen [*tributa gentibus*].

indictiō, *ōnis f* (*indīcō*[2]) Ankündigung, *bsd. einer Auflage*; außerordentliche Steuer; ** Indiktion (*Zeitangabe nach der Steuerperiode*).

in-dictus[1] 3 (*in* + *P.P.P. v. dīcō*[2]) °**1.** ungesagt, unbesungen; **2.** (*jur. t.t.*) *indictā causā* ohne Verhör.

indictus[2] 3 *P.P.P. v. indīcō*[2].

Indicus *s. Indus.*

indidem *adv.* (<**inde-dem*; *cf. tan-dem*) **1.** (*räuml.*) ebendaher, ebenfalls aus [*Romā*]; **2.** / von eben dieser Sache *od.* Person.

in-differēns, *entis* (*m.* °*adv.*) sich nicht unterscheidend, gleichgültig, indifferent; (*stoischer t.t.*) weder gut noch schlecht.

indifferentia, *ae f* (*indifferēns*) Gleichheit.

indi-gena, *ae m f* (<**indu-gena*; *gignō*) einheimisch, inländisch, Eingeborene(r).

indigentia, *ae f* (*indigēns*) **1.** Bedürfnis; **2.** Ungenügsamkeit.

ind-igeō, *uī*, — 2 (*indu*; *egeō*) **1.** Mangel haben *an* [*rerum*; *re*], bedürftig sein; **2.** bedürfen, nötig haben, brauchen [*cibi*, *ope*]; **3.** vermissen, verlangen *nach* [*auri*]; **4.** (*part. praes.*) **indigēns,** *entis* **a**) *adi.* unzulänglich; **b**) *subst. pl.* Bedürftige.

indiges[1], *etis* (*wohl* < **indu-aget-s*; *agō* = *incolō*) eingeboren, einheimisch; altrömisch; *subst. m* eingeborener Heros, Stammvater [*Aeneas*]; *pl. patrii dii -etes die* einheimischen Götter (*urspr. wohl Könige u. Stammväter des Volkes*).

indiges[2], *is* (*indigeō*) bedürftig.

in-dīgestus 3 (*m. adv.*; *in* + *P.P.P. v. dīgerō*) ungeordnet.

indīgnābundus 3 (*jünger -ĭ-*; *indīgnor*) voller Unwillen.

indīgnāns, *antis* (*jünger -ĭ-*; *m. sup.*, *adv.*; *part. praes. v. indīgnor*) unwillig, entrüstet.

indīgnātiō, *ōnis f* (*jünger -ĭ-*; *indīgnor*) **1.** °**a**) Unwille, Entrüstung; *pl.* Äußerungen des Unwillens; **b**) (*rhet. t.t.*) Erregung des Unwillens; °**2.** Unanständigkeit.

indīgnātiuncula, *ae f* (*jünger -ĭ-*; *dem. v. indīgnātiō*) Anflug von Entrüstung.

indīgnitās, *ātis f* (*jünger -ĭ-*; *indīgnus*) **1.** Unwürdigkeit, Niederträchtigkeit; **2.** *das* Empörende, Schmach; **3.** Unwille, Entrüstung.

indīgnor 1 (*jünger -ĭ-*; *indīgnus*) für unwürdig halten, entrüstet sein *über* [*factum*]; (*Gerundiv*) *adi.* °**indīgnandus** 3 Unwillen verdienend.

in-dīgnus 3 (*jünger -ĭ-*; *m. comp.*, *sup.*, *adv.*) **1.** unwürdig, nicht verdienend [*honore*]; °unschuldig; **2.** ungeziemend, schmachvoll, empörend; **3. a**) *indignum est* (*mit inf. od. a.c.i.*) es ist unschicklich, schmachvoll, eine Schande, eine Ungerechtigkeit, zu hart; **b**) (*Ausruf*) *facinus indignum!*: α) *eingeschoben*) welche Schmach!; β) (*m. inf. od. a.c.i.*) es ist *od.* wäre schändlich, empörend, wenn *od.* dass; **4.** *-e ferre* entrüstet, empört sein.

indigus 3 (*Rückbildung aus indigeō nach prōdigus u.ä.*) bedürftig (*meist m. gen.*).

in-dīligēns, *entis* (*m. comp.*, *adv.*) nachlässig, saumselig; leichtsinnig.

indīligentia, *ae f* (*indīligēns*) Nachlässigkeit, Sorglosigkeit.

ind-ipīscor, *deptus sum* 3 (*altl. auch -ō*; *indu* + *apīscor*) erreichen, erlangen; *navem* einholen.

in-dīreptus 3 (*in* + *P.P.P. v. dīripiō*) ungeplündert.

****indisciplinatus** 3 zuchtlos, liederlich.

in-discrētus 3 (*in* + *P.P.P. v. discernō*) **1.** ungetrennt; **2.** ununterschieden; ohne Unterschied.

in-disertus 3 unberedt, wortarm.

in-dispositus 3 (*m. adv.*; *in* + *P.P.P. v. dispōnō*) unordentlich.

****indisputabilis,** e unbestreitbar.

in-dissolūbilis, e unauflöslich.

in-dissolūtus 3 (*in* + *P.P.P. v. dissolvō*) unaufgelöst.

in-distīnctus 3 (*dī-?*; *-stīnc-?*;

m. °*adv.*) ununterschieden; verworren.
in-dīviduus 3 **1.** unzertrennlich; **2.** unteilbar; *subst.* **-um,** *ī n* Atom; ** Einzelding.
in-dīvīsus 3 (*in* + *P.P.P. v. dīvidō*) ungeteilt; *pro -o* gleich viel, gleichmäßig.
in-dō, *didī, ditum* 3 (*in* + √‾ *dhē „setzen"; faciō*) **1. a)** hineintun, -setzen, -legen [*venenum potioni*]; / **b)** einführen [*novos ritus*]; **c)** verursachen, einflößen [*hostibus pavorem*]; **2. a)** setzen, legen *an, auf*; erbauen *auf* [*castella rupibus*]; **b)** beigeben [*custodes*]; **c)** / beilegen [*nomen Superbo*].
in-docilis, e **1.** ungelehrig; °**2.** unwissend, ungebildet; **3.** unlehrbar; °**4.** ungelernt; kunstlos.
in-doctus 3 (*m. comp., sup., adv.*) ungelehrt, ungebildet; ungeschickt.
in-dolentia, *ae f* (*indolēns* „unempfindlich"; *doleō*) Unempfindlichkeit gegen Schmerz.
indolēs, *is f* (⟨**indu-alēs; alō*) **1.** Naturanlage, natürliche Beschaffenheit; **2.** angeborene Tüchtigkeit, Talent.
in-dolēscō, *luī,* — 3 (*in* + *incoh. v. doleō*) Schmerz empfinden, sich betrüben.
indolōria, *ae f* = *indolentia.*
in-domābilis, e unbezähmbar.
in-domitus 3 (*in* + *P.P.P. v. domō*) **1.** ungebändigt, wild; *ager* unbebaut; °**2.** unbezwinglich.
in-dormiō 4 °**1.** schlafen *auf* [*saccis*]; **2.** / verschlafen [*tempori*].
in-dotātus 3 °**1.** ohne Aussteuer; **2.** / **a)** *ars* arm, unberedt; °**b)** *corpora* ohne Totengaben.
indu *altl. prp. b. abl.* = *noch älterem endo* (*s. d.*); *sonst nur noch als praev. in indāgō, indigena, indigeō, indiges, indolēs, induō.*
in-dubitābilis, e unzweifelhaft.
in-dubitātus 3 (*m. adv.; in* + *P.P.P. v. dubitō*) unzweifelhaft.
in-dubitō 1 zweifeln *an* [*viribus dat.*].
in-dubius 3 unzweifelhaft.
in-dūcō, *dūxī, ductum* 3 (*altl. fut. induxis*) **1. a)** ziehen *über* [*aurum cornibus*], anziehen [*tunicam in lacertos*], überziehen [*scuta pellibus*], **b)** ausstreichen, ungültig machen; **c)** eintragen, -schreiben, anrechnen; **2. a)** hineinführen; °**b)** heimführen [*uxorem*]; °**c)** in den Kampf führen; **d)** auf die Bühne bringen, aufführen; **e)** redend *od.* handelnd einführen; **f)** einführen [*novum morem*]; **3.** bewegen, veranlassen, verleiten [*ad bellum, in errorem*]; **4.** (*in*) *animum* (*m. ut, ne od. inf.*) sich vornehmen; °(*m. a.c.i.*) sich überzeugen.
inductiō, *ōnis f* (*indūcō*) **1. a)** Einführung, Zuleitung [*aquarum*]; °**b)** *das* Auftretenlassen im Zirkus; **2.** *animi* **a)** Hinneigung *zu jd.*; **b)** fester Vorsatz; **3.** (*rhet. t.t.*) **a)** *personarum* Einführung v. Personen; **b)** *erroris* Verleitung zum Irrtum; **c)** Beweisführung durch ähnliche Fälle, Induktion(sbeweis).
inductor, *ōris m* (*indūcō*) (*scherzh.*) *terga nostri* der uns Schläge überzieht.
inductus[1], *abl. ū m* (*indūcō*) Antrieb [*alieno*].
inductus[2] 3 (*indūcō*) gesucht, künstlich.
indūcula, *ae f* (*induō*) Frauenunterkleid.
indu-gredior (*Lu.*) = *ingredior.*
indulgēns, *entis* (*m. comp., sup., adv.*; *indulgeō*) nachsichtig, gütig.
indulgentia, *ae f* (*indulgēns*) Nachsicht, Güte; Zärtlichkeit; °*caeli* mildes Wetter; ** Ablass; Lossprechung vom Bann.
****indulgentiarius,** *i m* Ablasshändler.
indulgeō, *lsī, ltum* 2 (*et. ungedeutet*) **1.** (*intr.; m. dat.*) **a)** nachsichtig sein, nachgeben, begünstigen [*civibus*]; **b)** nachhängen, sich hingeben, frönen [*vino*]; **c)** sorgen *für* [*valetudini*]; °**2.** (*trans.*) bewilligen [*largitudinem*]; *se -ere* sich preisgeben [*tribuno*].
****indultum,** *i n* Gnade, Ablass.
indūmentum, *ī n* (*induō*) Anzug; / Überzug, Hülle; Brühe.
induō, *uī, ūtum* 3 (⟨**indu-ovō, vl. eigtl.* „in eine Hülle schlüpfen"; *cf. exuō*) **1.** anziehen, anlegen [*tunicam*]; (*mediopass.*) sich anziehen [*veste muliebri*]; **2.** / **a)** umgeben, versehen *mit* [*forma hominum*]; °*arbor induit se in florem* hüllt sich in Blüten; °**b)** zuteilen, verschaffen [*vino vetustatem*]; **c)** (*sibi*) annehmen, sich zu-, beilegen [*cognomen*]; °**d)** *etw.* eingehen, sich einlassen *in* [*societatem; seditionem*]; **3.** *mediopass. u. se -ere* **a)** geraten, fallen *in* [*in laqueum*]; **b)** sich

I

stürzen *in* [*hastis*]; **c)** / sich verwickeln *in* [*in poenas legum*].

indu-pediō (*Lu.*) 4 = *impediō*.

induperātor (*altl.*) = *imperātor*.

in-dūrēscō, *ruī,* **—** 3 hart werden; / sich (ab)härten; treu halten *zu* [*pro Vitellio*]; (*abs.*) festbleiben.

in-dūrō 1 hart machen, härten; / härten, stählen.

Indus, *ī m* (*gr.* -ος) **1.** *der* Indus; **2.** *der* Inder; (*dcht.*) Äthiopier, Araber; *auch coll. für* **Indī,** *ōrum m die* Inder; *ihr Land* **India,** *ae f* (*gr.* -ἰᾶ); *adi.* -(ic)*us* 3 [*dentes* Elfenbein, *conchae* Perlen].

indusiārius, *ī m* (*indū-?*; *indusium* Übertunika; *induō?*) Verfertiger von Übertuniken.

indusiātus 3 (*indū-?*; *indusium* Übertunika; *induō?*) mit einer Übertunika bekleidet.

industria, *ae f* (-*ū-?*; *wohl f v. industrius* [*sc. opera*]) Betriebsamkeit, Fleiß; (de) *industriā* absichtlich.

industrius 3 (-*ū-?*; *m.* °*comp.*, *adv.*; *wohl indu* + *struō*) betriebsam, fleißig.

indūtiae, *ārum f* (*et. unklar*) Waffenstillstand; °/ Stillstand, Ruhe; ** Gerichtsverhandlung; Bedenkzeit, Frist; Freizeit.

****indutio** 1 festsetzen [*conubium*].

(**indūtus**), *dat. sg. uī, abl. pl. ibus m* (*induō*) Kleidung, Anzug.

induviae, *ārum f* (*induō*) Kleidung.

in-ēbriō 1 (*ēbrius*) trunken machen, berauschen; / *aures* die Ohren voll schwatzen.

in-edia, *ae f* (*edō*) *das* Hungern, Fasten.

in-ēditus 3 (*in* + *P.P.P. v. ēdō*²) noch nicht herausgegeben.

in-efficāx, *ācis* (*m. comp.*, *sup.*) unwirksam, schwach.

in-ēlabōrātus 3 (*in* + *P.P.P. v. ēlabōrō*) nicht ausgearbeitet.

in-ēlegāns, *antis* (*m. adv.*) unfein, geschmacklos.

in-ēluctābilis, e unabwendbar.

in-ēmendābilis, e unverbesserlich, unheilbar.

in-ēmorior, **— —** 3 sterben *bei* [*spectaculo*].

in-ēmptus 3 (*in* + *P.P.P. v. emō*) ungekauft; nicht erkauft, selbst erworben.

in-ēnarrābilis, e (-*nārr-?*) unbeschreiblich.

in-ēnōdābilis, e (*ēnodō*) unlösbar, unerklärlich.

in-eō, *iī, itum, īre* **1.** (*intr.*) °**a)** hineingehen [*in urbem*]; **b)** / anfangen, beginnen; *iniens aetas* Jugend; **2.** (*trans.*) **a)** betreten [*urbem*]; °**b)** begatten, bespringen [*vaccam*]; / **c)** (*eine Zeit*) beginnen [*aestatem*; *inita hieme*]; **d)** (*eine Tätigkeit*) beginnen [*proelium*]; (*ein Amt*) antreten, übernehmen [*magistratum*]; **e)** eingehen, schließen [*societatem*]; fassen [*consilium*]; *rationem* berechnen, überlegen; *gratiam* Gunst gewinnen.

ineptiae, *ārum* (*selten sg.* **-a,** *ae*) *f* (*ineptus*) Albernheiten, Possen.

ineptiō 4 (*ineptus*) töricht handeln, Unsinn schwatzen.

in-eptus 3 (*m. comp.*, *sup.*, *adv.*; *aptus*) °**1.** unbrauchbar; **2.** / unpassend; albern, läppisch.

in-equitābilis, e für Reiterei ungeeignet.

in-ermis, e *u.* **-mus** 3 (*arma*) **1. a)** unbewaffnet, wehrlos, ungerüstet; °**b)** von Truppen entblößt; **2.** / **a)** nicht gut beschlagen [*in philosophia*]; °**b)** unkriegerisch, niemand verletzend [*carmen*].

in-errāns, *antis* (*in* + *part. praes. v. errō*) feststehend; *stellae* Fixsterne.

in-errō 1 umherirren *auf* [*montibus*]; / *oculis* vor den A. schweben.

in-ers, *rtis* (*m. comp.*, *sup.*; *ars*) **1.** ungeschickt, einfältig; **2. a)** untätig; °**b)** müßig [*tempus*]; °**c)** feige; schüchtern, scheu; °**d)** fade [*caro*]; °**3.** erschlaffend [*somni*].

inertia, *ae f* (*iners*) Ungeschick(lichkeit); Untätigkeit, Trägheit.

in-ērudītus 3 (*m.* °*sup.*, °*adv.*) ungebildet; roh.

in-ēscō 1 (*ēsca*) ködern, anlocken.

in-euschēmē *adv.* (*in* + *gr. Fw.* + *lat. Adv.-Endung*) ohne Anstand.

in-ēvectus 3 (*in* + *part. pf. v. ēvehor*) hinaufgefahren, -gestiegen.

in-ēvitābilis, e unvermeidlich.

in-ēvolūtus 3 (*in* + *P.P.P. v. ēvolvō*) unaufgerollt, ungeöffnet [*liber*].

in-excitābilis, e (*excitō*) unerweckbar; tief [*somnus*].

in-excītus 3 (*in* + *P.P.P. v. exciō*) nicht aufgeregt, ruhig.

in-excūsābilis, e unentschuldbar.

in-excussus 3 (*in* + *P.P.P. v. excutiō*) unerschüttert, unerschrocken.

in-exercitātus 3 °**1.** unbeschäftigt; **2.** ungeübt.

in-exhaustus 3 (*in* + *P.P.P. v.*

exhauriō) **1.** unerschöpft; ungeschwächt; **2.** unerschöpflich.
in-exōrābilis, e unerbittlich (streng); unversöhnlich.
inexpedītus 3 (*m. comp.*) verwickelt.
in-experrēctus 3 (*in + part. pf. v. expergīscor*) unerweckbar.
in-expertus 3 **1.** (*medial*) unerfahren *in*, unbekannt *mit* [*lasciviae*]; **2.** (*pass.*) **a)** unversucht; **b)** unbekannt; **c)** noch unerprobt.
in-expiābilis, e (*-pī-?; expiō*) **1.** unsühnbar; **2.** unversöhnlich; hartnäckig [*bellum*].
in-explēbilis, e (*expleō*) unersättlich.
in-explētus 3 (*in + P.P.P. v. expleō*) unersättlich, maßlos.
in-explicābilis, e (*m. adv.*) °**1.** unentwirrbar, unauflöslich; **2.** / **a)** unausführbar, °ungangbar [*via*]; °endlos; **b)** unerforschlich, unerklärlich.
in-explicitus 3 (*in + P.P.P. v. explicō*) unerklärlich, dunkel.
in-explōrātus 3 ununtersucht, unerkundet; *adv.* **-ō** ohne Kundschaft eingezogen zu haben.
in-expūgnābilis, e (*-ŭ-?*) uneinnehmbar, unüberwindlich; / unzugänglich; ungangbar; [*gramen*] unausrottbar.
in-exspectātus 3 unerwartet.
in-exstīnctus 3 (*-ĭ-?; in + P.P.P. v. exstinguō*) unausgelöscht; / unstillbar, unersättlich; unvergänglich.
in-exsuperābilis, e (*m. comp.*) **1.** unübersteigbar; **2.** / **a)** unübertrefflich; **b)** unüberwindlich; *subst.* **-ia,** *ium n* Unmögliches.
in-extrīcābilis, e (*m. adv.; extrīcō*) unentwirrbar.
īn-fabrē *adv.* (*faber*) kunstlos.
īn-fabricātus 3 (*in + P.P.P. v. fabricō*) unbearbeitet, roh.
īnfacētiae, *ārum f* (*īnfacētus*) Abgeschmacktheiten.
īn-facētus 3 (*m. °adv.*) abgeschmackt, plump.
īn-fācundus 3 (*m. comp.*) unberedt.
īnfāmia, *ae f* (*īnfāmis*) **1.** übler Ruf, Schimpf; °**2.** Schandfleck.
īnfāmis, e (*fāma*) verrufen, schimpflich.
īn-fāmō 1 (*vl.* ‹ *in fāmam* [*redigō*]; *cf. dif-fāmō*) in üblen Ruf bringen; °/ verdächtigen.
īn-fandus 3 (*in + Gerundiv v. for*) °**1.** unsagbar, unsäglich; **2.** abscheulich, ruchlos.
īn-fāns, *antis* (*m. comp., sup.; in + part. praes. v. for*) **1.** stumm [°/ *statua*]; **2.** lallend; zart, jung, noch klein; **3.** / °**a)** kindlich; **b)** kindisch, läppisch; **c)** unberedt, ohne Rednergabe; *subst.* ~, *antis m f* (kleines) Kind; ** *m* Knabe; Chorknabe; Prinz.
īnfantārius 3 (*īnfāns*) sich mit Kindern abgebend; kinderlieb.
īnfantia, *ae f* (*īnfāns*) °**1.** Unvermögen zu sprechen; °**2. a)** Kindheit; **b)** kindisches Wesen; **3.** Mangel an Redegabe.
in-farciō = *īnferciō*.
in-fatīgābilis, e (*fatīgō*) unermüdlich.
in-fatuō 1 (*fatuus*) betören.
īn-faustus 3 **1.** (*act.*) unheilvoll; **2.** (*pass.*) unglücklich.
īnfector, *ōris m* (*īnficiō*) Färber.
īnfectus[1] 3 (*īnficiō*) gefärbt.
īn-fectus[2] 3 (*in + P.P.P. v. faciō*) °**1.** unbearbeitet, ungeprägt [*aurum*]; **2.** ungetan; unvollendet; *infectā re* unverrichteter Sache; °**3.** unmöglich.
īnfēcunditās, *ātis f* (*īnfēcundus*) Unfruchtbarkeit.
īn-fēcundus 3 (*m. comp., adv.*) unfruchtbar.
īnfēlīcitās, *ātis f* (*īnfēlīx*) °**1.** Unfruchtbarkeit; **2.** Unglück.
īn-fēlīc(it)ō 1 (*īnfēlīx*) unglücklich machen, strafen.
īn-fēlīx, *īcis* (*m. comp., sup.,* °*adv.*) °**1.** unfruchtbar; **2.** unglücklich; **3.** Unglück bringend, verkündend, unheilvoll.
īnfēnsō 1 (*īnfēnsus*) beunruhigen; zürnen.
īn-fēnsus 3 (*m. °comp., °sup., adv.; P.P.P. v. *infendō; cf. dēfendō*) erbittert, gehässig.
inferbuī *s. īnfervēscō.*
īn-ferciō, — — 4 (*farciō*) hineinstopfen.
īnferī *s. īnferus.*
īnferiae, *ārum f* (*altl. īnferius* 3 „dargebracht, geopfert"; *īnferō*; *in der Bedeutung durch īnferī beeinflusst*) Totenopfer.
īnferior, *ius s. īnferus u. īnfrā.*
****infernalis,** e teuflisch, höllisch.
īnfernus 3 (*m. °adv.; īnferus*) **1.** unten befindlich, *der* Untere; °**2.** unterirdisch: **a)** unter der Erde (befindlich) [*gurges*]; **b)** in der Unterwelt (befindlich), der Unterwelt entstiegen; *subst.* **-ī,** *ōrum m die* Schatten; **-a,** *ōrum n* Unterwelt;

** *subst.* **-us,** *i m u.* **-um,** *i n u. pl.* Hölle.

īn-ferō, *intulī, illātum, īnferre* **1.** hineintragen, -bringen, -werfen; setzen, legen *an* [°*scalas ad moenia*]; **2.** ins Grab tragen: **a**) bestatten; °**b**) darbringen, opfern [*inferias*]; **3. a**) (*Böses*) antun [*alci vim*]; *manus* Hand anlegen *an* [*alci, in alqm*]; zufügen [*detrimentum*]; **b**) (*mil. t.t.*) *signa* ~ angreifen, zum Angriff vorgehen *gegen* [*hostibus, in hostes*]; *bellum* ~ Krieg anfangen *mit* [*Antiocho; contra patriam*]; *mediopass. u. se inferre* sich stürzen, sich werfen, eindringen [*in urbem*]; **4. a**) eintragen, in Rechnung stellen [*rationes*]; anrechnen [*sumptum civibus*]; **b**) vorbringen, äußern [*mentionem rei* erwähnen]; vorgeben [*causam*]; **5.** einjagen, einflößen [*terrorem exercitui*].

īnferus 3 (*cf. nhd.* „unter") **I.** *pos.* **1.** *der* Untere; *mare -um das* Tyrrhenische Meer; **2.** unterirdisch; *subst.* **īnferī,** *ōrum m die* Unterirdischen, Unterwelt; *die* Verstorbenen; **II.** *comp.* **īnferior,** *ius* **1.** (*räuml.*) tiefer, niedriger (gelegen); **2.** (*zeitl.*) später, jünger; **3.** / schwächer, geringer, unterlegen [*Alexandro*]; *inferiorem esse* unterliegen; nachstehen; °*versus* Pentameter; **III.** *sup.* **īnfimus** 3 **1.** *der* Unterste, Niedrigste; (*partit.*) *mons infimus der* Fuß des B.; **2.** / *der* Schlechteste, Geringste; *subst.* **-um,** *ī n der* Unterste; *cf. īmus.*

in-fervēscō, *ferbuī,* — 3 zu sieden [beginnen.

īn-festō 1 (-ē-?; *īnfestus*) beunruhigen, angreifen.

īn-festus 3 (-ē-?; *m. comp., sup., adv.*; *et. ungedeutet*) **1.** (*act.*) **a**) beunruhigend, bedrohlich; feindselig, feindlich; **b**) (*mil. t.t.*) kampfbereit, schlagfertig, zum Angriff formiert; *-is signis impetum facere* in Sturmkolonnen vorgehen; °*hastā -ā* mit gefällter Lanze; **2.** (*pass.*) bedroht, beunruhigt, gefährdet [*vita*]; unruhig, unsicher [*locus*].

īnficētiae, -ētus = *īnfacēt...*

in-ficiō, *fēcī, fectum* 3 (*faciō*) hineintun: **1.** *m. etw.* anmachen, vermischen; **2.** färben, bemalen; **3.** tränken; / [*puerum artibus*]; **4.** vergiften; **5.** verpesten, anstecken, beflecken.

īn-fidēlis, e (*m.* °*comp., sup., adv.*) unehrlich, treulos; ** heidnisch, ungläubig.

īn-fidēlitās, *ātis f* (*īnfidēlis*) Untreue, Unzuverlässigkeit; ** Unglaube.

īn-fīdus 3 treulos, unzuverlässig, [unsicher.

īn-fīgō, *fīxī, fīxum* 3 hineinheften, -bohren, -stoßen, -schlagen; / einprägen, befestigen, fest richten *auf.*

īnfimātis *od.* **-mās,** *mātis m* (*īnfimus*) Angehöriger der untersten Volksklasse.

īnfimus 3 *s. īnferus.*

in-findō, *fidī, fissum* 3 einschneiden [*sulcos telluri*].

īnfīnitās, *ātis f* (*īnfīnis* „ohne Grenzen") Unendlichkeit.

īnfīnītiō, *ōnis f* (*īnfīnītus*) = *īnfīnitās.*

īn-fīnītus 3 (*m. comp., adv.*) **1.** unbegrenzt: **a**) (*räuml.*) grenzenlos, unendlich; **b**) (*zeitl.*) endlos, unaufhörlich; **c**) / unendlich (viel), zahllos, unermesslich; **2.** unbestimmt: **a**) (*rhet. u. philos. t.t.*) allgemein, abstrakt; °**b**) (*gramm. t.t.*) *verbum -um, modus -us* Infinitiv.

****infirmaria,** *ae f* Krankenhaus.

īnfirmātiō, *ōnis f* (*-fīrm-?; īnfirmō*) Widerlegung; Ungültigmachung.

īnfirmitās, *ātis f* (*-fīrm-?; īnfirmus*) **1.** Schwäche, Ohnmacht; **2.** Unpässlichkeit; **3.** / **a**) Wankel-, Kleinmut; **b**) Unzuverlässigkeit, Unselbstständigkeit; °**4.** *das* schwache Geschlecht.

īnfirmō 1 (*-fīrm-?; īnfirmus*) °**1.** schwächen, entkräften; **2.** / **a**) erschüttern [*gratiam*]; **b**) widerlegen; **c**) ungültig machen.

īn-firmus 3 (*-fīrm-?; m. comp., sup., adv.*) **1.** schwach, kraftlos; **2.** unpässlich, krank; **3. a**) mutlos, kleinmütig; **b**) unzuverlässig; **c**) abergläubisch; **4.** gering, wertlos.

in-fit *u.* **-fīt** (*fīō*) er fängt an, beginnt; *bsd.* er beginnt zu reden.

(**īnfitiae**), *acc. ās f* (*zu īn-fitus* < **īn-fatus; zu for; cf. fateor*) *das* Leugnen; *nur*: *infitias ire* (ab)leugnen, Ausflüchte machen; *meistens mit Negation*: anerkennen, zugestehen.

īnfitiālis, e (*īnfitiae*) ablehnend.

īnfitiātiō, *ōnis f* (*īnfitior*) *das* Leugnen.

īnfitiātor, *ōris m* (*īnfitior*) „Ableugner", *bsd. derjenige, der vor Gericht Ausflüchte macht, um sich*

seinen Schuldverpflichtungen zu entziehen. [anerkennen.⌉
īnfitior 1 (*īnfitiae*) leugnen, nicht⌋
īnflammātiō, *ōnis f* (*īnflammō*) Brand(stiftung); / Erregung.
īn-flammō 1 anzünden, in Flammen setzen; / entflammen, entzünden, reizen.
īnflātiō, *ōnis f* (*īnflō*) *das* Aufschwellen; (*med. t.t.*) Blähung; °Entzündung.
īnflātus[1] 3 (*m.* °*comp.*, °*sup.*, *adv.*; *īnflō*) **1.** aufgeblasen, geschwollen; **2.** / **a**) stolz; **b**) hitzig, zornig; °**c**) schwülstig [*orator*].
īnflātus[2], *ūs m das* Blasen; / Anhauch, Eingebung.
in-flectō, *flexī, flexum* 3 **1.** (einwärts) krümmen, beugen; *mediopass.* sich beugen; **2.** / **a**) modulieren [*vocem*]; **b**) verdrehen, (ver-) ändern; **c**) rühren, bewegen.
īn-flētus 3 (*in* + *P.P.P. v. fleō*) unbeweint.
īn-flexibilis, e unbeugsam.
īnflexiō, *ōnis f* (*īnflectō*) Beugung; Haltung; Ranke. [/ Veränderung.⌉
īnflexus, *ūs m* (*īnflectō*) Beugung;⌋
īn-flīgō, *flīxī, flīctum* 3 **1.** hineinschlagen; stoßen *gegen* [°*puppim vadis*]; **2.** schlagen, zufügen, *antun* [*vulnus*; / *alci turpitudinem*].
īn-flō 1 hineinblasen: **1. a**) (*einen Ton*) blasen, hervorstoßen [*sonum, verba*]; **b**) (*ein Instrument*) blasen [*tibiam*]; **2. a**) aufblasen, -blähen [*buccam*]; **b**) / aufgeblasen, stolz machen; **3.** anfeuern, ermutigen.
īn-fluō, *flūxī, flūxum* 3 (*flŭxī, flŭxum?*) **1.** hineinfließen, -strömen: **a**) (*intr.*) [*in Oceanum*]; **b**) (*trans.*) [*lacum*]; **2.** / unvermerkt eindringen, sich einschleichen. [graben.⌉
īnfodiō, *fōdī, fossum* 3 ein-, ver-⌋
īnfōrmātiō, *ōnis f* (*īnfōrmō*) **1.** Darlegung, Deutung [*verbi*]; **2.** (*philos. t.t.*) *die im Geiste a priori vorhandene* [*antecepta animo od. in animo insita*] *od. die a posteriori gewonnene* Vorstellung; ** Unterweisung, Belehrung.
īn-fōrmis, e (*m. comp.*; *fōrma*) **1.** ungestaltet, formlos; **2.** unförmlich, hässlich.
īn-fōrmō 1 **1.** °**a**) bilden, gestalten; **b**) / wohl organisieren; / **2.** im Geiste bilden: **a**) im Geiste sich a priori vorstellen; *informatum esse* als Idee vorhanden sein [*in animo hominum informatas deorum esse notiones*]; **b**) sich a posteriori vorstellen, sich denken [*deos ne coniectura quidem informare posse*]; **3.** darstellen, schildern; **4.** heranbilden, unterrichten; ** unterweisen *in.*
īn-forō 1 (= *in forum* [*sc. dūcō*]) verklagen (*im obszönen Wortspiel m. in* + *forō* 1 anbohren).
īn-fortūnātus 3 unglücklich.
īn-fortūnium, *ī n* (*fortūna*) Unglück; Züchtigung.
īnfrā (< *abl. sg. f* **īn-ferād*; *īnferus*) **I.** *adv.* **1.** (*räuml.*) **a**) unten, unterhalb, darunter; °*comp. īnferius* weiter unten, tiefer hinab; °**b**) in der Unterwelt; °**2.** (*zeitl.*) später; °**3.** / (*Rang*) tief unter jd., tiefer; **II.** *prp. b. acc.* **1.** (*räuml.*) **a**) unter (-halb); **b**) bis unterhalb, hinunter zu; **2.** (*zeitl.*) nach, später als; **3.** / unter, weniger als, geringer als; tiefer als.
īnfrāctiō, *ōnis f* (*īnfringō*) Kleinmut.
īnfrāctus 3 (*m.* °*comp.*; *īnfringō*) **1.** gebrochen; **2.** / **a**) mutlos, kleinmütig; **b**) (*rhet. t.t.*) abgehackt [*-a loqui*].
īn-fragilis, e ungeschwächt.
īn-fremō, *uī,* — 3 knirschen, grunzen. [*frēnō*) ungezäumt.⌉
īn-frēnātus[1] 3 (*in* + *P.P.P. v.*⌋
īnfrēnātus[2] 3 *P.P.P. v. īnfrēnō.*
īn-frend(e)**ō,** — — 3 (2) knirschen.
īn-frēnis, e *u.* **-us** 3 (*frēnum*) ungezäumt.
īn-frēnō 1 °**1.** aufzäumen; an-, bespannen; *currum* die Pferde vor den Wagen spannen; **2.** / im Zaume halten.
īn-frequēns, *entis* (*m. comp.*, °*sup*) **1. a**) (*act.*) nicht zahlreich, in geringer Anzahl; *senatus* nicht beschlussfähig; **b**) (*pass.*) schwach bewohnt, besucht, besetzt; **2.** selten (anwesend), nicht fleißig.
īnfrequentia, *ae f* (*īnfrequēns*) **1.** geringe Anzahl; schlechter Besuch, nicht beschlussfähige Zahl [*senatūs*]; °2. Öde, Einsamkeit.
īn-fringō, *frēgī, frāctum* 3 (*frangō*) **1. a**) ein-, ab-, zerbrechen; **b**) / schwächen, lähmen; untergraben [*potentiam*]; herabsetzen [°*tributa*]; °**2.** zerschlagen *an* [*cratera viro*].
īn-frōns, *frondis* unbelaubt; ohne Strauch u. Baum [*ager*].

I

īn-frūctuōsus 3 / fruchtlos, unnütz.
īn-frunītus 3 (*in + part. pf. pass. v. frūnīscor*) ungenießbar, albern.
īn-fūcātus 3 (*P.P.P. v. *īn-fūcō*) geschminkt; / übertüncht.
īnfula, *ae f* (*et. ungedeutet*) *weiße* Kopfbinde *mit scharlachroten Streifen, mit der vitta um die Stirn gewunden; Kopfschmuck der Priester, Vestalinnen, Schutzflehenden sowie Opfertiere;* ** Zierde; Bischofshut, Tiara.
īnfulātus 3 (*īnfula*) mit einer infula geschmückt.
īn-fulciō, *fulsī, fultum* 4 hineinstopfen; / hineinfügen, anbringen.
****infulo** 1 mit der *infula* schmücken.
īn-fundō, *fūdī, fūsum* 3 **1. a**) (hin-) eingießen, -schütten, einschenken; *mediopass.* sich ergießen; **b**) / hineinströmen lassen, Eingang verschaffen; *mediopass.* (hin)einströmen, eindringen; sich eindrängen; °**2. a**) hingießen *auf od. über etw., etw.* überschütten; *mediopass.* sich ausbreiten; **b**) *P.P.P.* **īnfūsus** 3 *mit dat.* hingegossen, hingestreckt *in od. an*; *collo mariti* den G. umschlingend.
īn-fuscō 1 °**1.** schwärzen; **2.** / trüben, verderben, entstellen.
Ingaevonēs, *um m* Ingwäonen, *westgermanischer Volksstamm.*
in-gemēscō = *ingemīscō.*
in-geminō 1 **1.** (*trans.*) verdoppeln, wiederholen; **2.** (*intr.*) sich verdoppeln, sich vermehren.
in-gemīscō, *muī,* — 3 (*incoh. v. ingemō*) = *ingemō.*
in-gemō, — — 3 **1.** (*intr.*) seufzen *bei*; sich abmühen *auf* [*agris dat.*]; **2.** (*trans.*) beseufzen.
in-generō 1 einpflanzen; schaffen, hervorbringen; (*P.P.P.*) *adi.* **ingenerātus** 3 angeboren.
****ingeniarius** (**-erius**), *i m u.* **ingeniator,** *oris m* Festungsbaumeister; Geschützkommandant.
ingeniātus 3 (*ingenium*) von Natur geartet.
ingeniōsus 3 (*m. comp., sup., adv.; ingenium*) °**1.** von Natur geeignet *zu*; **2.** geistreich, talentvoll.
ingenitus[1] 3 *P.P.P. v. ingignō.*
***in-genitus**[2] 3 ungeboren.
ingenium, *ī n* (*ingignō*) *das* Angeborene: **1.** natürl. Beschaffenheit, Natur; **2. a**) Naturell, Temperament, Charakter; **b**) natürl. Fähigkeit, Verstand, Fantasie; **c**) (angeborener) Mut, Entschlossenheit; **3.** Geist, Genie, Talent [*vir summo ingenio praeditus*]; **4. a**) geistreicher, genialer Mensch, Genie, Talent; °**b**) kluger Einfall, geistreiche Erfindung; ** Kunstgriff; List; Geschütz.
in-gēns, *gentis* (*m. °comp.; wohl zu gēns; vl. eigtl.* „wovon es kein Entstehen gibt") ungeheuer, gewaltig, außerordentlich.
ingenuitās, *ātis f* (*ingenuus*) **1.** Stand des Freigeborenen; **2.** Freimut, Offenheit.
in-genuus 3 (*m. adv.; ingignō*) °**1.** eingeboren, einheimisch; °**2.** angeboren; **3. a**) frei geboren; / **b**) eines Freigeborenen würdig; edel, anständig, standesgemäß; **c**) aufrichtig, offen; °**d**) verzärtelt.
in-gerō, *gessī, gestum* 3 (*imp. dcht. auch inger*) °**1.** hineintun, -bringen, -werfen, -gießen; °**2. a**) werfen, schleudern *auf* [*saxa*]; **b**) beibringen [*vulnera*]; geben [*alci osculum*]; **c**) / schleudern, ausstoßen [*probra in principes*]; **3.** mitteilen, erwähnen; **4.** aufdrängen, aufnötigen [*alci nomen; se alci*].
in-gignō, *genuī, genitum* 3 (*-gīgn-?*) einpflanzen; *ingenitus*[1] 3 angeboren.
in-glōri(ōs)us 3 (*glōria*) ruhmlos.
in-gluviēs, *ēī f* (**in-gluō; cf. gluttiō*) Schlund; / Gefräßigkeit.
ingrātē *adv.* (*ingrātus*) °**1.** ungern; **2.** undankbar, mit Undankbarkeit; °*rem ~ ferre* sich undankbar zeigen.
ingrātificus 3 undankbar.
in-grāt(i)īs *adv.* wider Willen, ungern.
ingrātitūdō, *inis f* (*ingrātus*) Undankbarkeit.
in-grātus 3 (*m. comp., °sup., °adv.*) **1.** unangenehm; °*alci non ~* bei jd. wohlgelitten; **2. a**) undankbar; °unersättlich; °**b**) nicht mit Dank aufgenommen.
in-gravēscō, — — 3 **1. a**) schwerer, schwerfällig werden; °**b**) schwanger werden; **2.** / **a**) ernsthafter werden [*philosophiae studium*]; **b**) lästig werden [*aetas*]; drückender werden [*fenus*]; **c**) schlimmer werden [*morbus*]; kränker werden; **d**) es immer ärger treiben.
in-gravō 1 beschweren; / verschlimmern.

in-gredior, *gressus sum* 3 (*gradior*) **1.** (*intr.*) **a**) einhergehen; **b**) hineingehen [*intra fines, in templum*]; **c**) / sich einlassen *auf*, beginnen [*in sermonem*]; **2.** (*trans.*) **a**) betreten [°*regiam*]; °**b**) angreifen; **c**) anfangen, beginnen; anheben [*dicere*].
ingressiō, *ōnis f* (*ingredior*) = *ingressus.*
ingressus, *ūs m* (*ingredior*) **1.** *das* Einherschreiten, Gang; **2. a**) Eintritt, Einzug; °**b**) (feindlicher) Einfall; **3.** / Anfang, Beginn.
in-gruō, *uī,* — 3 (*cf. con-gruō*) **1.** hereinbrechen, losstürzen; **2.** / befallen [*pestilentia in boves*].
inguen, *inis n* (= *gr.* adẹn „Drüse") °**1.** (*meist pl.*) *die* Weichen; **2.** °**a**) Unterleib; *pl.* Geschlechtsteile; / *sg.* Brunst; **b**) Geschwulst in der Schamgegend.
in-gurgitō 1 (= *in gurgitem* [*sc. dīmittō*]) herunterstürzen [*merum*]; **2.** / *se -are* **a**) *in flagitia* sich in den Strudel des Lasters stürzen; *in copias* in Reichtum schwelgen; **b**) sich voll fressen u. saufen.
in-gustātus 3 (*-gūst-?; in + P.P.P. v. gustō*) noch nie gekostet.
in-habilis, e °**1.** unhandlich, plump; **2.** untauglich, ungeschickt.
in-habitābilis, e unbewohnbar.
in-habitō 1 (be)wohnen; (*part. praes.*) *subst.* **habitantēs,** *ium m* Einwohner.
inhaereō, *sī,* — 2 **1.** festhängen, -sitzen, stecken bleiben, kleben *an od. in*; angewachsen sein; **2.** / festsitzen [*malum*]; treu ergeben sein; sich ganz widmen [*studiis*]; °*tergo* auf dem Nacken sitzen.
in-haerēscō, *haesī, haesūrus* 3 (*incoh. v. inhaereō*) = *inhaereō.*
in-hālō 1 zuhauchen.
in-hibeō, *uī, itum* 2 (*habeō*) **1. a**) zurück-, anhalten; °**b**) (*navem remis*), *navem retro* rückwärts rudern; zu rudern aufhören; **c**) / hemmen, hindern; **2.** anwenden, gebrauchen.
inhibitiō, *ōnis f* (*inhibeō*) Hemmung, *das* Rückwärtsrudern.
in-hiō 1 **1.** den Mund aufsperren, trachten, schnappen *nach* [*uberibus*]; °/ gierig verlangen *nach* [*lucro*]; **2.** (an)gaffen, hinstieren.
inhonestō 1 (*inhonestus*) entehren.
in-honestus 3 (*m.* °*comp., sup., adv.*) **1. a**) unsittlich, schändlich; ehrlos; **b**) niedrig; °**2.** hässlich.
in-honōrātus 3 (*m.* °*comp.,* °*sup.*) **1.** ungeehrt, unangesehen; °**2.** unbeschenkt.
in-honōrificus 3 ehrenrührig.
in-honōrus 3 ungeputzt [*signa*].
in-horreō, — — 2 starren.
in-horrēscō, *ruī,* — 3 (*incoh. zu inhorreō*) °**1.** zu starren beginnen, starren, sich sträuben; **2.** aufwogen, sich kräuseln; **3.** erschauern, erbeben, sich entsetzen.
in-hospitālis, e ungastlich.
inhospitālitās, *ātis f* (*inhospitālis*) Ungastlichkeit.
in-hospitus 3 ungastlich.
inhūmānitās, *ātis f* (*inhūmānus*) **1.** Unmenschlichkeit, Grausamkeit; Barbarei, Roheit; **2. a**) Unhöflichkeit, Grobheit; **b**) Knauserei.
in-hūmānus 3 (*m. comp.,* °*sup.*; *adv.* **-ē** *u.* **-iter**) **1.** unmenschlich, grausam; **2. a**) roh ungebildet, unkultiviert; **b**) unhöflich, grob.
in-humātus 3 (*in + P.P.P. v. humō*) unbeerdigt.
in-ibī *u.* **-ibi** *adv.* **1.** (*räuml.*) daselbst; **2.** (*zeitl.*) schon nahe daran; °**3.** / darunter, unter ihnen.
in-iciō, *iēcī, iectum* 3 (*altl. fut. iniexit; iaciō*) **1. a**) hineinwerfen, -legen, -bringen [*ignem tectis*]; *se -ere* sich stürzen [*in hostes*]; / **b**) einjagen, einflößen [*terrorem*]; **c**) verursachen, hervorrufen; **d**) einfließen lassen, erwähnen; **2. a**) werfen, legen *auf* [*laqueum cervicibus*]; **b**) umwerfen, anlegen [*sibi vestem*]; °**c**) *manum* Hand anlegen *an*; sich gewaltsam aneignen [*virgini*].
iniectiō, *ōnis f* (*iniciō*) *das* Anlegen [*manūs* gewaltsame Besitzergreifung].
iniectus, *ūs m* (*iniciō*) *das* Hineinwerfen; *das* Daraufwerfen; *das* Überwerfen.
inimīcitia, *ae, meist pl.* **-ae,** *ārum f* (*amīcitia*) (persönliche) Feindschaft.
inimīcō 1 (*inimīcus*) verfeinden, entzweien.
in-imīcus 3 (*m. comp., sup., adv.*; *amīcus*) **1.** (*act.*) **a**) feindlich, feindselig, feind; °**b**) ungünstig, nachteilig, verderblich; **2.** (*pass.*) unbeliebt, verhasst [*nomen*]; *subst.* **-us,** *ī*

m Feind; (** Teufel); **-a,** *ae f* Feindin.

in-imitābilis, e unnachahmlich.

in-intellegēns, *entis* ohne Vernunft.

inīquitās, *ātis f* (*inīquus*) **1.** Unebenheit, Ungleichheit [*locorum*]; **2.** / **a**) Ungleichheit [*condicionis*]; **b**) Schwierigkeit, Ungunst; **c**) Unbilligkeit, Ungerechtigkeit, Härte.

in-īquus 3 (*m. comp., sup., adv.*; *aequus*) **1.** uneben, ungleich, abschüssig; **2.** / **a**) ungünstig, nachteilig; °**b**) übermäßig, übertrieben; **c**) unbillig, ungerecht; **d**) unwillig, ungeduldig; **e**) abgeneigt, feindlich; *subst.* **~,** *ī m* Gegner, Feind; **-a,** *ae f* Feindin; °**-um,** *ī n* Unbilligkeit.

initiāmenta, *ōrum n u.* **initiātiō,** *ōnis f* (*initiō*) Einweihung in einen Geheimdienst.

initiō 1 (*initium*) **1.** (*in einen Geheimdienst*) einweihen [*mysteriis dat.*]; °**2.** / einführen; in die Bürgerliste einschreiben lassen [*puerum*].

initium, *ī n* (*ineō*) **1.** Eingang, Anfang, Beginn; *-o* anfänglich; *ab -o* von Anbeginn an; °*pl.* Regierungsanfang; **2.** (*meist pl.*) **a**) Grundstoffe, Elemente; **b**) Anfangsgründe (*einer Wissenschaft*); **c**) (*philos. t.t.*) Prinzip; **3.** (*pl.*) **a**) (Einführung in einen) Geheimdienst; Mysterien; °**b**) heilige Geräte des Mysterienkultes; °**c**) Auspizien.

initus, *ūs m* (*ineō*) **1.** Ankunft; **2.** Anfang; **3.** Begattung; Liebe.

iniūcunditās, *ātis f* Unannehmlichkeit.

in-iūcundus 3 (*m.* °*comp., adv.*) unangenehm, unfreundlich.

in-iūdicātus 3 (*in* + *P.P.P. v. iūdicō*) unentschieden.

in-iungō, *iūnxī, iūnctum* 3 °**1.** hineinfügen; **2.** °**a**) anfügen; / **b**) zufügen, antun [*iniuriam*]; **c**) auferlegen, aufbürden.

in-iūrātus 3 unvereidigt.

iniūria, *ae f* (*f v. iniūrius*) **1.** Unrecht, Rechtsverletzung; **2. a**) Gewalttat, °*bsd.* Verführung *eines jungen Mädchens*; **b**) (*jur. t.t.*) Injurie, Beleidigung; *actio iniuriarum* Injurienklage; °**3.** widerrechtlicher Besitz: °**4.** Rache für erlittenes Unrecht, Strafe; °**5.** Schaden [*frigorum*].

iniūriōsus 3 (*m.* °*comp., adv.*; *iniūria*) ungerecht, gewalttätig.

in-iūr(i)us 3 (*m. adv.*; *iūs*) ungerecht.

in-iussū ohne Befehl.

in-iussus 3 (*in* + *P.P.P. v. iubeō*) aus freien Stücken.

iniūstitia, *ae f* (*iniūstus*) Ungerechtigkeit.

in-iūstus 3 (*m.* °*comp., sup., adv.*) **1.** ungerecht, rechtswidrig; °unrechtmäßig erworben; °*subst.* **-um,** *ī n* Ungerechtigkeit, Unrecht; **2.** / hart, drückend, schwer.

inl..., inm... = *ill..., imm...*

in-nābilis (*in; nō*) nicht schwimmend; [*unda*] auf der man nicht schwimmen kann.

in-nāscor, *nātus sum* 3 **1.** wachsen *in od. auf*; **2.** / naturgemäß entstehen.

in-natō 1 **1. a**) hineinschwimmen; °**b**) schwimmen *auf* [*mari*]; °**2.** / fließen, sich ergießen *in, auf, über.*

innātus 3 (*innāscor*) angeboren, natürlich.

in-nāvigābilis, e nicht schiffbar.

in-nectō, *nexuī, nexum* 3 **1.** umschlingen, umknüpfen; **2.** / **a**) verschlingen, -knüpfen; **b**) verstricken *in*; **c**) verbinden.

in-nītor, *nīxus u. nīsus sum* 3 **1.** sich stützen, sich lehnen, ruhen *auf* [*columnis*]; °**2.** / beruhen *auf.*

in-nō 1 °**1. a**) hineinschwimmen [*fluvium*]; **b**) befahren [*lacus*]; **2.** °**a**) schwimmen, fahren *auf* [*aquae*]; **b**) (*abs.*) obenauf schwimmen; °**c**) dahinströmen [*litoribus*].

in-nocēns, *entis* (*m.* °*comp., sup.,* °*adv.*) **1.** unschädlich; **2.** unschuldig, harmlos; **3.** unsträflich, rechtschaffen, uneigennützig.

innocentia, *ae f* (*innocēns*) **1. a**) Unschuld, Unschädlichkeit; **b**) *die* Unschuldigen; **2.** Rechtschaffenheit, Uneigennützigkeit.

in-nocuus 3 (*m. adv.*) **1.** (*act.*) **a**) unschädlich; sicher; **b**) / unschuldig, unsträflich; **2.** (*pass.*) unbeschädigt; unangefochten.

in-nōtēscō, *tuī,* — 3 bekannt werden.

in-novō 1 erneuern; *se -are* wieder Raum geben [*ad intemperantiam*].

in-noxius 3 (*m. adv.*) **1.** (*act.*) **a**) unschädlich; **b**) / unschuldig; **2.** (*pass.*) **a**) unbeschädigt; **b**) unverschuldet.

in-nūbilus 3 unbewölkt, heiter.

in-nūbis, e (*nūbēs*) wolkenlos.

in-nūbō, *nūpsī, nuptum* 3 (*nūptum?*) (*in eine Familie*) einheiraten; *thalamis nostris* als Gattin an meine Stelle treten.

in-nubus 3 (*ablautend zu nūbō*) unverheiratet, jungfräulich.
innul... = *hinnul...* [zählig.
in-numerābilis, e (*m. adv.*) un-
innumerābilitās, *ātis f* (*innumerābilis*) zahllose Menge.
in-numerālis, e (*numerus*) un-
in-numerus 3 zahllos. [zählig.
in-nuō, *nuī,* — 3 zuwinken.
in-nuptus 3 (*-nūpt-?; in + P.P.P. v. nūbō*) unvermählt, jungfräulich; unselig [*nuptiae*]; *subst.* **-a,** *ae f* Jungfrau.
in-nūtriō 4 aufziehen *bei, in;* P. aufwachsen *in, auf, bei* [*pessimis* in allen Lastern].
Īnō, *ūs u. ōnis f* (*gr.* Ἰνώ) *Tochter des Kadmus, Gattin des Athamas, stürzte sich mit ihrem Sohn Melicertes (s. d.) ins Meer u. wurde zur Meergöttin Leucothea (s. d.); adi.* *-nōus* 3. [*oblīvīscor*) eingedenk.
in-oblītus 3 (*in + part. pf. v.*
in-obrutus 3 (*in + P.P.P. v. obruō*) unüberschüttet.
in-obsequēns, *entis* ungehorsam.
in-observābilis, e unmerklich.
in-observantia, *ae f* **1.** Unachtsamkeit; **2.** Unordnung, Unregelmäßigkeit.
in-observātus 3 (*in + P.P.P. v. observō*) unbeobachtet.
in-offēnsus 3 (*m. adv.*) **1.** unangestoßen; **2.** / ungehindert, ununterbrochen, ungestört.
in-officiōsus 3 pflichtwidrig; lieb-
in-olēns, *entis* geruchlos. [los.
in-olēscō, *lēvī, litum* 3 (*in + incoh. v. alō; cf. adolēscō*) (hin)einwachsen. [*ōminor*) fluchbeladen.
in-ōminātus 3 (*part. pf. v. *in-*
in-opertus 3 unverhüllt.
inopia, *ae f* (*inops*) **1. a)** Mangel, Armut, Not; Entbehrung; **b)** Mangel an Lebensmitteln; **c)** / Gedankenarmut; **2.** geringe Zahl *od.* Menge; **3.** Hilf-, Ratlosigkeit.
in-opīnāns, *antis* (*m. °adv.; in + part. praes. v. opīnor*) nichts ahnend, wider Vermuten.
in-opīnātus 3 (*in + part. pf. v. opīnor*) °**1.** (*act.*) nichts ahnend, ahnungslos; **2.** (*pass.*) unvermutet; *subst.* **-um,** *ī n* etwas Unvermutetes; *ex -ō* unvermutet; °*adv. -ō* unvermutet.
in-opīnus 3 (*Rückbildung aus inopīnātus*) unvermutet.
inopiōsus 3 (*inopia*) sehr bedürftig.
in-ops, *opis* (*cf. ops, cōpia*) **1.** mittellos, arm; **2.** / **a)** arm *an,* entblößt *von,* bedürftig; °**b)** dürftig, armselig, ärmlich; **c)** hilflos, ratlos; °**d)** machtlos, ohnmächtig.
in-optātus 3 unerwünscht, unangenehm.
in-ōrātus 3 (*in + P.P.P. v. ōrō*) nicht vorgetragen; *nur re inoratā* ohne die Sache vorgetragen zu haben.
in-ōrdinātus 3 (*m. °adv.; in + P.P.P. v. ōrdinō*) °**1.** ungeordnet; nicht in Reih u. Glied; **2.** *subst.* **-um,** *ī n* Unordnung.
in-ōrnātus 3 (*m. °adv.; in + P.P.P. v. ōrnō*) schmucklos; / schlicht; °ungepriesen.
in-ōtiōsus 3 viel beschäftigt.
inquam *verb. def.* (*nur: praes. inquam, inquis, inquit, inquiunt; altl. imp. inque, inquitō; fut. inquiēs, inquiet; pf. inquiī, inquistī, inquit; cf. altl. imp. īnseque od. īnsece* „sag an"; *in die Rede eingeschoben*) **1.** sagen, sprechen; **2.** *inquit* heißt es, sagt man; **3.** (*verstärkend*) *inquam* ich betone es; ich wieder-
in-quiēs, *ētis* unruhig. [hole es.
inquiētō 1 (*inquiētus*) beunruhigen; erschweren. [ruhig, ohne Ruhe.
in-quiētus 3 (*m. comp., sup.*) un-
inquilīnus, *ī m* (*incolō*) **1.** Mieter, Insasse; °*civis* zugewanderter (fremdbürtiger) B.; °**2.** Hausgenosse.
in-quinātus 3 (*m. comp., sup., adv.; inquinō*) beschmutzt; unrein.
in-quinō 1 (*wohl zu caenum*) °**1.** überstreichen, -tünchen (*auch* /); **2. a)** verunreinigen, beschmutzen; **b)** / beflecken; °verdächtigen, °verfälschen.
in-quīrō, *sīvī, sītum* 3 (*quaerō*) **1.** aufsuchen, nachstöbern; **2. a)** untersuchen, nach-, erforschen; **b)** (*jur. t.t.*) Beweise zur Klage sammeln, beschaffen; ** *inquisito* nach gerichtlicher Untersuchung.
inquīsītiō, *ōnis f* (*inquīrō*) °**1.** *das* Aufsuchen; **2. a)** (*philos. t.t.*) Untersuchung, Erforschung; **b)** (*jur. t.t.*) Untersuchung (*v. Beweismitteln für eine Klage*).
inquīsītor, *ōris m* (*inquīrō*) °**1.** Häscher, Spion; **2. a)** (*philos. t.t.*)

Forscher, Erforscher; **b)** (*jur. t.t.*) *der* Kläger (*od. sein* Anwalt), der Beweismittel *für eine Klage* sammelt.

in-quīsītus 3 (*in* + *P.P.P. v. quaerō*) ununtersucht.

inr... = *irr...*

īn-saepiō, —, *saeptum* 4 einzäunen.

īn-salūber, *bris,* *bre u.* **īn-salūbris,** *bre* (*m. comp., sup.*) ungesund.

īn-salūtātus 3 (*in* + *P.P.P. v. salūtō*) ungegrüßt.

īn-sānābilis, e (*m. comp.*) unheilbar; °/ unverbesserlich.

īnsānia, *ae f* (*īnsānus*) **1.** Wahnsinn, Tollheit; **2.** °**a)** / dichterische Begeisterung, Verzückung; **b)** tolles Treiben; unsinnige Gier; *pl.* tolle Streiche; **c)** unsinnige Verschwendung; *libidinum* irrsinnige Ausschweifungen.

īnsāniō 4 (*altl. impf.* *-nībat*; *īnsānus*) wahnsinnig sein *od.* handeln, rasen, toben.

īnsānitās, *ātis f* Ungesundheit.

īn-sānus 3 (*m. comp., sup.,* °*adv.*) **1.** (*pass.*) **a)** wahnsinnig; *subst.* **-ī,** *ōrum m die* Irren; / **b)** toll, rasend; unsinnig; *subst.* ~, *ī m* Narr; °**c)** verzückt, begeistert [*vates*]; °**d)** tobend, rasend [*fluctus*]; lärmend; **e)** übermäßig groß, heftig [*montes, amores*]; °**2.** (*act.*) wahnsinnig machend.

īn-satiābilis, e (*m. comp.,* °*adv.*; *satiō*) **1.** (*pass.*) unersättlich; °nie befriedigt; **2.** (*act.*) nicht sättigend; keinen Überdruss erregend.

īn-satietās, *ātis f* Unersättlichkeit.

īn-saturābilis, e (*m. adv.*; *saturō*) unersättlich.

īn-scendō, *endī, ēnsum* 3 (*scandō*) hinauf-, hineinsteigen, besteigen: **1.** (*intr.*) [*in currum*]; °**2.** (*trans.*) [*equum*].

īnscēnsiō, *ōnis f* (*īnscendō*) *das* Anbordgehen.

īn-sciēns, *entis* (*m. adv.*) **1.** nicht wissend, ohne Wissen; **2.** töricht, einfältig; ungeschickt.

īnscientia, *ae f* (*īnsciēns*) **1.** Unkenntnis [*gen. obi. locorum*]; Unverstand [*gen. subi. vulgi*]; **2.** (*philos. t.t.*) *das* Nichtwissen, *das zur Erforschung der Wahrheit treibt.*

īnscītia, *ae f* (*īnscītus*) **1.** Ungeschick(lichkeit), Unverstand; °**2.** Unkenntnis.

īn-scītus 3 (*m. comp.,* °*sup., adv.*; *sciō*) ungeschickt, plump.

īn-scius 3 (*m.* °*adv.*) unwissend, unkundig.

īn-scrībō, *scrīpsī, scrīptum* 3 **1. a)** aufschreiben; schreiben *auf od. in* [*nomen in porta*]; / *in animo* einprägen; **b)** / zuschreiben, beilegen; **2. a)** beschreiben, mit einer Inschrift versehen; adressieren [*epistulam fratri*]; betiteln [*liber inscribitur* hat den Titel]; °**b)** brandmarken.

īnscrīptiō, *ōnis f* (*īnscrībō*) **1.** *das* Aufschreiben; **2. a)** Aufschrift, Überschrift, Titel; °**b)** *frontis* Brandmarkung.

īn-scrīptus 3 (*in* + *P.P.P. v. scrībō*) **1.** ungeschrieben; **2.** nicht im geschriebenen Recht erwähnt.

īn-sculpō, *sculpsī, sculptum* 3 eingraben, einmeißeln; / einprägen [*in animo*].

īn-secābilis, e (*secō*) unzerschneidbar; unteilbar.

īn-secō, *secuī, sectum* 1 einschneiden, zerschneiden; °*cutem* einen Einschnitt in die H. machen.

īnsectātiō, *ōnis f* (*īnsector*) **1.** Verfolgung °**2.** Verhöhnung; *pl.* Spottreden, Neckereien.

īnsectātor, *ōris m* (*īnsector*) Verfolger; / Tadler.

īnsector (*altl.* **-ō**) 1 (*intens. v. īnsequor*) heftig verfolgen, bedrängen; °*herbam rastris* das Unkraut gründlich ausjäten; / zusetzen, verhöhnen.

īnsēdābiliter *adv.* (*sēdō*) unstillbar.

īn-segestus 3 (seges) ungesät.

īn-senēscō, *nuī,* — 3 altern *bei, über* [*negotiis*].

īn-sēnsilis, e empfindungslos.

īn-sēparābilis, e unzertrennlich.

īn-sepultus 3 (*in* + *P.P.P. v. sepeliō*) unbegraben, ohne Begräbnis.

īn-sequor, *secūtus sum* 3 **1.** auf dem Fuße (nach)folgen: **a)** (*räuml.*) [*agmen*]; **b)** (*zeitl.*; *in der Reihenfolge*) [*diebus insequentibus*]; **2.** (*feindlich*) verfolgen; **3.** tadeln, höhnen; **4.** (*eine Tätigkeit*) fortsetzen; **5.** erreichen, ereilen [*mors Gracchum*].

īn-serō[1], *sēvī, situm* 3 °**1.** einsäen, -pflanzen; pfropfen; **2.** / **a)** einverleiben, vereinigen [*corpora animis*]; **b)** einpflanzen [*opiniones*].

īn-serō[2], *seruī, sertum* 3 **1. a)** (hin-) einfügen, -stecken, -tun [*cibum in* *os*]; °**b**) (*t.t. der Weberei*) (*den Einschlag* [*subtemen*] *mit dem Weberschiffchen* [*radiis*]) durch den Aufzug schießen; °**2.** / **a**) einflechten; *se -ere* sich einmischen *in*; **b**) einreihen, beigesellen [*me vatibus*].

īn-sertō 1 (*intens. v. īnserō*[2]) hineinstecken.

īn-serviō 4 °**1.** dienstbar sein; **2.** / **a**) zu Willen sein; **b**) ergeben sein, eifrig betreiben [*studiis*].

īn-sībilō 1 hineinbrausen.

īn-sideō, *sēdī, sessum* 2 (*sedeō*) **1.** (*intr.*) **a**) sitzen *auf, in* [*equo*]; **b**) sesshaft sein, wohnen; **c**) / fest sitzen, haften [*in animo*]; °**2.** (*trans.*) **a**) besetzt halten; **b**) bewohnen.

īnsidiae, *ārum f* (*īnsideō*) **1.** (*mil. t.t.*) Hinterhalt (*als Ort u. Truppe*); **2.** / **a**) Nachstellungen, Hinterlist, Anschlag; *per insidias* hinterlistig; **b**) Täuschung, Trug.

īnsidiātor, *ōris m* (*īnsidior*) Soldat im Hinterhalt; / Wegelagerer, Bandit.

īnsidior 1 (*īnsidiae*) **1.** im Hinterhalt liegen; auflauern [*hostibus*]; **2.** / **a**) nach dem Leben trachten [*alci*; ***in mortem alcis*]; **b**) nachstellen, auflauern, abpassen [*somno maritorum*]

īnsidiōsus 3 (*m. comp.*, °*sup.*, *adv.*; *īnsidiae*) hinterlistig, tückisch, gefährlich.

īn-sīdō, *sēdī, sessum* 3 (*intr. u. trans.*) °**1. a**) sich (nieder)setzen; **b**) sich ansiedeln; **2.** (*mil. t.t.*) Stellung beziehen; besetzen [*saltum*]; **3.** / sich festsetzen; *pf.* haften [*in memoria*].

īnsīgne, *is n* (*-sīgn-?*; *īnsīgnis*) **1.** Kenn-, Abzeichen; Wappen; **2.** Ehren-, Amtszeichen; Dienstauszeichnung; **3.** Signal; **4.** Zierrat, Prunkstück.

īn-sīgniō 4 (*-sīgn-?*; *impf. dcht. auch -ībat*; *sīgnum*) **1.** ein-, aufprägen; **2. a**) kenntlich machen, bezeichnen; **b**) *vor anderen* auszeichnen; herausputzen.

īnsīgnis, e (*m.* °*comp.*, °*sup.*, *adv.*, *-sīgn-?*; *wohl Rückbildung aus īnsīgniō*) kenntlich, auffallend; / ausgezeichnet; gebrandmarkt.

īnsīgnītus 3 (*m.* °*comp.*, *adv.*: *-sīgn-?*; *P.P.P. v. īnsīgnio*) kenntlich, deutlich; / auffallend, ausgezeichnet, beispiellos.

īnsile, *is n* (*et. unklar*) ein Teil (*vl.* Spule des Webstuhls.

īn-siliō, *uī* (*vereinzelt īvī*), — 4 (*saliō*) (*trans. u. intr.*) hinein-, hinaufspringen [(*in*) *equum*]; °/ [*in malum cruciatum*].

īnsimulātiō, *ōnis f* (*īnsimulō*) Beschuldigung, Anklage.

īn-simulō 1 (fälschlich) beschuldigen, anklagen, verdächtigen.

īn-sincērus 3 unrein, verdorben.

īnsinuātiō, *ōnis f* (*īnsinuō*) einschmeichelnder Eingang einer Rede, Empfehlung.

īn-sinuō 1 (= *in sinum* [*sc. dēmittō*]) °**1.** (*trans.*) *etw.* (in eine Lücke) hineindrängen; **2.** *medio-pass.*, *intr. u. se -are* sich eindrängen, eindringen; sich einschmeicheln.

īn-sipiēns, *entis* (*m.* °*comp.*, °*sup. adv.*; *sapiēns*) unverständig, albern.

īnsipientia, *ae f* (*īnsipiēns*) Unverstand, Torheit.

īn-sistō *stitī*, — 3 **1. a**) sich hinstellen, hintreten *auf* [*iacentibus*]; **b**) auftreten; *firmiter* (°*firme*) festen Fuß fassen; °**c**) betreten, einschlagen [*viam*]; **d** / befolgen [*rationem belli*]; **2.** °**a**) nachsetzen [*hostibus*]; **b**) / sich eifrig verlegen *auf* [*in bellum*]; **3. a**) stehen bleiben [*stellae*]; **b**) / (*v. d. Rede*) innehalten, abbrechen; verweilen *bei* [*in rebus singulis*]; **c**) verharren *bei*; ** *servitiis divinis* Gottesdienst abhalten.

īnsitīcius 3 (*īnserō*[1]) / (aus dem Ausland zu uns) verpflanzt, ausländisch.

īnsitiō, *ōnis f* (*īnserō*[1]) **1.** *das* Pfropfen; *pl. Arten des Pfropfens*; °**2.** Zeit des Pfropfens.

īnsitīvus 3 (*īnsitus*) °**1.** gepfropft, veredelt; **2.** / **a**) (aus dem Ausland zu uns) verpflanzt, fremd; **b**) unecht, untergeschoben.

īnsitor, *ōris m* (*īnserō*[1]) Pfropfer.

īnsitus 3 (*P.P.P. v. īnserō*[1]) eingepflanzt, eingewurzelt, angeboren.

īn-sociābilis, e unvereinbar, unverträglich.

īn-sōlābiliter *adv.* (*sōlor*) untröstlich.

īn-solēns, *entis* (*m.* °*comp.*, °*sup.*, *adv.*; *in* + *part. praes. v. soleō*) **1.** *einer Sache* ungewohnt; **2. a**) ungewöhnlich, auffallend; **b**) übertrieben, unmäßig; **c**) übermütig, dreist, rücksichtslos.

īnsolentia, *ae f* (*īnsolēns*) **1.** Un-

gewohntheit; **2. a**) Ungewöhnlichkeit, Neuheit; *verborum das* Affektierte in der Diktion; **b**) Verschwendung; **c**) Überheblichkeit.
īnsolēscō, — — 3 (*incoh. zu īnsolēns*) übermütig werden.
īn-solidus 3 schwach.
īn-solitus 3 **1.** (*act.*) ungewohnt, nicht vertraut *mit*; **2.** (*pass.*) **a**) ungewohnt, fremd; **b**) ungewöhnlich, selten.
īn-solūbilis, e **1.** unbezahlbar; **2.** unwiderlegbar.
īnsomnia, *ae f* (*īnsomnis*) Schlaflosigkeit; *pl.* schlaflose Nächte.
īn-somnis, e (*somnus*) schlaflos.
īn-somnium[1], *ī n* (*in + somnium; v. Vergil geschaffenes Bedeutungslw. aus dem Gr.*) Traum(bild).
īnsomnium[2], *ī n* (*īnsomnis; nkl., dcht.*) = *īnsomnia.*
īn-sonō, *uī,* — 1 **1.** (*intr.*) (dabei) ertönen, brausen; knallen *mit* **2.** (*trans.*) ertönen lassen.
īn-sōns, *ontis* unschuldig; / unschädlich; ohne zu schaden.
īn-sōpītus 3 (*in + P.P.P. v. sōpiō*) *u.* **īn-sopor,** *ōris* schlaflos.
īnspectiō, *ōnis f* (*īnspiciō*) **1.** Durchsicht, Prüfung; **2.** Überlegung.
īnspectō 1 (*intens. v. īnspiciō*) zuschauen, zusehen.
īnspector, *ōris m* (*īnspiciō*) Beschauer.
īnspectus, *ūs m* (*īnspiciō*) Betrachtung.
īn-spērāns, *antis* (*in + part. praes. v. spērō*) wider Erwarten.
īn-spērātus 3 (*m. comp.,* °*sup.; adv.* °**-ō**; *in + P.P.P. v. spērō*) unverhofft, unerwartet; unvermutet.
īn-spergō, *rsī, rsum* 3 (*spargō*) daraufstreuen, -spritzen; °/ (*P.P.P.*) *īnspersus* 3 sich vorfindend.
īn-spiciō, *spexī, spectum* 3 (*-spēxī?; speciō*) **1. a**) hineinschauen, -blikken, hinsehen; **b**) einsehen, nachlesen [°*libros die* Sibyllinischen Bücher]; °**c**) / durchschauen, genau erkennen; **2. a**) (*bsd. als Käufer od. Opferschauer*) besichtigen, beschauen; (*mil. t.t.*) inspizieren; **b**) betrachten, untersuchen.
īn-spīcō 1 (*spīca*) zuspitzen, rings einschneiden.
****inspiratio,** *onis f* Eingebung.
īn-spīrō 1 **1.** (*intr.*) hineinblasen, blasen *auf* [*conchae*]; **2.** (*trans.*) **a**) einhauchen [*animam*]; **b**) / einflößen; entfachen; begeistern.

īn-spoliātus 3 ungeplündert, ungeraubt.
īn-spuō, *uī, ūtum* hineinspucken, ausspucken.
īn-spurcō 1 besudeln.
īn-spūtō 1 anspucken.
īn-stabilis, e °**1.** (*pass.*) nicht fest; unbetretbar; **2.** (*act.*) °**a**) nicht feststehend, schwankend; **b**) / unstet, unbeständig.
īn-stāns, *antis* (*m. comp.,* °*adv.; īnstō*) °**1** dringend, drohend; **2. a**) bevorstehend; **b**) gegenwärtig; *subst.* **-antia,** *ium n die* gegenwärtige Lage.
īnstantia, *ae f* (*īnstāns*) °**1.** *das* Drängen; / Heftigkeit der Rede; emsiger Fleiß; **2.** Gegenwart, Nähe; **(gerichtliche) Instanz.
īnstar *n* (*indecl.*) (*erstarrter inf. īnstāre; eigtl.* „*das* Einstehen der Waage") **1.** Gehalt, Betrag; **2.** (*m. gen. eines subst.*) von gleicher Größe, gleicher Zahl, gleichem Wert; nach Art, wie [*montis*]; so viel wie [*legionis*].
īnstaurātiō, *ōnis f* (*īnstaurō*) Erneuerung, Wiederholung [*sacrorum*].
īnstaurātīvus 3 (*īnstaurātus, P.P.P. v. īnstaurō*) erneuert, wiederholt.
īn-staurō 1 (*urspr. sakrales Wort;* = *in staurō* [*sc. pōnō*]; **stauros* „Ständer"; *cf. restaurō*) **1.** von neuem veranstalten; erneuern, [*sacra*]; **2.** einweihen, veranstalten; °**3.** wiederherstellen, auffrischen.
īn-sternō, *strāvī, strātum* 3 darüberbreiten; be-, überdecken.
īnstīgātor, *ōris m* (*īnstīgō*) Antreiber, Aufwiegler.
īnstīgātrīx, *īcis f* (*īnstīgātor*) Aufwieglerin.
īn-stīgō 1 (*ablautend zu īnstinguō*) antreiben, aufreizen, -wiegeln.
īn-stīllō 1 (*-stī-?*) **1.** hineinträufeln; / einflüstern; °**2.** benetzen.
īnstimulātor, *ōris m* (*īnstimulō*) Erreger.
īn-stimulō 1 anstacheln, anreizen.
īnstīnctor, *ōris m* (*-stīnct?-; īnstinguō*) Anstifter.
īnstīnctus, *abl. ū m* (*-stīnct-?; īnstinguō*) Anreiz, Antrieb, Eingebung [*instinctu divino*].
īn-stinguō, *īnxī, īnctum* 3 (*-īnxī, -īnctum?*) anreizen, antreiben.
īn-stipulor 1 sich ausbedingen, festsetzen.
īnstita, *ae f* (*īnstō*) Besatz, Volant

an der Tunika der röm. Frau; / vornehme Frau.

īnstitiō, *ōnis f* (*īnstō*) *das* Stillstehen.

īnstitor, *ōris m* (*īnstō*) Krämer, Hausierer.

īnstitōrium, *ī n* (*īnstitor*) Krämerladen.

in-stituō, *uī, ūtum* 3 (*statuō*) °1. hinein-, hinstellen; / *alqm in animum jd.* ins Herz schließen; *argumenta in pectus* erwägen; 2. a) aufstellen [*aciem duplicem*]; b) aufführen, errichten, bauen [*turrim*]; 3. anstellen, einsetzen [*heredem*]; 4. a) veranstalten, beginnen [*castra munire*]; b) sich vornehmen; 5. a) einführen, anordnen [*dies festos*]; b) ordnen [*civitatem*]; 6. unterrichten, unterweisen [*puerum doctrinā*].

īnstitūtiō, *ōnis f* (*īnstituō*) 1. Einrichtung; Anordnung; 2. Unterricht; Grundsätze, Methode; ** Schöpfung, Weltordnung.

īnstitūtor, *ōris m* (*īnstituō*) Antreiber; Schöpfer.

īnstitūtum, *ī n* (*īnstituō*) 1. Einrichtung, Sitte, Brauch; 2. Vorhaben, Plan; 3. Anweisung, Unterricht; *pl.* Grundsätze, Methode; 4. Verordnung.

īn-stō, *stitī, stātūrus* 1 (*trans. u. intr.*) °1. stehen, stehen bleiben *auf* [*iugis*]; *rectam viam* auf dem rechten Wege sein; 2. a) hart zusetzen [*fugientibus*]; b) mit Bitten bestürmen; 3. a) in der Nähe sein; b) bevorstehen, drohen; 4. a) betreiben [°*operi*]; b) beharrlich verlangen.

in-strātus[1] 3 (*in + P.P.P. v. sternō*) unbedeckt.

īnstrātus[2] 3 *P.P.P. v. īnsternō.*

in-strēnuus 3 (*m. adv.*) untätig; feige.

in-strepō, *uī, itum* 3 knarren, ächzen.

in-stringō, *strīnxī, strictum* 3 (*strĭnxī?*) binden, umwickeln; einfassen.

īnstrūctiō, *ōnis f* (*īnstruō*) °1. *das* Aufstellen, Ordnen [*militum*]; °2. Erbauung, *der* Bau.

īnstrūctor, *ōris m* (*īnstruō*) Ordner.

īnstrūctus[1] 3 (*m. comp., sup.,* °*adv.*; *īnstruō*) 1. aufgestellt, geordnet; 2. versehen, ausgerüstet *mit*; 3. unterrichtet, unterwiesen [*artibus, in iure civili*].

īnstrūctus[2], *abl. ū m* (*īnstruō*) Ausstattung, Rüstzeug.

īnstrūmentum, *ī n* (*īnstruō*) 1. Gerät(e), Werkzeug(e), Rüstzeug, Handwerkszeug; °2. a) Kleidung, Tracht; b) Zierrat *an* Büchern; 3. / a) Hilfsmittel; b) Vorrat; c) Beweismittel, Zeugnis, Urkunde.

īnstruō, *strūxī, strūctum* 3 1. a) hineinfügen, -bauen, darauflegen; b) aufführen, errichten, erbauen; c) ordnen, geordnet aufstellen [*aciem*]; d) einrichten, veranstalten, bereiten [*convivium*]; 2. a) ausrüsten, ausstatten *mit* [*milites armis*]; b) unterweisen, unterrichten.

īnsuāsum *s. suāsum.*

in-suāvis, e (*m.* °*comp., sup.*) unangenehm.

in-sūdō 1 schwitzen *bei* [*libellis*].

īnsuē-factus 3 (*īnsuēscō; cf. assuēfaciō*) abgerichtet.

in-suēscō, *suēvī, suētum* 3 1. (*intr.*) sich gewöhnen *an* [*ad disciplinam*]; 2. (*trans.*) gewöhnen *an.*

in-suētus[1] 3 1. ungewohnt [*laboris, ad -em*]; °2. ungewöhnlich.

īnsuētus[2] 3 (*īnsuēscō*) gewöhnt.

īnsula, *ae f* (*et. nicht geklärt; vl.* < *en salō „im Meer befindlich"; *cf. salum*) 1. a) Insel; b) *Name eines Stadtteiles v. Syrakus*; °c) *Gebiet zw. Rhone u. Isère*; 2. *Haus ohne Vorhof u. Nebengebäude,* Mietshaus; Häuserblock.

īnsulānus, *ī m* (*īnsula*) Inselbewohner.

īnsulsitās, *ātis f* (*īnsulsus*) Abgeschmacktheit.

in-sulsus 3 (*m.* °*comp.,* °*sup., adv.*; *salsus*) 1. ungesalzen, unschmackhaft; 2. / geschmacklos, albern; *subst.* **-ae,** *ārum f* (*sc. mulieres*) alberne Geschöpfe.

īnsultātiō, *ōnis f* (*īnsultō*) / 1. (*rhet. t.t.*) Anlauf; 2. Verhöhnung.

in-sultō 1 (< **īn-saltō; intens. v. īnsiliō*) °1. hineinspringen [*aquis*]; sich tummeln; 2. / verhöhnen [*principi*]; °*abs.* keck sein.

īnsultūra, *ae f* (*īnsultō*) *das* Aufspringen aufs Pferd.

in-sum (*pf. fuī, altl. īnfuī*), *inesse* 1. sein, sich befinden *in, auf, bei* [°*comae insunt capiti*]; 2. / innewohnen, haften *an,* enthalten sein.

in-sūmō, *sūmpsī, sūmptum* 3 aufwenden, verwenden *auf.*

in-suō, *suī, sūtum* 3 einnähen; °einsticken.

in-super *adv.* 1. a) obendrauf; °b) von oben her; °2. / obendrein.

īn-superābilis, e **1.** unübersteigbar; **2.** / unüberwindlich; unentrinnbar, unheilbar.
īn-surgō, *surrēxī, surrēctum* 3 **1.** sich erheben, aufstehen; **2.** / höheren Schwung nehmen [*oratio*].
īn-susurrō 1 zu-, einflüstern.
in-tābēscō, *buī,* — 3 schmelzen; / sich verzehren.
in-tāctilis, e unberührbar; unfühlbar.
in-tāctus¹ 3 (*in* + *P.P.P. v. tangō*) **1.** unberührt, unbetreten; **2.** / **a**) unverletzt, unversehrt; **b**) keusch, rein; **c**) frei *von* [*cupiditate*]; **d**) unversucht; unbesungen.
in-tāctus², *ūs m* Unberührbarkeit.
in-tāminātus 3 (*cf. con-tāminō*) unbefleckt.
in-tēctus¹ 3 **1. a**) ungedeckt, unbedeckt; **b**) unbekleidet; ungeschützt, ohne Rüstung; **2.** / offenherzig.
intēctus² 3 *P.P.P. v. integō.*
integellus 3 (*dem. v. integer*) ziemlich unangetastet.
integer, *gra, grum* (*m. comp., sup., adv.*; ⟨* *en-tagros; in; tangō*) **1. a**) unverletzt, unverwundet; °**b**) (*v. Speisen*) frisch; **c**) unvermischt, rein [*vinum*]; sprachrichtig [*integrē dicere*]; **d**) unbefleckt, jungfräulich [*virgo*]; **e**) ungeschwächt, frisch, gesund; wohl(auf); **f**) unvermindert, ungeschmälert, noch ganz, vollständig; **2.** (*geistig*) **a**) geistig gesund, vernünftig, vorurteilsfrei, unparteiisch; **b**) (*als Neuling*) unwissend, unerfahren; **3.** (*moralisch*) **a**) unverdorben; **b**) unbescholten, uneigennützig; **c**) unantastbar; unwandelbar [*fides*]; **4.** (*v. äußeren Umständen*) **a**) frisch, neu [°*bellum*]; noch nicht gebraucht [°*causa* Vorwand]; **b**) noch unerledigt, unentschieden [*re integra*]; *subst.* **-um,** *ī n* **1.** unverletzter Rechtszustand, früherer Zustand; *est mihi integrum* ich habe *über etw.* noch freie Hand; *sibi integrum reservare* sich freie Hand behalten; *integrum dare* freie Hand lassen; **2.** *de,* °*ex, ab integro* von neuem, von Frischem.
integimentum = *integumentum.*
in-tegō, *tēxī, tēctum* 3 bedecken, überdecken; °/ schützen.
integrāscō, — — 3 (*incoh. zu integer*) sich erneuern.
integrātiō, *ōnis f* (*integrō*) Erneuerung.
integritās, *ātis f* (*integer*) Unversehrtheit; / Reinheit, Keuschheit; Redlichkeit, Uneigennützigkeit.
integrō 1 (*integer*) °**1. a**) einrenken; **b**) ergänzen; **2.** °**a**) erneuern; **b**) geistig auffrischen.
integumentum, *ī n* (*integō*) °**1.** Decke, Hülle; **2.** / Hülle, °Schutz, °Schirm.
****intellectualis,** e gedacht, geistig.
intellēctus, *ūs m* (*intellegō*) **1.** *das* Wahrnehmen, Empfinden; **2. a**) (*act.*) Verständnis, Einsicht; Vorstellung, Idee; **b**) (*pass.*) *das* Verstandenwerden; *intellectum habere* verstanden werden; Sinn, Bedeutung (*eines Wortes*).
intellegēns, *entis* (*m. adv.*; *intellegō*) **1.** einsichtig, verständig; **2.** sich *auf jds. Charakter od. auf eine Wissenschaft od. Kunst* verstehend; *subst.* Kenner, Sachverständiger.
intellegentia, *ae f* (*intellegēns*) **1.** Vorstellung, Begriff, Idee; **2. a**) Einsicht, Verständnis; **b**) Kunstverstand, Geschmack; Kennerschaft; **c**) Erkenntnisvermögen, Verstand.
intellegibilis, e verständlich, begreiflich, denkbar; ** verständig.
intellegō, *lēxī, lēctum* 3 (*altl.*: *pf. intellēxtī, conī. plqpf. intellexēs; dcht. pf. auch intellēgit; inter* + *legō, eigtl.* „wähle dazwischen"; *cf. dīligō, neglegō;* [*jüngeres*] *interlegō*) **1.** wahrnehmen, merken, erkennen, sehen; P. erhellen; **2. a**) einsehen, verstehen, begreifen; **b**) meinen, sich denken; **c**) sich vorstellen *unter* [*quem intellegimus sapientem?*]; **d**) (*abs.*) Kenner sein, Einsicht haben.
in-temerātus 3 (*in* + *P.P.P. v. temerō*) unverletzt; lauter.
in-temperāns, *antis* (*m. comp., sup., adv.*) maßlos; zügellos.
intemperantia, *ae f* (*intemperāns*) Unmäßigkeit, Zügellosigkeit.
in-temperātus 3 (*m. comp., sup., adv.*) unmäßig, maßlos, übertrieben.
intemperiae, *ārum f* (*cf. intemperiēs*) Unwetter; / Tollheit, Unsinn.
in-temperiēs, *ēī f* **1. a**) Unmäßigkeit; **b**) Zügellosigkeit, Widersetzlichkeit; °**2. a**) unbeständige Witterung; Regengüsse; ungewöhnliche Hitze; ungesundes Klima; **b**) / „Unwetter", Unglück.

in-tempestīvus 3 (*m. °comp., adv.*) unzeitig, ungelegen.
in-tempestus 3 (*eigtl.* „unzeitig"; *altl. tempestus* „rechtzeitig"; *tempus*) **1. a)** *nox* tiefe Nacht; °**b)** unheimlich [*Nox*]; °**2.** ungesund.
in-temptātus 3 (*in* + *P.P.P. v. temptō*) unangetastet; / unversucht.
in-tendō, *ndī, ntum* 3 **1. a)** anspannen, straff anziehen [*arcum; chordas*]; **b)** überspannen, be-, überziehen *mit* [*tabernacula velis*]; **c)** / anspannen, anstrengen [*animum*]; °**d)** steigern, vermehren; **2. a)** ausstrecken [*dextram*]; **b)** / richten [*telum in hostem*], wenden [*animum ad pugnam*]; **c)** / drohen *mit* [*alci litem*]; **d)** sich wenden, gehen, ziehen; **e)** streben, zielen [*dicta eo intendunt*]; °**f)** beabsichtigen [*fuga salutem petere*]; **g)** behaupten, versichern.
intēnsiō, *ōnis f* (*intendō*) Spannung.
intentātiō, *ōnis f* (*intentō*) *das* Ausstrecken *nach etw.*
in-tentātus 3 **1.** *P.P.P. v. intentō*; **2.** = *intemptātus.*
intentiō, *ōnis f* (*intendō*) **1.** *das* Gespanntsein: **a)** Spannung [*corporis*]; **b)** Anstrengung [*animi*]; °**c)** (*mus. t.t.*) Spannungsgrad *des Tones*, Stimmung; **d)** Vorhaben, Absicht; °**e)** Hebung, Steigerung [*vocis; doloris*]; **2.** *das* Hingerichtetsein: / **a)** (angestrengte) Aufmerksamkeit, Sorge, Sorgfalt; °**b)** Anklage, Beschuldigung.
in-tentō 1 (*intens. v. intendō*) **1.** zücken [*gladium in consulem*]; **2. a)** drohen *mit* [*alci mortem*]; **b)** mit einer gerichtlichen Beschuldigung drohen.
intentus[1], *ūs m* (*intendō*) *das* Ausstrecken.
intentus[2] 3 (*m. °comp., °sup., °adv.; intendō*) **1.** angespannt; **2.** / **a)** groß, heftig, stark; **b)** gespannt, aufmerksam [*in, ad pugnam*]; °**c)** eifrig beschäftigt *mit* [*castris muniendis*]; °**d)** schlagfertig; °**e)** angestrengt, eifrig [*cura*]; °**f)** streng [*disciplina*].
in-tepeō, — — 2 lau sein.
in-tepēscō, *puī,* — 3 (*incoh. zu intepeō*) warm werden.
inter-, inter (*comp. v. in; cf. nhd.* „unter" = „zwischen") **I. inter-** (*in der Komposition*) **1. a)** zwischen (hinein) [*intermitto; interrex*]; **b)** mitten (drinnen) [*intersum; interea*]; **2.** hin u. wieder, von Zeit zu Zeit [*interviso*]; **3.** unter, zugrunde, nieder [*intereo; interficio*]; **II.** *prp. b. acc.*: **1.** (*räuml.*) zwischen, inmitten, unter; im Umkreis von; (°*selten b. Verben der Bewegung*) zwischen, unter, zu; **2.** (*zeitl.*) zwischen; während, innerhalb, im Verlauf von [*hanc noctem*]; **3.** / zwischen [~ *hominem et beluam interest*]; unter [*eminere* ~ *omnes*], ~ *se* (unter)einander, gegenseitig; °*inter manus habere* unter den Händen haben; °*inter manus esse* vor Augen liegen; °*inter vias* unterwegs; °*inter pauca, paucos* ganz besonders.
inter-aestuō 1 an Krämpfen leiden, asthmatisch sein.
interāmenta, *ōrum n* (*wohl gr. Lw. mit lat. Suffix nach armāmenta o. Ä.*) Holzwerk im Innern der Schiffe.
inter-aptus 3 miteinander verbunden; *in Tmesis.*
inter-ārēscō, — — 3 versiegen.
inter-bibō, — — 3 austrinken.
inter-bītō, — — 3 (*baetō; cf. bītō*) untergehen.
inter-calāris, e *u.* **-rius** 3 (*intercalō*) eingeschaltet, Schalt... [*dies*]; *mensis der* (*vor Cäsars Kalenderreform alle 2 Jahre zw. d. 23. u. 24. Febr. eingeschobene*) Schaltmonat; *intercalares calendae priores der* erste Tag des ersten der *beiden i. J. 46 v. Cäsar eingeschobenen* Schaltmonate.
inter-calō 1 (durch Ausrufen) einschalten [*unum diem*]; (*abs.*) einen Schalttag einschieben; °/ aufschieben [*poenam*].
inter-capēdō, *inis f* (*nom. wegen Anklang an pēdō verpönt; cf. intercipiō* 2. c) Unterbrechung.
inter-cēdō, *cessī, cessum* 3 **1.** dazwischengehen, -kommen, -ziehen; **2. a)** (*räuml.*) dazwischenliegen; sich dazwischen hinziehen; **b)** (*zeitl.*) dazwischen vergehen, vorfallen; **3. a)** Einspruch erheben [*quominus; ne*]; **b)** vermitteln; **c)** sich verbürgen, gutsagen; **4.** (*v. Verhältnissen*) bestehen, stattfinden [*amicitia inter nos*].
interceptiō, *ōnis f* (*intercipiō*) Wegnahme.
interceptor, *ōris m* (*intercipiō*) einer, der *etw.* unterschlägt [*litis das* Streitobjekt].

intercessiō, *ōnis f* (*intercēdō*) **1.** Einspruch; **2. a)** Vermittelung; **b)** Bürgschaft; ** Fürsprache.

intercessor, *ōris m* (*intercēdō*) **1.** einer, der Einspruch erhebt; **2.** Vermittler, Bürge.

inter-cīdō¹, *cīdī, cīsum* 3 (*caedō*) **1.** durch-, zerschneiden, durchstechen, abbrechen [*pontem*]; °**2.** *aus einem Ganzen* herausschneiden, *bsd. aus einem Rechnungsbuch* = verfälschen [*commentarios*].

inter-cidō², *cidī,* — 3 (*cadō*) **1.** °**a)** dazwischenfallen; **b)** / dazwischen vorfallen; °**2.** zugrunde gehen; / entfallen [*nomina*].

inter-cinō, — — 3 (*canō*) dazwischen singen.

inter-cipiō, *cēpī, ceptum* 3 (*capiō*) **1.** auffangen [*pila*]; **2.** / **a)** wegnehmen, entreißen, unterschlagen; °**b)** vor der Zeit wegraffen, umbringen; °**c)** abschneiden, unterbrechen.

intercīsē *adv.* (*intercīsus P.P.P. v. intercīdō¹*) nicht zusammenhängend [*dicere* unter Trennung zusammengehöriger Wörter].

inter-clūdō, *sī, sum* 3 (*claudō*) **1.** *jd. etw.* verrperren, abschneiden, nehmen [*alci fugam*]; **2. a)** *jd. v. etw.* abschneiden, trennen [*hostem commeatu*]; **b)** *jd. durch etw.* einschließen [*Caesarem duobus exercitibus et angustiis*].

interclūsiō, *ōnis f* (*interclūdō*) **1.** Absperrung, Hemmung; °**2.** (*rhet. t.t.*) Parenthese.

inter-columnium, *ī n* (*columna*) Säulenabstand, Säulenweite.

inter-currō, *currī, cursum* 3 **1. a)** dazwischenlaufen; / **b)** sich ins Mittel legen; **c)** sich einmischen; °**2.** unterdessen wohin eilen.

intercursō 1 (*intens. v. intercurrō*) dazwischenlaufen, dazwischen sich bewegen.

intercursus, *abl. ū m* (*intercurrō*) *die* schnelle Dazwischenkunft.

inter-cus, *cutis* (*in „aquam inter cutem habere" intercutem als adi. empfunden*) unter der Haut befindlich; *aqua* Wassersucht.

inter-dīcō, *dīxī, dictum* 3 **1. a)** verbieten, untersagen [*Romanis omni Gallia; Cassivellauno, ne noceat*]; **b)** *aquā et igni alci* ~ verschärfte Verbannung *gegen jd.* aussprechen, *jd.* ächten; **2. a)** verordnen, einschärfen [*alci, ut*]; **b)** (*jur. t.t.*) (*vom Prätor*) einen (*gebietenden od. verbietenden*) Zwischenspruch (Interdikt) erlassen; einstweilig verfügen, befehlen [*de vi; ut*].

interdictiō, *ōnis f* (*interdīcō*) °**1.** Verbot; **2.** ~ *aquae et ignis* verschärfte Verbannung.

interdictum, *ī n* (*interdīcō*) **1.** Verbot; **2.** Interdikt, einstweilige Verfügung *des Prätors.*

inter-diū *u.* °**-dius** *adv.* (*-diūs?*) [bei Tage.]

inter-dō, —, *datum* 1 dazwischen geben; verteilen; *cf. interduō.*

inter-ductus, *ūs m* (**inter-dūcō*) Trennungszeichen; Interpunktion.

inter-dum *adv.* zuweilen.

inter-duō, — — 1 (*coni. praes. -duim; altl.* = *interdō*) darum, dafür geben.

inter-eā *adv.* (*inter* + [*abl. sg. f v. is*] *eā*) **1.** inzwischen, unterdessen; **2.** indessen, jedoch; *cum interea* während doch.

inter-ēmptor, *ōris m* (*interimō*) Mörder.

inter-eō, *iī, itūrus, īre* untergehen, zugrunde gehen, umkommen; °*inteream* ich will des Todes sein.

inter-equitō 1 (*abs. u. trans.*) dazwischenreiten [*ordines*].

inter-fātiō, *ōnis f* (*interfor*) *das* Dreinreden, Unterbrechung.

interfectiō, *ōnis f* (*interficiō*) Ermordung.

interfector, *ōris m* (*interficiō*) [Mörder.]

interfectrīx, *īcis f* (*interfector*) Mörderin.

inter-ficiō, *fēcī, fectum* 3 (*faciō*) **1.** töten; vernichten; °**2.** berauben [*alqm vita et lumine*].

inter-fīō, *fierī u. fīerī* umkommen.

inter-fluō, *flūxī,* — 3 (*flūxī?*) dazwischenfließen.

inter-fodiō, —, *fossum* 3 zer-[stechen.]

inter-for 1 (*1. pers. praes. ungebräuchlich*) dazwischenreden, unterbrechen.

inter-fugiō, — — 3 dazwischen [fliehen; *in Tmesis.*]

inter-fūsus 3 (*fundō*) dazwischenfließend; / *maculis genas* mit blutunterlaufenen Augen.

inter-iaceō, — — 2 dazwischenliegen.

inter-ibī *u.* **-ibĭ** *adv.* unterdessen.

inter-iciō (*u.* **-iaciō**), *iēcī, iectum* 3 (*iaciō*) **1.** (*räuml.*) dazwischenwerfen, -legen, -stellen; *mediopass.*

dazwischentreten; **2.** (*zeitl.*) einfügen, einschieben; *paucis diebus interiectis* nach Verlauf w. T.; **3.** / dazwischenmischen, einmischen; (*P.P.P.*) *adi.* **interiectus**[1] 3 dazwischenliegend.
interiectiō, *ōnis f* (*intericiō*) (*rhet. u. gramm. t.t.*) **1.** Einschaltung; **2.** Parenthese; **3.** Interjektion.
interiectus[2], *ūs m* (*intericiō*) *das* Dazwischentreten: **1.** (*räuml.*) [*terrae zw. Sonne u. Mond*]; °**2.** (*zeitl.*) Verlauf, Frist [*paucorum dierum*].
interim *adv.* (*inter* + [*altl. acc. sg. v. is*] *im*; *cf. inde*) **1.** inzwischen, unterdessen; **2.** **a**) einstweilen; **b**) jedoch, indessen; °**c**) bisweilen.
inter-imō, *ēmī, ēmptum* 3 (*emō*) aus dem Weg räumen, beseitigen.
interior, *ius, gen. ōris* (*comp. v.* **interos*; *cf. exter*[*us*]; *inter*); *sup.* **intimus** 3: **I.** *comp.* **1.** **a**) *der* Innere, mehr im Innern befindlich; tiefer liegend [°*nota Falerni* ältere, bessere Sorte]; **b**) binnenländisch; **c**) dem Mittelpunkt näher [°*gyrus* kürzer, kleiner]; **2.** / **a**) enger, vertrauter; **b**) geheimer [°*consilia*]; **c**) tiefergehend [*cura*]; tiefer eindringend [*litterae* Forschungen]; *subst.* **-ēs,** *um m* Bewohner des Binnenlandes; Feinde der Stadt; **-a,** *um n die* inneren Teile [*aedium*]; **II.** *sup.* **1.** *der* Innerste; °*spelunca* tiefster Teil der H.; **2.** / **a**) *der* Tiefste, Innerste, Wirksamste; **b**) *der* Vertrauteste, eng befreundet; **c**) am tiefsten gehend, tief eindringend; *subst.* **-us,** *ī m* vertrauter, intimer Freund.
interitiō, *ōnis f* (*intereō*) Untergang.
interitus, *ūs m* (*intereō*) Untergang, Vernichtung, Sturz.
inter-iungō, *iūnxī, iūnctum* 3 **1.** untereinander verbinden; **2.** (*Zugtiere*) eine Weile abspannen, rasten lassen; (*abs.*) rasten.
interius *s.* **1.** *interior*; **2.** *intrā*.
inter-lābor, *lāpsus sum* 3 dazwischen hingleiten.
inter-lateō, — — 2 dazwischen verborgen sein.
inter-legō, — — 3 (*jünger als intellegō*) hier und da abbrechen.
inter-linō, *lēvī, litum* 3 **1.** dazwischen bestreichen, abdichten; **2.** durch Ausstreichen fälschen.
interlocūtiō, *ōnis f* (*interloquor*) Einwurf (*vor Gericht*).
inter-loquor, *locūtus sum* 3 ins Wort fallen; (*jur. t.t.*) einen Einwurf machen.
inter-lūceō, *xī,* — 2 **1.** **a**) dazwischen hervorscheinen, -schimmern; **b**) (*impers.*) es wird hell; **2.** / **a**) sich zeigen; *alqd -et* es zeigt sich ein Unterschied; **b**) durchsichtig sein.
inter-lūnium, *ī n* (*lūna*) Zeit des Neumondes, Neumond.
inter-luō, *uī,* — 3 (*luō*[2]) durchströmen.
inter-mēnstruus 3 (*wohl aus inter mēnstrua*) zwischen zwei Monaten, zum Neumond gehörig; *subst.* **-um,** *ī n* Neumond.
in-terminātus[1] 3 (*in* + *P.P.P. v. terminō*) unbegrenzt.
inter-minor 1 **1.** (an)drohen (*mit a.c.i.*); **2.** unter Drohungen versagen; (*part. pf. pass.*) *adi.* **interminātus**[2] 3 versagt.
inter-misceō, *cuī, xtum* 2 (*-mī-?*) dazu-, einmischen [*hostibus*].
intermissiō, *ōnis f* (*intermittō*) Unterlassung; Unterbrechung.
inter-mittō, *mīsī, missum* 3 **1.** (*trans.*) **a**) dazwischentreten lassen; P. dazwischenliegen; **b**) dazwischen leer, offen lassen; P. offen, leer dazwischenliegen; **c**) unterbrechen, einstellen; unterlassen; P. zeitweilig aufhören, nachlassen [*vento intermisso*]; **d**) ungenutzt verstreichen lassen [*partem temporis*]; **e**) (*ein Amt*) zeitweilig unbesetzt lassen; **2.** (*intr.*) zeitweilig aufhören, aussetzen [*flumen*].
inter-morior, *mortuus sum* 3 °**1.** unvermerkt hinsterben; **2.** / °**a**) absterben; erlöschen; *kl. nur intermortuus* 3 wie tot; °**b**) in Ohnmacht fallen.
inter-mundia, *ōrum n* (*mundus*; *Lehnübersetzung aus dem Gr.*) Zwischenwelträume.
inter-mūrālis, e (*mūrus*) zwischen den Mauern befindlich.
inter-nātus 3 dazwischen gewachsen.
inter-neciō *u.* **-niciō,** *ōnis f* (*internecō*) Niedermetzelung; völliger Untergang.
internecīvus 3 (*m.* °*adv.*; *internecō*) mörderisch [*bellum*].
inter-necō 1 vernichten.
inter-nectō, — — 3 verknüpfen.
inter-niteō, — — 2 dazwischen hervorschimmern, durchscheinen.
inter-nōdium, *ī n* (*nōdus*) Zwischenraum zwischen zwei Gelenken.

inter-nōscō, *nōvī,* — 3 voneinander unterscheiden.
inter-nūntiō 1 unterhandeln.
internūntius, *ī m u.* **-tia,** *ae f* (*Rückbildung aus internūntiō*) Unterhändler(in), Vermittler(in).
internus 3 (*m.* °*adv.*; *inter*) im Innern befindlich, einheimisch; *subst.* **-a,** *ōrum n* innere Angelegenheiten.
in-terō, *trīvī, trītum* 3 einbrocken.
inter-ōscitō die Hände in den Schoß legen.
interpellātiō, *ōnis f* (*interpellō*) Unterbrechung, Störung.
interpellātor, *ōris m* (*interpellō*) Störer.
inter-pellō 1 (*cf. appellō*[1]) **1.** in die Rede fallen, unterbrechen; **2.** einwenden; **3.** mit Fragen bestürmen; **4.** hindern; stören, unterbrechen; ** anrufen [*auctoritatem*].
interpolis, e (*Rückbildung aus interpolō*) übermalt, aufgeputzt.
inter-polō 1 (*poliō; wie occupō* 1 *zu capiō* 3) übermalen, auffrischen; / fälschen.
inter-pōnō, *posuī, positum* 3 **1.** dazwischensetzen, -stellen; **2. a**) einschieben, -schalten; **b**) (*eine Zeit*) dazwischen verstreichen lassen; P. dazwischen liegen, fallen; *spatio interposito* nach Verlauf einiger Zeit; **3.** unterschieben, verfälschen; **4. a**) obwalten lassen [*operam*]; **b**) geltend machen [*auctoritatem*]; **c**) zum Pfande setzen [*fidem*]; **d**) vorschützen [*religionem*]; **e**) (*als Vermittler, Zeugen, Teilnehmer*) zuziehen [*alqm convivio*]; *se* **-ere** sich einmischen.
interpositiō, *ōnis f* (*interpōnō*) **1.** *das* Einschieben; **2.** Einschiebsel; °**3.** Parenthese.
interpositus, *abl. ū m* (*interpōnō*) *das* Dazwischentreten.
interpres, *etis m f* (*et. ungedeutet*) **1.** Vermittler(in); Unterhändler(in); **2. a**) Ausleger, Erklärer; °*divum* Wahrsager(in); **b**) Dolmetscher; **c**) Übersetzer.
interpretātiō, *ōnis f* (*interpretor*) **1.** Erklärung, Deutung; **2.** Übersetzung.
interpretor 1 (*part. pf. auch pass.; interpres*) °**1.** den Mittler abgeben, zu Hilfe kommen; **2. a**) erklären, auslegen, deuten; **b**) übersetzen; **3.** verstehen, beurteilen, betrachten [*bene dicta male*]; °**4.** sich *über etw.* bestimmt aussprechen, entscheiden.
inter-primō, *pressī, pressum* 3 (*premō*) zudrücken.
inter-pūnctiō, *ōnis f* (-ŭ-?; *interpungō*) Trennung (der Wörter) durch Punkte.
inter-pungō, *pūnxī, pūnctum* 3 (*pŭnxī, pŭnctum?*) durch Punkte abteilen; (*P.P.P.*) *subst.* **inter-pūncta** (*ōrum n*) *verborum* kleine Pausen, *argumentorum* Absätze.
inter-quiēscō, *quiēvī,* — 3 eine Pause machen.
inter-rēgnum, *ī n* Zwischenregierung, Interregnum (*in der Königszeit: nach dem Tod eines Königs* Regierung eines *interrex für 5 Tage; in der Republik nach Tod od. Ausscheiden des alten Konsuls od. b. Abwesenheit der Konsuln* Zwischenregierung eines *gewählten interrex*).
inter-rēx, *rēgis m* Zwischenkönig, Reichsverweser; *cf. interrēgnum.*
in-territus 3 (*in + P.P.P. v. terreō*) unerschrocken.
interrogātiō, *ōnis f* (*interrogō*) **1.** Frage, Befragung; °**2.** (*rhet. t.t.*) *die* Frage (*als Redefigur*); **3.** (*jur. t.t.*) **a**) Verhör; °**b**) Kontrakt; **4.** (*dial. t.t.*) Schluss, Syllogismus.
interrogātiuncula, *ae f* (*dem. v. interrogātiō*) kurze Frage; Schlussfolgerung, Konsequenz.
interrogātum, *ī n* (*interrogō*) Frage.
inter-rogō 1 **1.** (be)fragen [*de rebus; illud;* °*sententiam* um die Meinung]; **2.** (*jur. t.t.*) **a**) verhören; **b**) vor Gericht fordern, anklagen; °**3.** (*dial. t.t.*) einen Schluss ziehen.
inter-rumpō, *rūpī, ruptum* 3 **1.** unterbrechen [*itinera*]; **2. a**) ab-, zerbrechen [*pontem*]; / **b**) abbrechen [*orationem*]; **c**) stören; trennen.
interruptē *adv.* (*interruptus P.P.P. v. interrumpō*) mit Unterbrechung.
interruptiō, *ōnis f* (*interrumpō*) *das* Abbrechen mitten in der Rede.
inter-saepiō, *saepsī, saeptum* 4 verstopfen; absperren; / abschneiden [°*urbem ab arce*].
inter-scindō, *scidī, scissum* 3 auseinander reißen, einreißen; °/ trennen.
inter-scrībō, *scrīpsī, scrīptum* 3 durch Zusätze verbessern.
inter-serō[1], *sēvī, situm* 3 dazwischensäen, -pflanzen.

inter-serō², — — 3 dazwischen-, einfügen.
inter-sistō, *stitī,* — 3 mitten (in der Rede) innehalten, absetzen.
inter-situs 3 dazwischenliegend.
inter-spīrātiō, *ōnis f* (*inter-spīrō* 1 „dazwischen Atem holen") Atempause.
inter-stīnctus 3 (*-stĭnc-?; cf. īnstīnctus*) / *medicaminibus* mit Pflastern besät.
inter-stinguō, —, *stīnctum* 3 (*stĭnctum?*) auslöschen; P. erlöschen.
inter-stringō, — — 3 zuschnüren.
inter-sum, *fuī,* esse **1.** (*räuml. u. zeitl.*) dazwischen sein, liegen; **2.** sich unterscheiden; **3.** zugegen sein, teilnehmen *an* [*proelio dat.*]; **4.** *impers.* **interest a)** es macht einen Unterschied; **b)** es ist von Wichtigkeit [*magni meā unā nos esse*].
inter-texō, *texuī, textum* 3 **1.** dazwischen einweben, einflechten; **2.** durchweben.
inter-trahō, *trāxī, tractum* 3 entziehen.
intertrīmentum, *ī n* (**inter-terō*) °**1.** Abgang (*beim Einschmelzen*); **2.** / Verlust, Schaden.
inter-turbō 1 Verwirrung, Unruhe stiften.
inter-utrāsque *adv.* zwischen beiden hin *od.* durch.
inter-vallum, *ī n* (*aus „inter vallos" eigtl. „der* Raum zwischen den Schanzpfählen") **1.** (*räuml.*) Zwischenraum, Entfernung; **2.** (*zeitl.*) Zwischenzeit, Pause; **3.** / **a)** Unterschied; **b)** (*mus. t.t.*) Intervall.
inter-vellō, *vellī u. vulsī, vulsum* 3 **1.** hier u. da ausrupfen; **2.** mitten herausreißen.
inter-veniō, *vēnī, ventum* 4 **1.** dazwischenkommen, erscheinen [*orationi*]; **2.** / **a)** unterbrechen, stören [*hiems rebus gerendis*]; **b)** sich ins Mittel legen, einschreiten.
interventor, *ōris m* (*interveniō*) störender Besucher.
interventus, *ūs m* (*interveniō*) **1.** Dazwischenkunft; °**2.** Vermittlung, Beistand.
inter-vertō, *vertī, versum* 3 **1. a)** unterschlagen; übergehen [*aedilitatem*]; °**b)** durchbringen; °**2.** bringen *um* [*alqm muliere*].
inter-visō, *vīsī, vīsum* 3 **1.** *nach etw.* sehen [*domum*]; **2.** von Zeit zu Zeit besuchen.
inter-volitō 1 dazwischen umherfliegen.
inter-vomō, — — 3 dazwischen von sich geben.
inter-vortō, *vortī, vorsum* 3 = *intervertō.*
in-testābilis¹, e (*-ē-?; m. comp.; testor*) **1.** zeugnis- u. testamentsunfähig; **2.** / ehrlos, abscheulich.
in-testābilis², e (*-ē-?; testis²*) **1.** zeugungsunfähig; **2.** *in scherzh. Doppelsinn mit intestābilis¹.*
in-testātus¹ 3 (*-ē-?; testor*) **1.** ohne Testament; °**2.** nicht durch Zeugen überführt.
in-testātus² 3 (*-ē-?; testis²*) = *intestābilis².*
intestīnus 3 (*intus*) innerlich, im Innern; im Staat, in der Familie; in der Seele, subjektiv; *subst.* **-um,** *ī n* **1.** Darm; *pl.* Eingeweide; °**2.** Inneneinrichtung *des Hauses*(?).
in-texō, *texuī, textum* 3 **1.** °**a)** einweben; **b)** einflechten; **c)** / einweben, einfügen; °**2. a)** umwinden, -flechten; **b)** / bedecken, umgeben.
intibum, *ī n* (*gr. Fw., wahrsch. aus dem Ägyptischen stammend*) Endivie, Zichorie.
intimus 3 *s. interior.*
in-ting(u)ō, *tīnxī, tīnctum* (*tĭnxī, tĭnctum?*) 3 eintauchen.
in-tolerābilis, e (*m.* °*comp.,* °*sup., adv.*) °**1.** unwiderstehlich; **2.** unerträglich.
in-tolerandus 3 unerträglich, unausstehlich.
in-tolerāns, *antis* (*m. comp., sup., adv.*) **1.** (*act.*) unfähig zu ertragen, unduldsam [*laboris*]; **2.** (*pass.*) unerträglich; *adv.* **-anter** maßlos, unbändig.
intolerantia, *ae f* (*intolerāns*) Unerträglichkeit; Maßlosigkeit.
in-tonō, *uī,* °*ātum* 1 **1.** (*intr.*) °**a)** donnern [*polus*]; rauschen [*silvae*]; prasseln; dröhnen; **b)** mit Donnerstimme rufen; °**c)** zürnen, grollen; °**2.** (*impers.*) *-at* es donnert; °**3.** (*trans.*) **a)** donnern, ertönen lassen; auf der Laute besingen; **b)** P. sausend herniederfahren.
in-tōnsus 3 (*in + P.P.P. v. tondeō*) **1. a)** ungeschoren; **b)** mit langem Haar; *auch* = an alter Römersitte hängend; **2.** / dicht belaubt.
in-torqueō, *torsī, tortum* 2 (*kl. nur 2c; 3b*) **1. a)** hineindrehen; **b)** (nach innen) winden, flechten; kräuseln; **2. a)** schwingen, schleudern; **b)**

I

rollen [*oculos*]; **c)** / schleudern [*contumelias*]; **3. a)** nach der Seite drehen; **b)** verdrehen, verrenken; schief ziehen [*mentum*].

****intoxico** 1 vergiften.

intrā (*abl. sg. f* ‹ **interād*; *cf. interior*) **I.** *adv.* °**1.** innerhalb, inwendig; **2.** *comp. interius* °**a)** mehr nach innen; **b)** / mitten im Lauf; **II.** *prp. b. acc.* **1.** (*räuml.*) **a)** innerhalb, im Bereich von; **b)** in ... hinein; 2. (*zeitl.*) innerhalb, während, vor Ablauf; **3.** / °**a)** unter = weniger als [*centum*]; **b)** innerhalb [*modum*]; ~ °*verba* nur mit Worten; ~ °*paucos libertos* nur bestehend aus Fr.; ~ °*finem iuris* innerhalb der Schranken des R.

intrābilis, e (*intrō*²) zugänglich.

in-tractābilis, e (*m. comp.*) schwer zu behandeln; unbändig, rau.

in-tractātus 3 (*in* + *P.P.P. v. tractō*) **1.** unbehandelt; *equus* nicht zugeritten; °**2.** unversucht.

in-trācursus 3 (*in* + *P.P.P. v. trā[ns]currō*) nicht durchlaufen.

intremīscō, *tremuī*, — 3 (*incoh. v.*)

in-tremō, — — 3 erzittern, erbeben.

in-trepidus 3 (*m. adv.*) unerschrocken, ruhig.

in-tribuō, — — 3 eine Reallast auflegen.

in-trīcō 1 (*wohl aus in trīcas* [*sc. indūcō*] „in Verdrießlichkeiten bringen") in Verlegenheit bringen.

intrīn-secus *adv.* (‹ **intrim-*; **interus* + *secus*; *cf. extrīnsecus*) **1.** im Innern; **2.** einwärts.

in-trītus 3 / ungeschwächt.

intrō¹ *adv.* (‹* *interōd*, *abl. sg. v.* **interus*; *cf. interior*) hin-, herein.

intrō² 1 (*intrā*) **1.** (*intr.*) **a)** (hin-) eintreten; **b)** / eindringen; sich einschleichen [*segnitia*]; **2.** (*trans.*) **a)** betreten; °**b)** / anwandeln [*pavor animum*].

intrō-dūcō, *dūxī, ductum* 3 **1.** (hin-) einführen; °vorlassen; **2.** einrücken lassen; auftreten lassen; **3.** / **a)** einführen [*consuetudinem*]; **b)** anführen [*exemplum*]; **c)** (*einen Satz*) als Behauptung aufstellen, erklären.

intrōductiō, *ōnis f* (*intrōdūcō*) Ein-, Zuführung.

intro-eō, *iī, itum, īre* hineingehen, eintreten [(*in*) *urbem*].

intrō-ferō, *tulī, lātum, ferre* hineintragen.

intrō-gredior, *gressus sum* 3 hineingehen.

introitus, *ūs m* (*introeō*) **1. a)** Eingang, Einzug; **b)** Eingang, Zugang (*als Ort*); **2.** / Anfang, Vorspiel; ** Eintrittsgeld; Eintrittsgebet bei der Messe.

intrō-mittō, *mīsī, missum* 3 hineinschicken, einlassen.

intrōrsum *u.* **-sus** *adv.* (‹ *altl. intrō-vorsum, -vorsus*; *cf. adversus*) **1.** nach innen, hinein; °**2.** inwendig, innerlich.

intrō-rumpō, *rūpī, ruptum* 3 einbrechen.

intrōspectō 1 (*intens. v. intrōspiciō*) hineinschauen.

intrō-spiciō, *spexī, spectum* 3 (*-spēxī?*; *speciō*) **1.** hineinschauen, hinsehen; **2.** / prüfend betrachten.

intrōsum (*Lu.*) = *intrōrsum.*

intubum, *ī n* = *intibum.*

in-tueor, *intuitus sum* 2 *u.* °**in-tuor** 3 **1. a)** hin-, anblicken, -sehen; °**b)** liegen *nach* [*cubiculum montes*]; **2.** / **a)** betrachten, erwägen; **b)** anstaunen; **c)** berücksichtigen.

in-tumēscō, *muī*, — 3 **1.** anschwellen; **2.** / **a)** steigen, wachsen; **b)** sich aufblasen, **c)** zornig werden.

in-tumulātus 3 (*in* + *P.P.P. v. tumulō*) unbeerdigt.

intumus (*altl.*) = *intimus.*

in-turbātus 3 nicht bestürzt.

in-turbidus 3 **1.** (*pass.*) nicht beunruhigt, ruhig; **2.** (*act.*) friedlich.

intus *adv.* (‹ **en-tos*) °**1.** von drinnen; **2.** innen, drinnen, inwendig; im Herzen; °**3.** nach innen, hinein.

in-tūtus 3 **1.** (*pass.*) ungesichert, unsicher; **2.** (*act.*) unzuverlässig.

inula, *ae f* (*gr. Lw.*) Alant (*eine Pflanze*).

inuleus 3 = *hīnuleus.*

in-ultus 3 (*in* + *part. pf. pass. v. ulcīscor*) **1.** ungerächt, ungestraft; **2.** straflos, unangefochten.

in-umbrō 1 **1.** beschatten, verdunkeln; **2.** / in den Schatten stellen, verdunkeln.

inundātiō, *ōnis f* (*inundō*) Überschwemmung.

in-undō **1.** (*trans.*) überschwemmen; °/ [*Cimbri Italiam*]; °**2.** (*intr.*) überfließen *von* [*sanguine*].

in-ung(u)ō, *ūnxī, ūnctum* 3 (*-ūnctum?*) bestreichen, salben; *medio-pass.* sich salben.

in-urbānus 3 (*m. adv.*) **1.** unfein, ungebildet; geist-, witzlos; **2.** ungefällig.

in-urg(u)eō, *ursī*, — 2 eindringen *auf*.
in-ūrō, *ussī, ustum* 3 (*ūssī, ūstum?*) °**1.** einbrennen; **2.** / **a)** tief eindrücken, aufprägen [°*maculam genti*]; zufügen [*dolorem*]; **b)** brandmarken; **3.** °**a)** an-, versengen, verbrennen; **b)** °α) mit der Brennschere kräuseln, frisieren [*comas*]; *β)* / aufputzen, „frisieren".
in-ūsitātus 3 (*m. comp., adv.*) ungewöhnlich, ungebräuchlich (= noch neu *od.* selten).
in-ūtilis, e (*m.* °*comp.*, °*sup.*, *adv.*) **1.** unnütz, unbrauchbar; **2.** schädlich.
inūtilitās, *ātis f* (*inūtilis*) °**1.** Unbrauchbarkeit; **2.** Schädlichkeit.
Inuus, *ī m* (*et. ungedeutet*) *urspr. selbstständiger Gott m. unbekannter Funktion, später Pan od. Faunus gleichgesetzt.*
in-vādō, *vāsī, vāsum* 3 **1.** (*intr.*) **a)** (*gewaltsam*) hineingehen, eindringen; losgehen *auf* [*in hostes*]; *in collum* um den Hals fallen; **b)** befallen [°*morbus in corpus*]; (*abs.*) sich ausbreiten [*terror*]; **2.** (*trans.*) °**a)** (*einen Ort*) betreten; °**b)** unternehmen, beginnen [*pugnam*]; °**c)** überfallen [*castra*]; **d)** an sich reißen [*regnum*]; **e)** hart anfahren [*consules*]; °**f)** befallen [*pestilentia populum*].
in-valēscō, *luī*, — 3 erstarken, zunehmen.
in-validus 3 (*m. comp., sup.*) kraftlos, schwach, krank.
****invasio,** *onis f* Ansturm, Aufstand; Vergewaltigung.
****invasor,** *oris m* Eindringling.
invectīcius 3 (*invehō*) eingeführt; / seicht [*gaudium*].
invectiō, *ōnis f* (*invehō*) **1.** Einfuhr; **2.** Einfahrt.
in-vehō, *vēxī, vectum* 3 **1.** (*act.*) **a)** hereinbringen, -fahren, -tragen; **b)** einführen [*vinum*]; **c)** / verursachen, zufügen; **2.** *mediopass.* **a)** hineinfahren, -reiten, -segeln, -fließen; **b)** fahren, reiten *auf* [*curru, equo*]; **3.** *se -ere u. mediopass.* °**a)** losgehen *auf*, angreifen [*in hostes*]; **b)** / (*m. Worten*) angreifen [*vehementer*].
in-vendibilis, e (*-vēnd-?*) unverkäuflich.
in-veniō, *vēnī, ventum* 4 **1. a)** kommen, treffen *auf*, zufällig finden; (*beim Lesen*) zufällig stoßen *auf*; **b)** (*zufällig od. gelegentlich*) bekommen; sich zuziehen [*culpam*]; **2. a)** (*durch Suchen*) ausfindig machen, entdecken; **b)** (*durch Nachforschen*) erfahren, ermitteln; **c)** erdenken, ersinnen; **d)** bewerkstelligen, schaffen [*artes*]; °**3.** *se -ere* sich darein finden.
inventiō, *ōnis f* (*inveniō*) Erfindung(sgabe); *das* Erfundene.
inventiuncula, *ae f* (*dem. v. inventiō*) wertlose Erfindung.
inventor, *ōris m* (*inveniō*), **-trīx,** *īcis f* (*inventor*) Erfinder(in), Urheber(in).
inventum, *ī n* (*inveniō*) Erfindung; *pl.* Ansichten, Lehren.
in-venustus 3 (*m.* °*adv.*) **1.** ohne Anmut; °**2.** unglücklich in der Liebe.
in-verēcundus 3 (*m. comp., sup., adv.*) unverschämt, schamlos.
in-vergō, — — 3 hinneigen; (*relig. t.t.*) daraufgießen.
inversiō, *ōnis f* (*invertō*) °**1.** Umstellung [*verborum*]; **2.** / **a)** Ironie; °**b)** Allegorie.
in-vertō, *vertī, versum* 3 **1. a)** umwenden, -kehren, -drehen; °**b)** umpflügen; (*vom Wind*) aufwühlen [*mare*]; ausleeren [*vinaria*]; **2.** / °**a)** umstürzen, verderben [*mores*]; **b)** übel deuten, ironisch gebrauchen [*verba*]; °**c)** verändern, umgestalten.
in-vesperāscit, — — 3 es wird Abend.
investīgātiō, *ōnis f* (*investīgō*) Erforschung.
investīgātor, *ōris m* (*investīgō*) Erforscher.
in-vestīgō 1 aufspüren, erforschen, auskundschaften.
in-vestiō 4 bekleiden.
****investitura,** *ae f* Investitur.
in-veterāscō, *āvī*, — 3 (*incoh. v. inveterō*) alt werden; / sich einnisten.
inveterātiō, *ōnis f* (*inveterō*) Einwurzelung; eingewurzelter Fehler.
in-veterō 1 (*vetus*) alt machen; *P.* sich festsetzen; (*P.P.P.*) *adi.* **inveterātus** 3 alt, eingewurzelt.
in-vicem *adv.* (*auch getr.*; *vicis*) **1.** abwechselnd, zur Abwechslung; °**2.** / **a)** wechselweise, -seitig; **b)** gegenseitig; einander; **c)** auf beiden Seiten; **d)** umgekehrt, dagegen.
in-victus 3 (*m. sup.*; *in* + *P.P.P. v. vincō*) unbesiegt, unbesieglich, unüberwindlich.
invidendus 3 (*invideō*) beneidenswert.
invidēns, *entis m* (*invideō*) Neider

invidentia, *ae f* (*invidēns*) Neid, Scheelsucht.

in-videō, *vīdī, vīsum* 2 °**1.** durch den bösen Blick Unheil bringen; **2.** beneiden, missgönnen [*alci, alcis virtuti*]; aus Missgunst vorenthalten.

invidia, *ae f* (*invideō*) **1. a)** (*act.*) Neid, Missgunst; Eifersucht; *pl.* Eifersüchteleien; **b)** (*pass.*) *das* Verhasstsein, Hass, Erbitterung; **2.** °**a)** Neider; **b)** beneideter Gegenstand; **3.** gehässige Beurteilung, üble Nachrede.

invidiōsus 3 (*m. comp., sup., adv.*; *invidia*) **1. a)** (*act.*) neidisch, missgünstig; **b)** (*pass.*) beneidet; verhasst; missliebig; **2.** Neid erregend, beneidenswert.

invidus 3 (*invideō*) neidisch, missgünstig; ungünstig; *subst.* ~, *ī m* Neider; ** Teufel.

in-vigilō 1 °**1.** wachen *bei*; **2.** / sorgen *für* [*rei publicae*].

in-violābilis, e unverletzlich.

in-violātus 3 (*m. adv.*; *in* + *P.P.P. v. violō*) **1.** unverletzt; **2.** unverletzlich.

in-vīsitātus 3 (*in* + *P.P.P. v. vīsitō*) °**1.** unbesucht; **2.** ungesehen; neu, selten.

in-vīsō, *sī, sum* 3 **1. a)** besehen, besichtigen; **b)** besuchen; °**2.** erblicken.

in-vīsus¹ 3 (*in* + *P.P.P. v. videō*) (noch) nie gesehen.

invīsus² 3 (*m. comp.,* °*sup.*; *invideō*) **1.** (*pass.*) verhasst; °**2.** (*act.*) feindlich gesinnt.

invītāmentum, *ī n* (*invītō*) Lockung, Reiz.

invītātiō, *ōnis f u.* **invītātus,** *abl. ū m* (*invītō*) Einladung; Aufforderung.

invītātor, *ōris m* (*invītō*) „Einlader" (*Angestellter, der die Einladungen vorzunehmen hatte*).

invītō 1 (*altl. fut. invītassitis*; *wohl urspr.* „genießen lassen,"; *cf. vīs* „du willst") **1.** einladen, bewirten; °*se -are* sich gütlich tun; **2. a)** auffordern; **b)** reizen, locken.

invītus 3 (*m.* °*comp., sup., adv.* **-ē,** *altl.* -ō; *wohl urspr.* „nicht wollend"; *cf. vīs* „du willst", *invītō*) wider Willen, ungern; *me, te usw. invītō* gegen meinen, deinen *usw.* Willen.

in-vius 3 (*via*) unwegsam; *subst.* **-a,** *ōrum n* unwegsames Gelände.

invocātiō, *ōnis f* (*invocō*) Anrufung.

in-vocātus 3 (*in* + *P.P.P. v. vocō*) **1.** ungerufen; **2.** uneingeladen; *auch im Wortspiel m. P.P.P. v. invocō.*

in-vocō 1 **1.** anrufen; °**2.** (be-)nennen.

involātus, *abl. ū m* (*involō*) Flug.

in-volitō 1 (*intens. v. involō*) flattern *über* [*umeris*].

in-volō 1 °**1.** hineinfliegen; **2.** / losfahren *auf*, herfallen *über*; °befallen.

involūcre, *is n* (*involvō*) Frisiermantel.

involūcrum, *ī n* (*involvō*) **1.** Hülle; Decke; Serviette; **2.** / Hülle.

involūtus 3 (*m.* °*sup.*; *involvō*) / in Dunkel gehüllt, schwer verständlich.

in-volvō, *volvī, volūtum* 3 **1.** hinein-, hinan-, hinaufwälzen; fortwälzen; **2.** (ein)hüllen *in*, einwickeln; / verhüllen, verstecken; °*se laqueis -ere* sich verstricken; *se litteris -ere* sich vergraben *in*.

involvulus, *ī f* (*involvō*) Wickelraupe.

in-vulnerābilis, e (*vulnerō*) unverwundbar.

in-vulnerātus 3 (*in* + *P.P.P. v. vulnerō*) unverwundet.

iō¹ *int.* (*gr. Fw.*) o! ach! ha! juchhe!

Īō², *ūs u. ōnis f* (*gr.* Ἰώ) *Tochter des argivischen Königs Inachus, Geliebte Jupiters, v. Juno in eine Kuh verwandelt; in Ägypten als Isis verehrt.*

iocātiō, *ōnis f* (*iocor*) Scherz.

****iocator,** *oris m* Spielmann.

iocineris *s. iecur.*

iocor 1 (*iocus*) **1.** (*intr.*) scherzen; schäkern; scherzend, stichelnd anspielen *auf* [*de, in alqd*]; **2.** (*trans.*) scherzend sagen.

iocōsus 3 (*m.* °*comp., adv.*; *iocus*) scherzhaft, schalkhaft.

ioculāris, e (*m.* °*adv.*; *ioculus*) scherzhaft, spaßhaft; °*subst.* **-ia,** *ium n* Späße, Schnurren.

ioculārius 3 (*ioculus*) spaßhaft.

ioculātor, *ōris m* (*ioculor*) Spaßmacher; ** Spielmann, Gaukler.

ioculor 1 (*ioculus*) scherzen.

ioculus, *ī m* (*dem. v. iocus*) kleiner Scherz.

iocur *s. iecur.*

iocus, *ī m* (*pl. auch -a, n*; *eigtl.* „Schwatzen") **1. a)** Scherz, Spaß; Kurzweil; *per iocum* im Scherz; °**b)** scherzhaftes Gedicht; **2.** / **a)** Spiel, Zeitvertreib; °**b)** Liebeständelei; °**c)** Kleinigkeit, Kinderspiel; °**d)** Gegenstand des Scherzes,

Spottes; °3. ♀ *der* Gott des Scherzes; ** -*um dare* Spaß machen.

Iōnes, *um m* (-*ēs?*; *gr.* Ἰ-) *die* Ionier, *einer der 4 gr. Hauptstämme; adi.* -*ni(ac)us* 3, -*nicus* 3; [*motūs* (unzüchtige) ionische Tänze]; *subst.*

Iōnium, *ī n das* Ionische Meer;

Iōnia, *ae f* (*gr.* -ιᾱ) *Landschaft Kleinasiens.* [Iota.]

iōta *n* (*indecl.*) *der griech.* Buchstabe

Iovis *s. Iuppiter.*

Iphigenīa, *ae f* (*gr.* -γένεια) *Tochter Agamemnons.*

ipse, *a, um* (*gen.* -*īus, dat.* -*ī; altl.: nom. sg. m ipsus, acc. sg. eumpse, eampse, sup.* (*scherzh.*) *ipsissimus; et. nicht sicher gedeutet, wohl is + pse, in der Flexion an ille, iste angeglichen*) **1.** selbst, persönlich; **2.** *der* Herr, Meister, Hauptperson [*ipse* (= *Pythagoras*) *dixit*]; **3.** gerade, eben, genau, unmittelbar, eigentlich; **4.** (*steigernd*) sogar; **5. a**) von selbst, aus freien Stücken; **b**) an sich, an und für sich, allein [*per se ipsum; ipse per se*]; **c**) gleich, schon; **6.** (*m. Nachdruck statt pron. refl.*) sich selbst; *pudor ipsius* sein eigenes Schamgefühl; **7.** ~, (*seit Li.*) **ipse quoque** *u.* **et ipse** gleichfalls, ebenfalls, auch.

īr = *hīr.*

īra, *ae f* (*altl. eira;* √ *eis- „schnell bewegen, antreiben") **1. a**) Zorn, Erbitterung, Wut; °**b**) Heftigkeit [*belli*]; °**2.** Grund zum Zorn.

īrācundia, *ae f* (*īrācundus*) Jähzorn; Zorn, Heftigkeit.

īrācundus 3 (*m.* °*comp.*, °*sup.*, *adv.*; *īra, cf. fā-cundus*) jähzornig.

īrāscor, — — 3 (*īra*) in Zorn geraten, zürnen.

īrātus 3 (*m. comp., sup.*, °*adv*; *īra*) [zornig, erzürnt.]

irim *s. ēr.*

Īris, *idis f* (*acc.* -*in*, -*im; voc.* -*ī*) *Tochter des Thaumas, Göttin des Regenbogens, Götterbotin.*

īrōnīa, *ae f* (*gr. Fw.*) Ironie.

****ironice** *adv.* höhnisch, spöttisch.

irquus = *hircus.* [ungeschoren.]

ir-rāsus 3 (*in + P.P.P. v. rādō*)

ir-rationālis, e unvernünftig; mechanisch. [heiser werden.]

ir-raucēscō, *rausī,* — 3 (*raucus*)

ir-religātus 3 (*in + P.P.P. v. religō*) nicht aufgebunden.

ir-religiōsus 3 (*m. adv.*) gottlos, nicht ehrerbietig.

ir-remeābilis, e (*re-meō*) keine Rückkehr gewährend.

ir-remediābilis, e (*remedium*) unheilbar; unversöhnlich.

ir-reparābilis, e unersetzlich.

ir-repertus 3 (*in + P.P.P. v. reperiō*) nicht (auf)gefunden.

ir-rēpō, *rēpsī, rēptum* 3 °**1.** hin(ein-) kriechen; **2.** / **a**) sich einschleichen; °**b**) sich beliebt machen.

ir-reprehēnsus 3 (*in + P.P.P. v. reprehendō*) untadelig.

ir-requiētus 3 rastlos.

ir-resectus 3 (*in + P.P.P. v. resecō*) unbeschnitten.

ir-resolūtus 3 (*in + P.P.P. v. resolvō*) unaufgelöst.

ir-rētiō 4 (*wohl aus in rēte* [*sc. indūcō*]) (im Netze) fangen; verstricken [*se erroribus*].

ir-retortus 3 (*in + P.P.P. v. retorqueō*) nicht zurückgewandt.

ir-reverēns, *entis* (*m. adv.*) unehrerbietig, gleichgültig *gegen* [*operis*].

irreverentia, *ae f* (*irreverēns*) Unehrerbietigkeit, Gleichgültigkeit.

ir-revocābilis, e (*m. comp., adv.*) **1.** unwiderruflich; **2.** / unversöhnlich.

ir-revocātus 3 (*in + P.P.P. v. revocō*) nicht wieder aufgefordert.

ir-rīdeō, *rīsī, rīsum* 2 **1.** (*intr.*) lachen, spotten; **2.** (*trans.*) auslachen, verhöhnen. [Gespött.]

irrīdiculum, *ī n* (*irrīdeō*) Spott,

ir-rīdiculē 3 *adv.* unwitzig.

irrigātiō, *ōnis f* (*irrigō*) Bewässerung.

ir-rigō 1 **1.** °**a**) (*eine Flüssigkeit*) (hin)leiten; **b**) bewässern, überschwemmen; °**2.** / erquicken, erfüllen *mit*; (*scherzh.*) verprügeln.

irriguus 3 (*irrigō*) **1.** (*act.*) bewässernd; **2.** (*pass.*) bewässert, feucht.

irrīsiō, *ōnis f* = *irrīsus.*

irrīsor, *ōris m* (*irrīdeō*) Spötter, Verhöhner. [Spott, Hohn.]

irrīsus, *ūs m* (*irrīdeō*) Verhöhnung,

irrītābilis, e (*irrītō*) reizbar.

irrītāmen, *inis u.* **irrītāmentum,** *ī n* (*irrītō*) Reizmittel. [Anreiz.]

irrītātiō, *ōnis f* (*irrītō*) Reizung,

irrītātor, *ōris m* (*irrītō*) Reizer.

irrītō[1] (*altl. fut. irrītassis; intens. v.* **ir-riō* 4 „aufregen") °**1.** erregen, verursachen [*tussim*]; **2.** / °**a**) erregen, verursachen [*iram*]; herbei-

führen [*bellum*]; °b) aufreizen *zu* [*ad certamen*]; **3.** reizen, erbittern.
****ir-rito²** 1 ungültig machen; zunichte machen, brechen [*pactum*].
ir-ritus 3 (*ratus*) **1.** ungültig; °**2.** vergeblich, ohne Erfolg; *subst.* **-um,** *ī n* Misserfolg.
irrogātiō, *ōnis f* (*irrogō*) Auferlegung.
ir-rogō 1 (*altl. fut. irrogassit*) **1.** beim Volke beantragen, durchsetzen [*lex irrogata* Ausnahmegesetz]; °**2.** / auferlegen, zuerkennen.
ir-rōrō 1 **1.** betauen, benetzen; **2.** (*trans. u. intr.*) herabträufeln.
ir-rūctō 1 (*-ŭ-?*) hineinrülpsen.
irrumātiō, *ōnis f* (*irrumō*) = *actiō irrumandī.*
irrumātor, *ōris m* (*irrumō*) = *quī irrumat.*
irrumō 1 (*et. ungedeutet*) = *fascinum in ōs alterīus īnserō*; / gemein behandeln, täuschen.
ir-rumpō, *rūpī, ruptum* 3 **1.** (*intr.*) **a)** (hin)einbrechen, eindringen, einfallen; **b)** / eindringen [*luxuries in domum*]; **2.** (*trans.*) einfallen, eindringen *in* [*Italiam*].
ir-ruō, *ruī,* — 3 hineinstürzen, -rennen; / losgehen *auf*; sich zuziehen [*in odium*].
irruptiō, *ōnis f* (*irrumpō*) Einfall, Einbruch.
ir-ruptus 3 (*in* + *P.P.P. v. rumpō*) unzerreißbar.
Īrus, *ī m* (*gr.* -os) *Bettler auf Ithaka*; / Bettler.
is, ea, id *pron.* (*altl.: dat. sg. f eae; acc. sg. m im; nom. pl. m eī u. ī; dat., abl. pl. eīs, īs u. ībus; die kl. Formen iī u. iīs sind einsilbig; pron. *i-Stamm mit *e-Stamm gemischt*) **1.** (*determinativum*) *is, qui* der (-jenige), welcher; **2.** (*demonstr. u. pers.*; *subst. u. adi.*) **a)** dieser, derselbe, der, er, *der* Genannte; °**b)** *in eo esse, ut* im Begriff sein zu...; **c)** *id est* das heißt; d) *isque, et is, atque is* und zwar, und noch dazu; **e)** *id temporis* zu dieser Zeit; *id hostium* eine solche Zahl von Feinden; **f)** (*gen.*) *eius* = *nicht refl.* sein, ihr [*Caesar eiusque amici*]; **3.** ein solcher, derartig, so beschaffen (*m. ut cons. od. Relativsatz im coni.*) [*neque is sum, qui terrear*].
īselasticus 3 (*gr. Fw.*) zum Einzug (*des Siegers*) gehörig [*certamen* Wettkampf zu Ehren des einziehenden Siegers]; *subst.* **-um,** *ī n* (kaiserliches) Geschenk für den einziehenden Sieger.
Īsis, *idis u. is f* (*acc. -im, voc. -i*) *altägyptische Göttin, Gemahlin des Osiris, m. Io gleichgesetzt*; *adi. -iacus* 3; *subst.* **Īsēum (-on),** *ī n* Isistempel.
Isocratēs, *is u. ī m* (*gr.* -kratēs) *griechischer Redner 436 – 338*; *adi. -tēus u. -tīus* 3.
isse, issa (*vulgär*) = *ipse, ipsa.*
Issus, *ī f Seestadt in Kilikien* (*Sieg Alexanders 333*).
istāc *adv.* (*abl. sg. f v. istic¹*) da, auf dieser Seite.
istāc-tenus *adv.* bis dorthin.
Istaevonēs, *um m westgermanischer Stammesverband.*
iste, *a, ud pron.* (*gen. -īus, dat. -ī; dcht. gen. istĭus; wahrsch. erstarrter nom. sg. is* + *Pronominaladv. -te; cf. tū-te „du da"; pron. demonstr. der 2. Pers., daher oft m. tuus od. vester verbunden*) **1.** dieser da, jener dort; dein, euer; **2.** (*in Briefen auf Verhältnisse od. Örtlichkeiten beim Empfänger deutend*) dortig; **3. a)** (*verächtlich, ironisch*) der da, ein solcher; **b)** (*vom Angeklagten*) dieser da, *der* Angeklagte.
ister¹ (*etr. Wort für lūdiō*) Pantomime.
Ister² = *Hister².*
Isthmus, *ī m* (*gr.* ≗ -os „Landenge") Landenge (*bsd. die bei Korinth*) *der* Isthmus; *adi. -ius* 3; *subst.* **Isthmia,** *ōrum n die* Isthmischen Spiele.
istī *adv.* (*loc. v. iste*) dort.
istic¹, *aec, oc u. uc* (*iste* + *-ce, in der Flexion durch hic¹ beeinflusst*) = *iste*; *abl. sg. istōc* (*b. comp.*) desto.
istīc² *adv.* (*loc. v. istic¹*) **1.** dort (wo du bist, ihr seid), an jener Stelle, hier; **2.** / hierbei.
istim *adv.* (*acc. sg. v. iste; cf. ōl-im*) = *istinc.*
istīmodī *altl.* = *istīusmodī.*
istinc *adv.* (*acc. sg. istim* + *-ce*) **1.** von dort, von da (wo du bist, ihr seid); °**2.** / **a)** davon; **b)** von dannen, fort von hier!
istīus-modī (*auch getr.*) von solcher Art.
istō(c) *adv.* (*abl. sg. m v. iste,* °*bzw. istic¹*) **1.** dorthin, dahin (wo du bist, ihr seid); **2.** *istō* darein, hinein; °**3.** *istōc* von dannen.
istōrsum *adv.* (*istō* + *vorsum*) dorthin (gewandt).
Istrī, Istria = *Histri...*

istuc[1] *n v. istic*[1].
istūc[2] *adv.* (*iste*; *cf. hūc*) **1.** dahin, dort hin (wo du bist, ihr seid); °**2.** / zu der Sache, dazu.
ita *adv.* (*zum Pronominalstamm* *i-; *cf. is*) **1. a)** so, auf diese Weise, so beschaffen, derart [*ita a puero fui*]; **b)** so sehr, in solchem Grade; **c)** so, unter solchen Umständen, demnach; **d)** folgendermaßen, also; **2.** (*vergleichend*) **a)** *ita... ut* so (beschaffen) wie; *ut... ita* wie ... so, zwar ... aber; **b)** *ut quisque m. sup. ... ita m. sup.* je *m. comp.* (jemand) ... desto *m. comp.* [*ut quisque amplissimus est, ita plurimos amicos habet*]; **3.** (*einschränkend*) *ita ... ut* (*m. coni.*) nur insofern, insoweit, mit der Beschränkung, unter der Bedingung, dass; **4.** (*in Beteuerungen*) *ita vivam* so wahr ich lebe; **5.** (*in Antworten*) ja! freilich! so ist es; **6.** (*in Formeln*) *quid ita?* wieso? warum denn?; *itane?* ist es so? also wirklich?; *non ita, haud ita valde* nicht eben, nicht gerade sehr.
Itali, *ōrum m* (*im Vers auch* Ī-; *wohl als* „junge Rinder" *zu vitulus, nach dem Stiergott Mārs benannt*) *Bewohner v. Italien*, Ital(ik)er; *ihr Land* **Italia**, *ae f* (*urspr. nur die sw. Spitze der Halbinsel*); *adi.* -*lus*, -*li*(*c*)*us* 3, -*licēnsis*, *e*; -*lis*, *idis f* (*subst.* Italerin).
ita-que **1.** *adv.* (*sprich itąque*) = *et ita* und so; **2.** *ci.* (*sprich įtaque*) daher, demnach, also.
item *adv.* (*ita*; *cf. au-tem*) **1.** ebenso, ebenfalls; **2.** (*vergleichend*) ebenso, auf gleiche Weise; **3.** (*anreihend*) ebenso, gleichermaßen, auch; °**4.** von der Art, dergleichen.
iter, *itineris n* (*īre*) Weg: **1.** (*als Handlung*) **a)** Weg, Gang; **b)** Reise, Fahrt, Marsch; *in, ex itinere* unterwegs; **c)** (*Wegstrecke als Längenmaß*) Tagereise, -marsch [*unius diei*]; *magnum* Eilmarsch; **d)** freier Durchgang, Durchzug; **2.** *der* Weg (*zu einem Ziel*) **a)** Straße, Bahn [*angustum*]; **b)** / Weg, Gang [*officii*; *ad laudem*]; Art und Weise, Verfahren, Ausweg; Fortgang.
iterātiō, *ōnis f* (*iterō*) Wiederholung; (*rhet. t.t.*) Wiederholung der Worte (*als Redefigur*).
iterō 1 (*iterum*) wiederholen; nochmals pflügen [*agrum*]; (*rhet. t.t.*) nochmals setzen [*verba*]; von neuem sagen *od.* singen.
iterum *adv.* (*subst. n des comp.* *i-*teros zum pron. Stamm* *i-) **1. a)** zum zweitenmal, wiederum; *semel atque* ~ ein und das andere Mal; °**b)** *iterum iterumque* immer wieder; °**2.** andererseits, dagegen.
Ithaca, *ae u.* **-ē**, *ēs f* (*gr.* Ithąkē) *Insel im Ionischen Meer, Heimat des Odysseus* (*lat. Ulixēs*); *adi.* -*us* 3, -*ēnsis*, e.
itidem *adv.* (⟨**ita-dem*) ebenso, gleichfalls.
itiner, *eris n* (*altl.*) = *iter*.
****itinerarius** 3 zur Reise gehörig; *subst.* **-um**, *i n* Reisebeschreibung.
itiō, *ōnis f* (*īre*) Gehen, Gang.
Itius portus *Hafen der Moriner in Belgien* (*j.* Boulogne?).
itō 1 (*frequ. v.* eō) zu gehen pflegen, gehen.
itus, *ūs m* (*īre*) *das* Gehen, Gang; Abreise.
Itys, *yos* (*acc.* -*yn u.* -*ym*) *u.* **Itylus**, *ī m Sohn des Tereus, v. seiner Mutter Prokne getötet u. dem Vater zum Mahl vorgesetzt*.
iuba[1], *ae f* (*eigtl.* „*die* Wallende"; *cf. iubeō*) **1.** Mähne; °**2.** Kamm *der Schlange*; Helmbusch.
Iuba[2], *ae m König v. Numidien, Anhänger des Pompejus*.
iubar, *aris n* (*et. ungedeutet*) (strahlendes) Licht, Glanz; Stern, Sonne.
iubātus 3 (*iuba*[1]) mit einem Kamm versehen.
iubeō, *iussī*, *iussum* 2 (*altl.*: *fut. iussō*, *iussit*; *ind. pf. iusti*; *coni. pf. iussim*; *eigtl.* „in Bewegung setzen, aufrütteln") **1.** (*t. t. des Staatsrechts*) **a)** beschließen, verordnen, genehmigen; **b)** wählen, erklären, bestimmen [*regem*]; **2.** auftragen, befehlen [*m. a.c.i.*; *P. iubeor m. n.c.i.*]; **3.** heißen, tun lassen; *amicum salvere iubeo* ich grüße den Freund; *amicum valere iubemus* wir nehmen v. Fr. Abschied.
****iubilaeum**, *i n* Jubelzeit,-feier.
****iubilatio**, *onis f* Jubel.
iūcunditās, *ātis f* (*iūcundus*) **1.** Annehmlichkeit; **2.** Liebenswürdigkeit, Gefälligkeit; **3.** Beliebtheit.
iūcundus 3 (*m. comp., sup., adv.*: ⟨**iuvi-condos*; *iuvō*; *eigtl.* „förderlich") **1.** angenehm, erfreulich; **2.** liebenswürdig; **3.** beliebt *bei* [*populo*].
Iūdaea, *ae f* Judäa; Palästina; *Einw.*

-daei, *ōrum m*; *adi.* **-daïcus** 3 jüdisch.
iūdex, *icis m* (⟨ *ious-dik-s „der das Recht weist") **1.** Richter; **2.** / Beurteiler; ** Amtmann, Verwalter. [Untersuchung; Urteil.
iūdicātiō, *ōnis f* (*iūdicō*) richterliche
iūdicātrīx, *īcis f* (*iūdicātor*; *iūdicō*) Richterin, Beurteilerin; *adi.* beurteilend. [spruch.
iūdicātum, *ī n* (*iūdicō*) Urteils-
iūdicātus, *ūs m* (*iūdicō*) Richteramt.
iūdiciālis, e *u.* **iūdiciārius** 3 (*iūdicium*) gerichtlich, Gerichts...
iūdicium, *ī n* (*iūdex*) **1.** (*jur. t.t.*) **a)** gerichtliche Untersuchung; **b)** Gerichtsstätte; **c)** Richterkollegium, Gerichtshof; **d)** Prozess; °**e)** Rede vor Gericht; **2.** richterliches Urteil, Erkenntnis; **3.** / **a)** Urteil, Entscheidung; **b)** persönliche Meinung, Ansicht; **c)** Urteilskraft, Einsicht, Geschmack; **d)** Überlegung, Vorbedacht; **-ō** absichtlich; ** das Jüngste Gericht; Gerechtigkeit.
iūdicō 1 (*iūdex*) **1. a)** gerichtlich untersuchen, Richter sein; **b)** Recht sprechen, richterlich entscheiden; **c)** ver-, aburteilen; **2.** / **a)** urteilen, entscheiden, beschließen; **b)** glauben, meinen; **c)** beurteilen *nach* [*hominem ex habitu*]; **d)** öffentlich erklären *für* [*hostem patriae*].
iugālis, e (*iugum*) **1.** ins Joch gespannt; **2.** ehelich, hochzeitlich; ** *subst. m f* Gatte, Gattin.
iugārius 3 (*iugum*) zum Joch gehörig; *vicus* ♀ *Straße in Rom, nach der Ehestifterin Iuno Iuga benannt, die dort einen Altar hatte.*
iugātiō, *ōnis f* (*iugō*) *das* Anbinden der Reben an Latten.
iūgerum, *ī n* (*Neubildung nach iūgera, um vom sg.* **iūgus, eris n*; *iugum*) Morgen Landes (1/4 ha).
iūgis, e (*iungō*) **1.** zusammengespannt, -gefügt; **2.** beständig; nie versiegend.
iūglāns, *andis f* (= *Iovis glāns*; *gr. Lehnübersetzung*) Walnuss.
iugō 1 (*iugum*) / verbinden; °verheiraten.
iugōsus 2 (*iugum*) gebirgig.
iugulae, *ārum f* (*cf. iugulum*) Sterngürtel *des Orion.* [stechen.
iugulātiō, *ōnis f* (*iugulō*) *das* Er-
iugulō 1 (*iugulum*) **1.** die Kehle durchschneiden, (ab)schlachten; ermorden; **2.** / vernichten.
iugulum, *ī n u.* (*vereinzelt*) **-us,** *ī m* (*eigtl.* „Verbindungsstück"; *iungō*) °**1.** Schlüsselbein; **2.** Kehle; °/ *causae* Hauptpunkt, -argument.
iugum, *ī n* (*iungō*; *cf. nhd.* „Joch") **1. a)** Joch (*der Zugtiere*); **b)** Gespann, Paar; **2.** / **a)** Joch; **b)** °Ehejoch; Sklavenjoch; **3.** Querholz, Querbalken: **a)** *das aus 3 Lanzen in der Form* ⊓ *gebildete* Joch, *unter dem der besiegte Feind hindurchgehen musste* [*sub iugum mitti*]; **b)** Waage (*als Gestirn u. an der Deichsel*); °**c)** Webebaum; °**d)** Ruderbank; **e)** / Gebirgszug, Bergrücken, -kette.
Iugurtha, *ae m König v. Numidien, v. Marius besiegt*; *adi.* **-thīnus** 3.
Iūlēus 3 **1.** *des* Iulus; **2.** *des* Julius Cäsar; **3.** *des* Augustus; **4.** kaiserlich.
Iūlius 3 *Name einer patriz. gens m. der Familie der Caesarēs*; *cf. Caesar*; **Iūlia** *Tochter des Augustus, nacheinander m. Marcellus, Agrippa, Tiberius vermählt*; *adi.* *Iūlius* 3; *mēnsis* Juli (*früher Quīnctīlis*; *Geburtsmonat Cäsars*); *Iūliānus* 3 zu Cäsar gehörig; *subst.* **-ī,** *ōrum m* Cäsars Soldaten.
Iūlus, *ī m Sohn des Äneas, auch Ascanius genannt.*
iūmentum, *ī n* (*altl. iouxmentum*; *cf. iūgerum*) Zugtier, Lasttier.
iunceus 3 (*iuncus*) aus Binsen.
iuncōsus 3 (*iuncus*) voller Binsen.
iūnctim *adv.* (*iūnctus P.P.P. v. iungō*) **1.** vereinigt, beisammen; °**2.** gleich nacheinander. [*verborum*].
iūnctiō, *ōnis f* (*iungō*) Verbindung
iūnctūra, *ae f* (*iungō*) **1.** Verbindung; Fuge, Gelenk, Naht; °**2.** / **a)** *generis* Verwandtschaft; **b)** (*gramm. u. rhet. t.t.*) Zusammensetzung eines Wortes; Zusammenfügung der Worte in der Rede.
iūnctus 3 (*m.* °*comp.*, °*sup.*; *iungō*) **1.** zusammengefügt, vereinigt; °**2.** befreundet; *iunctissimi die* nächsten Angehörigen; **3.** wohlgefügt [*oratio*]. [Binse.
iuncus, *ī m* (*et. nicht sicher gedeutet*)
iungō, *iūnxī, iūnctum* (*cf. iugum*) **1.** °**a)** ins Joch spannen; **b)** an-, bespannen; **2.** / **a)** anfügen, -schließen; **b)** verbinden, vereini-

gen; °sich in Liebe verbinden, zusammen schlafen [*corpus u. abs.*]; °*fluvium ponte* überbrücken; **c**) schließen, zustande bringen [*pacem, amicitiam*]; se *-ere u. mediopass.* sich durch Verwandtschaft *od.* Freundschaft verbinden *mit* [*ad alqm*]; °**d**) ehelich verbinden, vermählen [*feminam secum*]; **e**) (*gramm. t.t.*) zwei Wörter zu einem zusammensetzen.

iūnior, *ōris s. iuvenis.*

iūniperus, *ī f* (*et. unklar*) Wacholderstrauch.

Iūnius 3 **1.** *röm. Gentilname; s. Brūtus u. Iuvenālis;* **2.** (*mensis*) Juni.

Iūnō, *ōnis f* (*vl. m. iuvenis verwandt:* „*die* Jugendliche", *urspr. Geburts-, Fruchtbarkeits- u. Ehegöttin, Tochter des Saturnus, später m. der gr.* Hērā *gleichgesetzt u. als Himmelskönigin* [~ *Regina*], *Schwester u. Gattin Juppiters verehrt*); *adi.* *-nōnius* 3, *-nōnālis*, e; *subst.* **Iūnōnicola,** *ae m f* Junoverehrer(in);

Iūnōnigena, *ae m* Junosohn, = *Vulcānus.*

Iuppiter *u.* **Iūpiter,** *Iovis m* (*urspr. voc.; daneben nom.* Diēspiter) *Gott des himmlischen Lichts, Sohn des Saturnus u. der Rhea, später dem gr. Zeus gleichgesetzt, Götterkönig; Bruder u. Gemahl der Juno;* °/ Himmel, Luft; *sub Iove* unter freiem Himmel.

Iūra, *ae m* (*mōns*) *das* Juragebirge.

iūrātor, *ōris m* (*iūrō*) vereidigter Taxator. [** *subst.* Schöffe.]

iūrātus 3 (*m. sup.; iūrō*) vereidigt;

iūrecōnsultus *s. cōnsultus.*

iūrgium, *ī n* (*iūrgō*) Zank, Streit; Prozess.

iūrgō 1 (*altl. iūrigō; iūs, agō*) °**1.** prozessieren; **2.** / **a**) (*intr.*) zanken, schelten; °**b**) (*trans.*) (aus-) schelten. [lich.]

iūridiciālis, e (*iūridicus*) gericht-

iūri-dicus 3 (*iūs, dīcō*) Recht sprechend; (*subst.*) ~, *ī m* Richter.

iūris-dictiō, *ōnis f* **1.** Zivilgerichtsbarkeit; °**2.** Gerichtsbezirk.

iūrō 1 (*iūs*²) **1.** (*intr.*) **a**) schwören, einen Eid ablegen [*per deos, in* °*foedus*]; °*in verba magistri* blindlings folgen; °**b**) sich verschwören; **2.** (*trans.*) **a**) (*m. innerem Objekt*) schwören [*ius iurandum*]; **b**) (*m. äußerem Objekt*) beschwören, eidlich versichern; schwören *bei* [°*deos*]; °**e**) abschwören; °*calumniam* schwören, dass man nicht aus Schikane [klagt.]

iūror 1 (*iūs*²) schwören.

iūs¹, *iūris n* (*cf. nhd.* [*slaw. Lw.*] „Jauche") Brühe, Suppe.

iūs², *iūris n* (*wohl* < * *iovos*) **1.** Satzung, Rechtsanschauung, Recht; *civile* bürgerliches R., *publicum* Staatsrecht, *praetorium die* vom *jeweiligen* Prätor aufgestellten Normen, *hominum* Naturrecht, *gentium* Völkerrecht; **2.** Recht (*als Gegenstand richterlicher Entscheidung*); **3. a**) Rechtsansprüche, Befugnisse, Gerechtsame, Privileg; **b**) Gewalt, Macht; *sui iuris esse* sein eigener Herr sein; **c**) rechtliche Stellung; **4.** Gericht(sstätte); **5. a**) **iūre** mit Recht; **b**) **iūs iūrandum,** *iūris iūrandī n* Eid, Schwur.

iussū *abl. sg. m* (*iubeō*) auf Befehl.

iussum, *ī n* (*iubeō*) **1.** Befehl, Gebot; **2.** °**a**) ärztliche Verordnung; **b**) Volksbeschluss, Verordnung.

****iustificatio,** *onis f* Rechtfertigung.

****iustifico** 1 rechtfertigen.

iūsti-ficus 3 (*iūstus; faciō*) recht tuend.

iūstitia, *ae f* (*iūstus*) Gerechtigkeit.

iūstitium, *ī n* (*iūs; stō; cf. sōlstitium*) **1. a**) Einstellung aller Rechtsgeschäfte; °**b**) / Stillstand [*omnium rerum* aller Geschäfte]; °**2.** Landestrauer.

iūstus 3 (*m. comp., sup., adv.; altl. iovestos; iūs*) **1.** (*subjektiv*) sich an das Recht haltend, gerecht; ehrlich, rechtschaffen; **2.** (*objektiv*) rechtmäßig, gesetzlich; **3.** / **a**) gebührend, herkömmlich; **b**) wohl begründet; **c**) richtig, gehörig, vollständig; *subst.* **-um,** *ī n* Recht, Gerechtigkeit; **-a,** *ōrum n* herkömmliche Gebräuche; Totenopfer, -feier.

Iūturna, *ae f Quellnymphe, Schwester des Turnus.*

iuvenālis¹, e (*m. adv.; iuvenis*) jugendlich; *subst.* **-ia,** *ium n v. Nero geschaffene* (*urspr. theatralische*) *Spiele.*

Iuvenālis², *is m röm. cogn.: D. Iūnius* ~ *Satiriker* (*etwa 60 – 140*).

iuvenca, *ae f* (*iuvencus*) **1.** junge Kuh, Färse; **2.** junges Mädchen.

iuvencus 3 (*cf. nhd.* „jung") jung; *subst.* ~, *ī m* **1.** junger Stier; **2.** junger Mann.

iuvenēscō, — — 3 (*iuvenis*) **1.** heranwachsen; **2.** sich verjüngen.
iuvenīlis, e (*m.* °*comp.*, °*sup.*, *adv.*; *iuvenis*) jugendlich.
iuvenis, *is m* (*gen. pl.* -*um*; *cf. altind. voc.* yuvan „jung") °**1.** *adi.* (*comp. iūnior, ius, nkl. iuvenior, ius*) jung; **2.** *subst. m* Jüngling, junger Mann (*etwa zw. 20 u. 45 J.*); *comp.* **iūniōrēs,** *um m* (waffenfähige) junge Mannschaft; (*dcht.*) *f* junges Mädchen, junges Weib.
iuvenīx, *īcis f* (*cf. iuvenis*) junge Kuh, Färse.
iuvenor 1 (*iuvenis*) tändeln.
iuventa, *ae u.* **iuventās,** *ātis f* (*iuvenis*) **1.** Jugend(zeit); **2. a)** Jugendkraft, -frische; **b)** junge Leute; **c)** Bartflaum; **3.** ♀ *Göttin der Jugend* (*gr.* Hēbē).
iuventūs, *ūtis f* (*iuvenis*) **1.** Jugend (-zeit); Jugendalter (*etwa zwischen 20 u. 45 J.*); **2. a)** junge Leute; **b)** (waffenfähige) junge Mannschaft; *princeps -utis s. prīnceps.*
iuvō, *iūvī* (°*iūtum*, °*iuvātūrus*) 1 (*et. ungedeutet*) **1. a)** erfreuen, ergötzen; **b)** *impers. iuvat* es erfreut, ergötzt; **2. a)** unterstützen, helfen, fördern [*alqm*]; **b)** *impers. iuvat* es frommt.
iuxtā (-ū-?; < **iugistā* [*sc. viā*], *abl. sg. f sup. v.* **iugos* „eng verbunden"; *cf. iungō*) **1.** *adv.* **a)** dicht daneben, nahe bei; °bis in die Nähe; °**b)** / auf gleiche Art, gleichmäßig, ebenso (gut, sehr, viel); ~ *ac si* gerade wie wenn; **2.** *prp. b. acc.* **a)** dicht neben, dicht bei; °/ **b)** unmittelbar nach, nächst; **c)** unmittelbar vor, gegen [*finem vitae*]; **d)** beinahe (bis) zu.
iuxtim (-ū-?; *cf. iuxtā*) *adv.* in der Nähe, daneben.
Ixīōn, *onis m Lapithenkönig in Thessalien, wegen Frevels gegen Juno in der Unterwelt auf ein sich ewig drehendes Rad geflochten*; *adi.* -*onius* 3; *subst.* **-onidēs,** *ae m* Sohn des ~ = *Pirithous.*

K

K. (*Abk.*) = *Kaesō* (*röm. cogn.*).
Kal. = *Kalendae* (*s. Calendae*).
Karthāg... *s. Carthāg...*
kappa *gr. Buchstabe, später Zahlzeichen* = 90.

L

L. (*Abk.*) = *Lūcius*; *als Zahlzeichen* = 50.
labāscō, — — 3 (*incoh. v. labō*) ins Wanken kommen; / nachgeben.
labea, *ae f* (vulgär) = *labium.*
lābēcula, *ae f* (*dem. v. lābēs*) kleiner Schandfleck.
labefaciō, *fēcī, factum* 3 (P. -*fīō, factus sum, fierī u. fīerī*) **1.** wankend machen, erschüttern; / zugrunde richten, stürzen; **2.** / erschüttern.
labefactātiō, *ōnis f* (*labefactō*) Erschütterung.
labefactō 1 (*intens. v. labefaciō*) [= *labefaciō.*]
labellum¹, *ī n* (*dem. v. labrum¹*) kleine Lippe (°*auch als Kosewort*).
lābellum², *ī n* (*dem. v. lābrum²*) kleines (Opfer-)Becken.
labeōsus 3 (*labea*) mit dicken Lippen.
lābēs, *is f* (*lābor¹*) *das* Dahingleiten: **1.** Fall, Sturz; Einsturz; **2.** / **a)** Untergang, Verderben; °**b)** Flecken, Klecks; **c)** Schandfleck; ** *pl.* Sünden.
Labiēnus, *ī m*: *T. Attius* ~, *Legat Cäsars in Gallien, ging später zu Pompejus über, fiel 45 bei Munda.*
labium, *ī n* (*cf. nhd.* „Lippe", „Lefze") Lippe.
labō 1 (*intens. v. lābor¹*) schwanken, wanken; wackeln; / dem Zusammenbruch nahe sein, unzuverlässig sein.
lābor¹, *lāpsus sum* 3 (*eigtl.* „schlaff herabhängen"; *cf. nhd.* „schlaff"; „schlapp"; „schlafen") **1.** gleiten, schweben, sinken; **2.** herabgleiten, -schweben, sanft dahingleiten; °**3.** ausgleiten, entschlüpfen, (ent-) schwinden; °**4.** entrinnen, verfließen [*anni*]; **5.** straucheln, fallen, irren; **6.** / allmählich geraten, verfallen *in* [*ad mollitiam*].
labor², *ōris m* (*eigtl.* „*das* Wanken

unter einer Last"; *labō*) **1.** Mühe, Anstrengung, Strapaze; **2.** Beschwerde, Not, Drangsal,; **3. a)** Arbeit(samkeit), Arbeitskraft; **b)** (*ausgeführtes*) Werk, Unternehmen.

labōri-fer, *era, erum* (*labor*², *ferō*) Mühe ertragend, arbeitsam.

labōriōsus 3 (*m. comp.*; °*sup.*, *adv.*; *labor*²) **1. a)** mühsam, beschwerlich; **b)** geplagt; **c)** quälend [*aegritudo*]; **2.** arbeitsam.

labōrō 1 (*labor*²) **1.** (*intr.*) **a)** arbeiten, sich anstrengen [*pro salute*]; **b)** leiden, geplagt werden [*morbo, fame*]; **c)** sich in Not befinden; °**2.** (*trans.*) (mit Mühe) bearbeiten, verfertigen.

labōs (*altl.*) = *labor*².

labrum¹, *ī n* (*cf. labium*) Lippe; Rand.

lābrum², *ī n* (*Schnellsprechform für lavābrum*) Badewanne; Kufe; Bad.

labrusca, *ae f* (*-ā-?*; *-ū-?*; *et. ungedeutet, wohl Fw.*) wilde Rebe; wilder Wein; *seine* Frucht **-um,** *ī n.*

labyrinthos *u.* **-us,** *ī m* Labyrinth (*Gebäude m. vielen Irrgängen in Gnosus auf Kreta, der Sage nach v. Dädalus erbaut*); *adi. -thēus* 3.

lac, *lactis n* (*-ā-?*; *wohl* = **lacc*; *altl. lacte*; = *gr.* gąla) Milch; °Milchfarbe; °/ weißer Pflanzensaft.

Lacaena, *ae f* (*gr.* Ląkaina) Lakonierin, Spartanerin; *auch adi.*

Lacedaemōn, *onis f* (*gr.* -kedąimōn) Sparta; *adi. u. Einw. -monius* (3).

lacer, *era, erum* (*cf. gr.* lakįs „Fetzen") **1.** (*pass.*) zerfetzt, zerrissen, zerfleischt, zertrümmert; **2.** (*act.*) zerfetzend, zerfleischend.

lacerātiō, *ōnis f* (*lacerō*) Zerfleischung.

lacerna, *ae f* (*wahrsch. zu lacer, vl. m. etr. Suffix*) mantelartiger Überwurf mit Kapuze.

lacernātus 3 (*lacerna*) mit einer *lacerna* bekleidet.

lacerō 1 (*lacer*) **1.** zerreißen, -fleischen; **2.** / **a)** (*m. Worten*) herunterreißen, schelten; **b)** zerrütten; **c)** vergeuden; °**d)** zerstückeln, verhunzen [*orationem*].

lacerta, *ae f* (*eigtl. „die* Biegsame"; *lacertus*) °**1.** Eidechse; **2.** Bastardmakrele.

lacertōsus 3 (*lacertus*) muskulös.

lacertus, *ī m* (*eigtl. „der* Bewegliche") **1.** (*meist pl.*) **a)** *die* Muskeln (*bsd. des Oberarms*); Oberarm; Arm; **b)** / Kraft, Stärke (*bsd. des Redners*); °**2.** = *lacerta.*

lacessō, *īvī* (*iī*), *ītum* 3 (*intens. v. altl. laciō* 3 „locken"; *eigtl.* „bestricken"; *cf. laqueus*; *nhd.* „locken") **1.** reizen, herausfordern; **2.** erregen, veranlassen, beginnen.

lachanizō 1 (*-ī-?*; *vulgäre Neubildung aus gr. Fw.* „Küchenkraut") = *langueō.*

Lachesis, *is f eine der drei Parzen.*

lacinia, *ae f* (*cf. lacer*) Zipfel, Fetzen.

Lacō, *ōnis m* Lakonier; *adi. -cōnicus* 3, *-cōnis, idis f*; *subst.* **-cōnicē,** *ēs* (*gr.* -kę) *f Landsch. d. Peloponnes*; **-cōnicum,** *ī n* Schwitzbad; lakonisches Gewand.

lacrima, *ae f* (*altl. dacruma*; *gr. Lw.*) Träne; °/ Harz der Pflanzen; *Heliadum* Bernstein.

lacrimābilis, *e* (*lacrima*) beweinenswert, kläglich.

lacrimābundus 3 (*lacrimō*) weinend.

lacrimō 1 (*lacrima*) weinen; / herabträufeln.

lacrimōsus 3 (*m. adv.*; *lacrima*) **1.** tränenvoll; kläglich; **2.** Tränen erregend; / rührselig.

lacrimula, *ae f* (*dem. v. lacrima*) Tränchen; °*falsa* Krokodilsträne.

lacrum... = *lacrim...*

lacte (*altl.*) *s. lac.*

lactēns, *entis* (*part. praes. v. lacteō* „saugen"; *lac*) **1.** saugend; °*subst. lactentēs, ium f* saugende Tiere; °**2.** / saftig [*sata*].

lacteolus 3 (*dem. v. lacteus*) milchweiß.

lactēs, *ium f* (*lac*) **1.** Milch männlicher Fische; **2.** Eingeweide der Tiere, (*scherzh.*) der Menschen.

lactēscō, — — 3 (*incoh. v. lacteō*) zu Milch werden; ** Milch bekommen.

lacteus 3 (*lac*) °**1.** milchig; voller Milch; Milch trinkend; **2.** / **a)** milchweiß; °**b)** milchrein, goldrein.

lactitō 1 (*intens. v. lactō*) säugen.

lactō¹ 1 (*lac*) **1.** Milch geben, säugen; **2.** aus Milch bereitet sein; *metae lactantes* Käse.

lactō² 1 (*intens. v. altl. laciō* „locke"; *cf. lacessō*) verlocken, betrügen.

lactūca, *ae f* (*lac*; *cf. nhd. Lw.* „Lattich") Kopfsalat.

lactūcula, *ae f* (*dem. v. lactūca*) zarter Salat.

lacūna, *ae f* (*lacus*) **1.** °**a)** Loch,

Vertiefung; Grübchen; **b)** / Ausfall, Verlust; °**2.** Lache, Sumpf; ** Höhle; *maris* Lagune.

lacūnar, *āris n* (< **lacūnāre n v. *lacūnāris* „mit Vertiefungen versehen"; *lacūna*) getäfelte Decke.

lacūnō 1 (*lacūna*) mit einer getäfelten Decke schmücken.

lacūnōsus 3 (*lacūna*) lückenhaft.

lacus, *ūs m* (*dat. u. abl. meist -ubus; cf. nhd.* [*Lw.*] „Lache") **1. a)** Trog, Wanne, Kübel; **b)** Kufe (= 20 *cullei*); °**2.** Bassin; **3.** See; Wasser, Gewässer; Flussbett.

laedō, *sī, sum* 3 (*et. ungeklärt*) **1.** °**a)** schlagen, stoßen; **b)** / verletzen, beschädigen; **2.** / kränken, beleidigen.

Laelius 3 *röm. Gentilname: C.* ~ *Sapiēns, Freund des jüng. Scipio, Titel v. Ciceros Schrift De amicitia.*

laena, *ae f* (*gr. Lw., wohl durch etr. Vermittlung*) langhaariger Wollmantel.

Lāertēs, *ae* (*selten is*) *m Vater des Odysseus; adi. -ertius 3; subst.* **-iadēs,** *ae m* Sohn des Laertes = Odysseus.

laesiō, *ōnis f* (*laedō*) (*rhet. t.t.*) absichtliches Reizen des Gegners.

Laestrȳgones, *um m* (*gr.* Laistrȳgones) *Menschen fressendes Riesenvolk b. Homer; (sg. -ōn, onis); adi. -onius 3.*

laetābilis, e (*laetor*) erfreulich.

laetātiō, *ōnis f* (*laetor*) Jubel.

laetificō 1 (*laetificus*) fruchtbar machen; / erfreuen.

laeti-ficus 3 (*laetus, faciō*) erfreulich.

laetitia, *ae f* (*laetus*) **1.** (laute) Freude, Fröhlichkeit (*Ggs. gaudium*); (*dcht.*) Liebesglück; **2.** Schönheit, Anmut.

laetor 1 (*laetus*) sich freuen, seine Freude äußern (*Ggs. gaudeō*).

laetus 3 (*m. comp.,* °*sup., adv.; et. ungedeutet*) **1.** üppig, fett, blühend, fruchtbar, herrlich; **2.** / **a)** fröhlich, freudig; **b)** erfreulich, Glück verheißend.

laevus 3 (*m.* °*adv.;* = *gr.* laịọs; *eigtl.* „gekrümmt") **1.** linker, links; °**2.** / **a)** linkisch, ungeschickt; **b)** (*in der röm. Augurensprache*) günstig (*da der Augur nach Süden schaute u. der Osten als glückliche Seite galt*); **c)** (*nach gr. Auffassung*) ungünstig, Unheil bringend [*lumen*]; **3.** *subst.* **a) -a** (*sc. manus*), *ae f* linke Hand, Seite; **b) -a,** *ōrum n die* links liegende Gegend.

laganum, *ī n* (*gr. Fw.*) Plinse, Ölkuchen.

lagēna, *ae f* = *lagōna.*

lagēos, *ī f* (*gr. Fw.*) Hasenwein (*gr. Rebenart, nach der Farbe benannt*).

lagoena = *lagōna.*

lagōis, *idis f* (*gr. Fw.*) (*wahrsch.*) Schneehuhn.

lagōna *u.* **-gūna,** *ae f* (*gr. Fw.*) Flasche (*mit engem Hals u. weitem Bauch*); Krug.

laguncula, *ae f* (*dem. v. lagōna*) Fläschchen.

****laïcalis,** e = *laïcus.*

****laïcus** 3 weltlich; *subst.* ~, *i m* Laie(nbruder).

Lāis, *idis u. idos* (*acc. -idem u. -ida; gr. -ịs*) *Name zweier ber. Hetären zu Korinth.*

Lāïus, *ī m* (*gr. -os*) *König v. Theben;* **Lāïadēs,** *ae m Sohn des Laius,* Ödipus.

lalisiō, *ōnis m* (*afrikanisches Wort*) Füllen des Waldesels.

lāma, *ae f* (*et. nicht sicher gedeutet*) Sumpf, Pfütze.

lamberō 1 (*lambō*) belecken.

lambō, *bī, bitum* 3 (*Schallwurzel* *lab- „lecken") (be)lecken; / berühren, bespülen.

lāmella, *ae f* (*dem. v. lāmina*) Metallblättchen.

lāmenta, *ōrum n* (*selten sg. -um, ī; vl. Schallwurzel* *la- „bellen"; *cf. lātrō*[1]) Wehklagen.

lāmentābilis, e (*lāmentor*) °**1.** (*pass.*) beklagenswert; **2.** (*act.*) klagend, kläglich.

lāmentārius 3 (*lāmentor*) Klagen erregend.

lāmentātiō, *ōnis f* (*lāmentor*) *das* Wehklagen.

lāmentor 1 (*lāmentum*) (*intr. u. trans.*) wehklagen, (be)jammern.

lamia[1], *ae f* (*meist pl.; gr. Fw.*) weiblicher Unhold.

Lamia[2], *ae m cogn. i. d. gens Aelia; adi. -iānus 3.*

lām(i)na *u.* **lammina,** *ae f* (*et. ungeklärt*) **1.** Platte, Blech, Blatt, Tafel; °**2.** Gold-, Silberbarren; **3.** Klammer; °**4.** Schwertklinge; Sägeblatt; weiche Nussschale.

lamirus = *lamyrus.*

lampada, *ae u.* **lampas,** *adis f* (*acc. sg. auch -ada; acc. pl. auch -adas; gr. Fw.*) Fackel, Leuchte; Licht, Schimmer; Meteor.

lamyrus, *ī m unbekannter Seefisch.*

lāna, *ae f* (*cf. ablautend vellus*) **1.** Wolle; °Wollfaden; °**2.** Woll-

arbeit, -kleid, Wolllappen; wollene Stoffe; °3. *das* Wollige an Früchten u. Pflanzen; Baumwolle.
lānārius, *ī m* (*lāna*) Wollarbeiter.
lānātus 3 (*lāna*) Wolle tragend.
lancea, *ae f* (*kelt. Lw.*) (*urspr. span., mit einem Riemen versehene*) Lanze.
****lanceola,** *ae f* Lanze; Pfriem.
lancinō 1 (*lacer*) zerfleischen; / verschlemmen, vergeuden. [Wolle.]
lāneus 3 (*lāna*) wollen; / weich wie
Langobardī, *ōrum m germanisches Volk an der unteren Elbe.*
langue-faciō, — — 3 (*langueō*) matt machen, beruhigen.
langueō, *guī,* — 2 (*cf. laxus*) matt, kraftlos, untätig sein, erschlaffen; (*part. praes.*) *adi.* **languēns,** *entis* matt, flau; °/ schwermütig.
languēscō, *guī,* — 3 (*incoh. v. langueō*) **1.** matt, schlaff, träge werden; °**2.** / erschlaffen, abnehmen.
languidulus 3 (*dem. v. languidus*) schon welk; °wohlig matt.
languidus 3 (*m. comp., adv.; langueō*) matt, schlaff, träge, lau, untätig, lässig; erschlaffend.
languor, *ōris m* (*langueō*) Mattigkeit, Schlaffheit; / Untätigkeit, Trägheit; °Schwermut.
laniātus, *ūs m u.* °**-iātiō,** *ōnis f* (*laniō*) Zerfleischung, Zerreißung.
laniēna, *ae f* (*etr. Fw.; cf. lanius*) Fleischbank. [arbeit.]
lānificium, *ī n* (*lānificus*) Woll-
lāni-ficus 3 (*lāna; faciō*) Wolle verarbeitend.
lāni-ger, *era, erum* (*lāna; gerō*) Wolle tragend; *subst.* ~, *erī m* Widder, Lamm. [reißen.]
laniō 1 (*lanius*) zerfleischen, zer-
laniōnius 3 (*laniō, ōnis m* Fleischer, Henker) Fleischer..., Henker...
lāni-pēs, *pedis m* (*lāna*) die Füße mit Wolle umwickelt [senex].
lanista, *ae m* (*etr. Lw.*) Gladiatorenmeister; / Bandit, Aufhetzer.
lānitium, *ī n* (*lāna*) Wolle.
lanius, *ī m* (*etr. Lw.*) **1.** Fleischer; **2.** Opferschlächter; **3.** Henker.
lanterna, *ae f* (*gr. Lw., wohl durch etr. Vermittlung*) Laterne, Lampe.
lanternārius, *ī m* (*lanterna*) Laternen-, Fackelträger; / Förderer.
****lantgravius,** *i m* Landgraf.
lānūgō, *inis f* (*lāna*) **1.** *das* Wollige an Kräutern u. Früchten; **2.** (Bart-) Flaum; ** Wolle.
lanx, *cis f* (*cf. gr.* lekąnē) **1.** Schüssel, Schale; **2.** Waagschale; ** Maß [*tritici*]. [*nischer Priester.*]
Lāocoōn, *ontis m* [*gr.* -kǫōn) *troja-*
Lāomedōn, *ontis m* (*gr.* -mędōn) *Vater des Priamus; adi.* -*ontēus u.* -*ontius* 3 trojanisch; *subst.* **-ontiadēs,** *ae m* = Priamus; *pl. die* Troer.
lapathus, *ī m f* (*gr. Fw.*) Sauerampfer.
lapi-cīda, *ae m* (*lapis, caedō*) Steinmetz. [Steinbrüche.]
lapicīdīnae, *ārum f* (*lapicīda*)
lapidārius 3 (*lapis*) Stein... [*lautumiae -ae* Steinbrüche]. [gel.]
lapidātiō, *ōnis f* (*lapidō*) Steinha-
lapidātor, *ōris m* (*lapidō*) Steinschleuderer.
lapideus 3 (*lapis*) steinern; / versteinert (*vor Entsetzen*).
lapidō 1 (*lapis*) steinigen; *impers.* -*at* es regnet Steine. [wie Stein.]
lapidōsus 3 (*lapis*) steinig; / hart
lapillus, *ī m* (*dem. v. lapis*) **1.** Steinchen; **2.** Edelstein, Perle; **3.** Stimmsteinchen.
lapis, *idis m* (*cf. gr.* lępas) **1.** Stein; °Marmor; °/ Tropf, Klotz; gefühlloser Mensch; °**2.** Edelstein; Perle; Mosaikstein; °**3.** Gegenstand aus Stein: Tisch; Meilen-, Grenz-, Grabstein; **4.** Steintritt *des praeco beim Sklavenverkauf*; **5.** *Iuppiter* ~ ein Donnerkeil, *den man beim Schwur in der Hand hielt.*
Lapithae, *ārum* (*u.* -*um*) *m* (*gr.* -pịthai; *sg.* -*a u.* -*ēs*) *mythisches thessalisches Bergvolk, bekannt durch den Kampf mit den Kentauren auf der Hochzeit des Pirithous.*
lappa, *ae f* (*et. ungedeutet*) Klette.
lāpsiō, *ōnis f* (*lābor*[1]) Neigung zum Fall.
lāpsō 1 (*intens. v. lābor*[1]) wanken.
lāpsus, *ūs m* (*lābor*[1]) **1.** *das* Gleiten, Fallen; Flug, Lauf, Gefälle, *das* Schwimmen *u. ä.*; **2.** Fall, Sturz; **3.** / Fehltritt, Verstoß.
laquear *u.* **-āre,** *āris n* (*n v.* **laqueāris, adi. zu lacus*) = *lacūnar.*
laqueātus 3 (*laqueō* 1 „täfeln"; **laqueus* „aus einer Vertiefung bestehend") getäfelt.
laqueus, *ī m* (*et. ungedeutet; cf. lacessō*) Strick, Schlinge; / Fallstrick, Falle.
Lār, *aris m* (*Lăr?*) **1.** *meist pl. Larēs, (i)um* Laren (*Geister der Grundstücke,*

Kreuzwege, Straßen u. Haine, dann Schutzgötter des Hauses, vergötterte Seelen der Verstorbenen); **2.** / **a)** Haus, Wohnung, Herd; °Nest; °**b)** Philosophenschule.

lārdum, *ī n = lāridum.*

Lārentālia, *ium n Fest zu Ehren der Acca Lārentia, die Romulus u. Remus erzog.*

largi-ficus 3 (*-ā-?; largus; faciō*) reichlich.

largi-fluus 3 (*-ā-?; largus; fluō*) reichlich fließend.

largi-loquus 3 (*-ā-?; largus; loquor*) geschwätzig.

largior 4 (*-ā-?; dcht.: impf. -ībar; fut. -ībere; part. pf. pass.; largus*) reichlich geben, schenken, spenden; bestechen; / gewähren, einräumen, gestatten.

largitās, *ātis f* (*-ā-?; largus*) Freigebigkeit.

largiter *adv. s. largus.*

largītiō, *ōnis f* (*-ā-?; largior*) **1. a)** *das* Schenken, Spenden; Freigebigkeit; **b)** Bestechung; **2.** / Verleihung.

largītor, *ōris m* (*-ā-?; largior*) **1.** °**a)** Spender; **b)** „Bestecher"; °**2.** *attr.* freigebig.

largus 3 (*-ā-?; m. °comp., sup., adv.; et. ungedeutet*) **1. a)** reichlich, viel; °**b)** reich *an* [*opum*]; **2.** freigebig; *adv.* **-ē** *u.* **-iter.**

lāridum, *ī n* (*vl. m. laetus u. largus verwandt*) Speck, Pökelfleisch.

lāridus 3 (*lāridum*) gepökelt, Pökel...

Lārīnum, *ī n St. i. Samnium; Einw. -nās, ātis m.*

Lārīs(s)a, *ae f* (*gr.* Lą-) **1.** *thessalische St., j.* Larisse; *adi.* *-saeus* 3; *Einw. -sēnsēs, ium m;* **2.** *St. am Malischen Meerbusen;* **3.** *eine Burghöhe v. Argos.*

lars, *artis m* (*etr. Fw.*) Fürst, Herr (*etr. Titel od. Beiname*).

lārua (*altl.*) *u.* **lārva,** *ae f* (*wohl zu Lār*) **1.** Gespenst; (*Schimpfwort*) Fratzengesicht; **2.** Larve, Maske.

lāruālis (*altl.*) *u.* **-vālis,** e (*lārua*) gespensterhaft.

lāruātus (*altl.*) *u.* **-vātus** 3 (*lārua*) behext.

lasanum, *ī n* (*gr. Fw.*) Nachtgeschirr; Kochgeschirr.

lāsar... = *lāser...*

lascīvia, *ae f* (*lascīvus*) **1.** Fröhlichkeit, Mutwille, Ausgelassenheit; °**2.** Ungebundenheit, Ausschweifungen; °**3.** Geziertheit (*im Ausdruck*).

lascīvībundus 3 (*lascīviō*) ausgelassen.

lascīviō 4 (*lascīvus*) ausgelassen, lustig, übermütig sein.

lascīvus 3 (*m. °comp., °sup., °adv.; Weiterbildung v. adi. *laskos; cf. nhd.* „Lust") °**1.** lustig, ausgelassen, mutwillig, üppig rankend [*hedera*]; **2.** °**a)** übermütig; tändelnd; **b)** zügellos; geil; °**3.** geziert im Ausdruck, überladen.

lasser- *od.* **lāserpīci-fer,** *era, erum* (*-ă-?; lāserpīcium, ferō*) Laserpizium tragend.

lasser- *od.* **lāserpīcium,** *ī n* (*-ă-?; < lac sirpīcium* = Saft der Sirpepflanze (*Wolfsmilchart*); *volkset. an pix, picis angelehnt u. falsch abgeteilt, so dass sich der Pflanzenname lāser ergab*) **1.** (*als Arznei u. Gewürz verwandter*) Saft der Sirpepflanze; 2. Sirpepflanze.

Lasēs *altl. = Larēs; s. Lār.*

lassitūdō, *inis f* (*lassus*) Ermüdung.

lassō 1 (*lassus*) müde machen.

lassulus 3 (*dem. v. lassus*) ganz matt.

lassus 3 (*vulgär, unkl.; cf. nhd.* „lassen", „lässig") müde, matt, schlaff.

lastaurus, *ī m* (*gr. Fw.*) unzüchtiger, liederlicher Mensch.

latebra, *ae f* (*lateō*) **1.** *das* Verborgensein; **2. a)** Schlupfwinkel, Versteck; **b)** / Zu-, Ausflucht, Entschuldigung.

latebricola, *ae m* (*latebra, colō*) Besucher gemeiner Kneipen.

latebrōsus 3 (*m. °comp., °adv.; latebra*) **1.** voller Schlupfwinkel [° *loca* Bordelle]; °**2.** porös; geheim.

latēns, *entis* (*m. adv.; lateō*) verborgen, heimlich.

lateō, *uī,* — 2 (*√ *lā-* „verborgen sein") verborgen sein; / sicher, geborgen sein; unbekannt bleiben [*alci*; °*Hannibalem*].

later, *eris m* (*eigtl.* „Platte"; *cf. latus³*) Ziegel(stein).

laterāmen, *inis n* (*wahrsch. latus³*) Seitenwände.

later(i)culus, *ī m* (*dem. v. later*) Ziegelstein; °/ Plinse.

laterīcius 3 (*-ī-?; later*) aus Ziegeln; *subst.* **-ium,** *ī n* Ziegelwerk.

laterna (*volkset. an lateō angelehnt; lā-?*) = *lanterna.*

latēscō, — — 3 (*incoh. v. lateō*) sich verbergen.

latex, *icis m* (*gr. Fw.*) Flüssigkeit, Nass, Wasser, Fluss; *meri* Wein.

Latiālis, -āris *s. Latium.*

latibulum, *ī n* (*lateō*) Schlupfwinkel.

lāti-clāvius 3 (*lātus*[2]; *clāvus*) mit breitem Purpurstreifen (*an der Tunika der Senatoren*); *subst.* **~,** *ī m* Senator, Patrizier.

lātifundium, *ī n* (*lātus*[2]; *fundus*) großes Landgut.

latīnitās, *ātis f* (*Latīnus*; *s. Latium*) **1.** gutes Latein; **2.** latinisches Recht *der latinischen Gemeinden* (*Selbstverwaltung u. Steuerfreiheit*; *Zwischenstufe zwischen dem Recht des civis Romanus u. dem des peregrinus*).

Latīnus[1] *s. Latium.*

Latīnus[2], *ī m König v. Laurentum, Schwiegervater des Aeneas.*

lātiō, *ōnis f* (*lātus*[1]) *das* Bringen; °*auxilii* Hilfeleistung; *legis* Gesetzesvorschlag, °*suffragii* Stimmrecht.

latitātiō, *ōnis f* (*latitō*) *das* Sichversteckthalten.

latitō 1 (*intens. v. lateō*) sich versteckt halten.

lātitūdō, *inis f* (*lātus*[2]) Breite, Größe; / breite Aussprache; Fülle des Ausdrucks.

Latium, *ī n* (*falls idg.,* = „Ebene" [*im Ggs. zum sabinischen Hochland*] *u. m lātus*[2] *u. latus*[3] *verwandt*) (*anfangs*) *das Land zwischen Tiber u. Pontinischen Sümpfen, Heimat der Latiner,* (*später*) *Ldsch. Mittelitaliens, zu der außer dem ~ antiquum auch die Gebiete der Äquer, Herniker, Volsker u. Aurunker gehörten*; *Hptst. Rom*; *Ableitungen*: **1.** *adi.* **Latius** 3 latinisch, römisch; *-tiālis, tiāris,* e zu Latium gehörig; *subst.* **Latiar,** *āris n* Fest des *Iuppiter Latiāris*; **2.** *adi.* **Latīnus** 3 latinisch, lateinisch, römisch; *subst.* **Latīnus,** *ī m* a) *König v. Laurentum*; b) *König v. Alba Longa*; *pl.* **Latīnī,** *ōrum m Einw.* a) *v. Latium*; b) *v. außerlatinischen Gemeinden mit iūs Latiī od. latīnitās* (*s. d.*); **Latīnum,** *ī n das* Lateinische; *adv.* **Latīnē** lateinisch [*loqui, dicere* gut lateinisch sprechen]; / deutlich.

Lātō, *ūs f* (*dor.* Lātǫ, *att.* Lētǫ) *u.* **Lātōna,** *ae f Mutter v. Apollo u. Diana*; *adi. -tōis, idis f, subst.* Diana; *-tōïus* 3, *-tōus* 3 (*subst.* **-tōïus,** *ī m* Apollo; **-tōïa,** *ae f* Diana); *Lātōnius* 3 (*subst.* **-us,** *ī m* Apollo; **-a,** *ae f* Diana); **Lātōnigena,** *ae m f* Kind der **~**.

lātomiae = *lautumiae.*

lātor, *ōris m* (*lātus*[1]) Antragsteller; ** Träger, Überbringer; *legis* = Moses.

lātrātor, *ōris m* (*lātrō*[1]) Beller, Hund; / Maulheld.

lātrātus, *ūs m* (*lātrō*[1]) *das* Bellen.

lātrīna, *ae f* (< **lavātrīna*; *lavō*) Abtritt, Kloake.

lātrō[1] 1 (*im Vers auch -ă-*; *cf. lāmenta*) **1.** (*intr.*) bellen; / zanken, schreien; °**2.** (*trans.*) a) anbellen; b) beschimpfen, schmähen; c) ungestüm fordern.

latrō[2], *ōnis m* (*gr. Lw.* „Söldner") °**1.** gedungener Diener, Trabant; Söldner; **2.** Räuber, Wegelagerer; **3.** Freibeuter, Freischärler; °**4.** (*dem Wild auflauernder*) Jäger; °**5.** Stein *im Brettspiel.*

latrōcinium, *ī n* (*wohl* < **latrōnicinium*; *latrō*[2]) **1.** a) Räuberei, Raubzug; °b) Kriegsdienst; **2.** Spitzbüberei, Ränke; **3.** Räuberbande; °**4.** Brettspiel.

latrōcinor 1 (*cf. latrōcinium*) **1.** Straßen-, Seeraub treiben; °**2.** Kriegsdienst tun.

latrunculārius 3 (*latrunculus*) zum Brettspiel gehörig.

latrunculus, *ī m* (*dem. v. latrō*[2]) **1.** Bandit; °**2.** Stein *im Brettspiel.*

lātumiae, *ārum f* = *lautumiae.*

lātūra, *ae f* (*lātus*[1]) *das* Tragen von Lasten.

lātus[1] 3 *P.P.P. v. ferō.*

lātus[2] 3 (*m. °comp., sup., adv.*; *vl.* < **stlā-tos*; *cf. stlat(t)ārius*) **1.** breit; **2.** weit, geräumig, umfangreich; **3.** / a) weit verbreitet; b) ausführlich; °c) breitspurig.

latus[3], **eris** *n* (*ablautend v. lātus*[2]) **1.** a) Seite (*am Körper*); °/ *-eri adhaerere* auf dem Nacken sitzen; *-us dare* sich bloßstellen; b) Seite (*als Sitz der Kraft*); *im Deutschen*: Brust, Lunge; °Körper; °**2.** a) *die* Vertrauten; b) Verwandtschaft; Seitenlinie; **3.** a) Seite (*eines Gegenstandes*); °*in omne -us* nach allen Seiten; °b) (*math. t.t.*) Seite; **4.** (*mil. t.t.*) Flanke.

latusculum, *ī n* (*dem. v. latus*[3]) kleine Seite.

laudābilis, e (*m. comp., °sup., adv.*; *laudō*) lobenswert, rühmlich.

laudātiō, *ōnis f* (*laudō*) *das* Loben: **1.** Lob(rede); **2.** Leichenrede; **3.** günstiges Zeugnis vor Gericht; **4.** Dankadresse (*der Provinzialen für die Leistung eines Statthalters*).

laudātīvus 3 (*laudō*) lobend; *subst.* **-a,** *ae f* Gattung der Lobreden.
laudātor, *ōris m* (*laudō*) Lobredner; °Leichenredner; Entlastungszeuge.
laudātrīx, *īcis f* (*laudātor*) Lobrednerin.
laudātus 3 (*m.* °*comp.*, °*sup.*; *laudō*) gepriesen, vortrefflich.
laudicēnus, *ī m* (*laudō*; *cēna*) der eine Mahlzeit lobt (*um eingeladen zu werden*), Schmarotzer.
laudō 1 (*laus*) **1.** loben, rühmen, preisen; **2.** günstiges Zeugnis ablegen für [*alqm*]; **3.** eine Leichenrede halten; **4.** nennen; zitieren.
laurea, *ae f* (*laureus*) Lorbeerbaum, -kranz; / Sieg, Triumph.
laureātus 3 (*laurea*) lorbeerbekränzt; °(*litterae*) *-ae* Siegesbotschaft.
laureola, *ae f* (*dem. v. laurea*) Lorbeerkranz; / Triumph.
laureus 3 (*laurus*) vom Lorbeerbaum, Lorbeer...
lauricomus 3 (*laurus*; *coma*) mit Lorbeerlaub.
lauri-ger, *era, erum* (*laurus*; *gerō*) lorbeerbekränzt.
laurus, *ī* (°*auch -ūs*) *f* (*Lw. aus einer Mittelmeerspr.*) Lorbeerbaum; Lorbeerkranz; / Triumph, Sieg.
laus, *dis f* (*eigtl.* „feierliche Nennung"; *cf. nhd.* „Lied") **1.** Lob, Ruhm; Preis; **2.** löbliche Handlung, Verdienst; *pl.* Vorzüge; ** *pl.* Lobgesang; Gebet nach der Messe; *divinae* Gottesdienst.
lautia, *ōrum n* (*altl. dautia*; *vl. zu dō*) Bewirtung (*fremder Gäste u. Gesandter in Rom*).
lautitia, *ae f* (*lautus*) Pracht, Luxus; Leckerbissen.
lautumiae, *ārum f* (*gr. Fw.*) Steinbrüche; Kerker (*in Rom*).
lautus 3 (*m. comp.*, °*sup.*, *adv.*; *lavō*) sauber; / stattlich, ansehnlich; anständig, vornehm.
lavābrum, *ī n* (*lavō*) Badewanne.
****lavacrum,** *ī n* Taufe.
lavātiō, *ōnis f* (*lavō*) **1.** *das* Waschen, Baden, Bad; °**2.** Badegeschirr; **3.** Badewasser.
Lāvīnia, *ae f Tochter des Latinus, Gemahlin des Aeneas*; *adi.* *-n(i)us* 3; *subst.* **-ium,** *ī n v. Äneas erbaute u. nach ~ benannte St. i. Latium* (*j.* Prattica).
lavō, *lāvī, lautum* (*lōtum*) *u. lavātum* 1 (*dcht. praes. auch lavō* 3; < **lovō*) **1. a)** (*trans.*) waschen, baden; **b)** (°*intr. u. mediopass.*) sich waschen, (sich) baden; °**2.** / benetzen, befeuchten; wegspülen.
laxāmentum, *ī n* (*laxō*) Erleichterung, Milderung, Erholung.
laxitās, *ātis f* (*laxus*) **1.** Geräumigkeit; °**2.** Gelassenheit, Ruhe.
laxō 1 (*laxus*) °**1.** lockern, lösen, schlaff machen; **2.** erweitern, ausdehnen; **3.** / nachlassen, mildern, erleichtern; Erholung gewähren; *se -are* sich erholen [*a laboribus*].
laxus 3 (*m.* °*comp.*, *sup.*, *adv.*; *langueō*) **1.** °**a)** schlaff, lose, locker; schlotterig; **b)** zwanglos, uneingeschränkt; °**c)** wohlfeil; **2.** weit, geräumig, groß; geraum.
leaena (*gr. Fw.*) *u.* °**lea,** *ae f* (*zu leō*) Löwin.
Lēander, *drī m* (*gr.* Leandros) *Geliebter der Hero.*
lebēs, *ētis m* (*acc. pl. auch -ētas*; *gr. Fw.*) Metallbecken, Kessel.
lectīca, *ae f* (*lectus*[1]) Sänfte, Totenbahre.
lectīcāriola, *ae f* (*dem. v. lectīcārius*) Geliebte eines Sänftenträgers.
lectīcārius, *ī m* (*lectīca*) Sänftenträger.
lectīcula, *ae f* (*dem. v. lectīca*) kleine Sänfte, Ruhebett; Totenbahre.
lēctiō, *ōnis f* (*legō*[2]) **1.** Auswahl, Sichtung [*iudicum, senatorum*]; **2. a)** *das* Lesen, Lektüre, Studium; **b)** *das* Vorlesen; °**c)** *senātūs das* Verlesen der Senatorenliste durch den Zensor; °**3.** Lektüre, Lesestoff, Text.
lectisterniātor, *ōris m* (*lectisternium*) Tafeldecker.
lectisternium, *ī n* (*zu lectum sternere*) Göttermahl (*für die auf Polster gelegten Götterbilder*).
lēctitō 1 (*intens. v.* **lēctō* 1, *frequ. v. legō*[2]) **1.** mit Eifer lesen; °**2.** vorlesen.
lēctiuncula, *ae f* (*dem. v. lēctiō*) leichte Lektüre.
lēctor, *ōris m* (*legō*[2]) Leser; Vorleser; ** akademischer Lehrer.
lectulus, *ī m* (*dem. v. lectus*[1]) **1. a)** Bett; **b)** Ruhebett; **2.** Braut-, Ehebett; **3.** Speisesofa; °**4.** Leichenbett.
lectus[1], *ī* (°*selten -ūs*) *m* (*cf. nhd.* „liegen, Lager") **1. a)** Bett, Lager (-stätte); **b)** Ruhebett; **2.** Braut-, Ehebett [*iugalis, genialis*]; **3.** Speisesofa; °**4.** Leichenbett.
lēctus[2] 3 (*m. comp.*, *sup.*, °*adv.*; *legō*[2]) (aus)erlesen, ausgezeichnet.

Lēda, *ae f (gr. -ā) Gemahlin des Tyndareus; v. Jupiter, der als Schwan zu ihr kam, Mutter der Helena, der Klytäm(n)estra u. der Dioskuren (Kastor u. Pollux); adi. -aeus 3 °auch* spartanisch.
lēgālis, e (*lēx*) gesetzlich; ** *vita* den göttlichen Gesetzen gemäß.
lēgātiō, *ōnis f (lēgō*[1]) **1. a)** Gesandtschaft; Amt eines Gesandten; **b)** Gesandtschaftbericht; **c)** *die* Gesandten; **2.** Legatenstelle.
lēgātor, *ōris m (lēgō*[1]) Erblasser.
lēgātōrius 3 (*lēgātus*) *des* Legaten.
lēgātum, *ī n (lēgō*[1]) Vermächtnis, Legat.
lēgātus, *ī m (lēgō*[1]) **1.** Gesandter; **2.** Legat: **a)** = Unterfeldherr; **b)** = Unterstatthalter; ~ *pro praetore der* mit einem selbstständigen Kommando betraute L.; °**3.** kaiserlicher Statthalter; ** Gesandter des Papstes.
****legenda,** *ae f* Heiligenerzählung.
lēge-rup... = *lēgi-rup...*
lēgi-fer, *era, erum (lēx, ferō)* gesetzgebend.
legiō, *ōnis f (legō*[2]) **1.** (*röm.*) Legion (*seit Marius: 10 Kohorten = 30 Manipel = 60 Zenturien, dazu 300 Reiter; 4200 bis 6000 Mann*); °**2.** (*nichtröm.*) Heer(haufe); °**3.** / Hilfsmittel.
legiōnārius 3 (*legiō*) zu einer Legion gehörig; *subst.* ~, *ī m* Legionssoldat.
lēgi-rupa, *ae m (lēx; rumpō)* Gesetzesverletzer.
lēgi-rupiō, *ōnis f (lēx; rumpō)* Gesetzesverletzung.
lēgitimus 3 (*m. adv.; lēx*) **1.** gesetzmäßig, gesetzlich, rechtmäßig; °**2.** Gesetz...; **3.** gebührend, gehörig, recht, schicklich; °**4.** *subst.* **-a,** *ōrum n* Formalitäten. [armselige Legion.]
legiuncula, *ae f (dem. v. legiō)*
lēgō[1] 1 (*altl. lēgassit = lēgāverit*) (*lēx*) **1.** testamentarisch vermachen; **2.** (*Rückbildung zu lēgātus*) **a)** als Gesandten (ab)schicken; **b)** zum Legaten machen.
legō[2], *lēgī, lēctum* 3 (*eigtl.* „zusammenlesen") **1. a)** sammeln; °**b)** *vela* einziehen; *fila* aufwickeln; küssend auffangen [*extremum halitum*]; belauschen [*sermonem*]; °**c)** stehlen [*sacra*]; **2.** auslesen, -wählen; °**3.** durchwandern, -irren, -segeln; hinfahren *an* [*oram*]; **4.** lesen [*librum*], vorlesen, vortragen. [trockner Jurist.]
lēgulēius, *ī m (lēx)* Gesetzkrämer,
legūmen, *inis n (legō*[2]) Hülsenfrucht.
Lemannus lacus *m* Genfer See.
lembunculus = *lēnunculus*[2].
lembus, *ī m (gr. Fw.)* Boot, Kahn.
lēmma, *atis n (gr. Fw.)* **1.** Stoff (*einer Schrift*); **2.** Überschrift; **3.** Gedicht; *bsd.* Epigramm.
Lēmni-cola, *ae m Bewohner v. Lemnos = Vulkan.*
lēmniscātus 3 (*lēmniscus*) mit Bändern geschmückt; *palma -a* höchster Preis. [*Kranze*).]
lēmniscus, *ī m (gr. Fw.)* Band (*am*
Lēmnos *u.* **-us,** *ī f Insel des Ägäischen Meeres; adi. u. Einw.* **-nius** (3); *subst.* **-nias,** *adis f* Lemnierin.
Lemovīcēs, *um m (-ĭ-?) kelt. Völkerschaft um Limoges.*
lemurēs, *um m (vl. eigtl.* „*die* Gierigen"; *cf. lamia*[1]) Geister der Verstorbenen; Gespenster (*während die guten Geister der Verstorbenen als larēs verehrt wurden, fürchtete man die bösen als Gespenster*); **lemuria,** *ōrum n (im Vers -ū-)* Lemurienfest (*im Mai; an ihm wurden die in die Häuser zurückgekehrten L. 3 Tage lang bewirtet*).
lēna, *ae f (wohl gr. Fw.)* Kupplerin; *adi.* lockend, reizend.
Lēnaeus 3 (*gr. Fw.* „zur Kelter gehörig") bacchisch [*pater* Bacchus]. [(*lēniō*) Linderung(smittel).]
lēnīmen, *inis u.* **-mentum,** *ī n*
lēniō 4 (*dcht. -ībant, -ībunt; lēnis*) **1.** (*trans.*) °**a)** lindern, mildern; **b)** / besänftigen, beschwichtigen; **2.** (*intr.*) sich besänftigen, sich mildern.
lēnis, e (*m. comp., sup., adv.*; √ *lē- „nachlassen") (ge)lind, sanft, mild; langsam (wirkend); / ruhig, gelassen, schonend.
lēnitās, *ātis f (lēnis)* Milde, Sanftheit; / Gelassenheit, Ruhe.
lēnitūdō, *inis f (lēnis) = lēnitās.*
lēnō, *ōnis m (lēna)* Kuppler.
lēnōcinium, *ī n (lēna)* Kuppelei; Kupplerlohn; / Lockung(smittel), Reiz; °Schmeichelei.
lēnōcinor 1 (*cf. lēnōcinium*) **1.** schmeicheln; °**2.** fördern [*voluptati*].
lēnōnius 3 (*lēnō*) Kuppler...

lēns, *lentis f* (*Lw. unbekannter Herkunft*) Linse.
lentēscō, — — 3 (*incoh. v. lenteō* „langsam vonstatten gehen"; *lentus*) klebrig werden; / nachlassen.
lentīsci-fer, *era, erum* (*-īsc-?*; *lentīscus, ferō*) Mastixbäume tragend.
lentīscus, *ī f u.* **-um,** *ī n* (*-īsc-?*; *vl. Lw. unbekannter Herkunft mit volkset. Anlehnung an lentus* „biegsam") **1.** Mastixbaum; **2.** Zahnstocher aus Mastixholz.
lentitūdō, *inis f* (*lentus*) °**1. a**) Langsamkeit; **b**) *das* Schleppende *in Stil u. Vortrag*; **2.** / Gleichgültig-[keit.
lentō 1 (*lentus*) biegen.
lentulus[1] 3 (*dem. v. lentus*) ziemlich zähe; / langsam im Bezahlen.
Lentulus[2], *ī m cogn. in d. gens Cornēlia*; (*scherzh.*) **Lentulitās,** *ātis f der* alte Adel der Lentuli.
lentus 3 (*m. comp.*, °*sup.*, *adv.*; *cf. nhd.* „lind") °**1.** zäh, klebrig; °**2.** biegsam, geschmeidig; **3.** / **a**) langsam, träge; schleppen (*in Stil u. Vortrag*); **b**) ruhig, bedächtig; **c**) phlegmatisch, gleichgültig; **d**) lässig im Bezahlen; °**e**) eigensinnig; spröde.
lēnullus, *ī m* (*dem. v. lēnō*) Kuppler.
lēnunculus[1], *ī m* (*dem. v. lēnō*) Kuppler.
lēnunculus[2], *ī m* (*vl. dem. eines gr. Lw.*) Barke, Kahn.
leō, *ōnis m* (*gr. Lw.*) Löwe (*auch als Gestirn*).
Leōnidās, *ae m* (*gr.* -nidās) *König v. Sparta* († *bei Thermopylä 480*).
leōnīnus 3 (*leō*) Löwen...
Leontīnī, *ōrum m* (*gr.* -noi) *St. nw. v. Syrakus, j.* Lentini; *adi. u. Einw.* *-tīnus* (3).
lepas = *lopas.*
lepidus 3 (*m.* °*comp.*, °*sup.*, *adv.*; *cf. lepōs*) zierlich, niedlich; witzig; 2 *cogn. in d. gēns Aemilia*: *M. Aemilius* ~ *43 triumvir mit Antonius u. Oktavian.*
lepōs, *ōris m* (*cf. gr.* leptos „enthülst; fein, zart") Feinheit, Anmut; Witz.
****lepra,** *ae f* Aussatz [*spiritualis* des Herzens].
****leprosus** 3 aussätzig.
Leptis, *is f Name zweier St. a. d. nordafrikanischen Küste*: **1.** *maior in Tripolis*; **2.** (*minor*) *b. Thapsus*; *adi.* *-tīnus*; *Einw.* **-titānī,** *ōrum m.*

lepus, *oris m* (*nichtidg. Fw.*) Hase; *auch* °*Kosewort u. Sternbild.* [lein.
lepusculus *ī m* (*dem. v. lepus*) Häs-
Lerna, *ae f* (*gr.* -ē) *See, Fl. u. St. bei Argos, wo Herkules die Hydra erlegte*; *adi.* *-naeus* 3.
Lesbos *u.* **-us,** *ī f Insel im Ägäischen Meere, Heimat des Arion, des Alkäus u. der Sappho*; *adi.* *-bi(ac)us* 3, *-bōus* 3; *subst.* **-bias,** *adis u.* **-bis,** *idis f* Lesbierin. [Totenklage.
lessus, *acc. um m* (*et. ungedeutet*)
lētālis, e (*m. adv.*; *lētum*) tödlich, todbringend; *subst.* **-ia,** *ium n* tödliche Mittel. [Schlafsüchtige.
lēthargicus, *ī m* (*gr. Fw.*) der
lēthargus, *ī m* (*gr. Fw.*) Schlafsucht.
Lēthē, *ēs f* (*gr.* 2 „Vergessenheit") *Fluss der Unterwelt, aus dem die Schatten der Vergessenheit trinken*; *adi.* *-thaeus* 3. [bringend.
lēti-fer, *era, erum* (*lētum, ferō*) tod-
lētō 1 (*lētum*) töten.
Lētōis, Lētōïus *s. Lātō.*
lētum, *ī n* (*eigtl.* „Erschlaffung"; *cf. lēnis*) Tod; °/ Untergang.
Leucas, *adis f* (*gr.* -kas) *Insel u. St. im Ionischen Meere*; *adi. u. Einw.* *-cadius* (3); *subst.* **-cadia,** *ae f* = Leucas. [Schild.
leucaspis, *idis* (*gr. Fw.*) mit weißem
leucophaeātus 3 (*gr. Fw. m. lat. Suffix*) aschgrau gekleidet.
Leucothea, *ae u.* **-ē,** *ēs f* (*gr.* -kotheā = „weiße Göttin") *Meergöttin, später mit der altitalischen Māter Mātūta gleichgesetzt*; *cf. Inō.*
Leuctra, *ōrum n Flecken in Böotien* (*Schlacht 371*); *adi.* *-tricus* 3.
levāmen, *inis u.* **-mentum,** *ī n* (*levō*[2]) Linderung(smittel).
levātiō, *ōnis f* (*levō*[2]) Erleichterung; Verminderung. [lich eitel.
leviculus 3 (*dem. v. levis*[2]) / ziem-
levidēnsis, e (*zu levis*[2]) geringwertig, unbedeutend. [ganz glaubwürdig.
levi-fidus 3 (*levis*[2]; *fidēs*[1]) nicht
levi-pēs, *edis* (*levis*[2]) leichtfüßig.
lēvis[1], e (*m.* °*comp.*, °*sup.*; < **lei-vis*) **1.** glatt; °blank; °**2.** glatt, schlüpfrig; °**3. a**) bartlos; glatzköpfig; **b**) jugendlich, zart; **4.** / fließend [*oratio*].
levis[2], e (*m. comp., sup., adv.*; < **leghv-is*) **1. a**) leicht (*v. Gewicht*); °**b**) nicht drückend; °**2.** beweglich, flüchtig, geschwind; **3.** / **a**) unbedeutend, gering(fügig); **b**) leicht-

sinnig, charakterlos, unzuverlässig; nachlässig; **c)** sanft, gelinde; °**d)** unwahr, unverbürgt.

levi-somnus 3 (*levis*[2]) leichten Schlaf habend.

****levita,** *ae m* Priester, Diakon.

lēvitās[1], *ātis f* (*lēvis*[1]) Glätte; / Fluss des Ausdrucks.

levitās[2], *ātis f* (*levis*[2]) **1.** leichtes Gewicht; °**2.** Beweglichkeit, Flüchtigkeit; **3.** / **a)** Nichtigkeit; **b)** Leichtsinn, Charakterlosigkeit, Wankelmut.

lēvō[1] 1 (*lēvis*[1]) glätten; °/ glätten, mildern.

levō[2] 1 (*levis*[2]) **1. a)** leichter machen, (ver)mindern; **b)** schwächen, verkleinern; **2.** °**a)** abnehmen [*vincula*]; **b)** / befreien *von* [*metu*]; verringern; **3.** °**a)** (er)heben, aufrichten; *se -are u. mediopass.* sich erheben; **b)** / aufrichten, trösten, ermutigen, stärken; ** *de fonte* aus der Taufe heben.

lēvor, *ōris m* (*lēvis*[1]) Glätte.

lēx, *lēgis f* (*legō*[2]; *Dehnstufe wie rēx: regō*) **1.** (juristische) Formel; Vertrag, Kontrakt; Bedingung, Bestimmung, Punkt [°*foederis*]; **2.** Gesetzesantrag; **3. a)** Gesetz, Volksbeschluss, gesetzliche Bestimmung; *lege u. legibus* gesetzmäßig; **b)** *pl.* Verfassung; **4.** Regel, Norm, Vorschrift, Anordnung; °**5.** Beschaffenheit [*loci*]; ** die Heilige Schrift; das Alte Testament.

lexis, *eos f* (*gr. Fw.*) Wort.

lībāmen, *inis n* (*lībō*) Opfer(gabe, -guss).

lībāmentum, *ī n* (*lībō*) **1.** Opfer (-guss), Trankopfer; °**2.** Kostprobe; *pl.* Lesefrüchte.

Libanus[1], *ī m* (*gr.* -os) *Geb. in Südsyrien,* Libanon.

****libanus**[2], *i m* Weihrauch.

lībārius, *ī m* (*lībum*) Kuchenbäcker.

lībātiō, *ōnis f* (*lībō*) Trankopfer.

libella, *ae f* (*dem. v. lībra*) **1.** *röm.-kampanische Silbermünze im Wert v.* $^1/_{10}$ *Denar; heres ex libella* Erbe eines Zehntels des Nachlasses *od.* = *ex asse*: Universalerbe (?); **2.** kleine Münze, Pfennig, Heller; °**3.** Blei-, Wasserwaage.

libellus, *ī m* (*dem. v. liber*[1]) **1.** Büchlein, kleine Schrift; °*pl.* Buchladen; **2.** Verzeichnis, Heft, Notizbuch; **3. a)** Brief, Schreiben; **b)** Eingabe, Bittschrift, Gesuch; °**c)** Klage, Anklage, Denunziation; °**d)** Schmähschrift; **4.** Programm [*gladiatorum*]; **5.** öffentlicher Anschlag.

libēns, *entis* (*m.* °*comp., sup., adv.*; *libet*) **1.** gern, willig; freudig; °**2.** lustig, vergnügt.

libentia, *ae f* (*libēns*) Vergnügen, Fröhlichkeit; sinnliche Lust.

Libentīna, *ae f* = *Lubentīna.*

liber[1], *brī m* (√ **leubh-* „abschälen"; *cf. nhd.* „Laub", „Laube") **1.** (Baum-)Bast; **2.** °**a)** Schreiben, Brief; Erlass; **b)** Verzeichnis, Register; **3.** Buch [*libri Sibyllini*]; **4.** Teil einer Schrift, Buch.

līber[2], *era, erum* (*m. comp.,* °*sup., adv.*; < **leudheros* = „zum Volk gehörig, von rechtmäßiger Geburt"; *cf. nhd.* „Leute") **1.** frei, ungebunden, unbeschränkt; **2.** sorgen-, geschäfts-, schulden-, kosten-, abgabenfrei; **3.** freimütig, offen, unbefangen; **4.** befreit. ledig *von* [(*a*) *metu*]; **5.** politisch frei, unabhängig; **6.** zügellos, ausschweifend; *cf. līberī.*

Līber[3], *erī m* (*līber*[2], *līberī*) *altitalischer Gott der Fruchtbarkeit, später mit Bacchus identifiziert, vl. aber auch v. Anfang an dem gr. Dionysos* (= „*Sohn des Zeus*") *gleichgesetzt*; °/ Wein.

Lībera, *ae f* **1.** = *Proserpina* (*Schwester des Bacchus*); **2.** = *Ariadne* (*Gemahlin des Bacchus*).

Līberālia, *ium n* Bacchusfest *am 17. März, an dem die Jünglinge die toga virilis empfingen.*

līberālis, *e* (*m.* °*comp., sup., adv.*; *līber*[2]) **1.** die Freiheit betreffend; Freiheits...; **2.** eines freien Mannes würdig: **a)** edel, anständig, schön; vornehm; **b)** gütig, freundlich, höflich; **c)** freigebig; **d)** reichlich [°*epulae*]; ** *artes -es die* sieben „freien Künste" (Wissenschaften): *Grammatik, Rhetorik, Dialektik* (*Trivium*); *Musik, Astronomie, Geometrie, Arithmetik* (*Quadrivium*).

līberālitās, *ātis f* (*līberālis*) **1.** edle Gesinnung; Freundlichkeit; **2. a)** Freigebigkeit; °**b)** Schenkung.

līberātiō, *ōnis f* (*līberō*) Befreiung; Freisprechung (*vor Gericht*).

līberātor, *ōris m* (*līberō*) Befreier.

līberī, *ōrum u. um m* (*eigtl.* „rechtmäßige" [*sc.* Kinder]; *līber*[2]) Kinder; *selten sg. līber* Sohn; ** Nachkommen; Gemeinfreie.

līberō 1 (*altl. fut.* -*assō*; *līber²*) **1.** befreien [*a tyranno*]; **2.** freilassen [*servos*]; **3.** / a) aufheben, ungültig machen; abgabenfrei machen; *fidem* sein Wort einlösen; °*nomina* Schulden abtragen; **b)** (*jur. t.t.*) freisprechen [*culpā*, °*culpae*].
līberta, *ae f* (*lībertus*) *die* Freigelassene; *Veneris* ehemalige Tempelsklavin der Venus.
lībertās, *ātis f* (*līber²*) Freiheit: **1.** (*allg.*) Freiheit; **2.** politische Freiheit: **a)** *des einzelnen*; Freilassung; **b)** (*eines Volkes od. Staates*); Autonomie; **3. a)** Freiheitssinn, Freimütigkeit; **b)** Zügellosigkeit, Ungebundenheit; **4.** ♀ Göttin der Freiheit.
lībertīnus (*lībertus*) **1.** (*urspr.*) **a)** *adi.* 3 zu den Freigelassenen gehörig; °**b)** *subst.* ~, *ī m* Sohn eines Freigelassenen; **2.** (*später*) **a)** *adi.* freigelassen; **b)** *subst.* ~, *ī m u.* **-a,** *ae f der* (*die*) Freigelassene.
lībertus, *ī m* (*līber²*) Freigelassener.
libet, *uit u. itum est* 2 (*cf. nhd.* „lieb") es beliebt; *mihi* ~ ich mag.
libīdinor 1 (*libīdō*) brünstig, geil sein.
libīdinōsus 3 (*m. comp., sup., adv.*; *libīdō*) wollüstig, ausschweifend; willkürlich, zügellos, frech.
libīdō, *inis f* (*libet*) **1.** Begierde, Lust, Vergnügen, Verlangen; **2.** Willkür, Laune; *pl.* böse Begierden; **3.** Lüsternheit, Brunst; Geilheit, Wollust; °Päderastie.
libita, *ōrum n* (*libet*) Gelüste, Belieben.
Libitīna, *ae f* (*wahrsch. etr. Fw.*) Totengöttin (*früh mit Venus in Verbindung gebracht*; *cf. Lubentīna*); *in ihrem Tempel Leichengeräte u. Totenlisten*); / Leichengeräte, Totenbahre; Tod.
libitīnārius, *ī m* (*Libitīna*) Leichenbesorger.
****libitus,** *us m das* Belieben; *ad libitum* wunschgemäß.
lībō 1 (**loibā* „Spende, Trankopfer") °**1. a)** ein Trankopfer spenden; **b)** opfern, weihen; **2.** ein wenig entnehmen *von* [*e fonte*]; °**3. a)** leicht berühren [*cibos digitis*]; **b)** kosten, genießen [*panem*]; °**4.** schwächen [*vires*]; rauben [*virginitatem*].
lībra, *ae f* (*et. ungedeutet*) **1. a)** Waage; °~ *et aes* rechtlicher Kauf; **b)** Wasserwaage; °**2.** röm. Pfund (= *326 g*); °**3.** *Sternbild* Waage; ** karolingisches Silberpfund.
lībrāmentum, *ī n* (*lībrō*) °**1. a)** Gewicht; **b)** Gefälle; **c)** Schwungriemen; **2.** Horizontalebene.
lībrāria, *ae f* (*lībra*) Werkmeisterin (*die den Sklavinnen die Wolle zuwiegt*).
librāriolus, *ī m* (*dem. v. lībrārius*) Abschreiber, Kopist.
librārium, *ī n* (*librārius*) Bücherkasten.
librārius 3 (*liber¹*) Bücher...; *subst.* ~, *ī m* Kopist; Schreiber, Rechnungsführer.
lībrātor, *ōris m* (*lībrō*) **1.** Nivellierer, Feldmesser; **2.** Wurfschütze, Schleuderer.
lībrātus 3 (*lībrō*) kräftig geschwungen, schwungvoll.
lībrīlis, e (*lībra*) pfundschwer.
lībritor, *ōris m* (*lībra*) = *lībrātor²*.
lībrō 1 (*lībra*) **1.** im Gleichgewicht, in der Schwebe halten; °**2.** schwingen, schleudern; *se* -*are* fliegen.
lībum, *ī n* (*Rückbildung zu lībō*; *sakrales Wort*) (Opfer-)Kuchen.
Liburnī, *ōrum m Seeräubervolk im heutigen Kroatien*; *adi.* -*n(ic)us* 3; *subst.* ♀**n(ic)a,** *ae f* leichtes schnelles Kriegsschiff.
Libyes, *um m* (*sg.* -*ys, yos*) Libyer *in Nordafrika*; *ihr Land* **Libya,** *ae u.* **-yē,** *ēs f* (*gr.* -*yē*) *auch* = Nordafrika; *adi.* -*y(c)us* 3, -*ystīnus* 3; -*yssa, ae u.* -*ystis, idis f.*
licēns, *entis* (*m. comp., adv.*; *licet*) frei, ungebunden, zügellos, frech.
licentia, *ae f* (*licēns*) **1.** Freiheit; Erlaubnis; **2.** Willkür, Zügellosigkeit, Leichtfertigkeit, Frechheit; ♀ Göttin der Frechheit.
licentiōsus 3 (*m. comp.*; *licentia*) ausschweifend, ausgelassen.
liceō, *uī,* — 2 (*cf. lettisch* likstu „komme überein") **1.** feil sein, zum Verkauf stehen; °**2.** (*eine Ware*) ausbieten [*parvo pretio*].
liceor, *itus sum* 2 (*liceō*) bieten *auf* [*hortos*].
licet, *uit u. itum est* 2 (*altl. fut. licessit*; *eigtl.* „es steht zum Kauf frei"; *zu liceō*) **1. a)** es steht frei, es ist erlaubt, man darf; *per me licet* meinetwegen; **b)** es ist möglich, man kann; **2.** *ci.* **a)** *m. coni.* wenn auch [*omnes fremant*]; *dcht. auch ohne Verb*; **b)** *quamvis licet m. coni.* wenn auch noch so sehr.
lichēn, *ēnis m* (*gr. Fw.*) Flechte.

Licinius 3 *röm. Gentilname*: **1.** L. ~ Crassus, *ber. Redner, † 91*; **2.** M. ~ Crassus Dīves, *Triumvir, fiel 53 bei Carrhae*; **3.** L. ~ Lūcullus Ponticus, *Besieger des Mithridates, berühmt wegen seines Reichtums*; **4.** L. ~ Mūrēna, *63 von Cicero verteidigt*; **5.** A. ~ Archiās s. Archiās.
licitātiō, ōnis *f* (licitor) *das* Bieten, Gebot (*bei Versteigerungen*).
licitātor, ōris *m* (licitor) Bieter (*bei Versteigerungen*).
licitor 1 (*intens. v.* liceōr) bieten *auf.*
licitus 3 (licet) erlaubt.
līcium, ī *n* (*et. ungeklärt*) Einschlag (-faden); Faden, Band.
līctor, ōris *m* (*līgō 3 = ligō[2] 1) Liktor (*die Liktoren waren Diener des Diktators (24), des Konsuls (12), des Prätors (6) od. des kaiserlichen Legaten (5), die diesem einzeln hintereinander die* fasces *als Symbol „peinlicher Gerichtsbarkeit" vorantrugen*); °/ Leibwächter, Trabant.
liēn, ēnis *m* (*im Vers auch* liĕn; = *gr. Fw.* splēn) Milz.
liēnōsus 3 (liēn) milzkrank.
ligāmen, inis *u.* **-mentum,** ī *n* (ligō[2]) Binde, Verband.
Ligārius 3 *röm. Gentilname*: Q. ~, *Parteigänger des Pompejus, v. Cicero verteidigt*; *adi.* -iānus 3.
Liger, eris *m j. die* Loire.
lignārius, ī *m* (līgn-?; lignum) Holzhändler; inter -os am Holzmarkt; ** Holzhacker.
lignātiō, ōnis *f* (līgn-?; lignor) *das* Holzhauen.
lignātor, ōris *m* (-ī-?; lignor) Holzhauer.
ligneolus 3 (-ī-?; *dem. v.* ligneus) von feiner Holzarbeit.
ligneus 3 (-ī-?; lignum) **1. a)** hölzern; °**b)** auf eine Holztafel geschrieben; °**2.** / dürr [coniux].
lignor 1 (-ī-?; lignum) Holz holen; holzen; °*auch m. Nebenbedeutung* „züchtigen".
lignum, ī *n* (-ī-?; *eigtl.* „Leseholz"; legō[2]) **1.** Holz (*bsd.* Brennholz); Kloben; °**2. a)** Baum; **b)** Holzgerät: Speer, Pfeilschaft; Schreibtafel; *das* trojanische Pferd; Holzpuppe.
ligō[1], ōnis *m* (√ *sleig- „schlagen") Hacke, Karst.
ligō[2] 1 (*et. unklar*) **1.** (an-)binden; anschirren; **2. a)** zu-, verbinden; **b)** / vereinigen, schließen [pacta].
ligula[1], ae *f* (*cf.* lingō, *nhd.* „Löffel") Löffel.
ligula[2], ae *f* (*volkset. an* ligō[2] *angeschlossen*) = lingula[1]; ** Zünglein; Zipfel.
Ligures, um *m* (-ēs?; *sg.* Ligus, *später* -ur, ris; *gr.* Ligyes) *Volk im w. Oberitalien*; *ihr Land* **-ria,** ae *f*; *adi.* -usticus, -ustīnus 3.
ligurriō (*schlechter* ligūriō) 4 (lingō) °**1.** (*intr.*) lecken, leckerhaft sein; **2.** (*trans.*) °**a)** (be)lecken (*auch obszön*); naschen; **b)** lüstern sein *nach* [lucrum].
ligurrītiō, ōnis *f* (ligurriō) Leckerhaftigkeit.
Ligus, uris s. Ligures.
ligustrum, ī *n* (*vl.* Ligus) Rainweide, Liguster.
līlium, ī *n* (*Lw. aus einer Mittelmeerspr.*) Lilie; / Fallgrube *mit spitzen Pfählen.*
Lilybaeon *u.* **-um,** ī *n* (*gr.* -lybaion) *Vorgeb. u. St.* (*j.* Marsala) *in Westsizilien*; *adi.* -bēīus *u.* -bītānus 3.
līma, ae *f* (*cf.* lēvis[1]) Feile; / künstlerische Ausarbeitung.
līmāt(ul)us 3 (līmō[1]) gefeilt; verfeinert.
limbulārius, ī *m* (limbus) Bordürenmacher.
limbus, ī *m* (< *lembos; *eigtl.* „*das* Herabhängende") Bordüre; Saum.
līmen, inis *n* (*wohl eigtl.* „Querholz"; *cf.* līmes) **1. a)** Schwelle; °**b)** Haus, Wohnung; °**2.** / **a)** Eingang, Anfang(spunkt); **b)** Grenze.
līmes, itis *m* (*eigtl.* „Quer-gang"; līmus[2] + *i-t „gehend"; *urspr.* „künstlich geschaffene quer verlaufende Bahn") **1.** Schneise, (Feld-) Weg; **2. a)** Rain; / **b)** Grenzlinie, -scheide; **c)** Grenzvolk, Reichsgrenze.
līmō[1] 1 (līma; *eigtl.* „feilen") °**1.** reiben, wetzen; **2.** glätten; **3.** genau erforschen; **4.** vermindern, schmälern.
līmō[2] 1 (līmus[1]) mit Kot bespritzen.
līmōsus 3 (līmus[1]) schlammig.
limpidus 3 (*m.* °*comp., sup.*; limp-?; limpa = lympha; *cf.* liquidus) klar, hell.
līmulus 3 (*dem. v.* līmus[2]) schielend [oculis mit koketten Blicken].
līmus[1], ī *m* (< *loimos; *cf. nhd.* „Leim") Schlamm; Schmutz.
līmus[2] 3 (*eigtl.* „gebogen, schief") schielend.
līmus[3], ī *m* (līmus[2]) (*schräg m.*

Purpur besetzter) Schurz (*der Opferdiener*).

līnārius, ī *m* (līnum) Leinweber.

līnea, ae *f* (līneus) **1.** Richtschnur; **2. a)** Linie, Strich; **b)** *pl.* Skizze, Entwurf; **3.** °**a)** Grenzlinie (*in d. Rennbahn*); **b)** Einschnitt (*zw. den Sitzen im Theater*); **c)** Schranken; °**4. a)** Angelschnur; **b)** *pl.* Netz; ** Chorhemd; Albe.

līneā-mentum, ī *n* (līnea) **1.** Linie, Strich; **2.** *pl.* Umrisse, Konturen.

līneāris, e (līnea) Linien...; *ratio* Geometrie.

līneō 1 (līnea) nach dem Lot einrichten; ** (*Buchstaben*) zeichnen.

līneus 3 (līnum) linnen, aus Flachs.

lingō, līnxī, līnctum 3 (*cf. nhd.* „lecken") belecken; *auch obszön.*

lingua, ae *f* (*altl.* dingua; *cf. nhd.* „Zunge") **1. a)** Zunge; °*homo malae linguae* = fēllātor; °**b)** Landzunge; / **2. a)** Rede(gabe); °**b)** Schwatzhaftigkeit; Ruhmredigkeit, Vermessenheit; **3.** Sprache, Mundart.

linguārium, ī *n* (lingua) Zungengeld (*scherzh.* = *Strafe für Schwatzhaftigkeit*).

lingula[1], ae *f* (*dem. v.* lingua) **1.** Landzunge; °**2.** (*zungenartig zugespitzter*) Schuhriemen; °**3.** *Schimpfwort*; ** Zipfel.

lingula[2], ae *f Grammatikerschreibung für* ligula[1].

linguláca, ae *m f* (lingula) geschwätzig; Plappermaul.

līnia *usw.* = līnea *usw.*

līni-ger, era, erum (līnum; gerō) linnentragend; Leinwand ...

linō, lēvī *u.* līvī, litum 3 (*cf. gr.* alīnō „bestreiche") **1.** aufstreichen, -schmieren; **2. a)** bestreichen, besudeln; **b)** überziehen, bedecken; **3.** ausstreichen.

linquō, līquī, — 3 (*cf. nhd.* „elf" ‹ *ahd.* ein-lif = „lass eins [*über 10*] übrig") °**1.** zurück-, hinterlassen; **2.** (bleiben) lassen; unterlassen; °**3.** überlassen; **4. a)** verlassen; °**b)** -*or animo* werde ohnmächtig; °**5.** *impers.* linquitur, *ut* es bleibt übrig.

linteātus 3 (linteum) in Leinwand gekleidet.

linteō, ōnis *m* (linteum) Leinweber.

linteolum, ī *n* (*dem. v.* linteum) leinenes Tüchelchen.

linter, tris *f* (*selten m*; *et. ungedeutet*) **1.** Kahn; °**2.** Trog, Mulde.

linteus 3 (līnum) **1.** linnen; °**2.** auf Leinwand geschrieben; **3.** *subst.* **-eum,** ī *n* Leinwand; Laken; °Vorhang; °Segel.

lintriculus, ī *m* (*dem. v.* linter) [kleiner Kahn.]

līnum, ī *n* (*wahrsch. Lw. aus unbekannter, nichtidg. Spr.*) **1.** Lein, Flachs; **2.** aus Leinen Gefertigtes; **a)** Bindfaden; °**b)** Schnur; Leinwand, Tuch; Seil, Tau; Netz.

Linus *u.* **-os,** ī *m Sohn Apollos, ber. Sänger, Lehrer des Orpheus u. des Herkules.*

Lipara, ae *u.* **-ē,** ēs *f* (*gr.* -parā) *größte Äolische* (*Liparische*) *Insel, j.* Lipari; *pl. die* Liparischen Inseln (*nördl. v. Sizilien*); *adi.* -aeus 3, -ēnsis, e.

lippiō 4 (lippus) triefäugig sein; [°/ brennen [fame].]

lippitūdō, inis *f* (lippus) Augenentzündung.

lippus 3 (*eigtl.* „mit Fett beschmiert"; *cf.* linō) triefend, triefäugig; / saftreich [ficus].

lique-faciō, fēcī, factum 3; P. -fīō, factus sum, fierī *u.* fīerī (*u.* liquē-; liqueō) flüssig machen, schmelzen; / entkräften, schwächen.

liqueō, liquī *u.* licuī, — 2 (‹ *vliqu-) °**1.** flüssig sein; **2.** °**a)** klar sein; **b)** / deutlich, offenbar sein; (*jur. t.t.*) (iudici) liquet, non liquet die Tatsache ist (nicht) spruchreif.

liquēscō, licuī, — 3 (*incoh. v.* liqueō) °**1. a)** flüssig werden, schmelzen; **b)** verwesen; **2.** / **a)** entkräftet werden; °**b)** vergehen; °**3.** hell, klar werden.

liquidiusculus 3 (*dem. v.* liquidior, *comp. v.* liquidus) etw. sanfter.

liquidus 3 (*im Vers auch* līqu-; *m. comp.*, °*sup.*, *adv.* **-ē** *u.* **-ō**; *s. u.*; liqueō) °**1.** flüssig, fließend; °**2.** klar [aqua], hell, durchsichtig, rein [caelum]; **3.** / **a)** klar, rein; °**b)** heiter, ruhig; **c)** deutlich [auspicium]; gewiss, bestimmt; °**4.** *subst.* **-um,** ī *n* Flüssigkeit; Gewissheit; **5.** *adv.* **-ō** ohne Bedenken.

liquō 1 (liqueō) schmelzen, durchseihen; / (von unnützen Worten) reinigen.

liquor[1], ōris *m* (*im Vers auch* -ī-; liqueō) **1.** flüssiger Zustand; **2. a)** Flüssigkeit; *pl.* Gewässer; °**b)** Schleim; Saft, Wein.

līquor², — — 3 (*liqueō*) flüssig sein, fließen; / vergehen.

Līris, *is m* (*acc.* -*em u.* -*im*; *gr.* Lei-) *Fl. in Latium, j.* Garigliano.

līs, *lītis f* (*gen. pl.* -*ium*; *et. ungeklärt*) **1.** Streit, Zank; **2.** Prozess; **3.** Streitsache, -frage.

****litania**, *ae f* Litanei; Bußprozession; Bittgang.

litātiō, *ōnis f* (*litō*) *das* glückliche Opfer.

lītera (*älter*) = *littera*.

liti-cen, *inis m* (*lituus*; *canō*) Zinkenbläser.

lītigātor, *ōris m* (*lītigō*) Prozessführer, prozessführende Partei.

lītigātus, *abl. ū m* (*lītigō*) Streit, Prozess.

lītigiōsus 3 (*m.* °*comp.*, °*sup.*; *lītigium*) **1.** zänkisch; prozesssüchtig; **2.** streitig.

lītigium, *ī n* (*lītigō*) *ein* bisschen Streit.

lītigō 1 (*līs*; *agō*) **1.** hadern, streiten; **2.** prozessieren.

litō 1 (*wahrsch. v.* **lita* [*gr. Lw.*] „Bitte") **1.** (*intr.*) **a)** unter günstigen Vorzeichen opfern; °**b)** (*vom Opfer*) guten Ausgang versprechen; °**2.** (*trans.*) **a)** glücklich opfern; **b)** opfern, weihen; **c)** durch Opfer besänftigen; **d)** sühnen, rächen.

lītorālis, e *u.* **lītoreus** 3 (*lītus*) Ufer..., Strand...

littera, *ae f* (*wohl* < **lītes-ā*; *eigtl.* „Angeschmiertes"; *zu linō*) **1.** Buchstabe; *duae -ae* zwei Buchstaben; *una et viginti -ae das* Alphabet; *litteras discere* lesen lernen; **2.** (*meist pl.*) Geschriebenes: Akten, Dokument(e), Urkunde(n), Bericht, Dekret, Kontrakt, Diplom; **3.** *pl.* Brief; *binae -ae* zwei Briefe; *-is od. per -as* brieflich, schriftlich; **4.** *pl.* **a)** Gelehrsamkeit, wissenschaftliche Studien, Schriftstellerei; **b)** Wissenschaft(en); **c)** Literatur, Schriftdenkmäler; Werke.

****litteralis**, e buchstäblich; urkundlich.

litterārius 3 (*littera*) zum Lesen u. Schreiben gehörig, Elementar...

litterātor, *ōris m* (*littera*) Sprachgelehrter.

litterātōrius 3 (*litterātor*) grammatisch; *subst.* **-ia**, *ae f* Grammatik.

litterātrīx, *īcis f* (*litterātor*) Sprachlehrerin.

litterātūra, *ae f* (*littera*) **1.** Schrift; °**2.** Alphabet; °**3.** Sprachunterricht; Grammatik; ** Brief.

litterātus 3 (*m.* °*comp.*, °*sup.*, *adv.*; *littera*) °**1.** mit deutlichen Buchstaben bezeichnet; gebrandmarkt; **2.** buchstäblich, wörtlich; **3.** gebildet, gelehrt.

litterula, *ae f* (*dem. v. littera*) **1.** kleiner Buchstabe; **2.** *pl.* Briefchen; **3.** *ein* bisschen Schriftstellerei, etw. Literaturkenntnis, wissenschaftliche Bildung.

littus *schlechtere Schreibung für lītus.*

litura, *ae f* (*linō*) **1. a)** *das* Ausstreichen; Verbesserung; °**b)** Änderung einer Sache; **2. a)** ausgestrichene Stelle; °**b)** (Tränen-) Fleck.

lītus, *oris n* (*et. ungeklärt*) **1. a)** Meeresufer, Strand, Gestade; °**b)** Küsten(gegend); **2.** See-, Flussufer.

lituus, *ī m* (**li-tus* „Krümmung"; *cf. nhd.* „Glied") **1.** Krummstab *des Augurs* (** *des Bischofs*); **2.** Zinke, Signalhorn *der Reiterei*; / Signal.

līveō, — — 2 (*[*s*]*lī-vos* „bläulich"; *cf. nhd.* „Schlehe") bläulich sein; / neidisch sein.

līvēscō, — — 3 (*incoh. v. līveō*) bläulich werden.

līvidulus 3 (*dem. v. līvidus*) etw. neidisch.

līvidus 3 (*līveō*) bläulich, blau; / neidisch.

Līvius 3 (*röm. Gentilname*: **1.** *M.* ~ *Salīnātor, Besieger Hasdrubals am Metaurus* (*207*); **2., 3.** *M.* ~ *Drūsus u. Līvia Drūsilla s. Drūsus*; **4.** *Līvia od. Līvilla, Schwester des Germanicus*; **5.** ~ *Andronīcus, Sklave aus Tarent, wohl v. 1 freigelassen, erster röm. Dichter, † 204*; **6. T. Livius Patavīnus** (= „aus Padua") *der große Historiker, 59 v. Chr. bis 17 n. Chr.*

līvor, *ōris m* (*līveō*) blauer Fleck; / Neid, Scheelsucht.

lixa, *ae m* (-*ī*-?; *wohl etr. Fw.*) Marketender; / *pl.* Tross.

****localis**, e räumlich begrenzt.

locārius, *ī m* (*locus*) Vermieter der Plätze (*im Theater*).

locātiō, *ōnis f* (*locō*) °**1.** Stellung [*verborum*]; **2.** Verpachtung, -mietung; Pachtkontrakt.

locātor, *ōris m* (*locō*) Verpächter, -mieter.

locātum, *ī n* (*locō*) Verpachtung, -mietung.

locellus, *ī m* (*dem. v. locus*) Kästchen; / **Sarg; = *locus*.

locitō 1 (*intens. v. locō*) verpachten.

locō 1 (*altl. coni. pf.* -*assim*; *locus*) **1.** stellen, errichten; legen [*co-*

hortes in fronte]; **2.** / **a**) stellen, setzen; °**b**) verheiraten; **c**) (Geld) ausleihen; *se -are* sich verzinsen; **d**) vermieten, -pachten, -dingen.

loculāmentum, *ī n* (*loculus*) Bücherbrett.

loculus, *ī m* (*dem v. locus*) °**1.** Plätzchen, Gelass; **2.** *pl.* Kästchen, Kapsel, Büchse, °Kästchen mit Rechensteinen; °*peculiares* Privatkasse.

locuplēs, *ētis* (*m. comp., sup.*; *abl. sg. -e u. -ī*; *gen, pl. -(i)um*; *locus, pleō*) **1.** begütert, wohlhabend; **2.** gut ausgestattet; **3.** / glaubwürdig [*testis*].

locuplētō 1 (*locuplēs*) bereichern; reichlich ausstatten.

locus, *ī m* (*pl.* **-a,** *ōrum n*; *selten -ī, meist nur* = Buchstellen; *s.* 2c; *altl. stlocus*; *cf. gr.* stęllō „stelle auf") **1. a**) Ort, Platz, Stelle, Raum; **b**) angewiesener Ort, Posten, Stellung; °**c**) Wohnung, Wohnsitz; **d**) Ortschaft, Gelände; *pl.* Gegend; **e**) Boden, Acker, Feld; **f**) = *vulva*: **2. a**) *der* rechte Ort, *die* rechte Stelle; (*in*) *-o* an rechter Stelle; **b**) Stelle *in der Reihenfolge,* Punkt (*primo loco* erstens; **c**) (*pl.* **-ī,** *ōrum m*) Stelle in einem Buche, Punkt; Gegenstand der Untersuchung; *pl.* Hauptstücke, Sätze; *-i communes* Gemeinplätze; **d**) Herkunft, Geburt, Rang, Stellung [*nobili -o natus*]; **e**) *loco m. gen.* wie, als [*filii loco esse*]; **3.** °**a**) Zeitraum, -punkt; **b**) günstiger Zeitpunkt, Gelegenheit, Möglichkeit, Veranlassung [*fugae*]; **c**) Lage, Zustand, Umstand, Beziehung [*in eum locum adduci, ut...*].

lōcusta, *ae f* (*u. -ō-*; < **lōkos-tā*; *eigtl.* „mit Gelenken versehen, springend"; *cf. lacerta*) Heuschrecke.

locūtiō, *ōnis f* (*loquor*) **1.** *das* Sprechen; **2.** Aussprache, Sprache; °**3.** *pl.* Redensarten.

Locūtius *s. Āius.*

lōdīcula, *ae f* (*dem. v. lōdīx*) kleine gewebte Decke.

lōdīx, *īcis f* (*wohl kelt. Lw.*; *et. ungedeutet*) gewebte (Bett-)Decke.

logēum, *ī n* (*gr. Fw.*) Archiv.

logica, *ōrum n* (*gr. Fw.*) Logik.

****logicus** 3 logisch; *subst.* ~, *ī m* Philosoph.

logium, *ī n* (*gr. Fw.*) = *logēum.*

****logotheta,** *ae m* Kanzler; Generalpostmeister.

logus *u.* **-os,** *ī m* (*gr. Fw.*) °**1.** Wort; *pl.* leere Worte, dummes Zeug; **2.** Scherzrede, Wortspiel; °**3.** *pl.* Fabeln [*Aësopii*].

lolium, *ī n* (*et. ungedeutet*) Lolch, Schwindelhafer.

lolligō (*u. lōlīgō*), *inis f* (*et. ungedeutet*) Tintenfisch.

lollīguncula, *ae f* (*dem. v. lollīgō*) kleiner Tintenfisch.

Lollius 3 *röm. Gentilname: M.* ~ *Paullīnus, Freund des Horaz, 16 v. d. Germanen geschlagen*; *adi. -iānus* 3.

lōmentum, *ī n* (*lavō*) Waschmittel; [** Bad.]

Londinium, *ī n j.* London.

long-aevus 3 (*longus*; *aevum*) ganz alt; hochbetagt.

longē *adv.* (*m. comp.,* °*sup.*; *longus*) **1.** (*räuml.*) fern; von weitem; **2.** (*zeitl.*) weit, lange [~ *ante*]; **3.** (*steigernd*) bei weitem, ganz (~ *maximus,* ~ *alius,* ~ *praestare*).

longinquitās, *ātis f* (*longinquus*) **1.** °**a**) Länge; **b**) weite Entfernung; **2.** lange Dauer, Langwierigkeit.

longinquus 3 (*m. comp.,* °*sup.,* °*adv.*; *longus*; *Suffix wie in prop-inquus*) **1.** (*räuml.*) °**a**) lang, weit; **b**) weit entfernt, entlegen; **2.** / fern (stehend); fremd; **3.** (*zeitl.*) **a**) lang dauernd, langwierig; **b**) fern.

Longīnus, *ī m cogn. in d. gens Cassia*; *s. Cassius.*

longiter *adv.* (*Lu.*) = *longē.*

longitūdō, *inis f* (*longus*) **1.** (*räuml.*) Länge; **2.** (*zeitl.*) lange Dauer.

longiusculus 3 (*dem. v. longior, comp. v. longus*) ziemlich lang.

Longobardī = *Langobardī.*

longulus 3 (*m.* °*adv.*; *dem. v. longus*) ziemlich lang, weit.

longurius, *ī m* (*longus*) lange Stange, Latte.

longus 3 (*m. comp., sup., adv.* **-ē** u. °**-iter**; *s. d.*; ⟨**(d)longhos*; *cf. nhd.* „lang") **1.** (*räuml.*) **a**) lang, ausgedehnt, groß; *navis* Kriegsschiff; °**b**) weit entfernt; °**c**) weit, weit sich erstreckend; **2.** (*zeitl.*) **a**) lang dauernd, langwierig; °chronisch [*morbus*]; **b**) umständlich, weitschweifig; *-um est* es wäre zu weitläufig; **c**) (*v. der Silbe*) lang; °**d**) weit reichend [*spes*]; **3.** *subst.* **a**) **-a,** *ae f* lange Silbe; °**b**) **-um,** *ī n* lange Zeit.

L

lopas, *adis f* (*acc. pl. -adas; gr. Fw.*) Napfschnecke.

loquācitās, *ātis f* (*loquāx*) Geschwätzigkeit.

loquāculus 3 (*dem. v. loquāx*) etw. [geschwätzig.]

loquāx, *ācis* (*m. comp., sup., adv.; loquor*) geschwätzig, redselig.

loquēla *u.* **-quella,** *ae f* (*loquor*) Rede, Wort, Sprache.

loquentia, *ae f* (*loquor*) Zungenfertigkeit.

loquitor 1 (*intens. v. loquor*) [sprechen.]

loquor, *cūtus sum* 3 (*altl. locuntur; et. ungeklärt*) **1.** (*intr.*) sprechen; deutlich zeigen; **2.** (*trans.*) **a)** sagen, (be)sprechen; **b)** immer im Munde führen; **c)** verkündigen, behaupten, rühmen, besingen; nennen, melden.

lōrārius, *ī m* (*lōrum*) Zuchtmeister der Sklaven.

lōrātus 3 (*lōrum*) mit Riemen ge-[bunden.]

lōreus 3 (*lōrum*) aus Riemen; *latera -a* durchgepeitscht.

lōrīca, *ae f* (*lōrum*) **1.** *der (urspr. lederne)* Panzer; **2.** Brustwehr.

lōrīcātus 3 (*lōrīcō* 1 „panzern"; *lōrīca*) gepanzert.

lōrīcula, *ae f* (*dem. v. lōrīca*) klei-[ne Brustwehr.]

lōri-pēs, *pedis m* (*lōrum*) „Riemenbein"; *attr.* humpelnd.

lōrum, *ī n* (⟨ **vlōrom; cf. gr. pl.* eulēra „Zügel") °**1.** (lederner) Riemen; °**2.** Gürtel der Venus; °**3.** Zügel; **4.** Peitsche; °**5.** Kapsel mit Amulett = *bulla.*

lōtium, *ī n* (*lōtus, P.P.P. v. lavō*) [Urin.]

lōtos *u.* **-us,** *ī* (*gr. Fw.*) **1.** *f* **a)** Lotos (-frucht); °**b)** *die aus Lotosholz hergestellte* Flöte; °**c)** Stein- *od.* Süßklee; **2.** *m* Dattelpflaume.

lōtum = *lautum s. lavō.*

Lua, *ae f altröm.* (*etr.?*) *Göttin, der man die erbeuteten Waffen weihte.*

lubēns, lubet, lubīdo = *lib...*

Lubentīna, *ae f volkset. Umformung v. Lubitīna* (= *Libitīna*); *Beiname der Venus als Göttin der sinnlichen Lust.*

lūbricō 1 (*lūbricus*) schlüpfrig, glatt machen.

lūbricus 3 (**slūbros; cf. nhd.* „schlüpfen, schlüpfrig") °**1.** schlüpfrig, glatt; **2.** / **a)** leicht beweglich, flüchtig; **b)** unsicher, gefährlich, verführerisch; °**c)** betrügerisch.

Lūca[1], *ae f St. in Etrurien, j.* Lucca; *adi.* -ēnsis, e.

Lūca[2] **bōs,** *Lucae bovis m* (⟨ **Lūcā[n]s*) lukanischer Ochse = Elefant.

Lūcānī, *ōrum m Bewohner der Ldsch.*

Lūcānia, *ae f in Unteritalien; adi. -n(ic)us* 3; *subst.* 2**nica,** *ae f* Rauchwurst.

lūcar, *āris n* (*lūcāris, e altl. adi. zu lūcus*) **1.** Forststeuer (*urspr. zur Bezahlung der Schauspieler*); **2.** Schauspielergage.

lucellum, *ī n* (*dem. v. lucrum*) kleiner Gewinn.

lūceō, *xī,* — 2 (*cf. lūx; nhd.* „Licht") **1.** (*intr.*) **a)** hell sein, leuchten; **b)** klar, deutlich sein; *lucet* es ist Tag; °**2.** (*trans.*) leuchten lassen.

Lūcerēs, *um m* (*etr. Gentilname*) **1.** *die Angehörigen einer der drei ältesten Tribus in Rom* (*Etrusker od. Albaner, neben Ramnēs* [*Römer*] *u. Titiēs* [*Sabiner*]); **2.** *die Angehörigen der gleichnamigen Ritterzenturie.*

lucerna, *ae f* (*lūceō*) Öllampe, Leuchte; °/ Nachtzeit; Nachtarbeit.

lūcēscō, *lūxī,* — 3 (*incoh. v. lūceō*) zu leuchten beginnen; Tag werden.

lūcī *s. lūx.*

lūcidus 3 (*m.* °*comp.,* °*sup. adv.; lūx*) **1.** hell, leuchtend; glänzend weiß; **2.** / deutlich, klar.

lūci-fer, *era, erum* (*lūx; ferō*) °**1.** Licht bringend; **2.** ans Licht bringend; *subst.* 2, *erī m* Luzifer, *Sohn der Aurora;* Morgenstern; °/ Tag.

lūci-fuga, *ae m* (*lūx; fugiō*) Nacht-[schwärmer.]

lūci-fugus 3 (*lūx; fugiō*) °**1.** lichtscheu; **2.** / menschenscheu.

Lūcīlius 3 *röm. Gentilname: C.* ~, *Freund des jüngeren Scipio, Satiriker* (*180–102*).

Lūcīna, *ae f* (*lūx*) **1.** *Geburts- u. Lichtgöttin* (Juno; Diana); °/ *das* Gebären; **2.** Hekate.

lūcīscō 3 = *lūcēscō.*

Lūcius, *ī m* (*lūx*) *röm. Vorname,* [*abgek. L.*]

lucrātīvus 3 (*lucrum*) gewonnen, erübrigt; Gewinn bringend.

Lucrētius 3 *röm. Gentilname:* **1.** *Sp.* ~ *Tricipitānus; seine Tochter* **Lucrētia,** *ae f, v. Sextus Tarquinius geschändet;* **2.** *T.* ~ *Cārus, Vfssr. des philos. Lehrgedichtes De rerum natura;* † *55.*

lucri-fer, *era, erum* (*lucrum; ferō*) Gewinn bringend.

lucrificābilis, e (*lucrum; faciō*) Gewinn bringend.
lucri-fuga, *ae m* (*lucrum; fugiō* einer, der den Gewinn flieht.
Lucrīnus, *ī m See b. Baiae, reich an Fischen u. Austern; auch adi.* [*lacus*].
lucripeta, *ae m* (*lucrum; petō*) *der* Gewinnsüchtige.
lucror (*u.* [*Pl.*] **-ō**) 1 (*lucrum*] gewinnen; erlangen.
lucrōsus 3 (*m. comp., sup.; lucrum*) Gewinn bringend.
lucrum, *ī n* (<* *lu-tlom; cf. nhd.* „Lohn") **1.** Gewinn, Vorteil; °*in -o esse* vorteilhaft sein; *-i facere* gewinnen; **2.** / °**a**) Gewinn-, Habsucht; **b**) Reichtum.
luctāmen, *inis n* (*luctor*) Anstrengung.
luctātiō, *ōnis f* (*luctor*) *das* Ringen, (Ring-)Kampf; Wortstreit.
luctātor, *ōris m* (*luctor*) Ringer.
lūcti-fer, *era, erum* (*lūctus; ferō*) Traurigkeit bringend, traurig.
lūcti-ficus 3 (*lūctus; faciō*) unheilschwanger, verderblich.
lūcti-sonus 3 (*lūctus; sonō*) traurig klingend.
luctor (*altl. auch* **-ō**) 1 (**luc-tọs* „sich biegend"; *cf. nhd.* „Locke") **1.** ringen, kämpfen (°*auch vom Beischlaf*); **2.** / **a**) sich abmühen; **b**) sich widersetzen.
lūctuōsus 3 (*m. comp., sup.,* °*adv.; lūctus*) jammervoll; schwer geprüft.
lūctus, *ūs m* (*lūgeō*) Trauer; Trauerkleid, -fall; (*Ve.*)♀ Gott der Trauer.
lūcubrātiō, *ōnis f* (*lūcubrō*) Nachtarbeit.
lūcubrātōrius 3 (*lūcubrō*) zum Studium bei Nacht dienlich.
lūcubrō 1 (*lūcubrum* „Kerze"; *lūceō*) °**1.** (*intr.*) bei Licht arbeiten; **2.** (*trans.*) bei Licht ausarbeiten.
lūculentus 3 (*m. comp.,* °*sup.; adv.* **-ē** *u.* **-enter**; *lūx*) **1.** hell, glänzend; **2.** stattlich, tüchtig, ansehnlich.
Lūcullus, *ī m cogn. in d. gens Licinia: s. Licinius; adi.* *-cullēus, -cullīānus* 3.
lūculus, *ī m* (*dem. v. lūcus*) kleiner Hain.
luc(u)mō, *ōnis m* (*etr. Fw.*) etruskischer Adliger.
lucūna = *lacūna.*
lūcus[1], *ī m* (*lūceō; eigtl.* „Lichtung") **1.** der einer Gottheit geweihte Hain; **2.** (*dcht.*) Wald.
lūcus[2], *abl. ū m* (*lūceō*) Licht.
lūcusta, *ae f* = *lōcusta.*
lūdia, *ae f* (*lūdius*) **1.** Tänzerin (*auf der Bühne*); **2.** Frau eines Fechters.
lūdibrium, *ī n* (*lūdus*) **1.** Spielball, -werk; Blendwerk; **2.** Spott, Hohn; °**3.** Schändung, Entehrung.
lūdibundus 3 (*lūdō*) °**1.** spielend, scherzend, lustig; **2.** / leicht, mühelos.
lūdicer, *cra, crum u.* **lūdicrus** 3 (*m.* °*adv.; lūdus*) **1.** kurzweilig; **2.** zum Schauspiel gehörig; *subst.* **-crum,** *ī n* **1.** Spiel, Scherz; °*pl.* Tändeleien; °**2.** Schauspiel.
lūdificābilis, e (*lūdus, faciō*) foppend, äffend; voller Übermut.
lūdificātiō, *ōnis f* (*lūdificō*) *das* Necken; Täuschung.
lūdificātor, *ōris m* der jd. zum Besten hat.
lūdificātus, *ūs m* (*lūdificō*) Fopperei, Gespött.
lūdificō *u.* **-or** 1 (*lūdus; faciō*) **1.** necken, foppen, zum Narren haben; °**2.** (*nur -or*) vereiteln.
lūdī-magister, *trī m* (*auch getr.*) Schulmeister.
lūdiō, *ōnis* (*nkl.*) *u.* **lūdius,** *ī m* (*lūdus*) **1.** Komödiant, (pantomimischer) Tänzer; °**2.** (*nur -ius*) Gladiator.
lūdō, *sī, sum* 3 (< **loidō; cf. gr.* loidoręō „schelte") s p i e l e n: **1.** (*intr.*) **a**) spielen; °**b**) tanzen; **c**) scherzen; °tändeln *mit* [*in alqa*]; °**d**) im Schau- *od.* Kampfspiel auftreten; **2.** (*trans.*) °**a**) spielend betreiben, spielen [*par impar*]; **b**) darstellen, durchführen; **c**) necken; °**d**) foppen; täuschen.
lūdus, *ī m* (*altl. loidos, loedos; cf. lūdō*) S p i e l: **1.** Spiel, Kurzweil, Zeitvertreib; °Liebesspiel; **2.** öffentliches Schauspiel; **3.** Schule: **a**) *litterarum* Elementarschule; °*fidicinus* Musikschule; **b**) Gladiatorenschule, -kaserne; **4.** Spaß, Scherz, Neckerei, Gespött.
luēlla, *ae f* (*-ĕ-?; luēla?; luō*) Buße, Strafe.
luēs, *is f* (*luō; wohl urspr.* „Auflösung") °**1.** Seuche; **2.** / **a**) (*Schimpfwort*) Pest; °**b**) Unheil, Verderben.
Lugdūnum, *ī n j.* Lyon; *adi.* *-nēnsis, e.*
lūgeō, *xī, ctum* 2 (< **lougejō; cf. gr.* lygrọs „traurig") **1.** (*intr.*) (unter lautem Jammern) trauern; traurig sein; **2.** (*trans.*) betrauern, Trauer tragen *um.*
lūgubris, e (*m.* °*adv.; lūgeō*) **1.** Trauer...; trauernd; °**2.** / traurig,

unheilvoll; kläglich; *subst.* **-bria**, *ium n* Trauerkleider.

lumbifragium, *ī n* (*lumbus*; *frangō*) zerschlagene Lenden.

lumbrīcus, *ī m* (*et. ungeklärt*) Regenwurm.

lumbus, *ī m* (*cf. nhd.* „Lende") Lende; °/ Schamteile.

lūmen, *inis n* (*lūceō*) Licht: **1.** Kerze, Fackel; °**2. a)** Tag(eslicht); **b)** Leben(slicht); **3. a)** Auge(nlicht); **b)** Fenster; **4.** / **a)** leuchtendes Vorbild, Glanz(punkt), Zierde, Schmuck; **b)** Klarheit; klare Einsicht; **c)** Rettung, Heil; ** *lumina ecclesiae* Kirchenväter.

lūminar, *āris n* (*lūmen*) Fensterladen; ** Licht, Leuchte, Leuchter.

lūminōsus 3 (*lūmen*) sichtvoll, hell; / hervorstechend.

lūna, *ae f* (*wohl* < **louks-nā*; *lūceō*) **1.** Mond(schein); *plena* Voll-, *nova* Neumond; °**2.** / **a)** Monat; **b)** Nacht; °**3.** mondförmige Figur, *bsd.* halbmondförmiges Abzeichen *auf den Schuhen der patriz. Senatoren*; **4.** ♀ *Mondgöttin, später mit Diana gleichgesetzt; ihr Tempel auf dem Aventin.*

lūnāris, e (*lūna*) Mond...; °mondförmig.

lūnō 1 (*lūna*) (halb)mondförmig krümmen; (*P.P.P.*) *adi.* **lūnātus** 3 halbmond-, sichelförmig; mit einem (*elfenbeinernen*) Halbmond geziert.

lunter, luntriculus = *linter usw.*

lūnula, *ae f* (*dem. v. lūna*) halbmondförmiges Halsband.

-luō[1], *-luī, -lūtum* 3 (*nur in den Komposita v. lavō* 1; *zu lavō* 3; *s. lavō*; *cf. illūtibilis, illūtus*) = *lavō*.

luō[2], *uī, uitūrus* 3 (*eigtl.* „lösen") **1. a)** büßen, sühnen; °**b)** durch Buße abwenden; **2. a)** *poenam* (*-as*) ~ Strafe leiden; °**b)** bezahlen.

lupa, *ae f* (*lupus*) Wölfin; / öffentl. Dirne.

lupānar, *āris n* (*lupa*) Bordell; *auch als Schimpfwort.*

lupātus 3 (*lupus*) mit Wolfszähnen, *d. h.* Eisenspitzen versehen; *subst.* **lupāta,** *ōrum n u.* **-tī,** *ōrum m* „Wolfsgebiss" *eines Pferdezaums.*

Lupercus, *ī m* (*zu lupus*; *Bildung u. genaue Bedeutung nicht geklärt*) *altröm. Hirten- u. Fruchtbarkeitsgott, Faunus gleichgesetzt; seine Priester* **-ci,** *ōrum m*; *adi. -cālis,* e; *subst.* **-cal,** *ālis n Grotte am Palatin*; *urspr. dem Pan geweiht*; *hier hatte der Sage nach die Wölfin Romulus u. Remus gesäugt*; **-cālia,** *ium n Fest des L.*

lupillus, *ī m* (-ĭ-?; *dem. v. lupīnus*) kleine Wolfsbohne, Lupine.

lupīnus 3 (*lupus*) vom Wolfe, Wolfs...; °*subst.* ~, *ī m u.* **-um,** *ī n* Wolfsbohne, Lupine; Spielmarke.

lupus, *ī m* (*et. nicht geklärt*; *vl. m. nhd.* „Wolf" *urverwandt*) **1.** Wolf; °**2.** / **a)** Seebarsch; **b)** Feuerhaken; **c)** „Wolfsgebiss" *eines Pferdezaums.*

lurcinābundus 3 (*lurcor* 1 „fressen") fressend.

lurcō, *ōnis m* (*lurcor* 1 „fressen"), Schlemmer.

lūridus 3 (*et. nicht geklärt*) (blass-) gelb, fahl, leichenblass machend.

lūror, *ōris m* (*cf. lūridus*) Leichenblässe.

luscinia, lusciniola, *ae f,* **luscinius,** *ī m* (*et. ungedeutet*) Nachtigall.

luscītiōsus 3 (-ĭ-?; *luscus*) nachtblind.

luscus 3 (*et. nicht geklärt*) °**1.** (*beim Zielen*) ein Auge zudrückend; **2.** einäugig; **3.** halb blind.

lūsiō, *ōnis f* (*lūdō*) *das* Spielen; [Spiel.]

Lūsitānia, *ae f Ldsch. im sw. Spanien*; *adi. u. Einw. -nus* (3).

lūsitō 1 (*intens. v. lūdō*) spielen.

lūsor, *ōris m* (*lūdō*) Spieler; Dichter tändelnder Liebeslieder; Spötter.

lūsōrius 3 (*lūdō*) **1.** Spiel...; **2.** kurzweilig; **3.** nichtig, ungültig; *subst.* **-iae,** *ārum f* Lustjachten.

lustra, *ae f* (*Pl.*) = *lustrum*[1].

lūstrālis, e (*lūstrum*[2]) **1.** zur Sühnung gehörig; **2.** alle fünf Jahre geschehend.

lūstrātiō, *ōnis f* (*lūstrō*) °**1. a)** Sühnopfer; **b)** Musterung; **2.** *das* Durchwandern; *solis* Lauf der Sonne.

lūstricus 3 (*lūstrum*[2]) Reinigungs...; *dies* Lustral-, Namenstag (*8. od. 9. Tag nach der Geburt*).

lūstrō 1 (*Bedeutungsentwicklung unklar*; *lūstrum*[2]) **1.** erhellen; **2.** reinigen, sühnen; **3. a)** mustern; °**b)** umtanzen, -ringen; **4.** betrachten, erwägen; **5. a)** bereisen, besuchen; °**b)** / durchmachen [*pericula*].

lustror 1 (*lustrum*[1]) in Bordellen sich herumtreiben.

lustrum[1], *ī n* (*lutum*[1]) °**1.** Morast; Wildlager; **2.** Bordell, ausschweifendes Leben.

L

lūstrum[2], *ī n* (< **louks-trom*; *Bedeutungswandel unklar, Grundbedeutung anscheinend* „Beleuchtung"; *cf. lūstrō*) **1.** Reinigungs-, Sühneopfer (*durch die Zensoren am Schluss ihrer fünfjährigen Amtszeit*); °**2.** Lustrum (*Zeitraum v. fünf Jahren*); **3.** Pacht-, Finanzperiode.

lūsus, *ūs m* (*lūdō*) *das* Spielen, Spiel, Tändelei; Liebesspiel.

lūteolus 3 (*dem. v. lūteus*[2]) gelblich.

Lūtētia (*Parīsiōrum*), *ae f j.* Paris; *cf. Parīsiī.*

luteus[1] 3 (*lutum*[1]) °**1. a)** schlammig, lehmig; **b)** aus Ton; °**2.** voll Kot, schmutzig; **3.** / nichtswürdig.

lūteus[2] 3 (*lūtum*[2]) (gold)gelb; rosenfarbig.

lutitō 1 (*intens. v. lutō*) besudeln.

lutō 1 (*lutum*[1]) (*m. Salben*) beschmieren.

lutōsus 3 (*lutum*[1]) kotig, lehmig.

lutulentus 3 (*lutum*[1]) kotig, schmutzig; °mit Salben beschmiert; / unrein, hässlich.

lutum[1], *ī n* (*cf. pol-luō*) **1.** Kot, Schlamm; *auch Schimpfwort*; **2.** Lehm, Ton.

lūtum[2], *ī n* (*vl. m. lūridus verwandt*) Gelbkraut, Wau; gelbe Farbe.

lūx, *lūcis f* (*lūceō*) **1.** Licht; Glanz, Helligkeit, Feuer; **2. a)** Tag(eslicht); *luci od. luce* am (hellen) Tage; *prima luce* bei Tagesanbruch; °**b)** Licht *der Sterne*; **3.** Leben(slicht); (*Kosewort*) *mea lux* mein Leben!; °**4.** Augenlicht; **5.** / **a)** Deutlichkeit; **b)** (Licht der) Öffentlichkeit; **c)** Hilfe, Rettung; **d)** Glanz(punkt).

luxō 1 (*luxus*[1]) verrenken.

luxor 1 (*-ū-?*; *luxus*[1]) schwelgen.

luxuria, *ae u.* **-riēs,** *ēī f* (*lūx-?*; *luxus*[1]) üppiges Wachstum; / Schwelgerei, Zügellosigkeit.

luxuriō *u.* **-or** 1 (*lūx-?*; *luxus*[1]) **1.** üppig wachsen, üppig sein; **2.** / °**a)** strotzen; °**b)** (*v. Tieren*) mutwillig umherspringen; **c)** ausgelassen sein, ausschweifen.

luxuriōsus 3 (*lūx-?*; *m. comp.*, °*sup.*, *adv.*; *luxuria*) **1.** üppig wachsend, geil; **2.** / °**a)** ausgelassen; **b)** üppig, ausschweifend, wollüstig.

luxus[1], *ūs m* (*lūx-?*; *luxus*[2]; *eigtl.* „*das* Ausgerenktsein") °**1.** üppige Fruchtbarkeit; **2.** / °**a)** Geilheit, Liederlichkeit; **b)** Üppigkeit; Schlemmerei, Prunk.

luxus[2] 3 (< **lug-sos*; *luctor*) verrenkt.

Lyaeus, *ī m* (*gr.* -ąios) *der* Sorgenbrecher (*Beiname des Bacchus*); °/ Wein.

Lycambēs, *ae m* (*gr.* -k-) *Thebaner, v. Archilochos durch seine Spottverse in den Tod getrieben*; *adi.* -ēus 3.

Lycēum, *ī n* (*gr.* Lykeion) **1.** *Gymnasium in Athen, dem Apollo heilig, Lehrstätte des Aristoteles*; **2.** *das obere Gymnasium im Tusculanum Ciceros.*

lychnobius, *ī m* (*gr. Fw.*) Nachtschwärmer.

lychnūchus, *ī m* (*gr. Fw.*) Leuchter, Lichthalter, Kandelaber.

lychnus, *ī m* (*gr. Fw.*) Leuchte, Lampe.

Lycia, *ae f* (*gr.* -kią) *Ldsch. im sw. Kleinasien*; *adi. u. Einw.* -*ius* (3).

Lycīum = *Lycēum.*

Lycūrgus, *ī m* (*gr.* -kurgos) *ber. Gesetzgeber Spartas.*

Lȳdī, *ōrum m* **1.** *Bewohner der Ldsch.* **Lȳdia,** *ae f* (*gr.* -dią) *in Kleinasien*; **2.** = Etrusker (*angeblich aus Lydien eingewandert*); *adi.* -d(i)us 3 lydisch; (*dcht.*) etruskisch.

lygdos, *ī f* (*gr. Lw.*) weißer parischer Marmor.

lympha, *ae f* (*gr. Lw.* „Nymphe") klares Wasser, Nass; ♀ Quellnymphe; ** *sacra* Taufwasser.

lymphāt(ic)us 3 (*Lehnübersetzung eines gr. Fw.*; *cf. lympha*) wahnsinnig, außer sich.

Lynceus, *eī m* (*gr.* -eus) *Argonaut, ber. durch sein scharfes Auge*; *adi.* -ēus 3: *auch* luchsäugig, scharf sehend; *subst.* **-cīdēs,** *ae m* = Perseus.

lynx, *cis m f* (*acc. pl.* -*as*; *gr. Fw.*) [Luchs.]

lyra, *ae f* (*gr. Fw.*) **1.** Lyra, Laute; °**2.** / lyrische Poesie, Lied; °**3.** ♀ *Sternbild* Leier.

lyricus 3 (*gr. Fw.*) lyrisch; *subst.* **~,** *ī m* lyrischer Dichter; **-a,** *ōrum n* Oden.

lyristēs, *ae m* (*gr. Fw.*) Lautenspieler.

Lȳsander, *drī m* (*gr.* Lȳsandros) *spartan. Feldherr, eroberte 404 Athen.*

Lȳsiās, *ae m* (*gr.* -siąs) *athen. Redner z. Z. des Sokrates.*

Lȳsimachus, *ī m* (*gr.* -os) *Feldherr Alexanders d. Gr.*

Lȳsippus, *ī m* (*gr.* Lȳsippos) *ber. Erzgießer um 330.*

M

M. (*Abk.*) = *Mārcus*; *in Ciceros Tuskulanen* = *magister*; (*als Zahlzeichen*) = 1000; **M'.** = *Mānius*.
maccis, *idis f erfundener Gewürzname.*
Macedones, *um m* (*gr.* -kedones; *sg.* -*dō, onis, auch attr.*) *die Bewohner v.* **Macedonia,** *ae f* (*gr.* -kedoniā); *adi.* -*ni(c)us* 3, *niēnsis, e*.
macellārius, *ī m* (*macellum*) Fleischwarenhändler.
macellum, *ī n u.* °**-us,** *ī m* (*gr. Fw., aus dem Semitischen stammend*) Fleischmarkt.
maceō, — — 2 (*macer*) mager sein.
macer, *cra, crum* (*m.* °*comp.*, °*sup.*; *gr. Fw.*; *eigtl.* „lang im Verhältnis zur Dicke"; *cf. nhd.* „mager") mager; °/ dünn; abgehärmt; ♀ *röm. cogn.*: **1.** *C. Licinius* ~ *Historiker um 70*; **2.** *Aemilius* ~, *Freund Vergils u. Ovids*.
****maceratio,** *onis f das* Mürbemachen; / Kasteiung, Qual.
macēra = *machaera*.
māceria, *ae f* (*wohl eigtl.* „aus Lehm geknetete Mauer") Zaun, Mauer, Lehmwand.
mācerō 1 (*māceria*) einweichen, mürbe machen; / entkräften, schwächen, quälen, verzehren; *mediopass.* sich abhärmen.
macēscō, — — 3 (*incoh. v. maceō*) mager werden, abmagern.
machaera, *ae f* (*gr. Fw., wahrsch. sem. Herkunft*) Schwert, Waidmesser; °/ (*scherzh.*) = *mentula*.
machaerophorus, *ī m* (*gr. Fw.*) Schwertträger, Leibwächter.
Machāōn, *onis m Sohn Äskulaps, Arzt der Griechen vor Troja*; *pl.* Ärzte; *adi.* -*onius* 3.
māchina, *ae f* (*dor. Fw.*) **1.** Maschine, Werkzeug (Winde, Walze, Gerüst, Belagerungsmaschine); °**2.** Schaugerüst (*beim Sklavenverkauf*); **3.** Kunstgriff, List.
māchināmentum, *ī n* (*māchina*) Maschine, Werkzeug.
māchinātiō, *ōnis f* (*māchinor*) Mechanismus, mechanisches Getriebe, Maschine; / Kunstgriff.
māchinātor, *ōris m* (*māchinor*) °**1.** Maschinenbauer; **2.** / Anstifter, Urheber.
māchinātrix, *īcis f* (*māchinātor*) Anstifterin.
māchinor 1 (*māchina*) ersinnen, im Schilde führen, bewerkstelligen; °*part. pf. auch pass.*
māchinōsus 3 (*māchina*) künstlich zusammengefügt [*navigium*].
maciēs, *ēī f* (*macer*) Magerkeit.
macilentus 3 (*maceō*) abgemagert.
macrēscō, *cruī,* — 3 (*incoh. v. macer*) abmagern.
macritūdō, *inis f* (*macer*) Magerkeit.
macrocollum, *ī n* (*gr. Fw.*) Großfoliopapier.
mactābilis, e (*mactō*) tödlich.
mactātor, *ōris m* (*mactō*) Schlächter, Mörder.
mactātus, *abl.* *ū m* (*mactō*) *das* Opfern, Schlachten.
mactō 1 (*mactus*) **1.** verherrlichen, beschenken; **2. a)** (*eine Gottheit*) durch ein Opfer versöhnen; °**b)** ein Opfertier schlachten, opfern; / °**c)** als Opfer weihen [alqm Orco]; **d)** schlachten, töten; **3.** / zugrunde richten; heimsuchen, bestrafen.
mactus 3 (**magō* 3 „mehre") **1.** (*fast nur — meist erstarrter — voc.* **-e** verherrlicht; *macte virtute!* Heil deinem Heldenmut!; °**2.** = *mactātus* getroffen wie ein Opfertier.
macula, *ae f* (*et. ungedeutet*) **1.** Flecken, Punkt, Mal; **2.** / **a)** Schandfleck; °**b)** Fehler (*i. d. Darstellung*); **3.** Lücke; Masche (*eines Netzes*).
maculō 1 (*macula*) °**1.** beflecken; **2.** / entehren.
maculōsus 3 (*macula*) °**1.** gefleckt; **2.** befleckt, besudelt; / entehrt.
made-faciō, *fēcī, factum* 3; P. -*fīō factus sum, fierī u. fīerī* (*madeō*) nass machen, befeuchten; °/ (be-)trunken machen.
madefactō 1 (*intens. v. madefaciō*) befeuchten.
madeō, *uī,* — 2 (< **madejō, eigtl.* „zerfließen"; *cf. gr.* madaō) **1. a)** nass sein, triefen; °**b)** / gar, weich sein; trunken sein; °**2.** / überströmen, übervoll sein.
madēscō, *duī,* — 3 (*incoh. v. madeō*) nass werden.
madidus 3 (*m* °*adv.*; *madeō*) **1. a)** nass, feucht, triefend; / °**b)** gar, mürbe; *vino* (be-)trunken; °**2.** / voll, erfüllt *von*.

mador, *ōris m* (*madeō*) Nässe.
madulsa, *ae f* (*madeō*) Rausch (*od.* Trunkenbold?)
Maeander *u.* **-dros,** *ī m* (*gr.* Maian-dros) *Fl. b. Milet mit vielen Krümmungen*; / Windung; °verschlungene Borte; *pl.* Umschweife (*in der Rede*); *adi.* *-drius* 3.
Maecēnās, *ātis m*: *C. Cilnius* ~, *Freund des Augustus, Gönner des Vergil u. Horaz* (*70–8*); / Gönner; *adi.* *-nātiānus* 3.
maena, *ae f* (*gr. Fw.*) Sardelle (*kleiner Fisch*); °*auch Schimpfwort.*
maenas, *adis f* (*gr.* mainas „rasend") Bacchantin; / Seherin; Priesterin der Kybele *od.* des Priapus.
maeniānum, *ī u.* (*kl.*) **-a,** *ōrum* Vorbau, Erker, Söller (*nach C. Maenius genannt, der solche Vorbauten zuerst anbringen ließ*).
Maenius 3 *röm. Gentilname*: *C.* ~, *Konsul 338, Sieger über Antium.*
Maeones, *um m* (*gr.* Mai-) *Volk in Lydien*; *adi.* *-nius* 3 lydisch, phrygisch [*vates* Homer]; etruskisch; *subst.* **-nia,** *ae f* Lydien, Etrurien; **-nidēs,** *ae m* = Homer; **-nis,** *idis f* = Arachne, Omphale; — *cf. Lӯdī.*
maereō, *uī*, — 2 (*cf. maestus, miser*) **1.** (*intr.*) trauern, traurig sein; **2.** (*trans.*) betrauern; traurig ausrufen.
maeror, *ōris m* (*maereō*) Trauer, Betrübnis.
maestitia, *ae f* (*maestus*) Traurigkeit, Wehmut.
maestitūdō, *inis f* (*Com.*; *nkl.*) = *maestitia.*
maestus 3 (*m.* °*comp.*, °*sup.*, °*adv.* **-ē** *u.* **-iter**; *cf. maereō*) **1.** traurig, wehmütig; °**2.** trauerkündend; Trauer...; betrübend.
māgālia, *ium n i. d. Bedeutung, aber nicht et.* = *mapālia.*
mage (*vkl.*, *dcht.*) = *magis.*
Magetobriga *s. Admagetobriga.*
magicus 3 (*gr. Fw.*) magisch, Zauber...
magis *adv.* (*magnus*; *cf. magister*) **1.** mehr, in höherem Grade; **2.** (*bei adi. u. adv. zur Umschreibung des comp.*) [~ *arduus*]; **3.** *non magis quam* ebenso sehr wie; nicht sowohl ... als vielmehr; *eo magis* umso mehr; *magis magisque* immer mehr; **4.** eher, lieber.
magister, *trī m* (< **mag-is-teros*; *doppelter comp. wie minister*) **1.** Vorsteher, Aufseher, Meister; *equitum* Reiteroberst; *sacrorum* Oberpriester; *populi* Diktator; *cenandi od.* °*convivii* Symposiarch, Präside; **2.** Lehrer; Lehrmeister [*ludi, religionis*]; **3.** Führer, Berater, Ratgeber; **4.** Konkursverwalter; ** *akademischer Grad*; *mensae* Truchsess; *sapientum* = Aristoteles; *primi magistri* Elementarlehrer.
magisterium, *ī n* (*magister*) **1.** Amt eines Vorstehers; °Erzieheramt; Lehramt; °**2.** Unterricht, Lehre; ** Magisterwürde.
magistra, *ae f* (*magister*) **1.** Leiterin, Vorsteherin; **2.** / Lehrmeisterin.
magistrātus, *ūs m* (*magister*) **1.** obrigkeitliche Würde, (öffentliches) Amt; **2.** Beamter; (*meist pl.*) Behörde, Obrigkeit; *magistratus et imperia* Zivil- und Militärämter, Beamten- und Offiziersstellen.
magmentārius 3 (*magmentum* „Fleischstücke als Zusatz zu den geopferten Eingeweiden"; **magō* 3 „mehre") als Opferbeigabe geweiht.
magnanimitās, *ātis f* (*māgn-?*; *magnanimus*) Seelengröße.
magn-animus 3 (*māgn-?*; *magnus*) hochherzig, mutig.
****magnas,** *atis m* Vornehmster.
Magnēs, *ētis* von Magnesia; magnetisch [*lapis*]; *subst. m* (*pl.* *-nētes, um*) *Einw. v.* **Magnēsia,** *ae f* (*gr.* -iā) *Ldsch. in Thessalien*; *adi.* *-nēsius* 3.
magni-dicus 3 (*-ā-?*; *magnus, dīcō*) prahlend.
magnificentia, *ae f* (*māgn-?*; *magnificus*) **1.** Großartigkeit, Pracht; **2.** Erhabenheit; Hochherzigkeit; **3.** Prahlerei; *bsd.* (*rhet. t.t.*) Pathos; ** *Titel*: Magnifizenz.
magnificō 1 (*-ā-?*; *magnificus*) hoch schätzen.
magni-ficus 3 (*-ā-?*; *comp.* *-ficentior*; *sup.* *-ficentissimus*; *adv.* **-ē**; *magnus, faciō*) **1.** großartig, prachtvoll; °Pracht liebend; **2.** hochherzig, erhaben; °**3.** prahlerisch, hochtrabend; pathetisch.
magniloquentia, *ae f* (*māgn-?*; *magniloquus*) **1.** erhabene, pathetische Sprache; °**2.** Prahlerei.
magni-loquus 3 (*-ā-?*; *magnus, loquor*) erhaben, pathetisch; prahlerisch.

magnitūdō, *inis f* (*-ā-?; magnus*) **1.** Größe; hoher Grad; Stärke; **2.** / **a)** Bedeutung, Wichtigkeit; °**b)** Würde, Ansehen, Macht; ** *vestra* Ew. Herrlichkeit.

magnopere (*sup.* °**maximopere**) *adv.* (*auch getr.*: *magno opere, maximō opere; -ā-?*) **1.** in hohem Grade, sehr, überaus; **2.** angelegentlich; **3.** *non* ~ nicht erheblich.

magnus 3 (*comp.* **māior,** *us*; *sup.* **maximus** [*altl.* *-umus*]) 3 (*pos.* *-ā-?; mag-nus; cf. mag-is; comp. māior, d. i.* majjor < **mag-ior; sup. -ā-?;* < **mag-simus*) g r o ß: **1.** (*räuml.*) umfangreich, weit, hoch, lang, stattlich; **2.** (*quantitativ*) beträchtlich, zahlreich, viel, volkreich; hoch, teuer [*magni aestimare, magno vendere*]; *maior pars* Mehrzahl; **3.** (*zeitl.*) °**a)** lang; *kl. nur annus das* große Weltjahr (*s. annus*); **b)** alt, bejahrt; °*magno natu* hochbetagt; *maximus natu der* Älteste, *maior filius der* ältere Sohn); / **4.** stark, kräftig, heftig, gewaltig; laut [*vox*]; **5.** ansehnlich, bedeutend, wichtig; *casus* reiner Zufall; **6.** (*v. Personen*) **a)** groß, hoch stehend, angesehen, erhaben, ehrwürdig; ♀ (*als cogn.*) Pompeius Magnus; **b)** hochherzig; °**c)** hochfahrend, stolz, vermessen, prahlerisch; **d)** übertrieben, übermäßig; *subst.* **māiōrēs,** *um m* °α) *die* Alten, ältere Leute; β) Vorfahren, Ahnen; °γ) Senatoren; ** *maior domus* Hausmeier.

Māgō, *ōnis m Bruder Hannibals.*

magūdaris *u.* **magȳdaris,** *is f* (*gr. Fw., wahrsch. sem. Herkunft*) *wohl* Same *od.* Stängel von *lāserpīcium.*

magus, *ī m* (*gr. Fw., iranischer Herkunft*) Magier, persischer Priester; °/Zauberer; *adi.* zauberisch; ** *pl. die* Heiligen Drei Könige.

Māia, *ae f* (*d. i. Majja; wohl urspr.* „große Göttin" *od.* „Erde"; *cf. mag-nus, Māius; später der gr.* Maĩa *gleichgesetzt*) *Mutter Merkurs.*

māiālis, *is m* (*d. i. majjālis; wohl zu Māia als Erdgöttin*) °**1.** kastrierter Eber; **2.** / *Schimpfwort.*

māiestās, *ātis f* (*māius; s. māior*) **1.** Größe, Erhabenheit, Würde, Ansehen, Ehrwürdigkeit; **2.** Hoheit [*populi*]; Hegemonie [*imperii*]; **3.** Hoheits-, Majestätsverletzung [*crimen maiestatis*]; Hochverrat; °**4.** (*Titel des Kaisers*) Hoheit, Majestät.

māior, māiōrēs *s. magnus.*

Māius 3 (*d. i. Majjus; nach einem alten röm. Gott Māius* „*der* Wachstum Bringende" *od.* „*der* Große" *benannt; cf. mag-nus, Māia*) Mai... [*Idus, mensis*]; *subst.* ~, *ī m der* Mai.

māiusculus 3 (*dem. v. māius; s. māior*) **1.** *etw.* groß; °**2.** *etw.* größer; *etw.* älter.

māla, *ae f* (*et. nicht sicher gedeutet; cf. maxilla*) Kinnbacken, Rachen; / Wange, Backe.

mālabathron = *mālo...*

malacia, *ae f* (*gr. Fw.*) Windstille.

malacissō 1 (*gr. Fw.*) geschmeidig machen.

malacus 3 (*gr. Fw.*) weich; gelenkig; / üppig.

malaxō 1 (*gr. Fw.*) geschmeidig machen.

****maldrum,** *i n* Malter (*Getreidemaß*).

male (*comp.* **pēius**; *sup.* **pessimē,** *altl.* *pessumē*) (*adv. v. malus*[1]) s c h l e c h t: **1.** böse, übel, schlimm, arg; **2.** unglücklich, ungünstig; °**3. a)** zur unrechten Zeit, **b)** vergeblich; **4.** / (*vom Maße*) nicht gehörig: °**a)** zu viel, zu sehr, allzu; *emere* zu teuer kaufen; **b)** zu wenig, nicht recht, nicht sonderlich; *vendere* zu billig verkaufen.

Malea, Malēa, *ae u. pl.* **-ae,** *ārum f* (*gr.* Maleạ, Mąlẹia, Malẹai) *Vorgeb. in Lakonien.*

male-dicāx, *ācis* schmähsüchtig.

maledīcēns, *entis* (*maledīcō*) lästernd, schmähend; *comp., sup. s. maledicus.*

mal(e)-dīcō, *dīxī, dictum* 3 lästern, schmähen [*alci*].

maledictiō, *ōnis f* (*maledīcō*) Schmähung.

maledictum, *ī n* (*maledīcō*) Schmähung; ** Fluch, Verwünschung.

maledicus 3 (°*comp. -dīcentior; sup. -dīcentissimus* [*s. maledīcēns*]; *adv. -dicē; male, dīcō; cf. causi-dicus*) lästernd, schmähend, schmähsüchtig.

male-faciō, *fēcī, factum* 3 Böses zufügen; *kl. nur* (*P.P.P.*) *subst.* **malefactum,** *ī n* Übeltat.

malefactor, *ōris m* (*malefaciō*) Übeltäter.

maleficium, *ī n* (*malefaciō*) **1.** Übeltat, Frevel, Verbrechen; Schaden; **2.** Feindseligkeit; °**3. a)** Betrug; **b)** *pl.* Zaubermittel, Zauberei.

M

maleficus 3 (°*comp.* -*entior*, °*sup.* -*entissimus*; °*adv.* -*ficē*; *male*; *faciō*) **1.** übel handelnd, boshaft, gottlos; °**2.** missgünstig; °**3.** *subst.* **-a,** *ōrum n* Zaubermittel; ** ~, *ī m* Zauberer. [ratend, verführerisch.

male-suādus 3 (*suādeō*) übel

Maleventum, *ī n alter Name für* Beneventum.

male-volēns, *tis* (*volō*) neidisch, missgünstig; *sup. s. malevolus.*

malevolentia, *ae f* (*malevolēns*) Missgunst, Schadenfreude.

male-volus 3 (*sup.* -*entissimus* [*s. malevolēns*]; *volō*) übel wollend, missgünstig. [Äpfel tragend.

māli-fer, *era, erum* (*mālum*[1]; *ferō*)

malific... = *malific...*

malīgnitās, *ātis f* (*malĭ-?*; *malīgnus*) **1.** Missgunst, Bosheit; **2.** Knauserei.

malīgnus 3 (-*ĭ-?*; *m. comp.*, *sup.*, *adv.*; *malus*; *gignō*) **1.** missgünstig, boshaft; **2.** kalt, spröde; **3.** knauserig, karg; schwach; unfruchtbar; ***spiritus* Teufel.

malitia, *ae f* (*malus*) Bosheit, Hinterlist, Schikane.

malitiōsus 3 (*m.* °*sup.*, *adv.*; *malitia*) boshaft, hinterlistig.

malivol... = *malevol...* [Pocher.

malleātor, *ōris m* (*malleus*) Häuer,

malleolus, *ī m* (*dem. v. malleus*) / **1.** Setzling; **2.** Brandpfeil.

malleus, *ī m* (*et. unklar*) Hammer.

mālō, *māluī*, *mālle* (<**magis-volō*) lieber wollen, vorziehen; lieber gönnen; *meist mit inf. od. a.c.i.*

mālobathron *u.* **-um,** *ī n* (*gr. Fw.*) Salböl.

mālum[1], *ī n* (*dor. Fw.*, *aus einer Mittelmeerspr. stammend*) **1.** Apfel; °**2.** (*aureum*) Quitte; (*felix*) Zitrone.

malum[2], *ī n* (*malus*[1]) Übel: **1.** Fehler, Gebrechen; **2.** Unglück, Unheil; °**3. a)** Übeltat, Laster; **b)** Pfiffigkeit; *int.* zum Henker!

malus[1] 3; *comp.* **pēior,** *us*; *sup.* **pessimus** 3 (*pos.* < **smalos*; *cf. nhd.* „schmal"; *comp. pēior*, *d. i. pejjor*, < **ped-jos*; *sup.* < **ped-simos*; *cf. pessum*) schlecht: **1.** (*moralisch*) böse, übel gesinnt, unrecht, unsittlich, schlimm; unzuverlässig; **2.** (*politisch*) schlecht gesinnt; *cives mali* (*je nach Standpunkt*) Volks- *od.* Adelspartei; *subst.* **malī,** *ōrum m* Demagogen; **3.** hässlich; **4.** untüchtig, nichtsnutzig; **5.** schädlich, verderblich, nachteilig, gefährlich; **6.** elend, unglücklich, traurig, übel; -*a res* °Züchtigung, °Strafe; üble Lage, Unglück.

mālus[2], *ī m* (*cf. nhd.* „Mast") **1.** Mast(baum); **2.** / °**a)** Mast (*für die Sonnensegel in Zirkus u. Theater*); **b)** Eckbalken.

mālus[3], *ī f* (*mālum*[2]) Apfelbaum.

malva, *ae f* (*Lw. aus einer Mittelmeerspr.*) Malve. [cus.

Mām. *Abk. des röm. Vorn. Māmer-*

Māmercus, *ī m* (*cf. Mārs*) **1.** *röm. Vorname*; **2.** *cogn. i. d. gens Aemilia*; **3.** *ital. Bandenführer.*

Māmertīnī, *ōrum m* (*osk.* Māmers) „Marssöhne" (*osk. Söldner*; *sie eroberten 282 Messana*).

mamilla, *ae f* (*dem. v. mamma*) Brustwarze, Brust; Zitze; *auch Kosewort.* [tuch.

mamillare, *is n* (*mamilla*) Busen-

mamma, *ae f* (*Lallwort*) **1.** Busen, Brust; Euter, Zitze; °**2.** (*in d. Kindersprache*) Mama. [brüstig.

mammeātus 3 (*mamma*) voll-

mammicula, *ae f* (*dem. v. mamma*) (niedliches) Brüstchen.

mammium, *ī n* (*wohl gr. Lw.*) Mütterchen; (Brüstchen?). [Geld.

****mammona,** *ae f* Reichtum,

mammōsus 3 (*mamma*) vollbusig.

Māmurra, *ae m* (*im Vers auch Mă-*) *reicher röm. Ritter aus Formiä.*

mānābilis, e (*mānō*) fließend, einströmend.

manceps, *cipis u. cupis m* (*manus*; *capiō*) **1.** Aufkäufer von Staatsgütern; **2.** Steuerpächter; **3.** Unternehmer; °**4.** Bürge.

mancipium, *ī n* (*manceps*) **1.** Eigentumserwerb (*durch Handanlegung in Gegenwart v. fünf Zeugen*); *ius -i* Eigentum(srecht); *lex -i* Kaufkontrakt; **2.** Kaufsklave, -sklavin.

mancipō 1 (*manceps*) zu eigen geben, verkaufen; / hingeben.

mancup... = *mancip...*

mancus 3 (*eigtl.* „mit einem Fehler der Hand behaftet"; *manus*) gebrechlich, verstümmelt; / unvollständig, mangelhaft, schwach.

mandātor, *ōris m* (*mandō*) Auftraggeber; Anstifter. [trag.

mandātū *abl. m* (*mandō*[1]) im Auf-

mandātum, *ī n* (*mandō*[1]) **1.** Auftrag, Befehl; Vertrag; °2. kaiserlicher Befehl, Mandat.

mandō¹ 1 (*vl. manus* + √ *dhē- „in die Hand legen") **1.** anvertrauen, überlassen, überliefern [*se fugae, rem litteris*]; *memoriae* auswendig lernen; °der Nachwelt überliefern; **2.** auftragen, befehlen; *meist m. coni., ut, ne, selten m. inf.*

mandō², *mandī, mānsum* 3 (√ *menth- „kauen"; *cf. mandūcus*) **1.** kauen, beißen; °**2.** essen, verzehren.

mandra, *ae f* (*gr. Fw.*) **1.** Saumtierzug; **2.** (*im Brettspiel*) geschlossene Reihe der niederen Figuren.

Mandūbii, *ōrum m kelt. Volk w. v. Dijon*; *cf.* Alesia.

mandūcō 1 (*mandūcus*) kauen; essen.

mandūcus, *ī m* (*mandō²*) Vielfraß (*komische Figur in der Komödie*).

māne (**mānis u. altl. mānus* „gut"; *cf. mānēs; mānī loc.*) **1.** *adv.* am Morgen, früh(morgens) [*cras mane*]; *bene mane* sehr früh; **2.** *subst. indecl. n der* Morgen; *multo mane* sehr früh [*a mani* (-e); *usque a mane ad vesperum*].

maneō, *mānsī, mānsum* 2 (√ *men- „bleiben, warten") **1.** (*intr.*) **a)** bleiben, übernachten, **b)** noch vorhanden sein, fortbestehen, (an-)dauern, anhalten; festbleiben, verharren [*in fide*]; **c)** sicher beschieden sein [*fatum*]; **2.** (*trans.*) **a)** erwarten, warten *auf*; **b)** unausbleiblich bevorstehen [°*omnes una manet nox*]; ** = esse; wohnen.

mānēs, *ium m* (*altl. mānus* „gut") **1. a)** *die* Manen, *die göttlich verehrten* Seelen der Verstorbenen; °**b)** Seele eines Verstorbenen; °**2. a)** Unterwelt; **b)** Genius, Dämon; **c)** Leichnam.

mangō, *ōnis m* (*wohl gr. Lw.*) betrügerischer Verkäufer; Sklavenhändler.

mangōnicus 3 (*mangō*) eines betrügerischen Händlers [*quaestus*].

mānī *s. māne.*

manibiae = *manubiae.*

manica, *ae f* (*manus*) **1.** (langer) Ärmel (*an der Tunica*); °**2.** Handfessel; ** Handschuh.

manicātus 3 (*manica*) mit langen Ärmeln.

manicula, *ae f* (*dem. v. manus*) Händchen.

manifestārius 3 (*-ē-?; manifestus*) **1.** handgreiflich, augenscheinlich; **2.** auf frischer Tat ertappt.

****manifestatio,** *onis f* Offenbarung.

manifestō 1 (*-ē-?; manifestus*) offenbaren, deutlich zeigen.

manifestus 3 (*-ē-?; m. °comp., °sup.; adv.* °**-ē** *u.* **-ō**; *et. nicht sicher gedeutet; cf. īnfestus*) handgreiflich: °**1.** ertappt, überführt, sichtbar verratend [*sceleris*]; **2.** deutlich, offenbar.

Mānīlius 3 *röm. Gentilname*: **1.** *M'.* ~, *Jurist um 150*; *-liānae leges* Kaufformulare; **2.** *C.* ~, *Volkstribun 66 (durch lex Manilia erhielt Pompejus den Oberbefehl gegen Mithridates).*

manipretium = *manupretium.*

manipulāris, e (*im Vers -pl-*) *u.* °**-lārius** 3 (*manipulus*) zu einem Manipel gehörig; ~, *is u. ī m* gemeiner Soldat.

manipulātim *adv.* (*im Vers -pl-; manipulus*) manipelweise; / haufenweise.

manipulus, *ī m* (*im Vers -pl-; manus; pleō; eigtl.* „eine Hand füllend") °**1.** Bund, Bündel; **2.** Manipel (*dritter Teil einer Kohorte*).

Mānius, *iī m röm. Vorname; abgekürzt M'.*

Manlius 3 (*-ā-?*) *röm. Gentilname*: **1.** *M.* ~ *Capitōlinus, Retter des Kapitols (387)*; **2., 3.** *L.* (*Diktator 363*) *u. sein Sohn T.* ~ *erhielten wegen ihrer Strenge den Beinamen Imperiōsus*; *adi. -liānus* 3; *subst.* **-liānum,** *ī n Landgut Ciceros.*

mannulus, *ī m* (*dem. v. mannus¹*) niedliches Pony.

mannus¹, *ī m* (*wohl venetisches Lw., aus dem Illyrischen stammend*) gallisches Pony.

Mannus², *ī m* (*germ. Lw.*) *der erste Mensch (nach germ. Sage).*

mānō 1 (*et. nicht sicher gedeutet*) **1.** (*intr.*) **a)** fließen, strömen, triefen [°*culter sanguine*]; / **b)** entspringen, herrühren; **c)** sich verbreiten, weiter um sich greifen; °**d)** entrinnen = vergessen werden; °**2.** (*trans.*) entströmen lassen, vergießen [*lacrimas*].

mānsiō, *ōnis f* (*maneō*) **1.** Aufenthalt; °**2.** Herberge, Nachtlager; Tagereise; ** Wohnung; *-ionem facere* Halt machen.

M

mānsitō 1 (*intens. v. maneō*) sich aufhalten, wohnen.
mānstrūca = *mastrūca*.
mānsuēfaciō, *fēcī, factum* 3; P. *-fiō, factus sum, fierī u. fīeri* (*mānsuēs*) **1.** zähmen; **2.** / °**a**) besänftigen; **b**) bilden.
mānsuēs, *ētis* (*manus, suēscō*) an die Hand gewöhnt, zahm.
mānsuēscō, *suēvī, suētum* 3 (*nach cōnsuēscō rückgebildet aus mansuētus*) **1.** (*intr.*) zahm werden, sanfter werden; **2.** (*trans.*) zähmen.
mānsuētūdō, *inis f* (*mānsuētus*) °**1.** Zahmheit; **2.** / Sanftmut, Milde; Zivilisation.
mānsuētus 3 (*m. comp., sup., adv.*; *manus; suētus*) °**1.** zahm; **2.** / sanft, milde, gelassen, harmlos.
mantēle, *is u.* **-tēlium,** *ī n* (*manus; tergō*) Handtuch, Serviette; Tischtuch.
mantellum, *ī n* (*wohl kelt. Lw.*) [Hülle, Decke.]
mantica, *ae f* (*wohl kelt. Lw.*) [Ranzen.]
mantīle = *mantēle*.
Mantinēa, *ae f* (*gr.* -tịneia) *St. in Arkadien* (*Schlacht 362*).
mantiscinor 1 (*Scherzbildung; Bedeutung u. Et. unsicher*) tüchtig draufgehen lassen *od.* prophezeien (?).
mantō[1] 1 (*frequ. v. maneō* [*Supinum *mantum*]) **1.** (*intr.*) verharren; **2.** (*trans.*) harren *auf*.
Mantō[2], *us f* (*gr.* -tọ̄) **1.** *Seherin, Tochter des Tiresias*; **2.** *weissagende Nymphe, durch den Flussgott Tiberinus Mutter des Ocnus; s. d.*
Mantua, *ae f St. am Mincio, v. Etruskern gegründet, später im Bereich der keltischen Cenomanen; Heimat Vergils.*
manuālis, e (*manus*) Hand...; *subst.* **-e,** *is n* Bücherfutteral, ** Handbuch, Handtuch.
manubiae, *ārum f* (*vl.* < **manuhabiae; manus, habeō*) **1. a**) Kriegsbeute; **b**) Beutegelder; **2.** / Raub, unrechtmäßiger Erwerb; °**3.** *sg.* **-a,** *ae f* (*relig. t.t.*) Blitz- u. Donnerschlag.
manubiālis, e (*manubiae*) Beute...
manubiārius 3 (*manubiae*) Beute..., Beute bringend.
manubrium, *ī n* (*manus*) Henkel, [Griff; °/ Heft.]
manufest... = *manifest...*
manuleārius, *ī m* (*manuleus, ī m* „der die Hand bedeckende Tunikaärmel"; *manus*) Ärmelmacher.
manuleātus 3 (*manuleus*) mit langen Ärmeln.
manūmissiō, *ōnis f* (*manūmittō*) **1.** Freilassung *eines Sklaven*; °**2.** / Erlass der Strafe, Verzeihung.
manūmittō, *mīsī, missum* 3 (*einen Sklaven*) freilassen.
manu-pretium, *ī n* (*manū-?; manus*) Arbeitslohn; / Lohn.
manus, *ūs f* (*dat. dcht. auch -ū; cf. ahd.* munt „Hand, Schutz", *nhd.* „Vormund; Mündel") **1.** Hand; *in -ibus habere* auf den Händen tragen, unter der Feder haben [*librum*]; *in -ibus esse* in aller Händen sein, zur Hand sein; *per -us tradere* von Hand zu Hand geben; *-u* mit (bloßen) Händen; *meā* (*tuā usw.*) *-u* eigenhändig; **2.** bewaffnete Hand: **a**) (persönliche) Tapferkeit; *manu fortis* persönlich tapfer; **b**) Handgemenge, Kampf; *-ūs* °*conferre, conserere* handgemein werden; **c**) Gewalttat; **3.** Gewalt, Macht, freie Verfügung; *in -u alcis esse* jd. untertan sein; **4.** Arbeit, Tätigkeit; künstlerische Leistung; *-u* von Menschenhand, durch Kunst; **5.** Handschrift; Stil [*Praxitelis*]; **6.** Handvoll, Schar; Haufe, Bande; **7. a**) Rüssel des Elefanten; **b**) Enterhaken; ** Urkunde; Schwurhand, Eid; *-u quarta se expurgare* mit drei Eideshelfern sich reinwaschen.
mapālia, *ium n* (*wohl punisches Fw.*) Hütten, Nomadenzelte; / unnütze Dinge, dummes Zeug.
mappa, *ae f* (*punisches Fw.*) **1.** Serviette; **2.** Flagge; Signaltuch.
Marathōn, *ōnis m* (*gr.* -thọ̄n) *Flecken in Attika* (*Schlacht 490*); *adi.* *-nius* 3.
marathrum, *ī n* (*acc. pl. i. Vers -ōs; gr. Fw.*) Fenchel.
****marca,** *ae f* Mark, Pfund.
Mārcellus, *ī m röm. cogn.,* (*urspr. pleb.*) *Zweig in d. gens Claudia*: **1.** *M. Claudius ~,* „*das Schwert Roms*", *Eroberer v. Syrakus* (*212*); **2.** *M. Cl. ~, Gegner Cäsars* (*Ciceros Dankrede für dessen Begnadigung: pro M. Marcello*); **3.** *M. Cl. ~, Neffe u. Adoptivsohn des Augustus, Gatte der Julia; zu seinen Ehren das v. Augustus vollendete theatrum -i; adi. -iānus* 3.

marceō, — — 2 (*zu* √ *mer(e)g- „morsch werden“) schlaff, matt, träge sein.
marcēscō, — — 3 schlaff werden, erschlaffen; ** welken.
****march(i)a,** *ae f* Grenzmark.
****marchio,** *onis m* Markgraf.
marcidus 3 (*marceō*) welk; / schlaff, entnervt.
Mārcius 3 *röm. Gentilname*: **1.** *Ancus* ~, *vierter röm. König*; **2.** *L.* ~, *nach dem Tod der Scipionen Oberbefehlshaber in Spanien*; *adi.* ~ 3 [*aqua -a, vom Prätor Q.* ~ *Rex 144 angelegt*]. [*stamm.*
Marcoman(n)ī, *ōrum m Sueben-*
marcor, *ōris m* (*marceō*) Schlaffheit, Untätigkeit.
marculus, *ī m* (*dem. v. marcus* „Schmiedehammer“) Hämmerchen. [*abgek. M.*
Mārcus, *ī m* (*Mārs*) *röm. Vorm.*,
Mardonius, *ī m* (*gr.* -os) *persischer Feldherr, 497 bei Plataä geschlagen.*
mare, *is n* (*abl. im Vers auch* -e; *cf. nhd.* „Meer“) **1.** Meer, See; *terrā marique* zu Wasser und zu Lande; °**2.** Meerwasser.
Marea, *ae f* (*gr.* Mạreia *u.* -rẹā) *See bei Alexandria*; *adi.* -*ōtis, idis f u.* -*ōticus* 3; *subst.* **-ōticum,** *ī n* mareotischer Wein.
****mar(e)scalcus,** *i m* Marschall.
margarīta, *ae f u.* °**-tum,** *ī n* (*gr. Fw., aus dem Indischen stammend*) Perle. [-fassen.
marginō 1 (*margō*) einrahmen,
margō, *inis m* (*u. f*) (*cf. nhd.* „Mark“ = Grenze) **1.** Rand, Einfassung; **2.** Grenze.
marīnus 3 (*mare*) = *maritimus*; °*ros* Rosmarin.
marisca, *ae f* (*Fw. unbekannter Herkunft*) **1.** Feige (*v. der größeren -schlechteren- Sorte*); **2.** Feigwarze.
marīta, *ae f* (*marītus*) Gattin.
marītālis, e (*marītus*) ehelich.
maritimus *u.* **-tumus** 3 (*mare*) zum Meer gehörig, am Meer befindlich, Meer..., See..., Küsten...; *subst.* **-a,** *ōrum n* Küstengegenden.
marītō 1 (*marītus*) vermählen; / den Weinstock an einem Baum hochziehen.
marītus (*et. ungeklärt*) °**1.** *adi.* 3 ehelich, Ehe..., / (*vom Weinstock*) angebunden; **2.** *subst.* ~, *ī m* Ehemann; °Freier.

Marius 3 *Name einer pleb. gens*: *C.* ~, *Gegner Sullas, Besieger Jugurthas u. der Kimbern u. Teutonen* (*156-86*); *adi.* -*i(ān)us* 3.
marmor, *oris n* (*gr. Lw.*) **1. a)** Marmor; °*pl.* Marmorblöcke, -brüche, -arten; °**b)** Gegenstand aus Marmor: Denkmal, Meilenstein; °**2.** / **a)** Stein; **b)** glänzende Meeresfläche.
marmorārius, *ī m* (*marmor*) Marmorarbeiter.
marmoreus 3 (*marmor*) **1.** marmorn; °**2.** / marmorweiß, -schimmernd.
Marō, *ōnis m* (♀ *umbr. Beamtentitel*; *wohl etr. Fw.*) *röm. cogn.*: *s. Vergilius*; *pl.* große Dichter.
Maroboduus, *ī m der Suebenkönig* Marbod. [*zum Jäten.*
marra *ae f* (*sem. Lw.*) Hacke
Mārs, *Mārtis* (*älter Māvors, osk.* Māmers, *cf. Māmertīnī*; *et. umstritten*) **1.** *röm. Wetter- u. Kriegsgott, als Vater des Romulus Stammvater des röm. Volkes*; *dem gr.* Ạrēs *gleichgesetzt*; *Beiname Ultor*; *sein Tempel auf dem forum Augusti*; **2.** / **a)** Krieg, Kampf, Schlacht; °**b)** Kampfart; **c)** Kriegsglück; °**d)** Mut, Tapferkeit; **e)** *suo* (*nostro usw.*) *Marte* auf eigene Faust.
Mārsī[1], *ōrum m* (*eigtl.* „*die* Kriegerischen“; *Mārs*) **1.** *sabellisches Volk am Fukiner See*; *adi.* -*s(ic)us* 3; **2. Mārsus,** *ī m röm. cogn.*: *Domitius* ~ *röm. Dichter z. Z. des Augustus.* [*Ruhr u. Lippe.*
Marsī[2], *ōrum m germ. Volk zw.*
marsuppium *u.* **-sūpium,** *ī n* (*wohl gr. Lw.*) Geldbeutel.
Marsyās, *u.* **-ya,** *ae m* (*gr.* -sỵās) *Satyr* (*im Flötenspiel v. Apollo besiegt u. geschunden*).
Mārtiālis, e (*Mārtius*) **1.** zum Mars gehörig, dem M. heilig [*ludi -es zur Erinnerung an die Einweihung seines Tempels*]; **2.** zur *legio Martialis* gehörig; **3.** *röm. cogn.*: *M. Valerius* ~, *Epigrammdichter* (*etwa 40–98 n.Chr.*).
Mārti-cola, *ae m* (*Mārs*; *colō*) Verehrer des Mars. [Sohn des Mars.
Mārti-gena, *ae m* (*Mārs*; *gignō*)
Mārtius 3 (*Mārs*) **1.** zum Mars gehörig, dem Mars geweiht; (*mensis*) *m* März; °**2.** kriegerisch; **3.** zum Planeten Mars gehörig.

M

****martyr,** *is m* Märtyrer, Blutzeuge.
****martyrium,** *ī n* Martertod.
****martyrizo** 1 zum Märtyrer machen, martern. [March.]
Marus, *ī m Nbfl. der Donau, j.*
mās, *maris m* (*-ă-?; gen. pl. -(i)um; et. ungeklärt*) Mann; Männchen; *adi.* männlich; °/ mannhaft, kräftig.
masculīnus 3 (*m. adv.; masculus*) männlich.
masculus 3 (*dem. v. mās*) männlich; *subst.* **~,** *ī m* Männchen; Mann; / mutig, kräftig.
Masinissa, *ae m König v. Numidien, Großvater Jugurthas, mit Rom verbündet.* [Klumpen, Masse.]
massa, *ae f* (*-ā-?; gr. Lw.*) Teig,
Massicus, *ī m Berg zw. Latium u. Kampanien, ber. durch seinen Wein; adi.* ~ 3.
Massilia, *ae f* (*gr.* Massaliā) *Handelsst. in Gallia Narbonensis, j.* Marseille; *adi. u. Einw. -liēnsis* (e).
mastīgia, *ae m* (*gr. Fw.*) Schlingel, Taugenichts.
mastrūca, *ae f* (*wohl sardisches Fw.*) Schafpelz; *auch Schimpfwort.*
mastrūcātus 3 (*mastrūca*) einen Schafpelz tragend.
māsturbātor, *ōris m* (*mă-?; māsturbor*) Onanist.
māsturbor 1 (*-ă-?; et. nicht sicher gedeutet*) onanieren.
matara, *ae u.* °**-ris,** *is f* (*gall. Fw.*) Wurfspieß *der Gallier.*
matella, *ae f u.* (*kl.*) **-telliō,** *ōnis m* (*matula*) Topf; Nachtgeschirr.
māter, *tris f* (*cf. nhd.* „Mutter") **1. a)** Mutter; **b)** Muttertier; °**c)** Mutterstamm (*bei Bäumen*); Mutter-, Hauptstadt; **2.** *Ehrentitel: familias* Hausfrau; (*dcht. für Göttinnen*): *Magna* Kybele; *ihr Tempel auf d. Palatin*; **3.** / Urheberin, Schöpferin, Quelle; ** *prima, vetus* = Eva.
mātercula, *ae f* (*dem. v. māter*) Mütterchen.
māteria, *ae u.* **-riēs,** *ēī f* (*eigtl.* „Mutterstoff"; *māter*) **1.** Materie, Stoff; Material; **2.** Baumaterial; (Bau-)Holz; Nutzholz; **3.** Vorrat, Vorräte, Nahrung; / **4.** Stoff, Materialien, Thema; **5.** Quelle, Ursache; **6.** Anlage, Talent.
****materialis,** e weltlich [*gladius*].
māteriārius, *ī m* (*māteria*) Holzhändler. [bauen.]
māteriō 1 (*māteria*) aus Holz
māterior 1 (*māteria*) Holz fällen.
māternus 3 (*māter*) mütterlich, von mütterlicher Seite, Mutter...
mātertera, *ae f* (*Komparativbildung zu māter*) Schwester der Mutter, Tante.
mathēmatica, *ae u.* **-ē,** *ēs f* (*mathēmaticus*) Mathematik; Astrologie. [Sterndeuter.]
mathēmaticus, *ī m* Mathematiker;
Mātrālia, *ium n* (*māter*) Fest der *Māter Mātūta am 11. Juni.*
mātri-cīda, *ae m* (*māter; caedō*) Muttermörder. [Muttermord.]
mātricīdium, *ī n* (*mātricīda*)
mātrimōniālis, e (*mātrimōnium*) ehelich, Ehe...
mātrimōnium, *ī n* (*māter*) **1.** Ehe; *in -um ducere* heiraten (*vom Mann gesagt*); °**2.** *pl.* Ehefrauen.
mātrīmus *u.* **-trīmus** 3 (*māter*) [*puer*] dessen Mutter noch lebt.
mātrīx, *īcis f* Mutterstamm (*v. Bäumen*); Gebärmutter.
mātrōna[1], *ae f* (*māter*) Ehefrau, Gattin; ehrbare Hausfrau; Dame.
Matrona[2], *ae f* Marne.
mātrōnālis, e (*mātrōna*[1]) einer Ehefrau zukommend.
mattea, *ae f* (*gr. Lw.*) Leckerbissen.
Mattiacī, *ōrum m Chatten in Nordhessen; (adi. -iacus 3); ihr Hauptort*
Mattium, *ī n; fontes Mattiacorum* Wiesbaden.
matula, *ae f* (*et. ungedeutet*) Nachttopf; *auch Schimpfwort.*
mātūrātē *adv.* (*mātūrātus P.P.P. v. mātūrō*) schleunig.
mātūrēscō, *ruī,* — 3 (*incoh. v. mātūrus*) reif werden; °/ erstarken.
mātūritās, *ātis f* (*mātūrus*) Reife; / volle Entwicklung, Höhe(punkt); richtiger Zeitpunkt.
mātūrō 1 (*mātūrus*) **1.** (*trans.*) **a)** zur Reife bringen; / °**b)** zur rechten Zeit verrichten; **c)** befördern, beschleunigen; **2.** (*intr.*) sich beeilen, eilen [*proficisci*].
mātūrus 3 (*m. comp.,* °*sup.* [*auch* °*mātūrrimus*], *adv.; Grundbedeutung* „rechtzeitig"; *cf. Mātūta*) **1.** reif; **2.** °**a)** tauglich; °**b)** erwachsen, mannbar; **c)** bejahrt; **3. a)** rechtzeitig; **b)** frühzeitig, schleunig, bald; °**c)** vorzeitig, zu früh.
Mātūta, *ae f* (*cf. mātūrus*) *gewöhnlich*

Māter ~: *Göttin der Frühe; cf. Leucothea.*
mātūtīnus 3 (*m.* °*adv.* **-ō**; *cf. Mātūta*) am Morgen, Morgen...; ** (*hora*) *-a* Morgenstunde; Mette.
Mauretania *u.* **-ritānia,** *ae f* (*gr.* -nįā) *j.* Marokko; *Einw. Maurī u. -rūsiī, ōrum m; adi. -rus u. -rūsius* 3.
Mausōlus, *ī m* (*gr.* Mąusōlos) *Tyrann v. Halikarnass (377–353); sein Grabmal* **Mausōlēum,** *ī n; auch* prächtiges Grabmal.
māvolō (*coni. māvelim; altl.*) = [*mālō.*]
Māvors, *rtis m* (*altl.*) = *Mārs; adi. -vortius* 3; *subst.* **-vortius,** *ī m* Marssohn = *Meleager.*
maxilla, *ae f* (*dem. v. mālā*) Kinnbacken.
maximē *u. altl.* **maxumē** *adv.* (*-ā-?; magnus*) **1.** am meisten; sehr viel, weitaus; **2.** (*bei adi. u. adv. zur Umschreibung des sup.*) [~ *necessarius*]; **3.** *quam* ~ so sehr wie möglich, möglichst viel; **4.** besonders, vorzüglich; °**5.** im Wesentlichen, ungefähr; °**6.** am liebsten, womöglich; °**7.** (*in Antworten*) jawohl, sehr gern.
maximitās, *ātis f* (*māx-?; maximus*) Größe.
maxim-opere *s. magnopere.*
maximus *u.* (*altl.*) **maxumus** (*-ā-?*) *s. māgnus.*
māzonomus, *ī m* (*gr. Fw.*) korbartig geformte Fleischschüssel.
meātus, *ūs m* (*meō*) Gang, Lauf, Flug; Weg; Mündung.
mē-castor! beim Kastor! (*Schwurformel der Frauen*).
****mechanica,** *ae f* Mechanik.
mēchanicus, *ī m* (*gr. Fw.*) Mechaniker; ** Handwerker; *adi.* [Handwerks...]
mēd *s.* egō.
meddix *s. medix.*
Mēdēa, *ae f* (*gr.* Mędeia) *Tochter des Königs Äetes v. Kolchis, Gemahlin des Jason.*
medeor, — — 2 (√* med- „ermessen"; *cf. meditor*) *m. dat.* heilen; / (ab)helfen, erleichtern.
Mēdī, *ōrum m* (°*sg. -us*) Meder; *dcht. auch:* Perser, Parther, Assyrer; *ihr Land* **Mēdia,** *ae f* (*gr.* -dįā); *adi. -d(ic)us* 3.
mediast(r)īnus, *ī m* (*-ā-?; medius*) Hausknecht, Badediener.
****mediator,** *oris m* Mittler.
mēdica, *ae f* (*sc. herba*) (*aus Medien eingeführter*) Klee, Luzerne.
medicābilis, e (*medicor*) heilbar.
medicāmen, *inis u.* **-mentum,** *ī n* (*medicor*) **1. a)** Heilmittel; °**b)** Pflaster, Salbe; **c)** / Heilmittel *gegen* [*doloris*]; **2.** °**a)** Gift(trank); **b)** Abtreibungsmittel; °**3. a)** Zaubermittel; **b)** Färbemittel; Schminke.
medicātus[1], *ūs m* (*medicor*) Zaubermittel.
medicātus[2] 3 (*m. comp., sup.; P.P.P. v. medicō*) heilkräftig.
medicīna, *ae f* (*medicus*) **1.** Heilkunst; °**2.** Klinik; **3. a)** Arznei; **b)** / Hilfs-, Heilmittel; °Schönheitsmittel.
medicō 1 (*medicus*) **1.** mit Heilmitteln *od.* Zauberkräften versehen; mit Kräutern versetzen; / heilen [*metum*]; **2.** färben; **3.** vergiften.
medicor 1 (*medicus*) heilen [*alci, alqd*]; / (ab)helfen.
medicus (*medeor*) °**1.** *adi.* 3 heilend, heilsam; **2.** *subst.* ~, *ī m* Arzt.
medietās, *ātis f* (*medius*) Mitte.
medimnum, *ī n u.* °**-us,** *ī m* (*gr. Fw.*) griech. Scheffel (= 6 *modii* = 52,5 *l*).
mediocris, e (*m.* °*comp., adv.; eigtl.* „auf halber Höhe befindlich"; *medius* + *altl. ocris* „steiniger Berg"; *ācer*[2]) **1.** mittelmäßig, gering; **2.** mäßig, unbedeutend, niedrig; **3.** gemäßigt, genügsam, gelassen.
mediocritās, *ātis f* (*mediocris*) Mittelmäßigkeit; Mittelstraße, Mäßigung.
Mediōlānum, *ī n* (*-ŏ-?*) Mailand; [*adi. -nēnsis,* e.]
medioximus (*-xumus*) 3 (*sup. zu mediocris*) *der* mittelste.
meditāmentum, *ī n* (*meditor*) *das* Sinnen *auf etw.; meist pl.* Vorübungen.
meditātiō, *ōnis f* (*meditor*) Nachdenken [*futuri mali*]; Vorbereitung.
meditātus 3 (*m.* °*adv.; part. pf. pass. v. meditor*) überlegt, ausgedacht; *subst.* **-a,** *ōrum n* Einstudiertes.
mediterrāneus 3 (*medius; terra*) binnenländisch; °*subst.* **-a,** *ōrum n* Binnenland.
meditor 1 (√*med- „ermessen; *cf. medeor*) **1.** nachdenken *über* [*de ratione*]; **2.** sinnen *auf* [*fugam*]; **3.** sich üben, Vorübungen machen.
meditullium, *ī n* (*eigtl.* „Binnenland"; *medius; tellūs*) Mitte(lpunkt).

M

medius 3 (*m.* °*adv.*; *cf. nhd.* „mitten") **1.** (*räuml.*) **a**) (*attr.*) *der* Mittlere, *der* Mittelste; **b**) (*praed.*) mitten, in der Mitte befindlich; *in -o foro* mitten auf dem Markte; **2.** (*zeitl.*) **a**) (*attr.*) *der* mittlere, dazwischenliegend; °*-um tempus* Zwischenzeit; **b**) (*praed.*) mitten, (in der) Mitte; (de) -a *nocte* um Mitternacht; **3.** / **a**) die Mitte haltend, Mittelding [*inter aequum et utile*]; °**b**) (mittel)mäßig, gewöhnlich; **c**) neutral, unparteiisch; °**d**) zweideutig; °**e**) vermittelnd; °**f**) störend; °**g**) halb; *-a pars die* Hälfte; **4.** *subst.* **medium,** ī *n* **a**) Mitte, Mittelpunkt, -straße; **b**) Öffentlichkeit, Publikum, menschliche Gesellschaft; **c**) Gemeinwohl; **d**) (*Redensarten*) *in -um proferre* bekannt machen; *de -o tollere* aus dem Weg räumen, *recedere* aus dem Weg gehen; *in -o relinquere* unentschieden lassen, °*in -o ponere* vor jedermann darlegen; °*in -um procedere* sich öffentlich zeigen, *in -um vocare* vor das Publikum bringen, *in -um venire* vor Gericht auftreten, °*in -um consulere* für das Gemeinwohl sorgen.

mēdius Fidius *s. Fidius.*

medix tuticus *m* (*mē... tū...?*; *osk.*; *cf. meditor, dīcō*) Bundesoberhaupt, oberste Behörde (*der Osker*).

****medo,** *onis m* Met.

medulla *u.* °*dem.* **medullula,** *ae f* (*et. nicht sicher zu deuten*) °**1.** Mark; **2.** / Herz.

medullitus *adv.* (*medulla*) bis ins Mark, herzlich [*amare*].

Mēdus, ī *m* (*gr.* -os) *s. Mēdī.*

Medūsa, *ae f* (*gr.* Mę-) *s. Gorgō*; *adi. -aeus* 3 = *Gorgoneus.*

mefītis, *is f* = *mephītis.*

Megaera, *ae f* (*gr.* Męgai-) *eine der* Furien.

Megalē(n)sia, *ium n Kybelefest am 4. April.*

Megara, *ōrum n u.* **-a,** *ae f Hauptst. der Landschaft Megaris*; *Geburtsort des Philosophen Euklid*; *adi. -ricus* 3; *subst.* **-ricī,** *ōrum m Anhänger Euklids.*

megistānes, *um m* (*acc. -as*; *gr. Fw.*) Würdenträger, Magnaten.

meherc(u)le *u.* **-culēs** *s. Herculēs.*

mēiō, — — 3 (*d. i. mejjō*; *cf. mingō*) harnen; *auch in obszöner Doppelbedeutung.*

mel, *mellis n* (*cf. ahd.* milsken „süßen") Honig; °/ Süßigkeit, Liebliches; *auch Kosewort.*

melancholicus 3 (*gr. Fw.*) schwermütig.

melandryum, ī *n* (*gr. Fw.*) Stück eingesalzenen Thunfisches.

melanūrus, ī *m* (*gr. Fw.*) Schwarzschwanz (*Seefisch*).

melculum, ī *n* (*dem. v. mel*) Honigpüppchen (*Kosewort*).

mēlēs *u.* **-lis,** *is f* (*wohl zu fēlēs*; *s. d.*) Marder *od.* Dachs.

Melicerta *u.* **-tēs,** *ae m* (*gr.* -kertēs) *Sohn des Athamas u. der Ino*; *als Meergott unter den Namen Palaemōn u. Portūnus verehrt* (*s. d.*).

melicus 3 (*gr. Fw.*) °**1.** musikalisch; **2.** lyrisch.

melilōtos, ī *m,* **-ton** *u.* **-tum,** ī *n* (*gr. Fw.*) süßer Steinklee.

melimēlum, ī *n* (*gr. Fw.*) in Honig eingemachtes Obst, *bsd.* Quitten.

mēlīna = *mellīna*[2].

mēlīnum, ī *n* (*gr. Fw.*) weiße Schminke (*v. Melos*)

melior *comp. zu bonus.*

****melioro** 1 verbessern; P. sich (gesundheitlich) besser befinden.

melisphyllum, ī *n* (*gr. Fw.*) Melisse.

Melita, *ae u.* **-tē,** ēs *f* (*gr.* -lįtē) *j.* Malta; *adi.* -tēnsis, e; *subst.* **-tēnsia,** *ium n* maltesische Teppiche *od.* Decken.

melius *s. bonus.*

meliusculus 3 (*dem. v. melius*) etwas besser; *kl. nur adv.*: *alci -e est* es geht einem besser.

mella, *ae f* (*mel*) Honigtrank.

melliculus 3 (*dem. v. mel*) honigsüß.

melli-fer, *era, erum* (*mel*; *ferō*) Honig (ein)tragend.

mellīla, *ae f* (*mellīna*[1]) Honigpüppchen (*Kosewort*).

mellīna[1], *ae f* (*mel*) Honigwein.

mellīna[2], *ae f* (*mēlēs*) (*sc. pellis*) Sack aus Marderfell.

mellīnia, *ae f* (*mel*) Süßigkeit; / Wonne(?).

mellītus 3 (*m. sup.*; *mel*) mit Honig versüßt; / allerliebst.

****melodia,** *ae f* Lied, Weise.

****melodus** 3 schön klingend, melodisch.

Mēlos[1], ī *f Insel im Ägäischen Meere*; *j.* Milo; *adi. -lius* 3.

melos[2] *n* (*pl.* melē; *gr. Fw.*) Gesang, Lied.

Melpomenē, ēs *f* (*gr.* -męnē) *Muse der tragischen u. lyrischen Poesie.*

membrāna, *ae f* (*membrum*) **1.** Häutchen, Haut; °Schlangen-

haut; °2. Pergament; °3. / Oberfläche. [Pergament.]
membrāneus 3 (*membrāna*) aus
membrānula, *ae f* (*dem. v. membrāna*) dünnes Pergament.
membrātim *adv.* (*membrum*) glied-, stückweise; in kleinen Sätzen.
membrum, *ī n* (< **mēms-rom*; *cf. gr. pl.* mę̄ra „Schenkel") **1. a)** Glied; *pl.* Gliedmaßen; °**b)** (*auch pl.*) männliches Glied; **2.** / **a)** Glied, Teil; **b)** Zimmer; **c)** (*rhet. t.t.*) Kolon, Abschnitt.
mē-met *s.* egomet.
meminī, *-isse* (√*men- „denken") **1.** sich erinnern, eingedenk sein [*vivorum*; *beneficia*]; daran denken [*curare*]; **2.** erwähnen [*coniurationis, de exulibus*].
Memmius 3 *röm. Gentilname*; *adi. -iānus* 3; °*subst.* **-iadēs,** *ae m* Angehöriger der gens *Memmia.*
Memnōn, *onis m Sohn des Tithonus u. der Aurora, König der Äthiopier, v. Achill getötet*; **-nonides,** *um f die aus seiner Asche aufgestiegenen Vögel*; *adi. -nonius* 3 morgenländisch.
memor, *oris* (*m. adv.* **-iter**; *s.d.*; *abl. sg. -ī, gen. pl. -um*; √*mer- „sorgen") **1. a)** eingedenk [*beneficii*]; **b)** dankbar, erkenntlich; °**c)** unversöhnlich; °**d)** bedachtsam; **e)** mit gutem Gedächtnis (begabt); °**2.** erinnernd, mahnend *an* [*belli*].
memorābilis, e (*m.* °*comp.*; *memorō*) °**1.** denkbar; **2.** denk-, merkwürdig; °**3.** berühmt.
memorandus 3 (*memorō*) erwähnenswert, merkwürdig.
memorātor, *ōris m* (*memorō*) Erzähler.
memorātus[1] 3 (*m. sup.*; *memorō*) berühmt. [zählung.]
memorātus[2], *ūs m* (*memorō*) Er-
memoria, *ae f* (*memor*) **1.** Gedächtnis, Erinnerungskraft; *-ā tenere* im Gedächtnis haben; **2. a)** Andenken, Erinnerung; *post hominum -am* seit Menschengedenken; °**b)** Bewusstsein [*sceleris*]; °**3.** Gedanke (*an etw. Zukünftiges*); **4.** durch Erinnerung Bewahrtes: **a)** Zeit [*-ā meā*]; **b)** Ereignis, Vorfall; **c)** Nachricht, Überlieferung, Kunde [*-ā ac litteris* mündlich und schriftlich]; ~ *rerum gestarum* Geschichtsschreibung.
memoriālis, e (*memoria*) Denk...; *libellus* Tagebuch; ** *subst.* **-e,** *is n* Denkmal [*passionis*].
memoriola, *ae f* (*dem. v. memoria*) (geringes) Gedächtnis.
memoriter *adv.* (*v. memor*) aus dem Gedächtnis; in guter Erinnerung.
memorō 1 (*memor*) °**1.** erinnern *an* [*foedus*]; **2.** erwähnen, berichten, erzählen; ** auswendig lernen.
Memphis, *idis f St. in Ägypten*; *adi. -ītēs, ae, īticus* 3; *-ītis, idis f.*
Menander, *drī m* (*gr.* Mę̄nandros) *Hauptvertreter der neueren Komödie* (*342–290*); *adi. -drēus* 3.
Menapii, *ōrum m belgisches Volk zw. Maas u. Schelde.*
menda, *ae f* (*nkl., dcht.*) = *mendum.*
mendāci-loquus 3 (*mendācium*; *loquor*) lügenhaft.
mendācium, *ī n* (*mendāx*) **1.** Lüge; **2.** / **a)** Sinnestäuschung; °**b)** Täuschung, Erdichtung.
mendāciunculum, *ī n* (*dem. v. mendācium*) kleine Unwahrheit.
mendāx, *ācis* (*m.* °*comp.*, °*sup.*; *mendum*; *in der Bedeutung nachträglich durch mentior beeinflusst*) **1.** lügnerisch; *subst. m* Lügner; **2.** / **a)** täuschend, trügerisch; °**b)** erdichtet, nachgemacht. [Bettler(gestalt) (?).]
mendīcābulum, *ī n* (*mendīcō*)
mendīcātio, *ōnis f* (*mendīcō*) *das* Betteln *um* [*vitae*]. [Bettelarmut.]
mandīcitās, *ātis f* (*mendīcus*)
mendīcō *u.* **-or** 1 (*mendīcus*) (er-)betteln; ** *mendicantes* Bettelmönche. [bettlerisch, Bettler...]
mendīculus 3 (*dem. v. mendīcus*)
mendīcus 3 (*m. sup.*, °*adv.*; *mendum*) **1.** bettelarm; **2.** / °**a)** erbettelt; **b)** armselig, ärmlich; **3.** *subst.* ~, *ī m* **a)** Bettler; °**b)** Lump; *pl.* bettelnde Kybelepriester.
mendōsus 3 (*m. comp.*, °*sup.*, *adv.*; *mendum*) **1.** (*pass.*) fehlerhaft; **2.** (*act.*) oft Fehler begehend; ** *-a cantilena* Schelmenliedchen.
mendum, *ī n* (*cf. altind.* mindā „Gebrechen") °**1.** Gebrechen; **2.** Schreib-, Rechenfehler, Versehen.
Menelāus, *ī m* (*gr.* -nę̄lāos) *Sohn des Atreus, Bruder des Agamemnon, Gemahl der Helena, König v. Sparta.*
Menēnius 3 *röm. Gentilname*; *s. Agrippa* 1; *adi. -nēni(ān)us* 3.

M

Menippus, *ī m* (*gr.* Mẹnippos) *kynischer Philosoph.*
Menoetiadēs, *ae m* Sohn des *Menoetius* (*gr.* -oitios), Patroklus.
mēns, *mentis f* (*cf.* *meminī*) **1. a**) Denkkraft, denkender Geist, Verstand; **b**) Überlegung, Einsicht, Besinnung; ♀ Gottheit der Besinnungskraft; **2. a**) Denk-, Sinnesart, Gesinnung; °**b**) Mut, Zorn, Leidenschaft; **3. a**) Seele, Geist, inneres Wesen; **b**) Gedanke, Vorstellung, Erinnerung; **c**) Meinung, Ansicht; **d**) Absicht, Vorsatz, Plan, Wille.
mēnsa, *ae f* (*vl. part. pf. pass. v. mētior*) **1.** Essen, Gericht; *secunda* Nachtisch; **2. a**) Tisch, Esstisch; **b**) Opfertisch, Altar; **c**) Wechslertisch, Bank; °**d**) Verkaufstisch.
mēnsārius, *ī m* (*mēnsa*) °**1.** Wechsler; **2.** *pl. -i tresviri od. quinqueviri* (*vom Senat zur Schuldenregulierung bestellte*) Bankiers.
mēnsiō, *ōnis f* (*mētior*) *das* Messen; *vocum* Silbenmaß, Tonmessung.
mēnsis, *is m* (*gen. pl.* -(*i*)*um*, -*uum*; *cf. nhd.* „Mond, Monat") Monat.
mēnsor, *ōris m* (*mētior*) Vermesser, Feldmesser; Baumeister.
mēnstruālis, e (*mēnstruus*) monatlich; für einen Monat.
mēnstruus 3 (*mēnsis*) monatlich; einen Monat dauernd; °*subst.* **-um,** *ī n* monatlicher Dienst, Lebensmittel für einen Monat.
mēnsula, *ae f* (*dem. v. mēnsa*) kleiner Tisch.
mēnsūra, *ae f* (*mētior*) **1.** *das* Messen, Messung; **2.** Maß (*zum Messen*); **3. a**) Maß, Größe, Länge; °*verbi* Quantität; °**b**) Beschaffenheit, Charakter.
ment(h)a, *ae f* (*wahrsch. Lw. aus einer südosteuropäischen Spr.*) Krauseminze.
mentiō, ōnis *f* (*cf. mēns*) Erwähnung; Anregung, Vorschlag.
mentior, *ītus sum* 4 (*altl. fut -ībitur, -ībimur*; *mēns*; *eigtl.* „sich ausdenken") **1.** (*intr.*) **a**) ein Lügner sein, lügen; °**b**) sich täuschen; °**c**) dichten, fabeln; **d**) sein Wort nicht halten; **2.** (*trans.*) **a**) (er-)dichten, vorspiegeln; °**b**) vorgeben, täuschen; (*part. pf. pass.*) °*adi.* **mentītus** 3 erlogen, nachgemacht, falsch.
Mentor, *oris m* (*gr.* -tōr) *Künstler in getriebenen Metallarbeiten*; °/ getriebene Metallschale; °*adi. -oreus* 3.
mentula, *ae f* (*et. ungedeutet*) *das* männliche Glied, Phallus.
mentum, *ī n* (*cf. ē-mineō*) Kinn; °/ Kinnbart.
meō 1 (*et. nicht geklärt*) wandeln, [gehen.]
mephītis, *is f* (*osk. Fw., et. ungedeutet*) schädliche Ausdünstung der Erde; ♀ *Schutzgöttin gegen die Erdausdünstungen.*
merācus *u.* °**merāc(u)lus** 3 (*m. comp. merus*) (ziemlich) unvermischt; / unverfälscht.
mercābilis, e (*mercor*) käuflich.
mercātor, *ōris m* (*mercor*) Großkaufmann; Käufer.
mercātōrius 3 (*mercātor*) kaufmännisch [*navis* Handelsschiff].
mercātūra, *ae f* (*mercor*) Handel.
mercātus, *ūs m* (*mercor*) Handel; Markt, Messe.
mercēdula, *ae f* (*dem. v. mercēs*) elender Lohn; geringe Einkünfte.
mercēn(n)ārius 3 (*-cĕnn-?*; *mercēs*) gedungen, gemietet, bezahlt, bestochen [*testis*]; *subst.* **~,** *ī m* Tagelöhner, Lohndiener.
mercēs, *ēdis f* (*merx*) **1.** Lohn, Sold, Preis; Verdienst [*parva*]; **2. a**) Lehrgeld; Sold, Gehalt; **b**) Sündengeld; **3.** Strafe, Schaden; **4.** Zins, Miete, Pacht, Einkünfte.
mercimōnium, *ī n* (*merx*) Ware.
mercor 1 (*merx*) °**1.** (*intr.*) Handel treiben; **2.** (*trans.*) erhandeln, (er)kaufen.
Mercurius, *ī m* (*urspr. etr. Gentilgottheit, 495 aus Falerii in Rom eingeführt*) *Gott des Handels, später als Götterbote, Seelenführer u. Musaget dem gr.* Hermẹs *gleichgesetzt*; *Sohn Jupiters u. der Maia*; *stella -ī* Planet Merkur; *aqua -ī Quelle an der via Appia*; *tumulus -ī Anhöhe b. Cartagena, j.* Cap Bon; *adi.* **-iālis,** e [*viri die* Dichter]; *subst.* **-iālēs,** *ium m Kollegium der Kaufleute in Rom.*
merda, *ae f* (*et. ungeklärt*) Kot.
merenda, *ae f* (*mereō*) Vesperbrot.
mereō, *uī, itum u.* **mereor,** *itus sum* 2 (*wohl eigtl.* „Anteil erhalten"; *cf. gr.* mẹros „Anteil") verdienen: **1.** erwerben, gewinnen; **2.** (*mil. t.t.*) (*stipendia*) Kriegsdienste tun; *equo* als Reiter dienen;

3. a) verdienen [laudem]; b) verschulden, sich zuziehen [odium]; °c) verüben [scelus]; 4. (meist dep.) sich verdient machen [bene, male de patria]; (part. praes.) adi. °**merēns,** entis würdig, schuldig; (part. pf.) adi. **meritus** 3 (m. °sup.) (act.) °würdig; (pass.) verdient; gerecht, gebührend.

meretrīcius 3 (m. °adv.; meretrīx) buhlerisch, dirnenhaft; °subst. **-ium,** ī n Hurengewerbe; Hurerei.

meretrīcula, ae f (dem. v. meretrīx) niedliche od. elende Dirne.

meretrīx, īcis f (mereō) Hetäre; Freudenmädchen.

mergae, ārum f (et. zweifelhaft) zweizackige Getreidegabel.

merges, itis f (cf. mergae) Forke, Getreide, Ährenbündel.

mergō, mersī, mersum 3 (< *mezgō) 1. (ein-, unter)tauchen, versenken; P. [naves], mediopass. [stellae]; untergehen, versinken; °2. / a) hineinstecken; verbergen, verstecken; b) versenken, stürzen in [in voluptates].

mergus, ī m (Rückbildung zu mergō) Taucher (Wasservogel).

merīdiānus 3 (merīdiēs) mittägig, Mittags...; südlich.

merīdiātiō, ōnis f (merīdiō) Mittagsruhe.

merīdiēs, ēī f (< loc. *mediei-diē „mitten am Tage") Mittagszeit; Süden.

merīdiō 1 (merīdiēs) Mittagsruhe halten.

meritō¹ 1 (intens. v. mereō) verdienen, einbringen.

meritō² adv. (m. sup.; meritus; s. mereō) mit Recht, nach Verdienst.

meritōrius 3 (mereō) gemietet, bezahlt, Miet... (kl. nur pueri Lustknaben); °subst. **-um,** ī n Mietwohnung, öffentl. Bad; Bordell.

meritum, ī n (mereō) °1. der Verdienst; Lohn, Strafe; 2. a) das Verdienst, Würdigkeit, Wohltat; b) Schuld, Verschulden, Vergehen; °3. / Bedeutung, Wert.

Merō, ōnis m (merum) Spottname des Kaisers Tiberius (Claudius Nero) = merobibus.

mero-bibus 3 (-ō-?; merum; bibō) ungemischten Wein trinkend.

merops, opis m (gr. Fw.) Bienenspecht.

mers altl. = merx.

mersō 1 intens. v. mergō, s. d.

mertō 1 altl. = mersō.

merula, ae f (< *mesula; cf. nhd. „Amsel") 1. Amsel; °2. Meeramsel (Seefisch).

meruleus 3 (merula) schwarz wie eine Amsel.

merus 3 (√*mer- „flimmern, funkeln") °1. unvermischt, lauter, rein; subst. **-um,** ī n unvermischter Wein; 2. / a) nichts weiter als; b) echt, wahr, unverfälscht; °nackt [pes].

merx, cis f (vl. zu √*merk- „greifen, fassen") Ware; Tand.

mesochorus, ī m (gr. Fw.) 1. Chorführer; 2. / Führer der Claque.

Mesopotamia, ae f (gr. -mịā „Zwischenstromland") Mesopotamien.

mēsor = mēnsor.

Messāl(l)a (-sālla?) s. Valerius.

Messalīna, ae f: Valeria ~, 3. Gemahlin des Kaisers Claudius.

Messāna, ae f (gr. -sēnē, dor. -sānā) St. auf Sizilien, früher Zanklē, j. Messina; adi. -sēnius 3.

Messēnē, ēs u. **-a,** ae f Hauptst. v. Messenien i. d. Peloponnes; adi. u. Einw. -nius (3).

messis, is f (altl. acc. -im; metō¹) Ernte; °Erntezeit; Ernteertrag.

messor, ōris m (metō¹) Schnitter.

messōrius 3 (messor) Schnitter...

-met (zur Verstärkung an pron. pers., seltener poss. angehängt; et. ungedeutet) selbst, eigen.

mēta, ae f (et. nicht geklärt) 1. Kegel, Pyramide; 2. Spitzsäule (im Zirkus); °3. / a) Ziel, Grenze, Ende; b) Wendepunkt; 4. ♀ sudans Springbrunnen vor dem Amphitheater.

metalēpsis, is f (acc. -im, abl. -ī; gr. Fw.) doppelte Metonymie [messus Ernte > Erntezeit > Jahr].

metallum, ī n (gr. Fw.) Metall, Bergwerk.

metamorphōsis, is f (pl. gen. -eōn, dat. -esin, acc. -īs; gr. Fw.) Verwandlung; ♀ pl. Dichtung Ovids.

metaphora, ae f (gr. Fw.) Bedeutungsübertragung, Metapher (rein lat. trānslātiō).

metaplasmus, ī m (gr. Fw.) Umbildung; (gramm. t.t.: Umwandlung der Kasusformen u. Ableitung der Formen v. einem anderen Stamm).

mētātor, ōris m (mētor) Vermesser der Grenzen einer Örtlichkeit.

Metaurus, ī m Fl. in Umbrien, j. Metauro (Schlacht 207); auch adi. [-um flumen].

Metellus 3 cogn. in d. gens Caecilia.

methodicē, ēs f (gr. Fw.) der me-

M

thodische Teil, *die* Regeln *der Grammatik.*

****methodicus** 3 methodisch.

Mēthymna, *ae f* (*gr.* Mẹ-) *St. auf Lesbos, Geburtsort Arions*; *adi. u. Einw.* *-mnaeus* (3); *adi.* *-mnias, adis f.*

metīculōsus 3 (-ī-?; *metus*) **1.** furchtsam; **2.** fürchterlich.

mētior, *mēnsus sum* 4 (**mē-tis* „*das* Messen" = *gr.* mẹtis „Rat") **1.** messen, aus-, vermessen; **2.** zumessen; **3.** / °a) durchwandern, -fahren, zurücklegen; **b**) *nach etw.* beurteilen [*omnia voluptate*].

metō[1] (*messem fēcī*), *messum* 3 (*cf. nhd.* „mähen") **1.** (*intr.*) mähen, ernten; °**2.** (*trans.*) abmähen, abschneiden, abernten; / abhauen; niedermetzeln.

mētō[2] 1 = *mētor.*

metōposcopos, *ī m* (*gr. Fw.*) Stirnschauer, Phrenologe.

mētor 1 (*mēta*) abstecken, ausmessen, abgrenzen; durchwandern.

metrēta, *ae f* (*gr. Fw.*) **1.** Tonnenmaß *für Schiffsladungen*, Tonne; **2.** Wein- *od.* Ölgefäß (*einen metrētēs = 40 l fassend*).

metricus 3 (*gr. Fw.*) metrisch.

****metropolis,** *eos f* (*acc.* *-im, abl.* *-i*) Provinzialhauptstadt; Sitz eines Erzbischofs.

****metropolita,** *ae m* Erzbischof.

****metropolitanus** 3 die Stadt des Erzbischofs betreffend.

metrum, *ī n* (*gr. Fw.*) Versmaß, Versart.

Mettius, *ī m sagenh. sabinisches Geschlecht*: **1.** ~ *Curtius, ließ sich z. Z. des Romulus in Rom nieder*; **2.** ~ *Fufetius letzter Diktator v. Alba Longa.*

metūculōsus 3 (-ū-?) = *metīculōsus.*

metuēns, *entis* (*m.* °*comp.*; *part. praes. v.* metuō) besorgt *um* [*deorum* gottesfürchtig].

mētula, *ae f* (*dem. v. mēta*) kleine Pyramide.

metuō, *uī,* (*ūtum*) 3 (*metus*) **1.** (*intr.*) sich fürchten *für* [*alci* (*rei*)]; **2.** (*trans.*) **a**) befürchten [*insidias*; *nē*; *ut* (= *nē nōn*)]; °**b**) Ehrfurcht haben *vor* [*patrem*]; °**c**) sich hüten *vor*; **3.** (*Gerundiv*) *adi.* **metuendus** 3 furchtbar.

metus, *ūs m* (*altl. gen.* *-uis, dat.* *-ū*; *et. ungeklärt*) **1. a**) Furcht, Befürchtung, Besorgnis; °**b**) Ehrfurcht; **2.** °a) Gegenstand der Furcht, Schrecken; **b**) gefährliche Lage.

meus *pron. poss.* (*oft durch -met od. -pte verstärkt*; *voc. sg. m mī* [*fīlī*] *u.* °*meus*; *cf. mē*; *s.* egō) **1.** *adi.* 3 mein, mein lieber; **2.** *subst.* **a**) **meī** *die* Meinen, meine Angehörigen; °**b**) **o mea!** meine Liebe! **c**) **meum,** *ī u.* **mea.** *ōrum n* meine Habe.

mia, *ae f* (*gr. Fw.*) eine [*Charitōn* der Grazien].

mīca, *ae f* (*cf. nhd.* „schmäch-tig") **1.** Körnchen, *ein* bißchen; **2.** kleines Speisezimmer.

Micipsa, *ae m Sohn des Masinissa, König v. Numidien.*

micō, *cuī,* — 1 (*eigtl.* „flimmern") **1.** zucken, zittern, zappeln (klopfen, pulsieren); (*digitis*) ~ mit den Fingern schnellen, das Moraspiel spielen; °**2.** schimmern, blitzen, funkeln.

micturiō, — — 4 (*desid. v. mingō*) Wasser lassen gehen, austreten.

Midās, *ae m sagenh. König v. Phrygien.*

migdilix (*et. ungedeutet*) doppelsprachig (?).

migrātiō, *ōnis f* (*migrō*) Auswanderung, Wanderung; / *in alienum* übertragener Gebrauch (*eines Wortes*); ** Tod.

migrō 1 (*altl.* *-grassit* = *-grāverit*; *eigtl.* „ [*den Ort*] wechseln"; *zu gr.* amẹibō „wechsle") **1.** (*intr.* **a**) (aus-) wandern; °**b**) sich verändern; **2.** (*trans.*) °a) fortschaffen; **b**) / übertreten, verletzen [*ius civile*].

mīles, *itis m* (*et. ungeklärt*) **1.** Soldat, Krieger; **2.** Fußsoldat; Legionssoldat; °**3. a**) (= *gregārius*) Gemeiner; **b**) Offizier; **4.** (*coll.*) Infanterie, Heer; °**5.** Soldat (*Stein im Brettspiel*); °**6.** *f* Neuling, Trabantin; ** Ritter, Vasall; dei Glaubenskämpfer.

Mīlētus, *ī f* (*gr.* Mịlētos) *St. in Karien*; *adi. u. Einw.* *Mīlēsius* (3), °*auch* schlüpfrig [*carmina*]; *adi.* *-lētis, idis f* [*urbs Tomi*].

mīlia *s. mille.*

****miliare,** *is n* Meile [*Teutonicum*].

mīliārius[1] 3 = *mīlliārius.*

miliārius[2] 3 (*milium*) zur Hirse gehörig; *subst.* **-ium,** *ī n* hohes, schmales, hirsenförmiges Gefäß, Badekanne.

mīliē(ns) = *mīlliē(n)s.*

mīlitāris, e (*m.* °*adv.*; *mīles*) soldatisch, kriegerisch, militärisch, Soldaten..., Kriegs...; °*aetas* dienstpflichtiges Alter; *res* Kriegswesen; °*vir* kriegserfahrener Soldat; °*subst.* **-ēs,** *ium m* Soldaten.

mīlitārius 3 (*mīles*) Soldaten...

mīlitia, *ae f* (*mīles*) **1.** Kriegsdienst; **2.** Krieg, Feldzug; *domi militiaeque* in Krieg u. Frieden; / Dienst; °**3.** (*coll.*) *die* Soldaten, Miliz; ** Hofdienst; Ritterschaft; Schwertleite; *caelestis die* himmlischen Heerscharen.

mīlitō 1 (*mīles*) als Soldat dienen; °/ dienen; ** Lehnsdienste leisten.

milium, *ī n* (*zu gr.* meline) Hirse.

mīlle *num. card.* (*sg. indecl.*); *pl.* **mīlia,** *ium n* (< *smī ghslī „eine Tausendheit"; *smī *cf. semel*; *gr.* chilioi „tausend") **1.** tausend; *meist mille milites*; *aber duo milia passuum* 2 röm. Meilen (= 2 × 1,5 km); °**2.** unzählige.

mīllē(n)simus 3 *num. ord.* (*mīlle*) *der* Tausendste; *adv.* **-um** zum tausendsten Male.

mīlliārius 3 (*mīlle*) tausend enthaltend; *subst.* **-ium,** *ī n* Meile(nstein).

mīlliē(n)s *adv. num.* (*mīlle*) tausendmal; / unzählige Male.

Milō, *ōnis m röm. cogn.*: *T. Annius* ~, *Gegner des Clodius*; *adi.* -*ōniānus* 3 (*subst.* -*a, ae f* (*Ciceros*) Rede für M.).

Miltiadēs, *is u. ī m* (*gr.* -iadēs) *Sieger v. Marathon* (*490*).

mīluīnus, *später* **mīlvīnus** 3 (*mīluus*) falkenartig; räuberisch; °*subst.* **-a,** *ae f* (*sc. famēs*) Heißhunger.

mīluus, *später* **mīlvus,** *ī m* (*et. ungedeutet*) **1.** Falke, Weihe; °**2.** *Art* Raubfisch; *ein Stern.*

mīma, *ae f* (*mīmus*) Schauspielerin [im Mimus.

mīmiambus, *ī m* (*gr. Fw.*) Mimiambus, *Posse in jambischem Versmaß.*

mīmicus 3 (*m.* °*adv.*; *gr. Fw.*) **1.** mimisch, schauspielerisch; °**2.** / affektiert, Schein...

Mimnermus, *ī m* (*gr.* Mimnermos) *Dichter aus Kolophon um 600*; *Begründer der erotischen Elegie.*

mīmographus, *ī m* (*gr. Fw.*) Vfssr. mimischer Gedichte.

mīmula, *ae f* (*dem. v. mīma*) (kleine) Schauspielerin.

mīmus, *ī m* (*gr. Fw.*) **1.** Schauspieler im Mimus, Possenreißer; **2.** Mimus, Posse; **3.** Possenspiel, Farce; ** Spielmann.

min[1] *wohl absichtlich verstümmeltes* [*Wort.*

mīn[2] ? (*Pl.*) = *mihīne?*

mina, *ae f* (*gr. Lw.*) Mine (*Rechenmünze*: *argenti im Wert v. etwa 78 Mark*, °*auri v. 400 Mark*).

mināciae, *ārum f* (*mināx*) Drohungen.

minae, *ārum f* (*cf. mōns*; *Rückbildung aus den Komposita ē-mineō usw.*) °**1.** Zinnen; **2. a)** Drohungen; °**b)** Gewissensbisse.

minanter *adv.* (*mināns, part. praes. v. minor*) drohend.

minātiō, *ōnis f* (*minor*) Drohung.

mināx, *ācis* (*m.* °*comp.*, °*sup.*, *adv.*; *minor*) °**1.** emporragend; **2.** drohend, trotzig.

Mincius, *ī m Fl. b. Mantua, j.* Min- [cio.

mineō, — — 2 (*cf. minae*; *Rückbildung aus den Komposita ē-mineō usw.*) ragen.

Minerva, *ae f* (*wohl urspr. etr. Göttin des Handwerks, später der gr. Athēnē gleichgesetzt*) *jungfräuliche Göttin der Weisheit, der Künste u. der Wissenschaft*; *ihr Tempel auf dem Aventin v. Augustus erneuert*; *invitā -ā* ohne inneren Beruf, *crassā, pingui -ā* hausbackenen Verstandes; °/ Wollarbeit; Ölbaum.

mingō, *mīnxī, mīnctum u. mictum* 3 (*mīnxī, mīnctum?*; *cf. mēiō*) harnen.

miniātulus 3 (*dem. v. miniātus*) etw. zinnoberrot (gefärbt); *cerula -a* Rotstift.

miniātus 3 (*miniō* 1 „mit Zinnober anstreichen"; *minium*) zinnoberrot (gefärbt); *cerula -a* Rotstift.

minimē, minimus *s. parvum, parvus.*

minīnus 3 (*mina*) eine Mine kostend; *im Wortspiel m. minus*[2]: kahl, dürftig.

minister, *trī m* (< *minus-teros; *minus*[1]) Diener, Bedienter; Gehilfe, Vollstrecker; Helfershelfer; ** Truchsess; Genosse.

****ministerialis,** *is m* unfreier Dienstmann; Ministeriale.

ministerium, *ī n* (*minister*) **1.** Dienst(leistung); Amt; **2.** Dienerschaft; ** Hilfsgerät; Amtsbezirk; Messe.

ministra, *ae f* (*minister*) Dienerin. [Gehilfin

ministrātor, *ōris m* (*ministrō*) **1.** Aufwärter; Diener (*bsd. b. Tisch*);

2. Beistand, Ratgeber; ** Mundschenk.
ministrātrīx, *īcis f* (*ministrātor*) Gehilfin, Dienerin.
ministrō 1 (*minister*) **1.** bedienen, aufwarten [*convivis*]; **2.** auftragen, kredenzen [*cenam*; *pocula*]; **3.** darreichen, verschaffen [*pecuniam*]; °**4.** ausführen, besorgen; ** Ministrant sein.
minitābundus 3 (*minitor*) unter Drohungen.
minitor *u.* °**-ō** 1 (*intens. v. minor*[1]) drohen, androhen; ** bevorstehen.
minium, *ī n* (*iberisches Fw.*) Mennig, Zinnober.
minor[1] 1 (*minae*) °**1.** emporragen; **2. a)** drohen, androhen; °**b)** prahlend versprechen; °**c)** bedrohen.
minor[2], *us comp. zu parvus.*
****minoritae,** *arum m* Franziskaner.
Mīnōs, *ōis m* **1.** *sagenh. König v. Kreta; nach seinem Tod Totenrichter;* **2.** *Enkel v. 1, Gemahl der Pasiphae, Erbauer des Labyrinths;* **Mīnōis,** *idis f seine Tochter* Ariadne; *adi.* -nō(ī)us 3.
Mīnōtaurus, *ī m* (*gr.* -nǭtauros) *Menschen fressendes Ungeheuer auf Kreta, Sohn der Pasiphae u. eines Stiers, von Theseus getötet.*
Minucius 3 *röm. Gentilname; adi.* [*via v. Rom nach Brundisium*].
minumē, -mus = *minim...*
minuō, *uī, ūtum* 3 (*cf. minor*[2]) °**1.** zerkleinern, -schneiden; **2.** verkleinern, vermindern; *se -ere u. mediopass.* abnehmen; **3.** / schwächen, beeinträchtigen.
minus[1] *comp. zu parvus u. parum.*
minus[2] 3 (*et. ungeklärt*) kahlbäuchig [*ovis*].
minusculus 3 (*dem. v. minor*[2]) ziemlich klein.
minūtal, *ālis n* (*minūtus*) Ragout.
minūtātim *adv.* (*minūtus*) stückweise, nach und nach, einzeln.
minūtia, *ae f* (*minūtus*) Kleinheit.
minūtulus 3 (*dem. v. minūtus*) ganz klein.
minūtus 3 (*m.* °*comp.,* °*sup., adv.*; *minuō*) °**1.** (*nur adv.* **-ē**) zerstückelt; detailliert; **2.** klein, winzig, unbedeutend; *res -a* Kleinigkeit, Bagatelle; **3.** / kleinlich, kleinmütig.
mīrābilis, e (*m. comp., adv.*; *mīror*) **1.** wunderbar; **2.** bewundernswert, erstaunlich; außerordentlich; **3.** wunderlich, sonderbar; ** *subst.* **-ia,** *ium n* Wundertaten.
mīrābundus 3 (*mīror*) voll Verwunderung.
mīrāculum, *ī n* (*mīror*) **1.** Wunder (-ding); °**2.** *das* Wunderbare.
mīrandus 3 (*mīror*) wunderbar.
mīrātiō, *ōnis f* (*mīror*) Verwunderung.
mīrātor, *ōris m* (*mīror*) Bewunderer.
mīrātrīx, *īcis f* (*mīrātor*) Bewunderin; *attr.* bewundernd, sich verwundernd.
mīri-ficus 3 (*m.* °*sup. -ficentissimus*; *adv.*; *mīrus, faciō*) bewundernswert; sonderbar.
mīrimodīs *adv.* (*mīrus*; *modus*) auf erstaunliche Art.
mirmillō = *murmillō.*
mīror (*mīrus*) **1.** sich wundern; **2.** bewundern, anstaunen; verehren.
mīrus 3 (*m. adv.*; < **smeiros*; *eigtl.* „lächelnd"; *cf. engl.* smile) wunderbar; außerordentlich; °*miris modis, -um in modum* erstaunlich, auffallend.
mīs (*altl.*) = *meīs.*
Mīsargyridēs, *ae m gr. Scherzname („Geldverächter") für einen Wucherer.*
miscellānea, *ōrum n* (*-ī-?*; *miscellus*) Speisegemengsel (*geringste Gladiatorenkost*).
miscellus 3 (*-ī-?*; *cf. misceō*) gemischt [*ludi*].
misceō, *cuī, xtum* 2 (*-ī-?*; *cf. nhd.* „mischen") **1. a)** (ver)mischen, (ver)mengen; **b)** vereinigen [*corpus cum alqa*]; °*se- ere u.* °*mediopass.* sich anschließen *an* [*viris dat.!*]; °**c)** *P. alqo od. alqa re* jds. Gestalt annehmen [*Enipeo*]; **2.** (*durch Mischung*) **a)** zurechtmachen [*mulsum*]; **b)** / erzeugen, hervorbringen [*motūs animorum*]; **3.** / **a)** in Unruhe versetzen; °**b)** erfüllen [*domum gemitu*].
misellus 3 (*dem. v. miser*) recht unglücklich.
Mīsēnum, *ī* (°*selten pl.* **-a,** *ōrum*) *n u.* °**-us,** *ī m St. u. Vorgeb. in Kampanien, Kriegshafen; j.* Cap di Miseno; *adi.* **-nēnsis, e.**
miser, *era, erum* (*m. comp., sup., adv.* **-ē** *u.* °**-iter**; *cf. maereō*) **1. a)** elend, unglücklich, arm; **b)** kläglich, jämmerlich; °**2.** leidend, krank; liebeskrank; °**3.** nichtswürdig, abscheulich.
miserābilis, e (*m.* °*comp., adv.*; *miseror*) **1.** (*pass.*) beklagenswert, elend; **2.** (*act.*) jammernd.
miserandus 3 (*miseror*) beklagenswert.

miserātiō, *ōnis f* (*miseror*) *das* Bedauern, Mitgefühl; rührender Vortrag.

misereō, *uī, itum* (*altl.*) *u.* **-eor,** *itus sum* 2 (*miser*) **1.** bemitleiden, sich erbarmen [*tui*]; **2.** *impers.* **miseret** *u.* (*seltener*) **-ētur** *me* es jammert mich, ich habe Mitleid [*tui*].

miserēscō, — — 3 (*incoh. v. misereō*) **1.** Mitleid haben *mit* [*regis*]; **2.** *impers.* **miserēscit** *me* es jammert mich [*aliorum*].

miseria, *ae f* (*miser*) Elend, Unglück, Not; ♀ *das* Elend, *Tochter des Erebos u. der Nox.*

misericordia, *ae f* (*misericors*) Mitleid, Barmherzigkeit, Mitgefühl.

miseri-cors, *dis* (*m. comp.*, °*adv.*; *miser, cor*) mitleidig, barmherzig [*in alios*].

miseriter *adv. zu miser.*

miseror 1 (*miser*) beklagen, bejammern.

****missa,** *ae f* Messe; *-as agere* Messe lesen; *-arum sollemnia* Hochamt.

****missale,** *is n* Messbuch.

missīcius 3 (*mittō*) entlassen, abgedankt.

missiculō 1 (*mittō*) oft schicken.

missilis, e (*mittō*) werfbar, Wurf...; *subst.* **-e,** *is n* Geschoss.

missiō, *ōnis f* (*mittō*) **1.** *das* Schicken, Abschicken; **2.** *das* Loslassen: **a)** Freilassung (*v. Gefangenen*); **b)** Dienstentlassung, Abschied; °**c)** Gnade (*für einen Gladiator*) [*sine missione* auf Leben und Tod]; **d)** Schluss [*ludorum*].

missitō 1 (*frequ. v. mittō*) öfters schicken.

missor, *ōris m* (*mittō*) Schütze.

missus, *ūs m* (*mittō*) **1.** Sendung; Auftrag; °**2.** Wurf; *sagittae* Pfeilschuss; ° **3.** Gang (*der Gladiatoren*); Rennen (*der Rennwagen*).

mitella, *ae f* (*dem. v. mitra*) Kopfbinde.

mitellīta cēna, *ae f* (*mitella*) ein Festmahl, *zu dem Kopfbinden an die Gäste ausgeteilt wurden.*

mītēscō, — — 3 (*incoh. zu mītis*) **1.** reif, weich werden; °**2.** / mild, gelinde werden; nachlassen [*hiems*]; zahm werden.

Mithrās *u.* **-ēs,** *ae m persischer Lichtgott.*

Mithridātēs, *is m König v. Pontus, 111–64, Römerfeind*; *adi.* *-ticus u.* **-tēus** 3.

mītificō 1 (*mītis*; *faciō*) °weich machen; verdauen.

mītigātiō, *ōnis f* (*mītigō*) Besänftigung.

mītigō 1 (*mītis*; *wie pūr(i)gō zu pūrus*) weich, locker machen; gar kochen; / mildern, lindern; besänftigen, beruhigen [*animum*].

mītis, e (*m. comp., sup.*; °*adv.* **-ĕ**; *idg.* *mēi- „mild") mild, weich, sanft; süß, reif; / zahm, friedlich, gelassen.

mitra, *ae f* (*gr. Fw.*) Kopfbinde, Turban; ** Bischofshut.

mitrātus 3 (*mitra*) mit einem Turban.

mittō, *mīsī, missum* 3 (*cf. nhd.* „schmeißen") **1. a)** werfen, schleudern, schießen, stürzen; °*se -ere* sich werfen, sich stürzen; **b)** wegwerfen; **2. a)** schicken, senden [*sub iugum*]; **b)** sagen lassen, melden [*ad Caesarem, Attico*]; **c)** widmen [*librum*]; **d)** entsenden, ausgehen lassen [*lucem*]; von sich geben, hören lassen [*signa temporis*]; **3. a)** fort-, los-, entlassen, aufheben [*senatum*]; °*mitte me* lass mich los!; **b)** freilassen, -geben; **c)** fahren lassen, aufgeben [°*odium*]; **d)** übergehen, unerwähnt lassen; °**4.** (*med. t.t.*) abzapfen [*sanguinem*]; ** setzen, legen; (*P.P.P.*) *subst.* **missus,** *ī m* Bote, Gesandter; Engel.

mītulus, *ī m* (*gr. Fw.*) Miesmuschel.

mixtim *adv.* (*mīxt-?*; *misceō*) vermischt.

mixtūra, *ae f* (*-ī-?*; *misceō*) Mischung; Vereinigung.

Mnēmonides, *um f die* Musen, *Töchter der Mnemosyne.*

Mnēmosynē, *ēs f* (*gr. -synē* „Gedächtnis") *Mutter der Musen.*

mnēmosynum, *ī n* (*gr. Fw.*) Denkmal.

mōbilis, e (*m. comp., sup., adv. moveō*) **1.** beweglich, biegsam; **2.** / °**a)** schnell; **b)** leicht erregbar; **c)** veränderlich, wankelmütig [*populus*].

mōbilitās, *ātis f* (*mōbilis*) **1.** Beweglichkeit; **2.** / **a)** Schnelligkeit; °**b)** Gewandtheit; **c)** Wankelmut.

mōbilitō 1 (*mōbilis*) beweglich, lebendig machen.

moderābilis, e (*moderor*) mäßig, maßvoll.

moderāmen, *inis n* (*moderor*) Steuerruder, Lenkung; Regierung.

moderanter *adv.* (*moderāns part. praes. v. moderor*) mit Mäßigung.

moderātē *adv.* (*m. comp., sup.*; *moderātus*) gemäßigt.

M

moderātim *adv.* (*moderātus*) gemäßigt, allmählich.
moderātiō, *ōnis f* (*moderor*) **1. a)** Regelung, Zügelung; **b)** Lenkung, Leitung; **2. a)** rechtes Maß; **b)** Modulation; **c)** Mäßigung; Milde, Schonung; Selbstbeherrschung.
moderātor, *ōris m* (*moderor*) **1.** Lenker, Leiter; °**2.** der Einhalt gebietet.
moderātrīx, *īcis f* (*moderātor*) **1.** Leiterin, Herrscherin; **2.** die Mäßigung gebietet.
moderātus 3 (*m. comp., sup.; adv. -ē; s. d.; moderor*) **1.** gemäßigt, maßvoll; **2.** besonnen, ruhig.
****modernus** 3 neu [*tempora*].
moderor 1 (**modus, eris n* „Mäßigung"; *cf. modestus; modus, ī m*) **1.** mäßigen, zügeln [*irae*]; **2.** lenken, leiten; **3.** einrichten, bestimmen *nach* [*consilia voluptate*].
modestia, *ae f* (*modestus*) **1.** Mäßigung, *das* Maßhalten; **2.** Besonnenheit, Milde; **3.** Bescheidenheit; Gehorsam; Sittsamkeit, Anstand; **4.** (*stoischer t.t.*) Zeitgemäßheit; °**5.** Milde [*hiemis*].
modestus 3 (*m. comp., sup., adv.* **modus, eris n; cf. moderor*) **1.** gemäßigt, maßvoll; besonnen, mild; **2.** bescheiden, anspruchslos; **3.** sittsam, ehrbar.
modiālis, e (*modius*) einen Scheffel fassend, eimergroß.
modicus 3 (*m. adv.; modus*) **1.** mäßig; mittelmäßig; **2.** angemessen; **3.** gering, wenig; **4.** besonnen, gelassen; **5.** bescheiden, anspruchslos.
modificātiō, *ōnis f* (*modificō*) richtige Abmessung.
modificō 1 (*modus, faciō*) gehörig abmessen.
modius, *ī m* (*modus*) Scheffel (*röm. Getreidemaß* = 16 *sextarii* = 8,75 l).
modo (*im Vers auch -ō; abl. sg. v. modus*) **1.** *adv.* **a)** (*modal*) nur, bloß; *non ~ ... sed etiam* nicht nur ... sondern auch; *non ~ non ... sed ne ... quidem* nicht nur nicht ... sondern nicht einmal; **b)** (*auffordernd*) nur, doch nur [*vide ~*]; **c)** (*zeitl.*) eben, eben noch, eben erst, (*v. der Zukunft*) sogleich; *~ ... ~* bald ... bald; **2.** *ci.* (*m. coni.*) wenn nur, wofern nur; (*verneint*) *~ ne.*
modulātiō, *ōnis f* (*modulor*) Takt, Rhythmus.
modulātor, *ōris m* (*modulor*) Musiker.
modulātus 3 (*m. adv.; modulor*) taktmäßig, melodisch.
modulor 1 (*modulus*) **1.** nach dem Takte abmessen; °**2.** taktmäßig singen, melodisch spielen.
modulus, *ī m* (*dem. v. modus*) Maß(-stab).
modus, *ī m* (√ *med- „ermessen"; *cf. meditor*) **1. a)** Maß(stab); **b)** Größe, Menge, Masse; **c)** Zeitmaß; Takt; Melodie; **2.** Ziel, Grenze; **3.** *das* Maßhalten, Mäßigung; **4.** Vorschrift, Regel; **5.** Art und Weise; *-o* nach Art *von*, wie [*servorum*]; *hoc -o, ad hunc -um* auf diese Weise, folgendermaßen; *nullo -o* keinesfalls; *mirum in -um* wunderbarerweise; *quodam -o* gewissermaßen; °*pl.* = *figurae Veneris*; °**6.** (*gramm. t.t.*) Verbform; Modus [*fatendi* Indikativ; *faciendi* Aktiv; *patiendi* Passiv]; ** Gesang in Strophenform nach Art der Sequenzen.
moecha, *ae f* (*moechus*) Ehebrecherin; Dirne; *attr.* ehebrecherisch.
moechissō 1 (*gr. Fw.*) vergewaltigen [*alqam*].
moechor 1 (*moechus*) Ehebruch treiben; huren.
moechus, *ī m* (*gr. Fw.*) Ehebrecher.
moenia[1], *ium n* (*altl. auch sg. -e, is; cf. mūniō, mūrus*) **1.** Stadtmauer; Befestigung; °Schutzwehr; **2. a)** Stadtteile; °**b)** Gebäude, Haus.
moenia[2], *ium n* (*altl.*) = *mūnia.*
moeniō = *mūniō.*
Moenus[1], *ī m der* Main.
moenus[2] = *mūnus.*
moerus (*altl.*) = *mūrus.*
Moesī, *ōrum m Bew. v.* **Moesia,** *ae f* Mösien (= *Serbien u. Bulgarien*); *adi. -iacus* 3.
Mogontiacum, *ī n* Mainz.
mola, *ae f* (*molō*) Mühlstein, *pl.* Mühle; Opferschrot; ♀ *altl.* (*gen. -ās*) Mühlgöttin.
molāris, e (*mola*) Mühlstein...; so groß wie ein Mühlstein; zum Mahlen geeignet [*dens*]; *subst. ~, is m* Stein-, Felsblock; Backzahn.
****molendinum,** *ī n* Mühle.
mōlēs, *is f* (*cf. nhd.* „Mühe") °**1.** Masse, Last; **2. a)** Riesenbau; °**b)** Kriegsmaschine; **c)** Steindamm; °**d)** Wogenberg; °**e)** Heeresmasse; **3.** / **a)** Schwere, Größe, Wucht; °**b)** Anstrengung, Schwierigkeit, Mühe, Not; ** *Hadriani* Engelsburg.

molestia, *ae f (molestus)* **1.** Beschwerlichkeit, Beschwerde; **2.** Unlust, Verdruss, Ärger; **3.** *das* Gezwungene, Affektierte.
molestus 3 *(m. °comp., sup., adv.; mōlēs)* **1. a)** beschwerlich, lästig, zudringlich; °**b)** verdrießlich; *kl. nur adv.* **-ē** ungern [*-e fero* es verdrießt mich]; **2.** gezwungen, pedantisch; **3.** schwer auszusprechen.
mōlīmentum, *ī u.* °**mōlīmen,** *inis n (mōlior)* **1.** Bemühung, Anstrengung; °**2.** gewaltiges Bauwerk.
****molinarius,** *i m der* Müller.
mōlior 4 *(mōlēs)* **1.** *(trans.)* °a) *(eine Last)* fortbewegen; aufbrechen [*portam*]; / **b)** *(Schwieriges)* zustande bringen, bauen, schaffen, verursachen; **c)** unternehmen, beabsichtigen [*°defectionem*]; *novas res* auf Umsturz bedacht sein; **2.** *(intr.)* sich rühren, sich abmühen.
mōlītiō, *ōnis f (mōlior)* °**1.** *das* Niederreißen; **2.** Zurüstung.
mōlītor, *ōris m (mōlior)* Unternehmer, Erbauer; Veranstalter.
mōlītrix, *īcis f (mōlītor)* Veranstalterin.
mollēscō, — — 3 *(incoh. v. molleō* „weich sein"; *mollis)* weich, verweichlicht werden.
mollicellus 3 *(dem. v. mollis)* zart.
molliculus 3 *(dem. v. mollis)* weichlich, zärtlich.
mollīmentum, *ī n (molliō)* Linderungsmittel.
molliō 4 *(impf. °auch -ībat; mollis)* **1.** erweichen, weich, locker, geschmeidig machen; **2.** / **a)** mildern, veredeln; **b)** verweichlichen; **c)** besänftigen, bändigen, zähmen.
molli-pēs, *pedis (mollis)* weich-, schleppfüßig.
mollis, e *(m. comp., sup., adv.;* ‹ **moldvis; = gr. **(a)maldys) **1. a)** weich, locker; **b)** biegsam, gelenkig, elastisch; **2. a)** mild, zart, sanft; **b)** sanft ansteigend; **c)** schonend, gelassen, ruhig; **d)** nachgiebig, zärtlich; **e)** (leicht) erregbar, unbeständig; **f)** schlaff, schwach, unmännlich furchtsam; **g)** wollüstig, üppig; *(Li.)* *-es viri = pathici.*
mollitia, *ae u.* **-iēs,** *ēī f (mollis)* **1.** Geschmeidigkeit; **2. a)** Zartheit, Zärtlichkeit; **b)** Schwäche; **c)** Weichlichkeit, Üppigkeit.
mollitūdō, *inis f (mollis)* Weichheit; / Sanftmut.
molō[1], *uī, itum* 3 *(cf. nhd.* „mahlen") mahlen; *cibaria molita* Mehl.
Molō[2] *(gr. -ōn) s. Apollōnius.*
moloc(h)inārius, *ī m (molochina [gr. Fw.]* „Malvenkleid") Verfertiger von Malvenkleidern.
Molossī, *ōrum m Bewohner der Landsch.* **Molossis,** *idis f (gr. -is) im ö. Epirus; adi.* **-oss(ic)us** 3; *subst.* **-ossus,** *ī m* Molosserhund.
mōly, *yos n (gr. Fw.) Wunderkraut gegen Bezauberungen.*
mōmen, *inis n (moveō)* Bewegung *(als innewohnende Kraft)*; Anstoß.
mōmentōsus 3 *(mōmentum)* nur augenblicklich.
mōmentum, *ī n (moveō)* **1. a)** bewegende Kraft, Gewicht; / **b)** Stoß, Anlass, Beweggrund; **c)** (entscheidender) Einfluss, Wichtigkeit, Bedeutung, Wert, Wirkung; *magni (parvi) -i* von großer (kleiner) Bedeutung; *nullius -i* bedeutungslos; *parvum -um* unwesentlicher Faktor; **2.** Bewegung: **a)** °Ausschlag an der Waage: *kl. nur* /: Entscheidung; Veränderung, Wechsel; °**b)** Augenblick, schneller Verlauf; **-o** *(temporis)* im Nu.
Mona, *ae f Insel zw. Britannien u. Irland:* **1.** *j.* Anglesey; **2.** *j.* Man.
****monacha,** *ae f* Nonne.
****monachicus** 3 *u.* **-chilis,** e mönchisch.
****monachor** 1 Mönch werden.
****monac(h)us,** *i m* Mönch.
****monarchia,** *ae f* Monarchie.
****monasterialis,** e klösterlich.
****monasterium,** *i n* Kloster (-kirche); Dom, Münster; Abtei.
monaulos *u.* **-us,** *ī m* einfache Flöte.
monēdula, *ae f (et. nicht sicher gedeutet)* Dohle; / *Kosewort.*
moneō, *uī, itum* 2 *(kausativ zu meminī; cf. nhd.* „mahnen") **1. a)** erinnern, mahnen *an* [de *testamento*]; **b)** vorhersagen, verkündigen; **2. a)** ermahnen, auffordern; *~, ne* warnen; °**b)** zurechtweisen, strafen.
monēris, *is f (gr. Fw.)* Einruderer.
monērula = *monēdula.*
Monēta, *ae f (vl. urspr. Göttin einer etr. gens Monēta)* **1.** *(m. sekundärer Anlehnung an moneō) = gr.* Mnēmosynē; *s. d.*; **2.** *Beiname der auf dem Kapitol verehrten Juno, in deren Tempel die Münzstätte lag;* **3.** ~

a) Münzstätte; °b) Münze; geprägtes Geld; °c) Gepräge; *auch* /.
monētālis, e (*monēta*) zur Münze gehörig; / (*scherzh.*) *subst.* ~, *is m* Geldmann, Geldgeber.
****moneto** 1 ausmünzen.
****monialis,** e = ***sanctimonialis*.
monīle, *is n* (**monīlis* „zum Nacken gehörig") Halsband.
monimentum = *monumentum*.
monitiō, *ōnis f* (*moneō*) Erinnerung, Ermahnung, Warnung.
monitor, *ōris m* (*moneō*) **1.** Mahner, Warner; **2.** Rechtskonsulent; **3.** = *nōmenclātor*.
monitōrius 3 (*moneō*) mahnend, warnend.
monitum, *ī n* (*moneō*) Ermahnung, Mahnung; Prophezeiung.
monitus, *ūs m* (*moneō*) °**1.** Ermahnung; **2.** Götterwink, Weissagung, Warnung.
Monoecus, *ī m* (♀ *gr. Fw.* „allein wohnend") *Beiname des Herkules*; *arx -ī j.* Monaco.
monogrammus 3 (*gr. Fw.*) aus bloßen Umrissen bestehend, unkörperlich.
monopodium, *ī n* (*gr. Fw.*) einfüßiges Tischchen.
monopōlium, *ī n* (*gr. Fw.*) Alleinverkauf, Monopol.
monosyllabum, *ī n* (*gr. Fw.*) (*oft pl.*) einsilbiges Wort.
monotropus, *ī m* (*gr. Fw.*) Einsiedler.
mōns, *montis m* (*cf.* *ē-mineō*) **1.** Berg, Gebirge; °**2.** / Fels, Gestein.
mōnstrābilis, e (*mōnstrō*) bemerkenswert.
mōnstrātiō, *ōnis f* (*mōnstrō*) *das* Zeigen; Hinweis.
mōnstrātor, *ōris m* (*mōnstrō*) Führer; Erfinder.
mōnstrātus 3 (*mōnstrō*) ausgezeichnet, auffallend.
mōnstrō 1 (*mōnstrum*) **1.** (*durch Gesten*) zeigen; **2.** (*m. Worten*) **a)** hinweisen *auf*; °**b)** verordnen; **c)** bezeichnen, belehren; °**d)** (gerichtlich) anzeigen.
mōnstrōsus 3 = *mōnstruōsus*.
mōnstrum, *ī n* (< **mone-strom* „Weisung, Mahnung"; *moneō*) **1.** Wahr-, Wunderzeichen; **2.** Ungeheuer, Ungetüm; **3.** unerhörte Tat, Ungeheuerlichkeit; ** Gespenst.
mōnstruōsus 3 (*m.* °*comp.*, *sup.*, *adv.*; *mōnstrum*) **1.** widernatürlich, scheußlich; **2.** seltsam.
montānus 3 (*mōns*) auf Bergen befindlich, Berg..., Gebirgs...; °gebirgig; *subst.* ~, *ī m* Gebirgsbewohner; °**-a,** *ōrum n* Berggegend; ♀ *röm. cogn.*
monti-cola, *ae m* (*mōns, colō*) Bergbewohner.
monti-fer, *era, erum* (*mōns, ferō*) bergtragend.
monti-vagus 3 (*mōns*) bergdurchschweifend.
mont(u)ōsus 3 (*mōns*) gebirgig.
monumentum, *ī n* (*moneō*) **1.** Denkmal Andenken (*bsd.* Weihgeschenk, Tempel, Grabmal, Gruft *u. Ä.*); °**2.** Erkennungszeichen; **3.** Urkunde; *pl.* schriftlicher Nachlass.
mora[1], *ae f* (*gr. Fw.*) (spartanische) Heeresabteilung (*400—800 Mann*).
mora[2], *ae f* (*zu altirisch* maraim „bleibe"; *cf. me-mor*) **1.** Aufschub, Verzögerung, Aufenthalt; **2.** °**a)** Rast(tag); **b)** Pause (*in d. Rede*); °**3.** Zeit(raum); °**4.** Hindernis, Hemmnis.
mōrālis, e (*mōs*) moralisch, sittlich.
morātor, *ōris m* (*moror*) „Verzögerer": °**1.** (*mil. t.t.*) Nachzügler; Marodeur; **2.** (*jur. t.t.*) Winkeladvokat.
morātus 3 (*mōs*) **1.** gesittet; **2.** mit guter Zeichnung der Charaktere [°*fabula*]; charakteristisch.
morbidus 3 (*morbus*) **1.** krank; **2.** ungesund.
morbōsus 3 (*morbus*) **1.** krank, **2.** [= *pathicus*).
Morbōvia, *ae f* (*morbus*) „Krankheitsland"; *abire -am* zum Henker gehen.
morbus, *ī m* (√ *mer- „aufreiben, entkräften") Krankheit; (krankhafte) Leidenschaft; Sucht.
mordāx, *ācis* (*m. comp.*, *sup.*, *adv.*; *mordeō*) beißend, bissig; / bissig, scharf [*carmen*].
mordeō, *momordī, morsum* 2 (*cf. nhd.* „schmerzen") **1.** beißen, kauen; (be)nagen; **2.** °**a)** / angreifen [*frigora parum cautos*]; fassen; bespülen; brennen; **b)** durchhecheln; kränken, wehtun.
mordicus *adv.* (*mordeō*) beißend, mit den Zähnen; / verbissen [*tenere*].
morētum, *ī n* (*et. unklar*; *cf. mortārium*) Mörsergericht; Kräuterkloß.
moribundus 3 (*morior*) **1.** im Sterben liegend; °**2.** sterblich; °**3.** ungesund, tödlich.
mōrigeror *u.* °**-ō** 1 (*mōs, gerō*) willfahren, zu Willen sein.

mōri-gerus 3 (*mōs, gerō*) willfährig.
Morinī, *ōrum m gall. Volk a. d. Schelde.*
mōriō, *ōnis m* (*mōrus*²) Narr.
morior, *mortuus sum, moritūrus, morī* (*altl. auch -īrī*; *cf. nhd.* „Mord") **1.** sterben; **2.** / **a)** sterblich verliebt sein; **b)** absterben, ersterben, vergehen, erlöschen, kraftlos werden; (*part. pf.*) *adi.* **mortuus** 3 tot; *subst.* **-us,** *ī m* Toter, Leiche; (*part. fut.*) °*adi.* **moritūrus** 3 dem Tode verfallen, todgeweiht.
mormyr, *ris f* (*gr. Fw.*) unbekannter Seefisch.
mōrologus 3 (*gr. Fw.*) närrisch redend, töricht.
moror¹ 1 (*mora*²) **1.** (*intr.*) **a)** verweilen, sich aufhalten; **b)** zögern, säumen; (*part. pf.*) °*subst.* **morātī,** *ōrum m* Nachzügler; Marodeure; **2.** (*trans.*) **a)** aufhalten, verzögern, hindern [*a fuga*]; °**b)** *nihil* ~ ich habe nichts dagegen; ich kümmere mich nicht *um* [*dona*]; °**c)** fesseln, unterhalten.
mōror² 1 (*mōrus*²) ein Narr sein; *auch in scherzh. Doppelsinn mit moror*¹.
mōrōsitās, *ātis f* (*mōrōsus*) Eigensinn, Pedanterie.
mōrōsus 3 (*m. comp., adv.*; *mōs*; *eigtl.* „einer, der voll (schlechter) Sitten ist") mürrisch, pedantisch; hartnäckig [*morbus*]; übellaunig.
Morpheus, *eī m* (*gr.* -phe̯us) Traumgott.
mors, *tis f* (*cf. morior*) **1. a)** Tod; *pl.* Todesfälle, -arten; °**b)** *das* Hinschwinden; °**2.** / **a)** Leiche; **b)** Todesblut; **3.** ♀ Todesgöttin, *Sohn des Erebos u. der Nox.*
morsa, *ōrum n* (*mordeō*) Stückchen, Bisschen.
morsiuncula, *ae f* (*dem. v. morsus*) Biss *beim Küssen.*
morsus, *ūs m* (*mordeō*) **1.** *das* Beißen, Biss; °*das* Essen; °**2.** *das* Fassen, Festhalten [*roboris* Baumspalte]; **3.** / °**a)** hämischer Angriff; **b)** Schmerz, Kränkung, Ärger.
mortālis, e (*m.* °*comp.*; *mors*) **1.** sterblich; **2.** / vergänglich; irdisch, menschlich, Menschen...; *subst.* ~, *is m* Sterblicher, Mensch; °**-ia,** *ium n* Menschliches, Menschenschicksal; ** tödlich; *peccatum* **-e** Todsünde.
mortālitās, *ātis f* (*mortālis*) **1.** Sterblichkeit, Vergänglichkeit; °**2.** / Zeitlichkeit; *die* Menschen.
mortārium, *ī n* (*et. unklar*; *cf. mōrētum*) Mörser.
morticīnus 3 (*mors*) verreckt; abgestorben; Aas (*Schimpfwort*).
morti-fer(us), *era, erum* (*m.* °*adv.*; *mors, ferō*) todbringend, tödlich.
mortuālia, *ium n* (*mortuus*) Totenklage *der Klageweiber.*
morturiō, — — 4 (*mors*) gern sterben wollen.
mōrulus 3 (*dem. v. mōrus*¹) tiefschwarz.
mōrum, *ī n* (*cf. gr.* mọron) **1.** Maulbeere; **2.** Brombeere.
mōrus¹, *ī f* (*mōrum*) Maulbeerbaum.
mōrus² 3 (*m. adv.*; *gr. Fw.*) albern, närrisch; *subst.* **-us,** *ī m* Narr; **-a,** *ae f* Närrin.
mōs, *mōris m* (*et. nicht geklärt*) **1.** Sitte, Gewohnheit, Herkommen, Brauch; °**2.** (guter) Wille, Eigenwille; *kl. nur morem gerere* = *mōrigerārī*; °**3.** Vorschrift, Gesetz; **4.** Art und Weise, Beschaffenheit; Mode; **5. a)** *pl.* Denkart, Charakter; °**b)** Sittlichkeit, Gesittung; gute *od.* schlechte Sitten.
Mosa, *ae m* Maas.
Mosella, *ae m* Mosel.
Mōstellāria, *ae f* (**mōstellum, dem. v. mōnstrum*) Gespensterkomödie (*des Plautus*).
mōtiō, *ōnis f* (*moveō*) Bewegung; Erregung, Eindruck.
mōtiuncula, *ae f* (*dem. v. mōtiō*) leichter Fieberanfall.
mōtō 1 (*intens. v. moveō*) hin- und herbewegen.
mōtor, *ōris m* (*moveō*) Beweger.
mōtus, *ūs m* (*moveō*) B e w e g u n g: **1. a)** *terrae* Erdbeben; **b)** Lauf, Gang, Wendung; **c)** Körperbewegung; °Geste, °Tanz; °**d)** (*mil. t.t.*) Schwenkung; **2. a)** Gemütsbewegung, Leidenschaft; **b)** geistige Tätigkeit, Gedanke, Regsamkeit; **c)** Trieb, Antrieb, Begeisterung; **3.** Aufstand, Aufruhr, Umwälzung; °**4.** (*rhet. t.t.*) figürlicher Ausdruck, Tropus.
moveō, *mōvī, mōtum* 2 (< **movejō*; *zu altindisch* mī̯vati „bewegt") b e w e g e n: **1.** (*am Ort*) in Bewegung setzen: **a)** hin- und herbewegen, schütteln; erschüttern; (*mil. t.t.*) *arma* zu den Waffen greifen;

M

b) (*se*) -*ere u. mediopass.* sich bewegen, sich regen, sich rühren (*bsd.* zittern, tanzen, hüpfen); °c) erwägen, bedenken [*animo*]; °d) verändern, verwandeln; e) anregen, in Tätigkeit versetzen; *se* -*ere* sich anschicken; f) einwirken, Eindruck machen; g) erschrecken, wankend machen; h) rühren, begeistern; i) reizen, empören, erzürnen; k) (*pol.*) aufregen, in Unruhe versetzen; l) antreiben, drängen; m) hervorrufen, verursachen, anstiften, in Gang bringen; beginnen; 2. (*vom Ort*) a) fortbringen, -schaffen, entfernen; °b) herbeischaffen, holen [*vina*]; c) (*mil. t.t.*) *castra* das Lager abbrechen, aufbrechen, weitermarschieren; d) vertreiben, -drängen, -jagen; °e) abbringen.

mox *adv.* (*et. nicht klar*) 1. (*v. d. Zukunft*) bald; demnächst, nächstens; °2. (*v. d. Vergangenheit*) bald darauf, dann, später; ** sofort; *mox ut* so bald als.

mucc... = *mūc...*

mūcidus 3 (*mūcus*) schimmelig; rotzig.

Mūcius 3 *röm. Gentilname: C.* ~ *Scaevola* (*versuchte, Porsenna zu töten*); *adi.* -*i*(*ān*)*us* 3.

mucrō, *ōnis m* (-*ū*-?; **mukros* „spitz") Spitze, Schärfe, Schneide; Schwert, Dolch; / Spitze, Grenze.

mūcus, *ī m* (*cf. ē-mungō*) Rotz, Schleim.

mūgil(is), *is m* (*cf. ē-mungō*) Schleimfisch (*ein Seefisch*).

mūgīnor 1 (-*ī*-?; *mūgiō*) nachdenken, brüten.

mūgiō 4 (*Schallwort*) brüllen; °/ dröhnen, krachen.

mūgītus, *ūs m* (*mūgiō*) °1. *das* Brüllen; 2. / *das* Dröhnen.

mūla, *ae f* (*mūlus*) Mauleselin.

mulceō, *lsī, lsum* 2 (*mulgeō*) streichen, streicheln; sanft berühren; / besänftigen, beschwichtigen, mildern [*iras*]; erfreuen, ergötzen.

Mulciber, *erī u. eris m altitalischer Beiname des Vulcanus*; / Feuer.

mulcō 1 (*altl.* -*assitis* = -*āveritis*; *mulceō*) 1. (durch)prügeln, übel zurichten; °2. (*ein Übel*) wohl oder übel durchmachen.

mulctra, *ae f u.* **-trum,** *ī n* (*mulgeō*) Melkkübel.

mulctrārium, *ī n* (*mulgeō*) (*meist pl.*) Melkkübel; / Milch.

mulgeō, *lsī, lctum* 2 (*cf. nhd.* „melken") melken.

muliebris, e (*m. adv.*; *mulier*) weiblich, Weiber...; weibisch, unmännlich; °*subst.* **-bria,** *ium n* weibliche Dinge; weibliche Scham.

muliebrōsus = *mulierōsus.*

mulier, *eris f* (*wohl comp. zu mollis*) Weib, Ehefrau; / (*Schimpfwort*) Memme.

mulierārius 3 (*mulier*) von einem Weibe gedungen; °*subst.* ~, *ī m* Schürzenjäger.

muliercula, *ae f* (*dem. v. mulier*) kleines, schwaches Weib; Dirne.

mulierōsitās, *ātis f* (*mulierōsus*) Weibertollheit.

mulierōsus 3 (*mulier*) weibertoll.

mūlīnus 3 (*mūlus*) Maultier...; / stumpfsinnig.

mūliō, *ōnis m* (*mūlus*) Maultiertreiber.

mūliōnius 3 (*mūliō*) des Maultiertreibers.

mullus, *ī m* (*gr. Fw.*) Meerbarbe (*ein Fisch*).

mulsus 3 (*mel*) °1. honigsüß; / lieblich; 2. *subst.* a) **-um,** *ī n* Honigwein, Met; °b) **-a,** *ae f* (*Kosewort*) Liebchen.

multa, *ae f* (*et. ungeklärt*) Eigentums-, *später* Geldstrafe; / Strafe, Buße; °Entehrung.

mult-angulus 3 (*multus*) vieleckig.

multātīcius 3 (*multa*) zur Geldstrafe gehörig, Straf..., Buß...

multātiō, *ōnis f* (*multō*) Bestrafung.

multēsimus 3 (*multus*) nur einer von vielen; *pars* nur ein Bruchteil.

multi-bibus 3 (*multus, bibō*) versoffen.

multi-cavus 3 (*multus, cavus*) (viel)löcherig.

multīcius 3 (*wohl* < **multi-līcius* „vielfädig"; *multus, līcium*) fein gewebt; *subst.* **-ia,** *ōrum n* fein gewebte Gewänder.

multifāriam *adv.* (*multifārius* „vielfältig"; *multus, for*; *cf. bifāriam*) an vielen Stellen.

multi-fidus 3 (*multus, findō*) viel gespalten; vielarmig.

multi-fōrmis, e (*multus, fōrma*) vielgestaltig.

multi-forus 3 (*multus, forō* 1) mit vielen Löchern.

multi-generis, e *u.* **-genus** 3 (*multus, genus*) vielartig.

multi-iugus 3 *u.* **-gis,** e (*multus,*

iugum) °**1.** vielspännig; **2.** / zahlreich.

multiloquium, *ī n* (*multus, loquor*) Geschwätzigkeit.

multi-loquus 3 (*multus, loquor*) [geschwätzig.

multi-modīs *adv.* (< *multīs modīs*) auf vielerlei Art.

multi-plex, *icis* (*m.* °*adv.*; *multus, -plex*; *cf. duplex*) **1.** vielfach, vielfältig; zahlreich, stark; °**2.** vielmal so groß; **3.** / vielseitig, vielerlei; vieldeutig; unbeständig.

multiplicābilis, e (*multiplicō*) vielfältig.

multiplicō 1 (*multiplex*) verviel- [fältigen, vergrößern.

multi-potēns, *entis* (*multus*) sehr mächtig.

multi-sonus 3 (*multus*) vieltönig; [wortreich.

multitūdō, *inis f* (*multus*) **1.** Menge, große Zahl; **2.** Menschenmenge, Pöbel.

multi-vagus 3 (*multus*) viel umher- [schweifend.

multi-volus 3 (*multus, volō*) begehrlich.

multō 1 (*multa*) strafen, bestrafen.

multus 3 (*cf. melior*; *comp. plūs, plūris*; *pl. plūrēs, plūra, plūrium*; *sup. plūrimus* 3) **1.** *adi.* **a**) viel, zahlreich, reichlich; °**b**) (*räuml.*) groß; **c**) stark, bedeutend, gewaltig, heftig; **d**) (*zeitl.*) *-a nox* tiefe Nacht; *-o die* hoch am Tage, *ad -um diem* bis weit in den Tag hinein; *-o mane* am frühen Morgen; **e**) weitläufig, ausführlich; **f**) häufig, eifrig, unablässig; **2.** (*subst.*) **a**) **multī,** *ōrum m* viele; *die* Menge, *der* große Haufe, *das* gemeine Volk; **multa,** *ōrum n* vieles, vielerlei; (*comp.*) **plūrēs,** *a* noch mehr; = (*kl. selten*) *complūrēs*; (*sup.*) **plūrimī,** *ōrum m die* meisten; *quam -i* möglichst viele; **b**) **multum,** *ī n ein* großer Teil, großes Stück; *-um posse* viel vermögen, gelten; *abl.* **multō** um vieles, viel [*melior*]; bei weitem, weitaus [*optimus*]; (*comp.*) **plūs,** *plūris n ein* größerer Teil, *ein* größeres Stück; **plūris** (*gen. pretii*) höher, teurer [*vendere, aestimare*]; (*sup.*) **plūrimum,** *ī n* sehr viel, *der* größte Teil; *quam -um* möglichst viel; **plūrimī** (*gen. pretii*) am teuersten, sehr teuer [*esse*], sehr hoch [*facere*]; **3.** (*adv.*) **multum** viel, sehr, weit; (*zeitl.*) oft(mals), lange; **plūs** mehr, in höherem Grade; (*bei Zahlen*) mehr als, über [*plus ducentae urbes*]; **plūrimum** sehr viel, am meisten; (*zeitl.*) meisten-, größtenteils.

mūlus, *ī m* (*vl. kleinasiatisches Fw.*) Maultier (*Kreuzung v. Eselhengst u. Pferdestute*; *Ggs. hinnus*); °/ (*v. Sklaven*) Packesel; Dummkopf.

Mulvius (**pōns**) *Tiberbrücke nördlich v. Rom, j.* Ponte Molle.

Mummius 3 *röm. Gentilname*: *L. ~ Achāicus, Eroberer Korinths 146.*

Mūnātius 3 *röm. Gentilname*: *L. ~ Plancus, Legat Cäsars, später Anhänger des Antonius u. dann Oktavians, beantragte 27 für diesen den Titel Augustus.*

Munda, *ae f St. in Hispania Baetica* (*Cäsars Sieg 45*).

mundānus, *ī m* (*mundus*[2]; *Lehnübersetzung aus d. Griech.*) Weltbürger; ** *adi.* 3 weltlich.

****mundialis,** e weltlich.

munditia, *ae u.* °**-tiēs,** *ēī f* (*mundus*[1]) °**1.** Sauberkeit *pl.* Aufräumungsarbeiten; **2.** Zierlichkeit, Feinheit, Eleganz; feine Lebensart.

mundō 1 (*mundus*[1]) reinigen, säubern.

mundulus 3 (*dem. v. mundus*[1]) sauber, geputzt, fein, zierlich.

mundus[1] 3 (*m.* °*comp.*, °*sup.*; °*adv.* **-ē** *u.* **-iter**; *eigtl.* „gewaschen") °**1.** sauber, rein; *subst. in -ō* in Bereitschaft; **2.** / zierlich, fein, anständig.

mundus[2], *ī m* (*et. ungeklärt*) °**1.** Toilettengeräte, Putz; **2. a**) Welt(-all); °**b**) Sternenhimmel; Erde; Menschheit.

mūnerārius, *ī m* (*mūnus*) Veranstalter öffentlicher Gladiatorenspiele.

mūneri-gerulus, *ī m* (*mūnus, gerō*) Überbringer von Geschenken.

mūneror *u.* **-ō** 1 (*mūnus*) schenken; beschenken.

mūnia, *ium n* (*cf. mūnis*), Pflichten, [Berufsgeschäfte.

mūni-ceps, *cipis m f* (*mūnia, capiō*) **1.** Munizipalbürger(in); **2.** Mitbürger(in), Landsmann, (-männin).

mūnicipālis, e (*mūnicipium*) **1.** zu einem Munizipium gehörig; kleinstädtisch; *subst.* ~, *is m* Kleinstädter; °**2.** spießbürgerlich.

mūnicipātim *adv.* (*mūnicipium*) munizipienweise; nach Landstädten.

mūnicipium, *ī n* (*mūniceps*) Land-, Provinzialstadt (*bsd. italische Klein-*

stadt mit eigenen Gesetzen u. eigener Verwaltung). [Freigebigkeit.}
mūnificentia, *ae f* (*mūnificus*)}
mūnificō 1 (*mūnificus*) beschenken.
mūni-ficus 3 (*m.* °*comp.* *-ficentior*, *sup.* *-ficentissimus*; *adv.*; *mūnus*, *faciō*) freigebig.
mūnīmentum, *ī n u.* °**-men,** *inis n* (*mūniō*) Schutzmittel, -wehr; Befestigung, Bollwerk; °/ Schutz; Stütze.
mūniō 4 (*moenia*) **1.** (*Mauern*) bauen, (*Wege*) anlegen; **2.** (*m. einer Mauer*) befestigen, verschanzen; *castra* ein befestigtes Lager aufschlagen; **3.** verwahren, sichern, schützen.
mūnis, *e* (*mūnus*) dienstbereit.
mūnitiō, *ōnis f* (*mūniō*) Mauerbau, Befestigung; Schanze, Festungswerk. [sich bahnen [*viam*].}
mūnītō 1 (*intens. v. mūniō*) bauen;}
mūnītor, *ōris m* (*mūniō*) **1.** Befestiger; Erbauer; **2.** Schanzarbeiter; **3.** (*mil. t.t.*) Mineur.
mūnītus 3 (*m. comp.*, *sup.*, °*adv.*; *mūniō*) befestigt; / verwahrt, geschützt.
mūnus, *eris n* (*cf. mūnia*) **1. a)** Pflicht, Obliegenheit; **b)** Amt, Dienst; Leistung; Kriegsdienst; **c)** Abgabe; **2. a)** Gefälligkeit; °**b)** letzter Liebesdienst [*extremum*, *sollemne*]; Totenopfer; **3. a)** Geschenk, Gabe; **b)** Fest-, Schauspiel; **4.** °**a)** Theatergebäude; **b)** / Prachtbau (*des Weltalls*).
mūnusculum, *ī n* (*dem. v. mūnus*) kleines Geschenk.
mūraena = *mūrēna*.
mūrālis, *e* (*mūrus*) zur Mauer gehörig, Mauer....
mūrēna, *ae f* (*gr. Lw.*) Muräne (*ein Seefisch*); ♀ *cogn. in d. gens Licinia*; *s. Licinius*.
mūrex, *icis m* (< **mūsak-s*) Purpurschnecke; / Purpurfarbe; Felsenriff; Fußangel. [Salzlake.}
muria, *ae f* (√‾ *meu-(r) nass)}
muriāticus 3 (*muria*) in Salzlake eingelegt. [*aus dem Gr.*) träge.}
mūricīdus 3 (*wohl Lehnübersetzung*}
murmillō, *ōnis m* (*aus gr. Wort* „Art Seefisch") Gladiator *mit gall. Helm, auf dessen Spitze sich als Abzeichen ein Fisch befand*.
murmur, *uris n* (*Schall- od. Lallwort*; *cf. nhd.* „murren, murmeln") *das* Murmeln, Gemurmel (Rauschen, Summen, Schmettern *u. Ä.*).

murmurātiō, *ōnis f* (*murmurō*) *das* Murren. [*mur*) Gemurmel.}
murmurillum, *ī n* (*dem. v. mur-*}
murmurō 1 (*murmur*) murmeln, ertönen, rauschen; murren.
muro... = *myro...*
murra[1], *ae f* (*iranisches Lw.*) Flussspat; / Murragefäß.
murra[2], *ae f* (*gr. Lw.*, *aus dem Semitischen stammend*) Myrrhenstaude; Myrrhensaft; Myrrhe.
murreus[1] 3 (*murra*[1]) aus Flussspat.
murreus[2] 3 (*murra*[2]) mit Myrrhen gesalbt; myrrhenfarbig, blassgelb.
murrh... = *murr...*
murrinus[1] 3 (*murra*[1]) aus Flussspat; *subst.* **-a,** *ōrum n* Murragefäße.
murrinus[2] 3 (*murra*[2]) aus Myrrhen bereitet, Myrrhen...; mit Myrrhe parfümiert; *subst.* **-a,** *ae f* mit Myrrhen angemachter Wein.
murtētum, *ī n* (*murtus*) Myrtengebüsch, -wäldchen, -hain.
murteus 3 (*murtus*) von Myrten, Myrten...; / kastanienbraun.
murtum, *ī n* (*gr. Fw.*) Myrtenbeere.
murtus, *ī u. ūs f* (*gr. Fw.*) Myrte; Myrtenhain; Speer aus Myrtenholz.
mūrus, *ī m* (< **moi-ros*; *cf. moenia*) Mauer, Wall; / Schutz.
mūs, *mūris m* (*gen. pl.* *-ium*, *selten* *-um*; *cf. nhd.* „Maus") Maus; °/ *Kosewort*; ♀ *cogn. in d. gens Decia*; *s. Decius*.
Mūsa, *ae f* **1.** Muse; **2.** / °**a)** Gesang, Dichtung; **b)** Kunst, Wissenschaften. [musikalisch.}
mūsaeus[1] 3 (*Mūsa*) dichterisch,}
Mūsaeus[2], *ī m* (*gr.* *-sa̯los*) *sagenhafter gr. Dichter*.
musca, *ae f* (*cf. nhd.* „Mücke") **1.** Fliege; **2.** / °**a)** neugieriger, ungebetener Gast; **b)** zudringlicher Mensch.
muscārium, *ī n* (*musca*) Fliegenwedel, Kleiderbürste.
mūscipula, *ae f u.* **-um,** *ī n* (*mūs*, *capiō*) Mausefalle; ** **-a** *auch* Katze. [*muscus*) moosig.}
muscōsus 3 (*m. comp.*; *mū-?*;}
mūsculus, *ī m* (*dem. v. mūs*) Mäuschen; / Muskel; Minierhütte; °Miesmuschel.
muscus, *ī m* (*mū-?*; *cf. nhd.* „Moos") Moos.
mūsēum, *ī n* (*gr. Fw.*) Musensitz (Akademie, Bibliothek, Museum).

mūsica, *ae u.* °**-ē,** *ēs f* (*gr. Fw.*) Musik, Tonkunst; Dichtkunst.
mūsicus 3 (*m.* °*adv.*; *gr. Fw.*) musisch, musikalisch; °dichterisch; *adv.* **-ē** fein; *subst.* **-us,** *ī m* Musiker, Tonkünstler; **-a,** *ōrum n* Musik, Tonkunst.
mūsium = *mūsēum.*
mussitō 1 (*intens. v. mussō*) murmeln, leise vor sich hinsprechen; / sich nicht merken lassen [*iniuriam*].
mussō 1 (*gr. Lw.*) murmeln, leise vor sich hinsprechen; summen; / sich bedenken, schwanken, hinterm Berge halten; bangen.
mustāceum, *ī n* (*mustāx* „Lorbeerart"; *mustus*) (auf Lorbeerblättern gebackener Most-) Hochzeitskuchen.
mūstēla *u.* **-ella,** *ae f* (-ŭ-?; *et. ungedeutet*) Wiesel.
mūstēlīnus *u.* **-ellīnus** 3 (-ŭ-?; *mūstēla*) Wiesel...
musteus 3 (*mustum*) mostähnlich; / neu, frisch.
mustulentus 3 (*mustum*) mostreich.
mustus 3 (< **mus-tos* „nass, feucht") jung, frisch, neu; *subst.* **-um,** *ī od. pl.* **-a,** *ōrum n* Most; °Weinlese.
****muta,** *ae f* (Maut) Zoll.
mutābilis, e (*m.* °*comp.*, °*adv.*; *mūtō*) veränderlich; launisch.
mūtābilitās, *ātis f* (*mūtābilis*) Veränderlichkeit.
mūtātiō, *ōnis f* (*mūtō*) **1.** Veränderung; **2. a)** Wechsel, Austausch; °**b)** (*rhet. t.t.*) Vertauschung des Ausdrucks, Hypallage.
mutilō 1 (*mutilus*) °**1.** verstümmeln; **2.** / vermindern.
mutilus 3 (*et. ungedeutet*) verstümmelt, gestutzt; (*v. d. Rede*) abgehackt.
mūtiō 4 = *muttiō.*
Mutina, *ae f St. in Oberitalien, j.* Modena; *adi.* *-nēnsis,* e.
mūtō[1] (*altl.* *-tassis* = *-tāveris*; √ *meit(h)- „wechseln, tauschen") **I.** (*trans.*) **1.** bewegen, entfernen, vertreiben, versetzen; **2. a)** wechseln, (ver)tauschen, umtauschen [*merces*; *bellum pace*]; *vestem* sich umkleiden; Trauerkleider anlegen; **b)** (ver)ändern; *mediopass.* sich ändern, umschlagen; **c)** verwandeln; **d)** umstimmen [*animum ad misericordiam*]; °**e)** verbessern; verschlechtern, verderben; °**II.** (*intr.*) sich ändern, umschlagen.
mūtō[2], *ōnis m* (*wohl etr. Fw.*) das männliche Glied.
muttiō 4 (*Schallwort*) mucksen, (leise) reden.
muttītiō, *ōnis f* (*muttiō*) *das* Mucksen.
muttō, *ōnis m* = *mūtō*[2].
mūtuātiō, *ōnis f* (*mūtuor*) *das* Borgen, Anleihe.
mūtuitāns, *antis* (*mūtuor*) der borgen will.
mūtulus = *mītulus.*
mūtūniātus 3 (*im Vers auch*: *mŭ-*; *mūtō*[2]) mit starkem Penis.
mūtuō *adv. s. mūtuus.*
mūtuor 1 (*mūtuus*) borgen, leihen; / entlehnen.
mūtus 3 (*Schallstamm* *mū-; *cf. muttiō*) **1.** stumm, sprachlos; **2.** still, lautlos; °**3.** (*gramm. t.t.*) *mutae consonantes die* Mutae, Explosivlaute (g, c, k, q; b, p; d, t).
mūtuus 3 (*adv.* **-ē** *u.* **-ō**; *mūtō*) **1.** geborgt, geliehen; *pecuniam -am dare* verborgen, verleihen; **2.** gegenseitig, beiderseitig; **3.** *subst.* **-um,** *ī n* °**a)** Darlehen; *kl. nur* (*dat.*) *adv.* *-ō* leihweise; **b)** Gegenseitigkeit.
Mycalē, *ēs f* (*gr.* -kąlē) *Vorgeb. gegenüber Samos; Schlacht 479.*
Mycēnae, *ārum u.* **-a,** *ae f* (*gr.* -kẹnai, -kẹnē) *St. in Argolis, Sitz Agamemnons*; *adi.* *-naeus* 3; *subst.* *-nis, idis f* = Iphigenie; *Einw.* *-nēnsēs, ium m.*
myoparō, *ōnis m* (*gr. Fw.*) Kaperschiff.
myrīca, *ae u.* **-ē,** *ēs f* (*gr. Fw.*) Tamariske.
Myrmidones, *um m* (*gr.* -dọnes) *thessalisches Volk unter Achills Herrschaft.*
myrmillō = *murmillō.*
Myrō, *ōnis m* (*gr.* -ōn) *gr. Bronzegießer um 460* (*Diskuswerfer*).
myrobrechārius, *ī m* (*gr. Fw. m. lat. Suffix*) Salbenhändler.
myrobrechis (*gr. nom. pl.*) mit Salben benetzt [*cincinni*].
myropōla, *ae m* (*gr. Fw.*) Salbenhändler.
myropōlium, *ī n* (*gr. Fw.*) Parfümerieladen.
myrothēcium, *ī n* (*gr. Fw.*) Salbenbüchse.
myrrh... = *murr...*[2].
myrt... = *murt...*
Myrtōum mare *Teil des Ägäischen Meeres zw. Kreta u. Euböa.*
Mȳsī, *ōrum m Bewohner v.* **Mȳsia,** *ae f* (*gr.* -įā) *im nw. Kleinasien*; *adi.* *-s(i)us* 3.

mystagōgus, *ī m* (*gr. Fw.*) Fremdenführer durch heilige Orte.
mystērium, *ī n* (*gr. Fw.*) Geheimlehre; *meist pl.* **-a,** *ōrum n* Geheimkult, Mysterien; / Geheimnisse.
mystēs, *ae m* (*gr. Fw.*) Priester bei den Mysterien, Myste.
mysticus 3 (*gr. Fw.*) mystisch, geheimnisvoll.
Mytilēnae, *ārum f u.* **-ē,** *ēs f Hauptst. der Insel Lesbos; adi.* *-naeus* 3 *u.* *-nēnsis,* e.
myxa, *ae f* (*gr. Fw.*) Schnauze für Lampendocht.

N

N. (*Abk.*) = *Numerius*; *nepōs*; *Nōnae.*
nablium, *ī n* (*gr. Fw., aus dem Semitischen entlehnt*) *phönikisches Saiteninstrument.*
nae *int. falsche Schreibung für nē*[1].
Naevius 3 *röm. Gentilname*: **1.** *Cn.* ~, *Dichter um 250*; *adi.* *-iānus* 3; **2.** *porta Naevia Tor am Aventin.*
naevus, *ī m* (*Gnaeus*; *wohl zu gignō*) Muttermal.
Nāïas, *adis u.* **Nāis,** *idis f* (*gr.* -ịas, -ịs) Najade, Nymphe; / Wasser; *adi. Nāicus* 3.
nam *ci.* (*acc. sg. f des Pronominalstammes* *no-; *cf.* enim) **1.** ja, freilich; **2.** (*enklitisch, bsd. an Fragewörter angehängt*) *quisnam* wer denn? *ubinam* wo denn?; **3.** (*am Satzanfang*) denn; nämlich.
nam-que *ci.* (*verstärktes nam, meist am Satzanfang*) **1.** wahrlich, freilich; **2.** denn, nämlich.
nancīscor, *nactus u.* (*jünger*) *nānctus sum* 3 (*nănctus?*; *incoh. zu* **nanciō*; $\sqrt{}$*nek- „erreichen"; *cf. nhd.* „genug") (zufällig) erreichen, erlangen, bekommen; vorfinden, antreffen.
nānus, *ī m* (*gr. Fw.*) Zwerg.
napaeus 3 (*gr. Fw.*) zum Waldtal gehörig; *subst.* **Napaeae,** *ārum f* Nymphen der Bergtäler.
Nār, *āris m schwefelhaltiger Nbfl. d. Tiber, j.* Nera.
Nārbō, *ōnis m* (-ă-?) *röm. Kolonie in d. Provincia, j.* Narbonne; *adi.* *-nēnsis,* e.
narcissus, *ī m* (*gr. Fw.*) Narzisse; ♀ **1.** *schöner Jüngling, der sich in sein eigenes Bild im Wasser verliebte u. in eine Narzisse verwandelt wurde*; **2.** *Freigelassener des Kaisers Claudius.*
nardinum, *ī n* (*gr. Fw.*) Nardenwein.
nardum, *ī n u.* **-us,** *ī f* (*gr. Fw., durch phönikische Vermittlung aus dem Indischen entlehnt*) Narde; Nardenöl.
nāris, *is f* (< **nāsis*; *cf. nhd.* „Nase") **1.** °**a**) Nasenloch; **b**) *pl.* Nase; °**2.** / feine Nase, kluges Urteil.
narrābilis, e (*nā-?*; *narrō*) erzählbar.
narrātiō, *ōnis f* (*nā-?*; *narrō*) Erzählung.
narrātiuncula, *ae f* (*nā-?*; *dem. v. narrātiō*) kleine Erzählung, Anekdote.
narrātor, *ōris m* (*nā-?*; *narrō*) Erzähler.
narrātus, *ūs m* (*nā-?*; *narrō*) Erzählung.
narrō 1 (-*ā*-?; (*g*)*nārus*) kundtun: **1.** erzählen, berichten; Nachricht bringen [*bene, male*]; *im P. narror* man erzählt von mir (*meist mit n.c.i.*); **2.** erwähnen, sagen.
narthēcium, *ī n* (*gr. Fw.*) Salben- und Schminkdose.
nārus 3 = *gnārus.*
nāscor, *nātus sum* 3 (*cf. gignō*) **1.** geboren, erzeugt werden; **2.** entstammen; entstehen, -springen; **3.** wachsen, sich zeigen; *ex hoc nascitur, ut* daraus folgt, dass; **4.** (*part. pf.*) *adi.* **nātus** 3 gebürtig, abstammend [*humillimo loco*; (*ex*) *ancilla*]; bestimmt *zu* [*imperio, ad dicendum*]; von Natur beschaffen, geartet; alt [*viginti annos*]; °*subst.* **-us,** *ī m* Sohn; **-a,** *ae f* Tochter; **-ī,** *ōrum m* Kinder; Junge.
Nāsīca *s. Scīpiō.*
Nāsō, *ōnis m* (großnasig) *röm. cogn.*; *s. Ovidius.*
nassa, *ae f* (<**nad-tā*; *cf. nōdus*; *nhd.* „Netz") Netz, Schlinge.
nassiterna, *ae f* (*vl. etr. Fw., zumindest etr. Suffix*) Gießkanne.
nāsturcium, *ī n* (*pl. auch nāsturtia*; *nach antiker Et.* „Nasenquäler": *nāsus, torqueō*) Kresse.
nāsus, *ī m, altl. auch* **-um,** *ī n* (*nāris*) Nase; °/ feine Nase, scharfes Urteil; *-o suspendere* die Nase

rümpfen *über* [*ignotos*]; Tülle *eines Bechers.*
nāsūtus 3 (*m. comp., sup., adv.*; *nāsus*) großnasig; / naseweis.
nātālicius 3 (*nātālis*) Geburtstags...; *subst.* **-ia,** *ae f* (*sc. cēna*) Geburtstagsschmaus.
nātālis, e (*nātus, nāscor*) **1.** zur Geburt gehörig, Geburts...; *dies* Jahrestag, Geburtstag; Stiftungstag; **2.** *subst.* **~,** *is m* **a)** Geburtstag; °**b)** Geburtsort, -genius; °**c)** *pl.* Herkunft, Stand; Geburtsrechte; ** *natalis (dies) domini* Weihnachten; *natale (festum)* Geburtstag, Tag des Amtsantritts.
natātiō, *ōnis f* (*natō*) *das* Schwimmen, Schwimmübung.
natātor, *ōris m* (*natō*) Schwimmer.
nātiō, *ōnis f* (*nāscor*) **1.** Geburt [*natione Medus*]; ♀ Geburtsgöttin; **2.** Volksstamm, Völkerschaft; Nation; **3.** / Gattung, Klasse, Art, Sippschaft; ** Herkunft.
natis, *is f* (*et. nicht klar*) Hinterbacke; *pl.* Gesäß.
nātīvus 3 (*nātus, nāscor*) geboren; angeboren; natürlich; *verba -a* Stammwörter.
natō 1 (*frequ. v. nō*) **1.** (*intr.*) **a)** schwimmen; / °**b)** wogen, wallen; **c)** triefen; überfließen *von* [*vino*]; **d)** schwanken, ungewiss sein; °**2.** (*trans.*) durchschwimmen.
natrix, *icis f* (*cf. nhd.* „Natter") Wasserschlange; °/ Schlange.
nātūra, *ae f* (*nātus, nāscor*) **1. a)** Geburt; **b)** Geschlechtsteile; **2.** natürliche Beschaffenheit, Wesen, Eigentümlichkeit; **3.** Charakter, Naturell; *-ā* von Natur; Menschenherz; **4.** Naturgesetz, natürlicher Lauf der Dinge, Weltordnung; Naturkraft, Schöpferkraft der Natur; **5.** Welt, Weltall; **6.** Grundstoff, Element; Naturgebilde, Kreatur; **7.** Organ; °**8.** Gattung, Geschlecht.
nātūrālis, e (*m. adv.*; *nātūra*) **1.** leiblich [*filius*]; **2.** angeboren; natürlich; **3.** Natur... [*historia*].
nātus[1] 3; **~,** *ī m s. nāscor.*
nātus[2], *abl. ū m* (*nāscor*) Geburt, Alter; *magnus, grandis -u* alt, bejahrt; *minimus -u* jüngster.
nauarchus, *ī m* (*gr. Fw.*) Schiffskapitän.
nauclēricus 3 (*gr. Fw.*) *des* Schiffsherrn [*ornatus*].
nauclērus, *ī m* (*gr. Fw.*) Schiffsherr.
naucula (*nkl.*) = *nāvicula.*
nauculor 1 (*naucula*) auf einem Schiffchen fahren.
naucum, *ī n* (*et. ungedeutet*) Nussschale; / *non -i esse* keine taube Nuss wert sein.
naufragium, *ī n* (*nāvis, frangō*) Schiffbruch; / Niederlage; Elend, Ruin, Verarmung; *pl.* Trümmer.
nau-fragus 3 (*naufragium*) **1.** (*pass.*) schiffbrüchig; / ruiniert; verzweifelt; °**2.** (*act.*) Schiffe zerschellend.
naulum, *ī n* (*gr. Fw.*) Fährgeld.
naumachia, *ae f* (*gr. Fw.*) Seegefecht (*als Schauspiel*); Ort des Seegefechts.
naumachiārius, *ī m* (*naumachia*) Kämpfer in einer *naumachia.*
nausea, *ae f* (*gr. Fw.*) **1. a)** Seekrankheit; °**b)** Übelkeit; °**2.** / Langeweile.
nauseābundus 3 (*nausea*) seekrank; an verdorbenem Magen leidend.
nauseātor, *ōris m* (*nausea*) *ein* Seekranker.
nauseō 1 (*nausea*) **1.** seekrank sein; sich erbrechen; **2.** / **a)** Ekel bekommen; °**b)** sich übel benehmen.
nauseola, *ae f* (*dem. v. nausea*) (kleine) Übelkeit.
nausi... = *nause...*
nauta, *ae m* (*gr. Lw.*) **1.** Schiffer, Matrose; °**2.** Schiffsherr, Kaufmann.
nautea, *ae f* (*gr. Fw.*) Schiffsjauche.
nauticus 3 (*gr. Fw.*) Schiffs...; *res -a* Seewesen; °*subst.* **~,** *ī m* Seemann.
nāvālis, e (*nāvis*) **1.** See..., Schiffs...; °*socii -es* Matrosen; **2.** *subst.* **-e,** *is n* °**a)** Hafen, Werft; **b)** *pl.* Dock; Schiffswerft; °Takelwerk.
nāvicula, *ae f* (*dem. v. nāvis*) Schifflein, Kahn.
nāviculāria, *ae f* (*nāvicula*) Frachtschifffahrt; Reederei.
nāviculārius, *ī m* (*nāvicula*) Frachtschiffer; Reeder.
nāvi-fragus 3 (*nāvis, frangō*) Schiffe zerschellend.
nāvigābilis, e (*nāvigō*) schiffbar.
nāvigātiō, *ōnis f* (*nāvigō*) Schifffahrt, Seereise; Fahrgelegenheit.
nāvigātor, *ōris m* (*nāvigō*) Schiffer.
nāvi-ger, *era, erum* (*nāvis, gerō*) Schiffe tragend, schiffbar.
nāvigiolum, *ī n* (*dem. v. nāvigium*) Boot.
nāvigium, *ī n* (*nāvigō*) Schiff.

N

nāvigō 1 (**nāv-agos* „das Schiff treibend"; *nāvis, agō*) **1.** (*intr.*) **a)** segeln, in See gehen; °**b)** schwimmen [*pinus*]; **2.** (*trans.*) **a)** durchsegeln, befahren; °**b)** durch Schifffahrt erwerben.

nāvis, *is f* (*acc. -em* (*-im*), *abl. -ī* (*-e*); *urspr. wohl* „(ausgehöhlter) Baumstamm") Schiff; *longa* Kriegsschiff, *oneraria* Lastschiff; / Staatsschiff, Staat; ** Kirchenschiff.

nāvita, *ae m* (*nāvis*) *dcht. Neubildung für nauta.*

nāvitās, *ātis f* (*nāvus*) Emsigkeit, Eifer.

nāviter *adv. zu nāvus.*

nāvō 1 (*nāvus*) eifrig betreiben; betätigen [*benevolentiam*]; *operam* Dienste leisten, dienen.

nāvus 3 (*m.* °*comp., adv.* °**-ē** *u.* **-iter;** *altl. gnāvus; wohl zu nōscō*) emsig, eifrig; tüchtig.

Naxos, *ī f größte Kykladeninsel; adi.* [*-ius* 3.]

nē[1] (*Versicherungspartikel; stets am Satzanfang vor einem pron.; urspr. instr. des Personalstammes* *no-; *cf. nam*) fürwahr, wahrlich.

nē[2] (*Verneinungspartikel; cf. nhd.* „n-ein; n-icht") **1.** *adv.* nicht: **a) nē ... quidem** nicht einmal, auch nicht, keineswegs; °**b)** (*in Befehlssätzen*) nicht, dass nicht; *altl. u. dcht. m. imp.* [*tu ne cede malis; nocturna sacrificia ne sunto*]; *m. coni. praes. od. pf.* [*hoc ne feceris*]; **c)** (*in Wunschsätzen*) [*ne vivam; utinam ne venisset*]; **d)** (*in Konzessivsätzen*) gesetzt, zugegeben dass nicht [*ne sit summum malum dolor, malum certe est*]; **2.** *ci.* (*m. coni.*) **a)** (*in Objektsätzen*): (*in abhängigen Begehrssätzen*) dass nicht [*oro te, ne venias* ich bitte dich, nicht zu kommen]; (*nach Ausdrücken der Furcht u. Besorgnis*) dass; *ne non* dass nicht [*vereor, ne veniat*]; (*nach den Verben „hindern, untersagen, sich weigern, sich hüten"*) dass *od. inf. m.* „zu"; **b)** (*in Finalsätzen*) damit nicht, dass nicht, um nicht.

nĕ-[3] (*unbetonte Wortnegation, m. nē*[2] *verwandt; nur in Zusammensetzungen wie: neque, negō, nesciō; nōlō; nisi*).

-nĕ[4] (*enklitische Fragepartikel; wohl ablautend zu nē*[1]) **1.** (*in einfachen Fragen*) **a)** (*dir.*) etwa, wohl; *meist nicht übersetzt; gelegentlich = nōnne* [*videsne?*]; **b)** (*indir.*) ob, ob etwa, ob vielleicht; **2.** (*in disjunktiven Fragen*) = *utrum ... an*: **a)** (*dir.*) *-ne ... an, -ne ... -ne*: *1. Glied unübersetzt, 2. u. eventuell folgende Glieder*: oder; **b)** (*indir.*) *-ne ... an, -ne ... -ne, — ... -ne* ob ... oder; *-ne ... necne, — ... necne* ob ... oder nicht.

Neāpolis, *is f* (*gr.* „Neustadt") *j.* Napoli, Neapel; *adi. u. Einw.* *-litānus* (3); *subst.* **-litānum,** *ī n* Gut bei ~.

nebula, *ae f* (*cf. nhd.* „Nebel") Dunst, Nebel; Rauch, Gewölk; / *alles sehr Dünne.*

nebulō, *ōnis m* (*nebula*) Taugenichts, Windbeutel.

nebulōsus 3 (*m.* °*comp.; nebula*) nebelig, trübe.

nec *u.* **neque** *ci.* (*ne-*[3] + *que*) **1.** (*altl.*) = *nōn*; *kl. nur in Zusammensetzungen* [*neg-ōtium; nec-opinatus*]; **2.** und nicht, auch nicht; ~ *quisquam* und niemand, ~ *ullus populus* und kein Volk; ~ *unquam* und niemals; ~ *vero* aber nicht; ~ *enim* denn nicht, nämlich nicht; ~ *tamen* doch nicht; ~ ... *non* und (gewiss) auch; ~ *aut ... aut* und weder ... noch; ~ ... ~ weder ... noch; ~ ... et einerseits nicht ... andrerseits, nicht ... sondern vielmehr; et ... ~ einerseits ... andrerseits nicht, zwar ... aber nicht.

nec-dum *u.* **neque-dum** *adv.* und noch nicht; (auch) noch nicht.

necessārius 3 (*m. sup. maximē* ~; *adv.* **-ē** *u.* **-ō;** *necesse*) **1.** unvermeidlich, unentbehrlich; notwendig, notgedrungen; **2.** dringend, zwingend, unumstößlich; **3. a)** verwandt, befreundet; **b)** eng zusammenhängend *mit*; **4.** *subst.* **-us,** *ī m,* **-a,** *ae f* Verwandte(r), Freund(in), Klient; °**-a,** *ōrum n* Bedürfnisse.

necesse *u.* (*altl.*) **-cessum** *u.* **-cessus** (< **ne-cēd-tis* „kein Ausweichen") *nur in Verbindung m. esse* nötig sein, müssen *u. habēre* nötig haben, für nötig halten, müssen.

necessitās, *ātis f* (*necesse*) **1.** Unvermeidlichkeit, Notwendigkeit; **2.** Zwang; **3.** Verhängnis, Schicksal; **4.** Notstand, Drang der Umstände, Mühseligkeit; °**5.** Mangel; **6.** *pl.* notwendige Bedürfnisse

N

(Ausgaben, Lasten); **7.** verbindende Kraft.

necessitūdō, *inis f* (*necesse*) **1.** Notwendigkeit; °**2.** Not(lage); **3. a**) enges Verhältnis; **b**) Verwandtschaft, Freundschaft; Klientel; °**c**) *pl.* (*concr.*) Verwandte, Freunde.

nec-ne *s. -nĕ*[4].

nec-nōn *s. nec.*

necō 1 (*pf.* °*selten -uī*; *cf. nex*) töten, morden; / vernichten.

nec-opīnāns, *antis* (*auch getr.*) nicht vermutend, ahnungslos.

nec-opīnātus 3 (*adv.* **-ō**) unvermutet, wider Erwarten.

nec-opīnus 3 **1.** (*act.*) nichts vermutend, ahnungslos; **2.** (*pass.*) unvermutet.

nectar, *aris n* (*gr. Fw.*) Nektar, Göttertrank, °-balsam; °/ Süßigkeit, Honig, Milch; lieblicher Geruch.

nectareus 3 (*nectar*) aus Nektar; / süß wie Nektar.

nectō, *nex(u)ī, nexum* 3 (*vl.* ‹ **nedō*; *cf. nōdus*) °**1. a**) (ver)knüpfen, ineinander schlingen; **b**) (*jur. t.t. v. der Schuldhaft*) fesseln, verhaften; **2.** / anknüpfen [*causas alias ex aliis*]; verknüpfen; anzetteln [*dolum*]; **3.** (*P.P.P.*) *subst.* °**a**) **nexus,** *ī m* der in Schuldhaft Befindliche; **b**) **nexum,** *ī n* Verbindlichkeit eines Schuldners; — *cf. nexum.*

nē-cubī *u.* **-ī** *ci. m. coni.* damit nicht irgendwo. [irgendwoher.]

nē-cunde *ci. m. coni.* damit nicht

nē-dum I. (*altl.*) = *nē dum* damit nicht inzwischen (*cf. dum*); **II.** *ci.* geschweige denn: **1.** (*im Nachsatz*) **a**) (*nach negativem Satz*) *m. bloßem coni. od. ut m. coni.* noch viel weniger; °**b**) (*nach affirmativem Satz*) noch viel mehr, umso mehr, vielmehr; °**2.** (*am Satzanfang*) = *nōn sōlum* nicht nur. [handeln.]

ne-faciō, — — 3 (*nĕ-*[3]) anders

ne-fandus 3 (*nĕ-*[3] + *Gerundiv v. for*) gottlos; °*subst.* **-um,** *ī n* Frevel.

nefārius 3 (*m. adv.*; *nĕ-*[3], *for*) ruchlos, frevelhaft; *subst.* **-us,** *ī m* Frevler; **-um,** *ī n* Frevel, Unrecht.

ne-fās *n* (*indecl.*; *nĕ-*[3]) **1.** Frevel, Ruchlosigkeit, Unrecht, Sünde; °(*heu*) *nefas!* schändlich, entsetzlich!; °**2.** (*v. Personen*) Scheusal.

ne-fāstus 3 (*nĕ-*[3]) °**1.** verboten; *dies -i Tage, an denen aus religiösen Gründen Versammlungen u. gerichtliche Handlungen verboten waren*; °**2.** unheilvoll, unglücklich; **3.** unheilig, sündhaft.

negantia, *ae f* (*negō*) Verneinung.

negātiō, *ōnis f* (*negō*) Verneinung, *das* Leugnen. [leugnen.]

negitō 1 (*intens. v. negō*) beharrlich

neglēctiō, *ōnis f* (*neglegō*) Vernachlässigung; Gleichgültigkeit *gegen* [*amicorum*]. [lässigung.]

neglēctus[1], *ūs m* (*neglegō*) Vernach-

neglēctus[2] 3 (*neglegō*) vernachlässigt, nicht beachtet.

neglegēns, *entis* (*m.* °*comp., adv.*; *neglegō*) nachlässig, gleichgültig; *officii* pflichtvergessen; verschwenderisch.

neglegentia, *ae f* (*neglegēns*) **1.** Nachlässigkeit; **2.** Vernachlässigung, Geringschätzung [*deum*]; *sui das* Sichgehenlassen.

neg-legō, *lēxī, lēctum* 3 (°*selten coni. plqpf. -lēgissem*; *nec + legō*[2]; *cf. dīligō*) **1.** vernachlässigen, sich nicht kümmern *um* [*rem familiarem*]; **2.** gering schätzen, verachten; **3.** übersehen, ungestraft lassen.

negō 1 (*altl. coni. pf. -assim*; **neg(i)* „nicht; nein"; *cf. negōtium*) **1.** (*intr.*) Nein sagen; **2.** (*trans.*) **a**) verneinen, leugnen; behaupten, dass nicht; **b**) abschlagen, verweigern. [lich; tätig.]

negōtiālis, e (*negōtium*) geschäft-

negōtiātiō, *ōnis f* (*negōtior*) Großhandel, Bankgeschäft; (*in d. Kaiserzeit*) Handel.

negōtiātor, *ōris m* (*negōtior*) Großhändler, Bankier; (*in d. Kaiserzeit*) Kaufmann. [Geschäftchen.]

negōtiolum, *ī n* (*dem. v. negōtium*)

negōtior 1 (*negōtium*) **1.** Großhandel, Großgeldgeschäfte treiben; °**2.** Handel treiben; (*part. praes.*) *subst.* **negōtiāns,** *antis m* = *negōtiātor.*

negōtiōsus 3 (*m.* °*comp.*; *negōtium*) geschäftig; mühevoll; °*subst.* **-ī,** *ōrum m* Geschäftsleute.

negōtium, *ī n* (‹**neg' ōtium est* „es ist nicht Muße"; *cf. negō*) Tätigkeit, Beschäftigung: **1. a**) Geschäft, Arbeit; Auftrag, Aufgabe, Unternehmen; **b**) Schwierigkeit, Mühe; *mihi est ~ cum* ich habe meine Mühe mit; Unannehmlichkeit, Verlegenheit; *-um facessere, exhibere* Verlegenheit be-

N

reiten, Schwierigkeit machen; °*sine -o* ohne Umstände; **2. a**) Staatsdienst; **b**) kriegerische Unternehmung, Kampf; **c**) Geld-, Handelsgeschäft; **d**) häusliche Angelegenheit; *pl.* Hauswesen; **e**) *pl.* Verhältnisse, Umstände; **3.** Ding, Stück, Sache; *quid negoti est?* was gibt's?; ~ *incidit* es tut not.
Nēleūs, *eī m* (*gr.* -leus) *König v. Pylos, Vater Nestors*; *adi.* -ē(ī)us 3; *subst.* **-ēïus,** *ī u.* **-īdēs,** *ae m* Nachkomme des ~.
Nemea, *ae f* (*gr.* -meā) *Flecken in der Argolis, wo Herkules den Löwen erlegte*; *Ort der Nemeischen Spiele* (**-a,** *ōrum n*); *adi.* -*eaeus* 3.
Nemesis, *eos f Göttin der Vergeltung.*
nēmō (*nūllīus, nēminī, nēminem, nūllō*; ‹ *ne-hemō „kein Mensch"; *homō*) **1.** *subst.* niemand, keiner; *non* ~ mancher; ~ *non* jedermann; **2.** *adi.* kein [*Thebanus*].
nemorālis, e *u.* **-rensis,** e (*nemus*) zum Hain gehörig; / waldig; zum Hain (*bsd. der Diana v. Aricia*) gehörig; *lacus j.* Nemisee; *subst. in Nemorensi* auf dem Gebiet des Hains von Aricia.
nemori-cultrīx, *īcis f* (*nemus*) Waldbewohnerin [*sus* Wildsau].
nemori-vagus 3 (*nemus*) im Wald umherschweifend.
nemorōsus 3 (*nemus*) waldreich; dicht bestanden, schattig.
nempe *adv.* (*Pronominalstamm* *no + -pe; *cf. nam*; *quip-pe*) nämlich, doch wohl, offenbar; freilich, natürlich, allerdings.
nemus, *oris n* (*cf. gr.* nemos) **1.** Wald, Gehölz; **2.** heiliger Hain (*bsd. der Diana v. Aricia*); °**3. a**) Baumpflanzung; **b**) Holz.
nēnia, *ae f* (*vl. gr. Lw.*) **1.** Trauer-, Klagelied; °**2.** Zauberlied; Lied, Gedichtchen.
neō, *nēvī, nētum* 2 (*cf. nhd.* „nähen") [spinnen; weben.]
****neophytus,** *i m* Neubekehrter.
Neoptolemus, *ī m* (*gr.* -os) *Sohn des Achilles.*
****neotericus,** *i m* Neoteriker, moderner Schriftsteller.
nepa, *ae f* (*wohl afrikanisches Fw.*) Skorpion; °Krebs (*Tier u. Gestirn*).
nepōs¹, *ōtis m* (*cf. nhd.* „Neffe") **1.** Enkel; °**2.** Nachkomme; Neffe; **3.** / Verschwender; ** Verwandter.
Nepōs², *ōtis m röm. cogn.*: *Cornēlius* ~, *Historiker, Freund des Cicero, Catull u. Atticus, ca. 100–25.*
nepōtātus, *ūs m* (*nepōs*) Schwelgerei.
nepōtor 1 (*nepōs*) verschwenden.
nepōtulus, *ī m* (*dem. v. nepōs*) Enkelchen.
neptis, *is f* (*cf. nepōs*; *nhd.* „Nichte") Enkelin.
Neptūnus, *ī m* (*urspr. nur Gott der Quellen u. Flüsse, durch Gleichsetzung mit Poseidon auch der Seen u. Meere*) *Sohn des Saturnus, Meergott*; °/ Meer; *adi.* -*tūnius* 3.
nēquam (*indecl.*) (*m. comp. nēquior, sup. nēquissimus*; *adv.* -*quiter*; *nē²* + *quam* „nicht irgendwie [zu etwas nutz]") °**1.** (*v. Sachen*) nichts wert; **2.** (*v. Personen*) liederlich; Schuft.
nē-quāquam *adv.* (*nē²*; *quisquam*) keineswegs.
neque *s. nec.*
neque-dum *s. necdum.*
nequeō, *īvī u. iī, itum, īre* (-*ītum*?; *vl. aus impers. nequit* ‹ *neque it* „es geht nicht" *zu pers. verb. umgebildet*; *cf. queō*) nicht können.
nē-quīquam *adv.* (*nē²* + *abl. quīquam* „nicht auf irgendeine Weise") vergeblich, erfolglos; zwecklos.
nēquiter *adv. zu nēquam.*
nēquitia, *ae u.* °**nēquitiēs,** *ēī f* (*nēquam*) Nichtsnutzigkeit, Schlechtigkeit; Liederlichkeit, Leichtsinn.
Nēreūs, *eos u. eī m* (*acc.* -*ea, voc.* -*eu*; *gr.* -reus) *göttlicher Meergreis, Vater der fünfzig Nereiden*; °/ Meer;
Nērēis, *idis u.* **Nērīnē,** *ēs f* Nereide, Meernymphe; *adi.* -*rēïus* 3.
Nerō, *ōnis m cogn. in d. gens Claudia*: **1.** *C. Claudius* ~, *Sieger über Hasdrubal 207 b. Sena*; *adi.* -*rōniānus* 3; **2.** *Ti. Cl.* ~, *erster Gatte der Livia Drusilla*; *aus dieser Ehe stammten*: *Tiberius* ~ (*der spätere Kaiser Tiberius*) *u. Drūsus* ~ (*Vater des Kaisers Claudius*); **3.** *Ti. Claudius Nerō* (*Kaiser 54–68*); *adi.* -*rōnēus* 3.
Nerthus, *ī f germ. Göttin des Wachstums.*
Nerva *s. Coccēius.*
Nervii, *ōrum m belg. Volksstamm zw. Schelde u. Sambre*; *adi.* -*vicus* 3.
nervōsus 3 (*m. comp.,* °*sup., adv.*; *nervus*) °**1.** muskulös; **2.** / kraftvoll.
nervulī, *ōrum m* (*dem. v. nervus*) Nerven, Kräfte.
nervus, *ī m* (*cf. gr.* neuron) **1.** Sehne, Muskel; **2. a**) Saite, *pl.* Saiteninstrument; °**b**) Bogensehne; °**c**) Leder; °**d**) Riemen, Fessel, Gefängnis

[*in nervis tenēri*]; °e) männliches Glied; 3. / a) Stärke, Kraft, Nachdruck; b) Lebenskraft, Haupttriebfeder.

ne-sciō 4 (*impf. auch -ībam*; *nĕ-*^{3}) 1. a) nicht wissen, nicht kennen; b) ~ *an* (*m. coni.*) vielleicht; ~ *an non* schwerlich; c) (*eingeschoben, ohne Einfluss auf die Konstruktion*) ~ *qui(s)* irgendjemand, irgendein(er); ~ *quo modo od. pacto* gewissermaßen, leider; irgendwie; 2. nicht können, nicht verstehen.

ne-scius 3 (*nĕ-*^{3}, *sciō*; *cf. īnscius*) 1. (*act.*) a) unwissend, unkundig [*fati*]; °b) nicht imstande, unvermögend; °c) unempfindlich; °2. (*pass.*) unbekannt, unbewusst.

Nessus, *ī m* (*gr.* -os) *Kentaur, mit dessen giftigem Blut Deianira das Gewand des Herkules tränkte; adi.* -*ēus* 3.

Nestor, *oris m* (*gr.* -tōr) *König v. Pylos.*

neu *s. nēve.*

****neumae,** *arum f* Melodie; *-as pedibus variare* nach der Musik tanzen, *agere* Takt schlagen.

ne-uter, *tra, trum* (*gen. -īus, dat. -ī*; *nĕ-*^{3}) 1. kein(er) von beiden [*consul*]; *pl.* keine (von beiden) Parteien; 2. (*philos. t.t.*) gleichgültig, indifferent [*-ae res* weder gut noch böse]; 3. (*gramm. t.t.*) sächlich.

ne-utiquam *adv.* (*auch getr.*; *nĕ-*^{3}; *utī urspr. Form für utī*) keineswegs.

neutrālis, e (*neuter*) (*gramm. t.t.*) sächlich.

neutrō *adv.* (*neuter*) nach keiner von beiden Seiten.

neutr-ubi *u.* **-ī** *adv.* (*neuter*; *ubī*) an keiner von beiden Stellen.

nē-ve *u.* **neu** *ci.* und nicht, oder nicht (*leitet 2. Glied eines dir. od. indir. Aufforderungs- od. Finalsatzes ein*); *neu ... neu* damit weder ... noch; weder ... noch; *ut neve ... neve* dass (damit) weder ... noch.

ne-vīs, ne-vult (*volt*), **ne-vellēs** *s. nōlō.*

nex, *necis f* (*cf. gr.* nękys „Toter") 1. gewaltsamer Tod; Mord, Hinrichtung; °2. natürlicher Tod.

nexilis, e (*nectō*) zusammengeknüpft.

nexum, *ī n* (*nectō*) Darlehen; Darlehnsvertrag; Schuldhörigkeit.

nexus^{1}, *ī m s. nectō.*

nexus^{2}, *ūs m* (*nectō*) 1. Verschlingung; 2. / °a) Verbindung; Verwicklung; b) (*jur. t.t.*) Schuldknechtschaft, Schuldverpflichtung.

nī *adv. u. ci.* °1. (= *nē*^{2}) nicht, dass nicht; *kl. nur quidnī u. nīmīrum* (*s. d.*); 2. = *nisī* wenn nicht; °*mirum ni* gewiss, sicher.

Nīcaea, *ae f* (*gr.* Nįkāla) 1. *St. in Bithynien, j.* Isnik; *Einw.* **-aeēnsēs,** *ium m*; 2. *St. in Lokris.*

Nīcaeus 3 (*gr.* -kąlos) *der* Siegverleihende (*Beiname Jupiters*).

nīcātor, *ōris m* (*acc. pl. -as*; *gr. Fw.*) Sieger; *pl. Beiname der Leibwache des Königs Perseus v. Makedonien.*

nīcētērium, *ī n* (*gr. Fw.*) Siegespreis.

nictō 1 (*cf. nhd.* „neigen") mit den Augen zwinkern; / zucken [*fulgura*].

nīdāmentum, *ī n* (*nīdus*) Baustoff zum Nest.

nīdi-ficus 3 (*nīdus, faciō*) nistend.

nīdor, *ōris m* (< **knīdōs*; *cf. nhd.* „stinken") Fettdampf, Dunst; Gestank.

nīdulus, *ī m* (*dem. v. nīdus*) Nestchen.

nīdus, *ī m* (*cf. nhd.* „Nest"; *vl.* „Ort zum Niedersitzen") 1. Nest; °2. junge Vögel im Nest; °3. / a) Felsennest; b) Bücherschrank.

niger, *gra, grum* (*m. °comp., °sup.*; *et. ungeklärt*) 1. schwarz, dunkel; °2. verdunkelnd; 3. / °a) unheilvoll, traurig; b) boshaft, böse.

nigrāns, *antis* (*nigrō*) schwarz, dunkel.

nigrēscō, *gruī,* — 3 (*incoh. v. nigreō* „schwarz sein") schwarz werden.

nigrō 1 (*niger*) schwarz sein.

nigror, *ōris m* (*niger*) Schwärze.

nihil (*indecl.*) (*im Vers auch nihīl*; *die obliquen Kasus ersetzt durch*: *nūllīus reī, nūllī reī, nūllā rē*; < **ne-hīlum*; *nĕ-*^{3}) 1. nichts, ein Nichts, eine Null; *non* ~ manches, einiges; ~ *non* alles; ~ *aliud nisi* (°*quam*) nur, lediglich; 2. (*acc.*) *adv.* in nichts, durchaus nicht, keineswegs; aus keinem Grunde.

nihil-dum *adv.* noch nichts.

nihilō-minus *adv.* (*auch getr.*) nichtsdestoweniger, trotzdem.

nihilum, *ī n* (*ältere u. dicht. Form für nihil, sonst nur formelhaft*) nichts, *das* Nichts; *gen. pretii* **nihilī** für nichts [*aestimare*]; *acc.* **nihilum** (*meist m. ad, in*) [*ad -um venire, in -um occidere* in nichts

zerfallen]; *als adv.* keineswegs; *abl.* **nihilō** um nichts; *pro -o* für nichts [*putare* achten]; °*de -o* aus nichts, ohne Grund, vergeblich.
nīl = *nihil.*
nīlum = *nihilum.*
Nīlus, *ī m* Nil; / Wassergraben; *adi.* *-liacus* 3, *-lōticus* 3, *-lōtis, idis f, dcht. auch* ägyptisch.
nimbātus 3 (*nimbus*) in Nebel gehüllt.
nimbi-fer, *era, erum* (*nimbus, ferō*) Unwetter bringend.
nimbōsus 3 (*nimbus*) wolkig, stürmisch.
nimbus, *ī m* (*cf. nebula, imber*) **1. a**) Wolke, Gewölk; °**b**) Sturm (-wolke); Platzregen; **2.** / °**a**) Menge, Schar; **b**) jäh hereinbrechendes Unglück; ** Heiligenschein; Stirnbinde.
nimi-opere (*auch getr. nimiō opere; opus*) *adv.* gar sehr.
nī-mīrum *adv.* (*eigtl. eingeschobener Satz: nī mīrum* „(es ist) kein Wunder") allerdings, freilich, ohne Zweifel; (*ironisch*) natürlich.
nimis *adv.* (*vl. nach satis zu nimius hinzugebildet*) **1.** gar sehr, überaus; *non* ~ nicht sonderlich; **2.** zu sehr, zu viel, allzu.
nimius 3 (< **ne-mi-os* „nicht minder"; *Litotes der Alltagssprache; cf. minus*) **1.** sehr groß, sehr viel; *-ium quantum* außerordentlich; **2.** zu viel, zu sehr, übermäßig; **3.** *subst.* **nimium,** *ī n das* Zuviel; **4.** *adv.* **a**) (*acc.*) **-ium** überaus, sehr; *-ium diu* allzu lange; **b**) (*abl.*) **-iō** bei weitem, sehr.
ninguis, *is* (*dcht., nkl.*) = *nix.*
ning(u)it, *nīnxit,* — 3 (*nīnx-?; cf. nix, nhd.* „Schnee") *impers.* es schneit; / *pers. ningunt floribus rosarum* sie streuen haufenweise Rosen.
Nioba, *ae u.* **-ē,** *ēs f Tochter des Tantalus, wegen Frevels an Latona mit Verlust ihrer Kinder bestraft; adi. -bēus* 3.
niptra, *ōrum n* (*gr. Fw.*) Waschwasser; / ~ *Tragödie des Pacuvius.*
nisī *u.* **nisī** *ci.* (*wohl* < **nei-sei; *nei altl.* = *nī* „nicht") **1.** wenn nicht; wofern nicht; **2.** (*nach Negationen*) außer, als; *nihil* (*aliud*) ~ nichts (weiter) als; *non* ... ~ *od.* ~ ... *non* nur, bloß, lediglich; ~ *sie* außer wenn; ~ *quod* außer dass, nur dass; ~ *forte,* ~ *vero* wenn nicht etwa, es müsste denn etwa.
nīsus[1] *part. pf. zu nītor*[2].
nīsus[2], *ūs m* (*nītor*[2]) **1. a**) *das* Anstemmen, Anstrengung; *das* Hinaufklimmen; Aufschwung, Flug; **b**) Umschwung; °**c**) Geburtswehen; °**2.** / Anlauf; *suo -u* aus eigenem Drange.
Nīsus[3], *ī m* (*gr. -os*) **1.** *König v. Megara, in Seeadler verwandelt; adi. -aeus, -ēïus* 3; *-ias, adis f;* **2.** *Freund des Euryalus.*
nītēdula *u.* (*älter*) **nītēla,** *ae f* (*schlechtere Schreibung -ell-*) (*wohl nītor*[2] „klettere") Haselmaus.
niteō, *uī,* — 2 (**nitos* „glänzend") **1.** glänzen, blinken; **2.** / glänzen, prangen: **a**) (*v. d. Rede*) in die Augen fallen; °**b**) wohlgenährt sein; **c**) reichlich vorhanden sein.
nitēscō, — — 3 (*incoh. v. niteō*) erglänzen; / fett werden, gedeihen.
nitidiusculus 3 (*m. adv.; dem. v. nitidior, comp. v. nitidus*) recht glänzend.
nitidus 3 (*m. comp., sup.,* °*adv.; niteō*) **1.** glänzend, schimmernd; **2.** prangend, stattlich, schön; sauber; **3.** wohlgenährt; üppig.
Nitiobrogēs, *um m keltisches Volk a. d. Garonne.*
nitor[1], *ōris m* (*niteō*) **1.** Glätte, Glanz, Schimmer; **2.** / **a**) Schönheit, Eleganz; Reiz; °**b**) Wohlgenährtheit.
nītor[2], *nīxus u. nīsus sum* 3 (*cf. cōnīveō, nhd.* „neigen") **1. a**) sich stützen *auf* [*baculo abl.*]; **b**) sich zu einer Bewegung aufstemmen, sich aufrichten, emporklimmen, -steigen; °**c**) in den Wehen liegen; °**d**) seine Notdurft verrichten; °**e**) (*v. Vögeln*) in der Luft schweben; **2.** / **a**) trachten *nach* [*ad gloriam*]; **b**) beruhen *auf;* **c**) sich verlassen *auf* [*in concordia civium*]; **d**) sich bemühen, sich anstrengen.
nitrātus 3 (*nitrum*) mit Natron vermischt.
nitrum, *ī n* (*gr. Fw.*) Natron, Soda.
nivālis, *e* (*nix*) schneeig; beschneit; / schneeweiß; eiskalt [*osculum*].
nivārius 3 (*nix*) Schnee..., mit Schnee gefüllt.
nivātus 3 (*nix*) mit Schnee gekühlt.
nī-ve[1] *ci.* oder wenn nicht.
nive[2] (*Lu.*) = *nēve.*

niveus 3 (*nix*) beschneit, Schnee...; schneeweiß; hell, klar.
nivōsus 3 (*nix*) schneereich.
nix, *nivis f* (*gen. pl. -ium*; *cf. ninguit*; *nhd.* „Schnee") Schnee; *pl.* Schneemassen, Schneewasser; °/ *capitis* schneeweißes Haar.
Nīxī, *ōrum m* (*drei*) Geburtsgottheiten (*ihre knienden Standbilder auf dem Kapitol*).
nīxor 1 (*intens. v. nītor*) sich stemmen *auf*; beruhen *auf*; sich eifrig bemühen.
nīxus = *nīsus*.
nō 1 (< **snājō*; *cf. gr.* nę-chō) schwimmen; °/ fliegen; segeln; fließen.
nōbilis, e (*m. comp., sup.,* °*adv.*; *abl. -ī,* [*vereinzelt*] -e; < **gnōbilis*; [g]*nōscō*) °**1.** kenntlich, kennbar; **2.** bekannt; berühmt, gepriesen; berüchtigt; **3.** adlig, vornehm; **4.** edel, vortrefflich, rühmlich; *subst.* **~,** *is m* Aristokrat.
nōbilitās, *ātis f* (*nōbilis*) Berühmtheit; Adel; Adlige, Aristokraten; Vortrefflichkeit, edle Art.
nōbilitō 1 (*nōbilis*) °**1.** bekannt machen; **2.** berühmt, berüchtigt machen.
nocēns, *entis* (*m.* °*comp., sup.,* °*adv.*; *noceō*) schädlich; schuldig, verbrecherisch; *subst. m* Übeltäter.
noceō, *uī, itum* 2 (*cf. necō*) schaden; hinderlich sein; °*noxam* eine Schuld auf sich laden.
nocīvus 3 (*noceō*) schädlich.
Nocti-fer, *erī m* (*nox, ferō*) Abendstern.
nocti-lūca, *ae f* (*nox, lūceō*) Mond.
nocti-vagus 3 (*nox*) nachts umherschweifend.
noctū *adv.* (*loc. v.* **noctus* = *nox*) °**1.** (*abl.*) = *nocte* [*hāc*]; **2.** nachts, bei Nacht.
noctua, *ae f* (**noctuus* 3; [*sc.*] *avis*; *nox*) Nachteule, Käuzchen.
noctuābundus 3 (**noctuor* 1 „nächtlich reisen"; *nox*) zur Nachtzeit reisend.
noctuīnus 3 (*noctua*) vom Käuzchen.
nocturnus 3 (*noctū*; *cf. diurnus*) nächtlich, Nacht...; °*subst.* ♀, *ī m* Gott der Nacht; ** *subst.* **-um,** *i n* Nokturn (*liturgisches Nachtgebet*).
noctu-vigilus 3 (*-tū-?, noctū, vigilō*) bei Nacht wachend.
nocuus 3 (*noceō*) schädlich.
nōdō 1 (*nōdus*) in einen Knoten knüpfen; einschnüren.
nōdōsus 3 (*nōdus*) knotig; / verwickelt; verklausuliert.
nōdus, *ī m* (*cf. nectō, nassa*) **1.** Knoten; °**2. a)** Gürtel; **b)** Haarwulst; **3.** Gelenk, Knöchel; °**4.** Knorren; °**5.** Knospe; **6.** / **a)** Band, Fessel; Verbindung; °**b)** Verpflichtung; **c)** Verwicklung; Schwierigkeit, Hemmnis.
noenu' (*Lu.*) = *noenus*; *cf. nūllus.*
noenum (*altl.*) = *nōn.*
Nōla, *ae f St. in Kampanien*; *adi. u. Einw.* -*ānus* (3).
nōlō, *luī, nōlle* (*altl. nevīs*; *nevolt*; *nevellēs*; < **ne-volō*) nicht wollen; abgeneigt sein; *nōlī, nōlīte m. inf.* = *Prohibitiv* [*noli putare* glaube (ja) nicht]; *nōlim, nōllem m. coni. zur Verstärkung eines Wunsches* [*nolim dicam* möchte ich doch nicht sagen; *nollem dixissem* hätte ich doch nicht gesagt!].
Nomades, *um m* herumziehende Hirtenvölker, Nomaden; *bsd.* Numidier.
nōmen, *inis n* (*cf. nhd.* „Name") Name: **1.** Benennung: **a)** Name; *nomen mihi est Gaio u. Gaius* ich heiße Gaius; *nomen ei dedi Marco u. Marcum* ich habe ihm den Namen Marcus gegeben; °(*mil. t.t.*) *nomen* (*nomina*) *dare, edere, profiteri* sich (*freiwillig zum Kriegsdienste*) melden; °*nomen accipere* eintragen, aufschreiben; °*nomen alcis deferre* gerichtlich belangen, anklagen; (*vom Prätor*) *recipere* die Klage annehmen; **b)** Wort [*calamitatis das* Wort *c.*; **c)** Titel [*regis*]; **d)** Gentilname [*Fabium*]; (*seltener*) = *praenōmen od. cognōmen*; °**e)** (*gramm. t.t.*) Nomen; **f)** Volk [*Romanum* alles, was Römer heißt, Römertum]; °**g)** Person, Held [*fortissima nomina*]; **h)** ber. Name, Ruf, Ruhm; **2. a)** bloßer Name Schein; **b)** Vorwand; Grund; **3.** Name eines Schuldners im Schuldbuche; Schuldverschreibung, -posten, Schuld; *~ solvere die* Schuld bezahlen; *nomina exigere* Gelder eintreiben; **4. nōmine** mit Namen, namens, dem Namen nach, als [*obsidum*]; *uno -ne* in Bausch u. Bogen; unter dem Vorwand; aufgrund, auf Veranlassung, wegen [*sceleris*];

N

eo -ne deswegen; meo -ne meinerseits, persönlich.
nōmenclātiō, ōnis *f* (*wohl Rückbildung aus* „nōmen calāre"; calō[1]) Benennung mit Namen.
nōmenc(u)lātor, ōris *m* (*s.* nōmenclātiō) „Namennenner" (*ein Sklave, der seinem Herrn die Namen der ihm Begegnenden u. im Haus die Namen der Sklaven zu nennen hatte*).
Nōmentum, ī *n St. nördl. v. Rom, j.* Mentana; *adi. u. Einw.* -tānus (3); *subst.* **-tānum,** ī *n* Landgut bei ~.
****nominalia,** ium *n* Namenstag.
nōminātim *adv.* (nōminō) mit Namennennung, ausdrücklich.
nōminātiō, ōnis *f* (nōminō) Vorschlag (*v. Kandidaten für ein Amt*).
nōminātīvus, ī *m* (nōminō) Nominativ.
nōminitō 1 (*intens. v.* nōminō) benennen.
nōminō 1 (nōmen) **1.** (be)nennen; P. heißen; **2.** namhaft machen, namentlich anführen, erwähnen; **3.** rühmen; **4.** (*zu einem Amte*) **a)** vorschlagen; °**b)** ernennen; °**5.** angeben, anklagen; ** nominatus gefeiert.
Nomios *u.* **-us,** ī *m* „*der* Hirt" [(*Beiname Apollos*).
nomisma, atis *n* (*gr. Fw.*) **1.** Münze, Geldstück; **2.** Marke, *die die Ritter im Theater für Verabfolgung v. Wein usw. erhielten.*
nomos, *acc.* on (*gr. Fw.*) Weise, Lied.
nomus, ī *m* (*gr. Fw.*) Bezirk, Kreis.
nōn *adv.* (< *ne-oinom „nicht eines"; *cf. nhd.* „nein") **1.** nicht; et ~, ac ~ und nicht (vielmehr); ~ *nemo* mancher, ~ *nihil* einiges; *nemo* ~ jeder, *nihil* ~ alles; *numquam* ~ immer; **2.** (*dcht. vor imp. u. coni.*) = nē[2]; **3.** = nōnne; **4.** (*in Antworten*) nein.
Nōnae, ārum *f* (*Anfangstage der zweiten achttägigen Woche, bsd.* „der neunte Tag vor den Iden"; nōnus) *die* Nonen (*im März, Mai, Juli, Okt. der siebente, in den übrigen Monaten der fünfte Tag*).
nōnāgēsimus 3 *num. ord.* (nōnāgintā) *der* Neunzigste.
nōnāgiē(n)s *num. adv.* (nōnāgintā) neunzigmal.
nōnāgintā *num. card. indecl.* (< *novenā-contā) neunzig.
nōnānus 3 (nōnus) zur neunten Legion gehörig; *subst.* ~, ī *m* Soldat der neunten Legion.
nōn-dum *adv.* noch nicht.
nōngentī, ae, a *num. card.* (< * noven-centī) neunhundert.
nōn-ne (*Fragepartikel, bei der bejahende Antwort erwartet wird*) **1.** (*dir.*) **a)** nicht?; **b)** (*allein stehend*) nicht wahr? **2.** (*indir.*; *kl. nur bei* quaero) ob nicht.
nōn-nēmō (*auch getr.*) *s.* nōn.
nōn-nihil (*auch getr.*) *s.* nōn.
nōn-nūllus 3 (*auch getr.*) mancher; beträchtlich, ziemlich viel [pars militum]; *subst.* **-ī,** ōrum *m* manche, ziemlich viele.
nōn-numquam *adv.* (*auch getr.*) manchmal, bisweilen.
nōnus 3 *num. ord.* (< *novenus; novem) *der* Neunte; *subst.* **nōna,** ae *f* (*sc.* hora) neunte Stunde (*etw. 15 Uhr*); Essenszeit.
Nōrēia, ae *f St. in der Steiermark* (*Niederlage der Römer 113*).
Nōricī, ōrum *m Alpenvolk am Inn*; *ihr Land* **-um,** ī *n*; *adi.* -us 3.
nōrma, ae *f* (-ŏ-?; *wohl gr. Lw., vl. unter etr. Vermittlung*; *eigtl.* „Winkelmaß") / Richtschnur, Maßstab, Regel, Vorschrift.
nōrmālis, e (-ŏ-?; nōrma) nach dem Winkelmaß; angulus rechter Winkel.
Nortia, ae *f etr. Schicksalsgöttin.*
nōs *pron. pers.* (*gen.* nostrī [*partit.* nostrum, *altl. auch* nostrōrum], *dat. u. abl.* nōbīs, *acc.* nōs; *cf. altind.* nas) **1.** wir; **2.** ich; *dcht. auch m. sg. verbunden* [imperanti nobis].
nōscitō 1 (*intens. v.* nōscō) **1.** bemerken, wahrnehmen; **2.** (wieder-) erkennen; **3.** betrachten.
nōscō, nōvī, nōtum (*altl.* gnōscō; *cf. nhd.* „kennen") 3 **1.** kennen lernen, erfahren; *pf.* kennen, wissen, verstehen; °**2.** wiedererkennen; **3.** anerkennen; °**4.** (*jur t.t.*) untersuchen, entscheiden.
nōs-met *verstärktes* nōs; *s.* -met.
noster, tra, trum *pron. poss.* (nōs) **1.** unser, zu uns gehörend; **2.** uns günstig; **3.** = meus; °o noster! mein Lieber! *subst.* **-ī,** ōrum *m die* Unsrigen, unsere Landsleute, Freunde, Verwandte; **-a,** ōrum *n das* Unsrige; meine Schriften.
nostrās, ātis (noster; *kl. nur pl.*) aus unserm Lande; einheimisch.
nota, ae *f* (nōscō) **1.** Merkmal, Kennzeichen; **2. a)** Schriftzeichen

(°*pl.* Schrift, Brief); °Geheimzeichen; °*-ae verborum* Kurzschrift; Interpunktionszeichen; °**b)** Etikett; (Wein-)Sorte; **c)** Brandmal; **3.** / Schandfleck; zensorische Rüge; °Schimpf; °**4.** Wink.

notābilis, e (*m.* °*comp.*, °*adv.*; *notō*) **1.** bemerkenswert, merkwürdig; °**2.** auffallend; berüchtigt.

notārius, *ī m* (*nota*) Stenograph; ** Schreiber (*der deutschen Kaiser*).

notātiō, *ōnis f* (*notō*) Bezeichnung: **1.** *tabulārum* Kennzeichnung der Stimmtäfelchen *mit verschiedenfarbigem Wachs*; **2.** Etymologie; **3.** zensorische Rüge; **4.** Bemerkung, Wahrnehmung; **5.** Untersuchung (*bei der Wahl*).

notātus 3 (*notō*) kenntlich, ausgezeichnet.

nōtēscō, *tuī,* — 3 (*incoh. zu nōtus*) bekannt werden.

nothus 3 (*gr. Fw.*) unehelich; / unecht, fremd; *subst.* ~, *ī m* Bastard.

****notifico** 1 melden, anzeigen.

nōtiō, *ōnis f* (*nōscō*) Kenntnis (-nahme); Untersuchung; / (zensorische) Rüge; Begriff, Vorstellung, Gedanke.

nōtitia, *ae u.* °**-iēs,** *ēī f* (*nōtus*) °**1.** (*pass.*) **a)** Bekanntschaft; **b)** Ruf, Ruhm; **2.** (*act.*) **a)** Bekanntschaft; *-am feminae habere* (geschlechtlich) verkehren *mit*; **b)** Kenntnis, Kunde, Wissen [*locorum*]; **c)** Begriff, Vorstellung; ** *in notitia est* es ist bekannt.

notō 1 (**gnŏ-tos, altes P.P.P. v.* (*g*)*nōscō*; *cf. cognitus, nota*) **1. a)** kenntlich machen, bezeichnen; **b)** aufschreiben, -zeichnen; °**c)** mit Abkürzungen schreiben; **2. a)** etymologisch erklären; °**b)** (*mit Worten*) anspielen *auf*; **3. a)** (be)merken, wahrnehmen, **b)** eine Bemerkung machen; °**c)** sich merken; **4.** / **a)** (*vom Zensor*) rügen; **b)** tadeln, beschimpfen [*verbis*].

nōtor, *ōris m* (*nōscō*) Kenner; Identitätszeuge, Bürge.

****notorius** 3 offenkundig.

notus[1], *ī m* (*gr. Fw.*) Südwind; Wind.

nōtus[2] 3 (*m. comp., sup.*; *nōscō*) **I.** (*pass.*) **1.** bekannt; **2.** °**a)** freundschaftlich, vertraut; °**b)** gewohnt; **c)** °berühmt, **d)** berüchtigt; **3. a)** *subst.* ~, *ī m* Bekannter; °**b) -a,** *ōrum n* Bekanntes; °**II.** (*act.*) bekannt *mit* [*eius provinciae*].

novācula, *ae f* (**ksnovō* 1 „scheren"; *cf. nhd.* „schnöde") Scher-, Rasiermesser; °Dolch.

Novaesium, *ī n St. am Rhein, j.* Neuß.

novālis, *is f u.* **-e,** *is n* (*novus*) Brachfeld; Acker.

novātrīx, *īcis f* (*novātor* „Erneuerer"; *novō*) Erneuerin.

novellō 1 (*novellus*) neue Weinstöcke setzen.

novellus 3 (*dem. v. novus*) neu, jung, frisch.

novem *num. card. indecl.* (< **noven*; *cf. nhd.* „neun") neun.

November, *bris,* e (*novem*) zum November gehörig [*Nonae*]; *subst.* ~, *bris m* (*sc. mēnsis*) November.

noven- *u.* **novem-diālis,** e (*novem, diēs*) **1.** neuntägig; °**2.** am neunten Tage (*nach Beisetzung der Leiche*) stattfindend; *cēna* Leichenschmaus.

novēnī 3 *num. distr.* (*novem*) je neun.

Novēnsilēs dīvī (*wohl novus* + *īnsideō* „neu eingesessen") neu aufgenommene Götter.

noverca, *ae f* (*novus*) Stiefmutter.

novercālis, e (*noverca*) stiefmütterlich; feindselig.

novīcius 3 (*novus*) neu; *subst.* ~, *ī m* Neuling; ** Novize (*Mönch während der Probezeit*).

noviē(n)s *num. adv.* (*novem*) neunmal.

Noviodūnum, *ī n kelt. Städtename*: **1.** *Aeduōrum, j.* Nevers; **2.** *Bitur-īgum, j.* Nouan *b. Orleans*; **3.** (*später Augusta Suessiōnum*) *j.* Soissons.

novitās, *ātis f* (*novus*) **1.** Neuheit; *pl.* neue Bekanntschaften; **2.** *das* Ungewöhnliche; **3.** junger Adel, *die homines novi*; ** Neuigkeit, *pl.* Neuerscheinungen.

novō 1 (*novus*) **1.** neu machen, erneuern, auffrischen; **2.** neu schaffen, erfinden; **3.** verändern, eine neue Gestalt geben; *res -are* die bestehende Verfassung umstürzen.

Novum Cōmum *s. Cōmum.*

novus 3 (*m. sup.*, °*adv.*; < **nevos*; *cf. nhd.* „neu") **1.** neu, frisch; *novae res* Neuigkeiten, Neuerungen, Umsturz; *homo novus* (*nkl. auch subst.* ~, *ī m*) Neugeadelter, Emporkömmling, Mann ohne Ahnen; *tabulae* -*ae* neue Schuldbücher (*Streichung od. Herabsetzung einer Schuld v. Staatswegen*), **2.** ungewöhnlich, sonderbar, beispiellos; °**3.** unerfahren, unbekannt *mit* [*delictis*]; **4.** *ein* anderer, *ein* neuer [*Camillus*]; **5.** *sup.*

novissimus 3 a) *der* Äußerste, Letzte, Hinterste; *agmen -um* Nachtrab; b) *der* Jüngste; °c) / *der* Äußerste, Höchste; d) *subst.* **novissimī**, *ōrum m* Nachhut; °e) *adv.* **novissimē** neuerdings, jüngst; endlich.

nox, *noctis f* (*cf. nhd.* „Nacht") 1. Nacht; *nocte* nachts; 2. / °a) Dunkelheit, Finsternis; Tod(esnacht); Schlaf; b) Beischlaf; °c) Unterwelt; 3. / °a) Verblendung; b) unglückliche Lage; °4. ♀ Göttin der Nacht.

noxa, *ae f* (*noceō*) °1. Schaden; 2. / a) Vergehen [*in -a comprehendi*], Schuld [*in -a esse*]; °b) Strafe.

noxia, *ae f* (*sc. rēs od. causa; noxius*) Schuld, Vergehen.

noxiōsus 3 (*m. sup.*; *noxia*) schädlich; sträflich.

noxius 3 (*noceō*) schädlich; schuldig, sträflich; *subst.* **-ī,** *ōrum m* Verbrecher.

nūbēcula, *ae f* (*dem. v. nūbēs*) °1. Wölkchen; 2. / finsterer Ausdruck.

nūbēs, *is f* (*abl. sg.* °*auch -ī*; *vl. urspr. coll.* „Gewölk") 1. Wolke; Gewölk, Regenwolke; °b) Staub-, Rauchwolke; 2. / °a) dichte Schar, Menge; °b) Schleier; c) traurige Lage, Unglück; °d) inhaltsloser Schwulst.

nūbi-fer, *era, erum* (*nūbēs, ferō*) Wolken tragend, bringend.

nūbi-gena, *ae m* (*nūbēs, gignō*) Wolkensohn (*v. Ixion mit einer Wolke gezeugter Kentaur*).

nūbilis, *e* (*nūbō*) heiratsfähig, mannbar.

nūbilōsus 3 (*nūbilus*) bewölkt, düster.

nūbilus 3 (*nūbēs*) wolkig, umwölkt; trübe, finster, dunkel, düster; / ungünstig; unglücklich; *subst.* **-um,** *ī n* trübes Wetter; *pl.* trübe Tage.

nūbō, *nūpsī, nuptum* 3 (*nūptum?*; *vl.* < **sneubhō* „sich hingeben"; *cf. nympha*) (*v. d. Frau*) heiraten [*Ciceroni*]; ** (*auch v. Mann*) heiraten [*cum virgine*].

nucifrangibulum, *ī n* (*nux, frangō*) Nussknacker (*scherzh. vom Zahn*).

nuc(u)leus, *ī m* (*nucula, dem. v. nux*) Nusskern, Kern.

nu-diūs *adv.* (**nu* „nun" + (*idg.*) *djēus* = *diēs*; *dv. nhd.* „nun") es ist jetzt der ... Tag; ~ *tertius* vorgestern.

nūdō 1 (*nūdus*) 1. a) entblößen, enthüllen; °*messes* ausdreschen; b) entkleiden; c) (*mil. t.t.*) unverteidigt lassen; / 2. berauben [*armis abl.*]; °3. verraten, merken lassen.

nūdus 3 (*cf. nhd.* „nackt") 1. a) bloß, nackt, unbekleidet; °b) leicht bekleidet, in der Tunika; c) leicht bewaffnet; d) unbewaffnet, unbeschützt, unbesetzt; 2. / a) beraubt, ohne [*urbs praesidio*]; b) dürftig, arm; c) nur, lediglich; d) einfach, schmucklos.

nūgae, *ārum f* (*et. ungedeutet*) dummes Zeug, Tändeleien; / Windbeutel.

nūgātor, *ōris m* (*nūgor*) Schwätzer, Windbeutel.

nūgātōrius 3 (*nūgātor*) läppisch, wertlos.

nūgāx, *ācis* (*m. adv.*; *nūgor*) possierlich; kurzweilig.

nūgi-gerulus, *ī m* (*nūgae*) Lügenbote.

nūgi-vendus, *ī m* (*nūgae, vendō*) Händler mit Tand u. Putz.

nūgor 1 (*nūgae*) 1. schwatzen; tändeln, schäkern; °2. aufschneiden.

nūllus 3 (*gen. -īus, selten -ī*; *dat. -ī, selten -ō*, °*-ae*; < **ne-ūllus*; *nĕ-*[3]) 1. *adi.* a) kein; *-o ordine* ohne (alle) Ordnung; ~ *non* jeder; *non* ~ mancher; b) keinerlei, keineswegs, in keiner Weise [*quies -a est*]; / c) bedeutungslos, gering, nichts sagend, wertlos; d) verloren, dahin; *-um esse* nicht mehr sein [*mortui -i sunt*]; 2. *subst.* **-us** *m* = *nēmō*; **-um** *n* = *nihil*.

nūllus-dum 3 bis jetzt noch kein(er).

num[1] (*cf. nunc*) 1. *adv.* (*nur noch in nunc, etiamnum, etiamnunc erhalten*) nun noch, jetzt; 2. *Fragepartikel* a) (*direkt*; *eine verneinende Antwort wird erwartet*) denn, wohl, etwa; (*verstärkt*) *numquid, numne*; b) (*indirekt*) ob, ob etwa.

Num.[2] *Abk. v. Numerius.*

Numa Pompilius *m zweiter röm.* König.

Numantia, *ae f St. in nö. Spanien, 133 v. Scipio zerstört*; *adi. u. Einw. -tīnus* (3).

numella, *ae f* (*et. ungedeutet*) Halseisen (*f. Sklaven*).

nūmen, *inis n* (*nuō* 3 „nicke") 1. Wink, Wille, Geheiß; 2. göttlicher Wille, Walten der Gottheit, göttliches Wesen; °3. a) Gottheit; Genius; Manen *geliebter Personen*; b) Hoheit, Majestät.

numerābilis, e (*numerō*) zählbar; klein.

numerātiō, *ōnis f* (*numerō*) Auszahlung; Barzahlung.

Numerius, *ī m* (*wohl etr.*; *cf. Numa*) *röm. Vorname, bsd. in d. gens Fabia.*

numerō[1] 1 (*numerus*) **1. a)** (aus-)zählen [*senatum*]; °**b)** haben [*multos amicos*]; **2.** auszahlen [*militibus stipendium*]; **3.** her-, aufzählen; **4. a)** zählen, anführen; **b)** rechnen *unter* [*in primis, inter optimos*]; **c)** halten *für* [*stellas deos*]; **5.** (*P.P.P.*) *adi.* **numerātus** 3 bar; *subst.* **-um,** *ī n* bares Geld.

numerō[2] *adv.* rechtzeitig; zu früh.

numerōsus 3 (*m.* °*comp.*, °*sup.*, *adv.*; *numerus*) °**1.** zahlreich, volkreich; **2.** rhythmisch, harmonisch.

numerus, *ī m* (< **nomesos*; *eigtl.* „*das* Zugeteilte") **I.** Glied: **1.** Teil *eines Ganzen,* Bestandteil; **2. a)** Takt, Rhythmus, Wohlklang; Melodie; **b)** Versfuß, Vers; Metrum; °*gravis* Hexameter; °*-i impares* Distichon; °**c)** *pl.* Gänge (*des athletischen Wettkampfes*); *auch obszön*; **II.** Zahl: **1. a)** Zahl, Anzahl; Menge; *ad -um* vollzählig; **b)** Reihe, Klasse, Kategorie; *in hostium -o ducere* zu den Feinden rechnen; °**c)** (*mil. t.t.*) Abteilung; **d)** Ordnung; Rang, Geltung, Wert; (*in*) *-o* anstatt, für, als [*militis*]; °**e)** Würde, Amt; **f)** Menge, Haufe, Vorrat; °**g)** bloße Zahl, Null; °**h)** (*gramm. t.t.*) Numerus [*singularis*]; **2.** *pl.* °**a)** *die* Würfel; °**b)** Verzeichnis; Stammrolle; **c)** Mathematik, Astrologie.

Numida, *ae m* (*eigtl.* „Nomade") Numidier, *Bewohner v.* **Numidia,** *ae f* Numidien, *j.* Algerien; *adi.* *-dicus* 3.

****numisma,** *atis n* = *nomisma.*

Numitor, *ōris m König v. Alba, Vater der Rhea Silvia.*

nummārius 3 (*nummus*) Geld..., Münz...; / bestechlich [*iudex*].

nummātus 3 (*m.* °*comp.*; *nummus*) mit Geld versehen, reich.

nummulārius, *ī m u.* (*dem.*) **-riolus,** *ī m* (*nummulus*) Geldmakler.

nummulus, *ī m* (*dem. v. nummus*) Geldstückchen; (*meist pl.*) schnödes Geld; ein bisschen Geld.

nummus, *ī m* (*gen. pl. meist -um*; *wohl gr. Lw.*) **1.** Münze, Geldstück; (*pl.*) Geld; °**2. a)** (*gr.*) Didrachme; **b)** (*gr.*) Drachme; **3.** Sesterz (*etwa 20 Pfg.*); **4.** / Groschen, Heller, Kleinigkeit.

num-ne *s. num.*

numquam *adv.* niemals; *non ~* zuweilen; *~ non* immer.

Numquamēripidēs, *ae m* (*scherzh.*) Niemalsloslasser.

num-quī *adv.* wohl auf irgendeine Weise.

numquid *s. num.*

num-quid-nam (*Fragepartikel*) **1.** (*dir.*) etwas; **2.** (*indir.*) ob etwas.

nunc *adv.* (< **num-ce*) **1.** (*zeitl.*; *meist v. d. Gegenwart*) **a)** jetzt, nun; *~ ipsum* eben jetzt, gerade jetzt; **b)** heutzutage; °**c)** *~ ... ~* bald ... bald; **2.** (*beim Übergang zu etw. Neuem*) nun, also; **3.** (*adversativ*) nun aber, so aber; *auch verstärkt ~ autem, ~ vero.*

nunc-iam *adv.* jetzt eben.

nunci-ne (*Te.* = *nunc-ne*) jetzt?

nun-cubī *u.* **-ĭ** *adv.* (= *num alicubī*) wohl irgendwo? ob irgendwo.

nuncupātiō, *ōnis f* (*nūn-?*; *nuncupō*) (feierliches) Aussprechen, Darbringung [*votorum*]; Einsetzung als Erbe.

nuncupō 1 (*nūn-?*; *altl. -passit* = *-pāverit*; *nōmen, capiō*) **1.** feierlich aussprechen, erklären; **2.** (be)nennen; °**3.** als Erben einsetzen.

nūndinae, *ārum f* (*nūndinum*) Markt(tag) (*an jedem neunten Tage*); / Handel, Verkauf.

nūndinālis, e (*nūndinae*) nur alle neun Tage gemietet [*coquus*].

nūndinātiō, *ōnis f* (*nūndinor*) *das* Handeln, Schachern *mit* [*iuris*].

nūndinor 1 (*nūndinae*) **1.** (*intr.*) °**a)** handeln, schachern; **b)** / (*scherzh.*) verkehren; **2.** (*trans.*) erhandeln, erschachern.

nūndinum (*sc. tempus*; < **noven* „neun" + **dinom* „Tag"; *novem, diēs*) *die* achttägige Woche; *trīnum* „dreimal Zeit von acht Tagen" = gesetzliche Frist von drei Wochen.

nunquam = *numquam.*

nūntia, *ae f s. nūntius.*

nūntiātiō, *ōnis f* (*nūntiō*) Ankündigung *eines Wahrzeichens durch den Augur.*

nūntiō 1 (*nūntius*) verkündigen, melden, anzeigen, sagen lassen.

nūntius 3 (*vl.* < **novi-ventios* „neu kommend"; *novus, veniō*) verkündigend; *subst.* **-us,** *ī m* Bote; Schei-

N

debrief; Nachricht, Kunde; **-a,** *ae f* Botin; °**-um,** *ī n* Nachricht.
nūper *adv.* (*sup.* **-perrimē**; *et. nicht geklärt*) neulich, jüngst; ehemals, einst.
nūperus 3 (*nūper*) neu gekauft.
nupta, *ae f* (*-ū-?*; *nūbō*) Braut; Frau.
nuptiae, *ārum f* (*-ū-?*; *nūbō*) **1.** Hochzeit, Ehe; °**2.** außerehelicher Beischlaf.
nuptiālis, e (*-ū-?*; *nuptiae*) hochzeitlich, Hochzeit..., Ehe...
nuptuō, — —, *tuīre* (*nūp-?*; *desid. zu nūbō*) heiratslustig sein.
nurus, *ūs f* (*cf. nhd.* [*veraltet*] „Schnur") Schwiegertochter; junge Frau.
nusquam *adv.* (*-ū-?*; *nē*³, *usquam*) **1. a**) nirgends; °**b**) nirgendwoher, -hin; **2.** / in keiner Sache; zu nichts.
nūtātiō, *ōnis f* (*nūtō*) *das* Schwanken.
nūtō 1 (*frequ. zu -nuō*; *cf. abnuō*) °**1.** (zu)nicken; **2.** / °**a**) wanken, weichen; **b**) (*im Urteil*) schwanken; °**c**) (*i. d. Treue*) wanken.
nūtrīcātus, *ūs m* (*nūtrīcor*) *das* Säugen.
nūtrīcius, *ī m* (*adi.* 3 „säugend"; *nūtrīx*) Erzieher; Ernährer; °**-um,** *ī n* Ernährung, Pflege.
nūtrīcor *u.* °**-ō** 1 (*nūtrīx*) säugen, ernähren; aufziehen.
nūtrīcula, *ae f* (*dem. v. nūtrīx*) °**1.** Amme; **2.** / Nährmutter.
nūtrīmentum, *ī n* (*meist pl.*) *u.* (*Ov.*) **-men,** *inis n* (*nūtriō*) °**1.** Nahrungsmittel; **2.** / Zucht, Pflege.
nūtriō 4 *u.* °**-or,** — 4 (*impf.* °*auch -ība(n)t*; **nuō* „lasse triefen, *bsd.* Muttermilch") (er)nähren, säugen, aufziehen; / pflegen, fördern.
nūtrītor, *ōris m* (*nūtriō*) Ernährer, Erzieher.
nūtrīx, *īcis f* (*nūtriō*) **1.** Amme, Ernährerin; °*pl.* Brüste; **2.** / Förderin.
nūtus, *ūs m* (*cf. ab-nuō*) **1. a**) *das* Kopfnicken; **b**) Wink, Befehl, Wille; °**c**) Zustimmung; **2.** Neigung, Schwerkraft.
nux, *nucis f* (*cf. nhd.* „Nuss") Nuss; Nuss-, Mandelbaum.
nympha, *ae u.* **-ē,** *ēs f* (*gr. Fw.*) **1.** junge Frau, Mädchen; **2.** Nymphe; / Seewasser.

O

ō *u.* **ōh** *int.* (*vor Vokal* °*auch ŏ*) o! ach!; *m. nom., voc., acc. u.* (*dcht.*) *gen.*; o si o wenn doch!
ob (< **opi*) **I.** (*in der Komposition*) (*urspr. op-* [*operiō*]; *später ob- nur vor stimmhaften Verschlusslauten, dann verallgemeinert*; *vor c u. f assimiliert zu occ- u. off-*; *verkürzt zu o-* [*omittō*]; *ops-* > *os-* [*ostendō*]) entgegen; gegen ... hin; **II.** *prp. b. acc.* **1.** (*räuml.*) gegen ... hin; vor, gegenüber [*ob oculos versari*]; **2.** / **a**) als Entgelt für; für [*virtutem*]; **b**) um ... willen, wegen, im Interesse; °*ob rem* mit Erfolg.
ob-aerātus °**1.** *adi.* 3 (*m. comp.*) verschuldet; **2.** *subst.* **-ī,** *ōrum m* Schuldner.
ob-ambulō 1 entgegengehen; umhergehen *an* [*muris*].
ob-armō 1 (*gegen jd.*) bewaffnen, rüsten.
ob-arō 1 (um)pflügen.
ob-brūtēscō, *tuī,* — 3 den Verstand verlieren.
obc... = *occ...*
ob-dō, *didī, ditum* 3 entgegenstellen; bloßstellen; vorschieben [*pessulum foribus*]; verschließen.
ob-dormīscō, *mīvī,* — 3 (*incoh. v. obdormiō* 4) einschlafen; ** entschlafen.
ob-dūcō, *dūxī, ductum* 3 **1.** führen, aufstellen *gegen*; davorlegen [*fossam castris*]; **2.** überziehen, bedecken; **3.** austrinken; (*P.P.P.*) *adi.* **obductus** 3 verharscht; °umwölkt; °gerunzelt.
obductiō, *ōnis f* (*obdūcō*) Verhüllung, *bsd. des Kopfes des Verbrechers b. der Hinrichtung.*
obductō 1 (*intens. v. obdūcō*) herzuführen.
obdūrēscō, *ruī,* — 3 (*incoh. v. obdūrō*) °**1.** hart, steif werden; **2.** / unempfindlich werden.
ob-dūrō 1 ausharren.
obeliscus, *ī m* (*gr. Fw.*) Obelisk.
ob-eō, *iī u. īvī, itum, īre* (*pf. im Vers auch obīt*) **1.** (*intr.*) **a**) hingehen; entgegengehen; **b**) untergehen [*sol*]; °**c**) zugrunde gehen, sterben; **2.** (*trans.*) **a**) besuchen [*provinciam*]; **b**) (*in der Rede*) durchgehen; °**c**) umgeben [*mare terras*]; **d**) übernehmen, besorgen, verrich-

ten, sich unterziehen [*pericula*]; *mortem u.* °*diem* (*supremum*) sterben.
ob-equitō 1 heranreiten [*castris*].
ob-errō 1 hin- und herirren *an* [*tentoriis*]; / fehlgreifen. [leibtheit.}
obēsitās, *ātis f* (*obēsus*) Wohlbe-}
obēsus 3 (*m. sup.*; *obĕdō* „wegfressen“) fett, feist; geschwollen; /}
obex, *icis m f=obiex.* [dumm.}
obf... = *off...*
ob-ganniō 4 *etw.* vorschwatzen.
ob-gerō, *gessī, gestum* 3 darbieten.
ob-haereō, — — 2 fest stecken bleiben.
obhaerēscō, *haesī, haesum* 3 (*incoh. v. obhaereō*) stecken bleiben; / ans Herz wachsen. [liegen.}
ob-iaceō, *uī,* — 2 vor-, gegenüber-}
ob-iciō, *iēcī, iectum* 3 (*altl. -iexim* = *-iēcerim*; *iaciō*) **1.** entgegenwerfen, -stellen, halten; *se -ere u. mediopass.* entgegentreten; **2.** (*zum Schutz*) vorlegen, -ziehen [*carros pro vallo*]; **3.** bloßstellen, aussetzen [*se telis*]; P. widerfahren, zustoßen; **4.** einjagen, einflößen, verursachen [*terrorem*]; **5.** vorwerfen, vorhalten [*furtum*]; **6.** entgegnen, erwidern; **7.** (*P.P.P.*) *adi.* **obiectus** 3 vor *etw.* liegend; *subst.* **-um,** *ī n* Ein-, Vorwurf.
obiectātiō, *ōnis f* (*obiectō*) Vorwurf.
obiectō 1 (*intens. v. obiciō*) °**1.** entgegenwerfen; / preisgeben; **2.** / vorwerfen, vorhalten.
obiectus, *ūs m* (*obiciō*) *das* Entgegenstellen; °*montis* davorliegendes Gebirge, Gebirgswand.
obiex, *icis m f* (*obiciō*) Riegel; Wall, Damm; Barrikade; / Hindernis. [*fortunae*].}
ob-īrāscor, — 3 ergrimmen *über*}
obīrātiō, *ōnis f* (*obīrāscor*) Ingrimm.
obīrātus 3 (*obīrāscor*) ergrimmt.
obiter *adv.* (*ob*) **1.** obenhin, leichthin; **2.** nebenbei, beiläufig, gelegentlich; **3.** dabei; zugleich.
obitus, *ūs m* (*obeō*) **1. a**) Untergang [*lunae*]; **b**) Vernichtung; Tod; °**2.** Besuch, *das* Bereisen. [Verweis.}
obiūrgātiō, *ōnis f* (*obiūrgō*) Tadel,}
obiūrgātor, *ōris m* (*obiūrgō*) Tadler.
obiūrgātōrius 3 (*obiūrgātor*) scheltend, Schelt... [tüchtig schelten.}
obiūrgitō 1 (*intens. v. obiūrgō*)}
ob-iūrgō 1 (*altl. obiūrigō*) **1.** schelten, tadeln; **2. a**) mahnen; °**b**) abmahnen [*a peccatis*]; °**3.** züchtigen.

oblanguēscō, *guī,* — 3 (*incoh. v.* **ob-langueō*) ermatten.
****oblaticus** 3 *panis* Hostie.
****oblatio,** *onis f* Darreichung; Opfergabe; Anerbieten.
oblātrātrix, *īcis f* (*oblātrātor* „Anbeller“; *oblātrō*) kläffende Hündin (*v. einer Frau*). [werfen.}
ob-lātrō 1 anbellen, anfahren; vor-}
oblectāmentum, *ī n u.* °**-men,** *inis n* (*oblectō*) Ergötzlichkeit, Zeitvertreib; Beruhigungsmittel.
oblectātiō, *ōnis f* (*oblectō*) Unterhaltung, Genuss; Lust.
oblectō 1 (*intens. v.* **obliciō*; *laciō* „locken“; *cf. lacessō, dēlectō*) **1.** erheitern, unterhalten; *se -are u. mediopass.* sich ergötzen; °**2.** angenehm vertreiben [*tempus*].
oblēnīmen, *inis n* (*oblēniō*) Beruhigungsmittel.
ob-lēniō, — — 4 besänftigen.
oblīcus 3 = *oblīquus.*
ob-līdō, *sī, sum* 3 (*laedō*) **1.** zudrücken; °**2.** erwürgen.
obligātiō, *ōnis f* (*obligō*) (*jur t.t.*) Verbürgung, Verpflichtung.
ob-ligō 1 °**1.** (an)binden; **2.** ver-, zubinden; **3.** / **a**) verhindern; einschränken; **b**) *se -are u. mediopass.* sich schuldig machen [*scelere*]; **c**) verpflichten; **d**) belasten; verpfänden.
ob-līmō 1 (*līmō*²) mit Schlamm überziehen, verschlämmen; °/ verschlemmen, verprassen.
ob-linō, *lēvī, litum* 3 bestreichen, beschmieren; / erfüllen; überladen; besudeln, beflecken. [Ecke.}
oblīquitās, *ātis f* (*oblīquus*) Winkel,}
oblīquō 1 (*oblīquus*) seitwärts, schräg, schief richten; / gemildert aussprechen.
ob-līquus 3 (*m.* °*comp.*, °*sup.*, *adv.*; *cf. līcium*) **1.** seitlich, schräg, schief, Seiten..., Quer...; °**2.** neidisch; °**3.** verblümt, versteckt; °**4.** (*gramm. t.t.*) indirekt, abhängig [*casus*; *allocutio*]. [verstecken.}
ob-litēscō, *tuī,* — 3 (*latēscō*) sich}
ob-litterō 1 (< *ob litterās* [*scrībō*] „über die Buchstaben schreiben, tilgen“; *cf. oblinō*) in Vergessenheit bringen. [*vīscor.*}
oblitus *s. oblinō*; **oblītus** *s. oblī-*}
oblīviō, *ōnis f* (*oblīvīscor*) **1.** Vergessen(heit); Amnestie; °**2.** Vergesslichkeit.

oblīviōsus 3 (*oblīviō*) **1.** vergesslich; °**2.** sorgenstillend [*vinum*].

oblīvīscor, *oblītus sum* 3 (*wohl* < **ob-lēvīscor*; *lēvis*[1]) vergessen; [*amicorum*; *iniurias*]; / aus den Augen lassen [*paterni generis*].

oblīvium, *ī n* (*dcht. u. nkl.*) = *oblīviō*.

oblocūtor, *ōris m* (*obloquor*) „*der* Widersprecher"; ~ *sum* widersprechen [*alteri*].

ob-longus 3 länglich.

ob-loquor, *locūtus sum* 3 **1. a)** widersprechen; °**b)** tadeln, schimpfen; °**2.** dazu singen, spielen.

ob-luctor 1 ankämpfen *gegen*, widerstehen [*flumini*].

oblūdiō 1 (**oblūdium*; *lūdō*) scherzen.

ob-mōlior 4 (*zur Verteidigung*) vorschieben; verbarrikadieren.

ob-murmurō 1 **1.** (*intr.*) murren *über* [*precibus*]; **2.** (*trans.*) *etw.* dabei murmeln.

ob-mūtēscō, *tuī,* — 3 (*incoh. v. mūtus*) verstummen; / aufhören.

obnātus 3 (*part. pf. v.* **ob-nāscor*) angewachsen.

ob-nītor, *nīxus sum* 3 sich entgegenstemmen; Widerstand leisten.

obnīxus 3 (*m. adv.*; *obnītor*) standhaft, beharrlich. [würfig, gehorsam.]

obnoxiōsus 3 (*obnoxius*) unter-

obnoxius 3 (*m.* °*adv.*; < *ob noxam* [*esse*] „in der Schuld sein") **1.** °**a)** straffällig, schuldig [*libidini, pecuniae debitae* (*gen.*) wegen]; *kl. abs.*; °**2.** unterworfen, ausgesetzt, [*superstitioni*]; °**3.** unterwürfig, knechtisch; °**4.** verpflichtet, verbunden [*Crasso*].

ob-nūbilus 3 umwölkt.

ob-nūbō, *nūpsī, nuptum* 3 (*nūptum?*; *vl.* < *nūbem ob*[*dūcō*]) verhüllen.

obnūntiātiō, *ōnis f* (*obnūntiō*) (*relig. t.t.*) Meldung böser Vorzeichen.

ob-nūntiō 1 °**1.** melden; **2.** (*relig. t.t.*) böse Vorzeichen verkünden.

oboediēns, *entis* (*m.* °*comp.*, °*sup.*, °*adv.*; *oboediō*) gehorsam, gern; *subst. m der* Untergebene.

oboedientia, *ae f* (*oboediēns*) Gehorsam.

ob-oediō 4 (*altl. oboidiō*; *audiō*) °**1.** Gehör schenken; **2.** gehorchen.

****obolarius** 3 (wohl)feil; *-ae mulieres* gemeine Weiber, Dirnen.

ob-oleō, *uī,* — 2 Geruch von sich geben, riechen; *marsuppium huic obolet* sie riecht den Geldbeutel.

obolus, *ī m* (*gr. Fw.*) Obolus (*kleine gr. Münze* = $^1/_6$ *Drachme*).

ob-orior, *ortus sum* 4 sich erheben, aufgehen, entstehen.

ob-rēpō, *rēpsī, rēptum* 3 °**1.** heranschleichen [*nobis*]; **2.** / **a)** unvermerkt eindringen, überrumpeln; **b)** sich erschleichen [*ad honores*].

obrēptō 1 (*intens. v. obrēpō*) beschleichen. [verstricken.]

obrētiō 4 (*ob, rēte*) ins Netz ziehen,

ob-rigēscō, *guī,* — 3 (*incoh. v. obrigeō* „starr sein") erstarren.

ob-rōdō, *rōsī, rōsum* 3 benagen.

obrogātiō, *ōnis f* (*obrogō*) Änderungsvorschlag.

ob-rogō 1 (*ein Gesetz* ganz *od.* teilweise) aufheben [*legi antiquae*].

ob-ruō, *ruī, rutum, ruitūrus* 3 **1.** überschütten; vergraben, versenken; **2.** / **a)** verhüllen, bedecken, in den Schatten stellen; *oblivione -i* vergessen werden; **b)** überladen [*se vino*]; **c)** erdrücken [*aere alieno*], unterdrücken [*verbis*]; °**d)** übertreffen [*famam*].

obrussa, *ae f* (*gr. Lw.*) Feuerprobe (*des Goldes*); / Prüfstein.

ob-saepiō, *saepsī, saeptum* 4 versperren, verschließen; *kl. nur /*.

ob-saturō 1 sättigen.

obscaen... = *obscēn...*

ob-scaevō 1 (*scaevus*) *ein* böses Vorzeichen melden. [anständigkeit.]

obscēnitās, *ātis f* (*obscēnus*) Un-

obscēnus 3 (*m. comp., sup., adv.*; *urspr. t.t. der Auguralsprache*; *vl. zu caenum*) **1.** unheilvoll, ungünstig; °**2.** schmutzig, hässlich, ekelhaft; garstig; **3.** unanständig, unsittlich, schamlos; °*subst.* **-um,** *ī n* Scham (-glied); *pl.* Schamteile; unzüchtige Handlungen *od.* Worte; Zoten; *der* Hintern; Kot.

obscoen... = *obscēn...* [finsterung.]

obscūrātiō, *ōnis f* (*obscūrō*) Ver-

obscūritās, *ātis f* (*obscūrus*) **1.** Dunkelheit; **2.** / Unverständlichkeit; Unberühmtheit.

obscūrō 1 (*obscūrus*) verdunkeln; verhüllen, verbergen; / undeutlich machen; in Vergessenheit bringen.

obscūrus 3 (*m. comp.*, °*sup.*, *adv.*; < **ob-skū-ros*; *eigtl.* „bedeckt"; *cf. nhd.* „Scheuer, Scheune") °**1.** dunkel, finster; **2.** versteckt, verborgen; **3.** / **a)** undeutlich, unverständlich; **b)** (*vom Charakter*) verschlossen;

c) unbekannt, unberühmt; **d**) unsicher, trübe [*spes*]; °**4.** *subst.* **-um,** *ī n* Dunkel(heit).

obsecrātiō, *ōnis f* (*obsecrō*) inständiges Bitten, Beschwörung; Bet-, Bußtag; feierliche Beteuerung.

obsecrō 1 (*sacrō*) inständig bitten, beschwören, anflehen; (*eingeschoben*) °um Himmels willen; ~ te (*vos*) hör(t) mal!

ob-secundō 1 (*secundus*) begünstigen, willfahren, nachgiebig sein [*voluntati*].

obsēpiō 4 = *obsaepiō.*

obsequēla, *ae f* (*obsequor*) Nachgiebigkeit, Willfährigkeit.

obsequēns, *entis* (*m. comp., sup., adv.*; *obsequor*) willfährig, nachgiebig.

obsequentia, *ae f* (*obsequēns*) Nachgiebigkeit.

obsequiōsus 3 (*obsequium*) sehr nachgiebig.

obsequium, *ī n* (*obsequor*) **1.** Nachgiebigkeit; °**2. a**) Fügsamkeit, Gehorsam; **b**) *mil.* Gehorsam, Subordination; Kriecherei; °**3.** Hingabe; Beischlaf.

ob-sequor, *secūtus sum* 3 willfahren, gehorchen [*alci*]; sich hingeben, nachgehen [*studiis suis*].

ob-serō[1] 1 (*sera*) verriegeln, verschließen.

ob-serō[2], *sēvī, situm* 3 °**1.** säen, pflanzen; / verursachen; **2.** bepflanzen.

observābilis, e (*observō*) bemerkbar.

observāns, *antis* (*m. sup.*, °*adv.*; *observō*) °**1.** beobachtend; **2.** hochachtend [*mei*].

observantia, *ae f* (*observāns*) Ehrerbietung; ** Beachtung [*regulae*]; Kulthandlung, Gottesdienst.

observātiō, *ōnis f* (*observō*) **1.** Wahrnehmung; **2.** Gewissenhaftigkeit; °**3.** Regel; ** Religionsübung, Gottesdienst.

observātor, *ōris m* (*observō*) Beobachter.

observitō 1 (*intens. v. observō*) eifrig beobachten.

ob-servō 1 **1. a**) beobachten; °**b**) hüten [*armenta*]; **2.** beachten, befolgen; **3.** hochachten, ehren.

obses, *idis m f* (*ob, sedeō*) Geisel, Bürge; / Unterpfand.

obsessiō, *ōnis f* (*obsideō*) Einschließung.

obsessor, *ōris m* (*obsideō*) °**1.** Bewohner; (*scherzh.*) *fui* ~ *fori* ich blieb auf dem Markt sitzen; **2.** Belagerer.

obsideō, *sēdī, sessum* 2 °**1.** (*intr.*) sitzen, warten [*domi*]; **2.** (*trans.*) °**a**) sitzen *an* [*aram*]; **b**) besetzt halten, innehaben, beherrschen; **c**) einschließen, belagern; **d**) lauern *auf,* die Zeit abpassen *zu, für* [*stuprum*]; ** (*P.P.P.*) *adi.* **obsessus** 3 besessen.

obsidiālis, e (*obsidium*) Belagerungs... [*corona als Auszeichnung für Entsetzung einer eingeschlossenen Truppe*].

obsidiō, *ōnis f* (*obsideō*) Einschließung, Belagerung; / Not, Bedrängnis.

obsidium[1], *ī n* (*obses*) „Geiselschaft"; *-o datus* als Geisel.

obsidium[2], *ī n* (*obsideō*) Einschließung, Blockade; / Gefahr.

ob-sīdō, *sēdī, sessum* 3 besetzen; °/ in seinen Besitz bringen.

obsīgnātor, *ōris m* (*-ī-?; obsīgnō*) Untersiegler *einer Urkunde,* Zeuge.

ob-sīgnō 1 (*-ī-?*) versiegeln; (*eine Urkunde*) untersiegeln; / einprägen.

ob-sipō 1 (*altl. supō* 1 „werfen"; *cf. dissipō*) ins Gesicht spritzen; / *aquolam* Mut machen.

ob-sistō, *stitī,* — 3 sich entgegenstellen; Widerstand leisten.

obsitus 3 (*obserō*[2]) besät, bedeckt [*mit*].

obsolē-fīō, *factus sum, fierī u. fierī* (*-ĕ-?; *obsoleō; cf. exolēscō, alō*) abgenutzt werden; den Glanz verlieren.

obsolēscō, *lēvī,* — 3 (*incoh. v. *obsoleō; cf. exolēscō, alō*) sich abnutzen, Geltung und Ansehen verlieren; (*P.P.P.*) *adi.* **obsolētus** 3 (*m. comp., adv.*) abgenutzt, abgetragen; veraltet; alltäglich, gemein.

obsōnātor, *ōris m* (*obsōnō*[2]) Einkäufer für die Küche.

obsōnātus, *ūs m* (*obsōnō*[2]) Einkauf für die Küche.

obsōnium, *ī n* (*gr. Lw.; m. volkset. Anlehnung an. lat. praev. ob-*) Zukost (*bsd. Fisch, Gemüse*); *pl.* Fischspeisen.

ob-sonō[1] 1 / dreinreden.

obsōnō[2] *u.* °**-or** 1 (*gr. Lw.; cf. obsōnium*) **1.** °**a**) (als Zukost) einkaufen; **b**) / [*famem*]; °**2.** ein Gastmahl geben, schmausen.

ob-sorbeō, *buī,* — 2 begierig einschlürfen.

obstāculum, *ī n* (*obstō*) Hindernis.

obstetrīx, *īcis f* (*obstō*) Hebamme.

obstinātiō, *ōnis f* (*obstinō*) Festigkeit, Beharrlichkeit; Starrsinn.

obstinātus 3 (*m. comp.*, °*sup.*, *adv.*; *obstinō*) °**1.** fest entschlossen; **2.** beharrlich, fest, hartnäckig.

obstinō 1 (< **ob-stanō*; *zu stō* 1; *cf. dēstinō*) fest beschließen, bestehen [auf.

ob-stipēscō = *obstupēscō*.

ob-stīpus 3 (*stīpō*) seitwärts *od.* rückwärts geneigt, geduckt [*caput*].

obstitus 3 (*cf. obsistō*) (*relig. t.t.*) vom Blitz getroffen; *subst.* **-a,** *ōrum n* vom Blitz getroffene Gegenstände.

ob-stō, *stitī, stātūrus* 1 im Wege stehen; hinderlich sein.

ob-strepō, *puī, pitum* 3 **1.** (*intr.*) °**a**) entgegenrauschen, -tönen, lärmen *an* [*portis*]; **b**) überschreien, unterbrechen [*consuli*]; **c**) stören, hinderlich sein; **2.** (*trans.*) °**a**) umrauschen; **b**) überschreien, unterbrechen, stören [*hostem*].

ob-strigillō 1 (*schlechtere Schreibung -string-*; *wohl zu strigō*) hinderlich sein, im Wege stehen.

ob-stringō, *strīnxī, strictum* 3 (*-strīnxī?*) °**1. a**) *vor etw.* vorbinden; **b**) zubinden, zuschnüren, (fest-) binden; **2.** / **a**) verbindlich machen, verpflichten [*cives legibus*]; **b**) verwickeln, verstricken *in* [*scelere*].

obstrūctiō, *ōnis f* (*obstruō*) Abschließung.

obstrūdō 3 = *obtrūdō*.

ob-struō, *strūxī, strūctum* 3 **1.** °**a**) (da)vorbauen; **b**) *luminibus* die Fenster verbauen; **2.** verrammeln [*portam*].

ob-stupefaciō, *fēcī, factum* 3 (P. *-fīō, factus sum, fierī u. fīerī*) in Erstaunen setzen, betäuben, stutzig machen.

ob-stupēscō, *puī,* — 3 erstarren; erstaunen.

ob-stupidus 3 starr, betäubt.

ob-sum, *fuī,* esse hinderlich sein, schaden.

ob-suō, *suī, sūtum* 3 zunähen; annähen.

ob-surdēscō, *duī,* — 3 (*incoh. zu surdus*) taub werden; / taub bleiben *gegenüber.* [**obtaedet*) es ekelt an.

obtaedēscit, — — 3 (*incoh. v.*

ob-tegō, *tēxī, tēctum* 3 bedecken, schützen; verbergen, verhüllen; / bemänteln, verschleiern.

obtemperātiō, *ōnis f* (*obtemperō*) Gehorsam. [chen, Folge leisten.

ob-temperō 1 willfahren, gehor-

ob-tendō, *ndī, ntum* 3 **1. a**) (da)vorspannen, (da)vorziehen; °**b**) *medio-pass.* gegenüberliegen [*Germania Britanniae*]; **2.** / °**a**) in den Hintergrund treten lassen; °**b**) vorschützen; **c**) verhüllen.

obtentus, *ūs m* (*obtendō*) *das* Vorziehen, Vorstecken; / Verschleierung; Vorwand, Deckmantel.

ob-terō, *trīvī, trītum* 3 zertreten, zerquetschen; / vernichten; verkleinern, verachten.

obtestātiō, *ōnis f* (-ē-?; *obtestor*) Beschwörung(sformel); inständiges Bitten.

ob-testor 1 (-ē-?) **1.** zum Zeugen anrufen; °**2.** feierlich versichern; **3.** beschwören, anflehen.

ob-texō, *texuī, textum* 3 / bedecken, verhüllen [*caelum*].

obticentia, *ae f* (*obticeō*) (*Redefigur*) *das* Schweigen.

ob-ticeō, — — 2 (*taceō*) schweigen.

ob-ticēscō, *cuī,* — 3 (*incoh. v. obticeō*) verstummen.

ob-tineō, *tinuī, tentum* 2 (*teneō*) **1.** (*trans.*) °**a**) festhalten; **b**) besitzen, besetzt halten; verwalten [*magistratum*]; / **c**) beibehalten, behaupten [*libertatem*]; **d**) durchsetzen [*ius suum*], gewinnen [*causam*]; **e**) aufrechterhalten [*sententiam*]; °**2.** (*intr.*) sich behaupten, gelten.

ob-tingō, *tigī,* — 3 (*tangō*) widerfahren, zuteil werden, zustoßen; (*pol. t.t. v. Ämtern u. Beamten*) durch Auslosung zufallen.

obtorpēscō, *puī,* — 3 (*incoh. v.* **ob-torpeō*) **1.** erstarren; °**2.** gefühllos werden.

ob-torqueō, *torsī, tortum* 2 °**1.** umdrehen, winden; **2.** würgen [*gulam*].

obtrectātiō, *ōnis f* (*obtrectō*) Missgunst, Eifersucht.

obtrectātor, *ōris m* (*obtrectō*) Widersacher, Nebenbuhler.

ob-trectō 1 (*tractō*) (*intr. u.* °*trans.*) entgegenarbeiten [*legi*]; verkleinern [°*laudes*].

obtrītus *s. obterō.*

ob-trūdō, *sī, sum* 3 (*in etw.* hineinstoßen:) hastig verschlingen; an den Hals werfen [*alci virginem*]; (*Kleider*) verbrämen.

ob-truncō 1 niedermetzeln.

ob-tueor, — 2 *u.* (*altl.*) **obtuor,** — 3 hinsehen, ansehen; erblicken.

ob-tundō, *tudī, tū(n)sum* 3 °**1.** durch Schlagen stumpf machen; **2.** / **a**) belästigen; **b**) abstumpfen; mildern.

obtū(n)sus 3 (*m. comp.*; *obtundō*)

°**1.** abgestumpft, stumpf; **2.** / °**a**) verdunkelt; °**b**) heiser; **c**) abgestumpft; °**d**) gefühllos; °**e**) oberflächlich, schwach.

ob-turbō 1 °**1.** verwirren, in Unordnung bringen; **2.** / °**a**) überschreien; **b**) unterbrechen, stören; **c**) betäuben.

obturgēscō, *tursī,* — 3 (*incoh. v.* [**ob-turgeō*) anschwellen.

ob-tūrō 1 (**tū-ros* „geballt"; *tumeō*) verstopfen; °/ *alci aures* jd. nicht hören wollen.

obtūtus, *ūs m* (*obtueor*) *das* Anschauen, Anblick, Blick.

ob-umbrō 1 beschatten; verdunkeln; / verdunkeln; verhüllen, bemänteln; schützen.

ob-uncus 3 einwärts gekrümmt.

ob-ustus 3 (*-ū-?*; *ūrō*) angebrannt; gehärtet; angegriffen.

ob-vāgiō 4 (vor)wimmern.

ob-vallō 1 verschanzen.

ob-veniō, *vēnī, ventum* 4 °**1.** begegnen; eintreffen; **2.** / **a**) zufallen; **b**) widerfahren, zustoßen.

ob-versor 1 °**1.** sich herumtreiben; **2.** / sich zeigen, erscheinen, vorschweben [*oculis, ante oculos*].

ob-vertō, *vertī, versum* 3 **1.** hinwenden, entgegen-, zukehren; **2.** *mediopass.* **a**) sich hinwenden; *bsd.* (*mil. t.t.*) Front machen; **b**) sich widmen [*studiis*]; entgegenkommen.

ob-viam *adv.* (‹*ob viam* „gegen den Weg") entgegen; ~ °*dari* in den Wurf kommen; ~ *ire* entgegengehen, -treten, sich widersetzen; °abhelfen [*timori*].

ob-vigilō 1 wachsam sein.

obvius 3 (*obviam*) **1.** begegnend, entgegenkommend; °**2.** im Wege liegend; / °**3. a**) preisgegeben, ausgesetzt; **b**) leicht, bald zur Hand; **4.** zuvorkommend, freundlich.

ob-volvō, *volvī, volūtum* 3 einhüllen, verhüllen; °/ bemänteln.

ob-vortō 3 (*altl.*) = *obvertō.*

oc-caecō 1 **1.** °**a**) blenden; **b**) / verblenden [*animos*]; **2.** °**a**) verfinstern; **b**) / unsichtbar machen, bedecken.

occallātus 3 (*ob, callum*) dickhäutig; / gefühllos.

oc-callēscō, *luī,* — 3 (*incoh. v.* **oc-calleō*) °**1.** dickhäutig werden, sich verhärten; **2.** / gefühllos werden.

oc-canō, *nuī,* — 3 dazu-, dazwischenblasen [*cornua*].

occāsiō, *ōnis f* (*occidō*¹) (günstige) Gelegenheit; Handstreich.

occāsiuncula, *ae f* (*dem. v. occāsiō*) *eine* hübsche Gelegenheit.

occāsus, *ūs m* (*occidō*¹) **1. a**) Untergang [*solis*]; **b**) Abend, Westen; **2.** / Verderben, Tod.

occātiō, *ōnis f* (*occō*) *das* Eggen.

occātor, *ōris m* (*occō*) der eggt.

oc-cēdō, *cessī, cessum* 3 entgegentreten.

oc-centō 1 (*cantō*) ein Ständchen bringen, ein Spottlied singen.

occeptō 1 (*intens. v. occipiō*) anfangen.

occidēns, *entis m* (*part. praes. v. occidō*¹; *sc. sōl*) Westen; °/ Abendland.

**occidentalis, e westlich.

occīdiō, *ōnis f* (*occīdō*²) Niedermetzelung, Vernichtung.

oc-cidō¹, *cidī, cāsum* 3 (*cadō*) °**1.** nieder-, hinfallen; **2.** / **a**) untergehen [*sol*]; **b**) sterben, verloren gehen.

oc-cīdō², *cīdī, cīsum* 3 (*caedō*) °**1.** zu Boden schlagen; **2.** niederhauen, töten; **3.** / °**a**) zu Tode martern; **b**) verderben; °**c**) (fast) umbringen.

occiduus 3 (*occidō*¹) untergehend, westlich; dem Tode nahe.

occillō 1 (*occō*) zerschlagen [*os*].

oc-cinō, *cinuī u. cecinī,* — 3 (*canō*) seine Stimme hören lassen (*bsd. v. Weissagevögeln*).

oc-cipiō, *cēpī, ceptum* 3 (*pf. auch -coepī; altl. fut. ex. occepsō; capiō*) **1.** (*trans.*) anfangen, unternehmen; **2.** (*intr.*) seinen Anfang nehmen [*hiems*].

occipitium, *ī n* (*occiput ds.*; *ob + caput*) Hinterkopf.

occīsiō, *ōnis f* (*occīdō*²) Totschlag, Mord.

occīsissumus 3 (*sup. v. occīsus, P.P.P. v. occīdō*²) ganz verloren.

occīsor, *ōris m* (*occīdō*²) Totschläger, Mörder.

occlāmitō 1 (*intens. v.* **oc-clāmō*) laut schreien.

oc-clūdō, *sī, sum* 3 (*altl. pf. occlūstī; claudō*) (ver)schließen, einschließen, einsperren; °/ Einhalt tun [*linguam*].

occlūsus 3 (*m. comp.*; *occlūdō*) / verschlossen.

occō 1 (*occa; cf. nhd.* „Egge") eggen; / (*dcht.*) *das* Land bestellen.

oc-cubō, *uī, itum* 1 davor Wache stehen; tot daliegen.

oc-culcō 1 (*calcō*) niedertreten.

oc-culō, *culuī, cultum* 3 (*cēlō*) verbergen, verheimlichen.

occultātiō, *ōnis f* (*occultō*) *das* Verbergen, Geheimhalten.

occultātor, *ōris m* (*occultō*) „Verberger"; Versteck [*latronum*].

occultō 1 (*altl.* *-tassis* = *-tāveris*; *intens.* *v.* *occulō*) versteckt halten, verheimlichen.

occultus 3 (*m. comp., sup., adv.*; *occulō*) verborgen, versteckt; heimlich, unbemerkt; (*v. Charakter*) verschlossen; *subst.* **-a,** *ōrum n* Versteck, Geheimnisse.

oc-cumbō, *cubuī, cubitum* 3 niedersinken, (hin)fallen, sterben; (*mortem*) ~ in den Tod gehen.

occupātiō, *ōnis f* (*occupō*) Besetzung; / Beschäftigung, Geschäft; *-es rei publicae* (*gen. subi.*) Staatswirren, (*gen. obi.*) Staatsgeschäfte.

occupātus 3 (*m. comp., sup.*; *occupō*) **1.** viel beschäftigt; **2.** beschäftigt *mit* [*in parando bello*]; **3.** beschränkt *auf* [*in litteris*].

occupō 1 (*altl. coni. pf.* *-passis, it*; *ob, capiō*) **1. a)** einnehmen, besetzen; in Besitz nehmen, an sich reißen; **b)** erlangen, gewinnen; **c)** erfassen, ergreifen [*timor exercitum*]; **2.** °**a)** beschäftigen [*animum*]; **b)** anlegen [*pecuniam*]; °**3.** überfallen, angreifen; **4.** zuvorkommen [*aprum telo*]; °zuerst tun.

O

oc-currō, (*cu*)*currī, cursum* 3 **1. a)** entgegenlaufen, -eilen, -gehen, begegnen; **b)** eintreffen *bei*, beiwohnen [*concilio*]; **c)** sich darbieten, sich zeigen, vor Augen, vor die Seele treten, einfallen [*exemplum mihi*]; **2. a)** angreifen [*legioni*]; **b)** entgegenarbeiten [*consiliis*]; **c)** entgegnen, einwenden *gegen* [*orationi*]; **d)** abhelfen, vorbeugen.

occursātiō, *ōnis f* (*occursō*) *das* Entgegenkommen; Glückwunsch.

occursiō, *ōnis f* (*occurrō*) Anfechtung [*fortunae*].

occursō 1 (*intens. v. occurrō*) **1.** (*intr.*) **a)** begegnen, entgegentreten; **b)** sich nähern; / **c)** widerstreben; **d)** einfallen [*animo*]; **2.** (*trans.*) (*altl.*) jd. über den Weg laufen.

occursus, *ūs m* (*occurrō*) Begegnung; *das* Herbeieilen.

Ōceanus, *ī m* (*gr.* Ōkeanọs) **1.** *Gott des die Erde umströmenden Weltmeers, Gemahl der Tethys, Vater der Meernymphen*; **2.** Weltmeer, Ozean; °**-nītis,** *idis f* Meernymphe.

ocellātus 3 (*ocellus*) mit Augen versehen; *subst.* **-ī,** *ōrum m* Spielsteinchen (*die wie Würfel mit Augen versehen waren*).

ocellus, *ī m* (*dem. v. oculus*) °**1.** Äuglein; **2.** / **a)** Augapfel; °**b)** *Kosewort.*

Ocelum, *ī n St. der Grāioceli, j.* Oulx *in Piemont.*

ōcior, *ius* (*comp.*; *ōcissimus* 3 *sup.*; *wohl ablautend zu ācer*[2]) schneller, geschwinder; *kl. nur adv.* **ōcius** schneller; °schnell, °sogleich; *serius ocius s. sērus*; °*sup.* **ōcissimē.**

ocliferius 3 (*oculus, feriō*) in die Augen fallend, augenfällig.

Ocnus, *ī m* (*gr.* Oknos) *sagenh. Erbauer v. Mantua* (*s. d. u. Mantō*[2]).

ocrea, *ae f* (*altl. ocris* = *ācer*[2]) Beinschiene.

ocreātus 3 (*ocrea*) mit Beinschienen versehen.

octaphoros, *on* (*gr. Fw.*) von acht getragen [*lectica*]; *kl. nur subst.* **-on,** *ī n eine* von acht Sklaven getragene Sänfte.

Octāvius 3 *röm. Gentilname*: *C.* ~, *durch Cäsars Adoption C. Iūlius Caesar Octāviānus, der spätere Kaiser Augustus* (*63–14 n. Chr.*); *adi.* *-viānus* 3.

octāvus 3 *num. ord.* (*octō*) *der* Achte; °*ad -um* [*sc. lapidem*] am 8. Meilenstein; °*subst.* **-a,** *ae f* (*sc. hora*) *die* 8. Stunde; *adv.* **-um** zum achten Mal.

octiē(n)s *num. adv.* (*octō*) achtmal.

octingentēsimus 3 *num. ord.* (*octingentī*) *der* Achthundertste.

octingentī 3 *num. card.* (*octō, centum*) achthundert.

octi-pēs, *pedis* (*octō*) achtfüßig.

octō *num. card. indecl.* (*cf. nhd.* „acht") acht.

Octōber, *bris, bre* (*octō*) *des* Oktobers, zum Oktober gehörig; *mensis* ~ *u.* °*subst.* ~, *bris m* Oktober, *urspr. der achte Monat des röm. Jahres.*

octōdecim *num. card. indecl.* (*octō, decem nkl.*) achtzehn.

octōgēnārius 3 (*octōgēnī*) achtzigjährig.

octōgēnī 3 *num. distr.* (*octōgintā*) je achtzig.

octōgē(n)simus 3 *num ord.* (*octōgintā*) *der* Achtzigste.

octōgiē(n)s *num. adv.* (*octōgintā*) achtzigmal.

octōgintā *num. adv. indecl.* (*octō*) achtzig.

octō-iugis, e (*iugum*) achtspännig; / (*verächtlich*) acht Mann hoch.
octōnārius 3 (*octōnī*) aus acht bestehend; *versus* achtgliedriger *jambischer* Vers.
octōnī 3 *num. distr.* (*octō*) je acht; °*-os* (*asses*) *aeris* monatlich acht As; / (*dcht.*) acht auf einmal.
octōphoros, *on* = *octaphoros.*
octuplicātus 3 (*octuplex* „achtfältig") achtmal mehr.
octuplus 3 (*cf. duplus*) achtfach; *subst.* **-um** *ī n das* Achtfache (*bsd. als Strafe*). [für acht As.
octussibus *abl. m* = *octō assibus*
****ocularis,** e Augen... [*medicus*].
oculātus 3 (*oculus*) mit Augen versehen; sehend; sichtbar; *-ā die* (*am sichtbaren Tag, d. h. am Zahltag*) gegen bar; ** *-a fide* mit eigenen Augen.
oculeus 3 (*oculus*) vieläugig [*Argus*].
oculicrepida, *ae m* (*oculus, crepō*) dem die Schläge über die Augen klatschen.
oculissimus 3 (*scherzh. sup. v. oculus*) lieb (wie ein Augapfel).
oculus, *ī m* (< **oquulos*; *cf. atr-ōx*) **1. a**) Auge; **b**) Augenlicht, Sehkraft, Blick; *in -is* allen sichtbar; *in -is esse* sehr beliebt sein; **2.** / °**a**) Knospe; °**b**) Leuchte; **c**) Zierde, Perle = *das* Vorzüglichste.
****oda,** *ae f* Weise, Lied; Tanzlied, Danklied; Rede, Predigt.
ōdēum *u.* **ōdīum,** *ī n* (*gr. Fw.*) *Gebäude für musische Wettkämpfe,* Odeum.
ōdī, *ōdisse, ōsūrus* (*pf. vereinzelt ōdīvī; altl. part. pf. ōsus; s. d.*; √ *od- „Widerwille, Hass") **1.** hassen; °**2.** / nicht mögen, verschmähen; ** *odire* = *odisse.* [*odiōsus.*
odiōsicus 3 (*scherzh. Bildung*) =
odiōsus 3 (*m. comp.,* °*sup., adv.*; *odium*) verhasst, widerwärtig; langweilig.
odium[1], *ī n* (*ōdī*) **1.** Hass, Erbitterung, Feindschaft; Abneigung, Überdruss; **2.** widerwärtiges Benehmen; **3.** Gegenstand des Hasses, verhasste Person.
ōdīum[2], *ī n s. ōdēum.*
odor, *ōris m* (*oleō*) **1. a**) Geruch; **b**) Duft; Gestank; Dunst, Dampf; **2.** (*meist pl.*) Räucherwerk, Spezereien; **3.** / Witterung; Ahnung, Vermutung, Vorgefühl.
odōrātiō, *ōnis f* (*odōror*) *das* Riechen; (*oft pl.*) Geruchssinn.
odōrātus[1], *ūs m* (*odōror*) Geruch(ssinn). [duftend.
odōrātus[2] 3 (*odor*) wohlriechend,
odōri-fer, *era, erum* (*odor, ferō*) duftend; Spezereien erzeugend.
odōrō 1 (*odor*) wohlriechend machen.
odōror 1 (*odōrō*) °**1.** *an etw.* riechen [*pallam*]; °**2.** wittern; **3.** / **a**) ausspüren, erforschen; trachten *nach*; °**b**) (oberflächlich) *in etw.* hineinriechen [*philosophiam*].
odōrus 3 (*m. comp., sup.*; *odor*) wohlriechend; witternd.
odōs, *ōris m* (*altl.*) = *odor.*
Odyssēa *u.* **-īa,** *ae f* (*gr.* Odysseia) Odyssee, *Epos Homers u. lat. Bearbeitung durch Livius Andronīcus.*
oeconomia, *ae f* (*gr. Fw.*) harmon. Gliederung (*einer Rede od. eines Theaterstücks*); ** Verwaltung.
oeconomicus 3 (*gr. Fw.*) **1.** die Wirtschaft, den Haushalt betreffend; ♀ *Titel einer Schrift Xenophons*; °**2.** (*rhet. t.t.*) gehörig, richtig [*dispositio causae*]. [walter.
****oeconomus,** *i m* Schaffner, Ver-
Oedipūs, *podis m* (*gr.* Oidipūs) *König v. Theben*; *Titel zweier Tragödien des Sophokles*; *adi. -podīonius* 3.
Oenomaus, *ī m* (*gr.* Oinomaos) *König v. Pisa, Vater der Hippodamia*; *Tragödie des Accius.*
oenophorum, *ī m* (*gr. Fw.*) Weinkorb. [schenke.
oenopōlium, *ī n* (*gr. Fw.*) Wein-
oenus 3 (*altl.*) = *ūnus.*
oestrus, *ī m* (*gr. Fw.*) Pferdebremse; / Raserei; Begeisterung.
oesus, *ūs* (*altl.*) = *ūsus.*
oesypum, *ī n* (*gr. Fw.*) (*aus dem Fettschmutz der Schafwolle hergestelltes*) Heil- u. Schönheitsmittel.
Oeta, *ae u.* **-ē,** *ēs f* (*gr.* Oitē) *Geb. in Südthessalien*; *adi. -taeus* 3.
ofella, *ae f* (*dem. v. offa*) Bissen, Stückchen.
offa, *ae f* (*et. ungedeutet*) Bissen; Mehlkloß; Geschwulst, Klumpen.
offātim *adv.* (*offa*) bissen-, stückweise. [Hindernis.
offendiculum, *ī n* (*offendō*) Anstoß,
offendō, *fendī, fēnsum* 3 (*cf. dēfendō*) **1.** (*intr.*) **a**) anstoßen; / **b**) zu Schaden kommen, Unglück

haben, einen Unfall erleiden; **c)** Unwillen erregen [*apud plebem*]; **d)** Anstoß nehmen; °**e)** anstößig sein [*consulare nomen*]; **2.** (*trans.*) °**a)** *etw.* anstoßen [*caput*]; **b)** stoßen *auf*, antreffen, finden [*rem publicam perturbatam*]; **c)** verletzen, beschädigen; kränken, beleidigen; P. Anstoß nehmen, sich verletzt fühlen.

offēnsa, *ae f* (*offendō*) Anstoß: °**1.** Anfall (*einer Krankheit*); / Gefahr; °**2.** Kränkung, Beleidigung; Widerwärtigkeit; **3.** Ungnade.

offēnsātiō, *ōnis f* (*offēnsō*) *das* Anstoßen; Verstoß.

offēnsātor, *ōris m* (*offēnsō*) Stümper.

offēnsiō, *ōnis f* (*offendō*) *das* Anstoßen; / Unpässlichkeit; Anstoß, Verdruss, Missstimmung, Abneigung; Unfall, Widerwärtigkeit.

offēnsiuncula, *ae f* (*dem. v. offēnsiō*) kleine Widerwärtigkeit; leichter Verdruss.

offēnsō 1 (*intens. v. offendō*) anstoßen; / (*in der Rede*) stocken.

offēnsum, *ī n* (*offēnsus*¹) Verstoß.

offēnsus¹ 3 (*m.* °*comp.*; *offendō*) beleidigt; anstößig, zuwider [*civibus*].

offēnsus², *ūs m* (*offendō*) *das* Anstoßen; Anstoß (*auch* /).

of-ferō, *obtulī, oblātum, offerre* **1.** entgegenbringen, vorhalten, zeigen, darstellen; *se -ferre u. mediopass.* sich zeigen, erscheinen, begegnen; (*feindl.*) entgegentreten; **2. a)** an-, darbieten; **b)** aussetzen, preisgeben; weihen [*caput periculis*; *se ultro ad mortem*]; **c)** darbringen, erweisen, antun, verursachen.

offer(r)ūmentae, *ārum f* (*-ŭ-?*; *vl. zu offerō*) Nähte (?); Geschenke (?); / (*scherzh.*) Striemen, Schläge.

****officialis,** e zum Dienst gehörig; *subst.* ~, *is m* Beamter.

officīna, *ae f* (*altl. opi-ficīna*; *opifex*) Werkstätte, Fabrik; / Herd, Sitz; ** Handwerk.

of-ficiō, *fēcī, fectum* 3 (*ob, faciō*) °**1.** (*trans.*) versperren [*iter*]; **2.** (*intr.*) **a)** in den Weg treten, hinderlich sein [*itineri*]; **b)** / beeinträchtigen [*libertati*].

officiōsus 3 (*m. comp., sup., adv.*; *officium*) diensteifrig, gefällig, willig.

officium, *ī n* (< **opi-facium*; *ops, faciō*) **1.** Dienst(leistung); **2.** Amt, Geschäft, Verrichtung; **3. a)** Dienstfertigkeit, Gefälligkeit, Liebesdienst [*supremum* letzter]; °*auch* = Beischlaf; °**b)** Ehrenbezeigung, Aufmerksamkeit, Höflichkeit; °**c)** offizielle Feier; **4. a)** Pflicht, Verpflichtung, Schuldigkeit, Beruf; *-o fungi* seine Pflicht erfüllen, *deesse* nicht erfüllen; **b)** Pflichtgefühl, -treue; Pflichterfüllung, Gehorsam; ** *divinum* Gottesdienst; *altaris* Liturgie.

of-fīgō, *xī, xum* 3 befestigen.

offirmātus 3 (*m. comp.,* °*adv.*; *-ī-?*; *offirmō*) °**1.** fest, standhaft; **2.** eigensinnig.

of-firmō 1 (*-ī-?*) festmachen; / *animum* sich ein Herz fassen; (*se*) *-are* fest entschlossen sein.

offla *s. off(u)la.*

of-flectō, — — 3 umlenken.

offōcō 1 (*ob, faux*) ersticken, erwürgen.

of-frēnātus 3 (*ob, frēnō*) am Zaume gefaßt; / (*scherzh.*) *-um ductare* an der Nase herumführen.

offūcia, *ae f* (*ob, fūcus*) Schminke; / Täuschung.

off(u)la, *ae f* (*dem. v. offa*) Stückchen, Bissen.

of-fulgeō, *lsī,* — 2 entgegenleuchten.

of-fundō, *fūdī, fūsum* 3 °**1.** ausgießen *über*; **2.** / **a)** ausbreiten, verbreiten; *mediopass.* sich verbreiten; **b)** bedecken, erfüllen; überstrahlen.

og-ganniō 4 = *ob-ganniō.*

og-gerō 3 = *ob-gerō.*

ōh *int. s. ō.*

ōhē *u.* (*im Bühnenvers*) **ŏhē** *int.* [(*wohl gr. Fw.*) halt!]

oho *int.* (*wohl falsche Schreibung für ohe*) oho!

oiei *u.* **oiēi** *int.* (*wohl gr. Fw.* oi + *lat.* ei) o weh!

Oīleūs, *eī u. eos m* (*gr. -eus*) *König v. Lokris, Vater des kleinen Ajax*; **-līdēs,** *ae m* = Ajax.

olea, *ae f* (*an oleum angeglichen*) [= *olīva.*]

oleāginus 3 (*olea*) vom Ölbaum.

oleārius 3 (*oleum*) für das Öl, Öl...; °*subst.* ~, *ī m* Ölhändler.

oleaster, *trī m* (*olea*) wilder Ölbaum.

olēns, *entis* (*part. praes. v. oleō*) **1.** wohlriechend; **2.** stinkend.

oleō, *uī,* — 2 *u.* (*altl.*) **olō,** *uī,* — 3 **1.** duften, riechen, stinken; **2. a)** *nach etw.* riechen [*ceram*]; / **b)** verraten [*malitiam*]; **c)** sich durch den Geruch bemerkbar machen.

oleum, *ī n* (*gr. Lw.*) Öl; (*et*) ~ *et operam perdere* sich vergeblich bemühen; ** Ölkrug.

olfaciō, *fēcī, factum* 3 (*oleō, faciō*) riechen; wittern. [riechen.

olfactō 1 (*intens. v. olfaciō*) be-

olidus 3 (*oleō*) riechend, stinkend.

ōlim *adv.* (*altl. acc. zu ollus*; *cf. illim*) **1. a**) vor Zeiten, ehemals, einst; °**b**) längst, seit langer Zeit; **c**) dereinst; °**2.** manchmal, bisweilen; gewöhnlich; °**3.** (*in Frage- u. Konditionalsätzen*) je(mals).

olitor, *ōris m* (*olus*) Gemüsegärtner.

olitōrius 3 (*olitor*) Kohl..., Gemüse...; *cf. forum.*

olīva, *ae f* (*gr. Fw.*) °**1.** Olive; **2.** Ölbaum; °**3.** Ölzweig, Olivenkranz, -stab. [Olivenpflanzung, -hain.

olīvētum, *ī n* (*olīva*) Ölgarten;

olīvi-fer, *era, erum* (*olīva, ferō*) Oliven tragend.

olīvum, *ī n* (= *oleum*; *an olīva angeglichen*) **1.** Öl; / Palästra; **2.** *wohlriechende* Salbe.

ōlla, *ae f* (*vulgär für aula*[2]) Topf.

ōllāris, e (*ō-?*; *ōlla*) Topf...

olle *u.* **ollus** 3 (*altl.*) = *ille.*

olō 3 *s. oleō.* [Schwan.

olor, *ōris m* (√‾*ol- „schreien“)

olōrīnus 3 (*olor*) vom Schwan.

olus, *eris n* (*altl. helus*; *helvus* „gelbgrün“; *cf. helvella*) Gemüse, Grünzeug; *atrum* Schwarzkohl.

olusculum, *ī n* (*dem. v. olus*) Kohl, Gemüse.

Olympia, *ae f* (*gr.* -pịā) *dem Zeus heiliger Bezirk in Elis*; *adi.* *-pius* 3, *-pi(a)cus* 3; *subst.* **-pia,** *ōrum n die* Olympischen Spiele; **-pias,** *adis f* Olympiade, *vierjähriger Zeitraum zw. den Olympischen Spielen*; **-pionicēs,** *ae m* Sieger in den Olympischen Spielen.

Olympos *u.* **-us,** *ī m* (*gr.* Ọlympos) *der* Olymp, *Sitz der Götter, Berg an der Grenze von Makedonien u. Thessalien*; °/ Himmel.

O. M. (*Abk.*) = *optimus maximus* (*Beiname Jupiters*). [kaldaunen.

omāsum, *ī n* (*vl. gall. Fw.*) Rinder-

ōmen, *inis n* (*et. ungeklärt*) **1.** Vorzeichen, -bedeutung; Wunsch; °**2.** Bedingung; °**3.** feierlicher Brauch; *prima omina* Hochzeit.

ōmentum, *ī n* (< **ovimentum*; *zu exuō, induō*; *eigtl.* „Netzhaut“) Fett; Eingeweide. [sager.

ōminātor, *ōris m* (*ōminor*) Wahr-

ōminor 1 (*ōmen*) **1. a**) weissagen, prophezeien; *male ominatus* von böser Vorbedeutung; °**b**) ahnen; **2.** androhen, -wünschen.

ōminōsus 3 (*m. comp., adv.*; *ōmen*) unheilvoll.

omissus 3 (*omittō*) nachlässig.

o-mittō, *mīsī, missum* 3 (< **om-mittō*; *ob, mittō*) fahren, fallen lassen; / aufgeben, aus den Augen lassen; aufhören [*lugere*]; übergehen, unerwähnt lassen.

omniciēns, *entis* (*omnis, cieō*) alles erregend.

omnigena, *ae m f* (*gen. pl. -um*; *omnis, gignō*) von allerlei Art.

omni-genus = *omne genus* (*acc.*!) allerlei. [auf jede Weise.

omni-modīs *adv.* (*omnis, modus*)

omnīnō *adv.* (*omnis*) **1.** ganz und gar, völlig, durchaus; **2.** allerdings; **3.** im Allgemeinen, überhaupt; ~ *non* überhaupt nicht; **4.** (*bei Zahlen*) im Ganzen, nur; °**5.** kurz, mit einem Wort.

omni-parēns, *entis* (*omnis, parēns*[2]) alles erzeugend. [allmächtig.

omni-potēns, *entis* (*omnis, potēns*)

omnis, e (*et. ungedeutet*) **1.** jeder; *pl.* *-es* alle; *-ia* alles; *ad unum -es* bis auf den letzten Mann; *inter -es* allgemein; **2.** ganz, vollständig; **3.** allerlei; **4.** lauter, nichts als.

omni-tuēns, *entis* (*omnis, tueor*) allsehend. [all umherschweifend.

omni-vagus 3 (*omnis, vagus*) über-

omni-volus 3 (*omnis, volō*) alles begehrend.

Omphalē, *ēs f* (*gr.* -phạlē) *Königin v. Lydien, der Herkules in Frauenkleidung dienen musste.*

onager *u.* **-grus,** *grī m* (*gr. Fw.*) wilder Esel.

onāgos, *ī m* (*gr. Fw.*) Eseltreiber.

onerārius 3 (*onus*) lasttragend; *subst.* **-a,** *ae f* Lastschiff.

onerō 1 (*onus*) **1.** beladen, bepacken; °**2.** einladen, -füllen *in* [*vina cadis*]; **3.** / **a**) überhäufen, -schütten, -laden; °**b**) beschweren, belästigen; °**c**) erschweren; vergrößern.

onerōsus 3 (*m. comp.*; *onus*) lästig, drückend. [gans.

onocrotalus, *ī m* (*gr. Fw.*) Kropf-

onus, *eris n* (*cf. gr.* anịā „Last“) **1.** Last, Bürde, Fracht; °*ventris* Leibesfrucht; **2.** / **a**) Gewicht; **b**) Mühe, schwierige Aufgabe; **c**) Abgabe, Steuer, Schulden(last).

onustus 3 (*onus*) **1.** beladen, be-

O

packt; **2.** voll *von* [*vino*]; °**3.** / belastet, beschwert.
onyx, *ychis* (*acc. sg. -cha, acc. pl. -chas; gr. Fw.*) Onyx: **1.** *f gelblicher Halbedelstein*; **2.** *m gelblicher Marmor*; Salbenbüchschen.
opācitās, *ātis f* (*opācus*) Schatten.
opācō 1 (*opācus*) beschatten.
opācus 3 (*m. °comp., °sup.; praev. op- = ob + Suffix -ācus*: „entgegengesetzt; [der Sonne] abgewandt") **1. a)** schattig, beschattet; °**b)** dunkel, finster [*nox*]; dicht [*barba*]; °**2.** beschattend.
opella, *ae f* (*dem. v. opera*) kleine Arbeit; Mühe.
opera, *ae f* (*coll. zu opus*) **1.** Arbeit, Mühe, Tätigkeit; *dare -am* sich beschäftigen *mit* [*litteris*]; *-ae pretium est* es ist der Mühe wert; *meā* (*imperatoris*) *-ā* durch mein ... Zutun *od.* Verschulden, Schuld; **2.** Dienst, Hilfe, Unterstützung; **3.** Muße, Gelegenheit; **4.** *pl.* Arbeiter, Tagelöhner; Helfershelfer.
operārius 3 (*opera*) zur Arbeit gehörig, tauglich; *subst.* **-us,** *ī m* Tagelöhner, Handlanger; °**-a,** *ae f* Dirne.
operculum, *ī n* (*operiō*) Deckel.
operīmentum, *ī n* (*operiō*) Decke.
operiō, *eruī, ertum* 4 (*impf. im Vers auch -ībat*; < **op- = ob- + *veriō; cf. aperiō*) **1. a)** be-, zudecken, verhüllen; **b)** verschließen; °**c)** begraben; **2.** / **a)** überhäufen; beladen; **b)** verbergen, verhehlen; **3.** (*P.P.P.*) *subst.* **opertum,** *ī n* °**a)** verborgene Stelle, Tiefe; **b)** Geheimnis.
operor 1 (*opus od. opera*) **1.** beschäftigt sein *mit* [*studiis*]; **2.** (*relig. t.t.*) opfern [*deo*]; obliegen [*sacris*].
operōsitās, *ātis f* (*operōsus*) Geschäftigkeit, (übertriebene) Sorgfalt.
operōsus 3 (*m. comp., °sup., adv.; opera*) **1.** (*act.*) **a)** geschäftig, tätig; °**b)** / wirksam [*herba*]; **2.** (*pass.*) **a)** mühsam, beschwerlich [*labor*]; °**b)** kunstreich [*templa*].
opertōrium, *ī n* (*operiō*) Decke.
opēs, *um f s. ops.*
ophītēs, *ae m* (*gr. Fw.*) Marmor mit Schlangenflecken (Serpentinstein?)
ophthalmiās, *ae m* (*gr. Fw.*) Neunauge.
ophthalmicus, *ī m* (*gr. Fw.*) [Augenarzt.]
opicus 3 (*zu Oscī, kälter Opicī*) bäurisch, ungebildet.
opi-fer, *era, erum* (*ops, ferō*) Hilfe leistend.
opifex, *icis m f* (*opus, faciō*) „Werkmeister", Bildner; Handwerker; Schöpfer(in), Künstler.
opificīna, *ae f* (*altl.*) = *officīna.*
ōpiliō, *ōnis m* (*dialektische Form für die stadtrömische ūpiliō* < **ovipiliō; ovis, pellō*) Schaf-, Ziegenhirt.
opīmitās, *ātis f* (*opīmus*) Reichtum, Herrlichkeit.
opīmus 3 (*m. comp., °adv.; vl.* < **opi-pīmus* „von Fülle strotzend") fett, feist; fruchtbar; / reich(lich), herrlich; ansehnlich; (*v. d. Rede*) überladen.
opīnābilis, e (*opīnor*) vermutlich; [eingebildet [*dolor*].]
opīnātiō, *ōnis f* (*opīnor*) Vermutung, Einbildung.
opīnātor, *ōris m* (*opīnor*) immer zu Vermutungen geneigt.
opīnātus[1] 3 (*opīnor*) eingebildet; [scheinbar.]
opīnātus[2], *ūs m* (*opīnor*) Vermutung.
opīniō, *ōnis f* (*opīnor*) **1. a)** Meinung, Vermutung; **b)** Erwartung, Ahnung; **c)** Einbildung; Vorstellung, Wahn, Vorurteil; **2.** hohe Meinung, guter Ruf; **3.** Gerücht.
opīnor *u.* (*altl.*) **-ō** 1 (*wohl zu *opiō(n)* „Erwartung"; *cf. optō*) meinen, vermuten, glauben, wähnen.
opi-parus 3 (*ops, parō*[2]; *kl. nur adv.* **-ē**) prächtig, herrlich.
opisthographus 3 (*gr. Fw.*) auf der Rückseite beschrieben.
opitulor 1 (*ops; cf. tulī; eigtl.* „Hilfe bringen") helfen; abhelfen [*inopiae*].
opobalsamum, *ī n* (*gr. Fw.*) [Balsam.]
oportet, *uit,* — 2 *impers.* (*wohl op- = ob- + vortēre = vertere* „sich zuwenden") es gebührt sich, es ist nötig, man soll (*m. a.c.i. od. bloßem coni.*).
op-pectō, — — 3 „bekämmen"; (*scherzh.*) abnagen, „abknabbern".
op-pēdō, — — 3 anfurzen; verhöhnen [*alci*].
op-perior, *pertus sum* 4 (*altl. auch -ībor, ītus sum; cf. experior*) **1.** (*intr.*) warten; °**2.** (*trans.*) erwarten.
op-petō, *īvī u. iī, ītum* 3 entgegengehen [*pestem*]; *kl. nur mortem* ~ (°*abs.*) sterben.

oppidānus 3 (*oppidum*) städtisch, kleinstädtisch; *subst.* ~, *ī m* Städter.
oppidātim *adv.* (*oppidum*) städteweise.
oppidō *adv.* (*et. ungeklärt*) sehr, äußerst [*pauci*]; ~ °*quam* überaus [*parvus*].
oppidulum, *ī n* (*dem. v. oppidum*) Städtchen.
oppidum, *ī n* (*et. nicht geklärt; eigtl. wohl* „Einzäunung") Verschanzung, Befestigung, fester Platz, Stadt.
op-pignerō 1 (*-ī-?; pignus*) verpfänden.
op-pīlō 1 (*altl. pīlō* 1 „zusammendrücken"; *cf. compīlō*) verrammeln, (ver)schließen.
op-pingō, *pēgī,* — 3 (*pangō*) aufdrücken [*savium*].
op-pleō, *ēvī, ētum* 2 an-, erfüllen.
op-pōnō, *posuī, positum* 3 **1.** vor *od.* an *etw.* stellen; entgegenstellen, -setzen, -legen, -halten; P. vor *od.* an *etw. od.* gegenüberstehen, -liegen; **2.** / **a)** aussetzen, bloßstellen, preisgeben [*periculo, ad periculum*]; **b)** vorbringen, einwenden; **c)** vergleichend gegenüberstellen; °**d)** verpfänden.
opportūnitās, *ātis f* (*opportūnus*) günstige Lage; / gelegene Zeit, gute Gelegenheit; Vorteil, Bequemlichkeit; zweckmäßige Anlage [*corporis*].
opportūnus 3 (*m. comp., sup., adv.; vl. urspr. Ausdruck der Seemannssprache*: [*ventus*] *ob portum* [*veniens*]) **1. a)** (*räuml.*) bequem, günstig gelegen; **b)** (*zeitl.*) günstig, gelegen; rechtzeitig; **2.** günstig, passend, brauchbar, vorteilhaft [*bello*]; °**3.** geschickt, gewandt; °**4.** (feindlichen Angriffen) ausgesetzt, leicht anzugreifen; *subst.* **-a,** *ōrum n* gefährdete Punkte.
****oppositio,** *onis f* Widerstand; Widerspruch.
oppositus[1] 3 (*oppōnō*) gegenüberliegend.
oppositus[2], *ūs m* **1.** (*act.*) Entgegenstellung; **2.** (*pass.*) *das* Entgegenstehen, Vortreten [*lunae*].
oppressiō, *ōnis f* (*opprimō*) **1.** Überrumpelung; **2.** Unterdrückung; °**3.** Gewalttat.
oppressiuncula, *ae f* (*dem. v. oppressiō*) *das* zärtliche Drücken.
oppressor, *ōris m* (*opprimō*) Unterdrücker.
oppressus, *abl. ū m* (*opprimō*) Druck.
op-primō, *pressī, pressum* 3 (*premō*) **1. a)** zu Boden drücken; versenken [*classem*]; erdrücken, ersticken, verschütten; **b)** stürzen, bezwingen, vernichten; **c)** nicht aufkommen lassen; **d)** verbergen, geheim halten; **2. a)** überfallen, überraschen, ereilen; **b)** außer Fassung bringen.
opprobrāmentum, *ī n* (*opprobrō*) Schimpf.
opprobrium, *ī n* (*probrum*) Beschimpfung, Vorwurf; Schimpf, Schande; °Schimpfwort, °Schmährede.
op-probrō 1 (*probrum*) schimpfend vorwerfen.
oppūgnātiō, *ōnis f* (*-ŭ-?; oppūgnō*) Bestürmung, Sturmangriff; Belagerungskunst; / Angriff, Anklage, Opposition.
oppūgnātor, *ōris m* (*-ŭ-?; oppūgnō*) Belagerer, Angreifer.
op-pūgnō 1 (*-ŭ-?*) bestürmen; / angreifen, bekämpfen, anfechten; (°*scherzh.*) mit den Fäusten bearbeiten.
ops, *opis f* (*cf. opus, opera*) **1. a)** (*sg. u. pl.*) Macht, Kraft, Stärke; **b)** (*meist sg.*) Hilfe, Beistand; **2.** ♀ *Göttin der Fruchtbarkeit u. des Erntesegens*; **3.** *pl.* **opēs,** *um* **a)** Mittel, Vermögen, Reichtum; **b)** Truppenmacht, Streitkräfte; **c)** politischer Einfluss, Macht.
opsc... = *obsc...*
opsōn... = *obsōn...*
opst... = *obst...*
optābilis, e (*m. comp.,* °*adv.; optō*) wünschenswert.
optandus 3 (*optō*) wünschenswert.
optātiō, *ōnis f* (*optō*) Wunsch; *auch als Redefigur.*
optātus 3 (*m. comp., sup.; optō*) erwünscht, willkommen; *subst.* **-um,** *ī n* Wunsch; *-ō* (*abl.*) nach Wunsch.
opthalmiās, *ae m* = *ophth...*
optimās, *ātis* (*optimus*) zu den Besten gehörig, aristokratisch; *subst.* **optimātēs,** (*i*)*um m die* Konservativen, Aristokraten, *der* Adel; ** *die* Großen des Reiches.
optimus, -mē *sup. zu bonus, bene.*
optiō, *ōnis* (**opiō* 3 „wünschen"; *cf. optō*) **1.** *f* freier Wille, freie Wahl, Wunsch; Willkür; **Gewährung; °**2.** *m* **a)** *der* Assistent (*den man sich wählt*); **b)** (*mil. t.t.*) *der* (*durch freie Wahl bestimmte*) Vertreter des Zenturio, Feldwebel.

optīvus 3 (*optō*) erkoren.
optō 1 (*altl. coni. pf. -tassis; intens. v.* **opiō* 3 „wünsche") wählen, erküren; wünschen.
optu... = *obtu...*
optumās, *-mus* = *optim...*
opulēns, *entis* (*m. adv.; nkl.*) = *opulentus.*
opulentia, *ae f* (*opulēns*) Reichtum, Pracht; Macht, Einfluss.
opulentitās, *ātis f* = *opulentia.*
opulentō 1 (*opulēns*) bereichern.
opulentus 3 (*m.* °*comp.*, °*sup.*, °*adv.*; *ops*) reich, reichlich [°*armis virisque*]; ansehnlich, kostbar, prächtig; mächtig, einflussreich.
opus, *eris n* (*cf. ops, opera, nhd.* „üben") Werk: **1. a)** (*allgemein*) Arbeit, Beschäftigung; **b)** Landarbeit [*rusticum*]; Bautätigkeit [~ *fit* es wird gebaut]; Schanzarbeit; °**c)** Weidwerk; °**d)** Beischlaf; **2. a)** fertige Arbeit, Erzeugnis; **b)** Kunst-, Bauwerk, Gebäude; Belagerungswerk, -maschine, Damm; Schriftwerk; **3. a)** Tat, Handlung; Geschäft, Aufgabe, Dienstleistung; **b)** Mühe, Anstrengung [*magno opere* = *magnopere*]; **c)** Handarbeit, Ausführung, Stil, Kunst; **4.** (*indecl.*) **opus est** (*eigtl.* „es ist Beschäftigung *mit etw.*, Bedarf *an etw.*") *meist m. abl., seltener m. nom., vereinzelt m. gen.*: **a)** es ist nötig, man braucht [*nobis opus est duce; milites opus sunt tibi; nihil opus est*]; **b)** es ist vorteilhaft, zweckmäßig [*rei publicae*]; ** *opus dei* Gottesdienst; *ad opus nostrum* zu unserem Nutzen.
opusculum, *ī n* (*dem. v. opus*) kleines literarisches Werk.
ōra[1], *ae f* (*vl. identisch m. ōra*[2]) Schiffsseil, Tau.
ōra[2], *ae f* (< **ōsa, coll. zu ōs*[1]) **1.** Rand, Saum, Grenze; **2.** Küste(nland); Küstenbewohner; **3.** (ferne) Gegend, Himmelsstrich; **4.** Zone.
ōrāc(u)lum, *ī n* (*ōrō*) Orakel(stätte); Orakelspruch, Weissagung; Satz, Ausspruch [*physicorum*].
ōrārius 3 (*ōra*[2]) zur Küste gehörig.
ōrātiō, *ōnis f* (*ōrō*) **1. a)** *das* Sprechen; Sprache; **b)** Redeweise, Ausdruck, sprachliche Darstellung; **c)** Vortrag, Stil; **d)** Äußerung, Worte; **2. a)** (*künstlerisch gestaltete*) Rede, Vortrag; **b)** Gegenstand der Rede, Thema; **c)** Redegabe, Beredsamkeit; **3.** Prosa [*et in poematis et in oratione*]; °**4.** kaiserliches Handschreiben; kaiserlicher Erlass; ** *dominica* Vaterunser.
ōrātiuncula, *ae f* (*dem. v. ōrātiō*) nette kleine Rede.
ōrātor, *ōris m* (*ōrō*) **1.** Wortführer, Sprecher, Unterhändler; **2.** Redner; °**3.** Bittsteller; ** Beter, Mönch.
****oratorium,** *i n* Kapelle; Gebet.
ōrātōrius 3 (*m. adv.; ōrātor*) rednerisch, Redner...; °*subst.* **-a,** *ae f* Rhetorik.
ōrātrix, *īcis f* (*ōrātor*) °**1.** Rhetorik; **2.** Vermittlerin; °**3.** Bittstellerin.
ōrātum, *ī n* (*ōrō*) Bitte.
ōrātus, *ūs m* (*ōrō*) *das* Bitten.
orba *s. orbus.*
orbātiō, *ōnis f* (*orbō*) Beraubung.
orbātor, *ōris m* (*orbō*) der *jd. der* Kinder (*bzw.* der Eltern) beraubt.
orbiculātus 3 (*orbiculus* „Scheibe") kreisrund.
Orbilius, *ī m röm. Grammatiker aus Benevent, Lehrer des Horaz.*
orbis, *is m* (*abl. sg. auch -ī; et. ungedeutet*) **1. a)** Kreis, Reif; *lacteus* Milchstraße; *signifer* Tierkreis; **b)** Kreislauf [*anni*], Kreisbahn; Umkreis; Windung; kreisförmige Bewegung; **c)** (*in der Rede*) Periode; **d)** kreisförmige Stellung; (*mil. t.t.*) Karree [*-bem facere*]; **2. a)** runde Fläche, Scheibe, Platte; °**b)** (runder) Schild, Rad; Waagschale; Spiegel; Handpauke; Augen(höhle); **c)** Himmel(sgewölbe); Sonnen-, Mondscheibe; *terrae* Erdenrund; **d)** *terrarum* Erdkreis, Welt; Menschengeschlecht; °**e)** Gebiet, Land; Gegend; *das* (röm.) Weltreich.
orbita, *ae f* (*orbis*) Wagengleis; °/ Bahn, Kreislauf; Pfad.
orbitās, *ātis f* (*orbus*) *das* Verwaistsein, Kinder- *od.* Elternlosigkeit; / Mangel.
orbitōsus 3 (*orbita*) voller Wagengeleise.
orbō 1 (*orbus*) **1.** verwaist machen, der Eltern *od.* Kinder berauben; **2.** / berauben, entblößen [*Italiam iuventute*].
Orbōna, *ae f* (*orbus*) Göttin des Verwaistseins.
orbus 3 (*cf. nhd.* „Erbe") **1.** verwaist (eltern- *od.* kinderlos; ver-

witwet); **2.** / beraubt, entblößt; °*subst.* ~, ī *m* Waise; **-a,** *ae f* Waise, Witwe. [(*für eingesalzene Fische*).

orca, *ae f* (*et. ungedeutet*) Tonne

orchas, *adis f* (*gr. Fw.*) (länglich runde) Olive.

orchēstra, *ae f* (*gr. Fw.*) Sitzplatz der Senatoren *im Theater*; / Senat.

orcīniānus 3 (*Orcus*) Toten...

orcīnus 3 (*Orcus*) Toten...; *senatores -ī durch Cäsars Testament in den Senat gekommene S.*

Orcus, ī *m* °**1.** Unterwelt; **2.** Gott der Unterwelt; °**3.** / Tod.

ōrdia prīma (*Lu.*) = *prīmōrdia.*

ōrdinārius 3 (*ōrdō*) **1.** ordentlich, regelmäßig, gewöhnlich; **2.** vorzüglich; ** *der* zuständige Bischof.

ōrdinātim *adv.* (*ōrdinātus*) **1.** reihenweise; °**2.** gliedweise.

ōrdinātiō, *ōnis f* (*ōrdinō*) **1.** Ordnung; Regelung; Umgestaltung; **2.** Bestellung zu einem Amt, Bestallung; **Bischofsweihe.

ōrdinātor, *ōris m* (*ōrdinō*) Ordner; (*jur. t.t.*) Einleiter eines Prozesses.

ōrdinātus 3 (*m.* °*comp.*, °*sup.*, °*adv.*; *ōrdinō*) geordnet, ordentlich.

ōrdinō 1 (*ōrdō*) °**1.** in Reihen anpflanzen [*arbusta*]; (*mil. t.t.*) in Schlachtordnung aufstellen [*agmina*]; **2.** gehörig einrichten, ordnen, regeln; °**3. a)** (*Magistrate*) in ein Amt einsetzen; **b)** (*ein Amt*) vergeben; °**4.** (*jur. t.t.*) abfassen, errichten [*testamentum*]; ** abordnen [*legatos*]; *militem* zum Ritter schlagen, *clericum* zum Priester weihen, ordinieren.

ōrdior, *ōrsus sum* 4 (*t.t. der Webersprache*: „anzetteln" (= *ein Gewebe anfangen*; *cf. ōrdō*) anfangen, beginnen [*omnia a love*]; zu reden beginnen; (*part. pf.*) °*subst.* **ōrsa,** *ōrum n das* Beginnen; Worte.

ōrdō, *inis m* (*urspr.* „Fadenreihe eines Gewebes"; *ōrdior*) **1. a)** Reihe, Schicht; **b)** Sitzreihe *im Theater*; Reihe der Ruderbänke; **2.** (*mil. t.t.*) **a)** Glied; *-nes servare* in Reih und Glied bleiben; **b)** Abteilung, Schar, Zug, *bsd.* Zenturie; **c)** Zenturio(nenstelle); **3.** (*pol.*) Stand, Klasse, Rang; **4.** Ordnung, Reihenfolge; Beschaffenheit, Gang, Regel; *-ne, in -nem* der Reihe nach, gehörig, nach Gebühr; *extra -nem* außer der Reihe, wider alle Ordnung; °**5.** Verfassung, Zustand; ** *monasticus* Mönchsorden.

orēas, *adis f* (*acc. sg. -ada, acc. pl. -adas*; *gr. Fw.*) Bergnymphe, Oreade.

Orestēs, *ae u. is m Sohn Agamemnons u. der Klytäm(n)estra, rächt die Ermordung seines Vaters an ihr u. ihrem Buhlen Ägisth*; *adi.* **-tēus** 3.

orexis, *is f* (*acc. -im u. -in*; *gr. Fw.*) [Appetit.

****orfanus,** *i m* Waise.

organicus 3 (*gr. Fw.*) musikalisch; *subst.* ~, ī *m* Musiker.

****organizo** 1 die Orgel spielen.

organum, ī *n* (*gr. Fw.*) Werkzeug; Musikinstrument; ** Gesang der Vögel; *pl.* Orgel.

Orgetorīx, *īgis m angesehener Helvetier, Organisator der Auswanderung 59.*

orgia, *ōrum n* (*gr. Fw.*) *die* Orgien, Geheimdienst, Bacchusfest; / Geheimnisse, Mysterien.

orichalcum, ī *n* (*-ī-?*; *seit Vergil sicher -ĭ-*; *cf. aurichalcum*) Messing.

ōricilla, -cula = *auri...*

oriēns, *entis m* (*part. praes. v. orior, sc. sōl*) **1.** Osten, Morgen; **2.** Orient; °**3.** ♀ Sonnengott. [erbt.

****originalis,** e ursprünglich; er-

orīginātiō, *ōnis f* (*orīgō*) Wortableitung, Etymologie.

origō, *inis f* (*orior*) **1.** Ursprung, Abstammung, Herkunft; *pl. Origines* Urgeschichte (*Schrift Catos*); °**2. a)** Stamm, Familie; **b)** Stammvater, Ahnherr; **c)** Mutterstadt, -land; **d)** Urheber.

Ōrīōn, *ōnis m* (*jeder Vokal im Vers nach Bedarf auch kurz*) *sagenhafter Jäger aus Böotien, v. Diana getötet u. als Gestirn an den Himmel versetzt.*

orior, *ortus sum,* (*ōritūrus*) 4 (*ind. praes., coni. impf. u. imp. meist nach der konsonantischen Konjugation*; √ *er- „in Bewegung setzen") °**1.** sich erheben; **2.** aufgehen, aufsteigen, sichtbar werden; **3. a)** entstehen, entspringen, herrühren; **b)** geboren werden, abstammen [*nobili genere*; *a Germanis*]; **4.** wachsen; **5.** anfangen.

oriundus 3 (*altes Gerundiv v. orior m. partizipialer Bedeutung, cf. secundus*) abstammend [*a, ex Sabinis*].

ōrnāmentum, ī *n* (*ōrnō*) Aus-

O

rüstung, Ausstattung; *pl.* Bedürfnisse; Schmuck, Zierde, Prachtstück; Ehrenzeichen; / Ehre, Auszeichnung, Glanz. [Friseuse.
ōrnātrīx, *īcis f* (*ōrnātor*; *ōrnō*)
ōrnātus¹, *ūs m* (*altl. gen. auch -ī, dat. -ū*; *ōrnō*) Ausrüstung, Ausstattung; Kleidung; Rüstung; Schmuck, Zierrat, Putz; / Zierde.
ōrnō 1 (*et. unklar*) ausstatten, ausrüsten; schmücken, zieren, putzen; ehren, verherrlichen; (*P.P.P.*) *adi.*
ōrnātus² 3 (*m. comp., sup., adv.*) (aus)gerüstet; / geschmackvoll, schön; rühmlich, ehrenvoll; geehrt, angesehen, vortrefflich.
ornus, *ī f* (*cf. nhd.* „Esche") Bergesche.
ōrō 1 (*altl. coni. pf. ōrasseis*; *wohl zu einer Schallwurzel* *ōr-); *nicht zu* ōs¹) **1.** reden, sprechen; **2.** (*mündl.*) verhandeln, vortragen; **3.** bitten, ersuchen; (*part. praes.*) °*subst.*
ōrantēs, *ium m* Redner; ** beten.
****orphanus** = ** *orfanus.*
Orpheus, *eī u. eos m* (*dat.* -(e)ī; *acc.* -*ea*, *voc.* -*eu*; *gr.* -phēus) *alter thrakischer Sänger, Gemahl der Eurydike*; *adi.* -*phēus* 3, -*phicus* 3.
orphus, *ī m* (*gr. Fw.*) Orf (*Seefisch*).
orropȳgium = *orthop...*
ōrsa, *ōrum n s. ōrdior.*
ōrsus, *ūs m* (*ōrdior*) **1.** Zettel (*Anfang des Gewebes*); **2.** *das* Unternehmen.
****orthodoxus** 3 rechtgläubig.
orthographia, *ae f* (*gr. Fw.*) Rechtschreibung. [stehender Bürzel.
orthopȳgium, *ī n* (*gr. Fw.*) empor-
ortus¹, *ūs m* (*orior*) Aufgang; Osten; / Entstehung, Ursprung, Anfang, Geburt; *das* Wachsen (*der Feldfrüchte usw.*).
ortus² = *hortus.* [*od.* Gazelle.
oryx, *ygis m* (*gr. Fw.*) wilde Ziege
orȳza, *ae f* (*gr. Fw.*) *der* Reis.
ōs¹, *ōris n* (*cf. altind.* ās „Mund") **1. a)** Mund, Maul; Rachen, Schnabel; °**b)** Sprache, Rede, Gerede; **c)** Öffnung, Eingang, Schlund; °**d)** Mündung; °**e)** Quelle; **2. a)** Gesicht, Antlitz, Miene; **b)** Augen, Gegenwart; **3. a)** Maske, Larve; **b)** Frechheit.
os², *ossis n* (*gen. pl. meist -ium*; *eigtl.* oss < *ost) Knochen, Bein; (*pl.*) Gebein; Innerstes, Mark, Herz.
****osanna** Hosianna; = Palmsonntag.
oscen, *inis m* (-ō-?; *Wort der Auguralspr.* < **obs-cen*; *obs-* + *canō*; *volkset. mit ōs in Verbindung gebracht*) Weissagevogel (Krähe, Rabe, Eule).
Oscī, *ōrum m* (*vl.* = „Verehrer der Ops"; *cf. opicus*) *Volk in Kampanien* (*Name geographisch unterschiedlich verwendet, vorwiegend v. der Sprache gebraucht*); *adi* -*us* 3; *ludi* -*ī* Atellanen (*cf. Atellāna*).
ōscillum, *ī n* (*dem. v. ōsculum* „kleines Gesicht") Wachsbildchen des Bacchus (*in der Feldmark zur Abwehr böser Geister aufgehängt*).
ōscitanter *adv.* (*ōscitāns, part. praes. v. ōscitō*) schläfrig.
ōscitātiō, *ōnis f* (*ōscitō*) *das* Gähnen.
ōscitō *u.* **-or** 1 (*vl.* < *ōs citō* „bewege den Mund") den Mund aufsperren, gähnen; / schläfrig, unaufmerksam sein. [holt küssend.
ōsculābundus 3 (*ōsculor*) wieder-
ōsculātiō, *ōnis f* (*ōsculor*) *das* Küssen. [lich lieben.
ōsculor 1 (*ōsculum*) küssen; / zärt-
ōsculum, *ī n* (*dem. v. ōs*) °**1.** Mündchen; **2.** Kuss.
Osīris, *is* (*idis*) *m Hauptgott Ägyptens, Gemahl der Isis, Richter in der Unterwelt.*
ōsor, *ōris m* (*ōdī*) Hasser.
Ossa, *ae m Berg in Thessalien*; *adi. Ossaeus* 3. [dürr.
osseus 3 (*os²*) knöchern; knochen-
ossi-fragus, *ī m u.* **-ga,** *ae f* (*os²*, *frangō*) „Beinbrecher", Seeadler.
os-tendō, *tendī*, °*tentum u.* (*später*) °*tēnsum* (*kl. durch -tentātum ersetzt*) 3 (< **ops-tendō*; *ops-* = *obs* = *ob*) **1.** °**a)** entgegenstrecken, vorhalten; **b)** / entgegenhalten; **2.** zeigen, sehen lassen; *se -ere u.* °*mediopass.* erscheinen, zutage treten; **3.** / **a)** offenbaren, verraten; **b)** in Aussicht stellen, versprechen; **c)** äußern, zu verstehen geben.
ostentāneus 3 (*ostendō*) zeigend, gefahrdrohend.
ostentātiō, *ōnis f* (*ostentō*) *das* Zeigen, Offenbaren; / Prahlerei; Täuschung, Schein.
ostentātor, *ōris m* (*ostentō*) **1.** der *etw.* vor Augen stellt; **2.** Prahler.
ostentō 1 (*intens. v. ostendō*) **1.** (wiederholt) hinhalten, zeigen;

2. / a) zur Schau stellen, prahlen *mit* [*prudentiam*]; **b)** in Aussicht stellen, versprechen; **c)** androhen; **d)** dartun, erklären.
ostentuī (*dat.*) *m* (*ostendō*) zur Schau(stellung); / zum Schein; als Beweis.
ostentum, *ī n* (*ostendō*) **1.** Anzeichen, Wunderzeichen; °**2.** Scheusal.
Ostia, *ae f u.* °*ōrum n* (*ōstium*) *St. a. der Tibermündung, noch j.* Ostia; *adi.* -*iēnsis*, e.
ōstiārius (*ōstium*) °**1.** *adi.* 3 zur Tür gehörig; **2.** *subst.* °a) ~, *ī m* Türhüter, Pförtner; **b)** **-ium,** *ī n* (*sc. tribūtum*) Türsteuer.
ōstiātim *adv.* (*ōstium*) von Haus zu Haus.
ōstium, *ī n* (*ōs*[1]) Tür, Haustür; Eingang; Mündung.
ostrea, *ae f u.* °**-eum,** *ī n* (*gr. Lw.*) Muschel, Auster.
ostreātus 3 (*ostrea*) (mit Austern besetzt); / grindig. [austernreich.
ostreōsus *u.* **-iōsus** 3 (*ostrea*)
ostri-fer, *era, erum* (*ostreum, ferō*) austernreich.
ostrīnus 3 (*gr. Fw.*) purpurn.
ostrum, *ī n* (*Rückbildung aus ostrīnus*) Purpur; / Purpurgewand, [Purpurdecke.
ōsūrus *s. ōdī.*
ōsus 3 (*ōdī; s. d.*) **1.** (*act.*) hassend; ~ *sum* es ist mir zuwider; **2.** (*pass.*) verhasst.
Othō, *ōnis m röm. cogn.*: **1.** *L. Rōscius* ~ *s. Rōscius*; 2. *M. Salvius* ~, *Kaiser 69 n. Chr.*; *adi. Othōniānus* 3.
ōtiolum, *ī n* (*dem. v. ōtium*) *das* bisschen Muße. [zen.
ōtior 1 (*ōtium*) müßig sein, faulen-
ōtiōsus 3 (*m.* °*comp.*, *sup.*, *adv.*; *ōtium*) **1. a)** müßig, untätig, unbeschäftigt; **b)** frei von Staatsgeschäften; **2.** mit literarischen Arbeiten beschäftigt; **3.** ruhig, friedlich; **4.** sorglos, teilnahmslos; °**5.** überflüssig, unnütz.
ōtium, *ī n* (*et. ungeklärt*) **1.** Muße, Ruhe, Privatleben, freie Zeit; **2. a)** literarische Beschäftigung; °**b)** Gedichte; **3.** Müßiggang; **4.** politische Ruhe, Ruhe und Frieden.
ovātiō, *ōnis f* (*ovō*) kleiner Triumph, Ovation (*Einzug des mit einem Myrtenkranz geschmückten siegreichen Feldherrn in Rom*).
Ovidius 3 *röm. Gentilname* (*Rittergeschlecht*): *P.* ~ *Nāsō Dichter, 43–17 n. Chr.*; *adi.* -*diānus* 3.
ovīle, *is n* (*ovis*) Schafstall, Hürde; / (eingezäunter) Abstimmungsplatz (*auf dem Marsfelde*).
ovillus 3 (*ovis*) Schaf...
ovis, *is f* (*idg.* *ovis) **1.** Schaf; °**2.** / a) *Schimpfwort*; **b)** Wolle.
ovō 1 (*cf. euān*) °**1.** frohlocken, jubeln; **2.** feierlich einziehen; *cf. ovātiō.*
ōvum, *ī n* (< *ōu-om) **1.** Ei; °*ab ovo usque ad mala* von Anfang bis Ende; °**2.** / eine der 7 eiförmigen Figuren *im Zirkus, nach denen man die Runden zählte.*
oxygarum, *ī n* (*gr. Fw.*) Fischbrühe.

P

P. (*Abk.*) = *Pūblius*; **P.C.** = *patrēs cōnscrīptī*; **P.M.** = *pontifex maximus*; **P.P.** = *pater patriae*; **P.R.** = *populus Rōmānus.* [Furagieren.
pābulātiō, *ōnis f* (*pābulor*) *das*
pābulātor, *ōris m* (*pābulor*) Furier.
pābulor 1 (*pābulum*) Futter holen, furagieren; ** **-o** 1 füttern.
pābulum, *ī n* (*pāscō*) Futter; Nahrung; Furage.
pācālis, e (*pāx*[1]) Friedens...
pācātor, *ōris m* (*pācō*) Friedensbringer, -stifter.
pācātus 3 (*m. comp., sup.,* °*adv.*; *pācō*) beruhigt, friedlich; *-um* esse in Frieden leben *mit* (*dat.*); °*subst.* **-um,** *ī n* Freundesland.
pāci-fer, *era, erum* (*pāx*[1], *ferō*) Frieden bringend.
pācificātiō, *ōnis f* (*pācificō*) Friedensstiftung. [densstifter.
pācificātor, *ōris m* (*pācificō*) Frie-
pācificātōrius 3 (*pācificātor*) Friedens...
pācificō *u.* **-or** 1 (*pāx*[1], *faciō*) **1.** (*intr.*) Frieden schließen; **2.** (*trans.*) besänftigen, beruhigen.
pāci-ficus 3 (*pāx*[1], *faciō*) Frieden stiftend.
pacīscor, *pactus sum* 3 (*altl.* **-ō**; *cf. pāx*[1]) **1.** (*intr.*) einen Vertrag schließen, übereinkommen [*cum decumano*; °*ut*] verabreden; **2.** (*trans.*) **a)** sich ausbedingen [*pre-*

tium]; °**b**) sich verloben *mit* [*filiam hospitis*]; °**c**) (*m. inf.*) sich verpflichten; °**d**) hingeben, eintauschen.
pācō 1 (*pāx*[1]) zum Frieden bringen, unterjochen; °/ urbar machen.
Pacorus, *ī m Partherprinz, † 38.*
pacta, *ae f* (*pacīscor*) *die* Verlobte.
pactiō[1], *ōnis f* (*pacīscor*) **1.** Übereinkommen, Vertrag, Vergleich; Kapitulation; **2. a**) Komplott; **b**) Versprechen. [*verborum*].
pāctiō[2], *ōnis f* (*pangō*) Fügung
Pactōlus, *ī m* (*acc. -on; gr. -ktōlos*) *Gold führender Fl. Lydiens; adi. -ōlis, idis f.*
pactor, *ōris m* (*pacīscor*) Vermittler.
pactum, *ī n* (*pacīscor*) **1.** Übereinkunft, Vertrag; **2.** (*nur abl.*) Art und Weise; *nullo -o* durchaus nicht; ** Pacht, Bedingung. [bedungen.
pactus 3 (*pacīscor*) verabredet, aus-
Pācuvius, *ī m: M.* ~ *röm. Tragiker, Neffe des Ennius, geb. um 220; adi. -iānus 3.*
Padus, *ī m* Po.
Paeān, *ānis m* (*gr.* Paiān) *griech. Heilgott, später Beiname Apollos*; / Lobgesang auf Apollo; Siegeslied, -ruf; ♀ *Versfuß aus drei kurzen u. einer langen Silbe.*
paedagōgīum, *ī n* (*gr. Fw.*) Pagenschule (*für Sklavensöhne*); / Verführung; Pagen.
paedagōgus, *ī m* (*gr. Fw.*) Hofmeister; °/ Führer; Erzieher; Lehrer.
paedīcātor, *ōris u.* **paedīcō**[1], *ōnis m* (*paedīcō*[2]) Knabenschänder.
paedīcō[2] 1 (*gr. Lw.*) (*einen Knaben*) schänden; widernatürliche Unzucht treiben. [Schmutz.
paedor, *ōris m* (*et. ungedeutet*)
paegniārius 3 (*gr. Fw. m. lat. Suffix*) zum Spiel gehörig; zum Scherz fechtend.
paelex, *icis f* (*altes Wanderwort aus dem Orient*) Kebsweib, Konkubine; / Lustknabe. [Konkubinat.
paelicātus, *ūs m* (*paelex*) wilde Ehe,
Paelīgnī, *ōrum m Völkerschaft in Mittelitalien; adi. -us 3.*
paene *adv.* (°*sup. -nissimē; *pē-nis* „beschädigt"; *cf. paenitet*) **1.** fast, beinahe; °**2.** gänzlich. [Halbinsel.
paenīnsula, *ae f* (*paene, īnsula*)
paenitentia, *ae f* (*paenitēns; part. praes. v. paenitet*) Reue; Verschämtheit; *cf.* ** *poenitentia.*

paeniteō, *uī,* — 2 (*paene*) **1.** bereuen, Reue empfinden; °*haud paenitendus* 3 nicht verwerflich; **2.** *impers.* **mē paenitet** es reut mich, verdrießt mich, missfällt mir [*primi consilii*]; *me non -tet* ich bin nicht abgeneigt, bin zufrieden.
paenula, *ae f* (*gr. Lw.*) *geschlossenes rundes* Oberkleid mit Kapuze; Regenmantel; Reisemantel.
paenulātus 3 (*paenula*) im Reisemantel.
Paeōn, *ōnis m = Paeān; adi. -ōnius 3;* ♀ *= paeān.*
Paestum, *ī n* (*älterer gr. Name* Poseidōniā) *St. in Lukanien, j.* Pesto; *adi. u. Einw. -tānus* (3).
paetulus 3 (*dem. v. paetus*) etwas blinzelnd.
paetus 3 (*et. ungedeutet*) etwas schielend; / verliebt blickend.
pāgānicus 3 (*pāgānus*) ländlich; *subst.* **-a,** *ae f* (*sc. pila*[3]) (*mit Federn ausgestopfter*) Ball; ** heidnisch.
pāgānus °**1.** *adi. 3* (*pāgus*) ländlich; *subst.* **2.** ~, *ī m* Dorfbewohner, Landmann; °/ Spießer; **heidnisch.
pāgātim *adv.* (*pāgus*) dorfweise.
pāgella, *ae f* (*dem. v. pāgina*) Blatt, Seite.
pāgina, *ae f* (*cf. pāgus, pangō*) **1.** Blatt, Seite (*eines Buches*); °**2.** / Gedicht; Platte, Liste; Buch; ** Urkunde; *sacra* Heilige Schrift.
pāginula, *ae f* (*dem. v. pāgina*) (kleine) Seite; Verzeichnis.
****pago** 1 bezahlen.
pāgus, *ī m* (*eigtl.* „Zusammenfügung, Verband"; *pangō*) Gau, Bezirk, Kanton; Dorf; °/ Landvolk.
pāla, *ae f* (*et. ungeklärt*) °**1.** Spaten; **2.** Fassung *eines Edelsteins.*
Palaemōn, *onis m* (*gr. -laimōn*) *gr. Meergott, vor seiner Verwandlung Melicerta* (*s. d.*) *genannt, später m. Portūnus identifiziert* (*s. d.*).
Palae-polis, *acc. im f* (*gr.* Palai-) „Altstadt", *der ältere Teil v. Neapel* (*= Neustadt*).
Palaestīna, *ae f u.* **-ē,** *ēs f* Palästina; *adi. -stīnus 3; subst.* **-stīnī,** *ōrum m auch* Syrer.
palaestra, *ae f* (*gr. Fw.*) **1. a**) Ringplatz, -schule; °**b**) (*scherzh.*) Bordell; **2.** / **a**) Ringkampf, -kunst; **b**) Schule, Übung, Bildung.
palaestricus *gr. Fw.*) **1.** (*m. adv.*)

i. der Ringschule üblich; °**2.** *subst.* ~, *ī m* Lehrer in der Palästra; **-a,** *ae f* (*sc. ars*) Ringkunst.

palaestrīta, *ae m* (*gr. Fw.*) Ringer.

palam (*erstarrter acc., sc. viam*; √‾ *pelā- „ausbreiten") **1.** *adv.* öffentlich; / offen, offenkundig, unverhohlen, offenbar; °**2.** *prp. b. abl.* in Gegenwart, vor [*populo*]; ** *in* ~ in der Öffentlichkeit.

Palātium, *ī n* (*im Vers auch Pā-*) **1.** *der* palatinische Hügel *in Rom*; °**2.** Palast, *bsd. Wohnsitz des Augustus u. der folgenden Kaiser*; ** Kaiserpfalz; *viva palatia* ewiges Leben; *adi.* **-lātīnus** 3 **1.** palatinisch [*mons*]; °**2.** kaiserlich [*domus*]; ** fürstlich, königlich; *palatinus comes* Pfalzgraf; *palatini ministri* Hofgesinde, *die* Hofgesellschaft; *subst.* **-lātīnus,** *ī m* Höfling, Paladin.

palātum, *ī n u.* **-us,** *ī m* (*ɩl. etr. Fw.*) **1.** Gaumen; °**2.** / Geschmack; Wölbung.

palea, *ae f* (*cf. pellis*) Spreu; Stroh.

palear, *āris n* (*palea*) Wamme (*des Stieres*).

Palēs, *is f* (*vl. etr.*) *altitalische Hirtengöttin*; *adi.* *-līlis,* e; *subst.* **Palīlia,** *ium n* Fest der P. *am Gründungstage Roms* (*21. April*).

palimbacchīus (*gr. Fw.*) *pēs* „umgekehrter Bacchius" (◡ — —).

palimpsēstus, *ī m* (*gr. Fw.*) Palimpsest (*ein nach Abschaben der alten Schrift neu beschriebenes Pergament*).

Palinūrus, *ī m Vorgeb. u. Hafen in Lukanien, nach dem dort verunglückten Steuermann des Äneas benannt, j.* Porto Palinuro.

pālitor 1 (*frequ. v. pālor*) umherschweifen.

paliūrus, *ī m f* (*gr. Fw.*) Hagedorn.

palla, *ae f* (*et. nicht geklärt*) (*langes faltenreiches*) Obergewand *der röm. Frauen u. der tragischen Schauspieler*; °Vorhang.

pallaca, *ae f* (*gr. Fw.*) Kebsweib, Konkubine.

Pallas, *adis u. ados f* (*gr. -ạs*) *Beiname der Athene* (*Minerva*); *adi.* *-adius* 3 der Pallas; / künstlich, geschickt; *subst.* **Palladium,** *ī n uraltes Pallasbild, als staatliches Unterpfand in Troja, später im Vestatempel in Rom verehrt.*

pallēns, *entis* (*palleō*) blass, bleich; hellgrün, gelblich; / blass machend.

palleō, *uī,* — 2 (*cf. nhd.* „fahl, falb") blass, gelb sein, °sich entfärben; °/ sich ängstigen.

pallēscō, *luī,* — 3 (*incoh. v. palleō*) erblassen; sterblich verliebt sein *in* [*in femina*]; gelb werden; / ängstlich werden.

palliātus 3 (*pallium*) mit einem griechischen Mantel bekleidet; *fabula -a Schauspiel in griechischer Ausstattung.*

pallidulus 3 (*dem. v. pallidus*) ziemlich bleich.

pallidus 3 (*m. comp., sup.*; *palleō*) **1.** bleich, blass; *in alqa* sterblich verliebt *in*; hässlich; **2.** blass machend.

palliolātim *adv.* (*palliolum*) mit einem Mäntelchen.

palliolātus 3 (*palliolum*) mit einer Kapuze.

palliolum, *ī n* (*dem. v. pallium*) Mäntelchen; Kapuze.

pallium, *ī n* (*cf. palla*) **1.** griechischer Mantel; °*tunica propior pallio* das Hemd ist mir näher als der Rock; °**2.** Bettdecke; ** Decke; / Mantel; Tuch, Pallium (*Schulterbinde des Bischofs*).

pallor, *ōris m* (*palleō*) **1.** Blässe; °**2.** / Furcht; ♀ (*personif.*) *die* Angst.

pallula, *ae f* (*dem. v. palla*) Mäntelchen.

palma[1], *ae f* (√‾ *pelā- „ausbreiten"; *cf. palam*) **1. a**) flache Hand; °**b**) / Ruderblatt; **2. a**) Palme; °**b**) Dattel; **c**) Palmzweig (*als* °*Besen od. als Siegeszeichen*); **d**) / Siegespreis, Ruhm; **3.** äußerster Zweig; ** *in palmis* am Palmsonntag.

palma[2], *ae f* (= *parma*) Schild.

palmāris, e (*palma*[1]) den Preis verdienend, vorzüglich.

palmārium, *ī n* (*palma*[1]) Meisterstück.

palmātus 3 (*palma*[1]) mit eingestickten Palmzweigen geziert.

palmes, *itis n* (*palma*[1]) (äußerster) Zweig; Rebenschoss, Weinstock.

palmētum, *ī n* (*palma*[1]) Palmenhain.

palmi-fer, *era, erum* (*palma*[1], *ferō*) Palmen tragend.

palmō 1 (*palma*[1]) das Zeichen der flachen Hand eindrücken.

palmōsus 3 (*palma*[1]) reich an Palmen.

palmula, *ae f* (*dem. v. palma*[1]) Ruder(schaufel); Dattel.

pālor 1 (*wohl zu pando*[2]) sich zerstreuen, umherirren; / irren, schwanken.

palpātiō, *ōnis f* (*palpō*) Zärtlichkeit.

palpātor, ōris *m* (palpō) Schmeichler.
palpebra, ae *f* (*palpō 3 „zucken"; *cf.* palpitō) Augenlid.
palpitātiō, ōnis *f* (palpitō) *das* Zucken.
palpitō 1 (*intens. v.* *palpō 3) zucken.
palpō *u.* **-or** 1 (*wohl eigtl.* „betasten") streicheln; / schmeicheln [mulieri].
palpus, ī *m* (*od.* **-um,** ī *n*?; palpō) *das* Streicheln.
palūdāmentum, ī *n* (*wohl zu* palla) Kriegsmantel, Feldherrnmantel.
palūdātus 3 (*wohl zu* palla) im Kriegsmantel, im Feldherrnmantel.
palūdōsus 3 (palūs²) sumpfig.
palumbēs, is *m f u.* (°*jünger*) **-us,** ī *m* (*vl. dial. für* columba) Holz-, Ringeltaube.
pālus¹, ī *m* (pangō) Pfahl.
palūs², ūdis *f* (*gen. pl.* °*vereinzelt* -ium; *wohl* √‾ *pel- „fließen"; *cf.* pluit) Sumpf, Morast; *zuweilen* See, Fluss; °/ Sumpfrohr.
palūster, tris, e (palūs²) **1.** sumpfig; °**2.** im Sumpf lebend.
palūx = balūx.
pampineus 3 (pampinus) aus Weinlaub, mit Weinlaub umwunden.
pampinus, ī *m* (*wohl Fw. aus einer Mittelmeersprache*) Weinlaub, -ranke.
Pān, is *u.* os *m* (*urspr. arkadischer Wald- u. Hirtengott.*)
panaca, ae *f* (*vl. kelt. Fw.*) Trinkgeschirr.
panacēa, ae *f* (*gr. Fw.*) (*erdichtetes*) Allheilkraut.
Panaetius, ī *m* (*gr.* -aitios) *Stoiker aus Rhodos, Lehrer u. Freund des jüngeren Scipio.*
pānāriolum, ī *n* (*dem. v.* pānārium) Brotkörbchen.
pānārium, ī *n* (pānis) Brotkorb.
Panathēnāicus, ī *m* (*gr.* -kọs) *eine* an den Panathenäen gehaltene Festrede *des Isokrates.*
panchrēstus 3 (*gr. Fw.*) zu allem nützlich.
pancratiastēs, ae *m* (*gr. Fw.*) Pankratiast, Ring- und Faustkämpfer.
pancraticē *adv.* (pancratium) nach Art der Pankratiasten; valere kerngesund sein.
pancration *u.* **-ium,** ī *n* (*gr. Fw.*) Ring- und Faustkampf.
pandiculor 1 (*pandiculus *scherzh. dem. zu* pandō²) sich dehnen und recken (*beim Gähnen*).
pandō¹ 1 (pandus) krümmen, biegen.
pandō², pandī, passum *u.* pānsum 3 (*zu* pateō) **1. a)** ausbreiten, -spannen, -strecken; °**b)** se -ere *u. mediopass.* sich ausbreiten, sich ausdehnen; *kl. nur* /; °**c)** trocknen; °**2. a)** öffnen, auftun; *mediopass.* sich öffnen; / **b)** bahnen; **c)** eröffnen, kundtun.
pandus 3 (*cf.* pandō¹) eingedrückt, gebogen.
pāne, is *n* (*altl.*) = pānis.
panēgyricus, ī *m* (*gr. Fw.*) **1.** Festrede *des Isokrates zur Verherrlichung Athens*; °**2.** Lobrede.
pangō, pepigī (*vereinzelt* pānxī *u.* pēgī), pāctum 3 (*cf. nhd.* „fangen") °**1.** einschlagen, befestigen; (be-) pflanzen; / **2. a)** verfassen; dichten; °**b)** besingen; **3.** (*ohne Präsensstamm*) **a)** festsetzen, bestimmen; verabreden, ausbedingen; °**b)** versprechen. verloben.
Panhormus = Panormus.
pānic(e)us 3 (pānis) aus Brot gemacht.
pāniculus, ī *m* (*dem. v.* pānus „Büschel der Hirse") Rohrbüschel, Schilf.
pānicum, ī *n* (-ī-?; pānus „Büschel der Hirse") Hirse.
pāni-ficium, ī *n* (pānis, faciō) Backwerk, Opferbrot.
pānis, is *m* (*wohl zu* pāscor) Brot; ** angelicus Himmelsbrot, Manna; Abendmahlsbrot.
Pāniscus, ī *m* (*gr.* -nịskos) kleiner Pan.
panniculus, ī *m* (*dem. v.* pannus) Tuchfetzen; Lumpen.
Pannonia, ae *f Ldsch. zw. Dakien u. Illyrien*; *Einw.* **-nii,** ōrum *m.*
pannōsus 3 (pannus) **1.** zerlumpt; °**2.** welk [mammae].
pannūceus *u.* **-ius** 3 (pannus) zerlumpt; / welk, schlaff.
pannus, ī *m* (*cf. nhd.* „Fahne") Stück Tuch, Lappen, Lumpen; grober Mantel; ** Windel; Tuch; Kleid; Mönchskutte.
Panormus, ī *f* (*gr.* Pạnormos) *St. auf Sizilien, j.* Palermo.
pānsa, ae *m* (pandō²) Plattfuß; *kl. nur* ♀ *als cogn.*
pantex, icis *m* (*wohl zu* pānus „Geschwulst"; *cf. nhd.* „Panzer") Wanst; *pl.* Gedärme.
panthēra, ae *f* (*gr. Fw.*) Panter.
panthērīnus 3 (panthēra) gefleckt; / braun und blau (*v. Schlägen*).
pantomīmicus 3 (pantomīmus) pantomimisch.

pantomīmus, *ī m (gr. Fw.) u.* **-a,** *ae f* Pantomime, Balletttänzer(in).
pantopōlium, *ī n (gr. Fw.)* Warenhaus.
****papa,** *ae m* Vater; Bischof; Papst.
papae *int. s. babae.*
****papalis,** e bischöflich, päpstlich.
pāpās, *ātis m (gr. Fw.)* Erzieher.
papāver, *eris n (acc. -erem;* √ **păp-* „aufblasen") Mohn; *pl.* Mohnkörner.
papāvereus 3 *(papāver) des* Mohns, [Mohn...]
Paphos *u.* **-us,** *ī* **1.** *m Sohn des Pygmalion, Gründer v.* **2.** *f St. auf Zypern mit altem Venuskult; adi.* **-ius** 3.
pāpiliō, *ōnis m* (√ **pel-* „fliegen"; *cf. nhd.* „Falter") Schmetterling.
papilla, *ae f* (√ **păp-* „schwellen"; *cf. papula*) Brust(warze).
****papista,** *ae m* Anhänger des [Papstes.]
****papisticus** 3 päpstlich.
Papius 3 *röm. Gentilname.*
pappās = *pāpās.*
pappō 1 *(pappa Lallwort für* „Brei") [pappen, essen.]
papula, *ae f* (√ **păp-* „schwellen") Bläschen; ** Blattern, Pestbeule.
papȳri-fer, *era, erum (papȳrus, ferō)* Papyrusstauden tragend.
papȳrus, *ī f u.* **-um,** *ī n (gr. Fw. unbekannten Ursprungs)* Papyrusstaude; Kleid aus Papyrusbast; Papier.
pār, *paris (urspr. v. Wert u. Gegenwert im Handel;* √ **per-* „verkaufen") **I.** *adi. (m. °sup., adv.; s. d.)* °**1.** gepaart; ähnlich; **2.** gleich, gleichkommend, gleich gestellt; **3.** gleich stark, gewachsen; *alci -em esse* sich mit jd. messen; **4.** unentschieden [*-i proelio discedere*]; **5.** *(v. Zahlen)* gerade; *par impar* gerade oder ungerade; **6.** entsprechend, angemessen, schicklich; **II.** *subst. m f* Genosse, -in, °Gatte, -in; *n* Paar.
parābilis, e *(parō*[2]*)* leicht zu beschaffen.
parabola, *ae u.* **-ē,** *ēs f (gr. Fw.)* Gleichnis; ** Parabel; Wort.
****paracletus** *u.* **-itus,** *i m* Tröster *(Heiliger Geist).*
****paradisus,** *i m* Tiergarten, Park, [Paradies.]
paradoxa, *ōrum n (gr. Fw.)* scheinbar widersinnige Sätze [*Stoicorum Schrift Ciceros*].
****paralyticus** 3 gelähmt.
****paramentum,** *i n* Kirchenschmuck, Altargerät.
****paranymphus,** *i m* Brautführer; *(sc. Mariae)* Erzengel Michael.
****paraphonista,** *ae m* Vorsänger.
paraphrasis, *is f (gr. Fw.)* Umschreibung; ** Kommentar.
parārius, *ī m (parō*[2]*)* Unterhändler, Makler.
****parasceue,** *es f* Zurüstung; Rüsttag; *dies parasceues* Karfreitag.
parasīta, *ae f (parasītus)* Schmarotzerin.
parasītaster, *trī m (parasītus)* elender Schmarotzer.
parasītātiō, *ōnis f (parasītor) das* Schmarotzen.
parasīticus 3 *(gr. Fw.)* Schmarotzer...
parasītor 1 *(parasītus)* schmarotzen.
parasītus, *ī m (gr. Fw.)* °**1.** Tischgast; **2.** Parasit.
parastichis, *idis f (gr. Fw.)* Akrostichon.
parātiō, *ōnis f (parō*[2]*)* Vorbereitung; *das* Streben *nach* [*regni*].
paratragoedō 1 *(gr. Fw.)* (wie in der Tragödie) bombastisch reden.
****paratura,** *ae f* Zubereitung; kirchliche Gewänder.
parātus[1], *ūs m (parō*[2]*)* **1.** Zurüstung, Veranstaltung; °**2.** Kleidung; Aufmachung.
parātus[2] 3 *(m. comp., sup., adv; parō*[2]*)* **1.** bereit, fertig, bei der Hand; **2.** gerüstet, entschlossen; **3.** wohl gerüstet, schlagfertig; **4.** geläufig, leicht.
parazōnium, *ī n (gr. Fw.)* kurzes Schwert.
Parca, *ae f* (< **parica* „*die* Gebärende"; *urspr. Geburtsgöttin; später der gr. Moira gleichgesetzt)* Parze, Schicksalsgöttin; *pl. die drei* Parzen *Clōthō, Lachesis, Atropos.*
parce-prōmus 3 *(parcus, prōmō)* knickerig.
parcitās, *ātis f (parcus)* Sparsamkeit.
parcō, *pepercī (°parsī), °parsūrus* 3 *(cf. compēscō)* **1.** (auf)sparen, sparsam umgehen *mit* [*sumptui*]; **2.** (ver)schonen [*tibi*]; **3.** sich enthalten, sich hüten *vor* [*labori*]; nicht benutzen; °**4.** (unter)lassen [*iactare*].
parcus 3 *(m. °comp., sup., adv.; parcō)* **1.** sparsam; karg; **2. a)** sich zurückhaltend, enthaltsam, schonend [*°in laudando, °vini*]; **b)** *(im Ausdruck)* sparsam, schlicht, knapp; wortkarg; °**3.** spärlich, kärglich, gering, knapp, wenig.
pardalis, *is f (gr. Fw.)* Panterweibchen.

P

pardus, *ī m* (*gr. Fw.*) männlicher Panter; ** *discolor* Leopard.

pārēns¹, *entis* (*m. comp.*; *pāreō*) gehorsam; °*subst.* **-ēs,** *ium m* Untertanen.

parēns², *entis* (*gen. pl. -um, seltener -ium; altes Aoristpart. v. pariō*) **1. a)** *m* Vater; °Ahnherr; **b)** *f* Mutter; **c)** *parentēs m* Eltern; °Vorfahren; °Verwandte; **2.** / *m f* Schöpfer, Begründer, Erfinder, Stifter.

parentālis, e (*parēns²*) elterlich; zur (jährlichen) Totenfeier gehörig; *kl. nur subst.* **-ia,** *ium n jährlich am 21. Febr. stattfindende* Totenfeier, *auch fērālia genannt.*

****parentatio,** *onis f* Seelenmesse.

parenti-cīda, *ae m* (*parēns², caedō*) Vater-, Verwandtenmörder.

parentō 1 (*parēns²*) *ein* Totenopfer bringen; rächen, versöhnen [*regi*].

pāreō, *uī, itūrus* 2 (*cf. gr.* pepa-rein „vorzeigen") **1.** °**a)** erscheinen, sichtbar sein; **b)** *impers.* -et es zeigt sich, steht fest; **2.** gehorchen; nachgeben, nachkommen [*promissis*].

pariambus, *ī m* (*gr. Fw.*) = *pyrr(h)ichius* (◡◡).

pāri-cīd... *ältere Form für parricīd...*

paries, *etis m* (*im Hexameter -ē-, auch „parjēs, parjětis" gespr.; et. nicht geklärt*) Wand; °/ Scheidewand.

parietinae, *ārum f* (*paries*) altes [Gemäuer, Ruinen.]

Parīlia = *Palīlia*; *s. Palēs.*

parilis, e (*pār*) gleich(förmig).

pariō, *peperī, partum, paritūrus* 3 (√ *per-„hervorbringen,gebären") **1. a)** erzeugen; **b)** gebären; **2.** / **a)** hervorbringen [*fruges*]; **b)** erfinden; **c)** erwerben, gewinnen, sich verschaffen; **d)** (*etw. Übles*) verursachen; stiften; (*P.P.P.*) °*subst.* **parta,** *ōrum n* Erworbenes, Vermögen; Eroberungen.

Paris, *idis m Sohn des Priamus u. der Hecuba, Entführer der Helena.*

Parīsii, *ōrum m Völkerschaft in der Gegend v. Paris.*

pariter *adv. zu pār* **1.** gleich, in gleicher Weise, ebenso; **2.** zu gleicher Zeit, zugleich, zusammen; °**3.** ebenfalls.

paritō 1 (*intens. v. parō²*) vorbereiten; sich anschicken.

parma, *ae f* (*et. nicht geklärt*) (kleiner) Rundschild; Schild; / Gladiator.

parmātus 3 (*parma*) mit einem Rundschild bewaffnet; *subst.* **-ī,** *ōrum m* Rundschildträger.

Parmenidēs, *is m* (*gr. -nidēs*) *gr. Philosoph der eleatischen Schule, um 500.*

parmula, *ae f* (*dem. v. parma*) [(kleiner) Schild.]

parmulārius, *ī m* (*parmula*) Anhänger der mit der *parma* kämpfenden Gladiatoren.

Parnās(s)us, *ī m* (*gr. -s[s]os*) *Berg b. Delphi m. der kastalischen Quelle, Apollo u. den Musen heilig; adi. -sius 3 u. -sis, idis f.*

parō¹ 1 (*pār*) °**1.** gleich schätzen; **2.** *se -are* sich vergleichen, verständigen *mit* [*cum collega*].

parō² 1 (*pariō*) **1.** vorbereiten, besorgen, Vorkehrungen treffen; **2.** sich anschicken, im Sinn haben; **3.** (sich) verschaffen, erwerben, gewinnen; kaufen.

****parochia,** *ae f* Kirchspiel. [Pfarrei.]

****parochianus** 3 zur Pfarrei gehörig; *subst.* ~, *i m* Pfarrkind.

parochus, *ī m* (*gr. Fw.*) **1.** Gastwirt *einer Station für reisende Staatsbeamte*; °**2.** / Gastgeber, Wirt.

paropsis, *idis f* (*gr. Fw.*) kleine Schüssel.

Paros *u.* **-us,** *ī f eine der Kykladen, Geburtsort des Archilochus; adi. -rius 3; lapis* (*weißer parischer*) Marmor.

parra, *ae f* (*et. nicht geklärt*) [Schleiereule.]

parri-cīda, *ae m f* (*wohl dor. Fw.* „Verwandter" + *caedō*) Mörder(in) eines Blutsverwandten, Vatermörder(in); Mörder; / Hochverräter.

parri-cīdātus, *ūs m* (*unkl.*) *u.* **-cīdium,** *ī n* (*parricīda*) Mord an nahen Verwandten; Vatermord; Mord; / Hochverrat; Verbrechen.

pars, *tis f* (*acc. sg. -em, abl. sg. -e, vereinzelt -im, °-ī; acc. pl. auch -īs; cf. portiō*) **1.** Teil eines Ganzen: **a)** Teil, Stück; Portion; **b)** *tres -es* ¾; *quinque -es* ⅚; *magnam, maximam -em* großenteils, größtenteils = *magnā, maximā ex -e*; (*ex*) *alqa -e* einigermaßen; *nonnullā -e* teilweise; *omni* (*ex*) *-e* völlig; *omnibus -ibus* in jeder Hinsicht; *pro virili -e* nach Kräften; **2.** Anteil: **a)** Geschäftsanteil, Aktie; °**b)** Geschlechtsteil [*naturae*]; **c)** Landesteil, Gebiet; **d)** Richtung, Seite, Punkt; Gegend; **e)** Beziehung, Hinsicht, Fall; *in* *utramque -em* für und wider [*disputare*]; *nullam in -em* keinesfalls; *in omnes -es* völlig; **f**) Unterart, Zweig; **g**) (*meist pl.*) Partei; *nullius -is* esse neutral bleiben; **h**) *pl.* Rolle [*primae*]; **i**) Amt, Pflicht, Aufgabe [*imperatoris*]; °*-es implere* seine Pflicht erfüllen.

parsī *s. parcō.*

parsimōnia, *ae f* (*parcō*) Sparsamkeit; Einfachheit, Schlichtheit.

parthenicē, ēs *f* (*gr. Fw.*) Jungfernkraut.

Parthī *u.* **-thyaeī,** *ōrum m Volk südl. v. Kaspischen Meer; adi.* -(*ic*)*us* 3.

particeps, *cipis* (*pars, capiō*) teilhaftig, beteiligt *an* [*praedae*]; *subst. m* Teilnehmer, Genosse, Kamerad.

participō 1 (*particeps*) **1.** teilnehmen lassen [*alium alio*]; °**2.** teilen *mit* [*cum alqo*]; °**3.** teilhaben *an* [*pestem*].

particula, *ae f* (*dem. v. pars*) **1.** Teilchen, Stückchen, weniges; °**2.** (*rhet. t.t.*) Redeteilchen, Notiz.

particulātim *adv.* (*particula*) stückweise.

partim *adv.* (*erstarrter acc. v. pars*) zum Teil; ~ ... ~ ... teils ... teils ...; *subst.* einige [*eorum*].

partiō[1], *ōnis f* (*pariō*) *das* Gebären.

partior *u.* (*altl.*) **-iō**[2] 4 (*part. pf. meist pass.*; *pars*) **1.** teilen; zerlegen, trennen; **2.** einteilen [*in partes*]; **3.** zuteilen, aus-, verteilen [*inter se, cum aliis*].

partītē *adv.* (*partior*) mit bestimmter Einteilung.

partītiō, *ōnis f* (*partior*) **1.** Teilung; **2.** Einteilung; (*rhet. t.t.*) Gliederung des Stoffes; **3.** Verteilung.

partitūdō, *inis f* (*pariō*) *das* Gebären.

parturiō 4 (*impf.* °*auch -ībat*; *desid. v. pariō*) **1.** (*intr.*) °**a**) kreißen; **b**) / sich ängstigen; **2.** (*trans.*) °**a**) gebären; **b**) / schwanger gehen *mit*, vorhaben.

partus, *ūs m* (*dat. u. abl. pl. -ubus*; *pariō*) **1. a**) Geburt; **b**) Geburtszeit; °**c**) Zeugung; **2.** Leibesfrucht; Kind, Sohn, Junges; **3.** / Ursprung.

parum (< **parvom, erstarrter acc. v. parvus*) **1.** (*pos.*) **a**) *subst.* zu wenig [*roboris*]; *non* ~ genug; °~ *id facio* ich halte das für zu unwichtig; **b**) *adv.* zu wenig, nicht genug [*diligenter*]; **2.** (*comp.*) **minus a**) *subst.* *etwas* Geringeres, weniger [*militum*]; **b**) *adv.* weniger, minder [*saepe*]; *non minus* gleichviel, ebenso(wohl); nicht sonderlich, nicht genug; *nihilo minus* nichtsdestoweniger; **3.** (*sup.*) *adv.* **minimē** am wenigsten, sehr wenig; keineswegs, gar nicht.

parum-loquium, *ī n* (*loquor*) [Wortkargheit.]

parumper *adv.* (*parum, per*; *cf. sem-per*) auf kurze Zeit.

parvitās, *ātis f* (*parvus*) Kleinheit; ** (*höfisch*) *mea* meine Wenigkeit (= ich).

parvulus *u.* (*älter*) **-olus** 3 (*dem. v. parvus*) **1.** sehr klein, sehr wenig; °*adv.* **-um** nur ein wenig; **2. a**) sehr jung; *a -is* von klein auf; °**b**) noch zu jung.

parvus 3 (*comp.* **minor,** *us*; *sup.* **minimus** 3 (= *gr.* pauros „klein") **1.** *adi.* **a**) klein, unbeträchtlich [*insula*; *copiae*]; **b**) (*zeitl.*) kurz [*tempus*]; **c**) jung; (*natu*) *minor* jünger, *minimus* jüngster; **d**) (*zahlen- u. mengenmäßig*) gering, geringfügig [*pecunia*]; **e**) von geringem Wert, unbedeutend, unwichtig, gering; schwach; °*minor* nicht gewachsen, unterlegen; °**f**) leise [*vox*]; °**g**) (*an Rang*) gering, niedrig, ärmlich; °**h**) demütig [*verba*]; *animus* Kleinmut; **2.** *subst.* **a**) **parvus,** *ī m* Knabe; *pl.* (kleine) Kinder; *a -is* von Jugend auf; °**minor,** *ōris m der* geringere Mann, *der* Untergebene; °**minōrēs,** *um m* jüngere Leute, Nachkommen, Nachwelt; *die* unteren Stände; **b**) **parvum,** *ī n* weniges, Wenigkeit, Kleinigkeit, geringes Vermögen; **3.** *adv.* **minimum a**) am wenigsten; °**b**) sehr kurze Zeit; sehr selten.

pasceolus, *ī m* (*gr. Lw.*) Geldsäckchen.

****pascha,** *ae f* Osterfest; *in octavis paschae* am Sonntag nach Ostern; / Osterlamm.

****paschalis,** e österlich; *victima* [Osterlamm.]

pāscō, *pāvī, pāstum* 3 (√ *pā- „füttern"; *cf. pābulum*; *nhd.* „Futter") **1.** (Vieh) weiden; abweiden (lassen); Viehzucht treiben; **2.** füttern, (er)nähren, aufziehen; **3.** / °**a**) wachsen lassen [*barbam*]; **b**) weiden, ergötzen [*oculos*]; **4.** *mediopass.* **pāscor,** *pāstus sum* 3 **a**) (*vom Vieh*) α) (*intr.*) weiden, fressen, sich nähren [*sues glande*]; °*β*) (*trans.*) abweiden; **b**) sich ergötzen *an* [°*dolore*].

pāscuus 3 (*pāscō*) zur Weide gehörig, Weide...; *subst.* (*meist pl.*) **-a,** *orum n* Weideland.

****passagium,** *i n* Furt, Fähre, Überfahrt.

passer, *eris m* (*vl. Schallwort*) **1. a**) Sperling; Blaudrossel; °/ *Kosewort*; °**b**) *marinus* Strauß; °**2.** Butte, Flunder.

passerculus, *ī m* (*dem. v. passer*) Spätzlein; °/ *Kosewort.*

passim *adv.* (*pandō*[2]) **1.** ringsumher, allenthalben; °**2.** ohne Unterschied.

****passio,** *onis f* Leiden; Leidenszeit (*Christi*).

passum, *ī n* (*pandō*[2]) Wein aus getrockneten Trauben.

passus[1] 3 (*pandō*[2]) ausgebreitet; geronnen [*lac*]; getrocknet [*uva*].

passus[2] *s. patior.*

passus[3], *ūs m* (*gen. pl.* °*auch -um*; *pandō*[2]) **1.** („Spreizen der Arme"; *röm. Längenmaß*) Klafter (1,5 m); *mille passūs* eine, *duo milia passuum* zwei röm. Meilen; **2.** („Spreizen der Beine") **a**) Schritt; °**b**) / Tritt, Fußstapfe.

****pasta,** *ae f* Teig; Ragout.

pāstillus, *ī m* (*-ā-?*; *dem. v. pānis*) Kügelchen; aromatische Mundpille.

pāstiō, *ōnis f* (*pāscor*) Weideplatz.

pāstor, *ōris m* (*pāscō*) Hirt; ** Pfarrer; Bischof.

pāstōrālis, e, **pāstōricius** 3 *u.* °**pāstōrius** 3 (*pāstor*) Hirten...; ** seelsorgerisch, geistlich.

pāstus, *ūs m* (*pāscō*) **1.** Fütterung; **2. a**) Futter; °**b**) Weide; *kl. nur* /.

patagiārius, *ī m* (*patagium* [*gr. Fw.*] „Borte") Bortenwirker.

patagiātus 3 (*patagium* [*gr. Fw.*] „Borte") mit einer Borte.

Patavium, *ī n St. in Venetien, j.* Padua; *Geburtsort des Livius*; *adi. u. Einw.* **-vīnus** (3); **-vīnitās,** *ātis f die* Mundart der Pataviner.

pate-faciō, *fēcī, factum* 3; P. *patefīō, factus sum, fierī u. fierī* (*pateō*) öffnen; zugänglich, gangbar machen; / verraten, enthüllen, entdecken.

patefactiō, *ōnis f* (*patefaciō*) Eröffnung; Enthüllung.

patella, *ae f* (*dem. v. patina*) Opferschale; °/ Schüssel.

patellārius 3 (*patella*) zur Opferschale gehörig; *dii -i die* Laren.

patena, *ae f* (*gr. Fw.*) Krippe.

patēns, *entis* (*m. comp.*, °*sup.*, *adv.*; *pateō*) **1.** offen, frei, unversperrt; **2.** / **a**) offen *für*; °**b**) offenbar.

pateō, *uī,* — 2 (*cf. nhd.* „Faden", *altes Längenmaß = Klafter*) **1.** sich erstrecken, sich ausdehnen; **2. a**) offen stehen; **b**) zugänglich, gangbar sein; **c**) bloßgestellt, ausgesetzt sein; **d**) offenbar sein, vor Augen liegen; *impers.* **patet** es ist offenbar.

pater, *tris m* (*gen. pl.* **-um**; *cf. nhd.* „Vater") **1.** Vater; *pl.* Eltern, Ahnen; **2.** / **a**) Schöpfer, Urheber, Haupt einer Schule; **b**) (*Ehrentitel*) Vater [*patriae*; °*Aeneas*]; ~ *patratus* Bundespriester (*Vorsteher der Fetialen*); **-es** *conscripti* Senatoren (*cf. cōnscrībō*); **c**) **-es** = *patricii*; ** *Pater noster* Vaterunser; geistl. Würdenträger; **-es** *veteres* Kirchenväter.

patera, *ae f* (*pateō*) (Opfer-)Schale.

****paternitas,** *atis f* Vaterwürde; *vestra Anrede an den Kardinal.*

paternus 3 (*pater*) **1.** väterlich, dem Vater gehörig, vom Vater herrührend, ererbt; °**2.** vaterländisch.

patēscō, *tuī,* — 3 (*incoh. v. pateō*) **1.** sich ausdehnen, sich erstrecken; **2. a**) sich öffnen; **b**) / offenbar werden, ans Licht kommen.

pathicus 3 (*m.* °*sup.*; *gr. Fw.*) der Unzucht mit sich treiben lässt; (*sup.*) voller Zoten [*libelli*].

patibilis, e (*patior*) **1.** (*pass.*) erträglich [*dolor*]; **2.** (*act.*) empfindsam.

patibulātus 3 (*patibulum*) mit dem Marterholz (beladen).

patibulum, *ī n* (*eigtl.* „*die* Spreize"; *pateō*) Marterholz; Querbalken des Kreuzes; Kreuz, Galgen.

patiēns, *entis* (*m. comp.*, *sup.*, *adv.*; *patior*) **1.** ertragend, erduldend [*laboris*]; **2.** geduldig; °**3.** fest, hart, nicht nachgebend; enthaltsam.

patientia, *ae f* (*patiēns*) **1. a**) *das* Erdulden, Ertragen; **b**) Ausdauer, Abhärtung; °**c**) Genügsamkeit; **2. a**) Geduld, Nachgiebigkeit; wollüstige Hingabe; °**b**) Unterwürfigkeit; °**c**) Gleichgültigkeit.

patina, *ae f* (*gr. Fw.*) Pfanne, Schüssel.

patinārius 3 (*patina*) Schlüssel... [*piscis*]; *subst.* ~, *ī m* Fresssack.

patiō, — — 3 (*altl.*) = *patior.*

patior, *passus sum* 3 ($\sqrt{\ }$ **pē-* „beschädigen"; *cf. paene, pēnūria*)

1. leiden, dulden, ertragen; 2. a) zulassen, sich gefallen lassen; °b) (*muliebria*) ~ sich verführen lassen; °3. (sein) lassen [*nihil intactum*]; °4. (*gramm. t.t.*) passiven Sinn haben; *patiendi modus* Passivform; ** den Märtyrertod erleiden. [strecker.]

patrātor, *ōris m* (*patrō*) Voll-

patria, *ae f* (*patrius*) Vaterland, Vaterstadt, Heimat; °*maior* Mutterstadt. [Patriarch.]

****patriarcha,** *ae m* Erzvater;

****patriarchalis,** e Patriarchen...

****patriarchatus,** *us m* Patriarchat.

patricē *adv.* (*pater*) väterlich.

patriciātus, *ūs m* (*patricius*) Patrizierstand. [Vatermörder.]

patri-cīda, *ae m* (*pater, caedō*)

patricius 3 (*vl.* °*patricus 3 zu pater*) patrizisch, adlig; *subst.* ~, *ī m*, **-a,** *ae f* Patrizier(in); *pl.* **-ī,** *ōrum m* Patriziat, Geschlechteradel; ** Schirmherr (*hoher Ehrentitel*).

patrimōnium, *ī n* (*pater*) Erbgut; Vermögen; ** *Petri* Kirchenstaat.

patrīmus 3 (*u. -ī-; pater; cf. mātrīmus*) dessen Vater noch am Leben ist. [nacharten.]

patrissō 1 (*gr. Fw.*) dem Vater

patrītus 3 (*pater*) vom Vater ererbt, überkommen. [Patronymikon.]

patrium, *ī n* (*sc. nōmen; patrius*)

patrius 3 (*pater*) 1. väterlich, ererbt; 2. vaterländisch; *sermo* Muttersprache.

patrō 1 (*altes sakrales Wort; pater?; cf. impetrō*) vollbringen, ausführen, beendigen; *patrātus s. pater.*

patrōcinium, *ī n* (*patrōcinor*) Patronat, Schutz durch einen Patron; Verteidigung vor Gericht; / Schutz, Schirm.

patrōcinor 1 (*patrōnus; cf. latrōcinor*) beschützen [*amico*].

Patroclus, *ī m* (*gr.* Pątroklos) *Freund des Achilles.*

patrōna, *ae f* (*patrōnus*) 1. Beschützerin; °2. Herrin.

patrōnus, *ī m* (*pater*) Patron, Schutzherr (*bsd. eines Freigelassenen*); Verteidiger vor Gericht, Anwalt; / Beschützer, Retter; ** Schutzheiliger; = Christus.

patruēlis, e (*patruus*) 1. vom Oheim väterlicherseits stammend; °*subst.* ~, *is m* Vetter; °2. vetterlich.

patruus, *ī m* (*pater*) Oheim (väterlicherseits); / (strenger) Sittenrichter; *adi.* (*m. scherzhaftem sup.; dcht.*) ~ 3 dem Oheim eigen.

patulus 3 (*pateō*) 1. a) offen stehend; °b) allen zugänglich; 2. weit ausgebreitet [*rami*].

pauci-loquium, *ī n* (*pasucus, loquor*) Wortkargheit.

paucitās, *ātis f* (*paucus*) geringe Anzahl.

pauculus 3 (*dem. v. paucus*) sehr wenig; *pl. ein* paar; °*subst.* **-a,** *ōrum n ein* paar Wörtchen.

paucus 3 (*m. comp.,* °*sup.; wohl* ‹ **pau-qos; cf. engl.* „few") klein, gering; *kl. nur pl.* einige, (nur) wenige; *subst.* **-ī,** *ōrum m* Oligarchen, Optimaten; **-a,** *ōrum n* °geringe Habe; wenige Worte; °(*comp.*) **-iōrēs,** *um m die* Vornehmeren.

paul(l)ātim *adv.* (*paulus*) allmählich; einzeln [*discedere*].

paul(l)īsper *adv.* (*-ī-?; wohl* ‹ *abl. paulīs + -per; s. per II*) *ein* Weilchen.

paul(l)ulus 3 (*dem. v. paulus*) klein, winzig; *kl. nur: subst.* **-um,** *ī n ein* wenig [*morae*]; *adv.* **-um** *ein* wenig [*paululum editus collis*].

paul(l)us[1] 3 (**pauc-s-los* › *paullus* › *paulus; paucus*) gering, klein, wenig; *subst.* **-um,** *ī n ein* wenig, etwas, *eine* Kleinigkeit; *ein* Weilchen; *-o post* bald nachher; *adv.* **-um** *ein* wenig, *ein* Weilchen [*conquiescere*]. [Aemilius.]

Paul(l)us[2], *ī m röm. cogn.; s.*

pauper, eris (*m.* °*comp., sup.; abl. sg. -e, gen. pl. -um; eigtl.* „wenig erwerbend"; *pau-c-us, pariō*) 1. (*v. Menschen*) arm, unbemittelt; °2. / (*v. Sachen*) ärmlich [*domus*].

pauperculus 3 (*dem. v. pauper*) ärmlich.

pauperiēs, *ēī f* (*pauper*) Armut.

pauperō 1 (*pauper*) arm machen, berauben.

paupertās, *ātis f* (*pauper*) Armut; Dürftigkeit, Mangel, Not. [Pause.]

pausa, *ae f* (*gr. Lw.*) Rast, Ende,

pausārius, *ī m* (*pausa*) Rudermeister. [fleischige Olive.]

pausea *u.* **-ia,** *ae f* (*et. ungedeutet*)

pausill... = *pauxill...* [ruhen.]

****pauso** 1 ausruhen; schlafen;

pauxillātim *adv.* (*pauxillus*) allmählich.

pauxillīsper *adv.* (*-ī-?; pauxillus; cf. paulīsper*) ein Weilchen.

pauxillulus 3 (*dem. v. pauxillus*) ganz wenig; *subst.* **-um,** *ī n ein* bisschen.

pauxillus 3 (< **pauc-s-lo-los*; *dem. v. paulus*; *s. d.*) ganz wenig; *adv.* **pauxillum** *ein* wenig.

pave-factus 3 (*u. -ē-?*; *pave-faciō* „erschrecken") geängstigt.

paveō, *pāvī,* — 2 (*eigtl.* „bin niedergeschlagen"; *paviō*) beben, zittern, sich ängstigen [(*ad*) *omnia*].

pavēscō, — — 3 (*incoh. v. paveō*) sich ängstigen.

pavidus 3 (*m. comp., sup., adv.*; *paveō*) bebend, zaghaft; (er)schreckend.

pavīmentātus 3 (*pavīmentum*) mit einem Estrich versehen.

pavīmentum, *ī n* (*paviō*) Estrich.

paviō 4 (√ **pēu-* „schlagen, schneiden"; *cf. putō*) schlagen, stampfen.

pavitō 1 (*intens. v. paveō*) sich sehr ängstigen; den Schüttelfrost haben.

pāvō, *ōnis m* (*Fw. unbekannter Herkunft*) Pfau (*der Juno heilig*).

pāvōnīnus 3 (*pāvō*) vom Pfau, aus Pfauenschwänzen; / buntfarbig, aus Zitrusholz.

pavor, *ōris m* (*paveō*) **1.** *das* Zittern, Angst; °**2.** Erwartung, Spannung.

pāvus, *ī m* (*unkl.*) = *pāvō*.

pāx[1], *pācis f* (*cf. pacīscor*) **1.** Vergleich, Friede, Friedensschluss, -zeit, -zustand; (*in*) -e zur Friedenszeit; °*cum bona* -e in Frieden; °**2.** ♀ *Friedensgöttin*; *Pax Augusta die* Göttin des von Augustus gebrachten Friedens; *Ara Pacis Augustae an der Grenze des Marsfeldes, im J. 13 vom Senat gelobt, im J. 9 geweiht*; **3.** / **a**) Ruhe, Friede, Gemütsruhe; -e *tua dixerim* nimm mir's nicht übel; **b**) Beistand, Gnade *der Götter*.

pax[2] *int.* **1.** (*gr. Fw.*) schwupp!; **2.** (*pāx* = *pāx*[1]?) still! st! genug, damit basta! [Pflock.]

paxillus, *ī m* (*-ā-?*; *dem. v. pālus*[1])

****peccator,** *oris m* Sünder.

peccātum, *ī n u.* **-us,** *abl. ū m* (*peccō*) Versehen, Vergehen, Sünde; ** *mortale* Todsünde.

peccō 1 (*altl. fut. ex. peccassō, is, it*; *vl. zu* **peccos* < **ped-cos* „einen Fehler am Fuß habend, strauchelnd") °**1.** straucheln [*equus*]; **2.** fehlen, sündigen; **3.** sich vergreifen *an* [in homines, °*in togata muliere*]; **4.** verkehrt machen [*multa*]; sich versprechen.

pecorōsus 3 (*pecus*[1]) reich an Vieh.

pecten, *inis m* (*pectō*) **1.** (Weber-) Kamm; **2. a**) Kammmuschel; **b**) Harke; **c**) Schlegel, Plektrum; Laute; Lied; **d**) Schamhaare.

pectō, *pexī, pexum* 3 (*pēxī?*; √ **pek-* „Wolle *od.* Haare rupfen"; *cf. nhd.* „fechten") **1.** kämmen; *tunica pexa* wollige, noch neue Tunika; **2.** (*Wolle*) krempeln; / *fusti* verprügeln.

pectus, *oris n* (*et. unklar*) **1.** Brust; **2.** / **a**) Herz, Gemüt, Seele; **b**) Geist; °**c**) Gesinnung; Mut.

pecū, *dat. u. abl. ū n* (*cf. pecus*; *nhd.* „Vieh"; *kl. nur pl.*) Vieh.

pecuārius 3 (*pecū*) Vieh...; *subst.* **~,** *ī m* Viehzüchter, Weidepächter; **-ia,** *ae f* Viehzucht; °**-ia,** *ōrum n* Viehherden.

pecūlātor, *ōris m* (*pecūlor*) wer öffentliche Gelder veruntreut.

pecūlātus, *ūs m* (*pecūlor*) Unterschlagung von Staatsgeldern.

pecūliāris, e (*m.* °*adv.*; *pecūlium*) °**1.** zum Privatbesitz gehörig, eigen; **2.** eigentümlich, außerordentlich.

pecūliātus 3 (*pecūliō*) begütert.

pecūliō 1 (*pecūlium*) mit Eigentum versehen, beschenken.

pecūliōsus 3 (*pecūlium*) begütert.

pecūlium, *ī n* (**pecūlis* „zu eigen"; *pecū*) *das* (*ursprünglich aus Vieh bestehende*) Vermögen, Eigentum; Eigenvermögen *eines Familienmitgliedes*; Ersparnisse *eines Sklaven*; °/ (*schriftliche*) Zugabe.

pecūnia, *ae f* (*pecū*) **1.** Eigentum, Vermögen (*urspr. an Vieh*); **2.** Geld (-summe, -wert, -schuld).

pecūniārius 3 (*pecūnia*) Geld...; *res* -*a* Geldgeschäft.

pecūniōsus 3 (*pecūnia*) wohlhabend.

pecus[1], *oris n* (= *gr.* pękos „Fell") **1.** *coll.* **a**) Vieh, Kleinvieh; °**b**) / Herde [*servum*]; °**2.** (*selten*) *ein* Stück Vieh.

pecus[2], *udis f* (*pecū*) **1.** *ein* Stück Vieh, *bsd.* Kleinvieh (*Schaf, Ziege, Schwein*); **2.** / (*Schimpfwort*) Schaf.

pedālis, e (*pēs*) einen Fuß lang (breit, dick).

pedārius 3 (*pēs*) zum Fuß gehörig; (*senator*) **~** Senator zweiten Ranges (*der noch kein kurulisches Amt be-*

kleidet hatte und daher kein eigenes Votum abgeben durfte).

pedātus¹ *abl.* ū (*pedō 1 „gehen"; pēs) Angriff.

pedātus² 3 (pēs) mit Füßen versehen; *male* schlecht zu Fuß.

pedes, *itis m* (pēs; *cf.* eques) °**1.** Fußgänger, zu Fuß; **2.** Infanterist; *pl. u.* °*sg. coll.* Fußvolk; **3.** *pl. u.* °*sg. coll.* Bürgerstand, Plebejer.

pedester, *tris, tre* (pedes) **1.** zu Fuß, Fuß...; °**2.** *des* Fußvolkes; **3.** zu Lande, Land...; °**4.** / **a)** einfach, gewöhnlich; **b)** prosaisch.

pede-temptim *u.* **-tentim** *adv.* (pede temptāre) °**1.** Schritt für Schritt; **2.** / behutsam, bedächtig.

pedica, *ae f* (*cf.* compēs, *nhd.* „Fessel") Fußfessel; Sprenkel, Dohne. [*Schreibung für* paedīc... *schlechtere*]

pēdīcātor, pēdīcō

pēdis, *is m f* (-ĕ-?; pēdō?) Laus.

pedisequus, *ī m* (< *pedi-sequōs „auf dem Fuß folgend"; pēs, sequor) Diener, Lakai; **-a,** *ae f* Dienerin, Zofe.

peditāstellus, *ī m* (-ā-?; *dem. v.* *peditaster; pedes) elender Infanterist. [Infanterie.]

peditātus, *ūs m* (pedes) Fußvolk,

pēditum, *ī n* (pēdō) Furz, Wind.

pēdō¹, *pepēdī, pēditum* 3 (< *pezdō; *cf.* pōdex) furzen.

Pedō² *s.* Albinovānus. [Hirtenstab.]

pedum, *ī n* (*vl. zu* °pedō 1 „gehen")

Pēgasos *u.* **-us,** *ī m* Flügelross; *s.* Hippocrēnē, Gorgō; *adi.* -sēus 3; -sis, idis *f* (*subst.* Muse; Quellnymphe).

pēgma, *atis n* (*gr. Fw.*) **1.** Bücherbrett; °**2.** Versenkung(smaschine) *im Theater.* [ner Meineid.]

pēierātiuncula, *ae f* (pēierō) klei-

pēierō 1 (*d. i.* pejjerō; < per-iūrō) falsch schwören, meineidig sein; °ius peieratum Meineid.

pēior, pēius *comp. zu* malus¹, male.

pēiūrō = pēierō.

pēiūrus 3 = periūrus.

pelagius 3 (*gr. Fw.*) zur See, See...

pelagus, *ī n* (*pl.* -gē; *gr. Fw.*) Meer; / Wassermassen. [Thunfisch.]

pēlamys, *ydis f* (*gr. Fw.*) junger

Pelasgī, *ōrum m voridg. Wandervolk, nach Herodot Ureinwohner Griechenlands;* / (*dcht.*) Griechen; *adi.* -gus 3, -gi(a)s, gi(a)dis *f*

Pēleūs, *eī u.* eos *m* (*gr.* -leus) *König in Thessalien;* **-līdēs,** *ae m* Sohn des Peleus, Achilles.

pēlex = paelex.

Peliās¹, *ae m* (*gr.* -ias) *König v. Iolkos, sandte Iason aus, das Goldene Vlies zu holen;* **-iades,** *um f* Töchter des ~.

Pēlias² *s.* Pēlion.

****pelicanus,** *i m* Pelikan; pius = Christus]

pēlicātus = paelicātus.

Pēlion, *ī n u.* **-ius,** *ī m Berg in Thessalien; adi.* -liacus 3, -lias, adis *f.*

Pella, *ae u.* **-ē,** *ēs f St. in Makedonien, Geburtsort u. Residenz Alexanders d. Gr.; adi.* -aeus 3 makedonisch, alexandrinisch, ägyptisch; *Einw.* **-aeī,** *ōrum m.*

pellācia, *ae f* (pellāx) Lockung.

pellāx, *ācis* (*statt* *pellex *an aud-āx u. ä. angeglichen;* pelliciō) verführerisch. [lockungen.]

pellecebrae, *ārum f* (pelliciō) Ver-

pellēctiō, *ōnis f* (perlegō) *das* Durchlesen.]

pellegō = perlegō.

pel-liciō, *lēxī, lectum* 3 (< perliciō; *laciō 3 „(ver)locken"; *cf.* lacessō) anlocken, verlocken; / auf seine Seite bringen.

****pellicius** 3 aus Fellen gemacht; *subst.* **pellicium,** *i n* Pelzwerk.

pellicula, *ae f* (*dem. v.* pellis) **1.** Fellchen, Häutchen, Haut; °(*scherzh.*) -am curare sich gütlich tun; °**2.** Vorhaut.

pelliō, *ōnis m* (pellis) Kürschner.

pellis, *is f* (*cf. nhd.* „Fell") **1.** Tierhaut, Fell, Pelz; Vlies; **2.** / **a)** (ledernes) Winterzelt; **b)** Lederschild; °**c)** Pelzmütze; °**d)** Schuh (-riemen); °**e)** Pergament.

pellītus 3 (pellis) mit Fell bekleidet.

pellō, *pepulī, pulsum* 3 (*et. nicht geklärt*) **1. a)** stoßen, schlagen; klopfen; treffen; **b)** / treffen [animum]; Eindruck machen *auf;* **2.** in Bewegung setzen, abschießen [sagittam]; (an-) schlagen [nervos in fidibus]; **3. a)** verstoßen, vertreiben; verbannen; **b)** / verscheuchen [maestitiam]; löschen, stillen [°famem]; **4.** zum Weichen bringen, schlagen [hostes].

pellūceō = perlūceō.

Peloponnēsus, *ī f* (*gr.* ponnēsos) *griech. Halbinsel, j.* Morea; *adi.* -nēsi(ac)us 3; *Einw.* **-nēnsēs,** *ium m.*

Pelops, *pis m Sohn des Tantalus,*

P

Vater des Atreus u. des Thyestes; adi. -*pē(ī)us* 3, -*pēï(a)s, ï(a)dis f; subst.* **-pidae,** *ārum m* Nachkommen des ~.
pelōris[1], *idis f (gr. Fw.)* Riesenmuschel.
pelta, *ae f (gr. Fw.)* leichter Schild *in Form eines Halbmonds.*
peltastae, *ārum m (gr. Fw.) (die mit einer pelta ausgestatteten)* Peltasten.
peltātus 3 (*pelta*) mit der *pelta* bewaffnet. [Becken.
pēlvis, *is f (altl. pēluis)* Schüssel,
penārius 3 (*penus*) Vorrats... [*cella*].
penātēs, *ium m (eigtl. „die* im *penus,* dem Innern des Hauses, Waltenden") **1.** Penaten (*Schutzgötter des Hauses, der Familie, des Staates; cf. Vesta*); **2.** / Wohnung, Haus, Hof, °Herd; °Bienenzellen.
penāti-ger, *era, erum* (*penātēs, gerō*) *die* Penaten tragend.
pendeō, *pependī,* — 2 (*cf. pendō*) (*intr.*) **1. a**) (herab)hängen; °aufgehängt sein, °sich erhängt haben; °(*v. Gewändern*) herabwallen; (*v. Körperteilen*) schlaff herabhängen; °**b**) schweben, schaukeln; °**c**) wiegen, schwer sein; **2.** / **a**) abhängen, beruhen *auf* [*ex alienis opibus*]; **b**) *jd.* ergeben sein [*ex te*]; °**c**) (*unvollendet*) liegen bleiben; **d**) unentschlossen sein, schwanken [*animi, -o, -is* im Herzen]; **e**) ungewiss, zweifelhaft sein; °**f**) dem Fall nahe sein.
pendō, *pependī, pēnsum* 3 (*et. nicht geklärt*) **1.** (*trans.*) °**a**) (auf)hängen; (ab)wiegen; / **b**) erwägen, beurteilen *nach* [*ex virtute*]; °**c**) schätzen, achten, halten [*magni, parvi*]; **d**) bezahlen [*pecuniam*]; **e**) leiden, büßen [*poenas temeritatis*]; °**2.** (*intr.*) wiegen, Gewicht haben, schwer sein.
pendulus 3 (*pendeō*) (herab)hängend, schwebend; / ungewiss.
Pēnelopa, *ae u.* **-ē,** *ēs f (gr.* -lǫpē) *Gemahlin des Odysseus; adi.* -*pēus* 3.
penes *prp. b. acc. (erstarrter loc. v. penus „das* Innere"; *cf. penitus, penetrō*) **1.** im Besitz, in der Gewalt, in der Macht; °**2.** aufseiten.
pēnētica, *ae f (gr. Fw.)* Hungerkur.
penetrābilis, *e* (*penetrō*) **1.** (*pass.*) durchdringbar; erreichbar; **2.** (*act.*) durchdringend.
penetrālis, *e* (*m.* °*comp.*; *penetrō*) innerlich, inwendig; °*subst.* **-āle,** *is n (meist pl.* **-ālia,** *ium) das* Innere, Mittelpunkt; Heiligtum.
penetrō 1 (*penitus*) **1.** (*intr.*) hineinkommen, eindringen [*ad urbem, in animos*]; °**2.** (*trans.*) **a**) durchdringen, -ziehen; **b**) hineinbringen, setzen [*pedem intra aedes*]; *se -are* sich begeben [*in fugam*]; **c**) / Eindruck machen *auf* [*animos*].
Pēnēos *u.* **-us,** *ī m (gr.* -neiǫs) *Hauptfl. Thessaliens; als Flussgott Vater der Daphne; adi.* -*nēius* 3, -*nēis, idis f.* [Pinsel; / Stil.
pēnicillus, *ī m (dem. v. pēniculus)*
pēniculus, *ī m (dem. v. pēnis)* Bürste; Schwamm.
pēnis, *is m (wohl < *pes-nis; cf. gr.* pęos = 2) °**1.** Schwanz; **2.** männliches Glied; °/ Unzucht; *Schmeichelwort.*
penitus (*penes*) **1.** *adv.* **a**) bis ins Innerste, tief hinein; °**b**) von innen; °**c**) weithin; **d**) fest, genau; durch und durch, ganz und gar, völlig; °herzlich; °**2.** *adi.* 3 (*m. comp., adv.*) innerlich, inwendig.
penna, *ae f* (*< *pet-nā; cf. nhd.* „Feder, Fittich") °**1.** Flugfeder; **2.** *meist pl.* **a**) Flügel, Fittich, Gefieder; °**b**) / Flug; (Feder am) Pfeil; *cf. pinna.* [flügelt.
pennātus 3 (*penna*) gefiedert, be-
Pennīnus = *Poenīnus.*
pennī-pēs = *pinnipēs.*
pennipotēns, *entis* (*penna, potēns*) flügelmächtig; beflügelt; *subst.* **-ēs,** *ium f* Geflügel, Vögel. [Flügelchen.
pennula, *ae f (dem. v. penna)*
pēnsilis, *e* (*pendeō*) aufgehängt, (herab)hängend, schwebend.
pēnsiō, *ōnis f* (*pendō*) Zahlung: **1.** Rate; °**2.** Mietzins, Pacht(zins).
pēnsitō 1 (*intens. v. pēnsō*) genau abwiegen: °**1.** reiflich erwägen, bedenken; **2.** (be)zahlen.
pēnsō 1 (*intens. v. pendō*) **1.** (ab-) wiegen [*aurum*]; **2.** / **a**) erwägen, überlegen; beurteilen [*amicos ex factis*]; **b**) gegeneinander abwägen, ver-, ausgleichen; **c**) bezahlen; **d**) büßen; ** meinen; *de* denken *an.*
pēnsum, *ī n* (*pendō*) °**1.** *die (für die Arbeit eines Tages)* zugewogene Wolle; **2.** / °**a**) Wollarbeit; **b**) Aufgabe.
pēnsus 3 (*m. comp.*; *pendō*) wichtig [*nihil pensi habeo* nehme keine Rücksicht].

P

pentameter, *trī m* (*gr. Fw.*) Pentameter.
****pentecoste,** es *f m* Pfingsten.
pentēris, *is f* (*gr. Fw.*) Fünfdecker.
Penthesilēa, *ae f* (*gr.* -sįlēia) *Amazonenkönigin, v. Achilles erschlagen.*
penuārius = *penārius.*
pēnūria, *ae f* (*cf. paene*) Mangel *an* [*aquarum*].
penus, *oris n, ūs u. ī m f u.* **-um,** *ī n* (*vl. identisch m. penus* „das Innere des Hauses"; *cf. penes*) Lebensmittel-, Mundvorrat.
peplum, *ī n* (*gr. Fw.*) *griech.* Frauenobergewand, Prachtmantel; *bsd. das bei den Panathenäen zur Schau gestellte Peplum der Athene.*
per (‹ **peri*; *cf. nhd.* „ver-"): **I. per-** (*praev.*) **1.** ringsum, umher [*perequito*]; **2.** durch, hindurch, zer- [*peragro, perfringo*]; **3.** bis zum Ziel, hin-, völlig [*perfero, perficio*]; **4.** über das Ziel hinaus, ver- [*pellicio*]; **5.** sehr [*peracerbus*]; **II. -per** (*postpositiv*) hindurch [*semper, parumper*]; **III. per** (*prp. b. acc.*) **1.** (*räuml.*) durch ... hin(durch), über; entlang; über ... hin, auf ... umher [*flumen ~ urbem fluit, ire ~ medios hostes, ~ Alpes proficisci, vigilias disponere ~ urbem*]; *~ manus tradere* von Hand zu Hand gehen lassen; *cives ~ domos invitati* von Haus zu Haus; **2.** (*zeitl.*) durch ... hin, hindurch, während; im Verlauf, in [*~ idem tempus, multos ~ annos*]; **3.** (*instr. zur Bezeichnung v. Mittelsperson u. Mittel*) **a)** vermittelst, mit Hilfe von [*~ speculatores cognoscere, dis supplicare ~ hostias*]; *~ se* (*ipse, a, um*) für sich (allein), auf eigene Faust, an und für sich; **b)** unter dem Schein *od.* Vorwand (*richtiger wohl* „darüber hinaus, gegen") [*~ fidem fallere, decipere ~ indutias*]; **4.** (*bei Schwüren u. Bitten*) um ... willen, bei [*~ lovem, ~ deos immortales obtestari*]; **5.** (*kausal*) **a)** wegen, infolge, aus [*~ °metum, ~ °ambitionem facere*]; **b)** mit Rücksicht auf, halber [*hoc ~ leges non licet, ~ valetudinem iter facere non possum*; *~ me licet* meinetwegen]; **6.** (*modal*) vermittelst, auf dem Wege, mit, unter [*~ vim* auf gewaltsame Weise, *~ iocum* im Scherz, *~ litteras* brieflich, *~ speciem* unter dem Schein]; ** (*bei Personen*) = *a*; *~ singulos* einzeln; *~ visum* sichtbar.
pēra, *ae f* (*gr. Fw.*) Ranzen.
per-absurdus 3 ganz ungereimt.
per-accommodātus 3 sehr bequem, sehr gelegen.
per-ācer, *cris,* e sehr scharf.
per-acerbus 3 **1.** sehr herb; °**2.** sehr empfindlich.
per-acēscō, *acuī,* — 3 sehr (sauer) ärgerlich werden.
perāctiō, *ōnis f* (*peragō*) Schlussakt.
per-acūtus 3 sehr durchdringend [*vox*]; sehr scharf(sinnig).
per-adulēscēns, *entis u.* °**-adulēscentulus** 3 blutjung.
per-aequē *adv.* völlig gleich.
per-agitō 1 **1.** beunruhigen; °**2.** aufstacheln.
per-agō, *ēgī, āctum* 3 °**1.** (ständig) bewegen, bearbeiten [*humum*]; °**2.** durchbohren [*latus ense*]; **3. a)** durchführen, vollenden; durchspielen [*fabulam*]; °**b)** (*jur. t.t.*) zu Ende führen [*causam*]; verurteilen [*reum*]; °**c)** hin-, verbringen [*vitam*]; °**d)** formulieren [*iudicium*]; vortragen, erörtern.
peragrātiō, *ōnis f* (*peragrō*) Durchwanderung.
per-agrō 1 (*per agrōs sc. eō*) **1.** (*trans.*) durchwandern, -reisen; / durchdringen [°*rerum naturam*]; **2.** (*abs.*) sich verbreiten [*fama*].
per-amāns, *antis* (*m. adv.*) sehr liebend, sehr liebevoll.
per-ambulō 1 durchwandern, -strömen; (*Patienten*) besuchen.
per-amīcus 3 sehr freundschaftlich.
per-amoenus 3 sehr angenehm.
per-amplus 3 sehr groß, geräumig.
per-angustus 3 (*m. adv.*) sehr eng, sehr schmal.
per-annō 1 (*per annum sc. vīvō*) ein Jahr leben.
per-antīquus 3 sehr alt.
per-appositus 3 sehr passend.
per-arduus 3 sehr schwierig.
per-argūtus 3 sehr geistreich.
per-armātus 3 wohl bewaffnet.
per-arō 1 durchpflügen; / durchfurchen; durchsegeln; niederschreiben.
per-attentus 3 (*m. adv.*) sehr aufmerksam.
pērātus 3 (*pēra*) mit einem Ranzen versehen.
per-auriō 4 (*per aurēs sc. recipiō*) durchs Ohr aufnehmen.
per-bacchor 1 durchschwärmen.
per-beātus 3 sehr glücklich.

P

per-bellē *adv.* sehr fein, sehr hübsch.
per-bene *adv.* sehr wohl, sehr gut.
per-benevolus 3 sehr wohlwollend.
per-benīgnē *adv.* (-ĭ-?) sehr gütig; *auch in Tmesis.*
per-bibō, *bibī,* — 3 **1.** ganz aussaugen; **2.** (ganz) einsaugen; / ganz in sich aufnehmen.
per-bītō, — — 3 **1.** hingehen; **2.** zugrunde gehen.
per-blandus 3 sehr einnehmend.
per-bonus 3 sehr gut.
per-brevis, e (*m. adv.*) sehr kurz.
perca, *ae f* (*gr. Fw.*) Barsch.
per-calefīō, *factus sum, fierī u. fīerī* durchglüht werden.
percalēscō, *luī,* — 3 (*incoh. v.* **per-caleō*) ganz heiß werden.
percallēscō, *calluī,* — 3 (*incoh. v.* **per-calleō*) **1.** ganz gefühllos werden; **2.** gewitzigt werden.
per-cārus 3 °**1.** sehr kostspielig; **2.** sehr lieb.
per-cautus 3 sehr vorsichtig.
per-celebrō 1 überall verbreiten; P. in aller Munde sein.
per-celer, *eris, ere* (*m. adv.*) sehr schnell.
per-cellō, *culī, culsum* 3 (*cf. clādēs, celsus*) °**1.** völlig erschüttern; schlagen, stoßen *an,* treffen [*genu*]; **2.** zu Boden schmettern; **3.** / **a**) zugrunde richten, stürzen; **b**) erschrecken, mutlos machen.
per-cēnseō, *uī,* — 2 °**1.** mustern, besichtigen; / kritisieren; **2.** °**a**) durchwandern; **b**) / aufzählen.
percepta, *ōrum n* (*percipiō*) Lehr-, Grundsätze.
perceptiō, *ōnis f* (*percipiō*) *das* Einsammeln; / *das* Begreifen, Erkenntnis.
per-cīdō, *cīdī, cīsum* 3 (*caedō*) **1.** zerschlagen; **2.** (*obszön*) **a**) *alqm* = *paedīcō*; **b**) *alci ōs* = *irrumō*.
per-cieō, — — 2 *u.* **-ciō,** —, *citum* 4 **1.** in Bewegung setzen; erregen; (*P.P.P.*) *adi.* **percitus** 3 erregt, gereizt, aufgebracht; °reizbar, hitzig; °**2.** nennen.
per-cipiō, *cēpī, ceptum* 3 (*capiō*) **1.** °**a**) erfassen, ergreifen; °**b**) in sich aufnehmen; **c**) bekommen, genießen, gewinnen; **2.** / **a**) wahrnehmen; vernehmen, empfinden; **b**) (*geistig*) begreifen; **c**) sich aneignen, (er)lernen; *pf.* wissen.
percitus *s. percieō.*
per-cīvīlis, e sehr leutselig.
per-colō¹, *coluī, cultum* 3 **1.** vollenden; **2.** sehr schmücken; **3.** sehr ehren; Achtung zollen.
per-cōlō² 1 durchseihen; durchsickern lassen; P. durchsickern.
per-cōmis, e sehr freundlich.
per-commodus 3 (*m. adv.*) sehr bequem.
per-cōnor 1 versuchen.
percontātiō, *ōnis f* (*percontor*) Befragung, Erkundigung; Verhör.
percontātor, *ōris m* (*percontor*) Ausfrager.
per-contor 1 (*eigtl.* „mit der Ruderstange sondieren"; *contus*) sich erkundigen, (aus)fragen.
per-contumāx, *ācis* sehr trotzig.
per-cōpiōsus 3 sehr wortreich.
per-coquō, *coxī, coctum* 3 gar kochen, backen; / reif machen; erhitzen; schwärzen.
per-crēb(r)ēscō, *b(r)uī,* — 3 überall sich verbreiten; ruchbar werden.
per-crepō, *uī,* — 1 laut erschallen.
per-crucior 1 sich zu Tode ängstigen.
per-cūnctor 1 (*volkset. an cūnctor od. cūnctus angelehnt*) = *percontor.*
per-cupidus 3 sehr geneigt [*tui*].
per-cupiō, — — 3 sehr wünschen.
per-cūriōsus 3 sehr neugierig.
per-cūrō 1 ausheilen.
per-currō, (*cu*)*currī, cursum* 3 **1.** (*intr.*) hinlaufen, -eilen; **2.** (*trans.*) **a**) durchlaufen, -eilen; / °**b**) durchlaufen, der Reihe nach verwalten [*quaesturam, praeturam, consulatum*]; **c**) der Reihe nach aufzählen, anführen; **d**) flüchtig erwähnen; überfliegen; durchlesen; °**e**) durchbeben [*timor animum*].
percursātiō, *ōnis f* (*percursō*) Durchreise.
percursiō, *ōnis f* (*percurrō*) **1.** flüchtiges Hinwegeilen *über einen Gegenstand der Rede*; **2.** schnelles Überdenken, Überschauen.
percursō 1 (*frequ. v. percurrō*) **1.** (*trans.*) durchstreifen; **2.** (*intr.*) umherstreifen.
percussiō, *ōnis f* (*percutiō*) **1.** *das* Schlagen, Schlag; *das* Schnalzen [*digitorum* mit den Fingern]; **2.** *das* Taktschlagen, Takt.
percussor, *ōris m* (*percutiō*) Mörder, Bandit.
percussus, *ūs m* (*percutiō*) Schlag, Stoß; / Beleidigung.

percutiō, *cussī, cussum* 3 (*quatiō*) **1. a)** durchbohren, -stoßen; °**b)** verwunden; **2. a)** heftig erschüttern, schlagen, stoßen, treffen; **b)** totschlagen, hinrichten; °**c)** schlagen, prägen [*nummum*]; °**d)** schlagen, spielen [*lyram*]; / **3. a)** verwunden, schmerzlich berühren; **b)** ergreifen, Eindruck machen *auf* [*animum*]; **c)** hintergehen.

per-decōrus 3 sehr schicklich, anständig.

per-dēlīrus 3 sehr unsinnig.

per-depsō, *uī,* — 3 durchkneten (= *futuō*).

per-difficilis, e sehr (*m.* °*sup., adv.*) sehr schwer.

per-dīgnus 3 (*jünger* -*ī*-) sehr würdig.

per-dīligēns, *entis* (*m. adv.*) sehr sorgfältig, pünktlich.

per-discō, *didicī,* — 3 (-*īsc*-?) gründlich erlernen, auswendig lernen; *pf.* genau verstehen.

per-disertē *adv.* sehr beredt.

****perditio,** *onis f* Verderben, Verlust; Sündenschuld; Höllenstrafe.

perditor, *ōris m* (*perdō*) Verderber.

perditus[1] 3 (*m. comp., sup., adv.*; *perdō*) **1.** verloren, hoffnungslos; **2.** unsinnig; **3.** verrucht, -kommen.

perditus[2], *ūs m* (*perdō*) Verlust.

per-diū *adv.* sehr lange.

per-diuturnus 3 (-*diū*-?) sehr lange dauernd, sehr langwierig.

per-dīves, *itis* sehr reich.

perdīx, *īcis f* (*gr. Fw.*) Rebhuhn.

per-dō, *didī, ditum* 3 (*altl. coni. praes. perduim*) **1.** zugrunde richten, vernichten, verderben; unglücklich machen; **2.** vergeuden; **3.** verlieren, verspielen.

per-doceō, *docuī, doctum* 2 gründlich belehren, unterweisen.

per-doctus 3 (*m.* °*adv.*; *perdoceō*) sehr gelehrt, geschickt, °abgerichtet.

per-doleō, *uī, itum* 2 tief schmerzen.

perdolēscō, *luī,* — 3 (*incoh. v. perdoleō*) tief bedauern.

per-domō, *uī, itum* 1 °**1.** völlig zähmen; **2.** / völlig unterwerfen.

perdormīscō, — — 3 (*incoh. v.* **perdormiō*) durchschlafen.

per-dūcō, *dūxī, ductum* 3 **I. 1. a)** (hin)führen, (hin)bringen; **b)** leiten [*aquam*]; **c)** geleiten; **d)** zuführen, verkuppeln [*mulierem*]; **e)** anlegen, aufführen [*murum*]; **2.** fortführen, -setzen; **3.** bringen, veranlassen, bewegen, bestimmen *zu* [*ad suam sententiam*]; *rem eo -ere, ut es* dahin bringen, dass; °**II.** überziehen, einsalben *mit.*

perductō 1 (*intens. v. perdūcō*) herumführen, verkuppeln.

perductor, *ōris m* (*perdūcō*) °**1.** Führer, Fremdenführer; **2.** Kuppler.

per-dūdum *adv.* vor sehr langer Zeit.

perduelliō, *ōnis f* (*perduellis*) Hochverrat.

per-duellis, *is m* (*duellum*) **1.** (*Krieg führender*) Feind; °**2.** (*persönlicher*) Feind.

perduim *usw. s. perdō.*

per-dūrō 1 aus-, fortdauern.

per-edō, *ēdī, ēsum* 3 verzehren, zernagen.

per-egrē (*u.* -*ĕ*?), *älter* **-ī** *adv.* (‹ *loc.* **per-agrī*; *eigtl.* „über den *ager Romanus* hinaus") **1.** in der Fremde, auswärts; °**2.** in die Fremde; °**3.** aus der Fremde.

peregrīnābundus 3 (*peregrīnor*) (viel) in der Fremde umherreisend.

peregrīnātiō, *ōnis f* (*peregrīnor*) **1.** Aufenthalt im Ausland, *das* Reisen; °**2.** ausländischer Aufenthaltsort; ** Pilgerschaft, -fahrt.

peregrīnātor, *ōris m* (*peregrīnor*) Freund von Auslandsreisen, reiselustig.

peregrīnitās, *ātis f* (*peregrīnus*) °**1.** politische Stellung eines Nichtbürgers; **2. a)** fremde Sitte; °**b)** ausländischer Akzent.

peregrīnor 1 (*peregrīnus*) **1.** in der Fremde sein, umherreisen; **2.** / **a)** umherschweifen; **b)** fremd, unbekannt sein; ** wallfahren.

peregrīnus 3 (*peregrē*) ausländisch, fremd; / unwissend [*in agendo*]; *subst.* ~, *ī m* Fremder, Nichtbürger; ** Pilger, Kreuzfahrer.

per-ēlegāns, *antis* (*m. adv.*) sehr geschmackvoll; gewählt im Ausdruck.

per-ēloquēns, *entis* sehr beredt.

per-emnis, e (‹ *per amnem*) den Flussübergang betreffend.

perēmptālis, e (*perimō*) vernichtend; (eine Prophezeiung) aufhebend.

perēmptor, *ōris m* (*perimō*) Mörder.

perendiē *adv.* (*vl.* ‹ *per en diē* „über das, was an einem Tage ist, hinaus"; *en altl.* = *in*) übermorgen.

perendinus 3 (*perendiē*) „übermorgig"; *die -o* übermorgen.

Perenna *s. Anna.*

per-ennis, e (*m.* °*comp.*; *annus*)

P

°**1.** *das* ganze Jahr hindurch dauernd; **2.** / dauernd, beständig; nie versiegend. [ewiger Sklave.}
perenni-servus, *ī m* (*perennis*)
perennitās, *ātis f* (*perennis*) beständige Dauer; Unversiegbarkeit [*fontium*]. [dauernd erhalten.}
perennitō 1 (*intens. v. perennō*)
perennō 1 (*perennis*) lange dauern.
per-eō, *iī, itum, īre* °**1.** vergehen, verloren gehen; **2. a**) umkommen; °**b**) *peream, si* ich will des Todes sein, wenn; °**c**) sterblich verliebt sein *in* [*alteram*]; **d**) vergeudet werden; °**e**) (*jur. t.t.*) erlöschen.
per-equitō 1 °**1.** (*trans.*) durchreiten [*aciem*]; **2.** (*intr.*) umherreiten.
per-errō 1 durchschweifen; / durchdringen; mustern; umschlingen.
per-ērudītus 3 gut unterrichtet.
per-excelsus 3 hoch emporragend.
per-exiguus 3 (*m. adv.*) sehr klein, sehr wenig, sehr kurz.
per-expedītus 3 sehr leicht (durchzuführen). [überlisten.}
per-fabricō 1 fertig zimmern; /}
per-facētus 3 (*m. adv.*) sehr witzig.
per-facilis, e sehr leicht; °sehr gefällig; *adv.* **-ĕ** sehr leicht; °sehr gern.
per-familiāris, e sehr vertraut; *subst.* **~,** *is m* vertrauter Freund.
perfectiō, *ōnis f* (*perficiō*) Vollendung, Vollkommenheit. [ender.}
perfector, *ōris m* (*perficiō*) Voll-}
perfectus 3 (*m.* °*comp., sup., adv.*; *perficiō*) vollendet, vollkommen.
perferēns, *entis* (*part. praes. v. perferō*) duldsam [*iniuriarum*].
per-ferō, *tulī, lātum, ferre* **1. a**) hintragen, -bringen, ans Ziel tragen; °*se -ferre* sich hinbegeben; **b**) überbringen, -geben; **c**) berichten, melden, verkünden; **2. a**) durch-, vollführen, vollenden, durchsetzen [*legem*]; **b**) geduldig ertragen, aushalten, erdulden.
perfica, *ae f* (*perficiō*) Vollenderin.
per-ficiō, *fēcī, fectum* 3 (*faciō*) **1. a**) vollenden; zustande bringen, ausführen; °*auch obszön*; **b**) verfertigen [*pocula*]; °abfassen; **2.** beendigen, abschließen; **3.** durchsetzen, erlangen, bewirken.
per-fidēlis, e ganz zuverlässig.
perfidia, *ae f* (*perfidus*) Treulosigkeit, Unredlichkeit; ** Unglauben; Heidentum.
perfidiōsus 3 (*m. sup., adv.*; *perfidia*) treulos, unredlich; wortbrüchig.
per-fidus 3 (*m.* °*sup..* °*adv.*; ⟨ *per fidem* [*sc. alqm fallere*]) **1.** treulos, unredlich, wortbrüchig; °**2.** unzuverlässig, unsicher [*via*]; ** ungläubig.
per-fīgō, —, *fīxum* 3 durchbohren; / (*P.P.P.*) *perfīxus* getroffen, durchzuckt. [Luft ausgesetzt, luftig}
perflābilis, e (*perflō*) der freien}
per-flāgitiōsus 3 sehr lasterhaft.
perflātus, *ūs m* (*perflō*) Luftzug.
per-flō 1 **1.** (*trans.*) durchwehen; **2.** (*intr.*) (hin)wehen [*ad alqm*].
per-flūctuō 1 (*-ū-?*) durchwallen.
per-fluō, *flūxī, flūxum* 3 (*flūx-?*) **1.** durchfließen; / auslaufen; **2.** hinfließen, einmünden; **3.** / überfließen; übervoll sein [*pomis*].
per-fodiō, *fōdī, fossum* 3 **1.** (*m. affiziertem Objekt*) durchgraben, -stechen, -bohren; °**2.** (*m. effiziertem Objekt*) graben, ausstechen.
perforātor, *ōris m* (*perforō*) Einbrecher [*parietum*]; *cf. perfossor.*
per-forō 1 **1.** durchbohren, -löchern; **2.** durchbrechen; infolge Durchbruchs Aussicht gewinnen *auf* [*Stabianum*].
per-fortiter *adv.* sehr brav.
perfossor, *ōris m* (*perfodiō*) „Durchbrecher", Einbrecher [*parietum*]; *cf. perforātor.*
per-fremō, — — 3 laut schnauben.
per-frequēns, *entis* sehr besucht.
per-fricō, *cuī, ctum u. -cātum* 1 (stark) reiben; *ōs* alle Scham ablegen.
per-frīgēfaciō, — — 3 (*-gĕ-?*; *frīgeō, faciō*) eiskalt machen; *cor* großen Schrecken einjagen.
per-frīgēscō, *frīxī,* — 3 kalt werden, sich erkälten.
per-frīgidus 3 sehr kalt.
per-fringō, *frēgī, frāctum* 3 (*frangō*) **1. a**) durchbrechen [*phalangem*]; **b**) / verletzen, sich hinwegsetzen *über* [*repagula pudoris*]; **2. a**) zerbrechen, zerschmettern; **b**) / vereiteln, vernichten, umstürzen.
per-fruor, *frūctus sum* 3 **1.** ganz genießen [*vitā*]; °**2.** vollständig ausführen [*mandatis*].
perfuga, *ae m* (*perfugiō*) Überläufer, Flüchtling.

per-fugiō, *fūgī,* — 3 **1.** fliehen, seine Zuflucht nehmen; **2.** (*zum Feinde*) übergehen.
perfugium, *ī n* (*perfugiō*) Zufluchtsstätte, Asyl; / Zuflucht, Ausflucht.
perfūnctiō, *ōnis f* (*perfungor*) Verwaltung; *das* Überstehen [*laborum*].
per-fundō, *fūdī, fūsum* 3 **1.** übergießen, -schütten, begießen; benetzen; baden (*trans.*); salben; *mediopass.* baden (*intr.*) [*flumine*; °/ *lacrimis*]; *oleo* sich salben; °**2.** bestreuen, bedecken [*pedes amictu*]; erfüllen [*cubiculum sole*]; **3.** / ganz erfüllen [*mentem amore*].
per-fungor, *fūnctus sum* 3 **1.** ordentlich verrichten, verwalten [*munere*]; **2.** überstehen; *perfunctus sum* ich bin fertig; *part. pf. pass. perfūnctus* 3 überstanden [*periculum*]; °**3.** genießen.
per-furō, — — 3 umherrasen.
perfūsōrius 3 (*perfundō*; *eigtl.* „nur benetzend") oberflächlich; irreführend. [*adi.* -*meus* 3.]
Pergama, *ōrum n Burg v. Troja*;
Pergamus, *ī f u.* **-mum,** *ī n* (*gr.* -os, -on) *Hptst. v. Mysien, j.* Bergamo; *adi. u. Einw.* -*mēnus* (3);
** **pergamenum,** *i n* Pergament.
per-gaudeō, — — 2 sich sehr freuen.
per-gnōscō (*altl.*) = *pernōscō.*
pergō, *perrēxī, perrēctum* 3 (*per* + *regō*) **1. a)** *etw.* fortsetzen, (weiter) verfolgen [*nur*: *iter*]; **b)** (*m. inf.*) *m. etw.* fortfahren; **c)** (*in der Rede*) fortfahren; **2. a)** sich aufmachen, aufbrechen; **b)** sich anschicken [*agere*]; **c)** eifrig betreiben; (*dcht.*) *perge* (*pergite*) wohlan.
per-graecor 1 auf griechische Art zechen, *d. h.* in Saus u. Braus leben.
per-grandis, e **1.** sehr groß; °**2.** *natu* hochbetagt.
per-graphicus 3 erzschlau, listig.
per-grātus 3 sehr angenehm; *auch in Tmesis*; -*um facere* einen großen Gefallen tun [*si od. quod*].
per-gravis, e (*m. adv.*) sehr schwer, sehr wichtig; *adv.* **-iter** sehr heftig, sehr empfindlich.
pergula, *ae f* (*et. ungeklärt*) Vorbau; Observatorium; Bordell.
per-hauriō, *hausī, haustum* 4 ganz verschlingen.
per-hibeō, *buī, bitum* 2 (*habeō*) **1.** darbieten; (*als Anwalt*) aufstellen; **2.** / **a)** erwähnen, behaupten; **b)** nennen, anführen.
per-hīlum, *ī n* sehr wenig.
per-honōrificus 3 (*m. adv.*) sehr ehrenvoll; sehr ehrerbietig.
per-horreō, — — 2 sich heftig entsetzen *vor* [*casus nostros*].
perhorrēscō, *ruī,* — 3 (*incoh. v. perhorreō*) **1.** (*intr.*) **a)** erschauern, erbeben; °**b)** hoch aufschäumen; **2.** (*trans.*) sich entsetzen, sich scheuen *vor* [*crudelitatem*].
per-horridus 3 ganz schauerlich.
per-hūmānus 3 (*adv.* **-iter**) sehr freundlich.
per-iambus, *ī m* (*volkset. m. per in Verbindung gebracht*) = *pariambus.*
Periclēs, *is u. ī m* (*acc. auch* -*ēn u.* -*ea, voc.* -*ē*; *gr.* -klēs) *Athens größter Staatsmann, † 429.* [such.]
perīclitātiō, *ōnis f* (*perīclitor*) Ver-
perīclitor 1 (*altl. perīc[u]lor* 1 „erproben"; *cf. perīc[u]lum*) **1.** (*intr.*) **a)** einen Versuch machen, versuchen, wagen; **b)** gefährdet, bedroht sein [*vita*]; **2.** (*trans.*) **a)** versuchen, eine Probe machen *mit* [*fortunam*]; *pass.* [*periclitatis moribus*]; **b)** aufs Spiel setzen, gefährden.
perīculōsus 3 (*m.* °*comp., sup., adv.*; *perīculum*) gefährlich.
perīculum *u.* (*altl.*) **perīclum,** *ī n* (*perior*) **1. a)** Versuch, Probe; -*um facere* auf die Probe stellen, kennen lernen [*fidei*]; **b)** erster Versuch, Probestück, -schrift; **2. a)** Gefahr; ~ *est, ne* es ist zu befürchten, dass; °**b)** Wagnis; **3. a)** Prozess, gerichtliche Klage; **b)** (gerichtliches) Urteil, Protokoll; °**4.** (*rhet. t.t.*) *das* Gewagte *im Ausdruck.*
per-idōneus 3 sehr geeignet.
perierātiuncula, *ae f* = *pēierā-* [*tiuncula.*]
per-ierō (*altl.*) = *pēierō.*
per-illūstris, e °**1.** sehr deutlich; **2.** sehr angesehen.
per-imbēcillus 3 sehr schwach.
per-imō, *ēmī, ēmptum* 3 (*emō*) **1. a)** ganz wegnehmen; vernichten, zerstören, vertilgen; °**b)** töten; **2.** / vereiteln, hintertreiben.
per-impedītus 3 stark behindert, unwegsam.
per-inānis, e ganz leer, wertlos.
per-incertus 3 ganz ungewiss.
per-incommodus 3 sehr ungelegen; *kl. nur adv.* **-ē.**

P

per-inde *adv.* auf gleiche Weise, ebenso; °*nec* ~ nicht besonders; ~ *ac u. ut* gleich wie; °*haud* ~ ... *quam* nicht so sehr ... als vielmehr; ~ *ac (si) m. coni.* gleich als ob.

per-indignē *adv.* (*jünger -dī-; dīgnus*) sehr unwillig.

per-indulgēns, *entis* sehr nachsichtig.

per-īnfāmis, e berüchtigt.

per-īnfirmus 3 (*-fīrm-?*) sehr schwach.

per-ingeniōsus 3 sehr scharfsinnig.

per-ingrātus 3 sehr undankbar.

per-inīquus 3 **1.** sehr unbillig; **2.** sehr unwillig, unruhig.

per-īnsīgnis, e (*-sīgn-?*) sehr auffallend.

per-invalidus 3 sehr schwach.

per-invīsus 3 sehr verhasst.

per-invītus 3 sehr ungern.

periodus, *ī f* (*gr. Fw.*) Satzgefüge, Periode.

(perior), *perītus sum* 4 (√ **per-* „hinüberführen, durchdringen"; *s. perītus*) erfahren.

Peripatēticus 3 (*gr.* -κος) zum Peripatos, *der Schule des Aristoteles,* gehörend, peripatetisch; *subst.* ~, *ī m* Peripatetiker.

peripetasma, *atis n* (*gr. Fw.*) Decke, Teppich.

periphrasis, *is f* (*gr. Fw.*) Umschreibung.

per-īrātus 3 sehr zornig.

periscelis, *idis f* (*gr. Fw.*) Schenkel-, Kniespange.

peristrōma, *atis n* (*abl. pl. -atīs; gr. Fw.*) Teppich, Decke.

peristӯl(°i)um, *ī n* (*gr. Fw.*) Peristyl (*v. Säulen umgebener Innenhof des röm. Hauses*).

Pērithous = *Pīrithous.*

perītia, *ae f* (*perītus*) Erfahrung, Kenntnis.

perītus 3 (*m. comp., sup., adv.; perior*) erfahren, bewandert, kundig [*rei militaris, iure*].

per-iūcundus 3 (*m. adv.*) sehr angenehm; *auch im Tmesis.*

periūriōsus 3 (*periūrium*) meineidig.

periūrium, *ī n* (*periūrus*) Meineid.

per-iūrō 1 = *pēierō.*

periūrus 3 (*m.* °*comp., sup.;* < *per iūs* [*sc. dēcipere*]) meineidig, eidbrüchig.

perl... *s. auch pell...*

per-lābor, *lāpsus sum* 3 °**1.** durcheilen [*auras*]; **2.** unvermerkt gelangen [*ad Oceanum*].

per-laetus 3 sehr freudig.

per-lātē *adv.* sehr weit.

per-lateō, *uī,* — 2 immer verborgen bleiben.

per-lavō, *lāvī,* — 1 über u. über abwaschen, durchweichen.

per-legō, *lēgī, lēctum* 3 °**1.** durchmustern, genau betrachten; **2.** durchlesen; °**3.** vorlesen.

per-lepidē *adv.* sehr fein.

per-levis, e (*m. adv.*) sehr leicht; sehr unbedeutend.

per-libēns, *entis* (*m. adv.*) sehr gern.

per-līberālis, e (*m. adv.*) **1.** sehr gütig; **2.** von sehr guter Erziehung.

per-libet 2 *impers.* es beliebt sehr, ich habe große Lust.

per-lībrō 1 gleichmachen, nivellieren.

perliciō = *polliciō.*

per-litō 1 unter günstigen Auspizien opfern.

per-longinquus 3 sehr langwierig.

per-longus 3 **1.** sehr lang; °**2.** sehr langwierig; °**3.** *adv.* **-ē** sehr weit.

perlub... = *perlib...*

perlūcēns, *entis* (*perlūceō*) durchsichtig [*amictus;* / *oratio*].

per-lūceō, *lūxī,* — 2 **1.** °**a)** durchscheinen, hervorschimmern; **b)** / hervorleuchten; °**2.** durchsichtig sein.

perlūcidulus 3 (*dem. v. perlūcidus*) ziemlich durchsichtig.

per-lūcidus 3 (*m.* °*comp.; perlūceō*) durchsichtig; / sehr hell.

per-lūctuōsus 3 sehr traurig.

per-luō, *luī, lūtum* 3 (*lavō*) °**1.** abwaschen, baden; **2.** *mediopass.* baden (*intr.*).

per-lūstrō 1 °**1.** durchstreifen; **2.** / durchmustern; erwägen.

per-madefaciō, *fēcī,* — 3 durchweichen.

permadēscō, *duī,* — 3 (*incoh. v. *per-madeō*) erschlaffen.

per-magnus 3 (*-ā-?*) sehr groß; *-i* sehr viel [*interest*]; *-o* sehr teuer [*vendere*].

per-male *adv.* sehr unglücklich [*pugnare*].

permānanter *adv.* (*permānāns part. praes. v. permānō*) durchdringend.

permānāscō, — — 3 (*incoh. v. permānō*) hinfließen; / zu Ohren kommen [*ad alqm*].

per-maneō, *mānsī, mānsūrus* 2 **1. a)** verbleiben, ausharren; **b)** / ver-, beharren [*in consilio*]; **2.** anhalten, fortdauern.

per-mānō 1 hinfließen; / eindringen, sich verbreiten [*ad aures*].

permānsiō, *ōnis f* (*permaneō*) *das*

Verbleiben; / *das* Verharren [*in una sententia*].

per-marīnus 3 über das Meer geleitend.

per-mātūrēscō, *ruī,* — 3 völlig reif werden.

per-mediocris, e sehr mäßig.

per-meditātus 3 wohl vorbereitet.

per-meō 1 durchwandern; ans Ziel dringen.

per-mētior, *mēnsus sum* 4 ausmessen; °/ durchwandern, -fahren; durchleben; *part. pf.* °*auch pass.*

per-mingō, *mīnxī,* — 3 bepissen; / = *paedīcō.*

per-mīrus 3 sehr wunderbar.

per-misceō, *cuī, xtum* 2 (-*ī*-?) **1. a)** vermischen, durcheinander mengen; **b)** / vereinen; **2.** verwirren, in Unordnung bringen.

permissiō, *ōnis f* (*permittō*) °**1.** unbedingte Überlassung: **a)** (*mil. t.t.*) Kapitulation; **b)** (*rhet. t.t.*) Überlassung der Entscheidung *an Richter od. Gegner*; **2.** Erlaubnis.

permissus, *abl. ū m u.* °**-um,** ī *n* (*permittō*) Erlaubnis.

permitiālis, e (*permitiēs*) verderblich, tödlich.

permitiēs, *ēī f* (*unklare Umformung v. perniciēs*) Verderben; / Verführer.

per-mittō, *mīsī, missum* 3 °**1. a)** (*ans Ziel*) treiben, schleudern [*tela*]; **b)** (*bis ans Ziel*) gehen lassen; *equum u. se -ere* heransprengen, herandringen; schießen lassen [*habenas*]; °*mediopass.* sich ausbreiten; **2.** / **a)** überlassen, anvertrauen, freistellen; **b)** fahren lassen, aufopfern *zuliebe* [*inimicitias temporibus rei publicae*]; **c)** *se -ere* sich unterwerfen, ergeben [*in deditionem* auf Gnade u. Ungnade]; **d)** zulassen, erlauben.

permixtē *u.* **-tim** *adv.* (-*īx*-?; *permixtus, P.P.P. v. permisceō*) vermischt.

permixtiō, *ōnis f* (-*mīx*-?; *permisceō*) Vermischung; °/ Gärung, Aufruhr.

per-modestus 3 **1.** sehr schüchtern; °**2.** sehr maßvoll.

per-modicus 3 (*m. adv.*) sehr mäßig, sehr klein.

per-molestus 3 sehr beschwerlich; *adv.* **-ē** sehr unwillig [*ferre* sehr übel nehmen].

per-mollis, e sehr weich, sehr sanft.

per-molō, *uī,* — 3 zermahlen; / (*vulgär*) = *futuō.*

permōtiō, *ōnis f* (*permoveō*) Erregung; Begeisterung; Rührung.

per-moveō, *mōvī, mōtum* 2 °**1.** bewegen; **2.** / **a)** bewegen, veranlassen, bestimmen; °**b)** erregen [*omnes affectus*]; **c)** aufregen, rühren, beunruhigen, erschüttern, erbittern.

per-mulceō, *mulsī, mulsum* 2 **1.** °**a)** streicheln, liebkosen; **b)** sanft berühren; **2.** / **a)** schmeicheln, ergötzen; **b)** beruhigen, besänftigen.

per-multus 3 sehr viel; *subst.* **-um,** *ī n* sehr viel [*-o clarior* weit]; *adv.* **-um** sehr viel.

per-mūniō 4 fertig bauen; stark befestigen.

permūtātiō, *ōnis f* (*permūtō*) **1.** Wechsel, Veränderung; **2. a)** Vertauschung, Umtausch; °**b)** Tauschhandel; **c)** Umsatz *an Geld u. Wechseln*; °**d)** Austausch [*captivorum*].

per-mūtō 1 **1.** (völlig) wechseln, verändern; °**2. a)** vertauschen, wechseln; **b)** eintauschen, auswechseln, loskaufen [*captivos*]; **3.** Geld auf Wechsel nehmen, mit Wechseln zahlen [*pecuniam Athenas*].

perna, *ae f* (< **pērsnā*; *cf. nhd.* „Ferse") Hinterkeule, Schinken.

per-necessārius 3 sehr notwendig; sehr nahe stehend.

per-necesse *adv.* unumgänglich notwendig.

per-negō 1 **1.** entschieden leugnen; °**2.** rundweg abschlagen.

per-neō, *nēvī, nētum* 2 (*dcht.*; *v. d. Parzen*) abspinnen.

perniciābilis, e (*perniciēs*) verderblich, verheerend.

perniciālis, e (*perniciēs*) verderblich, tödlich.

perniciēs, *ēī f* (*altl.*: *gen. -niciī, dat. -niciē*; *per-necō* 1 „totschlagen") **1.** Verderben, Vernichtung, Untergang; **2.** / (*v. Personen*) Pest, Unhold; °*macelli* Fresssack.

perniciōsus 3 (*m. comp.,* °*sup., adv.*; *perniciēs*) verderblich, schädlich.

pernīcitās, *ātis f* (*pernīx*) Schnelligkeit.

per-niger, *gra, grum* ganz schwarz.

per-nimium *adv.* gar zuviel.

pernīx, *īcis* (*m. comp., sup., adv.*; *perna*) schnell, rasch, flink.

per-nōbilis, e sehr bekannt.

pernoctō 1 (*pernox*) übernachten.

pernōnidēs, *ae m* (*perna*; *scherzh.*

P

patronymische Bildung) Schinkensohn.
per-nōscō, *nōvī,* — 3 **1.** genau kennenlernen; °*pf.* gründlich kennen; °**2.** genau prüfen.
per-nōtēscō, *tuī,* — 3 überall bekannt werden.
per-nōtus 3 überall bekannt.
per-nox, *abl.* *nocte* (*nur nom. u. abl.*; ‹ *per noctem*) die Nacht hindurch (scheinend).
per-numerō 1 aufzählen; auszahlen.
pērō, *ōnis m* (*et. ungedeutet*) Bauern- u. Soldatenstiefel *aus rohem Leder.*
per-obscūrus 3 sehr dunkel.
per-odiōsus 3 sehr verhasst.
per-officiōsē *adv.* sehr gefällig.
per-oleō, *uī,* — 2 übel riechen.
per-opportūnus 3 (*m. adv.*) sehr willkommen.
per-optātus 3 (*kl. nur adv.* **-ō**; *P.P.P. v. optō*) ganz nach Wunsch.
per-opus *indecl.* sehr nötig.
perōrātiō, *ōnis f* (*perōrō*) Schluss der Rede, Epilog; Schlussrede.
per-ōrnō 1 sehr zieren; *kl. nur* (*P.P.P.*) *adi.* **perōrnātus** 3 sehr schön.
per-ōrō 1 **1.** *die* Rede beendigen; *die* Schlussrede halten; **2.** vortragen, sich auslassen *über* [*causam*].
per-ōsculor 1 der Reihe nach küssen.
per-ōsus 3 (*ōdī*) sehr hassend, sehr überdrüssig; *-um esse* sehr hassen.
per-pācō 1 völlig zur Ruhe bringen.
per-parcē *adv.* sehr sparsam.
per-parv(ul)us 3 überaus klein.
per-pāstus 3 (*P.P.P. v. pāscō*) wohlgenährt.
per-pauc(ul)ī, *ae, a* sehr wenige.
per-paul(l)um, *ī n* nur sehr wenig; *adv. ein* klein wenig.
per-pauper, *gen. eris* ganz arm.
per-pauxillum, *ī n* sehr wenig.
per-pavefaciō, *fēcī, factum* 3 (*u. -pavē-?*) sehr erschrecken.
per-pellō, *pulī, pulsum* 3 °**1.** eifrig betreiben, durchsetzen; **2.** tiefen Eindruck machen *auf* [te].
perpendiculum, *ī n* (*perpendō*) Bleilot, Richtschnur; *ad -um* senkrecht, schnurgerade.
per-pendō, *pendī, pēnsum* 3 / genau erwägen, untersuchen, prüfen.
perperam *adv.* (*sc. viam*; *altl. perperus* 3 „fehlerhaft"; *et. ungeklärt*) **1.** verkehrt, falsch; °**2.** aus Versehen.
perpes, *petis* (‹‹ **per-pet-s* *eigtl.* „durchgehend"; *altl.* = *perpetuus*; **perpetō*) ununterbrochen.
perpessīcius 3 (*perpessus, P.P.P. v. perpetior*) geduldig.
perpessiō, *ōnis f* (*perpetior*) **1.** *das* Erdulden [*laborum*]; °**2.** Ausdauer.
per-petior, *pessus sum* 3 (*patior*) **1.** erdulden, ertragen; °**2.** sich überwinden.
per-petītus 3 (*P.P.P. v. *perpetō*) verklärt zu.
per-petrō 1 (*patrō*) vollziehen, ausführen, verrichten, beendigen.
perpetuālis, e (*perpetuus*) überall geltend, allgemein.
perpetuārius 3 (*perpetuus*) beständig unterwegs.
perpetuitās, *ātis f* (*perpetuus*) Fortdauer, Stetigkeit, Zusammenhang; ** *vitae* ewiges Leben.
perpetuō[1] 1 (*perpetuus*) ununterbrochen fortdauern lassen, fortsetzen.
perpetuus 3 (*s. perpes*) **1.** (*räuml.*) zusammenhängend, fortlaufend [*munitiones*]; °zyklisch [*carmen*]; **2.** (*zeitl.*) °**a**) ganz [*triduum*]; **b**) ununterbrochen; fortdauernd, beständig; lebenslänglich; *in -um* für immer; **3.** allgemein gültig [*edictum*]; **4.** *adv.* **-ō**[2] beständig.
per-placeō, — — 2 sehr gefallen.
perplexābilis, e (*m. adv.*; *perplexor*) verwirrend; zweideutig.
perplexor 1 (**perplectō*) Verwirrung anrichten.
per-plexus 3 (*adv.* **-ē** *u.* **-im** *P.P.P. v. *per-plectō*) verschlungen, verworren; / undeutlich, unverständlich, dunkel.
perplicātus 3 (*P.P.P. v. per-plicō* 1) verworren; *auch in Tmesis.*
per-pluō, — — 3 den Regen durchlassen; / sich ergießen.
per-poliō 4 ausfeilen, glätten [*opus*]; (*P.P.P.*) *adi.* **perpolītus** 3 feingebildet, verfeinert.
per-populor 1 ganz verwüsten; *part. pf. auch pass.* [*perpopulato agro*].
perpōtātiō, *ōnis f* (*perpōtō*) Trinkgelage.
per-pōtō 1 **1.** durchzechen; °**2.** austrinken.
per-primō *u.* **-premō,** *pressī, pressum* 3 fort und fort drücken; / (*obszön*) tüchtig zusetzen.
per-properē *adv.* sehr eilig.
per-propinquus °**1.** *adi.* 3 nahe; **2.** *subst.* ~, *ī m* naher Verwandter.

per-prosperus 3 sehr glücklich.
per-prūrīscō, — — 3 (*incoh. v.* *per-prūriō) sehr geil werden.
per-pūgnāx, *ācis* (-ŭ-?) sehr streitsüchtig.
per-pulcher, *chra, chrum* sehr schön.
per-pūrgō 1 (*altl.* -*pūrigō*) völlig reinigen; / ins reine bringen; gründlich widerlegen.
per-pusillus 3 sehr klein, sehr wenig; *adv.* **-um** sehr wenig.
per-putō 1 auseinander setzen [*argumentum*].
per-quam *adv.* (*eigtl.* „sehr wie") überaus, sehr.
per-quīrō, *quīsīvī, quīsītum* 3 (*quaerō*) genau erforschen, sich genau erkundigen *nach* [*vias*].
perquīsītē *adv.* (*perquīsītus, P.P.P. v. perquīrō*) mit strenger Kritik.
perquīsītor, *ōris m* (*perquīrō*) Besucher [*auctionum*].
per-rārus 3 *kl. nur adv.* **-ō** sehr selten.
per-reconditus 3 sehr versteckt.
per-rēpō, *rēpsī,* — 3 hinkriechen *über* [*tellurem; per viam*].
perrēptō 1 (*intens. v. perrēpō*) überall herumkriechen.
per-rīdiculus 3 (*m. adv.*) sehr lächerlich.
perrogātiō, *ōnis f* (*perrogō*) Durchsetzung, Beschluss [*legis*].
per-rogō 1 alle (der Reihe nach) fragen [*sententias*].
per-rumpō, *rūpī, ruptum* 3 **1.** (*intr.*) (hin)durchbrechen; sich einen Weg bahnen; **2.** (*trans.*) **a**) durch-, auf-, zerbrechen; **b**) eindringen *in* [*paludem*]; **c**) vernichten, überwinden.
Persa, -ēs *s. Persia.*
per-saepe *adv.* sehr oft.
per-salsus 3 (*m. adv.*) sehr witzig.
persalūtātiō, *ōnis f* (*persalūtō*) allseitige Begrüßung.
per-salūtō 1 *alle* der Reihe nach begrüßen.
per-sānctē *adv.* (-ă-?) hoch und heilig.
per-sānō 1 völlig heilen.
per-sapiēns, *entis* (*m. adv.*) sehr weise.
per-scienter *adv.* sehr gescheit.
per-scindō, *scidī, scissum* 3 ganz zerreißen.
per-scītus 3 sehr fein, treffend; [*auch in Tmesis.*]
per-scrībō, *scrīpsī, scrīptum* 3 **1. a**) genau, ausführlich aufzeichnen; **b**) protokollieren, abfassen; **c**) (ver)buchen; **2. a**) (*schriftl.*) melden, berichten; **b**) durch eine Anweisung bezahlen [*pecuniam*]; °**3.** *etw.* ausschreiben (*Ggs.* *notō* 1c).
perscrīptiō, *ōnis f* (*perscrībō*) **1.** Niederschrift, Aufzeichnung; Protokollierung, Abfassung; **2.** Buchung, Eintragung in die Rechnungsbücher; **3.** Zahlungsanweisung.
perscrīptor, *ōris m* (*perscrībō*) Buchhalter.
perscrūtātiō, *ōnis f* (*perscrūtor*) Durchsuchung.
per-scrūtor *u.* (*altl.*) **-ō** 1 durchsuchen; / erforschen, untersuchen.
per-secō, *secuī, sectum* 1 °**1.** durchschneiden; **2.** / **a**) genau erforschen; °**b**) ausrotten.
persector 1 (*intens. v. persequor*) eifrig verfolgen; / eifrig nachgehen.
persecūtiō, *ōnis f* (*persequor*) Verfolgung; gerichtliche Klage.
per-sedeō, *sēdī, sessum* 2 ununterbrochen sitzen.
per-sēgnis, e sehr matt.
per-sentiō, *sēnsī, sēnsum* 4 tief fühlen, deutlich wahrnehmen.
persentīscō, — — 3 (*incoh. v. persentiō*) tief empfinden; deutlich merken.
Persēphonē, *ēs f s. Prōserpina.*
per-sequor, *secūtus sum* 3 **1. a**) (beharrlich) nachfolgen, nachgehen [*vestigia*]; **b**) verfolgen, nachsetzen [*fugientes*]; bekämpfen; **c**) rächen, bestrafen; **d**) (*gerichtlich*) verfolgen; rechtlich geltend machen [*ius suum*]; **e**) protokollieren; **f**) eifrig betreiben; **g**) nachstreben, -ahmen, sich bekennen *zu* [*exempla maiorum*]; **h**) durchforschen, -suchen; **2. a**) fortsetzen, durchführen [*bellum*]; **b**) einholen, erreichen; **c**) (*mündl. od. schriftl.*) darstellen, aufzählen [*res Hannibalis*].
Persēs, *ae m* **1.** = *Persa; s. Persia;* [**2.** = *Perseus* 2.]
Persĕus, *eī u. eos m* (*gr.* -*sĕus*) **1.** *Sohn des Jupiter u. der Danae; adi.* -*sē(ī)us* 3; *cf. Andromeda;* **2.** *letzter makedonischer König; adi.* -*sicus* 3.
persevērāns, *antis* (*m.* °*comp.*, °*sup.*, °*adv.*; *persevērō*) beharrlich.
persevērantia, *ae f* (*persevērāns*) Beharrlichkeit, Ausdauer.
per-sevērō 1 (*sevērus*) **1.** (*intr.*) **a**) standhaft verharren, bestehen *auf* [*in sententia*]; **b**) (*abs.*) seine Fahrt *od.* Reise fortsetzen; °**c**) (*zeitl.*) Bestand haben, lange anhalten; **2.** (*trans.*) beharren *bei* [*id*]; fortfahren [*scribere*].

P

per-sevērus 3 (*m. adv.*) sehr streng.
Persia, *ae u.* **Persis,** *idis f* (*gr.* -sis) **1.** *Ldsch.* Persis, *j.* Farsistan; **2.** *das* Perserreich; *Einw.* **Persae,** *ārum m* (*sg.* **-a,** *ae m u.* **-ēs,** *ae*); *adi.* -*sicus* 3; ** *subst.* **persicus,** *i f* Pfirsichbaum; **-um,** *i n* Pfirsich.
per-sīdō, *sēdī, sessum* 3 sich festsetzen, eindringen.
per-sīgnō 1 (-*ī*-?) genau aufzeichnen.
per-similis, e sehr ähnlich.
per-simplex, *icis* sehr einfach.
per-sistō, *stitī,* — 3 stehen bleiben, verharren [*in eādem impudentiā*].
Persius 3 *urspr. etr., später röm. Gentilname*: A. ~ *Flaccus, bekannter Satirendichter z. Z. Neros.*
persōlla, *ae f* (*dem. v. persōna*; *eigtl.* „kleine Maske") Fratze (*Schimpfwort*).
per-sōlus 3 ganz allein.
per-solvō, *solvī, solūtum* 3 **1.** auflösen, erklären; **2.** ab-, auszahlen; **3. a**) abtragen, erweisen [*gratiam*]; **b**) leiden, büßen [*poenas*].
persōna, *ae f* (*etr. Fw.*) **1.** Maske; / **2.** Rolle (*in einem Schauspiel*); **3.** Rolle (*im Leben*); Charakter; äußere Lage, Stellung, Würde; **4.** Person, Persönlichkeit; °**5.** (*gramm. t.t.*) Person [*tertia*].
persōnātus 3 (*persōna*) maskiert, verkleidet.
per-sonō, *uī,* — 1 **1.** (*intr.*) **a**) widerhallen, ertönen; °**b**) seine Stimme erschallen lassen; °**c**) spielen [*citharā*]; **2.** (*trans.*) °**a**) mit Tönen erfüllen; **b**) laut rufen, laut verkündigen; °**c**) (*auf einem Instrument*) spielen.
perspectē *adv.* (*perspectus*) einsichtsvoll.
perspectō 1 (*intens. v. perspiciō*) genau sich ansehen; bis zum Ende sich ansehen.
perspectus 3 (*m.* °*sup.*; *perspiciō*) erkannt, bewährt.
per-speculor 1 genau erforschen.
per-spergō, *rsī, rsum* 3 (*spargō*) besprengen, bestreuen; *kl. nur* /.
perspicāx, *ācis* (*perspiciō*) scharfsinnig, einsichtsvoll.
perspicientia, *ae f* (*perspiciēns, part. praes. v. perspiciō*) völlige Erkenntnis.
per-spiciō, *spexī, spectum* 3 (*spēxī*?) **1.** (*intr.*) (hin)durchsehen [*per saepem*]; **2.** (*trans.*) °**a**) deutlich sehen; **b**) genau besichtigen, betrachten; durchlesen; **c**) / durchschauen, erkennen, wahrnehmen.
perspicuitās, *ātis f* (*perspicuus*) Deutlichkeit.
perspicuus 3 (*m. adv.*; *perspiciō*) °durchsichtig; / deutlich, offenbar.
per-spissō *adv.* (*spissus*) sehr langsam.
per-sternō, *strāvī, strātum* 3 ganz pflastern.
per-stimulō 1 ununterbrochen reizen.
per-stō, *stitī, stātūrus* 1 °**1.** stehen bleiben; **2.** / °**a**) fortdauern, bleiben; **b**) beharren *bei* [*in incepto*].
per-strepō, *uī,* — 3 sehr lärmen.
per-stringō, *strīnxī, strictum* 3 (-*strīnxī*?) **1. a**) streifen, berühren; °**b**) leicht verwunden; **c**) durchpflügen [*solum aratro*]; **2.** / **a**) unangenehm berühren, erschüttern; **b**) tadeln, verspotten; **c**) (*in der Rede*) streifen, flüchtig besprechen [*vitae cursum*]; °**d**) abstumpfen, betäuben.
per-studiōsus 3 (*m. adv.*) sehr eifrig beschäftigt *mit* [*litterarum*].
per-suādeō, *sī, sum* 2 *gew. m. dat.*: **1.** überreden; *mihi -detur* [*ut*; *ne*] ich werde überredet; **2.** überzeugen; *mihi -sum est* [*m. a.c.i.*] ich bin überzeugt.
persuāsibilis, e (*m. adv.*; *persuādeō*) leicht überzeugend.
persuāsiō, *ōnis f* (*persuādeō*) **1.** Überredung, Überzeugung; °**2.** Glaube, Meinung; Vorurteil.
persuāstrīx, *īcis f* (**persuāstor*; *persuādeō*) Verführerin.
persuāsus, *abl. ū m* (*persuādeō*) Überredung.
per-subtīlis, e °**1.** sehr fein; **2.** / sehr durchdacht.
per-sultō 1 (*saltō*) **1.** (*intr.*) umherspringen; **2.** (*trans.*) durchstreifen.
per-taedet, *taesum est* 2 *impers.* großen Ekel empfinden, überdrüssig werden [*eum negotii*].
pertaesus 3 (*pertaedet*) ganz überdrüssig.
per-tegō, *tēxī, tēctum* 3 ganz bedecken.
per-temptō 1 °**1.** überall betasten; **2.** / °**a**) prüfen, erproben; **b**) überdenken, überlegen; °**c**) völlig ergreifen, durchzucken.
per-tendō, *tendī, tentum u.* (*jünger*) *tēnsum* 3 **1.** hineilen; **2.** durchsetzen; dabei beharren.
per-tentō 1 = *pertemptō*.
per-tenuis, e / sehr schwach [*spes*].
per-terebrō 1 durchbohren.

per-tergeō, *tersī, tersum* 2 abwischen; / leicht berühren.
perterre-faciō, —, *factum* 3 (*perterreō*) in Schrecken setzen.
per-terreō, *uī, itum* 2 heftig erschrecken, einschüchtern.
perterri-crepus 3 (*perterreō, crepō*) schrecklich tönend.
per-texō, *texuī, textum* 3 °**1.** zu Ende weben; **2.** / vollenden.
pertica, *ae f* (*et. unklar*) Stange, Stock; Messstange.
pertime-factus 3 (*u. -ē-?; pertimeō, faciō*) eingeschüchtert.
pertimēscō, *muī,* — 3 (*incoh. v. per-timeō*) (sich) sehr fürchten.
pertinācia, *ae f* (*pertināx*) Beharrlichkeit; Hartnäckigkeit.
per-tināx, *ācis* (*m.* °*comp., sup.,* °*adv.*; *teneō*) °**1.** festhaltend; **2.** / °**a**) lange anhaltend; **b**) beharrlich, fest; **c**) hartnäckig; °**d**) geizig.
per-tineō, *tinuī,* — 2 (*teneō*) **1.** sich erstrecken, sich ausdehnen; **2.** / **a**) betreffen, angehen [*ad nos*]; **b**) dienen *zu*, abzielen *auf*; Einfluss haben *auf*.
per-tingō, — — 3 (*tangō*) sich ausdehnen, sich erstrecken.
per-tolerō 1 geduldig ertragen.
per-torqueō, — — 2 verdrehen.
pertractātē *adv.* (*pertractātus* 3, *P.P.P. v. pertrahō*) in abgedroschener Weise.
pertractātiō, *ōnis f* (*pertractō*) Beschäftigung *mit* [*poetarum*].
per-tractō 1 (überall) betasten, befühlen; / überdenken, untersuchen; einwirken *auf* [*animos*].
per-trahō, *trāxī, tractum* 3 (hin-) schleppen; locken.
per-tribuō, *uī,* — 3 von allen Seiten erteilen.
per-trīcōsus 3 (*trīcae*) sehr verwickelt.
per-trīstis, e °**1.** sehr traurig; **2.** sehr mürrisch.
pertrītus 3 (*P.P.P. v. per-terō* 3) sehr abgenutzt, alltäglich.
per-tumultuōsē *adv.* in großer Aufregung.
per-tundō, *tudī, tū(n)sum* 3 durchstoßen, durchlöchern; (*P.P.P.*) *adi.* **pertū(n)sus** 3 mit einem Loch.
perturbātiō, *ōnis f* (*perturbō*) Verwirrung, Unordnung; / Störung, Umwälzung; Leidenschaft, Erregung.
perturbātrīx, *īcis f* (*perturbator; perturbō*) die verwirrt.
perturbātus 3 (*m. comp.,* °*sup., adv.*; *perturbō*) **1.** stürmisch; **2.** / **a**) verworren, wirr; **b**) bestürzt.
per-turbō 1 verwirren, in Unordnung bringen; / beunruhigen, aufregen, aus der Fassung bringen.
per-turpis, e sehr unanständig.
pērula, *ae f* (*dem. v. pēra*) *ein* kleiner Ranzen.
per-ungō, *ūnxī, ūnctum* 3 (*ŭnctum?*) beschmieren, salben.
per-urbānus 3 sehr fein, sehr witzig; überhöflich.
per-urgeō, *ursī,* — 2 sehr bedrängen.
per-ūrō, *ussī, ustum* 3 (*ūssī, ūstum?*) °**1.** **a**) (ganz) verbrennen, versengen; **b**) / *kl. nur*: *gloriā*; °**2.** / wund drücken; brennen, quälen, erzürnen; (*v. d. Kälte*) versehren; *gelu perustus* gefroren.
Perusia, *ae f St. in Etrurien, j.* Perugia; *adi. u. Einw.* -*sīnus* (3).
per-ūtilis, e (*m.* °*adv.*) sehr nützlich.
per-vādō, *sī, sum* 3 **1.** (*intr.*) **a**) hindurchgehen, durchbrechen; **b**) gelangen, erreichen [*ad castra*; / °*terror in aciem*]; **c**) sich verbreiten [*per agros*]; **2.** (*trans.*) durchdringen [*opinio animos*].
pervagātus 3 (*m. comp., sup.*; *pervagor*) weit verbreitet, allgemein (bekannt).
per-vagor 1 **1.** (*intr.*) **a**) umherstreifen; **b**) / sich verbreiten, bekannt werden; **2.** (*trans.*) **a**) durchschweifen, -wandern; **b**) ergreifen [*dolor membra*].
per-vagus 3 überall umherschweifend.
per-variē *adv.* sehr mannigfaltig.
per-vāstō 1 (*-ă-?*) völlig verwüsten.
per-vehō, *vēxī, vectum* 3 **1.** °**a**) hindurchführen [*commeatūs*]; **b**) *mediopass.* durchfahren; **2.** °**a**) hinführen, -bringen; / erheben [*in caelum*]; **b**) *mediopass.* hinfahren, -kommen.
per-vellō, *vellī,* — 3 °**1.** (kräftig) rupfen, zupfen; reizen; **2.** / kränken; durchhecheln.
per-veniō, *vēnī, ventum* 4 **1.** ankommen, erreichen [*in, ad urbem*]; **2.** / **a**) (*an ein Ziel*) kommen [*in senatum* aufgenommen werden]; **b**) *in einen Zustand* geraten [*in, ad desperationem*]; **3.** zufallen, zuteil werden [*divitiae ad paucos*].
per-vēnor 1 durchjagen.
perversitās, *ātis f* (*perversus*) Verkehrtheit.
perversus 3 (*m.* °*comp., sup., adv.*;

pervertō) verdreht; / verkehrt, schlecht, falsch, unrecht, töricht.
per-vertō, *rtī, rsum* 3 umkehren, -stürzen, -werfen; / ganz umkehren; vernichten, verderben.
per-vesperī *adv.* spät abends.
pervestīgātiō, *ōnis f* (*pervestīgō*) Forschung.
per-vestīgō 1 ausspüren; / erforschen.
per-vetus, *gen. teris u.* **-tustus** 3 sehr alt.
per-viam (?) *adv.* zugänglich.
pervicācia, *ae f* (*pervicāx*) Beharrlichkeit; *kl. nur*: Hartnäckigkeit.
per-vicāx, *ācis* (*m. comp., sup., adv.*; *pervincō*) beharrlich, unermüdlich; hartnäckig, eigensinnig.
per-videō, *vīdī, vīsum* 2 °**1. a**) überschauen; **b**) / überblicken, mustern; **2.** °**a**) (*mit den Augen*) genau erkennen; / **b**) genau erforschen; **c**) einsehen, erkennen.
per-vigeō, *uī,* — 2 sehr kräftig sein.
per-vigil, *is* (*aus pervigilō rückgebildet*) stets wachsam.
pervigilātiō, *ōnis f* (*pervigilō*) Nachtfeier.
pervigilium, *ī n* (*pervigil*) **1.** Nachtwache; **2.** Nachtfeier.
per-vigilō 1 durchwachen; wach bleiben; °*Venerī* im Dienst der Venus.
per-vīlis, *e* sehr wohlfeil.
per-vincō, *vīcī, victum* 3 °**1.** (*trans.*) **a**) völlig besiegen; / **b**) mit Mühe bewegen *zu*, erzwingen [*ut*]; **c**) unumstößlich erweisen; **2.** (*intr.*) °**a**) völlig siegen; **b**) recht behalten.
pervium, *ī n* (*pervius*) Durchgang.
per-vius 3 (< *per viam* [*sc. dūcō*]) gangbar, wegsam; °/ offen, zugänglich.
per-vīvō, *vīxī,* — 3 fortleben.
per-volg... = *per-vulg...*
per-volitō 1 (*intens. v. pervolō*¹) durchfliegen.
per-volō¹ 1 **1.** °**a**) durchfliegen; **b**) durcheilen; **2.** hineilen.
per-volō², *voluī, velle* gern wollen, sehr wünschen.
per-volūtō 1 (*frequ. v. pervolvō*) genau studieren [*libros*].
per-volvō, *volvī, volūtum* 3 °**1.** herumwälzen [*alqm in luto*]; **2.** / **a**) genau bekannt machen *mit* [*in iis locis*]; °**b**) durchlesen.
pervors..., **pervort...** (*altl.*) = *pervers..., pervert...*
pervulgātus 3 (*m.* °*comp.,* °*sup.,* °*adv.*; *pervulgō*) allbekannt; gewöhnlich.
per-vulgō 1 **1. a**) veröffentlichen; **b**) *se -are* sich preisgeben [*omnibus*]; °**2.** häufig betreten, besuchen.
pēs, *pedis m* (*cf. nhd.* „Fuß") **1. a**) Fuß; *-ibus* zu Fuß, zu Lande, als Fußgänger; *-em* °*ferre* gehen, kommen; *ponere* eintreten; *ante -es positum esse* vor Augen liegen; (*mil. t.t.*) *-em conferre* handgemein werden, angreifen, *referre* zurückweichen; *ad -es* °*descendere* absitzen; (*pol. t.t.*) *-ibus ire in alcis sententiam* (*im Senat*) für einen Antrag stimmen; (*obszön*) *tollere -em od. -es* (*sc. ad concubitum*); °**b**) Fuß, Bein [*mensae*]; °**c**) Huf, Kralle; **d**) Segeltau, Schote; *-e* °*aequo* vor dem Winde; *-em* °*facere* mit halbem Winde segeln; **2.** / **a**) (*meist pl.*) Schritt, Gang, Lauf; *servus a -ibus* Laufbursche; **b**) Fuß *als Längenmaß* (*ca. 30 cm*); **c**) Versfuß, -art; Takt; Rhythmus.
pessimissimus 3 (*vereinzelter sup. zum sup. pessimus*) *s. malus*¹.
pessimus *s. malus*¹.
Pessinūs, *ūntis f,* (*selten*) *m* (*gr.* -nūs) *St. in Galatien m. ber. Kybelekult*; *adi.* **-nūntius** 3.
pessulus, *ī m* (*gr. Lw.*) Riegel.
pessum *adv.* (*wohl* < **ped-tum*; *pēs?*) °**1.** zu Boden; **2.** / °**a**) ~ *ire* zugrunde gehen; **b**) ~ *dare* (*auch zus.*) zugrunde richten, verderben.
pesti-fer, *era, erum* (*m. adv.*) verderblich, unheilvoll.
pestilēns, *entis* (*m. comp., sup.*; *pestis*) ungesund; / verderblich.
pestilentia, *ae f* (*pestilēns*) ungesunde Luft, Gegend; Seuche, Pest.
pestilitās, *ātis f* = *pestilentia.*
pestis, *is f* (*et. ungeklärt*) Seuche, Pest; / Unglück, Verderben; verderbliche Person *od.* Sache, Scheusal, Unhold; ** Qual, Leiden; *famis* Hungersnot.
petasātus 3 (*petasus*) mit Reisehut.
petasō, *ōnis m* (*nach Varro gall. Fw.*) Schweinevorderschinken.
petasunculus, *ī m* (*dem. v. petasō*) kleiner Schweinevorderschinken.
petasus, *ī m* (*gr. Fw.*) Reisehut.
petaurum, *ī n* (*gr. Fw.*) Federbrett (*der Gaukler*).
petessō, — — 3 (*intens. v. petō*) erstreben.
petilus 3 (*vl. eigtl.* „weit sich aus-

breitend u. daher dünn"; *petō*) schmächtig, spärlich.

petītiō, *ōnis f* (*petō*) **1.** (*t.t. der Fechtersprache*) Angriff, Hieb, Stoß; **2.** / °**a**) Ersuchen, Bitte; **b**) Amtsbewerbung; **c**) (*jur. t.t.*) gerichtlicher Anspruch, Klage; Anspruchsrecht.

petītor, *ōris m* (*petō*) (Amts-)Bewerber; Kläger.

petītūriō, — — 4 (*desid. v. petō*) sich bewerben wollen.

petītus, *ūs m* (*petō*) *das* Sichneigen, Fallen [*terrae* zur Erde].

petō, *tīvī u. tiī, tītum* 3 (*eigtl.* „fliegen, eilen"; *cf. penna*) **1. a**) aufsuchen [*calidiora loca*], eilig hingehen (laufen, segeln); **b**) (*feindl.*) angreifen, bedrohen; °*telis* beschießen; °**c**) (*freundl.*) angehen, sich *an jd.* wenden [*me*]; **2. a**) zu erlangen suchen; streben *nach* [*principatum*]; *salutem fugā* sein Heil in der Flucht suchen; **b**) verlangen, wünschen; **c**) erbitten, bitten *um* [*veniam*; *praemia a rege*]; **d**) sich bewerben *um* [*consulatum*]; **e**) (*jur. t.t.*) beanspruchen, einklagen [*sibi pecuniam*]; *is qui petit* Kläger; *is unde* (*od. a quo*) *petitur* Beklagter; **3.** holen [*commeatum*]; / entnehmen [*exempla a Graecis*].

petorritum, *ī n* (*wohl gall. Fw.* „Vierrad") offener vierrädriger Wagen, Kutsche.

petra, *ae f* (*gr. Fw.*) Fels, Stein.

petrō, *ōnis m* (*wohl etr. Lw.*) alter Hammel.

Petrōnius Arbiter *Günstling Neros* (*arbiter* [*sc. ēlegantiae*] Schiedsrichter des guten Geschmacks).

petulāns, *antis* (*m.* °*comp.*, °*sup.*, *adv.*; *eigtl.* „darauf losgehend"; *petō*) ausgelassen, mutwillig; leichtfertig.

petulantia, *ae f* (*petulāns*) Ausgelassenheit; Frechheit; Leichtfertigkeit.

petulcus 3 (*petō*) stößig.

petulus 3 *schlechte Schreibweise für petilus.*

pexātus 3 (*pexus*) in einem Kleid aus reiner Wolle.

pexus 3 *s. pectō.*

Phaeāces, *um m sagenh. Bewohner der Insel Scheria* (*sg.* **-āx,** *ācis*); *adi.* *-āc(i)us* 3; *subst.* **Phaeācia,** *ae f* (*gr.* Phaiākiā) Phäakenland (Korkyra).

phaecasia, *ōrum n* (*gr. Fw.*) weiße Schuhe; *adi.* **-siātus** 3 mit weißen Schuhen.

Phaedōn, *ōnis m* (*gr.* Phai-) *Schüler des Sokrates; Titel eines Platonischen Dialogs.*

Phaedra, *ae f* (*vereinzelt -ā*; *gr.* Phaidrā) *Tochter des Minos, Gattin des Theseus; s. Hippolytus.*

Phaedrus, *ī m* (*gr.* Phaidros) **1.** *Schüler des Sokrates; Titel eines Platonischen Dialogs;* **2.** *Fabeldichter, Freigelassener des Augustus.*

Phaëthōn, *ontis m* (*gr.* -ethōn „*der* Strahlende") **1.** *Beiname des Sol;* **2.** *Sohn des Sol, als Lenker des Sonnenwagens v. Jupiters Blitz erschlagen*; *adi.* -thontēus 3; *subst.* **-thontiades,** *um f seine Schwestern, in Pappeln, ihre Tränen in Bernstein verwandelt*; *adi.* **-thontis,** *idis f* des ~ [*volucris* Schwan, *gutta* Bernstein].

phager, *grī m* (*gr. Lw.*) *unbekannter Fisch.*

phalanga, *ae f* (*gr. Lw.*) Walze, Rolle.

phalangītēs, *ae m* (*gr. Fw.*) Soldat der Phalanx, Schwerbewaffneter.

phalanx, *angis f* (*gr. Fw.*) Phalanx: °**1.** Schlachtreihe, Heer; **2.** °**a**) *geschlossene* Schlachtfront *der Athener u. der Spartaner*; °**b**) Schlachtordnung *der makedonischen Schwerbewaffneten*; **c**) *viereckige* Schlachtordnung *der Gallier u. Germanen.*

phalārica, *ae f* = *falārica.*

phalerae, *ārum f* (*gr. Lw.*) **1.** Brustschmuck *der Soldaten*; *mil.* Ehrenzeichen; °**2.** Stirn- u. Brustschmuck *des Pferdes.*

phalerātus 3 (*phalera*) mit Brustschmuck geziert; °/ *dicta -a* schön klingend.

phantasia, *ae f* (*gr. Fw.*) Gedanke, Einfall.

phantasma, *atis n* (*gr. Fw.*) Gespenst; ** Trugbild.

Phantasus, *ī m* (*gr.* -os) *Traumgott.*

Phaōn, *ōnis m v. Sappho geliebter Jüngling*; / kaltherziger Geliebter.

pharetra, *ae f* (*gr. Fw.*) Köcher.

pharetrātus 3 (*pharetra*) köchertragend.

****phariseus,** *i m* Pharisäer; Heuchler.

pharmacopōla, *ae m* (*gr. Fw.*) Quacksalber.

Pharos u. -us, *ī f Insel bei Alexandria in Ägypten mit berühmtem Leuchtturm gleichen Namens*; °*adi.* *-rius* 3 ägyptisch.

Pharsālos *u.* **-us,** *ī f (gr.* Phar-) *St. in Thessalien (Schlacht 48); adi.* *-li(c)us* 3; *subst.* **-lia,** *ae f (gr.* -liā) Gebiet um ~.

phasēlus, *ī m (wohl gr. Fw., urspr. Mittelmeerwanderwort)* °**1.** *Schwertbohne;* **2.** / leichtes Schiff, Boot.

Phāsis, *idis m Fl. in Kolchis, j.* Rion; *adi. -siacus* 3; *-sis, idis u. -sias, adis f* kolchisch; *subst.* Kolcherin, Medea; **phāsiānus,** *ī m* Fasan.

phasma, *atis n (gr. Fw.)* Erscheinung, Gespenst; ♀ *Titel einer Komödie Menanders u. eines Gedichts v. Catull.*

phengītēs, *ae m (gr. Fw.)* Glimmer.

phiala, *ae f (gr. Fw.)* Trinkschale.

Phīdiās, *ae m (gr.* Pheidiās) *ber. athenischer Bildhauer z. Z. des Perikles.*

philēma, *atis n (gr. Fw.)* Kuss.

Philēmō(n), *onis m* **1.** *Dichter der mittleren Komödie;* **2.** *s. Baucis.*

Philippus, *ī m (gr.* Philippos) *Name makedonischer Könige; bsd.:* Philipp III., *Vater Alexanders d. Gr.;* / *(urspr. die v. Philipp geprägte)* Goldmünze *im Wert v. 20 Dareiken; adi. -pēus* 3 [nummus]; *-picus* 3 [orationes]; *subst.* **-picae,** *ārum f (sc. ōrātiōnēs) Reden des Demosthenes gegen Philipp u. des Cicero gegen Antonius.*

philitia, *ōrum n (gr. Fw.) gemeinsame* Mahlzeiten *der Spartiaten.*

Philoctētēs *u.* **-ta,** *ae m (gr.* -ktētēs) *Gefährte des Herkules; auf der Fahrt nach Troja wegen einer eiternden Wunde auf Lemnus ausgesetzt; im zehnten Kriegsjahr nach Troja gebracht, tötet er Paris mit den Pfeilen des Herkules u. wird geheilt; adi -tētaeus* 3.

philologia, *ae f (gr. Fw.)* **1.** Gelehrsamkeit, wissenschaftliches Streben; °**2.** Philologie.

philologus, *ī m (gr. Fw.)* **1.** Gelehrter, Literat; °**2.** Philologe.

Philomēla, *ae f (gr.* -lē) *Schwester der Prokne, v. ihrem Schwager Tereus entehrt, in eine Nachtigall verwandelt;* / Nachtigall.

philosophia, *ae f (gr. Fw.)* **1.** Philosophie; °**2.** philosophischer Gegenstand; **3.** *pl.* Philosophenschulen.

philosophor 1 *(philosophus)* philosophieren; forschen, nachdenken.

philosophus 3 *(gr. Fw.)* philosophisch; *subst.* ~, *ī m* Philosoph (** Gelehrter); **-a,** *ae f* Philosophin.

philtrum, *ī n (gr. Fw.)* Liebestrank.

philyra, *ae f (gr. Fw.)* Lindenbast.

phīmus, *ī m (gr. Fw.)* Würfelbecher.

Phlegethōn, *ontis m (gr.* ♀-gethōn „brennend") *Feuerstrom in der Unterwelt; adi. -thontis, idis f.*

phōca, *ae u.* **-ē,** *ēs f (gr. Fw.)* Seehund, Robbe.

Phoebē, *ēs f (gr.* Phoibē) *Diana als Mondgöttin;* / Mondnacht.

Phoebi-gena, *ae m (Phoebus, gignō)* Sohn des Phöbus (Äskulap).

phoebus[1] 3 *(gr. Fw.)* rein, leuchtend (?).

Phoebus[2], *ī m (gr.* Phoibos *„der* Leuchtende") *Beiname des Sonnengottes Apollo;* / Sonne; **Phoebas,** *adis f Priesterin Apollos,* Prophetin; *adi. -bē(i)us* 3.

Phoenīca, *ae u.* **-ē,** *ēs f (gr.* Phoinikē) Phönikien; *Einw.* **-nīces,** *um m; adi. -nissa, ae f; subst.* Phönikerin.

phoenīcopterus, *ī m (gr. Fw.)* Flamingo.

phoenīx, *īcis m (gr. Fw.)* Phönix *(sagenhafter Vogel, der nach einem Leben v. 500 Jahren sich selbst verbrennt u. aus der Asche verjüngt entsteht).*

phōnascus, *ī m (gr. Fw.)* Gesangs- u. Deklamationslehrer.

phrasis, *is f (gr. Fw.)* rednerischer Ausdruck, Diktion.

phrenēsis, *is f (gr. Fw.)* Wahnsinn, Geisteskrankheit.

phrenēticus 3 *(gr. Fw.)* wahnsinnig, geisteskrank.

Phrixus, *ī m (gr.* -os) *s. Hellē; adj. -xēus* 3.

Phryges, *um m (sg.* **Phryx)** Phrygier; *adi. -gius* 3; *subst.* **-gia,** *ae f (gr.* -giā) Phrygien; **-giae,** *ārum f* Trojanerinnen.

phrygiō, *ōnis m (Phryx)* Tuch-, Goldsticker.

Phrynē, *ēs f ber. athenische Hetäre;* / Freudenmädchen; Kupplerin.

Phth (phth)... *s. Pth (pth)...*

phȳ *int. (gr. Fw.)* pfui!

phylaca, *ae f (gr. Fw.)* Gefängnis.

phylacista, *ae m (gr. Fw.)* Kerkermeister *(scherzh. v. einem mahnenden Gläubiger)* (?); *cf. thȳlacista.*

phȳlarchus, *ī m (gr. Fw.)* Stammesfürst.

phyrgiō = *phrygiō.*

P

physicus 3 (*m. adv.* -ē nach Art der Physiker; *gr. Fw.*) *die* Natur betreffend, physisch, physikalisch; *subst.* ~, *ī m* Naturphilosoph, Physiker; **-a,** *ae f u. ōrum n* Naturlehre, -philosophie, Physik.
physiognōmōn, *onis m (gr. Fw.)* Beurteiler der Menschen nach ihren Gesichtszügen, Kenner der Physiognomie.
physiologia, *ae f (gr. Fw.)* Naturkunde, Naturphilosophie.
piābilis, e (*pī-?; piō*) sühnbar.
piāculāris, e (*pī-?; piāculum*) sühnend, Sühn...; (**Sühne heischend); *subst.* **-āria,** *ium n* Sühneopfer.
piāculum, *ī n (pī-?; piō)* **1.** Sühnmittel, -opfer; °**2.** / **a)** Sühne, Strafe; **b)** Sünde, Vergehen; Torheit.
piāmen, *inis (Ov.) u.* **-mentum,** *ī (nkl.) n (pī-?; piō)* = *piāculum.*
pīca, *ae f (pīcus)* Elster.
picāria, *ae f (pix)* Pechhütte.
picātus 3 (*picō*) verpicht; mit Pech gewürzt; nach Pech schmeckend.
picea, *ae f (piceus)* Pechföhre, Fichte; Kiefer.
Pīcēnum, *ī n Ldsch. um Ancona; adi.* -cēnus 3; *adi. u. Einw.* **-cēns,** *centis.*
piceus 3 (*pix*) aus Pech; / pech-schwarz.
picō 1 (*pix*) verpichen, mit Pech bestreichen.
Pictonēs, *um m gall. Volk im j.* Poitou.
pictor, *ōris m (pingō)* Maler.
pictūra, *ae f (pingō)* **1. a)** Malerei; °**b)** *das* Schminken; **2. a)** Gemälde; **b)** *textilis* Stickerei; **c)** / Ausmalung [*virtutum*].
pictūrātus 3 (*pictūra*) mit Stickerei verziert, gestickt.
pictus 3 (*m. comp.; pingō*) **1. a)** bemalt; °**b)** bunt gewirkt; **2** / °**a)** bunt, gefleckt; **b)** zierlich [*genus orationis*]; **c)** unecht.
pīcus[1], *ī m (cf. nhd. „Specht")* Specht.
pīcus[2], *ī m (vl. zu dor.* Phix = *Sphinx)* Vogel Greif.
Pīeria, *ae f (gr. -riā; nkl.) makedonische Landschaft;* **Pīeros** *u.* **-us,** *ī m makedonischer Fürst, der seinen Töchtern Musennamen gab, od. Vater der neun Musen;* °**Pīerides,** *um f (sg. -ris, idis)* Töchter des Pieros *od. die* Musen; °*adi.* -rius 3 thessalisch, dichterisch; *subst.* **-riae,** *ārum f die* Musen.

pietās, *ātis f (pī-?; pius)* (frommes) Pflichtgefühl: **1. a)** Frömmigkeit; **b)** kindliche Liebe [*erga parentes*], Geschwisterliebe, Familiensinn, Anhänglichkeit; Freundesliebe; Vaterlandsliebe, Treue [*in patriam*]; °**2.** Gerechtigkeit; °**3.** Milde (*der Götter*); Mitleid, Gnade; **4.** ♀ *Göttin;* ** Liebe, Güte; *vestra* Ew. Gnaden.
piger, *gra, grum (m.* °*comp.,* °*sup.,* °*adv.; cf. nhd.* „Fehde") verdrossen, träge, faul; / langsam, schleichend; untätig; träge machend; verdrießlich.
piget, *uit, — 2 impers. (piger)* **1.** es verdrießt, erregt Unlust [*me alcis rei*]; °**2.** man schämt sich [*fateri*].
pigmentārius, *ī m (pīg-?; pigmentum)* Farben-, Salbenhändler.
pigmentum, *ī n (-ī-?; pingō)* **1. a)** Farbe, Färbestoff; °**b)** Schminke; **2.** / Schmuck *der Rede.*
pignerātor, *ōris m (-ī-?; pigneror)* Pfandnehmer.
pignerō 1 (*-ī-?; pignus*) ver-pfänden, versetzen.
pigneror 1 (*-ī-?; pignus*) °**1.** *als Unterpfand* annehmen; **2.** / sich aneignen, beanspruchen.
pignus, *oris u.* °*eris n (-ī-?; et. ungeklärt)* **1. a)** Pfand, Unterpfand; °**b)** Hypothek; °**c)** Geisel; °**d)** Wettbetrag; / **2.** Bürgschaft, sicherer Beweis; °**3.** Liebespfand; *pl.* Kinder, Verwandte.
pigrēscō, — — 3 (*incoh. v. pigreō* 2 „träge sein"; *piger*) träge, langsam werden.
pigritia, *ae u.* °**-tiēs,** *ēī f (piger)* Trägheit, Unlust.
pigror *u. (vkl.)* **-ō** 1 (*piger*) träge sein, säumen.
pīla[1], *ae f (pīnsō)* Mörser.
pīla[2], *ae f (et. unklar)* Pfeiler.
pila[3], *ae f (wohl urspr.* „Haarknäuel"; *coll. zu pilus*[1]) **1.** Ball (-spiel); °**2.** Strohpuppe (*zum Reizen der Stiere*); **3. a)** Stimmkügelchen (*der Richter*); °**b)** *-ae Mattiacae* Seifenkugeln (*zum Haarfärben*); ** Pille.
pīlānus, *ī m (pīlum)* Triarier.
pilārius, *ī m (pila*[3]) Jongleur, Gaukler.
pīlātus 3 (*pīlum*) mit dem *pilum* bewaffnet.
pīleātus, pīleolus, pīleus *u.* **-um** *schlechte Schreibung für pill...*
pīlentum, *ī n (gall. Fw.)* Prachtwagen.
pili-crepus, *ī m (pila*[3], *crepō)* Ballspieler.

pilleātus 3 (*pilleus*) mit einer Filzkappe geschmückt (*bei Gastmählern u. als Zeichen der Freilassung*). [Käppchen.]
pilleolus, ī *m* (*dem. v. pilleus*)
pilleus, ī *m u.* **-eum,** ī *n* (*pilus*¹) runde Filzkappe (*Kopfbedeckung des freien Römers*).
pilō 1 (*pilus*¹) die Haare ausrupfen, entfernen; ** / plündern.
pilōsus 3 (*pilus*¹) behaart, wollig.
****pilula,** *ae f* Ball, Ballspiel; Kügelchen, Pille.
pīlum, ī *n* (*pīnsō; cf. pīla*¹) Pilum (*Wurfspieß des röm. Fußvolks*).
Pīlumnus, ī *m* (*pīlum* [*in obszöner Bedeutung*]?; *etr. Suffix*) *einer der beiden altitalischen Ehegötter; Ahnherr des Turnus.*
pilus¹, ī *m* (*cf. pila*³, *pilleus*) Haar; / Faser, Allergeringstes.
pīlus², ī *m* (*prīmīpīlus*) Manipel der Triarier; *primi pili m. u. ohne centurio* Zenturio des ersten Manipels der Triarier, *d.h.* der rangälteste Z.
Pimpla, *ae f* (*gr.* -ā) *Musenquell in Pieria; adi.* -plēus 3; *subst.* **-plēa,** *ae u.* **-plēis,** *idis f* Muse.
pīna, *ae f* (*gr. Fw.*) Steckmuschel.
Pīnārius 3 *röm. Gentilname; Angehörige dieser gens zusammen mit den Potītiī Herkulespriester in Rom.*
Pindarus, ī *m* (*gr.* -os) *ber. Lyriker aus Theben* (*522–442*); *adi.* -ricus 3.
pīnētum, ī *n* (*pīnus*) Fichtenwald.
pīneus 3 (*pīnus*) fichten, Fichten...
pingō, *pīnxī, pictum* 3 (*wohl eigtl.* „ritzen") **1. a)** sticken; *toga picta* gesticktes Kleid *des Triumphators;* °**b)** tätowieren; **c)** zeichnen, (be-)malen, anstreichen; *tabula picta* Gemälde; °*mediopass.* sich schminken; °**d)** abmalen, -zeichnen; **2.** / **a)** schmücken, zieren; **b)** (*rhet. t.t.*) ausmalen, lebhaft schildern.
pinguēscō, — — 3 (-ī-?; *incoh. zu pinguis*) fett werden; gedüngt werden. [(*scherzh.*) Fettliebhaber.]
pinguiārius, ī *m* (*pī-?; pinguis*)
pinguis, e (*pī-?; m.* °*comp.*, °*sup.*, *adv.; vl. Kreuzung aus *pimos* „fett" *u. *finguis* „dick") **1.** fett, dick, wohlgenährt; °**2.** fettig, ölig; beschmiert; *subst.* **-e,** *is n* Fett (*zw. den Gliedern*); °**3.** saftig, fleischig; **4.** / °**a)** fruchtbar, ergiebig; **b)** plump; geistlos [*ingenium*]; **c)** schwülstig; °**d)** ungestört, behaglich [*otium*].
pinguitūdō, *inis f* (*pī-?; pinguis*) plumpe, derbe Aussprache.
pīni-fer, *era, erum* (*pīnus, ferō*) Fichten tragend.
pīni-ger, *era, erum* (*pīnus, gerō*) mit Fichten bekränzt.
pinna, *ae f* (*wohl dialektische Nebenform zu penna*) **1.** = *penna*: **a)** Schwungfeder, Feder; **b)** Fittich; °**c)** Flug; °**2.** Pfeil; °**3.** Flosse; **4.** Mauerzinne. [flügelt.]
pinnātus 3 (*pinna*) befiedert, ge-
pinni-ger, *era, erum* (*pinna, gerō*) **1.** geflügelt; °**2.** mit Flossen versehen.
pinni-pēs, *pedis* (*pinna*) an den Füßen geflügelt.
pinni-rapus 3 (*pinna, rapiō*) *den* Federschmuck (*vom Helm des Gegners*) raubend.
pinnula, *ae f* (*dem. v. pinna*) Federchen; *pl.* Flügelchen. [dinerkrebs.]
pīnotērēs, *ae m* (*gr. Fw.*) Bernhar-
pīnsitō 1 (*frequ. v. pīnsō*) zu stampfen pflegen.
pīnsō, *pīnsuī, pistum* 3 (*cf. pīla*¹, *pīlum*) klein stampfen, zerstoßen; *flagro* ~ geißeln.
pīnus, *ūs u.* ī *f* (*cf. opīmus, pītuīta*) **1.** Fichte, Föhre, Kiefer; **2.** Pinie; **3.** / Gegenstand aus Fichtenholz: Schiff; Fackel; Fichtenkranz.
piō 1 (-ī-?; *pius*) °**1.** verehren, verrichten [*sacra*]; **2.** °**a)** besänftigen, versöhnen; **b)** entsündigen, reinigen; °**c)** wieder gutmachen.
piper, *eris n* (*gr. Fw., über das Persische aus dem Indischen entlehnt*) Pfeffer. [diebisch.]
piperātus 3 (*piper*) gepfeffert; /
pipi(l)ō 1 (*lautmalend*) piepen.
pipinna, *ae f* (*Kinderwort*) = *parva mentula.*
Piplēus = *Pimplēus; s. Pimpla.*
pīpulum, ī *n u.* **-us,** ī *m* (*pīpilō*) *das* Lärmen, Schimpfen.
Pīraeēus, *eī m,* **Pīraeus,** ī *m u.* (*dcht.*) **-a,** *ōrum n* (*gr.* Peiraieus) *Hafen v. Athen; adi. -raeus 3.*
pīrāta, *ae m* (*gr. Fw.*) Seeräuber.
pīrāticus 3 (*gr. Fw.*) Seeräuber...; *subst.* **-a,** *ae f* Seeräuberei.
Pīrithous, ī *m* (*gr.* Peirithoos) *Lapithenkönig, Freund des Theseus.*
pirum, ī *n* (*Lw. aus vorgr. Mittelmeerspr.*) Birne.
pirus, ī *f* (*pirum*) Birnbaum.

Pīsa, *ae f St. in Elis; adi.* -*saeus* 3; *subst.* **-aea,** *ae f* Hippodamia.
Pīsae, *ārum f St. in Etrurien, j.* Pisa; *adi. u. Einw.* -*sānus* (3).
piscārius 3 (*piscis*) Fisch...
piscātor, *ōris m* (*piscor*) **1.** Fischer; °**2.** Fischhändler; ** = Petrus; *anulus piscatoris* Siegelring des Papstes.
piscātōrius 3 (*piscātor*) Fischer...
piscātus, *ūs m* (*piscor*) **1.** Fischfang; °**2.** Fang.
pisciculus, *ī m* (*dem. v. piscis*) [Fischlein.]
piscīna, *ae f* (*piscis*) **1.** (Fisch-)Teich; °**2.** Badebassin.
piscīnārius, *ī m* (*piscīna*) Fischteichbesitzer.
piscis, *is m* (*cf. nhd.* „Fisch") [Fisch; °/ Gestirn.]
piscor 1 (*piscis*) fischen.
piscōsus 3 (*piscis*) fischreich.
pisculentus 3 (*piscis*) fischreich.
Pīsistratus, *ī m* (*gr.* Peisistratos) *Tyrann v. Athen, † 527;* **-tidae,** *ārum m* Söhne des ~.
Pīsō, *ōnis m s. Calpurnius; adi.* [-*sōniānus* 3.]
pistillum, *ī n* (*pī?; dem. v. pīlum; pīnsō*) Mörserkeule.
****pisto** 1 backen.
pistor, *ōris m* (*pī-?; pīnsō*) °**1.** Müller; **2.** Bäcker; °♀ *Beiname Jupiters.*
pistōriēnsis, e (*pī-?; pistor; m. scherzh. Anspielung auf die etr. St. Pistōrium*) zum Bäcker gehörig.
pistrīlla, *ae f* (*pī-?; dem. v. pistrīna = pistrīnum*) kleine Stampfmühle.
pistrīnēnsis, e (*pī-?; pistrīnum*) zur [Mühle gehörig.]
pistrīnum, *ī n* (*pī-?; pistor*) Stampfmühle; ** Bäckerei; Backofen.
pistrīx, *īcis f* (*volkset. Angleichung an pistrīx* „Bäckerin") = *pristis.*
pithēcium, *ī n* (*gr. Fw.*) Äffchen.
pithiās, *ae m* (*gr. Fw.*) Fassstern (*Komet in Gestalt eines Fasses*).
pītuīta *u.* (*im Hexameter*) **pītvīta,** *ae f* (*opīmus, pīnus*) Schleim; Schnupfen.
pītuītōsus 3 (*pītuīta*) verschleimt.
pius 3 (*pī-?; m. adv.; sup. nkl. piissimus; et. nicht geklärt*) **1.** pflichtmäßig (handelnd); **2.** fromm; gottgefällig, heilig, rein, rechtmäßig; **3.** liebevoll, zärtlich, anhänglich, treu; *subst.* **-ī,** *ōrum m die* Seligen *im Elysium.*
pix, *picis f* (*cf. opīmus, pīnus*) [Pech(stück).]
plācābilis, e (*m. comp.;* °*adv.; plācō*) **1.** versöhnlich, **2.** versöhnend.
plācābilitās, *ātis f* (*plācābilis*) Versöhnlichkeit.
plācāmen, *inis u.* **-mentum,** *ī n* (*plācō*) Besänftigungsmittel.
plācātiō, *ōnis f* (*plācō*) Versöhnung, Beruhigung.
plācātus 3 (*m.* °*comp., sup., adv.; plācō*) besänftigt, versöhnt; / ruhig; hold [*Venus*].
placenta, *ae f* (*gr. Lw.*) Kuchen.
Placentia, *ae f St. am Po, j.* Piacenza; *adi. u. Einw.* -*tīnus* (3).
placeō, *uī u.* (*dcht.*) *itus sum* 2 (*cf. plācō*) **1. a)** gefallen, gefällig sein; *sibi -ere* mit sich zufrieden sein; **b)** (*v. Künstlern u. Bühnenstücken*) Beifall finden; **2.** *impers.* **-et,** *uit u. itum est* es gefällt, man beschließt; *mihi -et* ich finde für gut, stimme dafür, beschließe; *si -et* wenn's beliebt.
placidulē *adv.* (*-ulus 3 dem. v. placidus*) recht sanft.
placidus 3 (*m.* °*comp., sup., adv.; placeō*) °**1.** eben, flach, glatt [*mare*]; **2.** / **a)** sanft, friedlich, ruhig; °**b)** gnädig, huldvoll [*Venus*].
placitō 1 (*intens. v. placeō*) sehr [gefallen.]
placitus 3 (*placeō*) gefallend, angenehm; beschlossen [*foedus*]; *subst.* **placitum,** *ī n* Meinung, Überzeugung; Lehre.
plācō 1 (*cf. nhd.* „Fluh") °**1** ebnen, glätten; **2.** / besänftigen, beruhigen; versöhnen [*patrem filio*].
placūsia, *ae f* (*wohl gr. Lw.*) *ein Schaltier.*
plāga¹, *ae f* (*cf. plangō*) Schlag, Hieb; Wunde; / Verlust, Unfall.
plaga², *ae f* (*eigtl.* „flach Hingebreitetes"; *cf. plānus*) Fläche, Raum: **1.** Netz, Garn; / Schlinge; **2. a)** Gefilde, Himmelsstrich; °**b)** Zone; Gau, Bezirk.
plagiārius, *ī m* (*plaga²*) **1.** Menschenräuber; °**2.** Dieb an geistigem Eigentum.
plāgi-ger, *era, erum u.* **-gerulus** 3 (*plāga¹, gerō*) der Schläge bekommt.
plāgi-patida, *ae m* (*plāga¹, patior*) [der Schläge erduldet.]
plāgōsus 3 (*plāga¹*) prügelfreudig.
plagula, *ae f* (*dem. v.* plaga²) Teppich, Vorhang.
plānctus, *ūs m* (*-ā-?; plangō*) *eigtl. das* Schlagen auf Brust u. Arme; laute Wehklage.
Plancus (♀ „plattfüßig"; *cf. plānus²*) *röm. cogn.; s. Mūnātius.*

P

plangō, *plānxī, plānctum* 3 (*plănxī, plănctum?*; √ *plāg- „schlagen") **1.** (*trans.*) °**a**) (*mit Geräusch*) schlagen [*terram*]; **b**) (*als Zeichen der Trauer*) schlagen [*pectora*]; °**c**) laut betrauern; °**2.** (*intr.*) **a**) von Schlägen erdröhnen, brausen, rauschen; **b**) laut klagen, trauern; *auch mediopass.*

plangor, *ōris m* (*plangō*) °**1.** *das* Schlagen, Klatschen; **2.** lautes Wehklagen.

planguncula, *ae f* (*dem. zu gr. Fw.*) Wachspuppe.

plāni-loquus 3 (*plānus, loquor*) offen redend.

plāni-pēs, *pedis m* (*plānus*) barfuß.

plānitās, *ātis f* (*plānus*) Deutlichkeit.

plānitiēs, *ēī u.* **-tia,** *ae f* (*plānus*) Fläche, Ebene.

****plano** 1 ebnen; (*Wachs*) glätten.

planta[1], *ae f* (*wohl Rückbildung aus plantō* 1 „mit der Sohle [*planta*[2]] festtreten") Setzling, Pfropfreis.

planta[2], *ae f* (*cf. nhd.* „Flunder") Fußsohle.

plantāre, *is n* (*planta*[1]) Setzling, Ableger; *pl.* Baumschule, Bäume, Pflanzen.

planus[1], *ī m* (*gr. Fw.*) Landstreicher.

plānus[2] (*m.* °*comp., sup.*; *adv.* [*s.u.*]; *cf. nhd.* „Flur") **1.** *adi.* 3 **a**) flach, eben, platt; **b**) / deutlich, klar; °**2.** *subst.* **-um,** *ī n* Fläche, Ebene; (*jur. t.t.*) *in, de -o* auf ebener Erde (*nicht v. der Rednertribüne aus*), außergerichtlich; **3.** *adv.* **-ē** (*m. comp., sup.*) **a**) deutlich, ausdrücklich; **b**) gänzlich, völlig; °**c**) allerdings, gewiss.

plasma, *atis n* (*gr. Fw.*) weichliche Modulation der Stimme.

Plataeae, *ārum f* (*gr.* -tal̯al̯) *St. in Böotien* (*Schlacht 479*); *Einw.* **-taeēnsēs,** *ium m.*

platalea, *ae f* (*wohl gr. Fw.*) Pelikan.

platanōn, *ōnis m* (*gr. Fw.*) Platanenhain.

platanus, *ī u.* °*ūs f* (*gr. Fw.*) Platane.

platea *u.* (*spätl.*) **-ēa,** *ae f* (*gr. Fw.*) Straße, Gasse.

Platō, *ōnis m* (*gr.* -tōn) *griech. Philosoph, Schüler des Sokrates, Gründer der Akademie* (*427—348*); *adi.* *-tōnicus* 3; *homo* tiefer Denker; *subst.* **-tōnicī,** *ōrum m* Platoniker.

plaudō, *sī, sum* 3 (*vl. hyperurban für älteres plōdō*) °**1.** klatschend schlagen, stampfen; **2.** / Beifall klatschen, Beifall spenden.

plausibilis, e (*plaudō*) Beifall verdienend.

plausor, *ōris m* (*plaudō*) Beifallklatscher.

plaustrum, *ī n* (*wohl plaudō*) **1.** Lastwagen; °**2.** Großer Bär (*Sternbild*).

plausus, *ūs m* (*plaudō*) °**1.** *das* Klatschen, Geräusch; **2.** / Beifall(klatschen).

Plautus, *ī m* (♀ „plattfüßig") *röm. cogn.*: *T. Maccius* ~, *Lustspieldichter, 254 – 184*; *adi.* *-tīnus* 3.

plēbēcula, *ae f* (*dem. v. plēbs*) Pöbel.

plēbēius 3 (*plēbs*) plebejisch, bürgerlich; / gemein, niedrig; *subst.* ~, *ī m* (*kl. nur pl.!*) *u.* °**-a,** *ae f* Plebejer(in).

plēbēs, *eī u. ī f ältere Form für plēbs.*

plēbi-cola, *ae m* (*plēbs, colō*) Volksfreund.

plēbs, *is f* (√ *plē- „füllen, Menge"; *cf. plēnus*) Bürgerstand, Plebs; / Volksmenge, Pöbel; ** *beata* Schar der Seligen.

plectilis, e (*plectō*) geflochten.

plectō, *x(u)ī, xum* 3 (*cf. nhd.* „flechten") flechten.

plector, — 3 (*et. unklar*) °**1.** geschlagen werden; **2.** büßen.

plēctrum, *ī n* (*gr. Fw.*) **1.** Plektron, Schlägel; °**2.** / Zither, Laute; Lied.

Plēïas *u.* **Plīas,** *adis f* (*gr.* Plēïas *u.* Plēi̯as) Plejade, *eine der 7 Töchter des Atlas u. der Pleione, die als Siebengestirn an den Himmel versetzt wurden*; *meist pl., cf. Hyades.*

****plenarius** 3 voll, vollständig.

plēnus 3 (*m.* °*comp.,* °*sup., adv.*; *altl. pleō* 2 „füllen"; *cf. nhd.* „voll") **1. a**) voll, angefüllt *mit* [*vini*]; / erfüllt; **b**) wohlbeleibt, dick; **c**) schwanger, trächtig; °**d**) gesättigt, befriedigt; / übersättigt, überdrüssig; **2. a**) reichlich, reich, reichlich versehen *mit*; **b**) inhaltreich, ausführlich; **3.** stark, volltönend [*vox*]; °**4.** zahlreich besucht; **5.** vollzählig; vollständig, vollkommen, ganz [*annus, luna*].

plērus (*altl.*) = *plērusque.*

plērus-que, *plēraque, plērumque* °**1.** *sg.* meist, *der* größte Teil [*inventus*]; **2.** *pl.* **plērīque** (*subst. u. adi.*) *die* meisten, *die* Mehrzahl, sehr viele [*plerique nostrorum, plerique Belgae*]; *in plerisque* (*n!*) in den

meisten Fällen; **3. plērumque** °**a**) *subst. n der* größte Teil [*noctis*]; **b**) *adv.* meistens, meistenteils, gewöhnlich.
****pleuresis** *u.* **-ritis,** *idis f* Rippenfellentzündung.
Plīas *s. Plēïas.*
plicātrīx, *īcis f* (*plicō*) Plätterin, Garderobenmädchen.
plicō, *ui, ātum* 1 (< **plecō; cf. plectō; -i- stammt aus den Komposita, cf. implicō*) zusammenrollen.
plōdō, *sī, sum s. plaudō.*
ploerēs, *a* (*altl.*) = *plūrēs, a; s. multus.*
plōrābundus 3 (*plōrō*) jammernd.
plōrātillus, *ī m* (*od.* **-um,** *ī n*?; *plōrō*) Heulerei.
plōrātor, *ōris m* (*plōrō*) Schreihals; heulend [*vernula*].
plōrātus, *ūs m* (*plōrō*) Geschrei, *das* Wehklagen.
plōrō 1 (*Schallwort*) **1.** (*intr.*) schreien, wehklagen, jammern; °**2.** (*trans.*) bejammern, beklagen.
plōstellum, *ī n* (*dem. v. plōstrum*) Wägelchen.
plōstrum, *ī n* (*vulgär*) = *plaustrum.*
ploxenum *su.* **-xinum,** *ī n* (*wohl kelt. Fw.*) Wagenkasten.
pluit, *pluit,* — (*altl. u. dcht. auch* **pluvit,** *plū(v)it,* —) 3 *impers.* (< **plovit; eigtl.* „schiffen, schwimmen") es regnet [*sanguine; lapides*].
plūma, *ae f* (*wohl zu* √**pleu-* „schwimmen"; *cf. pluit*) **1.** Flaum (-feder); °**2.** Federkissen; Bartflaum.
plūmātile, *is n* (*-ă-?; plūma*) Brokatkleid (*im Muster v. Flaumfedern*).
plūmātus 3 (*plūma*) flaumig, befiedert.
plumbeus 3 (*plumbum*) °**1.** bleiern, aus Blei; **2.** / **a**) stumpf [*gladius*]; **b**) stumpfsinnig; °**c**) gefühllos; °**d**) drückend.
plumbum, *ī n* (*Lw. aus einer Mittelmeerspr.*) **1.** Blei; *album* Zinn; °**2.** Bleikugel, -röhre, -stift.
plūmeus 3 (*plūma*) **1.** aus Flaumfedern; °**2.** / leicht (*an Gewicht*), zart.
plūmi-pēs, *pedis* (*plūma*) an den Füßen gefiedert.
plūmōsus 3 (*plūma*) gefiedert.
plūrālis, e (*m. adv.; plūs*) im Plural stehend [*casus*]; *subst.* ~, *is m* Plural; **-ia,** *ium n* Nomina im Plural.
plūriē(n)s *adv.* (*plūs*) mehrfach, oftmals.
plūri-fāriam *adv.* (*plūs; cf. bifāriam*) an vielen Stellen.
plūs, plūrimus *s. multus;* ** *plus* = *magis.*
plūsculus 3 (*dem. v. plūs*) etwas mehr [~ *supellex; -um iuris*]; °*adv.* **-um** mehr.
pluteus, *ī m u.* **-um,** *ī n* **1.** (*bewegliche*) Schutzwand (*für schanzende Soldaten*); **2.** Brustwehr (*an Mauern u. Türmen*); °**3.** Wandbrett; Lehne des Speisesofas; Speisesofa.
Plūtō(n), *ōnis m Gott der Unterwelt; adi. -ōnius* 3.
Plūtus, *ī m* (*gr.* -os) *Gott des Reichtums.*
pluvia, *ae f* (*pluvius*) Regen.
pluviālis, e (*pluvia*) Regen...; Regen bringend; ** *subst.* **-e,** *is n* Regenmantel.
pluvius 3 (*pluit*) regnerisch, Regen...
****pneuma,** *atis n* Hauch; *der* Heilige Geist.
pōcillum, *ī n* (*dem. v. pōculum*) Becherchen.
pōculum *u.* (altl.) **-clum,** *ī n* (< **pōtlom; pōtō*) **1.** Trinkgefäß, Becher; **2.** / **a**) Trank; Trinkgelage; **b**) Gift (-becher); °**c**) Zauber-, Liebestrank.
podager, *grī m* (*gr. Fw.*) Gichtkranker.
podagra, *ae f* (*gr. Fw.*) Fußgicht, Podagra; °*adi. -agrōsus u. -agricus* 3 an P. leidend; °*subst.* **-agricus,** *ī m* Gichtkranker.
pōdex, *icis m* (*pēdō*) *der* Hintere.
podium, *ī n* (*gr. Fw.*) Tritt; Paneel; Balkon (*im Zirkus u. Amphitheater*).
poecilē, *ēs f* (*gr. Fw.*) *die* „bemalte" (*d.h. mit Kunstwerken geschmückte*) Halle *am Marktplatz in Athen.*
poēma, *atis n* (*altl. dat. u. abl. pl. -atīs; gr. Fw.*) Gedicht.
poēmatium, *ī n* (*gr. Fw.*) Gedichtchen.
poena, *ae f* (*gr. Fw.*) **1.** Buß-, Löse-, Sühnegeld, Sühne; *-as dare* (*solvere, pendere u.ä.*) büßen *für* [*proditionis*]; **2.** Bestrafung, Strafe, Rache; *-ae esse* bestraft werden; **3.** ♀ *Rachegöttin*; °**4.** Beschwerlichkeit, Pein, Qual.
****poenalis,** e zur Strafe gehörig; qualvoll; voller Pein; sträflich.
Poenī, *ōrum m* Punier, Karthager; *sg.* **-us,** *ī m* Hannibal; *adi. -us* 3 phönikisch, punisch, karthagisch; °*Poenic(ĕ)us u.* (*jünger*) °*Pūnic(ĕ)us* 3 phönikisch [**mālum** Granatapfel]; punisch; (♀ purpurrot, hellrot); *Pūnicānus* 3 auf punische Art gemacht [*lectuli*].

Poenīnus 3 zu den Penninischen Alpen gehörig; *mons* der Große St. Bernhard.
poeniō *u.* **-or** (*altl.*) = *pūniō u. -or.*
****poenitentia,** *ae f* Buße; *-am agere* Buße tun, *dare* auferlegen; *cf. paenitentia.* [*glichen*) = *paenitet.*]
poenitet (*sekundär an poena ange-*}
Poenulus, *ī m* (*Poenus; s. Poenī*) *der* junge Punier; *Titel einer plautinischen Komödie.*
poēsis, *is f* (*gr. Fw.*) °**1.** Dichtkunst, **2.** Dichtung.
poēta, *ae m* (*gr. Fw.*) °**1.** Ränkeschmied; **2.** Dichter.
poēticus 3 (*m. adv.; gr. Fw.*) dichterisch, poetisch; *subst.* **-ca,** *ae u.* °**-cē,** *ēs f* Dichtkunst.
poētria, *ae f* (*gr. Fw.*) Dichterin.
pōgōniās, *ae m* (*gr. Fw.*) Bartstern.
pol *u.* **pōl** *int.* (*Abk. v. Pollūx*) beim Pollux! wahrhaftig! bei Gott!
polenta, *ae f* (*pollen*) Gerstengraupen, -mehl. [graupen gehörig.]
polentārius 3 (*polenta*) zu Gersten-}
poliō 4 (*impf. auch -ībant; urspr. Ausdruck der Walkerspr.; cf. pellō, nhd.* „falzen") **1.** glätten, polieren; **2.** tünchen, weißen; **3.** / verfeinern, feilen.
polītia, *ae f* (*acc. -ān; gr. Fw.*) Staat(sverfassung); ♀ *Titel einer Platonischen Schrift.*
polīticus 3 (*gr. Fw.*) staatswissenschaftlich, politisch.
polītūra, *ae f* (*poliō*) Glättung, Vollendung [*orationis*].
polītus 3 (*m. comp., sup., adv.; poliō*) °**1.** geschmackvoll eingerichtet; **2.** / gebildet, fein. [mehl.]
pollen, *inis n* (*cf. pulvis*) Staub-}
pollēns, *entis* (*polleō*) mächtig, stark. [*polenta usw.*]
pollenta, -tārius *ältere Form für*}
pollentia, *ae f* (*pollēns*) Macht, Stärke; ♀ *Göttin der Macht.*
polleō, *uī,* — 2 (*et. unklar*) stark sein, Einfluss haben [*in re publica*].
pollex, *icis m* (*urspr. adi; polleō*) Daumen.
pol-liceor, *itus sum* 2 (⟨ **porliceor*) **1.** dar-, anbieten; versprechen; (*part. pf. pass.*) °*adi.* **pollicitus** 3 versprochen, verheißen; °*subst.* **pollicitum,** *ī n das* Versprechen; **2.** ankündigen; °**3.** (*vom Käufer*) bieten. [sprechen.]
pollicitātiō, *ōnis f* (*pollicitor*) Ver-}
pollicitor 1 (*frequ. v. polliceor*) oft versprechen.
pollictor *ältere Form für pollīnctor.*
pollinārius 3 (*pollen*) Staubmehl...
pollīnctor, *ōris m* (*-ī-?; pollingō*) Leichenwäscher.
pollingō, *līnxī, līnctum u. lictum* 3 (*līnxī, līnctum?; et. ungeklärt*) Leichen waschen u. salben.
Pōlliō *röm. cogn.; s. Asinius.*
pol-lūceō, *lūxī, lūctum* 2 (⟨ **porlūceō* „leuchten machen"; *altes Sakralwort*) **1.** als Opfer darbringen; **2.** als Gericht vorsetzen; bewirten; (*P.P.P.*) *subst.* **pollūctum,** *ī n das* dargebrachte Opfer.
pollūcibiliter *adv.* (*pollūcibilis; pollūceō*) köstlich.
pollūctūra, *ae f* (*pollūceō*) köstliches Mahl.
pol-luō, *uī, ūtum* 3 (⟨ **por-luō; cf. lutum*[1]) °**1.** besudeln, beschmutzen; **2.** / beflecken, entehren, entweihen; (*P.P.P.*) °*adi.* **pollūtus** 3 (*m. sup.*) befleckt; lasterhaft, unkeusch.
Pollūx, *ūcis m* (*durch etr. Vermittlung* ⟨ *gr.* Polydeukēs) *Sohn des Spartanerkönigs Tyndareus u. der Leda, Bruder des Kastor* (*s. Castor*[2]); *uterque* Kastor und Pollux.
polus, *ī m* (*gr. Fw.*) Pol; Himmel.
Polybius, *ī m* (*gr. -os*) *griech. Geschichtsschreiber, † 120.*
Polyclētus *u.* **-clītus,** *ī m* (*gr.* -lykleitos) *ber. gr. Bildhauer, Zeitgenosse d. Perikles.*
Polycratēs, *is m* (*gr.* -kratēs) *Tyrann v. Samos, † 522.*
Polygnōtus, *ī m* (*gr.* -lygnōtos) *griech. Maler u. Bildhauer, um 450.*
Polyhymnia, *ae f* (*gr.* Polymnia) *eine der neun Musen.*
Polymachaeroplāgidēs, *ae m* „Vielschwertschlägersohn" (*scherzhafter Soldatenname*).
polymyxos, *ī f* (*gr. Fw.*) vieldochtig.
polyphagus, *ī m* (*gr. Fw.*) Vielfraß.
Polyphēmos *u.* **-us,** *ī m* (*gr.* -lyphēmos) *ein Kyklop, Sohn Neptuns.*
Polyplūsius 3 (♀ *gr.* „schwerreich") *erdichteter Gentilname.*
pōlypōsus 3 (*u. pŏly-?; pōlypus*) an Polypen leidend.
pōlypus, *ī m* (*u. -ŏ-?; dor. Fw.*) **1.** (Meer-)Polyp; °**2.** Polyp (*in der Nase*).
pōmārius 3 (*pōmum*) Obst...; *subst.*

~, ī *m* Obsthändler; *kl. nur* **-um,** ī *n* Obstgarten.

pōmerīdiānus 3 = *postmerīdiānus.*

pōmērium, ī *n* (< **pos-moiriom; post, mūrus*) (*unbebauter*) Maueranger *zu beiden Seiten der röm. Stadtmauern; cf. circāmoerium.*

pōmi-fer, *era, erum* (*pōmum, ferō*) Obst tragend.

pōmoerium, ī *n* = *pōmērium.*

Pōmōna, *ae f* (*pōmum*) *Göttin des Obstes.*

pōmōsus 3 (*pōmum*) obstreich.

pompa, *ae f* (*gr. Fw.*) **1.** Umzug, Festzug; *funeris* feierlicher Leichenzug *unter Mitführung der Ahnenbilder* (*cf. fūnus*); **2.** / **a**) Zug, Reihe [*lictorum*]; °**b**) Hauptgang [*cenae*]; **3.** Pracht, Prunk; Prunkrede.

Pompēiī, *ōrum m St. in Kampanien, 79 n. Chr. durch Vesuvausbruch verschüttet; Einw.* **-iāni,** *ōrum m;* **-iānum,** ī *n Ciceros* Landgut bei ~.

Pompēius 3 *Name einer pleb. gens: Cn. ~ Magnus, 106–48; adi. -i(ān)us* 3; *Pompeium theatrum erstes steinernes röm. Theater, 55 auf dem Marsfeld v. Pompejus erbaut, nach der Restaurierung durch Augustus hieß es th. Augustum Pompeianum; subst.* **-iānus,** ī *m* Anhänger des ~.

Pompilius *s. Numa; adi.* ~ 3.

pompilus, ī *m* (*gr. Fw.*) *Seefisch, der oft die Schiffe begleitet.*

Pompōnius 3 *röm. Gentilname: T. ~ Atticus, Freund Ciceros.*

Pomptīnus 3 pomptinisch; *ager Sumpfgegend in Latium; subst.* **-um,** ī *n* = *ager -us.*

pōmum, ī *n* (< **po-emom* „Abgenommenes"; *emō*) **1.** Obstfrucht; *pl.* Obst; **2.** Obstbaum.

pōmus, ī *f* (*pōmum*) Obstbaum.

ponderō 1 (*pondus*) °**1.** ab-, auswiegen; **2.** / erwägen, beurteilen [*fidem ex fortuna*].

ponderōsus 3 (*m.* °*comp.*, °*sup.*; *pondus*) °**1.** schwer; **2.** / inhaltsreich.

pondō *indecl.* (*abl. sg. v. *pondus,* ī *m* = *pondus, eris n*) **1.** an Gewicht; **2.** (*sc. lībra*) *ein* (*röm.*) Pfund (= *326 g*).

pondus, *eris n* (*pendeō*) **1. a**) Gewicht (*an der Waage*); °**b**) *ein* (*röm.*) Pfund (= *326 g*); **2. a**) (*abstr.*) Gewicht, Schwere; Schwerkraft, Gleichgewicht; **b**) (*concr.*) Last, Bürde; (°*pl.*) Leibesfrucht; Schamteile; **3.** Menge, Masse; **4.** / **a**) Ansehen, Bedeutung, Nachdruck; **b**) Gewicht *v. Worten u. Gedanken;* °**c**) Beständigkeit, Festigkeit *des Charakters;* °**d**) Last, Bürde [*senectutis*].

pōne (< **postne; cf. post*) **1.** *adv.* hinten; **2.** *prp. b. acc.* hinter.

pōnō, *posuī, positum* 3 (*altl.: pf. posīvī, P.P.P. postus 3;* < **po-sinō* „weglegen") **I.** w e g l e g e n, a b l e g e n: **1.** °**a**) zurücklegen [*se toro*]; **b**) hinterlegen [*testamenti tabulas*]; **2.** (*auf Zinsen*) anlegen [*pecuniam*]; °**3. a**) aussetzen [*praemium*]; **b**) bestatten [*ossa*]; **c**) ordnen [*comam*]; **d**) beruhigen [*freta*]; **4. a**) ab-, nieder-, weglegen [*vestem, arma, librum de manu*]; **b**) / aufgeben, beseitigen, sich entledigen [*curas, vitia,* °*bellum, vitam*]; **II.** s t e l l e n, s e t z e n, l e g e n: **1.** [*librum in mensa, sellam sub quercu*]; °**2. a**) pflanzen [*arborem*]; **b**) (*Speisen, Getränke*) vorsetzen [*poculum*]; **c**) weihen; **3. a**) (*mil. t.t.*) verlegen [*praesidium ibi*]; °**b**) versetzen [*in caelo*]; **4.** aufstellen [*statuam in foro*]; aufführen, errichten, erbauen, anlegen [*domum, castellum in monte*]; *castra* ein Lager aufschlagen; **5.** (*bildlich*) darstellen; °**6.** an-, bestellen [*custodem in hortis*]; **III.** / **1. a**) setzen, legen [*omnem spem in consule, in fuga, auxilium in celeritate*]; **b**) *P. positum esse* beruhen, ankommen *auf* [*in virtute*], sich stützen); **2.** *in einen Zustand* versetzen; *alqm in suspicione* verdächtig machen; **3.** verwenden *auf* [*omnem curam in salute patriae*]; **4. a**) festsetzen, bestimmen [*nomen*]; geben [*leges*]; °b) ablegen [*rationem* Rechnung]; *quaestionem* ein Thema aufstellen; **5.** rechnen *zu,* ansehen *für* [*mortem in malis, rem in dubio*]; **6.** anführen, vorbringen [*exempla*]; behaupten [*pro certo*].

pōns, *pontis m* (*cf. pontus; nhd.* „Pfad; finden") **1. a**) Brücke; °**b**) Knüppeldamm; °**2. a**) Schiffstreppe; **b**) Fallbrücke; **c**) Verdeck; **d**) Stockwerk; **3.** *pl.* Zugangsstege *zu den saepta der Zenturiatskomitien;* **4.** ♀ *Ortsname.*

ponticulus, ī *m* (*dem. v. pōns*) kleine Brücke, kleiner Steg.

Ponticus 3 *s. Pontus.*
ponti-fex, *icis m* (*wahrsch. pōns, faciō; Bedeutungsentwicklung umstritten*) Priester; *der* (*mit der Überwachung des Kultus betraute*) Oberpriester; *collegium -um* Priesterkollegium (*urspr. 4, seit Sulla 15 Mitglieder*); *sein Vorsitzender ~ maximus*; ** Priester, Bischof, Papst [*Romanus*]; *maximus, summus* Erzbischof.
pontificālis, e (*pontifex*) oberpriesterlich; ** bischöflich, päpstlich.
pontificātus, *ūs m* (*pontifex*) Würde eines Oberpriesters; ** Papstwürde; Sprengel des Erzbischofs.
pontificius 3 (*pontifex*) oberpriesterlich; ** päpstlich; *subst.* **~**, *ī m* Anhänger des Papstes.
Pontius 3 *urspr. samnitischer, später röm. Gentilname: ~ Pīlātus Statthalter in Judäa z. Z. Christi.*
pontō, *ōnis m* (*wohl pōns*) Fähre, Ponton, Transportschiff.
pontus, *ī m* (*gr. Fw.*) °**1. a)** Meer, hohe See; **b)** Woge; **2.** *ꝸ das* Schwarze Meer; *Landstriche um das Schwarze Meer, bsd. das Reich des Mithridates, nach seiner Unterwerfung röm. Provinz; adi. -ticus* 3.
popa, *ae m* (*wohl etr. Fw.*) Opferdiener.
popanum, *ī n* (*gr. Fw.*) Opferkuchen. [Pöbel.]
popellus, *ī m* (*dem. v. populus*)
popīna, *ae f* (*osk.-umbr. Lw. = coquīna*) Garküche, Kneipe; *das* Essen aus einer Garküche.
popīnō, *ōnis m* (*popīna*) Schlemmer.
poples, *itis m* (*et. ungedeutet*) Kniekehle; °/ Knie.
poplus (*altl.*) = *populus*[1].
poppysma, *atis n* (*gr. Fw.*) *das* Schnalzen *m. d. Zunge* (*Beifallszeichen*); (*obszön*) [*cunni*].
populābilis, e (*populor*) zerstörbar.
populābundus 3 (*populor*) auf Plünderung *od.* Verwüstung ausgehend.
populāris, e (*m.* °*comp., adv.*; *populus*[1]) **1. a)** das Volk betreffend, Volks...; **b)** allgemein verbreitet, allgemein fasslich; volkstümlich, populär; **c)** dem Volk zugetan, demokratisch; **d)** demagogisch; **2.** zum gleichen Volk gehörig, einheimisch; *subst.* **~**, *is m* Landsmann; °Genosse; *pl.* **-ēs,** *ium m* Demokraten, Volkspartei.
populāritās, *ātis f* (*populāris*) **1.** Landsmannschaft; **2.** populäres Benehmen; Buhlen um Volksgunst.
populātiō, *ōnis f* (*populor*) Verwüstung, Plünderung.
populātor, *ōris m* (*populor*) Plünderer, Zerstörer.
populātrīx, *īcis f* (*populātor*) Verderberin, Zerstörerin.
pōpuleus 3 (*pōpulus*[2]) Pappel...
pōpuli-fer, *era, erum* (*pōpulus*[2], *ferō*) Pappeln tragend.
populīscītum, *ī n* (*auch getr.*; *populus*[1], *scīscō*) Volksbeschluss.
pōpulnus 3 (*pōpulus*[2]) aus Pappelholz.
populō (*altl.*; *kl. nur* P.) *u.* **-or** 1 (*populus*[1]; *eigtl.* „mit Kriegsvolk überziehen") verwüsten, plündern; °/ zerstören.
populus[1], *ī m* (*vl. etr. Fw.*; *urspr. wohl* „Kriegsvolk"; *cf. populor*) **1. a)** Volk, Gemeinde [*Syracusanus*]; °**b)** Einwohnerschaft; °**c)** (freier) Stamm; Gau; °**d)** (*pl.*) Untertanen; **2.** (*in Rom*) **a)** (*anfänglich*) Blutsadel, Patrizier; **b)** (*später*) *meist das* gesamte Volk; (*selten*) = *plēbs*; **3.** °**a)** Menge, Schar; **b)** Publikum, Zuhörer, Zuschauer, Öffentlichkeit; **c)** Leute; ** (*christl.*) Gemeinde; *dei od. Christianus* Christenheit.
pōpulus[2], *ī f* (*wohl Lw. unbekannter Herkunft*) Pappel.
por- (*nur in der Komposition*; *cf. per, prō, prae*) hin, vor.
porca, *ae f* (*porcus*) Sau.
porcella, *ae f* (*dem. v. porcula*) Ferkelchen.
porcellus, *ī m* (*dem. v. porculus*) Schweinchen; Frischling.
porcīnārius, *ī m* (*porcīna*) Schweinefleischhändler.
porcīnus 3 (*porcus*) vom Schwein; *subst.* **-a,** *ae f* (*sc. carō*) Schweinefleisch. [*adi.* [*basilica*].]
Porcius 3 *röm. Gentilname*; *s. Catō*;
porculus, *ī m u.* **porcula,** *ae f* (*dem. v. porcus, porca*) Ferkel.
porcus, *ī m* (*cf. Porcius*; *nhd. dem.* „Ferkel") Schwein; °/ Schlemmer.
porgō (*dcht.*; *synk.*) = *porrigō*[2].
porphyrēticus 3 (*gr. Fw.* + *lat. Suffix*) purpurrot.
porrēctiō, *ōnis f* (*porrigō*[2]) *das* Ausstrecken [*digitorum*].

porrēctus 3 (*m.* °*comp.*, °*adv.*; *porrigō²*) °**1.** (auf der Bahre hingestreckt) gestorben; **2.** ausgedehnt, flach; gerade; °**3.** / gedehnt [*syllabae*]; lang [*mora*]; glatt, heiter [*frons*].

por(r)iciō, —, *rēctum* 3 (< **porjiciō*; *iaciō*; *an porrigō² angeglichen*) als Opfer hinlegen, opfern.

porrīgō¹, *inis f* (*et. ungedeutet*) Grind, Schorf.

por-rigō², *rēxī, rēctum* 3 (*regō*) **1. a)** ausstrecken, ausdehnen; P. sich erstrecken, reichen, liegen; °**b)** niederstrecken; °**2.** ausdehnen; dehnen, verlängern [*syllabam*]; *se* -*ere u. mediopass.* sich ausdehnen; **3.** / hin-, darreichen, gewähren.

Porrima, *ae f* (*volkset. zu porrō*) *Geburtsgöttin, Begleiterin der Carmenta.*

porrō *adv.* (*cf. nhd.* „fern") °**1.** (*räuml.*) **a)** weiter; vorwärts, in die Ferne; **b)** in der Ferne; **2.** (*zeitl.*) weiter, fernerhin; (°*selten*) vordem; **3.** / **a)** nun weiter, ferner, sodann; **b)** nun aber, andrerseits.

porrum, *ī n u.* **-us,** *ī m* (< **porsum*; *cf. gr. Fw. prasinus*) Schnittlauch.

Porsenna (*od.* -*sēna*, -*sīna*, -*sinna*), *ae m etr. König aus Clusium; er versuchte, Tarquinius nach Rom zurückzuführen.*

porta, *ae f* (*cf. portus, nhd.* „Furt") Tor, Pforte; / Eingang, Zugang.

portātiō, *ōnis f* (*portō*) Transport.

por-tendō, *ndī, ntum* 3 anzeigen, ankündigen, prophezeien; °*mediopass.* sich zeigen, bevorstehen.

portenti-ficus 3 (*portentum, faciō*) Scheusale erzeugend.

portentōsus 3 (*m.* °*adv.*; *portentum*) missgestaltet; übernatürlich; unnatürlich; ** *portentuosus dt.*

portentum, *ī n* (*portendō*) **1.** Wunder/zeichen); 2. Missgeburt, Scheusal, Ungeheuer; Ausgeburt, Abschaum; 3. Wundermärchen.

porthmeus, *eī u. eos m* (*acc.* -*ea*; *gr. Fw.*) Fährmann.

porticula, *ae f* (*dem. v. porticus*) [kleine Halle.]

porticus, *ūs f* (*portus*; *Flexion u. Genus nach domus*) **1. a)** Halle, Säulengang; °**b)** Vorplatz *eines Zeltes*; **c)** Laufgang; **2.** / (*Lehnübersetzung*) Stoische Schule.

portiō, *ōnis f* (*cf. pars*) °**1.** Teil, Anteil; 2. Verhältnis; *pro portione* nach Maßgabe, verhältnismäßig.

portisculus, *ī m* (*porta*) Hammer (*des Rudermeisters zum Taktschlagen*); / Kommando.

portitor, *ōris m* (*portus, porta?*) °**1.** Fährmann (*oft* = Charon); **2.** Zöllner, Zolleinnehmer; / Schnüffler(in).

portō 1 (< **poritō, frequ. v.* **poreō*; *cf. nhd.* „fahren") **1.** tragen, bringen, fortschaffen; P. fahren [*vehiculo*]; °**2.** / (über)bringen.

portōrium, *ī n* (< **portitōrium*; *portitor*) Hafenzoll; Zoll, Steuer.

portula, *ae f* (*dem. v. porta*) Pförtchen, Pforte.

Portūnus, *ī m* (*portus*) *röm. Hafengott; mit dem gr. Gott Palaemōn (s. d.) gleichgesetzt.*

portuōsus 3 (*m.* °*comp.*; *portus*) hafenreich.

portus, *ūs m* (*dat. u. abl. pl.* -*ibus u.* -*ubus*; *porta*) **1.** Hafen; / Zuflucht(sort); °2. Flussmündung; ** Fähre; Zoll.

pōsca, *ae f* (*pōtō*) Essiglimonade (*Getränk des einfachen Mannes*).

poscaenium, *ī n* (*post, scaena*) Raum hinter der Bühne; -*a vitae* die geheimen Handlungen der Menschen.

poscō, *poposcī*, — 3 (-*ōsc-?*; *incoh. zu* √ *perek- „fragen, bitten"; *cf. nhd.* „forschen") **1. a)** fordern, verlangen [*alqm alqd u. alqd ab alqo*]; **b)** (*v. Sachen*) erfordern; **2.** / °**a)** forschen *nach* [*causas*]; **b)** zum Kampf herausfordern; **c)** vor Gericht fordern; °**d)** (*um ein Mädchen*) anhalten [*tuam sororem (uxorem)*]; °**3.** (an)rufen, anflehen [*deos veniam*]; ** bitten, beten *zu.*

Posīdōnius, *ī m* (*gr.* -seidọnios) *aus Syrien, Stoiker, Lehrer Ciceros.*

positiō, *ōnis f* (*pōnō*) **1.** Stellung, Lage; Klima; **2.** Thema; **3. a)** (*metr. t.t.*) Senkung (*des Tons*); **b)** (*gramm. t.t.*) α) Endung [*neutralis*]; β) *Längung bewirkende* Stellung (*einer kurzen Silbe*) *vor mehreren Konsonanten*, Position (*falsche Übersetzung aus dem Gr. statt* „*Übereinkunft*").

positor, *ōris m* (*pōnō*) Erbauer.

positūra, *ae f* (*pōnō*) Stellung, Lage; Einrichtung, Gestaltung.

positus, *ūs m* (*pōnō*) Stellung, Lage; Frisur.

pos-merīdiānus 3 = *postm...*

possessiō, *ōnis f* **1.** (*possīdō*) Be-

P

sitznahme; **2.** (*possideō*) Besitz; Besitztum, Grundstück.

possessiuncula, *ae f* (*dem. v. possessiō*) kleine Besitzung.

possessīvus 3 (*possideō*) (*gramm. t.t.*) besitzanzeigend.

possessor, *ōris m* (*possideō*) **1.** Besitzer; Grundbesitzer; °**2.** (*jur. t.t.*) Besitzer einer strittigen Sache, Beklagter (*Ggs. āctor*).

possibilis, e (*possum*) möglich.

pos-sideō, *sēdī, sessum* 2 (**pots, sedeō; cf. potis*) besitzen, innehaben; besetzt halten.

pos-sīdō, *sēdī, sessum* 3 (*sīdō; cf. possideō*) in Besitz nehmen, besetzen.

possum, *potuī, posse* (< **pot-sum; pf. v. *poteō, cf. potēns; altl. auch getr. potis* [*pote*] *sum; altl.: coni. praes. possiem usw., inf. praes. potesse, ind. praes. P. m. folgendem inf. praes. P. potestur*) **1. a**) können, vermögen, imstande sein; (*fieri*) *potest, ut* es ist möglich, dass; *fieri non potest, quin* man muss; *qui potest?* wie ist es möglich?; **b**) es über sich gewinnen; **2.** Einfluss haben, gelten [*multum, plus, plurimum u. Ä.*]; **3.** verstehen [*Graeca*]; °**4.** (*obszön*) = *futuō* [*vetulam*].

post-, post (< **pos-ti*) **1.** *adv.* **a**) (*räuml.*) hinten(nach), zuletzt; **b**) (*zeitl.*) nachher, später [*multis annis p., paulo p.*]; °**c**) (*v. Reihenfolge u. Rang*) zuletzt, hintangesetzt; **2.** *in der Komposition* nach-, hintan- [*posthabeo*]; **3.** *prp. b. acc.* **a**) (*räuml.*) hinter; **b**) (*zeitl.*) nach, seit; **c**) (*v. Reihenfolge u. Rang*) nächst; esse ~ zurückstehen *hinter* [*Chloen*].

poste *adv.* (*altl.*) = *post.*

post-eā *adv.* (*post + adv. abl. sg. f v. is*) darauf, nachher, später; ferner, weiter, sodann. [*quam.*}

posteā-quam (*auch getr.*) = *post-*}

posteritās, *ātis f* (*posterus*) Zukunft; Nachwelt, Nachkommenschaft.

posterus 3 (*post*) **1.** *pos.* nachfolgend, kommend; *in -um* für die Zukunft, für den folgenden Tag; *subst.* **-ī,** *ōrum m* Nachkommen; **2.** *comp.* **posterior,** *ius der* Hintere, Spätere, Folgende, Jüngere; / *der* Geringere, Schlechtere; *adv.* **-ius** nachher, später; **3.** *sup.* **postrēmus** 3 *der* Hinterste, Letzte; / *der* Geringste, Schlechteste, Äußerste; *adv.* **-um** zum letzten Mal; **-ō** endlich, zuletzt; kurz; — *cf. postumus*; ** *posteriora* Kehrseite, Rücken.

post-ferō, — —, *ferre* hintansetzen.

post-genitī, *ōrum m* (*gignō*) Nachgeborene, Nachkommen.

post-habeō 2 hintansetzen.

post-hāc *adv.* (*post + adv. abl. sg. f v. hic*[1]) **1.** von nun an, künftig, später; °**2.** (*v. d. Vergangenheit*) nachher.

posthaec *adv.* = *post haec* nachher.

post-ibī *u.* **-ibĭ** *adv.* hernach, hierauf. [Hinterhaus.}

postīculum, *ī n* (*dem. v. postīcum*)}

postīcus 3 (*post*) hinten befindlich, Hinter...; *subst.* **-um,** *ī n* Hinter-}

postid *adv.* (*post, id*) hernach. [tür.}

postideā *adv.* (*postid, eā; cf. posteā*) nachher.

postilēna, *ae f* (*post; Bildung unklar*) Schweifriemen.

postiliō, *ōnis f* (*pōst-?; relig. t.t.; postulō*) *das* Verlangen der Gottheit, ein versäumtes Opfer nachzuholen.

post-illā *adv.* (*cf. posteā*) nachher.

post-illāc *adv.* (*cf. posthāc*) nachher.

postis, *is m* (*wohl* < **por-stis* „Hervorstehendes"; *por-, stō*) Türpfosten; °*pl.* Tür.

post-līminium, *ī n* (*aus post līmen* „hinter der Schwelle") Heimkehrrecht. [*merīdiem*) Nachmittags...}

pos(t)-merīdiānus 3 (*aus post*}

post-modō (*-ŏ?*) *u.* (*jünger*) **-modum** *adv.* (*-ō: eigtl.* „nach bald"; *-um volkset. Umbildung*) bald darauf, späterhin. [= *pōmērium.*}

post-moerium, *ī n Rekomposition*}

post-partor, *ōris m* (*pariō*) Nachkomme. [hintansetzen.}

post-pōnō, *posuī, positum* 3 nach-,}

post-prīncipia, *ōrum n* (*aus post-prīncipiō*) weiterer Verlauf, Fortgang.

post-prīncipiō *adv.* (*eigtl.* „nach anfangs") in der Folgezeit, nachher.

post-putō 1 hintansetzen, gering schätzen.

post-quam *ci.* **1. a**) nachdem, als (*bei einmaliger Handlung der Vergangenheit meist m. ind. pf. od. praes. hist.; bei genauer Zeitangabe m. ind. plqpf.*); **b**) als (noch immer) (*m. ind. impf. b. Bezeichnung eines* *vergangenen Zustandes; gelegentlich — in Anlehnung an cum historicum — m. coni. impf. od. plqpf.*); **2.** seitdem, jetzt wo, damals während (*m. ind. praes. od. impf.*).

postrēmō, postrēmus *s. posterus.*

postrīdiē *adv.* (< *loc.* *posterī-diē) am folgenden Tage.

postrīduō *adv.* = *postrīdiē* (*cf.* *bī-duum*).

post-scrībō, *psī,* — 3 schreiben *hinter* [*Tiberi nomen suo*].

postulātīcius 3 (*pōst-?; postulātus, P.P.P. v. postulō*) verlangt, erbeten.

postulātiō, *ōnis f* (*pōst-?; postulō*) **1.** Forderung, Verlangen; °**2.** Klage, Beschwerde; **3.** (*jur. t.t.*) **a)** Klagegesuch (*an den Prätor*); °**b)** Klage (*vor Gericht*).

postulātor, *ōris m* (*pōst-?; postulō*) Kläger.

postulātum, *ī n* (*pōst-?; postulō*) Forderung.

postulātus, *abl. ū m* (*pōst-?; postulō*) Klage, Beschwerde.

postulō 1 (*pōst-?; wohl v.* *posctos, *P.P.P. v. poscō*) **1. a)** verlangen, fordern [*alqd ab alqo*]; begehren, wollen; *abs. de colloquio* eine Unterredung verlangen; **b)** (*v. Sachen*) erfordern [*veritas*]; **2.** (*jur. t.t.*) **a)** gerichtlich belangen, anklagen [*de vi, proditionis*]; **b)** beantragen [*arbitrum; quaestionem*].

Postumius 3 *röm. Gentilname; -miānus 3 des* ~.

postumus 3 (*sup. zu posterus*) °**1.** spät geboren; **2.** (*jur. t.t.*) nach (*dem Tode des Vaters*) geboren; *subst.* ~, *ī m* Nachkömmling; **3.** ≈ *röm. cogn.*

Post-vorta *od.* **-verta,** *ae f röm. Gottheit (entweder des Vorauswissens der Zukunft od. der Steißgeburt), Begleiterin der Carmenta.*

pōtātiō, *ōnis f* (*pōtō*) Trinkgelage.

pōtātor, *ōris m* (*pōtō*) Zecher, Säufer.

pote *s. potis.*

potēns, *entis* (*m. comp., sup., °adv.; part. praes. v.* *poteō = *possum; s. d.*) °**1.** mächtig, vermögend; fähig, kundig [*regni*]; **2.** mächtig, gebietend, einflussreich; *subst. m* Machthaber; °**3.** (*v. Personen*) kräftig, stark; (*v. Sachen*) wirksam, durchschlagend; **4.** (*einer Sache*) mächtig [*consilii*]; *sui* ~ sein eigener Herr; °**5. a)** der *etw.* erreicht hat, *voti* der seinen Wunsch erfüllt sieht; **b)** glücklich [*in amore*]; *parvo* genügsam; ** *potentem esse* = *posse.*

potentātus, *ūs m* (*potēns*) Macht [im Staate].

potentia, *ae f* (*potēns*) °**1.** *das* Vermögen, Kraft, Wirksamkeit; **2.** politische Macht, Gewalt, Einfluss; **3.** Oberherrschaft, Alleinherrschaft [*singularis*].

potērium, *ī n* (*gr. Fw.*) Becher.

potesse *s. possum.*

potestās, *ātis f* (*potis; Analogiebildung zu māiestās*) **1.** Kraft, Macht, Gewalt; *in sua potestate esse* sein eigener Herr sein; **2. a)** politische Macht, Herrschaft; **b)** (*concr.*) Machthaber, Herrscher; **3. a)** Amtsgewalt, Amt; **b)** (*concr.*) Amtsperson, Behörde; *imperia et potestates* Militär- u. Zivilbehörden; **4.** Möglichkeit, Gelegenheit, Erlaubnis, Vollmacht; *potestatem sui facere* sich zum Kampfe stellen; Audienz geben.

pōticius, *ī m* (*et. ungeklärt*) Bübchen (?).

pōtiō[1]**,** *ōnis f* (*pōtō*) **1.** *das* Trinken, Trank; **2. a)** Gift(trank); °**b)** Arznei; °**c)** Liebes-, Zaubertrank.

potiō[2] 4 (*potis*) unter *jds.* Gewalt bringen (*m. gen.*); *P.* in die Gewalt *jds.* geraten [*hostium*].

pōtiōnātus 3 (*pōtiō*[1]) mit einem Liebestrank im Leibe.

potior[1]**,** *ius s. potis.*

potior[2]**,** *tītus sum* 4 (*m.* [*meist dcht.*] *Nebenformen nach der 3. Konj.; potis*) **1.** Herr werden, sich bemächtigen, erlangen, erreichen (*urspr. trans., später m. abl. u. vereinzelt m. gen.*) [*imperio*]; **2.** besitzen, haben, genießen [*voluptatibus*]; *rerum* die Macht besitzen.

potis, e (*cf. possum, hospes*) **1.** *pos.* vermögend, mächtig; *potis sum* = *possum*; (*familiär*) *pote (est)* es kann sein, es ist möglich; **2.** *comp.* **potior,** *ius* vorzüglicher, besser, wichtiger, würdiger, mehr; *adv.* **potius** vielmehr, eher, lieber; **3.** *sup.* **potissimus** 3 *der* Vorzüglichste, Hauptsächlichste, Wichtigste; *adv.* **potissimum** vornehmlich, hauptsächlich, gerade.

Potītus 3 *röm. Gentilname; s. Pinārius.*

pōtitō 1 (*intens. v. pōtō*) gehörig trinken.

potiuncula, *ae f* (*dem. v. pōtiō*[1]) Tränkchen.

pōtō, *āvī, (āt)um* 1 (*intens. zu* √ *pō- „trinken"; cf. pōculum; bibō*)

1. trinken, zechen, saufen; °2. einsaugen; sich antrinken [*crapulam*].

pōtor, *ōris m* (√‾ *pō- „trinken") Trinker; Zecher.

pōtrīx, *īcis f* (*pōtor*) Trinkerin.

pōtulentus 3 (*pōtus*) **1.** trinkbar; *subst.* **-um,** *ī n* Getränk; °**2.** betrunken.

pōtus[1] 3 (*P.P.P. zu* √‾ *pō- „trinken") getrunken, ausgetrunken; angetrunken.

pōtus[2], *ūs m* (√‾ *pō- „trinken") *das* Trinken, Trunk; °Trank.

pr. *Abk. für prīdiē.*

prae-, prae (*cf. praeter*) °**1.** *adv.* **a)** voran, voraus; (*abi*) ~ geh voran!; **b)** *prae quam s. praequam*; **2.** *in der Komposition*: **a)** vorn, an der Spitze [*praeacutus*; *praesum*]; **b)** vor der Zeit, vorzeitig [*praecanus*]; **c)** voraus [*praemitto*]; **d)** (*steigernd*) im Vergleich zu anderen, überaus, sehr [*praedives*]; **3.** *prp. b. abl.* **a)** (*räuml.*) vor; ~ *se agere* (*Li.*) vor sich hertreiben; / ~ *se ferre* zur Schau tragen, deutlich zeigen; **b)** im Vergleich mit, gegen [*omnes* ~ *se contemnere*]; **c)** (*kausal in negativen Sätzen*) vor, wegen [~ *lacrimis loqui non posse*].

prae-acūtus 3 vorn zugespitzt.

prae-altus 3 (*m.* °*adv.*) sehr hoch, sehr tief.

****praeambulus** 3 vorangehend; *subst.* ~, *i m* Vorläufer.

****praebenda,** *ae f* Pfründe.

praebeō, *buī, bitum* 2 (⟨ **prae-habeō*) **1.** hinhalten, darreichen; **2.** darbieten, gewähren, liefern, leisten; °**3.** überlassen, preisgeben [*se telis hostium*]; **4.** verursachen [*speciem horribilem*]; **5.** zeigen, erweisen; *se -ere* (°*nur -ere*) sich zeigen *als* [*virum, misericordem*].

prae-bibō, *bibī,* — 3 vor-, zutrinken.

praebitor, *ōris m* (*praebeō*) Lieferant.

prae-calidus 3 sehr warm.

prae-calvus 3 sehr kahl.

praecantātiō, *ōnis f* (*prae-cantō* 1 „bezaubern") Bezauberung, Besprechung.

praecan(tā)trīx, *īcis f* (*praecan(tā-)tor* „Zauberer"; *praecanō*) Zauberin.

prae-cānus 3 vor der Zeit grau.

prae-caveō, *cāvī, cautum* 2 **1.** (*intr.*) °**a)** sich hüten [*ab insidiis*]; **b)** Vorsorge treffen [*ne id accideret*]; °**c)** sorgen *für* [*sibi*]; **2.** (*trans.*) verhüten, vorbeugen [*peccata*].

prae-cēdō, *cessī, cessum* 3 **1.** (*trans.*) °**a)** voran-, vorhergehen [*agmen*; / *eum aetate*]; **b)** übertreffen [*Gallos virtute*]; °**2.** (*intr.*) vorher-, vorangehen.

praecellēns, *entis* (*m.* °*comp.*, *sup.*; *praecellō*) hervorragend.

prae-cellō, — — 3 **1.** (*abs.*) sich auszeichnen; **2.** übertreffen: **a)** (*trans.*) [*alqm fecunditate*]; **b)** (*intr.*) das Oberhaupt sein [*genti*].

prae-celsus 3 sehr hoch.

praecentiō, *ōnis f* Vorspiel, Musik (*beim Opfer*).

prae-centō 1 (*cantō*) (*wie eine Zauberformel*) vortragen (?).

praeceps, *cipitis* (*altl. praecipes, is*; ⟨ **prae-caput, volkset. an prīnceps angelehnt*) **I.** *adi.* **1. a)** kopfüber; **b)** schleunig, eilig, flüchtig; **c)** blindlings, unaufhaltsam; voreilig; °**d)** leicht geneigt [*in iram*]; **2. a)** jäh, abschüssig; **b)** verderblich, gefährlich; °**II.** *subst. n* **1.** Abgrund, Tiefe; **2.** / Gefahr, Verderben; °**III.** *adv.* **1.** in die Tiefe [*trahere*]; **2.** / ~ *dare* in Gefahr bringen.

praeceptiō, *ōnis f* (*praecipiō*) °**1.** *der* Voraus (*b. Erbschaften usw.*); **2.** Vorbegriff, Vorstellung; **3.** Unterweisung, Lehre; ** Vorschrift; königliche Urkunde.

praeceptīvus 3 (*praeceptus, P.P.P. v. praecipiō*) vorschreibend.

praeceptor, *ōris m* (*praecipiō*) Lehrer.

praeceptrīx, *īcis f* (*praeceptor*) Lehrerin.

praeceptum, *ī n* (*praecipiō*) Vorschrift, Befehl; Rat, Warnung, Lehre, Regel.

prae-cerpō, *psī, ptum* 3 (*carpō*) °**1.** vor der Zeit pflücken; **2.** / vorwegnehmen.

prae-cīdō, *cīdī, cīsum* 3 (*caedō*) **1. a)** vorn abschneiden, abhauen; / **b)** entfernen, benehmen; **c)** abschlagen; **d)** sich kurz fassen; **2. a)** zerschneiden; **b)** / abbrechen [*amicitiam*].

praecinctūra, *ae f* (-*ī*-?; *praecingō*) Umgürtung.

prae-cingō, *cinxī, cinctum* 3 (*cīnxī, cīnctum?*) (um)gürten; aufschürzen; / umgeben [*capillos flore*].

prae-cinō, °*cinuī,* — 3 (*canō*) **1.** (*intr.*) vorspielen, -blasen [°*sa-*

crificiis]; °**b**) eine Zauberformel hersagen; **2.** (*trans.*) vorhersagen.

praecipes, *is s. praeceps.*

prae-cipiō, *cēpī, ceptum* 3 (*capiō*) **1. a**) vorausnehmen, -bekommen, vorwegnehmen; *iter,* °*spatium* einen Vorsprung gewinnen; °**b**) voraus erben; **2.** im Voraus genießen, empfinden (vermuten, sich vorstellen); **3.** vorschreiben, befehlen; raten, warnen; **4.** lehren, Unterricht geben *in* [*artem dicendi*].

praecipitanter *adv.* (*praecipitāns, part. praes. v. praecipitō*) Hals über Kopf. [*das* Herabstürzen.]

praecipitātiō, *ōnis f* (*praecipitō*)

praecipitium, *ī n* (*praeceps*) abschüssige Stelle.

praecipitō 1 (*praeceps*) **1.** (*trans.*) **a**) kopfüber herabstürzen; / **b**) vernichten, zugrunde richten; °**c**) überstürzen; °**d**) (*m. inf.*) drängen; **2.** (*intr.*) **a**) (sich) herabstürzen, (herab)fallen; **b**) zu Ende gehen; **c**) sinken, zugrunde gehen.

praecipuē *adv.* (*praecipuus*) vorzugsweise, besonders.

praecipuus (*praecipiō*) **1.** *adi.* 3 **1.** ausschließlich, eigentümlich, *ein* Besonderer; **2. a**) vorzüglich, ausgezeichnet, vornehmster; °**b**) besonders geeignet *zu* [*ad cupiditatem*]; **II.** *subst.* **-um,** *ī n* °**1.** (*jur. t.t.*) *der* Voraus (*der Erbschaft*); **2.** Vorzug, Vorrecht; **3.** *pl.* (*philos. t.t.*) *nach der Lehre der Stoa* dem Guten nahe stehende Dinge.

praecīsus 3 (*m. adv.*; *praecīdō*) °**1.** jäh, abschüssig; **2.** / (*rhet. t.t.*) abgebrochen; abgekürzt; °**3.** *subst.* **-ī,** *ōrum m die* Verschnittenen; **4.** *adv.* **-ē** abgekürzt; unbedingt [*negare*].

prae-clārus 3 (*m. adv.*) **1.** sehr hell; sehr deutlich; **2.** (*m. comp., sup.*) **a**) glänzend; herrlich, vortrefflich, ehrenvoll; angesehen, berühmt; °**b**) berüchtigt.

prae-clūdō, *sī, sum* 3 (*claudō*) verschließen, versperren; °/ *vocem* das Maul stopfen.

praecō, *ōnis m* (< **prai-dicō*) Ausrufer, Herold; Auktionator; / Lobredner; ** Scherge, Fronbote; *stivae praecones* Ackerknechte.

prae-cōgitō 1 vorher überlegen.

prae-cognōscō, —, *gnitum* 3 (*-cōgn-?*) vorher erfahren.

prae-colō, *coluī, cultum* 3 **1.** vorher bearbeiten; °**2.** vorschnell verehren.

prae-compositus 3 vorher einstudiert.

praecōnius 3 (*praecō*) dem Herold eigen; *subst.* **-um,** *ī n* Ausruferamt; Bekanntmachung; / Verherrlichung. [vorher aufbrauchen.]

prae-cōnsūmō, *mpsī, mptum* 3

prae-contrectō 1 vorher betasten.

prae-coquis, e (*coquō*) frühreif; verfrüht.

prae-cordia, *ōrum n* (*cor*) **1. a**) Zwerchfell; **b**) Eingeweide; Magen; °**c**) Leib; Brust; °**2.** / Herz, Gefühl, Sinn. [vorher bestechen.]

prae-corrumpō, *rūpī, ruptum* 3

prae-cox, *ocis* = *praecoquis.*

prae-cultus 3 sehr ausgeschmückt.

prae-cupidus 3 ganz erpicht *auf* [*pretiosae supellectilis*].

prae-currō, (*cu*)*currī, cursum* 3 **1.** vorauslaufen, -eilen; vorangehen; (*part. praes.*) *subst.* **prae-currentia,** *ium n das* Vorhergehende; **2.** überholen, zuvorkommen; **3.** / übertreffen, überflügeln [*alci,* °*alqm*].

praecursiō, *ōnis f* (*praecurrō*) **1.** *das* Vorhergehen; °**2.** (*mil. t.t.*) Geplänkel; **3.** (*rhet. t.t.*) Vorbereitung (*der Zuhörer*).

praecursor, *ōris m* (*praecurrō*) **1.** °**a**) Diener; **b**) Kundschafter; °**2.** *pl.* Vortrab.

praecursōrius 3 (*praecursor*) vorauseilend. [voranschwingen.]

prae-cutiō, *cussī, cussum* 3 (*quatiō*)

praeda, *ae f* (< **prai-hedā*; *prehendō*) **1. a**) Kriegsbeute; °**b**) Jagdbeute; Raub, Fraß; **2.** / **a**) Raub; Vorteil, Gewinn; °**b**) unterschlagener Fund; °**c**) Plünderung.

praedābundus 3 (*praedor*) auf Beute ausgehend.

prae-damnō 1 vorher verurteilen; im Voraus aufgeben [*spem*].

praedātiō, *ōnis f* (*praedor*) *das* Beutemachen, Plündern.

praedātor, *ōris m* (*praedor*) **1.** Beutemacher, Plünderer; °**2.** / Jäger; °**3.** *adi.* plündernd, räuberisch; habsüchtig.

praedātōrius 3 (*praedātor*) plündernd, raubend; *navis -a* Seeräuberschiff.

praedātus, *ūs m* (*praedor*) *das* Plündern.

prae-dēlassō 1 vorher schwächen.

prae-dēstinō 1 im Voraus bestimmen.

praediātor, *ōris m* (*praedium*) Güteraufkäufer, Grundstücksmakler.

praediātōrius 3 (*praediātor*) die Güterpfändung betreffend; *ius -um* Grundstückspfandrecht.

praedicābilis, e (*praedicō^{1}*) rühmenswert.

praedicātiō, *ōnis f* (*praedicō^{1}*) öffentliche Bekanntmachung; / Aussage; Lob(preisung); ** Predigt.

praedicātor, *ōris m* Lobredner; ** Prediger; *fratres* Dominikaner.

****praedicatorius** 3 Prediger...; *ordo* Dominikanerorden.

prae-dicō^{1} 1 öffentlich bekannt machen; / ankündigen; preisen, rühmen; ** predigen.

prae-dīcō^{2}, *dīxī, dictum* 3 **1.** vorher sagen, vorausschicken; **2.** prophezeien; °**3.** vorher festsetzen; **4.** vorschreiben, befehlen, einschärfen, warnen.

praedictiō, *ōnis f* (*praedīcō^{2}*) Prophezeiung.

praedictum, *ī n* (*praedīcō^{2}*) **1.** Weissagung; °**2.** Befehl; °**3.** Verabredung [*ex praedicto*].

praediolum, *ī n* (*dem. v. praedium*) Landgütchen.

prae-discō, *didicī*, — 3 (*-dīsc-?*) vorher lernen.

prae-dispositus 3 vorher hier und da aufgestellt.

praeditus 3 (**prae-dō* 3 „versehen mit"; √‾*dō- „geben") begabt, versehen *mit* [*virtute*], behaftet *mit* [*scelere*].

praedium, *ī n* (*eigtl.* „Gut, das als Bürgschaft angenommen wird"; *praes*) Grundstück, Landgut.

prae-dīves, *itis* sehr reich.

prae-dīvīnō 1 vorausahnen.

praedō^{1}, *ōnis m* (*praeda*) Räuber; Seeräuber.

praedō^{2} 1 (*praeda*) rauben.

prae-doceō, *docuī, doctum* 2 vorher unterrichten.

prae-domō, *uī*, — 1 im Voraus bändigen.

praedor 1 (*praeda*) **1.** (*intr.*) **a)** Beute machen, plündern, rauben; **b)** / Gewinn ziehen; °**2.** (*trans.*) **a)** ausplündern, berauben [*socios*]; **b)** rauben, erbeuten [*ovem*].

prae-dūcō, *dūxī, ductum* 3 ziehen *vor* [*fossas castris*].

prae-dulcis, e sehr süß; / übersüß, süßlich.

prae-dūrus 3 sehr hart; / sehr abgehärtet.

prae̅-ēmineō, — — 2 = *praemineō.*

prae̅-eō, *iī, itum, īre* **1. a)** voran-, vorausgehen [*alci*, °*alqm*] °**b)** zuvorkommen; **2.** (*eine Weihe- od. Eidesformel*) vorsprechen [*alci*; °*carmen*]; °**3.** vorschreiben, verordnen.

praefātiō, *ōnis f* (*praefor*) **1.** Formel; °**2.** Vorspruch, -wort, Einleitung.

praefectūra, *ae f* (*praefectus*) °**1.** Vorsteher-, Aufseheramt; °**2.** Richteramt; **3. a)** Kommando, Befehlshaberstelle; °**b)** (*kaiserliche*) Provinzialverwaltung; **4. a)** (*italische, v. röm. Beamten verwaltete*) Kreisstadt; **b)** Verwaltungsbezirk.

praefectus, *ī m* (*P.P.P. v. praeficiō*; [*verbal*] *m. dat.*, [*nominal*] *m. gen. verbunden*) **1.** Vorsteher, Aufseher; Befehlshaber, Anführer, Kommandant, Hauptmann; **2. a)** Befehlshaber *einer Hilfstruppen- od. Reitereinheit*; °**b)** Statthalter, Satrap; °**c)** Oberbefehlshaber asiatischer Heere; ** Burggraf; *aulae* Hausmeier.

prae-ferō, *tulī, lātum, ferre* 3 **1. a)** vorantragen; °**b)** vorn an sich tragen; **2.** / **a)** zeigen, offenbaren; °**b)** vorschützen; **c)** vorziehen; °**d)** vorwegnehmen [*diem triumphi*]; **e)** *se -ferre od. mediopass.* sich hervortun [*legionariis*]; °**3.** vorbeitragen *vor*; P. vorbeieilen, -fahren, -ziehen [*praeter castra*].

prae-ferōx, *ōcis* sehr wild, ungestüm.

prae-ferrātus 3 vorn mit Eisen beschlagen; / in Banden geschlagen.

prae-fervidus 3 sehr heiß; / glühend [*ira*].

prae-festīnō 1 (*-ē-?*) sich übereilen; vorbeieilen *an* [*sinum*].

praefica, *ae f* (**prai-facos* 3; *prae, faciō*) Klageweib.

prae-ficiō, *fēcī, fectum* 3 (*faciō*) an die Spitze stellen, betrauen *mit* [*alqm bello gerendo*].

prae-fīdēns, *entis* zu sehr vertrauend.

prae-figō, *xī, xum* 3 **1.** vorn anheften, einschlagen; **2.** vorn beschlagen, versehen *mit*; °**3.** durchbohren; °**4.** bezaubern.

prae-fīniō 4 vorherbestimmen, vorschreiben; (*P.P.P., abl. abs.*) °*adv.* **praefīnītō** nach Vorschrift.

prae-fiscinē *u.* **-ī** *adv.* (*eigtl. wohl* „um die Beschreiung abzuwenden"; *fascinum*) unberufen.

prae-flōrō 1 (*flōs*) vorher der Blüte berauben. [*castra*].

prae-fluō, — — 3 vorbeifließen an

prae-fōcō 1 (*faucēs*) erwürgen.

prae-fodiō, *fōdī, fossum* 3 einen Graben ziehen *vor* [*portas*]; vorher vergraben.

(**praefor**) 1 (*gebräuchlich nur*: *-fātur, -fāmur*; *-fābantur, -fārentur*; *-fārī*; *-fantēs*; *-fātus*) **1.** (*relig. t.t.*) vorsprechen, vorbeten; **2.** als Eingangsformel *od.* Vorwort vorausschicken; °**3.** vorläufig erklären; °**4.** weissagen. [vor.

prae-formīdō 1 zurückschrecken

prae-fōrmō 1 vorher entwerfen; vorzeichnen, vorschreiben.

praefrāctus 3 (*m. comp., adv.*; *praefringō*) °**1.** eckig; **2.** / schroff, rücksichtslos.

prae-frīgidus 3 sehr kalt.

prae-fringō, *frēgī, frāctum* 3 (*frangō*) vorn abbrechen, zerbrechen.

prae-fulciō, *lsī, ltum* 4 °**1.** als Stütze gebrauchen; **2.** / vorbauen.

prae-fulgeō, *lsī,* — 2 hervorstrahlen, -glänzen; / auffallen.

prae-gelidus 3 sehr kalt.

prae-gestiō 4 sich lebhaft freuen.

praegnāns, *antis u.* (*altl.*) **-gnās,** *ātis* (< **prai gnātid* „vor der Geburt"; [*g*]*nāscor*) schwanger, trächtig; °/ (*scherzh.*) derb [*plagae*]; voll

prae-gracilis, e sehr hager. [*von.*

prae-grandis, e überaus groß.

prae-gravis, e sehr schwer; / sehr schwerfällig; sehr lästig.

prae-gravō 1 **1.** (*trans.*) **a)** sehr belasten, beschweren; / **b)** niederdrücken; **c)** verdunkeln; **2.** (*intr.*) das Übergewicht haben, überwiegen.

prae-gredior, *gressus sum* 3 (*gradior*) **1. a)** vorangehen; °**b)** zuvorkommen [*nuntios*]; °**2.** vorüberziehen *an* [*castra*]. [*das* Vorrücken.

praegressiō, *ōnis f* (*praegredior*)

praegressus, *ūs m* (*praegredior*) Entwicklung.

praegustātor, *ōris m* (*-ū-?*; *praegustō*) „Vorkoster" (*der Sklave, der Speisen u. Getränke kostet, bevor sie auf den Tisch kommen*); *kl. nur* / [*libidinum*].

prae-gustō 1 vorher kosten, genießen, zu sich nehmen.

prae-hibeō 2 (*Pl.*) = *praebeō*.

prae-iaceō 2 liegen *vor* [*castra*].

praeiūdicātum, *ī n* (*praeiūdicō*) = *praeiūdicium*.

prae-iūdicium, *ī n* Vorentscheidung; / vorgefasstes Urteil; maßgebendes Beispiel; (schlimmes) Vorzeichen.

prae-iūdicō 1 vorläufig entscheiden; *opinio praeiudicata* Vorurteil. [stützen.

prae-iuvō, *iūvī,* — 1 vorher unter-

prae-lābor, *lāpsus sum* 3 vorbeigleiten, -fahren *an* [*flumina*].

prae-lambō, — — 3 vorher belecken. [Vormundschaft.

****praelatio,** *onis f* geistliches Amt;

****praelatura,** *ae f* Prälatur.

****praelatus,** *i m* Prälat.

prae-lautus 3 prachtliebend.

prae-lēctiō, *ōnis f* (*praelegō*) *das* Vorlesen.

prae-legō, *lēgī, lēctum* 3 **1.** vorlesen; **2.** vorübersegeln *an* [*Campaniam*]; ** *eine* Vorlesung halten.

prae-ligō 1 °**1.** vorn anbinden; **2.** °**a)** umwinden *mit*; **b)** zubinden; / (*P.P.P.*) °*adi.* **praeligātus** 3 verstockt [*pectus*].

prae-longus 3 sehr lang.

prae-loquor, *locūtus sum* 3 **1.** vor *einem anderen* reden, *jd.* das Wort wegnehmen; **2.** einleitend sagen.

prae-lūceō, *lūxī,* — 2 vorleuchten; °/ übertreffen [*maioribus*].

****praeludium,** *i n* Vorspiel.

praelūsiō, *ōnis f* (*prae-lūdō* 3 „vorspielen") Vorspiel.

prae-lūstris, e (*cf. illūstris*) sehr vornehm, sehr hoch.

prae-mandō 1 °**1.** im Voraus empfehlen; 2. im Voraus auftragen; einen Steckbrief erlassen [*ut conquireretur*]; (*P.P.P.*) *subst.* **praemandātum,** *ī n* Steckbrief.

prae-mātūrus 3 (*m. adv.*) vor-, frühzeitig. [bermitteln versehen.

prae-medicātus 3 vorher mit Zau-

praemeditātiō, *ōnis f* (*praemeditor*) *das* Vorherbedenken.

prae-meditor 1 vorher bedenken, erwägen; *part. pf. auch pass.*

prae-mercor 1 vorher kaufen.

praemetuēns, *entis* (*m. adv.*; *prae-metuō*) vorher fürchtend [*doli*]; *adv.* **-enter** ängstlich, furchtsam.

prae-metuō, — — 3 **1.** im Voraus in Furcht sein [*alci*] um jds. willen; °**2.** im Voraus fürchten [*alqm*].

P

prae-mineō, — — 2 hervorragen, überragen [*ceteros*].

praemior 1 (*praemium*) sich Belohnung ausbedingen.

prae-mittō, *mīsī, missum* 3 vorausschicken; vorher melden lassen; °/ (*in der Rede*) vorausschicken.

praemium, *ī n* (< **prai-emiom; emō*) °**1.** Beutestück; **2.** Vorteil, Vorrecht; **3.** Auszeichnung; Gunst; Lohn, Belohnung, Preis; **4.** (*dcht.*) Heldentat.

prae-modulor 1 vorher abmessen.

prae-molestia, *ae f* Ahnung künftigen Verdrusses.

prae-mōlior 4 vorbereiten.

prae-molliō 4 vorher weich, milde machen.

prae-mollis, e sehr weich.

prae-moneō 2 **1.** vorher erinnern, mahnen, warnen; °**2.** vorhersagen.

praemonitus, *ūs m* (*praemoneō*) Warnung, Weissagung.

praemōnstrātor, *ōris m* (*praemōnstrō*) Wegweiser, Führer.

prae-mōnstrō 1 °**1.** vorher zeigen, angeben; **2.** prophezeien.

prae-mordeō, *rdī, rsum* 2 (vorn) beißen, abbeißen; / abzwacken.

prae-morior, *mortuus sum* 3 vorzeitig sterben; / absterben.

prae-mūniō 4 **1.** vorn befestigen, verschanzen; **2.** vorbauen; / vorausschicken [*reliquo sermoni*].

praemūnītiō, *ōnis f* (*praemūniō*) *das* Vorbauen, Verwahrung.

prae-narrō 1 (*-ā-?*) vorher erzählen.

prae-natō 1 / vorüberfließen *an* [*domos*].

prae-nāvigō 1 vorbeisegeln *an* [*villam*]; / *vitam* am Ufer des Lebens.

Praeneste, *is n* (*dcht. f*) *Sommerfrische sö. v. Rom, j.* Palestrina; *adi. u. Einw.* **-īnus** (3).

prae-niteō, *uī,* — 2 überstrahlen [*omnibus*].

prae-nōmen, *inis n* **1.** Vorname; °**2.** Titel [*imperatoris*].

prae-nōscō, *nōvī, nōtum* 3 vorher kennen lernen, erfahren.

praenōtiō, *ōnis f* (*praenōscō*) *der* (*durch die Sinne vermittelte*) Vorbegriff [*deorum*].

prae-nūbilus 3 sehr finster.

prae-nūntiō 1 vorher verkünden.

praenūntius 3 (*Rückbildung aus praenūntiō*) vorher verkündend; *subst.* **~,** *ī m,* **-ium,** *ī n, kl. nur* **-ia,** *ae f* Vorbote, -zeichen.

praeoccupātiō, *ōnis f* (*praeoccupō*) frühere Besetzung.

prae-occupō 1 **1.** vorher besetzen, einnehmen; **2.** / **a**) im Voraus verpflichten, gewinnen; **b**) überraschen; °**c**) (*m. inf.*) sich beeilen.

prae-olō, — — 3 schon vorher in die Nase steigen; *mihi -it* mir schwant, ich ahne.

prae-optō 1 **1.** lieber wollen; °**2.** vorziehen.

prae-pandō, — — 3 vorn ausbreiten, öffnen [*lumina menti*].

praeparātiō, *ōnis f* (*praeparō*) Vorbereitung.

prae-parō 1 vorbereiten, rüsten, instand setzen.

praepedīmentum, *ī n* (*praepediō*) Hindernis.

prae-pediō 4 vorn ankoppeln [*equos*]; / hemmen, verhindern, unwirksam machen.

prae-pendeō, *pendī,* — 2 vorn herabhängen.

prae-pes, *etis* (*petō in Grundbedeutung* „fliegen") **1.** (*relig. t.t.*) vorausfliegend, günstig; **2.** schnell (-fliegend); *subst. m f* Vogel.

prae-pilātus 3 (*pila*[3]) vorn mit einem Knauf versehen.

prae-pinguis, e (*-pīng-?*) sehr fett; / zu derb, zu stark [*vox*].

prae-polleō, *uī,* — 2 viel vermögen, das Übergewicht haben.

prae-ponderō 1 °**1.** (*intr.*) das Übergewicht haben; **2.** (*trans.*) das Übergewicht geben; P. das Übergewicht bekommen, überwiegen.

prae-pōnō, *posuī, positum* 3 **1.** voransetzen, -legen, -stellen; **2.** an die Spitze stellen [*militibus*]; **3.** vorziehen; **4.** (*P.P.P.*) **praepositus** 3; *subst.* **a**) **-a,** *ōrum n* (*philos. t.t. der Stoa*) *die* vorgezogenen Dinge; *cf. proēgmena*; °**b**) **-us,** *ī m* Vorgesetzter, Statthalter; ** Dorfschulze; Probst; *mensae* Truchsess.

prae-portō 1 zur Schau tragen.

praepositiō, *ōnis f* (*praepōnō*) Voranstellung; / Vorzug; (*gramm. t.t.*) Präposition.

****praepositura,** *ae f* Propstei.

praeposīvī *altl. pf. v. praepōnō.*

praeposterō 1 (*praeposterus*) umkehren.

prae-posterus 3 (*adv.* **-ē** *u.* (*Se.*) **-ō**; *eigtl.* „der Spätere voran") verkehrt (handelnd).

prae-potēns, *entis* sehr mächtig, beherrschend [*rerum*]; *subst.* **-entēs,** *ium m die* Mächtigen.
prae-properanter *adv.* (*praeproperāns, part. praes. v.* **praeproperō*) sehr schnell.
prae-properus 3 (*m.* °*adv.*) **1.** sehr eilig; °**2.** voreilig, übereilt.
prae-pūtium, *ī n* (*vl. v.* **pūtos = pēnis*) *auch pl.* Vorhaut.
prae-quam *adv.* damit verglichen, [wie.
prae-queror, *questus sum* 3 vorher klagen.
prae-radiō 1 überstrahlen.
prae-rapidus 3 sehr reißend; / sehr hitzig, vorschnell.
prae-rigēscō, *guī,* — 3 vorn er- [frieren.
prae-rigidus 3 sehr starr.
prae-ripiō, *ripuī, reptum* 3 **1.** °**a**) weg-, entreißen; **b**) entziehen; **2. a**) vorzeitig entreißen; °**b**) unversehens rauben [*oscula alci*]; **3.** im Voraus vereiteln.
prae-rōdō, *sī, sum* 3 vorn abnagen.
praerogātiō, *ōnis f* (*praerogō* „vorher in Vorschlag bringen") Vorrecht.
prae-rogātīvus 3 (*praerogātus, P.P.P. v. praerogō* „vorher in Vorschlag bringen") zuerst abstimmend [*centuria*]; *subst.* **-a,** *ae f* **1.** *die* zuerst abstimmende Zenturie; °**2.** Vorwahl; **3.** günstige Vorbedeutung; ** Vorrecht, Vorrang.
prae-rumpō, *rūpī, ruptum* 3 vorn abreißen; °/ (*die Rede*) abbrechen.
praeruptus 3 (*m.* °*comp.,* °*sup.*; *praerumpō*) **1.** jäh, steil, schroff; °*subst.* **-a,** *ōrum n* schroffe Hänge; **2.** / **a**) *audacia -a* Tollkühnheit; °**b**) abstoßend; hart.
praes, *praedis m* (< **prae-vas* „Bürge vor *jd.*") Bürge; / Vermögen des Bürgen.
praesaepe, *is n u.* (*altl.*) **-saepis,** *is f* (*saepiō*) °**1.** Krippe; **2.** °**a**) Stall, Hürde; **b**) liederliches Haus; °**c**) Bienenkorb.
prae-saepiō, *psī, ptum* 4 vorn ver- [sperren.
prae-sāgiō *u.* (*altl.*) **-or** 4 vorher merken, ahnen; °/ voraussehen lassen.
praesāgītiō, *ōnis f* (*praesāgiō*) [Ahnung.
praesāgium, *ī n* (*praesāgiō*) Ahnung; Weissagung, Vorzeichen.
prae-sāgus 3 (*Rückbildung aus praesāgium?*) ahnend; weissagend.
prae-sciō 4 vorher wissen.
prae-scīscō, *scīvī,* — 3 vorher erforschen; vorher erfahren.
prae-scius 3 (*scius* 3 „wissend" *od. Rückbildung aus praesciō*) vorherwissend [*periculorum*].
prae-scrībō, *psī, ptum* 3 **1.** voranschreiben, schriftl. vorsetzen; **2.** / **a**) vorschreiben; verordnen, einschärfen; °**b**) vorschützen; °**c**) ein Bild entwerfen [*formam futuri principatus*].
praescrīptiō, *ōnis f* (*praescrībō*) **1.** Überschrift, Titel; **2.** / **a**) Vorschrift, Verordnung; **b**) Vorwand; °**c**) Vorherbestimmung; **d**) Beschränkung; **e**) (*jur. t.t.*) Einrede, Klausel.
praescrīptum, *ī n* (*praescrībō*) °**1.** vorgezeichnete Grenze; **2.** / Vorschrift, Regel.
prae-secō, *secuī, sectum* 1 vorn ab- [schneiden.
praesegmen, *inis n* (*praesecō*) Abgeschnittenes, Abfall.
praesēns, *entis* (*m.* °*comp.,* °*sup.*; *abl. sg.*: *als subst. u. adi. bei Personen, bsd. in abl. abs.* -e, *sonst* -ī; *gen. pl.* -*ium*; *part. praes. v. praesum*) **1. a**) persönlich (anwesend), leibhaftig; **b**) offenbar; **2. a**) gegenwärtig, jetzig; *in praesens* (*tempus*) für jetzt, vorderhand; **b**) augenblicklich, sofortig; *pecunia* bares Geld; *in praesenti* für den Augenblick; **c**) wirksam, kräftig [*medicina*]; **d**) hilfreich [*deus*]; °**e**) dringend, dringlich; **f**) entschlossen; °*subst.* **praesentia²,** *ium n* Gegenwart, gegenwärtige Verhältnisse.
praesēnsiō, *ōnis f* (*praesentiō*) Vorempfindung, Ahnung.
praesentāneus 3 (*praesēns*) schnell wirkend.
praesentārius 3 (*praesēns*) gegen- [wärtig; bar [*aurum*].
praesentia ¹, *ae f* (*praesēns*) **1.** Gegenwart, Anwesenheit; *animi* Geistesgegenwart; °**2.** Wirkung [*veri*].
praesentia², *ium n s. praesēns.*
prae-sentiō, *sēnsī, sēnsum* 4 ahnen.
****praesento** 1 darreichen; vorführen; vorzeigen.
praesēpe, *is n u.* **-sēpis,** *is f vulgär für praesaep...*
****praesepium,** *i n* Krippe; Stall.
prae-sepultus 3 (*sepeliō*) vorher begraben
praesertim *adv.* (*eigtl.* „vorgereiht"; *prae, serō¹*) zumal, besonders; *bsd.* ~ *cum od. quod od. sī.*

P

prae-serviō 4 vorzugsweise dienen.

prae-ses, *sidis* (< **prai-sed-s*; *praesideō*) °**1.** *adi.* schützend; **2.** *subst. m f* **a)** Beschützer(in); °**b)** Vorsteher, Vorgesetzter, Statthalter.

prae-sideō, *sēdī, sessum* 2 (*sedeō*) **1.** (*intr.*) **a)** schützen, verteidigen [*libertati*]; **b)** den Vorsitz haben, befehligen, leiten; °**2.** (*trans.*) **a)** schützen [*socios*; *litus*]; **b)** befehligen [*exercitum*]; °**3.** (*part. praes.*) *subst.* **praesidēns,** *entis m* Statthalter.

praesidiārius 3 (*praesidium*) die Besatzung bildend.

praesidium, *ī n* (*praesideō*) **1.** Schutz, Hilfe, Unterstützung; / Hort, Beschützer; **2.** (*mil. t.t.*) **a)** Bedeckung, Geleit; **b)** Besatzung(struppen), Posten; **c)** fester Platz, Bollwerk; *in -o* (*-is*) auf Posten, als Besatzung; / Lager [*de -o vitae decedere*]; *in -is alcis* esse aufseiten jds. stehen; **3.** Hilfsmittel, Stütze, Sicherheit.

prae-sīgnificō 1 (*-sĭgn-?*) vorher anzeigen.

praesīgnis, e (*-sĭgn-?*; *cf. īnsīgnis*) vor anderen ausgezeichnet.

prae-sonō, *uī,* — 1 vorher ertönen.

prae-spargō, — — 3 vorher bestreuen.

praestābilis, e (*m. comp.*, °*sup.*; *praestō²*) = *praestāns*.

praestāns, *antis* (*m. comp.*, *sup.*, °*adv.*; *praestō²*) vorzüglich, ausgezeichnet, vortrefflich.

praestantia, *ae f* (*praestāns*) Vortrefflichkeit, Vorzug *vor* [*animantium*].

praestātiō, *ōnis f* (*praestō²*) Gewährleistung, Bürgschaft; *ad -em scribere* sich für die Wahrheit seiner Ausführungen verbürgen.

prae-sternō, — — 3 ausstreuen; / den Weg ebnen.

prae-stes, *itis* (< **prai-stat-s*; *praestō²*) schützend; *subst. m* Beschützer.

praestīgiae, *ārum f* (< [*altl.*] *praestrīgiae*; *praestringō*; *vereinzelt sg. -a*) Blendwerk, Gaukelei.

praestīgiātor, *ōris m* (*praestīgiae*) Gaukler, Betrüger.

praestīgiātrīx, *īcis f* (*praestīgiātor*) Gauklerin, Betrügerin.

prae-stinō 1 (*cf. dēstinō*) erstehen, kaufen.

prae-stituō, *uī, ūtum* 3 (*statuō*) vorher bestimmen.

praestō¹ *adv.* (*prae* + *ungeklärtes 2. Glied*; *meist m.* esse *verbunden*) **1.** zugegen, anwesend, bei der Hand, zu Diensten, bereit; (*feindl.*) entgegentretend; **2.** förderlich, dienlich, günstig.

prae-stō², *stitī,* °*stitum, stātūrus* 1 **1.** (*intr.*; *prae* + *stō*) **a)** voranstehen; / sich auszeichnen; **b)** übertreffen [*alci* (°*alqm*) *alqa re*]; **c)** *impers.* **praestat** es ist besser; **2.** (*trans.*; < **praes stō* „stehe als Bürge, leiste Gewähr") **a)** verrichten, leisten, erweisen; *fidem* sein Wort halten; **b)** verleihen, verschaffen, gewähren; **c)** an den Tag legen, (durch die Tat) zeigen, bewähren, beweisen; *se -are* sich zeigen, sich bewähren *als* [*fortem*]; **d)** sich verbürgen *für* [*omnes ministros*].

praestōlor 1 (*wohl zu praestō¹*) bereitstehen; warten *auf* [*adventum*; *alci*, °*alqm*].

prae-strangulō 1 ersticken, erwürgen.

praestrīg... (*altl.*) = *praestīg...*

prae-stringō, *strīnxī, strictum* 3 (*strĭnxī?*) °**1.** vorn zuschnüren; **2.** (vorn) streifen; **3.** blenden, verdunkeln.

prae-struō, *strūxī, strūctum* 3 vorn verbauen, verrammeln; vorher sich verschaffen, vorbereiten.

prae-sul, *sulis* (*saliō*) *u.* (*Li.*) **-sultātor,** *ōris m* (*praesultō*) Vortänzer.

prae-sultō 1 (*saltō*) voranspringen.

prae-sum, *fuī,* esse **1. a)** an der Spitze stehen, leiten [*sacris*]; **b)** verwalten [*provinciae*]; Statthalter sein [*in ea provincia*]; **c)** (*mil. t.t.*) kommandieren [*exercitui*]; °**2.** schützen [*moenibus*]; **3.** *die* Hauptperson sein, großen Anteil nehmen *an* [*temeritati*].

prae-sūmō, *sūmpsī, sūmptum* 3 vorher zu sich nehmen; / vorher empfinden, genießen; voraussetzen, vermuten, erwarten.

praesūmptiō, *ōnis f* (*praesūmō*) **1.** Vorgenuss; **2.** (*rhet. t.t.*) vorherige Stellungnahme *zu möglichen Vorwürfen*; **3.** Vermutung, Erwartung.

prae-suō, *suī, sūtum* 3 vorn benähen; / vorn bedecken.

prae-tegō, *tēxī, tēctum* 3 vorn bedecken, beschirmen.

prae-temptō 1 vorher prüfen; / vorher versuchen.

prae-tendō, *ndī, ntum* 3 °**1. a)** hervorstrecken; **b)** vorstrecken, vor sich hinhalten; / zur Schau tragen; °**2.** **a**) (*zum Schutz*) vorspannen, -ziehen, -setzen; **b**) *P.* sich erstrecken, liegen *vor* [*Boeotiae*]; **3.** / vorschützen [°*decretum legatorum calumniae* m. dem D. beschönigen].

prae-tentō 1 = *praetemptō*.

prae-tenuis, e sehr dünn, sehr fein.

prae-tepēscō, *puī,* — 3 vorher [warm werden, erglühen.

praeter-, praeter (< **prai-teros, comp. zu prae; eigtl.* „voran bei zweien, an zweien vorbei") **1.** *adv.* **a**) vorüber, vorbei (*nur als praev. in verbalen Komposita erhalten; s. 2*); °**b**) ~ *quam* mehr als; °**c**) (*bsd. nach Negationen*) außer, ausgenommen [~ *si*]; ~ *quod* außer dass; **2.** *in der Komposition*: vorüber-, vorbei [*praetereo*]; **3.** *prp. b. acc.* **a**) an ... vorüber, an ... vorbei, an ... hin; / **b**) ausgenommen, mit Ausschluss *von* [*omnes* ~ *consulem*]; **c**) nebst, nächst, abgesehen *von* [~ *te decem adducemus*]; **d**) über ... hinaus; gegen, wider [~ *modum, consuetudinem, spem*]; **e**) mehr als, vor [*opibus* ~ *ceteros florere*].

praeter-agō, *ēgī, āctum* 3 vorbeitreiben *an* [*equum deversoria*].

praeter-bītō, — — 3 vorbeigehen *an.*

praeter-dūcō, *dūxī, ductum* 3 [vorbeiführen.

praeter-eā *adv.* (*abl. sg. f v. is*) **1.** weiter, fernerhin; **2.** außerdem, ferner; °**3.** (*zeitl.*) auch in Zukunft.

praeter-eō, *iī, itum, īre* **1.** (*intr.*) **a**) (*räuml.*) vorübergehen, -fließen, -ziehen; **b**) (*zeitl.*) vergehen, verfließen; **2.** (*trans.*) **a**) (*räuml.*) *an etw.* vorbeigehen, -fließen [*ripas*]; **b**) (*zeitl.*) *nur im P.P.P.*; *s. u.*; / **c**) übergehen [*silentio*], unerwähnt, unbeachtet lassen; unterlassen [*-ire non potui, quin scriberem ad te*]; °**d**) überholen; / übertreffen, überschreiten [*modum*]; **3.** *impers.* **praeterit** es entgeht; *hoc me* ich (bemerke es nicht; **4.** (*P.P.P.*) *adi.* **praeteritus** 3 vergangen, verflossen; *subst.* **-a,** *ōrum n* vergangene, übergangene Dinge.

praeter-equitō 1 vorüberreiten.

praeter-feror, *lātus sum, ferrī* vorübereilen *an* [*latebras*].

praeter-fluō, *flūxī,* — 3 (*flūxī?*) °**1.** vorüberfließen; **2.** / aus dem Gedächtnis schwinden.

praeter-gredior, *gressus sum* 3 (*gradior*) vorüberziehen *an.*

praeter-hāc *adv.* (*abl. sg. f v. hic*[1]) fernerhin, weiter.

praeteritus 3 *s. praetereō.*

praeter-lābor, *lāpsus sum* 3 °**1.** vorübergleiten, -fahren; **2.** / verfliegen.

praeter-meō 1 vorbeigehen.

praetermissiō, *ōnis f* (*praetermittō*) Weglassung; Verzicht.

praeter-mittō, *mīsī, missum* 3 **1.** vorbeigehen lassen; **2.** / **a**) (*zeitl.*) verstreichen lassen; **b**) unterlassen; **c**) (*in der Rede*) übergehen; °**d**) ungestraft lassen.

praeter-nāvigō 1 zu Schiff vorbei-[fahren.

prae-terō, — — 3 vorn abreiben.

praeter-quam *adv.* außer, ausgenommen; ~ *quod* außer dass, abgesehen davon, dass.

****praeterquod** *adv.* außer dass, nur.

praetervectiō, *ōnis f* (*praetervehor*) *das* Vorüberfahren.

praeter-vehor, *vectus sum* 3 vorbeifahren, -reiten, -ziehen; / übergehen [*locum silentio*].

praeter-volitō 1 vorbeifliegen.

praeter-volō 1 vorbeifliegen, -fahren; / schnell entschwinden; flüchtig hinweggehen *über.*

prae-texō, *texuī, textum* 3 °**1.** verbrämen, säumen; *kl. nur* (*P.P.P.*) *adi.* **praetextus** 3 purpurverbrämt [*toga*]; *cf. praetexta*; **2.** / **a**) umsäumen, einfassen [°*ripas harundine*]; °**b**) zieren; °**c**) verhüllen, bemänteln; **d**) vorschützen.

praetexta, *ae f* (*praetexō*) **1.** (*sc. toga*) *die* purpurverbrämte Toga *der röm. Magistrate, Priester u. frei geborenen Kinder*; °**2.** (*sc. fābula*) Tragödie *mit römischem Stoff.*

praetextātus 3 (*praetexta*) eine purpurverbrämte Toga tragend; °/ unzüchtig.

praetextum, *ī n u.* **-us,** *ūs m* (*praetexō*) **1.** Zierde, Schmuck; **2.** Vorwand.

prae-timeō, *uī,* — 2 vorher fürch-[ten [*sibi*].

prae-tīnctus 3 (*-ī-?; tingō*) vorher benetzt.

praetor, *ōris m* (< **prai-i-tor; praeeō*) **1.** °**a**) Vorsteher; **b**) Statthalter; **c**) Bürgermeister *fremder Städte*; **2. a**) Anführer, Feldherr, Heerführer *außerrömischer Heere*; **b**) (*im röm. Heer*) *legatus pro praetore* Stellvertreter des Feldherrn;

3. Prätor (*seit 336 Rechtsprechung vom Konsulat losgelöst u. einem patriz.* praetor *zugesprochen*; *247 zweite Prätur für Rechtsstreitigkeiten zwischen röm. Bürgern u. Fremden* [~ peregrinus]; *später 4*, 6 *Prätoren, seit etwa 150 im Amtsjahr Vorsitzende der ständigen Gerichtshöfe* [quaestiones perpetuae] *u. im folgenden Jahr Proprätoren* [pro praetore] *in den Provinzen*; *die Zahl der Prätoren stieg bis auf 18 unter Nero*); °**4.** praetores aerarii Vorsteher der Staatskasse.

praetōriānus 3 (praetōrium) zur kaiserlichen Leibwache gehörig; *subst.* ~, ī *m* Prätorianer.

praetōricius 3 (praetor) prätorisch, vom Prätor verliehen [corona].

praetōrium, ī *n* (praetōrius) **1.** Hauptplatz *im röm. Lager*; Feldherrnzelt; °**2.** Kriegsrat; **3.** Amtswohnung des Statthalters; °**4.** kaiserliche Leibwache; praefecti praetorio *ihre beiden Kommandeure*; ** Palast, Herrenhaus, Rathaus.

praetōrius 3 (praetor) **1.** (pro)prätorisch, des Prätors, des Proprätors; **2.** dem Feldherrn eigen, des Feldherrn; porta -ia Vordertor *des Lagers* (*in der Nähe des Feldherrnzeltes*); *cf.* cohors; *subst.* ~, ī *m* **a**) gewesener Prätor; °**b**) (Mann) v. prätorischem Rang.

prae-torqueō, torsī, tortum 2 umdrehen.

prae-tractō 1 vorher beraten.

prae-trepidāns, antis (trepidō) in hastiger Eile.

prae-trepidus 3 sehr ängstlich.

prae-truncō 1 vorn abhauen.

praetūra, ae *f* (praetor) **1.** Prätur, Statthalterschaft; **2.** Feldherrnwürde, -amt (*in Griechenland*).

prae-umbrō 1 verdunkeln.

prae-ustus 3 (-ūst-?) vorn angebrannt [sudes *um sie zu härten*].

prae-ut *adv.* damit verglichen, wie.

prae-vādō, — — 3 vorbeigehen *an*; / *einer Sache* überhoben werden [dictaturam].

prae-valeō, uī, — 2 sehr stark sein; sehr viel vermögen; das Übergewicht haben.

prae-valēscō, luī, — 3 den Vorrang erhalten.

prae-validus 3 sehr stark, mächtig; / übermächtig; zu fruchtbar.

prae-vallō 1 verbarrikadieren.

praevāricātiō, ōnis *f* (praevāricor) Pflichtverletzung, Untreue *im Amt*.

praevāricātor, ōris *m* (praevāricor) ungetreuer Sachwalter; Anwalt, der es mit der Gegenseite hält; ** Sünder.

prae-vāricor 1 (vāricō) auf krummen Wegen gehen, seine Pflicht verletzen, der Gegenpartei heimlich Vorschub leisten.

prae-vehor, vectus sum 3 °**1.** vorausfahren, -reiten, -fliegen; °**2.** vorüberströmen.

prae-vēlōx, ōcis sehr schnell (auffassend).

prae-veniō, vēnī, ventum 4 zuvorkommen, überholen.

prae-verrō, — — 3 vorher (abfegen).

prae-vertō, rtī, rsum 3 **1. a**) voranstellen; zuerst ins Auge fassen; °**b**) vorziehen; **c**) vorgehen, mehr gelten *als* [pietas amori]; **2. a**) vorangehen, vorlaufen; **b**) zuvorkommen [me]; vereiteln, verhüten [huic rei].

prae-vertor, — 3 **1.** sich zuvor begeben *nach, zu* [in Thessaliam]; **2.** / **a**) sich lieber wenden *zu* [ad id, ei rei]; **b**) zuvorkommen [viros]; **c**) vorziehen.

prae-videō, vīdī, vīsum 2 °**1.** zuvor sehen; **2.** / voraussehen.

prae-vitiō 1 vorher verderben.

prae-vius 3 (prae viā; *cf.* obvius) vorangehend.

prae-volō 1 voranfliegen.

prae-vort... (*altl.*) = praevert...

prāgmaticus 3 (*gr. Fw.*) geschäftskundig; *subst.* ~, ī *m* Praktiker, Rechtskundiger, Anwalt.

prandeō, andī, ānsum 2 (*cf.* prandium) **1.** frühstücken; °**2.** (zum Frühstück) verzehren.

prandium, ī *n* (*vl.* *prām „früh" + √‾*ed- „essen") **1.** zweites Frühstück; °**2.** (*jede*) Mahlzeit; °**3.** *das* Fressen (*der Tiere*).

prānsitō 1 (*intens. zu* prandeō) zum Frühstück essen [polentam].

prānsor, ōris *m* (prandeō) Frühstücksgast, Gast.

prānsōrius 3 (prānsor) beim (zweiten) Frühstück gebraucht.

prānsus 3 (prandeō) °**1.** der gefrühstückt hat; 2. voll gefressen.

prasinus 3 (*gr. Fw.*) lauchgrün; *subst.* ~, ī *m* Rennfahrer der grünen Partei.

prātēnsis, e (prātum) auf Wiesen wachsend, Wiesen...

P

prātulum, *ī n* (*dem. v. prātum*) kleine Wiese.

prātum, *ī n* (*et. unklar*) Wiese; °*pl.* Wiesenheu, Gras.

prāvitās, *ātis f* (*prāvus*) Verkrümmung, Schiefheit, Verzerrung; / Verkehrtheit, Schlechtigkeit.

prāvus 3 (*m. comp., sup., adv.; et. unklar*) krumm, schief, verdreht; / verkehrt, verschroben; schlecht, unrecht, schlimm.

Prāxitelēs, *is u. ī m* (*gr.* -tẹlēs) *athen. Bildhauer* (*um* 400); *adi.* -*telīus* 3.

precārius 3 (*precēs*) **1.** erbeten, erbettelt; aus Gnade gewährt; **2.** auf Widerruf gewährt; **3.** unsicher, unbeständig; ** zu Lehen gegeben; notdürftig; *kl. nur adv.* **-ō 1.** unter Bitten, aus Gnade; **2.** auf Widerruf.

precātiō, *ōnis f* (*precor*) Bitte, Gebet.

precātor, *ōris m* (*precor*) Fürbitter, Bittsteller.

precēs, *um f* (*im sg. nur* °*dat.*, °*acc.*, *abl.*; *cf. poscō, procus; nhd.* „fragen") **1.** Bitte, Ersuchen; **2. a)** Gebet; **b)** Verwünschung, Fluch; °**c)** Fürbitte; °**d)** Wunsch.

preciae, *ārum f* (*et. ungedeutet*) *Art* Weinreben.

precor 1 (*precēs*) **1.** bitten, beten, anrufen; **2.** *jd.* (Gutes *od.* Böses) wünschen [*bene; omnia mala Romanis*]; verfluchen.

prehendō, *endī, ēnsum* 3 (*vl.* ‹ *prae* + **hendō* „fassen"; *cf. engl.* „get") **1.** fassen, ergreifen, nehmen; **2.** / °**a)** ertappen; **b)** in Besitz nehmen; **c)** einfangen, aufgreifen, verhaften; °**d)** erreichen, einholen; **e)** deutlich wahrnehmen.

prehēnsō *u.* (*meist*) **prēnsō** 1 (*intens. zu prehendō*) **1.** (an)fassen, ergreifen; **2.** sich um ein Amt bewerben *bei* [*patres*].

prēlum, *ī n* (*vl.* ‹ **prem-lom; premō*) Presse, Kelter.

premō, *pressī, pressum* 3 (*et. nicht geklärt*) **1.** °**a)** drücken, pressen [*ad pectora natos*]; / beschlafen; bespringen; °**b)** keltern; °**c)** sitzen, liegen, stehen, treten *auf* [*torum, humum*]; *litus* sich dicht am Ufer halten; °**d)** beladen, belasten [*magno onere*]; / belästigen; °**e)** bedecken, umschließen, umfangen; / begraben [*ossa*]; verbergen, [*iram*]; **f)** bedrängen, hart zusetzen [*hostem obsidione*]; auf dem Fuß folgen, nachsetzen; P. in Bedrängnis sein, Not leiden [*re frumentaria*]; **g)** in Verlegenheit bringen, quälen; **h)** nachdrücklich betonen [*argumentum*]; **2. a)** eindrücken, hineinstoßen; °**b)** durchbohren [*hasta*]; °**c)** einpflanzen; °**d)** bezeichnen [*rem notā*]; **3.** °**a)** herab-, niederdrücken, senken; P. sich senken, sinken; °**b)** nieder-, zu Boden schlagen; **c)** / herabsetzen, missachten, unterdrücken; °**4.** hemmen, dämpfen, beschneiden [*vitem*]; **5.** beherrschen; °**6.** (*Geöffnetes*) zudrücken [*oculos*]; (*Getrenntes*) zusammendrücken; *kl. nur* / kurz fassen, abkürzen.

prēndō = *prehendō.*

prēnsātiō, *ōnis f* (*prēnsō*) (Amts-)Bewerbung.

prēnsō 1 *s. prehēnsō.*

****presbyter,** *eri m* Ältester; Priester.

pressiō, *ōnis f* (*premō*) Absteifung, Stütze; Hebel, Winde.

pressō 1 (*intens. v. premō*) drücken, pressen.

pressūra, *ae f* (*premō*) Druck; / *aquārum.*

pressus[1] 3 (*m. comp., adv.; premō*) °**1.** gedrängt, gedrückt; *-o gradu, pede* in geschlossenen Gliedern *od.* langsam; **2. a)** (*v. d. Stimme*) gedämpft; gemäßigt, langsam; °**b)** (*im Wesen*) zögernd, zurückhaltend; **3.** knapp, kurz [*oratio*]; **4.** genau, deutlich.

pressus[2], *ūs m* (*premō*) Druck; *das* Zusammendrücken; *oris* schöne Aussprache.

prēstēr, *ēris m* (*acc. pl.* -*ēras*; *gr. Fw.*) feuriger Wirbelwind.

pretiōsus 3 (*m.* °*comp., sup., adv.; pretium*) **1.** kostbar, prächtig; °**2.** verschwenderisch.

pretium, *ī n* (*eigtl.* „*das* gegenüber Befindliche; Gegenwert", *n eines adi.* **pretios*) **1.** Preis, Wert; *magno -o* teuer, *parvo -o* billig; **2. a)** Geld, Bezahlung; -o für Geld; **b)** Lösegeld; **3. a)** Lohn, Belohnung; *operae -um est* es ist der Mühe wert; °**b)** Vergeltung, Strafe; **c)** Bestechung.

(**prex**) *s. precēs.*

Priamus, *ī m* (*gr.* -os) *Sohn Laomedons, Gemahl der Hekuba, König v. Troja; adi.* -*mēius* 3; *subst.* **-mēis,** *idis f* Tochter des ~ (*Kassandra, Polyxena*); **Prīamidēs,** *ae m* Sohn des ~.

Priāpus, ī *m* (*gr.* Prịāpos) *Gott der Gärten; Sinnbild der Zeugungskraft;* / (*dcht.*) *das* männliche Glied; geiler Mensch.

prīdem *adv.* (*cf.* *prī-mus*; *ī-dem*) längst, vor langer Zeit; ehemals, [sonst.]

prīdiānus 3 (*prīdiē*) gestrig.

prī-diē *adv.* (*cf.* *prī-dem*) tags vorher; am Tage vor [Kalendas]; ~ *eius diei* am Tage vorher.

prīmaevus 3 (*prīmus, aevum*) [jugendlich.]

prīmānī, *ōrum m* (*prīmus*) Soldaten der ersten Legion.

prīmārius 3 (*prīmus*) einer der Ersten; vornehm, vorzüglich.

****primas,** *atis m der* Erste; Edeling; Fürst.

****primatus,** *us m* erste Stelle, Vor- [rang.]

prīmigenus 3 (*prīmus, gignō*) ursprünglich, allererst.

prīmipīlāris, *is m* = *prīmipīlus.*

prīmipīlus, ī *m* (*aus prīmī pīlī sc. centuriō*; *cf.* *pīlus*²) Zenturio des ersten Manipels der Triarier, rangältester Hauptmann.

prīmitiae, *ārum f* (*prīmus*) Erstlinge, erster Ertrag; erster Versuch.

****primitivus** 3 *der* Erste in seiner Art; *-a ecclesia* Urkirche.

prīmitus *adv.* (*prīmus*) zum ersten- [mal.]

prīmō *s. prīmus.*

****primogenitus** 3 erstgeboren; *subst.* **-ta,** *orum n* Recht der Erstgeburt.

prīmōrdium, ī *n* (*prīmus, ōrdior*) **1.** erster Anfang, Ursprung; °**2.** Regierungsantritt.

prīmōris, e (*meist pl.*; *wohl aus prīmō ōre* „vorn am Mund") **1.** *der* Vorderste; (*partit.*) *der* vordere Teil; *nasus* ~ Nasenspitze; *kl. nur* /: *-ibus labris* oberflächlich; **2.** / *der* Vornehmste.

prīmulus 3 (*dem v. prīmus*) *der* Erste; **prīmulum** *adv.* zuerst.

prīmum-dum *adv.* fürs Erste nun.

prīmus 3 (⟨ **pri-is-mos*; *cf.* *prior*) **1. a)** *der* Vorderste; *-um agmen* Vorhut; *der* vorderste Teil, Spitze [*impedimenta*]; vorn in *od.* an [*limine*]; **b)** *der* Erste; *Idūs -ae die* nächsten Iden; **c)** *der* Beginnende; *-ā nocte* mit Beginn der Nacht; *in -ā epistula* zu Anfang des Briefes; **2.** *der* Vornehmste, Vorzüglichste, Angesehenste; **3.** *subst.* **prīmae,** *ārum f* (*sc. partes*) Hauptrolle, erster Platz, erster Preis; **prīmum,** ī *n* °**a)** Vorhut; **b)** Anfang, Beginn [*a primo*]; Vordersatz; **prīma,** *ōrum n* **a)** Anfang [*belli*] °**b)** *die* Elemente; **4.** *adv.* **a) prīmum** zuerst; zum erstenmal; erstens; *ubi pr., ut pr., cum pr.* sobald als; *quam pr.* möglichst bald; **b) prīmō** anfangs, zuerst; **c) in prīmīs** unter den Ersten; zuerst; besonders; *cf. imprīmīs*; °**d) prīmē** vorzüglich.

prīnceps, *ipis* (⟨ **prīmo-caps*; *prīmus, capiō*) **1.** *adi.* **a)** *der* Erste, zuerst; **b)** *der* Angesehenste, Vornehmste; **2.** *subst. m* **a)** Urheber, Begründer, Stifter, Anstifter [*consilii*]; **b)** Antragsteller [*rogationis*]; **c)** Führer, Haupt, Herr; Wort-, Rädelsführer [*legationis*]; °*senatūs der* erste *in der Senatorenliste stehende u. einflussreichste* Senator; *pl.* führende Männer, *die* Großen [*civitatis*]; °**d)** Herrscher, Fürst, Kaiser, Regent; *uxor -is* Kaiserin; ~ *iuventutis* (*in der Republik*) Führer der Ritterzenturien, *dessen Name an der Spitze der Liste des Zensors stand,* (*seit Augustus*) erwachsener Kaisersohn, Kronprinz, Prinz; **e)** (*mil. t.t.*) **prīncipēs,** *um m urspr.* Soldaten der ersten, *später* der zweiten Schlachtfront (*zwischen den hastati u. triarii*); *daher princeps auch coll.* = Manipel der *principes u.* Zenturio der *principes*; ** *mundi* Teufel.

prīncipālis, e (*m. adv.*; *prīnceps*) **1. a)** *der* Erste, Ursprüngliche; °**b)** *der* Hauptsächlichste, Haupt...; °**2.** fürstlich, kaiserlich; °**3.** zum Hauptplatz *des röm. Lagers* gehörig [*via die* breite Querstraße; *portae -es die* Seitentore].

prīncipātus, *ūs m* (*prīnceps*) **1.** erste Stelle, Vortritt [*sententiae* bei der Stimmabgabe]; **2. a)** oberste Stellung, *bsd. im Staat*; Befehlshaberstelle, Herrschaft, Hegemonie; °**b)** Kaiserwürde, Prinzipat; / *der* Prinzeps; **3.** (*philos. t.t.*) *das* leitende Prinzip, Grundkraft; **4.** Ursprung, Anfang; ** Würde, Fürstentum.

prīncipiālis, e (*prīncipium*) anfänglich, ursprünglich.

prīncipium, ī *n* (*prīnceps*) **1. a)** Anfang, Ursprung; (*in, a*) *-o* von Anfang an, anfangs; °**b)** Anfänger, Urheber; **2.** / Grund, Grundlage, -stoff, Element; °**3.** *die in den Komi-*

tien zuerst abstimmende Kurie *od.* Tribus (*cf. praerogatīva*); **4.** (*pl.*) (*mil. t.t.*) °**a**) Vordertreffen, Front; **b**) Hauptplatz *des röm. Lagers*, Hauptquartier; ** Prinzip.
prior, *us* (*altl. pri-* = *prae-*) *comp.* **1.** *der* Erste, Vordere, Vorderste (*v. zwei*); **2.** (*zeitl.*); **a**) *der* Frühere, Erste (*v. zwei*); (*praed.*) eher, früher, zuerst; °**b**) *der* Ältere; **3.** vorzüglicher, höherstehend; °**4.** *subst.* **priōrēs,** *um m* Vorfahren; **5.** *adv.* **prius** eher, früher, vorher; / lieber.
****prioratus,** *us m* Würde des Priors.
prīscus 3 (*m. adv.*; *cf. pri-or, prīstinus*) **1.** (ur)alt, altertümlich; altehrwürdig, altmodisch; °**2.** vormalig, früher; **3.** einfach, streng, nach alter Sitte.
prīstinus 3 (*cf. pri-or, prīs-cus*) **1.** vorig, ehemalig, früher; **2.** letztvergangen, letzter, gestrig.
pristis, *is f* (*gr. Fw.*; *cf. pistrīx*) Meerungeheuer, Walfisch, Hai; (*auch als Sternbild*); / schnelles Kriegsschiff.
prius-quam (*auch getr.*) eher als; ehe, bevor; lieber als (dass).
prīvātim *adv.* (*prīvātus*) **1.** in Privatverhältnissen, als Privatmann, für seine Person, in eigenem Namen; **2.** aus eigenen Mitteln; °**3.** zu Hause.
prīvātiō, *ōnis f* (*prīvō*) Befreiung Befreitsein *von* [*doloris*].
prīvātus 3 (*prīvō*) **1. a**) einer einzelnen Person gehörig, Privat..., persönlich, eigen; °**b**) nicht fürstlich, nicht kaiserlich; °**2.** gewöhnlich, gemein; **3.** *subst.* **a**) **-us,** *ī m* Privatmann; (*in der Kaiserzeit*) Untertan; °**b**) **-um,** *ī n* Privatvermögen, -gebrauch, -haus; *in -um* zum Hausgebrauch; *in -o* zu Hause; ** *-i homines* einfache Kriegsleute, Mannschaften.
prīvigna, *ae f* (*prīvignus*) Stieftochter.
prīvignus, *ī m* (*prīvus, gignō*) Stiefsohn; *pl.* Stiefkinder.
prīvilēgium, *ī n* (*prīvus, lēx*) **1.** Ausnahmegesetz *für od. gegen einen Einzelnen*; °**2.** Privileg, Vorrecht.
prīvō 1 (*prīvus*) berauben [*libertate*]; befreien *von* [*dolore*].
prīvus 3 (*et. nicht klar*) **1.** einzeln, je einer; °**2.** eigen(tümlich), *ein Besonderer*; °**3.** frei *von* [*militiae*].
prō[1] *u.* **prōh** *int. in Beschwörungsformeln* (*aus prō*[2] *entstanden*) o! ach! ha! wehe! leider [*pro sancte Iuppiter*; *aber pro deum atque hominum fidem*].
prō[2] (*altl. prōd* [*erhalten in prōdesse, prōdīre usw.*]; *cf. per, nhd.* „vor") **I.** *adv.* verhältnismäßig, im Verhältnis (*nur in prōquam u. prout erhalten*); **II.** *in der Komposition* **prō-** *u.* **prŏ-** (*prŏ- oft vor f u. in prohibeō, pronepōs, proneptis sowie* [*dcht.*] *procūrō, propellō*; *außerdem vor Vokalen*) **a**) (*räuml.*) vor, hervor, vorwärts [*prodeo*]; (*zeitl.*) vor [*proavus*]; **b**) für [*provideo*]; **c**) anstatt [*proconsul*]; **III.** *prp. b. abl.* **1.** (*räuml.*) **a**) vor, im Angesicht *von* (*Gegenstand im Rücken!*) [*aciem pro castris instruere*]; (*selten*) vor, vor ... hin [*copias pro castris producere*]; **b**) vorn auf, vorn in, vorn an [*orationem habere pro rostris*]; **2.** / **a**) für, zum Schutz, zugunsten [*pro patria pugnare, oratio pro Milone*]; **b**) für, statt, anstatt, im Namen [*carros pro vallo obicere, pontifex pro collegio respondit*]; **c**) so gut wie, wie, als [*pro deo colere, se pro cive gerere*]; **d**) zur Vergeltung, als Bezahlung, zum Lohn *für* [*pecuniam pro frumento solvere*]; **e**) im Verhältnis zu, nach Maßgabe, gemäß, nach, vermöge, kraft [*pro dignitate laudare, consilium pro tempore et pro re capere*; *pro mea parte* für meinen Teil, *pro se quisque* jeder nach seinen Kräften]; **f**) durch, auf Veranlassung von [°*aedilem pro tribuno fieri*].
****proabbas,** *atis m* Stellvertreter des Abtes.
proāgorus, *ī m* (*dor. Fw.*) erster Beamter (*in sizilischen Städten*).
pro-auctor, *ōris m* Stammvater.
pro-avia, *ae f* Urgroßmutter.
proavītus 3 (*proavus*) von den Vorfahren ererbt.
pro-avus, *ī m* Urgroßvater; Vorfahre, Ahnherr.
probābilis, e (*m. comp., adv.*; *probō*) **1.** beifallswert, gut, tauglich; **2.** glaublich, wahrscheinlich.
probābilitās, *ātis f* (*probābilis*) Wahrscheinlichkeit.
probātiō, *ōnis f* (*probō*) **1.** Prüfung, Musterung; **2.** Billigung, Genehmigung; °**3.** Beweis(führung); (*philos. t.t.*) logischer Beweis.
probātīvus 3 (*probō*) den Beweis betreffend.

P

probātor, *ōris m* (*probō*) der gutheißt [*facti*], Lobredner.
probātus 3 (*m. °comp., sup., °adv.*; *probō*) **1. a)** erprobt, bewährt, trefflich; **b)** ehrbar; **2.** (an)genehm [*suis*].
prober, *bra, brum* (*m. comp.*; *cf. probrum*) *altl.* = *probrōsus.*
probitās, *ātis f* (*probus*) Redlichkeit.
probō 1 (*probus*) **1.** °**a)** prüfen, untersuchen, besichtigen; °**b)** beurteilen *nach* [*utilitate, ex eventu*]; **c)** als tüchtig anerkennen, billigen, gelten lassen; anerkennen, bestätigen; **2. a)** beifallswert erscheinen lassen; P. Beifall finden; *se -are* sich beliebt machen *bei* [*patribus*]; **b)** beweisen; **c)** ausgeben *als* [*Se.*: *se pro eunucho*]; °**d)** *jd.* (*durch Beweise*) überführen.
proboscis, *idis f* (*gr. Fw.*) Rüssel.
probrōsus 3 (*m. °comp., °sup., °adv.*; *probrum*) **1.** beschimpfend; °**2.** schimpflich, schändlich.
probrum, *ī n* (*wohl* < **pro-bhr-om, eigtl.* „Vor-wurf"; *prōferō*; *cf. prober*) **1. a)** schimpfliche Handlung, Schandtat; **b)** Unzucht, Ehebruch; **2. a)** Schimpf, Schande; **b)** Beschimpfung; Schmähwort.
probus 3 (*m. comp., °sup., adv.*; *pro* + √ **bhū-*; *cf. fuō*; *eigtl.* „hervorragend") **1.** tüchtig, gut; **2.** rechtschaffen, sittsam, anständig; bescheiden; *adv.* **-ē 1.** richtig, passend; °**2.** ordentlich, sehr; °**3.** (*in Antworten*) recht so!
procācitās, *ātis f* (*procāx*) Frechheit.
procāx, *ācis* (*m. °comp., °sup., °adv.*; *cf. procus, precēs*; *eigtl.* „dreist fordernd") frech, unverschämt.
prō-cēdō, *cessī, cessum* 3 **1. a)** vorwärtsschreiten, hervortreten, -kommen; **b)** (*mil. t.t.*) vordringen, -rücken, ausrücken; **c)** (öffentlich) erscheinen, sich zeigen, auftreten; **2. a)** weiterkommen, emporsteigen; **b)** (*v. d. Zeit*) vorrücken, verstreichen; weitergehen, (fort)dauern; **3. a)** Fortschritte machen; **b)** bis zu einem Punkte sich versteigen, kommen [°*eo vecordiae*]; **4. a)** ablaufen [*bene, secus*]; **b)** gelingen, glücken [*omnia prospere*].
procella, *ae f* (*procellō*) **1.** Sturm; **2.** / °**a)** Ansturm, Attacke [*equestris*]; **b)** Aufruhr, Unruhe.
pro-cellō, — — 3 (< **pro-celdō*; *cf. clādēs*) darauf stürzen; *se -ere* sich vordrängen.
procellōsus 3 (*procella*) stürmisch.
procer, *eris m* (*altl. gen. pl. procum*; < **pro-kos* „voran seiend" *nach pauper umgebildet*; *cf. reciprocus*) einer der Vornehmsten; *meist pl.* **-erēs,** *um m die* Häupter, Vornehmsten, Aristokraten.
prōcēritās, *ātis f* (*prōcērus*) Schlankheit, hoher Wuchs, Länge; / Länge [*pedum* der Versfüße].
prō-cērus 3 (*m. comp., sup., adv.*; *crēscō*) schlank, hochgestreckt, lang; / lang [*syllabae*].
prōcessiō, *ōnis f* (*prōcēdō*) *das* Vorrücken; ** feierlicher Umzug, Prozession; Kirchgang.
prōcessus, *ūs m* (*prōcēdō*) °**1.** *das* Fortschreiten; **2.** / **a)** (guter) Fortgang; Fortschritt; °**b)** guter Ausgang, Glück.
prō-cidō, *cidī,* — 3 (*cadō*) hin-, niederfallen.
prōcinctus, *ūs m* (*-ī-?*; *prō-cingō* 3 „zum Kampf gürten") **1.** °**a)** *das* Gürten zum Kampf; **b)** *in -u* α) wenn es zum Kampf geht; °β) kampfbereit; ** Gurt, Wehrgehänge; Rüstung; / Heer, Kriegszug.
prōclāmātiō, *ōnis f* (*prōclāmō*) *das* Ausrufen, Schreien.
prōclāmātor, *ōris m* (*prōclāmō*) Schreier.
prō-clāmō 1 laut rufen, schreien.
prō-clīnō 1 vorwärtsbeugen, (abwärts)neigen; *kl. nur* / *P.P.P. prōclīnātus* 3 der Entscheidung nahe, auf abschüssiger Bahn.
prō-clīvis, e *u.* °**-clīvus** 3 (*m. comp.*; *adv.* °**-ē** *u.* (*loc.*) **-ī**; *prō, clīvus*) °**1.** abschüssig; **2.** / **a)** schwierig, dunkel; **b)** geneigt *zu* [*ad morbum*]; geeignet *zu*; **c)** leicht ausführbar.
prōclīvitās, *ātis f* (*prōclīvis*) °**1.** Abhang; **2.** / Geneigtheit, Neigung.
Procnē *u.* **-gnē,** *ēs f* (*gr.* -k-) *die in eine Schwalbe verwandelte Schwester der Philomele*; / Schwalbe.
procoetōn, *ōnis m* (*gr. Fw.*) Vorzimmer.
prō-cōnsul, *ulis m* (*aus prō cōnsule*) Prokonsul, gewesener Konsul; (*in der Kaiserzeit*) *Statthalter einer senatorischen Provinz.*
prōcōnsulāris, e (*prōcōnsul*) prokonsularisch, *des* Prokonsuls; (*vir*) ~ Prokonsul.
prōcōnsulātus, *ūs m* (*prōcōnsul*)

Prokonsulat, Würde eines Prokonsuls, Statthalteramt.
procor 1 (*procus*) fordern.
prōcrāstinātiō, *ōnis f* (*prōcrāstinō*) Aufschub, Vertagung.
prōcrāstinō 1 (*eigtl.* „auf morgen verlegen"; *prō, crāstinus*) aufschieben, vertagen.
prōcreātiō, *ōnis f* (*prōcreō*) Zeugung.
prōcreātor, *ōris m* (*prōcreō*) Erzeuger (*pl.* Eltern); / Schöpfer [*mundi*].
prōcreātrīx, *īcis f* (*prōcreātor*) Mutter.
prō-creō 1 zeugen; / hervorbringen, verursachen.
prō-crēscō, — — 3 entstehen; emporwachsen, größer werden.
Procrūstēs, *ae m* (*gr.* -k-) *ein Räuber in Attika, der die Wanderer auf ein Folterbrett spannte.*
prō-cubō, *uī,* — 1 hingestreckt liegen.
prō-cūdō, *cūdī, cūsum* 3 °**1.** schmieden, schärfen; **2.** / **a**) bilden [*linguam*]; **b**) schaffen, hervorbringen; °**c**) ersinnen.
procul *adv.* (*et. ungedeutet*) **1. a**) fern, in die Ferne; **b**) in der Ferne, fern *von* [*a castris*]; **c**) aus der Ferne, von ferne; **2.** / **a**) weit weg *von*; °**b**) nicht lange *vor* [*occasu solis*]; °**c**) ohne [*periculo*].
prōculcātiō, *ōnis f* (*prōculcō*) Zertrümmerung [*regni*].
prō-culcō 1 (*calcō*) niedertreten -reiten, zerstampfen; / erniedrigen.
prō-cumbō, *cubuī, cubitum* 3 (**cumbō*; *cf. cubō*) **1.** °**a**) (*v. Personen*) sich vor-, sich niederbeugen; **b**) (*v. Sachen*) sich zeigen; **2.** sich niederlegen, niederfallen; einstürzen; °**3.** / sinken, in Verfall geraten.
prōcūrātiō, *ōnis f* (*prōcūrō*) **1.** Besorgung, Verwaltung; Wirkungskreis; °**2.** Amt eines Prokurators, kaiserliche Finanzverwaltung; **3.** (*relig. t.t.*) Sühnung, Reinigung.
prōcūrātiuncula, *ae f* (*dem. v. prōcūrātiō*) *ein* Prokuratorpöstchen.
prōcūrātor, *ōris m* (*im Vers auch prŏ-*; *prōcūrō*) **1.** Verwalter; Stellvertreter, Geschäftsführer; °**2.** Prokurator (*Verwalter der kaiserlichen Einkünfte in den Provinzen*).
prōcūrātrīx, *īcis f* (*prōcūrātor*) Besorgerin.
prō-cūrō 1 (*im Vers auch prŏ-*) **1. a**) besorgen, verwalten; °**b**) pflegen [*corpus*]; **2. a**) (*für einen andern*) verwalten; °**b**) (*abs.*) *kaiserlicher* Prokurator sein; **3.** (*schlimme Vorzeichen durch Opfer*) sühnen.
prō-currō, (*cu*)*currī, cursum* 3 **1. a**) (her)vorlaufen, laufen, eilen; **b**) vor-, ausrücken; °**2.** / vorspringen, sich erstrecken [*saxa in mare*].
prōcursātiō, *ōnis f* (*prōcursō*) *das* Vorlaufen zum leichten Gefecht, Geplänkel.
prōcursātor, *ōris m* (*prōcursō*) [*meist pl.* Plänkler.
prōcursiō, *ōnis f* (*prōcurrō*) (*rhet. t.t.*) **1.** rasches Vorschreiten *des Redners gegen die Zuhörer* (*Affekthandlung*); **2.** Abschweifung.
prō-cursō 1 (*frequ. v. prōcurrō*) vorlaufen, plänkeln.
prōcursus, *ūs m* (*prōcurrō*) *das* Vorlaufen, Ansturm.
prō-curvus 3 vorwärts gekrümmt.
procus, *ī m* (*cf. poscō, precēs*) Freier; / Bewerber.
Procyōn, *ōnis m* (*gr.* -kyōn, *eigtl.* „Vorhund") Kleiner Hund (*Gestirn*).
prōd-ambulō 1 vor dem Haus spazieren gehen.
prōd-eō, *iī, itum, īre* **1. a**) hervorgehen, herauskommen, -treten; auslaufen [*ex portu*]; **b**) öffentlich auftreten [*in contionem, in scaenam*]; / **c**) sich zeigen; °**d**) werden; **2. a**) vorrücken [*in proelium*]; °**b**) hervorragen [*in aequor*]; **c**) / *extra modum* das Maß überschreiten.
prō-dīcō, *dīxī, dictum* 3 verschieben, verlegen [*diem*].
prōdigentia, *ae f* (*prōdigēns, part. praes. v. prōdigō*) Verschwendung.
prōdigiālis, e (*m. adv.*; *prōdigium*) **1.** böse Vorzeichen abwehrend; **2.** ungeheuerlich.
prōdigiōsus 3 (*m. adv.*; *prōdigium*) voller Wundergestalten, unnatürlich.
prōdigium, *ī n* (*wohl* < **prō-agiom*; *aiō*; *eigtl.* „Vorhergesagtes") Wunderzeichen; / Ungeheuerlichkeit; Ungeheuer.
prōd-igō, *ēgī, āctum* 3 (*agō*) hervortreiben; / verschwenden.
prōdigus 3 (*m. adv.*; *prōdigō*) **1. a**) verschwenderisch; °**b**) nicht achtend; °**2.** / reich, fruchtbar; stark [*odor*].
prōditiō, *ōnis f* (*prōdō*) Verrat.
prōditor, *ōris m* (*prōdō*) Verräter; °/ *adi.* verräterisch; ** Teufel.

prō-dō, *didī, ditum* 3 **1.** °**a**) weitergeben; fortpflanzen; °**b**) / verlängern, aufschieben [*diem*]; **c**) übergeben, hinterlassen; **d**) berichten, überliefern [*memoriae*]; **2. a**) hervorbringen; an den Tag legen [*bona exempla*]; **b**) veröffentlichen, bekannt machen; **c**) berufen, ernennen *zu* [*flaminem*]; **d**) verraten, entdecken; **e**) verräterisch ausliefern, preisgeben.

prō-doceō, — — 2 vorpredigen, lehren.

prodromus, *ī m* (*gr. Fw.*) **1.** Vorläufer, Bote; **2.** / *pl.* Nordnordostwinde (*vor Aufgang des Sirius*).

prō-dūcō, *dūxī, ductum* 3 **1. a**) vorführen, hinbringen; **b**) ausrücken lassen [*legiones*]; **c**) öffentlich auftreten lassen [testes]; **d**) ausliefern [*ad necem*]; °**e**) geleiten [*funera die* Leiche]; **f**) verlocken, verleiten; **2. a**) weiter vorschieben, vorziehen [*tormenta*]; **b**) weiter ausdehnen [*aciem*]; / (*zeitl.*) verlängern [*convivium*]; dehnen [*litteram*]; **c**) *jd.* aufhalten; °**d**) (*eine Zeit*) hinbringen; °**e**) erzeugen; auf-, großziehen; **f**) befördern [*ad honores*]; °**g**) erhöhen [*legata*].

prōductiō, *ōnis f* (*prōdūcō*) *das* Hinausschieben [*temporis*]; Verlängerung *um eine Silbe* [*verbi*]; Dehnung [*syllabae*].

prōductō 1 (*intens. v. prōdūcō*) hinziehen; *moram* verzögern.

prōductus 3 (*m. comp.*, °*sup.*, *adv.*; *prōdūcō*) **1.** °**a**) ausgedehnt, verlängert; **b**) (um eine Silbe) erweitert; **c**) gedehnt ausgesprochen, lang; **2.** sich in die Länge ziehend; **3.** *subst.* **-a,** *ōrum n* = *proēgmena.*

proēgmena, *ōrum n* (*gr. Fw.*; *t.t. der Stoa*) *die* bevorzugten Dinge (*nicht als Gut an sich, aber anderen Dingen vorzuziehen*).

proeliāris, e (*proelium*) zur Schlacht gehörig.

proeliātor, *ōris m* (*proelior*) Krieger.

proelior 1 (*proelium*) streiten, kämpfen, fechten.

proelium, *ī n* (*et. ungeklärt*) **1. a**) Kampf, Gefecht, Schlacht; °**b**) Zweikampf; °**c**) Beischlaf; **d**) Wortgefecht; °**2.** Krieg; *pl.* Krieger, Kämpfer.

profānō 1 (*profānus*) entweihen, schänden.

pro-fānus (⟨ *prō fānō*, *eigtl.* „vor dem heiligen Bezirk liegend") **1.** ungeweiht, unheilig, profan; °**2.** (*in einen Gottesdienst*) nicht eingeweiht; °**3.** ruchlos; unheilverkündend; **4.** °*subst.* **-um,** *ī n* (*u. pl.*) Ungeweihtes; ** heidnisch.

profātus, *abl. ū m* (*profor*) *das* Aussprechen.

profectiō, *ōnis f* (*proficīscor*) Abreise, Abmarsch; / Herkunft.

pro-fectō *adv.* (⟨ *prō factō* „als Tatsache") sicherlich, wahrlich, wirklich.

prōfectus, *ūs m* (*prōficiō*) Fortschritt; Erfolg.

prō-ferō, *tulī, lātum, ferre* **1. a**) hervortragen, -holen; hervorstecken, -strecken; / **b**) (*mil. t.t.*) ausliefern [*arma*]; **c**) zeigen; **2. a**) veröffentlichen; darstellen [*in medium*]; **b**) erwähnen; **3. a**) vorwärts-, weitertragen, vorrücken, -schieben [*vineas*]; **b**) (*mil. t.t.*) *signa* sich in Marsch setzen; **c**) ausdehnen, verlängern [*munitiones*]; **d**) ver-, aufschieben, vertagen; *res* Gerichtsferien machen; ** anstimmen.

professiō, *ōnis f* (*profiteor*) °**1.** öffentliches Bekenntnis, Äußerung; **2.** öffentliche Anmeldung (*v. Namen, Vermögen, Gewerbe*) [°*flagitii* als Prostituierte]; **3.** (angemeldetes) Gewerbe, Beruf; °Lehrstuhl; ** Gelübde; Bekenntnis.

professor, *ōris m* (*profiteor*) öffentlicher Lehrer, Professor.

professōrius 3 (*professor*) pedantisch.

professus 3 (*profiteor*) **1.** (*pass.*) zugestanden, offenkundig; *ex -o* vorsätzlich; **2.** (*act.*) *subst.* **-ae,** *ārum f* öffentliche Dirnen.

pro-fēstus 3 (⟨ *prō fēstō* „vor dem Festtag") nicht festlich; *dies* Werktag.

prō-ficiō, *fēcī, fectum* 3 **1.** vorwärtskommen; **2.** / **a**) Fortschritte machen, ausrichten, gewinnen [*alqd in philosophia*]; **b**) nützen; helfen; °(*v. Heilmiteln*) wirken.

pro-ficīscor, *fectus sum* 3 (*altl. auch proficīscō, profectūrus*; *incoh. v. prōficiō*; *Wechsel v. prō- u. prŏ-!*) aufbrechen, (ab)reisen, (ab)marschieren; ziehen; / (*in der Rede*) weitergehen; ausgehen *von* [*a lege*]; herrühren, entstehen, abstammen.

pro-fiteor, *fessus sum* 2 (*vkl. prō-*; *fateor*) **1.** offen bekennen, gestehen; **2.** öffentlich erklären: **a**) Namen, Vermögen, Beruf melden; **b**) als Lehrfach angeben [*ius*]; *se -eri* sich ausgeben *als* [*philosophum*]; (*nkl.*) se *candidatum* -*eri* sich bewerben; °**c**) (*abs.*) öffentlicher Lehrer, Professor sein; **d**) *nomen* ~ *u.* (*abs.*) ~ sich zum Heeresdienst melden; **3.** verheißen, versprechen; ** das Klostergelübde ablegen.

prōflīgātor, *ōris m* (*prōflīgō*) Verschwender.

prōflīgātus 3 (*m. sup.*; *prōflīgō*) **1.** ruchlos; **2.** weit vorgerückt [*aetas*].

prōflīgō 1 (*prō-flīgō* 3 „niederschlagen") niederschlagen, überwältigen; / zugrunde richten,; erniedrigen; niederdrücken; abtun.

prō-flō 1 hervorblasen.

prōfluēns, *entis* (*m. adv.*; *prōfluō*) hervorfließend; / hervorströmend [*loquacitas*]; *subst. f* fließendes Wasser, *n* Redestrom.

prōfluentia, *ae f* (*prōfluēns*) *das* Hervorströmen; / (Rede-)Strom.

prō-fluō, *flūxī,* — 3 (*flŭxī?*) **1.** hervorfließen; **2.** / **a**) hervorgehen; °**b**) sich hingeben [*ad libidines*].

prōfluvium, *ī n* (*prōfluō*) *das* Hervorfließen.

pro-for, *fātus sum* 1 heraussagen; sprechen; / weissagen.

pro-fugiō, *fūgī,* — 3 **1.** (*intr.*) entfliehen, sich flüchten; **2.** (*trans.*) fliehen *vor,* meiden [*agros*].

profugus 3 (*profugiō*) flüchtig; verbannt; / unstet; *subst.* ~, *ī m* Flüchtling, Verbannter; Heimatloser; ** Abtrünniger.

pro-fundō, *fūdī, fūsum* 3 (*im Vers auch prō-*) **1. a**) vergießen [*lacrimas*]; *mediopass. u.* se -*ere* sich ergießen; °**b**) herabhängen lassen; *mediopass.* herabhängen; **2.** aushauchen [*animam*]; **3.** aufopfern; **4.** verschwenden.

profundus 3 (*m.* °*comp., sup.*; *vl.* ⟨ *prō fundō* „vorwärts bis zum Grund") **1. a**) tief, bodenlos [*mare*]; °**b**) hoch [*caelum*]; **2.** / **a**) unmäßig, unersättlich; °**b**) / unerschöpflich; **3.** *subst.* **-um,** *ī n* Abgrund, Meerestiefe, Meer.

profūsiō, *ōnis f* (*profundō*) Verschwendung.

profūsus 3 (*m.* °*comp.,* °*sup.,* °*adv.*; *profundō*) °**1.** herabhängend [*crinis*]; **2.** unmäßig, ausgelassen; **3.** verschwenderisch; kostspielig.

prōgener, *erī m* (-*ŏ*-?) Gatte der Enkelin.

prō-generō 1 erzeugen.

prōgeniēs, *ēī f* (*prōgignō*) **1.** Abstammung, Geschlecht; **2. a**) Nachkomme(nschaft); °**b**) Brut.

prōgenitor, *ōris m* (*prōgignō*) Stammvater.

prō-gignō, *genuī, genitum* 3 (-*gī*-?) erzeugen, gebären.

prō-gnāriter *adv.* (*gnārus*) klipp und klar.

prōgnātus 3 (**prō-*[*g*]*nāscor*) °**1.** gezeugt; **2.** entsprossen.

Prognē *s. Procnē.*

prognōstica, *ōrum n* (*gr. Fw.*) Wetterzeichen; ≗ *Titel einer v. Cicero übersetzten Schrift des Aratus.*

****programma,** *atis n* Bekanntmachung.

prō-gredior, *gressus sum* 3 (*gradior*) **1.** vorwärtsgehen; (*mil. t.t.*) vorrücken; **2.** / **a**) fortschreiten, weitergehen; **b**) Fortschritte machen, °**c**) zu weit gehen.

prōgressiō, *ōnis f* (*prōgredior*) Fortschritt, Wachstum; (*rhet. t.t.*) Steigerung.

prōgressus, *ūs m* (*prōgredior*) *das* Fortschreiten; (*mil. t.t.*) *das* Vorrücken, Vormarsch; / Anfang; Entwicklung; Fortschritt.

progymnastēs, *ae m* (*gr. Fw.*) Vorturner (*ein Sklave*).

prōh *s. prō*[1].

pro-hibeō, *uī, itum* 2 (*altl. coni. pf.* -*bessit*; °*synk. prōbet* = *prohibet, prōbeat* = *prohibeat*; *habeō*) **1.** fern halten, abwehren; *commeatu* von der Zufuhr abschneiden; *senatu* vom Senat ausschließen; **2. a**) (ver)hindern [(*a*) *reditu*; *m.* inf. *od.* *a.c.i.*]; **b**) verwehren, verbieten; **3.** schützen, bewahren [*ab iniuria*].

prohibitiō, *ōnis f* (*prohibeō*) Verbot.

prō-iciō, *iēcī, iectum* 3 (*iaciō*) **1. a**) vor-, hinwerfen [*cibum*]; **b**) vor-, ausstrecken [*bracchium*]; P. hinausragen; **2.** hin-, wegwerfen [*arma*]; **3. a**) hinauswerfen, wegjagen; °**b**) verbannen; **4.** / **a**) verschmähen, preisgeben; °**b**) *se -ere* sich erniedrigen *zu* [*in fletus*]; °**c**) hinziehen, hinhalten.

prōiectīcius 3 (*prōiectus*) ausgesetzt.

prōiectiō, *ōnis f* (*prōiciō*) *das* Ausstrecken.

prōiectus[1] 3 (*m.* °*comp.,* °*sup.*; *prōiciō*) **1. a**) hervortretend, -springend, vorstehend; / **b**) hervorragend, außerordentlich; **c**) geneigt *zu* [*ad audendum*]; **2. a**) (*am* Boden) liegend; °/ **b**) verachtet, verächtlich; **c**) niedergeschlagen, demütig.

prōiectus², *abl.* ū *m* (prōiciō) *das* Hinwerfen; *die* ausgestreckte Lage.
pro-inde *u.* (*dcht.*) **pro-in** *adv.* (*im Vers oft zwei- bzw. einsilbig*) **1.** (*in Aufforderungen*) demnach, daher; **2.** ebenso, geradeso; ~ ac si gleich als ob.
prō-lābor, lāpsus sum 3 **1.** °**a**) vorwärts gleiten, rutschen, schlüpfen; **b**) / sich hinreißen lassen *zu* [°in misericordiam]; **2.** °**a**) herabfallen; °**b**) einstürzen; / **c**) fehlen, sich vergehen; **d**) herunterkommen, in Verfall geraten.
prōlāpsiō, ōnis *f* (prōlābor) *das* Ausgleiten.
prōlātiō, ōnis *f* (prōferō) **1.** *das* Vorbringen, Vortragen; Erwähnung; °**2.** Erweiterung; **3.** Verschiebung, Aufschub.
prō-lātō 1 (*intens. v.* prōferō) °**1.** erweitern; **2.** / °**a**) hinhalten; **b**) aufschieben, verzögern.
prōlectō 1 (*intens. v.* prōliciō) verlocken, reizen.
prōlēs, is *f* (< *pro-olēs; *cf.* indolēs, alō) **1. a**) Sprössling, Nachkommen (-schaft); °**b**) Brut; **2.** junge Mannschaft.
prōlētārius 3 (*prō-lē-tus „Kinder habend"; prōlēs) **1.** der untersten Volksklasse angehörend; *subst.* **-ī,** ōrum *m* Angehörige der untersten Volksklasse, Proletarier; °**2.** / niedrig, gemein.
prō-liciō, — — 3 (laciō; *cf.* lacessō) hervorlocken.
prō-lixus 3 (*m. comp.*, *adv.*; *eigtl.* „vorwärts geflossen"; liqueō) **1.** °**a**) lang (wallend); **b**) *adv.* **-ē** reichlich; **2.** geneigt, willig; **3.** günstig, glücklich.
prōlocūtor, ōris *m* (prōloquor) Redner, Sachwalter.
prologūmenē lēx (*gr. Fw.*) Gesetz mit Vorwort.
prōlogus, ī *m* (*u.* prŏ-?; *gr. Fw.*; *Vokallänge durch Anlehnung an* prōloquor *begünstigt*) Vorrede; Prolog; *der* Prologsprecher.
****prolongo** 1 verlängern.
prō-loquor, locūtus sum 3 aussprechen, sich äußern; weissagend verkünden.
prō-lubium, ī *n* (lubet) Lust, Neigung.
prō-lūdō, sī, sum 3 **1.** ein Vorspiel machen; / sich vorbereiten [ad pugnam]; **2.** einen Vortrag einleiten.
prō-luō, uī, ūtum 3 (lavō) °**1.** anschwemmen; **2.** wegspülen; °**3.** befeuchten, benetzen.
prōlūsiō, ōnis *f* (prōlūdō) Vorübung, Probe.
prōluviēs, ēī *f* (prōluō) **1.** Überschwemmung; °**2.** Unrat.
prō-mercālis, e (mercor) verkäuflich, feil.
prō-mereō, uī, itum *u.* **-eor,** itus sum 2 **1.** verdienen: **a**) sich einen Anspruch erwerben; °**b**) verschulden, sich zuziehen [poenam]; °**2.** erwerben [amorem]; **3.** (*kl. meist dep.*) sich verdient machen *um* [bene de multis; °socios].
prōmeritum, ī *n* (prōmereō) Verdienst; Schuld.
Promētheus, eī *u.* eos *m* (*gr.* -theus) *Sohn des Iapetus. Er erschuf den Menschen u. holte das Feuer vom Himmel; zur Strafe an den Kaukasus geschmiedet, von Herkules befreit*; *adi.* -thēus 3 [iuga Kaukasus]; *subst.* **-thīdēs** (*u.* -thiadēs), ae *m* Sohn des Prometheus (*Deukalion*).
prō-mineō, uī, — 2 (*cf.* ēmineō, mōns) **1.** hervorragen, -stehen, -treten; (*part. praes.*) °*adi.* **prōminēns,** entis hervorragend; °*subst. n* Vorsprung, Ausläufer; **2.** / sich erstrecken [in posteritatem].
prōminulus 3 (prōmineō) etwas hervorstehend.
prōmiscuus *u.* °**-cus** 3 (-ī-?; prō, misceō) gemischt, ungesondert, gemeinschaftlich; conubia -a Mischehen (*zw. Patriziern u. Plebejern*); / gemein, gewöhnlich; *kl. nur adv.* **-c(u)ē** *u.* °**-cam** ohne Unterschied, ** hier und da.
prōmissiō, ōnis *f* = prōmissum.
prōmissor, ōris *m* (prōmittō) Prahler.
prōmissum, ī *n* (prōmittō) Versprechen, Verheißung.
prōmissus 3 (prōmittō) **1.** lang (herabhängend); °**2.** viel versprechend.
prō-mittō, mīsī, missum 3 °**1.** (lang) wachsen lassen; **2.** / **a**) versprechen, verheißen [alqd, de alqa re; a.c.i. fut.]; ad alqm sich bei jd. zu Tisch ansagen; ad cenam eine Einladung zu Tische annehmen; damni infecti für den möglichen Schaden Entschädigung versprechen; **b**) *einer Gottheit etw.* geloben; **c**) vorhersagen.
prōmō, mpsī, mptum 3 (< *proemō) hervornehmen, -holen; / heraus-, ans Licht bringen; zur Sprache bringen, vortragen.

P

prō-moneō, *uī,* — 2 im Voraus warnen.
prōmontōrium = *prōmunturium.*
prōmōta, *ōrum n* (*prōmōtus,* (*P.P.P.*) *adi. v. prōmoveō*) = *proēgmena.*
****promotio,** *onis f* Förderung, Ausbreitung; Beförderung; Erhebung.
prō-moveō, *mōvī, mōtum* 2 **1. a**) vorwärts bewegen, vorschieben [*turrim*]; **b**) vorrücken lassen; *castra* vorrücken; °**2.** verlängern, erweitern; °**3.** / **a**) fördern, heben; **b**) befördern, aufrücken lassen; **c**) ans Licht bringen, offenbaren [*arcana*].
prōmptō 1 (*intens. v. prōmō*) herausgeben.
prōmptuārius 3 (*prōmptus²*; *eigtl.* „zum Herausnehmen bestimmt") Vorrats... [*cella* (*scherzh.*) Gefängnis].
prōmptus¹ 3 (*m. comp., sup., adv.*; *prōmō*) **1.** sichtbar, offen(bar); **2.** (*v. Personen*) **a**) bereit, fertig; **b**) willfährig, (bereit)willig; **c**) schlagfertig, entschlossen, rasch; **d**) freimütig; **3.** (*v. Sachen*) **a**) zur Hand; **b**) leicht, bequem; **c**) in Bereitschaft; **d**) leicht.
(**prōmptus²**), *abl.* *ū m* (*prōmō*) *nur in promptu m. Verb*: **1.** sichtbar, offenkundig [esse]; *ponere* sehen lassen; **2.** zur Hand [*habere*]; °**3.** leicht, bequem [esse].
prōmulgātiō, *ōnis f* (*prōmulgō*) öffentliche Bekanntmachung.
prōmulgō 1 (*et. ungedeutet*) öffentlich ankündigen.
prōmulsis, *idis f* (*prō, mulsum*) Vorgericht.
prōmunturium, *ī n* (*-tū-?*; *prōmineō, wohl mit sekundärer Anlehnung an mōns*) Vorsprung; Vorgebirge.
prōmus, *ī m* (*prōmō*) Haushofmeister; / Hüter.
prō-mūtuus 3 (als Darlehen) vorgestreckt.
pro-nepōs, *ōtis m* (*prō-?*) Urenkel.
pro-neptis, *is f* (*prō-?*) Urenkelin.
pronoea, *ae f* (*gr. Fw.*) Vorsehung.
prō-nōmen, *inis n* Fürwort, Pronomen.
prō-nuba, *ae f* (*nūbō*) Brautjungfer; *Iuno* ♀ Ehegöttin.
prōnum, *ī n* (*prōnus*) °**1.** Abhang; **2.** / Abfälliges [*nihil proni*].
prōnūntiātiō, *ōnis f* (*prōnūntiō*) **1.** öffentliche Bekanntmachung; **2.** richterliches Urteil; **3.** logischer Satz; °**4.** Vortrag.
prōnūntiātor, *ōris m* (*prōnūntiō*) Erzähler.
prōnūntiātum, *ī n* (*prōnūntiō*) [(*lcg. t.t.*) Grundsatz.
prō-nūntiō 1 **1. a**) öffentlich bekannt machen, ausrufen; **b**) Befehl ergehen lassen; **c**) öffentlich versprechen [*praemia*]; **d**) (*vom Konsul*) *die Meinungsäußerungen der Senatoren* zusammenfassen u. darüber abstimmen lassen [*sententias*]; **e**) (*jur. t.t.*) erkennen, entscheiden; *sententiam ein* Urteil fällen; **2. a**) verkündigen, ansagen, melden, anzeigen; **b**) berichten, erzählen; **c**) (*rhet. t.t.*) vortragen.
prō-nūper *adv.* erst kürzlich.
prō-nurus, *ūs f* Gattin des Enkels.
prōnus 3 (*m.* °*comp., adv.*; *prō²*; *Bildung unsicher*) **1.** vorwärts geneigt, vornüber hängend; °**2.** abschüssig, abstürzend; **3.** / **a**) geneigt *zu* [°*in libidines*]; °**b**) gewogen, günstig; °**c**) leicht.
prooemior 1 (*prooemium*) eine Vorrede machen.
prooemium, *ī n* (*gr. Fw.*) Eingang, Vorrede; Vorspiel; / [*rixae*].
pro- *u.* **prōpāgātiō,** *ōnis f* (*propāgō¹*) **1.** Fortpflanzung; Zucht, Züchtung; **2.** Erweiterung; Verlängerung.
pro- *u.* **prōpāgātor,** *ōris m* (*propāgō¹*) Verlängerer.
pro- *u.* **prōpāgō¹** 1 (*cf. pangō*) **1.** fortpflanzen; züchten, ziehen; **2.** ausdehnen, erweitern; verlängern, fortsetzen.
pro- *u.* **prōpāgō²**, *inis f* (*propāgō¹*) **1.** Setzling, Ableger; °**2.** / **a**) Sprössling, Kind; *coll.* Nachkommenschaft; **b**) Stammbaum.
prō-palam *adv.* **1.** öffentlich; [°**2.** offenkundig.
prō-patulus 3 nach vorn hin offen, frei; *subst.*: *in -o* im Freien; °im Vorhof; °/ öffentlich.
prope (*wohl* ‹ **pro-que*; *cf. propinquus*; *comp. propius*; *sup. proximē*) **I.** *adv.* **1.** (*räuml.*) nahe, in der Nähe; **2.** (*zeitl.*) °**a**) nahe, nahe bevorstehend; **b**) kurz vorher; **3.** / **a**) beinahe, fast; °~ *est, ut* es ist nahe daran, dass; ~ *cecidi* fast wäre ich gefallen; *proxime atque* fast ebenso wie; °**b**) gewissermaßen, wohl; **II.** *prp. b. acc.* (*m. comp., sup.*) **1.** (*räuml.*) nahe bei, in der Nähe von; **2.** (*zeitl.*) nahe an, gegen, um [*meridiem*]; *proxime* sogleich nach [*solis occasum*]; °**3.** / beinahe zu, nicht weit von [*res prope secessionem*

venit]; **III.** *adi. comp.* **propior,** *ius* **1.** (*räuml.*) näher, näher liegend, in größerer Nähe [°*patriae*, °*montem*]; **2.** (*zeitl.*) näher; später, jünger; **3.** / **a**) näher kommend, ähnlicher; **b**) näher verwandt, vertrauter, befreundeter, gewogener; **c**) passender, bequemer; **d**) wirksamer; **IV:** *adi. sup.* **proximus** 3 (*m. adv.*) **1.** (*räuml.*) *der* Nächste, sehr nahe [*Rheno u. Rhenum*]; **2.** (*zeitl.*) **a**) nächstvergangen, *der* letzte; **b**) *der* nächstfolgende; **3.** / sehr nahe kommend, sehr ähnlich; sehr nahe verwandt; **V.** *subst.* **propiōra,** *um n* °**1.** näher liegende Punkte; **2.** Näherliegendes; °**proximum,** *ī u* nächste Nachbarschaft, nächster Punkt; **proximī,** *ōrum m* nächste Verwandte, Vertraute, Gefolge.

prope-diem *adv.* demnächst.

prō-pellō, *pulī, pulsum* 3 (*im Vers auch prō-*) **1. a**) vorwärts stoßen, fortstoßen, -treiben; vor sich hertreiben; **b**) / antreiben, bewegen *zu* [°*ad mortem*]; **2. a**) vertreiben, in die Flucht schlagen; °verbannen; **b**) abwehren.

prope-modum *u.* (*altl.*) **-modo** *adv.* beinahe, etwa.

prō-pendeō, *pendī, pēnsum* 2 herabhängen; / das Übergewicht haben; sich hinneigen *zu.*

prōpēnsiō, *ōnis f* (*prōpendeō*) (geistige) Neigung.

prōpēnsus 3 (*m. comp.*, °*sup.*, °*adv.*; *prōpendeō*) **1.** geneigt, sich hinneigend, willig; **2.** überwiegend, wichtig; **3.** nahe kommend.

properanter *adv.* (*m. comp.*; *properāns, part. praes. v. properō*) eilends.

properantia, *ae* (*nkl.*) *u.* **properātiō,** *ōnis f* (*properō*) Eile, Eilfertigkeit.

properātō *adv.* (*properātus, P.P.P. v. properō*) eilends.

properi-pēs, *pedis* (*properus*) eilenden Fußes.

properō 1 (*properus*) °**1.** (*trans.*) beschleunigen [*iter*]; **2.** (*intr.*) eilen.

Propertius, *ī m: Sex.* ~, *römischer Elegiker* (*etwa 49–15 v.Chr.*).

properus 3 (*adv.* **-ē** *u.* **-iter**; *et. nicht geklärt*) eilig, schleunig.

prō-pexus 3 (*pectō*) herabhängend.

****propheta,** *ae m* Weissager, Prophet, Psalmist.

****prophetia,** *ae f* Weissagung.

****propheticus** 3 prophetisch.

propīn *n indecl.* (*gr. Fw.*) Vortrunk.

propīnātiō, *onis f* (*propīnō*) *das* Zutrinken.

propīnō 1 (*im Vers auch prō-*; *gr. Fw.*) **1.** zutrinken; °**2.** zu trinken geben; / preisgeben.

propinquitās, *ātis f* (*propinquus*) Nähe; / Verwandtschaft.

propinquō 1 (*propinquus*) **1.** (*intr.*) sich nähern; **2.** (*trans.*) beschleunigen [*augurium*].

propinquus 3 (*m.* °*adv.*; *comp. durch propior, ius, sup. durch proximus 3 ersetzt*; *prope*) **1.** nahe, nahe liegend, benachbart; **2.** nahe bevorstehend; **3.** / ähnlich; verwandt; *subst.* ~, *ī m u.* **-a,** *ae f der, die* Verwandte.

propior, *ius s. prope.*

propitiō 1 (*propitius*) versöhnen [*lovem*].

propitius 3 (< **pro-pet-ios*; *petō*) gewogen, günstig.

propnigēum, *ī n* (*-ī-?*; *gr. Fw.*) [Heizraum.]

propōla, *ae m* (*im Vers auch prō-*; *gr. Fw.*) Krämer.

prō-polluō, — — 3 noch mehr beflecken.

prō-pōnō, *posuī, positum* 3 **1. a**) (öffentlich) vorlegen, hin-, aufstellen; **b**) feilbieten; **c**) öffentlich bekannt machen; **2.** (*in der Rede*) vorbringen, -tragen, anführen; **3. a**) in Aussicht stellen, versprechen; *P.* in Aussicht stehen, vorschweben; **b**) androhen; **4.** vor Augen stellen; *sibi spem -ere* sich Hoffnung machen; **5.** sich vornehmen, beschließen; *mihi propositum est* ich habe es mir zur Aufgabe gemacht.

Propontis, *idis u. idos f* (*gr. -tịs* „Vormeer") *das* Marmarameer; *adi. -tiacus* 3.

prō-porrō *adv.* weiter, wieder.

prōportiō, *ōnis f* (<*prō portiōne*) Verhältnis, Ebenmaß.

prōpositiō, *ōnis f* (*prōpōnō*) Vorstellung [*animi*]; Thema; Vordersatz (*im Syllogismus*); Angabe einer Tatsache; ** These; Vorschlag.

prōpositum, *ī n* (*prōpositus*) **1.** Vorsatz, Plan; Lebensplan; **2.** Thema, Hauptgegenstand; **3.** Vordersatz (*im Syllogismus*).

prōpositus 3 (*prōpōnō*) bloßgestellt; drohend.

prō-praetor, *ōris m* (<*prō praetōre*) Statthalter *einer Provinz,* Proprätor; Mann von prätorischem Rang; *cf. praetor.*

propriē *adv.* (*proprius*) **1.** jeder für seine Person; **2.** eigen(tümlich), charakteristisch; **3.** vorzugsweise; **4.** im eigentlichen Sinne.
proprietās, *ātis f* (*proprius*) **1.** Eigentümlichkeit; besondere Art; °**2.** Eigentumsrecht, Besitz.
proprius 3 (*m. adv.*; *et. ungeklärt*) **1.** ausschließlich angehörig, eigen (-tümlich) [*philosophi*]; °*subst* **-um,** *ī n* Eigentum; **2.** bleibend, dauernd, beständig; **3.** charakteristisch, wesentlich; **4.** ausschließlich, persönlich; ** = *meus, tuus usw.*.
propter (< **propiter*; *prope*) **1.** *adv.* nahe, in der Nähe, daneben; **2.** *prp. b. acc.* nahe bei, neben; / wegen, aus, durch, infolge.
propter-eā *adv.* deswegen.
proptervus *s. protervus.*
prōpudiōsus 3 (*prŏ-?*; *prōpudium*) schamlos, verworfen.
prōpudium, *ī n* (*prŏ-?*; *pudet*) °**1.** Schandtat, schamlose Geilheit; **2.** Schandbube.
prōpūgnāculum, *ī n* (*-pūgn-?*; *prōpūgnō*) Schutzwehr, Bollwerk; / Schutz; Verteidigungsgrund.
prōpūgnātiō, *ōnis f* (*-pūgn-?*; *prōpūgnō*) Verteidigung.
prōpūgnātor, *ōris m* (*-pūgn-?*; *prōpūgnō*) Verteidiger; Seesoldat; / Beschützer, Verfechter.
prō-pūgnō 1 (*-pūgn-?*) **1.** (*intr.*) **a)** zum Kampf vorrücken; **b)** sich verteidigen, kämpfen *für* [*pro salute*]; **2.** (*trans.*) verteidigen [*munimenta*].
prōpulsātiō, *ōnis f* (*prōpulsō*) Abwehr.
prō-pulsō 1 (*intens. v. prōpellō*) zurückschlagen; abwenden, abwehren.
prōpulsus, *abl. ū m das* Stoßen der Luft nach vorn.
propylaea, *ōrum n* (*gr. Fw.*) Propyläen (*Vorhallen des Aufgangs zur Akropolis in Athen*).
prō-quaestōre *m* (< *prō quaestōre*) Proquästor, *stellvertretender Quästor, höherer Provinzialbeamter.*
prō-quam *cj.* nach dem Maße wie.
prōra, *ae f* (*gr. Fw.*) **1.** Vorderdeck, Bug; °**2.** / Schiff.
prō-rēpō, *psī, ptum* 3 hervorkriechen; fortkriechen.
prōrēta, *ae m* (*ionisches Fw.*) Oberbootsmann.
prō-ripiō, *ripuī, reptum* 3 (*rapiō*) **1.** (*trans.*) hervor-, fortreißen; *se -ere* hervorstürzen, fortrennen; °**2.** (*intr.*) eilen.
prō-rītō 1 (*zu irrītō hinzugebildet*; *s. d.*) anlocken.
prōrogātiō, *ōnis f* (*prōrogō*) °**1.** Verlängerung; **2.** Aufschub.
prōrogātīvus 3 (*prōrogō*) Aufschub leidend.
prō-rogō 1 **1.** *durch einen Antrag beim Volk um ein Jahr* verlängern [*provinciam* Verwaltung einer Pr.]; / **2.** aufschieben; °**3.** vorschießen.
prō(r)sus[1] 3 (< *prōvorsus, P.P.P. v. altl. prōvortō* = *prōvertō*) **1.** nach vorwärts gerichtet; °**2.** / prosaisch [*oratio*; *auch subst.* **-a,** *ae f* Prosa].
prō(r)sus[2] *u.* **-sum** *adv.* (*erstarrter nom. u. acc. v. prōrsus*[1]) °**1. a)** vorwärts; *kl. nur* /; °**b)** geradeswegs; **2.** / **a)** durchaus, völlig, ganz und gar; °**b)** mit einem Wort, kurz.
prō-rumpō, *rūpī, ruptum* 3 **1.** (*intr.*) **a)** hervorbrechen, -stürzen; **b)** / ausbrechen *in* [*in haec verba*]; °**2.** (*trans.*) hervorstoßen, entfesseln; *se -ere u. mediopass.* hervorbrechen, -stürzen.
prō-ruō, *ruī, rutum* 3 **1.** (*intr.*) **a)** hervorstürzen; °**b)** nieder-, einstürzen; **2.** (*trans.*) °**a)** *se foras* hinausstürzen; **b)** umstürzen, einreißen.
prōsa, *ae f* (*s. prōrsus*[1]).
prōsāpia, *ae f* (*vl. zu sōpiō*[2]) Sippe, Geschlecht, Familie.
proscaenium, *ī n* (*gr. Fw.*) Vorbühne; Bühne.
prō-scindō, *scidī, scissum* 3 aufreißen; pflügen, durchfurchen [*aequora*]; / schmähen.
prō-scrībō, *scrīpsī, scrīptum* 3 **1. a)** öffentlich bekannt machen; **b)** öffentlich ausbieten; **2. a)** (*Eigentum*) einziehen; **b)** ächten.
prōscrīptiō, *ōnis f* (*prōscrībō*) *das* Ausbieten *zum Verkauf*; / Ächtung, Proskription.
prōscrīpturiō 4 (*desid. zu prōscrībō*) ächten wollen.
prō-secō, *secuī, sectum* 1 **1.** (*Opferteile*) abschneiden, opfern; *P.P.P. subst.* **prōsecta,** *ōrum n* Opferstücke; **2.** pflügen.
prō-seda, *ae f* (*prō, sedeō*) Dirne.
prō-sēminō 1 aussäen; / fortpflanzen.
prō-sequor, *secūtus sum* 3 **1. a)** begleiten, geleiten; **b)** (*feindl.*) nachsetzen [*hostem*]; **2.** *alqm alqa re* jd. etw. spenden, widmen; **3.** beschreiben, schildern.
prō-serō, *seruī, sertum* 3 hervorstrecken [*linguam*].

Prō- u. Proserpina, *ae f (wohl durch etr. Vermittlung* ‹ *gr.* Persephọnē, *volkset. an prōserpō angelehnt) Tochter Jupiters u. der Ceres, Königin der Unterwelt, Gemahlin Plutos.*

prō-serpō, — — 3 vorwärts kriechen.

proseucha, *ae f (gr. Fw.) jüdischer* [Gebetsort.]

prō-sicō 1 *(altl.)* = *prōsecō.*

prō-siliō, *siluī,* — 4 *(saliō)* **1.** hervorspringen, -brechen; / °**2.** hervorschießen, -ragen; °**3.** irgendwohin stürmen; sich rasch *an etw.* machen.

prō-socer, *erī m* Großvater der Gattin.

prosōpopoeia, *ae f (gr. Fw.) (rhet.* [*t.t.*] Personifikation.)

prō-spectō 1 **1. a)** von ferne, in die Ferne schauen; °**b)** anschauen, mit ansehen; °**c)** Aussicht haben, gewähren [*locus*]; **2. a)** sich umsehen, spähen *nach* [*hostem*]; °**b)** erwarten, bevorstehen.

prōspectus, *ūs m (prōspiciō)* **1. a)** Aus-, Fernsicht; °**b)** Blick; **2.** Gesichtskreis; **3.** / Anblick.

prō-speculor 1 **1.** *(intr.)* **a)** in die Ferne schauen; **b)** kundschaften; **2.** *(trans.)* erwartungsvoll entgegensehen [*adventum*].

prosper *(Ve.) s. prosperus.*

prosperitās, *ātis f (-ō-?; prosperus)* Gedeihen, Glück.

prosperō 1 *(-ō-?; prosperus)* beglücken, gewähren.

prosper(us), *era, erum (-ō-?; m.* °*comp.;* °*sup.* **-errimus**; *adv.* **-ē** *u.* **-iter**; *vl. adv. prosperē* ‹ *prō *spēre* [*altl.* = *spē*]; *hieraus nachträglich adi. gebildet)* **1.** glücklich, erwünscht; °*subst.* **-era,** *ōrum n* glückliche Umstände; °**2.** beglückend, segnend.

prōspicientia, *ae f (-iēns, part. praes. v. prōspiciō)* Vorsorge.

prō-spiciō, *spexī, spectum* 3 *(spēxī?; speciō)* **1.** *(intr.)* **a)** in die Ferne schauen, ausschauen; **b)** / (vor)sorgen [*alci; ut, ne*]; **2.** *(trans.)* **a)** in der Ferne, vor sich sehen; °**b)** / Aussicht gewähren *auf* [*agros*]; **c)** vorhersehen; **d)** besorgen, verschaffen [*commeatum*].

prō-sternō, *strāvī, strātum* 3 °**1.** hinlegen; (zur Unzucht) preisgeben; **2.** zu Boden werfen; / vernichten.

prōstibilis, *e (*-stabilis; prōstō)* sich feilbietend; *subst.* ~, *is f* Dirne.

prōstibulum, *ī n (prōstō)* Dirne.

prō-stituō, *uī, ūtum* 3 *(statuō)* preisgeben, prostituieren.

prōstitūtus 3 *(prōstituō)* feil; *subst.* **-a,** *ae f* öffentliche Dirne.

prō-stō, *stitī,* — 1 °**1.** hervorragen; °**2. a)** feilhalten; **b)** zum Verkauf stehen *(kl. nur /)*; *(v. Dirnen)* sich öffentlich anbieten.

prō-subigō, — — 3 vor sich auf- [wühlen.]

prō-sum, *fuī, prōdesse* **1.** nützlich sein, nützen; °**2.** *(v. Heilmitteln)* helfen.

Prōtagorās, *ae m (gr. -gọrās) Sophist aus Abdera z. Z. d. Sokrates.*

prōtēctiō, *ōnis f (prōtegō)* Bedeckung, Verteidigung; ** Schutz.

prō-tegō, *tēxī, tēctum* 3 (vorn) bedecken; / beschützen, schirmen.

prō-tēlō 1 *(prōtēlum; sekundär an tēlum angelehnt)* fortjagen, vertreiben.

prōtēlum, *ī n (prōtendō)* Zugseil; / ununterbrochener Fortgang; *-o* in einem Zug.

prō-tendō, *ndī, ntum* 3 hervor-, [ausstrecken.]

prōtenus = *prōtinus.*

prō-terō, *trīvī, trītum* 3 **1.** nieder-, zertreten; **2.** / **a)** misshandeln; °**b)** vernichten; vertreiben.

prō-terreō, *uī, itum* 2 fortscheuchen, verjagen.

protervitās, *ātis f (vor Horaz -ō-; protervus)* **1.** Frechheit; °**2.** Mutwille.

protervus 3 *(vor Horaz -ō-; m.* °*comp.,* °*adv.; altl. pro-pt-er-vus; petō; eigtl.* „vorschnell") **1.** frech, unverschämt; °**2.** keck, mutwillig.

****protestor** 1 bezeugen; beteuern.

Prōteus, *eī u. eos m (gr. -tẹus) weissagender, vielgestaltiger Meergott;* / Schlaukopf.

prothȳmē *adv. (gr. Fw. m. lat. Endung)* mit Vergnügen.

prothȳmia, *ae f (gr. Fw.)* Geneigt- [heit.]

prōtinam *adv. (vor Vergil prŏ; prōtinus)* vorwärts; sofort.

prōtinus *adv. (vor Vergil prŏ-; erstarrter nom. sg. eines adi.; tenus*[2]) **1.** *(räuml.)* **a)** vorwärts, weiter fort; °**b)** unmittelbar sich anschließend, zusammenhängend; **2.** *(zeitl.)* °**a)** ununterbrochen, beständig; **b)** sofort, sogleich; **c)** gleich anfangs.

prō-tollō, — — 3 hervorstrecken; / hinausschieben, verlängern.

****protoplastus,** *i m der* zuerst geschaffene Mensch, Adam.

prōtoprāxia, *ae f* (*gr. Fw.*) Vorrecht bei Schuldforderungen.

prōtotomus 3 (*gr. Fw.*) vom ersten Schnitt, zart; *subst.* **-ī,** *ōrum m die* jungen Stängel (*vom Kohl*).

****protovestiarius,** *i m* Obergarderobenmeister.

prō-trahō, *trāxī, tractum* 3 **1.** hervorziehen, -schleppen; °**2.** / **a)** drängen, zwingen; **b)** ans Licht ziehen, offenbaren; **c)** fort-, hinabziehen; **d)** (*zeitl.*) hinziehen.

prō-trūdō, *sī, sum* 3 fortstoßen; / hinausschieben.

prō-turbō 1 forttreiben, verjagen; °/ niederwerfen.

pro-ut *ci.* je nachdem, wie.

prō-vehō, *vēxī, vectum* 3 °**1.** vorwärts-, fortführen; *kl. nur* P. fort-, wegfahren, -reiten; **2.** / **a)** zu weit führen, verleiten; P. zu weit gehen, sich hinreißen lassen; **b)** weiterbringen, fördern; P. fortschreiten, aufsteigen; °(*v. der Zeit*) vorrücken; (*P.P.P.*) *adi.* **prōvectus** 3 (*m.* °*comp.*) vorgerückt; *aetate* bejahrt.

prō-veniō, *vēnī, ventum* 4 °**1.** hervorkommen, auftreten; **2.** / **a)** (hervor)wachsen; °**b)** entstehen, aufkommen; °**c)** gelingen; °**d)** (gut od. schlecht) wegkommen.

prōventus, *ūs m* (*prōveniō*) **1.** *das* Hervorkommen, -wachsen; **2.** °**a)** Ertrag, Ernte; Vorrat; **b)** Erfolg.

prō-verbium, *ī n* (*wohl* < *prō verbō* „als Beispiel") Sprichwort.

prōvidēns, *entis* (*m. comp.*, °*sup.*, *adv.*; *prōvideō*) vorsichtig.

prōvidentia, *ae f* (*prōvidēns*) **1.** *das* Vorher-, Voraussehen; **2.** Vor-, Fürsorge; °**3.** (göttliche) Vorsehung.

prō-videō, *vīdī, vīsum* 2 °**1.** in der Ferne, von fern sehen; **2. a)** vorher-, voraussehen; **b)** Sorge tragen, Vorkehrungen treffen [*saluti*]; (im voraus) besorgen, anschaffen; **c)** vorsichtig sein *od.* handeln; (*P.P.P.*; *abl. abs.*) °*proviso* mit Vorbedacht.

prōvidus 3 (*m.* °*adv.*; *prōvideō*) vorhersehend [*rerum*]; vorsichtig; vorsorglich.

prōvincia, *ae f* (*et. ungeklärt*) **1. a)** Amt, Geschäfts-, Wirkungskreis; **b)** Geschäft, Verrichtung; **c)** Oberbefehl, Kommando; **2. a)** Provinz (*unterworfenes Gebiet außerhalb Italiens*); **b)** Verwaltung einer Provinz; **3. a)** *ö. Teil der Gallia Narbonensis, j.* Provence; **b)** Provinz *Asia*; ** Gebiet; Grafschaft.

prōvinciālis, e (*prōvincia*) **1.** Provinz...; **2.** zur *j.* Provence gehörig, (in) der Provence; *subst.* **~,** *is m* Provinzbewohner, Provinziale; ** Landsmann.

prōvinciātim *adv.* (*prōvincia*) nach Provinzen.

prōvīsiō, *ōnis f* (*prōvideō*) = *prōvidentia.*

prō-vīsō, — — 3 (*intens. v. prōvideō*) sehen *nach.*

prōvīsor, *ōris m* (*prōvideō*) der vorhersieht, bedenkt; ** Sachwalter.

prōvīsus, *ūs m* (*prōvideō*) *das* Sehen in die Ferne; Sehkraft; / Voraussehen; Vorsorge.

prō-vīvō, *vīxī,* — 3 weiterleben.

prōvocātiō, *ōnis f* (*prōvocō*) °**1.** Herausforderung; **2.** Berufung *auf*, Appellation [*ad populum*].

prōvocātor, *ōris m* (*prōvocō*) °**1.** Herausforderer; **2.** *eine besondere Art v. Gladiatoren.*

prō-vocō 1 °**1.** hervor-, herausrufen; **2. a)** aufrufen, -fordern, reizen; **b)** zum Kampf *od.* Wettkampf herausfordern; **c)** / erwecken; regen; **3. a)** (*jur. t.t.*) (*an eine höhere Instanz*) appellieren; **b)** sich berufen *auf* [*ad Catonem*].

prō-volō 1 °**1.** ausfliegen; **2.** / hervorstürzen.

prō-volvō, *volvī, volūtum* 3 **1.** vorwärts wälzen, weiterrollen; **2. a)** *se* -*ere u. mediopass.* sich niederwerfen [*ad pedes*]; / **b)** P. gebracht werden *um* [*fortunis*]; **c)** *mediopass.* sich erniedrigen.

prō-vomō, — — 3 hervorspeien.

prō-vorsus *adv.* (*altl.*) = *prōrsus*[2].

prō-vulgō 1 öffentlich bekannt machen, aufdecken.

prox *int.* (*ablaufend zu prex?*) mit Verlaub.

proxenēta, *ae m* (*gr. Fw.*) Makler.

proximitās, *ātis f* (*proximus*) Nähe, Nachbarschaft; / nahe Verwandtschaft; Ähnlichkeit.

proximō, -mus *s. prope.*

prūdēns, *entis* (*m. comp., sup., adv.*; < *prōvidēns*) **1.** wissentlich, mit Vorbedacht; **2.** einsichtsvoll, erfahren, kundig [*belli*]; **3.** klug, umsichtig, verständig.

prūdentia, *ae f* (*prūdēns*) **1.** *das* Vorherwissen; **2. a)** Einsicht, Kenntnis, Wissen [*iuris*]; **b)** Klugheit, Umsicht; °**c)** Spruchweisheit.

pruīna, *ae f (cf. nhd.* „Frost") **1.** Reif; °**2.** *(pl.)* Schnee; Winter.
pruīnōsus 3 *(pruīna)* bereift.
prūna, *ae f (cf. pruīna)* glühende Kohle. [baumholz.]
prūniceus 3 *(prūnus)* aus Pflaumen-
prūnum, *ī n (gr. Fw., kleinasiatischen Ursprungs)* Pflaume.
prūnus, *ī f (gr. Fw., kleinasiatischen Ursprungs)* Pflaumenbaum.
prūrīgō, *inis f (prūriō)* Jucken, Geilheit; juckender Grind.
prūriō 4 *(pruīna)* jucken; lüstern, geil sein; nach Kampf gelüsten.
Prūsia *u.* **-ās,** *ae m (gr.* -ṣịās) *König v. Bithynien, der Hannibal an die Römer ausliefern sollte.*
prytanēum *u.* **-nīum,** *ī n (gr. Fw.)* Rathaus *(in griech. Städten).*
prytanis, *is m (acc. -in; gr. Fw.) der* Prytane *(Oberbeamter in griech. Städten).*
psallō, *lī,* — 3 *(gr. Fw.) die* Zither spielen; zur Zither singen.
****psalmista,** *ae m* Psalmendichter.
****psalmodia,** *ae f das* Psalmensingen. [dichter.]
****psalmographus,** *i m* Psalmen-
****psalmus,** *i m* Psalm; Lobgesang.
psaltērium, *ī n (gr. Fw.)* zitherartiges Saiteninstrument, *der* Psalter; ** kirchliches Psalmenbuch, Saitenspiel; Psalter.
psaltēs, *ae m (gr. Fw.)* Zitherspieler; ** Psalmist. [spielerin.]
psaltria, *ae f (gr. Fw.)* Zither-
Psecas, *adis f (gr.* ♀ „spritzend") *Name der frisierenden Sklavin.*
psēphisma, *atis n (gr. Fw.)* Beschluss *(einer gr. Volksversammlung).*
****pseudo...** *vor subst. u. adi.* falsch.
pseudolus, *ī m (gr. Fw.)* Lügenmaul; ♀ *Komödie des Plautus.*
pseudomenos, *ī m (gr. Fw.)* Trugschluss.
pseudothyrum, *ī n (gr. Fw.)* °**1.** Hinterpförtchen; **2.** / Hintertür.
psīlocitharistēs, *ae m (gr. Fw.)* der bloß Zither spielt *(ohne Gesang)*; Zitherspieler. [haarungsmittel.]
psīlōthrum, *ī n (gr. Fw.)* Ent-
psithius 3 *(gr. Fw.)* psithisch; *vitis u. subst.* **-ia,** *ae f Traubensorte.*
psittacus, *ī m (gr. Fw.)* Papagei.
psȳchomantīum, *ī n (gr. Fw.)* Totenorakel. [kalte Bäder nimmt.]
psȳchrolūtēs, *ae m (gr. Fw.)* der
-pte *(Suffix, nur an pron. pers. u. poss. gehängt;* ‹ *pote* „selbst", *s. potis)* = selbst, eigen; vornehmlich.
Pthīa, *ae f (gr.* Phthịā) *St. in Thessalien, Geburtsort Achills; adi.* *-īus* 3; *Einw.* **-īōtēs,** *ae m,* **-īas,** *adis f; adi. -īōticus* 3; *Ldsch.* **-īōtis,** *idis f.*
pthisicus 3 *(gr. Fw.)* schwindsüchtig.
pthisis, *is f (acc. -in; gr. Fw.)* Schwindsucht. [grütze.]
ptisana, *ae f (gr. Fw.)* Gersten-
ptisanārium, *ī n (ptisana)* Aufguss *(v. Gerstengrütze od. Reis).*
Ptole- *u.* **Ptolomaeus,** *ī m Name gr. Diadochenfürsten in Ägypten; adi.* ~ 3 ägyptisch.
pūbēns, *entis (pūbeō* 2 „mannbar sein") strotzend.
pūbertās, *ātis f (pūbēs*[1]) Mannbarkeit; / °Manneskraft; Bartflaum.
pūbēs[1], *eris (et. ungeklärt)* **1.** mannbar, erwachsen; °**2.** / kräftig, saftig; **3.** *subst.* **pūberēs,** *um m* waffenfähige Mannschaft, Männer.
pūbēs[2], *is (cf. pūbēs*[1]) **1.** mannbare Jugend, junge Mannschaft; °**2.** Männer, Leute, Volk; °**3. a)** Scham (-gegend); **b)** Bart-; Schamhaare.
pūbēscō, *buī,* — 3 *(incoh. zu pūbeō* 2 „mannbar sein") **1.** mannbar werden; **2.** / **a)** heranwachsen, reifen; °**b)** behaart werden; °**c)** sich überziehen *mit [flore].*
pūblicānus, *ī m (pūblicus)* Staats-, Steuerpächter; *adi.* ~ 3 des Steuerpächters. [schlagnahme.]
pūblicātiō, *ōnis f (pūblicō)* Be-
pūblicē *adv. (pūblicus)* **1. a)** öffentlich; von Staats wegen; **b)** im Interesse des Staates, amtlich; °**c)** auf öffentliche Kosten; °**2.** allgemein, insgesamt.
pūblicitus *adv. (pūblicus)* von Staats wegen; vor aller Welt.
pūblicō 1 *(pūblicus)* **1.** für die Staatskasse einziehen; °**2.** zum öffentlichen Gebrauch hergeben; preisgeben *[corpus suum vulgo]*; veröffentlichen *[librum].*
pūblicus 3 *(m. adv.* **-ē,** *s. d.;* ‹ *altl. poplicus; populus; volkset. an pūbēs angelehnt)* **1. a)** zum Volk, dem Volk; dem Staat gehörig; Volks..., Staats...; **b)** auf Staatskosten (stattfindend); **2. a)** allgemein; °**b)** alltäglich; **3. rēs pūblica a)** öffentliche Sache, Staatsangelegenheit, -verwaltung, -gewalt; Politik; **b)**

Staatswohl, -interesse; **c**) Staatsvermögen, -schatz; **d**) Gemeinwesen, Staat; **4.** *subst.* °**pūblicus,** *ī m* Staatssklave; °**-a,** *ae f* Allerweltshure; **pūblicum,** *ī n* **a**) Staat, Gemeinwesen; **b**) Staatseigentum, Gemeindeland; **c**) Staatskasse, -schatz; **d**) Staatseinkünfte, Steuern, Staatspacht; **e**) öffentlicher Platz, Öffentlichkeit, Straße; *in -o* öffentlich, auf der Straße; **f**) öffentliches Magazin.

Pūblilius 3 *röm. Gentilname: ~ Syrus, röm. Freigelassener aus Antiochia, Mimendichter des 1. Jahrhunderts v. Chr. (Sentenzensammlung).*

pudendus 3 (*pudeō*) schimpflich, schändlich; °*subst.* **-a,** *ōrum n* Schamteile.

pudēns, *entis* (*m. comp., sup., adv.*; *pudeō*) schamhaft, bescheiden.

pudeō, *uī,* — 2 (*et. ungedeutet*) **1.** sich schämen; **2.** mit Scham erfüllen; **3.** *meist impers.* **mē pudet,** *uit u.* °*itum est* ich schäme mich [*Romanorum*; *sceleris*].

pudibundus 3 (*pudeō*) verschämt.

pudīcitia, *ae f* (*pudīcus*) Schamhaftigkeit, Keuschheit; ♀ (*Li.*) *Göttin der Schamhaftigkeit.*

pudīcus 3 (*m.* °*comp.,* °*sup.,* °*adv.*; *pudeō*) schamhaft, sittsam; keusch.

pudor, *ōris m* (*pudeō*) **1.** Scham, Scheu, Schüchternheit; **2.** Ehrgefühl, Ehrenhaftigkeit; **3.** Keuschheit; °**4.** / **a**) *der* gute Name; **b**) Schamröte; **c**) Schande, Schimpf.

puella, *ae f* (*cf. puellus*) **1.** Mädchen; °**2.** Tochter; Geliebte; junge Frau.

puellāris, e (m. *adv.*; *puella*) mädchenhaft, Mädchen..., jugendlich.

puellula, *ae f* (*dem. v. puella*) Mägdlein.

puellus, *ī m* (*dem. v. puer*) Knäblein.

puer, *erī m* (*altl.*: *voc. -re, gen. pl. -rum*; *cf. putus*[1]) **1.** Kind: *meist pl.* Kinder; **2.** Knabe; junger Mann; *a -o* (*-is*) von Jugend an; **3.** Diener, Sklave, Bursche; °**4.** Junggeselle; °**5.** *Kose- od. Schimpfwort*; °**6.** Sohn.

puera, *ae f* (*puer*) Mädchen.

puerāscō, — — 3 (*incoh. zu puer*) in das Knabenalter treten.

puerīlis, e (*m.* °*comp.,* °*sup., adv.*; *puer*) **1.** kindlich, jugendlich; **2.** kindisch.

puerīlitās, *ātis f* (*puerīlis*) kindisches Betragen.

pueritia, *ae f* (*puer*) Kindheit; [Jugend.

puerpera, *ae f* (*puer, pariō*) *die* Kreißende; Wöchnerin; *adi. -us* 3 die Entbindung fördernd [*verba*]; ** Mutter.

puerperium, *ī n* (*puerpera*) Kindbett; Niederkunft.

puertia (*Ho.*) = *pueritia.*

puerulus, *ī m* (*dem. v. puer*) Bürschlein.

pūga, *ae f* (*gr. Fw.*) Steiß.

pugil, *ilis m* (*abl. -ī*; *cf. pūgnus*) Faustkämpfer.

pugil(l)ātōrius 3 (*pugil[l]ātor* „Faustkämpfer"; *pugil[l]ātus*) vom Faustkämpfer gebraucht; *follis* Punchingball.

pugil(l)ātus, *ūs m* (*pugil*) Faustkampf.

pugilicē *adv.* (*pugil*) nach Boxerart.

pugillāris, e (*pugillus* „eine Handvoll") faustgroß; *subst.* **-ēs,** *ium m u.* **-ia,** *ium n* Schreibtäfelchen.

pūgiō, *ōnis m* (*pungō*) Dolch; / *plumbeus* schwacher Beweis.

pūgiunculus, *ī m* (*dem. v. pūgiō*) kurzer Dolch, Stilett.

pūgna, *ae f* (*-ŭ-?*; *Rückbildung aus pūgnō*) **1.** Faustkampf, Schlägerei; **2. a**) Schlacht, Kampf(°spiel); °**b**) Schlachtfront; **3.** / **a**) Wortstreit; °**b**) listiger Streich; °**c**) Beischlaf.

pūgnācitās, *ātis f* (*-ŭ-?*; *pūgnāx*) Kampfbegier; / Streitlust.

pūgnāculum, *ī n* (*-ŭ-?*; *pūgnō*) Schanze, Bastei.

pūgnātor, *ōris m* (*-ŭ-?*; *pūgnō*) Kämpfer, Streiter.

pūgnātōrius 3 (*-ŭ-?*; *pūgnātor*) Fechter...

pūgnāx, *ācis* (*-ŭ-?*; *pūgnō*) kampflustig; / streitlustig, eigensinnig.

pūgneus 3 (*-ŭ-?*; *pūgnus*) Faust... [*mergae -ae* Faustschläge].

pūgnō 1 (*-ŭ-?*; *pūgnus*) **1.** kämpfen, streiten; / **2.** im Streite liegen [*cum Stoicis*]; widersprechen; **3.** streben nach [*id*; *ut, ne*].

pūgnus, *ī m* (*-ŭ-?*; *cf. pugil*) **1.** Faust °**2.** Faustkampf; °**3.** *eine* Hand voll [*aeris*].

pulcer (*altl.*) = *pulcher.*

pulchellus 3 (*dem. v. pulcher*) schön, hübsch.

pulcher, *chra, chrum* (*m. comp., sup., adv.*; *s.u.*; *et. ungedeutet*) **1.** stattlich; schön; **2.** / **a**) herrlich, vortrefflich; tapfer; **b**) glücklich; **3.** *adv.* **-ē a**) schön; **b**) ganz gut, wohl; °**c**) teuer [*vendo*]; °**d**) (*Ausruf*) schön! recht so!

pulchritūdō, *inis f* (*pulcher*) Schönheit; / Vortrefflichkeit.

pūlēium, *ī n* (*et. ungedeutet, volkset.*

an pūlex angeschlossen) Polei, Flohkraut (*wohlriechende Pflanze*); / Anmut. [*Grundform*) Floh.

pūlex, *icis m* (*keine einheitliche idg.*

pullārius, *ī m* (*pullus*[1]) Hühnerwärter.

pullātus 3 (*pullus*[1]) schwarz gekleidet; *subst.* **-ī,** *ōrum m* Leute in Arbeitskitteln, *das* niedere Volk.

pullēiāceus 3 (*pullus*[2]) schwarz.

pullulō 1 (*pullulus* „junger Trieb", *dem. v. pullus*[1]) keimen; / wuchern, wimmeln *von* [*colubris*].

pullus[1] (*vl. zu putus*[1]) °**1.** *adi.* 3 jung; **2.** *subst.* **~,** *ī m* **a)** Junges; Küchlein; / *Kosewort*; **b)** Brut; °**c)** junger Trieb.

pullus[2] (*cf. palleō*) **1.** *adi.* 3 dunkel (-farbig), schwärzlich; °unheilvoll; °**2.** *subst.* **-um,** *ī n* dunkle Farbe, dunkler Stoff.

pulmentārium, *ī n* (*pulmentum*) Zukost, Fleischspeise.

pulmentum, *ī n* (*pulpa*) Fleischspeise; Fleischportion. [flügel).

pulmō, *ōnis m* (*gr. Lw.*) Lunge(n-

pulmōneus 3 (*pulmō*) Lungen...

pulpa, *ae f* (*et. nicht klar*) Fleisch.

pulpāmentum, *ī n u.* °**pulpāmen,** *inis n* (*pulpa*) Zukost, Fleisch.

pulpitum, *ī n* (*et. ungedeutet*) Brettergerüst; Tribüne, Bühne; Lehrstuhl; Pult.

puls, *tis f* (*vl. gr. Lw.*) dicker Brei.

pulsātiō, *ōnis f* (*pulsō*) °**1.** *das* Schlagen, Stoßen; **2.** Schläge, Prügel.

pulsō 1 (*intens. v. pellō*) schlagen, stoßen, klopfen; sich vergreifen *an*; / erschüttern; bewegen, anregen.

pulsus, *ūs m* (*pellō*) *das* Stoßen, Schlagen, Schlag; [°*venarum*] Puls (-schlag); / Eindruck, Anregung.

pultātiō, *ōnis f* (*pultō*) *das* Klopfen.

pulti-phagus (**-fa-**), *ī m u.* **-gōnidēs,** *ae m* (*puls* + *gr.* phagein „essen") Breiesser (= *Römer*).

pultō 1 (*intens. v. pellō*; **pultus altes P.P.P.*) klopfen *an* [*ianuam*].

pulvereus 3 (*pulvis*) aus Staub, Staub...; staubig, stäubend.

pulverulentus 3 (*pulvis*) staubig; °/ mühsam erworben.

pulvīllus, *ī m* (*-ī-?*; *dem. v. pulvīnus*) kleines Polster, Kissen.

pulvīnar, *āris n* (*pulvīnus*) Götterpolster (*beim lectisternium*); Göttermahl; °/ Polstersitz; Tempel.

pulvīnārium, *ī n* (*pulvīnus*) Götterpolster; / Ankerplatz.

pulvīnus, *ī m* (*et. ungedeutet*) (Sitz-, Kopf-)Kissen; °/ Gartenbeet.

pulvis, *eris m, selten f* (*cf. pollen*) **1. a)** Staub; Glasstaub; °**b)** (Toten-) Asche; Sand; Töpferton, Erde; **2.** / **a)** Ring-, Renn-, Kampfplatz; Tummelplatz, Feld, Bahn; °**b)** Mühe, Anstrengung.

pulvisculus, *ī m* (*dem. v. pulvis*) Stäubchen; *cum -o* ganz u. gar.

pūmex, *icis m, vereinzelt f* (*cf. spūma*) Bimsstein (*zum Glätten der Buchrollen*); Lava; Geklüft.

pūmiceus 3 (*pūmex*) aus Bimsstein, Lava; aus Bimsstein hervorfließend; / trocken [*oculi*].

pūmicō 1 (*pūmex*) mit Bimsstein glätten; (*P.P.P.*) *adi.* **pūmicātus** 3 geschniegelt. [artig, porös.

pūmicōsus 3 (*pūmex*) bimsstein-

pūmiliō, *ōnis m f* (*pūmilus*) Zwerg(in).

pūmilus, *ī m* (*et. ungedeutet*) Zwerg.

pūnctim *adv.* (*-ŭ-?*; *pūnctus, P.P.P. v. pungō*) stichweise.

pūnctiuncula, *ae f* (*-ŭ-?*; *dem. v. pūnctiō* „Stich"; *pungō*) leiser Stich.

pūnctum, *ī n* (*-ŭ-?*; *pungō*) °**1.** Stich; / **2.** Punkt: **a)** °*Interpunktionszeichen u. mathematischer* Punkt; **b)** (*durch einen Punkt bezeichnete*) Wahlstimme; Stimme; **c)** Pünktchen; °**d)** Auge (*auf dem Würfel*); **3. a)** Augenblick; **b)** (*in der Rede*) kleiner Abschnitt.

pungō, *pupugī, pūnctum* 3 (*pūnctum?*; *cf. pūgiō*) stechen; / verletzen, kränken.

Pūnic... *s. Poenī.*

pūniō *u.* **-or** 4 (*poena*) **1.** strafen, bestrafen; **2.** Rache nehmen *an* [*inimicos*], rächen [*necem*].

pūnītiō, *ōnis f* (*pūniō*) Bestrafung.

pūnītor, *ōris m* (*pūniō*) °**1.** Bestrafer; **2.** Rächer.

pūpa, *ae f* (*pūpus*) Mädchen.

pūpilla, *ae f* (*dem. v. pūpa*) Waise(nmädchen), Mündel; °/ Pupille.

pūpillāris, e (*m. adv.*; *pūpillus, -a*) Waisen...; unmündig.

pūpillus, *ī m* (*dem. v. pūpus*) Waisenknabe, Mündel.

puppis, *is f* (*acc. -im, abl. meist -ī*; *et. ungeklärt*) **1.** Achterdeck; °Schiff; °**2.** / Rücken. [pille; °**2.** Auge.

pūpula, *ae f* (*dem. v. pūpa*) **1.** Pu-

pūpulus, *ī m* (*dem. v. pūpus*) Bübchen. [*auch als Kosewort.*]
pūpus, *ī m* (*Lallwort*) Bübchen;
pūrgāmen, *inis n* (*pūrgō*) **1.** Schmutz, Unrat; **2.** Sühnmittel.
pūrgāmentum, *ī n* (*pūrgō*) **1.** Unrat, Schmutz; Unkraut; **2.** / (*meist pl.*) Auswurf, Abschaum.
pūrgātiō, *ōnis f* (*pūrgō*) Reinigung; *das* Abführen; / Rechtfertigung.
****purgatorius** 3 reinigend; *subst.* **-um,** *i n* Fegefeuer.
pūrgitō 1 (*intens. v. pūrgō*) reinigen.
pūrgō 1 (*pūrus*) **1. a**) reinigen, säubern; *auch* /; **b**) (*med. t.t.*) abführen; °/ heilen; **2.** / °**a**) sühnen; **b**) rechtfertigen, entschuldigen; **c**) widerlegen [*crimen*]; °**d**) freisprechen *von* [*crimine*]; °**e**) wegschaffen.
pūrificātiō, *ōnis f* (*pūrificō*) Reinigung; ** [*Mariae* (*2. Febr.*)].
pūrificō 1 (*pūrificus* „reinigend"; *pūrus, faciō*) reinigen; entsühnen.
pūrigō (*altl.*) = *pūrgō*.
pūriter *s. pūrus.*
purpura, *ae f* (*gr. Lw.*) **1.** Purpur (-farbe); **2.** Purpurkleid, *bsd.* (*mit einem Purpurstreifen verbrämtes*) Amtskleid; °**3.** Purpurdecke.
purpurāscō, — — 3 (*purpura*) sich purpurn färben, dunkel werden.
purpurātus (*purpura*) °**1.** *adi.* 3 in Purpur gekleidet; **2.** *subst.* ~, *ī m* Höfling.
purpureus 3 (*gr. Lw.*) **1.** purpurn; dunkel; °**2.** in Purpur gekleidet; mit einer Purpurdecke geschmückt; °**3.** glänzend, strahlend, prächtig.
purpurissātus 3 (*purpurissum*) rot geschminkt. [farbe.]
purpurissum, *ī n* (*gr. Lw.*) Purpur-
pūrulentus 3 (*m. adv.*; *pūs*) eiterig; noch roh.
pūrus 3 (*m.* °*comp., sup., adv.* **-ē** *u.* °**-iter**; *cf. putus*[2]) **1.** rein, lauter, sauber; **2.** klar, hell, heiter, blank; **3.** (*relig. t.t.*) **a**) von der Trauer befreit; entsühnt; °**b**) unbetreten; unentweiht; °**c**) entsühnend; **4.** einfach, ohne fremde Zutat; **5.** sittlich rein, rechtschaffen; keusch; **6.** (*rhet. t.t.*) schmucklos, schlicht; **7.** (*jur. t.t.*) unbedingt, ohne Vorbehalt.
pūs, *pūris n* (*cf. nhd.* „faul") Eiter; Geifer.
pusillus 3 (*m.* °*comp.*; *wohl dem. v. pullus*[1]) **1.** klein, winzig; **2.** °**a**) schwach; gering; **c**) kleinlich.

pūsiō, *ōnis m* (*pūsus* „Knäblein"; *cf. puer*) Knäblein.
pustula *u.* **pussula,** *ae f* (*dem. v. pusta, pussa* „Blase"; *Schallwort*) Bläschen, Pustel; / Bläschen *auf dem geschmolzenen Silber,* reines Silber. [versehen; rein [*argentum*].]
pustulātus 3 (*pustula*) mit Bläschen
puta *adv.* (*gekürzter imp. v. putō* „setze in Rechnung") zum Beispiel, nämlich; *ut* ~ wie z. B.
putāmen, *inis n* (*putō*) Schale.
putātiō, *ōnis f* (*putō*) *das* Beschneiden. [det.]
putātor, *ōris m* einer, der beschnei-
puteal, *ālis n* (*puteālis*) (Brunnen-) Einfassung; / Blitzmal (*geweihter, vom Blitz getroffener, brunnenähnlich ummauerter Ort*).
puteālis, e (*puteus*) Brunnen...
puteārius, *ī m* (*puteus*) Brunnengräber. [riechen, stinken.]
pūteō, *uī,* — 2 (*cf. pūs*) faulig
Puteolī, *ōrum m St. in Kampanien, j.* Pozzuoli; *adi. u. Einw.* *-lānus* (3); *subst.* **-lānum,** *ī n Landgut Ciceros.*
puter *u.* °**-tris,** *tris, tre* (*cf. pūteō*) faul(ig), morsch; / verfallen; welk [*mammae*]; schmachtend.
pūtēscō, *tuī,* — 3 (*incoh. zu pūteō*) verfaulen.
puteus, *ī m* (*vl. zu putō*) °**1.** Grube; **2. a**) künstlicher Brunnen; °**b**) Zisterne; °**c**) Verlies.
pūtidiusculus 3 (*dem. zum comp. v. pūtidus*) etwas zudringlicher.
pūtidulus 3 (*dem. v. pūtidus*) widerlich.
pūtidus 3 (*m.* °*comp.,* °*sup., adv.*; *pūteō*) **1.** faul, modrig; **2.** / °**a**) welk; **b**) widerlich; zudringlich; **c**) geziert, überladen. [Knäblein.]
putillus, *ī m* (*dem. v. putus*[1])
pūtīscō = *pūtēscō.*
putō 1 (*cf. putus*[1], *puteus*) °**1. a**) (be)schneiden; **b**) reinigen, putzen; **2.** / **a**) ins Reine bringen, ordnen; **b**) schätzen, ansehen, halten *für* [*magni, pluris, pro nihilo; lunam sedem; in hostium numero*]; *P.* gelten *für*; **c**) überlegen, erwägen; **d**) meinen, glauben, denken; glauben *an* [*deos*]. [modriger Geruch.]
pūtor, *ōris m* (*pūteō*) Fäulnis;
putre-faciō, *fēcī, factum* 3 (*-ē-?*; *puter*) in Fäulnis bringen; morsch machen.
putrēscō, — — 3 (*incoh. zu altl.*

P

putreō 2 „faul sein"; *puter)* verfaulen, vermodern.
putridus 3 (*altl.* *putreō* 2 „faul sein"; *puter*) faul, morsch; °/ mürbe, locker.
putus¹, *ī m* (*cf.* *puer*) Knabe.
putus² 3 (*m. sup.*; *Rückbildung v.* *putō*) °**1.** lauter, unvermischt, rein; **2.** / glänzend.
pyctēs *u.* **-ta,** *ae m* (*gr. Fw.*) Faustkämpfer.
Pydna, *ae f St. in Makedonien* (*Schlacht 168*); *Einw.* **-naeī,** *ōrum m.*
pyelus, *ī f* (*gr. Fw.*) Badewanne.
pȳgargus, *ī m* (*gr. Fw.*) große Antilope.
Pygmaeus 3 *der* Pygmäen (*mythisches Zwergenvolk*; *eigtl.* „Fäustlinge"); zwergenhaft.
Pygmaliōn, *ōnis m* (*gr.* -lịōn) **1.** *sagenh. Künstler, der sich in eine v. ihm geschaffene weibliche Statue verliebte*; **2.** *Bruder Didos.*
Pyladēs, *ae u. is m* (*gr.* -lạdēs) *Freund des Orestes*; *adi.* *-dēus* 3.
pylae, *ārum f* (*gr. Fw.*) Pass, Engpass; °*bsd.* ♀ = *Thermopylae*; *adi.* *-lāicus* 3 bei Th. (*-ā-?*).
Pylos *u.* **-us,** *ī f St.* **1.** *in Messenien*; **2.** *in Elis, Burg Nestors*; *adi.* *-lius* 3 (*subst. m* Nestor).
pyra, *ae f* (*gr. Fw.*) Scheiterhaufen; [/ Grabmal.
pȳramis, *idis f* (*gr. Fw.*) Pyramide.
Pȳramus, *ī m* (*gr.* -os) *Geliebter der Thisbe.*
pyrethrum, *ī n* (*gr. Fw.*) Bertram (*Arzneipflanze*).
Pyriphlegethōn = *Phlegethōn.*
pyrōpus, *ī m* (*gr. Fw.*) Goldbronze (³/₄ *Kupfer,* ¹/₄ *Gold*).
Pyrr(h)a, *ae f Gemahlin des Deukalion.*
pyrr(h)icha, *ae f* (*gr. Fw.*) Waffentanz; *adi.* *-chius* 3 pyrrichisch; (*pes*) *Pyrr(h)ichius* (*Versfuß* ⏑⏑).
Pyrr(h)us, *ī m* (*gr.* -os) *König v. Epirus, Feind der Römer, um 280.*
Pȳthagorās, *ae m* (*gr.* -gọrās) *Philosoph aus Samos* (*um 550*); *adi.* *-ricus* 3; *-rēus* 3 pythagoreisch; *subst.* **-rēī,** *ōrum m* Pythagoreer.
pȳthaulēs, *ae m* (*gr. Fw.*) Flötenspieler.
Pȳthō, *ūs f* (*gr.* -thọ) *ältester Name für Delphi*; *adi.* *-thi(c)us* 3; *subst.* **Pȳthia,** *ōrum n die* Pythischen Spiele; **Pȳthia,** *ae f* (*gr.* -thịā) *Priesterin des Apollo in Delphi.*
Pȳthōn, *ōnis m der v. Apollo getötete große Drache in Delphi.*
pȳtisma, *atis n* (*gr. Fw.*) *der bei der Weinprobe* ausgespritzte Wein.
pȳtissō 1 (*gr. Fw.*) *bei der Weinprobe* Wein ausspritzen.
pyxis, *idis f* (*gr. Fw.*) Büchse.

Q

Q. (*Abk.*) **1.** = *Quīntus*; **2.** = *-que* [*S.P.Q.R.* = *senātus populusque Rōmānus*].
Q.(B.)F.F.S. = *quod (bonum) fēlīx faustumque sit.*
quā¹ *adv.* (*abl. sg. f v.* *quī*; *sc.* *viā*) **1.** (*interr.*) auf welchem Wege? wo? wie? auf welche Weise? **2.** (*rel.*) **a)** wo, da wo; wohin; **b)** wie, auf welche Weise; °**c)** insoweit, insofern; **d)** *qua ... qua* teils ... teils, sowohl ... als auch; °**3.** (*indef.*; *enklitisch*) irgendwie, etwa [*si qua*].
qua² *s. quis, quī².*
quā-cumque *u.* **-cunque** *adv.* (*sc. viā*) **1.** wo nur immer; überall wo; °**2.** wie nur immer; auf jede Weise.
quādam-tenus *adv.* (*quīdam*) bis zu einem gewissen Punkte; *in Tmesis.*
quadra, *ae f* (*quadrus*) Viereck, Quadrat; viereckiges Stückchen, Scheibe [*casei*]; Brotscheibe.
quadrāgēnārius 3 (*quadrāgēnī*) vierzigjährig.
quadrāgēnī 3 *num. distr.* (*gen. pl.* *-um*; *quadrāgintā*) je vierzig.
****quadragesimalis,** e vierzigtägig; zur Fastenzeit gehörig.
quadrāgē(n)simus 3 *num. ord.* (*quadrāgintā*) *der* Vierzigste; °*subst.* **-a,** *ae f der* Vierzigste (*als Abgabe*); ** *die* vierzigtägige Fastenzeit.
quadrāgiē(n)s *num. adv.* (*quadrāgintā*) vierzigmal.
quadrāgintā *num. card.* (*quattuor*) vierzig.
quadrāns, *antis m* (*gen. pl.* *-um*; *part. praes. v.* *quadrō*) *ein* Viertel: **1.** Viertelas (*Preis für ein Bad*); Heller; **2.** ¹/₄ eines *sextarius* = 3 *cyathi*; **3.** Viertelpfund.
quadrantal, *ālis n* (*quadrantālis* „den 4. Teil eines zwölfteiligen Ganzen enthaltend") *ein Hohlmaß* (*etwa 27 l*).

quadrantārius 3 (*quadrāns*) auf ein Viertel ermäßigt; ein Viertelas kostend; °*Clytaemnestra -a* Dreigroschenhure. [*circuli*].

****quadratura,** *ae f* Quadratur

quadrātus 3 (*P.P.P. v. quadrō*) **1.** viereckig; *agmen -um* Frontmarsch des schlagfertigen Heeres; °**2.** untersetzt [*corpus*]; °**3.** wohlgefügt; **4.** *subst.* **-um,** *ī n* Viereck; (*astr. t.t.*) Geviertschein.

quadri- *in Zusammensetzungen = quattuor; s. auch unter quadru-.*

quadrī-duum, *ī n* (*cf. bīduum*) Zeit von vier Tagen, vier Tage.

quadri-ennium, *ī n* (*cf. biennium*) Zeit von vier Jahren.

quadri-fāriam *adv.* (*cf. bifāriam*) in vier Teile.

quadri-fidus 3 (*findō*) in vier Teile gespalten.

quadrīga, *ae*; *kl. nur pl.* **-ae,** *ārum f* (*iugum*) Viergespann; vierspänniger Wagen. [Viergespann.

quadrīgālis, e (*quadrīga*) aus einem

quadrīgārius (*quadrīga*) °**1.** *adi.* 3 zum Viergespann gehörig; **2.** *subst.* **~,** *ī m* Rennfahrer.

quadrīgātus 3 (*quadrīga*) mit einem Viergespann *als Gepräge* [*nummus*].

quadrīgulae, *ārum f* (*dem. v. quadrīgae*) kleines Viergespann.

quadri-iugus 3 *u.* **-iugis,** e (*iugum*) vierspännig; *subst.* **-ī,** *ōrum m* Viergespann.

quadri-lībris, e (*lībra*) vierpfündig.

quadri-mēstris, e (*mēnsis*) viermonatig. [vierjährig.

quadrīmulus 3 (*dem. v. quadrīmus*)

quadrīmus 3 (*quattuor, hiems*) vierjährig.

quadringēnārius 3 (*quadringēnī*) aus je vierhundert Mann bestehend.

quadringēnī 3 *num. distr.* (*quadringentī*) je vierhundert.

quadringentēsimus 3 *num. ord.* (*quadringentī*) *der* Vierhundertste.

quadringentī 3 *num. card.* (*quattuor, centum*) vierhundert.

quadringentiē(n)s *num. adv.* (*quadringentī*) vierhundertmal.

quadri-partītus *u.* **-pertītus** 3 (*quattuor; part. pf. v. partior*) vierfach (geteilt).

quadri-rēmis, e (*rēmus*) mit vier Ruderbänken übereinander; *kl. nur subst.* **~,** *is f* Vierdecker.

quadri-vium, *ī n* (*via*) Kreuzweg; ** Studium der vier höheren Wissenschaften.

quadrō 1 (*quadrus*) **1.** (*trans.*) **a**) viereckig machen; **b**) / vollständig machen; rhythmisch abschließen [*orationem*]; **2.** (*intr.*) viereckig sein: °**a**) passen; **b**) sich schicken; zutreffen, stimmen.

quadru- *s. quadri-.*

quadru-pedāns, *antis* (*quadrupēs*) galoppierend; *subst. m f* Ross.

quadru-pēs, *pedis* vierfüßig; *kl. nur subst. m f* vierfüßiges Tier; Pferd.

quadruplātor, *ōris m* (*quadruplor*) **1.** *der* (*ein Viertel der Strafgelder od. des Vermögens erhaltende*) gewerbsmäßige Denunziant; °**2.** bestechlicher Richter.

quadru-plex, *icis* (*cf. duplex*) vierfach; vier; *subst. n das* Vierfache.

quadruplicō 1 (*quadruplex*) vervierfachen, vergrößern. [zieren

quadruplor 1 (*quadruplus*) denun-

quadruplus 3 (*cf. duplus*) vierfach; *kl. nur subst.* **-um,** *ī n das* Vierfache; vierfache Summe (*als Strafe*).

quadrupul... = *quadrupl...*

quadrus 3 (*quattuor*) viereckig; *subst.* **-um,** *ī n* Viereck; *kl. nur* / (*rhet. t.t.*) *die* gehörige Form; ** Quader-, Grundstein.

quaeritō 1 (*intens. v. quaerō*) **1.** eifrig suchen; **2.** sich zu verschaffen suchen; **3.** eifrig fragen; **4.** erwerben, verdienen.

quaerō, *sīvī, sītum* 3 (*et. ungedeutet*) suchen: **1. a**) (auf)suchen; vermissen; **b**) erfordern; **2. a**) sich zu verschaffen suchen; **b**) erwerben, verdienen; **c**) bewerkstelligen; **3. a**) zu erfahren suchen, fragen [(*ab*), *de*, *ex alqo*]; **b**) wissenschaftlich untersuchen; **c**) gerichtlich untersuchen, ein Verhör anstellen; (*auf der Folter*) befragen [*de servis in dominos* die Skl. über die H.]; **d**) verhandeln, sich beraten *über* [*tempus*], Untersuchung anstellen [*de summo bono*]; **4. a**) sinnen *auf*, trachten *nach* [°*fugam*]; **b**) sich bemühen, wünschen [*ut*; °*inf.*]. [Suchen; Untersuchung.

quaesītiō, *ōnis f* (*quaerō*) *das*

quaesītor, *ōris m* (*quaerō*) Untersuchungsrichter.

quaesītus 3 (*m. comp.*, *sup.*; *quaerō*) gesucht, geziert; ausgesucht, außerordentlich; *subst.* **-um,** *ī n* Frage; *pl.* gesammelte Schätze.

Q

quaes(s)ō, — — 3 (*def.*, *nur*: °*quaesō*, °*-it*, *quaesumus*, °*quaesere*, °*quaesitur*; < **quais(s)ō*; *quaerō*) °**1.** suchen, zu verschaffen suchen; **2.** (er)bitten; *meist eingeschoben quaesō* bitte; °**3.** fragen.

quaesticulus, *ī m* (*dem. v. quaestus*) kleiner Gewinn.

quaestiō, *ōnis f* (*quaerō*) °**1.** *das* Suchen; **2.** Frage, Untersuchung; **3.** (*jur. t.t.*) **a**) gerichtliche Untersuchung [*inter sicarios* wegen Meuchelmord]; **b**) Folterung; **c**) Untersuchungsprotokoll; **d**) Geständnis; **e**) Gerichtshof; *-es perpetuae* stehende Gerichtshöfe; **4. a**) wissenschaftliche Untersuchung; **b**) Stoff, Thema; ** Rechtsstreit; Streitfrage.

quaestiuncula, *ae f* (*dem. v. quaestiō*) wissenschaftliche Frage, Untersuchung.

quaestor, *ōris m* (*quaerō*) Quästor: **1.** (*in ältester Zeit*) Vorsitzender des Blutbannes, *d.h.* Untersuchungsrichter *peinlicher Verbrechen*; **2.** (*später*) Finanzbeamter, Schatzmeister; (*unterste Stufe der höheren Beamten*; *anfangs 2, später 4, 8, schließlich 20*) [*urbani*; *provinciales*]; °**3.** (*in d. Kaiserzeit*) Geheimschreiber; ** Ablasshändler.

quaestōrius 3 (*quaestor*) **1.** quästorisch, den Quästor betreffend; *des* Quästors; **2.** von quästorischen Rang [*legatus*]; *subst.* , *ī m* gewesener Quästor; **-um,** *ī n* °Zelt, Amtsgebäude des Quästors.

quaestuārius 3 (*quaestus*) ein Gewerbe treibend; *subst.* **-a,** *ae f* (gewerbsmäßige) Dirne.

quaestuōsus 3 (*m. comp.*, *sup.*, °*adv.*; *quaestus*) **1.** gewinnreich, einträglich; **2. a**) gewinnsüchtig; °**b**) reich.

quaestūra, *ae f* (*quaestor*) Quästur: **1.** Amt des Quästors; **2.** Kasse des Quästors; ** Lohn, Lehen.

quaestus, *ūs m* (*quaerō*) **1.** Gewinn; Vorteil, Erwerb; **2.** (Huren-)Gewerbe; ** Handel.

quā-libet *adv.* (*abl. sg. f v. quīlibet*) auf alle Weise; überall.

quālis, e (*m.* °*adv.*; *s. d.*; *Pronominalstamm* *quo-) **1.** (*interr.*) wie beschaffen? was für einer? **2.** (*rel.*) welcherlei, dergleichen, wie; *cf. tālis*; **3.** (*indef.*) irgendwie beschaffen.

quālis-cumque, *quāle-c...* (*m.* °*adv.*) **1.** (*rel.*) wie beschaffen nur immer; **2.** (*indef.*) jeder ohne Unterschied.

quālis-libet, *quāle-l...* von beliebiger Beschaffenheit.

quālis-nam, *quāle-n...* wie denn beschaffen?

quālitās, *ātis f* (*quālis*) Beschaffenheit. [so wie.]

quāliter *adv.* (*quālis*) gleichwie,

quā-lubet = *quālibet*.

quālus, *ī m u.* (*älter*) **-um,** *ī n* (*wohl* < **quas-slos*; *cf. quasillus*) geflochtenes (Woll-)Körbchen.

quam *adv.* (*acc. sg. f v. quī*; *sc. viam*) **1.** (*interr. u. ausrufend*) wie sehr, wie; ~ *non* wie wenig; **2.** (*rel.*) wie, als: **a**) *tam* ... ~ so (sehr) ... wie; *non tam* ... ~ nicht sowohl ... als vielmehr; **b**) (*nach comp. u. comp. Begriffen, z.B. mālo*) als; nachdem; *cf. postquam*, *priusquam*; **c**) (*m. sup.*) möglichst; *exercitus* ~ *maximus* ein möglichst großes Heer.

quam-diū **1.** *adv.* wie lange? **2.** *ci.* so lange als, während.

quam-dūdum = *quam dūdum*.

quam-libet *u.* **-lubet** *adv.* ganz nach Belieben; wenn auch noch so sehr.

quam-ob-rem *adv.* **1.** (*interr.*) warum? weshalb? **2.** (*rel.*) weswegen, weshalb; (*im rel. Anschluss*) und deshalb, deshalb. [bald.]

quam-prīmum *adv.* möglichst

quam-quam *ci.* (*verallgemeinernde Verdoppelung*) **1.** (*kl. m. ind.*) obgleich, wiewohl; obwohl; **2.** (*im Hauptsatz*) indessen, jedoch, freilich.

quam-vīs (*eigtl.* „wie sehr du willst") **1.** *adv.* wenn auch noch so sehr, wie sehr auch; beliebig [*multi*]; **2.** *ci.* (*meist m. coni.*) wenn auch noch so; (*m. Negation*) so wenig auch.

quā-nam *adv.* wo denn?

quandō (*u.* -*ŏ*?; *quam* + **dō* = *nhd.* „zu"; *cf. dōnec*) **1.** *adv.* **a**) (*interr.*) wann? **b**) (*indef.*; *enklitisch nach si, nisi, ne, num usw.*) je, jemals, (irgend)einmal [*ne quando*]; **2.** *ci.* **a**) (*temp.*) als, da; **b**) (*kausal*) weil ja, da ja doch.

quandō-cumque *u.* **-cunque** (*u.* -*ŏ*-?) **1.** (*rel.*) wann nur, sooft nur; **2.** (*indef.*) irgendeinmal.

quandō-que (*u.* -*ŏ*-) °**1.** *adv.* (*indef.*) irgendeinmal; **2.** *ci.* **a**) (*zeitl.*) wann

einmal; sooft nur; **b)** (*kausal*) weil ja, da nun einmal; **c)** = et *quandō*.
quandō-quidem (*u.* -*ō*-) *ci.* da nun einmal.
quanquam = *quamquam*.
quantillus 3 (*dem. v. quantulus*) (*interr. u. rel.*) wie klein, gering; *subst.* **-um,** *ī n* wie wenig [*argenti*].
quantitās, *ātis f* (*quantus*) Größe, Menge; Anzahl; Umfang [*vocis*].
quantopere *u.* **quantō opere** *adv.* wie sehr, in wie hohem Grade; *tantopere* ... ~ so sehr wie.
quantulus 3 (*dem. v. quantus*) wie klein, wie gering, wie wenig.
quantulus-cumque 3 wie klein, wie wenig auch immer; *auch i. Tmesis.*
quantum-vīs (*quantusvīs*) **1.** *adv.* (gar) sehr; **2.** *ci.* so sehr auch, obgleich, obwohl.
quantus 3 (< **quam-tos*) **1.** (*interr. u. ausrufend*) wie groß; wieviel; wie klein, wie gering; **2.** (*rel.*) so groß wie, so viel wie, so lange wie; *subst.* **-um,** *ī n* wieviel; (*gen. pretii*) **-ī** wie teuer, wie hoch; (*abl. mensurae*) **-ō** (um) wie viel, wie weit, wie sehr; *quanto* ... *tanto* je ... desto; (*acc.*) *adv.* **-um** soviel, soweit, inwieweit, inwiefern; irgendwie; ganz [°*incredibile quantum*].
quantus-cumque 3 wie groß, wie viel, wie wenig auch immer.
°**quantus-libet** 3 = *quantusvīs*.
quantus-quantus 3 (*Com.*) = *quantuscumque*.
quantus-vīs 3 noch so groß, beliebig groß, viel.
quā-propter *adv.* **1.** (*interr. u. rel.*; *auch i. Tmesis*) warum, weshalb; **2.** (*im rel. Anschluss*) (und) deshalb.
quāquā *adv.* (*abl. sg. f v. quisquis*) wo(hin) nur.
quāque (*abl. sg. f v. quisque*) wo nur; *s. ūsquequāque*.
quā-rē *adv.* (*abl. sg. v. quae rēs*) **1.** (*interr. u. rel.*) weswegen, weshalb; **2.** (*im rel. Anschluss*) (und) daher, (und) deshalb.
quārtadecumānī, *ōrum m* (*quārtus decimus*) Soldaten der 14. Legion.
quārtānus 3 (*quārtus*) viertägig (wiederkehrend) [*febris*]; *subst.* **-a,** *ae f* Wechselfieber; **-ī,** *ōrum m* (*Ta.*) Soldaten der 4. Legion.
quārtārius, *ī m* (*quārtus*) Viertelmaß, Quart (1/4 *des sextarius* = *0,137 l*).
quārtus 3 *num. ord.* (*quattuor*) der vierte; *subst.* ~, *ī m* (*sc. liber*) das 4. Buch; (*sc. lapis*; *Ta.*) *der* 4. Meilenstein; **-a,** *ae f* (*sc. hōra*; *Ho.*) *die* 4. Stunde; *adv.* **-um** u. (°*seltener*) **-ō** zum vierten Mal.
qua-si (*u.* -*sī*?; < **quāmsī*) **1.** (*altl.*) = *quam sī* (*nach comp.*) als wenn; **2.** *ci.* **a)** (*m. ind.*) gleichwie, wie; **b)** (*m. coni.*) wie wenn, als ob; °weil angeblich; **3.** *adv.* gewissermaßen, gleichsam; fast, beinahe.
quasillus, *ī m* (*nkl.*) *u.* **-um,** *ī n* (*dem. v. quālus*) Spinnkörbchen.
quassātiō, *ōnis f* (*quassō*) *das* Schütteln; Erschütterung.
quassō 1 (*intens. v. quatiō*; *cf. cassō*) °**1.** (*trans.*) **a)** schütteln, erschüttern; **b)** schleudern; **c)** zerschmettern; *kl. nur* / zerrütten; °**2.** (*intr.*) wackeln; klappern.
quassus¹, *abl. ū m* (*quatiō*) *das* Schütteln.
quassus² 3 (*quatiō*) **1.** zerbrochen, beschädigt; **2.** zitternd, schwach; **3.** zerrüttet.
quate-faciō, *fēcī,* — 3 (*quatiō*) erschüttern.
quā-tenus **1.** *adv.* **a)** (*fragend*) (bis) wieweit? wie lange?; **b)** (*rel.*) so weit (*als*); insofern; °**2.** *ci.* weil ja, da ja doch.
quater *num. adv.* (*quattuor*) viermal.
quaternī 3 *num. distr.* (*gen. pl.* -*um*; *quattuor*) je vier.
quatiō, —, *quassum* 3 (*nur in Komposita pf.* -*cussī*; *cf. nhd.* „schütteln") °**1.** schütteln, schwingen; °**2. a)** schlagen, stoßen, stampfen, erschüttern; **b)** zerschlagen, zerschmettern; **c)** beschädigen, zerrütten; **3.** jagen, treiben; **4.** / **a)** erschüttern, rühren; °**b)** plagen, heimsuchen.
quattuor *num. card.* (*cf. nhd.* „vier") vier.
quattuor-decim *num. card.* (*decem*) vierzehn; ~ (*ordines*) *die* ersten 14 Reihen *im Theater, die* Ritterbänke; *in* ~ *sedere* Ritter sein.
quattuorvirātus, *ūs m* (*quattuorvirī*) Amt der Viermänner.
quattuor-virī, *ōrum m* Viermännerausschuss.
-que *ci.* (*zum Pronominalstamm* *quo-; *urspr.* „wie"; *enklitisch*) **1. a)** und, auch; und zugleich, und dabei; °**b)** *-que* ... *-que* ... und auch; sowohl ... als auch; teils ... teils ...; **2.** und überhaupt; **3.** (und) schließlich, kurz; **4.** und somit, und so (denn), und demnach, und daher:

Q

5. (*erklärend*) und zwar, das heißt; 6. (*adversativ*) aber, (*nach Negationen*) sondern, (und) vielmehr; 7. (*bei Zahlen*) oder, bis.

queentia, *ae f* (*queēns, part. praes. v. queō*) *das* Können, Vermögen.

quem-ad-modum *adv.* (*auch getr.*) **1.** (*interr.*) wie? auf welche Weise? **2.** (*rel.*) wie, sowie; **3.** (*nkl.*) wie z.B.

queō, *īvī u. iī, itum, īre* (-*ītum*?; *impf. ind. quībam, coni. quīrem, fut. quībō; part. praes. quiēns u. queēns; ind. pf. quīstis, coni. plqpf. quīssent, inf. pf. quīsse; Rückbildung aus nequeō*) können, vermögen.

quercētum, *ī n* = *querquētum.*

querceus 3 (*quercus*) von Eichen, Eichen...

quercus, *ūs f* (*cf. nhd.* „Föhre") Eiche; °/ Eichenkranz; Eicheln.

querēla *u.* **-rella,** *ae f* (*queror*) **1.** Klage; °/ Klagelaut; **2.** Beschwerde; °**3.** Unpässlichkeit.

queribundus 3 (*queror*) klagend.

querimōnia, *ae f* (*queror*) Klage, Beschwerde. [heftig klagen.

queritor 1 (*intens. v. queror*)

querneus *u.* **-nus** 3 (*quercus*) von Eichen, Eichen...

queror, *questus sum* 3 (*von schallmalender Wurzel*) **1.** (be)klagen, jammern; Klagetöne hören lassen; **2.** sich beklagen, sich beschweren *über* [*iniurias, de iniuriis; a. c. i.*; *quod*].

querquētulānus 3 (*querquētum*) mit einem Eichenhain; *mons* ♀ *alter Name des Caelius.* [wald.

querquētum, *ī n* (*quercus*) Eichen-

querulus 3 (*queror*) **1.** klagend; kläglich; girrend; **2.** sich beklagend.

questiō, *ōnis f u.* **questus,** *ūs m* (*queror*) Klage, Wehklage.

quī¹, quae, quod (*altl.*: *gen. quōius, dat. quoi, abl. quī, dat. pl. queīs u. quīs; urspr. nur pron. interr.*) **1.** (*interr.*) (*meist adi.*) welcher? was für einer? welcherlei? wie beschaffen?; **2.** (*rel.*) (*subst. u. adi.*) **a)** der, die, das; welcher, welche, welches; wer, was; derjenige welcher; *nach n oft gen. part.* [*frumenti*]; *der rel. Attributsatz steht für gewöhnlich im ind., im coni. in der oratio obliqua u. bei besonderer Färbung*: (*cons.*) so dass [*socordia digna est, quae reprehendatur*]; (*final*) damit, um zu [*legatos misit, qui nuntiarent*]; (*kausal*) da, weil [*dux, qui nihil providisset, trepidare coepit*]; *quippe qui* da ja; *praesertim qui* zumal da; (*conc.*) obgleich [*cur tibi invideam, qui omnibus rebus abundem?*]; (*limitativ*) soweit (wenigstens) [*quod sciam*]; **b)** (*im rel. Anschluss*) = et is, *is autem, is enim u. Ä.*

quī², qua (*seltener* **quae**), **quod** *pron. indef.* (*nach si, nisi, ne, num usw.*) = *aliquī, a, od.*

quī³ 1. *altl. abl. v. quī¹* [*quicum selten auch* = *quibuscum*]; **2.** *adv.* (*erstarrter abl. v. quī¹*) **a)** (*interr.*) α) wie? warum? inwiefern? °β) wie teuer?; **b)** (*rel.*) wodurch, wovon; °**c)** (*indef.*) irgendwie; **d)** (*in Wunschformeln*) wenn doch.

quia *ci.* (*eigtl. acc. pl. n v. quis*) weil, da; (** seit; dass; *auch statt a.c.i.*);

°**quianam** warum? °**quiane** etwa [weil?.

quicquam *s. quisquam.*

quicquid *s. quisquis.*

quī-cum *s. quī¹,³.*

quī-cumque, quae-c..., quod-c... *pron. rel.* (*auch i. Tmesis; subst. u. adi.*) **1.** wer auch immer, jeder der; *n sg.* wie viel nur immer [*roboris*]; jeder mögliche; **2.** = *quāliscumque.*

quī-dam, quaedam, quiddam (*subst.*) *u.* **quoddam** (*adi.*) (*altl. dat. quoidam; Pron.-Stamm* *de-; *cf. dē*) **1.** *subst.* jemand, etwas; *pl.* einige, etliche; **2.** *adi.* **a)** ein gewisser, ein (*pl.* gewisse, einige, etliche); **b)** gewissermaßen ein, sozusagen ein, eine Art von [*Plato philosophorum quasi deus quidam esse putabatur*]; **c)** ganz, wahrhaft [*admirabilis quaedam virtus*]; ** ein (*unbestimmter Artikel*).

quidem *adv.* (*stets nachgestellt*; < *quid + em; cf. īdem, autem*) **1.** (*bekräftigend*) gewiss, sicher, gerade, eben, ja, zum Beispiel; *bsd. nach pron. oft unübersetzbar*; **2.** (*limitierend*) wenigstens, freilich; **3.** (*entgegenstellend*) allerdings, aber; **4.** (*conc.*) **quidem ... sed** zwar ... aber; **5.** (*erklärend*) **et ...** ~, *auch* **et** ~ **...** und zwar, nämlich; **6. nē ... quidem** *s. nē².*

quid-nī *adv.* (*m. coni.*) *s. nī.*

quiēs, *ētis f* (*cf. nhd.* „Weile") **1.** Ruhe(*platz*), Erholung; **2. a)** Schlaf; °**b)** / Nacht; Traumbild;

°**3.** *das* Schweigen, Stille; °**4. a)** Tod(esschlaf); **b)** Friede; **c)** Neutralität.

quiēscō, ēvī, ētum 3 (*incoh. zu quiēs*) **1.** (aus)ruhen; ruhig liegen, schlafen; **2.** verstummen, schweigen; **3.** / **a)** neutral bleiben; **b)** Privatmann sein; °**c)** zur Ruhe kommen, ungestört bleiben; °**d)** ruhen lassen, aufhören *mit* [*istam rem*]; °**e)** unbesorgt sein; ** sterben.

quiētus 3 (*m.* °*comp.*, *sup.*, *adv.*; *quiēscō*) **1.** ruhig; °schlafend; **2.** / °**a)** sich ruhig verhaltend, untätig; **b)** frei von Kampf *od.* Unruhen, friedlich; **c)** zurückgezogen, in Muße lebend; **d)** neutral; **e)** ungestört; °**f)** ruhig, gelassen; bedächtig; energielos.

quī-libet, quae-l..., quid-l... (*subst.*) *u.* **quod-l...** (*adi.*) jeder Beliebige, *der* erste Beste; *auch in Tmesis.*

quīn¹ (< *quī-ne*; *-ne³*; *Pl.*) = *isne*, (*quī?*)

quīn² (< **quī-ne* „warum nicht?") **1.** *adv.* **a)** wie nicht? warum nicht? wohlan denn! **b)** ja sogar, ja (vielmehr); (*meist quīn etiam*); **2.** *ci. m. coni.* (*urspr. zur Einleitung dubitativer Fragen*) **a)** *nach den verneinten Verben des Verhinderns, Widerstrebens, Unterlassens, Zweifelns u.Ä.*) dass; **b)** (*in Konsekutivsätzen nach negativem Hauptsatz*) = *quī nōn, quae nōn, quod nōn* = *ut non* dass nicht, ohne dass, ohne zu; **c)** *non quin* nicht als ob nicht.

quī-nam, quae-n..., quod-n... *pron. interr.* welcher denn?

quīna-vīcēnāria lēx (*auch getr.*; *quīnī vīcēnī*) „Fünfundzwanzigjährigengesetz" = *lēx Plaetōria* (*Gesetz, das Verträge mit Jugendlichen unter 25 Jahren verbot*).

Quīnctīlis = *Quīntīlis.*

Quīnctius 3 *röm. Gentilname*: **1.** *s. Cincinnātus*; **2.** *T.* ~ *Flāminīnus*, *Besieger Philipps V. 197*; *adi. -iānus* 3.

quīncūnx, *ūncis m* (*quīnque, ūncia*) fünf Unzen ($^5/_{12}$ *eines As, d.h. eines zwölfteiligen Ganzen*): °**1. a)** $^5/_{12}$ einer Erbschaft; **b)** (*Münze*) $^5/_{12}$ As; **c)** (*Hohlmaß*) $^5/_{12}$ des *sextārius* = 0,225 l = 5 Spitzgläser; **2. a)** *die* Fünf auf dem Würfel :·:; **b)** Kreuzstellung; *in quincuncem* in schrägen Reihen gepflanzt.

quīncupedal, *ālis n* (*quīnque, pedālis*) Messstange von 5 Fuß Länge.

quīndeciē(n)s *num. adv.* (*quīndecim*) fünfzehnmal.

quīn-decim *num. card.* (*quīnque, decem*) fünfzehn.

quīndecim-prīmī, *ōrum m* die 15 ersten Senatoren eines Munizipiums.

quīndecimvirālis, e (*quīndecimvirī*) die Fünfzehnmänner betreffend.

quīndecim-virī, *ōrum* (*selten sg. -vir*; °*auch getr.*) *m* (Priesterkollegium der) Fünfzehnmänner (*Aufsicht über die Sibyllinischen Bücher*).

quīngēnārius 3 (*quīngēnī*) aus je 500 Mann bestehend.

quīngēnī 3 *num. distr.* (*quīngentī*) je fünfhundert.

quīngentēsimus 3 *num. ord.* (*quīngentī*) *der* Fünfhundertste.

quīngentī 3 *num. card.* (*Abk.* D; *quīnque, centum*) fünfhundert; °/ *unbestimmt große Zahl.*

quīngentiē(n)s *num. adv.* (*quīngentī*) fünfhundertmal.

quīnī 3 *num. distr.* (*gen. pl. -um*; *quīnque*) je fünf; ~ *dēnī* je fünfzehn; (*dcht.*) fünf.

quīnquāgēnārius 3 (*quīnquāgēnī*) [fünfzigjährig.]

quīnquāgēnī 3 *num. distr.* (*quīnquāgintā*) je fünfzig; / (*dcht.*) fünfzig.

quīnquāgēsiē(n)s (*Pl.*) = *quīnquāgiē(n)s.*

quīnquāgēsimus 3 *num. ord.* (quīnquāgintā) *der* Fünfzigste; *subst.* **-a,** *ae f* Fünfzigstel (*als Abgabe*).

quīnquāgiē(n)s *num. adv.* (*quīnquāgintā*) fünfzigmal.

quīnquāgintā *num. card.* (*Abk.* L) [fünfzig.]

quīnquātrūs, *uum f u.* °**-tria,** *ium n* (*quīnque*) *die* Quinquatren: **1.** *māiōrēs das* (*am 5. Tag nach den Iden des März beginnende*) größere Minervafest *der artifices* (*d.h. der Handwerker, Ärzte, Lehrer*), *urspr. Marsfest vom 19. bis 23. März*; **2.** *minōrēs das* kleinere Minervafest *der tibicines* (*am 13. Juni*).

quīnque¹ *num. card. indecl.* (*cf. nhd.* „fünf") fünf; °/ ein paar.

quīnque² (*Pl.*) = et *quīn.*

quīnquennālis, e (*quīnquennis*) „fünfjährig": **1.** alle vier Jahre stattfindend; °**2.** fünf Jahre dauernd, sich auf fünf Jahre erstreckend.

quīnqu-ennis, e (*quīnque, annus*

„fünfjährig“: **1.** fünf Jahre alt; **2.** alle vier Jahre gefeiert [*Olympias*].
quīnquennium, *ī n* (*quīnque, annus*) Zeit von fünf Jahren.
quīnque-pedal, = *quīncupedal*.
quīnque-pertītus 3 (= *partītus, part. pf. v. partior*) fünffältig.
quīnque-prīmī, *ōrum m die* fünf ersten Senatoren (*eines Munizipiums*).
quīnque-rēmis, e (*rēmus*) mit fünf Ruderbänken übereinander [*navis*]; *kl. nur subst.* **~,** *is f* Fünfdecker.
quīnquevirātus, *ūs m* (*quīnquevirī*) Fünfmänneramt.
quīnque-virī, *ōrum m* (*selten sg. -vir*) Fünfmänner (*fünfköpfiges Kollegium*) [*agro dividendo*].
quīnquiē(n)s *num. adv.* (*quīnque*) fünfmal.
quīnqui-plex, *plicis* (*cf. duplex*) fünffältig; *cēra* Schreibtafel *mit* 5 Wachsplatten.
quīnquiplicō 1 (*quīnquiplex*) verfünffachen.
quīntadecimānī, *ōrum m* (*u. -decu-*; *-tā-?*; *quīntus decimus*) Soldaten der fünfzehnten Legion.
quīntāna, *ae f* (*sc. via*; *quīntus*) Querweg *im röm. Lager zw. den fünften u. sechsten Manipeln.*
quīntānī, *ōrum m* (*quīntus*) Soldaten der fünften Legion.
Quīntiliānus, *ī m röm. cogn.*: *M. Fabius* ~, *Rhetor in Rom unter Domitian* (*Vfssr. v. De institutione oratoria*).
Quīntīlis, e (*quīntus*) zum Juli gehörend; *subst.* **~,** *is m* (*sc. mēnsis*; *5. Monat, ab März gerechnet*; *später Cäsar zu Ehren Iūlius genannt*) Juli.
quīntus 3 *num. ord.* (*quīnque*) *der* Fünfte; ♀ *röm. Vorname*; °*adv.* (*zeitl.*) **-um,** (*der Reihenfolge nach*) **-ō** zum fünften Mal.
quīpiam *adv.* (*quispiam*) auf irgendeine Weise.
quippe *adv.* (⟨ **quid-pe*; *cf. nem-pe*) freilich, natürlich, allerdings, ja; **quippe quī** (*kl. m. coni.*) da er ja.
quippiam *s. quispiam.*
quippinī *adv.* (*quippe, nī*) warum denn nicht? selbstverständlich.
Quirīnālis, e (*Quirīnus*) Quirinus eigen, geweiht [*collis*; *j.* Monte Cavallo].
Quirīnus, *ī m* (*Quirīs*) *verschollener röm. Gott*; *später der zum Gott erhobene Romulus m. Kultstätte auf dem Quirinal*; *der 293 dort erbaute Tempel im Jahre 16 von Augustus restauriert*; °*adi.* ~ 3 [*collis* = *Quirīnālis*]; *subst.* **-a,** *ae f röm. Tribus.*
Quirīs, *ītis, meist pl.* **Quirītēs,** *um m* (*wohl sabinisches Wort*; *cf. Curēs, cūria*) Quirit: °**1.** Bewohner der *sabinischen St.* Curēs; **2. a)** röm. Vollbürger; **b)** Zivilist, Spießbürger; °**c)** Arbeitsbiene.
quirītātiō, *ōnis f u.* **-tātus,** *ūs m* (*quirītō*) Angstgeschrei; Hilferuf.
quirītō 1 (*wohl zu Quirītēs*; *eigtl.* „‚Quiriten!‘ rufen“) um Hilfe rufen; laut schreien.
quis, quid (*cf. nhd.* „wer“) *subst.*, *sehr selten adi. pron.* **1.** (*interr.*) wer? was? was für einer?; °*quid hoc rei est?* was geht hier vor?; *quid argenti?* wieviel Geld?; *adi.* welcher? was für ein?; *adv.* **quid** was? wozu? wie?; *quid ita?* wieso?; *quid vero?* ferner, ja noch mehr!; *quid? quod* was soll man gar dazu sagen; dass? je sogar, noch mehr; *quid ergo? quid igitur?* was also? wie also?; **2. quis, qua** *u.* **quae, quid** (*indef.*; *nach si, nisi, ne, num usw.*) irgendwer, -einer, -jemand, -etwas [*dixerit quis*].
quisnam, quidnam *pron.* **1.** (*interr.*; *auch i. Tmesis*) wer denn?, was denn?; °**2.** (*indef. nach num*) jemand, etwas.
quis-piam, quaepiam, quidpiam *u.* **quippiam** (*subst.*) *u.* **quodpiam** (*adi.*) *pron. indef.* (⟨ **quis-pe-iam*) (irgend-) jemand, irgendein(er), irgendetwas; *adv.* **quidpiam** etwas, irgendwie.
quis-quam, (*quae-quam*), **quidquam** *u.* **quic-quam** *pron. indef.* (*eigtl.* „jemand irgendwie“) (irgend-) jemand, irgendeiner, überhaupt einer, etwas (*meist subst. in negativen Sätzen*).
quis-que, quae-que, quid-que (*subst.*) *u.* **quod-que** (*adi.*) (*wohl quis* „jemand“ + *que* „wie, auch“) **1.** *pron. indef.* jeder (für sich), jeder Einzelne; **a)** (*nach num. ord.*) *decimus quisque* allemal *der* Zehnte; *quinto quoque anno* alle vier Jahre; *primus quisque* einer nach dem anderen; **b)** (*nach sup.*) *optimus quisque* gerade die Besten = alle Guten; **c)** (*nach pron. rel. u. interr.*)

[*quam quisque norit artem, in hac se exerceat*]; **d**) (*nach pron. refl.*) *pro se quisque* jeder für sich; **e**) (*in Vergleichssätzen*) *ut quisque* (*m. sup.*) ... *ita* (*m. sup.*) je (*m. comp.*) ... desto (*m. comp.*) [*ut quisque optimus est, ita maxime gloriā ducitur*]; **2.** (*dcht.*) *pron. rel.* = *quisquis od. quīcumque.*

quisquiliae, *ārum f* (*mittelbar aus dem Gr. stammend*) Auswurf, Gelichter.

quisquis, quidquid *od.* **quicquid** (*meist subst.*) *u.* **quodquod** (*adi.*) *pron. rel.* **1.** (*subst.*) **a**) wer (*od.* was) nur immer, jeder der, (alles was); jeder Beliebige, der erste Beste; **b**) jeder Einzelne; **2.** *adi.* wie auch immer beschaffen; °**3.** *adv.* **quidquid** je weiter, je mehr.

quī-vīs, quae-vīs, quid-vīs (*subst.*) *u.* **quod-vīs** (*adi.*) *pron. indef.* jeder Beliebige, jeder Mögliche; *n* alles Mögliche; *quidvis perpeti* selbst das Schlimmste erdulden.

quīvīscumque, quaevīsc..., quodvīsc... *pron. rel.* wer, was es auch sei; jeder, e, es.

quō[1] (*abl. des rel. quod*) **I.** *adv.* **1. a**) wodurch, woher, weswegen; **b**) (*im rel. Anschluss*) (und) dadurch, daher, deshalb; **2.** (*abl.mens. m. comp.*) um was, (um) wie viel; **quō... eō** (*od.* **hōc**) je ... desto; **II.** *ci. m. coni.* **1. quō** = *ut eō* damit dadurch; (*m. comp.*) damit desto; **b**) **nōn quō** nicht als ob, nicht als wenn.

quō[2] *adv. loci* (*abl. v. quid, quod*) **1.** (*interr.*) wohin?, (*selten*) wo? bis zu welchem Grade? wie weit? [°*amentiae*]; wozu? zu welchem Zwecke? [*mihi bibliothecam?*]; **2.** (*rel.*) **a**) wohin; **b**) (*im rel. Anschluss*) (und) dorthin; **3.** (*indef.*) irgendwohin; °irgendwie.

quo-ad (*im Vers einsilbig; eigtl.* „bis wozu") **1.** *adv.* **a**) so weit wie, so weit (als); **b**) inwiefern; °**c**) wie lange?; **2.** *ci.* (*meist m. ind.*) **a**) so lange (als); **b**) (so lange) bis, bis dass; ** *prp. b. acc.* hinsichtlich.

quō-circā *adv.* daher; °*auch i. Tmesis.*

quō-cumque *adv.* wohin nur immer; *auch i. Tmesis.*

quod[1] *s. quī*[1],[2].

quod[2] (*urspr. nom. od. acc. sg. n v. quī*[1]) **1.** *adv.* **a**) in Beziehung worauf, inwieweit; °**b**) weshalb, warum; *kl. nur*: est, *quod* (*m. coni.*) es ist Grund vorhanden, dass; *non habeo, quod* ich habe keinen Grund zu ...; **c**) (*im rel. Anschluss*) (und) deshalb, (und) darum; *oft in Verbindung m. ci.*: *quod si* wenn also, wenn nun, wenn vollends, *quod nisi, quod cum u.Ä.*; **2.** *ci.* **a**) weil (*bei objektivem Grund m. ind., bei subjektivem m. coni.*); *non quod* (*stets m. coni.*) nicht als ob; **b**) (darüber) dass (*bsd. bei Verben des Affektes u. des Lobens u. Tadelns*); **c**) die Tatsache dass; der Umstand dass; was das anbetrifft, dass; wenn; **d**) (*nach bene* [*male u. Ä.*] *accidit* [*fit u. Ä.*] dass, weil; ** *statt a.c.i. und statt ut* [*auribus percipite, quod avari pereant*].

quōdam-modo *adv.* gewissermaßen, einigermaßen; *auch i. Tmesis.*

quodsī *s. quod*[2] 1c.

quoi (*altl.*) = *cui.*

quōiās, quōiātis (*altl.*) = *cūiās, cūiātis.*

quōius 3 (*altl.*) = *cūius* 3.

quoivīs (*altl.*) = *cuivīs.*

quō-libet *adv.* wohin nur immer, überallhin.

quom (*altl.*) = *cum*[2].

quō-minus *ci. m. coni.* (*eigtl.* „wodurch *od.* dass um so weniger") **1.** (*nach per me stat od. fit* ich bin schuld daran) dass nicht; **2.** (*nach den Verben des Hinderns, Verweigerns, Abhaltens, Abschreckens u. Ä.* = *nē*) dass *od. inf. m.* „zu".

quō-modo *adv.* (°*auch i. Tmesis*) **1.** (interr.) wie? auf welche Weise? **2.** (*rel.*) wie, sowie; ** *ci.* dass.

quōmodo-cumque *adv.* **1.** wie nur immer; °**2.** auf irgendeine Weise.

quō-modo-nam *adv.* wie denn?

quō-nam *adv.* wohin denn?

quondam *adv.* (< *quom* [*altl.*] = *cum*[2] + *-dam*; *cf. quīdam*) **1.** einst (-mals), ehemals; **2.** zuweilen, manchmal; °**3.** dereinst.

quoniam *ci.* (*quom* [*altl.*] = *cum*[2]) °**1.** (*zeitl.*) als nun, nachdem; **2.** (*in Übergängen*) nachdem (so); **3.** (*kausal*) weil ja, da ja; ** *auch statt a.c.i.*

quōpiam *adv.* (*quispiam*) irgendwohin.

quōquam *adv.* (*quisquam*) irgendwohin.

quoque[1] *adv.* (*enklitisch; wohl eigtl.* „an jedem Ort, jedenfalls") auch; °*nē ... quoque* nicht einmal.

quōque[2] = et *quō.*

quōque-versus *adv.* (*quōque*[3] =

Q

wohin auch immer) = *quōquōversus.* [immer.

quōquō *adv.* (*quisquis*) wohin nur

quōquō-versus *u.* **-versum** *adv.* (*altl. -vorsus, -vorsum; vertō*) nach allen Seiten hin.

quōr (*altl.*) = *cūr.*

quōrsum *u.* **-us** *adv.* (< **quō-vorsus, -um; vertō*) **1.** wohin? **2.** wozu? zu welchem Zweck?

quot (*indecl.; adi.*) (< **quoti; cf. tot*) **1.** (*interr.*) wie viele? **2.** (*rel.*) wie viele; *tit ... quot* so viele ... wie.

quot-annīs *adv.* (*auch getr.;* < *quot annīs*) (all)jährlich.

quot-cumque wie viele nur immer, alle welche. [viele jedesmal.

quotēnī 3 (*quot; cf. centēnī*) wie

quotiē(n)s *adv.* (*quot*) **1.** (*interr.*) wie oft? **2.** (*rel.*) wie oft; *totiēns ... quotiēns* so oft wie.

quotiē(n)s-cumque *adv.* so oft nur immer.

quot-kalendīs *adv.* (*cf. quotannīs*) an jedem Monatsersten.

quot-quot (*indecl.*) wie viele nur immer.

quot(t)īdiānus, quot(t)īdiē *s. cot(t)īd...*

quotumus 3 (*quotus*) der Wievielte?

quotus 3 (*quot*) der Wievielte?;

quotus-quisque 3 (*sg.!; auch i. Tmesis*) wie wenige!

quotus-cumque, *quota-c..., quotum-c... der* Wievielte auch immer, wenn auch nur der Geringste.

quo-ūsque *adv.* (*-ŭ-?; auch i. Tmesis*) °**1.** wie weit?; / inwiefern? **2.** bis wann? wie lange?

quō-vīs *adv.* überallhin.

qūr (*altl.*) = *cūr.*

quum *s. cum*².

R

R. (*Abk.*) **1.** = *Rōmānus;* **2.** = *Rūfus;* **R.P.** = *rēs pūblica.*

rabidus 3 (*kl. nur adv.; rabiēs*) wütend, toll; / ungestüm; begeistert.

rabiēs, *ēī f* (*gen. im Vers auch -ēs; et. nicht klar*) °**1.** Tollwut, Wahnsinn; **2.** / Wut, Wildheit, Raserei; Kampfwut; °Begeisterung. [wüten.

rabiō, — — 3 (*rabiēs*) toll sein,

rabiōsulus 3 (*dem. v. rabiōsus*) halbtoll. [wütend, toll; *auch* /.

rabiōsus 3 (*m. adv.; rabiēs*)

rabō, *ōnis m verstümmelt aus arrabō.*

rabula, *ae m* (*etr. Fw.*) Zungendrescher, Rabulist.

R

racēmi-fer, *era, erum* (*racēmus, ferō*) Beeren tragend; mit Trauben bekränzt.

racēmus, *ī m* (*wohl voridg. Mittelmeerwort*) Weinbeere, -traube; Traubensaft.

radiātus 3 (*radius*) strahlend; °*corona -a* Strahlenkrone.

rādīcēscō, — — 3 (*incoh. zu rādīx*) Wurzel schlagen.

rādīcitus *adv.* (*rādīx*) mit der Wurzel; *kl. nur* / von Grund aus.

rādīcula, *ae f* (*dem. v. rādīx*) Würzelchen.

radiō *u.* **-or** 1 (*radius*) strahlen; (*part. praes.*) *adi.* **radiāns,** *antis* strahlend; *subst. m* Sonne.

radiōsus 3 (*radius*) strahlend.

radius, *ī m* (*et. ungeklärt*) **1.** °**a**) Stab; °**b**) Radspeiche; **c**) Zeichenstift (*der Mathematiker*); °**d**) Weberschiffchen; **2.** / °**a**) längliche Olive; **b**) Sonnen-, Lichtstrahl; **c**) Halbmesser, Radius.

rādīx, *īcis f* (*cf. nhd.* „Wurzel") **1. a**) Wurzel; °**b**) Rettich; Radieschen; **2.** / (*meist pl.*) **a**) Fuß *eines Berges;* **b**) Ursprung, Quelle; **c**) fester Grund.

rādō, *sī, sum* 3 (*cf. rōdō; nhd.* „Ratte"; *kl. nur 2a*) **1. a**) kratzen, schaben; glätten; **b**) feilen; **2. a**) abschaben, scheren, rasieren; **b**) (*scherzh. v. einer Dirne*) bis aufs Hemd ausziehen; **c**) (zer)kratzen, verletzen; **3.** auskratzen, -streichen, -radieren; **4.** vorbeisegeln *an* [*litora*]; berühren, bespülen.

raeda, -dārius = *rēd...*

Raetī, *ōrum m kelt. Völker zw. Inn u. Rhein; ihr Land seit Drusus röm. Provinz* **-tia,** *ae f; adi.* **-t(ic)us** 3.

rāllus 3 (*rādō*) glatt geschoren, dünn.

rāmālia, *ium n* (*rāmus*) Reisig.

rāmentum, *ī n u.* (*altl.*) **-a,** *ae f* (*rādō*) Splitter, Stückchen.

rāmeus 3 (*rāmus*) von Zweigen.

rāmicēs *od.* **-mitēs,** *um m* (*rāmus*) Lunge(ngefäße).

Ramnē(nsē)s, *ium m* (*etr.; cf.*

Lūcerēs) °**1.** *die Angehörigen einer der drei ältesten patrizischen Tribus in Rom*; **2.** *die Angehörigen der gleichnamigen Ritterzenturie*; **3.** / *celsi* ~ vornehme junge Herren.
rāmōsus 3 (*m. comp., sup.*; *rāmus*) (viel)ästig, verzweigt. [Zweiglein.]
rāmulus, ī *m* (*dem. v. rāmus*)
rāmus, ī *m* (*rādīx*) **1. a**) Ast, Zweig; °**b**) Keule *des Herkules*; °**2.** *pl.* Baum, Baumfrüchte; °**3.** Flussarm; ** Kreuzesbalken.
rāna, *ae f* (*et. unklar*) Frosch, °Kröte; *marina* Seeteufel (*ein Fisch*).
rancēns, entis (*et. ungedeutet*) stinkend.
rancidulus 3 (*dem. v. rancidus*) etw. ranzig; / ekelhaft *zu hören*.
rancidus 3 (*m. comp., adv.*; *cf. rancēns*) ranzig; / ekelhaft.
rānunculus, ī *m* (*dem. v. rāna*) Fröschlein.
rapācidēs, *ae m* (*rapiō*) Räuber.
rapācitās, *ātis f* (*rapāx*) Raubsucht.
rapāx, *ācis* (*m. comp.,* °*sup.*; *rapiō*) °**1.** reißend, unaufhaltsam; *Rapācēs Beiname der Soldaten der 21. Legion*; **2. a**) aneignungsfähig; **b**) räuberisch, raubgierig; *subst. m* Räuber.
raphanus, ī *m* (*gr. Fw.*) Rettich.
rapiditās, *ātis f* (*rapidus*) reißende Schnelligkeit.
rapidus 3 (*m. comp., sup., adv.*; *rapiō*) **1.** °**a**) raubgierig; **b**) verzehrend; **2. a**) reißend (schnell), ungestüm; °**b**) übereilt.
rapīna, *ae, meist pl.* **-ae,** *ārum f* (*rapiō*) **1.** (*abstr.*) Raub, Räuberei; °**2.** / (*concr.*) Fang, Beute.
rapiō, *puī, ptum* 3 (*altl. fut. ex. rapsit*) **1. a**) an sich raffen, reißen; **b**) (*als Beute*) entführen, rauben, erbeuten; verführen [°*virgines*]; °**c**) plündern, verwüsten; **d**) / rasch fassen; an sich reißen [°*dominationem*]; **2. a**) fort-, entreißen, verschleppen; °**b**) aus-, abreißen [*aures*]; rauben [*oscula*]; **c**) vor Gericht, ins Gefängnis schleppen; **d**) verleiten, drängen *zu* [*ad scelus*]; °**e**) (*v. Krankheit u. Tod*) hinraffen; **3.** rasch holen, hinschaffen lassen; *mediopass. u.* se *-ere* forteilen, rennen, stürzen; °**4.** rasch ausführen, vollziehen, beschleunigen [*nuptias*]; im Fluge erobern, genießen [*Venerem*]; (*P.P.P.*) °*subst.* **raptum,** ī *n* Raub, Beute.

rapsō 1 (*nkl.*) = *raptō*.
raptim *adv.* (*raptus, P.P.P. v. rapiō*) hastig, eilends.
raptiō, *ōnis f* (*rapiō*) Entführung.
raptō 1 (*intens. v. rapiō*) **1.** fortreißen, -schleppen, -zerren; °**2.** rauben, plündern; °**3.** / anklagen.
raptor, *ōris m* (*rapiō*) Räuber, Entführer; Verführer.
raptus, *ūs m* (*rapiō*) °**1.** Zerreißung, Riss; **2.** Raub, Entführung; °**3.** (*meist pl.*) Räuberei, Plünderung.
rāpulum, ī *n* (*dem. v. rāpum*) Rübchen, kleiner Rettich.
rāpum, ī *n* (*wohl Wanderwort unbekannter Herkunft, cf. nhd.* „Rübe") Rübe; Wurzelknollen.
rārēfaciō, *fēcī, factum* 3; P. *-fīō, factus sum, fierī u. fīerī* (*u. -rē-?*; *rārus*) verdünnen, locker machen; P. locker werden; *auch i. Tmesis.*
rārēscō, — — 3 (*incoh. zu rārus*) locker, dünn, / selten werden.
rāritās, *ātis f* (*rārus*) Lockerheit; Weitläufigkeit, Weite; / Seltenheit, geringe Zahl.
rārus 3 (*m.* °*comp., sup., adv.* **-ō,** *selten* **-ē**; *eigtl.* „getrennt; locker"; *cf. rēte*) °**1. a**) locker, dünn, undicht; **b**) weitmaschig; **2.** dünnstehend, einzeln, vereinzelt, zerstreut; **3.** selten, spärlich, wenig; °**4.** vorzüglich, außerordentlich.
rāsilis, e (*rādō*) geglättet, glatt.
rāsitō 1 (*intens. v. rādō*) scheren, [rasieren.]
****rasor,** *oris m* Barbier.
****rasorium,** *i n* Rasiermesser.
rāstellus, ī *m* (*dem. v. rāster*) kleine Hacke. [Hacke, Karst.]
rāster, *trī m u.* **-trum,** *trī n* (*rādō*)
ratiō, *ōnis f* (*reor*) *das* Rechnen: **1. a**) Rechnung, Berechnung; ~ *constat* die Rechnung stimmt; *-em inire, habere* Rechnung anstellen, *conficere, (com)putare die* R. ins Reine bringen; *in -em inducere* verrechnen; **b**) Rechenschaft; *-em reddere, referre* Rechenschaft ablegen, *repetere* fordern; **c**) Verzeichnis, Liste, Register; **d**) Geldgeschäft; Geschäft, Angelegenheit, Sache; **e**) Verbindung, Beziehung, Verkehr; *-em habere* in Verbindung stehen, zu tun haben *mit* [*cum*]; **f**) Verhältnis; *pro -e* im Verhältnis zu [*annonae*]; **g**) Kategorie, Gebiet, Fach, Bereich; **2. a**) Erwägung, Berücksichtigung, Rücksicht [*om-*

R

nibus -ibus satisfacere]; *-em habere, ducere* Rücksicht nehmen *auf* [*dignitatis*], berücksichtigen; **b**) Vorteil, Interesse [*-ibus consulere*]; **3. a**) (vernünftiges) Denken, Überlegung, Vernunft; -e vernünftig; **b**) Methode, planmäßiges Verfahren; *belli gerendi* Methode der Kriegführung, *vitae -es* Lebensplan; -e methodisch; **c**) Vorschlag, Absicht; **d**) Denk-, Anschauungsweise, Standpunkt; **e**) vernünftiger Grund, Beweggrund [*facti alqam -em afferre*]; **f**) Beweisgrund; Begründung, Beweisführung; **4. a**) wissenschaftliches System; **b**) philosophisches System; **c**) Theorie, theoretische Kenntnis, wissenschaftliche Lehre, Schule; **d**) Lehr-, Grundsatz; **e**) Regel, Ansicht, Meinung; **f**) Verfahren, Verhalten, Art und Weise; *omni* -e auf jede Weise; **g**) Beschaffenheit, Einrichtung, Zustand, Lage; **h**) Weg, Mittel, Maßregel, Möglichkeit.

ratiōcinātiō, *ōnis f* (*ratiōcinor*) **1.** vernünftige Überlegung; 2. Schlussfolgerung, Syllogismus.

ratiōcinātīvus 3 (*ratiōcinor*) zur Schlussfolge gehörig, syllogistisch.

ratiōcinātor, *ōris m* (*ratiōcinor*) Rechnungsführer; / Berechner.

ratiōcinor 1 (*ratiō*) **1.** (be)rechnen; °**2.** überlegen; **3.** folgern, schließen.

ratiōnābilis, e (*ratiō*) vernünftig.

ratiōnālis, e (*m. adv.*; *ratiō*) **1.** Vernunft...; **2.** vernünftig; **3.** syllogistisch.

ratiōnārium, *ī n* (*ratiō*) übersichtliches Verzeichnis; *imperii* Staatshaushaltsbuch.

ratis, *is f* (*cf. nhd.* „Rute") Floß; [Schiff(sbrücke).]

ratiuncula, *ae f* (*dem. v. ratiō*) °**1.** kleine Rechnung; **2.** / schwacher Grund; spitzfindiger Schluss.

ratus 3 (*reor*) **1. a**) berechnet; rechnerisch bestimmt; *pro rata* (*parte*) verhältnismäßig; **b**) fest stehend, sicher; **2.** gültig, rechtskräftig.

rauci-sonus 3 (*raucus*) dumpftönend.

raucus 3 (*ravus* „heiser") **1.** heiser, °**2.** / schrill; dumpf, rau, brausend, tösend, dröhnend.

raudus *u.* **rūdus,** *eris n* (*et. unklar*; *vl. Vermischung m. rūdus*²) ungeformtes Erzstück; kleiner Geldbetrag.

rauduscuIum, *ī n* (*dem. v. raudus*) kleiner Geldbetrag, kleine Schuld.

Ravenna, *ae f St. südl. der Pomündung*; *adi. -ās, ātis f.*

rāviō, — — 4 (*-ă-?*; *ravis*) sich heiser reden.

ravis, *is f* (*-ā-?*; *ravus* „heiser") Heiserkeit.

rāvistellus, *ī m* (*auch grāvāstellus*; *rāvus*) Graukopf.

rāvus 3 (*cf. nhd.* „grau") graugelb, [fahl.]

re- *u.* (*vor Vokalen*) **red-** (*Präfix*; *et. unklar*) **1.** zurück- [*reduco*]; **2.** entgegen-, wider- [*reluctor*]; **3.** / **a**) wiederum [*rebello*]; **b**) in den gehörigen Zustand [*redigo*].

rea¹, *ae f s. reus.*

Rēa² **Silvia,** *ae f Tochter Numitors, Mutter v. Romulus u. Remus.*

reāpse *adv.* (< **rē eāpse = rē ipsā*) in der Tat, wirklich.

reātus, *ūs m* (*reus*) Anklagezustand.

rebellātiō, *ōnis f* (*nkl.*) = *rebelliō.*

rebellātrīx, *īcis* = *rebellis.*

rebelliō, *ōnis f* (*rebellō*) Aufstand, Empörung.

rebellis, e (*Rückbildung v. rebellō*) aufständisch, abtrünnig; widerspenstig; *subst.* **-ēs,** *ium m die* Aufständischen.

re-bellō 1 den Kampf (Krieg) erneuern; sich widersetzen.

re-bītō, — — 3 zurückkehren.

re-boō 1 widerhallen.

re-calcitrō 1 hinten ausschlagen; [abweisen.]

re-cal(e)-faciō, *fēcī, factum* 3 (*dcht. imp. recalface*; *caleō*) wieder warm machen.

re-caleō, — — 2 wieder warm sein.

re-calēscō, *luī,* — 3 (*incoh. v. recaleō*) wieder warm werden; °/ [*mens*].

re-calvus 3 mit kahler Stirne.

re-candēscō, *duī,* — 3 (wieder) erglühen; weiß aufschäumen.

re-cantō 1 **1.** (*intr.*) widerhallen; **2.** (*trans.*) **a**) wegzaubern; **b**) widerrufen.

re-cēdō, *cessī, cessum* 3 **1. a**) zurückweichen, -gehen, sich zurückziehen; °**b**) (*v. Örtlichkeiten*) zurücktreten; °**2.** sich entfernen, weggehen, entschwinden; **3.** / **a**) abweichen, abgehen *von* [*ab officio*], aufgeben [*a consuetudine*], niederlegen [*ab armis*]; **b**) verloren gehen [*res* der Besitz].

re-cellō, — — 3 (*cf. clādēs*) zurückschnellen.

R

recēns, entis (*dcht. abl. sg.* -e, *gen. pl.* -um; ‹ *re-cent-s, *eigtl.* „gerade vom Ursprung her") 1. *adi.* (*m. comp., sup.,* °*adv.*) a) soeben (an)kommend; unmittelbar *nach* [ab illorum aetate]; re -i auf frischer Tat; b) (noch) frisch; erfrischt; rüstig; jung, neu; °2. *adv.* (recēns!) jüngst, eben, erst, neuerdings [sole recens orto].

re-cēnseō, suī, sum *u.* sītum 2 1. a) (durch)zählen, mustern [exercitum]; °b) (*vom Zensor*) in die Liste aufnehmen; °2. / a) (*in Gedanken*) durchgehen, überdenken; b) (*m. Worten*) aufzählen; c) (*v. d. Sonne*) durchlaufen [signa].

recēnsiō, ōnis *f* (recēnseō) Musterung (*der Bürger durch den Zensor*); Volkszählung.

recēnsus, ūs *m* (recēnseō) Musterung.

receptāculum, ī *n* (receptō) 1. a) Behälter; Magazin; °b Stapelplatz; Abzugskanal; 2. / Zuflucht(sort), Sammelplatz.

receptiō, ōnis *f* (recipiō) Aufnahme.

re-ceptō 1 (*intens. v.* recipiō) 1. rasch zurückziehen; 2. wieder aufnehmen; 3. oft bei sich aufnehmen.

receptor, ōris *m* (recipiō) Hehler.

receptrīx, īcis *f* (receptor) Hehlerin.

receptum, ī *n* (recipiō) Gewähr, Verpflichtung.

receptus[1] 3 (recipiō) allgemein angenommen.

receptus[2], ūs *m* (recipiō) °1. Zurücknahme; 2. Rückzug, -marsch; °/ Rücktritt [a malis consiliis]; 3. Zuflucht(sort).

recessim *adv.* (recēdō) rückwärts.

recessus, ūs *m* (recēdō) 1. *das* Zurückgehen, -weichen; aestuum Ebbe; Rückzug; / *das* Entweichen, 2. °a) Höhle; b) einsamer Ort; °c) geheimes Gemach, Schlupfwinkel; / d) Winkel, Falte; Hintergrund (*eines Gemäldes*).

re-charmidō 1 (*scherzh.; cf.* Charmidēs) den Charmides wieder ausziehen.

recidīvus 3 (recidō[1]) wiedererstehend.

re-cidō[1], cidī, cāsūrus 3 (*im Vers auch* recc-; cadō) 1. a) zurückfallen; b) / (*in einen Zustand*) wieder verfallen [in morbum]; c) herabsinken, -kommen, verfallen; °2. a) niederfallen [humi]; / b) geraten *in* [°in periculum]; c) (*in eine Zeit*) fallen; °d) (*als Eigentum*) zufallen.

re-cīdō[2], cīdī, cīsum 3 (caedō) °1. abhauen, abschneiden; beschneiden; 2. / a) beseitigen, ausrotten; b) beschränken, verkürzen.

re-cingō, cinxī, cinctum 3 (cīnxī, cīnctum?) entgürten, losgürten, lösen [zonam]; *mediopass.* sich ausziehen; ablegen [anguem].

re-cinō, — — 3 (canō) 1. (*intr.*) widerhallen; 2. (*trans.*) a) widerhallen lassen; b) im Wechselgesang preisen.

reciper... = recuper...

re-cipiō, cēpī, ceptum 3 (*altl. fut. ex.* recepsō; capiō) 1. a) zurücknehmen, -ziehen, -holen, -bringen, -führen; b) (*mil. t.t.*) zurückgehen lassen [milites]; se -ere sich zurückziehen; signum recipiendi Signal zum Rückzuge; °c) retten, befreien; d) (*beim Verkauf*) zurückbehalten; vorbehalten [sibi alqd]; 2. a) wiederbekommen, -gewinnen, -erobern; b) se -ere sich (wieder) erholen, wieder Mut fassen [ex timore]; °c) wieder aufnehmen [arma]; 3. a) hin-, annehmen; b) einnehmen, in Besitz nehmen; c) aufnehmen [tecto, domum suam]; an sich ziehen [legiones]; d) (*in einen Stand, ein Verhältnis*) aufnehmen [in ordinem senatorium, °in amicitiam]; °in den Kanon (*der Klassiker*) aufnehmen; e) (*vom Prätor*) eine Klage annehmen; f) gestatten, gelten lassen [dilationem]; g) auf sich laden, übernehmen [mandatum, officium]; h) zusagen, versprechen, verbürgen.

reciprocō 1 (reciprocus) 1. (*trans.*) °a) hin und her bewegen, rückwärts bewegen, zurücksteuern; b) P. zurückfließen [mare]; in Wechselwirkung stehen; °2. (*intr.*) hin- und zurückfließen; zurückfließen.

reciprocus 3 (*m. adv.*; ‹ *reco-proco „rückwärts (u.) vorwärts") (auf demselben Wege) zurückkehrend; mare -um Ebbe.

recīsus 3 (recīdō[2]) abgekürzt, kurzgefasst.

recitātiō, ōnis *f* (recitō) *das* Vorlesen (*v. Dokumenten vor Gericht*); °(*eigener Werke*).

recitātor, ōris *m* (recitō) Vorleser.

re-citō 1 1. vorlesen, verlesen;

°2. (*die Eidesformel*) vorsprechen; °3. vorlesen; rezitieren, deklamieren.

reclāmātiō, *ōnis f* (*reclāmō*) Widerspruch; ** Einspruch.

reclāmitō 1 (*intens. v. reclāmō*) laut widersprechen; sich sträuben *gegen* [*suspicionibus*].

re-clāmō 1 **1. a**) laut widersprechen; [*alci*]; °**b**) *etw.* einwenden; °**2.** widerhallen.

reclīnis, e (*Rückbildung v. reclīnō*) rückwärts gebogen, zurückgelehnt.

re-clīnō 1 **1.** zurücklehnen, rückwärts biegen; °**2. a**) *in alqm* auf jds. Schultern legen [*onus*]; **b**) erquicken.

re-clūdō, *sī, sum* 3 (*claudō*) aufschließen, erschließen, (er)öffnen; / enthüllen.

re-cōgitō 1 °**1.** bei sich erwägen; **2.** wieder denken *an* [*de*].

recognitiō, *ōnis f* (*-cō-?; recognōscō*) Besichtigung, Musterung; *sui* Selbstprüfung.

re-cognōscō, *gnōvī, gnitum* 3 (*-cō-?*) wiedererkennen; sich wieder erinnern *an* [*verba*]; mustern, durchgehen, untersuchen.

re-colligō, *lēgī, lēctum* 3 °**1.** wieder sammeln, wiedergewinnen; *se -ere* sich fassen *od.* sich erholen; **2.** wieder versöhnen.

re-colō, *coluī, cultum* 3 °**1.** wieder anbauen, bearbeiten; **2.** / °**a**) wieder besuchen [*locum*]; **b**) von Neuem treiben, pflegen; °**c**) wieder bekleiden *mit* [*sacerdotiis*]; **d**) wiederherstellen; **e**) nochmals überdenken.

re-commentor 1 sich besinnen *auf* [*nomen*].

re-comminīscor, — — 3 sich erinnern.

****recompensatio,** *onis f* Erstattung.

re-compōnō, *posuī, positum* 3 wieder ordnen [*comas*]; / wieder besänftigen.

reconciliātiō, *ōnis f* (*reconciliō*) Wiederherstellung; Versöhnung.

reconciliātor, *ōris m* (*reconciliō*) Wiederhersteller; *pacis* Friedensstifter.

re-conciliō 1 (*altl.: fut. ex. -liassō, inf. fut. -liassere*) °**1.** wiederverbinden; **2.** / versöhnen; wieder gewinnen.

re-concinnō 1 wieder ausbessern.

reconditus 3 (*m. comp.: recondō*) **1. a**) verborgen, versteckt; **b**) entfernt, entlegen; **2.** / °**a**) veraltet [*verba*]; **b**) verborgen, geheim; **c**) verschlossen, tiefsinnig; *subst.* **-a,** *ōrum n das* Allerheiligste [*templi*].

re-condō, *didī, ditum* 3 **1. a**) zurücklegen, -bringen; °**b**) wieder schließen [*oculos*]; **2.** °**a**) bergen; **b**) / bewahren; °**3.** verstecken, verheimlichen.

re-condūcō, *dūxī, ductum* 3 gegen Entgelt in Verding nehmen.

re-cōnflō 1 wieder aufblasen; anfachen.

re-coquō, *coxī, coctum* 3 **1.** °**a**) wieder kochen; **b**) / umkochen, verjüngen; °**2.** umschmieden; (*P.P.P.*) *adi.* °**recoctus** 3 abgefeimt; ** *aurum recoctum* lauteres Gold.

recordātiō, *ōnis f* (*recordor*) Erinnerung.

re-cordor 1 (*cor*) **1.** sich erinnern *an* [*belli causas, de parentibus*]; °**2.** beherzigen.

re-corrigō, *rēxī,* — 3 verbessern.

re-creō 1 °**1.** wieder erschaffen; umschaffen; **2.** wieder beleben, erquicken; *mediopass. u. se -are* sich erholen.

re-crepō, — — 1 **1.** (*intr.*) widerhallen; **2.** (*trans.*) widerhallen lassen.

re-crēscō, *crēvī, crētum* 3 wieder wachsen.

re-crūdēscō, *duī,* — 3 wieder aufbrechen; °/ sich erneuern [*pugna*].

rēctā *adv.* (*sc. viā*) geradewegs.

rēctiō, *ōnis f* (*regō*) Regierung.

rēctor, *ōris m* (*regō*) Lenker, Führer; Beherrscher; Steuermann; °Befehlshaber; °Erzieher.

rēctrīx, *īcis f* (*rēctor*) Lenkerin, Leiterin.

rēctus 3 (*m. comp., sup., adv.; regō*) **1. a**) gerade, in gerader Richtung; °*in rectum* geradeaus; **b**) aufrecht; °**c**) schlank; **2.** / °**a**) ungebeugt, ruhig; **b**) richtig, schicklich; **c**) richtig, fehlerfrei; **d**) schlicht, einfach; °**e**) (*mus. t.t.*) nicht von der Tonleiter abweichend; °**f**) (*gramm. t.t.*) *casus* Nominativ; **g**) ehrlich, sittlich gut; **3.** *adv.* **-ē a**) geradeaus; **b**) recht, richtig; **c**) mit Fug und Recht; **d**) wohl, gut; **e**) unbedenklich; °**f**) (*in Antworten*) gut! schön!; **4.** *subst.* **-um,** *ī n das* Rechte, Gute, Vernünftige.

re-cubō, *buī,* — 1 auf dem Rücken liegen, ruhen.

rēcula, *ae f* (*dem. v. rēs*) geringe Habe.

re-cumbō, *cubuī,* — 3 (**cumbō*; *cf. cubō*) **1.** sich niederlegen; sich zu Tisch legen; °**2.** (*v. Sachen*) **a)** sich senken; **b)** sich anlehnen, liegen *an* [*laniculi iugo*].

recuperātiō, *ōnis f* (*recuperō*) Wiedererlangung.

recuperātor, *ōris m* (*recuperō*) °**1.** Wiedereroberer; **2.** Schiedsrichter; *pl.* Richterkollegium (*bsd. für Prozesse zw. Römern u. Ausländern*).

recuperātōrius 3 (*recuperātor*) Schiedsrichter...

recuperō 1 (*recipiō*) wiedererlangen, -gewinnen.

re-cūrō 1 wieder heilen.

re-currō, *currī, cursum* 3 **1.** zurücklaufen, -eilen; kreisen [*sol*]; °wiederkommen; **2.** / **a)** zurückkommen *auf* [*ad condiciones*]; °**b)** seine Zuflucht nehmen *zu.*

re-cursō 1 (*intens. v. recurrō*) zurückkehren.

recursus, *ūs m* Rücklauf [*maris* Ebbe]; Rückfahrt, Rückkehr.

re-curvō 1 zurückbeugen.

recurvus 3 (*Rückbildung aus recurvō*) rückwärts gebogen.

recūsātiō, *ōnis f* (*recūsō*) Weigerung; (*jur. t.t.*) Einspruch, Protest.

re-cūsō 1 (*causa*; *cf. accūsō*) **1.** sich weigern, verweigern [*laborem*; *ne, quominus*; *nach Verneinung quin*]; zurückweisen; **2.** (*jur. t.t.*) Einspruch erheben.

re-cutiō, *cussī, cussum* 3 (*quatiō*) erschüttern.

re-cutītus 3 (*cutis*) (an der Vorhaut) beschnitten; / glatt geschoren.

rēda, *ae f* (*kelt. Fw.*; *cf. nhd.* „reiten") vierrädriger Reisewagen.

red-ambulō 1 zurückkommen.

red-amō 1 wiederlieben.

red-ardēscō, — — 3 wieder auflodern.

red-arguō, *uī, ūtum* 3 widerlegen, Lügen strafen [*verba*].

rēdārius, *ī m* (*rēda*) Kutscher.

red-auspicō 1 (*scherzh.*) zurückkehren [*in catenas*].

redditiō, *ōnis f* (*reddō*) (*rhet. t.t.*) Nachsatz.

reddō, *didī, ditum* 3 (*altl. fut. reddibō*; ‹ **re-di-dō*; *redupliziertes praes.*) **1.** Erhaltenes wiedergeben: **a)** zurückstellen, -bringen, -geben [*pecuniam*]; °*mediopass. u. se -ere* zurückkehren [*convivio* zum Gastmahl]; **b)** nachahmen, nachbilden; **c)** übersetzen [*Latine*]; **d)** (*aus dem Kopf*) vortragen, aufsagen; **2.** als Gegenleistung wiedergeben: **a)** ersetzen [°*alias tegulas*]; **b)** erstatten, vergelten [*beneficium*]; °*gratiam* durch die Tat seinen Dank abstatten; bezahlen [*debitum*], erfüllen [°*vota*], leiden [°*poenas*]; heimzahlen [°*hostibus cladem*]; opfern [°*tura lari*]; *rationem* Rechenschaft ablegen; °**3.** antworten, erwidern; **4.** von sich geben: **a)** aushauchen [*animam*]; **b)** abliefern, zustellen, einhändigen [*epistulam, hereditatem*]; **c)** zukommen lassen, gewähren [*suum cuique honorem*]; **d)** (*jur t.t.*) *iudicium* eine Untersuchung anstellen; *ius* Recht sprechen; **e)** berichten, darstellen; **5.** (*m. doppeltem acc.*) den bisherigen Zustand ändern, *d. h.* machen [*m. Prädikatsadj.*: °*mare tutum*; °*selten m. Prädikatssubst.*: *alqm hostem Romanis*]; ** *spiritum deo* sterben.

redēmptiō, *ōnis f* (*redimō*) °**1.** Loskauf [*captivorum*]; **2.** Bestechung; **3.** Pachtung; ** Einlösung; Erlösung; *veniarum* Ablasskauf.

redēmptō 1 (*frequ. v. redimō*) loskaufen.

redēmptor, *ōris m* °**1.** *der* einen Gefangenen loskauft; **2.** Unternehmer, Pächter; Lieferant; ** Erlöser.

redēmptūra, *ae f* (*redimō*) Pachtung, Übernahme.

red-eō, *iī, itum, īre* **1. a)** zurückkommen; wiederkehren; °**b)** *ad se -ire* wieder zur Besinnung kommen, sich erholen; *in gratiam* sich versöhnen; **c)** (*in der Rede*) zurückkommen *auf* [*ad Scipionem*]; **2.** (*v. Erträgen*) einkommen; **3.** greifen *zu* [*ad gladios*], geraten *in*; **4.** zufallen, übergehen *an* [*summa imperii ad Camillum*].

red-hālō 1 zurückdampfen.

red-hibeō 2 (*habeō*) °**1.** wiedergeben, erstatten; **2.** (*eine mangelhafte Ware*) **a)** (*v. Käufer*) zurückgeben; °**b)** (*v. Verkäufer*) zurücknehmen.

redhibitiō, *ōnis f* (*redhibeō*) Rücknahme *bzw.* Rückgabe (*einer mangelhaften Ware*).

red-igō, *ēgī, āctum* 3 (*agō*) **1.** zurücktreiben, -bringen; *kl. nur* /; **2.** eintreiben, einziehen, einnehmen [*pecuniam ex praeda*]; **3.** (*in einen Zustand*) bringen, zwingen [*Galliam in potestatem*]; *in provinciam* zur Provinz machen; °*ad vanum, ad* *irritum* zunichte machen, vereiteln; °in den Kanon (*der Klassiker*) aufnehmen [*auctores*; *in numerum*]; **4.** (*nach Zahl od. Wert*) herabsetzen, beschränken; P. herunterkommen.

redimīculum, *ī n* (*redimiō*) **1.** Stirnband, Halskette; °**2.** / Bindemittel, Band.

redimiō 4 (*altl. impf. -mībat*; *et. unklar*) umwinden, bekränzen.

red-imō, *ēmī, ēmptum* 3 (*emō*) **1. a**) zurück-, loskaufen; **b**) / abwenden [*metum pretio*], wiedergutmachen; erretten; **2. a**) erkaufen; **b**) pachten, mieten; **c**) gegen Entgelt ausführen, übernehmen [*opus*]; ** erlösen.

red-integrō 1 ergänzen, wiederherstellen, erneuern; / wieder erwecken [*spem*]. [der erlangen.]

red-ipīscor, — — 3 (*apīscor*) wie-

reditiō, *ōnis f* (*redeō*) Rückkehr.

reditus, *ūs m* (*redeō*) Rückkehr; Kreislauf (*der Gestirne*); °Ein-]

redivia (*altl.*) = *reduvia.* [künfte.]

redivīvus 3 (*redivia*; *später volkset. an vīvō angelehnt*) wieder benutzt; *subst.* **-um,** *ī u.* **-a,** *ōrum n* altes Baumaterial; ** auferstanden; neu.

red-oleō, *uī,* — 2 riechen, duften *nach* [*vinum*, / *doctrinam*].

re-domitus 3 (*P.P.P. v. domō*) wieder bezwungen.

re-dōnō 1 wiederschenken; / begnadigen [*Marti* dem Mars zuliebe].

re-dormiō 4 wieder einschlafen.

re-dūcō, *dūxī, ductum* 3 (*im Vers oft -dd-*; *altl. imp. -dūce*) **1.** zurückziehen, -schieben [*turres*]; **2. a**) zurückführen, -bringen, -rufen; **b**) (*mil. t.t.*) zurückziehen [*legiones ex Britannia*]; **c**) / *alqm in gratiam* versöhnen; *in memoriam* ins Gedächtnis zurückrufen; °*legem* erneuern; °*in formam* gestalten.

reductiō, *ōnis f* (*redūcō*) Zurückführung.

reductor, *ōris m* (*redūcō*) Zurückführer; Wiederhersteller, Erneuerer.

reductus 3 (*m. comp.*; *redūcō*) zurückgezogen, -tretend; entlegen, entfernt; *kl. nur subst.* **-a,** *ōrum n* = *apoproēgmena.*

red-uncus 3 einwärts gekrümmt.

redundanter *adv.* (*redundāns, part. praes. v. redundō*) allzu wortreich.

redundantia, *ae f* (*redundō*) Überfülle *des Ausdrucks.* [Überfülle.]

redundātiō, *ōnis f* (*redundō*) /]

redundātus 3 (*redundō*) **1.** überströmend; **2.** zurückflutend.

red-undō 1 überfließen, -strömen; sich ergießen; / im Überfluss vorhanden sein, überreich sein *an* [*hilaritate*]. [Niednagel.]

reduvia, *ae f* (**reduō*; = *exuō*)]

re-dux, *ucis* (*im Vers auch -dd-*; *redūcō*) °**1.** (*act.*) zurückführend [*Iuppiter*; *Fortuna*; *s. d.*]; **2.** (*pass.*) zurückgeführt, -gekehrt.

refectiō, *ōnis f* (*reficiō*) Wiederherstellung, Ausbesserung; Erfrischung; ** Mahlzeit. [hersteller.]

re-fector, *ōris m* (*reficiō*) Wieder-]

****refectorium,** *ī n* Speisesaal im Kloster.

re-fellō, *fellī,* — 3 (*fallō*) **1.** widerlegen; zurückweisen; °**2.** beseitigen.

re-ferciō, *rsī, rtum* 4 (*farciō*) vollstopfen, anfüllen *mit* [*sermonibus*].

re-feriō, — — 4 zurückschlagen, -werfen; P. zurückprallen.

re-ferō, *rettulī, relātum, referre* (*P.P.P. im Vers auch -ll-*) **I.** zurücktragen, -bringen: **1. a**) zurücktragen, -bringen, -treiben; **b**) heimbringen, davontragen [*spolia*]; **c**) zurückverlegen [*castra*]; °*pedem referre, se referre u. mediopass.* sich zurückziehen; heimkehren; **2.** / **a**) (*den Geist, Blick*) zurücklenken; **b**) beziehen *auf,* beurteilen *nach* [°*alienos mores ad suos*]; **c**) (*Schuldiges*) zurückerstatten; vergelten, erwidern; *gratiam* Dank durch die Tat abstatten; **d**) hinterbringen [*rumores*]; **e**) (*mündl.*) erwidern, wiederholen; (*Töne*) widerhallen lassen; **f**) (*Entschwundenes*) zurückbringen, erneuern, wiederherstellen [*consuetudinem*]; °**g**) widerspiegeln, das Ebenbild sein *von* [*patrem sermone voltuque*]; **II.** von sich wegbringen, darbringen: **1. a**) (über)bringen; (*an der richtigen Stelle*) abliefern [*pecuniam in aerarium*]; entrichten [°*aera* Schulgeld]; °**b**) als Weihgeschenk darbringen; **2. a**) (*schriftl. od. mündl.*) überliefern, melden, berichten; **b**) (*amtlich*) zur Sprache bringen, vorlegen, Bericht erstatten [*ad senatum*]; **3. a**) eintragen, verbuchen [*nomen in tabulas*; *alqm in proscrip-*

tos]; **b**) rechnen, zählen, aufnehmen *unter* [*in deorum numerum*].
rē-fert, *rētulit, rēferre* (⟨*einem Kasus v. rēs + fert; später v. den Lateinern selbst als abl. empfunden*) *impers.* es ist daran gelegen, kommt darauf an, macht einen Unterschied [*meā* mir, *tuā* dir *usw.*; °*illorum*; *parvi* wenig, *magni* viel; *multum, nihil*].
refertus 3 (*m.* °*comp.*, *sup.*; *referciō*) gedrängt voll, reich *an* [*divitiis*]; (*abs.*) reich [*Asia*].
re-ferveō, — — 2 aufwallen.
re-fervēscō, — — 3 (*incoh. v. referveō*) aufwallen.
re-fībulō 1 vom Infibulationsring befreien [*penem*].
re-ficiō, *fēcī, fectum* 3 (*faciō*) **1.** noch einmal machen; ersetzen [*arma*]; **2.** wiederherstellen, ausbessern; **3.** / **a**) wiederwählen [*consulem*]; **b**) ersetzen, ergänzen; wieder anfachen; **c**) heilen [*saucios*]; neu beleben, sich erholen lassen; **4.** einnehmen [*plus mercedis*]; ** erquicken, speisen; se -ere sich sättigen; P. essen.
re-fīgō, *fīxī, fīxum* 3 **1. a**) losmachen; abreißen; einpacken; **b**) / abschaffen, aufheben [*leges*]; °**2.** wieder befestigen.
re-fingō, — — 3 wieder bilden.
re-flāgitō 1 zurückfordern.
reflātus, *abl. ū m* (*reflō*) Gegenwind.
re-flectō, *flexī, flexum* 3 °**1.** rückwärtsbiegen, -drehen, -wenden; *mediopass.* sich zurückbeugen; **2.** / umstimmen [*animum*]; (*dcht.*) = se -ere weichen [*morbi causa*].
****reflexus,** *us m* Krümmung; Bucht.
re-flō 1 entgegenwehen.
re-fluō, *flūxī, flūxum* 3 (*flūxī, flŭxum?*) zurückfließen.
refluus 3 (*refluō*) zurückfließend; (*in Ebbe u. Flut*) ab- u. zurückströmend.
re-fōcil(l)ō 1 wieder beleben; wieder erquicken.
refōrmātiō, *ōnis f* (*refōrmō*) Verbesserung [*morum*].
refōrmātor, *ōris m* (*refōrmō*) Erneuerer.
reformīdātiō, *ōnis f* (*reformīdō*) Furcht.
re-formīdō 1 zurückschaudern *vor* [*bellum*]; fürchten.
re-fōrmō 1 umgestalten, verwandeln; verbessern.
re-foveō, *fōvī, fōtum* 2 wieder erwärmen; / neu beleben.
refrāctāriolus 3 (*dem. v. refrāctārius*) halsstarrig.
refrāctārius 3 (*refrāctus, P.P.P. v. refringō*) widersetzlich.
re-frāgor 1 (*Ggs. zu suffrāgor*) stimmen gegen; widerstreben; °/ im Widerspruch stehen *zu* [*petitioni*].
refrēnātiō, *ōnis f* (*refrēnō*) Zügelung.
re-frēnō 1 zügeln, hemmen.
re-fricō, *cuī, cātūrus* 1 **1.** (*trans.*) wieder aufreißen; / erneuern; **2.** (*intr.*) wieder aufbrechen.
refrīgerātiō, *ōnis f* (*refrīgerō*) Abkühlung.
re-frīgerō 1 abkühlen; *mediopass.* erkalten.
re-frīgēscō, *frīxī,* — 3 °**1.** (wieder-) erkalten; **2.** / ermatten, stocken.
re-fringō, *frēgī, frāctum* 3 (*frangō*) aufbrechen, -°reißen; / brechen.
re-fugiō, *fūgī, fugitūrus* 3 **1.** (*intr.*) **a**) zurückweichen; sich flüchten; °**b**) / (*v. Örtlichkeiten*) zurücktreten; **2.** (*trans.*) sich fürchten *vor* [*iudicem*].
refugium, *ī n* (*refugiō*) Zuflucht (-sort).
refugus 3 (*refugiō*) (zurück)fliehend; [/ zurückweichend [*unda*].
re-fulgeō, *fulsī,* — 2 (zurück-) schimmern, (wider)strahlen.
re-fundō, *fūdī, fūsum* 3 **1.** zurückgießen; °*mediopass.* sich ergießen; °**2.** / zurückwerfen.
refūtātiō, *ōnis f u.* (*Lu.*) **-tātus,** *abl. ū m* (*refūtō*) Widerlegung.
re-fūtō 1 (*cf. cōn-fūtō*) zurücktreiben; / zurückweisen; widerlegen.
rēgāliolus, *ī m* (*dem. v. rēgālis*) Zaunkönig.
rēgālis, e (*m.* °*comp.*, °*sup.*, °*adv.*; *rēx*) königlich, eines Königs würdig, fürstlich; ** *subst.* **-e,** *is n* Königsgut; Königsrecht; *pl.* Einkünfte (*des Königs*); Reichskleinodien.
re-gelō 1 wieder auftauen, erwärmen.
re-gemō, — — 3 aufseufzen.
****re-genero** 1 wieder erzeugen; **-atus** 3 wiedergeboren, getauft.
re-gerō, *gessī, gestum* 3 **1.** zurücktragen, -bringen; **2.** zurückgeben; zuschieben; **3.** eintragen, einschreiben [*in commentarios*].
rēgia, *ae f* (*rēgius*) **1. a**) Königsburg; Residenz; **b**) ♀ Königsburg *des Numa*; °**c**) Königszelt *im Lager*; °**d**) Basilika, Säulenhalle; **2. a**) königl. Familie, Hof(staat); **b**) Königswürde.

R

rēgi-ficus 3 (*m. adv.*; *rēx, faciō*) königlich, prachtvoll.
re-gignō, — — 3 (*-ī-?*) wieder erzeugen, wiederherstellen.
rēgillus[1] 3 (*cf. rēgula*) mit senkrecht gezogenen Kettenfäden gewebt; (*scherzh. als dem. zu rēgius gebraucht*) königlich, prächtig.
Rēgillus[2], *ī m lacus See in Latium* (*Schlacht 496*); *adi. -ēnsis, e.*
regimen, *inis n* (*regō*) Lenkung, Leitung; / Verwaltung; Steuerruder; Lenker, Leiter.
rēgīna, *ae f* (*rēx*) **1.** Königin; *dcht. auch v. Göttinnen u. vornehmen Frauen*; °**2.** / Königstochter, Prinzessin.
regiō, *ōnis f* (*regō*) **1.** Richtung, Linie, Lage; e *-one* gerade(aus); gerade gegenüber [*castrorum, castris dat.*]; **2. a)** Grenzlinie, Grenze; **b)** (*t.t. der Augurensprache*) Gesichtslinie; **c)** Himmelsraum, Weltgegend [°*caeli*]; **3. a)** Gegend; Gebiet; **b)** Landschaft, Landstrich; °**c)** (*in Rom*) Stadtbezirk, Viertel.
regiōnātim *adv.* (*regiō*) bezirksweise.
****registrum,** *i n* Verzeichnis.
Rēgium, *ī n St. a. d. Meerenge v. Messina, j.* Reggio; *adi. u. Einw. -gīnus* (3).
rēgius 3 (*m. adv.*; *rēx*) **1.** königlich; **2.** / **a)** fürstlich, prächtig, vorzüglich; °*morbus* Gelbsucht; **b)** despotisch, tyrannisch; °**3.** *subst.* **-iī,** *ōrum m* königliche Truppen; Hofleute.
re-glūtinō 1 wieder auflösen.
rēgnātor, *ōris m* (*rēgnō*) Herrscher [*deum*].
rēgnātrīx, *īcis f* (*rēgnātor*) herrschend.
rēgnō 1 (*rēgnum*) **1.** (*intr.*) **a)** König sein; **b)** / herrschen, gebieten; den Herrn spielen; die Oberhand haben; °**2.** (*trans.*; *nur* P.) beherrscht, monarchisch regiert werden.
rēgnum, *ī n* (*rēx*) **1.** Königsherrschaft, -würde; Königtum; **2. a)** Königreich; °**b)** Schattenreich; **c)** Gebiet, Besitztum; **3. a)** Herrschaft, Regierung; **b)** Alleinherrschaft, Tyrannei.
regō, *rēxī, rēctum* 3 (*cf. nhd.* „recken") **1. a)** gerade richten; lenken; **b)** abstecken [*fines*]; **2.** / **a)** regieren, beherrschen; **b)** leiten, zurechtweisen.
re-gredior, *gressus sum* 3 (*gradior*) zurückgehen, -kehren; sich zurückziehen.
regressiō, *ōnis f* (*regredior*) Rückkehr; (*rhet. t.t.*) Wiederholung eines Wortes.
regressus, *ūs m* (*regredior*) **1. a)** Rückkehr; °**b)** Rückzug; °**2.** / Rücktritt; Zuflucht, Rückhalt.
rēgula, *ae f* (*regō*) Latte, Leiste; Lineal; / Maßstab, Regel.
****regularis,** e nach der Regel; *vita* Mönchsleben.
****regulo** 1 einrichten, schulen.
rēgulus, *ī m* (*dem. v. rēx*) **1.** kleiner König, Häuptling; Prinz; **2.** ♀ *röm. cogn.*; *s. Atīlius.*
re-gustō 1 (*-ū-?*) wiederholt kosten; *kl. nur* /.
rē-iciō, *iēcī, iectum* 3 (*iaciō*) **1.** zurückwerfen, -schlagen; °zurücksinken lassen [*membra*]; **2. a)** zurücktreiben, -jagen; zurückstoßen; **b)** fort-, wegwerfen [°*amictum*]; **c)** verschlagen [*naves*]; / **3.** zurück-, abweisen; ablehnen, verschmähen; **4.** verweisen *an* [°*ad senatum*]; **5.** ver-, aufschieben.
rēiculus 3 (*rēiciō*) ausgestoßen, nutzlos.
rēiecta *u.* **-tānea,** *ōrum n* (*rēiectus, P.P.P. v. rēiciō*) *das* Verwerfliche; *cf. apoproēgmena.*
rēiectiō, *ōnis f* (*rēiciō*) **1.** (*rhet. t.t.*) *das* Abwälzen [*in alium*]; **2.** Ablehnung; **3.** (*jur. t.t.*) Ablehnung (*der ausgelosten Richter*).
rēiectō 1 (*intens. v. rēiciō*) zurückwerfen.
re-lābor, *lāpsus sum* 3 zurückgleiten, -fließen, -sinken; zurückkehren; / zurückkommen *auf* [*in praecepta*]; ** *relapsi* Rückfällige.
re-languēscō, *guī,* — 3 °**1.** erschlaffen, ermatten, nachlassen; **2.** / erlahmen.
relātiō, *ōnis f* (*referō*) °**1.** *das* Hinführen (*der Hand zum Tintenfass*); **2.** (*jur. t.t.*) *das* Zurückschieben (*einer Beschuldigung auf den Urheber*); °**3.** Vergeltung; **4.** (*rhet. t.t.*) Wiederholung *desselben Wortes*; **5.** °**a)** Bericht; **b)** Berichterstattung; Vortrag (*im Senat*); **6.** (*gramm. u. philos. t.t.*) Beziehung, Verhältnis.
relātor, *ōris m* (*referō*) Berichterstatter (*im Senat*).
relātus, *ūs m* (*referō*) Vortrag (*bsd. im Senat*).
relaxātiō, *ōnis f* (*relaxō*) Erleichterung, Erholung, Linderung.
re-laxō 1 **1.** erweitern; **2.** lockern,

lösen, öffnen; **3.** / abspannen, nachlassen, losmachen; (*se*) *-are u. mediopass.* nachlassen; **4.** lindern, mildern, erheitern; ** erlassen; vergeben [*peccata*].

relēgātiō, *ōnis f* (*relēgō*[1]) Verweisung (*Verbannung ohne Entziehung des röm. Bürgerrechts*).

re-lēgō[1] 1 **1.** wegschicken, entfernen; verbannen, verweisen; **2.** / **a**) zurückweisen [*dona*]; °**b**) zuschieben [*omnia mala ad crimen fortunae*].

re-legō[2], *lēgī, lēctum* 3 °**1.** wieder zusammennehmen; **2.** / °**a**) wieder durchreisen; **b**) wiederlesen; wieder erwägen.

re-lentēscō, — — 3 wieder nachlassen.

re-levō 1 **1.** °**a**) in die Höhe heben, aufheben; **b**) erleichtern; **2.** / **a**) lindern, mildern; **b**) befreien *von* [*gravi morbo*]; **c**) trösten.

re-liceor, — 2 unterbieten.

relictiō, *ōnis f* (*relinquō*) *das* böswillige Verlassen.

relicu(u)s (*Com.*) = *reliquus*.

religātiō, *ōnis f* (*religō*) *das* Anbinden.

religiō, *ōnis f* (*im Vers auch -ll-*; *nach Cicero zu relegō*[2], *aber früh an religō angeschlossen*) **1. a**) Bedenken, Zweifel, Besorgnis; **b**) abergläubisches, religiöses Bedenken, Gewissensskrupel; *-oni mihi est* ich mache mir ein Gewissen daraus; **c**) Gewissenhaftigkeit; **2. a**) Religiosität, Gottesfurcht, Frömmigkeit; **b**) religiöse Verehrung, Gottesdienst; *pl.* Religionswesen, Zeremonien, Bräuche, Kult; **c**) heiliger Gegenstand, Heiligtum; **d**) Religionsfrevel, Sünde, Fluch; **e**) Aberglaube; **3. a**) Heiligkeit [°*loci*]; **b**) Verbindlichkeit, heiliges Versprechen; *iuris iurandi* eidliche Verpflichtung; ** Mönchsorden; *religionis habitus* Mönchskutte.

****religiositas,** *atis f* Frömmigkeit.

religiōsus 3 (*m.* °*comp.*, *sup.*, *adv.*; *religiō*) **1.** voller Bedenken, ängstlich; **2.** gewissenhaft; **3.** gottesfürchtig, fromm; heilig; °**4.** abergläubisch; scheinheilig.

re-ligō 1 **1.** zurückbinden; °umwinden; **2. a**) an-, festbinden; °**b**) aufbinden; °**3.** losbinden.

re-linō, *lēvī, litum* 3 (*cf. ob-linō*) öffnen; herausnehmen.

re-linquō, *līquī, lictum* 3 **1. a**) zurück-, hinterlassen [*praesidio* zum Schutz]; P. zurückbleiben; **b**) (*in e-m Zustande*) lassen [*insepultum*]; *in medio* unentschieden lassen; **2. a**) übrig lassen; *P.* übrig bleiben; *relinquitur, ut* es bleibt nichts weiter übrig, als dass; **b**) überlassen [*cadaver canibus*]; **3. a**) verlassen [*urbem*]; *animus eum reliquit* er verlor die Besinnung; **b**) im Stiche lassen; °*signa* desertieren; **4.** / **a**) aufgeben [*bellum*]; **b**) ungestraft hingehen lassen; **c**) unerwähnt lassen, übergehen; ** *mundum* ins Kloster gehen.

reliquiae, *ārum f* (*im Vers auch -ll-*; *reliquus*) Überbleibsel, Trümmer; Überreste eines Toten (Gerippe, Asche); Exkremente; / Hinterlassenschaft; ** Reliquien.

reliquus 3 (*relinquō*) zurückgelassen, übrig geblieben; rückständig, ausstehend [*pecunia*]; *der* weitere [*fuga*]; künftig [*tempus*]; *reliquum est, ut* es bleibt nur übrig; *subst.* **-um,** *ī u.* **-a,** *ōrum n* Rest, Rückstand; **-ī** *3 die* Übrigen, *die* anderen.

re-lūceō, *lūxī,* — 2 zurückstrahlen; in Flammen stehen.

relūcēscō, *lūxī,* — 3 (*incoh. v. relūceō*) (wieder) erglänzen.

re-luctor 1 sich widersetzen, sich sträuben *gegen* [*precibus*].

re-macrēscō, *cruī,* — 3 wieder mager werden.

re-maledīcō, — — 3 wieder schimpfen.

re-mandō, — — 3 wiederkäuen.

re-maneō, *mānsī, mānsum* 2 zurückbleiben; / (ver)bleiben.

re-mānō 1 zurückfließen.

remānsiō, *ōnis f* (*remaneō*) *das* Zurück-, Verbleiben.

remediābilis, e (*remediō* 1 „heilen") heilbar.

re-medium, *ī n* (*medeor*) Arznei; / Heil-, Hilfsmittel.

re-meligō, *inis f* (*wohl *re-mellō* 3 „zögern") Verzögerung; / saumseliges Weib.

re-meō 1 **1.** (*intr.*) zurückgehen, -kommen; °**2.** (*trans.*) von neuem durchwandern, -leben [*aevum*].

re-mētior, *mēnsus sum* 4 (*pf. altl. auch pass.*) **1.** wieder messen, beobachten; **2. a**) wieder durchwandern; **b**) / wieder überdenken; **3.** wieder von sich geben [*vomitu*]; **4.** ersetzen, bezahlen [*frumentum pecuniā*].

rēmex, *igis m* (*rēmus, agō*) Ruderer; (°*coll.*) Ruderknechte.

Rēmī, *ōrum m belg. Volk in d. Gegend v. Reims.*

rēmigātiō, *ōnis f* (*rēmigō*) *das* Rudern.

rēmigium, *ī n* (*rēmex*) **1.** Ruderwerk; °/ Flügel; °**2.** *das* Rudern; °**3.** Ruderknechte.

rēmigō 1 (*rēmex*) rudern.

re-migrō 1 zurückwandern, -kehren; *auch* /; ausziehen.

re-minīscor, — — 3 (*cf. comminīscor*) sich ins Gedächtnis zurückrufen, sich besinnen *auf* [*incommodi, acta*]; ersinnen.

re-misceō, *scuī, xtum* 2 (-*ī*-?) (wieder) vermischen; / gesellen.

remissiō, *ōnis f* (*remittō*) °**1.** *das* Zurücksenden; **2.** *das* Herablassen; **3.** / *das* Nachlassen; Erlass [*poenae*]; Erholung; Gelassenheit, Ruhe; ** *peccatorum* Sündenvergebung.

remissus 3 (*m. comp.*, °*sup.*, *adv.*; *remittō*) **1.** abgespannt, schlaff, lose; **2.** / **a**) gelind, sanft, leidenschaftslos; **b**) heiter; **c**) lässig.

re-mittō, *mīsī, missum* 3 **1. a**) zurückschicken; *nuntium uxori* den Scheidebrief schicken; °**b**) entlassen [*contionem*]; **c**) zurückwerfen [*pila*]; **d**) zurückgeben, vergelten [*dona*]; °**e**) (wieder) von sich geben [*vocem Echo*]; °**f**) verweisen *an* [*causam ad senatum*]; **2. a**) loslassen, fahren lassen; lockern [*frena*]; °abspannen [*arcum*]; / **b**) vermindern [*ardorem pugnae*]; (*se*) *-ere u. mediopass.* nachlassen, milder werden; **c**) erfrischen, erheitern; (*nkl.*) *se -ere u. mediopass.* sich erholen; **3. a**) erlassen, schenken; aufgeben [°*inimicitias suas patriae* zuliebe]; **b**) einräumen, gestatten; verzichten *auf*; ** vergeben *poenas*].

re-mōlior 4 von sich abwälzen.

re-mollēscō — — 3 °**1.** wieder weich werden; **2.** / °**a**) sich erweichen lassen; **b**) verweichlicht werden.

re-molliō 4 verweichlichen; erweichen.

remora, *ae f* Verzögerung.

remorāmen, *inis n* (*remoror*) Hemmnis.

re-mordeō, *mordī, morsum* 2 wieder beißen; / quälen.

re-moror 1 °**1.** (*intr.*) verweilen, zögern; **2.** (*trans.*) zurück-, aufhalten, verzögern.

remōtiō, *ōnis f* (*removeō*) Ablehnung.

remōtus 3 (*m. comp., sup., adv.*; *removeō*) **1.** entfernt, entlegen, fern, fern liegend; **2.** / **a**) fern, frei *von* [*a culpa*]; **b**) abgeneigt [*ab inani laude*]; verwerflich; **3.** *subst.* °**a**) **-um,** *ī n die* Ferne; **b**) **-a,** *ōrum n s. apoproēgmena.*

re-moveō, *mōvī, mōtum* 2 wegschaffen, entfernen; beseitigen, zurückziehen, abtreten lassen.

re-mūgiō 4 wieder brüllen; zurückbrüllen; / widerhallen.

re-mulceō, *lsī, lsum* 2 einziehen [*caudam*].

remulcum, *ī n* (*vl. gr. Lw. m. volkset. Anlehnung an* re-) Schlepptau.

remūnerātiō, *ōnis f* (*remūneror*) Vergeltung; ** Gabe, Lohn.

re-mūneror *u.* °**-ō** 1 wieder beschenken; vergelten, belohnen.

re-murmurō 1 zurückrauschen.

rēmus[1], *ī m* (*cf. nhd.* „Ruder") Ruder; °/ *pl.* Flügel; Hände und Füße *des Schwimmers.*

Remus[2], *ī m Bruder des Romulus.*

rēn, *ēnis m* (*gen. pl.* -(*i*)*um*; *et. ungedeutet*) Niere; ** / *pl.* Lende, Seite; Seele, Herz.

re-narrō (-*ā*-?) 1 wiedererzählen.

re-nāscor, *nātus sum* 3 wiedergeboren werden, -entstehen, -wachsen.

re-nāvigō 1 zurücksegeln.

re-neō, — — 2 (*das Gespinst*) wieder auflösen.

re-nīdeō, — — 2 zurückstrahlen, glänzen; / vor Freude strahlen, lächeln; höhnisch lächeln, grinsen.

renīdēscō, — — 3 (*incoh. v. renīdeō*) erglänzen.

re-nitor, *nīsus sum* 3 sich widersetzen.

re-nō[1] 1 zurückschwimmen; / wieder auftauchen [*saxa*].

rēnō[2], *ōnis m* (*germ. Fw.*) Schafpelz.

re-nōdō 1 aufknoten auflösen [*comam*].

renovāmen, *inis n* (*renovō*) neue Gestalt.

renovātiō, *ōnis f* (*renovō*) Erneuerung.

re-novō 1 erneuern, wiederherstellen, wiederholen; / verjüngen, auffrischen; erquicken, erfrischen; *se -are u. mediopass.* sich erholen.

re-numerō 1 zurückzahlen.

renūntiātiō, *ōnis f* (*renūntiō*) Bekanntmachung, Bericht.

re-nūntiō 1 **1.** **a**) melden, Bericht erstatten; **b**) (*amtlich*) berichten; **2.** öffentlich bekanntmachen; (als gewählten Beamten) ausrufen; °**3.** *sibi -are* sich zu Gemüte führen; **4.** **a**) aufkündigen [*amicitiam*]; °**b**) eine Einladung zu Tisch absagen [*ad alqm; ad cenam*]; °**c**) entsagen, aufgeben [*civilibus officiis*].

renūntius, *ī m* (*Rückbildung aus renūntiō*) Laufbursche.

re-nuō, *nuī*, — 3 abwinken; *kl. nur* /: zurückweisen [*convivium*]; widersprechen [*crimini*].

renūtō 1 (*intens. v. renuō*) widerstreben.

renūtus, *abl. ū m* (*renuō*) Ablehnung.

reor, *ratus sum* 2 (*cf. ratiō; nhd.* „raten, reden") **1.** (be)rechnen; *s. ratus* 1 a; **2.** meinen, glauben, denken.

repāgula, *ōrum n* (*repangō* 3 „einsetzen") **1.** Tür-, Torriegel, -balken; **2.** °**a**) (doppelter) Schlagbaum; **b**) / Schranken [*pudoris*].

re-pandus 3 aufwärts gekrümmt; *calceoli* Schnabelschuhe.

reparābilis, e (*reparō*) ersetzbar.

****reparatio,** *onis f* Ausbesserung; Stärkung, Gewinn. [*mit* [*saviis*].

re-parcō, *percī*, — 3 sparsam sein

re-parō 1 **1.** **a**) wiedererwerben, -anschaffen; **b**) wiederherstellen, erneuern; ersetzen; °**c**) verjüngen, erfrischen; °**2.** eintauschen *gegen* [*merce vinum*]; ** sühnen.

repastinātiō, *ōnis f* (*re-pastinō* „wieder umhacken") *das* Umgraben.

****re-patrio** 1 zurückkehren.

re-pectō, —, *pexum* 3 (wieder) kämmen.

re-pedō 1 (*pēs*) zurückweichen.

re-pellō, *reppulī, repulsum* 3 **1.** zurückstoßen; °umstoßen; **2.** vertreiben; **3.** / **a**) ab-, fernhalten; entfernen; **b**) abweisen, verschmähen; **c**) widerlegen.

re-pendō, *pendī, pēnsum* 3 °**1.** zurückwiegen; abliefern; **2.** bezahlen; °loskaufen; °**3.** erwidern, vergelten [*gratiam facto*]; °**4.** ersetzen.

repēns, *entis* (*et. unklar*) **1.** plötzlich, unvermutet, schnell (*adv. -°pēns u. -pente*) **2.** (*nkl.*) neu, frisch, augenblicklich [*causa*].

repēnsō 1 *intens. v. rependō*) vergelten.

repentīnus 3 (*adv.* **-ō**; *repēns*) **1.** unvermutet, plötzlich; °**2.** / **a**) in Eile ausgehoben; **b**) schnell wirkend.

repercussiō, *ōnis f* (*repercutiō*) Aufleuchten, Widerschein.

repercussus[1], *ūs m* (*repercutiō*) Rückprall; Widerhall.

re-percutiō, *cussī, cussum* 3 zurückschlagen, -stoßen; P. widerhallen; widerstrahlen; (*P.P.P.*) *adi.* **repercussus**[2] 3 widerhallend, widerscheinend; zurückstrahlend.

re-periō, *repperī, repertum* 4 (*altl. fut. -ībitur*; ‹ *re-pariō „gewinne wieder") **1.** wieder zum Vorschein bringen, (auf)finden; **2.** / **a**) finden, entdecken, ermitteln, ertappen; P. sich zeigen *als*; **b**) historisch berichtet finden; **c**) sich erwerben, erlangen [°*nomen*]; **3.** erfinden, ersinnen.

repertor, *ōris m* (*reperiō*) Erfinder, Urheber, Schöpfer.

repertus 3 (*reperiō*) erfunden.

repetentia, *ae f* (*repetō*) Rückerinnerung.

repetītiō, *ōnis f* (*repetō*) Wiederholung.

repetītor, *ōris m* (*repetō*) Zurückforderer.

re-petō, *īvī u. iī, ītum* 3 **1.** °**a**) wieder angreifen, wieder losgehen *auf* [*regem*]; **b**) wieder aufsuchen [(°*in*) *Asiam*]; **2.** **a**) zurückholen [*sarcinas*]; / **b**) wiedergewinnen [°*libertatem*]; wieder einführen [*consuetudinem*]; **c**) wiederholen, erneuern; *memoriam* die Erinnerung zurückrufen; (*mündl. od. schriftl.*) wiederholen; wieder überdenken; **d**) zurückzählen, -rechnen [*dies*]; **3.** **a**) zurückverlangen, -fordern; *res -ere* auf Schadenersatz klagen; (*pecuniae*) *repetundae* wiederzuerstattende Gelder, Ersatz für Erpressungen; **b**) (*als gebührend*) fordern, verlangen; *poenam* Strafe vollziehen; **4.** °**a**) hervorholen, -stoßen [*pectore suspiria*]; **b**) herleiten, -holen [°*originem domus*]; **5.** (*v. der Rede*) anfangen, beginnen; *alte, longius* weit(er) ausholen.

re-pleō, *plēvī, plētum* 2 wieder füllen; reichlich versorgen *mit* [*frumento*]; anstecken [*vi morbi*]; / vervollständigen, ergänzen.

replicātiō, *ōnis f* (*replicō*) kreisförmige Bewegung [*mundi*].

re-plicō 1 °**1.** zurückbeugen, -strahlen; **2.** / aufrollen, entfalten; ** erwägen; erwidern; erzählen.

R

re-plumbō 1 (*plumbum*) von Blei befreien, reinigen [*argentum*].

rēpō, *rēpsī, rēptum* 3 (*et. unklar*) kriechen, schleichen.

re-pōnō, *posuī, positum* 3 (*altl. pf. -sivī; P.P.P. auch -postus*) **1. a**) zurücklegen, -stellen; **b**) hinterlegen, aufbewahren; °**c**) beiseite legen, weglegen, begraben; **2.** als Ersatz zurückgeben, erwidern, vergelten; **3. a**) wieder hinlegen, zurückbringen; °**b**) wiederherstellen; wiederholen, von neuem aufführen [*fabulam*]; **4. a**) hinstellen, -legen, -setzen; **b**) rechnen *unter* [*in numero deorum*]; **c**) setzen, beruhen lassen *auf* [*spem in virtute*]; ** *in beneficio* zu Lehen nehmen.

re-portō 1 **1. a**) zurücktragen, -bringen; **b**) heimbringen, davontragen, erlangen [*a rege victoriam*]; °**2.** / berichten, überbringen.

re-poscō, — — 3 (*-ō-?*) zurückfordern; (*als sein Recht*) fordern.

repositōrium, *ī n* (*repōnō*) Tafelaufsatz; ** Schrank; Bibliothek.

****repositorius** 3 Bibliotheks...

repostor, *ōris m* (*repōnō*) Wiederhersteller.

repostus 3 (*repōnō*) entlegen.

repōtia, *ōrum n* (*pōtō*) Trinkgelage *als Hochzeitsnachfeier*, Lendemain.

repraesentātiō, *ōnis f* (*repraesentō*) °**1.** bildliche Darstellung; **2.** Barzahlung.

re-praesentō 1 (*praesēns*) **1.** vergegenwärtigen; °**2.** veranschaulichen, nachahmen; **3.** bar bezahlen; **4.** sogleich erfüllen, beschleunigen.

re-prehendō, *endī, ēnsum* 3 zurück-, festhalten, hemmen; / tadeln; (*rhet. t.t.*) widerlegen.

reprehēnsiō, *ōnis f* (*reprehendō*) **1.** (*rhet. t.t.*) *das* Innehalten (*beim Reden*); / **2.** Tadel; Fehler; **3.** (*rhet. t.t.*) Widerlegung.

reprehēnsō 1 (*frequ. v. reprehendō*) festhalten.

reprehēnsor, *ōris m* (*reprehendō*) Tadler.

reprēndō 3 = *reprehendō.*

repressor, *ōris m* (*reprimō*) Unterdrücker.

re-primō, *pressī, pressum* 3 (*premō*) **1.** zurückdrängen; zurückhalten, hemmen; se *-ere u.* °*mediopass.* sich zurück-, sich enthalten; **2.** beschränken, beschwichtigen.

reprōmissiō, *ōnis f* (*reprōmittō*) *das* Gegenversprechen; ** Verheißung; *terra -onis das* gelobte Land.

re-prōmittō, *mīsī, missum* 3 **1.** dagegen versprechen; **2.** von neuem versprechen.

rēptābundus 3 (*rēptō*) schleichend.

rēptātiō, *ōnis f* (*rēptō*) *das* Kriechen.

****reptilis,** e kriechend; *subst.* **-e,** *is n* Kriechtier; Gewürm.

rēptō 1 (*intens. v. rēpō*) schleichen, (dahin)schlendern.

repudiātiō, *ōnis f* (*repudiō*) Zurückweisung.

repudiō 1 (*repudium*) zurückweisen, verschmähen, verwerfen; °*bsd.* verstoßen [*uxorem*].

repudiōsus 3 (*repudium*) verwerflich.

re-pudium, *ī n* (*pudet?*) Ehescheidung.

re-puerāscō, — — 3 wieder zum Kind werden; / kindisch werden.

re-pūgnanter *adv.* (*-ŭ-?; repūgnāns, part. praes. v. repūgnō*) widerstrebend.

repūgnantia[1], *ae f* (*-ŭ-?; repūgnō*) Widerspruch.

repūgnantia[2], *ium n* (*-ŭ-?; repūgnō*) Widersprüche.

re-pūgnō 1 (*-ŭ-?*) Widerstand leisten; / widerstreben, sich widersetzen; sich widersprechen.

re-pullulō 1 wieder ausschlagen, wieder hervorsprießen.

repulsa, *ae f* (*repellō*) Zurückweisung *bei der Amtsbewerbung, das* Durchfallen (*bei der Wahl*); *-am ferre u. accipere* durchfallen; °/ abschlägige Antwort.

repulsō 1 (*intens. v. repellō*) widerhallen lassen; immer wieder abweisen.

repulsus, *ūs m* (*repellō*) *das* Zurückwerfen; °Widerhall.

re-pungō, — — 3 wieder stechen.

re-pūrgō 1 (wieder) reinigen; / beseitigen.

reputātiō, *ōnis f* (*reputō*) Erwägung, Betrachtung.

re-putō 1 berechnen; / erwägen, bedenken.

re-quiēs, *ētis f* (*dat. ungebräuchlich; auch:* ° *gen. -iē, acc. -iem,* °*abl. -iē*) Ruhe, Erholung; Ruheplätzchen.

re-quiēscō, *ēvī, ētum* 3 **1.** (*intr.*) ruhen, schlafen; im Grabe ruhen; sich erholen; / sich beruhigen; °**2.** (*selten: trans.*) zur Ruhe bringen, stillstehen lassen.

requiētus 3 (*requiēscō*) ausgeruht.

requīritō 1 (*intens. v. requīrō*) fragen *nach* [*novas res*].

re-quīrō, *sīvī, sītum* 3 (*quaerō*) **1. a)** wieder (auf)suchen; / **b)** vermissen; **c)** verlangen, erfordern; P. erforderlich sein; **2.** fragen, (nach)forschen [*de statu civitatis*]; **3.** untersuchen, prüfen; (*P.P.P.*) °*subst.* **requīsīta,** *ōrum n der* verlangte Ausdruck.

rēs, *reī f* (*eigtl.* „Schatz, Besitz") **1. a)** Besitz, Vermögen, Habe, Gut; *res familiaris* Privatvermögen; **b)** (*meist pl.*) Macht, Herrschaft [*rerum potiri; summa rerum*]; **2. a)** Sache, Gegenstand, etwas; **b)** (*pl.*) Welt(lauf); *natura rerum* Natur; **c)** Sachlage, Verhältnisse, Zu-, Umstand; Hinsicht, Beziehung; *in omnibus rebus* in allen Punkten; *rem renuntiare* die (Sach-)Lage berichten; *res secundae, prosperae* (*adversae*) Glück (Unglück); Los, Schicksal; **d)** Ursache, Grund [*nur*: °*hac u. ea re; ob eam rem, quam ob rem* deshalb]; **e)** Geschäft, Unternehmen, Angelegenheit, Aufgabe; *res militaris, bellica* Kriegswesen, *maritima, navalis* Seewesen, *frumentaria* Verproviantierung, *rustica* Landwirtschaft; (*pl.*) *res divinae* Religionswesen *u. Ä.*; *rem suscipere* die Aufgabe übernehmen; **f)** Prozess; **g)** Staat, Gemeinwesen, staatliche Verhältnisse = *rēs pūblica* (*s. pūblicus*); **h)** Vorteil, Nutzen [°*rebus suis consulere*]; °*in rem meam est* es ist vorteilhaft für mich; **3. a)** Tat, Handlung; *res gestae* Taten; **b)** Maßregel; **c)** Krieg(stat), Kampf, Schlacht; **d)** Ereignis, Vorfall, Vorgang; (*pl.*) Geschichte; *rerum scriptor* Geschichtsschreiber; **e)** Tatsache; Wirklichkeit, Wahrheit, tatsächliche Erfahrung [*spem pro re ferre*]; **rē (vērā)** in der Tat, wirklich; °**f)** Wesen der Sache; Stoff, Inhalt, Gehalt (*im Gegensatz zu der Form oder zum Ausdruck*).

re-sacrō 1 entsühnen.

re-saeviō 4 wieder wüten.

resalūtātiō, *ōnis f* (*resalūtō*) Gegengruß.

re-salūtō 1 wiedergrüßen.

re-sānēscō, *nuī,* — 3 (*incoh. zu resānō*) wieder genesen.

re-sarciō, *sarsī, sartum* 4 °**1.** wieder ausbessern; **2.** ersetzen.

re-scindō, *scidī, scissum* 3 **1. a)** (wieder) auf-, zer-, niederreißen; °**b)** erneuern [*luctūs*]; **c)** (er)öffnen [*vias*]; **2.** / ungültig machen, aufheben.

re-scīscō, *scīvī u. sciī, scītum* 3 erkunden, entdecken.

re-scrībō, *scrīpsī, scrīptum* 3 **1.** schriftlich **a)** antworten; °**b)** widerlegen; eine Gegenschrift verfassen; °**2.** von neuem schreiben, überarbeiten; °**3.** nochmals ausheben; **4.** (*im Rechnungsbuch*) umschreiben: °**a)** gutschreiben, bezahlen; **b)** zur Last schreiben; **5.** *ad equum s. equus.*

rescrīptum, *ī n* (*rescrībō*) kaiserlicher Erlass; ** Abschrift.

re-secō, *secuī, sectum* 1 wegschneiden; / entfernen, beseitigen.

re-secrō 1 (*sacrō*) **1.** wiederholt bitten; **2.** die Bitte zurücknehmen.

re-sēminō 1 wieder erzeugen.

re-sequor, *secūtus sum* 3 antworten [*alqm*].

re-serō 1 **1.** aufriegeln, öffnen; **2.** / **a)** erschließen; °**b)** offenbaren; anfangen [*annum*].

re-servō 1 **1.** aufbewahren, aufsparen; **2.** (er)retten; beibehalten; ** vorbehalten.

reses, *idis* (*re-sideō*) zurückgeblieben; träge, untätig.

re-sideō, *sēdī, sessum* 2 (*sedeō*) **1.** (*intr.*) sitzen bleiben; / zurückbleiben, übrig sein; **2.** (*trans.*) feiern [*ferias*].

re-sīdō, *sēdī, sessum* 3 **1.** sich setzen, sich niederlassen; **2.** / **a)** sich senken, (ein)sinken; °**b)** sich zurückziehen; **c)** sich legen, nachlassen.

residuus 3 (*resideō*) zurückbleibend, übrig; rückständig [*pecuniae*]; *subst.* **-um,** *ī n* Rest.

****resignatio,** *onis f* Verzicht.

re-sīgnō 1 (*-ī-?*) **1. a)** entsiegeln, (er)öffnen; / °**b** enthüllen; °**c)** lösen, befreien; **2.** ungültig machen, vernichten; °**3.** zurückzahlen; verzichten *auf* [*cuncta*].

re-siliō, *luī, sultum* 4 (*saliō*) **1.** zurückspringen; °**2.** abprallen; *kl. nur* / °**3.** / °**a)** zusammenschrumpfen; **b)** abstehen, ablassen [*ab iis*].

re-sīmus 3 aufgeworfen [*nares*].

rēsīna, *ae f* (*gr. Lw.*) Harz.

rēsīnātus 3 (*rēsīna*) mit Harz bestrichen *od.* gewürzt [*vinum*].

re-sipiō, — — 3 (*sapiō*) schmecken *nach* [*picem*]; *kl. nur* /.

re-sipīscō, *puī u. piī,* — 3 (*incoh. zu*

R

resipiō) wieder zu Verstand, zu sich kommen; °/ wieder Mut fassen.
re-sistō, *stitī*, — 3 **1.** stehen bleiben, stillstehen, Halt machen; innehalten, stocken; **2.** wieder festen Fuß fassen; **3.** sich widersetzen.
****resolutio,** *onis f* Auflösung, Tod; Satz, These.
resolūtus 3 (*resolvō*) weibisch, wollüstig.
re-solvō, *solvī, solūtum* 3 **1. a)** auflösen, losbinden; **b)** öffnen; **2.** / auflösen; *nivem* schmelzen; erlösen, befreien; **3.** matt, schlaff machen; **4.** ungültig machen, aufheben; vernichten; verletzen [*iura pudoris*]; **5.** (zurück)bezahlen.
resonābilis, e (*resonō*) widerhallend.
re-sonō, *nuī*, — 1 **1.** (*intr.*) **a)** widerhallen; **b)** ertönen, erschallen; **2.** (*trans.*) °**a)** (einen Ton) von sich geben; *kl. nur* P.: widerhallen °**b)** mit Schall erfüllen.
resonus 3 (*resonō*) widerhallend.
re-sorbeō, — — 2 wieder einschlürfen, (wieder) einziehen.
re-spectō 1 (*trans. u. intr.*) **1.** zurücksehen, sich umschauen; °anschauen; **2.** / °berücksichtigen; erwarten.
respectus, *ūs m* (*respiciō*) *das* Zurückschauen; / °Rücksicht, °Berücksichtigung; Zuflucht(sort).
re-spergō, *rsī, rsum* 3 (*spargō*) bespritzen, besprengen; °/ bedecken.
respersiō, *ōnis f* (*respergō*) Besprengung.
re-spiciō, *exī, ectum* 3 (*-ēxī?*) **1.** (*intr.*) **a)** zurückschauen, -blicken, sich umsehen; **b)** sich beziehen *auf* [*ad*]; **2.** (*trans.*) °**a)** hinter sich erblicken, bemerken; / **b)** über-, bedenken; **c)** berücksichtigen, beachten; sorgen *für*; °**d)** erwarten, erhoffen.
respīrāmen, *inis n* (*respīrō*) Luftröhre.
respīrātiō, *ōnis f* (*respīrō*) *das* Aufatmen, Atmen; *das* Atemholen (*in d. Rede*), Pause; / Ausdünstung.
respīrātus, *abl. ū m* (*respīrō*) *das* Atemholen.
re-spīrō 1 °**1.** (*vom Wind*) zurückwehen, entgegenblasen; **2.** ausatmen; **3. a)** aufatmen, wieder zu Atem kommen; / **b)** sich wieder erholen; **c)** nachlassen.
re-splendeō, *uī*, — 2 widerstrahlen.
re-spondeō, *spondī, spōnsum* 2 **1.** dagegen versprechen, zusagen; **2. a)** antworten, erwidern; **b)** (*vom Orakel u. v. Juristen*) Bescheid geben, raten (*ius, de iure* Rechtsbescheide erteilen); **c)** (*beim Namensaufruf*) sich melden; *kl. nur* / sich verantworten; **3. a)** entsprechen, übereinstimmen *mit* [*opinioni*]; **b)** ähnlich, das Gegenstück sein; °**c)** (*räuml.*) gegenüberliegen, entsprechen; **d)** gewachsen sein, die Waage halten; **e)** vergelten [*amori amore*]; **f)** Wort halten [*ad tempus*]; °*ad reliqua* die Rechnung ausgleichen; ** prophezeien; belohnen *für* [*de*].
respōnsiō, *ōnis f* (*respondeō*) Antwort, Entgegnung; (*rhet. t.t.*) *sibi ipsi* Selbstwiderlegung.
respōnsitō 1 (*intens. v. respōnsō*) Rechtsgutachten abgeben.
respōnsō 1 (*intens. v. respondeō*) antworten; widerstehen, verschmähen [*cupidinibus*].
respōnsor, *ōris m* (*respondeō*) der Antwortende.
****responsorium,** *i n* Wechselgesang.
respōnsum, *ī n* (*respondeō*) Antwort; Rechtsbescheid; Ausspruch, Orakel.
rēs pūblica *s. pūblicus.*
re-spuō, *uī*, — 3 zurück-, ausspeien; / zurückweisen, verschmähen.
re-stāgnō 1 °**1.** überfließen, austreten; **2.** überschwemmt sein.
****restauratio,** *onis f* Erneuerung.
re-staurō 1 (*cf. īnstaurō*) wiederherstellen.
resticula, *ae f* (*dem. v. restis*) kleines Seil, Schnur.
re-stīllō 1 (*-ī-?*) wieder einträufeln, wieder einflößen.
restīnctiō, *ōnis f* (*-stī-?; restinguō*) *das* Löschen.
re-stinguō, *īnxī, īnctum* 3 (*-īnxī, -īnctum?*) (aus)löschen; P. erlöschen; / mäßigen; unterdrücken, vertilgen.
restiō, *ōnis m* (*restis*) Seiler; *ein mit* Stricken Gepeitschter.
restipulātiō, *ōnis f* (*restipulor*) Gegenverpflichtung.
re-stipulor 1 sich gegenseitig versprechen lassen.
restis, *is f* (*acc. auch -im; eigtl.* „zum Flechten geeigneter dünner Zweig") Seil, Strick; / Lauch-, Zwiebelblatt.
restitō 1 (*intens. v. restō*) zurückbleiben, zaudern.
restitrīx, *īcis f* (**restitor; resistō od. restō*) die zurückbleibt (?).
re-stituō, *uī, ūtum* 3 (*statuō*) **1. a)** (an die alte Stelle) wieder

R

hinstellen; **b)** zurückführen, -bringen, -rufen; **c)** zurück-, wiedergeben; se -ere sich wieder aussöhnen *mit* [*patri*]; **2. a)** (in den alten Stand) zurückversetzen [*in integrum*]; in seine Rechte wiedereinsetzen; **b)** wiederherstellen; **c)** wieder gutmachen, ersetzen [*amissa*]; **d)** aufheben [*iudicia*].

restitūtiō, *ōnis f* (*restituō*) °**1.** Wiederherstellung; **2. a)** Zurückberufung; Begnadigung; °**b)** Wiederaufnahme in den Senat.

restitūtor, *ōris m* (*restituō*) Wiederhersteller; Retter.

re-stō, *stitī,* — 1 **1.** zurückbleiben; °/ ausharren; °**2.** Widerstand leisten; **3.** übrig, noch vorhanden, noch am Leben sein; noch bevorstehen; *restat, ut* es ist noch übrig, dass, *quod restat* in Zukunft, künftig.

restrictus 3 (*m. comp., adv.*; *restringō*) °**1.** straff angezogen; **2.** / °**a)** genügsam; *kl. nur adv.* °**b)** streng; *kl. nur adv.*; **c)** sparsam, karg.

re-stringō, *strīnxī, strictum* 3 (*strīnxī?*) **1.** zurückziehen [*laevam*]; **2.** zurück-, festbinden; *dentes* fletschen; / beengen, beschränken.

re-sūdō 1 (Feuchtigkeit) ausschwitzen, feucht sein.

re-sultō 1 (*saltō*) **1. a)** zurückspringen, -prallen; **b)** widerhallen; **2.** / **a)** (*rhet. t.t.*) hüpfen (*von einer Rede mit vielen kurzen Silben hintereinander*); ungleichmäßig in der Stimme sein; **b)** widerstreben.

re-sūmō, *sūmpsī, sūmptum* 3 wiedernehmen, -ergreifen; erneuern; wiedererlangen.

re-suō, —, *ūtum* 3 auftrennen.

re-supīnō 1 **1.** zurückbeugen, -stoßen; *mediopass.* sich zurückbeugen; **2.** auf den Rücken werfen; vergewaltigen; **3.** umreißen, -stürzen.

resupīnus 3 (*Rückbildung v. resupīnō*) zurückgebogen, -gelehnt, rücklings; auf dem Boden liegend; / hochfahrend; weichlich, träge.

re-surgō, *surrēxī, surrēctum* 3 wieder aufstehen; / wieder erwachen, emporkommen.

****re-surrectio,** *onis f* Auferstehung.

re-suscitō 1 wieder erregen; ** wieder erwecken vom Tode.

retardātiō, *ōnis f* (*retardo*) Verzögerung.

re-tardō 1 verzögern; / hemmen, hindern.

re-taxō 1 wieder tadeln.

rēte, *is n* (*abl.* -e *u.* -ī; *cf. rārus*) Netz.

re-tegō, *tēxī, tēctum* 3 aufdecken, entblößen; öffnen; °/ erhellen; entdecken, offenbaren.

re-temptō 1 wieder versuchen.

re-tendō, *tendī, tēnsum u. tentum* 3 abspannen, entspannen [*arcum*].

retentiō, *ōnis f* (*retineō*) *das* Zurückhalten, Anhalten [*aurigae*]; *das* Zurückhalten einer Zahlung; Zurückhaltung [*assensionis*].

retentō[1] 1 (*intens. v. retineō*) zurück-, festhalten; erhalten.

re-tentō[2] = *retemptō.*

re-terō, *trīvī, trītum* 3 abreiben.

re-texō, *xuī, xtum* 3 **1.** wieder auftrennen; **2.** / **a)** ungültig machen, widerrufen; °**b)** erneuern, wiederholen.

°**rētia,** *ae f* = *rēte.*

rētiārius, *ī m* (*rēte*) Netzkämpfer (*Gladiator mit Dreizack u. Netz*).

****retiator,** *oris m* Netzstricker.

reticentia, *ae f* (*reticeō*) *das* (Still-)Schweigen, Verschweigen; (*rhet. t.t.*) *das* Abbrechen mitten im Satz.

re-ticeō, *cuī,* — 2 (*taceō*) **1.** (*intr.*) stillschweigen; °*alci jd.* nicht antworten; **2.** (*trans.*) verschweigen.

rēticulum, *ī n* (*dem. v. rēte*) (kleines) Netz (Fischnetz, Tragenetz, Sieb); Haarnetz; Racket.

retināculum, *ī n* (*retineō*) Halter, Band; Leine, Tau, Seil; Zügel; / *pl.* Bande [*vitae*].

retinēns, *entis* (*retineō*) festhaltend an [*sui iuris*].

retinentia, *ae f* (*retinēns*) *das* Behalten im Gedächtnis; Erinnerung.

re-tineō, *tinuī, tentum* 2 (*teneō*) **1.** zurück-, festhalten, zurückbehalten; abhalten, **2.** in Schranken halten, zügeln; fesseln; **3.** (bei-)behalten, erhalten, behaupten, bewahren.

re-tinniō, — — 4 widerklingen.

re-tonō, — — 1 donnernd widerhallen.

re-torqueō, *rsī, rtum* 2 **1. a)** zurückdrehen, -wenden, -beugen; °**b)** zurückschlagen, -werfen; *amictum* aufschürzen; °**c)** auf den Rücken binden; °**2.** / umändern.

re-torridus 3 verdorrt; / schlau.

retractātiō, *ōnis f* (*retractō*) °**1.** Beschäftigung (*m. etw. od. jd.*) in Gedanken; **2.** Weigerung.

retractātus 3 (*m. comp.*; *retractō*) umgearbeitet.

R

retractō 1 (*frequ. v. retrahō*) **1.** zurückziehen: / °**a**) zurücknehmen [*dicta*]; **b**) sich weigern; **2.** °**a**) wieder ergreifen [*arma*]; °**b**) umarbeiten; **c**) wieder erwägen.
retractus 3 (*m. comp.*; *retrahō*) entfernt, versteckt.
re-trahō, *trāxī, tractum* 3 **1. a**) zurückziehen, -bringen, -holen; **b**) einbringen [*alqm ex fuga*]; **2. a**) zurück-, abhalten; °**b**) nicht herausgeben; (*v. einer Summe*) etw. streichen; **c**) se -ere sich fernhalten, sich zurückziehen; °**3. a**) von neuem schleppen [*ad cruciatus*]; **b**) wieder ans Licht ziehen; **4.** hinziehen, hinführen.
retrectō 1 = *retractō.*
re-tribuō, *uī, ūtum* 3 **1.** zurückgeben; wieder zustellen; **2.** (*jd. das ihm Gebührende*) zukommen lassen.
retrō *adv.* (*re*; *cf. in-trō*) **1.** (*räuml.*) zurück, rückwärts, (nach) hinten; **2.** (*zeitl.*) vorher; **3.** / **a**) *ponere* hintansetzen; **b**) wiederum, umgekehrt; ** wieder; *multis ~ annis* seit vielen Jahren; *prp. b. acc.* hinter.
retro-agō, *ēgī, āctum* 3 (*-ō-?*) **1.** zurücktreiben; zurückstreichen [*capillos*]; / besänftigen [*iram*]; **2.** umkehren, ändern; *litteras* umgekehrt aufsagen lassen; *dactylus retroactus* Anapäst.
retrō-cēdō, *cessī, cessum* 3 zurückweichen.
retrōgradus 3 (*Rückbildung aus retrōgradior* „zurückgehen") zurückgehend.
retrōrsum *u.* °**-us** *adv.* (< **retrō-vors...*; *vertō*) °**1.** rückwärts; **2.** umgekehrt.
retrō-versus[1] 3 zurückgewandt; [*auch i. Tmesis.*]
retrōversus[2] *u.* **-um** *adv.* (*cf. adversus*[2]) rückwärts.
re-trūdō, *ūsī, ūsum* 3 zurückstoßen.
retrūsus 3 (*retrūdō*) entfernt, versteckt.
re-tundō, *ret(t)udī, retū(n)sum* 3 **1. a**) abstumpfen; **b**) / vereiteln; dämpfen; °**2.** zurückhalten, im Zaume halten; **3.** (*P.P.P.*) *adi.* **retū(n)sus** 3 °**a**) stumpf; / **b**) stumpfsinnig; °**c**) gefühllos.
reus, *ī m,* **-a,** *ae f* (*eigtl. adi. zu rēs* „Rechtssache") *der, die* Angeklagte; *pl.* **reī,** *ōrum m die* Parteien; °*adi.* **-us** 3 schuld *an*, verantwortlich *für* [*culpae*]; *voti reus* zur Lösung des Gelübdes verpflichtet.
re-valēscō, *luī,* — 3 wiedergenesen; / wieder aufblühen; wieder Geltung erlangen.
re-vehō, *vēxī, vectum* 3 zurückführen, -bringen; P. zurückkommen, -fahren *usw.*; *kl. nur* / zurückkommen *auf* [*ad superiorem aetatem*].
****revelatio,** *onis f* Offenbarung.
re-vellō, *vellī* (°*vulsī*), *vulsum* 3 weg-, ab-, losreißen; aufbrechen, öffnen; / vertilgen.
re-vēlō 1 enthüllen, entblößen; ** offenbaren.
re-veniō, *vēnī, ventum* 4 zurück-, heimkommen.
rē-vērā (*auch getr.*) *adv. s. rēs.*
re-verberō 1 zurückschlagen; P. ab-, anprallen.
reverendus 3 (*Gerundiv v. revereor*) ehrwürdig.
****reverendissimus** *u.* **-tissimus** hochehrwürdig.
reverēns, *entis* (*m. comp., sup., adv.*; *revereor*) ehrerbietig; sittsam.
reverentia, *ae f* (*reverēns*) **1.** Ehrerbietung, Ehrfurcht; ♀ *Göttin der Ehrfurcht*; °**2.** Scheu, Scham; ** *vestra* Ew. Hochwürden.
re-vereor, *itus sum* 2 (sich) scheuen; ehren, hochachten.
re-verrō, — — 3 wieder auseinander fegen.
reversiō, *ōnis f* (*revertor*) °**1.** (*gramm. u. rhet. t.t.*) Umstellung *der Wörter*, Anastrophe (*z. B. quibus de rebus*); **2.** Rückkehr, Umkehr, Wiederkehr.
re-vertor, *revertī, reversus* (°*revertō*; °*reversus sum*) 3 zurück-, umkehren; °*in gratiam cum alqo* sich aussöhnen *mit.*
re-videō, — — 2 wieder hinsehen.
re-vīlēscō, — — 3 (*incoh. zu vīlis*) an Wert verlieren.
re-vinciō, *vinxī, vinctum* 4 (*vīnxī, vīnctum?*) °**1.** zurückbinden; **2.** fest-, anbinden; °umwinden; °/ fesseln.
re-vincō, *vīcī, victum* 3 °**1.** besiegen, überwältigen; **2.** / widerlegen.
re-virēscō, *ruī,* — 3 °**1.** wieder grünen; **2.** °**a**) sich verjüngen; **b**) wieder aufblühen, wieder erstarken.
re-vīsō, *vīsī, vīsum* 3 wieder-, nachsehen, besichtigen; wieder besuchen °/ heimsuchen.
revīvīscō, *vīxī,* — 3 (*incoh. v. revīvō*) wieder aufleben.
re-vīvō, —, *vīctūrus* 3 wieder leben.
revocābilis, e (*revocō*) zurückrufbar; (*meist m. Negation*) *non ~* unwiderruflich.

revocāmen, *inis n* (*revocō*) Warnung.
revocātiō, *ōnis f* (*revocō*) **1.** (*rhet. t.t.*) *das* nochmalige Aussprechen [*verbi*]; **2.** Abberufung [*a bello*].
re-vocō 1 **1. a)** zurückrufen, *bsd.* (*mil. t.t.*) zurückrufen, abberufen; / **b)** zurückziehen, -bringen, -wenden, -holen [*a luxuria*]; *se -are* zurückkehren (*ad se* wieder zu sich kommen); **c)** zurück-, abhalten, abbringen [*a scelere*]; °**d)** zurückverlangen; **e)** wiederherstellen, erneuern; *memoriam rei* sich erinnern *an*; °**f)** widerrufen; **g)** beschneiden, beschränken; **h)** zurückführen, beziehen *auf* [*omnia ad lucrum*]; *in dubium* in Zweifel ziehen; *rem ad manus* es zum Handgemenge kommen lassen; **2. a)** von neuem rufen; **b)** wieder vor Gericht laden; **c)** (*einen Schauspieler*) hervorrufen; da capo rufen *bei* [*versūs*]; **d)** (*mil. t.t.*) wieder einberufen [*milites*]; **3. a)** seinerseits rufen; **b)** eine Einladung erwidern.
re-volō 1 zurückfliegen; °/ zurückeilen.
revolūbilis, e (*revolvō*) zurückrollbar; *non* ~ unabwendbar.
****revolutio,** *onis f* Umwälzung; [Bahn.
re-volvō, *volvī, volūtum* 3 **1. a)** zurückrollen, -wälzen, -wickeln; / **b)** zurückführen *auf* [*ad summas*]; °**c)** neu entfachen [*iras*]; **2.** *medio-pass. u. se -ere:* °**a)** herabfallen [*equo*]; °**b)** vergehen [*saecula*]; °**c)** (*v. Gestirnen*) zurückkehren; °**d)** von neuem verfallen [*in luxuriam*]; **e)** zurückkommen *auf* [*ad consilium*]; **3.** °**a)** wieder aufrollen, aufschlagen [*librum*]; **b)** wieder lesen, erzählen, überdenken; (*P.P.P.*) °*adi.* **revolūtus** 3 vergangen.
re-vomō, *uī,* — 3 wieder von sich geben.
re-vorrō = *reverrō.*
revors..., revort... (*Pl.*) = *revers..., revert...*
rēx, *rēgis m* (*regō*; *cf. nhd.* „reich") **1. a)** König, Fürst; **b)** Perserkönig; °**c)** Suffet; **d)** *adi.* königlich; °herrschend; **2.** *pl.* Königsfamilie; *sg.* Prinz; **3.** Gewaltherrscher, Despot; **4.** Opferkönig [*sacrorum*]; °**5. a)** Leiter, Führer, Beherrscher, Herr; (*kl.*) *pl.* große Herren, Mächtige; **b)** Patron; ** *perennis* Christus.
Rhadamanthus, *ī m* (*gr.* -dạmanthys) *Sohn Jupiters u. der Europa, Richter in der Unterwelt.*
rhapsōdia, *ae f* (*gr. Fw.*) Gesang [(*der Ilias*).
Rhēa¹, *ae f* = *Rēa²*.
Rhea², *ae f* (*gr.* Rhẹā [*einsilbig*]) *Gemahlin des Kronos, früh der Kybele gleichgesetzt.*
rhēda, rhēdārius = *rēd...*
rhēnō, *ōnis m* = *rēnō.*
Rhēnus, *ī m* Rhein.
rhētor, *oris m* (*gr. Fw.*) Lehrer der Beredsamkeit; °Redner.
rhētoricōteros, *ī m* (*urspr. gr. comp.*) ein recht eingebildeter Rhetor.
rhētoricus 3 (*m. adv.*; *gr. Fw.*) rhetorisch, rednerisch; *subst.* °~, *ī m* Lehrbuch der Rhetorik; **-a,** *ae f,* **-ē,** *ēs f u.* **-a,** *ōrum n* Redekunst, Rhetorik.
rhīnocerōs, *ōtis m* (*acc. sg. auch -ōta, pl. auch -ōtas*; *gr. Fw.*) Nashorn; / Geschirr aus Nashornbein.
rhō *n* (*indecl.*) *gr. Buchstabe* (ρ).
Rhodanus, *ī m* Rhone.
Rhodos *u.* **-us,** *ī f Insel a. d. Küste Kleinasiens m. gleichnamiger St.*; *adi. -iēnsis, e*; *adi. u. Einw. -ius* (3).
rhombus, *ī m* (*gr. Fw.*) Kreisel, Zauberrad; (*wahrsch.*) Steinbutt.
rhonchus, *ī m* = *ronchus.*
rhythmicī, *ōrum m* (*gr. Fw.*) Rhythmiker, Lehrer des Rhythmus.
rhythmus, *ī m* (*gr. Fw.*) Rhythmus *in Musik u. Rede* (*reinlat. numerus*); ** Weise, Lied.
rhytium, *ī n* (*gr. Fw.*) Trinkhorn.
rīca, *ae f* (*cf. mhd.* rig-el *ds.*) Kopftuch.
rīcīnium, *ī n* (*rīca*) kleines Kopftuch.
rictus, *ūs m* (*unkl.*) *u.* **-um,** *ī n* (*ringor*) offener Mund, Rachen; °/ Öffnung der Augen.
rīdeō, *sī, sum* 2 (*urspr.* „verlegen lächeln") **1.** (*intr.*) **a)** lachen; °**b)** lächeln; an-, zulächeln; °**c)** / glänzen, strahlen; **2.** (*trans.*) **a)** aus-, verlachen, lachen *über* [*versūs*]; °**b)** freundlich anlächeln.
rīdibundus 3 (*rīdeō*) lachend.
rīdiculāria, *ōrum n* (*rīdeō*) Possen.
rīdiculus 3 *m. adv.*; *rīdeō*) lächerlich; spaßhaft, scherzhaft; *subst.* °~, *ī m* Spaßmacher, Possenreißer; **-um,** *ī n* Scherz, Witz, Schwank.
°**rigēns,** *entis* (*part. praes. v. rigeō*) = *rigidus.*
rigeō, *uī,* — 2 (*vl. zu frīgus*) **1.** starren, steif sein; °/ strotzen *von*

[*auro*]; °**2.** emporstehen; sich sträuben.
rigēscō, *guī,* — 3 (*incoh. v. rigeō*) erstarren, steif werden; / sich sträuben.
rigidō 1 (*rigidus*) steif, hart machen.
rigidus 3 (*m. comp.,* °*sup.,* °*adv.*; *rigeō*) **1.** °**a**) starr, steif, fest; °**b**) emporstarrend; **c**) gerade ausgestreckt; °*subst.* **-a,** *ae f* (*sc. mentula*); **2.** / (*meist dcht.*) unerschütterlich; hart, abgehärtet; streng, wild, unbeugsam, grausam.
rigō 1 (*et. unklar*) leiten [*aquam per agros*]; bewässern, benetzen; / tränken, säugen.
rigor, *ōris m* (*rigeō*) Starrheit; Erstarrung, Kälte; Steifheit, Härte; / Härte, Strenge, Steifheit (*in Sitten u. bildlicher Darstellung*); Eintönigkeit *der Rede.*
riguus 3 (*rigō*) bewässernd; bewässert.
rīma, *ae f* (*cf. nhd.* „Rain") **1.** Ritze, Spalte, Riss; / °Blitz; °**2.** / Ausflucht, Ausweg; °**3.** = *cunnus.*
rīmor 1 (*rīma*) °**1.** aufwühlen, -reißen; **2.** °**a**) durchwühlen, -stöbern, -suchen; **b**) durch-, erforschen.
rīmōsus 3 (*rīma*) voller Risse, leck.
ringor, — 3 (*cf. rictus*) die Zähne fletschen; / sich ärgern.
rīpa, *ae f* (*cf. nhd.* „Riff") **1.** (steiles) Flussufer; **2.** (*dcht. u. nkl.*) Meeresufer; °**3.** / Ufer, Rand.
rīpula, *ae f* (*dem. v. rīpa*) kleines Ufer.
riscus, *ī m* (*gr. Fw.*) (*aus Weiden geflochtener u. m. Fell überzogener*) Koffer.
rīsiō, *ōnis f* (*rīdeō*) Lachen, Gelächter.
rīsor, *ōris m* (*rīdeō*) Spötter.
rīsus, *ūs m* (*rīdeō*) **1.** *das* Lachen Gelächter; °**2.** Gegenstand des Lachens; Gespött.
rīte *adv.* (*cf. rītus*) **1.** nach dem Ritus; **2.** / °**a**) auf herkömmliche Weise, gesetzmäßig; **b**) gehörig, gebührend; °**c**) zum Glück, zum Heil.
rītuālis, e (*rītus*) die heiligen Gebräuche betreffend; *libri* -es Ritualbücher.
rītus, *ūs m* (*altes Sakralwort*) **1.** heiliger Brauch, religiöse Satzung; Ritus; °**2.** Brauch, Sitte; *kl. nur* **rītū** nach Art *von,* wie [*pecudum*].
rīvālis, *is m* (*rīvus; urspr. adi.*; *wohl altes Bauernwort*: „Kanalnachbar") Nebenbuhler.
rīvālitās, *ātis f* (*rīvālis*) Eifersucht.
rīvulus, *ī m* (*dem. v. rīvus*) Bächlein.
rīvus, *ī m* (√ *rei- „fließen") **1.** Bach; °**2.** Wasserrinne, Kanal; *aquarum* Wasserleitung; °**3.** / Strom [*lacrimarum*].
rixa, *ae f* (*-ī-?; et. unklar*) Zank, Streit.
rixātor, *ōris m* (*-ī-?; rixor*) Zänker.
rixor 1 (*-ī-?; rixa*) zanken, streiten.
rōbīginōsus 3 (*rōbīgō*) verrostet; / missgünstig.
rōbīgō[1], *inis f* (*ruber; cf. altl. rōbus*[1]) Rost; Brand *des Getreides*; Zahnfäule; / Fäulnis; Untätigkeit; üble Gewohnheiten; Neid.
Rōbīgō[2], *inis f u.* **-gus,** *ī m Gottheit, die den Getreidebrand verhinderte.*
rōboreus 3 (*rōbur*) eichen.
rōborō 1 (*rōbur*) stärken, kräftigen; *kl. nur* /.
rōbur, *oris n* (*et. unklar*) **1. a**) Kern-, Eichenholz; **b**) Gegenstand aus Eichenholz: Bank; (*dcht.*) Speer, Keule, Tor; °**c**) unterirdisches Verlies im *carcer Tullianus*; **2.** Stärke, Kraft, Festigkeit; **3. a**) Kern *einer Sache*; **b**) Kerntruppen; °**c**) Mittel-, Stützpunkt.
rōbus[1] 3 (*altl.*) = *ruber.*
rōbus[2], *oris n* (*vkl. nkl.*) = *rōbur.*
rōbustus 3 (*m. comp.,* °*sup.,* °*adv.*; *rōbur*) °**1.** eichen; **2.** / fest, stark; erwachsen.
****roccus,** *i m* Rock [*Sancti Martini*].
****rochus** (**rocus**), *i m* Turm (*im Schachspiel*).
rōdō, *sī, sum* 3 (*rādō*) °**1.** benagen, anfressen; **2.** / verkleinern, herabsetzen.
rogālis, e (*rogus*) *des* Scheiterhaufens.
rogātiō, *ōnis f* (*rogō*) **1. a**) Frage; **b**) (*pol. t.t.*) Anfrage an das Volk, Gesetzvorschlag; *-em ad populum ferre* einbringen, *perferre* durchbringen; **2.** Bitte, Aufforderung.
rogātiuncula, *ae f* (*dem. v. rogātiō*) **1.** kurze Frage; **2.** in Vorschlag gebrachtes Gesetz; Verordnung.
rogātor, *ōris m* (*rogō*) Antragsteller; Stimmensammler; °Bettler.
rogātus, *abl. ū m* (*rogō*) Bitte, Ersuchen.
rogitātiō, *ōnis f* (*rogitō*) Gesetzvorschlag, -antrag.
rogitō 1 (*intens. v. rogō*) angelegentlich fragen; ** inständig bitten.
rogō 1 (*altl. coni. pf. -gassit, -gassint; regō; eigtl.* „die Hand ausstrecken") **1.** langen *nach,* holen

[°*aquam*]; **2. a)** (be)fragen; **b)** *sententiam* einen Senator um seine Meinung befragen; *populum, legem* ein Gesetz beantragen; *magistratum* einen Beamten zur Wahl vorschlagen; **c)** (*mil. t.t.*) vereidigen [*milites* (*sacramento*)]; **3.** bitten *um* [*me multa; ut, ne*]; einladen.

rogus, *ī m* (*wohl zu regō*) Scheiterhaufen; °/ Vernichtung, Grab.

Rōma, *ae f* (*etr.*; *cf. Rūminus*) Rom; *adi.* **-mānus** 3 römisch, lateinisch; *subst.* **-mānus,** *ī m u.* **-māna,** *ae f* Römer(in).

romphaea, *ae f* (*spätes literarisches Lw.*) = *rumpia.*

Rōmulus, *ī m Sohn des Mars u. der Ilia sacerdos od. der Rhea Silvia, Ahnherr der etr. gens Rōmulia od. Rōmilia, Gründer u. erster König Roms;* °*adi.* **-l(e)us** 3 *des* ~; römisch; °*subst.* **-idae,** *ārum m* Nachkommen des ~, Römer.

ronchus, *ī m* (*gr. Fw.*) *das* Schnarchen; / näselnder Ton *des Spötters.*

rōrāriī, *ōrum m* (*et. ungedeutet*) *leicht bewaffnetes Fußvolk, das mit Schleudern den Kampf begann u. sich dann zurückzog.*

rōridus 3 (*rōs*) betaut.

rōri-fer, *era, erum* (*rōs, ferō*) taubringend.

rōrō 1 (*rōs*) °**1.** (*intr.*) **a)** tauen; *rōrat* es taut; **b)** / triefen, feucht sein; **2.** (*trans.*) °**a)** betauen; °**b)** benetzen, befeuchten; **c)** träufeln lassen, nur tropfenweise (Wein) spenden.

rōs, *rōris m* (*cf. Rhā, skythischer Name der Wolga*) **1.** Tau(tropfen); °**2.** / Feuchtigkeit, Nass; Wasser; *vitālis* Milch aus den Brüsten; °*rōs* (*marīnus*) Rosmarin.

rosa, *ae f* (*vl. Lw. aus einer Mittelmeersprache*) °**1.** Rosenstock; **2.** (*kl. nur sg., meist coll.*) Rose; Rosen (-kranz); °/ *Kosewort.*

rosāns, *antis* (*part. praes. v.* **rosō*) rosenrot.

rosārius 3 (*rosa*) von Rosen; *subst.* **-ium,** *ī n* Rosenhecke, -garten.

rōscidus 3 (*rōs*) tauend, tropfend; betaut, benetzt.

Rōscius 3 *röm. Gentilname*: S. ~ *aus Ameria, von Cicero verteidigt.*

rosētum, *ī n* (*rosa*) Rosenhecke, -garten.

roseus 3 (*rosa*) rosig, von Rosen; rosenfarbig.

rōsidus 3 (*Ca.*) = *rōscidus, rōridus.*

rōsmarīnus, *ī m* = *rōs marīnus.*

rōstrātus 3 (*rōstrum*) geschnäbelt; mit Schiffsschnäbeln (verziert).

rōstrum, *ī n* (*wohl zu rōdō*) **1.** Schnabel, Schnauze, Rüssel; **2.** / **a)** Schiffsschnabel; °**b)** Bug; **c)** (*pl.*) Rednerbühne *auf dem Forum zu Rom, verziert m. den Rammspornen der im J. 338 erbeuteten Schiffe der Antiaten;* ** Schnabelschuh.

****rosula,** *ae f* Röslein.

rota¹, *ae f* (*cf. nhd.* „Rad") **1. a)** Rad, Wagenrad; °**b)** Wagen; **2.** °**a)** Töpferscheibe; **b)** Folterrad; °**c)** Rolle, Walze; **3.** / °**a)** Kreis(bahn); **b)** Wechsel, Unbeständigkeit; °**c)** *-ae impares* Hexameter u. Pentameter.

rota² *s. rot(t)a.*

****rotalis,** e mit Rädern versehen; *poena* Strafe des Räderns.

****rotator,** *oris m* Rotaspieler.

rotō 1 (*rota¹*) **1.** (*trans.*) im Kreise herumdrehen; aufwirbeln [*fumum*]; **2.** (*intr.*) sich drehen, rollen.

****rot(t)a,** *ae f gitarrenartiges Musikinstrument.*

rotula, *ae f* (*dem. v. rota¹*) Rädchen.

rotunditās, *ātis f* (*rotundus*) Rundung; ** / runde Münze.

rotundō 1 (*rotundus*) rund machen; °/ abrunden, voll machen [*mille talenta*].

rotundus 3 (*m. comp.,* °*sup., adv.*; *wohl zu rota¹*) **1.** (kugel)rund; **2.** / **a)** (*periodisch*) abgerundet; °**b)** vollkommen.

rube-faciō, *fēcī, factum* 3 (*rubeō*) rot machen, röten.

rubēns, *entis* (*m. comp.; part. praes. v. rubeō*) rot, rötlich; bunt; schamrot.

rubeō, *uī,* — 2 (*ruber*) **1.** °**a)** rot sein; **b)** schamrot sein; °**2.** / glänzen, prangen.

ruber, *bra, brum* (*cf. rūfus*) rot, gerötet.

rubēscō, *buī,* — 3 (*incoh. v. rubeō*) rot werden, sich röten; schamrot werden.

rubēta, *ae f* (*et. nicht klar*) giftige Kröte.

rubētum, *ī n* (*rubus*) Brombeergesträuch.

rubeus 3 (*rubus*) vom Brombeerstrauch.

Rubicō, *ōnis m Fluss bei Ravenna.*

rubicundulus 3 (*dem. v. rubicundus*) etwas schamrot.

rubicundus 3 (*m. comp.*; *ruber*) (hoch)rot, rötlich, rot bemalt.

rubidus 3 (*ruber*) dunkelrot; braunrot.

rūbīgō, *inis f* = *rōbīgō.*

R

rubor, *ōris m* (*ruber*) **1. a)** Röte, Rot; rote Schminke; °**b)** Purpur; **2.** Schamröte; **3.** / Schamhaftigkeit; Schimpf.
rubrīca, *ae f* (*ruber*) Rötel; *der* (*rot geschriebene*) (Gesetz-)Titel, Rubrik.
rubus, *ī m* (*et. nicht klar*) Brombeerstrauch; °Brombeere.
rūctābundus 3 (*-ŭ-?*; *rūctō*) wiederholt rülpsend.
rūctātrīx, *īcis f* (*-ŭ-?*; **rūctātor*; *rūctō*) Aufstoßen verursachend.
rūctō *u.* **-or** 1 (*-ŭ-?*; *intens. zu *rūgō* 3 „rülpsen") **1.** (*intr.*) rülpsen, aufstoßen; °**2.** (*trans.*) ausrülpsen, ausspeien; ** herleiern [*psalmos*].
rūctuōsus 3 (*-ŭ-?*; *rūctus*) mit Rülpsen.
rūctus, *ūs m* (*-ŭ-?*; **rūgō* 3 „rülpsen") *das* Rülpsen.
rudēns, *entis m u.* °*f* (*altl. -ū-*; *abl. sg. meist -e, gen. pl. meist -um*; *wohl substantiviertes part.* „Zieher, Werkzeug zum Ziehen") Schiffstau; Seil.
rudiārius, *ī m* (*rudis*[1]) ausgedienter (*b. seiner Entlassung m. einer rudis ausgezeichneter*) Gladiator.
rudīmentum, *ī n* (*rudis*[2]) erster Versuch, Vorschule, Probestück.
rudis[1], *is f* (*et. ungedeutet*) Rapier.
rudis[2], e (*et. nicht geklärt*) °**1.** roh, unbearbeitet, kunstlos; °**2.** jung, neu; **3.** / **a)** ungebildet, ungeschickt; ungeübt; °**b)** unerfahren *in der Liebe*, unschuldig [*filia*].
rudō *u.* **rūdō,** *īvī,* — 3 (*cf. ravis*) brüllen, schreien; knarren.
rūdus[1], *eris n s. raudus.*
rūdus[2], *eris n* (*et. ungeklärt*) Schutt; (*pl.*) Ruinen; Mörtel.
****rufinus** 3 rot.
Rūfulī, *ōrum m die* vom Feldherrn ernannten Kriegstribunen (*angeblich aufgrund eines v. Rutīlius Rūfus eingebrachten Gesetzes*; *Ggs. die in den Komitien vom Volk gewählten comitiātī*).
rūfulus 3 (*dem. v. rūfus*) rötlich; [*homo Rotkopf.*]
rūfus 3 (*m.* °*comp.*, *ruber*) rothaarig.
rūga, *ae f* (*cf. nhd. dem.* „Runzel") Runzel; / finsteres Wesen, Ernst.
rūgō 1 (*rūga*) **1.** (*trans.*) runzeln [*frontem*]; **2.** (*intr.*) Falten werfen.
rūgōsus 3 (*rūga*) runzelig, faltig.
ruīna, *ae f* (*ruō*[1]) **1.** °**a)** *das* Stürzen; Unwetter; **b)** Einsturz; **2.** / **a)** Umsturz, Sturz, Fall; °**b)** Untergang, Tod; °**c)** (*meist pl.*) Trümmer; **d)** Fehltritt, Irrtum; **e)** Verderber, Zerstörer.
ruīnōsus 3 (*ruīna*) baufällig; °eingestürzt.
rullus 3 (*rudis*[2]) bäurisch, ungesittet; *subst.* ~, *ī m* Grobian.
rumex, *icis m f* (*et. ungedeutet*) Sauerampfer.
rūmiferō 1 (*rūmifer*; *rūmor, ferō*) öffentlich rühmen.
rūmi-ficō 1 (?) (*rūmor, faciō*) öffentlich preisen.
Rūminālis, e *u.* **-nus** 3 zur Rumina, (*vor Ovid -ī-*), *der Göttin der Säugenden*, gehörig; *ficus* der Feigenbaum, *unter dem die Wölfin Romulus u. Remus säugte.*
rūminātiō, *ōnis f* (*rūminō*) *das* Wiederkäuen; *kl. nur* /.
rūminō 1 (*rūmen* „Schlund") wiederkäuen.
rūmor, *ōris m* (*Schallwort*; *cf. ravis*) °**1.** dumpfes Geräusch; Beifallsruf; **2.** Gerücht; **3. a)** Volksstimme, öffentliche Meinung; **b)** guter Ruf; °**c)** üble Nachrede.
rumpia, *ae f* (*volkstümliches gr. Lw.*) breites zweischneidiges Schwert (*der Thraker*).
rumpō, *rūpī, ruptum* 3 (*cf. nhd.* „rauben") **1.** (zer)brechen, zerreißen, -hauen, sprengen; abschneiden; *mediopass.* bersten; **2.** / °**a)** durchbrechen; sich bahnen [*viam*]; hervorbrechen lassen; *se -ere u. mediopass.* hervorbrechen; °**b)** ausbrechen *in* [*has voces*]; **c)** verletzen, vernichten, vereiteln; **d)** unterbrechen, stören.
rūmusculus, *ī m* (*dem. v. rūmor*) Geschwätz.
ruō[1], *ruī, rutum* (*ruitūrus*) 3 (*vl.* ⟨ **ghruō*; *cf. congruō*) **1.** (*intr.*) **a)** (sich) stürzen, stürmen, rennen, (ent)eilen; **b)** sich überstürzen, übereilt handeln; **c)** zusammen-, einstürzen, sinken; zugrunde gehen; °**2.** (*trans.*) nieder-, hinwerfen; zerschlagen.
ruō[2], *ruī, rutum u. rūtum* 3 (*cf. rutrum*; *nhd.* „reuten, roden") °**1.** aufwühlen, aufgraben; fort-, zusammenraffen; aufwirbeln; **2.** (*P.P.P.*) *subst.* **rūta** (**et**) **caesa** (*auf einem Grundstück*) Gegrabenes u. Gefälltes = Hausgerät.
rūpēs, *is f* (*rumpō*) Fels; Klippe, Kluft; Schlucht, Abgrund.
ruptor, *ōris m* (*rumpō*) Verletzer [*foederum*].

R

rūri-cola, *ae* (*rūs, colō*) *das* Feld bestellend *od.* bewohnend; *subst. m* Bauer; Stier.

rūri-gena, *ae m* (*rūs, gignō*) Landmann.

rūrō 1 (*rūs*) auf dem Lande leben; Ackerbau treiben.

rūrsus *u.* **-um** *adv.* (< **re-vorsus, -sum; vertō*) **1.** rückwärts, zurück; **2.** wieder, von neuem; **3.** dagegen, andrerseits, umgekehrt.

rūs, *rūris n* (*cf. nhd.* „Raum") **1.** *das* Land; Landgut; *rus* aufs Land; *rure* vom Lande; °auf dem Lande [*rure paterno*]; *ruri* auf dem Lande; °**2.** / bäuerisches Wesen.

rūscum, *ī n* (*et. ungedeutet*) Mäusedorn.

russātus 3 (*russus*) rot gekleidet.

russus 3 (*ruber*) rot.

****rusticalis,** e bäurisch, grob.

rūsticānus 3 (*rūsticus*) ländlich; *subst.* ~, *ī m* Bauer.

rūsticātiō, *ōnis f* (*rūsticor*) Landleben.

rūsticitās, *ātis f* (*rūsticus*) ländliche Einfachheit; Plumpheit; Schüchternheit; bäuerische Aussprache [*verborum*].

rūsticor 1 (*rūsticus*) auf dem Lande leben.

rūsticulus 3 (*dem. v. rūsticus*) **1.** ländlich; °**2.** / unbeholfen, plump; **3.** *subst.* ~, *ī m* einfacher Bauer; °**-a,** *ae f* Haselhuhn.

rūsticus 3 (*m.* °*comp., adv.; rūs*) **1.** ländlich, Land-, Feld- [°*mus*]; **2.** / **a)** einfach, schlicht; **b)** linkisch, ungeschliffen; °**c)** spröde [*Venus*]; **3.** *subst.* **a)** ~, *ī m* Landmann, Bauer; Bauernlümmel; **-ī,** *ōrum m* (*Qu.*) bäuerische Menschen; °**b)** **-a,** *ae f* grobe Bäuerin.

rūsum, -us (*altl.*) = *rūrsum, -us.*

rūta[1], *ae f* (*wohl gr. Lw.*) Raute (*Pflanze*); / Bitterkeit.

rūta[2] **(et) caesa** *n s. ruō*[2].

rutābulum, *ī n* (*rutō, intens. zu ruō*[2]) Ofenhaken.

rūtātus 3 (*rūta*[1]) mit Raute bedeckt, bekränzt.

rutilō 1 (*rutilus*) **1.** (*trans.*) rötlich färben; **2.** (*intr.*) rötlich, wie Gold schimmern.

rutilus 3 (*ruber*) rötlich, goldgelb; °rothaarig.

rutrum, *ī n* (*ruō*[2]) Schaufel.

rūtula, *ae f* (*dem. v. rūta*[1]) zarte Raute.

S

S. (*Abk.*) = *Sextus*; (*in Briefen*) **S.** = *salūtem*; **S. C.** = *senātūs cōnsultum*; **S.D.** = *salūtem dīcit*; **S.P.D.** = *salūtem plūrimam dīcit*; **S.P.Q.R.** = *senātus populusque Rōmānus.*

Sabaeus 3 aus Saba (*in Arabien*); arabisch; *subst.* **-a,** *ae f das* „glückliche" Arabien; *Einw.* **-ī,** *ōrum m.*

Sabazia, *ae f Fest zu Ehren des Sabazius.*

Sabazius, *ī m* (*gr.* -os) *Beiname des* [*Bacchus.*]

sabbata, *ōrum n* (*jüd. Fw.*) **1.** Sabbat; **2.** (*jeder*) jüdische Feiertag; ** *sg. um sanctum* Ostersamstag.

sabbatāria, *ae f* (*sabbata*) Jüdin.

Sabellī, *ōrum m* **1.** (*urspr.*) *die kleineren mittelital. Völkerschaften sabinischer Abstammung* (*Marser, Päligner, Vestiner, Marruziner*); **2.** *die südl. osk.-sabin. Mischvölker*; **3.** (*dcht.*) = *Sabīnī*; *adi.* -*bell(ic)us* 3.

Sabīnī, *ōrum m die* Sabiner (*Volk nördl. v. Latium*); *adi.* -*us* 3; *subst.* **-us,** *ī m Stammvater der Sabiner*; **-um,** *ī n* Sabinerwein.

Sabis, *is m Nbfl. der Maas, j.* [Sambre.]

sabulum, *ī n* (*wohl gr. Lw.*) grober Sand; Kies.

saburra, *ae f* (*wohl zu sabulum*) [Sand; Ballast.]

saburrō 1 (*saburra*) mit Ballast beladen; / den Magen überladen.

saccārius 3 (*saccus*) mit Säcken beladen [*navis*].

****sacchara,** *ae f* Zucker.

saccipērium, *ī n* (*gr. Lw.*) Umhängetasche.

saccō[1] 1 (*saccus*) durchseihen; *saccātus umor corporis* Urin.

saccō[2], *ōnis m* (*Scherzname; saccus*) der auf seinem Geldbeutel sitzt; Geizhals, Wucherer.

sacculus, *ī m* (*dem. v. saccus*) [Geldbeutel.]

saccus, *ī m* (*gr. Fw., aus dem Semitischen stammend*) Sack: **1.** Geld-, Getreidesack; °*ad -um* (Bettelsack) *ire* betteln gehen; °**2.** Filter.

sacellum, *ī n* (*dem. v. sacrum*) Kapelle.

sacer, *cra, crum* (*m.* °*sup.*; *altl. nom. pl.* -*ēs*; < **sakros; cf. sanciō*) **1. a)** heilig, einem Gotte geweiht [°*Iovi, Iovis*]; °**b)** ehrwürdig; °**2.** einem unterirdischen Gott geweiht, verflucht.

sacerdōs, *ōtis m f* (*sacer*; √ **dhē-* „setzen") Priester(in).
sacerdōtālis, e (*sacerdōs*) priesterlich.
sacerdōtium, *ī n* (*sacerdōs*) Priesteramt, -würde.
sacrāmentum, *ī n* (*sacrō*) **1.** (*jur. t.t.*) **a)** Strafsumme, Haftbefehl (*Kaution b. Zivilprozessen*); **b)** Prozess(führung); *iustum* gewonnener Prozess; **2. a)** Fahneneid; °**b)** Kriegsdienst; °**3.** Verpflichtung, Eid; ** Sakrament.
sacrārium, *ī n* (*sacrum*) °**1.** Sakristei; **2.** Kapelle, Tempel; Hauskapelle. [vergöttert.
sacrātus 3 (*m. sup.*; *sacrō*) heilig;
sacrēs *s. sacer.* [Opferdiener.
sacri-cola, *ae m* (*sacrum, colō*)
sacri-fer, *era, erum* (*sacrum, ferō*) Heiligtümer tragend.
sacrificālis, e (*sacrificus*) zum Opfern gehörig. [Opfern.
sacrificātiō, *ōnis f* (*sacrificō*) *das*
sacrificium, *ī n* (*sacrum, faciō*) Opfer; ** Messopfer; *laudis* Lobopfer.
sacrificō 1 (*sacrificus*) **1.** (*intr.*) opfern, (ein) Opfer darbringen [°*Orco* (*dat.*) *hostiis* (*abl.*)]; °**2.** (*trans.*) als Opfer darbringen, opfern [*suem*]; ** die Messe zelebrieren. [Opferpriester.
sacrificulus, *ī m* (*dem. v. sacrificus*)
sacri-ficus 3 (*sacrum, faciō*) opfernd; Opfer...
sacrilegium, *ī n* (*sacrilegus*) Tempelraub; / Religionsfrevel.
sacri-legus 3 (*m.* °*sup.*; *sacrum, legō*; „heilige Geräte auflesend, *d.h.* stehlend") **1.** tempelräuberisch; °**2.** gottlos, verrucht; **3.** *subst.* **-us,** *ī m* Tempelräuber; °Schurke.
sacrō 1 (*sacer*) **1. a)** (*einer Gottheit*) weihen, widmen; °**b)** (*dem Untergang*) weihen, preisgeben; **2. a)** (*durch Weihung*) unverletzlich machen [°*foedus*]; °**b)** als heilig verehren; °**c)** unsterblich machen.
sacrō-sānctus 3 (*-ānct-?*; *sacrō abl. sg. n v. sacer*) unverletzlich; hochheilig.
sacrum, *ī n* (*sacer*) **1. a)** heiliges Gerät, Tempelgut; **b)** Opfer [°*accendere*]; **2. a)** heiliger Brauch, gottesdienstliche Handlung; **b)** *pl.* Gottesdienst; Fest, Feier [°*nuptialia*]; °**c)** Geheimnisse, Mysterien.
saec(u)lāris, e (*saeculum*) hundertjährig, Säkular...; ** weltlich.
saec(u)lum, *ī n* (*wohl urspr.* „[Menschen-]Saat"; *cf. serō*[2]) **1. a)** Menschenalter, Generation; °**b)** Zeit (-alter); Regierungszeit *eines Fürsten*; **2. a)** Jahrhundert; langer Zeitraum; **b)** Menschen des Jahrhunderts; **c)** Zeitgeist; ** Welt; *in saecula* (*saeculorum*) immerdar.
saepe *adv.* (*comp.* *-pius*; *sup. -pissimē*; *eigtl. n des adi.* **saepis* „gedrängt"; *cf. saepiō*) oft, häufig.
saepe-numerō *adv.* oftmals.
saepēs, *is f* (*saepiō*) Zaun, Umzäunung, Gehege; °/ Garten.
saepiculē *adv.* (*dem. v. saepe*) ziemlich oft. [zäunung.
saepīmentum, *ī n* (*saepiō*) Ver-
saepiō, *psī, ptum* 4 (**saepis*; *s. saepe*) umzäunen; / umgeben, einschließen, verwahren; schützen, besetzen, decken.
saeps, *is f* = *saepēs.*
saeptum, *ī n* (*saepiō*) Gehege, Stall; *pl.* Mauern; Schranken (*für die Komitien*).
saeta, *ae f* (*et. ungedeutet*) Borste; struppiges Haar; °/ Angelschnur.
saeti-ger, *era, erum* (*saeta, gerō*) Borsten tragend; *subst.* ~, *erī m* Eber.
saetōsus 3 (*saeta*) borstig; aus Fell; behaart.
saevi-dicus 3 (*saevus, dīcō*[2]) zornig.
saeviō 4 (*altl. impf.* *-ībat*; *saevus*) wüten, toben, rasen, wild sein.
saeviter *adv. s. saevus.*
saevitia, *ae f* (*saevus*) °**1.** Wildheit (*der Tiere*); **2. a)** Härte, Grausamkeit; °**b)** *annonae* Teuerung.
saevitūdō, *inis f* (*saevus*) Härte.
saevus 3 (*m.* °*comp.*, °*sup.*; *adv.* **-ē,** *altl.* **-iter**; *cf. nhd.* „sehr, versehren") °**1.** (*v. Tieren*) wütend; **2.** / grimmig, heftig, grausam, streng. [°Kupplerin.
sāga, *ae f* (*sāgus*) Wahrsagerin;
sagācitās, *ātis f* (*sagāx*) Spürsinn; / Scharfsinn, -blick. [Mantel.
sagātus 3 (*sagum*) im (Soldaten-)
sagāx, *ācis* (*abl.* *-e u. -ī*; *m.* °*comp., sup., adv.*; *sāgiō*) scharf witternd; / scharfsinnig, klug, schlau.
sagīna, *ae f* (*et. ungedeutet*) **1.** Fütterung, Mästung; °**2.** / Masttier; Futter; Speise, Kost.
sagīnō 1 (*sagīna*) mästen; füttern; *kl. nur* /.

sāgiō, — — 4 (*cf. nhd.* „suchen") scharf spüren, wittern.

sagitta, *ae f* (*altl. auch -ita-; wohl Lw. aus einer Mittelmeerspr.*) Pfeil.

sagittārius, *ī m* (*sagitta*) Bogenschütze; ° / Schütze (*Sternbild*).

sagittātus 3 (*sagittō*) vom Pfeil getroffen.

sagitti-fer, *era, erum* (*sagitta, ferō*) pfeiltragend; mit Pfeilen bewaffnet.

sagitti-potēns, *entis m* (*sagitta*) Schütze (*Sternbild*). [schießen.

sagittō 1 (*sagitta*) mit Pfeilen

sagmen, *inis n* (*meist pl.*; *sacer*) *das auf dem Kapitol gepflückte, die Fetialen beschützende* Grasbüschel.

sagulātus 3 (*sagulum*) im Soldatenmantel. [*sagum.*

sagulum, *ī n* (*dem. v. sagum*) =

sagum, *ī n* (*gall. Lw.*) °**1.** kurzer Umwurf aus grobem Wolltuch (*bsd. Tracht der Gallier u. Germanen*); **2.** Soldatenmantel; *in -is* esse unter Waffen stehen; **3.** Matratze.

Saguntum, *ī n u.* **-us,** *ī f St. im ö. Spanien; adi. u. Einw. -tīnus* (3).

sāgus 3 (*cf. sāgiō*) wahrsagend.

sāl, *salis m n* (*cf. nhd.* „Salz") **1.** Salz; **2.** °**a**) Salzflut, Meer; **b**) *pl.* Salzgeschmack; **3.** / °**a**) Geschmack; °**b**) scharfer Verstand; **c**) Witz, Humor. [schneider.

salacō, *ōnis m* (*gr. Fw.*) Auf-

Salamīs, *īnis f* (*gr. -mįs*) **1.** *Insel, Attika gegenüber* (*Seeschlacht 480*); **2.** *St. auf Zypern; adi. u. Einw. -mīnius* (3). [Knirps.

salapūt(t)ium, *ī n* (*et. ungedeutet*)

salārius 3 (*sāl*) Salz...; *subst.* °**~,** *ī m* Salzfischhändler; ℒ**a,** *ae f* Salzstraße *am l. Tiberufer*; °**-um,** *ī n* **1.** Diäten *der Oberbeamten*; **2.** Ehrensold. [geil machend.

salāx, *ācis* (*m. sup.*; *saliō*) geil;

salebra, *ae f* (*wohl saliō*) °**1.** holperige Stelle; **2.** / stilistische Unebenheit; Schwierigkeit, Anstoß.

salebrōsus 3 (*salebra*) holperig; / [*oratio*].

Salernum, *ī n Küstenst. in Kampanien, j.* Salerno. [Saliers.

saliātus, *ūs m* (*Saliī*) Amt eines

salictum, *ī n* (*salix*) Weidengebüsch. [Weiden...

salignus 3 (*-ī-?*; *salix*) weiden,

Saliī, *ōrum m* (*wohl zu saliō*) *Marspriester*; °*adi.* **-liāris,** e; *carmen -e Kultlied zu Ehren des Mars*; *kl. nur* /: üppig. [Salzfässchen.

salīllum, *ī n* (*-ī-?*; *dem. v. salīnum*)

salīnae, *ārum f* (*salīnus* 3 „Salz..."; *sāl*) Salzwerk, -lager, Saline.

Salīnātor *s. Līvius.* [*sāl*) Salzfass.

salīnum, *ī n* (*salīnus* 3 „Salz...";

saliō, *luī,* — 4 (*cf. gr. Kunstwort* „Halma") **1.** (*intr.*) **a**) springen, hüpfen, tanzen; **b**) rinnen, rieseln; **2.** (*trans.*) bespringen, decken; *kl. nur* (*part. praes.*) *subst.* **salientēs,** *ium m* Springbrunnen.

sali-potēns, *entis m* (*salum*) Meerbeherrscher (*Beiname Neptuns*).

Sali-subsilus, *ī m* (*saliō, subsiliō; cf. Saliī*) Salier (*in Verona*).

saliunca, *ae f* (*wohl ligurisches Fw.*) wilde Narde.

salīva, *ae f* (*cf. nhd.* „schal") Speichel; / Appetit; Nachgeschmack (*bsd. des Weins*). [Weide.

salix, *icis f* (*cf. nhd.* „Sal-weide")

Sallustius 3 *röm. Gentilname*: **1.** *Q.* ~ *Crispus, röm. Geschichtsschreiber* (*86–35*); **2.** ~ *Crispus, Großneffe u. Adoptivsohn v. 1, Ratgeber des Augustus*; *adi. -iānus* 3.

Salmacis, *idis f* (*gr. -kįs*) (*verweichlichende*) *Quelle u. Quellnymphe in Karien*; **-cidēs,** *ae m* Weichling.

****salmo,** *onis m* Salm, Lachs.

salsāmentārius, *ī m* (*salsāmentum*) Salzfischhändler.

salsāmentum, *ī n* (*salsus*) **1.** Fischlake; °**2.** marinierter Fisch.

salsi-potēns, *entis m* (*salsus*) Beherrscher der Meerflut (Neptun).

salsūra, *ae f* (*altl. sallō* 3 „einsalzen"; *cf. salsus*) Einsalzung, Salzlake; / Missgunst.

salsus 3 (*m.* °*comp., sup., adv.*; *altl. sallō* 3 „einsalzen"; *sāl*) °**1.** gesalzen, salzig; **2.** / °**a**) scharf, beißend; **b**) witzig, launig, schalkhaft. [Tanz.

saltātiō, *ōnis f* (*saltō*) *das* Tanzen,

saltātor, *ōris m* (*saltō*) Tänzer.

saltātōrius 3 Tanz...

saltātrīx, *īcis f* (*saltātor*) Tänzerin.

°**saltātus,** *ūs m* (*saltō*) = *saltātiō.*

saltem *u.* **-tim** *adv.* (*et. ungeklärt*) wenigstens, zum wenigsten; °*non* (*neque*) ... ~ auch nicht, nicht einmal. [zend.

salticus 3 (*saltus*[1]) hüpfend, tan-

saltō 1 (*intens. v. saliō*) **1.** (*intr.*) tanzen; springen; °**2.** (*trans.*) pantomimisch darstellen [*tragoediam*];

S

mit übertriebenen Gesten vortragen. [birgig.
saltuōsus 3 (*saltus*[2]) waldig, ge-
saltus[1], *ūs m* (*saliō*) Sprung.
saltus[2], *ūs m* (*vl. m. nhd.* „Wald" *verwandt*) **1.** Waldtal, Schlucht; Gebirge; Gebirgspass; **2.** Waldweide, Viehtrift; / °**3.** bedenkliche Lage; °**4.** = *cunnus.*
salūbris, e *u.* °**-ber,** *bris, bre* (*m.* °*comp., sup., adv.*; *salūs*) **1.** gesund; **2.** / **a)** heilsam, zuträglich, vorteilhaft; °**b)** kräftig, stark; *kl. nur bildlich.*
salūbritās, *ātis f* (*salūber*) **1.** Heilsamkeit [*loci*]; Rettungsmittel; °**2.** Gesundheit; Wohlsein.
salum, *ī n* (*vl. gr. Lw.*) **1.** unruhiger Seegang; *das* Schlingern; **2. a)** hohe See, offenes Meer; °**b)** offene Reede; °**c)** Meer; / *aerumnosum* von Drangsal.
salūs, *ūtis f* (*cf. salvus*) **1.** Wohlbefinden, Gesundheit; **2.** Wohlfahrt, Heil, Glück; / (*Kosewort*); **3.** Rettung; persönliche Sicherheit, Leben; Rettungsmittel; **4.** Gruß; *-em dicere* grüßen; **5.** ♀ *Göttin des persönlichen Wohlergehens u. des Staatswohls.*
salūtāris, e (*m. comp., adv.*; *salūs*) **1.** heilsam, zuträglich, vorteilhaft; *littera* der Buchstabe A (= *absolvō*) *auf den Stimmtafeln der Ritter*; **2.** (*selten*) wohlbehalten; *subst.* ~, *is m* Erretter (*Beiname Jupiters*); **-ia,** *ium n* Heilmittel; ** gnadenreich, Erlösung bringend [*hostia*]; *subst.* ~, *is m* Heiland.
salūtātiō, *ōnis f* (*salūtō*) Begrüßung, Gruß; Aufwartung, Besuch.
salūtātor, *ōris m* (*salūtō*) Besucher (*der einem Vornehmen allmorgendlich seine Aufwartung macht*).
salūtātrīx, *īcis f* (*salūtātor*) grüßend; aufwartend [*turba*].
salūti-fer, *era, erum* (*salūs, ferō*) Heil bringend.
salūti-gerulus 3 (*salūs*) einen Gruß bringend; ** Heil bringend.
salūtō 1 (*salūs*) **1.** (be)grüßen; anreden *als* [°*imperatorem*]; **2. a)** seine Aufwartung machen, besuchen; **b)** Besuche empfangen; ** *virginem das* Ave Maria beten.
****salvatio,** *onis f* Errettung; Heil.
****salvator,** *oris m* Erlöser, Heiland.
salveō, — — 2 (*salvus*) gesund sein, sich wohl befinden; *kl. nur* **salvē, salvēte** sei(d) gegrüßt!; (*selten*) lebe(t) wohl!
****salvo** 1 erlösen, erretten.
salvus 3 (*m.* °*adv.*; *eigtl.* „unversehrt, ganz"; *cf. gr.* holos „ganz") **1.** wohlbehalten, unverletzt; **2.** züchtig; **3.** (*im abl. abs.*) (noch) am Leben; unbeschadet [*-o officio*]; °**4.** *salvos sies* sei gegrüßt!
sambūca, *ae f* (*gr. Fw., aus dem Aramäischen stammend*) dreieckiges harfenartiges Saiteninstrument; Harfenspielerin (?).
sambūcina (*sambūca, canō*[?]) *u.*
sambūcistria, *ae f* (*gr. Fw.*) Harfenspielerin.
Samnium, *ī n* (*cf. Sabīnī, Sabellī*) *mittelit. Landschaft*; *adi. u. Einw.* *-nīs, ītis*; *adi.* *-nīticus* 3.
Samos *u.* **-us,** *ī f Insel an der ionischen Küste m. gleichnamiger St.*; *adi. u. Einw.* *-mius* (3).
sānābilis, e (*m.* ° *comp.*; *sānō*) heil-
sānātiō, *ōnis f* (*sānō*) Heilung. [bar.
sanciō, *sānxī, sānctum* 4 (*sănxī, sănctum?*; *sacer*) **1.** heiligen, unverbrüchlich machen; **2.** verordnen, festsetzen, bestimmen; **3.** bestätigen, genehmigen; **4.** strafen, verbieten. [sprechung; Heiligkeit.
****sanctificatio,** *onis f* Heilig-
****sanctifico** 1 heilig sprechen.
sānctimōnia, *ae f* (*-ă-?*; *sanctus*) Heiligkeit, reiner Wandel.
****sanctimonialis,** e fromm; *subst.* ~, *is f* Nonne.
****sanctimonium,** *i n* Heiligtum.
sānctiō, *ōnis f* (*-ă-?*; *sanciō*) Strafbestimmung; Klausel, Vorbehalt; ** Vorschrift, Urkunde.
sānctitās, *ātis f* (*să-?*; *sānctus*) **1.** Heiligkeit, Unverletzlichkeit, Ehrwürdigkeit; **2.** Sittenreinheit, Gewissenhaftigkeit, Züchtigkeit; **3.** Frömmigkeit; ** *vestra Anrede des Papstes.* [Unverletzlichkeit.
sānctitūdō, *inis f* (*-ă-?*; *sānctus*)
sānctor, *ōris m* (*-ă-?*; *sanciō*) Verordner. [Reliquien.
****sanctuarium,** *i n* Sakristei; *pl.*
sānctus 3 (*-ă-?*; *m. comp., sup., adv.*; *sanciō*) **1.** geheiligt, geweiht; **2.** unverletzlich, unverbrüchlich; **3.** ehrwürdig, erhaben, feierlich; **4.** gewissenhaft, unschuldig, unsträflich; keusch, tugendhaft; **5.** fromm; **

subst. **-a,** *orum n die* Reliquien der Heiligen.

Sancus, *ī m (sacer) urspr. umbrisch-sabinische Gottheit; Beiname Jupiters (als Schwurgott u. Eidesschützer).*

sandaliārius 3 (*sandalium*) Sandalen... [*Apollo; seine Statue im vicus ~ in Rom*].

sandali-gerula, *ae f* (*sandalium*) Sandalenträgerin (*für die Herrin*).

sandalium, *ī n* (*gr. Fw.*) Sandale.

sandapila, *ae f* (*wohl Fw.*) Totenbahre (*der Armen*).

sandȳx, *ȳcis u. ȳcis f* (*gr. Fw.*) rote Mineralfarbe, Scharlach.

sānē *adv.* (*sānus*) °**1.** (*m. comp.*) vernünftig, verständig; **2.** / **a**) fürwahr, in der Tat, gewiss; **b**) (*in bejahenden Antworten*) jawohl, allerdings; **c**) (*ci. m. coni. od. imp.*) immerhin, meinetwegen, doch [°*sint ~ liberales*]; *age ~* nur immer zu! **d**) (*steigernd*) ganz, durchaus; *non ~, haud ~* nicht sonderlich, nicht eben; **sānē quam** überaus, ungemein.

Sanguālis, e = *Sanquālis.*

sanguen, *inis n* (*altl.*) = *sanguis.*

sanguinārius 3 (*sanguis*) blutdürstig.

sanguineus 3 (*sanguis*) **1.** blutig, Blut...; °**2.** blutbespritzt, -triefend; **3.** / **a**) blutrot; °**b**) blutig; blutgierig.

sanguinō 1 (*sanguis*) bluten, blutig sein; °/ blutgierig sein.

sanguinolentus (*-nu-*) 3 (*sanguis*) °**1.** = *sanguineus;* **2. a**) verwundend, verletzend; **b**) das Blut (*der Armen*) aussaugend [*centesimae*].

sanguis *u.* (*altl. u. dcht.*) **-īs,** *inis m* (*et. ungedeutet*) **1.** Blut; *-em mittere* zur Ader lassen; **2.** *das* Blutvergießen, Mord; **3.** / Kraft, Stärke, Lebensfrische; Kern, Mark; **4. a**) Blutsverwandtschaft, Abkunft, Geschlecht; **b**) Abkömmling, Kind, Enkel.

Sangus = *Sancus.*

saniēs, *ēī f* (*et. ungedeutet*) blutiger Eiter; / Geifer, Gift.

sānitās, *ātis f* (*sānus*) **1.** Gesundheit; **2.** / **a**) Vernunft, Besonnenheit [*redire ad -em*]; nüchterne Sprache; **b**) Vollständigkeit; ** Heilung.

sanna, *ae f* (*gr. Lw.*) Fratze, Grimasse.

sanniō, *ōnis m* (*gr. Lw.; cf. sanna*) Hanswurst.

sānō 1 (*sānus*) gesund machen, heilen; / wieder gutmachen; zur Vernunft bringen, beruhigen.

Sanquālis, e (*Sancus*) dem Gotte Sancus geweiht; *avis* Seeadler.

sānus 3 (*m. comp., sup., adv.* **-ē;** *s.d.; et. ungedeutet*) gesund, heil; / vernünftig, besonnen.

sapa, *ae f* (*cf. nhd.* „Saft") Most-saft.

****saphyrinus** 3 saphirfarben, blau.

****saphyrus,** *i m* Saphir.

sapiēns, *entis* (*m. comp., sup., adv.; sapiō*) weise, einsichtsvoll, verständig, klug; *subst. m* Weiser, Philosoph; °Feinschmecker.

sapientia, *ae f* (*sapiēns*) Weisheit, Einsicht, Verstand, Klugheit; Philosophie.

sapienti-potēns, *entis* (*sapiēns*) durch Weisheit mächtig.

sapiō, *piī, —* 3 (*cf. ahd. int-seffen* „einsehen") **1.** (*trans.*) schmecken, riechen *nach* [*crocum*]; **2.** (*intr.*) schmecken; **3.** / verständig sein, Weisheit besitzen; verstehen.

sāpō, *ōnis m* (*germ. Lw.*) Seife; Haarpomade.

sapor, *ōris m* (*sapiō*) **1.** Geschmack; **2.** / °**a**) Leckerei; Wohlgeruch; **b**) Urteil, Verstand, feiner Ton *in Benehmen u. Rede.*

sapōrātus 3 (*sapor*) schmackhaft gemacht.

Sapphō, *ūs f* (*gr. -pphǫ*) *lyrische Dichterin aus Lesbos (um 600); adi. -pphicus 3.*

saprophagō, — — 3 (*gr. Fw.*) faule Speisen essen.

sarcina, *ae f* (*sarciō*) °**1.** Bündel; *pl.* Gepäck; *kl. nur als mil. t.t.*: Bagage; °**2.** Leibesfrucht; Bürde, Last.

sarcinārius 3 (*sarcina*) zum Gepäck gehörig.

sarcinātor, *ōris m* (*sarciō*) Flickschneider; Schneider.

sarcinātus 3 (*sarcina*) bepackt.

sarcinula, *ae f* (*dem. v. sarcina*) kleines Bündel; *meist pl.* wenig Gepäck; / kleine Mitgift.

sarciō, *rsī, rtum* 4 (*eigtl. wohl* „zusammenflechten") °**1.** flicken, ausbessern; **2.** / wieder gutmachen; *detrimentum* eine Scharte auswetzen.

sarcophagus, *ī m* (*gr. Fw.* „fleischfressend") Sarg; Sarkophag.

sarculum, *ī n* (*sariō*) Hacke, Karst.

****sarda,** *ae f* Sardine, Hering.

Sardanapallus *od.* **-pālus,** *ī m der letzte König v. Assyrien;* °/ Weichling.

Sardēs = *Sardīs.*

Sardinia, *ae f* Sardinien; *Einw.*

-dī, ōrum *m*; *adi.* -*dus*, -*dōus*, -*donius* 3; -*diniēnsis*, e.
Sardīs, *ium f* (*gr.* -dēis) *Hptst. v. Lydien*; *Einw.* **-diāni,** *ōrum m.*
sardonychātus 3 (*sardonyx*) mit einem Sardonyx geschmückt.
sardonyx, *ychis m f* (*gr. Lw.*) Sardonyx (*braun u. weiß gestreifter Halbedelstein*).
sargus, *ī m* (*gr. Fw.*) Brachsen (*b. den Römern beliebter Seefisch*).
sariō 4 (*et. nicht geklärt*) jäten.
sarīsophorus, *ī m* (*gr. Fw.*) makedonischer Lanzenträger.
sarīs(s)a *u.* **-issa,** *ae f* (*gr. Fw.*) lange makedonische Lanze.
Sarmatae, *ārum m Nomadenvolk nördl. v. Schwarzen Meer*; *sg.* **-a** *meist coll.*; *adi.* -*ticus* 3, -*tis*, *idis f.*
sarmen, *inis n* (*Pl.*) *u.* **-mentum,** *ī n* (*sarp*[*i*]*ō* 3 „abschneiden") Reis, Rebe; *pl.* Reisig, Faschinen.
sarrapis, *idis f* (-*rā*-?; *gr. Fw.*) persische Tunika.
sartāgō, *inis f* (*sarciō*) Tiegel, Pfanne; ** / Höllenpfuhl.
sartor[1], *ōris m* (*sariō*) Heger und Pfleger.
****sartor**[2], *oris m* Schneider.
sartūra, *ae f* (*sarciō*) Flickstelle, Flicknaht.
sartus 3 (*sarciō*) in gutem Zustande; / wohlverwahrt.
sat = *satis.*
sata, *ōrum n* (*serō*[2]) Saaten, Pflanzungen.
satagius 3 (*satagō*) sich abängstigend, überängstlich.
sat-agō 3 (*auch sat*[*is*] *agō*) (*den Gläubiger*) befriedigen; seine liebe Not haben.
****satan** *indecl. u.* **satanas,** *ae m* Teufel.
satelles, *itis m* (*wohl etr. Fw.*) Trabant; Leibwächter; *pl.* Gefolge, Garde; / Begleiter, Diener; Helfershelfer, Spießgeselle.
satiās, *ātis f* (*unkl.*) = *satietās.*
satietās, *ātis f* (*satis*) °1. hinlängliche Menge; Genüge; **2.** / °**a**) Sättigung; **b**) Überdruss, Ekel.
satillum, *ī n* (*dem. v. satis*) *das* bisschen [*animāi*].
satin = *satisne.*
°**satiō**[1] 1 (*satis*) °**1.** sättigen; **2.** / **a**) befriedigen, stillen; **b**) übersättigen; P. satt haben, überdrüssig sein [°*ludo*, °*caedis*].
satiō[2], *ōnis f* (*serō*[2]) **1. a**) *das* Säen, Aussaat; °**b**) *das* Anpflanzen; **2.** *pl.* °**a**) Saaten; **b**) Saatfelder.
satira, *ae f* = *satura.*
satis *adv.* (*erstarrter nom. sg. v.* **satis* „Sättigung"; *cf. nhd.* „satt") **1.** (*pos.*) genug, hinreichend; ziemlich; ~ *superque* mehr als genug, übergenug; **2.** (*comp.*) **satius** besser, dienlicher; **3. satis esse** genügen; **satis habēre** für genügend halten, zufrieden sein; **satis accipere** sich Sicherheit geben lassen; **satis agere** *s. satagō*; **satis dare** *s. satisdō.*
satisdatiō, *ōnis f* (*satisdō*) Bürgschaft.
satis-dō, *dedī, datum* 1 (*auch getr.*) Sicherheit geben; Kaution stellen.
satis-faciō, *fēcī, factum* 3; P. -*fiō*, —, *fierī u. fīerī* **1.** Genugtuung geben, Genüge leisten, befriedigen; P. sich Genugtuung verschaffen; **2. a**) (*Gläubiger*) befriedigen; **b**) sich entschuldigen, sich rechtfertigen *bei* [*senatui*]; **c**) hinlänglich überzeugen.
satisfactiō, *ōnis f* (*satisfaciō*) **1.** Genugtuung; Entschuldigung, Abbitte; °**2.** Strafe; Bußgeld; ** Rechtfertigung; Buße.
satius *adv. s. satis.*
sator, *ōris m* (*serō*[2]) Säer, Pflanzer; / Urheber, Schöpfer.
satrapēa *u.* **-īa,** *ae f* (*gr. Fw.*) Satrapie.
satrapēs, *is u.* **-pa,** *ae m* (*gr. Fw., aus dem Altpersischen stammend*) Statthalter, Satrap.
satur, *ura, urum* (*m.* °*comp.*; *cf. satis*) **1.** satt, gesättigt; **2.** / **a**) befriedigt; **b**) reichhaltig; °**c**) reich, voll; satt [*color*].
satura, *ae f* (*sc. lanx*; *satur*) **1. a**) *eine m. allerlei Früchten* gefüllte Schüssel, *die man jährlich den Göttern darbrachte*; **b**) Allerlei, Gemengsel; *per -am* ohne Ordnung; **2.** Sammlung von Stegreifgedichten *vermischten Inhalts in mannigfacher Versform*; Spottgedicht, Satire.
saturēia, *ōrum n* (*wohl Fw.*) Saturei (*eine Pflanze*).
saturitās, *ātis f* (*satur*) Sättigung; Überfluss.
Sāturnus, *ī m altit., vl. urspr. etr. Gott, später dem gr. Kronos gleichgesetzt, Ahnherr der Götter, Gott der Zeit*; *adi.* -*nius* 3; *stella* Planet Saturn; °*numerus* saturnischer Vers, Saturnier; °*regna* goldenes Zeitalter; *subst.* **-nius,** *ī m* (*dcht.*) Jupiter; Pluto; **-nia,** *ae f* (*dcht.*) Juno; *uralte St. am Kapitol*; *St. in Etrurien*;
Saturnālia, *ōrum n* (*abl.* -*ibus*)

Saturnalien (*am 17. Dez. beginnendes mehrtägiges heiteres Fest*); °*adi.* -*nālicius* 3.
saturō 1 (*satur*) sättigen; / befriedigen; erfüllen, vollfüllen.
satus¹, *ūs m* (*serō²*) *das* Säen, Pflanzen; Saat; / Zeugung, Ursprung, Geschlecht.
satus² 3 (*serō²*) gesät, gepflanzt; gezeugt, geboren, entsprossen, abstammend *von*.
satyriscus, *ī m* (*gr. Fw.*) kleiner [Satyr.]
Satyrus, *ī m* (*gr.* -os) **1.** Satyr, *bockähnlicher Begleiter des Bacchus, später auch gehörnt u. dem Pan gleichgesetzt; oft pl.* -*ī*, *den Faunen gleichgesetzt*; °**2.** *pl.* Satyrdrama, *komisches Drama, das der gr. Trilogie folgte.*
saucaptis, *idis f erdichteter Gewürz*[*name.*]
sauciātiō, *ōnis f* (*sauciō*) Verwundung.
sauciō 1 (*saucius*) verwunden; / [töten.]
saucius 3 (*et. ungedeutet*) **1.** verwundet, verletzt; **2.** / (*meist dcht.*) angetrunken; betrübt; liebeskrank; (*vom Angeklagten*) halb überführt.
sāviolum, *ī n* (*dem. v. sāvium*) Küsschen.
sāvior 1 (*sāvium*) küssen.
sāvium, *ī n* (*et. ungeklärt*) °**1.** Kussmund; **2. a**) Kuss; °**b**) *Kosewort.*
saxātilis, *e* (*saxum*) zwischen Felsen befindlich; *subst.* **-lēs**, *ium m* in felsigen Gewässern lebende Fische.
saxētum, *ī n* (*saxum*) felsige Gegend.
saxeus 3 (*saxum*) steinern, felsig.
saxi-ficus 3 (*saxum, faciō*) versteinernd.
saxi-fragus 3 (*saxum, frangō*) [Felsen zermalmend.]
saxōsus 3 (*saxum*) steinig, felsig.
saxulum, *ī n* (*dem. v. saxum*) kleiner Fels.
saxum, *ī n* (*vl. zu secō*) **1.** Fels, Steinblock, Klippe; Baustein; °**2.** / Steinmauer; steinernes Gebäude.
scabellum, *ī n* (*dem. v. scamnum*) Schemelchen; / Taktsohle *des Flötenspielers.*
scaber, *bra, brum* (*m. comp.*, *scabō*) rau; schäbig, unsauber; räudig.
scabiēs, *ēī f* (*scabō*) °**1.** Rauigkeit; Krätze, Räude; **2.** / **a**) *das* Jucken, Reiz; °**b**) Kitzel.
scabillum, *ī n* = *scabellum.*
****scabinus**, *ī m* Schöffe.
scabō, *scābī*, — 3 (*cf. nhd.* „schaben") kratzen, reiben.
scaena, *ae f* (*gr. Fw.*) **1.** Bühne, Theater; **2.** / °**a**) lichter Platz; **b**) Schauplatz; Publikum, Welt; **c**) Prunk; °**d**) abgekartete Sache, Komödie.
scaenicus 3 (*m.* °*adv.*; *gr. Fw.*) **1.** Theater...; **2.** *subst.* ~, *ī m* **a**) Schauspieler; °**b**) (*verächtlich*) Bühnenheld.
Scaevola, *ae m* (*urspr. etr.*) *cogn. in der gens Mucia, volkset. an scaevus angeschlossen*; *s. Mūcius.*
scaevus 3 (*cf. Scaea porta* „linkes, *d. i.* westl. Tor" *v. Troja*) **1.** links; **2.** / **a**) ungünstig (*s. u.*); **b**) linkisch, töricht; **3.** *subst.* **-a**, *ae f* zur linken Hand beobachtetes (*urspr. nach altröm. Auffassung* günstiges) Vorzeichen; (*nach späterer gr. Auffassung*) ungünstiges Vorzeichen.
scālae, *ārum f* (*scandō*) Leiter, Treppe; Stufen.
Scaldis, *is m die* Schelde.
scalmus, *ī m* (*gr. Fw.*) Dolle; Kahn.
scalpellum, *ī n* (*dem. v. scalprum*) chirurgisches Messer, Skalpell.
scalpō, *psī, ptum* 3 (√ *squel- „spalten"; *cf. sculpō*) °**1.** kratzen, ritzen, scharren; **2.** gravieren, eingraben, stechen.
scalprum, *ī n* (*scalpō*) Schnitzmesser; Federmesser; Schusterahle; Grabstichel, Meißel.
scalptor, *ōris m* (*scalpō*) Gemmen- u. Kameenschneider, Graveur.
scalptōrium, *ī n* (*scalpō*) Kratzwerkzeug.
scalptūra, *ae f* (*scalpō*) Schnitz-[werk.]
scalpurriō 4 (*scalpō*) kratzen.
Scamander, *drī m* (*gr.* Skamandros) *Fl. in der Troas* (= *Xanthus*).
scambus 3 (*gr. Fw.*) krummbeinig.
scammōnia, *ae f* (*gr. Fw.*) Purgierkraut (*Windenart*).
scamnum, *ī n* (< **skabh-nom*; *et. ungedeutet*) Bank, Schemel.
****scandalum**, *ī n* Ärgernis, Zwietracht; Zerwürfnis, Zank.
scandō, *scandī, scānsum* 3 (*cf. gr. Lw. scandalum eigtl.* „emporschnellendes Stellholz *in der Falle*") °**1.** (*intr.*) steigen; / emporsteigen, sich erheben; **2.** (*trans.*) besteigen, ersteigen; ** skandieren [*versus*].
scandula, *ae f* (*cf. secō*) Dachschindel. [** Backtrog.]
scapha, *ae f* (*gr. Fw.*) Kahn, Boot;
scap(h)ium, *ī n* (*gr. Fw.*) nachen-

S

förmiges Geschirr: Becken; Trinkschale; °Nachtgeschirr.
scapulae, *ārum f* (*et. unklar*) *die* Schultern, Rücken.
scāpus, *ī m* (*cf. nhd.* „Schaft") Stiel, Stängel, Stamm; *pl.* Stäbe (*am Weberkamm*).
**scario, *ōnis m* Scharwächter, Scherge.
scarus, *ī m* (*gr. Fw.*) Papageifisch.
scatebra, *ae f* (*scateō*) (*dcht. oft pl.*) sprudelnde Quelle.
scateō, *uī*, — 2 *u.* (*altl.*) **-tō,** — — 3 (*urspr.* „springen") (hervor)sprudeln; / voll sein, wimmeln *von* [*fontibus*]. [*tūriō*) Sprudel(quell).
scatūrīgō *u.* **-urrīgō,** *inis f* (*sca-*
scatūriō *u.* **-urriō** 4 (*scateō*) sprudeln; / überströmen.
scaurus, *ī m* (*gr. Fw.*) Klumpfuß.
scazōn, *ontis m* (*gr. Fw.* „hinkend") Choliambus, Hinkjambus (*jambischer Trimeter, dessen letzter Jambus durch einen Spondeus od. Trochäus ersetzt wird*); *cf. Hippōnax.*
scelerātus 3 (*m. comp., sup., adv.*; *scelerō*) °**1.** durch Frevel entweiht; **2.** / **a**) verbrecherisch, frevelhaft, verrucht; °**b**) unheilvoll. [weihen.
scelerō 1 (*scelus*) beflecken, ent-
scelerōsus 3 (*scelus*) verrucht.
scelerus 3 (*scelus*) scheußlich.
scelestus 3 (*m.* °*comp.*, °*sup.*, *adv.*; *scelus*) **1. a**) verbrecherisch; °*subst.* ~, *ī m* Schurke; °**b**) schelmisch; °**2.** unselig.
scelus, *eris n* (*eigtl.* „Biegung"; *cf. nhd.* „scheel") **1.** Verbrechen, Frevel; **2.** Frevelmut, Ruchlosigkeit; °**3.** Strafe *für einen Frevel*; °**4.** Unglück; **5.** Schurke.
scēn... = *scaen...*
scēptri-fer, *era, erum* (*scēptrum, ferō*) zeptertragend.
scēptrum, *ī n* (*gr. Fw.*) **1.** Zepter; °**2.** / Herrschaft, Königtum; (*scherzh.*) Rohrstock.
scēptūchus, *ī m* (*gr. Fw.*) Zepterträger; hoher Staatsbeamter *im Orient.*
scheda, *ae f* = *scida.*
****schedula,** *ae f ein* Zettel.
schēma *u.* **schēma,** *ae f u. atis n* (*gr. Fw.*) **1.** Figur, Stellung, Pose (*bsd. d. Tänzer*); *auch obszön*; **2.** Tracht, Kleidung; **3.** (*rhet. t.t.*) rhet. Figur; verblümte Redewendung.
schēmatismus, *ī m* (*gr. Fw.*) figürliche Art zu reden.
****schisma,** *atis n* Glaubensspaltung.
schoenobatēs, *ae m* (*gr. Fw.*; *schoenus*) Seiltänzer.
schoenus, *ī m* (*gr. Fw.*) Binse; (*billige, v. öffentlichen Dirnen benutzte*) Binsensalbe.
schola, *ae f* (*gr. Fw.*) **1.** (gelehrter) Vortrag, Vorlesung; **2.** Lehrstätte, Schule; **3.** Philosophenschule, Sekte; ** Hausgesinde.
****scholaris,** e zur Schule gehörig, akademisch gebildet; *subst.* ~, *is m* Student.
scholasticus 3 (*gr. Fw.*) zur Schule gehörig; rhetorisch; *subst.* ~, *ī m* Rhetor; Grammatiker, Gelehrter; Schüler; ** scholastisch; *subst.* Leiter einer Stiftsschule. [Zettel.
scida, *ae f* (*gr. Fw.*) Blatt Papier,
sciēns, *entis* (*m. comp., sup., adv.*; *sciō*) **1.** wissend; **2. a**) wissentlich; **b**) kundig [*belli*], geschickt, einsichtsvoll; *subst. m* Kenner.
scientia, *ae f* (*sciēns*) Kenntnis, Einsicht; Wissenschaft; gründliches Wissen, Theorie.
scī-licet (<*scīre licet*; *cf. vidēlicet*) °**1.** (*m. a.c.i.*) man kann wissen; **2.** *adv.* **a**) versteht sich, selbstverständlich; natürlich (*oft ironisch*); freilich, allerdings; °**b**) man denke nur; **c**) leider; **d**) das heißt, nämlich.
scilla *u.* **squilla,** *ae f* (*gr. Fw.*) Meerzwiebel; Krabbe.
scīn' = *scīsne.*
scindō, *idī, issum* 3 (*cf. gr. Fw. schisma* „Spaltung") **1. a**) zerspalten, -schneiden, -reißen, -teilen, aufreißen, durchbrechen; °**b**) (*b. Tisch*) zerteilen; vorlegen; **2.** / °**a**) trennen, teilen; *mediopass.* sich trennen, sich teilen; **b**) wieder aufreißen, erneuern [*dolorem*]; °**c**) unterbrechen, stören; °**d**) zerstören, zugrunde richten.
scintilla, *ae f* (*et. unklar*) Funke; / kleinster Überrest, Kleinigkeit.
scintillō 1 (*scintilla*) Funken sprühen, funkeln, flackern. [Fünkchen.
scintillula, *ae f* (*dem. v. scintilla*)
sciō, *scīvī u. sciī, scītum* 4 (*altl.*: *impf. scībat, fut. scībō*; *eigtl.* „scheiden"; *cf. nhd.* „scheiden") **1.** wissen, Kenntnis haben; erfahren; **2.** verstehen [*vincere*; *Graece et Latine*], kennen; vermögen; °**3.** entscheiden.

S

scīpiō, *ōnis m (gr. Lw.)* °Stab; **Scīpiō** *cogn. der gens Cornelia:* **1.** *P. Corn.* ~, *besiegte als Konsul 218 Hannibal am Ticinus, † 218;* **2.** *P. Corn.* ~ *Africānus māior, Sohn v. 1, Sieger v. Zama;* **3.** *P. Corn.* ~ *Aemiliānus Africānus minor, zweiter Sohn des Aemilius Paullus, hochgebildet in Kunst u. Wissenschaft, Eroberer v. Karthago 146 u. Numantia 133;* **4.** *P. Corn.* ~ *Nāsīca Corculum, Schwiegersohn v. 1, Gegner der Zerstörung Karthagos;* **Scīpiadēs,** *ae m ein* Angehöriger der Scipionenfamilie.

scirpea, *ae f (scirpeus)* Wagenkorb [*(aus Binsen).*]

scirpeus 3 *(scirpus)* aus Binsen.

scirpiculus, *ī m (dem. v. scirpus)* Binsenkorb; *piscarius* Fischreuse.

scirpus, *ī m (et. ungedeutet)* Binse.

scīscitātor, *ōris m (scīscitor)* Erforscher.

scīscitor *u. (altl.)* **-ō** 1 *(intens. v. scīscō)* zu erfahren suchen [*sententiam ex amico*]; sich erkundigen, ausforschen, befragen.

scīscō, *scīvī, scītum* 3 *(incoh. v. sciō)* **1.** °**a)** zu erfahren suchen, erforschen; **b)** in Erfahrung bringen; **2. a)** *(v. Volk)* beschließen, verordnen; genehmigen; **b)** *(v. Einzelnen)* stimmen *für* [*legem*].

scissor, *ōris m (scindō)* Vorschneider *(der Speisen).*

scissūra, *ae f (scindō)* Spaltung; [Schlitz, Spalte, Riss.]

scissus 3 *(scindō)* °**1.** zerrissen; **2.** / °**a)** runzelig; **b)** kreischend.

scītāmenta, *ōrum n (scītus²)* Leckerbissen.

scītor 1 *(frequ. v. scīscō)* zu erfahren suchen; befragen.

scītulus 3 *(m. °adv.; dem. v. scītus²)* [allerliebst.]

scītum, *ī n (scīscō)* Beschluss, Verordnung; °philos. Lehrsatz.

scītus¹, *abl. ū m (scīscō)* Beschluss.

scītus² 3 *(m. °comp., °sup., adv.; sciō)* **1. a)** gescheit, klug; °**b)** kundig; **2.** / **a)** fein, geschmackvoll, hübsch; °**b)** passend.

sciūrus, *ī m (gr. Fw.)* Eichhörnchen.

****sclava,** *ae f* Sklavin.

****sclavinia,** *ae f* Pilgermantel.

scobis, *is f (scabō)* Abfall; Säge-, Feilspäne.

scomber, *brī m (gr. Lw.)* Makrele.

scōpae, *ārum f (scōpus)* Reiser; Besen.

Scopās, *ae m (gr. Sk-) ber. Bild-* [*hauer aus Paros, um 350.*]

scopulōsus 3 *(scopulus¹)* felsig, klippenreich; / gefährlich.

scopulus¹, *ī m (gr. Lw.)* °**1.** Bergspitze; Felsen; **2. a)** Klippe; **b)** / Klippe, Gefahr.

scopulus², *ī m (dem. v. scopus)* kleines Ziel.

scopus, *ī m (gr. Lw.)* Ziel.

scordalus, *ī m (gr. Lw.)* Zankteufel.

scorpiō, *ōnis u.* °**scorpius,** *ī m (gr. Fw.)* °**1.** Skorpion; **2.** / °**a)** *Gestirn;* °**b)** stachliger Seefisch; **c)** Wurfmaschine; Geschoss.

scortātor, *ōris m (scortor)* Hurer.

scorteus 3 *(scortum)* ledern; *subst.* **-ea,** *ae f* Pelz; **-ea,** *ōrum n* Lederzeug.

scortillum, *ī n (dem. v. scortum)* [Hürchen.]

scortor 1 *(scortum)* huren.

scortum, *ī n (cf. corium, cortex)* °**1.** Leder; **2.** Hure.

screātor, *ōris m (screō)* der sich [räuspert.]

screātus, *ūs m (screō) das* Räuspern.

screō 1 *(screa* „Auswurf"; *vl. zu cernō)* sich räuspern.

scrība, *ae m (scrībō)* Schreiber *(staatl. Subalternbeamter od. privater Angestellter).*

scrīb(i)līta, *ae f (scrīb-?; gr. Lw., vl. Vermengung m. scrīpulum)* Käsekuchen.

scrībō, *scrīpsī, scrīptum (altl. pf. scrīpstī; eigtl.* „ritzen, kratzen") **1. a)** zeichnen, Linien ziehen; °**b)** bemalen; **2. a)** (auf)schreiben; **b)** verfassen, ausarbeiten; *(abs.)* schriftstellern; **c)** schriftl. darstellen, beschreiben, schildern; besingen; **d)** *(Urkunden)* abfassen; **e)** schriftl. ernennen, einsetzen [*heredem*]; °**f)** durch Anweisung *od.* Wechsel zahlen; **g)** *(Kolonisten od. Soldaten)* ausheben.

Scrībōnius 3 *röm. Gentilname:* **1.** *C.* ~ *Cūriō, Prätor 121;* **2.** *Sohn v. 1, Konsul 76;* **3.** *Enkel v. 1, Anhänger Cäsars.*

****scriniolum,** *i n* Kästchen, Truhe.

scrīnium, *ī n (et. ungedeutet)* Kapsel, Schachtel.

scrīptiō, *ōnis f (scrībō)* **1.** *das* Schreiben; **2.** schriftl. Darstellung, Ausarbeitung; **3.** Wortlaut.

scrīptitō 1 *(frequ. v. scrībō)* fort und fort schreiben; wiederholt schreiben; abfassen [*orationes*].

scrīptor, *ōris m (scrībō)* **1.** (Ab-) Schreiber; **2.** Schriftsteller; Verfasser; Geschichtsschreiber; °Dichter.

**scriptorium, *i n* Schreibstube.

scrīptulum, *ī n* (*dem. v.* scrīptum) kleine Linie (*auf dem Spielbrett*).

scrīptum, *ī n* (scrībō) **1.** Linie *auf dem Spielbrett*; **2. a)** Schrift, Aufsatz, Abhandlung, schriftl. Arbeit, Buch, Brief; **b)** Konzept; **c)** (schriftl.) Verordnung, Gesetz; **d)** buchstäblicher Ausdruck.

scrīptūra, *ae f* (scrībō) **1.** = scrīptiō; °**2.** Gesetz; Buchstabe des Gesetzes; **3.** schriftl. Testamentsbestimmung; **4.** Weide-, Triftgeld; ** Heilige Schrift.

scrīptus, *ūs m* (scrībō) Schreiberdienst.

scrīpulum, *ī n* (*wohl volkset. Anlehnung an* scrīptus) = scrūpulum.

scrobis, *is m f* (*eigtl. „das* Ausgehöhlte") Grube.

scrōfa, *ae f* (*wohl gr. Lw. durch osk.-umbr. Vermittlung*) Mutterschwein, Zuchtsau.

scrōfi-pāscus, *ī m* (scrōfa, pāscō) Schweinezüchter.

scrūpeus 3 (scrūpus) steinig, schroff.

scrūpōsus 3 (scrūpus) steinig, schroff.

scrūpulōsus 3 (*m.* °*comp.*, °*sup.*, °*adv.*; scrūpulus) **1.** voll spitzer Steinchen; steinig, schroff; **2.** / **a)** gefährlich; °**b)** übergenau.

scrūpulum, *ī n* (*dem. v.* scrūpus) kleinster Teil eines Maßes od. Gewichtes: **1.** $^1/_{24}$ ūncia = *1,137 g*; °**2.** *als Flächenmaß 8,75 qm.*

scrūpus *u.* (*dem.*) **-pulus,** *ī m* (*cf. ahd.* hruf „Schorf") °**1.** (kleiner) spitzer Stein; **2,** / Sorge; Bedenken, Skrupel.

scrūta, *orum n* (*wohl gr. Lw.*) Gerümpel, Plunder.

scrūtātiō, *ōnis f* (scrūtor) Durchsuchung.

scrūtātor, *ōris m* (scrūtor) Durch-, Untersucher.

scrūtor 1 (*cf.* scrūta) durchwühlen, -suchen; / zu erforschen suchen, untersuchen; *nach etw.* suchen.

sculpō, *psī, ptum* 3 (*Rückbildung aus den Komposita*; scalpō) schnitzen, meißeln, bilden.

sculpōneae, *ārum f* (sculpō) hohe Holzschuhe.

sculptilis, e (sculpō) geschnitzt.

sculptūra, *ae f* (sculpō) Skulptur.

**scultetia, *ae f* Schulzenamt.

**scultetus, *i m* Schultheiß.

scurra, *ae m* (*etr. Lw.*) Possenreißer; Lebemann, Schmarotzer.

scurrīlis, e (*m.* °*adv.*; scurra) possenhaft, närrisch.

scurrīlitās, *ātis f* (scurrīlis) Possenreißerei.

scurror 1 (scurra) den Hanswurst spielen; schmeicheln; schmarotzen.

scūtāle, *is n* (scūtum) *schildförmiger* Schwungriemen *der Schleuder.*

scūtārius, *ī m* (scūtum) Schildmacher.

scūtātus 3 (scūtum) durch einen Langschild geschützt; °*subst.* **~,** *ī m* Soldat mit Langschild.

scutella, *ae f* (*dem. v.* scutra) kleine Trinkschale.

scutica, *ae f* (*gr. Lw.* „skythische Peitsche") Knute.

scūti-gerulus, *ī m* (scūtum) Schildträger.

scutra, *ae f* (*et. unklar*) flache Schüssel.

scutula[1], *ae f* (*gr. Lw.*) Walze, Rolle.

scutula[2], *ae f* (*Rückbildung aus* scutella) flache Schüssel; / Raute, Rhombus; rautenförmiger Lappen.

scutulāta, *ōrum n* (scutulātus 3 „rautenförmig"; scutula[2]) karierte Kleider.

scūtulum, *ī n* (*dem. v.* scūtum) kleiner Langschild.

scūtum, *ī n* (*wohl* „deckender" *od.* „Lederschild"; *cf.* obscūrus, cutis) *rechteckiger, rund gebogener* Langschild *des röm. Legionärs* (*aus Holz m. Lederbezug u. Eisenbeschlag*); Schild; °/ Schild, Schirm.

Scylla, *ae f* (*gr.* Sk-) **1.** *Felsen an der sizilischen Meerenge, dem Strudel Charybdis gegenüber*; *personif. Tochter des Phorcus*; **2.** *Tochter des Nisus*; *adi.* -laeus 3.

scymnus, *ī m* (*gr. Fw.*) junges Tier.

scyphus, *ī m* (*gr. Fw.*) Becher.

Scȳros *u.* **-us,** *ī f* (*gr.* Sk-) *Insel ö. v. Euböa*; *adi.* -rius 3, -rias, adis *f.*

Scythae, *ārum m die* Skythen; *sg.* -thēs *u.* -tha, *ae m*; **Scythia,** *ae f* Skythenland; *adi.* -thicus 3; *subst.* **-this,** *idis f*, **-thissa,** *ae f* Skythin.

Scytho-latrōnia, *ae f* (latrō) „Skythensöldnerland".

sē[1] *pron. refl. s.* suī.

sē(-)[2], **sĕ-** *u.* (*älter*) **sēd(-)** (*urspr. wohl abl. des pron. refl.* „für sich") **1.** *praev.* beiseite (sē-cernō, sēditiō; °**2.** *prp. b. abl.* ohne.

sēbum, *ī n* (*cf.* sāpō) Talg.

sē-cēdō, cessī, cessum 3 **1.** weggehen, sich entfernen; °**2.** sich (in die Einsamkeit) zurückziehen; °**3.** sich politisch trennen *von* [*a patribus*]; ausziehen.

sē-cernō, *crēvī, crētum* 3 absondern, trennen, (aus)scheiden; ausmerzen; / unterscheiden.

secespita, *ae f* (*secō* + ?) Opfermesser.

sēcessiō, *ōnis f* (*sēcēdō*) **1.** *das* Abseitsgehen; **2.** politische Spaltung, Emigration.

sēcessus, *ūs m* (*sēcēdō*) **1.** Abgeschiedenheit, Einsamkeit; einsamer Ort; Landaufenthalt; Versteck; **2.** Emigration.

secius *adv. s. secus*².

sē-clūdō, *sī, sum* 3 (*claudō*) **1.** abschließen, absperren; °*mediopass.* sich verstecken; **2.** absondern, trennen, abschneiden [*cohortem a reliquis*]; °/ verbannen [*curas*].

secō, *secuī, sectum, secātūrus* 1 (*cf. nhd.* „Säge, Sense, Sichel") **1. a)** (ab-, zer-)schneiden; mähen; °**b)** in Platten schneiden [*marmora*]; schnitzen; **c)** (*med. t.t.*) operieren, amputieren; °**d)** kastrieren; °**e)** tranchieren; °**2.** zerfleischen, verwunden; **3.** / °**a)** durcheilen, -laufen; *spem* nachjagen; **b)** einteilen; °**c)** entscheiden.

****secretarium,** *i n* geheimer Ort; Sakristei.

sēcrētiō, *ōnis f* (*sēcernō*) Absonderung, Trennung.

sēcrētus 3 (*m.* °*comp.*, °*sup.*; *adv.*; *s.u.*; *sēcernō*) **1. a)** abgesondert, getrennt; °**b)** entlegen, einsam; °**2.** / geheim; *subst.* **-um,** *ī n* °**1.** Abgeschiedenheit, Einsamkeit; **2. a)** Geheimnis; °**b)** geheime Zusammenkunft; geheime Audienz; geheimes Treiben; *adv.* **-ō** °**1.** beiseite; **2.** insgeheim, unter vier Augen; ** *subst.* **-um,** *i n* Kemenate; *adv.* **-im** geheim.

secta, *ae f* (*sequor*) **1.** Richtung, Bahn; Verfahren, Grundsätze; **2.** Partei; **3.** *philos.* Schule, Sekte, Lehre; ** Orden; Ketzerei.

sectārius 3 (*sectō*) mit einer Gefolgschaft; *vervex* Leithammel.

sectātor, *ōris m* (*sector*²) **1.** Begleiter, Anhänger; *pl.* Gefolge; **2.** Schüler.

sectilis, *e* (*secō*) **1.** geschnitten; *pavimenta -ia* Mosaikfußboden; **2.** schneidbar, spaltbar.

sectiō, *ōnis f* (*secō*) *das* Zerschneiden; °**1.** Einteilung (*der Rede*); **2. a)** Güteraufkauf; **b)** Auktionsmasse, Beutemasse.

sector¹, *ōris m* (*secō*) **1.** „Abschneider"; *collorum* Mörder, Bandit; **2.** Güteraufkäufer.

sector² 1 (*intens. v. sequor*) **1. a)** überall begleiten, nachlaufen; **b)** in Diensten stehen; °**c)** gern aufsuchen; **2.** / **a)** nachsetzen, verfolgen; °**b)** Jagd machen *auf* [*apros*]; **c)** ausgehen *auf* [*praedam*]; °**d)** zu erforschen suchen.

sectūra, *ae f* (*secō*) Erzgrube; Steinbruch.

sēcubitus, *ūs m* (*sēcubō*) *das* Alleinliegen, -schlafen.

sē-cubō, *uī,* — 1 allein schlafen; zurückgezogen leben.

sēc(u)l... = *saecul...*

secundānī, *ōrum m* (*secundus*) Soldaten der zweiten Legion.

secundārius 3 (*secundus*) von der zweiten Sorte; *subst.* **-um,** *ī n* Nebensache.

secundō¹ 1 (*secundus*) begünstigen, fördern; nachgeben.

secundō² *adv.* (*secundus*) zweitens.

secundum (*secundus*) **1.** *adv.* °**a)** hinterher; *ire* nachkommen; **b)** zweitens; **2.** *prp. b. acc.* **a)** (*räuml.*) längs, entlang, an ... hin; **b)** (*zeitl.*) gleich nach; **c)** / gemäß, zufolge, nach [~ *naturam vivere*]; nächst, zunächst; zugunsten, für.

secundus 3 (*altes Gerundiv v. sequor mit partizipialer Bedeutung*) **1. a)** *der* Folgende, Nächste, Zweite; *-a mensa* Nachtisch; *-ae partes* zweite Rolle, zweiter Rang; °**b)** *der* Nächste *nach* [~ *ab Romulo*]; °**c)** nachstehend, geringer, schlechter; **2. a)** freiwillig folgend, geleitend; *-o flumine* stromab; **b)** begünstigend, günstig, gewogen; *-o populo* unter dem Beifall des Volkes; **c)** glücklich; *res secundae* Glück.

secūricula, *ae f* (*dem. v. secūris*) kleines Beil.

secūri-fer *u.* **-ger,** *era, erum* (*secūris; ferō, gerō*) beiltragend.

secūris, *is f* (*acc. -im, selten -em, abl. -ī; secō*) Beil, Axt; Streitaxt; Schlag, Wunde, Schaden; / *pl.* römische Gewalt, Herrschaft.

sēcūritās, *ātis f* (*sēcūrus*) **1.** Gemütsruhe; °**2.** Fahrlässigkeit; °**3.** Sicherheit; °**4.** Quittung.

sē-cūrus 3 (< *sē cūrā* „ohne Sorge") **1. a)** sorglos, unbesorgt; **b)** heiter, fröhlich; °**2.** fahrlässig; °**3.** sicher, gefahrlos.

secus¹ *n* (*indecl.*; *cf. sexus*) Geschlecht [*virile*].

secus² *adv.* (*erstarrter nom. sg. eines part. pf. zu sequor: eigtl.* „folgend, *d.h.* zurückstehend") **1.** (*pos.*) **a**) anders, auf andere Weise, nicht so; *non ~ atque* (*od. quam*) ebenso, gerade wie; **b**) nicht gut, schlecht; **c**) weniger [*virium*]; **2.** (*comp.*) **sequius, °secius, sētius a**) anders; °**b**) weniger gut; **c**) (*nach Negation*) weniger; *nihilo setius* nichtsdestoweniger; *cf. sērus*; ** *secus prp. b. acc.* gemäß, aufseiten, bei.
sēd¹ *s.* sē².
sed² *u.* (*altl.*) **set** *cj.* (*verkürzt aus sēd¹*) **1. a**) (*berichtigend*) aber, indessen, jedoch, doch; **b**) (*beim Übergang zu etwas anderem*) aber, doch [*sed haec hactenus*]; **2.** (*nach Negationen*) sondern; *cf. modo.*
sēdāmen, *inis n* (*sēdō*) Linderung.
sēdātiō, *ōnis f* (*sēdō*) Beruhigung.
sēdātus 3 (*m. comp.,* °*sup., adv.*; *sēdō*) ruhig, gelassen, still.
sē-decim *num. card.* (*sex, decem*) sechzehn.
sēdēcula, *ae f* (*dem. v. sēdēs*) Stühlchen.
sedentārius 3 (*sedēns, part. praes. v. sedeō*) im Sitzen arbeitend.
sedeō, *sēdī, sessum* 2 (*cf. nhd.* „sitzen") **1. a**) sitzen [*in equo*]; **b**) Sitzung halten, zu Gericht sitzen; °**c**) *in quaestu pro meretrice* das Hurengewerbe treiben; °**d**) sich setzen, sich senken; **2. a**) verweilen, sich aufhalten; **b**) untätig sitzenbleiben, im Felde liegen; °**c**) festsitzen, hängen bleiben; °**d**) sich tief einprägen [*in ingenio*]; **e**) fest beschlossen sein.
sēdēs, *is f* (*gen. pl. -um; sedeō*) **1.** Sitz, Bank, Thron; **2.** / **a**) Wohnsitz, Wohnung, Heimat; °**b**) Ruhestätte *der Toten*; °**c**) *der* Leib (*als Sitz der Seele*); **3.** Platz, Stätte; °*belli* Kriegsschauplatz; °*orationis* Ruhepunkt; ** *regalis* Königsthron; *apostolica* päpstlicher Stuhl.
sedīle, *is n* (*sedeō*) Stuhl, Bank.
sēd-itiō, *ōnis f* Zwiespalt, Zerwürfnis, Zwist; Aufruhr, Meuterei.
sēditiōsus 3 (*m.* °*comp., sup., adv.*; *sēditiō*) aufrührerisch, unruhig.
sēdō 1 (*Kausativ zu sedeō*) °**1.** sich setzen lassen [*pulverem*]; *vela* einziehen; **2.** / beruhigen; beschwichtigen, hemmen.
sē-dūcō, *dūxī, ductum* 3 beiseite führen; °/ trennen, entfernen; ** verführen.
sēductiō, *ōnis f* (*sēdūcō*) *das* Beiseiteführen; ** Verführung.
sēductus 3 (*sēdūcō*) entfernt; *subst. nur: in -o* in der Zurückgezogenheit.
sēdulitās, *ātis f* (*sēdulus*) Emsigkeit, Geschäftigkeit; °Aufdringlichkeit.
sēdulō *adv.* (< *sē dolō* „ohne Trug") emsig, aufmerksam; mit Absicht.
sēdulus 3 (*Rückbildung aus sēdulō*) emsig, geschäftig; °allzu geschäftig.
seges, *etis f* (*vl. zu serō²*) Saat; Saat-, Ackerfeld; °/ dichte Menge.
Segesta, *ae f St. a. d. Nordküste Siziliens*; *Einw.* **-tēnsēs,** *ium u.* **-tānī,** *ōrum m.*
segestre, *is n* (*gr. Lw.*) Decke aus Fell.
segmentātus 3 (*segmentum*) mit Gold- *od.* Purpurbordüre besetzt.
segmentum, *ī n* (*secō*) Abschnitt; Purpur-, Goldbordüre.
sēgni-pēs, *edis m* (*sēgnis*) abgetriebener Gaul.
sēgnis, e (*m. comp.,* °*adv.*; *et. nicht geklärt*) langsam, träge, schlaff.
sēgnitās, *ātis f* = *sēgnitia.*
sēgnitia, *ae u.* °**-tiēs,** *ēī f* (*sēgnis*) Langsamkeit, Trägheit, Schlaffheit; °*maris* Windstille.
sē-gregō 1 (*aus sē grege* „von der Herde (wegtreiben)"; *Ausdruck der Bauernsprache*) °**1.** (von der Herde) absondern; **2.** / trennen, entfernen, ausscheiden; *auch in Tmesis.*
sēgrex, *gis* (*Rückbildung aus sēgregō*) abgesondert, zerrissen.
sei, seic (*altl.*) = *sī, sīc.*
Sēiānus *s. Sēius.*
sēiugis, e (*sex, iugum*) sechsspännig; *subst.* **-gēs,** *ium m* Sechsgespann.
sē-iugō 1 trennen.
sēiūnctim *adv.* (*sēiūnctus, P.P.P. v. sēiungō*) abgesondert.
sēiūnctiō, *ōnis f* (*sēiungō*) Trennung.
sē-iungō, *iūnxī, iūnctum* 3 **1.** trennen, absondern; **2.** unterscheiden.
Sēius 3 *röm. Gentilname: M. ~, röm. Ritter, Freund Ciceros; L. Aelius Sēiānus, Sohn des L. ~ Strabo, Günstling des Tiberius.*
selas *n, pl. -la* (*gr. Fw.*) Wetterschein.
sēlēctiō, *ōnis f* (*sēligō*) Auswahl.
Seleucus, *ī m* (*gr. Seleukos*) *Feldherr Alexanders d. Gr., König v. Syrien 312–281; nach ihm benannte St.* **-cēa** *u.* **-cia,** *ae f* (*im*

Vers auch -cīa, *gr.* Seleukēa) *in Syrien u. Babylonien.*
sē-lībra, ae *f* (*im Vers auch* sĕ-; < *sēmi-lībra) halbes Pfund.
sē-ligō, lēgī, lēctum 3 (legō²) absondern; auswählen, auslesen; selecti iudices *die* (*vom Prätor*) ausgewählten Richter *in Strafsachen.*
sella, ae *f* (sedeō) **1.** Stuhl, Sessel; **2. a**) Amtsstuhl *der Magistrate*; °/ Thronsessel; **b**) Lehrstuhl; °**c**) Tragsessel; **d**) Handwerkerstuhl; °**e**) Kutschsitz; ** Sattel.
sellāriolus 3 zum Sitz gehörig; popina -a Wirtshaus (*in dem der einfache Mann sitzend kneipte*).
sellārius 3 (sella) Sessel...; *subst.* **-a,** ae *f u.* **-um,** ī *n* Sesselzimmer (*für widernatürliche Unzucht*); **-us,** ī *m* (*der auf Sesseln widernatürliche Unzucht treibt*) Lüstling; ** Sattler.
selli-sternium, ī *n* (sella, sternō) [= lectisternium.]
sellula, ae *f* (*dem. v.* sella) kleiner Tragsessel.
sellulārius, ī *m* (sellula) sitzender [Handwerker.]
semel *num. adv.* (*cf.* sem-per, singulī) **1.** (*nur*) einmal, ein einziges Mal; non ~ öfter; ~ atque iterum ein und das andere Mal; **2.** ein für allemal, auf einmal; **3.** (*tonlos*) erst (einmal); cum ~, ut ~, ubi ~ wenn, sobald einmal.
Semela, ae *u.* **-ē,** ēs *f* (*gr.* -melē) *Tochter des Kadmus, Mutter des Bacchus*; *adi.* -lēïus 3.
sēmen, inis *n* (serō²) **1. a**) Same [manu spargere]; °Samen [creatae semine Saturni von Saturn gezeugt]; °**b**) Setzling; / **2. a**) Stamm, Geschlecht; **b**) Sprössling, Nachkomme; **3.** Grundursache, Stoff; Urheber.
sēmē(n)stris, e (sex, mēnsis; *cf.* mēnstruus) **1.** sechs Monate alt, halbjährig [infans]; **2.** halbjährlich (stattfindend), sich auf sechs Monate erstreckend [censura].
sēmentifer, era, erum (sēmentis, ferō) Saat tragend, fruchtbar.
sēmentis, is *f* (*acc.* -em *u.* -im; sēmen) Aussaat; °junge Saat.
sēmentīvus 3 (sēmentis) zur Saat gehörig.
sēm-ermis *u.* **-mus** *s.* sēmierm...
sēmēstris *s.* sēmēnstris.
sēm-ēsus 3 (sēmi- *u.* ēsus, *P.P.P. v.* edō¹) halb verzehrt.
sē-met *verstärktes* sē¹; *cf.* -met.
sēmi-, (*vor Vokalen auch*) **sēm-,** (*verkürzt*) **sē-** (*cf. gr. Fw.* hēmīna) halb-.
sēmi-adapertus 3 halb offen.
sēmi-ambustus 3 (-ūst-?) halb verbrannt.
sēmi-animis, e *u.* **-mus** 3 halb tot.
sēmi-apertus 3 halb offen.
sēmi-barbarus 3 halb barbarisch.
sēmi-bōs, bovis *m* Halbstier (*Minotaurus*).
sēmi-caper, prī *m* Halbbock (*Pan,* [*Faun*).]
sēmi-cinctium ī *n* (-cīnct-?; cintus, *P.P.P. v.* cingō) schmaler Gurt; Gürtel *der Männertunika.*
sēmi-crem(āt)us 3 halb verbrannt.
sēmi-crūdus 3 halb roh.
sēmi-cubitālis, e eine halbe Elle [lang.]
sēmi-deus 3 halb göttlich; *subst.* ~, ī *m* Halbgott.
sēmi-doctus 3 halb gelehrt; °/ un- [geschickt.]
sēmi-ermis, e *u.* **mus** 3 (arma) halb bewaffnet.
sēmi-factus 3 halbvollendet.
sēmi-fer, era, erum (ferus) halb tierisch; *subst.* ~, erī *m ein* Halbwilder.
sēmi-fultus 3 (fulciō) sich halb [stützend *auf* [subselliō].]
sēmi-germānus 3 halb germanisch.
sēmi-graecus 3 halb griechisch.
sēmi-gravis, e halb betrunken.
sē-migrō 1 weg-, ausziehen.
sēmi-hiāns, antis (hiō) halb offen.
sēmi-homō, inis *m* halb Mensch, halb Tier [Centauri]; *adi.* / halb wild.
sēmi-hōra, ae *f* halbe Stunde.
sēmi-lacer, era, erum halb zerrissen.
sēmi-lautus 3 halb gewaschen.
sēmi-līber, era, erum halb frei.
sēmi-lixa, ae *m* (-lī-?) halber Marketender (*Schimpfwort*).
sēmi-marīnus 3 halb dem Meer zugehörig, halb Fisch.
sēmi-mās, maris *m* **1.** halb Mann, halb Weib; Hermaphrodit; **2.** kas- [triert.]
sēmi-mortuus 3 halb tot.
sēminārium, ī *n* (sēmen) °**1.** Baum-, Pflanzschule; **2.** / Keim [scelerum].
sēminātor, ōris *m* (sēminō) Sämann; / Urheber.
sēmi-nex, necis halb tot, halb [erstarrt.]
sēminium, ī *n* (sēmen) Samen; Tierrasse.
sēminō 1 (sēmen) säen, erzeugen.
sēmi-nūdus 3 halb nackt.
sēmi-orbis, is *m* Halbkreis.

S

sēmi-perfectus 3 halb vollendet.
sēmi-plēnus 3 halb voll, halb bemannt.
sēmi-putātus 3 (*putō*) halb beschnitten.
Semīramis, *idis f sagenhafte Gründerin des assyrischen Reiches.*
sēmi-rāsus 3 (*rādō*) halb geschoren.
sēmi-reductus 3 halb zurückgebogen.
sēmi-refectus 3 (*reficiō*) halb ausgebessert.
sēmi-rutus 3 (*ruō*[1]) halb zerstört, halb eingestürzt.
sēmis, *issis u. indecl. m* (< *sēmi-as*) *die* Hälfte eines *zwölfteiligen* Ganzen: **1.** halber As; °/ *homo non* ~ nicht einen Heller wert; °**2.** $^1/_2$ Morgen (= *0,125 ha*); **3.** °**a**) Hälfte der Erbschaft; **b**) (*Zinsen*) (*pl.*) $^1/_2$ As (*monatlich für 100 asses*) = $6^0/_0$ *jährlich.*
sēmi-senex, *senis m ein* halber Greis.
sēmi-sepultus 3 halb begraben.
sēmi-somnus 3 *u.* °**-nis,** e schlaftrunken.
sēmisōnārius, *ī m* (**sēmi-zōna* = *sēmicinctium*; *cf. zōna, zōnārius*) Verfertiger von schmalen Gürteln.
****semispat(h)a,** *ae f* germanisches Halbschwert, „Sachs".
sēmi-supīnus 3 halb zurückgelehnt.
sēmita, *ae f* (*sē*[2], *meō*; *eigtl.* „abseits gehend") Seitenweg, schmaler Fußweg, Pfad; Bahn, Weg.
sēmi-tāctus 3 (*tangō*) halb berührt.
sēmitālis, e (*sēmita*) an den Fußsteigen verehrt [*dii*].
sēmitārius 3 (*sēmita*) auf den Seitenwegen befindlich.
sēmi-tēctus 3 halb bedeckt, halb nackt.
sēmi-ustulandus 3 (*-ūst-?*; *ustulō*) halb zu verbrennen.
sēmi-ust(ulāt)us 3 (*-ūst-?*; *ustulō, ūrō*) halb verbrannt.
sēmi-vir, *ī m* **1.** halb Mann, halb Stier [*bos* = *Minotaurus*]; **2.** Hermaphrodit, Zwitter; **3.** Kastrat; **4.** *adi.* kastriert; / weibisch, unmännlich; unzüchtig (= *pathicus*).
sēmi-vīvus 3 halb tot; / matt.
sēmi-vocālis, e (*gramm. t.t.*) den Vokalen nahe kommend; *subst.* **-ēs,** *ium f* Halbvokale (*die in ihrem Namen mit einem Vokal beginnenden Konsonanten*: f, l, m, n, r, s, x).
Sēmō, *ōnis m* (*sēmen*) *Saatgott*; ~ *Sancus sabin.* = *Dius Fidius.*
sēmōtus 3 (*sēmoveō*) **1.** entfernt, entlegen; °**2.** / ohne *etw.*; verschieden; vertraulich.
sē-moveō, *mōvī, mōtum* 2 beiseite schaffen, entfernen, absondern.
semper *adv.* (*cf. sem-el, parum-per*; *eigtl.* „in einem fort") **1.** immer, stets; *auch attr.* **2.** von jeher.
sempiternus 3 (*semper*) immerwährend, beständig, ewig; °*adv.* **-um** *u.* **-ō** auf immer.
Semprōnius 3 *röm. Gentilname*: *Ti.* ~ *Gracchus* (*133 erschlagen*) *u. sein Bruder C.* ~ *Gracchus* (*121 getötet*), *Söhne der Cornelia, ber. Agrarreformer*; *adi.* *-nius* 3 [*leges*] *u.* *-niānus* 3 [*clades*].
semul (*altl.*) = *simul.*
sēm-ūncia, *ae f* (*-ŭ-?*) halbe Unze, $^1/_2$ Zwölftel eines zwölfteiligen Ganzen: **1.** (*Gewicht*) $^1/_{24}$ Pfund = 13,6 g; **2. a**) (*Erbschaft*) $^1/_{24}$; **b**) (*Zinsen*) $^1/_{24}$ des Kapitals = $4^1/_6{}^0/_0$ jährlich.
sēmūnciārius 3 (*-ŭ-?*; *sēmūncia*) zur halben Unze gehörig; *fenus -um* $^1/_{24}{}^0/_0$ mtl., d.h. $^1/_2{}^0/_0$ jährl. Zinsen.
sēm-ust... = *sēmi-ust...*
senāculum, *ī n* (*cf. senātus*) Sitzungssaal des Senats.
senāpis = *sināpis.*
sēnāriolus, *ī m* (*dem. v. sēnārius*) unbedeutender Senar.
sēnārius 3 (*sēnī*) je sechs enthaltend; sechsfüßig; *subst.* ~, *ī m* Senar (*Vers aus sechs jambischen Füßen*).
senātor, *ōris m* (*cf. senātus*) **1.** Senator, *Mitglied des röm. Senats* (*Tracht: rote Lederschuhe m. silberner Schnalle, purpurverbrämte Tunika, goldener Fingerring*); **2.** Ratsherr *anderer Völker.*
senātōrius 3 (*senātor*) senatorisch.
senātus, *ūs m* (*altl.*: *gen.* *-ī*, *dat.* *-ū*; *senex*) **1. a**) Senat, *oberste röm. Regierungsbehörde*; **b**) Staatsrat *anderer Staaten*; **2.** Senatssitzung; *-ūs consultum* Senatsbeschluss; *-ūs auctoritas* Senatsgutachten; °**3.** Senatorenplätze *im Theater*; ** ~ *et plebs* Rat und Gemeinde.
Seneca, *ae m röm. cogn.*: *L. Annaeus* ~, *Philosoph u. Schriftsteller, Lehrer des Nero* (*† 65 n. Chr.*).
senecta, *ae f* (*unkl.*) = *senectūs*[2].
senectus[1] 3 (*senex*) alt, bejahrt.
senectūs[2], *ūtis f* (*senex*) **1.** Greisenalter; hohes Alter [°*vini*]; **2.** / **a**) *die*

Greise; °**b**) graues Haar; Ernst, Grämlichkeit.
seneō, — — 2 (senex) alt sein.
senēscō, *nuī,* — 3 (*incoh. v.* seneō) altern, alt werden; / hinschwinden, sich verzehren, schwach werden; an Einfluss verlieren.
senex, *senis* (*comp.* senior, ius; *altl. pl.* senicēs; *2 Stämme:* *seni-k- *u.* *sen-; *cf. gall.-lat.* Seneca) alt, bejahrt; reif; *subst.* ~ *m f* Greis(in); **senior,** *ōris m der* Ältere; *pl. die röm.* Bürger zw. 45 u. 60 *Jahren*; *der* Rat der Älteren *in Karthago*; ** senex Läufer (*Schachfigur*); senior (*Anrede*) Herr; *pl. die* Ältesten; *die* Ahnen.
sēnī 3 *num. distr.* (sex) **1.** je sechs; [°**2.** sechs zugleich.]
senīlis, e (*m.* °*adv.*; senex) gealtert, greisenhaft.
sēniō, *ōnis m* (sēnī) *die* Sechs (*beim Würfeln*).
senior *s.* senex.
senium, *ī n* (senex) **1.** Altersschwäche, *das* Hinschwinden; **2.** / **a**) Trauer, Leid(wesen); **b**) finsterer Ernst; °**3.** (*auch* **-us,** *ī m?*) *der* Alte.
sēnsa, *ōrum n* (sentiō) Gedanken, Ansichten.
sēnsibilis, e (sentiō) sinnlich wahrnehmbar; ** sinnlich.
sēnsiculus, *ī m* (*dem. v.* sēnsus) [Sätzchen.]
sēnsi-fer, *era, erum* (sēnsus, ferō) Empfindung verursachend.
sēnsilis, e (sentiō) sinnlich.
sēnsim *adv.* (sentiō) allmählich, nach und nach, in aller Stille.
****sensualis,** e sinnlich.
sēnsus, *ūs m* (sentiō) G e f ü h l, E m p f i n d u n g: **1.** (*sinnlich*) **a**) Sinnes-, Empfindungsvermögen, Wahrnehmung [videndi]; **b**) Besinnung, Bewusstsein; **2.** (*intellektuell*) **a**) Verstand, Denkkraft, Urteil; **b**) gesunder Menschenverstand [°communis]; **c**) Ansicht, Meinung, Gedanke; **d**) Bedeutung, Begriff (*eines Wortes*), Inhalt (*einer Rede*); **e**) Satz, Periode; **3.** (*moralisch*) **a**) Gefühl, teilnehmende Empfindung; **b**) Gesinnung, Stimmung; **c**) Rührung; **d**) Sinn für das Schickliche.
sententia, *ae f* (*sentēns altes part. v.* sentiō; *cf.* parēns²) **1.** Meinung, Ansicht; Entschluss; *ex animi mei -ā* nach bestem Wissen und Gewissen; Denkweise, Grundsatz; **2. a**) (*im Senat*) Stimme, Votum *der einzelnen Senatoren*; **b**) (*v. Richtern*) Urteil(sspruch); **3.** Bedeutung, Begriff (*eines Wortes*), Inhalt (*einer Rede*); *in hanc -am loqui* folgendermaßen sprechen; **4.** Satz, Spruch; Sentenz; ** *tremenda das* Jüngste Gericht.
sententiola, *ae f* (*dem. v.* sententia) Sprüchlein.
sententiōsus 3 (*m. adv.*; sententia) gedankenreich.
senticētum, *ī n* (sentis) Dorn-[gesträuch.]
sentīna, *ae f* (*sentiō „*das* Schöpfen"; *cf.* antlia; ex-anclō) Kielwasser; / Auswurf, Hefe.
sentiō, *sēnsī, sēnsum* 4 (*cf. nhd.* „sinnen") **1. a**) fühlen, empfinden, wahrnehmen; °*alqm* von jd. beschlafen werden; **b**) schmerzlich empfinden, kennen lernen; **2.** (*geistig*) wahrnehmen, merken, einsehen; **3. a**) meinen, denken, urteilen, gesinnt sein; *eadem de re publica* die gleiche politische Gesinnung haben; sich jd. denken *als* [bonos cives eos, qui]; **b**) sich äußern; stimmen *für.*
sentis, *is m* (*eigtl.* „kratzend") Dornstrauch.
sentīscō, — — 3 (*incoh. v.* sentiō) wahrnehmen, merken.
sentus 3 (*cf.* sentis) dornig; holperig; / struppig.
seorsus *u.* **-um** *adv.* (< *sē-vorsus u. -um*; sē²; vertō) abgesondert, besonders, ohne [°a rege; °corpore]; ohne Zutun; °*abs te ~ cogito* ich denke anders als du.
sēparābilis, e (sēparō) trennbar.
sēparātim *adv.* (sēparō) gesondert, für sich.
sēparātiō, *ōnis f* (sēparō) Trennung.
sēparātus 3 (*m. adv.*; sēparō) **1.** abgesondert, getrennt; °**2.** besonders, verschieden; °**3.** fern, entlegen.
sē-parō 1 (*eigtl.* „gesondert schaffen") absondern, trennen, scheiden.
sepelībilis, e (sepeliō) was sich begraben, / verbergen lässt.
sepeliō, *pelīvī, pultum* 4 (*vl. urspr.* „verehren, pflegen") bestatten (begraben *od.* °verbrennen); / vernichten; °versenken.
sēpēs, sēpiō = saepēs, saepiō.
sēpia, *ae f* (*gr. Fw.*) Tintenfisch.
sēpiola, *ae f* (*dem. v.* sēpia) *ein* kleiner Tintenfisch.
sē-pōnō, *posuī, positum* 3 **1.** bei-

seite legen; **2.** aufheben, -sparen, vorbehalten; **3. a)** absondern, trennen, ausscheiden; °**b)** unterscheiden; °**4. a)** fernhalten; **b)** verbannen; °**5.** (*P.P.P.*) *adi.* **sēpositus** 3 ausgesucht, vortrefflich; entlegen.

sēpse = *sē ipse.*

septem *num. card. indecl.* (*cf. nhd.* „sieben") sieben; °*stellae* Siebengestirn *des Großen Bären*; *subst. m die* Sieben Weisen.

September, *bris, bre* **1.** *der* siebente; *mensis* September; **2.** zum September gehörig.

septem-decim = *septendecim.*

septem-fluus 3 (*fluō*) *u.* **-geminus** 3 siebenarmig (*v. Flüssen*).

septem-pedālis, e sieben Fuß lang.

septem-plex, *icis* (*abl.* -*e u.* -*ī*; *cf. duplex*) siebenfach.

septem-triō, °*auch in Tmesis* = *septentriō.*

septem-vir, *ī m* (*Rückbildung aus dem pl.*) Mitglied eines Siebenmänner-Kollegiums.

septemvirālis, e (*septemvir*) zu dem Siebenmänner-Kollegium gehörig; *subst.* ~, *is m* = *septemvir.*

septemvirātus, *ūs m* (*septemvir*) Amt eines Septemvir.

septēnārius 3 (*septēnī*) aus je sieben bestehend; siebenfüßig [*versus*].

septen-decim *num. card.* (*indecl.*) (*septem, decem*) siebzehn.

septēnī 3 *num. distr.* (*septem*) **1.** je sieben; °**2.** sieben zugleich; °**3.** *sg.* -*us* 3 siebenfach.

septen-triō, *ōnis m* (*septem*; *Rückbildung aus pl.*; *eigtl.* „*die* sieben Dreschochsen") (*meist pl.*) **1.** Siebengestirn, Großer Bär; *minor* Kleiner Bär; **2.** Norden, Nordwind.

septentriōnālis, e (*septentriō*) nördlich; *subst.* **-ālia,** *ium n* nördliche Gegenden.

septiē(n)s *num. adv.* (*septem*) siebenmal.

****septimana,** *ae f* Woche.

septimānī, *ōrum m* (*septimus*) Soldaten der siebenten Legion.

septimontiālis, e (*septimontium* „Siebenhügelfest"; *septem, mōns*) zum Siebenhügelfest gehörig.

septimum *adv.* (*septimus*) zum siebenten Male.

septimus 3 *num. ord.* (*septem*) *der* siebente.

septingentēsimus 3 *num. ord.* (*septingentī*) *der* Siebenhundertste.

septingentī 3 *num. card.* (*septem, centum*) siebenhundert.

septi-rēmis, e (*septem, rēmus*) mit sieben Ruderreihen.

Septizōnium, *ī n* (*septem, zōna*) *Prachtbau des Septimius Severus am Palatin.*

septuāgēsimus 3 *num. ord.* (*septuāgintā*) *der* Siebzigste.

septuāgintā *num. card. indecl.* (*wohl* < **septumāgintā*) siebzig.

septu-ennis, e (*septem, annus*) siebenjährig.

sept-ūnx, *ūncis* (-*ŭ*-?; *septem, ūncia*) *m* $^7/_{12}$ eines As *od.* eines zwölfteiligen Ganzen, sieben Unzen; / sieben Glas.

sepulcrālis, e (*sepulcrum*) zum Grabe gehörig, Leichen...

sepulcrētum, *ī n* (*sepulcrum*) Friedhof.

sepulcrum, *ī n* (*sepeliō*) **1.** Grab (-mal, -hügel); °**2.** Brandstätte; *ara* -*i* Scheiterhaufen; **3.** Aufschrift des Grabmals; °**4. a)** Begräbnis; **b)** *der* Tote.

sepultūra, *ae f* (*sepeliō*) Begräbnis, Bestattung (°*auch* Verbrennung).

Sēquana, *ae m die* Seine.

Sēquanī, *ōrum m gall. Volk zw. Saône, Rhone u. Jura.*

sequāx, *ācis* (*sequor*) schnell folgend, verfolgend; ** *subst. m* Anhänger, Jünger; *pl.* Gefolge.

****sequentia,** *ae f* Sequenz.

sequester (*sequor*) °**1.** *adi. tra, trum u. tris, tre* vermittelnd; **2.** *subst.* ~, °*trī u. tris m* Mittelsperson.

****sequestratio,** *onis f* Hinterlegung; Trennung.

****sequestro** 1 ausschließen; in besondere Verwahrung geben.

sequestrum, *ī n* (*sequester*) Deponierung einer streitigen Sache bei einem Unparteiischen.

sequius *adv. s. secus*[2].

sequor, *cūtus sum* 3 (*cf. gr.* hępomai *ds.*) **1. a)** (nach)folgen, begleiten [*Caesarem*]; **b)** (*feindl.*) verfolgen, nachsetzen; **2. a)** (*zeitl.*) nachfolgen, -kommen; **b)** (*in der Rede*) folgen, an die Reihe kommen; **c)** (*logisch*) folgen, sich ergeben; *sequitur, ut* daraus folgt, dass **d)** von selbst folgen, sich einstellen [*verba*]; **e)** (*als Besitz*) zufallen, zuteil werden [°*gloria divitias*]; **3.** (*ein Ziel*) verfolgen: **a)** aufsuchen [*loca salubria*]; **b)** streben *nach* [*gloriam*]; **4.** Folge leisten, befolgen [*consilium*]; °**5.** (*part. praes.*) *subst.* sequēns, *entis n* Epitheton; **-entia,** *ium n das* Folgende, Spätere.

Ser. (*Abk.*) = *Servius.*

sera, *ae f* (*et. unklar*) Torbalken, Riegel.

****seraphim** *pl. indecl. die* Seraphim (*besondere Klasse der Engel*).

Serāpis, *idis m* (*acc. -im; gr.* Sạr- *u.* Sẹr-) *urspr. wohl babylon., dann ägypt. Gott, später im ganzen röm. Reich verehrt.*

serēnitās, *ātis f* (serēnus) heiteres Wetter; / Heiterkeit, Gunst; ** (*als Anrede*) Ew. Durchlaucht.

serēnō 1 (*serēnus*) aufheitern.

serēnus 3 (*eigtl.* „trocken"; *cf. serēscō*) **1.** heiter, hell; klar; °**2.** heiteres Wetter bringend [*favonius*]; **3.** / heiter, ruhig, fröhlich; °**4.** *subst.* **-um,** *ī n* heiteres Wetter; ** verklärt; *Serenissimus* Durchlaucht.

Sēres, *um m* Serer, Chinesen; *adi. -ricus* 3; / seiden; *subst.* **sērica,** *ōrum n* Seidenstoffe, seidene Gewänder.

serēscō, — — 3 (*cf. serēnus*) trocken werden.

Sergius 3 *röm. Gentilname; s. Catilīna.*

sēria[1], *ae f* (*Fw., vl. mittelmeerländisch*) Tonne, Fass.

sēria[2], *ōrum n s. sērius*[1].

sērica *s. Sēres.*

sēricātus 3 (*sērica*) in seidenen Kleidern.

seriēs, *ēī f* (*serō*[1]) **1.** °**a**) Reihe, Kette; **b**) / [*causarum*]; °**2.** Ahnenreihe; ** *in seriem annorum* in alle Ewigkeit.

****seriosus** 3 ernst; zurückhaltend.

sērius[1] 3 (*cf. nhd.* „schwer") ernsthaft, ernst; °*subst.* **-um,** *ī n* Ernst; *kl. nur pl.* ernste Dinge, Ernst; °*abl.* (*adv.*) **-ō** im Ernst.

sērius[2] *adv. s. sērus.*

sermō, *ōnis m* (*-ŏ seit Juvenal; et. nicht geklärt, vl. zu serō*[1]) **1. a**) Unterredung, Gespräch; Inhalt des Gespräches; Gesprächsstoff; **b**) Disputation; **2. a**) Umgangssprache; °**b**) Schriftwerk (*bsd.* Gedicht) in der Umgangssprache; *pl.* Satiren; **3. a**) Rede-, Ausdrucksweise; **b**) Mundart; **4.** Gerede, Gerücht; ** Erzählung, Predigt.

sermōcinātiō, *ōnis f* (*sermōcinor*) Gespräch, Dialog; (*rhet. t.t.*) Einführung des Redenden.

sermōcinātrīx, *īcis f* (**sermōcinātor; sermōcinor*) Gesprächspartnerin; (*rhet. t.t.*) Kunst der Unterredung u. des Umgangs.

sermōcinor 1 (*sermō*) **1.** sich unterhalten, plaudern; °**2.** disputieren.

sermunculus, *ī m* (*dem. v. sermō*) Geschwätz, Klatsch.

serō[1], *seruī, sertum* 3 (*zu gr.* hẹirō *ds.*) °**1.** (*nur P.P.P.*) zusammenfügen, -reihen, -knüpfen; *lorica serta* Kettenpanzer; **2.** / verknüpfen, aufeinander folgen lassen [*bella ex bellis*].

serō[2], *sēvī, satum* 3 (< **si-sō, redupl. praes. zu* $\sqrt{}$ **sē-* „säen"; *cf. nhd.* „säen, Samen") **1.** (be)säen, pflanzen; **2.** / **a**) erzeugen, hervorbringen; **b**) aussäen, ausstreuen; verursachen.

sērō[3] *adv. s. sērus.*

sērōtinus 3 (*sērō*[3]) spät *etw.* tuend.

serpēns, *entis m f* (*gen. pl.* [*i*]*um; serpō*) **1.** Schlange; °**2.** Drache (*Sternbild*); ** Teufel [*antiquus*].

serpenti-gena, *ae m* (*serpēns, gignō*) Schlangensprössling.

serpenti-pēs, *edis* (*serpēns*) schlangenfüßig.

serperastra, *ōrum n* (*et. ungedeutet*) orthopädische Kniesteifen; / Zurechtweisungen.

serpō, *psī, ptum* 3 (*wohl Erweiterung v.* $\sqrt{}$**ser-* „sich bewegen") kriechen, schleichen; / sich schlängeln; sich unvermerkt verbreiten, allmählich um sich greifen.

serpullum *u.* **-illum,** *ī n* (*gr. Lw. m. Angleichung an serpō*) Feldthymian.

serra, *ae f* (*et. unklar*) Säge.

serrācum, *ī n* (*Lw. unbekannter Herkunft*) (Last-)Wagen; °/ *Gestirn.*

serrātī, *ōrum m* (*sc. nummī; serrātus* 3 „gezackt"; *serra*) Serraten, *Denare mit gezacktem Rande.*

serrula, *ae f* (*dem. v. serra*) kleine Säge.

sertum, *ī n u.* **-a,** *ae f* (*serō*[1]) (*meist pl.*) Kranz, Girlande.

Sertōrius 3 *röm. Gentilname: Q.* ~, *Parteigänger des Marius, v. Sulla geächtet; adi. -riānus* 3.

serum[1], *ī n* (*eigtl.* „*das* Flüssige") Molke; / männlicher Samen.

sērus 3 (*m.* °*comp., sup.; adv.* **-ō**; *comp.* sērius [*s. u.*] *u.* sētius „weniger" [*nihilo setius eigtl.* „um nichts später"; *schlechtere Schreibung* secius; *s.* secus[2]]; *cf. nhd.* „seit") **1.** spät; verspätet, zu spät; °**2.** *subst.* **sērum**[2], *ī n* späte Zeit; *-o diei* spät am Tage; **3.** *adv. comp.*

S

sērius später, etwas zu spät; °*serius ocius* früher oder später; ** *sero subst. indecl.* Spätabend.
serva, *ae f* (*servus*) Sklavin.
servābilis, e (*servō*) errettbar.
servantissimus 3 (*sup. v. servāns, part. praes. v. servō*) aufs Genaueste beobachtend [*aequi*]. [Brauch.
servātiō, *ōnis f* (*servō*) Verfahren,
servātor, *ōris m* (*servō*) Erhalter, Retter; **-trīx,** *īcis f* Retterin.
servīlis, e (*m. adv.*; *serviō*) sklavisch, knechtisch, Sklaven...
Servīlius 3 *röm. Gentilname*: **1.** *s. Ahāla*; **2.** *P.* ~ *Casca, einer der Mörder Cäsars*; *adi.* -*ius* 3 [*lacus ein v. einem* ~ *angelegtes Brunnenbassin in Rom*]; **-iānus** 3 [*horti*].
serviō 4 (*altl.*: *impf.* -*ībās*, *fut.* -*ībō*; *servus*) **1.** Sklave sein, dienen; **2.** / **a**) (*v. Grundstücken*) belastet sein, *eine* Servitut auf sich haben; °**b**) *zu etw.* dienen, taugen; **c**) gefällig sein, willfahren; **d**) sich fügen, gehorchen, frönen; ** kredenzen; (*part. praes.*) *subst.* **servientes,** *ium m die* ritterlichen Dienstmannen; Gesinde.
servitium, *ī n* (*servus*) **1.** Sklavenstand, -dienst; **2.** (*concr.*) Sklavenschaft, Gesinde; °**3.** Dienstbarkeit; ** Abgabe; Steuer; *pl.* Einkünfte.
servitrīcius 3 (*servus*) Sklaven....
servitūdō, *inis f* (*servus*) Sklaverei.
servitūs, *ūtis f* (*servus*) **1. a**) Sklaverei, Sklavenstand; Knechtschaft; Dienstbarkeit; °**b**) (*concr.*) Sklaven, Knechte; **2.** / **a**) Unterwürfigkeit; **b**) (*b. Grundstücken*) Belastung, Servitut.
Servius, *ī m* (*zu servus*) *röm.* (*urspr. wohl etr.*) *Vorname*; *Abk.* Ser.; ~ *Tullius s. Tullius.*
servō 1 (*altl.*: *fut.* -*vassō*, *coni. pf.* -*vassit*, -*vassint*; *vl. m. gr. Fw. hērōs* „Beschützer" *u. Hera* „Beschützerin" *verwandt*) **1.** beobachten, bewachen, behüten; *de caelo* die Wahrzeichen am Himmel beobachten; **2.** / **a**) achten *auf*, bewahren [*pudicitiam*], festhalten *an*; °**b**) an einem Orte verbleiben [*nidum*]; **3.** aufbewahren, aufsparen; **4.** unversehrt erhalten, retten, be-[hüten.
servol... (*altl.*) = *servul...*
servulicola, *ae f* (*servulus*, *colō*) „Sklavenpflegerin"; gewöhnliche Hure.

servulus, *ī m* (*dem. v. servus*) (junger) Sklave; **-a,** *ae f* (junge) Sklavin.
servus 3 (*vl. etr. Fw.*) dienstbar, sklavisch, knechtisch; (*v. Grundstücken*) belastet; *subst.* ~, *ī m* Sklave, Knecht; ** Leibeigener, Trossknecht. [*stammend*) Sesam.
sēsama, *ae f* (*gr. Fw., aus dem Sem.*
sescēnāris (-ē-?) = *sescennāris.*
sescēnārius 3 (*sescēnī*) 600 Mann stark.
sescēnī *u.* °**-centēnī** 3 *num. distr.* (*sescentī*) je sechshundert.
sesc-ennāris, e (*vl.* < **sēsqu-ennālis*; *sēsqui*, *annus*) anderthalbjährig (?).
sescentēsimus 3 *num. ord.* (*sescentī*) *der* sechshundertste.
ses-centī 3 *num. card.* (*sex*, *centum*) sechshundert; / unzählige, tausend.
sescentiē(n)s *num. adv.* (*sescentī*) sechshundertmal.
sescento-plāgus, *ī m* (*sescentī*, *plāga*[1]) der ungezählte Schläge be-[kommt.
sēscuplex = *sēsquiplex.*
sēscuplum, *ī n* (*sēsqui*) *das* Andert-[halbfache.
sēsē *s. suī.*
seselis, *is f* (*gr. Fw.*) Steinkümmel.
sēsque-opus = *sēsquiopus.*
sēsqui *adv.* (< **sēmis-que* „und dazu die Hälfte") um die Hälfte mehr; anderthalb; / (*in Zusammensetzungen*) und dazu ...; um einen Bruchteil mehr.
sēsqui-alter, *era*, *erum* anderthalb.
sēsqui-hōra, *ae f* anderthalb Stunden. [Scheffel.
sēsqui-modius, *ī m* anderthalb
sēsqui-octāvus 3 neun Achtel.
sēsqui-opus, *eris n* anderthalb Tagewerke.
sēsquipedālis, e (*sēsquipēs*) anderthalb Fuß lang; / ellenlang.
sēsqui-pēs, *edis m* anderthalb Fuß.
sēsqui-plāga, *ae f* anderthalb Hiebe.
sēsquiplex, *icis* (*cf. duplex*) anderthalbfach.
sēsqui-tertius 3 vier Drittel.
sessibulum, *ī n* (*sessus, P.P.P. v. sedeō*) Sitz, Stuhl. [eignet; niedrig.
sessilis, e (*sedeō*) zum Sitzen ge-
sessiō, *ōnis f* (*sedeō*) *das* Sitzen; *das* Verweilen; Sitzung; Sitz(platz).
sessitō 1 (*frequ. v. sedeō*) zu sitzen pflegen. [Sitzung, Kränzchen.
sessiuncula, *ae f* (*dem. v. sessiō*)
sessor, *ōris m* (*sedeō*) „Sitzer": **1.** Zuschauer; **2.** Insasse; **3.** Reiter.

S

sēstertiolum, ī *n* (*dem. v.* sēstertium) 100 000 Sesterze; bis deciens zwei Milliönchen.
sēstertius, ī *m* (*gen. pl. meist* sestertium; ⟨ *sēmis-tertius „halb der Dritte [*sc.* as]" = 2½ As; *Abk.* ||S, *später* HS) *Münzeinheit der alten röm. Währung*: Sesterz (*urspr.* 2½, *später* = *4 As; anfangs Silber-, später Messingmünze im Werte v. 15 Pfg.*); ducenti sestertii 200 Sesterze; duo milia sestertium 2000 S.; **sēstertia,** ōrum *n* (*pl. zu dem später als nom. sg. n empfundenen gen. pl.* sēstertium) tausend Sesterze; decem -a 10 000 S.; **sēstertium,** ī *n* (*m. Zahladverbien verbunden; sc.* centēna mīlia) 100 000 S.; vicies -um 2 Millionen Sesterze.
Sēstius, -tiānus *s.* Sextius.
Sēstos *u.* **-us,** ī *f* (*gr.* -ọs) *St. am Hellespont*; *adi.* ~ 3 aus S. [puella Hero].
sēsuma (*Pl.*) = sēsama.
set (*altl.*) = sed².
sēta, sētiger = saet...
sētius *adv.* (*urspr.* „später") weniger; (*vermengt m.* sequius) *s.* secus², [sērus.
seu *s.* sīve.
sē-vehor, vectus sum 3 wegfahren *von*; / gyro die Bahn verlassen.
sevēritās, ātis *f* (sevērus) Strenge, Ernst; Härte; strenges Urteil.
°**sevēritūdō,** inis *f* = sevēritās.
sevērus¹ 3 (*wohl* ⟨ *sē vērō „ohne Freundlichkeit") **1.** streng, ernst, herb; °**2.** hart, grausam.
Sevērus², ī *m röm. cogn.*
sē-vocō 1 beiseite rufen, abrufen; / abziehen, -lenken.
Sex.¹ (*Abk.*) = Sextus (*röm. Vorname*).
sex² *num. card.* (*cf. nhd.* „sechs") *indecl.* sechs.
sexāgēnārius 3 (sexāgēnī) sechzigjährig.
sexāgēnı 3 *num. distr.* (sexāgintā) je sechzig.
sexāgēsimus 3 *num. ord.* (sexāgintā) *der* Sechzigste.
sexāgiē(n)s *num. adv.* (sexāgintā) sechzigmal.
sexāgintā *num. card. indecl.* (sex) sechzig.
sex-angulus 3 sechseckig.
sexc... = sesc...
sex-decim (*nkl.*) *künstl. Rückbildung für* sēdecim.
sex-ennis, e (annus) sechsjährig.
sex-ennium, ī *n* (sexennis) sechs Jahre.
sexiē(n)s *num. adv.* (sex) sechsmal.
sex-prīmī, ōrum *m die* sechs Obersten des Stadtrats (*in Munizipien u. Kolonien*).
sextādecumānī, ōrum *m* (-tă-?; sexta decima) Soldaten der sechzehnten Legion.
sextāns, antis *m* (sextus) *ein* Sechstel *einer* (*zwölfteiligen*) *Maß- od. Gewichtseinheit*: **1.** (*Münze*) °**a)** ⅙ As = 2 ūnciae; **b)** / Heller; **2.** ⅙ einer Erbschaft; °**3. a)** (*Gewicht*) ⅙ Pfund = 54,5 g; **b)** (*Flüssigkeit*) ⅙ sextārius = 0,09 l.
sextāriolus, ī *m* (*dem. v.* sextārius) Schöppchen.
sextārius, ī *m* (sextus) ⅙ congius = *0,54* l; Schoppen; ** Metze (*Getreidemaß*).
Sextīlis, e (sextus) **1.** *der* Sechste; mensis August; **2.** zum August gehörig; *subst.* ~, is *m* August.
Sextius *u.* **Sēstius** 3 *röm. Gentilname*: P. ~, *Freund Ciceros*; *adi.* -i(ān)us 3; *s.* Aquae Sextiae.
sextula, ae *f* (*dem. v.* sextus) ⅙ ūncia, *d. h. der* 72. Teil eines Ganzen, *z. B. einer Erbschaft.*
sextus 3 *num. ord.* (sex) *der* Sechste; °casus Ablativ; *adv.* -um zum sechsten Mal; ♀ *röm. Vorname.*
sexus, ūs *m* (*cf.* secus¹; *vl. zu* secō: „Abteilung") Geschlecht.
sī *ci.* (*altl.* sei; *cf. nhd.* „so", „wie"; *Grundbedeutung* „so"; *cf.* sī-c) **1.** (*in Konditionalsätzen*) wenn, wofern; wenn anders; si minus wenn nicht, wo nicht; quodsi (*auch getr.*) wenn nun, wenn demnach; **2.** (*in Konzessivsätzen; m. coni.*) selbst wenn, wenn auch; **3.** (*in Komparativsätzen; m. coni.*) (perinde) ac si (gleich) als wenn = quasi; °**4.** (*in Wunschsätzen; m. coni.*) wenn doch; **5.** (*nach „fragen" u. „erwarten"; meist m. coni.*) ob, ob etwa [conati, si perrumpere possent]; **6.** sī ... sī (*altl.*) = sīve ... sīve.
sibi, sibimet *s.* suī *u.* -met.
sībilō, — — 1 (sībilus) °**1.** (*intr.*) zischen, pfeifen; zuflüstern; **2.** (*trans.*) auszischen, -pfeifen.
sībilus¹ 3 (*Schallwort*) zischend, pfeifend.
sībilus², ī *m* (sībilus¹; *pl. dcht.* -a, ōrum *n*) *das* Zischen, Pfeifen, Säuseln; *das* Auszischen.
Sibylla *u.* **-bulla,** ae *f* (*gr.* Sịbylla, *orientalischer Name*) Wahrsagerin; *bsd. die* Sibylle *v. Cumae*; *adi.* -byllīnus 3; libri -i *alte, der Sage nach*

S

v. Tarquinius einer Alten abgekaufte Weissagungen; auf dem Kapitol aufbewahrt u. in Notzeiten eingesehen.

sīc *adv.* (< *sei-ce; s. sī*) **1.** so, auf diese Weise; **2. a)** ~ ... *ut* so ... wie; *ut* ... ~ wie ... so; **b)** *ut* ... ~ wenn auch ... doch, zwar ... aber; °**c)** ~ (*m. coni.*) ... *ut* (*m. ind.*) so wahr ich wünsche, dass ... so gewiss; **3. a)** von der Art; **b)** unter solchen Verhältnissen, in solcher Lage; **c)** demgemäß, daher; **4. a)** (*einschränkend*) ~ ... *ut* insofern ... als; doch so ... dass; °**b)** (*bedingend*) ~ ... *si* unter der Bedingung, dass ...; dann ... wenn; **5.** folgendermaßen; **6.** so sehr (wenig), in dem Grade; **7.** nur so, so ohne weiteres, schlechtweg.

sīca, *ae f* (*cf. secō*) Dolch; / Meuchelmord.

Sicānī, *ōrum m* Sikaner, *ital. Volksstamm; auch = Siculī; adi. Sicānus* 3, *Sīcanius* 3, *Sīcanis, idis f* sizilisch; *subst.* **Sīcania,** *ae f* Sizilien.

sīcārius, *ī m* (*sīca*) Meuchelmörder; *inter -os* wegen Meuchelmord.

sīc(c)ine, sīcin *adv.* (< *sīce-ne; s. sīc*) so? also?

siccitās, *ātis f* (*siccus*) Trockenheit, Dürre; / feste Gesundheit; Einfachheit, Knappheit.

siccō 1 (*siccus*) (aus)trocknen; °/ leeren, austrinken; melken; aussaugen.

sicc-oculus 3 (*siccus*) mit trockenen Augen.

siccus 3 (*m. adv.; et. unklar*) °**1.** trocken, dürr; *subst.* **-um,** *ī n das* Trockene; **2.** / °**a)** tränenlos; **b)** nüchtern, enthaltsam; °**c)** noch nüchtern, durstig; °**d)** wolken-, regenlos; °**e)** dürftig, arm; °**f)** gefühl-, lieblos; °**g)** straff, stramm [*mulier*]; **h)** schlicht, knapp.

sicelissō 1 (*gr. Fw.*) sich in sizilischem Ton halten.

Sicilia, *ae f* (*gr.* Sikeliā) Insel Sizilien; *adi. Sīcelis, idis f* [*musae*]; (*subst. die* Sizilierin); *Siciliēnsis, e.*

sicilicissitō 1 (*intens. v. sicelissō*) sizilische Art nachahmen.

sīcilicula, *ae f* (*sīcī-?; dem. v. sīcīlis* „Lanzenspitze"; *sīca*) kleine Sichel.

sīcine *s. sīc(c)ine.*

si-cubī *u.* **-cubī** *ci.* (*cf. ali-cubī u. ubī*) wenn irgendwo.

sīcula, *ae f* (*dem. v. sīca*) kleiner Dolch; / = *mentula.*

Siculī, *ōrum m Bewohner Siziliens; adi. -lus* 3 sizilisch.

sī-cunde *ci.* (*cf. ali-cunde, unde*) wenn irgendwoher.

sīc-ut(ī) *adv.* **1.** sowie, gleichwie, wie; ~ ... *ita* °*auch* zwar ... aber; **2.** wie wirklich; **3. a)** gleichsam; **b)** wie wenn, als ob; **c)** wie zum Beispiel; °**4.** in dem Zustand wie; *sum* so wie ich (hier) stehe.

sīdereus 3 (*sīdus*) gestirnt, *der* Sterne, Sternen...; Sonnen... [*lux*]; der Sonne geweiht; / himmlisch, göttlich; strahlend.

sīdō, *sēdī u. sīdī, sessum* 3 (< *si-zd-ō, redupl. praes.; -zd- Schwundstufe zu sedeō*) sich setzen, sich niederlassen; °/ sich senken; stecken bleiben, festsitzen; schwinden.

Sīdōn, *ōnis u. ŏnis f* (*gr.* -dǫn) *St. Phönikiens, j.* Saida; °*adi.* **1.** *-dōnius u. -dŏnius* 3 sidonisch, tyrisch phönikisch, karthagisch; purpurn; *Einw. -dōniī, ōrum m;* **2.** *-dōnis u. -dŏnis, idis f* phönikisch; *subst. die* Sidonierin, Phönikierin; **3.** *-dōnicus* 3.

sīdus, *eris n* (*eigtl. „das* Glänzende") **1.** Stern(bild), Gestirn; °**2. a)** Himmelsstrich, Gegend; **b)** Jahreszeit; **c)** Tag; **d)** Witterung, Sturm; **e)** (*pl.*) Himmel; °**3.** / **a)** schöne Augen; **b)** Glanz, Zierde.

siem *usw. s. sum.*

Sigambrī = *Sugambrī.*

Sigēum, *ī n* (*gr.* Sigēion) *Vorgeb. in Troas; adi. -gē(ī)us* 3.

sigillāria, *ōrum n* (*sigillum*) **1.** *röm.* Bilderfest, *an dem man einander kleine Wachs- od. Tonfiguren schenkte;* **2.** kleine Wachs-, Gips-, Tonfiguren; **3.** Kunstmarkt.

sigillātus 3 (*sigillum*) mit kleinen Figuren geziert.

****sigillo** 1 versiegeln.

sigillum, *ī n* (*dem. v. sīgnum*) **1.** Bildchen; Relief, Statuette; **2.** Abdruck des Siegelrings, Siegel.

sīgnātor, *ōris m* (*-ī-?; sīgnō*) Untersiegler; Trauzeuge; *-ores falsi* Urkundenfälscher.

sīgni-fer, *era, erum* (*-ī-?; sīgnum, ferō*) gestirnt; *orbis* Tierkreis; *subst.* ~, *erī m* °**1.** Tierkreis; **2.** Fahnenträger; / Anführer.

sīgnificāns, *antis* (*-ī-?; m. comp., sup.; sīgnificō*) deutlich, anschaulich; *kl. nur adv.* (*m. comp., sup.*).

sīgnificantia, *ae f* (*-ĭ-?*; *sīgnificāns*) Anschaulichkeit (*eines Wortes*).
sīgnificātiō, *ōnis f* (*-ĭ-?*; *sīgnificō*) **1.** Bezeichnung, Andeutung, Zeichen; **2.** Beifall(szeichen); **3.** Bedeutung (*v. Wörtern u. ä.*); **4.** Nachdruck, Emphase; °**5.** Ausspruch.
sīgnificō 1 (*-ĭ-?*; **sīgnificus* 3; *sīgnum, faciō*) (*ein*) Zeichen geben: **1.** anzeigen, andeuten, äußern, zu erkennen geben; **2.** (*Zukünftiges*) verkünden; **3.** (*v. Wörtern u. Ä.*) bezeichnen, bedeuten.
sīgnō 1 (*-ĭ-?*; *sīgnum*) °**1.** einschneiden, eingraben [*nomina saxo*]; **2. a)** mit (einem) Zeichen versehen, bezeichnen; **b)** (ver)siegeln; **c)** (*Münzen*) prägen; **3.** / °**a)** auszeichnen, schmücken [*honore*]; **b)** (*dem Gedächtnis*) einprägen; °**c)** kenntlich machen [*viam flammis*]; °**d)** bemerken, beobachten; ** segnen; *se -are* sich bekreuzigen.
sīgnum, *ī n* (*-ĭ-?*; ‹ **sec-nom*; *secō*; *eigtl.* „eingeschnitzte Marke, geschnitztes Bild") **1.** Merkmal, Kennzeichen; **2.** (*mil. t.t.*) **a)** Signal, Kommando; °**b)** Parole, Losung; **c)** Feldzeichen, Fahne; *-a movere*, °*convellere* aufbrechen, *inferre* angreifen; *-a conferre* sich zusammenziehen; handgemein werden; °**d)** Abteilung, Schar, Fähnlein; °**3.** Startzeichen *beim Wagenrennen* (*durch Prätor od. Konsul*); **4.** Vor-, Wahrzeichen; **5.** Beweismittel, -grund; **6. a)** Statue, Götterbild; **b)** Siegel, Wappen; **7.** Sternbild, Gestirn; ** Wunder(zeichen).
sīlānus, *ī m* (*dor. Fw.*) *der* (*vielfach aus einem Silenskopf sprudelnde*) Springbrunnen; *adi.* 3 plattnasig.
silentium, *ī n* (*silēns*) **1.** Stillschweigen, Stille; **2. a)** Ungestörtheit, *d. h.* Fehlerlosigkeit der Auspizien; **b)** Stillschweigen *über jd., d. h.* Ruhmlosigkeit; **c)** Ruhe, Muße.
Sīlēnus, *ī m* (*gr.* -ṇos) *Erzieher u. Begleiter des Bacchus.*
sileō, *uī,* — 2 (*vl. m. sinō verwandt*) **1. a)** (*intr.*) still sein, schweigen; **b)** (*trans.*) verschweigen; **2.** / untätig sein, feiern, ruhen; °**3. a)** (*part. praes.*) *adi.* **silēns,** *entis* still, schweigsam; *subst. pl.* **-ēs,** *um m die* Toten *in der Unterwelt*; *die* Pythagoreer; **b)** (*Gerundiv*) *subst.* **silenda,** *ōrum n* Geheimnisse, Mysterien.
siler, *eris n* (*et. unklar*) Bachweide [*od.* Spindelbaum.]
silēscō, — — 3 (*incoh. v. sileō*) still werden; / sich legen [*venti*].
silex, *icis m* (°*f*) (*cf. calx*[1]; *nhd.* „Kiesel") Kiesel, Feuerstein; °/ Fels.
silicernium, *ī n* (*et. unklar*) Leichenschmaus; / alter Knacker (*Schimpfwort*).
silīgineus 3 (*silīgō*) aus Weizen (-mehl), Weizen...; *cunni -i* Brötchen *in der Form des cunnus.*
silīgō, *inis f* (*et. ungedeutet*) sehr heller Winterweizen.
siliqua, *ae f* (*et. nur altbulgarische Parallele*) Schote; *pl.* Hülsenfrüchte.
sillybus, *ī m* (*gr. Fw.*) Titelstreifen [(*an Bücherrollen*).]
silūrus, *ī m* (*gr. Fw.*) *ein Flussfisch* (*Wels od.* Stör?).
sīlus 3 (*-ĭ-?*; *vl. Umbildung v. sīmus m. volkset. Anlehnung an Sīlēnus*) stülpnasig.
silva, *ae f* (*et. ungeklärt*) **1. a)** Wald, Forst; **b)** Park; °**c)** Baum, Strauch; **2.** / °**a)** große Menge, **b)** reicher Vorrat; °**c)** unverarbeiteter Stoff.
Silvānus, *ī m Wald- u. Feldgott*; ** Waldschrat.
silvēscō, — — 3 (*incoh. zu silva*) [verwildern.]
silvester, *tris, tre* (*nkl.*) *u.* **-tris,** *tre* (*silva*) waldig, Wald...; im Walde lebend; °/ wild wachsend; wild; ländlich.
Silvia *s. Rēa*[2].
silvi-cola, *ae m* (*silva, colō*) Wald- [bewohner.]
silvi-cultrīx, *īcis f* (*silva*) im Walde wohnend.
silvi-fragus 3 (*silva, frangō*) wald- [zerschmetternd.]
silvōsus 3 (*silva*) waldreich, waldig.
sīmia, *ae f u.* °**-ius,** *ī m* (*sīmus*) Affe.
simila, *ae f* (*orientalisches Lw.*) feinstes Weizenmehl; ** Semmel.
similis, e (*m.* °*comp., sup.* *-illimus, adv.*; *idg.* *sem „eins"; *cf. simul, semel*) ähnlich; *veri* ~ wahrscheinlich; *subst.* **-e,** *is n* Gleichnis, Beispiel; °*similia*(*que*) und dergleichen mehr.
similitūdō, *inis f* (*similis*) Ähnlichkeit; *veri* ~ Wahrscheinlichkeit; Analogie; Gleichnis; Einförmigkeit (*in der Darstellung*).
sīmiolus, *ī m* (*dem. v. sīmius*) [Äffchen.]
simitū *adv.* (*wohl erstarrter abl.*; *idg.* *sem „eins", *īre*) zugleich.
sīmius *s. sīmia.*

S

Simōnidēs, *ae m* (*gr.* -nidēs) *griech. Lyriker, Erfinder der Mnemotechnik* (*um 500*); *adi.* -dēus 3.

simplex, *icis* (*m.* °*comp.*, °*sup.*, *adv.*; *idg.* *sem „eins"; *cf. sem-el, du-plex*) **1.** einfach; nicht zusammengesetzt, unvermischt; **2.** einzeln, für sich; **3.** / **a**) natürlich; kunstlos; **b**) schlicht; ehrlich, arglos, offen, bieder; *adv.* **simpliciter** geradezu, an sich; ** *simplex* beschränkt.

simplicitās, *ātis f* (*simplex*) Einfachheit; / Offenheit, Aufrichtigkeit, Natürlichkeit; Naivität.

simplum, *ī n* (*adi. simplus* 3 „einfach"; *idg.* *sem „eins"; *cf. sem-el, du-plus*) *das* Einfache.

simpulum, *ī n* (*et. ungeklärt*) Schöpfkelle.

simpuvium, *ī n* (*gr. Lw.*) Opferschale.

simul (*wohl* < *semli; *idg.* *sem „eins"; *cf. semel*) **1.** *adv.* zugleich, gleichzeitig; ~ *cum* zugleich mit; ~ ... ~ teils ... teils, sowohl ... als auch; **2.** *ci.* **simul**; **simul ac, simul atque** (*auch zus.*), **simul ut** (*m. ind. pf.*) sobald als.

simulācrum, *ī n* (*simulō*) **1.** Bild, Abbild; °Spiegelbild; °**2. a**) Traumbild; **b**) Schatten eines Toten; Gespenst; **c**) (*philos. t.t.*) *das* (*dem Geist vorschwebende*) Abbild *eines Gegenstandes*; °**3.** Charakterbild, -schilderung; **4. a**) Abbild, Nachbildung; **b**) Trugbild, Phantom; ** Götzenbild.

simulāmen, *inis n* (*simulō*) Nachahmung.

simulāns, *antis* (*m. comp.*, *adv.*; *simulō*) nachahmend.

simulātē *adv.* (*m.* °*comp.*; *simulātus*; *s. simulō*) zum Schein.

simulātiō, *ōnis f* (*simulō*) **1.** Verstellung, Heuchelei; °*pl.* Verstellungskünste; **2.** Vorwand, Täuschung, Schein.

simulātor, *ōris m* (*simulō*) °**1.** Nachahmer; **2.** Heuchler.

simulatque *s. simul.*

simulō 1 (*similis*) **1. a**) ähnlich machen; °**b**) nach-, abbilden, darstellen; nachahmen; **2.** / **a**) vorschützen; heucheln; **b**) (*m. a. c. i.*) sich stellen, als ob; (*P.P.P.*) *adi.* **simulātus** 3 erheuchelt, scheinbar.

simultās, *ātis f* (*similis*) Eifersucht, Rivalität; Groll, Feindschaft.

simulter *adv.* (*altl.* = *similiter*; *simul*) auf ähnliche Weise; ~ *itidem* ebenso wie.

sīmulus 3 (*dem. v. sīmus*) etwas stülp-, plattnasig.

sīmus 3 (*gr. Fw.*) plattnasig.

sīn *ci.* (< *sī-ne; *nĕ wohl ablautendes nē*[1]) (*meist nach sī od. nisi*) wenn aber; ~ *minus, aliter* andernfalls, sonst.

sināpis, *is f u.* **-nāpi** *indecl.* (*gr. Fw.*) Senf.

sincēritās, *ātis f* (*sincērus*) Aufrichtigkeit, Ehrlichkeit.

sincērus 3 (*m.* °*comp.*, °*sup.*, *adv.*; *et. ungeklärt*; *antike Deutung* < *sine cērā wohl volkset.*) echt, natürlich; rein, unverfälscht, unversehrt; / unverdorben; ehrlich, aufrichtig.

sincipitāmentum, *ī n* (*sīn-?*; *sinciput*) Vorderkopfstück.

sinciput, *itis n* (*sīn-?*; < *sēm[i]-*caput*) Vorderkopf; Hirn.

sindon, *onis f* (-ō-?; *gr. Lw.*) indische Leinwand *od.* Baumwolle.

sine[1] *prp. b. abl.* (*cf. sē*[2], *nhd.* „sonder") ohne.

sine[2] *s. sinō.*

singillāriter *adv.* (**singillī*, *dem. v. singulī*) einzeln.

singillātim *adv.* (*s. singillāriter*) einzeln; Mann für Mann.

singulāris, *e* (*m. adv.*; *singulī*) **1.** einzeln, vereinzelt; **2.** Einzel..., Privat..., Allein... [*imperium*]; °**3.** (*gramm. t.t.*) zum Singular gehörig [*numerus* Singular]; **4.** eigentümlich: **a**) außerordentlich; ausgezeichnet; **b**) absonderlich; °**5.** *subst.* ~, *is m* (*gramm. t.t.*) Singular; **-ārēs,** *ium m* (berittenes kaiserliches) Elitekorps, berittene Ordonnanzen; **-āria,** *ium n* Auszeichnungen.

singulārius 3 (*singulī*) einzeln.

°**singulātim** = *singillātim.*

singulī, *ae, a* (*selten altl. sg.* **-us** 3; *cf. semel*) **1.** je einer; *in singulos dies* täglich; **2.** einzeln, einzig, für sich.

singultim *adv.* (*erstarrter acc.*; *cf. singultus*) schluchzend, stockend.

singultō 1 (*wohl frequ. zu* **singulō* 3 „schluchzen") **1.** (*intr.*) schluchzen, röcheln; **2.** (*trans.*) ausröcheln.

singultus, *ūs m* (*et. ungedeutet*) **1. a**) *das* Schluchzen; °**b**) Röcheln; °**2.** *der* Schlucken; °**3.** *das* Glucksen.

sinister, *tra, trum* (*m. comp.*, *-terior, us*; *adv.* -°*trē*; *eigtl. wohl* „Gewinn bringend") **1.** linker, links, zur Linken; *subst.* **-tra,** *ae f* linke Hand, linke Seite; °**2.** / **a**) linkisch, ungeschickt; **b**) unglücklich, übel, böse; **3.** (*relig. t.t.*) **a**) (*nach altröm. Ritus,*

S

bei dem der Augur nach Süden blickt u. den Osten linker Hand hat) glücklich, günstig; **b**) (*nach jüngerer griech. Auffassung, bei der der Priester nach Norden blickt u. den Osten zur Rechten hat*) unglücklich, Unheil kündend. [schicklichkeit.
sinisteritās, *ātis f* (*sinister*) Unge-
sinistrōrsus, -um *adv.* (< **sinistrō-vorsus u. -um*; *vertō*) (nach) links.
sinō, *sīvī* (°*siī*), *situm* 3 (√ *sē(i)- „ab-, nach-, loslassen"; *cf. situs, pōnō*) **1.** (zu)lassen, erlauben; °*sine* lass, mag sein! schon gut! °**2.** ablassen, sein lassen.
sīnum, *ī n u.* **-us,** *ī m* (*et. ungedeutet*) weitbauchiges Tongefäß.
sinuō 1 (*sinus*[1]) krümmen, biegen; *arcum* spannen.
sinuōsus 3 (*m. adv.*; *sinus*[1]) gekrümmt; faltenreich; *narratio* voller Abschweifungen.
sinus[1], *ūs m* (*et. ungedeutet*) **1.** Rundung, Krümmung, Bogen, Falte; **2. a**) Meerbusen, Bucht; **b**) Schlucht; **c**) Landspitze; °**3.** Kessel, Schlund *der Erde*; **4. a**) Bausch *der Toga*; **b**) Busen, Brust, Schoß; °**c**) Geldbeutel; °**d**) windgeschwelltes Segel; **5.** / **a**) Liebe, Fürsorge; °**b**) Verborgenheit; °**c**) Innerstes, Herz [*urbis*]; °**d**) Gewalt, Macht.
sīnus[2], *ī m s. sīnum.*
sīparium, *ī n* (*gr. Lw.*) (kleiner) Vorhang (*im Theater u.* (*Qu.*) *auf der Richtertribüne*); °/ Komödie.
sīparum, *ī n* (*gr. Lw., später m. supparum vermengt*) Topp-, Bramsegel. [Feuerspritze.
sīp(h)ō, *ōnis m* (*gr. Fw.*) Heber;
sip(h)unculus, *ī m* (*dem. v. sīphō*) kleines Springbrunnenrohr.
sī-quandō *u.* **-ŏ** *ci.* wenn einmal.
si-quidem *ci.* (*altl. sī-*) **1.** wenn nämlich; wenn anders; **2.** weil ja.
sīremps(e) (*wohl* < *Konditionalsatz*; *Analyse unsicher*) ganz gleich, desgleichen.
Sīrēn, *is f* (*gr.* Seirēn) „*die* Verlockerin", Sirene; *meist pl. Töchter des Achelous, die, in Vögel mit Mädchenköpfen verwandelt, die Schiffer durch ihren Gesang ins Verderben lockten.* [*auch adi.*
sīrius, *ī m* (*gr. Fw.*) Hundsstern;
Sirmiō, *ōnis f Halbinsel im Süden des Gardasees m. Landgut Catulls, j.* Sirmione.
sirpe, *is n* (*Fw. unbekannter Herkunft*) Saft der Sirpepflanze; *cf. lāserpīcium.*
sirpiculus = *scirpiculus.*
sīrus, *ī m* (*u. -ī-?*; *gr. Fw.*) (Getreide-)Grube, Silo.
sīs (*altl.*) = *sī vīs* wenn's beliebt.
siser, *eris n* (*Fw., vl. ägypt.*) Rapunzel.
sistō, *stitī* (*u. stetī*), *statum* 3 (*redupl. praes. v. stō*) **I.** (*trans.*) **1.** °**a**) hinstellen, -bringen, führen; °**b**) aufstellen, -führen, errichten; **c**) (*jur. t.t.*) vor Gericht stellen; *se -ere* sich stellen; **2.** °**a**) anhalten, hemmen; *se -ere* Halt machen; °**b**) befestigen, feststellen; **II.** (*intr.*) **1.** °**a**) sich stellen, stehen bleiben; **b**) (*jur. t.t.*) sich vor Gericht stellen; **2.** / (fort)bestehen, sich halten; ** = esse. [klapper versehen.
sīstrātus 3 (*sīstrum*) mit einer Isis-
sīstrum, *ī n* (*gr. Fw.*) Metallklapper, Isisklapper. [decke.
sisura, *ae f* (*gr. Fw.*) einfache Pelz-
sisymbrium, *ī n* (*gr. Fw.*) Brunnenkresse.
Sīsyphus *u.* **-os,** *ī m gewalttätiger König v. Korinth, v. Theseus erschlagen, in der Unterwelt dazu verdammt, einen immer wieder herabstürzenden Felsen aufwärts zu wälzen; in der Sage auch Vater des Ulixes; adi. -phius 3; subst. -phidēs, ae m* Ulixes.
sitella, *ae f* (*dem. v. situla*) Stimmurne, Lostopf. (*In die mit Wasser gefüllte Urne wurden hölzerne Lose geworfen; beim Schütteln des enghalsigen Gefäßes konnte nur ein Los oben schwimmen.*) [trocken.
sitīculōsus 3 (*sitis*) durstig; / dürr,
sitiō 4 (*sitis*) **1.** (*intr.*) **a**) durstig sein, dürsten; **b**) dürr, trocken sein; **2.** (*trans.*) **a**) dürsten *nach* [*aquam*]; **b**) / lechzen, verlangen *nach* [*honores*]; (*part. praes.*) *adi.* **sitiēns,** *entis* (*m. adv.*) dürstend, lechzend, heißhungrig [*voluptatis*].
sitis, *is f* (*acc. -im, abl. -ī*; *et. ungeklärt*) **1.** Durst; **2.** / °**a**) Dürre, Trockenheit; **b**) heißes Verlangen, Heißhunger.
sitītor, *ōris m* (*sitiō*) *der* Dürstende; der lechzt nach [*aquae*].
sittybus, *ī m* (*gr. Fw.*) Quaste; Titelzettel *einer Bücherrolle*; *cf. sillybus.*

situla, *ae f* (*et. ungedeutet*; *cf. sīnum*) Eimer; Losurne; *cf. sitella.*

situs¹, *ūs m* (*sinō*) **1.** Lage, Stellung; Terrainverhältnisse; °**2.** Bau [*pyramidum*]; °**3.** langes Liegen, Untätigkeit; / Mangel an Pflege.

situs², *ūs m* (*eigtl.* „*das* Hinschwinden"; *cf. sitis*) Schmutz, Moder, Schimmel, Rost.

situs³ 3 (*sinō*) **1.** °**a**) hingelegt, -gestellt; °**b**) erbaut; **c**) begraben, bestattet; **2. a**) gelegen, liegend; °**b**) wohnend; **c**) / beruhend; *-um est in me* es hängt von mir ab.

sī-ve *u.* **seu** *ci.* (< **sei-ve*; *sī*) **1. a**) oder wenn; **b**) oder; ~ *potius* oder vielmehr; ** und; **2. sīve ... sīve, seu ... seu a**) wenn entweder ... oder wenn, sei es dass ... oder dass, entweder ... oder; **b**) ob entweder ... oder.

smaragdus, *ī m f* (*gr. Fw.*) **1.** Smaragd; **2.** grüner Halbedelstein (*Malachit, Jaspis usw.*).

smaris, *idis f* (*gr. Fw.*) *kleiner Seefisch.*

smīlax, *acis f* (*gr. Fw.*) Stechwinde; ♀ *die* (*in eine St. verwandelte*) *Geliebte des Crocus.*

smyrna¹, *ae f* (*gr. Fw.*) *die* Myrrhe.

Smyrna², *ae f Handelsst. Ioniens*; *Einw.* **-naeī,** *ōrum m.*

sobolēs, -lēscō = *subol...*

sōbrietās, *ātis f* (*sōbrius*) Mäßigkeit im Trinken.

sobrīnus, *ī m u.* **-na,** *ae f* (*soror*) Geschwisterkind (Vetter, Base).

sōbrius 3 (*m. adv.*; *et. ungedeutet*; *cf. ēbrius*) nüchtern, nicht betrunken; / mäßig; besonnen.

soccātus 3 (*soccus*) mit leichten Sandalen.

socculus, *ī m* (*dem. v. soccus*) leichte Sandalen (*vorwiegend v. Frauen u. Schauspielern der Komödie getragen*); / Komödienstil.

soccus, *ī m* (*gr. Fw.*) **1. a**) leichter gr. Schuh; **b**) *der* (*in d. röm. Komödie getragene*) Soccus; °**2.** / **a**) Komödie; **b**) Stil der Komödie.

socer *u.* (*altl.*) **socerus,** *erī m* (*cf. nhd.* (*veraltet*) „Schwäher") Schwiegervater; °*pl.* Schwiegereltern.

socia, *ae f s. socius.*

sociābilis, e (*sociō*) gesellig, verträglich.

sociālis, e (*m.* °*adv.*; *socius*) °**1.** kameradschaftlich; °**2.** ehelich; **3.** bundesgenössisch; °*subst.* **-ia,** *ium n* Angelegenheiten der Bundesgenossen.

sociālitās, *ātis f* (*sociālis*) Geselligkeit.

sociennus, *ī m* (*socius* + *etr. Suffix*; *cf. Porsenna*) Kamerad.

societās, *ātis f* (*socius*) **1. a**) Gemeinschaft, Teilnahme, Verbindung; **b**) Kamerad-, Gesellschaft; **2.** (*pol.*) Bündnis; **3. a**) Handelsgenossenschaft; **b**) Gesellschaft der Generalsteuerpächter *in Rom.*

sociō 1 (*socius*) verbinden, vereinigen; teilen [*periculum, cubilia cum alqo*]; (*P.P.P.*) °*adi.* **sociātus** 3 gemeinschaftlich.

socio-fraudus 3 (*socius, fraudō*) der den Freund betrügt.

socius (*sequor*) **1.** *adi.* 3 gemeinsam, verbunden; verbündet; **2.** *subst.* ~, *ī m u.* **-ia,** *ae f* **a**) Teilnehmer(in), Genosse, Gefährte; (°*tori*) Gatte, Gattin; **b**) Bundesgenosse; **c**) Geschäftspartner; **d**) *pl. socii die* Generalsteuerpächter *in Rom*; ** Hilfsgeistlicher.

socordia, *ae f* (*socors*) Geistesschwäche; Sorglosigkeit, Fahrlässigkeit.

socors, *rdis* (*m.* °*adv.*; < **se-cors* „ohne Herz"; *sē- s. sē(-)²*) geistesschwach; sorglos, fahrlässig.

Sōcratēs, *is m* (*gr.* -*kratēs*) *berühmter Philosoph in Athen* (*469 bis 399*); *adi.* -*ticus* 3; *subst.* **-ticī,** *ōrum m* Schüler, Anhänger des ~; ** **-tinus,** *i m ein* Weiser.

socrus, *ūs f* (*socer*; *u-Stamm sekundär*) Schwiegermutter.

sodālicius 3 (*sodālis*) kameradschaftlich; *subst.* **-ium,** *ī n* Kamerad-, Genossenschaft; *kl. nur* (pol.) Geheimbund.

sodālis, e (*cf. suēscō*; *nhd.* „Sitte") (*Ov.*) kameradschaftlich, befreundet; *subst.* ~, *is m* **1. a**) Kamerad, Gefährte, Freund; **b**) Tisch-, Zechkumpan; °**c**) Hausfreund; **2. a**) Mitglied eines Priesterkollegiums; °*pl.* Priesterkollegium; **b**) Mitglied eines geheimen pol. Klubs; Spießgeselle.

sodālitās, *ātis f* (*sodālis*) **1. a**) Kameradschaft, Freundschaft; **b**) Tischgesellschaft; Kränzchen; Freunde; **2. a**) Priesterkollegium; **b**) Geheimbund, (pol.) Klub.

sōdēs (*Schnellsprechform* < *vulgär* **sī ōdēs* [= *audēs*]) gefälligst, doch.

sōl, *sōlis m* (*urspr. n* „Licht, Glanz"; *cf. gr.* Hēlios) **1.** Sonne; **2.** ♀ Sonnengott; *in kl. Zeit* = Apollo, *später mit Mithras verquickt*; **3.** Sonnenlicht, -schein, -wärme; °**4.** (sonniger) Tag; **5.** / **a**) öffentl. Tätigkeit; **b**) Stern, hervorragende Persönlichkeit. [schwacher Trost.
sōlāciolum, *ī n* (*dem. v. sōlācium*)
sōlācium, *ī n* (*sōlor*) **1.** Trost(mittel, -grund); **2.** Linderung(smittel), Zuflucht; °**3.** Entschädigung; °**4.** Tröster(in). (-mittel).
sōlāmen, *inis n* (*sōlor*) Trost
sōlāris, e (*sōl*) zur Sonne gehörig.
sōlārium, *ī n* (*sōl*) **1.** Sonnenuhr; / Uhr; *ex aqua* Wasseruhr; °**2.** flaches Dach, Söller.
sōlātor, *ōris m* (*sōlor*) Tröster.
soldurii, *ōrum m* (-ū-?; *kelt.-iberisches Fw.*) *die* Getreuen.
soldus 3 (°*synk.*) = *solidus.*
solea, *ae f* (*solum*[1]) **1.** Sandale; Fußfessel; °**2.** Scholle (*ein Fisch*).
soleārius, *ī m* (*solea*) Sandalenmacher.
soleātus 3 (*solea*) mit Sandalen.
sōlemnis, -lennis = *sollemnis.*
soleō, *solitus sum* 2 (*et. nicht geklärt*) **1.** pflegen, gewohnt sein; *ut solet* wie gewöhnlich; °**2.** geschlechtlich verkehren.
soliditās, *ātis f* (*solidus*) Dichte, Dichtheit; ** fester Bestand; *das* Ganze.
solidō 1 (*solidus*) dicht, fest machen, befestigen; zusammenfügen.
solidum, *ī n* (*solidus*) **1.** etwas Festes, dichter Körper, Kern; °**2.** *in -o* in Sicherheit; **3.** *das* Ganze, Gesamtsumme, -kapital.
solidus 3 (*m.* °*comp.*, °*sup.*. °*adv.*; *altl. sollus* „ganz"; *cf. salvus*) gediegen, massiv; fest, hart; / vollständig, ganz; gediegen, echt, wahrhaft; ** *subst.* ~, *i m* Goldmünze.
sōli-fer, *era, erum* (*sōl, ferō*) *die* Sonne bringend; *plaga -a* Orient.
sōliferreum = *solliferreum.*
sōlistimus 3 = *sollistimus.*
sōlitārius 3 (*altl. sōlitās* „Einsamkeit"; *sōlus*) allein (stehend), einzeln; einsam, ungesellig.
sōlitūdō, *inis f* (*sōlus*) Einsamkeit; Zurückgezogenheit; Einöde, Wüste; / Hilflosigkeit, Mangel.
solitum, *ī n* (*solitus*) *das* Gewöhnliche, Gewohnheit, Gebrauch.
solitus 3 (*soleō*) gewöhnlich, üblich.
solium, *ī n* (< **sodium*; *sedeō*) **1. a**) Sitz; Sessel; Thron; °**b**) Königswürde,; °**2.** Sarg; Badewanne.
sōli-vagus 3 (*sōlus*) allein umherschweifend; / vereinzelt.
sollemnis, e (*m.* °*comp.*, °*sup.*, °*adv.*; *wohl* °*sollus* „ganz" + *annus*; *Bildung vl. durch omnis beeinflusst*) **1.** alljährlich gefeiert; **2. a**) feierlich, festlich; **b**) üblich, gewohnt; *subst.* **-e,** *is n* °**1.** Feier, Fest; °**2.** Opfer; **3.** Gebrauch, Gewohnheit; ** *sollemnia, ium n* Hochamt.
sollers, *rtis* (*m. comp.*, °*sup.*, *adv.*; *abl. sg. vereinzelt* -e; *altl. sollus* „ganz" + *ars*) kunstfertig, erfindungsreich, tüchtig, klug; schlau.
sollertia, *ae f* (*sollers*) Kunstfertigkeit, Geschick(lichkeit); Schlauheit; Kunstgriff.
sollicitātiō, *ōnis f* (*sollicitō*) °**1.** Beunruhigung; **2.** Aufwiegelung.
sollicitātor, *ōris m* (*sollicitō*) Verführer.
sollicitō 1 (*sollicitus*) **1.** stark bewegen, erregen, erschüttern; **2.** / °**a**) in Tätigkeit setzen; jagen; **b**) krankhaft erregen, schwächen; **c**) erschüttern; **d**) beunruhigen, **e**) zum Zorn reizen; **3. a**) aufwiegeln; locken, verführen; °**b**) *zu etw.* bewegen, veranlassen, auffordern; einladen.
sollicitūdō, *inis f* (*sollicitus*) Unruhe, Kummer, Besorgnis.
sollicitus 3 (*m.* °*comp.*, °*sup.*, °*adv.*; *altl. sollus* „ganz" + *P.P.P. v. cieō*) °**1.** stark bewegt, erregt; **2.** / **a**) (*v. Pers.*) unruhig, besorgt, bekümmert; °**b**) (*v. Tieren*) unruhig; **c**) (*v. Sachen*) beunruhigt, gestört [°*nox*]; °beunruhigend; °*adv.* **-ē** sorgfältig, angelegentlich.
solli-ferreum, *ī n* (*altl. sollus* „ganz" + *ferreus*) Eisengeschoss.
sollistimus 3 (*altl. sollus* „ganz") günstig; *nur attr. zu tripudium.*
sōlō 1 (*sōlus*) veröden.
soloecismus, *ī m* (*gr. Fw.*) Solözismus (*falsche syntaktische Verbindung der Wörter*). [fehler.
soloecum, *ī n* (*gr. Fw.*) Sprach-
Solō(n), *ōnis m Gesetzgeber Athens* († *559*).
sōlor 1 (*cf. nhd.* „selig") **1. a**) trösten; **b**) ermutigen; **c**) lindern, beschwichtigen; **2.** entschädigen.

S

sōlstitiālis, e (*sōlstitium*) zur Sommersonnenwende gehörig; *orbis* Wendekreis des Krebses; *dies* längster Tag; °*nox* kürzeste Nacht; *morbus* Sonnenstich *od.* Malaria.

sōlstitium, ī *n* (*sōl* + **statium* „Stillstand"; *stō*) Sommersonnenwende; Sommerzeit, -hitze.

****soltanus,** i *m* Sultan.

solum[1], ī *n* (*cf. nhd.* „Schwelle") **1.** unterster Teil; Boden, Grund (-lage); **2.** / **a)** Fußboden; **b)** Fußsohle; °Schuhsohle; **c)** Erdboden, Erde, Grund und Boden; **d)** Land; °**e)** Unterlage.

sōlum[2] *adv. s. sōlus.*

sōlum-modo *adv.* allein, nur.

sōlus 3 (*gen.* -*īus*, *dat.* -*ī*; *altl. dat. f* -*ae*; *et. ungedeutet*) **1.** allein, einzig, bloß; nur; **2.** °**a)** einsam, allein stehend, verlassen; verwitwet; **b)** öde; °**3.** außerordentlich, ungemein; **4.** *adv.* **-um** allein, bloß, nur; *non -um ... sed etiam* nicht nur ... sondern auch; *non -um ... sed ...* nicht nur ... sondern vielmehr.

solūtilis, e (*solūtus*) leicht zerfallend.

solūtiō, ōnis *f* (*solvō*) **1.** *das* Gelöstsein [*linguae eine* geläufige Z.]; **2.** Auflösung [*hominis*]; °**3.** Erklärung; **4.** Bezahlung.

solūtus 3 (*m. comp.*, *sup.*, *adv.*; *solvō*) °**1. a)** gelöst; locker, lose, frei; **b)** schlotternd, zitterig; **2.** / **a)** ungebunden, ungehindert, frei; **b)** schuldenfrei; °*poenā* straffrei; **c)** zügellos, ausgelassen; **d)** (nach)lässig, schlaff; nachgiebig; **e)** (*v. d. Rede*) frei, fließend; ungebunden [*oratio* Prosa]; (*vom Redner*) gewandt.

solvō, *solvī*, *solūtum* 3 (<**se-luō*; *sē s. sē-*[2]) **1.** von einem Ganzen ablösen: **a)** (auf)lösen, losbinden; °abspannen, °entfesseln; *ancoram* lichten; **b)** abtragen, abzahlen; *solvendo non esse* nicht zahlungsfähig sein; / erweisen, erfüllen [*fidem*]; *poenam* Strafe büßen; **c)** losmachen, befreien [*curā*]; freisprechen; **2.** ein Ganzes auflösen: °**a)** α) auflösen, trennen, zerstören, abbrechen [*pontem*]; β) schlaff machen, schwächen; γ) aufheben, entfernen, abschaffen, beenden [*obsidionem*]; **b)** entwickeln, erklären.

somniātor, ōris *m* (*somniō*) Träumer.

somniculōsus 3 (*u.* -*ĭ*-?; *m.* °*adv.*; -*ī*- *nach perīculōsus*; *somnus*) schläfrig.

somni-fer, *era*, *erum* (*somnus*, *ferō*) Schlaf bringend; betäubend.

somniō 1 (*somnium*) träumen [*de illo*; °*aurum* von Gold]; *auch* /.

somnium, ī *n* (*somnus*) Traum; / Träumerei, leerer Wahn, Possen.

somnus, ī *m* (*cf. gr.* Hypnos; *s.u.*) **1. a)** Schlaf; **b)** ♀ Schlafgott = *gr.* Hypnos, *Sohn des Erebus u. der Nacht*; **2.** / °**a)** Todesschlaf; Traumbild; **b)** Trägheit, Untätigkeit; °**3.** Nacht.

sōna (*altl.*) = *zōna*.

sonābilis, e (*sonō*) tönend, klirrend.

sonāns, *antis* (*m. comp.*; *sonō*) tönend, klingend, schmetternd; brausend.

soni-pēs, *edis m* (*eigtl.* „mit tönendem Huf"; *sonus*) Ross.

sonitus, ūs *m* (*sonō*) Ton, Schall, Klang; Getöse, Krachen, Lärm.

sonīvius 3 (*sonus*; *t.t. der Auguralsprache*) tönend; *tripudium -um* Geräusch der herabfallenden Futterkörner.

sonō, *nuī*, °*nātūrus* 1 (*inf.* °*auch* -*ĕre*; *cf. nhd.* „Schwan") **1.** (*intr.*) **a)** (er)tönen, (er)klingen, (er-)schallen; brausen; °**b)** widerhallen; **2.** (*trans.*) **a)** tönen, hören lassen; °**b)** besingen, preisen; **c)** bedeuten.

sonor, ōris *m* (*sonō*) Ton, Getöse.

sonōrus 3 (*sonor*) tönend, rauschend.

sōns, *sontis* (*cf. nhd.* „Sünde") schuldig, sträflich.

sonticus 3 (*sōns*) schuldig; / triftig [*causa*]; gefährlich [*morbus*].

sonus, ī *m* (*sonō*) **1.** Laut, Ton, Klang; °**2.** Wort, Stimme; Sprache; **3.** Art der Darstellung, Ton.

sophia, *ae f* (*gr. Fw.*) Weisheit.

sophisma, *atis n* (*gr. Fw.*) Trugschluss.

sophistēs, *ae m* (*gr. Fw.*) Sophist.

Sophoclēs, *is m* (*gr.* -klēs) *griech. Tragödiendichter* (*497–406*); *adi.* -*clēus* 3.

sophōs[1] *adv.* (*gr. Fw.*) bravo! gut!

sophos[2] *u.* **-us** 3 (*gr. Fw.*) weise; *subst.* ~, ī *m der* Weise.

sōpiō[1] 4 (*cf. sopor*, *somnus*) °**1.** einschläfern; *P.* einschlafen, schlummern; °**2.** / betäuben; **3.** (*P.P.P.*) *adi.* **sōpītus** 3 **1.** schlafend; **2.** trunken; **3.** / **a)** schlummernd, glimmend; **b)** betäubt.

sōpiō[2], ōnis *m* (*cf. prō-sāpia*) das männliche Glied.

S

sopor, *ōris m* (*cf. sōpiō*) **1.** (tiefer) Schlaf; **2.** Schläfrigkeit, Betäubung; **3.** Todesschlaf [*perpetuus*]; **4.** Schlaftrunk; **5.** ♀ Gott des Schlafes.
sopōrātus 3 (*sopōrō* 1 „einschläfern") eingeschlafen; einschläfernd.
sopōri-fer, *era, erum* (*sopor, ferō*) Schlaf bringend.
sopōrus 3 (*sopor*) Schlaf bringend.
Sōracte, *is n Berg nördlich v. Rom.*
sōracum, *ī n* (*gr. Fw.*) Truhe.
sorbeō, *buī,* — 2 (°*pf. sorpsit; cf. nhd.* „schlürfen") °**1.** schlürfen, hinunterschlucken; **2.** / in sich hineinfressen, verschlingen.
sorbil(l)ō 1 (*dem. v. sorbeō*) schlürfen.
sorbilō *adv.* (*sorbeō*) schluckweise; / wie ein armer Schlucker.
sorbitiō, *ōnis f* (*sorbeō*) Brühe, Suppe.
sorbum, *ī n* (*et. ungeklärt*) Vogel-, Elsbeere.
sordeō, *uī,* — 2 (*sordēs*) schmutzig sein; / verächtlich sein, gering scheinen, *jd.* anwidern [*tibi vilicae*].
sordēs, *is f* (°*gen. pl. -ērum; cf. nhd.* „schwarz") *meist pl.* Schmutz; Trauerkleidung; Trauer; / Gemeinheit; schmutziger Geiz, Habgier; (*concr.*) Auswurf, Pöbel.
sordēscō, — — 3 (*incoh. v. sordeō*) schmutzig, wertlos werden.
sordidātus 3 (*sordidus*) in schmutziger Kleidung; in Trauerkleidung.
sordidulus 3 (*dem. v. sordidus*) etwas schmutzig; / armselig.
sordidus 3 (*m. comp., sup., adv.; sordeō*) **1.** °**a**) schwarz; **b**) schmutzig; °**c**) in Trauerkleidung; **2.** / **a**) gemein, niedrig; **b**) niederträchtig; **c**) geizig, habgierig.
sorditūdō, *inis f* (*sordēs*) Schmutz.
sōrex, *icis m* (< **svōr-ak-s*) Spitzmaus.
sōricīnus 3 (*sōrex*) von der Spitzmaus.
sōrītēs, *ae m* (*gr. Fw.*) Haufenschluss, Sorites (*Trugschluss*).
soror, *ōris f* (*cf. nhd.* „Schwester") **1.** Schwester; (*patruelis*) Base; -es (*dcht.*) Parzen, Furien, Musen; °**2.** Freundin, Gespielin.
sororcula, *ae f* (*dem. v. soror*) Schwesterchen.
sorōri-cīda, *ae f* (*soror, caedō*) Schwestermörder.
sorōrius 3 (*soror*) schwesterlich.
sors, *rtis f* (*altl.: nom. sg. sortis, abl. sg. -ī; serō*[1]; *in Italien wurden in alter Zeit die Lose auf Fäden aufgereiht*) **1.** Los(stäbchen); *pl.* Losorakel; **2.** *das* Losen; **3. a**) Orakelspruch, Weissagung; **b**) (*durch das Los zugeteiltes*) Amt; **4. a**) Anteil, Teil; **b**) Schicksal, Geschick; °**c**) Stand, Rang, Lage; °**d**) Geschlecht [*feminea*]; °**e**) Art, Sorte; **5.** Kapital.
°**sorsus** *u.* **-um** *adv.* (*-ō-?*) = *seors...*
sorticula, *ae f* (*dem. v. sors*) Lostäfelchen.
sorti-legus 3 (*sors, legō*) °prophetisch; *subst.* ~, *ī m* Weissager.
sortior *u.* (*altl.*) **-ō** 4 **1.** (*intr.*) losen; **2.** (*trans.*) **a**) auslosen, durch das Los bestimmen [*iudices*]; °**b**) durch das Los erhalten [*provinciam*]; °**3. a**) (*durch Zufall*) erlangen, bekommen; **b**) aussuchen, wählen; **c**) (ver)teilen [*laborem*]; **4.** (*P.P.P.*) *adi.* **sortītus** 3 erlost; *adv.* **-ō** durch das Los; °durch das Schicksal.
sortis, *is f s. sors.*
sortītiō, *ōnis f* (*sortior*) *das* Losen *um* [*provinciarum*]; *abl.* nach Belieben.
sortītō *adv. s. sortior.*
sortītor, *ōris m* (*sortior*) der das Los zieht [*urnae*].
sortītus, *ūs m* (*sortior*) *das* Losen.
Sosius 3 *röm. Gentilname: pl. Buchhändler in Rom z. Z. des Horaz.*
sospes, *itis* (*-ō-?; abl. sg. -e, gen. pl. -um; et. ungeklärt*) wohlbehalten, unverletzt, glücklich, günstig.
sospita, *ae f* (*-ō-?; sospes*) Retterin; ♀ *Beiname der Juno.*
sospitālis, *e* (*-ō-?; sospes*) heilsam.
sospitō 1 (*-ō-?; sospes*) (er)retten, behüten.
sōtēr, *ēris m* (*gr. Fw.*) Retter.
sōtēria, *ōrum n* (*gr. Fw.*) Glückwunschgeschenke zur Genesung.
Sp. (*Abk.*) = *Spurius.*
spādīx, *īcis* (*gr. Lw.*) dattelfarben, Braun; *subst. m lyraähnliches Instrument.*
spadō, *ōnis m* (*gr. Fw.*) Eunuch.
spargō, *rsī, rsum* 3 (*cf. nhd.* „sprengen") **1.** (aus)streuen, spritzen; **2.** bestreuen, bespritzen; / **3. a**) ausstreuen, säen; °**b**) werfen, schleudern, schießen; **4.** °**a**) zerstreuen, ausbreiten; **b**) Bemerkungen einstreuen; °**c**) vergeuden; °**d**) zerteilen, -reißen [*legiones*].
****sparro,** *onis m* Stange, Speer.
sparsiō, *ōnis f* (*spargō*) parfümierter Regen.

sparsus 3 (*m. comp.*; *spargō*) zerstreut; / fleckig, bunt.
Sparta, *ae u.* **-ē,** *ēs f Hptst. Lakoniens*; *adi.* -*tānus* 3 *u.* -*tiāticus* 3; *Einw.* **-tānus,** *ī m*; **-tiātēs,** *ae m* Spartiat.
Spartacus, *ī m Gladiator, Führer im Sklavenkrieg (73–71).*
spartum, *ī n* (*gr. Fw.*) Pfriemengras.
sparulus, *ī m* (*dem. v. sparus*[1] „Goldbrasse" = *sparus*[2] /) Goldbrasse (*Fisch*).
sparus[2], *ī m* (*wohl zu nhd.* „Speer"; *cf.* ****sparro**) *kurzer* Speer *des Landvolks, vorwiegend* Jagdspieß.
spatha, *ae f* (*gr. Fw.*) Schwert; Weberblatt.
spatior 1 (*spatium*) spazieren gehen; °/ sich ausbreiten.
spatiōsus 3 (*m. comp., sup.,* °*adv.*; *spatium*) geräumig, weit(läufig); / langwierig; umfassend.
spatium, *ī n* (*vl. verwandt m. nhd.* „sputen") **1.** Raum; Größe, Weite, Umfang, Länge, Breite; **2. a)** Zwischenraum, Entfernung; **b)** Wegstrecke; °**3. a)** Rennbahn, -strecke; *kl. nur* / Lebenslauf; Bahn; **b)** Spaziergang, Promenade; **4. a)** Zeitraum, -abschnitt, Verlauf; **b)** Dauer; **c)** Frist, Muße, Gelegenheit *zu*; **5.** (*metr. t.t.*) Zeitmaß; °**6.** Messleine.
S.P.D. (*Abk.*) *s.* S.
speciālis, e (*m. adv.*; *speciēs*) besonderer; ** besonders wert, vertraut; *adv.* -*iter* mit allen Kräften.
****specialitas,** *atis f* Besonderheit.
speciēs, *ēī f* (*speciō*) **1.** *das* Sehen; Anblick, Blick; **2. a)** *das* Aussehen, Äußeres, (äußere) Erscheinung, Gestalt; °**b)** Traumbild; **c)** schöne Gestalt, Schönheit, Pracht; äußerer Glanz, Ansehen; **d)** Bild(nis), Statue; **3.** Schein, Anschein; -*e* scheinbar; *ad -em* zum Schein; **4.** (*geistig*) Vorstellung, Begriff, Idee; Ideal, Musterbild; **5. a)** Unterabteilung *einer Gattung*; °**b)** einzelner Fall; ** Gewürz, Spezerei.
specillum, *ī n* (*dem. v. speculum*) chirurgische Sonde.
specimen, *inis n* (*speciō*) **1.** Kennzeichen, Probe(stück), Gewähr, Beweis; **2.** Vorbild, Ideal.
speciō, *xī, ctum* (*spēxī?*; *praes.* °*auch spiciō aus den Komposita*; *kl. Simplex ungebräuchlich*; *cf. nhd.* „spähen") sehen, schauen.
speciōsus 3 (*m.* °*comp.,* °*sup.,* °*adv.*; *speciēs*) **1. a)** schön, wohlgestaltet; °**b)** schön klingend; °**c)** großartig; ansehnlich; °**2.** blendend, täuschend.
spectābilis, e (*spectō*) **1.** sichtbar; °**2.** ansehnlich, prächtig.
spectāculum *u.* °**-clum,** *ī n* (*spectō*) **1.** Schauplatz: (*meist pl.*) **a)** Zuschauerplätze, Tribüne; °**b)** Amphitheater, Theater; **2.** / **a)** (*aufgeführtes*) Schauspiel; **b)** Anblick, Augenweide; Schauspiel.
spectāmen, *inis n* (*spectō*) Probe, Beweis.
spectātiō, *ōnis f* (*spectō*) *das* Anschauen; Prüfung *des Geldes.*
spectātīvus 3 (*spectō*) theoretisch.
spectātor, *ōris m* **1.** Zuschauer; / Beobachter; °**2.** Prüfer, Kenner.
spectātrīx, *īcis f* (*spectātor*) Zuschauerin.
spectātus 3 (*m.* °*comp., sup.,* °*adv.*; *spectō*) erprobt, bewährt, tüchtig.
spectiō, *ōnis f* (*speciō*) *das* Recht, Auspizien abzuhalten.
spectō 1 (*intens. v. speciō*) **1. a)** schauen, blicken, hinsehen; betrachten; **b)** (*im Theater*) sich ansehen, beiwohnen [*ludos*]; **2.** beurteilen, prüfen; **3. a)** beabsichtigen, streben *nach* [*fugam*]; **b)** (*v. Sachen*) sich beziehen *auf*; °*res ad arma spectat* es sieht nach Krieg aus; **4.** gelegen sein, liegen [*ad orientem solem*].
spectrum, *ī n* (*speciō*) Bild (*in der Seele*); Vorstellung.
spēcula[1], *ae f* (*dem. v. spēs*) schwache Hoffnung.
specula[2], *ae f* (*speciō*) **1.** Beobachtungsstelle, Warte; / *esse in speculis* auf der Lauer liegen; °**2.** hohe Stelle, Gipfel.
speculābundus 3 (*speculor*) immer lauernd.
speculāris, e (*speculum*) spiegelartig; *subst.* **-ia,** *ium u. iōrum n* Fenster(scheiben).
****speculatio,** *onis f das* Ausspähen, Warte.
speculātor, *ōris m* (*speculor*) **1. a)** Wächter; Kundschafter, Spion; °**b)** (*kaiserliche*) Leibwache; °**c)** Henker; **2.** / Forscher.
speculātōrius 3 (*speculātor*) **1.** Späh..., Wacht...; °*subst.* **-a,** *ae f* Wachtschiff; °**2.** von den *speculatores* getragen [*caliga*].
speculātrīx, *īcis f* (*speculātor*) die ausspäht *nach* [*scelerum*].

speculo-clārus 3 (*speculum*) spiegelblank.
speculor 1 (*specula*²) **1.** (*intr.*) umherspähen, -schauen; **2.** (*trans.*) erspähen, auskundschaften, beobachten. [Abbild.]
speculum, *ī n* (*speciō*) Spiegel; /
specus, *ūs m,* °*n* (*vl. zu speciō*) **1.** °**a**) Höhle, Grotte; **b**) Stollen, Schleuse; °**2.** / Vertiefung, Tiefe.
spēlaeum, *ī n* (*gr. Fw.*) Höhle.
spēlunca, *ae f* (*gr. Lw.*) Höhle, Grotte. [ist.]
spērābilis, e (*spērō*) was zu hoffen
spērāta, *ae f* (*spērō*) Liebste, Braut.
spērātus, *ī m* (*spērō*) Bräutigam.
Sperchēos, -ēus *u.* **-īos,** *ī m* (*gr.* -cheiọs) *Fl. in Südthessalien*; *adi.* -ēis, *idis f*; *subst.* **-īonidēs,** *ae m* Anwohner des ~.
spernō, *sprēvī, sprētum* 3 (*cf. nhd.* „Sporn“) °**1.** zurückstoßen; **2.** / verachten, verschmähen. [achten.]
spernor 1 (*intens. v. spernō*) ver-
spērō 1 (*spēs*) hoffen; (*Übles*) fürchten; ** *spero, ut* = *timeo, ne.*
spervarius, *i m* Sperber.
spēs, *eī f* (*kl. nur nom. u. acc. sg.*; *et. nicht geklärt*) **1. a**) Hoffnung; Vermutung; °**b**) Aussicht, Erwartung **c**) ♀ *Göttin der Hoffnung*; **d**) Gegenstand der Hoffnung; °**e**) (*Kosewort*) [*spes mea*]; °**2.** Befürchtung.
sphaera, *ae f* (*gr. Fw.*) Kugel; Himmelsglobus; Planetenbahn.
sphaeristērium, *ī n* Ballspielsaal.
sphaeromachia, *ae f* (*gr. Fw.*) Faustkampf (*mit lederüberzogenen Eisenkugeln*).
Sphinx, *Sphingis f* Sphinx, *Ungeheuer m. Löwenrumpf u. Jungfrauenkopf u. -brust.*
spīca, *ae f* (*cf. spīna, nhd.* „spitz“) **1.** Ähre; °**2.** Dolde, Büschel; **3.** Kornähre (*hellster Stern im Gestirn der Jungfrau*). [ren...]
spīceus 3 (*spīca*) aus Ähren, Äh-
spiciō 3 *s. speciō.*
spīci-fer, *era, erum* (*spīca, ferō*) Ähren tragend.
spīculum, *ī n* (*dem. v. spīca*) **1. a**) Spitze; **b**) Lanzen-, °Pfeilspitze; °**c**) Stachel; **2.** Lanze, Wurfspieß, Pfeil.
spīcum, *ī n u.* °**-us,** *ī m* = *spīca.*
spīna, *ae f* (*cf. spīca*) **1.** ° **a**) Dorn (-strauch); Distel; **b**) Stachel; **c**) Gräte; °**d**) Rückgrat; **2.** / **a**) Spitzfindigkeit; °**b**) Pein, Qual, Sorge.
spīnētum, *ī n* (*spīna*) Dornhecke.
spīneus 3 (*spīna*) aus Dornen.
spīni-ger, *era, erum* (*spīna, gerō*) dornig.
spīnōsus 3 (*spīna*) °**1.** dornig, stachelig; **2.** / spitzfindig; °quälend.
spīntēr, *ēris* (*Quantitäten u. Geschlecht — m od. n — unsicher*; *gr. Lw.*) Oberarmspange (*in Gestalt einer Schlange*).
spīntria, *ae m* (-ī-?; *gr. Lw. spīntēr* „Aftermuskel“) der sich Homosexuellen hingibt.
spinturnīcium, *ī n* (*spinturnīx* „hässlicher, Unglück kündender Vogel“, *vl. gr. Lw.*) Unglücksvogel (Uhu?).
spīnus, *ī f* (*spīna*) Schlehdorn.
spīra, *ae f* (*gr. Fw.*) Windung; Mützenbinde. [lebend.]
spīrābilis, e (*spīrō*) luftartig; °be-
spīrāculum, *ī n* (*spīrō*) Luftloch.
spīrāmentum, *ī n* (*spīrō*) Luftloch, Spalt, Röhre; (*meist pl.*) Luftröhre [*animae*]; Dunst; / Pause.
****spirit(u)alis,** e vom Geist erfüllt; geistig; geistlich [*gladius*].
spīritus, *ūs m* (*spīrō*) **1. a**) Lufthauch, Wind; **b**) *das* Atmen, Atem(holen); °**c**) Seufzer; °**d**) *das* Zischen (*der Schlange*); **2. a**) Dunst, Ausdünstung; °**b**) Ton, Stimme; **c**) Taktteilchen; **3.** Leben(sluft, -hauch); °**4.** Seele, Geist; **5.** °**a**) Gesinnung; °**b**) dichterische Begeisterung, Schwung; **c**) Wagemut, Selbstbewusstsein; Stolz, Trotz; ** *sanctus* Heiliger Geist.
spīrō 1 (√ * speis- „blasen“; *kl. nur 1 c*) **1.** (*intr.*) **a**) hauchen, wehen; **b**) brausen, schnauben; **c**) atmen; **d**) duften; / **e**) (*v. einem Kunstwerk*) leben; **f**) begeistert sein; **2.** (*trans.*) **a**) aushauchen, ausatmen; **b**) atmen [*odorem*]; **c**) duften *nach*; erfüllt sein *von* [*amores*]; trachten *nach* [*tribunatum*].
spissāmentum, *ī n* (*spissō*) Verdichtung, Pfropf. [dichtung.]
spissātiō, *ōnis f* (*spissō*) Ver-
spissēscō, — — 3 (*incoh. v. spissō*) dicht werden.
spissi-gradus 3 (*m. sup.*; *spissus, gradior*) langsam gehend.
spissitūdō, *inis f* (*spissus*) Dichte.
spissō 1 (*spissus*) verdichten.

spissus 3 (*m. comp.*, °*sup.*, *adv.*; *cf. spatium*) °**1.** dicht, dicht gedrängt, gedrängt voll; dick, fest; fest gewirkt [*tunica*]; **2.** / lang ausgedehnt; langsam, schwerfällig.

splendeō, *uī*, — 2 (*et. unklar*) glänzen, strahlen; *kl. nur* /.

splendēscō, *duī*, — 3 (*incoh. v. splendeō*) Glanz bekommen; *kl. nur* /.

splendidus 3 (*m.* °*comp.*, *sup.*, *adv.*; *splendeō*) **1.** glänzend, strahlend, schimmernd; **2.** / **a**) hell, deutlich [*vox*]; **b**) gut klingend [*nomen*]; **c**) prächtig, herrlich; **d**) ausgezeichnet, edel.

splendor, *ōris m* (*splendeō*) Glanz; / Deutlichkeit [*vocis*]; dichterischer Klang; Pracht, Ansehen, Herrlichkeit; Zierde.

splēniātus 3 (*splēnium*) bepflastert [*mentum*].

splēnium, *ī n* (*gr. Fw.*) (Schönheits-) Pflästerchen.

spoliārium, *ī n* (*spolium*) Umkleideraum u. Schindergrube (*im Amphitheater*); / Mördergrube.

spoliātiō, *ōnis f* (*spoliō*) Beraubung, Plünderung, Raub; gewaltsame Entziehung [*consulatūs*].

spoliātor, *ōris m* (*spoliō*) Plünderer.

spoliātrīx, *īcis f* (*spoliātor*) Plünderin.

spoliātus 3 (*m. comp.*; *spoliō*) ausgeplündert, armselig.

spoliō 1 (*spolium*) **1. a**) der Kleider berauben, entkleiden; **b**) *dem erschlagenen Feind* die Rüstung rauben; **2.** / (aus)plündern, rauben; berauben [*dignitate*].

spolium, *ī n* (*eigtl.* „Abgezogenes, Abgeschnittenes") **1.** °**a**) abgezogenes Fell; **b**) *pl. die* (*dem erschlagenen Feinde geraubte*) Rüstung; **2.** / Beute, Raub; Siegespreis, Sieg.

sponda, *ae f* (*et. nicht geklärt*) Bett (-gestell); *orciniana* Totenbahre.

spondālium, *ī n* (*gr. Fw.*) Opfergesang mit Flötenbegleitung; Liedeinlage *in der Tragödie*.

spondeō, *spopondī*, *spōnsum* 2 (*cf. gr. Fw. spondēus*) **1. a**) feierlich versprechen, sich verpflichten *zu* [*praemia*]; **b**) Bürge sein, sich verbürgen, gutsagen; °**c**) (*ein Mädchen*) verloben; °**d**) (weissagend) verheißen; °**2.** / (*v. Sachen*) verheißen, versprechen.

spondēus *u.* **-dīus,** *ī m* (*eigtl.* „beim Trankopfer — *gr.* spondę — verwendet") Spondeus (*Versfuß* — —); Gedicht in Spondeen.

spondylus, *ī m* (*gr. Fw.*) Klappmuschel.

spongia, *ae f* (*gr. Fw.*) Schwamm; °/ weicher Panzer.

spōnsa, *ae f* (*spondeō*) Braut.

spōnsālia, *ōrum n* (*spōnsus*, *P.P.P. v. spondeō*) Verlobung(smahl); ** Hochzeitsgeschenke.

spōnsiō, *ōnis f* (*spondeō*) **1.** Gelöbnis, feierliches Versprechen; feierliche Verpflichtung, Bürgschaft; feierlicher Vertrag; **2.** (*jur. t.t.*) gegenseitige Verpflichtung *der streitenden Parteien, der gewinnenden eine bestimmte Summe zu zahlen*; gerichtliche Wette.

spōnsor, *ōris m* (*spondeō*) Bürge.

spōnsum, *ī n* (*spondeō*) *das* Versprechen.

spōnsus[1], *ī m* (*spondeō*) *der* Verlobte; Freier.

spōnsus[2], *ūs m* (*spondeō*) Bürgschaft.

****spontaneus** 3 freiwillig, selbstgewählt.

sponte *f* (*abl. v.* °*spōns*; *cf. nhd.* „Gespenst" *eigtl.* „Verlockung") °**1.** nach dem Willen, mit Zustimmung *jds.* [*principis*]; **2.** *meā*, *tuā* ... ~ **a**) aus eigenem Antrieb, von selbst, freiwillig; **b**) auf eigene Hand, ohne Hilfe; **c**) an und für sich, schlechtweg.

sportella, *ae f* (*dem. v. sporta* „geflochtener Korb", *gr. Lw. m. etr. Vermittlung*) °**1.** Speisekörbchen; **2.** kalte Küche.

sportula, *ae f* (*dem. v. sporta*; *s. sportella*) **1.** Körbchen; **2. a**) Speisekörbchen; **b**) Mahlzeit *od.* Geschenk im Wert einer Mahlzeit; Geschenk; **3.** kurze Spiele; **4.** Picknick; ** Spende, Sportel.

S.P.Q.R. (*Abk.*) *s. S. 463.*

sprētor, *ōris m* (*spernō*) Verächter.

spūma, *ae f* (*cf. nhd.* „abge-feimt", *engl.* foam) **1.** Schaum; °**2.** Silberschaum, Glätte; *cf. causticus.*

spūmēscō, — — 3 (*incoh. zu spūma*) aufschäumen.

spūmeus 3 (*spūma*) schäumend.

spūmi-fer *u.* **-ger,** *era*, *erum* (*spūma*, *ferō*, *gerō*) schäumend.

spūmō 1 (*spūma*) **1.** (*intr.*) schäumen; **2.** (*trans.*) mit Schaum bedecken.

spūmōsus 3 (*spūma*) schäumend.

spuō, *uī*, *ūtum* (*cf. nhd.* „speien")

1. (*intr.*) spucken; 2. (*trans.*) ausspeien. [unflätig.
spurci-dicus 3 (*spurcus, dīcō²*)
spurci-ficus 3 (*spurcus, faciō*) verunreinigend, unflätig.
spurcitia, *ae u.* **-tiēs,** *ēī f* (*spurcus*) Unflätigkeit.
spurcō 1 (*spurcus*) verunreinigen, besudeln; *kl. nur* /; (*P.P.P.*) *adi.* **spurcātus** 3 (*m. sup.*) unflätig.
spurcus 3 (*m.* °*comp., sup., adv.*; *eigtl.* „vermischt, unrein"; *vl. zu spurius*) °1. schmutzig; 2. / unflätig, gemein.
spurius, *ī m* (*etr. Fw.*) Hurenkind, Bastard; ♀ *röm. Vorn.*
spūtātilicus 3 (*spūtō*) anspeienswert, abscheulich. [cker.
spūtātor, *ōris m* (*spūtō*) *der* Spu-
spūtō 1 (*frequ. v. spuō*) ausspeien [*sanguinem*]; ausspeien *vor.* [wurf.
spūtum, *ī n* (*spuō*) Speichel, Aus-
squāleō, — — 2 (*altl. squālus* „schmutzig", *wohl zu squāma*) °1. rau sein; starren, strotzen; 2. / °a) ungepflegt sein; b) trauern; °c) wüst daliegen.
squālidus 3 (*m. comp.,* °*sup., adv.*; *squāleō*) 1. °a) starrend, strotzend; b) / (*v. d. Rede*) rau; trocken; °2. a) schmutzig, unsauber, b) in Trauerkleidung; c) wüst.
squālor, *ōris m* (*squāleō*) °1. *das* Starren; Rauheit; 2. Schmutz; 3. / a) Trauerkleidung; Trauer, Elend; °b) Unwirtlichkeit.
squalus, *ī m* (*et. ungeklärt*) *größerer Fisch* (Meersaugfisch?).
squāma, *ae f* (*cf. squāleō*) 1. a) Schuppe; °b) Fisch; °2. *pl.* Schuppenpanzer.
squāmeus 3 (*squāma*) schuppig.
squāmi-fer *u.* **-ger,** *era, erum* (*squāma, ferō, gerō*) schuppig; *subst.* **-gerī,** *ōrum u. um m* Fische.
squāmōsus 3 (*squāma*) schuppig; ** *thorax* Schuppenpanzer.
squilla, *ae f s. scilla.*
st! *int.* (*Schallwort*) st! stille!
Stabiae, *ārum f St. in Kampanien, 79 n.Chr. durch Vesuvausbruch verschüttet*; *adi.* *-iānus* 3; *subst.* **-iānum,** *ī n* Landgut *b.* ~.
stabilīmen, *inis n u.* **-mentum,** *ī n* (*stabiliō*) Befestigung, Stütze.
stabiliō 4 (*stabilis*) befestigen; / aufrechterhalten, sichern.
stabilis, e (*m.* °*comp.,* °*sup.,* °*adv.*; *stō*) feststehend; zum Stehen geeignet; / standhaft, zuverlässig, unerschütterlich; °-e est (*m. a.c.i.*) es ist fest beschlossen. [Dauer.
stabilitās, *ātis f* (*stabilis*) Stetigkeit,
stabilītor, *ōris m* (*stabiliō*) Befestiger. [wirt.
stabulārius, *ī m* (*stabulum*) Gast-
stabulor *u.* **-ō** 1 (*stabulum*) im Stalle stehen; / sich aufhalten, lagern.
stabulum, *ī n* (*stō*; *cf. nhd.* „Stall") °1. Stand-, Aufenthaltsort; 2. a) Stall, Hürde; °Weide; °b) Herde, Koppel; 3. Kneipe; Bordell; / *Schimpfwort.* [Myrrhensaft.
stacta, *ae f u.* **-tē,** *ēs f* (*gr. Fw.*)
stadium, *ī n* (*gr. Fw.*) 1. Renn-, Laufbahn; / Wettstreit; 2. (*gr. Maßeinheit*) Stadium (= *190 m*).
stāgnō 1 (*stāgnum¹*) 1. (*intr.*) a) (*v. Gewässern*) übertreten; b) (*vom Gelände*) unter Wasser stehen; 2. (*trans.*) überschwemmen.
stāgnum¹, *ī n* (*eigtl.* „Tropfendes"; *cf. gr. Fw. stacta*; *nicht zu stō!*) 1. durch Überschwemmung entstandenes Gewässer: See, Teich, Pfuhl; 2. / a) Bassin; b) langsam fließendes Gewässer.
stagnum², *ī n* (— *vl. kelt.* — *Lw.*) silberhaltiges Blei, Werkblei.
stalagmium, *ī n* (*gr. Fw.*) Ohrgehänge in Tropfenform.
stāmen, *inis n* (*stō*) 1. Grundfäden (*am aufrechtstehenden antiken Webstuhl*), Kette, Zettel; 2. / a) Faden an der Spindel; b) Schicksalsfaden (*der Parzen*); Lebensfaden; c) Spinnfaden; d) Saite *eines Instruments*; e) = *īnfula.*
stāmineus 3 (*stāmen*) voller Fäden.
stannum *schlechte Schreibung für stagnum².*
Stata (**māter**) *Genossin des Volcanus, Schutzgöttin der Straßen.*
statārius 3 (*stō*) °1. feststehend; 2. / ruhig; *subst.* ~, *ī m* Schauspieler in ruhigem Charakterstück (°*comoedia -a*).
statēra, *ae f* (*gr. Fw.*) Waage.
staticulus, *ī m* (*dem. v. status²*) *ein ruhiger Tanz.*
statim *adv.* (*erstarrter acc. v.* **statis* „*das* Stehen"; *stō*) °1. feststehend; 2. / °a) beständig, regelmäßig; b) auf der Stelle, sogleich.
statiō, *ōnis f* (*stō*) °1. *das* Stillstehen;

S

2. Standort, Aufenthalt(sort); **3.** (*mil. t.t.*) **a)** Posten, Wache; **b)** Wachmannschaft; **c)** Standort, Quartier; **4.** Ankerplatz, Reede; °**5.** öffentlicher Platz; °**6.** Stellung *im Staatsdienst*; ** Wallfahrtsstation.

Stātius, ī *m röm. cogn.*: P. Pāpinius ~, *röm. Dichter*, † *ca. 96 n. Chr.*

statīvus 3 (stō) (fest)stehend; *subst.* **-a,** ōrum *n* Standlager.

stator, ōris *m* (stō) **1.** Amtsgehilfe *des Prokonsuls*; **2.** ♀ „der (*die weichenden Truppen*) zum Stehen bringt"; / Erhalter (*Beiname Jupiters*). [Bildsäule.

statua, ae *f* (status²) Standbild,

statuārius, ī *m* (statua) Bildgießer.

statūmen, inis *n* (statuō) Stütze; Schiffsrippe.

statuō, uī, ūtum 3 (status²) **1. a)** hin-, auf-, feststellen; **b)** errichten, erbauen, gründen; **2.** / **a)** festsetzen, an-, verordnen, entscheiden; **b)** beschließen, sich vornehmen; **c)** dafürhalten.

statūra, ae *f* (stō) Wuchs.

status¹ 3 (sistō) festgesetzt, bestimmt.

status², ūs *m* (stō) **1.** *das* Stehen, Stand; Stellung (*eines Kämpfenden*); **2.** / **a)** Lage, Verfassung, Zustand, Beschaffenheit; **b)** bürgerliche Stellung, Rang; **c)** Wohlstand; °**d)** (*gramm. t.t.*) Verbform, Modus.

statūtus 3 (statuō) stämmig.

stega, ae *f* (*gr. Fw.*) Verdeck.

stēlla, ae *f* (< *stēr-lā; *cf. gr. Fw.* astrum) **1.** Stern; **2.** (*dcht.*) Gestirn; Sonne; ** maris stella (*Beiname der Mutter Maria*). [funkelnd.

stēllāns, antis (stēlla) gestirnt; /

stēllātus 3 (stēlla) °gestirnt; unter die Sterne versetzt; °/ glänzend.

stēlli-fer, era, erum (stēlla, ferō) gestirnt. [eidechse.

stēl(l)iō, ōnis *m* (stēlla) Stern-

stemma, atis *n* (*gr. Fw.*) Kranz (*bsd. als Schmuck der Ahnenbilder*); Stammbaum, Ahnenreihe; ** Kopfbinde; Zierde. [schmutzig.

stercoreus 3 (stercus) mistig,

stercorō 1 (stercus) düngen. [tig.

stercorōsus 3 (*m. sup.*; stercus) ko-

sterculīn(i)um, ī *n* (stercus) Misthaufen (*auch als Schimpfwort*).

stercus, oris *n* (*cf. nhd.* „Dreck") Mist, Dünger; / *Schimpfwort.*

sterilis, e (*cf. nhd.* „Sterke", *d. i. junge Kuh, die noch nicht gekalbt hat*) **1.** (*pass.*) °**a)** unfruchtbar; **b)** / leer, ertraglos; °**c)** ohne Geschenke; °**d)** unerwidert [amor]; °**2.** (*act.*) unfruchtbar machend.

sterilitās, ātis *f* (sterilis) Unfruchtbarkeit; °Misswachs.

sternāx, ācis (sternō) störrisch.

sternō, strāvī, strātum 3 (*cf.* struō, *nhd.* „streuen") **1.** °**a)** hinstreuen, niederstrecken, -werfen; se -ere *u. mediopass.* sich lagern; °**b)** (*feindl.*) zu Boden strecken, niederhauen; **c)** ebnen, glätten, pflastern; °/ besänftigen; **2.** °**a)** bestreuen, bedecken; **b)** decken, polstern; °**c)** satteln.

sternūmentum, ī *n* (sternuō) *das* Niesen.

sternuō, uī, — 3 (*zur Schallwurzel* *pster-) **1.** (*intr.*) niesen; / knistern; **2.** (*trans.*) niesend geben [omen].

sternūtāmentum, ī *n* (sternūtō 1 *intens. v.* sternuō) *das* Niesen.

sterquilīn(i)um = sterculīn(i)um.

stertō, — — 3 (*cf.* sternuō) schnarchen. [*ker, etwa 640–550.*

Stēsichorus, ī *m* (*gr.* -os) *gr. Lyri-*

stibadium, ī *n* (*gr. Fw.*) halbkreisförmige Marmorbank.

stigma, atis *n* (*gr. Fw.*) **1.** Brandmal; / Beschimpfung; **2.** Schnitt *eines ungeschickten Barbiers*; ** Wundmal (*Christi*).

stigmatiās, ae *m* (*gr. Fw.*) gebrandmarkter Sklave.

stigmōsus 3 (stigmo) gebrandmarkt. [Tropfen; °/ *ein* bisschen.

stīlla, ae *f* (-ī-?; *dem. v.* stīria)

stillārium, ī *n* (-ī-?; stīlla) „Tropfengabe": Zugabe, Trinkgeld.

stillicidium, ī *n* (-ī-?; stīlla, cadō) °**1.** *der* herabfallende Tropfen; **2.** Dachtraufe.

stīllō 1 (-ī-?; stīlla) **1.** (*intr.*) träufeln, triefen; **2.** (*trans.*) °**a)** tropfen lassen; vergießen; / **b)** auffrischen [quiddam animulae]; °**c)** einflüstern.

stilus, ī *m* (*eigtl.* „spitzer Pfahl"; *cf.* sti-mulus) °**1.** = stimulus 1 a; **2. a)** (Schreib)Griffel; -um vertere ausstreichen; / **b)** schriftliche Übung, vieles Schreiben; **c)** Schreibart, Stil, Sprache. [(-ung), Sporn.

stimulātiō, ōnis *f* (stimulō) Reiz

stimulātrīx, īcis *f* (stimulātor „Anstifter"; stimulō) Hetzerin.

stimuleus 3 (stimulus) mit dem stimulus vollzogen [supplicium].

stimulō 1 (*stimulus*) °**1.** mit dem *stimulus* antreiben; **2.** / **a**) quälen, beunruhigen; **b**) anspornen, reizen.

stimulus, *ī m* (**sti-mos* „spitzig"; *cf. sti-lus*) **1.** Stachel: **a**) (*mil. t.t.*) *pl.* kleine, oben mit eisernen Haken versehene Pfähle, Fußangeln; **b**) Stachel *zum Antreiben v. Vieh u. Sklaven*; **2.** / **a**) Qual, Pein; **b**) Antrieb, Reiz.

stinguō, — — 3 (*eigtl.* „stechen", *nur in Komposita erhalten*; *cf. īnstīgō*) (*m. spitzen Feuerhaken*) ausstechen, *d. h.* (aus)löschen; P. verlöschen.

stīpātiō, *ōnis f* (*stīpō*) °**1.** *das* Zusammendrängen; **2.** / Gefolge.

stīpātor, *ōris m* (*stīpō*) ständiger Begleiter; *pl.* Gefolge.

stipendiārius 3 (*u. stīp-?*; *stipendium*) °**1.** um Sold dienend; **2.** steuer-, tributpflichtig.

stĭ- *u.* **stīpendium,** *ī n* (⟨ **stip[i]-pendiom*; *stips, pendō*) **1. a**) Sold, Löhnung; **b**) Kriegsdienst, -jahr; Feldzug; **2. a**) Steuer, Abgabe, Tribut; °**b**) / Strafe, Buße; ** Gewinn; *vitae* Lebensunterhalt.

stipes, *itis m* (*cf. stīpō, nhd.* „steif") **1.** Pfahl; °**2. a**) Baum(-stamm); Zweig; **b**) Klotz; Scheit; **c**) Keule; **3.** / Tölpel.

stīpō 1 (*cf. stīpes*) **1.** zusammendrängen, -stopfen, -packen; °**2.** vollstopfen, füllen; **3.** / dicht umringen.

stips, *ipis f* (*cf. stipula, stipulor*; *Grundbedeutung u. Bedeutungsentwicklung nicht geklärt*) (Geld-)Beitrag, Gabe, Spende; Almosen; °/ Lohn, Ertrag.

stipula, *ae f* (*cf. stips*) Halm, Strohhalm; Stroh; / (*verächtlich*) Rohrpfeife.

stipulātiō, *ōnis f* (*stipulor*) Kontrakt, Handgelöbnis.

stipulātiuncula, *ae f* (*dem. v. stipulātiō*) geringfügige Zusage.

stipulātor, *ōris m* (*stipulor*) Gläubiger.

stipulor 1 (*cf. stips*) sich ausbedingen.

stīria, *ae f* (*cf. nhd.* „starr") Eiszapfen.

stirpitus *adv.* (*stirps*) mit Stumpf und Stiel.

stirps, °**stirpēs** *u.* **-is,** *is f* (*m*) (*et. ungedeutet*) **1. a**) Wurzelstock, Stamm; **b**) Pflanze, Strauch, Baum; / **2. a**) Stamm, Abkunft; **b**) Geschlecht, Familie; **c**) Nachkommenschaft, °Sprössling, °Enkel; **3. a**) Wurzel, Ursprung, Grund(lage); **b**) ursprüngliche Beschaffenheit.

stīva, *ae f* (*et. ungedeutet*) Pflugsterz.

stlat(t)ārius 3 (*stlāt[t]-?*; *stlāta od. stlatta* „breites Piratenschiff"; *cf. lātus*[2]) zu Schiff eingeführt, kostbar.

stlīs (*altl.*) = *līs*.

stlocus (*altl.*) = *locus*.

stō, *stetī, stātūrus, statum* 1 (⟨ **stā-jō*; *cf. nhd.* „stehen") **1. a**) (da-)stehen, aufrecht stehen; **b**) (°*v. Truppen*) stehen [*a tergo*]; (*v. Schiffen*) vor Anker liegen; °**c**) emporstehen, -ragen; starren [*nive*]; *auch obszön*; °**d**) aufwarten; °**e**) (*v. Waren u. Dirnen*) zum Verkauf stehen, feilstehen; **f**) zu stehen kommen, kosten [*magno*]; **g**) auf *jds.* Seite stehen [*ab, cum Caesare*]; °**h**) beruhen *auf* [*iudicio meo*]; **i**) *per me stat* es hängt von mir ab; **2. a**) stehen bleiben, stillstehen; °**b**) stecken bleiben, haften [*sagitta in umero*]; **3. a**) feststehen, nicht wanken; *animo* guten Mutes sein; **b**) standhalten; **c**) bestehen, sich halten, (fort)dauern; **d**) beharren *bei* [*promisso*]; *in fide* Wort halten; °**e**) (*v. Dichtern, Stücken u. Schauspielern*) Beifall finden; **f**) fest bestimmt, beschlossen sein.

Stōicus 3 (*m. adv.*; *gr.* -kọs) stoisch; *subst.* **~,** *ī m der* Stoiker; **-a,** *ōrum n die* stoische Philosophie.

stola, *ae f* (*gr. Fw.*) **1.** langes Gewand *der vornehmen Römerin*, Stola; °**2.** Gewand *der Flötenspieler beim Minervafest*, Talar; ** Stola, *Schärpe des Geistlichen.*

stolātus 3 (*stola*) **1.** mit der Stola bekleidet; *Ulixes ~ ein* U. im Weiberrock (*v. Livia*); **2.** einer ehrbaren Frau zustehend [*pudor*].

stolidus 3 (*m.* °*comp.*, °*sup.*, °*adv.*; *eigtl. wohl* „ungelenk"; *cf. stultus*) **1.** tölpelhaft, dumm; **2.** unwirksam.

stomacacē, *ēs f* (*gr. Fw.*) Mundfäule.

stomachicus, *ī m* (*gr. Fw.*) *der* Magenleidende.

stomachor 1 (*stomachus*) sich ärgern, unwillig sein; sich zanken.

stomachōsus 3 (*m. comp., adv.*; *stomachus*) °**1.** ärgerlich, unwillig; **2.** Unmut verratend.

stomachus, *ī m* (*gr. Fw.*) **1.** Schlund, Speiseröhre; **2.** Magen; **3.** / **a**) Laune [*bonus*]; **b**) Geschmack; **c**) Ärger, Unwille, Zorn.

storax, *acis m* (*gr. Fw. sem. Herkunft*) wohlriechendes Harz des Storaxstrauches. [Matte, Decke.

storea *u.* **-ia,** *ae f* (*vl. zu sternō*)

strabō, *ōnis m* (*gr. Fw*) Schieler.

strāgēs, *is f* (*sternō*) **1.** °**a**) *das* Niederwerfen, -stürzen, Einsturz; Verwüstung; °**b**) *das* Hinsiechen (*durch Krankheit*); **c**) Mord; °**2.** / ungeordneter Haufe.

strāgulum, *ī n* (*strāgulus*) **1.** Decke, Teppich; °**2.** Schabracke; Totendecke.

strāgulus 3 (*strāgēs*) zum Ausbreiten dienend; *-a vestis* Decke, Teppich. [Stroh.

strāmen, *inis n* (*sternō*) Streu,

strāmentīcius 3 (*strāmentum*) von Stroh. [Stroh; Packsattel.

strāmentum, *ī n* (*sternō*) Streu,

strāmineus 3 (*strāmen*) von Stroh; *Quirites -i* Strohpuppen, *die jährlich in den Tiber geworfen wurden.*

strangulō 1 (*gr. Lw.*) erdrosseln; °/ quälen, martern. [zwang.

strangūria, *ae f* (*gr. Fw.*) Harn-

****strata,** *ae f* (gepflasterte) Straße; *legitima* Hauptstraße. [list.

stratēgēma, *atis n* (*gr. Fw.*) Kriegs-

stratēgus, *ī m* (*gr. Fw.*) **1.** Heerführer; **2.** Symposiarch, Präside.

stratiōticus 3 (*gr. Fw.*) soldatisch; *nuntius* Feldjäger.

strātum, *ī n* (*sternō*) Decke, Polster; Lager; Packsattel; (*meist pl.*) Pflaster [*viarum*].

strātūra, *ae f* (*sternō*) *das* Pflastern.

strātus *s. sternō.*

strēna, *ae f* (*vl. sabin. Wort*; *cf. strēnuus*) gutes Vorzeichen; / Neujahrsgeschenk.

strēnuitās, *ātis f* (*strēnuus*) Munterkeit, Rüstigkeit, Tätigkeit.

strēnuōsus 3 (*strēnuus*) tüchtig.

strēnuus 3 (*m.* °*comp.*, °*sup.*, *adv.*; √ *sterē- „sich kräftg betätigen") °**1.** kräftig (wirkend); **2. a**) (*v. Personen*) rüstig, tätig; °unruhig; °**b**) (*v. Sachen*) stark (wirkend), [rasch.

****strepa,** *ae f* Steigbügel.

strepitō 1 (*frequ. v. strepō*) wild lärmen.

strepitus, *ūs m* (*strepō*) Lärm, Getöse, Geräusch; °Klang.

strepō, *uī, itum* 3 (*Schallwort*) **1.** (*intr.*) **a**) lärmen, tosen, dröhnen; °**b**) ertönen; schmettern [*litui*]; °**2.** (*trans.*) lärmend rufen.

striātus 3 (*P.P.P. v. striō* 1 „mit Riefen versehen"; *cf. nhd.* „Striemen") gerieft, gerippt.

strictim *adv.* (*strictus*) °**1.** knapp; **2.** / flüchtig, kurz.

strictūra, *ae f* (*stringō*) (glühende) Eisenmasse.

strictus 3 (*m. comp., sup., adv.*; *stringō*) straff, stramm, dicht (an-) schließend; eng [*ianua*]; / bündig [*oratio*]; streng; ** genau.

strīdeō 2 *u.* **strīdō,** *dī,* — 3 (*idg. Schallstämme*; *cf. strix*) zischen, schwirren, pfeifen, lispeln, zischeln, flüstern.

strīdor, *ōris m* (*strīdeō*) *das* Zischen, Schwirren, Schreien, Zischeln *u. Ä.*

strīdulus 3 (*strīdō*) zischend, sausend, schwirrend, knarrend.

strig(i)lis, *is f* (*abl. sg. -ī*; *stringō*) Schabeisen, Striegel.

strigō 1 (*striga* „Strich"; *stringō*) (beim Pflügen) rasten.

strigor, *ōris m* (*stringō*) *Wort unsicherer Form u. Bedeutung.*

strigōsus 3 (*m. comp.*; *striga* „Strich"; *stringō*) mager, dürr; *kl. nur* /.

stringō, *strīnxī, strictum* 3 (*strīnxī?*; *vl. urspr. zwei verschiedene Verben*: I. *stringō*; *Stamm* *strig-; *cf. nhd.* „streichen"; II. *strengō „schnüren"; *cf. nhd.* „Strang") **I.** °**1. a**) streifen, leicht berühren; **b**) leicht verwunden, ritzen; / **c**) verletzen; **d**) rühren [*animum*]; **e**) stoßen, grenzen *an* [*ultima Asiae*]; **2. a**) abstreifen, -pflücken, -schneiden; **b**) ziehen [*gladium*]; °**II. 1.** zusammenschnüren, -binden; einziehen [*vela*]; **2.** / (*rhet. t.t.*) kurz zusammenfassen.

stringor, *ōris m* (*stringō*) *die* zusammenziehende Kraft.

strix, *igis u.* **strīx,** *īgis f* (*s. strīdeō*) Ohreule (*nach antiken Ammenmärchen ein Blut saugender Vampir*).

stropha, *ae u.* **-ē,** *ēs f* (*gr. Fw.*) Kunstgriff, List.

strophiārius, *ī m* (*strophium*) Hersteller von Busenbinden.

strophium, *ī n* (*gr. Fw.*) Busenbinde, Mieder; Kranz; ** Gürtel.

strūctilis, e (*struō*) zum Bauen geeignet, Mauer... [*caementum*].

strūctor, *ōris m* (*struō*) **1.** Maurer; *pl.* Bauleute; °**2.** Anrichter (*der b.*

Tisch die Aufsicht über die bedienenden Sklaven hat).
strūctūra, *ae f (struō)* **1.** Bau; Bauart; Mauerwerk; Grube [*aeraria*]; **2.** (*rhet. u. gramm. t.t.*) Aufbau (*eines Gedichtes, einer Rede*); Satzbau [*verborum*].
struēs, *is f (struō)* **1.** °**a**) (aufgeschichteter) Haufe; Heerhaufen; Scheiterhaufen; **b**) Haufen (*als Maß*); °**2.** Opfergebäck.
struīx, *īcis f (struō)* Haufen.
strūma, *ae f (et. nicht geklärt)* Drüsenschwellung, dicker Hals.
strūmōsus 3 (*strūma*) mit geschwollenen Drüsen.
struō, *strūxī, strūctum* 3 (*cf. sternō, nhd.* „streuen") **1.** aufschichten, über. *od.* nebeneinander legen; **2.** °**a**) erbauen, errichten; / °**b**) veranstalten; **c**) anstiften, ersinnen; °**3.** beladen *mit*; °**4.** ordnen, aufstellen; *kl. nur* / [*verba*].
strūthea, *ōrum n (gr. Fw.)* Birnquitten.
****strut(h)io,** *onis m* Strauß.
strūthocamēlus, *ī m f (gr. Fw.)* Vogel Strauß.
****stuba,** *ae f* Stube.
studeō, *uī, — 2 (vl. zu tundō)* **1.** sich bemühen, streben, trachten *nach* [*laudi*]; **2.** Partei nehmen *für*, begünstigen [*alci*]; **3.** *litteris, artibus* studieren (*abs. erst nkl.*).
studiōsus 3 (*m. °comp., sup., adv.; studium*) **1.** eifrig, sorgfältig; bedacht *auf*, Liebhaber [*litterarum*]; **2.** gewogen, Gönner, Anhänger [*nobilitatis*]; **3.** °**a**) wissbegierig, gelehrt, studierend; **b**) *subst.* **-ī,** *ōrum m* Studenten, Kunstbeflissene.
studium, *ī n (studeō)* **1.** eifriges Streben, Lust, Begierde; **2.** Anhänglichkeit, Zuneigung; Parteilichkeit, Vorliebe; **3. a**) Beschäftigung *mit* [*rerum rusticarum*]; **b**) Lieblingsbeschäftigung, Liebhaberei; wissenschaftliche Beschäftigung; °**e**) *abs.*) Studium; °**d**) Werke der Literatur.
stultiloquentia, *ae f u.* **-quium,** *ī n (stultus, loquor)* albernes Gerede.
stulti-loquus 3 (*stultus, loquor*) schwätzend.
stultitia, *ae f (stultus)* Torheit, Einfalt.
stulti-vidus 3 (*stultus, videō*) einfältig *u. daher* verkehrt sehend.
stultus 3 (*m. comp., sup., adv.; cf. stolidus*) dumm, einfältig; *subst.* ~, *ī m* Tor, Narr.
stūpa, stūpeus = *stupp...*
stupe-faciō, *fēcī, factum* 3 (*stupeō*) betäuben, verblüffen; / übertäuben; *kl. nur (P.P.P.) adi.* **stupefactus** 3 erstaunt, außer sich.
stupeō, *uī, — 2* (√ **stup-* „schlagen, stoßen"; *cf. stuprum*) °**1.** starr sein, steif sein; **2. a**) (*abs.*) stutzen, staunen; °**b**) (*trans.*) anstaunen [*donum*]; °**3.** (*v. Sachen*) stillstehen, stocken.
stupēscō, *puī, — 3 (incoh. v. stupeō)* °**1.** stillstehen; **2.** / stutzen.
stupiditās, *ātis f (stupidus)* Sinnlosigkeit, Dummheit.
stupidus 3 (*stupeō*) betäubt, verblüfft; dumm.
stupor, *ōris m (stupeō)* **1.** Starrheit, Gefühllosigkeit; Schwerfälligkeit [*linguae*]; °**2.** Staunen; **3.** Dummheit, Stumpfsinn; °**4.** Tölpel.
stuppa, *ae f (dor. Fw.)* Werg.
stuppeus 3 (*stuppa*) aus Werg.
stuprātor, *ōris m (stuprō)* der Schänder.
stuprō 1 (*stuprum*) schänden, entehren.
stuprum, *ī n* (√ **stup-* „schlagen, stoßen"; *urspr. entweder* „Betäubung" *od.* „Prügelstrafe"; *cf. stupeō, nhd.* „stäupen") **1.** Schändung; Entehrung durch Unzucht aller Art; Vergewaltigung; Ehebruch; Hurerei; °**2.** *Clytaemnestrae* ~ *die* Buhlerin Kl.
****sturio,** *onis m* Stör.
sturnus, *ī m (cf. nhd.* „Star") Star.
Stygius *s. Styx.*
styrax = *storax.*
Styx, *gis f Fl. in der Unterwelt, bei dem die Götter schwören*; °/ Unterwelt; *adi.* **-gius** 3 der Unterwelt, höllisch, unheilvoll.
suādēla, *ae f (suādeō)* Überredung; ♀ *Göttin der Überredung, der gr.* Peithọ *gleichgesetzt.*
suādeō, *sī, sum* 2 (*eigtl.* „gefällig darstellen"; *suāvis*) **1.** (*intr.*) raten, Rat geben, zureden; **2.** (*trans.*) **a**) anraten; °**b**) (*v. Sachen*) reizen *zu.*
suāsiō, *ōnis f (suādeō)* **1.** Rat; **2. a**) Empfehlung [*legis Serviliae*]; **b**) (*rhet. t.t.*) Empfehlungsrede.
suāsor, *ōris m (suādeō)* Anrater; Fürsprecher.
suāsōrius 3 (*suāsor*) Rat gebend; *subst.* **-a,** *ae f* = *suāsiō* 2b.

suāsum, īnsuāsum, *ī n* (*vl. vulgär* ⟨ *suard-tom *zusammengezogen* = *sordidum*) dunkle Farbe, dunkler Fleck.

suāsus, *ūs m* (*suādeō*) Rat.

suāve-olēns, *entis* (*suāvis, oleō*) angenehm duftend.

suāvi-dicus 3 (*Lu.*) *u.* **-loquēns,** *entis* (*suāvis, dīcō*[2]; *loquor*) lieblich (redend).

suāviloquentia, *ae f* (*suaviloquēns*) liebliche Rede.

suāviolum, suāvior (*wohl volkset. Anlehnung an suāvis*) = *sāvi...*

suāvis, e (*m. °comp., °sup.. adv., cf. nhd.* „süß“) angenehm, lieblich; ** *suave, is n* Kuss.

suāvisāviātiō, *ōnis f* (*suāvis, sāviātiō*) süßer Kuss; ♀ *scherzh. personifiziert.*

suāvitās, *ātis f* (*suāvis*) Annehmlichkeit, Lieblichkeit, Reiz; Liebenswürdigkeit.

suāvitūdō, *inis f* (*suāvis*) Süße; *auch als Kosewort.*

suāvium, *ī n* (*wohl volkset. Anlehnung an suāvis*) = *sāvium.*

sub *praev. u. prp.* (⟨ *supo; *zu* *sup *verkürzt; anfänglich nur vor Vokalen u. stimmhaften Konsonanten in sub übergehend; später sub durchweg als prp. u. weitgehend als praev., soweit nicht Assimilation vorgezogen wurde* [suf-fragium, sug-gero, sup-pleo; *auch* sum-mitto *neben* sub-mitto *usw.*; subc- ⟩ succ- *nur in Verbalkomposita* [suc-cingo, *aber* subcingulum]; *ferner trat nach dem Vorbild* ab : abs *neben* sub *ein* *subs-, *das lautgesetzlich zu* sus- [sus-cipio] *u.* sū- [sūmō ⟨ *subs-emō] *wurde*).

A. *in der Komposition* (*z. T. Lehnübersetzungen aus dem Gr.*) **1.** unten, unter [subiaceo, subigo]; **2.** von unten hinauf [subicio]; **3.** hinzu, zur Hilfe [succurro]; **4.** unmittelbar (da)nach, sofort [subinde]; **5.** unter der Hand, heimlich [submitto]; **6.** ein wenig, ziemlich (*bsd. vor adi. u. adv.*) [subalbus].

B. *prp.* **I.** *b. acc.* **1.** (*räuml. auf die Frage „wohin?“*) **a)** unter, unter ... hin [~ iugum mittere; res ~ sensum cadit]; **b)** unterhalb, nahe an [~ montem succedere]; ~ °ictum venire in Schussweite kommen; **2.** (*zeitl.*) **a)** gegen, um, unmittelbar vor [~ noctem]; **b)** unmittelbar nach [~ haec verba]; ~ °hoc, °haec gleich danach; **3.** / (*Unterordnung*) unter; ~ potestatem redigere unterwerfen; **II.** *b. abl.* **1.** (*räuml. auf die Frage „wo?“*) **a)** unter, unterhalb [~ pellibus hiemare]; **b)** unten an, am Fuß [~ monte considere]; °**c)** unten in, in [obscuris ~ vallibus]; °**d)** unmittelbar hinter; **2.** (*zeitl.*) **a)** innerhalb, während, in [~ ipsa profectione]; unter der Regierung von [~ Tiberio Caesare]; °**b)** bei; gegen, um [~ exitu vitae]; **3.** / **a)** (*Unterordnung*) unter, bei [~ dicione esse]; °**b)** (*nähere Umstände*) unter, hinter [~ hac condicione].

sub-absurdus 3 (*m. adv.*) ziemlich ungereimt.

sub-accūsō 1 ein wenig tadeln.

subāctiō, *ōnis f* (*subigō*) Durchbildung.

sub-agrestis, e ziemlich bäuerisch.

sub-ālāris, e (*sub ālā*) unter der Achsel befindlich.

sub-albus 3 weißlich.

sub-amārus 3 etwas bitter.

sub-aquilus (*aquilus* „dunkel“; *aqua*) bräunlich.

sub-arroganter *adv.* etwas anmaßend.

sub-assentiēns, *entis* (*assentior*) ein wenig beistimmend.

sub-auscultō 1 heimlich zuhören, horchen.

sub-basilicānus, *ī m* (⟨ *sub basilicā*) Pflastertreter.

sub-bibō, *bibī,* — 3 ein wenig trinken.

sub-blandior 4 (*altl. fut.* -*ībitur*) etwas schmeicheln, liebkosen [*alci*].

sub-cavus 3 unten hohl.

sub-cēnō 1 von unten verzehren.

sub-centuriātus, *ī m* (*sub-centuriō* „ergänzend in die Zenturie einrücken lassen; / ersetzen“) Ersatzmann.

sub-cernō, *crēvī, crētum* 3 durchsieben.

sub-cingulum, *ī n* Gürtel.

sub-contumēliōsē *adv.* etwas schimpflich.

sub-crispus 3 etwas kraus.

sub-custōs, *ōdis m* (-*cū*-?) Hilfswächter.

sub-dēbilis, e etwas gelähmt.

sub-dēbilitātus 3 etwas kleinmütig.

sub-dēficiēns, *entis* allmählich ermattend.

sub-difficilis, e ziemlich schwer.

sub-diffīdō, — — 3 nicht recht trauen.

subditīvus 3 (*subditus, P.P.P. v. subdō*) untergeschoben, unecht.

sub-dō, *didī, ditum* 3 (√ *dhē-

„setzen") **1.** unterlegen, -setzen, -stellen; °*pf.* P. unten liegen; / **2. a)** anlegen, einflößen; °**b)** unterwerfen, preisgeben; **3. a)** an die Stelle setzen; **b)** unterschieben; °**c)** heimlich anstiften.

sub-doceō, — — 2 als Stellvertreter unterrichten.

sub-dolus 3 (*m. adv.*) hinterlistig, heimtückisch; trügerisch.

sub-domō, — — 1 überwältigen.

sub-dubitō 1 etwas zweifeln.

sub-dūcō, *dūxī, ductum* 3 **1.** °**a)** (von unten) hinaufziehen, in die Höhe ziehen; einziehen [*remos*]; reffen [*vela*]; **b)** ans Land ziehen [*naves*]; **2. a)** wegnehmen, entziehen; **b)** wegbringen, -führen [*copias in collem*]; **3. a)** unbemerkt wegziehen, heimlich wegschaffen, entwenden; *se -ere u.* °*mediopass.* sich heimlich entfernen; °**b)** durch Intrigen entziehen [*amores*]; **4.** / *rationem* in Rechnung stellen, zusammenrechnen; *subducta ratione* mit Überlegung.

subductiō, *ōnis f* (*subdūcō*) **1.** *das* Anlandziehen; **2.** Berechnung.

sub-dūrus 3 ziemlich hart.

sub-edō, — — 3 unten anfressen.

sub-eō, *iī* (*dcht.* *īvī*), *itum, īre* **1.** gehen, kommen *unter* [*tectum*]; betreten [*domum*]; **2.** °**a)** sich ducken; sich schmiegen *unter*; *auch obszön* [*iuvenes*]; **b)** / (*etw. Lästiges od. Schwieriges*) auf sich nehmen [*labores*]; °**3. a)** (von unten) hinaufgehen, -steigen [*ad, in montem*]; **b)** herangehen, -kommen, -rücken *an* [*montes*]; **c)** angreifen; **d)** (*abs.*) schreiten; aufgehen, sprießen [*herbae, barba*]; °**4. a)** sich heranschleichen, sich einschleichen [*thalamos*]; **b)** (*abs.*) [*amor*]; **c)** überkommen, befallen [*animum*]; °**5.** an die Stelle treten, ablösen [*primae legioni*].

sūber, *eris n* (*wohl gr. Lw.*) Korkeiche; / Kork.

subf... = *suff...*

subg... = *sugg...*

sub-grandis, e ziemlich groß.

sub-horridus 3 ziemlich rau.

sub-iaceō, — — 2 unten liegen; / gehören *zu.*

sub-iciō, *iēcī, iectum* 3 (*iaciō*) **1. a)** werfen, setzen, legen, stellen *unter* [*ignem templis*]; / **b)** unterwerfen; P. unterliegen; **c)** unterordnen; **d)** aussetzen, preisgeben [*Galliam securibus*]; öffentlich versteigern lassen; **e)** (*Falsches*) unter-, vorschieben; **2. a)** (von unten) in die Höhe werfen; emporheben; (*dcht.*) *se -ere u. mediopass.* in die Höhe schießen; emporsteigen; **b)** nahe heranbringen, -führen, -setzen; *se -ere* heranrücken, sich nähern [*iniquis locis*]; **3. a)** über-, darreichen; **b)** eingeben, einflüstern [*spem*]; **4.** (*in Wort od. Schrift*) folgen lassen: **a)** an die Stelle setzen; anschließen; °**b)** erwidern.

subiectiō, *ōnis f* (*subiciō*) **1.** (*rhet. t.t.*) **a)** Veranschaulichung [*rerum sub aspectum*]; °**b)** Entgegnung auf einen (selbst gemachten) Einwand; °**2.** Unterschiebung.

subiectō 1 (*intens. v. subiciō*) **1.** darunter legen; **2.** (von unten) emporwerfen [*arenam*].

subiector, *ōris m* (*subiciō*) der unterschiebt; Fälscher.

subiectus 3 (*m.* °*comp.*, °*sup.*; *adv.*; *subiciō*) **1.** darunter, unterhalb liegend, angrenzend [°*viae* an der Straße]; **2.** / **a)** untergeben, ausgesetzt, preisgegeben; **b)** unterwürfig, demütig; °*subst.* **-ī,** *ōrum m* Untertanen; **-a,** *ōrum n* Niederungen; *vallium* Talgründe; ** *subst.* **-um,** *i n* Unterbegriff; Begriff; Gegenstand.

subigitātiō, *ōnis f* (*subigitō*) unzüchtige Betastung; Hurerei.

subigitātrīx, *īcis f* (*subigitō*) „unzüchtige Betasterin", Hure.

subigitō 1 (*agitō*) unzüchtig betasten; huren *mit* [*amicam*].

sub-igō, *ēgī, āctum* 3 (*agō*) °**1.** (von unten) hinauftreiben, -führen; *naves* stromaufwärts rudern; **2. a)** zwingen, drängen *zu* [°*in deditionem*]; **b)** unterjochen, knechten; **3. a)** durch-, bearbeiten [*humum*]; °*auch in obszönem Doppelsinn m. 2b*; **b)** durchbilden, schulen; **c)** zähmen; **4.** plagen, bedrängen.

sub-impudēns, *entis* ziemlich unverschämt.

sub-inānis, e ziemlich eitel.

sub-inde *adv.* **1.** gleich darauf; **2.** wiederholt; **3.** allmählich.

sub-īnsulsus 3 etwas abgeschmackt.

sub-invideo, — — 2 etwas eifersüchtig sein.

sub-invīsus 3 etwas verhasst.

S

sub-invītō 1 unter der Hand auffordern.
sub-īrāscor, — — 3 etwas zürnen.
sub-īrātus 3 unwillig, verstimmt.
subitāneus 3 (*subitus*) plötzlich entstehend.
subitārius 3 (*subitus*) plötzlich; in Eile zusammengerafft [*exercitus*]; dringlich.
subitus 3 (*adv.* **-ō**; *subeō*) **1.** plötzlich, unvermutet, unerwartet; überstürzt, dringend; °**2.** rasch zusammengerafft [*miles* Truppe]; **3.** *subst.* **-um,** *ī n* unvermutetes Ereignis.
sub-iugō 1 (< **sub iugum* [*mittō*]) unterwerfen.
sub-iungō, *iūnxī, iūnctum* 3 **1.** °**a**) (unten) verbinden, anfügen, anspannen [*tigres curru*]; / **b**) verbinden; °**c**) (*mündl. od. schriftl.*) hinzufügen; **2.** unterwerfen.
sub-lābor, *lāpsus sum* 3 **1.** unvermerkt heranschleichen; **2.** niedersinken; verfallen.
sublātiō, *ōnis f* (*tollō*) **1. a**) (*metr. t.t.*; *spätlat.*) Hebung (*des Tons*); **b**) Erhebung [*animi*]; °**2.** Aufhebung, Kassierung [*iudicii*].
sublātus 3 (*m.* °*comp.*, *adv.*; *tollō*) **1.** erhaben [*-ē dicere*]; **2.** stolz.
sublectō 1 (*intens. v.* **subliciō*; *cf. allectō, alliciō*) ködern, foppen.
sub-legō, *lēgī, lēctum* 3 **1.** unten auflesen; **2. a**) heimlich wegnehmen; **b**) / belauschen [*sermonem*]; ablauschen; **3.** nachwählen.
sublestus 3 schwach, gering.
sublevātiō, *ōnis f* (*sublevō*) Erleichterung.
sub-levō 1 emporheben, aufrichten; / unterstützen, fördern, helfen; vermindern, erleichtern, lindern.
sublica, *ae f* (*vl. eigtl.* „unter Wasser befindlicher [Pfahl]"; *sub, liquor*) Pfahl, Brückenpfahl.
sublicius 3 (*sublica*) auf Pfählen ruhend; *pons* Pfahlbrücke *über den Tiber.*
subligāculum, *ī u.* °**-ligar,** *aris n* [(*subligō*) Schurz.]
sub-ligō 1 (von unten) anbinden [*ensem lateri*]; befestigen; (*P.P.P.*) *adi.* **subligātus** 3 aufgeschürzt [*virgo*].
sublīme *adv.* (*sublīmis*) in die [Höhe; in der Höhe.]
sublīmen *adv.* (*wohl* < *sub līmen* „bis unter die [obere] Schwelle reichend") in die Höhe.
sublīmis, e (*m. comp. u. adv.* **-iter** u. **-ē**; s. d.; *wohl zu sublīmen*) in der Luft befindlich, schwebend, hoch; / erhaben; hochstrebend, -fahrend.
sublīmitās, *ātis f* (*sublīmis*) Höhe, Größe [*corporis*]; / Erhabenheit, Schwung; ** (*als Anrede*) Hoheit.
sub-lingulō, *ōnis m* (*Scherzbildung zu lingō*) „der (die Schüsseln) unten beleckt"; *coqui* Küchenjunge.
sub-linō, *lēvī, litum* 3 heimlich beschmieren; / *ōs* anschmieren, betrügen [*matri*].
sub-lūceō, *lūxī,* — 2 (von unten) [hervorleuchten.]
sub-luō, *uī, ūtum* 3 (*lavō*) °**1.** unten (ab)waschen [*inguina*]; **2.** / unten bespülen.
sub-lūstris, e (*cf. illūstris*) dämme- [rig, halbdunkel.]
subm... *s. auch summ...*
sub-merus 3 ziemlich umvermischt [*vinum*].
subminia, *ae f* (*sub, minium*) blassrot gefärbtes Kleid.
submissim *adv.* (*submissus*) leise.
submissiō, *ōnis f* (*submittō*) Senkung [*vocis*]; / Verminderung.
submissus 3 (*m.* °*comp.*, °*sup.*; *adv.*; *submittō*) °**1.** gesenkt, herabhängend; / **2.** leise [*oratio*]; **3. a**) bescheiden, demütig; **b**) kriechend.
sub-molestus 3 (*m. adv.*) ziemlich beschwerlich.
sub-mōrōsus 3 etwas mürrisch.
sub-nāscor, *nātus sum* 3 (unten) hervor-, nachwachsen.
sub-nectō, *nexuī, nexum* 3 °**1.** unten anknüpfen, anbinden; °**2.** (unten) zusammengürten, -halten.
sub-negō 1 halb und halb abschla- [gen.]
sub-niger, *gra, grum* schwärzlich.
sub-nimium, *ī n scherzh. Name für ein etw. zu großes Kleid.*
sub-nīsus *u.* **-nīxus** 3 (*nītor*) sich stützend, gelehnt *an* [*verticibus*]; / sich verlassend, bauend, pochend *auf* [*victoriā*]; zuversichtlich.
sub-notō 1 **1.** unten anmerken; **2.** unterzeichnen; **3.** (heimlich) bemerken; zeigen *auf* [*alqm digito*].
sub-nuba, *ae f* (*nūbō*; *cf. prōnuba*) Kebsweib; Nebenbuhlerin.
sub-nūbilus 3 ziemlich trübe.
subō 1 (*vl. m. sū-cus verwandt*) brünstig sein; / geil sein.
sub-obscēnus 3 etwas zweideutig.
sub-obscūrus 3 (*m.* °*adv.*) etwas unverständlich.
sub-odiōsus 3 etwas verdrießlich.

sub-offendō, — — 3 etwas Anstoß erregen.

sub-olēs, *is f* (*cf. prōlēs; alō*) **1.** Nachwuchs; Nachkommenschaft; °**2.** Sprössling.

sub-olēscō, — — 3 (*incoh. v. alō; cf. adolēscō*) heranwachsen.

sub-olet, — — 2 *u.* **-olit,** — — 3 *impers.* (*mihi*) ich merke *etw.*

sub-orior, — 4 nach und nach entstehen, nachwachsen.

sub-ōrnō 1 (heimlich) ausrüsten, versehen *mit*; insgeheim anstiften [*falsum testem*]. [liche Entstehung.}

subortus, *ūs m* (*suborior*) allmäh-}

subp... = *supp...* [des Abts.}

****subprior,** *oris m* Stellvertreter}

subr... *s. auch surr...*

sub-rancidus 3 etwas stinkend.

sub-raucus 3 etwas heiser.

sub-rēctus *u.* **sur-rēctus** *s. subrigō u. surgō.*

sub-rēmigō 1 nachrudern.

sub-rēpō, *rēpsī, rēptum* 3 kriechen *unter*; °/ sich einschleichen.

subrēpticius 3 (*subrēptus, P.P.P. v. subrēpō*) verstohlen [*amor*].

sub-rīdeō, — — 2 lächeln.

sub-rīdiculē *adv.* etwas lächerlich.

sub-rigō, *rēxī, rēctum* 3 (= *surgō; regō*) emporrichten; P. emporstehen; (*P.P.P.*) *adi.* **subrēctus** 3 aufrecht, gespitzt [*aures*].

sub-ringor, — 3 etwas die Nase rümpfen, ärgerlich sein.

sub-rōstrānī, *ōrum m* (< **sub rōstrīs* [*versantēs*]) Pflastertreter.

sub-rubēns, *entis* rötlich. [rot.}

sub-rubicundus 3 rötlich, hoch-}

sub-rūfus 3 etwas rötlich; *subst.* ~, *ī m* Rotkopf.

sub-ruō, *ruī, rutum* 3 untergraben, -wühlen, zum Einsturz bringen; °/ wankend machen; niederdrücken.

sub-rupiō 3 (*altl.*) = *surripiō.*

sub-rūsticus 3 (*m.* °*adv.*) etwas bäuerisch, roh.

sub-rutilus 3 etwas rötlich.

sub-scrībō, *psī, ptum* 3 **1.** darunter schreiben; °**2.** unterschreiben, -zeichnen; **3.** aufschreiben; **4. a)** (*vom Zensor*) vermerken [*causam* Grund der Rüge]; **b)** (*eine Klageschrift*) unterschreiben; schriftliche Klage einreichen; **c)** *eine Klage* mitunterschreiben; Mitkläger sein; °**d)** durch Unterschrift genehmigen; °**e)** / beipflichten [*odio*]; begünstigen; °**f)** *einem amtlichen Schreiben* eine Grußformel hinzufügen.

subscrīptiō, *ōnis f* (*subscrībō*) **1.** Unter-, Aufschrift; **2. a)** zensorischer Vermerk (*über den Grund der Rüge*); **b)** Anklageschrift; **c)** Mitanklage; °**d)** Grußformel *am Ende eines amtlichen Schreibens.*

subscrīptor, *ōris m* (*subscrībō*) Mitkläger. [abschneiden.}

sub-secō, *secuī, sectum* 1 unten}

sub-sellium, *ī n* (*sella*) Bank, Sitz; *pl.* Gerichte, Prozesse. [fühlen.}

sub-sentiō, *sēnsī,* — 4 heraus-}

sub-sequor, *secūtus sum* 3 unmittelbar (nach)folgen [*dies noctem*]; / sich richten *nach* [*senatum*]; °gleichkommen [*cupiditatem*].

sub-serviō 4 unterwürfig sein; zu Hilfe kommen. [Bandit.}

subsessor, *ōris m* (*subsideō*) Jäger;}

subsicīvus 3 („abgeschnitten"; *subsecō*) *v. der Berufsarbeit* erübrigt; *tempora -a* Mußestunden; *subst.* **-a,** *ōrum n das* (*nach der Ackerteilung*) übrig gebliebene Land.

subsidiārius 3 (*subsidium*) zur Reserve gehörig; °*subst.* **-ī,** *ōrum m* Reservetruppen. [stehen.}

subsidior 1 (*subsidium*) in Reserve}

subsidium, *ī n* (< **sub-sediom; sedeō*) **1.** (*mil. t.t.*) **a)** (*concr.*) Reserve; *pl.* Hilfskorps; **b)** (*abstr.*) Hilfe; **2.** / **a)** Rückhalt, Beistand, Zuflucht(sort); **b)** Hilfsmittel.

sub-sīdō, *sēdī, sessum* 3 **1.** °**a)** sich niedersetzen, -lassen; **b)** auflauern; °**c)** (*von Tieren*) sich begatten lassen [*maribus*]; °**2. a)** sich senken, sich legen, sinken; **b)** / sich vermindern, nachlassen; **3. a)** zurückbleiben, sich festsetzen [*in Sicilia*]; °**b)** stecken bleiben.

sub-sīgnānus 3 (*-ĭ-?;* < *sub sīgnis*) unter der Fahne dienend; *milites -i* Reservetruppen.

sub-sīgnō 1 (*-ĭ-?*) **1.** eintragen; **2.** verpfänden; °/ sich verbürgen *für* [*fidem*]. [einspringen.}

sub-siliō, *siluī,* — 4 empor-, hin-}

sub-sistō, *stitī,* — 3 °**1.** (*trans.*) stellen, den Kampf bestehen *mit* [*feros*]; **2.** (*intr.*) **a)** stillstehen, stehen bleiben, Halt machen; °**b)** aufhören; (*im Reden*) stocken; **c)** zurückbleiben, verweilen; **d)** Widerstand leisten, standhalten; ** = esse da sein.

S

subsōlānus, *ī m (gr. Bedeutungslw.; sōl)* Ostwind.

sub-sortior 4 (zum Ersatz) auslosen. [losung *des Ersatzes.*]

subsortītiō, *ōnis f (subsortior)* Aus-

substantia, *ae f (substāns, part. praes. v. substō)* **1.** Beschaffenheit; **2.** Vermögen; Subsistenzmittel; **3.** *das* Vorhandensein; ** Wesen; Substanz; Eigentum, Ware.

sub-sternō, *strāvī, strātum* 3 **1.** °**a**) unterbreiten, -legen; *obszön se -ere*; **b**) unten bestreuen; **2.** / unterwerfen, preisgeben.

sub-stituō, *uī, ūtum* 3 *(statuō)* °**1.** darunter-, dahinterstellen; °**2.** / unterschieben: **a**) *animo* sich im Geiste vorstellen; **b**) Schuld geben *an [alqm crimini]*; **3. a**) an die Stelle setzen [*in locum filii, alqm pro alqo*]; °**b**) als Nacherben einsetzen.

sub-stō, — — 1 standhalten.

substrictus 3 *(m. comp.; substringō)* schmal, dünn.

sub-stringō, *strīnxī, strictum* 3 *(strīnxī?)* **1.** *(v. unten nach oben)* aufbinden [*capillos nodo*]; / *aurem* die Ohren spitzen; **2.** *(rhet. t.t.)* kürzer fassen. [terbau.]

substrūctiō, *ōnis f (substruō)* Un-

sub-struō, *strūxī, strūctum* 3 den Unterbau herstellen; *vias glareā* die Wege beschottern; / *fundamentum* den Grund legen.

subsultim *adv. (saltim)* in kleinen Sprüngen. [springen.]

sub-sultō 1 *(saltō)* in die Höhe

sub-sum, —, *subesse* °**1. a**) darunter sein; dahinter liegen; **b**) / dahinter stecken, verborgen sein; **2. a**) in der Nähe sein [*mons*]; **b**) bevorstehen [*hiems*]; **3.** untergeordnet sein; **4.** zugrunde liegen, vorliegen, vorhanden sein.

sub-suō, —, *sūtum* 3 unten benähen, besetzen.

sub-tēmen, *inis n (< *sub-texmen; texō)* Einschlag im Gewebe; Garn, Faden.

subter *(eigtl. comp. zu sub; cf. praeter)* **1.** *adv.* unten hin; unterhalb, unten; **2.** *prp.* **a**) *b. acc. (Frage: wohin?)* unter ... hin, unterhalb [°~ *murum avehitur*]; **b**) *b. abl. (Frage: wo?)* unter(halb) [°~ *litore*].

subter-dūcō, *dūxī, ductum* 3 unter der Hand entziehen. [wegfließen.]

subter-fluō, — — 3 unter etw.

subter-fugiō, *fūgī,* — 3 °**1.** *(intr.)* heimlich entfliehen; **2.** *(trans.)* entgehen, vermeiden [*poenam*].

subter-lābor, *lāpsus sum* 3 hinfließen *unter* [*muros*]; entschlüpfen.

sub-terō, *trīvī, trītum* 3 unten abreiben; *se -ere u. mediopass.* sich den Huf ablaufen. [unterirdisch.]

sub-terrāneus 3 *(< sub terrā)*

****sub-terro** 1 beerdigen.

subter-vacō 1 unterhalb leer sein.

sub-texō, *xuī, xtum* 3 **1.** als Schleier vorziehen, verhüllen; **2.** anweben, -nähen; / einflechten [*carmina chartis*].

subtīlis, e *(m. comp., °sup., adv.; tēla; Übergang *ē > ī ungeklärt)* °**1.** fein, dünn, zart; **2.** / **a**) feinfühlig; **b**) feinsinnig; **c**) genau, gründlich; **d**) schlicht, einfach.

subtīlitās, *ātis f (subtīlis)* **1.** °Feinheit, Zartheit; **2.** / **a**) Feinfühligkeit; **b**) Geschmack; **c**) Genauigkeit, Gründlichkeit; **d**) Schlichtheit, Einfachheit. [fürchten.]

sub-timeō, — — 2 insgeheim

sub-trahō, *trāxī, tractum* 3 °**1.** hervorziehen *unter* [*iugo*]; **2. a**) (heimlich) wegziehen, entziehen, entfernen; °**b**) *se -ere u. mediopass.* sich zurückziehen, (zurück)weichen; ** P. versiegen; *ex hac luce* sterben.

sub-trīstis, e etwas traurig.

sub-turpiculus 3 *u.* **sub-turpis,** e ziemlich schimpflich.

subtus *adv. (sub; cf. intus)* unten, unterhalb; ** *prp. b. acc.* unter.

sub-tūsus 3 *(tundō)* etwas zerschlagen. [hemd.]

sub-ūcula, *ae f (cf. ex-uō)* Männer-

sūbula, *ae f (suō)* Pfriem, Ahle.

su-bulcus, *ī m (sūs; cf. bu-bulcus)* Schweinehirt.

Subūra, *ae f (sub; zweites Glied vl. etr.) geräuschvollstes Stadtviertel in Rom mit Lebensmittelmarkt, Buden u. Kneipen, berüchtigter Wohnort v. Dirnen u. Gesindel; adi.* **-ānus** 3.

suburbānitās, *ātis f (suburbānus)* Nähe der Stadt (Rom).

sub-urbānus 3 nahe bei der Stadt gelegen; *subst.* **-um,** *ī n* Landgut bei Rom; *(Ov.)* **-ī,** *ōrum m* Bewohner der Nachbarorte Roms.

sub-urbium, *ī n (< sub urbe)* Vorstadt.

sub-urgeō, — — 2 nahe herandrängen.

sub-ūrō, *ussī, ustum* 3 (*ūssī, ūstum?*) versengen.
subvectiō, *ōnis f* (*subvehō*) Zufuhr.
sub-vectō 1 (*intens. v. subvehō*) herbeischaffen, zuführen.
subvectus, *abl. ū m* (*subvehō*) Zufuhr.
sub-vehō, *vēxī, vectum* 3 hinauf-, stromaufwärts bringen, führen, fahren; °*mediopass.* hinauf-, stromaufwärts fahren.
sub-veniō, *vēnī, ventum* 4 zu Hilfe kommen, beistehen; abhelfen.
subventō 1 (*intens. v. subveniō*) zu Hilfe kommen.
sub-vereor, — 2 ein wenig fürchten.
subversor, *ōris m* (*subvertō*) Verderber, Zerstörer.
sub-vertō, *tī, sum* 3 umstürzen; / vernichten.
subvexus 3 (*cf. convexus*) schräg (aufsteigend).
sub-volō 1 emporfliegen.
sub-volturius 3 (*Scherzbildung nach subaquilus*) etwas geierartig.
sub-volvō, *volvī, volūtum* 3 emporwälzen.
sub-vortō (*altl.*) = *subvertō.*
succēdāneus = *succīdāneus.*
suc-cēdō, *cessī, cessum* 3 **1. a)** treten *unter* [*tectum,* °*tectis*]; °**b)** sich unterziehen, auf sich nehmen [*oneri*]; °**c)** gehören *zu* [*comparativo generi*]; **d)** (*mil. t.t.*) sich nähern; anrücken, heranziehen; eindringen; **e)** gelingen [*res successit*]; *auch impers. succedit* (*pf. successit u.* °*successum est*); °**2.** emporsteigen; **3. a)** nachrücken, -folgen; **b)** (*im Amt*) folgen; P. *mihi succeditur* ich erhalte einen Nachfolger; **c)** einrücken; an die Stelle treten, ablösen [*recentes defessis*]; **d)** (*räuml.*) sich anschließen [*ad alteram partem Ubii*]; (*zeitl.*) folgen [*aetas aetati*].
suc-cendō, *cendī, cēnsum* 3 (*sub* + **candō*; *cf. accendō*) (von unten) anzünden; °/ entflammen.
succēnseō = *suscēnseō.*
suc-centuriō¹, *ōnis m* Unterzenturio.
suc-centuriō² 1 ergänzend in die Zenturie einrücken lassen; / ergänzen, ersetzen.
successiō, *ōnis f* (*succēdō*) **1.** *das* Eintreten [*voluptatis*]; °**2.** Nachfolge (*im Amt*); Erbfolge; Thronfolge; Besitzwechsel; **3.** Erfolg.
****successīve** *adv.* nacheinander.
successor, *ōris m* (*succēdō*) Nachfolger; Thronfolger; °neue Liebe.
successus, *ūs m* (*succēdō*) **1.** *das* Heranrücken; °**2.** Fortgang; Erfolg.
suc-cīdāneus 3 (*eigtl.* „als Ersatz geschlachtet"; *succīdō*) stellvertretend.
succīdia, *ae f* (*wohl* < **sū-cīdia*; *sūs* + *caedō*) Speckseite.
suc-cīdō¹, *cīdī, cīsum* 3 (*altl.* „als Ersatz schlachten"; *caedō*) unten abhauen, abschneiden; zerhauen.
suc-cidō², *cidī,* — 3 (*cadō*) niedersinken, zu Boden fallen.
succiduus 3 (*succidō²*) niedersinkend.
suc-cingō, *cinxī, cinctum* 3 (*cīnxī, cīnctum?*) °**1.** aufschürzen; **2.** °**a)** umgürten, umgeben; **b)** / ausrüsten, ausstatten; (*P.P.P.*) °*adi.* **succinctus** 3 (-*ī*-?) bereit, fertig; kurz [*libellus*].
succingulum, *ī n* (*succingō*) Gürtel.
suc-cinō, — — 3 (*canō*) ein-, zustimmen.
suc-cipiō = *suscipiō.*
succlāmātiō, *ōnis f* (*succlāmō*) Zuruf.
suc-clāmō 1 zurufen.
suc-collō 1 (*collum*) auf die Schulter nehmen.
suc-crēscō, *crēvī,* — 3 hervor-, nachwachsen; *kl. nur* /.
succrētus 3 (*suc-cernō* 3) durchgesiebt.
****succulentus** 3 saftvoll, kräftig.
suc-cumbō, *cubuī,* — 3 (**cumbō*; *cf. cubō*) °**1. a)** niederfallen, -sinken; **b)** (*v. Kranken*) sich legen; **2.** / **a)** unterliegen, erliegen, nachgeben; °**b)** sich hingeben [*cuivis*].
suc-currō, *currī, cursum* 3 **1.** sich unterziehen, auf sich nehmen; **2. a)** zu Hilfe eilen, beistehen [*laborantibus*]; **b)** abhelfen [*malis*]; **3.** in den Sinn kommen, einfallen.
****succursus,** *us m* Unterstützung.
succus = *sūcus.*
succussiō, *ōnis f u.* **-ussus,** *ūs m* (*succutiō*) Erschütterung.
suc-cutiō, *cussī, cussum* 3 (*quatiō*) emporschleudern; / aufrütteln.
sūcidus 3 (*sūcus*) frisch geschoren [*vellus*]; üppig [*mulier*].
sūcinum, *ī n* (*wohl zu sūcus*) Bernstein; *pl.* Bernsteinschmuck.
sūcinus 3 (*sūcinum*) aus Bernstein.
sūcophant... = *sȳcophant...*
sucula¹, *ae f* (*sūs*) Schweinchen.
sucula², *ae f* (*vl. et. m. sucula¹ identisch*) Winde, Haspel.
Suculae, *ārum f* (= *pl. v. sucula¹*; *Bedeutungslw. nach gr.* Hyades; *s. d.*) *die* Plejaden *od.* Hyaden.

sūcus, *ī m* (*cf. sūgō, nhd.* „saugen") **1. a**) Saft; °**b**) (dicke) Flüssigkeit; °**c**) Arzneitränkchen; **2.** / °**a**) Geschmack; **b**) Frische, Kraft [*orationis*]; ~ *et sanguis* Saft und Kraft.

sūdārium, *ī n* (*sūdō*) Schweiß-, Taschentuch.

sūdātiō, *ōnis f* (*sūdō*) *das* Schwitzen.

sūdātōrius 3 (*sūdātor „der* Schwitzende"; *sūdō*) zum Schwitzen dienlich; *subst.* **-um,** *ī n* Schwitzbad.

sūdātrīx, *īcis f* (*sūdātor s. sūdātōrius*) schweißtriefend [*toga*].

sudis, *is f* (*et. nicht geklärt*) **1.** (spitzer) Pfahl; °*auch als Waffe*; °**2.** / Spitze.

sūdō 1 (*cf. sūdor, nhd.* „schwitzen") **1.** (*intr.*) **a**) schwitzen; °**b**) triefen *von* [*sanguine*]; **c**) / sich abmühen; °**2.** (*trans.*) **a**) ausschwitzen; **b**) durchschwitzen [*vestis sudata*].

sūdor, *ōris m* (*cf. sūdō, nhd.* „Schweiß") Schweiß; *jede* Feuchtigkeit; / Mühe, Anstrengung.

suduculum, *ī n* (*wohl zu sudis; nach antiker Deutung zu sūdō*) *Schimpfwort unbekannter Bedeutung.*

sūdus 3 (< **susidos*) heiter; *kl. nur subst.* **-um,** *ī n* klarer Himmel.

Suēbī, *ōrum m die* Sueben (*germ. Völkergruppe zw. Rhein u. Elbe*); *ihr Land* **-ia,** *ae f; adi.* -(*ic*)*us* 3; *subst.* **-a,** *ae f* Suebin.

suēscō, *ēvī, ētum* 3 (*pf. auch synk. suēstī, suēmus, suērunt; eigtl.* „sich zu Eigen machen"; *incoh. zu refl.* *sve-; *cf. nhd.* „Sitte") **1.** (*intr.*) sich gewöhnen; *pf.* gewohnt sein, pflegen; °**2.** (*trans.*) gewöhnen *an* [*pueros disciplinā*].

Suessiōnēs, *um m gall. Völkerschaft in d. Gegend v. Soissons.*

Suētōnius 3 *röm. Gentilname: C.* ~ *Tranquillus, Vfssr. der XII vitae imperatorum, Geheimschreiber des Kaisers Hadrian.*

suētus 3 (*suēscō*) gewöhnt *an* [*armis dat.!*]; gewohnt.

sūfes, *etis m* (*-ŭ-?, -ē-?; phönikisches Lw.* „Richter") Suffet, *höchster Beamter der Karthager.*

suf-farcinō 1 (*cf. farciō*) voll packen, bepacken.

suf-ferō, *sustulī, sublātum, sufferre* °**1.** darunter halten; °**2.** emportragen; *se -ferre* sich aufrecht halten; **3.** / ertragen; *cf. tollō.*

****suf-ferro** 1 ein Pferd beschlagen.

suf-fertus 3 (**suf-ferciō; farciō*) voll gestopft; / volltönend.

suffes = *sūfes.*

suf-ficiēns, *entis* (*m. adv.; sufficiō*) hinreichend, genügend.

suf-ficiō, *fēcī, fectum* 3 (*faciō*) **1.** (*trans.*) °**a**) untermauern, den Grund legen *zu* [*opus*]; **b**) grundieren, färben [*lanam*]; **c**) °α) nachwachsen lassen [*prolem*]; / °β) ersetzen, ergänzen; γ) nachwählen [*consul suffectus*]; °**d**) darbieten, -reichen; **2.** (*intr.*) **a**) ausreichen; *impers.* es genügt; °**b**) imstande sein.

suf-fīgō, *fīxī, fīxum* 3 **1.** anstecken, aufheften; schlagen *an* [*cruci*]; °**2.** beschlagen *mit* [*trabes auro*].

suffīmen, *inis* (*Ov.*) *u.* (*kl.*) **-mentum,** *ī n* (*suffiō*) Räucherwerk.

suffiō 4 (*cf. fūmus*) **1.** (*intr.*) räuchern *mit* [*thymo*]; **2.** (*trans.*) **a**) entsühnen; **b**) wärmen.

suf-flāmen, *inis n* (*wohl zu fulciō*) Hemmschuh, Sperrbalken; / Hindernis.

suf-flāminō 1 (*sufflāmen*) hemmen.

sufflātus 3 (*sufflō*) zornig.

suf-flāvus 3 hellblond.

suf-flō 1 aufblasen; *se -are* zornig sein *auf* [*uxori*].

suffōcātiō, *ōnis f* (*suffōcō*) *das* Ersticken.

suf-fōcō 1 (*fōx vulgär für* faux; *s. faucēs*) erwürgen, ersticken; / aushungern.

suf-fodiō, *fōdī, fossum* 3 **1.** untergraben, -wühlen; **2.** von unten durchbohren; °**3.** in der Tiefe anlegen [*specum*].

suffossiō, *ōnis f* (*suffodiō*) *die* Mine.

****suffraganeus,** *i m* (*episcopus*) Weihbischof.

suffrāgātiō, *ōnis f* (*suffrāgor*) Empfehlung *zu* [*consulatūs*]; Begünstigung.

suffrāgātor, *ōris m* (*suffrāgor*) Wähler; °Fürsprecher.

suffrāgātōrius 3 (*suffrāgātor*) für die Zeit der Wahlen [*amicitia*].

suffrāgium, *ī n* (*sub; frāgor* „lauter Beifall") **1.** Abstimmung, Votum, Stimme; *-um ferre, inire* seine Stimme abgeben; °*centurias mittere in -um* abstimmen lassen; **2.** / **a**) Wahl-, Stimmrecht; °**b**) / Zustimmung, Beifall; **c**) (günstiges) Urteil; **d**) stimmberechtigte Zenturie; ** Fürsprache; Almosen.

suffrāgō, *inis f* (*et. nicht geklärt*) Hinterbug (*vierbeiniger Tiere*).

suf-frāgor 1 (*cf.* suffrāgium) *bei einer Wahl* seine Stimme abgeben *für* [domino ad consulatum]; / begünstigen, unterstützen [iuveni].
suf-fringō, frēgī, frāctum 3 (frangō) entzweischlagen [°talos alci].
suf-fugiō, fūgī, — 3 **1.** (*intr.*) fliehen *unter* [in tecta]; **2.** (*trans.*) entfliehen.
suffugium, ī *n* (suffugiō) Zuflucht(sort).
suf-fulcio, fulsī, fultum 4 von unten stützen; tragen; stärken.
suf-fundō, fūdī, fūsum 3 °**1.** daruntergießen; virgineum ore ruborem jungfräulich erröten; *kl. nur medio-pass.* strömen; °**2.** benetzen, färben, versehen *mit*; *kl. nur* P.; °**3.** zugießen, eingießen.
suf-fūror 1 unter der Hand stehlen.
suf-fuscus 3 bräunlich.
suffūsiō, ōnis *f* (suffundō) (oculorum) grauer Star.
Sugambrī, ōrum *m germ. Völkerschaft zw. Sieg u. Ruhr; adi.* -ber, bra, brum; *subst.* **-bra,** ae *f* Sugambrerin.
sugg- *s. auch sub-g...*
sug-gerō, gessī, gestum 3 **1.** °**a**) darunterlegen; **b**) beifügen, folgen lassen [verba]; °**2. a**) zuführen, herbeischaffen, darreichen; **b**) liefern, gewähren; **c**) / eingeben, anraten; °**3.** aufhäufen [humum].
suggestiō, ōnis *f* (suggerō) (*rhet. t.t.*) Hinzufügung (*Beantwortung einer eigenen Frage durch den Redner selbst*); ** Einflüsterung.
suggestum, ī *n u.* **-us,** ūs *m* (suggerō) °**1.** Anhöhe; **2.** Rednertribüne.
suggill... = sūgill...
sug-gredior, gressus sum 3 (gradior) heranrücken.
sūgillātiō, ōnis *f* (sūgillō) Verhöhnung.
sūgillō 1 (*et. unklar*) braun u. blau schlagen; / beschimpfen.
sūgō, xī, ctum (*cf.* sūcus, *nhd.* „saugen") saugen, einsaugen.
suī, sibi *u.* **sibī**; *acc. u. abl.* **sē, sēsē** (*idg.* *sve- *u.* *se-; *cf.* suus) *pron. refl.* seiner, ihrer, sich; ad se in seine(r) Wohnung; apud se in seiner Wohnung, °/ bei sich, bei Besinnung.
suīllus 3 (-ī-?; sūs) von Schweinen, Schweine...
Suī-onēs, um *m* (-ī?; -ō-?; *altnord.* Sui-thiod = Schwedenvolk) *Sammelbezeichnung der Germanen in Schweden.*

sulcō 1 (sulcus) furchen; pflügen; / durchfahren; ** schreiben.
sulcus, ī *m* (< *solkos; *eigtl.* „Zug" *des Pfluges*) **1. a**) Furche; °**b**) *das* Pflügen; °**2.** / Einschnitt, Rinne; [= cunnus.]
sulfur, uris *n* = sulpur.
Sulla, ae *m röm. cogn. in der gens* Cornelia: **1.** L. Cornēlius ~ Fēlīx *der Diktator* (*138-78*), *Besieger des Mithridates; adi.* -lānus 3; *subst.* **-lānī,** ōrum *m Parteigänger des Diktators*; **2.** *s.* Faustus.
sullāturiō 4 (*desid. v.* Sulla) den Sulla spielen wollen.
Sulmō, ōnis *m Geburtsort Ovids im Pälignerlande.*
sulphur *usw. gräzisierend für* [sulpur *usw.*]
sulpur, uris *n* (*Lw. wohl aus einer Mittelmeerspr.*) Schwefel; vivum gediegener Schwefel; *pl.* Schwefelstücke.
sulpurātiō, ōnis *f* (sulpur) Schwefellager.
sulpurātus 3 (sulpur) schwefelhaltig; *subst.* **-a,** ōrum *n* Schwefelfäden.
sulpureus 3 (sulpur) schwefelig.
sultis = sī vultis (*cf.* sīs).
sum, fuī, esse (*altl.* coni. [*eigtl. Optativ*] siem *usw.*; *praes.-Stamm* *es- „sein" [es-se; er-am]; *Schwundstufe* s- [s-um]; *cf. nhd.* „s-ind"; *pf.-Stamm u. altl. Formen* fuam, forem *s.* fuō) **I.** (*als selbstständiges Verb*) **1. a**) da sein, vorhanden sein, existieren, leben [est deus, periculum erat]; sunt, qui es gibt Leute, welche; manche; est quod, cur (*m. coni.*) es ist Grund vorhanden, dass; diu est, cum (*m. ind.*) es ist lange her, seit; **b**) stattfinden, der Fall sein, sich ereignen; est, ut es ist der Fall, es trifft sich, dass; **c**) (*mit Ortsangaben od. präpositionalen Ausdrücken*) sich befinden, sich aufhalten, wohnen, leben, liegen, stehen [esse ruri, ante oculos *u. Ä.*]; esse a Caesare auf Cäsars Seite stehen; quantum in me est soviel an mir liegt; secum esse für sich leben; **d**) (*mit adv.*) sich verhalten, stehen, gehen, möglich sein [sic vita hominum est, bene est, male mihi est]; °**e**) est *m. inf.* es ist möglich, man kann, man darf [est videre]; **2.** wirklich, wahr sein, gelten [sic est, sunt ista, nos nihil sumus]; hoc, id est das heißt; **3.** (*m. dat.*) zur Verfügung stehen:

a) (*m. dat. der Person*) haben, besitzen [*patri est ampla domus*]; **b)** (*m. dat. der Person u. praed. dat. der Sache*) dienen, gereichen *zu*, sein [*tibi laudi est*]; **II.** (*als Kopula*) **a)** sein [*mors non est malum*]; **b)** (*m. gen. poss. od. pron. poss.*) gehören, Eigentum sein [*domus est fratris, aber mea, tua usw.*; *omnia erant hostium, aber nostra, vestra usw.*]; est es ist Pflicht, Gewohnheit, Eigentümlichkeit, ein Zeichen, Beweis *von*, es zeugt *von* [*adulescentis, summae dementiae est*]; *aber meum est* es ist meine Pflicht; **c)** (*m. gen. od. abl. qualitatis*) sein, haben, besitzen [*nullius momenti, bono animo esse*]; (*m. Zahlen*) bestehen *aus*, betragen [*classis est ducentarum navium*]; **d)** (*m. gen. od. abl. pretii*) wert sein, kosten, gelten [*magni, mille sestertiis est*]; **III.** (*als Hilfsverb*) sein: **1.** (*in Verbindung m. P.P.P. zur Bildung v. pf., plqpf. u. fut. ex.* P.); **2.** (*zur Bildung periphrastischer Formen*) *lecturus sum* ich bin im Begriff zu lesen, ich will lesen; *liber tibi legendus est* du musst das Buch lesen; *tibi abeundum non est* du darfst nicht weggehen.

sumbol... = *symbol...*

sūmen, *inis n* (*sūgō*) Saueuter; Sau.

sum-m... *s. auch sub-m...*

summa, *ae f* (*summus*) **1. a)** Gesamtzahl, Summe; **b)** Betrag, Menge, Masse; **c)** Geld(summe); **d)** Gesamtheit, Inbegriff, *das Ganze*; ~ *victoriae der* völlige Sieg; *ad -am u. in -ā* im Ganzen, überhaupt, kurz; **2. a)** höchste Stelle, Vorrang; *imperii* Oberbefehl; **b)** Hauptsache, -punkt.

sum-māno 1 nass machen.

summārium, *ī n* (*summa*) Hauptinhalt.

summārius, *ī m* (*summa?*) Packesel.

summās, *ātis m f* (*summus*) von höchstem Rang, vornehm.

summātim *adv.* (*summus*) der Hauptsache nach, kurz.

summātus, *ūs m* (*summus*) Oberherrschaft.

sum-mergō, *mersī, mersum* 3 versenken; P. versinken, ertrinken.

sumministrātor, *ōris m* (*sumministrō*) Helfershelfer.

sum-ministrō 1 darreichen, zuführen.

sum-mittō, *mīsī, missum* 3 **1. a)** niederlassen, -legen, senken, beugen, niederschlagen [°*oculos*]; °*se -ere* sich herablassen; °*mediopass.* sich senken, sinken; / **b)** nachlassen, vermindern, sinken lassen [°*animos*]; °*orationem* mit gedämpfter Stimme vortragen; °**c)** beugen, unterwerfen; *se -ere* sich werfen *zu* [*pedibus simulacrorum*]; sich beugen *vor* [*neutri fortunae*]; **2.** heimlich zuschicken [*alci subsidia*]; °**3. a)** (empor)heben, aufrichten; **b)** wachsen lassen [*capillos*]; zur Zucht verwenden [*equos*]; **c)** hervorbringen [*colores* bunte Blumen].

sum-moneō, *uī,* — 2 unter der Hand erinnern.

summopere *adv.* (= *summō opere*) äußerst, überaus.

sum-moveō, *mōvī, mōtum* 2 **1. a)** wegschaffen entfernen, vertreiben; °**b)** (*vom Liktor*) beiseite drängen; P. Platz machen; **c)** abtreten lassen [*legatos*]; °**d)** verbannen; **2.** /**a)** fernhalten, verscheuchen; °**b)** zurückdrängen [*maria*]; **c)** trennen.

summula, *ae f* (*dem. v. summa*) Sümmchen.

summus 3 *s. superus.*

sum-mūtō 1 vertauschen.

sūmō, *sūmpsī, sūmptum* 3 (< **subsemō*) **1.** (in Empfang) nehmen; *pecuniam mutuam* borgen; **2. a)** in Gebrauch nehmen; **b)** (*Nahrung*) genießen; **c)** (*Kleider*) anlegen; °**d)** geschlechtlich genießen; **e)** kaufen, mieten; **f)** verbrauchen, ausgeben; **3.** °*animum* fassen; (*sibi*) *tempus* sich Zeit nehmen; *supplicium* die Todesstrafe vollziehen [*de, ex iuvene*]; **4. a)** wählen, aussuchen; **b)** festsetzen, bestimmen [*diem ad deliberandum*]; **c)** unter-, vornehmen, beginnen; **d)** sich anmaßen [*nomen regium*]; **e)** *sibi -ere* annehmen [*arrogantiam*]; **5.** (*rhet. t.t.*) **a)** anführen, erwähnen; **b)** annehmen, behaupten.

sūmptiō, *ōnis f* (*sūmō*) Vordersatz (*eines Syllogismus*).

sūmptuārius 3 (*sūmptus*) Luxus...

sūmptuōsus 3 (*m. comp.,* °*sup., adv.*; *sūmptus*) kostspielig, teuer; verschwenderisch; °*subst.* **-ī,** *ōrum m* Verschwender.

sūmptus, *ūs m* (*sūmō*) Aufwand, Kosten; Geld.

Sūnion *u.* **-um,** *ī n südl. Vorgeb. Attikas.*

suō, *suī, sūtum* 3 (*cf. nhd.* „Saum") nähen, zusammennähen, -fügen; °*subst.* **sūta,** *ōrum n* Panzer.

suovetaurīlia, *ium n* (*sūs, ovis, taurus*) Reinigungsopfer aus Schwein, Schaf, Stier.

supellex, *ectilis f* (*-ēx, -ēctilis?; abl. -e u. -ī; super, legō*[2]) Hausrat, -gerät; Ausstattung, Schatz.

super (*cf. sub, nhd.* „über") **I.** *adv.* **1. a)** darüber, oben, oberhalb; °**b)** von oben; °**c)** nach oben, über sich; **2.** / **a)** überdies, außerdem; ~ °*quam od.* °*quod* außerdem, dass; **b)** noch mehr; °**c)** übrig; **II.** *prp.* (*namentlich dcht. auch nachgestellt*) **1.** *b. abl.* **a)** (*räuml.*) über, oben auf; °**b)** (*zeitl.*) während, bei; **c)** / über, in Betreff, wegen [*scribere ~ amicitia*]; °**d)** außer; ~ *his* außerdem; **2.** *b. acc.* **a)** (*räuml.*) α) über, oben auf; °β) oberhalb, über ... hinaus, jenseits; °**b)** (*zeitl.*) während, bei [~ *cenam*]; °**c)** (*modal*) über ... hinaus [~ *decem milia*]; vor [~ *omnia*]; außer [~ *morbum etiam fames*].

superā (*dcht.*) = *suprā.*

superābilis, e (*superō*) übersteigbar; / besiegbar.

super-addō, *didī, ditum* 3 noch dazufügen.

super-adōrnātus 3 (*adōrnō*) auf der Oberfläche verziert.

superāns, *antis* (*nur comp.*; *superō*) überhand nehmend.

superātor, *ōris m* (*superō*) Überwinder.

superātrīx, *īcis f* (*superātor*) Überwinderin.

superbia, *ae f* (*superbus*) **1.** Übermut, Hochmut, Stolz; °**2.** Selbstgefühl.

superbi-ficus 3 (*superbus, faciō*) übermütig machend.

superbiloquentia, *ae f* (**superbiloquēns; superbus, loquor*) übermütiges Reden.

superbiō, — — 4 (*superbus*) übermütig, stolz sein, sich brüsten [*formā*]; / glänzen, prangen.

superbus 3 (*m.* °*comp., sup., adv.*; *super* + √ **bhū-*; *cf. fuō*; *eigtl.* „darüber seiend"; *cf. probus*) °**1.** hoch aufgerichtet; hoch ragend; **2.** / **a)** über-, hochmütig, stolz; tyrannisch; **b)** wählerisch; °**c)** erhaben; prächtig.

superciliōsus 3 (*supercilium*) sehr ernst, streng, finster.

super-cilium, *ī n* (*wohl* < **superkeliom*; *eigtl.* „*die* darüber befindliche Decke"; *cf. oc-culō, cēlō*) **1.** Augenbraue; **2.** / **a)** finsteres Wesen, Ernst; **b)** Hochmut, Dünkel, Stolz; °**c)** Wink (*m. den Augen*); °**3.** Vorsprung, Anhöhe.

super-crēscō, *crēvī, crētum* 3 überwachsen, -wuchern; / übertreffen [*caritati*].

super-currō, *currī, cursum* 3 übersteigen.

super-ēmineō, — — 2 **1.** (*intr.*) hervorragen; **2.** (*trans.*) überragen.

super-eō, — —, *īre* gehen *über.*

superērogātiō, *ōnis f* (*superērogō* 1 „darüber hinaus auszahlen") darüber hinausgehende Auszahlung.

superficiārius 3 (*superficiēs* [*als jur. t.t.*] „Erbpachtgebäude") in Erbpacht stehend.

super-ficiēs, *ēī f* (*faciēs*) °**1.** Oberfläche; **2.** Gebäude (*im Ggs. zu Grund u. Boden*).

super-fīō, —, *fierī u. fīerī* übrigbleiben.

super-fīxus 3 (*fīgō*) oben aufgesteckt.

super-fluō, *flūxī,* — 3 (*-ŭx-?*) **1.** (*intr.*) °**a)** überfließen; °/ **b)** im Überfluss da sein; **c)** im Überfluss leben; **d)** überflüssig sein; °**2.** (*trans.*) / vorbeifließen *an* [*aures* zu einem Ohr hinein, zum andern hinaus].

****superfluus** 3 überflüssig.

super-fundō, *fūdī, fūsum* 3 **1.** darübergießen, -schütten; se -ere *u. mediopass.* überströmen, austreten, sich ergießen, sich ausbreiten; **2.** überschütten, bedecken.

super-gredior, *gressus sum* 3 (*gradior*) überschreiten; / überschreiten; überstehen; übertreffen.

super-iaciō, *iēcī, iectum u. iactum* 3 darüber-, daraufwerfen, -legen; überfluten; / überschreiten [*fidem*]; übertreffen.

superiectiō, *ōnis f* (*superiaciō*) (*rhet. t.t.*) Hyperbel.

super-immineō, — — 2 darüber emporragen.

super-impendēns, *entis* (*impendeō*) darüberhängend.

super-impōnō, *posuī, positum* 3 darauflegen.

super-incidēns, *entis* (*incidō*[1]) von oben hereinfallend.

super-incubāns, *antis* (*incubō*) daraufliegend.

super-incumbō, *cubuī,* — 3 sich darauflegen.
super-induō, — — 3 darüber anziehen.
super-iniciō, *iēcī, iectum* 3 darüberwerfen.
super-īnsternō, *strāvī, strātum* 3 darüberbreiten.
super-iūmentārius, *ī m* (*iūmentum*) Aufseher der Lasttiertreiber.
super-lābor, *lāpsus sum* 3 darüber hingleiten.
super-lāt... = *suprālāt...*
super-natō 1 darüber-, daraufschwimmen.
supernē *adv.* (*im Vers auch* **-ĕ**; *supernus*) von oben her; oben.
supernus 3 (*super*; *cf. exter-nus*) oben befindlich, *der* Obere; hochgelegen; himmlisch [*numen*].
superō 1 (*superus*) **1.** (*intr.*) °**a**) hervorragen; **b**) überlegen sein, die Oberhand haben; **c**) im Überfluss vorhanden sein; °**d**) noch vorhanden sein, übrig bleiben, überleben; *kl. nur vitā*; **2.** (*trans.*) **a**) übersteigen, -schreiten; **b**) überragen; °**c**) vorbei-, vorübergehen, umsegeln; / **d**) übertreffen, überlegen sein [*omnes doctrinā*]; **d**) überwinden, besiegen, überstehen.
super-obruō, — — 3 oben bedecken.
super-occupō 1 dabei überraschen.
super-pendēns, *entis* (*pendeō*) darüber hängend.
super-pōnō, *posuī, positum* 3 darüber, darauf setzen, legen; / vorziehen; überordnen, höher stellen *als* [*animum iniuriis*].
superquam = *super quam*; *s. super.*
super-scandō, — — 3 überschreiten.
super-scrībō, *psī, ptum* 3 darüber schreiben.
****superscriptio,** *onis f* Überschrift.
super-sedeō, *sēdī, sessum* 2 °**1.** sitzen *auf* [*elephanto*]; **2.** / **a**) sich hinwegsetzen *über*, sich ersparen [*labore*]; ablehnen [*triumpho*]; °**b**) nicht wollen [*scribere*].
super-stāgnō 1 über die Ufer treten.
super-sternō, *strāvī, strātum* 3 darüber breiten.
super-stes, *stitis* (*abl.* -e; < **superstats*; *stō*) °**1.** über *jd.* stehend, überlegen; **2.** °**a**) dabeistehend, gegenwärtig; **b**) (*in alter jur. Formel*) *subst.* Zeuge; **3.** überlebend [*sibi*; *dignitatis*].
superstitiō, *ōnis f* (*cf. superstes*; *Bedeutungsentwicklung umstritten*) °**1.** Schwur, Beschwörung; **2. a**) Aberglaube; *pl.* abergläubische Gebräuche; **b**) heilige Scheu, Götterfurcht; °**c**) fremder Kult.
superstitiōsus 3 (*m. adv.*; *superstitiō*) **1.** abergläubisch; °**2.** allzu ängstlich; °3. prophetisch.
superstitō 1 (*cf. superstes*) vollauf vorhanden sein.
super-stō, — — 1 **1.** (*abs.*) darauf stehen; **2.** stehen *auf* [*columnae*; *ossa*].
super-struō, *strūxī, strūctum* 3 darüber bauen.
****super-substantialis,** e überirdisch.
super-sum, *fuī,* esse (*auch in Tmesis*) **1. a**) übrig sein, bleiben; **b**) noch vorhanden, am Leben sein; °überleben [*patri*]; **2. a**) im Überfluss da sein; ausreichen; **b**) überflüssig sein; °**3.** hinlänglich gewachsen sein [*labori*]; °**4.** überlegen sein.
super-tegō, *tēxī, tēctum* 3 oben bedecken.
super-urgeō, — — 2 oben eindringen.
superus 3 (*super*) **I.** *pos.* oben befindlich, *der* Obere, Ober...; *de* (°*ex*) *-o* von oben herab; °*subst.* **superī,** *ōrum m die* himmlischen Götter; *die* Menschen auf der Erde; **supera,** *ōrum n die* Höhen; Oberwelt; **II.** *comp.* **superior,** *ius* **1.** (*räuml.*) **a**) weiter oben befindlich, *der* Obere; *der* obere Teil; **b**) *der* vorhergehende [*scriptura*]; **2.** (*zeitl.*) **a**) *der* Frühere, Vorige; **b**) älter, bejahrter; **3.** / **a**) höher stehend, überlegen, vorzüglicher, stärker; **b**) die Oberhand behaltend, siegreich, Sieger; **III.** *sup.* **1. suprēmus** 3 °**a**) (*räuml.*) *der* Höchste, Oberste, Äußerste; °**b**) (*zeitl.*) *der* Letzte, Jüngste; *kl. nur -us* dies Todes-, Begräbnistag; (*praed.*) °*sole -o* bei Sonnenuntergang; **c**) (*vom Maß*) *der* Äußerste, Ärgste, Härteste [*supplicium*]; °*adv.* **suprēmum** zum letzten Mal; °*subst.* **suprēma,** *ōrum n* Tod; letzter Wille; letzte Ehre, Bestattung; Überreste; **2. summus** 3 (< **supmos*; *sub*) **a**) (*räuml.*) *der* Oberste, Höchste; oberster Teil, höchster Punkt; Höhe [*in -a sacra via*]; Spitze, Oberfläche [*-a aqua*]; **b**) (*zeitl.*) *der* Äußerste, Letzte; *-a aestas* Hochsommer; **c**) *der* Höchststehende, Vorzüglichste, Bedeutendste; Wichtigste, Stärkste, Haupt...; *-a res*

S

Hauptsache, *-us dies* Haupttag; *-a facere* sein Möglichstes tun; *-um ius das* auf die Spitze getriebene Recht; *-a res* Entscheidungskampf; *-o tempore* in der höchsten Not; **d**) *der* Vollkommenste, Vollständige, Ganze; *-a res publica* Gesamtwohl, Bestand des Staates, höchste Staatsinteressen; *subst.* **summum,** *ī n das* Oberste; Spitze, Höhe; *ad -um* aufs Höchste, höchstens; *adv.* **summe** im höchsten Grade, ganz besonders; ** *apud superos* auf Erden.

super-vacāneus 3 (*supervacuus*) **1.** überflüssig, -zählig; **2.** unnötig.

super-vacuus 3 nichtig, unnütz.

super-vādō, — — 3 übersteigen, -schreiten.

super-vehor, *vectus sum* 3 hinausfahren *über* [*montem*].

super-veniō, *vēnī, ventum* 4 **1.** kommen *über* [*unda undam*]; **2.** *unvermutet* dazukommen; zu Hilfe kommen [*regi*]; **3.** überfallen, überraschen [*hostibus*].

superventus, *ūs m* (*superveniō*) *das* Dazukommen.

super-vīvō, *vīxī, vīctum* 3 überleben [*gloriae*].

super-volitō 1 hinflattern *über* [*tecta; contionanti*].

super-volō 1 hinfliegen *über* [*totum orbem*].

supīnē *adv.* (*supīnus*) mit abgewandtem Gesicht.

supīnitās, *ātis f* (*supīnus*) zurückgebeugte Stellung.

supīnō 1 (*supīnus*) rückwärts beugen, nach oben kehren, umwühlen.

supīnus 3 (*m.* °*adv.*; *sub, super*) **1.a**) zurückgebogen, -gebeugt; auf dem Rücken liegend; °**b**) nach oben gekehrt; °**c**) (sanft) ansteigend; °**2.** rückläufig [*cursus*]; rückwärts gelesen [*carmen*]; °**3.** / **a**) stolz; **b**) müßig, lässig.

sup-paenitet, — — 2 *impers.* ein wenig Reue empfinden *über* [*illum furoris*].

sup-palpor 1 ein wenig streicheln, schmeicheln.

sup-pār, *paris* fast gleich(zeitig) [*huic aetati*].

sup-parasītor 1 (als Schmarotzer) schmeicheln.

supparum, *ī n u.* **-us,** *ī m* (*vl. gr. Lw.*) °**1.** *weibl.* Oberkleid, Bluse; (*scherzh.* = *sub-parum*) *Name für ein etw. zu kurzes Kleid*; **2.** *s. sīparum.*

suppeditātiō, *ōnis f* (*suppeditō*) Überfluss.

suppeditō 1 (*et. nicht geklärt*) **1.** (*trans.*) **a**) (hin)geben, verschaffen; **b**) P. reichlich versehen sein; **2.** (*intr.*) **a**) (*reichlich*) vorhanden sein; *vita mihi suppeditat* ich lebe noch; **b**) hin-, ausreichen *zu* [*ad cultum*]; °**c**) taugen *zu* [*labori*]; °**d**) (*impers.*) **-at** man kann [*dicere*].

sup-pēdō, — — 3 einen leisen Furz lassen.

suppernātus 3 (< **sub pernā*) (an der Hüfte) getroffen.

suppetiae, *acc. ās f* (*suppetō*) Hilfe, Beistand.

sup-petō, *tīvī, tītum* 3 **1.** reichlich vorhanden sein, zu Gebote stehen; **2.** ausreichen *zu*, gewachsen sein, entsprechen.

sup-pīlō 1 (*cf. compīlō*) stehlen; bestehlen.

sup-pingō, —, *pāctum* 3 (*pangō*) unten anschlagen; beschlagen.

sup-plantō 1 (*planta*²) **1.** ein Bein stellen [*certantem*]; °**2.** / umstoßen.

sup-plaudō 3 = *supplōdō.*

supplēmentum, *ī n* (*suppleō*) **1.** Ergänzung; **2.** (*mil. t.t.*) Verstärkung, Reserven; °**3.** / Nachhilfe.

sup-pleō, *ēvī, ētum* 2 °**1.** nachfüllen, wieder anfüllen; **2.** / **a**) ergänzen, ersetzen; °**b**) (*mil. t.t.*) auffüllen [*legiones*]; vollzählig bemannen [*remigio naves*]; °**c**) ausfüllen.

sup-plex, *icis* (*abl. sg. -ī, im daktyl. Vers -ĕ, gen. pl. meist -um*; *m. adv.*; *vl.* ⟨*sub-plăcos*; *cf. plācō*; *nicht als* „kniefällig" *zu plicō, plectō*) demütig bittend, flehentlich; *subst. m* Schutzflehender, Schützling.

supplicātiō, *ōnis f* (*supplicō*) Buß-, Betfest; Dankfest.

suppliciter *adv. v. supplex.*

supplicium, *ī n* (*supplex*) °**1. a**) demütiges Bitten, Flehen, Beten *zu einer Gottheit*; öffentliches Gebet; **b**) flehentliche Bitte *zu einem Menschen*; **c**) Opfer- u. Betfest; Opfer; **2.** °**a**) *freiwillige* Buße; Sühne, Genugtuung; **b**) Strafe; **c**) Todesstrafe; **d**) Marter, Qual.

supplicō 1 (*altl. coni. pf. -cassis*; *supplex*) demütig bitten, anflehen [*huic*]; beten *zu* [*diis*].

sup-plōdō, *sī, sum* 3 (*plaudō*) aufstampfen [*pedem* mit dem Fuß].

supplōsiō, *ōnis f* (*supplōdō*) *das* Aufstampfen.

sup-pōnō, *posuī, positum* 3 (*altl. pf. posīvī*) **1. a**) unterlegen, -setzen, -stellen; **b**) / unterwerfen, -ordnen;

2. °a) unten anlegen, ansetzen; b) / hinzufügen; 3. a) an die Stelle setzen [*in locum, pro*]; b) unterschieben. [nachführen.]
sup-portō 1 herbeitragen, -bringen,
suppositīcius 3 (*suppositus, P.P.P. v. suppōnō*) 1. jd. ablösend [*sibi*]; 2. untergeschoben, unecht.
suppositiō, *ōnis f* (*suppōnō*) *das* Unterschieben (*eines Kindes*).
suppostrīx, *īcis f* (< **suppositrīx*; °*suppositor* „Unterschieber"; *suppōnō*) Unterschieberin (*eines Kindes*). [/ Nebenwind.]
sup-praefectus, *ī m* Unterpräfekt;
suppressiō, *ōnis f* (*supprimō*) Unterschlagung *von Geld*. [leise.]
suppressus 3 (*m. comp.*; *supprimō*)
sup-primō, *pressī, pressum* 3 °1. hinabdrücken, in den Grund bohren [*navem*]; 2. / a) aufhalten, hemmen, zum Stehen bringen; °*vocem* leise reden *od.* schweigen; b) unterdrücken; verbergen, verhehlen; unterschlagen. [meister.]
sup-prōmus, *ī m* Unterkeller-
sup-pudet, — — 2 *impers. me* ich schäme mich ein wenig [*eorum*].
suppūrātiō, *ōnis f* (*suppūrō*) Eiterung.
sup-pūrō 1 (*pūs*) 1. (*intr.*) forteitern; 2. (*trans.*) zum Eitern bringen; / *P.P.P.* **suppūrātus** 3 forteiternd, -wühlend.
suppus 3 (*altl.*; *cf. supīnus*) aufrecht.
sup-putō 1 berechnen.
suprā (< **superā* [*sc. parte*]; *superus*) I. *adv.* 1. (*räuml.*) a) oben, oberhalb; auf der Oberwelt; °b) darüber hervor; c) oben, vorher [*ut ~ dixi*]; °2. (*zeitl.*) vorher, (schon) früher; *~ repetere* weiter ausholen; 3. / darüber hinaus, weiter; (*nkl.*) *~ quam* mehr als; II. *prp. b. acc.* 1. (*räuml.*) a) oberhalb, über, oben auf; b) über ... hin, über ... hinweg; über ... hinaus, jenseits; 2. (*zeitl.*) vor [*hanc memoriam*]; 3. / (*v. Maß u. Rang*) a) über ... hinaus [*vires*]; °b) außer [*belli metum*].
suprā-lātiō, *ōnis f* (*ferō*) Übertreibung.
suprā-lātus 3 (*ferō*) übertrieben.
suprā-scandō, — — 3 über-
suprēmus 3 *s. superus.* [schreiten.]
supter (*dcht.*) = *subter.*
Sur... (*Pl.*) = *Syr...*
sūra, *ae f* (*wohl* < **sōrā*) Wade.
surculus, *ī m* (*sūr-?*; *dem. v. surus* [*sū-?*]; *cf. schweizerisch* Schwir(r)e „Pfahl") Reis; Setzling. [taub.]
surdaster, *tra, trum* (*surdus*) halb-
surditās, *ātis f* (*surdus*) Taubheit.
surdus 3 (*m.* °*comp.*, °*adv.*; *et. ungeklärt*) taub; °/ unempfindlich; lautlos, still, verschwiegen.
surgō, *surrēxī, surrēctum* 3 (< **subregō*; *cf. subrigō*) °1. (*trans.*) auf-, emporrichten, erheben (?); 2. (*intr.*) a) sich erheben, aufstehen, emporsteigen; b) (*vom Redner*) auftreten; beginnen; °c) (*v. Feldherrn*) aufbrechen; 3. a) (*v. Leblosem*) sich erheben, aufsteigen, entstehen; b) (*v. der Zeit*) anbrechen; emporsteigen; °4. (heran)wachsen.
surpiculus = *scirpiculus.*
surpite, surpuit *synk. aus surripite, surripuit.*
surrēctus *s. subrēctus.*
sur-rēpō 3 = *subrēpō.* [*surgō.*]
surrēxe, surrigō = *surrēxisse,*
sur-ripiō, *ripuī, reptum* 3 (*altl. coni. pf. surrepsit*; *rapiō*) heimlich wegnehmen, entwenden, stehlen; °*se -ere* sich wegschleichen; *mediopass.* sich der Strafe entziehen.
sur-rogō 1 nachwählen lassen; ** wählen, erheben [*ad sedem apostolicam*]. [= *surripiō.*]
sur-rupiō, *rupuī, ruptum* 3 (*altl.*)
surrupticius 3 (*surruptus, P.P.P. v. surrupiō*) gestohlen, geraubt.
sūrsum *u.* (*Lu.*) **-us,** *adv.* (< **subsvorsom u. -os*; *vertō*; *cf. deorsum*) 1. aufwärts, in die Höhe; 2. oben, in der Höhe.
sūs[1]**,** *suis m f* (*altl. dat. u. abl. pl. sūbus u. sŭbus*; *cf. nhd.* „Sau") Schwein, Sau; Eber.
sus[2] *adv.* (< **subs*; *s. sub*) aufwärts; (*sprichwörtl.*) *susque dēque* auf u. nieder; gleichgültig.
sus-cēnseō, *uī,* — 2 aufgebracht sein, zürnen.
susceptiō, *ōnis f* (*suscipiō*) Übernahme; ** Empfang.
****susceptor,** *oris m* Herbergsvater.
sus-cipiō, *cēpī, ceptum* 3 (*capiō*) 1. °a) auffangen; °b) aufrechterhalten, stützen; *kl. nur* / unterstützen; c) (*ein Kind*) vom Boden aufnehmen und anerkennen; d) (*Kinder*) bekommen *von*, zeugen *mit* [*ex concubina*]; P. geboren werden; e) aufnehmen [*in civitatem*]; (*als Schüler*)

S

annehmen; **2.** / **a)** (*freiwillig*) auf sich nehmen; fassen [*consilium*]; **b)** unternehmen, verrichten; einschlagen [*cursum vitae*], anwenden [*severitatem*], tun [°*votum*]; **c)** auf sich laden [*scelus*]; (*Leiden u. Lasten*) erdulden, auf sich nehmen; **d)** sich herausnehmen; °**e)** erwidern, entgegnen; *sermonem* das Wort nehmen; ** *de fonte sacro* aus der Taufe heben.

sus-citō 1 °**1. a)** emportreiben, aufrichten; **b)** aufscheuchen; **2.** zum Aufstehen bringen, aufwecken; °**3.** / erwecken, erregen, antreiben; verursachen [*bellum*]; ** erzeugen; auferwecken [*cadavera*].

suspectō 1 (*intens. v. suspiciō*) hinaufsehen; / (be)argwöhnen.

suspectus[1], *ūs m* (*suspiciō*[1]) *das* Hinaufblicken, Aufblick, Höhe; / Bewunderung [*honorum*].

suspectus[2] 3 (*m. comp.*, °*sup.*; *suspiciō*[1]) beargwöhnt, verdächtig, Furcht erregend.

suspendium, *ī n* (*suspendō*) *das* Erhängen; ** *suspendio crepare* am Galgen sterben.

sus-pendō, *pendī, pēnsum* 3 **1.** auf-, erhängen; **2. a)** in die Höhe bringen, emporheben; **b)** stützen; **3. a)** schweben lassen, schwebend halten; P. schweben; °/ **b)** unentschieden lassen; **c)** unterbrechen, hemmen; **d)** auf die Folter spannen; ** (*intr.*) Halt machen; (*trans.*) suspendieren.

suspēnsūra, *ae f* (*suspendō*) schwebender Fußboden [*balneorum*].

suspēnsus 3 (*m.* °*comp.*; *suspendō*) °**1.** emporgehoben, schwebend; **2.** / **a)** abhängig *von*, beruhend *auf* [°*ex fortuna*]; **b)** ungewiss, gespannt, unentschieden; °**c)** ängstlich, furchtsam.

suspicāx, *ācis* (*m. comp.*; *suspicor*) argwöhnisch.

su-spiciō[1], *exī, ectum* 3 (*ēxī?*; *speciō*) **1.** (*intr.*) aufwärts sehen; **2.** (*trans.*) **a)** emporblicken *nach* [*caelum*]; / **b)** sich mit seinen Gedanken erheben *zu* [*nihil divinum*]; verehren; °**c)** beargwöhnen; *kl. nur P.P.P. adi.; s. d.*

su-spīciō[2], *ōnis f* (‹ **suspēciō*; *cf. speciō*) **1.** Argwohn, Verdacht, *pl.* Verdachtsgründe; °*in -e esse* verdächtig sein; °*in -em adducere* verdächtig machen; *in -em venire, cadere, vocari* verdächtig werden; *-em habere* Verdacht hegen [*de*]; in dem Verdacht stehen [*regni appetendi*]; **2.** Vermutung, Ahnung.

suspīciōsus 3 (*m. sup., adv.*; *suspīciō*[2]) **1.** argwöhnisch, misstrauisch; **2.** verdächtig.

su-spicor *u.* (*altl.*) **-ō** 1 (‹ **suspecor*; *cf. speciō*) argwöhnen, Verdacht hegen; vermuten, ahnen.

suspīrātiō, *ōnis f u.* **-tus,** *ūs m* (*suspīrō*) tiefer Atemzug, Seufzen.

suspīritus, *ūs m* (*suspīrō*; *cf. spīritus*) tiefes Atemholen, Seufzen.

suspīrium, *ī n* (*suspīrō*) **1. a)** tiefes Aufatmen, Seufzer; °/ Liebes(seufzer); °**b)** Keuchen, Atembeklemmung; °**2.** Atem(holen).

su-spīrō 1 **1.** (*intr.*) **a)** tief aufatmen; seufzen; °**b)** schmachten *nach* [*in alqo, in alqam*]; °**2.** (*trans.*) sich sehnen *nach* [*alios amores*].

susque dēque *adv. s. sus*[2].

sustentāculum, *ī n* (*sustentō*) Stütze; / Halt.

sustentātiō, *ōnis f* (*sustentō*) **1.** Aufschub; °**2.** (*rhet. t.t.*) Spannung.

sustentō 1 (*intens. v. sustineō*) **1.** °**a)** emporhalten; **b)** / aufrechterhalten, (unter)stützen; *mediopass.* sich trösten *mit* [*litteris*]; **2.** unter-, erhalten, ernähren; **3. a)** aushalten, ertragen; (*abs.*) sich behaupten; °**b)** aufhalten, hemmen; **c)** hinhalten, verschieben, verzögern.

sus-tineō, *nuī, tentum* 2 (*teneō*) **1. a)** empor-, (aufrecht) halten, nicht sinken lassen; **b)** stützen, tragen; **2. a)** ertragen, auf sich nehmen, leisten; °*personam* eine Rolle spielen; **b)** (*abs.*) sich halten, sich behaupten; **c)** übers Herz bringen; **3. a)** bewahren, behaupten; **b)** ernähren, unterhalten; **4. a)** zurückhalten, hemmen; *se -ere* sich enthalten [*a respondendo*]; **b)** verzögern, verschieben.

sus-tollō, — — 3 **1.** emporheben; aufnehmen [*amiculum*]; hoch aufrichten; **2.** wegnehmen.

sūsum *adv.* (*vulgär*) = *sūrsum.*

susurna = *sisura.*

susurrātor, *ōris m* (*susurrō*) Flüsterer.

susurrō 1 (*susurrus*) **1.** (*intr.*) flüstern, summen, zischeln; **2.** (*trans.*) summen, leise singen [*cantica*].

susurrus[1], *ī m* (*Schallwort*; *cf. nhd.* „surren") °**1.** Surren, Säuseln; **2.**

Flüstern, Zischeln; °*pl.* Flüsterreden, *auch personif.*
susurrus[2] 3 (*susurrus*[1]) flüsternd.
sūtēla, *ae f* (*suō*) Lügengewebe.
sūtilis, e (*suō*) zusammengenäht; geflochten; *rosa* Rosenkranz.
sūtor, *ōris m* (*suō*) Schuster.
sūtōrius 3 (*sūtor*) Schuster...; *subst.* **~,** *ī m* ehemaliger Schuster.
sūtrīnum, *ī n* (*sūtrīnus*) Schusterhandwerk. [*berna*].
sūtrīnus 3 (*sūtor*) Schuster... [*ta-*
sūtūra, *ae f* (*suō*) Naht.
suus 3 *pron. poss. refl. der 3. Pers.* (*altl. sovos* < **sevos*; *cf. suī*) **1.** sein, ihr; **2.** eigen(tümlich), zukommend, gehörig, üblich, schicklich; *-o iure* mit vollem Recht; **3.** günstig, vorteilhaft, passend, erwünscht, angenehm; *-o loco pugnare* auf günstigem Terrain kämpfen; **4.** sein eigener Herr, selbstständig; *subst.* **suī,** *ōrum m die* Seinigen, Ihrigen; *die* Angehörigen, Freunde, Anhänger; seine Leute; **suum,** *ī n das* Seinige, Ihrige; sein Eigentum; *suum illud* sein Grundsatz.
Sybaris, *is f gr. St. in Lukanien am gleichnamigen Fl. (m), wegen Pflege feiner Küche u. Schlemmerei bekannt, 510 zerstört, unter dem Namen Thūriī wieder aufgebaut*; °*adi.* **-rīticus** 3 *auch* obszön.
sȳcophanta, *ae m* (*gr. Fw., wohl aus kleinasiatischer Sprache stammend*) gewinnsüchtiger Ankläger, Ränkeschmied; Schmarotzer. [trügerei.
sȳcophantia, *ae f* (*gr. Fw.*) Be-
sȳcophantiōsē *adv.* (*sȳcophantia*) auf betrügerische Weise. [*huic*].
sȳcophantor 1 (*gr. Fw.*) betrügen
syllaba, *ae f* (*gr. Fw.* „Zusammensetzung") Silbe; °*pl.* Verse, Gedichte. [weise.
syllabātim *adv.* (*syllaba*) silben-
syllogismus, *ī m* (*gr. Fw.*) (logischer) Schluss, Syllogismus.
syllogisticus 3 (*gr. Fw.*) zum Syllogismus gehörig; ** *-a ars* Logik.
symbola, *ae f* (*gr. Fw.*) Geldbeitrag (*zu gemeinsamer Tafel*); / *pl.* (*scherzh.*) Tracht Prügel.
symbolus, *ī m u.* **-um,** *ī n* (*gr. Fw.*) Marke, Kennzeichen; ** Symbol; Sinnbild; Glaubensbekenntnis.
sympathīa, *ae f* (*gr. Fw.*) natürliche Übereinstimmung; Sympathie.
symphōnia, *ae f* (*gr. Fw.*) °**1.** Harmonie; **2.** Instrumentalmusik, Konzert; **3.** Kapelle; ** Blas-, Schlag-, Saiteninstrument; Akkord.
symphōniacus 3 (*gr. Fw.*) musikalisch; *subst.* **~,** *ī m* Musikant (*pl.* Musikkapelle).
symplegma, *atis n* (*gr. Fw.*) wollüstige Verschlingung.
symposion *u.* **-um,** *ī n* (*gr. Fw.*) Gastmahl; ♀ *Titel eines Platonischen Dialoges.*
****synagoga,** *ae f* Synagoge; / der alte Bund; *die* Juden.
synalīphē, *ēs f* (*gr. Fw.*) Synalöphe, Verschmelzung zweier Silben (*durch Kontraktion, Krasis od. Elision*). [den.
****syncopo** 1 verkürzen, beschnei-
synecdochē, *ēs f* (*gr. Fw.*; *rhet. t.t.*) Gebrauch eines Teils für das Ganze *u. umgekehrt.*
synedrus, *ī m* (*gr. Fw.*) Beisitzer *eines Kollegiums* (*in Makedonien*).
syngrapha, *ae f* (*gr. Fw.*) Handschrift; Schuldschein. [Reisepass.
syngraphus, *ī m* (*gr. Fw.*) Vertrag;
****synodalis,** e zur Synode gehörig.
****synodus**[1], *i f* Versammlung, Konzil. [brasse (*Seefisch*).
synodūs[2], *dontis m* (*gr. Fw.*) Zahn-
synthesina, *ae f* (*sc. vestis*; *synthesis*) = *synthesis* 2.
synthesis, *is f* (*gr. Fw.*) **1.** Tafelaufsatz; **2.** Hauskleid; Schlafanzug.
syntonum, *ī n* (*gr. Fw.*) *Musikinstrument* (= *scabellum*).
Syrācūsae, *ārum f* (*gr. -kụsai*) *St. auf Sizilien, j.* Siracusa; *adi. -cūsius u. -cosius* 3; *adi. u. Einw. -cūsānus* (3).
Syrī, *ōrum m die* Syrer; (*sg.* **-us,** *ī m meist Sklavenname*); *adi. -r(i)us u. -riacus* 3; *subst.* **-riscus,** *ī m u.* **-a,** *ae f männl. u. weibl. Eigenname* (*Sklavenname*); **Syria,** *ae f* (*gr. -rịā*) **1.** *das Land* Syrien; **2.** *das* Seleukidenreich; **3.** Assyrien.
sȳrinx, *ingis f* (*gr. Fw.*) Rohr; ♀ *in ein Rohr verwandelte Nymphe.*
syrma, *atis n* (*gr. Fw.*) Schleppkleid (*der Tragöden*); / Tragödie.
Syrtis, *is f* Syrte (*Sandbank im Meer*); *maior u. minor* Große u. Kleine S., *Meeresbuchten an der Nordküste Afrikas mit sandigen Gestaden*; / sandige Küstengegend den S. gegenüber; *adi. -ticus* 3.
****systema,** *atis n* System; / Akkord.

T

T. (*Abk.*) **1.** = *Titus*; **2.** = *tribūnus.*
tabella, *ae f* (*dem. v. tabula*) °**1.** Brett (-chen); Täfelchen; **2.** aus einem Brett gefertigter Gegenstand: °**a**) Spielbrett; °**b**) Votiv-, Gedächtnistäfelchen; °**c**) Fächer; **d**) Bildchen; **e**) Schreibtafel; Schreiben, Schrift; Briefchen; Kontrakt, Schuldschein; Urkunde; **f**) Stimmtäfelchen; °**3.** flacher Kuchen.
tabellārius 3 (*tabella*) **1.** die Abstimmung betreffend; **2.** einen Brief betreffend; °*navis* Postschiff; *subst.* **~,** *ī m* Briefbote.
tābeō, — — 2 (*cf. nhd.* „tauen") **1.** (zer)schmelzen; schwinden; **2.** triefen.
taberna, *ae f* (< **traberna*; *trabs*) °**1.** Bretterbude; Hütte; **2.** Laden; Werkstätte; **3.** Wirtshaus; **4.** Bogen(gang) im Zirkus.
tabernāc(u)lum, *ī n* (*taberna*) Hütte, Bude; Zelt; Beobachtungszelt *des Augurs*; ** Stiftshütte; Sakramentshäuschen.
****tabernalis curia** Weinschenke.
tabernārius, *ī m* (*taberna*) Krämer; ** Schenkwirt.
tabernula, *ae f* (*dem. v. taberna*) [Kramladen.]
tābēs, *is f* (*tābeō*) °**1.** Fäulnis, Verwesung; °**2.** Jauche, Schlamm; / **3. a**) Schwindsucht; °**b**) Pest, Seuche; **4.** Gift; Verderben; Gram.
tābēscō, *buī,* — 3 (*incoh. v. tābeō*) schmelzen, zergehen, sich zersetzen; verwesen; / (hin)schwinden, dahinsiechen; verschmachten, sich abhärmen.
tābidulus 3 (*dem. v. tābidus*) ab- [zehrend.]
tābidus 3 (*tābeō*) **1.** schmelzend, vergehend; **2.** (ver)zehrend.
tābi-ficus 3 (*tābeō, faciō*) verzehrend; / aufreibend.
tabula, *ae f* (*cf. tellūs, nhd.* „Diele") **1.** Brett, Tafel; **2.** aus einem Brett *od.* brettartig gefertigter Gegenstand: °**a**) Spielbrett, Brettspiel; °**b**) Votivtafel; **c**) Gemälde, Bild; **d**) Gesetztafel; **e**) Auktionstisch; **f**) Proskriptionstafel, -liste; **g**) Landkarte; **h**) Wechslertisch; °**i**) Schreib-, Rechentafel; **3.** Niederschrift *jeder Art*: **a**) Schreiben, Schrift, Abschrift; Brief; Liste; Protokoll; **b**) Stimmverzeichnis, öffentliche Zensusliste; **c**) Urkunde; Kontrakt; *-ae* (*testamenti*) Testament; **d**) Schuldverschreibung; **e**) Rechnungs-, Haupt-, Schuldbuch; **f**) *-ae* (*publicae*) Staatsurkunden, -archiv; öffentl. Schuldbuch.
tabulārium, *ī n* (*tabula*) Archiv.
tabulārius, *ī m* (*tabula*) Vorsteher des Archivs; Rechnungsführer.
tabulātiō, *ōnis f* (*tabula*) Täfelung; Gebälk; Stockwerk.
tabulātus 3 (*tabula*) mit Brettern belegt, getäfelt; *kl. nur subst.* **-um,** *ī n* Bretterboden; Stockwerk.
tābum, *ī n* (*tābeō*) Jauche, Eiter; Gift; Pest, Seuche.
taceō, *uī, itum* 2 (*cf. ahd.* dagēn „schweigen") **1.** (*intr.*) schweigen; °/ sich ruhig verhalten; **2.** (*trans.*) verschweigen; (*part. praes.*) °*adi.* **tacēns,** *entis* still, lautlos.
taciturnitās, *ātis f* (*taciturnus*) Verschwiegenheit; Stillschweigen.
taciturnus 3 (*taceō*; *wohl nach nocturnus gebildet*) schweigsam, wortkarg; °/ still, leise.
tacitus[1] 3 (*m. adv.*; *taceō*) **1.** (*act.*) **a**) stillschweigend; **b**) stumm, ruhig, lautlos; in Gedanken versunken; **2.** (*pass.*) **a**) verschwiegen, unerwähnt; **b**) stillschweigend ertragen; **c**) heimlich, unbemerkt, im Stillen; °*subst.* **-um,** *ī n* Stille, ruhiger Lauf; Geheimnis.
Tacitus[2], *ī m röm. cogn.*: *P. Cornēlius ~, Historiker* (*etwa 55-120 n. Chr.*).
tāctilis, *e* berührbar.
tāctiō, *ōnis f* (*tangō*) °**1.** Berührung; **2.** / Tastsinn, Gefühl.
tāctus, *ūs m* (*tangō*) **1.** Berührung; **2.** / **a**) Tastsinn, Gefühl; **b**) Wirkung, Einfluss; °**c**) Berührbarkeit.
taeda, *ae f* (*vl. gr. Lw. durch etr. Vermittlung*) **1.** °**a**) Kiefer, Fichte; *pl.* Fichtenwald; **b**) Kien(holz); °**c**) Schiffsboden; **2. a**) Fackel; °**b**) Hochzeitsfackel; / Hochzeit, Ehe; Liebe, Geliebte; **3.** Marterwerkzeug; ** Harz.
taedet, *uit u. taesum est* 2 (*cf. taeter*) *impers.* Ekel empfinden, überdrüssig sein [*me vitae*].

taedi-fer, *era, erum* (*taeda, ferō*) fackeltragend.

taedium, *ī n* (*taedet*) Ekel, Überdruss, Widerwille.

Taenarus, *ī m u.* **-um,** *ī n* (*gr.* Tainaros, -on) *Vorgeb. u. St. in Lakonien; j.* Kap Matapan; *nahe Höhle galt als Eingang in die Unterwelt; adi.* *-rius* 3 *auch* unterweltlich; *-ris, idis f, subst.* Helena.

taenia, *ae f* (*gr. Fw.*) (Kopf-)Binde.

taeter, *tra, trum* (*m. comp., sup., adv.; cf. taedet*) hässlich, garstig, ekelhaft; / abscheulich.

tagāx, *ācis* (*tangō*) diebisch.

tagō (*altl.*) = *tangō.*

tālāris, e (*tālus*) bis an die Knöchel reichend; *subst.* **-ria,** *ium n* °**1.** Knöchelteile; **2.** Flügelschuhe; °**3.** langes Gewand, Talar; °**4.** Marterwerkzeug.

tālārius 3 (*tālus*) in langem Gewande; *ludus* derbe Tanzposse.

talassiō, *ōnis u.* **-as(i)us,** *ī m* (*wohl Fw., vl. etr.*) *altröm. Hochzeitsruf;* Beischlaf; ♀ *Hochzeitsgott, dem Hymēn gleichgesetzt.*

tālea, *ae f* (*et. ungeklärt*) Stab; Spitzpfahl; Eisenstäbchen, Barren.

talentum, *ī n* (*gen. pl. meist -um; gr. Fw.*) Talent (*als gr.* °*Gewicht* $^1/_2$ *Zentner, als Geldsumme* [*attisches T.*] *etwa 5000 Mark*); ** *auch* = Mark.

tāliō, *ōnis f* (*et. umstritten; jur. t.t.*) Wiedervergeltung eines Körperschadens.

tālis, e (*m.* °*adv.; pron. Stamm* *to- „der"; *cf. tam, tum, is-te*) **1.** solcher, so beschaffen, derartig; *talis ... qualis* ein solcher ... wie; **2. a)** so groß, so ausgezeichnet; **b)** so schlecht; so verwerflich; °**3.** folgender.

tālitrum, *ī n* (*tālus*) *das* Schnalzen mit den Fingern.

talpa, *ae m, später f* (*et. ungedeutet*) Maulwurf.

tālus, *ī m* (< **taxlos; cf. taxillus*) **1.** Knöchel; Ferse; **2.** / (*länglicher*) Würfel (*m. zwei runden unbezeichneten u. vier flachen bezeichneten Flächen; cf. tessera*).

tam[1] (*acc. sg. f des pron. Stammes* *to- „der"; *cf. tum, tālis; oft in Korrelation m. quam; urspr. auch zeitl.* [*cf. tandem, quando*]; *meist b. adi. u. adv.*) so, so sehr, so weit, in dem Grade; *quam ...* ~ wie ... so, je ... desto [*magis*]; ~ ... *quam* so (sehr) ... wie; *non* ~ ... *quam* nicht sowohl ... als vielmehr.

tam[2] (*altl.*) = *tamen.*

tam-diū *adv.* **1.** (nur) so lange; **2.** sehr lange; °**3.** seit so langer Zeit.

tamen *adv.* (*adversative Partikel; wohl zu tam*) **1.** doch, dennoch, jedoch, gleichwohl (*verstärkt durch at, sed, verum*); *neque* ~ doch nicht; **2.** doch wenigstens; *si non ...* (*at*) ~ wenn nicht ... so doch wenigstens; °**3.** doch endlich; °**4.** *si* ~ wenn dennoch, jedoch nur wenn; *nisi* ~ wenn nicht etwa.

tamendem *adv.* (*altl.*) = *tamen* (?).

tamen-etsī *ci.* = *tametsī.*

Tamesis, *is u.* **-sa,** *ae m* Themse.

tam-etsī *ci.* obgleich, obschon; (*korrektiv*) indes, jedoch.

tamine (*altl.*) = *tam-ne* (*ne*[4]).

tam-quam **1.** *adv.* so wie, gleichsam; **2.** *ci. m. coni.* = *tamquam sī* (gleich)wie wenn, als ob.

Tanagra, *ae f St. in Böotien; adi.* *-graeus* 3.

Tanais, *idis u. is m Flussname:* **1.** *der* Don; **2.** = *Iaxartes, j.* Syr-Daria; **3.** *Fl. in Numidien.*

tandem *adv.* (< **tam-dem; eigtl.* „gerade damals"; *cf. tam, īdem*) **1.** endlich, zuletzt; endlich einmal; **2.** (*b. Fragewörtern*) in aller Welt, denn eigentlich [*quis* ~? *quousque* ~?]; °**3.** (*zum Abschluss v. Aufzählungen*) schließlich, kurz.

tangō, *tetigī, tāctum* 3 (*Stamm tag-; cf. tagō, tagāx*) **1. a)** be-, anrühren, anfassen; **b)** betreten, erreichen; **c)** angrenzen *an* [*locum*]; **d)** wegnehmen [*de praeda*]; °**e)** essen, genießen; °**f)** sich machen *an* [*opus*]; °**2. a)** berühren *mit*; **b)** benetzen [*aquā*]; beräuchern; bespritzen; färben; **3. a)** treffen, schlagen [*fulmine, de caelo tactus*]; **b)** sich vergreifen *an* [*matronam*]; **c)** töten; **4.** (*geistig*) rühren, bewegen, ergreifen, einen Eindruck machen [*me*]; **5.** erwähnen, anführen; °**6.** betrügen; anführen, necken.

tan-quam = *tamquam.*

Tantalus, *ī m* (*gr.* -os) *Sohn des Zeus, König in Phrygien, leidet zur Strafe für seine Frevel ewige Qualen des Hungers u. des Durstes in der Unterwelt; adi.* *-leus* 3; *subst.* **-lidēs,** *ae m* Tantalide (*Pelops, Agamemnon, Orestes; fratres -ae Atreus*

T

u. Thyestes); **-lis,** *idis f* Tantalidin (*Niobe, Hermione, Helena*).
tantillus 3 (*dem. v. tantus*) so klein; *subst.* **-um,** *ī n* so wenig.
tantīsper *adv.* (*-ī-?; wohl* ⟨ *abl. tantīs* + *-per*; *s. per* II; *cf. paulīsper*) so lange; unterdessen.
tantopere *adv.* (*auch getr. tantō opere*) so sehr, in dem Grade.
tantulus 3 (*dem. v. tantus*) so klein, so gering, so wenig; *subst.* **-um,** *ī n* solche Kleinigkeit; nur so viel.
tantus 3 (⟨ **tamtos*; *cf. tam, quantus*) **I.** *adi.* **1.** so groß, so bedeutend; **2.** so stark, so viel; ~ °*natu* so alt; **3.** nur so groß, so gering, so klein; **II.** *subst.* **tantum,** *ī n* (*nom., acc.*) **1. a)** so Großes, so viel(es); *-um* °*temporis* so lange Zeit; *alterum -um* noch einmal so viel; **b)** nur so viel, solche Kleinigkeit, so wenig; °**c)** *in -um* so weit, so sehr; **2. tantī** (*gen. pretii*) für solchen Preis, so hoch, so teuer; *-i esse* so viel wert sein (gelten, kosten); *-i mihi est* es ist mir schon recht, lohnt sich für mich der Mühe; **3. tantō** (*abl. mens.*) um so viel, desto; *-o ante* so lange vorher; *quanto ... tanto* je ... desto; **III.** *adv.* **tantum 1.** so weit, so sehr, so viel; viel; °**2.** *non -um ... sed* (*etiam*) nicht nur ... sondern (auch); **3.** nur, bloß, nur so; **tantum-modo** nur, lediglich; °**tantum nōn** beinahe; **tamtum quod** nur weil, kaum dass, eben erst, gerade; *tantum quod non* nur dass nicht; ** *tanti* so viele (= *tot*); (*si*) *tantum* = *dummodo* wenn nur.
tantus-dem, *tanta-dem, tantum-dem u. tantun-dem* (*cf. ī-dem*) ebenso groß, ebenso hoch; *kl. nur: subst.* **tantundem** *n* ebenso viel [*viae*]; **tantīdem** (*gen. pretii*) ebenso viel, ebenso teuer; *adv.* **tantundem** ebenso weit.
(**tapēs**), *ētis m,* **tap(p)ēte,** *is n u.* **tap(p)ētum,** *ī n* (*gr. Lw., wohl iranischer Herkunft*) Teppich, Decke; ** *tapetum, i n* Wandteppich, Tapete.
tardēscō, *uī,* — 3 (*incoh. zu tardus*) langsam werden, sein.
tardi-gradus 3 (*tardus, gradior*) langsam schreitend.
tardi-loquus 3 (*tardus, loquor*) langsam redend.
tardi-pēs, *pedis* (*tardus*) lahm, hinkend.
tarditās, *ātis f* (*tardus*) **1. a)** Langsamkeit; **b)** Verzögerung; **c)** ruhiger Gang *der Rede*; **2.** / geistige Trägheit, Stumpfheit.
tarditūdō, *inis* (*vkl.*) *f* = *tarditās.*
tardiusculus 3 (*m. adv.*; *dem. v. tardior, comp. v. tardus*) etwas langsam; / etwas schwer von Begriff.
tardō 1 (*tardus*) **1.** (*trans.*) verzögern, aufhalten, hemmen; entkräften; **2.** (*intr.*) säumen, zögern.
tardus 3 (*m. comp.,* °*sup., adv.*; *et. unklar*) **1. a)** langsam, säumig, träge; °**b)** lange dauernd; **c)** spät (eintretend), zögernd; °**2.** hemmend, lähmend; **3.** / **a)** geistig langsam, dumm; °**b)** bedächtig; **c)** gemessen [*stilus*].
Tarentum[1], *ī n* (*gr.* Tạrās, *acc.* Tạranta) *St. in Kalabrien, 708 v. den Spartanern gegründet, j.* Taranto; *adi. u. Einw. -tīnus* (3).
Tarentum[2], *ī n* (*auch Terentum*; *vl. etr. od. illyr. Fw.*) *Kultstätte auf dem Marsfeld in Rom*; *adi. -tīnus* 3.
tarmes, *itis m* (*terō*) Holzwurm.
Tarpēia, *ae f* (*wohl etr. Fw.*) *nach der Sage Tochter des Tarpēius, ī m, verriet die röm. Burg an die Sabiner*; *adi. -ēius* 3; *mons -us Steilabhang des Capitolinus, v. dem Hochverräter herabgestürzt wurden*; *arx -a* Kapitol.
tarpessīta (*-ezīta*), *ae m* = *trapezīta.*
Tarquiniī, *ōrum m St. in Etrurien, Heimat des gleichnamigen urspr. etr. Königsgeschlechtes in Rom*; *adi. -ius* 3; *subst.* **-ius,** *ī m Name der beiden Könige L. Tarqu. Prīscus u. L. Tarqu. Superbus sowie des Gemahls der Lucretia, des L. Tarqu. Collātīnus, u. des Sohnes des Superbus, des Sex. Tarqu.*; *adi. u. Einw. -niēnsis* (e).
Tarracīna, *ae u.* **-ae,** *ārum f St. in Latium, vorher Anxur, j.* Terracina; *adi. u. Einw. -cīnēnsis,* (e).
Tarracō, *ōnis f Küstenst. im nö. Spanien, j.* Tarragona; *adi. u. Einw. -cōnēnsis,* (e).
Tartarus, *ī m u.* **-a,** *ōrum n* (*gr. -os u. -a*) Unterwelt; *adi. -reus* 3; ** Hölle; *coloni -rei* Dämonen.
tat, tatae *int.* (*cf. attat, attatae*) he! ei! potz Wetter! [nährer.
tata, *ae m* (*Lallwort*) Vater; Er-

T

Tatius, *ī m Sabinerkönig (vollständig Titus* ~*), später Mitregent des Romulus; adi.* ~ 3.
taureus 3 (*taurus*) Rinds...; -eı *terga* Rinderhäute; / Pauke; *subst.* **-ea,** *ae f* Ochsenziemer.
Taurī, *ōrum m skythisches Volk auf der Krim; adi. -icus* 3.
tauri-fōrmis, e (*taurus, fōrma*) in Stiergestalt.
taurīnus 3 (*taurus*) Stier...
taurus, *ī m* (*cf. gr.* tauros; *wohl nicht m. nhd.* „Stier" *verwandt; vl. zu tumeō*) **1.** Stier (°*auch als Sternbild*); °**2.** Baumwurzel.
taxātiō, *ōnis f* (*taxō*) Schätzung.
taxillus, *ī m* (*dem. v. tālus*) kleiner Würfel.
taxō 1 (*frequ. v. tangō; zu P.P.P.* **taxus* = *tāctus*) (durch Betasten) abschätzen; / sticheln, durchhecheln.
taxus, *ī f* (*wohl gr. Lw. skythischer* [*Herkunft*]) Taxus, Eibe.
tē[1] *acc. u. abl. v. tū.*
-te[2] *Suffix, verstärkend an pron. angehängt* [tute].
tech(i)na, *ae f* (*gr. Fw.*) listiger Streich; ** Betrug; Methode.
technicus, *ī m* (*gr. Fw.*) Lehrer der Kunst, Techniker.
technophyon *od.* **-nyphion** (*gr. Fw.*) „kleines Kunstwerk") *Wohnhaus des Augustus in der Nähe v. Rom.*
tēctor, *ōris m* (tegō) Wand-, Freskomaler, Stuckarbeiter.
tēctōriolum, *ī n* (*dem. v. tēctōrium*) Stuckarbeit.
tēctōrius 3 (*tēctor*) °**1.** zum Dachdecken dienlich; **2.** zur Stuckarbeit dienlich; *opus -um u. subst.* **-um,** *ī n* Stuckarbeit, Wandmalerei; °/ Schönheitsmittel.
Tectosagēs, *um u.* **-sagī,** *ōrum m kelt. Volk in der Provence; ein Teil v. ihm nach Galatien ausgewandert; cf. Volcae.*
tēctum, *ī n* (tegō) **1.** Dach; **2. a)** Zimmerdecke; °**b)** Betthimmel; **3.** / Obdach, Haus, Wohnung (Tempel, Grotte, Höhle *u.a.*).
tēctus 3 (*m. comp., sup., adv.*; tegō) **1.** ge-, bedeckt; **2.** überdacht; **3.** / **a)** versteckt; geheim, heimlich; **b)** geschützt, gesichert; **c)** heimtückisch; **d)** zurückhaltend, vorsichtig; **e)** verblümt [*sermo*].
tēd *s. tū.*
teges, *etis f* (tegō) Decke, Matte.
tegetīcula, *ae f* (*u. -ī-?; dem. v.* teges) Deckchen, kleine Matte.
tegillum, *ī n* (*dem.; cf.* teges) kleine Decke.
teg(i)men, *inis n u.* **-mentum,** *ī n* (*tegō*) Bedeckung, Decke, Hülle; Bekleidung, Dach; / Schutz, Schirm.
tegō, *tēxī, tēctum* 3 (*cf. nhd.* „Dach; decken") **1.** (be)decken; **2.** °**a)** bekleiden; °**b)** bestatten; **c)** verstecken; **3.** / **a)** verheimlichen; **b)** schützen, verteidigen; **c)** beschönigen.
tēgula, *ae f* (tegō) **1.** Dachziegel; *pl.* Ziegeldach; °**2.** *pl.* Deckplatten (*aus Marmor od. Kupfer*).
tegumen, -mentum = *tegi...*
tegus, *oris n* (*-ē-?; altl.*) = *tergus*[2].
tēla, *ae f* (< **texlā*; texō) **1. a)** Gewebe; °Spinngewebe; **b)** / *das* Ersonnene; Anschlag; °**2. a)** Aufzug *des Gewebes,* Kette; **b)** Webstuhl, -schiffchen; **c)** *pl.* Webekunst.
Telamō(n), *mōnis m* (*gr.* -mọ̄n) *Sohn des Aeacus, Vater v. Aiax u. Teucer; adi. -mōnius* 3; *subst.* **-mōnius,** *ī u.* **-mōniadēs,** *ae m* Sohn des ~.
Tēlemachus, *ī m* (*gr.* -os) *Sohn des* [*Odysseus.*]
tēlinum, *ī n* (*gr. Fw.*) kostbare Salbe (*urspr. aus Bockshornklee*).
tellūs, *ūris f* (*cf. tabula, nhd.* Diele") **1.** *die* Erde; **2.** ♀ *alte Göttin des Saatfeldes;* Mutter Erde; °**3. a)** Erdboden, Erdoberfläche; **b)** Grund und Boden; **c)** Grundstück; **d)** Land(schaft), Reich, Gebiet, Gegend; **4.** Fußboden.
****teloneum,** *i n* Zoll; Zollhaus.
tēlum, *ī n* (*entweder zu tendō* „zielen *nach*" *od. als* „Gedrechseltes" *zu texō*) **1.** Wurf-, Fernwaffe, Geschoss; **2.** Angriffswaffe; Schwert, Dolch; °**3.** / **a)** Waffe; **b)** Sonnenstrahl; Blitz; **c)** = *mentula*; **4.** Hilfsmittel, Antrieb.
temerārius 3 (*m.* °*adv.*; *temere*) °**1.** zufällig; **2.** unbesonnen, unüberlegt; verwegen.
temere *adv.* (*eigtl.* „im Dunkeln"; *abl. v.* **temos, eris n* „Dunkelheit"; *cf. tenebrae*) zufällig, aufs Geratewohl, planlos; grundlos; (so) ohne weiteres; *non* ~ nicht leicht, kaum; °*haud* ~ est da steckt etwas dahinter.
temeritās, *ātis f* (temere) **1.** Zufall, Ungefähr; **2.** Unbesonnenheit, Leichtfertigkeit, Verwegenheit.

temerō 1 (*eigtl. relig. t.t.* „sich unvorsichtig dem Heiligen nähern"; *temere*) beflecken, entweihen.

tēmētum, *ī n* (*cf. tēmulentus, nhd.* „dämlich" *eigtl.* „betäubt") berauschendes Getränk, Met, Wein.

temnō, *mpsī, mptum* 3 (< **temb-nō* „mit Füßen treten"; *cf. nhd.* „stampfen") verachten, verschmähen.

tēmō, *ōnis m* (*cf. nhd.* „Deichsel") **1. a)** Deichsel; °**b)** Pflugbaum; °**2.** / Wagen (*als Gestirn*).

Tempē *indecl. n pl. ber. Tal des unteren Peneus in Thessalien*; °/ romantisches Tal.

temperāmentum, *ī n* (*temperō*) °**1.** richtige Mischung; **2.** / °**a)** rechtes Maß; Mäßigung; **b)** Mittelweg.

temperāns, *antis* (*m.* °*comp.*, *sup.*, *adv.*; *temperō*) enthaltsam.

temperantia, *ae f* (*temperāns*) *das* Maßhalten; Selbstbeherrschung.

temperātiō, *ōnis f* (*temperō*) richtige Mischung; / zweckmäßige Einrichtung; ordnendes Prinzip.

temperātor, *ōris m* (*temperō*) Ordner, Gestalter.

temperātūra, *ae f* (*temperō*) richtige Mischung.

temperātus 3 (*m. comp.*, *sup.*, *adv.*; *temperō*) gemäßigt, mild; / mäßig; ruhig, besonnen.

temperī *adv.* (°*vereinzelt -re*; *erstarrter loc. v. tempus*[2]) zeitig, zu rechter Zeit; *comp. temperius* zeitiger.

temperiēs, *ēī f* (*temperō*) rechte Mischung; milde Wärme.

temperō 1 (*eigtl.* „eine Abmessung vornehmen"; *tempus*) **1.** (*trans.*) **a)** gehörig einrichten, ordnen; °**b)** richtig mischen [*vinum*]; °**c)** richtig wärmen, kühlen; / **d)** richtig leiten, regieren, zügeln; **e)** mit Maß gebrauchen, besänftigen, lindern; **2.** (*intr.*) °**a)** Maß halten, sich mäßigen [*in amore*]; **b)** (*m. dat.*) mäßigen, mit Maß gebrauchen, Einhalt tun [*sibi, irae*]; schonen [*templis*]; **c)** (*m. ab*) sich fernhalten, sich enthalten [*a lacrimis*, °*risu*].

tempestās, *ātis f* (*tempus*) **1.** Zeitlage, -punkt, -abschnitt, -umstände; Frist; **2. a)** Witterung, Wetter; **b)** Unwetter, Gewitter, Sturm; **3.** / **a)** Ansturm; **b)** stürmische Zeit, Unruhe; **c)** (*v. Personen*) Vernichter, Störer; °**4.** ~ **-tātēs,** *um f* Sturmgöttinnen.

tempestīvitās, *ātis f* (*tempestīvus*) rechte Zeit.

tempestīvus 3 (*m.* °*comp.*; *adv.* **-ē** *u.* [*dcht.*] **-ō**; *altl. tempestus* „rechtzeitig"; *tempus*) **1. a)** zeitgemäß, rechtzeitig; **b)** / geeignet, günstig, passend; **2. a)** reif; (*dcht.*) *m. u. ohne viro* mannbar; **b)** zu früh beginnend, üppig [*cena*]; **3.** *subst.* °**-um,** *ī u.* **-a,** *ōrum n* rechter Zeitpunkt, günstige Gelegenheit.

****templarius,** *i m* Tempelherr.

templum, *ī n* (*et. u. in der Bedeutungsentwicklung umstritten*; *wohl urspr.* „umspannter Raum") °**1.** Beobachtungskreis (*d.h. vom Augur mit dem lituus am Himmel u. auf der Erde abgegrenzter Bezirk zur Beobachtung des Vogelflugs*); **2. a)** Ort, von dem man etwas überschauen kann; *hoc omne templum* Weltall; °**b)** Anhöhe; weiter Raum; **3.** *jeder abgegrenzte* geweihte Bezirk; Heiligtum, Tempel(-zelle); ** Kloster, Kirche; Tempelorden.

temporālis, e (*tempus*) eine Zeit während; ** vergänglich, weltlich.

temporārius 3 (*tempus*) **1.** den Umständen angepasst; **2.** vorübergehend; wetterwendisch.

temporī *adv.* = *temperī*.

temptābundus 3 (*temptō*) umhertastend.

temptāmen, *inis u.* **-mentum,** *ī n* (*temptō*) Versuch; Versuchung.

temptātiō, *ōnis f* (*temptō*) °**1.** Probe, Versuch; **2.** Anfall (*einer Krankheit*).

temptātor, *ōris m* (*temptō*) Versucher.

temptō 1 (*frequ. zu einem Stamm *temp-* „spannen, tastend ausstrecken"; *cf. tempus, templum*; *früh als intens. v. tendō empfunden u. daher tentō geschrieben*) **1. a)** betasten, befühlen, berühren; °**b)** *venas* den Puls zählen; **2.** °**a)** streben *nach*, erspähen [*auxilium*]; **b)** (*feindl.*) angreifen; befallen [*morbo -ri*]; **c)** untersuchen, prüfen; auszuforschen suchen; **d)** in Versuchung führen; beunruhigen.

tempus[1], *oris n* (*wahrsch. als* „Spannung *durch die schlagende Arterie*" *zum Stamm *temp-* „spannen" *u. m. tempus*[2] *identisch*) *meist pl.* Schläfe; / Gesicht, Haupt.

tempus², *oris n* (*wohl zum Stamm* *temp- „spannen", *also eigtl.* „Zeitspanne"; *cf.* temptō) **1. a)** Zeitspanne, -abschnitt, *eine* Zeit; *anni* Jahreszeit; *in omne* ~ für immer, auf ewig; *ex -e* aus dem Stegreif; *pl.* Zeitalter; *haec -a* unsere Zeit(en); (*oft pl.*) Lebenszeit, -alter, Jahre; Dauer, Frist; **b)** Zeit (-punkt) [°*cenae*]; **c)** Zeit (*als Ganzes*); *-us ponere in alqa re* seine Zeit verwenden *auf*; **2.** (*prägnant*) passende, günstige Zeit, günstiger Augenblick, (gute) Gelegenheit, rechter Zeitpunkt; ~ *est* es ist an der Zeit; *ad -us*, (°*in*) *-e* zu rechter Zeit; **3. a)** (*sg. u. pl.*) Zeitumstände, Verhältnisse, Lage (*der Dinge*); (*in*) *hoc, tali -e* unter solchen Umständen; *ad -us, ex, pro -e* nach den Umständen; **b)** (*pl.*) missliche Umstände, traurige Lage, Not, Gefahr; **4. a)** (*metr. t.t.*) *die Zeit zur Aussprache einer Silbe od. eines Wortes,* Quantität; °**b)** (*gramm. t.t.*) Tempus.

tēmulentus 3 (*cf.* *tēmētum*) berauscht.

tenācitās, *ātis f* (*tenāx*) *das* Festhalten; °/ Geiz.

tenāx, *ācis* (*m.* °*comp.*, °*sup.*, °*adv.*; *teneō*) **1.** °**a)** festhaltend; **b)** zäh, fest, dicht, klebrig; **2.** / **a)** beharrlich; (°*m. gen.*) festhaltend *an* [*propositi*]; °**b)** hartnäckig, störrisch; **c)** geizig.

Tencterī, *ōrum u. um m germ. Reitervolk am Niederrhein.*

tendicula, *ae f* (*tendō*) °**1.** ausgespanntes Seil (*der Walker*); **2.** / Fallstrick.

tendō, *tetendī, tentum u.* (°*jünger*) *tēnsum* 3 (*idg.* √ *ten-d- „spannen"; *cf.* *teneō*, *nhd.* „dehnen") **1.** (*trans.*) **a)** (an)spannen, straff anziehen; ausspannen, -strecken [*manus*; °(*obszön*) *alutam*; °*tenta vena u.* °*subst. tenta, ōrum n* = *pēnis rigidus*]; (*P.P.P.*) °*adi. tentus* 3 geil; **b)** (*aus ausgespannten Tüchern usw.*) errichten, aufschlagen [*cubilia*]; °**c)** mit Saiten bespannen, spannen [*barbiton*]; °**d)** ausdehnen, verlängern [*noctem*]; **e)** hin-, darreichen; **f)** geben, verleihen, angedeihen lassen; **g)** °richten, lenken [*sagittas*]; **2.** (*intr.*) **a)** (*mil. t.t.*) lagern, im Quartier liegen; °**b)** (*mil. t.t.*) sich (in Schlachtordnung) aufstellen [*post signa*]; **c)** eilen, gehen, marschieren, ziehen, fahren, sich begeben *nach, zu*; losgehen *auf* [*in hostem*]; °**d)** sich hinziehen, [*via sub moenia*]; **e)** streben, trachten *nach* [*ad altiora*]; **f)** hinneigen *zu* [*ad Carthaginienses*]; **g)** sich anstrengen, sich bemühen; °**h)** (*m. Waffen od. Worten*) streiten, kämpfen [*contra*].

tenebrae, *ārum f* (*wohl* < *temefrā; *zu* *temos, eris n* „Dunkelheit"; *cf.* *temere*, *nhd.* „Dämmerung") **1. a)** Finsternis, Dunkel(heit); **b)** Nacht; °**2. a)** Blindheit; **b)** Dunkel vor den Augen (*b. der Ohnmacht*); **c)** Todesnacht; **3.** Schlupfwinkel; Bordell; **4.** Verborgenheit, Niedrigkeit; **5.** Unklarheit; Undeutlichkeit; **6.** trübe Lage.

tenebricōsus 3 (*m. sup.*; *tenebrae*) in Dunkel gehüllt, verfinstert.

tenebricus *u.* °**tenebrōsus** 3 (*tenebrae*) dunkel, finster.

Tenedus, *ī f* (*gr.* -os) *Insel an d. Küste v. Troas*; *adi. u. Einw.* *-dius* (3).

tenellulus 3 (*dem. v.* *tenellus*) äußerst zart.

tenellus 3 (*dem. v.* *tener*) sehr zart.

teneō, *tenuī, tentum* (*zu* *tendō* [*gemeinsames Supinum!*)]; *eigtl.* „ausgedehnt sein") h a l t e n: **I. 1.** (fest)halten, gefasst haben; **2.** (*geistig*) erfasst haben, begreifen, kennen; **3. a)** (*trans.*) richten *nach*, nehmen [°*iter*]; °**b)** (*intr.*) steuern *nach* [*classe ad Laurentem agrum*]; **4. a)** zu Schiff erreichen [°*portum*]; **b)** / erreichen, erlangen; **II. 1.** innehaben, besitzen; P. in Händen sein [*urbs ab hostibus tenetur*]; **2. a)** einnehmen, besetzt halten; °**b)** bewohnen; °**c)** befehligen [*exercitum*]; **d)** beherrschen [*urbem*]; °**e)** (*eine Geliebte*) besitzen; **3.** überführt haben [*in furto*; °*caedis*]; P. überführt, ertappt werden; **4.** in sich enthalten, umfassen [*castra tenent iugum*]; **III. 1.** nicht loslassen, eingeschlossen halten [*custodiā, in catenis*]; **2. a)** *einen Besitz* behaupten, bewahren; **b)** erfolgreich verteidigen, behaupten; erhalten *in* [*in officio*]; **3. a)** (*trans.*) festhalten *an*, beibehalten [*propositum, fidem*]; eine Behauptung aufrechterhalten; °**b)** (*intr.*) sich erhalten, anhalten, noch bestehen, (fort)dauern [°*imber per*

T

totam noctem]; **4.** (*geistig*) fesseln, ergötzen; beseelen, gefangen halten; erfüllen; **IV. 1.** verpflichten, binden (*bsd. v. Gesetzen, Versprechen u. Ä.*); P. gebunden, verpflichtet sein; **2.** *durchsetzen, erreichen* [*ius suum*]; **V. 1. a**) zurück-, aufhalten, hemmen; **b**) niederhalten, unterdrücken [*lacrimas*]; **2.** hinhalten, verzögern; **3.** fern halten [*se ab accusando*]; ** (*m. doppeltem acc.*) halten *für*.

tener, *era, erum* (*m. comp.*, °*sup.*, °*adv.*; *vl. zu sabin.* terenos *m. Anlehnung an* tenuis) **1. a**) zart, fein, weich; **b**) / jung, jugendlich; °*a -o* von klein auf; °*in -is* in der Kindheit; **2. a**) empfindlich, nachgiebig; °**b**) zärtlich, verliebt; wollüstig.

tenerāscō, — — 3 (*incoh. zu tener*) [zart werden.

teneritās, *ātis u.* °**teneritūdō,** *inis f* (*tener*) Zartheit.

tēnesmos, *ī m* (*gr. Fw.*) (*med. t.t.*) [Verstopfung.

tennitur (*vulgär*) = *tenditur.*

tenor, *ōris m* (*teneō u. tendō*) °**1.** ununterbrochener Lauf; Schwung; **2.** / **a**) Verlauf, Dauer, Zusammenhang; *uno tenore* in einem Zuge, ununterbrochen; °**b**) Eigenart; °**c**) Ton einer Silbe; ** Inhalt, Wortlaut; Bedingung, Vertrag.

tēnsa, *ae f* (*wohl zu tendō*) Prozessions-, Götterwagen, *auf dem an den ludi Circenses die Götterbilder zum Zirkus gebracht wurden.*

tent... *auch* = *tempt...* [Geilheit.

tentīgō, *inis f* (*tenta; s. tendō*)

tentōriolum, *ī n* (*dem. v. tentōrium*) kleines Zelt.

tentōrium, *ī n* (*tendō*) Zelt.

tenuiculus 3 (*dem. v. tenuis*) ziemlich ärmlich.

tenuis, e (*m. comp., sup., adv.; eigtl.* „gedehnt"; *teneō u. tendō; cf. nhd.* „dünn") **1.** dünn, fein, zart; **2.** °**a**) schmächtig, mager; °**b**) schmal, eng; °**c**) seicht, flach; °**d**) dünn, schwach [*vox*]; **e**) klar, rein [*aqua*]; **3.** scharfsinnig; **4. a**) unbedeutend; **b**) haltlos, kleinlich; **c**) dürftig, ärmlich; **d**) (*v. Rang u. Stand*) niedrig, gering; **5.** schlicht, einfach; *adv.* **-iter** *auch* leichthin, obenhin.

tenuitās, *ātis f* (*tenuis*) Dünnheit, Feinheit; Schmächtigkeit, Magerkeit; / Dürftigkeit, Ärmlichkeit; Einfachheit, Schlichtheit.

tenuō 1 (*tenuis*) **1.** dünn machen, verdünnen; **2. a**) P. abmagern; **b**) verengen; **3.** / **a**) vermindern, verringern; herabsetzen, schwächen; **b**) voll Anmut dichten.

tenus¹, *oris n* (*cf. tendō*) Schnur *mit* Schlinge, Vogelschlinge, Dohne.

tenus² *adv. m. vorausgehendem abl. u. gen.* (*wohl erstarrter nom. m eines adi.* tenos „sich erstreckend"; *teneō u. tendō; cf. prōtinus*) bis an, bis zu; *verbo* ~ bloß dem Worte nach; °*nomine* ~ zum Schein; °*nutricum* ~ bis an die Brüste; ** *Rheno* ~ rheinabwärts.

tepe- *u.* **tepē-faciō,** *fēcī, factum*; P. *-fīō, factus sum, fierī u. fieri* (*tepeō*) anwärmen.

tepefactō 1 (*intens. v. tepefaciō*) [erwärmen.

tepeō, *uī,* — 2 (*cf. kirchenslawisch* tep-lu „warm", „Teplitz") lau sein, warm sein; / verliebt sein *in* [*iuvene*]; in der Liebe lau sein.

tepēscō, *puī,* — 3 (*incoh. v. tepeō*) **1.** (*intr.*) lauwarm werden: **a**) warm werden; °**b**) erkalten; °**2.** (*trans.*) erwärmen.

tepidus 3 (*m. comp., sup., adv.*; *tepeō*) lau, warm, mild; kühl, schon erkaltend; / matt.

tepor, *ōris m* Lauheit: milde Wärme; °Kühle; °/ Mattigkeit *der Darstellung.*

ter *num. adv.* (*altl.* terr; <*tris; trēs; *in der Zusammensetzung* tri- *häufiger als* ter-) **1.** dreimal; °/ mehrmals; sehr; °**2.** zum dritten Mal.

ter-centum *num. card. indecl.* (°*vereinzelt*) = *trecentī.*

ter-deciē(n)s *num. adv.* dreizehn- [mal.

terebinthus, *ī f* (*gr. Fw.*) Terebinthe.

terebrō 1 (*terebra* „Bohrer"; *terō*) (aus)bohren; / *jd.* zusetzen.

terēdō, *inis f* (*gr. Fw.*) Holzwurm.

Terentius *3 röm. Gentilname*: **1.** *C.* ~ *Varrō, wurde 216 v. Chr. zum Konsul ernannt*; **2.** *P.* ~ *Āfer, Lustspieldichter aus Karthago* (*185-159*); **3.** *M.* ~ *Varrō, vielseitiger Gelehrter u. Schriftsteller* (*116-28*); **4. Terentia,** *ae f Ciceros erste Gemahlin*; *adi.* *-iānus 3.*

Terentum, -tīnus *s. Tarentum².*

teres, *etis* (*m.* °*comp.*; *terō*) **1. a**) länglich rund, glatt rund; °**b**) fest gedreht [*plaga*]; / °**c**) glatt; **2.** / °**a**) drall, rundlich; **b**) geschmackvoll, fein.

Tēreūs, *eī u. eos m* (*acc. -ea; gr.*

T

-reus) *sagenh. König v. Thrakien, wegen Schändung der Philomela, der Schwester seiner Gattin Procne, in einen Wiedehopf verwandelt.*

tergeō, *tersī, tersum* (*cf. gr.* stergis „Schabeisen") abtrocknen, reinigen; °kitzeln [*palatum*]; °/ sühnen; verbessern.

tergīnum, *ī n* (*tergum*) Lederpeitsche.

tergiversātiō, *ōnis f* (*tergiversor*) [Zögerung.

tergi-versor 1 (*tergum*) den Rücken zukehren; / Ausflüchte suchen, sich [sträuben.

tergō 3 = *tergeō.*

tergum, *ī n u.* (*altl.*) **-us¹,** *ī m* (*cf. tergus²*) **1.** Rücken; *a -o* im Rücken, (von) hinten; *-a vertere* fliehen; / (*dcht.*) Flucht; °**2.** Leib, Körper; °**3.** / **a**) Hinterseite; **b**) Oberfläche; **c**) Haut, Fell, Leder; **d**) aus Fell *od.* Leder Verfertigtes: Schlauch, Lederschild, Handpauke *u. Ä.*; *pl.* Stierhäute, Lagen [*clipei*].

tergus², *oris n* (*wohl eigtl.* „Rückenhaut"; *cf. tergum, -us¹*) Rückenstück; Haut, Fell; *Martis* Panzer.

termentum, *ī n* (*terō*) Schaden.

termes, *itis m* (*et. unklar*) abgeschnittener Zweig [*olivae*].

Terminālia, *ium n* (*Terminus*) Fest des Terminus *am 23. Febr.*

terminātiō, *ōnis f* (*terminō*) °**1.** Grenzbestimmung; **2.** / **a**) Be-, Abgrenzung; Urteil; **b**) (*rhet. t.t.*) Schluss *einer Periode*, rhythmische Klausel.

terminō 1 (*terminus*) be-, abgrenzen; / be-, einschränken; bestimmen, bemessen [*bona voluptate*]; beendigen; (*rhet. t.t.*) abrunden, mit einer Klausel schließen.

terminus, *ī m* (*urspr.* „Grenzpfahl"; *cf. gr.* terma „Ziel") **1.** Mark-, Grenzstein; (*pl.*) Grenze, Mark; **2.** / **a**) Schranke; **b**) Schluss, Ende, Ziel; °**3.** ♀ *Grenzgott*; ** Maß; *termini sancti Petri* Kirchenstaat.

ternī 3 *num. distr.* (*ter*) **1. a**) je drei; °**b**) *sg.* dreifach; °**2.** drei zusammen, zu dritt.

terō, *trīvī, trītum* 3 (*cf. gr.* teirō < *terjō *ds.*) °**1.** (ab)reiben; °**2. a**) glätten, drechseln; **b**) dreschen; **c**) = *futuō*; **d**) abnutzen, abtragen; **e**) zerreiben; **3.** / °**a**) aufreiben, abmühen; **b**) oft benutzen, oft befahren [*viam*]; **c**) zu-, hinbringen, vergeuden [*tempus*].

Terpsichorē, *ēs f* (*ion.* -chorē) *Muse der Tanzkunst*; / Muse; Poesie.

terra, *ae f* (< *idg.* *tērsā; *eigtl.* „das Trockene"; *cf. torreō*) **1.** Erde (*als Weltkörper*); **2.** Erde (*als Stoff*) [*aquam -amque poscere*], Erdreich; **3.** Erdboden, Boden; **4. a**) Land (*Ggs. zu Meer u. Himmel*); *-ā marique* zu Wasser u. zu Lande; *a -ā* von der Landseite; **b**) Landschaft; *pl. die* Welt; *orbis -arum* Erdkreis; **5.** ♀ Erdgöttin, *Mutter der Titanen* (= *Tellūs*); ** *domini das* Heilige Land.

terrāneola, *ae f* (*dem. zu* *terrāneus; *terra*) „Erdmännchen" (*ein Vogel*; Haubenlerche?).

terrēnus 3 (*terra*) **1.** erdig, irden; **2.** Erd...; Land... [*bestiae*]; °**3.** unterirdisch [*numina*]; °**4.** irdisch, sterblich; °**5.** *subst.* **-um,** *ī n* Erdreich, Acker; *pl.* Landtiere.

terreō, *uī, itum* 2 (*Kausativ zu idg.* *teres- „zittern"; *cf. tremō*) **1.** (er-) schrecken, ängstigen; P. erschrecken (*intr.*); °**2.** (auf)scheuchen, jagen; verscheuchen; **3.** abschrecken.

terrestris, e *u.* °**-ster,** *tris, tre* (*terra*) irdisch; Erd...; Land...

terreus 3 (*terra*) aus Erde.

terribilis, e (*m.* °*comp.*; *terreō*) schrecklich, Schrecken erregend.

terricula, *ae f u.* **-um,** *ī n* (*terreō*) Schreckmittel, -bild.

terrificō 1 (*terrificus*) (er)schrecken.

terri-ficus 3 (*terreō, faciō*) Schrecken erregend.

terri-gena, *ae m f* (*terra, gignō*) [Erdensohn.

terri-loquus 3 (*terreō, loquor*) schrecklich redend.

terri-pavium *u.* **terri-pudium,** *ī n* (*v. Cicero gebildete Wörter zur Deutung v. tripudium*) günstiges Vorzeichen.

territō 1 (*intens. v. terreō*) stark er- [schrecken.

territōrium, *ī n* (*et. unklar*) Gebiet, Territorium.

terror, *ōris m* (*cf. terreō*) Schreck(en); Schrecknis; Schreckensnachricht; (*Ov.*) ♀ (*personifiziert*) *der* Schrecken.

terr-ūncius (*-ŭ-?*) = *terūncius.*

tersus 3 (*tergeō*) sauber, rein; / fein.

****tertia,** *ae f* musikalische Terz.

tertiadecumānī, *ōrum m* (*-tiā-?*; *tertia decima, sc. legiō*) Soldaten der dreizehnten Legion.

tertiānus 3 (*tertius*) zum Dritten

gehörig; dreitägig; *subst.* **-ī,** *ōrum u.* °*sg.* (*coll.*) *m* Soldaten der dritten Legion.
tertius 3 *num. ord.* (< **tritios; trēs; cf. nhd.* „Dritter") *der* Dritte; *-a Saturnalia der* dritte Tag der Saturnalien; *-ae partes* dritte Rolle; *~ decimus* (*auch zus.*) *der* Dreizehnte; *adv.* **-ō** *u.* **-um** zum dritten Mal, drittens.
ter-ūncius, *ī m* (*-ŭ-?; ūncia*) drei Zwölftel *eines zwölfteiligen Ganzen, ein* Viertel; *ex -o heres* Erbe eines Viertels (*od.* eines Vierzigstels?) der Erbmasse; (*Münze*) $^1/_4$ As = $^1/_{40}$ Denar; / Heller, Pfennig.
ter-venēficus, *ī m* Erzgiftmischer, Schuft.
tesqua *u.* **tesca,** *ōrum n* (*et. nicht geklärt*) Einöden, Steppen.
tessella, *ae f* (*dem. v. tessera*) Würfelchen; Mosaiksteinchen.
tessellātus 3 (*tessella*) Mosaik...
tessera, *ae f* (*wohl Kurzform eines gr. Fw.*) **1.** viereckiger Würfel (*mit 6 bezeichneten Seiten; cf. tālus*); °**2.** (viereckige) Marke: **a)** Erkennungsmarke *für Gastfreunde* [*hospitalis*]; **b)** Marke, Anweisung [*nummaria* zum Geld-, *frumentaria* zum Getreideempfang]; **c)** Holztafel m. Tagesparole *od.* Befehl; / Losung, Befehl.
tesserārius, *ī m* (*tessera*) Paroleträger, Melder, Ordonnanz.
tesserula, *ae f* (*dem. v. tessera*) Mosaiksteinchen.
testa, *ae f* (*et. nicht geklärt*) **1.** Ziegel, Backstein; °**2.** irdenes Geschirr (Topf, Urne, Lampe *u.ä.*); °**3.** Scherbe (*bsd. beim gr. Scherbengericht — testarum suffragium —*); *pl.* / Beifallsklatschen; **4. a)** Schale *der Schaltiere*; °Schaltier; °**b)** Schale, Decke; *lubrica* Eisdecke.
testāceus 3 (*testa*) aus gebrannten Ziegeln.
testāmentārius 3 (*tē-?; testāmentum*) Testamente betreffend; *subst.* **~,** *ī m* Testamentsfälscher.
testāmentum, *ī n* (*tē-?; testor*) letzter Wille, Testament; ** *das* Alte u. Neue Testament.
testātiō, *ōnis f* (*tē-?; testor*) Anrufung zu(m) Zeugen; Zeugenaussage; Beweis.
testātor, *ōris m* (*tē-?; testor*) Erblasser, Testator.
testātus 3 (*tē-?; m. comp.,* °*sup.; testor*) bezeugt; offenkundig.
testificātiō, *ōnis f* (*tē-?; testificor*) Zeugenbeweis; Feststellung.
testificor 1 (**testificus; testis¹, faciō*) °**1.** zum Zeugen anrufen; **2. a)** bezeugen, feierlich versichern; **b)** bekunden, beweisen.
testimōnium, *ī n* (*tē-?; testis¹*) Zeugnis, Zeugenaussage; Beweis; ** Leumund; Vollmacht.
testis¹, *is m f* (*tē-?; < *tri-stis < italisch* *tri-sto-s „als dritter dabeistehend") **1.** Zeuge, Zeugin; **2.** Augenzeuge, Mitwisser; °*auch im Wortspiel m. testis²*.
testis², *is m* (*tē-?; identisch m. testis¹*) *meist pl.* Hode.
testor 1 (*tē-?; testis¹*) **1.** (*trans.*) **a)** zum Zeugen anrufen; **b)** bezeugen; **c)** / beteuern, versichern; °**2.** (*intr.*) ein Testament machen, testieren.
testū, *abl. ū n* (*cf. testa*) irdener Deckel; / irdenes Geschirr; Napf.
testūdineus 3 (*testūdō*) schildkrötenartig [*gradus*]; mit Schildpatt ausgelegt.
testūdō, *inis f* (*eigtl.* „Deckeltier"; *testū*) **1. a)** Schildkröte; **b)** Schildpatt; **2.** Ding in der Form des Schildkrötenschildes: °**a)** Laute, Lyra; °**b)** lyraförmige Haarfrisur; **c)** gewölbte Halle *im Hofraum des röm. Hauses*; **d)** (*mil. t.t.*) (hölzernes) Schutzdach; **e)** (*mil. t.t.*) Schilddach; °**f)** Schale des Seeigels.
testula, *ae f* (*dem. v. testa*) irdenes Täfelchen, Scherbe; Scherbengericht.
tēter, *tra, trum* = *taeter.*
Tēthȳs, *yos f* (*gr. -thȳs*) *Gemahlin des Oceanus*; / Meer.
tetrachmum, *ī n* (*gen. pl. meist -um; gr. Fw., Kurzform*) Vierdrachmenstück (*gr. Silbermünze*).
tetraō, *ōnis m* (*-ā-?; gr. Fw.*) Auerhahn.
tetrarchēs, *ae m* (*gr. Fw.*) Tetrarch (*Beherrscher des vierten Teils eines Landes*); Regent.
tetrarchia, *ae f* (*gr. Fw.*) Tetrarchie (*s. tetrarchēs*).
tetrastichos, *on* (*gr. Fw.*) vier Zeilen enthaltend; *subst.* **-a,** *ōn n* Vierzeiler.
tetricus 3 (*et. ungedeutet*) finster, streng.
tetulī (*altl.*) = *tulī; s. fero.*
Teucer *u.* **Teucrus,** *crī m* (*gr.* Teukros) **1.** *Sohn des Telamon v.*

Salamis, Halbbruder des Aiax, sagenhafter Gründer v. Salamis auf Zypern; **2.** *Stammvater der Trojaner; adi.* -crus 3; *subst.* **-crus,** ī *m* (*gen. pl. auch* -um) Trojaner; **-cria,** ae *f* Troas, Troja.

Teutoburgiēnsis saltus *m der* Teutoburger Wald.

Teutonī, ōrum *u.* **-nes,** um *m germ. Volk, das mit den Kimbern in das röm. Reich eindrang u. v. Marius dort vernichtet wurde; adi.* -nicus 3; (*dcht.*) germanisch, ** deutsch.

texō, xuī, xtum 3 (*eigtl.* „kunstvoll verfertigen"; *cf. gr. Lw.* „Technik") weben; flechten; / zusammenfügen; bauen, verfertigen; (*schriftlich*) abfassen.

textilis, e (texō) **1.** gewebt; *subst.* **-e,** is *n* Gewebe; °**2.** / geflochten.

textor, ōris *m* (texō) Weber.

textōrium, ī *n* (textōrius 3 „das Weben betreffend"; texō) Spinngewebe. [stube, Weberei.

textrīnum, ī *n* (textor) Weber-

textrīx, īcis *f* (textor) Weberin.

textum, ī *n* (texō) Gewebe (*bsd.* Kleid, Tuch); Geflecht; / Gefüge, Bau. [Gewebe; Zusammenfügung.

textūra, ae *f* (texō) *das* Weben,

textus, ūs *m* (texō) Gewebe, Geflecht; / Zusammenhang *der Rede.*

Thāis, idos *f* (*gr.* -is) *gr. Frauenname:* **1.** *berühmte Hetäre in Athen;* **2.** *Geliebte des Menander.*

thalamēgus, ī *f* (*gr. Fw.*) Gondel.

thalamus, ī *m* (*gr. Fw.*) **1.** Gemach; Schlaf-, Wohnzimmer; Wohnung; **2.** Ehebett; / Ehe; ** aeterni regis Himmelssaal.

thalassicus 3 (*gr. Fw.*) Meer... [color]; seemännisch.

thalassinus 3 (*gr. Fw.*) meergrün.

thalassiō, -ius = talass...

Thalēs, ētis *u.* is *m Philosoph aus Milet, einer der Sieben Weisen.*

Thalīa, ae *f* (*gr.* Thalēia) **1.** Muse (*der heiteren Dichtkunst*); **2.** *Meernymphe.*

thallus, ī *m* (*gr. Fw.*) grüner Zweig.

Thapsos *u.* **-us,** ī *f* **1.** *St. im sö. Sizilien;* **2.** *St. in Afrika* (*46 Cäsars Sieg über die Pompejaner*).

theātrālis, e (theātrum) theatralisch, Theater...

theātrum, ī *n* (*gr. Fw.*) **1. a)** Schaubühne, Theater, Schauspielhaus; °**b)** Amphitheater; Zirkus; **2. a)** Theaterpublikum; °**b)** Zuschauer, Zuhörer; Versammlung; **3.** / Schauplatz; Wirkungskreis.

Thēbae, ārum *f* (*gr.* -bai) Theben: **1.** *das* „siebentorige" ~, *Hptst. Böotiens; adi. u. Einw.* -bānus (3); *subst.* **-baïs,** idis *f* **a)** Thebanerin; **b)** *Epos des Statius v. den Kämpfen um Theben;* **2.** *das* „hunderttorige" ~, *St. in Oberägypten; adi.* -baïcus 3; **3.** *das homerische* ~ *in Mysien.*

thēca, ae *f* (*gr. Fw.*) Kapsel, Büchse, Kasten; **2.** ledernes Futteral für Schreibgerät; ** Bibliothek; Keller.

thema, atis *n* (*gr. Fw.*) **1.** Gegenstand, Thema; **2.** Stellung der Sterne z. Z. der Geburt eines Menschen, Konstellation.

Themis, idis *f Göttin des Rechts.*

Themistoclēs, is *u.* ī *m* (*gr.* -klẹs) *athenischer Staatsmann um 480.*

thēnsaur... = thēsaur...

Theocritus, ī *m* (*gr.* -ọkritos) *Idyllendichter aus Syrakus* (*um 270*).

theogonia, ae *f* (*gr. Fw.*) Ursprung der Götter, Theogonie (*Epos Hesiods*).

****theologia,** ae *f* Theologie.

theologus, ī *m* (*gr. Fw.*) Mythologe; ** Theologe.

Theophrastus, ī *m* (*gr.* -ọphrastos) *Philosoph u. Schriftsteller* („*Charaktere*") *aus Eresos auf Lesbos, Mitgründer der älteren Akademie.*

****theotiscus** 3 volkstümlich; deutsch. [Maria.

****theotocos,** i *f* Gottesmutter

thermae, ārum *f* (*sc.* aquae; *gr. Fw.* „warm") warme Quellen, Thermen.

thermi- *od.* **thermopōlium,** ī *n* (*gr. Fw.*) Schenke (*für warme Getränke*).

thermopotō 1 (*gr. Fw.*) mit warmem Getränk laben.

Thermopylae, ārum *f* (*gr.* -pylai „warme Tore") *Engpass am Öta mit Schwefelquellen* (*ber. durch den Heldentod des Leonidas 480*).

thermulae, ārum *f* (*dem. v.* thermae) = thermae.

Thersītēs, ae *m Grieche vor Troja, durch seine Hässlichkeit u. seine Lästerzunge berüchtigt;* / Ausbund von Hässlichkeit; Lästermaul.

thēsaurārius 3 (thēsaurus) Schatz...

thēsaurus, ī *m* (*gr. Fw.*) **1.** Schatz, reicher Vorrat; Schatzkammer;

T

2. / °a) Vorratskammer; b) Fundgrube.

Thēseūs, eī u. eos m (gr. -seūs) *König v. Athen, Vater des Hippolytus, tötet den Minotaurus, entführt Ariadne; adi.* -sē(ī)us 3; *subst.* **-sīdēs,** ae m Hippolytus, *pl. die* Athener.

thesis, is f (acc. -in, abl. -ī; gr. Fw.) **1.** (rhet. t.t.) Annahme, These; **2.** (metr. t.t.) Thesis, Senkung (*des Fußes zur Bezeichnung des starken, spätl. der Stimme zur Bezeichnung des schwachen Taktteils; cf. arsis*).

Thespiae, ārum f (gr. -piai) *St. in Böotien am Helikon; adi.* -ias, adis f [deae *die* Musen]; *subst.* **-iades,** um f *die* Musen; *Einw.* **-iēnsēs,** ium m.

Thespis, idis m *Begründer der attischen Tragödie, Zeitgenosse Solons.*

Thessalī, ōrum m *griech. Volksstamm; adi.* -l(i)us 3; -licus 3; -lis, idis f (*subst.* Thessalierin); Landschaft; **-lia,** ae f (gr. -liā).

thēta n *indecl. der* gr. Buchstabe thēta *als Anfangsbuchstabe des gr. Wortes für Tod(esstrafe) auf den Stimmtafeln der Richter.*

Thetis, idis f *Meergöttin, Mutter des Achilles;* / Meer; großes Bad.

thiasus, ī m (gr. Fw.) Bacchusreigen, -chor.

Thisbē, ēs f *schöne Babylonierin, Geliebte des Pyramus.*

tholus, ī m (gr. Fw.) Kuppel(dach) eines Tempels; *Caesareus Mausoleum des Augustus* (?).

thōrāx, ācis m (gr. Fw.) Brustharnisch, Panzer; Brustbinde; ** Rock.

Thraex u. **Thrāx,** cis m (pl. -ces) Thraker; *adi.* thrakisch; (*meist* Thraex) Gladiator (*in thrakischer Rüstung*); *adi.* Thraecius, Thrācius, Thrē(ī)cius 3; *subst.* **Thrāc(i)a, Thraec(i)a,** ae u. **Thrācē,** ēs f Thrakien; **Thrēissa, Thrēssa,** ae f Thrakerin.

thrasciās, ae m (gr. Fw.) Nordwestwind.

Thrāx, cis s. Thraex.

thronus, ī m (gr. Fw.) erhabener Sitz, Thron.

Thūcȳdidēs, is u. ī m (gr. -kȳdidēs) *athen. Geschichtsschreiber des Peloponnesischen Krieges; adi.* -didīus 3.

Thūlē, ēs f *Insel im äußersten Norden (Island od. eine Shetlandinsel).*

thunnus, ī m = thynnus.

Thūriī, ōrum m u. (*selten*) **-ae,** ārum f (gr. -ioi) s. Sybaris; *adi. u. Einw.* -rīnus (3); *subst.* **-rīnum,** ī n Gebiet um ~.

thūs = tūs.

Thybris, idis (dcht.) m = Tiberis (Fl. u. Gott).

Thyestēs, ae u. is m *Sohn des Pelops, Bruder des Atreus, Vater des Ägisthus; adi.* -ēus 3; *subst.* **-iadēs,** ae m Ägisthus.

Thyias, adis f (gr. -as) *eine* Bacchantin.

thyïus 3 (*adi. zum gr. Lw.* thya) aus Citrusholz.

thȳlacista, ae m (?; gr. Lw.) *scherzh. Name für einen mahnenden Gläubiger.*

Thȳlē = Thūlē.

thymbra, ae f (gr. Fw.) Saturei (*Küchenkraut*).

thymum, ī n u. **-us,** ī m (gr. Fw.) Thymian, Quendel.

thynnus, ī m (gr. Fw.) Thunfisch.

Thyōnē, ēs f *Mutter des Bacchus;* **-neūs,** eī m Bacchus; **-niānus,** ī m Wein.

thyrsi-ger, era, erum (thyrsus, gerō) Thyrsus tragend.

thyrsus, ī m (gr. Fw.) **1.** Stängel, Strunk; **2.** *efeu- u. weinlaubbekränzter* Stab des Bacchus und der Bacchantinnen, Thyrsus; **3.** / Stachel.

Ti. (*Abk.*) = Tiberius.

tiāra, ae f u. **-ās,** ae m (gr. Fw. *orientalischer Herkunft*) Tiara, Turban; / Diadem, Krone.

Tiberis, is m Tiber, *j.* Tevere; *Flussgott* T.; *adi.* -rīnus 3, -rīnis, idis f; *subst.* **-rīnus,** ī m Tiber (*Fl. u. Flussgott; einst König in Alba, ertrinkt im Fl. Albula u. gibt ihm dadurch den neuen Namen*).

Tiberius, ī m *röm. Vorname* (*Abk.* Ti. u. Tib.); *adi.* -iānus 3; *dem.* **-riolus,** ī m *der* liebe ~.

tībia, ae f (*eigtl.* „Stock, Stab", *et. unklar*) °**1.** Schienbein; **2.** (*meist pl.*) Flöte, Pfeife; -is canere Flöte spielen.

tībiālia, ium n (tībia) Beinbinden; ** Strumpfhosen.

tībī-cen, inis m (tībia, canō) **1.** Flötenspieler, Pfeifer; °**2.** / Pfeiler, Stütze.

tībīcina, ae f (tībīcen) Flötenspielerin.

tībīcinium, ī n (tībīcen) Flötenspiel.

Tibullus, ī m *röm. cogn.:* Albius ~, *ber. Elegiker, 54-19.*

Tībur, uris n (abl. -e, loc. -ī) *St. am Anio, Luftkurort der reichen Römer, j.* Tivoli; *adi. u. Einw.* -burs, rtis; *adi.* -burnus, -burtīnus 3; *subst.* **-burs,** rtis n Gebiet von ~.

Tīburnus *u.* **Tīburtus,** ī *m Gründer v. Tibur.*
Tīcīnum, ī *n St. an der Mündung des Ticinus in den Po, j.* Pavia.
Tīcīnus, ī *m Nbfl. des Po, j.* Ticino (*Hannibals Sieg 218*).
tigillum, ī *n* (*dem. v.* tīgnum) kleiner Balken.
tīgnārius 3 (-ĭ-?; tīgnum) zum Bauholz gehörig; *faber* Zimmermann.
tīgnum, ī *n* (-ĭ-?; *et. umstritten*) [Stück Bauholz, Balken.
tigris, idis *u.* is (*gr. Fw. iranischer Herkunft*) **1.** *m f* Tiger; ♀ *Name des* Tigerhundes *des Actaeon*; *Schiffsname*; **2.** ♀ *m der* Tigris.
Tigurīnī, ōrum *m helvetischer Stamm im j. Kanton Waadt*; *adi.* -nus 3.
tilia, ae *f* (*et. unklar*) Linde.
time-factus 3 (*u.* -ē-?; timeō, faciō) in Furcht gesetzt.
timēns, entis (timeō) sich fürchtend *vor* [mortis]; furchtsam; *kl. nur subst. pl.*
timeō, uī, — 2 (*et. ungedeutet*) **1.** (sich) fürchten, besorgt sein [ne dass, ne non *u.* ut dass nicht; *nkl. a. c. i.*]; **2.** (*m. inf.*) sich scheuen, nicht wagen; °**3.** *jd.* zu fürchten haben, es aufnehmen *mit* [monstra]; (*Gerundiv*) °*adi.* **timendus** 3 furchtbar, schrecklich.
timiditās, ātis *f* (timidus) Ängstlichkeit, Scheu.
timidus 3 (*m.* °*comp.*, °*sup.*, *adv.*; timeō) furchtsam, scheu; °*subst.* **-ī,** ōrum *m* Feiglinge.
timor, ōris *m* (*cf.* timeō) **1. a)** Furcht, Besorgnis; *pl.* Befürchtungen; **b)** Schüchternheit; **c)** Ehrfurcht; °**d)** religiöse Scheu; Aberglaube; °**2.** Schrecken; drohende Lage; **3.** ♀ **a)** *Gott der Furcht*; °**b)** böser Dämon.
tīnctilis, e (-ĭ-?; ting[u]ō) zum Bestreichen brauchbar; flüssig.
tinea, ae *f* (*et. ungeklärt*) Motte; Raupe.
ting(u)ō, tīnxī, tīnctum 3 (tĭnxī, tĭnctum ?; *cf. nhd.* „tunken") **1.** benetzen, befeuchten, bestreichen; eintauchen; °**2.** färben; *kl. nur* (*P.P.P.*) *subst.* tīncta, ōrum *n* Buntes; **3.** / ausstatten.
tinnīmentum, ī *n* (tinniō) Geklingel.
tinniō 4 (*Schallwort*) °**1.** klingeln, klimpern, schellen; mit Geld klimpern, zahlen; °**3.** / laut singen, schreien.
tinnītus, ūs *m* (tinniō) *das* Klingeln, Geklingel; / Wortgeklingel.
tinnulus 3 (tinniō) klingelnd, schallend; hohl, Phrasen dreschend.
tintinnābulum, ī *n* (tintinnō) Klingel, Schelle.
tintinnāculus 3 (tintinnō) klirrend, schallend; viri „Klingelmänner" (*Henker, die den Delinquenten Schellen anlegen*).
tintin(n)ō 1 (*reduplizierende Bildung* [zu tinniō) klingen.
tīnus, ī *f* (*et. umstritten*) Schneeball (*ein Strauch*).
tippula, ae *f* (tippūla, tipulla?; *wohl gr. Lw.*) Wasserspinne.
Tīresiās, ae *m* (*gr.* Teiresịās) *blinder Wahrsager in Theben.*
Tīridātēs, is *m armenischer Königs-* [*name.*
tīrō, ōnis *m* (*vl. gr. Lw.*) Rekrut; *adi.* noch ungeübt; / Neuling, Anfänger; ♀ *Ciceros gelehrter Freigelassener*; ** Knappe, Page; Held; Knecht [dei].
tīrōcinium, ī *n* (tīrō; *Bildung nach* latrō-cinium) **1.** Rekrutenzeit, erster Kriegsdienst; **2.** *die* Rekruten; **3.** / **a)** Unerfahrenheit; **b)** Probestück; erstes öffentliches Auftreten; ** Turnier.
tīrunculus, ī *m* (*dem. v.* tīrō) junger Soldat; Anfänger, Neuling.
tīs (-ĭ-?) *altl. gen. v.* tū.
tisanārium, ī *n* = ptisanārium.
Tīsiphonē, ēs *f* (*gr.* -phọnē „Rächerin des Mordes") *eine Furie*; *adi.* -nēus 3.
Tītānes, um *u.* **-nī,** ōrum *m* (*sg.* Tītān[us]; *gr.* -tạn) *die* Titanen, *sechs Söhne des Uranus* (*Himmel*) *u. der Gaea* (*Erde*), *älteres Göttergeschlecht, v. Jupiter entthront u. in den Tartarus gestürzt*; *sg.* **Tītān** Helios (Sol), *Sohn des Hyperion*; *adi.* -ni(ac)us 3, -nis, idis *f.*
Tīthōnus, ī *m* (*gr.* -nọs) *Gemahl der Aurora, erlangt durch diese die Unsterblichkeit, aber nicht die ewige Jugend, schließlich in eine Heuschrecke verwandelt*; *adi.* -nius 3.
tit(t)ibil(l)īcium, ī *n* (*wohl Schallwort*) Kleinigkeit.
Titiē(nsē)s, (i)um *m* (*etr.*) **1.** *die Angehörigen einer der drei ältesten patriz. Tribus in Rom*; *urspr. der sabinische Stamm*; **2.** *die Angehörigen der gleichnamigen Ritterzenturie*; *cf.* Lūcerēs.
tītillātiō, ōnis *f* (tītillō) *das* Kitzeln; [Kitzel.

tītillō 1 (*wohl Schallwort*) kitzeln; reizen.
tītillus, ī *m* (tītillō) Kitzel.
Titius 3 **1.** *röm. Gentilname; auch adi.* [lex]; **2.** von Titus Tatius stammend, angeordnet [sodales Priesterkollegium].
titubanter *adv.* (titubāns, *part. praes. v.* titubō) schwankend, unsicher.
titubantia, ae *f* (titubō) *das* Stammeln.
titubātiō, ōnis *f* (titubō) °**1.** *das* Schwanken; **2.** / Verlegenheit.
titubō 1 (*et. unklar*) °**1.** wanken, schwanken, taumeln; **2.** / **a**) stammeln, stocken; °**b**) ratlos, unsicher sein; **c**) straucheln.
****titulo** 1 mit einer Inschrift versehen.
titulus, ī *m* (*wohl Fw.*) °**1.** Auf-, Inschrift; °**2. a**) Büchertitel; **b**) Grabinschrift; **c**) Anschlag, Bekanntmachung *an einem zu verkaufenden od. zu vermietenden Hause*; **3.** / **a**) Ehrentitel, -name; °**b**) Ruhm, Ansehen; *pl.* ruhmvolle Taten; °**c**) Vorwand; ** Buchtitel; Rechtsanspruch.
Titus, ī *m röm. Vorname; Abk.* T.
Tityos, ī *m* (*gr.* -ọs) *Riese, Sohn der Gaea; im Tartarus fressen Geier an seiner Leber, weil er sich an Latona vergreifen wollte.*
Tityrus, ī *m* (*gr.* -os) *Hirt in Vergils Bucolica;* / Hirt; Vergils Bucolica; Vergil.
toculliō, ōnis *m* (*gr. Fw.* „Zins" *m. patronymischem Suffix*) Wucherer.
todillus 3 (-ō-?; *et. unklar*) spatzendürr (?).
tōfīnus 3 (-ĭ-?; tōfus) aus Tuffstein.
tōfus, ī *m* (*Lw., wohl aus einer Mittelmeerspr.*) Tuffstein, Tuff.
toga, ae *f* (tegō) **1.** Toga (*das nationalrömische männl. Obergewand im Frieden; auch Bekleidung der Dirnen; sie bestand aus einem halbrunden weißwollenen Tuch u. wurde so umgeworfen, dass die l. Hand u. der r. Arm frei blieben;* candida weiße Tracht *der Amtsbewerber;* praetexta *s. d.;* pulla schwarzgraue Tracht *der Leidtragenden u. Angeklagten;* pura *od.* virilis unverbrämte Tracht *der Nichtbeamten u. der volljährigen jungen Leute;* °purpurea *Tracht der Könige*); **2.** Friedenskleid; **3.** / **a**) Friede; °Künste des Friedens; °**b**) Beredsamkeit; öffentliche Tätigkeit; °**c**) Dirne.
togātārius, ī *m* (togātus) Schauspieler in einer *togata* (*s.* togātus).
togātulus, ī *m* (*dem. v.* togātus) Klient.
togātus 3 (toga) mit der Toga bekleidet; echt römisch; Gallia -a *s. d.;* ancilla -a Dirne; *subst.* **1.** ~, ī *m* **a**) röm. Bürger; **b**) Bürger im Friedenskleide; °**c**) Klient; **2.** **-a,** ae *f* **a**) *das nationale* römische Lustspiel; °**b**) Dirne.
togula, ae *f* (*dem. v.* toga) kleine Toga.
Tolbiacum, ī *n* (-ā-?) *St. in Gallia Belgica, j.* Zülpich.
tolennō, ōnis *m* (tollēnō?; *et. umstritten; etr.?*) Schwungbalken, Belagerungsmaschine; Kran.
tolerābilis, e (*m. comp.,* °*sup., adv.;* tolerō) erträglich, leidlich; geduldig.
tolerandus 3 (*Gerundiv v.* tolerō) erträglich.
tolerāns, antis (*m.* °*comp.,* °*sup., adv.;* tolerō) ertragend, geduldig [laborum].
tolerantia, ae *f* (tolerāns) **1.** geduldiges Aushalten; °**2.** Geduld.
tolerātiō, ōnis *f* (tolerō) Kraft zum Ertragen.
tolerō 1 (*tolus *„das* Ertragen"; *cf.* tollō) **1.** ertragen, aushalten; **2.** notdürftig ernähren, unterhalten; °**3.** erträglich machen; °**4.** genügen [sua moenia].
Tolētum, ī *n St. in Spanien, j.* Toledo; *Einw.* -tānī, ōrum *m.*
tollēnō *s.* tolennō.
tollō, sustulī, sublātum 3 (< *tolnō; *cf. nhd.* „dulden"; *s.* sufferō) **1. a**) auf-, emporheben, in die Höhe heben; aufziehen [vexillum], aufschlagen [oculos], lichten [ancoras], ziehen [sortes]; **b**) (*mil. t.t.*) signa (*zum Marsch*) aufbrechen; **c**) in die Höhe bauen; **d**) mit sich nehmen; laden; **2. a**) erheben [clamorem]; **b**) auf sich nehmen [onus]; leiden [poenam]; °**c**) (*ein neugeborenes Kind*) von der Erde aufheben und als das Seinige anerkennen; **d**) (*ein Kind*) erhalten *von,* zeugen *mit* [ex Fabia]; **e**) verherrlichen; **f**) (*Mutlose*) aufrichten; °animum (-os) mutig *od.* überheblich werden; **3. a**) wegnehmen, -bringen, entführen, entfernen; aus dem Wege räumen [e, de medio hominem]; **b**) aufheben, abschaffen [legem], beendigen [bellum]; **c**) vernichten,

vertilgen, vereiteln; ausstreichen [*ex libro*]; benehmen [*metum*]; **d**) durch langes Reden vertrödeln [*diem*]; **e**) verschweigen, weglassen.
Tolōsa, *ae f St. an der Garonne, j.* Toulouse; *adi. -sānus* 3; *Einw. -sātēs, ium m.* [equus Passgänger.
tolūtārius 3 (*tolūtim*) trabend;
tolūtim *adv.* (*tollō*) im Trab.
tomāc(u)lum, *ī n* (*wohl gr. Lw.*) *eigtl.* „abgeschnittenes Stück"; *eine Wurstart*; *vl.* Bratwurst.
tōmentum, *ī n* (< **tovementom*; *cf. tōtus, tumeō*) Polsterung.
Tomis, *idis f St. in der Dobrudscha, Verbannungsort Ovids*; *Einw.* **-mītae,** *ārum m*; *adi. -mītānus* 3.
tomus, *ī m* (*gr. Fw.*) Papierschnitzel; Hülle, Titelstreifen *einer Bücherrolle*; ** Band (*eines größeren Werkes*).
tondeō, *totondī, tōnsum* 2 (*idg.* *tend-, *Erweiterung v.* *tem- „schneiden") **1.** (ab)scheren, rasieren; (*unkl.*) *-ere u. -eri* sich scheren (lassen); °**2.** / **a**) (ab)mähen; beschneiden; abrupfen, -pflücken, -fressen; **b**) berauben *um* [*auro*].
tonitrus, *ūs m u.* **-ua,** *ōrum n* (*tonō*) Donner(schlag).
tonō, *uī,* — 1 (*cf. nhd.* „donnern") **1.** (*intr.*) **a**) donnern; *impers. tonat* es donnert; / °**b**) laut erdröhnen, krachen; **c**) mit Donnerstimme reden; °**2.** (*trans.*) mit Donnerstimme ertönen lassen [*verba*]; singen *von* [*deos*]; °**3.** (*part. praes.*) *subst.* **Tonāns,** *antis m der* Donnerer (*Jupiter, Saturn*); ** Gott.
tonor, *ōris m* (*wohl Kontamination aus einem gr. Fw. u. lat. tenor*) Betonung *einer Silbe*.
tōnsa, *ae f* (*vl. als* „behauenes Holzstück" *zu tondeō*) Ruder.
tōnsilis, *e* (*tondeō*) geschoren, beschnitten.
tōnsilla, *ae f* (*unsicher überliefert, et. unklar*) *Name des Meervogels cīris.*
tōnsillae, *ārum f* (*dem. zu dem et. umstrittenen tōlēs, ium f* „Kropf") Mandeln (*im Halse*). [ren pflegen.
tōnsitō 1 (*frequ. v. tondeō*) zu sche-
tōnsor, *ōris m* (*tondeō*) Haarschneider, Barbier. [Priester geweiht.
****tonsoratus** 3 geschoren, zum
tōnsōrius 3 (*tōnsor*) Scher... [*culter*].
tōnstrīcula, *ae f* (*dem. v. tōnstrīx*) (*verächtlich*) Bartkratzerin.
tōnstrīna, *ae f* (*tōnsor*) Barbierstube.
tōnstrīx, *īcis f* (*tōnsor*) Friseuse.
tōnsūra, *ae f* (*tondeō*) *das* Scheren, Schur; ** Tonsur. [-tracht.
tōnsus, *ūs m* (*tondeō*) Haarschnitt,
tonus, *ī m* (*gr. Fw.* „Spannung") Ton (*eines Instruments, einer Silbe*), Akzent; Donner; ** Wortlaut.
****topaz(i)us,** *i f* Topas.
tōph... = *tōf...*
topiārius 3 (*gr. Lw. topia, ae f* „Gartenanlage") °zur Kunstgärtnerei gehörig; *subst.* **~,** *ī m* Kunstgärtner; **-a,** *ae f* Kunstgärtnerei.
topica, *ōrum n* (*gr. Fw.*) Topik, Sammlung von Gemeinplätzen; ♀ *Titel einer Schrift des Aristoteles u. ihrer lat. Nachschrift durch Cicero.*
****topographia,** *ae f* Ortsbeschreibung.
****topographus,** *i m* Kartenzeichner, Geograph.
topothesia, *ae f* (*gr. Fw.*) fingierte Lage eines Ortes.
topper *altl. adv.* (*eigtl.* „gerade dann"; **tod* [*Pron.-Stamm* *to-] + *-per*) **1.** sogleich; **2.** vielleicht.
toral, *ālis n* (*torus*) Sofa-, Bettdecke.
torculum, *ī n* (*torqueō*) Kelter, Presse. [Arbeit, Relief.
toreuma, *atis n* (*gr. Fw.*) getriebene
tormentum, *ī n* (*torqueō*) **1.** Winde; **2. a**) schweres Geschütz; **b**) *aus einem Geschütz geschleudertes* Geschoss; **3.** °**a**) Presse, Fessel; **b**) Marterwerkzeug, Folterbank; / °**c**) Zwang; **d**) Folter; Marter.
tormina, *um n* (*torqueō*) Leibschneiden; Ruhr. [leidend.
torminōsus 3 (*tormina*) an Ruhr
****torn(e)amentum,** *i n* Turnier.
tornō 1 (*tornus*) drechseln; °/ abrunden [*versus*]. [Meißel.
tornus, *ī m* (*gr. Fw.*) Drechseleisen,
torōsus 3 (*torus*) muskulös; dick.
torpēdō, *inis f* (*torpeō*) °**1.** Lähmung; Stumpfsinn; **2.** / Zitterrochen.
torpeō, *uī,* — 2 (*cf. nhd.* „derb") °**1.** erstarrt, regungslos sein; **2.** / **a**) träge sein; °**b**) fassungslos sein.
torpēscō, *puī,* — 3 (*incoh. v. torpeō*) erstarren; / erlahmen.
torpidus 3 (*torpeō*) erstarrt, betäubt.
torpor, *ōris m* (*torpeō*) Erstarrung; °/ Trägheit; Lethargie.
torquātus 3 (*torquis*) mit einer Hals-

kettegeschmückt; *palumbus* Ringeltaube; ♀ *cogn. in der gens Manlia.*
torqueō, *torsī, tortum* 2 (*cf. nhd.* „drechseln") **1. a)** winden, (um-)drehen; °**b)** wälzen, fortrollen; **2.** schleudern, werfen [*tela*]; **3. a)** verdrehen, -renken; **b)** foltern; **4.** / **a)** wenden, lenken; **b)** genau prüfen, erforschen; **c)** martern.
torquis, *is m u.* (*seltener*) *f* (*torqueō*) **1. a)** Halskette; °**b)** Kummet *der Ochsen*; °**2.** / Girlande.
torrēns, *entis* (*torreō*) °**1.** *adi.* **a)** erhitzt; heiß; **b)** schnell fließend; reißend; **2.** *subst. m* Wildbach; °/ Strom [*meri*]; Wortschwall.
torreō, *torruī, tostum* 2 (*tōstum* ?; *cf. terra, nhd.* „dürr, Durst") trocknen; braten, backen, rösten; ausdörren, verbrennen, versengen; °/ (*in Liebe*) entflammen.
torrēs, *is f* (*torreō*) dörrende Hitze.
torrēscō, — — 3 (*incoh. v. torreō*) geröstet werden.
torridus 3 (*torreō*) **1.** (*pass.*) °**a)** gedörrt, ausgetrocknet; °**b)** vor Kälte zusammengeschrumpft; **c)** / mager, saftlos; °**2.** (*act.*) sengend.
torris, *is m* (*torreō*) brennendes Holzscheit.
tortilis, e (*torqueō*) gedreht, gewunden.
tortō 1 (*intens. v. torqueō*) martern.
tortor, *ōris m* (*torqueō*) Folterknecht; Schinder.
****tortula,** *ae f* Törtchen.
tortuōsus 3 (*tortus*[2]) voller Windungen, gewunden; / verwickelt; unverständlich; nicht offen.
****tortura,** *ae f* Marter, Qual.
tortus[1] 3 (*m. adv. torqueō*) gewunden; verschlungen; / spitzfindig.
tortus[2], *ūs m* (*torqueō*) Windung.
torulus, *ī m* (*dem. v. torus*) Haarwulst.
torus, *ī m* (*et. umstritten*) °**1. a)** Wulst; **b)** / *-i et iubae* wuchtige Darstellung; **2. a)** Schleife am Kranze; **b)** Muskel; °**c)** *pl.* Mähne; °**d)** Böschung; °**3. a)** Polster, Lager; **b)** Sofa; Bett; **c)** Ehebett [*genialis*]; Liebe; Ehe; *consors -i* Ehefrau; **d)** Schoß; **e)** Bahre.
torvitās, *ātis f* (*torvus*) finsteres Aussehen.
torvus 3 (*cf. nhd.* „dräuen") finster, wild (aussehend).
tōsillae = *tōnsillae*.
tot *num. indecl.* (< **toti*; *cf. totidem*; *zum Pron.-Stamm* **to-* „der") *adi.* so viele; *tot ... quot* so viele ... wie [*res*].
****totalis,** e gänzlich, völlig.
toti-dem *num. indecl.* (*cf. ī-dem*) *meist adi.* ebenso viele; °*subst.* ebenso viel. [°**2.** ebenso oft.
totiē(n)s *num. adv.* (*tot*) **1.** so oft;
tōtus 3 (*gen. -īus, dat. -ī, selten -ō*; < **tovetos zu *toveō* „voll stopfen"; *cf. tumeō*) **1.** ganz; **2.** *pl.* alle, sämtliche, insgesamt; **3.** völlig, mit Leib und Seele; **4.** *subst.* **-um,** *ī n das* Ganze; *ex -o* gänzlich.
toxicon *u.* **-cum,** *ī n* (*gr. Fw.*) Pfeilgift; Gift.
tr. (*Abk.*) = *tribūnus, -nīcius.*
tr. pl. (*Abk.*) = *tribūnus plēbis.*
trā- *s. auch unter trāns-.*
trabālis, e (*trabs*) **1.** Balken...; °**2.** balkenstark.
trabea, *ae f* (*trabs*) *m. breiten Purpurstreifen verbrämtes* Staatsgewand *der Könige u. Ritter*; / Ritterstand.
trabeātus 3 (*trabea*) im Staatskleide; *subst.* **-ae,** *ārum f eine Art lat. Dramen.*
trabs, *abis f* (*et. unklar*) **1.** Balken; °**2.** / **a)** Baum(stamm); **b)** Schiff; **c)** Dach; Haus; **d)** Fackel; **e)** Tisch; **f)** = *mentula*; °**3.** feurige Lufterscheinung.
Trāchīn, *īnis f* (*gr. -įs u. -įn*) *St. am Öta, Sterbeort des Herkules*; *adi.* **-īnius** 3; *subst.* **-īniae,** *ārum f die* Trachinierinnen, *Tragödie des Sophokles.*
tractābilis, e (*m. comp.,* °*adv.*; *tractō*) **1.** berührbar; °/ heiter [*caelum*]; **2.** / nachgiebig, gütig.
tractātiō, *ōnis f* (*tractō*) **1.** Handhabung, Gebrauch [*armorum*]; **2.** / **a)** Beschäftigung *mit* [*philosophiae*]; °**b)** Benehmen; **c)** (*rhet. t.t.*) besonderer Gebrauch eines Wortes; °ausführliche Abhandlung.
tractātor, *ōris m* (*tractō*) Masseur (*Sklave*); ** Ausleger, Erklärer.
tractātrīx, *īcis f* (*tractātor*) Masseuse (*Sklavin*).
tractātus, *ūs m* (*tractō*) **1.** = *tractātiō* 2 a; °**2.** Erörterung.
tractim *adv.* (*trahō*) **1.** ziehend: *tangere* eine Ohrfeige geben [*illum*]; **2.** nach und nach; **3.** langsam.
tractō 1 (*frequ. v. trahō*) °**1.** umherschleppen, -zerren; *kl. nur* /; **2.** betasten, anfassen; handhaben; **3.** / **a)** verwalten, betreiben, besorgen; **b)**

behandeln, sich benehmen gegen [*plebem*]; **c**) in Anwendung bringen; **d**) untersuchen, überdenken; **e**) besprechen, erörtern; °**f**) verhandeln *über* [*de condicionibus*].

tractum, *ī n* (*trahō*) Spinnwolle.

tractus[1] 3 (*trahō*) ausgehend *von* [*a*]; ruhig fließend [*oratio*].

tractus[2], *ūs m* (*trahō*) **1.** *das* Ziehen, *der* Zug; **2.** / **a**) Ausdehnung, Reihe [°*arborum*]; **b**) Gegend; °**c**) Verzögerung; °**d**) ruhiger Verlauf [*temporis*]; **e**) verhaltener Stil [*orationis*].

trāditiō, *ōnis f* (*trādō*) Übergabe; °/ Überlieferung, Bericht; Vortrag *des Lehrers*, Lehre.

trāditor, *ōris m* (*trādō*) Verräter.

trā-dō, *didī, ditum* 3 **1.** übergeben, einhändigen; *per manus* von Hand zu Hand geben; **2. a**) anvertrauen; **b**) empfehlen; **3. a**) ausliefern, verraten; °**b**) *alci* an jd. verheiraten; °**c**) durch Verkauf abtreten; **d**) *se* -ere sich hingeben [*fidei, in studium*], sich ergeben; **4.** (*als Erbteil*) hinterlassen; **5. a**) (*schriftl. der Nachwelt*) überliefern, berichten; *tradunt* (*m. a.c.i.*), *traditur, traduntur*) (*m. n.c.i.*) man berichtet, es wird erzählt; **b**) (*mündl.*) vortragen, lehren.

trā-dūcō, *dūxī, ductum* 3 **1.** hinüberführen, setzen *über* [*trans flumen, exercitum flumen*]; **2.** in neue Verhältnisse versetzen [*a laetitia ad metum*], befördern *zu*; **3.** gewinnen, auf seine Seite bringen [*ad se; ad,* °*in suam sententiam*]; **4. a**) vorbeiführen [*praeter castra*]; °**b**) dem Spott preisgeben [*per ora hominum*]; °**c**) bekannt machen [*carmina*]; **5.** hinbringen, verleben [*vitam tranquille*]; **6. a**) verwenden *auf* [*curam in vitulos*]; **b**) anwenden *auf* [*ad physiologiam*].

trāductiō, *ōnis f* (*trādūcō*) **1.** Versetzung *unter* [*ad plebem*]; **2.** Verlauf [*temporis*]; °**3.** Bloßstellung; **4.** (*rhet. t.t.*) uneigentlicher Gebrauch *eines Wortes, bsd.* Metonymie.

T

trāductor, *ōris m* (*trādūcō*) „Überführer", *ad plebem* „Plebejerfabrikant" (*d. i. Pompeius, der den Übertritt des Clodius in eine pleb. Familie gefördert hatte*).

trādux, *ucis m* (*trādūcō*) Weinsenker.

tragicōmoedia, *ae f* (*Neubildung aus zwei gr. Fw.*) Tragikomödie.

tragicus 3 (*m. adv.; gr. Fw.*) **1.** tragisch, Trauerspiel..., in der Tragödie dargestellt; °*subst.* ~, *ī m* Tragiker; tragischer Schauspieler; **2.** / **a**) erhaben, pathetisch; °**b**) schrecklich, grausig.

tragoedia, *ae f* (*gr. Fw.*) Tragödie; tragisches Pathos; Rührstück; *pl.* Spektakel.

tragoedus, *ī m* (*gr. Fw.*) tragischer Schauspieler.

trāgula, *ae f* (*wohl kelt. Fw.*) (*m. Schwungriemen versehener*) Wurfspieß *der Gallier u. Spanier*; °/ Ränke.

tragus, *ī m* (*gr. Fw.*) **1.** *unbekannter Fisch*; **2.** Bocksgestank *unter den Achseln*.

trahāx, *ācis* (*trahō*) raffend.

trahea, *ae f* (*trahō*) Bohlenwalze (*zum Ausdreschen des Getreides*).

trahō, *trāxī, tractum* 3 (*cf. nhd.* „tragen") ziehen: **1.** ziehen, schleppen: **a**) ziehen, schleifen; **b**) hin- und herzerren; **c**) mit sich fortschleppen, wegschleppen [°*pecus*]; °**d**) plündern; °**e**) nachschleppen [*vestem*]; °**f**) im Gefolge haben; verursachen [*pudorem*]; °**g**) ablenken [*ab incepto*]; °**h**) einschlürfen, -ziehen [*odorem*]; **i**) / annehmen, bekommen [*nomen ex,* (°*a*) *facinore*]; **k**) an sich reißen [*regnum*]; **l**) herausziehen [°*ferrum ex vulnere*]; **m**) / herleiten [*originem a*]; °**n**) zusammenziehen [*vultus*]; °**o**) verprassen; **2.** hinziehen *zu*: **a**) hinziehen, leiten *zu*; P. sich hingezogen fühlen *zu*; **b**) / bewegen, veranlassen, verleiten, reizen *zu* [°*ad defectionem*]; **c**) auslegen, deuten, ansehen *als* [°*in virtutem,* °*ad religionem*]; °**d**) beimessen, beilegen [*decus ad consulem*]; °**e**) überlegen, erwägen [*rationes belli*]; **3.** in die Länge ziehen: °**a**) (*eigtl.*) (ab)spinnen, krempeln; **b**) / verlängern [°*bellum*]; verzögern [*comitia*]; °**c**) (*Zeit*) hinbringen, fristen [*vitam*].

Trāiānus, *ī m M. Ulpius* ~, *röm. Kaiser* (*98-117*).

trāiciō, *iēcī, iectum* 3 (*iaciō*) **I.** hinüberwerfen: **1. a**) hinüberwerfen, -schießen, -bringen, -schaffen [°*telum trans vallum; legiones in Italiam*]; **b**) / übertragen [°*arbitrium in omnes*]; **2. a**) (*trans.*) (*Truppen*) über einen Fluss setzen [*copias* (*trans*) *fluvium*]; **b**) P., (*intr.*

u. se -ere hinüberfahren; überschreiten, setzen *über* [*fluvium, mare*]; °**3.** hinüberdringen, übergreifen *auf* [*incendium ad nos*]; **II.** überwerfen, durchdringen: **1.** hinüberwerfen *über* [*murum iaculo*]; **2.** durchstoßen, durchbohren [*ei femur tragula*]; °**3.** durchbrechen [*mediam aciem*].

trāiectiō, *ōnis f* (*trāiciō*) **1. a)** Überfahrt, Übergang; **b)** *stellae* Sternschnuppe; **2.** / **a)** *das* Hinüberschieben [*in alium*]; **b)** (*rhet. t.t.*) Versetzung [*verborum*]; Übertreibung, Hyperbel.

trāiectus, *ūs m* (*trāiciō*) Überfahrt.

trālātus¹, *ūs m* (*trā-ferō = trāns-ferō*) *das* Vorbeitragen; feierlicher Aufzug.

trālātus² 3 *s. trānsfero.*

trā-loquor, — 3 hererzählen.

trāma, *ae f* (*wohl zu trahō*) Schuss des Gewebes; / *pl.* Bagatellen.

trāmes, *itis m* (< **trāns-mit-s*; *meō*) Seitenpfad; °/ Pfad, Flug.

trā-natō *u.* **-nō** 1 (*trans. u. intr.*) hinüber-, durchschwimmen; *auch* /.

tranquillitās, *ātis f* (*tranquillus*) Windstille, ruhiges Wetter; / politische Ruhe; Gemütsruhe.

tranquillō 1 (*tranquillus*) beruhigen.

tranquillus 3 (*m.* °*comp.*, *sup.*; *adv.* **-ē** *u.* (*Li.*) **-ō**; *trāns* „sehr" + *quil-nos zu quiēs*) ruhig, still; friedlich, gelassen; *subst.* **-um,** *ī n* = *tranquillitās.*

trāns (*wohl erstarrtes part. praes. zu* √ *ter- „überschreiten"; *cf. terminus*) **I.** *in der Komposition*: **trāns-, trā-** (*vor d-, l-, m-, n-, i-, v-, später auch vor anderen Konsonanten trā-; vor s- vereinfacht zu trān-*) **1.** hinüber, über- [*transeo*]; **2.** hindurch, durch- [*transfigo*]; **3.** darüber hinaus [*transalpinus*]; **II. trāns** *prp. b. acc.* **1.** (*Frage: wohin?*) über, über ... hin, über ... hinaus; **2.** (*Frage: wo?*) jenseits.

trāns-abeō, *iī, itum, īre* durchbohren.

trānsāctor, *ōris m* (*trānsigō*) Vermittler.

trāns-adigō, — — 3 treiben durch [*costas ensem*]; durchbohren.

trāns-alpīnus 3 jenseits der Alpen (befindlich); °*subst.* **-ī,** *ōrum m die* jenseits der Alpen wohnenden Völker.

****trans-alpizo** 1 die Alpen überschreiten.

trān-scendō, *endī, ēnsum* 3 (*scandō*) **1.** (*intr.*) hinüberschreiten, -steigen, -gehen; °/ übergehen *zu*; **2.** (*trans.*) übersteigen, -schreiten; °/ übertreten.

trāns-cīdō, *cīdī,* — 3 (*caedō*) durchprügeln.

trān-scrībō, *psī, ptum* 3 **1.** um-, abschreiben; °**2. a)** (*jur. t.t.*) um-, verschreiben **b)** / übertragen *auf*; °**3.** (*in einen andern Stand*) versetzen; / aufnehmen [*in viros*].

trānscrīptiō, *ōnis f* (*trānscrībō*) Entschuldigung *wegen eines Verbrechens* [*veneni*].

trāns-currō, (*cu*)*currī, cursum* 3 **1.** (*intr.*) **a)** hinüber-, hinlaufen; °**b)** / übergehen *zu* [*ad melius*]; **c)** vorüberlaufen, -fahren; vergehen [*aestas*]; **2.** (*trans.*) **a)** durchlaufen [*cursum suum*]; / °**b)** kurz durchgehen [*narrationem*]; °**c)** mit Stillschweigen übergehen.

trānscursus, *ūs m* (*trānscurrō*) **1.** *das* Durchlaufen, Flug [*per aera*]; **2.** *das* Vorbeilaufen, -fahren.

trānsenna, *ae f* (*vl. etr.*) °**1.** Vogelnetz; / Fallstrick; **2.** Gitterfenster.

trāns-eō, *iī, itum, īre* (*fut. im Vers auch trānsiet*) **1.** (*intr.*) **a)** hinübergehen, ü'bergehen, ü'bersetzen [*in Italiam*]; **b)** übergehen *zu* [*a patribus ad plebem*]; überlaufen; °**c)** sich verwandeln [*in saxum*]; °**d)** beitreten [*ad sententiam eius*]; **e)** (*in der Rede*) übergehen *zu*; **f)** verfließen [*dies*]; **g)** hindurchgehen, -ziehen, -dringen; **2.** (*trans.*) **a)** überschreiten [*Alpes*]; °**b)** zurücklegen [*iter*]; °**c)** vorbeigehen, -fahren *an*; / **d)** übertreten, verletzen; **e)** sich abfinden *mit* [*ea, quae premunt*]; **f)** durchgehen, besprechen; °**g)** überholen; °**h)** übertreffen; **i)** übergehen, unbesprochen lassen; °**k)** verbringen [*vitam silentio*]; ** sterben.

trāns-ferō, *tulī, lātum* 3 **1. a)** hinübertragen, -bringen, -schaffen; °**b)** vorbei-, vorübertragen; **2. a)** verlegen [*concilium Lutetiam*]; **b)** lenken, wenden, schieben [*culpam ad, in alium*]; **3.** übertragen; übergehen lassen *auf*; **4. a)** abschreiben [*de libris in tabulas*]; **b)** übersetzen [°*ex Graeco in Latinum*]; **c)** anwenden *auf*; **d)** uneigentlich, bildlich gebrauchen; *verba translata* Metaphern; **5.** verschieben [*in aliud tempus*].

trāns-fīgō, *fīxī, fīxum* 3 durchbohren; °hindurchstoßen.
trāns-figūrō 1 verwandeln.
trāns-fodiō, *fōdī, fossum* 3 = *trānsfīgō.*
trāns-fōrmis, e (*Rückbildung aus trānsfōrmō*) verwandelt.
trāns-fōrmō 1 umgestalten, verwandeln.
trāns-forō 1 durchbohren.
trans-fretō 1 (< *trāns fretum sc. vehor*) über das Meer fahren.
trānsfuga, *ae m f* (*trānsfugiō*) Überläufer; *adi.* übergelaufen; °abtrünnig.
trāns-fugiō, *fūgī,* — 3 überlaufen.
trānsfugium, *ī n* (*trānsfugiō*) *das* Überlaufen.
trāns-fundō, *fūdī, fūsum* 3 °**1.** umgießen; P. (hinüber)strömen; **2.** / übertragen [*laudes suas in alienum*].
trānsfūsiō, *ōnis f* (*trānsfundō*) Vermischung.
trāns-gredior, *gressus sum* 3 (*gradior*) **1.** (*intr.*) **a)** hinübergehen; °/**b)** übergehen [*in partes* zu einer Partei]; **c)** schreiten *zu* [*ad sacramentum*]; **2.** (*trans.*) überschreiten, passieren [*Taurum*].
trānsgressiō, *ōnis f* (*trānsgredior*) **1.** Übergang; **2.** (*rhet. t.t.*) °**a)** Übergang *zu einem anderen Gegenstand*; **b)** *verborum* Abweichung von der gewöhnlichen Wortstellung (*Übersetzung des gr. Fw. hyperbaton*).
****transgressor,** *oris m der* Übertreter; Sünder.
trānsgressus, *ūs m* (*trānsgredior*) Übergang.
trāns-igō, *ēgī, āctum* 3 (*agō*) °**1.** durchbohren; **2.** / **a)** durchführen, zustande bringen; **b)** beilegen [*rem*]; ein Abkommen treffen; **c)** ein Ende machen [*cum expeditione*]; °**d)** verleben [*tempus*].
trān-siliō, *siluī* (*selten silīvī, siliī*), — 4 (*saliō*) **1.** (*intr.*) hinüberspringen; / übergehen *zu,* verfallen *auf*; **2.** (*trans.*) °**a)** überspringen; °**b)** durcheilen, -fliegen; / **c)** überschreiten; **d)** unbeachtet lassen.
trānsitāns, *antis* (*part. praes. v.* **trānsitō intens. v. trānseō*) durchziehend.
trānsitiō, *ōnis f* (*transeō*) **1.** *das* Hinübergehen, Übergang; **2.** / **a)** Übertritt; °**b)** *das* Überlaufen *zum Feinde*; °**c)** Ansteckung (*mit einer Krankheit*); **3.** Durchgang (*als Ort*).
trānsitōrius 3 (*m. adv.*; *transeō*) Durchgangs... [*domus*]; ** vergänglich.
trānsitus, *ūs m* (*trānseō*) **1.** *das* Überschreiten, Übergang; Pass, Furt; °**2.** / Übertritt; Farbenübergang; Übergang (*in der Rede*); °**3.** **a)** Durchzug; **b)** Durchgang (*als Ort*); **4.** *das* Vorübergehen; °/ *in -u* flüchtig; oberflächlich; ** Tod.
trānslātīcius 3 (*trānslātus, P.P.P. v. trānsferō*) überliefert, herkömmlich; / gewöhnlich, gemein.
trānslātiō, *ōnis f* (*trānsferō*) **1.** **a)** Übertragung; °**b** Verlegung; **2.** (*rhet. t.t.*) **a)** Tropus, Metapher; °**b)** Übersetzung (*aus einer Sprache in eine andere*); °**3.** (*gramm. t.t.*) Vertauschung [*temporum*]; Umstellung der Wörter; **4.** (*jur. t.t.*) **a)** Ablehnung *eines Richters, Klägers usw.*; **b)** Entkräftung einer Beschuldigung (*als Teil der Rede*).
trānslātīvus 3 (*trānslātus, P.P.P. v. trānsferō*) ablehnend; *subst.* **-a,** *ae f* ablehnende Feststellung.
trānslātor, *ōris m* (*trānsferō*) „Übertrager" [*quaesturae v. Verres, der als Quästor mit der Kasse zu Sulla überging*].
trānslātus, *ūs m* (*trānsferō*) Prozession.
trāns-legō, — — 3 ganz vorlesen.
trāns-lūceō, — — 2 heraufscheinen; durchsichtig sein.
trānslūcidus 3 (*trānslūceō*) durchsichtig.
trāns-marīnus 3 (*trāns mare*) überseeisch.
trāns-meō 1 durchziehen.
trāns-migrō 1 übersiedeln.
trāns-mineō, — — 2 hindurchragen.
trānsmissiō, *ōnis f u.* **-missus,** *ūs m* (*transmittō*) Überfahrt.
trāns-mittō, *mīsī, missum* 3 **I.** (*trans.*) **1.** hinüberschicken, -schaffen, übersetzen (lassen); °hinüberspielen [*bellum*]; **2.** **a)** übergeben, anvertrauen; **b)** widmen; °**3.** vorübergehen lassen, nicht berücksichtigen; °**4.** **a)** verleben [*tempus inter libellos*]; **b)** überleben [*febrium ardorem*]; **II.** (*intr.*) **1.** hinüberfahren, übersetzen *nach* [*in Africam*]; **b)** fahren, ziehen *über,* überschreiten [*Hiberum*]; °durchmessen [*plumbo*].
trāns-montānī, *ōrum m* (<*trāns*

montēs) *die* Völker jenseits der Gebirge.
trāns-moveō, *mōvī, mōtum* 2 hinüberschaffen, verlegen [*legiones*]; / übertragen; *in se -ere* sich zuschreiben.
trānsmūtātiō, *ōnis f* (*trānsmūtō*) Vertauschung der Buchstaben, Metathese.
trāns-mūtō 1 vertauschen, wechseln.
trāns-nōminō 1 umtaufen.
trāns-padānus 3 (< *trāns Padum*) jenseits des Po wohnend; *auch subst.*
trānspectus, *ūs m* (*trānspiciō*) Durchsicht.
trān-spiciō, — — 3 (*speciō*) durchsehen.
trāns-pōnō, *posuī, positum* 3 hinüberbringen, ü'bersetzen.
trānsportātiō, *ōnis f* (*trānsportō*) Übersiedelung, Wanderung.
trāns-portō 1 hinüberbringen, -schaffen, ü'bersetzen [*copias flumen über einen Fluss*].
trānspositīva, *ae f* (*trānspōnō*) = *trānslātīva.*
trāns-rhēnānus 3 (< *trāns Rhēnum*) jenseits des Rheins; *subst.* **-ī,** *ōrum m die* rechtsrheinischen Stämme.
trāns-tiberīnus 3 (< *trāns Tiberim*) jenseits des Tibers wohnend; *kl. nur subst.* **-ī,** *ōrum m die* in der *regio XIV* (*trans Tiberim*) ansässigen Einwohner *Roms.*
trāns-tineō, *uī,* — 2 (*teneō*) hindurchgehen.
trānstrum, *ī n* (*trāns*) Querbalken; Ruderbank.
trān-sultō 1 (*intens. v. trānsiliō*) hinüberspringen.
trānsūmptiō, *ōnis f* (*trānsūmō*) (*rhet. t.t.*) Übertragung.
trānsūmptīva, *ae f* (*trānsūmō*) = *trānslātīva.*
trān-suō, *suī, sūtum* 3 durchstechen.
trānsvectiō, *ōnis f* (*trānsvehō*) **1.** Überfahrt; °**2.** *das* Vorüberreiten, Musterung.
trāns-vehō, *vēxī, vectum* 3 **1.** hinüberfahren, -schaffen; °P. hinüberfahren, ü'bersetzen; °**2.** (*im Triumph*) vorüberführen, -fahren [*spolia*]; P. (*im Triumph od. bei der Besichtigung*) vorüberfahren, -reiten; °**3.** P. / verstreichen [*tempus*].
trāns-verberō 1 durchstechen, durchbohren.
trānsversārius 3 (*trānsversus*) Quer...
trāns-versō 1 wiederholt umwenden.
trānsversus 3 (*m. °adv.; trānsvertō*) **1.** quer (liegend), schräg, Quer..., Seiten...; °*proelium -um* Flankenangriff, °*iter -um* Flankenmarsch; **2.** / in die Quere kommend, störend; *subst.* **-um,** *ī n die* Quere; *ex, de -o* unvermutet; (*acc. pl. n*) °*adv.* **-a** seitwärts; / scheel [*tueri*].
trāns-vertō, *vertī, versum* 3 umkehren, schwenken.
trāns-volitō 1 (*intens. v. trānsvolō*) durchfliegen.
trāns-volō 1 **1.** hinüberfliegen, -eilen; eilen *nach, zu* [*Alpes*]; **2.** vorüberfliegen, -eilen *vor* [*quercūs*].
trāns-vortō, *vortī, vorsum* (*altl.*) = *trānsvertō.*
trapētum, *ī n u.* **-us,** *ī m* (*gr. Lw.*) Ölpresse, Kollergang.
trapezīta, *ae m* (*gr. Fw.*) Geldwechsler.
trapezophorum, *ī n* (*gr. Fw.*) Tischträger (*verzierter Fuß*).
trāsenna, *ae f* = *trānsenna.*
Trasumennus *u.* **-mēnus,** *ī m* (*lacus*) Trasimenischer See *in Etrurien* (*Hannibals Sieg 217*), *j.* Lago Trasimeno; *adi.* ~ 3.
traulizī (*gr. Fw.*) sie lispelt.
Trebia, *ae m Nbfl. des Po, j.* Trebbia (*Hannibals Sieg 218*).
trecēnī 3 *num. distr.* (*trecentī*) je dreihundert; °/ sehr viele.
trecentēsimus 3 *num. ord.* (*trecentī*) *der* Dreihundertste.
tre-centī 3 *num. card.* (*gen. auch -um; trēs, centum*) dreihundert; °/ sehr viele.
trecentiē(n)s *num. adv.* (*trecentī*) dreihundertmal.
trechedīpnum, *ī n* (*zu gr. Fw.* „zum Mahle eilend") leichtes modisches Tischkleid.
trē-decim *num. card. indecl.* (*trēs, decem*) dreizehn.
tremebundus 3 (*tremō*) zitternd, zuckend.
treme-faciō, *fēcī, factum* 3 (*tremō*) zittern machen, erschüttern; P. **-fīō,** *factus, factus, fierī u. fīerī* erzittern.
tremendus 3 (*Gerundiv v. tremō*) furchtbar, schrecklich.
tremēscō *u.* **-īscō,** — — 3 (*incoh. v. tremō*) **1.** (*intr.*) erzittern, erbeben; **2.** (*trans.*) zittern *vor* [*sonitum*].
tremō, *uī,* — 3 (*cf. terreō; gr. tremō* „zittern") **1.** (*intr.*) zittern, beben; **2.** (*trans.*) zittern *vor* [*virgas*].
tremor, *ōris m* (*tremō*) **1.** *das* Zittern, Beben; Erdbeben; °**2.** (*concr.*) Schrecken.

tremulus, 3 (*m.* °*adv.*; *tremō*) zitternd; Zittern erregend.
trepidanter *adv.* (*m. comp.*; *trepidāns, part. praes. v. trepidō*) ängstlich.
trepidātiō, *ōnis f* (*trepidō*) Unruhe, Verwirrung, ängstliche Eile; Ratlosigkeit.
trepidō 1 (*trepidus*) **1.** durcheinander laufen, in Verwirrung sein, zappeln; / °**2. a**) zagen, bangen; **b**) zittern, klopfen [*pectus*]; °**3.** schwanken, unschlüssig sein.
trepidus 3 (*m. adv.*; *eigtl.* „trippelnd"; *wohl m. tremō verwandt*) **1.** unruhig, verwirrt; wogend, kochend; ängstlich, aufgeregt, besorgt; **2.** beunruhigend, aufregend; *res -a* missliche Lage.
trēs, tria (*gen. trium, dat. u. abl. tribus, acc. trēs u. trīs*; ‹ **trejes*; *cf. nhd.* „drei") drei, ein paar.
trēs-vir *s. triumvir.*
****treuga,** *ae f* Landfrieden.
Trēverī *u.* **-virī,** *ōrum m*; *sg.* **Trēvir** (-ĕ-?) *germ. Volk in d. Gegend v. Trier*; *adi. -ricus* 3.
tri- (*trēs*) drei...
tri-angulum, *ī n* (*angulus*) Dreieck.
triāriī, *ōrum m* (*trēs*) Triarier, drittes Glied *des röm. Heeres* (*die ältesten u. erfahrensten Soldaen*); *res ad -os rediit* es ist zum Äußersten gekommen.
****trias,** *ados f* Dreieinigkeit.
tribas, *adis f* (*gr. Fw.*) Lesbierin, Tribade.
tribolus, *ī m* = *tribulus.*
tribrachys, *acc. yn m* (*gr. Fw.*) Tribrachys (*Versfuß* ◡◡◡).
tribuārius 3 (*tribus*) auf die Tribus bezüglich, die Bestechung der Tribus betreffend.
tribūlis, e (*tribus*) zu derselben Tribus gehörig; *subst.* **~,** *is m* Gaugenosse; °Mann vom Lande.
trībulum, *ī n* (*terō*) Dreschbrett, -wagen.
tribulus, *ī m* (*gr. Fw.*) Burzeldorn (*Unkraut*).
tribūnal, *ālis n* (‹ *n v. tribūnālis*, e; *tribūnus*) Tribunal, Tribüne: **1. a**) Hochsitz der Tribunen, *später auch anderer Magistrate*; Richterstuhl; **b**) erhöhter Feldherrnsitz *im Lager*; °**c**) Sitz des Prätors *im Theater*; °**2.** / **a**) Grabdenkmal *in Form einer Tribüne*; **b**) *die* auf der Tribüne sitzenden Beamten, Gerichtshof.
tribūnātus, *ūs m* (*tribūnus*) **1.** Volkstribunat; **2.** Militärtribunat; *cf. tribūnus.*
tribūnicius 3 (*-nī-?*; *tribūnus*) tribunizisch, die Volks- *od.* Militärtribunen betreffend; *subst.* **~,** *ī m* gewesener Volkstribun.
tribūnus, *ī m* (*tribus*) Tribun: °**1.** Vorsteher einer der drei Stammtribus Roms; *an der Spitze der* ~ *Celerum*; *cf.* 2; °**2.** (*in der Königszeit*) ~ *Celerum* Reiteroberst; **3.** ~ *aerarius* Zahlmeister, Intendant; **4.** (*mil. t.t.*) **a**) ~ *militum od. militaris* Militärtribun, Oberst (*in jeder Legion 6, teils vom Feldherrn bestimmt, teils vom Volk gewählt*); °**b**) (*in der Kaiserzeit*) ~ *cohortis* Befehlshaber der 1. Prätorianerkohorte; °**5.** *-i militares consulari potestate od. -i consulares* Tribunen mit Konsulargewalt (*444–367 oberste Staatsbehörde anstelle der Konsuln, meist aus dem Plebejerstande*); **6.** ~ *plebis od. plebi* Volkstribun (*zuerst 2, dann 5, schließlich 10*; *sakrosankte Schutzbehörde der Plebs, urspr. nur mit Vetorecht, später mit umfassender Gewalt*; *die tribunicia potestas war Wesensmerkmal des Prinzipats, aber die Stellung der auch in d. Kaiserzeit amtierenden Volkstribunen alter Observanz war bedeutungslos*).
tribuō, *uī, ūtum* 3 (*tribus* „Drittel") **1.** ein-, aus-, verteilen; **2. a**) zuteilen, verleihen; **b**) / schenken, gewähren, erweisen; **3. a**) zugestehen; **b**) (*abs.*) zu Willen sein; **c**) zuschreiben, Schuld geben; °*superbiae* als Stolz auslegen; **d**) widmen [*tempus litteris*].
tribus, *ūs f* (*dat., abl. pl. -ubus*; *trēs*) **1.** (*urspr.* „*ein* Drittel des Volkes") Stammtribus, einer der drei Urstämme *des röm. Volkes*; *cf. Ramnēs, Titiēs, Lūcerēs*; *seit Servius Tullius* Abteilung *der röm. Vollbürger*; Bezirk, Gau *für Steuererhebung u. Aushebung* [*31 rusticae u. 4 urbanae*]; **2.** *pl.* Stimmen einer Tribus; / Stimmen einer Zunft (°*grammaticae der* Kunstkritiker).
tribūtārius 3 (*tribūtum*) die Abgaben betreffend, reiche Geschenke versprechend.

tribūtim *adv.* (*tribus*) tribusweise; in den Tributkomitien.
tribūtiō, *ōnis f* (*tribuō*) Verteilung.
tribūtum, *ī n* (*tribuō*) Steuer, Abgabe, Tribut; °/ Gabe, Beitrag.
tribūtus[1] 3 (*tribus*) nach den Tribus eingerichtet [*comitia*].
tribūtus[2], *ūs m* (*tribuō*) Abgabe.
trīcae, *ārum f* (*vl. m. torqueō verwandt*: „krumme Wege") Widerwärtigkeiten; dummes Zeug.
trīcēnī 3 *num. distr.* (*gen. pl.* -*um*; *trīgintā*) je dreißig.
tri-ceps, *cipitis* (*caput*) dreiköpfig.
trīcē(n)simus 3 *num. ord.* (*trīgintā*) *der* Dreißigste; °-*a sabbata jüd.* Neumondfest.
trichila, *ae f* (*et. ungeklärt*) Laube, Laubhütte.
trīciē(n)s *num. adv.* (*trīgintā*) dreißigmal.
triclīniāria, *ium n* (*triclīnium*) Speiseteppiche.
triclīnium, *ī n* (*gr. Lw.*) Speisesofa; / Speisezimmer.
trīcō, *ōnis m* (*trīcae*) Ränkeschmied.
trīcor 1 (*trīcae*) Ausflüchte suchen, Schwierigkeiten machen.
tri-corpor, *oris* (*corpus*) dreileibig.
tri-cuspis, *idis* dreizackig, -spitzig.
tri-dēns, *entis* dreizackig; *subst. m* Dreizack.
tridenti-fer *u.* **-ger,** *era, erum* (*tridēns*; *ferō, gerō*) den Dreizack führend.
trī-duum, *ī n* (*cf. bīduum*) Zeitraum von drei Tagen; *hoc* ~ diese drei Tage.
tri-ennia, *ium n* (*annus*) *das* (*jedes dritte Jahr gefeierte*) Bacchusfest.
tri-ennium, *ī n* (*annus*) Zeitraum von drei Jahren, drei Jahre.
triēns, *entis m* (*trēs*) **1.** *ein* Drittel (*eines zwölfteiligen Ganzen*); **2.** °**a**) (*Münze*) Drittelas; **b**) (*Erbschaft*) °*heres ex triente* Erbe eines Drittels *der Erbmasse*; °**c**) (*Flüssigkeitsmaß*) $^1/_3$ *sextarius* = $^1/_6$ l; / Becher [*amethystinus*].
trientābulum, *ī n* (* *trientō* 1 „ein Drittel erstatten"; *triēns*) (*durch Bodenanweisung abgelöste*) Entschädigung für ein Drittel *der Schuldsumme.*
triērarchus, *ī m* (*gr. Fw.*) Trierenführer.
triēris, *e* (*gr. Fw.*) mit drei Ruderdecks; *subst.* ~, *is f* Triere.
trietēricus 3 (*gr. Fw.*) jedes dritte Jahr gefeiert; *subst.* **-a,** *ōrum n* = *triennia.*
trietēris, *idis f* (*gr. Fw.*) °**1.** = *triennium*; **2.** = *triennia.*
tri-fāriam *adv.* (*cf. bifāriam*) an drei Stellen.
tri-faux, *cis* aus drei Schlünden, Rachen (kommend).
tri-fidus 3 (*findō*) dreifach gespalten, dreizackig.
tri-fīlis, *e* (*fīlum*) dreifädig, drei Haare habend.
tri-fōrmis, *e* (*fōrma*) dreigestaltig; dreifältig.
tri-fūr, *ris m* dreifacher Dieb, Halunke.
tri-furcifer, *erī m* Erzschelm.
tri-geminus 3 **1.** Drillings...; *fratres -i* Drillinge; **2.** dreigestaltig, -köpfig; dreifach; *honores -i* Ädilität, Prätur, Konsulat; ♀*a Porta* dreibogiges Tor *der röm. Stadtmauer*; **3.** *adv.* **-um** mehrmals.
trīgēsimus 3 (*nkl.*) = *trīcēsimus.*
trīgintā *num. card. indecl.* (*trēs*) dreißig.
trigōn, *ōnis m* (*gr. Fw.*) **1.** kleiner harter Ball; **2.** Ballspiel, *bei dem die Spieler im Dreieck stehen.*
trigōnālis, *e* (*gr. Fw.*; *trigōnum* „Dreieck") dreieckig; *pila*[3] = *trigōn* 1.
tri-lībris, *e* (*lībra*) dreipfündig.
tri-linguis, *e* (*lingua*) dreizüngig.
tri-līx, *īcis* (*cf. līcium*) dreifädig, -drähtig.
trimēnium, *ī n* (*gr. Fw.*) drei Monate, ein Vierteljahr.
tri-mē(n)stris, *e* (*mēnsis*) dreimonatig.
tri-metros *u.* **-us** 3 (*gr. Fw.*) trimetrisch, sechsfüßig; *subst.* ~ *u.* **-ter,** *trī m* Trimeter (*Vers*).
tri-modium, *ī n* (*modius*) Dreimaß (*drei modii fassendes Gefäß*).
trīmulus 3 (*dem. v. trīmus*) als Kind von drei Jahren.
trīmus 3 (< **tri-himos*; *hiems*; *cf. bīmus*) dreijährig.
Trīnacria, *ae f* (*gr.* -*kriā* „*die* dreispitzige" Insel) *ältester Name* Siziliens; *adi.* -*crius* 3 *u.* -*cris, idis f.*
trīnī 3 *num. distr.* (< **tris-noi*; *ter*; *cf. ternī*) **1.** je drei; (*bei echten pl. tant.*) drei; drei zusammen; °**2.** dreifach.
trinoctiālis, *e* (*tri-noctium, ī n*; *nox*) von drei Nächten.
tri-nōdis, *e* (*nōdus*) dreiknotig.
tri-nummus, *ī m* Münze im Werte von drei Drachmen *od.* drei Sesterzen; ♀ Dreigroschenstück (*des Plautus*).

trīnum nūndinum *u.* **trī-nūndinum** *n s. nūndinae* u. *-num.*

triō, *ōnis m* (*terō*) Dreschochse; / *pl.* = *Arctos*; *cf. septentriō.*

triōbolus, *ī m* (*gr. Fw.*) drei Obolen (*halbe Drachme* = *0,40 Mark*); / *eine* Kleinigkeit.

tri-parcus 3 (*parcō*) dreimal sparsam, erzgeizig.

tri-partītus 3 (*partior*) in drei Teile geteilt, dreifach; *adv.* **-ō** in drei Abteilungen.

tri-pectorus 3 (*pectus*) dreibrüstig.

tri-pedālis, e drei Fuß lang.

tri-pertītus 3 = *tripartītus.*

tri-pēs, *edis* dreifüßig.

tri-plex, *icis* (*m.* °*adv.*; *cf. duplex*) **1.** dreifach; °*pl.* drei; **2.** *subst.* °**a**) ~, *icis n das* Dreifache; **b**) *pl.* **-ēs,** *icum m* (*sc. cōdicillī*) dreiblättrige Schreibtafel.

triplus 3 (*cf. duplus*) dreifach.

Triptolemus, *ī m* (*gr.* -os) *Heros v. Eleusis, Erfinder des Pfluges, Richter in der Unterwelt.*

tripudiō 1 (*tripudium*) im Dreischritt tanzen; den Waffentanz tanzen; / frohlocken.

tri-pudium, *ī n* (*2. Glied umstritten*) °**1. a**) dreischrittiger Waffentanz *der salischen Priester*; **b**) Kriegstanz *wilder Völker*; **c**) wilder Bacchustanz; **2.** *solistimum* günstiges Wahrzeichen, *wenn die Auspizien-Hühner wie in wildem Tanz sich gierig auf das Futter stürzen.*

tripūs, *odis m* (*acc. -podas*; *gr. Fw.*) Dreifuß; dreifüßiger Kessel; °/ *das* (Delphische) Orakel.

tri-quetrus 3 (*2. Glied wohl* < *quadrus* „scharf"; *cf. nhd.* „wetzen") **1.** dreieckig; *insula -a* Britannien; °**2.** sizilisch.

tri-rēmis, e (*rēmus*) mit drei Ruderdecks [*navis*]; *subst.* ~, *is f* Dreidecker.

trīs *s. trēs.*

tri-scurria, *ōrum n* (*scurra*) grobe Possen.

trīsticulus 3 (*dem. v. trīstis*) etwas traurig.

trīsti-ficus 3 (*trīstis, faciō*) betrübend, schrecklich.

trīstimōnia, *ae f* (*trīstis*) Traurigkeit.

trīstis, e (*m. comp.*, °*sup.*; *adv.* **-ē**; *et. unklar*) **1. a**) traurig, betrübt; **b**) betrübend, schmerzlich; °**c**) widerlich, herb; **2. a**) unfreundlich, finster; °**b**) zornig; schrecklich, gefährlich; **c**) ernst, kalt, hart.

trīstitia, *ae f u.* °**-tiēs,** *ēī f* (*trīstis*) **1. a**) Trauer; Traurigkeit, Betrübnis; **b**) traurige Beschaffenheit; **2.** Unfreundlichkeit, finsterer Ernst, Härte.

tri-sulcus 3 dreifurchig; dreizackig.

trīt-avus, *ī m* (*vl. Zusammensetzung m. dem gr. Fw.* „*der* dritte"; *ī metr. Dehnung*) Vater des *atavus od.* der *atavia*, Urahn.

trīticēia, *ae f* (*et. ungeklärt*) *unbekannter Fisch.*

trīticeus 3 (*trīticum*) Weizen...

trīticum, *ī n* (*terō*) Weizen.

Trītōn, *ōnis m* **1.** *Meergott, Sohn des Neptun*; *pl.* Meergottheiten *in Neptuns Gefolge*; **2.** *See u. Fl. in Libyen, Geburtsstätte der Pallas*; *adi.* -*ni*(*ac*)*us* 3, *nis, idis f auch* von der Pallas stammend; *subst.* **-nia,** *ae u.* **-nis,** *idis f* Pallas.

trītor, *ōris m* (*terō*) *der* Reiber; *compedium* „Kettenabreiber" (*v. einem gefesselten Sklaven*).

trītūra, *ae f* (*terō*) *das* Dreschen.

trītus[1] 3 (*m. comp.*, °*sup.*; *terō*) °**1.** (ab)gerieben, abgenutzt; **2.** oft betreten, glatt gefahren [*via*]; **3.** / oft gebraucht, gewöhnlich; geübt [*aures*].

trītus[2], *ūs m* (*terō*) *das* Reiben.

triumphālis, e (*triumphus*) **1.** Triumph...; °**2. a**) (*vir*) ~ *der* Triumphator; **b**) (*ornamenta*) *-ia, ium n* Ehrenzeichen des Triumphators.

triumphō 1 (*triumphus*) **1.** (*intr.*) **a**) als Triumphator einziehen; **b**) / frohlocken, jauchzen; °**2.** (*trans.*) **a**) triumphieren *über*, völlig besiegen; **b**) im Triumphzug aufführen, erbeuten.

triumphus, *ī m* (*wohl unter etr. Vermittlung aus dem gr.* thriambos *entlehnt, das urspr.* „im Dreischritt" *bedeutete, dann Beiname des Dionysos wurde u. dessen Festlied u. Festzug bezeichnete*) **1.** *der einem Feldherrn nach einem bedeutenden Sieg vom Senat bewilligte* Triumph; Siegeseinzug *durch ein Stadttor über die Sacra via aufs Kapitol*; (*Einholung durch den Senat*; *Feldherr in toga picta u. tunica palmata auf dem v. weißen Rossen gezogenen Siegeswagen*; *Siegesrufe* [°*io triump(h)e*] *u. Lob- u. Spottlieder der Soldaten auf den Feldherrn*); *-um agere ex, de* einen Triumph feiern *über*; **2.** / siegreicher Kampf, Sieg, Triumph.

trium-vir *u.* **trēs-vir,** *ī m* (*entstanden aus gen. pl. trium virum bzw. nom. pl. trēs virī*) Triumvir, Mitglied eines Dreimännerkollegiums; *pl.* **-ī,** *ōrum m* Dreimännerkollegium: **1.** Staatsbehörden: **a**) *capitales od. carceris lautumiarum* Vorsteher der Gefängnisse; **b**) (*ohne Zusatz*) *od.* °*coloniae deducendae od.* °*agro dando* zur Einrichtung einer Kolonie u. Ackerverteilung; **c**) *epulones s. epulō*; °**d**) *mensarii* zur Regulierung der Staatsfinanzen; °**e**) *monetales* Münzmeister; °**f**) *nocturni* Polizei. u. Feuerwehrkommandeure; °**g**) *rei publicae* (*constituendae*) Verfassungsausschuss (*Antonius, Octavianus u. Lepidus*); °**h**) (*ohne Zusatz*) Musterungskommission; °**i**) *sacris conquirendis donisque persignandis* zur Feststellung der Heiligtümer u. Aufzeichnung der Weihgeschenke; **2.** in den Munizipien: oberste Verwaltungsbehörde.

triumvirālis, e (*triumvir*) zu einem Dreimännerkollegium gehörig *od.* von ihm verhängt [*proscriptiones*].

triumvirātus, *ūs m* (*triumvir*) Triumvirat, Würde eines Triumvirn.

tri-venēfica, *ae f* Erzgiftmischerin.

Trivia, *ae f* (*trivius; Lehnübersetzung aus dem Gr.* „*die* an den Dreiwegen verehrte Göttin") Hekate *od.* Diana (*als Mondgöttin*).

triviālis, e (*trivium*) auf Dreiwegen befindlich; / gewöhnlich, Gassen...

tri-vium, *ī n* (*via*) Dreiweg, Kreuz-, Scheideweg; / öffentliche Straße; *ex trivio* von der Straße, pöbelhaft; ** scholastischer Lehrgang der drei niederen Wissenschaften: Grammatik, Rhetorik, Dialektik.

trivius 3 (*trivium*) zu den Kreuzwegen gehörig; auf Kreuzwegen verehrt [*dea*].

Trōas *s. Trōs.*

trochaeus, *ī m* (*gr. Fw.*) **1.** Trochäus (–◡); **2.** Tribrachys (◡◡◡).

troc(h)lea, *ae f* (*gr. Lw.*) Flaschenzug, Winde.

trochus, *ī m* (*gr. Fw.*) *der* (*mit klirrenden Ringen besetzte u. mit einem Stock getriebene*) Spielreifen [*der Kinder.*]

Trōes *s. Trōs.*

Trōia, Trōiānus, Trōi(c)us *s. Trōs.*

Trōiugena, *ae m f* (*Trōia, gignō*) aus Troja stammend; *subst. m* Trojaner; Römer.

tropa, *ae f* (*gr. Fw.*) *ein Geschicklichkeitsspiel.*

tropaeum, *ī n* (*gr. Fw.*) Siegeszeichen, -denkmal (*bei den Griechen urspr. meist Baumstumpf, an dem man die erbeuteten Waffen aufhängte*); / Sieg; Denkmal, Zeichen.

tropis, *idis f* (*acc. -in; gr. Fw.*) Bodensatz *des Weins.*

tropos *u.* **-us,** *ī m* (*gr. Fw.*) (*rhet. t.t.*) bildlicher Ausdruck, Tropus.

Trōs, *Trōis m König v. Phrygien, Stammvater der* **Trōes,** *um m* Troer, Trojaner; *adi. Trōicus* 3, *Trōïus* 3; **Trōas,** *adis f, als adi.* trojanisch, *als subst.* Troerin, Trojanerin; *Landschaft* Troas; *subst.* **Trōia** *u.* (*dcht.*) **Trōïa,** *ae f* **1.** *das homerische* Troja; **2.** *der v. Äneas b. Laurentum erbaute Ort*; **3.** *Ort in Epirus*; **4.** / Trojaspiel (*Kampfspiel zu Pferde*); *adi.* **-iānus** 3; *subst.* **-iānī,** *ōrum m* = *Trōes.*

trossulī, *ōrum m* (*etr. Fw.*) Stutzer.

trucīdātiō, *ōnis f* (*trucīdō*) *das* Abschlachten.

trucīdō 1 (*erstes Glied umstritten, zweites zu caedō*) **1.** niedermetzeln; **2.** / **a**) *durch Wucher* zugrunde richten; °**b**) zerkauen; **c**) verunglimpfen; °**d**) auslöschen [*ignem*].

truculentia, *ae f* (*truculentus*) Unfreundlichkeit; Rauheit [*caeli* des Klimas].

truculentus 3 (*m.* °*comp.,* °*sup.*; *adv.* **-enter**; *trux*) finster, unfreundlich; °/ wild, rau, grimmig, grob; ♀ *Komödie des Plautus.*

trudis, *is f* (*u. -ū-?; trūdō*) Stange *zum Stoßen.*

trūdō, *sī, sum* 3 (*cf. nhd.* „Verdruss") °**1.** stoßen, (ver)drängen; **2.** / °**a**) wachsen lassen; *se -ere* emporwachsen; / *tenebras* blauen Dunst vormachen; **b**) drängen zu; vorschieben.

trūgōnus = *trȳgōnus.*

trulla, *ae f* (*altl. trua* „Schöpf-, Rührkelle"; *cf. nhd.* „Quirl") **1.** Schöpfkelle; °**2.** Pechpfanne; °**3.** Nachtgeschirr.

truncō 1 (*truncus*) beschneiden, verstümmeln; niederhauen.

truncus¹, *ī m* (*truncus*²) Baumstamm; Rumpf; / Klotz, Tölpel.

truncus² 3 (*cf. nhd.* „Strunk") gestutzt; verstümmelt; / unvollständig; beraubt [*pedum*].

T

trūsō 1 (*intens. v.* trūdō) stark stoßen; (*obszön*) = *futuō.*

trutina, ae *f* (*gr. Lw.*) °**1.** Waage; **2.** / Maß.

trux, ucis (*abl.* -e *u.* °-ī; *et. ungeklärt*) furchtbar, wild; / schaurig, grimmig, drohend. [rochen.

trȳgonus, ī *m* (*gr. Lw.*) Stachel-

tū *pron. pers.* (*gen.* tuī, *altl.* tīs [-ĭ-?]; *dat.* tibī *u.* tibĭ; *acc. u. abl.* tē, *altl.* tēd; *oft verstärkt durch* -te *u.* (*unkl.*) -met; *fragend* °tūtin[e] = tūtene; *cf. nhd.* „du") du.

tuātim *adv.* (tū) auf deine Art.

tuba, ae *f* (*cf.* tubus) **1.** Tuba, *gerade* Trompete *mit tiefem Ton*; **2.** / °**a**) Krieg; **b**) Anstifter [belli]; °**c**) hohe Poesie.

tūber¹, eris *n* (*vl. verwandt m.* tumeō) **1.** Höcker, Buckel, Beule; / großer Fehler; **2.** Trüffel.

tuber², eris *m* (*wohl afrikanisches Fw.*) *eine Apfelsorte.* [peter.

tubicen, cinis *m* (tuba, canō) Trom-

tubilūstrium, ī *n* (tuba, lūstrō) Fest der Trompetenweihe (*23. März u. 23. Mai*). [Trompete.

tubula, ae *f* (*dem. v.* tuba) kleine

tubulātus 3 (tubulus, *dem. v.* tubus „Wasserrohr") mit Röhren versehen, durch Röhrenleitung geheizt. [gierig verschlingend.

tuburcinābundus 3 (tuburcinor)

tuburcinor 1 (*wohl zu* tūber¹) gierig verschlingen.

tubus, ī *m* (*cf.* tuba; *et. ungedeutet*) Röhre; / weibliche Scheide.

tuditō 1 (*intens. zu* *tudō; tundō) stark fortstoßen.

tueō, — — 2 (*altl.*) = *tueor.*

tueor, °tuitus *u.* tutātus sum 2 (*pf. vereinzelt* °tūtus sum; *et. ungedeutet*; *cf.* tūtus) **1.** ansehen, betrachten; **2.** / **a**) in Obhut nehmen, beschützen, verteidigen; **b**) bewahren, behaupten, erfüllen [officium]; **c**) in gutem baulichen Zustande erhalten; **d**) ernähren, unterhalten.

tūfus, ī *m* = *tōfus.* [Schuppen.

tugurium, ī *n* (*et. umstritten*) Hütte,

Tuistō, ōnis *m erdentsprossener Gott, Stammvater der Germanen.*

tuitiō, ōnis *f* (tueor) Schutz, Erhal-

tulī *s.* ferō. [tung.

Tulingī, ōrum *m germ. Stamm in der nördl. Schweiz.*

Tulliola, ae *f* (*dem. v.* Tullia) *die* kleine Tullia (*Koseform*).

Tullius 3 *röm. Gentilname* (*vl. urspr. etr.*; Servius ~, *der 6. röm. König, cf.* Servius); *s.* Cicerō; *adi.* ~ [lex]; -iānus 3; *subst.* **-ia,** ae *f Ciceros Tochter*; **-iānum,** ī *n eigtl.* „Brunnenhaus", *unterirdisches Gewölbe des röm. Staatsgefängnisses.*

Tullus *s.* Hostīlius.

tum (*erstarrter acc. sg. m zum Pron.-Stamm* *to- „der"; *cf.* tam; cum) **1.** *adv.* **a**) (*zeitl.*) damals; dann, alsdann; darauf; **b**) (*aufzählend*) dann, ferner, weiter [primum ... deinde ... tum ... postremo]; **2.** *ci.* **a**) tum ... tum bald ... bald; **b**) cum ... tum sowohl ... als besonders; *s.* cum².

tume-faciō, fēcī, factum 3 (tumeō) schwellen machen; *P.P.P.* angeschwollen; / aufblähen.

tumeō, uī, — 2 (*cf.* tō-mentum, tō-tus) °**1.** geschwollen sein, strotzen; **2.** / °**a**) sich aufblähen [superbiā]; **b**) aufbrausen, zornig sein; °**c**) vor Wollust strotzen, glühen [libidine]; **d**) gären, in Unruhe sein [Galliae]; °**e**) (*rhet. t.t.*) schwülstig sein.

tumēscō, muī, — 3 (*incoh. v.* tumeō) anschwellen; / sich aufblähen; aufbrausen; ausbrechen [bellum].

tumidus 3 (*m.* °*comp.*, °*sup.*, °*adv.*; tumeō) **1.** schwellend, (an)geschwollen; sich emporhebend; strotzend [membrum; papillae]; °**2.** / **a**) aufgeblasen, stolz; **b**) aufbrausend; **c**) schwülstig [sermo]; °**3.** **a**) (*die Segel*) schwellend, stürmisch [auster]; °**b**) stolz machend [honor].

tumor, ōris *m* (tumeō) **1.** Anschwellung, Geschwulst; **2.** / **a**) aufbrausender Zorn, Unwille; °**b**) Aufgeblasenheit; Stolz; **c**) Gärung, Unruhe [rerum]; °**d**) Schwulst [verborum].

tumulō 1 (tumulus) begraben.

tumulōsus 3 (tumulus) hügelig.

tumultuārius 3 (tumultus) in aller Eile gemacht, gewählt; hastig zusammengerafft [exercitus].

tumultuātiō, ōnis *f* (tumultuor) Unruhe, Lärm.

tumultuor *u.* (*altl.*) **-ō** 1 (tumultus) unruhig sein, lärmen, sich empören; bestürzt sein; *impers.* -atur es herrscht Unruhe.

tumultuōsus 3 (*m. comp.*, °*sup.*, *adv.*; tumultus) **1.** unruhig, lärmend; °**2.** Unruhe verursachend.

tumultus, *ūs* (*u. altl.* -ī) *m* (**tumulos* „lärmend"; *tumeō*) **1. a)** Unruhe, Lärm, Getümmel; °**b)** Aufruhr *der Elemente*; **2.** Aufruhr, Aufstand [°*servilis*]; **3.** Kriegslärm, -getümmel; Tumult; °**4.** / Sorge, Aufregung.

tumulus, *ī m* (*tumeō*) Erdhaufen, Hügel; Grabhügel; °*inanis* Kenotaph.

tunc *adv.* (*tum* + *-ce*) damals; dann, alsdann, hierauf.

tundō, *tutudī, tū(n)sum* 3 (*cf. nhd.* „stoßen, stutzen") **1.** stoßen, schlagen, hämmern; °**2. a)** ausdreschen; **b)** zerstampfen; °**3.** / bestürmen [*vocibus*], betäuben.

tunica, *ae f* (*sem. Lw.*) Tunika (*kurzärmeliges wollenes Unterkleid [Hemd] der röm. Frauen u. Männer; später trug man noch eine obere ~, die Senatoren m. dem latus, die Ritter m. dem angustus clavus verbrämt*); °/ Hülle, Bast.

tunicātus 3 (*tunica*) (nur) mit der Tunika bekleidet (*außerhalb des Hauses Zeichen der Armut*); *subst.* **-ī,** *ōrum m die* armen Leute.

tunic(u)la, *ae f* (*dem. v. tunica*) kleines Unterkleid.

tuor, — — 3 (*altl.*) = *tueor.*

turba, *ae f* (*eigtl.* „sich drehendes Gewimmel"; *cf. gr.* tyrbē) **1. a)** Unruhe, Lärm, Verwirrung, Gedränge, Gewimmel; **b)** Zank; °*pl.* Umtriebe, Intrigen; **2.** große Menge, (regelloser) Haufe; Schwarm, Volk, Leute.

turbāmentum, *ī n* (*turbō*²) Aufreizungsmittel; Verwirrung.

turbātiō, *ōnis f* (*turbō*²) Verwirrung.

turbātor, *ōris m* (*turbō*²) Aufwiegler, Anstifter; *belli* Kriegshetzer.

turbātus 3 (*m.* °*comp., adv.*; *turbō*²) °**1.** stürmisch, unruhig; **2.** / **a)** aufgeregt, bestürzt, verwirrt; °**b)** erbittert.

turbēlae *u.* **-ellae,** *ārum f* (*dem. v. turba*) Lärm, Unfug.

turben, *inis n* (= *turbō*¹) Kreisel; Wirbelwind.

turbidus 3 (*m. comp., sup., adv.*; *turba*) **1. a)** unruhig, stürmisch; **b)** trübe [*aqua*]; °**c)** zerrauft [*coma*]; **2.** / **a)** aufgeregt, heftig, zornig; **b)** verwirrt, verstört; bestürzt; °**c)** unruhig, aufrührerisch.

turbineus 3 (*turbō*¹) kreisend, wirbelnd.

turbō¹, *inis m* (*cf. turba*) °**1. a)** Wirbel, Windung; **b)** kreisförmige Bewegung; / **2. a)** Wirbelwind, Sturm; **b)** / Verwirrung; (*concr.*) Störenfried; **3. a)** Kreisel; °Zauberrad; °**b)** Wirtel.

turbō² 1 (*turbō*¹) **1.** (*abs.*) Verwirrung anrichten, Unruhe stiften, Aufruhr erregen; **2.** (*trans.*) **a)** in Verwirrung bringen; °*rem* Bankrott machen; °**b)** aufwühlen, trüben; °**c)** zerstreuen, (ver)scheuchen; / **d)** stören; **e)** in Bestürzung setzen, aufregen, ängstigen; scheu machen [*equos*].

turbulentus 3 (*m.* °*comp., sup.*; *adv.* **-tē** *u.* **-ter**; *turba*) **1. a)** unruhig, stürmisch; °**b)** getrübt [*aqua*]; **2.** / **a)** (*pass.*) verworren; beunruhigt; **b)** (*act.*) Unruhe erregend; °*homines -i* Unruhestifter.

turdus, *ī m* (*cf. nhd.* „Drossel") **1.** Drossel, Krammetsvogel; **2.** *ein Fisch.*

tūreus 3 (*tūs*) von Weihrauch, Weihrauch...

turgeō, *rsī,* — 2 (*et. umstritten*) geschwollen sein, strotzen; / böse sein *auf* [*mihi*]; schwülstig reden.

turgēscō, — — 3 (*incoh. v. turgeō*) °**1.** anschwellen; **2.** / ergrimmen; schwülstig werden.

turgidulus 3 (*dem. v. turgidus*) etwas geschwollen.

turgidus 3 (*turgeō*) geschwollen, (auf)gebläht; °/ schwülstig.

tūribulum, *ī n* (*tūs*) Räucherpfanne.

tūri-cremus 3 (*tūs, cremō*) Weihrauch verbrennend.

tūri-fer, *era, erum* (*tūs, ferō*) Weihrauch tragend.

tūri-legus 3 (*tūs, legō*²) Weihrauch sammelnd.

turma, *ae f* (*turba*) Schwadron (*30 Mann, der 10. Teil einer ala*); / Schwarm, Haufe, Schar.

turmālis, e (*turma*) scharenweise; *subst.* **-ēs,** *ium m* Reiter derselben Schwadron.

turmātim *adv.* (*turma*) in Schwadronen.

****turnamentum,** *i n* Turnier.

Turnus, *ī m König der Rutuler, in der Äneis Gegenspieler des Äneas.*

Turones, *um u.* **-ī,** *ōrum m kelt. Volk in der Gegend v. Tours.*

turpiculus 3 (*dem. v. turpis*) hässlich.

turpificātus 3 (**turpi-ficō; turpis, faciō*) entstellt; / sittenlos.

turpilucricupidus 3 (*turpis, lucrum*) nach schändlichem Gewinn gierig.

T

turpis, e (*m. comp., sup., adv.* **-iter** *u.* [*acc. sg. n.; dcht.*] **-ĕ**; *et. ungeklärt*) hässlich, entstellt; entstellend; / schändlich, schimpflich; unsittlich, liederlich; *subst.* **-e,** *is n das* sittlich Schlechte, *der* Schimpf.

turpitūdō, *inis f* (*turpis*) Hässlichkeit; / Schändlichkeit, Schmach; Unsittlichkeit, Gemeinheit.

turpō 1 (*turpis*) °**1.** entstellen; besudeln; **2.** / entehren, schänden.

turricula, *ae f* (*dem. v. turris*) *hohles* Türmchen *m. Stufen, durch das die Würfel aus dem Würfelbecher auf das Spielbrett geworfen wurden.*

turri-ger, *era, erum* (*turris, gerō*) **1.** Türme tragend; **2.** mit Turmkrone geschmückt (*Beiwort der Kybele*).

turris, *is f* (*acc., abl. -im, -ī, nkl. -em, -e; vl. gr. Lw.*) **1.** hoher Bau, Schloss, Burg; 2. **a)** Turm; Mauerturm; Belagerungsturm; °**b)** Sitz *auf einem Kriegselefanten*; °**c)** Taubenschlag.

turrītus 3 (*turris*) **1. a)** mit Türmen versehen; **b)** = *turriger* 2; **2.** / turmhoch. [Turteltaube.]

turtur, *uris m f* (*Schallwort*)

turturilla, *ae f* (*dem. v. turtur*) Turteltäubchen; / weibischer Mensch.

tūs¹, *tūris n* (*gr. Lw.*) Weihrauch, Weihrauchkorn; °*mascula -a* Tropfweihrauch.

****tus²** (*indecl.*) *die* Zwei auf dem Würfel. [Weihrauch.]

tūsculum¹, *ī n* (*dem. v. tūs*) etwas

Tusculum², *ī n* (*Tū-?*) *alte St. in Latium, j.* Frascati; *adi. -l(ān)us* 3; *Einw. -lānī, ōrum m*; **-lānum,** *ī n Landgut Ciceros*; *adi. -nēnsis, e.*

Tuscus 3 (*Tū-?*; ‹ **Turscus*; *cf. Etrūria*) etruskisch; *mare das* Tyrrhenische Meer; *vicus* Tuskergasse; *amnis* Tiber; *subst.* **-ī,** *ōrum m* Etrusker, *Bewohner Etruriens.*

tussicula, *ae f* (*dem. v. tussis*) Hustenanfall.

tussiō 4 (*tussis*) husten. [Husten.]

tussis, *is f* (*acc. -im*; *wohl zu tundō*)

tūtāmen, *inis u.* **-mentum,** *ī n* (*tūtor*) Schutz(mittel).

tūte¹, °**tūtemet** (*verstärktes tū*) du.

tūtē², *adv. v. tūtus.*

tūtēla, *ae f* (*tūtus*) **1.** Obhut, Fürsorge, Aufsicht; **2. a)** Vormundschaft; **b)** Vermögen des Mündels; °**3. a)** (bauliche) Erhaltung; **b)** Ernährung; °**4.** (*concr.*) **a)** Schutzherr, Hort, Schutzpatron; **b)** [Schützling.]

tuticus *s. med(d)ix.*

tūtimet, tūtin(e) *s. tū.*

tūtō¹ *adv. v. tūtus.*

tūtō² 1 (*altl.*) = *tūtor²*.

tūtor¹, *ōris m* (*tueor*) Beschützer; Vormund.

tūtor² 1 (*intens. v. tueor*) **1.** sichern, beschützen; bewahren, behaupten; **2.** abzuwenden suchen [*pericula*].

tūtus 3 (*m. comp., sup.*; *adv.* **-ō** *u.* (*unkl.*) **-ē**; *tueor*) **1.** sicher; geschützt, (wohl) verwahrt; **2.** gefahrlos; °**3.** sicher gehend, vorsichtig; **4.** *subst.* **-um,** *ī n* Sicherheit, sicherer Ort.

tuus 3 *pron. poss.* (*tū*) dein; (*meist subjektiv*): [*tua bona*]; *tuum est* es ist deine Art, Gewohnheit, Pflicht; (*seltener*): dir günstig, für dich passend [*tuo tempore*]; (*selten objektiv*): zu dir, nach dir, gegen dich [*desiderio tuo*]; *subst.* **tuī,** *ōrum m* deine Angehörigen; **tua,** *ōrum n* dein Eigentum, dein Grund und Boden. [klatsch.]

·**tuxtax** *int.* (*Schallwort*) klitsch,

Tȳdeus, *eī u. eos m* (*gr. -deus*) *Sohn des Öneus, Vater des Diomedes*;

Tȳdīdēs, *ae m* Diomedes.

tympanizō 1 (*gr. Fw.*) *die* Handpauke, *das* Tamburin schlagen.

tympanotriba, *ae m* (*-ī-?*; *gr. Fw.*) Handpaukenschläger (Kybelepriester); / Weichling.

ty(m)panum, *ī n* (*gr. Fw., vl. assyrischer Herkunft*) Handpauke, Tamburin; °/ Wagenrad ohne Speichen.

Tyndarĕus, *eī m* (*gr. -dareos*) *König v. Sparta, Gemahl der Leda*; **-ridēs,** *ae m* Sohn des ~; *pl.* Kinder des ~ (*Kastor u. Pollux, Helena u. Klytäm(n)estra*); **-ris¹,** *idis f* Tochter des ~.

Typhōeus, *eī u. eos m* (*wie Orpheus dekliniert*) *u.* **Typhōn,** *ōnis m* (*gr. -phōeus u. -phōn „der* Qualmer“, *Verkörperung des vulkanischen Feuers*) *Gigant, Sohn des Tartarus u. der Erdgöttin, v. Jupiter durch Blitze getötet, liegt unter dem Ätna begraben*; *adi. -ōius u. -ōis, idis f.*

****typicus** 3 vorbildlich.

****typographus,** *i m* Drucker.

typus, *ī m* (*gr. Fw.*) Figur, Bild; ** bloße Form, Schein.

tyranni-cīda, *ae m* Tyrannenmörder.

tyrannicīdium, *ī n (tyrannicīda)* Tyrannenmord.

tyrannicus 3 *(m. adv.; gr. Fw.)* tyrannisch, despotisch.

tyrannis, *idis f (gr. Fw.)* **1.** Allein-, Gewaltherrschaft; °**2.** Gebiet eines Tyrannen.

tyrannoctonus, *ī m (gr. Fw.)* Tyrannenmörder.

tyrannus, *ī m (gr. Fw.)* **1.** Herrscher, Alleinherrscher; Fürst, Scheich [*Nomadum*]; **2.** Tyrann, Gewaltherrscher, Despot, Usurpator; ** Wüterich, Teufel.

tyrianthina, *ōrum n (gr. Fw.)* purpurviolette Kleider.

Tyros *u.* **-us,** *ī f Handelsst. Phönikiens m. ber. Purpurfärbereien, Mutterst. Karthagos;* °*adi.* **-rius** 3 von T.; karthagisch; purpurn [*amictus*]; °*subst.* **-iī,** *ōrum m* Einw. von Tyrus *od.* Karthago.

tȳrotarīchum, *ī n (gr. Fw.)* Ragout aus Heringen und Käse.

Tyrrhēnī, *ōrum m (gr. -nọ̄l) Stammvolk Etruriens; adi.* **-nus** 3; *subst.* **-nia,** *ae f* Etrurien.

Tyrtaeus, *ī m (gr. -tạios) Elegiker, angeblich aus Athen, z. Z. des zweiten Messenischen Krieges.*

U

U., u. *(Abk.)* = *urbs, urbe;* **a.u.c.** = *ab urbe conditā.*

ūber[1], *eris n (cf. nhd.* „Euter") Euter; Zitze; Mutterbrust; °/ Fruchtbarkeit; fruchtbares Feld.

ūber[2], *eris (m. comp., sup., adv.; vl. Rückbildung aus ūbertās)* fruchtbar, ergiebig, reich; / reichhaltig; ausführlich.

ūbertās, *ātis f (ūber)* **1.** Fruchtbarkeit, Ergiebigkeit; **2. a)** reiche Fülle, Überfluss; °**b)** / Fülle des Ausdrucks.

ūbertim *adv. (ūber*[1]*)* reichlich.

ūbertō 1 *(ūber*[2]*)* fruchtbar machen.

ubī *u.* **ubi** *(verselbstständigt aus falsch zerlegtem alic-ubī statt ali-cubī; zum Pron.-Stamm* *quo-) **1.** *adv.* **a)** *(fragend)* wo?; *gentium* wo in aller Welt?; **b)** *(rel.)* wo; / wobei, worin, womit; bei, mit dem; **2.** *ci.* °**a)** wann, wenn; est *ubi* zuweilen; **b)** *(bei einmaliger Handlung m. ind. pf., praes. u. fut. ex.; bei wiederholter m. ind. plqpf.; oft verstärkt: ubi primum)* sobald; sooft.

ubi-cumque *adv. (altl. -quomque; eigtl.* „wo u. wann") **1.** wo nur immer; °*auch i. Tmesis;* °**2.** überall.

Ubiī, *ōrum m (Ū-?) germ. Stamm in der Gegend von Köln; āra (cīvitās, oppidum) -ōrum = colōnia Agrippīna* Köln; *adi.* **-ius** 3.

ubi-libet *adv.* überall.

ubi-nam *adv.* wo denn (nur)?

ubi-quāque *adv.* wo nur immer, überall.

ubi-que *adv.* °**1.** = et *ubi;* **2.** überall.

ubi-ubi *adv.* wo nur immer.

ubi-vīs *adv.* überall, allenthalben.

ūdō, *ōnis m (Fw. unbekannter Herkunft)* Filz- *od.* Lederschuh.

ūdus 3 *(Schnellsprechform v. ūvidus; s. d.)* **1.** feucht, nass; bewässert; betrunken; **2.** biegsam, weich.

ulcerātiō, *ōnis f (ulcerō)* Geschwür.

ulcerō 1 *(ulcus)* wund drücken; °/ verwunden. [schwüre; / verwundet.

ulcerōsus 3 *(ulcus)* voller Ge-

ulcīscor, *ultus sum* 3 *(vl. zu ulcus; eigtl.* „Eiter, Groll ansammeln *gegen*") **1.** Rache nehmen *für* [*patrem*]; **2.** sich rächen *an* [*hostem pro iniuriis*]; rächen [*iniuriam*]; *auch* °*pass.*

ulcus, *eris n* (< **elkos; cf. gr.* hẹlkos „Wunde") °**1.** Geschwür; **2.** / **a)** wunder Punkt; °**b)** = *cunnus.*

ulcusculum, *ī n (dem. v. ulcus)* kleines Geschwür. [Morast.

ūligō, *inis f (ūdus)* Feuchtigkeit;

Ulixēs, *is,* °*eī u.* °*ī* (°*acc. auch -ēn,* °*voc. -ē; gr.* Odyssẹus; *wohl urspr. kleinasiatischer Heros) Sohn des Laertes, König v. Ithaka.*

ūllus 3 *(gen. -īus, [dcht.] -ĭus; dat. -ī, [dcht.] f auch -ae;* < **oinelos zu oinos (altl.) = ūnus)* irgendein, irgendjemand, *meist adi. in negativen Sätzen.*

ulmeus 3 *(ulmus)* Ulmen... [*virgae*].

ulmi-triba, *ae m (-trī-?; ulmus; gr. Fw.* „reiben"; *Scherzbildung)* mit Ulmenruten gepeitscht. [Rüster.

ulmus, *ī f (cf. engl.* „elm") Ulme,

ulna, *ae f* (< **olenā; cf. nhd.* „Elle") Ellenbogen; Arm; *ulnis amplecti*

U

umarmen; / (*Längenmaß*) Elle (= 1/4 *passus* = *0,37 m*).

ulpicum, *ī n* (*vl. punisches Fw.*) Lauch.

ulter 3 (*zu altl. ollus = ille; pos. ungebräuchlich, doch vgl. ultrā u. ultrō*) **I.** *comp.* **ulterior,** *us* **1.** (*räuml.*) **a**) jenseitig; **b**) entfernter, darüber hinaus, weiter; °**2.** (*zeitl.*) weiter, ferner, vergangen; °**3.** / ärger, mehr; (*acc. sg. n*) °*adv.* **-ius** weiter, länger, mehr [*iusto* als recht]; **II.** *sup.* **ultimus** 3 **1.** (*räuml.*) *der* Äußerste; *der* Entfernteste, Letzte, Hinterste; **2.** (*zeitl.*) **a**) *der* Älteste, Erste [*origo*]; **b**) *der* Letzte, Jüngste; **3.** / **a**) *der* Höchste, Größte, Vorzüglichste; **b**) *der* Ärgste, Gefährlichste; °**c**) *der* Unterste, Letzte, Geringste; *subst.* **-um,** *ī n* **1.** *das* Äußerste, Ende, Ziel, *der* höchste Grad; Gipfel; **2.** *das* Unterste, Niedrigste.

ultiō, *ōnis f* (*ulcīscor*) Rache, Strafe; ♀ *Rachegöttin.*

ultor, *ōris m* (*ulcīscor*) Rächer, Bestrafer; °*adi.* rächend [*mortis*]; °*Beiname des Mars.*

ultrā (*sc. parte; ulter*) **1.** *adv.* °**a**) (*räuml.*) weiter hinaus; jenseits; °**b**) (*zeitl.*) länger, weiterhin; **c**) / weiter, ferner; **2.** *prp. b. acc.* **a**) (*räuml.*) über ... hinaus, jenseits; °**b**) (*zeitl.*) über, länger als; **c**) / über, länger als; **d**) / über, mehr als.

****ultramontanus** 3 jenseits der Berge befindlich.

ultrīx, *īcis f* (*ultor*) Rächerin; *adi.* rächend.

ultrō *adv.* (*sc. locō; ulter*) °**1.** (*räuml.*) hinüber, nach der anderen Seite; *kl. nur* ~ (*et*) *citro* hin(über) und her(über), gegenseitig; **2.** / **a**) überdies, (noch) obendrein; **b**) aus freien Stücken.

ulula, *ae f* (*ululō*) Käuzchen.

ululātus, *ūs m* (*ululō*) Geheul, Geschrei.

ululō 1 (*redupliziertes Schallwort*) **1.** (*intr.*) **a**) heulen, laut schreien; jauchzen; °**b**) von Geschrei erfüllt sein; °**2.** (*trans.*) heulend anrufen.

ulva, *ae f* (*wohl zu alga*) Schilf.

umbella, *ae f* (*dem. v. umbra*) Sonnenschirm.

umbilīcus, *ī m* (*cf. umbō, nhd.* „Nabel") °**1.** Nabel; **2.** / **a**) Mittelpunkt; °**b**) Buchrollenkopf (*Ende des Stabes, um den die Buchrolle gewickelt wurde*); **c**) Meerschnecke.

umbō, *ōnis m* (*cf. umbilīcus*) Schildbuckel; / Schild; Ellenbogen.

umbra, *ae f* (*et. nur litauische Parallele*) **1. a**) Schatten; °**b**) Finsternis, Nacht; **2. a**) (*in der Malerei*) Schatten; °**b**) schattiger Ort; **c**) / ständiger Begleiter; °ungebetener Gast; °**3.** Geist, Gespenst; *pl.* Unterwelt; **4.** Schutz, Schirm; **5. a**) ruhiges Privatleben, Muße; °**b**) Studierzimmer; °**6. a**) Schatten-, Trugbild; **b**) leerer Schein, Vorwand.

umbrāculum, *ī n* (*umbra*) **1.** schattiger Ort; Laube; *pl.* Schule; °**2.** Sonnenschirm.

umbrāticulus, *ī m* (*dem. v. umbrāticus*) Faulenzer.

umbrāticus 3 (*umbra*) Schatten...; *homo* Faulenzer; im Studierzimmer betrieben; behaglich.

umbrātilis, *e* (*umbra*) den Schatten genießend; / behaglich; (nur) für die Studierstube bestimmt, schulmäßig [*oratio*].

Umbrī, *ōrum m it. Stamm zw. Tiber u. Adria; adi.* -*ber, bra, brum*; *subst.* **-bria,** *ae f* Umbrien.

umbri-fer, *era, erum* (*umbra; ferō*) Schatten spendend; düster [*linter*].

umbrō 1 (*umbra*) beschatten; / bedecken.

umbrōsus 3 (*m. comp.,* °*sup; umbra*) **1.** (*pass.*) beschattet, dunkel; °**2.** (*act.*) schattenreich.

ūmectō 1 (*ūmectus*) befeuchten, benetzen.

ūmectus 3 (*ūmeō*) feucht.

ūmēns, *entis* (*ūmeō*) feucht, nass; bewässert; *subst.* **-entia,** *ium n* Sumpfgegend.

ūmeō, — — 2 (*cf. ūvēscō*) feucht sein.

umerus, *ī m* (*cf. gotisch* ams „Schulter") Schulter, Achsel; (*bei Tieren*) Vorderbug.

ūmēscō, — — 3 (*incoh. v. ūmeō*) feucht werden.

ūmidulus 3 (*dem. v. ūmidus*) etwas feucht; saftig.

ūmidus 3 (*m.* °*comp.,* °*sup.,* °*adv.*; *ūmeō*) **1.** feucht, nass; tränenfeucht; °**2.** flüssig; saftreich; **3.** *subst.* **-um,** *ī n* °**a**) feuchter Boden; **b**) *pl.* wässerige Teile.

ūmi-fer, *era, erum* (*ūmor, ferō*) feucht.

ūmor, *ōris m* (*ūmeō*) Feuchtigkeit, Flüssigkeit; °*roscidus* Tau; °*lacteus* Milch; °*Bacchi* Wein; °*ruber* Blut; °Saft (*der Pflanzen*).

umquam = *unquam.*

ūnā *adv. s. ūnus.* [einträchtig.]
ūn-animāns, *antis* (*ūnus, animō*)
ūnanimitās, *ātis f* (*ūnanimis* = **-us**) Einmütigkeit. [trächtig.]
ūn-animus 3 (*ūnus*) einmütig, ein-
ūncia, *ae f* (*ŭ-?*; ⟨ **oin[i]cia*; *ūnus*) *ein* Zwölftel *eines zwölfteiligen Ganzen*: **1. a)** (*der Erbschaft*) [*ex uncia heres*]; °**b)** (*der Schulden*); °**2. a)** (*Münze*) $^1/_{12}$ As, *eine* Unze; °**b)** (*Gewicht*) Unze = 27,3 g [*auri*]; °**3.** / *eine* Kleinigkeit.
ūnciārius 3 (*ŭ-?*; *ūncia*) ein Zwölftel betragend; *fenus* **-um** $^1/_{12}$ des Kapitals pro Jahr = $8^1/_3$ % Zinsen.
ūnciātim *adv.* (*ŭ-?*; *ūncia*) pfennigweise. [*uncus*) hakenförmig.]
uncīnātus 3 (*uncīnus* „Haken";
ūnciola, *ae f* (*ŭ-? dem. v. ūncia*) *eine* lumpige Unze.
ūnctiō, *ōnis f* (*ŭ-?*; *ungō*) *das* Salben; ** letzte Ölung.
ūnctitō 1 (*ŭ-?*; *frequ. v.* **ūnctō, frequ. v. ungō*) oft salben.
ūnctiusculus 3 (*ŭ-?*; *dem. v. ūnctior, comp. v. ūnctus*) etwas fetter.
ūnctor, *ōris m* (*ŭ-?*; *ungō*) Salber.
ūnctōrium, *ī n* (*ŭ-?*; *ūnctor*) Salbraum (*in den Thermen*).
ūnctūra, *ae f* (*ŭ-?*; *ungō*) *das* Einbalsamieren.
ūnctus 3 (*m. comp.*; *ŭ-? ungō*) **1.** gesalbt, bestrichen, benetzt; °/ fettig, schmierig; **2.** / °**a)** lecker; **b)** reich; üppig; **c)** bestochen; °*subst.* **-um,** *ī n* leckere Mahlzeit; ** Fett; Salbe.
uncus¹, *ī m* (*zu ancus* „gekrümmt"; *cf. gr. Lw. ancora*) Haken, Widerhaken; *bsd. der Haken, den man den Delinquenten in den Hals schlug, bevor man sie ad scalas Gemonias* schleppte *od. in den Tiber stürzte* [°*-o rapi*]; °/ *-um decutere eine* Gefahr vermeiden.
uncus² 3 (*uncus¹*) hakig, gekrümmt.
unda, *ae f* (*cf. gr. Lw. hydr...*) **1.** Welle, Woge; **2.** / °**a)** Gewässer, Meer; / Strom; **b)** unruhige Menge; Strudel, Unruhe; ** *sacra* Weihwasser; *baptismatis* Taufwasser.
unde *adv.* (⟨ **quunde*; *zum Pron.-Stamm* quo-; *cf. alicunde, ubī*) (*fragend u. rel.*) von wo, woher; / wovon, woraus, weshalb; *auch* = *a* (*ex*) *quo, quibus*; (*dcht.*) ~ ~ woher nur immer; ** weil; so dass.
ūn-dē... (*ūnus, dē*) *Neunerzahlen*: *z. B. undeoctoginta* 79; *undenonagesimus der* Neunundachtzigste.
ūn-deciē(n)s *num. adv.* elfmal.
ūn-decim *num. card. indecl.* elf.
ūndecimus 3 *num. ord. der* Elfte.
ūndecim-virī, *ōrum m* Elfmännerkollegium, *Polizei- u. Strafvollzugsbehörde in Athen.* [immer.]
unde-cumque *adv.* woher nur
ūn-dēnī 3 *num. distr.* je elf; *pedes* Hexameter und Pentameter.
ūndēvīcēsimānī, *ōrum m* (*ūndēvīcēsimus*) Soldaten der 19. Legion.
undique *adv.* (*unde*) **1.** woher nur immer, von allen Seiten; **2.** auf allen Seiten; in jeder Hinsicht.
undisonus 3 (*unda, sonō*) wellenrauschend; *dii -i* Meergötter.
undō 1 (*unda*) wallen, wogen, sieden; / emporwallen.
undōsus 3 (*unda*) wogend.
ūnetvīcēsimānī, *ōrum m* (*ūnetvīcēsimus*) Soldaten der einundzwanzigsten Legion.
ūn-et-vīcēsimus 3 *num. ord. der* Einundzwanzigste.
ungō, *ūnxī, ūnctum* 3 (*ŭnctum?*; *cf. schwäbisch* „Anke" = „Butter") **1.** salben; °**2.** bestreichen, beschmieren; °**3.** (*Speisen*) fett machen.
unguen, *inis n* (*unkl.*) = *unguentum.*
unguentārius 3 (*unguentum*; *nkl.*) Salben...; *subst.* **-um,** *ī n* Salbengeld; *kl. nur* **-us,** *ī m* Salbenhändler.
unguentō 1 (*unguentum*) salben.
unguentum, *ī n* (*unguō*) Fett; Salbe, Salböl.
unguiculus, *ī m* (*dem. v. unguis*) Nägelchen; Fingerspitze; °*ex -is* in allen Fasern [*perpruriscere*]; *a teneris -is* von Kindesbeinen an.
unguis, *is m* (*abl. dcht. -ī*; *cf. nhd.* „Nagel") (Finger-, Zehen-)Nagel; Klaue, Kralle, Huf; °*ad -em factus homo* Weltmann vom Scheitel bis zur Sohle; ~ *transversus* Fingerbreite, Zoll.
ungula, *ae f u.* (*altl.*) **-us,** *ī m* (*unguis*) Pferdehuf; °Kralle; *omnibus -is* mit allen Kräften; °/ Pferd; ** *ferrata* Hufeisen.
unguō = *ungō.*
ūni-animus (*Pl.*) = *ūnanimus.*
ūni-color, *ōris* (*ūnus*) einfarbig.
ūnicus 3 (*ūnus*) einzig, allein; / einzig in seiner Art, unvergleichlich; *adv.* **-ē** nur, einzig; °völlig [*unus*].

U

ūni-fōrmis, e (*m.* °*adv.*; *ūnus, fōrma*) einförmig.
ūni-gena, *ae m f* (*ūnus, gignō*) °**1.** von der gleichen Abstammung, verschwistert (*Bruder, Schwester*); **2.** einzig. [= Christus.
****unigenitus** 3 eingeboren (einzig)
ūni-manus 3 (*ūnus*) einhändig.
ūniō[1], *ōnis m* (*ūnus*) einzelne große Perle.
ūniō[2] 4 (*ūnus*) vereinigen; ** in Einklang bringen.
****unio**[3], *onis f* Vereinigung.
ūni-subsellium, *ī n* (*ūnus*) Einzelbänkchen.
ūnitās, *ātis f* (*ūnus*) Einheit; Einigkeit.
ūniter *adv.* (*ūnus*) in eins verbunden.
ūnīus-modī *adv.* (*od. getr.*) von einerlei Art.
ūniversālis, e (*ūniversus*) allgemein; ** *subst.* **-ia,** *ium n* Allgemeinbegriffe.
ūniversitās, *ātis f* (*ūniversus*) Gesamtheit; °*die* (ganze) Rede; / Welt (-all) [*rerum*].
ūni-versus *u.* (*altl.*) **-vorsus** 3 (*m. adv.*; < **oinovorsus* „auf einen Punkt gewendet"; *ūnus + P.P.P. v. vortō*) **1. a)** sämtlich, gesamt, ganz; (*Li.*) *-ae rei dimicatio* Entscheidungsschlacht; **b)** *pl.* zusammen, insgesamt; **2.** allgemein; *-ē u.* °*in -um* im Allgemeinen; **3.** *subst.* **-um,** *ī n* Weltall.
ūn-oculus, *ī m* (*ūnus*) *der* Einäugige.
Ūnomammia, *ae f* (*ūnus, mamma; Scherzbildung*) *Land der Amazonen.*
unquam *adv.* (*erstarrter acc. statt *quonquam; cf. ubī*) irgendeinmal, jemals; *nec* ~ und niemals.
ūnus 3 (*altl. oinos; gen. ūnīus, im Vers ūnius u. ūnī; dat. ūnī; cf. nhd.* „ein") **1. a)** ein, einer [*e filiis*]; *ad -um omnes* alle bis auf den letzten Mann; *in -um* an einen Punkt; *nemo* ~, *nullus* ~ kein Einzelner; **b)** ein Einziger, nur einer, bloß, allein; *in -a virtute* allein auf der Tugend; **c)** bei weitem, vor allen Anderen [*homo* ~ *doctissimus*]; **d)** ein und derselbe; der Nämliche; *-o tempore* zur gleichen Zeit; **2.** (*indef.*) irgendein(er) [~ *pater familias*]; ~ *et alter* etliche; *adv.* **ūnā** (*räuml.*) zusammen, gemeinschaftlich; (*zeitl.*) zugleich; ** *auch unbestimmter Artikel.*
ūnus-quisque, *ūnum-quidque* (*subst.*), ~, *ūna-quaeque, ūnum-quodque* (*adi.*) *ein* jeder, jeder Einzelne.
ūpiliō *s. ōpiliō.*
upupa, *ae f* (*Schallwort nach dem Paarungsruf* „[h]upup") Wiedehopf; / Spitzhacke.
Ūrania, *ae u.* **-niē,** *ēs f* (*gr.* -nįā, -nįē) *Muse der Himmelskunde.*
****uranicus** 3 himmlisch.
urbānitās, *ātis f* (*urbānus*) **1.** Stadtleben, Leben in Rom; **2.** städtisches Wesen: **a)** feines Benehmen, großstädtische Lebensart; **b)** feine Aussprache, gebildete Ausdrucksweise; **c)** (feiner) Witz, Esprit; °**d)** schlechter Witz, grobe Täuschung.
urbānus 3 (*m. comp., sup., adv.*; *urbs*) **1.** (groß)städtisch, Stadt...; stadtrömisch; **2.** / **a)** fein, gebildet; weltmännisch; **b)** (*v. der Rede*) gewählt; **c)** witzig, geistreich; °**d)** dreist; **3.** *subst.* **-ī,** *ōrum m* (Groß-)Städter; °*sg.* Witzbold, Schwätzer.
urbi-capus, *ī m* (*urbs, capiō*) Städteeroberer.
urbicus 3 (*urbs*) städtisch, römisch.
urbs, *urbis f* (*et. ungedeutet*) **1.** Stadt, Hauptstadt; **2.** Rom; **3.** *die* Städter; °**4.** Akropolis von Athen; **5.** / Hauptsache, Kern [*philosophiae*].
urceolus, *ī m* (*ū-?; dem. v. urceus*) kleiner Krug.
urceus, *ī m* (*ū-?; cf. orca; wohl Lw. aus einer Mittelmeersprache*) Krug.
ūrēdō, *inis f* (*ūrō*) Getreidebrand (*Krankheit*).
urg(u)eō, *ursī,* — 2 (*vl. m. nhd.* „würgen" *verwandt*) **1. a)** (*trans.*) drängen, treiben, (fort)stoßen, drücken; **b)** (*intr.*) andringen; (sich) drängen; **2.** / **a)** bedrängen, hart zusetzen, keine Ruhe lassen; **b)** (*durch Fragen od. Worte*) in die Enge treiben, bestürmen; **c)** hartnäckig betonen [*ius suum*]; **3. a)** einengen [*urbem*]; °**b)** verdrängen [*diem nox*]; **4.** mit Eifer betreiben, nicht ablassen *von* [°*opus*].
ūrīna, *ae f* (*urspr.* „Wasser") Harn, Urin; / Samen.
ūrīnātor, *ōris m* (*ūrīnor*) Taucher.
ūrīnor 1 (*ūrīna*) untertauchen (*intr.*).
Ūrios, *ī m* Verleiher guten Fahrwindes [*Iuppiter*].
urna, *ae f* (< **urc-nā; cf. urceus*) °**1. a)** Wasserkrug; **b)** (*Flüssigkeitsmaß*) $^1/_2$ *amphora* = 13,04 l; °**2. a)** Krug, Topf, Urne (Schicksalsurne;

U

Aschenkrug *kl. nur* Stimm-, Losurne); **b)** / Wahl durch das Los.

urnula, *ae f* (*dem. v. urna*) kleiner Krug.

ūrō, *ussī, ustum* 3 (*ūssī, ūstum?*; *cf. gr.* heúō „senge") **1.** (ver)brennen [*hominem mortuum*]; **2. a)** (*med. t.t.*) ausbrennen; °**b)** (*Farben*) einbrennen, enkaustisch malen; **c)** sengen und brennen, verwüsten; **3.** / °**a)** austrocknen, dörren, versengen; (*vom Frost*) (er)frieren machen; *kl. nur* P. frieren; °**b)** wund reiben, drücken; °**c)** leidenschaftlich entflammen; P. von Liebe, Leidenschaft glühen; °**d)** beunruhigen, plagen, heimsuchen.

ursa, *ae f* (*ursus*) **1.** Bärin; °**2.** Bär (*auch als Sternbild*).

ursus, *ī m* (< **orcsos*; *cf. Arctus*) Bär; Bärenhatz.

urtīca, *ae f* (*vl. zu ūrō*) Brennnessel; *marina* Seenessel (*ein Seetier*); / Brunst, Geilheit.

ūrūca, *ae f* (*et. ungedeutet*) Raupe.

ūrus, *ī m* (*germ. od. kelt. Lw.*) Ur, Auerochs.

Ūsipetēs, *um u.* **-pii,** *ōrum m germ. Volk an der Lippe.*

ūsitātus 3 (*m. comp., sup., adv.*; *part. pf. v. ūsitor, intens. v. ūtor*) gebräuchlich, gewöhnlich; üblich.

uspiam *adv.* (*ū-?*; *us- wohl Erweiterung v. ut*; *cf. quis-piam*) irgendwo; °irgendwie.

usquam *adv.* (*ū-?*; *cf. uspiam*) irgendwo; bei irgendeiner Gelegenheit, irgendwie; irgendwohin.

ūsque *adv.* (*ŭ-?*; *wohl* < **ūds-que*; *cf. ahd.* ūz „hinaus" *u. abs-que*) **1.** in einem fort, ununterbrochen; **2.** (*räuml. u. zeitl.*) **a)** von ... her, von ... an: (*m. prp.*) [~ *a Capitolio*]; (*m. adv.*) *inde* ~ von da an; **b)** bis nach ..., bis ... hin: (*m. prp.*) [~ *ad vesperum*]; (*m. adv. od. ci.*) ~ *eo* bis dahin; ~ *dum* so lange, bis; °**c)** (*prp.*) bis ... zu [~ *pedes*; *vesperam* ~]; ** stets; ständig; sogar; ~ *ad centum* volle hundert.

ūsque-quāque *adv.* (*ŭ-?*; *auch getr.*) überall, allenthalben; immerdar.

ustor, *ōris m* (*ū-?*; *ūrō*) Leichenverbrenner.

ustulō *u.* **ustilō** 1 (*ū-?*; **ustulus dem. zu ustus, P.P.P. v. ūrō*) verbrennen [*scripta*].

ūsū-capiō¹, *cēpī, captum* 3 (*eigtl.* „durch Gebrauch in Besitz nehmen") durch Verjährung erwerben.

ūsū-capiō² *u.* **ūsūs-capiō,** *ōnis f* (*ūsūcapiō¹*; *in der Nebenform gen.!*) Eigentumsrecht durch Verjährung.

ūsū-faciō, *fēcī, factum* 3 (*Pl.*) = *ūsūcapiō¹*.

ūsūra, *ae f* (*ūtor*) **1. a)** (*zeitl. beschränkter*) Gebrauch, Genuss; Frist [*horae*]; **b)** Nutzung eines geliehenen Kapitals; **2.** (*sg. u. pl.*) **a)** Zinsen *für ein Darlehen*; *perscribere -am* Geld auf Zinsen ausleihen; °**b)** / Zugabe.

ūsūrārius 3 (*ūsūra*) **1.** zur (vorübergehenden) Benutzung dienend [*uxor*]; **2.** verzinst; ** *subst. m* Wucherer.

ūsurpātiō, *ōnis f* (*-sū-?*; *ūsurpō*) Gebrauch, Benutzung; °*itineris* Abmarsch; *civitatis* Anspruch auf das Bürgerrecht.

ūsurpō 1 (*-sū-?*; *wohl zu *ūsurpos* < **ūsūrapos*; *ūsus, rapiō*) **1. a)** benutzen, genießen, ausüben; **b)** beanspruchen, geltend machen [°*ius*]; **2. a)** (*rechtmäßig*) in Besitz nehmen, antreten [*hereditatem*]; °**b)** (*widerrechtlich*) sich anmaßen; **3. a)** (*Worte*) in den Mund nehmen; erwähnen; **b)** nennen.

ūsus, *ūs m* (*ūtor*) **1. a)** Gebrauch, Verwendung, Benutzung; **b)** (*jur. t.t.*) Nießbrauch [~ *et auctoritas*]; Nutznießung fremden Eigentums [~ (*et*) *fructus*]; **2. a)** praktische Tätigkeit [*forensis*]; Gewohnheit; **b)** praktische Erfahrung *in* [*belli*, *in re militari*]; °*ars et* ~ Theorie und Praxis; **3.** Verkehr, Umgang, Bekanntschaft [*domesticus*]; °Geschlechtsverkehr; **4.** Brauchbarkeit, Nutzen, Vorteil; *ex -u* [*civitatis*] *esse* = [*civitati*] *-ui esse* vorteilhaft sein; **5.** Bedarf, Notwendigkeit; *-u venit* es ereignet sich notwendigerweise, es geschieht zumeist.

ūsūs-capiō *s. ūsū-capiō²*. [*s. ūsus.*]

ūsus-frūctus = *ūsus* (*et*) *frūctus*;

ut *u.* **utī** (*wohl* < **quutī*; *Pron.-Stamm* *quo-; *Länge in utī* [*altl. utei*] *wohl nach ubī*) **I.** *adv.* °**1.** (*räuml.*) wo; **2.** (*direkt u. indirekt fragend*) wie? [*ut vales?*]; **3.** (*ausrufend*) wie, wie sehr [*ut ille tum demissus erat!*]; **4.** (*rel.*) **a)** wie, auf welche Weise [*perge, ut instituisti*]; **b)** (*in Zwischen-*

sätzen) [*ut aiunt*]; **5.** (*vergleichend*) **a**) (*m. korrespondierendem ita, sic, eodem modo u. ä.*) wie, gleichwie [*ut initium, sic finis est*]; *ut quisque ... ita, sic* in dem Maße wie ein jeder ... so, je ... desto [*ut quisque est vir optimus, ita difficillime alios improbos esse suspicatur*]; (*gegensätzlich*) wenn auch ... so doch, zwar ... aber [*ut nihil boni est in morte, sic certe nihil mali*]; (*in Schwüren u. Beteuerungen*) so wahr (wie) [*ita vivam, ut maximos sumptus facio*]; **b**) (*ohne korrespondierende Partikel*) wie [*feci, ut praescripsisti*]; wie, als [*quod non decet, poeta fugit ut maximum vitium*]; **6. a**) (*kausal*) als [*Diogenes liberius ut Cynicus locutus est* als Zyniker = da er ein Zyniker war]; (*m. Relativsatz m coni.*) da (er) ja, weil (er) ja [*multa de me questus est Caesar, ut qui a Crasso in me esset incensus*]; **b**) (*epexegetisch*) wie denn, wie einmal [*homo, ut erat furiosus, atrociter respondit* rasend, wie er war]; **7.** (*einschränkend*) wie wenigstens, wie nur [*ut tum res erant* bei der damaligen Lage; *ut potui, tuli* so gut ich konnte; *Epaminondas eloquens erat ut homo Thebanus* für einen Thebaner = soweit es bei einem Thebaner möglich war]; **8. ut sī** *m. coni.* wie wenn, als ob [°*Agesilaus, ut si bono animo fuissent, laudavit consilium eorum*]; **9.** (*Beispiele einleitend*) zum Beispiel [*multi gloriose mortui sunt, ut Leonidas*]; **II.** *ci.* **1.** (*m. ind.*) (*zeitl.*) **a**) (*oft erweitert zu ut primum*) sobald als, gerade als, sobald wie (*meist m. pf.*) [*repente, ut Romam venit, praetor factus est*]; **b**) seitdem, seit [*ut Brundisio profectus es, nullas postea litteras a te accepi*]; **2.** (*m. coni.*) **a**) (*final*; *verneint* ne) α) (*in Adverbialsätzen*) damit, auf dass, um zu; β) (*in Objektsätzen*) dass; *inf. m.* zu [*vos admonui, ut caveretis*]; *b. verba timendi* = *nē nōn* dass nicht; **b**) (*cons.*) dass, so dass (*verneint ut non*); **c**) (*conc.*) gesetzt dass, selbst wenn, wenn auch [°*ut desint vires, tamen est laudanda voluntas*]; **d**) (*in elliptischen Fragen der Verwunderung od. des Unwillens*) ist es möglich, glaublich, dass [*te ut ulla res frangat?*]; **e**) (*in Wünschen*) o dass doch.

ut-cumque 1. *adv.* wie nur immer; je nachdem; °**2.** *ci.* sobald nur.

ūtēnsilia, *ium n* (*ūtor*) Geräte, Vorräte.

ūtentior, *ōris m* (*comp. v. ūtēns, part. praes. v. ūtor*) einer, der mehr ausgeben kann.

uter[1]**,** *tris m* (*cf. gr. Lw. hydria*) Schlauch; / aufgeblasener Bursche.

uter[2]**,** *utra, utrum pron.* (*gen. utrīus, im Vers auch utrĭus*; *dat. utrī*; *wohl* < **quoteros*; *cf. nhd.* „weder") **1.** (*fragend u. rel.*) wer, welcher von beiden; **2.** *indef.* einer von beiden.

uter-cumque, *utra-c..., utrum-c... pron.* **1.** *rel.* wer immer von beiden; °**2.** *indef.* jeder beliebige von beiden; *utrocumque modo* auf jede Weise.

uter-libet, *utra-l..., utrum-l... pron.* = *utercumque.*

uter-que, *utra-que, utrum-que pron. indef.* (*Deklination s.* uter[2]; *im Vers gen. sg. auch -ĭque, gen. pl. auch -umque*) **1.** *sg.* jeder von beiden, beide [*consul*]; **2.** *pl.* **a**) (*zwei Mehrheiten*) beide (Parteien) [*collatis utrorumque* (*d. h. der* Griechen und Römer) *factis*]; **b**) beide (*pl. tantum*) [*utraque castra*]; **c**) (*zwei nachdrücklich betonte Einheiten*) alle beide.

uterus, *ī m u.* °**-um,** *ī n* (*wohl zu altind.* udaram „Bauch") °**1.** Unterleib, Bauch; / Inneres [*navis*]; **2. a**) Gebärmutter; *-um* °*implere* schwängern; °**b**) Leibesfrucht.

uter-vīs, *utra-v..., utrum-v... pron. indef.* (*vīs* „du willst") **1.** einer von beiden; °**2.** beide.

utī *s. ut*; **ūtī** *s. ūtor.*

ūtibilis, e (*ūtor*) brauchbar, nützlich.

ūtilis, e (*m. comp., sup., adv.*; *ūtor*) **1.** brauchbar, tauglich; **2.** nützlich, vorteilhaft.

ūtilitās, *ātis f* (*ūtilis*) **1.** Brauchbarkeit, Tauglichkeit; **2.** Nutzen, Vorteil; *das* Beste, Wohl; guter Dienst.

uti-nam *ci. des Wunsches* (*m. coni.*) o dass doch, wenn doch, wollte Gott! (*verneint utinam ne*).

utiquam *s. neutiquam.*

utī-que[1] = et *utī.*

uti-que[2] *adv.* (**uti s. ut, utī*; *-que verallgemeinernd*; *eigtl.* „wie es auch immer sein mag") **1. a**) jeden-

falls, durchaus, unbedingt; **b**) doch wenigstens; °**2.** besonders, zumal.
ūtor, *ūsus sum* 3 (*altl. oitor; et. ungeklärt*) **1.** gebrauchen, benutzen, sich bedienen [*oratione* reden]; sich erfreuen, genießen [*bonā valetudine*]; **2.** / **a**) haben, besitzen [*vobis utor amicis* ich habe euch zu Freunden]; ausüben, beweisen, zeigen [*clementiā*]; **b**) verkehren, Umgang haben *mit* [*rege familiariter*]; **c**) nötig haben.
ut-pote *adv.* (*eigtl.* „wie es möglich ist"; *s. potis*) nämlich: (*m. coni.*) ~ *qui* der ja; (*unkl.*) ~ *cum* da ja; *nkl. m. part. u. adi.*
ut-quidem *ci.* wie wenigstens, soweit.
°**ut-quomque** = *utcumque.*
utrāque *adv.* (*abl. sg. f v. uterque*) auf beiden Seiten.
utrārius, *ī m* (*uter¹*) Schlauch-, Wasserträger.
utriculārius, *ī m* (*utriculus dem. v. uter¹*) Sackpfeifer.
utrim-que *adv.* (*uterque*) von *u.* auf beiden Seiten.
utrō *adv.* (*uter²*) nach welcher von beiden Seiten? wohin?
utrobī *u.* **utrubī** *adv.* (*auch -ī; uter² + ubī*) auf welcher von beiden Seiten?
utrobī-dem *adv.* (*zu -dem s. īdem*) beiderseits.
utr-obīque *u.* **utr-ubīque** *adv.* (*auch -ī-; uter² + ubīque*) auf beiden Seiten; in beiden Fällen.
utrōlibet *adv.* (*uterlibet*) nach welcher von beiden Seiten es beliebt.
utrōque *adv.* (*uterque*), °*auch* ~ *versum* nach, auf beiden Seiten, Richtungen.
utrum *adv.* (*n v. uter²; Fragepartikel in disjunktiven Fragen*) *urspr. zu beiden Gliedern gehörig* [*utrum? tu masne an femina es?*]; *nach Verlust der Pause nur zum Ersten: utrum ... an* (*direkt u. indirekt*) (ob) ... oder; °*verstärkt utrumne.*
ut-ut *adv.* wie auch immer.
ūva, *ae f* (*idg.* *oivā) **1. a**) Traube; Wein(traube); °*passa* Rosine; °**b**) / Traube (*eines Bienenschwarms*); °**2.** Weinstock; °**3.** Zäpfchen (*im Hals*).
ūvēscō, — — 3 (*incoh. v.* **ūveō* „feucht sein") feucht werden; / sich bezechen.
ūvidulus 3 (*dem. v. ūvidus*) etwas feucht.
ūvidus (**ūveō* „feucht sein", *verwandt m. ūmeō*) feucht, nass; wohlbewässert; / berauscht.
uxor, *ōris f* (*et. umstritten*) (rechtmäßige) Ehefrau, Gattin; °/ *v. Tieren; scherzh. v. einer abolla.*
uxorcula, *ae f* (*dem. v. uxor*) Weibchen.
uxōrius 3 (*uxor*) der Ehefrau gehörig, die Gattin betreffend; *res -a* Ehestand, Heiratsgut; °*subst.* ~, *ī m* Pantoffelheld.

V

V, v (*Abk.*) = *valeō, valēs, valētis;* (*Zahlzeichen*) = 5.
Vacalus, *ī m u.* **Vahalis,** *is m* Waal (*Rheinarm*).
vacātiō, *ōnis f* (*vacō*) **1. a**) Befreiung *von* [*militiae*]; **b**) Urlaub; Entlassung; °**2.** Ablösungssumme (*für Befreiung vom Kriegsdienst*).
vacca, *ae f* (*cf. altind.* vāśā *ds.*) Kuh.
vaccillō (*Lu.*) = *vacillō.*
vaccīnium, *ī n* (= *gr. Lw. hyacinthus unter Anlehnung an vaccīnus* 3 [*zu vacca*] „Kuh...", *wohl kleinasiatischen Ursprungs*) Hyazinthe.
vaccula, *ae f* (*dem. v. vacca*) kleine Kuh.
vacerrōsus 3 (*vacerra* „Pfahl; / Tölpel", *vl. etr. Lw.*) tölpelhaft.
vacillātiō, *ōnis f* (*vacillō*) *das* Wanken; Wackelgang.
vacillō 1 (*eigtl.* „gekrümmt sein"; *cf. con-vexus, nhd.* „Wange) wanken, wackeln; / schwanken, unsicher sein.
vacīvitās, *ātis f* (*vacīvus*) Leere; Mangel.
va- *u.* (*altl.*) **vocīvus** 3 (*vacō*) leer; *auris* willig; *adv.* **-ē** in Muße.
vacō 1 (*et. unklar*) **1. a**) leer, frei, unbesetzt sein [*domus*]; °**b**) unbebaut, unbewohnt sein, herrenlos sein; **2.** frei sein *von,* nicht haben [*culpā*]; **3. a**) Muße haben; **b**) Zeit haben *für,* sich widmen [*philosophiae*]; °**4.** *impers. vacat* (*alci*) es ist vergönnt [*venari*]
vacuēfaciō, *fēcī, factum* 3; P. *-fīō, factus sum, fierī u. fīerī* (*u. vac(u)ē-?; vacuus; cf. assuē-faciō*)

entleeren, entvölkern; P. leer werden; °*vacuefactus* herrenlos.
vacuitās, *ātis f* (*vacuus*) **1.** *das* Freisein *von* [*doloris*]; °**2.** Vakanz *eines* Amtes.
vacuō 1 (*vacuus*) leeren.
vacuum, *ī n* (*vacuus*) Leere, leerer Raum; *das* Freie; herrenloses Gut
vacuus 3 (*m.* °*sup.*; *vacō*) **1.** leer, frei, ohne [*oppidum a defensoribus*]; **2. a**) menschenleer, öde; herrenlos, erledigt, erblos; °**b**) ledig; ohne Geliebten; °**c**) schutzlos; **3. a**) *einer Sache* ledig, frei *von*; **b**) unbeschäftigt, müßig; °**c**) geräuschlos, ruhig, still; **d**) sorglos, unbefangen; °**e**) offen, zugänglich [*porticus*]; °**f**) nichts sagend, eitel [*nomen*].
vadimōnium, *ī n* (*vas*[1]) **1.** *durch Kaution gegebene* Versicherung, vor Gericht zu erscheinen; Bürgschaft (-sleistung); *-um concipere* sich schriftlich verbürgen; **2.** *das* Erscheinen vor Gericht; **3.** Verhandlungstermin; ** Pfand.
vādō, — — 3 (*vāsī, vāsum nur in Komposita*; *cf. vadum, nhd.* „waten") wandeln, schreiten, gehen.
vador 1 (*vas*[1]) durch Bürgschaft verpflichten, sich vor Gericht zu stellen; °*part. pf. pass.*: *abl. abs. vadato* nach geleisteter Bürgschaft; *vadatus* 3 verpflichtet.
vadōsus 3 (*vadum*) seicht, voller Untiefen.
vadum, *ī n* (*cf. vādō*) **1.** seichte Stelle, Untiefe, Furt; °/ Sicherheit; °2. Meer, Gewässer, Flussbett.
vae *int.* (*cf. nhd.* „wehe"; *altl. stets m. dat., später auch abs. od. m. acc.*) wehe! ach! [*victis*]; ~ te über dich!
vaec..., vaegr..., vaep..., vaes... *s. vēc... usw.*
vafer, *fra, frum* (*m. sup., adv.*; *dial. -f- statt -b-*; *et. ungedeutet*) schlau, verschmitzt.
vafritia, *ae f* (*vafer*) Verschmitztheit.
****vagabundus** 3 umherschweifend, auf der Reise.
vagātiō, *ōnis f* (*vagor*) *das* Umherschweifen.
vāgīna, *ae f* (*-ā-?*; *eigtl. wohl* „schützende Hülle") **1.** Schwertscheide; **2.** Hülse; °**3.** = *cunnus.*
vāgiō 4 (*Schallwort*) wimmern, schreien.
vāgītus, *ūs m* (*vāgiō*) *das* Wimmern, Schreien; *das* Meckern.
vagor[1] *u.* °**-ō** 1 (*vagus*) **1.** umherschweifen, -streifen, (*v. Schiffen*) kreuzen; **2.** / sich verbreiten; weitschweifig sein, abschweifen.
vāgor[2], *ōris m* (*altl.*) = *vāgītus.*
vagus 3 (*m.* °*adv.*; *eigtl.* „krumme Wege machend"; *cf. vacillō*) **1.** umherschweifend, unstet; **2.** / **a**) schwankend, unbeständig, haltlos; **b**) ungebunden, regellos; **c**) weitschweifig; **d**) unbestimmt, zu allgemein; ** *subst.* ~, *i m* fahrender Scholar; Vagant; Spielmann.
vāh *int.* (*urspr. des Schmerzes, später der Abweisung u. des freudigen Erstaunens*) ach! ha! ei!
Vahalis *s. Vacalus.*
valdē *adv.* (*m.* °*comp.*, °*sup.*; *synk.* < *validē*; *validus*) **1.** stark, heftig, sehr; °**2.** (*in der Antwort*) ganz gewiss.
vale-dīcō, *dīxī,* — 3 (*nkl. statt valē dīcō u. valēre dīcō*) Lebewohl sagen.
valēns, *entis* (*m. comp., sup.,* °*adv.*; *valeō*) **1. a**) kräftig, stark; **b**) (*v. Heilmitteln*) wirksam; **2.** gesund, wohlauf; **3.** / **a**) (*pol.*) mächtig; **b**) kraftvoll, einflussreich.
valentulus 3 (*dem. v. valēns*) stark.
valeō, *uī, itūrus* 2 (*cf. nhd.* „walten") **1.** kräftig sein; **2. a**) gesund sein, sich wohl befinden; **b**) *Briefformel*: *S.V.B.E.E.Q.V.* = *si vales, bene est, ego quidem valeo*; **c**) *Abschiedsgruß* (*Briefschluss*) *vale* lebe wohl!; *valere te iubeo* ich sage dir Lebewohl; **d**) *valeat!* fort mit ihm!; / **3.** Einfluss haben, gelte, vermögen, ausrichten [*multum, apud populum*]; **4. a**) Erfolg haben, die Oberhand behalten; **b**) geeignet, imstande sein [*ad evertendas leges*]; **c**) sich beziehen *auf*, gelten *für* [*in Caesarem*]; °**d**) gelten, wert sein [*unus aureus pro decem argenteis*]; **e**) bedeuten [*hoc verbum quid valet?*]; ** *oft* = *posse*; *vale* sei gesegnet! (*b. Abschied u. Ankunft*).
Valerius 3 *röm. Gentilname*: **1.** *M.* ~ *Messāl(l)a* (*-sālla?*) *Corvīnus, Redner z. Z. Ciceros*; **2.** *s. Catullus*; **3.** *s. Martiālis*; — *adi.* ~ [*gens*].
valēscō, *luī,* — 3 (*incoh. v. valeō*) erstarken, zunehmen.
valētūdinārius 3 (*valētūdō*) kränklich; °*subst.* ~, *ī m* Patient; **-um,** *ī n* Krankenhaus, Lazarett.
valētūdō, *inis f* (*valeō*) Gesundheitszustand [*bona, mala*]; Gesundheit; Krankheit, Schwäche.

V

valgus 3 (*et. umstritten*) säbelbeinig; / schief [*savia*].
validus 3 (*m.* °*comp.*, °*sup.*, °*adv.*; *valeō*) **1.** °**a**) stark, kräftig; **b**) kampfkräftig, fest [°*statio*]; °**2.** (*v. Heilmitteln u. Giften*) wirksam; **3.** gesund; **4.** / **a**) mächtig, einflussreich; °**b**) (*rhet. t.t.*) kräftig, zündend.
valitūd... = *valētūd...*
vallāris, e (*vallum*) Wall...; *corona Auszeichnung für den Soldaten, der zuerst den feindl. Wall erstiegen hat.*
vallēs *u.* (*jünger*) **-is,** *is f* (*et. umstritten*) Tal; (*dcht.*) *alarum* Achselhöhle. [schützen, sichern.}
vallō 1 (*vallum*) °**1.** verschanzen; **2.**}
vallum, *ī n* (*coll. zu vallus*) Wall, Verschanzung; / Schutzwehr.
vallus, *ī m* (*cf. got.* walus „Stab") °**1.** Pfahl; *bsd.* Rebstock; **2.** Pallisade(n); Barrikaden; **3.** (*dcht.*) Zähne [*pectinis*]. [Flügeltür.}
valvae, *ārum f* (*wohl zu volvō*)}
Vandalī *u.* **-dilii,** *ōrum m germ. Volk ö. der Oder*; ** *adi.* *-dalicus* 3 wild.
vānēscō, — — 3 (*incoh. zu vānus*) verschwinden, vergehen; / abnehmen; zerfallen. [haft.}
vāni-dicus 3 (*vānus, dīcō*[2]) lügen-}
vāni-loquentia, *ae f* (*vānus*; *loquēns, part. praes. v. loquor*) Prahlerei. [lügenhaft; prahlerisch.}
vāni-loquus 3 (*vānus, loquor*)}
vānitās, *ātis f* (*vānus*) **1. a**) Nichtigkeit, leerer Schein, Einbildung; °**b**) Misserfolg; **2.** Prahlerei, Lügenhaftigkeit. [Gerede.}
vānitūdō, *inis f* (*vānus*) lügnerisches}
vannus, *ī f* (< **vat-no-s*; *cf. ventilō*) Futterschwinge.
vānus 3 (*m.* °*comp.*, °*sup.*; *cf. ahd.* wan „ermangelnd", *nhd.* „Wahnwitz") °**1.** inhaltlos, leer; hohl, dünn; **2.** / **a**) nichtig, eitel; vergeblich; **b**) (*v. Personen*) lügenhaft, eingebildet, prahlerisch; °**c**) (*v. Sachen*) falsch, grundlos; °**3.** *subst.* **-um,** *ī n* *das* Leere; Wahn, Schein, Einbildung.
vapidē *adv.* (*cf. vappa*) kahmig, verdorben; ~ *se habere* den Katzenjammer haben.
vapor *u.* (*altl.*) **-ōs,** *ōris m* (*cf. vappa*) **1.** Dampf, Dunst; °Rauch; **2.** warme Ausdünstung; °**3.** Glut; Feuer, Lohe; / Liebesglut.
vapōrārium, *ī n* (*vapor*) Dampfrohr, -heizung (= *hypocaustum*).
vapōrō 1 (*vapor*) **1.** (*intr.*) dampfen; **2.** (*trans.*) **a**) durchräuchern, in Dunst hüllen; **b**) erwärmen.
vappa, *ae f* (*wohl zu vapor*) verdorbener Wein; / Taugenichts.
vāpulāris, e (*vāpulō*) Prügel...
vāpulō 1 (*cf. engl.* to weep) °**1.** Schläge bekommen; **2.** / durchgehechelt werden; ruiniert werden.
variantia, *ae f u.* **variātiō,** *ōnis f* (*variō*) Verschiedenheit.
Vāriānus *s. Vārus*[2]). [schen.}
vāricō 1 (*vāricus*) die Beine grät-}
varicōsus 3 (*varix*) voller Krampfadern.
vāricus 3 (*vārus*[1]) mit ausgespreizten Beinen, x-beinig.
varietās, *ātis f* (*varius*[1]) **1.** Buntheit; **2.** / **a**) Mannigfaltigkeit, Verschiedenheit, Wechsel; **b**) Meinungsverschiedenheit; **c**) Unbeständigkeit, Wankelmut; **d**) Vielseitigkeit der Ideen *od.* Kenntnisse.
variō 1 (*varius*[1]) **1.** (*trans.*) °**a**) bunt machen, färben; / braun und blau schlagen; **b**) / verändern, abwechseln *mit*, verschieden darstellen; *P.* voneinander abweichen, verschieden sein; °**2.** (*intr.*) **a**) abwechseln, verschieden(farbig), bunt sein; sich färben; **b**) mannigfaltig sein, schwanken, sich verändern; **c**) verschiedener Meinung sein; **d**) wechselnden Erfolg haben.
varius[1] 3 (*m. adv.*; *et. ungeklärt*) °**1.** mannigfaltig: **a**) (*in der Farbe*) bunt gefärbt, schillernd; scheckig, gefleckt; braun u. blau (*v. Schlägen*); **b**) (*in seinen Bestandteilen*); **2.** / **a**) von verschiedener Art, allerlei; **b**) (ab-)wechselnd, schwankend; **c**) vielseitig (begabt) [°*ingenium*]; °**d**) charakterlos, wankelmütig.
Varius[2] 3 *röm. Gentilname*: *L.* ~ *Rūfus, Tragiker, Freund v. Horaz u. Vergil.* [ausschlag") Krampfader.}
varix, *icis m f* (*varus, ī m* „Gesichts-}
vārō *schlechte Schreibung für bārō*[1].
Varrō, *ōnis m röm. cogn.*; *s. Terentius*; *adi.* *-niānus* 3.
vārus[1] 3 (*cf. vacillō*) auswärts gebogen; krummbeinig; / entgegengesetzt; *subst.* ~, *ī m* (*scherzh.*) Teckelchen.
Vārus[2], *ī m röm. cogn.*: **1.** *Quīntīlius* ~, *Kritiker, Freund v. Vergil u. Horaz*; **2.** *P. Quīnctīlius* ~, *röm.*

Feldherr, fiel im Kampf mit den Cheruskern 9 n.Chr.; adi. -iānus 3.
vas¹, vadis *m* (*cf. nhd.* „Wette") Bürge (*der durch Kaution für das Erscheinen eines andern bürgt*); °/.
vās², vāsis *u.* (*altl.*) **vāsum,** ī *n* (*et. ungeklärt*) **1.** *sg.* Gefäß, Geschirr, Gerät; **2.** *pl.* **-a,** ōrum **a)** Hausgeräte, Möbel; **b)** (*mil. t.t.*) Gepäck, Bagage; colligere aufbrechen; conclamare Signal zum Aufbruch geben; °**c)** Hoden, männliches Glied; ** Weihrauchfass.
****vas(s)allus,** i *m* Lehnsmann.
vāsārium, ī *n* (vās²) Ausstattungsgeld (*für einen Provinzstatthalter*).
vāsculārius, ī *m* (vāsculum) Verfertiger von Metallgefäßen.
vāsculum, ī *n* (*dem. v.* vās) kleines Gefäß, Geschirr. [wüstung.
vāstātiō, ōnis *f* (vă-?; vāstō) Ver-
vāstātor, ōris *m* (vă;?; vāstō) Verwüster, Vertilger; ferārum Jäger; ** Teufel. [verwüstet.
vāstātrīx, īcis *f* (vă-?; vāstātor) die
vasti-ficus 3 (vā-?; vastus², faciō) unförmig, missgestaltet.
vāstitās, ātis *f* (vă-?; vāstus¹) Leere, Öde; Verwüstung; *pl.* (*concr.*) Verwüster. [störung.
vāstitiēs, ēī *f* (vă?; vāstus¹) Zer-
vāstō 1 (vă-?; vāstus¹) **1. a)** leer machen, entblößen *von* [fines civibus]; **b)** verwüsten; °**c)** brandschatzen; °**2.** / zerrütten.
vāstus¹ 3 (*m. comp.*, °*sup.*, °*adv.*; vă-?; *cf. nhd.* „wüst"; *aber mhd.* waste „Wüste" *ist lat. Lw.!*) **1.** leer, öde, wüst; °**2.** verwüstet, verheert; **3.** / plump, roh, ungebildet.
vastus² 3 (*m. comp., sup., adv.*; vā-?; *wahrsch. et. v.* vāstus¹ *zu unterscheiden*; *cf. altirisch* fot „Länge") **1.** ungeheuer groß, riesig, unermesslich, weit [mare]; 2. unförmig, ungeschlacht.
vāsum, ī *n s.* vās².
vātēs *u.* **-is,** is *m f* (*gen. pl.* -um *u.* -ium; *cf. nhd.* „Wut"; *Göttername* „Wodan") **1.** Wahrsager(in), Prophet(in), Seher(in); **2.** / (*seit Vergil*) Sänger(in), Dichter(in).
Vāticānus, ī *m* (*im Vers auch* -ī-) *Hügel Roms am r. Tiberufer*; *auch adi.* ~ 3 [collis, mons].
vāticinātiō, ōnis *f* (vāticinor) Weissagung. [sager, Seher.
vāticinātor, ōris *m* (vāticinor) Weis-
vāticinius 3 = vāticinus.
vāticinor 1 (vātēs; *cf.* latrō-cinor) **1.** weissagen, prophezeien; **2.** / °**a)** warnen; **b)** lehren; **c)** schwärmen.
vāticinus 3 (*Rückbildung aus* vāticinor) weissagend, prophetisch.
vatillum, ī *n* (*dem. v.* vannus) Pfanne, Becken.
-ve¹ *enklitische ci.* (*cf. altindisch* vā „oder") oder, oder auch; (*dcht.*) ~ ... ~ entweder ... oder.
vē-² (*wohl ablautend zu* au-²) *untrennbare Partikel zur Bezeichnung der Abweichung vom rechten Maß* [vegrandis].
vēcordia, ae *f* (vēcors) Unsinnigkeit, Wahnsinn. [wahnsinnig.
vē-cors, rdis (vē-², cor) unsinnig,
vectābilis, e (vectō) tragbar.
vectātiō, ōnis *f* (vectō) *das* Fahren, Reiten [equi].
vectīgal, ālis *n* (*meist pl.*; *n v.* vectīgālis) **1.** staatliche Einnahmen; Abgaben; Steuer; Zoll; Ehrengeschenk; **2.** (private) Einkünfte, Einkommen; Einnahmequelle.
vectīgālis, e (*vectis + *-igos; *zu* vehō *u.* agō; *eigtl.* „*das* Fahren, *d.h.* Einfuhr *u.* Ausfuhr betreibend") **1.** zu den Staatseinkünften gehörig, als Abgabe gezahlt; steuerpflichtig, zinsbar; **2.** *Privatleuten* Geld einbringend; für Geld vermietet [equi]. [Reiten.
vectiō, ōnis *f* (vehō) *das* Fahren,
vectis, is *m* (vehō) Hebel, Hebebaum; Brechstange; Balkenriegel.
vectō 1 (*frequ. v.* vehō) fahren, tragen, bringen; P. fahren, reiten.
vector, ōris *m* (vehō) °**1.** Träger; **2. a)** Passagier; °**b)** Seefahrer; °**c)** Reiter.
vectōrius 3 (vector) Fracht...
vectūra, ae *f* (vehō) **1.** Transport; Fuhre; Zufuhr; °**2.** Fuhrlohn, Frachtgeld.
Vē-diovis (*altl.*) = Vē-iovis.
vegeō, — — 2 (*altl.* = vigeō; *nhd.* „wecken") erregen, in Bewegung setzen. [**-lia,** ium *n* Pflanzenreich.
****vegetabilis,** e belebend; *subst.*
vegetō 1 (vegetus) lebhaft erregen; ermuntern; beleben.
vegetus 3 (*altl.* P.P.P. *v.* vegeō) rüstig; / lebhaft.
vē-grandis, e (vē-²) von unnatürlicher Größe: °**1.** klein, winzig; **2.** überaus groß.

V

vehemēns, *entis* (*m. comp., sup., adv.*; ‹ *vehemenos, *part. praes. zu* vehor; *s.* vehō 1 b) **1. a**) heftig, leidenschaftlich, stürmisch; **b**) energisch; **c**) streng, hart; **2.** / stark, gewaltig, wirksam, gewichtig; *adv.* **-enter** (gar) sehr, höchst.

vehic(u)lum, *ī n* (vehō) Fuhrwerk, Wagen; Sänfte; Schiff.

vehō, *vēxī, vectum* 3 (*cf. nhd.* „bewegen") **1.** (*trans.*) **a**) fortbewegen, -schaffen; fahren, tragen, bringen, ziehen [*currum*]; *per triumphum* im Triumph aufführen; **b**) *mediopass.* fahren, reiten, segeln; einherschreiten; fliegen [°*apes*]; °*equo citato* lossprengen *auf* [*ad hostem*], sich stürzen; **2.** (*intr.*; *nur part. praes. u. ger.*) fahren, reiten, sich tragen lassen [*equo vehens*].

Vēī, *ōrum m St. in Südetrurien*; *adi.* -*īus* 3; *adi. u. Einw.* -*iēns, entis*; *adi.* -*ientānus* 3; °*subst.* **-ientānum,** *ī n* Landwein v. ~.

Vē-iovis, *is m* (vē-²; *Dius*; *von Ovid fälschlich als* „noch jugendlicher Jupiter" *gedeutet*) *altröm. rächender Unterweltsgott.*

vel (*zu* volō; *etwa* „wenn du willst") **1.** *ci.* **a**) (*die Wahl frei lassend*) oder, oder auch; ~ ... ~ entweder ... oder, teils ... teils; °**b**) und auch; **c**) (*berichtigend*) oder vielmehr; **2.** *adv.* **a**) (*steigernd*) selbst, sogar, auch schon; (*beim sup.*) leicht, wohl, unstreitig; **b**) besonders, zum Beispiel; ** und.

Vēlābrum, *ī n Lebensmittelmarkt in Rom zw. Palatin u. Tiber* [*maius u. minus*].

vēlāmen, *inis n* (vēlō) Hülle, Decke; Gewand, Schleier; Fell; ** *sacrum* Nonnenschleier.

vēlāmentum, *ī n* (vēlō) Hülle; *pl.* weiße Wollbinden der Schutzflehenden.

vēlārium, *ī n* (vēlō) Plane; *pl.* Sonnensegel (*im Amphitheater*).

vēles, *itis m* (vēlōx; *in der Endung an mīles angeglichen*) °**1.** (*meist pl.*) Plänkler; **2.** *adi.* / neckend.

Velia, *ae f* **1.** *Ausläufer des Palatins*; **2.** *lat. Name für Elea*; *s. d.*

vēli-fer, *era, erum* (vēlum, ferō) Segel tragend.

vēlificātiō, *ōnis f* (vēlificō) *das* Segeln.

vēlificō 1 (vēlificus „segelnd"; vēlum, faciō) °**1.** (*act.*) **a**) (*intr.*) segeln; **b**) (*trans.*) durchfahren; **2.** P. °**a**) segeln; **b**) / *sich angelegentlich* bemühen [*honori suo*; °*alci*].

vēlitāris, e (vēles) zu den Plänklern gehörig.

vēlitātiō, *ōnis f* (vēlitor) *das* Geplänkel; / Neckerei.

vēlitor 1 (vēles) plänkeln; / zanken, schimpfen.

vēlivolāns, *antis u.* **-volus** 3 (vēlum, volō) segelbeflügelt; von Segeln belebt [*mare*].

Vellaunodūnum, *ī n St. der Senonen in Gallien, j.* Château-Landon.

vellicātiō, *ōnis f* (vellicō) *das* Rupfen; / Stichelei.

vellicō 1 (*dem. v.* vellō) °**1.** rupfen, zupfen; **2.** / **a**) durchhecheln, schmähen; °**b**) durch Eifersucht kränken; °**c**) anregen, aufstacheln.

vellō, *vellī* (*volsī, vulsī*), *vulsum* 3 (*cf.* vellus) °**1.** rupfen, zupfen; **2.** ab-, ausrupfen; °*mediopass.* sich die Haare entfernen lassen; °**3.** ab-, aus-, einreißen [*vallum*].

vellus, *eris n* (*cf. lāna, nhd.* „Wolle") **1.** *die abgeschorene, noch zusammenhängende* Wolle *der Schafe*; *pl.* Fäden, Gespinst; **2. a**) Schaffell, Vließ; **b**) Fell; **3.** / *pl.* Wollähnliches: Baumwolle; Schneeflocken; Schäfchenwolken.

vēlō 1 (vēlum) **1.** verhüllen, verschleiern, bedecken; °**2.** umwinden; schmücken; **3.** / verheimlichen, bemänteln; (*Gerundiv*) *subst. pl. n* °**vēlanda corporis** Schamteile; **accēnsī vēlātī** *s. accēnsī.*

vēlōcitās, *ātis f* (vēlōx) Schnelligkeit; °/ lebendige Darstellung.

vēlōx, *ōcis* (*m. comp., sup., adv.*; *cf.* veles) schnell; behende, gewandt.

vēlum, *ī n* (*et. unklar*) (*meist pl.*) **1. a**) Segel; *-a facere, dare ventis* mit vollem Winde segeln; °**b**) Schiff; **2.** Hülle, Vorhang, Tuch; Sonnensegel (*im Amphitheater*); Schleier.

vel-ut *u.* **-utī** *adv.* **1.** wie, gleichwie; gleichsam; (so) zum Beispiel; **2.** ~ **sī** *u.* ° ~ (*m. coni.*) gleich als ob, wie wenn.

vēmēns, *entis* (°*Schnellsprechform*) [= *vehemēns*.]

vēna, *ae f* (*et. ungedeutet*) **1. a**) Ader, Blutader; Vene; **b**) Arterie, Pulsader; °*pl.* Puls; **2.** °**a**) Wasserader, Kanal; °**b**) Holzader, Geäder *in Steinen u.Ä.*; **c**) Metallader; °/ Metall; °**d**) Saftgefäße *im Baum* [*balsami*]; °**e**) = *mentula*; **3.** / *pl.*

a) Inneres, innerstes Wesen, Herz, Charakter; Stimmung; °**b**) Begabung, poetische Ader; ** Stahl.

vēnābulum, *ī n* (*vēnor*) Jagdspieß.

Venāfrum, *ī n St. in Kampanien m. großen Olivenpflanzungen, j.* Venafro; *adi. -frānus* 3.

vēnālicius 3 (*-lī-?; vēnālis*) verkäuflich; *subst.* **~,** *ī m* Sklavenhändler; **-um,** *ī n* Handelsware.

vēnālis, e (*vēnus*[1]) **1.** verkäuflich; **2.** / °**a**) verraten u. verkauft; **b**) feil, bestechlich; **3.** *subst.* **-ēs,** *ium m* (zum Verkauf ausgestellte) Sklaven.

vēnāticus 3 (*vēnor*) Jagd...

vēnātiō, *ōnis f* (*vēnor*) *das* Jagen, Jagd; Tierhetze (*im Zirkus u. Amphitheater*); Wild(bret).

vēnātor, *ōris m* (*vēnor*) **1.** Jäger; °*adi.* Jagd... [*canis*]; **2.** / Forscher [*naturae*]; °Lauscher.

vēnātōrius 3 (*vēnātor*) Jagd..., Jäger...

vēnātrīx, *īcis f* (*vēnātor*) Jägerin; [*adi.* jagend.]

vēnātūra, *ae f* (*Pl.*) *u.* **-us,** *ūs m* (*vēnor*) Jagd; °/ Fischfang.

vendibilis, e (*vē-?; m. comp.; vendō*) leicht verkäuflich; beliebt.

venditārius 3 (*vē-?; vendō*) feilbietend.

venditātiō, *ōnis f* (*vē-?; venditō*) [Prahlerei.]

venditātor, *ōris m* (*vē-?; venditō*) Prahler.

venditiō, *ōnis f* (*vē-?; vendō*) **1.** Verkauf; Versteigerung, Verpachtung; °**2.** *pl.* verkaufte Güter.

venditō 1 (*vē-?; frequ. v. vendō*) **1.** feilbieten; **2.** verschachern; °sese *-are* sich für Geld preisgeben; **3.** / anpreisen, empfehlen, aufdrängen.

venditor, *ōris m* (*vē-?; vendō*) Verkäufer; / Verschacherer.

vendō, *didī, ditum* 3 (*vē-?;* P. *kl. nur venditus u. vendendus, sonst Ersatz durch vēneō;* ‹ *vēnum dō*) **1. a**) verkaufen; **b**) versteigern; **c**) verpachten; **2. a**) verschachern; preisgeben; **b**) anpreisen.

venēficium, *ī n* (*venēficus*) Giftmischerei, Zauberei; Zaubertrank.

venē-ficus 3 (*wohl* ‹ **venes-ficos* „Liebestränke bereitend"; *venus*[2], *faciō*) °**1.** zauberisch, Zauber...; 2. °**a**) Gift mischend; **b**) *subst.* **~,** *ī m,* (*dcht.*) **-a,** *ae f* Zauberer, Zauberin; Giftmischer(in).

venēnārius, *ī m* (*venēnum*) Giftmischer.

venēnātus 3 (*m.* °*comp.; venēnō*) **1. a**) vergiftet, giftig; °**b**) / schädlich; °**2.** Zauber...

venēni-fer, *era, erum* (*venēnum, ferō*) giftig.

venēnō 1 (*venēnum*) vergiften; /° begeifern.

venēnum, *ī n* (‹ **venes-nom* „Liebestrank"; *venus*[2]) °**1. a**) Schönheitsmittel, Schminke; **b**) Farbe; Purpur; **2. a**) Zaubertrank; **b**) Trunk, Saft; **c**) Gift(trank); °**3.** / **a**) Gift, giftige Reden; **b**) Unheil, Verderben.

vēneō, *iī,* — *īre* (‹ *vēnum eō; vēnus*[1]) verkauft, versteigert, verpachtet werden; *cf. vendō.*

venerābilis, e (*m.* °*comp.; veneror*) verehrungs-, ehrwürdig.

venerābundus 3 (*veneror*) ehrerbietig.

venerandus 3 (*Gerundiv v. veneror*) ehrwürdig.

venerātiō, *ōnis f* (*veneror*) **1.** (*act.*) Verehrung; Hochachtung; °**2.** (*pass.*) Ehrwürdigkeit, Würde.

venerātor, *ōris m* (*veneror*) Verehrer.

venereus, *ī m u.* **-um,** *ī n* Venuswurf (= *-ius bzw. -ium; s. Venus*).

venerius 3 (*venus*) sinnlich, geschlechtlich, wollüstig; *cf. Venus.*

veneror *u.* °**-ō** 1 (*Venus; vl. urspr.* „die Venus verehren") verehren, anbeten; huldigen; anflehen, inständig bitten.

Venetī, *ōrum m* **1.** *illyrischer Stamm in der Gegend v. Padua; adi. -us* 3; *ihr Land* **-ia,** *ae f;* **2.** *kelt. Volk in der Bretagne; ihr Land* **-ia,** *ae f; adi. -ticus* 3.

venetus 3 (*vl. zu Venetī*) seefarbig, bläulich [*factio der blau gekleideten Rennfahrer*]; *subst.* **-ī,** *ōrum m* Rennfahrer der Blauen.

venia, *ae f* (*venus*[2]; *cf. nhd.* „Wonne") **1.** Gefälligkeit, Gunst, Gnade, Nachsicht, Erlaubnis; *bonā* (*cum*) *-ā* mit Verlaub; **2.** Verzeihung, Vergebung, Straflosigkeit; ** *venias offerre* Opfer bringen; *litterae veniarum* Ablassbrief.

****venialis,** e gnädig; Ablass...

veniō, *vēnī, ventum* 4 (*altl. impf. -ībat; dcht. gen. pl. des part. praes. -entum;* ‹ **gvemiō; cf. nhd.* „kommen") **1. a**) kommen, gelangen; °**b**) zurückkehren; **2.** (*feindlich*) **a**) herankommen, (her)anrücken, vorrücken [*ad, adversus*]; **b**) auftreten *gegen* [*contra*]; **3.** (*v. der Zeit*) herankommen, anbrechen, eintreffen; **4.** *in e-e Lage* kommen, geraten [*in periculum*]; *res venit ad manus* (*ad pugnam*) es kommt zum Handgemenge (zum Kampfe); **5. a**) erscheinen, zum Vorschein kommen; (*res*) *mihi in mentem venit* es fällt mir ein; °**b**) wachsen; °**c**) abstammen; **6. a**) vorkommen, eintreten, sich ereignen (*bsd. usu venire*); **b**) zufallen, zuteil werden; **7.** (*in der Rede*) kommen *auf* [*ad hunc locum*]; übergehen *zu*; (*part. fut.*) °*adi.* **ventūrus** 3 zukünftig.

vennū(n)cula, *ae f* (*vē-?; -nŭ(n)-?; vl. nach einem EN Vennō*) eingelegte Weintrauben.

vēnō *s. vēnus*^{1}.

vēnor 1 (*cf. nhd.* „Wei-de, Weidmann") **1.** (*intr.*) jagen; auf die Jagd gehen; °**2.** (*trans.*) Jagd machen *auf*; / ausgehen *auf*; (*part. praes.*) *subst.* **vēnantēs,** *um m* Jäger.

venter, *tris m* (*et. ungedeutet*) **1. a**) Bauch, Unterleib; °**b**) Magen; / Gefräßigkeit; *-i oboedire* seinen Lüsten frönen; °**2.** Fötus, Leibesfrucht; *-em ferre* schwanger sein; °**3.** / **a**) *Faliscus* Presswurst; **b**) Höhlung.

ventilātor, *ōris m* (*ventilō*) / Taschenspieler.

ventilō 1 (*eigtl.* „[Getreide] worfeln"; *vannus*; *in der Bedeutung sich an das wohl et. verwandte ventus anlehnend*) °**1. a**) in der Luft schwenken, schwingen; Lufthiebe tun; **b**) Kühlung zufächeln; **2.** / anfachen, in Zug bringen; ** untersuchen, erörtern.

ventiō, *ōnis f* (*veniō*) *das* Kommen.

ventitō 1 (*frequ. v. veniō*) oft kommen.

ventōsus 3 (*m.* °*comp.*, °*sup.*, °*adv.*; *ventus*) °**1.** windig; **2.** / °**a**) windschnell; °**b**) eitel; **c**) wetterwendisch.

ventrāle, *is n* (*n v. ventrālis*, e Bauch...; *venter*) Leibgurt (*als Tasche*).

ventriculus, *ī m* (*dem. v. venter*) °**1.** Bäuchlein; **2.** *cordis* Herzkammer.

ventriōsus 3 (*venter*) dickbäuchig.

ventulus, *ī m* (*dem. v. ventus*) etwas Wind.

ventus^{1}, *ī m* (*cf. nhd.* „Wind") **1.** Wind; *pl.* Lüfte; *-i* °*ferentes* günstige Winde; **2.** / **a**) Geschick, Umstände; **b**) Volksgunst; **c**) Unruhe, Unheil; °**d**) üble Nachrede.

ventus^{2}, *ūs m* (*veniō*) *das* Kommen.

vēnūcula, *ae f* = *vennū(n)cula.*

vēnula, *ae f* (*dem. v. vēna*) Äderchen.

(**vēnus**^{1}, *ī*) *m* (*nur acc. u. dat. belegt*; *cf. altind.* vasnayati „feilscht") Verkauf; (*acc.*) **-um dō** 1 = *vendō*; **-um eō** = *vēneō*; *dat.* **-ō dō** feilbieten.

venus^{2}, *eris f* (*cf. altind.* vanas „Verlangen, Lieblichkeit") **1. a**) Liebe, Liebesverlangen, -genuss, Beischlaf; **b**) Liebesbund; *marita* Ehebund; **c**) *die* Geliebte; **d**) Samen; °**2.** / Schönheit, Anmut, Liebreiz; **3. Venus a**) *die Göttin* Venus, *Tochter Jupiters u. der Dione, Gemahlin des Volcanus, Mutter des Cupido u. durch Anchises des Äneas; der gr.* Aphrodịtē *gleichgesetzt*; **b**) *der Planet* Venus; °**c**) Venuswurf (*glücklichster Wurf, bei dem jeder Würfel eine andere Zahl zeigte*); *adi. Venerius* 3 Venus geweiht; verbuhlt; *subst.* **-nerius,** *ī m* Venuswurf (*s.o.*); *cf. venerius.*

Venusia, *ae f St. in Apulien, Geburtsort des Horaz, j.* Venosa; *adi. u. Einw. -sīnus* (3).

venustās, *ātis f* (*venus*^{2}) **1.** Schönheit, Anmut, Liebreiz; **2. a**) Liebenswürdigkeit; **b**) Feinheit, feiner Scherz; °**c**) Vergnügen, Lust.

venustulus 3 (*dem. v. venustus*) anmutig.

venustus 3 (*m.* °*comp.*, °*sup.*, °*adv.*; *venus*^{2}) schön, lieblich, anmutig; / liebenswürdig, fein, witzig.

vē-pallidus 3 leichenblass.

veprēcula, *ae f* (*dem. v. veprēs*) Dornsträuchlein.

veprēs, *is m* (*Lu. f*; *et. unklar*) Dornstrauch.

vēr, *vēris n* (*idg.* *vēr ‹ *vēsr) Frühling, Lenz; °/ *aetatis* Jugend; *ver sacrum* Weihefrühling, *d.h. die in Notzeiten gelobten Erstlinge an Menschen u. Vieh, später Aussendung v. Kolonisten.*

vērātrum, *ī n* (*wohl zu vērus, weil das Niesen als Bestätigung der Wahrheit galt*) Nieswurz.

vērāx, *ācis* (*m. comp.*, °*adv.*; *vērus*) wahrredend, wahr(haftig), Wahrheit kündend.

verbēna, *ae f* (*kl. nur pl.*; ‹ *verbesnā; *verber*) heilige Kräuter, grünes Gezweig *v.* Ölbaum, *Myrte, Lorbeer u. Ä.*

verbēnātus 3 (*verbēna*) mit heiligen Zweigen bekränzt.

verber, *eris n* (*fast stets pl.*; < **verbes*; *cf.* *verbēna*) °**1.** Rute, Peitsche, Geißel; **2.** °**a**) Schlag, Wurf; **b**) *pl.* Prügel; °**3.** Schleuderriemen; **4.** / Vorwürfe.

verberābilis, *e* (*m.* °*sup.*; *verberō*) der die Peitsche verdient. [gelnd.}

verberābundus 3 (*verberō*) prü-}

verberātiō, *ōnis f* (*verberō*) *das* Prügeln; / Strafe.

verberetillus, *ī m* (*verbera* „Prügel"; *Scherzbildung nach plōrātillus*) Prügelknabe.

verbereus 3 = *verberābilis*.

verberō¹, *ōnis m* (*verber*) Schlingel.

verberō² 1 (*verber*) **1.** prügeln, geißeln; **2.** °**a**) schlagen, stoßen, treffen; **b**) beschießen [*tormentis*]; **3.** / züchtigen.

verbēx (*vulgär*) = *vervēx*.

verbivēlitātiō, *ōnis f* (*Neubildung zu verbīs vēlitārī*) Wortgefecht.

verbōsus 3 (*m. comp.*, °*sup.*, *adv.*; *verbum*) wortreich, weitschweifig.

****verbo-tenus** *adv.* wörtlich.

verbum, *ī n* (< **ver-dh-om*; *cf. nhd.* „Wort") **1.** Wort, Ausdruck; *pl.* Worte, Rede, Aussage; *-a facere* Rede, Vortrag halten; °**2. a**) Äußerung, Ausspruch; *pl.* Witze; **b**) Sprichwort; **c**) (Zauber)Formel; **3.** leeres Wort, bloße Redensart; *-a dare* täuschen, betrügen [*amico*]; **4.** (*gramm. t.t.*) Zeitwort, Verbum; **5.** (*Einzelwendungen*) *-o* mündlich; ohne viele Worte; *ad -um* aufs Wort; wörtlich; *-i causā* (*gratiā*) zum Beispiel; *verbis* im Namen, Auftrag [*regis*]; ** *der* Logos; *in verbo Dei* im Namen Gottes.

Vercellae, *ārum f St. in Oberitalien, j.* Vercelli (*Schlacht 101*).

Vercingetorīx, *īgis m König der Arverner, Führer des Gallieraufstandes 52.*

verculum, *ī n* (*-ē-?*; *dem. v. vēr*) junger Frühling (*Kosewort*).

vērē *adv. s. vērus.*

verēcundia, *ae f* (*verēcundus*) **1.** Scheu, Zurückhaltung, Schüchternheit; **2.** Scham-, Anstands-, Zartgefühl; **3.** Verehrung, Ehrfurcht, Hochachtung.

verēcundor 1 (*verēcundus*) sich scheuen, schüchtern sein.

verēcundus 3 (*m. comp.*, °*sup.*, *adv.*; *vereor*) scheu, schüchtern, bescheiden; sittsam, verschämt.

verēdus, *ī m* (*gall. Fw.*; *cf. rēda*) leichtes Jagdpferd.

verendus 3 (*Gerundiv v. vereor*) ehrwürdig; *subst.* **-a,** *ōrum n* (*concr.*) Scham.

vereor, *veritus sum* 2 (*eigtl.* „sich umschauen"; *cf. nhd.* „gewahr; [be]wahren") **1.** sich scheuen, Bedenken tragen, nicht wagen [*dicere*]; **2. a**) in Sorge sein [*de Carthagine*]; °**b**) Scham u. Scheu empfinden; **3. a**) sich fürchten *vor* [*hostem*]; befürchten [*insidias*]; **b**) fürchten [*ne* dass, *ne non u. ut* dass nicht]; **4.** verehren, Ehrfurcht haben *vor* [*deos*]. [Scham.}

verētrum, *ī n* (*-ĕ-?*; *vereor*) (*concr.*)}

Vergiliae, *ārum f* (*vergō m. volkset. Anlehnung an vēr*) *das* Siebengestirn, *die* Plejaden.

Vergilius, *ī m röm. Gentilname*: *P.* ~ *Marō, röm. Dichter aus Andēs b. Mantua* (*70–19*).

vergō, °*versī* (?), — 3 (*eigtl.* „drehen, winden"; *cf. nhd.* „[ver]renken") **1.** (*intr.*) **a**) sich neigen, sich senken; **b**) gerichtet sein, sich erstrecken, liegen; °**c**) (*zeitl.*) sich dem Ende nähern, abnehmen; °**d**) (*geistig*) sich *einer Sache* zuwenden; °**2.** (*trans.*) **a**) eingießen, einschütten; **b**) *mediopass.* sich neigen.

vergobretus, *ī m* (*gall. Fw.*) *oberster Beamter bei den Äduern.*

vēri-dicus 3 (*vērus, dīcō*) wahr redend; wahrsagend.

vēriloquium, *ī n* (*vērus, loquor*; *Lehnübersetzung des gr. Fw.* „*etymologia*") Etymologie (= *notātiō*).

vēri-similis, *e* (*auch getr.*; *m.* °*comp.*, *sup.*) *s. similis.*

vēritās, *ātis f* (*vērus*) **1. a**) Wahrheit; **b**) gramm. Regel; **2.** Wirklichkeit, Naturtreue; **3.** Wahrhaftigkeit, Unparteilichkeit; **4.** Aufrichtigkeit, Offenheit. [Wahrhaftigkeit.}

vēri-verbium, *ī n* (*vērus, verbum*)}

vermiculātus 3 (*m.* °*adv.*; *vermiculus*; *eigtl.* „wurmartig") gewürfelt (*v. Mosaikarbeit*).

vermiculus, *ī m* (*dem. v. vermis*) Würmchen; ** Scharlachfarbe.

vermina, *um n* (*vl.* < **verg-menā*; *vergō*) Leibschmerzen (Würmer?).

verminātiō, *ōnis f* (*verminō*) juckender Schmerz.

verminō *u.* **-or** 1 (*vermina*; *vl. volkset. m. vermis verknüpft*)

1. kribbeln, jucken; 2. Würmer haben. [Wurm.]
vermis, *is m* (*cf. nhd.* „Wurm")
verna, *ae m f* (*et. ungedeutet, vl. etr. Fw.*) im Haus des Herrn geborener Sklave; / Inländer; *adi.* inländisch; in Rom geschrieben.
vernāculus 3 (*dem. v. verna*) **1.** inländisch, einheimisch, *bsd.* römisch; vom Ankläger selbst erfunden [*crimen*]; **2.** in Rom üblich, großstädtisch, schlagfertig; °*subst.* **-ī,** *ōrum m* Witzbolde, Spaßmacher.
vernālis, e (-ē-?; *vēr*) Frühlings...
vernīlis, e (*m. adv.*; *verna*) sklavisch; kriechend; frech, plump.
vernīlitās, *ātis f* (*vernīlis*) **1.** kriechende Höflichkeit; **2.** plumper Witz der Haussklaven.
vernō 1 (-ē-?; *vernus*) Frühling machen; sich verjüngen; wieder singen [*avis*]; / den ersten Bart bekommen; jung, lebhaft sein.
vernula, *ae m* (*dem. v. verna*) = *verna*.
vernus 3 (-ē-?; *vēr*) Frühlings...
vērō *adv. s. vērus.*
Vērōna, *ae f Geburtsstadt Catulls; adi. u. Einw.* -*nēnsis* (e).
verpa, *ae f* (*et. ungedeutet*) *das* männliche Glied. [tene.]
verpus, *ī m* (*verpa*) *der* Beschnit-
verrēs[1], *is m* (*eigtl.* „männliches Tier"; *idg.* *vers- „besprengen, bespringen") Eber, Schwein; *auch verächtlich v. einem Menschen* (*Pl.*) *u. im Wortspiel m.* Verrēs[2].
Verrēs[2], *is m*: *C. Cornēlius* ~, *der berüchtigte Proprätor v. Sizilien, durch Ciceros Anklage verurteilt; adi.* -*rius*, -*rīnus*[1] 3; *subst.* **-ria** *ōrum n ein v. Verres zur eigenen Ehrung angeordnetes Fest.*
verrīnus[2] 3 (*verrēs*[1]) vom Eber; *ius* -*um* Schweinebrühe, *im Wortspiel m.* ~[1] Verrinisches Recht.
verrō, —, *versum* 3 (< *vorrō; *cf. nhd.* „[ver]wirren") **1.** (aus)kehren, -fegen; zusammenfegen; °**2.** *über etw.* hinfegen, -fahren; durchfurchen; °**3.** schleifen, fortschleppen; aufwühlen.
verrūca, *ae f* (*cf. nhd.* „Warze") Warze; kleiner Fehler. [Warzen.]
verrūcōsus 3 (*verrūca*) voller
verruncō 1 (*sakrales Wort; et. umstritten; cf. āverruncō*) (sich) wenden; *bene* zum Heil ausschlagen.

verrūtum = *verūtum*.
versābilis, e (*vertō*) beweglich; / unbeständig. [gesetzt drehend.]
versābundus 3 (*versō*) sich fort-
versātilis, e (*versō*) beweglich; / gewandt.
versātiō, *ōnis f* (*versō*) Veränderung.
versi-capillus 3 (*vertō*) graues Haar bekommend.
versi-color, *ōris* (*versus, P.P.P. v. vertō*) schillernd, bunt.
versiculus, *ī m* (*dem. v. versus*[3]) kleine Zeile; Verschen; Gedichtchen. [Versemachen.]
versificātiō, *ōnis f* (*versificō*) *das*
versificātor, *ōris m* (*versificō*) Verskünstler, Dichter.
versificō (*versificus* „Verse machend"; *versus, faciō*) Verse machen.
versi-pellis, e (*versus, P.P.P. v. vertō*) seine Gestalt verändernd; / arglistig.
versō 1 (*frequ. v. vertō*) °**1.** oft drehen, hin und her wenden, herumwälzen, umkehren; **2.** / **a)** hin und her wenden [*naturam*]; **b)** hart mitnehmen [*sors omnia*]; °**c)** beunruhigen, quälen; **d)** auslegen, deuten [*verba*]; herumdeuteln *an*; °**e)** überlegen, -denken; °**f)** bearbeiten, für sich zu gewinnen suchen [*militum animos*].
versor 1 (*mediopass. v. vertō*) **1.** sich hin und her drehen, kreisen; **2.** sich aufhalten; sich befinden, leben, sein [*in timore*]; *in oculis, ante* (*ob*) *oculos* vor Augen schweben; **3.** tätig sein, sich beschäftigen [*in iudiciis*]; **4.** beruhen, sich beschränken *auf*.
versōria, *ae f* (*sc. restis*; **versor* „Wender"; *vertō*) Brasse (*Dreh- u. Haltetau der Rahen*); *cape* -*am* kehre um!
versum *adv. s. versus*[2].
versūra, *ae f* (*vertō*) (Tilgungs-) Anleihe; -*ā* (*dis*)*solvere* eine Schuld durch eine Anleihe tilgen, °/ vom Regen in die Traufe kommen.
versus[1] 3 *P.P.P. v. vertō u. verrō.*
versus[2] *u.* (°*vulgär*) **-um** (*erstarrter nom. bzw. acc. m v. P.P.P. v. vertō*) **1.** *adv.* gegen ... hin, nach ... hin, nach ... zu (*steht hinter seinem subst., und zwar* [*außer bei Städtenamen*] *mit voraufgehendem ad, in* [*in Italiam* ~, *aber Romam* ~]; °**2.** *prp.*

b. acc. (*meist nachgestellt*) nach ... hin, nach ... zu [*oppidum*].

versus[3], *ūs m* (*vertō*) °**1.** Reihe, Linie; **2. a)** Zeile; **b)** Vers; *pl.* Dichtung; °**3.** Tanzschritt.

versūtia, *ae f* (*versūtus*) Schlauheit, List.

versūti-loquus 3 (*versūtus, loquor*) schlau (redend).

versūtus 3 (*m. comp., sup., adv.*; *vertō*) °**1.** drehbar, flink; **2.** / gewandt, schlau, listig.

vertebra, *ae f* (*vertō*) Gelenk; Wirbel (*der Wirbelsäule*).

vertex, *icis m* (*vertō*) °**1. a)** Wirbel, Strudel; **b)** Wirbelwind; Feuersäule; **2. a)** Wirbel *des Hauptes*, Scheitel; °**b)** Haupt; **3.** Pol; **4.** Spitze, Gipfel, °Giebel, °Berg; / Höhepunkt; °*a* -e von oben.

verticōsus 3 (*vertex*) strudelreich.

vertīgō, *inis f* (*vertō*) Umdrehung; Strudel; / Schwindel [*oculorum*].

vertō, *rtī, rsum* 3 (*cf. nhd.* „werden") wenden: **I.** (*trans.*) **1.** hinwenden: **a)** wenden, drehen, hinwenden, -lenken [*iter Romam*; / °*animum ad curas*]; **b)** (*Geld*) zuwenden; *pecuniam ad se* (°*in suam rem*) *-ere* sich Geld aneignen; / °**c)** zuschreiben [*rerum causas ad deos*]; **d)** ansehen, auslegen *als* [°*in risum*]; **e)** ausschlagen lassen [*quod dii bene vertant*]; °**2.** abwenden, abkehren [*vultum*]; **3.** umwenden: **a)** umdrehen, -kehren [*pedem*; °*stilum*]; ausleeren [*crateras*]; **b)** (*zur Flucht*) umwenden [°*currum in fugam*]; (*in die Flucht*) schlagen [°*hostes in fugam*]; *terga* ~ fliehen; °**c)** umgraben, umpflügen [*terram aratro*]; °**d)** umstürzen, umwerfen [*urnam*]; / **e)** stürzen, zugrunde richten, vernichten,; **f)** verändern, vertauschen, wechseln [*nomen*]; umstimmen [°*mentem*]; **g)** (*aus fremder Sprache*) übersetzen [*Platonem*]; **II.** (*intr., refl. u. mediopass.*) **(se) vertere** *u.* **vertī 1.** sich wenden, sich drehen; **2. a)** sich hinwenden; **b)** / ablaufen, ausgehen [*res vertit in laudem*; *quod bene vertat* möge zum Heil ausschlagen]; **3. a)** kreisen; sich bewegen, sich tummeln; **b)** sich befinden, sein [°*in periculo*]; °*ante ora verti* vor Augen schweben; **c)** verlaufen; *anno vertente* im Verlauf eines Jahres; **d)** beruhen *auf*, abhängen *von* [*virtus tribus in rebus*]; **e)** sich verwandeln, umschlagen [*ira vertit(ur) in rabiem*].

vertragus, *ī m* (*gall. Fw.*) Windhund.

Vertumnus *u.* (*älter*) **Vort...,** *ī m* (*urspr. etr.*) *Gott des Wandels* (*nach antiker Tradition Gründung des Kults durch Servius Tullius*).

verū, *ūs u.* **-um**[1], *ī n* (*urspr. wohl* „Zweig"; *cf. nhd.* „Kraut") Bratspieß; Wurfspieß.

veruīna, *ae f* (*verū*) Spieß.

vērum[2] *s.* *vērus.*

vērum-enim-vērō *adv.* (*auch getr.*) aber in der Tat.

vērum-tamen *ci.* (*auch getr.*) **1.** aber, doch aber, gleichwohl; **2.** (*bei Wiederaufnahme der Rede*) sage ich.

vērus 3 (*m. comp., sup.*; *adv. s. u.*; *cf. nhd.* „wahr") **I.** *adi.* **1.** wahr, wahrhaftig, wirklich, echt, begründet [*timor*]; **2.** wahrhaftig, wahrheitsliebend, aufrichtig, offen [*testis*]; **3.** vernünftig, richtig, recht u. billig [°*consilium*]; **II.** *subst.* **-um,** *ī n* Wahrheit; *das* Rechte; **III.** *adv.* **-ē 1.** der Wahrheit gemäß, mit Recht, tatsächlich; °**2.** vernünftig [*vivere*]; **3.** ernstlich, aufrichtig; **-ō 1.** *adv.* **a)** (*bekräftigend*) in der Tat, wirklich, tatsächlich; **b)** (*in Antworten*) jawohl, allerdings; **2.** *ci.* (*adversativ; stets nachgestellt*) aber, jedoch, doch; vollends, gar, erst gar; *si vero* wenn vollends, wenn nun gar; *iam vero* ferner nun; **-um 1.** aber, indessen, jedoch; sondern; °**2.** (*in Antworten*) ja; ganz gewiss.

verūtum, *ī n* (*verū*) Wurfspieß.

verūtus 3 (*verū*) mit einem Spieß bewaffnet.

vervēx, *ēcis m* (*vl. m. rēnō*[2] *u. nhd.* „Ware" *verwandt, die urspr. in Pelzen bestand*) Hammel; °/ (*Schimpfwort*) Schafskopf.

vēsānia, *ae f* (*vēsānus*) Wahnsinn.

vēsāniēns, *entis* (*vēsānus*; *Bildung nach īnsāniēns, part. praes. v. īnsāniō*) wütend.

vē-sānus 3 wahnsinnig, überspannt; °/ (*v. Sachen*).

vēscor, — — 3 (-ě-?; *wohl* ‹ °*vē-ē(d)scor*; *vē-*[2]; *cf. ēsca*; *eigtl.* „abessen"; *cf. nhd.* „fressen" ‹ *ver-essen) **1.** sich nähren, leben *von* [*carne*]; (°*abs.*) speisen, tafeln;

V

einen Imbiss einnehmen; **2.** / genießen.
vēsculus 3 (-ĕ-?; *dem. v.* vēscus) ziemlich abgezehrt, schmächtig; / [*vinarium*]. [**2.** ausgezehrt; mager.
vēscus 3 (-ĕ-?; *vēscor*) **1.** zehrend;
vēsīca, ae *f* (*et. umstritten*) **1. a)** Blase, Harnblase; °**b)** = *cunnus*; °**c)** Haarbeutel; °**d)** Laterne; °**2.** / Redeschwulst. [Bläschen.
vēsīcula, ae *f* (*dem. v. vēsīca*)
Vesontiō, ōnis *m Hptst. der Sequaner, j.* Besançon. [Wespe.
vespa, ae *f* (*cf. ahd.* wafsa „Wespe")
Vespasiānus *s. Flāvius.*
vesper, erī *m* (*loc.* -ī, *abl.* -e *nach māne*; *cf. gr. Fw. Hesperus*) °**1.** Abendstern; **2.** Abend(zeit); °**3.** Abendmahlzeit; **4.** (*dcht.*) Westen; **5.** *adv.* **vesperī** *u.* **-e** (*s.o.*) abends, am Abend.
vespera, ae *f* (*sc. hōra*; *vesper*) Abend(zeit); (*nkl.*) -ā abends; ** Vesper; Nachmittagsgottesdienst.
vesperāscō, āvī, — 3 (*incoh. zu vespera*) Abend werden.
vespertīnus 3 (*vesper*) **1.** abendlich, am Abend; °**2.** westlich. [stern.
vesperūgō, inis *f* (*vesper*) Abend-
vespillō, ōnis *m* (*et. ungeklärt*) Leichenträger (*für Arme*).
Vesta, ae *f* (*cf. gr.* Hestįā; *et. umstritten*) **1.** Vesta, *die Göttin des staatl. u. häusl. Herdfeuers, Tochter des Kronos u. der Rhea; in ihrem Tempel brannte das heilige Feuer des unter der Aufsicht des pontifex maximus v. den Vestalinnen (anfangs 4, später 6) bewachten Staatsherdes*; °**2.** Herd(feuer); °**3.** Vestatempel; *adi.* **Vestālis,** e *der* Vesta; *subst.* **-is,** is *f* Vestalin; °*adi.* -is, e keusch.
vester, tra, trum *pron. poss.* (*altl. voster*; *vōs*) **1.** euer, *der* Eurige; °**2.** gegen euch [*odium*].
vestiārius 3 (*vestis*) Kleider...; *subst.* **-um,** ī *n* Sklavenkleidung.
vestibulum, ī *n* (*et. umstritten*) **1.** Vorhalle, freier Platz vor dem Haus; °**2.** Vorhalle im Haus; **3.** / Eingang [*castrorum*; / *orationis*].
vestīgātor, ōris *m* (*vestīgō*) Denunziant, Spion.
vestīgium, ī *n* (*et. u. in der Bedeutungsentwicklung unklar*) **1.** Fußspur, Fährte; / **2. a)** Spur, Merkmal; **b)** *pl.* Trümmer; **c)** Tritt, Schritt; **d)** Fußsohle; °/ Fuß; **3. a)** Standort, Stelle [*eodem -o remanere*]; **b)** Zeitpunkt [*temporis*]; e *u. in -o* augenblicklich.
vestīgō 1 (*vestīgium*) °**1.** nachspüren, aufsuchen; **2.** / ausfindig machen.
vestīmentum, ī *n* (*vestiō*) **1.** Kleid; *pl.* Kleidung; °**2.** Decke; Teppich.
vestiō 4 (*impf. im Vers auch -ībat*; *vestis*) (be)kleiden; / bedecken, bepflanzen; schmücken. [Plätterin.
vesti-plica, ae *f* (*vestis, plicō*)
vestis, is *f* (*cf. gotisch* wasti „Kleid") **1.** Kleid, Gewand; **2.** (*coll.*) Kleidung; -em *mutare* sich umziehen; Trauer anlegen; **3.** Teppiche, Decken; °**4.** Zeug, Stoff; °**5.** / **a)** Bart; **b)** Haut der Schlange; **c)** Spinnweben.
vesti-spica, ae *f* (*vestis, speciō*) Garderobenmädchen.
vestītus, ūs *m* (*vestiō*) Kleidung, Tracht; / Bekleidung, Prunk.
Vesuvius, ī *m der* Vesuv.
Vetera, um *n u.* **Vetera Castra** *Standlager der Römer b. Xanten.*
veterāmentārius 3 (**veterāmentum*; *vetus*) zu alten Dingen gehörig; *sutor* Flickschuster.
veterānus 3 (*vetus*) °**1.** alt; **2.** altgedient; altbewährt; *subst.* **~,** ī *m* Veteran. [alten Weines.
veterāria, ōrum *n* (*vetus*) Vorräte
veterātor, ōris *m* (*vetus*) alt geworden, geübt [*in causis*]; alter Fuchs.
veterātōrius 3 (*m. adv.*; *veterātor*) durchtrieben, schlau. [Zugviehs.
veterīnus 3 (*vetus* „Jährling") *des*
veternōsus 3 (*veternus*) verschlafen, träumerisch; kraftlos.
veternus, ī *m* (*eigtl. adi.* „alt"; *vetus*) **1.** alter Schmutz, Schimmel; **2.** Schlafsucht; / Erschlaffung.
vetitum, ī *n* (*vetō*) *das* Verbotene, Verbot; *kl. nur iussa et -a.*
vetō, uī, itum 1 (*eigtl.* „wirkungslos machen"; *cf. au-*[2], *vē-*[2]) verbieten, nicht gestatten, hindern; befehlen, dass nicht [*legatos discedere*; *im P. m. n.c.i.*]; das Veto einlegen (‚*veto*' *Formel des tribunizischen Einspruchs*); zurückhalten, verhindern.
vetulus 3 (*dem. v. vetus*) ältlich; *subst.* **~,** ī *m der* Alte; (*dcht.*) **-a,** ae *f die* Alte; Vettel.
vetus, eris (*abl. sg. meist* -e, °*selten* -ī; *nom. u. acc. pl. n* -a, *gen. pl.* -um; *comp. durch vetustior* [*v. vetustus*] *ersetzt*; *sup. veterrimus*;

V

urspr. subst. n = gr. ętos „Jahr", *dann* „Jährling"; *cf. vitulus, nhd.* „Widder"; *später adjektiviert, zunächst m. vinum u. morbus* „einjährig", *d. h.* „alt") alt: °**1.** (*Ggs.* „jung") alt, bejahrt; **2.** (*Ggs.* „neu") altbewährt, erprobt; **3.** (*Ggs.* „jetzig") ehemalig, früher; **4.** *subst.* **a**) **veterēs,** *um* α) *m die* Alten, Altvorderen; (*nkl.*) *die* alten Schriftsteller, *die* Klassiker; β) *f die* alten Wechslerbuden *am Markte*; **b**) **vetera,** *um n das* Alte, Ehemalige; *das* Althergebrachte; alte Schriftstücke; alte Geschichte, alte Sage.

vetustās, *ātis f* (*vetus*) **1.** (hohes) Alter; **2.** lange Dauer; **3.** alte Bekanntschaft, alte Erfahrung; **4.** Altertum, alte Zeit; **5.** Nachwelt.

vetustus 3 (*m. comp.*, °*sup.*; *vetus*) °**1.** alt, von hohem Alter; **2.** langjährig; °abgelagert [*vinum*]; °**3.** ehemalig; **4.** altertümlich.

vexāmen, *inis n* (*vexō*) Erschütterung.

vexātiō, *ōnis f* (*vexō*) °**1.** Erschütterung; **2.** / Plage, Misshandlung.

vexātor, *ōris m* (*vexō*) Plagegeist; Störer.

vexillārius, *ī m* (*vexillum*) **1.** Fähnrich; **2.** *pl.* **a**) zur Verabschiedung anstehende Veteranen; **b**) Sonderkommando.

vexillātiō, *ōnis f* (*vexillum*) Sonderkommando.

vexillum, *ī n* (*dem. v. vēlum*) **1.** Feldzeichen *der Manipel, bsd. der Reiterei, der Veteranen u. der Bundesgenossen*; Fahne, Standarte; **2.** rote Signalfahne *auf dem Feldherrnzelt bzw. dem Admiralschiff* [*-o signum dare*]; °**3. a**) Fähnlein; **b**) Rekrutenabteilung; **c**) Sondereinheit; **d**) Abteilung der *vexillarii*.

vexō 1 (*vl. frequ. zu vehō, v. einem P.P.P. vexus abgeleitet*) **1.** stark bewegen, erschüttern, schütteln; **2.** / **a**) hart mitnehmen, heimsuchen, brandschatzen; **b**) beunruhigen, quälen; **c**) (*m. Worten*) schelten.

via, *ae f* (*altl. gen. viāī*; *et. ungedeutet*) **I.** (*concr.*) **1. a**) Weg, Straße, Fahrweg, Landstraße; **b**) Straße *in der Stadt od. im Lager*; °**c**) Gang *im Theater*; **2. a**) Speise-, °Luftröhre; °**b**) Streifen *am Kleid*; °**c**) Ritze, Spalt; **II.** (*abstr.*) **1. a**) Weg, Pfad, Bahn; gerader Weg [*vitae*]; **b**) Gang, Marsch, Reise, Fahrt; °*in via*, °*inter viam* unterwegs; **2.** / **a**) Art und Weise, Verfahren, Methode; *viā* planmäßig; **b**) Gelegenheit *zu* [*consilii*].

viālis, e (*via*) *der* Wege [*lares*].

viārius 3 (*via*) Weg(e)...

viāticātus 3 (*viāticum*) mit Reisemitteln versehen.

viāticus 3 (*via*) °zur Reise gehörig; *subst.* **-um,** *ī n* Reisegeld; °Beutegeld; °Sparpfennig.

viātor, *ōris m* (*via*) Wanderer; Amtsbote.

vibrō 1 (*cf. nhd.* „Wipfel; wippen") **1.** (*trans.*) **a**) in zitternde Bewegung setzen, schwenken, schütteln; P. zittern; °**b**) kräuseln [*crines*]; **c**) schwingen, schleudern [*hastam*]; °/ [*iambos*]; **2.** (*intr.*) °**a**) zittern, zucken; **b**) schimmern, funkeln, blitzen; °**c**) schwirren, klingen [*vox*].

vīburnum, *ī n* (*et. ungedeutet*) Schneeball (*Strauch*).

vīcānus 3 (*vīcus*) dörflich; °*subst.* ~, *ī m* Dorfbewohner.

vicārius 3 (*vicis*) stellvertretend; *subst.* ~, *ī m*, (*Se.*) **-a,** *ae f* Stellvertreter (-in); Nachfolger; Ersatzmann; Untersklave; ** geistlicher Gehilfe, Stellvertreter.

vīcātim *adv.* (*vīcus*) °**1.** in Dörfern; **2.** straßenweise.

****vicedomnus,** *i m* Stellvertreter des Bischofs.

vice, -cem *s. vicis.*

vīcēnārius 3 (*vīcēnī*) zu zwanzig gehörig; *cf. quīnavīcēnāria.*

vīcēnī 3 *num. distr.* (*vīgintī*) **1.** je zwanzig; °**2.** zwanzig auf einmal.

vīcē(n)simānus, *ī m* (*vīcē[n]simus*) Soldat der zwanzigsten Legion.

vīcē(n)simārius 3 (*vīcē[n]simus*) den zwanzigsten Teil (5%) des Wertes) betragend; *aurum -um* Fünfprozentsteuer in Gold (*b. Freilassung eines Sklaven*).

vīcē(n)simus 3 *num. ord.* (< **vīcent-timos*; *vīgintī*) *der* Zwanzigste; *subst.* **-a,** *ae f* °**1.** der zwanzigste Teil (*der Ernte*); **2.** 5% (*als Abgabe*).

vīcessis, *is m* (= *vīgintī assēs*) 20 As.

vicia, *ae f* (*zu vinciō*) Wicke.

vīciē(n)s *num. adv.* (*vīgintī*) zwanzigmal; ~ (*centēna mīlia*) *od.* HS ~ (*Ma. nur* ~) 2 Millionen Sesterze.

Vicilīnus 3 (*vigil?*) *Beiname Jupiters.*

vīcīnālis, e (*vīcīnus*) nachbarlich.

vīcīnia, *ae f* (*vīcīnus*) **1.** Nachbarschaft; °**2.** *die* Nachbarn; °**3.** / **a**) Nähe; **b**) Ähnlichkeit.

vīcīnitās *ātis f (vīcīnus)* **1.** Nachbarschaft; **2.** Umgegend; *die* Nachbarn; **3.** / Ähnlichkeit.
vīcīnus 3 *(vīcus)* °**1. a)** benachbart, in der Nähe *[Rheno]*; **b)** *(zeitl.)* nahe; **2.** / nahe kommend, ähnlich; *subst.* **~,** *ī m,* **-a,** *ae f* Nachbar(in); °**-um,** *ī n* Nachbarschaft; Nähe; *pl.* benachbarte Gegend; ** **-ae,** *arum f* Stadtviertel.
vicis *(gen.), em, e, vicēs, vicibus f (cf. nhd.* „Wechsel") **1.** °**a)** Wechsel, Abwechslung; *-e versa* umgekehrt; **b)** Schicksal(swechsel), Los; °*pl.* Wechselfälle; **2.** Platz, Stelle, Rolle, Aufgabe; °**3.** Vergeltung, Entgelt; **4.** *adv.* **a) vicem** wegen, mit Rücksicht auf *[fratrum]*; anstatt; nach Art von, wie [°*pecorum*]; °**b) vice** anstelle; für, um; *in vicem* s. *invicem.*
vicissātim *adv. (vicissim)* wiederum, andrerseits.
vicissim *adv. (wohl ‹ *vici-dtim* „wechselseitig gegeben"; *vicis; datum, P.P.P. v. dō)* °**1.** abwechselnd; **2.** umgekehrt, (hin)wiederum.
vicissitūdō, *inis f (vicissim)* Wechsel, Abwechslung; Wechselseitigkeit.
victima, *ae f (cf. nhd.* „weihen", *d.h.* „zu gottesdienstlichen Zwecken aussondern") Opfertier, Schlachtopfer; / Dankopfer; ** Opferlamm.
victimārius, *ī m (victima)* Opferdiener.
vīctitō 1 *(frequ. v. *vīctō, frequ. v. vīvō)* sich nähren; *bene libenter* gern gut essen.
victor, *ōris m (vincō)* Sieger, Besieger; *adi.* siegreich; °/ Überwinder.
victōria, *ae f (victor)* **1.** Sieg; °**2.** / Siegesruhm; **3.** ♀ Siegesgöttin; °Viktoriastatue.
victōriātus, *ī m (victōria)* Viktoria-Münze, halber Denar *(m. dem Prägebild der Viktoria).*
Victōriola, *ae f (dem v. Victōria)* Nike-Statuette.
victrīx, *īcis f (victor)* Siegerin; *adi.* [siegreich.]
****victualia,** *ium n* Lebensmittel.
victuma, *ae f (altl.)* = *victima.*
vīctus, *ūs m (vīvō)* **1.** Unterhalt, Nahrung, Kost; *pl.* Lebensmittel; **2.** Lebensweise, Leben. [Dörfchen.]
vīculus, *ī m (dem. v. vīcus)* Gehöft,
vīcus, *ī m (‹ *voikos; cf. gr. Fw. oeco-nomia)* **1. a)** Dorf; **b)** Gehöft, Bauernhof; **2. a)** Stadtviertel; **b)** Straße, Gasse.
vidē-licet *(u. -ĕ-?; ‹ vidēre licet; cf. īlicet)* °**1.** es ist offensichtlich *(m. a.c.i.)*; **2.** *adv.* **a)** offenbar, selbstverständlich, natürlich *(oft ironisch)*; **b)** *(erklärend)* nämlich.
videō, *vīdī, vīsum* 2 *(cf. nhd.* „wissen, weise") s e h e n: **I.** *(abs.)* **1.** sehen, sehen können; °**2.** die Augen offen haben, wach sein; **II.** *(trans.)* **1.** s e h e n: **a)** sehen, wahrnehmen, erblicken; **b)** wiedersehen; be-, aufsuchen; **c)** Augenzeuge sein *von, etw.* erleben *[aetas nostra clarissimas victorias]*; / **d)** *(geistig)* erkennen, begreifen *[vitia in alqo]*; *plus -ere in re* in einer Sache weiter sehen; **e)** sich umsehen *nach,* ausfindig machen *[sedem]*; **f)** zusehen, darauf achten *[ne quid res publica detrimenti capiat]*; **g)** überlegen, bedenken *[aliud consilium]*; **h)** im Auge haben, beabsichtigen *[salutem publicam]*; **2.** s c h a u e n: **a)** an-, beschauen, besehen; **b)** als Vorbild anschauen *[me vide!]*; **c)** gleichgültig zuschauen, sich gefallen lassen [°*civem in vincula duci*].
videor, *vīsus sum* 2 *(P. v. videō)* **1. a)** gesehen, sichtbar werden; **b)** erscheinen, sich zeigen, offenbar sein, *meist durch* „offenbar" *zu übersetzen [rex videtur usus esse misericordiā]*; **2. a)** scheinen, gehalten werden *für [poena levis]*; **b)** *mihi videor* ich glaube, bilde mir ein, denke, meine, schmeichle mir; **c)** *impers. videtur* es scheint richtig, es beliebt, man beschließt *[senatui visum est legatos mittere].*
vidua, *ae f (cf. nhd.* „Witwe") **1.** Witwe; °**2.** *adi. (cf. viduus)* **a)** geschieden *[viro]*; / *arbor* ohne Weinrebe; **b)** einsam, ledig *[puella].*
viduitās, *ātis f (viduus)* Witwenstand; °Mangel.
vīdulus, *ī m (-ī-?; vīeō 2* „flechten"; *cf. nhd.* „Weide[nbaum]") geflochtener Reisekoffer.
viduō 1 *(vidua)* zur Witwe machen; / berauben *[urbem civibus].*
viduus 3 *(Rückbildung aus vidua)* verwitwet; unverheiratet; / beraubt, leer, ohne *[amoris, pharetrā]*; [einsam.]
****viella,** *ae f* Geige.
viētus 3 *(im Vers auch zweisilbig;*

V

viēscō „verwelken"; *cf. vīrus, nhd.* „ver-wesen") welk, verschrumpft.

vigeō, *uī,* — 2 (*cf. vegeō, nhd.* „wach") lebenskräftig, frisch sein, sich regen; / in Blüte stehen, herrschen, leben.

vigēscō, — — 3 (*incoh. v. vigeō*) [kräftig werden.

vīgēsimus 3 (*unkl.*) = *vīcēsimus.*

vīgessis (*Ma.*) = *vīcessis.*

vigil, *ilis m* (*abl. sg.* -*e u.* °-*ī*; *gen. pl.* (*i*)*um*; *vigeō*) **1.** Wächter; °*pl.* Nacht- und Feuerpolizei; °**2.** *adi.* wachend; / wachsam, munter.

vigilāns, *antis* (*m. comp.*, °*sup.*, *adv.*; *vigilō*) °**1.** wach(end); **2.** / wachsam, aufmerksam; fürsorglich.

vigilantia, *ae f* (*vigilāns*) Wachsamkeit; / Fürsorge.

vigilāx, *ācis* (*vigilō*) immer wach.

vigilia, *ae f* (*vigil*) **1.** *das* Wachen, Nachtwachen; *pl. die* durchwachten Nächte; **2.** (*mil. t.t.*) **a)** *das* Wachestehen; **b)** Wachposten, -mannschaft; **c)** (Zeit der) Nachtwache, Viertel der Nacht; **3.** / Wachsamkeit, Fürsorge, Eifer; °**4.** nächtliche Feier [*Cereris*]; ** Tag vor einem hohen Fest; *pl.* nächtliches Gebet.

vigiliārium, *ī n* (*vigilia*) Wächter- [häuschen.

vigilō 1 (*vigil*) °**1.** (*intr.*) **a)** wach sein; **b)** / wachsam sein, sorgen; **2.** (*trans.*) **a)** durchwachen [*noctem*]; °**b)** wachend zustande bringen.

vī-gintī *num. card. indecl.* (*eigtl. Dual n* „zwei Dekaden") zwanzig.

vīgintīvirātus, *ūs m* (*vīgintīvirī*) Amt *od.* Kollegium der Zwanzigmänner: **1.** (*unter Cäsars Konsulat*) *Kommission zur Ackerverteilung an ausgediente Soldaten*; °**2.** *Gesamtname für vier städt. Unterbehörden.*

vīgintī-virī, *ōrum m* = *vīgintīvirātus.*

vigor, *ōris m* (*vigeō*) Leben(skraft), [Frische, Feuer.

vīlica, *ae f* (*vīlicus*) Verwalterin, Frau eines *vīlicus*; Dorfschöne.

vīlicō 1 (*vīlicus*) Verwalter sein.

vīlicus, *ī m* (*vīlla*) Inspektor.

vīlis, *e* (*m. comp., sup.,* °*adv.*; *et. ungeklärt*) wohlfeil, billig; / wertlos, gemein, verächtlich.

vīlitās, *ātis f* (*vīlis*) niedriger Preis; °/ Wertlosigkeit, Geringschätzung.

vīlla, *ae f* (*wohl zu vīcus*) Landhaus, -gut; *publica* Stadthof (*auf dem Marsfeld*); ** Dorf, Stadt.

vīllica, -cō, -cus = *vīlica, -cō, -cus.*

vīllōsus 3 (*m.* °*comp.*, °*sup.*; *villus*) zottig, haarig.

vīllula, *ae f* (*dem. v. vīlla*) kleines Landhaus, -gut.

vīllum, *ī n* (*dem. v. vīnum*) etw. Wein; Räuschchen.

villus, *ī m* (*Dublette zu vellus, vl. m. dial. i*) zottiges Haar.

vīmen, *inis n* (*vieō* 2 „flechten") **1.** Weide(nrute); °*pl.* Gebüsch; °**2.** / Korb.

vīmentum, *ī n* (*vieō* 2 „flechten") [Flechtwerk; Reisig.

Vīminālis collis *m* (*vīmen*) „*Weidenhügel*" *Roms* (*zw. Quirinal u. Esquilin*).

vīmineus 3 (*vīmen*) aus Flechtwerk.

vīn' (*Pl.*) = *vīsne* (*v. volō*).

vīnāceus, *ī m* (*vīnum*) Weinbeer- [kern.

vīnārius 3 (*vīnum*) Wein...; °*subst.* ~, *ī m* Weinhändler; **-um,** *ī n* Weinkrug, Humpen.

vincibilis, *e* (*vincō*) leicht zu gewinnen, gerecht [*causa*].

vinciō, *vinxī, vinctum* 4 (*vīnxī, vīnctum?*; *zu vieō* 2 „flechten") **1.** °**a)** binden, bündeln; umwinden; **b)** fesseln; **2.** / **a)** (ver)binden, verpflichten; °**b)** bannen, bezaubern; **c)** einschränken, hemmen; **d)** (*rhet. t.t.*) (ver)binden [*verba*]; **e)** befestigen, schützen.

vinclum *s. vinculum.*

vincō, *vīcī, victum* 3 (*cf. nhd.* „weigern", *Personenname* „Wiegand" = „Kämpfer") **1.** (*intr.*) **a)** Sieger sein [°*Olympia* in den Olympischen Spielen]; / *vicimus* wir haben unser Ziel erreicht; *vicisti* du hast Recht; **b)** mit seiner Meinung durchdringen; 2. (*trans.*) **a)** besiegen, überwinden; **b)** umstimmen, rühren; **c)** übertreffen; überbieten, überschreien; **d)** überzeugend dartun.

vinc(u)lum, *ī n* (*vinciō*) **1. a)** Band *zum Binden*, Schnur, Strick, Riemen; **b)** *pl.* Fesseln, Gefängnis; **2.** / **a)** hemmendes Band, Fessel; Schranke; **b)** vereinigendes Band, Bindemittel; °*pl.* innige Umarmung.

Vindelicī, *ōrum m kelt. Volk am Lech*; *Hptst. Augusta -ōrum* Augsburg.

vīndēmia, *ae f* (< **vīno-dēmia*; *vīnum, dēmō*) Weinlese; Traube(n).

vīndēmiātor, *ōris m* (*vīndēmia*) Winzer (*auch als Stern*).

vīndēmiolae, *ārum f* (*dem. v. vīn-*

V

dēmia) (kleine Weinlese); kleine Einkünfte.
vīndēmitor (*dcht.*) = *vīndēmiātor.*
vindex, *icis m f* (*et. ungeklärt; zum 2. Glied cf. iū-dex*) **1. a**) Bürge (*vor Gericht*); **b**) Beschützer(in), Retter (-in), Schutz; **2.** Rächer(in), Bestrafer(in); Henker; °*adi.* rächend.
vindicātiō, *ōnis f* (*vindicō*) °**1.** (*jur. t.t.*) Anspruchsrecht; **2.** Notwehr.
vindiciae, *ārum f* (*vindex*) (*beim Prätor vorgebrachter*) Rechtsanspruch; *-as secundum libertatem* (*servitutem*) *decernere* (*Li.*), *dare* vorläufige Freisprechung festsetzen (vorläufig für unfrei erklären).
vindicō 1 (*vindex*) **1.** als Eigentum beanspruchen; °/ *ad se* sich zuschreiben [*decus belli*]; **2.** befreien, in Freiheit setzen; / (be)schützen, retten; **3. a**) bestrafen, ahnden [*necem*]; **b**) einschreiten *gegen* [*in cives*]; strafen; °**c**) *se -are de* sich rächen *an.*
vindicta, *ae f* (*vindex*) **1. a**) Freilassung eines Sklaven *in Form einer Scheinklage*; °**b**) Befreiung, Rettung; **2.** *der* Stab *des Prätors, mit dem er den Sklaven b. der Freilassung berührte,* Freistab; °**3.** Rache, Strafe.
vīnea, *ae f* (*vīnum*) °**1.** Weinstock; **2.** Weinberg, -laube; **3.** / (*nach Art der Weinlaube gebautes*) Schutzdach *der Belagerer.*
vīnētum, *ī n* (*vīnum*) Weingarten.
vīnitor, *ōris m* (*vīnum; cf. port-itor*) Winzer.
vinnulus 3 (*et. unklar*) lieblich.
vīnolentia, *ae f* (*vīnolentus*) Trunksucht.
vīnolentus 3 (*vīnum*) **1.** betrunken; dem Trunk ergeben; **2.** mit Wein versetzt.
vīnōsus 3 (*m. comp., sup.; vīnum*) **1.** betrunken; dem Trunke ergeben; **2.** Wein... [*odor*]; weinhaltig.
vīnum, *ī n* (*Lw. aus einer Mittelmeersprache*) **1.** Wein; *pl.* Weinsorten; **2.** *das* Weintrinken; °**3.** Weintrauben, -stöcke.
viola[1], *ae f* (*wohl Lw. aus einer nichtidg. Mittelmeersprache*) **1.** Veilchen *u. mehrere* °*Levkojenarten*; °**2.** / Violett.
****viola**[2], *ae f* Bratsche, Viola.
violābilis, *e* (*violō*) verletzbar.
violāceus 3 (*viola*[1]) violett.
violārium, *ī n* (*viola*[1]) Veilchenbeet.
violārius, *ī m* (*viola*[1]) Violettfärber.
violātiō, *ōnis f* (*violō*) Verletzung, Schändung.
violātor[1], *ōris m* (*violō*) Verletzer, Schänder.
****violator**[2], *oris m* Violaspieler.
°**violēns,** *entis* (*m. adv.*) = *violentus.*
violentia, *ae f* (*violentus*) Gewalttätigkeit, Ungestüm, Tücke.
violentus 3 (*m.* °*comp., sup.; violō*) ungestüm, heftig, hitzig, wild.
violō 1 (*cf. vīs*) misshandeln, verletzen, sich vergreifen *an* [*matres familiae*]; verheeren; entweihen, beflecken; beleidigen.
vīpera, *ae f* (*vl.* < **vīvo-pera* „lebendige Junge zur Welt bringend" (*antiker Aberglaube!*); *vīvus, pariō*) Viper, Schlange.
vīpereus 3 (*vīpera*) Schlangen...; schlangenhaarig; giftig [*anima*].
vīperīnus 3 (*vīpera*) = *vīpereus.*
Vipsānius 3 *röm. Gentilname; s. Agrippa.*
vir, *virī m* (*gen. pl. dcht. oft -um; cf. ahd.* wer „Mann" *u.* „Werwolf") **1. a**) Mann; **b**) reifer Mann; **c**) Ehemann; **d**) Liebhaber; **2.** rechter Mann, Held; **3.** gemeiner Soldat; *pl.* Mannschaft, Fußvolk; **4.** *der* Einzelne; °**5.** *pl.* Menschen, Leute, Bewohner; °**6.** (*betont*) = *is, ille*; °**7.** Zeugungskraft; ** (*Anrede*) Herr [*episcope*].
virāgō, *inis f* (*vir*) Heldenjungfrau.
Virbius, *ī m* **1.** *der v. Äskulap wieder zum Leben erweckte u. v. Diana als Heros nach Aricia versetzte Hippolytus* (*s. d. u. Arīcia*); **2.** *Sohn v. 1.*
virectum, *ī n* (*vireō; Bildung nach salictum*) grüner Platz; *pl. das* Grün.
virēns, *entis* (*vireō*) grünend; / blühend; jugendlich.
vireō, *uī,* — 2 (*et. unklar*) grünen, grün sein; °/ frisch, lebhaft sein.
virēscō, *ruī,* — 3 (*incoh. v. vireō*) grün werden.
virētum = *virectum.*
virga, *ae f* (*cf. nhd.* „Stroh-wisch") °**1.** Zweig, Rute; *pl.* Reisig; °**2. a**) Pfropfreis; **b**) Stock (*kl. nur pl. die* Ruten der *fasces*); *pl.* Stockschläge; **c**) Besen; **d**) Zauberstab; **e**) farbiger Streifen am Kleide; **f**) Streifen am Himmel; **g**) Geschlechtslinie *des Stammbaumes*; ** Bischofsstab.
virgātor, *ōris m* (*virga*) *der* mit Ruten schlagende Büttel.

virgātus 3 (*virga*) **1.** aus Ruten geflochten; **2.** gestreift.
virgētum, ī *n* (*virga*) Weidengebüsch.
virgeus 3 (*virga*) aus Ruten.
virgidēmia, *ae f* (*Scherzbildung nach vīndēmia; virga*) Prügelernte.
Virgilius (*spätl.*) = *Vergilius.*
virginālis, e (*virgō*) jungfräulich [°*feles* Mädchenräuber]; °*subst.* **-āle,** *is n* (*concr.*) jungfräuliche Scham.
virginārius 3 (*virgō*) Jungfrauen...
virgineus 3 (*virgō*) jungfräulich, Jungfrauen...; *aqua -a die v. M. Agrippa angelegte* Wasserleitung Virgo, *j.* Fontana Trevi.
virginitās, *ātis f* (*virgō*) Jungfräulichkeit, Unschuld.
virgō, *inis f* (*et. umstritten*) **1. a)** Jungfrau (*auch als* °*Gestirn*), Mädchen; °**b)** junge Frau; °**2.** (*Aqua*) *Virgo s. virgineus*; °**3.** *adi.* jungfräulich; unverheiratet; *charta* noch nicht herausgegebene Schrift.
virgula, *ae f* (*dem. v. virga*) °**1.** Zweig; **2.** Stäbchen; *divina* Wünschelrute; °/ *censoria* Strich (*b. einem Wort od. Vers als Zeichen der Unechtheit*). [°/ Setzling.
virgultum, *ī n* (*virgula*) Gebüsch;
virguncula, *ae f* (*dem. v. virgō*) Mädchen.
virid(°i)ārium, *ī n* (*viridis*) Lustgarten, Park.
viridis, e (*m.* °*comp.*, *sup.*; *vireō*) grün(lich); pflanzenreich; im Grünen gelegen; °/ jugendlich, frisch; °*subst.* **-de,** *is n das* Grün, unreifes Getreide; *pl.* Gartengewächse, -anlagen.
viriditās, *ātis f* (*viridis*) *das* Grün; / Frische, Jugendkraft.
viridō 1 (*viridis*) **1.** (*intr.*) grünen; **2.** (*trans.*) P. grün werden.
virīlis, e (*m. adv.*; *vir*) **1.** männlich, dem Manne eigen; °*pars = membrum virile*; °*partes* Männerrollen; **2.** auf einen (einzelnen) Mann kommend, persönlich; *pro -i parte* nach Maßgabe der Kräfte; **3.** / mannhaft, standhaft, mutig.
virīlitās, *ātis f* (*virīlis*) **1.** männliches Alter; **2.** Zeugungsvermögen, -glieder; **3.** männliche Kraft *im Reden u. Handeln.*
vīri-potēns, *entis* (*vīrēs*) mächtig an Kraft.
virītim *adv.* (*vir*) **1.** Mann für Mann; °**2.** Mann gegen Mann.

vīrōsus 3 (*vīrus*) stinkend.
virtūs, *ūtis f* (*vir*) **1.** Mannhaftigkeit, Manneswürde; **2. a)** Kraft, Stärke; **b)** (kriegerischer) Mut, Tapferkeit, Entschlossenheit; *pl.* Heldentaten; **3.** Verdienst, Wert; *pl.* Vorzüge; **4.** Tugend, Sittlichkeit, Moral; **5.** ♀ (*personif.*) *Göttin* Virtus; ** *pl.* Wundertaten.
vīrus, *ī n* (*meist nur nom. u. acc.*; *cf. gr.* ἰός „Gift") °**1.** Schleim, Brunstschleim; **2.** °**a)** (Schlangen-) Gift; **b)** / Geifer; °**3.** *der* salzige Geschmack des Seewassers.
vīs[1] *f* (*sg. nur acc. vim, abl. vī; pl. vīrēs, ium; idg.* *vei- „kräftig sein") **I.** *sg.* **1.** Kraft, Gewalt, Stärke; **2.** °**a)** Mut, Tapferkeit; **b)** (*feindl.*) Waffengewalt, Angriff, Sturm [*urbem vi expugnare*]; **c)** Gewalttat, Vergewaltigung, Zwang, Bedrängnis; *vim afferre, inferre, adhibere, facere* Gewalt antun; *vi, per vim* gewaltsam; **d)** Einfluss, Wirksamkeit; **3. a)** Gehalt; **b)** (wahres) Wesen; Bedeutung *v. Wörtern*; **4.** Menge, Masse, Fülle; °**5.** *genitalis* Zeugungskraft; männlicher Samen; **II.** *pl.* **vīrēs,** *ium* **1.** physische Kräfte, Stärke; **2.** (*mil. t.t.*) Streitmacht, Truppen; **3.** Hilfsmittel, Mittel, Vermögen; **4.** geistige Kräfte, Fähigkeiten, *das* Vermögen, Können.
vīs[2] (*et. umstritten; als 2. pers. ind. praes. v. volō verwendet, aber zu einem anderen Stamm gehörig; cf. invītus*) du willst; *als zweiter Bestandteil v. pron. u. adv. verwendet* [*quivis; quamvis*].
viscātus 3 (*viscum*) mit Vogelleim bestrichen; / lockend.
vīscera, *um, selten sg.* **vīscus**[1], *eris n* (*-ī-?; et. ungedeutet*) °**1.** Eingeweide, Bauch; Uterus; **2.** *das v. der Haut bedeckte* Fleisch; **3.** / °**a)** *das* eigene Kind, Fleisch und Blut; / *die* eigenen Schriften; °**b)** Liebling(e); **c)** Herz, Mark, Kern; **d)** Vermögen, Geld(mittel).
vīscerātiō, *ōnis f* (*vī-?; vīscus*) Fleischspende; °/ Abfütterung.
viscō 1 (*Rückbildung aus viscātus*) beschmieren.
viscum, *ī n u.* (*altl.*) **viscus**[2], *ī m* (*cf. nhd.* „Weichsel-kirsche") °**1.** Mistel; **2. a)** (*aus Mistelbeeren bereiteter*) Vogelleim; °**b)** / Köder.

vīscus[1], *eris n s. vīscera.*

vīsendus 3 (*Gerundiv v. vīsō*) sehenswert; °*subst.* **-a,** *ōrum n* Sehenswürdigkeiten.

vīsiō, *ōnis f* (*videō*) Anblick; Erscheinung; / Vorstellung, Idee.

****visitatio,** *onis f* Besuch; / Heimsuchung.

vīsitō 1 (*frequ. v. vīsō*) °**1.** oft sehen; **2.** besuchen.

vīsō, *sī,* — 3 (*wohl* < **veid-sō zu videō wie quaesō zu quaerō*) **1. a**) genau besehen, betrachten, untersuchen; °**b**) nachsehen, sehen *nach*; **2.** be-, aufsuchen.

vīsum, *ī n* (*videō*) °**1.** Erscheinung, Bild; 2. Traumbild; **3.** Fantasiebild.

Visurgis, *is m* Weser.

vīsus, *ūs m* (*videō*) *das* Sehen, Anblick, Blick; Erscheinung, Gestalt.

vīta, *ae f* ((< **vīvitā*; *vīvus*) **1.** Leben, Lebenszeit; 2. Lebensweise, -lauf; °**3.** Biografie; °**4.** Lebensglück; °**5.** Lebensunterhalt; °**6. a**) *die* lebenden Menschen, *die* Welt; **b**) Schatten (*in der Unterwelt*); **7.** (*Kosewort*) Liebling.

vītābilis, e (*vītō*) meidenswert.

vītābundus 3 (*vītō*) immer ausweichend.

vītālis, e (*m.* °*adv.*; *vīta*) **1.** Lebens...; °**2.** Leben spendend, belebend; °**3.** lebenswert; °**4.** lebensfähig; °**5.** *subst.* **-ālia,** *ium n* **a**) *die* (lebenswichtigen) edlen Teile des Körpers; **b**) Totenkleid.

vītātiō, *ōnis f* (*vītō*) Vermeidung.

Vitellius 3 *röm. Gentilname*: *A.* ~, *röm. Kaiser, 69 n. Chr.*; *adi.* *-iānus* 3; °*subst.* **-iānī,** *ōrum m* **1.** Soldaten des ~; **2.** kleine Schreibtafeln.

vitellus, *ī m* (*dem. v. vitulus*) °**1.** Kälbchen; / *Kosewort*; **2.** Eidotter.

vīteus 3 (*vītis*) vom Weinstocke.

vitiātor, *ōris m* (*vitiō*) Schänder, Verführer.

vīticula, *ae f* (*dem. v. vītis*) Weinstöckchen.

vīti-fer, *era, erum* (*vītis, ferō*) Reben tragend, weinreich.

vīti-genus 3 (*vītis, gignō*) vom Weinstock.

viti-lēna, *ae f* (*vitium*) gemeine Kupplerin.

vitilīgō, *inis f* (*wohl zu vitium*) Hautkrankheit, Flechte.

vitiō 1 (*vitium*) °**1. a**) verderben, verletzen, beschädigen; **b**) schänden [*virginem*]; **2.** / **a**) (ver)fälschen; **b**) (*relig. t.t.*) (*wegen böser Vorzeichen*) für ungeeignet erklären [*diem comitiorum*].

vitiōsitās, *ātis f* (*vitiōsus*) Lasterhaftigkeit.

vitiōsus 3 (*m. comp., sup., adv.*; *vitium*) **1.** fehlerhaft, mangelhaft; **2.** gegen die Auspizien gewählt, geschehen; **3.** lasterhaft.

vītis, *is f* (*vieō* 2 „flechten") **1. a**) Weinrebe, -ranke; **b**) Weinstock, Wein; °**2.** (*aus abgeschnittener Rebe gefertigter*) Kommandostab des Zenturio; Zenturionenstelle; °**3.** Zaunrübe.

vīti-sator, *ōris m* „Rebenpflanzer", Winzer.

vitium, *ī n* (*et. unklar*) **1.** Fehler, Mangel, Gebrechen, Schaden; °/ *ignis* Schlacke; **2.** Fehltritt, Versehen, Verstoß; **3.** (*relig. t.t.*) Formfehler *in den Augurien*, ungünstiges Zeichen; **4.** (*moralisch*) **a**) Laster, Schuld; °**b**) Schändung.

vītō 1 (*et. ungeklärt*) **1.** (ver)meiden, ausweichen; °se *-are* mit sich unzufrieden sein; **2.** entgehen.

vītor, *ōris m* (*vieō* 2 „flechten") Korbflechter, Kofferhändler.

vitreārius, *ī m* (*vitreus*) Glasbläser.

vitreus 3 (*vitrum*) gläsern; aus Kristall; *subst.* **-um,** *ī n* Glasgeschirr; / glashell, kristallklar; gleißend, trügerisch.

vītricus, *ī m* (*vī-?*; *vl.* < **vīteros* „zweiter"; *cf.* *vī-* „zwei" *in vīgintī*) Stiefvater.

vitrum[1], *ī n* (*vl. m. vitrum*[2] *identisch wegen der bläulich grünlichen Farbe des antiken Glases*) Glas; ** Fenster.

vitrum[2], *ī n* (*cf. nhd.* „Waid") Färberwaid.

vitta, *ae f* (*vieō* 2 „flechten") Binde: **1.** Kopfbinde (*der Opfertiere, der Priester, der frei geborenen Frauen, der Dichter*); 2. Binde *um die Friedenszweige* der Bittflehenden.

vittātus 3 (*vitta*) mit einer Binde geschmückt.

vitula, *ae f* (*vitulus*) Kalb, junge Kuh.

vitulīnus 3 (*vitulus*) vom Kalb, Kalbs...; °*subst.* **-a,** *ae f* Kalbfleisch.

vitulor 1 (*et. umstritten*) Lobgesang anstimmen [*lovi*].

vitulus, *ī m* (*wohl als* „Jährling" *dial. Dublette zu vetulus*; *cf. vetus*) **1.** Kalb; °**2.** Füllen; **3.** (*marinus*) Seehund.

vituperābilis, e (*vituperō*) tadelnswert.

vituperātiō, *ōnis f* (*vituperō*) Tadel; tadelnswertes Benehmen. [Tadler.]

vituperātor, *ōris m* (*vituperō*)

vituperō 1 (*wohl zu adi.* **vitio-paros*; *eigtl.* „als fehlerhaft hinstellen"; *vitium, parō* 1) °**1.** (*relig. t.t.*) ungültig machen, verderben; **2.** tadeln, bemängeln, schelten.

vīvācitās, *ātis f* (*vīvāx*) Lebenskraft.

vīvārium, *ī n* (*vīvus*) Tiergarten; Fischteich; / Gehege.

vīvātus 3 (*vīvus*) belebt.

vīvāx, *ācis* (*m. comp., sup.*; *vīvō*) langlebig; / dauerhaft; lebhaft.

vīvēscō, *vīxī,* — 3 (*incoh. v. vīvō*) kräftig werden.

vīvidus 3 (*m. comp.*; *vīvō*) **1. a)** belebt [*tellus*]; **b)** lebensvoll, sprechend, ähnlich; **2.** / lebhaft, feurig.

vīvi-rādīx, *īcis f* (*vīvus*) Ableger.

vīvō, *vīxī, vīctūrus* 3 (*cf. vīvus, gr. Fw.* „Bio-logie") **1. a)** leben, noch am Leben sein; **b)** fortleben, (fort)dauern; **2. a)** leben, sich nähren *von* [*lacte*]; **b)** sein Leben zubringen, sich aufhalten; **c)** verkehren [*familiariter cum*]; **d)** das Leben genießen, vergnügt leben; °*vive* lebe wohl, °*vivite* lebt wohl; ** erleben [*talia*].

vivus 3 (*m. altl. adv.* -ē; *cf. vīvō, nhd.* „quick, keck") **1.** lebend, lebendig; *me -o* bei meinen Lebzeiten; **2.** / °**a)** frisch, saftig; natürlich; °**b)** sprechend ähnlich [*vultus*]; °**c)** lebhaft; *subst.* °**1. -ī,** *ōrum m die* Lebenden, *die* lebenden Dichter, *die* Menschen; **2. -um,** *ī n* °**a)** *das* lebendige Fleisch; **b)** *das* Innerste, Mark; Kapital.

vix *adv.* (*et. ungedeutet*) kaum, mit Mühe; (*zeitl.*) kaum erst, kaum noch, soeben, gerade.

vix-dum *adv.* (*auch getr.*) kaum noch.

vixillum, *ī n* (*dem. v. vix*) kaum ein Tröpfchen.

vocābulum, *ī n* (*vocō*) **1. a)** Benennung, Bezeichnung; **b)** Name; °**2.** (*gramm. t.t.*) Substantiv; °**3.** / Vorwand.

vōcālis, e (*m.* °*adv.*; *vōx*) **1.** stimmbegabt, redend; **2.** klangvoll; liederreich; hell; *subst.* ~, *is f* Vokal.

vōcālitās, *ātis f* (*vōcālis*) Wohlklang. [Name.]

vocāmen, *inis n* (*vocō*) Benennung,

vocātiō, *ōnis f* (*vocō*) Einladung zu Tisch; ** Berufung; Vorladung; Abberufung, Tod.

vocātor, *ōris m* (*vocō*) Gastgeber.

vocātus, *ūs m* (*vocō*) °**1.** *das* Anrufen; **2.** (*nur abl.*) Einladung **a)** *zur Senatssitzung*; °**b)** *zu Tisch.*

vōciferātiō, *ōnis f* (*vōciferor*) lautes Rufen, Geschrei, Jammern.

vōciferor *u.* (*Li.*) **-ō** 1 (*vōcifer*; *vōx, ferō*) laut rufen, schreien.

vocitō 1 (*frequ. v. vocō*) **1.** zu nennen pflegen, nennen; P. heißen; °**2.** laut [rufen.]

vocīvus *s. vacīvus.*

vocō 1 (*ablautend zu vōx*) **1. a)** (herbei)rufen; berufen [*senatum*]; °**b)** anrufen [*deos*]; **2. a)** *vor Gericht* laden; **b)** einladen [*ad cenam*]; **3.** °**a)** herausfordern; **b)** / reizen, locken; **4.** (be)nennen; P. heißen; **5.** / *in eine Lage od. Stimmung* bringen [*in odium, in periculum*]; *in dubium* in Zweifel ziehen; *rem publicam ad exitium* dem Untergange weihen.

vōcula, *ae f* (*dem. v. vōx*) schwache Stimme, schwacher Ton; *pl.* [Gerede.]

volaemum *s. volēmum.*

volāticus 3 (*volātus* 3, *P.P.P. v. volō*[1]) °**1.** fliegend; **2.** / **a)** einherstürmend; **b)** flüchtig, unbeständig.

volātilis, e (*volō*[1]) geflügelt; °/ schnell; vergänglich; ** *subst.* **-ia,** *ium n* Geflügel; Vogelwelt. [Flug.]

volātus, *ūs m* (*volō*[1]) *das* Fliegen,

Volcae, *ārum m kelt. Volk in der Provence*; *es zerfiel in die* ~ *Tectosagēs* (*s. d.*) *um Toulouse u. die* ~ *Arecomici w. der Rhone.*

Volcānus, (*jünger*) **Vulcānus,** *ī m* (*wohl etr. Herkunft, später dem gr. Hēphaistos gleichgesetzt*) *Gott des Feuers u. der Schmiedekunst*; *Sohn des Jupiter u. der Juno, Gemahl der Venus*; °/ Feuer(flamme); *adi.* *-nius* 3; °*subst.* **-nālia,** *ium n* Vulkanusfest *am 23. August.*

volēmum pirum (*wohl zu osk. valaemon* „*das* Beste") *Birnensorte.*

volēns, *entis* (*m. adv.*; *volō*[2]) **1.** absichtlich; willig, gern; **2.** geneigt, gewogen, gnädig; *volentibus dis* durch die Gnade der Götter.

volg... *älter für vulg...*

volitō 1 (*intens. v. volō*[1]) **1.** °**a)** umherfliegen, flattern; / **b)** eilen; **c)** sich Erholung gönnen; **d)** nach Höherem streben; **2. a)** umherschwär-

men, -laufen, sich tummeln; **b**) sich brüsten, sich überheben; (*part. praes.*) °*subst.* **volitāns,** *antis m* [Fliege.]
voln... *älter für vuln...*
volō[1] 1 (*et. ungedeutet*) fliegen; / eilen; vergehen; (*part. praes.*) °*subst.* **volantēs,** *ium m* Vögel.
volō[2], *voluī, velle* (*coni. praes. urspr. Optativ; cf. nhd.* „wollen"; *zu vīs s. vīs*[2]) **1.** wollen, entschlossen sein, verlangen; *velim* (*erfüllbar gedachter Wunsch*) ich wollte, ich möchte; *vellem* (*unerfüllbar gedachter Wunsch*) ich hätte gewollt; °*paucis te volo* auf ein paar Worte!; *quid ille nos vult?* was will der von uns?; °*bene* (°*male*) ~ wohl (übel) wollen; *eius causā vult omnia* er wünscht ihm alles Gute; *quid tibi vis?* was fällt dir ein? was beabsichtigst du?; **2.** beschließen, festsetzen, anordnen [*Einleitungsformel der Gesetzesvorschläge*: *velitis iubeatis, ut*]; **3.** der Meinung sein, behaupten, vorgeben; **4.** lieber wollen, vorziehen; **5.** bedeuten, bezwecken [*quid vult concursus?*]; *meist m. dat. sibi* [*quid haec verba sibi volunt?*].
volō[3], *ōnis m* (*volō*[2]) Freiwilliger.
volp... *älter für vulp...* [-*us* 3.]
Volscī, *ōrum m Volk in Latium*; *adi.*
volsella, *ae f* (*dem. zu *volsa*; *vellō*) kleine Zange (*zum Epilieren*).
volsus = *vulsus*; *s. vellō.*
Volt..., volt... = *Vult..., vult...*
volūbilis, e (*m. adv.*; *volvō*) drehbar; rollend, kreisend; / unbeständig; fließend [*oratio*], zungenfertig [*homo*].
volūbilitās, *ātis f* (*volūbilis*) Drehbarkeit; kreisende Bewegung; / Unbeständigkeit; Geläufigkeit.
volucer, *cris, cre* (*volō*[1]) **1.** fliegend, geflügelt; **2.** / **a**) beflügelt, eilend, schnell; **b**) flüchtig, unbeständig; **3.** *subst.* **volucris,** *is f u.* (*selten*) °*m* (*gen. pl. meist -um*) Vogel; (*pl.* Geflügel); °*parvula* Mücke.
volūmen, *inis n* (*volvō*) °**1.** Windung, Krümmung; Kreislauf [*siderum*]; Wirbel [*fumi*]; **2. a**) Bücherrolle; Schrift, Buch; °**b**) Band, Buch (*eines größeren Werkes*).
voluntārius 3 (*volō*[2]) freiwillig; *subst.* **-ī,** *ōrum m* (*mil. t.t.*) Freiwillige.
voluntās, *ātis f* (*volō*[2]) **1. a**) Wille; **b**) Wunsch, Verlangen; **2.** Absicht, Vorhaben, Entschluss; **3.** freier Wille, Bereitwilligung, Eifer; (*abl.*) **-e** freiwillig, gern; mit Genehmigung; **4.** letzter Wille; **5. a**) Gesinnung, Stimmung; **b**) Zuneigung, Wohlwollen; °**6.** Kunstverstand; °**7.** Bedeutung, Sinn.
volup(e) *adv.* (*erstarrtes n v. *volupis,* e „angenehm"; *Weiterbildung v. *vel-* „wollen = wünschen u. hoffen") erfreulich; ~ *est mihi* es ist mir angenehm.
voluptābilis, e (*volup*) angenehm.
voluptārius 3 (*volup*) **1.** (*act.*) **a**) Vergnügen, Wollust betreffend; **b**) Vergnügen, Wollust verschaffend, genussreich; **2.** (*pass.*) der Wollust ergeben, genusssüchtig; *subst.* ~, *ī m* Genussmensch, Epikureer.
voluptās, *ātis f* (*gen. pl.* -[*i*]*um*; *volup*) **1. a**) (sinnliches *od.* geistiges) Vergnügen, Freude, Genuss; **b**) *pl.* Lüste; *corporis* Wollust; **2. a**) Lustbarkeit; *pl.* Schauspiele; °**b**) Hang zum sinnlichen Vergnügen; °**c**) (*als Kosewort*) *mea* ~ meine Wonne; **3.** ♀ (*personif.*) *Göttin der Lust.*
voluptuōsus 3 (*volup*) ergötzlich.
volūtābrum, *ī n* (*volūtō*) Schweinesuhle. [herumwälzend.]
volūtābundus 3 (*volūtō*) sich
volūtātiō, *ōnis f* (*volūtō*) *das* Herumwälzen; *auch* °*obszön*; °/ Unruhe; Unbeständigkeit.
volūtō 1 (*intens. v. volvō*) **1.** °**a**) (*trans.*) (herum)wälzen; **b**) (*intr. u. mediopass.*) sich (herum)wälzen; *auch obszön* [*cum sororibus*]; sich befinden; **2.** / °**a**) (*Töne*) von sich geben; **b**) erwägen; **c**) beschäftigen; *mediopass.* sich beschäftigen *mit* [*in scriptis*].
volva *u.* (*jünger*) **vulva,** *ae f* (*et. unklar*) Gebärmutter (*bei Mensch u. Tier*), *bsd. der Sau* (*Leckerbissen*).
volvō, *volvī, volūtum* 3 (*cf. m. d-Erweiterung nhd.* „wälzen") **1. a**) wälzen, rollen, (im Wirbel) (um)drehen, (empor)wirbeln; **b**) *mediopass.* sich wälzen *usw.*; **2.** (*Bücherrollen*) lesen; °**3.** herabrollen, -stürzen, dahinrollen; °**4.** (*mil. t.t.*) *orbem* einen Kreis schließen, nach allen Seiten Front machen; **5.** / **a**) (*v. Redner*) Worte geläufig vortragen; °**b**) (*Leidenschaften*) in sich hegen; °**c**) er-

V

wägen, überlegen; °**d**) sich wieder vor Augen führen [*monumenta virorum*]; °**e**) (*die Zeit*) durchleben; *se -ere u. mediopass.* ablaufen; *volventibus annis* im Lauf der Jahre; °**f**) bestimmen, verhängen [*sic volvunt Parcae*].

vōmer, *eris m* (*cf. bayrisch* Wagensun „Pflugschar") **1.** Pflugschar; °Pflug; °**2.** / = *mentula.*

vomica, *ae f* (*vl. zu vomō*) Eiterbeule; °/ Unheil.

°**vōmis,** *eris m* = *vōmer.* [brechen.

vomitiō, *ōnis f* (*vomō*) *das* Er-

vomitō 1 (*intens. v. vomō*) sich erbrechen.

vomitor, *ōris m* (*vomō*) *der* Speier.

vomitus, *ūs m* (*vomō*) *das* Erbrechen; °/ Unflat, Schimpfworte.

vomō, *uī, itum* 3 (*cf. altind.* vámati „er speit") **1.** (*intr.*) sich erbrechen; °**2.** (*trans.*) **a**) ausspeien, von sich geben; **b**) / sprühen. [Schlünde.

vorāginōsus 3 (*vorāgō*) voller

vorāgō, *inis f* (*vorō*) °**1.** Schlund, Abgrund; **2.** / Pfuhl; Verprasser.

vorāx, *ācis* (*m.* °*comp.*; *vorō*) gefräßig.

vorō 1 (**vorā = gr.* borą̄ „Fraß") **1.** verschlingen, fressen; **2.** / °**a**) gierig in sich aufnehmen (*auch obszön v. widernatürlicher Unzucht*); **b**) gierig lesen; °**c**) eilig zurücklegen [*viam*].

vors..., vort... (*altl., dcht.*) = *vers..., vert...*

vōs *pron. pers.* (*gen. vestrī* [*partit. vestrum*], *dat. u. abl. vōbīs, acc. vōs*; *cf. altind. acc.* vas „ihr beide") ihr; *oft verstärkt durch -met.* [Wasgau.

Vosegus, *ī m die* Vogesen, *der*

voster *s. vester.* [heißen, geweiht.

vōtīvus 3 (*vōtum*) (an)gelobt, ver-

votō 1 *ältere Form für vetō.*

vōtum, *ī n* (*voveō*) °**1.** *das* gelobte Opfer, Geschenk, Denkmal; **2. a**) Gelübde, Gelöbnis; (*Li*) *-i damnatus* zur Erfüllung des Gelübdes verpflichtet; °**b**) (*m. dem Gelübde verbundenes*) Gebet; **3.** Wunsch, Verlangen; ** *pl.* Wallfahrt; Andacht.

voveō, *vōvī, vōtum* 2 (*cf. altind.* vāghát- „*der* Gelobende") **1.** feierlich versprechen, geloben; °**2.** wünschen.

vōx, *vōcis f* (*urspr.* „Lärm, Geräusch"; *cf. gr. Fw.* epos) **1.** Stimme [*magna* laute, *parva* leise]; **2. a**) Laut, Ton, Schall; **b**) Betonung, Akzent; **3. a**) Aussprache; **b**) Sprache; **c**) Wort, Ausdruck; Äußerung, Rede; *pl.* Gerede; heftige Worte; **d**) Ausspruch, Sinnspruch; °**e**) (Zauber-) Formel; **f**) Gebot, Befehl.

Vulcānus *s. Volcānus.*

vulgāris, e (*m.* °*sup.*, °*adv.*; *vulgus*) **1.** (all)gemein, gewöhnlich, alltäglich; **2.** für jeden zu haben [*scortum*]; **3.** *subst.* **-ia,** *ium n* Alltagskost; alltäglicher Gruß (*quid agis?*); ** **-e,** *is n* Nationalsprache, Vulgärsprache. [ter, Ausplauderer.

vulgātor, *ōris m* (*vulgō*[2]) Verbrei-

vulgātus 3 (*m. comp., sup.*; *vulgō*[2]) **1.** allgemein bekannt; **2.** allen preisgegeben, öffentlich [*meretrices*].

vulgi-vagus 3 (*vulgus*) überall umherschweifend [*Venus*].

vulgō[1] *adv. s. vulgus.*

vulgō[2] 1 (*vulgus*) **1.** unter das Volk bringen, verbreiten; **2.** allen preisgeben [°*corpus*]; **3.** (*eine Schrift*) veröffentlichen; P. bekannt werden.

vulgus, *ī n* (*acc. sg. auch -um m*; *cf. altind.* varga- „Abteilung") **1. a**) Volk, *die* Leute; Publikum; **b**) *der* große Haufe, Pöbel; °**c**) *die* gemeinen Soldaten; **2.** *die* große Masse, *der* gewöhnliche Schlag [°*mulierum*]; **3.** *adv. in -us* allgemein, insgemein; **vulgō**[1] in Menge; vor aller Welt, gewöhnlich; ** in der Landessprache.

vulnerātiō, *ōnis f* (*vulnerō*) Verwundung; / Kränkung. [kränken.

vulnerō 1 (*vulnus*) verwunden; /

vulni-ficus 3 (*vulnus, faciō*) verwundend.

vulnus, *eris n* (*vl.* √ *vel- „reißen"; *cf. vellō*) **1. a**) Verwundung, Wunde; °**b**) Hieb, Schlag, Stich, Biss; °**c**) Geschoss, Pfeil; **2.** / **a**) Verlust, Schaden; °**b**) Niederlage; °**c**) Kränkung; Kummer. [Füchslein.

vulpēcula, *ae f* (*dem. v. vulpēs*)

vulpēs, *is f* (*cf. gr.* alōpēx *ds.*) Fuchs.

vulpīnus 3 (*vulpēs*) *des* Fuchses, Fuchs...

vulsus 3 (*vellō*) bartlos, glatt; / weichlich; einfältig. [halber Blick.

vulticulus, *ī m* (*dem. v. vultus*)

vultuōsus 3 (*vultus*) grimassenhaft.

vultur, *uris m* (*vellō*) Geier; / Nimmersatt.

vulturīnus 3 (*vultur*) Geier...

vulturius, *ī m* (*vultur*) Geier; / raubgieriger Mensch, °Erbschleicher; °schlechter Wurf (*im Würfelspiel*).

Vulturnus ventus *m* (*nach dem Berg Vultur bei Venusia*) Ostsüdostwind.

vultus, *ūs m* (*eigtl. wohl* „Glanz der Augen") **1.** Gesicht(sausdruck), Miene, Blick; °**2.** finsteres Gesicht, zorniger Blick; °**3.** / **a**) Gesicht; **b**) Aussehen, äußere Gestalt.

vulva *s. volva.*

W

****wanna,** *ae f* großer Weidenkorb.

****wantus,** *i*; **-to,** *onis m* Handschuh; Fäustling.

****warantus,** *i m* Bürge.

****werra,** *ae f* Krieg.

X

X (*Zahlzeichen*) = *10*; (*auf Münzen*) = *dēnārius.*

Xanthippē, *ēs f Frau des Sokrates.*

Xanthos *u.* **-us,** *ī m Fl. in der Troas = Scamander.*

xenium, *ī n* (*gr. Fw.*) Gastgeschenk; Geschenk; ≈**a** *Titel des 13. Buchs der Epigramme Martials.*

****xenodochium,** *i n* Gasthaus, Hospital.

Xenophanēs, *is m* (*gr.* -phānēs) *aus Kolophon, Gründer der eleatischen Schule* (*um 520*).

Xenophōn, *ōntis m* (*gr.* -ōn) *Schüler des Sokrates, Geschichtsschreiber* (*etw. 440–354*); *adi.* -tēus *u.* -tīus 3.

Xerxēs, *is u. ī m persischer König* (*486–465*).

xiphiās, *ae m* (*gr. Fw.*) Schwertfisch.

xysticī, *ōrum m* (*gr. Fw.*; *cf. xystus*) *die* Athleten, *die während der rauen Jahreszeit in den Xysten trainierten.*

xystus, *ī m* (*gr. Fw.*) (*bei den Griechen*) bedeckter Säulengang (*für Übungen der Athleten*); (*bei den Römern*) Terrasse *vor dem Portikus der Landhäuser.*

Y

Siehe unter hy *u.* i.

Z

Zama, *ae f St. in Numidien* (*Scipios Sieg über Hannibal 202*).

zāmia, *ae f* (*dor. Fw.*) Verlust, Schaden.

Zanclē, *ēs f alter Name für Messana auf Sizilien.*

****zelotes,** *ae m* Eiferer.

zēlotypia, *ae f* (*gr. Fw.*) Eifersucht.

zēlotypus 3 (*gr. Fw.*) eifersüchtig; *subst.* ~, *ī m der* Eifersüchtige.

zēlus, *ī m* (*gr. Fw.*) Nacheiferung; ** Eifer, Zorn, Liebe; Eifersucht.

Zēnō(n), *ōnis m Name gr. Philosophen*: **1.** *aus Elea, Lehrer des Perikles*; **2.** *aus Zypern, Gründer der Stoa* (*um 300*); **3.** *ein Epikureer aus Sidon, Lehrer Ciceros.*

zephyrus, *ī m* (*gr. Fw.*) Westwind; / (*dcht.*) Wind; ≈ (*personif.*).

Zeuxis, *is u. idis m ber. gr. Maler aus Heraklea in Unteritalien* (*um 400*).

****zingiber,** *is m* Ingwer.

zmaragdus = *smaragdus.*

zōna, *ae f* (*gr. Fw.*) Gürtel: **1.** *der Frauen für das Untergewand* (*Symbol der Keuschheit*); **2.** Geldgurt *der Männer*; **3.** / **a**) *die drei* Gürtelsterne *des Orion*; **b**) Zone.

zōnārius (*zōna*) °*adi.* 3 Gürtel.... Beutel...; *subst.* ~, *ī m* Gürtelmacher.

zōnula, *ae f* (*dem. v. zōna*) Gürtel.

zōthēca, *ae f* (*gr. Fw.*) Ruhezimmer.

zōthēcula, *ae f* (*dem. v. zōthēca*) kleines Ruhezimmer.

****zuchara,** *ae f* Zucker.

Zur lateinischen Schrift

1. Das *lateinische Alphabet*, das — wahrscheinlich durch Vermittlung der Etrusker — aus einem westgriechischen entlehnt worden war, hatte am Ende der Republik 21 Buchstaben. Erst in der augusteischen Zeit kamen Y und Z zur phonetisch richtigen Wiedergabe der inzwischen in ihrem Lautwert gewandelten Buchstaben Y und Z in griechischen Fremdwörtern hinzu; bis dahin war man in diesen Fällen mit V und S ausgekommen (doch s. I, 2). Das lateinische Alphabet bestand nun aus folgenden 23 Buchstaben:

A B C D E F G H I K L M N O P Q R S T V X Y Z.

Wie uns jetzt noch die vielen Inschriften zeigen, schrieb der Römer nur mit großen Buchstaben (Majuskeln); erst in späterer Zeit kamen die kleinen Buchstaben (Minuskeln) hinzu, die sich aus jenen entwickelt hatten. Wir schreiben in unseren Texten die Eigennamen nebst ihren Ableitungen (*Rōma*, *Rōmānus*, *Graecē*) und vielfach das erste Wort eines neuen Abschnittes oder auch eines jeden Satzes mit großen Anfangsbuchstaben.

2. Die Römer hatten wie die Etrusker je nach dem folgenden Laut und der damit zusammenhängenden unterschiedlichen Artikulation 3 verschiedene *K-Laute* und dementsprechend in der Schrift 3 verschiedene Buchstaben: C vor E und I, K vor A (und Konsonanten), Q vor den Vokalen O und V. Von ihnen hat sich Q nur in der Verbindung QV (gespr. kw, z. B. *quis*), K nur in einigen Wörtern wie dem Vornamen *Kaesō* (abgek. *K.*), *Kalendae* (abgek. *K.* oder *Kal.*; daneben auch *Calendae*) und *Karthāgō* (daneben auch *Carthāgō*) erhalten. Im übrigen hat sich das C als einziger stimmloser Guttural durchgesetzt.

Noch lange danach bezeichnete C nicht nur den stimmlosen (= K), sondern auch den stimmhaften Guttural (= G; s. II 1 B a). Der Überlieferung nach schuf der Freigelassene Spurius Carvilius um die Mitte des 3. Jh. v.Chr. G aus C durch Hinzufügung eines Strichs. Es trat an die Stelle des urspr. im lat. Alphabet vorhandenen, aber dann beseitigten Z. Als in augusteischer Zeit Y und Z hinzukamen, handelte es sich bei Z also streng genommen um eine Wiedereinführung.

3. Mit V wurde sowohl der Vokal U wie der *Halbvokal* V, mit I sowohl der Vokal I wie der *Halbvokal* J bezeichnet. Erst im Mittelalter wurde eine Scheidung zwischen U, u und V, v wie zwischen I, i und J, j gebräuchlich; die endgültige Einführung der Majuskeln J und U (!) und der Minuskeln j und v (!) geht auf den französischen Humanisten Pierre de la Ramée († 1572) zurück. Wir unterscheiden in unseren Texten meistens U, u und V, v, verwenden aber I, i für Vokal und Halbvokal (*iūstus*, *vērus*; *ibi*, *iam*). Nur in den Verbindungen *qu-*, *ngu-* und *su-* vor Vokalen wird u als Halbvokal von uns verwendet (*quārtus*, *lingua*, *suāvis*).

4. Den Römern waren nicht nur *Satzzeichen* unbekannt, sondern sie verzichteten auch weitgehend auf die Trennung der einzelnen Wörter im Satz und der Silben eines Wortes (vgl. I 5). Wir trennen in unseren lateinischen Texten die Wörter voneinander und verwenden Satzzeichen im Großen und Ganzen nach den Normen unserer Muttersprache. Es ist aber zu beachten, dass Partizipialkonstruktionen und der a.c.i., da sie keine Sätze sind, nicht durch ein Komma vom übrigen Satz getrennt werden sollten.

5. Hinsichtlich der *Silbentrennung* stehen sich die griechisch beeinflusste Theorie lateinischer Grammatiker und die Praxis der Inschriften und der

z. T. auf antiker Tradition fußenden mittelalterlichen Handschriften gegenüber. Wir verfahren zumeist folgendermaßen:

a) Ein *einzelner Konsonant* — dazu rechnen auch die aspirierten Konsonanten ch, ph, th und die je zwei Laute darstellenden Buchstaben x und z — tritt zur folgenden Silbe (*pa-ter, Epi-charmus, lu-xus*).

b) Von *zwei oder mehr Konsonanten* wird der letzte zur folgenden Silbe gezogen (*om-nis, sūmp-tus*); doch bleiben *muta cum liquida* (b, p; d, t; g, c + l, r [m, n]) ungetrennt (*ca-pra, tene-brae, cas-tra* [ma-gnus]).

c) Unter Aufhebung der vorigen Regeln werden *zusammengesetzte Wörter* nach ihren Bestandteilen getrennt (*ab-īre, post-eā, sīc-ut*).

Zur Aussprache des Lateinischen

Applicare la pronunzia classica del latino può essere un vantaggio, conoscerla è un dovere per chiunque impari o insegni latino.

A. TRAINA, L'alfabeto e la pronunzia del latino², 1963, p. 38.

1. Vokale und Konsonanten

Die Aussprache des Lateinischen war in den langen Jahrhunderten seines Bestehens einem ständigen Wechsel unterworfen — zeitlich, räumlich und soziologisch. Im Folgenden soll — soweit wir es feststellen können — vorwiegend die Aussprache des Lateinischen in seiner Blütezeit, d. h. in den Tagen *Cäsars* und *Ciceros*, der Repräsentanten der *klassischen Prosa*, aufgezeigt werden.

A. Vokale

a) Die kurzen Vokale waren offene (in *locus* o wie in dt. „offen"), die langen geschlossene Laute (in *cēna* e wie in dt. „Klee").

b) Es ist bei der Aussprache genau auf die Quantität der Vokale zu achten (*pŏpulus* Volk, *pōpulus* Pappel; *lĕctus* Bett, *lēctus* gelesen). Das gilt besonders für die Vokale in positionslangen Silben (s. II 2 B a). Die Positionslänge der *Silbe* bleibt ohne Einfluss auf die Quantität des *Vokals*. — Im Wörterbuch werden für gewöhnlich nur die langen Vokale bezeichnet (*crēdō, mēnsa*), die kurzen nur in besonderen Fällen (*-nĕ*).

c) Ursprünglich kurze *Vokale* sind vor *-ns* und *-nf* stets gelängt worden (*īnfāns, īnfantis*) unter Schwund oder Schwächung von n (daher *COS.* Abkürzung für *cōnsul*).

d) Jeder Diphthong (Verbindung zweier Vokale in *einer* Silbe: ae, au, eu, oe, ui; außerdem altl. ai und ei) gilt als lang.

ae und *oe* wurden mindestens bis zum Ende der Republik allenthalben und von gebildeten Römern bis tief in die Kaiserzeit als Diphthonge gesprochen, unter Betonung des ersten Bestandteils. In deutschen Schulen ist die Aussprache als Umlaut (ä, ö) auch beibehalten worden, nachdem man in Norddeutschland mit der k-Aussprache des c zum antiken Idiom zurückgekehrt war. So wurde aus der historisch gewordenen Aussprache „Zäsar", die wir in der Geschichtsschreibung auch weiterhin bewahren, die Aussprache „Käsar", die es niemals gegeben hat. — *eu* und *ui* wurden wie e+u (also nicht wie im dt. Fw. „neutral"!) und u+i gesprochen.

B. Konsonanten

a) *c* wurde bis zum 5. Jh. n. Chr., auch vor e, i, y und vor ae, oe, eu, wie k gesprochen. Nur in *C.* und *Cn.* als Abkürzungen der Vornamen *Gaius* und *Gnaeus* wird c wie g gesprochen; diese Abkürzungen stammen noch aus der Zeit, als c sowohl den stimmhaften wie den stimmlosen Guttural bezeichnete (vgl. I 2).

b) *h*: *α*) Im *Inlaut* (zwischen Vokalen) wurde es meist nur ganz schwach gesprochen oder war gänzlich stumm (*prehendō* oft *prēndō* geschrieben; Intensivum nur *prēnsō*); *β*) im *Anlaut* (vor Vokalen) war es im Munde der Gebildeten gut hörbar; seine Eliminierung galt als bäurisch (*herus* — *erus*; *holus* — *olus*); *γ*) als *hyperurban* drang es (in der Schrift) in Wörter, die es ursprünglich nicht besaßen (*pulcher*); *δ*) *aspirierte* Konsonanten (ch, ph, th) fehlten der lat. Sprache zunächst; wir finden sie nur in griech. Fremdwörtern (s. c).

c) Die Verschlusslaute (mutae) *c*, *p*, *t* wurden im Gegensatz zum Deutschen ohne folgenden h-Laut gesprochen. Die Verbindung muta + h ergab *ch* (gespr. k + h; sch also wie s + kh: *schola* darf daher nicht wie das dt. Lw. „Schule" gesprochen werden), *ph*, *th*. Die heute übliche Aussprache von ph als stimmloser Spirant (f) ist an sich falsch; nicht nur in klassischer Zeit, sondern noch im Jahrhundert danach wurde es wie p + h gesprochen.

d) *i*: *α*) *i* war im Anlaut *vor einem Vokal* Halbvokal (gutturale Spirans), also lautlich zwischen dem Vokal i und dem Konsonanten j stehend; wir sprechen es wie j (*iam*, *iocus*; *C. Iulius Caesar*). In Fremdwörtern aus dem Griechischen, das nur ein vokalisches i kennt (*ïōta*), bleibt der Vokalcharakter dieses (kurzen) i erhalten. Wir weisen im Wörterbuch durch die sogenannten *Tremapunkte* darauf hin (*ïambus*, *Ïāsōn*; dazu *Ïūlus*, der Sohn des Aeneas).

β) *Intervokalisches i* wurde etwa wie ij oder jj gesprochen (*ēius*, *cūius*, *māior*, *āiō* eigentlich *ĕjjus* usw.; statt der ursprünglichen Positionslänge setzen wir in den Wörterbüchern meistens das Längezeichen über den Vokal, während Cicero noch ii geschrieben hat).

γ) Bei den *Komposita von iaciō* ist darauf zu achten, dass die in der Schrift durchgeführte Vereinfachung *abiciō* 〈 *àb-iaciō* usw. ohne Einfluss auf die Aussprache (abjíkiō) bleibt. Das Schriftbild täuscht auch leicht über die Tatsache hinweg, dass die dem Stamm vorhergehende Silbe entweder positione (z. B. *ab-iciō*) oder naturā (z. B. *dē-iciō* und sogar *rē-iciō* [!]) lang ist (s. S. 569, 2B, a).

e) Im Inlaut wurde *gn* höchstwahrscheinlich wie ng in dt. „Enge" (sprachwissenschaftlich als ŋ bezeichnet) + n gesprochen (*magnus* spr. maŋnus). Mit demselben ŋ ist *n vor g*, *c und q* zu sprechen (*ángina* also mit ŋg wie in engl. finger; *ancora* [ŋk]; *quīnque* [ŋkw]).

f) *r* war Zungen-r.

g) *s* war stimmlos wie dt. ß in „beißen"; *st* und *sp* sind wie *ß* + *t* bzw. *ß* + *p* zu sprechen. Stimmhaft (wie in dt. „Rose") war s nur vor stimmhaften Konsonanten in griech. Fremdwörtern (*smaragdus*) und vielleicht in der Komposition (*trānsvehō*).

h) *t* ist immer stimmloser Verschlusslaut gewesen, auch in der Silbe *-ti-*, gespr. wie t + i (*nā-ti-ō*).

i) *u* war in der klass. Prosa nicht nur *nach q* Halbvokal (stimmhafte labiale Spirans), etwa wie engl. w, sondern auch *nach ng* (*lingua*, spr. liŋgwa) und *nach s vor folgenden a und e* (*suādeō*, *cōnsuēscō*, spr. swādeō, -swēßkō). *Ausnahmen*: *sŭ-ĕrĕ* „nähen" und *sŭ-ĕ* und *sŭ-ēs* (abl. sg. und nom. und acc. pl. von *sūs* „das Schwein").

Besonders hervorzuheben ist, dass *qu* (gespr. kw) für die Metrik nur als *ein* Konsonant gilt, da es sich eigentlich nicht um zwei Konsonanten, sondern um einen so genannten labiovelaren Verschlusslaut, d. h. um einen q-Laut mit Lippenrundung handelt.

k) *v* entsprach etwa dem engl. w.

l) *x* (= ks; stimmlos) und *z* (= ds; stimmhaft) haben den metrischen Wert von zwei Konsonanten.

z war stimmhafte dentale Spirans, also etwa dem dt. stimmhaften s in „Rose" entsprechend mit einem schwachen vorhergehenden d. Wir folgen meist der deutschen Aussprache (t + ß).

2. Wortbetonung

A. Vorhistorische Zeit

Der aus der indogermanischen Verwandtschaft sich erklärenden *freien musikalischen Akzentuierung* der einzelnen Wörter folgte noch in vorhistorischer Zeit — vielleicht unter etruskischem Einfluss – die Epoche der *exspiratorischen Anfangsbetonung.* Sie hat ihren Niederschlag u. a. in der Vokalschwächung der Mittel- und Endsilben gefunden (*cẹcidī* < *kẹkadī* zu *cadō, Agrigẹntum* <*Ạkraganta,* acc. zu gr. Akrạgās; *ạrtifex* zu *faciō*).

B. Historische Zeit

a) Während zweisilbige Wörter auf der ersten Silbe betont werden, steht etwa ab 250 v. Chr. die Akzentuierung der Wörter mit drei oder mehr Silben unter dem *Dreisilben- oder Paenultimagesetz.* Nach ihm liegt der Akzent auf der vorletzten Silbe (paenultima), wenn diese naturā lang ist, d. h. einen langen Vokal hat (*dissipạ̄tus*), oder positione[1]) lang ist, d. h. wenn auf einen (kurzen) Vokal mindestens zwei Konsonanten folgen (*frūmẹntum*). Handelt es sich aber bei diesen Konsonanten um muta cum liquida (vgl. I 5 b), so tritt diese Konsonantenverbindung geschlossen zur nächsten Silbe, und die Positionslängung unterbleibt (*tẹnebrae*). Ist die paenultima aber weder natur- noch positionslang, so wird die drittletzte Silbe (antepaenultima) betont (*agrā-ri-us, cọm-e-dō*).

b) Wird eine einsilbige Partikel wie *-que, -ve* oder *-ne* an ein Wort angehängt, so wird – im Gegensatz zum Paenultimagesetz — dessen Schlusssilbe, auch wenn sie kurz ist, betont: *omniạque, filiạve.* Wo ein solches Enklitikon („ein sich anlehnendes Wort") bereits zum festen Bestandteil des aus der Verbindung entstandenen Wortes geworden ist, tritt das Dreisilbengesetz wieder in Kraft: *ịtaque* „daher"; *itạque* „und so"[2]).

1) „*positione*" ist falsche Übersetzung eines griechischen metrischen Terminus, der besagte, dass die Länge in diesen Silben auf einer Vereinbarung der Dichter beruhe. Die lateinische Übersetzung spricht nur von der „Stellung" des Vokals (nämlich vor mindestens zwei Konsonanten) und offenbart so ungewollt den richtigen Grund des prosodischen Brauchs. — Natürlich gibt es auch positionslange Silben mit Naturlänge des Vokals (*sūmptus, mēnsa*); nur erübrigt sich dann der Hinweis auf die Position.

2) Doch sind die Grenzen fließend; außerdem steht nicht fest, ob es sich nicht um eine bloße Erfindung der antiken Grammatiker handelt.

Von römischer Namengebung

1. Die frei geborenen Römer führten seit etwa 300 v. Chr. die *tria nōmina*: das *praenōmen* (Vornamen); das *nōmen gentīle* (Namen der gēns, der sie angehörten); das *cognōmen* (Beinamen; Namen der Unterabteilung [Linie] ihrer gēns).

2. Die *indogermanische Einnamigkeit* hatte man in Rom — wahrscheinlich unter etruskischem Einfluss — aufgegeben. Auf einer linksläufigen Inschrift einer in einem Grab zu Praeneste gefundenen goldenen Fibel (um 600 v. Chr.) finden wir noch die späteren Vornamen *Mānius* und *Numerius* als einzige Namen verzeichnet: *Manios med fhefhaked Numasioi = Mānius mē fēcit Numeriō.*

3. Die Zahl der *praenōmina* war gering (18!). Viele von ihnen waren wenig gebräuchlich. Ihre Bedeutung verrät, soweit sie zu erschließen ist, wenig Fantasie; vom 5. Kind an beschränkte man sich weitgehend auf Numerierung: *Quīntus, Sextus, Decimus*. In Verbindung mit nōmen gentīle oder cognōmen wurden sie gewöhnlich abgekürzt:

Aulus	*Abk.*	A.	Mārcus	*Abk.*	M.
Appius	„	App.	Numerius	„	N. *od.* Num.
Decimus	„	D.	Pūblius	„	P.
Gāius	„	C.	Quīntus	„	Q.
Gnaeus	„	Cn.	Servius	„	Ser.
Kaesō	„	K.	Sextus	„	S. *od.* Sex.
Lūcius	„	L.	Spurius	„	Sp.
Māmercus	„	Mām.	Tiberius	„	Ti. *od.* Tib.
Mānius	„	M'.	Titus	„	T.

Man redete sich aber nicht mit dem praenōmen, sondern mit dem Gentilnamen oder dem cognōmen an.

4. Das *nōmen gentīle* geht regelmäßig auf -ius aus, ist von Haus aus ein Adjektiv (*gēns Valeria*) und bezeichnet die Zugehörigkeit zu einer bestimmten gēns; *Tullius* also = der *gēns Tullia* zugehörig. Das nōmen gentīle entspricht etwa unserem Familiennamen. Nach ihrer Freilassung nahmen Sklaven das nōmen gentīle ihres ehemaligen Herrn an und fügten ihm ihren bisherigen Namen (Einzelnamen!) als cognōmen hinzu (*Līvius Andronīcus*).

5. Das *cognōmen* entsprang ursprünglich oft dem beißenden Witz der Römer, dem *Italum acētum* (*Plautus* = Plattfuß, *Brūtus* = Dummkopf). Im Zuge der Dreinamigkeit vererbte es sich später wie das nōmen gentīle und drückte die Unterabteilung einer gēns aus.

Vielfach wurden den tria nōmina weitere Beinamen, oft ehrenden Charakters (meist *agnōmina* genannt), hinzugefügt: *P. Cornēlius Scīpiō Africānus*, der Sieger von Zama.

6. Bei der *Adoption*, deren sich besonders der römische Adel oft bediente, um sein Geschlecht nicht aussterben zu lassen, trat der Adoptierte in die neue gēns über und nahm deren Gentilnamen an, trug aber seinen ursprünglichen Gentilnamen als cognōmen mit dem Suffix *-iānus* weiter. So hieß der Sohn des Pydnasiegers L. Aemilius Paulus nach seiner Adoption durch den ältesten Sohn des älteren Africanus: *P. Cornēlius Scīpiō Aemiliānus*, und nach der Zerstörung von Karthago (146) und der von Numantia (133) trug er den Namen: *P. Cornēlius Scīpiō Aemiliānus Africānus minor Numantīnus*. Wir nennen ihn kurz den jüngeren Africanus.

7. Erst in der Kaiserzeit bürgerte sich die orientalische Sitte ein, neben dem offiziellen mehrgliedrigen Namen noch einen *Rufnamen* zu führen (*suprānōmen* oder *sīgnum*).

8. Die *Töchter* bekamen keinen Vornamen, sondern führten den Familiennamen des Vaters (*Tullia*, Ciceros Tochter, von ihm oft mit dem zärtlichen Deminutivnamen *Tulliola* genannt). Mehrere Töchter unterschied man durch die Zusätze: *māior, minor, tertia* usw. Bei der Verheiratung behielten sie ihren väterlichen Gentilnamen bei (*Cornēlia*).

Römischer Kalender Zahlwörter umseitig

a. d. = ante diem; pr. = prīdiē; Kal. = Kalendās; Non. = Nōnās; Id. = Īdūs.

	31 Tage Iānuārius, Augustus (Sextīlis), December		*30 Tage* Aprīlis, Iūnius, September, November		*28 (29) Tage* Februārius			*31 Tage* Mārtius, Māius, Iūlius (Quīntīlis), Octōber	
1	Kalendis Ianuariis *usw.*								
2	a. d. IV							a. d. VI	
3	a. d. III	Nonas Ianuarias *usw.*						a. d. V	
4	pr.							a. d. IV	Nonas Martias *usw.*
5	Nonis Ianuariis *usw.*							a. d. III	
6	a. d. VIII							pr.	
7	a. d. VII							Nonis Martiis *usw.*	
8	a. d. VI							a. d. VIII	
9	a. d. V	Idus Ianuarias *usw.*						a. d. VII	
10	a. d. IV							a. d. VI	
11	a. d. III							a. d. V	Idus Martias *usw.*
12	pr.							a. d. IV	
13	Idibus Ianuariis *usw.*							a. d. III	
14	a. d. XIX		a. d. XVIII		a. d. XVI			pr.	
15	a. d. XVIII		a. d. XVII		a. d. XV			Idibus Martiis *usw.*	
16	a. d. XVII		a. d. XVI		a. d. XIV			a. d. XVII	
17	a. d. XVI		a. d. XV		a. d. XIII			a. d. XVI	
18	a. d. XV		a. d. XIV		a. d. XII			a. d. XV	
19	a. d. XIV		a. d. XIII		a. d. XI			a. d. XIV	
20	a. d. XIII	Kalendas Februarias	a. d. XII		a. d. X			a. d. XIII	
21	a. d. XII	*usw.*	a. d. XI		a. d. IX			a. d. XII	
22	a. d. XI	*(des*	a. d. X	Kalendas Maias *usw.*	a. d. VIII	Kalendas Martias		a. d. XI	Kalendas Apriles *usw.*
23	a. d. X	*folgenden*	a. d. IX		a. d. VII			a. d. X	
24	a. d. IX	*Monats)*	a. d. VIII		a. d. VI			a. d. IX	
25	a. d. VIII		a. d. VII		a. d. V		[1]) a. d. bis VI	a. d. VIII	
26	a. d. VII		a. d. VI		a. d. IV		a. d. V	a. d. VII	
27	a. d. VI		a. d. V		a. d. III		a. d. IV	a. d. VI	
28	a. d. V		a. d. IV		pr.		a. d. III	a. d. V	
29	a. d. IV		a. d. III				pr.	a. d. IV	
30	a. d. III		pr.					a. d. III	
31	pr.							pr.	

[1]) *in Schaltjahren*

Zahlwörter

Zahlzeichen	Grundzahlen (cardinālia) wie viele?	Ordnungszahlen (ōrdinālia) der Wievielte?	Einteilungszahlen (distribūtīva) wie viele jedesmal?	Zahladverbia (adverbia numerālia) wie oft?
1 I	ūnus, a, um *ein*	prīmus, a, um *der Erste*	singulī, ae, a *je ein(er)*	semel *einmal*
2 II	duo, ae, o	secundus *od.* alter	bīnī	bis
3 III	trēs, ia	tertius	ternī (trīnī)	ter
4 IV	quattuor	quārtus	quaternī	quater
5 V	quīnque	quīntus	quīnī	quīnquiēs
6 VI	sex	sextus	sēnī	sexiēs
7 VII	septem	septimus	septēnī	septiēs
8 VIII	octō	octāvus	octōnī	octiēs
9 IX	novem	nōnus	novēnī	noviēs
10 X	decem	decimus	dēnī	deciēs
11 XI	undecim	undecimus	undēnī	undeciēs
12 XII	duodecim	duodecimus	duodēnī	duodeciēs
13 XIII	trēdecim	tertius decimus	ternī dēnī	ter deciēs
14 XIV	quattuordecim	quārtus decimus	quaternī dēnī	quater deciēs
15 XV	quīndecim	quīntus decimus	quīnī dēnī	quīnquiēs deciēs
16 XVI	sēdecim	sextus decimus	sēnī dēnī	sexiēs deciēs
17 XVII	septendecim	septimus decimus	septēnī dēnī	septiēs deciēs
18 XVIII	duodēvīgintī	duodēvīcēsimus	duodēvīcēnī	duodēvīciēs
19 XIX	undēvīgintī	undēvīcēsimus	undēvīcēnī	undēvīciēs
20 XX	vīgintī	vīcēsimus	vīcēnī	vīciēs
21 XXI	ūnus et vīgintī *od.* vīgintī ūnus	ūnus et vīcēsimus *od.* vīcēsimus prīmus	singulī et vīcēnī *od.* vīcēnī singulī	semel et vīciēs *od.* vīciēs semel

22 XXII	duo et vīgintī *od.* vīgintī duo	alter et vīcēsimus *od.* vīcēsimus alter	bīnī et vīcēnī *od.* vīcēnī bīnī	bis et vīciēs *od.* vīciēs bis
28 XXVIII	duodētrīginta	duodētrīcēsimus	duodētrīcēnī	duodētrīciēs
29 XXIX	undētrīginta	undētrīcēsimus	undētrīcēnī	undētrīciēs
30 XXX	trīginta	trīcēsimus	trīcēnī	trīciēs
40 XL	quadrāginta	quadrāgēsimus	quadrāgēnī	quadrāgiēs
50 L	quīnquāginta	quīnquāgēsimus	quīnquāgēnī	quīnquāgiēs
60 LX	sexāginta	sexāgēsimus	sexāgēnī	sexāgiēs
70 LXX	septuāginta	septuāgēsimus	septuāgēnī	septuāgiēs
80 LXXX	octōginta	octōgēsimus	octōgēnī	octōgiēs
90 XC	nōnāginta	nōnāgēsimus	nōnāgēnī	nōnāgiēs
100 C	centum	centēsimus	centēnī	centiēs
101 CI	centum (et) ūnus	centēsimus prīmus	centēnī singulī	centiēs semel
200 CC	ducentī, ae, a	ducentēsimus	ducēnī	ducentiēs
300 CCC	trecentī, ae, a	trecentēsimus	trecēnī	trecentiēs
400 CD	quadringentī, ae, a	quadringentēsimus	quadringēnī	quadringentiēs
500 D	quīngentī, ae, a	quīngentēsimus	quīngēnī	quīngentiēs
600 DC	sescentī, ae, a	sescentēsimus	sescēnī	sescentiēs
700 DCC	septingentī, ae, a	septingentēsimus	septingēnī	septingentiēs
800 DCCC	octingentī, ae, a	octingentēsimus	octingēnī	octingentiēs
900 DCCCC	nōngentī, ae, a	nōngentēsimus	nōngēnī	nōngentiēs
1000 M	mīlle	mīllēsimus	singula mīlia	mīliēs
2000 MM *od.* $\overline{\text{I}}\,\overline{\text{I}}$	duo mīlia	bis mīllēsimus	bīna mīlia	bis mīliēs
1 000 000 $\lvert\overline{\text{X}}\rvert$	deciēs centēna mīlia	deciēs centiēs mīllēsimus	deciēs centēna mīlia	deciēs centiēs mīliēs

Die wichtigsten Maße, Gewichte und Münzen

Rechnungs-, Gewichts- und Münzeinheit war in Rom der *as*, der nach dem Duodezimalsystem in 12 *ūnciae* (Unzen) eingeteilt wurde.

A. Maße

1. Längenmaße

Vorbemerkung: Es gab in Rom zwei – auf dem *pēs* (Fuß) basierende – Längenmaßsysteme, von denen sich das jüngere allgemein durchsetzte:

a) Ältere Einteilung: 1′ = 12″, d. h. 1 *pēs* (30 cm) = 12 *ūnciae* od. *pollicēs* (Daumenbreite) = 25 mm;

b) Jüngere Einteilung: 1′ = 16″, d. h. 1 *pēs* (30 cm) = 16 *digitī* (Fingerbreite, Zoll) = 19 mm.

1 **digitus** (Fingerbreite, Zoll)			=	19 mm.
16 *digitī*	=	1 **pēs** (Fuß)	=	30 cm.
1½ *pedēs*	=	1 **cubitus** (Elle)	=	50 cm.
5 *pedēs*	=	1 **passus** (Klafter)	ca.	1,5 m.
1000 *passūs*	=	1 **milliarium** (röm. Meile)	ca.	1,5 km.

(Im kl. Latein: *mīlle passūs* 1 [röm.] Meile; *duo mīlia passuum* 2 [röm.] Meilen.)

Anmerkung: *passus* (v. *pandō* „ausbreiten“) ist das durch Spreizen der Arme gewonnene röm. Längenmaß (Armspanne, Klafter). Die an sich falsche, aber meist übliche Wiedergabe als „Doppelschritt“ beruht auf der durch die militärische Praxis des Abschreitens (mit dem linken und rechten Fuß) sich ergebende Umrechnung. Streng zu scheiden ist hiervon die Bedeutung „Schritt; / Tritt; Fußtapfe“, die an das Spreizen der Beine anknüpft.

2. Flächenmaße

1 **pēs quadrātus** (Quadratfuß) = 0,09 qm.

1 **iūgerum** (Morgen; d. h. die Fläche, die mit einem Joch *[iugum]* Ochsen täglich umgepflügt werden kann) ca. 0,25 ha.

3. Hohlmaße

a) Flüssigkeitshohlmaße

lacus (Kübel, Wanne; als Sammelbecken das größte Maß für das Keltern von Öl und Wein). Sein Rauminhalt war nicht normiert.

1 **culleus**	(Schlauch, Fass) = 20 *amphorae* od. *quadrantālia*	=	520 l.
1 **amphora**	od. **quadrantal** (Amphora = „Zuber“) = 2 *urnae*	=	26 l.
1 **urna**	(Krug, Topf)	=	13 l.
1 **congius**	(Muschel, Topf) = 6 *sextāriī*	=	3 l.
1 **sextārius**	(„der 6. Teil“ eines *congius*; Schoppen) = 2 *hēmīnae*	=	0,5 l.

1 **hēmīna** („ein Halber"; Becher) = 1 *cotula* (*cotyla*)	=	0,25 l.
1 **quartārius** („ein Viertel") = ¼ *sextārius*	=	0,14 l.
1 **cyathus** (Becherchen, Maß) = $^1/_{12}$ *sextārius*	=	0,05 l.

b) Trockenhohlmaße

1 **modius** (Scheffel) = 16 *sextāriī*	=	8 l.
1 **medimnus** (griech. Scheffel) = 6 *modiī*	=	52 l.

Die meisten Flüssigkeitshohlmaße werden auch als Trockenhohlmaße verwendet.

B. Gewichte

1 **centumpondium** (Zentner) = 100 *lībrae*	=	32,6 kg.
1 **as** od. **lībra** od. **pondō** (indecl.; erstarrter abl. „an Gewicht") das röm. Pfund	=	326 g.
1 **ūncia** 1 Unze = $^1/_{12}$ Pfund		etwa 27 g.
1 **scrīpulum (scrūpulum)** = $^1/_{24}$ *ūncia*		etwa 1 g.

C. Münzen

(Wertverhältnis zwischen Gold, Silber und Kupfer 1250:100:1, zum Vergleich: heute etwa 7000:150:1)

1. In der **ältesten Zeit** war das Vieh (*pecus*) Wertmesser und Zahlungsmittel. Als das Kupfer (zunächst als *aes rude* ungeprägt und ungestempelt) an seine Stelle trat, mussten die jeweiligen Metallstücke bei jedem Geschäftsvorgang ausgewogen werden (*pendere* = wiegen, zahlen). Das Wort *pecūnia* bezeichnete ursprünglich das Vermögen an Vieh und bewahrt die Erinnerung an die auch in Rom anfänglich herrschende Naturalwirtschaft.

2. Das Münzgeld der Republik (vom 3. Jh. v. Chr. an)

a) Bronze

Das älteste Geld im eigentlichen Sinne war das gegossene *aes grave* (schweres Bronzegeld). Münzeinheit war der

as librālis = 1 röm. Pfund

Im Verlauf des 2. Punischen Krieges reduzierte sich sein Gewicht auf $^1/_{12}$ (= 1 *ūncia*), zu Beginn des 1. Jahrhunderts v. Chr. nochmals auf ½ Unze. Diese Stücke wurden nicht mehr gegossen sondern geprägt.

b) Silber

Grundlage der Währung war der

dēnārius (Münzzeichen X) zu ursprünglich 4 *scrīpula*, später ca. 4 g

Als Rechnungseinheit diente aber meist der deshalb oft auch einfach **nummus** genannte

sēstertius (Münzzeichen IIS, später meist HS) = ¼ Denar

Davor und teilweise daneben wurden geprägt der

quadrīgātus (Doppeldrachme mit Viergespann als Münzbild) später = 1½ Denare

victōriātus (Drachme mit Viktoria als Münzbild) später = ¾ Denar

Der Sesterz (< *sēmis est tertius* [*sc. as*] „der Dritthalb") galt, wie der Name sagt, ursprünglich 2½ As, der Denar entsprechend 10 As (*denarius* „Zehner"). Seit der Mitte des 2. vorchristlichen Jahrhunderts gilt aber die Relation

1 *dēnārius* = 4 *sēstertiī* = 16 *asses*

Beispiele der Sesterzenrechnung

HSX = *decem sēstertiī.*
HSM = *mīlle sēstertiī.*
HSMM = *duo mīlia sēsterti(ōr)um.*
Der Genitiv *sēstertium* wurde dann substantivisch als Nominativ gebraucht, die Tausender hießen *sēstertia*; über die Zahlen wurde ein Strich gesetzt:
HSC̄ = *centum sēstertia* (100 000 S).
Millionen wurden durch *centēna mīlia sēstertium* ausgedrückt:
deciēs centēna mīlia sēstertium = 1 Million
vīciēs „ „ „ = 2 Millionen.
Schließlich wurde *centēna mīlia* weggelassen:
trīciēs sēstertium (geschrieben HSXXX) = 3 Millionen;
eine Gesamtsumme von 3 Millionen *summa sēstertiī trīciēs.*

Die Aufsicht über die im Tempel der Iūnō Monēta errichtete Münzstätte übten die staatlichen Münzmeister aus, die *trēsvirī aere* (für -*ei* = Dativ) *argentō aurō flandō feriundō* (abgekürzt AAAFF).

c) Gold

In der republikanischen Zeit hat es nur gelegentliche Goldprägungen gegeben. In größerem Ausmaß ließ Cäsar einen Golddenar prägen, den

aureus = $^1/_{40}$ Pfund, ca. 8 g = 25 Silberdenare

Eine befriedigende Umrechnung der antiken Geldwerte in heutige ist wegen der völlig verschiedenen wirtschaftlichen Strukturen nicht möglich. Der Metallwert des Denars beträgt zu heutigen Preisen etwa 74 Pf., der des Aureus infolge der verschobenen Relationen (s. o.) etwa 136 DM. Die Kaufkraft betrug ein Mehrfaches, mindestens das Doppelte. Die Löhne waren unvorstellbar niedrig. So erhielt ein Landarbeiter (neben der Verpflegung) – wenn er gut bezahlt wurde – einen Tagelohn von 1 Denar. Dafür konnte er beispielsweise etwa 6 kg Brotgetreide kaufen.

Für überschlagsmäßige Rechnungen kann man 1 Sesterz – 1 DM setzen.

3. Die Kaiserzeit

Unter Augustus wurde die Gold- und Silberwährung nicht grundsätzlich geändert. Nach einer Unterbrechung von gut 50 Jahren nahm der Kaiser die Prägung in unedlen Metallen wieder auf. Neu prägte er den As aus Kupfer, den Dupondius (= 2 As) und den Sesterz (= 4 As) aus Messing. Dieses System blieb im Wesentlichen bis zum Beginn des 3. Jahrhunderts n. Chr. erhalten. In den Wirren des 3. Jahrhunderts sanken der Silbergehalt und der Wert des Denars rapide. Als Diokletian um 300 n. Chr. eine neue Silbermünze zu etwa 3 g schuf, setzte er ihren Wert zunächst auf 50, dann auf 100 Denare an.

In lateinischen Inschriften häufig verwendete Abkürzungen

A (*legio*) *adiutrix. ager. amicus. annus. as. Aulus. Aurelius. aurum*
AAAGGG *Augusti tres*
AAGG *Augusti duo*
A.B *a balneis. amico bono*
A.B.M *amico bene merenti*
ABN. ABNEP *abnepos*
A.C *aere collato. a commentariis*
ACC *accepit* (*accipiet*)*. accensus*
A.D *ante diem. aram dedicat*
AD (*legio*) *adiutrix*
ADF *adfuerunt*
ADN *adnepos*
AED *aedes. aedilis*
AED.P(OT) *aedilicia potestate*
AEG *Aegyptus. Aegyptius*
AEL *Aelius*
AET *aeternus. aetas*
A.L *Augusti libertus*
A.MIL *a militiis*
A.N *Augustus noster*
AN.P *anno provinciae*
AP *Appius. aprilis*
A.P *a populo. aram posuit. argenti pondo. ager publicus. annus provinciae*
A.P.R *aerarium populi Romani*
ARG *argentum*
A.S *a sacris. a senatu. a solo. amico suo*
AV *augur. Augustus. Aulus. Aurelius. aurum*
AVG *augur. Augustus. Augustalis*
AVG.N *Augustus noster*
AVGG.NN *Augusti nostri*
AVR *Aurelius*

B *beneficia. beneficiarius. bonus*
B.B.M.B *bonis bene malis bene*
B.B.M.M *bonis bene malis male*
BB.MM *bene merentibus*
B.D *Bona Dea*
B.D.S.M *bene de se merenti*
B.M *bene merenti. bonae memoriae*
B.M.F *bene merenti fecit*
B.M.V *bonae memoriae vir*
B.P *bonus puer*
B.Q *bene quiescat*
B.R.P.N *bono rei publicae natus*
B.V *bene vale*
B.VIX *bene vixit*

C *Caesar. Gaius. Kalendae. candidatus. castra. censuerunt. centurio. cives. civitas. clarissimus. cohors. colonia. comitialis. coniunx. consul. curator. curavit. curaverunt. curante. curia*
C *centenarius*
C.A *curam agens*
CAND *candidatus*
C.B *coniux bona*
C.B.M *coniugi bene merenti*
C.C *colonia Claudi. coloni coloniae. cuncti censuerunt*
CC.VV *clarissimi viri*
C.E *coniux eius. curam egit*
C.E.B.Q. *cineres eius bene quiescant*
C.F *clarissima femina. clarissma filia. coniux fecit*
CH.CHO.CHOR *cohors*
C.K *coniux carissima*
CL *clarissimus. classis*
CL.F *clarissima femina*
CL.V *clarissimus vir*
C.M.F *clarissimae memoriae femina*
C.M.V *clarissimae memoriae vir*
CN *Gnaeus*
C.N *Caesar noster. colonia nostra*
C.O *coniugi optimo*
COL *collegium. colonia. columbarium*
COM *comes. commentarius. commilito*
C.O.M *cum omnibus meis*
CON *coniux. coniugi*
CO(N).KA(R) *coniugi carissimo* (*-ae*)
CON.R *coniugi rarissimo* (*-ae*)
CONS *consul. consularis*
CONS.ORD *consul ordinarius*
COR *cohors. corona*
COS *consul. consularis*
COSS *consules*
C.P *castra praetoria. censoria potestate. clarissimus puer. coniugi pientissimae*
C.R. *civis Romanus. civitas Romana*
C.R.P *curator rei publicae*
C.S *carus suis. coniugi sanctissimae. coniugi suae. cum suis*
C.S.O *cum suis omnibus*
C.V *clarissimus vir*
CVR *curator. curavit. curante. curia*
CVR.AG *curam agens*

D *Decimus. decretus. decuria. decuriones. dedit. dederunt. defunctus. denarius. deus. dea. dies. dominus. donum. donat. donatus. dux*
D.C.C *de conscriptorum consulto*
D.D *dare debebit. decurionum decreto. donum dedit. dedit dedicavitque. dea Dia. dea Diana. dii deaeque*
D.D.D *datum decreto decurionum. deo donum dedit. dono dedit dedicavit*
DDNN *domini nostri duo*
D.D.O *dis deabusque omnibus*
D.D.S.P *dedit de sua pecunia*
DEC *December. decessit. decreto. decuria. decurio*
DE C.S *de consilii sententia*
DED *dedit. dedicavit. dedicatus*
DEF *defunctus*
D.E.R *de ea re*
DES *designatus*
DE.S.P *de sua pecunia*
D.F *dulcissima filia*
DIC *dicavit*
D.I.M *Dis inferis Manibus. Deo invicto Mithrae*
D.L *dedit libens*
D.M *Dis Manibus. dolus malus. Dea Magna. devotus memoriae*
D.M.I *Dis Manibus et inferis*
D.N *dominus noster*
D.O *dari oportet*
D.O.M *Deo optimo maximo*
DON *donavit. donum*
DON.DON *donis donatus*
D.P *de pecunia. Dis Penatibus. donum posuit*
D.P.E *devotus pietati eius*
D.P.P *Dii Penates publici. de pecunia publica*
D.P.S *de pecunia sua*
D.Q.L.S.T.T.L *dic qui legis sit tibi terra levis*
D.R.P *dignum rei publicae*
D.S.F *de suo fecit*
D.S.M *Diis sacrum Manibus*
D.S.P.F *de sua pecunia fecit*
D.S.R *de suo restituit*
D.S.S *de senatus sententia*

E.F *egregia femina*
E.M.V *egregiae memoriae vir*
EM.V *eminentissimus vir*
EQ *eques*
E.R *ea res*
E.T.F *ex testamento fecit*
E.V *egregius vir*
EX.A.C *ex aere conlato*
EX.A.P *ex argento publico*
EX.P.P *ex pecunia publica*
EX.S.C *ex senatus consulto*
EX.T *ex testamento*
EX.T.F.I *ex testamento fieri iussit*
EX.T.P. *ex testamento posuit*
E(X).V *ex voto*

F *facere. fecit. faciendum usw. fastus (dies). figlina. filius. filia*
FAC.CVR *faciendum curavit*
F.B.M *filio (filiae) bene merenti*
F.C.I(D)Q.P *faciendum curavit idemque probavit*
F.D *fecit dedicavitque. filio(-ae) dulcissimo(-ae)*
F.D.S *fecit de suo*
FEC *fecit. fecerunt*
F.F *faustus felix. filius fecit*
FL(AM) *flamen*
F.P *filius pientissimus. filius posuit. flamen perpetuus. funus publicum*
F.Q *faciendum curavit*
FR *frater*
F.S *filio(-ae) suo(-ae). filii sui. fecit sibi*
F.S.ET.S *fecit sibi et suis*

G *Gaius*
G(EN) *Genius*
G.H.L. *Genius huius loci*
G.M *Genius municipii*

H *heres.*
H.A *haec ara*
H.B *homo bonus*
H.B.Q *hic bene quiescit*
H.C.(E) *hic conditus (est). honoris causa. honore contentus*
H.D.S(P) *heres de suo (posuit)*
H.E.T *heres ex testamento*
H.F *heres fecit*
H.F.C *heres faciendum curavit*
H.H.Q *heres heredesque*
H.L *haec lex. hac lege. hic locus*
H.L.D.M.A *huic loco dolus malus absesto*
H.M *hoc monumentum. honesta missio*
H.P.C *heres ponendum curavit*
H.Q *hic quiesca(n)t*
H.S. *hic situs*

ID *idus*
I.F *in fronte*
IM(P) *imperator*
IN(L) *inlustris*
INV(I) *invictus*
I.O.M *Iuppiter optimus maximus*
I.S *infra scriptus*

K *Kaeso*
KAL *calendae*
KAR *carissimus (-a)*

L *laetus. latum. legio. leuga. lex. libens. libertus. locus. Lucius*
LEG *legatus. legio*
LEG.AVG *legatus Augusti*
LEG.P(R).P(R) *legatus pro praetore*
LIB *Liber. libellus. liberatus. libertus*
L.L.V.S *libens laetus votum solvit*
LO(C) *locus*
L.S *libens solvit. locus sepulturae*

M *Marcus. magister. maiestas. maximus. memoria. mensis. miles. mille. monumentum. mortuus. municipium*
MAG *magister*
MAT(R) *mater. matri*
MAX *maximus*
M.C *memoriae causa. matri carissimae*
M.D *mater deum. matri dulcissimae*
M.D.M *mater deum magna*
M.D.M.A *monumento dolus malus abesto*
MEM *memoria*
MER *merens. merito*
M.F *mater fecit. monumentum fecit. munere functus*
MIL *miles. militavit.*
MISS *missus. missio*
M.M *malis male. municipes municipii*
M.O *matri optimae*
MON *monumentum. monetalis.*
M.V.F *monumentum vivus fecit*
MVL *mulier*
MVN *municipium*

N *natione. natus. nepos. nomen. Nonae. noster. numen. Numerius. numerus. nummus*
N.A.S *numini Augusti sacrum*
N.E.S.D *numini eius semper devotus*
N.F.(F.)N.S.N.C *non fui, (fui) non sum, non curo*
NN *nostri*
NOB.CAES *nobilissimus Caesar*
NOBB.CAESS *nobilissimi Caesares*
NON *Nonae*
NVM *Numerius. numerus. nummus*

O *officina. optimus. optio.*
OB *obiit*
OB.H(ON) *ob honorem*
OB.M.E *ob merita eius*
O.(E.)B.Q *ossa (eius) bene quiescant*
O.H.S.(S) *ossa hic sita (sunt)*
O.M *ob memoriam. optimus maximus. optime merito*
OP *opus. optio*
OP.D(OL) *opus doliare*
O.T.(V.)B.Q *ossa tibi (vobis) bene quiescant*

P *pagus. passus. pater. patronus. pecunia. pedes. pius (-ientissimus). pondo. populus. posuit. provincia. publicus (-ce). Publius*
PAR *parentes*
PAT(R) *patronus*
P.B.M *parentes bene merenti. patrono bene merenti*
P.C. *patres conscripti. patronus civitatis (coloniae). ponendum curavit*
PEC *pecunia*
PERP *perpetuus*
P.F *pater fecit. pater filio. parentes fecerunt. pius felix. pia fidelis*
P.I *poni iussit*
PL.M(IN) *plus minus*
P.M *patronus municipii. pontifex maximus (maior). post mortem*
PONT.MAX *pontifex maximus*
POP *populus*
P.P *pater patriae. pater posuit. pater piissimus. parentes pientissimi. pecunia publica. praeses provinciae. primus pilus. pro pietate. pro praetore. publicum portorium*
PP *perpetuus. praepositus*
P.P.P *proconsul pater patriae. pater pius posuit. pro pietate posuit. pecunia propia posuit (-erunt). pecunia publica posuit*
P.P.S *posuit pecunia sua*
P.Q.R *populusquo Romanus*
P.R.(Q.) *populus Romanus (Quiritium)*
PR *praetor. prafectus. pridie. primigenia. procurator. provincia*

PRAE(F) ***praefectus***
PRAEP ***praepositus***
PRAES ***praeses***
PRAET ***praetor***
PRINC ***princeps***
PR.VRB ***praetor urbanus***
PRO ***proconsul. procurator. provincia***
PROB ***probavit***
PROC ***proconsul. procurator***
PRO.PR ***pro praetore***
PROQ ***proquaestor***
PRO.S ***pro salute***
PROV ***provincia***
P.S ***pecunia sua. pro salute***
P.V ***perfectissimus vir. praefectus urbi. praetor urbanus***
P.V.A ***pius vixit annos***
PVB ***publicus***

Q ***quaestor. que. qui. Quintus***
Q.A.V ***qui annos vixit***
Q.B.F.F ***quod bonum felix faustum*** (*sit*)
Q.L.S.T.T.L (*dicite*) ***qui legitis sit tibi terra levis***
Q.M(**IL**) ***qui militavit***
Q.PR ***quaestor provinciae***
Q.PR.PR ***quaestor pro praetore***
QQ.(**V.**)**P** ***quoquoversus pedes***

R ***ratio. restituit. Romanus***
RAT ***ratio***
R.C ***reficiendum curavit*** (*-verunt*)
REG ***regio***
ROG ***rogat. rogant***
R.P ***ratio privata. res publica. retro pedes***

S ***sacerdos. sacrum. salus. scripsit. scriptus. semis. sententia. Servius. servus. sestertium. Sextus. sibi. Spurius. suus***
SAC ***sacerdos. sacrum. sacravit***
SACR ***sacrum***
SAL ***salus***
SB.P.Q.S ***sibi posterisque suis***
S.C ***senatus consultum. scribendum curavit. sub cura***
SCRI(**B**) ***Scriba. scripsit***
S.D.M ***sine dolo malo***
S.E ***situs est***
SER ***Sergius. servus***
S.ET.S.L(**IB**)**.L**(**IB**)**.P**(**OST**)**Q.E**(**OR**) ***sibi et suis, libertis libertabusque posterisque eorum***
SEX ***Sextus***
S.F ***sacris faciundis. sine fraude***
S.L.P ***sibi libertis posterisque***
S.M. ***sanctae memoriae. solvit merito***
S.P ***servus publicus. sua pecunia***
S.P.Q.R ***senatus populusque Romanus***
SS ***sestertii***
S.S ***senatus sententia. siti sunt. subscriptus. supra scriptus. sumptu suo. susceptum solvit***
S.T.T.L ***sit tibi terra levis***
S.V ***se vivo***

T ***tabula. testamentum. titulus. Titus***
TAB ***tabula, tabularius***
T.B.Q ***tu bene quiescas***
T.F ***testamento fecit***
T.F.I ***testamento fieri iussit***
TI(**B**) ***Tiberius***
T.L ***testamento legavit***
T.M.P ***titulum memoriae posuit***
T.O.B.Q ***tibi ossa bene quiescant***
T.P ***tanto pecunia. titulum posuit. tribunicia potestate***
TR.M(**IL**) ***tribunus militum***
TR.P(**L**) ***tribunus plebis***
TR.POT ***tribunicia potestate***
TRIB ***tribus. tribunus***
TRIB.POT ***tribunicia potestate***

V ***verna. victrix. vir. vivus. vixit. votum. vovit. utere. valeas. valeat.*** (*cohors*) ***voluntariorum***
VA ***vale. valeas.***
V.A ***vices agens. vixit annos***
V.B.D.R.P ***vir bonus dignus rei publicae***
V.C ***vir clarissimus***
V.E ***vir egregius***
V.F ***verba fecit. vivus fecit***
V.F.S ***vivus fecit sibi***
V.I(**N**)**L** ***vir illustris***
V.I.S ***verba infra scripta***
VIX ***vixit***
V.L ***veteranus legionis. vir laudabilis***
V.L.M.S ***votum libens merito solvit***
VOL (*cohors*) ***voluntariorum***
V.P ***vice praesidis. votum posuit. vir perfectissimus***
V.R ***urbs Roma. votum reddidit***
VRB ***urbanus***
V.S ***votum solvit. vir spectabilis***
V.S.F ***vivus sibi fecit***
VT.F ***utere felix***
V.V ***virgo Vestalis. vivus vivae. ut voverat***

Teil II

Deutsch-Lateinisch

Von

Prof. Hermann Menge

Abkürzungen zum Teil Deutsch-Lateinisch

Die Tilde (~) ersetzt das vorhergehende fett gedruckte Wort. Das Zeichen ℒ bedeutet die Wiederholung des vorangehenden Titelkopfes mit verändertem Anfangsbuchstaben (groß oder klein).

A.	Anhang
abl.	Ablativ
abs.	absolut
abst.	abstrakt
acc.	Akkusativ
a.c.i.	accusativus cum infinitivo
act.	aktivisch
adj.	Adjektiv
adv.	Adverbium
advers.	adversativ
alci	alicui
alcs	alicuius
allg.	allgemein
alqa	aliqua
alqd	aliquid
alqm	aliquem
alqo	aliquo
alqs	aliquis
bsd.	besonders
bzw.	beziehungsweise
cf.	vergleiche
cj.	Konjunktion
comp.	Komparativ
conj.	Konjunktiv
dat.	Dativ
d-e	deine
dem.	Demonstrativum
demin.	Deminutivum
dep.	Deponens
d-m	deinem
d-n	deinen
d-r	deiner
d-s	deines
e-e	eine
eig.	eigentlich
e-m	einem
e-n	einen
e-r	einer
e-s	eines
etw.	etwas
f	Femininum
gen.	Genitiv
ger.	Gerundium
germ.	germanisch
gew.	gewöhnlich
Ggs.	Gegensatz
gramm.	grammatisch
griech.	griechisch
imp.	Imperativ
impers.	unpersönlich
impf.	Imperfektum
ind.	Indikativ
indecl.	undeklinierbar
indir.	indirekt
inf.	Infinitiv
int.	Interjektion
intr.	intransitiv
j.	jetzt
j-m	jemandem
jmd.	jemand
j-n	jemanden
j-s	jemandes
/	in übertragener Bedeutung
k-e	keine
k-m	keinem
k-n	keinen
koll.	kollektiv
konkr.	konkret
k-r	keiner
k-s	keines
Lit.	Literatur
m	Maskulinum
m.	mit
math.	mathematisch
Med.	Medizin
mst	meistens
mus.	musikalisch
n	Neutrum
n. Chr.	nach Christus
n.c.i.	nominativus cum infinitivo
nom.	Nominativ
od.	oder
P.	Passivum
part.	Partizipium
pass.	passivisch
pers.	persönlich
Pers.	Personen
pf.	Perfektum
pl.	Pluralis
plqpf.	Plusquamperfektum
praes.	Präsens
pron.	Pronomen
prp.	Präposition
refl.	Reflexiv

rel.	Relativum
Rel.	Religion
s.	siehe
sämtl.	sämtliche
sc.	scilicet
scherzh.	scherzhaft
sg.	Singularis
spätlat.	spätlateinisch
subst.	Substantiv
sup.	Superlativ
Sup.	Supinum
trans.	transitiv
u.	und
u. Ä.	und Ähnliche(s)
übh.	überhaupt
Umschr.	Umschreibung
v.	von
voc.	Vokativ
z. B.	zum Beispiel
Zool.	Zoologie

A

A, a a littera *f*; *Gott ist das A und O* omnia referenda sunt ad deum, omnis est referendus exitus ad deum, a deo omnia pendent; *wer A sagt, muss auch B sagen* incepta persequenda sunt.

Aal *m* anguilla *f*; *er entschlüpft wie ein* ~ anguilla est, elabitur.

Aar *m* aquila *f*.

Aas *n* cadaver *n*, corpus *n* putrefactum.

ab: *ab und zu* interdum, raro; *rechts ab* dextrorsum *u.* -us, ad dextram; *links ab* sinistrorsum *u.* -us, ad sinistram; *ab- und zugehen* ire (et) redire, ultro citro(que) ire, commeare.

abändern *trans.* mutare, commutare, immutare; / deflectere (*z.B.* sententiam).

abängstigen: *sich* ~ vehementer angi *od.* excruciari; confici angoribus (metu, curis).

abarbeiten: *eine Schuld* ~ aes alienum (com)pensare labore, operā suā; *sich* ~ laborare, labore confici, desudare, exerceri, fatigari.

abärgern: *sich* ~ stomachari et moleste ferre; discruciari.

Abart *f* generis varietas *f*, species *f*, similitudo *f*; *pl.* generis varietate distantes.

abbalgen *trans.* pellem (*od.* corium) detrahere *alci od. alcs corpori*, corium *alci* tollere.

Abbau *m* (*v. Baulichkeiten*) destructio *f*; * (*v. Beamten*) dimissio *f*, imminutio *f* (functionariorum); *abbauen* dimittere, numerum functionariorum imminuere.

abbeißen demordēre, mordicus auferre; (*vorn*) praemordēre; (*abfressen*) depascere.

abbekommen (*losmachen können*) detrahere; (*Gewünschtes*) accipere, auferre; (*Schläge*) vapulare; (*Tadel*) castigari.

abberufen revocare [ab Asia], reverti iubēre.

Abberufung *f* revocatio *f*; *nach* ~ *Hannibals in seine Heimat* cum Hannibal in patriam redire iussus esset; *der Senat hat s-e* ~ *aus der Provinz beschlossen* senatus eum ā provinciā revocandum decrēvit.

abbestellen renuntiare (mercatori *beim Händler*).

abbetteln precibus petere, exigere, exprimere ab.

abbeugen, abbiegen *trans.* deflectere, detorquēre de, a; *intr.* deflectere, declinare a, de; iter avertere.

Abbild *n* simulacrum *n*, exemplum *n.*

abbilden (*plastisch*) exprimere imaginem [in cera, ex auro]; facere [e marmore]; fingere, formare [in figuram muliebrem]; (*v. Maler*) pingere, depingere.

Abbildung *f konkr.* imago *f*, effigies *f*, simulacrum *n*, signum *n*.

abbinden solvere, dissolvere, resolvere; (*eine Ader*) constringere.

Abbitte *f* deprecatio *f*; ~ *tun* deprecari.

abbitten veniam [delicti, iniuriae] petere ab, poenam deprecari.

abblättern (*vom Verputz der Wände usw.*) segmina facere.

abblühen deflorescere.

abborgen mutuari, mutuum sumere ab.

Abborgen *n* mutuatio *f*.

abbrechen 1. *trans.* (*e-n Teil v. einem Ganzen*) defringere, avellere, revellere, decerpere, (*vorn*) praefringere, praecidere; (*reißen*) destruere, demoliri, deicere, diruere; (*eine Brücke*) rescindere, interscindere, interrumpere; (*ein Zelt*) detendere; (*ein Lager*) movēre; (*Rede, Gespräch*) incidere, praecidere; *doch ich breche ab* sed haec hactenus; (*Freundschaft*) praecidere, discindere, dirumpere, deponere, dimittere; renuntiare [Caesari]; (*Schlacht*) finire; (*Marsch*) supprimere; (*Unterhandlungen*) abrumpere, dimittere; **2.** *intr.* frangi, defringi, (*vorn*) praefringi.

Abbrechen *n* (*Niederreißen*) demolitio *f*, destructio *f*.

abbrennen 1. *trans.* deurere, comburere, concremare, incendio delēre; **2.** *intr.* (*v. Sachen*) deflagrare, incendio (igni, ignibus) deleri, flammā absumi; (*v. Pers.*) deflagrare, omnia sua incendio amittere.
Abbrennen *n* deflagratio *f*.
abbringen abducere, deducere, deicere [de sententia]; avertere [ab incepto]; avocare, revocare, depellere [a consilio]; *sich ~ lassen* abduci; *sich nicht ~ lassen* perstare [in sententia].
abbröckeln = abblättern.
Abbruch *m* destructio *f* [murorum]; *~ tun* damnum (*od.* detrimentum) afferre (*od.* inferre); imminuere [auctoritatem], obtrectare [laudibus], detrahere [de laude]; *~ (er-) leiden* detrimentum capere (*od.* accipere *od.* facere); damnum accipere (*od.* facere *od.* contrahere).
abbüßen poenas dare.
Abc (= *die Buchstabenzeichen*) notae *f/pl.* litterarum, litterae *f/pl.*; *das ~ lernen* (*lehren*) prima elementa discere (tradere); (*Anfangsgründe*) primae litterae *f/pl.*; *Abc-Lehrer* ludi magister *m*; *Abc-Schüler* ★ abecedarius *m*.
abdachen (*abgedacht machen*) declīve facere.
Abdachung *f* declivitas *f*, fastigium *n*; *konkr.* declive *n*.
abdämmen mole oppositā (*od.* aggeribus) coercēre [flumen], aggerem obicere fluctibus.
abdanken 1. *trans.* (*entlassen*) mittere, dimittere, missum facere, magistratum abrogare (*od.* adimere) [patri], loco suo movēre, a munere amovēre; **2.** *intr.* magistratu abire (*od.* se abdicare), magistratum *od.* munus abdicare (*od.* deponere).
Abdankung *f* (*Entlassung*) missio *f*, dimissio *f*; (*Amtsniederlegung*) abdicatio *f* muneris; *meist durch Verba.*
abdarben: *sich ~* detrahere de victu suo, victu suo se fraudare; *sich nichts ~* genio suo indulgēre.
abdecken (*Gebäude*) detegere, tecto nudare; *den Tisch ~* mensam tollere, removēre.
abdienen compensare operā suā.
abdrechseln detornare.
abdrehen detorquēre.
abdreschen decantare [fabulam].
Abdruck *m* (*Kennzeichen*) vestigium *n*, signum *n*; (*Abbild*) simulacrum *n*, imago *f*, effigies *f*; (*Abschrift*) exemplum *n*, exemplar *n*.
abdrucken exprimere [in cera, in charta]; *ein Buch ~* librum typis exprimere.
abdrücken (*entsenden*) emittere [arcu sagittam]; / *Furcht drückt mir das Herz ab* metu conficior.
Abend *m* vesper, eri *m* (*abl.* -e); *abends* vesperi; *es wird ~* advesperascit; (*Abendgegend*) occidens *m*, occasus 4 *m* solis; *gegen ~* sub occasum solis; *vom ~ bis zum Morgen* a vespere usque ad mane.
Abend... (*in Zssgn*) vespertinus (*adj.*).
Abenddämmerung *f* crepusculum *n*; *in der ~* primo vespere, sub vesperum, cum advesperasceret.
Abendessen *n* cibus *m* vespertinus; (*bei den Römern*) cena *f*.
Abendgesang *m* cantus 4 *m* vespertinus; *den ~ anstimmen* cantum vespertinum movēre.
Abendgottesdienst *m* sacra *n/pl.* vespertina.
Abendland *n* regio *f* ad occidentem vergens; *pl.* partes *f/pl.* solis obeuntis.
Abendländer *m* incola *m* terrae occidentem versus sitae, homo *m* e terrā occidentem versus sitā ortus.
abendländisch ad occidentem vergens, ad occasum situs.
abendlich vespertinus.
Abendmahl *n* cena *f* sacra (*od.* Domini).
Abendrot *n* caeli vespertini rubor [*m*, vesper *m* rubens.]
Abendsonne *f* sol *m* occidens.
Abendstern *m* Vesper, eri *m*, Hesperus *m*, stella *f* Veneris.
Abendstunde *f* hora *f* vespertina; *in der ~* vesperi, primo vespere.
Abenteuer *n* casus 4 *m*, periculum *n* (*u. pl.*), res *f* mira (*od.* mirabilis *od.* portentosa); *auf ~ ausgehen* fortunam experiri (*od.* tentare); *ein ~ bestehen* periculum adire (*od.* subire).
abenteuerlich mirus, mirabilis, mirificus, periculosus, insolens, portentosus, fabulosus, prodigiosus, prodigii similis.
Abenteurer *m* homo *m* temerarius (*od.* audax *od.* multis casibus iactatus); (*Landstreicher*) homo *m* vagus; erro *m*; planus *m*.

aber sed, verum, autem, vero, at, atqui (*vgl. die Grammatik*).
Aberglaube *m* superstitio *f*, religio *f* vana; opinio *f* falsa; error *m*.
abergläubisch superstitiosus, superstitionibus obnoxius (*od.* imbutus *od.* deditus).
aberkennen abiudicare, adimere [imperium].
abermalig (*zum zweiten Mal geschehend*) iteratus, (*wiederholt*) repetitus.
abermals rursus, iterum (*zum zweiten Mal*), denuo (*von neuem*).
abernten agrum (*od.* fruges ex agro) demetere; *intr.* messem peragere.
Aberwitz *m* amentia *f*.
aberwitzig amens.
abessen comedere; *man hat abgegessen* cenatum est.
abfahren 1. *trans.* devehere, avehere, asportare; **2.** *intr.* avehi, abire, discedere, proficisci.
Abfahrt *f* profectio *f*.
Abfall *m* decursus 4 *m* [planitiei]; (*Abtrünnigwerden*) defectio *f*, rebellio *f*; *zum ~ verleiten* ad defectionem sollicitare.
abfallen cadere, decidere [ex arbore]; declivem esse [collem]; (*abtrünnig werden*) deficere (*od.* desciscere) [a patribus ad plebem], deserere; transire, transfugere [ad adversarios]; (*sich empören*) seditionem movēre, rebellare.
abfallend caducus [folia].
abfällig (*beurteilen*) vituperare, reprehendere, improbare; (*~ werden*) deficere, desciscere.
abfangen intercipere.
abfärben colorem amittere.
abfassen (*ertappen*) deprehendere [in adulterio]; (*verfassen*) (con)scribere, litteris mandare, componere, conficere; condere, fundere [carmen].
Abfassung *f* (con)scriptio *f*, compositio *f*, confectio *f* [libri]; *meist durch Verba*.
abfaulen putrefactum (-am, -um) desidere.
abfegen abstergēre, deverrere, purgare.
abfeilen delīmare.
abfertigen (di)mittere, absolvere, expedire; (*kurz abweisen*) repellere, repudiare; (*widerlegen*) refutare, confutare.
Abfertigung *f* (*Abschicken*) missio *f*; (*Widerlegung*) refutatio *f*, confutatio *f*; *nach ~ des Boten* nuntio dimisso.
abfinden (*befriedigen*) satisfacere [heredi]; absolvere; *sich ~ mit* patienter ferre.
Abfindung *f* satisfactio *f*, transactio *f*; *meist durch Verba*.
Abfindungssumme *f* pecunia *f*, quā transigitur; e-e *~ geben* pecuniam certam decisione factā dare; e-e *~ erhalten* pecuniam decisione accipere; e-e *~ erhalten haben* pecuniam ex decisione habēre.
abfliegen avolare.
abfließen defluere, delābi, recedere.
***Abflug** *m* (*von Berlin*) volabitur (Berolino).
Abfluss *m* (*das Abfließen*) (de)lapsus 4 *m*, decursus 4 *m*, exitus 4 *m*; (*Abzugskanal*) emissarium *n*, *auch* cloaca *f*.
abfordern (de)poscere, exigere.
abformen deformare.
abfragen percontari, interrogare [reum de flagitiis], interrogando elicere.
abfressen depascere.
abfrieren: *e-m Soldaten froren die Hände ab* miles ita praeriguit manūs, ut truncis bracchiis deciderent; *abgefrorene Glieder* membra *n/pl.* frigore praeusta.
abführen deducere, abducere; (*wegschaffen*) avehere, devehere, asportare, (*Wasser*) derivare; (*medizinisch*) purgare alvum.
Abführmittel *n* quod alvum deicit.
Abführung *f* deductio *f*, asportatio *f*, exportatio *f*; *mst durch Verba*.
abfüllen diffundere.
Abgabe *f* (*das Abgeben*) *durch die Verben* dare, reddere, tradere; (*Steuer*) vectīgal *n* (*indirekte*), tributum *n* (*direkte*); (*vom Getreide*) decumae *f/pl.*, (*von Triften*) scriptura *f*; (*Hafengeld*) portorium *n*; (*Kontribution*) stipendium *n*; *~ erheben* exigere.
abgabenfrei immunis; *~ sein* immunitatem omnium rerum habēre.
Abgabenfreiheit *f* immunitas *f* (omnium rerum).
Abgang *m* (*das Weggehen*) abitus 4 *m*, decessus 4 *m*, discessus 4 *m*, exitus 4 *m*, decessio *f*, profectio *f*;

(*v. e-m Amte*) abdicatio *f* (muneris); (*Verminderung*) defectio *f*.

abgeben (*einen Teil*) partem rei dare (*od.* impertire *od.* concedere); (*Brief*) reddere; (*Urteil*) iudicium facere de; (*seine Stimme*) sententiam dicere *od.* ferre (*von Richtern und beratenden Versammlungen*), suffragium ferre (*in Volksversammlungen u. bei Wahlen*); *sich ~ mit* commercium habēre cum, uti [advenā], studēre, operam dare [philosophiae]; tractare, exercēre.

abgebrochen abruptus [oratio], concisus [sententia].

abgedacht declivis, fastigatus [collis].

abgedroschen decantatus [fabula], tritus, vetustate contritus [proverbium].

abgefeimt versutus, callidus, astutus, vafer.

abgegriffen tritus [verbum].

abgehen abire, exire, decedere, proficisci; (*von einem Amte*) abire magistratu; (*v. Briefen*) mitti, dari; (*abweichen*) deflectere, declīnare, discedere, recedere, abire ab, de; (*mangeln*) deesse; (*gut od. schlimm ablaufen*) bene *od.* male evenire (*od.* cedere *od.* evadere).

abgelagert vetustus [vinum].

abgelebt aetate (annis, senectute; libidinibus, stupris) confectus, enervatus.

abgelegen longinquus, remotus, reconditus, abditus; *vom Wege ~* avius, devius; *weit ~ sein* longe abesse, distare [a mari].

Abgelegenheit *f* longinquitas *f*.

abgemessen 1. *adj.* modicus; modificatus; modulatus; (*wohlgeordnet*) compositus; numerosus; (*würdevoll, ernst*) gravis; **2.** *adv.* modulate, composite.

abgeneigt aversus (*od.* alienus *od.* abhorrens) ab, inimicus, infestus, iniquus (homini); *~ sein* aversari [regem], abhorrēre ab; *~ machen* animum [regis] abalienare ab; *sich ~ machen* animum [regis] a se alienare.

Abgeneigtheit *f* fuga *f* (laboris), animus alienus ab.

Abgeordneter *m* legatus *m*.

abgesagt: *~er Feind* inimicissimus [Caesari], acerrimus adversarius [Caesaris], alienissimus ab.

abgeschieden privatus et quietus [vivit]; *die Abgeschiedenen* mortui *m*.

Abgeschiedenheit *f* secessus 4 *m*, recessus 4 *m*, solitudo *f*, vita *f* solitaria, otium *n*; *in ~ von der Welt leben* vitam solitariam agere.

abgeschmackt absurdus, ineptus, insulsus, fatuus, inficētus, inelegans.

Abgeschmacktheit *f* insulsitas *f*, fatuitas *f*; *konkr.* res *f* absurda (*od.* inepta), absurde dictum *n* (*od.* factum *n*), ineptiae *f/pl.*

abgesehen: *~ von* praeter; ut omittam [epulas].

abgespannt defessus, defatigatus; debilitatus [animus].

abgestorben: *~ sein* sensu carēre, sine sensu esse.

abgestumpft obtusus et hebes; *~ sein* obduruisse; *~ werden* consenescere.

abgetrieben (*Vieh*) exercendo (*od.* nimio labore) confectus.

abgewinnen ludendo auferre [nummos] ab, eludere [hospitem anulum] *den Sieg ~* victoriam reportare ex; *einen Vorsprung ~* iter (*od.* spatium) praecipere; *den Vorrang ~* vincere, superare [dignitate, gloriā]; *Geschmack ~* delectari [litteris]; *keinen Geschmack ~* abhorrēre ab.

abgewöhnen abducere (*od.* avocare) a consuetudine, dedocēre [uti falsis vocibus]; *sich ~* dediscere, desuefieri ab, recedere a consuetudine.

Abgewöhnung *f*: *~ einer Unart* emendatio *f* consuetudinis vitiosae.

abgezehrt tabe confectus.

abgießen defundere, (*in ein anderes Gefäß*) transfundere.

Abglanz *m* (*der Farben*) repercussus 4 *m*; (*der Strahlen*) duplicatio *f*; / splendor *m* [dignitatis].

abgleiten labi; resilire; [grando a tecto].

Abgott *m* deus *m* fictus (*od.* falsus *od.* commenticius); / unice (*od.* immodice) dilectus; *zum ~ machen* pro deo venerari, amore (*od.* studio) insanire [Caesaris].

Abgötterei *f* deorum fictorum cultus 4 *m*, superstitiones *f/pl.*; *~ treiben* deos fictos colere *od.* venerari; / *~ treiben mit* immodice amare (*od.* colere), nimio studio prosequi.

abgöttisch paene divinus, per superstitionem (*od.* pro deo) cultus;

(*der Abgötterei ergeben*) cultui deorum fictorum deditus *od.* serviens; superstitiosus.

abgraben (*durch Graben abtragen*) (co)aequare [montes]; (*durch Graben ableiten*) derivare, avertere, deducere; (*Quelle*) intercidere atque avertere [venas fontis].

abgrämen: *sich* ~ maerore (*od.* aegritudine) confici, macerari; dolore (*od.* curis) tabescere.

abgrasen depascere.

abgrenzen (de)terminare, finibus includere.

Abgrenzung *f* determinatio *f*; *nach ~ des Lagers* castris dimetatis.

Abgrund *m* vorago *f*, terrae hiatus 4 *m*, locus *m* praeceps (*od.* praeruptus), (*des Meeres*) profundum *n*, gurges *m*; / summum periculum *n* (*od.* discrimen *n*), pestis *f*, pernicies *f*; *in den ~ stürzen* in praeceps deferri.

abgürten discingere [tunicam], solvere.

Abguss *m konkr.* imago *f* ex aere (*od.* gypso *u. Ä.*) expressa, simulacrum *n* ex aere expressum.

abhacken caedere, succidere.

abhalten (*fern halten, abwehren*) arcēre, prohibēre, retinēre, excludere, defendere, depellere, deterrēre ab; impedire, distinēre; (*Versammlungen, Gerichtstage usw.*) agere, peragere, habēre.

Abhaltung *f konkr.* (*Hindernis*) impedimentum *n*; (*hemmende Beschäftigung*) occupatio *f*.

abhandeln emere, mercari; (*herunterhandeln*) detrahere de summā; (*erörtern, darstellen*) agere, dicere, scribere, disputare, disserere de; exponere, explicare.

abhanden: *~ kommen* amitti, elabi.

Abhandlung *f konkr.* liber *m*, libellus *m*, commentatio *f*.

Abhang *m* declivitas *f*, proclivitas *f*, locus *m* declīvis (*od.* proclivis), declīve *n*, fastigium *n*.

abhangen, abhängen declīvem (*od.* proclivem) esse; / *~ von* imperio [senatūs] subiectum esse, sub dicione atque imperio esse, in potestate positum esse, pendēre ex arbitrio; (*beruhen auf*) pendēre ex, positum (*od.* situm) esse in [virtute], contineri [foedere], verti in [voluntate unius], pertinēre ad.

abhängig declīvis, proclivis, fastigatus, devexus; / pendens ex [arbitrio], subiectus, obnoxius, parens, serviens [rumoribus].

Abhängigkeit *f* obsequium *n*; *in ~ halten* in officio continēre.

abhärmen: *sich ~* maerore confici, in maerore iacēre.

abhärten durare, firmare, corroborare; *sich ~* corpus durare; *abgehärtet gegen* duratus [labore], patiens laboris (*od.* frigoris *u. Ä.*)

Abhärtung *f* **1.** *act. durch Verben*: *durch ~ des Körpers* corpore durato; **2.** *pass.* (*das Abgehärtetsein*) duritia *f*, labor *m* ac duritia *f*; patientia *f* (laboris *od.* aestūs *od.* frigoris *usw.*).

abhauen caedere, abscidere; (*vorn*) praecidere; (*unten*) succidere.

Abhauen *n* (*Fällen*) caesio *f*; (*Abschneiden*) desectio *f*; (*Wegschneiden ringsum*) amputatio *f*; *v. Ästen*: detruncatio *f*; *das ~ der Finger* truncatio *f* digitorum; *nach ~ des Kopfes* capite absciso.

abhäuten pellem detrahere [bovi].

abheben tollere, auferre, demere.

abheilen sanescere, consanescere, sanum fieri.

abhelfen mederi, succurrere, subvenire, providēre, occurrere [inopiae frumentariae]; (*erleichtern*) levare.

abhetzen agitare, insectari; / (de-) fatigare, conficere, exercēre.

Abhilfe *f* remedium *n*, medicina *f*, auxilium *n*; *~ finden gegen* auxilium reperire [illi malo].

abholen (*Personen*) abducere ex, de, ab; (*geleiten*) deducere; (*holen lassen*) arcessere; (*Sachen*) petere, asportare, deportare, avertere.

abholzen arbores (*od.* silvam) caedere, arboribus nudare [collem].

abhorchen subauscultando excipere [voces], aucupari [verba].

abhören (*hersagen lassen*) recitare iubēre.

abirren aberrare ab.

***Abiturientenkommers** *m* potatio *f* eorum, qui abierunt.

abjagen eripere.

abkämmen depectere.

abkarten clam (*od.* occulte) componere, inter se constituere, (ex) composito facere.

Abkauf *m*, **Abkaufen** *n* emptio *f*, (*Loskauf*) redemptio *f*.

abkaufen emere (*od.* mercari); (*loskaufen*) redimere.
Abkäufer *m* emptor *m*; (*Loskäufer*) redemptor *m*; *besser*: qui alqd ab alqo emit *od.* mercatur.
abkehren (*abfegen*) deverrere.
abklären deliquare, defaecare.
abkochen decoquere; militum more sub divo cenam parare.
abkommen aberrare ab; (*in der Rede*) deflectere; (*von seiner Meinung*) desistere de; (*außer Gebrauch kommen*) obsolescere; *abgekommen* obsoletus.
Abkommen *n* pactum *n*, pactio *f*; conventum *n*; *ich treffe ein* ~ *mit* mihi convenit cum, paciscor (*od.* pactionem facio *od.* transigo) cum.
Abkömmling *m* oriundus *od.* ortus *od.* prognatus ab; progenies *f*, stirps *f*; *auch* filius *m*, filia *f*; *pl.* posteri *m*, progenies *f und* stirps *f* (*sg.*); (*Nachwuchs*) suboles *f*.
abkratzen abradere ab.
abkühlen refrigerare, temperare [calorem]; *sich* ~ refrigerari; / defervescere [ira].
Abkühlung *f* refrigeratio *f*.
Abkunft *f* origo *f*, genus *n*; (*Stamm*) stirps *f*; (*Stand*) locus *m*; (*Volk*) natio *f*; *von* ~ *ein Grieche* natione Graecus; *von vornehmer* ~ nobili *od.* nobilissimo *od.* amplissimo loco natus; *von niedrig(st)er* ~ humili *od.* obscuro (humillimo, tenuissimo) loco natus *od.* ortus.
abkürzen praecidere, brevius facere [iter]; (*beim Reden*) brevi praecidere; (*Rede*) contrahere, in angustum cogere; (*beim Schreiben*) notare, per notas scribere.
Abkürzung *f* nota *f*.
abküssen deosculari, exosculari; *die Tränen* ~ lacrimas osculando abstergēre.
abladen exonerare, exinanire [navem], onera deponere.
ablagern *Wein*: vetustescere; ~ *lassen* in vetustatem servare; *abgelagert* vetustus.
Ablass *m* emissarium *n* [lacūs]; (*Sündenvergebung*) venia *f* peccatorum, *indulgentia *f*.
ablassen (*Wasser u. Ä.*) emittere, deducere; (*abtreten*) cedere, concedere [filio possessione]; (*Nachlass gewähren*) remittere [de pecunia]; (*aufhören*) desistere (ab *od. m. inf.*), omittere, intermittere, desinere (*m. inf.*).
ablauben *e-n Baum* ~ folia detrahere arbori, arborem denudare foliis; *den Wein* ~ pampinos viti detrahere, vites pampinare.
Ablauben *n* frondatio *f*; *v. Wein*: pampinatio *f*.
ablauern captare, aucupari, circumspectare, observare.
Ablauf *m*: *vor* ~ *des Winters* ante exactam hiemem, hieme nondum confectā; *nach* ~ *des Jahres* anno exacto (*od.* interiecto); *nach* ~ *des Waffenstillstandes* indutiarum tempore circumacto.
ablaufen (*vom Wasser u. Ä.*) decurrere, defluere; (*aufhören zu laufen*) desinere currere *od.* moveri *od.* ire; (*von der Zeit*) exire, abire, praeterire, exigi, circumagi; *die Frist ist abgelaufen* dies constituta adest; (*einen Ausgang nehmen*) exitum habēre, (male, bene, prospere) evenire *od.* cadere *od.* cedere; (*durch Laufen abnutzen*) terere, deterere; *den Rang* ~ praecurrere [nobilitate].
ablaugen lixivio rigare *od.* inrigare.
***Ablaut** *m* permutatio *f* vocalis (*Umlaut m* mutatio *f*).
ablecken delingere, linguā detergēre *od.* purgare.
ablegen ponere, deponere, exuere, abicere, mittere; *Waffen* ~ arma ponere; *das menschliche Gefühl* ~ humanitatem exuere; *Eid* ~ (ius iurandum) iurare; *Rechenschaft* ~ rationem reddere; *ein Geständnis* ~ fateri, confiteri, confessionem facere; *ein Gelübde* ~ vovēre, votum facere; *ein Zeugnis* ~ testimonium dicere *od.* edere; *e-e Gewohnheit* ~ a consuetudine recedere.
Ableger *m* propago *f*; viviradix *f*; malleolus *m*; surculus *m*.
ablehnen amovēre, recusare, abnuere, repudiare, reicere, detrectare, aspernari, deprecari, (de)negare; (*nicht wollen*) nolle; *ein Gesetz* ~ legem (rogationem) antiquare.
Ablehnung *f* remotio *f*; recusatio *f*; defensio *f*; repudiatio *f*; deprecatio *f*; propulsatio *f*; *nach* ~ *der Bitte*: precibus denegatis.
ableiern decantare.
ableiten derivare (aquam], deducere, emittere; / abstrahere, aver-

tere, avocare, repellere; (*herleiten*) ducere, repetere [verbum ab, ex]; *abgeleitet werden* fluere, manare.

Ableitungs|graben, ⁓kanal *m* fossa *f*; (*für Schmutz*) cloaca *f*.

ablenken deflectere; avocare (animum ab).

ablernen discere de (alqo); *heimlich ⁓* sublegere *alci alqd*.

ablesen (*einzeln sammeln*) legere, colligere; (*vorlesen*) legere, recitare; *vom Blatte ⁓* de scripto dicere.

ableugnen (per)negare; (*eidlich*) abiurare.

Ableugnung *f* negatio *f*; infitiatio *f*.

abliefern dare, tradere; (*etw. Empfangenes*) reddere [epistulam]; (*Getreide*) conferre; (*Geld*) pendere; *an die Staatskasse ⁓* in aerarium deferre, in publicum referre.

abliegen abesse, distare ab.

ablisten dolo (*od.* fraude) elicere *od.* exprimere *od.* eripere.

ablocken elicere ab, ex.

ablohnen mercedem (*od.* operae pretium) solvere, mercede solutā dimittere.

ablösen (*losmachen*) (re)solvere, laxare; (*durch Schneiden*) (ex)secare, resecare, amputare; (*als Nachfolger*) succedere [consuli, in locum consulis], excipere; *die Wachen ⁓* vigilias mutare, vices stationum permutare, milites statione deducere; *sich ⁓* succedunt integri et recentes defatigatis.

Ablösung *f* amputatio *f*; **⁓ der Posten** mutatio *f* (*od.* vices *pl.*) stationum; (*ablösender Soldat*) miles *m* in stationem succedens.

abmachen demere, auferre; (*zu Ende bringen*) conficere, expedire; transigere cum, inter se; *abzumachen haben* negotium habēre cum.

abmagern macescere, macie confici, corpus amittere.

abmähen (de)metere, desecare.

abmahnen dehortari ab, ne; dissuadēre, ne.

abmalen (de)pingere.

Abmarsch *m* profectio *f*; *sich zum ⁓ fertig machen* profectionem parare; *das Zeichen zum ⁓ geben* signum profectionis dare, vasa conclamare *od.* colligere.

abmarschieren proficisci, castra movēre.

abmessen (e)metiri, (di)metiri; / *abmessen nach* dirigere ad [rationem]; (*beurteilen*) metiri [omnia suis commodis]; *abgemessen adj.* modificatus, modicus; (*wohl geordnet*) compositus; (*würdevoll*) gravis.

Abmessung *f* dimensio *f*; *nach ⁓ des Lagers* loco castris dimetato.

abmieten (mercede) conducere.

***abmontieren** destruere.

abmühen defatigare, (labore) conficere; *sich ⁓* laborare, desudare atque elaborare, labore confici in [litteris].

abmüßigen: *sich ⁓* otium sibi sumere [a negotio].

abnagen abrodere, (*vorn*) praerodere.

Abnahme *f s. abnehmen*; *die ⁓ des Mondes* deminutio *f* luminis lunae, luna decrescens; *⁓ der Körperkräfte* defectio *f* virium, vires *pl.* corporis adfectae.

abnehmen 1. *trans.* demere, detrahere [hosti vestem, anulum de digito]; *den Hut ⁓* caput aperire; *Eid ⁓* adigere (ad) ius iurandum *od.* iure iurando; *den Oberbefehl, ein Amt ⁓* imperium, munus abrogare (adimere); (*erleichtern*) levare [vincula]; **2.** *intr.* (*sich vermindern*) decrescere, (de)minui, imminui, deficere, senescere; (*nachlassen*) remittere; (*stumpf werden*) hebescere, tabescere.

Abnehmer *m* emptor *m*.

Abneigung *f* declinatio *f*; / fuga *f*, odium *n*, taedium *n*, fastidium *n* [laboris], animus *m* alienatus ab; *⁓ haben gegen* alienum esse *od.* abhorrēre ab.

abnorm a communi lege abhorrens, inusitatus, singularis.

abnötigen exprimere, extorquēre, excutere [risum].

abnutzen (usu) terere, de-, conterere; *abgenutzt* (de)tritus, vetustate contritus, obsoletus.

***Abonnement** *n* subnotatio *f*; *abonnieren* subnotare.

abordnen mittere; (*in öffentl. Angelegenheiten*) legare, (*in privaten*) allegare.

Abordnung *f* legatio *f*.

Abort *m* latrina *f*.

abpachten conducere.

abpassen dimetiri; (*auflauern*) insidiari.

abpfänden pignus auferre ab.

abpflücken carpere, decerpere, avellere, legere.
abplagen: *sich* ~ exercēri, labore confici.
abprallen resilire.
abputzen tergēre, purgare; (ex-)polire.
abquälen exercēre; *sich* ~ se exercēre (in alqā rē); exercēri (de alqā rē), cruciari, excruciari (*wegen etw.* alqā rē).
abraten dissuadēre, monēre, ne.
abräumen vacuum facere, vacuefacere [subsellia], removēre (mensas).
abrechnen (*abziehen*) deducere, detrahere [de summa].
Abrechnung *f* deductio *f*; ~ *halten mit* rationes conferre, rationem disputare cum.
Abrede *f*: *in* ~ *stellen* negare, infitiari; *nach getroffener* ~ ex composito.
abreiben deterere, atterere; (*reinigen*) defricare, detergēre, purgare.
Abreibung *f* frictio *f*, fricatio *f*; perfrictio *f*.
Abreise *f* profectio *f*, discessus 4 *m*, abitus 4 *m*; *Anstalten zur* ~ *treffen* iter parare.
abreisen proficisci, descedere, abire, in viam se dare.
abreißen avellere, abscindere [tunicam]; abrumpere [vincula]; (*angeheftete Gegenstände*) refigere, (*vorn*) praerumpere.
***Abreißkalender** *m* calendarium *n* (e schedulis).
abreiten perequitare [aciem].
abrichten condocefacere [beluas], fingere [equum docilem].
Abrichtung *f* doctrina *f*, institutio *f*, disciplina *f*.
Abriss *m* adumbratio *f*, descriptio *f*; *kurzer* ~ summarium *n*; breviarium *n*; / forma *f*, species *f*; *e-n* ~ *geben* formam (*od.* speciem) adumbrare, imaginem exprimere, breviter exponere de.
abrücken amovēre, removēre; *intr.* recedere.
abrufen avocare, evocare, sevocare, revocare.
abrunden rotundare, (*kugelförmig*) conglobare; *abgerundet* rotundus, (*v. d. Rede*) quasi rotundus, numerosus, aptus, concinnus.
Abrundung *f* (*v. d. Rede*) concinnitas *f* (*od.* conclusio *f* verborum), oratio *f* conclusa; *rhythmische* ~ verborum quaedam ad numerum conclusio *f*.
abrupfen (a)vellere, devellere.
abrüsten arma deponere.
***Abrüstung** *f* disarmatio *f*.
absagen renuntiare [illi amicitiam].
absägen serrā desecare.
absatteln detrahere stramenta [de mulis].
Absatz *m* (*der Waren*) mercatus 4 *m*; (*Ruhepunkt*) intervallum *n*; (*Stufe*) gradus 4 *m*; (*an Säulen*) spira *f*; (*an Schuhen*) calx *f*.
absatzweise per gradus; (*in der Rede*) incise, incisim [dicere], membratim [narrare].
abschaben abradere.
abschaffen (*entfernen*) demittere, missum facere; (*aufheben*) tollere; antiquare, abolēre [legem].
Abschaffung *f* (*Entlassung*) dimissio *f*; (*Verkauf*) venditio *f*; (*Aufhebung*) abrogatio *f*; abolitio *f*; *nach* ~ *des Gesetzes* lege antiquatā.
abschälen detrahere corticem [arbori].
abschätzen aestimare.
Abschaum *m* faex *f*, sentina *f*; (*der Menschheit*) omnium deorum hominumque pudor *m*.
abschäumen despumare, spumam auferre.
abscheren (de)tondēre.
Abscheu *m* animus *m* aversissimus ab, horror *m*, summum odium *n*; ~ *haben vor* abhorrēre ab.
abscheuern aquā perluere, detergere; (*abreiben*) defricare; *sich* ~ usu deteri *od.* consumi.
abscheulich detestabilis, nefarius, foedus, immanis, turpis, taeter.
Abscheulichkeit *f* foeditas *f*, immanitas *f*, atrocitas *f*; (*abscheuliche Tat*) flagitium *n*, scelus *n*, facinus *n* nefarium.
abschicken mittere, (*nach verschiedenen Richtungen*) dimittere; (*Brief*) dare litteras.
Abschied *m* (*Entlassung*) missio *f*, dimissio *f*; *den* ~ *fordern* missionem postulare; *den* ~ *nehmen* abdicare se magistratu; (*v. Soldaten*) ab armis discedere; *den* ~ *geben* mittere, dimittere, missum facere; (*Scheiden*) abitus 4 *m*, discessus 4 *m*; ~ *nehmen* valēre iubēre; *beim* ~ discedens.

Abschiedsbesuch *m* (ultima) salutatio *f* abeuntis; ~ *machen* ante discessum salutare, salutandi causa adire.
Abschiedsbrief *m* epistula *f* ante discessum missa (scripta).
Abschiedsrede *f* oratio *f* abeuntis (*od.* ante discessum habita).
Abschiedsschmaus *m allg.* convivium *n* ante discessum; (*von den Zurückbleibenden gegeben*) cena *f* viatica.
Abschiedsstunde *f* hora *f* ultima (*od.* abeundi *od.* discendi), tempus *n* supremum.
abschießen (e)mittere, conicere.
abschirren iumentis iuga demere, iumenta iugis exuere.
abschlachten caedere, trucidare, obtruncare, iugulare.
Abschlag *m* **1.** (*Verminderung des Preises*) deminutio *f* pretii; **2.** (*Teilzahlung*) *auf* ~ *geben* aliquantum pecuniae ante diem solvere, partem pecuniae debitae repraesentare, in antecessum dare; *auf* ~ *bekommen* in antecessum accipere.
abschlagen decutere; *den Kopf* ~ securi percutere [hostem]; (*einen Angriff*) propulsare, propellere, repellere; (*verweigern*) (de)negare, recusare, abnuere; *Bitten* ~ preces repudiare, petenti deesse.
abschlägig: ~*e Antwort* repulsa *f*; *eine* ~*e Antwort geben* negare, abnuere, petenti deesse, repellere; ~ *beschieden werden* repulsam ferre.
abschleifen (*gehörig*) (*durch Schleifen dünner machen*) cote (*od.* acuendo) atterere; cote acuere; (*glätten*) perpolire; / mores excolere.
abschließen claudere [portam]; (*vom Verkehr*) commercio, societate, usu hominum prohibēre; *sich* ~ coetum hominum fugere; (*zu Ende bringen*) absolvere, conficere; *die Rechnung* ~ rationem conficere; *eine Schrift* ~ concludere; *einen Vertrag* ~ foedus facere (*od.* icere, ferire); *Frieden* ~ pacem facere (*od.* conficere) cum; *man hat abgeschlossen* inter eos convenit, ut [ne].
Abschluss *m* (*eines Bündnisses*) foederis sanctio *f*; *nach* ~ *des Friedens* pace facta.
abschmeicheln eblandiri, blanditiis elicere, blanditiis impetrare ab.
abschneiden secare, desecare, resecare [ungues], decīdere, abscīdere, (*vorn*) praecīdere, (*unten*) succīdere, amputare, (*ein Heer*) intercludere; (*wegnehmen*) praecīdere [spem], intercludere [fugam], prohibēre [commeatu], excludere [reditu].
Abschneidung *f s. abschneiden*; *nach* ~ *des Bartes* barbā demptā.
Abschnitt *m* pars *f*; membrum *n*, caput *n*, locus *m*.
abschöpfen haurire [de dolio].
abschrecken deterrēre, absterrēre; *sich* ~ *lassen* deterrēri; *abschreckend* formidolosus, turpis [aspectus].
abschreiben exscribere, describere, transscribere; (*von der Rechnung*) deducere, detrahere (de summā).
Abschreiber *m* scriptor *m*, (*v. Büchern*) librarius *m*.
Abschrift *f* exemplum *n*, exemplar *n*.
abschriftlich ex-, de-, transscriptus; (*ein Brief in Abschrift*) exemplum *n* [litterarum].
abschuppen desquamare.
abschüssig declīvis, deruptus, praeruptus, proclivis, praeceps; *nach allen Seiten* ~ ex omni parte circumcisus.
Abschüssigkeit *f* declivitas *f*, deiectus 4 *m* [collis].
abschütteln decutere, excutere, exuere.
abschwächen lenire.
abschweifen deflectere, digredi, egredi, declīnare, aberrare; (*v. Rede u. Redner*) evagari, longius prolabi, excurrere, a proposito digredi, aberrare, ad alia aberrare, abire.
Abschweifung *f* digressio *f*; egressio *f*; digressus 4 *m*, egressus 4 *m*; *doch ich kehre von meiner* ~ *zurück* sed, unde huc digressa est, eodem redeat oratio; sed iam ad id, unde digressi sumus, revertamur.
abschwören abiurare, eiurare.
absegeln (navem] solvere, classe (*od.* navibus) proficisci, navigare, e portu exire, vela dare, (*v. Befehlshaber*) classem deducere.
absehen (*unberücksichtigt lassen*) omittere, praetermittere; *abgesehen von* ut omittam, ut praetermittam, ut taceam de (*od.* praeter); *abgesehen davon, dass* praeterquam quod, nisi quod; (*ablernen*) spectando discere ab; (*heimlich*) surripere; es ~ *auf* spectare, id agere ut; aucupari [gratiam]; *bei allem es abgesehen*

haben auf (*den Ruhm*) omnia ad (gloriam) revocare *od.* referre.
abseits seorsum; ~ *gehen* secedere.
absengen adurere, deurere, (*ringsum*) amburere.
absenken *trans.* propagare; *vom Weinstock*: traducere.
Absenker *m* propago *f*; *vom Weinstock*: tradux *f*; *mit Wurzel*: viviradix, icis *f* (*Fechser*) malleolus *m*; (*Setzling*) surculus *m*.
absetzen deponere [onus]; (*abwerfen*) excutere, effundere, deicere [equitem]; (*verkaufen*) mercari; (*vom Amt*) loco movēre, mittere, dimittere; (*abbrechen*) intermittere, orationem incidere, loqui desistere; *ohne abzusetzen* sine intervallis [loqui], uno tenore dicere.
Absetzung *f* **1.** (*Entlassung*) missio *f*, dimissio *f*; *für die* ~ *j-s stimmen* censēre magistratum alci abrogandum esse; **2.** (*das Innehalten*) intermissio *f*, mora *f*.
Absicht *f* consilium *n*, propositum *n*, voluntas *f*, mens *f*, animus *m*; *ich habe die* ~ in animo habeo, mihi est consilium [dicere]; id ago ut; volo, cogito [dicere]; *eine ganz andere* ~ *haben* longe alio spectare; *ich habe meine* ~ *erreicht* quod volui assecutus sum; *in der* ~, *dass* eo consilio (*od.* hac mente) ut; *in welcher* ~? quo consilio? *in guter* ~ bono consilio (*od.* animo).
absichtlich prudens, sciens, non ignarus, (*von Sachen*) consulto factus; *adv.* consilio, consulto, de industria, voluntate et iudicio, datā (deditā) operā.
absichtslos imprudens, insciens, ignarus, (*von Sachen*) fortuītus; *adv.* inconsulte, fortuito, casu, temere.
absitzen [ex equo] descendere (*od.* desilire); ~ *lassen* deducere ad pedes [equitatum]; *eine Strafe* ~ poenam in carcere perferre, subire.
absolut summus, infinitus, extremus, (*unbedingt*) simplex, proprius; *adv.* plane, prorsus, utique, omnino, simpliciter (*relativ*) comparate.
Absolution *f* venia *f* peccatorum.
absolvieren 1. (*vollenden*) conficere, perficere, peragere; **2.** (*von Sünden freisprechen*) paenitentiae veniam dare; *absolviert werden* paenitentiae veniam impetrare.
absondern separare, seiungere, disiungere, segregare, secernere, discernere; *sich* ~ se seiungere, secedere, discedere, recedere ab; *abgesondert adv.* seorsum, separatim, procul ab.
abspalten diffindere, findendo au[ferre.]
abspannen disiungere [iumenta], iugum demere [iumentis]; *den Bogen* ~ arcum retendere, remittere; / *den Geist* ~ animum relaxare *od.* remittere (ex contentione); *abgespannt* defessus, defatigatus, languidus, (*geistig*) affectus; ~ *werden* languescere; ~ *sein* languēre.
Abspannung *f* **1.** *eig. durch Verben*: *nach* ~ *der Pferde* equis resolutis; **2.** / remissio *f* (*od.* relaxatio *f*) animi, languor *m*, debilitas *f*, defatigatio *f*.
abspeisen (*verächtlich*) pascere [spe inani]; *mit Worten* ~ dictis ducere (*od.* fallere); *sich* ~ *lassen* acquiscere in [verbis], contentum esse [dictis].
abspenstig alienatus; ~ *machen* (ab-) alienare [animum, voluntatem] ab, abducere, abstrahere [copias]; ~ *werden* deficere, desciscere ab.
absperren prohibēre [transitu], privare [urbem commeatu].
abspiegeln: *sich* ~ imago redditur (*od.* repercutitur) [aquā]; / cerni, cognosci, expressum esse [vultu].
abspinnen: *den Rocken* ~ deducere stamina colo.
absprechen 1. *trans.* (*aberkennen*) abiudicare ab, abrogare; *das Leben* ~ capitis damnare, condemnare; (*nicht zuerkennen*) derogare [fidem, laudem]; *mst durch* negare *mit a.c.i.*; **2.** *intr.* (*absprechend urteilen*) arrogantius (*od.* insolentius] iudicare de.
abspringen desilire [ex equo, de curru]; (*abprallen*) resilire; (*in der Rede*) subito recedere (digredi] a [consuetudine]; (*abfallen*) desciscere ab; (*von seiner Meinung*) repente animum mutare, sibi non constare.
Absprung *m* desultura *f*; *in der Rede*: digressio *f*, excursio *f*.
abspülen abluere [aquā].
abstammen ortum (*od.* natum *od.* oriundum) esse, originem (*od.* genus) ducere ab.
Abstammung *f* origo *f*, stirps *f*, genus *n*.
Abstand *m* intervallum *n*, spatium *n*; / (*Unterschied*) distantia *f*; dis-

crimen *n*; ~ *nehmen* desistere ab [obsidione], abstinēre, decedere [iure suo], depelli.

abstatten: *Dank* ~ (*mit Worten*) gratias agere; (*mit der Tat*) gratiam referre; *Besuch* ~ salutare; *Glückwünsche* ~ gratulari.

abstäuben pulverem excutere.

abstechen 1. *trans.* (*schlachten*) caedere, ferire; *Rasen* ~ caespitem circumcidere; **2.** *intr.* (*verschieden sein*) discrepare, differre ab, dissimilem (*od.* disparem, diversum) esse; *adj. abstechend* dispar, dissimilis, diversus.

Abstecher *m* deverticulum *n*, excursio *f*; *einen* ~ *machen* devertere in [Pompeianum].

abstecken (*abmessen*) metari [castra], dimetari [locum castris]; / terminare, describere, definire.

abstehen (*entfernt sein*) distare, abesse ab; (*ablassen*) desistere ab, de, *m. inf.*, recedere ab, abstinēre.

abstehlen (*etwas Zeit*) eripere, surripere [aliquid temporis].

absteigen descendere ex, de; (*einkehren*) devertere [ad amicum, in villam].

Absteigequartier *n* deversorium *n*; *sein* ~ *nehmen* devertere ad, in.

abstellen corrigere, emendare [vitium].

absterben mori, emori; *v. Tieren*: exanimari; *v. Pflanzen*: intermori; *vorn* ~ praemori.

Abstieg *m* descensus 4 *m*.

abstimmen (*im Senate u. in beratenden Kollegien*) sententiam ferre (*od.* dicere), (*in der Volksversammlung und bei Wahlen*) suffragium ferre, in suffragium ire; ~ *lassen* in suffragium mittere; *es wird abgestimmt* fit discessio *f*.

Abstimmung *f* suffragium *n*; (*im Senate*) discessio *f*.

***Abstinenzler** *m* homo *m* abstemius.

abstoßen (*wegstoßen*) detrudere, propellere, deicere; (*zurückstoßen*) repellere; *ein Schiff* ~ navem a litore expellere; *intr.* navis a terra in altum provehitur; / deterrēre, offendere, fastidium afferre (movēre); *adj. abstoßend* asper, acerbus, horridus.

abstrakt (*Ggs. konkret* sensibus subiectus) a sensibus seiunctus; infinitus, universus, reconditus, abstrusus; ~*e Wahrheit* veritas ipsa.

abstreichen detergēre; (*wegnehmen*) tollere, auferre.

abstreifen (de)stringere, exuere.

abstreiten litigando (*od.* per litem) extorquēre *od.* eripere; *das lasse ich mir nicht* ~ hoc mihi eripi non patiar, non concedam.

abstufen per gradūs (*od.* gradatim) distribuere.

Abstufung *f* gradus 4 *m*, (*Unterschied*) discrimen *n*; *in Abstufungen* gradatim, per gradus.

abstumpfen hebetare, retundere, callum obducere [dolori]; / obtundere [aures].

Absturz *m* locus *m* praeruptus, deiectus 4 *m*, (*des Wassers*) rapidus decursus 4 *m*.

abstürzen praecipitari, praecipitare; *v. Sachen*: deferri, devolvi.

absuchen legere.

Absud *m* decoctum *m*.

absurd absurdus, ineptus, insulsus, fatuus.

***Abt** *m* abbas, atis *m*.

abtakeln armamenta (navis) demere *od.* demittere.

***Abtei** *f* abbatia, ae *f*.

***Abteil** *n* compartimentum *n*.

abteilen (*beim Reden und Schreiben*) distinguere, interpungere.

Abteilung *f* **1.** (*das Abteilen*) divisio *f*, partitio *f*; descriptio *f*; **2.** (*Teil e-s abgeteilten Ganzen*) pars *f*; (*beim Schreiben*) interpunctum *n*; *Buchkapitel*: caput *n*.

***Äbtissin** *f* abbatissa *f*.

abtragen (*wegtragen*) tollere, auferre; (*Berge, Häuser u. Ä.*) demoliri, destruere; (*bezahlen*) solvere.

abtreiben (*Wald*) caedere; (*Leibesfrucht*) partum abigere.

Abtreibung *f* depulsio *f*, propulsatio *f*; ~ *der Leibesfrucht* abortio *f*.

Abtreibungsmittel *n* abortivum *n*.

abtrennen separare, seiungere, disiungere, secernere.

abtreten calcando auferre; deterere; (*überlassen*) concedere [Gallis agrum], cedere [parte sua]; *intr.* discedere, secedere, recedere de medio, abire.

Abtritt *m* **1.** (*das Beiseitegehen*) secessio *f*; **2.** (*Abort*) sella *f* familiarica, locus *m* sordidus.

abtrocknen siccare; detergēre.
abtropfen destillare.
abtrotzen vi (*od.* pervicaciā *od.* contumaciā *od.* minis) exprimere *od.* extorquēre *od.* eripere.
abtrünnig qui deficit [defēcit), desciscit (descivit), (ab)alienatus, alienus; ~ *machen* alienare, abducere, ad rebellandum excitare, animum ad defectionem sollicitare.
aburteilen 1. *trans.* (*gerichtlich entscheiden*) litem diiudicare *od.* dirimere; **2.** *intr.* (*v. Richter*) sententiam dicere *od.* ferre de; (*absprechend*) arrogantius (*od.* confidenter) iudicare de.
abverdienen operā suā compensare.
abverlangen: *j-m etw.* ~ postulare (*od.* exigere) alqd ab alqo.
abwägen pendere, pensare, ponderare, pondus examinare; / (*schätzen*) pendere, pensare, examinare, aestimare ex.
abwälzen devolvere, amoliri.
abwarten (*erwarten*) exspectare, opperiri; (*v. Dienern*) praestolari [domino, adventum domini]; (*gehörig verpflegen*) curare, procurare, operam dare [liberis].
abwärts deorsum; *den Fluss* ~ secundo flumine.
abwaschen abluere, (*Schmutzflecke*) eluere.
***Abwasser** *n* defluvium *n* (fabricarum.)
abwässern *trans. agros* siccare.
abwechseln 1. *trans.* (*abwechseln lassen*) variare [otium labore], mutare, commutare, distinguere; **2.** *intr.* (*wechselweise aufeinander folgen*) invicem (*od.* per vices, alternis vicibus) sese excipere *od.* succedere; *das Fieber wechselt ab* febris accedit et recedit.
abwechselnd varius, variatus, (*von zweien*) alternus; *adv.* invicem, per vices, (*von zweien*) alternis vicibus.
Abwechselung *f* (com)mutatio *f*, vicissitudo *f*, vices *f/pl.*, varietas *f*.
Abweg *m* flexus 4 *m* viae; iter *n* devium, deverticulum *n*; *auf* ~*e bringen* in errorem inducere; corrumpere [iuvenem]; *auf* ~*e geraten* in errores induci, rapi, in vitia labi.
Abwehr *f* defensio *f*, propulsatio *f*.
abwehren arcēre, prohibēre, defendere, (re)pellere, propellere, propulsare.
abweichen deflectere, declinare, discedere; aberrare ab; (*verschieden sein*) discrepare cum.
abweichend diversus, discrepans, dispar, dissimilis, alius; *eine* ~*e Meinung haben* dissentire, dissidēre ab, cum, inter se.
Abweichung *f* declinatio *f*, digressio *f*, aberratio *f*.
abweiden depascere.
abweisen aditu *od.* ianuā prohibēre *od.* excludere *od.* abire iubēre *od.* reicere; (*wegjagen*) repellere *od.* propulsare, (*abwehren*) arcēre, prohibēre; (*verschmähen*) repudiare, aspernari, reicere.
Abweisung *f*: ~ *erfahren* repulsam ferre.
abwenden avertere, abducere, deflectere, demovēre ab; *sich* ~ aversari [aspectum], recedere [a proposito]; (*ein Übel verhüten*) depellere, propellere, propulsare, defendere, (*durch Bitten*) deprecari.
abwerfen deicere, (*abschütteln*) decutere, excutere, effundere [equitem]; (*Nutzen*) quaestui esse, afferre [pecuniam].
abwesend absens; ~ *sein* abesse; (*auf Reisen*) peregrinari.
Abwesenheit *f* absentia *f*; *auf Reisen*: peregrinatio *f*; *in deiner* ~ te absente; *in* ~ *des Vaters* patre absente; ~ *des Geistes* alienatio mentis.
abwickeln revolvere, deducere, explicare; *ein Geschäft* ~ negotium expedire.
abwischen abstergēre, detergēre, purgare.
abzahlen certis pensionibus solvere.
abzählen numerare, enumerare, dinumerare, computare.
abzapfen eximere [de dolio] *od.* promere de dolio; (*auf Flaschen*) diffundere; *Blut* ~ sanguinem mittere.
abzäumen frenos (equo) detrahere.
abzäunen dissaepire, saepto seiungere (*od.* separare, circumdare).
abzehren exedere, conficere; *sich* ~ confici, (ex)tabescere, macerari.
Abzehrung *f* tabes *f*, macies *f*.
Abzeichen *n* signum *n*, nota *f*, (*e-r Würde*) insigne *n*; *ein* ~ *anlegen* insigne induere; *ein* ~ *tragen* insigni uti.
abzeichnen lineis describere.
abziehen 1. *trans.* detrahere [pellem, anulum de digito]; *vom Gelde*

~ detrahere, deducere, demere de; *die Hand* ~ destituere, auxilio suo orbare; **2.** *intr.* abire, discedere, exercitum deducere.
abzielen spectare (*od.* pertinēre) ad.
abzirkeln circino dimetiri, describere; / acerrimā normā dirigere.
Abzug *m* deductio *f*; *ohne* ~ sine ulla deductione; ~ *machen* detrahere, deducere [de summa]; *freien* ~ *erhalten* sine fraude emitti.
Abzugs|graben, ~kanal *m* emissarium *n*, fossa *f*; (*für Unrat*) cloaca *f*.
abzupfen avellere, decerpere.
ach o, ah, heu, eheu, pro; *ach ich Unglücklicher* me miserum!
Achat *m* achatēs 1 *f*.
***achromatisch** achromaticus.
Achse *f* axis *m*, (= *Lastwagen*) plaustrum *n*, vehiculum *n*.
Achsel *f* ala *f* (= axilla *f*), (*Schulter*) umerus *m*; *über die* ~ *ansehen* (prae se) contemnere, se inferiorem putare, despicere; *auf die leichte* ~ *nehmen* neglegere, parvi ducere, neglegenter agere; *auf beiden Achseln tragen* favēre utrique parti, duabus sellis sedēre.
Achselhöhle *f* ala *f*.
Achselträger *m* homo *m* bilinguis; qui utrique parti favet.
acht[1] octo; *je* ~ octoni; *alle* ~ *Tage* nono quōque die.
Acht[2]: ~ *geben auf* animum (-os) intendere, attendere; advertere ad; observare, operam dare (*m. dat.*); *abs.* attendere, animo adesse; *nicht* ~ *geben* non attendere, aliud (alias res) agere; *in* ~ *nehmen* rationem habēre [dignitatis], prospicere, consulere [saluti], curare; *außer* ~ *lassen* neglegere; *sich in* ~ *nehmen* cavēre *od.* praecavēre [insidias, ab insidiis, ne ...]; sibi temperare [ab iniuria]; videre, ne ...
Acht[3] *f* proscriptio *f*, aquae et ignis interdictio *f*; *in die* ~ *erklären* proscribere, aquā et igni interdicere [civi].
achtbar honestus, honore dignus, venerabilis (gravis, admirabilis, laudabilis].
Achtbarkeit *f* dignitas *f*, honestas *f*.
Achte: *der* ~ octavus; *allemal der* ~ octavus quisque; *zum achten Mal* octavum.
Achteck *n* octangula figura *f*, octogonon *n*.
achteckig octangulus.
Achtel *n* pars *f* octava.
achten: ~ *auf* animum advertere ad; (*ansehen als*) ducere [victorem, laudi, in laude], ponere [in bonis], habēre [pro hoste]; (*schätzen, hoch, gering, für nichts u. a.*: magni, parvi, nihili) facere, aestimare, ducere, putare, pendere, habēre; (*ehren*) colere, observare, diligere, (re)vereri, suspicere.
ächten in proscriptorum numerum referre alqm; *s. Acht.*
achtens octavo.
achtfach, achtfältig octuplus.
achtgliederig *vom Vers*: octonarius.
achthundert octingenti; *je* ~ octingeni; *der achthundertste* octingentesimus.
achthundertmal octingenties.
achtlos socors, imprudens, neglegens.
achtmal octie(n)s.
achtsaitig octachordos.
achtsam attentus ad, diligens [imperii, in omnibus rebus].
Achtsamkeit *f* diligentia *f*, cura *f*.
achtsäulig octastylos.
achtspännig octoiugis.
Achtung *f* (*Hochachtung, Verehrung*) *act.* observantia *f*, verecundia *f*, reverentia *f*, cultus 4 *m*; *Achtung! Bissiger Hund!* cave canem! *pass.* existimatio *f*, dignitas *f*, honos *m*; *in* ~ *stehen* in honore esse.
achtungsvoll reverens, observans (mei *gegen mich*).
achtungswert honore dignus, laudabilis.
achtwinkelig octangulus.
achtzehn duodeviginti.
achtzehnter duodevicesimus.
achtzig octoginta.
achtzigmal octogies.
achtzigster octogesimus.
ächzen gemere, ingemiscere.
Ächzen *n* gemitus 4 *m*.
Acker *m* ager *m*, (*Ackerland*) arvum *n*, (*Saatfeld*) seges *f*; *kleiner* ~ agellus *m*; *den* ~ *bestellen* agrum colere.
Ackerarbeit *f* opus *n* rusticum, aratio *f*.
Ackerbau *m* agri (-orum) cultio *f* (*od.* cultus 4 *m*, cultura *f*), aratio *f*; ~ *treiben* agrum colere, arare, agriculturae studēre.
Ackerbauer *m* agricola *m*, arator *m*, rusticus *m*, colōnus *m*.

Ackerbeet *n* porca *f*, lira *f*; (*ein in Furchen abgeteilter Acker*) porculentum; *in ~e abgeteilt* imporcatus.
Ackerbürger *m* colōnus *m*.
Äckerchen *n* agellus *m*.
Ackerfeld *n* arvum *n*, *pl*. arationes *f*.
Ackerfurche *f* sulcus *m*.
Ackergerät(e) *n* instrumentum *n* rusticum.
Ackergesetz *n* lex *f* agraria.
Ackerknecht *m* servus arator *m*.
ackern arare, agrum aratro subvertere *od*. subigere.
Ackerstier *m* bos *m* arator.
Ackerverteilung *f* agrorum assignatio *f*.
Ackervieh *n* armentum *n* (*auch pl*.).
Ackerzins *m* agraticum *n*.
addieren addere, (*zusammenzählen*) summam facere.
ade vale, *an mehrere*: valēte; *j-m ≗ sagen* valēre iubēre alqm.
Adel *m* (*adelige Geburt*) genus *n* nobile, stirps *f* generosa; *von ~ sein* nobili loco natum esse; / (*geistig*) animi magnitudo *f od*. altitudo *f*, liberalitas *f*; *sittlicher ~* pudor *m*.
adelig nobilis, generosus.
adeln in numerum nobilium recipere, nobilium ordini ascribere; / ornare, honori esse.
Adelsherrschaft *f* potentia *f* nobilium.
Adelsstand *m* nobilitas *f*, ingenuitas *f*, nobiles *m/pl*., optimates *m/pl*.
Ader *f* vena *f*, (*Pulsader*) arteria *f*; *die ~ öffnen* venam incidere (*od*. secare); *zur ~ lassen* sanguinem mittere; *sich die Adern öffnen* venas abrumpere (*od*. abscindere).
Äderchen *n* venula *f*.
Adergeschwulst *f* varix, icis *m*, *f*.
aderig, äderig venosus.
Aderlass *m* sanguinis missio *f* (*od*. detractio *f*).
Ädil *m* aedilis *m*.
Ädilenamt *n*, **Ädilität** *f* aedilitas *f*.
Adjutant *m* legatus *m*.
Adler *m* aquila *f*.
Adler|auge(n) *n*, **~blick** *m* visus 4 *m* acerrimus, oculi *m/pl*. lyncei, acies *f* oculorum.
Adlernase *f* nasus *m* aduncus.
Adlerträger *m* aquilifer *m*.
Admiral *m* praefectus *m* classis; *zum ~ machen* classi praeficere; *~ sein* praeesse classi.
Admiralschiff *n* navis *f* praetoria.
Admiralsflagge *f* insigne *n* navis praetoriae.
Adoption *f* adop(ta)tio *f*, (*eines Mündigen*) arrogatio *f*.
adoptieren adoptare, (*einen Mündigen*) arrogare.
Adoptiv(bruder *u. a.*) adoptivus [frater *u. a.*].
***Adressbuch** *n* index *m* civium et domiciliorum.
Adresse *f* (*e-s Briefes*) inscriptio *f* (nominis); *der Brief hat folgende ~* epistula ita inscripta est; * (= *Wohnung*) domicilium *n*.
adressieren inscribere epistulam (sorori *an die Schwester*).
Advokat *m* causae (-arum) actor *m*, (*gewerbsmäßiger*) causidicus *m*, (*als Verteidiger*) patronus *m*; *~ werden* ad causas dicendas accedere; *~ sein* causas (-am) dicere *od*. agere, versari in foro, defendere.
Affe *m* simia *f*.
Äffchen *n* simiolus *m*.
Affekt *m* animi motus 4 *m* (*od*. commotio *f*, perturbatio *f*), (animi) ardor *m*, impetus 4 *m*; *in ~ geraten* inflammari, (animo) incitari, effervescere.
affektiert (*v. Personen*) ineptus; (*v. Sachen*) ineptus, molestus; simulatus [dolor]; fictus [orator].
affektvoll vehemens, fervidus, ardens, incitatus, commotus.
äffen ludere, illudere, ludificari.
affenartig simiarum similis.
Affenliebe *f* amor *m* nimius (*od*. insanus, ineptus, stultus); *~ haben zu* amore (filii) insanire.
Affennase *f* nasus *m* simus *od*. collisus, nares *pl*. resimae.
After *m* anus *m*, podex, icis *m*.
Afterrede *f* maledictum *n*.
afterreden *absenti* male loqui.
Agent *m* rerum (*od*. negotiorum) (pro)curator *m*; * conquisitor *m*.
Agentur *f* procuratio *f*.
***Agio** *n* collybus *m*.
***Agitation** *f* instigatio *f*, agitatio *f*.
ah! ah!; aha!
Ahle *f* subula *f*.
Ahn *m* generis *od*. gentis *od*. originis auctor *m od*. princeps *m*; unus ex maioribus; *pl*. *Ahnen* maiores *m od*. patres, generis auctores *m*; (*Ahnenbilder*) imagines *f*; *berühmte ~en haben* nobilitate generis florēre

nobili loco natum esse; *ohne* ~ homo *m* novus.

ahnden (*mit Strafe verfolgen*) persequi; (*rächen*) ulcisci.

ahnen praesagire praesentire, divinare [futura], augurari, (*Böses*) suspicari; (*mutmaßen*) coniectare; *es ahnt mir* animus praesagit; *nicht* ~ nescire.

Ahnenbild *n* imago *f.*

ahnenlos nullis maioribus ortus; *ein* ~*er Mann* homo *m* novus.

ahnenreich multarum imaginum; *ein* ~*es Haus* domus *f* plena imaginum.

Ahnenreihe *f* avorum proavorumque series *f.*

Ahnenstolz *m* innata nobilitatis superbia *f*, spiritūs nobiles *m/pl.*, contemptio *f* ignobilium, fastus 4 *m* ob generis antiquitatem et nobilitatem sumptus.

ahnenstolz generis nobilitate superbiens (*od.* elatus).

ähnlich similis (*m. gen. od. dat.*), consimilis; ~ *sehen* specie et vultu similem esse; *das sieht dir* ~ istud non abhorret (*od.* alienum est) a moribus tuis.

Ähnlichkeit *f* similitudo *f*; ~ *herrscht zwischen Dingen* similitudo inter res est (*od.* intercedit).

Ahnung *f* praesensio *f*, divinatio *f*, augurium *n*; (*Erraten*) coniectura *f*, (*Vermutung*) suspicio *f.*

ahnungslos nihil opīnans, inopīnans.

Ahnungsvermögen *n* animus *m* praesagiens.

Ahorn(baum) *m* acer, eris *n*; *aus* ~ acernus.

Ähre *f* spica *f*, arista *f.*

Ähren... spiceus.

Ährenkranz *m* corona *f* spicea.

Ähren tragend spicam ferens.

Akademie *f* academia *f.*

Akademiker *m* academicus *m.*

akademisch academicus.

Akazie *f* acacia *f.*

Akkord *m* (*mus.*) concēntus 4 *m* sonorum *od.* vocum; harmonia *f* vocum (*od.* fidium), consonae voces *f/pl.*; *im* ~ *arbeiten* ex pacto, ex convento operari.

***Akrobat** *m* acrobata *m.*

Akt *m* (*im Schauspiel*) actus 4 *m.*

Akten *f/pl.* acta *n/pl.*, libelli *m/pl.*, tabulae *f/pl.*, litterae *f/pl.* (*bsd.* publicae); *in die* ~ *eintragen* in acta referre.

Aktenstück *n* tabula (*od. pl.*) *f*, libellus *m*, litterae *f/pl.*

***Aktie** *f* sors *f*, pars *f*; ~**ngesellschaft** *f* consortium *n*, societas *f* anonyma.

***Aktionär** *m* consors *m*, particeps *m.*

aktiv (*ausdrücken*) per agentia verba dicere.

***aktuell** praesens.

Akustik *f* acustica *f.*

Akzent *m* (*Betonung*) vocis sonus 4 *m*, vox *f*, accentus 4 *m*; (*Betonungszeichen*) vocis nota *f*, accentus 4 *m.*

akzentuieren (*mit Akzent schreiben*) syllabae (-is) notam (-as) apponere, syllabam (-as) accentu(-ibus) notare (*od.* distinguere *od.* acuere); (*mit Akzent sprechen*) certum vocis sonum admovēre, verba suis accentibus pronuntiare.

Alabaster *m* alabastrites *m*; *Schale f* (*od. Gefäß n*) *aus* ~ alabaster *m*, alabastrum *n.*

Alarm *m* ad arma; ~ *schlagen, blasen* conclamare ad arma, bellicum canere.

alarmieren conclamare ad arma.

Alaun *m* alumen *n.*

alaunartig aluminosus.

alaunhaltig aluminatus.

***Albdrücken** *n* suppressio *f* nocturna.

albern fatuus, ineptus, absurdus, stultus, stolidus, insulsus, desipiens, puerilis.

Albernheit *f* fatuitas *f*, stultitia *f*, insulsitas *f*; *konkr.* inepte dictum *n od.* factum *n*, ineptiae *f/pl.*, nugae *f/pl.*; ~*en treiben* nugari, nugas agere.

***Alkohol** *m* temetum *n.*

Alkoven *m* cubiculum *n*, quod fenestris caret (*Raum ohne Fenster*).

allbekannt omnibus notus; in vulgus (*od.* apud omnes) pervagatus; *es ist* ~ nemo ignorat, quis nescit? inter omnes constat.

alledem: *trotz* ~ nihilo minus *od.* setius.

Allee *f* via *f* arborum ordinibus utrimque saepta.

Allegorie *f* inversio *f*, continua translatio *f*, oratio *f* immutata, allegoria *f.*

allegorisch 1. *adj.* inversus, immutatus, oratione immutatā expositus, translatus, allegoricus; **2.** *adv.* allegorice.

allein *adj.* solus, unus, sine arbitris, arbitris remotis, secretus; *~ sein* solum esse, secum vivere; *~ lassen* destituere; *~ stehen* nudum et desertum esse.

Alleinherrschaft *f* imperium *n* singulare, dominatus 4 *m*, principatus 4 *m*; *sich der ~ bemächtigen* dominatum occupare, rerum potiri; *die ~ haben* dominatum obtinēre.

Alleinherrscher *m* dominus *m*, rex *m*, princeps *m*, (*Usurpator*) tyrannus *m*.

allemal semper, nunquam non; *ein für ~ Mal* semel; *~ wenn* quotiescumque, cum, ubi; (*bei Zahlwörtern*) *~ einer* singuli, *~ zwei* bini *usw.* (*Distributivzahlen*); *~ der Dritte* tertius quisque; *~ der Beste* optimus quisque, *~ das Beste* optima quaeque.

allenfalls fortasse, probabiliter, (*einigermaßen*) aliquo modo.

aller, alle, alles omnis, cunctus, universus, nullus non, nemo non, (*n*) nihil non; *pl. alle* omnes, *alles* omnia; *alle beide* uterque; *alle anderen* ceteri omnes, reliqui omnes; *alles was* quidquid, quaecunque; *alle welche* quicunque, quotquot; *alle Tage* cotidie; *alle Jahre* quotannis; *alle vier Jahre* quinto quoque anno; *alle ohne Ausnahme* ad unum omnes; *ohne alle Gefahr* sine ullo periculo, *ohne allen Verzug* sine ulla mora; *gegen alle Erwartung* praeter omnium exspectationem; *vor allem* ante omnia, imprimis, praecipue; *vor allen* imprimis, praeter ceteros.

allerdings (*freilich*) sane (quidem), (*ironisch*) scilicet, videlicet, nimirum; (*in Antworten*) sane, vero, ita sane, ita vero.

allererst: *~er* (omnium) primus *m*; *zu ~* (omnium) primum.

allergelehrtester unus omnium doctissimus, longe doctissimus.

allerhand, allerlei omnis, omnis generis, omnium generum, varius, multiplex.

Allerheiligste(s) *n* adytum *n*, penetralia *n/pl.*

allerliebst suavissimus, venustissimus, lepidissimus, bellissimus.

allermeist omnium maxime, longe plurimum; *die ~en* plurimi.

allernächst proximus; *adv.* proxime, quam proxime.

allerseits undique, ab omnibus partibus.

allerwärts usque quaque.

allesamt universi.

Allgegenwart *f* vis *f* (dei) omnibus locis praesens.

allgegenwärtig omnibus locis praesens.

allgemein 1. *adj.* (*das Ganze betreffend*) universus, generalis, omnis; (*allen gemeinschaftlich*) communis [opinio]; *allgemeine Zustimmung* omnium assensus; *~es Gelächter* omnium risus; *~e Verwirrung* omnium rerum perturbatio; *~er Mangel* omnium rerum inopia; *~e Billigung finden* ab omnibus laudari, probari; (*allgemein üblich, gewöhnlich*) vulgaris, communis, pervulgatus, tritus, popularis; *~ werden* vulgari, increbrescere; **2.** *adv.* generatim, universe, in universum; communiter, vulgo, omnino; *durch adj.* universus, omnis, omnes, omnia *auszudrücken*; *über die Philosophie im Allgemeinen sprechen* de universa philosophia dicere; *allgemein getadelt werden* ab omnibus vituperari.

allgemein gültig qui apud omnes (*od.* ad omnia *od.* in omnes partes) valet, qui ad omnes pertinet, communis.

Allgemeinheit *f* universitas *f*; commune *n*, communitas *f*; *s. allgemein.*

alljährlich *adj.* anniversarius; *adv.* singulis annis, quotannis.

Allmacht *f* potentia *f* infinita (*od.* omnium rerum).

allmächtig infinitā potentiā praeditus, omnium rerum potens, qui omnia imperio suo tenet; *~ sein* omnia posse; *~er Gott!* pro dii immortales!

allmählich *adv.* paulatim, sensim, gradatim, leniter, placide.

Allmutter *f* (communis) omnium (rerum) mater *f* (*od.* parens).

allseitig 1. *adj. durch* omnes partes, omne genus *umschrieben*; *eine allseitige Bildung besitzen* omni genere doctrinae eruditum esse (*od.* florēre), *ein allseitiger Gelehrter* homo *m* omni doctrina excultus; **2.** *adv.* omnis generis, omni ex parte, ab omni parte. ex omnibus partibus, undique.

Alltag *m* dies *m* profestus.
alltäglich cotidianus, vulgaris; *adv.* singulis diebus.
Alltagsleben *n* cotidianae vitae consuetudo *f*.
Alltagsmensch *m* unus e (*od.* de) multis.
Alltagssprache *f* sermo *m* cotidianus *od.* vulgaris, cotidiana dicendi consuetudo *f*, cotidianum sermonis genus 3 *n*.
Allvater *m* (communis) omnium pater *m* (*od.* parens), omnium rerum auctor *m*, pater *m* deorum hominumque.
allwissend qui omnia videt et audit.
Allwissenheit *f* omnium rerum scientia *f*.
allzu nimis, nimium; ~ *freimütig* liberius; ~ *wenige* parum multi; ~ *kurze Zeit* parum diu.
allzu bald praemature.
allzu groß nimius, nimis magnus, maior.
allzu viel nimius, nimis multus; *adv.* nimium.
***Alm** *f* pascuum *n* montanum.
***Almanach** *m* fasti, orum *m/pl.*
Almosen *n* stips *f*; ~ *sammeln* stipem colligere; *von* ~ *leben* alienā misericordiā vivere.
Alp *f* mons *m* pascuus, saltus 4 *m*; *pl.* **Alpen** Alpes *f*; *Alpen...* Alpīnus.
Alpenbewohner *m* Alpīnus *m*, Alpicus *m*.
Alphabet *n* litterarum ordo *m*, elementa *n/pl.*
alphabetisch secundum litterarum ordinem, in litteras digestus, litterarum ordine dispositus.
als 1. (*Zeitpartikel*) cum, ubi, ut; *oft durch part. od. abl. abs. beseitigt*; **2.** (*Vergleichungspartikel*) *nach comp. und Wörtern mit komparativer Bedeutung* (malle, praestat, pridie *u. a.*) quam; *als dass* quam ut (*auch* quam qui *m. conj.*); *nach* tam *mit* quam, *nach* tantus, talis, tot, tantopere *m.* quantus, qualis, quot, quantopere *zu geben*; *nach adj. u. adv. der Gleichheit und Ungleichheit, Ähnlichkeit u. Unähnlichkeit* (idem, similis, alius, contra, aeque, pariter *u. a.*) *mit* ac, atque *zu geben*; (*nach Negationen*) nisi, praeter *m. acc.* [neminem vidi praeter illum]; (*gleichwie, wie*) ut, sicut, tamquam; (*gleich*) *als wenn, als ob* quasi, tamquam (si), velut si, ac si *u. a.* (*m. conj.*); *nicht als ob* non quo, non quod (*m. conj.*); *bei Appositionen* (*Hannibal als Knabe, Cicero als Römer*) *bleibt es bald unübersetzt, bald wird es durch* ut, *Kausalsätze u. a. ausgedrückt*; (*weil*) quod.
alsdann tum, tunc.
also *cj.* itaque, ergo (*am Satzanfang*); igitur (*an zweiter Stelle*).
alt (*nicht mehr neu*) vetus, vetustus, antiquus; (*altehrwürdig*) priscus, antiquus; (*ehemalig, vorig, früher*) pristinus; (*dem Altertum oder der Vorzeit angehörig*) antiquus; (*bejahrt*) senex, aetate provectus, grandis natu; (*nicht frisch*) vetus; (*v. Soldaten*) veteranus; (*altersschwach*) annis confectus; (*eingewurzelt*) inveteratus; ~ *werden* senem fieri, consenescere; (*bei Angabe des Lebensalters*) natus *m. acc.* [puer decem annos natus = puer decem annorum]; ~ *sein* natum esse (*m. acc.*) = vixisse *od.* complevisse *od.* habēre annos; *älter* maior (natu), *ältester* maximus (natu).
altadelig antiquo genere natus, (multis) imaginibus nobilis, veteris nobilitatis, plurimarum imaginum.
Altar *m* ara *f*, altaria *n/pl.*
altbacken: ~*es Brot* panis *m* vetulus.
altdeutsch Germanorum veterum.
altehrwürdig priscus.
Alter *m* senex *m*; *fem. die Alte* anus 4 *f* (*verächtlich* vetula *f*); *die Alten* senes *m/pl.* seniores *m/pl.*
Alter *n* (*Lebensalter*) aetas *f*; *reifes* ~ aetas *f* matura; *gesetztes* ~ aetas *f* composita et moderata; *hohes* ~ aetas *f* grandis, grandior, exacta, affecta; *mit zunehmendem* ~ aetate progrediente (*od.* ingravescente); *von gleichem* ~ aetas *f* aequalis; *gleiches* ~ aequalitas *f*; (*langes Bestehen*) vetustas *f*; (*Greisenalter*) senectus 4 *f* (*auch* senes *m/pl.*); *adv. vor alters* quondam, olim, antiquitus; *von alters her* antiquitus.
altern senem fieri, consenescere, inveterascere.
Altersgenosse *m* aequalis *m* [patri].
Altersheim *n* gerusia *f*, * hospitale *n*.
alterschwach senectute confectus, aetate affectus.
Altersschwäche *f* senium *n*, aetatis infirmitas *f*, infirma senectus *f*.

Altersstufe *f* aetatis gradus 4 *m*; *Leute pl. jeder* ~ omnis aetas *f*; *bis zur höchsten* ~ *gelangen* ad summam senectutem pervenire *od.* vivere; *die erste* ~ prima aetas; *bis zu der* ~ ad id (*od.* ad hoc) aetatis.
Altertum *n* antiquitas *f*, prisca aetas *f*; *im* ~ antiquis temporibus, olim; (*die Menschen der Vorzeit*) antiquitas *f*, veteres *m/pl.*; *Altertümer* antiquitatis monumenta *n/pl.*, antiquitas *f*, res *f/pl.* antiquae.
altertümlich antiquus, priscus, vetustus; (*veraltet*) obsoletus.
Altertümlichkeit *f* antiquitas *f*, prisca vetustas *f*.
Altertumsforscher *m* antiquitatis investigator *m*, studiosus *m*, qui in antiquitatis studiis versatur.
Altertumsforschung *f* antiquitatis investigatio *f*, rerum antiquarum studium *n*.
Altertumsfreund *m* antiquitatis amator *m*.
Altertumskenner *m* antiquitatis peritus *m*.
Altertumskunde *f* antiquitatis (*od.* antiquarum litterarum) scientia *f* (*od.* cognitio *f*).
Altertumswissenschaft *f* antiquitatis studium *n*.
altfränkisch priscus, cascus.
altklug senīlis *m* (anīlis *f*) prudentiae (*od.* sapientiae), (*von Kindern*) praecox.
ältlich aetate grandior (*od.* provectior), vetulus, senilis.
altmodisch priscus, antiquus, obsoletus, exoletus; *adv.* antiquo more.
altweiberhaft anīlis.
Aluminium *n* aluminium *n*.
Amazone *f* Amāzon *f*; / mulier *f* (*od.* virgo *f*) bellicosa: virago *f*.
Amboss *m* incus, udis *f*.
Ameise *f* formīca *f*.
Amen *n* ita fiat! rata faxit deus! dixi; ~ *sagen* perorare.
Amethyst *m* amethystus *f*, hyacinthus *m*; *aus* ~ amethystinus.
Amme *f* nutrix *f*.
Ammenlohn *m* nutricia *n/pl.*
Ammenmärchen *n* fabula *f* nutricularum (*od.* anilis).
Amnestie *f* praeteritorum venia *f*, rerum ante actarum venia et oblivio *f* (*od.* impunitas *f*); *allgemeine* ~ omnium rerum (*od.* omnium dictorum factorumque) oblivio *f*; ~ *erteilen* rerum ante actarum veniam et oblivionem sancire.
Amortisation *f* (*Tilgung*) solutio *f*.
amortisieren solvere.
Ampfer *f* rumex, icis *m u. f.*
Amphibie *f* bestia *f* quasi anceps (*od.* in terra et in aqua vivens).
Amsel *f* merula *f*.
Amt *n* munus *n*; (*Ehrenamt*) honor *m*; (*Staatsamt*) magistratus 4 *m*; (*militärisches, bsd. Oberbefehl*) imperium *n*; (*priesterliches* ~) sacerdotium *n*; (*Geschäftskreis*) provincia *f*; (*Pflicht*) officium *n*; (*übertragener Anteil*) partes *f/pl.*; (*das durchs Los Zugefallene*) sors *f*; *sich um ein* ~ *bewerben* munus (*od.* magistratum) petere; *ein* ~ *übernehmen* munus suspicere; *ein* ~ *annehmen* accipere; *ein* ~ *antreten* inire; *ein* ~ *bekleiden* gerere, obtinēre; *ein* ~ *verwalten* administrare, fungi [munere]; *ein* ~ *niederlegen* deponere, magistratu abire (*od.* se abdicare); *kein* ~ *haben* munere vacare, privatum esse, otiosum esse; *aus dem* ~ *entlassen* a re publica remotus; *ein* ~ *übertragen* munus deferre.
amtlich publicus, publicā auctoritate (dictus, scriptus, factus, datus *u. a.*), pro auctoritate; *einen amtlichen Bericht machen* publice referre de.
Amtmann *m* praefectus *m*; qui praeest conventui iuridico.
Amtsantritt *m*: *beim* ~ iniens magistratum, in magistratu ineundo.
Amtsbefugnis *f* auctoritas *f*.
Amtsbewerber *m* petitor *m*; qui magistratum petit.
Amtsbezirk *m* provincia *f*.
Amtsbote *m* viator *m*.
Amtsdiener *m* apparitor *m*, viator *m*.
Amtseid *m* sacramentum *n* (dicere *leisten*).
Amtseifer *m* studium *n* muneris (rite) tuendi.
Amtseinkünfte: *die* ~ muneris commoda *n/pl.* (*od.* reditus 4 *m*).
Amtsentsetzung *f* missio *f*.
Amtserschleichung *f* ambitus 4 *m*.
Amtsfolge *f* successio *f*.
Amtsführung *f* muneris administratio *f*.
Amtsgenosse *m* collega *m*.
Amtsgeschäft *n* negotium *n* (publi-

cum), officii munus *n*, officium *n*, *pl. auch* munia *n/pl.*
Amtsgewalt *f* potestas *f.*
Amtshandlungen *f* actiones *f/pl.*
Amtsmiene *f* vultus 4 *m* severior, gravitas *f* censoria; *eine ~ annehmen* vultum componere.
Amtsnachfolger *m* successor *m.*
Amtsperson *f* magistratus 4 *m.*
Amtspflicht *f* muneris officium *n*, munus *n*, *pl. a.* munia *n.*
Amtsreise *f* iter *n* publice susceptum; (*römisch*) lustratio *f* provinciae.
Amtssiegel *n einer Behörde*: signum *n.*
Amtstracht *f* vestis *f* forensis (*od.* sollemnis).
Amtstreue *f* fides *f* in munere administrando spectata.
Amtsverwalter *m* vicarius *m.*
Amtswürde *f* dignitas *f.*
Amulett *n* amuletum *n.*
amüsant lepidissimus.
an *prp.* **a**) (*wo?*) in *c. abl.*, ad, apud, prope, iuxta; *an ... vorbei, an ... hin* praeter, per; *unten an* sub *c. abl.*; ex (pendēre ex *hangen an*); (*von ... her*) a, ab (ab imo *am unteren Ende*); *an den Füßen leiden* ex pedibus laborare; *an den Füßen krank* pedibus aeger; **b**) (*wann?*) *durch den abl.* temporis [tertio die]; (*in Ansehung*) a, ab [firmus ab equitatu *schwach an Reiterei*, a re frumentaria laborare *an Proviant Mangel leiden*]; *bei subst. durch gen.* (inopia pecuniae *Mangel an Geld*); (*kausal*) e, ex *oder bloßer abl.* (e voce agnoscere *an der Stimme erkennen*, febri laborare *am Fieber leiden*); (*bei ungefähren Zahlenangaben*) ad, fere, ferme [ad ducentos milites, ducenti fere milites]; *an und für sich* per se; *es ist an dem* verum est, ita est, ita se habet; *es ist an dir* tuum est, tuae sunt partes; *so viel an mir liegt* quantum in me est, quantum possum; *es liegt an dir* culpa tua est, res in tua manu, potestate est; **c**) (*wohin?*) ad, in *m. acc.* (*zeitl.*) usque ad.
Analgesie *f* analgesia *f.*
analog **1.** *adj.* analogus, similis, eiusdem generis; *~er Fall, ~es Verfahren* similitudo *f*; **2.** *adv.* per analogiam, analogiā, similiter, similitudine.
Analogie *f* analogia *f*, proportio *f*, similitudo *f*, collatio *f* rationis, collatio rerum saepe factarum inter se.
***Analphabet** *m* analphabeta *m.*
Analyse *f* explicatio *f*, explicatio et enodatio *f.*
Anapäst *m* anapaestus *m.*
Anarchie *f* effrenata multitudinis licentia *f*, perturbatio *f* omnium rerum; (*Willkür*) libido *f*; *in ~ leben* legibus iudiciisque (*od.* imperio legitimo) carēre, sine legibus esse.
Anatom *m* anatomicus *m.*
anbahnen aperire; *das Studium der Philosophie ~* excitare philosophiam.
Anbau *m* cultura *f* (vitis *des Weinstocks*), cultus 4 *m*; *einen ~ machen* accessionem aedibus adiungere.
anbauen colere [agrum]; (*mit Häusern besetzen*) coaedificare (locum); (*hinzubauen*) adstruere, adiungere [parietem ad parietem]; *sich ~* considere; domicilium (*od.* sedem) collocare *od.* constituere (in loco).
anbeißen admordēre; (*benagen*) arrodere.
anbelangen: *was das anbelangt, dass du gesagt hast* quod dixisti.
anbellen allatrare.
anberaumen constituere, diem dicere.
anbeten adorare, venerari; / tanquam deum adorare, colere.
Anbeter *m* cultor *m*; / amator *m*; qui amat.
Anbetracht *m*: *in ~ der Zeitverhältnisse* temporum ratione habita.
anbetteln stipem emendicare ab; / suppliciter (*od.* precario) petere ab.
Anbetung *f* adoratio *f*; veneratio *f.*
anbieten offerre, deferre, polliceri, profiteri [operam]; *dem Feinde eine Schlacht ~* hosti potestatem (*od.* copiam) pugnandi facere, hostem ad pugnam provocare, proelio lacessere.
anbinden alligare, deligare, religare, destinare [antennas ad malum], astringere, illigare; / *~ mit Feinden* lacessere, temptare hostes, certamen inire cum, contendere cum.
anblasen: *das Feuer ~* ignem sufflando excitare (*od.* accendere).
Anblick *m* adspectus 4 *m*, conspectus 4 *m*; (*äußere Gestalt*) species *f*; (*Schauspiel*) spectaculum *n*;

~ *ertragen* conspectum (*od.* vultum) (per)ferre (*od.* sustinēre); ~ *meiden* fugere; *sich an dem* ~ *weiden* adspectu delectari (*od.* oculos pascere.)
anblicken adspicere; conspicere (*ins Auge blicken*).
anbohren terebrare.
anbrechen 1. *trans.* praefringere; **2.** *intr.* oriri; (*v. Jahreszeiten*) inire, appetere; (*v. Tage*) illucescere; (*v. der Nacht*) advesperascere.
anbrennen *trans.* accendere, incendere; *intr.* (ex)ardescere, ignem concipere.
anbringen admovēre, afferre, applicare; inserere, addere; (*an einem passenden Orte unterbringen*) locare, collocare, ponere; (*vorbringen*) afferre, proferre; (*anwenden*) adhibēre, uti; *eine Klage vor Gericht* ~ nomen ad iudicem deferre, in ius vocare, reum facere.
Anbruch *m*: ~ *des Tages* prima lux *f*, ortus 4 *m* lucis; *vor Tages*~ ante lucem; *bei Tages*~ prima luce, ubi illuxit; *gegen Tages*~ sub lucem, luce appetente; ~ *der Nacht* prima nox *f*; *bei Nacht*~ prima nocte; *bei* ~ *des Abends* primo vespere (*des Frühlings* primo vere, vere ineunte); *vor* ~ *der Nacht* ante noctem.
anbrüllen oratione vehementi increpare.
***Anciennität** *f* aetatis (*od.* dignitatis) gradus 4 *m*.
Andacht *f* preces *f/pl.*, supplicatio *f*; pia animi meditatio *f*; pietas *f*, religio *f*; *mit* ~ pie, religiose attente.
andächtig attentus, pius, religiosus; ~*es Gebet* piae preces *f/pl.*
andauern manēre, permanēre.
Andenken *n abst.* memoria *f*, recordatio *f*; *im* ~ *behalten* memoriā retinēre, memoriam retinēre *od.* conservare; *ein liebevolles* ~ *bewahren* gratam memoriam retinēre (avunculi *dem Onkel*), gratā memoriā colere *od.* prosequi; *ein unvergängliches* ~ *hinterlassen* sempiternam memoriam relinquere; *das* ~ *lebt fort* memoria floret (*od.* viget, vivit); *zum* ~ ad memoriam, memoriae causa; *konkr.* monumentum *n*; donum *n* memoriae causā datum *od.* acceptum.
anderer alius; (*von zweien*) alter; (*verschieden*) alius, diversus; (*in Aufzählungen*) alter, secundus; (*der darauf folgende*) insequens, proximus, posterus; *pl. andere* alii, (*die anderen*) ceteri, reliqui, (*von zwei Parteien*) alteri; *der eine ... der andere* alius ... alius (*von zweien* alter ... alter); *der eine tut dies, der andere das* alius aliud facit, alii alia faciunt; *einer nach dem anderen* alius ex alio; *am anderen Tage* postero die, postridie; *im anderen Jahre* anno proximo (*od.* insequenti); *die eine Hand wäscht die andere* manus manum lavat.
andermal alias, alio tempore; *doch davon ein* ~ *mehr* sed de hoc alias pluribus.
ändern mutare, commutare, immutare, convertere; (*verbessern*) emendare, corrigere; *sich* ~ = P; *sich nicht* ~ sibi constare, a se non discedere.
andernfalls aliter, sin aliter accidit.
andernteils contra.
anders *adv.* aliter, alio modo, alia ratione; ~ *denken als* dissentire ab; ~ *denken als sprechen* aliud sentire, aliud dicere (*od.* aliud sentire et dicere); *anders als erwartet wurde* praeter opinionem (*od.* exspectationem *od.* spem); *nicht* ~ *als* non secus ac; es *konnte nicht* ~ *kommen, als dass* fieri non potuit, quin; *wenn* ~ si quidem, si modo; *wenn* ~ *nicht* nisi forte, nisi vero.
anderseits illinc, ex altera parte, rursus, porro, vicissim.
anderswo alibi, alio loco.
anderswoher aliunde.
anderswohin alio.
anderthalb sesquialter, -era, -erum *od.* unus et dimidius; ~ *Jahre* annus *m* et sex menses; ~ *Scheffel* sesquimodius *m*; ~ *Fuß* sesquipes *m*; *anderthalbfüßig* sesquipedalis; *anderthalbjährig* annus et semestris.
Änderung *f* mutatio *f*, immutatio *f*, commutatio *f*, conversio *f*; *keine* ~ *vornehmen* nihil mutare.
anderweitig alius, (*fremd*) alienus; ~ *Hilfe suchen* aliunde auxilium petere.
andeuten significare, indicare; *nur* ~ obscure dicere, leviter significare (*od.* monēre); *kurz* ~ breviter comprehendere (*od.* attingere).
Andeutung *f* significatio *f*, denuntiatio *f*; indicium *n*, vestigium *n*.

andichten affingere, confingere [crimen incredibile].

andonnern acerbius invehi in [hominem]; (*wie*) *angedonnert* attonitus, obstupefactus.

Andrang *m* impetus 4 *m*, incursio *f*, concursus 4 *m*.

andrängen: *sich* ~ *an* venditare se [plebi], obtrudere se, adhaerēre.

andringen impetum facere in; irruere, incurrere.

androhen minari, comminari, minitari.

andrücken apprimere [scutum pectori].

aneignen: *sich* ~ suum facere, in rem suam (*od.* in usum suum) convertere.

aneinander (*ununterbrochen*) continenter, coniuncte; (*der Reihe nach*) deinceps; ~ **bauen** (domos) continuare; ~ **binden** conectere, coniungere, copulare; ~ **fahren** (*intr.*) concurrere, (inter se) collidi; ~ **fügen** conectere, coagmentare; ~ **geraten** manūs conserere; ~ **grenzen** contingere inter se, ~ *grenzend* confinis; ~ **hangen** cohaerēre; ~ **heften** conectere; ~ **kleben** **1.** *trans.* conglutinare; **2.** *intr.* cohaerēre; ~ **knüpfen** conectere; ~ **reiben** terere inter se; ~ **stoßen** *intr.* collidere; ~ *stoßend* confinis.

Anekdote *f* res *f* memorabilis, factum *n* memoriā dignum; fabula *f*, fabella *f*, narratiuncula *f*, facēte (*od.* lepide) dictum *n*.

anekeln: *es ekelt mich an* taedet me [stultitiae tuae].

Anerbieten *n* condicio *f*; *ein* ~ *machen* condicionem ferre (*od.* proponere, *annehmen* accipere, *ablehnen* aspernari).

anerkannt cognitus, probatus, spectatus; *es ist allgemein* ~ constat inter omnes.

anerkennen (*als das, was es ist od. heißt*) agnoscere, cognoscere; *ein Kind* ~ infantem suscipere (*nicht* ~ repudiare); *eine Wohltat dankbar* ~ beneficium grato animo aestimare, gratā memoriā persequi; *Herrschaft* ~ imperio se subicere *od.* parēre (*nicht* ~ detrectare, repudiare); (*eingestehen*) fateri, confiteri; (*gutheißen, billigen*) probare, comprobare, (*lobend*) laudare; (*nicht* ~ improbare).

anerkennenswert probandus, laudabilis, non contemnendus.

Anerkennung *f* (ap)probatio *f*, comprobatio *f*, aestimatio *f*, (*rühmende*) laus *f*; ~ *finden* laudari, probari; ~ *verdienen* laude dignum esse, laudem merēre; *sich* ~ *erwerben* laudem consequi; *mit* ~ honorifice, cum laude.

anerschaffen *adj.* ingenitus.

anfachen excitare [ignem]; / conflare [bellum], accendere [discordiam], commovēre.

anfahren **1.** *intr.* (*anstoßen*) allīdi, curru impingi, offendere ad; **2.** *trans.* (*heftig anreden*) graviter *od.* acerbius *od.* vehementer invehi in, increpare.

Anfahren *n* **1.** (*Herbeifahren*) advectio *f*, subvectio *f*; **2.** *mit Worten*: invectio *f*, increpatio *f*; **3.** (*Landen*) appulsus 4 *m*; (*Anstoßen*) allisio *f*, offensio *f*.

Anfall *m*: ~ *e-r Krankheit* morbi impetus 4 *m od.* accessio *f od.* temptatio *f*; *einen* ~ *von einer Krankheit bekommen* morbo temptari, in morbum incidere.

anfallen (*angreifen*) adoriri, aggredi, impetum facere in.

Anfang *m* initium *n*, principium *n*, (*Uranfang*) primordium *n*, (*Ursprung*) ortus 4 *m*, origo *f*; (*Einleitung*) exordium *n*, prooemium *n*; *von* ~ *bis zu Ende* a primo ad extremum; *zu* ~ *des Frühlings* primo vere (= ineunte vere), *bei* ~ *der Nacht* prima nocte; *von kleinen Anfängen an* ab exiguis initiis; *den* ~ *mit etw. machen* initium facere (*od.* capere, sumere) ab.

anfangen **1.** *trans.* incipere, ordiri, exordiri, initium facere; (*nicht vollenden*) incohare; (*unternehmen*) suscipere, instituere, conari; (*sich an die Ausführung machen*) aggredi, ingredi; *eine Schlacht* ~ proelium committere; *einen Krieg* ~ *mit* bellum suscipere *od.* facere *od.* inferre [Romanis]; *einen Prozess* ~ litem intendere; *Unruhen* ~ turbas excitare *od.* movēre; *was soll ich mit diesem Menschen anfangen?* quid huic homini (*od.* [de] hoc homine) faciam? **2.** *intr.* incipere (*pf.* coepisse), initium capere [ab]; oriri; nasci; *zu reden* ~ exordiri *od.* incipere *od.* initium facere ab; *zu* *brennen* ~ exardescere; *man fing an Steine zu werfen* lapides conici coepti sunt; *die Schlacht fängt an* proelium committitur; *der Tag fängt an* lucescit, lux oritur; *der Abend fängt an* advesperascit.

Anfänger *m* qui prima elementa (litterarum) discit; tiro *m*, rudis, parum exercitatus.

anfänglich, anfangs (ab) initio, principio, primo.

Anfangsbuchstabe *m* prima littera *f*.

Anfangsgründe: *die* ~ (prima litterarum) initia *n/pl. od.* elementa *n/pl. od.* principia *n/pl. od.* rudimenta *n/pl.*

anfassen tangere, attingere, attrectare, contrectare.

anfechten (*von Krankheiten*) temptare; (*beunruhigen*) vexare, sollicitare, (com)movēre; *eine Sache* ~ rem in controversiam vocare.

Anfechtung *f* (*Sorge*) sollicitudo *f*, aegritudo *f*, cura *f*.

anfeinden odium concitare in, inimicum (*od.* infensum) esse in.

Anfeindung *f* invidia *f*, inimicitiae *f/pl.*

anfertigen conficere [pallium].

anfeuchten conspergere.

anfeuern accendere, incendere, inflammare, incitare, excitare, impellere, adhortari, cohortari.

anflechten attexere.

anflehen implorare, supplicare (*mit dat.*), obsecrare, obtestari; *um Hilfe* ~ auxilium implorare.

anflicken assuere.

Anflug *m*: *ein* ~ *von Wahrheit* aliquid veritatis.

Anforderung *f* postulatio *f*.

Anfrage *f*: *auf deine* ~ *antworte ich* abs te interrogatus respondeo.

anfragen (*Urteil einholen*) consulere; interrogare de, percontari.

anfressen arrodere.

anfrieren gelu adstringi (*od.* adhaerescere) ad; *angefroren sein* adhaerēre.

anfügen adiungere, subiungere, annectere, affigere, affingere.

anfühlen manu contingere; attrectare.

anführen ducere, ducem esse, praeesse, praefectum esse (*mit dat.*); (*täuschen*) fallere, decipere; (*erwähnen*) (com)memorare, afferre, proferre, producere; *ein Beispiel* ~ exemplum afferre (*od.* proferre *od.* ponere), exemplo uti; *Worte* ~ verba afferre (*od.* proferre); *e-e Stelle* ~ locum citare (*od.* laudare); (*e-n Gewährsmann*) laudare.

Anführer *m* dux *m*, praefectus *m* [navium], (*der Reiterei*) magister *m* equitum; (*Vorbild*) auctor *m*, princeps *m*; **~in** *f* dux *f*, auctor *f*, princeps *f*.

Anführung *f* ductus 4 *m*; *unter Hannibals* ~ Hannibale duce.

anfüllen implēre.

Angabe *f* (*Anzeige*) indicium *n*, (*formelle* ~) professio *f* [nominis]; (*Erwähnung*) mentio *f*, commemoratio *f*; (*Willensmeinung*) auctoritas *f*, consilium *n*, sententia *f*; *nach* ~ *des Livius* Livius auctor est (*m. a. c. i.*).

angaffen stupentem (*od.* hiantem) [intueri.]

angeben (*anzeigen*) indicare, edere, profiteri; (*verklagen*) nomen deferre ad, accusare; (*entwerfen*) designare, describere; (*anraten*) suadēre, auctorem esse.

Angeber *m* index *m*, (*im üblen Sinne*) delator *m*, accusator *m*.

Angeberei *f* delatio(nes) *f*.

Angeberlohn *m* indicium *m*.

Angebinde *n* munus 3 *n*, donum *n*.

angeblich 1. *adj.* qui dicitur, qui fertur; (*erlogen*) simulatus; **2.** *adv.* ut aiunt, ut dicitur, specie, per speciem, verbo; *oft durch* simulare *m. a. c. i.*

angeboren innatus, (naturā) insitus, ingenitus, ingeneratus, nativus.

Angebot *n s. Anerbieten.*

angedeihen *intr.*: (*j-m etw.*) ~ *lassen* dare, praebēre, tribuere (alci alqd).

angeerbt hereditarius, hereditate (*od.* a maioribus) acceptus (*od.* traditus, relictus); patrius, avitus.

angehen 1. *trans.* (*ansprechen*) accedere ad, adire, precibus aggredi, appellare; (*betreffen*) pertinēre ad, spectare ad, attingere, agitur de; (*angelegen sein*) interest, refert; *was geht es mich an?* quid hoc ad me? quid mihi cum hac re?; **2.** *intr.* (*möglich sein*) fieri posse, licēre; (*erträglich sein*) ferri (*od.* tolerari) posse, tolerabile esse.

angehend: *ein* ~*er Soldat od. Schüler* tiro *m*; *ein* ~*er Jüngling* adulescentulus *m*.

angehören: *j-m* ~ alcs esse; *dir, uns usw.* ~ tuum, nostrum *usw.* esse.

Angehörige(r) *m* cognatus, propinquus; *d-e* ~*n* tui.

Angeklagter *m* reus *m*; (*bei Zivilprozessen*) is unde petitur.

Angel *f* hamus *m*; (*an der Tür*) cardo *m*.

angelegen: *mir ist* ~ curae (*od.* cordi) mihi est; *sich* ~ *sein lassen* curae habēre, studēre, operam dare (*m. dat.*), incumbere in *od.* ad, inniti ad; *sich nichts mehr* ~ *sein lassen als* nihil antiquius habēre quam (ut).

Angelegenheit *f* res *f*, causa *f*, negotium *n*.

angelegentlich *adj.* qui curae (*od.* cordi) est, gravis, magnus, magni momenti; *adv.* studiose, sedulo, diligenter, vehementer, magnopere, cupide, etiam atque etiam; ~ *sorgen* prospicere ac providēre, consulere (*m. dat.*).

Angelhaken *m* hamus *m*.

angeln hamo piscari, (pisces) hamo capere; / ~ *nach* captare, aucupari.

Angelrute *f* harundo *f* (piscatoria).

Angelschnur *f* linea *f* (piscatoria).

angemessen accommodatus, aptus, idoneus (*m. dat. od.* ad), conveniens, congruens, consentaneus (*m. dat. od.* cum); (*würdig*) dignus (*m. abl.*); *oft durch* esse *m. gen. od.* decēre *m. acc. einer Sache*; *nicht* ~ *sein* alienum esse ab.

angenehm (*dankenswert*) gratus; (*erfreulich*) iucundus; (*willkommen*) acceptus; (*lieblich*) suavis, dulcis; (*wert*) carus; (*beliebt*) gratiosus; (*anmutig, von Örtlichkeiten*) amoenus; (*von Benehmen und Rede*) urbanus, facetus, festivus, lepidus.

Anger *m* locus *m* herbidus.

angesehen spectatus, illustris, amplus, nobilis, honestus, magnā auctoritate (praeditus), gravis; (*in Gunst stehend*) gratiosus; ~ *sein* auctoritate multum valēre apud, gratiosum esse apud.

angesessen: ~ *sein* sedem stabilem et domicilium habēre.

Angesicht *n* facies *f*, ōs *n*, frons *f*, vultus 4 *m*; *im* ~ *der Eltern* in conspectu parentum, parentibus praesentibus, coram parentibus; *im* ~ *der Gefahr* periculo imminente; *im* ~ *des Todes* moriens.

angestammt hereditarius.

***Angestellter** *m* functionarius *m*.

angetan: *nicht zu etw.* ~ inhabilis ad alqd.

angetrunken temulentus.

angewöhnen assuefacere [pueros modestiā]; *sich* ~ assuescere, assuefieri.

Angewohnheit, Angewöhnung *f* mos *m*, consuetudo *f*; assuetudo *f*.

angreifen (*sich an etw. machen*) aggredi, suscipere, temptare, accedere ad; (*feindlich*) aggredi, adoriri, impetum facere in; *mit Worten* ~ dictis (*od.* conviciis) insectari (*od.* lacessere, exagitare); *angegriffen* affectus. [*usw.*]

Angreifer *m* qui alqm adgreditur

angrenzen adiacēre (*m. dat.*), tangere, attingere, contingere, finitimum (*od.* vicinum) esse (*m. dat.*); / non longe abesse ab; *angrenzend* finitimus, vicinus, confinis, adiacens, continens, adiunctus.

Angriff *m* impetus 4 *m*, incursio *f*; *einen* ~ *machen* impetum facere in; *einen* ~ *abschlagen* impetum (*od.* vim) repellere; *dem* ~ *standhalten* impetum sustinēre *od.* ferre.

Angriffswaffe *f* telum *n* (*mst pl.*).

Angst *f* angor *m*, sollicitudo *f*, metus 4 *m*, timor *m*, pavor *m*, trepidatio *f*, formīdo *f*; *es herrscht* ~ pavor *u. a.* est; *in* ~ *schweben* animi (*od.* animo) (-is) angi, anxium esse, sollicitari, sollicitum esse de, angoribus confici.

Angstgeschrei *n* clamor *m* (paventium).

ängstigen angere, sollicitare, vexare, discruciare, perterrēre; *sich* ~ animo angi, anxium esse.

ängstlich anxius, sollicitus, timidus, pavidus, trepidus; ~ *hin und her laufen* trepidare.

Ängstlichkeit *f* timiditas *f*, anxietas *f*, animi sollicitudo *f*.

Angstschweiß *m* sudor *m* gelidus.

anhaben (*tragen*) gerere, gestare, indutum esse [pallio]; *eine Toga* ~ togatum esse; / *nichts* ~ *können* inferiorem esse [hoste], vincere non posse; *wem niemand etw.* ~ *kann* tutus, invictus.

anhaften adhaerēre (*m. dat.*).

anhaken (*an e-n Haken hängen*) ex unco suspendere; (*mit e-m Haken anfassen*) uncum impingere (*od.* infigere) (*m. dat.*).

Anhalt *m* ansa *f*; *einen ~ geben* (tamquam) ansam dare ad.
anhalten: *sich ~ an* niti, sublevari *m. abl.*; (*hemmen*) retinēre, continēre, inhibēre; (*zum Stillstand bringen*) sistere; (*ermahnen*) hortari, ad-, cohortari, impellere; *intr.* (*Halt machen*) consistere, subsistere; *mit der Arbeit ~* laborem intermittere, a labore cessare; (*dauern*) permanēre, tenēre [imber], continuari, perseverare, non desistere, non desinere, non cessare, non intermitti, non remitti; *~ um* petere [filiam in matrimonium].
anhaltend assiduus, continuus, continens; *adv.* assidue, continenter.
Anhaltepunkt *m* mansio *f*, statio *f*.
Anhang *m* appendix *f*, additamentum *n*, accessio *f*; *ein Mann mit großem ~* homo factiosus.
anhangen (*zugetan sein*) sequi, amplecti, studiosum esse (*m. gen.*), studēre, favēre, deditum esse [tibi].
anhängen suspendere de, ex, in; (*beifügen*) addere, adicere, adiungere; *Schimpf ~* ignominiā (*od.* infamiā) aspergere *od.* afficere; infamiam *od.* labem, probrum, turpitudinem inferre *od.* infligere (*m. dat.*); *Prozess ~* litem intendere.
Anhänger *m* (as)sectator *m*, assecla *m*, stipator *m*, amicus *m*, studiosus *m*, fautor *m*, admirator *m*, qui sequitur, qui facit cum, qui sunt ab, qui partibus studet *od.* favet; *oft auch durch ein von dem Namen des Parteiführers (Lehrers u. a.) abgeleitetes Nomen, wie:* Pompeianus *Anhänger des Pompejus*, Sullanus, Socraticus, Pythagoreus, Platonicus *u. a.*: * currus 4 *m* secundus.
anhängig: *e-n Prozess ~ machen gegen* litem intendere (*m. dat.*), causam deferre ad iudices; ad iudicem (*od.* in ius) vocare.
anhänglich studiosus, amans (*m. gen.*), deditus (*m. dat.*), (*treu*) fidelis.
Anhänglichkeit *f* studium *n*, voluntas *f* propensa, favor *m*, animus *m* studiosus, caritas *f*, amor *m*; (*Treue*) fidelitas *f*, fides *f*.
Anhauch *m* afflatus 4 *m*.
anhauchen afflare.
anhauen accidere [arbores].
anhäufen cumulare; *Geld ~* pecunias coacervare; *Schätze ~* opes accumulare *od.* exaggerare.
Anhäufung *f* accumulatio *f*, exaggeratio *f*; *nach ~ von Boden* humo exaggeratā.
anheften affigere [cruci].
anheim: *~ fallen* contingere, obtingere, obvenire; subire [invidiam]; *~ geben*, *~ stellen* permittere arbitrio [patris].
anheischig: *sich ~ machen* profitēri, pollicēri.
Anhöhe *f* collis *m*, locus *m* editior.
anhören audire, auscultare, aures praebēre (*od.* dare) [conviciis], cognoscere; *gelassen ~* aequo animo accipere. [animans.]
animalisch animalis; *~ es Wesen*
Anis *m* anisum *n*.
anjochen iugum imponere *alci*.
ankämpfen: *~ gegen* repugnare, resistere [cupiditatibus]; pugnare adversus, contendere cum.
Ankauf *m* (co)emptio *f*, comparatio *f*.
ankaufen (co)emere, (co)emptione comparare; *sich irgendwo ~* fundum (*od.* domum) alicubi emere.
Anker *m* ancora *f*; *~ auswerfen* ancoram (-as) iacere; *~ lichten* tollere, (navem) solvere; *vor ~ legen* (naves) ad ancoras deligare, (classem) alicubi constituere; *vor ~ gehen* ad ancoras (*od.* in ancoris) consistere; *vor ~ liegen* in ancoris esse (*od.* stare, consistere).
Ankerplatz *m* statio *f*, locus *m* consistendi.
Anker|seil, ~tau *n* funis *m* ancorarius, ancorale *n*.
Anklage *f* accusatio *f*, (*boshafte*) calumnia *f*; (*Beschuldigung*) crimen *n*, (*gehässige*) criminatio *f*.
anklagen accusare [capitis, de vi]; postulare, arcessere, reum facere, in ius vocare, in iudicium adducere, nomen (ad iudicem) deferre de; (*fälschlich*) insimulare; (*boshaft*) calumniari.
Anklagepunkt *m* crimen *n*.
Ankläger *m* accusator *m*; (*heimlicher*) delator *m*; (*falscher*) calumniator *m*.
Anklagerede *f* accusatio *f*.
Anklägerin *f* accusatrix *f*.
anklägerisch accusatorius.
Anklageschrift *f* accusatio *f*.
anklammern: *sich ~ an* [firmiter *od.* omnibus viribus] adhaerescere *m. dat.*, manibus (ap)prehendere *od.* arripere.

Anklang: *~ finden bei* probari, placēre [senatui], valēre apud.

ankleben *trans.* agglutinare, *intr.* haerēre.

ankleiden: *sich ~* vestem sibi induere, calceos et vestimenta sumere; *sich anders ~* vestimenta mutare.

anklopfen: *~ an* pulsare (ostium, fores *an der Tür*).

Anklopfen *n* pulsatio *f* (ostii *an die Tür*).

anknüpfen annectere, adiungere ad, copulare cum; *eins an das andere ~* alia ex aliis nectere; *ein Gespräch ~* sermonem instituere (*od.* ordiri) cum.

Anknüpfung *f* adnexio *f*; *nach ~ der Freundschaft* amicitiā conciliatā.

Anknüpfungspunkt *m*: *der ~ einer Rede* unde oratio exordium ducit.

ankommen venire, advenire, pervenire, (curru, nave) advehi; (*v. Sachen*) ferri, afferri, perferri; (*sich nähern*) accedere; (*im Anzuge sein*) adventare; *übel ~ bei* male accipi (*od.* excipi) ab; (*befallen*) invadere, incedere, capere, occupare, (*nach und nach*) subire [timor]; *leicht* (*schwer, sauer*) *~* facile (molestum, grave) esse (*od.* videri), nullo negotio (*od.* multo sudore) facere, multi sudoris esse; *es auf etwas ~ lassen* experiri, temptare [fortunam belli, eventum], committere rem [proelio], exspectare; *nicht darauf ~* non tanti esse; (*wichtig sein*) interesse, referre; *es kommt viel darauf an* multum (*od.* magni) interest, plurimum refert.

Ankömmling *m* advena *m*, peregrinus *m*.

ankoppeln iungere, copulare.

ankündigen nuntiare, (*melden*) renuntiare; (*drohend*) denuntiare; (*Zukünftiges*) praedicere; (*v. Wahrzeichen u. Ä.*) portendere; *Krieg ~* bellum indicere (*od.* denuntiare; (*zur Beachtung*) proponere, (*öffentlich*) promulgare, pronuntiare; (*zur Befolgung*) edicere, imperare; (*andeuten*) significare.

Ankündigung *f* nuntiatio *f*, renuntiatio *f*, denuntiatio *f*.

Ankunft *f* adventus 4 *m* [ad urbem, Romam, in Galliam].

***ankurbeln** promovēre.

anlächeln, anlachen arridēre (matri).

Anlage *f* (*Beilage*) additamentum *n*; (*Einrichtung*) designatio *f* [totius operis]; *konkr.* opus *n*; (*geistige Begabung*) indoles *f* (*sg.*), ingenium *n*, natura *f*, ingenii facultates *f/pl.*, naturae munera *n/pl.*; *mit vortrefflichen Anlagen ausgestattet* egregia (*od.* praeclara, magna, singulari) indole praeditus.

anlangen 1. (*ankommen*) advenire, pervenire; **2.** (*betreffen*) *s. betreffen*; *was aber den Tod anlangt, so ist er kein Übel* mors autem malum non est; *dies ~d* de hāc rē.

Anlass *m* causa *f*; *~ geben* locum dare (suspicioni *zum Argwohn*); *~ zum Lachen geben* risum movēre; *~ nehmen* causam (faciendi) sumere ex.

anlassen (*hart*) aspere appellare, increpare; *sich ~* speciem praebēre; *die Sache lässt sich gut* (*schlecht*) *an* res bene (male) cadit, procedit.

Anlauf *m* incursio *f*, incursus 4 *m*, impetus 4 *m*.

anlaufen accurrere, advolare; (*gewaltsam eindringen*) incurrere *od.* impetum facere; (*anstoßen an*) offendere ad; allidi ad; *mit dem Kopfe an die Wand ~* caput impingere parieti; *übel ~ bei* male accipi (*od.* excipi) ab; (*übel ~ lassen*) male excipere.

anlegen apponere, admovēre, applicare; (*anpassen*) aptare; (*gewaltsam*) inferre, inicere; *ein Schiff ~* navem appellere (ad terram); *Geld ~* pecuniam collocare (*od.* occupare), (fenore *auf Zinsen*, fundis *in Grundstücken*); (*bauen*) ponere [castellum], aedificare, condere, facere [pontem], instituere [munitiones], (*einrichten*) instituere, constituere; *es darauf ~* id agere ut, operam dare ut.

anlehnen: *sich ~* se applicare, anniti [ad.]

Anleihe *f* *abst.* mutuatio *f*; (*zur Schuldentilgung*) versura *f*; *konkr.* pecunia *f* mutua (*od.* credita *od.* mutuo sumpta); *eine ~ machen* pecuniam mutuam sumere ab; *durch ~ bezahlen* versurā solvere.

anleimen agglutinare.

anleiten instituere, docēre, ducem (*od.* magistrum *od.* auctorem) esse.

Anleitung *f* institutio *f*, disciplina *f*, praecepta *n/pl.*; *unter deiner ~* te duce, te auctore, te magistro.

anliegen: *~ an* adiacēre [monti].
Anliegen *n* desiderium *n*; *ich habe ein ~* est, quod petam [a te].
anliegend adiacens; (*von Kleidern*) adstrictus, apte sedens.
anlocken allicere, pellicere.
Anlockung *f* incitamentum *n*, illecebrae *f*/*pl*.
anlöten ferruminare *alqd alqa re*, adglutinare *alqd*.
anmachen 1. (*daranfügen*) addere, adiungere, adfigere; **2.** *Speisen*: miscere, temperare; **3.** *Feuer ~* ignem facere *od.* accendere.
Anmarsch *m* accessus 4 *m*, adventus 4 *m*.
anmarschieren accedere, in itinere esse.
anmaßen: *sich ~* sibi arrogare *od.* sumere, asciscere; vindicare [sibi regnum].
anmaßend arrogans, insolens, superbus.
Anmaßung *f* arrogantia *f*; *mit großer ~ auftreten* magnos sibi spiritus sumere.
anmelden: *Besuch ~* nuntiare hominem venisse (*od.* adesse), venturum esse salutandi causa.
anmerken notare, annotare, consignare.
Anmerkung *f* annotatio *f*, interpretatio *f*, explicatio *f*, explanatio *f*.
anmessen metiri ad modulum [vestem ad m. corporis, calceos ad m. pedis *od.* pedum].
Anmut *f* gratia *f*, venustas *f*, suavitas *f*, lepor *m*, iucunditas *f*, (*v. Örtlichkeiten*) amoenitas *f*.
anmutig venustus, suavis, dulcis, iucundus; (*v. Örtlichkeiten*) amoenus; (*v. Schriften*) lepidus.
annageln clavis affigere [cruci].
annähen assuere.
annähern adpropinquare; *sich ~* prope accedere *ad alqd*; *~d* (*ungefähr*) circiter.
Annäherung *f* appropinquatio *f*, accessus 4 *m* [ad urbem nocturnus]; *bei ~* appropinquans, adventans, appetens.
Annahme *f* (*an Kindes Statt*) adoptio *f*; *nach ~ des Beschlusses* sententiā probatā; (*Meinung*) opinio *f*, sententia *f*.
Annalen: *die ~* annales *m*/*pl*.
annehmbar probandus, probabilis; (*Bedingung*) aequus; *schwer ~* difficile probatu; *~ machen* probare.
annehmen accipere; (*übernehmen*) suscipere, recipere; (*zulassen*) admittere; *eine Schlacht ~* hosti copiam (*od.* facultatem) pugnandi dare (*nicht ~* pugnam detrectare); *Rat ~* consilio uti; (*billigen*) probare, admittere; *nicht ~* improbare, repudiare, respuere; (*sich zu eigen machen*) sumere, assumere, adsciscere, induere; (*an Kindes Statt*) adoptare; arrogare; (*glauben*) putare, existimare, statuere *u. Ä.*; (*den Fall setzen*) facere, fingere, ponere; (*in Dienst nehmen*) adhibēre, adsciscere, assumere, adiungere; *sich ~* tueri (*od.* defendere, sublevare; prospicere (*od.* consulere, adesse) *m. dat.*, curare, causam agere.
annehmlich accipiendus; probabilis, probandus; (*billig*) aequus; *~ machen* probare.
Annehmlichkeit *f* iucunditas *f*, suavitas *f*, dulcedo *f*, (*v. Örtlichkeiten*) amoenitas *f*.
annieten clavulo adfigere.
anonym sine nomine (auctoris) scriptus (*od.* editus); (*ungewissen Ursprungs*) incerto auctore vulgatus, cuius auctor incertus est; *adv.* sine nomine, celato nomine, incerto auctore.
anordnen constituere, instituere.
Anordnung *f* **1.** (*das Ordnen*) compositio *f*; dispositio *f*; constitutio *f*, institutio *f*; **2.** (*Ordnung*) ordo *m*; *~ der Worte* verborum compositio *f*; **3.** *s. Befehl*.
anpacken arripere, corripere.
anpassen aptare; accommodare [capiti; sumptūs ad mercedes].
anpfählen ad palum alligare; *den Wein ~* vites palis adiungere.
anpflanzen serere [arbores]; conserere [locum].
Anpflanzung *f* sata *n*/*pl*.; locus *m* (*od.* ager *m*) consitus.
anpicken rostro caedere.
Anprall *m* impetus 4 *m*; *beim ersten ~* primo impetu.
anprallen allidi ad.
anpreisen praedicare, (col)laudare, laudibus efferre; commendare; venditare [se].
anraten hortari ad; suadēre, auctorem esse, ut.
Anraten *n*: *auf dein ~* te suasore, te auctore.

anrechnen inducere in rationem; (*als Schuld*) expensum ferre; (*gutschreiben*) acceptum referre; *hoch* ~ inducere ingenti pecunia [agros]; (*lobend*) magni aestimare, in magna laude ponere; (*auslegen*) vitio (*od.* crimini) dare *od.* vertere *od.* tribuere *od.* ducere).

Anrecht *n*: *ich habe ein* ~ *darauf* hoc ad me pertinet.

Anrede *f* oratio *f* (*tröstende*) alloquium *n*, (*in einer öffentlichen Versammlung*) contio *f*.

anreden alloqui, affari, appellare, (*heftig*) compellare; *mit Namen* ~ nominatim appellare; *mit „Führer„* ~ ducis appellatione salutare.

anregen incitare, concitare, excitare, (com)movēre.

Anregung *f*: *auf meine* ~ me auctore, me suasore.

anreihen adiungere, annectere.

anreizen incitare, excitare, instigare, stimulare, irritare, inflammare, (ex)hortari, incendere, acuere.

Anreizung *f* incitamentum *n*, irritamentum *n*, stimulus *m*, illecebrae *f/pl*.

Anreizungsmittel *n s. Anreizung*; lenocinium *n*.

anrennen incurrere, incursare, se inferre in; *gegeneinander* ~ concurrere inter se.

anrichten parare, apparare [convivium]; *ein Blutbad* ~ caedem facere, stragem edere.

anrüchig infamiā (aliquā) adspersus, ignominiā notatus; infamis; ~ *sein bei* male audire ab.

anrücken *intr.* (propius) accedere ad, appropinquare, advenire, adventare; ~ *lassen* admovēre.

anrufen (*bittend*) invocare, implorare; (*betend*) precari; (*als Zeugen*) (con)testari, testem invocare.

Anrufung *f* invocatio *f*, imploratio *f*; *e-s Zeugen*: testatio *f*; *nach* ~ *der Muse* musā invocatā.

anrühren tangere, contingere; contrectare.

ansagen indicere; pronuntiare; edicere.

***Ansager** *m* praeco *m*, pronuntiator [*m.*]

ansammeln colligere; *sich* ~ colligi, contrahi, coire; (*zusammenfließen*) confluere.

Ansammlung *f* **1.** *abst.* collectio *f*; **2.** (*Haufen*) acervus *m*, congeries 5 *f*; ~ *von Leuten* hominum concursus 4 *m*; ~ *von Schätzen* opum accumulatio *f od.* coacervatio *f*.

ansässig qui certam sedem ac domicilium alicubi habet (*od.* collocavit); ~ *sein* sedem ac domicilium habēre.

Ansatz *m* (*zum Springen od. Handeln*) impetus 4 *m*; (*in einer Rechnung*) aestimatio *f*; *in* ~ *bringen* inducere in rationem, inferre rationibus.

anschaffen (com)parare, praeparare, providēre; (*durch Kauf*) emere, coemere.

anschauen spectare, contemplari, intueri.

anschaulich quod sub oculos cadit; / dilucidus, perspicuus, expressus, manifestus, illustris, ad intellegentiam accommodatus; ~ *machen* illustrare, perspicuum facere, quasi oculis subicere.

Anschaulichkeit *f* perspicuitas *f*.

Anschauung *f* **1.** contemplatio *f*; **2.** (*Ansicht*) opinio *f*, cogitatio *f* animo informata; **3.** *geistige* ~ conspectus 4 *m*; *zur sinnlichen* ~ *bringen* ante oculos ponere, sensibus et oculis subicere.

Anschauungsvermögen *n* perceptio *f*.

Anschein *m* species *f*; *beim ersten* ~ primā specie; *den* ~ *haben* videri; *sich den* ~ *geben als ob* simulare *m. a. c. i.*

anscheinend: *durch* videri *od.* simulare.

anschicken: *sich* ~ *zu* parare *m. inf.*, se parare ad [dicendum], instituere *m. inf.*

anschielen limis oculis aspicere.

anschießen (leviter) vulnerare, vulnus inferre [ferae].

anschirren iumentis iugum imponere.

Anschlag *m* (*öffentl. Bekanntmachung*) *abst.* promulgatio *f*; (*von zu verkaufenden Gütern*) proscriptio *f*; *konkr.* tabula *f* (*mst pl.*); (*Verordnung*) edictum *n*; *einen* ~ *machen* aestimare; (*Plan*) consilium *n*.

anschlagen 1. *trans.* (*anheften*) figere, affigere; (*öffentlich*) promulgare, proponere; (*öffentlich zum Verkauf stellen*) proscribere; *e-n Ton* ~ sonum edere; **2.** *intr. an etw.* ~ affligi, illidi; impingi; (*v. Hunde*) vocem edere, latrare; (*wirksam sein*) efficacem esse, proficere, prodesse, (bene, optime, nihil) facere; *nicht* ~ frustra esse.

anschlägig consilii plenus, sollers.

anschließen: *mit Ketten* ~ catenis vincire, catenas inicere *m. dat.*; *sich* ~ se applicare, se adiungere; (*als Fortsetzung*) continuari *m. dat.*, (*unmittelbar*) excipere; (*als Begleiter*) sequi, comitem se adiungere; (*gemeinschaftliche Sache machen*) ad causam se adiungere, causam sequi, consilia communicare cum; *sich der Meinung* ~ accedere ad sententiam; (*von Kleidern*) aptum esse, apte haerēre, bene sedēre.

Anschluss *m* adiunctio *f*; *im* ~ *hieran will ich bemerken* quibus propositis dicam; (*das Angeschlossene*) quod additum est, quod adiectum est.

anschmeicheln: *sich* ~ se insinuare in gratiam.

anschmiegen: *sich* ~ se applicare ad, adhaerescere *m. dat.*, servire *m. dat.*

anschmieren allinere; *s. betrügen.*

anschnallen aptare, accommodare; adnectere; fibulā vincire *od.* adstringere.

anschneiden incidere.

anschnüren adstringere.

anschreiben inscribere [monumentis nomen]; (*borgen*) credere; *gut angeschrieben sein* bene audire ab, gratiosum esse apud, gratiā multum valēre apud; *schlecht angeschrieben sein bei* in nullo numero et honore esse apud; *allgemein übel angeschrieben sein* infamiā flagrare.

anschreien inclamare.

Anschuldigung *f* crimen *n*; invidia *f*.

anschwärzen / inducere in invidiam, conflare invidiam *m. dat.*

Anschwärzung *f* **1.** *eig.* denigratio *f*; / **2.** criminatio *f*.

anschwellen 1. *trans.* augēre, (*Segel*) implēre; **2.** *intr.* (in)tumescere, turgescere; (*wachsen*) crescere, augeri, amplificari; *angeschwollen* tumidus, turgidus, (*durch Regen*) imbribus auctus; ~ *sein* tumēre.

anschwemmen aggerere, advehere, alluvione adicere.

Anschwemmung *f konkr.* alluvio *f*.

ansehen adspicere, spectare, oculos convertere *od.* conicere in, intueri, contemplari; *ruhig mit* ~ facile (*od.* aequo animo) ferre (*od.* pati); (*halten für*) putare, existimare, ducere, habēre pro *u. a.*; *als persönliche Beleidigung* ~ in suam contumeliam vertere; *man kann ihm die Krankheit* ~ ex facie *od.* specie eius conicere (*od.* colligere) licet eum aegrotare.

Ansehen *n* (*äußeres*) species *f*, forma *f*, facies *f*; (*Achtung*) existimatio *f*, dignitas *f*, auctoritas *f*, gravitas *f*, amplitudo *f*; *in hohem* ~ *stehen* magna auctoritate esse *od.* florēre, multum auctoritate valēre (*od.* posse) apud; *ohne* ~ *der Person* minime ambitiose.

ansehnlich conspicuus [formā]; (*groß*) magnus, amplus, non mediocris.

ansengen adurere.

ansetzen 1. *trans.* admovēre [scalas] muris]; *die Feder* ~ calamum sumere (*od.* capere, ad scribendum se conferre; *einen Becher* ~ poculum ad ōs movēre); *sich* ~ adhaerescere, inhaerescere *m. dat.*; **2.** *intr.* (*einen Ansatz nehmen*) impetum capere (*od.* sumere); (*v. Pflanzen*) agere [gemmas, radices]; (*stark werden*) corpus facere.

Ansicht *f* aspectus 4 *m* [urbis]; (*Meinung*) sententia *f*, opinio *f*, iudicium *n*; *übereinstimmende* ~ consensus 4 *m*.

ansiedeln collocare in loco, deducere (coloniam, colonos) in locum; *sich* ~ considere, domicilium (*od.* sedem) collocare *od.* constituere [in loco].

Ansiedelung *f* colonia *f*, coloni *m/pl.*

Ansiedler *m* colonus *m*.

anspannen: *die Pferde* ~ equos curru iungere; *angespannter Wagen* currus 4 *m* (equis) iunctus; / *alle Kräfte* ~ omnes nervos contendere.

Anspannung *f* **1.** intentio *f*, contentio *f*; **2.** *von Zugtieren*: iugatio *f*; (*die Art der* ~) iunctura *f*; *nach* ~ *der Pferde* equis curru iunctis.

anspeien conspuere (*od.* inspuere) in faciem [hominis].

anspielen: ~ *auf* tecte (*od.* per ambages) significare (*od.* tangere, describere), iocari in.

Anspielung *f* tecta significatio *f*; *deutliche* ~ *machen* non dubias significationes adicere.

anspießen figere, (hastā) transfigere; affigere ad.

anspinnen (*Böses*) moliri, machinari, conflare; *sich* ~ exoriri, conflari, exardescere.

anspitzen acuere.

Ansporn *m* incitamentum *n*, stimulus; *das ist der mächtigste* ~ *zur Tugend* hoc maxime ad virtutem excitat.

anspornen: *das Pferd* ~ calcaria equo subdere, equum calcaribus concitare; / stimulos admovēre *m. dat.*, incitare ad.

ansprechen 1. *eig.* adpellare; adire; **2.** (*gefallen*) *etw. spricht an* alqd placet; ~**d** facetus.

ansprengen *intr.*: *mit dem Pferde* ~ equo citato advehi, equum immittere ad, equum concitare contra.

anspritzen aspergere.

Anspruch *m* (*Forderung*) petitio *f*, postulatio *f*, postulatum *n*, (*juristisch*) vindiciae *f/pl.*, ius *n*; *etw. in* ~ *nehmen* petere, postulare, sibi vindicare, deposcere; *in* ~ *genommen sein von* distinēri (occupationibus *von Geschäften*), occupatum esse in [causis].

anspruchslos modestus, minime ambitiosus.

Anspruchslosigkeit *f* animus *m* simplex, simplicitas *f*, modestia *f*, animus *m* demissus, verecundia *f*.

anspruchsvoll arrogans, superbus; ~ *sein* multum sibi sumere, nimium sibi tribuere.

anstacheln instigare, stimulare, stimulos admovēre.

Anstalt *f*: ~*en treffen* parare, apparare, praeparare; *alle* ~*en treffen* omnes res comparare ad; *alle* ~*en sind getroffen* omnia provisa sunt; (*Schule*) ludus *m* litterarum.

Anstand *m* (*des Jägers*) statio *f*, insidiae *f/pl.*; *auf dem* ~ *stehen* in insidiis stare, insidiari feris; / ~ *nehmen* dubitare *m. inf.*; (*Haltung*) habitus 4 *m*; (*in der Bewegung*) motus 4 *m*; (*Schicklichkeit*) decorum *n*, decus *n*, honestas *f*; (*Würde*) dignitas *f*, gravitas *f*; (*feiner*~) urbanitas, *f* elegantia *f*.

anständig decōrus, decens, honestus, liberalis, ingenuus, verecundus, lautus [negotium].

anstarren defixis oculis intueri, oculos defigere [in vultu regis].

anstaunen mirabundum (*od.* cum stupore) intueri, admirari, suspicere

anstechen (*ein Fass*) dolium (cortice [remoto) aperire.

anstecken aptare, induere [anulum] digito]; (*Feuer*) accendere, incendere; (*mit Krankheitsstoff*) inficere; *abs. die Krankheit steckt an* morbus ad alios transit (*od.* contagione vulgatur); (*mit Fehlern u. Ä.*) inficere, imbuere.

ansteckend contagiosus; ~*e Krankheit* pestilentia *f*.

Ansteckung *f* (*Krankheitsübertragung*) contactus 4 *m*, contagio *f*.

anstehen aptum (*od.* accomodatum) esse; dignum esse, decēre; *nicht* ~ dedecēre; *etw.* ~ *lassen* differre, intermittere.

ansteigen scandere, ascendere.

ansteigend acclivis.

anstellen (*amtlich*) praeficere [muneri], mandare [munus]; (*veranstalten*) parare, instituere, (*in üblem Sinne*) moliri, machinari; *sich* ~ se gerere [bene, male], *sich* ~, *als ob* simulare *m. a. c. i.*; se praebēre.

anstellig aptus factusque ad, dexter.

Anstellung *f* (*Amt*) munus 3 *n*; *e-e* ~ *bekommen* muneri praefici *od.* praeponi.

anstiften facere, moliri, machinari; conflare [bellum]; *heimlich* ~ subornare [fictum testem].

Anstifter *m* auctor *m*, princeps *m*, machinator *m*, concitator *m*.

anstimmen canere incipere; (*vorsingen*) voce praeire.

Anstoß *m* (*v. außen*) impulsus 4 *m*, impetus 4 *m*; *ohne* ~ *sprechen* volubiliter loqui; *eine Rede ohne* ~ oratio *f* fluens; (*Hindernis, Schwierigkeit*) offensio *f*, impedimentum *n*, difficultas *f*; ~ *geben* offendere [optimos]; ~ *nehmen* offendi [vitio], fastidire [vitium]; (*Ärgernis*) offensio *f*, malum exemplum *n*, res *f* mali exempli.

anstoßen *intr.* offendere, allidi ad, impingi, illidi *m. dat.*; / *mit der Zunge* ~ linguā (*od.* in dicendo) haesitare; (*e-n Fehler begehen*) offendere, labi, peccare.

anstoßend propinquus, proximus; confinis.

anstößig invidiosus, molestus, qui offensionem habet, qui offensioni est; ~ *reden* obscene loqui.

ansträngen iungere [equos curru].
anstreben expetere, adpetere, sequi, sectari, consectari, captare.
anstreichen illinere [colore], inducere [colorem]; notare [verbum].
Anstreichen *n* illitus 4 *m*, inductio *f*; (*Anzeichnen*) notatio *f*; *nach ~ dieses Wortes* hoc verbo notato.
anstrengen: *j-n ~* exercēre, non parcere [viribus]; *sich ~* laborare, (vires) contendere; niti, eniti, coniti, operam dare, incumbere in.
anstrengend acer, vehemens, *~e Arbeit* contentio *f*, labor *m*.
Anstrengung *f* labor *m*, contentio *f*, intentio *f*, studium *n*, opera *f*; *mit aller ~* summa vi (*od.* contentione), omnibus viribus, enixe.
Anstrich *m* (*Farbe*) color *m*; (*Schminke*) fucus *m*; / (*äußerer Schein*) species *f*, color *m* [quidam color urbanitatis]; *e-n ~ von Gelehrsamkeit haben* leviter tinctum (*od.* imbutum) esse litteris.
Ansturm *m* impetus 4 *m*; *den ~ abschlagen* impetum (*od.* vim) repellere; *den ~ aushalten* impetum sustinēre *od.* ferre.
anstürmen magno impetu accurrere, irruere, irrumpere, invehi.
Ansuchen *n* petitio *f*; *dringendes ~* imploratio *f*.
***Antagonismus** *m* simultas *f*, antagonismus *m*.
***Antagonist** *m* adversarius *m*, antagonista *m*.
antasten attrectare, contrectare; (*verletzen*) violare [dignitatem]; in alienas possessiones invadere, bonis alienis manum afferre.
Anteil *m* pars *f*, rata pars *f*; (*Teilnahme*) societas *f*; *haben an* participem (*od.* socium *od.* adiutorem) esse [consilii], societatem habēre cum; *~ nehmen an* participem fieri [doloris], moveri [dolore, gaudio].
***Antenne** *f* antenna *f*.
***Anthropometrie** *f* anthropometria *f*.
Antike *f* opus *n* antiquum, monumentum *n* artis antiquae.
Antipathie *f* naturale quoddam et ingeneratum odium *n*, odium *n* naturale *alcs rei od. adversus alqm*; (*Widerwille*) taedium *n*, fastidium *n alcs od. alcs rei*; *~ haben gegen* naturale odium gerere adversus.
Antipode *m* qui adversis vestigiis contra nostra vestigia stat.
***Antiquar** *m* veterum librorum coemptor *m* et venditor *m*.
Antrag *m* condicio *f*; *e-n ~ machen* condicionem ferre; (*Beantragung e-s Gesetzes*) rogatio *f*, lex *f*, (*an den Senat*) relatio *f*; *e-n ~ stellen* ferre (ad populum), populum rogare, (*als Volkstribun*) rogationem ferre, (*an den Senat*) referre ad senatum; *e-n ~ durchsetzen* rogationem perferre; *ein ~ geht durch* rogatio (*od.* lex) perfertur; *auf Ciceros Antrag* Cicerone rogante (*od.* ferente), (*im Senat*) Cicerone referente (*od.* auctore); *den schriftlichen ~ stellen* litteris postulare, ut.
antragen (*anbieten*) offerre, (*Amt, Ehre*) deferre.
Antragsteller *m* legis lator *m* (*od.* auctor *m*); qui postulat.
antreffen (*unerwartet*) offendere, occurrere *m. dat.*; (*finden*) invenire, reperire.
antreiben impellere, incitare, concitare, stimulare.
antreten 1. *intr.* (*v. Soldaten*) in ordinatos (*od.* ad signa) consistere; **2.** *trans.* ingredi, inire, adire; (*amtl. Tätigkeit*) capessere, accedere ad.
Antrieb *m* (*innerer Trieb*) impetus 4 *m*; *aus eigenem ~* meā (tuā *usw.*) sponte, ipse, ultro; (*äußeres Mittel*) incitamentum *n*, irritamentum *n*, stimulus *m*.
***Antriebswelle** *f* axis motor *m*.
antun (*zufügen*) afficere [honore, ignominiā]; (*gewaltsam*) inferre [vim], afferre [damnum]; *sich Gewalt ~* (*sich mäßigen*) se coercēre, animi impetum continēre; (*sich töten*) mortem sibi consciscere, manus sibi afferre.
Antwort *f* responsum *n*, (*e-s Orakels*) *auch* oraculum *n*; *schriftliche ~ e-s Fürsten* rescriptum *n*; *eine ~ erhalten* responsum ferre; *~ geben* responsum dare (*od.* reddere), *mst nur* respondēre.
antworten respondēre ad (*auf*); *schriftlich ~* respondēre per litteras, rescribere ad (litteris *auf einen Brief*).
Antwortschreiben *n* responsum *n*.
anvertrauen committere, credere, permittere, (*zur Besorgung*) mandare [epistulam]; *sich j-m ~* se (*od.* salutem suam) committere *od.* credere.
anwachsen accrescere *m. dat.*

Anwalt *m* causarum actor *m*; (*gewerbsmäßig*) causidicus *m*; ~ *sein* causas dicere *od.* agere.
anwandeln incessere, invadere, occupare, capere [timor me capit *od.* timore capior].
Anwandlung *f* aliquid; e-e ~ *von Zorn* aliquid irae; *ohne* e-e ~ *von Furcht* sine aliquo timore.
*__Anwärter__ *m* qui aspirat ad.
Anwartschaft *f* spes *f auf* [muneris, hereditatis]; ~ *auf ein Amt haben* muneri designatum esse.
anweben attexere.
anwedeln (*v. Hunde*) adulari.
anweisen assignare, attribuere [agros].
Anweisung *f* (*Zuteilung*) assignatio *f*, attributio *f*; (*auf Geldzahlung*) delegatio *f*; *(*Bank* ~) chartula *f* diribitoria; ~ *geben* praecipere, praescribere.
anwendbar utilis, idoneus, aptus; ~ *sein* usum habēre, usui esse; *auf etw.* ~ *sein* cadere in, pertinēre ad; *nicht* ~ *sein* alienum esse (*od.* abhorrēre) ab.
anwenden uti *m. abl.*, usurpare; (*zu einem bestimmten Zwecke*) adhibēre ad; (*nützlich* ~) in rem suam convertere; (*verwenden*) conferre ad; (*hinrichten*) convertere ad; ponere, collocare [studium, operam in litteris]; (*verbrauchen*) consumere [otium in historia scribenda], impendere [laborem ad]; (*beziehen*) transferre [definitionem in aliam rem]; (*anpassen*) accommodare.
Anwendung *f* usus 4 *m*, *üble* ~ abusus 4 *m*; *eine weite* (*weitere*) ~ *haben* late (latius) patēre.
anwerben (com)parare, conquirere, colligere, conscribere, cogere [milites, colonos]; (*als Söldner*) mercede conducere; *sich* ~ *lassen* nomen dare, profiteri; (*allgemein*) in suas partes trahere (*od.* traducere).
Anwerbung *f* dilectus 4 *m*, conquisitio *f* militum; *nach* ~ *von Soldaten* militibus conscriptis; e-e ~ *halten* dilectum habēre.
anwesend praesens, qui adest, *auch* hic *bzw.* iste; *die Anwesenden* qui adsunt (aderant *usw.*); ~ *sein* adesse *m. dat.*, (*als Zuhörer*) audire, (*als Zuschauer*) spectare; *zahlreich* ~ frequens; *anwesende Versammlung* corona *f*, contio *f*.
Anwesenheit *f* praesentia *f*; *zahlreiche* ~ frequentia *f*; *in* ~ *des Konsuls* coram consule, consule praesente (audiente *od.* arbitro).
anwidern: *etw. widert mich an* taedet me alcs rei *od. mit inf.*
anwiehern adhinnire [equo].
Anwohner *m* accola *m*.
anwünschen precari (*Gutes* bene, *Böses* male od. mala).
Anwurf *m von Kalk usw.* trullissatio *f*.
anwurzeln radices agere; *angewurzelt sein* altissimis radicibus defixum esse; (*wie*) *angewurzelt stehen* defixum stare.
Anzahl *f* numerus *m*; *große* ~ magnus numerus *m*, multitudo *f*, (*v. Sachen*) copia *f*, vis *f*, (*v. Personen*) frequentia *f*; ~ *von Truppen* magnae copiae *f/pl.*, copiarum magnitudo *f*; *geringe* ~ exiguus numerus *m*, paucitas *f*; *in großer* ~ multi, frequentes; *in geringer* ~ pauci.
anzahlen: *e-n Teil des Kaufgeldes* ~ partem pretii solvere *od.* numerare.
Anzahlung *f* pensio *f*; e-e ~ *machen* pensionem solvere *od.* numerare.
Anzeichen *n* signum *n*, indicium *n*; (*Spur*) vestigium *n*; (*Vorzeichen*) prodigium *n*, ostentum *n*; augurium *n*; *gutes* ~ omen *n* bonum, dextrum, secundum; *böses* ~ omen *n* triste, foedum, funestum.
anzeichnen notare, adnotare.
Anzeige *f* significatio *f*, indicium *n*, (*bei der Obrigkeit*) delatio *f*, (*freiwillige*) professio *f* (rei familiaris]; * annuntiatio *f*, nuntius *m* [diurnorum].
anzeigen indicare, significare; (*Zukünftiges*) portendere; (*Geheimes*) enuntiare; (*bei der Obrigkeit*) deferre ad; (*offiziell*) deferre, profiteri.
Anzeiger *m* nuntius *m*, index, icis *m*; *bei der Obrigkeit*: delator *m*.
anzetteln moliri, machinari, struere; *einen Krieg* ~ bellum conflare; *einen Aufruhr* ~ seditionem movēre.
anziehen (*straffziehen*) astringere, adducere [habenas]; intendere [arcum], contendere [nervos]; (*anlocken*) allicere, capere, delectare, tenēre [animum]; (*Kleider*) induere [sibi calceos]; *angezogen* indutus, vestitus.

anziehend iucundus, suavis, blandus.
Anziehungskraft *f*: e-e *unglaubliche ~ haben* incredibiliter (*od.* incredibile quantum, mirum in modum] delectari alqā rē.
Anzug *m* vestis *f*, vestitus 4 *m*, vestimentum *n*; *im ~ sein* adventare; imminēre.
anzüglich acerbus, malignus, criminosus.
Anzüglichkeit *f* verborum aculei *m/pl.*, contumeliae *f/pl.*, maledicta *n/pl.*
anzünden accendere, incendere, inflammare, ignem subicere (*od.* inferre).
Apfel *m* mālum *n*.
Apfelbaum *m* mālus *f*.
***Aphasie** *f* aphasia *f*.
Apostel *m* apostolus *m*.
apostolisch apostolicus, (*gen.*) apostolorum.
Apotheke *f* taberna *f* medicamentorum.
Apotheker *m* pharmacopōla *m*.
Apparat *m* instrumentum *n*.
***Appell** *m* contio *f*, evocatio *f*.
appellieren adpellare; provocare (*nur ad populum*); *an den Schutz des Staates ~* invocare fidem publicam.
Appetit *m* esuries *f*, cibi (*od.* potionis) appetentia *f od.* cupiditas *f od.* desiderium *n*; fames *f*; *mit ~ essen* libenter (*od.* iucunde) cibum sumere *od.* edere *od.* cenare; *keinen ~ haben* cibum fastidire.
Appetitlosigkeit *f* cibi fastidium *n*.
Applaus *m* plausus 4 *m*.
Aprikose *f* prunum *n* Armeniacum.
April *m* (mensis) Aprilis *m*.
Äquator *m* circulus *m* aequinoctialis.
Arbeit *f abst.* opera *f*; (*mechanische*) opus *n*; (*Mühe*) labor *m*; (*Beschäftigung*) occupatio *f*; *konkr.* opus *n*, (*Geschäft*) negotium *n*; (*gestellte Aufgabe*) pensum *n*; *ohne ~* otiosus; qui negotiis vacat.
arbeiten 1. *intr.* opus facere, aliquid agere; (*wissenschaftlich*) litteris studēre (*od.* operam dare), litterarum studiis deditum esse, in doctrinae studiis versari; (*sich abmühen*) laborare, contendere, eniti, operam dare, ut; *an etw. ~* studēre, operam dare, occupatum esse in, incumbere ad; (*im üblen Sinne*) moliri; *an einem Buche ~* librum in manibus habēre; *für etw. ~* servire, consulere [utilitatibus rei publicae].
Arbeiter *m* operarius *m*, mercennarius *m*; (*auf dem Felde*) cultor *m* agrorum, (*beim Schanzen*) munitor *m*, (*Handwerker*) opifex *m*; *die ~* operae *f/pl.*; *fleißiger ~* qui sedulo opus facit.
Arbeitgeber *m* qui homines (ad opus faciendum) conducit.
Arbeitsbiene *f* apis *f* mellifera.
arbeitsfähig laboribus par, operi faciendo par, laboris patiens.
Arbeitsfähigkeit *f* labor *m*.
arbeitsfrei labore (*od.* opere) vacuus, vacuus negotiis.
arbeitslos (opere) vacuus, otiosus.
Arbeitslosigkeit *f* nullum negotium *n*, nullus quaestus 4 *m*, quaestūs inopia *f*.
Arbeitslust *f* amor *m* laboris.
arbeitslustig industrius.
arbeitsam industrius, strenuus.
Arbeitsamkeit *f* industria *f*, labor *m*.
***Arbeitseinstellung** *f* intermissio *f* operum, detrectatio *f* operandi.
Arbeitshaus *n* ergastulum *n*.
Arbeitslohn *m* manūs pretium *n*; merces *f*.
arbeitsscheu fugiens laboris.
Arbeitsscheu *f* fuga *f* laboris.
Arbeitsstätte *f* officina *f*, fabrica *f*; *e-s Künstlers*: artificium *n*.
Arbeitstag *m* dies *m* negotiosus.
Arbeitszeug *n* instrumentum *n/sg*.
Arche *f* (*Noahs*) arca *f*; *übh.* navis *f*.
Archiv *n* tabularium *n*; (*Urkunden*) tabulae *f/pl.* publicae, acta *n/pl.* publica, memoria *f* publica.
Areopag *m* Arēus pagus *m*, Areopagus *m*; *Mitglied des ~* Areopagites ae *m*.
arg malus, pravus, improbus; *ein ~es Wetter* vehemens (*od.* saeva) tempestas *f*.
Ärger *m* aegritudo *f* (animi), ira *f*, stomachus *m*, indignatio *f*, *übh.* dolor *m*.
ärgerlich ad iram proclivior, morosus, difficilis; (*zornig, unwillig*) iratus, stomachosus, indignabundus; *~ werden* irritari; *~ sein* irasci; (*Verdruss erregend*) qui stomachum facit (*od.* movet), molestus, gravis, plenus stomachi.
ärgern offendere, irritare; stomachum facere *m. dat.*; *sich ~ abs.*

stomachari, indignari; *sich ~ über* aegre (*od.* moleste) ferre [stultitiam], gravius commoveri [stultitiā].

Ärgernis *n* (*Anstoß*) malum exemplum *n*, res 5 *f* mali exempli; offensio *f*; *ein ~ geben* malo exemplo vivere *od.* facere *alqd*; *ein ~ nehmen an etw.* offendi alqā rē.

Arglist *f* malitiosa astutia *f*, fraudulentia *f*, fraus *f*, malae artes *f/pl.*

arglistig malitiosus, fraudulentus, dolosus, subdolus.

arglos innocens, simplex, candidus, apertus.

Arglosigkeit *f* innocentia *f*; animus *m* simplex (*od.* apertus).

Argwohn *m* suspicio *f*.

argwöhnen suspicari, suspicionem habēre.

argwöhnisch suspiciosus, suspicax.

Arie *f* canticum *n*, cantilena *f*.

Aristokrat *m* nobilis *m*, nobili loco natus *m*; *pl.* nobiles *m*, principes *m/pl.*; optimates *m/pl.*; boni cives *m/pl.*; (*Parteigänger*) optimatium fautor *m*, nobilitatis studiosus *m*.

Aristokratie *f* (*als Stand*) principes *m/pl.*; (*als Regierungsform*) optimatium dominatus 4 *m*, nobilium potestas *f* atque opes *f/pl.*; is rei publicae status 4 *m*, cum est penes optimates summa potestas *f*; (*als Staat*) civitas *f*, quae a principibus tenetur *od.* in qua est penes optimates summa potestas.

aristokratisch *durch gen.* optimatium, nobilium; (*auf Aristokraten Bezug habend*) qui pertinet ad optimates; (*gesinnt*) optimatium studiosus, optimatibus favens, qui optimatium causam agit.

Arithmetik *f* arithmetica *n/pl.*, arithmetica *f*.

arithmetisch arithmeticus.

arm pauper, tenuis, egens, indigens, inops; (*bettelarm*) mendicus; *sehr ~ sein* in summa egestate esse *od.* versari; pecuniae inopem esse; (*unglücklich, elend*) miser, infelix, miserandus.

Arm *m* bracchium *n*; (*Oberarm u. mit Rücksicht auf die Muskelkraft*) lacertus *m*, manus 4 *f*; (*Umarmung*) complexus 4 *m*; *mit ausgebreiteten Armen* passis manibus; *auf den ~ nehmen* in manus accipere; *in die Arme schließen* complecti, amplecti; *aus den Armen reißen* e complexu avellere; *in den Armen sterben* in complexu [matris] mori; (*e-s Flusses, Hafens u. a.*) bracchium *n*, cornu *n*.

Armband *n* armilla *f*.

***Armbanduhr** *f* horologium *n* in armilla.

Armbinde *f* (*Armschlinge*) mitella *f*.

Armbruch *m* fractura *f* bracchii.

Armbrust *f* arcus 4 *f*.

Ärmel *m* manica *f*; *mit Ärmeln versehen* manicatus.

Ärmelgewand *n* vestis *f* manicata.

Armenhaus *n* ptochotrophēum *n*.

***Armesünderglocke** *f* campana *f* supplicii.

Armkissen *n* cubital *n*.

Armlehne *f* ancon *m*.

Armleuchter *m* candelabrum *n*.

Armschiene *f* canalis *m* bracchii.

Armschmuck *m* armillae *f/pl.*, bracchiale *n*.

armselig (*v. Pers.*) pauperculus; (*elend*) misellus, miserandus; (*v. Sachen*) tenuis, vilis, exilis, exiguus, miser; malus [poeta].

Armseligkeit *f* tenuitas *f*, inopia *f*, miseria *f*, egestas *f*.

Armspange *f* armilla *f*.

Armut *f* paupertas *f*, tenuitas *f*, indigentia *f*, egestas *f*, inopia *f*; (*Bettelarmut*) mendicitas *f*, (*Mangel*) penuria *f*.

Armutszeugnis *n* (*Bescheinigung von Vermögenslosigkeit*) testimonium *n* paupertatis; (*Zeugnis der Dummheit*) testimonium *n* stuporis.

Arrest *m* custodia *f*, carcer *m*, vincula *n/pl.*

Arsenal *n* armamentarium *n*; navalia, -ium *n/pl.*

Art *f* (*Gattung*) genus *n*, (*Unterabteilung*) species *f*; *in seiner ~ einzig* (*dastehend*) in suo genere singularis (*od.* perfectus); *alle Arten von Kummer, Gefahren u. Ä.* omnes aegritudines, omnia pericula; *eine ~ von Hochmut* arrogantia quaedam; (*Beschaffenheit*) natura *f*, indoles *f*, ingenium *n*; *von anderer ~ als jener* diversus ab illo; (*Art und Weise*) mos *m*, consuetudo *f*, ratio *f*, modus *m*; *nach ~* more, ritu, modo; *nach seiner ~ leben* suo instituto vivere; *auf jede ~* omni ratione; *auf diese ~* hac ratione, hoc modo, hunc in modum, ita, sic.

arten (*nach dem Vater*) similem fieri [patris], in mores [patris] abire.
artig bellus; (*niedlich*) venustus, lepidus; (*äußerlich gebildet*) festīvus, urbanus, lepidus, facetus; (*höflich*) comis, facilis; (*gut gesittet*) bene moratus, decorus.
Artigkeit *f* festivitas *f*, urbanitas *f*, lepor *m*, facetiae *f/pl.*, comitas *f*; (*Schmeichelei*) blanditiae *f/pl.*, oratio *f* blanda, (blanda) verba *n/pl.*
Artikel *m* (*Teil einer Schrift*) pars *f*, caput *n*, locus *m*, membrum *n*; (*e-s Vertrages*) lex *f*, condicio *f*; (*Gattung*) genus *n*; *Luxus*~ res *f/pl.* ad luxuriam pertinentes.
artikuliert (*gegliedert*, *deutlich*) articulatus.
***Artillerie** *f* tormenta *n*, res *f* tormentaria.
Arznei *f* medicamentum *n*, medicina *f*; (*Gegenmittel*) remedium *n* ad *od.* contra.
Arzneikunst *f* (ars *f*) medicina *f*.
Arzt *m* medicus *m*.
ärztlich medicus; *~e Hilfe in Anspruch nehmen* medicum adhibēre.
Asbest *m* asbestos 2 *f*, amiantus *m*.
Asche *f* cinis *m*, (*glühende*) favilla *f*; *zu ~ werden* in cinerem redigi; comburi.
aschenartig cinericius, cineraceus, cineri(s) similis.
***Aschenbecher** *m* (vasculum) *n* cinerarium.
aschenfarbig cinereus, cineraceus.
Aschenhaufe *m* cineres *m/pl.* cumulus *m* cineris; *e-e Stadt in e-n ~n verwandeln* oppidum in cinerem (*od.* cineres) vertere, incendio delēre urbem.
Aschenkrug *m* urna *f*.
Aschenregen *m* favilla *f* (eiecta).
asiatisch Asianus; *als Beiname*: Asiaticus.
Ass *m* as *m* (*gen.* assis).
Assel *f* oniscus *m*, centipeda *f*, millepeda *f*, multipeda *f*.
***Assistent** *m* adiutor *m*, minister *m*.
Ast *m* ramus (*kleiner ~* ramulus) *m*, (*im Holze*) nodus *m*.
Ästhetik *f* doctrina *f* elegantiae et venustatis (recte iudicandae); *Regeln f/pl. der ~* artis praecepta *n/pl.*
ästhetisch elegans, venustus, *ästhetisches Gefühl* elegantia *f*, sensus 4 *m*.
ästig ramosus, (*v. Holze*) nodosus.
Astrolog *m* astrologus *m*, mathematicus *m*, caeli interpres *m*.
Astronom *m* astrologus *m*.
Astronomie *f* astrologia *f*, caeli siderumque cognitio *f*.
Asyl *n* asylum *n*.
***Atelier** *n* officina *f*.
Atem *m* (*Atemzug*) spiritus 4 *m*; (*eingeatmete Luft*) anima *f*; (*Atemholen*) respiratio *f*; *wieder zu ~ kommen* respirare; *außer ~ bringen* exanimare; *außer ~ sein* exanimari.
Atemholen *n* respiratio *f*, spiritus 4 *m*.
atemlos exanimatus, (*keuchend*) anhelans.
Atemlosigkeit *f* defectio *f* spiritus (*od.* animae).
Atemzug *m* spiritus 4 *m*; *bis zum letzten ~* usque ad extremum spiritum.
Atheist *m* qui deum esse negat; dei contemptor *m*.
Äther *m* aether *m*; (*Himmel*) caelum *n*.
ätherisch aethereus; (*himmlisch*) caelestis.
Athlet *m* athleta *m*.
Atlas *m* tabularum geographicarum volumen *n od.* liber *m* geographicus.
atmen spirare, respirare, spiritum (*od.* animam) ducere.
Atmosphäre *f* aer *m* terrae proximus (*od.* circumfusus), caelum *n*.
atmosphärisch *durch den gen.* aeris *od.* caeli.
Atom *n* atomus *f*.
***Atombombe** *f* globus *m* atomica vi displodens.
***Attaché** *m* aggregatus *m* diplomaticus.
Attentat *n*: *~ verüben auf* petere.
***Attrappe** *f* imitamen *n*, imitamentum *n*.
Attribut *n* **1.** *Gramm.* attributio *f*, res *f* attributa; **2.** (*Sinnbild*) signum *n*, index *m*.
ätzen adurere.
au *int.* au!; *~ weh!* vae!
auch etiam, quoque; praeterea, insuper; item, ipse quoque, idem (*vgl. Grammatik*); *~ nicht* neque, ne ... quidem; *~ wenn* etsi, etiamsi.
Audienz *f* admissio *f*, aditus 4 *m*; (*Unterredung*) colloquium *n*; *~ geben* aditum dare; admittere ad colloquium, audire, (*im Senate*) senatum dare; *~ fordern* aditum (*od.*

colloquium) petere *od.* postulare ad; ~ *bekommen* aditum obtinēre; admitti, audiri.

Auditorium *n* (*die Zuhörer*) auditores *m/pl.*, audientes *m/pl.*, qui audiunt; corona *f.*

Aue *f* campus *m* herbosus, (*Wiese*) pratum *n*, (*Trift*) ager *m* pascuus, pascua, orum *n/pl.*

Auerhahn *m* tetrao, ōnis *m.*

Auerochs *m* urus *m.*

auf 1. *adv.* (*steht auf!*) surge! surgite! (*ermunternd*) age(dum)! (*öffne[t]!*) aperi, aperite! *auf und ab* sursum et deorsum; ~ *und ab gehen* ultro citroque commeare, (*od.* inambulare); (*von ... auf*) a, ab [a prima adulescentia]; **2.** *prp. m. dat. auf die Frage „wo?"* **a**) *räuml.* in *m. abl.* (*obendrauf*) super *m. acc.*; (*von ... her*) ex, de, a (*auf der Mauer kämpfen* de muro pugnare, *auf dem rechten Flügel* a dextro cornu); **b**) (*bei Angabe des Mittels*) *durch den bloßen abl.* (~ *einem Pferde reiten*, ~ *e-m Wagen fahren* equo, curru vehi); **c**) *m. acc. räuml. auf die Frage „wohin?"* in *m.* acc., *bei den Verben des Setzens, Legens, Stellens* in *m. abl.*; *auf ... zu* ad ... versus, in ... versus; **d**) *zeitl.* (*gleich nach*) post, ex, de, secundum, sub *m. acc.*; (*auf die Frage „wann?"*) *durch bloßen abl., bisw.* ad; (*auf die Frage „auf wann?", auf wie lange?"*) in *m. acc.* (in paucos annos *auf wenige Jahre*); (*bei Zahlangaben*) ad *m. acc.*, circiter, fere; **e**) (*bei Bezeichnung der Veranlassung*) *durch bloßen abl.* (*auf deinen Rat* tuo consilio, te auctore); *bisw. durch* ob, propter, causā, ad; **f**) (*bei Angabe der Art u. Weise*) ad, in, *bloßer abl.* (*auf diese Weise* ad, in hunc modum, hoc modo; *durch adv., auf elende Weise* misere, *aufs Beste* optime, *aufs Neue* de integro).

aufarbeiten conficere.

aufatmen respirare, animum colligere [a metu].

aufbauen [ex]aedificare, exstruere, excitare, erigere, ducere [murum].

aufbewahren (con)servare, asservare, reservare, condere, reponere.

Aufbewahrung *f* conservatio *f*; *j-m etw. zur* ~ *geben* alci alqd servandum dare, alqd apud alqm deponere.

aufbieten (e)vocare, convocare, cogere, excire, excitare; *alle Kräfte* ~ omnes nervos contendere (*od.* intendere), omni studio (*od.* summa contentione) eniti, ut; omni ope atque opera incumbere in, ad; *alles* ~ omnia moliri *od.* tentare, ad omnia descendere.

Aufbietung *f* convocatio *f*; *mit* ~ *aller Kräfte* omnibus viribus conixus.

aufbinden religare; nodare [crines]; (*lockern*) solvere, laxare; / imponere verba dare *m. dat.*

aufblähen inflare; *sich* ~ inflari, intumescere.

aufblasen inflare, sufflare; *sich* ~ inflari, intumescere [superbiā]; *aufgeblasen* inflatus, inani superbiā elatus, vanus, superbus.

aufbleiben cubitum non ire, vigilare; (*offen bleiben*) patēre, apertum esse.

Aufblick *m* suspectus 4 *m.*

aufblicken suspicere [in caelum], oculos (at)tollere.

aufblinken emicare; (*mit Glanz blinken*) effulgēre.

aufblühen (ef)florescere.

aufbrauchen consumere, absumere, conficere.

aufbrausen effervescere, exaestuare; ~*d* fervidus, vehemens.

Aufbrausen *n* fervor *m* (animi).

aufbrechen 1. *trans.* effringere, refringere; **2.** *intr.* rumpi, dirumpi, dehiscere; se aperire, scindi; (*sich in Bewegung setzen*) proficisci, abire, exire, discedere; (*v. Heeren*) castra movēre, signa (con)vellere, vasa colligere; ~ *lassen* educere.

aufbringen (*beschaffen*) (com)parare, conferre, cogere [pecuniam], conficere, efficere [exercitum]; (*kapern*) capere, intercipere [naves]; (*reizen*) commovēre, irā inflammare, exacerbare; *aufgebracht* iratus, irā incensus.

Aufbruch *m* profectio *f*, discessus 4 *m*, iter *n* [parare].

aufbürden imponere [onus], iniungere [civitati leges]; (*zur Last legen*) conferre [legem ad].

aufdecken: *sich* ~ detegere corpus; (*enthüllen*) aperire, detegere, nudare, patefacere.

aufdrängen obtrudere, inculcare; cogere accipere [donum]; *sich* ~ se inferre, se offerre, offerri, se ven-

ditare; (*geistig*) (animo) obici, (animum) subire.
aufdrehen (*z. B. ein Seil*) retorquēre.
aufdringlich importunus, molestus, impudens.
Aufdringlichkeit *f* importunitas *f*, molestia *f*; impudentia *f*.
aufdrücken imprimere [sigillum in cera]; (*durch Drücken öffnen*) vi aperire.
aufeinander alter super alterum, alius super aliud, alium; (*wechselseitig*) invicem, inter se, alius alium, mutuus; ~ *binden* colligare, aliud super aliud ligare, alterum super alterum ligare (*od.* constringere).
aufeinander fahren corruere, concurrere.
aufeinander fallen: collabi.
Aufeinanderfolge *f* continuatio *f*, series *f*, ordo *m*, tenor *m*.
aufeinander folgen (deinceps) inter se excipere, continuari.
aufeinander legen componere, aliud super aliud ponere.
aufeinander stoßen, ~ treffen concurrere (inter se); collidi (inter se); *im Kampfe*: confligere.
aufeinander werfen conicere in unum.
Aufenthalt *m* commoratio *f*; (*Wohnen*) habitatio *f*; (*im Auslande*; peregrinatio *f*; (*Verzug*) mora *f* (*Hindernis*) impedimentum *n*.
Aufenthaltsort *m* sedes *f*, domicilium *n*, solum *n*, habitatio *f*, domus 4 *f*; (*für wilde Tiere*) cubile *n*, lustrum *n*.
auferstanden ab inferis excitatus *od.* revocatus.
auferstehen ab inferis exsistere, reviviscere, ad vitam redire.
Auferstehung *f* reditus 4 *m* in vitam.
Auferstehungstag *m* dies *m* resurrectionis Christi; *von Menschen:* dies *m*, qui nos reddet in lucem.
auferwecken ab inferis excitare, in vitam revocare.
auffahren evehi, ascendere, sublimem abire, evolare; (*aufspringen*) exsilire, prosilire; *im Zorn* ~ irā efferri (*od.* exardescere); **~d** iracundus, vehemens.
Auffahren *n im Zorn*: iracundia *f*, excandescentia *f*.
Auffahrt *f* evectio *f*; *nach der ~ zum Himmel* evectus ad (*od.* in) caelum.
auffallen (*v. Geschossen*) accidere; cadere; (*in die Augen fallen*) conspici, conspicuum (*od.* mirum) esse.
auffallend, auffällig molestus, gravis; notabilis, insignis, conspicuus, mirus, admirabilis, novus; *etw. ~ finden* (ad)mirari, (com)moveri, offendi re.
auffangen excipere, intercipere, colligere.
auffassen (sensibus, mente) percipere, comprehendere cognoscere, cogitare; (*auslegen*) interpretari.
Auffassung *f* cognitio *f*, cogitatio *f*, vis *f* percipiendi; *schnelle ~* celeritas *f* percipiendi.
Auffassungskraft *f*, **~vermögen** *n* vis *f* percipiendi, cogitatio *f*, *schnelle ~* celeritas *f* percipiendi.
auffinden reperire, investigare.
auffischen excipere.
aufflackern exardescere, gliscere.
aufflammen exardescere, inflammari.
auffliegen evolare, subvolare, sublime(m) ferri *od.* tolli *od.* abire.
auffordern (e)vocare, provocare, excitare, invitare, admonēre, (ad-)hortari, impellere, postulare.
auffressen comedere, devorare.
auffrischen renovare.
aufführen: *ein Schauspiel ~* spectaculum edere (*od.* dare), fabulam edere (*vom Schauspieler* agere); ducere [in triumpho]; *sich ~* se gerere [honeste, pro cive].
Aufführung *f* vita *f*, mores *m/pl.*; *gute ~* morum probitas *f*, *schlechte ~* mores *m/pl.* perditi.
auffüllen denuo implēre.
auffüttern (*groß füttern*) nutrire, enutrire.
Aufgabe *f*: *~ eines Amtes* abdicatio *f* muneris; (*aufgegebene Arbeit*) pensum *n*, opus *n*, res *f* proposita, *übh.* res *f*; (*Obliegenheit*) munus *n*; (*zu beantwortende Frage*) quaestio *f*; *es ist meine ~* meum est; *es sich zur ~ machen* sibi proponere, ut; id agere ut; id studēre, ut; *mir ist die ~ gestellt* mihi est propositum, ut.
Aufgang *m* ortus 4 *m*; *bei ~ der Sonne* oriente sole; *nach ~ der Sonne* sole orto; (*örtlich*) ascensus 4 *m*.

aufgeben (*fahren lassen*) dimittere, omittere, deponere, abicere, relinquere, deserere, desistere ab, discedere ab; *die Hoffnung* ~ spem abicere; *seinen Geist* ~ animam efflare; *ein Amt* ~ se abdicare munere; (*auftragen*) praecipere, praescribere, imperare; (*Rätsel u. Ä.*) ponere, proponere.

aufgeblasen inflatus; ~ *sein* inani superbia tumēre.

Aufgeblasenheit *f* superbia *f* inanis, iactatio *f*, vanitas *f*.

Aufgebot *n* (*v. Soldaten*) evocatio *f* (*konkr.* evocati *m/pl.*).

aufgehen (*v. Himmelskörpern*) oriri; (*v. Pflanzen*) enasci, exsistere; *in Flammen* ~ incendio deleri, flammis absumi, igne consumi; *intr.* (*offen werden*) aperiri, patefieri; (*beim Rechnen*) nihil reliqui esse.

aufgeklärt doctus, humanus; (*religiös*) minime superstitiosus.

Aufgeld *n* (*beim Wechseln*) collybus *m*; (*Handgeld*) arrabo *m*.

aufgelegt: ~ *zu* promptus (*od.* paratus *od.* alacer) ad.

aufgeräumt hilaris, laetus, alacer.

Aufgeräumtheit *f* hilaritas *f*, alacritas *f*.

aufgeregt commotus, concitatus; *sehr* ~ commotus et perturbatus.

Aufgeregtheit *f* concitatio *f* animi *od.* mentis.

aufgeweckt alacer, sollers.

Aufgewecktheit *f* alacritas *f*, (ingenii) sollertia *f*.

aufgießen infundere, superfundere, affundere.

aufglimmen ignescere.

aufgraben fodere, effodere, eruere, aperire.

aufgreifen 1. *konkr.* comprehendere, deprehendere, adprehendere; *e-n Flüchtigen* ~ retrahere (*od.* reducere) fugientem; / **2.** *ein Wort* ~ reprehendere verbum.

Aufguss *m* **1.** (*das Aufgießen u. das Aufgegossene*) suffusio *f*; **2.** (*das Aufgegossene*) dilutum *n*; quod infunditur.

aufhacken (*zum Einpflanzen*) pastinare *terram*; fodere *solum*; *Eis* ~ glaciem dolabrā (*od.* dolabris) perfringere.

aufhalsen *j-m etw.* ~ alqd in cervicibus alcs imponere, in collum tollere alci alqd.

aufhalten 1. (*hindern*) morari, remorari, demorari; moram facere; moram adferre; retinēre; continēre; (*verzögern*) tardare, retardare; ducere, trahere; *die Feinde* ~ hostes comprimere; *die Zuhörer* ~ audientes tenēre; **2.** *sich* ~ morari, commorari; vitam dēgere; **3.** (*wohnen*) habitare *usw.*; **4.** *sich bei etw.* ~ haerēre circa alqd; *sich bei etw. zu lange* ~ longiorem esse in alqā rē; **5.** *sich über j-n* ~ cavillari alqm, reprehendere, carpere, vellicere alqm.

aufhängen suspendere (ex, de); *sich* ~ se suspendere [de ficu], vitam suspendio (*od.* laqueo) finire.

aufhäufen *s. anhäufen.*

aufheben (*in die Höhe heben*) tollere, attollere; (sub)levare; (*wegnehmen*) capere, intercipere, opprimere [incautos]; (*abschaffen*) tollere, abrogare [legem]; (*für immer*) abolēre, funditus tollere; (*Versammlungen*) mittere, dimittere; (*plötzlich*) dirimere, praecidere.

Aufheben *n*: *viel Aufhebens machen von* iactare [res gestas], venditare, miris laudibus efferre.

aufheften adfigere.

aufheitern (ex)hilarare, relaxare [animum]; *das Gesicht* ~ frontem explicare.

aufhelfen levare, allevare, sublevare, erigere; *sich* ~ se sublevare, se in pedes excipere; *dem Staate* ~ rei publicae subvenire, rem restituere, rei publicae adflictae medēri.

aufhellen (*deutlich machen*) illustrare, explanare.

aufhetzen excitare, excire, exagitare.

aufhorchen aures arrigere *od.* erigere, auscultare.

aufhören desinere, desistere, absistere, finem facere [dicendi]; (*ein Ende nehmen*) desinere, finem habēre (*od.* capere).

aufjagen excitare [feras].

aufkaufen coëmere.

aufkeimen germinare, pullulare.

aufklappen replicare.

aufklären: *es klärt sich auf* caelum serenum fit, disserenascit; (*deutlich machen*) illustrare, explicare, explanare.

Aufklärung *f* **1.** *vom Wetter*: serenitas *f*; **2.** (*Erklärung*) explanatio *f*,

illustratio *f*; (*Bildung*, *Einsicht*) intellegentia *f*, doctrina *f*, eruditio *f*, humanitas *f*.
aufkleben adglutinare *alqd alci rei*.
aufknacken frangere [nuces].
aufkochen recoquere; *intr.* effervescere.
aufkommen: *nicht ~ lassen* reprimere, opprimere.
aufkratzen refricare [vulnus], exulcerare [cutem].
aufkündigen renuntiare [amicitiam]; *e-e Schuld ~* pecuniam repetere.
auflachen cachinnare, cachinnum tollere (*od.* edere).
Auflachen *n* cachinnatio *f*, cachinnus *m*.
aufladen imponere (*auf etw.* alci rei *od.* in alqd); onerare alqā re; *sich Hass ~* odium suscipere, odium in se convertere.
Auflage *f* editio *f*; * *neue ~ machen* librum denuo edere.
auflauern insidiari.
Auflauf *m* concursus 4 *m*, tumultus 4 *m*.
auflaufen **1.** (*von Schiffen*) adhaerescere ad.
aufleben reviviscere, in (*od.* ad) vitam redire, renasci.
auflegen imponere; (*Strafen*) irrogare; (*Lieferungen*) imperare; (*Pflichten*) iniungere.
auflehnen: *sich ~* inniti [humeris]; (*sich widersetzen*) detrectare imperium, seditionem facere *od.* movēre.
auflesen legere, colligere.
aufliegen: *sich ~* cubando exulcerari.
auflockern mollire.
auflodern exardescere, conflari.
auflösen solvere, resolvere, dissolvere; (*Verwickeltes*) expedire; (*auseinander nehmen*) dirimere; (*in Flüssigkeiten*) diluere, liquefacere; (*lockern*) laxare; (*entknoten*) enodare; (*Versammlung*) dimittere; *der Staat löst sich auf* res publica dilabitur; *sich in Tränen ~* effundi in lacrimas; *intr.* interire, mori.
auflöslich dissolubilis, qui (dis-) solvi potest.
aufmachen aperire, relinere [lagoenam]; *sich ~* proficisci, abire, discedere.
aufmarschieren incedere; (*v. Soldaten*) acie instructā procedere; *aufmarschiert sein* acie instructā stare, in acie consistere; *~ lassen* aciem instruere, in aciem educere.
aufmerken animum attendere (*od.* intendere), appellere, advertere ad, attento animo audire, aures arrigere (*od.* erigere).
aufmerksam attentus, intentus, erectus, diligens; *~ machen* animum (pueri) advertere ad, monēre; *alle auf sich ~ machen* omnium oculos animosque ad se convertere.
Aufmerksamkeit *f* animus *m* attentus, cura *f*, diligentia *f*; *~ auf sich lenken* animum in se convertere; (*im Benehmen*) observantia *f*, officium *n*, studium *n*, verecundia *f*; *~ erweisen* observare, colere, studēre *m. dat.*
aufmuntern hortari, adhortari; confirmare animum.
Aufmunterung *f* (ad)hortatio *f*; (*Aufmunterungsmittel*) incitamentum *n*.
Aufnahme *f* (*Zulassung*) aditus 4 *m*, admissio *f*, (*gastliche*) hospitium *n*; *~ gewähren* recipere, excipere; *eine gute ~ finden* bene (*od.* benigne, liberaliter, liberali hospitio) accipi (*od.* excipi); *in ~ sein* florēre, vigēre; *in ~ kommen* probari, commendari, celebrari, usitatum fieri.
aufnehmen (*in die Höhe nehmen*) tollere; (*ausmessen*) (di)metiri, describere; (*gastlich*) recipere, excipere [hospitio, hospitaliter, benigne, tecto, domo]; (*auslegen*) *gut* (*übel*) *~* in bonam (malam) partem accipere, aegre (*od.* moleste, graviter) ferre; (*in eine Gesellschaft u. Ä.*) recipere, adsciscere, adscribere in numerum; (*durch Wahl*) legere; (*in ein Kollegium*) cooptare; *es ~ mit* congredi cum; in certamen descendere cum; (*gewachsen sein*) parem esse, non inferiorem esse [adulescente].
Aufnehmer *m* receptor *m*.
aufnötigen invito [adulescenti] offerre.
aufopfern (*dem Untergange preisgeben*) perdere, morti offerre *od.* obicere; *sich ~ für* vitam (sanguinem) profundere pro, pro salute mortem oppetere, se suamque vitam condonare [patriae]; (*freiwillig hingeben*) concedere, condonare, dimittere; *etw. von seinen Rechten ~* paululum de iure suo decedere.

aufpacken imponere; *intr.* sarcinas (*od.* vasa) colligere.
aufpassen 1. *trans.* aptare; **2.** *intr.* animum attendere (*od.* intendere, advertere).
Aufpasser *m* speculator *m*, insidiator *m*.
aufpflanzen erigere; *eine Fahne* ~ signum (*od.* vexillum) proponere; *Geschütze* ~ tormenta disponere.
aufpicken: *die Eier* ~ ova rostris pertundere.
aufplatzen rumpi.
aufprägen imprimere.
aufraffen arripere, raptim colligere; *aufgerafft* (*v. Soldaten*) tumultuarius, subitarius, raptim collectus; *sich* ~ surgere, resurgere; (*sich erholen*) se reficere, recreari, animum colligere.
aufragen eminēre.
aufräumen res suo loco reponere *od.* in ordinem redigere, confusa digerere; (*wegschaffen*) tollere, dimovēre; *unter den Feinden* ~ stragem hostium facere.
aufrechnen compensare.
aufrecht rectus, erectus, celsus; ~ *stellen* erigere.
aufrechterhalten sustinēre, sustentare, (con)servare, custodire, fulcire, tueri; (*e-e Behauptung*) tenēre.
Aufrechterhaltung *f* conservatio *f*, tutela *f*.
aufregen excitare, concitare, incitare, (ex)agitare, (com)movēre; *sich* ~ tumultuari.
Aufregung *f* commotio *f*, concitatio *f*, perturbatio *f* (animi).
aufreiben atterere; consumere, conficere; *den Feind* ~ hostes ad internecionem caedere (*od.* delēre *od.* occidione occidere), concidere.
aufreißen 1. *trans.* divellere, convellere, rumpere, (di)scindere; *den Boden* ~ terram proscindere; *eine Wunde* ~ vulnus refricare; **2.** *intr.* scindi, findi, rumpi, rimas agere.
aufreizen incitare, concitare.
aufrichten erigere, excitare, (sub-)levare; *sich* ~ se erigere, (as)surgere; (*ermutigen*) confirmare, recreare [animum afflictum].
aufrichtig (*wahr*) verus; (*rein*) candidus; (*ohne Falsch und Trug*) sincerus, simplex; (*unverfälscht*) incorruptus; (*gerade, richtig*) rectus; (*zuverlässig*) fidus; (*redlich*) probus; (*eines freien Mannes würdig*) ingenuus.
Aufrichtigkeit *f* veritas *f*, animi candor *m*, sinceritas *f*, simplicitas *f*, fides *f*, probitas *f*, ingenuitas *f*.
aufriegeln reserare, aperire; *intr.* pessulum reducere.
aufritzen leviter incidere.
aufrollen: *den Vorhang* ~ aulaeum tollere; (*auseinander rollen*) evolvere, (re)volvere, explicare.
aufrücken ascendere ad ampliorem gradum.
Aufruf *m* exhortatio *f*, appellatio *f*; (*zum Kriege*) evocatio *f* (militum), convocatio *f* (populi); *konkr.* edictum *n*.
aufrufen (nominatim) appellare, (e)vocare, citare.
Aufruhr *m* seditio *f*, motus 4 *m*, tumultus 4 *m*, concursus 4 *m*; (*von überwundenen Völkern*) rebellio *f*; *zum* ~ *zu verleiten suchen* sollicitare, concitare; ~ *des Gemüts* (vehementior) animi motus 4 *m*, perturbatio *f*; *alles in* ~ *bringen* omnia miscēre ac turbare.
aufrühren (com)movēre, agitare, turbare, miscēre.
Aufrührer *m* homo *m* seditiosus (*od.* turbulentus *od.* factiosus); turbator *m* plebis; seditionis auctor *m*, contionator *m*.
aufrührerisch seditiosus, turbulentus, rerum novarum cupidus; (*v. e-m Lande*) infestus.
aufrütteln excutere [somno].
aufsagen pronuntiare, recitare, declamare.
aufsammeln legere, colligere.
aufsässig inimicus, infestus, infensus; ~ *machen* odium concitare [Gallorum in Romanos]; *gegen sich* ~ *machen* odium in se concitare.
Aufsässigkeit *f* animus *m* inimicus infensusque; inimicitiae *f/pl.*, odium *n*.
Aufsatz *m* libellus *m*, commentatio *f*, scriptum *n*; *kleiner* ~ commentariolus *m*.
aufschauen suspicere, oculos tollere.
aufscheuchen excitare.
aufschichten exstruere, struem facere.
aufschieben differre [in aliud tempus], proferre [diem]; procrastinare, prolatare, (ex)trahere; *von einem*

Tage zum andern ~ diem ex die ducere.
aufschießen adolescere, herbescere.
***Aufschlag** *m* pretium *n* auctum.
aufschlagen tollere [oculos]; (*ein Zelt*) tendere (*od.* statuere); (*ein Lager*) ponere (*od.* facere), *ein festes Lager* ~ castra munire; *seinen Wohnsitz* ~ sedem ac domicilium constituere; (*öffnen*) effringere; *ein Buch* ~ librum evolvere (*od.* inspicere *od.* adire); *intr.* (*im Preise steigen*) cariorem fieri, pretium crescit, (*v. Getreide*) annona crescit (*od.* ingravescit).
aufschließen recludere, aperire.
aufschlitzen scindere, dissecare, dividere.
Aufschluss *m*: ~ *geben* rationem reddere de; ~ *haben wollen* cognoscere velle, rationem petere.
aufschnallen (*losschnallen*) solvere, diffibulare, refibulare.
aufschneiden 1. *trans.* insecare, incidere; **2.** *intr.* gloriosius loqui, gloriose mentiri, insolentius se iactare.
aufschnüren (re)laxare [vincula tunicarum].
aufschrecken exterrēre (*intr.* exterreri).
Aufschrei *m* conclamatio *f*.
aufschreiben scribere, perscribere, litteris consignare (*od.* mandare *od.* notare); *in eine Liste* ~ in tabulas referre; (*als Inschrift*) inscribere [in statua].
aufschreien (magnum) clamorem tollere (*od.* edere); conclamare, exclamare.
Aufschrift *f* inscriptio *f*, index *m*, titulus *m*, (*in Versen*) carmen *n*, (*monumentale*) epigramma *n*, (*auf Gräbern*) elogium *n*; *eine* ~ *setzen auf* inscribere [statuam].
Aufschub *m* dilatio *f*, prolatio *f*, procrastinatio *f*; (*Verzug*) mora *f*, retardatio *f*; *ohne* ~ sine mora, nullā morā interpositā.
aufschürzen succingere.
aufschütten superfundere; *Öl* ~ oleum lumini instillare.
aufschwemmen: *den Körper* ~ corpus nimio umore implere; *ein aufgeschwemmter Körper* corpus 3 *n* umoribus grave.
aufschwingen: *sich* ~ evolare, subvolare, sublimem abire; (*geistig*) attolli, (altius) assurgere, augeri, crescere, impetum sumere.
Aufschwung *m* (*geistig*) (acrior) animi impetus 4 *m*, spiritus 4 *m*; *erfreulichen* ~ *nehmen* efflorescere et redundare.
Aufsehen *n* admiratio *f*, motus 4 *m*; ~ *machen* admirationem (hominum) movēre, hominum oculos ad se convertere; *ohne* ~ sine tumultu, sine strepitu; ~ *erregend* magnus [scelus].
Aufseher *m* custos *m*, praefectus *m*, curator *m*, magister *m*, (*über die Sitten*) censor *m*; *zum* ~ *machen* praeficere, praeponere *m. dat.*; ~ *sein* praeesse *m. dat.*
Aufseheramt *n* custodis munus *n*, custodia *f*, praefectura *f*, cura *f*.
auf sein e lecto surrexisse; vigilare; (*offen sein*) patēre.
aufsetzen: *Speisen* ~ cibos apponere; *e-n Helm* ~ galeam induere; *e-n Brief* ~ conscribere, componere epistulam.
aufseufzen ingemiscere, suspirare, suspiria trahere.
Aufsicht *f* custodia *f*, cura *f*, tutela *f*, praesidium *n*; (*als Amt*) praefectura *f*; *die* ~ *führen* praeesse, praefectum esse *m. dat.*, curam gerere; *unter* ~ *des Lehrers* custode (*od.* praesente) magistro.
aufsitzen equum conscendere.
aufspannen (*die Segel*) pandere.
aufsparen servare, reservare; (*verschieben*) differre.
aufspeichern horreo condere.
aufsperren pandere; (*den Mund*) diducere.
Aufsperren *n des Mundes* hiatus 4 *m* [oris]; rictus 4 *m*; (*Gähnen*) oscitatio *f*.
aufspießen configere, (*vorn*) praefigere [hastae, in hasta].
aufsprengen frangere, effringere, rumpere.
aufspringen exsilire, prosilire, exsultare; (*sich plötzlich öffnen*) subito se aperire, repente expandi; (*sich spalten*) findi, rimas agere.
aufspritzen emicare.
aufsprudeln effervescere; (*v. Quellen*) scaturire; (*v. Meer*) exaestuare.
aufspüren indagare, investigare, odorari.
aufstacheln instigare, acuere, accendere, inflammare.

aufstampfen pedem supplodere.
Aufstand *s. Aufruhr.*
aufstechen acu aperire.
aufstecken praefigere [capita in hastis]; *das Haar* ~ capillos componere; *ein Licht* ~ menti lumen praeferre.
aufstehen surgere, ex-, con-, assurgere, se erigere; *von den Toten* ~ ab inferis exsistere; (*sich empören*) seditionem movēre, (*v. besiegten Völkern*) rebellare; exsurgere contra, detrectare imperium, deficere ab.
aufsteigen ascendere, escendere; *aufs Pferd* ~ equum conscendere; (*entstehen*) (ex)oriri, nasci; *der Gedanke steigt in mir auf* cogitatio mihi occurrit, hoc mihi in mentem venit; *die Erinnerung steigt in mir auf* recordatio animum meum subit.
aufsteigend acclivis.
aufstellen statuere, constituere, ponere, disponere, collocare; *ein Heer in Schlachtordnung* ~ aciem instruere (*od.* legiones in acie constituere); *sich* ~ consistere; (*sichtbar*) proponere [in publicum, in publico]; (*vorbringen*) proferre, producere [testes]; ponere [pro certo]; tendere *od.* ponere [retia].
Aufstellung *f* dispositio *f*; ~ *e-s Heeres in Schlachtordnung* instructio *f* militum; ~ *von Beispielen* prolatio *f* exemplorum; ~ *nehmen* consistere.
aufstemmen: *den Arm* ~ inniti cubito; *sich* ~ niti, coniti, incumbere.
aufstöbern investigare, indagare; *ein Wild* ~ animadvertere ex vestigiis, quo fera se receperit.
aufstöhnen ingemiscere.
aufstören excitare.
aufstoßen 1. *trans.* effringere, vi aperire; **2.** *intr. es stößt mir auf* mihi obvium est [in legendo].
Aufstoßen *n von Speisen*: stomachi redundatio *f*, ructus 4 *m*; ~ *verursachen* ructum movere *od.* facere.
aufstreben (e)niti, superiora (*od.* maiora) (ap)petere, altius evolare.
aufstreuen inspergere, adspergere.
aufstützen niti, inniti; *den Arm* ~ inniti cubito.
aufsuchen quaerere, an-, in-, conquirere.
auftakeln armare, armamentis instruere.
auftauchen emergere; se emergere, emergi.
auftauen 1. *trans.* liquefacere, solvere; **2.** *intr.* liquefieri, liquescere, solvi.
auftischen exstruere [epulas], apponere [cenam].
Auftrag *m* mandatum *n*; negotium *n*; *einen* ~ *geben* mandare, negotium dare; *einen* ~ *ausführen* mandatum exsequi (*od.* perficere), negotium conficere (*od.* expedire); *im* ~ mandatu, iussu.
auftragen (*Speise*) apponere; (*Farbe*) inducere, illinere; (*ein Geschäft*) mandare, demandare, deferre, iniungere, iubēre.
Auftraggeber *m* mandator *m*.
auftreiben cogere, conquirere [pecuniam]; *aufgetrieben* tumidus [venter], turgidus.
auftrennen solvere; (*Genähtes*) dissuere, (*Gewebtes*) retexere.
auftreten humo niti, insistere; ingredi; *leise* ~ suspenso gradu (*od.* placide) ire; / lenius agere, molliter facere; (*öffentlich*) prodire in publicum (*od.* in medium), procedere, surgere; *vor einer Versammlung* ~ in contionem prodire; *auf der Bühne* ~ in scaenam prodire; *auf der Rednerbühne* ~ in rostra escendere; *als Redner* ~ causas agere, forum attingere; orationem habēre, verba facere, causam defendere, dicere pro, contra; ~ *lassen* producere [in scaenam], inducere [iuvenes armatos]; (*entstehen*) oriri, exoriri, exsistere [morbus].
Auftreten *n* **1.** (*auf den Boden*) nisus 4 *m*; (*Einhergehen*) ingressus 4 *m*; *Hervortreten*) adventus 4 *m*, aditus 4 *m*, proventus 4 *m*; *nach s-m* ~ *als Redner* cum forum attigisset; **2.** (*Benehmen*): *mutiges* ~ virtus et fortitudo *f*.
Auftritt *m* (*im Schauspiel*) scaena *f*; (*Vorgang*) res *f*, casus 4 *m*; (*Schauspiel*) spectaculum *n*; *stürmischer* ~ tempestas *f*; *unruhiger* ~ motus 4 *m*.
auftun 1. (*auftragen*) adponere (cibos); **2.** (*öffnen*) aperire, patefacere; *die Augen* ~ oculos aperire (*od.* tollere, allevare); *den Mund* ~ (*zum Reden*) hiscere.
auftürmen [montis instar) exstruere, erigere, exaggerare, con-

gerere, cumulare; *sich* ~ excitari, erigi, consurgere.
aufwachen expergisci, somno excitari.
aufwachsen crescere, adolescere, nutriri, ali.
aufwallen aestuare, exaestuare, effervescere.
Aufwallung *f* aestus 4 *m*, ardor *m*, impetus 4 *m*; ~ *des Zornes* iracundia *f*.
Aufwand *m* sumptus 4 *m*; (*Kosten*) impensa *f*, impendium *n*, dispendium *n*; (*Verschwendung*) effusio *f*, luxus 4 *m*, (*Pracht*) apparatus 4 *m*; *wenig* ~ *machen* parce vitam agere.
aufwärmen recalefacere, recoquere; / repetere, refricare.
aufwarten (*als Diener*) famulari, ministrare; (*einen Beamten*) apparēre; *mit etw.* ~ ministrare [cenam].
Aufwärter(in *f*) *m* minister *m* (-stra *f*), famulus *m* (-la *f*), puer *m* (puella *f*).
aufwärts sursum, sublime; ~ *gehend* acclivis; ~ *blicken* suspicere; *strom*~ *fahren* adverso flumine navigare.
Aufwartung *f* ministerium *n*; (*Besuch*) salutatio *f*; ~ *machen* salutare.
aufwecken expergefacere, (e) somno excitare.
aufwehen: *Staub* ~ pulverem excitare.
aufweichen (e)mollire.
aufweisen ostendere, afferre, proferre, exhibēre.
aufwenden impendere, consumere.
aufwerfen: *Erde* ~ terram adaggerare; *e-n Damm* ~ aggerem (*od.* vallum) exstruere (*od.* iacere *od.* facere); *einen Graben* ~ fossam ducere; / (*vorbringen*) ponere, proponere, afferre; *sich zum König* (*Tyrannen*) ~ regnum (tyrannidem) occupare; *zum Schiedsrichter* ~ arbitrum se offerre.
***Aufwertung** *f* revaloratio *f*.
aufwickeln revolvere.
aufwiegeln sollicitare, concitare, incitare.
aufwiegen (*übertreffen*) superare, superiorem esse [illo]; *ein Kato wiegt viele Tausende auf* unus Cato est pro multis milibus.
Aufwiegler *m* concitator *m*, turbator *m*.
aufwinden (*in die Höhe winden*) sursum torquēre (*od.* trahere); (*Anker*) moliri.
aufwirbeln 1. *trans.* volvere, movēre, excitare, colligere; **2.** *intr.* volvi, excitari.
aufwogen (ex)aestuare.
aufwühlen effodere, eruere.
aufzählen enumerare, dinumerare; *Schläge* ~ plagas infligere [servo].
Aufzählung *f* numeratio *f*; dinumeratio *f*; enumeratio *f*; *nach* ~ *der Gründe* causis enumeratis.
aufzäumen (in)frenare.
aufzehren consumere, absumere, comedere; *sich* ~ confici [curis].
aufzeichnen describere.
aufzeigen ostendere, ob oculos ponere.
aufziehen 1. *trans.* intendere [chordas, horologium]; (*in die Höhe ziehen*) tollere, subducere [vitem]; (*großziehen*) educere, educare, nutrire, alere; (*verspotten*) ludere, ludificari, ludibrio habēre; *die Wachen* ~ *lassen* militari more vigilias deducere; **2.** *intr.* (*v. Wolken, Wetter u. Ä.*) cooriri, colligi.
Aufzug *m* (*beim Gewebe*) stamen *n*; (*im Schauspiel*) actus 4 *m*; (*Kleidung*) vestitus 4 *m*, cultus 4 *m*, ornatus 4 *m*, habitus 4 *m*; (*feierlich*) pompa *f*; * (*Fahrstuhl*) elevator *m*, machina *f*, scansoria.
aufzwingen obtrudere.
Augapfel *m* pupilla *f*, pupula *f*; (*als Liebkosungwort*) ocellus *m*, deliciae *f/pl.*, lux *f*.
Auge *n* oculus *m*, lumen *n*; *die Augen werfen auf* oculos conicere in [vos]; *soweit das* ~*reicht* quā visus est; *die Augen auf sich lenken* oculos in se convertere; conspici; *im* ~ *haben* sequi, spectare, prospicere *m. dat.*; *j-m aus den Augen gehen* abire e conspectu, fugere conspectum; *in die Augen fallen* sub oculos cadere, apparēre, conspici; *in die Augen fallend* insignis; *in meinen Augen* me iudice, meā sententiā; *vor den Augen* in conspectu, sub oculis [consulis]; *vor Augen haben* habēre ante oculos; *vor Augen kommen* in conspectum venire; *vor Augen liegen* in conspectu esse; *vor Augen stellen* ob oculos ponere, proponere; *vor Augen halten* in conspectum proferre; *im*

~ *behalten* curae, cordi esse; *unter vier Augen* secreto, remotis arbitris; *aus den Augen lassen* oblivisci, neglegere; (*an Pflanzen*) oculus *m*, gemma *f*; (*am Würfel*) punctum *n*.
Augenarzt *m* medicus *m* ocularius.
Augenblick *m* punctum *n* temporis, momentum *n* temporis; (*entscheidender*) discrimen *n* (rerum); *in jedem* ~ omni tempore; *im* ~ *der Gefahr* in ipso periculi discrimine; *günstiger* ~ occasio *f*, temporis opportunitas *f*; *es ist kein* ~ *zu verlieren* res non habet moram; *e-n* ~ paulisper; *auf einen* ~ parumper; *für den* (*gegenwärtigen*) ~ in praesentia, in praesens, ad tempus; *auch nicht einen* ~ ne paulum quidem; *bis zum letzten* ~ usque ad extremum.
augenblicklich **1.** *adj*. praesens, brevissimus; subitus; **2.** *adv*. puncto temporis, e vestigio, extemplo.
Augenbraue *f* supercilium *n*.
Augendiener *m* adsentator *m*, adulator *m*.
Augenentzündung *f* oculorum inflammatio *f*; lippitudo *f*; *an* ~ *leiden* oculos inflammatos habēre, lippire; *an* ~ *leidend* lippus.
augenfällig promptus ac propositus; ~ *sein* ante oculos esse.
Augenfehler *m* oculi (*od*. oculorum) vitium *n*.
Augenhöhle *f* oculi cavea *f*.
augenkrank oculis aeger.
Augenkrankheit *f* oculorum morbus *m od*. valetudo *f*; *e-e* ~ *haben*, *an e-r* ~ *leiden* oculos aegros habēre.
Augenlicht *n* lumina *n/pl*. (oculorum).
Augenlid *n* palpebra *f*.
Augenlust *f* oculorum voluptas *f*, oblectatio *f*; spectaculum *n*.
Augenmaß *n* oculorum iudicium *n*; *oft bloß* oculus.
Augenmerk *n*: *sein* ~ *richten auf* spectare, sequi, sibi proponere, animum intendere ad, in.
Augensalbe *f* collyrium *n*.
Augenschein *m* aspectus 4 *m*, species *f*; *etw. in* ~ *nehmen* contemplari, perlustrare, inspicere, spectare; *der* ~ *lehrt* res ipsa docet, indicat; apparet *m. a. c. i.*; *dem* ~ *nach* specie, in speciem.
augenscheinlich perspicuus, evidens, apertus; *es ist* ~ apparet, manifestum est.
Augenscheinlichkeit *f* evidentia *f*, perspicuitas *f*, fides *f* manifesta.
Augenstern *m* pupula *f*, pupilla *f*.
Augenzahn *m* dens *m* caninus.
Augenzeuge *m* testis et spectator *m*; *ich war* ~ ipse vidi *od*. interfui [rebus].
Augur *m* augur *m*.
Auguramt *n* auguratus 4 *m*.
Augurstab *m* lituus *m*.
August *m* (mensis) Sextilis.
Auktion *f* auctio *f*; (*konfiszierter Güter*) sectio *f*; hasta *f*; *in der* ~ *verkaufen* sub hasta vendere; *in der* ~ *verkauft werden* sub hasta venire; ~ *veranstalten* auctionem facere, auctionari.
Auktionator *m* praeco *m*.
Auktions... auctionarius; **~verzeichnis** *n* tabulae *f/pl*. auctionariae.
aus **1.** *prp*. **a**) (*räumlich*) e, ex, de, ab, a; (*die Abstammung bezeichnend*) *m. adj*. [*Solon aus Athen* Solo Atheniensis]; **b**) (*v. Stoffe*) ex, e *od. m. adj*. (*Gefäße aus Silber* vasa argentea); **c**) (*wegen*) propter, ob *od. bloßer abl*. (*aus Furcht* propter timorem, timore); *oft durch part. m. abl.*: ductus, inductus, adductus, impulsus, motus *u. Ä.* (*aus Hass* odio incensus); *bisw. auch* per (per avaritiam decipere, per imprudentiam *aus Unwissenheit*) *und* de (qua de causa *aus welchem Grunde*?); **d**) (*mit Anwendung von*) *durch bloßen abl*. (*aus allen Kräften* omnibus viribus); **e**) (*bei Hervorhebung aus einer Menge*) ex, inter, in (unus ex iis *e-r aus ihrer Zahl*) *od. durch gen. part*. [multi civium]; **2.** *adv*. *das Schauspiel ist* ~ ludi finiti sunt; *es ist* ~ *mit mir* actum est de me; *ich weiß weder aus noch ein* quo me vertam, nescio.
ausarbeiten (*mit dem Grabstichel*) exsculpere, (*mit der Axt*) dolare; (*verfertigen*) perficere, conficere, componere; (*schriftlich*) (con)scribere; *schön ausgearbeitet* elaboratus; limare, ornare, expolire, perpolire; *bei Licht* ~ lucubrare.
ausarten degenerare, depravari, corrumpi, in peius mutari; *ausgeartet* degener.
ausatmen animam respirare et reddere; *den Geist* ~ animam efflare, extremum spiritum edere.

Ausatmung *f* respiratio *f*.
ausbaden (*büßen, entgelten*) luere; *das werde ich* ~ *müssen* istaec in me cudetur faba; *du wirst alles* ~ *müssen, was du selbst begangen hast* tibi omne exedendum erit, quod tute intriveris.
ausbauen exaedificare; perficere, conficere.
ausbedingen: *sich* ~ pacisci [provinciam], depacisci [sibi tria praedia]; *ausbedungen* pactus.
ausbessern reficere, reparare, (re-)sarcire; emendare.
Ausbesserung *f* emendatio *f*, refectio *f*; *nach* ~ *der Mauern* muris refectis.
Ausbeute *f* pecunia quae redit ex [metallis]; quaestus 4 *m*, lucrum *n*.
ausbeuteln: *j-n* ~ exinanire alqm.
ausbeuten fructum (*od.* lucrum *od.* buaestum) percipere, sibi parare ex; ~ *zu* abuti [quaesturā] ad.
ausbiegen declinare, deflectere [de via]; (*aus dem Wege gehen*) de via decedere, locum dare.
ausbieten venditare, proscribere; *ausgeboten werden* venire, licēre.
ausbilden fingere, conformare, (*geistig*) excolere, erudire.
Ausbildung *f* cultus 4 *m*, conformatio *f*, expolitio *f*.
ausbitten: *sich* ~ rogare, petere, postulare ab.
ausblasen 1. (*aushauchen*) efflare, exspirare; **2.** (*auslöschen*) exstinguere; *j-m das Lebenslicht* ~ spiritum alci auferre, animam alci exstinguere.
ausbleiben non redire; non adesse, deesse; morari, cessare, cunctari; (*v. Atem*) spiritus intercluditur; *die Strafe wird nicht* ~ haud impune feres; es *kann nicht* ~, *dass* fieri non potest, quin.
Ausblick *m* prospectus 4 *m*.
ausbohren exterebrare.
ausbrausen desinere saevire; / defervescere, considere.
ausbrechen 1. *trans.* effringere [cardinem]; excidere [saxa]; (*ausspeien*) evomere; **2.** *intr. aus dem Gefängnisse* ~ vincula rumpere, ex carcere effugere; (*mit Gewalt hervorbrechen*) cooriri, erumpere, prorumpere; *in Tränen* ~ lacrimas effundere; *in Zorn* ~ in iram erumpere; *in die Worte* ~ vocem edere.
ausbreiten pandere, ex-, dispandere; (*ausspannen*) tendere, extendere, (*auseinander falten*) explicare; (*hinlegen*) sternere; (*ausstrecken*) porrigere; (*verbreiten*) spargere, differre, diffundere; (*Nachrichten*) efferre, (per)vulgare, divulgare; *sich* ~ *durch das* P. *der Verba*; (*erweitern*) augēre, amplificare, dilatare; *adj. ausgebreitet* magnus, amplus, late patens; multiplex, varius; pervulgatus.
Ausbreitung *f* extentio *f*, propagatio *f*; amplificatio *f*; (*Wachstum*) incrementum *n*; *nach* ~ *dieser Nachricht* quo nuntio pervulgato.
ausbrennen 1. *trans.* (*eine Wunde*) urere; **2.** *intr.* (*inwendig verbrennen*) conflagrare; *das Feuer ist ausgebrannt* ignis consumptus est, exstinctus est.
ausbringen: *Gesundheit* ~ propinare salutem [tibi].
Ausbruch *m* eruptio *f*; (*eines Vulkans*) ignes *m/pl.* e vertice montis erumpentes; (*Anfang*) initium *n*; *bei* ~ *des Krieges* bello exorto; *dem* ~ *nahe sein* gliscere [bellum].
ausbrüten ova (*od.* pullos ex ovis) excludere; / concoquere [clandestina consilia], moliri, machinari, concipere.
Ausbund *m* (*v. Gelehrsamkeit*) doctissimus (omnium), praeter ceteros (*od.* imprimis *od.* insigniter) doctus.
Ausdauer *f* constantia *f*, assiduitas *f*; (*Geduld*) patientia *f*; (*Beharrlichkeit*) perseverantia *f*; (*männliche Kraft*) virtus *f*.
ausdauern 1. durare, perdurare, obdurare; (*standhalten*) sustentare; permanēre; *im Unglück* ~ malis sufficere; *in Strapazen* ~ labores exanclare; *in Gefahren* ~ in periculis constanter agere; *bei j-m* ~ perdurare apud alqm; **2.** (*v. Pflanzen*) perennare.
ausdauernd patiens [laboris]; (*von Quellen, Pflanzen*) perennis.
ausdehnbar qui extendi potest.
ausdehnen extendere, distendere, diducere, extrahere, proferre; (*zeitlich*) producere; *die Kampffront* ~ aciem dilatare (*od.* explicare); *sich* ~ extendi, distendi, diduci, extrahi, patēre; (*allmählich*) serpere.
Ausdehnung *f* amplitudo *f*; (*Umfang*) ambitus 4 *m*; *eine weite*

(*weitere*) ~ *haben* late (latius) patēre; *eine größere* ~ *gewinnen* augeri.

ausdenken: *sich* ~ excogitare, comminisci, fingere; (*listigerweise*) machinari; (*Lügen*) ementiri.

ausdienen emereri, stipendia conficere; *ausgedienter Soldat* miles *m* (stipendia) emeritus, veteranus *m*.

ausdorren (ex)arescere, torreri; (*v. Sonnenhitze*) exuri.

ausdörren (ex)torrēre, arefacere, exsiccare; (*v. der Sonnenhitze*) exurere.

ausdrehen extorquēre.

ausdreschen terere, excutere.

Ausdruck *m* significatio *f*, testimonium *n*; (*Wort*) vox *f*, verbum *n*, vocabulum *n*, nomen *n*; *erhabene Ausdrücke* verba *n/pl.* splendida; *bildlicher* ~ imago *f*, *übertragener* ~ translatio *f*; *in den ehrenvollsten Ausdrücken* verbis amplissimis; *in gewählten Ausdrücken sagen* verbis ornare *od.* eleganter dicere; *einen falschen* ~ *brauchen* barbare dicere; (*Redeweise*) genus *n* dicendi, oratio *f*, sermo *m*, verba *n/pl.*; (*rednerischer* ~) elocutio *f*; *Abwechselung im* ~ loquendi varietas *f*; *Erhabenheit im* ~ verborum splendor *m*; *Fülle im* ~ copia *f* dicendi; (*Schreibweise*) genus *n* scribendi; ~ *des Gesichts* vultus 4 *m*, habitus 4 *m od.* vigor *m* vultūs; ~ *der Augen* oculi *m/pl.* arguti; *dieser* ~ hoc.

ausdrücken exprimere [spongiam]; (*durch Worte*) verbis (*od.* oratione) exprimere, significare, efferre, exsequi; (*durch Nachahmung*) imitando exprimere, effingere, significare; *sich lateinisch* ~ Latine (*od.* linguā Latinā) loqui; *sich fein* ~ polite dicere.

ausdrücklich *adj.* apertus, dilucidus; (*bestimmt*) certus, definitus; *mit den ausdrücklichen Worten* his ipsis verbis; *mit der* ~*en Bedingung, dass* ea condicione, ut; *adv.* (*mit Namensnennung*) nominatim; (*deutlich*) aperte, dilucide, plane, diligenter, definite; ~ *verlangen* appetere atque deposcere.

ausdruckslos languidus [oratio], frigidus [litterae].

ausdrucksvoll (satis) expressus; significans; (*bedeutungsvoll*) gravis; (*v. der Rede*) gravis, nervosus, fortis; (*v. Gesicht u. Augen*) argutus.

ausdunsten exhalari.

ausdünsten exhalare, exspirare.

Ausdünstung *f* **1.** (*Ausdünstung*) exhalatio *f*, exspiratio *f*; **2.** (*Dunst*) halitus 4 *m*, anhelitus 4 *m*, vapor *m*; ~ *des Wassers* respiratio *f*.

auseinander bersten (di)rumpi.

auseinander brechen diffringere.

auseinander breiten expandere, dispandere; explicare.

auseinander bringen disiungere, dirimere.

auseinander fahren (*v. Personen*) diffugere, discurrere, dissilire.

auseinander fallen dilabi.

auseinander falten explicare, expandere.

auseinander fließen diffluere, dilabi; (*zerschmelzen*) tabescere.

auseinander gehen discedere; digredi; (*unvermerkt*) dilabi; ~ *lassen* dimittere.

auseinander halten distinēre.

auseinander jagen dispellere.

auseinander klaffen hiare, dehiscere.

auseinander kommen separari, distrahi; (*uneinig werden*) discordes fieri.

auseinander laufen discurrere, diffugere, dilabi.

auseinander liegen inter se distare, disiunctum esse.

auseinander nehmen dissolvere.

auseinander reißen divellere, discindere, disturbare.

auseinander setzen disponere; / exponere, explicare, explanare, disputare.

Auseinandersetzung *f* expositio *f*, explicatio *f*, illustratio *f*.

auseinander spalten (dif)findere.

auseinander sprengen disicere, disturbare, dissipare.

auseinander stehen (inter se) distare.

auseinander stellen separatim collocare, disiungere, separare, segregare.

auseinander treiben dispellere.

auseinander treten discedere; ~ *lassen* dimittere [milites].

auseinander werfen disicere, dispergere.

auseinander wickeln explicare, evolvere.

auseinander ziehen distrahere, diducere, explicare, laxare.
auserkoren lectus, electus.
auserlesen (e)lectus, delectus, conquisitus; *~e Mannschaft* flos *m* iuventutis.
ausersehen (*bestimmen zu*) destinare, designare ad; *zu etw. ~ sein* natum (*od.* factum) esse ad.
ausessen exedere; *was man sich eingebrockt hat, muss man ~* tute hoc intristi, tibi omne est exedendum.
ausfahren *intr.* avehi, curru (*od.* navi) vectum abire, carpento vectari.
Ausfahrt *f* vectatio *f*, excursio *f*.
Ausfall *m* (*v. Belagerten*) eruptio *f*, excursio *f*; (*v. Fechter*) petitio *f*; (*mit Worten*) insectatio *f*, cavillatio *f*; (*Verlust*) id quod deest, lacuna *f* [rei familiaris], damnum *n*.
ausfallen excidere [dens], defluere [capilli]; (*mil.*) erumpere, eruptionem *od.* excursionem facere; (*v. Fechter*) petere; (*mit Worten*) insectari, cavillari, lacessere dictis, invehi in; (*fehlen*) deficere, desiderari, abesse, deesse; (*wegfallen*) locum non habēre; (*weggelassen werden*) omitti, praetermitti; (*einen Ausgang nehmen*) exitum habēre; cadere, cedere, evenire [bene, male].
ausfechten decernere [certamen armis], disceptare [controversiam]; *intr.* debellare, pugnandi finem facere.
ausfegen (e)verrere [stabulum], purgare.
ausfeilen limando tollere; / limare, (per)polire.
ausfertigen conficere, perficere; (*Schriftliches*) (per)scribere; *etw. ~* dare, reddere, mittere.
Ausfertigung *f* **1.** *abst.* scriptio *f*, perscriptio *f*; **2.** (*das Niedergeschriebene*) scriptum *n*, litterae *f/pl.* tabulae *f/pl.*
ausfindig: *~ machen* expedire, exquirere, explorare.
ausflicken (re)sarcire.
ausfliegen evolare, excurrere.
ausfließen effluere, profluere, emanare.
Ausflucht *f* (*Vorwand*) causa *f* simulata; *Ausflüchte machen* tergiversari, deverticula quaerere.
Ausflug *m* excursio *f*; *~ machen* excurrere.
Ausfluss *m* (*Abzugskanal*) emissarium *n*; (*Mündung*) ōs *n*, ostium *n*.
ausforschen explorare; percontari, perscrutari; investigare.
Ausforscher *m* explorator *m*, speculator *m*, percontator *m*, investigator *m*, indagator *m*.
ausfragen exquirere, percontari, sciscitari.
Ausfuhr *f* (*freie*) potestas *f* exportandi.
Ausfuhrartikel *m* res quae exportantur.
ausführbar qui (quae, quod) effici potest; *leicht ~* facilis factu.
ausführen exportare [merces]; (*verwirklichen*) facere, efficere; (*vollbringen*) perficere, conficere, exsequi, persequi, peragere, absolvere; (*glückliche*) *Taten ~* res (prospere) gerere; *Befehle ~* iussa (*od.* imperata) facere; (*mündlich*) verbis exsequi, exponere, explicare, disserere de; *etw. weitläufig ~* pluribus verbis explicare.
ausführlich longus; (*weitläufig*) multus, copiosus, uber, uberior, accuratus, diligens; *adv. auch* multis verbis, fuse, latius.
Ausführlichkeit *f* uberior oratio *f*, multa verba *n/pl.*, copia *f* dicendi (*od.* scribendi), accurata diligentia *f*.
Ausführung *f* res *f* [rem differre; in re gerenda].
ausfüllen explēre, complēre, replēre; *seinen Platz ~* loco dignum esse; *seine Mußestunden ~* otiosum tempus consumere in [litterarum studiis].
Ausgabe *f* (*eines Buches*) editio *f*; *ich benutze die ~* utor exemplo; **~n** sumptus 4 *m*, impensa *f*.
Ausgabebuch *n* codex *m*, tabulae *f/pl.* expensi.
Ausgang *m* exitus 4 *m*, egressus 4 *m*; (*Ende*) exitus 4 *m*, finis *m*; *oft durch* extremus, exiens (*beim ~ des Sommers* extrema aestate, *beim ~ des Jahres* anno exeunte); (*Erfolg*) exitus 4 *m*, eventus 4 *m*; *glücklichen ~ haben* secundum eventum (*od.* bonum exitum) habēre, prospere, bene ac feliciter evenire.
Ausgangspunkt *m* initium *n*, caput *n*, origo *f* (*z. B. belli*).
Ausgangszoll *m* portorium *n*.
ausgeben (*Geld*) erogare, expendere; (*verteilen*) distribuere, divi-

dere; *für etw.* ~ dicere, perhibēre, appellare *u. Ä.*, (*fälschlich*) mentiri, simulare (*m., a. c. i.*); *sich* ~ *für* dicere, profiteri se esse [peregrinum], se ferre, haberi velle pro.

Ausgeburt *f* portentum *n*, monstrum *n*, miraculum *n*; (*der Fantasie*) commentum *n*.

ausgehen exire, egredi; domo exire; in publicum prodire, foras procedere; *aus- u. eingehen bei* domum frequentare [hospitis]; *ausgegangen sein* domo abesse, domi non esse; ~ *auf* exire (praedatum *auf Raub*); / quaerere, sequi, id agere ut, moliri, machinari; (*v. Wörtern*) cadere [in longam syllabam]; *frei* ~ impune abire (*od.* facere *od.* ferre); *leer* ~ nihil ferre, exsortem esse, non participem fieri [hereditatis]; (*bei Amtsbewerbung*) repulsam ferre; *von etw.* ~ (*seinen Ursprung haben*) proficisci, oriri, nasci, manare ab; ~ *lassen* (*bekannt machen*) edicere; (*zu fehlen beginnen*) deficere; (*erlöschen*) exstingui; (*v. Haaren u. Ä.*) defluere.

ausgelassen (*v. Personen*) immoderatus, effrenatus, impotens; (*mutwillig*) lascivus, petulans; (*v. Sachen*) immoderatus, immodicus; effusus, exsultans, gestiens [laetitia], profusus [hilaritas].

Ausgelassenheit *f* intemperantia *f*, impotentia *f*, lascivia *f*, petulantia *f*, licentia *f*.

ausgemacht (*entschieden*) transactus, compositus; (*gewiss*) certus, manifestus, exploratus; *es ist* ~ certum, (*od.* apertum) est, patet, constat inter omnes, omnes in eo conveniunt.

ausgenommen *prp. u. adv.* praeter *mit acc.*; ~ *Gajus* praeter Gaium; Gaio excepto.

ausgesucht delectus, exquisitus; egregius.

ausgezeichnet excellens, insignis, praestans, egregius, eximius, praeclarus.

ausgießen effundere, profundere, diffundere; (*beim Opfern*) libare.

Ausgießung *f* effusio *f*; *beim Opfern*: libatio *f*.

Ausgleich *m*: ~ *kommt zustande* res convenit, controversiae componuntur.

ausgleichen aequare, exaequare; (*die Rechnung*) rationes conferre; (*entschädigen*) compensare; (*beilegen*) componere [litem]; (*versöhnen*) conciliare.

ausgleiten vestigio fallente cadere, pede labi, vestigio falli; / labi, (ab)errare.

ausglimmen exstingui.

ausgraben effodere, eruere [mortuum]; (*mit dem Grabstichel*) caelare, (ex)sculpere; * (*archäologisch*) detegere, excavare.

ausgrübeln rimari, investigare et perscrutari.

Ausguss *m* **1.** (*Ausgießen*) effusio *f*; **2.** *als Ort*: fusorium *n*.

aushacken effodere [oculos].

aushalten 1. *trans.* tolerare, ferre, pati; (*bis zu Ende*) sustinēre, sustentare, perpeti, perferre; **2.** *intr.* (per)durare, perseverare, permanēre.

Aushalten *n* toleratio *f*, tolerantia *f*; (*Erduldung*) perpessio *f*; (*Ausharren*) perseverantia *f*, constantia *f*.

aushändigen dare, tradere, reddere.

aushangen in publico (*od.* (pro)palam) propositum *od.* affixum *od.* promulgatum *od.* proscriptum esse.

aushängen in publico (*od.* (pro)palam) proponere *od.* affigere *od.* promulgare *od.* proscribere.

Aushängeschild *n* titulus *m*; / species *f*.

aushauchen exhalare, exspirare; *das Leben* ~ animam efflare, extremum vitae spiritum edere.

aushauen excidere; (*m. d. Meißel*) (ex)sculpere.

Aushauen *n mit dem Meißel*: sculptura *f*.

ausheben emovēre; (*auslesen*) legere, eligere, deligere; *Soldaten* ~ milites (con)scribere, dilectum habēre.

Aushebung *f* (*v. Soldaten*) dilectus 4 *m*; ~ *abhalten* dilectum habēre.

aushecken excogitare, fingere, comminisci, ementiri.

ausheilen persanare.

aushelfen auxilio esse; *in der Not* ~ inopiam (*od.* calamitatem) levare.

aushöhlen (ex)cavare; (*durch Ausnagen*) exedere.

Aushöhlung *f* excavatio *f*; *nach* ~ *des Hügels* tumulo fossurā exinanito.

ausholen: *mit dem Arme* ~ bracchium (*od.* dextram) tollere; *mit*

dem *Schwerte* ~ gladium attollere; (*beim Springen u. Ä.*) impetum capere; *weit* ~ alte (*od.* altius) repetere, longius abire; longe repetere.
aushorchen sciscitari, animum alcs explorare.
aushülsen valvulis eximere.
aushungern fame macerare (*od.* conficere); *eine Stadt* ~ urbem fame domare (*od.* expugnare *od.* in dicionem redigere).
ausjäten radicitus evellere.
auskämmen: *die Haare* ~ capillum pectine expedire.
auskaufen diligenter uti [tempore], non perdere [horas].
auskehren verrere.
auskernen enucleare.
ausklatschen explodere [histrionem].
auskleiden exuere vestem [puero]; veste nudare [puerum]; *sich* ~ vestem exuere (*od.* ponere).
ausklopfen excutere; *ein Kleid* ~ pulverem e veste excutere.
auskochen excoquere, percoquere.
auskommen habēre quod satis est (*od.* quantum sufficit *od.* ad vivendum suppetit); ~ *mit* (satis) commode (*od.* amice) vivere cum [sociis], ferre [socios]; *einer, mit dem sich (nicht)* ~ *lässt* facilis, tractabilis (difficilis, intractabilis).
Auskommen *n* victus 4 *m*, facultates *f/pl.*; *sein* ~ *haben* habēre unde (commode) vivas (*od.* tantum quantum cotidianis sumptibus suppetit); *es ist ein (kein)* ~ *mit ihm* ferri (non) potest.
auskramen exponere, proponere; (*prahlend zeigen*) venditare, ostentare.
auskratzen (*Geschriebenes*) (e)radere; (*mit dem Meißel*) exsculpere; *die Augen* ~ effodere oculos.
auskriechen ex ovo excludi.
auskundschaften explorare, speculari, per exploratores cognoscere.
Auskundschafter *m* explorator, speculator; (*heimlicher*) emissarius *m.*
Auskunft *f* (*Mittel*) via *f*, ratio *f*; ~ *geben über* certiorem facere de [via], exponere, explicare [viam]; ~*erhalten über* discere, cognoscere [viam].
***Auskunftei** *f* officium *n* informatorium.
auslachen (de)ridēre, irridēre.
Auslachen *n* (de)risus 4 *m*, irrisio *f*, irrisus 4 *m.*
ausladen exonerare [navem]; exponere [merces].
Auslage *f* impensa pecuniae; pecunia expensa (*od.* soluta); ~*n für j-n machen* impensam pecuniae facere pro alqo.
Ausland *n* terrae *f/pl.* (*od.* gentes *f/pl.*, nationes *f/pl.*, regiones *f/pl.*) exter(n)ae, loca *n/pl.* externa; *im* ~, *in das* ~, *aus dem* ~ peregre; *sich im* ~ *aufhalten* peregrinari.
Ausländer *m* homo *m* externus; (*Nichtbürger*) peregrinus *m*; (*im Auslande geboren*) alienigena *m*; (*Nichtrömer, Nichtgrieche*) barbarus *m.*
ausländisch exter(n)us, peregrinus, alienus, barbarus; (*aus dem Auslande eingeführt*) adventicius, importatus.
auslassen (*ausbrechen lassen*) effundere, erumpere [iram in hostes]; exercēre [crudelitatem in hostibus], (*weglassen*) omittere, praetermittere, praeterire; *sich* ~ *über* dicere (*od.* loqui *od.* exponere *od.* verba facere) de, sententiam suam declarare (*od.* aperire) de.
Auslassung *f*: *unter* ~ *des Schlusses* extremis omissis.
auslaufen (*v. Schiffen*) e portu exire, proficisci, solvere; ~ *lassen* e portu educere [classem]; (*herausfließen*) effluere, emanare, profluere; (*hervorragen*) eminēre, prominēre, procurrere; (*endigen*) exire in, desinere [in piscem]; = *ablaufen.*
Ausläufer *m* (*hervorragender Teil*) pars *f* (*od.* mons *m*) prominens; (*v. Pflanzen*) propago *f.*
ausleeren vacuum facere, vacuefacere, exinanire, exhaurire [poculum].
auslegen exponere, proponere; (*Geld*) pecuniam (interim) expendere, solvere pro; (*verzieren*) distinguere [ebore], (*mit Reliefarbeit*) caelare; (*erklären*) interpretari, explicare, illustrare, explanare; *als etw.* ~ dare, ducere, tribuere, vertere *mit dopp. dat.* [vitio amico]; *gut (übel)* ~ in bonam (malam) partem accipere.
Auslegung *f* interpretatio *f*, expli-

catio *f*, explanatio *f*, enarratio *f*; *alles e-r ~ unterwerfen* omnia interpretari.

ausleiden perpeti, perferre; *intr.* (*aufhören zu leiden*) finem laborum ac miseriarum invenire.

ausleihen (*Geld*) pecuniam mutuam dare; (*auf Zinsen*) faenori dare, faenore collocare; (*aus Gefälligkeit*) commodare.

Ausleihen *n* faeneratio *f*.

auslernen 1. *trans.* perdiscere, percipere; **2.** *intr.* discendi finem facere.

auslesen 1. (*auswählen*) legere, eligere, deligere; **2.** (*zu Ende lesen*) perlegere, totum legere.

auslichten collucare (*z. B. silvam*); *e-n Baum*: interlucare (*od.* intervellere) *arborem*.

ausliefern tradere, dedere, reddere; (*verräterisch*) prodere.

Auslieferung *f*: *~ verlangen* exposcere, deposcere [Hannibalem].

ausliegen expositum (*od.* propositum) esse.

auslöschen 1. *trans.* exstinguere, restinguere; (*Geschriebenes*) liturā tollere, inducere (nomina *Schuldposten*); **2.** *intr.* exstingui.

auslosen sortiri; sorte legere.

auslösen exsolvere, liberare, expedire; redimere [captivos pecuniā].

Auslosung *f* sortitio *f*.

ausmachen (*herausnehmen*) eximere, tollere [radices]; (*verabreden*) constituere, decernere, pacisci; convenit inter nos; inter se comparare; (*beilegen*) componere, dirimere [controversiam]; (*von der Zahl*) complēre, explēre, efficere, esse (*m. gen.*); (*aus etwas bestehen*) constare ex; (*einen Unterschied machen*) interesse, referre (multum, magni, parvi *u. Ä.*); (*Einfluss haben*) vim habēre ad; pertinēre *od.* multum posse ad.

ausmalen pingere, coloribus distinguere; (*schildern*) verbis (de)pingere (*od.* effingere).

ausmarschieren proficisci, abire, discedere.

ausmauern muro munire, lapide sternere; *parietem* effarcire (*od.* solidare) caementis.

ausmeißeln (ex)sculpere; (*in Relief*) caelare.

ausmergeln macerare, enervare, conficere, enecare.

ausmerzen removere; / tollere, excutere.

ausmessen (e)metiri, dimetiri; (*ein Lager*) metari.

ausmisten stercus egerere; *einen Stall ~* stabulum purgare.

ausmöblieren supellectile instruere.

Ausnahme *f* exceptio *f*; *mit ~ von euch* vobis exceptis, praeter vos; *ohne ~* sine ulla exceptione, nullo discrimine, promiscue; *alle ohne ~* ad unum omnes; *eine ~ machen* excipere; *eine ~ macht Kato* Cato excipiendus est; *mit der ~, dass* praeterquam, nisi quod.

Ausnahmegesetz *n* privilegium *n*.

ausnahmsweise praeter ceteros; (*selten*) perraro; (*außer der Ordnung*) extra ordinem.

ausnehmen eximere, excipere, promere, tollere [ova de nido]; (*Ausnahme machen*) excipere, excludere; *sich gut ~* excellere, (prae ceteris) insignem esse, placēre, (*schlecht*) displicēre.

ausnehmend eximius, egregius, singularis, incredibilis, mirificus (*adv. auch* vehementer, magnopere, admodum).

ausnutzen: *die Zeit gut ~* tempus non perdere.

auspacken (*entleeren*) vacuum facere, vacuefacere; (*herausnehmen*) eximere, promere.

auspeitschen virgis caedere, verberare.

auspfänden debitoris bonis potiri.

auspfeifen exsibilare, (sibilis) explodere.

Auspfeifen *n* sibilus *m* (*auch pl.*).

auspflücken evellere, excerpere.

Auspizien: *die ~* auspicia *n/pl.*

ausplappern, ausplaudern effutire, enuntiare, (e)vulgare, divulgare, (in vulgus) efferre.

ausplündern expilare, compilare, diripere, (ex)spoliare, despoliare, depopulari, nudare; (*öffentliches Eigentum heimlich*) depeculari [fana].

Ausplünderung *f* expilatio *f*, direptio *f*, depopulatio *f*, spoliatio *f*.

ausposaunen magnifice (*od.* magnis verbis) praedicare, celebrare; (*ausschwatzen*) enuntiare, (in vulgus) efferre.

ausprägen cudere [nummos], signa-

re [argentum]; (*ausdrücken*) exprimere; / effingere, indicare.
auspressen exprimere.
***Auspuff** *m* emissarium *n* vaporum.
ausputzen putare [arbores]; (*ausschmücken*) exornare.
ausquetschen exprimere, elidere.
ausradieren eradere, delēre.
ausräuchern (*mit Gerüchen erfüllen*) bonis odoribus suffire [locum]; (*durch Gerüche reinigen*) odoribus purgare.
ausraufen (e)vellere.
ausräumen tollere, auferre; vacuefacere; (*reinigen*) purgare.
ausrechnen (*zusammenrechnen*) computare, rationes inire (*od.* subducere); (*berechnen*) revocare ad calculos; (*durch Rechnen auffinden*) computando (*od.* rationibus subductis) invenire.
Ausrede *f* excusatio *f*; (*Vorwand*) species *f*, praetextus 4 *m*; *eine ~ machen* excusatione uti.
ausreden 1. *intr.*: *nicht ~ lassen* dicentem interpellare [legatum]; **2.** *trans.* (*widerraten*) dissuadēre, avertere ab; *sich ~ mit* se excusare de [morbo], excusare [morbum], praetendere [morbum].
ausreiben exterere.
ausreichen satis esse, sufficere; *nicht ~* deficere; deesse; (*zur Genüge haben*) satis habēre, tantum habēre quantum ad usus necessarios satis est.
ausreichend satis; *mehr als ~* abunde, satis superque.
ausreifen permaturescere, percoqui.
ausreisen proficisci, abire, discedere.
ausreißen (e)vellere, eripere, eruere, extrahere; (*fliehen*) in fugam se conicere, fugā salutem petere.
Ausreißer *m* desertor *m* [militiae]; perfuga *m*, fugitivus *m*.
ausreiten equo evehi (*od.* avehi); (*spazieren reiten*) equo vectari.
ausrenken luxare [membrum].
ausrichten: *einen Gruß ~* salutem dicere ab [amico], salutem nuntiare verbis [amici]; (*bewirken*) facere, efficere, proficere [multum, nihil *u.* *Ä.*], (res) gerere; (*vermögen*) valēre, posse [multum, plurimum, nihil apud]; (*durch Bitten*) impetrare ab; *ohne etw. ausgerichtet zu haben* re infectā.
Ausrichtung *f* adparatio *f*, adparatus 4 *m*.
ausroden exstirpare [arbores].
ausrotten delēre, exstinguere; *ein Volk ~* gentem (penitus) excidere.
Ausrottung *f* excidium *n*, occidio *f*, internecio *f*; interitus 4 *m*, pernicies *f*.
ausrücken exire, egredi, proficisci; *in den Krieg ~* in (*od.* ad) bellum proficisci; *zum Kampf ~* in aciem (*od.* in proelium) exire, ad dimicandum procedere; *aus den Winterquartieren ~* ad hibernis discedere; *Truppen ~ lassen* educere.
Ausruf *m* vox *f*, exclamatio *f*, pronuntiatio *f*; (*öffentl. Bekanntmachung*) promulgatio *f*, praedicatio *f*; (*Heroldruf*) praeconium *n*.
ausrufen 1. *intr.* vocem edere, clamare, exclamare, conclamare; (*laut*) vociferari; (*eingeschoben*) inquit, ait; **2.** *trans* (*durch Rufen bekannt machen*) pronuntiare, (*öffentlich erklären*) praedicare, (*bei e-r Wahl*) declarare, renuntiare [Ciceronem consulem]; (*feierlich begrüßen als*) consalutare, appellare [imperatorem].
Ausrufer *m* praeco *m*, pronuntiator *m*.
ausruhen quiescere, re-, conquiescere, quieti se dare; se reficere [ex laboribus].
ausrupfen (e)vellere.
ausrüsten armare, armis instruere; ornare, instruere, comparare; *ausgerüstet* armatus; / ornatus, instructus, praeditus [virtute].
Ausrüstung *f* *konkr.* arma *n/pl.*, (*Bewaffnung*) armatura *f*, (*v. Schiffen*) armamenta *n/pl.*, instrumentum *n* navale.
Aussaat *f* sementis *f*, satio *f*, satus 4 *m*; *konkr.* (*Samen*) semen *n*.
aussäen serere; sementem facere.
Aussage *f* verba *n/pl.*, dicta *n/pl.* [testium], (*Anzeige*) indicium *n*; (*Zeugnis*) testimonium *n*; (*Geständnis*) confessio *f*; (*freiwillige Erklärung*) professio *f*; (*gewichtige ~*) auctoritas *f*; *nach deiner ~* te auctore (*od.* indice, teste).
aussagen indicare, testari, pro testimonio dicere, confiteri, profiteri; (*eidlich*) iurare; (*falsch*) ementiri.
aussägen serrā exsecare.
Aussatz *m* scabies *f*; * lepra *f*.

aussätzig scabiosus.
aussaugen exsugere; / exhaurire, vexare, perdere, enecare.
Aussauger *m* hirudo, inis *f* (*Blutegel*), vulturius *m*.
***Ausschank** *m* venditio *f* liquorum.
ausschauen *intr*. **1.** *nach etw.* ~ prospectare (*od.* circumspicere) alqd; **2.** *s. aussehen.*
ausscheiden 1. *trans.* secernere, segregare, seiungere; **2.** *intr.* discedere [ex societate].
ausschelten compellare, (verbis) increpare, corripere, graviter obiurgare, conviciis consectari, maledicta conicere in [fratrem].
Ausschelten *n* compellatio *f*, obiurgatio *f*; convicia *n/pl.*, maledicta *n/pl.*, contumeliae *f/pl.* verborum.
ausschenken defundere, diffundere; (*verkaufen*) divendere.
ausschicken (e)mittere; (*nach allen Seiten*) dimittere, circummittere.
ausschiffen exponere [milites] e navibus (in terram).
ausschlafen satis dormire, somno satiari; *trans.* edormire [crapulam].
Ausschlag *m* momentum *n*, discrimen *n*; *den ~ geben* momentum (*od.* discrimen) facere [certamini], momentum afferre ad, rem inclinare (*od.* decernere).
ausschlagen 1. *trans.* excutere, elidere, effodere; **2.** *intr.* (*mit dem Huf*) calcitrare, calces remittere; (*v. Gewächsen*) germinare, progerminare, frondescere; (*v. der Waage*) altera lanx propendet (*od.* deprimitur); / evenire, evadere, vertere [bene, male]; cedere [prospere].
ausschließen excludere, intercludere; segregare, removēre; *sich ~ von* deesse [societati], abstinēre a [societate], non accedere [ad societatem].
ausschließlich 1. *adj.* proprius, praecipuus; unus, solus, totus [se totum] conferre ad litterarum studium]; *adv.* praecipue, nihil aliud nisi, nihil aliud quam; **2.** *adv. durch adj.* unus, solus, totus.
ausschlüpfen excludi (ex ovis, ex ovo).
ausschlürfen (ex)sorbēre.
Ausschluss *m* exclusio *f*; *nach ~ dieses Menschen* hoc homine remoto.
ausschmelzen 1. *trans.* excoquere; **2.** *intr.* excoqui, liquefactum effluere.
ausschmücken ornare, exornare, excolere; distinguere.
ausschnauben emungere; *sich ~* nares emungere; emungi.
ausschneiden exsecare, excidere [linguam]; (ex)sculpere [simulacrum].
Ausschnitt *m* excisio *f*, praecisio *f*.
ausschöpfen exhaurire, exanclare.
ausschreiben exscribere, transscribere, transferre; excerpere; (*plündern*) compilare [Crispini scrinia]; (*schriftlich ankündigen*) indicere, edicere; *Soldaten ~* milites conscribere, delectum habēre; (*Abgaben u. Ä.*) imperare [tributum].
ausschreien clamitare; (*bekanntmachen*) famā vulgare, sermonibus divulgare, in vulgus efferre.
ausschreiten pleno gradu tendere, gradum accelerare.
Ausschreitung *f gew. pl.*: *~en* peccata *n/pl.*, delicta *n/pl.*, libidines *f/pl.*
Ausschuss *m* delecti *m/pl.* (viri), consilium *n*; *~ von dreien* tresviri *m/pl.*; *~ von zehn* decemviri *m/pl.*; / res *od.* merces *f/pl.* reiculae.
ausschütteln excutere.
ausschütten effundere, profundere; *ich habe mein Herz ausgeschüttet* effudi omnia, quae sentiebam.
ausschwatzen effutire, enuntiare, vulgare.
ausschweifen (e)vagari, excurrere; (*in sinnlichen Genüssen*) luxuriari, in libidinibus se effundere, luxuriā diffluere; (*das Maß überschreiten*) modum excedere, sibi non temperare.
ausschweifend (*in Sitten*) libidinosus, intemperans, dissolutus, luxuriosus.
Ausschweifung *f* (*sittlich*) licentia *f*, luxuria *f*, libido *f* (*mst pl.*), vita *f* dissoluta, (libidinum) intemperantia *f*, flagitium *n*.
ausschwitzen exsudare.
aussehen: *ein Tisch sieht so aus* haec est mensae forma *od.* species *f*; *gut ~* pulchra specie esse; *hässlich ~* deformem aspectum habēre; *kränklich ~* aegrotantis speciem habēre; *stattlich ~* habitu non indecoro esse; *rot ~* rubro colore esse; *er sieht*

genau so aus wie der Vater simillimus est patris.
Aussehen *n* species *f*, facies *f*, forma *f*, habitus 4 *m*, aspectus 4 *m*, visus 4 *m*; os *n*, vultus 4 *m*.
aus sein finitum esse, finem habēre, desinere; *es ist aus mit mir* actum est de me! perii!
außen extra, foris; *von* ~ extrinsecus *adv.*, (*bei subst.* externus [hostis, auxilium]).
Außending *n* res *f* externa; *pl.* exteriora *n/pl.*
Außenseite *f* species *f*, frons *f*; *von, auf der* ~ extrinsecus; *die glänzende* ~ splendor *m*.
Außenstände *m/pl.* nomina *n/pl.*; ~ *einziehen* nomina exigere.
Außenteil *m* pars *f* exterior.
Außenwall *m* vallus *m* exterior.
Außenwelt *f* res *f/pl.* externae, res *f/pl.* humanae, *oft bloß* res.
Außenwerke *n/pl.* (*einer Festung*) propugnacula *n/pl.*
außer 1. (*außerhalb*) extra; ~ *dem Hause* foris; ~ *Landes* peregre; ~ *der Zeit* non in tempore, alieno tempore, intempestive; ~ *sich sein* sui (*od.* mentis [suae]) compotem non esse, furere, exsultare [gaudio], efferri [gaudio, irā], exanimatum esse [terrore, metu]; ~ *sich geraten* perturbari, conturbari, graviter commoveri; ~*stande sein* non posse; 2. (*ohne*) extra, sine; ~ *Schuld sein* culpā vacare; ~ *der Ordnung* extra ordinem; (*ausgenommen*) praeter, (*nach Negationen*) nisi; ~ *dass* praeterquam quod; ~ *wenn* nisi (*od.* nisi si).
außerdem praeterea, insuper, ad hoc, ad haec.
außerehelich incerto (*od.* nullo) patre natus; spurius; ~*e Verbindung* concubinatus 4 *m*.
äußerer externus [hostis], exterus [nationes], exterior [collis]; *äußere Vorzüge* bona *n/pl.* externa, bona *n/pl.* corporis; *äußere Bildung* politi mores *m/pl.*; ~ *Nutzen* utilitas *f*; ~ *Grund* causa *f*; *äußere Ehre* honos *m*; *äußere Umstände* fortuna *f*.
Äußere(s) *n* species *f*, figura *f*, forma *f*, facies *f*; (*in Kleidung*) cultus 4 *m*, habitus 4 *m*.
außergerichtlich intra privatas parietes factus; ~*er Schiedsrichter* disceptator *m* domesticus; *e-e Sache* ~ *beilegen* rem intra privatas parietes componere.
außergewöhnlich insolitus, novus; singularis.
außerhalb 1. *adv.* extra; 2. *prp.* praeter.
äußerlich *adj.* extraneus [res *f/pl.* extraneae, *Ggs.* corpus, animus]; (*dem Scheine nach*) specie, in speciem; ~ *gab er sich als Freund* simulavit se esse amicum.
Äußerlichkeiten *f/pl.* res *f/pl.* externae, res extra positae, quae extra sunt.
äußern (*merken lassen*) significare, ostendere, prae se ferre, declarare, aperire; *sich* ~ dicere [libere], loqui.
außerordentlich 1. *adj.* extraordinarius [imperium]; (*ungewöhnlich*) insolitus, novus; incredibilis; 2. *adv.* extra ordinem, praeter morem (*od.* consuetudinem); incredibiliter, mirifice, mirum in modum, mirum quantum, eximie, vehementer, unice.
äußerst 1. *adj.* extremus, ultimus, summus, maximus, postremus; *subst. das* **Äußerste** extrema pars *f*, extremum *n*; *das* ~ *versuchen* ultima experiri, ad ultima auxilia descendere; *das* ~ *tun* omnibus viribus niti et contendere; *es zum* ~*n kommen lassen* rem in ultimum discrimen adducere; 2. *adv.* maxime, maximopere, summe, summopere; *mst durch sup. des adj.* [~ *gelehrt* doctissimus].
Äußerung *f abstr.* significatio *f* [amoris], professio *f*; *konkr.* *e-e* ~ *fallen lassen* vocem edere, dicere, profiteri; mentionem facere [*über* coniurationis], commemorare [coniurationem]; *jene* ~ *des Sokrates* Socratis illud, illud Socraticum; *Äußerungen des Hasses, des Zornes, der Verzweiflung u. Ä.* odia *n/pl.*, iracundiae *f/pl.*, desperationes *f/pl.*
aussetzen exponere [pueros geminos]; decernere, proponere [praemium]; (*preisgeben*) exponere, obicere, offerre [periculo]; *sich e-r Gefahr* ~ periculum subire (*od.* adire); *ausgesetzt* expositus, subiectus, obiectus, obnoxius *m. dat.*; *ausgesetzt sein* patēre *m. dat.*; *den Blicken aller ausgesetzt sein* in omnium ore versari; (*zeitweilig*

unterlassen) intermittere; differre; *nichts auszusetzen haben* nihil desiderare (*od.* requirere) in [filio].

Aussicht *f* prospectus 4 *m*, aspectus 4 *m*; (*von oben*) despectus 4 *m*; *soweit die ~ reicht* quantum prospici potest; *eine ~ auf e-n Ort haben* locum prospicere (*od.* prospectare); *gute ~* bona spes; *in ~ stellen* ostendere [fructus futuros]; *in ~ stehen* propositum (*od.* futurum) esse.

aussichtslos spe destitutus; desperatus; *ganz ~* desperandus ac paene desperatus.

aussieben cribro excernere.

aussingen usque ad finem canere, canere desinere; *intr.* decantare.

aussöhnen placare, mitigare, lenire; *~ mit* reconciliare [patrem (cum) filio], reducere in gratiam cum; *sich ~* placari, in gratiam redire cum.

aussondern secernere, seligere, segregare, separare.

Aussonderung *f* secretio *f*, selectio *f*.

ausspähen speculari; investigare, indagare.

ausspannen iumenta disiungere; iumentis iugum demere; (*an einem Orte einkehren*) deverti in locum; / animum relaxare, remittere.

ausspeien exspuere, evomere, eicere; (*v. Vulkanen*) ignes evomere, flammas eructare.

aussperren aditu prohibēre, excludere.

ausspinnen deducere (filum); (*weitläufig entwickeln*) uberius (*od.* fusius, pluribus) dicere (*od.* exponere, disputare).

ausspionieren indagare et odorari.

Aussprache *f* appellatio *f*, pronuntiatio *f*; (*Erörterung*) disceptatio *f*; vox *f*, vocis sonus *m*, ōs *n*; *deutliche ~* ōs *n* planum; *geläufige ~* ōs *n* facile; *eine angenehme ~ haben* suaviter loqui.

aussprechen effari, enuntiare, pronuntiare, efferre, eloqui, proloqui; (*durch Worte ausdrücken*) dicere, verbis exprimere (*od.* enuntiare, pronuntiare, proferre); *sich ~* aperire sententiam; *sich dahin ~, dass* censēre; *sich ~ mit* colloqui cum.

aussprengen sermonibus divulgare, (in vulgus) efferre.

ausspritzen 1. *trans.* effundere, emittere, eiaculari, spargere; (*löschen*) opprimere [vim flammae aquā]; 2. *intr.* effundi, emicare.

Ausspruch *m* verbum *n*, dictum *n*, (*Ausruf*) vox *f*, (*Denkspruch*) sententia *f*; *der bekannte ~ des Sokrates* Socratis (*od.* Socraticum) illud; (*eines Richters*) iudicium *n*, sententia *f*; (*e-s Schiedsrichters*) arbitrium *n*; (*e-s Orakels*) responsum *n*, oraculum *n*, sors *f*; (*Entscheidung*) decretum *n*.

ausspülen (*reinigen*) eluere, perluere; (*aushöhlen*) abluere, (*unten*) subluere, (ex)cavare.

ausstaffieren exornare.

ausstatten instruere, ornare, exornare; e-e *Tochter ~* dotem dare filiae; *ausgestattet: ~ mit* instructus, ornatus, praeditus [virtute].

Ausstattung *f* ornatus 4 *m*, instrumentum *n*, apparatus 4 *m*; (*Mitgift*) dos *f*.

ausstauben, ausstäuben pulverem excutere ex *alqa rē*, pulvere purgare *alqd*.

ausstechen effodere; (*Rasen*) excidere; (*mit dem Grabstichel*) exsculpere, caelare.

ausstecken proponere [vexillum].

ausstehen 1. *intr.* (*zum Verkauf*) prostare; (*ausgeliehen sein*) deberi, in nominibus esse; 2. *trans.* pati, perpeti; ferre, perferre; *viel Angst ~* angore confici (*od.* cruciari).

aussteigen egredi, exire, (ex navi) escendere, (de curru) descendere.

ausstellen exponere, disponere, proponere [merces, res venales]; (*Quittungen, Wechsel u. Ä.*) (con)scribere *od.* dare.

Ausstellung *f* expositio *f*.

aussterben exstingui, interire, deleri; (*v. Häusern*) funeribus vacuum fieri; (*v. Sprachen*) mori; *ausgestorben* funeribus vacuefactus, vacuus, vastus, desertus; (*v. Sprachen*) mortuus.

Aussteuer *f* dos *m*.

ausstopfen farcire, effercire, refercire.

ausstoßen excutere, elidere; (*aus dem Senate*) senatu movēre; (*von sich geben*) edere [clamorem]; iacere [minas].

ausstrahlen fundere [lucem].

ausstrecken (ex)tendere, porrigere; *die Hand ~* manus tendere (*od.* por-

rigere) ad; *nach fremdem Gute* ~ manus afferre alienis bonis, petere aliena.
ausstreichen delēre, exstinguere; (*auf der Wachstafel*) inducere; *aus einem Verzeichnis* ~ nomen de tabulis eximere.
ausstreuen spargere, dispergere; serere, disseminare; *ein Gerücht* ~ famam (rumorem, sermones) spargere; P fama est (*od.* emanavit) (in vulgus).
ausströmen affluere, emanare.
ausstudieren 1. *trans.* pernoscere, accurate discere; **2.** *intr.* studia litterarum absolvere.
aussuchen deligere, eligere.
Austausch *m* permutatio *f*, (*gegenseitiger*) commercium *n* [dandi et accipiendi beneficii]; vicissitudo *f* [officiorum].
austauschen commutare, permutare.
***Austauschprofessoren** *m/pl.* professores *m/pl.* vicissim delegati.
austeeren picare.
austeilen dividere, distribuere, partiri, dispertire; largiri, dilargiri; dare, praebēre; *Schläge (Wunden)* ~ plagas (vulnera) inferre; *Verweise* ~ verbis castigare.
Auster *f* ostrea *f*.
austoben exsaevire, saevire *od.* furere desinere; (con)quiescere, conticescere; *der Zorn hat sich ausgetobt* ira consedit, ira deferbuit.
austragen 1. (*heraustragen*) efferre, exportare; **2.** *s. ausschwatzen.*
Austräger *m* vulgator *m*.
austrauern elugēre, lugēre desinere, luctum deponere.
austreiben exigere, expellere, propellere, eicere; *den Eigensinn* ~ obstinatam pertinaciam excutere; reprimere, coercēre, compescere.
austreten 1. pedibus exterere (*od.* excutere) [frumentum], pedibus exstinguere [ignem]; **2.** *intr.* (*v. Gewässern*) super ripas effundi, redundare; (*weggehen*) excedere, exire, discedere, decedere; (*ein Bedürfnis verrichten*) alvum exoneratum ire.
austrinken ebibere, exhaurire.
Austritt *m* **1.** (*Austreten*) abitus 4 *m*, exitus 4 *m*, discessus 4 *m*; *der* ~ *des Wassers* inundatio *f*; ~ *e-s Flusses* abundatio *f* fluminis; *der* ~ *aus dem Leben* excessus 4 *m* e vitā, exitus 4 *m* (*od.* decessus 4 *m*) de vitā; **2.** *Ort*: podium *n*.
austrocknen 1. *trans.* (ex)siccare; **2.** *intr.* (ex)siccari; arescere.
ausüben exercēre; exsequi, administrare; fungi [munere]; colere [artem]; profiteri [medicinam]; *sein Recht* ~ iure suo uti, iure agere; *seine Pflicht* ~ officio satisfacere (*od.* fungi); *Rache* ~ poenas expetere (*od.* ultionem petere) ab.
Ausübung *f* exercitatio *f*; administratio *f*; functio *f*; *in* ~ *bringen* exercēre, exsequi.
Ausverkauf *m* distractio *f*.
ausverkaufen divendere, distrahere.
auswachsen ad iustam magnitudinem (*od.* ad maturitatem) pervenire; (*v. Menschen*) adolescere.
Auswahl *f* delectus 4 *m*; *eine* ~ *treffen* delectum habēre; *mit* ~ cum delectu, electe; (*stückweise*) carptim; (*sorgfältig*) diligenter; (*geschmackvoll*) eleganter.
auswählen eligere, deligere, seligere; *abs.* delectum habēre.
Auswanderer *m* qui domo (*od.* e patria) emigrat.
auswandern (domo) migrare, emigrare, demigrare in locum; solum (*od.* sedem) mutare, aliud domicilium (*od.* novas sedes) quaerere; secedere.
Auswanderung *f* migratio *f*, demigratio *f*; *nach* ~ *der Helvetier aus ihrem Lande* cum Helvetii de finibus suis exissent.
auswärtig externus [bella].
auswärts foris, foras; (*außer Landes*) peregre; (*außerhalb*) extra; (*abwesend*) absens; ~ *sein* domo abesse, peregrinari; ~ *gekrümmt* varus.
auswaschen eluere [sanguinem], abluere [maculam e veste].
auswechseln permutare, commutare.
Ausweg *m eig.* exitus 4 *m*, egressus 4 *m*; (*zur Flucht*) effugium *n*; / via *f* salutis, ratio *f*.
ausweichen declinare, deflectere; de via decedere [obviam currenti]; (*zu vermeiden suchen*) vitare, evitare, fugere, defugere, subterfugere; (*sich zu entziehen suchen*) detrectare [proelium]; (*Ausflüchte suchen*) tergiversari.
ausweiden eviscerare, exenterare (*z. B. cervum*).

ausweinen: *seinen Schmerz* ~ dolorem in lacrimas effundere; *sich fast die Augen* ~ lacrimis confici; *sich* ~ lacrimis satiari, lacrimis profusis animum levare.

***Ausweis** *m* testimonium *n*, documentum *n* fidei.

ausweisen ex urbe (*od.* e civitate) exire iubēre; *sich* ~ apparēre, patēre, manifestum esse.

Ausweisung *f* relegatio *f*, exilium *n*, exactio *f*; *nach* ~ *des Tyrannen* tyranno exacto.

ausweiten distendere.

auswendig 1. *adj.* (*Seite*) frons; **2.** *adv.* (*aus dem Gedächtnis*) ex memoria, memoriter; *etw.* ~ *wissen* memoriā tenēre (*od.* complecti); ~ *lernen* ediscere; memoriae mandare; ~ *hersagen* ex memoria recitare.

auswerfen iacere [retia, ancoras]; eructare, evomere [sanguinem]; *ein Auge* ~ oculum excutere (*od.* elidere) [ludenti].

auswetzen sarcire [detrimentum], emendare [vitium virtute], corrigere [ignominiam].

auswischen 1. extergere, pertergere; / **2.** *j-m eins* ~ *mit Worten*: castigare alqm verbis *od. mit Schlägen*: verberibus.

Auswuchs *m* (*Höcker*) gibber *m*; / [vitium *n*.]

auswühlen eruere.

Auswurf *m* eiectamentum *n*, purgamentum *n*; / (*das Schlechteste in seiner Art*) sentina *f*, faex *f*; ~ *der Menschheit* homo *m* nequissimus (*od.* flagitiosissimus), omnium deorum hominumque pudor *m*.

auszahlen numerare, (ex)solvere, (ex)pendere.

Auszahlung *f* numeratio *f*, solutio *f*, pensio *f*; *nach* ~ *des Geldes* pecuniā numeratā.

auszählen (di)numerare, computare.

auszanken increpare, compellare, conviciis consectari.

auszehren conficere, absumere, exedere; *u. Lüsten u. Begierden*: enervare; *vom Hunger ausgezehrt* fame enectus.

Auszehrung *f* tabes *f*.

auszeichnen signare, notare, distinguere, insignem reddere [mercem]; / in magno honore habēre, honorem tribuere [civi], honore afficere (*od.* efferre); *sich* ~ excellere, eminēre, insignem esse, praestare, florēre.

Auszeichnung *f* honor *m*, ornamentum *n*; (*äußeres Ehrenzeichen*) insigne *n*; *auch* virtus *f*, laus *f*; *mit* ~ *behandeln* praecipuo honore habēre, amplissimo honore ornare.

ausziehen 1. *trans.* extrahere, evellere [dentem]; (*Kleider*) exuere, ponere; (*ausschreiben*) excerpere, exscribere e libro; **2.** *intr.* proficisci; *mit dem* (*ganzen*) *Heere* ~ educere exercitum, (cum omnibus copiis) egredi.

auszischen exsibilare, explodere.

Auszischen *n* sibilus *m*.

Auszug *m* demigratio *f*, profectio *f*; (*Inhaltsangabe*) epitome *f*, summarium *n*, summa *f*; *Auszüge* loci *m/pl.* exscripti; excerpta *n/pl.*; *nur einen kurzen* ~ *geben* carptim res gestas perscribere.

auszugsweise summatim, breviter.

auszupfen evellere.

authentisch verus, certus, fide di- [gnus.]

***Auto** *n* automobile *n*.

***Autobus** *m* automobile *n* grande.

Autodidakt *m*: ~ *sein* sine magistro didicisse.

***Autodroschke** *f* taximetrum *n*.

***Autofahrer** *m* auriga *m*.

Autor *m* scriptor *m*, auctor *m*.

Axiom *n* pronuntiatum *n*, certa stabilisque sententia *f*.

Axt *f* ascia *f*; *Doppelaxt* bipennis *f*.

azurblau, azurn caeruleus.

B

Bacchant *m* homo *m* bacchantium ritu (*od.* modo) in vinum ac laetitiam effusus, homo *m* in vino et voluptate (*od.* libidine) bacchans, homo *m* vinolentus, commissator *m*.

Bacchantin *f* baccha *f*, bacchans, Maenas *f*.

bacchantisch bacchicus; *adv.* bacchico more, bacchantium ritu *od.* modo.

Bach *m* rivus *m*; *ein reißender* ~ torrens *m*; *zum* ~ *gehörig* rivalis.

Bache *f* (*Wildsau*) sus *f* fera.

Bachstelze *f* motacilla *f*.

Backe *f*, **Backen** *m* bucca *f*, mala *f*.
backen coquere (*intr.* P).
Backenbart *m* barba *f* genis increscens.
Backenstreich *m mit der flachen Hand*: alapa *f*; *mit der Faust*: colaphus *m*; *j-m e-n ~ geben od. versetzen*: alapam (*od.* colaphum) alci infligere *od.* ducere.
Backenzahn *m* dens *m* genuīnus (*od.* maxillaris).
Bäcker *m* pistor *m*; *Bäcker...* pistorius.
Bäckerei *f* furnaria *f*, res *f* pistoria.
Bäckerladen *m* pistrina *f*.
Backhaus *n* pistrina *f*, pistrinum *n*.
Backofen *m* furnus *m*.
Backstein *m* later *m*; *aus ~* latericius.
Backwerk *n* opus *n* pistorium, (*feines*) crustum *n*, crustula *n/pl.*, bellaria *n/pl.*, cupediae *f/pl.*
Bad *n* (*das Baden*) lavatio *f*; *ein ~ nehmen* lavari; *ins ~ gehen* lavatum ire; (*Badewasser*) aqua *f* calida (*bzw.* frigida); *ein kaltes* (*warmes*) *~ nehmen* frigidā (calidā) lavari; (*Badeanstalt*) bal(i)neae *f/pl.*; (*kaiserliche*) thermae *f/pl.*; (*Badezimmer*) bal(i)neum *n*; (*Badeort*) aquae *f/pl.*; *in ein ~ reisen* ad aquas proficisci.
***Badeanzug** *m* vestis *f* balnearia (-aris).
Badegast *m* is qui ad aquas venit (*od.* aquis utitur).
***Badehose** *f* cinctorium *n* balnearium (-are).
Bademeister *m* balneator *m*.
baden lavare, abluere [pedes]; *sich ~* lavari, corpus abluere.
Badetuch *n* gausapina *f*.
Badewanne *f* labrum *n*, solium *n*.
Bagage *f* impedimenta *n/pl.*
Bagatelle *f* res *f* levis (*od.* minuta, parva, parvula, vilissima, levissima), floccus *m*, luteum negotium *n*; *~n* nugae *f/pl.*; *etw. als ~ betrachten* alqd leve (*od.* parvum) habēre, alqd non assis facere; *zur ~ werden* vilem redigi ad assem.
***Bagger** *m* excavator *m*.
bähen fovēre [membra].
Bähmittel *n* fomentum *n*.
Bahn *f* via *f*, iter *n*, cursus 4 *m* [navis, stellae]; *die ~ betreten* viam ingredi; *auf der ~ fortgehen* iter pergere.
bahnen (*e-n Weg*) viam aperire (*od.* facere, patefacere, munire) ad, aditum facere (*od.* dare) ad; (*durch das Gebirge*) perrumpere montes; *sich mit Gewalt den Weg ~* vi (*od.* ferro) viam sibi facere.
***Bahnhof** *m* statio *f*.
***Bahnhofsvorsteher** *m* praefectus *m* stationi.
***Bahnsteig** *m* platea *f* viae ferratae.
***Bahnwärter** *m* custos *m* viae ferratae (*od.* ferreae).
Bahre *f* ferculum *n*, (*für Tote*) feretrum *n*.
Bai *f* sinus 4 *m* maritimus.
balancieren 1. *trans.* librare; **2.** *intr.* librari.
bald (*v. d. Zukunft*) mox; (*in kurzer Zeit*) brevi (tempore); (*bald darauf*) paulo post, non ita multo post, brevi spatio interiecto; (*demnächst*) propediem; *so ~ als möglich* quam primum (fieri potest); *frühzeitig*) mature; *zu ~* maturius; *~ ... ~* modo ... modo, alias ... alias, tum ... tum, (nunc ... nunc); *~ dieser ~ jener* unus et item alter; *~ so ~ anders* aliās aliter.
Baldachin *m* aulaeum *n*.
baldig maturus; brevi futurus, instans; propinquus.
Balg *m* pellis *f*.
balgen: *sich ~* luctari, pugnis contendere.
Balgerei *f* luctatio *f*.
Balken *m* (*langer*) trabs *f*, (*kurzer*) tignum *n*, (*an der Waage*) iugum *n*; *Balken...* trabalis; / (*Gleichnis v. Balken u. Splitter*) aliorum vitia cernere, oblivisci suorum.
Balkenlage *f* contignatio *f*.
***Balkon** *m* podium *n*, solarium *n*.
***Balkonzimmer** *n* conclave *n* cum solario.
***Ball** *m* pila *f*; *~ spielen* pilā ludere; (*Tanz*) saltatio *f*; *zum ~ gehen* ire saltatum; *ein Fest~ findet statt* saltabitur sollemni saltatione.
Ballast *m* saburra *f*, onus *n*.
ballen conglobare; *die Faust ~* pugnum facere, manum comprimere; *sich ~* conglobari.
Ballen *m* fascis *m*, sarcina *f*.
Ballett *n* pantomīmus *m*.
Balletttänzer (**in** *f*) *m* pantomīmus *m* (pantomima *f*).
***Ballon** *m* follis *m*, *Luft~* follis *m* aerius.
Ballspiel *n* pilae lusus 4 *m*, pila *f*.

Balsam *m* balsamum *n*, odores *m/pl.*, unguentum *n*; / fomentum *n*, solacium *n*.
Balsambaum *m* balsamum *n*.
Balsambüchse *f* alabaster, tri *m*.
Balsamhändler *m* myropola *m*, pharmacopola *m*.
balsamieren ungere, unguentis oblinere (*od.* perfundere); (*Tote*) condire.
Balsamierung *f* (per)unctio *f*.
balsamisch suaviter olens, odorus, suavis; ~ *riechen* suaves odores spargere.
Balsam|staude *f*, **~strauch** *m* balsamum *n*.
Balz *f* coitus 4 *m*.
Band *m* (*e-s Buches*) volumen *n*, pars (libri) *f*, tomus *m*, liber *m*.
Band *n* vinculum *n*, ligamentum *n*, copula *f*; (*zum Schmuck*) taenia *f*, fascia *f*; (*Binde*) vitta *f*; / *das ~ der Freundschaft knüpfen* amicitiam iungere (*od.* contrahere) cum; *durch ein natürliches ~ verbunden sein* naturali quadam societate iunctum esse.
Bande *f* turba *f*, manus 4 *f*, caterva *f*, grex *f*; (*Truppe*) familia *f* [gladiatorum, funambulorum].
bändigen domare, perdomare; castigare [equum frenis].
Bändiger *m* domitor *m*.
Bandit *m* sicarius *m*.
Bandwurm *m* taenia *f*.
bange anxius, sollicitus; ♀ *machen* metum inicere [puero].
bangen angi, anxium esse, sollicitari, sollicitum esse; *es bangt mir vor* me sollicitat, angit; timeo, horreo.
Bangigkeit *f* angor *m*, anxietas *f*, sollicitudo *f*.
Bank *f* scamnum *n*, subsellium *n*; sedes *f*, sedīle *n*; (*Ruderbank*) transtrum *n*; *auf die lange ~ schieben* differre, prolatare; (*für Geldgeschäfte*) mensa *f* (argentaria), argentaria *f*, mensa *f* publica.
Bankier *m* argentarius *m*; mensorius *m*.
***Banknote** *f* charta *f* argentaria.
bankrott aere dirutus; ~ *sein* solvendo non esse.
Bankrott *m* fortunarum naufragium *n* (*od.* ruinae *f/pl.*); ~ *machen* cedere foro, decoquere, corruere, aere dirui.
Bann *m* aquae et ignis interdictio *f*; *kirchlicher ~* sacrorum interdictio *f*, * excommunicatio *f*; *in den ~ tun* * excommunicare; sacris excludere.
bannen (invitum) retinēre in loco, affigere (*m. dat.*); *vor Schrecken gebannt* pavore defixus; (*vertreiben*) arte magica expellere (*od.* eicere); incantare.
Banner *n* vexillum *n*; *das ~ entfalten* vexillum *n* pandere; *das ~ aufpflanzen* vexillum proponere.
***Bar** *f* taberna *f* liquorum; abacus *m*.
bar numeratus, praesens; *~e Bezahlung* repraesentatio *f* pecuniae; *~ bezahlen* praesenti pecuniā solvere.
Bär *m* ursus *m*; (*am Himmel*) ursa *f*.
Baracke *f* tugurium *n*.
Barbar *m* barbarus *m*.
Barbarei *f* barbaria *f*, immanitas *f*; saevitia *f*, crudelitas *f*; inscitia *f*.
Barbarismus *m* barbarismus *m* (*fehlerhafte Art sich auszudrücken*).
barbarisch barbarus; (*roh*) rudis, incultus; (*grausam*) crudelis, immanis, inhumanus, saevus.
Barbe *f* (*Fisch*) barbus *m*, mullus *m*.
Barbier *m* tonsor *m*.
barbieren barbam tondēre (*od.* [ab-])radere; *sich ~ lassen* tonderi.
Barbiermesser *n* culter *m* tonsorius; novacula *f*.
Barbierstube *f* tonstrīna *f*, taberna *f* tonsoris.
Barbiertuch *n* sudarium *n*.
Barde *m* bardus *m*; vates *m*.
Bären... ursīnus.
Bärenhaut *f* pellis *f* ursīna; *auf der ~ liegen* inertiae *od.* segnitiae *od.* desidiae se dare *od.* deditum esse.
Bärenklau *m od. f* acanthus *f*.
barfuß pedibus nudis.
Barke *f* lenunculus *m*, actuariola *f*, navicula *f*.
barmherzig misericors.
Barmherzigkeit *f* misericordia *f*.
Barren *m* massa *f* [argenti], talea *f* (ferrea), later *m* (aureus); * (*Turngerät*) parallelae *f/pl.*
Barrikade *f* saepes *f* (militaris), iter *n* intersaeptum; *durch eine ~ absperren* intersaepire [iter].
barsch asper.
Barsch *m* (*Fisch*) perca *f*.
Barschheit *f* asperitas *f*.
Bart *m* barba *f*, (*Milchbart*) lanugo *f*; *e-n ~ tragen* barbam alere; *den ~*

lang wachsen lassen barbam promittere; *mit starkem* ~ bene barbatus.
Bärtchen *n* barbula *f*.
bärtig barbatus.
bartlos imberbis.
Barzahlung *f* solutio *f* parata; ~ *leisten* numerato solvere.
Base *f* amita *f*, matertera *f*, consobrina *f*.
Basrelief *n* opus *n* caelatum.
Bass *m* vox *f* (*od.* sonus *m*) gravis.
Bassin *n* lacus 4 *m*, piscina *f*; (*Becken*) labrum *n*.
Bast *m* liber *m*.
Bastard *m* nothus *m*, (puer) paelice natus, non legitimā matre ortus; hibrida *m u. f*.
Bastei, Bastion *f* propugnaculum *n*, castellum *n*.
Bataillon *n* cohors *f*.
Batist *m* carbasus *f*; *aus* ~ carbaseus.
***Batterie** *f* tormenta *n/pl*.
Batzen *m* sestertius *m*.
Bau *m* **1.** *abstr. den* ~ *einer Flotte besorgen* classem aedificandam curare; **2.** *konkr.* aedificium *n*, opus *n*, (*großer*) moles *f*; (*im Bergwerk*) cuniculi *m/pl.*; (*des Wildes*) fovea *f*, specus 4 *m*, cubile *n*.
Bauanlage *f* aedificatio *f* [urbis].
Bauarbeit *f* opera *f* fabrilis.
Bauart *f* genus *n* structurae, structura *f*; ratio *f* aedificandi.
Bauch *m* venter *m*; (*Unterleib*) alvus *f*; (*Mutterleib*) uterus *m*; (*Wanst*) abdomen *n*; (*eines Schiffes*) alveus *m*, cavernae *f/pl.* [navigii].
Bauchgrimmen *n* tormina, um *n/pl*.
Bauchredner *m* ventriloquus *m*.
bauchig ventriosus.
bauen 1. *trans.* colere [agrum], arare [terram], exarare [frumentum]; (*errichten*) aedificare, (con)struere, exstruere; condere [urbem]; ducere [murum]; facere [pontem]; statuere, constituere [tabernacula]; **2.** *intr. bauen auf* fidere, confidere [amico, fide amici].
Bauer *m* agricola *m*, (homo) rusticus *m od.* rusticanus *m*; colonus *m*; (*ungebildeter Mensch*) homo *m* rusticus (*od.* agrestis).
Bauer *m u. n* cavea *f*.
Bauer..., Bauern..., Bauers... rusticus, agrestis.
Bäuerin *f* rustica *f*, colona *f*.
bäuerisch rusticus, rusticanus; (*ungebildet*) agrestis, inurbanus, incultus, rudis, illiberalis; ~*es Wesen* rusticitas *f*.
Bauernart *f* rusticitas *f*.
Bauerngut *n* praedium *n* rusticum, fundus *m*, ager *m*.
baufällig ruinosus, vitiosus.
Baufälligkeit *f* vetustas *f*.
Bauherr *m* dominus *m*, aedificator *m*.
Bauholz *n* materia *f*, tigna *n/pl*.
Baukosten: *die* ~ sumptus 4 *m* (aedificii).
Baukunst *f* architectura *f*.
Baukünstler *m* architectus *m*.
Bauleute: *die* ~ fabri *m/pl.*, structores *m/pl*.
baulich sartus tectus; *ein Haus im* ~*en Stande erhalten* aedes sartas tectas conservare.
Baulust *f* aedificandi studium *n*.
baulustig aedificandi studiosus, aedificator.
Baum *m* arbor *f*.
baumartig arboreus, arboris (-ri) similis; *adv.* arborum modo.
Baumaterial *n* materia *f*.
Baumbast *m* liber *m* arboris.
Bäumchen *n* arbuscula *f*.
Baumeister *m* architectus *m*.
bäumen: *sich* ~ (*v. Pferde*) exsultare, insurgere, se arrigere, se tollere.
Baumfrucht *f* fructus 4 *m*, baca arboris, pomum *n*.
Baumgrille *f* cicada *f*.
Baumpfahl *m* palus *m*, adminiculum *n*.
Baumpflanzung *f* arbustum *n*.
baumreich (multis) arboribus consitus (*od.* frequens); arborum fertilis (*od.* plenus).
Baumrinde *f* cortex *m* (ex arboribus).
Baumschule *f* seminarium *n*.
Baumschwamm *m* pannus *m*.
Baumspecht *m* picus *m* arborarius.
Baumstamm *m* truncus *m* (arboris).
baumstark robustissimus.
Baumwolle *f* linum *n* xylinum.
baumwollen xylinus.
Bauplan *m* aedificandi consilium *n* (*od.* descriptio *f*).
Bauplatz *m* area *f*.
Bausch *m* sinus 4 *m*; *in* ~ *und Bogen* in commune, uno nomine.

bauschen *intr.* sinum (*od.* sinūs) facere, sinuari.
bauschig sinuosus.
Bauschutt *m* rudus 3 *n.*
Baustein *m* saxum *n* (quadratum).
Baustil *m* structurae genus 3 *n.*
Bauten *m/pl.* opera *n/pl.*, monumenta *n/pl.*
Bauunternehmer *m* conductor *m* operis.
Bauverständige(r) *m* aedificandi peritus *m*, architectus *m.*
Bauwerkzeug *n* arma *n/pl.*
Bauwesen *n* aedificatio *f*; *das öffentliche* ~ cura *f* aedificiorum publicorum.
Bauwut *f* immodicum aedificandi studium *n.*
beabsichtigen quaerere, spectare, sequi, velle, propositum habēre, in animo habēre, cogitare de, cogitare *m. inf.*; id agere *od.* moliri ut; consilium est; in animo est.
beabsichtigt cogitatus, propositus, praeparatus.
beachten animum attendere (*od.* intendere) ad, respicere, spectare; observare [leges]; (diligenter) intueri [tempestatem]; *nicht* ~ neglegere, contemnere, omittere.
beachtenswert observandus, respiciendus, gravis, non neglegendus, dignus quem quis sequatur.
Beachtung *f* observatio *f*, respectus 4 *m.*
Beamte(r) *m* magistratus 4 *m*, praefectus *m*, curator *m*, magister *m* officialis; *allg.* qui munere fungitur, qui officio (*od.* muneri) praeest, qui curam sustinet.
beanlagt: *gut* ~ bona indole (*od.* eximio ingenio) praeditus; *mittelmäßig* ~ *sein* mediocri ingenio esse.
beanstanden (ad)dubitare, in dubium vocare.
beantragen suadēre [legem], auctorem esse [legis].
beantworten respondēre ad; (*schriftlich*) rescribere ad.
bearbeiten colere [agrum]; exercēre [metalla]; subigere [glaebas]; *Holz* ~ dolare materiam; / pertractare [animos].
Bearbeitung *f* (*des Ackers*) cultus 4 *m*, cultio *f*, cultura *f*; fabrica *f* [aeris et ferri].
beargwöhnen suspicari, suspectum habēre.
beaufsichtigen custodire.
beauftragen mandare; *ich bin beauftragt* iussus sum [facere].
bebauen locum coaedificare; colere [agrum].
beben tremere; *die Erde bebt* terra movet(ur).
Beben *n* tremor *m*; ~ *der Erde* terrae motus 4 *m.*
bebend tremens, tremebundus, tremulus.
Becher *m* poculum *n*, calix *f*, scyphus *m*, cyathus *m.*
becherförmig poculi modo.
Becken *n* pelvis *f*; (*zum Waschen*) aqualis *f*; (*in der Musik*) cymbalum *n.*
bedacht: ~ *auf* intentus in, ad; ~ *sein auf* prospicere, consulere [saluti], rationem habēre [salutis], id agere, ut; ~ *sein auf seinen Vorteil* suam rationem ducere, suis commodis servire, sibi non deesse.
Bedacht *m* consilium *n*, consideratio *f*, cautio *f*, diligentia *f*; *mit* ~ consilio, consulto, iudicio, considerate; attente, diligenter; (*langsam*) lente, cunctanter, pedetentim; (*mit Vorsicht*) caute.
bedächtig consideratus, prudens, (*vorsichtig*) cautus; (*sorgfältig*) diligens; (*zögernd*) lentus, cunctans.
bedanken: *sich* ~ gratias agere [patri] pro.
Bedarf *m* res *f/pl.* (ad victum) necessariae.
bedauern misereri [amici], me miseret [amici]; (com)miserari [fortunam amici]; misericordiā prosequi; *ich muss* ~ doleo, aegre fero, molestum mihi est; *es ist zu* ~, *dass* dolendum est, quod.
Bedauern *n* (*Mitleid*) misericordia; (*Beileid*) (com)miseratio *f*; (*Schmerz*) dolor *m*; (*Reue*) paenitentia *f.*
bedauernswert (com)miserandus, deplorandus, miserabilis, dolendus, miser.
bedecken tegere, contegere, obtegere; (*überdecken*) (con)sternere [terram foliis]; velare, operire [caput]; vestire [montes silvis]; *bedeckt* obrutus [coronis], obsitus [squalore], onustus [vulneribus], respersus [pulvere].
Bedeckung *f*: *militärische* ~ praesidium *n*; custodes *m/pl.*
bedenken considerare, cogitare, deliberare; (secum) reputare; mente

B

agitare; secum meditari, perpendere; *bedenke, ob nicht* vide, ne; *zu ~ geben* monēre, hortari; *sich ~* dubitare, cunctari, haesitare.

Bedenken *n* cogitatio *f*, deliberatio *f*; (*Zweifel*) dubitatio *f*, haesitatio *f*; (*in Gewissenssachen*) scrupulus *m*, religio *f*; (*Zögern*) cunctatio *f*, mora *f*; *~ tragen* dubitare, cunctari, haesitare; *ohne ~* haud cunctanter, confidenter.

bedenklich dubius, incertus, cunctans; (*in Gewissenssachen*) religiosus; (*misslich*) dubius, periculosus, lubricus.

Bedenklichkeit *f* dubitatio *f*, cunctatio *f*, haesitatio *f*; (*in Gewissenssachen*) religio *f*; *~ verursachen* dubitationem afferre *od.* inicere.

Bedenkzeit *f* deliberandi spatium *n* (*od.* tempus *n*).

bedeuten valēre, vim habēre, esse, significare; (*etwas Zukünftiges*) portendere, ostendere, indicare; *was bedeutet dieses Wort?* quae est vis huius verbi? quid sonat haec vox? *was soll dieses ~?* quid hoc sibi vult? quid hoc rei est? (*wichtig sein*) valēre, magnam vim (*od.* auctoritatem) habēre, posse, magni momenti esse; *nichts ~ gegen* nihil esse ad; *viel ~* multum valēre *od.* posse apud; magnam habēre auctoritatem, auctoritate florēre.

bedeutend magnus, clarus, illustris; *um ein Bedeutendes* aliquanto.

bedeutsam gravis.

Bedeutsamkeit *f* gravitas *f*, vis *f*, pondus 3 *n*; *v. sittlichem Werte*: virtus 3 *f*; *die ~ von etw. einsehen* intellegere quale alqd sit.

Bedeutung *f* (*e-s Wortes*) significatio *f*, vis *f*, notio *f* voci subiecta, sententia *f*; (*Wichtigkeit*) vis *f*, pondus *n*, gravitas *f*, momentum *n*, (*v. Pers. auch*) auctoritas *f*, amplitudo *f*; *große ~ haben für* magni momenti esse (*od.* magnum momentum habēre) ad; *keine ~ haben* nullius momenti esse.

bedeutungslos inanis, vanus, levis, nullius momenti; *~ sein* nihil valēre.

bedeutungsvoll gravis, magnus, magni momenti; cuius est magna auctoritas, qui multum valet (*od.* potest).

bedienen ministrare, ministeria facere [hospiti]; (*als niederer Beamter*) apparēre [consuli]; *sich e-r Sache ~* uti.

Bedienung *f* famuli *m/pl.*, ministri *m/pl.*

bedingen gubernare, moderari [ventus res rusticas]; *bedingt* circumscriptus, condicione astrictus, cum exceptione; *bedingt sein durch* teneri [tempestate], pendēre ex.

Bedingung *f* condicio *f*, lex *f*, pactum *n*; *unter folgender ~* hac condicione; *eine ~ stellen* condicionem ferre; *~ nicht annehmen* condicionem repudiare (*od.* respuere); *unter der ~, dass (nicht)* ea condicione, ut (ne); cum eo, ut (ne); ita ... si.

bedrängen premere, vexare, urgēre, affligere, instare [hostibus]; *bedrängt* (*v. Pers.*) afflictus [rebus angustis]; inops, miser.

Bedrängnis *f* (*bedrängte Lage*) angustiae *f/pl.*, res *f/pl.* angustae (*od.* afflictae *od.* adversae); calamitas *f*, inopia *f*, miseria *f*, difficultates *f/pl.*

bedrohen minari, minitari [mortem]; intentare [periculum]; *bedroht* circumventus, appetitus.

bedrohlich minax; *die Sache hat e-n ~en Charakter* res habet aliquid atrocitatis.

Bedrohung *f* minatio *f*.

bedrücken vexare, premere.

Bedrückung *f* vexatio *f*, iniuria *f*.

bedürfen egēre, indigēre, mihi opus est; (*erfordern*) desiderare, requirere.

Bedürfnis *n* **1.** *abstr.* necessitas *f*, (*Verlangen*) desiderium *n*, (*Bedarf*) usus 4 *m*; (*Mangel*) inopia *f*; (*Gefühl der eigenen Schwäche*) indigentia *f*; **2.** *konkr.* res *f/pl.* necessariae, ea quae sunt necessaria, id quod quis desiderat (*od.* requirit), quo quis eget, quae ad usum vitae pertinent; *Bedürfnisse des Staates* usūs *m/pl.* publici.

bedürftig egens, indigens, inops.

***Beefsteak** *n* bubula assa.

beehren: *j-n mit e-m Besuche ~* salutandi causā ad alqm venire; *j-n mit s-m Umgange ~* dignari alqm consuetudine suā; *j-n mit s-r Gegenwart ~* alqm praesentiā suā ornare.

beeidigen iure iurando confirmare (*od.* sancire).

beeifern: *sich ~* studēre *m. inf.*

beeilen: *sich ~* contendere, maturare, festinare, properare.
beeinflusst motus, commotus.
beeinträchtigen minuere [gloriam]; imminuere [libertatem].
Beeinträchtigung *f* iniuria *f*; incommodum *n*.
beendigen finire, ad finem perducere (*od.* adducere); finem facere [belli]; finem afferre, imponere [bello]; conficere, transigere; (*gütlich*) componere; (*erledigen*) expedire [negotia].
Beendigung *f* finis *m*; *nach ~ des Krieges* bello confecto.
beengen in angustias (*od.* in angustum *od.* in artum) compellere *od.* cogere, coartare; *sich beengt fühlen* animus contrahitur.
beerben heredem esse [avi], succedere [avo].
beerdigen humare.
Beerdigung *f* sepultura *f*, humatio *f*.
Beere *f* baca *f*.
Beet *n* area *f*, pulvīnus *m*.
befähigen aptum facere, informare [aetatem puerilem ad humanitatem]; *befähigt* aptus, idoneus.
Befähigung *f* facultas *f*, indoles *f*.
befahrbar pervius; (*schiffbar*) navigabilis.
befahren obire (locum), vehi (per locum); (*zu Schiffe*) navigare (per locum); *e-n Weg ~* viam terere.
befallen invadere [mors in corpus], ingruere; (*v. Leiden*) temptare, corripere, opprimere, capere, occupare; *von e-r Krankheit ~ werden* morbo affici (*od.* opprimi *od.* implicari).
befangen timidus, perturbatus; (*juristisch*) non integer; *~ sein* teneri [errore], implicitum (*od.* captum *od.* affectum) esse.
Befangenheit *f* timiditas *f*, perturbatio *f*; animus *m* timidus.
befassen: *sich mit etw. ~* versari, operam ponere [in litteris], operam dare, navare [litteris]; attingere, tractare [litteras]; accedere [ad rempublicam].
befehden bello lacessere *alqm*, bellum inferre *alci*.
Befehl *m* iussum *n*, imperium *n*; praeceptum *n*, praescriptum *n*, mandatum *n*; (*Anordnung einer Behörde*) edictum *n*; (*~ des Senates*) decretum *n*; (*~ des Volkes*) plebiscitum *n*; (*Gutachten*) auctoritas *f*; *schriftlicher ~* litterae *f/pl.*; *auf ~* iussu [consulis], iubente [consule]; *ohne ~* iniussu [consulis], ultro, sua sponte; *den ~ erhalten* iuberi; *dem ~ nachkommen* parēre, imperata facere, dicto audientem esse [consuli]; *unter dem ~* duce [consule], ductu *od.* imperio auspicioque [consulis].
befehlen iubēre, imperare; praecipere, praescribere, mandare; (*von der Behörde*) edicere; (*als Senatsbeschluss*) decernere; (*als Volksbeschluss*) sciscere; (*mil.*) cum imperio esse, imperium administrare.
befehligen praeesse, praepositum esse [exercitui].
Befehlsgewalt *f* (*mil.*) imperium *n*, (*zivil*) potestas *f*; *~ haben* cum imperio esse.
Befehlshaber *m* dux *m*, praefectus *m* [classis]; (*Oberfeldherr*) imperator *m*, (*Unterfeldherr*) legatus *m*; (*~ der Reiterei*) magister *m* equitum; (*General, bsd. bei nichtröm. Völkern*) praetor *m*; *sonst* qui praeest exercitui (castris, urbi *u. a.*), penes quem est summa imperii, qui administrat bellum *u. Ä.*
befehlshaberisch imperiosus, superbus, arrogans.
befestigen destinare [funibus]; affigere [clavis]; / firmare, confirmare, stabilire, munire; *ein befestigtes Lager errichten* castra munire.
Befestigung *f* munimentum *n*, munitio *f*, opus *n*.
befeuchten madefacere, conspergere, tingere (*bsd. mit e-r Farbe*); P. *a.* umescere.
befiedern plumis obducere, pennis vestire; *befiedert* plumatus, pennatus, volucer.
befinden: *für gut ~* probare; *sich ~* (*verweilen*) esse, versari, (com-) morari, habitare, vivere; *sich wohl ~* bene, recte valēre; *wie befindest du dich?* quomodo te habes? ut vales? quid agis?
Befinden *n* (*körperlich*) valetudo *f*; (*Meinung*) sententia *f*.
befindlich qui ... est (*od.* versatur).
beflecken maculare, maculis adspergere; (*besudeln*) contaminare; inquinare; (*entweihen*) polluere.
Befleckung *f* contaminatio *f*; pollutio *f*; (*Schandfleck*) macula *f*, labes *f*.

befleißigen: *sich* ~ studēre, operam dare [iuri], studiosum esse [iuris], studium collocare [in litteris]; incumbere, operam conferre in [litteras].

beflissen studiosus [iuris], deditus [iuri], amans [iuris].

Beflissenheit *f* studium *n*, cura *f*.

beflügeln accelerare [gradum], incitare [animum].

befolgen sequi [consilium], uti [consilio]; obtemperare, oboedire, obsequi, parēre [voluntati].

Beförderer *m* adiutor *m*, auctor *m*, fautor *m*, (ad)minister *m*.

befördern perferendum curare, perferre, curare, mittere; (*unterstützen*) iuvare, adiuvare; (*zu e-m Amte verhelfen*) muneri praeficere; promovēre, evehere, provehere, tollere [ad honores].

Beförderung *f* **1.** *nach* ~ *des Briefes* litteris permissis; **2.** (*Beschleunigung*) acceleratio *f*; **3.** (*Unterstützung*) auxilium *n*; (*Vermehrung*) amplificatio *f*; **1.** (*Avancement*) dignitatis accessio *f*.

Beförderungsmittel *n* vehiculum *n*; auxilium *n*, adiumentum *n*, subsidium *n*; instrumentum *n* [virtutis].

befrachten: *ein Schiff* ~ onus imponere navi, *merces* imponere in navem.

befragen: *um seine Meinung* (*im Senate*) ~ sententiam rogare [patres]; (*zu Rate ziehen*) consulere, in consilium adhibēre; adire [libros Sibyllinos].

befreien liberare; solvere, exsolvere, levare [metu]; eripere [e manibus]; expedire [se ab occupatione]; eximere [ex servitute], redimere [captos]; (*v. Heerdienst*) vacationem militiae dare; (*v. Abgaben*) immunitatem dare; *sich* ~ se liberare, in libertatem se vindicare; *befreit* liberatus, liber, solutus; *befreit sein* liberum esse, vacare, (*v. Abgaben*) immunem esse, (*v. Kriegsdienst*) vacationem habēre.

Befreier *m* liberator *m*, vindex *m*.

Befreiung *f* liberatio *f*; (*pass.*) vacatio *f*; (*v. Abgaben*) immunitas *f*.

befremden mirum videri; *es befremdet mich* miror; mirum videtur; commoveor; (*verdächtig sein*) suspectum esse, suspicionem movēre.

Befremden *n* miratio *f*; *mit* ~ mirans, mirabundus; (*Argwohn*) suspicio *f*.

befreunden amicitiā (con)iungere; *sich* ~ *mit* familiaritatem contrahere, necessitudinem coniungere cum, familiariter uti; *befreundet* amicitiā (con)iunctus, amicus, familiaris, necessarius.

befriedigen satisfacere, satis esse [tibi].

befriedigend probabilis, idoneus, satis magnus, satis bonus; satis bene.

Befriedigung *f* satisfactio *f*; *zur* ~ *der Begierden* voluptatum causa; ~ *finden* acquiescere [in liberorum caritate].

befruchten fecundum reddere; gravidare.

Befruchtung *f* praegnatio *f* (*von* (*Tieren und Gewächsen*).

Befugnis *f* ius *n*, potestas *f*; *gleiche* ~ *haben* pari potestate (*od.* auctoritate) esse; *seine* ~ *überschreiten* officii terminos egredi.

befugt: ~ *sein zu* ius (*od.* potestatem) habēre alqd faciendi; *ich bin* ~ *zu etw.* facere alqd possum.

befühlen tangere, tentare, attrectare, contrectare, pertractare.

Befund *m* status 4 *m*, condicio *f*; *nach* ~ *der Sache* rē cognitā.

befürchten pertimescere, extimescere, horrēre, reformidare.

begabt praeditus, instructus, ornatus, bona indole praeditus.

Begabung *f* bona indoles *f*; ingenium *n*.

begatten: *sich* ~ coire; *vom Männchen*: comprimere (*mit j-m* aliquam); *vom Weibchen*: marem pati.

Begattung *f* coitus 4 *m*.

Begattungstrieb *m* coitūs libīdo *f*, libidinis desiderium *n*, desiderium *n* naturale; *starker* ~ coeundi ardor *m*.

begeben: *sich* ~ se conferre, ire, proficisci [in castra], adire, accedere ad; *auf den Weg* ~ se dare in viam; *auf die Reise* ~ iter inire (*od.* ingredi); *aus der Stadt* ~ ex urbe discedere; *zur Ruhe* ~ quieti se dare; (*sich ereignen*) accidere, contingere, evenire, usu venire, fieri.

Begebenheit *f* casus 4 *m*, res *f* (gesta), factum *n*; eventus 4 *m*.

begegnen occurrere, obviam venire (*od.* fieri), obvium esse (*od.* fieri)

[sorori]; congredi cum; (*Einhalt tun*) occurrere, obviam ire, resistere [hostibus]; (*widerfahren*) accidere, evenire, contingere, obtingere, usu venire.
Begegnung *f* occursus 4 *m*, obviam itio *f*; *nach s-r ~ mit ihm* congressus (*part.*) cum illo.
begehen (*feiern*) agere, celebrare [diem natalem]; (*verüben*) facere, committere, (in se) admittere, suscipere, patrare, perpetrare; *eine Torheit ~* stulte agere; *ein Unrecht ~* iniuriam facere.
begehren cupere, concupiscere, cupidum (*od.* avidum) esse, appetere.
Begehren *n* cupiditas *f*, appetitus 4 *m*; desiderium *n*, voluntas *f*; (*Forderung*) postulatio *f*; *was ist dein ~?* quid est quod vis?
begehrenswert optabilis; expetendus.
begehrlich cupidus (*od.* avidus) *alcs rei*, incensus cupiditate *alcs rei*.
Begehung *f* **1.** (*Bereisung*) lustratio *f*, circuitio *f*, peragratio *f*; **2.** (*Feier*) celebratio *f*; **3.** (*Verübung*): *nach ~ des Mordes* caede factā *od.* perpetratā.
begeifern salivā commingere; / linguā adspergere *alqm.*
begeistern divino (quodam) spiritu inflare (*od.* tangere), divino instinctu concitare; / inflammare, incendere, excitare [miro amore, ardenti studio]; mirifice delectare.
Begeisterung *f* mens *f* incitata, animi ardor *m* (*od.* impetus 4 *m*), afflatus 4 *m* (*od.* instinctus 4 *m*) divinus, mentis incitatio *f*, furor *m* (divinus), ardens studium *n* (*od.* magna admiratio *f*), singularis amor *m* [litterarum].
Begierde *f* cupiditas *f*, aviditas *f*, appetitus 4 *m*, desiderium *n*; (*sinnliche*) libido *f*; *heftige ~* impetus 4 *m*, ardor *m*.
begierig cupidus, avidus, studiosus, appetens [laudis].
begießen (aquā) perfundere, conspergere.
beginnen s. *anfangen*; *trans. große Dinge ~* magna moliri; *intr.* proficisci.
Beginn *m s. Anfang.*
beglaubigen fidem facere (*od.* afferre), fide confirmare, probare; (*untersiegeln*) consignare; *beglaubigt* certus, fide dignus, verus, testatus; publice missus [legatus].
Beglaubigung *f* fides *f*, auctoritas *f*.
Beglaubigungsschreiben *n* litterae *f/pl.* ad fidem faciendam datae litterae *f/pl.* publicae, testimonium *n* publicum.
begleiten comitari (*od.* sequi) [patrem], comitem esse [patris]; (*ehrenhalber*) prosequi, deducere; (*in der Musik*) adesse, concinere [tragoedo pronuntianti]; *begleitet von* ad [canere ad tibias].
Begleiter *m* comes *m*; (*beständiger*) assectator *m*, assec(u)la *m*.
Begleiterin *f* comes *f*.
Begleitung *f*: *in ~ des Sohnes* filio comitante (*od.* comite); comitatus a filio; (*die Begleiter*) comitatus 4 *m*, comites *m/pl.*; (*Bedeckung*) praesidium *n*.
beglücken felicem *od.* beatum facere *od.* reddere; beare, delectare, (magnā) laetitiā afficere; *beglückend* faustus, prosper; *beglückt* fortunatus; beatus, felix.
beglückwünschen gratulari [patri diem natalem].
begnadet donatus; *von Gott ~* faustus.
begnadigen veniam (*od.* impunitatem) dare (*od.* tribuere); parcere, ignoscere [servo], poenā liberare, in gratiam recipere.
Begnadigung *f* venia *f*, remissio *f* poenae, impunitas *f*.
begnügen: *sich ~* contentum esse [suis rebus], satis habēre [dicere].
begraben sepelire, humare, (funere) efferre; (*die letzte Ehre erweisen*) iusta facere [parentibus]; (*beisetzen*) condere; *hier liegt ~* hic situs est; *unter Geschossen ~ werden* telis obrui.
Begräbnis *n* funus *n*; (*Leichengefolge*) exsequiae *f/pl.*; (*Leichenzug*) pompa *f*.
Begräbnis... funebris; **~feier** *f* (iusta) funebria *n/pl.*
Begräbnisplatz *m* locus *m* sepulturae, sepulcretum *n*.
begreifen (*in sich fassen*) comprehendere, complecti, amplecti, continēre; (*verstehen*) intellegere, perspicere, percipere; mente (*od.* animo *od.* cogitatione) comprehendere (*od.* complecti *od.* assequi *od.* capere); cognoscere; *nicht ~ können*

mirari; *was leicht (schwer) zu ~ ist* facile (difficile) intellectu, ad intellegendum; planum, perspicuum (impeditum, obscurum); *begriffen sein* versari (*od.* occupatum esse) in [munitione castrorum]; *auf der Reise begriffen sein* iter facere in, itinere esse.

Begreifen *n* **1.** (*Betasten, Befühlen*) contrectatio *f*; **2.** (*Verstehen*) comprehensio *f*, intellegentia *f*.

begreiflich quod comprehendi potest; apertus, planus, perspicuus; (*ironisch*) videlicet, scilicet, nimirum.

begrenzen finire, definire, terminare; *begrenzt werden* attingi, contineri [flumine].

Begriff *m* notio *f*, rei imago *f*, species *f*, opinio *f*, conformatio *f* animi; (*Ansicht, Urteil*) sententia *f*, iudicium *n*; (*Wesen*) vis *f*, natura *f*; (*Gefühl für*) sensus 4 *m* [honoris]; *einen klaren ~ haben* satis (*od.* probe) perspicere, intellegere, perspectum habēre; (*Fassungskraft*) intellegentia *f*, captus 4 *m*; *schwer von Begriffen* hebes, tardus, indocilis.

begrifflich cogitatione (*Ggs.* re).

Begriffsbestimmung *f* definitio *f*; *~ eines Wortes* verbi vis *f* et interpretatio *f*.

begründen argumentis firmare, confirmare.

Begründung *f* confirmatio *f*; *nach ~ der Herrschaft* imperio fundato.

begrüßen salutare, salutatum ire *od.* venire; *mit Jubel ~* clamore excipere; *sich gegenseitig ~* salutem accipere et reddere, inter se consalutare.

Begrüßung *f* salutatio *f*, (*v. mehreren*) consalutatio *f*.

begünstigen favēre, studēre, propitium esse; bene velle, cupere [iuventuti]; (*durch die Tat*) iuvare, adiuvare, facere cum, indulgēre [legioni], suffragari [consilio].

Begünstigung *f* favor *m*, studium *n*, gratia *f*; auxilium *n*, praesidium *n*, indulgentia *f*.

begutachten iudicium facere de.

Begutachtung *f* aestimatio *f*, arbitrium *n*.

begütert locuples, copiosus, opulentus, fortunatus, fortunis maximis ornatus.

begütigen lenire, delenire, placare, mitigare, permulcēre *alcs animum*.

behaart capillatus, crinitus; pilosus.

behacken *mit der Hacke*: pastinare, repastinare; *mit der Axt*: circumcīdere.

behaftet affectus, implicitus [morbo]; contaminatus [scelere]; *mit Schulden ~ sein* aere alieno laborare.

behagen gratum esse, placēre.

Behagen *n*: *~ finden an* delectari [spectaculo].

behaglich gratus, iucundus; suavis, dulcis; umbratilis [vita]; commodus [domus].

Behaglichkeit *f* voluptas *f*, laeta animi affectio *f*; commoda vita *f*, vitae commoditas *f*.

behalten tenēre, retinēre; (*bewahren*) servare, conservare [consuetudinem]; *bei sich ~* secum habēre, occultare, reticēre; *für sich ~* sibi habēre; *Recht ~* causam obtinēre; *die Oberhand ~* superiorem discedere, vincere.

Behälter *m*, **Behältnis** *n* receptaculum *n*; (*für Tiere*) vivarium *n*, cavea *f*; (*für Fische*) piscīna *f*; (*Speicher*) horreum *n*, (*Vorratskammer*) cella *f*.

behandeln tractare [rem]; disputare (*od.* disserere *od.* dicere *od.* explicare) de; (*Kranke*) curare; (*sich benehmen*) tractare, habēre, accipere [male, crudeliter, leniter], consulere [hostiliter in socios]; *als Feind ~* (in) hostium numero *od.* loco habēre.

Behandlung *f*: **1.** *allg.* tractatio *f*; | **2. a)** *Lit.* disputatio *f*, explicatio, expositio; *systematische ~* ratio *f*; **b)** *Benehmen gegen j-n*); *kluge ~* prudentia *f*; *freundliche ~* comitas *f*, benignitas *f*, humanitas *f*; *gelinde ~* lenitas *f*; *harte ~* asperitas *f*, acerbitas *f*; *grausame ~* saevitia *f*; *unwürdige ~* indignitas *f*.

beharren (per)manēre, perseverare, perstare in [sententia], stare [in fide].

beharrlich perseverans, constans, firmus, assiduus, (*tadelnd*) pertinax, pervicax, obstinatus.

Beharrlichkeit *f* perseverantia *f*, constantia *f*, firmitas *f*, assiduitas *f*; (*tadelnd*) pertinacia *f*, pervicacia *f*, obstinatio *f*.

behauen dolare, edolare; caedere [lapides].

behaupten tenēre [oppidum], obtinēre [ius], tueri [dignitatem]; *das Schlachtfeld* ~ superiorem discedere; *seinen Charakter* ~ sibi constare; *sich* ~ stare, consistere, valēre; *sich gegen den Feind* ~ impetum hostium sustinēre; (*sagen*) dicere, dictitare, affirmare, asseverare, contendere, velle, censēre; ~ *dass nicht* negare.
Behauptung *f*: (*aufgestellte Ansicht*) sententia *f*; (*wissenschaftliche* ~, *Lehrsatz*) opinio *f*, decretum *n*; *jene* ~ *Platos* illud Platonicum, illud Platonis; *diese beiden* ~*en* haec duo.
Behausung *f* domus 4 *f*, tectum *n*, domicilium *n*, sedes *f*, habitatio *f*.
behelfen: *sich* ~ uti, se expedire [mendacio], confugere ad, prospicere (*od.* consulere sibi) [fraude].
behelligen molestum (*od.* oneri) esse, molestiam exhibēre, negotium facessere [amico], obtundere [longis epistolis], fatigare [precibus].
Behelligung *f* molestia *f*, onus *n*.
behend pernix, velox, agilis.
Behendigkeit *f* pernicitas *f*, velocitas *f*, agilitas *f*.
beherbergen hospitio accipere *od.* excipere; hospitium praebēre.
beherrschen regere; praeesse (*od.* imperare) [provinciae]; imperio tenēre, in potestate habēre; *beherrscht werden* regi (*od.* in dicione, sub imperio) esse, imperio teneri; (*bändigen, zügeln*) coercēre, cohibēre, compescere, continēre [cupiditates], imperare [cupiditatibus]; *sich selbst* ~ sibi imperare, se ipsum continēre et coercēre; *sich von den Begierden* ~ *lassen* cupiditatibus indulgēre; (*hervorragen*) imminēre [mons urbi], superare.
Beherrscher *m* dominus *m*, rector *m*, gubernator *m*, moderator *m*, tyrannus *m*.
Beherrschung *f* imperium *n* (*j-s in alqm*); (*das Maßhalten*) moderatio *f*, continentio *f*.
beherzigen demittere in pectus animumque suum, animo mentique mandare.
beherzigenswert diligenti consideratione dignus, gravissimus, non neglegendus.
beherzt animosus, fortis; audax, confirmatus; ~ *machen* animos addere [militibus]; animum confirmare, erigere.
Beherztheit *f* animus *m* (fortis); fortitudo *f*, audacia *f*.
behexen incantare, fascinare.
behilflich: ~ *sein* (ad)iuvare; adiutorem (*od.* adiumento *od.* auxilio) esse [amico], sublevare, adesse (*od.* non deesse) [amicis], opitulari (*od.* subvenire *od.* opem ferre) [amicis].
behorchen: *j-n* ~ sermonem alcs captare *od.* aucupari, subauscultando voces alcs excipere.
Behörde *f* magistratus 4 *m*.
Behuf *m*: *zu dem* ~ eo consilio, ea mente, ob eam causam (*m.* ut).
behüten custodire, tueri, defendere; *behüt' dich Gott!* vale! *Gott behüte!* (*verwundernd*) di boni! (*verneinend*) minime gentium, minime vero; (*Gott bewahre uns davor!*) di meliora!
behutsam cautus, providus.
Behutsamkeit *f* cautio *f*, prudentia *f*.
bei *prp.* **1.** (*räumlich*) ad, apud, (*nahebei*) prope, (*dicht neben*) propter, iuxta; (*bei Pers.*) apud; *oft auch* cum [~ *sich haben* secum habēre; ~ *sich erwägen* secum reputare]; 2. (*zeitlich*) *mst durch bloßen abl. od. abl. abs.* [~ *Frühlingsanfang* vere ineunte]; (*gegen*) sub; (*durch*) per, (*während*) inter; ~ *Tage* interdiu; ~ *Nacht* noctu; (*in der Gewalt*) penes; (*in Schwüren*) per [per deos immortales!]; (*bei Angabe v. Umständen, Gründen u. Ä.*) in *m. abl.*, pro [in summa prudentia (= quamvis esset prudens) deceptus est; pro tua prudentia (= quā es prudentiā, quae tua est prudentia, ut es prudens) nihil te fugiet].
beibehalten tenēre, retinēre; servare [morem].
beibringen afferre, proferre [testem]; inferre, infligere [vulnus, plagam]; (*lehren*) docēre [pueros artem], tradere [praecepta dicendi], imbuere [animum opinionibus]; (*unvermerkt*) dare [venenum], praebēre, addere.
Beichte *f* confessio *f* (peccatorum).
beichten confiteri.
beide (*zusammen*) ambo, (*getrennt*) uterque, *sonst* duo; *der eine von beiden* alter, alteruter; *der andere von beiden* alter; *jeder von beiden* uterque, utervis, uterlibet; *keiner von beiden* neuter; *wer von beiden?* uter?

beiderlei utrisque generis, utrumque genus.

beiderseitig utriusque; communis, mutuus.

beiderseits utrimque, ab utraque parte; ultro citroque; vicissim, mutuo.

beieinander una; simul; *durch* universus, cunctus, omnis.

Beifall *m* approbatio *f*, comprobatio *f*, assensus 4 *m*, assensio *f*, laus *f*; (*Beifallklatschen*) plausus 4 *m*; (*Beifallgeschrei*) acclamatio *f u.* clamores *m/pl.*; ~ *zollen* comprobare, laudare; assentiri; ~ *finden* placēre, probari [audientibus], laudari; *keinen* ~ *finden* displicēre, improbari; ~ *klatschen* plaudere, plausum dare.

beifällig *adj.* assentiens, approbans; ~*es Geschrei* clamor *m* probantium, laudantium; *adv.* cum assensu, cum laude.

Beifallsbezeigung *f* acclamatio *f* secunda, clamor *m*, clamores *m/pl.*

beifallswert probabilis, praedicabilis, laudabilis, laude dignus.

beifolgend additus, adiunctus.

beifügen addere, adiungere, adicere; (*am Ende*) subiungere, subicere; (*schriftlich*) adscribere, subscribere.

Beigeschmack *m* sapor *m* alienus; ~ *von etw. haben* (red)olēre [vinum].

beigesellen aggregare, socium addere.

Beihilfe *f* auxilium *n*; auxilii latio *f*; *mit j-s* ~ alqo iuvante; *ohne j-s* ~ nemine iuvante, a nemine adiutus.

beikommen: *der Stadt ist nicht (leicht) beizukommen* urbs aditum non [difficilem] habet, adiri non [facile] potest; *ihm ist nicht beizukommen* ille sui potestatem non facit *od.* ille capi (*od.* vinci *od.* opprimi) non potest.

Beil *n* securis *f*; (*der Zimmerleute*) ascia *f*; (*zweischneidiges*) bipennis *f*.

Beilage *f* appendix *f*.

Beilager *n* nuptiae *f/pl.* (sollemnes), nuptiarum sollemnia *n/pl.*

beiläufig *adv.* leviter, in transitu, quasi praeteriens; per occasionem, occasione data.

beilegen apponere; *e-n Namen* ~ nomen dare (*od.* imponere, indere); nominare, appellare; (*zuschreiben*) (at)tribuere, assignare, adscribere; (*Böses*) imputare; (*schlichten*) componere, sedare, finire, tollere; (*in der Schiffersprache*) navem (*od.* classem) supprimere.

Beileid *n*: ~ *beweisen* casum luctumque dolēre; *sein* ~ *bezeigen* coram suum dolorem declarare; consolari.

Beileidsbezeigung *f* solacium *n*.

Beileidsschreiben *n* litterae *f/pl.* consolatoriae.

Beilhieb *m* ictus 4 *m* securis.

beiliegend additus, adiunctus.

beimengen admiscere.

beimessen attribuere, assignare; *Glauben* ~ fidem habēre (*od.* tribuere); (*v. Pers.*) credere; *Schuld* ~ culpam conferre in [servum].

beimischen admiscēre.

Bein *n* os *n*, *gen.* ossis; (*Oberschenkel*) femur *n*; (*Schienbein*) crus *n*; *ein* ~ *stellen* supplantare [transeuntem]; *ein Heer auf die Beine bringen* exercitum conficere (*od.* comparare).

beinahe prope, paene, propemodum; tantum non; (*ungefähr*) fere, ferme, circiter; non multum abest, quin; prope est, ut.

Beinamen *m* cognomen *n*; *e-n* ~ *geben* cognomen dare (*od.* imponere); *e-n* ~ *haben* cognomen habēre, cognomine appellari; *e-n* ~ *bekommen* cognomen invenire (*od.* trahere ex); *Aristides erhielt den* ~ *der Gerechte* Aristidi cognomen Iusto datum est *od.* A. cognomine Iustus appellatus est.

Beinbruch *m* crus *n* (*od.* femur *n*) fractum.

Beinfraß *m* ossium caries 5 *f*.

Beinharnisch *m* ocrea *f*.

Beinkleider: *die* ~ bracae *f/pl.*, femoralia *n/pl.*

Beinschiene *f* ocrea *f*.

beiordnen attribuere *alqm alci.*

Beirat *m* consilium *n*; (*pers.*) consiliarius *m*.

beisammen unā, simul; *auch mit* coniunctus; universus, cunctus, omnis.

Beisatz *m* additamentum *n*, quod additur *od.* additum est; *mit dem* ~ his verbis additis *od.* adscriptis.

Beischlaf *m* concubitus 4 *m*; stuprum *n* (*außerehelicher* ~).

Beischläfer *m* concubinus *m*.

beschreiben adscribere.

Beisein *n*: *im* ~ *des Vaters* coram patre, patre praesente.

beiseit(e) seorsum, de medio; ~ *treten* (de via) secedere, de medio recedere; ~ *treten lassen* summovēre, removēre; ~ *führen* seducere in secretum abducere; ~ *legen* seponere, reponere; ~ *rufen* sevocare; ~ *schaffen* amovēre, auferre.
beisetzen apponere, addere, ascribere; sepelire, condere [mortuum]; *die Segel* ~ vela pandere.
Beisetzung *f* sepultura *f*, humatio *f*.
beisitzen assidēre.
Beisitzer *m* adsessor *m*.
Beispiel *n* exemplum *n*; (*Vorbild*) exemplar *n*; (*warnendes*) documentum *n*; (*gewichtiges*) auctoritas *f*; (*Probe*) specimen *n*; *ein* ~ *geben* exemplum edere (*od.* prodere *od.* praebēre); *ein* ~ *anführen* exemplum afferre (*od.* proferre *od.* commemorare *od.* ponere), exemplo uti; *ein* ~ *statuieren an* exemplum edere (*od.* statuere) in [servum]; *zum* ~ ut, sicut, velut, ut exemplum afferam, ut exemplo utar; exempli causa [nomino, affero], verbi causa; quidem (*im Satzanfange*); *auch* enim, itaque.
beispiellos unicus, singularis; novus et inauditus.
beispringen succurrere.
Beisteuer *f* **1.** (*das Beitragen*) collatio *f* (*zu etw.* in aliquam rem); **2.** (*das beigesteuerte Geld*) collecta *n/pl.*, stips, stipis *f*.
beisteuern: *Geld* ~ *zu etw.* contribuere (*od.* conferre) pecuniam (*od.* stipem) ad alqd.
beißen mordēre; *sich in die Zunge* ~ linguam (*od.* labra) mordēre; / risum continēre vix posse.
Beißen *n* morsus 4 *m*.
beißend mordens, mordax; (*v. der Kälte*) acer, acerbus; (*v. Geschmack*) acer, acidus; (*v. d. Rede*) asper, acerbus; (*witzig*) dicax.
Beistand *m* adiumentum *n*, auxilium *n*, subsidium *n*; *durch meinen* ~ me iuvante; *ohne einen* ~ nemine iuvante.
beistehen adesse, auxilio esse, opem ferre [iuveni].
beistimmen assentiri.
Beitrag *m* **1.** *abstr.* collatio *f*; **2.** *konkr.* collecta *f*; stips *f*; (*zu einem Mahle*) symbola *f*; (*Anteil, den jeder beiträgt*) rata pars *f*.
beitragen conferre ad; / (*von Einfluss sein*) afferre (*od.* conferre *od.* conducere) ad, prodesse (*od.* valēre *od.* pertinēre) ad; (magnam) vim habēre ad.
beitreiben exigere [pecuniam].
beitreten accedere ad; *einer Meinung* ~ assentiri sententiae *od.* accipere, sequi sententiam; *einer Partei* ~ in partes [Ceasaris] transire; *einer Partei beigetreten sein* stare ab, cum [Caesare].
Beiwacht *f*: ~ *halten* excubare in armis (*od.* sub divo).
Beiwerk *n* accessio *f*; *in der Kunst*: quod in ornamentum operis accedit.
beiwohnen adesse [spectaculo]; (*als Teilnehmer*) interesse [proelio], participem esse [proelii].
Beiwort *n* verbum *n* adpositum; * *e-s Substantivs*: adiectivum; *e-s Verbums*: adverbium *n*.
beizählen annumerare [his libris sex libros]; adscribere numero [sapientium].
Beize *f* medicamen *n* (e)rodens *od.* causticum.
beizen (e)rodere, (ad)urere; *beizend* (e)rodens, causticus.
bejahen affirmare, confirmare; (*abs. ja sagen*) aio; *bejahend* affirmans, aiens.
bejahrt aetate provectus, grandis (*od.* grandior) natu, senex.
Bejahung *f* affirmatio *f*.
bejammern lamentari, deplorare, deflēre, (com)miserari.
Bejammern *n* lamentatio *f*, deploratio *f*, miseratio *f*.
bejammernswert deplorandus, miserandus; miserabilis [casus].
bekämpfen impugnare, oppugnare, bello persequi; repugnare [cupiditatibus].
bekannt notus, cognitus; perspectus, spectatus, manifestus; *weit* ~ (per)vulgatus, tritus; *der* ~*e Ausspruch des Solon* Solonis illud; *es ist* (*allgemein*) ~ (inter omnes) constat, nemo ignorat, omnibus notum est; (~ *machen*) palam (*od.* notum) facere, in medium proferre; aperire, patefacere; (di)vulgare, (in vulgus) efferre; *öffentlich* ~ *machen* edicere, declarare, (in publico) proponere, pronuntiare [victorum nomina]; promulgare [legem]; ~ *machen mit* proponere, exponere, aperire, narra-

B

re, docēre, certiorem facere [de eventu]; *sich* ~ *machen* famam colligere; *sich* ~ *machen mit* cognoscere, discere [linguam Graecam]; ~ *werden* palam fieri, percrebrescere, nominis famam adipisci; ~ *sein* notum esse, constare; *allgemein* ~ *sein* clarum esse; ~ *sein mit* notum, amicum, familiarem esse [illius matri], nosse [matrem], familiariter uti [matre]; (*sachlich*) gnarum, peritum esse [Graecarum litterarum], doctum, imbutum esse [litteris Graecis], versatum esse [in litteris]; (*nicht bekannt sein mit*) rudem (*od.* hospitem *od.* peregrinum) esse [in litteris Graecis].

Bekannte(r) *m* notus *m*; amicus *m*, familiaris *m*; *ein alter* ~ *von mir* vetere, consuetudine mihi coniunctus.

bekanntermaßen, bekanntlich ut (inter omnes) constat, quod nemo ignorat; *er ist* ~ *blind* constat eum caecum esse.

Bekanntmachung *f* libellus *m*; edictum *n*.

Bekanntschaft *f* cognitio *f*, notitia *f*, scientia *f*; ~ *machen, gemacht haben* cognoscere; novisse, vidisse; ~ *nicht gemacht haben* ignorare; *große* ~ *haben* multos habēre amicos; multis notum esse.

bekehren: ~ *zu* adducere *od.* traducere (convertere) ad; ad sanitatem reducere, a vitiis abducere, mores (*od.* sententiam *od.* mentem) corrigere; *sich* ~ ad sanitatem redire, ad bonam frugem se recipere, mores suos (*od.* sententiam *od.* mentem) mutare *od.* corrigere; * *zum Christentum* ~ ad Christianam religionem convertere *od.* adducere; *sich z. Chr.* ~ Christianum fieri, Christianam religionem amplecti.

Bekehrung *f* morum mutatio *f od.* emendatio *f*, reditus 4 *m* ad virtutem; * *Rel.* conversio *f*.

bekennen fateri, confiteri, (*offen*) profiteri, non negare; *sich* ~ *zu* profiteri [philosophiam, se esse philosophum], sequi, addictum esse [philosophiae].

Bekenner *m* professor *m*; * *Rel.* confessor *m*; *sie waren* ~ *des evangelischen Glaubens* fidem evangelicam professi sunt.

Bekenntnis *n* confessio *f*, professio *f*.

beklagen (com)miserari, deplorare, deflēre; *sich* ~ *über* (con)queri de [cum praetore *beim Prätor*].

Beklagte(r) *m* reus *m*; is, unde petitur; qui causam dicit; is, qui accusatur.

beklatschen plaudere [histrioni], plausu excipere (*od.* prosequi); (*in üblen Ruf bringen*) rumoribus differre, infamare.

bekleben obducere [chartā], agglutinare [chartae].

bekleiden vestire, veste tegere; induere veste [filium], induere vestem [filio], amicire [togā]; *mit e-m Amte* ~ munus mandare, deferre [iuveni], muneri praeficere; *ein Amt* ~ munus (*od.* magistratum) gerere (*od.* administrare), munere fungi.

Bekleidung *f* vestitus 4 *m*, amictus 4 *m*, tegumentum *n*, (*e-s Amtes*) administratio *f*.

Beklemmung, Beklommenheit *f* angor *m* animi.

beklommen (*angst*~) angoribus vexatus *od.* confectus.

bekommen accipere; (*in sich aufnehmen*) concipere; (*hinnehmen*) excipere; (*als Ertrag*) percipere; (*davontragen*) ferre, auferre; (*finden*) invenire; (*ohne eigenes Zutun*) nancisci; (*durchs Los*) sortiri; (*durch Anstrengung*) consequi, assequi, adipisci; (*durch Bitten*) impetrare; (*als Besitz* obtinēre; (*durch das Los*) obtingit, obvenit [mihi]; *gut* ~ prodesse, saluti esse, salubrem esse, salutarem esse; *schlecht* ~ nocēre; *wohl bekomm's!* bene tibi vertat!

beköstigen victum cotidianum praebēre.

Beköstigung *f* victus 4 *m* (cotidianus).

bekräftigen (af)firmare, confirmare, fidem addere.

Bekräftigung *f* adfirmatio *f*, confirmatio *f*; *eidliche* ~ ius iurandum *n*.

bekränzen coronā (*od.* coronis *od.* sertis) redimire [hostiam], coronare, coronam imponere [mortuo].

bekriegen bellum inferre [Germanis], bello persequi, bellare cum.

bekritteln carpere, vellicare; interpretari [mandata quam exsequi malle].

bekümmern: *sich ~* sollicitum esse de, sollicitudine (*od.* dolore *od.* aegritudine) affici, dolorem capere (*od.* accipere) ex, dolēre, maerēre; *sich ~ um* curare, timēre [amico familiari], laborare de, curae (*od.* cordi) esse.

bekümmert maestus, sollicitus, anxius, aeger animo (animi).

bekunden testari, indicare.

belächeln leniter ridēre.

belachen ridēre [versūs], risu excipere.

belachenswert ridiculus.

beladen onerare [navem frumento], onera imponere [iumentis], labores iniungere [servis]; *part. beladen* oneratus, onustus, oppressus *mit Schulden beladen* obaeratus, aere alieno obrutus; *mit Geschäften beladen* negotiis (*od.* laboribus) obrutus (*od.* distentus).

belagern obsidēre, circumsedēre, obsidione cingere (*od.* premere *od.* tenēre); oppugnare.

Belagerung *f* obsessio *f*, obsidio *f*; oppugnatio *f*; *die ~ aufheben* (*von dem, der Entsatz bringt*) obsidionem solvere, (urbem) obsidione liberare (*od.* eximere); (*v. dem Belagerer*) obsidionem omittere (*od.* relinquere), obsidione absistere, ab oppugnatione discedere.

Belagerungskrone *f* (*als Ehrenzeichen*) corona *f* obsidionalis.

Belagerungskunst *f* artificium *n* quoddam et scientia oppugnationis; (*Kunstgriffe bei Belagerungen*) oppugnandarum urbium artes *f/pl.*

Belagerungsmaschine *f* machina *f*.

Belagerungswerke: *die ~* opera *n/pl.*, munitiones *f/pl.*

Belang *m*: *von ~* magnus, gravis, magni momenti; *ohne ~, von keinem ~* levis momenti, nullius momenti; res *f/pl.*, commoda *n/pl.*

belangen in ius (*od.* in iudicium) vocare, reum facere.

belassen: *j-m etw. ~* concedere alci alqd.

belästigen molestum (*od.* oneri) esse [senibus].

belauben: *sich ~* frondescere, folia emittere.

belaubt frondosus.

belauern insidiari et observare, speculari.

belaufen: *sich ~ auf* esse [exercitus] est decem milium], efficere [decem milia].

belauschen aucupari, subauscultando excipere [voces] et procul attendere.

beleben animare, sensu afficere; *wieder ~* vitam reddere; / (*vielbesucht machen*) celebrare, frequentare; (*den Mut*) erigere [animum ad spem].

belebend vitalis; *~er Hauch* spiritus 4 *m.*

belebt animatus, animans; *belebtes Wesen* animal *n*, animans *m, f, n*; / (*vielbesucht*) celeber, frequens.

Belebtheit *f* celebritas *f* [viae].

belecken lambere, ligur(r)ire.

Beleg *m* documentum *n*, testimonium *n.*

belegen (con)sternere [recentibus caespitibus]; (*mit Brettern*) contabulare; (*in Beschlag nehmen*) occupare; (*mit Truppen*) copias collocare [in urbe]; *mit e-r Strafe ~* afficere poenā; (*Geldstrafe*) multam irrogare [civi]; pecuniā multare; (*durch Zeugnisse*) probare *od.* docēre argumentis *od.* exemplis.

belehren docēre, monēre de; *eines Besseren ~* dedocēre, meliora docēre; *sich ~ über* discere; *sich ~ lassen* monentem audire.

belehrend utilis ad discendum.

Belehrung *f* **1.** (*Lehre, Unterricht*) institutio *f*, eruditio *f*, doctrina *f*; (*warnende ~*) monitum *n*; **2.** (*Rat*) consilium *n.*

beleibt corpore amplo; obesus.

beleidigen iniuriā afficere, iniuriam inferre (*od.* facere) [consuli]; offendere, laedere, violare.

beleidigend iniuriosus, contumeliosus; acerbus, gravis, asper.

Beleidigung *f* offensio *f*, iniuria *f*, contumelia *f*.

belesen in scriptis [veterum] multum volutatus, litteratus; doctus, eruditus.

Belesenheit *f* multae litterae *f/pl.*; doctrina *f*; *große* (*wenig*) *~ haben* multa (parum) legisse.

beleuchten admoto lumine inspicere; / subtiliter persequi, inquirere in.

Beleuchtung *f* **1.** (*das Beleuchten*): **a)** *eig.* illustratio *f*; **b)** (*Betrachtung*) consideratio *f*; (*Prüfung*) examina-

B

tio *f*; (*Aufklärung*) illustratio *f*; **2.** *konkr.* (*das Licht*) lux *f*.
***belichten** exponere luci.
***Belichtungsmesser** *m* photometrum *n*.
belfern (og)gannire.
belieben velle, cupere; *es bleibt* libet, placet, videtur [mihi], iuvat [me].
Belieben *n* libido *f*; arbitrium *n*; *ins ~ stellen* arbitrio permittere; *nach ~* ad libidinem, ex libidine; arbitrio, arbitratu, ad arbitrium; *nach meinem ~* arbitratu meo.
beliebig 1. *adj.* quilibet, quantuscunque, qualiscunque, quotcunque; 2. *adv.* ad libidinem, ex libidine, ut libet.
beliebt (*bei*) dilectus [illis], gratiosus [illis, apud illos], acceptus, gratus, iucundus [illis], *beim Volke ~* popularis; *sich ~ machen* favorem (*od.* gratiam) colligere, sibi conciliare, gratiam inire ab; *sich ~ zu machen suchen* favorem (*od.* gratiam) quaerere (*od.* captare *od.* aucupari), se venditare [plebi].
Beliebtheit *f* gratia *f*, caritas *f*.
bellen latrare, latratūs edere.
Bellen *n* latratus 4 *m*.
Belobung *f* collandatio *f alcs*.
belohnen praemio afficere; praemium dare (*od.* tribuere); donare, ornare; *nach Verdienst ~* meritum praemium persolvere [militi]; *belohnt werden* praemio affici (*od.* ornari); praemium consequi (*od.* capere), mercedem accipere, fructum percipere ex.
Belohnung *f* praemium *n*; pretium *n*; merces *f*; fructus 4 *m*.
belügen mendacio (-ciis) fallere.
belustigen delectare, oblectare.
belustigend ludicrus, (per)iucundus.
Belustigung *f* delectatio *f*, oblectatio *f*; *konkr.* oblectamentum *n*.
bemächtigen: *sich ~* potiri [regno], in potestatem suam redigere, expugnare, occupare; invadere [timor animos militum]; capere, comprehendere [fugientes].
Bemächtigung *f* occupatio *f*.
bemalen colorem inducere [parieti], coloribus illinere [parietem]; *sich ~* se inficere [vitro].
bemannen (militibus) complēre (*od.* ornare) [navem].
Bemannung *f* **1.** (*das Bemannen*): *durch ~ der Flotte* classe militibus completā; **2.** (*Schiffsleute, Matrosen*) nautae *m/pl.*, socii *m/pl.* navales; (*Ruderer*) remiges *m/pl.*, remigium *n*.
bemänteln tegere, occultare, celare, dissimulare; involucris tegere et quasi velis obtendere; honestā specie rem turpem tegere.
bemerkbar qui sub oculos (*od.* sub sensum) cadit, qui animadverti (*od.* audiri) potest; conspicuus; *sich ~ machen* oculos in se convertere, elucēre [virtutibus].
bemerken animadvertere, vidēre, conspicere.
bemerkenswert notandus, notabilis; memorabilis, dignus qui observetur.
Bemerkung *f* annotatio *f*; (*tadelnd*) nota *f*; *die ~ Solons* illud Solonis.
bemessen referre, revocare, dirigere; conferre ad.
bemittelt (modice) locuples; qui habet, unde commode vivat.
bemoost muscosus; | *ein ~es Haupt* homo *m* aetate iam adfectus.
bemühen molestiam (*od.* laborem) afferre [patri]; *sich ~ mit* molestiam (*od.* laborem) suscipere; *sich ~ um* studēre, operam dare, navare *m. dat.*, operam (*od.* studium) ponere in [litteris], niti, eniti, (omnibus viribus) contendere pro, ut, ne.
Bemühung *f* opera *f*; studium *n*; labor *m*; contentio *f*; conatus 4 *m*.
benachbart vicinus, finitimus.
benachrichtigen certiorem facere de, nuntium afferre, nuntiare.
Benachrichtigung *f* **1.** (*das Benachrichtigen*) nuntiatio *f*, significatio *f*; **2.** (*Nachricht*) nuntius *m*.
benachteiligen damnum afferre, nocēre [finitimis].
benagen arrodere.
benarbt cicatricosus.
benehmen: *den Atem ~* spiritum intercludere; *ein Bedenken ~* dubitationem tollere, expellere, scrupulum ex animo evellere; *Furcht ~* metum tollere, adimere, depellere, abstergēre; metu liberare, levare; *sich ~* se gerere [honeste], se praebere, se praestare [dignum maioribus]; *sich ~ als* agere [consulem, pro consule]; *sich ~ gegen* tractare, habēre [hospitem male, benigne, insolenter *u. Ä.*].

Benehmen *n* (*Lebensart*) vita *f*; mores *m/pl.*; (*Verhalten*) ratio *f*; *edles* ~ liberalitas *f*, animi magnitudo *f*; *bescheidenes* ~ modestia *f*, *sittsames* ~ verecundia *f*; *stolzes* ~ insolentia *f*, superbia *f*; *kluges* ~ prudentia *f*; *feines* ~ urbanitas *f*; *menschenfreundliches* ~ humanitas *f*; *unsinniges* ~ amentia *f*; *rasendes* ~ furor *m*; *unanständiges* ~ impudentia *f usw.*
beneiden invidēre; *ich werde beneidet* mihi invidetur ab, in invidia sum, invidiae sum [finitimo].
beneidenswert dignus cui invideatur; fortunatus, beatus.
benennen nominare, vocare, nomen dare (*od.* imponere) [infanti]; (*titulieren*) appellare; *benannt werden nach* nominari (*od.* nomen trahere *od.* capere) ab, ex; *benannt sein nach* nomen habēre (*od.* tenēre *od.* accepisse) ab, ex.
Benennung *f* **1.** (*das Benennen*) nominatio *f*, adpellatio *f*; (*Bestimmung*) designatio *f*; **2.** (*Name*) nomen *n*, vocabulum *n*.
benetzen conspergere [lacrimis], imbuere [sanguine].
benutzen uti [occasione], in suam rem convertere; *nicht* ~ neglegere, praetermittere; deesse [tempori].
Benutzung *f* usus 4 *m*.
***Benzin** *n* benzina *f*; latex *m* ignifer; **~tank** *m* receptaculum *n* benzinae, benzinarium *n*.
beobachten observare, contemplari, considerare, spectare; (*in feindlicher Absicht*) speculari [consilia hostium]; *e-e Gelegenheit* ~ occasioni non deesse; (*sich nach etw. richten*) servare, observare [legem, officium, praeceptum]; tenēre [morem, modum], colere [ritus patrios].
Beobachter *m* observator *m*; animadversor *m* [vitiorum]; custos *m*; speculator *m*, insidiator *m*; spectator *m* [siderum].
Beobachtung *f*: *sorgfältige* ~ diligentia *f*; *wenn die* ~ *richtig ist, dass* si verum est illud *m. a. c. i.*
Beobachtungsgabe *f* observatio *f*.
Beobachtungstruppen *f/pl.* praesidium *n*.
beordern negotium dare, imperare [tribuno], ut; iubēre [tribunum facere].
beperlt: *Blumen vom Tau* ~ flores *m/pl.* gemmantes rore; *ein* ~*es Geweih od. Gehörn etwa*: cornua *n/pl.* margaritis distincta.
bepflanzen conserere.
bepflastern lapidibus sternere.
bequem commodus, opportunus; facilis; idoneus, aptus; *ein* ~*er Weg* via *f* expedita; (*lässig*) deses, segnis, iners.
bequemen: *sich* ~ descendere, se remittere, accedere ad; subire [laborem]; *sich nicht* ~ (*wollen*) abhorrēre ab.
Bequemlichkeit *f* commoditas *f* [itineris], opportunitas *f*; (*Lässigkeit*) inertia *f*, desidia *f*.
beraten consulere, consilium dare [iuveni], consilio iuvare [iuvenem]; *etw.* ~ consilium habēre de; *sich* ~ consulere; consiliari, consultare; *sich* ~ *mit* adhibēre consilio (*od.* in consilium) [Ciceronem]; consilia communicare cum, inter se.
Berater *m* consiliarius *m*, consilii auctor *m* (*in e-m einzelnen Falle*); socius *m* et omnium consiliorum administer (*od.* moderator) *m*; consultor *m*, adiutor *m*.
beratschlagen consiliari, consultare, consilium inire, in consilium ire.
Beratschlagung *f* consultatio *f*, deliberatio *f*, consilium *n*; *zur* ~ *ziehen* in, ad consilium adhibēre.
Beratung *f* consultatio *f*, consilium *n*; *zur* ~ *hinzuziehen* adhibēre in (*od.* ad) consilium.
berauben privare, (de)spoliare [armis]; nudare, exuere [agro paterno] orbare [liberis]; demere, adimere eripere, auferre, detrahere [honorem]; fraudare [pecuniā].
beräuchern suffire, suffumigare; / *sich selbst* ~, *z. B. Zuhörern gegenüber*: verborum et argutiarum fuliginem ob oculos audientium iacere.
berauschen ebrium facere, vino obruere *od.* onerare; *berauscht* temulentus, ebrius, vino gravis, vinolentus; / elatus, exsultans [laetitiā].
berechnen ad calculos revocare; rationem [salutis] inire *od.* instituere *od.* subducere; computare [annos]; dimetiri [cursūs siderum]; aestimare [damnum].
Berechnung *f* ratio (*od. pl.*) *f*, calculi *m/pl.*; *kluge* ~ prudentia *f*.

berechtigen ius (*od.* potestatem) dare; potestatem facere [coniecturae]; *berechtigt sein* ius (*od.* potestatem) habēre *m. gen.*, posse [sperare]; *ich halte mich für berechtigt* mihi licēre puto.
Berechtigung *f* ius 3 *n*, potestas *f*.
bereden persuadēre [tibi, ut], impellere, adducere, movēre; *sich* ~ colloqui cum; deliberare cum, consultare cum, agere cum.
Beredsamkeit *f* eloquentia *f*, facundia *f*, facultas *f* dicendi; *Lehrer der* ~ dicendi magister *m*, rhetor *m*.
beredt eloquens, disertus, facundus.
beregnen (pluviā) madefacere; *beregnet werden* (pluviā) madefieri.
Bereich *m* locus *m*; ratio *f*; *in den* ~ *gehören* in rationem [artis] cadere; *in den* ~ *der Sinnenwelt fallen* sub sensus cadere, subiectum esse sensibus.
bereichern ditare, locupletare, divitem (*od.* locupletem) facere *od.* reddere; *sich* ~ rem suam (*od.* rem familiarem) augēre, divitias sibi (com)parare; / augēre, ornare, excolere.
bereisen obire, peragrare, circumire, perlustrare.
bereit paratus; instructus [ad navigandum]; expeditus [ad dicendum]; promptus; ~ *sein* paratum (*od.* in promptu) esse, praesto adesse, velle; ~ *machen* parare, instruere, expedire; ~ *halten* paratum habēre, ad manum (*od.* in expedito) habēre [copias].
bereiten parare [insidias], praeparare, comparare; instruere, adornare [convivium]; struere, moliri [insidias]; *die Sache bereitet große Schwierigkeiten* res magnas difficultates habet; *sich* ~ *zu* se (com)parare ad.
bereiten 1. (*zu Pferde besuchen, besichtigen*) obequitare; perequitare, equo collustrare; **2.** (*ein Pferd zureiten*) condocefacere, domare.
bereits iam.
Bereitschaft *f*: *in* ~ *sein od. stehen* paratum *usw.* (*s. bereit*) esse, praesto (*od.* ad manum, in promptu) esse; *in* ~ *haben* ad manum habēre; *in* ~ *setzen* parare, praeparare, expedire.
bereitwillig officiosus, facilis, libens; *adv.* libenter, prompte.
Bereitwilligkeit *f* animus *m* promptus (*od.* paratus), voluntas *f*; officium *n*; studium *n*; facilitas *f*.
berennen oppugnare.
bereuen me paenitet [erroris, erravisse].
Berg *m* mons *m*; *die Haare stehen zu* ~*e* capilli horrent; *goldene Berge versprechen* montes auri (*od.* maria montesque) polliceri.
Berg... montanus.
bergab deorsum; ~ *gehend* declīvis.
bergan sursum, adverso monte; ~ *gehend* acclivis.
Bergbau *m* metalla *n/pl.*, opera *n/pl.* metallorum; ars *f* metallica.
Bergbewohner *m* homo *m* montanus.
bergen occultare, tegere; servare [navem]; *in sich* ~ continēre, habēre; *geborgen sein* in tuto esse.
Berggegend *f* loca *n/pl.* montuosa, montes *m/pl.*; saltus 4 *m*.
Berggipfel *m* montis vertex *m*, cacumen *n*.
Berghöhen *f/pl.*: *die* ~ montium culmina *n/pl.*, montium summa *n/pl.*, altitudines *f/pl.*
bergig montuosus.
Bergkette *f* montes *m/pl.* continui, continua montium iuga *n/pl.*
Bergkristall *m* crystallus *m*, crystallum *n*.
Bergmann *m* metallicus *m*, fossor *m* (in metallis occupatus).
Bergpfad *m* callis *m*.
Bergrücken *m* iugum *n*.
Bergschlucht *f* angustiae *f/pl.* vallis, fauces *f/pl.*, *auch* saltūs 4 *m/pl.*
*__Bergsteiger__ *m* alpinista *m*.
Bergstrom *m* torrens *m*.
Bergsturz *m* montis ruina *f*.
Bergwald *m* saltus 4 *m*.
Bergwerk *n* metallum *n* (*auch pl.*).
Bericht *m* relatio *f*, narratio *f*; renuntiatio *f*; (*schriftlicher*) litterae *f/pl.*, libellus *m*, responsum *n*.
berichten referre, narrare; tradere, auctorem esse, memoriae prodere; renuntiare; certiorem facere [de adventu]; (e)docēre, proponere, exponere, scribere; respondēre; (*an eine höhere Behörde*) deferre, referre ad senatum de; *sich* ~ *lassen* cognoscere (*od.* discere) ab.
Berichterstatter *m* qui refert, tradit *u. ä.*; (*Gewährsmann*) auctor *m* (rerum).

berichtigen corrigere, emendare; solvere [aes alienum].
beritten eques, equo (equis) vehens (*od.* vectus *od.* instructus); ~ *machen* equum attribuere [militi].
★**Berlin** *n* Berolinum *n.*
Bernstein *m* sucinum *n*; *aus* ~ sucineus.
bersten (di)rumpi, (di)scindi, findi, rimas agere; dehiscere [terra]; *geborsten sein* hiare.
berüchtigt infamis, famosus; ille [Verres]; ~ *sein* male audire; *sehr* ~ *sein* infamiā flagrare.
berücken capere, fallere, decipere.
berücksichtigen rationem rei habēre, respicere, spectare, cogitare de; memorem esse [doloris].
Beruf *m* illud, quod amplexi sumus, profitemur, suscepimus; (*keinen*) *inneren* ~ *fühlen* natum se arbitrari ad (abhorrēre, alienum esse ab); *ohne inneren* ~ adversante et repugnante naturā, invitā Minervā; (*Wirkungskreis*) munus *n*; officium *n*, negotium *n*; opus *n*; (*Rolle*) partes *f/pl.*; vitae genus *n*; *seinen* ~ (*nicht*) *erfüllen* officio suo satisfacere (*od.* fungi) (deesse).
berufen vocare, advocare, convocare; arcessere, accire; (*von e-m Oberen*) excire, evocare, cogere; *zu e-m Amte* ~ munus deferre (*od.* mandare) [iuveni]; *auf den Thron* ~ ad imperium vocare; *sich* ~ *auf* provocare ad, appellare; excusare [morbum], excusatione [morbi] uti.
berufen *adj.*: ~ *zu* natus (*od.* factus) ad; *die* 2*en* periti *m/pl.*; qui ista profitentur.
Berufsgeschäfte *n/pl.* muneris officia *n/pl.*, officii partes *f/pl.*, munia *n/pl.*
Berufung *f* provocatio *f* [ad populum]; ~ *einlegen* provocatione certare.
beruhen: *etw. auf sich* ~ *lassen* rem integram (*od.* in medio) relinquere; ~ *auf* situm (*od.* positum) esse in [fortitudine]; niti, verti, consistere in [salute], contineri [illius vitā], pendēre ex; penes [consules] esse, constare; in [consulum] potestate positum esse.
beruhigen tranquillare, pacare [provinciam], sedare [mentem], comprimere [conscientiam]; *sich* ~ animo consistere, animum (suum) confirmare (*od.* erigere); dolorem abicere; *sich* ~ *bei* acquiescere in [his litteris tuis].
Beruhigungsmittel *n* placamen *n*, delenimentum *n.*
berühmt clarus, praeclarus, illustris, inclitus, nobilis; celeber; ~ *werden* gloriam (*od.* laudem *od.* famam) consequi, adipisci; ~ *machen* nobilitare, illustrare, gloriā afficere; ~ *sein* gloriā florēre.
Berühmtheit *f* nominis fama *f*, (magnum) nomen *n*, nobilitas *f*, claritas *f*, gloria *f*, laus *f*.
berühren tangere, attingere, contingere; / (strictim) tangere, attingere, breviter commemorare (*od.* perstringere); movēre, commovēre, afficere, pertinēre ad; *unangenehm* ~ pungere, mordēre.
Berührung *f* **1.** (*das Berühren*) tactus 4 *m*, contactus 4 *m*, tactio *f*; (*Gemeinschaft mit etw.*) contagio *f*; (*Antasten*) contrectatio *f*; **2.** (*Umgang*) usus 4 *m*; *im Verkehr*: commercium *n*; *in* ~ *mit j-m kommen* societate (*alqa, alcs rei*) cum alqo coniungi; *in* ~ *sein od. stehen* coniunctum esse; *mit j-m in sehr naher* ~ *stehen* cum alqo coniunctissimum esse *od.* coniunctissime vivere; *in gar k-r* ~ *mit j-m stehen* mihil pertinēre ad alqm.
besäen conserere; distinguere [caelum astris].
besaiten nervis intendere.
besänftigen placare, (de)lenire, se dare, mitigare, permulcēre.
Besatz *m* limbus *m*; (*Falbel*) instita *f*.
Besatzung *f* praesidium *n*; *als* ~ *liegen* in praesidio esse, praesidio esse [urbi]; ~ *haben* praesidio teneri (*od.* firmatum esse).
beschädigen laedere, violare; affligere, afflictare [naves].
beschaffen parare, comparare, praeparare, providēre.
beschaffen *adj.* comparatus; affectus; constitutus; *so* ~ is, talis, eiusmodi, (*adv.*) ita *u.* sic; *wie* ~ qualis.
Beschaffenheit *f* natura *f*, indoles *f*, ingenium *n*; vis *f*; status 4 *m*, condicio *f*, ratio *f*, constitutio *f*, affectio *f* [corporis]; *gute* ~ bonitas *f*; *üble* ~ pravitas *f*; *eigentümliche* ~ proprietas *f*; *bequeme* ~ opportunitas *f*; *vorzügliche* ~ prae-

stantia *f u. a.*; *nach* ~ *der Sache* pro re; *nach* ~ *des Ortes* ex loci natura; *nach* ~ *der Zeit* pro tempore.
beschäftigen occupare, occupatum tenēre; detinēre [in alienis negotiis]; exercēre [mentem]; (*mit mehreren Dingen zugleich*) distinēre, districtum tenēre; *damit beschäftigt sein, zu* id agere, ut, parare *m. inf.*; *sich* ~ *mit* versari, occupatum esse in [litteris], studēre, se dare, operam dare, intentum esse [novis rebus].
Beschäftigung *f* occupatio *f*; tractatio *f* [philosophiae]; negotium *n*, cura *f*, studium *n*; ~ *mit dem Ackerbau* cultus 4 *m* agrorum.
beschämen pudorem inicere [adulescenti], pudore afficere [adulescentem].
Beschämung *f* pudor *m*, rubor *m*, verecundia *f*.
beschatten opacare.
beschauen spectare, contemplari, intueri.
beschaulich umbratilis [vita].
Bescheid *m* responsum *n*; ~ *geben* respondēre [ius, de iure]; (*vom Richter*) sententiam dicere; ~ *wissen* notitiam habēre (iuris civilis); gnarum, peritum esse [locorum].
bescheiden assignare, destinare; *beschieden sein* licēre; *sich* ~ cedere, concedere, monentem audire; *sich nicht* ~ *lassen* perseverare in sua sententia.
bescheiden modestus, modicus; moderatus; temperans, temperatus; verecundus; (*demütig*) demissus.
Bescheidenheit *f* modestia *f*, moderatio *f*, temperantia *f*, verecundia *f*; pudor *m*.
bescheinen (luce) collustrare; *von der Sonne beschienen* apricus.
bescheinigen litterarum testimonio comprobare (*od.* confirmare), testari.
beschenken donare [pecuniā]; dono, munere (muneribus) afficere; largiri [populo libertatem].
bescheren (*beschenken, spenden*) largiri; augēre *alqm* alqā rē; *ihm wurde ein Töchterchen beschert* filiolā auctus est.
beschicken legatos mittere ad [concilium].
beschießen tela (*od.* tormenta) conicere in [urbem], tormentis verberare (*od.* aggredi).
beschimpfen ignominiā (*od.* contumeliā) afficere, ignominiam imponere (*od.* iniungere) [hospiti]; *beschimpft werden* ignominiam (*od.* contumeliam) accipere.
Beschimpfung *f* contumelia *f*, opprobrium *n*.
beschirmen tuēri, tutari, defendere [(*vor* ab).
beschlafen **1.** concubari (*od.* concumbere) cum *alqa*, comprimere; / **2.** *e-e Sache* ~ noctem sibi sumere ad deliberandum.
Beschlag *m*: *mit* ~ *belegen* retinēre; *in* ~ *nehmen* prehendere, corripere, occupare; (*v. Metall u. Ä.*) lamina *f*, operimentum *n*; ornamentum *n*.
beschlagen inducere, ornare, vestire; (*vorn* ~) praefigere; *ein Pferd* ~ equo soleas ferreas induere, equum calceare; *mit Brettern* ~ contabulare; *mit Eisen* (*Erz, Gold*) ~ ferratus (aeratus, auratus).
beschlagen *adj.* peritus [iuris]; ~ *sein in* callēre [res rusticas].
Beschlagnahme *f* retentio *f*, occupatio *f*.
beschleichen obrepere [feles avibus]; *Reue beschleicht mich* paenitentia me subit.
beschleunigen maturare, accelerare [iter]; *beschleunigt* citatus, concitatus; maturus [victoria].
beschließen statuere; constituere; consilium capere; animum inducere *m. inf.*; (*amtlich*) decernere; (*fest* ~) destinare; (*von der Volksversammlung*) sciscere, iubēre; (*von Beamten*) censēre; videtur, placet [senatui]; *den Zug* ~ agmen claudere; *das Leben* ~ vitam finire, vitā excedere, diem supremum obire.
Beschluss *m* consilium *n*; decretum *n*, senatūs consultum *n* (*od.* auctoritas *f*); plebiscitum *n*, populi scitum *n*, populi iussum *n*, sententia *f*.
beschlussfähig frequens [senatus].
beschmieren oblinere [unguentis], illinere [atramentum chartis].
beschmutzen inquinare.
beschneiden (*Bäume*) putare, amputare; circumcidere; (*Überflüssiges wegschneiden*) resecare; praecidere.
Beschneidung *f* **1.** putatio *f*, amputatio *f*; *nach* ~ *der Bäume* arboribus amputatis; **2.** ★ *Rel.* circumcisio *f*.
beschneien nivibus tegere *od.* obruere; *beschneit auch* nivosus.

beschönigen excusatione tegere; velare, occultare.
beschränken finire, coercēre, cohibēre, circumscribere, continēre; *sich* ~ certos fines terminosque sibi constituere; *sich* ~ *auf* se continēre, contentum esse [testimoniis], satis habēre [afferre testimonia]; *beschränkt* circumcisus, brevis, angustus; *beschränkte Zeit* temporis angustiae *f/pl.*; (*geistig*) tardus, hebes, imbecillus, tardi ingenii (*od.* animi *od.* consilii); *beschränkt sein* contineri.
Beschränktheit *f* angustiae *f/pl.* [temporis], inopia *f*; (*geistig*) angustiae *f/pl.* animi, imbecillitas *f* mentis tardum ingenium *n.*
Beschränkung *f* modus *m*; condicio *f.*
beschreiben (litteris) complēre [paginam]; inscribere [statuas (litteris)]; (*zeichnend*) describere [lineam]; *einen Kreis* ~ orbem ducere, e-e *Bahn* ~ [sidera] cursum conficiunt; (*schriftlich*) scribere de, describere, perscribere, litteris mandare; *übh.* describere, (e)narrare, persequi, verbis explicare (*od.* exprimere *od.* exponere).
Beschreibung *f* descriptio *f*, expositio *f*; narratio *f.*
beschreiten ingredi [viam].
beschuhen calceare.
beschuldigen incusare, arguere, culpam conferre in [vicinum]; accusare; (*fälschlich*) insimulare; (*boshaft*) criminari, criminatione uti in.
Beschuldigung *f* incusatio *f*, accusatio *f*, insimulatio *f*, criminatio *f*; (*falsche Anklage*) calumnia *f*; *konkr.* crimen *n.*
beschütten obruere.
beschützen tueri, tutari, praesidio esse; defendere, tegere, protegere, custodire; vindicare [libertatem].
Beschützer *m* tutor *m*, defensor *m*, custos *m*, vindex *m*; conservator *m*; (*Schutzherr*) patrōnus.
beschwatzen verba dare; verbis decipere.
Beschwerde *f* molestia *f*, labor *m*, onus *n*; ~ *machen* molestiam afferre *od.* exhibēre; negotium facessere; (*Klage*) querimonia *f*, querel(l)a *f*; ~ *führen* (con)queri.
Beschwerdeschrift *f* libellus *m* querulus.
beschweren gravare, onerare [naves commeatu]; *sich* ~ (con)queri.
beschwerlich molestus, gravis; (*unbequem*) incommodus; (*mühevoll*) laboriosus, operosus; difficilis, arduus; durus, asper.
beschwichtigen sedare, lenire, mitigare, placare [iram].
beschwören iure iurando (af)firmare (*od.* sancire), iurare [omnia se vere rettulisse]; (*anflehen*) implorare, obsecrare, obtestari; (*bezaubern*) carminibus elicere (*od.* excitare), accire; fugare, expellere.
Beschwörung *f* **1.** (*eidliche Bekräftigung*) ius *n* iurandum; **2.** (*inständiges Bitten*) obsecratio *f*, obtestatio *f*; **3.** ~ *der Geister* citatio *f* animarum.
beseelen animare; / accendere, incendere, inflammare, incitare; *beseelt sein* ardēre, teneri, imbutum esse [studio, amore patriae].
besehen inspicere, visere; perlustrare [gregem], percensēre [captivos].
beseitigen amovēre, removēre, depellere, tollere; (*ins Reine bringen*) expedire; componere [controversias].
Besen *m* scopae *f/pl.*
besessen lymphatus, furibundus.
besetzen imponere [mensis epulas], exstruere [mensas epulis]; (*ausrüsten*) instruere, exstruere; (*anfüllen*) complēre, implēre; (*schmücken*) ornare, distinguere; *einen Ort* ~ locum occupare (*od.* capere), praesidio firmare, praesidium in loco collocare; obsidēre [viam], occupare, armis obtinēre; *eine Stelle* ~ *mit* munus deferre [homini novo]; *die Stelle anders* ~ in locum [iudicis] alium sufficere.
Besetzung *f e-s Ortes*: occupatio *f*; (*Blockade*) obsessio *f*; *nach* ~ *der Stadt* urbe occupata.
beseufzen gemere.
besichtigen visere; inspicere; circumire.
Besichtigung *f* inspectio *f*; (*Musterung*) recensio *f.*
besiegeln sancire [foedus; iureiurando].
besiegen vincere, superare.
besingen canere [laudes virorum]; versibus (carminibus) persequi (*od.* celebrare).

B

besinnen: *sich* ~ meminisse; *sich noch* ~ memoriā tenēre, memorem esse; reminisci, recordari; *sich anders* ~ sententiam (*od.* consilium) mutare; a sententia sua (*od.* consilio) discedere; *sich e-s Besseren* ~ consilium salubrius inire, ad sanitatem redire; resipiscere, ad se redire, se recipere, se colligere.
Besinnung *f* recordatio *f*; (*Bewusstsein*) animus *m* (sui compos), mens *f*, mentis sanitas *f*; *die* ~ *haben* sui (*od.* mentis) compotem esse, mente constare; *die* ~ *verlieren* a mente discedere (*od.* deseri), animo linqui; *zur* ~ *kommen* ad sanitatem redire.
besinnungslos sui (*od.* mentis) non compos; (*bewusstlos*) quem (*od.* quam) animus reliquit; *vor Schreck*: stupidus.
Besinnungslosigkeit *f* mentis error *m*; (*Ohnmacht*) subita animi defectio *f*.
Besitz *m* possessio *f*; res *f*, *in* ~ *nehmen* possidere, occupare, recipere, potiri [oppido].
besitzen possidēre, habēre, mihi est; uti; tenēre, obtinēre; (*geistig*) habēre, praeditum (*od.* instructum *od.* ornatum) esse [ingenio], esse [magnā doctrinā].
Besitzer *m* possessor *m*, dominus *m*.
Besitz|ergreifung, ~nahme *f* possessio *f*, occupatio *f*.
Besitzerin *f* possestrix *f*, domina *f*.
besitzlos inops.
Besitzung *f*, **Besitztum** *n* possessio *f*.
besolden stipendium (*od.* mercedem *od.* salarium) dare (*od.* praebēre); *besoldet werden* stipendium accipere; *besoldet* mercede conductus *m*, mercennarius *m*.
Besoldung *f* stipendium *n*, merces *f*; (*v. Beamten*) salarium *n*.
besonderer (*abgesondert*) separatus [sedes]; (*eigentümlich*) proprius, peculiaris, singularis, eximius, praecipuus.
besonders (*abgesondert*) separatim, seorsum; singillatim; generatim; nominatim; privatim; *oft auch durch* singuli, solus, ipse; (*vorzüglich*) praecipue, egregie, eximie, praeter ceteros; (*hauptsächlich*) potissimum; (*in erster Linie*) imprimis; (*am meisten*) maxime; *sowohl ... als* ~ cum ... tum.
besonnen sobrius, sanus, moderatus, constans.
besonnen *trans.* luce solis collustrare; *besonnt* aprīcus.
Besonnenheit *f* mens *f* sana, sanitas *f* (mentis), constantia *f*, gravitas *f*.
besorgen curare; prospicere [sedem senectuti], providēre [frumentum in hiemem]; (*vollbringen*) transigere, conficere; (*als Bote*) perferre, perferendum curare.
besorglich sollicitudinis plenus, proclivis ad metum; (*zu befürchten*) verendus, timendus.
Besorgnis *f* metus 4 *m*, timor *m*, sollicitudo *f*.
besorgt metuens, timens; sollicitus, anxius; ~ *sein* sollicitum esse, timēre de; *um sich* ~ *sein* timēre suis rebus; ~ *machen* anxium habēre.
Besorgung *f* cura *f*, negotium *n*; *kleine* ~ negotiunculum *n*.
bespannen: *e-n Wagen mit Pferden* ~ currum equis iungere; *mit Saiten* ~ nervis intendere [lyram].
bespeien conspuere.
bespiegeln: *sich* ~ in speculo se intuēri *od.* contemplari.
bespötteln cavillari.
Bespöttelung *f* cavillatio *f*.
besprechen colloqui (*od.* agere *od.* disceptare *od.* consilia conferre) de, sermone tractare; *sich* ~ colloqui inter se de, sermonem conferre.
Besprechung *f* sermo *m*, colloquium *n*.
besprengen adspergere, conspergere.
bespritzen: *mit Blut* ~ sanguine cruentare, respergere.
bespülen alluere; (*v. unten*) subluere.
besser melior; *es ist* ~ melius est, praestat.
bessern melius facere, efficere, in melius mutare; corrigere, emendare; *sich* ~ (*körperlich*) ex morbo convalescere; (*v. äußeren Umständen*) meliore loco esse (coepisse); (*sittlich*) mores suos mutare.
Besserung *f* (*gesundheitlich*) commodior (iam) valetudo *f*; (*der äußeren Umstände*) melior rerum condicio *f* (*od.* status 4 *m*), res *f/pl.* laetiores; (*sittlich*) emendatio *f* morum, mores *m/pl.* emendatiores, reditus 4 *m* ad virtutem (*od.* ad bonam frugem)

bestallen: *j-n* ~ praeficere alqm muneri, munus alci mandare.
Bestallung *f* mandata *n/pl.*
Bestand *m* diuturnitas *f*; *fester* ~ status 4 *m*; ~ *haben, von* ~ *sein* diuturnum esse; *keinen* ~ *haben* mutari, labi, ruere; ~ *der Kasse* summa *f*; pecunia *f* residua; ~ *des Vermögens* habitus 4 *m* pecuniarum; *der* ~ *der Flotte beträgt* classis est [centum navium].
beständig perpetuus, continuus, continens; sempiternus [ignis Vestae]; aequalis [tempestas]; assiduus [imber]; *adv.* perpetuo, continenter, semper, etiam atque etiam, assidue.
Beständigkeit *f* perpetuitas *f*, assiduitas *f*; (*unveränderter Zustand*) constantia *f*, stabilitas *f*, aequalitas *f*.
Bestandteil *m* pars *f*, membrum *n*; (*Grundstoffe*) elementa *n/pl.*
bestärken firmare, confirmare; *in der Meinung* ~ opinionem (con-)firmare.
bestätigen ratum facere, ratum esse iubēre; sancire [legem]; confirmare (argumentis); probare, comprobare [exemplis]; auctorem esse [facti]; *sich* ~ verum evadere.
Bestätigung *f* confirmatio *f*, fides *f*.
bestatten sepelire, humare; condere.
bestäuben pulvere conspergere.
beste(r) optimus, (*von zweien*) melior; *der* ~ *Beweis* argumentum maximum, gravissimum, certissimum, firmissimum; *die* ~*n Jahre* flos *m* aetatis; *ein Mann in den besten Jahren* homo *m* florentis aetatis; *der erste Beste* quivis, quilibet, primus quisque; *zum Besten haben* ludibrio habēre; *zum Besten geben* donare, largiri, in medium conferre.
Beste: *das* ~ commodum *n*, utilitas *f*; salus *f*; *zum Besten sein* prodesse (*od.* utile esse *od.* saluti esse) [civitati]; *zum Besten des Staates sein* e re publica esse; *das allgemeine Beste* communis utilitas *f*, bonum *n* (*od.* commodum *n*) publicum, salus *f* publica; *das Beste (der Kinder) im Auge haben* rebus [liberorum] consulere (*od.* prospicere), saluti inservire.
bestechen pecuniā *od.* pretio corrumpere; *zu* ~ *suchen* pecuniā sollicitare (*od.* oppugnare), donis temptare; *sich* ~ *lassen* corrumpi, pecuniam accipere; / movēre, capere, impellere [comitate].
bestechlich (pretio) venalis.
Bestechlichkeit *f* animus *m* venalis.
Bestechung *f* corruptela *f*, largitio *f*, pretium *n*; (*bei Amtsbewerbungen*) ambitus 4 *m*.
bestehen **1.** *intr.* stare, constare, consistere; (*in Kraft sein*) esse, stare, constare, valēre, vigēre, vivere; intercedere [similitudo, amicitia, usus]; ~ *aus* constare (*od.* compositum esse) ex [homo ex animo et corpore], consistere in, contineri [non venis et ossibus], esse [classis erat centum navium]; ~ *auf* perstare, perseverare [in sententia sua], instare [de indutiis]; ~ *in* constare (*od.* consistere, positum esse) in; *gut (schlecht)* ~ stare, rem bene (male) gerere, (non) probari, (non) satisfacere; **2.** *trans. eine Gefahr* ~ periculum sustinēre (*od.* subire), periculo defungi.
bestehlen furtum facere [vicino]; (*Staatseigentum*) depeculari.
besteigen conscendere, ascendere [navem, in navem, equum]; escendere [in rostra]; *den Thron* ~ imperium capessere, rerum potiri.
bestellen adesse (*od.* venire) iubēre [filium], arcessere, vocare; *zu e-m Amte* ~ muneri praeficere, munus deferre *od.* mandare [civi]; *e-n Brief* ~ epistulam perferre (*od.* perferendam curare); *einen Gruß* ~ salutem nuntiare (*vom Vater an den Onkel* salutare avunculum patris verbis); *das Feld* ~ agrum colere.
Bestellung *f* cura *f*, curatio *f*, *des Ackers* agri culturā *f*; *viele* ~*en haben* multa mandata *od.* imperata sunt.
besternt stellis distinctus, stellatus.
besteuern tributum *n od.* vectigal *n* imponere; *höher, niedriger* ~ censum augēre, extenuare; *besteuert* vectigalis.
Bestie *f* bestia *f*, belua *f*.
bestimmen statuere, constituere, destinare [diem necis]; finire [modum], definire [quid sit officium]; eligere [nuptiarum diem]; dicere [diem; multam]; destinare [filio uxorem]; (*ausersehen*) destinare (*od.* designare) ad; *wir sind dazu bestimmt, dass* ea lege, condicione

nati sumus, ut ...; *sich bestimmen lassen* moveri, adduci, duci [rationei non auctoritate], impelli; sequi [gratiam].

bestimmt 1. status, constitutus; praestitutus, (de)finitus; *auf den ~en Tag* ad diem; *zur ~en Zeit* ad tempus; certus, firmus, stabilis, ratus; **2.** *adv.* certo, certe, pro certo, definite, sine ulla dubitatione.

Bestimmtheit *f* ratio *f* explorata, cura *f*, diligentia *f*; (*des Ausdrucks*) subtilitas *f*; *mit ~ behaupten* pro certo affirmare.

Bestimmung *f*: *gesetzliche ~* lex *f*; *gesetzliche ~ treffen* lege (*od.* legibus) sancire; (*Endzweck*) finis *m*; (*Beruf*) munus *n*; (*Schicksal*) sors *f*, fortuna *f*; (*Pflicht*) officium *n*; *~ des Menschen* lex *f od.* condicio *f* qua nati (*od.* generati) sumus.

Bestimmungsgrund *m* causa *f*, momentum *m*; quod alqm impellit, ut alqd faciat.

Bestimmungsort *m* locus *m* constitutus; quo quis intendit; sedes *f* futura.

bestrafen punire, poenā afficere, poenas (re)petere ab, animadvertere in [filium], multare [pecuniā], (*mit dem Tode*) supplicio afficere, supplicium sumere de; (*zurechtweisen, züchtigen*) castigare; *bestraft werden für* poenas [temeritatis] dare (*od.* solvere *od.* pendere); *etwas ~* vindicare, animadvertere, ulcisci [maleficia], poenas sumere pro, poenas repetere ob.

Bestrafung *f* **1.** *abst.* multatio *f*, animadversio *f*, castigatio *f*; **2.** *konkr.* poena *f*.

bestrahlen luce collustrare.

***Bestrahlung** (*med.*) *f* irradiatio *f*, radiotherapia *f*.

bestreben: *sich ~* niti, anniti, eniti, ut; operam dare *od.* id agere, ut; studēre *m. inf.*

Bestreben *n* studium *n*.

bestreichen oblinere [unguentis], illinere [facem pice].

bestreitbar controversus; qui in controversiam cadit (*od.* vocari potest); dubius.

bestreiten negare; (*die Kosten*) sumptūs suppeditare (*od.* tolerare).

bestreuen conspergere.

bestürmen oppugnare; *mit Bitten ~* precibus fatigare.

Bestürmung *f* oppugnatio *f*, impugnatio *f*; (*Angriff*) impetus 4 *m*; *nach ~ der Stadt* oppido oppugnato.

bestürzt obstupefactus, perturbatus, graviter commotus; consternatus, attonitus, (metu) perculsus, perterritus; *~ machen* obstupefacere, perturbare, consternare, percellere; *~ werden* obstupescere, obstupefieri, perturbari, percelli, trepidare.

Bestürzung *f* perturbatio *f*, consternatio *f*, stupor *m*, pavor *m*, metus 4 *m*, trepidatio *f*.

Besuch *m* **1.** *abst.* salutatio *f*, officium *n*; (*v. Freunden*) adventus 4 *m*; *zum ~ kommen* salutatum, salutandi causa venire; *ich bekomme ~* quidam me invisit; *~ annehmen* admittere; *~ nicht annehmen* excludere; **2.** *konkr.* hospes, qui visendi causa venit.

besuchen salutare, salutandi causa venire ad; visere, invisere, visitare [aegrotum]; adire, convenire, conventum velle; (*häufig*) commeare ad; *die Vorlesungen ~* audire; *einen Ort ~* adire [casas aratorum], obire [regionem]; (*regelmäßig*) frequentare [forum]; (*in Menge*) celebrare [contionem].

Besucher *m* salutator *m*; qui salutandi (*od.* visendi) causā venit.

besucht celeber [portus], frequens [theatrum].

besudeln inquinare (*od.* contaminare, polluere); *sich mit Schandtaten ~* contaminare se flagitiis *od.* sceleribus.

betagt aetate provectus, grandis (*od.* grandior) natu, senex.

betasten temptare, attrectare.

betätigen adhibēre [gravitatem], expromere [crudelitatem], navare [operam studiumque; benevolentiam]; *sich ~* vigēre, valēre ad.

betäuben obtundere [aures vocibus]; *das Gewissen ~* comprimere conscientiam; *betäubt sein* torpēre, stupēre; *betäubt werden* torpescere, stupescere.

Betäubung *f* torpor *m*, stupor *m*.

betauen irrorare; *betaut* roscidus.

beteiligen participem facere; *sich ~* partem attingere; *beteiligt* particeps, affinis; conscius [coniurationis].

Beteiligung *f* societas *f.*
beten deum precari (*od.* orare *od.* invocare), preces facere, precatione uti; *um etw.* ~ precari a deo [veniam; ut ...].
Beten *n* precatio *f,* preces *f/pl.,* supplicium *n.*
beteuern asseverare, affimare, confirmare; *bei den Göttern* ~ deos (ob)testari.
Betfest *n* supplicatio *f*; *Bet- und Dankfest n* supplicatio *f* et gratulatio *f*; *ein* ~ *anordnen* supplicationem decernere.
Bethaus *n* aedes *f* sacra.
betiteln: *ein Buch* ~ librum inscribere; *ein Buch, das betitelt ist* liber, qui inscribitur.
***Beton** *m* concretum *n,* caementum *n* hydraulicum; *betonieren* concreto firmare.
betonen suo sono enuntiare; *eine betonte Silbe* syllaba *f* acuta.
Betonung *f* vocis sonus *m.*
Betracht *m*: *in* ~ *kommen* spectari, respici, aliquo numero et loco esse; *nicht in* ~ *kommen* neglegi, nullo numero esse (*od.* haberi); *in* ~ *ziehen* rationem habēre [iracundiae].
betrachten spectare, intueri, contueri, contemplari; inspicere, circumspicere; (*geistig*) reputare, cogitare; secum considerare in animo.
Betrachter *m* is qui spectat; spectator *m*; contemplator *m.*
beträchtlich magnus, grandis, amplus, non mediocris, non levis, non contemnendus; aliquantum [itineris].
Betrachtung *f* contemplatio *f*; consideratio *f* [naturae].
Betrag *m* summa *f.*
betragen esse [classis est trecentarum navium]; *eine große Summe* ~ magnam pecuniam efficere; *sich* ~ se gerere [turpiter].
Betragen *n* mores *m/pl.,* vita *f,* vitae ratio *f.*
betrauen: ~ *mit* praeficere [rebus gerendis]; *mit einem Ehrenamte betraut* honore affectus.
betrauern dolēre, maerēre, lugēre, deflēre.
betrauernswert dolendus, lugendus.
beträufeln instillare [guttae instillant saxa].
Betreff *m*: *in* ~ *durch prp.* de, ad, in *od. Partikel* quidem.
betreffen: *von schwerem Unglück betroffen werden* magna calamitate affici; pertinēre, attinēre, spectare; *was das betrifft, dass* quod.
betreffend: *die* ~*en erhielten ihre Strafe* suam quisque poenam solvit.
betreiben facere, factitare; agere, agitare; studēre, operam dare [litteris], incumbere [omni studio ad id bellum]; *eine Kunst* ~ artem colere (*od.* exercēre); (*Geschäft*) exercēre [diem *sein Tagewerk*]; *auf Betreiben (des Konsuls)* consule suasore et impulsore *od.* auctore; impulsu consulis.
betreten pedem ponere in loco, introire, ingredi, intrare [limen]; tangere, attingere [terram].
Betreten *n*: *am* ~ *der Schwelle gehindert werden* limine prohiberi.
betreten *adj.* perturbatus, perculsus animo.
Betrieb *m*: *ist das ein* ~! quantus concursus hominum, quantus tumultus! *wieder in* ~ *setzen* reparare [naves]; *den* ~ *einstellen* intermittere.
***Betriebsanlage** *f* taberna *f,* officina *f,* fabrica *f.*
betriebsam navus et industrius, impiger.
Betriebsamkeit *f* navitas *f,* industria *f.*
***Betriebsrat** *m* tribunus *m* (*od.* tribunatus 4 *m*) opificum.
betrinken: *sich* ~ ebrium fieri.
betroffen *adj.* commotus, obstupefactus, conturbatus, ictus (novā re).
betrüben dolore afficere; dolorem afferre [parentibus]; *es betrübt mich* doleo; aegre *od.* moleste fero; *betrübt* aeger animi, tristis, maestus; *betrübt sein* dolēre; in maerore esse *od.* iacēre; *betrübend* tristis, miser, acerbus, luctuosus.
Betrübnis *f* dolor *m,* maeror *m,* maestitia *f,* tristitia *f.*
Betrug *m* fraus *f,* dolus *m* (malus); fallacia *f*; fraudatio *f,* circumscriptio *f.*
betrügen fallere, decipere, circumvenire, eludere; circumscribere, (de)fraudare [fructu victoriae]; inducere [socios]; fucum facere, verba dare; *die Hoffnung hat mich betrogen* spes me fefellit, destituit, frustata est, spe deiectus sum.
Betrüger *m* homo *m* ad fallendum

instructus, homo *m* fraudulentus; fraudator *m*.
Betrügerei *f* fraudulentia *f*.
betrügerisch ad fallendum instructus, fraudulentus, fallax, perfidus, dolosus, falsus.
betrunken ebrius, vino gravis.
Betrunkenheit *f* ebrietas *f*.
Bett *n* lectus *m*, lectulus *m*; (*e-s Flusses*) alveus *m*; *zu ~ gehen* cubitum ire, quieti se dare.
Bettag *m* supplicatio *f*.
Bettchen *n* lectulus *m*.
Bettdecke *f* lodix *f*.
bettelarm mendicus, omnium rerum inops.
Bettelarmut *f* mendicitas *f*, summa egestas *f*.
Bettelbrot *n* panis *m* mendicatus.
Bettelei *f* mendicatio *f*; *von der ~ leben* vivere mendicantem, vivere mendicando.
bettelhaft *adj*. mendicus, miser; *adv*. mendice, mendicantis more.
betteln mendicare, stipem cogere (*od*. colligere); *demütig bitten*) obsecrare et obtestari; precibus efflagitare, infimis precibus rogare.
Bettelsack *m* pera *f* (mendici).
Bettelstab *m* summa egestas *f*; *an den ~ bringen* omnibus bonis evertere; *an den ~ kommen* ad extremam inopiam redigi.
betten lectum sternere; *sich ~* lectum sibi parare; *wie man sich bettet, so schläft man* ut sementem feceris, ita metes; sui cuique mores fingunt fortunam.
Bettgenosse *m* in eodem lecto cubans; (*Ehegatte*) maritus *m*.
bettlägerig lecto affixus.
Bettler *m* mendicus *m*.
Bettstelle *f* sponda *f*.
Betttuch *n* linteum *n*.
Bettüberzug *m* toral *n*.
beugen, biegen flectere, inflectere, incurvare [bacillum]; *gebogen* flexus, inflexus, (in)curvus; *vom Alter gebeugt* senectute confectus; / frangere, affligere, opprimere; flectere, movēre; *das Recht ~* ius flectere; *sich ~ vor* cedere [senioribus].
Beugung *f* flexus 4 *m*, flexio *f*, inflexio *f*; (*eines Wortes*) flexura *f*.
Beule *f* tuber *n*, ulcus *n*.
beunruhigen (ex)agitare, permovēre, (con)turbare, perturbare, sollicitare, lacessere, vexare; *den Feind ~* hostes carpere (*od*. lacessere).
Beunruhigung *f* **1.** (*das Beunruhigen*) sollicitatio *f*; turbatio *f*, conturbatio *f*; **2.** (*Unruhe*) animi motus 4 *m od*. perturbatio *f*; (*Angst*) angor *m*, sollicitudo *f*.
beurkunden tabulis (*od*. litteris *od*. testimoniis) probare.
beurlauben commeatum dare [militi]; (per commeatum) dimittere; *sich ~ lassen* commeatum petere; abire, discedere.
Beurlaubung *f* commeatus 4 *m*.
beurteilen (di)iudicare, *~ nach* iudicare, aestimare, metiri, pendere ex; referre ad [alienos mores ad suos].
Beurteilung *f* (di)iudicatio *f*, aestimatio *f*; iudicium *n*.
Beute *f* praeda *f*; (*dem Feinde abgenommen*) spolia *n*/*pl*., exuviae *f*/*pl*.; (*das aus der Kriegsbeute gelöste Geld*) manubiae *f*/*pl*.; (*geraubtes Gut*) rapina *f*; *~ machen* praedari, praedam facere (*od*. capere), praedā potiri; *auf ~ ausgehen* praedatum exire.
beutebeladen *adj*. praedā onustus.
beutegierig *adj*. praedae avidus.
Beutel *m* saccus *m*, sacculus *m*; (*Geldbeutel*) marsupium *n*, crumena *f*; (*Geldkatze*) zona *f*; opes *f*/*pl*., facultates *f*/*pl*., nummi *m*/*pl*.; *aus s-m ~* de suo [numerare]; *aus fremdem ~ leben* alieno sumptu vivere.
Beutelschneider *m* sector *m* zonarius *m*; fur *m*, latro *m*.
Beutemachen *n* praedatio *f*.
Beutemacher *m* praedator *m*.
bevölkern (hominibus, incolis, colonis) frequentare (*od*. implēre); *bevölkert* (incolis, hominibus) frequens (*od*. celeber.)
Bevölkerung *f* incolae *m*/*pl*., cives *m*/*pl*., hominum (*od*. civium *od*. incolarum) multitudo *f* (*od*. numerus *m*).
bevollmächtigen potestatem dare, arbitrium permittere, mandare ut ...; *bevollmächtigt sein* mandata habēre ab; *bevollmächtigt von* nomine [consulis], auctore [consule].
Bevollmächtigter *m* qui mandata habet ab, cum mandatis, auctoritate missus; legatus *m*; (*vor Gericht*) procurator *m*.
bevor priusquam, antequam.

bevormunden sub tutela sua continēre; tutelā suā (*od.* imperio suo) regere.
bevorstehen imminēre, instare, impendēre; prope adesse, subesse [hiems].
bevorzugen anteferre, anteponere.
bewachen custodire, (as)servare [muros]; *bewacht werden* in custodia esse; ~ *lassen* custodem imponere [captivo].
bewachsen vestiri, convestiri [vepribus]; ~ *mit Wald* silvestris.
Bewachung *f* custodia *f*.
bewaffnen armare, (armis) instruere; *sich* ~ arma induere (*od.* capere *od.* sumere).
Bewaffnung *f* arma *n/pl.*, armatura *f*.
bewahren custodire, (con)servare, tueri, defendere; ~ *vor* tutum praestare, vindicare ab.
bewähren probare, comprobare; *sich* ~ se praestare [iustum]; *bewährt* probatus, spectatus, perspectus, cognitus.
***Bewährungsfrist** *f* spatium *n* probationis, dilatio *f* poenae.
bewahrheiten: *sich* ~ probari verum esse.
bewaldet silvestris.
bewältigen vincere, superare, opprimere; consumere [cibum].
bewandert versatus, exercitatus [in armis]; eruditus, doctus [Graecis litteris], non hospes.
bewandt: *so* ~ talis, ita comparatus; *so* (*anders*) ~ *sein* ita (aliter) se habēre; *bei so bewandten Umständen* cum res ita se habeat, quod cum ita sit, quae cum ita sint.
Bewandtnis *f* ratio *f*, natura *f*, condicio *f*; *damit hat es folgende* ~ eius rei haec est ratio, res ita se habet (*od.* comparata est).
bewässern rigare, irrigare.
Bewässerung *f* rigatio *f*, inrigatio; *nach* ~ *des Ackers* agro inrigato.
bewegen movēre, commovēre, (*stärker*) agitare; (*vorwärts*) promovēre; (*hin und her*) iactare; (*mit Anstrengung*) moliri; (*im Kreise*) circumagere; *sich* ~ ferri, verti, volvi; / movēre, commovēre, afficere; (*zum Nachgeben*) vincere, expugnare; (*zu tun*) movēre, permovēre, adducere, impellere ad, ut ...; *bewogen* (per)motus, impulsus, adductus; *eine bewegte Jugend* pueritia *f* exercita; *in bewegter Zeit leben* in magno motu temporum versari.
Beweggrund *m* causa *f*, ratio *f*.
beweglich mobilis [turris], agilis [animus], versatilis [ingenium]; / gravis, vehemens [oratio]; ~*e Habe* res quae ferri agique possunt.
Beweglichkeit *f* mobilitas *f* [linguae], agilitas *f* [navium], mollitia *f* [cervicum].
Bewegung *f* motus 4 *m*, commotio *f*, agitatio *f*, iactatio *f* [navis]; *körperliche* ~ corporis motus 4 *m* atque exercitatio *f*; *sich* ~ *machen* ambulare, spatiari; / animi motus 4 *m*, commotio *f*, (*stärker*) concitatio *f*, perturbatio *f*.
bewegungslos immotus, motu vacuus.
beweiben: *sich* ~ uxorem ducere.
beweibt *adj.* maritus.
beweinen deflēre, deplorare, lugēre, collacrimare, lacrimis prosequi; illacrimari [Socratis morti].
Beweinen *n* deploratio *f*; (*von mehreren*): comploratio *f*.
beweinenswert flebilis, deplorandus, luctuosus.
Beweis *m* **1.** *abst.* probatio *f*, demonstratio *f*, argumentatio *f*; **2.** *konkr.* ratio *f*; argumentum *n*; (*Probe*) documentum *n*; (*Merkmal*) signum *n*, indicium *n*; specimen *n* [ingenii], fides *f* [manifesta], testimonium *n*; *zum* ~ *dienen* argumento (*od.* documento *od.* testimonio) esse.
beweisen ostendere, significare, declarare; praestare [fidem]; uti [prudentiā]; *sich* ~ se praebēre, se praestare [fortem]; (*durch Gründe*) (argumentis) ostendere, (com)probare, demonstrare; docēre; evincere *m. a. c. i.*, efficere, ut; arguere, coarguere [errorem].
Beweisführung *f* argumentatio *f*, probatio *f*; ratio *f*.
Beweisgrund *m* argumentum *n*, ratio *f*.
Beweismittel *n* argumentum *n*.
Beweis|quelle, ~stelle *f* argumentum *n*, locus *m*.
beweißen dealbare.
bewenden: *es* ~ *lassen bei* satis habēre *m. inf.* (*od. a. c. i.*).
Bewenden *n*: *es mag dabei sein* ~ *haben* in hoc acquiescamus, hoc

maneat; *damit hat es sein ~* stat sententia, ratum est.
bewerben: *sich ~ um* petere, expetere, quaerere.
Bewerber *m* petitor, qui petit, candidatus *m*, (*Freier*) procus *m*.
Bewerbung *f*: *~ um ein Amt* petitio *f* (muneris); ambitio *f*; *ungesetzliche ~* ambitus 4 *m*.
bewerfen (*m. Mörtel*) trullissare; (*m. Kalk*) opere tectorio loricare; (*m. Lehm*) delutare.
bewerkstelligen efficere, perficere; *zu ~ suchen* moliri.
Bewerkstelligung *f* effectio *f*, confectio *f*, molitio *f*; *nach ~ des Friedens* pace patratā.
bewilligen concedere; permittere; (*durch Beschluss einer Behörde*) decernere.
Bewilligung *f* concessio *f*, permissio *f*, venia *f*; consensus 4 *m*; voluntas *f*; auctoritas *f*; *mit ~* permissu, voluntate, iussu, consensu, auctoritate [consulis]; *ohne ~* iniussu [consulis], invito [consule].
bewillkommnen salvēre iubēre; excipere [male, benigne].
Bewillkommnung *f* salutatio *f*; *~ von mehreren* consalutatio *f*.
bewimpelt *adj*. vittatus.
bewirken efficere, conficere, perficere; proficere [nihil, multum], valēre [multum auctoritate].
bewirten (hospitio, convivio, cenā *u. Ä.*) excipere *od.* accipere; *~ mit* apponere cenam [hospiti].
bewirtschaften administrare, dispensare [res domesticas], colere [fundum].
Bewirtschaftung *f* administratio *f*, cultura *f* [agri].
Bewirtung *f* hospitium *n*.
bewohnbar habitabilis.
bewohnen habitare in [Asia], colere [urbem], tenēre, obtinēre; *stark bewohnt* frequens.
Bewohner *m* incola *m*; qui incolit.
bewölken (caelum) nubibus obducere; *bewölkt* nubibus obductus, nubilus.
Bewunderer *m* admirator *m*.
bewundern admirari, mirari; suspicere [viros]; *bewundert werden* admiratione affici, admirationem habēre, admirationi esse.
bewunderswert admirabilis, admirandus, admiratione dignus; *adv.* admirabiliter, admirandum in modum, mirum quantum.
Bewunderung *f* admiratio *f*, miratio *f*; *~ erregen* admirationem habēre; *~ einflößen* admirationem sui inicere [civibus].
bewusst notus, cognitus; *auch* iste, ille; *es ist mir wohl ~* bene memini, non ignoro, non sum nescius; *soviel mir ~ ist* quantum scio; *sich ~ sein* conscium sibi esse [nullius culpae].
bewusstlos sui (*od.* mentis [suae]) non compos, mente alienatus (*od.* captus); *adv.* sine mente, sine ullo sensu.
Bewusstlosigkeit *f* animus *m* alienatus (*od.* sui non compos).
Bewusstsein *n* conscientia *f*; sensus 4 *m*, *oft durch adj.* conscius; *bei vollem ~* mentis suae compos.
bezahlen solvere, pendere, numerare [pecuniam]; (*Schuld*) debitum reddere; *eine Sache ~* pretio emere [frumentum], solvere [pro frumento nihil]; (*nicht*) *~ können* solvendo (non) esse; satisfacere [creditori], dimittere [creditorem].
Bezahler *m*: *ein guter* (*schlechter, langsamer*) *~* bonum (malum, lentum) nomen *n*.
Bezahlung *f* solutio *f*, numeratio *f*; (*bare*) repraesentatio *f*; *konkr.* pretium *n*, pecunia *f*; merces *f*.
bezähmbar qui domari potest, facilis ad domandum.
bezähmen domare; (*mürbe, zahm machen*) subigere, frangere; *Leidenschaften* (*Zorn usw.*) *~* libidines (iram *usw.*) domare (*od.* continēre, coercēre, cohibere).
Bezähmung *f* domitus 4 *m*; (*der Begierden*) continentia *f*; *~ der Leidenschaften* sedatio *f* perturbationum animi.
bezaubern effascinare [voce, linguā]; / capere, (incredibili) voluptate perfundere, animum permulcēre (*od.* delenire); *bezaubert stehen bleiben* defixum stare; *eine bezaubernde Schönheit* mulier *f* eximia pulchritudine.
Bezauberung *f* **1.** fascinatio *f*, effascinatio *f*; **2.** (*gewinnende Mittel, Reizmittel*) delenimenta *n/pl.*
bezeichnen notare, denotare, (de-)signare, notam imponere (*od.* apponere); / significare, declarare; describere.

bezeichnend insignis, rem (aperte) declarans; *das ist für den Mann* ~ hoc proprium istius est, hoc isti peculiare est.
Bezeichnung *f* **1.** *abst.* notatio *f*, significatio *f*; **2.** *konkr.* nota *f*, signum *n*.
bezeigen praestare, declarare; *Achtung* ~ observare, colere.
bezeugen testari, testificari, testimonio confirmare; testimonio esse, testem esse.
Bezeugung *f* **1.** (*das Bezeugen*) testificatio *f*; (*Versicherung*) adseveratio *f*; **2.** (*Zeugnis*) testimonium *n*; *eines Gewährsmannes*: auctoritas *f*.
bezichtigen insimulare, arguere.
beziehen: *eine Wohnung* ~ domicilium collocare, constituere in [vico boario]; *die Winterquartiere* ~ in hiberna concedere; *das Heer die Winterquartiere* ~ *lassen* exercitum in hiberna deducere; *e-n Markt* ~ nundinas obire; (*Einkünfte*) reditūs habēre ex, redit [pecunia ex metallis]; / ~ *auf* referre (*od.* revocare) ad; *sich* ~ *auf* testem citare; provocare ad; pertinēre, referri, spectare ad.
Beziehung *f*: *in dieser* ~ in hoc, hac in re, hoc in genere, hac ratione; *in vielen* ~*en* multis modis *od.* locis; *in jeder* ~ *vollkommen* ex omni parte (*od.* omnibus numeris) perfectus; *in gewisser* ~ quodammodo; *in mehrfacher* ~ varie; *ich stehe in keiner* ~ *zu ihm* nulla mihi cum eo intercedit ratio, nullus mihi cum eo est usus.
beziffern numeris signare (*od.* notare).
Bezirk *m* ambitus 4 *m*, circuitus 4 *m*; ager *m*, territorium *n*, regio *f*, provincia *f*.
Bezirksaufseher, ~**vorsteher** *m* magister *m* vici *od.* pagi.
bezirksweise regionatim.
Bezug *m*: ~ *nehmen auf* rationem habēre [orationis tuae].
Bezugnahme *f*: ~ *auf etw.* relatio *f* ad alqd.
bezwecken id agere, ut.
bezweifeln dubitare de, in dubium vocare.
bezwingen vincere, superare, domare [gentum]; coercēre, cohibēre, continēre [cupiditates].
Bezwinger *m* domitor *m*.
Bibel *f* libri *m/pl.* sacri (*od.* divini) (Christianorum), litterae *f/pl.* sacrae.
Biber *m* castor *m*, fiber *m*.
Bibergeil *n* castoreum *n*.
Bibliothek *f* bibliotheca *f*.
Bibliothekar *m* bibliothecae custos *m* (*od.* praefectus *m*); qui bibliothecae praeest.
bieder bonus, probus, innocens, integer.
Biederkeit *f* probitas *f*, integritas *f*, innocentia *f*; antiquitas *f*.
Biedermann *m* vir *m* bonus, vir probus.
biegen flectere, inflectere; (*krümmen*) curvare, incurvare; *sich* ~ flecti, curvari, incurvescere; *gebogen* inflexus, incurvus.
biegsam flexibilis; (*elastisch*) mollis.
Biegung *f* flexio *f* [laterum], flexus 4 *m* [viae].
Bienchen *n* apicula *f*.
Biene *f* apis *f*.
Bienen|haus *n*, ~**stand** *m* alvearium *n*.
Bienenkönigin *f* rex *m* apium.
Bienen|korb, ~**stock** *m* alveare *n*, alv(e)arium *n*.
Bienenschwarm *m* examen *n* [(apium).
Bienenstich *m* ictus 4 *m* apis.
Bienenvater *m* apiarius *m*.
Bienenwärter *m* apiarius *m*, apium custos *m*.
Bienenzelle *f* cella *f*.
Bienenzucht *f* res *f* apiaria, cura *f* apium.
Bier *n* cer(e)visia *f*; ***birra** *f*.
bieten: *die Hand* ~ manum porrigere; *Trotz* ~ ferociter adversari, resistere; *sich* ~ *lassen* pati; *sich alles* ~ *lassen* quidvis perpeti; *sich* ~ offerri, dari [occasio]; (*v. Käufer*) pecuniam promittere (*od.* polliceri) pro; ~ *auf* liceri [hortos]; (*v. Verkäufer*) indicare, poscere.
Bieten *n vom Verkäufer*: indicatio *f*; *vom Käufer*: *Umschr. durch* promittere; *in der Auktion*: licitatio *f*.
Bieter *m* (*Verkäufer*) indicans; (*Käufer*) promittens; *in einer Auktion*: licitator *m*.
bigott religionibus admodum (*od.* nimis) deditus.
***Bilanz** *f* compensatio *f*.
Bild *n* imago *f*; simulacrum *n*; effigies *f*, statua *f*, signum *n*; *sich ein* ~ *machen von* cogitatione ima-

ginem fingere [virtutis]; *ein lebendiges* ~ expressa imago *f*.
Bildchen *n* imaguncula *f*; sigillum *n*.
bilden fingere, effingere; formare, figurare, conformare; facere [homines]; efficere [legionem ex his cohortibus]; fabricari [signa, gladium]; fabricare [mundum]; instituere, constituere [tres legiones]; condere [novas civitates]; *die bildenden Künste* artes quae versantur in rerum imaginibus effingendis; *bildender Künstler* fictor *m*; *den rechten Flügel* ~ dextrum cornu tenēre; *den Nachtrab* ~ agmen claudere; *ein Viereck* ~ formā quadratā esse; / fingere, (con)formare, excolere; informare, instituere, erudire, docēre; *gebildet* eruditus, doctus; (*wissenschaftlich*) litteratus, doctrinae studiis eruditus *od.* excultus; (*äußerlich*) urbanus, elegans.
Bilderbuch *n* liber *m* imaginibus distinctus (ornatus).
Bildergalerie *f* pinacotheca *f*.
bilderreich *n* imaginibus (*od.* figuris) distinctus; abundans [oratio].
Bildgießer *m* statuarius *m*.
Bildgießerei *f* statuaria *f*.
Bildhauer *m* sculptor *m*, fictor *m*, statuarum artifex *m*; qui signa fabricatur.
Bildhauerei, Bildhauerkunst *f* ars *f* fingendi (*od.* sculpendi *od.* signa fabricandi); sculptura *f*.
bildlich 1. *adj.* imagine expressus; *bildlicher Ausdruck* translatio *f*, verborum immutatio *f*; **2.** *adv.* imagine, per imaginem.
Bildner *m* **1.** *eig.* fictor *m*; *Prometheus, der* ~ *von Menschen* Prometheus homines faciens; **2.** ~ *des Geistes* (*der Sitten*) formator *m* ingenii (morum), qui ingenium (mores) *alcs* format *od.* doctrinā excolit.
bildsam qui fingi (*od.* formari) potest; mollis [cera].
Bildsäule *f* statua *f*, signum *n*; simulacrum *n*.
Bildschnitzer *m* sculptor *m*.
bildschön pulcherrimus, formā conspicuus; omnibus simulacris emendatior [mulier].
Bildung *f* **1.** *abst.* (con)formatio *f*; (*geistig*) institutio *f*; disciplina *f*; educatio *f*; cultus 4 *m*; eruditio *f*; **2.** *konkr.* (*geistig*) cultus 4 *m* ingenii, mentis animique informatio *f*, humanitas *f*; (*wissenschaftliche*) doctrina *f*, litterae *f/pl.*; (*feine*) eruditio *f*; (*feine Manieren*) elegantia *f*, urbanitas *f*, mores *m/pl.* politi; *ohne* ~ illitteratus.
Bildungsanstalt *f* schola *f*.
bildungsfähig docilis.
Bildungsfähigkeit *f* docilitas *f*.
Bildungsmittel *n* (*Lernmittel*) disciplina *f*; (*Lehrmittel*) doctrina *f*.
Bildungstrieb *m in der Natur*: effectio *f*; *der Menschen*: studia *n/pl.*
***Billard** *n*: ~ *spielen* sphaeris eburneis ludere.
billig iustus, aequus [iudex]; modicus [pretium]; vilis [frumentum]; *es ist* ~ aequum (*od.* par *od.* ius *od.* fas) est; ~ *kaufen* parvo (*od.* bene) emere.
billigen probare, approbare, comprobare, laudare; *nicht* ~ improbare.
Billigkeit *f* aequitas *f*, iustitia *f*, fas *n*; moderatio *f*; vilitas *f* [annonae]; *nach* ~ ex aequo.
Billigung *f* (ap)probatio *f*, comprobatio *f*; ~ *finden* probari.
Bilsenkraut *n* hyoscyamus *m*.
Bimsstein *m* pumex *m*; *aus* ~ pumiceus.
Binde *f* fascia *f*, taenia *f*; (*Kopfbinde*) vitta *f*; (*der Priester*) infula *f*; (*persischer Könige*) diadem *n*; (*Verband*) ligamentum *n*, ligamen *n*.
Bindemittel *n* vinculum *n*.
binden ligare, obligare, deligare, religare, colligare; nectere [flores]; constringere [corpora vinculis]; vincire [catenis]; / coercēre, (de-)vincire, astringere, obstringere, impedire; *an die Gesetze gebunden sein* legibus obstrictum esse (*od.* teneri); *durch e-n Eid binden* iure iurando obstringere; *gebundene Rede* oratio *f* numeris astricta (*od.* vincta).
Bindewort *n* coniunctio *f*.
Bindfaden *m* linum *n*.
binnen intra *mit acc.*; inter *mit acc.*, in *mit abl.*
Binnenland *n* terra *f* (*od.* regio *f*) mediterranea.
binnenländisch interior.
Binnenmeer *n* mare *n* internum.
Binse *f* iuncus *m*.
Binsenkorb *m* scirpiculus *m*.
Biograf *m* vitae (*od.* rerum) [Ciceronis] scriptor *m*.

Biografie *f* imago *f* vitae.
Birke *f* betula *f*.
Birnbaum *m* pirus *f*.
Birne *f* pirum *n*.
bis 1. *adv. bis zu, nach, in, auf adv.* ad, usque ad, usque in, tenus [Tauro tenus regnare]; ~ *hierher* hucusque, hactenus; (*bis jetzt*) adhuc; ~ *dahin* usque eo; ~ *wielange?* quousque? ~ *heute* usque ad hunc diem, hodie etiam; ~ *auf* praeter [unum], excepto [uno]; (*nach Negationen*) nisi; (*bei Zahlangaben*) -ve [bis terve]; **2.** *cj.* dum, quoad, (donec); *nicht eher* ~ non prius (*od.* ante) quam.
Bischof *m* episcopus *m*.
bischöflich episcopalis.
bisher adhuc, (usque) ad hunc diem; (*v. d. Vergangenheit*) antea, ante id tempus.
bisherig qui adhuc fuit [consul].
***Biskuit** *n* biscoctum *n*.
Biss *m* morsus 4 *m*.
bisschen: *ein* ~ (*kleiner Bissen*) offula *f*; (*wenig*) paululum, pusillum; *adv.* paulisper; ~ *Stimme* vocula *f*; ~ *Mut* animula *f*; ~ *Mühe* nervuli *m/pl.*; ~ *Hoffnung* specula *f*.
Bissen *m* offa *f*; (*wenig*) paulum, paululum.
bissig mordax.
Bisswunde *f* morsūs vulnus 3 *n*.
Bistum *n* episcopatus 4 *m*.
bisweilen interdum, nonnunquam, aliquando.
Bitte *f* preces *f/pl.*; rogatio *f*; *auf* ~ rogante [filio], [a filio] rogatus.
bitten rogare, orare, petere, precari; *inständig* ~ orare atque obsecrare; (*ich*) *bitte* (*eingeschoben*) quaeso; *bittend* (*adj.*) supplex; *zu Gaste* ~ ad cenam vocare.
Bitten *n* preces *f/pl.*; rogatio *f*; obsecratio *f*; obtestatio *f*; deprecatio *f*; flagitatio *f*; efflagitatio *f*.
bitter amarus; / acerbus, asper, durus, gravis, summus.
bitterböse pessimus, improbissimus [verba]; irā graviter commotus, iracundiā inflammatus; ~ *werden* iracundiā exardescere.
bittersüß dulcia mixta amaris.
Bitterkeit *f* amaritudo *f*; / acerbitas *f*, asperitas *f*, gravitas *f*.
bitterlich subamarus; ~ *klagen* graviter conqueri; ~ *weinen* singultim lacrimas effundere, effusius flēre.
Bittgebet *n* supplicia *pl.*
Bitt|gesuch *n*, **~schrift** *f* rogatio *f*, libellus *m*, litterae *f/pl.* supplices.
Bittsteller *m* supplex *m*; qui petit.
bittweise precibus, precando, precario; precibus agens.
Biwak *n* excubiae *f/pl.* in armis habitae.
Blachfeld *n* campus *m* (planus), planities *f*.
blähen: *sich* ~ superbire, superbiā intumescere, se iactare.
Blähung *f* inflatio *f* [ventris].
blank nitidus, nitens; ~ *sein* nitēre; ~ *werden* nitescere; ~ *und bloß* nudus; *blankes Schwert* gladius *m* strictus.
Blase *f* (*Harnblase*) vesica *f*, (*auf der Haut*) pustula *f*; (*im Wasser*) bulla *f*.
Blasebalg *m* follis *m*.
blasen flare; *in den Rücken* ~ tergum afflare; *ins Feuer* ~ ignem conflare; *ins Ohr* ~ in aurem insusurrare; *auf der Flöte* ~ tibiā canere; *zum Rückzuge* ~ receptui canere.
Blasen *n* flatus 4 *m* [venti], cantus 4 *m* [tibiae].
Blasenstein *m* vesicae calculus *m*.
blasiert fastidiosus, satietate defessus.
Blasinstrument *n* (*Horn*) cornu *n*; (*Trompete*) tuba *f*; (*Signalhorn*) bucina *f*; (*Flöte*) tibia *f*.
blass pallidus, pallens; ~ *sein* pallēre; ~ *werden* pallescere; *blasse Tinte* atramentum *n* dilutum.
Blässe *f* pallor *m*.
Blatt *n* (*einer Pflanze*) folium *n*; *Blätter bekommen* frondescere (~ *haben* frondēre); (*Papier*) scida *f*, pagina *f*, (*Metall*) bractea *f*; lamina *f*; *das* ~ *wendet sich* hic orbis circumagitur.
blattähnlich foliaceus.
Blättchen *n* folium *n* parvulum; *ein* ~ *Papier* scidula *f*; *Metall* ~ lamella *f*.
blätterig frondosus, foliosus, foliis abundans *od.* densus.
blätterlos foliis carens *od.* nudus, nudatus.
Blatter *f* pus(t)ula *f*; (*Hitzblatter*) papula *f*.
blättern: *in einem Buche* ~ folia libri versare, librum evolvere.
blau caeruleus, glaucus, lividus; ~*e Tinte* caeruleamentum *n*.
Blau *n* color *m* caeruleus.

blauäugig caesius, oculis caeruleis.
Bläue *f* color *m* caeruleus.
bläulich subcaeruleus.
Blech *n* lamina *f*.
Blei *n* plumbum *n*; *von* ~ plumbeus.
bleiben manēre, permanēre; *stehen* ~ consistere, subsistere; (*zurückbleiben*) remanēre in [castris], se tenēre, continēre [domi]; *bei seiner Meinung* ~ in sententia sua (per)manēre, sententiā stare; *treu* ~ in fide (*od.* in officio) manēre; *es bleibt dabei* manet hoc, stat sententia, fixum, ratum est; *schuldig* ~ debēre; *hängen* ~ haerēre in [fune]; *übrig* ~ restare, reliquum esse, relinqui, superesse; *sich gleich* ~ sibi constare; *verschont* ~ incolumen (*od.* salvum) conservari (*od.* abire); (*getötet werden*) cadere, occidere, caedi, occīdi [in proelio, in bello].
Bleiben *n* mansio *f*, permansio *f*; *hier ist meines* ~*s nicht länger* hic diutius manēre non possum.
bleibend diuturnus, perpetuus, firmus; *sich ein* ~*es Denkmal setzen* perpetuam sui memoriam relinquere.
Bleibüchse *f* pyxis *f* plumbea.
bleich pallidus.
Bleiche *f* **1.** (*blasse Farbe*) pallor *m*; **2.** (*Bleichen a. d. Sonne*) insolatio *f*.
bleichen 1. *intr.* exalbescere; **2.** *trans.* (*Wäsche*) (lintea) soli exponere, ut albescant.
bleiern plumbeus.
Bleierz *n* plumbago *f*.
Bleifarbe *f* livor *m*.
bleifarben lividus.
Bleigewicht *n* pondus 3 *n* plumbeum.
Bleigießer *m* artifex *m* plumbarius.
Bleilot *n* perpendiculum *n*.
Bleistift *m* plumbum *n*.
Bleiweiß *n* cerussa *f*.
***Blende** *f* diaphragma *n*.
blenden oculos effodere [Polyphemo], oculis privare, excaecare; (*auf einige Zeit*) occaecare, oculorum aciem praestringere [pulvere].
blendend splendidus, nitidus, speciosus; ~*er Ausdruck* praestigiae *f/pl.* verborum *od.* orationis; ~ *weiß* candidus, niveus.
Blendwerk *n* oculorum ludibrium *n*; / praestigiae *f/pl.*; fraudes *f/pl.*
Blick *m* aspectus 4 *m*, conspectus 4 *m*; oculi *m/pl.*; *e-n* ~ *in die Zukunft werfen* futura providēre; *beim ersten* ~ primo aspectu; *mit einem* ~ uno aspectu; *ein feiner* ~ ingenii calliditas *f*; *ein richtiger* ~ iudicium *n*; (*Miene*) vultus 4 *m*; *ein ernster und finsterer* ~ vultus 4 *m* severus ac tristis.
blicken prospicere; *in die Zukunft* ~ futura providēre.
blind caecus, oculis orbatus *od.* captus; / caecus [amor], temerarius; ~*er Zufall* temeritas *f* et casus 4 *m*.
***Blinddarm** *m* intestinum *n* caecum, appendix *f* intestinorum; ~**entzündung** *f* appendicitis *f*; ~**operation** *f* resecatio *f* appendicis.
blindgeboren naturā caecus, caecus natus *od.* genitus; ≗*er* qui caecus natus est.
Blindheit *f* caecitas *f*.
blindlings temere, caeco impetu, praeceps.
blinken nitēre; coruscare; micare [stellae], fulgēre [arma].
Blinken *n* nitor *m*.
blinzeln nictare.
Blitz *m* fulgur *n*; (*leuchtender*) fulgor *n*; (*einschlagender*) fulmen *n*; *vom* ~ *getroffen werden* de caelo tangi, fulmine ici (*od.* percuti).
***Blitzableiter** *m* deductor *m* fulminum.
blitzartig fulmineus.
blitzen fulgurare, fulminare; micare, splendēre.
Blitzen *n* fulminatio *f*; (*Schimmer, Glanz*) fulgor *m*, splendor *m*.
***Blitzlichtaufnahme** *f* photographia *f* per magnesium.
Blitzschlag *m* fulminis ictus 4 *m*, fulmen *n*.
blitzschnell rapidus, celerrimus; *adv.* fulminis instar, admirabili celeritate.
***Blitzzug** *m* tramen *n* velocissimum.
Block *m* truncus *m*; (*Strafblock*) caudex *m*; *sein Haupt auf den* ~ *legen* cervices securi subicere.
Blockade *f* obsidio *f*; custodiae *f/pl.* maritimae.
Blockhaus *n* castellum *n* ligneum, propugnaculum *n*; * domus *f* trabaria.
blockieren obsidēre; claudere urbem; custodire [portum].
blöde hebes; tardus.
Blödigkeit *f* ingenium *n* hebes; imbecillitas *f* ingenii.

blödsichtig hebes (oculis).
Blödsichtigkeit *f* oculorum infirmitas *f*, hebetior oculorum acies *f*.
Blödsinn *m* hebes ingenium *n*, ingenii tarditas *f*; amentia *f*; ineptiae *f/pl.*; obtusior animi acies *f*.
blödsinnig stupidus; mente captus.
blöken (*v. Schafen*) balare; (*v. Rindern*) mugire.
Blöken *n* balatus 4 *m*, mugitus 4 *m*.
blond flavus.
bloß *adj.* nudus, apertus, non tectus; (*nichts anderes als*) nudus [nomen]; merus [nugae]; sincerus [proelium equestre]; solus [triginta minae]; ipse [aspectus]; nihil nisi.
Blöße *f* corpus *n* nudum; ~ *des Kopfes* nudum caput *n*, ~ *der Brust* apertum pectus *n*; *eine* ~ *geben* latus dare (*od.* praebēre) [adversario]; *sich eine* ~ *geben* peccare.
bloßstellen obicere, offerre, exponere, proponere; *bloßgestellt* obiectus, expositus, propositus; *bloßgestellt sein* patēre [latus ictui].
blühen florēre, vigēre; *blühend* florens; *~de Gesundheit* valetudo *f* integra (*od.* optima); *im ~den Alter stehen* aetate florēre.
Blümchen *n* flosculus *m*.
Blume *f* flos *m*; *auch* flos *m* iuventutis.
Blumenbeet *n* area *f* floribus consita.
Blumengarten *m* hortus *m* floribus consitus.
Blumen|gewinde *n*, **~girlande** *f* serta *n/pl.*, sertae *f/pl.*
Blumenkorb *m* calathus *m*.
Blumenkranz *m* corona *f* florea.
Blumenlese *f*. (*als Schrift*) flores *m/pl.* rerum, electi (ex poetis) loci *m/pl.*, anthologica *n/pl.*
blumenreich floridus, floribus abundans (*od.* vestitus).
Blumenstrauß *m* fasciculus *m* florum.
Blumentopf *m* testa *f*.
Blumenzwiebel *f* bulbus *m*.
blumig floridus, floreus, floribus vestitus.
Blut *n* sanguis *m*; (*fließendes*) cruor *m*; *mit* ~ *beflecken* cruentare; *das* ~ *stillen* sanguinem cohibēre (*od.* sistere); *sein* ~ *für das Vaterland vergießen* sanguinem pro patria profundere.
Blutader *f* vena *f*.
Blutaderknoten *m* varix *m u. f*.
Blutandrang *m* sanguinis impetus 4 *m*.
blutarm: ~ *sein* parum sanguinis habēre.
blutarm egentissimus; omnium rerum egenus.
Blutauswurf *m* sanguinis eiectio *f*; ~ *haben* sanguinem reicere *od.* reddere.
Blutbad *n* caedes *f*, *auch* sanguis *m*; *ein* ~ (*unter den Bürgern*) *anrichten* caedem (civium) facere (*od.* edere).
blutbefleckt sanguine (*od.* cruore) respersus, cruentus, cruentatus.
***Blutdruckmesser** *m* sphigmometrum *n*.
Blutdurst *m* sitis *f* sanguinis; saevitia *f*; crudelitas *f*.
blutdürstig sanguinarius, sanguinis *od.* caedis avidus; (*übh.*) saevus.
Blüte *f* flos *m*; *in der* ~ *stehen* florēre; *in der* ~ *der Jahre stehen* aetate florēre; *Blüten treiben* flores agere (*od.* mittere).
Blutegel *m* hirudo *f*, sanguisuga *f*.
bluten sanguinem fundere; / sanguinem pro- *od.* effundere pro [patria]; *das Herz blutet ihm* acerbissimo dolore cruciatur; vehementer (*od.* gravissime) dolet.
Bluterguss *m* sanguinis eruptio *f*.
blutfarbig sanguineus.
Blutfleck *m* macula *f* sanguinea.
Blutfluss *m* sanguinis proflucium *n* *od.* profusio *f*.
Blutgefäße *n/pl.*: *die* ~ venae *f/pl.*
Blutgeschwür *n* vomica *f*.
blutig sanguineus; (*blutbefleckt*) cruentus, cruentatus, sanguine (*od.* cruore) respersus; atrox, grave [proelium].
blutjung (per)adulescentulus, admodum adulescens.
blutlos exsanguis, sanguine carens.
Blutrache *f* ultio *f* necis *od.* parricidii *od.* mortis; ~ *nehmen* caedem caede et sanguine sanguinem expiare; ~ *nehmen für* necem persequi [patris].
Blutregen *m* imber *m* sanguineus.
blutrot sanguineus.
blutrünstig cruentus, saucius.
blutsauer permolestus; *sich's* ~ *werden lassen* sudare, sudantem laborare.
Blutsauger *m* hirūdō *f*.
Blutschande *f* incestus 4 *m*, incestum *n*.

B

blutschänderisch incestus.
Blutschuld *f* parricidium *n*, caedes *f*; *~ auf sich laden* caedem facere, parricidio se obstringere (*od.* se inquinare), sanguine nefando se respergere.
Blutstrom *m* sanguis *m* multus.
Blutstropfen *m* gutta *f* sanguinis, stilla *f* cruoris humani; *bis auf den letzten ~* ad extremum.
Blutsturz *m* sanguinis eruptio *f* (*od.* impetus 4 *m*); *e-n ~ bekommen* sanguinem vomere.
blutsverwandt consanguineus, sanguine coniunctus.
Blutsverwandtschaft *f* consanguinitas *f*, sanguinis coniunctio *f*; *in ~ stehen* sanguine coniunctum esse cum.
Bluttat *f* caedes *f*.
Blutung *f* sanguis *m* fluens *od.* profusus; *die ~ stillen* sanguinem fluentem supprimere, sistere.
Bluturteil *n* iudicium *n* capitale, sententia *f* atrox *od.* tristis, sententia *f* capitalis.
Blutvergießen *n*: *ohne ~* sine sanguine, sine vulnere.
Blutverlust *m*: *unter großem ~* multo sanguine profuso.
Blutzeuge *m* martyr *m u. f*.
Bock *m* (*Ziegen*~) hircus *m*, caper *m*; (*Schaf*~) aries *m*; (*Reh*~) capreolus *m*; *allg.* mas, masculus; / vitium *n*, peccatum *n*; *einen ~ schießen* labi, peccare; (*des Wagens*) sedes *f* aurigae.
Böckchen *n* haedus *m*.
Bockfell *n* pellis *f* hircina *od.* [haedina.]
bockfüßig capripes.
Bocksgestank *m* fetor (*od.* foetor) *m* caprinus.
Boden *m* solum *n*, humus *f*; *auf dem ~, zu ~* humi; *zu ~ fallen* procidere, prolabi, de manibus elabi; *zu ~ stürzen* corruere; *zu ~ werfen* deicere, deturbare; *zu ~ schlagen* prosternere; (*Land*) ager *m*, fundus *m*, praedium *n*, agri solum *n*, sedes *f* ac solum *n*; (*unterster Raum*) fundus *m* [maris], alveus *m*, carina *f* [navis]; *auch durch* imus (*~ des Meeres* imum mare *n*); (*unter dem Dache*) tabulatum *n*.
Bodenkammer *f* cella *f*.
bodenlos: *bodenlose Tiefe* infinita altitudo *f*, immensa vorago *f*; *~e Gemeinheit* nequitia *f* summa.
Bodensatz *m* faex *f*.
Bodensee *m* lacus *m* Brigantinus.
Bogen *m* flexus 4 *m*; *einen ~ machen* sinuari, flecti; (*zum Schießen*) arcus 4 *m*; (*an Bauwerken*) arcus 4 *m*; (*Wölbung*) fornix *m*; *~ Papier* plagula *f*.
bogenförmig arcuatus (*adv.* -im).
Bogengang *m* porticus 4 *f*.
Bogengewölbe *n* camera *f*.
***Bogenlampe** *f* lampas *f* electrica.
Bogenlinie *f* curvatura *f*.
Bogenschütze *m* sagittarius *m*.
Bogensehne *f* nervus *m*.
Bohle *f* assis *m*, axis *f*.
Bohne *f* faba *f*.
Bohnenschote *f* siliqua *f* fabae.
bohren forare, perforare, terebrare; *ein Schiff in den Grund ~* navem deprimere (*od.* demergere).
Bohren *n* terebratio *f*.
Bohrer *m* terebra *f*.
Bollwerk *n* propugnaculum *n*; munimentum *n*.
Bolzen *m* sagitta *f*.
***Bombe** *f* globus *m* displodens *od.* ignivómus.
Boot *n* scapha *f*, navicula *f*.
Bootsmann *m* nauticus *m*, nauta *m*.
Bord *m* margo *m*; (*e-s Schiffes*) latus *n*; *an ~ gehen* navem conscendere; *an ~ nehmen* in navem imponere (*od.* tollere); *an ~ sein* in navi esse; *an ~ haben* vehere; *über ~ werfen* ex navi deicere; *über ~ springen* ex navi desilire, se proicere.
***Bordeaux(wein)** *m* vinum *n* Burdigalense.
borgen (*als Darlehen*) mutuari, mutuum sumere; *~ wollen* quaerere pecuniam mutuam; *geborgt erhalten* mutuum accipere; (*zum Gebrauch*) mutuari, (utendum) petere, rogare; (*ohne bares Geld*) non praesenti pecuniā emere; (*ausleihen*) mutuam dare pecuniam, commodare, utendum praebēre.
Borgen *n* mutatio *f*; *durch ~ von Geld* pecuniā mutuā acceptā.
Borke *f* cortex *m*.
borniert tardi ingenii, hebes.
Borniertheit *f* imbecillitas *f* ingenii.
Börse *f* sacculus *m*, marsuppium *n*; (*Versammlungsort der Kaufleute*) basilica *f*, bursa *f*; forum *n* nummarium.
***Börsenpapier** *n* charta *f* bursaria.

Borste *f* saeta *f*.
borstig saetosus; hirsutus.
Borte *f* limbus *m*.
bösartig malus, improbus; malignus; gravis [morbus].
Bösartigkeit *f* improbitas *f*, malitia *f*; gravitas *f* [morbi].
Böschung *f* fastigium *n*, acclivitas *f*, declivitas *f*.
böse malus [tempestas]; *ein* ~*r Weg* via *f* difficilis (*od.* deterrima); (*sittlich*) malus, nequam; ~ *Zeiten* tempora *n/pl.* iniqua (*od.* aspera), temporum iniquitas *f*; ~ *Nachricht* tristis nuntius *m*; ~ *machen* irritare, iram incendere [hominis].
Böse(s) *n* malum *n*, nefas *n*; ~ *tun* iniuriam inferre (*od.* facere); nocēre; *viel* ~ *tun* multa improbe facere; ~ *mit Gutem vergelten* maleficia benefactis pensare.
Bösewicht *m* homo *m* malus (*od.* improbus *od.* nequam *od.* impius).
boshaft malitiosus, malignus, malevolus, maleficus, improbus.
Bosheit *f* malitia *f*, malignitas *f*, malevolentia *f*, improbitas *f*.
Botanik *f* ars *f* herbaria, herbarum scientia *f*.
Botaniker *m* herbarius *m*, herbarum peritus *m*.
botanisch botanicus.
Bote *m* nuntius *m*.
Botmäßigkeit *f* dicio *f*, imperium *n*, ius *n*, potestas *f*; *unter* ~ *stehen* in dicione (*od.* in potestate *od.* sub imperio) esse; *unter* ~ *bringen* in dicionem (*od.* in potestatem *od.* sub imperium) redigere.
Botschaft *f* nuntius *m*.
Botschafter *m* legatus *m*.
Böttcher *m* cuparius *m*.
Bottich *m* cupa *f*.
***Bowle** *f* crater *m*, cratera *f*; (*Getränk*) vinum *n* mixtum *od.* medicatum; aromatites *m*.
***boxen** pugnis certare, pugilari.
***Boxer** *m* pugil *m*, pugilator *m*.
***Boxkampf** *m* certamen *n* pugilatorium.
***Boykott** *m* exclusio *f*.
Brache *f* (*das Brachliegen*) cessatio *f* agri.
Brachfeld *n* ager *m* novālis, novale *n*.
brachliegen cessare, quiescere, cultu vacare; / frigēre [artes].
Bramarbas *m* homo (*od.* miles) gloriosus (*od.* fortis linguā).

Brand *m* incendium *n*; *in* ~ *setzen* in-, accendere; *in* ~ *geraten* ignem (*od.* flammam) concipere; igni (*od.* flammis) comprehendi; *in* ~ *stehen* ardēre, flagrare incendio; (*als Krankheit des Getreides*) robigo *f*; (*an lebenden Geschöpfen*) gangraena *f*.
branden aestuare, ad scopulos (*od.* ad litus) allīdi.
Brander *m* navis *f* ad incendium praeparata.
Brandfackel *f* fax *f*.
Brandmal *n* ambusti cicatrix *f*, nota *f* ustionis; (*das einem Verbrecher eingebrannte Zeichen*) nota *f* inusta, stigma *n*; / labes *f* atque macula *f*.
brandmarken notam (maculam) inurere [fugitivo].
Brandmauer *f* munimentum *n* domūs.
***Brandopfer** *n* holocaustum *n*.
Brandpfeil *m* malleolus *m*.
Brandschaden *m* incendii calamitas *f*.
brandschatzen urbi imperare pecuniam, qua redimatur incendium.
Brandstätte *f* exustarum aedium area *f* (*bzw. pl.*).
Brandstifter *m* incendii auctor *m*; incendiarius *m*.
Brandstiftung *f* (*angelegtes Feuer*) incendium *n*, (*als Verbrechen*) vis *f* incendii; *böswillige* ~ incendium *n* dolo factum.
Brandung *f* aestus 4 *m* (maris), aestus 4 *m* maritimus, fluctus *m/pl.* ad litus allisi.
***Branntwein** *m* aqua *f* vitae.
braten 1. *trans.* assare, torrēre; *gebraten* assus, tostus; **2.** *intr.* = P.
Braten *m* assum *n*; *den* ~ *gerochen haben* olfecisse.
***Brathering** *m* piscis *m* frictus et aceto perfusus.
Bratpfanne *f* sartago *f*, frixorium *n*.
Bratspieß *m* veru *n*.
Brauch *m* mos *m*, consuetudo *f*; *herkömmlicher* ~ ritus 4 *m*; *heiliger* ~ caerimonia *f*, religio *f*.
brauchbar utilis, bonus, aptus, idoneus; ~ *sein* utilem (*od.* usui) esse; ~ *machen* instituere, accommodare ad.
Brauchbarkeit *f* usus 4 *m*, utilitas *f*.
brauchen uti [pace]; (*bedürfen*) egēre; indigēre; opus est; *du brauchst nicht zu fürchten* non est, quod (cur) metuas.

brauen coquere.
***Brauerei** *f* fabrica *f* cer(e)visiae.
braun fuscus; (*schwarzbraun*) pullus; (*von der Sonne gebräunt*) coloris adustioris.
Bräune *f* angina *f*.
bräunen (in)fuscare.
braungelb fuscus.
bräunlich subfuscus.
Braus: *in Saus und ~ leben* helluari, luxuriā diffluere.
Brausekopf *m* homo *m* praeproperi et fervidi ingenii.
brausen aestuare, exaestuare; strepere, saevire; (*dumpf*) fremere.
Brausen *n* aestus 4 *m*, strepitus 4 *m*, fremitus 4 *m*.
Braut *f* sponsa *f*; desponsa *f* [filio].
Braut... nuptialis.
Brautbett *n* lectus *m* genialis.
Brautführer *m* paranymphus *m*.
Brautgemach *n* cubiculum *n* nuptiale.
Brautgeschenk *n* donum *n* (*od.* munus *n*) nuptiale.
Bräutigam *m* sponsus *m*.
Brautkleid *n* vestis *f* nuptialis.
Braut|leute *pl.*, **~paar** *n* sponsus et sponsa.
Brautlied *n* carmen *n* nuptiale.
Brautschatz *m* dos *f*.
Brautschleier *m* flammeum *n*.
Brautwerber *m* nuptiarum conciliator *m*; *den ~ machen* nuptias conciliare.
brav bonus, probus.
Bravheit *f* bonitas *f*, probitas *f*.
Bravo! laudo!, bene (factum)! macte (virtute)!
Bravorufen *n* clamores *m/pl*.
Brecheisen *n* vectis *m*.
brechen 1. *trans.* frangere, infringere, confringere; (*sprengen*) rumpere; (*Steine*) excidere e terra; / frangere, rumpere; *das Stillschweigen ~* rumpere silentium; *den Frieden ~* pacem turbare (*od.* dirimere); *sein Wort ~* fidem frangere (*od.* laedere *od.* fallere *od.* violare); *den Eid ~* ius iurandum non servare; *die Ehe ~* adulterium committere; *das hat ihm den Hals gebrochen* hoc ei perniciei fuit; *das Herz ~* acerbissimo dolore afficere; **2.** *intr.* frangi, rumpi, dirumpi; *mit* (*dem Gastfreunde*) *~* amicitiam [hospitis] dirumpere, dissolvere, ab amicitia [hospitis] recedere; *das Herz bricht mir* misericordiā frangor.
Brechmittel *n* vomitorium *n*, medicamen *n* vomificum.
Brechstange *f* vectis *m*.
Brei *m* puls *f*; *viele Köche verderben den ~* multorum opera res turbatur.
breit latus; *weit und ~* longe lateque.
breitblätterig latifolius.
Breite *f* latitudo *f*; (*in der Rede*) fusius dicendi genus *n*; loquacitas *f*.
breiten sternere.
breitschulterig latis umeris.
Bremse *f* oestrus *m*.
***Bremse** *f* (*am Wagen*) frenum *n*.
***bremsen** frenare.
***Bremser** *m* frenator *m*, frenarius *m*, freniger *m*.
brennbar facilis ad exardescendum, ad ignem concipiendum idoneus.
Brenneisen *n* (*zum Haarkräuseln*) calamistrum *n*.
brennen 1. *intr.* ardēre; exardescere; (*lichterloh*) flagrare, conflagrare; **2.** *trans. das Haar ~* capillos calamistro crispare; *sich ~ lassen* aduri; / ardēre, incensum (*od.* inflammatum) esse.
Brennen *n* ustio *f*; (*Hitze*) ardor *m*; *das ~ einer Wunde* vulneris cruciatus 4 *m*.
Brennholz *n* lignum (*mst n/pl.*).
Brennmaterial *n* alimenta *n/pl.* ignis *od.* incendii.
Brennnessel *f* urtica *f*.
Brennofen *m* fornax *f*.
Brennstoff *m* alimenta *n/pl.* ignis; / materia *f*.
Bresche *f* iacentis muri (*od.* valli) ruinae *f/pl.*, muri pars *f* subruta (*od.* disiecta); *~ schießen* muri partem subruere (*od.* disicere).
Brett *n* tabula *f*.
Bretterdecke *f* tabulatio *f*, contabulatio *f*.
brettern ligneus, e tabulis factus.
Bretterwerk *n* tabulae *f*, (con)tabulatio *f*.
Brettspiel *n* alea *f*.
Brettspieler *m* aleator *m*.
Brettstein *m* calculus *m*.
Brief *m* epistula *f*, litterae *f/pl.*; *e-n ~ schreiben* litteras dare, litteras mittere ad; *e-n ~ beantworten* litteris respondēre (*od.* rescribere); *e-n ~ übergeben* litteras reddere; (*überbringen* tradere); *ich erhalte e-n ~* litterae ad me (mihi) perferuntur; * *eingeschriebener ~* epistula *f* commendata.

Briefbogen *m* plagula *f* epistularis.
Briefbote *m* tabellarius *m*.
Briefchen *n* litterulae *f/pl*.
*__Briefkasten__ *m* theca *f* tabellaria.
brieflich litteris (*od.* per litteras) scriptus *od.* nuntiatus *od.* allatus *u. a.*
*__Briefmarke__ *f* tessera *f* epistularis.
*__Briefmarkensammler__ *m* philatelista *m*.
*__Brieföffner__ *m* culter epistularis.
Briefpapier *n* charta *f* epistularis.
Briefschreiber *m* auctor *m* epistulae, qui litteras scripsit.
Briefsteller *m* liber *m* quo praecepta et exempla litterarum recte conscribendarum continentur.
Briefstil *m* sermo *m* epistularis (*od.* litterarum).
*__Brieftasche__ *f* portafolium *n*.
Brieftaube *f* columba *f* internuntia.
Briefträger *m* tabellarius *m*.
Briefwechsel *m* epistularum consuetudo *f*, usus 4 *m* litterarum mutuus; litterae *f/pl.* mittendae (missae) et accipiendae (acceptae); *im ~ stehen* per litteras colloqui cum.
Brillant *m* gemma *f* pretiosissima.
*__Brille__ *f* perspicillum *n*, vitrum *n* oculare.
bringen ferre, portare, ducere; *sehr oft sind Komposita nötig* [afferre, apportare, adducere, auferre, asportare, abducere, inferre *u. a.*]; es *dahin ~, dass* efficere, perficere, rem eo adducere, eo pervenire, ut; es *weit ~ in* multum proficere (*od.* consequi *od.* efficere) in [litteris]; *an sich ~* sibi acquirere (*od.* [comparare *od.* occupare); e-e *Sache ~ an* referre rem ad [senatum]; *auf seine Seite ~* in suas partes trahere (*od.* ducere); *auf die Seite ~* clam auferre (*od.* removēre *od.* occultare), de medio tollere; *aus der Fassung ~* animum perturbare; *mit sich ~* ferre, ita ferre, hoc habēre, postulare; *das Völkerrecht bringt* es *mit sich* iure gentium comparatum est; *übers Herz ~* sustinēre, in animum inducere; *Unglück ~* calamitatem afferre, mala inferre [civitati]; *vom Leben zum Tode ~* morte multare, supplicium sumere de; *vor den Senat (vor den Richter) ~* ad senatum referre (ad iudicem deferre).
bröckeln 1. *trans.* friare; **2.** *intr. u. refl.*: *sich ~* friari.
brocken interere [panem in lacte].
Brocken *m* frustum *n*.
Brodem *m* nidor *m*, vapor *m*.
Brombeere *f* rubus *m*.
Brombeergesträuch *n* rubētum *n*.
Brombeerstrauch *m* rubus *m*.
Bronze *f* aes *n*.
bronzen aēneus, aereus.
*__Brosche__ *f* fibula *f*.
*__Broschüre__ *f* libellus *m*.
Brot *n* panis *m*; *sein ~ haben* habēre, unde vivatur; habēre, quod suppeditet ad vitam; *um sein ~ bringen* victu privare.
Brotbacken *n* panificium *n*.
Brotbäcker *m* pistor *m*.
Brötchen *n* panicellus *m*.
Brotgelehrte(r) *m* qui litteras artesque quaestūs causa colit.
Brotherr *m* erus *m*, dominus *m*.
Brotkorb *m* panarium *n*.
Brotkrume *f* mica *f*.
brotlos victu carens, quaestu privatus; qui non habet, unde vivat; sterilis, non fructuosus; *eine brotlose Kunst* ars, quae nihil utilitatis habet.
Brotlosigkeit *f* victus 4 *m* nullus, inopia *f* (victūs), egestas *f*.
Brotmangel *m* inopia *f* rei frumentariae, penuria *f* cibi.
Brotneid *m* invidia *f* artificii.
Brotstudium *n* ars *f* quae quaestūs causa colitur, ars *f* ad usum vitae necessaria (*od.* ad quaestum vitaeque usum pertinens).
Bruch *m* fractura *f* [ossis], hernia *f* [umbilici]; *~ des Bündnisses* foedus *n* ruptum.
Bruch *m od. n* (*Sumpf*) locus *m* paluster.
brüchig fragilis.
Bruchstein *m* caementum *n*.
Bruchstück *n* fragmentum *n* [navis]; quod restat [ex his libris].
Brücke *f* pons *m*; e-e *~ führt über den Fluss* pons in flumine est; e-e *~ über den Fluss schlagen* pontem in flumine facere (*od.* flumini imponere).
Brückenkopf *m* castellum *n* ad caput pontis positum.
Brückenpfahl *m* sublica *f*.
Brückenpfeiler *m* pila *f* pontis.
Bruder *m* frater *m*; sodalis *m*; *des Vaters ~* patruus *m*; *der Mutter ~* avunculus *m*.

Bruder... fraternus.
Brüderchen *n* fraterculus *m*.
brüderlich fraternus; *~ lieben* amare ut alterum fratrem.
Brudermord *m* caedes *f* fratris, parricidium *n* (fraternum).
Brudermörder *m* fratricida *m*, parricida *m*, interfector *m* fratris.
Bruderschaft *f* sodalitas *f*, sodalicium *n*.
Brüderschaft *f* germanitas *f*, necessitudo *f* fraterna.
Brühe *f* ius *n*.
brühen *trans.* aquā ferventi perfundere.
brüllen mugire; (*v. Löwen*) rugire; (*v. Esel*) rudere.
Brüllen *n* mugitus 4 *m*, rugitus 4 *m*, ruditus 4 *m*.
brummen murmurare; (*v. Unwillen*) fremere.
Brummen *n* murmuratio *f*, fremitus 4 *m*.
brummig morosus, tristis; *~es Wesen* morositas *f*.
Brunnen *m* puteus *m*.
Brunnenbecken *n* labrum *n*.
Brunneneimer *m* * situlus *m*, * situla *f*.
Brunneneinfassung *f* puteal *n*.
Brunnenröhre *f* tubus *m*, tubulus *m*; *kleine Blei ~* fistula *f*.
Brunnenwasser *n* aqua *f* putealis.
Brunst *f* corporis faces *f/pl.*, libido *f*.
brünstig flagrans, ardens; *~e Liebe* ardor *m* quidam amoris.
Brust *f* pectus *n*; (*v. Frauen*) mamma *f*; (*nährende ~*) uber *n*; *ein Kind an die ~ legen* infanti praebēre ubera; *an der ~ der Mutter* in gremio matris; / pectus *n*, *mst* animus *m*.
Brustbein *n* os *n* pectoris.
Brustbeklemmung *f* anhelitus 4 *m*.
Brustbild *n* imago *f*; (*auf einer schildförmigen Fläche*) clipeus *m*.
brüsten: *sich ~* se iactare, insolentius se efferre; iactare, ostentare [genus et nomen]; superbire, gloriari [honoribus].
Brustentzündung *f* praecordia *n/pl.* inflammata.
Brust|harnisch, ~panzer *m* thorax *m*.
Brüstung *f* crepido *f*.
Brustwarze *f* papilla *f*.
Brustwehr *f* pluteus *m*, lorica *f*.
Brut *f* fetus 4 *m* (*sg.*); (*v. Vögeln*) pulli *m/pl.*; suboles *f*; progenies *f*.
brutal immanis; ferox.
Brutalität *f* ferocitas *f*; insolentia *f*.
brüten (ovis) incubare; / volutare [consilia].
Brüten *n* incubatio *f*, incubitus 4 *m*.
Bruthenne *f* gallina *f* incubans.
***Bruttogewicht** *n* pondus *n* totum.
Brutzeit *f* tempus 3 *n* incubandi.
Bübchen *n* puerulus *m*, pusio *m*.
Bube *m* puer, adulescentulus; / homo *m* improbus (*od.* scelestus *od.* nequam *od.* nefarius).
Bubenstreich *m*, **Büberei** *f* malum facinus *n*, scelus *n*, nequitia *f*.
***Bubikopf** *m* comptus 4 *m* puerilis.
bübisch improbus, scelestus, nefarius.
Buch *n* liber *m*; volumen *n*; *~ führen* tabulas conficere.
Buchbinder *m* glutinator *m* (librorum).
***Buchdruck** *m* ars *f* typographica.
Buchdrucker *m* typographus *m*.
Buchdruckerei *f* officina *f* typographica; libraria *f*.
Buche *f* fagus *f*; *aus ~nholz* fagineus.
Buchecker *f* glans *m* fagi.
Büchelchen *n* libellus *m*.
buchen in codicem (*od.* in tabulas) referre.
Buchenblatt *n* folium *n* fagi.
Buchenhain *m* lucus 4 *m* fageus.
***Buchhalter** *m* tabularius *m*.
Bücherbrett *n* pluteus *m*.
Bücherfreund *m* librorum amator *m*.
Bücherrolle *f* volumen *n*.
Büchersammlung *f* copia *f* librorum, bibliotheca *f*.
Bücherschrank *m* armarium *n* librorum.
Bücherwesen *n* litterae *f/pl*.
Buchfink *m* fringilla *f* coelebs.
***Buchführung** *f* ratiocinatio *f*.
Buchhandel *m* mercatura *f* libraria.
Buchhändler *m* bibliopola *m*.
Buchhandlung *f* taberna *f* libraria.
Buchsbaum *m* buxus *f*; *von ~* buxeus.
Büchse *f* pyxis *f*, theca *f*.
Buchstabe *m* littera *f*; nota *f*; *gegen den ~n* contra scriptum; *sich an den ~n halten* scriptum (*od.* scripturam) sequi.
Buchstabenreihe *f* litterarum ordo *m*.
Buchstabenschrift *f* litterarum usus 4 *m*, litterae *f*.

Buchstabenzeichen *n* litterae forma *f*.
buchstabieren litteras in syllabas colligere.
buchstäblich **1.** *adj.* ad verbum factus, verba ac litteras sequens; **2.** *adv.* ad verbum, ad litteram, ex scripto.
Bucht *f* sinus *m* maritimus.
buchtig sinuosus.
Buckel *m* gibber *m*; (*auf dem Schilde*) umbo *m*; (*Beschlag an Türen und Büchern*) bulla *f*.
buckelig gibber.
bücken: *sich* ~ se demittere [ob assem], caput demittere; *gebückt* incurvus, pronus.
Bude *f* taberna *f*.
Budenbesitzer *m* tabernarius *m*.
Büffel *m* bos *m* (Indicus).
Büfett *n* abacus *m*.
Bug *m* armus *m* [equi].
Bügel *m* arcus 4 *m*; (*Steigbügel*) stapia *f*.
bugsieren navem remulco (abs)trahere.
Buhldirne *f* meretrix *f*, scortum *n*.
Buhle *m* amator *m*, adulter *m*.
buhlen scortari, stupri consuetudinem habēre cum; / *um Gunst* ~ quaerere gratiam.
Buhlerei *f* amores *m/pl.*; adulterium *m*.
buhlerisch amatorius; libidinosus, meretricius.
Bühne *f* suggestus 4 *m*, suggestum *n*; (*im Theater*) scaena *f*; *die* ~ *betreffend* scaenicus; *die* ~ *betreten* in scaenam prodire.
Bühnenkünstler *m* artifex scaenicus.
Bühnenstück *n* fabula *f*.
Bulle *m* taurus *m*.
Bund *m* foedus *n*, societas *f*; (*Bundesversammlung*) concilium *n*; (*verbündete Staaten*) foederatae civitates *f/pl.*; *einen* ~ *schließen* foedus (*od.* societatem) facere (*od.* inire *od.* coire) cum.
Bund *n* fascis *m*, fasciculus *m*.
bundbrüchig foedifragus, foederis ruptor; perfidus; ~ *werden* foedus violare (*od.* rumpere *od.* frangere).
Bündel *n s. Bund n.*
bündelweise fasciatim, manipulatim.
Bundesgenosse *m* socius *m*, foederatus *m*; *pl. auch* societas *f*; *die Bundesgenossen betreffend* socialis; ~ *werden* foedere iungi cum, in societatem accipi; *zum* ~*n machen* societate ac foedere sibi adiungere.
Bundesgenossenschaft *f* societas *f*.
Bundesheer *n* exercitus *m* socialis.
Bundeskasse *f* aerarium *n* commune.
Bundeslade *f* arca *f* testamenti.
Bundespriester *m* fetialis *m*.
Bundesstaat *m* civitas *f* foederata.
Bundesstadt *f* urbs *f* (*od.* civitas *f*) foederata.
Bundestag *m* concilium *n*, conventus 4 *m* (legatorum).
Bundestreue *f* societatis fides 5 *f*, fides 5 *f* socialis.
Bundestruppen *f./pl.* copiae *f/pl.* sociales *od.* sociorum; ~*stellen* milites ex foedere dare.
Bundesvertrag *m* foederis pactum *n*.
bündig: *kurz und* ~ collecto dicendi genere.
Bündigkeit *f* firmitas *f*; gravitas *f*; subtilitas *f*; ~ *der Rede* oratio *f* apta et bene vincta.
Bündnis *n* societas *f*, foedus *n*.
bunt varius, versicolor, discolor.
Buntheit *f* varietas *f*.
Bürde *f* onus *n*, sarcina *f*.
Burg *f* arx *f*, castellum *n*.
Bürge *m* sponsor *m*; (*in Geldsachen*) praes *m*; (*in Prozessen*) vas *m*; (*Geisel*) obses *m*; *e-n* ~*n stellen* sponsorem (*od.* praedem *od.* vadem) dare.
bürgen vadimonium obire; sponsorem (*od.* auctorem *od.* praedem *od.* vadem) esse pro; fidem (suam) interponere pro, praestare [factum filii]; cavēre de, recipere [se facturum, quod milites vellent].
Bürger *m* civis *m*; oppidanu *m*; municeps *m*; (*nichtadlig*) homo *m* de plebe (*od.* plebeius *od.* ignobilis).
Bürgerblut *n* sanguis *m* civium *od.* civilis; ~ *wurde vergossen* caedes *f* civium facta est.
Bürgerhaus *n* domus 4 *f* privata.
Bürgerin *f* civis *f*.
Bürgerkrieg *m* bellum *n* civile (*od.* intestinum), bellum *n* domesticum.
Bürgerkrone *f* corona *f* civica.
bürgerlich civilis; (*nichtadlig*) de plebe, plebeius, ignobilis; (*bürgerparteilich*) popularis; frugi *indecl.* [cena, vita].

C

Bürgermädchen *n* puella *f* plebei ordinis.
Bürgermeister *m* praefectus *m* urbi; decurio *m*, praetor *m*, magister *m* civium.
Bürgermord *m* caedes *f* civium.
Bürgermörder *m* parricida *m* civium.
Bürgerrecht *n* civitas *f*; *das ~ geben* civitatem dare (*od.* tribuere), civitate donare, in civitatem recipere, in numerum civium asciscere; *das ~ erhalten* civitate donari.
Bürgerschaft *f* civitas *f*; plebs *f*, ignobiles *m/pl.* [plebeius.]
Bürgerstand *m* civitas *f*, ordo *m*
Bürgerstreit, ~zwist *m* certamen *n* civile, discordia *f* civilis.
★**Burgfrieden** *m* indutiae *f/pl.* inter factiones.
Bürgschaft *f* sponsio *f*, vadimonium *n*; (*in Geldsachen*) cautio *f*; (*gegebenes Wort*) fides *f*; *~ leisten* cavēre [obsidibus inter se]; *~ stellen* vadem dare.
★**Büro** *n* tabularium *n*.
Bursch *m* puer *m*, adulescentulus *m*; famulus *m*.
Bürschchen *n* puerulus *m*, adulescentulus *m*.
Bürste *f* peniculus *m*.
bürsten peniculo detergēre (*od.* purgare).
Busch *m* frutex *m*; (*auf dem Kopfe*) crista *f*.
Büschel *m od. n* fasciculus *m*.
buschig fruticosus, virgultis obsitus; (*v. Haar*) hirsutus.
Buschwerk *n* virgulta *n/pl.*, fruticetum *n*.
Busen *m* sinus 4 *m*.
Busen|band *n*, **~binde** *f* fascia *f* pectoralis, strophium *n*.
Busenfreund *m* amicissimus *m*, familiarissimus *m*, amicus *m* intimus.
Busenfreundschaft *f* intima amicitia *f*.
Buße *f* poena *f*; *~ auferlegen* multam imponere; (*Reue*) paenitentia *f*; morum (*od.* vitae) mutatio *f*.
büßen *intr.* poenas dare (*od.* pendere *od.* persolvere) [sceleris *wegen*]; *~ lassen für* poenas [sceleris] repetere ab; luere [morte, capite].
bußfertig paenitens.
Bussard *m* falco *m*; (*Mäuse~*) buteo *m* vulgaris.
Bußtag *n* supplicatio *f*; *einen ~ anordnen* supplicationem decernere *od.* imperare.
Büste *f* imago *f* (ficta), facies *f* marmorea.
Butt *m*, **Butte** *f* (*Fisch*) rhombus *m*.
Butte, Bütte *f* (*Gefäß*) cupa *f*.
Butter *f* butyrum *n*.
Büttner *m* cuparius *m*.

C

★**Café** *n* coffēum *n*.
★**Champagner** *m* vinum *n* spumans.
Champignon *m* bolētus *m*.
Chaos *n* chaos *n*; / omnium rerum perturbatio *f*.
Charakter *m* signum *n*, nota *f*; habitus 4 *m* [orationis]; (*des Geistes*) ingenium *n*, indoles *f*, animus *m*; mores *m/pl.*, natura *f*; es *ist unserm ~ nicht angemessen* non est nostri ingenii; (*der Schreibart*) stilus *m*, oratio *f*; (*Amts~*) nomen *n*, dignitas *f*.
Charakterbild *n* imago *f* expressa.
Charakterfehler *m* morum vitium *n*.
charakterfest firmus, constans, gravis.
Charakterfestigkeit *f* animi firmitas *f*, constantia *f*, gravitas *f*.
charakterisieren notare, designare, describere.
Charakterisierung, Charakteristik *f* morum (*od.* ingenii) notatio *f od.* descriptio *f*.
charakteristisch singularis, insignis, proprius [hominis Graeci *für einen Griechen*].
charakterlos inconstans, mutabilis; levis.
Charakterlosigkeit *f* infirmitas *f*, animus *m* infirmus, inconstantia *f*, levitas *f*, mutabilitas *f*, vanitas *f*.
Charakterzug *m*: *ein edler ~* virtus *f*, *ein hässlicher ~* vitium *n*.
★**Chauffeur** *m* automobilium vector *m*.
Chaussee *f* via *f* (lapidibus) strata; *eine ~ bauen* (viam) lapidibus sternere.
★**Chauvinismus** *m* nimius (*od.* stolidus) patriae amor *m*.
Chef *m* caput *n*, princeps *m*, prae-

fectus *m*; qui praeest; magister *m* [societatis].
***Cherry** *m* aqua *f* cerasīna.
Chiffre *f* nota *f* [secretior].
Chiffreschrift *f* (verborum) notae *f/pl.*
***Chiromantie** *f* chiromantīa *f.*
Chirurg *m* chirurgus *m.*
Chirurgie *f* chirurgia *f.*
chirurgisch chirurgicus.
cholerisch fervidus, vehemens, iracundus.
Chor *m* chorus *m*; *tragischer* ~ catervae *f/pl.* atque concentus *m*; *Ausrüstung eines* ~*es* choragium *n.*
***Choral** *m* choralis *m.*
Chorführer *m* choragus *m*, chori [dux *m.*]
Chorgesang *m* chorus *m*; (*auf der Bühne*) canticum *n.*
Christ *m* Christianus *n.*
***Christbaum** *m* arbor *f* diei natalis Christi.
Christenheit *f* Christiani *m/pl.*
Christentum *n* doctrina *f* (*od.* praecepta *n/pl.*) Christiana; religio *f* Christiana, cultus 4 *m* Christianus; *sich zum* ~ *bekennen* Christianae religionis praecepta sequi se confiteri.
christlich Christianus, (*gen.*) Christianorum.
Chronik *f* annales (libri) *m/pl.*, fasti [*m/pl.*]
chronisch longus, diuturnus [morbus; *Ggs.* acutus].
Chronist *m* annalium scriptor *m*, chronographus *m.*
Chronolog *m* chronologus *m*; temporum exquirendorum peritus *m*, qui temporum rationes exquirit, qui temporum annales persequitur.
Chronologie *f* chronologia *f*; temporum (*od.* annorum) ratio *f od.* notitia *f*, ordo *m* temporum.
chronologisch chronologicus; ad temporum ordinem (*od.* rationem) compositus (*od.* accommodatus); *adv.* secundum ordinem temporum.
Clique *f* globus *m*, grex *f.*
***Clown** *m* ioculator *m*, scurra *m.*

D

da 1. *adv. örtlich* istic, illic, ibi; *der* ~ iste, ille; ~ *ist*, ~ *hast du* ēn, ecce; *von* ~ dehinc, inde, deinde; ~ *wo nur* ubicunque; *wer* ~? quis tu? *zeitlich* tum, tunc; *von* ~ *an* ex eo tempore; *wer* ~ (*jeder, der*) quisquis, quicunque; **2.** *cj.* (*zeitlich*) cum; *auch* postquam, ubi, ut; (*kausal*) cum, quia, quod; (~ *ja*) quoniam, quandoquidem, siquidem; (*gegensätzlich*) ~ *doch* quamquam.
dabei (*örtlich*) iuxta, prope, propter; *oft durch ein Kompositum zu geben* [adesse, astare]; / unā, simul; praeterea, insuper; hac in re, in ea re, hoc loco, in his, in iis; (*in Bezug darauf*) de hac re, de ea re.
dabeibleiben non discedere; manēre, persevērare; *er bleibt dabei* perseverat in sententia sua; *es bleibt dabei* manet, stat sententia; fixum (*od.* ratum) est.
dabeilassen non avocare ab [opere].
dabeiliegen iuxta (*od.* propter) iacēre *od.* situm esse *od.* adiacēre; (*bei Tische*) accubare.
dabei sein adesse; (*tätig*) interesse [proelio]; socium (*od.* participem) esse.
dabeisitzen assidēre [aegro consuli].
dabeistehen astare, iuxta stare *od.* consistere *od.* situm esse; (*von Worten*) appositum (*od.* ascriptum) esse.
dableiben manēre, remanēre, commorari; *allein* ~ solum restare.
Dach *n* tectum *n.*
***Dachantenne** *f* antenna *f* in tecto [posita.]
Dachbalken *m* tigna *n/pl.*
dachförmig tecto similis, fastigatus.
Dachpfanne *f* imbrex *m u. f.*
Dachrinne *f* stillicidium *n.*
Dachs *m* meles *f.*
Dachschindel *f* scandula *f.*
Dachsparren *m* cantherius *m.*
Dachspitze *f* culmen *n.*
Dachstübchen *n* cenaculum *n.*
Dachtraufe *f* stillicidium *n.*
Dachziegel *m* tegula *f.*
dadurch (*örtlich*) per hunc (eum, istum, illum) locum; eā, hāc, istāc; / eo, ea re, iis rebus; quo, qua re, quibus rebus; ~ *dass* eo quod, cum; *auch durch abl. gerund. od. durch part.* [~ *dass er nachahmt* imitando, imitans (imitatus)].
dafür pro eo, pro ea re, eius rei loco; ~ *aber* at.

D

dafür: ~ *achten* talem existimare, putare, habēre; ~ *annehmen* accipere pro; ita interpretari, in eam partem accipere; ~ *ausgeben* (pecuniam) erogare in [classem], expendere pro; *sich* ~ *ausgeben* dicere [se consanguineum esse]; (*fälschlich*) simulare, mentiri.
Dafürhalten *n* opinio *f*, iudicium *n*; *nach menschlichem* ~ ut est hominum opinio *f*; *nach meinem* ~ ex (*od.* de) mēā sententiā, meo quidem iudicio.
dafür können in culpa esse, culpam sustinēre; *ich kann nichts dafür* haec non mea culpa est.
dafür sein probare, commendare, placet [senatui]; *nicht* ~ improbare, dissuadēre.
dafür sprechen laudare, commendare, confirmare.
dafürstehen fidem suam interponere.
dafürstimmen probare, suffragari [Catilinae].
dagegen contra (*adv.*), contra eum (eam, id); *auch* ad id, ad eam rem; ~ *sprechen* obloqui; ~ *setzen* opponere; ~ *kämpfen* repugnare; ~ *arbeiten* adversari, repugnare; ~ *haben* dissentire, non concedere; ~ *Einspruch erheben* intercedere; (*Gegensatz*) contra ea, e contrario; (*bei Vergleichungen*) prae eo (iis, ea re *u. a.*); (*hinwiederum*) contra, vicissim, invicem.
dagegenhalten opponere, conferre.
dagegenhandeln contra (*od.* secus) facere, neglegere.
dagegen sein adversari, repugnare, improbare, impedire, dissuadēre; abhorrēre ab.
dagegenstehen obstare.
dagegenstemmen: *sich* ~ obniti.
daheim domi.
daher 1. *adv.* (*örtlich*) inde, istinc, illinc, ex eo (isto, illo) loco; *oft relativisch* unde, ex quo loco; (*kausal*) inde, ex ea re; **2.** *cj.* itaque, igitur, ergo, hinc, inde, idcirco, ideo, propterea; *oft relativisch* quare, quamobrem, qua de causa, quapropter, quod cum ita sit (*od.* quae cum ita sint), quo fit ut, unde efficitur ut; *und* ~ itaque; NB.! *Die Zusammensetzungen mit „daher" s. unter dahin, einher, heran.*
dahin (*örtlich*) eo, istuc, illuc, in eum (istum, illum) locum; (*bei Bezeichnung des Zieles od. der Absicht*) eo, ad id, ad hoc, ad eam rem.
dahinarbeiten id agere (*od.* contendere), eo anniti, ut (ne).
dahinbringen: es ~, *dass* rem eo ad-, perducere (*od.* deducere), ut.
dahineilen avolare, (au)fugere; cedere [horae].
dahinfahren *intr.* avehi, abire.
dahinfliegen volare, avolare.
dahinfliehen (au)fugere.
dahinfließen (pro)fluere, decurrere; (*v. d. Zeit*) effluere, labi.
dahingeben dare, tradere; *sein Leben* ~ vitam (*od.* animam) profundere.
dahingestellt: ~ *sein lassen* in medio (*od.* integrum) relinquere.
dahingleiten labi, (de)fluere.
dahinjagen citato equo (*od.* cursu) avehi, avolare.
dahinkommen (eo) venire (*od.* pervenire); (eo) redigi (*od.* deferri); *es kommt dahin, dass* res eo redit (*od.* deducitur), ut; *es* ~ *lassen* committere, rem eo deducere, ut; *es nicht* ~ *lassen* cavēre, ne.
dahinraffen rapere, abripere, auferre.
dahinscheiden *intr.* e vitā cedere (*od.* discedere), vitā excedere.
dahinschwinden (con)tabescere [maerore]; (*Zeit*) labi, abire, praeterire; effluere; (*Hoffnung*) evanescere.
dahin sein (*vergangen*) praeteriisse, effluxisse; (*verloren*) periisse, occidisse.
dahinsinken cadere, prolabi, procumbere, corruere.
dahinten pone, a tergo.
dahinter post eum locum; ~ *her sein* instare [hosti], urgēre.
dahinter kommen invenire, cognoscere, intellegere.
dahinter sein, ~ stecken subesse [nihil doli], latēre.
dahinziehen (eo) migrare, vadere [feliciter].
dahinzielen eo tendere, id spectare, ut.
daktylisch dactylicus.
Daktylus *m* dactylus *m.*
daliegen iacēre; (*bereitliegen*) ad manūs esse.
damalig qui (*od.* qualis) tum erat; eius temporis (*od.* aetatis); ille [consul].

damals tum, tunc, eo tempore, ea aetate.
Dame *f* mulier *f*, domina *f*; (*ehrbare Hausfrau*) matrōna *f*.
Damhirsch *m* dama *f*.
damit 1. *adv*. eo, hoc, ea (hac) re, iis (his) rebus; *was willst du ~ sagen?* quorsum haec dicis? *wie steht es ~?* quo loco res est? *es steht gut ~* (ea) res prospere succedit; *~ tust du mir einen Gefallen* hoc mihi gratissimum feceris; *~ ist es aus* actum est; *~ hat es folgende Bewandtnis* res ita comparata est; **2.** *cj*. ut; *~ nicht* ne, ut ne; *~ desto* quo *m. cj*.
Damm *m* agger *m*, (*im Wasser*) moles *f*; *einen ~ aufwerfen* aggerem iacere (*od*. exstruere).
Dammerde *f* terra *f* ad aggerem exstruendum congesta.
dämmerig subobscurus, sublustris, sublucanus.
Dämmerlicht *n* lux *f* incerta.
dämmern (*morgens*) (il)lucescere, dilucescere; (*abends*) advesperascere, nox appetit, tenebrae oboriuntur.
***Dämmerschoppen** *m*: *~ machen* potitare crepusculo.
Dämmerstunde *f des Morgens*: prima lux *f*; *des Abends*: prima (hora) vesperi.
Dämmerung *f* diluculum *n*; (*abends*) crepusculum *n*.
Dammweg *m* agger *m* viae.
Dämon *m* daemon; *von einem ~ besessen* daemoniacus.
dämonisch daemonicus, daemoniacus.
Dampf *m* vapor *m*.
***Dampfbad** *n* vaporatio *f*.
dampfen vaporare.
Dampfen *n* vaporatio *f*; (*Ausdünsten*) exhalatio *f*.
dämpfen attenuare, mitigare; sedare, comprimere, reprimere, opprimere, restinguere.
***Dampfer** *m* navis *f* vapore mota; vaporator *m*.
***Dampfheizung** *f* vaporarium *m*, calefactio *f* vaporata.
***Dampfschifffahrt** *f* navigatio *f* vaporata.
***Dampfspritze** *f* sipho *m* vaporatus.
danach (*zeitlich*) *s. darauf*; (*ein Ziel bezeichnend*) ad, in eum [hunc, illum, istum *usw*.]; (*eine Richtschnur bezeichnend*) ei rei convenienter; secundum (*od*. ad) eum, ex eo *u. Ä*.
danach: *~ aussehen* eum (*od*. talem) videri (qui); *~ fragen* quaerere de, sciscitari; *nichts ~ fragen* nihil curare, nihil curae habēre; *~ leben* id in omni vita sequi (*od*. observare); *sich ~ richten* se accommodare ad, hoc sequi, (ob)servare; *~ sein* eum (*od*. talem) esse (qui).
danieder humi [proiectus, abiectus, prostratus]; *~liegen* iacēre; (*im Bett*) cubare, lecto affixum (*od*. morbo afflictum) esse.
***dänisch** Danicus.
Dank *m* gratia *f*; *~ sagen, abstatten* gratias (*an Götter* grates) agere pro, persolvere [dis meritam gratiam]; *~ wissen (schulden)* gratiam habēre (debēre) pro; *~ durch die Tat beweisen* gratiam referre pro, beneficium remunerari; *zu ~ verpflichten* gratiam inire ab; *zu ~ verpflichtet sein für* devinctum esse [hoc officio]; *Gott sei ~* deo gratia (habenda est).
dankbar gratus, beneficii memor; *adv*. grate, grato animo; *~ sein* gratiam habēre.
Dankbarkeit *f* animus *m* gratus *od*. beneficii memor; pietas *f* [erga parentes].
danken *intr*. gratias (*feierlich* grates) agere pro, quod; (*den Gruß erwidern*) resalutare, salutem reddere; *~ für* non uti [istius consilio], non accipere; *danke (sehr)!* benigne!
Danken *n mit Worten*: gratiarum actio *f*; *durch die Tat*: gratiae relatio *f*.
dankenswert gratus, acceptus.
dankerfüllt gratissimus, pietatis plenus.
Dankfest *n* gratulatio *f*; (*öffentliches*) supplicatio *f*.
Dankgebet *n* gratulatio *f*; (*öffentliches*) supplicatio *f*, grates deo agendae (actae) pro, quod.
Dankopfer *n* victima *f*; laudes *f/pl*. gratesque *f/pl*.
Danksagung *f* gratiae *f/pl*. agendae; grata animi significatio *f*; *gegen die Gottheit*: gratulatio *f*.
Dankschreiben *n* litterae *f/pl*. gratias agentis (*bzw*. agentium).
dann (*zeitlich*) tum; *~ und wann* interdum; (*bei Angabe der Reihen-*

folge) tum, deinde, deinceps; (*in diesem Falle*) ita; *er eroberte die Stadt und* ~ *zerstörte er sie* urbem cepit, captam diruit.

dannen: *von* ~ hinc, istinc, illinc; *von* ~ *gehen* obire.

D

daran ad, iuxta, prope; propter; (*daran vorbei*) praeter; *ich finde* ~ *nichts auszusetzen* nihil in eo, quod reprehendatur, invenio; ~ *hast du recht getan* hoc bene fecisti, quod; *du bist schuld* ~ eius rei culpam tu sustines; ~ *erkenne ich deine Liebe* inde (*od.* ex ea re) amorem tuum agnosco.

daran: ~ *arbeiten, dass* id agere (*od.* moliri *od.* contendere), ut; *sich* ~ *binden* sequi (*od.* respicere *od.* observare); *sich nicht* ~ *binden* neglegere, omittere, nihil curare; ~ *denken* memorem esse [beneficii], memoriā tenēre; *nicht* ~ *denken* neglegere, omittere.

darangehen aggredi [opus; urbem oppugnare.

daranhalten: *sich* ~ strenue id agere, opus urgēre.

darankommen (*an die Reihe*): *du kommst zuerst daran* tuae primae sunt partes.

darankriegen: *j-n* ~ alqm inducere *od.* capere; *j-n* ~, *dass* alqm adducere (*od.* inducere), ut.

daranliegen interest [mea, consulis].

daranmachen: *sich* ~ adgredi id.

daranmüssen cogi (*od.* adigi) ad; vitare (*od.* effugere) non posse.

daran sein (*in e-m Zustande sein*) mecum agitur [bene, male]; bono, malo loco (statu), bona, mala condicione esse; *gut daran sein mit* familiariter uti [finitimis]; *übel daran sein mit* inimicitias habēre cum; *es ist nichts daran* res non vera est, res nihili est.

daransetzen in aleam dare, periclitari, fortunae committere.

daranstecken: **1.** *trans.* adfigere *alqd* (rei *od.* ad); **2.** *intr.* adfixum esse (rei).

daranstoßen: **1.** *trans.* offendere ad; **2.** *intr.* (*daranliegen*) adiacēre.

daranwagen: *sich* ~ aggredi, suscipere.

daranwollen: *nicht* ~ nolle, recusare, refugere, cunctari.

darauf (*örtlich*) „*wo*"? in eo, in iis, in ea re *u. Ä.*; „*wohin*?" in (*od.* ad) eum, in (*od.* ad) eos, in ea, in eam rem *u. Ä.*; (*zeitlich*) deinde, tum, postea, post; quo facto, qua re cognita, quibus rebus gestis *u. Ä.*; *bald* ~, *nicht lange* ~ paulo post, non multo post.

darauf: ~ *achten* attendere [bene, male]; videre, ut, ne; ~ *ausgehen* id agere, ut; ~ *bestehen, dass* contendere (*od.* perseverare) *m. a. c. i.*; ~ *dringen* instare (*od.* postulare), ut, ne.

darauf fallen incidere [ad terram].

darauf folgen (in)sequi, subsequi; excipere.

darauf: ~ *halten* curare, ut; ~ *hören* attendere; ~ *verfallen* in eam cogitationem (*od.* mentem) incidere.

darauf kommen incidere in id, id invenire, id excogitare.

darauf liegen superpositum esse (rei); *v. Pers.*: superincubare (rei).

darauf setzen imponere rei *od.* in id, superponere rei; *schriftlich*: inscribere; *seinen Namen* ~ id subscribere.

daraus ex eo (*od.* hoc *od.* illo), ex ea (*od.* hac *od.* illa) re; hinc, inde, unde; *sich etw.* ~ *machen* rem magni aestimare, res curae mihi est; *sich nichts* ~ *machen* rem nihil curare, rem neglegere; ~ *wird nichts* fieri non potest; non feram, non concedam, non patiar.

darben egēre, in egestate esse, vitam degere; (*freiwillig*) cibo abstinēre.

darbieten offerre, praebēre; *sich* ~ se offerre, offerri; (*zufällig*) obici, occurrere.

darbringen afferre, offerre; *Opfer* ~ sacra facere.

darein: *sich* ~ *ergeben, sich* ~ *finden* rem (aequo animo) ferre, pati; ~ *mischen* se immiscēre (*od.* interponere) [bello]; ~ *reden* interfari; interpellare; ~ *schlagen* verberibus (*od.* fuste) caedere (*od.* percutere).

darin in eo (eā, eis), in hoc, in ea (hac, illa) re *u. Ä.*; ~ *sein* inesse [nummi in marsuppio].

darlegen proponere, ante oculos ponere; explicare, exponere, docēre.

Darlegung *f* expositio *f*, explicatio *f*; *nach* ~ *der Gründe* causis expositis.

Darlehn *n* pecunia *f* mutua *od.* credita; *ein* ~ *geben* pecuniam mutuam dare; ~ *erhalten* pecunias mutuas sumere ab.

Darm *m* intestinum *n* (*mst pl.*).

Darmsaite *f* chorda *f.*

Darre *f* **1.** (*Ofen zum Dörren*) furnus *m*; **2.** *Med.* tabes *f.*

darstellen ante oculos (*od.* in conspectu ponere, in conspectum dare, proponere; *sich* ~ se in conspectum dare, se offerre; (*v. Leblosem*) occurrere, obici, apparēre; imitari, imaginem referre; (*malen*) pingere, depingere; (*bilden*) fingere, effingere, exprimere; (*schriftlich*) describere; (*als Schauspieler*) agere [personam, partes]; (*in Worten*) dicere, oratione (*od.* verbis) exprimere (*od.* exponere *od.* narrare *od.* persequi).

Darsteller *m* actor *m* [alienae personae].

Darstellung *f* (*Ausdrucksweise*) oratio *f*, sermo *m*, verba *n/pl.*, dicendi (*od.* scribendi) genus *n.*

Darstellungsart *f* genus 3 *n* orationis, scripturae genus 3 *n*, stilus *m.*

Darstellungsgabe *f* dicendi (*od.* narrandi) facultas *f.*

dartun probare, adprobare, comprobare, planum facere, demonstrare, ostendere; (*überführen*) arguere, coarguere; *etw. durch Gründe* ~ rationibus alqd confirmare.

darüber 1. (*örtlich*) („*wo*?") supra (*od.* super) eum (eam, id *bzw. pl.*; hunc, istum, illum *u. Ä.*); („*wohin*?") trans (*od.* super) eum (eam, id; hunc, istum, illum *u. a.*); **2.** / (*in Betreff*) de eo, de ea re *u. Ä.*); *Darüberhinaus*) supra, ultra, amplius, plus; *es geht nichts* ~ nihil potest esse supra (*od.* ultra).

darüber breiten supersternere.

darüber herfallen irrumpere (*od.* invadere) in [praedia].

darüberhin 1. (*örtlich*) per (*od.* trans *od.* super *od.* supra) eum (*od.* eam, id; hunc, istum, illum; **2.** / (*oberflächlich*) leviter; ~ *eilen* leviter attingere (*od.* transire), festinanter agere; ~ *gehen* silentio transire; ~ *sehen* neglegere (*od.* omittere, nihil curare).

darüber hinaus ultra (*od.* supra *od.* trans) eum, eam, id; hunc, istum, illum; amplius; ~ *sein* eo facile carēre posse, de ea re non laborare; ~ *gehen* excedere; ~ *ragen* ultra excurrere.

darüber legen super(im)ponere [saxum].

darüber liegen superimpositum esse, imminēre; superincubare.

darüber setzen praeficere, praeponere.

darüber sitzen operam dare, intentum esse, haerēre in [libro].

darüber springen transilire.

darüber stehen (*geschrieben*) inscriptum esse.

darüber streuen supersternere.

darum (*örtlich*) circum, circa eum (eam, id, hunc, istum, illum); ~*wickeln* circumligare; ~*legen*, ~*setzen* circumdare, circumcludere; (*in Betreff*) de eo, ea, iis, de ea re *u. Ä.*

darunter („*wo*?") sub eo (ea, iis, hoc, isto, illo); *adv.* infra, subter; („*wohin*?") sub id, sub eam rem; (*dazwischen*) inter eos (eas, ea); inter hos, in iis, in his; inter quos, in quibus; in eo numero (*od.* genere).

darunter gehen subire [tectum].

darunter gehören in eum numerum referri, in iis numerari, eius ordinis (*od.* generis *od.* corporis) esse.

darunter gießen adfundere alqd ei rei.

darunter halten subicere, supponere, subdere.

darunterhin subter (*adv.*), subter *od.* sub eam rem; ~ *fließen* subterfluere.

darunter kommen (*zufällig*) incidere in [turbam].

darunter liegen subiacēre; subiectum (*od.* suppositum) esse.

darunter mengen, ~ mischen admiscēre, immiscēre.

darunter rechnen in eorum numerum referre, in eo numero habēre.

darunter säen interserere.

darunter schreiben subscribere.

darunter setzen supponere; (*schreibend*) subscribere.

darunter stecken 1. *trans.* inserere, immiscēre; **2.** *intr.* subesse, latēre sub.

darunterweg subter (*adv.*), subter (*od.* sub) eam rem; ~ *fließen* subterfluere; ~ *ziehen* subducere.

da sein esse, exstare, reperiri; adesse, praesentem esse; *nicht* ~ abesse; *noch* ~ exstare, mansisse.

Dasein *n* praesentia *f*; vita *f*; *das ~ der Götter leugnen* deos esse negare.

daselbst ibi, eo loco.

dass, dass nicht *vgl. die Gramm.*

dastehen (ad)stare, esse; (*v. Geschriebenem*) hic scriptum esse.

datieren diem (in litteris) ascribere.

Dattel *f* palmula *f*, palmae pomum *n*; *von Datteln* palmeus.

Dattelbaum *m*, **Dattelpalme** *f* palma *f*.

Dattelwald *m* palmetum *n*.

Datum *n* dies *m* (in litteris) ascriptus, dies *m* quo litterae datae sunt.

Dauer *f* firmitas *f*, stabilitas *f*; (*Zeit*) tempus *n*, spatium *n*; diuturnitas *f*, longinquitas *f*; perpetuitas *f*, continuatio *f*; aeternitas *f*; (*gleichmäßig*) tenor *m*; *von langer ~* diuturnus; *von kurzer ~* brevis.

dauerhaft firmus [valetudo]; stabilis [possessio], diuturnus.

Dauerhaftigkeit *f* firmitas *f*, stabilitas *f*, diuturnitas *f*.

dauern manēre, permanēre; integrum manēre, durare; florēre, vigēre; *oft bloß* esse; *~ bis* (per-) manēre ad, produci (*od.* provehi) ad; *lange ~* diuturnum esse; *dauernd* constans [fama].

dauern: *es dauert mich* aegre fero; paenitet me, miseret me [sortis tuae].

dauernd 1. *adj.* stabilis, perpetuus, manens, diuturnus, mansurus; **2.** *adv.* stabiliter, perpetuo, constanter.

***Dauerwellen** *f/pl.* undulatio *f* permanens.

Daumen *m* (digitus) pollex *m*.

Daumenbreite *f* latitudo *f* pollicis.

Daune *f* pluma *f*.

davon (*örtlich*) ab, de, ex eo (ea, eis); hoc, illo; *adv.* inde, *relat.* unde; | (*in Bezug darauf*) de eo (eā, eis *u. a.*); (*partit.*) ex, de eo (ea, eis); *mst durch gen.* eius, eorum, earum; *keine Kenntnis ~ haben* earum rerum imperitum esse; NB.! *Die im Folgenden fehlenden Komposita mit „davon" sind unter „weg-", „fort-", „ent-" nachzusehen.*

davonbleiben abstinēre, desistere.

davoneilen evolare.

davonhaben fructum capere ex.

davonjagen (ex)pellere.

davonkommen elabi, effugere; *mit einem blauen Auge ~* ambustum evadere, semiustum effugere; *mit dem Leben ~* vivum effugere (*od.* exire, evadere); *mit Ehren* (*ungestraft*) *~* honeste (impune) abire; *mit e-r leichten Strafe ~* levi poena defungi; (*Ursprung haben*) inde oriri (*od.* fieri).

davonlaufen aufugere, profugere, (cursu) se proripere.

davonmachen: *sich ~* aufugere, profugere.

davontragen (au)ferre; *einen Sieg ~* victoriam consequi (*od.* adipisci *od.* ferre ex *od.* parere de *od.* reportare ab); superiorem discedere.

davor (*örtlich*) ante, ob, pro, prae; *adv.* ante; *sehr oft durch ein Kompositum zu geben*: *davor legen, davor setzen* praeponere, obicere; *davor liegen* obiectum esse; *davor ziehen* praetendere, obducere; *sich ~ fürchten* hoc vereri *od.* timēre; *sich ~ hüten* cavēre ab; *~ schützen* defendere *od.* tueri ab.

dawider: *~ sein* adversari, repugnare; *~ handeln* contra, secus facere.

dazu (*örtlich*) ad eum (eam, id; hunc, illum, eam rem, eum locum *u. Ä.*); *und ~* isque, et is (quidem), atque is; (*und zugleich*) idemque; NB.! *Die im Folgenden nicht aufgeführten Komposita mit „dazu-" sind unter „hinzu-", „zu-" u. „bei-" nachzusehen.*

dazugehören eo pertinēre; in eis [numerari.]

dazuhalten: *sich ~* urgēre opus, instare (operi).

dazu: *~ sagen* dicere, iudicare de; *was sagst du dazu?* quid tibi (de hac re) videtur (*od.* sentis)? quid censes? *kein Wort ~ sagen* ad haec nihil dicere (*od.* plane tacēre).

dazukommen adire, accedere ad, *unvermutet*: intervenire rei, supervenire rei.

dazwischen (*örtlich*) inter eum (eam, id; hunc, illum, eam rem), in eo *u. a.*; *mst durch ein Kompositum mit* inter *zu geben*: **~fallen** intercidere; **~fliegen** intervolare; **~ fließen** interfluere.

dazwischenkommen intervenire; supervenire; incidere.

Dazwischenkunft *f* interventus 4 *m*.

dazwischenlaufen intercurrere, intercursare.

dazwischen|legen interponere, intericere; **~liegen** interiacēre, interiectum esse, intercedere.

dazwischenreden interfari; (*störend*) interpellare.

Dazwischenreden *n* interfatio *f*, interpellatio *f*.

dazwischen sein interesse.

dazwischentreten inter eos consistere; / intervenire, intercedere.

dazwischenweben intertexere.

Debatte *f* disceptatio *f*, (*heftige*) contentio *f*.

debattieren verbis disceptare de.

***Debüt** *n* tirocinium *n*.

Deck *n* tabulatum *n*.

Decke *f* tegumentum *n*, integumentum *n*, operimentum *n*, velamentum *n*; (*Zimmerdecke*) tectum *n*; (*getäfelte*) laquear *n*, lacunar *n*; (*gewölbte*) camera *f*.

Deckel *m* operculum *n*.

decken (*den Tisch*) tegere [mensam] linteo; tueri, munire; *Schulden ~* aes alienum solvere, aere alieno exire, expediri; *den Nachtrab ~* novissimis praesidio esse.

Deckmantel *m* integumentum *n* [dissimulationis], involucrum *n* [simulationis]; *als ~ gebrauchen* praetexere, speciem imponere; *unter dem ~* specie, simulatione.

Deckung *f* **1.** (*Schutz*) praesisium *n*; **2.** (*Sicherstellung wegen e-r Zahlung*) cautio *f*; (*Bezahlung*) solutio *f*.

defensiv 1. *adj. Defensivkrieg* bellum *n* quod defenditur; *Defensivkrieg führen* bellum (illatum) defendere; *Defensivbündnis* foedus *n* ad bellum defendendum initum; **2.** *adv.* defendendo, defendens; *sich ~ verhalten* bellum *n* (illatum) defendere.

definieren definire.

Definition *f* definitio *f*.

Defizit *n* lacuna *n* rei familiaris, damnum *n*, summa *f*, quae deest; *ein ~ decken* damnum resarcire.

Degen *m* gladius *m*.

degradieren loco (*od.* ab ordine) movēre, ex superiore ordine in inferiorem detrudere.

dehnbar qui extendi potest, lentus; *ein ~er Begriff* notio *f*, quae latius patet.

dehnen tendere, extendere, laxare; producere, dilatare [litteras]; producere, (ex)trahere.

Deich *m* agger *m*, moles *f*.

Deichsel *f* temo *m*.

dein tuus.

deinet|halben, ~wegen tuā causa *od.* gratiā, propter te, per te.

***dekadent** degener, degeneratus.

Deklamation *f* pronuntiatio *f*; declamatio *f*; (*e-s Redners od. Schauspielers*) actio *f*.

deklamatorisch declamatorius, ad ostentationem (factus).

deklamieren pronuntiare, recitare; (*zur Übung*) declamare, declamitare.

Dekret *n* decretum *n*.

delikat 1. *adj. v. Sachen* (*lecker, schmackhaft*) suavis, lautus; (*üppig*) delicatus; (*bedenklich, misslich*) lubricus, anceps, difficilis; (*zart, fein*) tener, tenuis; *von Personen* (*zärtlich*) mollis, tener; (*lecker*) delicati fastidii, subtilis palati; (*schwer zufrieden zu stellen*) difficilis et morosus; (*vorsichtig*) cautus, circumspectus; **2.** *adv.* suaviter, laute *usw.*

Delinquent *m* (homo *m*) maleficus; capite damnatus.

Delphin *m* delphinus *m*.

Demagog *m* plebis dux; orator *m* (*od.* contionator *m*) popularis; assentator *m* populi; homo *m* seditiosus, civis *m* turbulentus (*od.* rerum novarum cupidus), vulgi turbator *m*.

Demagogenkünste *f/pl.* artes *f/pl.* populares.

demagogisch popularis, seditiosus.

***Dementi** *n* infitiatio *f*; denegatur verum esse, quod promulgatum est.

demnach ex eo, ex quo fit, ut; itaque, ergo.

demnächst propediem.

***demobilisieren** legiones missas facere, milites suam quemque domum redire iubēre.

Demokrat *m* populi potentiae amicus *m*, popularis *m*.

Demokratie *f* multitudinis dominatus 4 *m*, populi potentia *f* (*od.* imperium *n*), imperium *n* populare, ratio *f* popularis; (*als Staat*) civitas *f* popularis.

demokratisch popularis; populi, multitudinis [factio], populari ratione constitutus [respublica].

***Demoralisation** *f* morum demutatio *f od.* depravatio *f*.

D

Demut *f* animus *m* demissus (*od.* summissus); modestia *f*, verecundia *f*; (*im Benehmen*) humilitas *f*.
demütig demissus, summissus, modestus, verecundus; (~ *flehend*) supplex; (*tadelnd*) humilis.
demütigen frangere, comprimere [audaciam]; domare, subigere [gentem]; *sich* ~ se (*od.* animum) summittere, summisse se gerere, (*zu sehr*) se abicere.
Demütigung *f von anderen*: castigatio *f*; (*Selbsterniedrigung*) humilitas *f*; (*Beschimpfung*) contumelia *f*.
Denar *m* denarius *m*.
Denkart *f* animus *m*, mens *f*, ratio *f*, ingenium *n*, sensus 4 *m*; *religiöse* ~ religio *f*, religiones *pl.*; *die angeborene* ~ natura *f*; *die allmählich angenommene* ~ mores *m/pl*.
denkbar quod cogitari potest, quod in cogitationem cadit.
denken cogitare; cogitatione (*od.* mente *od.* animo) comprehendere (*od.* complecti *od.* concipere *od.* fingere); *bei sich* ~ secum (*od.* cum animo) cogitare (*od.* reputare); *denke dir* finge *m. a. c. i.*; (*gesinnt sein*) cogitare, sentire; *schlecht, niedrig* ~ male cogitare, humiliter sentire; *ebenso* ~ idem sentire.
Denken *n* cogitatio *f*.
denkend intellegens, cogitationis particeps, mentis et rationis compos (*od.* particeps); *denkendes Wesen* animal *n* ratione praeditum, *bloß* mens *f*; *denkender Geist* mens *f* et cogitatio *f*, *denkender Kopf* homo *m* acutus (*od.* subtilis).
Denker *m* homo *m* acutus (ad excogitandum), philosophus *n*.
denkfaul cogitandi laboris fugiens.
Denkfreiheit *f* lingua *f* mensque libera; *in unserm Vaterlande herrscht* ~ in patriā nostrā licet sentire, quae velis, et dicere, quae sentias.
Denkkraft *f* mens *f*, mentis vis *f*, cogitatio *f*.
Denkmal *n* monumentum *n*.
Denksäule *f* cippus *m*.
Denkschrift *f* commentarius *m*, libellus *m*.
Denkspruch *m* sententia *f*, dictum *n*.
Denkstein *m* cippus *m*.
Denkungsart *f* ingenium *n*; animus *m*, sensus 4 *m*; mentes et cogitationes *f/pl.* [hominum], mores *m/pl*.
denkwürdig memorabilis, memoriā dignus, insignis.
Denkwürdigkeit *f* res *f* memorabilis (*od.* insignis); *pl.* [Socratis] dicta *n/pl.* factaque *n/pl.*; commentarii *m/pl.*; rerum gestarum (*od.* dictorum factorumque) liber *m*.
Denkzeichen *n* nota *f*, signum *n*.
Denkzettel *m* monumentum *n*; *j-m e-n* ~ *geben* alqm admonēre verberibus *od.* malo poenāque.
denn **1.** nam, namque, enim, etenim; **2.** (*ein Fragewort verstärkend*) nam (*angehängt* [quisnam, ubinam]), *stärker* tandem; **3.** (*bei Imperativen*) *auf* ~!, *wohlan* ~! age, agedum, agite(dum); **4.** (*in Folgerungen*) *so* ~, *nun* ~ itaque, igitur, ergo; **5.** *es müsste* ~ *sein, dass* nisi, nisi forte, nisi vero.
dennoch tamen, attamen.
Denunziant *m* delator *m*.
Departement *n* provincia *f*; munus *n*; regio *f*.
Depesche *f* litterae *f/pl.* (publice missae), mandata *n/pl.* (publica).
Deportation *f* deportatio *f*.
Depot *n* receptaculum *n*; *Kriegs*~ belli horreum *n*.
Deputat *n* annua praebita *n/pl.*, demensum *n*.
der, die, das *bestimmter Artikel, bleibt unübersetzt*; (*derjenige, ein solcher*) is, talis, tantus; hic, ille, is; (*im Satzanfang oft relat.*) qui.
derartig huius modi, eius modi, huius generis.
derb **1.** *adj.* (*dicht*) densus, spissus, solidus; (*stark, tüchtig*) solidus, fortis, firmus, gravis; (*heftig, nachdrücklich*) vehemens; *j-m e-n* ~*en Verweis geben* graviter obiurgare (*od.* castigare) alqm; *j-m e-e* ~*e Ohrfeige versetzen* palmā alqm graviter percutere; (*rau, barsch*) asper; *e-e* ~*e Antwort geben* aspere respondēre; (*bäurisch*) rusticus, agrestis; **2.** *adv.* dense *usw.*
Derbheit *f* (*Heftigkeit*) vehementia *f*; (*Grobheit*) rusticitas *f*; ~*en* verba *n/pl.* aspera.
dereinstig futurus.
dergestalt is, talis, ita comparatus, tantus.
dergleichen (*dem.*) talis, is, eiusmodi, huiusmodi, eius (huius, eiusdem) generis, id genus, eorum similis; (*rel.*) qui, qualis, cuius generis.

derjenige is, ille.
dermaßen sic, ita, adeo; (*bis zu dem Grade*) usque eo.
derselbe is, (*ebenderselbe*) idem.
***desavouieren** refutare; negare.
Deserteur *m* desertor *m* (signorum, militiae).
desertieren signa deserere, ad hostes transfugere (*od.* perfugere).
desgleichen item; pariter; nec ... non.
***Desinfektion** *f* disinfectio *f.*
***Desorganisation** *f* dissolutio *f.*
Despot *m* dominus *m,* tyrannus *m.*
Despotie *f* dominatio *f*; imperium *n* superbum; tyrannis *f.*
despotisch imperiosus, impotens, superbus, crudelis, saevus.
Despotismus *m* superbia *f,* impotentia *f.*
dessen: ~ *ungeachtet* tamen; *auch* quamquam haec ita sunt, quod cum ita sit *u. Ä.*
Dessert *n* mensa *f* secunda; bellaria *n/pl.*, orum.
deswegen eo, ob eam (*od.* hanc) causam (*od.* rem); ideo, propterea, idcirco; *oft rel.* quam ob causam (*od.* rem), quare.
Detachement *n* manus 4 *f* delecta, vexillum *n* militum delectorum; exploratores *m/pl.*
***Detektiv** *m* indagator *m,* investigator *m.*
Deut *m* terruncius *m*; / as *m*; *keinen* ~ *wert* non unius assis.
Deutelei *f* interpretatio *f* inepta (*od.* nimis callida).
deuteln inepte (*od.* nimis callide) interpretari.
deuten interpretari; *übel* ~ in malam partem accipere.
Deuter *m* interpres *m.*
deutlich clarus [vox]; (*offenbar*) perspicuus, apertus [clamores], distinctus [orator]; manifestus [peccatum]; dilucidus [oratio]; expressus [litterae lituraeque]; disertus [oratio]; ~ *machen* planum facere, explanare, explicare, illustrare, declarare; *es ist* ~ apertum (*od.* manifestum) est, apparet, patet.
Deutlichkeit *f* claritas *f* [vocis]; perspicuitas *f*; ~ *der Stimme* clara vox *f.*
deutsch Germanicus; *der* ♀e Germanus; *die* ~*e Sprache* lingua *f* Germanorum.
Deutung *f* interpretatio *f.*
Devise *f* sententia *f,* dictum *n.*
***Devisen** *f/pl.* pecuniae *f/pl.* externae.
Dezember *m* (mensis *m*) December.
dezimieren decimum quemque sorte ad supplicium legere; / mutilare [exercitum].
Diadem *n* diadēma *n,* insigne *n* regium.
Diagnose *f* diagnosis *f.*
Diagonale *f* linea *f* diagonalis.
Dialekt *m* dialectus *f,* genus 3 *n* linguae.
Dialektik *f* dialectica *f u. n/pl.*, disserendi ars *f* (*od.* scientia *f od.* ratio *f*).
Dialektiker *m* dialecticus *m,* homo *m* disserendi peritus.
dialektisch dialecticus; ~e *Gewandtheit* disserendi ars *f* (*od.* subtilitas *f*).
Dialog *m* dialogus *m,* sermo *m,* (*im Schauspiel*) diverbium *n.*
Diamant *m* adamas *m*; *die Härte des* ~*en* duritia *f* adamantina.
Diät *f* diaeta *f,* certus vivendi modus *m* et lex *f,* ~ *halten* rationem victus habēre.
***Diäten** *pl.* merces *f* diurna, viaticum *n*; conventicium *n.*
dicht densus [silva]; spissus [coma]; confertus [turba]; crassus [tenebrae]; opacus [barba]; *adv.* confertim; ~ *daran,* ~ *dabei* iuxta, prope, proxime (situs).
Dichte *f* soliditas *f,* densitas *f.*
dichten carmen condere (*od.* componere), versus facere (*od.* scribere, fundere).
dichten densare [aggerem male].
Dichter *m* poeta *m*; vates *m*; auctor *m,* scriptor *m* [satirarum, dithyramborum *u. a.*].
Dichterfreiheit *f* licentia *f* poetarum, licentia *f* poetica.
Dichterin *f* poetria *f.*
dichterisch poeticus.
Dichterkranz *m* laurea *f* Apollinaris.
Dichterling *m* malus poeta *m.*
Dichterschar *f* chorus *m* vatum.
Dichtersprache *f* sermo *m* poeticus; *nur in der* ~ *gebräuchlich* poetis solis concessum *od.* usurpatum.
Dichtkunst *f* (ars *f*) poetica, poesis *f.*
Dichtung *f* poesis *f*; carmen *n,* poema *n.*

Dichtungsart *f* carminum genus *n*, poesis *f*.
dick crassus; obēsus [venter]; (*geschwollen*) turgidus [membrum].
dickad(e)rig crassivenius.
dickbäckig bucculentus.
Dickbein *n* femur *n*.
Dickdarm *m* intestinum *n* crassum.
Dicke *f* crassitudo *f*.
dickhäutig callosus.
Dickicht *n* virgultum *n*, silva *f* densa.
Dickkopf *m* capito *m*; / homo *m* obstinatus, pervicax *od.* contumax.
dickleibig ventriosus; / plenus [liber].
Didaktik *f* ars *f* docendi.
didaktisch didacticus.
Dieb *m* fur *m*.
Dieberei *f* furta *n/pl.*
diebisch furax; *adv.* furaciter, furtim.
Diebsgesindel *n* furunculi *m/pl.*
Diebstahl *m* furtum *n*, (*v. Staatsgeldern*) peculatus 4 *m*; ~ *begehen* furtum facere.
Diele *f* tabula *f*; (*Raum*) atrium *n*.
dielen contabulare, tabulis sternere [solum].
dienen (*Diener sein*) servire, servum esse, famulari, ministrare, ministerium facere; (*als Magistratsdiener*) apparēre; (*als Beamter*) munere fungi; (*als Staatsdiener*) rem publicam gerere (*od.* administrare); (*als Soldat*) militare, stipendia facere (*od.* merēre); *zu etw.* ~ utilem esse (*od.* conducere *od.* inservire) ad; pertinēre ad; *zum Beweise* ~ argumento esse, *zum Spott* ~ ludibrio esse.
Diener *m* servus *m*, famulus *m*, puer *m*; (*Lakai*) pedisequus *m*, anteambulo *m*; (*Gehilfe*) (ad)minister *m*; (*Magistratsdiener*) apparitor *m*.
Dienerin *f* ancilla *f*, famula *f* ministra *f*, pedisequa *f*.
Dienerschaft *f* familia *f*, famuli *m/pl.*
Dienst *m* servitus *f*, servitium *n*, famulatus 4 *m*; (*eines Beamten*) munus *n*, officium *n*, ministerium *n*; (*eines Soldaten*) militia *f*, stipendia *n/pl.*; (*Gefälligkeit*) officium *n*; *Dienste leisten* operam navare [multam et utilem amicis]; *Dienste erweisen* officia conferre in [amicos].
Dienstag *m* dies *m* Martis.
Dienstalter *n* (*mil.*) aetas *f* militaris.
dienstbar servus; ~ *sein* servum esse (*od.* servire), in servitute esse.
Dienstbarkeit *f* servitus *f*, servitium *n*, famulatus 4 *m*; iugum *n* servile.
dienstbeflissen officiosus in [parentes], officii plenus.
Dienstbeflissenheit *f* officium *n*, obsequium *n*, studium *n*.
diensteifrig industrius.
dienstfähig idoneus (*od.* utilis) ad operam praestandam, ad munus; (*mil.* qui arma ferre potest; pubes (*od.* homo *m*) aetate militari.
Dienstfähigkeit *f* aetas *f* militaris; *sonst zu umschreiben.*
dienstfrei immunis (militiā), liber, vacans [militiae munere]; (*v. Amtsgeschäften*) otiosus; ~ *sein* (*mil.*) militiae vacationem habēre.
Dienstfreiheit *f* immunitas *f*, vacatio *f* militiae, otium *n*.
Dienstgeschäft *n* muneris officium *n*, officii partes *f/pl.*
Dienstgesuch *n* muneris petitio *f*.
Dienst habend qui in statione est.
Dienstherr *m* dominus *m*, erus *m*.
Dienstjahr *n* (*mil.*) annus *m* militiae, stipendium *n*.
dienstlich *adv.*: *er hat* ~ *zu tun* munere occupatus est.
Dienstmädchen *n* ancillula *f*.
Dienstmann *m* cliens *m*; * homo *m* ad mandata exsequenda, paratus (*od.* mandata exsecuturus).
Dienstpflicht *f* muneris officium *n*.
dienstunfähig qui arma ferre (*od.* munere fungi) non potest.
Dienstverrichtung *f* munus *n*, ministerium *n*.
Dienstzeit *f* tempus *n* muneris (*od.* militiae *od.* stipendiorum); stipendia *n/pl.*
dieser hic, is, *auch* ille; *bisw. rel.* qui; ~ *da* hice.
diesmal nunc (quidem), *v. d. Vergangenheit*) tum (quidem); hac in re (*od.* causā), in hoc.
diesseitig citerior.
diesseits cis, citra.
Dietrich *m* clavis *f* adulterina.
***Differenzialrechnung** *f* calculus *m* differentialis.
Diktator *m* dictator *m*.
diktatorisch dictatorius; / imperiosus.
Diktatur *f* dictatura *f*.

diktieren dictare; (*zuerkennen*) dictare (multam], dicere, dare [leges].
Dilettant *m* idiota *m*; qui artem oblectamenti causa exercet; ~ *sein in einer Kunst* artem primoribus tantum labris attigisse.
Dill *m* anethum *n*.
Ding *n* res *f*; negotium *n*; *die Dinge* res *f/pl.*; (*die Welt*) rerum natura *f*; *vor allen Dingen* ante omnia, imprimis; *guter Dinge sein* bono animo (*od.* hilarem) esse; *schändliche Dinge* turpia *n/pl.*
dingen conducere (mercede).
Dingen *n* (*das Handeln*) licitatio *f*; (*das Mieten*) conductio *f*.
dinglich: *~es Recht* ius *n* reale.
Dinkel *m* far *n*; *von ~* farreus.
Diphthong *m* diphthongus *f*.
Diplom *n* diplōma *n*; litterae *f/pl.*, tabula *f* (publica).
Diplomat *m* homo *m* civilium rerum (*od.* regendae civitatis) peritus.
diplomatisch: *~e Gewandtheit* anceps faciendi dicendique sapientia *f*.
direkt directus [oratio]; apertus; ipse.
Direktion *f* gubernatio *f*, cura *f*; *unter seiner ~* eo rectore, eo duce, eo praeside.
Direktor *m* magister *m*, praefectus *m*, princeps *m* [gregis]; rector *m* [scholae].
Direktorium *n* magisterium *n*, praefectura *f*.
dirigieren gubernare, regere, administrare; (*Musik*) numeris praeire.
Dirne *f* puella *f*; (*Buhldirne*) meretrix *f*.
Disharmonie *f* discrepans concentus 4 *m*, discrepantia *f*.
disharmonieren discrepare.
Diskant *m* vox *f* acuta.
Diskus *m* discus *m*.
Dispensation *f* venia *f*.
Disputation *f* (*gelehrter Wortkampf*) concertatio *f*; (*Erörterung*) disputatio *f*; (*als Schrift*) libellus *m*.
disputieren verbis contendere, concertare.
Dissonanz *f* dysarmonia *f*.
Distel *f* carduus *m*.
Distichon *n* distichon *n*.
Dithyrambus *m* dithyrambus *m*.
dithyrambisch dithyrambicus.
doch tamen; (*nichtsdestoweniger*) nihilo minus (*od.* secius); (*abbrechend*) sed, verum; (*~ wenigstens*) saltem, certe; *aber ~* attamen, verumtamen; *wenn nicht ... so ~* si non ... at (certe); *~ wohl* (*mst ironisch*) scilicet, videlicet, nimirum, nempe; *da ~* cum *m. conj.*; (*in Fragen*) tandem; *~ nicht* num; (*in Bitten und Aufforderungen*) quaeso, quaesumus, obsecro, amabo, (*beim imper.*) fac, facite *m. conj.*, quin *m. frag. ind.*), *angehängtes* dum; *o dass ~* utinam *m. conj.*
Docht *m* ellychnium *n*; candelae filum *n*.
Dock *n* navale *n* (*gew. pl.*).
Dogma *n* dogma *n*, decretum *n*; praeceptum *n*.
***Dogmatik** *f* doctrina *f* sacra.
Dohle *f* monedula *f*.
Dohne *f* pedica *f*.
Dolch *m* pugio *m*; (*des Banditen*) sica *f*.
Dolchstich *m* ictus 4 *m* (pugionis); *einen ~ beibringen* pugione percutere.
Dolde *f*, **Doldentraube** *f* corymbus *m*.
dolmetschen interpretari.
Dolmetscher *m* interpres *m*.
Dolmetschung *f* interpretatio *f*.
***Dom** *m* aedes *f* Domini cathedralis *f*.
Domäne *f* praedium *n* privatum principis; (*als Staatsgut*) ager *m* publicus.
Donner *m* tonitrus 4 *m* (*pl. auch* tonitrua); (*Krachen*) fragor *m*; *wie vom ~ gerührt* attonitus.
Donnerkeil *m* fulmen *n*.
donnern tonare.
Donnerschlag *m* tonitrus 4 *m*, fulminis ictus 4 *m*, fulmen *n*.
Donnerstag *m* dies *m* Jovis.
Donnerwetter! pro Juppiter!
doppel... *oft durch eine Zusammensetzung mit* bi- *auszudrücken, z. B. Doppelaxt* bipennis *f*.
***Doppeldecker** *m* biplanum *n*.
Doppelgänger *m* formā *alcs* simillimus.
Doppelgesicht *n* frons *m* anceps.
doppelköpfig biceps.
Doppelschlacht *f* proelium *n* anceps.
Doppelschritt *m* passus 4 *m*.
Doppelsieg *m* victoria *f* geminata.
Doppelsinn *m* ambiguitas *f*.
doppelsinnig ambiguus, anceps, dubius.

D

doppelt duplex; (*doppelt so groß, doppelt soviel*) duplus; (*ein Paar*) geminus, geminatus; (*in zwei Teile geteilt*) bipartitus; (*nach zwei verschiedenen Seiten gerichtet*) anceps; (*zweimal*) bis; *das Doppelte* duplum, alterum tantum; ~ *so groß* altero tanto maior.
Doppeltür *f* fores *f/pl.*, valvae *f/pl.*
doppelzüngig bilinguis.
Dorf *n* pagus *m*, vicus *m*; *vom* ~ rusticus.
Dorfart *f* rusticitas *f*, rustici mores *m/pl.*
Dorfbewohner *m* vicanus *m*, paganus *m*, rusticus *m*, agrestis *m*.
dörflich paganus, vicanus; rusticus, rusticanus, agrestis.
Dorfschulze *m* magister *m* pagi.
dorfweise pagatim, vicatim.
Dorn *m* spina *f*; *ein* ~ *im Auge sein* invisum (*od.* odiosum) esse [patri].
Dornbusch *m* vepres *m*, dumus *m*, sentis *m*.
dornen spineus.
dornenvoll laboriosus, aerumnosus, arduus.
Dorngebüsch *n* dumetum *n*.
dornig spinosus, dumosus.
dorren arescere, torreri.
dörren torrēre; siccare.
Dörrofen *m* furnus *m*.
dort illic, istic; ibi; *der Mann* ~ homo iste, ille.
dorther illinc, istinc; inde.
dorthin illuc, istuc; eo.
Dose *f* pyxis *f*.
Dosis *f* portio *f*, portiuncula *f*.
Dotter *m* vitellus *m*.
dottergelb luteus.
Dozent *m* qui docet, doctor *m*.
dozieren scholam (-as) habēre.
***Dr.**: *Herr* ~! vir doctissime!
Drache *m* draco *m*.
Drachme *f* drachma *f*.
Draht *m* filum *n* (ferreum, metallicum *u. a.*); *bloß* ferrum *n*.
***drahtlos** sine ferro.
***Drahtseil** *n* funis *m* e filis ferreis factus.
***Drahtseilbahn** *f* funiculare *n*.
***Drahtzieher** *m* auctor *m* clandestinus.
Drama *n* fabula *f*.
dramatisch scaenicus.
***Dränage** *f* siccatio *f* (per tubos fictiles).
Drang *m* onus *n* [negotiorum]; (*Zwang*) necessitas *f*; *innerer* ~ animi quidam impetus 4 *m*; *durch den* ~ *der Umstände bewogen* necessitate coactus, necessario.
drängeln trudere [circumstantes].
drängen urgēre, premere, pellere, impellere, propellere; instare; vexare, angere; *drängend* necessarius; *sich* ~ *zu* avide ruere ad; *sich* ~ *um* circumstare [Hannibalem], circumfundi [Hannibali].
Drangsal *f* angustiae *f/pl.*, calamitas *f*, miseria *f*, aerumna *f*, labor *m*.
drastisch fortis, efficax [medicamentum].
draußen foris; ~ *stehen* ad fores stare.
drechseln tornare.
Drechsler *m* tornator *m*.
Dreck *m* lutum *n*, caenum *n*.
dreckig lutosus, lutulentus, caenosus.
drehbar versatilis.
Dreheisen *n* tornus *m*.
drehen torquēre, circumagere; *sich* ~ torqueri, circumagi, volvi, versari, se convertere; | *sich* ~ *um* versari, consistere in [venationibus]; (*verfertigen*) torquēre; nectere; (*wenden*) vertere, convertere, circumvertere; *sich* ~ se (con)vertere, (converti, *bisw.* *bloß* vertere [annus vertens].
Drehscheibe *f* (*des Töpfers*) rota *f* figuli (*od.* figularis).
drei tres; *je* ~ terni (ternae litterae *immer drei Buchstaben*; trinae litterae *drei Briefe*, trina castra *drei Lager*); ~ *Jahre* triennium *n*; ~ *Tage* triduum *n*.
dreibeinig tripes.
Dreiblatt *n* trifolium *n*.
dreidrähtig trilix.
Dreieck *n* triangulum *n*.
dreieckig triangulus.
***Dreieinigkeit** *f* trinitas *f*.
***Dreier** *m* teruncius *m*.
dreierlei tres.
dreifach triplex; (*dreimal soviel*) triplus; (*dreifach geteilt*) tripartitus; *das Dreifache* triplum, tertium tantum.
dreiförmig triformis.
Dreifuß *m* tripus, odis *m*.
dreifüßig tripes; (*drei Fuß lang*) tripedalis.
dreihundert trecenti; *je* ~ treceni; ~*mal* trecenties; *dreihundertster* trecentesimus.

dreijährig trium annorum, tres annos natus; *dreijähriger Zeitraum* triennium *n*.
dreiköpfig triceps.
dreimal ter; ~ *soviel* triplum.
Dreimann *m* triumvir *m, pl. auch* tresviri.
dreimonatlich trimestris, trium mensium.
dreipfündig trium librarum, trilibris.
***Dreirad** *n* tricyclum *n*.
Dreiruderer *m* (navis *f*) triremis *f*.
dreiruderig triremis.
dreiseitig triquetrus.
dreisilbig trium syllabarum, trisyllabus.
dreispaltig trifidus, trisulcus.
dreispännig tribus equis iunctus.
dreißig triginta; ~*mal* tricies; *dreißigster* tricesimus.
dreist audax, fidens, fortis; impavidus, intrepidus; (*tadelnd*) confidens, protervus.
Dreistigkeit *f* audacia *f*, fidentia *f*, fortitudo *f*, animus *m* impavidus; (*tadelnd*) confidentia *f*, protervitas *f*.
dreitägig trium dierum, tridui; *ein dreitägiger Zeitraum* triduum *n*.
dreiteilig tripartitus.
Dreiweg *m* trivium *n*.
Dreizack *m* tridens *m*.
dreizehn tredecim; *dreizehnter* tertius decimus.
dreizehnmal tredecies.
dreizinkig tridens.
dreizüngig trilinguis.
dreschen exterere, excutere [frumentum].
Dreschflegel *m* fustis *m*.
***Dreschmaschine** *f* machina *f* ad messem flagellandam facta.
Dreschtenne *f* area *f*.
dressieren condocefacere.
***Drillich** *m* linteum *n* trilix.
Drilling(**sbruder**) *m* trigeminus *m*.
dringen penetrare in, ad, per [urbem], pervadere; (*gewaltsam*) irrumpere; ~ *zu* accidere ad [aures]; / ~ *in* instare [consuli], urgēre (*od.* fatigare) precibus; *sich gedrungen fühlen* cogi *m. inf.*, facere non posse, quin.
dringend: ~*e Bitten* magnae preces *f/pl.*; ~*e Notwendigkeit* necessitas *f*; ~*e Gefahr* periculum *n* praesens (*od.* imminens); ~ (*bitten, ermahnen u. a.*) magnopere, vehementer, etiam atque etiam.
drittehalb duo et dimidius.
Drittel *n*, **Drittteil** *m* tertia pars *f*; *zwei* ~ duae partes.
drittens tertio.
drittletzte tertius ab ultimo; **die** ~ **Silbe** syllaba *f* tertia ab ultima *od.* tertia a fine.
droben supra; superius.
***Droge** *f* medicamentum *n*, aroma *n*.
***Drogist** *m* aromatarius *m*.
drohen minari, minitari; minas iactare; ~ *mit* denuntiare [bellum]; (*bevorstehen*) imminēre, impendēre, instare, *auch* videri (*m. inf. fut.*).
drohend minans, minitans; minax, minitabundus; instans, imminens, impendens, praesens [bellum].
Drohne *f* fucus *m*.
dröhnen strepere, fremere, concrepare.
Dröhnen *n* strepitus 4 *m*, fremitus 4 *m*; tremor *m* [terrae].
Drohung *f* (com)minatio *f*; *konkr.* minae *f/pl.*; ~*en ausstoßen* minas iactare, minis insequi.
drollig lepidus, facetus, iocularis, iocosus.
Dromedar *n* dromas *m*.
Drossel *f* turdus *m*.
drüben trans, ultra.
drüber: *alles geht* ~ *und drunter* omnia perturbantur et miscentur.
Druck *m* pressus 4 *m*, nisus 4 *m*; (*Plackerei*) vexatio *f*; *schmerzlich fühlbarer* ~ vis *f* et acerbitas *f*; *der* ~ *der Zeit* iniquitas *f od.* iniuria *f od.* acerbitas *f* temporum.
Druck... typographicus.
drucken (librum) typis exscribere, describere, mandare, vulgare.
drücken premere, comprimere; *die Hand* ~ manum amplecti, (*bittend*) prensare; *der Schuh drückt* calceus urit.
drückend gravis, molestus, durus; iniquus, acerbus; ~ *werden* ingravescere.
***Druckerei** *f* officina *f* typographica.
***Druckfehler** *m* mendum *n* (*od.* erratum *n*) typographicum.
***Druckknopf** *m* malleolus *m* comprimendus.
***Druckpresse** *f* prelum *n*.
Drüse *f* glandula *f*; *voller Drüsen* glandulosus.

du tu.
ducken: *sich* ~ caput demittere; (*Wild*) delitescere in cubili.
Duell *n* certamen *n* singulare.
Duett *n* duorum concentus 4 *m*.
Duft *m* vapor *m* tenuis, odor *m* (suavis).
duften spirare, halare, fragrare [odoratis floribus], olēre [unguentum].
dulden ferre, pati; permittere.
duldsam facilis, aequus, mitis.
Duldsamkeit *f* indulgentia *f*, animus *m* mitis.
dumm stultus; stolidus; stupidus; brutus; (*albern*) fatuus; (*läppisch*) ineptus; (*stumpfsinnig*) hebes; (*unüberlegt*) inconsultus; (*unvorsichtig*) imprudens; (*unwissend*) rudis, omnium rerum inscius; ~ *sein* nihil sapere; *ein* ~*er Kopf* ingenium *n* tardum.
dummdreist stolidus, stolide ferox, audax; temerarius.
Dummdreistigkeit *f* stolida ferocia *f* (*od.* audacia); temeritas *f*.
Dummerjungenstreich *m* nugae *f*/*pl.* pueriles.
Dummheit *f* stultitia *f*, stupiditas *f u.* stupor *m*, fatuitas *f*, imprudentia *f*; (*dumme Handlung*) stulte factum *n* (*pl.* ineptiae *f*, nugae *f*); *eine* ~ *machen* stulte(*od.* imprudenter) facere.
Dummkopf *m* homo *m* stultus, idiotes *m* (-ta); (*als Schimpfwort*) truncus *m*, caudex *m*, stipes *m*, plumbeus *m*, asinus *m*.
dummstolz stultā superbiā (*od.* arrogantiā) elatus.
dumpf obtusus, fuscus, pressus [vox]; (*heiser*) raucus; hebes, iners [dolor]; ~*es Gerücht* rumor *m*; ~*es Hinbrüten* torpor *m*.
dumpfig umidus, umore corruptus.
Düne *f* collis *m* arenosus, arenae *f*/*pl.*, litus *n* arenosum.
düngen stercorare.
Dünger *m* stercus *n*.
Düngung *f* stercoratio *f*.
dunkel obscurus; (*stärker*) tenebricosus, caliginosus, caecus; *es ist* ~ tenebrae sunt; *es wird* ~ tenebrae oboriuntur, advesperascit; *da es schon* ~ *war* obscurā iam luce; ~*e Wolken stehen am Himmel* caelum obscuratur nubibus; (*in der Farbe*) pullus, fuscus; / obscurus, abstrusus [disputatio]; difficilis [quaestio]; perplexus [sermones]; incertus [rumor]; obscurus, ignobilis [locus, origo]; ~ *machen* occaecare.
Dunkel *n*: *etw. in* ~ *hüllen* tenebras alci rei obducere; *in* ~ *gehüllt sein* obscuritate involutum esse; *im* ~*n liegen* in tenebris iacēre *od.* esse; *die Sache liegt noch im* ~*n* res nondum explicata est, res nondum ad liquidum perducta est; *etw. im Dunkeln tun* alqd obscure facere *od.* gerere.
Dünkel *m* fastidium *n*, fastus 4 *m*, insolens *od.* inanis superbia *f*, (stulta) arrogantia *f*, vanitas *f*.
dunkelblau violaceus, purpureus.
dunkelbraun fuscus.
dunkelfarbig pullus, fuscus.
dunkelgelb fulvus, ravus.
dunkelgrün acriter viridis.
dünkelhaft superbiae plenus; insolens.
Dunkelheit *f* tenebrae *f*/*pl.*; (*stärker*) caligo *f*, nox *f*; / obscuritas *f*; (*Unberühmtheit*) obscuritas *f*, ignobilitas *f*, humilitas *f*, locus *m* obscurus.
dunkeln: *es dunkelt* tenebrae oboriuntur, advesperascit.
dunkelrot rubidus.
dunkelschwarz nigerrimus.
Dunkelwerden *n*: *beim* ~ iam obscurā luce, tenebris obortis.
dünken videri; *sich* ~ sibi videri.
dünn tenuis; (*zart*) subtīlis, tener; (*schmächtig*) gracilis, exīlis; (*mager*) macer; (*abgenutzt*) attritus; (*verdünnt*) dilūtus; ~ *machen* attenuare, (*Flüssigkeiten*) diluere, liquefacere; (*nicht dicht*) rarus [silva].
dünnbeinig gracilibus cruribus.
Dünne, Dünnheit *f* tenuitas *f*, subtilitas *f*, gracilitas *f*, exilitas *f*, raritas *f*.
dünnhaarig raripilus.
dünnleibig corpore gracili (*od.* exili).
Dunst *m* vapor *m*, halitus 4 *m*, nebula *f*; (*Ausdünstung*) exhalatio *f*, exspiratio *f*.
dunstig vaporum plenus.
Dunstkreis *m* aer, qui proximus est terrae.
durch (*räumlich*) per; (*zeitlich*) per; *oft durch bloßen acc.*; / (*bei Angabe der Mittelsperson*) per; *oft auch* auxilio, operā, ope, beneficio [hominis]; (*bei Angabe der tätigen*

Person) a, ab; (*bei Sachen*) per, usus *m. abl.*; *mst durch abl. instr.*; (*wegen*) propter, per; *durch und durch* totus; penitus [perspicere].
durchackern agrum perarare, aratro perstringere.
durcharbeiten *intr.* uno tenore (*od.* nullo spatio interposito) peragere propositum; subigere, diligenter perficere, *part. pf.* elaboratus; *sich durch etw.* ~ eluctari, penetrare, eniti per, emergere ex [inopia].
durchaus totus (*adj.*), ab omni parte, prorsus, plane, omnino; (*durch und durch*) penitus; (*von Grund aus*) funditus; (*jedenfalls*) utique, quacumque ratione (*od.* condicione); ~ *nicht* neutiquam, nequaquam, minime.
durchbeben perfundere, perstringere.
durchbeißen morsu dividere (*od.* divellere).
durchbilden perpolire; *durchgebildet* subactus [ingenium]; (*v. Schriftwerken*) elaboratus.
Durchbildung *f* subactio *f* ingenii.
durchblättern pervolvere; (leviter) percurrere.
durchblicken *intr.* perspicere, perlucēre; ~ *lassen* speciem [gaudii] vultu prae se ferre.
durchbohren perterebrare, perforare; (*mit e-r Waffe*) transfigere, transfodere, confodere; (*v. unten*) suffodere, percutere.
durchbrechen 1. *trans.* perrumpere; (*e-e Wand*) perfodere; perfringere [aciem hostium]; **2.** *intr.* perrumpere per.
durchbringen perferre [legem]; servare (integrum) [puerum]; *sich kümmerlich* ~ parce ac duriter vitam agere, misere vivere; (*verschwenden*) pro-, effundere, consumere [patrimonium].
Durchbruch *m* eruptio *f*; ~ *des Wassers* aquae *f/pl.* super ripam effusae.
durchdenken perpendere, meditari; animo secum reputare, cogitando persequi (*od.* pertractare).
durchdrängen: *sich* ~ per angustias (*od.* per turbam) penetrare (*od.* viam sibi facere).
durchdringen 1. *intr.* penetrare per *od.* ad, pervadere per, perrumpere per; ~ *mit* vincere, pervincere [sententia], valēre [consilium]; obtinēre, ut, ne; **2.** *trans.* perfundere [horror me]; penetrare [in animos]; permanare [frigus ad ossa]; pervadere [venenum artūs]; *durchdrungen von* commotus, permotus, perfusus, percussus [gaudio, dolore]; imbutus [uterque admiratione alterius]; plenus [laetitiae]; *durchdringend* acer [vox]; acutus [sonus]; gravis [odor].
durchdrücken assequi [propositum].
durcheilen percurrere, pervolare.
durcheinander promiscue, confuse, permixte; ~ **gehen** discurrere, confundi, confusum esse; ~ **laufen** discurrere, trepidare; ~ **mengen,** ~ **mischen** (per)miscēre, commiscēre, confundere, (per)turbare; ~ **reden** confuse loqui, alius alii obstrepit.
durchfahren vehi per, transvehi, percurrere, pervolare.
Durchfahrt *f* transitus 4 *m* (*auch als Ort*); transitio *f* [transitiones perviae Iani nominantur]; (*durch e-n Fluss*) vadum *n.*
Durchfall *m* alvi deiectio *f* (*od.* profluvium *n*), venter profluit; ~ *verursachen* alvum movēre (*od.* ciēre); *den* ~ *hemmen* alvum sistere (*od.* adstringere); (*bei Bewerbungen*) repulsa *f*.
durchfallen (*bei Bewerbungen*) repulsam ferre [consulatūs *bei*]; (*in der Prüfung*) * tentantibus probantibusque non satisfacere; (*von Schauspielern*) eici, exigi; (*von Stücken*) cadere.
durchfechten disceptare (armis, verbis) de; *eine Sache* ~ causam obtinēre.
durchfeilen limā dividere (*od.* perforare); (*Schriften*) perpolire.
durchflechten intexere [flores capillis].
durchfliegen pervolare, transcurrere; *mit den Augen* ~ oculis perlustrare.
durchfließen fluere per.
durchforschen perscrutari, pervestigare, perquirere.
durchfressen perrodere.
Durchfuhr *f* transvectio *f*.
durchführen traducere, transvehere per; / peragere, persequi, perficere, perferre.

D

Durchführung *f* exsecutio *f*; *nach ~ der Sache* re peractā.
durchfurchen sulcare [vomere].
Durchgang *m* = *Durchfahrt*.
durchgängig *adv*. vulgo, in vulgus; communiter.
Durchgangsrecht *n* iter, itineris *n*, commeatus 4 *m*.
Durchgangszoll *m* portorium *n*.
durchgehen 1. *intr*. ire, transire, pervadere, penetrare per; (*entlaufen*) aufugere; (*v. Pferden*) velut effrenatum (incerto cursu) ferri; (*von einem Ende zum andern*) pertinēre (in omnes partes); (*gebilligt werden*) probari, valēre, vincere, (*v. Gesetzen*) perferri; **2.** *trans*. recensēre, perlustrare, persequi; cognoscere, percurrere; (*untersuchen*) perscrutari, inquirere in [annos].
durchgießen transfundere.
durchglüht incensus, inflammatus.
durchgraben perfodere.
durchgreifen vim adhibēre, remediis gravioribus (*od*. fortioribus) uti; *durchgreifend* acer, fortis, gravis (*bzw. comp*.).
durchhacken diffindere, securi findere.
durchhallen personare.
durchhauen ictu findere (*od*. dividere *od*. discindere).
durchhecheln perstringere, exagitare, carpere, rodere [maledico dente].
durchhelfen fugam (*od*. fugientem) adiuvare, sublevare, facultatem fugae dare; expedire [aegrotum].
durchirren pererrare, pervagari.
durchjagen agitare per [urbem]; percurrere, pervolare [urbem]; *abs*. cito transvehi, transvolare.
durchkommen per [urbem] transire, pervadere, penetrare; / evadere, elabi, enatare, se expedire [ex angustiis].
durchkreuzen pervagari, pererrare [mare]; (*vereiteln*) turbare, disturbare, frangere [consilia].
durchkriechen 1. *intr*. perrepere; **2.** *trans*. perreptare.
durchlassen transitum dare [fugientibus], transmittere; *nicht ~* transitu prohibēre; non pati [finitimos] per fines suos transire.
durchlaufen currere per; percurrere, pervolare, emetiri, decurrere [spatium]; (*v. Flüssigkeiten*) perfluere, permanare.
Durchlaufen *n* **1.** *eig*. percursatio *f*; / **2.** percursio *f*.
durchleben agere, transigere [vitam], vivere [nonaginta annos].
durchlesen perlegere.
durchlöchern perforare.
durchlügen: *sich ~* mendacio defungi.
durchmachen exhaurire [labores]; *eine Schule ~* exerceri [vehementer fortunā].
Durchmarsch *m* transitus 4 *m*.
durchmarschieren iter facere per, transire.
durchmessen permetiri, emetiri.
Durchmesser *m* diametrus *f*, dimetiens *f*.
durchmischen permiscēre.
Durchmischung *f* permixtio *f*.
durchmustern perlustrare, percensēre, recognoscere.
durchnagen perrodere.
durchnässen madefacere; *durchnässt* obrutus nimbo.
durchpeitschen flagris (*od*. loris) caedere.
durchprügeln verberibus caedere, pulsare, male mulcare.
durchräuchern (odoribus) suffire; *Fleisch*: fumo durare.
durchrechnen subducere rationem *od*. calculos *od*. summam.
durchregnen 1. *intr*. perpluere; **2.** *trans*. *ich bin ganz durchgeregnet* pluviā omnino madefactus sum.
durchreiben (*gehörig reiben*) perfricare; (*wund reiben*) atterere; *sich ~* atterere (*z. B. pedem*).
durchreichen 1. *trans*. *j-m etw. ~* praebēre alci alqd per *alqm locum*; **2.** *intr*.: *den ganzen Winter* (*mit etw*.) *~* totam per hiemem habēre (alqd) in sumptum.
Durchreise *f* transitus 4 *m*.
durchreisen *intr*. iter facere (*od*. proficisci) per [Italiam]; transire.
durchreißen discindere, perscindere, (di)rumpere.
durchreiten perequitare; *einen Fluss ~* equo flumen traicere.
durchrütteln peragitare, conquassare.
durchsägen serrā dissecare.
durchschauen contemplari, oculis perlustrare; (*genau erkennen*) perspicere.
durchscheinen perlucēre, translucēre.

durchschießen transfigere [sagittā hosti latus].

durchschiffen (mare) transmittere, percurrere, (per mare) navigare.

durchschimmern perlucēre.

durchschlafen totam noctem dormire.

Durchschlag *m* (*Sieb*) colum *n*.

durchschlagen 1. *trans.* (*durchseihen*) percolare; (*durch Schlagen hindurchtreiben*) adigere per [parietem clavos, cuneum]; **2.** *intr.* (*Feuchtigkeit durchlassen*) transmittere [imbres]; penetrare [imbres per tectum]; *sich* ~ viam (*od.* iter) ferro sibi facere (*od.* aperire); perrumpere [per hostes]; se expedire, evadere; vitam misere sustentare.

durchschleichen: *sich* ~ clam ire, evadere [per hostes].

durchschlüpfen perlabi per.

durchschmausen convivium extendere [ad noctem].

durchschneiden (per)secare, scindere, in duas partes dividere.

Durchschnitt *m*: *im* ~ plus minusve, circiter, fere.

durchschreiten transgredi, emetiri.

durchschütteln peragitare, concutere, iactare.

durchschwärmen perbacchari.

durchschweifen pervagari, peragrare.

durchschwelgen in epulis et vino consumere, perbacchari [multos dies].

durchschwimmen tranare, transnatare, nando traicere (*od.* transmittere) [mare].

durchsehen 1. *intr.* spectare, perspicere per; **2.** *trans.* inspicere, perspicere, cognoscere; recensēre, percensēre; (*verbessernd*) corrigere.

durchseihen percolare.

durchsetzen impetrare, obtinēre ab; eniti et efficere, contendere, ut (ne).

durchsichtig perlucidus; perspicuus, illustris.

Durchsichtigkeit *f* perspicuitas *f od. durch die adj.*

durchsickern percolari, transmitti.

durchsieben cribrare, cribro cernere.

durchsinken perlabi.

durchsitzen deterere [vestem]; (*sitzend zubringen*) persedēre [totam noctem].

durchspalten diffindere.

durchspielen peragere, transigere [partes suas].

durchspießen transfigere [hastā], transverberare [iaculo].

durchstechen interscindere [aggerem]; perfodere, percutere.

durchstecken traicere, transmittere.

durchstoßen 1. *trans.* pertundere, percutere; **2.** *intr. nach e-m Orte*: perrumpere.

durchstrahlen translucēre, perlucēre.

durchstreichen delēre, exstinguere; (*durchwehen*) perflare.

durchströmen perfundi.

durchstudieren perlegere, studiose legere, (totum) cognoscere [librum].

durchstürmen cum impetu ferri per.

durchsuchen scrutari, perscrutari, explorare, excutere, pervestigare.

durchtönen personare.

durchträumen tota nocte somniare; [vitam] silentio transire.

durchtreiben agere, pellere per.

durchtreten perfringere (*z. B. nivem*); pedibus pertundere.

durchtrieben versutus, astutus; *ein* ~*er Mensch* veterator *m*.

durchwachen pervigilare [noctem].

durchwandeln ambulare per, perambulare [agros].

durchwandern peragrare.

durchwaten vado transire [fluvium].

durchweben intexere [atras notas filis].

durchwehen perflare.

durchweichen (e)mollire; *intr.* molliri, mollescere.

durchweinen lacrimis consumere [noctem].

durchwerfen traicere per.

durchwinden: *sich* ~ eluctari [per angusta], expedire se [ex angustiis].

durchwühlen effodere [domos], eruere [terram]; scrutari, rimari.

durchwürzen (satis *od.* bene) condire.

durchzählen numerare, numerum [pecuniae] inire (*od.* percensēre *od.* recensēre).

durchzechen consumere potando [noctem continuumque biduum].

durchziehen transmittere, traicere [filum] per; transire [Asiam], iter facere per [Asiam]; ~ *lassen* transitum (*od.* iter) per fines suos dare.

durchzucken perstringere; (*vom Blitz*) emicare.
Durchzug *m* transitus 4 *m* (*od.* iter) per [urbem].
durchzwängen vi transmittere, adigere per; *sich* ~ (per angusta) eluctari, vi penetrare per, ex angustiis se expedire (*od.* emergere).
dürfen ius (*od.* potestatem) habēre; potestas est, licet [consuli]; debēre, oportēre; est quod, (non) habeo, quod [accusem senectutem]; *Sie* ~ *nicht* cave [transeas]; *es dürfte j-d sagen* dicat (*od.* dixerit) quispiam.
dürftig tenuis, egens, indigens, inops; (*v. Sachen*) tenuis, exiguus, angustus, parvus.
Dürftigkeit *f* tenuitas *f*, egestas *f*, indigentia *f*, inopia *f*.
dürr siccus; macer.
Dürre *f* ariditas *f*; (*Magerkeit*) macies 5 *f*.
Durst *m* sitis *f*, *auch* /; ~ *haben* sitire.
dürsten sitire; / avide appetere.
durstig sitiens; / avidus, flagrans cupiditate.
***Dusche** *f* tubus *m* mammatus.
***Duschbad** *n* lavatio *f* impluens (*od.* superne facta).
***Düse** *f* os *n* tubi.
düster subobscurus, opacus; / tristis [facies temporum].
Düte *f* cucullus *m*.
Dutzend *n* duodecim.
duzen: *sich* ~ *mit* fratrem appellare, fraterno nomine compellare.
***Dynamo** *m* dynamus *m*.
***Dynamometer** *n* dynamometrum *n*.
Dynastie *f* domus *f* principis (*od.* regis, regia); principes *m/pl.*
***D-Zug** *m* tramen *n* celerrimum, vectura *f* citatior.

E

Ebbe *f* aestūs recessus 4 *m*, decessus 4 *m*; *die* ~ *tritt ein* aestus 4 recedit (*od.* minuit); *zur Zeit der* ~ aestu minuente.
eben *adj.* aequus, planus, campester [iter].
eben *adv.* (*Hervorhebung e-s Wortes*) quidem; (*zeitlich*) commodum; (*im Augenblick*) in praesentia, modo; *auch* (*adj.*) recens ab (*od.* ex) [homines recentes ab (*od.* ex) urbe, infans recens a partu]; (*vorzugsweise*) potissimum, maxime, praecipue; (*schlechterdings*) utique, prorsus; (*zufällig*) forte; *nicht* ~ non nimis, non admodum, non sane, *bei adj. und adv. auch* non ita; (*bei Fürwörtern*) ipse (hic ipse, ille ipse, is ipse); ~*derselbe* idem; ~*da* ibidem, eo ipso (*od.* eodem) loco, eādem viā; ~*daher* indidem; ~*dahin* eōdem; ~ *jetzt* nunc ipsum, nunc cum maxime, hoc ipso tempore; ~ *damals* tum ipsum, tum cum maxime, eo ipso tempore; ~*darum*, ~*deshalb* ea ipsa de causa (*od.* eandem ipsam ob causam), ob id ipsum.
Ebenbild *n* imago *f*, effigies *f*, simulacrum *n*; *od. durch* similis, simillimus *m. gen.*
ebenbürtig par (*od.* non impar) genere; *von mütterlicher Seite nicht* ~ materno genere impar; (*aus rechtmäßiger Ehe*) legitimus.
Ebenbürtigkeit *f* eadem generis nobilitas *f*.
Ebene *f* locus *m* aequus (*od.* planus); planities *f*, campus *m*, loca *n/pl.* campestria.
ebenfalls item, pariter; *häufig durch* ipse quoque *od.* et ipse; *Remus war* ~ *ein König* Remus ipse quoque rex fuit.
Ebenholz *n* ebenum *n*.
Ebenmaß *n* proportio *f*; convenientia *f* (*od.* apta compositio *f*) partium (*od.* membrorum); aequalitas *f*, congruentia *f*, concinnitas *f* [verborum].
ebenmäßig aequalis, aequabilis, congruens.
ebenso aeque, pariter; eodem (*od.* pari) modo; similiter, item; ~ ... *wie* aeque ... ac (atque), item ... ut; non secus ... ac (atque), ut ... ita, non minus ... quam; ~ *gut* ... *wie* tam ... quam, item ... ut, non secus ... ac (atque); ~ *als wenn* aeque (*od.* perinde) ac si *m. conj.*, quais *m. conj.*; ~ *sehr* ... *als* non minus ... quam; ~ *wenig* ... *als* non magis ... quam, neque ... neque; ~ *groß* aeque magnus, *auch* idem; ~ *groß*

... *wie* non minor ... quam; ~ *viele* ... *als* totidem ... quot; ~ *viel* aeque multum, tantundem, (*dem Preise nach*) tantidem; ~ *weit* pari spatio.

Eber *m* verres *m*; (*wild*) aper *m*; *vom* ~ verrinus, aprugnus.

ebnen (ex)aequare, coaequare; complanare.

Echo *n* vocis imago *f*, vox *f* repercussa; *ein* ~ *geben* voci respondēre (*od.* resonare); vocem reddere.

echt (*unverfälscht*) sincērus, incorruptus; (*unvermischt*) merus [vinum]; probus [argentum]; verus [virtus]; germanus [frater]; legitimus [liberi]; genuinus [Plauti fabula]; *ein echter Römer* vir *m* vere Romanus; *ein echter Held* vir *m* vere fortissimus.

Echtheit *f* sinceritas *f*, incorrupta integritas *f*, veritas *f*, fides *f*, (*v. Geburt*) legitimum genus *n*; *oft durch „echt" umschrieben.*

Ecke *f* versura *f*; angulus *m*; *auch durch* extremus [mensa]; *von allen* ~*n* undique.

eckig angulatus [corpuscula], angulosus [folium].

Eckpfeiler *m* pila *f* angularis.

Eckstein *m* lapis *m* angularis.

Eckzahn *m* dens *m* canīnus.

edel (*v. Geburt*) generosus, nobilis, nobili genere (*od.* loco) natus; (*v. Charakter*) generosus, ingenuus, liberalis, honestus, bonus; egregius, praeclarus, praestans, optimus; *die edlen Künste* artes *f/pl.* liberales (*od.* ingenuae).

Edelfrau *f* mulier *f* (*od.* matrona *f*) nobilis.

Edelknabe *m* puer *m* nobilis.

Edelmann *m* homo *m* (*od.* vir *m*) nobilis (*od.* nobili genere natus).

Edelmut *m* animus *m* generosus (*od.* ingenuus); liberalitas *f*, ingenuitas *f*, animi magnitudo *f*.

edelmütig generosus, liberalis, ingenuus.

Edelstein *m* gemma *f*, *auch* lapis *m*; *mit* ~*en besetzt* gemmatus, gemmis distinctus.

Edikt *n* edictum *n*; *ein* ~ *erlassen* edictum edere, edicere (*mit* ut, ne).

Efeu *m* hedera *f*; *von* ~ hederaceus.

***Effekten:** *die* ~ chartae *f/pl.* nummariae.

Egge *f* crates *f* (dentata), irpex *m*.

eggen occare.

Eggen *n* occatio *f*.

Egoismus *m* amor *m* sui (*od.* rerum suarum).

Egoist *m* homo *m* sui commodi cupidissimus.

Ehe *f* matrimonium *n*; (*rechtlich*) conubium *n*; (*Verbindung*) coniugium *n*; *eine* ~ *eingehen* matrimonium contrahere, in matrimonium ire; *zur* ~ *geben* nuptum (*od.* in matrimonium) dare; *zur* ~ *begehren* in matrimonium (sibi) petere; *eine* ~ *stiften* nuptias conciliare (*od.* efficere).

ehe *cj.* antequam, priusquam.

Ehebett *n* lectus *m* genialis.

ehebrechen adulterare, adulterium committere.

Ehebrecher *m* adulter *m*.

Ehebrecherin *f* adultera *f*.

ehebrecherisch adulter, adulterinus; *in e-m* ~*en Verhältnis mit j-m stehen* adulteria exercēre cum aliquā.

Ehebruch *m* adulterium *n*.

ehedem olim.

Ehefrau *f* uxor *f*, coniunx *f*.

Ehegatte *m* maritus *m*, coniunx *m*.

ehegestern nudius tertius.

Ehegott *m* Hymen *m*, Hymenaeus *m* (*bei den Römern*); *sonst*: deus *m* coniugii *od.* coniugalis.

Eheleute: *die* ~ coniuges *m/pl.*

ehelich *durch* (*gen.*) coniugis (*bzw. pl.*), matrimonii; ~*e Kinder* liberi legitimi (*od.* iusta uxore nati).

ehelos caelebs; (*v. der Frau*) non nupta, vidua; ~ *bleiben* matrimonio abstinēre.

Ehelosigkeit *f* caelibatus 4 *m*, vita *f* caelebs, (*der Frau*) viduitas *f*.

ehemalig pristinus; *durch adv.* quondam, antea [rex].

ehemals olim, quondam, antea.

Ehemann *m* maritus *m*, vir *m*.

eher (*zeitlich*) prius, ante, citius, *adj.* (*v. zweien*) prior, (*v. vielen*) primus; (*lieber*) potius, citius.

Eherecht *n* conubium *n*; (*der Eheleute*) ius *n* matrimonii.

ehern aeneus, ex aere factus.

Ehescheidung *f* divortium *n*.

ehestens quam primum, primo quoque tempore, citissime.

Ehestifter *m* nuptiarum conciliator *m*.

Eheversprechen *n*: *er gab ihr das* ~ promisit se eam uxorem ducturum esse.

Ehevertrag *m* pactio *f* nuptialis.
Ehezwist *m* rixa *f* inter coniuges.
ehrbar honestus; probus, decorus; (*züchtig*) pudīcus, castus.
Ehrbarkeit *f* honestas *f*, verecundia *f*, pudicitia *f*, castitas *f*, decorum *n*.
Ehre *f* honor *m*; (*sittlicher Wert*) dignitas *f*; auctoritas *f*; existimatio *f*, fama *f*; laus *f*, gloria *f*; *eine ~ sein* honori (*od.* laudi) esse [iuveni]; *~ machen* honestare [iuvenem], honori esse [iuveni]; *in ~ stehen* in honore esse apud; *es für eine ~ halten* honori (*od.* laudi) ducere, in honore (*od.* in laude) ponere; *zu Ehren* ad honorem [Caesaris], honoris [Caesaris] causā (*od.* gratiā); *oft durch dat.*; *dein Wort in ~n* pace tuā (dixerim); *bei meiner ~* bonā fide; *die letzte ~* supremum officium *n*, iusta *n/pl.*; *die letzte ~ erweisen* iusta facere (*od.* solvere).
ehren 1. (*äußerlich*) honorare, honore afficere (*od.* prosequi); honorem tribuere (*od.* habēre); **2.** (*innerlich*) magni facere; vereri, venerari, suspicere.
Ehrenamt *n* honor *m*.
***ehrenamtlich** sine salario.
Ehrenbezeigung *f* honor *m*; observantia *f*, salutatio *f*.
Ehrenbogen *m* arcus 4 *m*, fornix *m*.
Ehrenbürger *m* civitate donatus *m*.
Ehrendenkmal *n* monumentum *n* (gloriae *od.* laudis); honos *m*.
Ehrendienst *m* officium *n*, honos *m*.
Ehrenerklärung *f* satisfactio *f*; *e-e ~ geben* satisfacere.
Ehrengeleit *n* officium *n*; *das ~ geben* officii causā prosequi [legatos].
ehrenhaft honestus, probus, bonus; verecundus, pudīcus.
Ehrenhaftigkeit *f* honestas *f*, sanctitas *f*; verecundia *f*, pudor *m*.
ehrenhalber honoris causā (*od.* gratiā).
Ehrenkleid *n* vestis *f* forensis; *im röm. Sinne*: toga *f* praetexta; *von Soldaten*: vestis *f* militaris.
Ehrenkranz *m* (honoris) corona *f*, corona *f* ob honorem data (*od.* meritis parta).
Ehrenkränkung *f* existimatio *f* violata *od.* offensa; iniuria; *j-m e-e ~ zufügen* alcs existimationem violare *od.* offendere, iniuriam alci inferre.
Ehrenmann *m* vir *m* bonus (*od.* optimus, probus, honestus, egregius).
Ehrenname *m* nomen *n* (honorificum), appellatio *f* honorifica, honor *m*, titulus *m*.
Ehrenpforte *f* ornatus 4 *m* portae.
Ehrenplatz *m* locus *m* princeps; *f* principatus 4 *m*.
Ehrenpreis *m* **1.** *eig.* vistutis praemium *n*, ornamentum *n*; **2.** * *n* venica *f*.
ehrenrührig contumeliosus, ignominiosus, iniuriosus, probrosus.
Ehrensache *f* res *f*, in qua [hominis] existimatio (*od.* fama *od.* dignitas) agitur.
Ehrensäule *f* statua *f*.
Ehrensitz *m* honoris sedes *f*.
Ehrensold *m* (laudis, virtutis) praemium *n* (*od.* honor *m*).
Ehrenstelle *f* honor *m*, munus *n* honorarium.
Ehrenstufe *f* honoris (*od.* dignitatis) gradus 4 *m*.
Ehrentag *m* dies *m* honestissimus (*od.* sollemnis *od.* festus).
Ehrentitel *m* titulus *m* insignis, adpellatio *f* honorifica.
Ehr(en)verletzung *f* iniuria *f*.
ehrenvoll honestus, honorificus, decōrus, amplus, gloriosus; *~e Ausdrücke* verborum honos *m*, verba *n/pl.* amplissima; *~er Dienst* honorata militia *f*.
Ehrenwache *f*: *j-m e-e ~ geben od. stellen* praesidium alci constituere; milites alci officii causā adiungere.
ehrenwert honore dignus, honestus, probus, bonus, strenuus, fortis.
Ehrenwort *n* fides *f*.
Ehrenzeichen *n* (honoris *od.* dignitatis) insigne *n*.
ehrerbietig observans, reverens, verecundus, venerabundus; *~ sein gegen* veneratione prosequi [parentes].
Ehrerbietung *f* observantia *f*, reverentia *f*, verecundia *f*; *~ erweisen* colere et observare; venerari [regem].
Ehrfurcht *f* reverentia *f*, veneratio *f*; (*gegen Wohltäter*) pietas *f*; (*gegen die Gottheit*) religio *f*; *~ haben vor* vereri, reverentiam habēre [parentibus].

ehrfurchtsvoll reverens, venerabundus, pius, religiosus.
Ehrgefühl *n* pudor *m*, verecundia *f*.
Ehrgeiz *m* ambitio *f*, studium *n* honorum, cupiditas *f* honoris (*od.* laudis *od.* gloriae).
ehrgeizig ambitiosus, honorum (*od.* honoris *od.* laudis *od.* gloriae) cupidus (*od.* avidus *od.* appetens).
ehrlich probus, bonus, integer, sanctus, innocens, frugi; *~er Name* bona existimatio *f*, fama *f*.
Ehrlichkeit *f* probitas *f*, integritas *f*, fides *f*, innocentia *f*.
ehrlos inhonestus, turpis; infamis, famosus, intestabilis.
Ehrlosigkeit *f* infamia *f*.
ehrvergessen honestatis immemor, perfidus, impudens.
ehrwürdig venerabilis, venerandus, reverendus; augustus; gravis, amplissimus.
Ehrwürdigkeit *f* dignitas *f*, maiestas *f*, amplitudo *f*, sanctitas *f*.
Ei *n* ovum *n*; *Eier legen* ova parere; *das ~ will klüger sein als die Henne* sus Minervam, ut aiunt; *harte Eier* concreta, *weiche Eier* fluida, *gekochte Eier* elixa, *Spiegeleier* assa, *Rühreier* rudiculā versata (*od.* peragitata.)
ei! *intr.* (*Freude*) euge, io!; (*Verwunderung*) heu, ehem!; (*Unwillen*) eheu, at!; (*Drohung*) eia!; (*Spott*) vah!; (*Ungeduld*) quaeso; *~ nun* scilicet, videlicet, nimirum; *~ so sage es kurz* quin tu paucis verbis dicis (dic).
Eibe *f* taxus *f*.
Eibisch *m* hibiscum *n*, althaea *f*; * althaea *f* officinalis.
Eiche *f* quercus 4 *f*; (*Steineiche*) robur *n*; (*Stecheiche*) ilex *f*; (*Speiseiche*) aesculus *f*.
Eichel *f* glans *f*.
eichen quernus *od.* querneus; roboreus, iligneus, aesculeus.
eichen publice probare [mensuras et pondera].
Eichenholz *n* robur *n*, lignum *n* roboreum.
Eichenwald *m* quercetum *n*.
Eichhörnchen *n* sciurus *m*.
Eid *m* ius *n* iurandum; (*Diensteid*) sacramentum *n*; *e-n ~ leisten* ius iurandum iurare (*od.* dare) [principi]; (*mil.*) sacramento dicere, sacramentum dicere apud; *den ~ der Treue schwören* in verba [principis] iurare, (*schwören lassen* ius iurandum *od.* iure iurando *od.* sacramento) adigere in verba [principis]; *den ~ halten* ius iurandum (con-)servare, iure iurando stare.
Eidam *m* gener *m*.
Eidechse *f* lacerta *f*.
Eidesformel *f* iuris iurandi verba *n/pl*.
Eidgenosse *m* foederatus *m*.
Eidgenossenschaft *f* foedus *n*, foederati *m/pl*.
eidlich iureiurando; *ein ~es Versprechen geben* fidem et ius iurandum dare; *~ bekräftigen* iureiurando affirmare.
Eidotter *m* vitellus *m*; luteum *n* ex ovo.
Eierschale *f* ovi putamen *n*.
Eifer *m* studium *n* [pugnandi]; *vor ~ brennen* studio flagrare (*od.* ardēre *od.* incensum esse); *mit ~* studiose, vehementer; *blinder ~* caecus impetus 4 *m*.
Eiferer *m* defensor *m*, adiutor *m* [libertatis]; *~ gegen das Laster* insectator *m* vitiorum.
eifern: *für etw. ~* acerrime defendere; *~ gegen* acerbe (*od.* graviter) invehi in [vitia].
Eifersucht *f* invidia *f*; aemulatio *f*; simultas *f*; (*in der Liebe*) rivalitas *f*; *~ auf* obtrectatio *f* [nonnullorum virtutis].
eifersüchtig aemulus, invidus, invidiosus; *~ sein auf* aemulari, obtrectare, invidēre [aequali].
eiförmig ovatus, ovi specie.
eifrig studiosus, acer [investigator].
eigen proprius [sumptus]; meus, tuus, suus, noster, vester [epistula meā manu scripta; *verstärkt durch* ipsius]; *er ist sehr ~* diligentissimus est [in omnibus rebus].
***Eigenbrötler** *m* homo *m* sui iuris suaeque sententiae, homo *m* segrex.
Eigendünkel *m* vana de se opinio *f*.
eigenhändig meā (tuā *u. a.*) manu scriptus (factus *u. a.*).
Eigenheit *f* proprietas *f*, proprium *n*.
Eigenliebe *f* nimius (*od.* vanus) amor *m* sui; *~ besitzen* se ipsum amare.
Eigenlob *n* laudatio *f* sui, de se praedicatio *f*; *~ stinkt* deforme est de se ipsum praedicare.

eigenmächtig voluntarius, meo (tuo *u. a.*) arbitratu, meā (tua *u. a.*) sponte factus (*od.* constitutus) *u. Ä.*
Eigenname *m* nomen *n* proprium.
Eigennutz *m* suarum rerum studium *n*, suae utilitatis (*od.* sui commodi) cura *f*, lucri cupiditas *f*; *aus* ~ sui commodi (*od.* suae utilitatis *od.* sui quaestus) causa; *ohne* ~ suorum commodorum oblitus.
eigennützig suis commodis serviens, suae utilitatis studiosus.
eigens proprie, ipse.
Eigenschaft *f* natura *f*, *pl.* naturae et facultates *f*; vis *f*; *amtliche* ~ potestas *f*; *sehr oft zu umschreiben durch* qualis, qui; *es ist die* ~ *e-s guten Redners* boni oratoris est; *in seiner* ~ *als* numero [militis]; *gute* ~ virtus *f*, bona ars *f*; *schlechte* ~ vitium *n*.
Eigenschaftswort *n* nomen *n* adiectivum.
Eigensinn *m* animus *m* obstinatus; pervicacia *f*, pertinacia *f*; impetus 4 *m* quidam animi; *aus* ~ ex libidine.
eigensinnig obstinatus, pervicax, pertinax, libidinosus.
eigentlich 1. *adj.* ipse, verus [nomen]; germanus [patria]; naturalis [filius, non adoptione]; **2.** *adv.* (*in Fragen*) tandem [quis tandem? quousque tandem?]; proprie, vere, revera; maxime, potissimum.
Eigentum *n* res *f* [domesticus, privatus, publicus], *durch* proprius *m. gen.*, meus (tuus, suus, noster, vester); (*kollektiv*) res *f* familiaris, possessio(nes) *f*, bona *n/pl.*, fortunae *f/pl.*, peculium *n*; (*ererbtes*) patrimonium *n*.
Eigentümer *m* dominus *m*; ~ *sein* possidēre.
Eigentümerin *f* domina *f*.
eigentümlich proprius *m. gen.*, peculiaris, singularis; *das* ≈*e haben* hoc habēre, ut; *es ist einem guten Redner* ~ boni oratoris est; *es ist dem Menschen* ~ humanum est.
Eigentümlichkeit *f* proprietas *f*, natura *f*; *die* ~ *dieser Sprache* quod proprium est huius linguae.
Eigentumsrecht *n* dominium *n*, mancipium *n*, ius *n* mancipii, usus 4 *m* (et) auctoritas *f*.
Eigenwille *m* arbitrium *n*; libido *f*.
eigenwillig libidinosus.
eignen: *sich* ~ *zu* aptum (*od.* idoneum) esse ad.
Eiland *n* insula *f*.
Eilbote *m* nuntius *m* volucer; eques *m* citus, cursor *m*.
***Eilbrief** *m* epistula *f* citata.
Eile *f* properatio *f*, festinatio *f*, celeritas *f*; *in (der)* ~ propere, festinanter; *es hat keine* ~ nihil urget.
eilen contendere, properare, festīnare, maturare; *nach Rom* ~ Romam contendere (*od.* accurrere), (ad-)volare, ire contendere, propere proficisci, petere; *zu Hilfe* ~ succurrere [laborantibus]; *zu den Waffen* ~ ad arma concurrere (*od.* discurrere); ~ *mit* accelerare [iter]; maturare, properare, contendere [proficisci]; *eile mit Weile* festina lente!
eilends propere, festinanter, raptim, remis velisque; *adj.* repentinus, tumultuarius, subitarius.
eilfertig properans, festinans, praeproperus; citus; (*übereilt*) praeceps.
Eilfertigkeit *f* festinatio *f* (praepropera *od.* praematura).
Eilmarsch *m* magnum iter *n*, agmen *n* citatum; *im* ~ citato agmine; *Eilmärsche machen* iter maturare, magnis itineribus contendere.
Eimer *m* (*Feuer*≈) hama *f*, (*als Maß*) amphora *f*.
ein, einer *als unbestimmter Artikel bleibt unübersetzt*; (*Zahlwort* unus; ~*er der besten Redner* optimus orator; *ich traf* ~*en guten Freund von mir* occurri cuidam mihi amicissimo; *die Würde* ~*es Konsuls* dignitas *f* consularis; *wenn* ~*er* si quis; *wenn überhaupt* ~*er* si quisquam [ulla civitas]; *je nachdem* ~*er Freier oder Sklave war* ut quisque liber aut servus erat; *dies geschah in* ~*er Zeit, wo* accidit eo tempore, quo; *wie* ~*er Mensch ist, so ist sein Gott* qualis homo, talis deus; (*Zahl*) unus; *der eine ... der andere* unus ... alius, (*von zweien*) alter ... alter [altero pede claudus]; ~*er nach dem andern* alius post alium, alius ex alio, alius atque alius; ~*er wie der andere* ambo, uterque; pariter.
einander (*pron. reciprocum*) inter nos, inter vos, inter se (inter ipsos); alius alium, (*v. zweien*) alter alterum.
einarmig altero bracchio carens.
einäschern incendio delēre, comburere, concremare.

einatmen spiritu ducere (*od.* haurire).
einätzen *in Erz:* incīdere (in aes); *Buchstaben in etw.* ~ litterarum formis (*od.* notis) alqd compungere.
einäugig (*v. Geburt*) luscus, cocles; altero oculo orbus (*od.* captus); (*v. Zyklopen*) uno oculo in fronte insignis.
einbalsamieren condire.
Einband *m* involūcrum *n*, tegumentum *n*.
einbeißen: *sich* ~ mordicus prehendere, mordēre.
einberufen convocare (*z. B. concilium, senatum*).
einbiegen *intr.* inflecti [sinus ad urbem].
einbilden: *sich* ~ animo (*od.* cogitatione) fingere (*od.* effingere); cogitare, opinari; *er bildet sich ein* sibi videtur [aegrotus esse]; *adj. eingebildet* fictus, commenticius, falsus; *er ist eingebildet* falsam de se habet opinionem; arroganter de se sentit; nimium sibi placet.
Einbildung *f* opinio *f*; nimia (*od.* falsa) de se opinio.
Einbildungskraft *f* ingenium *n*, cogitatio *f*, mens *f*, animus *m*.
einbinden conglutinare [librum].
einblasen inspirare [animam homini]; insusurrare [in aurem]; subicere [verbum].
einbläuen verberibus inculcare.
Einblick *m*: *e-n* ~ *in etw. haben* perspicere alqd.
einbrechen *intr.* rumpi, solvi, collabi, corruere [aedes]; * (*auf dem Eise*) glacie fragili mergi; (*gewaltsam eindringen*) irruere (*od.* irrumpere *od.* invadere) in [aedes alienas]; impetum, incursionem, irruptionem facere [in agros]; (*herannahen*) imminēre, appetere [nox].
einbrennen inurere [notam servo].
einbringen inferre, importare; invehere, inducere; deferre [causam ad iudicem]; *einen Gefangenen* ~ captum abducere; (*Gewinn*) fructum facere.
einbrocken interere.
Einbruch *m* irruptio *f*, incursio *f*; *beim* ~ *der Nacht* nocte appetente, *beim* ~ *des Winters* hieme ineunte (initā).
***Einbruchsdiebstahl** *m* furtum *n* fractis claustris factum.
einbürgern civitatem dare, civitate donare, in civium numerum asciscere; *eingebürgert sein* civem esse; / inveteratum esse.
Einbuße *f*: ~ *erleiden* iacturam facere.
einbüßen amittere.
eindämmen aggere (*od.* mole) coercēre (*od.* cingere); / coercēre, cohibēre.
***Eindecker** *m* monoplanus *m*.
eindrängen: *sich* ~ se inferre.
eindringen intrare, penetrare; (*feindlich*) invadere, irruere, irrumpere, incursare; (*unvermerkt*) irrepere; ~ *auf* petere [hostem]; *tief* ~ descendere in pectus; / *tiefer* ~ altius penetrare [in rerum causas].
eindringend acer, acutus, subtilis; *~er Verstand* ingenii acumen *n*.
eindringlich gravis, vehemens; *~e Beweise* magna documenta *n/pl*.
Eindruck *m* pulsus 4 *m* [externus], appulsus 4 *m* [frigoris]; (*sinnlicher*) sensus 4 *m*, visum *n*; (*auf das Gemüt*) motus 4 *m*, motio *f*, commotio *f*; ~ *machen* movēre, commovēre, permovēre, ferire [animos]; *guten* ~ *machen* delectare, suaviter afficere; *schlechten* ~ *machen* offendere, commovēre.
eindrücken imprimere [signum in cera]; frangere [portam], elidere [caput].
einengen cogere in artum, compellere in angustias; coartare [iter].
einerlei unus; idem; eiusdem generis; ~ *sein* unum esse, nihil differre; nihil interest; *es ist mir* ~ nihil meā interest (*od.* refert), iuxta habeo; *es ist nicht* ~, *ob man* ... aliud est ... aliud est *m. inf.*
einernten fruges demetere, messem facere; (*bekommen*) fructum percipere ex [horto].
einerseits ... andererseits et ... et, ut ... ita, alii ... alii, pars ... pars, partim ... partim; ~ *nicht* ... *andrerseits* (*aber*) neque ... et.
einexerzieren exercēre.
einfach simplex; (*v. Stil*) nudus, siccus; frugi, tenuis, modicus, modestus, horridus.
Einfachheit *f* simplicitas *f*, frugalitas *f*; (*v. Stil*) tenuitas *f*, siccitas *f*; (*tadelnd*) exilitas *f*.
einfädeln filum (in acum) inserere; / callide ordiri.

einfahren 1. (*trans.*) invehere [frumentum in horrea]; 2. *intr.* invehi, intrare.
Einfahrt *f* 1. (*das Einfahren*) invectio *f*; *nach* ~ *des Getreides* frumento condito; 2. (*Eingang*) introitus 4 *m*; (*Zugang*) aditus 4 *m*; *e-s Hafens*: ostium *n*.
Einfall *m* (*feindlich*) irruptio *f*, incursio *f*, incursus 4 *m*; (*Gedanke*) cogitatio *f* subita (*od.* repentina); (*witziger Ausspruch*) facete (*od.* lepide *od.* acute) dictum, *pl. auch* facetiae *f*, sales *m*; *ich habe einen* ~ venit mihi in mentem, mihi occurrit, subit animum meum cogitatio.
einfallen collabi, concidere, corruere; (*feindlich*) irruere, irrumpere; *sich* ~ *lassen* consilium capere, (in) animum inducere *m. inf.*, ut, ne.
Einfalt *f* simplicitas *f*.
einfältig simplex.
Einfaltspinsel *m* stipes *m*, caudex *m*, truncus *m*; asinus *m*.
einfangen capere, excipere.
einfarbig unius coloris.
einfassen includere [gemmam auro].
Einfassung *f* (*eines Kleides*) limbus *m*; (*an der Tunika*) clavus *m*; (*des Ringes*) pala *f*; (*e-s Dammes*) crepido *f*.
einfinden: *sich* ~ venire, convenire, adesse [Romam, huc].
einflechten innectere, intexere; admiscēre [orationi versūs].
einflicken infercire.
einfließen influere; ~ *lassen* inferre, inicere.
einflößen instillare, ingerere [in os]; / inicere incutere, inferre [metum]; facere [spem]; imbuere, implēre, afficere [admiratione]; (*Mut*) addere [animum].
Einfluss *m* (*v. Pers.*) auctoritas *f*, amplitudo *f*, opes *f/pl.*, potentia *f*, gratia *f*; ~ *haben* multum [auctoritate, opibus, gratia] valēre (*od.* posse) apud; *keinen* ~ *haben* nihil valēre (*od.* posse); *größeren* ~ *erlangen* plus auctoritatis nancisci; (*v. Sachen*) vis *f*, pondus *n*, gravitas *f*, momentum *n*; (*großen*) ~ *haben* (magnam) vim habēre ad, magni momenti esse, pertinēre ad.
einflussreich (*v. Pers.*) [opibus, auctoritate, gratia] potens (*od.* validus); (*v. Sachen*) gravis, amplus, magni momenti.
einflüstern insusurrare (in aurem).
Einflüsterung *f*: *gew. pl.* ~*en* consilia *n/pl.* clandestina.
einfordern exigere.
Einforderung *f* exactio *f*.
einförmig unīus generis, aequabilis, eādem (undique) specie, semper idem, omni varietate carens, nulla varietate (distinctus), eodem semper modo.
Einförmigkeit *f* aequabilitas *f*, similitudo *f*, nulla varietas *f*.
einfriedigen saepire.
einfrieren conglaciare, congelare.
einfügen inserere.
Einfuhr *f* ea [res, merces] quae importantur, res (*od.* merces) importatae (*od.* importandae).
einführen introducere, (ad)ducere; (*in einer Schrift*) inducere, facere [hominem dicentem]; *in ein Amt* ~ inaugurare; (*in die Wissenschaft*) litteris imbuere; (*vom Ausland*) importare, invehere; (*zum Gebrauch*) inducere [novos mores], introducere [consuetudinem].
Einführung *f* introductio *f*; invectio *f*; inductio *f*; *nach* ~ *der Gesandten* legatis introductis.
Einfuhrzoll *m* portorium *n*.
einfüllen ingerere, infundere.
Eingabe *f* libellus *m*, litterae *f/pl.*
Eingang *m* ingressus 4 *m*, introitus 4 *m*, accessus 4 *m*, aditus 4 *m*; ~ *finden bei* probari [civibus], accipi, recipi, laudari [a civibus]; in pectus descendere [verba]; ~ *verschaffen* commendare.
eingeben (*zum Essen, Trinken*) dare, praebēre; (*Eingabe machen*) deferre [ad iudicem]; (*in den Sinn geben*) inicere, subicere, suggerere; monēre, admonēre, in eam mentem impellere, ut.
eingebildet fictus; vanā superbiā [inflatus.]
eingeboren unicus [filius]; indigena, in ipsa terra natus.
Eingebung *f*: *göttliche* ~ instinctus 4 *m* (*od.* afflatus 4 *m*) divinus; *auf* ~ monitu [amici], monente (*od.* auctore [amico]; *auf göttliche* ~ divinitus.
eingedenk memor, non immemor.
eingefleischt: *ein* ~*er Bösewicht* homo *m* nequissimus et sceleratissimus.
eingehen: *ein- und ausgehen* commeare; (*Waren*) invehi, importari;

(*Briefe, Nachrichten*) afferri, perferri, reddi; (*Gelder*) solvi, (*Einkünfte*) redire; *ein Bündnis* ~ societatem (*od.* foedus) inire (*od.* icere *od.* ferire); ~ *auf* probare, accipere [condiciones pacis]; *darauf will ich nicht näher* ~ haec missa faciam; ~ *lassen* tollere, omittere, intermittere; P. interire, exstingui [gens], obsolescere, evanescere [mos].
***Eingemeindung** *f* civitatum coniunctio *f*.
Eingeständnis *n* confessio *f*.
eingestehen fateri, confiteri.
***eingetragen:** ~*er Verein* (*E.V.*) societas *f* in tabulas relata.
Eingeweide: *die* ~ (*Gedärme*) intestina *n/pl.*; (*die edleren*) exta *n/pl.*, viscera *n/pl.*
Eingeweideschau *f* extispicium *n*.
Eingeweideschauer *m* extispex *m*.
eingezogen solitarius, umbratilis [vita]; ~ *leben* parce (*od.* procul a re publica *od.* otiose) vivere.
eingießen infundere, (*in mehrere Gefäße*) diffundere.
eingraben infodere, defodere; defossā terrā deponere, obruere terrā; (*vom Künstler*) incīdere, insculpere, inscribere.
eingreifen (*handeln*) fortiter (*od.* naviter) agere [in rebus gerendis, ad pacem faciendam]; *in die Rechte* ~ deminuere aliquid de iure [sociorum]; (*entgegenwirken*) occurrere.
eingreifend gravis, fortis [remedia].
Eingriff *m* iniuria *f*; *einen* ~ *sich erlauben* violare [ius], manus adferre [alienis bonis].
einhandeln mercari, emere.
Einhalt *m*: ~ *tun* cohibēre, coërcēre, comprimere, supprimere, sistere; *dem Streite* ~ *tun* certamen dirimere.
einhalten: *e-n Termin* ~ ad diem constitutum (pecuniam) solvere (*od.* adesse); *eine Richtung* ~ cursum tenēre [navis, vitae].
einhändig unimanus, altera manu orbus.
einhändigen tradere, (in manus) [dare, reddere.
einhängen imponere alqd in alqd.
einhauchen inspirare.
einhauen incīdere [leges in aes]; effringere, perfringere, excidere [portam]; ~ *auf* caedere [hostes]; ~ *lassen* immittere [equites].
einheften insuere.
einhegen saepire, consaepire, circumsaepire; *e-n Wald* ~ *zur Lappjagd*: silvam indagine cingere; *Hirsche* ~ cervos saltibus claudere.
einheimisch domesticus; intestinus [bellum]; vernaculus [legio]; / proprius; ~ *werden* civem fieri, civitate donari; *subst.* **Einheimischer** *m* indigena *m*, incola, civis *m*.
Einheit *f* unitas *f* [vitae]; *mst durch* unus *od. vereinigen umschrieben.*
***Einheitspreis** *m* unum idemque pretium *n*.
einheizen calefacere.
einhelfen subicerere, suggerere (*mit Worten*); (*dem Gedächtnis zu Hilfe kommen*) admonēre *alqm*; *sich* ~ *lassen* admonēri.
einhellig concors, concordiā coniunctus.
einherfahren (curru) invehi.
einhergehen incedere, ingredi.
einherstolzieren magnifice incedere.
einherziehen incedere, ingredi, se inferre.
einholen (*ehrenvoll*) revertentem prosequi; assequi [fugientem], consequi; ex fuga retrahere.
Einhorn *n* monocerōs (-ōtis) *m*.
einhüllen involvere, obvolvere, velare, tegere.
einig concors, concordiā coniunctus, consentiens; ~ *sein* concordare, consentire; *nicht* ~ *sein* dissentire; ~ *werden* convenit [mihi tecum, inter nos] de.
einige Mal alilquoties.
einigen coniungere; *sich* ~ pacisci.
einiger nonnullus, aliqui(s), ullus, quidam; *pl.* *einige* nonnulli, aliqui; (*zählend*) aliquot, pauci, quidam, sunt qui (*m. conj.*); *einiges* pauca; *einige ... andere* alii ... alii, pars ... alii, partim ... partim.
einigermaßen aliqua ex parte, aliquo modo, quodammodo, aliquid (*in etwas*); aliquantum (*ein Bedeutendes*).
Einigkeit *f* consensus 4 *m*; ~ *macht stark* concordiā res parvae crescunt.
einjagen inicere, incutere, inferre [terrorem hostibus].
einjährig unius anni, unum annum natus; annuus [militia].
einimpfen imbuere [pueros servilibus vitiis].

E

einkassieren exigere [pecuniam].
Einkauf *m* emptio *f*, coemptio *f*.
einkaufen emere, coëmere.
Einkehr *f* deversorium *n*, hospitium *n*.
einkehren devertere, deverti [ad hospitem, in villam]; *eingekehrt sein* deversari apud.
einkeilen cuneare, cuneo adigere; / *eingekeilt* in artum compulsus.

E

einkerben striare, incīdere.
einkerkern in vincula conicere, in carcerem includere.
Einkerkerung *f* custodia *f*, vincula *n/pl.*
einklagen (re)petere, exigere.
einklammern uncis includere.
Einklang *m* (*mus.*) concēntus 4 *m* (vocum); *im ~ stehen* concinere, consentire, congruere cum inter se.
einkleiden vestire; ornare; (*in Worte*) litteris mandare.
Einkleidung *f* vestitus 4 *m*, ornatus 4 *m*, (*in Worten*) oratio *f*.
einklemmen comprimere.
einknicken infringere.
einknüpfen innectere, implicare.
einkochen *trans.* coquere, decoquere; *intr.* decoqui.
einkommen (*v. Geldern*) redire, solvi; *~ um* (per litteras) petere [mercedem ampliorem]; (*juristisch*) lege agere, causam deferre ad iudicem.
Einkommen *n* reditus 4 *m*; vectīgal *n* (*od. pl.*); pecuniae *f/pl.*; fructus 4 *m*, quaestus 4 *m*, victus 4 *m*.
***Einkommensteuer** *f* tributum *n* ex censu quotannis collatum.
einkreisen cingere, circumdare; *ein Feld mit Jägern ~* (*einkesseln*) agros agmine venatorum saepire.
einladen imponere [merces in navem]; / invitare, vocare [ad cenam].
Einladung *f* (*Aufforderung*) invitatio *f*; *auf d-e ~* a te invitatus *od.* vocatus, invitatu tuo; *e-e ~ annehmen* promittere se venturum esse; *e-e ~ ablehnen* convivium renuere; *die ~ erwidern* revocare.
Einlage *f* pecunia *f* deposita.
Einlass *m* aditus 4 *m*.
einlassen intromittere, admittere, recipere [urbe, in urbem], accipere, excipere, aditum dare; *nicht ~* introitu prohibēre; excludere; *sich ~ auf* accipere, inire, suscipere, aggredi, descendere ad, in [in certamen, ad causam]; *auf ein Gespräch ~* colloquium instituere (*od.* ordiri), sermonem conferre cum; *in e-e Schlacht sich ~* proelium committere (*od.* inire) cum; *sich ~ auf einen Plan* accedere ad consilium; *sich ~ mit* contrahere cum; *mit dem Feinde ~* cum hoste manūs conserere; *sich nicht ~* pugnam detrectare, pugnandi copiam non facere, supersedēre pugnae.
einlaufen incurrere, invehi, intrare.
einleben: *sich ~* se accomodare ad.
einlegen imponere; addere; *die Lanze ~* hastam ponere; *mit eingelegter Lanze* infesto spiculo, infestā hastā; condere, condire [herbas]; distinguere [opus auro *u. a.*]; *Fürbitte ~* deprecari pro; commendare; *Ehre ~ mit* laudem (*od.* gloriam) capere ex.
einleiten instituere; instruere atque adornare; *einen Prozess ~* litem intendere.
Einleitung *f* (*e-r Rede*) exordium *n*, initium *n*, prooemium *n*; (*Vorrede*) praefatio *f*.
einlenken flectere (currum); (*in der Rede*) redire (*od.* reverti) ad rem propositam; redire eo, unde digressa est oratio.
einleuchten apparēre, liquēre, patēre, constare; clarum (*od.* perspicuum, manifestum) esse; *einleuchtend* clarus, illustris, perspicuus, evidens, manifestus.
einliefern tradere, reddere; conferre, mittere.
einlösen redimere.
Einlösung *f* redemptio *f*.
einmachen condire.
einmal semel; *ein für allemal* semel; *mehr als ~* non semel, plus quam semel, saepius; *~ übers andere* semel atque iterum; *noch ~* iterum, denuo; *oft durch* re- *ausgedrückt*: *noch ~ lesen* relegere; *auf ~* (*plötzlich*) subito, repente, (*zusammen*) simul; *noch ~ soviel* alterum tantum [*so groß, so lang* altero tanto maior, longior]; *nicht ~* ne ... quidem; *endlich ~* (tandem) aliquando; (*in Bitten*) quaeso, obsecro; *sag ~* dic agedum, dic sodes.
Einmaleins *n* tabula *f* Pythagorica.
einmalig: *mit* semel *zu umschreiben.*
Einmarsch *m* ingressus 4 *m*, introitus 4 *m*, adventus 4 *m*; *den ~*

der Feinde verhindern prohibēre, quominus hostes fines ingrediantur; *nach dem ~ der Gallier* Gallis in terram ingressis.
einmarschieren ingredi, introire, intrare.
einmauern muro saepire (*od.* cingere); *lebendig ~* vivum muro includere.
einmeißeln caelo incidere (*od.* insculpere).
einmengen, einmischen admiscēre, immiscēre; *sich ~* se interponere.
einmünden influere.
einmütig concors, concordiā coniunctus.
Einmütigkeit *f* concordia.
einnähen insuere.
Einnahme *f* **1.** *abst.* (*eines Ortes*) occupatio *f*; expugnatio *f*; (*v. Geld*) exactio *f*; **2.** *konkr.* acceptum *n*.
Einnahmebuch *n* codex *m* accepti, tabulae *f/pl.*
einnehmen sumere [cibum], capere, bibere, haurire; (*in Besitz nehmen*) occupare, capere; expugnare, potiri [urbe]; (*in Besitz haben*) tenēre, obtinēre; (*Geld*) pecuniam accipere, recipere; *für sich ~* gratiam [omnium] consequi; *eingenommen: ~ sein für* amplecti [socios]; studio, amore teneri [litterarum]; studēre [philosophiae]; favēre; bene cupere, bene velle [filiae]; *eingenommen sein von sich* sibi nimium placēre; *eingenommen sein gegen* abhorrēre (*od.* alienum esse) ab.
einnehmend suavis, iucundus, blandus, venustus; *~es Äußeres* venustas *f*, species *f*.
Einnehmer *m* exactor *m*, coactor *m*.
einnisten: *sich ~* considere, sedem collocare, irrepere; inveterascere [mores]; (se) insinuare in familiaritatem (*od.* consuetudinem).
Einöde *f* solitudo *f*, locus *m* desertus, vastitas *f* (locorum).
einpacken imponere, condere [in cista]; (*zusammenpacken*) colligere [vasa].
einpassen aptare [rotam vehiculo].
einpferchen: *Schafe ~* claudere pecus textis cratibus.
einpflanzen inserere, ingignere, ingenerare.
einpflügen inarare.
einpropfen inserere; / inculcare.
einpökeln sale conspergere.
einprägen imprimere, infigere, insculpere, inscribere; *sich ~* memoriae (*od.* animo mentique) mandare; *dem Gedächtnis eingeprägt sein* in memoria haerēre (*od.* fixum esse).
einprügeln inculcare, verberando (*od.* plagis) docēre.
einquartieren collocare [milites in hibernis]; disponere [per hospitia]; dividere [in hospitia]; dispertire per oppida; *sich ~* devertere, deverti ad.
Einquartierung *f* milites *m/pl.* per hospitia dispositi (*od.* in hospitia divisi).
***einrahmen** margine includere.
einrammen fistūcare, fistucā adigere, in terram demittere.
einräumen (*hineinschaffen*) inferre, transferre, importare, imponere; (*zugestehen*) concedere, tribuere, largiri.
einrechnen (*mit anrechnen*) imputare; (*in Rechnung bringen*) rationibus inferre; (*die Summe mit einschließen*) adnumerare, addere.
Einrede *f* interpellatio *f*, interfatio *f*.
einreden persuadēre [civibus], ut ..., facile esse; *das lasse ich mir nicht ~* hoc quidem non adducor, ut credam.
einreiben infricare; perungere [corpus oleo].
einreichen deferre, tradere.
einreihen inserere numero [civium], in ordinem redigere (*od.* referre).
einreißen 1. *trans.* destruere, demoliri, diruere [aedificium]; deturbare; scindere [vallum]; rescindere, interrumpere [pontem]; evertere, deicere [turrim]; **2.** *intr.* (*sich verbreiten*) latius vagari (*od.* serpere), increbrescere [consuetudo], invadere [metus].
einrenken (in sedem suam) reponere.
einrichten instituere, constituere, componere, ordinare [res suas], instruere [domum]; *etw. nach etw. ~* accommodare orationem auribus audientium]; *sich ~ nach* se fingere, se conformare, se comparare ad.
Einrichtung *f abst.* institutio *f*, constitutio *f*, instructio *f*, conformatio *f*; *mst durch Verba*; *vernünftige ~* ratio *f*; institutum *n*;

häusliche ~ cultus victusque; e-e ~ *treffen* constituere, instituere.
einrollen involvere.
einrosten robiginem traxisse, robigine obductum esse.
einrücken ingredi, introire, intrare; (*vom Feldherrn*) exercitum deducere [in Italiam]; *in eine Stelle* ~ succedere, ascendere [in altiorem gradum]; substitui, subrogari, suffici.
Einruderer *m* (*einruderiges Schiff*) navis *f* uno remorum ordine instructa.
Eins *f* unitas *f*; (*als Würfelzahl*) unio *m*.
einsacken in saccum (*od.* in sacco) condere.
einsalben inungere, perungere.
einsalzen salire, sale condire.
einsam solitarius, solus, desertus.
Einsamkeit *f* solitudo *f*.
einsammeln colligere.
Einsatz *m* quantum in medium confertur; pignus *n*.
einsaugen sugere, imbibere.
einschalten interponere, inserere, addere; (*Kalendertage*) intercalare.
einschärfen praedicere, admonēre; commendare.
einscharren infodere, defodere.
einschätzen: *j-n* ~ censēre alqm; *sich* ~ profitēri (*od.* deferre) censum; *j-n höher* ~ censum alcs augēre; *j-n niedriger* ~ censum alcs extenuare.
einschenken infundere.
einschicken (trans)mittere.
Einschiebsel *n* interpositio *f*, insertum *n*, interpositum *n*, quod interponitur *od.* inseritur; (*Untergeschobenes, Unechtes*) suppositum *n*, subditicium *n*.
einschiffen imponere [exercitum] in navem *od.* in naves *od.* in classem; *sich* ~ navem conscendere [inde, Brundisio]; *sich wohin* ~ navi (*od.* navibus) proficisci [in Hispaniam, Romam].
einschlafen obdormire, obdormiscere, somnum capere, somno opprimi; torpescere [membra]; (*in Vergessenheit geraten*) elanguescere, torpescere, refrigescere, in oblivionem ire *od.* adduci.
einschläfern (con)sopire.
einschläfernd somnifer, soporifer.
Einschlag *m* (*beim Weben*) subtēmen *n*.
einschlagen 1. *trans.* figere, defigere [clavum]; agere [sublicas]; demittere [stipites]; frangere, effringere [fores]; moliri [portam]; excidere, excutere [dentes]; (*einhüllen*) involvere, tegere; *einen Weg* ~ inire (*od.* ingredi) viam *od.* rationem; **2.** *intr.* (*die Hand geben*) dextram dare; (*v. Blitz*) tangere, icere, percutere, decidere in [terram]; *es hat eingeschlagen* fulmen cecidit; (*vonstatten gehen*) [bene, prospere, male] cedere (*od.* succedere *od.* procedere [parum]).
einschlägig quod ad rem pertinet.
einschleichen: *sich* ~ irrepere in, obrepere, subrepere (*m. dat.*); / se insinuare in [amicitiam]; *Furcht schleicht sich ein* timor subit animum.
einschleppen importare.
einschließen claudere, includere, concludere; servare, custodire [epistulam]; saepire, continēre [beluas saeptis]; circumvallare [oppidum].
einschließlich cum.
einschlucken absorbēre, obsorbēre, devorare; bibere, haurire.
einschlummern obdormiscere; dormitare; dormire coepisse.
einschlürfen sorbēre.
Einschluss *m*: *mit* ~ cum [uxoribus et liberis], additis [uxoribus et liberis].
einschmeicheln: *sich* ~ blanditiis benevolentiam colligere, blanditiis in familiaritatem se insinuare; assentationibus gratiam sibi parere apud.
einschmeichelnd blandus.
einschmelzen conflare [vasa aurea].
einschmieren oblinere, perlinere.
einschmuggeln clam importare.
einschmutzen 1. *trans.* sordidum facere *od.* reddere; **2.** *intr.* obsordescere; **eingeschmutzt** sordidus, squalidus; *eingeschmutzt sein* sordēre.
einschneiden incidere [nomen in arbore]; accidere [arborem].
einschneien nivibus obrui.
Einschnitt *m* incisio *f*; (*in der Rede*) incisum *n*; (*im Vers*) caesura *f*.
einschnüren constringere.
einschränken finibus includere, circumscribere, coërcēre, cohibēre, continēre, reprimere; modum ponere, temperare [cupiditati]; cir-

cumcidere, minuere [sumptus]; *sich* ~ se continēre; continenter (*od.* parce *od.* modeste) vivere.
Einschränkung *f* moderatio *f*, temperatio *f*, continentia *f*, modestia *f*, modus *m*; *mst durch Verba*; (*mit Vorbehalt*) cum exceptione; *mit der* ~, *dass* ita ... ut; *ohne* ~ sine ulla exceptione, libere.
einschreiben inscribere; referre [in librum, in tabulas]; *als Bürger* ~ ascribere in civitatem; *sich* ~ *lassen* nomen dare (*od.* profiteri) apud.
einschreiten: ~ *gegen* vindicare [maleficia]; animadvertere [in filium patrio iure]; (*Einspruch tun*) intercedere, intervenire.
Einschreiten *n* intercessio *f*.
einschrumpfen corrugari; / exilem fieri, minui, imminui.
einschüchtern pavorem (*od.* metum) inicere (*od.* incutere); *eingeschüchtert* metu perterritus.
einschütten infundere; ingerere.
einsegnen consecrare, auspicari.
Einsegnung *f* consecratio *f*, auspicatio *f*.
einsehen inspicere, cognoscere [epistulam]; adire [libros Sibyllinos]; intellegere, perspicere [verum esse].
Einsehen *n* **1.** *eig.* inspectio *f*; / **2.** *ein* ~ *haben* respicere *alqd*, rationem habere *alcs rei*, *z. B.*: *die Obrigkeit sollte darin ein* ~ *haben* magistratūs hoc non impune ferre debent.
einseitig unum latus habens; / mancus et incohatus; ~ *urteilen* leviter iudicare; ~*e Meinung* quasi curta sententia.
einsenken immittere, demittere, deprimere; condere.
einsetzen imponere; imprimere [dentes]; constituere [reges in civitate]; *in ein Amt* ~ praeficere muneri; *wieder* ~ restituere [in pristinam dignitatem]; *an die Stelle* ~ substituere in locum; *zum Erben* ~ heredem instituere, facere; *zum Pfand* ~ pignori dare (*od.* opponere); *sein Leben* ~ vitae (*od.* capitis) periculum adire.
Einsetzung *f e-s Zweiges*: immissio *f*; *v. Pflanzen*: plantatio *f*; *nach* ~ *e-s Königs* rege constituto.
Einsicht *f*: ~ *nehmen* inspicere; ~ *nehmen lassen* inspiciendum dare; *ein Mann von* ~ vir *m* prudentissimus (*od.* magni consilii); *tiefe* ~ exquisita doctrina *f*.
einsichtsvoll intellegens, prudens, sapiens, doctus, peritus; perspicax, acutus, callidus.
einsickern: *der Regen sickert in die Erde ein* terra imbres percolat.
Einsiedler *m* homo *m* solitarius, eremita *m*.
einsiedlerisch solitarius.
einsinken demergi.
einspannen 1. *eig.* inserere; **2.** (*anspannen*) *equos curru od. ad currum* iungere.
einsperren concludere.
einspritzen inspergere.
***Einspritzung** *f* iniectio *f*.
Einspruch *m* intercessio *f*; ~ *erheben gegen* intercedere [legi].
einst olim; (*irgendeinmal*) aliquando; (*vormals*) quondam.
einstampfen inculcare.
einstechen infigere.
einstecken condere [gladium]; (*ins Gefängnis werfen*) in custodiam dare, in carcerem conicere (*od.* includere); / *Beleidigungen* ~ iniurias aequo animo ferre.
einstehen: ~ *für* spondēre pro [reo]; praestare [factum]; auctorem esse.
einsteigen inscendere in [navem].
einstellen admittere; ascribere in numerum [operarum]; (*aufgeben*) omittere, intermittere, desistere ab; *sich* ~ venire, adesse, accedere; (*etw. aufgeben*) deponere, abicere, finem facere.
Einstellung *f* missio *f*, omissio *f*, intermissio *f*; ~ *von Zahlungen* solutio *f* impedita; ~ *aller Rechtsgeschäfte* iustitium *n*; ~ *von Feindseligkeiten* finis *m* belli.
einstig qui olim [imperator] fuit.
einstimmen succinere, concinere.
einstimmig 1. *adj.* consentiens, conspirans, congruens, constans [rumor]; ~*e Meinung* consensus 4 *m*, consensio *f*; ~*er Beschluss* commune consilium *n*; ~ *sein* consentire; *alle sind* ~ *der Meinung* in hoc omnes consentiunt, inter omnes constat; **2.** *adv.* una voce, uno ore, communi (omnium) consensu; constanter; omnibus sententiis, cunctis suffragiis.
Einstimmigkeit *f* consensus 4 *m*, consensio *f*.
einstoßen defigere [asseres in terra],

infigere; (*stoßend brechen*) tundendo *od.* pulsando (pedibus) frangere, confringere; plagis deicere.
einstreichen 1. *Geld* ~ pecuniam auferre; **2.** (*gehörig bestreichen*) interlinere.
einstreuen immiscēre, admiscēre.
einströmen influere.
einstudieren (per)discere, ediscere, memoriae mandare; *ein Stück* ~ fabulam docēre; *sich* ~ meditari, commentari; *ein Stück sich* ~ fabulam discere.
einstürmen irruere, incurrere, irrumpere, se immittere, impetum facere in; (*mit Bitten*) precibus fatigare.
Einsturz *m* ruina *f*, labes *f*, lapsus 4 *m*, strages *f*.
einstürzen concidere, ruere, corruere; (*nach vorn*) proruere; labi, collabi; everti.
einstweilen interim, interea, tantisper; (*für den Augenblick*) ad tempus.
einstweilig ad tempus [munus delatum].
eintägig unius diei.
Eintagsfliege *f* bestiola *f*, quae unum diem vivit; hemerobium *n*.
eintauchen 1. *trans.* (im)mergere [in aquam], intingere [calamum]; **2.** *intr.* (im)mergi.
eintauschen (com)mutare, permutare [studium belli gerendi agri culturā].
einteilen dividere, dispertire, partiri, distribuere, disponere, discribere.
Einteilung *f* divisio *f*, partitio *f*, distributio *f*, dispositio *f*, discriptio *f*.
eintönig unum sonum habens; *eine* ~*e Rede* oratio *f* omni varietate carens.
Eintracht *f* concordia *f*, consensus 4 *m*, consensio *f*, conspiratio *f*.
einträchtig 1. *adj.* concors, consentiens, concordiā coniunctus; ~*e Freundschaft* amicitia concordiaque; **2.** *adv.* concorditer, coniuncte, coniunctissimo animo.
Eintrag *m* damnum *n*, detrimentum *n*; ~ *tun* officere et obstare [commodis], decerpere de.
eintragen inferre, importare; redigere [nomina in codicem accepti et impensi]; (*Gewinn bringen*) fructum ferre *od.* edere *od.* reddere; fructuosum *od.* quaestuosum esse; redire *od.* confici ex [magna pecunia]; capere *od.* percipere ex [magnam pecuniam].
einträglich fructuosus, frugifer [praedium]; quaestuosus [mercatura]; uber [ager].
Einträglichkeit *f* fructus 4 *m*, quaestus 4 *m*, utilitas *f*; (*v. Acker*) ubertas *f*.
einträufeln instillare.
eintreffen occurrere [ad tempus]; afferri, apportari [merces]; convenire [in unum locum]; (*in Erfüllung gehen*) exitum habēre, evenire, evadere.
Eintreffen *n* adventus 4 *m*; exitus 4 *m*, eventus 4 *m*.
eintreiben compellere, cogere [lupum in plagas]; adigere [tigna fistucis]; exigere [pecuniam].
eintreten 1. *intr.* introire, ingredi, intrare; ~ *lassen* admittere, aditum dare; *ins öffentliche Leben* ~ accedere ad rem publicam; *in ein Amt* ~ magistratum inire, munus suscipere; ~ *für* commendare; suadēre [legem]; [*erscheinen*) apparēre; (*beginnen*) accedere, incipere, oriri, ingruere, appetere; (*sich ereignen*) accidere, incidere, evenire, fieri; ~ *für* intervenire pro; **2.** *trans.* conculcare, (pulsando) confringere.
eintrichtern inculcare.
Eintritt *m* introitus 4 *m*, ingressus 4 *m*; (*Eintrittsrecht*) aditus 4 *m*; ~ *gestatten* admittere; *beim* ~ [aestate] ineunte, initio [aestatis]; *beim* ~ *in mein zehntes Jahr* cum decimum annum agere coepissem.
Eintrittskarte *f* tessera *f*.
eintrocknen (ex)arescere.
einträufeln instillare.
einüben exercēre.
einverleiben adiungere, addere, adicere, contribuere, mandare; immiscēre [tirones veteribus militibus].
Einverleibung *f* adiectio *f*.
Einvernehmen *n*: *im* ~ *mit* consentiente, astipulante [patre].
einverstanden: *nicht* ~ *sein* dissentire (*od.* dissidēre) ab.
Einverständnis *n* consensus 4 *m*, consensio *f*, concordia *f*; conscientia *f*; concēntus *m* vocum; (*tadelnd*) conspiratio *f*; (*geheimes*) collusio *f* cum.

Einwanderer *m* advena *m.*
einwandern migrare, immigrare in [Italiam].
Einwanderung *f* adventus 4 *m.*
einwärts introrsus, introrsum; ~ *gekrümmt* incurvus; ~ *biegen* inflectere.
einweben intexere.
einwechseln mutare, com-, permutare [pecuniā].
einweichen macerare; madefacere.
einweihen consecrare, inaugurare, dedicare; ~ *in* inducere [in consuetudinem nostram]; imbuere [litteris]; (*eingeweiht*) conscius; *nicht* ~ expers.
Einweihung *f* consecratio *f*, dedicatio *f.*
Einweihungsfest *n* dies 5 *m* dedicationis.
einwenden contra dicere, dicere [fortasse dixerit quispiam], obloqui, adversari, obicere, opponere, *übh.* respondēre.
Einwendung *f* **1.** (*Weigerung*) recusatio *f*; *vor Gericht:* exceptio *f*; (*Entschuldigung*) excusatio *f*; (*Einrede*) interpellatio *f*; (*Widerspruch*) contradictio *f*; **2.** (*Einwand*) quod contradicitur *od.* obicitur; *j-s* ~*en widerlegen* refellere, quae alqs contra dicit *od.* dixit; refellere, quae ab alqo in contrariam partem allata sunt.
einwerfen saxis (*od.* lapidibus) caedere (*od.* frangere, confringere, effringere).
einwickeln involvere.
einwilligen consentire, assentiri; cedere, vinci.
Einwilligung *f* consensus 4 *m*, consensio *f*, assensus 4 *m*, voluntas *f*; *mit meiner* ~ me consentiente, me probante; *ohne meine* ~ me invito, iniussu meo.
einwirken incurrere; ~ *auf* vim habēre ad [morbum, in morbo]; movēre [animos militum].
Einwirkung *f* vis *f*; affectus 4 *m.*
Einwohner *m* incola *m*, civis *m*; (*e-r Stadt*) oppidanus *m*; (*e-s Dorfes*) vicanus *m* (*od.* paganus *m*); (*e-r Provinz*) provincialis *m*; *die* ~ *Griechenlands* Graeci, *die* ~ *Neapels* Neapolitani, *die* ~ *von Athen* Athenienses *u. a.*
einwurzeln radices agere; / inveterascere, insidere; *eingewurzelt* inveteratus, penitus defixus; *eingewurzelt sein* haerēre in [animo].
Einzahl *f* singularis numerus *m.*
einzahlen solvere, pendere, numerare.
einzäunen saepire, conseapire, circumsaepire.
Einzäunung *f* saepes *f*, saepimentum *n*; (*eingezäunter Ort*) saeptum *n.*
einzeichnen inscribere.
Einzelheit *f* res *f*; *alle* ~*en* singula *n/pl.*
Einzelkampf *m* certamen *n* singulare.
einzeln unus, unus aliquis, *mst* singuli; (*vereinzelt*) singularis; *jeder* ≗e unusquisque; (*ohne Begleitung*) solus; (*nicht dicht beisammen*) rarus, sparsus [arbores]; *adv.* singillatim, raro.
Einzelwesen *n* homo *m*; corpus *n*; *pl.* homines *m/pl.* singuli.
einziehen 1. *trans.*: *die Segel* ~ subducere vela; *die Posten* ~ deducere praesidia; *den Hals* ~ contrahere collum; *den Schwanz* ~ caudam sub alvum reflectere; *die Luft* ~ ducere aera [spiritu]; *den Duft* ~ trahere odorem; *Vermögen* ~ publicare bona; *Geld* ~ exigere pecuniam; *Nachrichten* ~ cognoscere de, explorare, percontari; *e-e Stelle* ~ munus (*od.* locum) vacuum relinquere; **2.** *intr.* introire, inire, ingredi, intrare [novas sedes]; (*in eine Wohnung*) (im)migrare (in domum *od.* in domicilium).
einzig (*nur einer*) unus (*bei* filius *und* filia *auch* unicus); solus; (*einzig in seiner Art*) unicus, singularis, eximius, egregius.
Einzug *m* ingressus 4 *m*, introitus 4 *m*; *triumphierender* ~ triumphus *m*, ovatio *f.*
einzwängen vi adhibitā immittere (*od.* inserere *od.* imprimere).
eirund ovatus, ovi similis.
Eis *n* glacies *f*; *zu* ~ *werden* conglaciare, frigore concrescere; *wie* ~ rigidus; *~ **laufen** caligis ferratis pervolare aream glacialem.
Eis... glacialis *od.* (*gen.*) glaciei; ***~bahn** *f* area *f* glacialis.
Eisen *n* ferrum; *von* ~ ferreus; *mit* ~ *beschlagen* ferratus; *mit* ~ *zu tun habend* ferrarius (faber Schmied).
eisenartig ferrugineus.
***Eisenbahn** *f* ferri via *f*, via *f* ferrata; **~fahrkarte** *f* tessera *f*; **~fahr-**

E

plan *m* horarium *n*; ~**gleis** *n* orbita *f* ferrata; ~**schiene** *f* postis *m* ferreus; ~**schwelle** *f* traversina *f*; ~**spurweite** *f* distantia *f*; ~**strecke** *f* limes *m* ferratus; ~**zug** *m* tramen *n*, agmen *n*, tractus 4 *m*.
Eisenbergwerk *n* metallum *n* ferrarium.
eisenfarbig ferrugineus.
eisenfest ferreus, adamantinus, perdurus.
Eisengrube *f* ferri fodīna *f*, ferraria *f*.
eisenhaltig ferratus.
eisenhart ferreus, perdurus.
Eisenhütte *f* officina *f* ferraria.
Eisenrost *m* ferrugo *f*.
Eisenschmied *m* faber ferrarius.
Eisen|ware *f*, ~**zeug** *n* ferramenta *n/pl*.
eisern ferreus.
eisgrau (in)canus.
eisig, eiskalt glacialis, gelidus.
Eiskälte *f* gelu *n*, frigus *n* glaciale.
Eisklumpen *m*, ~**masse** *f* moles *f* glaciata.
***Eismaschine** *f* machina *f* gelufica.
Eismeer *n* Oceanus *m* glacialis.
Eisscholle *f* fragmentum *n* glaciēi.
Eisvogel *m* alcēdo *f*.
Eiszapfen *m* stiria *f*.
eitel (*nichts als*) merus, nihil nisi; (*nichtig*) vanus, inanis.
Eitelkeit *f* vanitas *f*, inanitas *f*; *aus* ~ ostentationis causa.
Eiter *m* pus *n*, (*blutiger*) sanies *f*.
Eiterbeule *f* vomica *f*.
eiterig purulentus.
eitern pus effundere, pus exit (*od*. effluit) ex ulcere.
Eiterung *f* suppuratio *f*, * purulentatio *f*; *die* ~ *geht nach außen* suppuratio in exteriorem partem fertur; *die* ~ *geht nach innen* suppuratio intus procedit.
Eiweiß *n* album *n* (*od*. albumen *n*) ovi.
Ekel *m* fastidium *n*, taedium *n*; ~ *erregen* fastidium movēre, taedium afferre, taedio afficere; *ich bekomme* ~ *vor* taedet me, taedium me capit (*od*. me tenet) [magniloquentiae]; fastidio [gloriam]; [gloria] mihi fastidio (*od*. taedio) est.
ekel (*leicht Ekel habend*) fastidiosus [homo in aequos et pares].
ekelhaft fastidium afferens, taeter, foedus, odiosus.
ekeln fastidium creare, taedium afferre.
Ekloge *f* carmen *n* bucolicum.
elastisch prementi corpori (*od*. digito) cedens; ~ *sein* prementi corpori (*od*. digito) cedere.
Elch *m* alces *f*.
Elefant *m* elephantus *m*.
Elefantenführer *m* elephanti magister *m* (*od*. rector *m*).
Elefantenrüssel *m* proboscis *f*, elephanti manus 4 *f*.
elegant elegans, bellus, comptus.
Eleganz *f* elegantia *f*.
Elegie *f* elegīa *f*.
elegisch elegiacus.
***Elektriker** *m* virium electricarum peritus.
***elektrisch** electricus [lux].
***Elektrizität** *f* vires *f/pl*. electricae; electris *f*.
Element *n* elementum *n*, natura *f*, *pl*. *auch* initia *n/pl*. (*od*. principia *n/pl*.) rerum.
Elementarkenntnisse *f/pl*.: *die* ~ prima elementa *n/pl*.
Elementarlehrer *m* litterator *m*, magister *m* litterarius, grammatista *m*.
Elementarschule *f* ludus *m* litterarius.
Elementarunterricht *m* disciplina *f*, qua prima elementa (*od*. primae litterae) traduntur.
Elend *n* miseria *f*; res *f/pl*. miserae (*od*. afflictae).
elend miser.
Elen(tier) *n* alces *f*.
elf undecim; *elfter* undecimus.
Elfenbein *n* ebur *n*; *von* ~ eburneus.
elfenbeinern eburneus.
Elite *f* electi *m/pl*., electa manus 4 *f*; *auch* flos *m* (*od*. robur *n*) iuventutis *od*. militum; optimus quisque.
Elle *f* cubitum *n*; (*als Maß*) ulna *f*.
Ellenbogen *m* cubitum *n*.
ellen|groß, ~**lang** cubitalis.
Ellipse *f* ellipsis *f*.
Elster *f* pica *f*.
elterlich (*gen*.) parentum; *adv*. parentum more.
Eltern: *die* ~ parentes *m/pl*., uterque parens.
elternlos (parentibus) orbus.
Elternmord *m* parricidium *n*, parentum nex *f*.
Elternmörder *m* parricīda *m*, interfector *m* parentum.

Emigrant *m* patriā (*od.* domo) profugus *m*, patriā extorris *m*.
Empfang *m* **1.** *v. Pers.*: aditus 4 *m*, colloquium *n*, *ihm wurde ein freundlicher ~ zuteil* benigno vultu exceptus est; **2.** (*Empfangnahme*) acceptio *f*; *nach ~ d-s Briefes* epistulā tuā acceptā; *in ~ nehmen* accipere.
empfangen accipere, excipere, recipere.
***Empfänger** *m* (*Radio*) receptor *m*.
empfänglich capax [aures]; natus factusque ad; *~ für Belehrung* docilis; *~ sein für* capere, admittere, penitus sentire, percipere.
Empfänglichkeit *f* sensus 4 *m*, gustatus 4 *m* (*für etw. alcs rei*).
empfehlen commendare; (*bei der Wahl*) suffragari [tibi], tradere, committere; *~ Sie mich Ihrem Herrn Vater* tu me patri tuo, optimo viro, commendes; *sich ~* se commendare, *mst* commendari, placēre, probari; (*Lebewohl sagen*) valēre iubēre; abire, discedere.
empfehlend gratiosus apud, gratus [tibi]; *etw. Empfehlendes haben* multum commendationis habēre, valde placēre.
empfehlenswert commendabilis, commendandus, commendatione dignus.
Empfehlung *f* commendatio *f*; *der Wahl*) suffragatio *f*; (*Anraten*) suasio *f*; (*Gruß*) salus *f*; *auf deine ~* te commendante, te suasore; *eine ~ geben* commendare [*dir an den Prätor* te praetori]; *eine ~ bringen* salutem nuntiare.
Empfehlungs... commendaticius [litterae].
empfinden sentire; sensu (*od.* sensibus) percipere, affici [desiderio]; *Freude ~* gaudēre, laetari, voluptatem capere ex; *Schmerz ~* dolēre; *Ekel ~* taedet me; *als Schmach ~* ignominiae loco ferre; *übel ~* aegre (*od.* graviter *od.* moleste) ferre.
empfindlich impatiens [doloris], mollis [ad offensionem accipiendam]; difficilis; fastidiosus, qui facile offenditur (*od.* laeditur); (*leicht zornig*) stomachosus, ad iram proclivis, iracundus, morosus; (*von Sachen*) acerbus [dolor], acer [supplicium], gravis [onus].
Empfindlichkeit *f* animus *m* mollis ad accipiendam offensionem, offensio *f*.
empfindsam mollis.
Empfindsamkeit *f* (animi) mollitia *f*, natura *f* mollis, animus *m* mollior.
Empfindung *f* sensus 4 *m*; (*Gefühl*) animus *m*; (*Gemütsbewegung*) animi motio *f*; *angenehme ~* voluptas *f*; *schmerzliche ~* dolor *m*; *keine ~ haben* sensu carēre.
empfindungslos sensūs expers.
Empfindungslosigkeit *f* animus *m* a sensu alienatus.
Empfindungsvermögen *n* sensus 4 *m*.
Empiriker *m* experimenta tantum spectans.
empirisch experimento collectus; *auf ~em Wege* experimento, experimentis; *~e Wissenschaft* doctrina *f*, quae experimentis cognita est.
empor sursum; sublime [ferri].
emporarbeiten: *sich ~* emergere ex; / (ad altiora) enīti, eluctari, se efferre.
emporblicken suspicere, oculos tollere ad.
emporblühen efflorescere.
emporbringen provehere, evehere, tollere; augēre, iuvare, ornare, fovēre.
***Empore** *f* tribunal *n*, podium *n*, contignatio *f* superior lateralis.
empören sollicitare, ad seditionem (*od.* ad rebellandum) concitare (*od.* impellere); / graviter commovēre animum; *sich ~* seditionem movēre; rebellare, rebellionem facere; resistere; abhorrēre ab.
empörend atrox, immanis, nefarius, nefandus, indignus; *das Empörende* indignitas *f*.
emporfliegen evolare.
emporhalten sursum tenēre; sustinēre, tollere.
emporheben (at)tollere, extollere, (sub)levare, tendere [brachia ad caelum]; imponere, subicere in [equum].
empor|klettern, ~klimmen (sursum) eniti.
emporkommen emergere, provehi, evehi; / ascendere [ad honores].
Emporkömmling *m* homo *m* novus.
emporragen eminēre.
emporrichten erigere.

emporschlagen (*v. Flammen*): exsuperare.
emporstarren arrectum stare, rigēre; horrēre [capilli; phalanx horrens hastis]; ~ *zu* contueri immobilibus oculis [* aeroplanum].
emporstehen eminēre, exstare.
emporsteigen assurgere [colles]; ~ *zu* ascendere ad.
emporstrecken (sursum) tendere, tollere.
emportauchen emergere.
emportragen sursum (*od.* sublime) ferre, efferre.
emportreiben 1. *trans.* sursum agere (*od.* pellere, excitare), exprimere in altum; **2.** *intr.* adolescere.
Empörung *f* seditio *f*; indignatio *f*.
emporwachsen (*v. Wein*) claviculis se erigere.
emporwerfen sublime, in altum iacere.
emsig sedulus, (*adv.* -o), assiduus, industrius, impiger, acer.
Emsigkeit *f* sedulitas *f*, assiduitas *f*, industria *f*.
Ende *n* finis *m*, terminus *m* [senectutis]; exitus 4 *m* [anni]; (*der Rede*) peroratio *f*; ~ *des Briefes* extrema epistula; *am ~ des Jahres* extremo anno, anno exeunte; *zu ~ bringen, ein ~ machen* ad finem adducere, finem facere [dicendi]; *dem Krieg ein ~ machen* debellare, decertare; *ein ~ nehmen, zu ~ gehen* finem (*od.* exitum) habēre (*od.* capere), ad finem (*od.* exitum) adduci, evenire [bene, male], eventum habēre, desinere; *ein ~ haben* (*räumlich*) terminari; *kein ~ finden können* exitum non invenire, finem non reperire; *am ~* ad ultimum, ad extremum; *~ gut, alles gut* exitus acta probat.
enden, endigen *intr.* finiri, terminari; (*vom Redner*) finem dicendi facere; (*v. Wörtern*) cadere [in syllabam longam]; obire, mori, vitae exitum habēre.
endgültig ultimus; *ein ~es Urteil* sententia *f* terminalis.
Endivie *f* intubus *m u.* intubum *n*.
endlich 1. *adj.* finitus, circumscriptus; (*nicht ewig*) non aeternus, mortalis; humanus [res]; (*zuletzt geschehend*) ultimus, extremus, supremus; **2.** *adv.* (*zeitlich*) postremo, ad extremum, ad ultimum; (*erst*) demum; (*von längst Erwartetem*) tandem; (*in Aufzählungen*) denique, postremo; ~ *einmal* (tandem) aliquando.
endlos infinitus, nullis finibus circumscriptus.
Endpunkt *m* finis *m*, terminus *m*.
Endsilbe *f* syllaba *f* ultima.
Endung *f gramm. gleiche ~en haben* similiter cadere, in easdem litteras exire.
Endursache *f* causa *f* summa, principium *n* (ad quod omnia referuntur).
Endurteil *n* sententia *f* ultima (diiudicatio *f*).
Endzweck *m* finis *m*.
Energie *f* vis *f* [ingenii consiliique]; fortis et acer animus; industria [in agendo].
energisch acer et fortis, impiger, industrius, strenuus.
eng angustus, artus, contractus [introitus], brevis; *~es Verhältnis* necessitudo *f*; *in ~ster Wechselwirkung stehen* implicitum esse et cohaerēre cum.
***Engagement** *n* collocatio *f*.
engagieren (mercede) conducere; collocare.
engbrüstig angustioris spiritūs, anhelans.
Engbrüstigkeit *f* spiritus 4 *m* angustior, angustiae *f* spiritūs, anhelatio *f*.
Enge *f* angustiae *f/pl.*; *in die ~ ziehen* contrahere, coartare; *in die ~ treiben* in angustias (*od.* in artum) compellere, urpēre, premere.
Engel *m* angelus *m*, nuntius *m* divinus; *mein ~!* mea anima! mea voluptas!
engelrein integerrimus, integer castusque.
engherzig animi angusti (*od.* parvi), illiberalis.
Engherzigkeit *f* animus *m* angustus (*od.* parvus); illiberalitas *f*.
Engländer *m* Britannus *m*.
***englisch** Anglicus, Britannicus.
englisch *angelicus; / caelestis, divinus.
Engpass *m* angustiae *f/pl.*, fauces *f/pl.*
Enkel *m* nepos *m*.
Enkelin *f* neptis *f*.
***Enklave** *f* territorium *n* in aliena terra inclusum.

entarten degenerare; depravari, corrumpi.
entäußern: *sich* ~ *(e-r Sache)* alienare; mittere, missum facere; decedere de [iure suo]; deponere [timorem], exuere [omnem humanitatem].
Entäußerung *f* alienatio *f*.
entbehren carēre, egēre; *etw.* ~ *können* facile carēre (*od.* supersedēre [rebus divinis].
entbehrlich quo quis facile caret, supervacaneus, inutilis, non necessarius.
Entbehrung *f* inopia.
entbieten: *seinen Gruß* ~ salutem dicere (*od.* nuntiare) [redeunti]; *zu sich* ~ vocare, arcessere.
entbinden solvere [curā]; liberare [iureiurando]; (*v. der Hebamme*) partu liberare [feminam], obstetricare.
Entbindung *f* partus 4 *m.*
entblättern foliis nudare.
entblöden: *sich nicht* ~ audēre, non dubitare, non vereri, non erubescere.
entblößen nudare, denudare, detegere; aperire [caput]; *sich von allem Geld* ~ omnem pecuniam erogare; *entblößt* nudatus, nudus, exutus [impedimentis]; *von allem* ~ omnium rerum inops.
entbrennen exardescere; incendi, inflammari; *entbrannt sein* ardēre, flagrare, incensum (inflammatum) esse [amore].
entdecken invenire, reperire; cognoscere, animadvertere, deprehendere; aperire, patefacere, detegere [occulta consilia].
Entdecker *m* inventor *m*, qui invenit *alqd*; (*Urheber*) auctor *m*; (*Angeber*) index *m u. f.*
Entdeckung *f abst.* inventio *f*, *konkr.* inventum *n*, res *f* inventa.
Ente *f* anas *f*; *von der* ~ anatinus.
entehren dehonestare [famam]; dedecorare [se flagitiis]; dedecore (*od.* ignominiā) afficere; *eine Jungfrau* ~ virgini pudicitiam eripere.
entehrend turpis, infamis, ignominiosus, contumeliosus; ~*e Handlung* flagitium *n*.
Entehrung *f* dedecus *n*, ignominia *f*.
enteilen avolare, aufugere.
enterben exheredare.
Enterbung *f* exheredatio *f*.
Enterhaken *m* manus *f* ferrea, harpago *m*.
Enterich *m* anas masculus *m*.
entern ferream manum (*od. pl.*) in navem inicere.
entfachen incendere, inflammare; concitare.
entfallen excidere, elabi [memoriā]; *der Mut ist ihm* ~ animo cecidit, concidit.
entfalten explicare, explanare, aperire.
entfärben decolorare; *sich* ~ colorem mutare, pallescere, erubescere.
Entfärbung *f* mutatio *f* coloris, decoloratio *f*.
entfernen movēre, amovēre, removēre; (*mit Gewalt*) depellere, repellere, propulsare; amoliri; *sich* ~ abire, discedere; (*heimlich*) se subducere; (*vom rechten Wege*) aberrare viā, de via decedere, devium esse.
entfernt remotus, disiunctus, abditus, longinquus; *adv.* longe, procul; ~ *sein* abesse [tridui iter ab urbe]; distare [trabes inter se binos pedes]; abhorrēre, alienum esse [a suspicione]; *ich bin weit* ~ *zu glauben* longe abest, ut credam; *ich bin so weit* ~ *zu glauben* ..., *dass vielmehr* tantum abest, ut credam ... ut.
Entfernung *f* (*Abstand*) distantia *f*; (*Zwischenraum*) intervallum *n*, spatium *n*; *in einer* ~ *von 1000 Schritten* a mille passibus.
entfesseln exsolvere, liberare; *entfesselte Leidenschaft* cupiditas *f* effrenata.
***Entfettungskur** *f* cura *f* corporis extenuandi.
entflammen inflammare; incendere.
entfliegen avolare, evolare.
entfliehen fugere, effugere, defugere, aufugere, profugere.
entfließen effluere, (e)manare.
entfremden (ab)alienare; *sich* ~ animum *od.* voluntatem [filii] a se abalienare.
entführen abducere; (*gewaltsam*) rapere, abripere.
Entführer *m* raptor *m*.
Entführung *f* raptus 4 *m* [virginis].
entgegen obviam; (*zuwider*) contra.
entgegenarbeiten occurrere, obviam ire, obsistere, officere [consiliis], obtrectare [laudibus].

E

entgegenbringen obviam ferre, offerre.
entgegenduften afflari [odores e floribus].
entgegeneilen obviam properare, occurrere.
entgegenfahren obviam vehi, occurrere; *dem Winde* ~ adverso vento navigare.
entgegenführen obviam ducere; (*feindlich*) ducere adversus.
entgegengehen obviam ire, procedere, proficisci, occurrere; / *dem Tode* ~ morti se offerre, mortem oppetere; *der Gefahr* ~ periculo obviam ire (*od.* se offerre), periculum obire.
entgegengesetzt oppositus, contrarius, diversus; ~*er Meinung sein* dissentire ab, dissidēre ab.
entgegenhalten obtendere, obicere, opponere.
entgegenhandeln facere contra, adversari, repugnare [naturae].
entgegenkämpfen pugnare contra.
entgegenkehren obvertere.
entgegenkommen obviam venire (*od.* ire *od.* esse *od.* fieri), se offerre; occurrere.
entgegenlaufen obviam currere.
entgegenliegen obiacēre, obiectum (*od.* oppositum) esse.
entgegenmarschieren obviam proficisci.
entgegennehmen accipere; audire.
entgegenrauschen obstrepere.
entgegenreden obloqui, dicere contra.
entgegenreisen obviam proficisci.
entgegenreiten (equo) obviam vehi.
entgegenrücken obviam ire.
entgegenrufen inclamare contra.
entgegenschallen obstrepere.
entgegenschicken obviam mittere.
entgegen|schiffen, ~**segeln** obviam navigare (*od.* vehi); adverso flumine navigare.
entgegensehen exspectare; sperare.
entgegen sein obesse, obstare, adversari.
entgegensenden obviam mittere.
entgegensetzen opponere, obicere.
entgegenstehen oppositum esse.
entgegenstellen opponere.
entgegenstemmen: *sich* ~ contra niti; obluctari.
entgegenstrahlen affulgēre.
entgegenstreben obniti, reniti, reluctari, repugnare, obsistere.
entgegenstrecken tendere [manus amico].
entgegenströmen adverso flumine ferr; / obviam effundi.
entgegenstürmen magno (*od.* acri *od.* vehementi) impetu et vi invehi (*od.* ferri) in [hostes].
entgegentreten obviam prodire, procedere; (*feindlich*) obsistere.
entgegenwehen *v. Winde*: reflare, adversum tenēre.
entgegenwerfen obicere, contra iacere, opponere.
entgegenwirken occurrere.
entgegnen respondēre.
entgehen fugere, effugere; *mir entgeht* me fugit, praeterit; (*wird nicht zuteil*) a me abit, mihi non contingit; *sich e-e Gelegenheit* ~ *lassen* occasionem praetermittere (*od.* amittere), occasioni deesse.
Entgelt *n*: *ohne* ~ gratis, gratuito, sine ullo pretio (*od.* praemio).
entgelten: ~ *lassen* poenas expetere ab; *nicht* ~ *lassen* veniam dare; ignoscere.
***entgleisen** orbitis exsilire.
entgleiten elabi, delabi.
enthaaren depilare *alqm*, pilos *alci* detrahere.
enthalten (in se *in sich*) continēre, complecti, habēre; ~ *sein* inesse, contineri [in legibus]; *refl. sich* ~ abstinēre, se abstinēre [cibo]; se continēre, temperare [ab iniuria]; tenēre [lacrimas non posse]; *ich kann mich kaum* ~, *etw. zu tun* vix me contineo, quin ...
enthaltsam abstinens, continens.
Enthaltsamkeit *f* abstinentia *f*, continentia *f*, temperantia *f*.
enthaupten securi percutere, supplicio afficere; caput praecidere [condemnato].
entheben liberare, solvere; *enthoben sein* solutum, liberum esse [curis].
Enthebung *f*: ~ *vom Amte* abdicatio *f* muneris.
entheiligen profanare.
enthüllen denudare [consilium], detegere; aperire, patefacere.
entkleiden nudare; *sich* ~ nudare corpus; / spoliare [dignitate].
entkommen effugere, evadere, elabi.
entkräften infirmum reddere; enervare [corpus]; macerare [fame]; /

infirmare [fidem testis], dissolvere, propulsare, refellere [crimen].
entladen exonerare; / *sich* ~ se emittere [nimbus].
entlang secundum, praeter; per [oram maritimam].
entlarven animum (*od.* verum ingenium) (de)nudare.
entlassen mittere, missum facere, dimittere, emittere [ex vinculis]; manumittere [servum]; emancipare [filium].
Entlassung *f* missio *f*, dimissio *f*; *nach* ~ *des Senats* senatu misso.
entlasten exonerare; (onere) levare (*od.* liberare).
Entlastungszeuge *m* testis, qui testimonium pro reo dicit.
entlaufen fugere; *ein* ~*er Sklave* fugitivus *m.*
entledigen: *sich* ~ se liberare [onere]; deponere [curas]; *sich einer Pflicht* ~ officium exsequi, officio defungi; *eines Auftrags* ~ negotium, mandatum conficere.
entleeren exinanire [navem].
entlegen longinquus, remotus.
entlehnen mutuari, mutuum sumere [librum]; / petere [exempla ab]; transferre [morem e Graecia].
Entlehnung *f* mutuatio *f.*
entleiben: *sich* ~ mortem sibi consciscere, manus sibi afferre, se interimere.
entlocken elicere, evocare; eblandiri [risum].
entmannen castrare, exsecare, excidere; virilitatem adimere [servo]; *ein Entmannter* eunuchus *m*, spado *m.*
Entmannung *f* castratio *f.*
entmenscht omnis humanitatis expers; immanis.
entmutigen percellere, perterrēre, animum frangere (*od.* debilitare).
entnehmen sumere, assumere, petere, repetere, depromere.
entnerven enervare; exhaurire, debilitare.
entquellen profluere, emanare.
enträtseln solvere, explicare, interpretari.
entreißen eripere, adimere, auferre, extorquēre.
entrichten solvere, pendere [vectigalia].
Entrichtung *f* solutio *f*; *gegen* ~ *von Geld* pecuniā solutā.
entrinnen aufugere, effugere, evadere; *v. der Zeit*: ruere, praeterire, labi, effluere.
entrollen evolvere [librum].
entrücken auferre, amovēre, removēre (*ab oculis, e conspectu*); (*wegnehmen*) tollere; (*heimlich entziehen*) subducere *alqm alci rei*; *entrückt werden* sublime ferri; *den Augen entrückt werden* e conspectu (*od.* ex oculis) abire; *der Erde entrückt sein* in terris non adparere; *der Welt* (*od. dem Irdischen*) *entrückt sein* rebus humanis exemptum esse; *der Erde entrückt* terris semotus.
entrüsten: *sich* ~ indignari, irā incendi, irasci; gravissime ferre.
Entrüstung *f* ira *f*, indignatio *f.*
entsagen decedere [de iure suo]; cedere [regno]; se abdicare [munere]; abicere [consilium], deponere [spem].
Entsagung *f* rerum humanarum (*od.* dolorum ac laborum) contemptio *f* ac despicientia *f*; *mit* ~ patienter, aequo animo.
Entsatz *m* subsidium *n*, auxilium *n*; (*Truppen*) auxilia *n/pl.*, subsidia *n/pl.*
entschädigen compensare; damnum sarcire (*od.* restituere), praemio remunerari; *sich* ~ damnum suum sarcire (*od.* levare).
Entschädigung *f* merces *f*, pretium *n*; ~ *für etw. leisten* merces solvere pro alqā rē.
entscheiden statuere, constituere de, decernere; (*durch Vergleich*) decidere de; iudicare, diiudicare, momentum facere, afferre ad [victoriam], decernere [proelium]; (*einen Streit*) disceptare, dirimere; solvere [quaestionem]; *die Sache ist noch nicht entschieden* res adhuc integra est, lis adhuc sub iudice est; *sich* ~ constituere, pronuntiare de, decernere; *sich* ~ *für* partes [Caesaris] sequi, ad causam [Caesaris] se applicare; (*v. Sachen*) deliberari et constitui.
entscheidend supremus, ultimus; *der* ~*e Augenblick* temporis discrimen *n*; *ein* ~*es Treffen* certamen *n* supremum; *ein* ~*es Treffen liefern* acie decernere, proelio decertare.
Entscheidung *f* (*als Handlung*) diiudicatio *f*, disceptatio *f*; (*als Urteil*)

iudicium *n*, sententia *f*, arbitrium *n* [pacis ac belli]; (*entscheidender Moment*) discrimen *n*; momentum *n*; *etw. zur ~ bringen* momentum afferre ad [victoriam]; *zur ~ kommen* in discrimen venire (*od.* adduci); *ohne ~ kämpfen* dubiā victoriā (ancipiti Marte) pugnare.
Entscheidungspunkt *m* discrimen *n*.
entschieden *adj.* certus, exploratus, ratus, haud dubius, haud ambiguus [victoria].
Entschiedenheit *f* explorata ratio *f*; *mit ~* haud ambigue, confidenter; *mit ~ erklären* certissimo affirmare.
entschlafen mori.
entschlagen: *sich ~* liberare se, levare animum ab; dimittere, abicere [curas].
entschleiern develare, revelare; / (de)nudare, detegere, patefacere.
entschließen: *sich ~* statuere, constituere, decernere.
Entschließung *f* decretum *n*; voluntas *f*; *wir haben die ~ gefasst* placuit nobis.
entschlossen promptus, fortis, paratus; plenus consilii; *ich bin ~* constitui, certum mihi est, certum deliberatumque est.
Entschlossenheit *f* animus *m* praesens, animi praesentia *f*, fortitudo *f*, consilium *n*.
entschlummern obdormiscere.
entschlüpfen elabi [e, de manibus].
Entschluss *m* consilium *n*, sententia *f*; *e-n ~ fassen* capere (*od.* inire) consilium; *bei seinem ~ bleiben* permanēre in sententia sua, tenēre consilium; *aus freiem ~* sua sponte, sua voluntate.
entschuldigen excusare, purgare de; *sich ~* se excusare apud ... de; *sich genügend ~* satisfacere [patri]; *sich ~ mit* excusare [morbum].
Entschuldigung *f* excusatio *f*; purgatio *f*; causa *f*; *eine ~ vorbringen* excusatione uti; *etw. als ~ anführen* excusare [morbum].
entschweben elabi, sublime ferri; *aus den Augen ~* ex oculis (*od.* e conspectu) abire *od.* auferri.
entschwinden (ex oculis) elabi, evolare, sublime ferri; ex animo effluere, discedere (*od.* excidere) de memoria; cedere [horae]; senescere [spes].
entseelt exanimatus, exanimis, mortuus.
entsenden mittere, dimittere.
entsetzen (*e-s Amtes*) loco movēre, demovēre; (*des Thrones*) regno spoliare (*od.* pellere *od.* depellere); (*e-e Stadt*) obsidione liberare; *sich ~* horrore perfundi, exhorrescere, (ob)stupescere.
Entsetzen *n* stupor *m*, horror *m*, terror *m*.
entsetzlich horrendus, horribilis, terribilis, ingens, immanis; *wie ~!* facinus indignum!
entsiegeln resignare [litteras], signum detrahere [litteris].
entsinken excidere e manibus.
entsinnen: *sich ~* reminisci, recordari [eas res].
entspinnen: *sich ~* conflari, moveri, contrahi [bellum], concitari [pugna], nasci [sermo], oriri, fieri.
entsprechen respondēre; *der Hoffnung ~* spem non fallere; *der Erwartung ~* exspectationem explēre; *entsprechend* paraptus, idoneus, accomodatus.
entsprießen emergere [super, extra terram]; *entsprossen* natus, ortus, oriundus ab.
entspringen oriri; (*Quellen*) scaturire, profluere; (*Flüsse*) originem habēre, profluere.
entstehen (ex)oriri, cooriri, nasci, gigni, creari, fieri, exsistere; *auch* manare, profluere, proficisci, erumpere *u. a.*
Entstehen *n* ortus 4 *m*; origo *f*, initium *n*; *im ~* nascens.
Entstehungsgrund *m* causa *f* efficiens (*alqd*).
entstellen deformare [vultum], depravare, corrumpere; *entstellt* deformatus, deformis, deformitate corruptus.
Entstellung *f* **1.** (*das Entstellt sein*) deformitas *f*, turpitudo *f*; **2.** (*Verunstaltung*) deformatio *f*; (*Verschlechterung*) depravatio *f*.
entströmen profluere (*od.* emanare) *ex alqo loco.*
entstürzen erumpere, prorumpere.
entsühnen expiare, lustrare.
enttäuschen eripere (*od.* demere) spem [militibus].
entthronen regno spoliare.
entvölkern vacuefacere, exhaurire; *entvölkert auch* desertus, vacuus, vastus.

entwachsen excedere [*dem Knabenalter* ex pueris].
entwaffnen armis exuere (*od.* nudare), arma adimere [militibus].
entwässern aquam deducere (*od.* ex, emittere) de.
entweder: ~ ... *oder* aut ... aut, vel ... vel, sive ... sive.
entweichen effugere, aufugere, clam se subducere.
entweihen profanare.
entwenden avertere, surripere, (furto) subducere, auferre.
entwerfen incohare [signum], describere, adumbrare [formam, speciem], disponere [tragoediam]; *e-n Plan* ~ consilium inire (*od.* animo agitare).
entwerten imminuere pretium.
***Entwertung** *f* imminutio *f* pecuniae.
entwickeln explicare [aciem], evolvere; fingere, excolere [ingenii vires], educare; explanare, explicare [sententiam]; *sich* ~ crescere, adulescere; *sich* ~ *aus* proficisci ab, efflorescere et redundare ex.
Entwicklung *f* explicatio *f*, explanatio *f*; incrementum *n* [urbis]; progressus 4 *m* [rerum]; *geistige* ~ animi ingeniique cultus 4 *m*.
Entwicklungsgang *m*: *vernunftmäßiger* ~ ratio *f*; *natürlicher* ~ natura *f*.
entwinden extorquēre ex, de manibus.
entwirren expedire, explicare.
entwischen effugere, aufugere; excidere.
entwöhnen (*ein Kind*) ab ubere matris depellere.
Entwöhnung *f* desuetudo *f*; *nach* ~ *des Kindes* infante a lacte depulso.
entwölken nubes pellere; explicare [frontem]; *entwölkt* purus, serenus.
entwürdigen polluere, violare; *sich* ~ dignitatis suae immemorem esse.
Entwurf *m* descriptio *f* [aedificandi]; adumbratio *f*, species *f*, forma *f*; (*schriftlicher* ~) commentatio *f*, commentarius *m*; *große Entwürfe machen* magna moliri.
entwurzeln radicitus evellere.
entziehen detrahere; (*heimlich*) subducere, subtrahere, amovēre [cotidianum victum]; *sich* ~ se subducere, se subtrahere; recedere, se removēre; deesse [reipublicae]; *sich dem Kriegsdienste* ~ militiam detrectare, (*heimlich*) subterfugere.
Entziehung *f* detractio *f*; ademptio *f*; ereptio *f*; *nach* ~ *des Bürgerrechts* civitate ademptā.
entziffern explicare, interpretari.
entzücken mirifice oblectare (*od.* capere); incredibili voluptate perfundere (*od.* afficere); incredibili gaudio efferre; *entzückend* suavissimus.
Entzücken *n* summa (*od.* incredibilis) voluptas (*od.* delectatio *od.* admiratio *od.* laetitia *f*), suavissimus voluptatis sensus 4 *m*.
entzünden incendere, accendere; inflammare; *sich* ~ ignem concipere, incendi, exardescere.
Entzündung *f* incensio *f*; *bei Krankheiten*: inflammatio *f*; ~ *verursachen* urendi vim habēre, urere.
entzwei ruptus, fractus, scissus.
entzweibrechen confringere.
entzweien dissociare, discordes facere; *sich* ~ inimicitias suscipere inter se, distrahi [cum familiari]; *sich entzweit haben* discordare inter se, dissidēre, inimicitias exercēre cum.
entzweischlagen discutere.
entzweischneiden dissecare.
Entzweiung *f* discordia *f*, discidium *n*.
Enzyklopädie *f* encyclios disciplina *f*.
enzyklopädisch: ~*e Bildung* varia et multiplex rerum cognitio *f*.
Ephor *m* ephorus *m*.
Epidemie *f* pestilentia *f*.
Epigramm *n* epigramma *n*.
epigrammatisch epigrammaticus.
Epiker *m* poeta *m* epicus.
Epilepsie *f* morbus *m* comitialis.
epileptisch *epilepticus.
Epilog *m* epilogus *m*.
episch epicus, herous.
Episode *f* narratio *f* (orationi) inserta (*od.* inclusa), narratio *f* interiecta (*od.* interposita).
Epoche *f* aetas *f*, tempus *n*.
Epos *n* poema *n* epicum.
Eppich *m* apium *n*.
erachten existimare, censēre, iudicare.
Erachten *n*: *m-s* ~*s* ex (*od.* de) mēa sententiā, ut mihi quidem videtur, quantum equidem iudicare possum, ut ego aestimo; me auctore.

Erb... hereditarius, a maioribus traditus (*od.* acceptus); *Erbadel m* generis antiquitas *f.*
erbarmen: *sich* ~ misereri.
Erbarmen *n* misericordia *f.*
erbärmlich miser; *adv.* miserandum in modum.
Erbärmlichkeit *f* misera condicio *f*; nequitia *f.*
erbarmungslos 1. *adj.* immisericors, crudelis, saevus, immanis; **2.** *adv.* sine misericordiā, crudeliter, saeve.
erbauen aedificare; (*das Gemüt erheben*) pietatis sensu implēre (*od.* commovēre) animum; adiuvare, delectare.
Erbauer *m* aedificator *m*, conditor *m.*
erbaulich pius, aptus ad pios sensus excitandos; bonus, utilis, saluber; probus, honestus.
Erbauung *f eig.* aedificatio *f*, exstructio *f*; *nach Roms* ~ post Romam conditam; | **2.** *etwa*: pietatis incrementum *n od.* adiumentum *n.*
Erbbegräbnis *n* monumentum *n* (*od.* sepulcrum *n*) maiorum, monumentum *n* gentile, sepulcrum *n* patrium
Erbe *m* heres *m u. f*; *zum* ~*n einsetzen* herēdem facere (*od.* instituere *od.* scribere); ~ *des ganzen Vermögens* heres *m* ex asse.
Erbe *n* hereditas *f*; (*Erbgut*) heredium *n*; (*väterliches*) patrimonium *n.*
erbeben contremiscere, intremiscere.
erben 1. *intr.* herēdem esse [patris, patri]; hereditas venit (*od.* obvenit) ab; ~ *mit* coheredem esse [fratri]; **2.** *trans.* (hereditate) accipere.
erbetteln emendicare, precario colligere, corrogare; | precibus impetrare (*od.* exprimere) ab; *erbettelt auch* precarius.
erbeuten capere [pecuniam ex hostibus], potiri [pecuniā]; *viel* ~ magnas praedas agere (*od.* facere); *erbeutet* (ex hostibus) captus, captivus.
Erbfall *m* hereditas *f.*
Erbfehler *m* vitium *n* avitum.
Erbfeind *m* hostis *m* velut natus (*od.* velut hereditate a patribus relictus); (*in Privatverhältnissen*) inimicissimus *m*, infestissimus *m.*
Erbfolge(ordnung) *f* successio *f*; ordo *m* successionis.
Erbgut *n* heredium *n*; *vom Vater ererbt*: patrimonium *n.*
erbieten: *sich* ~ polliceri, promittere
Erbin *f* heres *f.*
erbitten precibus petere (*od.* expetere) [a patre], rogare, deprecari; (*erlangen*) precibus impetrare; *sich* ~ *lassen* exorari.
erbittern exacerbare, exasperare, efferare, irritare; ~ *gegen* infestum facere [regi]; *erbittert* irā accensus, iratus, infensus, infestus; ~ *sein* irasci.
Erbitterung *f* animus *m* infestus, animi offensio *f*; invidia *f*, odium *n.*
erbittlich exorabilis, facilis.
erblassen expallescere, exalbescere; hebescere [sidera]; languescere [luna].
Erblassen *n* pallor *m.*
Erblasser *m* testator *m.*
Erblasserin *f* testatrix *f.*
erblich hereditarius, hereditate traditus (*od.* acceptus *od.* relictus); avītus.
erblicken conspicere, conspicari; *das Licht der Welt* ~ in lucem edi, hanc lucem aspicere.
erblinden oculis capi, lumina (oculorum) amittere; *auf e-m Auge* ~ altero oculo capi.
erblos (*ohne Erbteil*) exheres; (*ohne Erben*) orbus, sine liberis, sine prole; (*ohne Besitzer*) vacuus.
erblühen efflorescere.
erborgt aliunde assumptus, alienus.
erbosen: *sich* ~ iracundiā effervescere.
erbötig promptus ad, paratus ad.
Erbpacht *f* conductio *f* perpetua.
Erbprinz *m* heres *m* regni, filius *m* in spem regni natus.
erbrechen: *sich* ~ vomere.
Erbschafts... hereditarius.
Erbschleicher *m* testamenti (-orum) captator *m.*
Erbschleicherei *f* testamenti (-orum) captatio *f*; ~ *treiben* testamenta captare.
Erbse *f* pisum *n.*
***Erbswurst** *f* pulvis *m* pisorum confertus.
Erbteil *n* pars *f* hereditatis.
Erbtochter *f* filia *f* heres.
Erbübel *n* malum *n* avitum, vitium *n* antiquitus traditum, morbus *m* patrius; *das ist ein* ~ hoc per successionem quandam traditum est.

Erd... *durch* (*gen.*) terrae.
Erdball *m* terrae globus *m*.
Erdbeben *n* terrae motus 4 *m* (*od.* tremor *m*).
Erdbeerbaum *m* arbutus *f*.
Erdbeere *f* fragum *n*.
Erdbeschreibung *f* terrarum descriptio *f*.
Erdboden *m* (*die ganze Erde*) orbis *m* terrarum; (*als Stoff*) terra *f*; (*als Träger der darauf befindlichen Dinge*) (terrae) solum *n*; *dem* ~ *gleichmachen* solo aequare; (*Ackerboden*) ager *m*.
Erde *f* terra *f*; (*als Weltkörper und als Göttin*) tellus *f*; *von* ~ terrēnus; *auf der* ~ (*befindlich*) terrestris.
erdenken excogitare, invenire, fingere.
erdenklich qui (quae-, quod-) cunque, quisquis (quidquid) excogitari (*od.* fingi) potest; *alles* 2e nihil non.
Erdenkloß *m* gleba *f* (terrae).
Erdenleben *n* vita *f* humana, haec vita.
Erdensohn *m* terrā editus *m* (*od.* ortus *m*); homo *m* (natus), (*als schwaches Geschöpf*) homuncio *m*, homunculus *m*.
*__Erdgeschoss__ *n* tabulatum *n* terrenum.
Erdgürtel *m* cingulus *m* terrae, zona *f*.
Erdharz *n* bitūmen *n*; *von* ~ bituminosus.
Erdhöhle *f* caverna *f* terrae.
Erdhügel *m* tumulus *m* (*od.* collis *m*) terrenus.
erdichten fingere, confingere, comminisci; ementiri; *erdichtet* fictus, commenticius, falsus.
Erdichtung *f* commentum *n*; res *f* ficta (*od.* commenticia); fabula *f*, mendacium *n*; ~*en* vana *n/pl*.
erdig terrenus.
Erdkreis *m* orbis *m* terrarum.
Erdkugel *f* terrae globus *m*.
Erdkunde *f* cognitio *f* orbis terrae.
erdolchen sicā perfodere (*od.* percutere), iugulare.
Erdpech *n* bitumen *n*.
erdreisten: *sich* ~ audēre.
Erdrinde *f* summa cutis *f* terrae; *die harte* ~ callum *n* summae cutis terrae.
erdröhnen strepere, concrepare.
erdrosseln strangulare, laqueo interimere, laqueo gulam frangere [servo].
erdrücken elidere; opprimere.
Erdrutsch *m* terrae labes *f od.* lapsus 4 *m*.
Erdscholle *f* gleba *f* (terrae).
Erdschwamm *m* fungus *m*.
Erdspalte *f* hiatus 4 *m* terrae.
Erdstoß *m* subitus terrae motus 4 *m*.
Erdstrich *m* (terrae) tractus 4 *m*, regio *f*.
Erdteil *m* pars *f* (orbis) terrarum.
erdulden ferre, pati.
Erdwall *m* agger *m*.
Erdzunge *f* lingua *f* (*od.* lingula) (in altum excurrens).
ereifern: *sich* ~ animo incitari, irā exardescere (*od.* incendi), iracunde ferre; ~ *gegen* invehi in [socium].
ereignen: *sich* ~ accidere, evenire.
Ereignis *n* res *f*, casus 4 *m*; *traurige Ereignisse* tristia *n/pl.*; *glückliche* (*unglückliche*) *Ereignisse* res *f/pl.* secundae (adversae).
ereilen assequi, consequi, (*wider Erwarten*) opprimere.
Eremit *m* eremita *m*, anachoreta *m*.
erfahren audire, comperire, accipere, discere, cognoscere, certiorem fieri [cladis, de clade]; (*praktisch*) usu cognoscere (*od.* discere); experiri.
erfahren peritus, gnarus [belli]; exercitatus (*od.* versatus *od.* eruditus) [in causis].
Erfahrenheit *f* experientia *f*, usus 4 *m* rerum *od.* vitae, usus 4 *m*.
Erfahrung *f* usus 4 *m*, cognitio *f*, peritia *f*, prudentia *f*, scientia *f*; *aus* ~ *wissen* expertum (*od.* usu edoctum) scire, usu cognitum habēre; ~ *haben* usum habēre, usu praeditum esse; *keine* ~ *besitzen* usu carēre; *ohne* ~ nullius usūs, ignarus.
Erfahrungsbeweis *m* experimentum *n*.
erfinden invenire; (*durch Suchen*) reperire; *Wörter* ~ verba parere.
Erfinder *m* inventor *m*, auctor *m*.
Erfinderin *f* inventrix *f*.
erfinderisch ingeniosus, sollers, consilii plenus.
Erfindung *f* **1.** *abst.* inventio *f*; **2.** *konkr.* res *f* inventa, inventum *n*.
Erfindungsgabe *f* inventio *f*.
erflehen exorare, (precibus) exposcere [a deis].
Erfolg *m* eventus 4 *m*, successus 4 *m*, proventus 4 *m*, felicitas *f*; *mit*

E

(*gutem*) ~ bene, prospere, feliciter, non frustra; *ohne* ~ frustra, nequiquam; *ohne* ~ *sein* irritum (*od.* frustra) esse; ad irritum cadere; *guten* ~ *haben* bene succedere, prospere (*od.* feliciter) evenire; (*im Kriege*) rem bene gerere.

erfolgen sequi, consequi; evenire, fieri.

erfolglos irritus, sine effectu; ~ *sein* successu carēre.

erfolgreich magnus eventu, efficax, prosperus, felix.

erforderlich necessarius; ~ *sein* opus esse, indigēre.

erfordern poscere, postulare; requirere, desiderare; *es erfordert Klugheit* prudentis est; *erfordert werden* opus esse.

Erfordernis *n* res *f* necessaria.

erforschen exquirere, investigare, indagare, explorare, cognoscere; (*sorgfältig*) anquirere; (*schlau und heimlich*) speculari.

Erforschung *f* investigatio *f*, indagatio *f*, pervestigatio *f*, inquisitio *f*; (*Prüfung, Untersuchung*) cognitio *f*.

erfragen quaerere, exquirere; percontationibus reperire.

erfrechen: *sich* ~ audēre.

erfreuen delectare, oblectare, gaudio (*od.* laetitia *od.* voluptate) afficere; *sich* ~ gaudēre, laetari, delectari; frui [pace], uti [prospera valetudine], florēre [opibus].

erfreulich laetus, gratus, iucundus, dulcis, suavis; exoptatus.

erfrieren frigore perire (*od.* confici *od.* exanimari); *ein Glied erfriert* membrum vi frigoris amburitur; *erfroren* praeustus; *meine Hände sind erfroren* manus meae frigore rigent (torpent).

erfrischen refrigerare; *sich* ~ refrigerari; relaxare animum.

Erfrischung *f* cibus *m*, potus 4 *m*.

erfüllen complēre, replēre, implēre, explēre; (*geistig*) afficere, imbuere, perfundere [admiratione]; *von Liebe* (*Zorn u. a.*) *erfüllt sein* amore (irā *u. a.*) inflammatum (*od.* incensum) esse *od.* affici *od.* ardēre *od.* flagrare; / explēre [spem], servare, observare [legem]; (*Genüge tun*) respondēre, satisfacere [optatis, precibus]; *seine Pflicht* ~ officium exsequi (*od.* servare *od.* praestare), officio satisfacere (*od.* fungi *od.* non deesse); *ein Gelübde* ~ votum solvere; *seine Pflicht nicht* ~ officio deesse, officium neglegere; deesse; *den Willen* ~ voluntati obtemperare (*od.* obsequi); *ein Versprechen* ~ promissum facere (*od.* praestare *od.* servare *od.* solvere), promisso stare.

Erfüllung *f*: *in* ~ *gehen* evenire, eventum habēre, fieri, eventu comprobari, (verum) evadere.

ergänzen supplēre, explēre, complēre; (*den Verlust*) reficere.

Ergänzung *f* supplementum *n*.

Ergänzungs/mannschaft *f*, ~**truppen** *f/pl.* supplementum *n*.

ergeben: *sich* ~ se dare, se dedere, se tradere in deditionem venire; (= *sich für besiegt erklären*) manus dare; *sich auf Gnade und Ungnade* ~ se suaque omnia in potestatem (*od.* fidem) [Caesaris] permittere; / (*seine Neigung widmen*) se dare, se dedere, se tradere [litteris], obsequi, indulgēre [dolori]; descendere ad; (*ertragen*) patienter (*od.* aequo animo) ferre; (*die Folge sein*) sequi, consequi, effici, oriri; *daraus ergibt sich* inde sequitur (*od.* efficitur *od.* patet), ex quo intellegitur (*od.* apparet).

ergeben deditus, obnoxius, addictus [mihi]; studiosus; diligens; amans [tui]; indulgens [dolori]; pius.

Ergebenheit *f* studium *n* [reipublicae], voluntas *f*, benevolentia *f*, obsequium *n*; (*kindliche*) pietas *f*.

Ergebnis *n* eventus 4 *m*, finis *m*.

Ergebung *f* deditio *f* ad; patientia *f*, aequus animus *m*, obsequium *n*.

ergehen *intr.* (*durch Bekanntmachung*) edici, proponi, enuntiari; ~ *lassen* proponere [edictum], decernere, statuere, ferre [sententiam]; *über sich* ~ *lassen* facile pati, patienter (*od.* aequo animo) ferre; subire; *sich* ~ ambulare.

ergiebig uber, fertilis, fecundus.

Ergiebigkeit *f* ubertas *f*, fertilitas *f*, copia *f*.

ergießen: *sich* ~ se effundere, effundi, profundi, diffundi, infundi; effluere in mare; *sich* ~ *über* redundare [super ripas], inundare [terram].

erglühen incendi, excandescere.

ergötzen delectare, voluptate afficere.

Ergötzen *n*, **Ergötzung** *f* **1.** *abst.* delectatio *f*, oblectatio *f*; *zur* ~ animi (voluptatisque) causa; **2.** *konkr.* delectamentum *n*, oblectamentum *n*, deliciae *f/pl.*, voluptas *f*.
ergötzlich laetus, iucundus, suavis.
ergrauen canescere; (con)senescere.
ergreifen capere, (com)prehendere; arripere, corripere; *die Feder* ~ ad scribendum se conferre; *die Flucht* ~ fugere; *Besitz* ~ occupare; *Gelegenheit* ~ uti occasione; *das Wort* ~ dicere pro; *das Herz* ~ movēre animum.
ergreifend gravis, animos perfringens, vehemens; miserabilis.
ergrimmen irā incendi (*od.* exardescere), graviter irasci.
ergründen perscrutari, explorare, investigare.
Erguss *m* effusio *f*.
erhaben editus, altus (ex)celsus, sublimis, elatus; (*mit erhabenen Figuren*) caelatus [vasa]; / excelsus, excellens, eminens, altus, elatus, amplus, praeclarus, magnificus; grandis [orator]; augustus [templum].
Erhabenheit *f* altitudo *f* [animi], animus *m* excelsus et elatus.
erhalten sustinēre, sustentare; (con-)servare, salvum praestare, tueri, alere; *sich* ~ (*v. Menschen*) se sustinēre, se sustentare, victum quaerere, ali; (*v. Sachen*) manēre, permanēre; (*bekommen*) accipere; assequi, adipisci.
Erhalter *m* (con)servator *m*, auctor *m* salutis; altor *m*.
Erhalterin *f* (con)servatrix *f*, altrix *f*, nutrix *f*.
Erhaltungstrieb *m* conservandi sui cura *f*.
erhängen: *sich* ~ suspendio vitam finire.
erhärten *intr.* durescere.
erhärten *trans.* confirmare [iure iurando].
erhaschen arripere, (com)prehendere, captare.
erheben tollere, extollere, attollere, levare, erigere, efferre; *die Waffen* ~ arma ferre contra; *sich* ~ surgere, assurgere; exsurgere contra (*od.* adversus), seditionem movēre, rebellare; prominēre [collis]; / edere, tollere [risum], intendere [litem]; (*ansehnlicher machen*) ornare, augēre; *zu den höchsten Ehren* ~ ad amplissimos honores evehere (*od.* tollere); *auf den Thron* ~ regnum deferre [nepoti]; *sich* ~ *über* prae se contemnere [alios]; (*das Herz*) commovēre animum; (*preisen*) laudibus efferre (*od.* [ex]tollere); *Geld* ~ pecuniam exigere.
erhebend magnificus, excelsus.
erheblich gravis [causa]; magnus, grandis [vitium]; non mediocris [praemium].
Erhebung *f* (*eines Hügels*) acclivitas *f*; / (*der Stimme*) contentio *f* vocis; (*des Geistes*) elatio *f* animi; (*Beförderung zu Ehren*) amplificatio *f* honoris.
erheitern exhilarare, oblectare; relaxare, remittere animum.
erhellen 1. *trans.* illustrare, collustrare; **2.** *intr.* illucescere; *daraus erhellt* inde (*od.* ex quo) intelligitur (*od.* patet *od.* apparet).
erheucheln simulare.
erhitzen calefacere; / incendere, inflammare; *sich* ~ calefieri; exardescere.
erhitzt calidus, fervens; / flagrans, ardens, concitatus, graviter commotus.
erhoffen sperare.
erhöhen excitare, erigere, efferre; (*durch Anhäufung*) exaggerare; *den Preis* ~ carius vendere.
Erhöhung *f* locus *m* editus, tumulus *m*, collis *m*.
erholen: *sich* ~ respirare [a laboribus]; se reficere, se recreare, se recipere; refici, recreari ex, (*von e-r Krankheit*) convalescere ex morbo; (*geistig*) animum colligere (*od.* recipere *od.* remittere *od.* relaxare); *sich Rats* ~ consilium petere ab, consulere [patrem]; *sich* ~ *lassen von* reficere ex, recreare ex.
Erholung *f* refectio *f*, recreatio *f*, (animi) remissio *f*, relaxatio *f*; quies *f*.
Erholungszeit *f* otium *n*.
erhören audire preces [supplicum], petentibus satisfacere; exorari.
erinnerlich: ~ *sein* in memoria esse (*od.* haerēre); *es ist mir* ~ memoriā teneo.
erinnern *trans.* monēre, admonēre, commonēre, commonefacere, in memoriam reducere (*od.* redigere);

E

animum [filii] ad memoriam revocare; *sich* ~ meminisse, memoriā tenēre, memorem esse; reminisci, recordari, memoriam [illorum temporum] repetere (*od.* revocare).
Erinnerung *f* (ad)monitio *f*; (*Vorschrift*) praeceptum *n*; *auf* ~ monitu [patris], monente [patre]; (*Gedächtnis*) recordatio *f*, memoria *f*.
Erinnerungsvermögen *n* memoria *f*.
Erinnerungszeichen *n* monumentum *n*.
erjagen venari, venando adipisci; / summo studio consequi.
erkalten refrigerari; / refrigescere, languescere, minui.
erkälten: *sich* ~ perfrigescere.
Erkältung *f* frigus *n*; *an einer* ~ *leiden* frigore tactum esse.
erkämpfen expugnare, armis parere (*od.* acquirere); *den Sieg* ~ victoriam reportare ab (*od.* adipisci).
erkaufen emere, redimere; *der Sieg war teuer erkauft* victoria multo sanguine stetit.
erkennbar qui (*od.* quae, quod) cognosci potest *od.* in humanam intellegentiam cadit; *die Sachen sind leicht* ~ res in perfacili cognitione sunt; *nicht* ~ *sein* oculos fugere.
erkennen vidēre; (*deutlich*) cernere; cognoscere, agnoscere [deum ex operibus eius]; percipere, perspicere, sentire; *zu* ~ *geben* significare, declarare, patefacere, ostendere; (*ein Urteil sprechen*) iudicare, sententiam dicere (*od.* ferre); decernere.
erkenntlich gratus, beneficii memor.
Erkenntnis *f* cognitio *f*, perceptio *f*; (*wissenschaftliche*) doctrina *f*; (*Urteil*) iudicium *n*, decretum *n*.
Erkenntnisvermögen *n* intellegentia *f*, mens *f*.
Erkennung *f* cognitio *f*, agnitio *f*.
Erkennungszeichen *n* nota *f*; (*Abzeichen*) insigne.
***Erker** *m* proiectum *n*.
erklärbar quod explicari potest, quod explicationem habet.
erklären explicare, explanare, demonstrare, illustrare; (*deuten*) interpretari; (*auseinander setzen*) exponere; (*eröffnen*) aperire; (*definieren*) definire; enarrare; (*deutlich zu verstehen geben*) declarare, significare; dicere, profiteri, affirmare, prae se ferre; *Krieg* ~ bellum indicere (*od.* denuntiare); *für einen Feind* ~ hostem iudicare; (*öffentlich ausrufen*) declarare, appellare [Numitorem regem]; designare [consul designatus]; *sich* ~ mentem (*od.* sententiam suam aperire, dicere quid sentias; *sich* ~ *für* partes [Caesaris] sequi, deficere ad [Caesarem], in sententiam [Caesaris] discedere; accipere, probare [sententiam tribuni]; *sich* ~ *gegen* recusare, improbare.
erklärlich planus, perspicuus, dilucidus.
Erklärung *f* explicatio *f*, explanatio *f*, interpretatio *f*, illustratio *f*, enarratio *f*, definitio *f*; *eine andere* ~ *geben* aliter interpretari; *eine* ~ *vorausschicken* praefari.
erklettern, erklimmen eniti [in muros].
erklingen (re)sonare.
erkranken in morbum incidere, morbo temptari (*od.* affici).
erkühnen: *sich* ~ audēre; hoc sibi sumere, ut.
erkundigen: *sich* ~ quaerere ab, ex, de; exquirere, percontari, sciscitari.
Erkundigung *f* percontatio *f*, exploratio *f*; *nach sorgfältiger* ~ re diligenter cognitā *od.* exploratā.
erkünsteln fingere.
erlahmen torpescere [manus], senescere.
erlangen adipisci, consequi, assequi, nancisci, obtinēre, potiri; (*durch Bitten*) impetrare; (*durch Gewalt*) extorquēre.
Erlass *m* remissio *f* [poenae], venia *f*; (*Bekanntmachung*) edictum *n* [edere, proponere].
erlassen remittere [poenam]; donare [aes alienum]; condonare (debitum]; ignoscere [peccata]; liberare [aere alieno]; (*einen Befehl*) edicere, edictum proponere.
erlauben concedere, permittere, potestatem (*od.* copiam) facere, veniam dare; pati, sinere; *erlaubt* concessus, licitus; *erlaubt sein* licēre; (*sittlich*) fas esse; *sich* ~ sibi sumere, non dubitare *mit inf.*
Erlaubnis *f* permissio *f*, concessio *f*; ius *n*, potestas *f*, copia *f*; *mit deiner* ~ permissu tuo, concessu tuo.

erlaucht illustris, amplissimus.
erläutern explicare, interpretari.
Erle *f* alnus *f* (*adj.* alneus).
erleben vidēre [eum diem]; pervenire [ad sexagesimum annum]; complēre [nonaginta annos]; experiri; *Freude ~ an den Kindern* speratos fructus ex liberis habēre; *was man heute erlebt* quae hodie eveniunt.
Erlebnis *n* res *f*, casus 4 *m*.
erledigen conficere, transigere; expedire [negotia].
erledigt vacuus, liber; *~ sein* vacuum esse, vacare.
Erledigung *f*: *nach ~ der Angelegenheit* rē confectā.
erlegen conficere [leones]; solvere, pendere [pecuniam].
erleichtern exonerare [navem]; levare, sublevare, allevare, rem faciliorem facere.
Erleichterung *f*, **~smittel** *n* levamentum *n*, laxamentum *n*.
erleiden pati; accipere [detrimentum, iniuriam].
erlernen discere, discendo accipere.
erlesen *adj.* electus.
erleuchten illustrare, collustrare, illuminare; luce complēre; *ein erleuchteter Geist* mens *f* exculta; ingenii acies *f*, acumen *n*.
Erleuchtung *f* **1.** *eig.*: *nach ~ der ganzen Stadt* totā urbe luminibus accensis; / **2.** (*Einsicht*) intellegentia *f*.
erliegen succumbere, imparem esse [oneri], opprimi [onere].
Erlös *m* pecunia *f* parta; lucrum *n*.
erlöschen exstingui, restingui; / *auch* interire, perire, deficere, evanescere.
erlosen sortiri.
erlösen liberare, solvere, eripere, vindicare.
Erlöser *m* liberator *m*, vindex *m*, redemptor *m*; (*Christus*) salvator *m*.
Erlösung *f* liberatio *f*, redemptio *f*; salus *f*.
erlügen (e)mentiri.
ermächtigen potestatem (*od.* copiam) facere [consuli pacis faciendae].
Ermächtigung *f* ius *n*, potestas *f*, auctoritas *f*; *mit ~* iussu [consulis]; *ohne ~* iniussu.
ermahnen monēre, admonēre, commonēre, (ad)hortari, exhortari.
Ermahner *m* monitor *m*, (ad)hortator *m*.
Ermahnung *f* (ad)monitio *f*, (ad-)hortatio *f*.
ermannen: *sich ~* se erigere, animum colligere (*od.* recipere *od.* erigere).
ermäßigen deminuere [pretium].
ermatten (de)fatigari; languescere; deficere [vires]; *ermattet* defatigatus, defessus.
Ermattung *f* fatigatio *f*, defatigatio *f*; (*Müdigkeit*) lassitudo *f*; (*Abgespanntheit*) languor *m*.
ermessen conicere, reputare, perpendere.
Ermessen *n* opinio *f*, sententia *f*; iudicium *n*, arbitrium *n*; *nach meinem ~* ut mea fert opinio, me iudice.
ermitteln explorare, exquirere.
ermöglichen efficere; *~, dass* ... perficere, ut.
ermorden trucidare, iugulare, necare.
Ermordung *f* occisio *f*, caedes *f*.
ermüden fatigare [precibus].
Ermüdung *f* fatigatio *f*, lassitudo *f*.
ermuntern exhortari, excitare, incitare.
Ermunterung *f* exhortatio *f*, incitatio *f*.
ermutigen animum confirmare (*od.* erigere), animum addere [nepoti].
Ermutigung *f* confirmatio *f* animi; *nach ~ der Soldaten* animis militum confirmatis.
ernähren alere; sustentare [exercitum]; *Friede ernährt, Unfriede verzehrt* concordiā res parvae crescunt, discordiā maximae dilabuntur.
Ernährerin *f* altrix *f*, nutrix *f*.
Ernährung *f* victus 4 *m*, sustentatio *f*.
ernennen dicere [dictatorem], declarare, facere [consulem].
Ernennung *f* nominatio *f*; designatio *f*; *nach ~ der Konsuln* consulibus declaratis.
erneue(r)n renovare, reficere, reparare, restituere, restaurare; (*von neuem anfangen*) renovare, redintegrare [proelium], de integro instaurare [ludos], repetere [studia]; *den Krieg ~* rebellare; *sich ~* recrudescere [pugna].
erniedrigen minuere; *sich ~* se submittere; (*tadelnd*) se abicere et prosternere, descendere ad.

E

Erniedrigung *f* imminuta auctoritas *f*, humilitas *f*.
ernst serius (*nur v. Sachen*; *adv.* -o), severus, gravis; tristis; austērus.
Ernst *m* serium *n*, veritas *f*; *im* ~ serio, vere; *ist es dein* ~? ain tu? quid ais?; *jetzt wird's* ~ nunc serio agitur; *mit allem* ~ omni studio, toto animo.
ernsthaft, ernstlich *adv.* serio; ex animi sententia; vere.
Ernte *f* messis *f*; *wie die Saat, so die* ~ ut sementem feceris, ita metes; *zur* ~ *gehörig* messorius.
Erntefest *n* feriae *f/pl.* messium, sollemnia *pl.* messoria.
Erntekranz *m* corona *f* spicea (*od.* messoria).
ernten 1. *trans.* (de)metere; / capere [gratiam]; colligere [odium]; fructum percipere ex; consequi [laudem]; **2.** *intr.* messem facere, metere.
Erntezeit *f* messis *f*.
Eroberer *m* expugnator *m* [urbis].
erobern capere, expugnare, suae dicionis facere; occupare, potiri [urbe].
Eroberung *f* expugnatio *f*, occupatio *f*.
eröffnen aperire [epistulam]; resignare [testamentum]; / aperire [locum asylum]; initium facere [disputationis]; patefacere, significare, ostendere.
Eröffnung *f* **1.** (*Anfang, Eingang*) initium *n*, exordium *n*; **2.** (*Bekanntmachung*) significatio *f*, demonstratio *f*; *j-m* ~*en machen* significare (*od.* demonstrare) alci alqd, communicare alqd cum alqo.
erörtern disserere, disputare de; cognoscere, inquirere, explicare.
Erörterung *f* disputatio *f*.
erpicht: ~ *auf* avidissimus, cupidissimus [pecuniae], intentus ad.
erpressen extorquēre [decem talenta].
Erpressung *f* violenta (*od.* iniusta) pecuniarum exactio *f*; *wegen* ~ *anklagen* accusare repetundarum (pecuniarum), de (pecuniis) repetundis.
erproben experiri; *erprobt* expertus, probatus, spectatus.
erquicken recreare, reficere; ⋆ delectare.
Erquickung *f* recreatio *f*, refectio *f*, delectatio *f*, levamentum *n*.
erraten conicere, coniecturā assequi; solvere, explicare [aenigmata]; praecipere [consilia].
erregen excitare, concitare; (commovēre; conflare [odium]; miscēre [motus animorum]; motum afferre [sensibus].
Erreger *m* concitator *m*, concitor *m*, auctor *m*.
Erregung *f* concitatio *f*, commotio *f*
erreichen contingere, attingere, manu prehendere; *zu* ~ *suchen* appetere; *ein hohes Alter* ~ ad summam senectutem pervenire; consequi, adipisci, impetrare.
erretten servare, conservare, salvum praestare.
Erretter *m* servator *m*, conservator *m*; (*Erlöser, Befreier*) vindex *m*, liberator *m*.
errichten statuere, constituere; excitare [turrim]; ponere [statuam].
erringen multo labore (*od.* magna contentione) adipisci (*od.* parere *od.* sibi comparare); *den Sieg* ~ victoriam parere, victoriā potiri.
erröten erubescere, pudore affici.
Erröten *n* rubor *m*.
Errungenschaften *f/pl.*: ~ *des Sieges* quae victoriā parta sunt.
Ersatz *m* compensatio *f*; ~ *geben* compensare.
Ersatzheer *n* supplementum *n* (exercitūs).
Ersatzmann *m* vicarius *m*.
erschaffen (pro)creare, facere, efficere, condere, aedificare; gignere, fingere.
Erschaffung *f* origo *f*, principium *n*, exordium *n*; *seit* ~ *der Welt* inde ab hominum memoria, post homines natos.
erschallen sonare, personare, canere [cornua], audiri; *seine Stimme* ~ *lassen* vocem mittere (*od.* edere).
erscheinen apparēre, comparēre, in conspectum venire, conspici, cerni; exsistere, edi [liber]; illucescere [dies]; videri [mors beata]; (*sich einstellen*) adesse, praesto esse, venire, adventare.
Erscheinen *n*, **Erscheinung** *f* (*persönlich*) praesentia *f*; (*zahlreich*) frequentia *f*; frequens conspectus 4 *m*; visus 4 *m* [nocturnus], species *f*; *schreckliche* ~ res *f* terribilis; *wunderbare* ~ miraculum *n*, ostentum *n*, portentum *n*, prodigium *n*.

erschießen (telo, * plumbo) traicere, transfigere.
erschlaffen 1. *trans.* (e)mollire, (re-) laxare, remittere, frangere; **2.** *intr.* (e)languescere, relanguescere, (e-) molliri, (re)laxari, remitti [virtus], senescere [vires], labi; *erschlafft* languidus; *~ sein* languēre.
erschlaffend languidus.
Erschlaffung *f körperlich*: solutio *f*, resolutio *f*; *geistig*: languor *m*.
erschlagen ferire, caedere, occidere; *vom Blitz ~ werden* de caelo tangi.
erschleichen obrepere ad [honores]; se insinuare in [gratiam]; fraude consequi.
Erschleichung *f*: *~ von Ehrenstellen* ambitus 4 *m*.
erschließen aperire; explicare.
erschmeicheln eblandiri, blanditiis impetrare (*od.* exprimere *od.* elicere *od.* colligere) [gratiam].
erschnappen (ore hiante) captare.
erschöpfen exhaurire [provinciam sumptibus]; consumere, atterere [opes]; *alles ~* omnia exsequi, accurate exponere; *das letzte Hilfsmittel ~* supremum auxilium effundere; *erschöpft* enectus [siti, fame].
Erschöpfung *f* defatigatio *f*; (*völlige*) confectio *f*.
erschrecken 1. *trans.* (per)terrēre, terrorem inferre (*od.* inicere *od.* incutere) [hostibus]; **2.** *intr.* (per-) terreri, exhorrescere, terror mihi incidit.
erschreckend, erschrecklich terribilis; horribilis, horrendus.
erschrocken territus, exterritus, perterritus, perturbatus, trepidus, timore perculsus.
erschüttern quatere, (con)quassare, concutere; labefacere, labefactare; / movēre, commovēre; percutere, percellere, perturbare.
Erschütterung *f* (con)quassatio *f*, labefactio *f*; *~ der Erde* terrae motus 4 *m*; *~ des Gemüts* animi perturbatio *f*; *~ der Gesundheit* conquassatio *f* valetudinis corporis.
erschweren difficilius (*od.* gravius *od.* molestius) facere, impedire.
erschwingen conficere [pecuniam]; tolerare [sumptus].
ersehen: *seinen Vorteil ~* suis commodis consulere; *daraus ersieht man* ex quo intellegitur.
ersehnen (ex)optare, desiderare, desiderio [reditūs] flagrare.
ersetzen explēre, supplēre; compensare; restituere, reparare, (re)sarcire.
ersichtlich manifestus, apertus.
ersinnen excogitare, fingere.
erspähen speculari.
ersparen compendium facere; comparcere, parsimoniā colligere, corradere; *Schande ~* ab infamia avertere [filium]; *sich ~* omitto [plura], supersedēre [pluribus verbis].
Ersparnis *f* compendium *n*; *konkr.* quod quis parsimoniā collegit.
ersprießlich utilis; *~ sein* saluti esse, *~ für den Staat* e republica esse.
erst primum; (*von zweien*) prius; *oft durch adj.* primus, prior; (*anfänglich*) primo, (ab) initio; (*endlich*) demum, denique; *jetzt ~* nunc demum; *da ~* tum demum; *eben ~* modo; *er ist ~ 20 Jahre alt* non amplius viginti annos natus est.
erstarken confirmari, corroborari.
erstarren (ob)rigescere; / (ob)torpescere, (ob)stupescere.
erstarrt torpidus, obstupefactus.
Erstarrung *f* rigor *m*, torpor *m*, stupor *m*.
erstatten compensare, restituere; [(*Bericht*) referre.
Erstattung *f e-s Berichts*: relatio *f*; *nach ~ des Schadens* damno expleto.
erstaunen stupēre, (ob)stupescere, (ad)mirari.
Erstaunen *n* stupor *m*, admiratio *f*; *in ~ setzen* obstupefacere; *in ~ geraten* obstupefieri.
erstaunlich stupendus, mirus, admirabilis, ingens, immanis; *adv.* mirum in modum, vehementer.
erste primus; (*von zweien*) prior; (*dem Range nach*) princeps; *der ≈ nach* proximus, secundus a [te]; *der ~ Beste* primus quisque, quivis, quilibet; *bei ~r bester Gelegenheit* ut primum occasio oblata est (erat, erit *u. a.*); *der ≈ sein* principem esse [in civitate], principatum [civitatis] tenēre; *das ≈* (*Hauptsache*) caput *n*, summum *n*.
erstechen transfigere, percutere.
erstehen emere, redimere.
ersteigbar: *leicht* (*schwer*) *~* facilis (difficilis) aditu.
ersteigen ascendere [murum, in murum], escendere, evadere, eniti [in montem].

erstens primum (... deinde ... tum ... denique, postremo).
ersterben (e)mori, exstingui.
ersterer prior, superior, ille (*Ggs.* hic).
erstgeboren natu maximus (*od.* maior).
Erstgeburt *f* primus nascendi locus *m*, primus partus 4 *m*; quod primum partu editum est; *das Recht der* ~, **~srecht** *n* ius 3 (*od.* privilegium) *n* aetatis, primatus 4 *m* maximi (*bzw.* maioris).

E

ersticken 1. *trans.* suffocare; spiritum intercludere, fauces elidere [hosti]; / exstinguere, restinguere, sedare, opprimere, tollere; **2.** *intr.* = *P*.
erstlich primum, (*zeitlich*) primo.
Erstlinge *mp*/*l.*: *die* ~ primitiae [frugum], (*v. Tieren*) primi geniti. *f*/*pl.*
erstreben (ex)petere, appetere, quaerere, sequi, (con)sectari, captare, niti ad; (*Verbotenes*) affectare.
erstrecken: *sich* ~ porrigi, extendi, pertinēre, excurrere, procurrere, patēre.
erstürmen expugnare, vi capere.
Erstürmung *f* expugnatio *f*.
ersuchen petere ab.
Ersuchen *n* preces *f*/*pl*.
ertappen deprehendere; *beim Diebstahl ertappt* in furto detentus.
erteilen tribuere, dare, deferre, impertire; *Befehl* ~ imperare; *Antwort* ~ respondēre *u. Ä.*
ertönen sonare; *die Stimme j-s ertönt laut* vox alcs intonat; *die Stimme* ~ *lassen* vocem mittere.
ertöten exstinguere, restinguere, (funditus) tollere, exstirpare.
ertönen per)sonare, canere.
Ertrag *m* fructus 4 *m*, reditus 4 *m*, vectigal *n*; merces *f*; quaestus 4 *m*, lucrum *n*.
ertragen sustinēre, tolerare, perpeti et perferre.
erträglich tolerabilis; ~ *machen* levare, lenire, mitigare.
ertränken aquā mergere, in aqua demergere.
erträumen somniare; *erträumt* fictus, vanus, inanis, falsus.
ertrinken aquis (*od.* fluctibus) hauriri (*od.* submergi).
ertrotzen contumaciter petere ab.
***Ertüchtigung** *f* corroboratio *f*.
erübrigen reliquum habēre; lucrari, lucri facere; *es erübrigt sich* non opus est.
erwachen expergisci, expergefieri, (somno) excitari.
erwachsen adolescere; (*entstehen*) nasci, oriri; *daraus erwuchs ihm üble Nachrede* inde ei infamia fuit.
erwachsen adultus, adulescens, grandis (aetate), puber.
erwägen perpendere, ponderare; volutare, reputare secum.
Erwägung *f* consideratio *f*, deliberatio *f*, reputatio *f*; *etw. nicht in* ~ *ziehen* rationem alcs rei non habēre.
erwählen creare; eligere, deligere; dicere [dictatorem]; sibi adoptare [patronum].
erwähnen (cim)memorare, men-. tionem facere [eorum temporum].
Erwähnung *f* mentio *f*, commemoratio *f*.
erwarmen calescere, calefieri.
erwärmen calefacere; fovēre.
Erwärmung *f* calor *m*.
erwarten exspectare, opperiri, manēre; (*zum Empfang bereit stehen*) praestolari [domino]; *seine Rettung* ~ *von* in [Caesare] spem salutis ponere; *nicht* ~ *können* gestire [scire].
Erwartung *f* exspectatio *f*, spes *f*, opinio *f*; *wider* ~ praeter spem; *wider alle* ~ *schnell* omnium spe celerior.
erwartungsvoll exspectatione erectus (*od.* animi pendens), cum summa exspectatione.
erwecken excitare [te ad spem].
erwehren: *sich* ~ arcēre, repellere, propulsare; *sich kaum der Tränen* ~ *können* vix lacrimis temperare posse.
erweichen (e)mollire.
erweisen praestare; tribuere [honorem]; conferre [beneficia] in [amicos]; beneficiis afficere [amicos]; *sich* ~ se praebere, se praestare [gratum].
erweislich qui probari (*od.* demonstrari) potest, probabilis.
Erweiterer *m* amplificator *m*, propagator *m* [finium].
erweitern dilatare, amplificare, augēre [urbem]; proferre, propagare [fines]; *sich* ~ diffundi [fluvius], patescere [campus].

Erweiterung *f* amplificatio *f*, propagatio *f*, prolatio *f*; *nach ~ der Stadt* urbe amplificatā.
Erwerb *m* quaestus 4 *m*, lucrum *n*.
erwerben parare, comparare, parere, acquirere, quaerere, colligere; *sich Anerkennung ~* laudem consequi, mereri, invenire.
Erwerbs/art, ~quelle *f*, **~zweig** *m* quaestus 4 *m*. [quaestus 4 *m*.
Erwerbstätigkeit *f* opus 3 *n* et
erwidern remunerari, reddere, referre [gratiam]; respondēre.
Erwiderung *f* responsum *n*.
erwirken efficere; impetrare.
erwischen deprehendere.
erwünschen (ex)optare; **erwünscht** exoptatus; *es kam mir ~, dass* gratum mihi accidit, quod.
erwürgen fauces elidere, gulam laqueo frangere.
Erz *n* aes *n*, metallum *n*; *mit ~ beschlagen* aeratus.
Erz... aēneus; aeris [vena], aerarius; *Erzbösewicht* homo *m* sceleratissimus; *erzdumm* stultissimus.
erzählen narrare; (*berichten*) referre; (*vom Geschichtschreiber*) memoriae prodere, auctorem esse; *ausführlich ~* pluribus verbis exponere; *weitläufig ~* altius repetere.
Erzähler *m* narrator *m*; *als Gewährsmann*: auctor *m*; *zum Zeitvertreib*: fabulator *m*.
Erzählung *f* narratio *f*, fabula *f*.
Erzarbeiter *m* faber *m*, aerarius *m*.
Erzbergwerk *n* metallum *n* (*od. pl.* metalla), aeris (*od.* aerarium) metallum *n* (*u. pl.*), aeraria *n/pl*.
*__Erzbischof__ *m* archiepiscopus *m*.
Erzdieb *m* homo *m* furacissimus.
*__Erzengel__ *m* archangelus *m*.
erzeugen gignere, generare, parere, procreare.
Erzeuger *m* genitor *m*, procreator *m*, parens *m*, auctor *m*.
Erzeugerin *f* parens *f*, mater *f*.
Erzeugnis *n* opus *n*, fructus 4 *m*; *~ der Arbeit* labor *m*; *~ der Erde* quae terra gignit; terrae fruges *f/pl*.
Erzfeind *m alci* infestissimus *od.* inimicissimus.
Erzgießer *m* faber *m* aerarius; aeris *fusor *m*.
Erzgrube *f* aeraria *f*.
erziehen educare, educere; nutrire, alere; (*unterweisen*) instituere, docēre, erudire.
Erzieher *m* educator *m*; praeceptor *m*.
Erzieherin *f* educatrix *f*; magistra *m*.
Erziehung *f* educatio *f*, disciplina *f*, institutio *f*.
Erziehungsanstalt *f* ludus *m* litterarum.
Erziehungsart *f* educatio *f*, disciplina *f*.
erzielen adipisci.
erzittern tremere, contremiscere.
Erzschelm *m* veterator *m*.
erzürnen iratum facere, irritare, incendere, iram (*od.* stomachum) movēre; *sich ~* irasci, irā incendi, gravissime ferre; *erzürnt* iratus.
Erzvater *m* patriarcha *m*.
erzwingen exprimere *od.* extorquēre [homini], vi cogere (*mit inf. od.* ut), per vim conari (*mit inf.*); *~ wollen* vim afferre; *erzwungen* coactus, expressus, extortus.
Esche *f* fraxinus *f* (*adj.* fraxineus).
Esel *m* asinus *m*; *zum ~ gehörig* asininus.
Eselchen *n* asellus *m*.
Eselin *f* asina *f*.
Eselsbrücke *f* subsidium *n* inertiae.
Eseltreiber *m* asinarius, asini agitator *m*.
Eskorte *f* praesidium *n*, custodia *f*.
Espe *f* populus *f* (*adj.* populeus).
essbar esculentus, ad vescendum aptus.
Esse *f* (*Rauchfang*) fumarium *n*, (*des Schmiedes*) caminus *m*.
essen 1. *trans.* edere, vesci [caseo]; comedere; **2.** *intr.* cibum capere *od.* sumere; *nicht ~* cibo abstinēre; *zu ~ geben* cibo iuvare; (*Hauptmahlzeit halten*) cenare; (*frühstücken*) prandēre, (*Imbiss nehmen*) gustare.
Essen *n* cibus *m*; *während des ~s* inter cenam; *nach dem ~* cenatus.
Essenszeit *f* tempus 3 *n* edendi (*od.* cenandi, cenae), hora *f* cibi.
Esser *m*: *ein starker ~* homo *m* edax (*od.* multi cibi).
Essig *m* acetum *n*.
Esslust *f* ciborum appetentia *f*.
Esstisch *m* mensa *f* escaria.
Esswaren *f/pl.*: *die ~* esculenta *n/pl.* cibaria *n/pl.*, cibi *m/pl*.
Esszimmer *n* cenatio *f*, conclave *n*.
Estrich *m* pavimentum *n*.
Etage *f* contignatio *f*, contabulatio *f*, tabulatum *n*.

***Etagenheizung** *f* vaporarium *n* singulorum tabulatorum.
Etappe *f* mansio *f*; * *in* ~*n reisen* partes itineris facere, gradatim iter facere.
Etat *m* accepti expensique ratio *f*, sumptus 4 *m* annuus.
Ethik *f* morum praecepta *n/pl.*
Etikett *n* nota *f* [vini].
Etikette *f* mos (et usus) *m*, morum elegantia *f*.
etliche nonnulli, quidam, sunt (erant ...) qui *m. conj.*
etwa (*ungefähr*) circiter, fere; (*zufällig*) forte; (*vielleicht*) fortasse (*aber nach* si, nisi, ne *durch* forte); *wer* ~ si quis (forte); *was* ~ si quid (forte); (*zeitl.*) aliquando, quando; (*auf irgendeine Weise*) aliqua ratione; ~ *weils* an quod? ~ (*nicht*)? an? (an non?).
etwaige: ~ *Hindernisse* impedimenta quae fortasse inciderint; ~ *Bedenken* si quae exsistant dubitationes.
etwas *subst.* aliquid, quid, nonnihil, quidquam, quiddam; (*Bedeutendes*) aliquantum; (*Weniges*) paulum, paululum; ~ *sein* aliquid esse; *sich für* ~ *halten* sibi aliquid videri; ~ *Neues* aliquid novum (novi); ~ *Bemerkenswertes* aliquid memorabile; *adv.* paulum, paululum; (*bedeutend*) aliquantum; ~ *größer* paulo maior; ~ *geschwätzig* loquacior; ~ *frei reden* liberius loqui; ~ *dunkel* subobscurus; ~ *zürnen* subirasci.
Etymologie *f* (*Abstammung e-s Wortes*) origo *f*, vis *f* verbi; etymologia *f*; *als Wissenschaft*: etymologice, ēs *f*.
euer vester; *euersgleichen* vestri similis; *euertwegen* vestrā causā.
***Eugenetik** *f* eugenetica *f*.
Eule *f* ulula *f*, noctua *f*.
Eunuch *m* eunuchus *m*.
Euter *n* uber *n*.
***evangelisch** evangelicus.
***Evangelist** *m* evangelista *m*.
***Evangelium** *n* evangelium *n*, doctrina *f* Christiana.
exemplarisch recti exempli, qui (*od.* quae, quod) exempli instar est; e-e ~e *Strafe* poena *f* quae exempli causā fit, supplicii exemplum *n*.
Expedition *f* **1.** (*Reise*) iter 3 *n*; (*Abreise*) profectio *f*; **2.** *s. Feldzug.*
Experiment *n* experimentum *n*; ~*e machen* experimenta agere.
ewig aeternus, sempiternus, immortalis, perpetuus; *adv.* semper, perpetuo; *auf* (*od. für*) ~ in aeternum, in perpetuum, in omne tempus; ~ *leben* manēre in animis hominum.
Ewigkeit *f* aeternitas *f*, immortalitas *f*, vita *f* aeterna; *von* ~ *zu* ~ ex aeterno tempore in aeternum; *für die* ~ in perpetuum, in omne tempus.
Examen *n* temptatio *f*, examen *n*; *das* ~ *bestehen* temptantibus satisfacere.
Exekution *f* (*als Strafe*) supplicium *n*; (*Eintreibung der Steuern*) (violenta) exactio *f* vectigalium.
Exempel *n* exemplum *n*; *ein* ~ *statuieren* exemplum statuere in [perfugis] *od.* edere in [perfugas].
Exemplar *n* exemplar *n*, exemplum *n*.
exerzieren exercēre milites; (*v. Soldaten*) exerceri.
Existenz *f* vita *f*; salus *f*.
existieren esse, vivere, vigēre; *noch* ~ exstare.
extemporieren subito (*od.* ex tempore) dicere (*od.* fundere).
Extrem *n* res *f* diversissima, contrarium *n*; *ins* ~ *verfallen* modum excedere.

F

Fabel *f* fabula *f*, (*Äsopische* apologus *m*; commentum *n*, res *f* commenticia.
Fabeldichter *m* fabularum scriptor *m* (*od.* auctor *m*).
fabelhaft fabulosus; fictus, commenticius.
fabeln fabulose narrare, fabulari; fingere, ementiri [in historiis].
Fabelwelt *f* fabulae *f*; res *f/pl.* fabulosae.
Fabrik *f* officina *f*, fabrica *f*.
Fabrikant *m* fabricator *m*, opifex *m*.
Fabrikat *n* opus 3 *n*, quod arte (*od.* manu) factum est.
fabrizieren fabricari, facere, conficere.
Fach *n* loculus *m*; (*für Bücher*)

foruli *m/pl.*; (*wissenschaftlich*) ars *f* studium *n*; (*Gattung*) genus *n*.

***Facharzt** *m* medicus *m* suae propriae artis peritissimus.

fächeln (flabello) ventulum facere.

Fächer *m* flabellum *n*.

Fachmann *m* homo *m* expertus *od.* artis peritus.

***Fachwerk** *n* contignatio cratibus vel lateribus conferta.

Fackel *f* fax *f*, taeda *f*; (*v. Wachs*) funale *n*.

Fackelschein *m* faces *f/pl.* collucentes; *beim* ~ facibus collucentibus, ad lumina.

Fackelträger *m* qui facem praefert; taedifer.

Fackelzug *m* pompa *f* facibus collucentibus ducta.

fade insulsus; / inficetus, frigidus.

Faden *m* filum *n* (*auch* /); (*Schnur*) linum *n*; *den ~ verlieren* (*in der Rede*) a proposito (longius) abire; *den ~ wieder aufnehmen* ad propositum reverti.

fadenscheinig usu detritus [vestis].

fähig idoneus (*od.* aptus) ad; (*gelehrig*) docilis; (*geschickt*) sollers; (*geistig*) ingeniosus, bonae indolis; *~ sein mst = können*; *zu allem ~ sein* ad omnia paratum (*od.* promptum) esse, nihil non efficere posse; *der Weise ist nicht ~ zum Zorn* irasci non est sapientis; ira non cadit in sapientem.

Fähigkeit *f* facultas *f*, docilitas *f*, sollertia *f*; ingenium *n*.

fahl luridus.

fahnden: *nach j-m ~* consectari alqm.

Fahne *f* signum *n* (militare), vexillum *n*; *zur ~ schwören* sacramentum dicere apud; *zur ~ schwören lassen* sacramento adigere (*od.* rogare), obligare.

Fahneneid *m* sacramentum; *den ~ leisten* sacramentum dicere apud.

fahnenflüchtig profugus; *~ werden* signa deserere.

Fahnenstange *f* hastile *n* vexilli.

Fahnenträger *m* signifer *m*, vexillarius *m*.

Fähnlein *n* vexillum *n*.

fahrbar pervius; (*für Schiffe*) navium patiens, navigabilis.

Fähre *f* ponto *m*, ratis *f* ad traiciendum comparata.

fahren 1. *trans.* vehere, ad-, in-, per-, transvehere; *über den Fluss ~* flumen traicere [milites]; **2.** *intr.* vehi [curru, vehiculo]; (*zu Schiffe*) (in) navi vehi, navigare; *übers Meer ~* mare traicere; *ich bin gut* (*schlecht*) *gefahren* res mihi bene (male) cessit; *~ lassen* manu (*od.* ex manibus) demittere (*od.* emittere); (*unterlassen*) omittere.

Fahrgast *m* vector *m*.

Fahrgeld *n* pretium *n* pro vectura solvendum (solutum), (*Brückengeld*) portorium *n*.

Fährgeld *n* portorium *n*.

fahrig vehemens; *~es Wesen* vehementia *f*.

***Fahrkarte** *f* tessera *f* [emere *lösen*].

fahrlässig neglegens.

Fahrlässigkeit *f* neglegentia *f*.

Fährlichkeit *f* periculum *n*.

Fährmann *m* portitor *m*.

***Fahrrad** *n* bicyclus *m*; bicyclula *f*.

Fahrstraße *f* via *f* publica.

***Fahrstuhl** *m* ascensor *m*, elevator *m*; machina *f* scansoria.

Fahrt *f* vectio *f*; (*zu Schiffe*) navigatio *f*, cursus 4 *m*.

Fährte *f* vestigium *n*.

Fahrwind *m* ventus *m* (secundus).

Fahrzeug *n* vehiculum *n*.

Faksimile *n* descriptio *f* imagoque *f* litterarum.

Falbel *f am weibl. Gewande*: instita *f*.

Falke *m* accipiter *m*, falco *m*.

Fall *m eig.* casus 4 *m*, lapsus 4 *m* [equi], ruina *f* [turris]; / decursus 4 *m* [aquarum]; expugnatio *f*, excidium *n* [Carthaginis]; (*Ereignis*) casus 4 *m*, eventus 4 *m*, res *f* [in utraque re], causa *f*; (*Gelegenheit*) occasio *f*; (*Lage*) condicio *f*; (*Zeitumstand*) tempus *n*; (*Hinsicht*) locus *m*; *es ist oft der ~* saepe accidit (*od.* fit) ut; *es kann der ~ sein* fieri potest, ut; *den ~ setzen* fingere; *in den meisten Fällen* in plerisque; *auf alle Fälle* ad omnes casus, ad omnem eventum, utique, nullo pacto non; *auf keinen ~* neutiquam, omnino non, nullam in partem; *in demselben ~ sein* in eadem condicione esse; *in dem ~, dass* (*nicht*) si (nisi).

***Fallbeil** *n* securis *f* delabens; *mit dem ~ hinrichten* caput machinā detruncare.

Falle *f* (*für Mäuse*) muscipula; (*Fangeisen*) pedica *f*, (*Fallstrick*) laqueus *m*; / insidiae *f/pl.*, fraus *f*,

dolus *m*; *eine ~ legen* insidiari, insidias facere.
fallen *eig.* cadere, labi; decidere, defluere, delabi; (*hineinfallen*) incidere, illabi; (*nach vorn*) procidere; (*herausfallen*) excidere; *~ lassen* amittere, omittere; (e)mittere, demittere (ex manibus); iacere, mittere [vocem]; iactare [minas]; / recedere, decedere; minui [undae]; (*im Kampfe*) cadere, occidere, caedi; (*v. Festungen*) capi, expugnari; *zur Last ~* oneri (*od.* molestum) esse; *auf einen Tag ~* incurrere in diem; *ins Rötliche fallend* subrutilus.

F

fällen caedere; (*unten*) succidere; *die Lanze ~* hastam protendere (*od.* proicere); *ein Urteil ~* sententiam dicere.
fällig solvendus, praestandus; *das Geld ist heute ~* nummi in hunc diem cadunt.
falls si.
***Fallschirm** *m* umbrella *f* pensilis.
Fallstrick *m* laqueus *m.*
Fallsucht *f* morbus *m* comitialis, vitium *n* comitiale.
falsch 1. *adj.* (*unrichtig*) falsus; (*verkehrt*) perversus; (*nachgemacht*) adulterinus [clavis]; subditus, suppositus [testamentum]; *~e Zähne* dentes *m/pl.* empti; (*betrügerisch*) falsus, fallax, dolosus, perfidus; *ein ~er Eid* periurium *n*; **2.** *adv.* falso, simulate, perverse, vitiose; perperam, non recte, male; *~ schwören* peierare; *die Uhr geht ~* horologium mentitur.
Falsch *n* fallaciae *f/pl.*; *ohne ~* sine fuco et fallaciis; simplex, sincerus.
fälschen corrumpere, depravare.
Fälscher *m* falsarius *m.*
Falschheit *f* falsum *n*; fallacia *f*, fraus *f*, dolus *m*, perfidia *f.*
fälschlich: *~ annehmen* fingere; *~ beschuldigen* falso insimulare.
Falschmünzer *m* qui monetam adulterinam exercet.
Fälschung *f* falsum *n*; falsae et corruptae litterae *f/pl.*
***Faltboot** *n* linter *m*, scapha *f* complicabilis.
Falte *f* ruga *f*; (= *Bausch*) sinus *m*; *in ~n legen* complicare [vestem]; contrahere [frontem].
falten complicare; iungere [manus].
Faltenwurf *m des Gewandes*: rugae *f/pl.* et sinus *m*; *dem Gewande den gehörigen ~ geben* vestem componere.
Falter *m* papilio *m.*
faltig rugosus, sinuosus.
Familie *f* domestici *m/pl.*; (*Frau u. Kinder*) domus *f*, domestici *m/pl.*; coniunx et liberi, mei (tui *usw.*); (*weitere*) familia *f*; gens *f*, stirps *f*; cognati *m/pl.*, propinqui *m/pl.*; *aus guter ~* nobili (*od.* haud obscuro) loco (*od.* genere) natus.
Familien... domesticus, (*gen.*) domus, liberorum; gentilis, gentilicius, (*gen.*) gentis; familiaris, privatus (*Ggs.* publicus).
Familienangelegenheit *f* res 5 *f* domestica (et privata).
Familienerbteil *n* hereditas *f* gentis *od.* gentilicia; / bonum *n* gentile.
Familienfehler *m* vitium *n* avitum.
Familiengeschichten *f/pl.* domestica *n/pl.*
Familienglied *n* unus ex domesticis; *pl.* gentiles *m/pl.*, propinqui *m/pl.*
Familiengötter: *die ~* dii *m/pl.* penates.
Familienname *m* nomen *n* gentile *od.* gentilicium.
Familien/tafel *f*, **~tisch** *m* cena *f* familiaris, convivium *n* propinquorum; *j-n zur ~ ziehen* alqm cenae familiari adhibēre.
Familienvater *m* pater *m* familias.
Fanatiker *m* fanaticus *m.*
fanatisch fanaticus, furens, furibundus.
Fanatismus *m* furor *m* (fanaticus).
Fang *m* (*v. Vögeln*) aucupium *n*; (*allgemein*) praeda *f.*
fangen capere, excipere, comprehendere; / capere, irretire, decipere.
Fanggrube *f* fovea *f.*
Fant *m* adulescentulus *m* ineptus, homo *m* fatuus.
***Farbband** *n* taenia *f* colorata.
Farbe *f* color *m*; (*Färbemittel*) pigmentum *n.*
färben tingere, inficere, colorare; imbuere liquoribus [lanam].
Farbenblindheit *f* daltonismus m.
Farbenhändler *m* pigmentarius *m.*
farbenreich variis coloribus distinctus.
Färber *m* infector *m*, tingens *m.*

Färberei *f* ars *f* tingendi (*od.* inficiendi); officina *f* infectoris *f*.
farbig coloratus, pictus, versicolor.
farblos sine colore (*a.* /); (*blass*) pallidus.
Farbstoff *m* infector sucus.
Färbung *f* tinctus 4 *m*, tinctura *f*; *konkr.* color *m*.
***Farm** *f* praedium *n*.
Farnkraut *n* filix *f*.
Farre *m* taurus *m*.
Färse *f* iuvenca *f*, bucula *f*.
Fasan *m* phasianus *m*.
Faschine *f* crates *f*, fasciculus *m* ex virgis alligatus.
***Fasching** *m* Saturnalia *n*/*pl*.
Faselei *f* ineptiae *f*/*pl*., nugae *f*/*pl*.
Faseler *m* homo *m* ineptus, nugator *m*.
faselhaft ineptus, nugatorius.
faseln ineptire, nugari, hariolari.
Faser *f* fibra *f*.
faserig fibratus.
Fass *n* dolium *n*, cupa *f*.
Fassade *f* frons *f*.
fassbar, fasslich facilis ad intellegendum; planus, apertus, perspicuus.
fassen comprehendere [manum, dextram]; capere, complecti, continēre [portus ingentem vim navium]; / *Hoffnung* ~ spem concipere; *einen Entschluss* ~ consilium capere (*od.* inire); (*e-n anderen Entschluss* ~ consilium mutare); *Mut* ~ animum capere, animum suum confirmare; *festen Fuß* ~ consistere; *sich* ~ se colligere, se recipere, animum recipere, ad se redire; *sich nicht* ~ *können* sui (animi, mentis) compotem non esse; *sich gefasst machen auf* se parare ad, parare; *gefasst sein* paratum esse, animo (*bzw. pl.*) adesse; *sich kurz* ~ rem paucis absolvere, breviter exponere; *sich in Geduld* ~ aequo animo (*od.* patienter) ferre.
Fasslichkeit *f* perspicuitas *f*.
Fassung *f*: *außer* ~ animus *m* aequus, animi aequitas *f*; sui (mentis, animi) non compos; *aus der* ~ *bringen* perturbare (*od.* perterrēre *od.* de statu deicere); *aus der* ~ *kommen* mente (*od.* animo) concidere (*od.* perturbari), de statu suo deici, animum abicere.
Fassungs/kraft *f*, **~gabe** *f*, **~vermögen** *n* captus 4 *m*, vis *f* percipiendi, intellegentia *f*, ingenium *n*; *schnelle* (*langsame*) ~ ingenii celeritas *f*(tarditas *f*).
fast paene, prope.
fasten cibo abstinēre.
Fasten *n* inedia *f*; (*freiwilliges*) ieiunium *n*; *pl. die* ~ ieiunia *n*/*pl.* annua.
Fasttag *m* dies *m* ieiunii.
faul (*in Fäulnis befindlich*) putidus [caro]; putridus [dens]; (*träge*) ignavus, piger, iners, segnis, desidiae deditus.
Fäule *f*, **Fäulnis** *f* putor *m*, putredo *f*.
faulen putescere, putrescere; (*von Fleisch, Obst u. Ä.*) vitiari.
faulenzen desidiae se dare; amplexari otium inertissimum ac desidiosissimum.
Faulenzer *m* homo *m* desidiosus.
Faulheit *f* ignavia *f*, pigritia *f*, inertia *f*, desidia *f*.
Faust *f* pugnus *m*.
***Faustball** *m* follis *m* pugnis missus *od.* pugillatorius.
Fäustchen *n* pugillus *m*; *sich ins* ~ *lachen* in sinu (tacito) gaudēre.
faustgroß pugillaris.
Faustkampf *m* pugillatio *f*.
Faustkämpfer *m* pugil *m*.
Faustrecht *n* vis *f*, ius *n*, quod in armis est.
Faustschlag *m* ictus 4 *m* pugni, colaphus *m*; *e-n* ~ *geben* pugno caedere.
Fazit *n* summa *f*.
Februar *m* februarius *m* (mensis).
Fecht... gladiatorius.
Fechtboden *m* palaestra *f*.
fechten armis uti, exerceri; pugnare, dimicare; (*zur Übung*) batuere.
Fechter *m* armorum peritus *m*, gladiator *m*.
Fechter... gladiatorius.
Fechterlohn *m* gladiatorium *n*.
Fechterspiel *n als Kampf*: certamen *n* gladiatorium; *als Leistung ans Volk*: spectaculum *n* gladiatorium; *als Schauspiel*: munus 3 *n* gladiatorium.
Fechtkunst *f* ars *f* armorum (*od.* batuendi *od.* gladiatoria).
Fechtmeister *m* magister *m* artis batuendi (*od.* gladiatoriae), (*mil.*) armorum doctor *m*, (*bei den Gladiatoren*) lanista *m*.
Fechtplatz *m* palaestra *f*.

F

Fechtschule *f* ludus *m* gladiatorius.
Fechtübung *f* exercitatio *f* batuendi (*od.* gladiatoria); (*mil.*) armorum exercitium *n.*
Feder *f* (*Flugfeder*) penna *f*; (*Flaumfeder*) pluma *f*; (*zum Schreiben*) calamus *m*; *die* ~ *ergreifen* calamum sumere, ad scribendum se conferre; (*Sprungfeder*) spira *f*.
Federbett *n* culcita *f* plumea.
Federbusch *m* crista *f*; *mit* ~ *versehen* cristatus.
Federchen *n* pennula *f*, plumula *f*.
***Federhalter** *m* calamus *m*.
Federkasten *m* theca *f* calamaria.
Federkiel *m* caulis *m* (pennae).
Federkissen *n* culcita *f* plumea.
federleicht plumā levior.
Federmesser *n* scalprum *n* (librarium).
Federvieh *n* pecus *n* volatile.
Fee *f* diva *f* quaedam.
***Fegefeuer** *n* purgatorium *n*.
fegen verrere.
Fehde *f* inimicitiae *f/pl.*, bellum *n*; *in* ~ *leben mit* bellum gerere cum; *miteinander* inter se rixari.
Fehdehandschuh: ~ *hinwerfen* ad certamen provocare.
fehl *adv.*: ~*gehen* a via aberrare; ~*schlagen* ad irritum cadere, redigi; ~*greifen* errare, labi; ~*schießen* aberrare; / non consequi, repulsam ferre; ~*treten* vestigio falli, vestigium fallit [me].
Fehlbetrag *m* lacuna *f*, damnum *n*.
Fehlbitte *f* preces *f/pl.* inanes, repulsa *f*; *eine* ~ *tun* repulsam ferre.
fehlen (*nicht treffen*) non ferire, aberrare; *weit gefehlt, dass* ... tantum abest, ut ... ut, ita non ... ut, non modo (non) ... sed (ne ... quidem); (*fehlschlagen*) ad irritum cadere; *es kann nicht* ~ certum est, certe fiet (*od.* eveniet); non fieri non potest, ut; (*irren*) errare, labi; (*sündigen*) peccare, delinquere, culpam committere; (*mangeln*) deesse, abesse, desiderari; (*ausgehen*) deficere; (*nicht haben*) carēre; *es fehlt nicht an Leuten, die* non desunt, qui *m. conj.*; *es* ~ *lassen* deesse, neglegere; *es an nichts* ~ *lassen* nihil omittere, nihil reliqui facere; *es an sich* ~ *lassen* sibi (*od.* officio suo) deesse; *es fehlt viel* (*wenig*), *dass* multum (non multum, paulum) abest, ut *bzw.* quin; *mir fehlt etwas* (*körperlich*) minus bene me habeo, non satis valeo, aeger sum [corpore]; *was fehlt ihm?* quo morbo laborat?
Fehler *m* vitium *n*; (*Verstoß*) lapsus 4 *m*; (*körperlicher* ~, *Versehen*) mendum *n* (*u.* menda *f*); peccatum *n* [confiteri]; *es werden viele* ~ *gemacht* multa peccantur.
fehlerfrei, fehlerlos sine vitio, sine mendis, vitio carens, ab omni vitio vacuus, emendatus, integer, innocens, perfectus, purus, castus.
fehlerhaft vitiosus, mendosus, pravus.
Fehlerhaftigkeit *f* pravitas *f*, vitiosa natura *f*.
Fehlerlosigkeit *f* integritas *f*, innocentia *f*, castitas *f*.
Fehlgeburt *f* abortus 4 *m*.
fehlgehen a via aberrare.
Fehlgriff *m* error *m*, lapsus 4 *m*; *e-n* ~ *tun* errare, labi.
Fehlhieb *m* ictus 5 *m* irritus.
fehlschlagen ad irritum cadere *od.* redigi; *meine Hoffnung ist fehlgeschlagen* spes me fefellit, spe deceptus sum, deiectus sum; *die Sache ist fehlgeschlagen* res male gesta est, res male evēnit.
fehltreten vestigio falli.
Fehltritt *m* vestigii lapsus 4 *m*; / vitium *n*, peccatum *n*.
Feier *f* celebratio *f*.
Feierabend *m* vespertina operis cessatio *f*, finis *m* operis diurni; ~ *machen* ab opere diurno cessare, finem operis diurni facere.
feierlich sollemnis, festus; (*v. der Rede*) grandis, amplus, gravis.
Feierlichkeit *f* **1.** *abst.* sanctitas *f*, granditas *f*, gravitas *f*, splendor *m*, celebritas *f*; **2.** *konkr.* sollemne *n*, caerimonia *f*, pompa *f*.
feiern **1.** *trans.* agere *od.* agitare festos dies, celebrare, laudare [res feliciter gestas]; **2.** *intr.* nihil agere; (ab opere) cessare; otiari, feriari.
Feiertag *m* feriae *f/pl.*; dies *m* festus.
feig ignavus, timidus; ~*e Furcht* metus ac timor *m*; ~*e Flucht* fuga *f* timoris plena.
Feige *f* ficus *f*; (*unreife*) grossus *m*; (*getrocknete*) carica *f*.
Feigenblatt *n* folium *n* ficulneum *od.* ficulnum.
Feigenbaum *m* ficus *f*; (*wilder*) caprificus *f*.

Feigengarten *m* ficetum *n*.
Feigheit *f* ignavia *f*, timiditas *f*.
Feigling *m* homo *m* ignavus.
feil venalis; *~haben* rem venalem habēre, vendere; *~bieten* venalem proponere, venum dare; *~ sein* venalem esse, venire, licēre.
Feile *f* lima *f*.
feilen limare, limā polire; / (ex-) polire, perpolire.
feilschen: *um etw. ~* licēri alqd.
Feilspäne *m/pl.* reliquiae *f/pl.* limae.
Feilung *f* politio *f* expolitio *f*, perpolitio *f*.
fein 1. *eig.* tenuis, subtilis; (*tadelnd*) exilis; **2.** purus [aurum]; bellus [homo]; elegans [familia]; lepidus, urbanus [homines]; politus [iudicium], delicatus [voluptas].
Feind *m* (*im Kriege, Staatsfeind*) hostis *m*; (*in Privatverhältnissen*) inimicus *m*; (*Gegner*) adversarius *m*; *ärgster ~* inimicissimus *m*; *Tod~* hostis *m* capitalis.
Feindesland *n*: *in ~* in hostico [vagi in pacato, in hostico errant].
Feindin *f* hostis *f*, inimica *f*.
feindlich hostilis, *mst* (*gen.*) hostium (*in Privatverhältnissen*) inimicus infestus, infensus.
Feindschaft *f* inimicitiae *f/pl.*, simultas *f*, odium *n*; *in ~ leben mit* inimicitias gerere (*od.* habēre *od.* exercēre) cum, inimicitiae intercedunt [mihi cum isto].
Feindseligkeit *f* animus *m* infestus (*od.* infensus *od.* hostilis); (*Handlungen*) hostilia *n/pl.*; *die ~en einstellen* ab armis recedere, finem facere iniuriis, simultates deponere.
Feinheit *f* tenuitas *f*, subtilitas *f*; / elegantia *f*, urbanitas *f*, lepor *m*; (*des Witzes*) facetiae *f/pl.*
Feinschmecker *m* homo *m* gulae deditus, homo *m* subtilis palati, homo *m* gulae subtilioris.
Feinschmeckerei *f* palatum *n* subtile, gula *f* subtilior.
feist pinguis, obesus.
Feld *n* campus *m*; (*bestelltes*) ager *m*; (*besätes*) arvum *n*; / (*der Zimmerdecke*) lacuna *f*; (*Übungsplatz*) campus *m*; (*Fach*) genus *n*; (*mil.*) bellum *n*, castra *n/pl.*, militia *f*; *freies ~* apertum *n*; *auf einem ~e tätig sein* versari in [litteris]; *zu ~e ziehen* ad bellum proficisci, arma ferre adversus, proficisci contra, bellum inferre [finitimis]; *im ~e stehen* in castris (*od.* sub pellibus) esse; *den Feind aus dem ~e schlagen* hostem pellere (*od.* fugare *od.* vincere); *das ~ behaupten* victorem (*od.* superiorem) discedere; *das ~ räumen (müssen)* terga dare, fugae se dare, inferiorem discedere; *im offenen ~e siegen* in acie vincere; *ins ~ führen* (*vom Redner*) afferre, colligere [argumenta].
Feldarbeit *f* opus *n* rusticum.
Feldbett *n* lectus *m* militaris.
Felddienst *m* castrensia stipendia *n/pl.*; castra *n/pl.*; militia *f*.
Feldfrüchte *f/pl.*: *die ~* (terrae) fruges *f/pl.*
Feldgeschrei *n* clamor *m* (bellicus); (*Losung*) tessera *f*.
Feldherr *m* dux *m* (belli, exercitūs); (*Oberfeldherr*) imperator *m*; (*bei Nichtrömern*) *auch* praetor *m*; *eines ~n würdig* imperatorius.
Feldherrnmantel *m* paludamentum *n*.
Feldherrnstelle *f* (summum) imperium *n*.
Feldherrntitel *m* adpellatio *f* imperatoria, nomen *n* imperatorium *n*.
Feldherrnwürde *f* imperium *n*.
Feldherrnzelt *n* praetorium *n*.
Feldhuhn *n* perdix *f*.
Feldmark *f* ager (*od. pl.*) *m*.
Feldmaus *f* mus *m* rusticus.
Feldmesser *m* (agri) mensor *m*, decempedator *m*, geometres *m*.
Feldmesskunst *f* geometria *f*.
Feldoberst *m* tribunus *m* militum.
Feldschlacht *f* pugna *f*, proelium *n*; *in offener ~* (in) acie.
***Feldstecher** *m* telescopium *n*.
Feldstein *m* saxum *n*.
Feldwache *f* statio *f*, excubiae *f/pl.*; (*Soldaten*) excubitores *m/pl.*
Feldweg *m* via *f* agraria, limes *m*.
Feldwirtschaft *f* res *f* rustica, opus *n* rusticum.
Feldzeichen *n* signum *n* (militare).
Feldzeug *n* instrumentum *n* militare.
Feldzeugmeister *m in römischem Sinne*: praefectus *m* fabrum (= fabrorum).
Feldzug *m* bellum *n*; (*einzelner*) expeditio *f*; *viele Feldzüge mitgemacht haben* multa stipendia habēre (*od.* meruisse); *einen ~ mitmachen* bello interesse, militare cum; *einen*

~ *unternehmen gegen* proficisci contra.
Felge *f* curvatura *f* rotae.
Fell *n* pellis *f*; cutis *f*; (*Leder*) corium *n*.
Fels, Felsen *m* saxum *n*; (*schroffer*) rupes *f*; (*Klippe*) scopulus *m*.
felsenfest adamantinus; cedere nescius.
Felsengrab *n* sepulcrum *n* saxeum.
Felsenkette *f* continuae rupes *f/pl*.
Felsenkluft *f* rupis hiatus 4 *m*.
Felsenriff *n* cautes *f*.
Felsenwand *f* rupes *f* praerupta (*od.* abscissa).
felsig saxeus; saxosus.
***Feme** *f* tribunal *n* secretum.
Fenchel *m* feniculum *n*.
Fenster *n* fenestra *f*.
Fensterchen *n* fenestella *f*.
***Fensterscheibe** *f* vitrea quadratura *f*.
Ferien: *die* ~ feriae *f/pl*.
Ferientag *m* dies 5 *m* feriatus.
Ferkel *n* porculus *m*, porcellus *m*.
ferkeln parere, fetum edere.
fern 1. *adj.* longinquus, remotus; *das sei* ~! di meliora!; **2.** *adv.* procul, longe [abesse ab]; *von* ~ procul, e longinquo; (*v. Geschossen*) eminus; (*aus der Fremde*) peregre.
fernbleiben abesse, distare.
Ferne *f* longinquitas *f*.
ferner 1. *adj.* ulterior *od. comp. von fern*; **2.** *adv.* ulterius, amplius; (*künftighin*) porro, posthac; (*außerdem*) praeterea, ad hoc, deinde, accedit quod (*bzw.* ut); (*in Übergängen*) atque, autem, iam (vero), age (vero), porro; *rhetorische Frage m.* quid? [libertas nonne ...].
Fernglas *n* telescopium *n*.
fern halten defendere, propulsare; *sich* ~ (se) abstinēre ab [iniuria].
***Fernsehwelle** *f* unda *f* televisoria.
Fernsicht *f* prospectus 4 *m*.
***Fernsprechamt** *n* officium *n* telephonicum.
Ferse *f* calx *f*; *auf den Fersen sein* vestigiis sequi [hostes], instare vestigiis.
Fersengeld *n*: ~ *geben* in fugam se conicere; terga dare.
fertig paratus, promptus, expeditus; *sich* ~ *machen zu* se expedire, comparare ad; parare [bellum]; (*vollendet*) absolutus, perfectus; ~ *machen* conficere [librum]; ~ *werden mit* sustinēre [adversarium], transigere (*od.* conficere) cum.
Fertigkeit *f* facultas *f*, usus 4 *m*, exercitatio *f*, ars *f*; ~ *besitzen in* versatum, exercitatum esse in [ingenuis artibus].
Fessel *f* vinculum *n*; catena *f*; *in* ~*n legen* in vincula conicere, vincula inicere [captis]; *in* ~*n liegen* in vinculis esse.
fesseln vincire, in vincula conicere; / capere, delectare, tenēre, detinēre; devincire [animos voluptate], obstringere, obligare [officiis].
fest firmus, solidus; artus [somnus], continens [terra]; stabilis [sedes]; ~*e Gesundheit* firma corporis constitutio *f*, corpus *n* bene constitutum; ~*er Entschluss* consilium *n* certum; ~*er Charakter* animus *m* firmus et constans; *ich bin* ~ *überzeugt* certo mihi persuasi.
Fest *n* dies *m* festus (*od.* sollemnis), feriae *f/pl.*; *ein* ~ *feiern* diem festum agere.
Festaufzug *m* pompa *f*.
festbinden (de)vincire ad, constringere [vinculis].
festbleiben sibi constare.
festhalten tenēre, retinēre, detinēre, amplecti; permanēre, perseverare [in sententia].
Festigkeit *f* firmitas *f*, robur *n*, stabilitas *f*, constantia *f*, perseverantia *f*.
festkleben adhaerēre, inhaerēre [saxis *dat.*].
Festland *n* (terra) continens *f*.
festlich festus, sollemnis.
Festlichkeit *f* sollemne *n*.
festmachen firmare, stabilire.
Festmahl *n* convivium *n* sollemne, epulae *f/pl.* sollemnes.
festnehmen comprehendere.
Festordner *m bei öffentlichen Vergnügungen*: ludorum editor *m*; *bei e-m Gastmahl*: cenae (*od.* convivii) magister *m*.
Festrede *f* oratio *f* (sollemnis).
Fest/schmuck, ~staat *m* ornatus 4 *m* sollemnis.
festschnallen devincire.
festsetzen statuere, constituere, sancire, edicere, iubēre, imperare; *eine Versammlung auf e-n bestimmten Tag* ~ concilium indicere in certam diem; *sich* ~ considere, consistere, sedem (suam) collocare,

domicilium sibi constituere [in Italia]; *festgesetzt* constitutus, certus.
festsitzen in custodia teneri; haerēre in [equo], insidēre in [animo].
feststehen (immotum) stare, manēre; constare, certum (*od.* exploratum) esse.
feststellen statuere, constituere; inire [numerum audientium].
Festtag *m* dies *m* festus (*od.* sollemnis), feriae *f/pl.*
Festung *f* locus *m* munitus, oppidum *n* (munitum).
Festungswerk *n* oppidi munimentum *n*; munitio *f.*
Festzug *m* pompa *f.*
fett pinguis; (*lobend*) opīmus; (*tadelnd*) obēsus; (*glänzend*) nitidus; / opīmus, lautus, luculentus.
Fett *n* pingue *n*; (*Schmalz*) adeps *m.*
Fettbauch *m* abdomen *n*; adeps *m.*
fettig pinguis.
Fettigkeit *f* pinguitudo *f*, pinguedo *f*, obesitas *f.*
Fetzen *m* pannus *m*, panniculus *m.*
feucht umidus, madidus; *~ machen* madefacere; *~ sein* madēre; *~ werden* madescere, umescere.
Feuchtigkeit *f* umor *m.*
Feuer *n* ignis *m*; (*loderndes*) flamma *f*; (*Feuersbrunst*) incendium *n*; *~ legen an* ignem subicere (*od.* inferre) [tectis]; *~ anmachen* ignem facere; *~ fangen* ignem concipere; *mit ~ und Schwert* igni ferroque; *kein ~ haben* tepēre, frigēre.
Feuerbecken *n* foculus *m.*
Feuerbrand *m* torris *m.*
Feuerchen *n* igniculus *m.*
Feuereifer *m* studium *n* ardens (*od.* acerrimum).
Feuereimer *m* hama *f.*
feuerfest ab igne tutus, ad incendia munitus.
Feuerflamme *f* flamma *f.*
Feuerfunke *m* scintilla *f.*
Feuergeist *m* ardor *m* animi.
Feuerhaken *m* harpago *m.*
Feuerherd *m* focus *m.*
Feuermal *n* nota *f* inusta.
***Feuermelder** *m* index *m* incendii.
feuern ignem facere (*od.* alere); * tela ferrea mittere.
Feuerprobe *f* obrussa *f*; *die ~ bestehen* igni spectari.
Feuerregen *m* imber *m* igneus.
feuerrot igneus, flammeus, rutilus.
Feuersäule *f* columna *f* ignea; ignis *m.*
Feuersbrunst *f* incendium *n.*
Feuerschein *m* species 5 *f* longinqui ignis.
Feuerschwamm *m* fungus *m* aridus.
Feuersignal *n* ignium significatio *f*; *ein ~ geben* significationem ignibus facere.
Feuerspritze *f* sipho *m.*
Feuerstahl *m* chalybs *m.*
Feuerstein *m* pyritēs, ae *m.*
Feuertod *m*: *den ~ erleiden* igni cremari.
Feuerung *f* (*Feuerungsmaterial*) ignis alimentum *n od.* nutrimentum *n.*
Feuerwehr *f* vigiles *n/pl.*
Feuerzange *f* forpex *f.*
Feuerzeichen *n* ignis *m*, incendii indicium *n.*
***Feuerzeug** *n* igniarium *n*; machinula *f* ignifera *od.* ignipărens.
feurig igneus; / ardens [oratio]; fervidus [ingenium]; acer [animus]; alacer [equus]; *~e Augen* oculi *m/pl.*, fulgentes, ardor *m* oculorum.
***Fiasko** *n* exitus *m* tristis.
Fiber *f* fibra *f.*
Fichte *f* pinus *f.*
fichten pineus.
Fichtenwald *m* pinētum *n.*
Fieber *n* febris *f.*
Fieberanfall *m* febris accessio *f*; *e-n ~ bekommen* febri temptari.
fieberfrei febri carens (*od.* liberatus).
Fieberhitze *f* aestus 4 *m* febrisque.
Figur *f* figura *f*, forma *f*, species *f*; *eine kümmerliche ~ spielen* minus splendide se gerere.
figürlich translatus, improprius.
***Filiale** taberna *f* minor.
***Film** *m* pellicula *f* imaginifera *od.* cinematographica.
***Filmstreifen** *m* taenia *f* pellicularis.
***Filmvorführungsgerät** *n* cinematographēum *n.*
***Filter** *m* colandi instrumentum *n.*
filtrieren saccare, colare.
Filz *m* lana *f* coacta; / homo *m* sordidus.
filzig sordidus.
Filzigkeit *f* sordes *f/pl.*, illiberalitas *f.*
Filzkappe *f* pilleus *m.*
***Finanzamt** *n* aerarium *n*, fiscus *m.*
Finanzen: *die ~* res familiaris *f*;

F

(*staatlich*) vectigalia *n/pl.* publica; reditūs publici *m/pl.*; (*Staatskasse*) aerarium *n*.
Finanzwesen *n* *res *f/pl.* ad reditūs publicos pertinentes; res *f* publica.
***Findelhaus** *n* domus *f* infantium expositorum.
Findelkind *n* infans *m* expositus.
finden invenire; (*suchend*) reperire; (*unerwartet*) offendere; (*ertappen*) deprehendere; *sich* ~ inveniri, reperiri, esse; (*nichts*) *darin* ~ (nihil) suspicari; *Vergnügen* ~ *an* delectari [spectaculo]; *Beifall* ~ probari, laudari; *Entschuldigung* ~ excusari; *Erholung* ~ relaxari; *seinen Tod* ~ perire; *sich* ~ *in* ferre toleranter (*od.* aequo animo); cedere [temporibus], uti sapienter [fortunā]; conformare se ad animum, ad mores [affinium].
findig intellegens, acutus, callidus.
Finger *m* digitus *m*; *durch die* ~ *sehen* conivēre in [tanto scelere], indulgēre [peccantibus]; *auf die* ~ *sehen* diligenter observare (*od.* custodire); *keinen* ~ *breit abgehen von* non digitum transversum discedere ab; *keinen* ~ *rühren* ne digitum quidem porrigere [salutis causa].
***Fingerabdrücke** *m/pl.* impressa digitorum vestigia *n/pl.*; *Untersuchung der* ~ dactyloscopia *f*.
fingerartig in modum digitorum.
Fingernagel *m* unguis *m*.
Fingerring *m* anulus *m*.
Fingerspitze *f* extremus digitus *m*.
Fingerzeig *m* significatio *f*; *einen* ~ *geben* breviter significare, *ein* ~ *Gottes* manifestum quoddam numen *n*.
Fink *m* fringilla *f*.
finster tenebricosus, caliginosus; obscurus; caecus; ~*e Miene* vultus 4 *m* trux, tristitia *f*; ~*er Despot* dominus *m* atrox.
Finsternis *f* tenebrae *f/pl.*; caligo *f*.
Finte *f* captatio *f*; *eine* ~ *machen* conatum simulare; / fallaciā aggredi.
***Firma** *f* negotiatio *f*, domus *f*.
Firmament *n* caelum *n*.
Firnewein *m* vinum *n* vetustum.
***Firnschnee** *m* nives *f/pl.* prioris anni.
First *m* domūs (*od.* aedium) culmen *n*.
Fisch *m* piscis *m*.
Fischbehälter *m* piscīna *f*.
Fischchen *n* pisciculus *m*.
fischen piscari; *im Trüben* ~ ex alieno incommodo suam petere occasionem.
Fischer *m* piscator *m*.
Fischer... piscatorius, (*gen.*) piscatoris (-orum).
Fischerei *f* piscatio *f*, piscatus 4 *m*, artificium *n* piscatorium.
Fischesser *m* pisce vivens *od.* vescens.
Fischgräte *f* spina *f* piscis.
Fisch/hälter, ~kasten *m* piscina *f*.
Fischlaich *m* piscium fetura *f od.* ova *n/pl.*
Fischlake *f* salsamentum *n*.
Fischotter *m* lutra *f*.
fischreich piscosus, plenus piscium, piscibus abundans.
Fischreuse *f* nassa *f*.
Fischschuppe *f* squama *f* piscis.
Fischteich *m* piscina *f*.
Fischwarenhändler *m* salsamentarius *m*.
Fischzug *m* iactus 4 *m*, piscatus 4 *m*.
Fiskus *m* (*Staatskasse*) aerarium *n*; (*Kasse des Fürsten*) fiscus *m*.
Fistel *f* fistula *f*.
***Fistelstimme** *f* vox *f* in acutum fracta (*od.* attenuata).
Fittich *m* pinnae *f/pl.*
fixieren defixis oculis intueri.
Fixstern *m* stella *f* inerrans, sidus *n* certa sede infixum.
flach planus, tenuis [aqua]; vadosus [mare]; *das* ~*e Land* campus *m*; ~*e Hand* palma *f*; ~*es Wasser* vadum *n*.
Fläche *f* area *f* [domūs].
Flächen/inhalt, ~raum *m ist mit* patēre *zu umschreiben*.
Flachland *n* campi *m/pl.* (patentes), loca *n/pl.* campestria.
Flachs *m* linum *n*.
flackern tremulā flammā ardēre.
Flagge *f* vexillum *n* (navale), insigne *n*.
flaggen vexillo signum dare.
Flämmchen *n* flammula *f*.
Flamme *f* flamma *f*; *in Flammen setzen* inflammare, incendere; *in Flammen stehen* ardēre, flagrare.
flammen ardēre, flagrare, flammam edere; *flammende Beredsamkeit* faces *f/pl.* dicendi; ~*de Rache* ultrix flamma *f*.
flammend flammeus, ardens.

Flanke *f* latus *n.*
Flasche *f* lagena *f*; (*große*) ampulla *f.*
flaschen-artig, -förmig ampullaceus.
flatterhaft levis, mobilis, inconstans.
Flatterhaftigkeit *f* levitas *f*, inconstantia *f.*
flattern volitare; (*im Winde*) agitari.
Flaum *m* lanugo *f.*
Flaumfeder *f* pluma *f.*
flaumig plumeus, plumosus.
Flausen *f/pl.* nugae *f/pl.*; ~ *machen* nugari; *das sind* ~ nugae istaec sunt, nugas garris.
Flausenmacher *m* nugator *m.*
Flechse *f* nervus *m.*
Flechte *f* (*aus Holz*) crates *f*; (*aus Binsen*) storea *f*; (*geflochtenes Haar*) nexi crines *m/pl.*; (*als Krankheit*) lichen *m.*
flechten nectere, texere; (*aneinander reihen*) serere; *die Haare* ~ capillos componere, comere.
Flechtwerk *n* opus *n* vimineum; vimina *n/pl.*
Fleck *m* locus *m*; *auf dem rechten* ~ suo loco; *ein Mann, der das Herz auf dem rechten* ~ *hat* egregie cordatus homo; *ein* ~ *Acker* agellus *m*; (*Schandfleck*) macula *f.*
flecken *unpers.* /: *es fleckt* inceptum succedit; *es fleckt mir* mihi sub manūs succedit.
Flecken *m* (*Marktflecken*) forum *n*, vicus *m*; (*entstellender*) macula *f*, labes *f*; (*Merkmal*) nota *f*; (*Muttermal*) naevus *m.*
fleckenlos / integer, castus, sanctus.
fleckig maculosus; ~ *machen* maculare, maculis aspergere.
Fledermaus *f* vespertilio *m.*
Flegel *m* flagellum *n*; / homo *m* agrestis.
flehen supplicare [deis].
Flehen *n* preces *f/pl.* supplices.
flehentlich supplex; *adv.* omnibus precibus; ~ *bitten* orare et obsecrare.
Fleisch *n* caro *f*; (*mit den Knochen*) viscera *n/pl.*; (*lebendiges*) vivum *n*; *bis ins* ~ *schneiden* ad vivum resecare; *mein* ~ *und Blut* viscera *n/pl.* mea, sanguis *m* meus.
Fleischaustellung *f* visceratio *f.*
Fleischbank *f* laniena *f.*
Fleischbrühe *f* ius 3 *n* carnium; *v. Rindfleisch*: bulbulae *f/pl.*; *v. Hühnern*: ius 3 *n* gallinaceum; *v. Hammelfleisch*: ius 3 *n* agninum; *v. Kalbfleisch*: ius 3 *n* vituli.
Fleischer *m* lanius *m*, macellarius *m.*
Fleischer... laniarius, (*gen.*) lanii (-iorum).
Fleischerladen *m* taberna *f* laniaria.
Fleisch fressend carne vescens, carnivorus.
Fleischgeschwulst *f* ★ sarcoma 3 *n.*
fleischig carnosus.
fleischlich *durch* (*gen.*) corporis (-orum).
Fleischmarkt *m* macellum *n.*
Fleischspeise *f* caro *f*; (*leckere*) pulmentum *n.*
Fleischspende *f* visceratio *f*
Fleischstück *n* frustum *n* carnis.
Fleiß *m* industria *f*; studium *n*, sedulitas *f*; (*Ausdauer*) assiduitas *f*; (*Sorgfalt*) diligentia *f*, labor *m*, opera *f*; ~ *verwenden auf* operam dare (*od.* tribuere) [litteris], operam conferre in [litteras], ponere in [litteris]; *mit* ~ (*absichtlich*) consulto, deditā operā.
fleißig industrius, studiosus; (*beharrlich*) assiduus; (*rührig*) navus (*adv.* naviter); (*emsig*) sedulus; (*gewissenhaft*) diligens; (*arbeitsam*) laboriosus; (*unternehmend*) strenuus, (*unverdrossen*) impiger; ~ *besuchen* frequentare.
fletschen: *die Zähne* ~ ringi, dentes restringere.
flicken sarcire, resarcire.
Flickschneider *m* sartor *m.*
Flickschuster *m* sutor *m* veteramentarius.
Flickwerk *n* cento *f.*
Fliege *f* musca *f.*
fliegen volare; (*hin und her*) volitare; fluitare [vela].
fliegend volans, volitans, volucer; passus [crines]; fluitans [vestis].
Fliegenwedel *m* muscarium *n.*
★**Flieger** *m* aviator *m*, pilota *m.*
fliehen fugere, profugere, fugam capere (*od.* capessere), in fugam se dare, fugae se mandare, tergum vertere; (*nach verschiedenen Seiten*) diffugere; ~ *zu* confugere ad.
★**Fliesen** *f/pl.* opera *n/pl.* figlina.
fließen fluere, manare ex, de; (*rasch*) ferri, (*langsam*) labi; / fluere, manare ex (*od.* ab), effici, confici; ~ *in* deferri in [aerarium], referri, redire.

fließend fluens, manans; *~es Wasser* vivum flumen *n*; *immer~* perennis, iugis [aquae fons]; / volubilis [oratio], facile currens, expeditus.
flimmern micare; scintillare.
Flimmern *n* tremor *m*.
flink pernix, agilis.
***Flinte** *f* sclopetum *n*; *die ~ ins Korn werfen* hastas abicere.
Flitter *m* brattea *f*, bratteola *f*.
Flocke *f* floccus *m*.
Floh *m* pulex *m*.
Floskel *f* flosculus *m* (verborum).
Floß *n* ratis *f*.
Flosse *f* pinna *f*.
***flößen** (ligna) secundo flumine agere (*od.* demittere).
Flöte *f* tibia *f* [tibiis canere].
Flötenbläser *m* tibīcen *m*.
Flötenbläserin *f* tibicina *f*.
Flötenrohr *n* calamus *m* tibialis.
Flötenspiel *n* tibiarum cantus 4 *m*.
flott expeditus; / largus, lautus; *ein Schiff ~machen* navem deducere; *~ werden* aquis levari; *~ leben* genio suo indulgēre.
Flotte *f* classis *f*, naves *f/pl.*
Flottille *f* classicula *f*, classis *f* parva.
Fluch *m abst.* exsecratio *f*, imprecatio *f*, devotio *f*; *konkr.* vox *f* dira, dira *n/pl.*, [precari]; preces *f/pl.*
fluchen *abs.* impias voces iactare; exsecrari, devovēre [liberos].
Flucht *f* fuga *f*, effugium *n*; *die ~ ergreifen* fugere, fugam capessere, fugae se mandare; *in die ~ schlagen* fugare, in fugam vertere (*od.* conicere).
flüchten fugere.
flüchtig fugiens; fugax [annus]; fugitivus [servus]; fragilis [vita].
Flüchtigkeit *f* brevitas *f* [vitae]; mobilitas *f* animi.
Flüchtling *m* homo *m* domo (*od.* patriā) profugus; exsul *m*, extorris *m*; (*vom Sklaven*) fugitivus *m*.
Fluchtversuch *m*: *e-n ~ machen* fugam temptare.
fluchwürdig exsecrandus.
Flug *m* volatus 4 *m*; / *im ~e* cursim, raptim, festinanter.
Flügel *m* ala *f* (*auch einer Legion, aus Reitern bestehend*); (*nur von Vögeln*) pennae *f/pl.*; (*eines Heeres*) cornu *n*; (*e-r Tür*) valva *f*.
Flügeltür *f* fores *f/pl.*, valvae *f/pl.*
flügge volucer, adultus; *~ sein* pennas habēre, pennis uti posse.
***Flughafen** *m* portus 4 *m* aeroplanorum; campus *m* aviationis; aeroportus 4 *m*.
flugs actutum.
Flugsand *m* harenae *f/pl.* (volaticae).
Flugschrift *f* libellus.
***Flugzeug** *n* aeroplanus *m*, navis *f* aëria, cymba *f* volucris *od.* velivŏla, carina *f* nubirăga.
***Flugzeugführer** *m* aeroplaniga *m*.
***Flugzeugmutterschiff** *n* navis *f* aeroplanorum exceptrix.
fluoreszierend fluorescens.
Flur *f* campus *m*; ager *m*; (*des Hauses*) vestibulum *n*.
Fluss *m* flumen *n* (*auch v. d. Rede*); fluvius *m*, amnis *m*; (*Krankheit*) fluctio *f*; *der ~ der Rede* cursus 4 *m* orationis, oratio *f* fluens.
Fluss... fluvialis, fluviatilis; (*gen.* fluvii (-iorum).
Flussbett *n* alveus *m*.
Flüsschen *n* amniculus *m*.
Flussgott *m* deus *f* fluvialis, Amnis *m*.
flüssig fluens, liquidus; *~ machen* liquefacere; *~ werden* liquescere; *~ sein* liquēre.
Flüssigkeit *f* liquor *m*.
Flusskrebs *m* cancer *m*, * astacus *m* fluviatilis.
Flussnymphe *f* Naïs *f*, Naias *f*.
Flusspferd *n* hippopotamus *m*.
Flussufer *n* ripa *f*.
Flusswasser *n* aqua *f* fluviatilis; flumen *n* vivum.
flüstern susurrare.
Flüstern *n* susurrus *m*.
Flut *f* fluctus 4 *m*; (*im Ggs. zur Ebbe*) accessus 4 *m* maris, aestus 4 *m* (maritimus *od. pl.*); *eine ~ von Tränen* magna vis *f* lacrimarum.
fluten aestuare.
Fohlen *n* pullus *m* equinus.
Folge *f* (*Reihenfolge*) ordo *m*; (*zusammenhängende Kette*) series *f*; *in der ~* postea, postero tempore; *für die ~* in posterum; (*Wirkung*) eventus 4 *m*, exitus 4 *m*; *oder umschrieben durch* sequi, consequi, subsequi, effici, nasci, oriri, proficisci, exsistere ex, consentaneum esse *u. a.*; *die ~n des Sieges* condicio *f* victoriae; *zur ~ haben* efficere, afferre; *die ~ davon war, dass* quo factum est, ut; *infolge* ex, propter, causā, ad; *infolgedessen* ex quo, hinc, itaque, igitur, quod cum ita sit, quae

cum ita sint; ~ *leisten* parēre, oboedire, obtemperare.
folgen sequi; subsequi, insequi, consequi; (*begleiten*) comitari; (*geleiten*) prosequi; (*im Amte oder Besitz*) succedere [patri], in locum [patris]; (*unmittelbar*) excipere [orationem]; (*hervorgehen*) sequi, effici ex, fieri, exsistere (*od.* oriri, nasci, manare) ex; *daraus folgt, dass* sequitur (*od.* efficitur), ut, consequens est *m. a. c. i.*
folgend qui sequitur, insequens (insecutus), subsequens; (*nächster*) proximus; (*künftig*) posterus, futurus; (*auf das Folgende hinweisend*) hic [haec dixit *er sprach Folgendes*, hoc modo, in hunc modum *auf folgende Art*]; *am ~en Tage* postero die, postridie; *im ~en Jahre* insequenti anno.
folgendermaßen ita, sic, hoc modo, in hunc modum (*od.* in hanc sententiam).
folge/recht, ~richtig consequens, consectarius, consentaneus; ~ *weitergehen* ordinem sequi.
folgern colligere, conficere ex.
Folgerung *f* consequens *n*, consecutio *f*; (*Schluss*) conclusio *f*; *die ~en* ea quae sequuntur.
Folgezeit *f* tempus *n* posterum (*od.* futurum, reliquum).
folglich ergo, igitur; quae cum ita sint.
folgsam oboediens, dicto audiens [patri], obsequens, modestus.
Folgsamkeit *f* obsequium *n*, oboedientia *f*.
Folter *f* carnificina *f*, eculeus *m*; tormenta *n/pl.*; / cruciatus 4 *m*; *auf die ~ bringen* in tormenta dare, tormentis dedere, in eculeum conicere.
Folterbank *f* eculeus *m*.
Folterkammer *f* carnificina *f*.
Folterknecht *m* tortor *m*.
foltern torquēre; / (ex)cruciare.
Folterqualen *f/pl.* cruciatus 4 *m*.
Folterung *f* carnificina *f*.
Folterwerkzeug *n* tormentum *n*, cruciatus 4 *m*.
Fonds *m* caput *n*, sors *f*, vivum *n*.
foppen ludibrio habēre, ludificari, illudere.
Fopperei *f* ludificatio *f*.
Förderer *m* adiutor *m*.
förderlich utilis ad; ~ *sein* usui esse [adulescenti].
fordern poscere, postulare, petere, expetere; (*ungestüm*) flagitare; (*eintreiben*) exigere; vocare [in iudicium]; citare [in curiam]; arcessere.
fördern promovēre; effodere, in lucem proferre [aes]; / alere [artes], augēre [auctoritatem].
Forderung *f* postulatum *n*.
Förderung *f* auxilium *n*.
Forelle *f* (*Bach*~) * salmo *m* fario; (*See*~) salmo *m* lacustris.
Form *f* forma *f*, figura *f*, species *f*; modus *m*, ratio *f*; mos *m*, consuetudo *f*.
Format *n* forma *f*.
Formel *f* formula *f*; verba *n/pl.* [iuris iurandi].
formen (ef)fingere, formare.
formieren instruere [aciem]; explicare [milites].
förmlich iustus [victoria]; legitimus [potestas]; sollemnis [officium]; verus; ~ *weihen* dare et donare, dicare et consecrare.
Förmlichkeit *f* ritus 4 *m*, mos *m* receptus, sollemnia *n/pl.*; ~ *im Betragen* molesta quaedam urbanitas *f*.
formlos formā carens, sine ulla specie; e-e ~ *Masse* rudis indigestaque moles *f*; / *ein ~er Mensch* homo *m* agrestis.
Formular *n* formula *f*, exemplum *n*.
forschen quaerere de, inquirere in; (*durch Fragen*) sciscitari.
Forscher *m* investigator *m*.
Forschung *f* quaestio *f*; studium *n*; *gelehrte* ~ scientiae pervestigatio *f*.
Forst *m* silva *f*, saltus 4 *m*.
Förster *m* saltuarius *m*.
Forstwesen *n* res *f* saltuaria.
Fort *n* castellum *n*.
fort prorsus, prorsum; *weiter* ~ protinus; age!; move te ocius!; *die Sache will nicht* ~ res haeret (*od.* parum procedit); ~ *mit!* tolle (tollite), aufer (auferte)! ~ *mit dir!* apage te!, abi (hinc)!; ~ *sein* abisse; abesse; ~ *und* ~ assidue; *in einem* ~ uno tenore, continenter; *und so* ~ et quae sunt reliqua, quae sunt eiusdem generis.
fortan in posterum, posthac; ~ *nicht mehr* non amplius.
fortarbeiten opus continuare *od.* persequi *od.* non intermittere); ab opere non cessare.
fortbestehen manēre, permanēre, stare.

fortbewegen promovēre, loco movēre; *sich* ~ procedere.
fortbilden: *sich* ~ semper aliquid addiscere.
Fortbildung *f*: *an seiner* ~ *arbeiten* operam dare ingenio excolendo.
fortbringen amovēre; alere, sustentare.
Fortdauer *f* perpetuitas *f*; continuatio *f* [imbrium]; ~ *der Seele* immortalitas *f*, aeternitas *f* animi.
fortdauern (per)manēre.
fortdauernd sempiternus, aeternus.
forteilen avolare, aufugere, se proripere.
forterben hereditate tradi, relinqui; per manus (*od.* a maioribus) tradi.
fortfahren proficisci; pergere [me amare], persequi [quaerendo], continuare [potando diem noctemque].
fortfliegen avolare.
fortfließen effluere, profluere; currere [oratio].
fortführen abducere.
Fortgang *m* progressus 4 *m* [rerum], (*glücklicher*) successus 4 *m*; *einen schlechten* ~ *nehmen* parum procedere *od.* succedere.
fortgeben de manu in manum (*od.* per manus) tradere.
fortgehen abire [domo]; procedere, progredi.
fortgehend perpetuus, continuus.
forthelfen manus dare [eunti]; succurrere, subvenire, opitulari [laboranti].
forthin postea.
fortjagen abigere, expellere, eicere.
fortkommen procedere, progressus facere; (*Unterhalt finden*) victum invenire (*od.* sibi parare); *nicht* ~ *von* habitare in [foro].
Fortkommen *n*: *für das* ~ *sorgen* commodis [fiilii] consulere (*od.* prospicere).
fortkönnen abire, discedere posse; *nicht* ~ *von* haerēre, haesitare, retineri in [castris].
fortkriechen prorepere.
fortlassen dimittere; *nicht* ~ detinēre, exitu prohibēre.
fortlaufen discedere; effugere; (*ununterbrochen*) fluere.
fortlaufend continuus, perpetuus.
fortleben vivere (pergere); (*nach dem Tode*) non interire, immortalem esse.
Fortleben *n* vita *f*; (*der Seele*) animi immortalitas *f*.
fortmachen: *sich* ~ facessere [hinc]; *mach' dich fort!* move te ocius!; (*unvermerkt*) dilabi.
fortmarschieren proficisci.
fortnehmen asportare [secum].
fortpflanzen propagare [genus].
Fortpflanzung *f* translatio *f*; propagatio *f*; *für die* ~ *der Rasse sorgen* generi servando consulere.
fortreisen proficisci, abire.
fortreißen agere, auferre; *sich* ~ *lassen* ferri.
fortreiten abequitare.
fortrennen citato gradu se proripere.
fortrollen 1. *trans.* provolvere; **2.** *intr.* provolvi, ruere.
fortrücken sede sua commovēre.
fortschaffen amovēre, asportare.
fortscheuchen deterrēre.
fortschicken (di)mittere; ablegare [pueros venatum].
fortschleichen (clam) se subducere, furtim discedere.
fortschleppen abstrahere; abripere [in vincula].
fortschleudern proicere.
fortschreiten procedere, progredi; (*Fortschritte machen*) proficere, progressus facere.
Fortschritt *m* progressus 4 *m*.
fortschwemmen abluere; (*v. unten*) subluere.
fortschwimmen nantem abire; (*v. Sachen*) undis auferri.
fortsetzen: *Krieg* ~ pergere bellum gerere, perseverare in bello; *seine Lebensweise* ~ institutum suum tenēre; *seine Studien* ~ non intermittere studia litterarum.
Fortsetzung *f* (*in Schriften*) altera (tertia *usw.*) pars, reliqua pars, quod reliquum est, res instituta porro tractatur; *die* ~ *folgt* reliqua deinceps persequemur.
fortsprengen citato equo avolare.
fortspülen proluere.
fortstoßen (*weiterstoßen*) propellere, proturbare, propulsare, protendere.
fortstürmen prorumpere.
fortstürzen se proripere.
forttreiben propulsare [hostes]; porro agere [gregem].
fortwachsen incrementa capĕre.
fortwährend: ~ *schreien* clamare pergere, perseverare.
fortwälzen provolvere; amoliri [lapidem].

fortwollen abire velle.
fortziehen (abs)trahere, detrahere [Hannibalem ex Italia]; *intr.* abire, discedere; demigrare; (*weiter*) procedere, longius progredi.
***Foyer** *n* vestibulum *n* theatri.
Fracht *f* (*Ladung*) onus *n*, merces *f/pl.* plaustro (*od.* navi) impositae; (*Frachtlohn*) vectura *f*.
Frachtschiff *n* navis *f* oneraria.
Frachtschiffer *m* navicularius *m*.
Frachtschifffahrt *f* navicularia *f*.
Frachtwagen *m* plaustrum *n*.
Frage *f* interrogatio *f*; (*Erkundigung*) percontatio *f*; (*wissenschaftliche od. richterliche Untersuchung*) quaestio *f*; (*Streitfrage*) disceptatio *f*; *es ist die* ~ quaeritur; *die* ~ *ist jetzt* nunc id agitur; *es ist keine* ~ non est dubium, certum est; *eine* ~ *stellen* interrogare; *eine* ~ *aufstellen* quaestionem ponere; *etw. in* ~ *stellen* ad incertum revocare, in dubio ponere.
fragen interrogare, rogare; quaerere, percontari; (*wissen wollen*) sciscitari; *um Rat* ~ consulere; *es fragt sich* quaeritur; *nichts* ~ *nach* nihil curare, neglegere, despicere, contemnere.
***fragend** *gramm.* interrogativus.
***Fragewort** *n* particula *f* interrogativa.
fraglich dubius, incertus; *das* ~*e Buch* liber, quem dico; *die* ~*e Angelegenheit* causa, de qua agitur.
Fragment *n* (*einer Schrift*) quae pauca ex hoc libro supersunt (*od.* exstant).
***Fraktion** *f* fractio *f*.
***Française:** ~ *tanzen* Gallicam (saltationem) saltare.
***frankieren** pretium (litterarum) solvere.
Fransen: *die* ~ fimbriae *f/pl.*, cirri *m/pl.* [dependentes]; *mit* ~ *versehen* fimbriatus.
Französisch *n* Francogallicus.
Fraß *m* pabulum *n*, pastus 4 *m*.
Fratze *f* vultus 4 *m* distortus (*od.* foedus); vultus *m* in peius fictus.
fratzenhaft foedus, distortus.
Frau *f* mulier *f*, femina *f*; (*Gattin*) uxor *f*, coniux *f*; (*Hausfrau*) mater *f* familias, matrona *f*; (*Herrin*) domina *f*, era *f*; *zur* ~ *nehmen* uxorem (*od.* in matrimonium) ducere; *zur* ~ *geben* in matrimonium (*od.* nuptum) dare; *zur* ~ *haben* in matrimonio habēre; ~ *werden* nubere [Ciceroni].
Frauen... muliebris, (*gen.*) mulierum, feminarum; uxorius, coniugalis.
Frauenhaar *n* **1.** *eig.* capillus *m* muliebris; **2.** * adiantum *n*; capillus Veneris.
Frauenkrankheiten *f/pl.* feminarum mala *n/pl.*
***Frauenstimmrecht** *n* ius *n* suffragii mulierum.
Fräulein *n* puella *f*, virgo *f* (nobilis), domnula *f*.
frech procax, protervus, contumax, impudens, petulans, lascivus.
Frechheit *f* procacitas *f*, protervitas *f*, contumacia *f*, impudentia *f*, petulantia *f*, lascivia *f*.
frei liber, solutus; ~ *sein von* vacare [culpā], carēre, abesse ab; *so* ~ *sein* audēre; apertus, patens [caelum]; (*nicht Sklave*) liber, sui iuris; ingenuus, liberalis [artes]; (*ohne Beschäftigung*) vacuus, otiosus; (*von Abgaben*) immunis; (*unentgeltlich*) gratuitus [loca in circo]; ~*halten* solvere pro; *aus* ~*en Stücken* meā (tuā *usw.*) sponte.
Freiacker *m* ager *m* immunis.
Freibeuter *m* pirata *m*.
Freibeuterei *f* latrocinium *n*.
Freie *n* apertum *n*, aperta (loca) *n/pl.*; *im Freien* sub divo, in aperto.
freien uxorem petere.
Freier *m* procus *m*.
***Freifahrschein** *m* evectio *f*.
freigebig liberalis, munificus, largus, benignus.
Freigebigkeit *f* liberalitas *f*, munificentia *f*, largitio *f*, benignitas *f*.
freigeboren ingenuus.
Freigeist *m* contemptor *m* religionum.
freigelassen manumissus; *subst.* (*in Bezug auf den früheren Herrn*) libertus (-a), (*in Bezug auf den Stand*) libertinus -a.
Freiheit *f* (*von Abgaben*) immunitas *f*; (*v. Kriegsdienste*) vacatio *f*; (*v. Geschäften*) otium *n*; (*v. Strafe*) impunitas *f*; (*Unabhängigkeit*) libertas *f*; *in* ~ *setzen* vindicare in libertatem; captivum liberum dimittere; servum manumittere; (*moralisch*) voluntas *f* libera, arbitrium *n* (liberum), potestas *f* [dicendi]; (*freie Wahl*) optio *f*; (*Zügellosigkeit*) licentia *f*.

F

Freiheitsdrang *m* desiderium *n* libertatis, inclinatio *f* animi (*od.* animorum) ad libertatem.
Freiheitskämpfer *m* vindex *m* publicae libertatis.
Freiheitssinn *m* libertatis studium *n*, libertatis recuperandae cupiditas *f*; *angeborener* ~ libertas *f* innata; ~ *haben* libertati studēre.
freiheitsliebend libertatis amans.
freilassen liberare, dimittere, e custodia (e)mittere, in libertatem restituere, manu mittere, in libertatem vindicare [servum].
Freilassung *f* missio *f*; (*v. Sklaven*) manumissio *f*.
freilich 1. (*bestätigend u. bekräftigend*) sane, vero, (sane) quidem, enim, credo, opinor, atqui, quamquam; *ja* ~ ita vero; *aber* ~ at enim; *dann* ~ tum vero; *damals* ~ tumque; 2. (*ironisch*): videlicet, scilicet, nimirum, nempe.
★**freimachen** pretium epistulae mittendae solvere.
Freimut *m* animus *m* liberi hominis.
freimütig liber, ingenuus, fortis.
Freimütigkeit *f* (ingenii *od.* loquendi) libertas *f*, fortitudo *f*; *mit* ~ libere, ingenue, fortiter.
Freiplatz *m* locus *m* gratuitus.
Freisein *n*: ~ *von* vacatio *f* [militiae]; vacuitas *f* [doloris].
freisinnig libere sentiens de, liberalis, ingenuus.
Freisinnigkeit *f* animus *m* liber, libertas *f*, liberalitas *f*.
freisprechen liberare, solvere, absolvere.
Freistaat *m* res *f* publica.
Freistadt *f* urbs *f* (*od.* civitas *f*) libera; *im römischen Sinne*: municipium *n*.
Frei/statt, ~stätte *f* asylum *n*.
freistehen licēre, permitti, integrum esse.
freistellen dare liberam potestatem (*od.* optionem); potestatem facere [pugnandi]; *es ist freigestellt* licet, liberum est.
Freistunde *f* tempus 3 *n* ab opere (*od.* a negotiis) vacuum, hora *f* vacua.
★**Freitag** *m* dies *m* Veneris.
freiwillig 1. *adj.* voluntarius, non coactus, non invitus; 2. *adv.* voluntate, suā sponte, ultro.
Freiwillige(r) *m* (miles) voluntarius *m*.
★**Freizügigkeit** *f* potestas *f* domicilii eligendi.
fremd (*ausländisch*) peregrinus; (*auswärtig*) exterus, externus; (*nichtrömisch*) barbarus; (*von außen eingeführt*) adventicius, importatus; (*einem anderen gehörig*) alienus; (*unbekannt mit*) peregrinus, hospes, non versatus [in agendo]; rudis; ignarus [Graecarum litterarum].
fremdartig peregrinus; / alienus, mirus, novus, inusitatus.
Fremdartigkeit *f* peregrinitas *f*; alienum *n*, peregrinum *n*; adventicium *n*.
Fremde *f* terrae *f*/*pl.* externae; *in, aus der* ~, *in die* ~ peregre [habitare, redire, abire].
★**Fremdenführer** *m* monstrator *m*.
★**Fremdenverkehr** *m* commercium *n*, frequentia *f* hospitum.
Fremdherrschaft *f* imperium *n* externum, servitus *f*.
Fremdling *m* peregrinus *m*, hospes *m*.
Fremdwort *n* vocabulum *n* (*od.* verbum *n*) externum (*od.* barbarum *od.* peregrinum).
★**Freskomalerei** *f* pictura *f* in recenti calce effecta.
fressen 1. *trans.* vesci, pasci [carne]; devorare; 2. *intr.* cibum capere; edere; *um sich* ~ serpere [flamma].
Fressen *n* cibus *m*; pabulum *n*.
Fresser *m* homo *m* vorax (*od.* gulosus, multi cibi); gurges et helluo *m*.
fressgierig edax, cibi (*od.* pabuli) avidus.
Frettchen *n* viverra *f*; ★ putorius *m* furo.
Freude *f* (*innere*) gaudium *n*; (*sich äußernde*) laetitia *f*; *Gegenstand der* ~ deliciae *f*/*pl.*; *es macht* ~ voluptatem affert, gaudio (laetitiae) est [mihi]; *mit* ~ laetus, libens; ~ *haben an* gaudio (laetitiā) affici, laetitiam capere, percipere ex; gaudēre, laetari [exitu].
Freudenbezeigung *f* laetitia *f*; laetitiae significatio *f*; gratulatio *f*.
Freudenfest *n* dies *m*/*pl.* laeti.
Freudengeschrei *n* clamor *m* (laetus), clamor et gaudium, conclamatio *f*, laetitia *f* exsultans.
Freudenhaus *n* lustrum *n*, lupanar *n*, ganea *f*, ganeum *n*.
freuden/leer, ~los gaudio (*od.* voluptate) carens, voluptatis expers.

Freudenmädchen *n* scortum *n*, meretrix *f*.
Freudentag *m* dies *m* laetus.
Freude(n)taumel *m* laetitia *f* exsultans.
Freudenträne *f*: *~n weinen od. vergießen* gaudio lacrimare *od.* flere, gaudio lacrimas effundere *od.* profundere.
freudetrunken laetitiā elatus.
freudig laetus, hilaris, alacer.
Freudigkeit *f* laetitia *f*, hilaritas *f*, alacritas *f*.
freuen: *sich ~* gaudēre, laetari [victoriā], delectari, voluptatem capere ex; *das freut mich* hoc mihi gaudio est, delectat *od.* iuvat me.
Freund *m* amicus *m*, familiaris *m*; (*Kamerad*) sodalis *m*; *bester ~* amicissimus *m*, familiarissimus *m*; *ein ~ von* studiosus, amans, diligens [veritatis]; *kein ~ sein von* inimicum esse [cenis] sumptuosis]; alienum esse, abhorrēre ab.
Freundchen *n* amiculus *m*.
Freundin *f* amica *f*.
freundlich comis, benignus, bono animo in [homines], humanus, urbanus; blandus; *~es Gesicht* vultus *m* hilaris.
Freundlichkeit *f* comitas *f*, benignitas *f*, humanitas *f*, urbanitas *f*, liberalitas *f*, facilitas *f*, affabilitas *f*.
Freundschaft *f* amicitia *f*, familiaritas *f*; (*enge*) necessitudo *f*, usus 4 *m*, consuetudo *f*; *Beweise der ~* officia *n/pl.*, beneficia *n/pl.*; *~ schließen mit* amicitiam facere (*od.* iungere *od.* inire) cum.
freundschaftlich amicus, familiaris, benevolus.
Freundschaftsband *n* vinculum *n* amicitiae *od.* amoris; amicitia *f*.
Freundschaftsbund *m* foedus *n* amicitiae.
Freundschaftsdienst *m* officium *n*, beneficium *n*.
Frevel *m* iniuria *f*, scelus *n*, nefas *n*, flagitium *n*, facinus *n* nefarium.
frevelhaft nefarius, scelestus, sceleratus, impius.
Frevelmut *m* scelus *n*.
freveln sceleste (*od.* impie) agere (*od.* facere); scelus committere.
Frevler *m* homo *m* scelestus (*od.* impius *od.* nocens); auctor *m* sceleris.
Friede *m* pax *f*; otium *n*; quies *f*; (*friedlicher Zustand*) tranquillitas *f* [animi], concordia *f*; *im ~n* (in) pace, pacis temporibus; *im Krieg und ~n* domi bellique (militiaeque); *~n schließen* pacem facere (*od.* iungere *od.* componere) cum; *in ~n lassen* non turbare; *im Geiste des ~ns* placide.
Friedensartikel *m* pacis lex *f*.
Friedensbedingung *f* pacis condicio *f*.
Friedensbruch *m* pax *f* (*od.* fides *f*) violata, perfidia *f*.
Friedensfest *n* supplicatio *f*, sollemnia *n/pl.* pacis restitutae.
Friedensgesandte(r) *m* orator *m* pacis (petendae), legatus *m* de pace missus.
Friedensgöttin *f* Pax *f*.
Friedenskleid *n* toga *f*; *im ~e* togatus.
Friedensrichter *m* arbiter *m*.
Friedensschluss *m* pax *f* facta (*od.* composita *od.* constituta).
Friedensstab *m* caduceus *m*.
Friedensstifter *m* pacificator *m*, pacis auctor *m* (reconciliator *m*); *mst durch Verba.*
Friedensstörer *m* pacis turbator *m*; homo *m* turbulentus, turbarum auctor *m*.
Friedensunterhändler *m* pacis interpres *m*, internuntius *m*.
Friedensunterhandlung *f* colloquium *n* de pace; *die ~ begann* de pace agi coeptum est; *die ~ kommt zustande* pacis condiciones conveniunt; *~en anknüpfen* pacis condiciones postulare.
Friedensvermittler *m* pacis auctor *m* (*od.* arbiter *od.* interpres).
Friedensvorschlag *m* pacis condicio *f*.
Friedenszustand *m* pax *f*.
friedfertig pacis amans, placidus, placabilis, concors.
Friedfertigkeit *f* pacis amor *m*, placabilitas *f*, animus *m* placidus.
***Friedhof** *m* coemeterium *n*, sepulcretum *n*.
friedlich (*unterworfen*) pacatus; (*ruhig*) tranquillus, quietus; (*unkriegerisch*) imbellis.
frieren algēre, frigēre.
Frieren *n* algor *m*.
Fries *m* **1.** (*Wollzeug*) pannus *m* Frisius; **2.** (*Verzierung an Säulen*) zophorus *m*.

frisch frigidus; *in ~er Luft* sub jove frigido; (*eben entstanden*) recens; *auf ~er Tat* in ipso facinore, in ipsa re, in manifesto scelere; (*noch unversehrt*) integer [vires]; alacer et promptus [animus]; *~ auf!* age, agite!
Frische *f* vigor *m* [corporis] animique].
Friseur *m* tonsor *m*.
frisieren capillos (*od.* crines) ornare (*od.* comere).
Frist *f* (temporis) spatium *n*, intervallum *n*; tempus *n*; *~ geben* spatium (*od.* tempus) dare; (*Termin*) dies *f* certa (*od.* praestituta), tempus *n* (de)finitum; *in Fristen zahlen* certis pensionibus solvere.
fristen: *sein Leben ~* se (*od.* vitam) sustentare, (*kümmerlich*) vitam inopem colere, parce ac duriter vivere, vitam duram vivere.
frivol levis; deorum neglegens.
Frivolität *f* levitas *f*, impietas *f*.
froh hilaris (hilarus), laetus; *~ sein über* gaudēre, laetari, [victoriā].
fröhlich laetus, hilaris, alacer.
Fröhlichkeit *f* hilaritas *f*, laetitia *f*, alacritas *f*.
frohlocken laetitiā (gaudio) exsultare (*od.* efferri).
Frohsinn *m* hilaritas *f*, iucunditas *f* animi, voluptas *f*.
fromm pius [erga deos], religiosus, religionum diligens; placidus, mitis, mansuetus.
Frömmelei *f* simulata pietas *f*.
frommen prodesse, utilem (*od.* utile) esse; *es frommt mir* mihi expedit.
Frömmigkeit *f* pietas *f* (erga deum), religio *f*; (*frommer Wandel*) sanctitas *f*.
Frondienst *m*, **Frone** *f* servitium *n*.
frönen (in)servire, indulgēre, deditum esse, parēre.
Front *f* frons *f*; *in der ~* a fronte; *den Feind in der ~ angreifen* hostes adversos aggredi.
Frosch *m* rana *f*.
Frost *m* algor *m*; frigus *n*; (*Eiskälte*) gelu *n*.
frösteln frigore temptari.
frostig frigidus; (*v. Pers.*) frigoris impatiens.
Frostwetter *n* frigora *n/pl*.
Frucht *f* fructus 4 *m*; (*Feldfrüchte*) fruges *f/pl.*; (*Baumfrucht*) pomum *n*, baca *f*; *das ist die ~ von* hoc manat (*od.* oritur, nascitur, gignitur, exsistit) ex.
fruchtbar fertilis [hominum frugumque], ferax, uber, opimus [ager]; frugifer, fructuosus; fecundus [seges], felix [arbor].
Fruchtbarkeit *f* fertilitas *f*, fecunditas *f*, ubertas *f*.
Fruchtbaum *m* arbor *f* felix (*od.* fructifera).
Fruchtknospe *f* gemma *f*, oculus *m*.
Fruchtkorb *m* corbis *f*; *für den Tisch*: canistrum *n*.
Fruchtlosigkeit *f* inutilitas *f*.
fruchttragend frugifer, fructifer.
früh 1. *adj.* (*am Morgen*) matutinus; (*frühzeitig*) maturus, praematurus; (*frühreif*) praecox; (*zu früh*) immaturus [mors]; *von früher Jugend an* a puero (-ris), ab ineunte aetate; **2.** *adv.* mane; mature, praemature; *sehr ~* bene (*od.* multo) mane.
Frühe *f* tempus *n* matutinum, mane *n* (*indekl.*); *in der ~* mane.
früher maturior; prior, superior; pristinus [status]; *adv.* prius, antea; *drei Jahre ~* tribus annis ante.
frühester ultimus, vetustissimus.
Frühgeburt *f* abortus 4 *m*.
Frühherbst *m* autumnus *m* novus.
Frühjahr *n* ver *n*.
Frühling *m* ver *n*, tempus *n* vernum.
Frühlings... vernus, (*gen.*) veris.
Frühlingsanfang *m* veris principium *n*, primum ver *n*.
Frühlingsopfer *n* ver 3 *n* sacrum.
frühmorgens mane, prima luce.
frühreif praematurus, praecox.
Frühreife *f* maturitas *f* praecox.
Frühsaat *f* satio *f* matura.
Frühsommer *m* aestas *f* nova.
Frühstück *n* ientaculum *n*; (*gegen Mittag*) prandium *n*.
frühstücken ientare, prandēre.
Fuchs *m* vulpes *f*.
Fuchs... vulpinus, (*gen.* vulpis (-pium).
Füchschen *n* vulpecula *f*.
fuchsen: *sich ~* cerebrum uritur.
fuchsig, fuchsrot rufus.
Fuder *n* vehes *f* [ligni].
Fug *m*: *mit ~ und Recht* merito ac iure.
Fuge *f* commissura *f*, iunctura *f*, compages *f*; *aus den Fugen gehen* dilabi dissolvi.

fügen: *Gott hat es so gefügt* deus ita voluit; deo placuit, deo visum est; *sich* ~ obsequi, obtemperare, morem gerere; se accomodare ad voluntatem; *sich in die Zeit* ~ tempori cedere; *in das Unvermeidliche* ~ fortunae cedere, necessitati servire; *sich in alles* ~ omnia aequo animo (*od.* omnia patienter) ferre.
füglich facile; apte; iure, merito.
fügsam facilis.
Fügsamkeit *f* facilitas *f.*
Fügung *f* (*Gottes*) quod divinitus accidit, providentia *f* divina (*od.* consilium *n* divinum).
fühlbar qui sensu percipi potest; / gravis [clades].
fühlen attingere [pulsum venarum]; (*gewahr werden*) sentire, percipere; *Schmerz* ~ dolēre, dolorem capere ex, dolore affici; *Mitleid* ~ misericordem esse, misereri [inopum]; *sich bewogen* ~ adduci; *sich verpflichtet* ~ debēre; *sich beleidigt* ~ offendi; *sich ohnmächtig* ~ diffidere ingenio suo (*od.* viribus suis); *sich krank* ~ minus valēre.
***Fühlhorn** *n* corniculum *n.*
Fuhre *f* vectura *f*; (*Wagen*) vehiculum *n.*
führen ducere, ab-, ad-, de-, in-, per-ducere *u. a.*; agere [pecus; currum]; (*Lebloses*) ferre, portare, movēre, vehere; (*zum Gebrauch*) gerere, gestare [gladium], uti; *e-n Graben, eine Mauer* ~ fossam, murum ducere; *ein Amt* ~ magistratum gerere, munere fungi; *den Oberbefehl* ~ summam imperii tenēre; *die Regierung* ~ rem publicam administrare, rei publicae praesse; *eine Sache* ~ causam agere (*od.* dicere *od.* defendere); *Krieg* ~ bellum gerere cum; *im Munde* ~ in ore habēre; *eine stolze Sprache* ~ superbe loqui; *sein Leben* ~ vitam agere; *der Weg führt* via fert (*od.* est) ad, in; *eine Brücke führt über den Fluss* pons est in flumine.
Führer *m* dux *m*, princeps *m.*
Führerin *f* dux *f.*
Fuhrlohn *m* vectura *f.*
Fuhrmann *m* auriga *m*, rector *m* equorum.
Führung *f* ductus 4 *m*; / principatus 4 *m*, administratio *f*, cura *f*; *unter* ~ duce [Hannibale]; *die* ~ *des Krieges anvertrauen* bello (grendo) praeficere.
Fuhrwerk *n* vehiculum *n*, plaustrum *n.*
Fülle *f* copia *f*, ubertas *f*, abundantia *f*; *in* ~ affatim; *in* ~ *haben* abundare [omnibus rebus].
füllen complēre, implēre; (*eingießen*) transfundere, (*in mehrere Gefäße*) diffundere.
Füllen *n* pullus *m* equinus.
***Füller** *m* cuspes *f* scriptoria.
***Füllfederhalter** *m* calamus *m* atramenti plenus, graphium atramentarium *n.*
Füllhorn *n* cornu *n* copiae.
Füllsel *n* (*die Bestandteile*) impensa *n/pl.*; (*das Gefüllte*) farcimen *n.*
Füllung *f* **1.** (*das Füllen*) repletio *f*; **2.** (*das Füllende*): **a**) (*Tür*~) tympanum *n*; **b**) impensa *n/pl.*
Fund *m* res *f* inventa, inventum *n.*
Fundament *n* fundamentum *n*, principium *n.*
***Fundbüro** *n* officium *n* depositarium (*od.* rerum inventarum).
Fundgrube *f* fodina *f*; / fons uberrimus (e quo haurire possimus).
Fundstätte *f* locus *m* repertionis.
fünf quinque; *je* ~ quini; ~ *Jahre* quinquennium; *alle* ~ *Jahre* quinto quoque anno.
Fünf *f* numerus *m* quinarius; *als Würfelzahl*: quinio *m*; *als Zahlzeichen*: nota *f* numeri quinarii.
fünfblätterig quinquefolius.
fünfeckig quinquangulus, quinquangularis.
fünferlei quinque generum.
fünffach quincuplex.
fünffingerig quinis digitis.
fünfhundert quingenti; ~*mal* quingenties; *fünfhundertster* quingentesimus.
fünfjährig quinque annos natus, quinque annorum; quinquennalis [censura].
fünfmal quinquies.
fünfmonatig (*fünf Monate alt*) quinquemestris.
fünfpfündig quinquelibralis, quinque librarum.
fünfruderig quinqueremis.
Fünfte: *der* ~ quintus.
fünfteilig quinquepartitus; *adv.* quinquepartito.
Fünftel *n* quinta pars *f.*
fünfzehn quindecim.

fünfzehnter quintus decimus.
fünfzig quinquaginta; *~mal* quinquagies; *~ster* quinquagesimus.
Fünkchen *n* scintillula *f*; *ein ~ Hoffnung* exigua spes *f* extremaque.
Funke *m* scintilla; / igniculi *m/pl.* [virtutum]; *nicht ein ~* ne minimum quidem; *ohne einen ~n von Gefühl* sine ulla parte sensūs.
funkeln micare, fulgēre; *~de Augen* oculi *m/pl.* ardentes; *~de Schwerter* micantes gladii *m/pl.*
***Funker** *m* radiotelegraphista *m.*
***Funkspruch** *m* radiotelegramma *n*, marconigrāmma *n.*
für pro *m. abl.*, loco [consulis]; *Lohn ~ die Arbeit* merces *f* laboris; *kaufen ~* emere [duobus talentis]; *~ einen Feind erklären* hostem iudicare [Antonium]; *~ nichts achten* pro nihilo habēre (*od.* putare *od.* ducere); *~ das Leben lernen* vitae discere; (*zum Schutz*) pro [pro patria pugnare]; *~ und wider sprechen* in utramque partem disputare; *nützlich ~* utilis (idoneus, aptus) [bello, ad bellum]; *jeder ~ seinen Teil* pro sua quisque parte; *~ deine Klugheit* pro tua prudentiā, qua es prudentiā, quae tua est prudentia; (*zeitlich*) ad, in *m. acc.* [in omne tempus, ad hunc diem]; *ich ~ meine Person* equidem; *fürs Erste* primum, *fürs Zweite* deinde; *Jahr ~ Jahr* quotannis, singulis annis; *Mann ~ Mann* viritim; *Schritt ~ Schritt* gradatim; *Fuß ~ Fuß* pedetentim *u. a.*; *~ sich* ultro, suā sponte; (*ohne fremde Hilfe*) per se solus; (*jeder für sich*) pro se quisque; (*an und ~ sich*) per se *od.* *durch* ipse; *~ und ~* semper.
Furage *f* pabulum *n*; frumentum *n.*
furagieren pabulari; frumentari.
Furagieren *n* pabulatio *f*; frumentatio *f.*
Furagierer *m* pabulator *m*; frumentator *m.*
Fürbitte *f* deprecatio *f*, preces *f/pl.*; *auf ~* deprecatore [patre]; *~ einlegen* rogare (*od.* deprecari) pro.
Fürbitter *m* deprecator *m.*
Furche *f* sulcus *m*; *eine ~ ziehen* sulcum ducere *od.* agere; (*vom Pflug*) sulcos imprimere.
Furcht *f* (*Besorgnis*) metus 4 *m*; (*feige*) timor *m*; (*Furchtsamkeit*) timiditas *f*; *in ~ setzen* terrēre; *in ~ sein* metuere, timēre.
furchtbar metuendus, terribilis, formidolosus, horrendus, horribilis, saevus, atrox.
Furchtbarkeit *f* atrocitas *f*, immanitas *f.*
fürchten metuere, timēre, pertimescere, pavēre, horrēre, reformidare [dicere]; vereri [conspectum patris]; *~ für* timēre, metuere [tibi, de te]; *sich ~* metuere; in metu (*od.* timore) esse.
furchtlos metu vacuus, impavidus, intrepidus, audax, fortis, securus de; *~ sein* metu vacare, bono animo esse.
Furchtlosigkeit *f* animus *m* metu vacuus, fortitudo *f*, securitas *f* [mortis].
furchtsam timidus, pavidus.
Furchtsamkeit *f* timiditas *f.*
Furie *f* Furia *f*; *pl. auch* Dirae *f.*
fürlieb: *~ nehmen* contentum esse [pane].
Furnier *n* lamina *f.*
Fürsorge *f* tutela *f*, cura *f*; *~ treffen* providēre [rem frumentariam], prospicere [sociis].
Fürsprache *f* preces *f/pl.*
Fürsprecher *m* defensor *m*, patronus *m.*
Fürst *m* princeps *m*, rex *m.*
Fürsten... (*gen.*) principis.
Fürstengnade *f* clementia *f* principis.
Fürstengunst *f* principis (*od.* principum) inclinatio *f in alqm.*
Fürstenhaus *n eig.* domus 4 *f* principis *od.* regis; (*fürstliche Familie*) domus 4 *f* principalis.
Fürstenhof *m* aula *f.*
Fürsten/macht *f*, **~stand** *m*, **~tum** *n* principatus 4 *m*, regnum *n.*
Fürstenwort *n* fides 5 *f* principum *od.* regum.
Fürstin *f* (*fürstliche Person*) princeps femina *f*; (*Gattin eines Fürsten*) coniunx *f* (*od.* uxor) principalis.
fürstlich regius, (*gen.*) principis (-pum); principe *od.* rege dignus.
Furt *f* vadum *n.*
fürwahr profecto, certe, sane.
Fürwort *n* pronomen *n.*
Fuß *m* pes *m* (*auch als Maß u. Versfuß*); *zu ~* pedibus [ire], pedester [copiae], pedes; *zu Füßen fallen* ad pedes se proicere *od.* prosternere; ad genua procumbere; *auf dem ~e folgen* vestigiis insistere,

subsequi; *zu ~ kämpfen* pedibus proeliari; *~ fassen* insistere, inniti; / consistere; *e-n ~ groß* pedalis; *stehenden Fußes* e vestigio; ilico; *~ des Berges* radices *f/pl.* montis; mons *m* infimus (*od.* imus); *auf großem (königlichem) ~e leben* magnifice (regio more) vivere; *auf vertrautem ~e stehen mit* familiariter uti [principe]; *auf eigenen Füßen stehen* suis stare viribus; (*Beschaffenheit*) status 4 *m*, condicio *f*, locus *m*.
Fußangel *f* stimulus *m*, murex *m*.
***Fußball** *m* follis *m* pedibus missus (mittendus).
***Fußballspiel** *n* harpăsti ludus *m*.
Fußbank *f* scabellum *n*.
Fußbekleidung *f* pedum tegmen *n*.
Fußboden *m* solum *n*; pavimentum *n*.
Füßchen *n* pediculus *m*.
fußdick pedalis.
Fußeisen *n* compes *f*, pedica *f*.
fußen consistere, (in)niti; / niti, confidere [iure suo].
Fußfall *m*: *~ tun* supplicem ad pedes (*od.* ad genua) se proicere (*od.* se prosternere *od.* procumbere).
fußfällig supplex; *~ bitten* supplicare [iudicibus] pro.
Fußfessel *f* compes *f*, pedica *f*.
Fußgänger *m* pedes *m*.
Fußgängerweg *m* semita *f*.
Fußgestell *n* basis *f*.
Fußgicht *f* podagra *f*.
Fußkrankheit *f* pedum vitium *n*.
fußlahm claudus, claudicans.
Fußpfad *m* semita *f*, trames *m*, callis *m*.
Fußreise *f* iter 3 *n* pedestre.
Fußschelle *f* compes *f*.
Fußschemel *m* scabellum *n*.
Fußsohle *f* planta *f*.
Fußsoldat *m* pedes *m*.
Fußspitze *f* (*äußerster Teil des Fußes*) pes *m* ultimus; (*äußerster Teil der Zehen*) digiti *m/pl.* (pedis) summi.
Fuß/spur, ~stapfe, -tapfe *f* vestigium *n*; *in j-s ~n treten* sequi (*od.* persequi) vestigia alcs *od.* alqm vestigiis.
Fußsteig *m* semita *f*.
Fußtritt *m* crepitus *m* pedis; ictus *m* pedis; *einen ~ versetzen* calce percutere.
Fußvolk *n* pediatus 4 *m*, copiae *f/pl.* pedestres, pedites *m/pl.*
Fußweg *m* semita *f*, callis *m*, trames *m*.
Futter *n* pabulum *n*, pastus 4 *m*, esca *f*; *~ holen* pabulari.
Futteral *n* theca *f*, involucrum *n*, capsa *f*.
Futtergetreide *n* farrago *f*.
Futterholen *n* pabulatio *f*.
Futterkorb *m* corbis *f* pabuli.
füttern pabulum (cibum *od.* cibaria) praebēre; pascere, cibare, alere, nutrire.
Futterschwinge *f* vannus *f*.
Fütterung *f* pastio *f*, (*Mast*) sagina *f*; *nach ~ der Pferde* pabulo equis praebito.

G

Gabe *f* donum *n*, munus *n*; (*Almosen*) stips *f*; / (*als Anlage*) ingenium *n*, bona *n/pl.* [naturae fortunaeque], facultas *f*, ars *f*.
Gabel *f* furca *f*; furcilla *f*; (*am Weinstock*) clavicula *f*.
gabelförmig furcae similis, furcillatus.
Gabelkreuz *n* furca *f*.
gackern cacillare (*von Hühnern*).
gaffen hiare; stolide (*od.* stupide) circumspectare.
Gage *f* salarium *n*.
gähnen oscitare.
Gähnen *n* oscitatio *f*.
Gala *f* ornatus 4 *m*, vestitus 4 *m* festus.
galant urbanus, elegans, officiosus, lepidus.
Galanterie *f* **1.** urbanitas *f*, elegantia *f*; munditiae *f/pl.*; splendor *m*; **2.** (*verliebtes Betragen*) blanditiae *f/pl.* amatoriae; (*Liebeshändel*) amores *m/pl.*
Galeere *f* triremis *f*, navis *f* actuaria.
Galerie *f* (*Gang*) porticus 4 *f*; (*Gemälde*~) pinacotheca *f*; (*im Theater*) locus *m* superior, summa cavea *f*.
Galgen *m* patibulum *n*, crux *f*, arbor *f* infelix.
Galgen-strick, -vogel *m* *als*

Schimpfwort: furcifer *m*, crux *f*, patibulum *n*.
Gallapfel *m* galla *f*.
Galle *f* fel *n*, bilis *f*; *die ~ läuft über* bilis (*od.* stomachus) movetur.
Gallenblase *f* vesica *f* fellis; fel *n*.
***Gallert** *n* ius *n* gelatum.
Galopp *m* cursus 4 *m* equi citatus (*od.* effusus); *im ~* equo citato (*od.* admisso); effusis habenis; *in ~ setzen* equum admittere.
galoppieren equo admisso vehi (*od.* currere).
Gamasche *f* ocrea *f*.
Gämse *f* rupicapra *f*, dama *f*.
Gang *m* itio *f*, ingressus 4 *m*, incessus 4 *m*; *einen schnellen* (*stolzen*) *~ haben* cito (magnifice) incedere; *einen ~ machen* iter facere; (*beim Fechten*) petitio *f*; *einen ~ machen mit* congredi cum; (*bei einer Mahlzeit*) ferculum *n*, cena *f* prima, secunda...; *~ der Unterhaltung* cursus *m* sermonis; ordo *m*, ratio *f*; *in ~ bringen* movēre, commovēre; *die Sache ist im ~e* res procedit; *in ~ kommen* moveri, agitari coeptum esse; in usu esse coepisse, usu recipi; *im ~ sein* moveri, agitari; in usu esse, usurpari, celebrari; (*als Ort*) porticus 4 *f*, ambulatio *f*, (*im Schiff u. Theater*) forus *m*; (*unter d. Erde*) cuniculus *m*.
gangbar pervius, apertus, patens; *ein gangbarer Weg* via *f* munita (commoda, facilis); *e-n Weg ~ machen* viam munire; tritus [proverbium]; vendibilis [merx].
gang und gäbe usitatus; usu receptus.
gängeln: *ein Kind ~* ingressum infantis iuvare; / *j-n ~* regere et moderari alqm.
Gans *f* anser *m* (*adj.* anserinus).
Gänschen *n* anserculus *m*.
Gänse... anserinus, (*gen.*) anseris (-rum).
Gänsehaut *f* cutis *f* anseris; / *ich bekomme e-e ~* horror me perfundit, cohorrescit corpus meum.
Gänserich *m* anser mas *od.* masculus.
ganz *adj.* omnis, totus; (*gesamt*) cunctus, universus; (*vollständig*) integer; (*in voller Anzahl*) plenus; (*unvermischt*) solidus; *adv. ~ anderer* longe alius; *eine ganz göttliche Weisheit* divina quaedam sapientia; *nicht ~* minus, parum; *~ und gar* [nihil] omnino, plane, prorsus; *~ und gar nicht* minime, nequaquam; *~ kurz* brevissimus; perbrevis; *~ lernen* perdiscere; *~ besiegen* devincere.
Ganze *n* totum *n*; tota res *f*; universum *n*, universa res *f*; genus *n* omne, universum *n*; summa *f* [exercitus]; *ein ~s bilden* corpus quoddam efficere; *im Ganzen* omnino; *von der Philosophie im ~n sprechen* de universa philosophia dicere.
gar *adj.* (per)coctus; *~ kochen* percoquere; *adv.* valde, admodum; *nicht ~* (*sehr*) non ita; (*ganz und*) *~ nicht* nequaquam; *gar zu* (*sehr*) nimis; nimium.
Garantie *f* auctoritas *f*, fides *f*, satisdatio *f*.
garantieren fidem praestare; praestare [socios salvos].
Garaus *m*: *den ~ machen* interficere, interimere, e medio tollere.
Garbe *f* manipulus *m*, merges *f*.
Garde *f* cohors *f* regia; *e-s Kaisers*: cohors *f* praetoriana.
Garderobe *f* (*als Zimmer*) vestiarium *n*; (*Kleidung*) vestimenta *n/pl.*, vestis *f*.
Gardine *f* velum *n*.
gären fermentari; (*v. Wein*) effervescere; / moveri, ardēre, flagrare, tumēre.
Garküche *f* popina *f*, ganea *f*.
Garn *n* fila *n/pl.*, linum *n* (netum), lana (neta); rete *n*; plaga *f*.
garnieren circumdare.
Garnison *f* praesidium *n*, stativum *n*; cohortes *f/pl.* urbanae; *in ~ stehen* stativa habēre.
garstig turpis, foedus, taeter.
Gärtchen *n* hortulus *m*.
Garten *m* hortus *m*.
Garten... hortensis, (*gen.*) horti (-torum).
Gartenarbeit *f* horti cultus 4 *m*.
Gartenbeet *n* area *f*, areola *f*.
Gartenhaus *n* villa *f*.
Gartenlaube *f* trichila *f*; casa *f* frondea.
Gartenmesser *n* falx *f*.
Gartentür *f* ostium *n* horti.
Gärtner *m* hortulanus *m*; (*Kunstgärtner*) topiarius *m*.
Gärtnerei *f* topiaria *f*.
Gärung *f* fermentatio *f*, fervor *m*; / motus 4 *m* rerum (*od.* turbae).

Gärungsmittel *n* fermentum *n*.
Gärungsstoff *m* materia *f* seditionis.
***Gas** *n* gasum *n*; *Tränen*⁀ gasum *n* lacrimiferum; **⁀anstalt** *f* fabrica *f* gasi; **⁀behälter** *m* gasarium *n*; ⁀**förmig** gasiformis; **⁀messer, ⁀ometer** *m* gasometrum *n*.
Gässchen *n* angiportus 4 *m*.
Gasse *f* vicus *m*; *von ~ zu ~* vicatim.
Gast *m* hospes *m*; (*in e-m Wirtshaus*) deversor *m*; (*Tischgast*) conviva *m*; *~ sein* cenare apud; *zu ~e laden* ad cenam vocare (*od.* invitare); *zu ~e gehen* ad cenam (*od.* convivium) ire.
Gast... hospitalis *bzw.* convivalis, (*gen.*) hospitis (-tum).
gastfrei 1. *adj.* hospitalis, liberalis in hospites, largus epulis; liberalis, largus; **2.** *adv.* hospitaliter, liberaliter.
Gastfreund *m* hospes *m*.
gastfreundlich hospitalis.
Gastfreundlichkeit *f* hospitalitas *f*.
Gastfreundschaft *f* hospitium *n*.
Gastgeber *m* convivator *m*.
Gastgeschenk *n* donum *n* hospitale.
Gasthaus *n* deversorium *n*.
gastlich hospitalis.
Gastmahl *n* convivium *n* [apparare, instruere, ornare, agere]; epulae *f/pl.*, epulum *n*; *das ~ des Plato* symposium Platonis.
Gastrecht *n* ius *n* hospitii, hospitium *n*.
Gastwirt *m* caupo *m*.
Gastwirtin *f* caupona *f*, domina *f* cauponae *od.* tabernae.
Gastwirtschaft *f* caupona *f*.
Gatte *m* maritus *m*, vir *m*.
Gatter *n* clatri *m/pl.*
Gattin *f* uxor *f*, coniux *f*.
Gattung *f* genus *n*.
Gattungsbegriff *m* genus 3 *n*.
Gau *m* pagus *m*.
Gaukelbild *n* imago *f* (fallax).
Gaukelei *f* praestigiae *f/pl.*; fallacia *f*.
Gaukler *m* praestigiator *m*.
gauklerisch praestigiosus; fallax.
Gaul *m* caballus *m*.
Gaumen *m* palatum *n*.
Gauner *m* fur *m*, homo *m* fallax; *ein übler ~* scelus *n*.
Gaunerei *f* furtum *n*, fallacia *f*, fraus *f*.
geachtet honestus; *~ und geehrt* honestus et honoratus.
geartet constitutus [bene], a natura compositus; *gut* (*schlecht*) *~* bene (male) moratus.
Gebäck, Gebackene(s) *n* opus *n* pistorium; *feines ~* crustula *n/pl.*
Gebälk *n* contignatio *f*, trabes *f/pl.*
Gebärde *f* gestus 4 *m*; (*des ganzen Körpers*) motus 4 *m*; *~n machen* gestum facere (*od.* agere).
gebärden: *sich ~* se gerere [violenter, pro cive]; *sich stolz ~* superbire; (*unsinnig*) insanire.
Gebärdenspiel *n* gestus 4 *m*.
Gebaren *n*: *freches ~* audacia *f*; *unsinniges ~* amentia *f*; *rasendes ~* furor *m*.
gebären parere, *abs.* partum edere; *geboren werden* nasci, gigni; *ein geborener Grieche* natione Graecus; *geboren zu* natus (*od.* factus) ad.
Gebären *n* partus 4 *m*.
Gebärmutter *f* uterus *m*; vulva *f*.
Gebäude *n* aedificium *n*, aedes *f/pl.*, domus 4 *f*, opus *n*.
Gebein *n* ossa *n/pl.*
Gebell *n* latratus 4 *m*.
geben dare, praebēre, porrigere; (*pflichtmäßig abliefern*) reddere; *sich ~ lassen* accipere; *Gesetze ~* leges scribere, constituere, condere; legibus sancire, ut ...; *e-n Befehl ~* iubēre, imperare; *Unterricht ~* docēre, instituere; *Antwort* (*Bescheid*) *~* respondēre (responsum dare); *sich den Tod ~* mortem sibi consciscere; *von sich ~* edere, emittere, reddere; *verloren ~* desperare de [salute reipublicae]; *viel ~ auf* multum tribuere [fidei amicorum]; *nichts ~ auf* neglegere, parum curare, contemnere [rumores]; *auf lateinisch ~* latine reddere, in latinum transferre; *zu verstehen ~* significare; *unpers. es gibt* est, sunt, reperiuntur, inveniuntur (qui *m. conj.*); *sich ~* se dare, manus dare; cedere; remittere [morbus].
gebenedeit beatus; fortunatus.
Geber *m* largitor *m*, auctor *m* (muneris, beneficii).
Gebet *n* precatio *f*, *konkr.* preces *f/pl.*; (*demütiges Bitten*) supplicatio *f*; *ein ~ verrichten* precari.
Gebetsformel *f* precatio *f* sollemnis, verba *n/pl.* sollemnia, carmen *n* sacrum.
Gebiet *n* territorium *n*, ager *m* (*od. pl.*), fines *m/pl.*; regio *f*; *ins*

G

~ *der Volsker ziehen* in Volscos proficisci; / genus *n*, pars *f*; *das ~ der Philosophie* philosophia *f*; *dies gehört ins ~ des Redners* hoc oratoris (proprium) est; *es gehört ins ~ des Privatrechts* versatur in re civili et forensi.
gebieten imperare; *zu ~ haben über* potestatem habēre [vitae necisque].
Gebieter(in *f*) *m* dominus *m* (domina *f*).
gebieterisch imperiosus, superbus.
Gebiets-erweiterung, -vergrößerung *f* (*das Erweitern*) propagatio *f* (*od.* prolatio *f*) finium; (*die eingetretene Erweiterung*) fines *m/pl.* imperii prolati, termini *m/pl.* imperii propagati; e-e ~ *erhalten* agris augēri.
Gebilde *n* (*jedes Kunstwerk*) opus 3 *n*; (*Bildwerk*) imago *f*; (*Gefüge*) compages *f*; ~ *der Plastik* imago *f* ficta; ~ *der Malerei* imago *f* picta.
gebildet doctus, eruditus, excultus.
Gebirge *n* mons *m* [Caucasus], montes *m/pl.*
gebirgig montuosus; (*im Gebirge befindlich*) montanus.
Gebirgs... montuosus [loca].
Gebirgskamm *m* dorsum *n* montis.
Gebirgspass *m* (*Engpass*) angustiae *f/pl.* saltūs; (*Durchgang*) transitus 4 *m* saltūs.
Gebiss *n* dentes *m/pl.*; (*Zaum*) frenum *n* (pl. freni *m*).
Geblüt *n*: *ein Prinz von ~* regia stirpe, regio genere ortus.
Gebot *n* licitatio *f*; *ein ~ tun* liceri, licitari; (*Befehl*) imperium *n*, imperatum *n*, iussum *n*; *ein ~ geben* praescribere; *zu ~e stehen* praesto esse; promptum (*od.* paratum) esse; in promptu (*od.* in potestate) esse; suppetere, habēre.
Gebrauch *m* usus 4 *m*, usurpatio *f*; *häufiger ~* frequens usus; ~ *machen von* uti [facultate]; *im ~ sein* in usu esse; usitatum (*od.* tritum) esse, vigēre; *in ~ kommen* in usum (*od.* consuetudinem) venire, usu recipi.
gebrauchen uti; adhibēre ad, conferre ad; usurpare [nomen virtutis]; *gebraucht werden* in usu esse, in usum venire, usui esse; *nicht zu ~* inutilis.
gebräuchlich usitatus; usu (*od.* more) receptus, tritus [proverbium]; (*alltäglich*) cotidianus; (*gewöhnlich*) vulgaris; ~ *sein* morem (*od.* moris) esse; solēre.
Gebrause *n* fremitus 4 *m*.
Gebrechen *n* vitium *n*, malum *n*.
gebrechlich debilis [corpus]; infirmus, imbecillus, fragilis.
Gebrechlichkeit *f* debilitas *f*, infirmitas *f*, imbecillitas *f*.
Gebrüder: *die ~* fratres *m/pl.*
Gebrüll *n* mugitus 4 *m* [boum]; rugitus 4 *m* [leonum].
Gebühr *f* officium *n*, iustum *n und* iusta *n/pl.*; *nach ~* ut dignum est, ut decet, ut convenit; (ex, pro) merito; *wider die ~* contra officium, immerito; *über ~* plus aequo, supra modum; *die ~en* impensae *f/pl.*; sumptus 4 *m*, sportula *f*.
gebühren decēre [adulescentem], deberi [seni], tribuendum esse; *es gebührt sich* decet, convenit, par est *m. inf. od. a. c. i.*, oportet *m. a. c. i.*, debēre *m. inf.*
gebührend conveniens, debitus, aequus, iustus, meritus, dignus.
Geburt *f* partus 4 *m*; (*das Geborenwerden*) ortus 4 *m*, nascendi initium *n mst durch* nasci, oriri; *von ~ an* ab incunabulis, a prima aetate; (*Abkunft*) genus *n*, stirps *f*; (*Ursprung*) origo *f*; (*Stand*) locus *m*; (*Volk*) natio *f*.
gebürtig natus, ortus; oriundus ex Etruscis].
Geburtsadel *m* nobilitas *f* generis (*od.* a parentibus hereditate tradita).
Geburtsgöttin *f* Lucina *f*.
Geburtshelferin *f* obstetrix *f*.
Geburtshilfe *f als Kunst und Wissenschaft*: ars *f* obstetricandi; (*Hilfe der Hebamme bei der Geburt*) opera *f* obstetrīcis.
Geburtsschmerzen *m/pl.* dolores *m/pl.* puerperae; ~ *haben* ex partu laborare.
Geburtstag *m* dies *m* natalis.
Geburtstagsgeschenk *n* munus 3 *n* natalicium.
Gebüsch *n* frutices *m/pl.*, virgulta *n/pl.*, dumeta *n/pl.*, fruticetum *n*.
Geck *m* homo *m* vanus (*od.* ridiculus *od.* ineptus).
geckenhaft ineptus, ridiculus, vanus.
Gedächtnis *n* memoria *f*; *ein gutes ~ haben* memoriā valēre; *im ~ ha-*

ben memoriā tenēre (*bewahren* custodire); *dem* ~ *einprägen* memoriae committere (*od.* mandare *od.* infigere *od.* affigere); *dem* ~ *überliefern* memoriae prodere (*od.* tradere); *ins* ~ (*zurück*)*rufen* memoriam [cladis] revocare; *sich ins* ~ *zurückrufen* reminisci; *aus dem* ~ ex memoria [pronuntiare]; *mit gutem* ~ memoriter.

Gedächtnisfeier *f* sollemnia *n/pl.* in memoriam [regis mortui] celebrata.

Gedächtniskraft *f* vis *f* memoriae, memoria *f*.

Gedächtniskunst *f* memoriae ars *f od.* disciplina *f*.

Gedächtnisrede *f* oratio *f* ad memoriam [principis] habita, laudatio *f*.

Gedächtnistafel *f* tabula aënea adfixa monumenti causā.

Gedanke *m* cogitatio *f*; cogitatum *n*; mens *f*, sententia *f*, opinio *f*; *ich will* (*ehrlich*) *meine* ~*n aussprechen* dicam, quid sentiam (quod sentio); *der herrliche* ~ *Platos* praeclarum illud Platonis; *den* ~*n halte ich fest* illud teneo; *der* ~ *hat sich eingeprägt* haeret in animo; *oft durch Verba*; *ich komme auf den* ~*n* in mentem mihi venit, mihi succurrit; *auf andere Gedanken bringen* animum [pueri] flectere (*od.* convertere); *sich den* ~*n aus dem Kopf schlagen* consilium [seditionis] deponere (*od.* abicere); *die Gedanken auf etwas richten* cogitationes (*od.* mentem) dirigere (*od.* intendere ad, in).

Gedanken/folge *f*, ~**gang** *m* sententiarum ordo *m* (*od.* progressio *f*).

gedankenleer inops sententiarum, inanis, frigidus.

gedankenlos stupidus, socors; temerarius; *adv.* temere.

Gedankenlosigkeit *f* stupor *m*; stupiditas *f*, socordia *f*.

gedankenreich sententiis creber (*od.* abundans); (*v. Schriften*) sententiosus.

Gedankenreichtum *m* sententiarum copia *f* (*od.* ubertas *f*).

Gedankenschwung *m* impetus 4 *m* cogitationis.

gedankenvoll in cogitatione defixus, deliberabundus.

Gedärme: *die* ~ intestina *n/pl.*

***Gedeck** *n* cena *f*.

gedeihen crescere, augescere, augeri; *Unrecht Gut gedeihet nicht* male parta (partum) male dilabuntur (disperit); *die Sache ist so weit gediehen, dass* ... res eo processit (*od.* deducta est), ut ...

Gedeihen *n* proventus 4 *m*, successus 4 *m*; incrementum *n*.

gedeihlich utilis, prosper.

gedenken reminisci, meminisse; *ich will es dir schon* ~ hoc tibi non sic abibit, non impune feres; sperare, spem habēre; exspectare; *ich gedenke zu tun* cogito *od.* volo *od.* in animo mihi est facere.

Gedenken *n* memoria *f*; *seit Menschen*~ post hominum memoriam, post homines natos.

Gedicht *n* carmen *n*; (*größeres*) poema *n*.

gediegen solidus; (*rein*) purus, putus; ~*e Gelehrsamkeit* doctrina exquisita; *ein* ~*es Buch* liber accurate scriptus.

Gedränge *n* turba *f* (conferta); *ins* ~ *kommen* in turbam implicari; / *sehr ins* ~ *geraten* in summas angustias adduci, in summum discrimen vocari; in angustum venire.

gedrängt confertus, pressus, contractus, astrictus [oratio]; ~*e Gedanken* sententiae *f/pl.* concisae.

Gedrängtheit *f* brevitas *f*, pressa oratio *f*.

gedrückt afflictus.

gedrungen solidus, compactus; (*v. der Rede*) pressus.

Gedrungenheit *f* siccitas *f* [corporis].

geduckt capite demisso.

Geduld *f* patientia *f*, tolerantia *f*; animus *m* aequus; ~ *haben, sich in* ~ *fassen* aequo animo (*od.* patienter) ferre.

gedulden: *sich* ~ quiescere; manēre, exspectare.

geduldig patiens, tolerans, placidus; *adv. auch* aequo animo.

geehrt honoratus, honestus, amplus.

geeignet aptus ad, idoneus ad.

Gefahr *f* periculum *n*, *stärker* discrimen *n*; *sich in* ~ *begeben* periculum adire (*od.* subire *od.* suscipere), in periculum se inferre, periculo se offerre; *in* ~ *bringen* in periculum adducere; *in* ~ *geraten*

G

incurrere in periculum; *in ~ schweben* in periculo esse (*od.* versari); periclitari; *außer ~ sein* extra periculum (*od.* in tuto) esse.

gefährden in periculum (*od.* discrimen) adducere (*od.* vocare); periculo obicere; *gefährdet sein* in periculum venire (*od.* incidere); in periculo esse (*od.* versari); *gefährdet* infestus [mare].

gefährlich periculosus, plenus periculi; difficilis, gravis; dubius, anceps; *~e Lage* periculum *n*, discrimen *n*, angustiae *f/pl.*, res *f/pl.* dubiae; *~e Zeiten* tempora iniqua; *~er Feind* hostis *m* infestus (*od.* acerrimus).

G

gefahrlos periculi expers, tutus.

Gefahrlosigkeit *f* periculum *n* nullum.

Gefährte *m* comes *m*; socius *m*; sodalis *m*.

Gefährtin *f* comes *f*, socia *f*.

Gefälle *n* fastigium *n*, libramentum *n* (aquae); *die ~* vectigalia *n/pl.*, tributa *n/pl.*

gefallen placēre; gratum (*od.* iucundum) esse, probari [mihi], videri; *es gefällt mir* iuvat me; *sich ~* sibi placēre, se amare, delectari in [hac inani prudentiae laude]; *sich ~ lassen* pati, patienter ferre, impunitum ferre, inultum dimittere; *oft durch* delectari.

Gefallen *m u. n* arbitrium *n*; (*Laune*) libido *f*; *nach ~* ut placet, libet, commodum est; ad libidinem, ex libidine; *nach meinem ~* arbitratu meo, ad arbitrium meum, ex voluntate mea; *dir zu ~* tuā gratiā; *~ finden an* gaudēre, laetari, delectari [spectaculo]; *kein ~ finden* abhorrēre (*od.* alienum esse) ab, improbare; *zu ~ sein* gratificari, morem gerere, obsequi [iuvenibus], se accomodare ad arbitrium; *zu ~ reden* ad voluntatem loqui, auribus blandiri, assentari [tibi]; *zu ~* in gratiam [amici]; *dem Vater zu ~ den Fehler des Sohnes ungestraft lassen* patri condonare vitium filii; *zu ~ tun* gratificari, tribuere; (*Gefälligkeit*) opera *f*, officium *n*, beneficium *n*; gratia *f*, *mst durch* gratum; *e-n (großen) ~ tun* gratum (gratissimum) facere; *du kannst mir keinen größeren ~ tun* nihil mihi gratius facere poteris.

gefällig gratus, iucundus; *~es Äußere* species *f* (*od.* forma *f*) venusta; *gefälligst* si (tibi) placet; nisi molestum est; officiosus, commodus, facilis.

Gefälligkeit *f* **1.** (*Dienstfertigkeit*) officium *n*, gratificandi studium *n*, obsequium *n*; (*Wohltat*) beneficium *n*; (*gefälliges Wesen*) facilitas *f*, mores *m/pl.* faciles, humanitas *f*, comitas *f*; *aus ~* gratiae causā, beneficii gratiaeque causā.

Gefallsucht *f* (nimium) placandi studium *n*, ostentatio *n* sui (*od.* virtutum suarum, formae *u. Ä.*); (*v. Staatsmännern*) ambitio *f*.

gefallsüchtig placendi studiosus; ostentator sui, ambitiosus.

gefangen captus; (*im Kriege*) captivus; *~ nehmen* capere, (com-)prehendere; *~ setzen* in vincula conicere; *~ sein* in vinculis (custodiā) esse; *subst. der (die) Gefangene* captivus *m* (captiva ;).

Gefangenenkost *f* alimenta *n/pl.* carceris.

Gefangenenwärter *m* (carceris) custos *m*.

Gefangenschaft *f* captivitas *f*, servitus *f*; *in ~ geraten* capi ab.

gefänglich: *~ einziehen* in custodiam dare.

Gefängnis *n* carcer *m*; custodia *f*, vincula *n/pl.*; *ins ~ werfen* in carcerem (*od.* custodiam *od.* vincula) conicere *od.* dare *od.* includere; *im ~ sitzen* in carcere (*od.* custodia *od.* vinculis) esse.

Gefäß *n* vas *n*; (*Degengriff*) capulus *m*.

Gefäßchen *n* vasculum *n*.

gefasst: *~ sein* aequi animi esse; *auf etw. ~ sein* paratum esse ad alqd *od. inf.*; *sich auf etw. ~ machen* se praeparare ad alqd.

Gefecht *n* pugna *f*, certamen *n*; proelium *n* leve.

gefeiert celeber(rimus), summis laudibus celebratus, clarissimus.

Gefieder *n* pennae *f/pl.*

gefiedert volucer.

Gefilde *n* campi *m/pl.*; *~ der Seligen* loca *n/pl.* coelestia.

gefleckt maculosus, maculis distinctus; (*bunt*) varius.

geflissentlich *adv.* consulto, deditā operā; ex industria.

Geflügel *n* bestiae *f/pl.* volatiles, pe-

cus *n* volatile, volucres *f/pl.*, aves *f/pl.*
geflügelt ales, volucer, volatilis, pennatus.
Geflüster *n* susurri *m/pl.*
Gefolge *n* comitatus 4 *m*, comites *m/pl.*, qui sunt cum [consule], cohors *f*; satellites *m/pl.*, (*zum persönlichen Schutz*) stipatores *m/pl.*; | *im ~ haben* habēre.
gefräßig edax, vorax, cibi avidus, (*gen.*) multi cibi.
Gefräßigkeit *f* edacitas *f*.
gefrieren congelari, conglaciare, frigoribus concrescere, consistere, constringi.
***Gefrierfleisch** *n* caro *f* congelata.
gefügig oboediens, obsequiosus, facilis.
Gefügigkeit *f* obsequium *n*, oboedientia *f*.
Gefühl *n* (*Tastsinn*) tactus 4 *m*; (*Empfindung*) sensus 4 *m*; animus *m*; *religiöses ~* religio *f*, *natürliches ~* natura; *menschliches ~* humanitas *f*; *sittliches ~* verecundia *f*; *~ für Wahrheit* veritas; *~ für das Schöne* elegantia *f u. a.*; *nach meinem ~* ut mihi videtur; (*Bewusstsein*) conscientia *f*; (*Vertrauen auf*) fiducia *f* [virium]; (*Meinung*) sententia *f*.
gefühllos sensūs (omnis) expers; *~ sein* (omni) sensu carēre, nihil sentire, (omnem) humanitatem abiecisse (*od.* exuisse).
Gefühllosigkeit *f* torpor *m*, alienatus a sensu animus *m*; *mst durch „gefühllos sein" umschrieben*; | animus *m* durus; immanitas *f*, atrocitas ;.
gefühlvoll humanus, humanitatis plenus, misericors; mollis [carmen].
gegen (*zur Bezeichnung einer Richtung*) (*örtlich*) ad (... versus), in (... versus), adversus; (*zeitl.*) sub [vesperum]; (*bei Zahlangaben*) ad; circiter, fere; (*bei Zu- und Abneigung*) erga, adversus, in *m. acc*; *bei subst. mst durch gen. obi.* [amor dei]; (*wider*) contra [pugnare], in *m. acc.* [orationem habēre in Catilinam], cum [pugnare cum Gallis]; *Mittel ~ die Krankheiten* remedium *n* morbi; *verteidigen, schützen ~* defendere, tueri ab; *gegen den Strom, Wind* adverso flumine, vento; *~ die Erwartung u. Ä.* praeter exspectationem, opinionem, spem; *~ bar kaufen* emere praesenti pecunia.
Gegenangriff *m* impetus 4 *m* adversarii (*od.* contrarius, contra factus); e-*n ~ machen* impetum contra facere, hostibus adgredientibus obviam ire.
Gegenanstalt(en): *die ~* quae contra (ap)parantur; *~ treffen gegen* defensionem parare (*od.* se munire) contra.
Gegenantwort *f*: *~ geben* contra respondēre.
Gegenbefehl *m* imperium *n* mutatum (*od.* contrarium); *~ geben* imperium mutare.
Gegenbemerkung *f*: *~ machen* contra dicere; reprehendere [multa].
Gegenbild *n*: *~ sein* dissimillimum (*od.* disparem) esse [patri].
Gegend *f* regio *f*, loca *n/pl.*; (*Landstrich*) tractus 4 *m*; (*Zone*) plaga *f*; (*entlegene*) ora *f*; pars *f*; *nach allen ~en hin* quoquoversus; *in der* (*die*) *~ von* ad, circa.
Gegendienst *m* officium *n* mutuum.
***Gegendruck** *m* repercussus 4 *m*.
gegeneinander inter se [certare, repugnare, mutare]; *~ halten* componere, conferre, comparare.
Gegenerklärung *f* dictum *n* contrarium; (*Antwort*) responsum *n*; (*entgegengesetzte Antwort*) responsum *n* contrarium *n*.
Gegenfall *m* contrarium *n*; *der ~ tritt ein* contra accidit.
Gegenforderung *f*: *~ machen* contra postulare.
Gegenfrage *f*: *~ tun* contra (*od.* ab altera parte) interrogare.
Gegenfüßler *m/pl.* qui conversis inter se pedibus stant.
Gegen/gabe *f*, **~geschenk** *n* munus *n* mutuum, remuneratio *f*; *ein ~ machen* munus munere pensare.
Gegenwicht *n* aequipondium *n*; | *als ~ dienen* opponi, obici [vitium omni virtuti]; *das ~ halten* parem esse; resistere, contra niti.
Gegengift *n* remedium *n* contra venenum, antidotum *n*.
Gegengründe *m/pl.*: *~ anführen* in contrarias partes disserere.
Gegengruß *m* resalutatio *f*, salutatio *f* mutua; *den ~ bieten* resalutare.
Gegenklage *f* mutua accusatio *f od.* actio *f*; *im Zivilprozess*: petitio *f*; e-e *~ gegen j-n anstellen im Kriminalprozess*; crimen *n* invicem intentare alci; *im Zivilprozess*: invicem petere alqm.

Gegenliebe *f* amor *m* mutuus; *~ zeigen* amori [iuvenis] respondēre; amori respondēre; *Liebe und ~ hegen* amare vel, ut ita dicam, redamare.
Gegenmaßregel *f* remedium *n*.
Gegenmine *f* cuniculus *m* transversus.
Gegenmittel *n* remedium *n*.
Gegenpartei *f* pars *f* (*od.* factio *f*) adversa *od.* altera.
Gegenrechnung *f* rationes *f/pl.* rationibus collatae; *~ halten* rationes rationibus conferre.
Gegenrede *f* responsio *f*; *Rede und ~ vor Gericht* actiones *f/pl.* utrimque habitae.
Gegensatz *m* contrarium *n* (*m. gen.*), res *f* contraria; *den ~ bilden* opponi [contrario nomine].
Gegenschrift *f* libellus *m* contra scriptus; defensio *f*.
Gegenseite *f* pars *f* adversa, (*Rückseite*) pars *f* aversa.
gegenseitig mutuus, alternus; inter se; *~e Wohltaten* beneficia *n/pl.* ultro citroque data et accepta.
Gegenseitigkeit *f* vicissitudo *f*, commercium *n*; *~ der Zuneigung* mutuus amor *m*.
Gegenstand *m* res *f*; (*vorliegender Fall*) causa *f*; (*einer Schrift, eines Gemäldes*) argumentum *n*; (*der Untersuchung*) quaestio *f*, id de quo agitur, res *f* proposita, id quod quaerimus; (*einzelner Punkt*) locus *m*; *dieser ~* haec res, hoc, id, illud; *solche Gegenstände* ea, talia; *der ~, welcher* id quod; *irgendein ~* aliquid, quiddam; *nützliche Gegenstände* utilia *n/pl.*; *~ der Sorge* cura *f*, *~ der Sehnsucht* desiderium *n*; *~ der Liebe* (*des Hasses, der Furcht*) amor *m* (odium *n*, formido *f*, metus 4 *m*); *diese Dinge sind ~ der Philosophie* haec sunt philosophorum; *~ des Elementarunterrichts sein* puerili doctrina tradi; *zum ~ des Gesprächs machen* in sermonem adducere; *ein ~ der Sorge* (*des Hasses, der Verachtung*) *sein für uns* curae (odio, contemptui) esse nobis; *die Gegenstände der Philosophie* (ea) quae ad philosophiam pertinent (*od.* spectant); *dies ist ~ meiner Wünsche* hoc cupio; *~ der Liebe sein* amari ab; *er ist ~ meines Mitleids* eius me miseret *u. a.*
Gegenstoß *m* repercussus 4 *m*.
Gegenstück *n* imago *f*, *mst durch* similis, simillimus, compar, consentaneus, ex altera parte respondens (*m. dat.*).
Gegenteil *n* contrarium *n*, pars *f* contraria, *mst durch adj.* contrarius; *das ~ tun, sagen* contra (*od.* contraria) facere (dicere); *ins ~ umschlagen* in contrarium vertere; *im ~* ex contrario, contra (ea), (*bei vorhergehender Negation*) at, sed; (*nein vielmehr*) immo (vero).
gegenüber adversus, contra; ex adverso [urbi], e regione [urbis]; *~ befindlich* contrarius, adversus, oppositus; *~liegen* ex adverso (*od.* contra) (po)situm esse (*od.* iacēre); *~stellen* opponere, comparare; committere cum; *~stehen* contra stare, ex adverso positum (*od.* constitutum) esse.
Gegenüberstellung *f* contentio *f* (et comparatio *f*).
Gegenversprechen *n* repromissio *f*; *~ geben* repromittere.
Gegenvorstellungen *f/pl.*: *~ machen* contra dicere (*od.* tendere); dissuadēre, deprecari.
Gegenwart *f* praesentia *f*, praesens tempus *n*, hoc tempus *n*, haec aetas *f*, nostra memoria *f*, (*die gegenwärtige Lage*) res *f/pl.* praesentes, praesentia *n/pl.*; *bis zur ~* ad hanc aetatem; adhuc.
gegenwärtig 1. *adj.* praesens; 2. *adv.* nunc; his temporibus.
Gegenwehr *f* defensio *f*, pugna *f*; *~ leisten* se defendere, resistere, vim parare; *ohne ~* sine certamine, nullo resistente.
Gegenwind *m* ventus *m* adversus.
Gegenwirkung *f* vis *f* contraria (*od.* opposita); *oft durch* opponi, obniti, reniti *umschrieben*.
Gegner *m* adversarius *m*; *auch* qui contra dicit; (*gerichtlich*) *oft* iste.
gegnerisch adversarius, adversus; *die ~e Partei* altera pars *f*; *auf der ~en Seite stehen* ex adversā parte stare.
gegründet verus, certus, iustus.
gehaben: *gehab dich wohl* vale! cura, ut valeas!
Gehalt *m u. n* (*Wert*) pretium *n*; bonitas *f*; (*Besoldung*) annua pecunia *f*; salarium *n*.
gehalten *v. d. Rede, vom Ausdruck*:

constans, pressus; ~ *sein etw. zu tun* debēre *mit inf.*; oportet *mit a. c. i.*

gehaltlos inanis, vanus, nullius pretii, rerum inops.

gehalt/reich, ~voll magni pretii, copiosus, uber, gravis, rerum plenus.

Gehänge *n* (*am Degen*) balteus *m*; (*in den Ohren*) inaures *f/pl.*

geharnischt loricatus; lorica indutus (*od.* munitus); / acer [oratio], acerbus.

gehässig 1. *act.* infensus, iniquus, infestus [animus]; **2.** *pass.* odiosus, invidiosus, invisus; *das Gehässige* invidia *f*; tristia *n/pl.* [rei lenitate verbi mitigantur]; invidiosus, invisus.

Gehässigkeit *f* odium *n*, invidia *f.*

gehäuft cumulatus, densus, creber; *~es Maß* cumulus *m.*

Gehäuse *n* (*e-r Schnecke*) testa *f.*

Gehege *n* saepes *f*, saeptum *n*, locus *m* saeptus.

geheim 1. *adj.* occultus, abditus, reconditus, tectus, latens; (*nur den Eingeweihten bekannt*) arcanus; (*der Öffentlichkeit entzogen*) secretus; (*im Verborgenen*) clandestinus; (*verstohlen*) furtivus; (*verschwiegen*) tacitus; *der ~e Rat* sanctius consilium *n*; *die ~e Staatskasse* sanctius aerarium *n*; **2.** *adv.* occulte, in occulto, arcano, secreto, clam, obscure, latenter, furtim, furtive, sine arbitris, arbitris remotis, tacite; ~ **bleiben** tacitum teneri, obscuriorem esse; ~ **halten** occultare, silentio tegere.

Geheimbefehl *m* clandestinus nuntius *m*, nuntius *m* clam missus.

Geheim/dienst *m*, **~lehre** *f* mysteria *n/pl.*, initia *n/pl.*, initiorum sacra *n/pl.*

Geheimnis *n* res *f* arcana (*od.* secreta, occulta, recondita, silenda, commissa); *n/pl.* arcana, secreta, occulta, recondita, silenda, commissa.

geheimnisvoll tectus et occultus [homo].

***Geheimrat** *m* consiliarius *m* intimus; a consilio sanctiore.

Geheimschreiber *m* scriba *m*, scriniarius *m.*

Geheimschrift *f* notae (*od.* litterae) *f/pl.* secretiores; notae.

Geheimvertrag *m* occultum pactum *n.*

gehen ire; gradi, vadere; (*einherschreiten*) ingredi, incedere; (*ab und zu gehen*) commeare; *sehr oft ist ein Kompositum zu wählen*: abire, exire, subire, transire *u.* transgredi, invadere, decedere, concedere *u. a.*; ~ *lassen* sinere abire, mittere, dimittere, omittere; *an die Hand* ~ adiuvare, adesse [filio]; *an die Arbeit* ~ aggredi, accedere ad [opus]; *so weit* ~ *in* procedere (*od.* progredi) eo [furoris] (*od.* ad eum *od.* ad tantum [furorem]) ut ...; *sich* ~ *lassen* sibi (*od.* irae suae) indulgēre, ingenio suo uti, liberius vivere, se iusto plus neglegere; *in sich* ~ in se descendere, ad sanitatem reverti, mores suos mutare; *wie geht es dir?* quomodo vales? quid agis? *er geht ins 10. Jahr* decimum annum agit; *das Gerücht geht* fama (*od.* rumor) est.

Geheul *n* ululatus 4 *m*; ploratus 4 *m*, eiulatus 4 *m.*

Gehilfe *m* adiutor *m*, minister *m*, administer *m*; (*Unterbeamter*) apparitor *m.*

Gehilfin *f* adiutrix *f*, ministra *f.*

Gehirn *n* cerebrum *n.*

Gehöft *n* villa *f.*

Gehölz *n* locus *m* silvestris, silva *f.*

Gehör *n* auditus 4 *m*, sensus 4 *m* audiendi; *das* ~ *verlieren* obsurdescere; *das* ~ *verloren haben* auribus captum esse; ~ *verschaffen* audientiam facere; ~ *finden* audiri, impetrare ab; *geneigtes* ~ *finden* benigne audiri (*od.* accipi); ~ *schenken* audire, admittere, aures praebēre [supplicibus].

gehorchen parēre, oboedire, dicto audientem esse; obtemperare; obsequi; morem gerere, morigerari; in officio esse.

gehören (*Eigentum sein*) esse [patris]; *das Buch gehört mir* liber est meus (*ja nicht* mihi!); *es gehört sich* (*nicht*) decet (dedecet), convenit; ~ *zu* pertinēre (*od.* spectare, referri) ad, versari in [ingenuis artibus], esse [partis optimatium]; (*als Teil zu e-m Ganzen*) esse in [numero familiarium], inter [familiares]; numerari in [familiaribus]; *das gehört nicht hierher* hoc non huius loci est, alienum est ab hac re.

G

gehörig 1. *adj.* (*mir usw.*) meus, tuus, suus *usw.*; *dem Vater* ~ patris [domus], paternus; *der Mutter* (*dem Staate, einem Privatmanne, e-m anderen*) ~ maternus (privatus, publicus, alienus); (*sich beziehend auf*) qui pertinet (*od.* refertur *od.* accommodatus est) ad; (*geziemend*) iustus, rectus, commodus, meritus, debitus; *a.* bonus, bene, recte institutus, constitutus, dictus; *zu* ~*er Zeit* suo tempore, (in) tempore; **2.** *adv.* iuste, recte, rite, satis, probe, bene, ut decet, ut par est, ut debeo.

gehörnt cornūtus.

gehorsam dicto audiens (*od.* oboediens *od.* obtemperans).

Gehorsam *m* oboedientia *f*, obtemperatio *f*; obsequium *n* [in principem, principis]; (*schuldiger*) officium *n*; *auch* modestia *f*; *wieder zum* ~ *bringen* ad officium reducere (*od.* revocare); *im* ~ *erhalten* in officio continēre; *den* ~ *verweigern* imperium [legati] detrectare.

gehenkelt ansatus.

Gehörsinn *m* sensus 4 *m* audiendi, auditus 4 *m*.

Geier *m* vultur *m*, vulturius *m*.

Geifer *m* saliva *f*.

geil (*v. Pflanzen*) luxurians, luxuriosus; (*v. lebenden Wesen*) libidinosus, lascivus; salax.

Geilheit *f* luxuria *f*; libido *f*, lascivia *f*.

Geisel *f* obses *m u. f*.

Geiser *m* aquarum calentium fons *m*.

Geiß *f* capra *f*, capella *f*.

Geißel *f* flagrum *n*, flagellum *n*, lora *n/pl.*; / pestis *f*, pernicies *f*, supplicium *n*.

Geißelhieb *m* verber *n* (*mst pl.*).

geißeln flagris (*od.* flagellis) caedere (*od.* verberare); / insectari, exagitare, perstringere, carpere.

Geißelung *f* verbera *n/pl.*, * flagellatio *f*.

Geist *m* mens *f*, spiritus 4 *m*, (*heiliger* ~ spiritus *m* sanctus); (*eines Verstorbenen*) anima *f*, umbra *f*, *pl. auch* manes *m/pl.*; (*böser*) daemon *m*, pestis *f*; (*Seele*) animus *m*, (*physiologisch*) anima *f*; (*Begeisterung*) spiritus 4 *m*, (*Denkkraft*) mens *f*; (*Vernunft*) ratio *f*; (*Inbegriff der geistigen Anlagen*) ingenium *n*; *seinen* ~ *aufgeben* animam efflare, vitam amittere; (*Gemütsverfassung*) animus *m*, ingenium *n*, mens *f*; (*Denkweise*) mores *m/pl.*; consuetudo *f*; *ein großer* ~ homo *m* magni ingenii, vir *m* singulari ingenio; *ein kühner* ~ homo *m* fortis *od.* audax *u. a.*

Geisterbeschwörer *m* qui manes ex sepulcris exire iubet, qui carminibus umbras infernas elicit, * exorcista *m*, * theurgus *m*.

Geisterbeschwörung *f* **1.** *um die Geister zu befragen*: *necyomantea *f*, * necromantea *f*; **2.** (*Vertreibung der Geister*) * exorcismus *m*; (*Herbeirufung*) theurgia *f*.

Geistererscheinung *f* umbra *f*.

Geister/reich *n*, ~**welt** *f* inferi *m/pl.*, caelestia *n/pl.*

Geistesabwesenheit *f* mens *f* alienata, mentis alienatio *f*.

Geistesarmut *f* animi egestas *f*.

Geistesbeschränktheit *f* ingenium *n* tardum, ingenii tarditas *f*.

Geistesbildung *f* eruditio *f*, ingenii cultus 4 *m*.

Geistesgaben *f/pl.*: *die* ~ ingenii facultates *f/pl.*, ingenium *n*.

Geistesgegenwart *f* animi praesentia *f*, animus *m* praesens.

Geistesgröße *f* ingenii magnitudo *f*; (*hochherzige Gesinnung*) animi magnitudo *f*, animus *m* magnus.

Geisteskraft *f* animi vis *f od.* vigor *m*, vis *f* ingenii.

geisteskrank animo aeger.

Geisteskrankheit *f* animi morbus *m*; (*Verrücktheit*) mentis error *m*, deliratio *f*, insania *f*.

geistesschwach animi imbecilli.

Geistesschwäche *f* animi (*od.* ingenii) imbecillitas *f* (*od.* infirmitas *f*).

Geistesstärke *f* animi robur *n*.

Geistestätigkeit *f* mentis agitatio *f od.* motus 4 *m*, animi (*od.* cogitationis) motus 4 *m*; *gespannte* ~ intentus animus *m*.

geistesverwandt simili ingenio praeditus.

Geistesverwirrung *f* mentis perturbatio *f* (*od.* error *m*), dementia *f*.

geistig (*gen.*) animi (-orum), ingenii; ~*e Vorzüge* virtutes *f/pl.*, bona *n/pl.* animi; fervidus [merum].

geistlich ecclesiasticus; (*den Kultus betreffend*) sacer, ad res sacras pertinens, religiosus.

Geistliche(r) *m* sacerdos *m*, clericus *m*.

Geistlichkeit *f* ordo *m* clericorum, clerus *m*, clerici *m/pl*.

geistlos nullīus (*od*. tardi, pinguis, imbecilli) ingenii; tardus, hebes, inanis; languidus, frigidus [oratio].

Geistlosigkeit *f* ingenium *n* nullum (*od*. tardum *od*. pingue).

geist/reich, ~voll ingeniosus, ingenio praestans; ~ *sein* ingenio praestare (*od*. abundare *od*. valēre).

Geiz *m* sordes *f/pl*., illiberalitas *f*, tenacitas *f*; avaritia *f*.

geizen: ~ *mit* parce dare, (nimium) parcum esse in [laudando]; ~ *nach* cupide appetere.

Geizhals *m* homo *m* avarus (*od*. tenax).

geizig sordidus, illiberalis, tenax, (nimium) parcus, avarus.

Gelächter *n* risus 4 *m*; (*schallendes*) cachinnus *m*, cachinnatio *f*; *ein* ~ *erheben* risum edere (*od*. tollere), in risum effundi, cachinnare; ~ *erregen* risum movēre [eis, qui audiunt]; *zum* ~ *sein* risui esse.

Gelage *n* convivium *n*, compotatio *f*.

gelähmt: ~ *sein* (*völlig*) (omnibus) membris captus.

Gelände *n* loca *n/pl*.; *im* ~ in aperto.

Geländer *n* pluteus *m*.

gelangen pervenire, deferri ad, in; (*v. Sachen*) *auch* attingere [Italiam], perferri ad.

Gelass *n* spatium *n*, laxitas *f*.

gelassen (*nicht leicht zu erregen*) lentus; patiens; summissus [vox]; aequus, quietus, tranquillus.

Gelassenheit *f* patientia *f*.

geläufig 1. *act*. promptus, exercitatus, expeditus, volubilis [orator]; **2.** *pass*. tritus, usitatus; ~ *griechisch reden* expedite loqui linguā Graecā.

Geläufigkeit *f* facilitas *f*, volubilitas *f*.

gelaunt (bene, male) affectus.

Geläute *n* sonitus 4 *m* [campanarum].

gelb gilvus; (*hell*~) flavus; (*dunkel*~) fulvus; (*dotter*~) luteus; (*safran*~) croceus; (*rot*~) rufus.

Gelbe(s) *n im Ei*: luteum (ovi), vitellus *m*.

gelbgrün e viridi pallens, buxeus.

gelblich subflavus.

Gelbsucht *f* morbus *m* regius; *Med*. * icterus *m*.

Geld *n* pecunia *f*, argentum *n*, aes *n*; (*Geldstück*) nummus *m*; *lumpiges* ~ nummuli *m/pl*.; *für* ~ pretio (adductus), mercede, pecuniae causā; *viel* ~ magna (*od*. grandis) pecunia; multum pecuniae; *viele verschiedene Geldposten* multae pecuniae *f/pl*.; *viel* ~ *haben* pecuniā abundare; *zu* ~ *machen* vendere; *zu seinem* ~*e kommen* ad suum pervenire.

Geld... *durch gen*. pecuniae; pecuniarius [res]; pecuniosus [homo]; argentarius [tabernae]; nummarius [res, difficultas].

Geld/aufwand *m*, **~ausgabe** *f* impensa *f* pecuniae, sumptus 4 *m*.

Geldbeutel *m* saccus *m*, marsuppium *n*, crumēna *f*.

Geldeinnahme *f* (*das Eintreiben des Geldes*) pecuniae exactio *f*; (*Geldeinkünfte*) pecuniae reditus 4 *m*; (*Gelderwerb*) quaestus 4 *m* pecuniae.

Gelderwerb *m* (pecuniae) quaestus 4 *m*.

Geldeswert *m* pretium *n*.

Geldforderung *f abst*. exactio *f* pecuniae; *konkr*. pecunia *f* credita (exigenda, solvenda, numeranda).

Geldgeschäft *n* negotium *n*, negotiatio *f*; (*Wechselgeschäft*) argentaria *f*; ~*e treiben* negotiari, argentariam facere.

Geldgeschenk *n* munus *n*, praemium *n* pecuniae; (*an das Volk*) largitio *f*; (*milde Gabe*) stips *f*.

Geldgurt *m* zona *f*, cingulum *n*.

Geldkasten *m* arca *f*, theca *f* nummaria.

Geldkatze *f* zona *f*, cingulum *n*.

Geldkorb *m* fiscus *m*.

Geld/kurs *m*, **~wert** *m* nummus *m*.

Geldmakler *m* nummularius *m*.

Geldmangel *m* inopia *f* pecuniae *od*. rei familiaris; (*Seltenheit des Geldes*) caritas *f* nummorum.

Geldmann *m* homo *m* pecuniosus (*od*. bene nummatus, magnae pecuniae).

Geldmarkt *m* forum *n*.

Geldmittel: *die* ~ pecuniae *f/pl*., copiae *f/pl*., opes *f/pl*.

Geldquelle *f* (*Art und Weise des Gelderwerbs*) pecuniae via; (*Gelegenheit, Geld zu bekommen*) facultas *f* nummorum; (*Gelderwerb*) pecuniae quaestus 4 *m*.

***Geldschrank** *m* armarium *n* nummarium; arca *f* loricāta.

Geldsorge *f* cura argentaria; ~*n haben* de pecuniā laborare.

Geldspende *f* largitio *f*.
Geldstrafe *f* multa *f*; *eine ~ auferlegen* pecuniā multare, multam dicere [reo].
Geldstück *n* nummus *m*.
Geldsumme *f* summa *f* pecuniae, *mst nur* pecunia *f*.
Geldtasche *f* sacculus *m* nummorum.
Geldverhältnisse *n/pl*. ratio *f* pecuniarum; *seine ~ geraten in Unordnung* conturbat (rationes), decoquit (rem familiarem).
Geldverlegenheit *f* difficultas *f* nummaria (*od*. rei nummariae); *in ~ sein* de pecunia laborare.
Geldverleiher *m* faenerator *m*.
Geldverschwender *m* homo (pecuniae) prodigus.
Geldverschwendung *f* effusio *f* pecuniae.
Geldvorschuss *m* mutua pecunia *f*.
Geldwechseln *n* collybus *m*.
Geldwechsler *m* argentarius *m*.
Geldzahlung *f* (*das Zahlen des Geldes*) pecuniae solutio *f*; (*die gezahlte Rate*) pensio *f*; *der Termin der ~* dies 5 *m* pecuniae; *~en machen* pecunias solvere *od*. numerare.
Geld/zulage *f*, **~zuschuss** *m* accessio *f* nummorum; (*erhöhter Sold für Soldaten*) stipendium *n* auctum.
***Gelee** *n* coagulum *n* (ex pomis confertum).
gelegen situs, positus; (per)commodus, (per)opportunus; idoneus; *es ist daran ~* interest [meā, conculis], refert [meā].
Gelegenheit *f* occasio *f*, opportunitas *f*; facultas *f*, copia *f*; (*Befugnis*) potestas *f*; (*passender Ort od. Zeitpunkt*) locus *m*; (*Veranlassung*) causa *f*; (*Handhabe*) ansa *f*; *eine ~ bieten zu* occasionem (*od*. facultatem, potestatem, copiam) dare (*od*. facere) [hostibus pugnandi]; *eine ~ versäumen* occasionem praetermittere (*od*. dimittere), occasioni deesse; *~ finden* occasionem nancisci; *~ suchen* occasionem (*od*. locum) quaerere; *eine ~ bietet sich* occasio (*od*. potestas, facultas, copia) [pugnandi] datur (*od*. offertur); *bei günstiger ~* per occasionem; *bei erster (bester) ~* primo quoque tempore.
gelegentlich per occasionem, occasione data (*od*. oblata); si occasio fuerit (*od*. tulerit).
gelehrig docilis.
Gelehrigkeit *f* docilitas *f*.
Gelehrsamkeit *f* doctrina *f*, scientia *f* litterarum.
gelehrt doctus, litteris (*od*. doctrinā) eruditus; litteratus; *ein Gelehrter* homo *m* doctus (*od*. litteratus *od*. litterarum studiosus); (*v. Sachen*) litteratus [otium], litterarum [studia]; *~e Sprache* oratio *f* erudita.
Gelehrtenschule *f* schola *f*; ludus *m* ingenuarum litterarum.
Geleise *n* orbita *f*.
Geleit *n* comitatus 4 *m*, comites *m/pl*.; *das ~ geben* comitari, prosequi, deducere; (*schützende Bedeckung*) praesidium *n*; *freies ~* fides *f* (publica); *unter sicherem ~* fide interposita.
geleiten comitari, (*ehrend*) prosequi, deducere.
Geleitbrief *m* syngraphus *m*.
Gelenk *n* artus 4 *m*, articulus *m*, commissura *f*; (*in einer Kette*) anulus *m*.
gelenkig agilis, habilis; mollis [membra].
Gelenkigkeit *f* agilitas *f*, habilitas *f*, mollitia *f*.
Gelichter *n* genus 3 *n*; *m-s* (*od*. *d-s usw.*) *~s* mei (*od*. tui *usw.*) similis; *von demselben ~* eiusdem farinae.
Geliebte(r) *m u. f* amor *m*, deliciae *f/pl*.
gelinde lenis [ventus]; mitis [hiems]; mollis [cibus]; clemens [iudex]; placidus [mors]; *~ gesprochen* nil (ne quid) dicam gravius.
Gelindigkeit *f* lenitas *f*, animus *m* lenis (*od*. mitis); clementia *f*, indulgentia *f*, benignitas *f*; temperies *f* (caeli).
gelingen (bene, prospere) succedere (*od*. procedere), bene (prospere) cedere (evenire); *impers*. contingere.
Gelingen *n* successus 4 *m*.
Gelispel *n* susurrus *m*.
gellen strepere; (*v. den Ohren*) tinnire; *gellend* acutus; *ein ~es Gelächter* cachinnus *m*.
Gellen *n* strepitus 4 *m*.
geloben spondēre, (*den Göttern*) vovēre, devovēre; promittere; *sich gegenseitig ~* fidem dare et accipere.
Gelöbnis *n* (*gegen Menschen*) sponsio *f*; (*gegen Götter*) votum *n*.
gelten pretium habēre, in pretio esse, (magni, parvi, nullius *u*. *a*.)

pretii esse, (magni, parvi, nihili *u. a.*) esse (*od.* emi *od.* venire); *| mehr ~* potiorem esse; *es gilt gleichviel* idem est, nihil refert; *es gilt mir gleichviel* perinde mihi est; (*Einfluss haben*) (multum) valēre (*od.* posse), auctoritate (plurimum) valēre, gratiosum esse; *etw. ~* aliquid (*od.* in aliquo numero) esse; *nichts mehr ~* nullum (*od.* nullius momenti) esse apud; frigēre; *alles ~* omnia esse [civibus *bei*]; (*gültig sein*) valēre, vigēre, ratum esse [subscriptiones]; *das gilt von dir* ad te pertinet, in te cadit, de te dici potest; *~ lassen* ratum habēre, ratum esse iubēre; *deine Entschuldigungen lasse ich ~* excusationes tuae apud me valent; *~ für* haberi, existimari, numerari in, esse pro; *impers. es gilt* pertinet *od.* spectat ad; (*zur Entscheidung gebracht werden*) agi [salus reipublicae], (*zum Ziele genommen werden*) peti.

geltend: *~ machen* exercēre [imperium]; retinēre [legem]; interponere [iudicium suum]; (*sein Recht*) ius suum exsequi; *seine Ansprüche ~ auf* vindicare sibi [nomen].

Geltung *f* auctoritas *f*, potestas *f*, numerus *m*; *~ gewinnen* gratia et auctoritate valēre coepisse.

Gelübde *n* votum *n*; *ein ~ tun* votum facere (*od.* suscipere); *ein ~ erfüllen* votum reddere (*od.* [per]solvere).

gelüsten libet [mihi]; *sich ~ lassen* desiderio capi, cupere.

Gelüst(en) *n* libido *f*.

Gemach *n* conclave *n*, cubiculum *n*.

gemach leniter, commode; *nur ~!* clementer, quaeso!

gemächlich commodus; *ein ~es Leben* vita *f* tranquilla (*od.* iucunda *od.* otiosa *od.* mollis).

Gemächlichkeit *f* commoditas *f*.

Gemahl *m* maritus *m*, vir *m*.

Gemahlin *f* uxor *f*, coniux *f*.

Gemälde *n* pictura *f*; tabula (picta); imago *f*.

Gemäldegalerie *f* pinacotheca *f*.

gemäß **1.** *adj.* consentaneus, conveniens, congruens; aptus ad; **2.** *adv.* convenienter, congruenter [naturae vivere]; apte (*od.* accommodate) ad; *mst durch prp.* secundum, ex, pro, ad *od. durch bloßen abl.*

Gemäßheit *f* convenientia *f*.

gemäßigt temperatus, moderatus, mediocris.

Gemäuer *n* muri *m/pl.*; (*altes*) parietinae *f/pl.*

gemein (*gemeinsam*) communis [amicorum]; (*allen ohne Unterschied zukommend*) promiscuus; (*den ganzen Staat betreffend*) publicus; *ich habe etwas ~ mit* mihi est commune cum, habeo commune cum; *das ~e Wohl* salus *f* publica (*od.* communis); *auf ~e Kosten* publice; (*überall befindlich*) vulgaris, pervulgatus, usitatus, tritus; (*alltäglich*) cotidianus, communis; (*dem großen Haufen angehörig*) vulgaris, plebeius, popularis; (*im üblen Sinne*) vulgaris, illiberalis, abiectus; (*schmutzig*) sordidus, humilis; (*wertlos*) vilis; (*unzüchtig*) obscenus; *ein ~er Mann* homo de plebe (*od.* obscuro loco natus), unus de multis; *der ~e Mann* vulgus *n*, plebs *f*; *ein ~er Soldat* miles *m* (gregarius).

Gemeinde *f* commune *n*; (*Bürgerschaft*) civitas *f*, cives *m/pl.*; (*Volk*) populus *m*; (*Staat*) res *f* publica; (*Dorf*) pagus *m*; *auf ~beschluss, ~kosten* publice.

Gemeindegeist *m* cura *f* (*od.* studium) communis salutis tuendae, communitas *f*.

Gemeindehaus *n* curia *f*.

Gemeindekasse *f* aerarium *n* (publicum).

Gemeindekosten *pl.*: *auf ~* publice.

Gemeindeland *n* ager *m* publicus.

Gemeinderat *m* senatus 4 *m*.

Gemeindevorstand *m* tribunus *m* plebis.

Gemeingeist *m* (*übh.*) consensio *f* omnium; (*Gemeinsinn*) communitas *f*.

Gemeingut *n* bonum *n* commune, res *f* (omnium) communis.

Gemeinheit *f* sordes *f/pl.*, illiberalitas *f*; nequitia *f*.

gemeinnützig **1.** *adj.* omnibus (*od.* publicis rationibus) utilis, unde utilitas in omnes redundat, civilis; **2.** *adv.* e re publica, bono publico; *~ handeln* communi utilitati (*od.* saluti publicae) consulere (*od.* prospicere).

Gemeinnützigkeit *f* utilitas *f* publica (*od.* ad omnes redundans).

Gemeinplatz *m* locus *m* communis.

G

Gemeinschaft *f* communio *f*; communitas *f*; coniunctio *f*, societas *f*; (*Umgang*) usus 4 *m*, consuetudo *f*; (*enge Verbindung*) necessitudo *f*; (*gegenseitiger Verkehr*) commercium *n*; ~ *haben* (usu et consuetudine) coniunctum esse cum, socium esse, uti; *in* ~ = *gemeinschaftlich*.
gemeinschaftlich 1. *adj.*: ~*e Sache machen mit* causam suam (*od.* consilia) communicare *od.* iungere cum *od.* facere cum; **2.** *adv.* communiter, coniunctim, promiscue, publice.
Gemeinwesen *n* res *f* publica.
Gemeinwohl *n* salus *f* publica, salus *f* (omnium) communis.
gemessen *adj.* (*bestimmt*) (de)finitus; (*genau*) accuratus, diligens; (*v. Redner*) compositus, (*streng*) severus [edictum].
Gemetzel *n* caedes *f*.
Gemisch *n* mixtura *f*, colluvio *f* [omnium gentium]; *mst durch* miscēre.
Gemme *f* gemma *f*.
Gemurmel *n* murmur *n*, murmuratio *f*, fremitus 4 *m*.
gemünzt signatus.
Gemüse *n* olus *n* (*pl.* olera); *zum* ~ *gehörig* olitorius.
Gemüsegarten *m* hortus *m* olitorius.
Gemüsegärtner *m* olitor *m*.
Gemüsemarkt *m* forum *n* olitorium.
Gemüt *n* animus *m*, ingenium *n*, indoles *f*, mores *m/pl.*; *etwas zu* ~*e führen* (ad)monēre; *sich zu* ~*e führen* (gravissime) moveri (*od.* commoveri).
gemütlich *durch gen.* animi mitis et hilaris; placidus.
Gemüts... *durch gen.* animi (animorum), ingenii.
Gemütsbewegung *f* animi motus 4 *m*; *starke* ~ animi perturbatio *f od.* adfectio *f*.
Gemütskrankheit *f* animi morbus *m*; (*Gemütskummer*) animi aegritudo *f*; (*Gemütsverwirrung*) mentis conturbatio *f*.
gemütvoll alto animo praeditus.
gen: ~ *Osten* orientem versus; ~ *Himmel fahren* sublimem abire (*od.* ferri).
genau 1. *adj.* parcus, diligens in re familiari; *mit* ~*er Not* aegre, vix; **2.** *adv.* diligenter, accurate, subtiliter, acriter [contemplari]; *es* ~ *nehmen mit* diligentem esse in [exquirendo]; penitus (bene, optime) [nosse]; ~ *kennen lernen* pernoscere; ~ *betrachten* contemplari et considerare.
Genauigkeit *f* diligentia *f*, cura *f*, subtilitas *f*; parsimonia *f*.
***Gendarm** *m* custos *m* publicus.
genehm: *wenn es* ~ *ist* si placet (*od.* commodum est *od.* videtur).
genehmigen probare, comprobare, approbare; accipere; (*für gültig erklären*) ratum facere, ratum esse iubēre [subscriptionem].
Genehmigung *f* probatio *f*, approbatio *f*, comprobatio *f*; (*von seiten des Senates*) auctoritas *f*; *mit* ~ auctore [senatu]; *ohne* ~ iniussu senatūs.]
geneigt: ~ *zu* inclinatus, propensus, proclivis, pronus ad, studiosus [novarum rerum]; ~ *sein zum Aufruhr* novis rebus studēre; (*gewogen*) amicus [mihi], studiosus [mei], benevolus, benignus.
Geneigtheit *f* proclivitas *f*, animus *m* propensus, studium *n*; *er erklärte seine* ~ se non nolle dixit.
General *m* dux *m*, imperator *m*.
Generalpächter *m* publicanus *m*.
***Generalstab** *m* praetorium *n*; summorum ducum coetus 4 *m*.
Generation *f* hominum genus *n*; aetas *f*, saeculum *n*.
genesen (ex morbo) convalescere (*cd.* recreari).
Genesung *f* valetudo *f* restituta (*od.* confirmata), *auch* salus *f*; *der* ~ *hinderlich sein* impedire valetudinem.
genial ingeniosus.
Genialität *f* vis *f* ingenii; ingenium [*n.*]
Genick *n* cervices *f/pl.*
Genie *n* ingenium *n*, (*von Pers.*) homo *m* ingeniosus (*od.* magni ingenii).
genießbar esculentus; ~ *finden* oblectari [spectaculo].
genießen frui, uti [disciplinā], voluptatem capere *od.* percipere ex; *allgemeine Achtung* ~ ab omnibus magni fieri, observari; vesci [carne]; *wenig* ~ gustare.
Genius *m* genius *m*.
Genosse *m* socius *m*; (*Amtsgenosse*) collega *m*.

Genossenschaft *f* societas *f*, sodalitas *f*.
Genossin *f* socia *f*, comes *f*, sodalis *f*.
genug satis [pecuniae = satis magna pecunia]; affatim [edi, bibi, lusi]; *mehr als* abunde, satis superque; *nicht* ~ parum; ~ *sein* satis esse; ~ *haben* satis habēre; *doch* ~ *davon* sed haec hactenus; ~ (*kurz*) ut paucis dicam, denique.
Genüge *f* quantum satis est, copia *f*, satietas *f*; *volle* ~ abundantia *f*; *zur* ~ satis; ~ *leisten* satisfacere.
genügen satis esse, sufficere, suppetere ad; *sich* ~ *lassen an* contentum esse [suis rebus], nihil ultra appetere.
genügend idoneus; iustus; *ich habe keine* ~*e Antwort erhalten* non satis aperte mihi responsum est.
genügsam paucis (*od.* parvo) contentus.
Genügsamkeit *f* continentia *f*.
Genugtuung *f* satisfactio *f*; *mst durch Verba*; ~ *leisten* satisfacere; ~ *fordern* res repetere.
Genuss *m* fructus 4 *m*; usus 4 *m*; consuetudo *f*; (*Nutznießung*) usura *f*; (*Ergötzung*) delectatio *f*; delectamentum *n*; (*Vergnügen, Lust*) voluptas *f*; (*Lieblichkeit*) suavitas *f*; ~ *haben von* frui [caelo libero]; fructum (*od.* voluptatem) capere ex.
genussreich delectationis (*od.* voluptatum) plenus.
Genusssucht *f* libido *f*, voluptatum cupiditas *f*.
genusssüchtig libidinosus, voluptatum cupidus.
Geograph *m* geographus *m*.
Geographie *f* geographia *f*.
geographisch geographicus.
Geometer *m* geometres *m*.
Geometrie *f* geometria *f*, geometrica *n/pl.*
Gepäck *n* sarcinae *f/pl.*, impedimenta *n/pl.*
***Gepäckschein** *m* tessera *f* vasaria.
gepanzert loricatus, loricā indutus, cum lorica.
gepflegt cultus.
Geplänkel *n* proelium *n* leve.
Geplapper *n* blateratus 4 *m*.
Geplauder *n* sermo *m* familiaris.
Gepolter *n* strepitus 4 *m*, fragor *m*.
Gepräge *n* nota *f*; (*einer Münze*) signum *n*, imago *f*.
Gepränge *n* ostentatio *f*, pompa *f*, apparatūs *m/pl.* magnifici, magnificentia *f*.
gerade 1. *adj.* rectus, directus [via]; erectus [status]; aequus [frons]; par [numerus]; / apertus, sincerus; simplex; **2.** *adv. eig.* rectā (viā), recto itinere, (in) directo, in adversum; / aperte, sincere, sine fraude; ~ *zehn Tage* decem dies ipsi; ~ *dieser* hic ipse; ~ *jetzt* nunc ipsum, nunc cum maxime; ~ *damals* tum ipsum, tum cum maxime; (*zeitl.*) commodum, modo, forte; ~ *die Besten* optimus quisque; (*vorzüglich*) maxime, potissimum, praecipue, sane; *nicht* ~ haud ita.
geradeaus rectā, in rectum, in directum.
geradezu: *um es* ~ *zu sagen* ut aperte dicam.
Geradheit *f* **1.** *eig.* (*gerader Wuchs*) proceritas *f*; **2.** (*Offenheit, Aufrichtigkeit*) animi candor *m*, animus *m* ingenuus.
geradlinig directus.
Gerassel *n* strepitus 4 *m*, crepitus 4 *m*.
Gerät *n* instrumentum *n*; (*Geschirr*) vasa *n/pl.*, supellex *f*, utensilia *n/pl.*
geraten: *es erscheint* ~*er* satius videtur.
geraten provenire [frumentum angustius]; evenire [feliciter]; succedere, procedere [prospere]; incidere, incurrere [in hostium manus; in sermonem]; (per)venire [in invidiam]; delabi [in difficultates], deferri [in desertum litus]; *in Brand* ~ ardescere, incendi; *in Zorn* ~ ira exardescere; *aneinander* ~ manus conserere; *in Vergessenheit* ~ in oblivionem venire, oblivione obrui; *außer sich* ~ graviter commoveri, perturbari.
Geratewohl *n*: *aufs* ~ temere.
Gerätschaften: *die* ~ instrumenta *n/pl.*
geraum: ~*e Zeit vorher* aliquanto ante; *es ist* ~*e Zeit her, dass* diu est, ex quo (cum).
geräumig spatiosus, amplus, laxus, capax.
Geräumigkeit *f* amplitudo *f*, laxitas *f*.
Geräusch *n* strepitus 4 *m*; (*dumpfes*) fremitus 4 *m*; (*Getön*) sonitus 4 *m*; (*krachendes*) fragor *m*; (*schwirren-*

G

des) stridor *m*; (*murmelndes*) murmur *n*; *ohne* ~ sine tumultu; silentio.
geräuschlos tacitus; tranquillus.
Geräuschlosigkeit *f* silentium *n*.
geräuschvoll strepens, tumultuosus.
gerben subigere, conficere.
Gerber *m* coriarius *m*.
gerecht iustus; aequus [iudex]; rectus [praetor, legitimus [poena]; optimus [causa].
Gerechtigkeit *f* iustitia *f*; aequitas *f*; ius *n*, aequum *n*.
Gerechtigkeits/liebe *f*, **~sinn** *m* iustitia *f*.
Gerechtsame *f* iura *n/pl.* [populi].
Gerede *n* sermo *m*, sermones *m/pl.* (hominum); (*lautes*) voces *f/pl.*
geregelt pressus, compositus (*beide vom mündlichen und schriftlichen Ausdruck*).
gereichen: ~ *zu* esse *m. dopp. dat.* [hoc tibi dedecori est]; afferre [perniciem].
gereuen paenitet me rei [non p. m. vitae *od.* vixisse].
Gericht *n* (*Speise*) cibus *m*; *ein* ~ *Fleisch* (*Gemüse*) caro *f* (olus *n*).
Gericht *n* iudicium *n*, iudices *m/pl.*; (*Befugnis, Recht zu sprechen*) iurisdictio *f*; (*als Ort*) iudicium *n*, ius *n*, forum *n*, tribunal *n*; ~ *halten* ius dicere, iudicium facere de; *vom präsidierenden Richter*) iudicium exercēre; *zu* ~ *sitzen* (iudicem) sedēre; *vor* ~ *fordern* in ius vocare, diem dicere [reo]; *vor* ~ *erscheinen* in iudicium venire, in iudicio adesse.
gerichtlich 1. *adj.* iudicialis [genus dicendi]; iudiciarius [controversia]; forensis [causa]; *oft auch mit* (*gen.*) iudicii (-orum), iudicis (-cum); ~*e Verordnung* edictum *n*; **2.** *adv.* in iudicio, apud iudicem (-es), in foro, iure, lege; ~ *belangen* accusare; ~ *aussagen* apud iudicem profiteri.
Gerichtsakten *f/pl.* acta *n/pl.* fori.
Gerichtsbank *f* subsellia *n/pl.*
Gerichtsbarkeit *f* iurisdictio *f*, ius *n*, iudicia *n/pl.*
Gerichtsbezirk *m* conventus 4 *m* (iuridicus).
Gerichtsbote *m* viator *m*.
Gerichtsdiener *m* apparitor *m*, viator *m*.
Gerichtsferien: *die* ~ iustitium *n*, feriae *f/pl.* forenses.
Gerichtshof *m* iudicium *n*, forum *n*, tribunal *n*.
Gerichtssache *f* causa *f* iudicialis.
Gerichtsstillstand *m* iustitium *n*.
Gerichtstag *m* dies *m* iudicii, conventus 4 *m*.
Gerichtsverhandlung *f* iudicium *n*.
Gerichtsversammlung *f* consessus 4 *m* iudicum, conventus 4 *m*.
***Gerichtsvollzieher** *m* apparitor *m*, coactor *m*.
Gerichtswesen *n* res *f* forenses, iudicia *n/pl.*
gering exiguus, parvus, tenius; *nicht im Geringsten* nihil, ne minimum quidem, minime.
geringfügig exiguus, levis, vilis nullius momenti.
Geringfügigkeit *f* exiguitas *f*, levitas *f*, vilitas *f*.
geringschätzig contemptus; *adv.* contemptim; male [loqui].
Geringschätzung *f* despicientia *f*, contemptio *f*, superbia *f* et fastidium *n*.
gerinnen coire, concrescere, coagulari.
Gerippe *n* ossa (nuda) *n/pl.*; corpus *n* [navis].
Germane *m* Germanus; **Germanien** *n* Germania *f*; **germanisch** Germanicus.
gern libenter, animo libenti, haud gravate; *oft adj.* libens, non invitus, volens; facile [concedere], cupide, impigre; ~ *haben* delectari, gaudēre; ~ *haben wollen* consectari, captare; *ich möchte* ~ *der Dritte im Bunde sein* velim (vellem) tertius adscribar (adscriberer).
Geröll *n* rudera *n/pl.*
Gerste *f* hordeum *n* (*adj.* hordeaceus).
Gerstengraupe *f* polenta *f*.
Gerstengrütze *f* ptisana *f*.
Gerstenkorn *n* **1.** *eig.* granum *n* hordei; **2.** / (*kleines Geschwür am Augenlide*) * crithe *f*.
Gerte *f* virga *f*; (*zum Flechten*) vimen *n*.
Geruch *m* odoratio *f*; (*Geruchssinn*) odoratus 4 *m*; (*Duft*) odor *m*; (*Brodem*) nidor *m*; ~ *an sich haben* olēre [bene, male].
geruchlos odoratu (*od.* odore) carens; ~ *sein* nihil olēre, sine odore esse.

Geruchssinn *m* odoratus 4 *m*.
Gerücht *n* fama *f*, rumor *m*.
geruhen velle; placet, libet, videtur *m. inf.*
Gerümpel *n* scruta *n/pl*.
Gerüst *n* tabulatum *n*, machina *f*; (*Schau- od. Rednerbühne*) pulpitum *n*.
gesamt cunctus, universus, totus, omnis.
Gesamtbetrag *m* summa *f*.
Gesamtbild *n* tota rei imago *f*.
Gesamtheit *f durch adj.* universus, omnes *zu geben*.
Gesamtvolk *n* populus *m* universus, universum nomen *n* (*z. B. Graecorum*).
Gesandte(r) *m* legatus *m*; nuntius *m*, orator *m*.
Gesandtschaft *f* legatio *f*; legati *m/pl*.
Gesang *m* cantus 4 *m*; carmen *n*; vox *f* [citharā canere sine voce].
Gesangsweise *f* modus *m*, modi *m/pl*.
Gesäß *n* nates *f/pl*.
Gesäusel *n* susurrus *m*.
Geschäft *n* negotium *n*, res *f*; causa *f*; (*Beschäftigtsein*) occupatio *f*; (*Arbeit*) opus *n*; (*Berufsgeschäft*) officium *n*; (*Amtsgeschäft*) munus *n*, munia *n/pl.*; (*Mühwaltung*) opera *f*; (*Gewerbe*) quaestus 4 *m*; mercatura *f*; (*Raum*) taberna *f*; *sich zum ~ machen* agere, id agere, ut; *mit Geschäften beladen* occupatus, negotiosus; *keine Geschäfte haben* negotiis vacare, otiosum esse; *Geschäfte machen* (*als Geschäftsmann*) negotiari, mercaturam facere.
geschäftig negotiosus, laboriosus; sedulus, industrius.
Geschäftigkeit *f* sedulitas *f*, industria *f*.
Geschäftsangelegenheit *f* negotium *n*.
Geschäftseifer *m* industria *f*, studium *n* (officii).
Geschäftserfahrung *f* usus 4 *m* (rerum).
Geschäftsfreund *m* negotiorum ratione coniunctus cum.
Geschäftsführer *m* negotiorum curator *m*, procurator *m*.
Geschäftsführung *f* negotiorum procuratio *f* (*od.* cura *f*, ratio *f*); *mst durch Verba*.
Geschäftsgang *m* ratio *f* (negotiorum); *vor Gericht*: ratio *f* forensis; *bei e-r Anklage*: ratio *f* accusationis.
Geschäftskenntnis *f* negotiorum scientia *f*; *Mangel an ~* negotii gerendi inscitia *f*.
Geschäftskreis *m* negotia *n/pl.*, munia *n/pl.*; (*amtlicher*) provincia *f*.
Geschäftslosigkeit *f* otium *n*.
Geschäftsmann *m* homo *m* negotiis intentus; *ein guter ~* in negotiis gerendis bene versatus.
Geschäftsverbindung *f*: *~ eingehen* res rationesque iungere cum.
geschehen fieri; *es ist ~ um* actum est de; *es ist um mich ~* perii; *~ lassen* pati, non impedire; *es ist noch nichts ~ in der Sache* res adhuc integra est.
gescheit scitus, callidus, prudens, acutus.
Geschenk *n* donum *n*, munus *n*; *zum ~ geben* donare, dono (*od.* muneri) dare; *kleines ~* munusculum *n*.
Geschichtchen *n* narratiuncula *f*, fabella *f*.
Geschichte *f* historia *f*; rerum gestarum memoria *f*; (*Tatsachen*) res *f/pl.* gestae; *griechische* (*römische*) *~* res *f/pl.* Graecae (Romanae), memoria *f* rerum Graecarum (Romanarum); (*Erzählung*) narratio *f*; (*kleine*) narratiuncula *f*; (*erdichtete*) fabula *f*, fabella *f*; (*Vorfall*) res *f* (gesta); *ich will eine alte ~ erzählen* vetus est, quod dicam.
geschichtlich historicus, (*gen.*) historiae, rerum (gestarum); historiae fide comprobatus, memoriae proditus, ad fidem historiae; verus, certus.
Geschichtschreiber *m* historiarum (*od.* rerum gestarum) scriptor *m* (*od.* auctor *m*), historicus *m*.
Geschichtschreibung *f* historia *f*.
Geschichtsforscher *m* historicus *m*.
Geschichtsforschung *f* historia *f*.
Geschichtskenner *m* historicus *m*.
Geschichtswerk *n* historiae *f/pl.*, historiarum libri *m/pl.*, annales *m/pl.*
Geschichtswissenschaft *f* historia *f*.
Geschick *n* fatum *n*; *ein böses ~ wollte, dass ...* casus infestus ita tulit, ut ...; *~ haben zu allem* in omnibus rebus habilem esse.

G

Geschicklichkeit *f* habilitas *f*; dexteritas *f*; exercitatio *f*; ars *f*, artificium *n*; peritia *f*, sollertia *f*.
geschickt habilis, bonus; aptus, idoneus ad; exercitatus in, sollers; artifex [saltationis].
Geschirr *n* vasa *n*/*pl*.
Geschlecht *n* (*allg.*) genus *n*; (*natürliches*) sexus 4 *m*; (*Familie*) gens *f*; (*Stamm*) stirps *f*; (*Herkunft*) origo *f*; (*Nachkommenschaft*) progenies *f*; (*Menschenalter*) aetas *f*.
geschlechtlich generalis [constitutio]; *durch* (*gen.*) sexūs, corporis.
geschlechtlos genere carens, neutrīus generis.
Geschlechts... gentilicius [sacrificia, sacra, nomen].
Geschlechtsfolge *f* (*Nachfolge von Geschlecht zu Geschlecht*) successio *f* per gentes; (*Reihenfolge der Generationen*) generationum ordo *m*.
Geschlechtsform *f* genus *n*.
Geschlechtsglied *n* membrum *n* genitale.
Geschlechtsregister *n* stemma *n*, maiores *m*/*pl*.
Geschlechtsteile *m*/*pl*. partes *f*/*pl*. naturales, naturalia *n*/*pl*., pudenda *n*/*pl*.; *die männlichen* ~ virilia 3 *n*/*pl*.; *die weiblichen* ~ muliebria 3 *n*/*pl*.
Geschlechtstrieb *m* desiderium *n* naturale *od.* libidinis; *stärker*: libīdo *f* coitūs.
Geschlechtswort *n* articulus *m*.
Geschmack *m* (*den etw. hat*) sapor *m*; (*Geschmackssinn*) gustatus 4 *m*; / iudicium *n*, sensus 4 *m*; intellegentia, elegantia *f*; *herber* (*süßer*, *roher*, *feiner u. a.*) ~ acerbitas *f* (dulcedo *f*, inscitia *f*, elegantia *f* (*u. a.*); (*guten*) ~ *haben* (recte) sapere (*od.* sentire); ~ *finden an* delectari; *e-r Sache keinen* ~ *abgewinnen* abhorrēre ab, spernere, refugere; *etw. ist* (*nicht*) *nach meinem* ~ mihi placet (displicet); ~ *beibringen an* studio [litterarum] imbuere animum.
geschmacklos sapore carens; / ineptus; insulsus, illepidus [verba].
Geschmacklosigkeit *f* sapor *m* nullus; / insulsitas *f*; *mst durch* „*geschmacklos*“ *umschrieben*.
geschmackvoll elegans; (*v. Sachen*) venustus, politus, scitus, urbanus.
Geschmeide *n* mundus *m* [muliebris]; ornamentum *n* gemmarum.
geschmeidig mollis; (*biegsam*) flexibilis; (*fügsam*) facilis.
Geschmeidigkeit *f* mollitia *f*; animus *m* mollis (*od.* flexibilis); facilitas *f*, ingenium *n* facile.
Geschmeiß *n* muscae *f*/*pl*. (*Fliegen*, *Mücken usw.*, *auch v. lästigen Menschen*).
Geschmetter *n von Trompeten*: sonus (*od.* clangor) *m* tubarum.
Geschnatter *n* strepitus 4 *m*.
Geschöpf *n* animal *n*, animans *m*, *f*, *n*.
Geschoss *n* telum *n*, iaculum *n*, missile *n*, sagitta *f*.
Geschoss *n* contignatio *f*, contabulatio *f*.
Geschrei *n* clamor *m*; conclamatio *f*; (*zorniges*) vociferatio *f*; voces *f*/*pl* *f*; (*zorniges*) vociferatio *f*; voces *f*/*pl*.; (*klägliches*) quiritatio *f*; (*prahlerisch*) iactatio *f*; (*Vogel*~) cantus 4 *m*; ~ *erheben* clamorem edere, tollere; vociferari, clamare; *ein* ~ *erhebt sich* clamor fit (*od.* [co]oritur).
Geschütz *n* (bellica) tormenta *n*/*pl*.
Geschwader *n* (*v. Reitern*) turma *f*; (*v. Schiffen*) classicula *f*.
geschwaderweise turmatim.
geschwänzt cui cauda est; ~ *sein* caudam habēre.
Geschwätz *n* sermones *m*/*pl*.; (*albernes*) ineptiae *f*/*pl*., nugae *f*/*pl*.; fabulae *f*/*pl*. (aniles).
geschwätzig loquax, garrulus.
Geschwätzigkeit *f* loquacitas *f*, garrulitas *f*.
geschweige (*denn*) nedum, multo minus (*vgl. die Gramm.*).
geschwind celer, velox.
Geschwindigkeit *f* celeritas *f*, velocitas *f*; *in aller* ~ celerrime.
Geschwindschreiber *m* notarius *m*, actuarius *m*.
Geschwindschritt *m* gradus 4 *m* citatus.
Geschwister: *die* ~ fratres *m*/*pl*., sorores *f*/*pl*., frater et soror, eodem patre et matre nati *m*/*pl*.; consanguinei *m*/*pl*., germani *m*/*pl*.
Geschwisterkind *n* (*vom Vater her*) frater *m*, soror *f* patruelis, (*von Vaters Schwester her*) frater *m* amitinus, soror *f* amitina, (*von Mutters Seite*) consobrinus *m*.
geschwisterlich consanguineus; fraternus, sororius.
Geschwisterliebe *f* amor *m* fraternus (sororius); pietas *f*.

Geschworener *m* iuratus *m.*
Geschworenengericht *n* iudices *m/pl.* iurati.
Geschwulst *f* tumor *m.*
Geschwür *n* ulcus *n.*
gesegnet beatus, fortunatus; *in ~en Umständen sein* gravidam (*od.* praegnantem) esse.
★**Geselle** *m* (opificis) famulus *m*, socius *m*; *pl.* operae *f/pl.*
gesellen: *sich ~* comitem se adiungere [hospiti]; *sich zueinander ~* societatem inire; *gleich und gleich gesellt sich gern* pares cum paribus facillime congregantur.
gesellig sociabilis; facilis; *das ~e Leben* vitae societas *f*; *~e Versammlung* congressus 4 *m*; *~ leben* libenter vivere cum hominibus.
Geselligkeit *f* facilitas *f*, mores *m/pl.* faciles, comitas *f*; vitae societas *f.*
Gesellschaft *f* societas *f*; sodalitas *f*; *bürgerliche ~* civitas *f*; *in ~ treten mit* societatem inire (*od.* coire) cum; (*Begleitung*) comitatus 4 *m*; *in ~ des Freundes* amico comitante; (*Umgang*) usus 4 *m*, consuetudo *f*; *konkr.* coetus 4 *m*, conventus 4 *m*; consessus 4 *m*, circulus *m*; *zahlreiche ~* frequentia *f.*
Gesellschafter *m* socius *m*, comes *m* [itineris]; conviva *m*, convictor *m.*
Gesellschafterin *f* socia *f*, comes *f.*
gesellschaftlich *durch „Gesellschaft" zu umschreiben.*
Gesetz *n* lex *f*; *ein ~ beantragen* legem ferre (rogare), *abfassen* scribere, *durchbringen* perferre, *verwerfen* antiquare, *abschaffen* abrogare (tollere); *Gesetze geben* (*vom Gesetzgeber*) leges scribere (*od.* proponere *od.* condere); *sonst ein ~ geben* legem iubēre (*od.* constituere, sciscere) de; lege sancire, ut, ne.
Gesetzbuch *n* leges *f/pl.* (scriptae), codex *m* iuris.
Gesetzentwurf *m* scriptum *n* legis.
gesetzgebend legifer; *~e Körperschaft* viri *m/pl.* legibus scribundis.
Gesetzgeber *m* legis (-gum) lator *m* (auctor *m od.* conditor *m*); *Solon war der ~ Athens* Solo Atheniensibus leges scripsit.
Gesetzgebung *f* legis (-gum) latio *f*, leges *f/pl.* scriptae (*od.* scribendae); *zu umschreiben mit* leges scribere, condere.
Gesetzkunde *f* legum peritia *f od.* scientia *f.*
gesetzlich legitimus, legibus constitutus, (ex) lege factus *od.* actus *u. a.*; *durch* (*gen.*) legis (-gum); *adv.* (ex) lege, (ex) legibus, iure, iuste, recte.
Gesetzlichkeit *f* severitas *f*, modestia *f.*
gesetzlos legibus carens, sine legibus; (*an kein Gesetz gebunden*) exlex, legibus solutus.
Gesetzlosigkeit *f* leges *f/pl.* nullae, (effrenata) licentia *f.*
gesetzmäßig legitimus [potestas].
Gesetzsammlung *f* corpus *n* iuris.
gesetzt gravis, constans, temperatus.
Gesetztafel *f* legum tabula *f.*
Gesetzvorschlag *m* legis latio *f* (*od.* rogatio *f*); *konkr.* lex *f.*
gesetzwidrig non legitimus, legi(bus) repugnans (*od.* contrarius); contra (*od.* praeter) legem.
Gesicht *n* os *n*, vultus 4 *m*; *das ~ verlieren* oculos amittere; *zu ~ bekommen* conspicere; *im ~ haben* in conspectu esse; *von ~ kennen* nosse de facie; *ins ~ sehen* intueri os (*od.* vultum *od.* oculos); *ins ~ sagen* libere profiteri apud; (*Erscheinung*) visum *n*, visus 4 *m* [nocturnus], species *f.*
Gesichtsbildung *f* oris habitus 4 *m*, lineamenta *n/pl.*
Gesichtsfarbe *f* (oris) color *m.*
Gesichtskreis *m* circulus *m od.* orbis *m* finiens, *übh.* conspectus 4 *m*; *es liegt außer unserm ~* ex nostro conspectu remotum est.
Gesichtsnähe *f* conspectus 4 *m.*
Gesichtspunkt *m* modus *m*, ratio *f*, iudicium *n*; *aus dem richtigen (falschen) ~* vere, recte (falso, fallaci iudicio) [iudicare].
Gesichtssinn *m* visus 4 *m*, sensus 4 *m* oculorum.
Gesichtszug *m* lineamentum *n* oris; os n vultusque.
Gesims *n an Säulen*: cymatium *n*; *an Türen*: antepagmentum *n*; *an den Zimmerwänden*: corona *f.*
Gesinde *n* familia *f*, servitium *n* famuli *m/pl.* et ancillae *f/pl.*
Gesindel *n* (hominum) colluvio *f* [omnium gentium], faex *f* populi, homines *m/pl.* perditi.
gesinnt affectus, animatus [bene, male]; *~ sein* animo esse [eo, bono,

G

benevolo, meliore *u. a.*] erga, sentire (hoc, aliter *u.* aliud, idem *u. a.*) de, (haec, eadem, alia *u. a.*) mens [mihi] est de; *übel* ~ malevolus, malus; *gut* ~ benevolus, bonus, *freundlich* ~ amicus; *feindlich* ~ infestus *u. a.*

Gesinnung *f* animus *m*, mens *f*, ingenium *n*; (*Neigung*) voluntas *f*; (*Denkweise*) sententia *f*; *meine* ~ quae animo cogito, volvo, sentio, cupio; *gütige* ~ benignitas *f*; *wohlwollende* ~ benevolentia *f*, animus *m* benevolus; *feindselige* ~ inimicitiae *f/pl.*, animus *m* infestus.

gesinnungslos inconstans, mobilis, mutabilis.

gesittet (bene, male) moratus; humanus; urbanus.

gesonnen: ~ *sein* cogitare, in animo habēre; *ich bin nicht* ~ nolo.

Gespann *n* iugum *n*, equi *m/pl.* et currus 4 *m*; *ein* ~ *Pferde* equi *m/pl.* iugales.

Gespenst *n* visum *n*, species *f*, umbra *f*, larva *f*.

gespenstisch larvalis; horribilis.

Gespiele *m* sodalis *m u. f*; (*Altersgenosse*) aequalis *m u. f.*

Gespinst *n* fila *n/pl.*

Gespött *n* ludibrium *n*, irrisus 4 *m*; *zum* ~ *werden* ludibrio (*od.* irrisui) esse.

Gespräch *n* sermo *m*, colloquium *n*; (*wissenschaftliches*) disputatio *f*; (*Zwie*~) dialogus *m*; *ein* ~ *führen* sermonem conferre cum, colloqui cum.

gesprächig affabilis.

Gesprächigkeit *f* affabilitas *f*.

Gesprächsform *f*: *in* ~ in disputatione ac dialogo.

gesprächsweise in sermone, inter sermones; ~ *wird erwähnt* incidit mentio de.

Gestade *n* litus *n*.

Gestalt *f* figura *f*; species *f*, facies *f*; (*schöne*) forma *f*; (*Körper*) statura *f*; (*Haltung*) habitus 4 *m*; *eine* ~ *annehmen* formam capere; *eine andere* ~ *bekommen* mutari; *einen Menschen in seiner wahren* ~ *erkennen* perspicere hominem, qualis vere sit; *sich in seiner wahren* ~ *zeigen* se aperire; *in der* ~ *von* indutus formā [asini], in similitudinem [asini]; *solchergestalt* hoc modo, hac ratione.

gestalten (con)formare, fingere; ~ *zu* in formam [mulieris] redigere; *die Lage hat sich anders gestaltet* magna rerum commutatio facta est, versa (*od.* mutata) sunt omnia.

Gestaltlosigkeit *f* informitas *f*.

geständig confessus; ~ *sein* confiteri.

Geständnis *n* confessio *f*.

Gestank *m* foetor *m*, odor *m* (malus).

gestatten permittere, concedere.

gestehen fateri, confiteri; *nicht* ~ negare, infitias ire, infitiari.

Gestein *n* saxa *n/pl.*, lapides *m/pl.*

Gestell *n* (*eines Bettes*) sponda *f*; (*eines Wagens*) rotae et axes *f/pl.*

gestern heri, hesterno die.

gestiefelt caligatus.

gestielt* pedunculatus.

Gestikulation *f* gestus 4 *m*.

gestikulieren gestum agere (*od.* facere *od.* componere), gestu uti.

gestimmt animatus [bene, male]; *heiter* ~ hilaris; *traurig* ~ tristis.

Gestirn *n* sidus *n*, astrum *n*, stella *f*.

gestirnt stellis distinctus.

Gestöber *n* (*des Schnees*) nives *f/pl.*

Gesträuch *n* fruticetum *n*, virgulta *n/pl.*

gestreift virgatus [tigris].

gestrig hesternus.

Gestrüpp *n* virgulta *n/pl.*

***Gestüt** *n* equaria *f*.

Gesuch *n* petitio *f*; (*schriftliches*) libellus *m*; *auf das* ~ petente, auctore [patre], rogatu [patris]; *ein* ~ *bewilligen* (*abschlagen*) petenti [patri] satisfacere (deesse); *ein* ~ *einreichen bei* libello adire [senatum]; *was ist dein* ~? quid petis?

gesund sanus, validus, bene valens; salvus, incolumis, integer; firmus, robustus; ~ *werden* convalescere; ~ *sein* bona (*od.* integra *od.* firma *od.* prospera) valetudine uti; ~ *machen* sanare; (*der Gesundheit zuträglich*) salūber, salutaris, corpori utilis.

Gesundbrunnen *m* aquae *f/pl.* (salubres).

Gesundheit *f* sanitas *f* [animi]; bona (*od.* integra *od.* firma *od.* prospera) valetudo *f*, corporis integritas *f*; (*des Klimas*) salubritas *f* loci (*od.* caeli).

Gesundheitszustand *m* valetudo *f*.

Getäfel *n* tabulatio *f*.

getäfelt: e-e ~e *Decke* lacunar *n*, tectum *n* laqueatum.

getigert tigrinus.
Getöse *n* strepitus 4 *m*, fremitus 4 *m*.
Getränk *n* potio *f*, potus 4 *m*; *süße* ~e potu dulcia *n/pl*.
Getrappel *n der Pferde*: quadrupedans sonitus 4 *m*.
getrauen: *sich* ~ audēre.
Getreide *n* frumentum *n*; fruges *f/pl*. (*als Handelsartikel*) annona *f*; ~ *holen* frumentari.
Getreide... frumentarius; (*gen.*) frumenti.
Getreidehandel *m* quaestus 4 *m* frumentarius, negotiatio *f* frumentaria.
Getreidehändler *m* frumentarius *m*.
Getreideholen *n* frumentatio *f*.
Getreidelieferung *f* (*als Abgabe*) tributum *n* frumentarium; (*als Kontribution*) frumentum *n* imperatum.
Getreidemaß *n* modius *m*.
Getreidepreis *m* annona *f* [cara, vilis].
Getreideschwinge *f* vannus *f*.
Getreidewesen *n* res *f* frumentaria.
getreu fidus, fidelis; *die Getreuen* devoti *m/pl*., amici *m/pl*.; *er fiel mit seinen Getreuen* interfectus est cum suis.
getreulich fideliter, ex fide.
getrost fidens, fortis, erectus, bono animo; *getroster Mut* bonus animus *m*, bona spes *f*.
getrösten: *sich* ~ animo bono et laeto esse.
Getümmel *n* tumultus 4 *m*, turba *f*; strepitus 4 *m*.
getüncht albarius.
geübt exercitatus, versatus in [re militari], peritus [rei militaris]; ~ *sein in* magnum usum habēre [rei militaris].
Geübtheit *f* exercitatio *f* [dicendi].
***Gevatter** *m* compater *m*.
Gewächs *n* planta *f*; *pl*. stirpes *f/pl*., arbores *f/pl*.; ea, quorum stirpes terrā continentur; quidquid nascitur *od*. provenit ex terra.
gewachsen (*nicht*) par (impar) [rivali]; *dem Feinde nicht* ~ *sein* vim hostium sustinēre non posse.
gewählt lectus [verba], elegans.
gewahr: ~ *werden* animadvertere, observare, sentire.
Gewähr *f* fides *f*; ~ *leisten* fidem praestare; ~ *leisten für* praestare [salvos socios].
gewahren conspicere.
gewähren spondēre; praestare [voluptatem perpetuam]; tribuere, dare, concedere; (*Erlaubnis, Gelegenheit*) potestatem (*od*. copiam *od* facultatem) facere; *seine Bitte* ~ petenti [patri] satisfacere; (*verschaffen*) afferre, praebēre, esse [civibus utilitati].
Gewährleistung *f* auctoritas *f*, satisdatio *f*; *unter meiner* ~ me auctore.
Gewahrsam *m u. n* custodia *f*, vincula *n/pl*.
Gewährsmann *m* auctor *m*; testis *m*.
Gewalt *f* vis *f*, violentia *f*; ~ *gebrauchen* vim adhibēre; ~ *antun* vim inferre (*od*. afferre *od*. facere); *sich* ~ *antun* (*sich töten*) manum sibi inferre; (*geistig*) animum suum vincere; sibi (*od*. cupiditatibus suis) imperare, se coërcēre; *mit* ~ vi, per vim, armis; (*Macht*) potentia *f*; (*amtliche*) potestas *f*; (*militärische*) imperium *n*; (*Machtmittel*) opes *f/pl*.; *es steht in meiner* ~ in mea potestate (positum) est, penes me est; *in seine* ~ *bringen* in potestatem suam redigere, potiri [urbe]; *die militärische* (*und zivile*) ~ *haben* esse cum imperio (et cum potestate); *oberste* ~ summa *f* rerum (imperii).
Gewalthaber *m* dominus *m*.
Gewaltherrschaft *f* dominatio *f*, tyrannis *f*.
Gewaltherrscher *m* tyrannus *m*.
gewaltig potens, validus, robustus; magnus, ingens; vehemens, acer.
Gewaltmaßregel *f* vis, imperium *n* saevum.
gewaltsam violentus, vi (*od*. violentiā) factus (*od*. perpetratus *u. a.*); superbus; *adv*. vi, per vim, vi et manu; *e-s* ~*en Todes sterben* manum sibi inferre; (*durch fremde Hand*) vis illata est; ~*er Tod* mors *f* quaesita (illata).
Gewaltsamkeit *f* vis *f*, violentia *f*.
Gewalttat *f* vis *f*, iniuria *f* (illata), maleficium *n*, superbia *f*; ~ *begehen an* vim afferre [finitimo].
Gewand *n* vestimentum *n*, vestis *f*.
gewandt agilis, velox; / versatilis; dexter; promptus [linguā calamoque]; facilis, solutus et expeditus [ad dicendum]; exercitatus, versatus [in dicendo]; callidus, peritus [dicendi].

G

Gewandtheit *f* agilitas *f*, velocitas *f*; / facilitas *f*, calliditas *f*.
gewärtigen, gewärtig sein paratum esse ad; exspectare (sperare, timēre); *des Befehls* ~ praesto esse.
Gewässer *n* aquae *f*/*pl*., undae *f*/*pl*., fluctus 4 *m*/*pl*.
Gewebe *n* tela *f*; textura *f*; textum *n*; ~ *von Lügen* (*von Trug u. Ä.*) mera mendacia *n*/*pl*., fraudes *f*/*pl*.
***Gewehr** *n* sclopētum *n*; scloppus *m*.
Geweih *n* cornua *n*/*pl*.
geweiht: *dem Tode* ~ periturus.
Gewerbe *n* quaestus 4 *m*, ars *f* [sordida], artificium *n* [sordidum]; *ein* ~ *machen aus* quaestum facere ex; venditare, exercēre; *ein* ~ *treiben* artem exercēre, quaestum colere, in arte [sordida] versari.
Gewerbefleiß *m* industria *f*.
***Gewerbesteuer** *f* auraria *f*.
gewerbetreibend opifex *m*.
***Gewerkschaft** *f* collegium *n*, corpus *n* opificum.
gewesen: ~*er Konsul* consularis *m*.
Gewicht *n* pondus *n*; *von* ~ gravis; *ein Pfund an* ~ libram pondo (valens); *richtiges* ~ pondus *n* publice probatum; ~ *legen auf* multum tribuere [iudicio tuo]; *ins* ~ *fallen* aliquo numero et honore esse; (*v. Sachen*) magni momenti esse.
gewichtig gravis.
gewiegt versatus in, peritus.
gewillt: ~ *sein* cogitare, velle, in animo habēre; ~ *sein zu sterben* moriturus.
Gewimmel *n* turba *f*, multitudo *f*, magna vis *f* [piscium].
Gewimmer *n* vagitus 4 *m*; quiritatio *f*; gemitus 4 *m*.
Gewinde *n* **1.** (*v. Garn*) glomus *m*; **2.** * (*Schrauben*~) helix *f*; **3.** (*Blumen*~) flores *m*/*pl*. et serta *n*/*pl*.
Gewinn *m* lucrum *n*; (*Erwerb*) quaestus 4 *m*; emolumentum *n*, fructus 4 *m*; ~ *bringen* lucrum ferre, quaestui [mihi] esse; ~*bringend* lucrosus, fructuosus.
gewinnen lucrari, lucrum (*od.* quaestum) facere; fructum capere (*od.* percipere) ex; quaestui habēre; merēre [gratiam]; acquirere [nihil ad gloriam]; *für sich* ~ sibi conciliare [animum, benevolentiam, favorem]; perducere ad sententiam suam (*od.* in suas partes), sibi adiungere [socium]; *den Sieg* ~ vincere, victoriam reportare ab; *lieb* ~ adamare, amore [virginis] incendi; *es über sich* ~ impetrare a se (*od.* ab animo suo), ut, animum inducere, ut; *Zeit* ~ rem differre, tempus nancisci; spatium *od.* moram interponere; *e-n Ort* ~ capere locum, pervenire (*od.* evadere *od.* eniti) ad, in locum; *e-n Ort zu* ~ *suchen* petere locum; *eine Schlacht* ~ proelio vincere, superiorem discedere; *e-n Prozess* ~ causam (*od.* litem) obtinēre; *eine Wette* ~ sponsione(m) vincere; *Eisen* ~ ferrum elicere; *abs.* ~ *an* augeri [gratiā], proficere; (*siegen*) vincere, superiorem discedere.
Gewinner *m* (*Sieger*) victor *m*.
Gewinnsucht *f* lucri (*od.* quaestūs) studium *n*, cupiditas *f*; avaritia *f*.
gewinnsüchtig lucri (*od.* quaestūs) cupidus; sordidus; avarus.
Gewinsel *n* eiulatus 4 *m*.
gewiss 1. *adj.* certus, firmus, non dubius, exploratus [victoria]; *einer Sache* ~ *sein* certo scire, exploratum habēre; *ein gewisser* quidam, nescio quis; **2.** *adv.* certo [scire], pro certo, haud dubie, sine ulla dubitatione, liquido [dicere, confirmare]; profecto, vero, sane.
Gewissen *n* conscientia *f* recta (*od.* recte factorum *od.* nullius culpae sibi conscia); mala (*od.* peccatorum *od.* scelerum *od.* culpae sibi conscia); *ein gutes* ~ *haben* nullius culpae sibi conscium esse; *ein böses* ~ *haben* conscientiā mordeRi; *mit gutem* ~ pie, salva fide, bona mente, ex animi sententia; *nach bestem Wissen und* ~ optima fide; *sich ein* ~ *machen aus* religioni habēre, religioni [mihi] est; *nicht über sein* ~ *bringen* a se (*od.* ab animo suo) impetrare non posse, (in) animum inducere non posse, ut ...
gewissenhaft religiosus, sanctus; pius, verus [iudex]; *ängstlich* ~ nimium diligens.
Gewissenhaftigkeit *f* religio *f*, sanctitas *f*, fides *f*, diligentia *f*.
gewissenlos nullā religione, impius, perfidus, infīdus, impius, improbus.
Gewissenlosigkeit *f* nulla religio *f*, impietas *f*, perfidia *f*, improbitas *f*.

Gewissensangst *f* conscientiae angor *m* (*od.* stimuli *m/pl.*); sollicitudo *f*, religio *f*; ~ *fühlen* conscientiā morderi (*od.* agitari, excruciari).
Gewissensbisse *m/pl.*: *die* ~ morsūs *m/pl.* (*od.* stimuli *m/pl.*) conscientiae.
Gewissensfreiheit *f* liberum de rebus divinis iudicium *n.*
Gewissenssache *f* religio *f*; *zur* ~ *machen* in religionem trahere, religioni habēre.
gewissermaßen quodammodo, quasi, ut ita dicam; ~ *ein* (quasi) quidam.
Gewissheit *f* (certa) fides *f* [tuendae pacis]; *statt* ~ *falsche Hoffnung* pro re certa spes falsa; ~ *haben von* certo scire, exploratum habēre [interitum]; ~ *geben über* certiorem facere [amicum] de; ~ *erlangen über* certiorem fieri de; *zur* ~ *bringen* explorare, ratum facere.
Gewitter *n* fulmina et tonitrua *n/pl.*; fragores *m/pl.* caeli, tempestas *f*; *ein* ~ *kommt* tempestas cooritur cum magno fragore tonitribusque.
Gewitterwolke *f* nimbus *m.*
gewogen propitius [deus hominibus], benevolus erga; ~ *sein* favēre, (bene) cupere, bene velle; *sich* ~ *machen* benevolentiam [ducis] sibi conciliare.
Gewogenheit *f* benevolentia *f*, studium *n*, favor *m*, gratia *f.*
gewöhnen assuefacere [quodam pugnae genere; parvulos probitati; equos remanēre]; *sich* ~ assuescere, assuefieri; *gewöhnt an* assuetus, assuefactus; *gewohnt sein* consuevisse, solēre *m. inf.*
Gewohnheit *f* consuetudo *f*; mos *m*; institutum *n*; *die* ~ *haben* consuevisse, solēre *m. inf.*; *zur* ~ *werden* in consuetudinem venire; *aus der* ~ *kommen* obsolescere.
gewohnheitsmäßig **1.** *adj.* consuetudinem sequens; **2.** *adv.* secundum consuetudinem, (ex) instituto meo (*od.* tuo *usw.*).
gewöhnlich **1.** *adj.* usitatus, tritus, pervulgatus; vulgaris, mediocris; unus de multis, homo *m* plebeius; **2.** *adv.* ex more, ex consuetudine; ut fit, ut (fieri) solet; plerumque; (*in der Regel*) fere; (*im gewöhnlichen Leben*) vulgo; *mst durch* solēre, consuevisse *umschrieben* [dicere solebat, consueverat].
gewohnt con-, assuetus.
Gewölbe *n* (*als Decke*) camera *f*, (*gewölbter Ort*) fornix *f*, locus *m* concameratus; (*Vorratskammer*) cella *f.*
gewölbt concameratus, fornicatus, arcuatus, convexus [orbis lunae].
Gewölk *n* nubes *f/pl.*
Gewühl *n* turba *f.*
gewürfelt tessellatus.
Gewürm *n* vermes *m/pl.*
Gewürz *n* condimentum *n*; aroma *n*; odores *m/pl.*
Gezänk *n* rixae *f/pl.*, iurgium *n.*
geziemen decēre [me], esse [adulescentis, tuum].
geziemend debitus, meritus; decens, decorus; *adv.* ut par est, merito, iure.
geziert *adj.* ornatus; fictus, simulatus, quaesitus.
Gezisch *n* sibila *n/pl.*
Gezischel *n* susurrus *m* (*auch* susurri *m/pl.*).
Gezwitscher *n* clangor *m.*
gezwungen *adj.* contortus, durus; *ich sehe mich* ~ cogor.
***Ghetto** *n* vicus *m* (*od.* loca *n/pl.* remota) Iudaeorum.
Gicht *f* arthritis *f*, morbus *m* articularis, dolores *m/pl.* artuum; (*in den Händen*) chiragra *f*, (*in den Füßen*) podagra *f.*
gichtisch arthriticus.
Giebel *m* fastigium *n.*
Giebelfeld *n* tympanum *n* fastigii.
Giebelsäule *f* columen *n.*
Gier *f* aviditas *f.*
gierig avidus [cibi].
Gießbach *m* torrens *m.*
Gießbecken *n* pelvis *f.*
gießen af-, de-, ef-, in-, superfundere; (*formen*) fundere, fingere, ducere.
Gießer *m* fusor *m*; (*Bildgießer*) statuarius, caelator *m.*
Gießkanne *f* situla *f*, pelvis *f.*
Gift *n* venenum *n*, virus *n* (*nur sg.*); (*Pfeilgift*) toxicum *n*; / pestis *f*; ~ *mischen* venenum parare [homini, hominis necandi causa]; ~ *trinken* venenum haurire.
Giftbecher *m* poculum *n* mortiferum.
Gifthauch *m* spiritus 4 *m* venenatus.
giftig venenatus, veneno infectus *od.* tinctus *od.* illitus *od.* imbutus; / acerbus, perniciosus.

G

Giftmischer *m* veneficus *m.*

Giftmischerei *f* veneficium *n*, venena *n/pl.*

Giftmischerin *f* venefica *f.*

Giftschwamm *m* fungus *m* noxius.

Gifttrank *m* potio *f* (mortis causa data).

Gilde *f* collegium *n*, corpus *n* [pistorum].

Gipfel *m* cacumen *n*, culmen *n*; vertex *m* [montis]; *der ~ des Berges, des Ruhmes* summus mons, summa gloria.

Gips *m* gypsum *n.*

Giraffe *f* camelopardalis *f.*

Girlande *f* serta *n/pl.*

girren gemere, queri.

Gischt *m* spuma *f.*

Gitarre *f* cithara *f* (Hispanica).

Gitter *n* cancelli *m/pl.*, clatri *m/pl.*

Gitterfenster *n* fenestra *f* clatrata.

***Glacéhandschuh** *m* digitabulum *n* nitidum.

Gladiator *m* gladiator *m.*

Glanz *m* splendor *m*; (*blitzender*) fulgor *m*; (*heller*) candor *m*; (*milder*) nitor *m*; *im ~ stehen* florēre [gloriā]; *sich in vollem ~ zeigen* elucēre, enitēre; *~ bekommen* splendescere, nitescere.

glänzen splendēre, fulgēre, lucēre; (*blinken*) nitēre; (*schimmern*) micare; / florēre.

glänzend splendidus, fulgens, nitidus, nitens; / illustris, magnificus, praeclarus, amplus, florentissimus, pulcherrimus.

Glanzpunkt *m* lumen *n.*

Glas *n* vitrum *n*; vas *n* (*od.* poculum *n*) vitreum; *bei einem ~ Wein* ad vinum, inter pocula.

Glasbläser *m* vitrearius *m.*

gläsern vitreus, vitro similis.

Glasfenster *n* vitrea *n/pl.*, specularia 2 *u.* 3 *pl.*

Glashütte *f* officina *f* vitri.

Glasscherben *m/pl.* vitrea *n/pl.* fracta.

glatt lēvis; (*ohne Haare*) glaber; (*schlüpfrig*) lubricus; / blandus [oratio], mendax.

***Glatteis** *n* glacies *f* lubrica.

Glätte *f* levitas *f*; *~ des Weges* lubrica via *f*; *~ der Worte* verba *n/pl.* blanda, blanditiae *f/pl.*

glätten lēvare, lēvigare, polire, limare.

Glatze *f* calvitium *n*; *eine ~ bekommen* calvescere, *~ haben* calvēre; *mit einer ~* calvus.

Glaube *m* (*allgemein*) opinio *f*, persuasio *f*; (*religiös*) fides *f*, opinio *f* [deorum], (*christlich*) fiducia *f*; (*Glaubenslehre*) religio *f*, doctrina *f*; (*Zutrauen*) fides *f*; *~n schenken* fidem habēre (*od.* tribuere); *keinen ~n schenken* fidem abrogare (*od.* denegare) [petenti]; *~n verschaffen* fidem facere (*od.* conciliare *od.* afferre); *~n verdienen* fidem habēre.

glauben credere, persuasum est [mihi], (*unbedingt*) confidere; *~ machen* adducere alqm, ut credat, persuadēre [illi] *m. a.c.i.*; (*meinen*) opinari, putare, reri, existimare, arbitrari, censēre, iudicare, sentire, sibi videri; (*religiös*) credere [in deum; deos esse]; *sich sicher ~* tutum sibi videri; (*trauen*) credere, fidem habēre, confidere; *nicht mehr ~ an* desperare de.

Glaubensbekenntnis *n* formula *f* religionis, professio *f* fidei (*od.* religionis).

Glaubensfreiheit *f* liberum de rebus divinis sentiendi arbitrium *n.*

Glaubensgenosse *m* iisdem sacris addictus.

Glaubenslehre *f* dogma *n* (*pl. auch* religiones *f*), doctrina *f* de rebus divinis.

***Glaubensregel** *f* regula *f* fidei.

glaubhaft credibilis, probabilis; fide dignus.

Glaubhaftigkeit *f* probabilitas *f.*

gläubig pius, veram Christi doctrinam sequens.

Gläubiger *m* creditor *m*; *mein ~* ille, cui debeo; / homo *m* pius.

glaublich credibilis, facilis ad credendum; *~ machen* fidem facere, probare, confirmare.

Glaublichkeit *f* fides *f.*

glaubwürdig fide dignus.

Glaubwürdigkeit *f* fides *f*; auctoritas *f.*

gleich 1. *adj.* rectus, aequus, par, compar, idem; (*gleichartig*) aequalis; (*gleichförmig*) aequabilis; *~ sein* adaequare [fratrem]; *meinesgleichen* mei similis; *Gleiches mit Gleichem vergelten* par pari referre, parem gratiam referre; *etw. ins Gleiche bringen* rem conficere (*od.* transigere); *Gleich und Gleich gesellt sich gern* pares cum paribus facillime congregantur; **2.** *adv.* (*örtlich*) proxime; ~ *dabei* iuxta; (*zeitlich*) statim, confestim; ~ *nach* secundum, ab, ex; (*ebenso*) aeque, pariter, eodem modo; (*gleichmäßig*) aequaliter, aequabiliter, aeque, ex aequo; (*wie*) ut, sicut, velut, tanquam; (*ebensoviel geltend wie*) pro, instar [fundi urbani]; ~ *als wenn* quasi, ut si, tanquam si, perinde ac si *m. conj.*

gleichaltrig aequalis [amici, amico, meus].

gleichartig eiusdem generis, aequalis, similis, par.

Gleichartigkeit *f* aequalitas *f*, ratio *f* par.

gleich bleiben: *sich* ~ sibi constare, semper eundem esse, secum consentire, non mutari.

gleichen similem esse, aequare [reges].

gleicher/gestalt, ~maßen, ~weise pariter, eodem modo, non aliter atque.

gleichfalls item, idem, ipse quoque, et ipse.

gleichfarbig concolor.

gleichförmig aequabilis; *adv.* aequabiliter.

gleich gesinnt consentiens; unanimus, concors.

Gleichgewicht *n* aequilibrium *n*; par (*od.* aequum) pondus *n* (*od.* momentum *n*); *im* ~ *stehen* pari momento librari; *das* ~ *halten* parem esse [fratri]; *sich das* ~ *halten* pensari quadam vice.

gleichgültig 1. *pass.* nec bonus nec malus, medius; (*wertlos*) vilis, levis; *nicht* ~ non contemnendus (*od.* neglegendus); *es ist mir* ~ nihil meā interest, non curo, contemno, neglego; **2.** *act.* (*v. Pers.*) aequus; (*tadelnd*) securus, dissolutus, lentus, neglegens [officii]; ~ *sein gegen* aequo animo ferre, non curare, neglegere, nihil laborare de.

Gleichgültigkeit *f* levitas *f*, vilitas *f*; aequus animus *m*, aequitas *f* animi; neglegentia *f*, contemptio *f*.

Gleichheit *f* aequalitas *f*, aequabilitas *f*; ~ *des Rechts* ius *n* aequum (*od.* aequabile); ~ *der Neigungen* eadem studia *n/pl.*, studiorum consensio *f*.

Gleichklang *m* concentus 4 *m*; (*von einer Rede*) oratio *f* concinna.

gleichkommen adaequare [fratrem], (ad)aequari cum, parem esse [fratri], non inferiorem esse [fratre].

gleichlaufend parallelus.

gleich lauten concinere, congruere cum.

gleich lautend concinens, consonus; / congruens, iisdem verbis scriptus, eodem exemplo.

gleichmachen aequare, ex-, adaequare; *dem Erdboden* ~ solo aequare.

gleichmäßig aequabilis, congruens, constans.

Gleichmäßigkeit *f* aequabilitas *f*, constantia *f*.

Gleichmut *m* aequus animus *m*, animi aequitas *f*, constantia *f*.

gleichmütig aequo animo praeditus, moderatus, constans.

gleichnamig eodem nomine (*od.* cognomine).

Gleichnis *n* simile *n*, similitudo *f*.

gleichsam (*wie*) quasi, tanquam, velut; ~ *als ob*, ~ *wie wenn* ut si, velut si; tamquam si, aeque ac si.

gleichschenklig aequis cruribus; *v. e-m Winkel**: isosceles.

Gleichschritt *m* gradus 4 *m* certus.

gleichseitig aequis (*od.* paribus) lateribus.

gleich/setzen, ~stellen (ex)aequare, in aequo ponere, aequiperare, parem putare (*od.* iudicare), eodem loco (*od.* numero) habēre, iuxta aestimare.

gleichstimmig consonus.

Gleichung *f* aequatio *f*.

gleichviel (*Zahl*) totidem; (*Menge*) tantundem; (*Preis*) tantidem.

gleichweit pari intervallo, tantundem viae.

gleichwie ut, sicut, velut; quemadmodum; ~ *ein Berg* instar montis.

gleichwohl tamen, attamen; nihilominus; quamquam.

gleichzeitig 1. *adj.* eiusdem temporis; quod eodem tempore est, fit; **2.** *adv.* eodem (*od.* uno) tempore, simul.

Gleis *n* orbita *f*.

Gleisner *m* simulator *m*.

Gleisnerei *f* (ficta) simulatio *f*.

gleisnerisch nitidus; simulatus, fictus, fucatus, speciosus, blandus, fallax.

gleißen nitēre; / honestam speciem prae se ferre.

G

gleiten labi.
Gletscher *m* moles *f* nivium conglaciata, concreta glacies *f*.
Glied *n* (*Gelenk*) articulus *m*; artūs *m/pl.*; (*des Körpers*) membrum *n*; (*einer Kette*) anulus *m*; (*e-r Pflanze*) internodium *n*; (*Mitglied*) unus ex, de; ~ *des Senats* senator *m*; ~ *einer Gemeinde* civis *m*; ~ *eines Geschlechtes* gentilis *m*; ~ *des Kollegiums der Augurn* augur *m*; ~ *e-r Gesellschaft* socius *m*; sodalis *m*; ~ *e-s Richterkollegiums* iudex *m*; (*der Verwandtschaft*) gradus 4 *m*; (*des Satzes*) membrum *n*, articulus *m*, incisio *f*; *mil.* ordo *m*; *in Reih' und ~ stellen* ordinare, aciem instruere; *aus dem ~ treten* ordine egredi, ordines relinquere.
Gliederbau *m* compositio *f* membrorum.
gliedern discribere, distribuere, in membra redigere.
Gliederung *f* discriptio *f* (partium).
gliederweise membratim, articulatim; (*reihenweise*) ordinatim.
Gliedmaßen: *die* ~ artūs 4 *m/pl.*, membra *n/pl.*
glimmen gliscere.
Glimmer *m* phengites *m* lapis.
glimpflich lenis, mollis, clemens; ~ *verfahren mit* clementer agere cum.
Globus *m* sphaera *f*; globus *m*.
Glöckchen *n* campanella *f*.
Glocke *f* campana *f*; (*Klingel*) tintinnabulum *n*; *die ~ schlägt* campana (de turri) sonat; *die ~ hat drei geschlagen* hora tertia audita est; *was hat die ~ geschlagen?* quota hora est?
Glöckner *m* aedituus *m*.
glorreich gloriosus, splendidissimus [victoria], amplissimus, nobilis [exemplum].
Glück *n* (*Schicksalsmacht*) fortuna *f*; (*Ungefähr*) fors *f*; (*Zufall*) casus 4 *m*; (*Verhängnis*) fatum *n*; (*Lage*) fortuna *f* (secunda, prospera, adversa, durior *u. a.*); (*glückliche Lage*) res *f/pl.* secundae (*od.* prosperae); (*glücklicher Zustand*) felicitas *f*; *auf gut* ~ temere (ac fortuito); ~ *zu!* bene vertat! ~ *haben* fortunā secundā (*od.* prosperā) uti, rem bene gerere; *kein ~ haben* fortunā adversā uti, rem male gerere; *mit wechselndem* ~ variā fortunā; ~ *wünschen* gratulari [de reditu, reditum].
Glucke *f* gallina *f* singultiens *od.* glociens; (*brütende Henne*) gallina *f* incubans.
glucken *v. e-r die Küchlein führenden Henne*: singultire; *v. e-r brütenden Henne*: glocire.
glücken bene ac feliciter evenire; *es glückt* contingit [ut ...].
glücklich (*v. Pers.*) felix, fortunatus, beatus; (*v. Sachen*) felix; (*erwünscht*) prosperus; (*günstig*) secundus; (*beglückend*) faustus; ~*e Umstände* res *f/pl.* secundae; ~ *preisen* fortunatum praedicare; ~ *kämpfen* rem bene (*od.* feliciter) gerere.
glücklicherweise, *durch* contigit ut, bene accidit, ut ...
glückselig beatus, felix.
Glückseligkeit *f* vita *f* beata, beate vivere *n*, felicitas *f*.
Glücksfall *m* casus 4 *m* (secundus), fors *f*, fortuna *f*.
Glücksgabe *f* fortunae munus *n*.
Glücksgöttin *f* Fortuna *f*.
Glücksgüter *n/pl.*: *die* ~ fortunae *f/pl.*, bona *n/pl.*, dona *n/pl.* fortunae, opes *f*, divitiae *f/pl.*
Glückskind *n* fortunae filius *m*.
Glückspilz *m* terrae filius *m*, quem fortuna extulit, fortunatus *m*.
Glückssache *f*: *das ist nur* ~ haec fors (*od.* fortuna) viderit.
Glücksspiel *n* alea *f*.
Glücksstern *m* sidus 3 *n* felix *od.* dextrum, fortuna *f* prospera *od.* secunda.
Glückstag *m* dies *m* felix (*od.* faustus).
Glückstopf *m* urna *f* fortunae.
Glücksumstand *m* casus 4 *m* mirificus; *pl.* cąsūs secundi, fortunae *f/pl.*
Glückswurf *m* Venus *f*, iactus 4 *m* venereus; tesserarum iactus 4 *m* prosper.
Glückwunsch *m* gratulatio *f*, (*mehrerer*) congratulatio *f*.
glückwünschen gratulari [reditum, de reditu]; (*von mehreren*) congratulari; omnia fausta precari [amico], precari a dis, ut res prospere succedat.
Glückwunschschreiben *n* litterae *f/pl.* gratulatoriae, gratulatio *f*.
***Glühbirne** *f* pirula *f* electrica.

glühen candēre, fervēre; / ardēre, flagrare [amore].
glühend candens, fervidus, ardens; ~ *machen* fervefacere.
***Glühlampe** *f* lumen *n* electricum.
Glühofen *m* fornax *f*.
Glut *f* ardor *m*, fervor *m*, aestus 4 *m*, flamma *f*.
Gluthauch *m* adflatus 4 *m* vaporis, igneus spiritus 4 *m*, halitus 4 *m* flammeus.
Gnade *f* gratia *f*, favor *m*; (*Gnadengabe*) beneficium *n*; (*Schonung*) clementia *f*, indulgentia *f*, benignitas *f*; ~ *für Recht ergehen lassen* clementiā uti, clementer agere cum, parcere [peccanti]; *um ~ flehend* supplex; (*Verzeihung*) venia *f*; (*Straflosigkeit*) impunitas *f*.
Gnadenbezeigung *f* beneficium *n*.
Gnadenbrot *n* victus 4 *m* precarius; *vom ~ leben* alienā misericordiā vivere, liberalitate [civium] sustentari.
Gnadengabe *f* beneficium *n*.
gnädig propitius [dei]; comis, humanus, clemens.
Gold *n* aurum *n*; *von ~* aureus.
Gold... aureus, (*gen.*) auri; aurarius [negotium]; auratus [tecta].
Goldarbeiter *m* aurifex *m*.
Goldbergwerk *n* metallum *n* aurarium, auraria *f*.
Goldblättchen *n* bractea (*od.* bracteola) *f* auri, bractea *f* aurea.
golden aureus.
Goldfisch *m* (*goldfarbiger Fisch übh.*) * piscis *m* aurei coloris; * carassius *m* auratus.
goldgelb (*hell*) flavus; (*dunkel*) fulvus.
Goldhaar *n* coma *f* flava.
goldhaltig (*v. Flüssen*) aurum vehens; (*v. Sande*) auro mixtus; aurosus [metallum], auri fertilis [fluvius].
Goldklumpen *m* auri massa *f*.
Goldkorn *n* auri mica *f*.
Goldland *n* terra *f* auri fertilis.
Goldprobe *f* obrussa *f*.
Goldregen *m* **1.** *eig.* imber *m* aureus; **2.** * cytisus laburnum *n*.
goldreich auro abundans.
Goldschmied *m* aurifex *m*.
Goldstoff *m* vestis *f* auro distincta.
Goldstück *n* (nummus) aureus *m*.
Goldwaage *f* statēra *f* aurificis.
Golf *m* sinus 4 *m*.
Gondel *f* navis *f* cubiculata thalamegus, i *f*.
gönnen non invidēre [honori]; gaudēre [clade hostium]; *sich auch in der Nacht keine Ruhe ~* ne nocturnum quidem tempus sibi ad quietem relinquere.
Gönner *m* fautor *m*, studiosus *m*.
Gönnerin *f* fautrix *f*.
gotisch goticus.
Gott *m* deus *m*, numen *n* divinum; *von ~* divinitus (*adv.*); *bei den Göttern* per deos; *da sei ~ vor! ~ behüte!* quod deus avertat! (*auch* minime vero); *so wahr mir ~ helfe* ita me deus amet; *~ gebe es* faxit deus; *um Gottes willen* pro deūm fidem; *~ gebe, dass* utinam; *in Gottes Namen* quod felix faustumque sit! nihil impedio, per me licet; *~ sei Dank!* gratia superis! *um ~es willen* amabo.
gottbegeistert divino spiritu afflatus.
Götter... divinus, (*gen.*) dei (deorum).
Götterbild *n* simulacrum *n*, imago *f* dei, (*als Statue*) signum *n*.
Götterdienst *m* cultus 4 *m* deorum, sacra *n/pl.*
Göttermacht *f* numen *n* deorum.
Göttermahl *n* cena *f* (*od.* epulae *f/pl.*) deorum; (*als religiöse Feier*) lectisternium *n*; / epulae, quas ne di quidem spernant.
Götterspeise *f* ambrosia *f*.
Götterspruch *m* oraculum *n*.
Göttertrank *m* nectar *n*.
Gottesacker *m* publicus sepulcrorum locus *m*, coemeterium *n*, sepulcretum *n*.
Gottesdienst *m* dei (deorum) cultus 4 *m*, sacra (publica) *n/pl.*, res *f/pl.* divinae.
gottesdienstlich ad sacra (publica), ad res divinas pertinens; *ein ~er Gebrauch* caerimonia *f*.
Gottesfurcht *f* pietas *f* (erga deum), religio *f*.
gottesfürchtig pius.
Gottesgelehrter *m* rerum divinarum interpres *m*.
Gottesgelehrtheit *f* rerum divinarum scientia *f*.
Gotteshaus *n* aedes *f* sacra.
Gotteslästerer *m* maledicus *m* in deum, sacrilegus *m*, blasphemus *m*.
Gotteslästerung *f* impia in deum dicta *n/pl.*, sacrilegium *n*, blasphemia *f*, impietas *f*.

G

Gottesleugner *m* deorum contemptor *m*; qui deos esse negat.
gottgefällig deo (dis) gratus, sanctus.
Gottheit *f* numen *n* divinum.
Göttin *f* dea *f*.
göttlich divinus.
Göttlichkeit *f* divinitas *f*, divina natura *f*.
gottlos impius, nefarius, improbus, scelestus.
Gottlosigkeit *f* impietas *f*, improbitas *f*, nulla religio *f*; impie factum, nefas *n*, scelus *n*.
Götze *m* deus *m* fictus (*od.* commenticius *od.* falsus).
Götzenbild *n* idolum *n*; simulacrum *n* dei falsi.
Götzendiener *m* venerator *m* deorum falsorum; * idololatres *m*.
Götzendienst *m* cultus 4 *m* deorum falsorum.
Götzentempel *m* aedes *f* dei falsi.
***Gouvernante** *f* educatrix *f* et magistra *f*.
Grab *n* sepulcrum *n*; (*Grabhügel*) tumulus *m*; *zu ∼e tragen* efferre, sepelire; *zu ∼e geleiten* exsequias [amici] comitari; *bis zum ∼* usque ad mortem *od.* diem supremum.
graben fodere [terram; puteum]; *∼ nach* rimari [venas auri].
Graben *m* fossa *f*.
Gräber *m* fossor *m*.
Grabesnacht *f* tenebrae *f/pl.* et caligo *f*.
Grabesstille *f* summum silentium *n*.
Grabgepränge *n* honores *m/pl.* sepulcri.
Grabgesang *m* nenia *f*, cantus 4 *m* sepulcralis.
Grabgewölbe *n* conditorium *n*.
Grabhügel *m* tumulus *m*.
Grabmal *n* monumentum *n*.
Grabrede *f* oratio *f* funebris.
Grab/säule *f*, **∼stein** *m* cippus *m*.
Grabschrift *f* titulus *m* (sepulcri), elogium *n*.
Grabstätte *f* locus *m* sepulturae.
Grabstein *m* lapis *m* alcs memoriae inscriptus, cippus *m*; (*der das Grab zudeckende Stein*) monumenti lapis *m*.
Grabstichel *m* caelum *n*, scalprum *n*.
Grad *m* gradus 4 *m*; *mst durch adj. od. adv.*: *ein hoher (geringer) ∼ von Ruhm* magna (exigua) gloria; *ein höherer (niederer) ∼ von Kälte* maius (minus) frigus; *der höchste (geringste) ∼ von Ansehen* maxima (minima) auctoritas; *in hohem ∼e* magnopere, valde, vehementer, *in höherem ∼e* magis, *im höchsten ∼e* maxime, maximopere, summopere, *in gleichem ∼e* aeque, pariter, *in eben dem ∼e ... wie* ita ... ut, quantum ... tantum, quam ... tam, quantopere ... tantopere; *in dem ∼e* adeo, tantopere, ita; *bis zu dem ∼e von Verwegenheit gehen* ad eam audaciam procedere.
Gradierwerk *n* salinae *f/pl.*
gradweise gradatim.
Graf *m*, **Gräfin** *f* comes *m*, *f*.
Grafschaft *f* comitatus 4 *m*.
Gram *m* maeror *m*, maestitia *f*; aegritudo *f*, dolor *m*, sollicitudo *f*.
gram: *∼ sein* averso animo esse ab, iratum esse [filio].
grämen: *sich ∼* maerēre, maerore confici, aegre ferre.
grämlich morosus, difficilis, acerbus, tristis.
Grämlichkeit *f* morositas *f*, tristitia *f*.
Grammatik *f* (ars *f*) grammatica.
Grammatiker *m* grammaticus *m*.
grammatisch grammaticus.
gramvoll maerore afflictus.
Granatapfel *m* malum *n* Punicum.
Granatapfelbaum *m* malus *f* Punica.
***Granate** *f* granata *f*; *Hand*∼ granata *f* manu missa.
Granit *m* lapis *m* Syenites.
Granne *f* (*Ährenstachel*) arista *f*.
Gras *n* gramen *n*, herba *f*; (*Rasen*) caespes *m*; *von ∼* gramineus.
grasartig gramineus.
Gräschen *n* herbula *f*.
grasen pasci.
grasgrün herbaceus.
Grashalm *m* graminis herba *f*.
Grashüpfer *m* gryllus *m*.
grasig gramineus, herbidus.
grasreich graminosus, herbosus.
Grasstängel *m* graminis herba *f*, caulis *f* graminis.
Graswuchs *m* herba *f*; *mit reichlichem ∼* prodigus herbae [locus].
grassieren late vagari.
grässlich dirus, atgrox [periculum]; taeter [facinus]; horribilis, foedus.
Grässlichkeit *f* atrocitas *f*, foeditas *f*.

Gräte *f* spina *f* (piscis).
Gratifikation *f* beneficium *n*.
grätig spinosus.
***Grätsche** *f*: *die ~ machen* varicantem transilire.
grau canus; *~ sein* canēre; *~ werden* canescere; / senescere, ad senectutem pervenire.
Grau *n* canities *f*, color *m* canus.
Graubart *m* barba *f* cana, / senex *m* barbatus.
grauen: *der Tag graut* lucescit, dilucescit, dies illucescit; *als der Tag graute* prima luce, albente caelo; *sich ~ vor* horrēre, horrescere, reformidare; piget [me referre].
Grauen *n* horror *m*, formido *f*, fuga *f* [bellandi]; *das ~ vor der Arbeit* pigritia *f*.
grauenhaft atrox.
graugelb ravus.
grauhaarig, Graukopf *m* canus *m*.
Graupe *f* polenta *f*.
grausam crudelis, saevus, immanis, ferus, durus.
Grausamkeit *f* crudelitas *f*; saevitia *f*; immanitas *f*, feritas *f*.
Grauschimmel *m* equus *m* canus *od.* cinereus.
grausig atrox; horribilis.
Graveur *m* scalptor *m*.
gravieren scalpere.
gravitätisch: *e-n ~en Gang haben* magnifice incedere.
Greif *m* gryps *m*.
greifen capere, prehendere, sumere; *zu den Waffen ~* arma capere; *~ nach* cupide appetere, involare in, manus adhibēre *od.* afferre [praedae]; *zur Gewalt ~* descendere ad vim et arma; *zum äußersten Mittel ~* ultima audēre et experiri; *unter die Arme ~* sublevare [labentem], subvenire, succurrere, opitulari [labenti]; *um sich ~* latius vagari (*od.* serpere *od.* manare) [malum]; *es lässt sich mit Händen ~* manifestum est.
Greis *m* senex *m*; *wie ein ~* senīlis; *zum ~ werden* consenescere.
Greisenalter *n* senectus *f*.
Greisin *f* anus 4 *f*.
grell horridus, acer, acerbus.
Grenzacker *m* ager *m* extremus.
Grenze *f* finis *m*; (*Grenzlinie*) terminus *m*; (*bei Äckern*) limes *m*; (*Grenzgebiet*) confinium *n*; *oft durch adj.* extremus, ultimus; *die Grenzen überschreiten* modum transire, modum excedere; *e-r Sache Grenzen setzen* finem facere; *sich bestimmte ~n setzen* certos fines terminosque sibi constituere; *die ~ des römischen Reiches bilden* definire imperium populi Romani; *in ~n einschließen* terminare, terminis circumscribere.
grenzen: *~ an* finitimum, vicinum esse; adiacēre [Tiberi], attingere [Tiberim].
Gräuel *m* horror *m*; res *f* nefaria (*od.* atrox), facinus *n* nefarium, scelus *n* (nefandum).
gräulich atrox, foedus, nefarius, detestabilis.
grenzenlos infinitus; / immoderatus, immodicus; insatiabilis [avaritia], incredibilis [luxuria].
Grenzenlosigkeit *f* infinitas *f*; (*Unmäßigkeit*) immoderatio *f*; *~ der Zeit* nulla circumscriptio *f* temporum.
Grenzfestung *f* oppidum *n* (*od.* castellum *n*) in confinio positum.
Grenzgebiet *n* ager *m* confinis; (*das äußerste Gebiet e-s Landes*) fines *m/pl.* extremi.
Grenzgott *m* Terminus *m*.
Grenzland *n* ager *m* confinis, confinium *n*, fines *m/pl.* extremi.
Grenzmark *f* terminus *m*, confinium *n*.
Grenznachbar *m* confinis *m*, finitimus *m*, accola *m*.
Grenzpfahl *m* stipes *m* (*od.* palus *m*) terminalis.
Grenzpunkt *m* terminus *m*.
Grenzsäule *f* terminus *m*.
Grenzscheide *f* confinium *n*; limes *m*.
Grenzstein *m* terminus *m*.
Grenzwächter *m* miles *m* limitaneus.
Grenzwall *m* limes *m*.
Grieche *m* Graecus *m*; (*Ggs. zum Römer*) homo Graecus.
griesgrämig difficilis et morosus.
Grieß *m* glarea *f*.
Griff *m* (*des Schwertes*) capulus *m*, manubrium *n* [aureum], (*Henkel*) ansa *f*; *einen ~ tun* manus porrigere *od.* tendere ad.
Griffel *m* stilus *m*.
Grille *f* gryllus *m*; (*Heuschrecke*) locusta *f*; (*Baumgrille*) cicāda *f*.
Grille *f* cura *f* inanis; *die ~n vertreiben* curas pellere.

Grillenfänger *m* homo *m* morosus.
grillenhaft morosus.
Grimasse *f* os *n* distortum; *~n schneiden* os distorquēre.
Grimm *m* ira *f* saeva, saevitia *f*; *in ~ geraten* irā excandescere.
Grimmdarm *m* colum *n*.
grimmig torvus, trux [oculi]; saevus, ferox, atrox [pugna].
Grimmigkeit *f* atrocitas *f*, saevitia *f*.
Grind *m* porrigo *f*.
grindig porriginosus.
grinsen ringi, os (turpiter) distorquēre.
***Grippe** *f* influentia *f*.
grob crassus, pinguis; cibarius [panis], asper [victus]; / turpis [error], indecorus, foedus [adulatio]; inurbanus, agrestis, rusticus; illiberalis [iocus].
Grobheit *f* inurbanitas *f*, rusticitas *f*; *~en* verba *n/pl.* rustica; maledicta *n/pl.*, probra *n/pl.*; *~en ausstoßen* aspere, contumeliose invehi in.
Grobian *m* homo *m* rusticus *od.* agrestis.
gröblich: *~ beleidigen* gravem iniuriam inferre [finitimo].
Grobschmied *m* faber *m* ferrarius.
Groll *m* simultas *f*, odium *n* (occultum), dolor *m*.
grollen suscensēre.
Groschen *m* obolus *m*, as *m*; * grossus *m*.
groß magnus; grandis [pecunia, aes alienum]; amplus [domus]; ingens [campus]; immanis, vastus [belua]; procerus [statura]; altus, excelsus [mons]; / nobilis, illustris, (prae-) clarus, potens; vehemens, gravis [dolor]; *so ~* tantus; *wie ~* quantus; *wie ~ auch immer* quantuscunque, quamvis magnus; *halb so ~* dimidio minor; *doppelt so ~* duplo maior; *ein großer Mann* homo *m* magni corporis (*od.* procerus *od.* magnā staturā); homo *f* magnus (*od.* magno animo praeditus), clarus, insignis, magni nominis, magni ingenii; *~ in etwas sein* excellere, florēre; *~ werden* crescere; adolescere; *~ machen* magnum facere, augēre; *ein großer Gelehrter* homo *m* doctissimus, *ein großer Narr* homo *m* stultissimus; *dieses ~e Gebiet* hic tantus campus.
großartig magnificus, magnus, grandis, amplus.
Großartigkeit *f* magnificentia *f*, granditas *f*, amplitudo *f*; maiestas [urbis].
Größe *f* magnitudo *f*; spatium *n*, ambitus 4 *m*; amplitudo *f*; / dignitas *f*, maiestas *f*, claritas *f*, virtus *f*.
Großeltern: *die ~* avi *m/pl.*, avus et avia.
Großenkel *m* pronepos *m*.
Großenkelin *f* proneptis *f*.
großenteils magnam partem; plerumque.
Großhandel *m* mercaturae *f/pl.*, negotiatio *f*.
Großhändler *m* mercator *m*, negotiator *m*.
großherzig magnanimus, excelsus [animus].
Großherzigkeit *f* animi magnitudo *f*, magnus animus *m*.
***Großindustrieller** *m* negotiator *m*.
Großmut *f* animi magnitudo *f*, altitudo *f*.
großmütig magnanimus; clemens, liberalis.
Großmutter *f* avia *f*.
großmütterlich avitus, (*gen.*) aviae.
großnäsig nasūtus.
Großoheim *m v. väterlicher Seite*: patruus *m* magnus; *v. mütterlicher Seite*: avunculus *m* magnus.
großohrig auritus.
Großsprecher *m* homo *m* gloriosus (*od.* grandiloquus, vaniloquus), ostentator *m*.
Großsprecherei *f* gloriatio *f*, iactatio *f*, ostentatio *f*, magnificentia *f* verborum.
Großtante *f* (*väterlicherseits*): amita *f* magna; (*mütterlicherseits*); matertera *f* magna.
Großtat *f* facinus *n* magnum (*od.* praeclarum *od.* memorabile), opus *n* magnum.
größtenteils maximam partem; plerumque.
großtun se iactare, se efferre, insolenter gloriari.
Großvater *m* avus *m*.
großväterlich avitus, (*gen.*) avi.
großziehen educare, alere.
Grotte *f* antrum *n*.
Grübchen *n* (*am Kinn*) lacuna *f* (parva).
Grube *f* (*zum Fangen wilder Tiere*) fovea *f*; (*Loch zum Eingraben*) scro-

bis *m*, *f*; (*in Bergwerken*) fodina *f*; (*für Getreide*) sirus *m*; / insidiae *f/pl.*; e-e ~ *graben* insidias struere; *in seine eigene* ~ *fallen* arte sua perire.

Grübelei *f* subtilitas *f*, (nimis) subtilis cogitatio *f* (*od.* investigatio *f*); *pl. auch* argutiae.

grübeln anxie scrutari (*od.* cogitare); nimis diligenter inquirere in.

Grubenarbeiter *m* metallorum fossor *m*.

Gruft *f* sepulcrum *n*; conditorium *n*.

Grumt *n* faenum *n* chordum *od.* autumnale.

grün viridis; herbis (*od.* gramine) vestitus; crudus [pomum]; ~ *sein* virēre; ~ *werden* virescere, frondescere.

Grün *n* viriditas *f*, color *m* (*od.* locus) [*m*) viridis, viride *n*.

Grünspan *m* aerugo *f*.

Grund *m* (*Boden eines hohlen Körpers*) fundus *m*; (*des Wassers*) vadum *n*; (*Erdboden*) solum *n*; (*Bauplatz*) area *f*; (*Grundlage*) fundamentum *n*; (*Talgrund*) convallis *f*; *oft durch adj.* imus [imum mare, in imo lacu]; *zugrunde richten* perdere, evertere, pervertere [rem publicam], dissolvere [disciplinam]; *zugrunde gehen* perire, interire, occidere, (cor)ruere; *in den* ~ *bohren* deprimere [naves]; *einer Sache auf den* ~ *gehen* investigare, cognoscere, pernoscere; *den* ~ *legen zu* fundamenta [rei publicae] iacere; *von* ~ *aus* a fundamentis; (*gänzlich*) funditus, penitus; *aus Herzens* ~ ex animo, ex animi sententia; (*Beweggrund*) causa *f*; (*Vernunftgrund*) ratio *f*; (*Beweisgrund*) argumentum *n*; (*Ursprung*) origo *f*; fons *m*, principium *n*; (*v. Pers.*) auctor *m*; *zu* ~*e liegen* subesse [opinioni]; *seinen* ~ *haben in* oriri, nasci, proficisci ab; gigni, manare ex; esse, consistere in [naturā]; *mit gutem* ~ non sine causa, iure; *ohne* ~ sine causa, temere; es *ist* (*kein*) ~ *vorhanden, dass* (non) est quod *m. conj.*; *keinen* ~ *haben zu* non habēre, quod *od.* quamobrem *od.* cur *m. conj.*; *aus dem* ~*e, weil* propterea, quod; *aus welchem* ~*e* qua de causa; *im* ~*e* (*genommen*) revera, vere, si verum quaerimus.

Grundbau *m* fundamenta *n/pl.*, substructio *f*.

Grundbedeutung *f* principalis (*od.* vera *od.* propria) significatio *f* [verbi].

Grundbedingung *f* prima lex *f*, prima condicio *f*.

Grundbegriff *m* notio *f* in animis informata (*od.* insita); *pl.* initia *n*, principia *n*, fundamenta *n*.

Grundbesitz *m* possessiones *f/pl.*, agri *m/pl.*, fundus *m*.

Grundbesitzer *m* possessor *m* (fundi *od.* agrorum).

Grundcharakter *m* nota *f* ac formula *f*, propria indoles *f* ac natura *f*, ingenium *n*; ~ *e-r Sprache* propria linguae nota *f*.

grundehrlich fidei plenus.

gründen fundamenta [urbis] iacere; condere; instituere, constituere [urbem]; *seine Hoffnung* ~ *auf* spem ponere (*od.* collocare) in [neglegentia hostium]; *sich* ~ (*gegründet sein*) *auf* niti, contineri [tribus rebus], positum esse in [virtute].

Gründer *m* conditor *m*; auctor *m*, creator *m*, parens *m*.

grundfalsch falsissimus.

Grundfarbe *f* color *m* nativus.

Grundfeste *f* fundamenta *n/pl.*, sedes *f*.

Grundfläche *f* area *f*, basis *f*; fundus *m*, solum *n*.

Grundgedanke *m* sententia *f* summa; argumentum *n*.

grundgelehrt doctissimus, summus in omni doctrinā, doctrinā abundans.

Grundgesetz *n* lex *f* prima (*od.* princeps); fundamenta *n/pl.*, principium, ad quod omnia referuntur.

Grundkapital *n* caput *n*, sors *f*.

Grundlage *f* fundamenta *n/pl.*, principia *n/pl.*

gründlich accuratus, subtilis, exquisitus [doctrina]; diligens, acutus; *adv.* penitus [perspicere, perquirere, pervestigare].

Gründlichkeit *f* diligentia *f*, cura *f*, subtilitas *f*.

Gründling *m* (*Fisch*) gobius *m*, gobio *m*.

Grundlinie *f* basis *f*.

grundlos fundo carens; immensus; (*unhaltbar*) inistus, vanus, inanis, temere ortus, falsus, fictus.

Grundmauer *f* substructio *f*.

Grundpfeiler *m* fundamenta *n/pl.*, firmamenta *n/pl.* [reipublicae evertere]; status 4 *m*.

Grundregel *f* lex *f* prima, praeceptum *n* summum.
Grundriss *m* forma *f* [aedificii].
Grundsatz *m* decretum *n*, praeceptum *n*, pronuntiatum *n*; lex *f*; (*Richtschnur*) regula *f*; norma *f*; (*Weise zu handeln*) institutum *n*; ratio *f* [stabilis firmaque], sententia *f*; *ein Mann von* (*festen*) *Grundsätzen* homo *m* constans (*od.* gravis *od.* severus); *ein Mann ohne Grundsätze* homo *m* levis; *feste Grundsätze haben* certas rationes sequi, sibi constare, vitam ad certam normam dirigere; *richtige* (*gute*) *Grundsätze haben* recte (bene) sentire; *aus* ~ certam rationem secutus, ratione, (animi) iudicio; *ich habe den* ~ sic sentio, mihi placet, existimo, mea haec est ratio; *das ist mein* ~ hoc teneo; *rechtschaffene Grundsätze* probitas *f*; *sittliche* ~ honestas *f u. Ä.*
grundsätzlich ratione, naturā, ratione stabili firmāque.
Grundstein *m* lapis *m* primarius; *mst* fundamenta *n/pl.*
Grundsteuer *f* vectigal *n*.
Grundstoff *m* materia *f* [rerum].
Grundstück *n* praedium *n*, fundus *m*, ager *m*.
Grundtext *m* ipsa verba *n/pl.* scriptoris.
Grundübel *n* materia *f* omnium malorum.
Grundursache *f* prima (omnium) causa *f*, principium *n*.
Grundwahrheit *f* axioma *n* = pronuntiatum *n* (quo Cicero tamen vocabulo tantisper uti se attestatus est, quoad melius, inquit, invenero).
Grundwasser *n in e-m Schiffe*: sentina *f*; *in e-m Bergwerk*: fundi aqua *f*.
Grundzahl *f* numerus *m* cardinalis.
grünen virēre, frondēre.
grünlich subviridis.
Grünspan *m* aerugo *f* (aeris).
grunzen grunnire.
Grunzen *n* grunnitus 4 *m*.
Gruppe *f* globus *m*, turma *f*; *mst durch adj.* aliquot, complures, multi; *eine* ~ *von Menschen* homines *m/pl.* congregati *od.* conglobati.
gruppieren disponere.
Gruß *m* salutatio *f*; (*Grußwort*) salus *f*; *nach gegenseitigem* ~ salute data redditaque.
grüßen salutare, consalutare, salutem dicere, salvēre iubēre; ~ *lassen* impertire salutem; *die Eltern lassen dich* ~ salutem tibi nuntio (scribo, mitto) verbis (*od.* nomine) parentum.
Grüßen *n* salutatio *f*.
Grütze *f* ptisana *f*, polenta *f*; | *er hat* ~ *im Kopfe* callidus est, ingenio valet.
***Gulden** *m* florēnus *m*.
gültig bonus [nummus]; ratus [subscriptio], firmus [acta Caesaris]; iustus, idoneus [excusatio]; ~ *sein* valēre.
Gültigkeit *f* bonitas *f*; firmitas *f*, fides *f*, auctoritas *f*.
Gummi *n* cummi *n* (*indecl.*), cummis *f*.
Gunst *f* (*in der man steht*) gratia *f*, (*die man schenkt*) favor *m*; studium *n*; benevolentia *f*; voluntas *f*; beneficium *n*; *in* ~ *stehen* in gratia esse; *in hoher* ~ *stehen bei* gratiā [consulis] florēre, gratiā multum valēre apud [consulem], gratiosum esse [consuli]; *seine* ~ *schenken* favēre [adulescenti], benevolum esse in [adulescentem]; *sich in* ~ *setzen bei* gratiam [consulis] colligere, sibi conciliare, gratiam inire ab; *die* ~ *des Glückes genießen* prospero flatu fortunae uti; *zugunsten* [filii] causā, gratiā; pro, secundum.
Gunstbewerbung *f* ambitio *f*.
Gunstbezeigung *f* favor *m*, gratia *f*, beneficium *n*.
Gunstbuhlerei *f* ambitio *f*, gratiae captatio *f*.
günstig **1.** (*v. Pers.*) favens [mihi], benevolus in, studiosus [mei], propitius [deus]; **2.** (*v. Dingen*) secundus, prosperus; (*von guter Vorbedeutung*) faustus; (*gelegen*) opportunus; (*bequem*) commodus; *bisw. auch durch* meus (tuus, suus *usw.*); *auf günstigem Terrain kämpfen* suo loco pugnare.
Günstling *m* homo *m* gratiosus apud, acceptus [principi]; ~ *eines Fürsten sein* in intima principis familiaritate versari.
Gurgel *f* gula *f*; guttur *n*.
Gurke *f* cucumis *m*.
Gurt *m* cingulum *n*; (*des Schwertes*) balteus *m*.
Gürtel *m* cingulum *n*, zona *f*.

Gürtelrose *f* ignis *m* sacer, qui medium hominem ambit.
Gürtelmacher *m* zonarius *m.*
gürten cingere, succingere; *sich* ~ accingi [ferro].
Gürtler *m* (faber *m*) zonarius *m.*
Guss *m* fusio *f*; (*v. Regen*) imber *m.*
gut bonus; *ein* ~*er Freund* amicissimus, familiarissimus; ~*en Tag* (*od. Morgen, Abend*) salve (*bzw. pl.*); *gut!* bene agis (*od.* facis *od.* fecisti); non repugno, nihil impedio; satis est; esto; teneo; ~ *sein* prodesse contra [febrim], mederi [febri]; *es ist* ~ satis iam est; ~ *sein lassen* omittere; *sei so* ~ da veniam hanc mihi, ut ...; ~ *tun* parēre, obsequi; suaviter afficere; ~ *werden* bene succedere; *schon* ~*!* desine!
Gut *n* bonum *n*; *das höchste* ~ summum bonum *n*, finis *m* bonorum; (*Vermögen*) bona *n/pl.*, fortuna *f*, res familiaris *f*, opes *f/pl.*; (*Landgut*) praedium *n*, fundus *m*, ager *m.*
Gutachten *n* arbitrium *n* (*im abl. oft* arbitratu); (*des Senates*) auctoritas *f*, (*des Richters*) sententia *f*, (*e-s Juristen*) responsum *n*; *sein* ~ *abgeben* arbitrari, sententiam dicere, (*v. Juristen*) respondēre de iure.
gutartig bonus, bonae indolis; non acutus [febris].
Gutartigkeit *f* bona indoles *f* (*od.* natura *f*).
Gutdünken *n* arbitrium *n*; *nach meinem* ~ arbitrio (*od.* arbitratu) meo.
Gute: *das* ~ bonum *n*; (*sittlich*) honestum *n*; ~*s tun* bene (*od.* benigne) facere, beneficia conferre in [egenos], bene mereri de; *zugute halten* condonare, ignoscere; *sich etw. zugute tun* sibi (*od.* genio suo) indulgēre, sibi bene facere, benigne se tractare, corpus curare.
Güte *f* (*gute Beschaffenheit*) bonitas *f*; (*Milde*) benignitas *f*, humanitas *f*, comitas *f*, lenitas *f*, liberalitas *f*; *in* ~ (bonā) cum gratia, amice; *in* ~ *erledigen* componere [controversiam]; *die* ~ *haben, zu* velle [mutuari]; *sich eine* ~ *tun* curare cutem, indulgēre genio, multa bona facere genio suo.
Gütergemeinschaft *f* communio *f* bonorum, omnium bonorum societas *f*.
***Güterzug** *m* vectura *f* mercium.
Guthaben *n* credita *n/pl.*
gutheißen probare.
gutherzig benignus, bonus, humanus, mansuetus.
Gutherzigkeit *f* benignitas *f*, bonitas *f*, humanitas *f*, mansuetudo *f*.
gütig benignus, bonus, beneficus, liberalis.
gütigst si placet, si videtur, si vis (sis), sodes (= si audes).
gütlich: ~ *beilegen* componere [bellum]; *sich* ~ *tun* genio suo indulgēre, corpus curare.
gutmachen emendare, corrigere; (*wieder* ~) sanare, reparare, (re-)sarcire.
gutmeinen: *es* ~ *mit* benevolo animo esse in [iuvenem], bene velle [iuveni], cupere [iuvenis] causa, rebus [iuvenis] consultum velle.
gutmütig benignus, bonus, liberalis.
gutsagen: ~ *für* praestare [damnum]; spondēre, fidem interponere pro.
Gutsbesitzer *m* dominus *m*, possessor *m* praedii (*od.* agrorum).
Gutsnachbar *m* vicinus *m.*
gutschreiben acceptum referre.
gutwillig non invitus.
Gutwilligkeit *f* voluntas *f* officiosa, facilitas *f*, liberalitas *f*.
Gymnasiast *m* gymnasii alumnus *m.*
Gymnasium *n* gymnasium *n.*
Gymnastik *f* ars *f* gymnica, *auch* certamina *n/pl.* gymnica *n/pl.*, palaestra *f*.
gymnastisch gymnicus.

H

ha! ah! heu!
Haar *n* (*einzelnes*) pilus *m*; (*borstiges*) saeta *f*; (*koll.*) (*Haupthaar*) crines *m/pl.*, capilli *m/pl.*; (*als Schmuck des Kopfes*) coma *f*; (*Lockenhaar*) caesaries *f*; (*zottiges*) villus *m*; *gebleichtes* ~ coma *f* ex oxigenio flarens; *bei einem* ~ tantum non; non multum afuit, quin...; *um kein* ~ nihilo [melius], ne pilo quidem; *aufs* ~ subtiliter; *um eines* ~*es Breite* tantillum; *das* ~ *wachsen*

lassen capillum promittere; *sich keine grauen* ~*e wachsen lassen um* nihil curare [damnum]; *mit Haut und* ~ *verzehren* plane (*od.* totum) absumere.
Haarausfall *m* defluvium *n.*
Haar/band *n,* **~binde** *f* redimiculum *n,* fascia *f*; (*der Priester*) vitta *f.*
Haarbusch *m* cirrus *m*; (*auf dem Helme*) crista *f.*
Haareisen *n* calamister *m,* calamistrum *n*; ferrum *n.*
Haarflechte *f eig.* gradus 4 *m.*
haarig pilo (*od.* pilis) vestitus, crinitus, capillatus, pilosus, capillosus; ~ *sein* pilos habēre.
haarklein: ~ *erzählen* enarrare ordine, ut gesta res sit.
Haarlocke *f* cirrus *m*; (*künstliche*) cincinnus *m.*
Haarnadel *f* acus 4 *f* (discriminalis).
Haarnetz *n* reticulum *n.*
Haarputz *m* = *Haarschmuck.*
haarscharf / subtilissimus.
Haarschmuck *m* comae ornatus 4 *m,* cultus 4 *m* capitis, capillus *m* comptus.
haarsträubend horribilis.
Haartracht *f* capilli habitus 4 *m.*
Habe *f* res *f/pl.,* fortunae *f/pl.,* bona *n/pl.,* res *f* familiaris; *meine* ~ mea *n/pl.*
haben habēre (secum); (*halten*) tenēre; (*anhaben*) gestare; (*besitzen*) habēre, possidēre, esse [patri domus]; (*eine Eigenschaft*) esse [magni corporis terribilique facie]; inesse in [moribus aliquid vitii]; (*dauernd*) uti [valetudine bona]; *nicht* ~ carēre; ~ *wollen* velle, postulare; *ich habe nichts zu schreiben* non habeo, quod scribam; *zahlreiche Verbindungen von „haben" mit anderen Wörtern sind bei diesen nachzusehen*; *Freude* ~ gaudēre, delectari *usw.*
Habenichts *m* homo *m* omnium [rerum inops.]
Habgier *f* avaritia *f.*
habhaft: ~ *werden* comprehendere, nancisci.
Habicht *m* accipiter *m.*
Habichtsnase *f* nasus *m* aduncus.
Habseligkeiten: *die* ~ res *f/pl.* [meae *usw.*].
Habsucht *f* avaritia *f,* aviditas *f,* cupiditas *f* pecuniae.
habsüchtig avarus; avidus, cupidus pecuniae.

Hacke *f* rastrum *n,* ligo *m,* bidens *m.*
hacken rastro fodere.
Hacken *m* calx *f*; *auf den* ~ *sein* instare vestigiis, vestigia premere.
Hackmesser *n* culter *m.*
Hader *m* iurgium *n,* rixa *f.*
hadern iurgare, rixare.
Hafen *m* portus 4 *m*; / perfugium *n.*
Hafendamm *m* moles *f* fluctibus opposita.
Hafenplatz *m* portus 4 *m,* emporium *n.*
Hafenstadt *f* urbs *f* portu nobilis.
Hafenzoll *m* portorium *n.*
Hafer *m* avēna *f* (*adj.* avenaceus).
Haft *f* custodia *f.*
haften haerēre, inhaerēre, inhaerescere, insidēre in; adhaerēre, adhaerescere ad; ~ *für* praestare; spondēre pro.
Hagel *m* grando *f*; / ingens vis *f* [sagittarum].
hageldicht in modum grandinis.
Hagelkorn *n* grando *f.*
hageln: *es hagelt* grandinat.
Hagelschaden *m* calamitas *f.*
Hagelwetter *n* grandines *f/pl.,* grandinis imber *m.*
hager macer.
Hagerkeit *f* macies *f.*
Hagestolz *m* caelebs *m.*
Häher *m* pica *f.*
Hahn *m* gallus (gallinaceus) *m*; (*Männchen*) mas *m*; (*an e-m Gefäße*) os *n.*
Hahnengeschrei *n* gallorum cantus 4 *m.*
Hahnenkamm *m* crista *f* galli; ⋆ celosia *f* cristata.
Hai *m,* **~fisch** *m* pristis *f.*
Hain *m* lucus *m*; (*Lusthain*) nemus *n.*
Häkchen *n* hamulus *m.*
Haken *m* hamus *m*; (*Widerhaken*) uncus *m,* (*Enterhaken*) harpago *m.*
hakenförmig, hakig hamatus in hamum curvatus.
halb dimidius; (*halbiert*) dimidiatus; *oft durch subst.* „*Hälfte*" (dimidia pars *f,* dimidium *n*) *auszudrücken* [~ *so groß* dimidio minor]; *ein halbes Jahr* sex menses *m/pl.,* spatium *n* semestre; *ein halber Fuß* semipes *m*; *adv.* paene, non plane, non satis, parum, mediocriter, leviter.
halb... semi... [semivir]; (*nur wenig*) parum, non satis, mediocriter.
halbbewaffnet semiermis.

Halbblut *n* ibrida *m u. f*, homo *m* originis mixtae.
Halbbruder *m* frater *m* eodem patre (*od.* eadem matre) natus.
halbdunkel subobscurus.
Halbdunkel *n* opacum *n* crepusculum, (*dunkle Orte*) umbrosa *n/pl.*
***Halber** *m*: *einen Halben kommen* propinare sextarium dimidiatum.
halb fertig semifactus, semiperfectus.
halb/gebildet, ~gelehrt semidoctus, leviter eruditus.
halbgeöffnet semiapertus.
Halbgeschwister: *die ~* fratres (sorores) eodem patre (eadem matre) nati (natae).
Halbgott *m* heros *m*; / homo *m* paene divinus.
Halbgöttin *f* heroina *f.*
halbgriechisch semigraecus.
halbhell subobscurus, (*gegen Morgen*) sublucanus; *es ist nur ~* nondum lux certa est.
halbieren bipertire, in duas partes dividere, dissecare; *halbiert* bipartitus, dimidiatus.
Halbinsel *f* paeninsula *f.*
Halbjahr *n* sex menses *m/pl.*, tempus *n* semestre.
halbjährig semestris.
halbjährlich sexto quōque mense factus (*od.* scriptus, repetitus, rediens *u. a.*).
Halbkreis *m* semicirculus *m*, orbis *m* dimidiatus.
halbkreisförmig semicirculatus.
Halbkugel *f* hemisphaerium *n.*
***halbmast** (*flaggen*) in medio hastili (signum dare vexillo).
Halbmesser *m* radius *m.*
halbmonatlich quinto decimo quoque die (factus *usw.*).
Halbmond *m* luna *f* dimidia (*od.* dimidiata).
halbmondförmig lunatus.
halb nackt seminūdus.
halb offen semiapertus.
halbpfündig (pendens) pondo semilibram.
halbreif semimaturus, non satis maturus.
halbschlafend semisomnus.
Halbschwester *f* soror *f* eodem patre (*od.* eadem matre) nata.
halbseiden subsericus.
halb taub surdaster.
halbtierisch semifer.
halb tot semianimis, seminex, semivivus.
halbverbrannt semiustus.
Halbvers *m* hemistichium *n.*
halb wach semisomnus.
halbwahr verum mixtum falso.
halbzerrissen semilacer.
Hälfte dimidia pars *f*, dimidium *n.*
Halfter *f* capistrum *n.*
Hall *m* sonus *m*, sonitus 4 *m.*
Halle *f* (*Säulengang*) porticus 4 *f*; (*Vorplatz*) vestibulum *n*; (*Empfangssaal*) atrium *n.*
hallen sonare.
Halm *m* (*des Rohres*) calamus *m*; (*des Getreides*) culmus *m*; *in ~en stehen* in herbis esse.
Halmknoten *m* nodus *m*, geniculum *n.*
Hals *m* collum *n*; (*Nacken*) cervices *f/pl.* [frangere]; *auf dem ~ sein* in cervicibus (*od.* supra caput) esse; *auf dem ~ haben* sustinēre; *sich auf den ~ laden* suscipere; incurrere in; *auf den ~ kommen* supervenire [hosti], opprimere; comprehendere; *sich vom ~ schaffen* amoliri, removēre; *e-n Prozess an den ~ werfen* litem intendere; *über ~ und Kopf* praeceps (*adj.*), raptim, quam celerrime.
Halsband *n* (*für Tiere*) collāre *n*; (*zum Schmuck*) monīle *n*, torquis *m.*
Halsbinde *f* focāle *n.*
halsbrechend periculosissimus.
Halsgericht *n* iudicium *n* capitis.
Hals/geschmeide *n*, **~schmuck** *m* monile *n.*
halsstarrig pertinax, pervicax, obstinatus.
Halsstarrigkeit *f* pertinacia *f*, pervicacia *f*, obstinatio *f.*
Halt *m* stabilitas *f*, firmamentum *n*; *~ haben* consistere; *keinen ~ haben, den ~ verlieren* (dif)fluere, dilābi, cadere, frangi; *~ machen* subsistere, consistere; sistere gradum.
haltbar munitus, firmus, stabilis; diuturnum.
Haltbarkeit *f* firmitas *f*, stabilitas *f.*
halten 1. *trans.* tenēre; *in die Höhe ~* tollere; *aufrecht ~* sublevare; (*zurück*) continēre, retinēre; (*im Zaume*) coërcēre, cohibēre, (re)frenare; *~ an* apponere, admovēre [fasciculum ad nares]; (*in e-m Zustande*) tenēre, habēre [in servitute]; (*behandeln*) habēre, tractare [bene, male, libe-

H

raliter *u. a.*]; *strenger* ~ severius adhibēre [filium]; *in Ehren* ~ in honore habēre; colere, observare; (*unterhalten*) alere, pascere, sustinēre; *Freundschaft* ~ amicitiam [affinium] colere; (*veranstalten*) agere [convivium, diem festum]; habēre [orationem]; celebrare [nuptias]; (*beobachten*) servare, observare [pacem]; conservare [ius iurandum]; sequi, tenēre [fidem]; stare [pacto]; (*in sich*) continēre, capere; *große Stücke* ~ *auf* magni aestimare, facere; magno loco habēre; multum tribuere [duci]; ~ *für* habēre pro [hoste], in numero [hostium]; numerare [in oratoribus]; existimare, iudicare, putare, ducere [amicum]; *für gewiss* ~ pro certo habēre; *gehalten sein zu tun* debēre, oportēre; **2.** *refl. sich* ~ stare, consistere, (se) sustinēre; tenēre (*od.* tueri) [rem familiarem, locum]; *sich* ~ *an* sequi [fidem sociorum], manēre [in condicione et pacto]; (*sich aufhalten*) se tenēre, se continēre, (per)manēre, non recedere ab; (*dauerhaft sein*) permanēre integrum, servari posse, vetustatem ferre; **3.** *intr.* firmum esse, frangi non posse, manēre [color]; *halt!* sta, consiste, mane!; es ~ *mit* stare ab, cum [patribus], sequi partes [optimatium], facere cum, sentire cum; *auf etw.* ~ (vehementer) retinēre, servare, tueri [officium]; *wohin* ~ tenēre, cursum tenēre [Tenedum]; *an sich* ~ se continēre, sibi temperare.

Halter *m*, **Haltseil** *n* retinaculum *n*.

haltlos imbecillus, levis, fluxus [animus].

Haltlosigkeit *f* imbecillitas *f*, levitas *f*.

Haltung *f* habitus 4 *m* (corporis); / constantia *f*; (*durchgängiger Ton*) tenor *m* [orationis, vitae]; *würdevolle* ~ dignitas *f*, gravitas *f*; *trotzige* ~ contumacia *f*.

hämisch malignus.

Hammel *m* vervex *m*.

Hammelkeule *f* armus *m* ovillus *od.* vervecinus.

Hammer *m* malleus *m*.

hämmern malleo tundere, cudere.

Hand *f* manus 4 *f*; (*rechte*) dextra *f*; (*flache*) palma *f*; ~ *legen an* manus adhibēre [bonis exsulum]; aggredi [murum], manus inicere (*od.* inferre *od.* afferre); *die letzte* ~ *legen an* manum extremam imponere; ~ *an sich legen* manus (*od.* vim) sibi inferre; *auf der* ~ *liegen* manifestum esse; in promptu (*od.* in aperto) esse; *von der* ~ *weisen* aspernari, detrectare; *in die* ~ *fallen* in manus [hostium] incidere, in potestatem (per)venire; *sich freie* ~ *erhalten* integrum sibi reservare; *e-e Gelegenheit aus den Händen lassen* occasionem dimittere; *mit Händen und Füßen sich wehren* omnibus viribus atque opibus repugnare; *von* ~ *zu* ~, *aus der einen* ~ *in die andere* per manus; *zur* ~ ad manum, in manibus; / praesto [esse]; *vor der* ~ in praesens (tempus), interim; *auf eigene* ~ suis viribus, suo consilio, sua sponte, suo nomine.

Handarbeit *f* opera *f*.

Handarbeiter *m* operarius *m* (*pl.* operae *f*).

Handbesen *m* scopae *f/pl.* manuales.

Handbewegung *f* gestus 4 *m*.

Handbibliothek *f* bibliothecula *f*.

handbreit palmaris.

Handbuch *n* enchiridion *n*, brevis artis liber *m*; compendium *n*.

Händchen *n* manicula *f*.

Handdienst *m* opera *f*; manūs 4 *f/pl.*

Handeisen *n* manica *f*.

Händeklatschen *n* plausus 4 *m*.

Handel *m* mercatura *f*; negotiatio *f*; (*Verkehr*) commercium *n*; ~ *treiben* mercaturam facere, rem gerere; (*Geschäft*) negotium *n*, res *f*.

handeln agere, facere [bene, male, prudenter], rem gerere; *das Buch handelt von* liber est de; *es handelt sich um* agitur de [pacis condicionibus]; (*steht auf dem Spiele*) agitur [salus civium]; (*Handel treiben*) mercaturam facere, mercari, negotiari; ~ *mit* vendere, venale habēre.

Handeln *n* agendi vis ac ratio *f*; mercatura *f*, negotiatio *f*; *mst durch Verba.*

Handelsangelegenheit *f* negotium *n*.

Handelsartikel *m* merx *f*.

Handelsfreiheit *f* ius *n* commercii, commercium *n*.

Handelsgeist *m* mercandi studium *n*.

Handelsgeschäft *n* negotium *n*.

Handelsgesellschaft *f* societas *f*, socii *m/pl.*, collegium *n* (mercatorum).

Handelsmann *m* mercator *m*; institor *m*.
Handelsplatz *m* emporium *n*, forum *n* rerum venalium.
Handelsschiff *n* navis *f* mercatoria (*od.* oneraria).
Handelsstadt *f* emporium *n*.
Handelsstand *m* collegium *n* mercatorum, mercatores *m/pl.*, negotiatores *m/pl.*
händelsüchtig rixosus, rixae cupidus, ad discordias promptus.
Handelsverkehr *m* commercium *n* (mercatorum).
Handfessel *f* manica *f*.
handfest manu fortis, robustus, lacertosus.
Handgeld *n* arrhabo *m*; (*bei einer Werbung*) auctoramentum *n*.
Handgelenk *n* prima palmae pars *f*.
handgemein: ~ *werden* manum (*od.* manūs) conserere, signa conferre, (armis) congredi cum.
Handgemenge *n* pugna *f* propior (*od.* in arto); *im* ~ comminus (*adv.*), consertis manibus; *es kommt zum* ~ res venit ad manus.
***Handgepäck** *n* sarcinae *f/pl.* leviores.
Handgicht *f* chiragra *f*.
handgreiflich manifestus; evidens.
Handgriff *m*, **Handhabe** *f* ansa *f*; *alle Handgriffe lehren* omnes machinationes (*od.* gestūs) docēre.
handhaben tractare; exercēre, curare; (*lenken*) regere, administrare.
Handlanger *m* operarius *m*; minister *m*.
handlich habilis.
Handlung *f* actio *f*; ~ *e-s Dramas* argumentum *n* fabulae; mercatura *f* [ferramentorum]; taberna *f*.
***Handlungsgehilfe** *m* mercatoris famulus *m*.
Handlungsweise *f* (agendi) ratio *f*; *konkr.* facta *n/pl.*, mores *m/pl.*
Handmühle *f* mola *f* versatilis.
Handpauke *f* tympanum *n*.
Handpferd *n* equus *m* funalis.
***Handpflege** *f* manicura *f*.
Handreichung *f* auxilium *n*; ~ *tun* adesse [patri].
Handschelle *f* manica *f*.
Handschlag *m* data dextra *f*.
Handschrift *f* manus 4 *f*, litterae *f/pl.*; (*eigenhändiges Schreiben*) chirographum *n*; liber *m*, codex *m* (manu scriptus).
handschriftlich meā (tuā *u. a.*) manu (scriptus).
Handschuh *m* digitabulum *n*.
Handstreich *m*: ~ *ausführen* rem gerere.
***Handtäschchen** *n* sacculus *m* manuarius.
Handtuch *n* mantēle *n*.
Hand voll *f* quantum manu comprehendi potest; manipulus *m*, (exigua) manus 4 *f*, pauci.
Handwahrsager *m*, **~in** *f* chiromantis *m u. f*.
Handwerk *n* ars *f*, artificium *n*; *als* ~ *betreiben* in quaestum conferre.
Handwerker *m* opifex *m*, artifex *m*, (*in harten Stoffen*) faber *m*.
handwerksmäßig illiberalis, sordidus; ~ *betreiben* in quaestum conferre.
Handwerksmeister *m* qui artificio praeest.
Handwerkszeug *n* instrumentum *n* (*u. pl.*).
Handwurzel *f* prima palmae pars *f*.
Hanf *m* cannabis *f*; *von* ~ cannabinus.
Hanfstengel *m* calamus *m* cannabinus.
Hang *m* fastigium *n*; / proclivitas *f*, animus *m* propensus ad, studium *n*, cupiditas *f* [novarum rerum]; libido *f*; ~ *zur Wollust* libido *f*, *zum Trunk* vinolentia *f*; *e-n* ~ *haben zu* proclivem (*od.* propensum) esse ad, non alienum esse ab.
***Hängematte** *f* lectus *m* pendens.
hangen, hängen *intr.* pendēre ab, ex, de, in; dependēre [laqueo]; (*festsitzen*) haerēre; (*festhängen*) adhaerescere ad; (*bedrohen*) imminēre [tergis]; ~ *an* addictum esse, unice favēre; ~ *lassen* demittere; *trans.* suspendere; laqueo gulam frangere.
Hängen *n* suspendium *n*.
hangend, hängend pendens, suspensus; pensilis [horti].
hänseln ludibrio habēre, ludificare.
Hanswurst *m* sannio *m*, scurra *m*.
Hantel *f* manipulus *m*, *pl.* halteres *m*.
hantieren administrare; *mit etw.* ~ exercēre alqd.
hapern haerēre.
Härchen *n* pulis *m* tenuis (*od.* brevis).
***Harem** *m* grex *f* paelicum.
hären e pilis factus (*od.* textus); *eine* ~*e Decke* cilicum *n*.

Harfe *f* psalterium *n*; **Harfenist** *m* psaltes *m*; **Harfenistin** *f* psaltria *f*.
Harke *f* pecten *m*.
Harm *m* maeror *m*, aegritudo *f*.
härmen: *sich* ~ maerēre.
harmlos securus, incautus, innocens; ~*er Mensch* homo *m* simplex et candidus.
Harmlosigkeit *f* securitas *f*, innocentia *f*.
Harmonie *f* concentus 4 *m*; / consensus 4 *m*, convenientia *f*, concordia *f*.
harmonieren concinere; / consentire, congruere, convenire, consentaneum esse.
***Harmonika** *f* harmonica *f*; *Mund*~ harmonica *f* inflanda; *Zieh*~ harmonica *f* diducenda.
harmonisch concinens, consonus; / concors, consentiens, (bene) conveniens.
Harn *m* urina *f*.
Harnbeschwerde *f* urinae difficultas *f*.
Harnblase *f* vesica *f*.
harnen mingere, urinam reddere.
Harnfluss *m* urinae profluvium *n*.
Harnisch *m* lorica *f*, thorax *m*.
Harnröhre *f* fistula *f* urinalis; * urethra *f*.
harntreibend urinam movens; * diureticus.
Harpune *f* iaculum *n* hamatum.
harren exspectare, opperiri.
hart (*starr*) rigidus; ~ *werden* durescere; / durus; severus, acer; acerbus; asper; ~*e Strafe* poena *f* gravis, supplicium *n* acre; ~*e Zeiten* tempora *n*/*pl*. iniqua (*od*. saeva); ~*e Worte* verba *n*/*pl*. aspera (*od*. saeva *od*. tristia); ~*er Kampf* pugna *f* atrox; ~ *verfahren gegen* graviter consulere in [captivos].
Härte *f* duritia *f*; / acerbitas *f*, asperitas *f*, severitas *f*.
härten durare.
hartherzig durus, asper, ferreus.
Hartherzigkeit *f* animus *m* durus, animi atrocitas *f* *od*. crudelitas *f*.
hartnäckig pertinax, pervicax, obstinatus, offirmati animi; ~ *leugnen* pernegare.
Hartnäckigkeit *f* pertinacia *f*, pervicacia *f*, obstinatio *f*, animus *m* obstinatus *od*. offirmatus.
Harz *n* resina *f*.
harzig resinaceus, resinosus.

Hasardspiel *n* alea *f*.
haschen (celeriter) prehendere, capere; arripere; ~ *nach* captare, sectari, aucupari, venari, quaerere.
Haschen *n* captatio *f*, aucupium *n*, studium *n*, nimia affectatio *f*.
Häschen *n* lepusculus *m*.
Häscher *m* lictor *m*, emissarius *m*.
Hase *m* lepus *m* (*adj*. leporinus).
Haselbusch *m* corylus *f*.
Haselgebüsch *n* coryletum *n*.
Haselmaus *f* glis *m*.
Haselnuss *f* (nux *f*) avellana.
Haselstrauch *m* corylus *f*.
Hasenkeule *f* clunes *m*/*pl*. leporini.
Hasenpanier *n*: ~ *ergreifen* pecorum modo fugere.
Häsin *f* lepus femina.
Haspe *f* cardo *m*.
haspeln glomerare, conglomerare (*z. B. Garn*).
Hass *m* odium *n*; invidia *f*; simultas *f*; ~ *hegen gegen* odisse, odium habēre; ~ *sich zuziehen* odium subire, in odium venire, in invidiam incidere.
hassen odisse, odium habēre (*od*. concepisse) in [hostem]; *gehasst werden* odio esse [improbis]; in odio esse apud, odium suscepisse.
hassenswert odio dignus.
hässlich deformis; (*garstig*) foedus; taeter; turpis.
Hässlichkeit *f* deformitas *f*, turpitudo *f*, foeditas *f*.
Hast *f* festinatio *f*, impetus 4 *m*.
hasten festinare.
hastig festinans, praeproperus, incitatus, praeceps; *adv*. raptim.
hätscheln permulcēre, fovēre.
Haube *f* mitra *f*; (*der Vögel*) crista *f*; *unter die* ~ *bringen* collocare [filiam].
Hauch *m* spiritus 4 *m*.
hauchen spirare.
Haudegen *m* miles *m* (manu) fortis, bellator *m* (veteranus), homo *m* pugnax.
Haue *f* dolabra *f*, ligo *m*.
hauen caedere, ferire, icere; (*durchhauen*) percutere.
Hauer *m* (*des Ebers*) dens *m* exsertus.
Häufchen *n* acervus *m* (*od*. numerus *m*) parvus, pauci *m*/*pl*.
Haufe(n) *m* acervus *m*; (*ungeordneter*) congeries *f*; (*geschichteter*) strues *f*; (*hoch aufgetürmter*) cu-

mulus *m*; *auf e-n ~ werfen* conferre, colligere [sarcinas]; *über den ~ werfen* vertere, subvertere, prosternere; (*v. Tieren*) grex *m*, agmen *n*; (*v. Menschen*) turba *f*; caterva *f*, grex *m*; globus *m*; manus 4 *f*; multitudo *f*; *der große ~* vulgus *n* (hominum), faex *f* populi; *einer aus dem großen ~* unus de multis.

Häufeln *n* accumulatio *f*.

häufen (co)acervare, exaggerare, congerere; cumulare [aes alienum usuris]; onerare [laudibus, contumeliis]; *Frevel auf Frevel ~* scelus sceleri addere, scelera (sceleribus) cumulare; *sich ~* acervari, cumulari; augeri, crescere.

haufenweise acervatim; (*v. lebenden Wesen*) catervatim, gregatim; *od. adj.* frequentes, multi.

häufig **1.** *adj.* frequens, creber [nuntii], multus; **2.** *adv.* frequenter, crebro, saepe, saepenumero; *~ wo sein* frequentem esse in [foro]; *einen Ort ~ besuchen* frequentare (*od.* celebrare) locum.

Häufigkeit *f* frequentia *f*, crebritas *f*.

Häuflein *n* parvula manus 4 *m*.

Haupt *n* caput *n*; *den Feind aufs ~ schlagen* hostem fundere atque fugare; (*vornehmste Person*) caput *n*, princeps *m*, dux *m*, auctor *m*.

Haupt... caput *n mit u. ohne gen.* [*~artikel* caput *n*, *~klage* caput *n* causae]; praecipuus, principalis [porta], maximus, summus, gravissimus, praestantissimus (*bzw. comp.*) [*~lager* castra *n/pl.* maxima (*od.* maiora), *~altar* ara *f* maxima (*od.* maior); *~angelegenheit* res *f* summa (*od.* gravissima); *~arbeit* opus *n* praecipuum; *~absicht* consilium *n* gravissimum]; *oft auch durch adv.* maxime, praecipue, imprimis [*mein ~bestreben war* id maxime spectavi (*od.* secutus sum)]; *gen.* capitis [*~schmuck* ornatus 4 *m* capitis].

Hauptabschnitt *m* caput *n* generale *od.* praecipuum.

Hauptanführer *m* imperator *m*.

Hauptangriff *m*: *~ machen* impetum summa vi facere.

Hauptankläger *m* accusator *m*.

Hauptanstifter *m* (consilii) auctor *m*, princeps *m*, caput *n*.

Hauptaugenmerk *n*: *sein ~ auf etw. richten* praecipue alqd sequi *od.* spectare; *sein ~ darauf richten, dass* ... id maxime (*od.* prae ceteris agere, ut.

***Hauptbahnhof** *m* statio *f* centralis (*od.* principalis).

Hauptbedingung *f* condicio *f* gravissima.

Hauptbegriff *m* caput *n* (quasi *od.* quoddam); summa *f alcs rei*; *die ~e* (*e-r Disziplin*) notiones *f/pl.* potissimae.

Hauptbestandteil *m* id, quo res maxime continetur.

Hauptbuch *n* codex *m* accepti et expensi.

Haupteingang *m* ianua *f* maxima; *des Lagers*: porta *f* decumana.

Haupterbe *m* heres *m* ex asse.

Hauptereignis *n* res 5 *f* summa.

Haupterfordernis *n* caput *n*, res *f* summa (*od.* maxime necessaria).

Hauptfrage *f* quaestio *f* gravissima *od.* veluti principalis; *dies ist die ~* hoc maxime quaeritur; in hāc causā vertitur.

Hauptgebäude *n* domus 4 *f*.

Hauptgedanke *m* sententia *f* gravissima (*od.* summa).

Hauptgegenstand *m* caput *n*; *der ~ e-r Untersuchung ist* ... quaeritur (*od.* agitur) de; *~ m-r Bemühungen war, dass* ... in eo maxime elaboravi, ut; id maxime egi, ut; *der ~ m-r Rede ist* ... id maxime in hac oratione mihi propositum est.

Hauptgericht *n* caput *n* cenae.

Hauptgrund *m* causa *f* gravissima (*od.* prima, principalis), fons *m*.

Haupthaar *n* capillus *m*.

Haupthandlung *f in e-m Drama*: argumentum *n* fabulae.

Hauptheld *m in e-m Drama*: persona *f* prima, princeps; *den ~en spielen* primas partes agere.

Hauptinhalt *m* summa *f*, caput *n*.

Hauptkasse *f* aerarium *n*.

Häuptling *m* regulus *m*, princeps *m*, dux *m*.

Hauptmahlzeit *f* cena *f*.

Hauptmann *m* (*im Heer*) centurio *m*.

Hauptmannsstelle *f* centuriatus 4 *m*.

Hauptquartier *n* praetorium *n*, principia *n/pl*.

Hauptquelle *f* fons *m* uberrimus *od.* praecipuus; caput *n* et fons *m*, fons *m* et causa *f*; (*die eigtl. Quelle*) fons *m* ipse; *Tacitus ist hier die* ~ Tacitus in hāc re gravissimus auctor est.

Hauptrolle *f* primae partes *f/pl.*

Hauptsache *f* res *f* gravissima (*od.* primaria), caput *n*, summa *f*; *oft* (*adj.*) maximus, gravissimus, primus.

hauptsächlich praecipuus, potissimus, princeps, maximus, summus, gravissimus (*bzw. comp.*); *adv.* maxime, potissimum.

Hauptsatz *m* caput *n*, sententia *f* prima, locus *m* gravissimus.

Hauptschlacht *f* dimicatio *f* universa; pugna *f* insignis.

Hauptseite *f* frons *f.*

Hauptstadt *f* caput *n* regni (*od.* imperii) (*nie ohne gen.*), urbs *f* nobilissima.

Hauptstraße *f* via *f* principalis (*od.* celeberrima); (*in e-r Stadt*) vicus *m* maximus.

Hauptstück *n* caput *n*, summa *f*, pars *f* gravissima (*od.* maxima).

Haupttriebfeder *f* causa (*od.* ratio) *f* praecipua; *v. e-r Person*: princeps *m ad aqld.*

Hauptverbrechen *n* scelus *n* gravissimum; res *f* capitalis.

Hauptverbrecher *m* homo *m* (omnium) sceleratissimus, sceleris auctor *m*.

Hauptvertreter *m* auctor *m*.

Hauptwache *f* (*Leibwache*) cohors *f* praetoria; (*Wache des Feldherrn od. Kaisers*) praetorium *n*.

Hauptwort *n* (nomen *n*) substantivum.

Hauptzweck *m* finis *m*.

Haus *n* domus 4 *f*; aedes, ium *f/pl.*; domicilium *n*, tectum *n*; *zu Hause* domi, *auch* intus; *zu Hause sein* habitare, domicilium habēre [in Italia]; *nach Hause* domum, domos; *von Hause* domo; *von ~ zu ~* per domos; *von ~ zu ~ gehen* domos circumire; *für ~ und Hof* pro aris et focis; *im ~ befindlich* domesticus; (*die Bewohner eines Hauses*) domus 4 *f*, domestici *m/pl.*, familia *f*; (*Geschlecht*) domus 4 *f*, genus *n*, stirps *f*; (*Stand*) locus *m* [nobili loco natus].

Haus... domesticus *od.* (*gen.*) domūs (*od.* domorum).

Hausarrest *m* custodia *f* (libera).

hausbacken: *~es Brot* panis *m* cibarius.

Hausbesitzer *m* dominus *m* aedium *od.* aedificii.

Häuschen *n* aediculae *f/pl.*, casa *f*.

hausen habitare, agere [trans Rhenum]; *übel ~* saevire, vexare.

Hausflur *m* fauces *f/pl.*

Hausfrau *f* era *f*, mater *f* familiās.

Hausfreund *m* familiaris *m*.

Hausgenosse *m* qui in eadem domo habitat; *pl.* domestici *m/pl.*, familia *f*.

Hausgenossenschaft *f* communio *f* tecti, contubernium *n*.

Hausgerät *n* supellex *f*.

Hausgesinde *n* familia *f*, famuli ancillaeque.

Hausgott *m* lar *m*, *pl.* lares *und* (di) penates *m/pl.*, di *m/pl.* patrii.

Haushahn *m* gallus *m* gallinaceus.

haushalten rem familiarem administrare, res domesticas curare.

Haushalter *m* pater *m* familiās; (*in fremdem Hause*) dispensator *m*; (*auf e-m Landgute*) vilicus *m*.

haushälterisch diligens, attentus, frugi; parcus.

Haushaltung *f* administratio *f* (*od.* cura *f*) rerum domesticarum (*od.* rei familiaris).

Haushenne *f* gallina *f*.

Hausherr *m* erus *m*, pater *m* familiās.

Haushofmeister *m* atriensis *m*.

hausieren institorem esse, merces ostiatim circumferre.

Hausierer *m* institor *m*.

Hausknecht *m* mediastinus *m*.

Hauslehrer *m* praeceptor *m* domesticus.

häuslich domesticus; intestinus [malum], umbratilis [vita].

Häuslichkeit *f* diligentia *f* domestica, diligens rei domesticae administratio *f*.

Hausmagd *f* ancilla *f*.

Hausmannskost *f* victus 4 *m* cotidianus (*od.* tenuis); mensa *f* sobria.

Hausmaus *f* mus 3 *m*; mus 3 *m* musculus.

Hausmiete *f* habitationis merces *f*, habitatio *f*.

Hausmutter *f* mater *f* familiās.

Hausrat *m* supellex *f*.

Hausrecht *n* ius *n* domini.

Hausschlüssel *m* clavis *f* aedium.

Hausschwelle *f* limen *n*.

Haussklave *m im Hause geboren*: verna *m u. f*; (*Hausdiener*) famulus *m*; (*Sklave übh.*) servus *m*.
Haussuchung *f*: ~ *anstellen bei* inquirere apud, in vasa [hospitis].
Haustier *n* pecus *f* (domestica).
Haustür *f* ostium *n*, ianua *f*.
Hausvater *m* pater *m* familiās.
Hausverwalter *m* atriensis *m*.
Hausverwaltung *f* dispensatio *f*.
Hausvorrat *m* penus 3 *n* (*auch* 2 *od.* 4 *m od. f*).
Hauswesen *n* res *f* domestica (*od. pl.*), res *f* familiaris.
Hauswirt *m* aedium dominus *m*.
Haut *f* (*noch am Fleische*) cutis *f*; (*grobe, harte*) corium *n*; (*mit Haaren oder Wolle bedeckt*) pellis *f*; (*zartes Häutchen*) membrana *f*; (*abgezogene*) pellis *f*; (*schwielige*) callum *n*; *mit ~ und Haar verzehren* totum (*od.* plane) absumere; *mit heiler ~ davonkommen* integrum evadere; *seine ~ pflegen* cutem (*od.* corpus) curare; *sich seiner ~ wehren* fortiter se defendere, resistere.
Häutchen *n* membrana *f*.
häuten: *sich ~* pellem exuere.
Hautfarbe *f* color *m* (cutis).
häutig membranaceus.
he!, heda! heus (tu)! eho!
Hebamme *f* obstetrix *f*.
Hebebaum *m* vectis *m* ligneus.
Hebel *m* vectis *m*; / causa *f*.
heben (at-, ex)tollere, levare [a terra in currum]; *einen Schatz ~* thesaurum effodere; *das Gemeinwesen ~* rem publicam augēre; *sich ~* crescere, efflorescere; *gehoben* erectus, elatus [victoriā].
Heber *m* sipho *m*.
Hebewinde *f* trochlea *f*.
Hebung *f* (*v. Geldern*) exactio *f*; (*der Stimme*) sublatio *f*, contentio *f*; *mst durch Verba*.
Hecht *m* esox, ocis *m*.
Hecke *f* (*Dorngebüsch*) vepres *m*; (*lebendiger Zaun*) saepes *f* viva.
hecken fetus edere.
Hede *f* (*Flachs*) stuppa *f*; *aus ~* stuppeus.
Heer *n* exercitus 4 *m*; (*auf dem Marsche*) agmen *n*; (*in Schlachtordnung*) acies *f*; / multitudo *f*, magna vis *f*.
Heeresdienst *m* militia *f*.
Heeresmacht *n* copiae *f/pl.*, vires *f/pl.*
Heereszug *m* agmen *n*.
Heerführer *m* dux *m* exercitūs.
Heerhaufe *m* manus 4 *f*.
Heerlager *n* castra *n/pl.*
Heerschar *f* manus 4 *f*.
Heerschau *f* recensio *f*.
Heerstraße *f* via *f* militaris, via *f* publica.
Hefe *f* faex *f*; / faex [populi], sentina *f* [urbis].
Heft *n* manubrium *n*; (*am Schwerte*) capulus *m*; (*zum Schreiben*) plagulae *f/pl.* iunctae; libellus *m*, commentarius *m*.
heften figere; *die Augen* (*Gedanken*) *~ auf* oculos (mentem) defigere in [vultu regis]; (*zusammennähen*) consuere.
heftig vehemens, acer, gravis.
Heftigkeit *f* vehementia *f*, gravitas *f*, vis *f*.
Hegemonie *f* principatus 4 *m*, summa *f* imperii.
hegen alere, fovēre, tueri [feras]; (*in sich tragen*) habēre [amorem erga, odium in], gerere [amicitiam].
Hehl: *kein ~ machen aus* non celare (*od.* occultare *od.* dissimulare); *ohne ~* aperte, libere.
Hehler *m* occultator *m*, receptor *m*; *der ~ ist wie der Stehler* non tantum qui rapuit, verum is quoque qui recepit, tenetur.
hehr excelsus, augustus, sanctus.
Heide *m* paganus *m*, gentilis *m*.
Heide *f* loca *n/pl.* deserta (*od.* inculta); silva *f*.
Heidekraut *n* erīca *f*.
Heidentum *n* gentilitas *f*, paganitas *f*; pagani *m/pl.*
heidnisch gentilis.
heikel difficilis, fastidiosus.
heil sanus, integer.
Heil *n* salus *f*; *sein ~ in der Flucht suchen* salutem fugā petere; *sein ~ versuchen* fortunam experiri; *~ dir!* macte esto (virtute)!
Heiland *m* servator *m*, salus *f*, auctor *m* salutis; (*v. Christus*) salvator *m*.
Heilanstalt *f* valetudinarium *n*.
Heilbad *n* aquae *f/pl.* (salubres).
heilbar sanabilis, qui sanari potest.
heilbringend salutaris.
heilen sanare, sanum facere, mederi [morbo]; curare [aegrotos].
heilig sanctus; (*der Gottheit geweiht*) sacer; (*für unverletzlich erklärt*) sa-

crosanctus; (*verehrt*) religiosus; ~ *sprechen* consecrare.
heiligen consecrare; (*weihen*) dedicare; (*als unverbrüchlich festsetzen*) sancire [legem]; (*verehren*) pie sancteque colere; (*feiern*) religiose agere (*od.* celebrare).
Heilige(r) *m* homo *m* sanctus, *pl.* sancti; *unter die Heiligen versetzen* consecrare.
Heiligkeit *f* sanctitas *f*, religio *f*, pietas *f*.
Heiligsprechung *f* consecratio *f*.
Heiligtum *n* res *f* sacra (*od.* divina); religio *f*; templum *n*, fanum *n*, delubrum *n*.
Heiligung *f* consecratio *f*; sanctitas *f*, pietas *f* erga deum.
Heilkraft *f* vis *f* medendi, salubritas *f*.
Heilkraut *n* herba *f* medica *od.* salutaris, herba *f* medicinis idonea.
Heil/kunde, ~kunst *f* medicina *f*, ars *f* medendi.
heillos pessimus, perditus, nequissimus; nefarius [scelus].
Heilmittel *n* medicamentum *n*, remedium *n*; salus *f*.
Heilquelle *f* fons *m* salutaris valetudini.
heilsam saluber, salutaris, utilis.
Heilverfahren *n* ratio *f* medendi; curatio *f*.
heim domum [venire].
Heimat *f* domus 4 *f*, domicilium *n*, sedes *f*; patria *f*.
heimatlich domesticus, patrius.
heimatlos domicilio (*od.* patriā) carens (*od.* orbatus); vagus; patriā (*od.* domo) profugus; extorris, exsul.
Heimfahrt *f* reditus 4 *m*.
heimführen: *als Gattin* ~ in matrimonium ducere, uxorem ducere.
Heimgang *m* domum itio *f*, reditus 4 *m*; (*Tod*) e vita decessus 4 *m*, obitus 4 *m*.
heimisch domesticus; patrius; *in einer Sache* ~ *sein* habitare (*od.* multum versatum esse) in [lingua Graeca].
Heimkehr *f* reditus 4 *m*; *nach meiner* ~ reversus; cum domum redissem.
heim/kehren, ~kommen redire, reverti.
heimlich *adv.* clam, tacite, silentio; arbitris remotis.
Heimlichkeit *f* **1.** (*Verbergung*) occultatio *f*; **2.** (*Geheimnis*) res *f* arcana (*od.* secreta, occulta, recondita); *pl.* ~*en* arcana, secreta, occulta (*sämtl. n/pl.*).
heimschicken domum mittere.
heimsuchen vexare, urgēre, tentare, urere; *heimgesucht werden* conflictari [gravi morbo, diuturnis molestiis].
Heimsuchung *f* malum *n*, res *f* adversa.
Heimtücke *f* animus *m* subdolus.
heimtückisch subdolus.
heimwärts domum.
Heimweg *m* domum itio *f od.* reditio *f*.
Heimweh *n* desiderium *n* (patriae *od.* soli patrii).
heimziehen domum (re)migrare, redire.
***Heinzelmännchen** *n* pygmaeus *m*.
Heirat *f* nuptiae *f/pl*.
heiraten (*vom Manne*) uxorem (*od.* in matrimonium) ducere; (*v. der Frau*) nubere [iuveni].
Heiratsantrag *m*: ~ *machen* in matrimonium petere.
heiratsfähig nuptiis idoneus, maturus; (*v. Mädchen*) nubilis.
Heiratsgut *n* dos *f*.
heiratslustig nuptiarum appetens.
heiser raucus; *sich* ~ *schreien* irraucescere clamore.
Heiserkeit *f* raucitas *f*, fauces *f/pl.* raucae, ravis *f*.
heiß calidus; (*siedend*) fervidus, fervens; / ardens, flagrans, acer; ~ *machen* calefacere; ~ *werden* calefieri, incalescere, effervescere; / exardescere; ~ *sein* calēre, fervēre, aestuare; / ardēre, flagrare.
heißen 1. *trans.* appellare, nominare; dicere, iudicare; *gut*~ probare, approbare, comprobare; *willkommen* ~ salvēre iubēre [amicum]; **2.** *intr.* vocari, appellari; *es heißt, der Vater sei krank* pater aegrotus esse dicitur [patrem aegrotum esse dicunt]; *was soll das* ~? quid hoc sibi vult? quid hoc rei est? *wie es im Sprichwort heißt* ut est in proverbio; *das heißt* id est, hoc est.
Heißhunger *m* vis *f* famis non tolerabilis; fames *f* violenta, insatiabilis cupido *f*; / sitis *f*, cupiditas *f* inexplebilis.
heißhungrig fame violentā laborans; / avidissimus.

heiter serenus; / laetus, hilaris.
Heiterkeit *f* serenitas *f*; / hilaritas *f*, animus *m* hilaris.
heizen calefacere.
Held *m* vir *m* (bello) fortis *od.* fortissimus; (*Halbgott*) heros, (*in einem Drama*) persona prima; *den ~en spielen* primas partes agere.
Heldenalter *n* aetas *f* heroica; tempora *n/pl.* heroica.
Heldendichter *m* poeta *m* epicus.
Heldengedicht *n* poema *n* epicum.
Heldengeist *m* animus *m* fortis ingentis spiritūs vir *m*.
Heldengeschichte *f* historia *f* fabularis, fabula *f* de heroibus.
Heldengesang *m* poema *n* epicum.
heldenhaft fortis et invictus, fortissimus, forti viro dignus.
Heldenkraft *f* virtus *f* summa, vires *f/pl.* invictae.
Heldenlied *n* poema *n* epicum.
Heldenmut *m* virtus *f*, animus *m* fortis (*od.* invictus).
Helden/seele *f*, **~sinn** *m* animus *m* fortis.
Heldentat *f* facinus *n* magnum (*od.* memorabile), res *f* fortiter (*od.* praeclare) gesta.
Heldentod *m* mors *f* viro forti digna, mord *f* gloriosa; *den ~ sterben* claram mortem oppetere.
Heldentugend *f* virtus *f* ac fortitudo *f*.
Heldenvolk *n* gens *f* fortissima.
Heldenzeit *f* tempora *n/pl.* heroica.
Heldin *f* mulier *f* fortis(sima).
helfen opem (*od.* auxilium) ferre, opitulari, auxiliari, auxilio venire, subvenire, succurrere, adesse [laboranti]; (*einen Kranken*) mederi; (ad)iuvare [fortes fortuna]; (*nützen*) prodesse, conducere, utilem esse; (*wirksam sein*) (satis) posse (*od.* valēre, efficacem esse) ad; *es hilft dir nichts* frustra laboras, nihil proficies; *was hilft es?* quid iuvat?, quid attinet?; *auf das Pferd helfen* tollere [puerum] in equum; *sich ~, sich zu ~ wissen* rem expedire, sollertem esse; *sich zu ~ suchen* a se petere auxilium; *so wahr mir Gott helfe!* ita me deus adiuvet!
Helfer *m* adiutor *m*.
Helferin *f* adiutrix *f*.
Helfershelfer *m* adiutor *m*, (ad-)minister *m*, satelles *m*.
hell clarus; (*stärker*) lucidus, illustris; (*glänzend*) splendidus; (*glänzend weiß*) candidus; (*durchsichtig*) pellucidus; (*rein*) limpidus, purus; *es wird ~* (di)lucescit, (dies) illucescit; *in den ~en Tag hinein* in multam lucem; / (*vom Ton*) acutus, clarus; *ein ~er Kopf* ingenium *n* acutum, acies *f* ingenii (*od.* mentis).
hellblau subcaeruleus.
Hellebarde *f* bipennis *f*.
Heller *m* nummus *m*, teruncius *m*, as *m*.
hell leuchtend lucidus.
hellfarbig claro colore.
hell funkelnd nitens, fulgens.
hellgrün subviridis.
Helligkeit *f* claritas *f*, clara lux *f*; splendor *m*; perspicuitas *f*; serenitas *f* [caeli], candor *m* [solis].
hellrot ex candido rufus.
hellsehend oculis acribus et acutis praeditus.
Helm *m* (*v. Leder*) galea *f*, (*v. Metall*) cassis *f*; *mit e-m Helm* galeatus, cum casside.
Helmbusch *m* crista *f*; *mit e-m ~ versehen* cristatus.
Helmdecke *f* tegumentum *n* galeae.
Helmraupe *f* iuba *f* galeae.
Helmspitze *f* conus *m* galeae.
helmtragend galeatus, galeā indutus.
Hemd *n* subucula *f*, tunica *f* interior, camisia *f*, interula *f*.
hemmen (*mit Hemmschuh*) sufflaminare; / sistere [fugam]; praecludere [spiritum]; sustinēre [equos], retardare [impetum hostium], reprimere, impedire.
Hemmnis *n* impedimentum *n*.
Hemmschuh *m* sufflamen *n*.
Hengst *m* equus *m* mas.
Henkel *m* ansa *f*; *mit e-m ~ versehen* ansatus.
Henkelkrug *m* amphora *f*, diota *f*.
Henker *m* carnifex *m*; *geh zum ~!* abi in malam rem!; *hol dich der ~!* di te crucient!
Henne *f* gallīna *f*.
her (*örtl.*) huc; *komm her!* huc ades!; *wo kommst du ~?* unde venis?; *von ... her* ab, ex, de; *~ mit!* cedo! (*pl.* cette) [aquam manibus]; (*zeitl.*) ex, per, inde a; *es ist lange ~, dass* diu est, cum *m. ind.*
herab deorsum; (*von oben*) desuper; *die Stufen ~* per gradus.
herabbegeben: *sich ~* descendere, se demittere.

herabbewegen: *sich* ~ deorsum ferri.
herabbiegen deflectere, detorquēre.
herabblicken despicere.
herabbringen deferre, devehere, deducere, devolvere.
herabbücken: *sich* ~ se demittere *ad alqm.*
herabdrängen deturbare, deicere, detrudere.
herabdrücken deprimere, degravare, affligere; minuere [pretium].
herabeilen festinanter descendere, decurrere, devolare.
herabfahren 1. *trans.* devehere; **2.** *intr.* devehi, deferri, demitti, descendere.
herabfallen decidere.
Herabfallen *n* casus 4 *m.*
herabfliegen devolare.
herabfließen defluere.
herabführen deducere, devehere, deferre [amnis plurimum limi].
herabgießen defundere; *intr.* fundi.
herabgleiten delabi, defluere.
herabhangen (de)pendēre ex, ab; (*nach vorn*) propendēre; ~ *lassen* demittere, promittere [crines].
herabholen depromere; deducere; deferre.
herabjagen deturbare, depellere; *intr.* devolare.
herabklettern descendere.
herabkommen descendere, defluere.
herabkriechen derepere.
herablassen demittere; *sich* ~ se demittere, descendere, delābi; (*freundlich*) se submittere.
herablassend comis, humanus.
Herablassung *f* comitas *f*, humanitas *f*.
herablaufen decurrere.
herablocken devocare, elicere.
herabmarschieren descendere.
herabnehmen demere, tollere, auferre; decerpere.
herabrauschen cum strepitu delābi (*od.* deferri *od.* devolvi).
herabregnen depluere.
herabreichen 1. *trans.* porrigere; **2.** *intr.* pertinēre, porrigi, descendere ad.
herabreißen deripere, detrahere, avellere, decerpere.
herabreiten equo devehi.
herabrennen decurrere.
herabrinnen delabi, defluere.
herabrollen 1. *trans.* devolvere; **2.** *intr.* devolvi, deferri.
herabrufen devocare.
herabschauen despicere.
herabschicken demittere.
herabschießen 1. *trans.* deicere, mittere [tela, tormenta] de; **2.** *intr.* deici, devolvi, decurrere [aqua], fundi [imber].
herabschiffen secundo flumine devehere [sarcinas].
herabschlagen decutere.
herabschleichen derepere.
herabschlendern deicere, mittere, fundere, iaculari.
herabschmettern decutere, deicere.
herabschütten defundere.
herabschweben delabi, devolare.
herabschwimmen secundo flumine deferri, denatare, defluere.
herabsehen oculos demittere (*od.* deicere), despicere in [planitiem], prospectare.
herabsenden demittere.
herabsenken demittere; *sich* ~ demitti, subsīdere.
herabsetzen deponere; / minuere [pretium]; (e)levare [auctoritatem], detrectare [virtutes], obtrectare [gloriae].
Herabsetzung *f* (*Verkleinerung*) obtrectatio *f*; *nach* ~ *des Preises* pretio minuto.
herabsinken desidere, subsidere, (de)labi, defluere; recidere [in eam fortunam].
herabspringen desilire.
herabsteigen degredi, descendere, se demittere.
Herabsteigen *n* descensus 4 *m.*
herabstimmen remittere, submittere; minuere [spem].
herabstoßen detrudere, depellere, deturbare.
herabströmen defluere, delabi; deferri, decurrere.
herabstürmen decurrere, deferri.
herabstürzen 1. *trans.* deicere, deturbare, praecipitare, praecipitem dare; **2.** *intr.* ruere, deici, praecipitari; deferri, devolvi [lapides], fundi [imbres].
herabträufeln destillare.
herabtreiben depellere, deicere, deturbare.
herabwallen demitti, defluere [vestimenta], promitti [capilli].
herabwälzen devolvere.

herabwerfen deicere.
herabwünschen detestari [iram deorum].
herabwürdigen abducere [artem ad mercedem atque quaestum]; *sich* ~ se abicere, dignitatem deponere, descendere ad; *zum Tiere* ~ esse e pecudum genere.
herabziehen 1. *trans.* detrahere, deducere; **2.** *intr.*: ~ *mit* demittere [agmen in inferiorem campum].
heran! huc ades!, accede (adeste) accedite)!
heranbilden: *j-n zu etw.* ~ informare (*od.* instituere) alqm ad alqd, alqm imbuere alqā re.
heranbringen afferre, apportare, admovēre, advehere, subvehere, adducere.
herandrängen: *sich* ~ se ingerere, se inferre, irruere, confluere [ad haec studia]; / appetere, se venditare [hominibus divitibus].
heraneilen advolare, accurrere, (*von mehreren*) convolare.
heranfahren 1. *trans.* advehere, sub-, convehere; **2.** *intr.* advehi, subvehi, accedere.
heranfliegen advolare.
heranfließen affluere.
heranführen adducere, deducere.
herangehen accedere ad.
heranhalten admovēre, apponere.
heranholen arcessere, advocare.
heranjagen equo citato advolare.
herankommen appropinquare.
herankriechen arrepere.
heranlassen admittere.
heranlaufen accurrere.
heranlocken allicere.
heranmachen: *sich* ~ accedere ad.
herannahen appropinquare, accedere ad.
heranreichen pertinēre ad.
heranreifen ad maturitatem venire; *herangereift* maturus; *herangereift sein* maturitatem suam habēre.
heranreiten adequitare ad.
heranrücken 1. *trans.* admovēre ad; **2.** *intr.* accedere ad.
heranrufen (ad)vocare, arcessere, ciēre, accire, adhibēre.
heranschaffen afferre, apportare.
heranschieben admovēre.
heranschiffen navi advehi.
heranschleichen arrepere, obrepere, furtim accedere.
heranschleppen attrahere.
heranschreiten accedere, aggredi.
heranschwimmen adnare.
heransegeln navi advehi.
heransprengen equo admisso accurrere.
heranspringen assilire.
heransteigen ascendere.
heranströmen affluere, confluere, accurrere, concurrere.
heranstürmen omni impetu irruere in.
heranstürzen accurrere, irruere.
herantragen afferre, apportare.
herantreiben appellere, adigere.
herantreten accedere (*od.* assistere) ad.
heranwachsen adolescere; (*v. Pflanzen*) succrescere.
heranwagen: *sich* ~ *an j-n* alqm adire (*od.* accedere) audēre; *sich an die Mauer* ~ murum subire.
heranwälzen advolvere.
heranwogen affluere.
heranwünschen expetere, exoptare.
heranziehen 1. *trans.* attrahere, colligere [copias], adhibēre [ad consilium]; **2.** *intr.* accedere; ~ *mit* adducere [exercitum]; impendēre, imminēre [tempestas].
herauf sursum; **~beschwören:** *die Geister aus der Unterwelt* animas excitare ab inferis; **~bringen** efferre; **~holen** depromere [Caecubum cellis avitis]; **~nehmen** tollere; (*das Kleid*) vestem colligere *od.* succingere; **~reichen** porrigere *od.* dare; **~steigen** sursum escendere; **~ziehen** subducere [naves in aridum]; *ein Gewitter zieht herauf* tempestas cooritur.
heraus foras; ~ *damit!* cedo!; ~ *mit ihm!* cedo illum!
herausarbeiten eruere, effodere; *sich* ~ (se) emergere ex.
herausbekommen (*als Ertrag*) capere, percipere; inquirendo reperire.
herausbringen (foras) efferre, egerere, proferre, exportare, evehere, educere; eruere; (*wegschaffen*) tollere, delēre, eluere; (*zuwege bringen*) efficere; expedire, solvere; inquirendo reperire.
herausdrängen extrudere; *sich* ~ (se) emergere ex [turba].
herausdringen erumpere, prorumpere, se effundere.
herausdrücken exprimere.

herauseilen se proripere, evolare.
herausfahren **1.** *trans.* evehere, exportare; **2.** *intr.* evehi, exire; / erumpere, prorumpere, excidere [verbum].
herausfallen excidere.
herausfinden invenire, reperire ex; *sich* ~ evadere ex; / emergere (*od.* se expedire) ex.
herausfischen excipere ex.
herausfliegen evolare.
herausfließen affluere, emanare.
herausfordern provocare, evocare ad [pugnam]; *das Glück* ~ fortunam experiri; *das Schicksal* ~ vocare in se fata cessantia.
Herausforderung *f* provocatio *f*; *e-e* ~ *erhalten* ad certamen singulare provocari; *die* ~ *j-s annehmen* condicionem alcs accipere; *ich nehme die* ~ *zum Kampfe nicht an* evocatus pugnam detrecto.
herausführen exportare, evehere; educere, producere.
herausgeben (de)promere, proferre, (*Buch*) edere.
Herausgeber *m* editor *m*; scriptor *m*.
herausgehen exire, egredi.
herausgreifen depromere ex.
heraushängen *trans.* suspendere.
herausheben tollere, eximere.
heraushelfen expedire, eximere, exsolvere, liberare; *sich* ~ enatare.
herausholen (ex)promere, arcessere, petere.
herausjagen foras pellere, expellere.
herauskommen excidere, exire [sors]; ~ *lassen* evocare foras; / (*v. Schriften*) edi; evadere ex [vinculis]; exire, efferri in vulgus; effici [nihil ex ea re]; *auf eins* ~ idem esse, perinde esse, ad idem redire, nihil referre; *darauf* ~ res eo redit.
herauskriechen prorepere.
herauslassen emittere, exire pati.
herauslaufen excurrere, procurrere, foras currere; / evadere, exitum habēre.
herauslocken elicere.
herauslügen: *sich* ~ mendacio defungi.
herausnehmen eximere; (de-, ex-) promere; *sich* ~ (as)sumere sibi, arrogare sibi [nimium].
herausplatzen: ~ *mit* incautius proferre [nuntium].
herauspressen exprimere, elidere.
herausputzen exornare.
herausquellen scaturire, effundi, se effundere, profluere.
herausragen eminēre, prominēre.
herausreden: *etwas* ~ eloqui alqd; *sich* ~ verbis se expedire.
herausreißen evellere; *sich* ~ se expedire ab.
herausrücken **1.** *trans.* promovēre, proferre, proicere; **2.** *intr.*: ~ *mit der Sprache* libere dicere, quod quis sentit; nihil reticēre; promere, quae in animo latent.
herausrufen evocare, excire; revocare [actorem].
heraussagen eloqui, proloqui, profiteri, expromere.
herausschauen (foras) prospicere, prospectare.
herausschicken (foras) emittere.
herausschieben (foras) emovere *od.* promovere.
herausschießen **1.** *trans.* emittere, iaculari; **2.** *intr.* erumpere.
herausschlagen **1.** *trans.* excudere, excutere, elidere; **2.** *intr.* erumpere; *das Feuer schlägt zum Dache heraus* flamma lambit tectum.
herausschleichen: *sich* ~ (foras) clam exire, se subducere.
herausschleudern emittere, iaculari.
herausschlüpfen (foras) elabi.
herausschwimmen enare, enatare.
heraussehen foras prospicere.
heraussenden emittere.
heraussprengen *intr.* (equo incitato) evolare, evehi, excurrere.
herausspringen exsilire, prosilire.
herausspritzen **1.** *trans.* eiaculari (*z. B.* sanguinem); **2.** *intr.* emicare.
heraussprudeln **1.** *trans.* ebullire, eicere; **2.** *intr.* scaturire.
herausstecken exserere.
herausstellen: *sich* ~ apparēre, manifestum esse.
herausstoßen extrudere, eicere, expellere.
herausstreichen laudibus extollere.
herausströmen se effundere, effundi.
herausstürmen, herausstürzen erumpere, prorumpere, provolare, evolare.
herausstürzen **1.** *trans.* extrudere (*od.* protrudere, eicere) foras; *sich zum Fenster* ~ se praecipitare de fenestra; **2.** *intr.* se proripere, se effundere, erumpere, prorumpere.

heraussuchen scrutari.
heraustreiben ex-, propellere.
heraustreten egredi, exire.
herauswachsen (e)nasci, erumpere.
herauswagen: *sich* ~ (domo) exire (*od.* prodire *od.* egredi) audēre.
herauswälzen evolvere, provolvere.
herauswerfen eicere, proicere; praecipitare [de fenestra].
herauswickeln evolvere, explicare, expedire.
herauswinden extorquēre.
herauswollen exire velle, de exitu cogitare; *nicht mit der Sprache* ~ tergiversari.
herauswühlen eruere.
herausziehen 1. *trans.* extrahere, protrahere, evellere, educere; foras trahere (*od.* rapere); **2.** *intr.* exire, egredi, procedere.
herb(e) austērus; acerbus.
herbei! huc accede (accedite)!, ades (adeste)!
herbei... = *heran...*
herbeilassen admittere; *sich zu etw.* ~ descendere ad alqd.
Herberge *f* (*gastfreundliche*) hospitium *n*, *sonst* deversorium *n*.
herbeten decantare.
Herbheit *f* austeritas *f*, acerbitas *f*.
herbringen adferre, adportare.
Herbst *m* autumnus *m*; *der* ~ *des Lebens* aetas grandior (*od.* gravior).
herbstlich autumnalis, (*gen.*) autumni.
Herd *m* focus *m*.
Herde *f* grex *m*; (*Großvieh*) armenta *n/pl.*
herdenweise gregatim.
herein intro.
herein... = *hinein...*, ein...
hereinbrechen *v. unangenehmen Ereignissen*: ingruere; adpetere, cooriri, imminere.
hereinfallen / *Pech haben*) calamitatem accipere, malum nancisci.
herfallen: ~ *über* aggredi, impetum facere in; (*mit Worten*) invehi in, conviciis lacessere.
herfliegen advolare.
herführen adducere, advehere; *was führt dich her?* cur venisti?
Hergang *m* (rerum) ordo *m*, ratio *f*; *den* ~ *der Sache erzählen* narrare, quemadmodum res gesta sit.
hergeben dare, praebēre, porrigere; *gib her!* cedo! *sich dazu* ~ operam suam praebēre ad.
hergehen: *es geht her über* acerbe invehuntur in [tribunum], perstringitur [tribunus]; *es geht lustig her* iucunde vivunt.
herhalten: ~ *müssen* plecti, poenas dare; carpi, perstringi.
herholen arcessere; promere [argumenta]; *zu weit* ~ longe (re)petere, altius repetere; *weit hergeholt* longius repetitus.
herkommen advenire, accedere; *komm her!* huc ades!
Herkommen *n* consuetudo *f*, mos *m*.
herkömmlich a maioribus traditus, patrius; usitatus.
Herkunft *f* origo *f*, stirps *f*, genus *n*; *von hoher* ~ nobili genere (*od.* loco) natus *od.* ortus.
herlaufen accurrere.
herlegen (ap)ponere.
herleiern decantare.
herleiten: ~ *von* repetere **ab.**
herlesen legere, recitare.
hermachen: *sich* ~ *über* aggredi.
Hermelin *n* mus 3 *m* silvestris; putorius *m* ermineus.
Herme(nsäule) *f* Hermes, ae *m*.
hernehmen sumere, petere, haurire, capere.
hernennen enumerare, nominare, recensēre.
hernieder deorsum.
hernieder... = *herunter...*
heroisch heroicus.
Herold *m* praeco *m*; (*im Kriege*) caduceator *m*, nuntius *m*.
Heroldsamt *n* praeconium *n*.
Heroldstab *m* caduceus *m*.
Heros *m* **1.** (*Göttersohn*) heros *m* (*pl.* Heroen herōes); **2.** (*Held*) vir *m* bello fortis, vir *m* fortissimus.
herplappern deblaterare.
Herr *m* dominus *m*, (*im Staate*) rex *m*, princeps *m*, tyrannus *m*, is penes quem imperium (*od.* summa imperii) est; ~ *sein über* imperare (*od.* praeesse) *m. dat.*, imperium tenēre; *sich zum* ~*en machen* potiri [oppido]; ~ *im Staate* princeps *m*; ~ *über Leben und Tod* vitae necisque dominus *m*; *sein eigener* ~ *sein* sui iuris (*od.* in sua potestate) esse; *nicht* ~ *über sich selbst* sui impotens; (*Hausherr*) erus *m*, pater *m* familiās; (*Besitzer*) dominus *m*, possessor *m*.
herrechnen enumerare, recensēre; *an den Fingern* ~ digitis computare.

H

***Herrenfahrer** *m* aurīga *m* procer.
herrenlos sine domino, vacuus, liber; *als ~ ansehen* pro derelicto habēre.
herrichten instituere.
Herrin *f* domina *f*, era *f*.
herrisch imperiosus, superbus.
herrlich magnificus, splendidus; amplus [triumphus]; lautus [epulae]; praeclarus, egregius; aureolus [libellus].
Herrlichkeit *f* magnificentia *f*.
Herrschaft *f* imperium *n*, regnum *n*; (*amtliche Gewalt*) potestas *f*; (*Gewaltherrschaft*) dominatus 4 *m*, dominatio *f*; *die oberste ~* summum imperium *n*, summa potestas *f*; principatus 4 *m*; *die ~ haben über* in dicione (*od.* in potestate) tenēre [socios]; *sich der ~ bemächtigen* rerum potiri; *unter der ~ stehen* imperio [Romanorum] parēre, in dicione esse; (*Gebiet*) fines *m/pl.*, ager *m*, regio *f*.
herrschaftlich erīlis, (*gen.*) domini, principis, regis *u. a.*
herrschen regnare in [Gallia], imperium [Gallorum] tenēre (*od.* obtinēre); dominari, praeesse; (*im Schwange sein*) vigēre, invaluisse, percrebruisse; esse [mos, opinio], agitari [luctus in urbe]; *~d* communis [opinio]; *herrschend werden* increbescere, percrebescere.
Herrscher *m* princeps *m*, dominus *m*, rex *m*, imperator *m*, tyrannus *m*.
Herrscherfamilie *f* domus 4 *f* regia (*od.* principis).
Herrschergewalt *f* imperium *n* (ac potestas *f*).
Herrscherin *f* domina *f*, regina *f*.
Herrscherpaar *n* dominus et domina, reges *m/pl.*, principes *m/pl.*
Herrscherstab *m* sceptrum *n*.
Herrscherwürde *f* dignitas *f* regia, maiestas *f* imperatoria.
Herrschsucht *f* cupiditas *f* regni (*od.* imperii *od.* regnandi *od.* dominandi).
herrschsüchtig cupidus regni (*od.* imperii *od.* regnandi).
herrufen advocare, arcessere.
herrühren oriri (*od.* proficisci) ab, originem trahere ex, fluere ex, manare ex, fieri (*od.* effici *od.* sequi *od.* consequi) ex.
hersagen pronuntiare, recitare, declamare.
hersehen *intr.* aspicere.
herstammen natum (*od.* ortum) esse *alqo*, originem trahere *ab alqo.*
herstellen conficere [pallium].
hertreten (huc) assistere.
herüber: *komm ~!* huc ades!
herüber... *s. hinüber...*
herum circum, circa; *im Kreise ~, in der Reihe ~* in orbem; *in den Häusern* (*Dörfern u. a.*) *~* ostiatim (vicatim *u. a.*), per domos (per vicos *u. a.*), *m. bloßem acc. bei e-m mit* circum *zusammengesetzten Verbum* [insulas circumire *auf den Inseln herumreisen*].
herum... (*im Kreise herum*) circum...; (*rückwärts*) re...; (*von vorn nach hinten*) con...
herumbewegen circumagere, circumconvertere.
herumbiegen (re)flectere, (re)torquēre, contorquēre.
herumbringen animum [iudicis] flectere, abducere a sententia.
herumdrehen (*bald hierhin, bald dorthin drehen*) versare; (*radförmig*) rotare; circumagere [equum]; (*umkehren*) convertere; (*umdrehen*) contorquēre, retorquēre; *sich ~* se convertere.
herumfahren 1. *trans.* vehere circum, per; **2.** *intr.* circumvehi, pervagari [mare]; *mit den Händen ~* manus circumferre.
herumfliegen circumvolare, circumvolitare, volitare in [urbe], per [agros].
herumfließen circumfluere, circumfundi.
herumfragen omnes in orbem interrogare.
herumführen circumducere.
herumgeben circumferre, circummittere.
herumgehen: *~ um* circumire [castra]; (*von einem zum anderen gehen*) circumire [tentoria]; (*bittend*) ambire [singulos ex senatu]; (*herumgegeben werden*) circumferri; (*an einem Orte*) ire, spatiari, ambulare, obambulare, obversari.
herumgießen circumfundere.
herumirren vagari, errare; *herumirrend* errabundus.
herumjagen 1. *trans.* agitare, (huc illuc) circumagere; **2.** *intr.* (equo citato) circumvehi, vagari; (*als Jäger*) venando peragrare locum.

herumkommen ad omnes (per)venire, omnes circumire (*od.* obire *od.* convenire); (*in Örtlichkeiten*) perlustrare; (*v. Sachen*) circumferri, circummitti, in orbem ire; in vulgus emanare [fama].
herumlaufen circumcursare, discurrere, vagari; (*ängstlich*) trepidare.
Herumlaufen *n* discursus 4 *m*.
herumlenken circumagere.
herumliegen circumiacēre *m. dat.*; *~d* dispersus, disiectus.
herummarschieren circumduci; *~ lassen* circumducere.
herumreichen circumferre, distribuere.
herumreisen circumire, obire [urbes Graeciae]; peragrare, perlustrare.
herumreiten equo circumvehi, circumequitare, (passim) equitare; (*im Kreise*) in orbem equitare.
herumrollen circumvolvere (*intr.* circumvolvi).
herumschicken circummittere, dimittere.
herumschlagen circumdare, involvere [sinistras sagis]; *sich ~ mit* confligere, proeliari cum.
herumschlängeln: *sich ~* sinuari per, circumfundi [amnis insulae]; cingere.
herumschleichen clam (*od.* furtim) circumire, reptare per; (*von Kranken*) corpus vix trahere.
herumschleppen trahere (*od.* raptare) circum (*od.* per).
herumschleudern contorquēre; *im Kreise ~* rotare.
herumschlingen circumdare.
herumschwärmen circumvolitare; grassari.
herumschweifen vagari, palari, errare; (circum)volitare; *die Augen ~ lassen* oculos circumferre.
herumsehen circumspicere, oculos circumferre.
herum sein: *überall ~* in vulgus emanasse; (*Zeit*) circumactum esse.
herumspringen circumsilire, persultare; insultare [fluctibus].
herumspritzen circumspergere, dispergere.
herumstehen circumstare.
herumstellen (passim) disponere [copias]; *sich ~* circumsistere, circumfundi.
herumstreichen vagari.
herumstreiten: *sich ~* litigare, rixari cum.
herumstreuen dispergere.
herumtanzen saltare circum; (*vor Freude*) laetitiā exsultare; *auf etw. ~* insultare [busto].
herumtappen huc illuc ire manibus (*od.* pedibus) praetemptantem iter.
herumtreiben agitare, iactare; (*im Kreise*) in orbem agere; *sich ~* vagari.
herumtummeln: *sich ~* exsultare, persultare in [horto].
herumwälzen circumvolvere, volutare; *sich ~* (circum)volitari.
herumwerfen circumicere [fossam verticibus]; iactare; disicere, dispergere.
herumwickeln circumplicare, circumvolvere.
herumwohnen habitare circa, circumcolere.
herumzanken: *sich ~* litigare (*od.* rixari) cum (*od.* inter se).
herumzerren ultro citroque rapere.
herumziehen 1. *trans.* circumdare [castra vallo]; (*hin und her ziehen*) raptare, huc illuc (*od.* ultro citroque) trahere (*od.* rapere); **2.** *intr.* commeare [mercatores]; huc illuc migrare, vagari, errare.
herunter deorsum.
herunter... = *herab..., ab..., nieder...*
herunterbringen deferre; / minuere [opes], attenuare [vires].
herunterkommen descendere; / minui, attenuari; corruere [mercatores]; ad inopiam redigi; *heruntergekommen sein* re familiari comminutum esse.
herunterreißen deripere [de ara], detrahere [de curru]; / conviciis corripere, exagitare; lacerare.
herunterschlucken devorare.
hervor... pro... (prod...), e..., ex...
hervorblicken prospicere; (*sichtbar sein*) conspici, apparēre.
hervorblühen efflorescere.
hervorbrechen erumpere, prorumpere, procurrere, provolare; (*zum Vorschein kommen*) exoriri, cooriri.
hervorbringen proferre, promere, producere; / (*erzeugen*) procreare, gignere, generare, parere; efficere; ferre [fruges], efferre, edere; (*reich-*

lich) fundere; proferre [in medium et commemorare]; *ein Land bringt große Männer hervor* terra magnos viros fert.
hervordrängen: *sich* ~ prorumpere; / se efferre, prae ceteris conspici velle, se ostentare, se iactare.
hervorfliegen provolare.
hervorfließen profluere.
hervorgehen prodire, exire, progredi, procedere, evadere; *als Sieger* ~ victorem (*od.* superiorem) discedere; *daraus geht hervor* inde apparet, inde intellegitur.
hervorheben laudibus efferre, praedicare; (*besonderen Nachdruck legen*) premere.
hervorholen (de)promere, proferre.
hervorkommen prodire, procedere; evadere, emergere ex.
hervorlaufen procurrere.
hervorleuchten elucēre, enitēre, effulgēre.
hervorlocken elicere.
hervorquellen scaturire, manare, profluere.
hervorragen eminēre, prominēre, exstare ex; / eminēre, excellere inter omnes.
hervorragend excellens.
hervorrufen provocare.
hervor/scheinen, ~**schimmern** elucēre, enitēre, effulgēre.
hervorschießen prosilire, provolare; / exoriri.
hervorschlüpfen foras elabi.
hervorschreiten procedere.
hervorspringen prosilire; eminēre.
hervorspritzen effundi, emicare.
hervorsprudeln scaturire, emicare.
hervorstecken exserere.
hervorstehen eminēre.
hervorstrecken extendere, protendere, proicere, exserere [linguam], praebēre [manum].
hervorströmen profluere, effundi.
hervorstürmen prorumpere, provolare, effundi.
hervorstürzen prorumpere, profundi.
hervorsuchen quaerere, conquirere.
hervortreiben propellere, agere [gemmas].
hervortreten procedere, prodire [in publicum], egredi [domo]; / exsistere; *deutlich* ~ apparēre.
hervortun: *sich* ~ exsistere [virtute et consilio].
hervorwachsen (e)nasci, excrescere, provenire.
hervorziehen pro-, extrahere; *aus dem Dunkel* ~ eruere [vetera ex tenebris]; producere [hominem] ad dignitatem.
herwärts huc; *durch* redire.
herweisen ostendere, proferre, promere; viam (huc ferentem) monstrare; huc mittere.
Herz *n* (*physisch*) cor *n*; / animus *m*, mens *f*, voluntas *f*, ingenium *n*; (*das Innere*) pectus *n*; *am Herzen liegen* cordi (*od.* curae) esse; *es liegt mir auf dem* ~*en* me habet sollicitum; *von* ~*en* ex animo, ex animi sententia, vere; *von ganzem* ~*en* toto pectore; *es übers* ~ *bringen* sustinēre, (in) animum inducere (*m. inf.*); *es nicht übers* ~ *bringen können* a se impetrare non posse; *sich zu* ~*en nehmen* (com)movēri [calamitate]; aegre (*od.* graviter) ferre, ad animum admittere (*Ggs.* neglegere, non laborare de).
herzählen enumerare.
Herzbeutel *m* pericardium *n*.
Herzblatt *n* **1.** *Med.* * diaphragma *n*; **2.** *als Kosewort*: *mein* ~ deliciae *f/pl.* meae.
Herzblut *n* sanguis *m*.
herzbrechend miserabilis, flebilis, acerbissimus.
Herzchen *n* corculum *n*.
herzeigen ostendere.
Herzeleid *n* aegritudo *f*, maeror *m*.
herzen amplexari et osculari.
Herzensfreund *m* amicissimus *m*.
Herzensgrund *m* intimus animus *m*, animi sensus 4 *m*; *von* ~ ex animo.
herzensgut (naturā) optimus; *j-m* ~ *sein* carissimum habēre (*od.* diligere et amare) alqm.
Herzensgüte *f* (naturae) bonitas *f*, animus *m* benignus.
Herzenslust *f*: *nach* ~ ad arbitrium suum, ex libidine; *nach* ~ *sich freuen* gaudio suo indulgēre.
Herzenswunsch *m* animi sententia *f*.
herzerfreuend iucundus.
herzergreifend miserabilis [vox].
Herzgrube *f* praecordia *n/pl.*; *Med.* *scrobiculus *m* cordis.
herzhaft fortis, animosus.
herziehen **1.** *trans.* huc trahere; **2.** *intr.* huc migrare (*od.* proficisci *od.* se conferre).
Herzkammer *f* ventriculus *m* cordis.

Herzklopfen *n* palpitatio *f* cordis; *ich habe* ~ cor mihi salit.
herzlich verus, sincerus; ~ *Glück wünschen* tota mente gratulari; ~ *lieben* unice amare; ~ *sich freuen* valde (*od.* vehementer) gaudēre; ~ *gern* libentissime; ~ *verlangen* cupere et optare.
Herzlichkeit *f* animus *m* verus et sincerus.
herzlos inhumanus, durus; *ganz* ~ *sein* omnem humanitatem exuisse.
Herzlosigkeit *f* animus *m* durus; inhumanitas *f.*
Herzog *m* dux *m* (*adj.* ducalis).
Herzogtum *n* ducatus 4 *m.*
herzstärkend animum recreans *od.* reficiens.
Herzstärkung *f* animi recreatio *f.*
herzu... = *heran...*
herzzerreißend miserabilis [voces], acerbissimus [dolor].
hetzen agitare, venari; *einen Hund* ~ *auf* canem instigare, immittere in [advenam]; agitare et vexare [fugientes]; ~ *gegen* accendere animos [militum] contra [tribunum].
Heu *n* faenum *n.*
Heuboden *m* faenile *n.*
Heubündel *n* faeni manipulus *m.*
Heuchelei *f* simulatio *f* (dissimulatio *f*); pietas *f* simulata.
heucheln simulare (dissimulare; *merke*: quae non sunt simulo; quae sunt, ea dissimulantur); mentiri.
Heuchler *m* (dis)simulator *m.*
heuchlerisch simulatus, fictus [verba].
heuer hoc anno.
heulen ululare.
Heulen *n* ululatus 4 *m.*
heurig huius anni, hornotinus [frumentum].
Heuschrecke *f* locusta *f.*
heute hodie, hoc, hodierno die; *bis* ~ usque ad hunc diem, adhuc; *noch* ~ (etiam) hodie, hodie quoque.
heutig hodiernus, hic; nostrae aetatis.
heutzutage hodie, his temporibus, nunc.
Hexameter *m* versus 4 *m* hexameter *od.* herous.
Hexe *f* venefica *f*, maga *f*, striga *f.*
hexen artes magicas tractare; ~ *kann ich nicht* homo sum; quae supra naturam humanam sunt, efficere nequeo.
Hexenmeister *m* veneficus *m*, magus *m.*
Hexerei *f* res *f* magica; *das ist keine* ~ hoc non difficile est ad efficiendum.
Hieb *m* ictus 4 *m*, plaga *f*; (*mit einer Geißel*) verber *n*; *e-n* ~ *beibringen* ictum (*od.* plagam) inferre [hosti]; *e-n* ~ *bekommen* plagam accipere, ictu vulnerari.
hiebweise caesim.
Hiebwunde *f* vulnus *n* (ac plaga *f*).
hienieden in terris, infra solem, hac in vita.
hier hic; (*in historischer Erzählung*) ibi, hoc (*od.* eo) loco; ~ *ist*, ~ *hast du* en, ecce; ~ *und da* compluribus locis, interdum; ~ *und da steht ein Baum* rarae sunt arbores; ~ *sein* adesse.
hierher huc, ad hunc locum, ad nos; *bis* ~ (*örtlich*) usque ad hunc locum; (*zeitlich*) adhuc, ad hoc tempus, ad hunc diem; (*bis auf diesen Punkt*) hactenus.
hierherum hāc regione.
hierneben iuxta, propter.
hiesig huius loci (urbis, regionis, terrae *u. a.*), qui hic (*od.* hoc loco *od.* in hac urbe *u. a.*) est.
Hilfe *f* auxilium *n* (*für dessen acc. u. abl.* opem *u.* ope *eintreten können*); (*Hilfsmittel*) adiumentum *n*; (*Stütze*) adminiculum *n*; (*Schutz*) praesidium *n*; (*Dienstleistung*) opera *f*; (*in Not*) subsidium *n*; ~ *gegen* remedium *n* [morbi]; *mit* ~ auxilio, operā, ope [amici], adiuvante, adiutore [amico]; ~ *finden bei* (ad)iuvari ab; ~ *suchen bei* auxilium petere ab; ~ *bringen* auxilium ferre, auxiliari; adiuvare [inopes]; *zu* ~ *kommen* auxilio venire, subvenire, succurrere; *zu* ~ *rufen* accire, (auxilio) arcessere; *zu* ~ *nehmen* adhibēre.
Hilfe flehend supplex.
Hilfeleistung *f* auxilii latio *f*; opera *f.*
Hilferuf *m* imploratio *f*; vox *f*, clamor *m.*
hilflos (auxilii) inops, auxilii indigens, praesidio nudus, auxilio destitutus, ab omnibus derelictus; ~ *lassen* destituere.
Hilflosigkeit *f* (auxilii) inopia *f*, angustiae *f/pl.*, solitudo *f.*
hilfreich ad auxilium ferendum promptus (*od.* paratus).

Hilfsarbeiter *m* auxiliarius *m*.
hilfsbedürftig humanae opis indigens.
Hilfsbedürftigkeit *f* indigentia *f*.
Hilfsheer *n* exercitus *m* auxiliaris, auxilia *n/pl*.
Hilfsmittel *n* adiumentum *n*, subsidium *n*, praesidium *n*; opes *f/pl*., facultates *f/pl*., copiae *f/pl*.
Hilfstruppen *f/pl*.: *die* ~ auxilia *n/pl*., copiae *f/pl*. auxiliares, auxiliarii *m/pl*.
Hilfszeitwort *n* verbum *n* auxiliare.
Himbeere *f* morum *n* Idaeum.
Himmel *m* caelum *n*, loca *n/pl*. caelestia, piorum sedes *f*; / deus (*bzw. pl*.); *unter freiem* ~ sub divo; *vom* ~ de caelo, caelitus, divinitus *beim* ~! *um Himmels willen!* per deum, per deos immortales, pro deūm atque hominum fidem!
himmelan in caelum, sublimis, sublime.
himmelblau caesius; caeruleus.
Himmelfahrt *f* ascensus 4 *m* in caelum, discessus *m* ad deum.
himmelhoch caelo iunctus, in nubes excedens, altissimus.
Himmelreich *n* caelum *n*; / summa felicitas *f*.
Himmels... (*gen*.) caeli, (*adj*.) caelestis, divinus.
Himmelsachse *f* axis *m* caeli.
himmelschreiend atrox, nefarius, immanis.
Himmelserscheinung *f* visum *n* caeleste, res *f* caelestis, caeleste *n*.
Himmelsfarbe *f* color *m* caesius *od*. caeruleus.
Himmelsgewölbe *n* caelum *n*.
Himmelskörper *m* astrum *n*, sidus *n*.
himmelskundig rerum caelestium peritus.
Himmelsluft *f* aether 3 *m*.
Himmelsraum *m* aether *m*.
Himmelsstrich *m* caeli pars *f* (*od*. regio *f od*. ora *f*), caelum *n*.
Himmelswagen *m als Gestirn*: plaustrum *n*.
himmelwärts ad caelum, sublime.
himmelweit immensus, summus, maximus, plurimus; ~ *verschieden sein* plurimum differre; immane quantum discrepare ab.
himmlisch caelestis, divinus.
hin eo, illuc, istuc; *nach* ... ~ ad, in ... versus; *an* ... ~ secundum, praeter; *unter* ... ~ sub; ~ *und her* ultro citroque, huc (et) illuc; ~ *und her bewegen* iactare; ~ *und her drehen, wenden* versare; ~ *und her fliegen*, ~ *und her eilen* volitare; ~ *und her laufen*, ~ *und her rennen* concursare, trepidare; ~ *und her treiben* agitare; ~ *und her reden* in utramque partem disputare; ~ *und her überlegen* etiam atque etiam considerare, animo volvere, diu multumque cogitare; ~ *und wieder* vulgo, interdum, passim.
hinab = *herab*.
hinan = *heran, hinauf*.
hinarbeiten: ~ *auf* elaborare in [pace], ut..., ne..., servire [paci]; moliri, id agere ut, contendere, (e)niti, ut, ne.
hinauf sursum; (*in Kompositis oft durch* sub-, e-, ex-); *höher* ~ *wollen* maiora concupiscere.
hinaufarbeiten: *sich* ~ eniti *in alqm locum*.
hinaufblicken suspicere [caelum], oculos tollere ad.
hinaufbringen sursum ferre (*od*. portare *od*. ducere); efferre, evehere, subvehere, (*durch Graben*) effodere.
hinaufdringen eniti, evadere.
hinaufeilen subvolare, evolare, cursim evadere, eniti; petere [locum].
hinauffahren evehere, subvehere; *intr*. evehi [in montem].
hinauffliegen subvolare.
hinaufführen (sub)ducere.
hinaufgehen ascendere.
hinaufheben tollere.
hinaufhelfen (at)tollere.
hinaufhüpfen insilire.
hinauf/klettern, ~klimmen sursum eniti.
hinaufkommen eniti [in montem].
hinaufreichen **1.** *trans*. dare; **2.** *intr*. attingere [caelum], attolli, erigi [in caelum].
hinaufreiten evehi in [montem].
hinaufrücken (*intr*.) subire [montem]; ~ *lassen* subducere [milites in montem].
hinaufschaffen sursum portare.
hinaufschauen suspicere.
hinaufschicken (sursum) mittere.
hinaufschiffen adverso flumine navigare, subvehi.
hinaufschweben sublime ferri, sublimem abire.

hinaufschwingen: *sich* ~ insilire in [equum].
hinaufsehen suspicere.
hinaufspringen insilire in [equum].
hinaufsteigen ascendere.
hinauftragen sursum portare, subvehere.
hinauftreiben extendere, in maius augēre [pretium].
hinaufwälzen subvolvere.
hinaus foras (*vor der Tür*); *weiter* ~ longius; *drüber* ~ ultra; *über* ... ~ ultra *m. acc.*; *wo* ~? quorsum?, quo?
hinaus... *entweder durch* foras (*vor die Tür*) *od.* = *heraus..., aus..., hervor..., fort..., wo will das* ~? quo haec tendunt?
hinausdenken (*in die Zukunft*) de futuris conicere; *weit* ~ longe ante consulere.
hinauskommen exire foras; *über etw.* ~ evadere alqd; / *es kommt darauf hinaus* res eo (*od.* ad id) redit; *es kommt auf eins hinaus* idem est, par est, nihil interest.
Hinblick *m*: *im* ~ *auf seine bedrängte Lage* angustiarum ratione habita.
hinblicken oculos convertere ad, intueri; (*in die Ferne*) prospicere, prospectare.
hinbreiten sternere, explicare.
hinbringen (*tragend*) (per)ferre, af-, deferre, conferre, (ap)portare, supportare; (*fahrend*) (ad)vehere, pervehere; (*führend*) (per)ducere, ad-, deducere; (*Zeit, das Leben*) agere, degere, transigere; ~ *mit* (tra)ducere [noctem sermonibus]; consumere [horas multas potando], absumere, (con)terere [aetatem suam conviviis]; (*hinziehen*) extrahere, ducere.
hinderlich qui impedimento est, qui impedit; ~ *sein* impedire.
hindern impedire, impedimento esse [militibus]; obstare, obesse, officere [libertati], prohibēre, arcēre; interpellare [in iure suo].
Hindernis *n* impedimentum *n*, difficultas *f*; *wenn ein (kein)* ~ *dazwischen kommt* si (nisi) quid inciderit (*od.* intervenerit *od.* obstiterit).
hindeuten significare.
Hindeutung *f* significatio *f*.
Hindin *f* cerva *f*.
hindrängen suburgere.
hindrehen obvertere ad, in.
hindringen irrumpere, irruere.
hindurch per [duas noctes].
hindurch... = *durch...*
hineilen propere currere.
hinein intro; (*nach innen zu*) introrsum; *in den Tag* ~ *leben* in diem vivere.
hinein... *durch* intro; *od.* = *ein...*
hineinarbeiten insculpere, excidere, perfodere; *sich* ~ *in* se insinuare in [litteras], cognoscere.
hineinblasen inflare.
hineinbohren terebrare, defigere.
hineindenken: *sich* ~ mente et cogitatione penetrare in, cognoscere.
hineindrängen: *sich* ~ se inferre.
hineinerstrecken: *sich* ~ pertinēre, prominēre in.
hineinessen comedere, devorare.
hineinfahren invehi [in portum].
hineinfinden: *sich* ~ aditum invenire ad; / intellegere, assequi.
hineinfliegen involare in.
hineingehen inire, introire, intrare, ingredi, se conferre.
hineingeraten incidere.
hineingreifen: *mit der Hand in etw.* ~ manum inserere alci rei, manum demittere in alqd.
hineinholen intro vocare (*od.* arcessere).
hineinkommen intro venire.
hineinkriechen irrepere in.
hineinlassen admittere.
hineinleben: *sich* ~ se insinuare in.
hineinlocken illicere.
hineinragen prominēre, proiectum esse.
hineinregnen: *es regnet durch das Dach hinein* tectum pluviam recipit *od.* transmittit.
hineinreichen 1. *trans.* intro porrigere; **2.** *intr.* pertinēre, prominēre, porrectum esse; incurrere [in agrum].
hineinreisen: *in die inneren Teile Griechenlands* ~ interiorem partem Graeciae petere.
hineinrufen intro vocare.
hineinschütten infundere, ingerere.
hineinschwimmen innatare.
hineinsehen introspicere, inspicere.
hineinsenden (im)mittere.
hineinsenken immittere, demittere; mergere [in aquam].
hineinsetzen imponere; *sich* ~ considere [in curru].

H

hineinsprengen (equo citato) invehi in.
hineinspringen insilire.
hineinstehlen: *sich* ~ furtim subrepere, furtim inrepere, clam se ingerere.
hineinstellen imponere in.
hineinstoßen in-, defigere; ~ *ins Wasser* detrudere in aquam.
hineinstürzen: *sich* ~ irruere, irrumpere.
hineintrinken haurire.
hineintun immiscēre, admiscēre.
hineinwachsen innasci; *tief* ~ alte radices agere.
hineinwerfen inicere, conicere, immittere.
hineinziehen intro trahere; *intr.* immigrare.

H

hinfahren 1. *trans.* vehere, subvehere; **2.** *intr.* vehi, subvehi; *an der Küste* ~ oram legere.
hinfallen cadere, procidere, concidere, (pro)labi.
hinfällig caducus, fragilis, fluxus, infirmus.
Hinfälligkeit *f* fragilitas *f*; infirmitas *f*.
hinfliegen (ad)volare, praetervolare.
hinfließen (praeter)fluere.
hinfort posthac; in posterum.
hinführen ad-, per-, pro-, deducere.
hingeben dare, dedere, tradere, praebēre *sein Leben* ~ vitam profundere pro; *sich* ~ se dare, se dedere.
hingegen at, sed.
hingehen ire; *wo gehst du hin?* quo tendis?; *Monate gehen hin* menses cedunt; *das soll nicht so* ~ non sic abibit; ~ *lassen* praemittere [occasionem]; *ungestraft* ~ *lassen* dimittere impunitum.
hingelangen pervenire.
hingeraten devenire, delabi.
hingießen profundere.
hingleiten labi; / (*über*) transilire, leviter tangere.
hinhalten admovēre; praebēre, porrigere; (*verschieben*) differre, extrahere [rem in adventum consulis].
hinhängen suspendere.
hinhorchen subauscultare et procul attendere.
hinkehren (con)vertere, obvertere.
hinken claudicare, claudum esse.
Hinken *n* claudicatio *f*.
hinkend claudus.
hinknien in genua procumbere.
hinkommen pervenire.
hinlangen manus porrigere ad; *intr.* satis esse, suppeditare ad.
hinlänglich satis; *nicht* ~ parum; *mehr als* ~ plus quam satis est; satis superque; abunde.
Hinlänglichkeit *f* satietas *f*; (*gehörige Anzahl*) iustus numerus *m*.
hinlassen admittere.
hinlaufen (ac)currere; ~ *an* praeterire; ~ *durch* ferri [rivi].
hinleben in diem vivere, vitam degere.
hinlegen (de)ponere.
hinleiten (ad)ducere.
hinlenken flectere, dirigere ad; / animum convertere ad.
hinlocken pellicere, pertrahere.
hinmetzeln trucidare, obtruncare, caedere, occīdere.
hinnehmen accipere; aequo animo ferre.
hinneigen: *sich* ~ inclinare, propendēre, propensum esse ad.
Hinneigung *f* propensa voluntas *f*.
hinnen: *von* ~ hinc.
hinopfern perdere; offerre [temere milites morti].
hinraffen abripere, auferre; absumere [morbus].
hinrauschen cum strepitu ferri, decurrere.
hinreichen 1. *trans.* praebēre, porrigere; **2.** *intr.* satis esse, sufficere, suppeditare.
hinreichend satis.
Hinreise *f* iter *n*; ~ *und Herreise* itus 4 *m* et reditus 4 *m*.
hinreisen proficisci, iter facere ad.
hinreißen rapere, abripere, (abs-) trahere; / auferre, efferre, praecipitem ferre; *sich* ~ *lassen* rapi, trahi; ~*d* omnium animos permovens; incredibilis [vis orationis].
hinrichten (*hinwenden*) (ad)vertere, ob-, convertere, dirigere, admovēre; (*töten*) supplicium sumere de, supplicio afficere, morte multare, securi percutere.
Hinrichtung *f* supplicium *n*.
hinrücken 1. *trans.* ad-, promovēre; **2.** *intr.* proficisci.
hinrufen advocare, arcessere.
hinschaffen ad-, transferre.
hinscheiden mori.

Hinscheiden *n* mors *f.*
hinschießen telum conicere in locum.
hinschlachten trucidare.
hinschlagen (*heftig hinfallen*) graviter prolabi, solo (*od.* ad terram) adfligi.
hinschleppen (per)trahere, abstrahere; *sein Leben* ~ vitam tolerare.
hinschmachten tabescere.
hinschreiben scribere.
hinschütten profundere, effundere.
hinschwinden tabescere.
hinsegeln navigare, cursum dirigere ad.
hinsehen aspicere, spectare ad.
hinsehnen: *sich* ~ desiderio [maris] teneri. [notam].
hinsetzen (de)ponere; apponere [notam].
Hinsicht *f*, **hinsichtlich** quod attinet ad; ad, de, in [eo genere]; *in jeder* ~ omnibus rebus.
hinsinken collabi.
hinstellen ponere, collocare, statuere; *sich* ~ consistere.
hinsterben emori.
hinsteuern navem *od.* cursum dirigere ad.
hinstrecken porrigere, extendere; (pro)sternere; *sich* ~ se sternere, procumbere.
hinstreuen dispergere.
hinströmen (de)fluere; ferri; confluere, concurrere.
hinstürzen acerrimo cursu ferri; (*niederstürzen*) occidere, corruere, procumbere, se proicere.
hintansetzen postponere, posthabēre; derelinquere, deserere, neglegere.
hintanstehen postponi.
hinten post, post tergum, a tergo; *bei subst. oft durch adj.*: extremus, ultimus; aversus [pars domūs]; posticus [domus]; *von* ~ a tergo, (*adj.*) aversus; ab extremo [ordiri]; *von* ~ *und von vorn* aversus et adversus.
hinter *prp.* post, pone; (*gleich* ~) secundum; ~ *dem Rücken* post tergum, a tergo; clam, inscio [patre]; ~ *dem Berge halten* (*mit*) tergiversari (occultare, dissimulare); ~ *sich haben* (*lassen*) post se habēre (relinquere, praecurrere; superare, vincere); ~ *etwas kommen* cognoscere, comperire, deprehendere; ~ *das Licht führen* fallere, decipere.

Hinterbacke *f* natis *f*, clunis *f.*
Hinterbein *n* pes *m* posterior; *sich auf die* ~*e stellen* posterioribus insistere; / promissis non stare.
hinterblieben superstes [parentibus].
hinterbringen deferre ad, nuntiare.
Hinterdeck *n* puppis *f.*
hinterdrein *adv.* post, postea.
hintere(r) posticus, aversus, posterior.
hintereinander alius post (*od.* super) alium; ordine; (*ununterbrochen*) deinceps; *drei Tage* ~ dies continuos tres; ~ *tun, sagen* continuare.
Hinterfuß *m* pes *m* posterior.
Hintergedanke *m*: *ohne* ~*n* sine dolo; *er hat* ~*n* dolus subest.
hintergehen illudere et destituere, fallere, decipere.
Hintergrund *m* recessus 4 *m*, pars *f* posterior.
Hinterhalt *m* insidiae *f/pl.*; *in* ~ *legen* in insidiis (col)locare; *einen* ~ *legen* insidias collocare (*od.* ponere *od.* parare).
Hinterhaupt *n* occipitium *n*, aversa pars *f* capitis.
Hinterhaus *n* postica pars *f* aedium.
hinterher post, postea.
Hinterkeule *f* clunis *f*; *e-s Schweines*: perna *f.*
Hinterkopf *m* occipitium *n*, aversa pars *f* capitis.
hinterlassen relinquere.
hinterlassen *adj.* superstes [parentibus].
Hinterlassenschaft *f* fortuna *f* tota, hereditas *f*, patrimonium *n.*
hinterlegen deponere.
Hinterlist *f* insidiae *f/pl.*, fraus *f*, dolus *m.*
hinterlistig insidiosus, fraudulentus, dolosus.
Hintermann *m* proximus *m.*
Hinterpforte *f* ostium *n* posticum.
hinterrücks retro; a tergo.
Hinterseite *f* pars *f* posterior (*od.* aversa).
hinterster postremus, ultimus, extremus.
Hinterteil *n* pars *f* posterior; (*des Schiffes*) puppis *f.*
Hintertor *n* porta *f* postica (*od.* aversa); (*im Lager*) decumana porta *f.*
Hintertreffen *n* acies *f* postrema (*od.* extrema); (*auf dem Marsche*) agmen *n* novissimum.

H

hintertreiben impedire, ad irritum redigere, disicere, disturbare; intercedere [legi]; *zu ~ suchen* officere [consiliis].
Hintertür *f* (ostium) posticum *n*, ianua *f* aversa.
hintreiben (com)pellere, propellere, agere, deferre.
hintreten adsistere, consistere, accedere ad.
hinüber trans, ultra; *~ und herüber* ultro citroque.
hinüberbringen transportare, transvehere, transmittere, traicere.
hinüberfahren 1. *trans.* transvehere; 2. *intr.* transvehi, traicere.
hinüberfliegen transvolare.
hinüberfliehen transfugere.
hinüberführen traducere.
hinübergehen transire, transgredi, traicere.
hinüberhangen impendēre, imminēre.
hinüberholen traducere, transferre.
hinüberkommen transire, transgredi; *nicht ~* transitu prohiberi.
hinüberlaufen transcurrere.
hinüberlocken pertrahere.
hinüberragen superne eminēre.
hinüberreichen porrigere.
hinüberschicken transmittere.
hinüberschwimmen tranare, transnatare.
hinüberspielen transferre.
hinüberspringen transilire.
hinübersteigen transcendere.
hinübertragen transferre, transportare.
hinübertreten transgredi, transire.
hinüberwerfen traicere, transmittere.
hinüberziehen 1. *trans.* pertrahere [ratem ad ripam]; 2. *intr.* transire, transmigrare.
hin und her ultro citroque, huc et illuc.
Hin- und Hergehen *n* (*Auf- und Abgehen*) ambulatio *f*; (*Gehen u. Zurückgehen*) itus 4 *m* reditusque 4 *m*.
Hin- und Herlaufen *n* concursatio *f*, discursus 4 *m*.
hinunter deorsum.
hinwälzen provolvere.
hinweg: *~!* apage te!; *~ damit!* aufer illam rem!
hinweggehen: *oberflächlich über ... ~* praetervolitare.
hinweisen 1. *trans.* viam monstrare ad; delegare [studiosos ad librum Catonis]; 2. *intr. auf etwas ~* (de)monstrare, ostentare; / significare, describere, indicare.
hinwelken *v. Pflanzen*: flaccescere; *vom Körper*: marcescere, tabescere.
hinwenden ad-, con-, obvertere.
hinwerfen adicere, adigere [telum, lapidem]; obicere [cibum]; proicere [arma]; abicere; (*niederwerfen*) proicere, prosternere; iacere [voces]; (*schriftlich*) paucis perscribere.
hinwieder(um) vicissim; (*gegenseitig*) mutuo; (*dagegen*) contra; iterum.
hinzeigen (de)monstrare.
hinziehen 1. *trans.* (per)trahere [navem]; *sich hingezogen fühlen zu* (studio) trahi (*od.* ferri) ad, delectari; (*in die Länge ziehen*) (ex-) trahere, protrahere, ducere [bellum]; *sich ~* (*örtlich*) porrigi (*od.* pertinēre) ad; (*zeitlich*) (pro)trahi, longius extrahi; 2. *intr.* migrare, proficisci, iter facere.
hinzu eo, istuc, illuc.
hinzu... = *heran..., hin..., bei...*
hinzudenken mente subicere, cogitare, intellegere, simul audire.
hinzudichten affingere.
hinzufügen addere, adiungere, adicere.
hinzugehen accedere ad.
hinzugesellen aggregare [in numerum amicorum]; *sich ~* comitem se addere.
hinzukommen accedere, addi, adici, adiungi.
hinzulernen addiscere.
hinzurechnen adnumerare.
hinzuschreiben adscribere.
hinzuziehen adhibēre, assumere.
Hippe *f* falx *f*.
Hirn *n* cerebrum *n*.
Hirngespinst *n* somnium *n*; *pl.* opinionis commenta *n/pl.*
hirnlos excors, vecors, amens, demens.
Hirnlosigkeit *f* vecordia *f*, amentia *f*, dementia *f*.
Hirnschädel *m* calva *f*.
Hirsch *m* cervus *m*; *vom ~* cervinus.
hirschbraun coloris cervini.
Hirschfänger *m* culter *m* venatorius.
Hirschkalb *n* hinnuleus *m*.
Hirschkuh *f* cerva *f*.

Hirschtalg *m* sebum *n* cervinum.
Hirse *f* milium *n*.
Hirt *m* pastor *m*.
Hirten... pastoralis, pastoricius, (*gen.*) pastoris (-rum).
Hirtengedicht *n* carmen *n* bucolicum.
Hirtenhorn *n* cornu *n* pastoris, bucina *f*.
Hirtenhund *m* canis *m* pastoralis (*od.* pastoricius, pecuarius).
Hirtenpfeife *f* fistula *f*.
Hirtenstab *m* pedum *n*.
hissen vela dare ventis.
Historiker *m* historicus *m*, *pl. auch* scribentes.
Hitzblatter *f* papula *f*, pupula *f*.
Hitze *f* (*brennende*) ardor *m*; (*glühende*) fervor *m*; (*siedende*) aestus 4 *m*; / ardor *m*, aestus 4 *m*, fervor *m*, impetus 4 *m*; *in ~ geraten* effervescere, iracundiā efferri (*od.* inflammari).
hitzig calidus, ardens, fervidus; *auch* acer, vehemens, iracundus; atrox [proelium].
Hitzkopf *m* homo *m* fervidi ingenii; iracundus, praeceps in iram.
Hobel *m* runcina *f*.
hobeln runcinare.
hoch 1. *adj.* altus, celsus et erectus [homo]; excelsus [mons]; arduus [collis]; editus [locus]; sublimis [columna; mens]; procerus [statura]; *hohe See* altum *n* (mare *n*); *hoher Preis* magnum pretium *n*; *hohes Alter* aetas *f* provecta, senectus *f*; *hoher Ton* sonus *m* acutus; *hohe Meinung* magna opinio *f*; *hohe Geburt* genus *n* illustre; *hoher Rang* locus *m* amplus (*od.* splendidus); *hohe Ehre* magnus honor *m*; *hohe Strafe* gravis poena *f*; *hoher Sinn* animus *m* excelsus; *hohe Zeit* tempus *n* summum (*od.* maximum) *usw.*; *hoch und niedrig* summi infimi *m/pl.*; *höchster* altissimus, maximus, summus, supremus *u. a.*; **2.** *adv.* alte, excelse, sublime, loco edito, magnifice *u. a.*; (*bei Wertbestimmungen*) magni, pluris, plurimi [aestimare]; magno, pluris, plurimo [vendere]; *schon ~ am Tage* multo iam die; *drei Mann ~* terni, tribus ordinibus.
hoch achten *magni facere od.* aestimare, suspicere, admirari.
Hochachtung *f* reverentia *f*, admiratio *f*; *im äußeren Benehmen*: veneratio *f*, observantia *f*.
Hochaltar *m* altaria 3 *n/pl.*
hoch begabt summo ingenio praeditus.
hochbejahrt magnus (*od.* grandis) natu, gravis annis (*od.* aetate).
hochfahrend superbus, insolens.
hochfliegend alte volans; / excelsus, sublimis; *~e Pläne haben* ad altiora tendere, niti.
hochgebildet summa eruditione praeditus, humanissimus, doctissimus.
Hochgebirge *n* montes *m/pl.* altissimi.
hochgeboren summo loco natus.
hoch geehrt honoratissimus, amplissimus.
Hochgericht *n* locus *m* summi supplicii.
hochgesinnt, hochherzig magnus et excelsus.
hoch gestellt praestans (*od.* princeps), magno honere praeditus.
hoch gewachsen procerus.
hochheilig sanctissimus, sacrosanctus, augustissimus.
Hochherzigkeit *f* magnus animus *m*, animi magnitudo *f*.
Hochland *n* regio *f* montana.
Hochmut *m* superbia *f*; magni spiritūs 4 *m/pl.*
hochmütig superbus, insolens, arrogans.
hochrot rutilus, rubicundus.
Hochschule *f* universitas *f* litterarum.
höchst maxime, summe; *mst durch Superlativ*; *~e Vollkommenheit* absolutio *f* perfectioque *f*.
hochstämmig procērus.
***Hochstapler** *m* circumscriptor *m*.
hoch stehend princeps, magnus, potens, praestans.
höchstens maxime; [quattuor aut] summum [quinque]; [diebus] plurimum [novem].
höchster: *der Höchste* (*Gott*) deus *m* optimus maximus.
hochstrebend maiora appetens, altiores spiritus gerens, non mediocris.
hochtrabend magnificus, inflatus, tumidus.
hochverdient optime meritus, meritissimus.
hochverehrt honoratissimus, amplissimus.

Hochverrat *m* perduellio *f*, laesa maiestas *f*, proditio *f*.
Hochverräter *m* perduellis *m*, proditor *m*, hostis *m* patriae.
Hochwild *n* ferae *f/pl.* grandes.
Hochzeit *f* nuptiae *f/pl.*; ~ *ausrichten* nuptias adornare; ~ *machen mit* nuptias facere cum.
Hochzeit... nuptialis, (*gen.*) nuptiarum.
hochzeitlich nuptialis.
Hochzeitsgedicht *n* carmen *n* nuptiale, epithalamium *n*.
Hochzeitskuchen *m bei den Alten*: mustaceus *m*, mustaceum *n*; *bei uns*: placenta *f* nuptialis.
hocken (*über*) inhaerēre [chartis].
Höcker *m* tuber *n*; (*Buckel*) gibber *m*.
höckerig tuberosus; (*buckelig*) gibber.
Hode *f* testis *m*, testiculus *m*.
Hodenbruch *m* hernia *f*.
Hodensack *m* scrotum *n*.
Hof *m* (*freier Platz*) area *f*; (*im Innern des Hauses*) cavum *n* aedium, cavaedium *n*; (*um den Mond*) corona *f* lunae; (*Landgut*) praedium *n*, ager *m*, fundus *m*; (*e-s Fürsten*) aula *f*, regia *f*, palatium *n*, domus 4 *f* principis; (*die Hofleute*) aulici *m*, purpurati *m*; *den* ~ *machen* salutare, colere, observare; inservire.
Hofamt *n* munus *n* aulicum.
Hofbeamte(r) *m* purpuratus *m*, muneri aulico praefectus *m*.
Hofbediente(r) *m* famulus *m* aulicus.
Hofburg *f* regia *f*.
Hofdienst *m* ministerium *n* aulicum.
Hoffart *f* superbia *f*.
hoffärtig superbus.
hoffen sperare; spem habēre, exspectare; *fest* ~ confidere; *alles Gute* ~ bene sperare, bonam spem habēre; *nichts mehr* ~ desperare.
hoffentlich ut spero, id quod spero; *mst durch* sperare *als* verbum regens.
Hoffnung *f* spes *f*, exspectatio *f*; ~ *hegen* sperare; *keine* ~ *haben* desperare; ~ *fassen* spem concipere, in spem venire; *die* ~ *verlieren* spem abicere; ~ *machen* spem facere (*od.* afferre *od.* inicere); *in der* ~ *getäuscht werden* spe labi (*od.* deici), a spe destitui; *die* ~ *schlägt mir fehl* spes me fallit (*od.* destituit).
hoffnungslos **1.** *act.* spe orbatus (*od.* destitutus *od.* deiectus), desperans; ~ *sein* desperare; **2.** *pass.* desperatus [morbus], perditus [homo].
Hoffnungslosigkeit *f* desperatio *f*.
Hoffnungs/schimmer, ~strahl *m* spes *f* exigua (*od.* tenuis).
hoffnungsvoll **1.** *act.* plenus spei (bonae), magnam spem habens; **2.** *pass.* magnae *od.* bonae spei; qui (quae) spem bonae indolis dat.
Hofhaltung *f* aula *f* regia (*od.* principis).
Hofhund *m* canis *m* catenarius (*od.* villaticus).
höfisch aulicus.
höflich urbanus, humanus.
Höflichkeit *f* urbanitas *f*, humanitas *f*.
Höflichkeitsbesuch *m* officium *n* vulgare.
Höflichkeitsbezeigung *f* officium *n*.
Höfling *m* aulicus *m*, purpuratus *m*.
Hofmacher *m* cultor *m* feminarum.
Hofmann *m* homo *m* callidus (*od.* ad adulationem compositus).
Hofmeister *m* magister *m*, custos *m*, rector *m*, educator *m*; paedagogus *m*; / corrector *m* [peccantium].
Hofstaat *m* apparatus 4 *m* regius.
Hoftür *f* ianua *f* postica (*od.* interior).
Höhe *f* altitudo *f*; (*Schlankheit*) proceritas *f*; *auf der* ~ *des Berges* in summo monte; *in die* (*der*) ~ sublime; *in die* ~ *heben* (*od. halten*) efferre, tollere, erigere, tendere [manus].
Hoheit *f* altitudo *f*; ~ *der Gesinnung* elatio *f* animi; ~ *des Staates* maiestas *f* reipublicae.
Hohepriester *m* sacerdos *m* maximus *od.* summus, perinceps *m* sacerdotum; *bei den Römern*: pontifex *m* maximus.
Höhepunkt *m* fastigium *n* altissimum; *der* ~ *des Ruhmes* gloria *f* summa; *der Kampf hat seinen* ~ *erreicht* ardet acerrime pugna.
hohl cavus, concavus; (*ausgefressen*) exēsus; (*leer*) cassus [nux]; fuscus, raucus [vox]; *hohler Kopf* vanum ingenium *n*; ~ *machen* (ex)cavare.
hohläugig oculis cavis *od.* concavis.
Höhle *f* cavum *n*; caverna *f*; (*in der Erde*) specus 4 *m*, spelunca *f*, (*Grotte*) antrum *n*.

Hohlgeschwür *n* fistula *f*.
Hohlweg *m* via *f* cava, angustiae *f/pl.* viarum, fauces *f/pl.*
Hohlziegel *m* imbrex *f*.
Hohn *m* ludificatio *f*, ludibrium *n*.
höhnen ludificari, irridēre, deridēre, illudere, ludibrio habēre.
Hohngelächter *n* cachinni *m/pl.* irridentium, risus 4 *m*.
höhnisch irridens; *adv.* per ludibrium, per iocum.
hohnlachen irridēre.
Höker *m* caupo *m*.
Hökerin *f* copa *f*.
hökern cauponari.
hold amicus, propitius; *~ sein auch* favēre.
holdselig plenus gratiae, venustus, amabilis.
Holdseligkeit *f* gratia *f*, venustas *f*; benignitas *f*.
holen arcessere, accire, advocare, adducere; petere [aquam]; afferre, advehere, apportare; *Atem ~* spiritum ducere; *Holz* (*Futter, Getreide, Wasser*) *~* lignari (pabulari, frumentari, aquari).
holländisch Hollandicus.
Hölle *f* loca *n/pl.* inferna, sceleratorum apud inferos sedes *f*.
höllisch infernus; / terribilis, nefandus.
holperig salebrosus; *~e Stellen* salebrae *f*; / asper, durus, horridus.
Holunder *m* sambucus *f*.
Holz *n* lignum *n*, (*Nutzholz*) materia *f*; *von ~* ligneus.
Holzapfel *m* malum *n* silvestre.
Holzarbeiter *m* lignarius *m*.
Holzbau *m* **1.** (*Gebäude*) aedificatio *f* e ligno; **2.** (*Holzkultur*) silvarum cultus 4 *m*.
Holzbirnbaum *m* pirus *f* silvestris; * pirus *f* achras.
Holzbirne *f* pirum *n* silvestre.
hölzern ligneus.
Holzfällen *n* lignatio *f*.
Holzhandel *m* negotiatio *f* lignaria.
Holzhändler *m* lignarius *m*.
Holzhauer *m* qui ligna caedit; (*v. Soldaten*) lignator *m*.
Holzhaufen *m* acervus *m* (*od.* strues *f*) lignorum.
Holzholen *n* lignatio *f*.
holzig ligneus, lignosus.
Holzkohle *f* carbo *m*.
Holznapf *m* catillus *m* ligneus.
holzreich lignis abundans.
Holzscheit *n* lignum *n*.
Holzstoß *m* strues *f* lignorum; (*Scheiterhaufen*) rogus *m*.
Holztaube *f* palumbes *f*.
Holzweg *m* via *f* silvestris *od.* lignaria, callis *f*.
Holzwerk *n* materia *f*.
Holzwurm *m* terēdo *f*.
***Homöopathie** *f* homeopatia *f*.
Honig *m* mel *n*.
Honig... melleus, (*gen.*) mellis; (*mit Honig versüßt*) mellitus; mellifer [apis].
Honigbau *m* (*der Bienen*) mellificium *n*; (*der Menschen*) res *f* mellaria.
Honigbauer *m* mellarius *m*.
Honigernte *f* mellatio *f*.
honigfarben melleus.
Honigkuchen *m* placenta *f* mellita.
Honig/scheibe, ~wabe *f* favus *m*.
honigsüß mellitus.
Honigwein *m* vinum *n* mulsum.
Honorar *n* merces *f*, pretium *n*.
Honoratioren: *die ~* proceres *m/pl.*, homines *m/pl.* illustres, honestates *f/pl.*
honorieren honorem habēre, operae pretium solvere [medico].
Hopfen *m* lupus *m*.
Hoplit *m* miles *m* (gravis armaturae).
horchen (sub)auscultare.
Horchen *n* auscultatio *f*.
Horde *f* grex *m*, caterva *f*, turba *f*.
hören audire, auribus percipere; (*deutlich*) exaudire; *schlecht ~* surdastrum esse; *auf dem rechten Ohre schwer ~* dextra aure surdiorem esse; *~ auf* audire; aures praebēre [monenti]; *sich ~ lassen* (ex)audiri, loqui, dicere, canere; *das lässt sich ~* audio, probari potest.
Hören *n* auditio *f*.
Hörensagen *n* auditio *f*, fama *f*; *von ~ wissen* fama accepisse, fando audivisse.
Hörer *m* audiens *m*, auditor *m*, qui audit; *die ~ erfreuen* audientium animos delectare; * (*beim Rundfunk*) concha *f* auditoria.
Höriger *m* cliens *m*.
Horizont *m* (orbis) finiens *m*.
horizontal libratus; *adv.* ad libram.
Horn *n* cornu 4 *n*; *von ~* corneus; *mit Hörnern* (*versehen*) cornutus.
Horn... corneus.
Hornbläser *m* cornicen *m*.
hörnern corneus.

H

Hornisse *f* crabro *m.*
Hornist *m* cornicen *m.*
Hornsignal *n* cornūs (*od.* bucinae) signum *n.* [cornutum.]
Hornvieh *n* armenta *n/pl.*, pecus *n*
Hörsaal *m* auditorium *n.*
Horst *m* nidus *m.*
horsten nidum fecisse.
Hort *m* praesidium *n.*
Hosen *f/pl.*: *die ~* bracae *f/pl.*
***Hosenträger** *m/pl.* fasciae *f/pl.* bracis sustinendis.
Hospital *n* hospitium *n* publicum, ubi pauperes (aegroti) excipiuntur.
Hostie *f* panis *m* eucharisticus.
Hotel *n* deversorium *n.*
hüben citra.
hübsch bellus, lepidus, venustus; *ein ~es Mädel* bella specie puella *f.*
hudeln vexare; negotia facessere.
Huf *m* ungula *f.*
Hufeisen *n* solea *f* ferrea.
Hüfte *f* coxa *f.*
Hügel *m* collis *m*, locus *m* editus (*od.* editior); tumulus *m*; (*Abhang*) clivus *m.*
hügelig clivosus, tumulosus, asper.
Huhn *n* gallina *f.*
Hühnchen *n* pullus *m* (gallinaceus).
Hühner... gallinaceus, (*gen.*) gallinae (-arum).
Hühnerauge *n* clavus *m* pedis.
Hühnerhof *m* gallinarium *n.*
Hühnerstall *m* gallinarium *n.*
Hühnerwärter *m* pullarius *m.*
Huld *f* gratia *f.*
Huldgöttin *f* Gratia *f.*
huldigen in verba, in nomen [principis] iurare; regem consalutare [Numitorem]; / servire [gloriae], deditum esse, studēre [philosophiae], colere.
Huldigung *f* cultus 4 *m*, officium *n.*
Huldigungseid *m* iuris iurandi verba *n/pl.*, sacramentum *n.*
huldreich propitius, benignus.
Hülle *f* velamentum *n*, involucrum *n*, tegumentum *n*; *körperliche ~* corpus *n*; *~ und Fülle* copia *f*; *in ~ und Fülle leben* in omnium rerum abundantia vivere.
hüllen (*in etw.*) involvere.
Hülse *f* folliculus *m.*
Hülsenfrüchte *f/pl.*: *die ~* legumina *n/pl.*
human humanus.
Humanist *m* artium humanitatis studiosus *m.*
humanistisch: *~e Studien n/pl.* studia *n/pl.* (*od.* artes *f/pl.*) humanitatis.
Humanität *f* humanitas *f.*
Hummer *m* cammarus *m.*
Humor *m* festivitas *f*, facetiarum lepos *m*, lepos *m* oratorius.
humoristisch festivus, facetus.
humpeln claudicare.
Humpen *m* cantharus *m.*
Hund *m* canis *m u. f*; *junger ~* catulus *m*; *vom ~e* caninus.
Hündchen *n* catulus *m*, catellus *m.*
Hunde... caninus, (*gen.*) canis (canum).
Hundehütte *f* cubile *n* canis.
hundert centum; *je ~* centeni.
hundertarmig centum manibus; centimanus.
hundertfach centuplex.
hundertköpfig centum capitibus; centiceps.
hundertmal centies.
hundertster centesimus.
Hündin *f* canis *f* (femina), canicula *f.*
hündisch caninus, canum more; / *auch* turpis, humilis.
Hundsrose *f* rosa *f* silvestris; *rosa canina.
Hundsstern *m* canicula *f*, Sirius *m.*
Hundstage *m* dies *m/pl.* caniculares, solstitium *n* aestivum.
Hundswut *f* rabies *f* canina.
Hüne *m* homo *m* immani corporis magnitudine.
Hunger *m* fames *f*; esuries *f*; (*Fasten*) inedia *f*; *~ leiden* fame laborare (*od.* premi *od.* urgeri).
hungerig esuriens, fame labōrans, cibi avidus.
Hungerkur *f* inedia *f*; *~ machen* fame uti.
Hungerleider *m* famelicus *m.*
hungern esurire, fame laborare *od.* premi, cibo abstinēre; *~ nach* sitire [honores], avidissimum esse [laudis].
Hungern *n* fames *f*, esuries *f.*
Hungersnot *f* fames *f.*
Hungertod *m* fames *f*; *mst durch* fame perire (necare).
***Hupe** *f* bucina *f.*
***hupen** bucinā ululare.
hüpfen salire, exsilire, exsultare.
Hürde *f* crates *f.*
Hure *f* scortum *n*, meretrix *f*, lupa *f.*
hurtig celer, pernix.
Husten *m* tussis *f.*

husten tussire, tussi laborare.
Hut *m* pilleus *m*; (*Reisehut*) petasus *m*; *den ~ abnehmen* caput aperire.
Hut *f* custodia *f*; (*Schutz*) tutēla *f*; *auf seiner ~ sein* cavēre, advigilare.
hüten custodire; tueri, tutari; servare [domum]; (*weiden lassen*) pascere; *sich ~* cavēre.
Hüter(in *f*) *m* custos *m* (*f*).
Hutgeld *n* scriptura *f*.
Hütte *f* casa *f*; (*Schuppen*) tugurium *n*; (*Werkstätte*) officina *f*.
Hüttenwerk *n* officina *f* metallica.
Hyäne *f* hyaena *f*.
Hyazinthe *f* hyacinthus *m*.
***Hydrant** *m* aquae ductūs os *n* (*od.* claustrum *n od.* clavis *f*).
***Hygiene** *f* quae ad sanitatem pertinent.
Hymne *f* hymnus *m*, carmen *n*.
Hyperbel *f* superlatio *f*, hyperbole *f*.
hyperbolisch veritatem excedens (*od.* superans), praeter modum.
***Hypnose** *f* hypnōsis *f*.
***Hypnotismus** *m* hypnotismus *m*.
hypochondrisch morosus.
Hypothek *f* hypothēca *f*.
Hypothese *f* coniectura *f*, opinio *f*.
Hysterie *f* hysterismus *m*.

I

iambisch iambicus.
Iambus *m* iambus *m*.
Ibis *m* ibis *f*.
ich ego (*auch* nos); *ich selbst* ego(met) ipse; *~ für meine Person* ego quidem, equidem; *mein* (*dein, sein*) *zweites Ich* alter ego (tu alter, alter idem), tamquam aliquod exemplar mei (tui, sui).
Ideal *n* **1.** *abstr.* imago *f* rei perfectissima, forma *f* rei undique expleta et perfecta, optima et perfecta rei species *f*; **2.** *konkr.* (*Muster*) specimen *n*, exemplar *n*, *mst durch adj.* „*ideal*"; *~ von einem Redner, Menschen, Staate* orator *m* perfectissimus (*od.* summus); homo *m* perfectus (*od.* optimus); civitas *f* optima (*od.* omnibus numeris absoluta).
ideal summus, optimus, perfectus, perfectissimus, omnibus numeris absolutus; quo nihil perfectius cogitari potest.
***Idealismus** *m* idealismus *m*.
Idee *f* notio *f*, cogitatio *f* [cogitatione, non re], opinio *f*; *sich eine ~ machen* mente (*od.* animo) fingere, cogitatione et mente complecti; (*platonisch*) idea *f* = species *f*, simulacra *n/pl.* rerum.
Ideengang *m* sententiae *f/pl.*
identisch idem.
Idiosynkrasie *f* idiosyncrasia *f*
Idiot *m* idiōta *m*; homo *m* stupidus *od.* mente captus.
Idylle *f* carmen *n* bucolicum.
idyllisch: *das ~e Landleben* iucunditas *f* (*od.* suavitas *f*) vitae rusticae.
Igel *m* erinaceus *m*.
Ignorant *m* homo *m* rudis (*od.* indoctus *od.* imperitus).
ignorieren neglegere, dissimulare, nihil curare.
Illusion *f* spes *f* inanis.
***illustrieren** pictas effigies addere [libro].
Imbiss *m* gustatio *f*, aliquid cibi.
immer semper, omni tempore, numquam non; *für ~* in omne tempus, in perpetuum; *~ mehr* magis magisque, in dies magis; (*beim sup.*) quisque [optimus quisque]; *~ einer* singuli, *~ drei* terni, *~ vier* quaterni *usw.*; (*beim rel.*) *wer auch ~* quicunque, *wie groß auch ~* quantuscunque *u. a.*
immerdar semper.
immer fließend perennis, iugis.
immerfort usque, continenter, perpetuo.
immerhin per me licet, nihil moror, sane; *mag auch ~* quamquam, licet.
immer noch etiamnunc, etiamtum.
immer während sempiternus, aeternus, perpetuus.
Imperativ *m* (modus) imperativus *m*.
***impfen** inserere.
imponieren admirationem sui inicere [civibus].
imponierend 1. *adj.* gravis, conspicuus, speciosus; (*majestätisch*) imperatorius; *~e Großartigkeit* granditas; **2.** *adv.* graviter; speciose.
imposant conspicuus, gravis, speciosus, imperatorius [forma].

improvisieren versus ex tempore fundere.
in 1. (*wo?*) in *m. abl.*, (*innerhalb*) intra, (*durch ... hin, über*) per; (*in den Schriften*) apud; **2.** (*wann?*) *mst bloßer abl.*, *bisw.* in, intra, per; / *durch adj.*, *adv.*, *part. u. a.*; **3.** (*wohin?*) in *m. acc.*
Inbegriff *m* summa *f*, comprehensio *f*, complexio *f*; *mit* ~ cum.
inbegriffen: *in etw.* ~ *sein* comprehendi (*od.* contineri) alqā re, in alqo numero esse *od.* hebēri.
Inbrunst *f* ardor *m*, constantia *f*.
inbrünstig ardens, fervidus, supplex, animo commoto.
indessen interim, interea, inter haec; sed, sed tamen.
indiskret immodestus; intemperans; *es ist* ~ intemperantis est; *ein* ~*er Mensch* homo *m* loquax.
Indiskretion *f* immodestia *f*, importunitas *f*, animus *m* intemperans.
Individualität *f* singularis natura *f*.
individuell proprius, singularis.
Individuum *n* homo *m*; (*verächtlich*) corpus *n*; *mst pl.* (homines) singuli, res *f/pl.* singulae.
indolent (*teilnahmslos*) iners; (*der alles geduldig geschehen lässt*) patiens.
Industrie *f* industria *f*, artes *f/pl.* quae quaestūs causa exercentur.
ineinander alius alium; *adv.* inter se.
infam inhonestus, turpis, infamis; (*berüchtigt*) famosus.
Infanterie *f* peditatus 4 *m*, copiae *f/pl.* pedestres.
Infanterist *m* pedes *m*.
Infinitiv *m* (modus) infinitivus *m*.
***Inflation** *f* inflatio *f* pecuniae.
infolgedessen itaque; quae cum ita sint.
***Ingenieur** *m* rerum moliendarum peritus.
Ingrimm *m* ira *f*, dolor *m*, simultas *f* obscura.
ingrimmig irā commotus.
Inhaber *m* possessor *m*.
Inhalt *m* (*e-s Buches*, *e-r Rede u. a.*) argumentum *n*; summa *f* [litterarum haec erat]; sententiae *f/pl.*, res *f*; *der Brief hatte folgenden* ~ litterae in hanc sententiam scriptae erant.
inhaltleer inanis.
inhaltreich gravis [sententia]; rerum plenus.
Inhaltsangabe *f* summarium *n*, epitome *f*, argumentum *n*; * (*bei der Post*) declaratio *f*.
inhaltschwer gravis.
Initiative *f* primus impetus 4 *m*; *die* ~ *ergreifen* priorem coepisse.
***Inkasso** *n* fructus *m*.
inkognito omnibus ignotus; ~ *reisen* iter facere ignotum.
Inkognito *n* dissimulatio *f* sui.
inkonsequent (*v. Sachen*) quod secum pugnat; (*v. Pers.*) inconstans, sibi non constans.
Inkonsequenz *f* inconstantia *f*.
inkorrekt vitiosus.
Inland *n* haec terra *f*; civitas *f* nostra, patria *f*.
Inländer *m* indigena *m*, civis *m*.
inländisch patrius, vernaculus.
inliegend inclusus, adiunctus, additus.
inmitten in medio.
inne: ~ **behalten** retinēre; ~**haben** habēre, tenēre, possidēre; memoriā (*od.* cognitum) habēre; ~**halten** consistere, subsistere, cessare, quiescere, desinere; *innehalten mit* sistere [fugam], reprimere [cursum]; ~**werden** intellegere, percipere, animadvertere, sentire; ~**wohnen** inesse, insitum esse.
innen intus; domi; *oft adj.* intestinus, domesticus, *auch* (in) animo; *nach* ~ introrsus; *von* ~ ex interiore parte.
***Innenantenne** *f* antenna *f* in conclavi posita.
innere(r) interior, intestinus, *auch* domesticus, (*gen.*) animi; *subst. das* **Innere** pars *f* interior, *mst adj.* interior; *auch* viscera *n/pl.* [terrae, corporis]; animus *m*, mens *f*, ingenium *n*, pectus *n*; *Krieg im Innern* bellum *n* intestinum (*od.* domesticum).
innerhalb intra; inter [decem annos], in [anno, horā].
innerlich *adj.* intestinus, domesticus; *adv.* intus; *sich* ~ *freuen* in sinu (*od.* animo suo) gaudēre.
innerste(r) intimus (*adv.* penitus); *subst. das Innerste* intima pars *f*, viscera *n/pl.*; *mst durch adj.* intimus, *adv.* penitus.
innig intimus, summus [familiaritas]; *oft auch* magnus, vehemens, ardens, ex animo, studiosus *u. a.*
Innigkeit *f* ardor *m* (animi), summum studium *n*, summus amor *m*.
Innung *f* collegium *n* corpus *n*.
Inquisition *f* (*gerichtliche Untersuchung*) quaestio *f*.

Insasse *m* inquilinus *m*, incola *m*.
insbesondere praecipue, potissimum, maxime, imprimis.
Inschrift *f* inscriptio *f*, titulus *m*; *eine ~ setzen auf* inscribere [in statuā].
Insekt *n* insectum *n*.
Insel *f* insula *f*.
Inselbewohner *m* insulanus *m*.
Inselgruppe *f* insulae *f/pl.* (complures parvo intervallo inter se distantes).
inselreich insulis refertus *od.* consitus.
Inselvolk *n* insulani *m*.
insgemein vulgo, fere, plerumque; omnino.
insgesamt omnes, universi; ad unum omnes.
Insiegel *n* signum *n*.
insofern 1. (*dem.*) hactenus, eatenus, ita ut, si...; **2.** (*rel.*) quoad, quatenus, quantum, ita ut, si...; *auch* quod, qui quidem.
instand: *~ halten* tuēri; *~ setzen* parare, adparare; *j-n ~ setzen etw. zu tun* facultatem dare (*od.* copiam facere) alci alqd faciendi.
inständig vehemens; *adv.* vehementer, magnopere, etiam atque etiam; *~ bitten* orare et obsecrare.
Instanz *f* iudicium *n*.
Instinkt *m* appetitus 4 *m* naturae.
instinktmäßig naturalis, naturā duce.
Institut *n* institutum *n*; ludus *m* [litterarum].
Instruktion *f* disciplina *f*, praeceptum *n*.
Instrument *n* instrumentum *n*; *bsd.* instrumentum *n* musicum.
***Instrumentalmusik** *f* cantus 4 *m* nervorum.
Intelligenz *f* intellegentia *f*; consilium *n*, cognitio *f*.
***Intendant** *m* praefectus *m* theatri.
intensiv gravis.
Interdikt *n* interdictum *n*.
interessant iucundus, suavis, dulcis, gratus.
Interesse *n* studium *n*, cura *f*; *ich habe ein (hohes) ~ an* ad me pertinet (multum meā interest), non alienum a me puto; (*Reiz*) voluptas *f*, delectatio *f*, iucunditas *f*; (*Vorteil*) utilitas *f*, emolumentum *n*, commodum *n*, usus 4 *m*; *~n* rationes *f/pl.*; *~ wahren* rationibus consulere; *im ~* ex usu [patris], [patris] causā; *es liegt im ~ des Staates* e republica est; (*Zinsen*) usurae *f/pl.*
interessieren capere, delectare; *es interessiert mich* ad me pertinet, meā interest, mihi placet; *~ für* commendare [litteras puero], excitare studium [pueri] ad; *sich ~ für* studēre, favēre, curae esse.
interessiert: *~ an* particeps [praedae].
Interjektion *f* interiectio *f*.
Intermezzo *n* embolium *n*.
***Internat** *n* schola *f* interna.
interpungieren interpungere.
Interpunktion *f* interpunctio *f*.
Intervall *n* intervallum *n*, spatium *n*; *die ~e der Töne* vocum discrimina.
intervenieren intervenire; (*sich dareinlegen*) se interponere.
intim: *~ verkehren mit* intima familiaritate coniunctum esse cum, coniunctissime vivere cum.
intolerant difficilis.
intrigant fallax, dolosus, astutus.
Intrige *f* fallacia *f*, dolus *m*, consilium *n* dolosum.
invalid debilis; aetate (*od.* militiā) confectus, ad arma inutilis.
Inventar *n* supellex *f*, instrumentum *n* [villae], inventarium *n*.
***Inventurausverkauf** *m* venditio *f* rerum reliquarum.
inwendig interior, intestinus; *~ und auswendig kennen* penitus cognovisse et perspexisse.
inwiefern, inwieweit = *insofern*.
inzwischen interim, interea.
irden terrenus, (*aus Töpfererde*) fictilis.
irdisch qui est in terris (*od.* infra solem *od.* in vita humana); externus, humanus, mortalis; *~es Gut* opes *f/pl.*, divitiae *f/pl.*
irgend fortasse, forte; **~einer, ~wer** aliqui(s), quisquam, quispiam, qui(s), ullus; **~einmal, ~wann** (ali)quando, unquam, ullo tempore; **~wie** (ali)quo modo, ullo modo, ulla ratione; **~wo** (alic)ubi, (ali)quo loco, uspiam, usquam; **~woher** alicunde; *wenn ~* sicunde; **~wohin** (ali)quo, quopiam, quoquam; *wenn ~* si quo.
Ironie *f* ironia *f*, dissimulatio *f* (urbana).
ironisch (ironicus), simulatus, fictus.
Irre *f* error *m*.

irre mente captus; **~gehen (fahren, reiten** *u. Ä.*) errare, vagari, deerrare in itinere; **~führen** a (recta) via abducere; / in errorem (*od.* in fraudem) inducere; **~machen** perturbare; **~reden** aliena loqui; **~ sein** mente captum esse, delirare; **~ werden** mente alienari; / perturbari, in errorem incidere.
irreligiös deorum ac religionum neglegens (*od.* contemptor); impius.
Irreligiosität *f* deorum ac religionum neglegentia *f* (*od.* contemptio *f*).
irren: *sich ~* errare, in errore versari; falli; *wenn ich mich nicht irre* nisi fallor, nisi me fallit (animus), nisi me fallo.
Irrfahrt *f* error *m.*
Irrgang *m* via *f* inexplicabilis, error.
Irrglaube *m* doctrina *f* falsa, error *m.*
irrgläubig doctrinae falsae deditus.
irrig plenus erroris, falsus; *adv.* per errorem, falso, perperam.
Irrlehre *f* doctrina *f* falsa.
Irrtum *m* error *m*, erratum *n*, lapsus 4 *m*; *im ~ sich befinden* errare, in errore versari.
irrtümlich *adv.* per errorem, falso.
Irrwahn *m* error *m*, superstitio *f.*
Irrweg *m* error *m*, iter *n* devium.
isabellfarben gilbus, gilvus; *~es Pferd* equus *m* gilbus (*od.* gilvus, glaucus).
***Islam** *m* religio *f* Mohammedanica.
italienisch Italicus.

J

ja (*als Antwort*) ita, sic est, certe, vero, sane (quidem), maxime; *durch Wiederholung des Wortes, auf dem in der Frage der Nachdruck liegt* [solusne venisti? solus]; *~ sagen* aio, affirmare, assentiri; (*auf eine Bitte*) annuere; *~ sogar, ~ vielmehr* quin etiam, immo (vero), atque adeo; (*beim imper.*) quaeso, quaesumus, *mst* fac, cave *m. conj.* [fac abeas, cave abeas]; (*durchaus*) utique, quidem; (*begründend*) enim [scis enim]; *welcher ~* quippe qui *c. conj.*; *da ~* quippe cum, quoniam.
Jacht *f*, **Jachtschiff** *n* celox *f*; Liburna (navis).
***Jacke** *f* camisola *f.*
Jagd *f* venatio *f*, venatus 4 *m*; *auf die ~ gehen* venatum ire; *~ machen auf* venari; / (con)sectari [voluptates].
Jagd... venaticus; venatorius, (*gen.*) venationis, venandi, venatoris (-orum).
Jagdbeute *f* praeda *f* venatica, venatio *f* capta.
Jagdgerät *n* instrumentum *n* venatorium, arma *n/pl.* venatoria, adparatus 4 *m* venationis.
Jagdliebhaberei *f* venandi studium *n od.* voluptas *f.*
Jagdnetz *n* plagae *f/pl.*
Jagdspieß *m* venabulum *n.*
jagen 1. *trans.* venari, agitare [leporem]; / (ex)pellere [ex urbe], (con)vertere, conicere [in fugam]; **2.** *intr.* venari; equo citato vehi.
Jagen *n* venatio *f*, venatus 4 *m*; / captatio *f*; cursus 4 *m* (rapidus).
Jäger *m* venator *m.*
Jägerei *f* res *f* venatoria.
jägermäßig venatorius.
jäh praeceps, praeruptus, abruptus; subitus.
jählings praerupte, subito; *od. adj.* praeceps.
Jahr *n* annus *m*; *halbes ~* sex menses *m/pl.*; *alle Jahre* quotannis, singulis annis; *zwei (drei, vier, fünf) Jahre* biennium (triennium, quadriennium, quinquennium); *übers ~* ad annum; *die besten Jahre* flos *m* aetatis, aetas *f* integra.
Jahrbuch *n* annalis (liber) *m*; *mst pl.* annales.
Jahres... (*gen.*) anni (annorum singulorum) *oder* (*adj.*) annuus (*ein Jahr lang*); anniversarius (*jedes Jahr wiederkehrend*); annotinus (*vorjährig*).
Jahreseinnahme *f* reditus 4 *m* annuus, fructus 4 *m* annuus *od.* anniversarius; *feste ~* reditus 4 *m* status.
Jahresfeier *f* sacra *n/pl.* (*od.* sollemnia *n/pl.*) anniversaria.
Jahreswechsel *m* commutationes *f/pl.* annuae, vices *f/pl.* annuae; *beim ~* primo incipientis anni die.
Jahreszeit *f* anni tempus *n.*

Jahrgehalt *n* annua pecunia *f*; annua *n/pl.*; salarium *n*.
Jahrhundert *n* centum anni *m/pl.*, saeculum *n*.
jährig unius anni, (unum) annum natus; anniculus [neptis]; annotinus [fructus].
jährlich *adv.* quotannis, singulis annis, in singulos annos.
Jahrmarkt *m* mercatus 4 *m*, nundinae *f/pl.*
Jahrtausend *n* mille anni *m/pl.*, spatium *n* mille annorum.
Jahrzehnt *n* decem anni *m/pl.*
Jähzorn *m* iracundia *f*.
jähzornig iracundus.
***Jalousie** *f* volubiles fenestrarum tegulae *f/pl.*
Jammer *m* calamitas *f*, miseria *f*.
Jammerbild *n* species 5 *f* misera et flebilis, deformitas *f*.
Jammergeschrei *n* eiulatus 4 *m*.
jämmerlich miserabilis, miser.
Jämmerlichkeit *f* miseria *f*.
jammern eiulari, lamentari; *es jammert mich* miseret me [fortunae tuae].
Jammern *n* eiulatus 4 *m*, lamentatio *f*.
jammernd miserabilis, flebilis.
Jammertal *n* locus *m* miserrimus; *vallis *f* lacrimarum, *convallis *f* plorationis.
jammervoll miserrimus, luctuosus.
Januar *m* januarius *m* (mensis).
***Jargon** *m* sermo *m* vulgaris (*od.* plebeius).
Jasagen *n* adsentatio *f*.
jäten runcare; (*mit der Hacke*) sa(r)rire.
Jauche *f* stercus 3 *n* liquidum, fimus *m* liquidus.
jauchzen laetitiā exsultare, laetos clamores tollere.
Jauchzen *n* laetitia *f* exsultans, clamor *m*.
Jawort *n*: ~ *geben* annuere.
***Jazzband** *f* symphoniaci *m/pl.* barbari.
je unquam; *von* ~*(her)* inde ab omni tempore, semper; *je nachdem* prout; ~ *nachdem einer* ut quisque; ~ *einer* singuli, ~ *zwei* bini (*Distributivzahlen*); *je ... desto* quo ... eo, quanto ... tanto, ut quisque *m. sup.*, ... ita *m. sup.*; ~ *eher* ~ *lieber* primo quōque tempore.
jedenfalls utique; certe, profecto; mirum ni.
jeder omnis (*mst pl.*), quisque (*vgl. die Gramm.*); (*jedermann*) nemo non (*adj.* nullus non); (*beliebige*) quilibet; (*der erste Beste*) quivis; (*einzelne*) unusquisque, singuli; (*von beiden*) uterque; ~ *der* quisquis, quicunque; ~ *brave Mann* omnes boni, optimus quisque.
jedermann omnes, unusquisque; quis (nemo) est, qui non ...
jederzeit semper.
jedesmal semper, nunquam non; ~ *wenn* quotiescumque, cum; *bei Kardinalzahlen durch die Distributiva* [bini, terni]; *bei Ordinalzahlen u. sup.* quisque [*im fünften Jahre* quinto quōque anno].
jedesmalig omnis semper; *mst mit* quisquis *od.* quicumque *zu umschreiben.*
jedoch sed, tamen.
jedweder, jeglicher quicunque.
jemals umquam, ullo tempore, (ali)quando.
jemand aliquis, (si)quis; nescio quis.
jener ille, iste.
jenseitig ulterior; alter [ripa].
jenseit(s) trans, ultra.
Jenseits *n* vita *f* quae post mortem futura est, caelum *n*.
jetzig qui nunc (*od.* hodie) est, praesens, hic, huius aetatis.
jetzt nunc, (*in historischer Erzählung* tum), hoc (*od.* eo, illo) tempore, hac aetate, in praesentia, in praesens; hodie; (*nunmehr*) iam; ~ *erst* nunc demum; ~ *eben* hoc ipso tempore, nunc ipsum; *bis* ~ usque ad hunc diem; *für* ~ in praesentia, in praesens; *von* ~ *an* inde ab hoc tempore.
jeweilig quicunque [duces sunt].
Joch *n* iugum *n*; / servitus *f*.
***Jockey** *m* sessor *m*.
***Joghurt** *m* lac *n* coagulatum.
Johanniswürmchen *n* cicindēla *f*.
Journal *n* (*Tagebuch*) commentarii *m/pl.* diurni; (*der Kaufleute*) adversaria *n/pl.* [negligenter scribere].
***Journalist** *m* diurnarius *m*.
jovial iucundus, plenus iucunditatis.
Jubel *m* exsultans laetitia *f*.
Jubelfest *n* sollemnia *n/pl.* saecularia (*od.* semisaecularia).
Jubelgeschrei *n* clamor *m* laetus, clamores *m/pl.*
jubeln exsultare laetitiā *od.* gaudio.

Jubiläum *n* dies *m* sollemnis.
jucken prurire [malae an dentes tibi?].
Jucken *n* pruritus 4 *m*.
Jude *m* Judaeus.
Jugend *f* (*Kindheit*) pueritia *f*, aetas *f* puerilis; (*Jünglingsalter*) adulescentia *f*; (*Mannesalter*) iuventus *f*; *in der* ~ *mst* puer, adulescens, iuvenis; *von* ~ *an* a puero (-ris); *konkr.* pueri *m/pl.*, adulescentes *m/pl.*, iuvenes *m/pl.*; iuventus *f*.
Jugend/bildung, ~erziehung *f* doctrina *f* puerilis; disciplina *f* puerilis.
Jugendblüte *f* flos *m* aetatis.
Jugendfehler *m* vitium *n* adulescentiae.
Jugendfeuer *n* ardor *m* iuvenilis.
Jugendfreund *m* aequalis *m*.
Jugendfrische *f* aetas *f* integra.
Jugend/gefährte, ~genosse *m* aequalis *m*.
Jugendhitze *f* fervor *m* iuvenilis, adulescentia *f* fervida.
Jugendjahre: *die* ~ aetas *f* puerilis.
Jugendkraft *f* robur *n* iuvenile, iuventus *f*, vigor *m* aetatis.
jugendlich puerilis, iuvenilis, (*gen.*) puerorum, adulescentium.
Jugendstreich *m* erratum *n* aetatis puerilis *od.* iuvenilis.
Jugendsünde *f* vitium *n* ineuntis adulescentiae.
Jugendunterricht *m* pueritiae disciplinae *f/pl.*
Jugendzeit *f* pueritia *f*, aetas *f* puerilis (*od.* florens).
Juni *m* Junius *m* (mensis).
Juli *m* Julius *m* (mensis).
jung (*v. Menschen*) parvus, parvulus, infans, puer *und* puella, adulescentulus, adulescens, iuvenis, (*im Gegens. zum Vater*) filius; (*im Ggs. zu älteren Geschwistern*) (natu) minor; ≈ *und Alt* iuvenes et viri; (*v. Tieren*) pullus *m*; *~er Hund* catulus *m*; *~er Stier* iuvencus *m*; novus [vinum], novellus [arbor], recens [caespes].
Junge *m* puer *m*.
Junge *n* pullus *m*, *pl. die Jungen* fetus 4 *m*; partus 4 *m*; proles *f*; *wenige* ~ *gebären* pauca gignere.
jungenhaft puerilis.
jünger iunior; aetate minor, posterior; minor natu, (*bei Geschwistern*) minor.
Jünger *m* discipulus *m*; assecla *m*, assectator *m*.
Jungfrau *f* virgo *f*.
jungfräulich virgineus, virginalis.
Jungfrauschaft *f* virginitas *f*.
Junggeselle *m* caelebs *m*.
Junggesellenstand *m* caelibatus 4 *m*, vita *f* caelebs.
Jüngling *m* puer *m*, adulescentulus *m*, adulescens *m*.
Jünglingsalter *n* pueritia *f*, adulescentia *f*.
jüngst nuper(rime), proxime, non ita pridem.
jüngster (natu) minimus (minor); (*letzter*) novissimus.
Junker *m* puer *m* (*od.* adulescens *m od.* homo *m*) nobilis.
Jurist *m* iuris consultus *m* (*od.* peritus *m*).
juristisch forensis.
***Jury** *f* iudices *m/pl.* (praemiorum).
Justiz *f* iustitia *f*; (*Rechtspflege*) iurisdictio *f*; (*Rechtswesen*) iudicia *n/pl.*, ius *n*, res *f* iudiciaria.
Juwel *n* gemma *f*.
Juwelier *m* gemmarius *m*.

K

Kabale *f* ars *f*, artificium *n*; (= *Trug*) fallacia *f*, fraus *f*, consilia *n/pl.* clandestina.
***Kabel** *n* funis *m* telegraphicus (submarinus, subaquaneus, subterraneus).
Kabine *f* diaeta *f*, cubiculum *n* (navale).
Kabinett *n* cubiculum *n* minus (*od.* secretius *od.* interius); principis consilium *n*; consiliarii *m/pl.*
Kabriolett *n* cisium *n*, essedum *n*.
kacken cacare.
***Kadett** *m* discipulus *m* militaris.
Käfer *m* scarabaeus *m*.
***Kaffee** *m* coffēa *f*; potus *m* Arabum; cafēum *n*.
Käfig *m* cavea *f*; (*für wilde Tiere*) claustra *n/pl.*
kahl calvus, glaber; nudus foliis, arboribus nudus, apertus; / inanis [Sicilia].

Kahlheit calvities *f.*
Kahlkopf *m* calvitium *n*; (*als Mensch*) calvus *m.*
kahlköpfig calvus.
Kahm *m* mucor *m.*
Kahn *m* cymba *f*, scapha *f*, linter *f*, lembus *m.*
Kai *m* crepido *f.*
Kaiser *m* imperator *m*, Augustus *m*, Caesar *m*, princeps *m.*
Kaiserin *f* imperatrix *f.*
kaiserlich imperatorius, principalis; (*gen.*) imperatoris.
Kaisertum *n* imperium *n*, principatus 4 *m.*
Kajüte *f* diaeta *f.*
Kalb *n* vitulus *m*; *vom* ~ vitulinus.
Kälbchen *n* vitellus *m.*
kalben vitulum parere.
Kalbfleisch *n* (caro *f*) vitulina *f.*
Kaldaunen *f/pl.* intestina *n/pl.*, omasum *n.*
Kalender *m* fasti *m/pl.*; (*als Einrichtung*) anni descriptio *f* (*od.* compositio *f*) ;* calendarium *n.*
Kalendertag *m*: *die* ~*e* dies fasti.
Kalk *m* calx *f.*
Kalkanwurf *m* tectorium *n.*
kalkartig calci similis.
Kalkbruch *m* calcaria *f.*
kalkig calcis plenus.
Kalkofen *m* fornix *f* calcaria.
kalt frigidus; (*eiskalt*) gelidus, algidus [nix]; *es ist* ~ frigus est; ~ *sein* frigēre; (*frieren*) algēre; ~ *werden* refrigescere, refrigerari; / frigidus, lentus, languidus.
kaltblütig impavidus fortis; tranquillus.
Kaltblütigkeit *f* animus *m* impavidus (*od.* intrepidus *od.* fortis).
Kälte *f* frigus *n*, gelu *n*; (*das Frieren*) algor *m*; / frigus *n*, lentitudo *f*, animus *m* frigidus (*od.* lentus).
Kamel *n* camelus *m*; *vom* ~ camelinus.
Kamerad *m* (*im Kriege*) commilito *m*; (*Zelt-, Stubengenosse*) contubernalis *m*; (*Gespiele*) sodalis *m*; (*in Geschäften*) socius *m*; (*Mitschüler*) condiscipulus *m.*
Kameradschaft *f* contubernium *n*, sodalitas *f*, sodalicium *n*, societas *f*, necessitudo *f*; sodales *m/pl.*
kameradschaftlich socialis; *adv.* socialiter.
Kamin *m* (*Rauchfang*) fumarium *n*; (*Zimmerherd*) caminus *m*, focus *m.*
Kamm *m* pecten *m*; (*bei Tieren*) crista *f*; (*bei Gebirgen*) dorsum *n.*
kämmen pectere.
Kammer *f* cubiculum *n* (dormitorium); (*für Vorräte*) cella *f.*
Kammer/diener, ~herr *m* cubicularius *m.*
Kammer/frau, ~jungfer *f* cubicularia *f.*
***Kammerton** *m* diapāson (indecl.) [*f.*]
Kampf *m* pugna *f*, proelium *n*, acies *f*; (*Wettkampf*) certamen *n*, certatio *f*; (*mit Waffen od. Worten*) contentio *f*; (*Entscheidungskampf*) dimicatio *f*; *sich in e-n* ~ *einlassen* pugnam (*od.* certamen) inire; pugnam (*od.* proelium) committere.
Kampfbegierde *f* pugnandi cupiditas *f* (*od.* ardor *m od.* studium *n od.* alacritas *f*).
kampfbegierig pugnandi cupidus, ad pugnandum alacer.
kämpfen pugnare; proeliari; (*wettkämpfen*) certare; contendere; dimicare; (*ringen*) luctari; (*bis zur Entscheidung*) decertare, decernere.
Kämpfer *m* pugnator *m*; miles *m*; (*im Zirkus*) gladiator *m.*
Kampf/gefährte, ~genoss *m* pugnae (-arum) socius *m.*
Kampf/getümmel, ~gewühl *n* pugnae tumultus *m*, proelii concursus 4 *m.*
Kampfhahn *m* pugnator *m* gallus; / rixarum amator *m.*
Kampfplatz *m* locus *m* pugnae (*od.* proelii); (*zu Wettkämpfen*) palaestra *f*; (*für Fechter*) arena *f*; *als Sieger* (*Besiegter*) *den* ~ *verlassen* victorem *od.* superiorem (inferiorem) proelio discedere.
Kampfpreis *m* certaminis praemium *n.*
Kampfrichter *m* certaminis iudex *m.*
Kampfross *n* equus *m* militaris.
Kampfspiel *n* ludus *m* (gymnicus, gladiatorius *u. a.*); certamen *n.*
kampieren castra habēre, sub pellibus durare (*od.* contineri); *übh.* sub divo pernoctare.
Kanaille *f* faex *f* populi; *als Schimpfwort*: scelestus *m*, scelesta *f.*
Kanal *m* fossa *f*; (*unterirdischer*) specus 4 *m*; (*für Unrat*) cloaca *f*; (*Wasserrinne*) canalis *m*; (*Meerenge*) fretum *n.*

Kanapee *n* lectus *m*, lectulus *m*.
Kandelaber *m* candelabrum *n*.
Kandidat *m* candidatus *m*, is qui petit honorem (*od.* munus).
Kandidatur *f* munus *n* candidatorium.
Kaninchen *n* cuniculus *m*.
Kanne *f* cantharus *m*, guttus *m*; *es gießt wie mit* ~*n* urceatim pluit.
kannegießern magno clamore blaterare de republica.
Kannibale *m* anthropophagus *m*; / homo *m* immanis (*od.* ferus *od.* omnis humanitatis expers).
Kanon *m* regula *f*, norma *f*; (*Verzeichnis*) (scriptorum optimorum) index *m* (*od.* numerus); ordo *m*.
Kanone *f* tormentum *n* (bellicum).
Kante *f* angulus *m*.
kantig angulos habens.
***Kantine** *f* popina *f* (militum, opificum).
Kanton *m* pagus *m*.
kantonieren (castra) stativa habēre, in praesidio collocatum esse.
Kanzel *f* suggestus 4 *m* (sacer), pulpitum *n*.
***Kanzlei** *f* tabularium *n*.
Kap *n* promunturium *n*.
Kapaun *m* capus *m*.
***Kapazität** *f* vir *m* magni ingenii.
Kapelle *f* aedicula *f*, sacellum *n*, sacrarium *n*; (*Musikkorps*) symphoniaci *m/pl*.
Kapellmeister *m* symphoniacorum magister *m*.
kapern (naves) capere, intercipere.
Kapital *n* caput *n*, sors *f*; (*Zinsen bringend*) vivum *n*; (*Geldsumme*) pecunia *f*; (*Gelder*) pecuniae *f/pl.*; nummi *m/pl*.
Kapitäl *n* capitulum *n*.
Kapitalist *m* qui pecuniam fenori dat, qui (magnas) pecunias fenore collocatas habet; homo *m* dives.
Kapitalverbrechen *n* res *f* capitalis, facinus *n* capitale.
Kapitän *m* navis praefectus *m*, nauarchus *m*.
Kapitel *n* caput *n*; (*Materie, Punkt*) locus *m*, res *f*.
Kapitulation *f* pactio *f*, conditiones *f/pl.* (deditionis), deditio *f*; *die* ~ *annehmen* in deditionem accipere [Capuanos].
kapitulieren de condicionibus (urbis dedendae) tractare, (de tradenda urbe) condiciones ferre (*od.* pacisci); (*sich ergeben*) [certis condicionibus] se dedere, se tradere, arma per pactionem tradere, ad condiciones descendere.
Kappe *f* pilleus *m*; (*aus Fell*) galerus *m*; (*Kapuze*) cucullus *m*.
kappen amputare [arborem]; incidere [funem]; praecidere [ancoras].
Kapsel *f* capsula *f*, theca *f*.
Kapuze *f* velamentum *n*.
***Karabiner** *m* manuballista *f*.
***Karamelle** *f* glandicula *f* ex durā to coagulo sacchări.
Karawane *f* commeatus 4 *m*, crebrum agmen *n* hominum (*od.* mercatorum) unā proficiscentium.
***Kardinal** *m* cardinalis *m*, pater *m* purpuratus.
Kardinaltugend *f* regina *f* virtutum, virtus *f* excellentissima (*od.* principalis).
Karfunkel *m* carbunculus *m*.
karg parcus, tenax, illiberalis.
kargen: ~ *mit* (nimis) parcere [nummis].
Kargheit *f* tenacitas *f*.
kärglich parcus, tenuis, exiguus.
Karikatur *f* depravata imitatio *f*, imago *f* in peius ficta (*od.* picta *od.* mutata).
karikieren depravare, in peius fingere (*od.* pingere *od.* mutare).
***Karneval** *m* Saturnalia *n/pl*.
Karosse *f* carpentum *n*, pilentum *n*.
Karpfen *m* cyprinus *n*.
Karree *n* orbis *m*.
Karren *m* carrus *m*; curriculum *n*.
karren carro (ad-, con)vehere.
Karriere *f* cursus 4 *m* effusus; *die politische* ~ *einschlagen* ad rempublicam accedere, rempublicam capessere.
Karst *m* rastrum *n*, ligo *m*, bidens *m*.
Kärtchen *n* chartula *f*.
Karte *f* charta *f*; tessera *f*; (*Spielkarte*) charta *f* lusoria, pagina *f*; ~*n spielen* paginis ludere.
***Kartei** *f* chartotheca *f*.
***Kartell** *n* consortium *n*.
***Kartoffel** *f* pomum *n* terrae, patata *f*.
Karzer *m u. n* carcer *m*, vincula *n/pl.*, custodia *f*.
Käse *m* caseus *m*.
Kaserne *f* castra *n/pl.* (urbana).
***Kasino** *n* cena *f*, cenatorium *n*; conventiculum *n*

K

Kasse *f* (*e-s Privatmannes*) arca *f*, loculi *m/pl.*, (*des Staates*) aerarium *n*; (*e-s Fürsten*) fiscus *m*.
Kassierer *m* (pecuniarum) exactor *m*, (*od.* coactor *m*); custos *m* pecuniae.
Kastagnette *f* crotalum *n*.
Kastanie(nbaum) *m f* castanea *f*.
kastanienbraun spadix, badius.
Kastanienwald *m* castanetum *n*.
Kästchen *n* arcula *f*, capsula *f*, cistula *f*.
Kaste *f* genus *n*, natio *f*, corpus *n*, ordo *m*.
kasteien corpus suum torquēre.
Kastell *n* castellum *n*.
Kastellan *m* arcis (*od.* scholae *u. a.*) custos *m*.
Kasten *m* arca *f*, capsa *f*, cista *f*, scrinium *n*.
Kastrat *m* homo *m* castratus, eunuchus *m*.
kastrieren exsecare.
Katakombe *f* catacumba *f*, crypta *f*.
Katalog *m* index *m*.
Katapult(e *f*) *m* tormentum *n*.
Katarrh *m* epiphora *f*, destillatio *f* pectoris.
Kataster *m od. n* tabulae *f/pl.* publicae censoriae.
Katastrophe *f* fortunae vicissitudo *f*, rerum commutatio *f*, exitus 4 *m*, eventus 4 *m*; casus 4 *m*.
Kategorie *f* genus *n*, numerus *m*, ordo *m*.
kategorisch absolutus; *adv.* absolute [respondēre]; omnibus in rebus.
Kater *m* feles (felis) *f* mas.
Katheder *m u. n* cathedra *f*.
Katholik *m* (homo) catholicus *m*.
katholisch catholicus.
Katholizismus *m* fides *f* (*od.* doctrina *f*) catholica.
Kätzchen *n* **1.** felis *m* catulus; **2.** iulus *m*.
Katze *f* feles (felis) *f*.
Katzen... felinus, (*gen.*) felium.
Kauderwelsch *n* sermo *m* perplexus.
kauen mandere, manducare.
kauern subsidere, considere humi.
Kauf *m* emptio *f*; *durch ~ an sich bringen* emere; *leichten ~s davonkommen* levi poena defungi.
Kaufanschlag *m* aestimatio *f*.
Kauf/brief, ~kontrakt *m* emptio *f* pacta, emptionis (venditionis) tabulae *f/pl.* (*od.* litterae *od.* leges *f/pl.*); *auch bloß* litterae *f/pl.*
kaufen emere, mercari.
Käufer *m* emptor *m*; (*bei Versteigerungen*) manceps *m*.
Kauffahrteiflotte *f* naves *f/pl.* mercatoriae.
Kauffahrteischiff *n* navis *f* mercatoria.
Kaufgeld *n* (emptionis) [*od.* rei emptae] pretium *n*.
Kaufhandel *m* mercatura *f*.
Kaufherr *m* mercator *m*.
Kaufladen *m* taberna *f* mercatoria.
Kaufleute *pl.* mercatores *m/pl.*
käuflich venalis, nummarius [iudex]; *adv.* emendo, emptione, soluto pretio; *~ sein* venum ire.
kauflustig emax, emendi cupidus.
Kaufmann *m* mercator *m*, negotiator *m*.
kaufmännisch (*gen.*) mercatoris (-orum).
Kaufmannschaft *f* mercatura *f*; *die ~ betreiben* mercaturam facere; (*Kaufmannstand*) mercatores *m/pl.*, collegium *n* mercatorum.
Kaufmannsgut *n* merces *f/pl.*
Kaufplatz *m* emporium *n*.
Kaufpreis *m* pretium *n* (emptionis *od.* rerum emptarum).
kaum vix; (*mit genauer Not*) aegre, non facile; (*kaum noch*) vixdum; *~ 3 Monate* nondum quartus mensis.
Kaution *f* cautio *f*, satisdatio *f*.
Kauz *m*, **Käuzchen** *n* noctua *f*.
Kavallerie *f* equitatus 4 *m*, copiae *f/pl.* equestres.
Kebsweib *n* concubina *f*, paelex *f*.
keck audax, confidens; alacer, petulans.
Keckheit *f* audacia *f*, alacritas *f*, vigor *m*, petulantia *f*.
Kegel *m* conus *m*; *~ schieben* globis ligneis ludere.
kegelförmig cono similis, in coni formam (*od.* modum) excitatus (*od.* erectus *od.* editus *u. a.*).
Kehle *f* iugulum *n*, fauces *f/pl.*; (*Speiseröhre*) gula *f*, (*Gurgel*) guttur *n*; *die ~ abschneiden* iugulare; *an der ~ sitzen* faucibus urgēre.
Kehlkopf *m* * larynx *m*.
kehren (*wenden*) vertere, advertere, convertere; *das Oberste zu unterst ~* omnia turbare ac miscēre; *sich ~* se convertere; *sich (nicht) ~ an*

K

respicere, rationem habēre (neglegere, nihil curare, non laborare de; non audire); (*fegen*) verrere, everrere.
Kehricht *m od. n* purgamenta *n/pl.*
***Kehrreim** *m* versus 4 *m* intercalaris.
Kehrseite *f* pars *f* aversa.
kehrtmachen se convertere, (*mil.*) signa convertere.
Keil *m* cuneus *m.*
Keilchen *n* cuneolus *m.*
keilförmig cuneatus (*adv.* cuneatim); *~e Schlachtordnung* cuneus *m*; *~ machen* cuneare.
Keim *m* germen *n*; / initium (*od. pl.*); semen *n*; (*Fünkchen*) igniculus [*m.*]
keimen germinare.
Keimen *n* germinatio *f.*
***keimfrei** asepticus.
kein, keiner (*subst.*) nemo, (*adj.*) nullus; (*keiner von beiden*) neuter; *oft* nihil *m. gen.* [nihil pecuniae], *oft nur* non [pecuniam non habēre *kein Geld haben*, non dubitare *kein Bedenken tragen*]; *und ~* neque quisquam (*subst.*), neque ullus (*adj.*).
keinerlei nullius (neutrius) generis; *auf ~ Weise* nullo modo, nulla ratione.
keineswegs nullo modo, nullo pacto, nequaquam, neutiquam, haudquaquam, minime, nihil.
***Keks** *m* panificium *n* tenue.
Kelch *m* calix *m.*
Kelle *f* trulla *f.*
Keller *m* cella *f* (subterranea).
Keller... cellarius, (*gen.*) cellae.
Keller... cellarius, (*gen.*) cellae (-arum).
Kellermeister *m* cellarius *m.*
Kellner *m* puer *m* (cauponius).
Kellnerin *f* puella *f* (cauponia).
Kelter *f* torcular *n*; prelum *n.*
Kelterer *m* torcularius *m.*
keltern prelo premere.
kennen novisse (nosse), notitiam habēre, cognovisse, cognitum (*od.* perspectum *od.* perceptum) habēre; vidisse, didicisse; tenēre; non abhorrēre a [periculis]; *nicht ~* non novisse, ignorare, nescire; *keine Furcht ~* neglegere pericula, metu non territari; *~ lernen* cognoscere, discere; (*gründlich*) pernoscere, penitus cognoscere, perdiscere.
Kenner *m* homo *m* peritus (*od.* gnarus *od.* intellegens) [cuiusvis generis]; aestimator *m*, existimator *m*; *mst durch Verba*; *~ sein von* intellegere, versatum esse [in litteris], usum habēre [linguae Graecae]; *kein ~ sein* nescire; imperitum (*od.* ignarum) esse; rudem (*od.* peregrinum *od.* hospitem) esse [in lingua Graeca].
Kenner/auge *n*, **~blick** *m* oculi *m/pl.* eruditi, acumen *n* argutum iudicis.
Kennermiene *f* vultus 4 *m* intellegentis.
Kennerurteil *n* iudicium *n* eruditum.
kenntlich insignis, conspicuus; *~ machen* insignire, notare, designare, describere [verbis], demonstrare [locum digito].
Kenntnis *f* notitia *f*, nuntius *m*; *in ~ setzen* certiorem facere; *~ haben* novisse; *keine ~ haben* ignorare; *~ erhalten* cognoscere; (*Bekanntschaft mit*) notitia *f* rei; (*Erkenntnis*) cognitio *f*, intellegentia *f*; (*erworbenes Wissen*) scientia *f*; (*Erfahrung*) peritia *f*, prudentia *f*; *pl. die Kenntnisse*: *allg.* scientia *f*; (*Bildung*) eruditio *f*; (*Gelehrsamkeit*) doctrina *f*; litterarum scientia *f*, litterae *f/pl.*, artes *f/pl.*, doctrinae et artes *f/pl.*; (*praktische*) prudentia *f*; usus 4 *m*; *~ haben in* scientiam habēre [linguae Graecae]; doctum (*od.* eruditum) esse [litteris]; dicisse; peritum (*od.* non ignarum) esse [iuris civilis]; intellegere; *keine ~ haben* scientiam non habēre, nescire; rudem, ignarum esse [agri culturae].
kenntnisarm (rerum) rudis, ignarus; parum doctus (*od.* eruditus); litterarum expers, illitteratus.
Kenntnisnahme *f* notio *f*, cognitio *f.*
kenntnisreich doctus, (optimis artibus) eruditus, multarum rerum cognitione imbutus.
Kennwort *n* (*Parole*) tessera *f*, signum *n.*
Kennzeichen *n* nota *f*; signum *n*; (*charakteristisches*) insigne *n*; *es ist ein ~ der Tugend* virtutis proprium est.
Kerbe *f* incisura *f.*
Kerbel *m*, **~kraut** *n* anthriscus cerefolium *n.*

K

kerben incidere.
Kerbtier *n* insectum *n.*
Kerker *m* carcer *m,* vincula *n/pl.,* custodia *f.*
Kerl *m* homo *m*; *ein komischer* ~ homuncio *m* lepidus; *ein netter* ~ festivum caput *n.*
Kern *m* nucleus *m* [nucis]; *pl.* ossa *n/pl.* [olearum]; granum *n* [uvae]; semen *n*; / flos *m* [optimorum civium] et robur *n* [exercitūs]; (*Hauptsache*) summa *f.*
Kerngehäuse *n* volva *f* pomi *od.* pomorum.
kerngesund: ~ *sein* corpore saluberrimo uti, incorrupta sanitate esse.
Kernhaftigkeit *f* robur *n,* vires *f/pl.,* virtus *f.*
Kernholz *n* lignum *n* firmissimum.
kernig *eig.* granatus, granosus; / firmus [lignum]; *eine* ~*e Rede* oratio *f* salubris; *ein* ~*er Spruch* dictum *n* aureum.
Kernspruch *m* bonum dictum *n,* sententia *f* gravissima.
Kerntruppen *f/pl.*: *die* ~ robur *n* exercitūs (*od.* militum).
Kernwort *n* aureum verbum *n.*
Kerze *f* cereus *m*; (*v. Talg*) candēla *f.*
kerzengerade procērus, arrectus.
Kessel *m* ahenum *n*; (*dreifüßiger*) cortina *f*; (*Mischkessel*) cratēra *f.*
Kesselpauke *f* tympanum *n.*
Kettchen *n* catella *f.*
Kette *f* catena *f* (*mst pl.*); (*Fessel*) vinculum *n*; (*Halskette*) torquis *m*; *in Ketten legen* catenis vincire, in vincula conicere; *in Ketten liegen* in catenis esse, catenis vinctum esse; *seine Ketten brechen* vincula rumpere, in libertatem se vindicare; (*ununterbrochene Reihe*) series *f,* continuatio *f.*
ketten catenis vincire (*od.* alligare); *an sich* ~ devincire sibi.
Kettenhund *m* canis *m* catenarius.
Kettenpanzer *m* lorica *f* serta.
***Kettenraucher** *m* homo *m* fumandi avidus.
Kettenschluss *m* (*Trugschluss*) acervus *m,* sorites *f.*
Kettenstrafe *f* vincula *n/pl.,* catenae *f/pl.*
Ketzer *m* haereticus *m.*
Ketzerei *f* haeresis *f.*
ketzerisch haereticus.
keuchen anhelare.
Keuchen *n* anhelitus **4** ***m.***

Keule *f* (*zum Schlagen*) clava *f,* (*zum Stampfen*) pilum *n*; (*Dickbein von Tieren*) clunis *f.*
Keulenträger *m* claviger *m.*
keusch castus, pudicus; integer, sanctus.
Keuschheit *f* castitas *f,* pudicitia *f.*
Kicher(**erbse**) *f* cicer *n.*
kichern furtim ridēre, cachinnare.
Kiefer *m* maxilla *f.*
Kiefer *f* pinus *f.*
kiefern pineus.
Kiel *m* carina *f*; (*der Feder*) caulis *m.*
kielförmig carinatus.
Kieme *f* branchia *f, mst pl.*
Kien *m,* ~**fackel** *f,* ~**holz** *n* **taeda** *f.*
Kies *m* glarea *f.*
Kiesel(**stein**) *m* silex *m.*
kiesig glareosus.
***Kilometer** = ²/₃ milia passuum; 15 km = decem milia passuum.
Kind *n* (*im Ggs. zu den Eltern*) filius *m,* filia *f*; *die* ~*er* liberi *m* (parvi *od.* parvuli) *ich bin ein* ~ *des Todes* perii, occidi, nullus sum; (*in Bezug auf das Alter*) infans *m u. f* (*zartes Kind*); puer *m* (*Knabe*), puella *f* (*Mädchen*).
Kindbett *n* puerperium *n* (*das Gebären*); *ins* ~ *kommen* partum *n* edere; *im* ~*liegen* puerperio cubare; *im* ~ *sterben* in (*od.* ex) partu perire.
Kinder... (*gen.*) infantium, puerorum, parvulorum; puerilis.
Kinderei(**en**): *die* ~ ineptiae *f/pl.,* nugae *f/pl.* (pueriles); ~ *treiben* ineptire.
Kinderfrau *f* nutrix *f,* nutricula *f.*
Kinderjahre: *die* ~ anni *m/pl.* infantiae, anni *m/pl.* teneri, aetas *f* prima (*od.* puerilis); pueritia *f.*
Kinderklapper *f* crepitaculum *n* puerile, crepundia *n/pl.*
Kinderliebe *f* amor *m* in liberos.
kinderlos liberis carens; (*geworden*) liberis orbus (*od.* orbatus).
Kinderlosigkeit *f* nulla proles *f* (*od.* stirps *f*); (*das Verwaistsein*) orbitas *f.*
Kindermädchen *n* nutrix *f.*
Kindermärchen *n* fabula *f* puerilis (*od.* anilis).
kinderreich multis liberis auctus.
Kinderschar *f* pueri *m/pl.* parvuli.
Kinderschuhe: ~ *ablegen* e pueris excedere.
Kinderspiel *n* ludus *m* puerorum; / ludus *m.*

K

Kinderstreich *m* puerile factum *n.*
Kinderstube *f* cella *f* nutricis.
Kinderwärterin *f* nutrix *f*, nutricula *f.*
Kinderzeit *f* aetas *f* puerilis.
Kindesalter *n* infantia *f*; pueritia *f.*
Kindeskind *n* nepos *m*, neptis *f.*
Kindesliebe *f* amor *m* in parentes, pietas *f* erga parentes, caritas *f* parentum; liberorum pietas *f.*
Kindesnöte *f/pl.*: *in* ~*n sein* parturire.
Kindespflicht *f* officium *n* filii, filiae (*od.* liberorum), pietas *f*; *es ist* ~ (pietatis) liberorum est.
Kindheit *f* infantia *f*; *von* ~ *an* a puero (-is), a parvulo (-is).
kindisch puerilis; ~*es Benehmen* puerilitas *f.*
Kindlein *n* infans *m*, puerulus *m*, filiolus *m*, filiola *f.*
kindlich puerilis; ~*er Sinn* animi innocentia *f*; (*in Rücksicht der Eltern*) pius; ~*e Liebe* pietas *f.*
Kindlichkeit *f* animus *m* (*od.* innocentia *od.* integritas *od.* suavitas *u. Ä.*) puerilis, ingenium *n* puerile.
***Kinematograph** *m* cinematographēum *n.*
Kinn *n* mentum *n.*
Kinn/backen *m*, ~**lade** *f* maxilla *f.*
***Kinnhaken** *m* ictus 4 *m* mento immissus.
***Kino** *n* cinematographa *n/pl.*, cinematographēum *n.*
Kippe *f* extremum *n*; *auf der* ~ *stehen*: *eig.* in praecipite esse; (*dem Untergange nahe sein*) in extremo stare.
kippen *intr.* lapsare.
Kirche *f* aedes *f* sacra, templum *n*; (*Gottesdienst*) sacra (publica) *n/pl.*, (= *Personen desselben Glaubens*) ecclesia *f.*
Kirchhof *m* sepulcretum *n*, sepulcrorum locus *m.*
kirchlich ecclesiasticus; religiosus.
kirre cicur, mansuetus.
kirren (de)lenire.
Kirchenraub *m* sacrilegium *n*; *e-n* ~ *begehen* sacrilegium facere *od.* committere.
Kirschbaum *m* cerasus *f.*
Kirsche *f* cerasum *n.*
Kissen *n* pulvinus *m*; (*Kopfkissen*) cervical *n.*
Kistchen *n* cistula *f*, arcula *f.*
Kiste *f* cista *f*, arca *f.*
***Kitsch** *m* inepta *n/pl.*
Kitt *m* maltha *f*, ferrumen *n*, bitumen *n.*
Kitzel *m* titillatio *f.*
kitzeln titillare; *die Sinne* ~ sensus quasi titillare, sensus permulcēre [voluptate].
kitzlich lubricus et anceps [locus]; difficilis, periculosus.
Kladde *f* adversaria *n/pl.*
klaffen hiare.
Klaffen *n* hiātus 4 *m.*
kläffen gannire.
Kläffen *n* gannitus 4 *m.*
Klafter *f* terni cubiti *m/pl.*
klagbar: ~ *werden wegen* rem ad iudicem defere.
Klage *f* (*Wehklagen*) questus 4 *m*, lamentatio *f*; eiulatus 4 *m*; *in* ~*n ausbrechen* lamentari; (*Beschwerde*) (*außergerichtlich*) querela *f*, querimonia *f*; ~ *führen* (con)queri; (*in Privatsachen*) postulatio *f*, petitio *f*, actio *f*; (*in Kriminalsachen*) accusatio *f*; *eine* ~ *erheben* actionem instituere, in ius vocare, lege agere.
Klageformel *f* actio *f*, formula *f.*
Klagegeschrei *n* eiulatio *f*, eiulatus 4 *m.*
Klagelaut *m* vox *f* flebilis (*od.* lugubris).
Klagelied *n* cantus 4 *m* lugubris; (*Totenlied*) nenia *f.*
klagen (con)queri; (*stärker*) lamentari; eiulare; (*sich beschweren*) (con-) queri [iniuriam, de iniuria] cum (*bei*); (*gerichtlich*) litem intendere [finitimo], iudicio persequi, nomen ad iudicem deferre.
klagend flebilis.
Klagepunkt *m* crimen *n*, id de quo agitur.
Kläger *m* (*allg.*) actor *m*; (*in Privatsachen*) petitor *m*; (*in Kriminalsachen*) accusator *m*; (*f*~*lscher*) calumniator *m*; (*heimlicher*) delator *m*; *mst durch Verba.*
Klagerede *f* actio *f*; *in Kriminalsachen*: accusatio *f*; *e-e* ~ *anfertigen* actionem componere.
Klageruf *m* vox *f* flebilis (*od.* miserabilis), clamor *m.*
Klageschrift *f* libellus *m*, actio *f*, accusatio *f.*
Klageweib *n* praefica *f.*
Klaggeschrei *n* clamor *m* (flebilis), lamentatio *f*, eiulatus 4 *m.*
kläglich miserabilis, miserandus,

flebilis, miser [praeda]; *~e Bitten* preces *f/pl.* ac misericordia *f.*
***Klamm** *f* fauces *f/pl.* angustae.
Klammer *f* fibula *f*; (*zum Festhalten*) retinaculum *n.*
klammern fibulis vincire.
Klang *m* sonus *m*, sonitus 4 *m*, vox *f*; (*Geklingel*) tinnitus 4 *m*; (*Ertönen*) clangor *m*, (*Rauschen*) strepitus 4 *m*; (*Geklirr*) crepitus 4 *m*; *e-n ~ haben* sonare; *e-n ~ von sich geben* sonum (*od.* vocem) edere.
klanglos sono carens, sine sono.
klang/reich, ~voll sonans, canorus, argutus; *eine ~e Stimme* vocis sonus.
Klangstufe *f* intervallum *n.*
Klappe *f* (*an Türen*) valva *f*; *zwei Fliegen mit einer ~ schlagen* una mercede duas res assequi.
Klapper *f* crotalum *n*, crepundia *n/pl.*
klappern crepare, crepitare.
Klappern *n* crepitus 4 *m.*
***Klappstuhl** *m* sella *f* complicabilis.
klar clarus; canorus, acutus; *~e Erkenntnis* rerum cognitio *f.*
Klasse *f* classis *f*, ordo *m*, genus *n*; (*Lehrzimmer*) auditorium *n*; * 3. *Klasse* (*Abteil*) currus *m* cum subselliis ligneis; 2. *Klasse* currus *m* cum culcit(r)is.
klassenweise generatim.
klassifizieren in classes (*od.* in ordines *od.* generatim) describere (*od.* distribuere).
Klassiker *m* scriptor *m* optimus (*od.* praestantissimus).
klassisch optimus, praestantissimus, elegantissimus; vetus [scriptor].
klatschen (manibus) plaudere; *mit der Peitsche ~* flagello insonare; (*schwatzen*) garrire; *Beifall ~* plaudere; *trans.* effutire.
Klatschen *n* plausus 4 *m.*
Klatschhaftigkeit *f* garrulitas *f.*
klauben carpere, rodere.
Klaue *f* (*Huf*) ungula *f*; (*Kralle*) unguis *m.*
Klausel *f* exceptio *f*, condicio *f.*
***Klavier** *n* clavicymbalum *n*, clavichordium *n.*
***Klavierunterricht** *m*: *~ haben* clavichordio discere.
kleben 1. *trans.* agglutinare; **2.** *intr.* squalēre [arma situ], respersum esse [sanguine]; adhaerēre [saxis].
klebrig tenax; (*leimig*) glutinosus.
Klecks *m* macula *f.*
Klee *m*, **Kleeblatt** *n* trifolium *n.*
Kleid *n* vestimentum *n*, tegumentum *n* corporis; (*Kleider*) vestis *f* (*sg.*); (*Anzug*) vestitus 4 *m*; (*Umwurf*) amiculum *n*, amictus 4 *m*, *auch* toga *f*, stola *f u. a.*
kleiden 1. vestire, (veste) tegere, induere, amicire; *sich ~* vestem induere, veste indui, vestiri; **2.** *intr.* (*anstehen*) convenire, congruere, aptum esse; *es kleidet gut* satis decet, ornat [me].
Kleideraufwand *m* vestium luxuria *f*; *einen großen ~ treiben* vestitui magno indulgēre.
Kleiderschrank *m* armarium *n.*
Kleidertracht *f* vestis *f*, vestis habitus 4 *m*, vestitus 4 *m*, cultus 4 *m.*
Kleidung *f* vestis *f*, vestitus 4 *m*, cultus 4 *m.*
Kleidungsstück *n* vestimentum *n.*
Kleie *f* furfures *m/pl.*; (*adj.* furfureus).
klein parvus (*von zweien* minor); parvulus, pusillus; exiguus, brevis; angustus; *ein ~es Haus* aedicula *f*; *~es Geschenk* munusculum *n*; *~er Hund* catulus *m*; *ein ~es Kind* infans *m*, parvulus, puerulus; *ein ~er Mensch* homo *m* brevis staturae (*od.* humili staturā); *zu ~* (iusto) minor, parum magnus; *so ~* tantulus, tantus; *wie ~* quantulus, quantus; *~ machen* minutim concidere [lignum]; *~ denken* humiliter sentire; *~ beigeben* manus dare; *~schreiben* minute scribere.
kleinäugig oculis minutis.
Kleingeld *n* nummuli *m/pl.*
kleingläubig timidus.
Kleinhandel *m* mercatura *f* tenuis.
Kleinhändler *m* propola *m*, caupo *m*, institor *m.*
Kleinheit *f* parvitas *f*, exiguitas *f*, brevitas *f* [corporis].
Kleinigkeit *f* res *f* parva (*od.* parvula, non magna, levis, levissima); paululum, parvum (*od.* leve) quiddam; (*Geschenk*) munusculum *n*; *es ist keine ~* est aliquid; magnum (*od.* non leve) est.
Kleinigkeitskrämer *m* homo *m* minutiarum studiosus, homo *m* angusti animi.
Kleinigkeitskrämerei *f* cura *f* minutior.
kleinlaut demissus, humilis; afflictus.

K

kleinlich pusillus, minutus, humilis, angustus, angusti animi, animo demisso, abiectus, illiberalis, sordidus.
Kleinlichkeit *f* animus *m* pusillus (*od.* humilis, angustus); illiberalitas *f*, sordes *f/pl.*
Kleinmut *m* animus *m* demissus et fractus, animi demissio *f od.* contractio *f*.
kleinmütig humilis, demissus, abiectus; afflictus, maestus.
Kleinod *n* ornamentum *n*, res *f* pretiosissima (*od.* magnifica *od.* magni pretii); insigne *n*.
Kleinstädter *m* homo *m* oppidanus (*od.* municipalis *od.* rusticanus), homo ex municipio.
kleinstädtisch oppidanus, municipalis, rusticanus.
Kleister *m* gluten *n*.
kleist(e)rig glutinosus.
kleistern glutinare.
Klemme *f* angustiae *f/pl.*; *in die ~ kommen* in angustias adduci, in angustum venire; *in der ~ sein* in angustiis (*od.* in angusto *od.* in arto) esse.
klemmen premere, comprimere.
Klette *f* lappa *f*.
klettern (*aufwärts*) niti, in altum eniti; (*hinab*) descendere.
Klettern *n* nisus 4 *m*, escensus 4 *m*, descensus 4 *m*; *mst durch Verba*.
Klient *m* cliens *m*; *~ sein* in clientela esse.
Klientschaft *f* clientela *f*.
Klima *n* caelum *n*; caeli natura *f*, aër *m*; (*in Bezug auf den Ort*) regio *f*, loca *n/pl.*, loci natura *f*; *gesundes ~* caeli salubritas *f*; *ungesundes ~* caeli gravitas *f*, *gemäßigtes ~* caeli temperies *f*.
klimpern tinnire.
Klinge *f* ferrum *n*, gladius *m*; *über die ~ springen lassen* caedere, occidere, trucidare.
Klingel *f* tintinnabulum *n*.
klingeln tinnire; *es klingelt* tinnit tintinnabulum.
Klingeln *n* tinnitus 4 *m*.
klingen sonare, tinnire, vocalem sonum reddere; *es klingt mir im Ohr* auris tinnit; *es klingt unglaublich* incredibile est dictu; *das klingt romanhaft* fabulosa narras.
Klingen *n* sonitus 4 *m*, tinnitus 4 *m*.
klingend sonans, (*wohlklingend*) canōrus.
*__Klinik__ *f* valetudinarium *n*.
Klinke *f* ansa *f*.
Klippe *f* scopulus *m*, cautes *f*; *an einer ~ scheitern* ad scopulum allidi.
klirren crepare, crepitare; *mit den Waffen ~* armis concrepare.
Klirren *n* crepitus 4 *m*.
Kloake *f* cloaca *f*.
Kloben *m* trochlea *f*.
klopfen 1. *intr.* *~ an* pulsare [ostium]; salire, palpitare, micare [cor]; 2. *trans.* pulsare, tundere [malleo]; (*ausklopfen*) (baculo) excutere [pulverem e veste].
Klopfen *n* pulsatio *f*, palpitatio *f* [cordis].
Klopfer *m* (*an der Tür*) malleus *m*.
Klopffechter *m* gladiator *m*.
Klöppel *m* (*Hammer*) malleus *m*; (*Stößel e-s Mörsers*) pistillum *n*.
Kloß *m* globus *m*; (*v. Erde*) glaeba *f*.
Klößchen *n* globulus *m*, glaebula *f*.
Kloster *n* monasterium *n*, coenobium *n*.
klösterlich monasterialis, (*gen.*) monasterii (-iorum).
Klotz *m* caudex *m* (*auch als Schimpfwort*).
Klub *m* circulus *m*, sodalitas *f*, sodalicium *n*; (*politischer*) factio *f*; grex *m*.
*__Klubsessel__ *m* cathedra *f* mollis.
Kluft *f* (*Öffnung*) hiatus 4 *m*; (*zwischen Felsen*) fauces *f/pl.*; (*Höhle*) specus 4 *m*, caverna *f*.
klug (*bei gesundem Verstande*) sanus, sanae mentis, mentis compos; *du bist wohl nicht ~?* satin sanus?; (*umsichtig*) prudens; *durch (fremden) Schaden ~ werden* ipsa re corrigi (alieno malo sapere); *~ sein* sanae mentis esse, sapere; *nicht (recht) ~ sein* desipere, insanire; *nicht ~ werden können* non intellegere.
Klügelei *f* argutiae *f/pl.*
klügeln: *~ an* argutiis persequi, nasutum destringere.
Klugheit *f* sana mens *f*, prudentia *f*, consilium *n*.
Klugheitsregel *f* praeceptum *n* bonum (*od.* utile).
Klumpen *m* massa *f*; (*v. Erde*) glaeba *f*.
klumpenweise acervatim.
Klumpfuß *m* tali *m/pl.* pravi *od.* extantes; *Mensch mit e-m ~* scaurus.
klumpig glaebosus.
Knäbchen *n* puerulus *m*, pusio *m*, pupus *m*.

Knabe *m* puer *m*.
Knabenalter *n* aetas *f* puerilis, pueritia *f*.
knabenhaft puerilis.
Knack *m* crepitus 4 *m*.
knacken frangere [nucem]; *intr*. crepare.
Knall *m* sonitus 4 *m*; (*Krachen*) fragor *m*.
knallen sonitum (*od*. fragorem) edere.
knapp (*eng anschließend*) adstrictus [soccus], angustus; / angustus [res frumentaria]; artus [commeatus]; tenuis, exiguus; brevis, pressus [oratio].
Knappe *m* puer *m*, (*Waffenträger*) armiger *m*.
Knappheit *f* brevitas *f* [orationis].
knarren crepare, concrepare, strepere, stridēre.
Knarren *n* crepitus 4 *m*, strepitus 4 *m* [rotarum], stridor *m*.
knattern (con)crepare.
Knäuel *m u. n* glomus *n*.
Knauf *m* capitulum *n*.
Knauser *m* homo *m* tenax (*od*. sordidus *od*. illiberalis).
Knauserei *f* tenacitas *f*, sordes *f*.
knauserig tenax, illiberalis, sordidus.
knebeln constringere; claudere os.
Knecht *m* servus *m*.
knechten servitutem iniungere [sociis], servitute oppressum tenēre, subigere [nationes], dominari [in suos].
knechtisch servilis.
Knechtschaft *f* servitus *f*.
Kneipe *f* caupona *f*, cauponula *f*.
kneipen, kneifen vellicare, (digitis) comprimere, apprehendere [buccam].
***Kneiperei** *f* compotatiuncula *f*.
kneten depsere, subigere.
knicken frangere, infringere.
knickerig tenax, sordidus, illiberalis.
Knie *n* genu *n*; *die ~ beugen* genua flectere (*od*. submittere); (*vor dem Könige*) genua ponere regi; *auf die ~ fallen* in genua procumbere; (*vor dem Könige*) procumbere ad genua regis, accidere genibus regis; *auf den ~n liegen* ad genua [regis] iacēre, supplicem esse [regi].
Knieband *n* genualia 3 *n/pl*.
Kniebeugung *f* genua *n/pl*. flexa (*od*. curvata).
kniefällig genu nixus; (*bittend*) supplex.
Kniegelenk *n* genūs commissūra *f*.
knien genibus nixum esse, in genua procumbere (procubuisse).
Kniekehle *f* poples *m*.
Kniescheibe *f* patella *f*.
Kniff *m* ars *f*, artificium *n*, dolus *m*.
knirschen stridēre, (dentibus) frendere.
Knirschen *n* stridor *m*.
knistern crepare, crepitare.
Knistern *n* crepitus 4 *m*.
Knoblauch *m* allium *n*.
Knöchel *m* (*am Fuße*) talus *m*, (*Gelenk*) articulus *m*.
Knochen *m* os *n*; *von ~* osseus.
knochenartig, knöchern osseus.
Knochenband *n* ossium commissura *f*.
knochenlos sine osse, exos.
Knochensplitter *m* (parvulum) fragmentum *n* ossis.
***Knock-out** ictu ultimo confectus.
Knollen *m* tuber *n*; (*v. Zwiebelgewächsen*) bulbus *m*.
knollig tuberosus.
Knollengewächs *n* stirps *m u. f*, herba *f* tuberosa.
Knopf *m* bulla *f*; (*am Schuh*) malleolus *m*; (*am Ende der Schriftrollen*) umbilicus *m*.
Knorpel *m* cartilago *f*.
knorpelig cartilaginosus.
Knorren *m* nodus *m*.
knorrig nodosus.
Knospe *f* (*an Bäumen*) gemma *f*; *~n treiben* gemmas agere, gemmare; calyx *m* [rosae].
Knötchen *n* nodulus *m*.
Knoten *m* nodus *m*.
knotenlos sine nodo, enodis.
knotig nodosus.
knüpfen nectere, iungere, copulare; (*fest*) adstringere.
Knüppel *m* fustis *m*; *dicker ~* stipes *m*.
knurren mussitare; (*als Zeichen des Unwillens*) fremere; *der Magen knurrt* venter crepitat.
Knurren *n* mussitatio *f*, fremitus 4 *m*.
knurrig morosus, difficilis, tristis.
Knute *f* flagellum *n*; *die ~ bekommen* flagellis caedi.
Knüttel *m* fustis *m*.
Knüttelvers *m* versus *m* hiulcus (*od*. agrestis *od*. asper).

Koben *m* hara *f.*
Kobold *m* daemon *m.*
Koch *m* coquus *m.*
kochen **1.** *intr.* fervēre; effervescere; coqui; aestuare [invidiā]; **2.** *trans.* (per)coquere, fervefacere.
Köcher *m* pharetra *f.*
Koch/gefäß, ~geschirr *n* vas *n* coquinarium.
Köchin *f* coqua *f.*
Kochlöffel *m* cochlear *n*, trulla *f.*
Kochofen *m* fornax *f.*
Kochtopf *m* olla *f*; *aus Erz*: coculum *n* aëneum.
Köder *m* esca *f* [voluptas esca malorum].
ködern cibo inescare (*od.* allicere).
Koffer *m* riscus *m*, cista *f*; ***Reise~** cista *f* itineraria.
***Kognak** *m* aqua *f* vitae conacensis.
Kohl *m* brassica *f*, olus *n*; / crambe *f.*
Kohle *f* carbo *m*; (*glühende*) pruna *f.*
Kohlenbecken *n* foculus *m*; (*Räucherpfanne*) turibulum *n.*
Kohlenbrenner *m* carbonarius *m.*
Kohlenhandel *m* negotium *n* carbonarium.
Köhler *m* carbonarius *n.*
Köhlerglaube *m* fides *f* temeraria (*od.* caeca).
Kohlgarten *m* hortus *m* olitorius.
kohlschwarz carbone nigrior, piceus; homo *m* Aegyptio nigrior.
kokett placendi studiosa, sui ostentatrix.
Kolben *m* nodus *m*; (*am Gewehr*) manubrium *n.*
Kolik *f* tormina *n/pl.*
Kollege *m* collēga *m.*
Kollegenschaft *f* collegium *n.*
Kollegium *n* collegium *n*; (*Vorlesung*) schola *f.*
Kollekte *f* pecunia *f* collecta; *eine ~ veranstalten* stipem colligere.
Koller *m* (*Pferdekrankheit*) furor *m* equinus.
kollidieren: *~ mit* pugnare inter se (*od.* cum).
Kollision *f* pugna *f*, contentio *f.*
Kolonie *f* colonia *f*, coloni *m/pl.*; *e-e ~ wohin schicken od. führen* coloniam (*od.* colonos) deducere in [Siciliam]; *~ anlegen* condere, collocare [in Sicilia].
Kolonist *m* colonus *m.*
Kolonnade *f* porticus 4 *f.*
Kolonne *f* pars *f* exercitūs, manus 4 *f*; (*auf dem Marsche*) agmen *n.*
Kolorit *n* color *m.*
Koloss *m* simulacrum *n* immani magnitudine, colossus *m*; moles *f.*
kolossal colosseus [statua]; magnitudinis ingentis (*od.* immanis *od.* insolitae); eximia (*od.* immani) corporis magnitudine [Gallus].
Komet *m* stella *f* crinita, cometes *m.*
***Komfort** *m* cultus 4 *m.*
Komiker *m* (actor *m*) comicus, comoedus *m.*
komisch (*die Komödie betreffend*) comicus; mimicus; ridiculus.
Komitee *n* viri *m/pl.* arbitri *od.* delecti.
Komitien: *die ~* comitia *n/pl.*
Kommandant *m* praefectus *m.*
Kommandantur *f* praefectura *f.*
kommandieren imperare; praeesse, praefectum esse [exercitui].
Kommando *n* imperium *n*; *unter dem ~* duce [Germanico]; (*Schar von Soldaten*) manus 4 *f.*
kommen venire; (*ans Ziel*) pervenire; (*ankommen*) advenire; (*im Anzuge sein*) adventare; (*sich nähern*) accedere, appropinquare; (*unabsichtlich*) deferri; (*auf Fahrzeugen*) vehi, advehi, invehi; *~ lassen* arcessere, ad se vocare; / incidere in [sermonem hominum]; *unter die Augen ~* venire in conspectum; *zu sprechen ~* mentionem facere; venire ad; *man kam darauf* inventum est *m. inf.*; *auf etwas nicht ~ können* reminisci non posse [proverbii]; *dahinter ~* prehendere, sentire, intellegere, cognoscere; (*wieder*) *zu sich ~* ad se redire, animum recipere, se colligere; *um etw. ~* amittere, perdere; privari, spoliari, fraudari [re familiari]; deici [spe]; naufragium [pecuniae] facere; (*von Leblosem*) afferri [nuntius], perferri, advehi, appetere; (*unvermerkt*) obrepere; *es kommt vor* accidit ut, evenit, ut; *~ an* obvenire, obtingere [hereditas nepoti]; *~ von* oriri, nasci, sequi; *daher kommt es, dass* inde (*od.* ita *od.* quo) fit, ut; *es kann nicht anders ~, als dass* fieri non potest, quin; *es kommt zu* res venit (*od.* deducitur) ad [manus, arma, vim]; *es so weit ~ lassen, dass* res eo deducitur, ut; *es nicht dazu ~ lassen, dass* non committere, ut; *in die Quere ~* intervenire; *geschlichen*

~ irrepere; es *kommt mir zugute* ad meum fructum redundat.
Kommentar *m* commentarium *n*; (*Erklärung*) interpretatio *f*.
***Kommis** *m* mercatoris adiutor *m* (*od.* famulus *m*).
Kommissar *m* curator *m*; *oft* duumvir *m*, triumvir *m u. a.*
Kommission *f* curatio *f*, mandatum *n*; (*Untersuchungsgesellschaft*) recuperatores *m/pl.*, arbitri *m/pl.*, cognitores *m/pl.*
Kommissionär *m* procurator *m*, curator *m* negotiorum.
Kommissbrot *n* panis *m* militaris.
***Kommunismus** *m* communismus *m*.
Komödiant *m* histrio *m*.
Komödie *f* comoedia *f*.
Kompagnon *m* socius *m*.
Kompanie *f* centuria *f*.
Komparativ *m* comparativus (gradus 4 *m*).
Kompass *m* acus 4 *f* nautica.
kompetent legitimus, iustus, idoneus (iudex).
Kompetenz *f* ius *n*, auctoritas *f*.
Kompliment *n*: *ein ~ machen* corpus inclinare; *sein ~ machen* salutare; *ein ~ machen* (*mit Worten*) laudare; honorificis (*od.* blandis) verbis prosequi.
Komplott *n* conspiratio *f*, coniuratio *f*, sodalicium *n*.
***Kompott** *n* poma *n/pl.* (*od.* mala *n/pl.* etc.) cocta.
***Kompromiss** *m od. n* conventio *f* utrique factioni accepta.
kompromittieren in invidiam adducere, famam [patris] laedere; *sich ~* famam suam laedere.
***Konditor** *m* (pistor) cupedinarius *m*, dulciarius *m*.
***Konditorei** *f* taberna *f* cupedinaria.
Konferenz *f* consultatio *f*, deliberatio *f*, consilium *n*, colloquium *n*.
Konfession *f* religio *f* (*auch pl.*).
Konfiskation *f* (bonorum) publicatio *f*.
konfiszieren publicare.
Konflikt *m* discrepantia *f*, contentio *f*, simultas *f*.
Kongress *m* conventus 4 *m*, concilium *n*.
König *m* rex *m*; *~ sein* regem esse, regnare; *sich zum ~ machen* regnum occupare.
Königin *f* regina *f*.
königlich regius; (*eines Königs würdig*) regalis.
Königreich *n* regnum *n*.
Königs... (*adj.*) regius, (*gen.*) regis (-gum).
Königsburg *f* regia (domus 4 *f od.* arx) *f*.
Königs/familie *f*, **~haus** *n* domus *f* regia, reges *m/pl.*
Königsmantel *m* purpura *f*.
Königspaar *n* rex *m* et regina *f*.
Königsthron *m* solium *n* regium; / regnum *n*; *auf den ~ setzen* regnum deferre ad.
Königtum *n* regnum *n*, imperium *n* regium.
konisch metae similis.
Konjektur *f* coniectura *f*.
Konjugation *f* coniugatio *f*.
konjugieren flectere.
Konjunktion *f* coniunctio *f*.
Konjunktiv *m* (modus *m*) coniunctivus.
konkav concavus.
konkret sensibus subiectus; (de-) finitus, certus, proprius; ipse.
***Konkurrent** *m* aemulus *m*.
***Konkurrenz** *f* aemulatio *f*, certatio *f*.
***Konkurs** *m* ruina *f*, bonorum venditio *f*, solutio *f* impedita.
können posse; *er konnte Privatmann bleiben* illi licuit otiosum (-o) esse; *er konnte freier leben* liberius vivendi fuit ei potestas (*od.* copia); *ich kann nicht glauben* miror; *ich kann es nicht erwarten zu erfahren* gestio cognoscere; *das kannst du mir glauben* hoc credas (velim); *ich kann nicht dafür* non in culpa (*od.* causa) sum; = *wissen, verstehen.*
konsequent (sibi) constans; consentaneus, conveniens; (*nicht*) *~ sein* sibi constare, secum consentire (a se discedere).
Konsequenz *f* consequentia *f*; consecutio *f*; constantia *f*; (*v. Sachen*) convenientia *f*.
Konsonant *m* consonans *f*.
konstatieren confirmare.
konstruieren componere; (*gramm.*) construere, *math.* describere, constituere.
Konstruktion *f gramm.* constructio *f*, compositio *f*, consecutio *f* verborum; *math.* descriptio *f*.

K

Konsul *m* consul *m*; *gewesener* ~ consularis *m*.
konsularisch consularis.
Konsulat *n* consulatus 4 *m*; * proxenium *n*.
***Konsumverein** *m* societas *f* emptorum.
Kontinent *m* (terra) continens *f*.
Kontingent *n* certus (*od.* constitutus) numerus *m* militum, auxilia *n/pl.*
Konto *n* computus *m*; ratio *f*; *aufs* ~ *setzen* in rationes referre.
***Kontokorrent** n ratio *f* cotidiana.
***Kontor** *n* tabularium *n* mercatoris, computatorium *n*.
Kontrakt *m* pactio *f*, pactum *n*, conventum *n*; *einen* ~ *schließen* pacisci, pactionem facere.
Kontrast *m* contrarium *n* dissimilitudo *f*, diversitas *f*.
kontrastieren pugnare cum (*od.* inter se).
Kontribution *f* tributum *n*, stipendium *n*, pecuniae *f/pl.* imperatae; e-e ~ *auflegen* tributum (*od.* stipendium) imponere (*od.* imperare); ~ *entrichten* pendere.
Kontrolle *f* custodia *f*; examinatio *f*.
kontrollieren *trans.* custodire.
Konvent *m* conventus 4 *m*.
konvex convexus.
konzentrieren in unum conferre (*od.* contrahere *od.* cogere); *sich* ~ cogitationes in unam rem dirigere.
Konzept *n* exemplum *n*.
Konzert *n* concentus 4 *m*, symphonia *f*; certamen *n* musicum.
Konzil *n* concilium *n*.
Kopf *m* caput *n*; *vom* ~ *bis auf den Fuß* a vestigio ad verticem; *mit dem* ~*e büßen* capite luere; *den* ~ *verlieren* animo conturbato et incerto esse, a mente deseri, perturbari; *ein langsamer (guter)* ~ tardum (felix) ingenium *n*; *aus dem* ~*e* ex memoria, memoriter; *im* ~*e haben* agitare consilium, spectare [magna quaedam], id agere, ut...; *seinem eigenen* ~*e folgen* suo ingenio obsequi (*od.* indulgēre), suis tantum consiliis uti; *auf seinem* ~*e bestehen* in sententia sua perseverare (*od.* pertinaciter perstare); *sich in den* ~ *setzen* obstinate velle; *ein kluger (unruhiger)* ~ homo *m* prudens (seditiosus *od.* turbulentus).
Kopf/band *n*, ~**binde** *f* redimiculum *n*, fascia *f*; (*der Priester und Frauen*) vitta *f*; (*der Könige*) diadema *n*.
Kopfbedeckung *f* tegumen *n* capitalis; *als Abzeichen e-r Würde*: insigne *n* capitis.
Köpfchen *n* capitulum *n*.
köpfen caput praecidere; securi percutere.
Kopfhaar *n* capillus *m*.
Kopfhänger *m* submaestus, tristis, difficilis, morosus.
***Kopfhörer** *m* conchae *f/pl.* auditoriae (quae auribus affiguntur).
Kopfkissen *n* cervical *n*.
kopflos demens, inconsideratus, temerarius.
Kopflosigkeit *f* dementia *f*, temeritas *f*.
Kopfnicken *n* nutus 4 *m*.
Kopfsteuer *f* tributum *n* (in singula capita impositum).
Kopftuch *n* capital *n*.
kopfüber praeceps (*adj.*).
Kopfzahl *f* capitum numerus *m*; *nach* ~ *geschätzt* capite census.
Kopie *f* exemplum *n*; (*Nachbildung*) imitatio *f*; similitudo *f*.
kopieren describere; (*nachbilden*) imitari, imitando exprimere (*od.* effingere).
Koppel *f* (*Band*) copula *f*; (*am Degen*) balteus *m*; ~ *Hunde* canes (copulā) iuncti.
koppeln copulare.
Koralle *f* corallium *n*.
Korb *m* corbis *f*; (*geflochten*) fiscus *m*, sporta *f*, fiscina *f*; (*für Brot und Früchte*) canistra *n/pl.*; (*für Blumen und Handarbeiten*) calathus *m*; *Körbe austeilen* nuptias aspernari.
Körbchen *n* corbula *f*, fiscella *f*, sportula *f*.
Korbmacher *m* vitor *m*.
Korbträgerin *f* canephorus *f*.
***Korbweide** *f* salix *f* viminalis.
Kork *m* cortex *m* (*auch als Stöpsel*).
Korkbaum *m* suber *n*.
***Korkzieher** *m* extraculum *n*.
Korn *n* granum *n*; *aufs* ~ *nehmen* petere; *die Flinte ins* ~ *werfen* hastas abicere; (*Beschaffenheit, innerer Gehalt*) natura *f*, ingenium *n*; *von altem Schrot und* ~ antiquā fide (*od.* virtute); antiquus.
Korn... (*adj.*) frumentarius (*od.* [*gen.*] frumenti), rei frumentariae.

K

Kornähre *f* spica *f*.
Kornblume *f* cyanus *m*.
Kornboden *m* granarium *n*.
Kornbrand *m* robigo *f*, rubigo *f*.
Körnchen *n* granum *n*, mica *f*.
Kornelkirsche *f* cornum *n*, (*als Baum*) cornus *f*.
Kornernte *f* messis *f* frugum.
Korngarbe *f* merges *f*.
Kornhalm *m* culmus *m*.
Kornhandel *m* negotiatio *f* frumentaria.
körnig (*mit Körnern versehen*) granatus; (*voll. v. Körnern*) granosus.
Kornkammer *f* cella *f* penaria, horreum *n*.
Kornmagazin *n* horreum *n*.
Kornpreis *m* annona *f*; *hoher* ~ caritas *f* annonae.
kornreich frumento abundans, frumentarius.
Kornspeicher *m* granaria *n/pl.*, farrarium *n*.
Kornwurm *m* curculio *m*.
Körper *m* corpus *n*; (*geometrisch*) corpus *n* solidum.
Körperbau *m* corporis conformatio *f* (*od.* figura *f*); *oft bloß* corpus *n*.
Körperbewegung *f* corporis motus 4 *m*; (*beim Reden*) gestus 4 *m*; *vgl. Bewegung.*
Körperchen *n* corpusculum *n*.
Körperkraft *f* corporis vires *f/pl.*, robur *n*.
körperlich corporeus [res, quae cerni tangique possunt]; corporis [vires, voluptates]; ~ *gesund* (*krank*) bona (aegra) corporis valetudine; ~ *stark sein* corpore valēre.
Körperschaft *f* corpus *n*, collegium *n*, societas *f*, ordo *m*; (*beratende*) consilium *n*.
Körperschwäche *f* corpus *n* infirmum, imbecillitas *f*.
Körperstrafe *f* corporis verbera 3 *n/pl.*
Körperwelt *f* corpora *n/pl.*, res *f/pl.* corporeae (*od.* externae *od.* humanae).
Korps *n* corpus *n*; manus 4 *f*, pars *f* exercitūs (*od.* equitatūs), agmen *n*.
korpulent corpore amplo; ~ *werden* corpus facere.
korrekt emendatus, rectus, elegans.
Korrektur *f* emendatio *f*, emendandi opera *f* (*od.* cura *f*).
korrespondieren litteras dare et accipere; ~ *mit* per litteras colloqui cum.
korrigieren emendare, corrigere.
***Korso** *m* cursus 4 *m*; via *f* principalis.
Koryphäe *m u. f* princeps *m u. f*, [vir *m* primus.]
Kost *f* cibus *m*; alimenta *n/pl.*; victus 4 *m*; *spärliche Kost haben* tenui vectu ali (*od.* sustentari); ~ *geben* victum praebēre; *in* ~ *nehmen* mercede pacta alere.
kostbar carus, pretiosus, magni pretii; (*prächtig*) magnificus, lautus; / egregius, eximius; pulcherrimus; dulcissimus, suavissimus.
Kostbarkeit *f* res *f* magni pretii (*od.* cara *od.* pretiosa).
Kosten: *die* ~ sumptus 4 *m* (*sg. u. pl.*); impensa *f*, impendium *n*, dispendium *n*; ~ *verwenden auf* sumptum facere (*od.* impendere in [epulas]); *die* ~ *bestreiten* sumptus [epularum] tolerare; *auf eigene* ~ privato sumptu, suā pecuniā; *auf öffentliche* ~ publico sumptu, de publico, publice; *auf* ~ *anderer leben* aliorum impensis ali; *auf* ~ *der Gesundheit* cum damno valetudinis; *ohne eigene* ~ gratis.
kosten stare, constare, esse, emi, venire; (*feil sein*) licēre [*viel* magno, *wenig* parvo, *so viel* tanti; *nichts* gratis stare; 100 *Sesterze* centum sestertiis]; / *der Sieg kostete viel Blut* victoria multo sanguine stetit, *das Leben* ~ morte stare; *es kostet Schweiß und Mühe* multi sudoris ac laboris est; *es kostet mir große Überwindung* vix a me impetrare possum, ut.
kosten (*den Geschmack untersuchen*) gustatu explorare; (*wenig essen*) (de)gustare.
Kostenanschlag *m* aestimatio *f od.* conspectus 4 *m* sumptuum.
kostenfrei ab omni sumptu vacuus, nullā (suā) impensā, sine impendio (suo); *auch* immunis, publice.
kostfrei qui victu gratuito utitur.
Kostgeld *n* pecunia *f* pro victu (*od.* alimentis) data (danda).
köstlich dulcissimus, suavissimus, bellissimus.
kostspielig sumptuosus.
Kostüm *n* vestitus 4 *m*, cultus 4 *m*, habitus 4 *m*.
Kostverächter *m* homo *m* delicati fastidii.

Kot *m* lutum *n*; (*Dreck*) caenum *n*; (*Mist*) stercus *n*.
***Kotelett** *n* costula *f*.
kotig lutosus, lutulentus, caenosus; / obscenus.
Krabbe *f* cammarus *m*, cancer *m* marinus; * (*Fluss*≈) telphusa *f* fluviatilis; * (*gemeine* ∼, *Strand*≈) carcinus *m* maenas.
krabbeln *tranc.*: *j-n* ∼ fricare (*od.* permulcēre) alqm.
Krach *m* fragor *m*.
krachen fragorem edere.
krächzen crocire; (*von Menschen*) suspirare.
Krachen *n* fragor *m*.
Krächzen *n* crocitus *m*, cantus 4 *m*.
Kraft *f* vis *f* (*Kräfte* vires); (*Widerstandsfähigkeit*) robur *n*; (*Muskeln*, / *Spannkraft*) nervi *m*/*pl*., lacerti *m*/*pl*.; (*Lebenskraft*) vigor *m*; (*Tatkraft*) virtus *f*; (*Machtmittel*) opes *f*/*pl*.; (*Streitkräfte*) copiae *f*/*pl*.; ∼ *der Rede* orationis gravitas *f* (*od.* nervi *m*/*pl*. *od.* lacerti *m*/*pl*.); *nach Kräften* pro viribus, quantum quis potest; *jeder nach Kräften* pro se quisque, pro sua quisque parte, pro virili parte; *aus allen Kräften* omnibus viribus, enixe; *alle* ∼ *anspannen* omnes nervos contendere, eniti atque laborare; *wieder zu Kräften kommen* convalescere, vires recuperare; ∼ *haben* valēre; *in* ∼ *treten* valēre; *in* ∼ *stehen* vigēre, florēre; (*gültig sein*) ratum esse.
kraft *prp*. ex, per, pro, *bloßer abl*.; ∼ *meines Amtes* pro magistratu, pro auctoritate; iure.
Kraft/**anstrengung** *f*, ∼**aufwand** *m* virium contentio *f*; *mit aller* ∼ omnibus viribus atque opibus.
Kraftausdruck *m* vox *f* gravis.
Kraftfülle *f* corporis vigor *m*.
Kraftgefühl *n* virium conscientia *f*, vigor *m* animi.
kräftig validus, robustus, firmus; (*muskulös*) lacertosus; (*wirksam*) efficax, (*energisch*) acer; gravis [oratio]; nervosus [orator]; (*stark wirkend*) fortis; ∼ *sein* (*auch*) corpore valēre (*od.* vigēre), viribus multum valēre.
kräftigen (con)firmare; *sich* ∼ corpus firmare.
kraftlos invalidus, imbecillus, infirmus; (*gebrechlich*) debilis; (*schlaff*) languidus; (*träge*) iners; (*saftlos*) exsanguis, (*ohne Spannkraft*) enervatus; (*entkräftet*) fessus; (*ungültig*) irritus.
Kraftlosigkeit *f* infirmitas *f*, languor *m*.
Kraftmehl *n* amylum *n*.
Kraftmensch *m* homo *m* robustus et valens.
Kraft/**spruch** *m*, ∼**wort** *n* sententia *f* (*od.* vox *f*) gravis, dictum *n* (*od.* verbum *n*) grave (*od.* rusticum).
Kragen *m* collare *n*; *es geht ihm an den* ∼ faucibus premitur.
Krähe *f* cornix *f*.
krähen canere, cantum edere.
Krähen *n* cantus 4 *m* (galli).
Kralle *f* unguis *m*.
Kram *m* mercatura *f* tenuis; (*Waren*) merces (viles) *f*; (*unbedeutende Sache*) res *f* vilis (*bzw. pl*.).
Krämer *m* tabernarius *m*.
Krämerbude *f* taberna *f*.
Krampf *m* spasmus *m*.
Krampfader *f* varix *f*.
krampfartig spasticus.
krampfhaft convulsus.
Krammetsvogel *m* turdus *m*.
***Kran** *m* machinatio *f* molis elevandae.
Kranich *m* grus *f*.
krank aeger, aegrotus, aegrotans; ∼ *sein* aegrum esse, aegrotare, laborare [morbo, ex pedibus]; ∼ *werden* aegrotare coepisse; ∼ *liegen* lecto teneri (*od.* affixum esse).
kränkeln aegro corpore esse, minus bona (*od.* firma *od.* commoda) valetudine uti.
kränken dolorem afferre, iniuriam inferre [amico], iniuria afficere, offendere animum [amici]; violare, laedere; mordēre [opprobriis], pungere [ignominia me]; *gekränkt werden* (*auch*) iniuriam accipere; *ich fühle mich gekränkt* doleo, aegre (*od.* graviter) fero.
Krankenbett *n* lectus *m* aegrotantis; *aufs* ∼ *geworfen werden* morbo affligi; *auf dem* ∼ *liegen* cubare ex morbo; *am* ∼ *sitzen* aegrotanti [amico] assidēre.
kränkend contumeliosus, acerbus, gravis, asper.
Kranken/**haus**, ∼**zimmer** *n* valetudinarium *n*, nosocomium *n*.
Krankenkost *f* cibus *m* aegrotantium.
Krankenpflege *f* cura *f* custodiaque aegrotorum.

***Krankenschwester** *f* aegrorum ministra *f*.
Krankenwärter(in *f*) *m* aegri (*od.* aegrorum) minister *m* (ministra); *im Krankenhause*: nosocomus *m*.
krankhaft morbo similis, aeger, minus validus; *~er Zustand* valetudo *f* minus commoda, aegrotatio *f*.
Krankheit *f* morbus *m*, valetudo *f* adversa (*od.* infirma); (*Kranksein*) aegrotatio *f*.
Krankheitskosten *pl.* impensae *f/pl.* in curationem factae.
Krankheitsstoff *m* semina 3 *n/pl.* (*od.* causa *f*) morbi.
kränklich qui valetudine infirma (*od.* tenui *od.* aegra) utitur.
Kränklichkeit *f* valetudo *f* infirma (*od.* tenuis *od.* aegra), valetudinis imbecillitas *f*.
Kranksein *n* aegrotatio *f*.
Kränkung *f* iniuria *f*, offensio *f*; ignominia *f*, contumelia *f*; dolor *m*.
Kranz *m* corona *f*; *mit einem ~e* coronatus.
Kranzbinder *m* coronarius *m*, coronarum opifex *m*.
Kränzchen *n* corolla *f*; (*kleine Gesellschaft*) circulus *m*.
Krapp *m* rubia *f*.
Krater *m* crater *m*.
Krätze *f* scabies *f*.
kratzen radere; (*schaben*) scabere.
krätzig scabiosus.
krauen fricare.
kraus crispus.
kräuseln crispare; (*das Haar*) calamistro inurere.
kraushaarig crispus, crispo capillo.
Krauskopf *m* crispus *m*.
Kraut *n* herba *f*; (*essbares*) olus *n*.
krautartig oleraceus.
Kräutchen *n* herbula *f*, olusculum *n*.
kräuterreich herbosus, herbidus.
Kräutersäfte *m/pl.* herbarum suci *m/pl.*
Kreatur *f* res *f* procreata; / homo *m* improbus (*od.* scelestus).
Krebs *m* cancer *m*.
Krebsschaden *m* / vitiosa pars *f*.
Krebsschale *f* testa *f* cancri.
Krebsschere *f* bracchium *n* cancri.
Kredenztisch *m* abacus *m*.
Kredit *m* fides *f*, creditum *n*; / auctoritas *f*, gratia *f*, existimatio *f*, opinio *f*.
Kreide *f* creta *f*; *voll ~* cretosus; *mit ~ bestrichen* cretatus.
kreideartig cretaceus.
kreideweiß cretaceus; (*sehr bleich*) perpallidus.
Kreis *m* circulus *m*, orbis *m*; (*Kreisbahn*) gyrus *m*; (*Kreis von Zuhörern*) corona *f*; *einen ~ beschreiben* circulum (*od.* orbem) describere; *~ beschreiben um* circumscribere [circino *mit dem Zirkel*, virgā *mit dem Stabe*]; *e-n ~ schließen* in orbem consistere; *einen ~ schließen um* coronā cingere, circumstare [captos]; *in e-m ~ stehen* in orbem stare; *im ~e führen* (*drehen*, *treiben*) in gyrum ducere (torquēre, agere); *oft auch durch eine Zusammensetzung mit* circum [circumducere, circumagere, circumferre, circumire]; (*Bezirk*) regio *f*, tractus 4 *m*, pars *f*; (*Gesellschaft*) circulus *m*, societas *f*, conventus 4 *m*; *häuslicher ~* domus 4 *f*; (*bei Tische*) convivium *n*; *im ~e von Freunden* inter amicos; *~ von Geschäften* negotia *n/pl.*, provincia *f*, munus *n*, officium *n*.
Kreis/bahn, ~bewegung *f* orbis *m*, gyrus *m*.
kreischen rauca voce sonare *od.* clamitare; vociferari; stridere [serra].
Kreisel *m* turbo *m*.
kreisen (in orbem) circumagi (*od.* circumferri *od.* moveri); *~ um* versari circa, ambire.
kreisförmig velut circino circumductus, in orbem actus (*od.* circumactus *od.* circumlatus *u. a.*); *adv.* (velut) in orbem, ut circino.
Kreislauf *m* circuitus 4 *m*; (*v. Gestirnen*) orbis *m*, cursus 4 *m*.
kreißen parturire; ex partu laborare.
Kreistag *m* conventus 4 *m*.
Krempe *f* margo *m*.
krempeln carminare [lanam].
Kreuz *n* crux *f*; *ans ~ schlagen* cruci affigere; / malum *n* (*od.* *pl.*), calamitas *f*, miseria *f*, dolor *m*.
kreuzen: *sich ~* decussari, concurrere; *die Wege ~ sich* via altera huc, altera illuc fert; *Gedanken ~ sich im Kopfe* mens variis consiliis (*od.* cogitationibus) agitatur; (*v. Schiffen*) vagari; (*v. Schiffern*) navigare.
Kreuzer *m* (*Heller*) quadrans *m*, teruncius *m*; (*v. Schiffen*) navis *f* speculatoria (*od.* praedatoria).
Kreuzestod *m* crux *f*, supplicium *n* servile.

kreuzförmig cruci similis, in crucis formam (*od.* speciem *od.* similitudinem) redactus.
kreuzigen cruci affigere (*od.* suffigere), in crucem tollere (*od.* agere).
Kreuzigung *f* crux; * *die ~ Christi* crucifixio *f* Christi.
Kreuzweg *m* trivium *n*, quadrivium *n.*
kreuzweise decussatim.
kriechen repere; (*wie die Schlangen*) serpere; *~ vor* adulari [divitem], humiliter servire [diviti]; *~d* humi repens (*od.* serpens); / humilis; *~des Wesen* humilitas *f*; *~de Schmeichelei* adulatio *f.*
Kriecher *m* adulator *m*, humilis assentator *m.*
Krieg *m* bellum *n*, arma *n/pl.*; (*Kriegsdienst*) militia *f*; *~ zur See* bellum *n* maritimum; *~ zu Lande* bellum *n* terrestre; *~ im Innern* bellum *n* domesticum; *im ~e* in bello (*aber im Persischen ~e* bello Persico); *Tod im ~e* mors *f* bellica; *in ~ und Frieden* domi bellique, domi militiaeque; *~ anfangen* bellum facere, arma movēre; *sich zum ~e rüsten* bellum parare; *~ anfangen mit* bellum inferre [Romanis]; *~ erklären* bellum indicere; *in den ~ ziehen* ad bellum proficisci; *~ führen* bellare, bellum gerere cum (*od.* contra); *vom Anführer*) bellum administrare.
kriegen bellare, bellum gerere cum (*od.* contra).
Krieger *m* miles *m.*
kriegerisch bellicosus; (*zum Kriege oder Krieger gehörig*) bellicus, militaris.
Kriegführung *f* belli gerendi ratio *f*; (*vom Feldherrn*) belli administratio *f.*
Kriegs... bellicus, militaris, (*gen.*) belli (-orum).
Kriegsanstalten *f/pl.*: *die ~* apparatūs *m/pl.* belli; *~ treffen* bellum (ap)parare.
Kriegsartikel *m* lex *f* militaris.
Kriegsbedarf *m* res *f/pl.* ad bellum gerendum necessariae, omnia quae bello usui sunt, usus 4 *m* belli.
kriegsbereit ad bellum (gerendum) paratus.
Kriegsbeute *f* praeda *f* bellica.
Kriegsdienst *m* militia *f*; *~e nehmen* militiam capessere, nomen dare; *~e tun* stipendia facere (*od.* merēre *od.* mereri); militare; *sich dem ~ zu entziehen suchen* militiam detrectare; *vom ~ frei sein* militiā vacare.
Kriegsehre *f* dignitas *f* militaris.
Kriegseid *m* sacramentum *n.*
kriegserfahren belli (gerendi) peritus, rei militaris peritus, multum in bello versatus.
Kriegserfahrung *f* belli (gerendi) peritia *f*; belli usus 4 *m.*
Kriegs/fackel, ~flamme *f* belli incendium *n*; *die ~ lodert überall* omnia bello ardent.
Kriegsfuß *m*: *das Heer auf den ~ setzen* exercitum omnibus rebus ornare atque instruere.
Kriegsgefährte *m* commilito *m*, belli socius *m.*
kriegsgefangen captivus, bello captus; *zum Kriegsgefangenen machen* bello capere.
Kriegsgefangenschaft *f* captivitas *f*; *in ~ geraten* bello capi.
Kriegsgerät *n* belli instrumentum *n* et apparatus 4 *m.*
Kriegsgericht *n* iudicium *n* militare.
Kriegsgeschrei *n* clamor *m* (bellicus).
Kriegsgesetz *n* lex *f* militaris.
Kriegsglück *n* fortuna *f* belli (*od.* bellica); *mit gleichem ~* aequo Marte; *wechselndes ~* varia fortuna *f*, varius (*od.* communis) Mars *m*; *das ~ versuchen* belli fortunam periclitari (*od.* experiri).
Kriegsgott *m* belli deus *m*, Mars *m.*
Kriegsgöttin *f* belli dea *f*, Bellona *f.*
Kriegshandwerk *n* res *f* militaris, militia *f.*
Kriegsheer *n* exercitus 4 *m*, copiae *f/pl.*
Kriegsheld *m* vir *m* in bello fortis (*od.* arte bellica insignis *od.* bellica laude praeclarus).
Kriegskasse *f* aerarium *n* militare.
Kriegskenntnis *f* belli (*od.* rei militaris) scientia *f* (*od.* peritia *f*).
Kriegskleid *n* sagum *n.*
Kriegsknecht *m* miles *m* gregarius.
Kriegskosten: *die ~* sumptūs *m/pl.* belli, impensae *f/pl.* in bellum factae.
Kriegskunst *f* ars *f* bellica (*od.* militaris); *die ~ lernen* rem militarem discere.

Kriegslager *n* castra *n/pl.*
Kriegsleute: *die* ~ milites *m/pl.*
Kriegslist *f* ars *f* (*od.* fraus) bellica; (*v. Feldherrn*) consilium *n* (fallax).
Kriegslust *f* bellandi studium *n od.* cupiditas *f.*
kriegslustig bellandi cupidus, bellicosus.
Kriegsmacht *f* copiae *f/pl.*, vires *f/pl.*, opes *f/pl.* bellicae, exercitus 4 *m.*
Kriegsmann *m* miles *m.*
Kriegsmannschaft *f* copiae *f/pl.*
Kriegsmantel *m* sagum *n*, sagulum *n* militare.
Kriegsmaschine *f* machina *f* bellica.
Kriegsnot *f* belli calamitas *f.*
Kriegsplan *m* belli (gerendi) ratio *f od.* consilium *n.*
Kriegsrat *m* consilium *n*; *einen* ~ *halten* consilium habēre.
Kriegsrecht *n* belli ius *n*, leges *f/pl.* militares.
Kriegsrüstung *f abst.* comparatio *f* belli; *konkr.* belli apparatus 4 *m*; *~en machen* bellum (ap)parare.
Kriegsschar *f* manus 4 *f* (militum).
Kriegsschauplatz *m* belli sedes *f*, locus *m* belli gerendi (*od.* ubi bellum geritur).
Kriegsschiff *n* navis *f* longa.
Kriegsschule *f* schola *f* militaris; / militiae disciplina *f.*
Kriegssteuer *f* tributum *n* unde belli impensae tolerantur; tributum *n* (ab hoste) imperatum.
Kriegsstrafe *f* poena *f* (*od.* animadversio *f*) militaris.
Kriegstat *f* res *f* (in) bello gesta, *mst bloß* res *f* gesta.
Kriegstheater *n* belli sedes *f.*
Kriegstribun *m* tribunus *m* militum.
Kriegstrompete *f*: *in die* ~ *stoßen* bellicum canere; / bellatorem esse.
Kriegsübung *f* armorum exercitatio *f*, belli usus 4 *m.*
Kriegsvergehen *n* flagitium *n* militare.
Kriegsverlust *m* belli damnum *n.*
Kriegsvolk *n* copiae *f/pl.*, milites *m/pl.*; (*gemeines*) vulgus *n.*
Kriegsvorrat *m* instrumentum *n* et apparatus 4 *m* belli.
Kriegswaffen *f/pl.*: *die* ~ arma *n/pl.*
Kriegswagen *m* carrus *m*; (*Streitwagen*) essedum *n.*
Kriegswesen *n* res *f* militaris, res *f/pl.* bellicae.
Kriegswissenschaft *f* disciplina *f* militaris.
Kriegszahlmeister *m* tribunus *m* aerarius, quaestor *m.*
Kriegszelt *n* tentorium *n*, pelles *f/pl.*
Kriegszucht *f* disciplina *f* militaris (*od.* castrensis).
Kriegszug *m* expeditio *f* (bellica); *auch* bellum *n.*
Kriegszustand *m* bellum *n*; *im ~e sein* in bello esse, bellum habēre cum.
Kriminalgericht *n* iudicium *n* publicum (*od.* capitale).
Kriminalprozess *m* causa *f* publica (*od.* capitalis *od.* capitis).
Kriminalverbrechen *n* capitale facinus *n*, capital *n.*
Krippe *f* praesepe *n.*
Krisis *f* discrimen *n*; (*Entscheidungspunkt*) momentum *n*; *in einer* ~ *sich befinden* in ancipiti esse.
Kristall *m* crystallum *n*; *von* ~ crystallinus.
kristallen crystallinus, vitreus.
Kriterium *n* certa iudicandi et adsentiendi nota *f*, cognitionis nota *f*, signa *n/pl.* quaedam et notae *f/pl.*, nota *f*, iudicium *n.*
Kritik *f* (*als Kunst*) ars *f* critica; iudicium *n*, censura *f*; arbitrium *n* existimantium.
Kritikaster *m* iudex *m* iniquus, homo *m* difficilis.
Kritiker *m* criticus *m*; iudex *m*, existimator *m* (*pl.* existimantes, iudicantes).
kritisch criticus; (*bedenklich*) anceps, dubius; *~e Lage* discrimen *n.*
kritisieren iudicare de; *scharf* ~ acri subtilique ingenio et iudicio percensēre.
kritteln inique iudicare, fastidire.
Krittler *m* iudex *m* iniquus *od.* difficilis; censor *m* taetricus; *übh.* homo *m* difficilis (*od.* difficillimus, difficili naturā).
kritzeln: *etw. auf Papier* ~ alqd inludere (*od.* inlinere) chartis.
Krokodil *n* crocodilus *m.*
Krokodilsträne *f* lacrimula *f.*
Krone *f* corona *f*, cacumen *n* [arboris – arbor summa], / (*das Höchste e-r Sache*) cumulus *m*; *e-r Sache die* ~ *aufsetzen* cumulare [gaudium], cumulo augēre, cumulum afferre;

(*Zierde*) decus *n*, ornamentum *n*; summus honos *m*, summa laus *f*; (*Abzeichen der Königswürde*) insigne *n* regium, diadema *n*; / regnum *n*, imperium *n*, regia dignitas *f* (*od.* potestas *f*).
krönen coronare, coronam imponere; / ornare; absolvere, cumulare, cumulo augēre, cumulum afferre; *mit glücklichem Erfolge gekrönt werden* prospere succedere (*od.* evenire); *das Glück krönt sein Unternehmen mit glücklichem Erfolge* utitur ille prosperā fortunā; (*die Königskrone aufsetzen*) insigne regium imponere capiti; / regnum deferre ad; *gekröntes Haupt* rex *m*, princeps *m*.
Kronerbe *m* regni heres *m*.
kronfähig in spem regni natus.
Kronjuwelen *n/pl.* ornamenta *n/pl.* imperialia.
Kronleuchter *m* lychnuchus *m* pensilis, candelabrum *n*.
Kronprätendent *m* aemulus *m* regni (*od.* imperii).
Kronprinz *m* regni heres *m*.
Kronprinzessin *f* uxor *f* regis futuri.
Kropf *m* guttur *n* tumidum; (*bei Vögeln*) ingluvies *f*.
Kröte *f* bufo *m*.
Krücke *f* baculum *n*; / adminiculum *n*; *ohne* ~*e* nullis adminiculis.
Krug *m* urceus *m*, urna *f*, amphora *f*; (*Schenke*) caupona *f*.
Krüger, Krugwirt *m* caupo *m*.
Krümchen *n* micula *f*.
Krume *f* interior pars *f* panis; (*Bisschen*) mica *f*.
krumm curvus; curvatus, incurvus; (*einwärts gebogen*) inflexus; (*hakenförmig einwärts gebogen*) aduncus; (*hakenförmig auswärts gebogen*) reduncus; (*sichelförmig*) falcatus; (*verrenkt*) distortus [crura]; ~*e Wege* consilia *n/pl.* prava (*od.* recta).
krummbeinig varus, valgus.
krümmen incurvare, inflectere; *nicht ein Haar* ~ ne digito quidem attingere.
krummfüßig pedibus distortis.
Krummstab *m* lituus *m*.
Krümmung *f* flexio *f*, (in)curvatio *f*; *konkr.* flexus 4 *m*, curvatura *f*, anfractus 4 *m* [viarum]; tortus 4 *m* [draconis]; aduncitas *f* [rostri]; sinus 4 *m* [togae]; *voller Krümmungen* flexuosus, tortuosus, sinuosus.
Krüppel *m* homo *m* mancus ac debilis (*od.* membris captus ac debilis).
Kruste *f* crusta *f*.
krustig crustatus.
Kruzifix *n* Christus *m* cruci affixus.
Kübel *m* lacus 4 *m*, dolium *n*.
Kubikzahl *f* cubus *m*.
kubisch cubicus.
Küche *f* culina *f*; / *einfache* ~ sobria mensa *f*; *eine gute* ~ *führen* laute cenitare; *die* ~ *betreffend* culinarius.
Kuchen *m* placenta *f*.
Küchengarten *m* hortus *m* olitorius.
Küchengärtner *m* olitor *m*.
Küchen/gewächs, ~kraut *n* olus *n*.
Küchenmeister *m* cellarius *m*.
Küchenzettel *m* index *m* ciborum.
Küchlein *n* pullus *m* (gallinaceus).
Kuckuck *m* cuculus *m*.
Kufe *f* cupa *f*.
Küfer *m* cuparius *m*.
Kugel *f* globus *m*; (*künstliche*) sphaera *f*; (*zum Schießen*) glans *f*.
Kügelchen *n* globulus *m*.
kugelförmig globosus.
Kugelgestalt *f* forma *f* globosa.
kugeln 1. *trans.* provolvere; **2.** (*sich*) ~ volvi, provolvi.
kugelrund globosus.
Kuh *f* vacca *f*, bos *f*; *junge* ~ iuvenca *f*.
Kuhfleisch *n* (caro *f*) vaccina.
Kuhhirt *m* bubulcus *m*.
kühl frigidus; ~ *werden* refrigescere.
Kühle *f* frigus *n*.
kühlen refrigerare.
kühlend refrigeratorius.
***Kühler** *m* refrigerator *m*.
***Kühlschrank** *m* frigidarium *n*.
Kühlung *f* refrigeratio *f*.
Kuhmilch *f* lac *n* vaccinum.
Kuhmist *m* fimus *m* bubulus.
kühn audens, audax, confidens.
Kühnheit *f* audentia *f*, audacia *f*, confidentia *f*.
Kuhstall *m* bubile *n*.
Kulisse *f* paries *m* scaenae; *hinter den* ~*n* post siparium.
Kulminationspunkt *m* summum fastigium *n*, summus gradus 4 *m*.
Kultur *f* cultus 4 *m* atque humanitas *f*; litterae artesque *f/pl.*
Kultus *m* res *f/pl.* divinae; dei cultus 4 *m*; mos *m* ritusque religionis; religiones *f/pl.* [instituere, colere, tradere, decernere].

Kümmel *m* cuminum *n*; (*Getränk*) liquor *m* cumininus.

Kummer *m* aegritudo *f*; sollicitudo *f*; (*Gram*) maeror *m*, maestitia *f*; (*nagender*) angor *m*; (*drückender*) dolor *m*; ~ *machen* aegritudine afficere, sollicitum habēre [patrem]; ~ *haben* sollicitum esse, angi, dolēre, aegritudine confici.

kümmerlich miser, inops, angustus; ~*e Umstände* angustiae *f/pl.*, res *f/pl.* angustae, inopia *f*, miseria *f*.

kummerlos aegritudine (*od.* sollicitudine) vacuus, curis solutus; securus.

Kummerlosigkeit *f* vacuitas *f* aegritudinis (*od.* ab angoribus), securitas *f*.

kümmern: *sich* ~ curare [*um* negotia aliena]; mihi curae est; *sich nicht* ~ *um* non laborare de, non curare, neglegere.

kummervoll 1. (*v. Pers.*) aegritudine (*od.* sollicitudine) affectus, maerore afflictus, sollicitus, tristis; **2.** (*v. Sachen*) sollicitudinis (*od.* aegritudinis) plenus [vita], gravis, tristis.

Kunde *m* emptor *m*; qui operā [opificis] utitur; *ein guter* ~ bonum nomen *n*.

Kunde *f* nuntius *m*, fama *f*; ~ *erhalten* cognoscere, audire, certiorem fieri.

Kundgebung *f* significatio *f*, declaratio *f*.

kundig gnarus, peritus, intellegens [iuris civilis].

kündigen renuntiare [amicitiam]; repetere, revocare [pecuniam].

Kundschaft *f* notitia *f*, cognitio *f*; *auf* ~ *ausschicken* exploratum (*od.* speculatum) mittere; ~ *einziehen* (*über die Kunden*) explorare, cognoscere de.

Kundschafter *m* explorator *m*, speculator *m*.

kundtun aperire; edicere; indicare; docēre, certiorem facere.

kundwerden palam fieri, percrebrescere.

künftig futurus, posterus, veniens; *adv.* in posterum, posthac, postea, in reliquum; *ein* ~*er Staatsmann* qui reipublicae praefuturus est; ~*e Jahre* posteritas *f*.

Kunst *f* ars *f*, artificium *n*, manus 4 *f*; opus *n*; ~ *und Wissenschaft* artes litteraeque *f/pl.*, artes et disciplinae *f/pl.*; *die schönen Künste* artes *f/pl.* ingenuae (*od.* liberales *od.* bonae *od.* optimae); *es ist keine* ~, *zu* ... non magnum est *m. inf.*; *das ist keine* ~ istud quidem nihil negotii est.

Kunstarbeit *f* opus *n* arte perfectum.

Kunstausdruck *m* vocabulum *n* artis, verbum *n* artis proprium.

Kunstausstellung *f* artis opera *n/pl.* propalam collocata.

Kunsteifer *m* studium *n* artis (colendae).

Künstelei *f* nimia ars *f* (*od.* diligentia *f*), nimium studium *n*; (*beim Schreiben*) argutiae *f/pl.*, calamistri *m/pl.* [oratorum].

künsteln nimiam artem (*od.* diligentiam) adhibēre [in hoc]; (*beim Schreiben*) calamistris inurere; *gekünstelt* nimia arte factus, calamistris inustus.

kunsterfahren artis (artium) peritus.

Kunsterzeugnis *n* artis opus *n*.

kunstfertig artifex, sollers.

Kunstfertigkeit *f* ars *f*, artificium *n*, sollertia *f*.

Kunstfleiß *m* industria *f*, studium *n*, artificia *n/pl.*

Kunstfreund *m* artium elegantiorum studiosus *m*.

Kunstgärtner *m* topiarius *m*.

Kunstgärtnerei *f* (ars *f*) topiaria *f*.

kunst/gemäß, ~gerecht artificiosus, artifex, arte factus (*od.* perfectus), ad artem et praecepta (revocatus), artis praeceptis conveniens; *adv.* apte, scite, bene.

Kunstgriff *m* artificium *n*, ars *f*, (*tadelnd*) dolus *m*, fraus *f*, insidiae *f/pl.*

Kunstkenner *m* artis (artium) intellegens (*od.* iudex *m*, artifex *m*).

Kunstkenntnis *f* artis (artium) scientia *f* (*od.* intellegentia *f*), ars *f*.

Künstler(in *f*) *m* artifex *m* (*f*).

künstlerisch *gen.* artificis (-cum), artis (artium); ~ *gestalten* formare.

künstlich artificiosus; arte (*od.* manu) factus.

Kunstliebhaber *m* artis (*od.* artium *od.* rerum artificiosarum) amator *m* (*od.* studiosus *m*).

kunstlos arte carens, simplex, inconditus [verba].

Kunstredner *m* dicendi artifex *m*, rhetor *m*.

K

Kunstregel *f* artis praeceptum *n* *od.* lex *f*.
Kunstrichter *m* (iudex *m*) criticus.
Kunstschätze *m/pl.*: *die* ~ opera atque artificia *n/pl.* (*bsd.* signa, tabulae pictae, res vetustate notabiles).
Kunstsinn *m* elegantia *f*.
kunstsinnig elegans, ingeniosus.
Kunststil *m* ars *f*, artificium *n*.
Kunststraße *f* via *f* (lapidibus) strata.
Kunststück *n* ars *f*, artificium *n*.
Kunsttätigkeit *f* artificium *n* (*mst pl.*).
Kunstverstand *m* (artis) intellegentia *f*, iudicium *n*.
kunstverständig (artis) intellegens, prudens, peritus.
kunstvoll artis plenus; ~*e Rede* oratio *f* ornata.
Kunstwelt *f* artifices *f/pl.*; artes *f/pl.*
Kunstwerk *n* artis opus *n*, opus *n* arte factum, artificium *n*; ~*e von Erz* aera *n/pl.*
Kupfer *n* aes *n*; *von* ~ aēneus.
Kupferdraht *m* virgula *f* aënea.
Kupfergeld *n* nummus *m* cyprius, as *m*.
kupfern aēneus.
Kupferschmied *m* faber *m* aerarius.
Kupferstecher *m* chalcographus *m*.
Kupferstecherkunst *f* chalcographia *f*.
***Kupon** *m* schedula *f* usurarum.
Kuppe *f* culmen *n*, cacumen *n*, vertex *m*.
Kuppel *f* tholus *m*.
Kuppelei *f* lenocinium *n*.
kuppeln 1. (*vereinigen*) copulare; / **2.** *in gutem Sinne*: nuptias conciliare; *in üblem Sinne*: lenocinium facere.
***Kuppelung** *f* coniunctio *f*, copulatio *f*.
Kuppler *m* leno *m*.
Kupplerin *f* lena *f*.
kupplerisch lenonius.
Kur *f* curatio *f*.
Kürass *m* thorax *m*.
***Kurbel** *f* manubrium *n*.
Kürbis *m* cucurbita *f*.
Kurfürst *m* elector *m*.
Kurfürstentum *n* electoratus 4 *m*.
Kurgast *m* qui curatione utitur.
Kurie *f* curia *f*.
Kurier *m* nuntius *m* volucer.
kurieren curare; mederi.
***Kurort** *m* locus *m* ad recreanda corpora idoneus.
***Kurpfuscher** *m* artis medicinae simulator *m*.
Kurs *m* cursus 4 *m*; ~ *halten* cursum tenēre; (*v. Gelde*) pretium *n*.
Kürschner *m* pellio *m*.
kursorisch: ~*e Lektüre* interpretatio *f*, in qua celerius progredi licet.
***Kurtaxe** *f* aditūs pretium *n*.
kurz 1. *adj.* brevis; contractus [nox]; angustus [spiritus]; exiguus [tempus, vita]; compendiarius [via]; ~*es Gedächtnis* memoria *f* hebes; *kürzester Tag* bruma *f*; **2.** *adv.* breviter, paucis (verbis); ~ (*um es* ~ *zu sagen*) ne longus sim, ut paucis dicam, denique, ne multa, ne plura, quid multa?, quid plura?; *sich* ~ *fassen* brevi praecidere (*od.* comprehendere), paucis dicere (*od.* absolvere); ~ *halten* arte habēre, coërcēre; *zu* ~ *kommen bei* fraudari parte [hereditatis]; *den Kürzeren ziehen* vinci, superari, inferiorem discedere; *in* ~*em* brevi (tempore); ~ *zuvor* paulo ante; ~ *nachher* paulo post, brevi spatio interiecto.
kurzatmig brevi (*od.* angustiore) spiritu; ~ *sein* anhelare.
Kurzatmigkeit *f* anhelitus 4 *m*.
Kürze *f* brevitas *f*; exiguitas *f*, angustiae *f/pl.*
kürzen brevius facere; minuere.
kurzhalsig parvo collo.
kürzlich nuper; brevi (*od.* paulo) ante.
***Kurzschrift** *f* verborum notae *f/pl.*; stenographia *f*.
kurzsichtig qui oculis non satis prospicit, cuius oculi non longe conspectum ferunt; ~ *sein* oculis non satis prospicere; / parum prudens (*od.* intellegens), hebes, stultus, caecus.
Kurzsichtigkeit *f* oculi *m/pl.* hebetes (*od.* non longe conspectum ferentes); / ingenium *n* hebes, stultitia *f*, caecitas *f*.
kurzum ne multa, quid multa?, ne te (*od.* vos) morer, ne multis morer.
kurzweg simpliciter.
Kurzweil *f* ludus *m*, iocus *m*.
kurzweilig ludicrus.
Kuss *m* osculum *m*; (*zärtlicher*) suavium *n*; (*verliebter*) basium *n*.
Küsschen *n* saviolum *n*; basiolum *n*.

küssen osculari; (*zärtlich*) suaviari.
Küssen *n* osculatio *f*; saviatio *f*; basiatio *f*.
Kusshand *f*: *j-m e-e ~ zuwerfen* oscula alci iacere.
Küste *f* ora *f*; (*Strand*) litus *n*; *an der ~ gelegen* maritimus.
Küstenbewohner *m* maris accola *m*, *pl.* homines maritimi.
Küstenfahrzeug *n* navis *f* oraria.
Küstengegend *f* regio *f* maritima, ora *f*, maritima (-orum) *n/pl.*
Küstenland *n* terra *f* maritima.
Küstenschifffahrt *f* navigatio litorea.
Küstenstrich *m* ora *f* maritima.
Küstenvolk *n* populus *m* maritimus.
Küster *m* aedituus *m*.
Kutsche *f* pilentum *n*, raeda *f*.
Kutscher *m* raedarius *m*, aurīga *m*.
Kutter *m* lembus *m*.
Kuvert *n* involucrum *n* (litterarum, epistulae).
***Kux** *m* pars *f* fodinae.

L

Lab *n* coagulum *n*.
laben reficere, recreare; / *sich ~* delectari.
Labsal *n*, **Labung** *f* recreatio *f*.
Labyrinth *n* labyrinthus *m*; / res *f/pl.* inexplicabiles, difficultates *f/pl.* (summae), turbae *f/pl.*
Lache *f* lacuna *f*, stagnum *n*; palus *f*.
lächeln subridēre, (leniter) arridēre; *das Glück lächelt* fortuna affulget (*od.* favet).
Lächeln *n* risus 4 *m* lenis.
lachen ridēre; (*schallend*) cachinnari.
Lachen *n* risus 4 *m*; *zum ~ bringen* risum movēre [audientibus]; *vor ~ sich ausschütten wollen* risu (di-) rumpi, emori; *das ist zum ~* haec ridicula sunt.
lachend ridens; cum risu; / amoenus [locus], laetus [segetes].
Lacher *m* (de)risor *m*, irrisor *m*.
lächerlich ridiculus, ridendus; *~ machen* deridēre; *sich ~ machen bei* risum movēre [aequalibus].
Lächerlichkeit *f* res *f* ridicula, ridiculum *n*; *mst durch Verba.*
Lachs *m* salmo *m*.
Lade *f* arca *f*.
laden imponere [onus in navem]; / *auf sich ~* suscipere, subire, in se admittere; (*v. Fahrzeugen*) tollere; *geladen haben* vehere, onustum esse [frumento].
laden vocare [in ius], citare [patres in curiam]; vocare, invitare [ad cenam].
Laden *m* taberna *f*.
Ladung *f* onus *n*, merces *f/pl.*; vocatio *f*; *auf ~ vor Gericht erscheinen* vocatum in ius venire.
Lage *f* (*e-s Ortes*) situs 4 *m*; (*natürliche*) natura *f* (loci); (*günstige*) opportunitas *f*; *eine gute ~ haben* opportuno loco positum esse; (*Schicht*) corium *n* [laterum]; ordo *m* [lapidum]; (*Zustand*) status 4 *m*, condicio *f* [fortunae]; locus *m*; (*äußere*); fortuna *f*; (*Zeitverhältnisse*) tempora *n/pl.*; (*Umstände*) res *f/pl.*, (*glückliche*) felicitas *f*.
Lager *n* (*Gerüst*) tabulatum *n*; (*Vorratskammer*) cella *f*, horreum *n*; (*für Tiere*) cubile *n*; lustra *n/pl.*, latibulum *n*; (*für Menschen*) cubile *n*, lectus *m*; (*mil.*) castra *n/pl.*; (*Sommer*) aestiva *n/pl.*, (*Winter*) hiberna *n/pl.*; *ein ~ abstecken* castra metari (*aufschlagen* ponere; *abbrechen* movēre).
Lager... castrensis, (*gen.*) castrorum.
lagern: *sich ~* corpus sternere; procumbere; (*bei Tische*) discumbere; (*v. Soldaten*) considere, sterni, castra posuisse, habēre.
Lagerplatz *m* locus *m* castrorum (*od.* castris idoneus); *einen ~ auswählen* locum castris capere.
Lagune *f* lacuna *f*.
lahm debilis, mancus, claudus [altero pede]; *~ sein* claudum esse, claudicare.
lähmen debilem (*od.* claudum) facere; / debilitare, frangere, enervare.
Lähmung *f* debilitatio *f*; (*als Zustand*) debilitas *f*, torpor *m*.
Laich *m* ova *n/pl.* piscium.
laichen fetificari.
Laie *m* (*Nichtgeistlicher*) laïcus *m*; (*Nichtkenner*) homo *m* rudis *od.* imperitus.
Lakai *m* servulus *m*, pedisequus *m*.

Laken *n* linteum *n*.
lallen balbūtire.
Lamm *n* agnus *m* (*adj*. agninus).
Lämmchen *n* agnellus *m*.
Lampe *f* lucerna *f*, lumen *n*.
Lampendocht *m* linamentum *n*.
Lampenlicht *n* lucernae lumen *n*; *bei ~ arbeiten* lucubrare.
***Lampenschirm** *m* radiaculum *n*.
Land *n* (*im Ggs. zum Wasser*) terra *f*; *zu ~* terrā, itinere terrestri; *zu Wasser und zu ~e* terrā marique; *ans ~ gehen* (ex) navi egredi, egredi in terram; *ans ~ setzen* exponere [milites]; *ans ~ ziehen* subducere [navem]; *vom ~e stoßen* (navem) solvere; *auf dem ~e befindlich* terrester; (*Ackerland*) ager *m bzw. pl.*; (*Grundstück*) fundus *m*; (*Boden*) solum *n*; (*Landschaft*) terra *f*, regio *f*, fines *m/pl.*, provincia *f*, civitas *f*; (*Vaterland*) patria *f*; *das ~ verlassen* solum mutare; *außer ~es wohnen* peregre habitare, peregrinari; *des ~es verweisen* (ex)pellere, exterminare, eicere ex (*od*. de) patria, pellere in exsilium; exsulem (*od*. extorrem) agere; *bei uns zu ~e* apud nos, domi; (*im Ggs. zur Stadt*) rus *n*, *das platte ~* agri *m/pl.*; *aufs ~* rus; *auf dem ~e* ruri; *vom ~e* rure, ex agris.
Land... terrester, (*gen*.) terrae; (*zu Fuß*) pedester [copiae]; (*im Ggs. zur Stadt*) rusticus, rusticanus, agrestis, (*gen*.) ruris, agri (-orum); (*heimatlich*) patrius, (*gen*.) patriae, domesticus; (*öffentlich*) publicus [lex].
Landaufenthalt *m* rusticatio *f*.
Landbau *m* agricultura *f*.
Landbesitz *m* **1.** (*das Besitzen*) possessio *f* fundi; **2.** (*die Besitzungen*) possessiones *f/pl.*, agri *m/pl.*
Landbesitzer *m* agrorum possessor *m*.
Landbewohner *m* homo *m* rusticus *od*. paganus.
Landeigentum *n* ager *m*, fundus *m*.
landeinwärts in interiora terrae (*od*. regionis) (loca) *n/pl.*; *~ gelegen* mediterraneus.
landen 1. *trans*. (*ein Schiff, die Flotte*) appellere ad; (*Menschen*) exponere, e navibus educere; **2.** *intr*. (*v. Schiffen*) navem (*od*. classem) appellere ad, appelli ad; (*v. Menschen*) appelli ad, (in terram) egredi, (e navi) exire (*od*. escendere).
Landen *n* appulsus 4 *m* litoris, escensio *f*, egressus 4 *m*; *mst durch Verba*.
Landenge *f* isthmus *m*, fauces *f/pl.*
Ländereien: *die ~* agri *m/pl.*, fundi *m/pl.*
Länderkunde *f* terrarum cognitio *f*, scientia *f* regionum terrestrium et maritimarum.
Landes... = *Land...*
Landeseinkünfte *f/pl.* vectigalia 3 *n/pl.* publica, fructūs *m/pl.* publici.
Landesfürst *m* princeps *m*.
Landesgrenze *f* fines *m/pl.*
Landesheer *m* princeps *m*, **rex** *m*; imperator *m*.
landesherrlich principalis, regius, imperatorius, (*gen*.) principis, regis, imperatoris.
Landesherrschaft *f* regnum *n*.
Landeskind *n* indigena *m*, civis *m*.
landeskundig locorum (*od*. regionum) peritus.
Landessitte *f* mos *m* gentis *od*. populi, mos *m* patrius; *der ~ gemäß* instituto et more civium, sicut genti mos est.
Landessprache *f* lingua *f* patria, sermo *m* indigena *od*. patrius.
Landesvater *m* patriae parens *m*.
Landesvermessung *f* mensura *f* omnium regionum.
Landesverwiesene(r) *m* exsul *m*.
landflüchtig profugus; e patria expulsus.
Landfriede *m* pax *f* (*od*. securitas *f*) publica.
Landgut *n* praedium *n*, rus *n*, ager *m*, fundus *m*, villa *f*, vicus *m*.
Landgütchen *n* praediolum *n*, agellus *m*.
Landhandel *m* negotiatio *f* terrestris.
Landhaus *n* villa *f*.
Landheer *n* exercitus 4 *m* terrester, pedester *m*.
Landkarte *f* tabula *f* geographica, tabula in qua depictus est orbis terrarum.
Landkrieg *m* bellum *n* terrestre.
Landleben *n* vita *f* rustica.
ländlich rusticus; rusticanus; (*im Lande üblich*) usitatus, patrius, more (*od*. usu) receptus.

Landluft *f* **1.** (*im Ggs. zur Stadtluft*) aer *m* ruris *od.* rusticanus, aura *f* liberior; **2.** (*im Ggs. zur Seeluft*) aura *f* terrae.
Landmacht *f* copiae *f/pl.* terrestres (*od.* pedestres); civitas *f* copiis terrestribus potens (*od.* multum valens).
Landmann *m* agricola *m.*
Landpartie *f*: ~ *machen* rus excurrere.
Landrecht *n* ius 3 *n* publicum *od.* civile.
Landschaft *f* terra *f*, regio *f*, loca *n/pl.*
Landschildkröte *f* testudo *f* terrestris.
Landschlacht *f* proelium *n* terrestre.
Landsee *m* lacus 4 *m.*
Landseite *f* terra *f*; *von, auf der* ~ a terra.
Landsknecht *m* miles *m* gregarius.
Landsmann *m* popularis *m*, civis *m*; *pl.* homines *m/pl.* nostri (vestri), nostrates *m/pl.* (vestrates); *was für ein* ~ cuias.
Landspitze *f* promunturium *n.*
Landstadt *f* urbs *f* mediterranea; oppidum *n*, municipium *n.*
Landstraße *f* via *f* publica.
Landstreicher *m* (homo *m*) vagus, erro *m*; planus *m* improbissimus.
Landstrich *m* tractus 4 *m*, regio *f*, pars *f.*
Landung *f* appulsus 4 *m* litoris; accessus 4 *m* [commodus].
Landungsplatz *m* aditus 4 *m*, accessus 4 *m.*
Landungssteg *m* pons *m* ad egrediendum factus.
Landungstruppen *f/pl.* copiae ad egrediendum comparatae.
Landvolk *n* (homines *m/pl.*) rustici *od.* agrestes *m/pl.*, pagani *m/pl.*
Landweg *m* iter *n* terrestre.
Landwehr *f etwa*: vexillarii *m/pl.*
Landwirt *m* agricola *m*, colonus *m*, arator *m*, homo *m* rusticus.
Landwirtschaft *f* agricultura *f*, agrorum cultus 4 *m.*
landwirtschaftlich rusticus.
Landzunge *f* lingula *f.*
lang (*räumlich*) longus; (*schlank*) procērus; (*v. Haar und Bart*) promissus; (*v. Kleidern*) prolixus; (*zeitlich*) diuturnus, longinquus; *ein* ~*es Gespräch* multus sermo *m*; *eine Silbe* ~ *gebrauchen* producere syllabam; ~ *aussprechen* producte dicere syllabam.
langdauernd longus, longinquus, diuturnus, diutinus.
lange *adv.* diu, (per)longum tempus; ~ *genug* satis iam; ~ *vorher* multo ante; ~ *nachher* multo post; *länger als* plus (*od.* amplius) (*mst ohne* quam); (*schon*) *seit* ~*r Zeit* (iam) diu (*od.* pridem, dudum).
Länge *f* (*räumlich*) longitudo *f*; (*Schlankheit*) proceritas *f*; (*zeitl.*) diuturnitas *f*, longinquitas *f*; *in die* ~ *ziehen* ducere, (ex)trahere.
langen: ~ *nach* manum tendere *od.* porrigere ad; *sich* ~ promere (*od.* depromere) ex; *intr.* satis esse, sufficere.
Langeweile *f* otium *n* (molestum), otii molestia *f* (*od.* taedium *n*); *sich die* ~ *vertreiben* tempus fallere.
langfüßig longipes, longis pedibus.
langhaarig comatus.
langhändig longis manibus; *Artaxerxes der* ~*e* Artaxerxes Macrochir *od.* Longimanus.
langjährig multorum annorum; diuturnus.
länglich oblongus, longior.
Langmut *f* indulgentia *f*, patientia *f*, clementia *f.*
langnasig nasūtus.
Langohr *n* auritulus *m*; *Meister* ~ asellus *m.*
langöhrig aurītus.
längs secundum, praeter.
langsam lentus; (*mst tadelnd*) tardus; (*schläfrig*) segnis.
Langsamkeit *f* tarditas *f*, segnitia *f.*
Langschild *m* scutum *n.*
längst iam diu (*od.* pridem *od.* dudum).
längstens summum.
***Langstreckenläufer** *m* qui longa spatia percurrit.
langweilen molestiam (*od.* taedium) afferre; *sich* ~ taedet me [istarum nugarum].
langweilig taedii plenus, molestus et putidus.
Langweiligkeit *f* taedium *n*, molestia *f.*
langwierig longinquus, diuturnus.
Lanze *f* hasta *f*, lancea *f*; *mit der* ~ *versehen* hastatus.
Lanzenschaft *m* hastile *n.*
Lanzenträger *m* hastatus *m.*

Lanzette *f* sagitta *f*, scalpellum *n*.
Lappalien *f/pl.*: *die* ~ nugae *f/pl.*
Lappen *m* pannus *m*; (*Zipfel*) lacinia *f*.
lappig pannosus, pannis obsitus.
läppisch nugatorius, ineptus, puerilis; *~es Zeug* nugae *f/pl.*, ineptiae *f/pl.*; *~es Zeug treiben* nugari.
Lärche *f* larix, icis *f*.
Larifari! fabulae!
Lärm *m* strepitus 4 *m*; (*Auflauf*) tumultus 4 *m*; (*Verwirrung*) turba *f*; clamor *m*; ~ *machen* strepere, tumultum facere.
lärmen strepere, tumultuari, turbas facere; clamitare.
Larve *f* larva *f*; persona *f*; / species *f*, simulatio *f*.
lassen (*zulassen*) sinere, pati; (*befehlen*) iubēre [Caesar pontem fieri iussit (fecit)]; (*bewirken*) conficere; (*sorgen, dass*) curare [frumentum emendum et ad urbem mittendum]; *nicht* ~ prohibēre; *lass nicht* cave [posthac unquam audiam istud verbum ex te]; (*auftreten* ~) facere, inducere [Philoctetem gementem]; (*den Fall setzen*) facere, fingere [qui ego sim, esse te]; (*in Aufforderungen*) *lass uns, lasst uns durch den conj.* [eamus, videamus]; *Freiheit, Zeit* ~ libertatem, tempus concedere, dare; *fahren* ~, *bleiben* ~ mittere, missum facere, omittere; *von sich* ~ dimittere [servum]; *aus e-m Orte* ~ emittere ex loco; *an e-n Ort* ~ admittere; *wissen* ~ certiorem facere de; *es auf einen Kampf ankommen* ~ rem proelio committere; *u. a.*; *sich hinreißen* ~ rapi; *sich erbitten* ~ exorari; *es lässt sich erkennen* intelligi potest (*od.* licet); *lass die Furcht!* timēre desine! *lass die Sorgen!* pelle curas! *lass den Zorn!* noli irasci!
lässig segnis, neglegens.
Lässigkeit *f* segnitia *f*, neglegentia *f*.
***Lasso** *m od. n* laqueus *m* missilis.
Last *f* onus *n*; (*Schwere*) gravitas *f*; pondus *n*; (*Beschwerde*) molestia *f*; *zur* ~ *legen* vitio vertere [amico], culpam conferre in [amicum]; *zur* ~ *fallen* oneri (*od.* molestum) esse; *das fällt dir zur* ~ tua culpa est.
lasten: ~ *auf* premere, gravare, oneri esse.
Laster *n* vitium *n*, turpitudo *f*; libidines *f/pl.*
Lästerer *m* homo *m* maledicus; calumniator *m*; contemptor *m*.
lasterhaft vitiosus, turpis, pravus, flagitiosus, improbus.
Lasterhaftigkeit *f* vitiositas *f*, pravitas *f*, vitia *n/pl.*
lästerlich maledicus [verba].
Lästermaul *n* lingua *f* maledica.
lästern maledicere [deis], maledicta conferre in [deos], probris insectari [hostem].
Lästerrede *f* maledicta *n/pl.*, convicia *n/pl.*
Lästerung *f* maledictio *f*; *konkr.* maledictum *n*, convicium *n*.
lästig molestus, gravis.
Lästigkeit *f* molestia *f*.
Lastschiff *n* navis *f* oneraria.
Lasttier *n* iumentum *n*.
lasttragend onerarius, sarcinarius.
Lastträger *m* baiulus *m*, *pl.* umeris onera portantes.
Lastwagen *m* plaustrum *n*; *autotraha *f*.
Latein *n* sermo *m* Latinus, lingua *f* Latina; *ins* ~ *übersetzen* in Latinum convertere, Latine reddere; ~ *verstehen usw.* Latine scire, loqui didicisse, docēre, scribere *usw.*
Lateiner *m* **1.** *eig.* Latinus; **2.** / Latinis litteris doctus, Latine doctus, linguae Latinae peritus; *ein guter* ~ bene Latine doctus *od.* sciens.
Laterne *f* lanterna *f* (*adj.* lanternarius).
Latte *f* asser *m*.
Lattich *m* lactuca *f*.
lau tepidus; ~ *werden* tepescere; ~ *sein* tepēre; / segnis.
Laub *n* frons *f*, folia *n/pl.*; ~ *bekommen* frondescere; ~ *haben* frondēre.
Laub... (*gen.*) frondis; (*Laub habend*) frondens; (*voller Laub*) frondosus; (*aus Laub*) frondeus.
Laube *f* umbraculum *n*, trichila *f*.
Laubfrosch *m* rana *f* arborea.
Laubhütte *f* trichila *f*, casa *f* frondea.
laubreich frondosus.
***Laubsäge** *f* serra *f* tenuissima.
Laubwald *m* silva *f* frondifera.
Laubwerk *n* frondes *f/pl.*, folia *n/pl.*
Lauch *n* allium *n*, porrum *n*.
lauch/farbig, ~grün porraceus, prasinus.
Lauer *f* insidiae *f/pl.*, specula *f*.

lauern in insidiis (*od.* in speculis) esse, speculari; ~ *auf* insidiari [hostibus]; attendere et aucupari; captare, venari [lepores].
Lauf *m* cursus 4 *m*; (*ruhiger*) lapsus 4 *m*; (*v. Gestirnen auch*) motus 4 *m*; ★ (*des Gewehrs*) tubus *m* ferreus; / (*Fortgang*) cursus 4 *m*, *auch* ordo *m*; *freien* ~ *lassen* non impedire (*od.* coercēre); *der Zunge freien* ~ *lassen* libere loqui, liberā linguā uti.
Laufbahn *f* curriculum *n*, stadium *n*, spatium *n*; / curriculum *n*, cursus 4 *m*; *politische* ~ *einschlagen* ad rem publicam accedere, rem publicam capessere; *militärische* ~ militia *f*; *wissenschaftliche* ~ litterae *f/pl.* artesque, studium *n* litterarum.
★**Laufbursche** *m* cursor *m*, puer *m* a pedibus.
laufen currere; *hin und her* ~ trepidare, discurrere, volitare; *sehr oft Komposita, wie* de-, ad-, in-, trans-, percurrere *u. a.*; *j-n* ~ *lassen* dimittere, omittere; (*v. Sachen*) fluere, ferri, moveri, (de)labi *u. a.*; *die Zeit läuft* tempus abit; *das* ~*de Jahr* annus vertens, hic annus.
Läufer *m* cursor *m*.
Laufgraben *m* fossa *f*.
Lauge *f* lixivia *f*.
Lauheit *f* tepor *m*; / languor *m*, neglegentia *f*, frigus *n*.
Laune *f* animi affectio *f od.* habitus 4 *m*, ingenium *n*; mobilis impetus 4 *m*; *heitere* ~ hilaritas *f*, *finstere* ~ tristitia *f*, *mürrische* ~ morositas *f*; *bei guter* ~ hilari animo, periucunde [esse]; (*Willkür*) arbitrium *n*, libido *f*; inconstantia *f*; *sich in die* ~*n fügen* studiis [patroni] obsequi, ad voluntatem se accommodare.
launenhaft difficilis, morosus, stomachosus, tristis, mutabilis.
Launenhaftigkeit *f* inconstantia *f*, animus *m* mutabilis.
launig hilaris; lepidus, festivus, iocosus.
Laurer *m* (*Ausspäher, Auskundschafter*) speculator *m*; (*der j-m nach dem Leben trachtet*) insidiator *m*.
Laus *f* pediculus *m*.
lauschen auscultare.
Läusesucht *f* morbus *m* pedicularis, phthiriasis.
lausig: *ein* ~*er Kerl* / homo *m* perditus.
laut 1. *adj.* clarus, magnus [vox]; ~*e Entrüstung* vociferatio *f* et indignatio *f*, ~*e Verwunderung* clamor *m* et admiratio *f*; ~*es Murren* clamor *m* et admurmuratio *f*; ~ *werden* vulgari, emanare, percrebrescere; **2.** *adv.* clarā (*od.* magnā) voce; palam, aperte.
laut (*kraft*) ex [testamento].
Laut *m* sonus *m*; vox *f*; (*Buchstabe*) vocalis *f*.
Laute *f* fides, ium *f/pl.*, lyra *f*.
lauten sonare; *die Worte lauten also* haec sunt verba; *der Brief lautet also* epistula his verbis scripta est; *wie das Gesetz lautet* ut ait lex.
läuten sonare; *trans.* (campānam) pulsare.
Läuten *n* campanae sonus *m* (*od.* sonitus 4 *m*).
Lautenspiel *n* fidium (*od.* lyrae) cantus 4 *m*.
lauter merus [vinum], purus [aurum]; *das sind* ~ *anständige Leute* hi omnes homines probi sunt; *das sind* ~ *Lügen* haec mera mendacia sunt.
Lauterkeit *f* integritas *f* [vitae]; probitas *f* [morum].
läutern purgare [aurum]; emendare [mores].
Läuterung *f* emendatio *f*.
lautlos nulla voce; mutus [solitudo].
★**Lautsprecher** *m* amplificator *m* vocis; machina *f* qua vox omnibus redditur.
lauwarm tepidus.
lavieren sinus velorum obliquare in ventum.
Lawine *f* moles *f* nivium.
Lazarett *n* valetudinarium *n*.
Lebemann *m* homo *m* genio indulgens.
leben vivere [diu], spirare, spiritum ducere; vigēre; esse, versari, habitare; inveniri, reperiri; *lebe wohl!* vale! fac valeas! *ich lebe in Freundschaft mit* amicitia mihi est cum; *in Knechtschaft* ~ servitute premi; ~ *von* vivere, vesci [lacte et pecore], ali, vitam sustentare, victum quaerere; ~ *für* vivere (*od.* deditum) esse, operam dare, totum se dedere [civitati]; ~ *nach* sequi [naturam]; [naturae] convenienter vivere.
Leben *n* vita *f*; (*Lebenshauch*) anima *f*, spiritus 4 *m*; (*Lebensalter, Lebenszeit*) aetas *f*; (*Existenz*) salus *f*; caput *n*; *praktisches* ~ vitae ratio *f*;

reiches ~ multa vita *f*; *mit dem* ~ *büßen* capite luere; *das* ~ *absprechen* capitis damnare; *am* ~ *strafen* morte multare, capitis supplicio afficere; *am* ~ *lassen* vitae [hostis] parcere; *sich das* ~ *nehmen* mortem sibi consciscere, manus sibi afferre; *noch am* ~ *sein* vivere, superstitem esse; (*Lebensunterhalt, Lebensweise*) victus 4 *m*; *das öffentliche* ~ res *f* publica; ~ *in Handel und Verkehr* commercium *n* frequens.

lebend, lebendig vivus, vivens, animatus; (*wohlbehalten*) salvus; praesens, expressus [imago]; ~ *erhalten* alere, colere.

Lebendigkeit *f* alacritas *f*, vigor *m*.

Lebensabend *m* aetas *f* extrema.

Lebensabriss *m* vitae *alcs velut* summa *f*; *e-n kurzen* ~ *von j-m geben* vitae alcs velut summam proponere.

Lebensalter *n* aetas *f*.

Lebensart *f* vita *f*, vitae (*od.* vivendi) consuetudo *f*; (*in Essen und Trinken*) victus 4 *m*; (*in äußerer Einrichtung und Kleidung*) cultus 4 *m*; (*hinsichtlich der Beschäftigung und des Erwerbes*) vitae genus *n*, quaestus 4 *m*; (*Benehmen*) mores *m/pl.*; *feine* ~ urbanitas *f*, morum elegantia *f*.

Lebensaufgabe *f* vitae munus 3 *n* (*od.* studium *n*, summa *f*) totius vitae propositum *n*; *sich etw. zur* ~ *machen* in unā tantum re elaborare.

Lebensbahn *f* vitae cursus 4 *m* (*od.* curriculum *n od.* via *f*).

Lebensbedürfnis *n* res *f* ad vitam (degendam) necessaria; *pl. auch* victus 4 *m*.

Lebensbeschreibung *f* vita *f*, vitae enarratio *f*.

Lebensdauer *f* vitae tempus *n* (*od.* spatium *n*), aetas *f*.

Lebensende *n* vitae exitus 4 *m*, mors *f*.

Lebenserfahrung *f* vitae usus 4 *m*, prudentia *f*.

Lebensfrische *f* vigor *m*; sanguis *m*; sucus *m*; *voll* ~ plenus sanguinis.

Lebensgefahr *f* vitae periculum *n* (*od.* discrimen *n*).

lebensgefährlich capitalis, periculosissimus.

Lebensgeister *m/pl.*: *die* ~ spiritus 4 *m* vitalis, anima *f*, animus *m*.

Lebensgenuss *m* vitae fructus 4 *m* *od.* iucunditas *f*; *die feineren Lebensgenüsse* cultus 4 *m* delicatior.

Lebensglück *n* vitae felicitas *f od.* prosperitas *f*; (*glückseliges Leben*) vita *f* beata; *j-s* ~ *zerstören* alcs vitam fortunamque evertere.

Lebensgröße *f*: *j-n in* ~ *malen* alqm iconicum pingere; *da kommt er in* ~ ecce ipsum adventantem.

Lebenshauch *m* spiritus 4 *m* vitalis *od.* animalis.

Lebensjahr *n* aetatis annus *m*.

lebensklug prudens, callidus.

Lebensklugheit *f* prudentia *f*.

Lebenskraft *f* vis *f* vitalis, vis *f* vigorque, anima *f*.

lebenskräftig vividus, vegetus.

lebenslang per omnem vitam, dum quis vivit.

Lebenslauf *m* vitae cursus 4 *m*; *den* ~ *vollenden* cursum peragere; *s-n* ~ *erzählen* vitam suam explicare.

Lebenslicht *n* (haec) lux *f*, vita *f*.

Lebensluft *f* aër *m* vitalis.

lebenslustig vitae cupidus; vitae iucunditatum amans, voluptati obsequens.

Lebensmittel *n/pl.*: *die* ~ cibus *m*, cibaria *n/pl.*, alimenta *n/pl.*, victus 4 *m*; (*zu Markt gebrachte*) annona *f*; (*mil.*) frumentum *n*, commeatus 4 *m*.

lebensmüde quem vitae taedet, vitae pertaesus, vitā satiatus.

Lebensmüdigkeit *f* vitae taedium *n*.

Lebensordnung *f* vitae ordo *m* (*od.* ratio *f*, modus *m*).

Lebensperiode *f* aetatis pars *f*; aetas *f*, gradus 4 *m* aetatis; vitae tempus 3 *n*.

Lebensphilosophie *f etwa*: sapientia *f*, ars *f* vivendi.

Lebensregel *f* vitae (*od.* vivendi-agendi) praeceptum *n*, vitae lex *f od.* ratio *f*; *sich* ~*n entwerfen* vitae rationes suscipere.

Lebensretter *m* salutis auctor *m*.

Lebensunterhalt *m* victus 4 *m*.

lebensvoll vividus.

Lebenswandel *m* vita *f*, mores *m/pl.*

Lebensweise *f* vitae cultus 4 *m*.

Lebensweisheit *f* sapientia *f*, prudentia *f*, ars *f* vivendi.

Lebenszeichen *n* significatio *f* vitae; *ohne* ~ mortuo similis; *kein* ~ *von sich geben* quasi moribundum iacēre.

Lebenszeit *f* vitae tempus *n*, aetas *f*; *auf* ~ perpetuus.
Lebensziel *n* vitae finis *m* (*od.* terminus *m*).
Leber *f* iecur *n* (*adj.* hepaticus).
***Lebertran** *m* oleum *n* hepaticum.
Lebewohl *n* vale *n*; ~ *sagen* valēre iubēre [amicum].
lebhaft vegetus, vividus, alacer; acer [orator]; vehemens; ~*er Handel* mercaturae celebritas *f* et frequentia *f*; ~*er Briefwechsel* frequentia *f* litterarum.
Lebhaftigkeit *f* vigor *m*, alacritas *f*; vis *f*, gravitas *f*; vehementia *f*.
***Lebkuchen** *m* libum *n* mellitum.
leblos inanimus; (*des Lebens beraubt*) exanimatus, exsanguis.
Leblosigkeit *f* nullus vigor *m*, languor *m*, nulla vis *f*.
Lebzeiten *f/pl.*, *die* ~: *bei* ~ dum quis vivit, vivo [patre].
lechzen (*vor Durst*) siti cruciari; ~ *nach* sitire [sanguinem].
Lechzen *n* sitis *f*.
leck rimosus, quassus; ~ *werden* rimas agere.
Leck *n* rima *f*.
lecken lambere, lingere.
lecker delicatus, suavis [cibus].
Leckerbissen *m* cibus *m* delicatus; *pl.* cuppedia *n/pl.*, bonae res *f/pl.*
leckerhaft subtilis palati, cuppediorum studiosus.
Leckerhaftigkeit *f* cuppedia *f*.
Leder *n* corium *n*.
Lederarbeiter *m* coriarius *m*.
Lederharnisch *m* lorica *f*.
ledern e corio factus, scorteus.
ledig vacuus, expers, liber; (*unverheiratet*) caelebs.
lediglich dumtaxat, unice; solus, ipse; nihil aliud nisi.
leer vacuus; (*tadelnd*) inānis; cassus [nux]; (*wüst, öde*) vastus, desertus; (*nichtig*) vanus; epotus [poculum]; ~ *stehen* vacare.
Leere *f* vacuum *n*, inanitas *f*; / vanitas *f*.
leeren vacuum facere, vacuefacere; exhaurire [poculum].
Legat *m* legatus *m*.
Legat *n* legatum *n*.
legen ponere, collocare [in urbe]; *oft Komposita* ap-, im-, de-, pro-, ex-, disponere *u. a.*; *Eier* ~ ova parere; *Hand* ~ *an* aggredi [opus]; manūs (*od.* vim) afferre [puellae]; re-, sub-, considere [vis venti]; defervescere [cupiditates]; *in Asche* ~ incendio delēre; *sich* ~ (*auf den Boden*) procumbere [frumentum]; (*zu Tisch*) accumbere; (*zu Bett*) decumbere, cubitum ire; recumbere [in herba]; / incumbere in [id studium]; operam dare [litteris]; *sich auf Bitten* ~ descendere ad preces.
Legende *f* fabula *f*.
Legion *f* legio *f*.
Legionssoldat *m* miles *m* legionarius.
legitim legitimus.
Legitimation *f* fides *f*, auctoritas *f*.
Lehm *m* lutum *n*; *aus* ~ luteus; *voll* ~ lutosus.
lehmig lutulentus.
Lehmwand *f* paries *m* luteus, paries *m* luto factus.
Lehne *f* adminiculum *n*; fulcrum *n*; (*e-s Berges*) fastigium *n*.
lehnen applicare ad; *sich* ~ se applicare [ad arborem], applicari, se reclinare, recumbere.
Lehnsherr *m* dominus *m* beneficiarius.
Lehnsmann *m* cliens *m*, beneficiarius *m*; * vasallus *m*.
Lehnstuhl *m* cathedra *f*.
Lehramt *n* doctoris (*od.* magistri *od.* professoris) munus *n*.
Lehranstalt *f* ludus *m* litterarum.
Lehrart *f* docendi ratio *f*, genus 3 *n* disciplinae.
Lehrbuch *n* liber *m*, qui est de [rebus gestis populi Romani].
Lehrbursche *m* discipulus *m*, tiro *m*, disciplinae alumnus *m*.
Lehre *f* institutio *f*, disciplina *f*; praeceptum *n*; (*Grundsatz*) decretum *n*; (*Ansicht*) sententia *f*; (*Warnung*) documentum *n*; *zur* ~ *dienen* documento esse; *eine* ~ *ziehen aus* documentum sibi capere ex; (*Inbegriff von Vorschriften*) doctrina *f*, disciplina *f*, praecepta *n/pl.*; (*Lehrlingsstand*) tirocinium *n*.
lehren docēre [puerum scribere]; tradere [civibus haec]; erudire, instituere [artibus]; imbuere [litteris Graecis; (*öffentl.*) profiteri [artem].
Lehrer *m* magister *m*, praeceptor *m*; (*wissenschaftlicher*) doctor *m*, professor *m*; *zum* ~ *haben* uti magistro [patre].
Lehrerin *f* magistra *f*.

L

Lehrfach *n* disciplina *f*.
Lehrgebäude *n* disciplina *f*.
Lehrgeld *n* merces *f*, pretium *n*.
Lehrling *m* discipulus *m*, tiro *m*.
Lehrmeister *m* magister *m*.
Lehrmeisterin *f* magistra *f*.
lehrreich utilis.
Lehrsatz *m* praeceptum *n*; decretum *n*.
Lehrspruch *m* sententia *f*.
Lehrstuhl *m* cathedra *f*.
Lehrstunde *f* schola *f*.
Lehrvortrag *m* docendi ratio *f*; (*Vorlesung*) schola *f*.
Leib *m* corpus *n*; *zu ~e gehen* invadere *od.* adoriri *od.* petere; (*mit Worten*) invehi in; *am ~e tragen* gestare; *geh mir vom ~e* apage! *od.* facesse hinc! *beileibe nicht* minime, cave [dicas]; *auf ~ und Leben anklagen* capitis accusare; *mit ~ und Seele* penitus (*adv.*), totus (et mente et animo); (*Bauch*) venter *m*, alvus *f*; (*Rumpf*) truncus *m*.
Leib... (*gen.*) corporis *u.* ventris; (*Lieblings...*) gratissimus [mensa].
leibeigen servus *m*.
Leibeigenschaft *f* servitus *f*.
Leibesbeschaffenheit *f* corporis constitutio *f* (*od.* affectio *f od.* habitus 4 *m*), valetudo *f*.
Leibeserbe *m* stirps *f*, filius *m*, *pl.* liberi *m/pl.*
Leibesfrucht *f* fetus *m*, partus 4 *m*; *die ~ abtreiben* partum *medicamentis* abigere.
Leibesstrafe *f* verbera *n/pl.*
leibhaft(ig) (*persönlich*) ipse; (*echt*) germanus, merus; (*ein zweiter*) alter.
leiblich *gen.* corporis; (*natürlich*) naturalis, naturā; *der ~e Bruder* frater germanus, (ex) eisdem parentibus natus.
***Leibrente** *f* reditus 4 *m* status.
Leibrock *m* tunica *f*.
Leibschmerzen: *die ~* tormina *n/pl.*
Leibwache *f* custodes *m/pl.* corporis; (*des Feldherrn*) cohors *f* praetoria; satellites *m/pl.*
Leibwächter *m* custos *m* corporis, satelles *m*.
Leiche *f* corpus *n* (mortuum *od.* hominis mortui), mortuus *m*; (*verweste*) cadaver *n*.
Leichen... (*gen.*) cadaveris, mortui *bzw. pl.*; funebris [oratio], (*gen.*) funeris.
Leichenbegängnis *n* funus *n*; sepultura *f*; (*Gefolge*) exsequiae *f/pl.*; (*letzte Ehren*) iusta *n/pl.*; *ein ~ halten* funus *od.* iusta facere; funere efferre.
Leichenbesorger *m* libitinarius *m*, dissignator *m*.
leichenblass perpallidus, exsangius.
Leichenblässe *f* color *m* perpallidus.
Leichenfeier *f* parentalia *n/pl.*
Leichengefolge *n* exsequiae *f/pl.*
Leichengepränge *n* exsequiarum adparatus 4 *m*.
Leichengeruch *m* cadaveris odor *m* (*od.* foetor *m*, fetor *m*).
Leichengöttin *f* Libitina *f* (*bei den Römern*).
Leichenhügel *m* acervus *m* (*od.* cumulus *m*) corporum.
Leichenklage *f* lamentatio *f* funebris; (*Leichengesang*) naenia *f*.
Leichenmahl *n* cena *f* funeris *od.* feralis.
Leichenrede *f* oratio *f* (*od.* laudatio *f*) funebris.
Leichenspiele *n/pl.*: *die ~* ludi *m/pl.* funebres.
Leichenstein *m* lapis *m* memoriae mortui inscriptus; cippus *m*.
Leichenträger *m* vespillo *m*, sandapilarius *m*, lecticarius *m*.
Leichentuch *n* amiculum *n* ferale, vestis *f* feralis.
Leichenzug *m* funus *n*, exsequiae *f/pl.*; (*prächtiger*) pompa *f* funeris.
Leichnam *m* corpus *n* mortuum.
leicht (*von Gewicht*) levis; (*nicht schwierig*) facilis, expeditus; velox, mollis, parvus; *~ bewaffnet* levis armaturae, expeditus.
leichtfertig levis, petulans, lascivus.
Leichtfertigkeit *f* levitas *f*, lascivia *f*, petulantia *f*.
leichtfüßig velox.
leichtgläubig credulus.
Leichtgläubigkeit *f* credulitas *f*.
leichthin leviter, temere.
Leichtigkeit *f* levitas *f*, facilitas *f*.
Leichtsinn *m* levitas *f* animi, animus *m* levis, temeritas *f*.
leichtsinnig levis, temerarius (*adv.* temere).
Leid: *es tut mir ~* doleo, molestum mihi est, paenitet (*od.* piget *od.* miseret) me [sortis tuae]; *es tut mir ~, dass* nollem [dixissem].
Leid *n*: *ein ~ antun* iniuriam inferre (*od.* vim afferre) [puero], violare;

sich ein ~ antun manus sibi inferre; dolor *m*, maeror *m*, luctus 4 *m*; *~ tragen* lugēre.

leiden pati, perpeti, (per)ferre, tolerare; *abs.* dolores pati, doloribus cruciari, aegrum esse, morbo affectum esse, laborare [oculis, ex pedibus]; *Not ~* inopiā (*od.* egestate) premi; *Schmerzen ~* dolores ferre; *Schaden ~* damnum (*od.* iacturam) facere; detrimentum (*od.* calamitatem) accipere; *nicht ~ können* alieno esse animo ab, abhorrēre ab, infensum atque inimicum esse; *das leide ich nicht* non feram, non patiar, non sinam.

Leiden *n* perpessio *f*, toleratio *f*; *das ~ und Sterben Christi* perpessiones *f/pl.* et mors *f* Christi; malum *n*, incommodum *n*; *pl.* res *f/pl.* adversae, miseria *f*, cruciatus 4 *m*.

leidend 1. (male) adfectus; *~ sein* male adfectum esse; **2.** (*krank*) aeger.

Leidenschaft *f* animi concitatio *f*, perturbatio *f*, impetus 4 *m*, motus 4 *m*, appetitus 4 *m*; cupiditas *f*, libido *f*; (*Unbesonnenheit*) temeritas *f*; (*Hitze*) animi ardor *m*, furor *m*; *mit ~* cupide, studiose, ardenter, vehementer; *in seiner ~ vergaß er* ut erat furiosus, oblitus est.

leidenschaftlich cupidus, concitatus, incitatus, studiosissimus *m. gen.*, acer, iracundus; (*seiner nicht Herr*) impotens; (*v. Sachen*) vehemens, temerarius, ardens.

leidenschaftslos ab omni animi perturbatione liber, vacuus, cupiditatis expers; *adv.* aequo animo.

Leidenschaftslosigkeit *f* animus *m* aequus (*od.* ab omni perturbatione liber).

Leidens/gefährte, ~genosse *m* malorum (*od.* laborum periculorumque) socius *m*.

Leidensgeschichte *f* narratio *f* malorum; * *~ Christi* passio *f* dominica.

leider *mst unübersetzt, selten durch* dolēre, id quod doleo (*od.* dolendum est) *u. Ä.*; *~ aber* enimvero; nescio quo pacto; *~ nicht* vellem quidem; *~ auch* nollem.

leidig malus [pudor]; molestus; miser [res].

leidlich mediocris, satis bonus.

leidtragend lugens, qui est in luctu.

Leidwesen *n*: *zu meinem großen ~* cum magno meo dolore.

Leier *f* fides, -ium *f*, lyra *f*.

leihen mutuum dare (sumere); commodare; *sein Ohr ~* aures praebēre.

***Leihhaus** *n* pigneratorum domus *f*.

leihweise: *j-m etw. ~ geben* mutuum dare alci alqd.

Leim *m* gluten *n*, glutinum *n*.

leimen (con)glutinare.

leimig glutinosus.

Leimrute *f* virga *f* viscata, vimen *n* viscatum; *den Vögeln ~n stellen* virgis viscatis volucres fallere.

Lein *m* linum *n*.

Leine *f* funis *m*.

leinen linteus.

Leinwand *f* linteum *n*; *von ~* linteus.

Leinwandhandel *m* negotium *n* lintearium.

Leinwandhändler *m* lintearius *m*.

Leinweber *m* linteo *m*.

leise lenis, suppressus, summissus [vox], suspensus [gradus], levis [somnus]; *~s Gehör* aures acutae.

Leiste *f* (*Brett*) regula *f*.

Leiste *f* (*Weichen*) inguen *n*.

leisten praestare; *etw. ~ im Reden* aliquid efficere in dicendo; *sehr viel (wenig) ~* plurimum (minimum) posse.

Leisten *m* forma *f* calcei.

Leistung *f* munus *n* atque officium *n*; res *f* gesta.

leiten ducere, ducem esse; / regere, gubernare, administrare, praeesse [rei publicae]; *sich ~ lassen* duci, moveri; parēre, obtemperare, sequi auctoritatem [senatūs].

Leiter *m* dux *m*, rector *m*, moderator *m*; auctor *m*, princeps *m*.

Leiter *f* scalae *f/pl.*

Leitersprosse *f* gradus 4 *m* scalarum.

Leithammel *m* dux *m* gregis, ovium dux *m*.

Leitstern *m*: *sich zum ~ nehmen* [naturam] ducem sequi.

Leitung *f* ductus 4 *m*; *unter meiner ~* me duce; *den Konsuln die ~ des Krieges übertragen* consules bello praeficere; * (*elektrisch*) filum *n*.

Lektion *f* schola *f*, (*das zu Lernende*) (e)discenda *n/pl.*

Lektüre *f* lectio *f* (librorum), litterae *f/pl.*, libri *m/pl.* lecti (legendi).

Lende *f* lumbus *m*.

lendenlahm delumbis.

L

lenken regere *od.* dirigere [navem]; flectere [equos, currum]; / gubernare; administrare, gerere; (*Maß und Ziel bestimmen*) moderari; (*eine andere Richtung geben*) flectere; *den Lauf wohin* ~ cursum tendere ad; *die Aufmerksamkeit* ~ *auf* animum attendere ad.

Lenker *m* rector *m*, gubernator *m*, moderator *m*; *oft durch Verba.*

lenksam qui regi potest, facilis ad regendum; / tractabilis, flexibilis, mollis.

Lenksamkeit *f* (*e-s Menschen*) natura *f* tractabilis.

Lenkseil *n* (*e-s Schiffes*) versorius (funis) *m.*

Lenkung *f* gubernatio *f*, moderatio *f*; (*als Zustand*) regimen *n.*

Lenz *m* ver *n*, tempus *n* vernum.

Leopard *m* leopardus *m.*

Lerche *f* alauda *f.*

lernen discere; (*auffassen*) percipere; (*auswendig*) ediscere; (*genau*) perdiscere; (*kennen* ~) cognoscere; *achten, lieben* ~ revereri, adamare, diligere.

L

Lesart *f* lectio *f*, scriptura *f.*

Lese *f* (*Ährenlese*) spicilegium *n.*

lesen legere, colligere [spicas]; (*Schriftstücke*) legere; (*vorlesen*) recitare; *bei Tacitus* ~ *wir* apud Tacitum scriptum videmus; / cognoscere *od.* perspicere [ex oculis].

Lesen *n* lectio *f.*

Leser *m* legens, is qui legit.

leserlich qui legi potest, facilis ad legendum, clarus.

Letten *m* (*Tonerde*) argilla *f.*

Letter *f* typus *m.*

Letzt: *zu guter* ~ in extremo.

letztens, letzthin nuper(rime), proxime, novissime.

letzter postremus (*comp.* posterior), ultimus, extremus; (*in e-r Reihe*) postremus, novissimus; (*nächstvorhergehender*) proximus, superior; *die letzten Ehren* iusta *n/pl.*; *alle bis auf den letzten Mann* ad unum omnes.

Leuchte *f* lucerna *f*; (*Laterne*) lanterna *f.*

leuchten lucēre, fulgēre; lucernam *od.* facem praeferre [domino]; *in die Augen* ~ apparēre, manifestum esse; *sein Licht* ~ *lassen* lumen suum ostendere.

Leuchten *n* lumen *n*, lux *f*; (*des Blitzes*) fulgur *n.*

Leuchter *m* candelabrum *n*, lychnūchus *m.*

Leuchtturm *m* pharus *m.*

leugnen negare, infitiari.

Leugnen *n* negatio *f*, infitiatio *f*; infitiandi ratio *f*; *mst durch Verba.*

Leumund *m* fama *f*, existimatio *f*; *böser* ~ fabulae *f/pl.* malevolorum; *in bösen* ~ *bringen* de fama detrahere, sermonibus carpere.

Leutchen: *die* ~ homunculi *m/pl.*; *die guten* ~ *in Griechenland* Graeculi homines *m/pl.*

Leute: *die* ~ homines *m/pl.*; (*gemeine*) vulgus *n*; *es gibt* ~, *die* sunt qui *m. conj.*; *die* ~ *sagen* dicunt (*von mir* dicor [aegrotus esse]); *die* ~ *in der Stadt* (*auf dem Lande*) oppidani *m/pl.*, cives *m/pl.* (rustici, pagani); *junge* ~ adulescentes *m/pl.*; *unter die* ~ *kommen* in publicum prodire; hominum consuetudine uti; in vulgus exire (*od.* emanare *od.* [per-]vulgari) [fama]; *unter die* ~ *bringen* in vulgus efferre, vulgare [disciplinam], in ora hominum perducere [illum]; dissipare [pecuniam]; *vor den* ~*n* palam; *meine* ~ mei.

leutselig humanus, communis, (*im Gespräch*) affabilis.

Leutseligkeit *f* humanitas *f*, affabilitas *f*, facilitas *f.*

Lexikon *n* index *m* verborum.

licht clarus, lucidus.

Licht *n* (*Helligkeit*) lux *f*; (*lichtgebender Körper*) lumen *n*; *ans* ~ *bringen* in lucem proferre (*kommen* proferri); *das* ~ *der Welt erblicken* in lucem edi, nasci; ~ *bringen in* illustrare, explanare [rem obscuram]; lucem adhibēre [rei obscurae]; *ans* ~ *ziehen* e tenebris in lucem vocare; *hinters* ~ *führen* decipere; *etwas in ein gutes* (*ungünstiges*) ~ *stellen* laudare, commendare (in invidiam afferre); *in milderem* ~ *darstellen* in mollius referre; *im* ~*e stehen* obstare, obesse [aequali]; *bei* ~*e arbeiten* lucubrare; (*Lampe*) lumen *n*, lucerna *f*; (*Kerze*) candela *f*, (*v. Wachs*) cereus *m.*

lichtbringend lucifer.

lichten collucare [silvam].

lichten: *die Anker* ~ ancoras tollere, navem solvere.

lichterloh: ~ *brennen* incendio flagrare.

Lichtloch *n* fenestra *f*.
***Lichtreklame** *f* lumina *n/pl.* commendatoria.
lichtscheu lucem fugiens, lucifugus; *ein* ~*er Mensch* tenebrio *m*.
Lichtschimmer *m* aliquid lucis; lux *f*; *ein schwacher* ~ lux *f* maligna.
Lichtseite *f* pars *f* luminosa; / lumen *n*, commodum *n*, virtus *f*.
Lichtspan *m* fax *f*.
Lichtstrahl *m* radius *m* luminis.
lichtvoll dilucidus, perspicuus, apertus.
lieb carus; gratus; (*willkommen*) acceptus; ~ *haben* carum habēre, amare, diligere; ~ *gewinnen* adamare, amare coepisse; *es wäre mir* ~, *wenn* velim (vellem) *m. conj.*; *lieber* (*adv.*) libentius; (*vielmehr*) potius; ~ *wollen* malle.
Liebchen *n* amicula *f*; *mein* ~ meum savium *n*, mea lux *f*, mea voluptas *f*, meae deliciae *f/pl.*
Liebe *f* amor *m*; (*zärtliche*) caritas *f*; (*dankbare*) pietas *f*; (*Eifer für*) studium *n*; (*Gefälligkeit*) officium *n*.
Liebedienerei *f* assentatio *f*.
Liebelei *f* amatio *f* (levis et mutabilis); ~*en amores m/pl.*
lieben amare, carum habēre; (*verehren*) diligere, colere; amore amplecti; (*pflegen*) solēre, consuevisse.
liebenswürdig amabilis, amandus, amore dignus; suavis, dulcis, venustus.
Liebenswürdigkeit *f* amabilitas *f*, suavitas *f*, iucunditas *f*.
lieber libentius.
Liebesabenteuer *n* res 5 *f* amatoria; *pl.* amores *m/pl.*
Liebesbrief *m* epistula *f* amatorie scripta.
Liebesdienst *m* officium *n*.
Liebesfeuer *n* amoris ardor *m*.
Liebesgenuss *m* gaudia *n/pl.* amoris; voluptas *f* amatoria; *sich dem* ~ *ergeben* rebus veneriis uti.
Liebesgott *m bei den Römern*: Amor *m*, Cupido *m*.
***Liebesmahl** *n der ersten Christen*: eucharistia *f*.
liebevoll amoris plenus, amans [parentum], benignus, blandus.
lieb gewinnen adamare.
lieb haben carum habēre, amare, diligere.
Liebhaber *m* amator *m*, amans *m*; studiosus *m*, cultor *m* [veritatis].
Liebhaberei *f* studium *n*, voluptas *f*; *konkr.* deliciae *f/pl.*; *aus* ~ animi causā.
liebkosen manu permulcēre, amplexari et osculari.
Liebkosung *f* blanditiae *f/pl.*, blandimenta *n/pl.*
lieblich suavis, dulcis, venustus, amoenus.
Lieblichkeit *f* suavitas *f*, dulcēdo *f*, venustas *f*.
Liebling *m* deliciae *f/pl.*, amores *m/pl.*; longe omnium [amicorum, liberorum] carissimus.
Lieblings... quo quis maxime delectatur (*od.* utitur), quem quis in deliciis habet *u. Ä.*
lieblos impius; durus, inhumanus.
Lieblosigkeit *f* animus *m* durus; inhumanitas *f*, impietas *f*.
liebreich benignus; comis, humanus.
Liebreiz *m* venustas *f*, gratia *f*.
liebreizend venustus.
Liebschaft *f* res *f* amatoria; *pl.* amores *m/pl.*; *eine* ~ *haben mit* amatorem esse [filiae].
liebst 1. *adv. am* ~*en* gratissimum; 2. *subst.* ≈e *f* amica *f*; ≈er *m* amator *m*, dilectus *m*.
Lied *n* carmen *n*; (*Gesang*) cantus 4 *m*; (*Volkslied*) canticum *n*; (*allbekanntes*) cantilēna *f*.
Liedchen *n* cantiuncula *f*.
Liederdichter *m* poeta *m* lyricus.
liederlich neglegens [amictus]; dissolutus [vita]; *ein* ~*es Haus* deversorium *n* libidinum, nequitiae officina *f*; *ein* ~*es Weib* scortum *n*, meretrix *f*.
Liederlichkeit *f* mores *m/pl.* dissoluti, nequitia *f*; neglegentia *f*.
Lieferant *m* conductor *m*, redemptor *m*; *mst durch Verba.*
liefern tradere; praebēre, dare, suppeditare [frumentum]; copiam [frumenti] facere, conferre, comportare, subvehere [frumentum exercitui]; pendere [pecuniam]; *Beweise* ~ argumenta afferre; *sich* ~ *lassen von* imperare [sociis equos]; *eine Schlacht* ~ proelium committere (*od.* facere).
Lieferung *f* collatio *f* [pecuniae]; ~ *an Getreide* frumentum *n* imperatum; *die* ~ *übernehmen* praebendum [quod opus est] conducere.
liegen iacēre; (*v. Pers.*) (*um zu ruhen*) cubare; (*zu Tisch*) accubare;

(*sich befinden*) esse, versari, commorari in [horto]; *im Lager* ~ castra habēre; *in Garnison* ~ in praesidic (collocatum) esse; *auf den Knien* ~ genibus niti; (*v. Orten und Toten*) situm esse; (*bei Angabe der Richtung*) vergere (spectare) ad, in; (*sich verhalten*) se habēre; *die Sache liegt anders* res aliter se habet; *so liegt die Sache* ita *od.* sic est, ita *od.* sic res se habet; ~ *lassen* non auferre, relinquere (suo loco); neglegere, omittere, relinquere; (*unterbrechen*) intermittere; (*beruhen auf*) situm (*od.* positum) esse in [me]; *soviel an mir liegt* quantum in me est, pro viribus meis; *es liegt daran* interest, refert [meā consulis].
Liegen *n* cubitus 4 *m*; *bei Tische*: accubitio *f*.
liegend *v. Sachen*: situs, positus; ~*e Gründe* fundi *m/pl.*, agri *m/pl.*
Liegenschaften *f/pl.* solum *n* (agri), sedes *f* et solum *n*.
***Lift** *m* elevator *m*.
***Likör** *m* liquor *m*.
Liktor *m* lictor *m*.
Lilie *f* lilium *n*.
Linde *f* tilia *f*.
Lindenbast *m* philyra *f*.
Lindenholz *n* lignum *n* tiliae; *aus* ~ tiliagineus.
lindern lenire, mitigare, mollire, levare.
Linderung *f* mitigatio *f*, levatio *f*; *mst durch Verba.*
Linderungsmittel *n* levamen(tum) *n*.
Lineal *n* regula *f*.
Linie *f* linea *f*; circulus *m* aequinoctialis; (*Reihe*) ordo *m*; (*Zeile*) versus 4 *m*; (*des Heeres*) acies *f*; *die* ~ *der Mauer* tractus 4 *m* ductusque muri; *in gerader* ~ ad lineam; (*beim Marschieren*) rectā, recto itinere.
Linienschiff *n* navis *f* longa.
Liniensoldat *m* miles *m* legionarius.
Linientruppen *f/pl.* legiones *f/pl.*
link sinister, laevus.
linkisch laevus, rusticus, inscitus, tardus.
links a sinistra; (*nach* ~ *hin*) ad sinistram, sinistrorsum.
linksum ad sinistram, sinistrorsum.
linnen linteus.
Linse *f* lens *f*.
linsenförmig formā lenticulari.
Linsengericht *n* edulium *n* lentis.
Lippe *f* labrum *n*.
lispeln est [illi] os blaesum; ~*d* blaesus.
Lispeln *n* os *n* blaesum.
Lispler *m* blaesus *m*.
List *f* calliditas *f*, astutia *f*, versutia *f*; *konkr.* dolus *m*, ars *f*, artificium *n*, consilium *n* callidum.
Liste *f* index *m*, tabulae *f/pl.*; *auf die* ~ *setzen* in numerum [proscriptorum] referre; *eine* ~ *führen über die Genossen* descriptos habēre socios.
listig callidus; (*tadelnd*) astutus, versutus; (*ränkevoll*) dolosus.
***Liter** *n* litra *f*.
literarisch litteratus, (*gen.*) litterarum.
Literat *m* homo *m* litteratus.
Literatur *f* litterae *f/pl.*
***Litfaßsäule** *f* columna *f* promulgatrix.
***Lithograph** *m* lithographus *m*.
***Lloyd** *m* societas *f* maritima, quae vocatur L.
Lob *n* laus *f* (*oft pl.*); (*Lobrede*) laudatio *f*; ~ *ernten* laudem consequi (*od.* sibi parere); *zum* ~ *anrechnen* laudi dare (*od.* ducere *od.* vertere) [consuli]; *Gott sei* ~ *und Dank!* deo laudes et gratiae agantur!; *eigenes* ~ *stinkt* deforme est de se ipso praedicare.
loben laudare, collaudare, praedicare; laude afficere (*od.* ornare *od.* efferre), laudem tribuere.
lobenswert laudabilis, laudandus, laude dignus.
Lobeserhebung *f* laudatio *f*, laudes *f/pl.*, praedicatio *f*.
Lobgedicht *n* carmen *n*, quo laudes celebrantur.
Lob/gesang *m*, ~**lied** *n* hymnus *m*, paean *m*, carmen *n* quo laudes canuntur.
lobhudeln nimis laudare.
lobpreisen praedicare, laudibus efferre (*od.* ornare).
Lobrede *f* laudatio *f*, laudes *f/pl.*; *eine* ~ *halten auf* laudes [patris] dicere, oratione laudare.
Lobredner *m* laudator *m*, praedicator *m*, praeco *m*.
lobsingen cantu celebrare [deum].
Lobspruch *m* laus *f*.
Loch *n* foramen *n*; (*Höhlung*) ca-

vum *n*; (*Spalt*) hiatus 4 *m*; (*Ritze*) rima *f*; (*Lücke*) lacuna *f*; (*elende Wohnung*) gurgustium *n*.
löcherig perforatus, rimosus; (*porös*) spongiosus, rarus [cribrum].
Locke *f* cirrus *m*, (*künstliche*) cincinnus *m*.
locken allicere (e-, il-, pellicere), pertrahere; (*ködern*) inescare; (*verführen*) inducere; *~de Vergnügungen* voluptatum illecebrae *f/pl*.
Locken *n* allectatio *f*; *durch ~* alliciendo.
Lockenkopf *m* puer cirratus *od*. cincinnatus *od*. cirro crispatus.
locker (*nicht dicht*) solutus, tener, rarus; (*nicht fest*) infirmus; (*nicht straff*) laxus; (*liederlich*) dissolutus, levis.
Locker, Lockvogel *m* allector *m*; illex.
Lockerheit *f* raritas *f*, tenuitas *f*; laxitas *f*.
lockern (re)laxare; (*nachlassen*) remittere; (*die Freundschaft*) eluere.
lockig cirratus; (*künstlich*) cincinnatus; (*kraus*) crispus.
Lock/mittel *n*, **~speise** / esca *f*; / illecebrae *f/pl*., invitamentum *n* ad.
lodern flagrare.
Löffel *m* cochlear *n*; (*flacher*) ligula *f*.
logieren (*einkehren*) deversari; (*wohnen*) habitare.
Logik *f* ars *f* logica, logica *n/pl*.; ars *f* (*od*. elegantia *f*) disserendi.
logisch logicus, subtilis; *mst durch* (*subst*.) ratio *f*, (*gen*.) disserendi.
Lohe *f* flamma *f*.
Lohn *m* merces *f*; pretium *n*; *armseliger ~* mercedula *f*; *~ ernten* fructum capere (*od*. percipere) ex; *seinen ~ erhalten* operae pretium mereri; (*als Strafe*) iure plecti, poenas luere.
Lohn... mercennarius, conducticius.
Lohn/arbeit *f*, **~dienst** *m* opera *f* mercennaria.
Lohnarbeiter *m* mercennarius *m*.
lohnen mercedem dare (*od*. persolvere); *schlecht ~* malam gratiam referre; *es lohnt sich der Mühe* operae pretium est, tanti est; *~d* fructuosus, quaestuosus [mercatura].
Löhnung *f* stipendium *n*.
***Lokomotive** *f* machina *f* vectrix.
Lolch *m* lolium *n*.
Lorbeer *m* laurus *f*; *vom ~* laureus; *~zweig*, *~kranz m* laurea *f*, corona *f* laurea; *mit ~ geziert* laureatus; / gloria *f*, laus *f*, decus *n*; *auf seinen ~en ausruhen* partā gloria velut reposito frui honore.
Lorbeer.. laureus, (*gen*.) lauri.
Lorbeerhain *m* lauretum *n*.
***Lord** *m* senator *m* Britannicus.
los solutus, liber; *immer drauf los!* insta (instate), persequere (persequimini)!
Los *n* sors *f*; *durchs ~* sorte, sortito; *ein ~ kommt heraus* sors exit *od*. excidit; (*Schicksal*) sors *f*; fortuna *f*; *glückliches* (*unglückliches*) *~* fortuna *f* secunda (misera *od*. adversa); *mir ist ein glückliches ~ zuteil geworden* mecum praeclare actum est.
losarbeiten moliri, detrudere [naves scopulo], expedire.
losbekommen solvere, avellere.
losbinden resolvere.
losbrechen 1. *trans*. defringere [ramum]; **2.** *intr*. erumpere, prorumpere, irruere, exardescere [bellum]; (*mit Worten*) vehementissime invehi in [reum].
löschen exstinguere [ignem], restinguere; / opprimere, reprimere; (*stillen*) sedare; explēre [sitim]; delēre [maculam; scripta].
Löschgeräte *n/pl*.: *die ~* instrumenta *n/pl*. ad incendia compescenda.
Löschmittel *n/pl*. *die ~* quae restinguendo igni sunt.
Löschpapier *n* charta *f* bibula.
losdonnern intonare.
lose solutus; *eine ~ Zunge* lingua *f* intemperans, linguae intemperantia *f*.
Lösegeld *n* pretium *n* (redemptionis), pecunia *f*.
losen sortiri, sorti committere [provincias].
Losen *n* sortitio *f*.
lösen solvere [nodum]; (*e-e Frage*) solvere, explicare, expedire; (*Schwierigkeit*) tollere; (*Geld*) recipere, reficere, redigere [ex praeda divendita].
losfahren (*mit Worten*) invehi in [legatum].
losgeben mittere, dimittere; manu mittere [servum]; e custodia emittere, libertatem dare [captivo].
losgehen (re)solvi, laxari [clavus]; *~ auf* petere [urbem], contendere in; invadere in [hostem].

loskaufen redimere.
Loskaufung *f* redemptio *f*.
loskommen solvi, (di)mitti, liberari; *nicht ~ können von* haerēre in [eadem sententia].
loslassen (di)mittere, e custodia emittere; immittere, instigare [canes].
losmachen resolvere, refigere, avellere; liberare, exsolvere, relaxare; *sich ~* se expedire ab, effugere ex; emergere [ex aere alieno]; deicere [vitia].
losreißen abrumpere, refigere; *sich ~* vincula rumpere [equi].
losreiten: *~ auf* equo citato vehi [in hostem].
losrennen incurrere (*od.* inruere) in alqm (*od.* alqd).
lossagen: *sich ~* renuntiare [amicitiam], se abdicare [consulatu]; se abrumpere [latrocinio]; se (ab-) alienari ab; (*eidlich*) eiurare; (*politisch*) desciscere ab.
losschlagen 1. *trans.* vendere [merces]; **2.** *intr.* ferire, caedere; petere [gladio hostem], plagas infligere [servo]; (*im Kriege*) rem gerere.
los sein: *~ von* solutum esse [curā belli]; vendidisse [villam]; carēre [morbo].
lossprechen *v. Richter*: absolvere.
lossteuern: *~ auf* petere, tenēre [Tarentum].
los/stürmen, ~stürzen (ir)ruere, irrumpere, se immittere, impetum facere in; *aufeinander ~* concurrere.
Lostopf *m* urna *f* (sortium).
lostrennen dissolvere, separare.
Losung *f* sortitio *f*; (*mil.*) tessera *f*; signum *n*.
Lösung *f* solutio *f*; *e-r Frage*: exitus 4 *m*.
loswerden exsolvi, liberari [doloribus]; vendere [merces]; absolvere, dimittere [hominem garrulum].
loswickeln expedire.
losziehen: *~ auf* invehi in, graviter increpare.
Lot *n* (*als Gewicht*) semuncia *f*; (*Bleilot*) perpendiculum *n*.
löten ferruminare.
lotrecht ad perpendiculum (directus).
Lotse *m* dux *m* maris (*od.* amnis) peritus.
Lotterbube *m* nebulo *m*.
Lotterei *f* neglegentia *f*.
***Lotterie** *f* sortium alea *f*; *~ spielen* sortium aleam temptare; *in der ~ gewinnen* (*verlieren*) sortibus felicibus (*od.* prosperis) uti (nummos in sortium alea perdere).
Lotus *m*, **Lotusblume** *f* lotus *f*.
***Louisdor** *m* Ludovicus *m* aureus.
Löwe *m* leo *m* (*adj.* leonīnus).
Löwen... leonīnus, (*gen.*) leonis (-num).
löwenartig leonīnus.
Löwin *f* leaena *f*.
loyal bonus, modestus.
Luchs *m* lynx *f* (*adj.* lynceus).
Lücke *f* lacuna *f*.
Lückenbüßer *m* vicarius *m*.
lückenhaft lacunosus; / mancus, non integer.
Luft *f* aër *m*; (*Himmelsluft*) aether *m*; (*Lufthauch*) aura *f*; (*Klima und Wetter*) caelum *n*; (*Atem*) spiritus 4 *m*; (*Hauch*) anima *f*; *~ schöpfen* spiritum ducere, spirare; *in freier ~* sub dico; *in die ~* sublime, (*adj.*) sublimis; *seinem Herzen ~ machen* animum levare, iram effundere; *aus der ~ greifen* ex vano habēre; fingere, comminisci.
luftartig aëri similis, spirabilis.
Luftblase *f* bulla *f*.
Lüftchen *n* aura *f* tenuis (*od.* lenis).
luftdicht aëri non pervius.
***Luftdruckbremse** *f* frenum *n* pneumaticum.
lüften aëri exponere; aëra immittere in [cubiculum]; discindere [vestem]; *den Hut ~* caput nudare.
Lufterscheinung *f* visum *n* caeleste, phaenomenon *n*.
luftig (*aus Luft bestehend*) aërius, spirabilis; / tenuissimus, levis(simus); (*in der Luft befindlich*) aërius, aetherius; (*der Luft ausgesetzt*) aëri expositus (*od.* pervius).
***Luftfahrt** *f* cursus 4 *m* aerius.
***luftkrank:** *~ werden* volantem in aëre nauseare.
luftleer aëre vacuus.
Luftloch *n* spiraculum *n*, lumen *n*.
***Luftpumpe** *f* antlia *f* pneumatica.
***Luftreifen** *m* pneumaticum *n*.
Luftröhre *f* arteria *f* aspera.
Luftschicht *f* aër 3 *m*, caelum *n*.
***Luftschiff** *n* navigium *n* vias aerias carpens.
Luftschloss *n* somnium *n*; *Luftschlösser bauen* somniare.
Luftstreich *m* ictus 4 *m* inritus; ~e

führen frustra ferro diverberare auras, vires in ventum effundere.
Luftveränderung *f* caeli mutatio *f*.
Luftzug *m* venti meatus 4 *m*, aura *f*, spiritus 4 *m*.
Lug *m*: *~ und Trug* mendacium *n*, fraus *f*; *durch ~ und Trug* dolis et fallaciis.
Lüge *f* mendacium *n*.
lügen mentiri, mendacium dicere; fallere.
lügenhaft 1. (*v. Pers.*) mendax; fallax, vanus; **2.** (*v. Sachen*) falsus, fictus.
Lügenhaftigkeit *f* vanitas *f*, vaniloquentia *f*.
Lügner *m* homo *m* mendax.
lügnerisch mendax.
Luke *f* fenestra *f* obliqua.
Lümmel *m* homo *m* agrestis.
Lump *m* homo *m* levis (*od.* perditus).
Lumpen *m* pannus *m*.
lumpen: *sich nicht ~ lassen* non avarum esse, pecuniae non parcere.
Lumpengeld *n* pretium *n* parvum, mercedula *f*; *um ein ~* pretio parvo.
Lumpengesindel *n* faex *f* populi, homines *m/pl.* perditi.
Lumperei *f* res 5 *f* vilis, negotium *n* luteum.
lumpig pannosus, pannis obsitus; / vilis(simus) [res]; *ein ~er Kerl* homo *m* sordidus (*od.* avarus).
Lunge *f* pulmones, um *m/pl.*; (*beim Redner*) latera, um *n/pl.*
lungenartig pulmoneus.
***Lungenschwindsucht** *f* peripneumonia *f*; phthisis *f* pulmonalis.
lungern desidem sedere.
Lupine *f* lupinum *n*; lupinus *m*.
Lust *f* voluptas *f*; (*sinnliche*) libido *f*; *seine ~ haben an* delectari [armis], voluptatem capere, percipere ex; *mit ~* libenter; (*Neigung*) studium *n*; *~ haben zu* cupere, appetere, velle, studiosum (*od.* cupidum) esse [artis pingendi]; studio [picturae] teneri; in animo habēre (*od.* esse); *keine ~ haben* nolle, abhorrēre ab, refugere, piget [me]; *~ bekommen* concupiscere; studio (*od.* cupiditate) capi; *die (sinnlichen) Lüste* libidines *f/pl.*, corporis voluptates *f/pl.*
Lustbarkeit *f* voluptas *f*, oblectatio *f*.
lüstern cupidus, avidus, appetens [alieni]; libidinosus; *~ sein* ligurrire [lucra].
Lüsternheit *f* cupiditas *f*; libido *f*.
Lustgarten *m* horti *m/pl.*
Lusthaus *n* villa *f*.
lustig hilaris, laetus, alacer; *sich ~ machen über* illudere, ludibrio habēre, de-, irridēre; (*spaßhaft*) iocosus, ridiculus; iocularis [licentia].
Lustigkeit *f* hilaritas *f*, laetitia *f*.
Lustigmacher *m* scurra *m*, sannio *m*. homo *m* iocosus.
Lüstling *m* homo *m* voluptarius (*od.* libidinosus).
Lustspiel *n* comoedia *f*.
Lustspieldichter *m* poeta *m* comicus, comoediarum scriptor *m*.
Lustwald *m* nemus *n*.
lustwandeln ambulare.
luxuriös luxuriosus, sumptuosus [cena].
Luxus *m* luxus 4 *m*, cultus 4 *m*, effusior; (*Hang zur Üppigkeit*) luxuria *f*.
Luxusartikel *m* res *f/pl.* ad luxuriam pertinentes.
***lynchen** supplicio afficere sine iusto iudicio.
Lyra *f* lyra *f*, fides *f/pl.*
Lyrik *f* poesis *f* lyrica (*od.* melica).
Lyriker *m* poeta *m* lyricus (*od* melicus.
lyrisch lyricus, melicus.

M

Mache *f* affectatio *f*, artificia *n/pl.*
machen facere, efficere; (pro)creare; *sich nichts ~ aus* neglegere, contemnere, nihil curare, non laborare de; parvi facere [hominem]; *~ zu* facere [Ciceronem consulem]; reddere, creare, instituere; *was machst du?* quid facis?; (= *wie geht es dir?*) quid agis?, ut vales?; *es ~ wie* imitari, auctore uti [patre]; *da ist nichts mehr zu ~* actum est; *was macht dein Sohn?* quid rerum gerit filius?; *was soll ich mit dir ~?* quid tibi (*od.* [de] te) faciam?; *sich ~ an* aggredi [causam, ad causam], accedere ad; adoriri, petere [adversarium].
Macht *f* vis *f*, *pl.* vires; *mit aller ~* omni vi, omnibus viribus, summa ope; potentia *f*; (*amtliche Befugnis*)

potestas *f*; (*militärische*) imperium *n*; (*Machtmittel*) opes *f/pl.*; (*Kriegsmacht*) copiae *f/pl.*, exercitus 4 *m*; (*freie Verfügung*) arbitrium *n* (liberum ; (*staatliche*) civitas *f*, res *f* [Romana]; *eine höhere* ~ dei *m/pl.*, numen *n* divinum.

Machthaber *m* qui summam imperii tenet, dominus *m*, princeps *m*, rex *m*.

mächtig potens, opibus valens, opulentus; magnus [res publica]; compos [sui, mentis suae]; peritus, sciens [linguae Graecae]; ~ *sein* opibus valēre, multum posse.

machtlos impotens.

Machtlosigkeit *f* nulla potentia *f*.

Machtspruch *m* arbitrium *n*, auctoritas *f*, imperium *n*.

Machtstellung *f* potestas *f*.

Machtvollkommenheit *f* arbitrium *n*, auctoritas *f*.

Machwerk *n* opus *n*.

Mädchen *n* puella *f*, virgo *f*; ancilla *f*, famula *f*.

Mädchen... puellaris, virgineus, (*gen.*) puellae (-arum).

Made *f* vermis *m*.

Madonna *f* beata Maria virgo *f*.

Magazin *n* horreum *n*, receptaculum *n*.

Magd *f* ancilla *f*.

Magen *m* stomachus *m*, ventriculus *m*, venter *m*.

Magen/beschwerde *f*, **~drücken** *n* stomachi tormina 3 *n/pl.*

Magenentzündung *f* stomachi inflammatio *f*.

magenleidend cardiacus.

Magenkrankheit *f* morbus *m* cardiacus; *e-e* ~ *haben* stomacho laborare.

mager macer, exilis, gracilis; ~ *werden* macescere; ~*e Kost* victus 4 *m* tenuis; ~*e Rede* oratio *f* ieiuna (*od.* arida *od.* exilis).

Magerkeit *f* macies *f*, exilitas *f*; gracilitas *f*; / tenuitas *f*, ieiunitas *f*; siccitas *f*.

Magie *f* ars *f* magica.

Magier *m* magus *m*.

magisch magicus.

Magistrat *m* magistratūs, uum 4 *m/pl.*

Magistratsperson *f* magistratus 4 *m*.

Magnet *m* magnes (lapis) *m*.

magnetisch magneticus.

***magnetisieren** vi magnetica imbuere.

Magnetnadel *f* acus 4 *f* magnetica (*od.* nautica).

mähen (de)metere, secare.

Mähen *n* messis *f*.

Mäher *m* messor *m*.

Mahl *n* cibus *m*; (*Hauptmahlzeit*) cena *f*; (*geselliges*) convivium *n*; (*kostbares*) epulae *f/pl.*; (*Festessen*) epulum *n*.

mahlen molere, molis comminuere *od.* frangere; *wer zuerst kommt, mahlt zuerst* potior est, qui prior vēnit.

Mahlzeit *f* cena *f*; *gesegnete* ~! [bene sit tibi!]

Mähne *f* iuba *f*; *mit einer* ~ *versehen* iubatus.

mahnen (ad)monēre; flagitare [promissa per litteras ab], appellare [debitorem de].

Mahner *m* (ad)monitor *m*, flagitator *m*, exactor *m* [promissorum].

Mahnung *f* (ad)monitio *f*, flagitatio *f*; praeceptum *n*, vox *f*.

Mähre *f* (*schlechtes Pferd*) equus *m* strigosus, caballus *m*.

Mai *m* (mensis) Maius *m*.

Majestät *f* maiestas *f*, numen *n*.

majestätisch augustus, sanctus, magnificus.

Majestätsverbrechen *n* perduellio *f*, crimen *n* laesae maiestatis.

Majorität *f* maior pars *f*.

Makel *m* macula *f*; vitium *n*.

makellos integer.

mäkeln reprehendere, carpere.

Makler *m* pararius *m*; (*an der Börse*) nummularius *m*.

Makrele *f* scomber *m*.

***Makulatur** *f* chartae *f/pl.* reliquae et inutiles.

Mal *n* nota *f*; signum *n*; (*Muttermal*) naevus *m*.

Mal *n*: *einmal* semel, *zweimal* bis, *dreimal* ter *usw.*; *das erste Mal* primum, *das zweite Mal* iterum, *das dritte Mal* tertium *usw.*, *zum letzten* ~*e* postremum; *viele Male* saepe; *mehrere Male* saepius; *unzählige Male* sescenties; *so viele Male* toties, tam saepe; *wie viele Male* quoties, quam saepe; *zu verschiedenen Malen* saepius, semel atque iterum, non semel; *ein anderes* ~ alias, alio tempore; *manches* ~ nonnunquam; *ein für alle* ~ semel, in perpetuum.

M

malen pingere.
Malen *n* pictura *f*.
Maler *m* pictor *m*.
Maleratelier *n* officina *f* pictoris.
Malerei *f* pictura *f*, ars *f* pingendi.
Malerfarbe *f* pigmentum *n*; *übh.* color *m*.
malerisch amoenus, (ad aspectum) venustus.
Malerpinsel *m* penicillus *m*.
Malve *f* malva *f*.
Malz *n* hordeum *n* tostum; *an ihm ist Hopfen und ~ verloren* in eo oleum et operam perdidi.
man *s. die Gramm.*
mancher 1. *subst.* nonnemo (*manches* nonnihil), sunt qui *m. conj.*; **2.** *adj.* aliquot, nonnulli, quidam, non pauci.
mancherlei varius, multiplex.
manchmal interdum, nonnumquam, non semel.
Mandel *f* amygdala *f* (*adj.* amygdalinus); (*am Halse*) tonsilla *f*.
Mandelbaum *m* amygdala *f*; *amygdalus *f*.
Manen: *die ~* manes, ium *m/pl*.
Mangel *m* (*Dürftigkeit*) inopia *f*, egestas *f*, penuria *f*; *~ leiden* inopem (*od.* in egestate) esse; *~ an Geld* difficultas *f* nummaria, angustiae *f/pl.* rei familiaris; (*beginnender*) defectio *f* [virium *Ohnmacht*]; *~ leiden an* carēre [voluptate virtus saepe caret, nunquam indiget]; (*Fehler*) vitium *n*.
mangelhaft (*nicht vollständig*) mancus, non integer; (*fehlerhaft*) vitiosus; (*unvollkommen*) imperfectus.
mangeln deesse, desiderari.
Mangold *m* beta *f*.
Manier *f* (*Art und Weise*) ratio *f*; (*Gewohnheit*) consuetudo *f*; (*Sitte*) mos *m* (*bzw. pl.*); (*Eigentümlichkeit e-s Schriftstellers*) oratio *f*, stilus *m*; (*eines darstellenden Künstlers*) manus 4 *f*.
manierlich urbanus, humanus, politus.
Manipel *m* manipulus *m*.
Mann *m* (*Person*) homo *m*; (*mit Auszeichnung*) vir *m*; (*dem Geschlechte nach*) mas *m*; (*Ehemann*) marītus *m*, vir *m*; (*Soldat*) miles *m*; *junger ~* adulescens *m*, iuvenis *m*; *alter ~* senex *m*; *der gemeine ~* vulgus *n*; *~ für ~* viritim, (*adj.*) singuli, omnes; *~ gegen ~* (*kämpfen*) pede collato (pugnare); *ich bin nicht der ~, welcher* non is sum, qui *c. conj.*; *ein ~ wie Cäsar* Caesar (ille); *Männer wie Cato* Catones.
mannbar pubes, eris.
Mannbarkeit *f* pubertas *f*.
Männchen *n* homuncio *m*, homo *m*, caput *n*; (*v. Tieren*) mas *m*.
Männer..., Mannes... virīlis, (*gen.*) viri, virorum.
Mannesalter *n* aetas *f* media (constans, confirmata); *in das ~ treten* se corroborare et inter viros esse.
Manneskraft *f* robur *n* virile.
mannhaft virilis, fortis.
Mannhaftigkeit *f* animus *m* virilis, fortitudo *f*.
Mannheit *f* pubertas *f*.
mannigfaltig varius, multiplex.
Mannigfaltigkeit *f* varietas *f*.
männiglich viritim; singuli.
männlich masculus, virilis; fortis, constans.
Männlichkeit *f* animus *m* virilis, fortitudo *f*, virtus *f*, constantia *f*.
Mannschaft *f* manus 4 *f*, copiae *f/pl.*, milites *m/pl.*; *junge* (*waffenfähige*) *~* iuventus *f*.
Mannsleute *pl.* viri *m/pl.*, pubes *f*, puberes *m/pl.*
Mannsperson *f* vir *m*; mas *m*.
mannstoll virosa, virorum adpetens.
Mannszucht *f* disciplina *f* (militaris).
Manöver *n* motus 4 *m*, conversio *f*; (*mil.*) decursio *f*, decursus 4 *m*, certamen *n* ludicrum, simulacrum *n* pugnae; (*Schwenkung*) conversio *f*; *ein ~ anstellen*: (*vom Feldherrn*) milites in decursionem educere (*od.* decurrere iubēre); (*v. Soldaten*) (in armis) decurrere; (*Kunstgriff*) ars *f*, artificium *n*.
***Manschette** *f* manica *f*.
Mantel *m* pallium *n*, amiculum *n*, lacerna *f*; (*Reise*~) paenula *f*, (*Kriegs*~) sagum *n*; *den ~ nach dem Winde hängen* temporibus servire.
Mäntelchen *n* palliolum *n*, sagulum *n*.
Mantelsack *m* mantica *f*.
Manufaktur *f* officina *f*; artis opus *n*.
Manuskript *n* liber *m* manu scriptus.
Mappe *f* capsa *f*, capsula *f*.

M

Märchen *n* fabula *f* (ficta).
Marder *m* meles, is *f*.
Marine *f* res *f/pl.* maritimae (*od.* nauticae); copiae *f/pl.* navales; classis *f*.
***marinieren** muriā condire [pisces].
Mark *f* (*Feldmark*) agri mensura *f*.
Mark *n* medulla *f*; / flos *m*, robur *n*, nervi *m/pl.*
***Mark** *f* (*Münze*) marca *f*.
Marke *f* tessera *f*; * *eine 12-Pf.-~* signum *n* duodenarium.
Marketender *m* lixa *m*.
Marketenderin *f* copa *f* castrensis.
***Markgraf** *m* marchio *m*.
Markgrafschaft *f* marchionatus 4 *m*.
markieren notare, signare, denotare, designare, notam (*od.* signum) adponere.
markig medullosus; / gravis, fortis [oratio]; acer, nervosus [orator].
Markscheide *f* confinium *n*.
Markstein *m* terminus *m* lapideus; / insigne *n*.
Markt *m* mercatus 4 *m*; (*Wochenmarkt*) nundinae *f/pl.*; (*Marktplatz*) forum *n*.
markten: *mit etw. ~* nundinari in alqā rē, cauponari alqd.
Marktflecken *m* forum *n* (nundinarium).
Marktplatz *m* forum *n*.
Marktpreis *m* pretium *n* rerum venalium; (*für Lebensmittel*) annona *f*.
Marktschreier *m* circulator *m*; / homo *m* gloriosus, iactator *m*.
Marktschreierei *f* iactatio *f* circulatoria.
marktschreierisch circulatorius.
Marktstadt *f* oppidum *n* nundinarium, forum *n* rerum venalium; forum *n*.
Markttag *m* nundinae *f/pl.*
***Marmelade** *f* poma *n/pl.* decocta.
Marmor *m* marmor *n*; *von ~* marmoreus.
Marmor... (*gen.*) marmoris, marmoreus; marmorarius [faber].
Marmorbruch *m* lapicidinae *f/pl.* marmorum.
marmorn marmoreus.
Marmorplatte *f* lamina *f* marmorea *od.* marmoris.
***Marotte** *f* ineptia *f* peculiaris.
Marsch *m* iter *n*; (*Abmarsch*) profectio *f*; (*Heereszug*) agmen *n*; (*Tagemarsch als Maß*) castra *n/pl.*; * (*Musikstück*) modus *m* militaris.
Marsch *f* campi *m/pl.* uliginosi.
marschfertig ad iter paratus (*od.* instructus *od.* expeditus); *sich ~ machen* iter parare.
marschieren iter facere, proficisci, ire.
Marschland *n* campi *m/pl.* uliginosi.
Marschordnung *f* ordo *m* agminis.
Marschroute *f* iter *n*.
Marsfeld *n* campus *m* Martius.
Marter *f* cruciatus 4 *m*, tormenta *n/pl.*, supplicium *n*.
Marterinstrument *n* tormentum *n*.
martern (dis)cruciare, excruciare.
martervoll acerbissimus, crudelissimus.
martialisch imperatorius, ferox; *~er Blick* oculi *m/pl.* truces.
Märtyrer *m* * martyr *m*; / qui mortem obit (*od.* occumbit) pro.
Märtyrertod *m* gloriosa mors *f*.
März *m* (mensis) Martius *m*.
Masche *f* macula *f*.
Maschine *f* machina *f*, machinatio *f*.
Maschinen... (*gen.*) machinarum, machinalis.
Maschinenbauer *m* machinator *m*.
Maschinerie *f* machinamentum *n* (*gew. pl.*).
***Maschinenschrift** *f* machinā scriptum *n*.
Maser *f* vena *f*.
maserig maculosus.
Maske *f* persona *f*; (*hässliche*) larva *f*; (*v. Pers.*) homo *m* personatus; / (dis)simulatio *f*, species *f*.
maskieren personam aptare [virgini]; *sich ~* personam induere; *maskiert sein* personam gerere; *maskiert* personatus; / tegere, occultare, dissimulare.
***Masochismus** *m* masochismus *m*.
Massage *f* frictio *f*.
Masse *f* (*Stoff*) massa *f*; (*Summe, Inhalt*) summa *f*, copia *f*, (*das Ganze*) corpus *n*; (*Menge*) vis *f*, multitudo *f*; pondus *n* [auri]; numerus *m* [hominum]; moles *f* [exercitūs]; silva *f* [rerum].
massenhaft frequens; *adv.* acervatim, gregatim.
***Masseur** *m* aliptes (-ta) *m*.
***massieren** fricare, depsere.

massiv solidus, totus [aureus]; (*v. Gebäuden*) saxo exstructus.
Maß *n* mensura *f*; (*rechtes*) modus *m*; *in reichem* ~*e* cumulate, abunde, affatim; *in gleichem* ~*e* pariter; *in geringem* ~*e* parum; *hohes* ~ *von Gelehrsamkeit* magna doctrina *f*; / (*Verhältnis, Regel*) modus *m*; *Mäßigung*) moderatio *f*; ~ *halten* modum tenēre (*od.* observare); *ein* ~ *setzen* moderari [oratori], temperare [iram]; *das* ~ *überschreiten* modum excedere (*od.* transire); *ohne* ~ praeter modum.
Maße: *die* ~: *mit* ~*n* modice; *über die* ~*n* supra (*od.* praeter) modum; *über alle* ~*n* sic, ut nihil possit supra; nimis, admodum.
Maßgabe *f*: *nach* ~ pro, ad, ex.
maßgebend: *etwas ist* ~ *für* dirigitur, constituitur [lege], pendet ex [lege].
mäßig (*das rechte Maß haltend*) moderatus, modicus, modestus; (*von Pers. und Sachen*) temperatus; (*enthaltsam*) continens, temperans, sobrius; *adv.* mediocriter.
mäßigen temperare; / moderari, temperare [irae], coercēre, continēre; *sich* ~ se continēre, (sibi) temperare [a lacrimis], irae moderari.
Mäßigung *f* moderatio *f*, temperatio *f*, modestia *f*, temperantia *f*, continentia *f*; *mit* ~ moderate, modice, temperanter.
massiv 1. *eig.* solidus; *vom Mauerwerk*: saxeo muro constructus, saxo constructus; ~ *golden* totus aureus; / **2.** agrestis, rusticus.
maßlos immoderatus [libertas]; immodicus [lingua]; effusus [laetitia]; profusus [sumptus].
Maßregel *f* ratio *f*, consilium *n*; (*zur Abhilfe*) remedium *n*; res *f*; *eine* ~ *ergreifen* rationem inire, consilium capere, consiliis uti (*gegen* occurrere); *mildere* (*strengere*) ~*n ergreifen gegen* lenius (gravius) consulere in [captos].
Maßstab *m* mensura *f*; / ratio *f*; norma *f*; regula *f*; lex *f*; *zum* ~ *nehmen für* metiri, ponderare, aestimare [fidem (ex) fortuna]; *nach dem* ~ *von* ad, pro.
Mast *m* malus *m*.
Mast *f* sagina *f*.
Mast... altilis, saginatus.
Mastdarm *m* intestinum *n* rectum.
mästen saginare, pascere; *gemästet auch* opimus.
Mastix *m*, ~**harz** *n* mastiche *f*, resina *f* lentiscina.
Mastixbaum *m* lentiscus *f*; * pistacia *f* lentiscus.
Mastkorb *m* mali fastigium *n*, specula *f* nautica.
Mastochse *m* bos *m* opimus.
Mästung *f* saginatio *f*.
Mastvieh *n* pecus *n* altile (*od.* saginatum).
Material *n*, **Materialien:** *die* ~ materia *f*; (*Stoff*) res *f*; (*Rüstzeug*) suppellex *f*.
***Materialismus** *m* materialismus *m*.
Materie *f* res *f*; (*das Ungeistige*) corpus *n*.
materiell corporeus; ~*er Gewinn* lucrum *n*, quaestus 4 *m*; ~*e Güter* bona *n/pl.* externa.
Mathematik *f* mathematica *f u. n/pl.*
Mathematiker *m* mathematicus *m*.
mathematisch mathematicus.
Matratze *f* stratum *n*, stragulum *n*, culcita *f*.
Matrone *f* matrona *f*.
Matrose *m* nauta *m*, homo *m* nauticus; (*Ruderknecht*) remex *m*.
matt languidus; fessus, lassus.
Matte *f* storea *f*; (*Wiese*) pratum *n*.
Mattigkeit *f* languor *m*, lassitudo *f*.
Mauer *f* murus *m*; moenia *n/pl.*; (*aus Lehm*) maceria *f*.
mauerartig instar muri.
Mauerbrecher *m* aries *m*.
Mauerkelle *f* trulla *f*.
Mauerkrone *f* corona *f* muralis.
mauern (murum) facere, munire, exstruere.
Mauerstein *m* saxum *n*, caementum *n*.
Mauerwerk *n* opus *n* saxeum (*od.* latericium); murus *m*; (*v. Ruinen*) parietinae *f*.
Mauerziegel *m* later(culus) *m*.
Mauerzinne *f* pinna *f* (muri).
Maul *n* os *n*, rictus 4 *m* [serpentis].
Maulaffe *m* homo *m* stolidus; ~*n feil haben* hietare.
Maulbeerbaum *m* morus *f*.
Maulbeere *f* morum *n*.
Maulesel *m* mulus *m*.
Mauleselin *f* mula *f*.
Mauleseltreiber *m* mulio *m*.

Maulkorb *m* fiscella *f*.
Maulschelle *f* alapa *f*, colaphus *m*.
Maultier *n allg*. mulus *m*; (*Kreuzung v. Esel u. Pferdestute*) burdo *m*; equus *m* mulus.
Maulwurf *m* talpa *f*.
Maurer *m* caementarius *m*.
Maus *f* mus *m* (*adj*. murinus).
Mäuschen *n* musculus *m*.
Mausefalle *f* muscipula *f*.
Mechanik *f* (ars *f*) mechanica, machinatio *f*.
Mechaniker *m* mechanicus *m*, machinator *m*.
mechanisch mechanicus, artificiosus; / quod sine consilio ac mente (*od*. sine iudicio *od*. temere) fit.
Mechanismus *m* machinatio *f*.
***Medaille** *f* nummus *m* in honorem [alcs.] factus.
Medaillon *n* clipeus *m*, clipeum *n*.
Medikament *n*, **Medizin** *f* medicamentum *n*, medicina *f*.
medizinisch medicus, medicinus.
Meer *n* mare *n*; *das hohe* ~ altum *n*; *im* ~*e befindlich, zum* ~*e gehörend* marinus; *am* ~*e befindlich* maritimus.
Meer... (*gen*.) maris, (*adj*.) marinus, maritimus.
Meeraal *m* conger *m*; *conger *m* vulgaris.
Meerbarbe *f* mullus *m*.
Meerbusen *m* sinus 4 *m* (maris).
Meerenge *f* fretum *n*.
Meeresfläche *f* (maris) aequor *n*.
Meeresstille *f* tranquillitas *f* maris, malacia *f*.
Meeres/strand *m*, **~ufer** *n* litus *n*.
Meerestiefe *f* profundum mare *n*.
Meergras *n* alga *f*.
meergrün colore maris *od*. marino, glaucus.
Meerrettich *m* armoracia *f*.
Meerzwiebel *f* scilla *f*.
Mehl *n* farina *f*.
mehlig farinosus.
mehr **1.** *adj*. plus (*nur subst*.), amplius, (*im pl*.) plures; **2.** *adv*. magis, plus; (*bei Zahlen*) amplius; (*bei Negationen, zeitlich*) iam (non iam *nicht mehr*, nemo iam, nihil iam *u. a*.); *nicht* ~ *zögern* desinere *od*. desistere cunctari.
mehrdeutig ambiguus, anceps.
mehren augēre; *sich* ~ augeri, crescere.
Mehrer *m* amplificator *m*.
mehrere complures (*neutr*. -ra).
mehrerlei plures, varius, non unus, non unius generis.
mehrfach multiplex.
Mehrheit *f* maior pars *f* (*od*. numerus *m*), plures, plurimi.
mehrjährig complurium (*od*. multorum) annorum, non unius anni.
mehrmalig saepius repetitus (*od*. factus *od*. dictus *u. a*.).
mehrmals saepius, non semel.
Mehrzahl *f* maior pars *f*; (*gramm*.) pluralis (numerus).
meiden vitare, devitare, fugere; ~ *müssen* carēre.
Meier *m* villicus *m*.
Meierei *f* praedium *n*.
Meile *f* mille passūs *m*; (*deutsche*) quinque milia *n* passuum.
Meilen... milliarius.
meilenlang longitudine mille passuum, mille passūs longus; milliarius.
Meilen/stein *m*, **~säule** *f* milliarium *n*, lapis *m* milliarius.
meilenweit multa milia *n* passuum.
Meiler *m* strues *f* lignorum (in carbones redigendorum).
mein meus.
Meineid *m* periurium *n*; *einen* ~ *schwören* periurium facere, periurare, peierare.
meineidig periurus; perfidus.
meinen opinari, putare, credere; dicere, contendere, velle; (*verstanden wissen wollen*) dicere, significare, designare, *auch* petere, denotare; *was meint er damit?* quid hoc sibi vult?, (*gesinnt sein*) sentire; *es gut* ~ *mit* bene velle, cupere, amicum esse [tibi].
meinet/halben, ~wegen meā causā, meam ob causam, propter me; (*ich habe nichts dagegen*) per me licet, nihil impedio; fiat!
Meinung *f* sententia *f*; (*Glaube*) opinio *f*; (*Urteil*) iudicium *n*; (*Beurteilung*) existimatio *f*; (*Gutachten*) auctoritas *f*; (*Ermessen*) arbitrium *n* (*abl. oft* arbitratu); *öffentliche* ~ opinio *f* hominum (*od*. vulgi), existimatio *f* communis; *e-e richtige (falsche)* ~ *haben von* vere, recte, bene (male, perperam) iudicare (*od*. existimare) de; *eine (keine) hohe* ~ *haben von* (non) magnam opinionem habēre de, (non) magna est [mea de isto homine] opinio;

(*von sich* multum sibi tribuere); *einerlei ~ sein mit* idem atque [frater] sentire, assentiri [fratri], consentire cum [fratre]; *anderer ~ sein* aliter atque [frater] sentire, dissentire a [fratre]; *geteilter ~ sein* dissentire inter se; (*Absicht*) consilium *n*, mens *f*.

Meinungsverschiedenheit *f* dissensio *f*.

Meise *f* parus *m*.

Meißel *m* scalprum *n* fabrile; (*des Bildhauers*) caelum *n*.

meißeln scalpere, caelare.

meist 1. plurimus; *die ~en* plurimi (*bzw. comp.* plures), plerique; **2.** *adv.* plurimum, maxime.

meistbietend plurimo licens; *~ verkaufen* constitutā auctione (*od.* sub hasta) vendere.

meistens, meistenteils maximam partem; (*in der Regel*) fere.

Meister *m* (*in der Werkstätte*) magister *m*; (*der Geschicklichkeit nach*) artifex *m*; peritissimus, perfectus; auctor [dicendi]; (*der Macht nach*) dominus *m*, princeps *m*, potens, compos.

meisterhaft peritissimus, artifex, artificiosus, perfectus; summa (*od.* singulari) arte factus *od.* scriptus *u. a.*; egregius, admirabilis, divinus.

meistern cohibēre [iracundiam]; reprehendere.

Meisterschaft *f* summa peritia *f*, ars *f* divina, principatus 4 *m*, artificium *n*.

Meisterstück *n* opus *n* summo artificio (*od.* singulari arte) factum, opus *n* praecipuae artis; artis specimen *n*.

Melancholie *f* aegritudo *f* animi, maestitia *f*.

melancholisch tristis, melancholicus.

melden nuntiare, renuntiare, (nuntium) afferre; certiorem facere; (*schriftlich*) perscribere; (*ansagen*) indicare; (*Anzeige machen*) deferre ad; (*der Nachwelt überliefern*) memoriae prodere (*od.* tradere); (*die Ankunft*) nuntiare [patrem] venisse (*od.* adesse *od.* venturum esse); *sich ~ zu* nomen dare (*od.* profiteri) *od. bloß* profiteri [militiam], [*zu e-m Amte* magistratum petere].

Meldung *f* (nominis) professio *f*, mentio *f*; nuntius *m*.

melken mulgēre.

Melken *n* mulctus 4 *m*.

Melkgefäß *n* mulctra *f*, mulctrum *n*.

Melodie *f* modi *m/pl.*, moduli *m/pl.*

melodisch modulatus; suavis, dulcis.

Melone *f* melo *m*.

Meltau *m* robigo *f*.

Memme *f* homo *m* ignavus.

Memoiren: *die ~* commentarii *m/pl.*, libri *m/pl.* rerum gestarum.

Menagerie *f* vivarium *n*.

Menge *f* (*v. zählbaren Dingen*) multitudo *f*; (magnus) numerus *m*; (*Anwesender*) frequentia *f*; *in ~* multus; *in großer ~* plurimus, permultus; *geringe ~* paucitas *f*; (*Masse, Fülle*) vis *f*, copia *f*, pondus *n*; (*der große Haufe*) vulgus *n*.

mengen miscēre.

Mennig *m* minium *n*; *mit ~ färben* miniare.

Mensch *m* homo *m*, mortalis *m*; *junger ~* adulescens *m*; *kein ~* nemo; *es gibt ~en, die* sunt, qui *m. conj.*

Menschen... humanus, (*gen.*) hominis, hominum, generis humani.

Menschenalter *n* aetas *f* (hominum).

Menschenfeind *m* hostis *m* generis humani, qui genus humanum odit.

menschenfeindlich hominibus inimicus.

Menschenfresser *m* carne humana (hominum corporibus) vescens.

menschenfreundlich hominibus amicus, humanus.

Menschenfreundlichkeit *f* humanitas *f*, animus *m* humanus.

Menschenfurcht *f* hominum metus 4 *m* (*od.* fuga *f*).

Menschengedenken *n* memoria *f*; *seit ~* post hominum memoriam, post homines natos.

Menschenhandel *m* nundinatio *f* hominum.

Menschenhändler *m* plagiarius *m*, mancipiorum negotiator *m*.

Menschenkenner *m* humanae naturae peritus, qui hominum naturam et mores perspexit.

menschenleer hominibus vacuus; desertus, vastus.

Menschenleere *f* solitudo *f*.

Menschenliebe *f* caritas *f* generis humani, humanitas *f*.

Menschenmörder *m* homicida *m*.

Menschenopfer *n* victima *f* (*od.* hostia *f*) humana.

Menschenpflicht *f* humanitas *f.*
Menschenraub *m* raptus 4 *m* hominum, plagium *n.*
menschenscheu qui hominum congressūs fugit.
***Menschensohn** *m* (*Christus*) natus *m* mortalis.
Menschheit *f* natura *f* humana; genus *n* humanum.
Menschlein *n* homunculus *m*, homuncio *m.*
menschlich humanus; mortalis; *wenn mir etwas Menschliches begegnen sollte* si quid mihi accidat (acciderit).
Menschlichkeit *f* condicio *f* (*od.* natura *f od.* imbecillitas *f*) humana; humanitas *f*, misericordia *f.*
***Menschwerdung** *f* incarnatio *f.*
Meridian *m* circulus *m* meridianus.
merkbar quod sensu percipi (*od.* audiri *od.* cerni) potest; insignis, manifestus, conspicuus.
merken animadvertere; sentire; observare; cognoscere, intellegere; suspicari; *sich ~ lassen* ostendere, significare, prae se ferre (*nicht* dissimulare, occultare); *sich ~* memoriā tenēre, memoriae mandare, meminisse.
Merkmal *n* nota *f*, signum *n.*
merkwürdig memorabilis, memoriā dignus, notabilis, insignis.
Merkwürdigkeit *f* res *f* insignis.
Messe *f* mercatus 4 *m*; * (*kirchlich*) missa *f.*
messen 1. *trans.* metiri; dimetiri; **2.** *intr.* continēre, capere [centum pedes]; *sich ~ mit* se comparare cum, se conferre [aequati], non inferiorem esse [hoste]; (*kämpfen mit*) contendere, certare, certamen inire cum.
Messen *n* mensio *f.*
Messer *m* mensor *m*; (*Geometer*) geometres *m.*
Messer *n* culter *m.*
Messerchen *n* cultellus *m.*
messerförmig cultellatus.
Messergriff *m* capulus *m* (*od.* manubrium *n*) cultri.
Messing *n* orichalcum *n* (*adj.* aëneus).
Mess/kette, ~rute *f* decempeda *f.*
Messung *f* mensio *f*; (*Art u. Weise des Messens*) mensura *f.*
Met *m* (vinum *n*) mulsum.
Metall *n* metallum *n.*
Metall... metallicus, aëneus, (*gen.*) metalli.
Metallarbeiter *m* faber *m* aerarius.
Metapher *f* translatio *f.*
metaphorisch translatus.
Meteor *n* lapis *m*, qui caelo decidit.
***Meter** *n* metrum *n.*
Methode *f* ratio *f*, via *f*, disciplina *f*, ars *f.*
methodisch viā et ratione (institutus *od.* factus *u. a.*).
***Methodologie** *f* methodologia *f.*
Metrik *f* ars *f* metrica, leges *f/pl.* metricae.
metrisch metricus.
***Metronom** *n* metronomum *n.*
Metrum *n* metrum *n.*
Metzelei *f* caedes *f*, strages *f*, trucidatio *f.*
metzeln trucidare.
Metzger *m* lanius *m.*
Meuchelmord *m* caedes *f* ex insidiis (*od.* per insidias) facta; *wegen ~s anklagen* accusare inter sicarios.
Meuchelmörder *m* sicarius *m.*
meuchelmörderisch, meuchlings (ex) insidiis (*od.* per insidias) (factus *u. a.*).
Meute *f* canes *m/pl.* venatici.
Meuterei *f* motus 4 *m*, seditio *f*, conspiratio *f.*
Meuterer *m* coniuratus *m*; seditionis auctor *m*; turbator *m.*
meuterisch seditiosus.
Miene *f* vultus 4 *m*, os *n*, frons *f*; *eine heitere ~ annehmen* frontem explicare (*od.* remittere); *eine heitere ~ machen zu* benigno vultu excipere, aequo animo ferre; *e-e ernste* (*traurige*) *~ annehmen* frontem contrahere, vultum ad tristitiam adducere; *~ machen zu* parare [fugam, fugere], coepisse [lacrimare].
Mienenspiel *n* vultus 4 *m.*
Miesmuschel *f* mytilus *m.*
Miet... conducticius, (mercede) conductus.
Miete *f* conductio *f*; (*Gemietetes*) conductum *n*; *zur ~ wohnen* in conducto habitare; *die ~ kündigen* conductum renuntiare; *wieviel ~ zahlst du?* quanti habitas?
mieten (mercede) conducere.
Mieten *n* conductio *f.*
Mieter *m* conductor *m*; inquilinus *m.*
Mietgeld *n* merces *f*; pensio *f.*

Mietling *m* homo *m* (*od.* miles *m*) conducticius; mercennarius *m*.
Mietskaserne *f* insula *f*, domus 4 *f* conducticia.
mietweise mercede.
Mietwohnung *f* habitatio *f* conducta, conductum *n*.
Milch *f* lac *n* (*frische* recens, *geronnene* concretum); *von* ~ lacteus.
Milch... lacteus, (*gen.*) lactis, (*Milch gebend*) lactans.
Milchbart *m* lanugo *f*.
Milchbruder *m* collactaneus *m*.
Milcheimer *m* mulctra *f*.
milchig lacteus.
Milchschwester *f* collactanea *f*.
Milchstraße *f* orbis *m* lacteus.
Milchzähne: *die* ~ dentes *m/pl.* primi.
mild mitis, lenis, dulcis, mollis, clemens.
Milde *f* mollities *f*; clementia *f*; benignitas *f*.
mildern mitigare, mollire, temperare, levare.
Milderung *f* mitigatio *f*, levatio *f*; ~ *der Strafe* remissio *f* poenae.
mildherzig benignus, beneficus, clemens, misericors.
Mildherzigkeit *f* benignitas *f*, beneficentia *f*, clementia *f*, misericordia *f*.
mildtätig benignus, beneficus.
Mildtätigkeit *f* benignitas *f*, beneficentia *f*.
Militär *n* milites *m/pl.* (*auch sg.*), copiae *f/pl.*, exercitus 4 *m*.
Militär... militaris.
Militärbeamter *m* vir *m* militaris.
Militärgewalt *f* imperium *n*.
militärisch militaris.
Militärmacht *f* exercitus 4 *m*.
militärpflichtig militiae sacramento obstrictus; qui militiam debet; *nicht* ~ militiā immunis.
Million *f* decies centena milia *n*; *zwei* ~*en* vicies centena milia.
Milz *f* lien *m*.
milzsüchtig lienosus.
Mimik *f* ars *f* mimica; (*Gebärdenspiel*) gestus 4 *m*.
Mimiker *m* mimus *m*.
mimisch mimicus.
minder minor (*adv.* minus).
minderjährig (qui) nondum adulta aetate (sui iuris) est; pupillus.
Minderjährigkeit *f* aetas *f* pupillaris (*od.* nondum adulta).
mindern minuere; lenire.
Minderzahl *f* minor numerus *m*, numero inferiores *pl.*
mindester minimus (*bzw.* minor).
Mine *f* cuniculus *m*; *eine* ~ *anlegen* cuniculum agere.
Mine *f* (*Geldsumme*) mina *f*.
Mineral *n* metallum *n*.
***Mineralwasser** *n* aqua *f* spumans.
minieren cuniculum (*bzw. pl.*) agere.
Minister *m* minister *m* regis (*od.* principis).
Ministerium *n* collegium *n* ministrorum regis (*od.* principis).
Minne *f* amor *m*.
Minnelied *n* carmen *n* amatorium.
Minute *f* sexagesima pars *f* horae; *10* ~*n nach* 2 *Uhr* decem punctis post secundam; *auch nicht eine* ~ ne paulum quidem.
Minze *f* mentha *f*.
mischen miscēre, permiscēre (*auch* ad-, immiscēre); (*versetzen*) temperare; *sich* ~ *unter* se inserere [populo]; *sich* ~ *in* se immiscēre [colloquio]; (*vermittelnd*) se interponere; *gemischt* (per)mixtus, promiscuus [conubia].
Mischfutter *n* farrago *f*.
Misch/gefäß *n*, ~**kessel** *m* crater *m*, cratēra *f*.
Mischung *f* mixtio *f*; mixtura *f*; (*rechte*) temperatio *f*; *mst durch Verba.*
Mispel *f* mespilum *n*.
Missbehagen *n* molestia *f*.
Missbildung *f* deformitas *f* (corporis).
missbilligen non probare, improbare.
Missbilligung *f* improbatio *f*; (*Tadel*) reprehensio *f*.
Missbrauch *m* usus *m* malus (*od.* perversus *od.* pravus), vitium *n* (*od.* culpa *f*) male utentium; ~ *treiben* abuti; mos *m* pravus, consuetudo *f* prava.
missbrauchen male (*od.* perverse *od.* insolenter) uti (*od.* abuti) [patientiā].
missbräuchlich contra morem (*od.* legem); prave, non recte, insolenter.
missdeuten male interpretari, in deterius trahere.
Missdeutung *f* prava (*od.* sinistra *od.* malevola) interpretatio.

M

missen carēre [consuetudine amicorum]; desiderare.
Missernte *f* messis *f* tenuis.
Missetat *f* maleficium *n*, malefactum *n*.
Missetäter *m* maleficus *m*.
missfallen displicēre, improbari ab.
Missfallen *n* offensio *f*, invidia *f*; *~ erregen* displicēre; *~ finden an* offendi [nugis], paenitet me [ineptiarum].
missfarbig decolor.
Missgeburt *f* partus 4 *m* monstruosus, monstrum *n*, portentum *n*.
Missgeschick *n* fortuna *f* adversa (*od.* sinistra).
Missgestalt *f* deformitas *f*.
missgestaltet deformis.
missgönnen: *j-m etw. ~* invidēre alci alqd; *j-m den Ruhm ~* invidere gloriae alcs.
Missgriff *m* error *m*; erratum *n*, peccatum *n*.
Missgunst *f* invidia *f*, malignitas *f*.
missgünstig invidus, invidiosus, malignus.
misshandeln asperē tractare, vexare, vim afferre [servo]; (*durch Prügel*) male mulcare.
Misshandlung *f* vexatio *f*, contumelia *f*, iniuria *f*; *mst durch Verba*.
Missheirat *f* nuptiae *f* impares.
Misshelligkeit *f* dissensio *f*, discordia *f*.
Missjahr *n* annus *m* sterilis (fructuum), fructuum calamitas *f*.
Missklang *m* dysarmonia *f*.
Misskredit *m* fides *f* affecta (*od.* afflicta), invidia *f*, offensio *f*, infamia *f*; *in ~ kommen* fedem perdere, famam et existimationem amittere, in invidiam [populi] venire (*od.* incidere); *in ~ bringen* fidem [ducis] minuere, in invidiam adducere, invidiam conflare [duci]; *in ~ stehen* in invidia esse, male audire ab, contemni.
misslich dubius, anceps; difficilis; *~e Lage* res *f/pl.* dubiae, rerum difficultas *f* (*od.* discrimen *n*).
missliebig invidiosus, offensus; invisus.
misslingen parum procedere, praeter spem evenire, secus cadere, ad irritum redigi.
Misslingen *n* successus 4 *m* nullus; *mst durch Verba*.
Missmut *m* animi aegritudo *f*, maestitia *f*; (*mürrische Laune*) morositas *f*.
missraten (*v. Früchten*) anguste provenire.
Missstand *m* incommodum *n*, vitium *n*.
Missstimmung *f* offensio *f*, voluntas *f* offensa.
Misston *m* sonus *m* discrepans, sonorum discrepantia *f*, vox *f* dissona (*od.* absona).
misstönen discrepare, dissonare, absonum esse; *~d* absonus, dissonus.
misstrauen diffidere, non credere, dubitare de.
Misstrauen *n* diffidentia *f*; suspicio *f*; *oft durch Verba*.
misstrauisch diffidens, suspiciosus; timidus.
Missvergnügen *n* molestia *f*, taedium *n*, fastidium *n*; (*politisch*) studium *n* rerum novarum; *mst durch Verba*.
missvergnügt tristis, stomachosus, indignabundus; (*politisch*) rerum novarum studiosus; *oft durch Verba*.
Missverhältnis *n* ratio *f* impar; incommodum *n*, malum *n*; *in e-m ~ stehen zu* imparem esse [honoribus].
Missverstand *m* error *m*.
Missverständnis *n* error *m*; dissensio *f*, discidium *n*.
missverstehen male (*od.* non recte) intellegere (*od.* interpretari).
Misswachs *m* sterilitas *f* agrorum (*od.* frugum).
Mist *m* stercus *n*; (*Dünger*) fimus *m* (*adj.* stercorarius).
Mistel *f* viscum *n*.
Mistgrube *f* sterquilinium *n*, fimetum *n*.
mit *prp.*: *bei Bezeichnung des Zusammenseins, der Begleitung, Gemeinschaft, Gleichzeitigkeit* **cum**; *bisw. auch bei Bezeichnung des freundschaftlichen od. feindlichen Verkehrs* bellum (*od.* inimicitias) gerere cum *gegen*, pugnare, societatem inire, foedus ferire cum [finitimis], *sowie des Versehenseins mit etwas* [cum gladio venire; *des Mittels durch abl. instrum.*; *der Art und Weise* cum [cum studio discere] *od.* per [per vim] *od. abl. modi* [incredibili celeritate volare] *od. adv.* [prudenter respondēre]; *be-*

gleitender Nebenumstände cum [magno cum periculo fugere]; *Vgl. die Gramm.*; *adv.* unā, simul.
Mitarbeiter *m* socius *m* operis.
Mitbeamte(r) *m* collēga *m.*
Mitbesitz *m* societas *f* [villae].
Mitbesitzer *m* socius *m*; qui possidet cum.
Mitbewerber *m* competitor *m*, aemulus *m*, adversarius *m.*
mitbieten contendere, alqo licente contra licēri.
Mitbieter *m* competitor *m* (emptionis); *als Gegner bei e-r Versteigerung*: adversarius *m.*
mitbringen secum (ad)ducere (*od.* afferre *od.* apportare *od.* advehere); / *es mit sich* ~ ferre.
Mitbruder *m* frater *m.*
Mitbürger(in *f*) *m* civis *m* (*u. f*).
Mitdiener *m* conservus *m.*
miteinander inter se; *alle* ~ ad unum omnes.
miteinwirken incurrere [tempora].
Miterbe *m* coheres *m.*
mitessen unā cenare; (*Gast sein*) convivam esse.
Mitfeldherr *m* socius *m* imperii.
mitfühlen partem doloris sustinēre, ipsum quoque (*od.* aeque *od.* pariter) sentire (*od.* dolēre).
mitgeben addere, adiungere, dare, tradere perferendum.
Mitgefangene(r) *m* socius *m* captivitatis, qui eodem carcere inclusus tenetur.
Mitgefühl *n* aegritudinis societas *f*; [misericordia *f*.]
mitgehen unā (*od.* simul) ire.
Mitgift *f* dos *f.*
Mitglied *n* socius *m*, sodalis *m.*
mithaben secum habēre (*od.* adduxisse), secum attulisse.
Mithelfer *m* adiutor *m*, (ad)minister *m.*
Mitkläger *m* subscriptor *m.*
mitkommen unā venire.
Mitlauter *m* consonans *f* (littera).
Mitleid(en) *n* misericordia *f*, (com-)miseratio *f*; ~ *haben mit* misericordem esse in [plebem].
mitleidig misericors in, misericordiae plenus, propensus ad misericordiam.
mitlernen unā discere.
mitmachen interesse [certamini], socium esse [belli].
Mitmensch *m* alter (*pl.* alii, homines).
mitnehmen secum auferre; (*entkräften*) atterere, debilitare, vexare.
mitrechnen ducere in ratione; referre in numerum [deorum], referre inter [deos]; habēre in numero [hostium], adscribere, annumerare; (*berücksichtigen*) rationem habēre [beneficiorum].
Mitregent *m* regni (imperii) socius *m* (*od.* collēga *m od.* consors *m*).
Mitregentschaft *f* regni (*od.* imperii) societas *f.*
mitreisen unā iter facere, itineris comitem *od.* socium esse.
mitschuldig culpae particeps, crimini affinis, conscius, qui in eadem causa est.
Mitschüler *m* condiscipulus *m.*
Mitschwester *f* socia *f.*
Mitsklave *m* conservus *m.*
Mitsklavin *f* conserva *f.*
Mitsoldat *m* commilito *m.*
mitspielen colludere; (*bei Musik*) con-, accinere; / *übel* ~ male (*od.* aspere) tractare.
mitsprechen: ~ *können* (*nicht*) *in dieser Sache* affinem esse huius rei (hospitem, peregrinum esse in hac re).
mitstreiten proelio interesse.
Mitstreiter *m* pugnae socius *m.*
Mittag *m* meridies *m*, tempus *n* meridianum.
Mittagessen *n* cena *f.*
mittägig meridianus.
mittäglich (*südlich*) australis.
Mittagsgast *m* conviva *m.*
Mittagsgegend *f* regio *f* australis.
Mittagsmahl *n* cena *f.*
Mittags/ruhe *f*, **~schlaf** *m* meridiatio *f*; ~ *halten* meridiare, meridie conquiescere.
Mittagswind *m* auster *m.*
Mitte *f* media pars *f* (*od.* regio *f*), medius locus *m*, medium *n*, *mst durch adj.* medius [in media urbe, media aestate]; (*Gesellschaft, Kreis*) numerus [ex civium numero; e civibus]; unus ex, de; ordo *m*; *mst durch prp.* inter, cum, ex, apud [*in der* ~ *seiner Freunde leben* inter amicos, cum amicis vivere].
mitteilen impertire, participem facere [praemiorum]; communicare [consilia] cum; (*benachrichtigen*) dicere, tradere, exponere, docēre, auctorem esse, narrare, scribere, certiorem facere.

mitteilend, mitteilsam (*gesprächig*) adfabilis.
Mitteilung *f* communicatio *f*, narratio *f*, nuntius *m*; *mst durch Verba.*
Mittel *n*: *sich ins ~ legen bei* intercedere, se interponere [controversiae], pro; *sich ins ~ legen mit* interponere [laborem, fidem]; *~ zu* instrumentum *n* [luxuriae], ratio *f*, via *f*; (*Maßnahme*) consilium *n*, adiumentum *n*, subsidium *n*; auxilium *n*, (*künstliches*) ars *f*; *~ zur Erstickung des Brandes* quae restinguendo igni sunt; *alle ~ versuchen kein ~ unversucht lassen* omnia experiri, nihil intemptatum relinquere; *das letzte* (*äußerste*) *~ ergreifen* ad extremam rationem confugere, ad ultimum auxilium descendere; *mit Aufbietung aller ~* omnibus modis, omni ope atque opera; *~ gegen* remedium *n* [febris]; *pl. die ~* (*Macht, Reichtum*) opes *f/pl.*, copiae *f/pl.*, facultates *f/pl.*, divitiae *f/pl.*
Mittelalter *n* aetas *f* quae vocatur media.
mittelbar: *~ durch* consilio, auxilio, ope [patris], per.
Mittelding *n durch adj.* medius inter [pacem et bellum]; *ein ~ zwischen Gut und Böse* neque bonum neque malum; *ein ~ zwischen Mensch und Tier* semivir *m.*
Mittelfinger *m* digitus *m* medius.
mittelländisch mediterraneus; *⁀es Meer* mare *n* internum.
mittellos inops.
Mittellosigkeit *f* inopia *f*.
mittelmäßig mediocris; (*lobend*) modicus.
Mittelmäßigkeit *f* mediocritas *f.*
Mittelpunkt *m* media pars *f*; (*e-s Kreises*) centrum *n*; / caput *n*, summa *f*, *auch* sedes *f*, domicilium *n.*
mittels per *m. acc.*; ope, auxilio [tribunorum]; *mst durch abl. instrum.*
Mittelsperson *f* conciliator *m*, intercessor *m*; (*Unterhändler*) interpres *m*; (*Schiedsrichter*) arbiter *m.*
Mittelstand *m* ordo *m* plebeius, plebs *f*, homines *m/pl.* modice locupletes.
mittelster medius.
Mittelstraße *f* via media; / mediocritas *f*, medium *n*, media consilia *n/pl.*
Mitteltreffen *n* media acies *f*.
mitten medius; *~ auf dem Wege* in ipso itinere.
Mitternacht *f* media nox *f*.
mitter/nächtig, ~nächtlich mediae noctis, quod mediā nocte fit.
mittlerer medius.
mittlerweile interim.
Mittrinker *m* compotor *m.*
Mittwoch *m* dies *m* Mercurii.
mitunter interdum, nonnunquam, raro.
Mitverschworene(r) *m* coniurationis socius *m* (*od.* particeps).
Mitwelt *f* huius (illius) aetatis homines *m/pl.*, haec (illa) aetas *f*; qui nunc sunt (qui tum erant).
mitwirken 1. (*v. Pers.*) interesse [consilio, adiuvare, operam conferre ad; **2.** (*v. Sachen*) multum *od.* aliquid) valēre ad.
Mitwirkung *f* opera *f*, auxilium *n*; *unter seiner ~* illo adiuvante (*od.* adiutore *od.* auctore).
Mitwissen *n* conscientia *f*; *ohne ~* inscio *od.* nesciente [patre]; *nicht ohne ~* conscio [patre].
Mitwisser *m* conscius *m* [sceleris].
mitzählen *intr.* procedere (*od.* referri), in numerum, annumerari in grege [comitum]; *nicht ~* nullo loco haberi *od.* esse.
mitziehen unā (*od.* simul) proficisci (*od.* ire *od.* migrare).
Möbel *n* supellex *f*, vas *n.*
mobil agilis; (*kriegsfertig*) expeditus, ad bellum paratus; *~ machen* exercitum ad arma vocare, exercitum omnibus rebus instruere, bellum parare.
Mobiliar *n*, **Mobilien:** *die ~* res *f/pl.* moventes, supellex *f*.
***möbliert:** *~es Zimmer* conclave *n* (supellectile *n*) instructum.
Mode *f* mos *m*, consuetudo *f*; (*Zeitgeist*) saeculum *n*; *nach der ~ gekleidet* nove vestitus.
Modell *n* exemplar *n*, exemplum *n*; forma *f*, modus *m*, simulacrum *n.*
modellieren fingere.
Moder *m* situs 4 *m.*
moderig situ corruptus, situm redolens.
mo'dern situ corrumpi, situm ducere.
mode'rn novus; quod huius aetatis est; elegans.
modisch elegans, venustus.
Modulation *f* moderatio *f*.

mögen velle; cupere, libet [mihi]; *nicht* ~ nolle; (*bei Bezeichnung e-s Zugeständnisses, Wunsches, einer Möglichkeit*) *durch conj.*; *vgl. die Gramm.*; (*obgleich, wie sehr auch*) quamvis, licet *m. conj.*; *das mag wahr sein* hoc verum esse videtur *od.* putare licet; nescio an hoc verum sit; *ich mag tun, was ich will* quidquid facio; *mag dem sein, wie ihm wolle* quidquid id est; *mag nun ... oder* sive ... sive.

möglich *durch* posse, fieri posse, esse posse *zu umschreiben*; *es ist nicht anders* ~, *als dass* fieri non potest, quin; *alles* ~*e versuchen* omnia experiri; *so schnell als* ~ quam celerrimus; *so viele als* ~ quam plurimi; *sobald als* ~ quam primum.

Möglichkeit *f* condicio *f*; *mst durch* posse, fieri posse, esse posse; *nach* ~ quantum possum, quantum in me situm est, pro viribus; *keine* ~ nulla ratio [infitiandi], [quidquid corrigere est] nefas *n*.

möglichst: ~ *schnell* quam celerrimus, quantā maximā possum celeritate; *sein* ~*es tun* omnia experiri, nihil inexpertum omittere.

Mohn *m* papāver *n* (*adj.* papavereus).

Mohnblume *f* papaveris flos *m*.

Mohnkörner *n/pl.* papavera *n/pl.*

Mohr *m* Aethiops *m*.

Mohrenland *n* Aethiopia *f*.

Molch *m* salamandra *f*.

***Mole** *f* moles *f* (fluctibus opposita).

Molken: *die* ~ serum *n*.

Moment *m* punctum *n* temporis; *im* ~ statim; *für den* ~ in praesens, in praesenti.

Moment *n* ratio *f*, causa *f*, res *f*; momentum *n*, discrimen *n*.

Monarchie *f* (*als Regierungsform*) imperium *n* singulare (*od.* regium), dominatio (unius) *f*, regnum *n*, principatus 4 *m*, imperium quod penes regem est; (*als Staat*) civitas *f* quae unius consilio et auctoritate gubernatur.

monarchisch regius; ~ *regiert werden* regi, regibus parēre; sub rege (*od.* regibus) esse.

Monat *m* mensis *m* (*adj.* menstruus).

monatlich menstruus, unius mensis; *adv.* singulis mensibus, in singulos menses.

Monatsanfang *m* mensis initium *n*.

Monatsfrist *f* spatium *n* menstruum; *binnen* ~ intra mensem vertentem.

***Mönch** *m* monachus *m* (*adj.* monachicus).

Mönchskloster *n* monasterium *n*.

Mond *m* luna *f*; *der* ~ *nimmt zu* (*ab*) luna crescit (decrescit *od.* minuitur); *dem* ~*e gehörig* lunaris; *unter dem* ~*e befindlich* sublunaris.

Mondbahn *f* orbita *f* lunae *od.* lunaris.

Mondfinsternis *f* lunae defectus 4 *m*, luna *f* deficiens.

mondförmig lunatus.

Mondschein *m* lunae lumen *n*, lux *f*, luna *f* lucens; *es ist* ~ luna lucet; *im* ~ per lunam.

Mondsucht *f* *hypnobasia *f*.

mondsüchtig lunaticus.

Mondumlauf *m* lunae ambitus 4 *m*.

Monolog *m* sermo *m* intimus; *pl.* meditationes *f/pl.*; (*im röm. Drama*) canticum *n*.

Monopol *n* arbitrium *n alqd* vendendi, monopolium *n*.

monoton omni varietate carens.

***montieren** disponere, collocare.

Moor *n* solum *n* uliginosum, loca *n/pl.* uliginosa (*od.* palustria).

moorig uliginosus, paluster.

Moos *n* muscus *m*.

moosig muscosus.

***Moped** *n* automotoria bicyclula *f*.

Moral *f* philosophiae pars *f* moralis, doctrina *f* de moribus (*od.* bene vivendi), ratio *f* honeste vivendi, ars *f* vitae; mores *m/pl.*, virtus *f*, officia *n/pl.*; (*einzelne Lehre*) praeceptum *n*; ~*philosophie* philosophia *f*, quae est de vita et de moribus.

moralisch moralis, ad mores (formandos) pertinens; ~*e Vorschriften* praecepta *n/pl.* morum (*od.* virtutis).

Moralist *m* officii magister *m*, magister *m* virtutis *od.* recte vivendi.

Moralität *f* mores *m/pl.*

Morast *m* palus *f*.

morastig paluster.

Morchel *f* tuber *n*.

Mord *m* caedes *f*, nex *f*, homicidium *n*; (*e-r geheiligten Person*) parricidium *n*; *e-n* ~ *begehen* caedem facere.

Mordanschlag *m* consilium *n* caedis (faciendae), consilium *n* occidendi

M

[consulis], insidiae *f/pl.*; *einen ~ machen* occidendi [consulis] consilium inire, vitae [consulis] insidiari.
Mordbrenner *m* incendiarius *m.*
morden caedem facere.
Morden *n* caedes *f.*
Mörder *m* homicīda *m*; (*Meuchelmörder*) sicarius *m*, percussor *m*; (*e-r geheiligten Person*) parricida *m*, interfector *m* [consulis].
Mördergrube *f* sicariorum receptaculum *n.*
mörderisch cruentus, atrox [pugna, bellum]; pestifer, funestus, capitalis [hostis].
Mordgewehr *n* telum *n.*
Mordgier *f* caedis cupiditas *f.*
mordgierig caedis cupidus.
Mordtat *f* caedes *f.*
Morgen *m* mane *n*, tempus *n* matutīnum; *am ~* mane; *am frühen ~* primo (*od.* multo *od.* bene) mane, prima luce; *am andern ~* mane postridie; *vom frühen ~ an* a primo mane; *bis an den (hellen) ~* ad lucem, ad ipsum mane; *gegen ~* sub lucem; *guten ~!* salve! salvete!
Morgen *m* (*als Feldmaß*) iugerum *n.*
Morgen... matutinus.
morgen cras, crastino die; *auf ~* in crastinum diem; *was ~ ist* crastinus.
Morgendämmerung *f* diluculum *n*; *in der ~* prima luce.
Morgenland *n* oriens *m*, orientis solis partes *f/pl.*
Morgenländer *m* orientis incola *m*, homo *m* orientalis.
morgenländisch orientalis.
Morgenlicht *n* prima lux *f.*
Morgenröte *f* aurora *f.*
morgens mane.
Morgenstern *m* Lucifer *m.*
Morgenwache *f* vigilia *f*; (*um* 3 *Uhr*) tertia vigilia; (*um* 4 *Uhr*) quarta vigilia.
Morgenwind *m* ventus *m* matutinus; (*Ostwind*) subsolanus *m.*
morsch putridus.
Mörser *m* mortarium *n*, pila *f.*
Mörserkeule *f* pistillum *n.*
Mörtel *m* arenatum *n.*
Mörtelkelle *f* trulla *f.*
Mosaik *f* opus *n* tessellatum (*od.* vermiculatum).
Mosaikarbeiter *m* tessellarius, musivarius *m.*
Mosaikfußboden *m* pavimentum *n* tessellatum.
Most *m* mustum *n.*
Motiv *n* causa *f.*
motivieren probare, declarare.
***Motor/boot** *n* linter *m* automobilis; **~rad** *n* birota *f* automobilis; **~fahrer** *m* autocyclista *m.*
Motte *f* tinea *f.*
***Motto** *n* sententia *f*, dictum *n.*
moussieren fervēre.
Mücke *f* culex *m.*
mucksen muttire.
müde lassus, languidus; fessus; (*ermüdet*) (de)fatigatus; confectus; (*träge*) iners, segnis; *~ sein* languēre; *~ werden* languescere; *ich bin's ~* istius rei me tenet satietas, me taedet.
Müdigkeit *f* lassitudo *f*, languor *m*, fatigatio *f.*
Mühe *f* opera *f*; (*Anstrengung*) labor *m*, virium contentio *f*; studium *n*; *sich ~ geben* operam dare; *sich die größte ~ geben* maxime (*od.* enixe) operam dare; *mit ~ und Not* aegre, aegerrime; *mit leichter ~*, *ohne ~* nullo negotio, facile; *es ist der ~ (nicht) wert* operae pretium est (non tanti est).
mühevoll laboriosus, operosus, multi laboris.
Mühl..., Mühlen... molaris [rota].
Mühle *f* molae *f/pl.*, pistrinum *n.*
Mühlstein *m* lapis *m* molaris, mola *f.*
Muhme *f* agnata *f*, cognata *f.*
Mühsal *f* labor *m*, aerumna *f*, miseria *f.*
mühselig molestissimus, miser.
Mühwaltung *f* opera *f.*
Mulde *f* alveus *m.*
muldenförmig alveatus, alveolatus.
Müller *m* pistor *m.*
multiplizieren multiplicare.
Mumie *f* corpus *n* hominis arte medicatum.
Mund *m* os *n*; *im ~e führen* in ore habēre, loqui; *aus dem ~e hören* audire ex [amico]; *kein Blatt vor den ~ nehmen* libere loqui; *nach dem ~e reden* ad voluntatem [principis] loqui, assentari [principi]; *reinen ~ halten* tacēre; *den ~ vollnehmen* magna loqui.
Mundart *f* genus *n* linguae, dialectus *f.*

M

Mündchen *n* osculum *n*.
Mündel *n* pupillus *m*, pupilla *f* (*adj.* pupillaris).
munden suavi sapore esse; placēre.
münden effundi, influere [in mare].
mündig sui iuris, suae potestatis; ~ *werden* in suam tutelam (per-)venire.
Mündigkeit *f* aetas *f* pubes (*od.* matura).
mündlich (*adj.*) praesens, ipse (*adv.*) coram; verbo, non scripturā; ~*er Vortrag* oratio *f*, viva vox *f*.
Mundschenk *m* qui pocula ministrat, vini minister *m*.
Mündung *f* ostium *n*, os *n*.
Mundvorrat *m* cibaria *n/pl.*
Mundwerk *n* os *n*, lingua *f*, facundia *f*.
Munition *f* tela *n/pl.*, tormenta *n/pl.* bellica.
munter vigil, vigilans; ex-, insomnis; (*lebhaft*) alacer, vividus; (*froh*) hilaris, laetus; (*flink*) velox, pernix.
Munterkeit *f* vigilia *f*.
Münze *f* (*als Ort*) moneta *f*; (*als Geldstück*) nummus *m*; *kleine* ~ nummuli *m/pl.*; *Kupfer*~ (*Silber*~) aes *n* (argentum) *n* signatum.
münzen cudere, ferire; (*prägen*) signare; *das ist auf mich gemünzt* ego petor.
Münzsorte *f* genus *n* nummorum.
Münzwesen *n* res *f* nummaria.
Muräne *f* (*Seefisch*) murena *f*.
mürbe (*ganz reif*) mitis; (*weich*) mollis.
Mürbheit, Mürbigkeit *f* (*Morschheit*) marcor *m*; (*Fäule*) caries *f*; (*Weichheit*) mollitia *f*.
***Mure** *f* lavina *f* terrena.
murmeln murmurare.
Murmeln *n* murmur *n*, murmuratio *f*.
Murmeltier *n* mus *m* Alpinus.
murren fremere.
Murren *n* fremitus 4 *m*.
mürrisch morosus; acerbus, tristis; stomachosus; difficilis.
Mus *n* puls *f*, decoctum *n*.
Muschel *f* concha *f*.
muschelförmig conchatus.
Muse *f* Musa *f*.
Musenfeind *m* a Musis aversus, Musis inimicus *m*.
Musenfreund *m* Musis amicus *m*.
Musensitz *m* domus 4 *f* Pieria.
Musensohn *m* litterarum studiosus *m*.
Museum *n* museum *n*.
Musik *f* (ars) musica *f*, musica, ae *f u.* orum *n/pl.*; (*die man macht*) cantus 4 *m*; (*von mehreren*) concentus 4 *m*.
musikalisch musicus [leges]; (*musikkundig*) musicus, (artis) musicae peritus, musicis eruditus.
Musikant *m* symphoniacus *m*, tibicen *m*, fidicen *m*, cornicen *m*.
Musiker *m* artis musicae peritus, musicis eruditus, musicus *m*.
musizieren canere *m. abl. des Instrumentes* [tibiis], nervis et tibiis, vocibus et nervis canere.
Muskel *m* musculus *m*; *die* ~*n am Oberarm* lacerti *m/pl.*
Muskelkraft *f* lacerti *m/pl.*, robur *n*.
muskulös lacertosus, robustus.
Muße *f* otium *n*, tempus *n* otiosum (*od.* vacuum).
müssen *mst durch Gerundivum* [virtus omnibus expetenda est]; *sonst* (*es ist unausweichlich*) necesse est; (*in der Ordnung*) oportet; (*zweckmäßig*) opus est; (*moralische Verpflichtung*) debēre; (*nicht umhin können*) facere non posse quin, fieri non potest quin, non possum non; (*zwangsläufig*) cogi, iuberi; (*es ist meine, deine, des Konsuls Pflicht*) meum, tuum, consulis est *m. inf.*; *nicht selten bleibt „müssen" als phraseolog. Verbum unübersetzt* (*ich muss bedauern* doleo *u. Ä.*); *es müsste denn sein, dass* nisi forte.
müßig otiosus; labore (*od.* negotiis) vacuus; (*tadelnd*) deses, desidiosus; ~ *gehen* otiari; (*überflüssig*) supervacaneus, inutilis.
Müßiggang *m* desidia *f*, inertia *f*.
Müßiggänger *m* homo *m* deses (*od.* desidiosus *od.* iners).
Muster *n* exemplar *n*, exemplum *n*; (*Probe*) specimen *n*; *den Sokrates sich zum* ~ *nehmen* Socratem imitari, imitandum sibi proponere.
Musterbild *n* imago *f* ad imitandum proposita.
mustergültig bonus, probus, purus; emendatus, rectus.
musterhaft optimus, summus, singularis; egregius, eximius.
mustern recensēre [exercitum], cognoscere; (*besichtigen*) inspicere, oculis lustrare; (*Zählung vornehmen*) numerum inire.
Musterung *f* recensio *f*, lustratio *f*.

Mut *m* animus *m*; *gutes ~s sein* bono animo esse; (*Beherztheit*) animus *m* (fortis), fortitudo *f*; *~ fassen* animum capere (*od.* colligere); (*wieder* recipere); *den ~ verlieren* animum demittere, animo deficere.
Mütchen *n*: *sein ~ kühlen* animum (*od.* iram) explēre.
mutig animosus, fortis, magno animo.
mutlos demissus, afflictus, timidus, tristis.
Mutlosigkeit *f* animus *m* abiectus *od.* fractus, defectio *f* animi; ignavia *f.*
mutmaßen conicere; coniecturā consequi (*od.* prospicere); opinione praecipere, suspicari; opinari.
mutmaßlich probabilis [causa]; *adv.* quantum coniecturā assequi possumus.
Mutmaßung *f* coniectura *f*, opinio *f*; suspicio *f.*
Mutter *f* mater *f*; | *auch* parens [sapientia est].
Mutter... maternus, (*gen.*) matris (-trum).
Mutterbruder *m* avunculus *m.*
Mütterchen *n* matercula *f*; *altes ~* anicula *f.*
Mutterleib *m* uterus *m* (matris); *vom ~ an* a prima infantia.
mütterlich maternus; *von ~er Seite* a matre, genere materno.
mutterlos matre carens (*od.* orbus).
Muttermal *n* naevus *m.*
Muttermord *m* matricidium *n.*
Muttermörder *m* matricida *m.*
Mutterpferd *n* equa *f.*
Mutterschwein *n* scrofa *f*, porca *f.*
Mutterschwester *f* matertera *f.*
Muttersöhnchen *n* matris deliciae *f/pl.*
Muttersprache *f* sermo *m* patrius (*od.* nativus *od.* noster).
Mutterstadt *f* origo *f*, origines *f/pl.*
Muttertier *n* mater *f*, matrix *f.*
Mutterwitz *m* naturalis quaedam prudentia *f*, insitum quoddam acumen *n.*
Mutwille *m* petulantia *f*, lascivia *f*, libido *f*; *~n treiben* lascivire, petulantem esse; *~n treiben mit* ludibrio habēre [socium].
mutwillig lascivus, petulans, protervus.
Mutwilligkeit *f* petulanter factum *n.*
Mütze *f* pileus *m* (-um *n*), galerus *m*; *die ~ abnehmen* (*aufsetzen*) aperire (operire) caput.
Myriade *f* decem milia *n/pl.*; | ingens vis (*od.* multitudo *f*).
Myrrhe *f* murra *f* (*adj.* murrinus).
Myrte *f* myrtus *f*(*adj.* myrteus).
Myrtenhain *m* myrtetum *n.*
Mysterien: *die ~* mysteria *n/pl.*, initia *n/pl.*, arcana *n/pl.*
mystisch mysticus, obscurus.
Mythe *f* fabula *f.*
Mythendichter *m* fabularum poëta *m od.* scriptor *m.*
Mythendichtung *f* carmen *n* fabulosum.
mythisch fabulosus, fabularis, mythicus, heroicus.
Mythologie *f* historia *f* fabularis, fabulae *f/pl.*, mythologia *f.*
Mythus *m* fabula *f.*

N

Nabe *f* modiolus *m.*
Nabel *m* umbilicus *m.*
nabelförmig umbilicatus.
Nabelschnur *f* nervus *m* umbilicaris.
nach 1. *prp.* (*örtlich*) (*hinein*) in *m. acc.*, *bei Städtenamen der bloße acc.*; (*auf ... zu*) ad, ad ... versus, in ... versus, *bei Städtenamen bloß* versus; (*Nachfolge nach Ort und Rang*) secundum *m. acc.*; *der Nächste, Zweite ~* proximus (*od.* secundus) ab; (*zeitlich*) post; (*unmittelbar ~*) secundum, ex, a; (*gleich ~*) sub *m. acc.*; *oft durch abl. abs.* [*~ dem Tode des Königs* rege mortuo]; (*zur Angabe der Gemäßheit*) secundum [secundum naturam vivere]; (*auf Grund von*) ex, de [lege, meā sententiā]; (*im Verhältnis zu*) pro [pro viribus; *~ Zeit und Umständen* pro tempore et re]; (*in Hinsicht auf*) ad [normam]; (*von seiten*) a, ab; *nicht selten steht auch der bloße abl. oder Umschreibung mit Relativsatz* [*~ der Sitte* more, ut mos est; *~ deiner Meinung* tua opione, quae tua est sententia]; **2.** *adv.* *~ und ~* paula-

tim; ~ *wie vor* pariter; *oder durch* pergere *m. inf.*

Nachachtung *f*: *etw. zur ~ sagen* monēre, ut (ne), edicere, ut (ne).

nachäffen ridicule (*od.* inepte) imitari.

Nachäffer *m* ridiculus (*od.* ineptus) imitator *m.*

Nachäffung *f* ridicula (*od.* inepta) imitatio *f.*

nachahmen imitari [Socratem], imitando consequi (*od.* exprimere).

Nachahmer *m* imitator *m.*

Nachahmerin *f* imitatrix *f.*

Nachahmung *f* imitatio *f*; *konkr.* res *f* imitatione expressa.

Nachahmungssucht *f* (nimium) imitandi studium *n.*

Nachahmungstrieb *m* imitandi studium *n* (ab ipsa natura ingenitum), imitatio *f.*

nacharten similem fieri [patris], imitari [patrem], referre [mores patris].

Nachbar *m* vicinus *m*, finitimus *m*, confinis *m*, accola *m*, proxime sedens. [qua.

Nachbarhaus *n* domus 4 *f* propin-

nachbarlich vicinus, finitimus; *adv.* vicinorum more.

Nachbarschaft *f* vicinitas *f*, vicinia *f.*

nachbessern (secundā curā) emendare (*od.* corrigere).

nachbeten repetere, quae quis praeiit; iurare in verba [magistri], suum iudicium non adhibēre, auctoritatem [magistri] temere sequi.

Nachbild *n* exemplum *n*, imitatio *f.*

nachbilden imitando effingere.

Nachbildner *m* imitator *m.*

Nachbildung *f* imitatio *f*, exemplum *n.*

nachdem *cj.* (*zeitlich*) postquam, posteaquam, ut, ubi, cum; *oft durch part. od. abl. abs. beseitigt*; (*je nachdem*) prout.

nachdenken cogitare (secum, cum animo suo), meditari.

Nachdenken *n* cogitatio *f*, deliberatio *f*, meditatio *f*, commentatio *f*; (*als Eigenschaft*) prudentia *f*, ratio *f*; *ohne ~* temere, inconsiderate.

nach/drängen, ~dringen cum impetu succedere (*od.* subsequi), a tergo urgēre (*od.* premere), instare [hostibus].

Nachdruck *m* vis *f*, gravitas *f*, pondus *n*, auctoritas *f*; ~ *haben* vim habēre, multum valēre, efficacem esse; *ohne ~* levis, frigidus.

nachdrücklich gravis, fortis, efficax, acer, potens; *adv. auch* cum vi (quadam), etiam atque etiam, magnopere.

Nacheiferer *m* aemulus *m*, aemulator *m.*

nacheifern aemulari [virtutem].

Nacheiferung *f* aemulatio *f.*

nacheilen insequi, sequi contendere [hostem].

nacheinander alius post alium (alter post alterum), deinceps, continenter; (*der Reihe nach*) ordine; *drei Tage ~* tres dies continuos.

nachfahren 1. *trans.* subvehere [frumentum]; **2.** *intr.* curru (*od.* navi) (sub)sequi [fugientem].

nachfliegen volantem sequi.

Nachfolge *f* (*im Amte*) successio *f.*

nachfolgen succedere [regi, in regis locum].

Nachfolger *m* (*im Amte*) successor *m*; *mst durch Verba.*

nachforschen quaerere, inquirere in [causas], requirere, investigare.

Nachforschung *f* inquisitio *f.*

nachfragen quaerere, requirere, sciscitari, percontari.

nachgeben 1. *trans.* addere, insuper dare; (*nachlassen*) remittere; (*zugestehen*) (con)cedere, permittere; *nichts ~* non cedere, parem esse [fratri], non inferiorem esse [fratre]; **2.** *intr.* (*nachlassen*) remittere; (*weichen*) (con)cedere, obsequi, morem gerere, indulgēre.

nachgeboren postumus, post patris mortem natus.

Nachgeburt *f* secundae *f/pl.*

nachgehen: *seinen Geschäften ~* negotia sua obire.

nachgerade iam.

Nachgericht *n* mensa *f* secunda.

Nachgeschmack *m* sapor *m* in ore relictus; *einen ~ haben* resipere.

nachgiebig facilis, mollis, indulgens, mitis.

Nachgiebigkeit *f* facilitas *f*, indulgentia *f.*

nachgießen adfundere.

nachgraben fodere; ~ *nach* scrutari [argentum].

nachgrübeln diligenter inquirere [in ea, quae].

Nachhall *m* vox *f* repercussa.
nachhallen resonare.
nachhaltig assiduus, efficax; *~e Kraft* robur *n*.
Nachhaltigkeit *f* efficacitas *f*; adsiduitas *f*; perpetuitas *f*.
nachhangen indulgēre, totum se dare (*od.* se dedere) [voluptati].
nachhelfen adiuvare, sublevare, corrigere.
nachher post, postea, posthac, deinde; *bald ~* paulo post; *nicht lange ~* non (ita) multo post; *einige Zeit ~* post aliquod tempus; *geraume Zeit ~* aliquanto post.
Nachhilfe *f* adiumentum *n*.
***Nachhilfeunterricht** *m* institutio *f* subsidiaria.
nachholen insuper afferre (*od.* apportare); (*pers.*) adducere; *das Versäumte ~* praetermissa compensare.
Nachhut *f* agmen *n* novissimum (*od.* extremum).
nachjagen persequi, sectari, aucupari, totum se dedere [voluptatibus].
Nachklang *m* vox *f* resonans.
nachklingen resonare.
Nachkomme *m* unus e posteris.
nachkommen sequi, subsequi; (*einholen*) consequi, assequi, aequare; (*später kommen*) post venire; postea accidere [imber]; *Befehlen ~* imperata facere, mandata persequi; *seinen Verpflichtungen ~* officium suum exsequi; satisfacere [creditori]; * *~ einen Halben* dimidium scyphi bibere propinatum.
Nachkommenschaft *f* progenies *f*, stirps *f*, liberi *m/pl.*
Nachlass *m* hereditas *f*; (*Erlass*) remissio *f* [poenae].
nachlassen 1. *trans.* relaxare [vincula], remittere; **2.** *intr.* (*v. Pers.*) desistere [bello, bellare], desinere *m. inf.*, remittere; (*zeitweilig*) intermittere; (*aufgeben*) omittere; (*von Sachen*) remittere, (im)minui, levari, laxare, languescere, residere.
nachlässig neglegens, dissolutus.
Nachlässigkeit *f* neglegentia *f*, incuria *f*, socordia *f*.
nachlaufen prosequi, sectari [equites].
nachleben sequi [leges], obsequi, obtemperare, morem gerere, parēre, satisfacere [legibus].
Nachlese *f* spicilegium *n*; / *~ halten* omissa colligere.
nachlesen evolvere [librum].
nachliefern post (cetera) reddere.
nachlosen subsortiri [iudices].
nachmachen inmitari [vocem hominis]; *nachgemacht* adulterinus [nummus]; falsus [testimonium].
nachmalen depingere.
nachmalig posterior.
nachmals post, postea, posterius.
nachmarschieren subsequi.
nachmessen ipsum quoque metiri.
Nachmittag *m* tempus *n* pomeridianum; *am ~* post meridiem.
nachmittägig pomeridianus.
nachmittags post meridiem.
***Nachnahme**(**sendung**) *f* acceptori solvendum.
nachpflanzen subserere.
nachpflügen iterare [agrum].
nachrechnen computare, rationem inire; (*prüfend*) rationes [socii] inspicere.
Nachrede *f* rumor *m*, fama *f*; *üble ~* invidia *f*, infamia *f*.
nachreisen (in)sequi [cohortem].
Nachricht *f* nuntius *m*; (*schriftliche*) litterae *f/pl.*; (*Überlieferung*) memoria *f*; (*Gerüchte*) fama *f*; *~ bringen* nuntium afferre (*od.* perferre); *~ geben* certiorem facere [Caesarem], nuntiare; *~ bekommen* certiorem fieri, cognoscere, comperire; *eine ~ kommt* nuntius affertur (*od.* perfertur *od.* pervenit); *~ einziehen* cognoscere, explorare; *auf zuverlässigere ~ warten* exspectare, si quid certius afferatur.
Nachrichter *m* carnifex *m*.
nachrücken subsequi, succedere.
Nachruf *m* (*bei der Bestattung*) laudatio *f* funebris.
nachrufen voce (per)sequi; (*gute Wünsche*) bonis ominibus, (*Schmähworte*) verbis contumeliosis prosequi [praetereuntes].
Nachruhm *m* nominis fama *f*, fama *f* superstes, memoria *f*, immortalitas *f*, futura post mortem fama *f*.
nachrühmen laudibus extollere propter.
nachsäen subserere.
nachsagen (*Vorgesagtes*) repetere; (*e-n Eid*) iurare in verba [ducis]; (*Böses*) maledicere [tribuno].
Nachsatz *m* quod sequitur; * apodosis *f*.

N

nachschallen resonare, vocem reddere.
nachschicken submittere.
nachschlagen evolvere [librum].
nachschleichen clam (*od.* furtim) (sub)sequi.
nachschleppen (secum) trahere.
Nachschlüssel *m* clavis *f* adulterina.
nachschmecken: *nach etw.* ~ resipere alqd.
nachschreiben calamo excipere, in commentarium referre [disputationem].
Nachschub *m* subsidiaria *n/pl.*
nachschwatzen garrire alienis verbis.
nachschwimmen nando (*od.* nantem) (sub)sequi.
nachschwören praeeunte [duce] iurare, in verba [ducis] iurare.
nachsehen oculis prosequi [abeuntem]; inspicere, examinare, cognoscere de; (*Nachsicht haben mit*) veniam dare, indulgēre, ignoscere, condonare [filio peccatum], conivēre [in delicto].
nachsetzen 1. *trans.* postponere, posthabēre [omnia gloriae]; **2.** *intr.* in-, persequi.
Nachsicht *f* indulgentia *f*, venia *f*, clementia *f*, gratia *f*; *oft durch Verba.*
nachsichtig indulgens, clemens, benignus.
nachsingen praeeunte [magistro] canere; canendo imitari [magistrum].
nachsinnen meditari.
nachspähen inquirere.
nachsprechen 1. *intr.* vocem imitari; **2.** *trans.* imitando exprimere [verba].
nachspringen saltu sequi [aquis submersum]; propere (sub)sequi.
nachspüren odorari [pecuniam]; indagare, investigare.
nächst *prp.* (*örtl.*) iuxta, proxime (*m. acc. od.* ab); (*zeitlich*) proxime; ~ *vergangen* proximus; (*dem Range nach*) secundum [heres s. filiam].
nächstdem secundum ea; proxime; mox; praeterea.
nächste proximus [urbi villa, a domina]; (*dem Range nach*) secundus [a rege]; *die* ~*n Verwandten* proximi *m/pl.*; *in den* ~*n Tagen* propediem; *subst. der* ♀ alter *m.*
nachstehen inferiorem esse [comite], imparem esse, cedere [comiti], superari ab, *auch* postponi *u.* posthaberi [comiti]; ♀*des n* haec; quae sequuntur.
nachstellen insidiari; insidias facere (*od.* parare) [hosti], sectari [hostem].
Nachsteller *m* insidiator *m.*
Nachstellung *f* insidiae *f/pl.*
Nächstenliebe *f* humanitas *f*, caritas *f* hominum.
nächstens propediem, mox.
nächstfolgend insequens, proximus.
nachstreben sequi, appetere, studēre [virtuti].
nach/stürmen, ~stürzen cum impetu (quodam) sequi, insequi, subsequi.
nachsuchen quaerere, investigare; ~ *um* petere [magistratum].
Nacht *f* nox *f*; *bei* ~ nocte, noctu; *Tag und* ~ dies noctesque; *bis tief in die* ~ *hinein* ad multam noctem; *gute* ~*!* bene (*od.* molliter) cubes!
Nacht... nocturnus, (*gen.*) noctis (noctium).
Nachtarbeit *f* opus *n* nocturnum, *abst.* labor *m* nocturnus, (*v. Gelehrten*) lucubratio *f.*
Nachtarbeiter *m* lucubrans.
Nachteil *m* incommodum *n*, damnum *n.*
nachteilig damnosus, detrimentosus.
Nachteiligkeit *f* iniquitas *f.*
Nachteule *f* noctua *f.*
Nachtfeier *f* pervigilium *n*, sacra *n/pl.* nocturna.
Nachtgeschirr *n* vas *n* obscenum.
Nachtgleiche *f* aequinoctium *n.*
***Nachthemd** *n* tunica *f* nocturna.
Nachtherberge *f* mansio *f.*
Nachtigall *f* luscinia *f.*
Nachtisch *m* mensa *f* secunda.
Nachtlampe *f* lucerna *f* cubicularia.
nächtlich nocturnus.
Nachtmahl *n* cibus *m* vespertinus.
Nachtmusik *f* nocturnus symphoniae cantus 4 *m.*
Nachtquartier *n* mansio *f*, hospitium *n* nocturnum.
Nachtrab *m* agmen *n* novissimum (*od.* extremum); novissimi *m/pl.*; *den* ~ *bilden* agmen claudere.
nachtraben: *j-m* ~ (equo) subsequi alqm.
Nachtrag *m* supplementum *n*, additamentum *n.*

nachtragen subsequentem ferre [tabulam]; / memorem esse, memoriam retinēre [iniuriae illatae]; (*hinzufügen*) addere, adicere, supplēre.
nachträglich iniuriarum memor [homo]; qui prioribus additur (*od.* addendus est), subiectus, additus; *adv.* supplementi loco, praeterea.
nachtreten sequi [philosophum]; vestigia [philosophi] premere.
Nachtreter *m* pedisequus *m*, imitator *m*.
nachts nocte, noctu.
Nachtschwalbe *f* caprimulgus *m*.
Nachtschwärmer *m* grassator *m* nocturnus.
Nachttopf *m* matula *f*, matella *f*, matellio *f*.
Nachtvogel *m* avis *f* nocturna; *als Schmetterling*: * phalaena *f*.
Nachtwache *f* vigiliae *f/pl.*, vigiles *m/pl.* (nocturni).
Nachtwächter *m* vigil *m* (nocturnus).
***Nachtwandeln** *n* hypnobasia *f*.
***Nachtwandler** *m* lunaticus; qui noctu ambulat.
nachwachsen succrescere, subnasci.
Nachwahl *f* subrogatio *f*; *durchs Los*: subsortitio *f*.
nachwählen sublegere, subrogare, sufficere; (*durchs Los*) subsortiri.
Nachwehen: *die* ~ mala *n/pl.* (*od.* incommoda *n/pl.*), quae sequuntur.
Nachweis *m* demonstratio *f*, probatio *f*.
nachweisen ostendere, indicare, docēre; *sich* ~ *lassen* inveniri, reperiri (posse).
Nachwelt *f* posteri *m/pl.*, posteritas *f*, tempora secuta *n/pl.*; *der* ~ *überliefern* memoriae prodere.
Nachwinter *m*: hiems *f* praeceps.
nachwirken: *ein Heilmittel wirkt nach* remedium morbo sublato sentitur.
Nachwort *n* epilogus *m*.
Nachwuchs *m* suboles *f*.
nachzahlen 1. (*später zahlen*) postea solvere; **2.** (*noch dazu zahlen*) addere.
nachzählen iterum (*od.* digitis) computare.
nachzeichnen ad exemplum (propositum) pingere.
nachziehen 1. *trans.* secum trahere; **2.** *intr.* (sub)sequi [exercitum].
Nachzügler *m* morator *m*.

N

Nacken *m* cervices, um *f/pl.*; *auf dem* ~ *sitzen* supra caput (*od.* in cervicibus) [hostis] esse, in tergo haerēre.
nackt nudus; *das* ~*e Leben* vita ipsa, nihil praeter vitam.
Nacktheit *f m.* nudus *zu geben.*
Nadel *f* acus 4 *f*; (*am Nadelholz*) folium *n* (pineum *od.* pinnatum).
Nadelholz *n* pinus *f*; (*Nadelwald*) pinētum *n*.
Nadelöhr *n* acūs foramen *n*.
Nadelstich *m* acu punctum vulnus *n*.
Nagel *m* clavus *m*; (*an Fingern und Zehen*) unguis *m*; *den* ~ *auf den Kopf treffen* rem acu tangere.
Nagelgeschwür *n* paronychium *n*, paronychia *f*.
Nagelkopf *m* clavi bulla *f*.
Nagelkuppe *f* unguis *m* extremus.
nageln clavo (-is) figere.
nagelneu plane recens.
Nagelschmied *m* (faber) clavarius *m*.
nagen rodere; / cruciare, mordēre, pungere.
nahe *adj.* propinquus (*comp.* propior, *sup.* proximus); (*benachbart*) vicīnus; / finitimus, similis; ~ *sein* prope (*od.* in propinquo) esse, prope abesse ab; subesse; (*bevorstehen*) appetere; (*drohen*) imminēre; *ein* ~*r Verwandter* cognatione proximus; ~*r Freund* familiaris *m*; **2.** *adv.* in propinquo, prope (*m. acc. od.* ab); (*dicht neben*) propter, iuxta; (*nahe an, bei Zahlen*) ad *m. acc.*, circiter; ~ **kommen** prope accedere ad; ~ **legen** subicere [consilium]; (ad)monēre ut, ne; *zu* ~ *treten* offendere; iniuriam inferre [affini]; ~ *daran sein* prope esse, in eo esse, ut (*impers.*); ~ **liegen** facile esse ad intellegendum; ~ **stehen** familiariter uti [medico], necessitudine coniunctum esse cum.
Nähe *f* propinquitas *f*, vicinia *f*; *in der* ~ in propinquo, prope; *aus der* ~ e propinquo, (*beim Kampfe*) comminus; *in die* ~ *von* ad [urbem].
nähen suere.
näher propior (*adv.* propius); ~ *kennen* bene nosse; ~ *kennen lernen* accuratius (*od.* plura) cognoscere.
Näherin *f* sartrix *f*.
nähern: *sich* ~ appropinquare [ad urbem, oppido], prope (*od.* pro-

pius) accedere ad; (*zeitl.*) appetere; *sich* ~ *mit* admovēre [exercitum urbi].

Nahkampf *m* pugna *f* in arto (*od.* propior); comminus pugnare; es *kommt zum* ~ res ad manus venit.

***Nähmaschine** *f* machina *f* suturae.

Nähnadel *f* acus 4 *f*.

nähren alere, nutrire [pullos], victum praebēre; *sich* ~ vivere, vesci, pasci [lacte]; / alere; (*erhalten*) sustentare; augēre [desiderium]; *sich* ~ *von* victum quaerere [raptis].

Nähren *n e-s neugebornen Kindes*: nutricatio *f*.

nahrhaft validus, firmus, in quo multum alimenti est; / quaestuosus [mercatura]; (*v. Orten*) opulentus, uber.

Nährstand *m* qui arant opusque rusticum faciunt.

Nahrung *f* alimentum *n*, cibus *m*; (*Futter*) pabulum *n*; pastus 4 *m*; (*Unterhalt*) victus 4 *m*; / pabulum *n* [ingenii].

nahrungslos inops; (*v. Gewerben*) tenuis.

Nahrungslosigkeit *f* inopia *f* (quaestus), angustiae *f/pl.*

Nahrungsmittel *n* alimentum *n*.

Nahrungssorgen *f/pl.*: *die* ~ cura *f* de rebus ad victum necessariis, angustiae *f/pl.* rei familiaris; ~ *haben* timēre, ne non sit, quo (unde) vivatur.

Nahrungsstoff *m* alimentum *n*, pabulum *n*; cibus *m*, materia *f*.

Nahrungszweig *m* quaestus 4 *m*, vitae genus *n*.

Naht *f* sutura *f*.

naiv simplex; lepidus.

Naivität *f* simplicitas *f*; lepos *m*.

Name *m* nomen *n*; (*Titel*) appellatio *f*; (*Beiname*) cognomen *n*; *e-n* ~*n haben* nomen habēre, nomen est ei [Marcus, Marco], appellari, dici; *e-n* ~*n erhalten von* nomen invenire (*od.* consequi *od.* trahere) ab; *im* ~*n* verbis [patris gratulari]; (*in Vollmacht*) nomine, auctoritate [patris], auctore [patre]; *im* ~*n des Staates* publice; *in Gottes* ~*n* cum deo, deo iuvante; per me licet, nihil impedio; *unter dem* ~*n* (sub) nomine [Caesaris], specie *od.* per speciem; *dem* ~*n nach* verbo; (*Ruf*) fama *f*, existimatio *f*, opinio *f*, (*Berühmtheit*) nomen *n*; *sich e-n* ~*n machen* gloriam consequi, laudem adipisci.

namenlos nomine vacans, sine nomine [scriptae litterae]; (*unberühmt*) ignobilis, obscurus; (*unaussprechlich*) incredibilis, infinitus, ingens.

Namenregister *n* index *m* nominum.

Namensvetter *m* nomine cum aliquo coniunctus.

namentlich nominatim, nomine; in quibus.

namhaft: ~ *machen* nominare, enumerare; (*bedeutend*) magnus, grandis [pecunia]; nobilis [rhetor].

nämlich nam(que), enim, etenim; (*ich meine* ~) dico; *bei Appositionen unübersetzt*; *wenn* ~ siquidem; (*ironisch*) videlicet.

Nämliche: *der* ~ idem.

Napf *m* catinus *m*.

Narbe *f* cicatrix *f*.

narbig cicatricosus.

Narde *f* nardus *f* (*adj.* nardinus).

***Narkose** *f* narcosis *f*.

Narr *m* (*Lustigmacher*) sannio *m*; *zum* ~*en haben* ludibrio habēre; homo *m* stultus (*od.* fatuus *od.* mente captus).

Narrengeschwätz *n* nugae *f/pl.*, ineptiae *f/pl.*

narrenhaft stultus, ineptus, ridiculus.

Narrenpossen: *die* ~ nugae *f/pl.*, ineptiae *f/pl.*

Narrenseil *n*: *am* ~*e führen* verba dare; decipere, eludere, falsa spe producere.

Narrenspiel *n* nugae *f/pl.*, ineptiae *f/pl.*

Narrenstreich *m* stulte (*od.* inepte) factum *n*.

Narrheit *f* stultitia *f*, fatuitas *f*; stulte (*od.* imprudenter) factum *n* (*od.* dictum *n*).

Närrin *f* stulta *f*, fatua *f*.

närrisch ridiculus, stultus, ineptus.

Narzisse *f* narcissus *m*; *von* (*od. aus*) *der* ~ narcissinus.

naschen ligurrire.

Näscherei *f*, **Naschhaftigkeit** *f* ligurritio *f*, cuppedia *f*; ~*en* cuppedia *n/pl.*, bellaria *n/pl.*

naschhaft cuppes, cuppediorum appetens.

Nase *f* nasus *m*; (*als Geruchsorgan*) nares, ium *f/pl.*; *mit großer* ~ nasūtus.

Nasenbluten *n* sanguis *m* per nares fluens, profluvium *n* sanguinis e naribus.
Nasenflügel *m* nasus *m* imur.
Nasenloch *n* naris *f*.
Nasenspitze *f* nasi primoris acumen *n*.
Nasenstüber *m* talitrum *n*.
naseweis nasutus, arrogans, dicax.
Naseweisheit *f* arrogantia *f*.
Nashorn *n* rhinoceros *m*.
nass madidus, madens; umidus; ~ *machen* madefacere, conspergere; ~ *sein* madēre, umēre; ~ *werden* madescere.
Nass *n* umor *m*.
Nässe *f* umor (*od. pl.*) *m*.
nasskalt umidus frigidusque.
Nation *f* natio *f*, gens *f*, populus *m*.
national gentis [Romanorum] proprius (*od.* communis), genti insitus; gentilis, patrius, domesticus.
Nationalcharakter *m* ingenium *n alcs* gentis proprium, natura *f* (*od.* mores *m/pl.*) gentis, ingenia *n/pl.* hominum.
Nationalgott *m* deus *m* gentis *od.* gentilis; deus *m* publicus.
nationalisieren civitatem populi alci dare.
Natron *n* nitrum *n*; *kohlensaures* ~ flos *m* nitri; **doppeltkohlensaures* ~ natrum *n* bicarbonicum; *reich an* ~ nitrosus.
Natter *f* aspis *f*, vipera *f* (*adj.* viperinus).
Natur *f* natura *f* [loci]; (*geistig*) ingenium *n*, indoles *f*; (*wahres Wesen*) veritas *f*, vis *f* [virtutis], res *f* ipsa; *von der* ~ a natura (*aber von* ~ naturā); (*konkr.*) (*Schöpfung*) natura *f* rerum, (*im Ggs. zu den menschlichen Wohnungen*) rus *n*, agri *m/pl.*; (*Gegend*) loca *n/pl.*; *in der freien* ~ sub divo; *nach der* ~ *zeichnen* ad verum pingere.
Natur... naturalis, (*gen.*) naturae.
Naturalien: *die* ~ res *f/pl.* naturales, corpora *n/pl.* naturalia.
naturalisieren civitatem dare, civitate donare, in civitatem accipere *od.* ascribere.
Naturanlage *f* indoles *f* (*nur sg.*); *pl.* ~*n* natura *f*, ingenium *n*.
Naturbedürfnis *n* desiderium *n* naturae, res *f* quam natura desiderat.
Naturbeschreibung *f* historia *f* naturalis.
Naturbursche *m* homo *m* agrestis (*od.* rudis *od.* incultus).
Naturerscheinung *f* quod in rerum natura fit; *außerordentliche* ~ ostentum *n*, portentum *n*, prodigium *n*.
Naturfarbe *f* color *m* nativus.
Naturforscher *m* physicus *m*.
Naturgabe *f* donum *n* (*od.* munus *n*) naturae.
naturgemäß naturae conveniens, consentaneus; secundum naturam.
naturgetreu verus, ad verum expressus.
Natur/kunde, ~lehre *f* physica *n/pl.*, doctrina *f* de rerum natura, quae de rerum natura quaeruntur.
natürlich 1. *adj.* naturalis, (*gen.*) naturae, rerum naturae; (*angeboren*) nativus, (a natura) insitus, innatus, ingenitus, profectus; ~*er Tod* mors *f* necessaria (*od.* naturae debita); *e-s* ~*en Todes sterben* naturae concedere, sua morte mori; ~*e Anlage* ingenium *n* et vis *f* naturae; ~*er Sohn* filius *m* naturalis; *es ist* ~ consentaneum (*od.* par) est; necesse (*od.* non mirum) est; (*ungekünstelt*) simplex, sincērus, verus; **2.** *adv.* naturā, naturaliter, secundum naturam, naturae convenienter; sine arte, simnliciter, vere, ad verum; necessario; (*ironisch*) scilicet, videlicet, nimirum, quippe.
Natürlichkeit *f* natura *f*, veritas *f*, simplicitas *f*.
Naturmensch *m* homo *m* simplex.
Naturphilosoph *m* physicus *m*, philosophiae naturalis studiosus *m*.
Naturphilosophie *f* physiologia *f*, philosophia *f* naturalis.
Naturprodukt *n* quod natura (*od.* terra) gignit.
Naturrecht *n* (*ein einzelnes Recht*) ius 3 *n* naturae *od.* in naturā positum; (*Inbegriff aller von Natur dem Menschen zukommenden Rechte*) ius 3 *n* naturale.
Naturreich *n* rerum natura *f*.
Naturschönheit *f* amoenitas *f*.
Naturspiel *n* naturae ludibrium *n*.
Naturtrieb *m* appetitus 4 *m* naturalis, natura *f*.
naturwidrig a natura alienus, contra naturam; portentosus, immanis.
Naturwissenschaft *f* physiologia *f*.
Naturzustand *m* prima rerum naturae veritas *f*.
Nebel *m* nebula *f*.

nebelig nebulosus.
neben iuxta, prope, propter, (*längs*) secundum, praeter; (*außer*) praeter, cum ... tum.
Nebenabsicht *f* quod quis praeterea (*od.* simul) sequitur (*od.* spectat); e-e ~ *haben* praeterea (*od.* simul) sequi (*od.* spectare).
Nebenamt *n* munus *n* alterum.
nebenan propter, iuxta [cubare].
Nebenarbeit *f* opera *f* subsiciva.
Nebenausgang *m* exitus 4 *m* alter (*od.* occultus).
Nebenbedeutung *f* notio *f* adiuncta.
nebenbei: ~ *bemerkt* ut hoc in transitu addam.
Nebenbeschäftigung *f* subsicivae operae *f/pl.*
Nebenbuhler *m* aemulus *m*; (*neidischer*) obtrectator *m*; (*in der Liebe*) rivalis *m*.
Nebenbuhlerei *f* aemulatio *f*, obtrectatio *f*, rivalitas *f*.
Nebenbuhlerin *f* aemula *f*.
Nebenbürge *m* consponsor *m*.
Nebendinge *n/pl.*: ~ *treiben* alias res agere.
nebeneinander (*örtlich*) unā; (*zeitlich*) simul; (*verbunden*) coniunctus; (*zusammenhängend*) continuus.
Neben/einkommen *n*, **~einkünfte:** *die* ~ pecuniae *f/pl.* extraordinariae.
Nebenfluss *m* flumen, quod influit in [Rhenum].
Nebenfrage *f* quaestio *f* minor.
Nebenfrau *f* concubina *f*.
Nebengasse *f* semita *f*, angiportus 4 *m*.
Nebengebäude *n* aedificium *n* (alteri) astructum, domus 4 *f* vicina.
Nebengedanke *m* cogitatio *f* minor; ~*n haben* aliud simul cogitare.
Nebengericht *n* obsonium *n*.
Nebengeschäft *n* negotium *n* extraordinarium (*od.* alterum *od.* aliud *od.* minoris momenti); quod muneri accedit.
Nebengeschmack *m* sapor *m* alienus.
Nebengewinn *m* fructus 4 *m* adventicius.
nebenher a latere [incedere]; iuxta, circa (equitare].
nebenhin propter, praeter, secundum [ripam].
Nebenlinie *f* **1.** (*Hilfslinie in der Mathematik*) linea *f* subsidiaria; **2.** ~ *e-s Geschlechts*: linea *f* transversa.
Nebenmann *m* qui iuxta constitit, propter [militem] stat; proximus.
Nebenmond *m* altera luna *f*.
Nebenpunkt *m* res 5 *f* minor.
Nebenrolle *f* secundae *f/pl.* (partes).
Nebensache *f* res *f* aliena, res *f* levior (*od.* minor *od.* minoris momenti).
Nebensatz *m* sententia *f* secundaria; *durch* ~ subiunctive.
Nebensonne *f* sol *m* alter.
Nebenstunde *f* hora *f* subsiciva.
Nebenumstand *m* res 5 *f* levior *od.* minoris momenti; parvum momentum *n*; parva res 5 *f*.
Nebenweg *m* trames *m*, semita 4 *f*.
***Necessaire** *n* arcula *f* muliebris.
necken ludificari, cavillari, ludibrio habēre, capere, lacessere.
Necken *n*, **Neckerei** *f* ludificatio *f*, cavillatio *f*; *mst durch Verba.*
neckisch lascivus; petulans.
Neffe *m* filius *m* fratris (*od.* sororis).
negativ negans; ~ *antworten* negare; e-e ~*e Antwort erhalten* repulsam ferre.
Neger *m* Aethiops *m*, Nigrita *m* (*adj.* Nigritanus).
***Negligé** *n* vestis *f* domestica (*od.* nocturna).
nehmen (*an sich nehmen*) sumere; (*ergreifen*) capere; prehendere, comprehendere; (*hervornehmen*) (de)promere; (*annehmen*) accipere; (*aufnehmen*) excipere, recipere; (*auf sich nehmen*) suscipere; non recusare; (*in Besitz nehmen*) occupare, potiri; (*wegnehmen*) demere, adimere, detrahere, deripere; (*mit sich fortnehmen*) auferre; ~ *für* interpretari [adversa benigne].
Neid *m* invidia *f*; livor *m*; obtrectatio *f*.
Neider *m* obtrectator *m*.
neidisch invidus, lividus, malignus; ~ *sein auf* invidēre [tibi].
neidlos non invidus (*pass.* non invidiosus), sine invidia.
Neige *f* (*Bodensatz*) faex *f*; (*Überrest*) reliquiae *f/pl.*; *das Geld geht auf die* ~ pecunia deficit (*od.* mox consumpta erit), non multum pecuniae superest; senescere [vires].
neigen 1. *trans.* inclinare, flectere, convertere [caput]; **2.** *sich* ~ (se) inclinare, inclinari; (*v. Sachen*) fastigatum (*od.* declivem *od.* acclivem) esse [collis]; vergere [sol, anni

in senium]; inclinari [fortuna]; (*zum Ende*) senescere, ad finem vergere; *sich* ~ *zu* delabi ad, fluere ad.
Neigung *f* inclinatio *f*; declivitas *f*, acclivitas *f*; / voluntas *f*, inclinatio *f* animi (*od.* voluntatis); ~ *haben zu* studio [litterarum] teneri; *keine* ~ *haben zu* abhorrēre (*od.* alienum esse) ab; *seinen* ~*en folgen* studiis suis obsequi.
nein non (*mst mit Wiederholung des in der Frage betonten Wortes*, possumusne tuti esse?, non possumus); non ita, minime (vero); (~ *im Gegenteil*) immo (vero); ~ *sagen zu* recusare, negare se facturum; *entweder ja oder* ~ aut etiam aut non.
Nektar *m* nectar *n* (*adj.* nectareus).
nennen appellare [avunculum regem]; nominare [filium ex patre]; dicere [pravitates animi vitia]; *seinen Namen* ~ nomen suum edere (*od.* profiteri).
nennenswert memorabilis, commemorabilis.
Nerv *m* nervus *m*.
nervenschwach nervis infirmis (*od.* aeger).
nervig nervosus; robustus, lacertosus.
nervös commotus perturbatusque.
Nessel *f* urtica *f*.
Nest *n* nidus *m* (*demin.* nidulus *m*).
Nestel *f* fibula *f*.
nett comptus, nitidus, elegans; lepidus.
Nettigkeit *f* elegantia *f*, nitor *m*, munditia *f*.
***Nettogewicht** *n* pondus *n* sine involucro.
***Nettopreis** *m* pretium *n* solidum (*od.* statutum).
Netz *n* rete *n*, (*für größeres Wild*) plaga *f*; (*für die Haare*) reticulum *n*; / laquei *m/pl.*, insidiae *f/pl.*
***Netzbruch** *m* epiplocele *f*.
neu novus; (*noch nicht lange vorhanden*) recens [linguae recentiores]; *von* ~*em* denuo.
Neubau *m* aedificium *n* recens.
Neue: *das* ~ novitas *f*, *konkr.* res *f* nova, novum *n*.
neuerdings nunc, hac *od.* nostra aetate.
Neuerer *m* qui omnia novat; (*politisch*) rerum novarum cupidus.
Neuerung *f* res *f* nova; ~*en machen* res novare; *nach* ~*en streben* rebus novis studēre.
Neuerungssucht *f* rerum novarum studium *n*.
neuerungssüchtig (*politisch*) rerum novarum cupidus.
neu gebacken, neu gebildet novus.
neugeboren recens a partu, modo natus.
Neugier(de) *f* curiositas *f*, cupiditas *f*, studium *n* nova cognoscendi (*od.* audiendi *od.* visendi *od.* spectandi); (*Erwartung*) exspectatio *f*.
neugierig curiosus, nova cognoscendi (*od.* audiendi *od.* visendi *od.* spectandi) cupidus; *ich bin* ~ exspecto [quid velis].
Neuheit *f* novitas *f*, insolentia *f*.
Neuigkeit *f* res *f* nova.
Neujahr *n* annus *m* novus (*od.* iniens); *glückliches* ~! annum novum faustum felicem!
Neujahrstag *m* primus ineuntis anni dies *m*.
neulich nuper (*sup.* nuperrime).
Neuling *m* novus *m*, novicius *m*, novellus *m*; tiro *m*, hospes *m*, rudis *m*, peregrinus [in agendo].
neumodisch novus, novo more.
Neumond *m* nova luna *f*, interlunium *n*.
neun novem; *je* ~ noveni.
neunfach novies plus; **2.** *adv.* novies; *das* ≗*e* novies tantum.
neunhundert nongenti; ~*ster* nongentesimus.
neunmal novies.
neuntägig 1. (*neun Tage alt*) novem dies natus, novem dierum; **2.** (*neun Tage dauernd*) novem dierum, novendialis.
neunter nonus.
neunzig nonaginta; ~*ster* nonagesimus.
***Neurasthenie** *f* neurasthenia *f*.
Neustadt *f* urbs *f* nova.
neutral medius, neutrius (*od.* nullius) partis; ~ *sein* neutrius partis esse, neutras partes sequi, medium se gerere, neutri parti se adiungere.
Neutralität *f* neutrius partis studium *n*; quies *f*, otium *n*.
Neutrum *n* genus *n* neutrum; *ein* ~ *sein* neutrius generis esse.
neu verlobt novus sponsus.
neu vermählt novus maritus.
Neuzeit *f* haec (*od.* nostra) aetas *f* (*od.* memoria *f*, tempora *n/pl.*).
nicht non, haud (*vgl.* *Gramm.*); (*in Verboten*) ne, (*in Fragen*) nonne;

N

und ~ neque, et non (*vgl. Gramm.*); ~ *einmal* ne ... quidem.
Nichtachtung *f* contemptio *f*, contemptus 4 *m*; neglectio *f* [amicorum]; neglegentia *f* [deorum].
Nichte *f* filia *f* fratris (*od.* sororis).
nichtig inanis, vanus, futtilis [laetitia]; vitiosus [lex]; fragilis, caducus.
Nichtigkeit *f* vanitas *f*, inanitas *f*, fragilitas *f*.
nichts nihil, nulla res *f*; *für* ~ pro nihilo, nihili; *um* ~ nihilo.
nichtsdestoweniger nihilo minus, nihilo setius.
nichtsnutzig inutilis; (*v. Pers.*) nequam; *ein Nichtsnutz* homo *m* furcifer.
Nichtsnutzigkeit *f* inutilitas *f*; (*v. Pers.*) nequitia *f*.
Nichtstuer *m* homo *m* deses.
Nichtstun *n* quies *f*, otium *n*, desidia *f*.
nichtswürdig turpis, improbus, nequam (*adv.* nequiter).
Nichtswürdigkeit *f* turpitudo *f*, improbitas *f*, nequitia *f*.
Nichtwissen *n* inscientia *f*, ignorantia *f*, ignoratio *f*.
nicken capitis motu nutare; (*mit den Augen*) nictare; (*beifällig*) annuere.
Nicken *n* nutatio *f* capitis, nutus 4 *m*.
nieder *adv.* deorsum; *auf und* ~ sursum deorsum.
niederbeugen deflectere [vitem]; *sich* ~ inclinari, se demittere; / opprimere, affligere, frangere.
niederbeugend gravis, acerbus.
niederblicken oculos deicere *od.* demittere; *abs.* terram intuēri.
niederbrennen incendio delēre; *intr.* incendio absumi.
niederbücken: *sich* ~ se demittere.
niederdrücken deprimere.
niederfahren *intr.* demitti, delabi, descendere.
Niedergang *m der Sonne*: occasus 4 *m*; (*Verfall, Einsturz*) occasus 4 *m*, ruinae *f/pl.*
niedergeschlagen humilis, demissus, afflictus, abiectus, fractus; tristis, maestus.
Niedergeschlagenheit *f* animi demissio *f* (*od.* contractio *f*), animus *m* abiectus (*od.* afflictus *od.* demissus); a spe alienus.
niederhalten depressum tenēre; / comprimere [furorem].
niederhauen caedere, concidere, prosternere, trucidare.
niederkämpfen debellare.
niederkauern: *sich* ~ conquiniscere.
niederknien in genua procumbere (*od.* subsidere); ~ *vor* ad genua [regis] procumbere.
niederkommen partum edere; *trans.* parere.
Niederkunft *f* partus 4 *m*.
Niederlage *f* clades *f*, calamitas *f*; (*das haufenweise am Boden Liegen*) strages *f*; *eine* ~ *erleiden* cladem accipere; *e-e* ~ *anrichten* stragem edere (*od.* facere [hostium], cladem inferre [hostibus]); (*bei Amtsbewerbung*) repulsa *f*; (*Aufbewahrungsort*) receptaculum *n*, horreum *n*.
niederlassen demittere; *sich* ~ considere; (*seinen Wohnsitz aufschlagen*) sedem ac domicilium collocare in [Sicilia].
Niederlassung *f* colonia *f*.
niederlegen 1. *trans.* (de)ponere [coronam in aram]; deferre [aes in aerarium]; / deponere [munus]; abdicare se [a magistratu]; *die Waffen* ~ arma deponere, ab armis discedere; **2.** *refl. sich* ~ procumbere, corpus (pro)sternere; (*zum Essen*) accumbere; (*zum Schlafen*) cubitum ire.
nieder/machen, ~metzeln caedere, concidere, trucidare.
niederreißen deicere; prosternere; demoliri, diruere.
niederreiten equo proterere (*od.* proculcare).
niederrennen prosternere.
niederschießen 1. *trans.* telo deicere (*od.* conficere); **2.** *intr.* (cum impetu) deferri.
niederschlagen 1. *trans.* prosternere; demittere [oculos in terram]; sedare [seditionem]; opprimere [tumultum]; affligere; frangere [animum]; **2.** *intr.* concidere, corruere, collabi.
niederschlagend tristis, acerbus.
niederschreiben litteris mandare.
Niederschrift *f* conscriptio *f*; *pl.* acta *n/pl.*
niedersehen oculos deicere (*od.* demittere), terram intueri.
niedersenken: *sich* ~ procumbere, delabi.
niedersetzen 1. *trans.* (de)ponere; **2.** *sich* ~ considere.

niedersinken collabi, concidere, corruere.
niederstechen percutere [gladio].
niedersteigen descendere.
niederstoßen prosternere; percutere.
niederstrecken deicere, (pro)sternere, ad terram affligere.
niederstürzen *intr.* procumbere; (*von Flüssen u. a.*) devolvi, deferri.
niedertauchen demergi, submergi.
niederträchtig turpis, improbus, flagitiosus, nefarius.
Niederträchtigkeit *f* turpitudo *f*, improbitas *f*, nequitia *f*, indignitas *f*; *konkr.* turpiter factum *n*, flagitium *n*, dedecus *n*.
niedertreten proterere, proculcare.
niedertropfen destillare.
Niederung *f* loca *n/pl.* demissa (et palustria).
niederwärts deorsum.
niederwerfen 1. *trans.* (pro)sternere; deicere; evertere; **2.** *refl. sich* ~ corpus (pro)sternere, procumbere [ad genua regis], se abicere [ad pedes].
niederziehen detrahere.
niedlich lepidus; nitidus; bellus; (*anmutig*) venustus; (*geschmackvoll*) elegans.
Niedlichkeit *f* nitor *m*, venustas *f*, elegantia *f*, forma *f* lepida.
niedrig humilis; (*gelegen*) depressus [domus]; demissus [loca]; vadosus [mare]; / (*v. Stimme u. Ton*) gravis; (*v. Preise*) vilis, levis, parvus; (*v. Stand u. Herkunft*) humilis, ignobilis, obscurus (*comp. auch* inferior, *sup. auch* infimus); (*v. Gesinnung*) illiberalis, sordidus.
Niedrigkeit *f* humilitas *f*; (*des Preises*) vilitas *f*; (*des Standes*) ignobilitas *f*; (*der Gesinnung*) humilitas *f*, illiberalitas *f*.
niemals numquam, nullo tempore; *und* ~ nec umquam; ~ *jemand* nemo umquam; ~ *etw.* nihil umquam; *damit* ~ ne umquam.
niemand nemo; *und* ~ nec quisquam; *damit* ~ ne quis.
Niere *f* ren *m* (*mst pl.*).
Nieren/beschwerde, ~krankheit *f* renium morbus *m*.
Nierenstein *m* calculus *m*.
niesen sternuere, sternutare.
Niesen *n* sternutatio *f*.
Nießbrauch *m* usus 4 *m* (et) fructus 4 *m*, usura *f*.
Nieswurz *f* helleborus *m*.
Niet *n* clavulus *m*.
Niete *f* clavulus *m*.
nieten clavulo (*bzw. pl.*) figere.
niet- und nagelfest fixus, quod moveri non potest.
Nilpferd *n* hippopotamus *m*.
nimmer(mehr) nunquam, nequaquam.
Nimmermehrstag *m* Kalendae *f/pl.* Graecae; *am* ~*e* ad Kalendas Graecas.
Nimmersatt *m* homo *m* insatiabilis *od.* inexplebilis; homo *m* nimium gulosus.
nippen libare, degustare.
nirgend(s) nusquam, nullo loco; *und* ~ nec usquam; *damit* ~ ne usquam.
nirgend(s)/wo, ~wohin nusquam.
Nische *f* aedicula *f*.
nisten nidum facere, nidificare.
Nixe *f* nympha *f*, Naias *f*.
noch (*bis jetzt*) adhuc, ad hoc tempus; (*immer noch*) etiam; (*noch immer*) **etiam nunc**; **(*v. der Vergangenheit*) etiam tum**; ~ *nicht* **nondum**; *und* ~ *nicht* necdum; ~ *nichts* nihil adhuc, nihildum; ~ *keiner* nullusdum; ~ *niemand* nondum quisquam; *oft bleibt „noch" als Flickwort unübersetzt* [~ *lange* diu, ~ *in derselben Nacht* eadem nocte]; (*hinzufügend*) ~ *dazu* praeterea; *und* ~ *dazu auch* et is (quidem), isque; ~ *mehr* amplius; ~ *einmal* iterum, denuo; (*steigernd*) etiam (*oft unübersetzt*); ~ *einmal soviel* alterum tantum; ~ *einmal so groß* altero tanto maior; *wenn auch* ~ *so* quamvis, quantumvis, (quantuscunque); *weder* ... ~ nec ... nec.
nochmalig iteratus, repetitus, *mst mit* iterum *zu umschreiben.*
nochmals iterum, denuo.
Nomade *m* nomas *m*.
Nomadenleben *n* vita *f* nomadum (*od.* instabilis).
***Nonne** *f* monacha *f*.
Norden *m* septentriones *m/pl.*; *konkr.* regio *f* (*od.* pars *f*) septentrionalis.
Nordländer *m* terrae septentrionalis (*bzw. pl.*) incola *m*.
nördlich septentrionalis.
Nordost *m* aquilonis partes *f/pl.*; (*als Wind*) aquilo *m*.
nordöstlich inter septentriones et orientem solem (spectans).

Nordostwind *m* aquilo *m.*
Nordpol *m* polus *m* septentrionalis.
Nordsee *f* mare *n* Germanicum.
Nordseite *f* pars *f* septentrionalis, aquilonis partes *f/pl.*
Nordstern *m* septentrio *m.*
Nordwest(en) *m* regio *f* inter septentriones et occasum solis spectans.
nordwestlich inter septentriones et occasum solis (spectans).
Nordwestwind *m* caurus *m.*
Nordwind *m* boreas *m.*
nörgeln obtrectare, vocibus carpere.
Nörgelsucht *f* invidia *f.*
Nörgler *m* obtrectator *m*, iudex *m* iniquus.
Norm *f* norma *f*, regula *f*, lex *f.*
normal rectus.
Normalgewicht *n* publica pondera *n/pl.*
Not *f*: *ohne* ~ nulla re cogente, sine causa; *die* ~ *drängt* necesse est; (*Mühe, Beschwerde*) molestia *f*, labor *m*, negotium *n*; *mit genauer* ~ aegre, aegerrime; (*Bedrängnis*) angustiae *f/pl.*; (*schwierige Lage*) difficultas *f*; (*Gefahr*) periculum *n*, discrimen *n*; (*Mangel*) inopia *f*, egestas *f*; (*Unglück*) miseria *f*, mala *n/pl.*; ~ *leidend* miser, inops.
Notanker *m* ancora *f* ultima.
Notar *m* tabellio *m.*
Notbau *m* opus *n* subitarium *od.* tumultuarium.
Notbehelf *m* subsidium *n* ultimum.
Notbrücke *f* pons *m* tumultuarius *od.* ad tempus instructus.
Notdurft *f* res *f/pl.* ad vitam necessariae, victus 4 *m*, necessarii vitae usūs *m/pl.*
notdürftig tenuis [victus], parcus [somnus]; mediocris, modicus.
Note *f* notatio *f*; interpretatio *f*, explanatio *f*; (*in der Musik*) nota *f* musica.
Notfall *m* (subita) necessitas *f*, casus 4 *m* subitus; *im* ~ si necesse (*od.* opus) fuerit, si res coget (*od.* postulaverit); *auf den* ~ ad subitos casus.
notgedrungen necessitate coactus (*od.* victus); *adv.* necessario.
notieren scribere, litteris mandare.
nötig necessarius, quo opus est; *Beispiele sind* ~ exempla opus sunt; opus est exemplis; opus est exempla afferre; es *ist* ~ necesse est, est quod (*m. conj.*), fieri non potest, quin; *oft durch Gerundivkonstruktion*; ~ *haben* egēre, indigēre [pecuniā].
nötigen cogere; *sich genötigt sehen* cogi, non posse non; (*nachdrücklich bitten*) etiam atque etiam rogare; (*bestimmen zu*) compellere, adducere ad, ut ..., instare.
Nötigung *f* vis *f.*
Notiz *f*: *keine* ~ *nehmen von* neglegere, nihil curare [preces]; *sich* ~*en machen* noscenda congerere; (*aus einem Buche*) excerpere.
Notizbuch *n* pugillares, ium *m/pl.*
***Notlandung** *f* appulsus 4 *m* invitus.
Not leidend miser, inops.
Notlüge *f* mendacium *n* necessarium (*od.* necessitate expressum).
notorisch certus, certissimus, clarus.
Notpfennig *m* pecunia *f* ad subitos casus (*od.* ad subsidium fortunae) reposita.
Notreife *f* maturitas *f* festinata.
Notstand *m* angustiae *f/pl.*, difficultas *f.*
***Notverordnung** *f* lex *f* tempori accomodata.
Notwehr *f* defensio *f* contra vim (illatam); *zur* ~ *greifen* vim vi repellere.
Notwendigkeit *f* necessitas *f*; *in die* ~ *versetzen* necessitatem imponere (*od.* afferre [plebi]), cogere.
Notzucht *f* stuprum *n* mulieri per vim illatum.
notzüchtigen per vim stuprare.
***Novelle** *f* fabella *f.*
November *m* (mensis) November *m.*
Nu *n*: *im* ~ subito, temporis puncto (*od.* momento).
nüchtern ieiunus; (*der noch nicht getrunken hat*) siccus; (*mäßig*) sobrius; *wieder* ~ *sein* crapulam edormivisse (*od.* exhalasse).
Nüchternheit *f* ieiunitas *f*, sobrietas *f.*
Nudel *f* collyra *f.*
Null *f*: *eine* ~ *sein* nihil (*od.* nullo loco *od.* in nullo numero) esse, nihil auctoritatis habēre.
null: ~ *und nichtig* nullus, irritus; *für* ~ *und nichtig erklären* rescindere, tollere, irritum esse iubēre.
Nummer *f* numerus *m*, nota *f.*

nummerieren numeris notare.
nun 1. (*zeitl.*) nunc (tum), iam; *von ~ an* inde ab hoc tempore; *~ und nimmermehr* nunquam, nequaquam; **2.** (*folgendr*) igitur; *~ aber* (*in Schlüssen*) atqui; (*so aber*) nunc autem; (*als Übergangspartikel*) autem, et, ac, iam; (*in Fragen*) tandem, quaeso; (*bei Aufmunterungen*) age; *unübersetzt bei „mögen"* [*du magst ~ sagen, was du willst* quidquid dicis].
nunmehr iam; (*Ggs. zu vorhin*) nunc; *~ vor* abhinc [tres annos].
nunmehrig: *der ~e Arzt Aurel* Aurelius, qui nunc (*od.* hodie) medicus est.
nur 1. (*beschränkend*) modo, tantum, tantum modo, solum, dumtaxat; *oft adj.* unus, solus; *od. Umschreibung mit* non ... nisi, nemo (nihil, nullus, numquam *u. a.*) ... nisi, nihil aliud ... nisi (*od.* quam); *als Flickwort unübersetzt* [*~ einer* unus, *~ wenige* pauci, *~ selten* raro *u. a.*]; *nicht ~ ... sondern auch* non modo (*od.* solum *od.* tantum) ... sed etiam; *nicht ~ nicht ... sondern nicht einmal* non modo (non) ... sed ne — quidem (*vgl. Gramm.*); *ich will nicht sagen ... sondern ~* non dicam ... sed; *~ dass* (*nicht*) nisi quod, tantum quod non [nominat hominem]; **2. wenn nur:** (*bedingend*) si modo *mit ind.*, modo ut *mit conj.*; (*wünschend*) dum, modo, dummodo *mit conj.*; *nur* (*bei Aufforderungen*) modo, fac [venias]; (*verneint*) cave [credas]; (*bei Relativen*) *wer ~* quicunque, quisquis; *wo ~* ubicunque *u. a.*
Nuss *f* nux *f*; (*Walnuss*) iuglans *f*; | *eine harte ~* res *f* difficilis.
Nussbaum *m* nux *f*, iuglans *f*; *adj.* nuceus.
Nusskern *m* nucleus *m* nucis.
Nussknacker *m* nucifrangibulum *n*.
Nussschale *f* putamen *n* nucis.
Nüstern: *die ~* nares, ium *f/pl.*
Nutzanwendung *f* usus 4 *m*; *die ~ machen von ... auf* probare [vitā praecepta].
Nutz *m*: *sich zunutze machen* in suam utilitatem convertere.
Nutzen *m* utilitas *f*, usus 4 *m*; commodum *n*, emolumentum *n*; lucrum *n*, quaestus 4 *m*; fructus 4 *m*; *~ haben von etwas* utilitatem (*od.* fructum *od.* commodum) capere ex; *wer hat ~ davon?* cui bono est? *auf seinen ~ sehen* commodis suis consulere, prospicere sibi.
nutzen, nützen *intr.* utilem (*od.* usui *od.* ex usu) esse, prodesse, utilitatem afferre; (*zuträglich sein*) conducere; (*beistehen*) adesse; *was nützt es, zu ...* quid attinet (*m. inf. u. a.c.i.*).
Nutzholz *n* materia *f*.
nützlich utilis; (*heilsam*) saluber; *~ sein* utilem esse, prodesse.
Nützlichkeit *f* utilitas *f*, usus 4 *m*; (*Heilsamkeit*) salubritas *f*.
nutzlos inutilis; (*vergeblich*) vanus, irritus; *adv.* frustra.
Nutznießung, Nutzung *f* usus 4 *m* et fructus 4 *m*.
Nymphe *f* nympha *f*.

O

o! o! *o ich Unglücklicher!* (o) me miserum!
Oase *f* locus *m* alimentis frugifer inter vastas solitudines situs.
ob 1. *cj.* si; *~ etwa* si forte; *~ auch* etiamsi; (*gleich*) *als ~* quasi, velut si, tamquam si; *nicht als ~* non quo, non quod; **2.** (*Fragepartikel*) -ne, num, utrum ... an *u. a.* (*vgl. die Gramm.*).
Obacht *f* cura *f*, custodia *f*.
Obdach *n* tectum *n*; (*Absteigequartier*) deversorium *n*; (*Zufluchtsort*) perfugium *n*.
***Obduktion** *f* sectio *f*.
Obelisk *m* obeliscus *m*.
oben supra; *bei subst. durch adj.* summus (*im Ggs. des Unten* superior); [*~ auf dem Hügel* in summo colle, in superiore parte collis]; *von ~* (*her*) desuper, superne, e loco superiore; divinitus; *von ~ bis unten* a summo ad imum; *nach ~* sursum.
obenan primo (*od.* summo *od.* superiore) loco; *~ sitzen* primum locum tenēre; *~ setzen* primum locum tribuere. [summus.]
obenauf in summo; *oft durch adj.*
obendarauf super, insuper.

obendrein insuper; (*noch dazu*) ultro.

oben erwähnt, oben genannt quem supra diximus (*od.* commemoravimus), cuius supra mentionem fecimus *u. Ä.*

obenhin leviter, strictim, neglegenter.

oben stehen primo loco stare.

Ober... summus, superior.

Oberarm *m* lacertus *m.*

Oberaufseher *m* summus praefectus *m*, custos *m* primus.

Oberbefehl *m* (summum) imperium *n*, summa *f* imperii; *den ~ geben über* praeficere, praeponere [exercitui]; *den ~ haben* summam imperii tenēre; bellum administrare.

Oberbefehlshaber *m* imperator *m*, dux *m* summus; qui bello gerendo praeest *od.* qui bellum administrat, penes quem est summa imperii, qui praeest [exercitui, classi].

Oberdeck *n* tabulatum *n* superius.

oberer superus; (*v. zweien*) superior; (*v. mehreren*) summus, primus (*subst.* princeps, praefectus).

Oberfläche *f* superficies *f*; (*des Meeres*) aequor *n*; *mst durch* (*adj.*) summus.

oberflächlich levis, parum diligens *od.* subtilis *od.* accuratus.

Obergeschoss *n e-s Hauses*: superior pars *f aedium.*

oberhalb supra, super.

Oberhand *f*: *die ~ bekommen über* superiorem fieri (*od.* discedere) [hoste], rerum potiri, vincere, superare, valēre; *die ~ haben* superiorem esse, plus posse, praecalēre [pugna equestri].

Oberhaupt *n* princeps *m*, dux *m*, caput *n*; *~ der Familie* pater familiās *m.*

Oberhaus *n* senatus 4 *m* superior.

Oberherr *m* dominus *m* princeps *m*; penes quem est (summum) imperium (*od.* summa potestas).

Oberherrschaft *f* summum imperium *n*, summa *f* imperii (*od.* rerum), principatus 4 *m*; *die ~ haben* principatum (*od.* summum imperium) tenēre; *die ~ erhalten* rerum potiri, regnum occupare; *unter der ~ stehen* imperio [populi Romani] parēre, in dicione esse.

Oberhoheit *f* imperium *n.*

Oberkiefer *m* superior ordo *m* dentium.

Oberkleid *n* summum amiculum *n*, toga *f.*

Oberleitung *f* summa *f* rerum.

Oberlippe *f* labrum *n* superius.

***Oberpfarrer** *m* sacrorum antistes *m* primarius.

Oberpriester *m* sacerdos *m*, pontifex *m* maximus.

Oberschenkel *m* femur *n.*

Oberst *m* tribunus *m* militum; (*bei der Reiterei*) praefectus *m* (alae).

oberster summus, superior; *das Oberste zuunterst kehren* caelum ac terras miscēre.

oberwärts sursum.

Oberwelt *f* loca *n/pl.* supera, haec loca quae nos incolimus.

obgleich quamquam, etsi, etiamsi, tametsi, quamvis, licet, cum (*vgl. die Gramm.*).

Obhut *f* custodia *f*, tutela *f*, cura *f*; *unter seine ~ nehmen* tueri, salutem [pueri] custodire, in fidem recipere.

obig superior.

Objekt *n* res *f*; (*gramm.*) objectum *n.*

objektiv *etwa*: externus, extrinsecus, oblatus; *dieses sind nicht subjektive, sondern ~e Begriffe* haec non in opinione, sed in naturā rei posita sunt; *e-e ~e Anschauung* visio *f* externa et adventicia.

obliegen (*einer Sache*) operam dare, studēre [litteris], incumbere in [litteras]; *es liegt mir* (*dem Konsul*), *dir usw. ob* meum (consulis), tuum ... est; debeo.

Obliegenheit *f* officium *n*, munus *n*; partes *f/pl.* provincia *f.*

Obmann *m* arbiter *m.*

Obrigkeit *f* magistratūs, uum *m/pl.*; (*einzelne Pers.*) magistratus 4 *m.*

obrigkeitlich (*gen.*) magistratuum (*bzw.* -tūs); *~e Person, ~es Amt* magistratus 4 *m*; *~e Verfügung* edictum *n.*

obschon quamquam.

Obst *n* poma *n/pl.*, (*einzelnes Stück*) pomum *n.*

Obstbaum *m* pomus *f*, arbor *f* pomifera.

Obstfrucht *f* pomum *n.*

Obstgarten *m* pomarium *n.*

Obsthändler *m* pomarius *m.*

Obstkammer *f* pomarium *n.*

obsttragend pomifer.

obwalten: *unter den ~den Umständen* quae cum ita sint.

obwohl quamquam.
Ochlokratie *f* multitudinis dominatus 4 *m*.
Ochs, Ochse *m* bos *m*; (*Stier*) taurus *m*; (*junger*) iuvencus *m*; *vom* *~en* bubulus, taurinus.
Ochsen... (*gen.*) bovis, boum, tauri, taurorum; bubulus, taurinus; boarius [forum]; *Ochsenhändler* *m* boarius *m*.
Ochsenauge *n* **1.** *eig.* oculus *m* bovis *od.* bubulus; **2.** buphthalmum *n*.
Ochsenfell *n* corium *n* bovis (*od.* tauri, taurinum).
Ochsenfleisch *n* (caro) *f* bubula.
Ochsen/hirt, ~knecht *m* bubulcus *m*.
Ochsenstall *m* bubile *n*.
Ode *f* carmen *n*.
öde vastus, desertus, incultus.
Öde *f* solitudo *f*, vastitas *f*, *konkr.* loca *n* deserta *n/pl.*, regio *f* vasta; *zur ~ machen* (de)vastare.
Odendichter *m* poëta *m* lyricus.
oder aut, vel, -ve, sive, seu; *~ vielmehr* vel potius, aut; *~ wenigstens* aut certe (*od.* saltem); (*in Doppelfragen*) an; *~ nicht* annon, necne (*vgl. Gramm.*).
Ofen *m* fornax *f*; (*zum Backen oder Schmelzen*) furnus *m*.
Ofenkrücke *f* rutabulum *n*.
Ofenloch *n* os *n* fornacis.
offen apertus; patens, non munitus [oppidum]; vacuus [locus]; *~ stehen* apertum esse, patēre; (*v. Munde*) hiare; *auf ~er Straße* in publico, palam; *~es Feld* campus *m* (patens, planus); *~e See* altum *n*; / apertus [animus], simplex, verus; *~er Kopf* ingenium *n* docile (*od.* acre).
offenbar apertus, manifestus, perspicuus.
offenbaren aperire, patefacere; palam (*od.* manifestum) facere; (*religiös*) revelare, (divinitus) communicare cum.
Offenbarung *f* indicium *n*, monitus 4 *m* dei *od.* divinus; * (*geoffenbarte Religion*) religio (*od.* doctrina) *f* revelata, revelatio *f*; (*Heilige Schrift*) libri *m/pl.* divini; * *die ~* (*des Johannes*) apocalypsis *f*.
Offenheit simplicitas *f*, veritas *f*.
offenherzig simplex, verus.
offenkundig **1.** *adj.* manifestus, apertus; *~ sein* in aperto esse, omnibus notum esse, patēre, in medio positum esse; es *ist ~* inter omnes constat; **2.** *adv.* manifesto, aperte.
offensiv: *≈krieg* bellum *n* ultro illatum; *≈bündnis* foedus *n* ad bellum inferendum initum; *~ verfahren* bellum *n* ultro inferre; *adv.* ultro, infesto exercitu.
offen stehen *intr.* / patēre.
öffentlich *adj.* quod palam (*od.* coram omnibus) fit; apertus, manifestus; publicus, communis (omnium), forensis; *auf ~er Straße* in publico; *das ~e Leben* vita *f* forensis; *auf ~e Kosten* publice; *adv.* palam, propalam, coram omnibus, omnibus inspectantibus, in publico; in publicum [prodire]; (*von Staats wegen*) publice.
Öffentlichkeit *f* publicum *n*, lux *f*, forum *n*, homines *m/pl.*, vulgus *n*, *auch* hominum oculi *m/pl.* (*od.* publicus aspectus 4 *m*).
Offizier *m* praefectus *m* militum, centurio *m*, ductor *m* (ordinum).
öffnen aperire, patefacere; (*aufschließen*) recludere; (*aufriegeln*) reserare; (*weit auftun*) pandere; (*e-n Brief*) resignare, solvere; *sich ~* se aperire, aperiri, patefieri; (*v. der Erde*) dehiscere, discedere.
Öffnung *f* (*Loch*) foramen *n*; (*Spalt*) rima *f*; (*Ausgang*) exitus 4 *m*; (*in der Mauer*) fenestra *f*.
oft saepe, crebro, multum; *wie ~* quam saepe, quoties; *so ~* tam saepe, toties; *so ~ als* quoties; *so ~ nur* quotiescunque; *~ genug* satis saepe, persaepe, saepe plane.
öfters saepe, saepius.
oftmals saepenumero.
ohne sine; (*außer*) praeter; *oft durch* (*adj.*) expers, carens, nudus, inops, *auch durch* nullus [*~ Mühe* nullo negotio, *~ alle meine Schuld* nullā culpā meā]; *~ Scham* impudens; *~ Vorsicht* incautus; temere; *~ Wissen* inscius *u. Ä.*; *~ zu*, *~ dass s. die Gramm.*
ohne/dies, ~hin (*außerdem*) praeterea; (*an sich schon*) per se, propter se, sua sponte, ultro, sic quoque.
Ohnmacht *f* infirmitas *f*, imbecillitas *f* [corporis]; (*Bewusstlosigkeit*) subita animi defectio *f*; *in ~ fallen* animus relinquit, anima deficit [puerum].
ohnmächtig infirmus, imbecillus; (*bewusstlos*) torpens.

Ohr *n* auris *f*; *das ~ leihen* aures praebēre (*od.* patefacere) [precantibus], audire [precantes]; *tauben ~en predigen* surdis auribus canere; *geneigtes ~ finden* audiri ab; *ganz ~ sein* aures erigere; *es kommt zu ~en* ad aures [patris] pervenit (*od.* accidit); perfertur ad; *seinen ~en nicht trauen* suarum aurium fidei non credere.
Öhr *n* forāmen *n* (acūs).
Ohrenarzt *m* medicus *m* auricularius.
Ohrenbläser *m* delator *m*.
Ohrenbläserei *f* delatio *f*.
Ohren/drüse *f*, **~geschwür** *n* parotis *f*.
Ohrensausen *n* sonitus 4 *m* (*od.* stridores *m/pl.*) aurium.
Ohrenschmalz *n* aurium sordes *f*.
Ohrenschmaus *m* aurium oblectamentum *n* (*od.* voluptas *f*).
Ohrenzeuge *m* qui praesens ipse audit, sermonis arbiter *m*.
Ohrfeige *f* alapa *f*, colaphus *m*; *eine ~ geben* alapam ducere [servo].
Ohrgehänge *n* inaures *f/pl.*, aurium insigne *n*.
Ohrläppchen *n* auricula *f*.
Ohrring *m* inauris *f*.
ökonomisch ad rem rusticam pertinens, rusticus; (*sparsam*) parcus; *~e Lage* condicio *f* rei familiaris.
Oktav *n* forma *f* octonaria.
Oktav... octonarius.
Oktober *m* (mensis) October *m*.
okulieren (arborem) inoculare.
Öl *n* oleum *n*.
Öl... (*gen.*) olei; oleaginus, olearius [cella].
Ölbaum *m* olea *f*, oliva *f*, (*wilder ~*) oleaster *m*.
Öl/berg, ~garten *m*, **~pflanzung** *f* olivetum *n*.
ölen oleo ungere.
Ölfass *n* dolium *n* olearium.
ölig oleosus; oleo similis.
Oligarch *m* unus ex paucis, qui rem publicam tenent; (*pl. mst nur* pauci).
Oligarchie *f* paucorum dominatio *f*, res *f* publica, quae a paucis (*od.* paucorum potestate) regitur.
Olive *f* olea *f*, oliva *f*.
Olivenhain *m* olivetum *n*, oletum *n*.
Ölkelter *f* torcular *n* olearium, trapetum *n*.
Ölkrug *m* lecythus *f* olei.
Öllampe *f* lucerna *f*.
Ölmühle *f* molae *f/pl.* oleariae.
ölreich oleosus.
Olympiade *f* Olympias *f*.
Ölzweig *m* frons *f* oleagina.
***Omnibus** *m* currus *m* communis *od.* publicus.
Onkel *m* (*Vatersbruder*) patruus *m*; (*Mutterbruder*) avunculus *m*.
Onyx *m* onyx *m*.
Oper *f* drama *n* melicum.
Operation *f* res *f* gerenda (gesta); **~splan** *m* belli gerendi ratio *f*; (*chirurgisch*) sectio *f*; *mst durch* secare.
operieren rem gerere; (*chirurgisch*) secare.
Opfer *n* sacrificium *n*, res *f* sacra, sacrum *n*; (*Verlust*) iactura *f*, [*schweres* magna], incommodum *n*; *zum ~ bringen* iacturam [rei familiaris] facere; vitam profundere pro *od.* condonare [rei publicae].
Opferaltar *m* ara *f*.
Opferbinde *f* vitta *f*.
Opferblut *n* sanguis *m* hostiae *od.* victimae.
Opferduft *m* nidor *m*.
Opferfeier *f* sacrificia *n/pl.* sollemnia.
Opfergerät *n* vas *n* sacrum; *~e pl.* sacra.
Opferguss *m* libatio *f*.
Opferkuchen *m* libum *n*.
Opfermahl(zeit)*f*) *n* dapes *f/pl.*; epulae *f/pl.* sacrificales.
Opfermesser *n* secespita *f*; culter *m*.
opfern 1. *abs.* sacrificare, sacra (*od.* rem divinam) facere; (*glücklich ~*) litare; **2.** *trans.* sacrificare, (sacra) facere; (*Tiere*) immolare, mactare, caedere; | (*den unterirdischen Göttern weihen*) devovēre [caput hostis]; dare, tribuere, offerre, gratificari.
Opfern *n* sacrificatio *f*; (*v. Tieren*) immolatio *f*; *mst durch Verba.*
Opferpriester *m* vates *m* sacrificulus.
Opferschale *f* patera *f*.
Opferschau *f* haruspicina *f*.
Opferschauer *m* haruspex *m*.
Opferschlächter *m* popa *m*, cultrarius *m*, victimarius *m*.
Opferschrot *n* mola *f*.
Opfertier *n* hostia *f*, victima *f*.
Opfertod *m* devotio *f*; *den ~ sterben für* mortem occumbere pro.

Opferung *f* sacrificatio *f*; *von Tieren*: immolatio *f*; (*persönliche Aufopferung*) devotio *f* (*alcs, vitae od. capitis*); (~ *mit günstigen Wahrzeichen*) litatio *f*; (~ *am Grabe von Eltern und Angehörigen*) parentatio *f*.
Opium *n* opium *n*.
***Opposition** *f* factio *f* (*od.* pars *f*) adversa.
Optik *f* optice *f*.
***Optiker** *m* opticus *m*.
Orakel *n* oraculum *n*, responsum *n* (oraculi); *ein* ~ *erteilen* oraculum dare (*od.* edere).
Orakelspruch *m* oraculum *n*.
Orange *f* malum *n* Medicum.
Orchester *n* (*als Ort*) suggestus 4 *m* canentium (*od.* musicorum *od.* symphoniacorum); (*die Mitglieder*) canentes *m/pl.*, musici *m/pl.*, symphoniaci *m/pl.*, symphonia *f*.
Orden *m* (*als Gesellschaft*) collegium *n*, corpus *n*, ordo *m*; (*als Ehrenzeichen*) insigne *n* (*mst pl.*) ordinis.
ordentlich (*v. Sachen*) (*gehörig geordnet*) compositus, dispositus, descriptus; (*gesetzmäßig*) iustus, legitimus, rectus; (*sorgfältig*) deligens, accuratus; (*v. Pers.*) diligens; (*mäßig*) frugi, sobrius, temperans; (*v. Pers. und Sachen*) probus, verus, perfectus.
ordnen ordinare, in ordinem redigere, disponere, digerere, suo loco reponere, instruere [aciem]; describere [ius civium]; componere [crines]; constituere [rem publicam]; instituere [civitatem, vitam].
Ordnen *n* dispositio *f*, instructio *f*; *mst durch Verba*.
Ordner *m* compositor *m*, instructor *m*, praeses *m*; *mst durch Verba*.
Ordnung *f* ordo *m*; (*Zucht*) disciplina *f*; (*gute* ~) modestia *f*, (certus) modus *m*; lex *f*; (*Sorgfalt*) diligentia *f*; *es ist in der* ~ rectum, consentaneum est; oportet.
Ordnungs/liebe *f*, **~sinn** *m* rerum suarum modus *m* quidam et ordo *m*.
ordnungsmäßig ordine, rite, bene; (*nach der Reihe*) deinceps.
ordnungswidrig expers ordinis, extra ordinem.
Ordnungszahl *f gramm.* numerus *m* ordinarius.
Organ *n* instrumentum *n*; (*Sprache*) vox *f*; *ein volltönendes* ~ os *n* plenum et facundum.
Organisation *f* temperatio *f* [corporis, rei publicae].
organisch: ~*e Wesen* animalia *n/pl.*, animantia *n/pl.*; ~*er Fehler* vitium *n* naturae; *in* ~*em Zusammenhang stehen* cohaerēre et continuatum esse.
organisieren ordinare, componere, instituere; *von Natur so organisiert sein, dass* ... naturā ita comparatum esse, ut.
Organismus *m* compositio *f*, natura *f* (et figura *f*).
Orient *m* oriens *m*.
orientieren: *sich* ~ cognoscere, circumspicere.
Original *n* exemplum *n*, exemplar *n*; (*Urtext*) archetypum *n*, ipsius auctoris (*od.* scriptoris) verba *n/pl.*; (*v. Pers.*) qui suum sequitur ingenium, qui est suus; homo *m* ineptus, mirum caput *n*.
originell nativus, proprius, meus (tuus, suus *usw.*); mirus.
Orkan *m* tempestas *f* foeda.
Ornat *m* ornatus 4 *m*; vestis *f* forensis.
Ort *m* locus *m* (*pl.* loca *n/pl.*); *an einem andern* ~*e* alio loco, alibi; *an verschiedenen* ~*en* passim.
***orthodox** orthodoxus, verae et receptae doctrinae addictus.
Orthographie *f* recte scribendi scientia *f*, formula *f* ratioque scribendi, recta scriptura *f* vocabuli.
orthographisch *durch* recta scribere.
örtlich *durch* (*gen.*) loci, locorum.
Örtlichkeit *f* locus *m*, pagus *m*, vicus *m*, oppidum *n*.
Ortsbeschaffenheit *f* natura *f* loci (locorum); *günstige* ~ opportunitas *f* loci.
Ortschaft *f* pagus *m*, vicus *m*, oppidum *n*.
Ortskenntnis *f* locorum (*od.* regionum) peritia *f*.
Ost, ~en *m* oriens *m*, ortus 4 *m* solis.
Ostern: *die* ~ dies *m/pl.* festi paschae *od.* paschales.
östlich ad orientem vergens (*od.* spectans; *adv.* versus); (*aus Osten*) ex oriente.
Ostsee *f* mare *n* Balticum.
Ostwind *m* subsolanus *m*.
Otter *f* aspis *f*, vipera *f* (*adj.* viperinus).
oval ovo similis, ex longo rotundus.
Ozean *m* Oceanus *m*.

O

P

Paar *n* par *n* [tria paria gladiatorum]; bini, duo [boves]; *beide* ~e utrique; *ein* ~ *werden* matrimonio iungi; *zu* ~*en treiben* fundere atque fugare.
paar pauci, aliquot.
paaren iungere, miscēre.
paarmal: *ein* ~ semel atque iterum.
paarweise bini; (*doppelt*) gemini.
Pacht *f* conductio *f*; redemptio *f*; *in* ~ *nehmen* (*geben*) conducere (locare); = *Pachtgeld.*
Pacht... (*gen.*) conductionis; (*gepachtet*) conductus, conducticius [domus], redemptus [portoria].
pachten conducere, redimere.
Pächter *m* conductor *m*, redemptor *m*; (*eines Landgutes*) colonus *m*.
Pachtgeld *n* pretium *n* (*od.* merces *f*) conductionis; vectigal *n*.
Pachtgut *n* praedium *n* conductum (*od.* conducticium).
Pachtland *n* ager *m* conductus.
Pachtvertrag *m* tabulae *f/pl.* locationis; conductio *f*, locatio *f*.
pachtweise conductione, ex conducto.
Pachtzins *m* pretium *n* (*od.* merces *f*) conductionis; (*Geld für e-n Warenstand*) locarium *n*; (*Pächtereinkünfte*) vectigal *n*.
Pack *n*: *liederliches* ~ homines *m/pl.* perditi.
Päckchen *n* fasciculus *m*.
packen prehendere, capere; *sich* ~ facessere, abire; *pack dich!* apage te!, facesse hinc!
Packesel *m* asinus *m* clitellarius.
Packknecht *m* calo *m*, baiulus *m*.
Packpferd *n* equus *m* clitellarius, iumentum *n* sarcinarium.
Packsattel *m* clitellae *f/pl.*
Packwagen *m* plaustrum *m*, carrus *m*.
Pädagog *m* educator *m*, praeceptor *m*.
Pädagogik *f* ars *f* educandi, praecepta *n/pl.* de educatione puerili; paedagogia *f*.
*__Paddelboot__ *n* linter *m* singulis remis agitatus.
*__Page__ *m* puer *m* nobilis.
Paket *n* fascis *m*, fasciculus *m* [epistularum], sarcina *f* [chartae].
Palast *m* domus 4 *f* (regia).
*__Palette__ *f* discus *m* colorum.
Palisade *f* vallus *m*.
Palmbaum *m*, **Palme** *f* palma *f* (*adj.* palmeus).
Palmen/hain, ~**wald** *m* palmetum *n*.
palmenreich palmosus.
Palmwein *m* vinum *n* palmeum.
Palmzweig *m* palma *f*.
Panier *n* vexillum *n*.
panisch: ~*er Schrecken* terror *m* velut lymphaticus, caecus quidam timor *m*.
*__Panne__ *f* damnum *n*, calamitas *f*.
Panther *m* panthera *f* (*adj.* pantherinus).
Pantoffel *m* solea *f*, crepida *f*.
Pantomime *f* pantomimus *m*.
Pantomimenspiel(er *m*) *n* pantomimus *m*.
pantomimisch pantomimicus.
Panzer *m* thorax *m*, lorica *f*.
*__Panzerschiff__ *n* navis *f* aerata (*od.* ferrata).
Papagei *m* psittacus *m*.
Papier *n* charta *f*; *ein Stück* ~ scida *f*; *zu* ~ *bringen* litteris mandare; (*beschriebenes*) litterae *f/pl.*, liber *m*.
Papier... (*gen.*) chartae; chartaceus [nummi], chartarius [negotium].
Papierstaude *f* papyrus *f*.
Pappel *f*, ~**baum** *m* populus *f* (*adj.* populeus).
pappen 1. (*kleistern*) farinā glutinare; **2.** (*essen, v. kleinen Kindern*) pappare.
Papst *m* papa *m*, pontifex *m* Romanus.
päpstlich papalis.
Parade *f* pompa *f* militaris.
Paradebett *n* lectus *m* funebris.
Paradies *n* paradisus *m*; (*Wohnung der Seligen*) sedes *f* beatorum; / locus *m* amoenissimus.
paradiesisch paradisiacus; amoenissimus.
paradox mirabilis, mirus.
Paragraph *m* paragraphus *f*.
parallel paribus intervallis (inter se distans).
Parasit *m* parasitus *m*.
Parenthese *f* interpositio *f*.
Parfüm *n* odores *m/pl.*; unguentum *n*.
parfümieren odoribus imbuere (*od.* perfundere).

parieren ictum vitare, cavēre.
Park *m* horti *m/pl.* (nemori similes, nemorosi), nemus *n.*
***parken** stare, stabulare; collocare [automobilia].
***Parkett** *n* pavimentum *n* ex opere intestino; (*im Theater*) cavea *f* prima.
***Parkplatz** *m* statio *f.*
Parlament *n* senatus 4 *m*, consilium *n* publicum.
Parole *f* tessera *f*, signum *n.*
Partei *f* pars *f* (*mst pl.* partes), (*im üblen Sinne*) factio *f*; (*Schule*) familia *f*, secta *f*, (*Sache*) causa *f*; *zur ~ gehören* partes [popularium] sequi, stare ab, facere cum; *~ nehmen für* causam [popularium] agere, in partes transgredi, defendere [populares]; *keine ~ nehmen* neutrius partis esse.
Parteieifer *m* (partium) studium *n.*
Parteiführer *m* dux (*od.* princeps) *m* partium, princeps *m* (*od.* caput *n*) factionis.
Parteigänger *m* assectator *m.*
Parteigeist *m* (partium) studium *n*, studia *n/pl.*, factio *f.*
parteiisch alterius partis studiosus; cupidus, ambitiosus; iniquus [iudex].
Parteilichkeit *f* (partium) studium *n*, cupiditas *f*, gratia *f*, ambitio *f.*
parteisüchtig factiosus.
Parteiung *f* discidium *n*, discordiae *f/pl.*
Parterre *n* **1.** (*Erdgeschoss*) tabulatum *n* inferius; *Zimmer im ~* conclave, quod plano pede est; **2.** *im Theater*: cavea *f* media.
Partie *f* aliquot; pars *f*; *eine ~ aufs Land machen* rus excurrere; *eine ~ spielen* ludere [pilā]; (*Heirat*) condicio *f* (uxoria), nuptiae *f/pl.*; *eine gute ~ machen* virginem locupletem ducere (viro locupleti nubere).
partiell singularis; *es tritt e-e ~e oder totale Mondfinsternis ein* luna aut parte sui aut tota delitescit.
Partner *m* par [tuus].
Parvenü *m* homo *m* novus.
Parze *f* Parca *f.*
Pascha *m* satrapes *m.*
Pass *m* angustiae *f*, fauces *f/pl.*, aditus 4 *m*, transitus 4 *m*; (*für die Reise*) syngraphus *m.*
Passage *f* (*Weg*) via *f*, iter 3 *n*; (*Durchgang*) transitus 4 *m.*
Passagier *m* (*zu Fuß*) viator *m*; (*zu Pferd, Wagen, Schiff*) vector *m*; (*nach der Ankunft*) hospes *m.*
Passatwind *m* etesias, ae *m.*
passen: *~ auf* exspectare; insidiari [praedonibus]; *~ zu* aptum (*od.* accommodatum) esse [ad suam rem, naturae]; convenire [virtuti]; decēre [virum], congruere, cum; *nicht ~ zu* abhorrēre (*od.* alienum esse) ab.
passend aptus, accommodatus, conveniens, idoneus ad.
passieren transire, traicere [flumen]; / (*sich zutragen*) accidere, fieri.
passiv quietus; *sich ~ verhalten* nihil agere, quiescere.
Passiv *n* (verbum *n*) passivum.
Pastete *f* artocreas *n.*
Pate *m* sponsor *m.*
Patent *n* diplōma *n.*
pathetisch grandiloquus, [grandis, magnificus].
Pathos *n* (orationis) granditas *f* (*od.* magnificentia *f*), contentio *f.*
Patient *m* aegrotus *m.*
Patriarch *m* patriarcha *m.*
Patriot *m* civis *m* patriae amans, civis *m* bonus.
patriotisch patriae amans.
Patriotismus *m* patriae amor *m* (*od.* caritas *f*), studium *n* reipublicae.
Patrizier *m* patricius *m.*
patrizisch patricius.
Patron *m* patronus *m*; fautor *m.*
Patronin *f* patrona *f*; fautrix *f*; (*Schutzheilige*) tutela *f.*
***Patrone** *f* embolus *m.*
Patrouille *f* vigiles *m/pl.* (nocturni).
patrouillieren vigilias (*od.* stationes) circumire.
Pauke *f* tympanum *n.*
pausbäckig bucculentus.
Pause *f* mora *f*; intervallum *n*; (*zum Atemholen*) interspiratio *f*; (*Unterbrechung*) intercapedo *f*; (*zeitweilige Unterbrechung*) intermissio *f.*
pausieren moram facere, intermittere [laborem]; (*im Reden*) respirare, intersistere.
***Pazifist** *m* pacis sempiternae amans *m* (*od.* fautor *m*).
Pech *n* pix *f*; *von ~* piceus; *mit ~ bestrichen* picatus.
pechschwarz piceus, nigerrimus.

Pechvogel *m* homo *m* miser et fortunā magis quam culpā calamitosus.

Pedant *m* homo *m* ineptus *od.* molestus; (*Kleinigkeitskrämer*) homo *m* rerum minutarum diligens; (*hart Urteilender*) homo *m* acerbus.

Pedanterie *f* ineptiae *f/pl.*, molestia *f*, disciplina *f* taetrica, inepta rerum minutiarum diligentia *f*, morositas *f*, acerbitas *f*.

pedantisch ineptus, molestus, taetricus, rerum minutarum diligens, morosus, acerbus; parvi animi.

Pein *f* cruciatus 4 *m*, tormenta *n/pl.*, dolor *m* vehementissimus; *innere ~ haben* angi animo.

peinigen cruciare, *stärker*: excruciare; suppliciis (*od.* tormentis) adficere; (*quälen*) vexare, male habēre.

Peiniger *m* tortor *m*, carnifex *m*.

peinlich acerbissimus, gravissimus, molestissimus, difficilis; (*gerichtlich*) capitalis [poena], (*gen.*) capitis; *~e Untersuchung* quaestio *f* (per tormenta); *eine ~e Untersuchung anstellen* tormentis quaerere de.

Peinlichkeit *f* acerbitas *f*, gravitas *f*, molestia *f*.

Peitsche *f* flagrum *n*, flagellum *n*; lora *n/pl.*

peitschen verberare.

Pelz *m* pellis *f*; *aus ~* pelliceus; *mit e-m ~ versehen* pellitus [vestis].

Pelzkleid *n* vestis (*od.* tunica) *f* pellicea.

Pelzmütze *f* pilleus *m* ex pellibus factus.

Pelzwerk *n* pelles *f/pl.*

Pendel *n* perpendiculum *n*.

***Pension** *f* deversorium *n* (*od.* hospitium *n*) cum victu; (*Ruhegehalt*) stipendia *n/pl.* emerita.

***Pensionat** *n* domicilium *n* discipulorum cum schola coniunctum; *den Sohn in ein ~ geben* filium educandum mittere ad.

pensionieren *e-n Beamten*: cum annuis praebendis dimittere *alqm.*

Pensum *n* pensum *n*.

Pergament *n* membrana *f* (*adj.* membranaceus).

Periode *f* temporis spatium *n*, tempus *n*, aetas *f*; (*rhetorisch*) verborum ambitus 4 *m* (*od.* complexio *f*), periodus *f*.

periodisch certo tempore recurrens, compositus, circumscriptus, structus, numerose cadens.

Peripherie *f* circulus *m*.

Perle *f* margarita *f*, unio *m*; | ornamentum *n*, decus *n*.

perlen bullire, bullare.

Perlenhändler *m* margaritarius *m*.

Perl(en)muschel *f* margaritarum concha *f*; * (*echte ~*) avicula *f* margaritifera.

Perlenschnur *f* linea *f* margaritarum.

Perlmutter *f* unionum concha *f*.

Persiflage *f* cavillatio *f*.

persiflieren cavillari.

Person *f* persona *f*; (*Rolle*) partes *f/pl.*; homo *m*, vir *m*; mulier *f*; (*äußerlich*) forma *f*, species *f*; *ich für meine ~* ego quidem, equidem; (*gramm.*) persona *f*.

Personal *n*: *~ eines Gefolges* comites *m/pl.*, comitatus 4 *m*; *~ eines Kollegiums* collēgae *m/pl.*; *~ eines Schauspiels* actores *m/pl.*; *~ einer Gesandtschaft* legati *m/pl.*, legatio *f*.

***Personenzug** *m* tractus 4 *m* vulgaris.

personifizieren humana specie induere; loquentem inducere [vulpem].

persönlich ipse, praesens, coram, proprius; *auch* privatus (*adv.* -tim); *~ tapfer* manu fortis; *oft unübersetzt* [*~er Feind* inimicus *m*; *~es Ansehen* auctoritas *f*, *~e Tüchtigkeit* virtus *f* *u. a.*].

Persönlichkeit *f* persona *f*; homo *m*; habitus 4 *m* et figura *f*; *er ist eine ~* magnā est dignitate.

Perücke *f* galerus *m*, capillamentum *n*.

Pest *f* pestilentia *f*, lues *f*; | pestis *f*.

pestartig, pestilenzialisch pestilens.

Pestjahr *n* lues *f* et letifer annus *m*.

Pestluft *f* aër 3 (*od.* caelum) *n* pestilens.

Petersilie *f* petroselinum *n*.

Petschaft *n* sigillum *n*.

Pfad *m* semita *f*, callis *m*.

***Pfadfinder** *m* explorator *m*.

pfadlos invius.

Pfahl *m* palus *m*, sudis *f*, stipes *m*; (*Palisade*) vallus *m*; (*Tragpfahl*) sublica *f*; *in seinen vier Pfählen* intra parietes.

Pfahlbrücke *f* pons *m* sublicius.

Pfahlbürger *m* inquilinus *m*.

pfählen ad palum alligare; stipitem adigere per medium [servum].
Pfahlwerk *n* vallus *m.*
Pfand *n* pignus *n*; *zum ~ geben* pignori dare.
pfänden pignus capere ab; pignori accipere.
Pfändung *f* pignoris captio *f,* pignus 3 *n* ablatum.
pfandweise pignoris iure; *etw. ~ geben (annehmen)* pignori alqd dare (accipere).
Pfanne *f* sartāgo *f,* patina *f,* frixorium *n*; (*Hüftknochen*) acetabulum *n.*
Pfarrer *m* sacerdos *m,* sacrorum antistes *m.*
Pfau *m* pavo *m* (*adj.* pavonīnus).
Pfeffer *m* piper *n.*
pfeffern pipere condire; *gepfeffert* piperatus.
Pfeife *f* fistula *f,* tibia *f.*
pfeifen sibilare; (*auf der Pfeife*) fistulā (*od.* tibiā) canere.
Pfeifer *m* sibilans *m*; (*auf der Pfeife*) fistulator *m*; (*auf der Flöte*) tibicen *m.*
Pfeil *m* sagitta *f.*
Pfeiler *m* pila *f,* columna *f*; / columen *n.*
Pfeilregen *m* ingens vis *f* sagittarum.
Pfeilschuss *m* sagittae coniectus 4 *m,* (*wenn er trifft*) ictus 4 *m.*
Pfeilschussweite *f*: *in ~* sub teli ictu; *innerhalb ~* intra teli coniectum; *außerhalb ~* extra teli coniectum.
Pfeilschütze *m* sagittarius *m.*
Pfeilspitze *f* sagittae mucro *m* (*od.* aculeus *m,* ferrum *n*).
Pfennig *m* nummus *m*; *auf Heller und ~ bezahlen* ad assem solvere.
Pferch *m* saeptum *n.*
Pferd *n* equus *m*; (*Gaul*) caballus *m,* (*Pony*) mannus *m*; *zu ~e* equo vectus *m,* eques *m.*
Pferdchen *n* eculeus *m.*
Pferde... (*gen.*) equi (-orum), equīnus [saeta]; equarius [medicus].
Pferdedecke *f* stratum *n,* stragulum *n,* ephippium *n.*
Pferdegeschirr *n* arma *n/pl.* equestria.
Pferdehaar *n* saeta *f* equina.
Pferdehändler *m* mango *m.*
Pferdehuf *m* ungula *f* equina.
Pferdeknecht *m* agaso *m.*
Pferdemist *m* fimus *m* equinus.
Pferderennen *n* curriculum *n* (*od.* cursus 4 *m*) equorum.
Pferdestall *m* equile *n,* stabulum *n* equorum.
Pferdezucht *f* res 5 *f* equaria.
Pfiff *m* sibilus *m.*
pfiffig vafer, callidus, astutus.
Pfingsten: *die ~* pentecoste, es *f.*
Pfirsich *m* (malum *n*) Persicum.
Pfirsichbaum *m* (arbor *f*) Persica.
Pflanze *f* herba *f,* stirps *f*; (*Setzling*) planta *f.*
pflanzen serere, ponere.
Pflanzen *n* satio *f,* satus 4 *m.*
Pflanzenkunde *f* ars *f* herbaria.
Pflanzenreich *n* arbores et stirpes *f/pl.*
Pflanzer *m* colonus *m.*
Pflanzschule *f* seminarium *n.*
Pflanzstadt *f* colonia *f.*
Pflanzung *f* locus *m* consitus.
Pflaster *n* emplastrum *n*; (*Straßen*~) via *f* strata.
pflastern (lapide, silice) sternere.
Pflastertreter *m* ambulator *m,* subrostranus *m,* subbasilicanus *m.*
Pflasterung *f* stratura *f.*
Pflaume *f* prunum *n.*
Pflaumenbaum *m* prunus *f.*
Pflaumenkern *m* os *n* pruni.
Pflege *f* cultus 4 *m,* cultura *f,* cura *f*; (*des Körpers*) curatio *f.*
Pflegeeltern: *die ~* educatores et altores *m/pl.*
Pflegekind *n* alumnus *m* (*u.* -na *f*).
pflegen 1. *trans.* curare; (*hegen*) fovēre; (*ehren, sich mit etwas beschäftigen*) colere; *sich ~* corpus (*od.* cutem) curare, quieti se dare; *Umgang ~ mit* uti [hospite]; *Rat ~* deliberare, consultare; *Unterhandlungen ~* agere cum; **2.** *intr.* (*gewohnt sein*) solēre, consuevisse; mos est [mihi].
Pfleger *m* cultor *m,* curator *m.*
Pflegesohn, Pflegling *m* alumnus *m.*
Pflegevater *m* educator *m* et altor *m.*
pfleglos omni curā carens; (*unangebaut*) incultus.
Pflicht *f* officium *n*; (*religiöse*) religio *f*; *es ist meine ~* meum, *deine ~* tuum *usw., des Konsuls ~* consulis est; *seine ~ (nicht) tun* officium exsequi, servare, tueri, colere, praestare (officio deesse).

Pflichteifer *m* officii tuendi studium *n*, officium *n*.
pflichtfrei immunis.
Pflichtgefühl *n* officium *n*, religio *f*, fides *f*.
pflicht/gemäß, ~mäßig debitus, iustus, legitimus, probus, rectus, pius.
Pflichtmäßigkeit *f* officium *n*, lex *f*, probitas *f*, pietas *f*.
Pflichtteil *m od. n* portio *f* legitima.
pflichttreu officii diligens, religiosus, pius, magna (cum) fide.
Pflichttreue *f* fides 5 *f*, officium *n*.
pflichtvergessen officii immemor, impius, perfidus.
Pflichtvergessenheit *f* perfidia *f*, impietas *f*.
pflichtwidrig ab officio discrepans, iniustus, improbus, impius; contra officium.
Pflock *m* paxillus *m*.
pflücken carpere, vellere.
Pflug *m* aratrum *n*.
Pflugeisen *n* dens (*od.* culter) *m* aratri.
pflügen arare.
Pflüger *m* arator *m*.
Pflugochse *m* bos *m* arator.
Pflugschar *f* vomer *m*.
Pflugsterz *m*, *~e f* stiva *f*.
Pförtchen *n* portula *f*.
Pforte *f* porta *f*.
Pförtner *m* ianitor *m*.
Pfosten *m* postis *m*.
Pfote *f* pes *m*.
Pfrieme *f* fistula *f* (sutoria).
Pfriemenkraut *n* spartium *n* scoparium.
pfropfen inserere [arborem].
Pfropfen *n* insitio *f*.
Pfropfen *m* obturamentum *n*, cortex *m*.
Pfropfreis *n* surculus *m*.
Pfuhl *m* palus *f*; / gurges *m* [vitiorum].
Pfühl *m* culcita *f*, torus *m*.
pfui phui, turpe dictu.
Pfund *n* libra *f*, pondo *n* (*indecl.*); *ein ~ schwer* (*sein*) libralis (libram pondo valēre).
pfuschen imperite (*od.* inscienter *od.* male) facere.
Pfuscher *m durch* (*adj.*) imperitus, ignarus, malus.
Pfuscherei *f* opus *n* inscite factum; inscitia *f*.
Pfütze *f* lacūna *f*, stagnum *n*.

***Phänomenologie** *f* phaenomenologia *f*.
Phantasie *f* cogitatio *f*.
Phantasiebild *n* visum *n*, visio *f*, imago *f* cogitatione ficta (*od.* depicta).
phantasieren res cogitatione depingere, visa cogitatione informare; (*irrereden*) delirare, desipere.
Phantast *m* homo *m* ineptus; *ein ~ sein* vaticinari.
Phantasterei *f* ineptiae *f/pl.*
phantastisch ineptus.
Phantom *n* somnium *n*, commentum *n*.
Pharisäer *m* pharisaeus *m*; / simulator *n*.
pharisäisch * pharisaeorum *gen. pl.*; (*heuchlerisch*) simulationis amans, simulator.
Philolog *m* antiquitatis scriptorum veterum litterate peritus, philologus *m*, grammaticus *m*, homo *m* litteratus.
Philologie *f* antiquitatis studium *n*, antiquarum litterarum studia *n/pl.*, humanitatis studium *n* (*od.* disciplina *f*, doctrina *f*).
Philosoph *m* philosophus *n*, sapientiae studiosus *m*.
Philosophie *f* philosophia *f*, sapientiae studium *n*.
philosophieren philosophari; disputare.
philosophisch philosophus, ad philosophiam pertinens; *mst durch* (*gen.*) philosophiae, philosophorum, de philosophia *u. Ä.*; *das* ℒ*e* quae sunt in philosophia.
Phlegma *n* tarditas *f* (ingenii), inertia *f*.
phlegmatisch tardus, iners, lentus.
***Phonometer** *n* phonometrum *n*.
***Phonotypie** *f* phonotypia *f*.
***Photographie** *f* photographum *n*.
Phrase *f* locutio *f*; *pl.* flosculi *m/pl.* verborum; *das sind ~n* detrita ista!
Physik *f* res *f/pl.* caelestes; doctrina *f* de rerum natura.
physikalisch physicus, naturalis.
Physiker *m* physicus *m*.
physisch physicus, naturalis; (*gen.*) naturae, corporis.
pichen picare, pice oblinere.
Picke *f* dolābra *f*.
Pickelhaube *f* cassis, idis *f*.
picken rostro tundere.
Picknick *n* convivium *n* de symbolis.

P

piepen pipiare.
pikant acer, acutus; / acutus, salsus, argutus.
Pike *f* contus *m*, hasta *f*.
Pikenträger *m* (miles *m*) hastatus.
Pilger *m* viator *m*; peregrinator *m*.
pilgern migrare.
Pille *f* pilula *f*.
Pilz *m* fungus *m*, boletus *m*.
Pinie *f* pinus *f*.
Pinsel *m* penicillus *m*; / (*Einfalts*≈) homo *m* stultus.
Pinselstrich *m* linea *f*.
Pionier *m* faber *m* tignarius *bzw.* ferrarius.
Pirat *m* pirata *m*, praedo *m* maritimus.
Plackerei *f* diutinus labor *f*.
Plage *f* vexatio *f*; labor *m*, aerumna *f*; molestia *f*; malum *n*, incommodum *n*.
Plagegeist *m* vexator *m*, homo *m* molestissimus; crux *f*; *pl.* furiae *f/pl.*
plagen vexare, exercēre.
Plagen *n* vexatio *f*, cruciatus 4 *m*.
Plakat *n* edictum *n* promulgatum.
Plan *m* locus *m*, campus *m* planus; (*Abriss*) forma *f*, descriptio *f*; (*geistig*) consilium *n*, cogitatio *f*; propositum *n*; (*geregeltes Verfahren*) ratio *f* (*mst m. gen.*); e-n ~ *fassen* consilium capere (*od.* inire); e-n ~ *entwerfen* rationem [belli] instituere (*od.* describere).
planen meditari et cogitare, moliri [magna].
Planet *m* stella *f* errans.
planieren complanare.
Planke *f* tabula *f* [arripere de naufragio].
Plänkelei *f* concursatio *f*, procursatio *f*.
plänkeln levia proelia conserere, proeliis parvulis contendere.
Plänkler *m* veles *m*, praecursor *m*.
planlos temerarius; temere, nullā ratione, nullo consilio (susceptus, institutus *u. Ä.*).
Planlosigkeit *f* temeritas *f*, nulla ratio *f*, nullum consilium *n*.
planmäßig ratione (et viā), consilio, ordine (factus *od.* institutus *u. Ä.*).
Planmäßigkeit *f* ratio *f*, consilium *n*.
plappern blatterare, garrire.
Plastik *f* ars *f* fingendi; (*Werk*) signum *n*.
plastisch plasticus; ~*er Künstler* fictor *m*, sculptor *m*; *auch* toreutes, ae *m*.
Platane *f* platanus *f*.
platonisch Platonicus; ~ *lieben alqm* Socraticā fide diligere.
plätschern strepere.
Plätschern *n* strepitus 4 *m*.
platt planus [campus]; humilis.
Platte *f* tabula *f*; bractea *f*, lamina *f*; (*Schüssel*) lanx *f*.
Plattnase *f* nasus *m* simus.
Platz *m* locus *m*; spatium *n*; (*unbebauter*) area *f*; ~ *machen* viam (*od.* locum) dare, viam patefacere (*od.* aperire), homines submovere; de via decedere [occurrenti]; ~ *nehmen* considere, assidere; *auf dem* ~*e sein* adesse, praesto esse; *den ersten* ~ *einnehmen* primum locum (*od.* principatum) obtinēre; *auf dem* ~*e bleiben* in acie cadere; *den* ~ *behaupten* locum obtinēre, vincere; *am rechten* ~ loco, in loco.
Plätzchen *n* loculus *m*; (*Leckerbissen*) crustulum *n*.
platzen dissilire.
Platzregen *m* (subitus) imber *m*.
Plauderei *f* confabulatio *f*.
plaudern confabulari.
plausibel probabilis; ~ *machen* probare (iudicibus).
Plebejer *m* homo *m* plebeius (*od.* de plebe); *die* ~ plebs *f*.
plebejisch plebeius; *adv.* ut plebēi solent.
***Pleite** *f* ruinae *f/pl.* fortunarum.
***Plombe** *f* frustulum *n* plumbeum.
***plombieren** foramen dentis cariosi explēre.
plötzlich subitus (*adv.* subito), repentinus (*adv.* repente).
plump vastus, informis; / agrestis, rusticus, inurbanus.
Plumpheit *f* species *f* vasta (*od.* informis); / inertia *f*, rusticitas *f*, inurbanitas *f*.
Plunder *m* res *f* nullius pretii, quisquiliae *f/pl.*
Plünderer *m* spoliator *m*, direptor *m*, (*im Kriege*) populator *m*, praedator *m*.
plündern diripere [urbem], populari [agros].
Plündern *n*, **Plünderung** *f* direptio *f*, populatio *f*.
Plural *m* (numerus *m*) pluralis.
Pöbel *m* vulgus *n*, infima plebs *f*, multitudo *f*, faex *f* populi, sentina *f* rei publicae (*od.* urbis).

pöbelhaft sordidus, turpis, illiberalis.
Pöbelherrschaft *f* multitudinis dominatus 4 *m*.
pochen: *an die Tür* ~ ostium pulsare; ~ *auf* gloriari, se iactare, ferocem esse [nobilitate].
Pocke *f* variola *f*; *die* ~*n bekommen* variolis adfici; *die* ~*n haben* variolis laborare.
Podagra *n* podagra *f*.
Poesie *f* ars *f* poetica; carmina *n/pl.*
Pokal *m* poculum *n* (maius).
Pökelfleisch *n* caro *f* sale indurata.
***pökeln** sale inficere [carnem].
Pol *m* polus *m*, cardo *m*, vertex *m*.
Polarstern *m* septentrio *m*.
polieren polire, limare.
Politik *f* prudentia *f* (*od.* sapientia) civilis, rerum publicarum (*od.* rei publicae regendae) scientia *f*, civitatis constituendae sapientia *f*; ratio *f* civilis (*od.* rei publicae); acta *n/pl.* in re publica consilia; *System der* ~ disciplina *f* reipublicae capessendae; *äußere* ~ belli pacisque consilia *n/pl.*; *sich an der* ~ *beteiligen* rebus civilibus se immiscēre; / prudentia *f*, consilium *n*, calliditas *f*, artes *f/pl.*
Politiker *m* qui versatur in republica.
politisch civilis, publicus, popularis; *durch* civium, civitatis, reipublicae, in re publica *u. Ä.*; ~*e Erfahrung* usus 4 *m* tractandae reipublicae; ~*e Tätigkeit* reipublicae munera *n/pl.*; ~*es System* consilia *n/pl.* reipublicae capessendae; *meine* ~*e Stellung* meus in republica status 4 *m*; / prudens, callidus.
Polizei *f* disciplina *f* publica, publicae securitatis cura *f*, morum praefectura *f*; *konkr.* magistratūs 4 *m/pl.* (quibus morum praefectura et publicae securitatis cura delata est); aediles *m/pl.*, ministri *m/pl.* publici.
Polizeidiener *m* minister *m* publicus.
***Polizist** *m* custos *m* publicus.
***Polka** *f*: ~ *tanzen* polonice saltare.
Polster *n* (*Matratze*) culcita *f*; (*Kissen*) pulvinus *m*; (*für Götter*) pulvinar *n*.
polstern refercire; sternere [lectum vestimentis].
Polsterung *f* *konkr.* tomentum *n*.
poltern strepitum edere; (*heftig reden*) clamare; vehementer (*od.* aspere *od.* minaciter) loqui.
Poltern *n* strepitus 4 *m*; oratio *f* aspera (*od.* minax *od.* iracunda).
Polygamie *f* matrimonium *n* multiplex; *in* ~ *leben* plures simul uxores habēre.
Polyp *m* polypus *m*.
Pomade *f* unguentum *n*.
Pomp *m* pompa *f*, magnificentia *f*.
pomphaft magnificus, splendidus.
Ponton *n* ponto *m*.
Pony *m* mannus *m*.
Popanz *m* formido *f*.
populär popularis; populo gratus (*od.* acceptus); apud populum gratiosus; *sich* ~ *machen* auram favoris popularis petere; (*gemeinverständlich*) ad popularem sensum intellegentiamque accommodatus.
Popularität *f* favor *m*, gratia *f* popularis.
Pore *f* porus *m* (cutis), fistula *f*, foramen *n*.
porös fistulosus.
Porphyr *m* porphyrītes, ae *m*.
Porree *m* porrum *n*.
Portal *n* *etwa*: propylaeum *n*.
***Portemonnaie** *n* loculi *m/pl.*
Portier *m* ianitor *m*, ostiarius *m*.
Portion *f* pars *f*, portio *f*.
Porträt *n* exemplum *n* oris, effigies *f* ad exemplum expressa, imago *f* (picta).
portugiesisch Portugalensis.
Posaune *f* bucina *f*.
posaunen bucinā canere.
Posaunenbläser *m* bucinator *m*.
***Pose** *f* mala affectatio *f*.
positiv certus, exploratus; (*gramm.*) positivus; ~*es Recht* ius *n* civile; ~*es Gesetz* scripta lex *f*; ~ *wissen* certo scire.
Positur *f* status 4 *m*, gradus 4 *m*.
Posse *f* res *f* ridicula, iocus *m*; *pl.* nugae *f/pl.*, ineptiae *f/pl.*; ~*n treiben* iocari, nugari.
possenhaft ridiculus, iocularis; scurrilis.
Possenreißer *m* scurra *f*, nugator *m*.
Possenreißerei *f* scurrilitas *f*.
Possenspiel *n* fabula *f*.
possierlich ridiculus, iocularis.
Post *f* cursus 4 *m* publicus (*od.* vehicularis [-arius]); (~*wagen*) vehiculum *n* publicum.
***Post...** tabellarius.
Postament *n* basis *f*.
***Post/amt, ~gebäude** *n* aedes *f/pl.* tabellariae, officina *f* postalis.

Posten *m* locus *m*; (*Wacht*2) custodia *f*, statio *f*; (*auf*) ~ *stehen* in statione esse; *den* ~ *verlassen* (a) loco (dis)cedere, stationem deserere; (*militärisch besetzter Ort*) praesidium *n*; (*Amt, Stelle*) locus *m*, munus *n*, partes *f/pl.*; (*Geld*) summa *f*; (*Rate*) pensio *f*.
***Posthalter** *m* stationarius *m*.
Postkutsche *f* vehiculum *n* publicum.
Postpferd *n* equus *m* cursualis.
Postwesen *n* res *f* vehicularia.
Pracht *f* magnificentia *f*, splendor *m*.
prächtig magnificus, splendidus; apparatus [epulae].
Prachtliebe *f* magnificentia *f*.
prachtliebend magnificus.
Prachtstück *n* opus *n* magnificum (*od.* singulare); *mst durch adj. prächtig*.
Prädikat *n* attributio *f*, (*gramm.*) praedicatum *n*; titulus *m*, cognomen *n*.
prägen cudere.
prahlen se efferre, gloriari [in, de virtute, veterum nominibus], se iactare, gloriosius praedicare de; ~ *mit* ostentare [prudentiam], iactare, venditare.
Prahler *m* homo *m* gloriosus, ostentator *m*.
Prahlerei *f* iactatio *f*, gloriatio *f*, ostentaio *f*, magniloquentia *f*, vaniloquentia *f*.
prahlerisch gloriosus, magniloquus, vaniloquus, magnificus.
praktisch usu peritus, exercitatus; commodus [iter]; *mst mit* usus *zu umschreiben*; *oft unübersetzt* [~*er Verstand* prudentia *f*, ~*e Übung* exercitatio *f*, ~*e Erfahrung* usus 4 *m*, ~*er Nutzen* utilitas *f u. a.*].
praktizieren exercēre, factitare [medicinam]; (*vom Anwalt*) causas agere, in foro versari (esse).
prall strictus.
prallen: *an etw.* ~ allidi ad alqd.
prangen splendēre, conspici.
Pranger *m* palus *m*; *an den* ~ *stellen* ignominiae obicere.
***Prärie** *f* campi *m/pl.* herbidi.
Präsident *m* praeses *m*, princeps *m*, qui praeest [iudicio].
präsidieren praesidēre, praeesse [iudicio].
prasseln fragorem edere.
Prasseln *n* fragor *m*.
prassen helluari, luxuriose vivere.
Prasser *m* helluo *m*, nepos *m*.
Prätendent *m* regni aemulus *m*.
Prätor *m* praetor *m* (*adj.* praetorius).
Prätorianer *m* (miles *m*) praetorianus.
Praxis *f* usus 4 *m*; negotia *n/pl.*; (*Tunlichkeit*) facultas *f*; *die* ~ *aufgeben* (*jur.*) causas agere desinere; (*med.*) curandi finem facere.
predigen 1. *intr.* contionari; **2.** *trans.* praedicare, docēre, hortari ad.
Prediger *m* contionator *m*.
Predigt *f* oratio *f* (sacra).
Preis *m* pretium *n*; *wie ist der* ~? quanti hoc venit (*od.* emptum est)?; *um jeden* ~ quanti vis, *adv.* quacunque condicione; *um keinen* ~ nequaquam; (*Belohnung*) praemium *n*; merces *f*, (*Sieges*2) palma *f*; laus *f* (*auch pl.*); *den* ~ *davontragen* palmam ferre.
preisen praedicare; laudare, laudibus celebrare (*od.* ferre *od.* efferre).
preisgeben ab-, proicere, prodere, deserere, destituere; *eine Stadt zur Plünderung* ~ urbem diripiendam concedere (*od.* permittere); dare, profundere [vitam], offerre, obicere [se morti].
preiswürdig 1. ~*e Ware* merx *f* proba; **2.** (*lobenswert*) laudabilis, laude dignus, egregius, eximius, praedicandus.
prellen fallere, decipere; emungere [argento].
Presse *f* prelum *n*; (*Kelter*) torcular *n*; * (*Zeitungswesen*) acta *n/pl.* diurna.
pressen premere.
***Prestige** *n* auctoritas *f*, dignitas *f*.
Priester *m* sacerdos *m*; ~ *des Jupiter* flamen *m* Dialis, ~ *des Mars* flamen *m* Martialis *u. a.*
Priesteramt *n* sacerdotium *n*.
Priesterin *f* sacerdos *f*.
Priesterkleid *n* vestis *f* sacerdotalis, ornamenta *n/pl.* sacerdotalia.
priesterlich sacerdotalis, (*gen.*) sacerdotis (-tum).
Priesterschaft *f* sacerdotes *m/pl.*
Priesterstand *m* sacerdotum ordo *m*.
Priestertum *n* sacerdotium *n*, sacerdotes *m/pl.*
Priesterwürde *f* sacerdotium *n*.
Primat *m* principatus 4 *m*.
Prinz *m* puer (*od.* adulescens) *m* regius, filius *m* regis (*od.* principis *od.* imperatoris); regulus *m*.

P

Prinzessin *f* virgo *f* regia, filia *f* regis (*od.* principis *od.* imperatoris); *übh.* princeps femina *f.*
Prinzip *n* (*Grundstoff*) (primum) initium *n*, fons *m*, causa *f*; (*Grundsatz*) *die Ehre zum ~ alles Denkens und Handelns machen* omnia consilia atque facta ad dignitatem referre; *pl.* (*feste Bestimmungen*) leges *f/pl.* impositae; *ich habe das ~* mihi placet, mea haec est ratio.
Prinzipal *m* magister *m*, erus *m*, dominus *m.*
prinzipiell 1. *adj.*: *~e Fragen* generum universa quaestio *f*; *es ist ein ~er Unterschied zwischen diesen Dingen* haec genere universo inter se differunt; **2.** *adv.* ratione (stabili firmāque), iudicio.
Prise *f* (*erbeutetes Schiff*) navis *f* capta *od.* intercepta.
privat, Privat... privatus, domesticus; proprius; secretus.
Privataudienz *f*: *j-m e-e ~ erteilen* ad secretum sermonem alqm sevocare; *j-n um e-e ~ bitten* petere ab alqo, ut sibi secreto cum eo agere liceat; *e-e ~ erhalten* secretum nancisci, intra cubiculum audiri.
Privateigentum *n* res *f* privata, res *f/pl.* privatae.
Privatfeind *m* inimicus *m.*
privatim privatim, intra (privatos) parietes, intra cubiculum.
Privatinteresse *n* utilitas *f* privata (*od.* domestica), commodum *n* privatum.
privatisieren in otio vivere, in umbrā degere.
Privatzimmer *n* cubiculum *n.*
Privilegium *n* ius *n* praecipuum, beneficium *n*, commodum *n*; (*Freiheit von Leistungen*) immunitas *f.*
Pro: *~ und Kontra* in utramque partem.
Probe *f* **1.** *abst.* tentatio *f*, probatio *f*; (*angestellter Versuch*) experimentum *n*, periculum *n*; *die ~ machen mit* experiri, tentare, periculum [fidei] facere; **2.** *konkr.* (*Probestück*) specimen *n* (*nur sg.*), documentum *n*, exemplum *n*; (*erster Beweis*) rudimentum *n*, tirocinium *n*; *die ~ ablegen* specimen dare (*od.* edere *od.* proponere).
probehaltig experimento probatus, igni spectatus, verus.
probieren tentare, experiri; explorare.
Probierstein *m* lapis *m* Lydius; / obrussa *f*, index *m.*
Problem *n* quaestio *f.*
problematisch incertus, dubius, difficilis.
Produkt *n* quod gignitur, nascitur e terra; fructus 4 *m*; *math.* summa *f* (ex multiplicatione) effecta.
produktiv: *~er Kopf* ingenium *n.*
***Produzent** *m* artifex *m* et fabricator *m* (mercium); *Getreide~* arator *m.*
produzieren 1. gignere, (pro)creare, proferre, edere; **2.** *sich ~* in medium prodire.
profan profanus.
profanieren profanare, polluere.
Professor *m* professor *m.*
Professur *f* professoris munus *n.*
Profil *n* imago *f* obliqua.
profitieren 1. *trans.* lucrari alqd; **2.** *intr.* lucrum facere (*od.* capere) ex alqā rē, emolumentum habēre.
Programm *n* libellus *m*; edictum *n.*
progressiv gradatim, sensim.
Projekt *n* consilium *n.*
Proklamation *f* edictum *n.*
Proletarier *m* proletarius *m*, egens *m.*
Prolog *m* prologus *m.*
prompt diligens.
***Propeller** *m* propulsor *m.*
Prophet *m* propheta *m*, vates *m* (haruspex *m*, augur *m*).
Prophetin *f* prophetis *f*, vates *f.*
prophetisch fatidicus, divinus, divino (quodam) instinctu agiatus (*od.* prolatus *u. Ä.*); furens.
prophezeien praedicere, praenuntiare, vaticinari, augurari, canere.
Prophezeiung *f* vaticinatio *f*, divinatio *f*, praedictio *f*; vaticinium *n*, praedictum *n.*
Prophylaxis *f* prophylaxis *f.*
Proportion *f* comparatio proportioque *f.*
proportional pro rata parte.
proportioniert aequalis et congruens.
Prosa *f* oratio *f* (soluta), prosa oratio *f*; sermo *m* pedester.
Prosaiker *m* solutae orationis scriptor *m.*
prosaisch solutus; / exilis, ieiunus.
Protest *m* intercessio *f.*
protestieren intercedere; vetare; reclamare.
Protokoll *n* tabulae *f/pl.*, acta *n/pl.*,

P

commentarii *m/pl.*; *amtliche* ~e monumenta *n/pl.* publica.
protokollieren in tabulis consignare, in tabulas referre.
Proviant *m* cibus *m*, cibaria *n/pl.*, victus 4 *m*, frumentum *n*; commeatus 4 *m*. [annona *f*.
Proviantwesen *n* res *f* frumentaria,
Provinz *f* provincia *f*; *zur* ~ *machen* in provinciae formam redigere.
Provinzbewohner, Provinzler *m* provincialis *m*, rusticus *m*.
Provinzial... provincialis.
Prozent *n* centesimae *f/pl.*; *zwei (drei, vier)* ~ binae (ternae, quaternae) centesimae *f/pl.*
Prozess *m* causa *f*, lis *f*; (*allgem.*) res *f*, (*gerichtliches Verfahren*) actio *f*; *den* ~ *führen* litem orare; *den* ~ *gewinnen* causā (*od.* iudicio) vincere; *den* ~ *verlieren* causā cadere, litem *od.* causam amittere.
Prozessführung *f* causa actio *f*; *mst durch Verba.*
prozessieren litigare, litem habēre, lege (*od.* lite) agere cum.
Prozession *f* pompa *f*; *eine* ~ *halten* pompam ducere.
Prozesskosten: *die* ~ litis summa *f*.
prozesssüchtig litigiosus, litium cupidus.
***prüde** pudicum simulans.
prüfen tentare, experiri; explorare, examinare; *das Herz* ~ mentem pertractare.
Prüfung *f* tentatio *f*, spectatio *f*, examen *n*; *pl.* (*Unglück*) res *f/pl.* adversae, miseriae *f/pl.*, difficultates *f/pl.*
Prügel *m* **1.** (*Stock*) baculum *n*; (*Knüttel*) fustis *m*; **2.** (*Schlag*) verber 3 *n*.
prügeln verberare, pulsare.
Prügelei *f* rixae *f/pl.*
Prunk *m* pompa *f*, apparatūs *m/pl.* magnifici.
prunken splendēre; ~ *mit* prae se ferre [opes].
prunkhaft splendidus, magnificus; *adv.* splendide, magnifice.
prunklos simplex.
Prunktisch *m* abacus *m*.
Psalm *m* psalmus *m*.
Psalmist *m* psalmista *m*.
Psalter *m* psalterium *n*.
pseudonym falso (*od.* alieno) nomine.
***Psychologie** *f* psycologia *f*.
Publikum *n* homines *m/pl.*, populus *m*, vulgus *n*, spectatores *m/pl.*, auditores *m/pl.*, lectores *m/pl.*, corona *f*, theatrum *n*; *kein* ~ *haben* vacare populo.
***Pullmanwagen** *m* automaton *n*.
Puls *m* venarum (*od.* arteriarum) pulsus 4 *m*; *der* ~ *schlägt* venae micant *od.* moventur.
Pulsader *f* arteria *f*.
pulsieren micare. [toria.
Pult *n* pulpitum *n*, mensa *f* scrip-
Pulver *n* pulvis *m*; *keinen Schuss* ~ *wert sein* nihili esse.
Pumpe *f* antlia *f*.
pumpen antliam agitare; antliā (ex)haurire [aquam].
Punkt *m* punctum *n*; / (*zeitl.*) punctum *n* (*od.* momentum *n*) temporis; *auf dem* ~*e stehen, etwas zu tun* in eo est (*od.* prope est) ut; (*Stelle*) locus *m*, pars *f*; (*Hauptabschnitt*) caput *n*; (*e-r Untersuchung od. Schrift*) locus *m* (*pl.* loci); (*die in Frage stehende Sache*) res *f*; *in diesem* ~*e* hac in re; ~ *für* ~ singillatim; singula *n/pl.*; *an einem* ~ *vereinigen* in unum colligere.
punktieren punctis distinguere.
pünktlich diligens.
Pünktlichkeit *f* diligentia *f*, religio *f*.
Pupille *f* pupilla *f*.
Puppe *f* pupus *m*, pupa *f*; (*e-s Insekts*) nympha *f*.
Purpur *m* purpura *f* (*adj.* purpureus).
Purpurfarbe *f* purpura *f*, conchylium *n*; (*Purpursaft*) ostrum *n*.
Purpurmantel *m* amiculum *n* purpureum.
purpurn, purpurrot purpureus, purpureo colore; (*mit Purpur gefärbt*) conchylio tinctus, conchyliatus; ~ *werden* purpurascere.
Purpurschnecke *f* murex *m*, conchylium *n*.
Purpurstreifen *m* clavus *m* [latus, angustus].
Putsch *m* seditio *f*.
Putz *m* ornatus 4 *m*, ornamentum *n*.
putzen putare [arborem]; purgare; ornare.
Putztisch *m* abacus *m*.
***Pyjama** *m* tunica *f* nocturna.
Pyramide *f* pyramis *f*.
Pyrenäen *pl.* Pyrenaei montes *m/pl.*; *gew.* Pyrenaeus saltus 4 *m*; Pyrenaeus *m*.

Q

Quacksalber *m* medicus *m* imperitus; pharmacopola *m* circumforaneus; artifex *m* improbus.
quacksalbern imperite *n* medicina versari.
Quader(stein) *m* saxum *n* quadratum.
Quadrat *n* quadratum *n.*
Quadrat... quadratus.
quaken coaxare.
quäken vagire, vagitum edere.
Qual *f* cruciatus 4 *m.*
quälen (ex)cruciare, torquēre, excarnificare; vexare, mordēre, pungere.
Quäler, Quälgeist *m* vexator *m.*
Qualität *f* natura *f*; bonitas *f*; nota *f.*
qualitativ: ~ (*nicht quantitativ*) *Wert haben* genere (non magnitudine, numero, gradu) valēre.
Qualm *m* vapor *m*, fumus *m.*
qualvoll acerbissimus.
Quantität *f* numerus *m*, magnitudo *f*, gradus 4 *m.*
quantitativ multitudine; numero; ~, *nicht qualititiv verschieden sein* inter se magnitudine et quasi gradibus, non genere differre; *nur qualitativen, nicht ~en Wert haben* genere valēre, non magnitudine.
Quarantäne *f* tempus *n* valetudini probandae praestitutum.
Quark *m* coagulum *n* lactis, caseus *m* mollis.
Quart *n* quarta pars *f*, (*als Maß*) quadrans *m*; (*v. Format*) forma *f* quaternaria.
Quartal *n* spatium *n* trimestre.
quartalweise quarto quoque mense.
Quartformat *n* forma *f* quaternaria.
Quartier *n* (*einer Stadt*) pars *f*, vicus *m*, regio *f*; (*Herberge*) hospitium *n*, deversorium *n*; ~ *haben* habitare apud, tecto receptum esse ab; *im ~ liegen* in hospitiis collocatum esse.
Quecksilber *n* argentum *n* vivum.
Quelle *f* fons *m*; (*eines Flusses*) caput *n*; / *hier ist die ~ aller Übel* hinc nascuntur omnia mala; *aus sicherer ~ wissen* certo auctore comperisse.
quellen scatēre, scaturire, manare; (*anschwellen*) turgescere.
quellenreich fontibus abundans.
Quellnymphe *f* Naias, Nais *f.*
Quellwasser *n* aqua *f* fontana (*od.* viva).
quer transversus, transversarius.
Querbalken *m* tignum *n* transversum *od.* transversarium.
Querbank *f* transtrum *n.*
Quere *f*: *in die ~* in (*od.* per) transversum; ex (*od.* de) transverso; *in die ~ kommen* intervenire.
querfeldein ex (*od.* de) transverso.
Querkopf *m* homo *m* praeposterus *od.* perversus.
Quersack *m* mantica *f.*
quetschen elidere, comprimere, contundere.
Quetschung *f* contusio *f.*
quieken vagire.
Quintessenz *f* flos *m.*
Quirl *m* rudicula *f.*
quirlen rudiculā agitare (*od.* versare).
quitt solutus; ~ *sein mit* pares rationes habēre cum.
Quitte *f* malum *n* cydonium.
Quittenbaum *m* cydonia *f.*
quittengelb melinus.
quittieren acceptum testari (*od.* referre); *ein Amt ~* munere se abdicare.
Quittung *f* apocha *f.*
Quote *f* pars *f*, portio *f.*

R

***Rabatt** *m* remissio *f*; *10% ~ geben* remissionem centesimarum denarum facere.
Rabe *m* corvus *m* (*adj.* corvinus).
Rabengeschrei *n* crocitus 4 *m.*
Rabenmutter *f* mater *f* impia.
rabenschwarz nigerrimus.
Rabenvater *m* pater *m* impius.
rabiat rabidus, rabiosus, furens, furiosus, furibundus.
Rache *f* ultio *f*, ira *f*; (*Genugtuung*) vindicta *f*; (*Vergeltung*) poena *f* (*auch pl.*).
Rachegeist *m* furia *f*, dea *f* ultrix.
Rachegöttin *f* furia *f*, dea *f* ultrix.
Rachen *m* fauces *f/pl.*, os *n.*

R

rächen ulcisci; (*gesetzmäßig*) vindicare; persequi, punire; *sich ~ an* ulcisci [hostem] pro, poenas [scelerum] expetere (*od.* repetere) ab; vindicare in [reum].
Rächer *m* ultor *m*, vindex *m*.
Rächerin *f* ultrix *f*, vindex *f*.
Rachgefühl *n* ulciscendi cupiditas *f*; dolor *m*.
rachgierig ulciscendi (*od.* poenae) cupidus.
Rachsucht *f* ira *f*.
***Racket** *n* reticulum *n*.
Rad *n* rota *f*; *ein ~ schlagen* cernuare.
***Radar** *n* radar (*indecl.*).
Rädchen *n* rotula *f*.
radebrechen verba corrupte pronuntiare.
Rädelsführer *m* (seditionis) princeps *m* (*od.* caput *n od.* dux *m od.* auctor *m*).
rädern crura (rotā) frangere.
***Radfahrer** *m* vector *m* birotae, birotarius *m*.
radieren radere, eradere.
radikal (*politisch*) rerum novarum cupidus; *adv.* radicitus, funditus.
***Radio** *n* arca *f* radiatilis.
***Radio(apparat** *m*) *n* machina *f* [radiatilis.]
Radspur *f* orbita *f*.
raffen arripere, corripere.
raffinieren (*reiner machen*) purgare.
raffiniert sollers, callidus; *~er Luxus* sollertia *f* luxuriae.
ragen eminēre, prominēre.
***Ragout** *n* minutal *n*, satura *f*.
Rahe *f* antenna *f*.
Rahm *m* flos *m* lactis.
Rahmen *m* margo *m*.
Rain *m* limes *m*, confinium *n*.
Ramme *f* fistūca *f*.
***Ramschwaren** *f/pl.* merces *f* viles.
Rand *m* margo *m*, ora *f*, labrum *n*; (*gemauerte Einfassung*) crepīdo *f*, (*Saum e-s Kleides*) limbus *m*, *übh.* extrema pars *f*; *an den ~ des Verderbens bringen* in summum discrimen deducere; *am ~e des Verderbens stehen* in summo discrimine versari.
Randbemerkung *f* verba *n/pl.* margini adscripta.
Rang *m* locus *m*, gradus 4 *m*; (*Stand*) ordo *m*; (*Würde*) dignitas *f*; *erster ~* princeps locus *m*, primus gradus 4 *m*, principatus 4 *m*; *der ~ eines Konsuls, Senators* consularis, senatorius.
Rangerhöhung *f* honoris augmentum *n*, dignitas *f* aucta, gradus 4 *m* altior; militia *f* honoratior, ordo *m* superior.
Rangordnung *f* ordo *m*, gradus 4 *m* dignitatis.
Rangstreit *m* honoris et dignitatis certamen *n*; *von zweien*: aemulatio *f* dignitatis; *e-n ~ haben* de loco contendere.
Ranke *f* bracchium *n*, clavicula *f*; pampinus *m*.
Ränke: *die ~* fraus *f*, dolus *m*, fallacia *f*, artes *f/pl.*, insidiae *f/pl.*; *~ schmieden* fallacias facere, dolum parare, fraudem moliri, calumniari.
Ränkeschmied *m* doli (*od.* fallaciarum) machinator *m*; *in Rechtssachen*: calumniator *m*.
ranken pampinos agere *od.* emittere (e pediculis).
ränkevoll fraudulentus, dolosus, insidiosus.
Ranzen *m* pera *f* (*dem.* perula *f*).
ranzig rancidus.
Rapier *n* rudis *f*.
Rappe *m* equus *m* niger.
rar rarus; *sich ~ machen* raro in publicum prodire, raro domo (*od.* foras) exire.
rasch celer, velox; *~er Entschluss* consilium *n* promptum.
Rasen *m* caespes *m*; **~platz** *m* locus *m* herbidus.
rasen furere, saevire; insanire, delirare.
rasend furens, furiosus, furibundus; / insanus, rabidus, furiosus, effrenatus, acerrimus; *~e Wut* impetus 4 *m* furoris.
Raserei *f* furor *m*, saevitia *f*; (*Tollwut*) rabies *f*.
***Rasierapparat** *m* machina *f* tonsoria.
rasieren barbam tondēre, (ab)radere.
Rasiermesser *n* culter *m* tonsorius, novacula *f*.
Rasse *f* genus *n*, stirps *f*; *von edler ~* nobilis.
rasseln crepare, strepere.
Rasseln *n* crepitus 4 *m*, strepitus 4 *m*.
Rast *f* quies *f*.
rasten quiescere.
rastlos assiduus, sedulus, impiger.
Rastlosigkeit *f* assiduitas *f*, sedulitas *f*.

Rasttag *m* dies *m* (militi) ad quietem datus.

Rat *m* **1.** *abst.* deliberatio *f*; consilium *n*; *zu* ~*e ziehen* in consilium adhibēre; consulere; **2.** *konkr.* consilium *n*; *auf den* ~ suasore, auctore [patre], admonitu [patris]; *keinen* ~ *wissen* inopem consilii esse; nescire, quid facere opus sit; *um Rat fragen* consulere; (*Ratsversammlung*) consilium *n*, senatus 4 *m*; (*als Titel*) consiliarius *m*, senator *m*.

Rate *f* pensio *f*.

raten suadēre, consilium dare, auctorem esse [belli gerendi], hortari, (ad)monēre.

Ratgeber *m* consilii auctor *m* (*od.* suasor *m*, hortator *m*, consiliarius *m*).

Rathaus *n* curia *f*.

ratifizieren sancire [pactum], confirmare [societatem].

Ration *f* portio *f*; cibus *m* (*od.* victus 4 *m*).

ratlos consilii inops.

Ratlosigkeit *f* consilii inopia *f*.

ratsam utilis, aptus, idoneus.

Ratschlag *m* consilium *n*.

ratschlagen deliberare, consultare de.

Ratschluss *m*: *nach göttlichem* ~ divino numine, divinitus.

Rätsel *n* aenigma *n* [proponere, solvere]; / res *f* obscura, ambages *f/pl.*

rätselhaft obscurus, ambiguus, perplexus; *adv.* per ambages.

Rätselhaftigkeit *f* obscuritas *f*.

Ratsherr *m* senator *m*.

Ratsherrenstand *m* ordo *m* senatorius.

Ratsmitglied *n* senator *m*.

Ratstag *m* dies 5 *m od. f* curiae.

Ratsversammlung *f* senatus 4 *m*.

Ratswahl *f* lectio *f*, senatorum; e-e ~ *anstellen od. vornehmen* senatum legere.

Ratte *f* mus 3 *m*; ★ (*Haus*~) mus 3 *m* rattus; (*Wander*~) mus 3 *m* decumanus.

rau asper; salebrosus [saxum]; / raucus, asper [vox]; durus [tempus]; horridus, agrestis [homo].

Raub *m* (*das Rauben*) raptus 4 *m*; rapina *f*; praedatio *f*; latrocinium *n*; *auf* ~ *ausgehen* praedatum (ex)ire; (*das Geraubte*) raptum *n*, praeda *f*; *vom* ~*e leben* rapto vivere; ~ *der Flammen werden* absumi (*od.* perire) flammis.

rauben 1. *intr.* praedam facere, praedari, rapinas facere, latrocinari; ~ *und plündern* agere et ferre; **2.** *trans.* rapere, abigere, auferre.

Räuber *m* raptor *m*, ereptor *m*; (*v. Gewerbe*) latro *m*, praedo *m*, praedator *m*; (*zur See*) pirata *m*.

Räuberbande *f* latronum grex *m*, latrocinium *n*.

Räuberhauptmann *m* latronum (*od.* praedonum) dux *m*.

räuberisch rapax, praedatorius.

Räubernest *n* receptaculum *n* praedonum *od.* latronum, locus *m* latronum plenus.

Raubgier *f* rapinarum (*od.* praedae) cupiditas *f*, rapacitas *f*.

raubgierig rapinarum (*od.* praedae) cupidus, rapax.

Raubschiff *n* navis *f* piratica (*od.* praedatoria).

Raubstaat *m* civitas *f* latrociniis assueta (*od.* infamis).

Raubtier *n* bestia *f* rapax.

Raubvogel *m* avis *f* rapax.

Raubzug *m* latrocinium *n*.

rauch (*mit Haaren bewachsen*) hirtus, hirsutus, hispidus, pilosus.

Rauch *m* fumus *m*; *nach* ~ *schmecken, riechen* fumum sapere, fumum redolēre.

rauchen fumare, fumum emittere.

Räucherfass *n* turibulum *n*.

räucherig, rauchig fumosus.

räuchern 1. *intr.* odores incendere; ~ *mit* suffire [thymo]; **2.** *trans.* fumo siccare (*od.* durare).

Räucherpfanne *f* turibulum *n*.

Räucherwerk *n* odores *m/pl.*, suffimentum *n*.

Rauchfang *m* fumarium *n*.

Rauchfass *n* turibulum *n*.

Rauchfleisch *n* caro *f* fumo siccata *od.* durata.

rauchig fumidus, fumosus.

Rauchkammer *f* fumarium *n*.

Rauch/säule, ~wolke *f* fumi volumen *n*; *von e-r Brandstätte*: fumus *m* incendii, fumi *m/pl.* incendiorum.

Rauchwaren *f/pl.* pelles *f/pl.*

Räude *f* scabies *f*.

räudig scabiosus, scaber.

Raufbold *m* homo *m* pugnax.

Raufe *f* crates *f*.

raufen vellere, vellicare; (*sich*) ~ *mit* rixari, manus conserere cum.

Rauferei *f* pugna *f*, rixa *f*, manūs 4 *f/pl.*

Rauheit *f* asperitas *f.*
Raum *m* spatium *n*; locus *m*; *beschränkter* ~ angustum *n*; ~ *geben* locum dare, indulgēre [irae], admittere.
räumen tollere; (*ausleeren*) purgare; *aus dem Wege* ~ de medio tollere; (*weggehen*) (ex-, de)cedere, abire [oppido]; relinquere locum; (*vom Feldherrn*) copias educere ex [oppido].
räumlich (*und zeitlich*) intervallo locorum (et temporum).
Räumlichkeit *f* loci natura *f.*
Räumung *f*: *nach* ~ *der Stadt* cum (ex) urbe excessum esset.
raunen: *ins Ohr* ~ insusurrare in aures, ad aurem.
Raupe *f* eruca *f*; (*am Helm*) iuba *f.*
Rausch *m* crapula *f*, ebrietas *f*; *e-n* ~ *haben* vino gravem esse; *sich einen* ~ *trinken* vino se onerare.
rauschen strepere, stridēre.
Rauschen *n* strepitus 4 *m*, stridor *m.*
räuspern: *sich* ~ screare.
Räuspern *n* screatus 4 *m.*
Raute *f* ruta *f*; (*geometrisch*) rhombus *m.*
***Razzia** *f* investigatio *f* hominum maleficorum.
Realien: *die* ~ res *f/pl.*
***Realschule** *f* schola *f* realis.
Rebe *f* palmes *m.*
Rebell *m* homo *m* seditiosus.
rebellisch seditiosus.
Rebenauge *n* gomma *f* vitis.
Reben/blut *n*, **~saft** *m* vinum *n.*
Rebenholz *n* lignum *n* viteum.
Rebenlaub *n* folia *n/pl.* vitis, pampini *m/pl.*
Rebenstock *m* vitis *f.*
Rebhuhn *n* perdix *f.*
Rechen *m* pecten *m.*
Rechen... arithmeticus.
Rechen/brett *n*, **~tafel** *f* tabula *f.*
Rechenfehler *m* error *m* calculi.
Rechenkunst *f* arithmetica *f u. n/pl.*
Rechenlehrer *m* magister *m* (*od.* doctor *m*) arithmeticorum.
***Rechenmaschine** *f* machina *f* computatrix.
Rechenmeister *m* arithmeticus *m.*
Rechenpfennig *m* calculus *m.*
Rechenschaft *f* ratio *f*; ~ *geben* rationem reddere [facti, de facto]; ~ *fordern* rationem reposcere ab.
rechnen 1. *intr.* ratiocinari; arithmetica(m) exercēre, in arithmeticis se exercēre; calculos (*od.* rationes) subducere, calculum ponere, rationem putare cum; ~ *auf* confidere [virtuti, virtute militum], spem ponere in [virtute]; *noch immer* ~ *auf* non desperare; *auch m.* exspectare, sperare; ~ *nach* (tempus, annos *u. a.*) describere, numerare ex; **2.** *trans.* rationem inire, computare; ~ *zu, unter* numerare, ponere [inter honestos, in bonis], ducere, habēre in numero [civium], referre (*od.* ascribere) in numerum [civium].
Rechnen *n* arithmetica *n/pl.*, computatio *f.*
Rechnung *f* ratio *f*, (*auch konkr.*); *die* ~ *ist richtig* ratio convenit; ~ *halten* rationem inire; ~ *führen* rationes conficere; ~ *vorlegen* rationem (*od.* calculos) subducere; *e-e* ~ *bezahlen* nomen (*od.* pecuniam debitam) solvere; *auf meine* ~ meo sumptu, meo nomine; *e-n Strich durch die* ~ *machen* rationes (*od.* consilia) [hostium] turbare; *nach meiner* ~ mea opinione; ~ *tragen* rationem habēre [valetudinis].
Rechnungsbuch *n* codex *m* accepti et expensi, tabulae *f/pl.*, rationes *f/pl.*
Rechnungsfehler *m* mendum *n.*
Rechnungsführer *m* procurator *m* a rationibus.
Rechnungswesen *n* rationes *f/pl.*
recht (*gerade*) rectus; (*passend*) aptus; (*genehm*) gratus; (*richtig, zutreffend*) rectus, iustus; (*gesetzlich*) iustus, legitimus; *ein* ~*er Mann* plane vir; *mir ist* ~ mihi gratum est (*od.* placet *od.* probatur); *zur* ~*en Zeit* (in) tempore, ad tempus; *am* ~*en Orte* in loco; *ein* ~*er Sohn* filius legitimus; *adv. auch* rite, ut par est; valde, admodum; ~ *oft* saepissime; *Recht haben* recte dicere (*od.* monēre), vera sentire.
Recht *n* (*menschliches*) ius *n* (*od. pl.* iura *n*); (*göttliches*) fas *n*; (*amtl. Befugnis*) potestas *f*; *mit* ~ recte, iure, merito; *mit vollem* ~ iure ac merito, meo (tuo *usw.*) iure, iustissime; *von* ~*s wegen* ipso iure; ~ *sprechen* ius dicere (*od.* reddere); ~ *geben* assentiri [monenti]; ~ *haben* recte dicere (*od.* monēre), vera sentire; ~ *behalten, im* ~ *sein* vincere.
Rechte *f* dextra (manus 4 *f*).

rechten controversiam habēre cum.
rechtens: *es ist ~* iure (*od.* lege) sanctum est, iustum est.
rechtfertigen purgare, excusare, defendere, culpā liberare.
Rechtfertigung *f* purgatio *f*, excusatio *f*, defensio *f*; *mst durch Verba.*
rechtgläubig orthodoxus.
Rechtgläubigkeit *f* orthodoxia *f*.
Rechthaberei *f* pertinacia *f*.
rechthaberisch pertinax (in sententia sua defendenda).
rechtlich legitimus, iustus.
Rechtlichkeit *f e-r Sache*: causa *f* iusta, iusta *alcs rei* ratio *f*; *v. Pers.*: probitas *f*; integritas *f*, innocentia *f*; abstinentia *f*.
rechtlos legum expers; *rechtlose Zustände* ius nullum.
rechtmäßig iustus, legitimus, iure (factus).
Rechtmäßigkeit *f* iusta ratio *f*, ius *n*, fides *f*, auctoritas *f*; *mst mit „rechtmäßig" zu geben.*
rechts dextrā, a dextra; ad dextram, dextrorsum.
Rechtsanspruch *m* ius *n*.
Rechts/anwalt, ~beistand *m* actor *m*, patronus *m* causae, advocatus *m*.
Rechtsbescheid *m* responsum *n*; *~ geben* de iure respondēre.
rechtschaffen probus, honestus, integer.
Rechtschaffenheit *f* probitas *f*, innocentia *f*.
rechtserfahren iuris peritus *od.* consultus.
Rechtserfahrenheit *f* iuris peritia *f od.* scientia *f*.
Rechts/fall *m*, **~frage** *f* causa *f*, quaestio *f* iudicialis.
Rechtsgang *m* ius *n*; *den ~ gehen lassen* iure agere.
Rechtsgefühl *n* iustitia *f*.
Rechtsgelehrsamkeit *f* iuris civilis scientia *f*.
Rechtsgelehrte(r) *m* iuris peritus (*od.* sciens); iuris (*od.* iure) consultus.
Rechtshandel *m* causa *f*, lis *f*; res 5 *f*.
Rechtshilfe *f*: *~ in Anspruch nehmen* iure agere; *~ gegen j-n in Anspruch nehmen* lege agere cum alqo.
Rechtskenntnis *f* iuris prudentia *f* (*od.* scientia *f*).
Rechtskosten *pl.* summa *f* (*od.* sumptus 4 *m*) litis.
Rechtskraft *f* legis vis *f*; *etw. hat ~* ius ratumque est alqd; *das Gesetz hat ~* lex valet.
rechtskräftig ratus.
Rechtskränkung *f* iniuria *f*.
Rechtslehre *f* doctrina *f* iuris.
Rechtslehrer *m* iuris interpres *m od.* professor *m*.
Rechtsmittel *n* ius *n*.
Rechtspflege *f* iuris dictio *f*; *durch* ius dicere.
Rechtssache *f* causa *f*.
Rechtsspruch *m* iudicis sententia *f*, decretum *n*.
Rechtsstreit *m* causa *f*, lis *f*.
rechtsum dextrorsum.
Rechtsverdreher *m* legum contortor *m*, calumniator *m*.
Rechtsverdrehung *f* malitiosa iuris interpretatio *f*, calumnia *f*.
Rechtsverfahren *n* actio *f*.
Rechtsverhältnis *f* ratio (*od.* condicio) *f* iuris.
Rechtsverletzung *f* iniuria *f*.
Rechtsweg *m*: *den ~ einschlagen* legibus experiri.
Rechtswissenschaft *f* iuris disciplina *f*.
rechtwinkelig rectis (*od.* quadratis) angulis.
rechtzeitig tempestivus, opportunus, (in) tempore, ad tempus.
recken tendere [manus ad caelum]; *sich ~* distendere nervos.
Rede *f* oratio *f*; sermo *m*; lingua *f*; dictum *n*, vox *f*; *die ~ kommt auf* sermo incidit in (*od.* de), mentio fit de; *es ist die ~ von* dicitur (*od.* agitur) de; *es geht die ~* fama est; *zur ~ stellen* appellare, rationem repetere a [filio] de, expostulare cum; *~ stehen* respondēre, rationem reddere; (*Vortrag*) oratio *f*; (*vor versammeltem Volke od. Heere*) contio *f*; (*vor Gericht od. im Senat*) actio *f*; *eine ~ halten* orationem habēre, verba facere; (*in einer Versammlung*) contionari.
Rede... oratorius, rhetoricus, (*gen.*) orationis, dicendi, loquendi.
Redefluss *m* flumen *n* orationis, facundia *f*.
Redefreiheit *f* arbitrium *n* loquendi, lingua *f* libera.
Redegabe *f* facultas *f* dicendi (*od.* oratoria); eloquentia *f*.
Redekunst *f* ars *f* dicendi (*od.* oratoria), rhetorica *f*.
Redekünstler *m* dicendi artifex *m*, rhetor *m*.

reden loqui; dicere; (*mit*) (col)loqui, sermonem habēre, sermocinari cum; (*feierlich*) fari; *zu ~ kommen auf* in mentionem [belli] incidere, commemorare; *nach dem Munde ~* assentari [principi], ad voluntatem [principis] loqui; *Gutes* (*Schlechtes*) *~ von* bene (male) dicere [consuli]; *um mit Cicero zu ~* ut Ciceronis verbis utar, ut ait Cicero; (*eine Rede halten*) dicere, verba facere, orationem habēre, contionari; *vor* (*zu*) *den Soldaten ~* apud milites contionari; *vor* (*zu*) *dem Volke ~* apud populum dicere.
Redensart *f* locutio *f*; vocabulum *n*, verbum *n*; (*leere Worte*) verba *n/pl.*
Rederei *f* sermones *m/pl.*, cantilena *f*.
redescheu sermones hominum fugiens.
Redeteil *m* pars *f* orationis, verbum *n*, vocabulum *n*.
Redeübung *f* exercitatio *f* oratoria *od.* dicendi; *in den Schulen*: declamatio *f*; *~en anstellen od. halten* se exercēre in dicendo, declamare, declamitare.
Redeweise *f* genus 3 *n* (*od.* modus *m*, consuetudo *f*) dicendi, sermo *m*, dictio *f*.
redlich bonus, probus, honestus.
Redlichkeit *f* probitas *f*, innocentia *f*. [*durch Verba.*]
Redner *m* orator *m*, rhetor *m*; *oft*
Rednerbühne *f* suggestus 4 *m*, (*zu Rom*) rostra *n/pl.*
rednerisch oratorius; (*die Redekunst betreffend*) rhetoricus; *adv.* oratorie; rhetorice.
Rednerschule *f* ludus *m* dicendi, officina *f* dicendi *od.* eloquentiae.
redselig linguā promptus; (*tadelnd*) loquax.
Redseligkeit *f* lingua *f* prompta; (*tadelnd*) loquacitas *f*.
reduzieren minuere, imminuere; *~ auf* ... redigere (*od.* recīdere) ad *mit acc.*
Reede *f* statio *f* navium.
Reeder *m* dominus *m* navis.
Reederei *f* navicularia *f*; *~ treiben* naviculariam facere.
reell verus, solidus (*Ggs.* inanis); fidus, probus.
Reellität *f* veritas *f*, soliditas *f*.
***Referat** *n* relatio *f*.
Referent *m* relator *m*; *mst durch Verba.*
referieren referre de, exponere.
reffen: *die Segel ~* vela contrahere *od.* subducere.
***reflektieren:** *~ auf* aspirare ad, animum attendere ad, petere.
Reflexion *f* **1.** (*das Reflektieren über etw.*) commentatio *f alcs rei*; **2.** (*Gedanke*) cogitatio *f*.
Reform *f durch* corrigere, emendare.
***Reformation** *f* disciplinae Christianae correctio *f*, emendatio *f*.
***Reformator** *m* sacrorum corrector *m* et emendator *m*.
reformieren emendare, corrigere, in melius mutare.
***Refrain** *m* versus 4 *m* intercalaris.
rege mobilis, alacer, vegetus, impiger, strenuus; *~ machen* excitare, (com)movēre; *~ Beteiligung* consessus 4 *m* frequens [spectantium]; *~s Leben haben* vigēre.
***Regal** *n* pluteus *m*, repositorium *n*.
***Regatta** *f* certamen *n* navigiorum.
Regel *f* lex *f*, praeceptum *n*, praescriptum *n*; (*Richtschnur*) regula *f*, norma *f*; *e-e ~ geben* legem (*od.* praeceptum) dare; *als ~ aufstellen* praecipere, praescribere; *in der ~* fere, vulgo, plerumque; ut (as)solet.
regellos lege (*od.* legibus) carens, sine lege, temere.
Regellosigkeit *f* nulla lex *f*.
regelmäßig rectus [figura] omnibus partibus absolutus et perfectus.
Regelmäßigkeit *f* concinnitas *f*; *~ der Glieder* apta membrorum compositio *f*.
regeln ad normam (*od.* regulam) dirigere, ad certam legem revocare.
regen movēre; *sich ~* se movēre moveri.
Regen *m* pluvia *f*; (*starker*) imber *m*.
Regen... pluvius, (*gen.*) pluviae, imbris, imbrium.
Regenbach *m* torrens *m*.
Regenbogen *m* arcus 4 *m* (caelestis).
regendicht imbribus impenetrabilis.
Regenguss *m* imber *m*.
Regenschauer *n* pluvia *f* repentina.
Regent *m* rerum publicarum rector *m od.* moderator *m*; rex *m*, princeps *m*; (*~ während der Minderjährigkeit des Herrschers*) procurator *m* regni; *~ sein* rei publicae praeesse.

R

Regentag *m* dies *m* pluvius.
Regentropfen *m* gutta *f* pluvia (*od.* pluviae *od.* imbris).
Regentschaft *f* imperium *n*; (*Stellvertretung*) procuratio *f* regni.
Regenwasser *n* aqua *f* pluvia (*od.* caelestis).
Regenwetter *n* tempestas *f* pluvia, caelum *n* pluvium, imbres *m/pl.*; *beständiges* ~ imbres *m/pl.* continui.
Regenwolke *f* nubes *f* imbre gravis.
Regenwurm *m* lumbricus *m.*
Regenzeit *f* tempus *n* pluviale, hiems *f*.
regieren 1. *trans.* regere, administrare; gubernare, imperare; (*gramm.*) (con)iungi cum, recipere; **2.** *intr.* regnare, dominari.
Regierung *f* regnum *n*, imperium *n*, summa potestas *f*; regimen *n*.
Regierungs... regni, imperii, rei publicae, rerum publicarum.
Regierungsantritt *m* principium *n* regni, regni initia *n/pl. od.* auspicia *n/pl.*
Regierungsform *f* forma *f* rei publicae *od.* imperii, ratio *f* (*od.* genus 3 *n*) rei publicae.
Regierungsgeschäfte *n/pl.* negotia *n/pl.* publica, administratio *f* regni (*od.* imperii, rei publicae), regis munia 3 *n/pl.*
Regiment *n* (*mil.*) legio *f*.
Region *f* regio *f*; (*Teil*) pars *f*; *die untere* ~ (*der Luft*) aër 3 *m*; *die höhere* ~ aether 3 *m*; *die höheren* ~*en* superiora *n/pl.*, caelum *n*.
***Regisseur** *m* dissignator *m* scaenarum.
Register *n* index *m*, tabulae *f/pl.*
registrieren in tabulas referre.
Reglement *n* lex *f*, disciplina *f*; (*mil.*) *nach dem* ~ more militiae.
regnen pluere [lapidibus].
regnerisch pluvius, pluviosus.
Regsamkeit *f* mobilitas *f*, alacritas *f*, vigor *m*, ingenium *n* impigrum.
regulär iustus; (*v. Truppen*) disciplinā militari assuefactus.
Regung *f* motus 4 *m.*
regungslos immotus; torpens.
Reh *n* caprea *f*.
Rehbock *m* capreolus *m.*
rehbraun cervinus.
reiben (con)terere; fricare [caput].
reich 1. (*v. Pers.*) dives, pecuniosus, locuples; opulentus; fortunatus; abundans [opibus]; ~ *machen* locupletare, divitiis augēre; ~ *sein an* abundare [pecuniā]; (*v. Sachen*) opulentus, locuples, uber, opimus, copiosus, largus; *ein* ~*es Leben* multa *f* vita.
Reich *n* imperium *n*, regnum *n*.
reichen 1. *trans.* porrigere, praebēre; **2.** *intr.* pertinēre ad, patēre [late]; satis esse, suppeditare ad; (*genügen*) satis esse, suppeditare ad.
reichhaltig copiosus, uber, abundans.
Reichhaltigkeit *f* copia *f*, ubertas *f*, abundantia *f*.
reichlich largus, amplus; ~ *spenden* largiri.
Reichskasse *f* aerarium *n*, fiscus *m*.
Reichssiegel *n* signum *n* imperii.
***Reichstag** *m* senatus 4 *m* imperii.
Reichsverweser *m* procurator *m* regni *od.* imperii; interrex *m*.
Reichtum *m* divitiae *f/pl.*, opulentia *f*; (*Mittel*) opes *f/pl.*; (*Vermögen*) facultates *f/pl.* / copia *f*, ubertas *f*, abundantia *f*.
reif maturus; tempestivus; ~*es Obst* poma *n/pl.* matura et cocta; ~*es Alter* aetas *f* provectior (*od.* confirmata); ~*es Urteil* iudicium *n* acre (*od.* firmum *od.* subtile).
Reif *m* (*gefrorener Tau*) pruīna *f*.
Reif *m* (*Ring*) anulus *m*, (*beim Fass*) circulus *m*; (*zum Spielen*) trochus *m*.
Reife *f* maturitas *f*, tempestivitas *f*.
reifen maturescere, ad maturitatem (per)venire, maturitatem assequi.
reifen: *es hat gereift* agri (*od.* prata *od.* arbores) albicant pruinis.
reiflich: *nach* ~*er Überlegung* rebus diligenter (*od.* accurate) perpensis.
Reigen *m* chorea *f*, chorus *m*; *e-n* ~ *aufführen* chorum agere (*od.* ducere).
Reihe *f* ordo *m*; (*Reihenfolge*) series *f*; *eine* ~ *von* multi, non pauci, continui [dies]; *Reih' und Glied halten* ordines servare; *in Reih' und Glied* in acie, acie instructa; *in Reih' und Glied stellen* aciem (*od.* ordnies) instruere (*od.* constituere); *nach der* ~ (ex) ordine, per ordinem, deinceps; *außer der* ~ extra ordinem; *jetzt kommt die* ~ *an dich* nunc tuae partes sunt.
reihen (ex) ordine collocare; addere [scelus sceleri].
Reihenfolge *f* series *f* [annorum].

R

Reiher *m* ardea *f.*
Reim *m* extremorum verborum similis sonitus 4 *m*, exitūs *m/pl.* versuum sono simili cadentes.
reimen versus facere (extremis syllabis consonantes *od.* similiter cadentes); *sich* ~ similiter cadere, extremis syllabis consonare; / *sich* ~ congruere, convenire inter se; *sich nicht* ~ discrepare.
Reimschmied *m* versificator *m.*
rein purus, mundus [supellex]; sincerus [vas]; merus [vinum]; / purus; castus, integer, incorruptus; ~*er Zufall* magnus casus 4 *m*; ~*es Gewissen* recta conscientia *f*; ~*e Wahrheit* summa veritas *f*; ~*e Stimme* clara vox *f*; *adv.* ~ *ausgeplündert* spoliatus expilatusque.
Reinheit *f* munditia *f*; integritas *f*, castitas *f.*
reinigen purgare, de-, re-, expurgare; / (*religiös*) lustrare, expiare; emendare [sermonem].
Reinigungsfest *n* februa *n/pl.*
Reinigungsopfer *n* sacrificium *n* lustrale, lustrum *n*, piaculum *n.*
reinlich purus, mundus.
Reinlichkeit *f* munditia *f.*
Reis *m* oryza *f.*
Reis *n* surculus *m*, sarmentum *n*; (*zum Flechten*) vimen *n.*
Reise *f* iter *n*, via *f*; (*zu Schiffe*) navigatio *f*; (*ins Ausland*) peregrinatio *f*; *glückliche* ~! bene ambula!
reisefertig ad iter ingrediendum paratus; *sich* ~ *machen* iter parare.
Reisegeld *n* viaticum *n.*
Reisegepäck *n* impedimenta *n/pl.*, sarcina *f.*
Reisegeschirr *n* vasa *n/pl.* viatoria.
Reisegesellschaft *f* itineris socii *m/pl. od.* comites *m/pl.*; viatores *m/pl.*, vectores *m/pl.*, convectores *m/pl.*
Reisehut *m* petasus *m.*
Reisekleid *n bei den Römern*: paenula *f*; *sonst*: vestimentum *n* itinerarium.
Reisekörbchen *n* cistula *f* viatoria.
Reisemantel *m* abolla *f.*
reisen iter facere; (*zu Schiff*) navigare; (*im Auslande*) peregrinari.
Reisende(r) *m* qui iter facit, qui est in itinere; (*bei der Ankunft*) advena *m*; (*Wanderer*) viator *m*; (*im Auslande*) peregrinator *m*; (*zu Schiff*) vector *m.*
Reiseplan *m* iter *n.*
Reisestab *m* baculum *n.*
Reisetasche *f* pera *f*, sacculus *m* viatorius.
Reisewagen *m* raeda *f*, cisium *n.*
Reiseziel *n* locus *m* petitus.
Reisholz, Reisig *n* sarmenta *n/pl.*
Reisige(r) *m* eques *m.*
Reißblei *n* plumbago *f*, molybdaena *f.*
***Reißbrett** *n* tabula *f* ad delineandum commoda.
reißen (*in Stücke*) scindere, discindere, rumpere [filum]; (*losreißen*) avellere, abripere; *an sich* ~ ad se rapere, arripere, occupare, potiri; *mit sich* ~ secum trahere, rapere; *intr.* (di)scindi, (di)rumpi.
reißend rapidus, violentus [amnis], rapax [lupus].
Reitbahn *f* hippodromus *m.*
reiten equitare, equo vehi (*od.* vectari); *sich müde* ~ equitando fatigari.
Reiten *n* equitatio *f*, ars *f* equitandi.
Reiter *m* eques *m*; (*im Gegensatz zum Pferde*) rector *m*, sessor *m.*
Reiter... equester, (*gen.*) equitis, equitum.
Reiterei *f* equitatus 4 *m*, equites *m/pl.* (*a. sg.*), copiae *f/pl.* equestres.
Reiterfahne *f* vexillum *n.*
Reitesel *m* asinus *m* clitellarius.
Reitknecht *m* agāso *m*, strator *m.*
Reitpferd *n* equus *m* ad equitandum idoneus.
Reitzeug *n* arma *n/pl.* equestria.
Reiz *m* stimulus *m*, irritatio *f*; blandimentum *n*, oblectamentum *n*; (*Schönheit*) venustas *f*; (*v. Gegenden*) amoenitas *f*; *körperliche* ~*e* venustas *f* et pulchritudo *f* corporis; *die Sache hat* ~ *für mich* res mihi placet, studio rei teneor, dulcedine rei moveor.
reizbar irritabilis, iracundus; ~ *sein* facile excitari (*od.* moveri).
Reizbarkeit *f* animus *m* irritabilis, iracundia *f.*
reizen movēre, commovēre; (*angenehm*) permulcēre; (*aufregen*) excitare, incitare, concitare; (*anspornen*) stimulare; (*aufreizen*) irritare, iram movēre; (*anlocken*) allicere, illicere, pellicere; (*aufwiegeln*) sollicitare; (*zum Kampfe herausfordern*) lacessere, provocare; (*entflammen*) incendere, inflammare.

reizend venustus [forma]; amoenus, delicatus [litus], blandus [voluptas].
reizlos omni venustate carens.
Reizmittel *n* blandimentum *n.*
Reizung *f* concitatio *f*; (*Lockung*) illecebra *f*; (*verführerische* ~) lenocinium *n*; (~ *zum Zorne*) incitatio *f.*
rekognoszieren loci situm (*od.* naturam) explorare (*od.* cognoscere); speculari.
Rekonvaleszent *m* qui (ex morbo) convaluit, convalescens.
***Rekord** *m* cumulus *m.*
Rekrut *m* novus miles *m*, tiro *m.*
relativ (*gramm.*) relativus; cum aliis (*od.* ceteris *od.* reliquis) comparatus.
***Relief** *n* opus *n* caelatum; (*Hoch*~) effigies *f* eminens.
Religion *f* religio *f* (*auch pl.*), pietas *f* erga deum; res *f/pl.* sacrae (*od.* divinae), sacra *n/pl.*, caerimoniae *f/pl.*
Religions... (*gen.*) religionis, sacrorum.
Religionseifer *m* religio *f.*
Religionsfreiheit *f* libera dei colendi potestas *f.*
Religionsstifter *m* auctor *m* religionis, conditor *m* sacri.
religiös pius, religiosus; ad sacra pertinens, sacer.
Religiosität *f* religio *f.*
Reliquie *f* hominis consecrati (*od.* rei consecratae) reliquiae *f/pl.*
Reminiszenz *f*: *eine* ~ res quae mihi in mentem venit, cuius memoria animum subit.
***Remise** *f* receptaculum *n* vehiculorum; horreum *n.*
***Rendezvous** *n* locus *m* ad conveniendum dictus; *sich ein* ~ *geben* tempus locumque constituere cum; *zum* ~ *kommen* ad constitutum venire.
Renegat *m* apostata *m.*
renken (ex)tendere.
Rennbahn *f* curriculum *n*, stadium *n*; (*für Wettrennen*) circus *m.*
rennen 1. *intr.* currere; cursu citato (*od.* effuso) ferri, ruere, praecipitare; ~ *nach* cursu effuso petere; **2.** *trans. über den Haufen* ~ prosternere; *das Schwert durch den Leib* ~ gladio transfigere; *mit dem Kopf gegen die Wand* ~ caput parieti impingere.
Rennen *n* cursus *m* citatus (*od.* effusus); equorum certamen *n.*
Renner *m* cursor *m.*
Rennfahrer *m* agitator *m*, auriga *m*; ~**klub** *m* factio *f.*
Rennpferd *n* equus *m* cursor (*od.* velox).
renommieren se iactare; *mit etw.* ~ iactare alqd.
renovieren renovare, reficere, restituere.
Rente *f* vectigal *n*, fructus 4 *m*, faenus *n*; (*jährliche*) alimenta *n/pl.* annua.
rentieren: *sich* ~ fructum ex se edere.
Repressalien *f/pl.*: ~ *gebrauchen* vim vi repellere, par pari referre.
Republik *f* libera res *f* publica (*od.* civitas *f*).
Republikaner *m* liberae rei publicae civis *m*, propugnator *m* communis libertatis.
republikanisch (quod est) liberae rei publicae.
requirieren imperare [equites civitatibus], exigere ab.
Reserve/(**truppen**) *f* (*pl.*): *die* ~ subsidia *n/pl.*, copiae *f/pl.* subsidiariae; *in* ~ *stehen* in subsidiis esse.
reservieren (*aufbewahren*) servare, adservare; (*beiseite legen*) reponere, seponere; (*aufsparen*) reservare.
Residenz *f* domus *f* regia (*od.* principis).
Residenzstadt *f* sedes *f* principis (*od.* regis), regni sedes *f* (*od.* caput *n*).
residieren sedem ac domicilium habēre.
Resignation *f* animi moderatio *f*, rerum humanarum contemptio *f*, patientia *f*, animi tranquillitas *f.*
Reskript *n* responsum *n*, rescriptum *n*, litterae *f/pl.*
Respekt *m* observantia *f*, reverentia *f*; *mit* ~ *zu sagen* absit invidia verbo!, honos sit auribus!
Rest *m* reliquum *n*, quod reliquum est, quod restat; (*Überbleibsel*) reliquiae *f/pl.*; residuum *n.*
Restant *m* debitor *m*, qui reliquatur.
***Restaurant** *n* taberna *f* deversoria, popina *f*, ganea *f*, ganeum *n.*
***Restaurateur** *m* caupo *m*, popinarius *m.*
restieren (*noch übrig sein*) reliquum esse, restare; (*noch nicht bezahlt haben*) reliqua debēre.
Resultat *n* eventus 4 *m*, exitus 4 *m*, summa *f.*

retten (con)servare, salutem afferre [reo], eripere, liberare, in tutum perferre; *sich* ~ se servare, servari, se expedire, confugere in [silvam], effugere ex; *gerettet sein* salvum (*od.* in tuto) esse.
Retter *m* (con)servator *m*, salutis auctor *m*, liberator *m*, vindex *m*; qui salutem dedit.
Rettich *m* raphanus *m*.
Rettung *f* conservatio *f*, auxilium *n*; *mst durch Verba*; salus *f*; *auf seine* ~ *bedacht sein* saluti suae consulere.
rettungslos desperatus; *rettungslose Lage* res *f/pl.* extremae.
Rettungslosigkeit *f* salus *f* nulla, desperatio *f*.
Rettungsmittel *n* via *f* salutis, auxilium *n*, remedium *n*.
***retuschieren** emendare [imaginem].
Reue *f* paenitentia *f*.
reuen: es *reut mich* paenitet me [vitae, vixisse].
reuig paenitentiā commotus.
Reuse *f* (*Fisch*~) nassa *f*.
Revanche *f* satisfactio *f*, ultio *f*, vindicta *f*.
revanchieren: *sich* ~ satisfacere; par pari referre; iniuriam sibi illatam ulcisci.
Revers *m* **1.** (*Rückseite e-r Münze*) ea pars *f* nummi, in quā insigne regni impressum est; **2.** (*schriftliches Angelöbnis*) syngrapha *f*; *sich e-n* ~ *ausstellen lassen* syngrapham exigere.
revidieren cognoscere, spectare, recognoscere; *e-e Schrift* ~ librum retractare; *e-e Rechnung* ~ rationem excutere.
Revier *n* ager *m*, regio *f*, saltus 4 *m* venantibus aptus.
Revolution *f* rerum (publicarum) commutatio *f* (*od.* eversio *f od.* conversio *f*), novae res *f/pl.*
revolutionär rerum novarum cupidus; seditiosus.
Rezept *n* praeceptum *n* (medici).
Rhetor *m* rhetor *m*, magister *m* dicendi.
Rhetorik *f* rhetorica *f*, praecepta *n/pl.* dicendi.
rhetorisch rhetoricus, oratorius.
Rhinozeros *n* rhinoceros *m*.
rhythmisch numerosus.
Rhythmus *m* numerus *m*.
Richtblei *n* perpendiculum *n*.
richten regere [fines]; (*wenden*) dirigere, convertere, flectere, attendere [animum] ad; *einen Brief* ~ *an* litteras dare (*od.* mittere ad); *sich* ~ *nach* obtemperare, obsequi voluntati [patris], se accomodare (*od.* fingere) ad voluntatem; (*jur.*) iudicium facere, iudicare de.
Richter *m* iudex *m*.
Richteramt *n* iudicandi munus *n*, iudicis partes *f/pl.*, iudicatus 4 *m*.
Richterin *f* iudex *f*.
richterlich (*gen.*) iudicis (-cum).
Richterspruch *m* sententia *f* (iudicis), iudicium *n*.
Richterstuhl *m* tribunal *n*; (*Gericht*) iudicium *n*.
richtig rectus, iustus, verus [sententia].
Richtigkeit *f* ratio *f* recta (*od.* iusta), veritas *f*; *mst durch* (*adj.*) *richtig*; *in* ~ *bringen* conficere; *die Sache hat ihre* ~ res ita se habet, convenit.
Richtmaß *n* norma *f*; (*Richtscheit*) regula *f*; (*Bleilot*) perpendiculum *n*; *der Zimmerleute*: amussis *f*.
Richtplatz *m* locus *m* supplicii; *zum* ~ *führen* ad supplicium ducere.
Richtscheit *n* regula *f*.
Richtschnur *f* norma *f*, regula *f*.
Richtung *f* regio *f*, via *f*; cursus 4 *m* [navium]; *in gerader* ~ rectā (viā); *nach allen* ~*en* in omnes partes, quoquoversus; *nach entgegengesetzter* ~ in contrarium; *in schräger* ~ in obliquum; *die* ~ *verlieren* a via aberrare; *eine andere* ~ *nehmen* iter (*od.* cursum) flectere; / natura *f*, ratio *f*, studium *n*, voluntas *f*, indoles *f u. Ä.*
Richtweg *m* iter *n* breve.
riechen 1. *trans.* olfacere, odorari; **2.** *intr.* olēre, redolēre [*nach* vinum].
Ried *n* locus *n* paluster, palustria *n/pl.*
Riedgras *n* carex *f*.
Riefe *f* canalis *m*; (*Vertiefung an Säulen*) strix *f*.
Riegel *m* obex *m*, repagulum *n*, (*kleiner*) pessulus *m*; *den* ~ *vorschieben* pessulum obdere [foribus]; / coërcēre, reprimere [fugam]; (*Querbalken*) tignum *n* transversum.
Riemen *m* lorum *n*; (*Wurf*~, *Schuh*~) amentum *n*.
Riese *m* homo *m* eximia corporis magnitudine.
rieseln (leni murmure) defluere, leniter sonare.
Rieseln *n* susurrus *m*.

R

Riesenbau *m* aedificii moles *f*.
Riesenwerk *n* moles *f*.
riesenhaft, riesig magnitudinis immanis (*od.* ingentis), maior quam pro humano habitu; *übh.* ingens, immanis, eximius, maximus, admirabilis.
Riff *n* cautes *f*, scopuli *m/pl*.
Rind *n* bos *m u. f*, iumentum *n*.
Rinde *f* cortex *m*; (*am Brot u. Ä.*) crusta *f*.
Rinder..., Rinds... bubulus, (*gen.*) bovis, boum.
Rinderherde *f* grex *m* boum *od.* armentorum, grex *m* bovillus.
Rinderhirt *m* bubulcus *m*.
Rinderstall *m* bubile *n*.
Rindvieh *n* (*einzelnes Stück*) bos *m u. f*, *koll.* boves *m/pl.*, armentum *n* (*u. pl.*).
Ring *m* (*am Finger*) anulus *m*; (*Ohrring*) inauris *f*; ~ *um den Mond* corona *f* lunae.
Ringeln *n* (*der Schlange*) spira *f*, orbis *m*.
ringeln: *sich* ~ in orbem sinuari.
ringen 1. *intr.* luctari; / contendere, niti, eniti, conflictari [inopiā]; **2.** *trans. die Hände* ~ manūs torquēre. [certamen *n*.]
Ringen *n* luctatio *f*; / contentio *f*,
Ringer, Ringkämpfer *m* luctator *m*, athleta *m*.
Ringfinger *m* digitus *m* anularis.
Ringkasten *m* pala *f* anuli.
Ringplatz *m* palaestra *f*.
Ringstein *m* anuli gemma *f*.
rings(um) circum, circa.
Ringschule *f* palaestra *f*.
Rinne *f* canalis *m*.
rinnen fluere; (*tröpfeln*) stillare.
Rippe *f* costa *f*.
Rippenstoß *m* ictus 4 *m* lateris.
Risiko *n* periculum *n*.
riskieren in aleam dare (*od.* ire), aleam iacere, periculo committere, dimicare de.
Riss *m* rima *f*, fissura *f*; *Risse bekommen* rimas agere.
rissig rimosus.
Ritt *m* equitatio *f*; *einen* ~ *machen* equo vectari (*od.* gestari).
Ritter *m* eques *m*.
Ritter... equester, (*gen.*) equitis (equitum).
ritterlich equester; / fortis, strenuus.
Ritterstand *m* ordo *m* equester.
Ritterwürde *f* dignitas *f* equestris.
Ritual *n* caerimoniae *f/pl*.
Ritze *f* rimā *f*, fissum *n*.
ritzen scindere, leviter vulnerare.
Rival *m* aemulus *m*.
rivalisieren certare cum.
***Roastbeef** *n* assa *n/pl.* bubula.
Robbe *f* phoca *f*.
Roche, ~n *m* (*Fisch*) raia *f*.
röcheln graviter spirare.
Röcheln *n* spiritus 4 *m* gravis.
Rock *m* tunica *f*.
Rocken *m* colus 4 *u.* 2 *m u. f*.
roden exstirpare.
Rogen *m* ova *n/pl.* piscium.
Roggen *m* secale *n*.
roh rudis, impolitus, infectus; (*ungekocht*) crudus; / rudis, incultus, agrestis, ferus.
Rohheit *f* feritas *f*, saevitia *f*, barbaria *f*; *mst durch* (*adj.*) *roh*.
Rohr *n* arundo *f*, canna *f*; *von* ~ arundineus.
rohrartig arundinaceus.
Rohrdach *n* tegulum *n* arundinum (*od.* cannarum, cannularum).
Rohrdickicht *n* arundinetum *n*, cannetum *n*.
Röhre *f* tubus *m*, fistula *f*, canalis *m*, sipho *m*.
Rohrfeder *f zum Schreiben*: calamus *m*.
Rohr/flöte, ~pfeife *f* arundo *f*.
Rolle *f* **1.** orbiculus *m*, rotula *f*; (*Walze*) cylindrus *m*, scapus *m*; (*das Aufgerollte*) volumen *n*; **2.** (*des Schauspielers*) partes *f/pl.*, persona *f*; *eine* ~ *spielen* partes agere (*od.* sustinēre), personam gerere; / simulare *mit a. c. i.*; *die erste* (*zweite*) ~ *spielen* primas (secundas) agere.
rollen 1. *trans.* volvere (de-, e-, pro-, convolvere); **2.** *intr.* volvi; *der Donner rollt* fragor intonat.
Roman *m* fabula *f* Romanensis.
romanhaft fabulosus, fictus.
romantisch dulcis, suavis; (*v. Gegenden*) amoenus.
Römer *m* homo *m* (*od.* civis) Romanus; *ein echter* ~ vir *m* vere Romanus.
Römerfeind *m* populo Romano inimicus.
Römerin *f* mulier (*od. als Bürgerin*: civis) *f* Romana; *e-e echte* ~ mulier vere Romana.
römisch Romanus; *die Bundesge-*

nossen sind gut ~ sociis animi Romani sunt.
Rose *f* rosa *f* (*adj.* roseus).
Rosenbeet *n* area *f* rosis consita.
Rosengarten *m* rosetum *n*, rosarium *n*.
Rosengewinde *n* sertum *n* roseum.
Rosenkranz *m* corona *f* rosacea.
Rosenöl *n* oleum *n* rosaceum.
rosenrot, rosig roseus.
Rosenstrauch *m* rosa *f*, frutex *m* rosae.
Rosine *f* acinus *m* uvae passae.
Rosinenwein *m* passum (vinum) *n*, vinum *n* acinaticum.
Rosmarin *m* ros *m* marinus.
Ross *n* equus *m*; *hoch zu* ~ insidens equo.
Rosshaar *n* saeta *f* equina.
Rost *m* (*am Getreide*) robigo *f*; (*am Eisen*) ferrugo *f*; (*am Erz*) aerugo *f*.
Rost *m* crates *f* ferrea.
rosten robiginem trahere, robigine obduci, in aeruginem incidere.
rösten frigēre, torrēre.
Rostfarbe *f* robigo *f*.
rostig robiginosus, aeruginosus.
rot ruber, rufus, rutilus; ~ *sein* rubēre; ~ *werden* (e)rubescere; ~*e Tinte* rubramentum *n*.
rotbraun badius, spadix.
Röte *f* rubor *m*.
Rötel *m* rubrīca *f*.
Röteln *pl.* (*e-e Hautkrankheit*) rubeolae *f*/*pl*.
röten: *sich* ~ (e)rubescere.
rotgelb fulvus. [rutilo.
rothaarig rufus, capillo rufo *od.*
Rotkopf *m* caput *n* rufum *od.* rutilum.
rötlich subruber, rutilus.
Rotstift *m* rubrīca *f*.
Rotte *f* turba *f*, manus 4 *f*; (*mil.*) manipulus *m*, turma *f*.
Rotwild *n* cervi *m*/*pl*.
Rotz *m* narium excrementa *n*/*pl.*; (*als Pferdekrankheit*) pituitae *f*/*pl*.
rotzig mucosus.
Rübe *f* rapa *f*, rapum *n*.
Rubin *m* carbunculus *m*.
ruchbar: ~ *werden* (di-, per)vulgari, in vulgus efferri; *überall* ~ *werden* percrebrescere.
ruchlos impius, nefarius, scelestus, improbus.
Ruchlosigkeit *f* impietas *f*, improbitas *f*; facinus *n* nefarium, scelus *n*.
Ruck *m* impetus 4 *m*, ictus 4 *m*, impulsus 4 *m*.

R

Rückblick *m* respectus 4 *m*.
rücken 1. *trans.* (loco) movēre; **2.** *intr.* moveri, se movēre; *an die Stelle* ~ succedere in locum; *ins Feld* ~ proficisci ad bellum.
Rücken *m* tergum *n*, (*von Tieren und Bergen*) dorsum *n*; *im* ~ a tergo, post tergum; (*adj.*) aversus; *auf dem* ~ *liegend* supinus; *den* ~ *kehren* se avertere, abire, discedere; *hinter dem* ~ inscio *od.* insciente [patre].
Rückenmark *n* dorsi medulla *f*.
***Rückfahrkarte** *f* tessera *f* itūs et reditūs.
Rückfall *m* recidiva *f*; *e-n* ~ *bekommen* in eundem morbum recidere.
Rückgang *m durch* deminutus [quaestus 4 *m*, negotia *n*/*pl.*].
rückgängig: *e-e* ~*e Bewegung machen* pedem referre, se recipere; *etwas* ~ *machen* irritum facere, rescindere, dirimere (*od.* in integrum restituere); ~ *gemacht werden* irritum fieri, ad irritum cadere, redigi.
Rückgrat *n* spina *f*.
Rückhalt *m* subsidium *n*; refugium *n*, receptus 4 *m*; *ohne* ~ libere, aperte.
Rückkauf *m* redemptio *f*.
Rück/kehr, ~kunft *f* reditus 4 *m*, reditio *f*.
rücklings retro; (*adj.*) supinus; a tergo; aversus.
Rucksack *m* pera *f*.
Rückschritt *m* regressus 4 *m*; *e-n* ~ *machen* languescere, dediscere quae quis didicit.
Rückseite *f* pars *f* aversa.
Rücksicht *f* respectus 4 *m*, ratio *f*; verecundia *f*, genus *n*; ~ *nehmen auf* rationem habēre [doloris]; *keine* ~ *nehmen* neglegere, nihil curare; *in, mit* (*ohne*) ~ *auf* (nulla) ratione habita (oblitus, immemor [rerum gestarum]); *in jeder* ~ ab (*od.* ex) omni parte, in omni genere, omnino.
rücksichtslos immodestus, parum reverens, importunus, protervus; immoderatus.
Rücksichtslosigkeit *f* immodestia *f*, reverentia *f* nulla, protervitas *f*, importunitas *f*.
rücksichtsvoll reverens, verecundus, modestus; *j-n* ~ *behandeln, j-m* ~ *begegnen* revereri alqm.

Rücksitz *m* sedes *f* aversa.
Rücksprache *f*: *~ nehmen mit* colloqui (*od.* communicare) cum, consulere [consulem].
Rückstand *m* reliqua *n/pl.*; *mit der Zahlung im ~ sein* nondum solvisse pecuniam.
rückständig praeteritus [stipendium]; *~er Mensch* qui temporibus servire nescit.
rückwärts retro, retrorsum; *oft mit* re- [*~ sehen* respicere]; (*von hinten*) a tergo.
Rückweg *m* reditus 4 *m*, reditio *f*; *s-n ~ nehmen* redire; *auf dem ~e* rediens.
ruckweise per intervalla.
Rückzug *m* reditus 4 *m*; (*mil.*) receptus 4 *m*; *zum ~ blasen* receptui canere; *das Zeichen zum ~ geben* signum receptui dare.
Rüde *m* (*Hund*) canis *m* (venaticus).
Rudel *n* agmen *n*, complures (*adj.*).
Ruder *n* remus *m*; (*Steuerruder*) gubernaculum *n*; *das ~ führen* gubernaculum regere (*od.* tenēre *od.* tractare), ad gubernaculum sedēre.
Ruderbank *f* transtrum *n*.
Ruderer, Ruderknecht *m* remex [*m.*]
Ruderholz *n* scalmus *m*.
rudern remigare, navem remis propellere, agere; *rückwärts ~* navem inhibēre remis.
Rudern *n* remigatio *f*, remi *m/pl.*
Ruderreihe *f* ordo *m* remorum.
Ruderschlag *m* pulsus 4 *m* remorum.
Ruderstange *f* contus *m*.
Ruderwerk *n* remi *m/pl.*
Ruf *m* vox *f*; *mst durch Verba*; (*Gerücht*) fama *f*, rumor *m*; (*Urteil anderer über j-n*) fama *f*, existimatio *f*, opinio *f*; *übler ~* mala fama *f*, infamia *f*; *in gutem* (*schlechtem*) *~ stehen* bene (male) audire ab.
rufen vocare; *~ lassen* arcessi iubēre; clamare [morientem nomine], conclamare [ad arma, incendium].
Rüge *f* reprehensio *f*; (*Schimpf*) ignominia *f*; (*berechtigte*) animadversio *f*.
rügen vituperare, reprehendere, verbis castigare, animadvertere [in iudices].
Ruhe *f* quies *f*; requies *f*; (*im Ggs. zu Aufregung und Störung*) tranquillitas *f*; (*Stille*) silentium *n*; (*im Ggs. zu Geschäften*) otium *n*; *sich zur ~ setzen* in otium se conferre; *~ haben vor* otium habēre ab; *zur ~ bringen* pacare; *in ~ lassen* non lacessere; *keine ~ lassen* exercēre [animos], urere [invidiam]; *~ gebieten* silentium imperare.
Ruhebank *f* sedile *n*.
Ruhebett *n* lectus *m*, lectulus *m*.
ruhen quiescere, quietem capere, quieti se dare; requiescere; (*zur Ruhe kommen*) acquiescere; (*Beruhigung finden*) conquiescere; *nicht ~* non cessare; iacēre [mortuus, mercatura]; *den Blick ~ lassen auf* obtutum figere in [imagine].
Ruheplatz *m* tranquillus ad quietem locus *m*, recessus 4 *m*.
Ruhepunkt *m* intermissio *f*, intervallum *n*.
Ruhesitz *m* sedes *f* ad quietem tranquilla.
Ruhestand *m* otium; *in den ~ versetzen* dare vacationem [muneris], removēre a publicis negotiis.
Ruhestätte *f* (*letzte*) sepulcrum *n*.
Ruhestörer *m* turbator *m*.
Ruhetag *m* dies *m* ad quietem datus.
ruhig quietus, otiosus, pacatus, tranquillus, sedatus; *sich ~ verhalten* quiescere.
Ruhm *m* gloria *f*, laus *f*; claritas *f*, nomen *n*; *sich ~ erwerben* gloriam consequi.
Ruhmbegierde *f* gloriae cupiditas *f* (*od.* aviditas *f*), laudis studium *n*.
ruhmbegierig gloriae cupidus, avidus, laudis studiosus.
rühmen praedicare, (col)laudare, laudibus ornare (*od.* celebrare *od.* efferre *od.* extollere); *sich ~* gloriari de, iactare [genus]; *sich selbst ~* de se ipsum praedicare.
Rühmen *n* praedicatio *f*, gloriatio *f*, praeconium *n*.
rühmlich gloriosus, laudabilis, laude dignus; *~ sein* gloriae (*od.* laudi) esse.
Rühmlichkeit *f* laus *f*.
ruhmlos inglorius, obscurus.
ruhmredig gloriosus, vaniloquus.
Ruhmredigkeit *f* gloria *f*, magniloquentia *f*, iactatio *f*.
Ruhr *f* dysenteria *f*.
rühren (com)movēre; *sich nicht ~* quiescere; *kein Glied ~ können* omnibus membris captum esse; *zu Tränen ~* lacrimas movēre (*pass.*

lacrimare, flēre); *das rührt mich nicht* non commoveor, non laboro de hac re; *sich ~* agere.
rührend aptus af animum (per-) movendum (*od.* ad misericordiam commovendam), miserabilis; flebilis, mollis.
rührig industrius, navus.
Rührigkeit *f* industria *f*, navitas *f*.
Rührung *f* animi motus 4 *m*, commotio *f*, dolor *m*, miseratio *f*.
Ruin *m* ruina *f*, naufragium *n* [rei familiaris]; *das war sein ~* hoc ei exitio fuit.
Ruine *f* parietinae *f/pl.*, moenia *n/pl.* diruta.
ruinieren perdere (*od.* evertere), in perniciem dare.
rülpsen ructare.
***Rumpelkammer** *n* cella *f* scrutorum.
Rumpf *m* corpus *n*, truncus *m*; (*e-s Schiffes*) alveus *m*.
rümpfen: *die Nase ~* nares corrugare; *die Nase ~ über* naso suspendere [ignotos].
rund rotundus; globosus; *~ abschlagen* praecise (*od.* plane) negare; *~heraus* aperte, libere.
Rund *n* orbis *m*.
Runde *f* orbis *m*; *die ~ machen* circumire [stationes].
runden rotundare, corrotundare; *sich ~* se rotundare, (cor)rotundari, in speciem orbis globari, in rotunditatem conglobari.
***Rundfunk** *m* radiotelephonia *f*, radii *m/pl.* aetheris; **~empfänger** *m* radiorum receptor *m*; **~sender** *m* radiorum missor *m*; **~sendestelle** *f* radiorum statio *f*.
Rundreise *f*: *eine ~ machen* circumire [urbes Italiae].
Rundschau *f* circumspectus 4 *m* in omnes partes.
Rundschild *m* clipeus *m*.
Rundschreiben *n* litterae *f/pl.* passim dimissae; *ein ~ an alle Staaten Griechenlands erlassen* litteras circum civitates totīus Graeciae dimittere.
***Rundtänzer** *m* gyri saltator *m*.
Rundung *f* species *f*, forma *f* rotunda.
rundweg: *~ abschlagen* praecise negare; *~ leugnen* pernegare.
Runzel *f* ruga *f*; *~n bekommen* corrugari.
runzelig rugosus.
runzeln corrugare; *die Stirn ~* frontem contrahere.
rupfen vellere, vellicare.
Rupfen *n* vellicatio *f*.
Ruß *m* fuligo *f*.
Rüssel *m* rostrum *n*; (*des Elefanten*) manus 4 *f*, proboscis *f*.
rußig fuliginosus.
rüsten parare, apparare, comparare; *Truppen ~* copias parare, instruere; *sich zum Kriege, zur Abreise ~* bellum, profectionem parare; *sich ~* se parare [ad dicendum].
Rüster *f* ulmus *f* (*adj.* ulmeus).
rüstig validus, impiger, strenuus; *~es Alter* aetas *f* viridis.
Rüstigkeit *f* robur *n*, vigor *m*.
Rüstkammer *f* armamentarium *n*.
Rüstung *f* arma *n/pl.*, armatura *f*; (*erbeutete*) spolia *n/pl.*
Rüstzeug *n* instrumentum *n*, supellex *f*, arma *n/pl.*
Rute *f* virga *f*, ferula *f*, (*als Längenmaß*) decempeda *f*; *die ~ geben* virgis (*od.* ferulā) caedere.
Rutenbündel *n*: *die ~ (der Liktoren)* fasces *m/pl.*
Ruten/schlag, ~streich *m* ictus 4 *m* virgae *od.* ferulae.
rutschen labi, genibus repere.
rütteln agitare; quatere, quassare; *aus dem Schlafe ~* ex somno excitare; *~ an* labefactare.

S

Saal *m* oecus *m*, exedra *f*, atrium *n*.
Saat *f* satio *f*, (*Aussaat*) sementis *f*; *konkr.* seges *f*.
Saatfeld *n* arvum *n*; seges *f*.
Saatkorn *n* semen *n*.
Sabbat *m* sabbata *n/pl.*
Säbel *m* gladius *m*, acinaces, ae *m*.
Säbelbeine *n/pl.* crura *n/pl.* vara.
säbelbeinig varus.
***sabotieren** secreto impedire, disturbare.
sachdienlich quod in rem est.
Sache *f* res *f*; aliquid; (*Rechts*~) causa *f*; *meine, deine ..., alle ~n* mea, tua ... omnia *n/pl.*; *das gehört nicht zur ~* hoc nihil ad rem; *doch*

zur ~! sed pergamus ad instituta; *es ist meine, deine ..., des Konsuls* ~ meum, tuum ... consulis est; *gemeinschaftliche* ~ *machen mit* causam suam communicare cum.
Sächelchen *n* recula *f*; (*Gepäck*) sarcinula *f*; ~ *pl. v. kleineren Gedichten*: nugae *f/pl.*, carmina 3 *n/pl.* qualiacumque; *v. Liebesgedichten*: teneri amores *m/pl.*
Sacherklärung *f* rerum interpretatio *f*.
sachgemäß in rei natura positus, ad rem accommodatus.
Sachkenner *m* rerum intellegens (*od.* peritus); *pl.* prudentes.
Sachkenntnis *f* rerum scientia *f* (*od.* cognitio *f*).
sachkundig rerum intellegens; prudens.
Sachlage *f* res *f*, rerum condicio *f*, causa *f*.
sachlich ad rem pertinens.
sächlich neuter, neutrius generis.
sacht(e) *adv.* leniter, placide.
Sack *m* saccus *m*, culleus *m*.
Säckchen *n* sacculus *m*, saccellus *m*.
sacken sacco ingerere.
säcken in culleum insuere.
Sackgasse *f* fundula *f*, angiportum *n* non pervium.
Sackträger *m* baiulus *m*.
Säemann *m* sator *m*.
säen serere, seminare, (semen) spargere, sementem facere.
***Safe** *n* arca *f* ferrata, receptaculum *n* (a furibus tutum).
Safran *m* crocus *m*.
safranfarbig croceus.
Saft *m* sucus *m*; (*giftiger*) virus *n*.
saftig suci plenus.
saftlos suco carens; exsanguis, ieiūnus, aridus.
Sage *f* fabula *f*; ~*n der Vorzeit* memoria *f* antiquitatis; *die* ~ *geht* fabula est.
Säge *f* serra *f*.
Sägeblatt *n* lamina *f* serrae.
sägeförmig serratus.
sagen dicere, *in die direkte* (*und indirekte*) *Rede eingeschaltet* inquam, aio; *nein* ~ negare; *ja* ~ affirmare, adnuere; ~ *dass nicht* negare, vetare; *das hat nichts zu* ~ hoc nihil est; *was soll das* ~? quid hoc sibi vult? *ich will nicht* ~ non dico, non dicam.
Sagen *n* dictio *f* [sententiae].
sägen 1. *intr.* serram ducere; **2.** *trans.* serrā (dis)secare.
sagenreich fabulosus.
Sägespäne *m/pl.* scobis *f/sg.*
***Sago** *m* medulla *f* cycae.
Sahne *f* flos *m* lactis.
***Saison** *f* tempus *n* ludicrorum (plenum).
Saite *f* chorda *f*, nervus *m*, (*pl. auch*) fides, ium *f*; *andere* ~*n aufziehen* verba versare.
Saiteninstrument *n* fides, ium *f/pl.*
Saitenklang *m* chordarum sonus *m*, fidium cantus 4 *m*.
Saitenspiel *n* fides, ium *f*, nervorum (*od.* fidium) cantus 4 *m*.
Saitenspieler *m* fidicen *m*.
Sakrament *n* sacramentum *n*.
Sakristei *f* sacrarium *n*.
Säkularfeier *f* sollemnia *n/pl.* saecularia.
Salamander *m* salamandra *f*.
Salat *m* (*Kraut*) lactuca *f*; (*Speise*) acetaria *n/pl.*
Salbader *m* blatero *m*, nugator *m*.
Salbe *f* unguentum *n*.
Salbei *f* salvia *f*.
salben ungere *u.* unguere; *sich* ~ ungi.
Salbenbüchse *f* vas *n* unguentarium.
Salbenhändler *m* unguentarius *m*.
Salber *m* unctor *m*.
Salbung *f* unctio *f*, unctūra *f*; *mst durch Verba*.
***Saldo** *n* reliquum *n*.
Saline *f* salinae *f/pl.*
Salm *m* salmo *m*.
***Salon** *m* atrium *n*, exedra *f*; ~**wagen** *m* carrus *m* commode instructus.
Salpeter *m* sal *m* nitrum.
salutieren salutationem facere.
***Salve** *f* grando *f* telorum.
Salz *n* sal *m*.
Salzader *f* vena *f* salis.
salzen salire, sale condire; *gesalzen* salsus.
Salzfass *n* salinum *n*.
Salzfleisch *n* caro *f* salita.
salzig salsus; ~ *schmecken* salsi saporis esse.
Salzigkeit *f* salsitudo *f*.
Salzkorn *n* granum *n od.* mica *f* salis.
Salzlake *f* salsamentum *n*, muria *f*.
Salzwerk *n* salinae *f/pl.*

S

Same *m* semen *n.*
sammeln legere, colligere, conquirere; (*Menschen*) congregare; (*mil.*) cogere, comparare; *sich* ~ P., *auch* convenire; augeri, crescere; (*geistig*) ad se redire, se colligere ex.
Samengehäuse *n* vasculum *n* seminis.
Sammlung *f abst.* collectio *f*, conquisitio *f*; *konkr.* corpus *n*, thesaurus *m*, *mst durch part.* collectus [libri collecti ~ *von Büchern*].
Samstag *m* dies *m* Saturni.
samt: ~ *und sonders* universi.
sämtlich ad unum omnes, universi.
Sand *m* harena *f*, sabulum *n*; (*feiner*) pulvis *m*; ~ *in die Augen streuen* fucum facere; *auf* ~ *bauen* in aqua ponere.
Sand... harenosus, harenarius (*gen.*) [harenae.]
Sandale *f* solea *f*, crepida *f*.
sandartig harenaceus.
Sandbank *f* syrtis *f*, vadum *n*.
Sandgrube *f* harenaria *f*.
sandig harenosus.
Sandwüste *f* loca *n/pl.* harenosa (ac deserta).
sanft lenis [ventus]; placidus [somnus]; mitis, mansuetus [animus].
Sänfte *f* lectica *f*.
Sänftenträger *m* lecticarius *m*.
Sanft/heit, ~mut *f* lenitas *f* [animi], mens *f* placida.
sanftmütig 1. *adj.* mollis, placatus; **2.** *adv.* leniter, placide; placate.
Sänger *m* cantor *m*; citharoedus *m*, vates *m*.
Sängerin *f* cantrix *f*, vates *f*.
sanguinisch ardens, fervidus, acer.
Sankt sanctus.
Sanskrit *n* sanscritica (lingua *f*).
Saphir *m* sapphirus *f*.
***Sardelle** *f* engraulis *m* encrasicholus.
Sarg *m* arca *f*, loculus *m*.
Sarkasmus *m* facetiae *f/pl.* acerbae; *pl.* asperius dicta *n/pl.*
sarkastisch acerbus, mordax.
Sarkophag *m* sarcophagus *m*.
Satire *f* satira *f*.
Satrap *m* satrapes, ae *m*.
Satrapie *f* satrapia *f*.
satt satur, satiatus; ~ *machen* satiare; *sich* ~ *essen* (*trinken*) famem (sitim) explēre; *sich* ~ *sehen* satiari (spectando); *ich habe es* ~ taedet me vitae; satietas (*od.* taedium vitae) me tenet.
Sattel *m* ephippium *n*, stragulum *n*, sella *f*; *aus dem* ~ *heben* de gradu deicere.
satteln sellam equo imponere, equum sternere.
Sattelpferd *n* equus *m* sellaris.
Sattheit *f* satietas *f*.
sättigen satiare, saturare; explēre [avaritiam pecuniā].
Sättigung *f* satietas *f*.
Sattler *m* ephippiorum artifex *m*.
Satyr *m* Satyrus *m*.
Satz *m* (*Anlauf*) impetus 4 *m*, saltus 4 *m*; (*Bodensatz*) sedimentum *n*, faex *f*; *gramm.* enuntiatio *f*, enuntiatum *n*, pronuntiatum *n*; sententia *f*, dictum *n*; *der bekannte* ~ *des Sokrates* illud Socraticum.
Satzzeit *f* tempus *n* pariendi.
Sau *f* sus *f*, porca *f*, scrofa *f*.
sauber mundus, nitidus, elegans; *ein* ~*er Bursche!* hominem egregium!
Sauberkeit *f* munditia *f*, nitor *m*, elegantia *f*.
säuberlich: ~ *verfahren mit* clementer tractare [puerum].
säubern purgare.
Sauce *f* ius *n*.
sauer acidus; acer, austerus, acerbus; (*mühevoll*) gravis, molestus, laboriosus; *es sich* ~ *werden lassen* sudare et laborare; ~ *verdient* labore repertum.
***Sauerkraut** *n* caulis *m* acidus (*od.* salitus).
säuerlich subacidus.
säuern 1. *trans.* acidum facere, fermentare [panem]; **2.** *intr.* acescere.
Sauerteig *m* fermentum *n*.
saufen potare.
Saufen *n* potatio *f*.
Säufer *m* potator *m*, ebriosus *m*.
Sauferei *f* perpotatio *f*.
Säuferin *f* potrix *f*, mulier *f* ebriosa.
saugen 1. *trans.* sugere, ducere, bibere; **2.** *intr.* mammam (matris) sugere; ~*d* lactens.
säugen mammam praebēre, uberibus alere.
Säugetier *n* animal, quod fetum uberibus alit.
Säugling *m* infans *m. u. f* lactens *m u. f*.
Sauhirt *m* subulcus *m*.
säuisch spurcus, obscēnus.
Säule *f* columna *f*; / columen *n*.

S

Säulenfuß *m* spira *f*, basis *f*.
Säulen/gang *m*, **~halle** *f* porticus 4 *f*.
Säulenknauf *m* capitulum *n*.
Säulenordnung *f* columnarum genus *n*.
Säulenschaft *m* scapus *m*.
Säulenweite *f* intercolumnium *n*.
Saum *m* margo *m*.
säumen *trans.* circumsuere; *intr.* cunctari, morari.
säumig tardus, lentus, neglegens, cunctabundus.
Saumsattel *m* clitellae *f/pl.*
Saumseligkeit *f* tarditas *f*, cunctatio *f*, neglegentia *f*.
Saumtier *n* iumentum *n* clitellarium.
Säure *f* acor *m*.
Saus: *in ~ und Braus leben* helluari, luxuriari.
säuseln susurrare.
Säuseln *n* susurrus *m*.
sausen strepere, fremere.
Saustall *m* suile *n*, hara *f*.
Schabe *f* blatta *f*.
Schabeisen *n* radula *f*.
schaben scabere.
schäbig scaber.
***Schablone** *f* lamina *f* interrasilis.
Schabracke *f* stragulum *n* elegantius.
Schach, ~spiel *n* lusus 4 *m* latrunculorum.
Schachbrett *n* tabula *f* latruncularia.
Schacher *m* mercatura *f* sordida.
schachern mercaturam sordidam facere, nundinari in [praeda].
schachmatt ad incitas [calces] redactus; plane fatigatus, confectus.
Schacht *m* fodina *f*, puteus *m*.
Schachtel *f* capsa *f*, capsula *f*.
Schachtelhalm *m* equisetum *n*.
Schädel *m* calva *f*, calvaria *f*.
Schade(n) *m* (*körperlich*) vitium *n*, vulnus *n*; (*Verlust*) damnum *n*, detrimentum *n*; (*durch Aufopferung*) iactura *f*; (*angerichteter*) noxa *f*; (*böswillig zugefügter*) fraus *f*; *~ leiden* damnum (*od.* detrimentum *od.* iacturam) facere, detrimentum capere (*od.* accipere); *~ zufügen* nocēre; es *ist schade, dass* dolendum est, quod; incommode accidit, quod.
schaden nocēre; damno (*od.* detrimento) esse, damnum (*od.* detrimentum) inferre; obesse, officere.
Schadenersatz *m*: *~ leisten* res reddere, damnum sarcire.
Schadenfreude *f* malevolentia *f*, voluptas *f* ex malis alienis capta, invidorum gaudium *n*.
schadenfroh malevolus; qui gaudet malis alienis.
schadhaft non integer, laesus, vitiosus, corruptus.
Schadhaftigkeit *f* vitium *n*.
schädlich nocens, noxius, inutilis, damnosus; malus.
Schädlichkeit *f* vis *f* noxia (*od.* nocendi).
schadlos (*keinen Verlust erleidend*) damni expers; *~ halten* damnum restituere [emptori], damnum praestare [emptoris]; *sich ~ halten* damnum suum sarcire (*od.* compensare).
Schadlosigkeit *f* incolumitas *f*.
Schaf *n* ovis *f* (*adj.* ovillus).
Schafbock *m* aries *m*.
Schäfchen *n* ovicula *f*.
Schäfer *m* opilio *m*, ovium pastor *m*.
Schäferei *f* (res) oviaria *f*; ovilia *n/pl.*
Schaffell *n* pellis *f* ovilla, vellus *n* lanae.
schaffen creare, procreare; facere, efficere; *geschaffen zu* factus (*od.* natus) ad [dicendum]; *zu ~ machen* negotium facessere; *ich habe nichts mit ihm (mit der Sache) zu ~* nihil eo utor, nihil mihi cum eo negotii est (ea res nihil ad me pertinet).
Schaffner *m* procurator *m* peni; (*Gutsverwalter*) vilicus *m*; * vehicularius *m*, vecturarius *m*.
Schafott *n* catasta *f*; *auf dem ~ sterben* securi percuti, carnificis manu perire.
Schafschere *f* forfex *f* oviaria.
Schafstall *m* ovile *n*.
Schaft *m* scapus *m*; (*der Lanze*) hastile *n*.
schäkern iocari.
schal vapidus, imbecillus [vinum]; ieiūnus, frigidus [iocus].
Schale *f* (*an Nüssen*) putamen *n*, (*an Eiern, Muscheln u. Ä.*) testa *f*; (*an Hülsenfrüchten*) folliculus *m*; (*als Gefäß*) patera *f*, scutella *f*; (*an der Waage*) lanx *f*.
schälen detrahere putamen (*od.* cutem *u. a.*); nudare putamine (*od.* cute *u. a.*); *sich ~* exuere cutem, corticem *u. a*

Schalk *m* homo *m* petulans *od.* lascivus; veterator *m*, homo *m* fraudulentus.
schalkhaft versutus, astutus, lascivus [homo].
Schalkhaftigkeit *f* astutia *f*, lascivia *f*.
Schall *m* sonus *m*, sonitus 4 *m*; clangor *m*, crepitus 4 *m*.
schallen sonare, sonitum edere.
***Schallplatte** *f* discus *m* grammophonicus.
Schalmei *f* fistula *f*.
Schalt... intercalaris [annus].
schalten (*nach Gutdünken*) ad arbitrium (*od.* ad libidinem) agere (*od.* constituere); ~ *und walten* dominari; ~ *wie ein König* consuetudine regia uti; ~ *lassen* omnia permittere [consulibus].
***Schalter** *m* (*bei der Post*) portula *f*.
Schaltier *n* conchylium *n*.
Schaluppe *f* lembus *m*.
Scham *f*, **gefühl** *n* pudor *m*; verecundia *f*; pudicitia *f*.
schämen: *sich* ~ pudet [me verborum, dixisse]; erubescere [in hac re].
schamhaft pudens, pudicus verecundus.
schamlos impudens, impudicus.
Schamlosigkeit *f* impudentia *f*, impudicitia *f*.
schamrot rubore suffusus, erubescens; ~ *werden* erubescere.
Schamröte *f* (verecundiae) rubor *m*.
Schande *f* (*Unsittlichkeit*) turpitudo *f*; (*Unehre*) dedecus *n*; (*Verlust der Ehre*) ignominia *f*; (*übler Ruf*) infamia *f*; (*schändliche Tat*) flagitium *n*; (*entehrende Tat*) probrum *n*; ~ *machen* turpe esse, turpitudini (*od.* dedecori) esse; *zu unserer* ~ cum nostra ignominia; *zuschanden machen* obterere et contundere; corrumpere, perdere, irritum reddere.
schänden (*entstellen*) deformare, dedecorare; (*entehren*) dedecorare, ignominiā afficere, polluere, contaminare, violare, maculare, foedare; (*ein Weib*) stuprare.
Schänder *m* violator *m*, stuprator *m*.
Schandfleck *m* labes *f*, (turpitudinis) macula *f*.
Schandgeld *n* **1.** (*schändlich erworbenes Geld*) pecunia *f* turpiter parta; **2.** (*sehr geringer Preis*) pretium *n* vilissimum.
Schandgemälde *n* pictura *f* obscena.
schändlich turpis, foedus, obscenus, ignominiosus, flagitiosus.
Schändlichkeit *f* turpitudo *f*, foeditas *f*, obscenitas *f*, flagitium *n*, dedecus *n*.
Schandmal *n* ignominiae nota *f*.
Schandpfahl *m* palus *m* ignominiosus.
Schandtat *f* flagitium *n*, facinus *n* nefarium, scelus *n*.
Schändung *f* vitium *n*; stuprum *n* mulieri per vim oblatum.
Schankwirt *m* caupo *m*.
Schanzarbeit *f* munitio *f*, opus *n*.
Schanze *f* munitio *f*, munimentum *n*, agger *m*, vallum *n*.
schanzen munire; munitionem (*od.* opus) facere, munimentum exstruere.
Schanzer *m* munitor *m*, muniens *m*.
Schanzpfahl *m* vallus *m*.
Schanzwerk *n* opus *n*, vallum *n*.
Schar *f* caterva *f*, manus 4 *f*.
scharen: *sich* ~ *um* conglobari circum, congregari ad.
scharenweise catervatim; *durch* magna manus 4 *f*.
scharf acutus; / acer, acutus; (*scharfsinnig*) sagax, subtilis; (*herb*) acerbus; (*streng*) severus; (*eifrig*) impiger, strenuus.
Scharf/blick, ~sinn *m* ingenii acies *f* (*od.* acumen *n*), ingenium *n* acre, subtilitas *f*, sagacitas *f*.
Schärfe *f* acies *f*; / acies *f*, acumen *n*, acrimonia *f* [cenarum]; (*Scharfsinn*) sagacitas *f*, subtilitas *f*.
schärfen acuere, exacuere; *mit geschärftem Blick* omni acie ingenii.
***Scharfmacher** *m* instigator *m*.
Scharfrichter *m* carnifex *m*.
scharfsichtig acute cernens, acri visu.
Scharfsichtigkeit *f* acies *f* oculorum, acer visus 4 *m*; / perspicacitas *f*, sagacitas *f*.
scharfsinnig acutus, acer, subtilis, sollers, perspicax, sagax.
Scharlach *m* (*Farbe*) coccum *n* (*adj.* coccineus); * (*Krankheit*) febris *f* purpurea.
scharlachfarbig coccineus, coccinus.
Scharlatan *m* circulator *m*, homo *m* circumforaneus.
Scharmützel *n* proelium *n* leve (*od.* parvulum *od.* tumultuarium).

S

scharmützeln levia proelia committere, levibus proeliis cum hoste contendere.
Scharnier *n* verticula *f.*
scharren pedibus radere [solum, terram]; pedibus strepitum edere.
Scharte *f* vitium *n*; *die ~ auswetzen* vitium emendare, maculam delēre, detrimentum sarcire.
schartig serratim scissus.
Scharwache *f* circitores *m/pl.*
Schatten *m* umbra *f*; *~ werfen* umbram facere; *in ~ stellen* obscurare.
Schattenbild *n* umbra *f*, imago *f* (adumbrata), simulacrum *n.*
Schattenreich *n* umbrae *f/pl.*, inferi *m/pl.*
Schattenriss *m* imago *f* adumbrata; adumbratio *f*; *e-n ~ entwerfen von* adumbrare [templum].
Schattenseite *f* pars *f* a sole aversa; / quod minus laudabile (*od.* laetabile) est; *die ~n des Lebens* vitia *n/pl.* vitae; *das ist seine ~* in hac re minus laudandus est.
Schattenweiser *m* (*an der Sonnenuhr*) gnomon *m* indagator umbrae.
schattieren umbrā distinguere.
schattig umbrosus, opācus.
Schatulle *f* scrinium *n*; (*Privatkasse der röm. Kaiser*) fiscus *m.*
Schatz *m* thesaurus *m*; *ein ~ von Kenntnissen* copia *f* scientiae; *mein ~!* voluptas mea!, deliciae meae!
schätzbar aestimabilis; (*schätzenswert*) magni faciendus, haud spernendus, praeclarus, gratus.
schätzen aestimare, taxare; (*vom Zensor*) censēre; / magni aestimare (*od.* facere *od.* ducere *od.* habēre).
Schätzer *m* aestimator *m*; *des Vermögens der römischen Bürger*: censor *m.*
Schatzkammer *f* thesaurus *m*; (*e-s Fürsten*) gaza *f*; (*Staatsschatz*) aerarium *n*; (*kaiserliche Privatkasse*) fiscus *m.*
Schatzkästchen *n* loculi *m/pl.*
Schatzmeister *m* praefectus *m* aerarii, custos *m* thesauri *od.* gazae.
Schätzung *f* aestimatio *f*, taxatio *f*, (*für den Staat*) census 4 *m.*
Schau *f*: *zur ~ stellen* exponere, spectandum proponere; *zur ~ tragen* prae se ferre, ostentare.
Schaubühne *f* scaena *f.*
Schauder *m* horror *m.*
schauderhaft horribilis, horrendus; foedus.
schaudern horrēre, horrescere; *ich schaudere vor* perhorresco [tantam religionem].
schauen spectare.
Schauer *m* **1.** horror *m*; **2.** (*Regenschauer*) pluvia *f* repentina.
schau(e)rig, schauerlich horribilis, horrendus.
Schaufel *f* pala *f*; vatillum *n*; (*am Wasserrade*) pinna *f.*
schaufeln (*etw. wegschaufeln*) batillo tollere; (*Grube usw.*) *scrobem* fodere.
Schaugepränge *n* pompa *f.*
Schaugerüst *n* pulpitum *n*, spectacula *n/pl.*
Schaukel *f* oscillum *n.*
schaukeln oscillo movēre; *übh.* agitare, iactare.
Schaulust *f* spectandi studium *n.*
schaulustig spectandi studiosus.
Schaum *m* spuma *f.*
schäumen spumare, spumas agere (in ore); *vor Wut ~* summo furore abreptum esse, furere.
Schauplatz *m* theatrum *n*, scaena *f*, spectacula *n/pl.*; / sedes *f*, locus *m.*
Schauspiel *n* spectaculum *n*; ludi *m/pl.*; (*Bühnenstück*) fabula *f*; *~ geben* fabulam edere; *~ aufführen* agere, docēre; *ins ~ gehen* fabulam (ludos) spectatum ire.
Schauspiel... scaenicus.
Schauspieler *m* histrio *m*, actor *m* scaenicus.
Schauspieler... scaenicus, (*gen.*) histrionum.
Schauspielerin *f* artifex *f* scaenica.
Schauspielerkunst *f* histrionia *f*, ars *f* scaenica (*od.* histrionalis, ludicra); *als Studium*: studium *n* histrionale.
schauspielermäßig histrionalis.
Schauspielhaus *n* theatrum *n.*
***Scheck** *m* gyrus *m*; perscriptio *f* (nummaria); **~buch** *n* libellus *m* gyrorum.
Schecke *f* equus *m* varius, equus *m* coloris maculosi; (*weißgefleckt*) equus *m* maculis albis; (*schwarz mit weißen Flecken*) equus *m* niger, sed maculis albis.
scheckig maculosus, varius.
scheel: *~ ansehen* invidēre [tibi].
Scheelsucht *f* invidia *f*, malignitas *f.*
Scheffel *m* modius *m*, medimnum *n.*
Scheibchen *n* orbiculus *m.*

S

Scheibe *f* orbis *m*; (*Töpferscheibe*) rota *f*; (*Wurfscheibe*) discus *m*.
scheibenrund orbiculatus, rotundus.
Scheich *m* princeps *m*, regulus *m*.
Scheide *f* vagina *f*; *das Schwert aus der ~ ziehen* gladium (de)stringere, *in die ~ stecken* vaginae reddere.
Scheidebrief *m* libellus *m* repudii.
Scheidemünze *f* nummuli *m/pl*.
scheiden 1. *trans.* dividere, dirimere; **2.** *intr.* dis-, decedere, abire; (ex-) cedere (e) vita; discedere; (*ehelich*) divortium facere cum [uxore, marito], repudiare.
Scheiden *n* abitus 4 *m*, discessus 4 *m*; dis-, excessus 4 *m* e vita.
Scheidewand *f* paries *m* medius; / discrimen *n*.
Scheideweg *m* compitum *n*; bivium *n*, trivium *n*, quadrivium *n*.
Scheidung *f* divortium *n*.
Schein *m* lux *f*, lumen *n*, splendor *m*; *einen ~ von sich geben* splendēre, fulgēre; (*Außenseite*) species *f*; (*Vorspiegelung*) simulatio *f*; (*Vorwand*) praetextus 4 *m*; *den ~ haben von* speciem habēre [virtutis], prae se ferre; *sich den ~ geben von* simulare; *dem ~e nach* specie, in speciem, simulatione, verbo; *unter dem ~e der Freundschaft* per amicitiam; *zum ~e* simulate; (*Bescheinigung*) testimonium *n*.
scheinbar speciosus, fucatus [nitor]; simulatus [amicitia], fictus [bonum]; opinatus [mala]; (*adv.*) specie, in speciem; *~es Leben* species *f* quaedam vitae.
Scheinbarkeit *f* species *f*.
Scheinbild *n* vana species *f*.
scheinen lucēre, nitēre; splendēre, fulgēre; (*den Anschein erwecken*) videri.
Scheinfreundschaft *f* amicitia *f* simulata.
Scheingut *n* bonum *n* opinatum.
scheinheilig 1. *eig.* pietatem erga deum simulans; **2.** simulatus, fictus.
scheinklug specie prudens.
scheintot mortui similis, qui mortuus videtur esse neque est.
Scheintugend *f* virtus *f* adsimulata; *pl.* vitia *n/pl.*, quae virtutem videntur imitari.
***Scheinwerfer** *m* proiector *m* lucis.
Scheit *n* lignum *n* (fissum).
Scheitel *m* vertex *m*.
scheiteln: *das Haar ~* crines a fronte dividere.
***Scheitelpunkt** *m* zenith *n* (*indecl.*).
Scheiterhaufen *m* rogus *m*; strues *f* lignorum.
scheitern ad scopulos allidi, naufragium facere; / irritum fieri, ad irritum cadere *od.* redigi; impediri.
Scheitholz *n* ligna *n/pl*.
Schelle *f* tintinnabulum *n*.
schellen tinnire.
Schellen *n* tinnitus 4 *m*.
Schelm *m* homo *m* lascivus (*od.* fraudulentus *od.* perfidus *od.* infamis); veterator *m*; (*armer*) homo *m* miser.
Schelmen/streich *m*, **~stück** *n* fallacia *f*, fraus *f*, dolus *m*, furtum *n*.
Schelmerei *f* lascivia *f*.
schelmisch lascivus.
schelten obiurgare, increpare, contumeliis consectari, invehi in [servum].
Schelten *n* obiurgatio *f*, convicia *n/pl*.
Scheltwort *n* convicium *n*.
Schemel *m* scabellum *n*.
Schenk *m* caupo *m*.
Schenke *f* caupōna *f*.
Schenkel *m* (*Ober*~) femur *n*, (*Unter*~) crus *n*; (*des Dreiecks*) latus *n*.
schenken divendere [vinum]; donare; dono (*od.* muneri) dare; (*reichlich*) largiri; (*angedeihen lassen*) tribuere; *Gehör ~* aures praebēre; *Glauben, Vertrauen ~* fidem habēre, confidere; (*erlassen*) condonare [creditam pecuniam], remittere [poenam]; *das Leben ~* vitae [captorum] parcere, conservare [vitam].
Schenkung *f* donum *n*.
Schenkwirt *m* caupo *m*, (*fem.* copa *f*).
Scherbe *f* testa *f*.
Scherbengericht *n* testarum suffragia *n/pl*.
Schere *f* forfex *m*; (*des Krebses*) bracchium *n*.
scheren tondēre; *scher' dich!* facesse, abi hinc!; *scher' dich zum Teufel!* abi in malam rem (*od.* crucem)!
Scheren *n* tonsura *f*.
Scherer *m* tonsor *m*.
Schererei *f* molestia *f*, vexatio *f*.
Scherflein *n* stips *f*, nummulus *m*.
Scherge *m* administer *m*, satelles *m*; *auch* carnifex *m*.

S

Schermesser *n* culter *m* tonsorius.
Scherz *m* iocus *m*; facetiae *f/pl.*, lepos *m*; (*Kurzweil*) ludus *m*; ~ *treiben* iocari; *im* ~ per iocum, per ridiculum, ioco, iocans; *ohne* ~ extra iocum, ioco remoto.
scherzen iocari, ioca agere cum, ludere; ~ *über* iocari in [capitis lēvitatem].
Scherzgedicht *n* carmen *n* iocosum; iocus *m*.
scherzhaft iocosus, iocularis [audacia].
scheu pavidus, timidus, consternatus [equus]; ~ *machen* pavorem inicere, consternare; ~ *werden* (ex-)pavescere, consternari.
Scheu *f* pavor *m*, timor *m*; (*Ehrfurcht*) verecundia *f*, reverentia *f*; (*fromme, abergläubische*) religio *f*; ~ *haben vor* pavēre, vereri; *ohne* ~ impavide, audacter, impudenter; libere.
Scheuche *f* formīdo *f*.
scheuchen terrēre, timorem inicere, incutere.
scheuen 1. *trans.* (*sich* ~ *vor*) metuere, vereri; parcere [sumptui], fugere [laborem], recusare [periculum]; **2.** *intr.* consternari.
Scheuer *f* horreum *n*.
scheuern (abs)tergēre, detergēre.
Scheune *f* horreum *n*.
Scheusal *n* monstrum *n*, portentum *n*, prodigium *n*.
scheußlich taeter, foedus.
Scheußlichkeit *f* foeditas *f*.
Schicht *f* tabulatum *n*, stratum *n*; strues *f*, ordo *m*; *die niedrigsten* ~*en des Volkes* infima plebs *f*.
schichten struere.
schichtweise tabulatim, per tabulata, per strata.
schicken mittere, di-, immittere *nach Hilfe* ~ petere auxilium; *Gott hat es so geschickt* ita placuit deo, deus ita fieri voluit; *sich* ~ aptum esse (*od.* accomodatum esse) ad; decēre [iuvenem]; *sich* ~ *in* servire, cedere [tempori], fingere se ad voluntatem.
schicklich decorus.
Schicklichkeit *f* decorum *n*.
Schicksal *n* (*einzelne Begebenheit*) res *f*, casus 4 *m*; (*Lage*) fortuna *f*; sors *f*; (*Schicksalsmacht*) fatum *n*; fortuna *f*, fors *f*.
Schicksals... fatalis, (*gen.*) fati, fortunae.
Schicksalsschläge *m/pl.* fulmina 3 (*od.* tela) *n/pl.* fortunae, fortunae ictus 4 *m*; ~*n ausgesetzt* fortunae obiectus.
Schicksalsspruch *m* fatum *n*.
Schickung *f* fatum *n*; quod divinitus accidit.
schieben promovēre, protrudere; *die Schuld* ~ *auf* culpam conferre in [istos]; *auf die lange Bank* ~ differre.
***Schieber** *m* fraudator *m*, captator *m*.
Schieds/mann, ~richter *m* arbiter *m*; ~ *sein in einer Sache* disceptare, componere [controversiam].
Schiedsrichter/amt *n*, **~spruch** *m* arbitrium *n*.
schief obliquus; / pravus [iudicium]; perversus [sententia].
Schiefe *f* obliquitas *f*.
Schiefer *m* lapis *m* sectilis; (*Splitter*) parvulum fragmentum *n*.
Schiefertafel *f* tabula *f* (litteraria).
schielen strabonem esse; ~ *nach* limis oculis intueri.
schielend strabo, limis oculis.
Schieler *m* strabo *m*.
Schienbein *n* tibia *f*.
Schiene *f* (*am Rade*) canthus *m*, (*chirurgisch*) ferula *f*, (*Beinschiene*) ocrea *f*; * *der* ~*nweg* via *f* ferrea.
schienen 1. *ein Rad* ~ rotam ferro vincire; **2.** *e-n Arm* (*ein Bein*) ~ bracchium (crus) in canalem conicere.
Schierling *m* cicuta *f*.
Schierlings/becher, ~trank *m* cicuta *f*.
schießen 1. *intr.* (*sich schnell bewegen*) ferri, deferri, ruere, praecipitari; *dem Pferde die Zügel* ~ *lassen* equum admittere; (*v. Pflanzen*) prosilire, adolescere; **2.** *trans.* mittere, conicere [telum, sagittam], iaculari; ~ *nach* telo petere.
Schießen *n* teli (*od.* telorum) iactus 4 *m*.
Schießgewehr *n* telum *n*.
***Schießpulver** *n* pulvis *m* pyrius.
Schiff *n* navis *f*, navigium *n*; *zu* ~*e gehen* navem conscendere; *zu* ~*e* navi, navibus, mari; (*der Weber*) radius *m*.
Schiff... navalis, (*gen.*) navis, navium.
Schiffbalken *m* trabs *f* navalis; *pl.* materia *f* navalis.

S

schiffbar navigabilis, navium patiens.
Schiffbruch *m* naufragium *n*; ~ *leiden* naufragium facere.
schiffbrüchig naufragus.
Schiffbrücke *f* pons *m* navalis, rates *f/pl.* (et lintres *f/pl.*) iunctae; *eine* ~ *über e-n Fluss schlagen* flumen ratibus iungere.
Schiffchen *n* navicula *f*.
schiffen navigare, navi (navibus) vehi (*od.* proficisci).
Schiffer *m* nauta *m*.
Schiffer... nauticus, (*gen.* nautarum, nauticorum.
Schifffahrt *f* navigatio *f*; res *f* navalis.
Schiffsboden *m* fundus *m* navis; (*Kiel*) carina *f*.
Schiffseil *n* rudens *m*.
Schiffskapitän *m* nauarchus *m*.
Schiffslager *n* castra *n/pl.* nautica.
Schiffs/leute, ~mannschaft *f*: *die* ~ nautae *m/pl.*, nautici *m/pl.*, socii *m/pl.* navales.
Schiffsraum *m* caverna *f*.
Schiffsschnabel *m* rostrum *n* (navis).
Schiffstrümmer *n/pl.* navium fragmenta *n/pl.*, tabulae *f/pl.* navis fractae.
Schiffswerft *f* navalia *n/pl.*
Schikane *f* calumnia *f*; malitia *f*; vexatio *f* claudestina.
Schikaneur *m* calumniator *m*.
schikanieren calumniari; vexare, exercēre.
Schild *m* scutum *n*, clipeus *m*, parma *f*, pelta *f*; (*Wappenschild*) insigne *n*; *im* ~*e führen* moliri; / praesidium *n*.
***Schildbürger** *m/pl.*: *die* ~ Abderitae *m/pl.*; Atellani *m/pl.*
***Schildbürgerstreich** *m* ineptiae *f/pl.* Atellanicae.
schildern describere, depingere; *den Hergang* ~ rem ordine narrare.
Schilderung *f* descriptio *f*; (*Darlegung*) demonstratio *f*; *nach* ~ *des Hergangs der Sache* re ordine narratā.
Schild/knappe, ~träger *m* armiger *m*.
Schild/kröte *f*, **~patt** *n* testudo *f*.
Schildwache *f* excubiae *f/pl.*, vigiliae *f/pl.*
Schilf *n* arundo *f*.
schillern vibrare.
schillernd versicolor.
Schimäre *f* commentum *n*.
Schimmel *m* mucor *m*, situs 4 *m*; equus *m* albus.
schimmelig mucidus; ~ *sein* mucēre.
schimmeln mucescere, situ corrumpi.
Schimmer *m* fulgor *m*, nitor *m*, splendor *m*; / aura *f*, umbra *f*; ~ *von Hoffnung* specula *f*.
schimmern fulgēre, nitēre, splendēre.
schimmernd fulgens, splendens, nitidus.
Schimpf *m* ignominia *f*, infamia *f*; dedecus *n*, probrum *n*; opprobrium *n*, contumelia *f*; *mit* ~ *und Schande* cum ignominia et dedecore.
schimpfen: ~ *auf* maledicere [consulibus], maledicta conicere in [consules], conviciis consectari, probris vexare.
schimpflich ignominiosus, probrosus, turpis.
Schimpfname nomen (*od.* cognomen) *n* contumeliosum *od.* infame; *j-m e-n* ~*n geben* contumeliae causā alci cognomen dare.
Schimpf/rede *f*, **~wort** *n* convicium *n*, maledictum *n*, probrum *n*.
Schindel *f* scandula *f*, (*adj.* scandularis).
schinden deglubere, pellem detrahere [oppidanis].
Schinder *m* qui animalia vexat.
Schinken *m* perna *f*.
Schippe *f* pala *f*, vatillum *n*.
Schirm *m* tegumentum *n* gestabile et umbriferum; / praesidium *n*.
schirmen defendere, tueri.
Schirmherr *m* patronus *m*.
Schlacht *f* proelium *n*, acies *f*.
Schlachtbank *f* laniēna *f*; *Soldaten zur* ~ *führen* milites trucidandos hosti obicere.
Schlachtbeil *n* securis *f*.
schlachten caedere, iugulare; (*als Opfer*) mactare.
Schlachten *n* trucidatio *f*, caedes *f*.
Schlächter *m* lanius *m*.
Schlachtfeld *n* locus *m* pugnae *od.* proelii, locus *m* ubi pugnatum est; *das* ~ *behaupten* superiorem discedere.
Schlachtgeschrei *n* clamor *m* (proelium incohantium).
Schlachtgetümmel *n* pugnae tumultus 4 *m*.

Schlachtlinie *f* acies *f*.
Schlachtmesser *n* culter *m* (lanii).
Schlachtochse *m* bos *m* ad cultrum destinatus.
Schlachtopfer *n* victima *f*, hostia *f*.
Schlachtordnung *f* acies *f*; *in ~ stellen* instruere [aciem, exercitum]; *in ~ stehen* in acie stare.
Schlachtreihe *f* acies *f*; (*zur Schlacht aufgestellte Soldatenreihe*) ordo *m* ad aciem compositus.
Schlachtruf *m* (*als Signal*) classicum *n*, bellicum *n*; *der ~ ertönt* classicum canit; *den ~ ertönen lassen* classicum canere (iubēre).
Schlachtvieh *n* pecus *n* ad cultrum emptum, armenta *n*/*pl.* ad cultrum empta.
Schlacke *f* scoria *f*; / sordes *f*/*pl.*
Schlaf *m* somnus *m*; (*tiefer*) sopor *m*; quies *f*; *fester, tiefer ~* somnus *m* artus (*od.* gravis); *e-n guten* (*leisen*) *~ haben* placide *od.* arte *od.* graviter (leviter) dormire; *in ~ kommen* somnum capere; *im ~* per somnum, per quietem, (in) somno, dormiens.
schlafbringend somnum faciens *od.* concilians; *dichterisch*: somnifer, soporifer.
Schläfe *f* tempus *n*.
schlafen dormire; (*tief*) dormitare, quiescere; *~ gehen* dormitum (*od.* cubitum) ire; *nicht ~ können* somnum capere non posse.
schlaff laxus [habenae], remissus [corpus]; *~e Wangen* buccae, fluentes; / remissus, languidus; *~ machen* (*werden*) laxare (laxari).
Schlaffheit *f* languor *m*.
schlaflos insomnis [nox]; (*wach*) exsomnis pervigilque.
Schlaflosigkeit *f* insomnia *f*, vigilia *f*.
Schlafmittel *n* medicamentum *n* somnum faciens.
schläfrig dormitans, somno gravis, somni plenus (*od.* indigens); (*als Eigenschaft*) somniculosus [senectus]; / tardus, lentus, segnis.
Schläfrigkeit *f* somni necessitas *f*; tarditas *f*, segnitia *f*.
Schlaf/stätte, ~stelle *f* dormitorium *n*, cubile *n*.
Schlafsucht *f* veternus *m*.
schlafsüchtig somniculosus.
Schlaftrank *m* sopor *m*.
schlaftrunken somno gravis.
***Schlafwagen** *m* carruca *f* dormitoria.
***Schlafwandeln** *n* hypnobasia *f*.
Schlafzimmer *n* cubiculum *n* (dormitorium).
Schlag *m* pulsus 4 *m* [remorum, ostii]; *e-n ~ geben* plagam infligere; *Schläge versetzen* plagas infligere (*od.* inferre); *Schläge bekommen* vapulare, verberibus caedi; / plaga *f*, casus 4 *m*, clades *f*, damnum *n*; *Leute von diesem ~e* hoc genus *n* hominum; *von gewöhnlichem ~e* vulgaris.
Schlagader *f* arteria *f*.
Schlaganfall *m* paralysis *f*; *e-n ~ erleiden* paralysi corripi.
***Schlagball** *m*: *~ spielen* follem fustibus mittere.
schlagbar: *~er Wald* silva *f* caedua.
Schlagbaum *m* repagulum *n*.
schlagen 1. *trans.* pulsare [*an die Tür* ostium]; *zu Boden ~* prosternere, affligere; *in die Flucht ~* fugare; *~ nach* petere [inimicum baculo]; *ein Lager ~* castra facere, ponere; *eine Brücke ~* pontem facere; *eine Wunde ~* vulnus facere; **2.** *intr.* (*hart auf etwas aufstoßen*) impingi, illidi, allidi [ad scopulos], ferri in, irrumpere in; (*vom Herzen*) palpitare; (*v. Adern*) micare; (*v. Vögeln*) canere; *sich ~* pugnare; (*v. Heeren*) confligere, acie concurrere; *sich ~ zu* se coniungere cum, ad societatem [plebis] se applicare, transire ad; *intr.* sonare; *es wird gleich ~* instat [hora sexta].
Schlagen *n* **1.** *eig.* pulsatio *f*, percussio *f*; **2.** (*Prügeln*) verberatio *f*, verbera *n*/*pl.*; *das ~ des Pulses* pulsus 4 *m* arteriarum; *das ~ der Flügel* pennarum ictus 4 *m*; **3.** (*~ als Zeichen der Trauer*) plangor *m*; **4.** (*Fechten*) pugna *f*, certamen *n*.
schlagend magnus [testimonium], certus, illustris, insignis, acutus [responsum].
***Schlager** *m* carmen *n* populare.
Schläger *m* **1.** (*Raufbold*) homo *m* pugnax; **2.** *vom Pferde*: calcitro *m*; *vom Vogel*: avis *f* canore.
Schlägerei *f* pugna *f*, rixa *f*, verbera *n*/*pl.*; *es kommt zu e-r ~* res ad manus atque ad pugnam venit.
schlagfertig manu promptus; ad depugnandum paratus, expeditus, instructus ac paratus [exercitus].

★Schlagring *m* caestus 4 *m*.
★Schlagwort *n* vox *f* detrita.
Schlamm *m* limus *m*, lutum *n*.
schlammig limosus, lutosus.
Schlange *f* serpens *f*, anguis *m*.
schlängeln: *sich* ~ serpere; (*v. Flüssen*) in ambitum currere, labi; *sich* ~ *um* se circumvolvere [arbori].
Schlangen... anguinus, (*gen.*) serpentis, anguis.
schlangenartig anguineus, anguinus, anguinosus.
Schlangenbrut *f* omne serpentium genus *n*; / *v. Menschen*: viperae *f/pl.* illae venenatae ac pestiferae, scelesti homines *m/pl.*, scelera *n/pl.*
schlangenhaarig anguibus crinitus, anguicomus.
schlank procērus.
Schlankheit *f* proceritas *f*.
schlapp flaccidus.
Schlappe *f* detrimentum *n*, clades *f*.
Schlaraffenland *n* sedes *f* hominum desidiosorum.
Schlaraffenleben *n* vita *f* otio et voluptatibus diffluens.
schlau callidus, astutus, versutus.
Schlauch *m* uter *m*, culleus *m*.
Schlauheit *f* calliditas *f*, astutia *f*.
Schlaukopf *m* homo *m* callidus, veterator *n*; vulpes *f*.
schlecht malus; improbus, turpis; nequam; difficilis, incommodus, corruptus [iter]; vilis [merx]; tenuis [victus]; iniquus, tristis [tempora], adversus [tempestas]; *comp. schlechter* peior; (*weniger gut*) deterior; ~ *und recht* simplex, probus.
schlechterdings utique; ~ *nicht* nequaquam.
schlecht/hin, ~weg simpliciter.
Schlechtigkeit *f* pravitas *f*, nequitia *f*, improbitas *f*; (*schlechte Handlung*) improbe factum *n*, flagitium *n*, probrum *n*.
Schlegel *m* fistuca *f*, pavicula *f*; (*Stab zum Lautenschlagen*) pecten *n*.
Schlehe *f* prunum *n* silvestre.
Schlei *f u. m*, **Schleie** *f* ★tinca *f* vulgaris.
schleichen serpere; repere; lente incedere, tarde procedere.
schleichend lentus [febris]; occulte serpens [malum].
Schleicher *m* homo *m* textus (*od.* occultus).
★Schleichhandel *m* commercium *n* furtivum.
Schleichweg *m* via *f* furtiva, iter *n* furtivum, trames *m* occultus; *auf* ~*en* furtim, fraude.
Schleier *m* velum *n*; (*der Frau*) rica *f*; (*Brautschleier*) flammeum *n*; *unter dem* ~ *des Geheimnisses anvertrauen* taciturnitati [amici] concredere.
Schleife *f* (*als Fahrzeug*) trahea *f*; (*Haar*~) tutulus *m*.
schleifen 1. *trans.* trahere; (*eine Festung*) moenia (*od.* munitiones) disicere; cote acuere [cultrum]; **2.** *intr.* trahi.
Schleifstein *m* cos *f*.
Schleim *m* pituita *f*.
schleimig pituitosus.
schleißen findere.
schlemmen helluari, luxuriose vivere.
Schlemmer *m* ganeo *m*, helluo *m*, nepos *m*.
schlendern lente gradi (*od.* incedere *od.* ambulare).
★Schlendrian *m* mos *m* tralaticius.
schlenkern: *mit den Armen* (*Beinen*) ~ bracchia (crura) iactare.
Schleppe *f* syrma, atis *n*.
schleppen trahere, abstrahere, rapere; *intr.* trahi.
schleppend languens, languidus, lentus [in dicendo].
Schleppnetz *n* verriculum *n*.
Schlepptau *n* remulcus *m*; *ins* ~ *nehmen* remulco trahere.
Schleuder *f* funda *f*.
Schleuderer *m* funditor *m*.
schleudern fundā mittere (*od.* excutere); iaculari, (e)mittere, conicere [tela].
schleunig celer, praeceps; *durch* maturare.
Schleunigkeit *f* celeritas *f*.
Schleuse *f* cataracta *f*.
Schlich *m* ars *f*, dolus *m*, fraus *f*, furtum *n*.
schlicht directus [capillus]; / simplex, incultus, apertus.
schlichten dirimere, componere.
Schlichtheit *f* simplicitas *f*.
schließen 1. *trans.* claudere, in-, praecludere; (*mit e-m Deckel*) operire; *die Augen* ~ oculos comprimere (*od.* claudere); *sich* ~ coire [vulnus]; *in sich* ~ continēre, habēre; *in seine Arme* ~ amplecti, complecti; (*zustande bringen*) facere, conficere, iungere [amicitiam] cum, inire,

icere [foedus] cum; 2. *intr.* sedēre [vestis bene]; *die Türen ~ nicht* fores hiant; (*endigen*) finiri, finem habēre; (*folgern*) concludere, colligere, cogere, efficere; *~ von ... auf* interpretari [consilium ex necessitate].
Schließer *m* (*Gefangenenaufseher*) carceris custos *m.*
schließlich ad extremum, postremo.
schlimm malus, tristis, adversus; *~ aufnehmen* in peiorem partem accipere; *~er machen* exasperare [morbum], augēre [malum]; *~er werden* ingravescere [morbus].
Schlinge *f* laqueus *m*, tendicula *f*, pedica *f*, insidiae *f/pl.*
Schlingel *m* homo *m* nequam; furcifer *m.*
schlingen devorare; *die Arme ~ um* (medium) complecti; *sich ~ um* se circum volvere [homini], amplecti [hominem].
schlingern volvi, nutare [navis].
Schlitten *m* trahea *f* (nivalis).
Schlittschuh *m* solea *f* ferrata *od.* ferrea.
Schlitz *m* scissura *f.*
schlitzen scindere.
Schloss *n* claustrum *n*; *unter ~ und Riegel halten* clausum et compressum servare.
Schloss *n* arx *f*, castellum *n*; domus 4 *f* regia.
Schloße *f* grando *f.*
schloßen grandinare.
Schlosser *m* faber *m* claustrarius.
Schlot *m etwa*: fumarium *n.*
schlotterig laxus, fluens; / dissolutus.
schlottern laxum esse; fluere; contremiscere.
Schlucht *f* fauces *f/pl.*, saltus 4 *m.*
schluchzen singultare; *~d* singultim.
Schluchzen *n* singultus 4 *m.*
Schluck *m* haustus 4 *m.*
schlucken haurire, devorare.
Schlucken *m* singultus 4 *m*; *den ~ haben* singultire, singultare.
Schlucker *m*: *ein armer ~* homo *m* pauper (et miser).
Schlummer *m* somnus *m* (placidus).
schlummern (placide) dormire.
Schlund *m* fauces *f/pl.*, gula *f*; / (*Abgrund*) vorago *f.*
schlüpfen labi; *aus den Händen ~* e manibus elabi.
schlüpfrig lubricus; / lascivus, obscenus.
Schlüpfrigkeit *f* lascivia *f*, obscenitas *f.*
Schlupfwinkel *m* latebrae *f/pl.*, latibulum *n*, receptaculum *n.*
schlürfen sorbēre.
Schlürfen *n* sorbitio *f.*
Schluss *m* (*das Schließen*) conclusio *f*; extrema pars *f*; *am ~ schreiben* ad extremum scribere; (*Folgerung*) conclusio *f*, ratio *f*, ratiocinatio *f*; *einen ~ ziehen* concludere.
Schlüssel *m* clavis *f*; / claustra *n/pl.*, aditus 4 *m*, ianua *f*; / *den ~ geben* explanare, explicare.
Schlüsselbein *n* iugulum *n.*
Schlussfolge *f* conclusio *f.*
Schluss/formel *f*, **~gedanke** *m* clausula *f.*
schlüssig: *~ werden* statuere, constituere, decernere; consilium capere.
Schlusskette *f* ratiocinatio *f*, ratio *f.*
Schlussrede *f* peroratio *f*, epilogus *m*, conclusio *f* (orationis).
Schlusssatz *m* clausula *f*; (*in einem Schlusse*) conclusio *f.*
Schlussstein *m* (*im Gewölbe*) medium saxum *n*; / finis *m*, exitus 4 *m.*
Schlusswort *n* extrema verba *n/pl.*
Schmach *f* contumelia *f.*
schmachten confici [fame, aestu]; (*vor Durst*) ardenter sitire; *im Kerker ~* in carcere vitam miserrimam trahere; *in Knechtschaft ~* servitute premi; *~ nach* desiderare, ardenter cupere.
schmächtig gracilis.
Schmächtigkeit *f* gracilitas *f.*
schmachvoll contumeliosus, ignominiae plenus; indignus, turpis.
schmackhaft suavis, dulcis.
Schmackhaftigkeit *f* suavitas *f*, dulcedo *f.*
Schmähbrief *m* litterae *f/pl.* *in alqm* contumeliosae.
schmähen maledicere [absenti]; graviter invehi [in absentem].
Schmähgedicht *n* carmen *n* famosum (*od.* probrosum).
schmählich foedus, indignus, turpis.
Schmährede *f* maledictum *n*, convicium *n*; contumeliae *f/pl.* verborum.
Schmähschrift *f* libellus *m* famosus (*od.* probrosus).
Schmähsucht *f* maledicendi lascivia *f*, dicacitas *f.*

S

schmähsüchtig maledicus.
Schmähung *f* maledictio *f*; *konkr.* convicium *n*, maledictum *n*.
schmal angustus [clavus], artus *od.* tenuis [victus].
schmälern (im)minuere.
Schmälerung *f* deminutio *f*, imminutio *f*; *durch* ~ *des Ruhmes* gloriā (im)minutā.
Schmalz *n* adeps *m u. f* (liquatus).
schmarotzen parasitari.
Schmarotzen *n* parasitatio *f*.
Schmarotzer *m* parasitus *m*.
Schmarotzerei *f* parasitatio *f*.
schmarotzerisch parasiticus.
Schmarre *f* cicatrix *f*; *adj.* cicatricosus.
Schmaus *m*, **Schmauserei** *f* cena *f*, epulae *f/pl.*, convivium *n*.
schmausen convivari, epulari.
schmecken 1. *trans.* gustare, palato percipere; **2.** *intr.* sapere [bene, male], sapore [dulci] esse; ~ *nach* sapere, resipere [saponem]; *es sich* ~ *lassen* iucunde cenare, large se invitare [vino ciboque].
Schmeichelei *f* blanditiae *f/pl.*; (*kriechende*) adulatio *f*; (*Beistimmung in allem*) assentatio *f*.
schmeichelhaft blandus; *es ist für mich sehr* ~, *dass* summo honori mihi duco, quod.
schmeicheln blandiri; (*kriechend*) adulari [senem]; (*in allem beistimmen*) assentari; *ich schmeichle mir mit der Hoffnung* sperare videor *m. a. c. i.*
schmeichelnd blandus, dulcis, suavis.
Schmeichel/rede *f*, **~wort** *n* vox *f* blanda.
Schmeichler *m* homo *m* blandus (*od.* blandiens); adulator *m*, assentator *m*.
Schmelz *m* nitor *m*, suavitas *f*; ~ *der Stimme* vox *f* mollis.
schmelzen 1. *trans.* liquefacere, solvere; (*zergehen lassen*) diluere, liquare; **2.** *intr.* liquescere, liquefieri; tabescere [nives].
Schmelzhütte *f* (officina) *f* aeraria.
Schmelzofen *m* fornax *f* aeraria.
Schmelztiegel *m* catinus *m*.
Schmer *n* adeps *m u. f*.
Schmerbauch *m* abdōmen *n*.
Schmerz *m* dolor *m*; maestitia *f*; ~ *verursachen* dolorem facere (*od.* commovēre); ~ *empfinden über* dolēre [casum, laude aliena], dolorem capere (*od.* percipere) ex.
schmerzen: *es schmerzt mich* (*körperlich*) mihi dolet [pes]; (*geistig*) doleo [mortem, de morte, quod ...].
schmerz/haft, ~lich doloris plenus, acerbus, vehemens. gravis, dolendus, cum dolore; ~ *empfinden* dolēre, aegre (*od.* graviter *od.* moleste) ferre.
schmerzlos nihil dolens, dolore vacuus (*od.* carens).
Schmerzlosigkeit *f* doloris vacatio *f*, nullus dolor *m*.
Schmetterling *m* papilio *m*.
schmettern 1. *trans.* affligere (ad terram); **2.** *intr.* canere.
Schmettern *n* cantus 4 *m*, sonus *m*.
Schmied *m* faber *m* ferrarius.
Schmiede *f* officina *f* ferraria.
Schmiedearbeit *f* opera *n/pl.* fabri ferrarii.
Schmiedehammer *m* malleus *m* fabrilis.
Schmiedehandwerk *n* **ars** *f* ferraria, fabrica *f* ferrea.
schmieden tundere, cudere; procudere, fabricari [gladium]; / *Pläne* ~ consilia concoquere.
Schmiedeofen *m* fornax *f* (fabrilis).
schmiegen: *sich* ~ se inflectere; / se submittere; ~ *müssen* ex alieno arbitrio vivere.
Schmiere *f* unguentum *n*; * (*Theater*) histriones *m/pl.* vagantes.
schmieren linere, ungere; male scribere.
Schmieren *n* unctio *f*.
schmierig sordidus.
Schminkbüchse *f* pyxis *f*.
Schminke *f* fucus *m*, pigmentum *n*.
schminken fucare.
Schmiss *m* plaga *f*.
schmollen silentio obstinato stomachum prae se ferre; ~ *mit* in simultate esse cum.
schmoren assare; torrēre.
schmuck ornatus, comptus, bellus, pulchellus, nitidus.
Schmuck *m* ornatus 4 *m*; (*Schmuckgegenstand*) ornamentum *n*; (*Zierde*) decus *n*; (*Putz*) cultus 4 *m*; (*Frauenschmuck*) mundus *m* muliebris, res *f/pl.* pretiosae.
schmücken ornare, exornare, comere [capillum]; distinguere [caelum stellis].
schmucklos inornatus, incomptus,

incultus; / nudus, purus; (*tadelnd*) exilis, ieiūnus.
Schmucklosigkeit *f* munditia *f* [orationis]; exilitas *f*.
Schmuggel *m* fraus *f* transferentis *od.* transferentium.
schmuggeln merces furtim (*od.* clam) importare *u.* exportare.
schmunzeln subridēre.
Schmutz *m* sordes *f/pl.*, squalor *m*, illuvies *f*.
schmutzen sordescere.
Schmutzfleck *m* macula *f*.
schmutzig sordidus, squalidus, immundus; / impurus, obscēnus, turpis, foedus; (*v. Geiz*) sordidus.
Schnabel *m* rostrum *n*.
schnäbeln: *sich* ~ *von Vögeln*: rostrum conserere rostro; *von Menschen*: columbatim labra conserere labris.
***Schnaderhüpfel** *n/pl.* versiculi *m/pl.* iocosi Bavarici.
Schnake *f* culex *m*.
Schnalle *f* fibula *f*.
schnallen fibulā subnectere.
schnalzen: *mit dem Munde (mit den Fingern)* ~ linguā (digitis) crepare.
schnappen: ~ *nach* captare ore hiante [muscas].
schnarchen stertere.
schnarren stridēre.
Schnarren *n* stridor *m*.
schnattern clangere, strepere.
Schnattern *n* clangor *m*, strepitus 4 *m*.
schnauben anhelare; (*v. Pferden*) fremere; *vor Wut* ~ saevire; *vor Zorn* ~ irā exardescere; *Rache* ~ ulciscendi cupiditate ardēre.
Schnauben *n* anhelitus 4 *m*, fremitus 4 *m*.
Schnauze *f* os *n*, rostrum *n*.
Schnecke *f* cochlea *f*; (*ohne Haus*) limax *f*.
Schneckenhaus *n* cochleae testa *f*.
Schneckenlinie *f* spira *f*.
Schnee *m* nix *f* (*auch pl.*).
Schneeflocken *f/pl.*, **Schneegestöber** *n* nives, ium *f*.
Schneehaufen *m* agger *m* niveus.
schneeig (*voll Schnee*) nivosus; (*schneeweiß*) niveus; nivalis [dies, ventus]; (*gen.*) nivis, nivium.
Schneide *f* acies *f*.
Schneideeisen *n* scalprum *n*.
schneiden 1. *trans.* secare; (*das Haar*) tondēre; (*abmähen*) (de)metere; **2.** *intr.* acutum esse.
schneidend acutus [gelu]; perfrigidus [ventus]; acer, acerbus.
Schneider *m* vestifex *m*, vestificus *m*, vestiarius *m*.
schneidern vestimenta facere.
Schneidezahn *m* dens *m*, qui secat.
schneidig acer.
schneien ningere.
schnell celer; citus, citatus [amnis]; velox [animus]; (*flink*) pernix; (*hurtig*) strenuus; (*schleunig*) properus.
schnellen 1. *trans.* vibrare, conicere; *etw. in die Höhe* ~ alqā re aëra petere; **2.** *intr.*: *in die Höhe* ~ alte tolli, sublime rapi.
schnellfüßig pedibus celer, pernix.
Schnelligkeit *f* celeritas *f*, velocitas *f*.
Schnelläufer *m* celeripes *m*.
Schnellsegler *m* celox *f*, navis *f* actuaria.
Schnellwaage *f* statēra *f*.
Schnepfe *f* scolōpax *m*.
Schnippchen *n*: *j-m ein* ~ *schlagen* alci verba dare.
schnippisch dicax, arrogans.
Schnitt *m* sectio *f*; (*der Bäume*) putatio *f*; (*Einschnitt*) incisura *f*; (*Wunde*) vulnus *n*; (*e-s Kleides*) habitus 4 *m*.
Schnitte *f* frustum *n* [panis].
Schnitter *m* messor *m*.
***Schnittlauch** *m* allium *n* schoenoprasum.
Schnitzel *n* resegmen *n*.
schnitzen scalpere, sculpere.
Schnitzer *m* scalptor *m*; (*Fehler*) mendum *n*.
Schnitzmesser *n* scalprum *n*.
Schnitzwerk *n* opus *n* sculptile.
schnoddrig procax.
schnöde superbus, asper; *um* ~*n Lohn* pretio et mercede.
Schnödigkeit *f des Benehmens*: adrogantia *f*, insolentia *f*.
Schnörkel *m* helix *f*; voluta *f*; / ornamentum *n* ineptum, ineptiae *f/pl.*
Schnupfen *m* gravēdo *f*.
***schnupfen** naribus haurire [tabacum].
***Schnupftabak** *m* tabacum *n* contritum.
Schnupftuch *n* sudarium *n*.
Schnuppe *f* fungus *m*.
schnuppern: *an etw.* ~ alqd odorari (*od.* olfacere, olfactare); *nach etw.* ~ naribus scrutari alqd.

Schnur *f* linea *f*, funiculus *m*; (*zum Binden*) linum *n*; *nach der ~* (ex) ordine, ad amussim, accurate.
schnüren constringere, vincire.
schnurgerade directus; ad lineam (*od.* ad amussim) factus.
Schnurrbart *m* barba *f* labri superioris.
Schnurre *f* ioculare dictum *n*; *pl.* *~n* nugae *f/pl.*, ineptiae; *~n machen* ineptire.
schnurren fremere.
schnurrig iocularis.
schnurstracks rectā, directe.
Schober *m* acervus *m*, meta *f* [faeni].
Schock *n* sexaginta.
Schock *m*: *er hat einen ~ erlitten* cecidit collapsus in artus.
***Schöffe** *m* arbiter *m*.
***Schokolade** *f* schocolata, quae vocatur; chocolata *f*.
Scholle *f* glaeba *f*; (*v. Eis*) fragmentum *n* glaciei.
schon (*zeitl.*) iam; (*hervorhebend*) ipse, vel; (*versichernd*) profecto, certe; (*zwar*) quidem.
schön pulcher; formosus; speciosus; venustus [gestus, motus]; elegans [oratio]; bellus [puella]; amoenus [locus]; *die schönen Künste und Wissenschaften* artes *f/pl.* elegantes, liberales, ingenuae, bonae; *das schöne Geschlecht* sexus 4 *m* muliebris, mulieres *f*; suavis, dulcis [vox, odor]; blandus [verba].
schonen parcere, temperare [tibi].
schonend clemens, lenis, placidus, indulgens.
Schöngeist *m* homo *m* elegantium litterarum amans (*od.* studiosus).
schöngeistig elegans.
Schönheit *f* pulchritudo *f*, venustas *f*, forma *f*, species *f*, elegantia *f*; (*v. Gegenden*) amoenitas *f*; *konkr.* mulier *f* (*od.* virgo *f od.* puella *f*) pulcherrima.
Schönheits/gefühl *n*, *~sinn* *m* elegantia *f*.
Schönheitsmittel *n* lenocinium *n*, adiumentum *n* ad pulchritudinem.
Schönheitspflaster *n* aluta *f*, splenium *n*.
Schönschreiber *m* scribendi artifex *m*; * calligraphus *m*.
Schöntun *n* blanditiae *f/pl.*
Schonung *f* clementia *f*, indulgentia *f*, lenitas *f*.
schonungslos durus, crudelis, acerbus.
Schonungslosigkeit *f* acerbitas *f*, crudelitas *f*.
Schopf *m* verticis capillus *m*.
Schöpfbrunnen *m* puteus *m*.
Schöpfeimer *m* hama *f*.
schöpfen haurire; / repetere ab; *Luft ~* spiritum (*od.* liberum aëra) ducere; *Mut ~* animum recipere; *Hoffnung ~* spem concipere, in spem [salutis] venire.
Schöpfer *m* procreator *m*, fabricator *m*, effector *m*, parens *m*, auctor *m*, inventor *m*.
Schöpferin *f* procreatrix *f*, effectrix *f*, parens *f*.
schöpferisch sollers, ingeniosus; *~er Geist* ingenium *n*; *~e Kraft* sollertia *f*.
Schöpferkraft *f* effectio *f*; (rerum) [natura *f*.]
Schöpf/gefäß *n*, *~kanne* *f* cyathus *m*, urna *f*, trulla *f*.
Schöpfrad *n* rota *f*.
Schöpfung *f* rerum natura *f*, universitas *f* rerum; (*Werk*) opus *n*.
Schoppen *m* sextarius *m*; (*Gefäß*) poculum *n*, cyathus *m*.
Schöps *m* vervex *m* (*adj.* vervecinus).
Schorf *m* ulceris crusta *f*; (*Kopfausschlag*) porrigo *f*.
***Schorlemorle** *n* vinum *n* aquā spumante mixtum.
***Schornstein** *m* fumarium *n*.
Schoß *m* gremium *n*; / sinus 4 *m*; *die Hände in den ~ legen* compresis manibus desidem sedēre (*od.* cessare).
Schoßkind *n* deliciae *f/pl.* atque amor *m* [matris].
Schössling *m* surculus *m*; (*v. Weinstock*) palmes *m*.
Schote *f* siliqua *f*.
Schotenklee *m* lotus *f*.
***Schotter** *m* rudera *n/pl.*
schräg obliquus, transversus, declivis.
Schrank *m* armarium *n*; (*für Bücher*) foruli *m/pl.*
Schranken *f/pl.* saepta *n/pl.*, cancelli *m/pl.*; (*auf der Rennbahn*) carceres *m/pl.*; / *~ setzen* cancellis circumdare, certos fines constituere; *in ~ halten* continēre, coercēre, cohibēre.
schränken (*kreuzweise übereinander legen*) decussare.

schrankenlos immodicus, immoderatus, effrenatus.
Schranze *f* (assentator) aulicus *m.*
Schraube *f* cochlea *f*; *seine Worte auf* ~*n stellen* ambigue dicere; *eine verdrehte* ~ mirum caput *n.*
***Schraubenzieher** *m* instrumentum *n* cochleis extorquendis.
Schreckbild *n* formido *f.*
schrecken de-, ex-, perterrēre.
Schreck(en) *m* terror *m.*
Schreckens... terribilis, atrox, tristis, crudelis.
Schreckensherrschaft *f* dominatio *f* crudelis et superba.
schreckhaft pavidus.
schrecklich terribilis, horribilis; atrox, immanis.
Schreckmittel *n* terriculum *n*, formido *f.*
Schrecknis *n* terror *m*, formīdo *f.*
Schrei *m* clamor *m*, vox *f.*
Schreib... scribendi, scripturae, scriptorius.
Schreibart *f* scribendi ratio *f.*
schreiben scribere, conscribere; *einen Brief* ~ *an* litteras (*od.* epistulam) dare (*od.* mittere ad); *es steht geschrieben* scriptum videmus apud; (*nicht*) ~ *können* litteras (ne)scire.
Schreiben *n abst.* scriptio *f*, scriptura *f*; *konkr.* scriptum *n*, litterae *f/pl.*, epistula *f.*
Schreiber *m* scriptor *m*; scriba *m*; *armselige* ~ librarioli *m/pl.*; (*Verfasser*) scriptor *m*, auctor *m.*
Schreiberamt *n* scriptus 4 *m*, ministerium *n* scribae.
Schreiberei *f* litterae *f/pl.* [plurimae]; scripturae genus *n.*
Schreibfeder *f* calamus *m.*
Schreibfehler *m* mendum *n* (scripturae).
Schreibgriffel *m* stilus *m.*
schreiblustig impiger in scribendo.
***Schreibmaschine** *f* machina *f* scriptoria.
Schreibmaterial *n* res *f* quibus ad scribendum opus est, scribendi instrumentum *n*, charta *f* et atramentum.
Schreibpapier *n* charta *f* scriptoria.
Schreibtafel *f* tabula *f* (litteraria).
Schreibung *f* ratio *f* scribendi.
schreien clamare; (*v. mehreren*) conclamare, clamorem edere (*od.* tollere); (*laut*) vociferari.
Schreien *n* clamores *m/pl.*, vociferatio *f.*
schreiend acerbissimus, gravissimus iniuria.
Schreier *m* clamator *m*, latrator *m.*
Schrein *m* scrinium *n.*
Schreiner *m* lignarius *m.*
schreiten gradi, vadere, ingredi, incedere; ~ *über* transgredi [pontem]; ~ *zu* progredi ad, accedere (*od.* descendere) ad.
Schrift *f* (*Buchstaben*) litterae *f/pl.*; (*Schriftwerk*) scriptum *n*, liber *m*; *die Heilige* ~ libri sacri *m/pl.*; *kleine* ~ libellus *m.*
Schriftausleger *m* interpres *m* litterarum divinarum.
Schriftentum *n* litterae *f/pl.*
Schriftführer *m* scriba *m*, perscriptor *m.*
Schriftgelehrte(r) *m* litterarum divinarum indagator *m.*
schriftkundig litteratus.
schriftlich *adj.* scriptus, litteris consignatus (*od.* mandatus); ~*es Zeugnis* testimonium *n* litterarum; ~*e Arbeit* scriptum *n*; ~*e Urkunden* litterae *f/pl.*, monumenta *n/pl.* litterarum; (*gerichtlich*) tabulae *f/pl.*; ~*e Aufträge geben* scripturā mandata dare; *adv.* litteris, per litteras, *durch* scribere; ~ *abfassen* litteris mandare.
Schriftrolle *f* volūmen *n.*
Schriftsteller *m* scriptor *m*; (*als Gewährsmann*) auctor *m*; ~ *werden* ad scribendum se conferre.
Schriftstellerei *f* scriptio *f*, litterae *f/pl.*; *mst mit „schriftstellern" zu geben.*
schriftstellerisch (*gen.*) scriptoris (-orum), scribendi [laus].
schriftstellern libros (con)scribere, (*od.* edere).
Schriftstück *n* scriptum *n*, liber *m.*
Schriftzeichen *n* littera *f*, litterarum notae *f/pl.* (*od.* formae *f/pl.*).
Schriftzug *m* litterarum ductus 4 *m.*
Schritt *m* gradus 4 *m*; (*Doppelschritt als Maß*) passus 4 *m*; (*Gang*) ingressus 4 *m*; *auf* ~ *und Tritt folgen* a latere [patroni] non discedere; *der erste* ~ *zu* initium *n*, principium *n* [belli]; / consilium *n.*
schrittweise gradātim, pedetentim.
schroff praeruptus, praeceps; / asper.
Schroffheit *f* asperitas *f.*

schröpfen 1. *eig.* scarificationem facere; *j-n* ~ cutem alcs scarificare, per cucurbitulas sanguinem alci detrahere; / **2.** *j-n* ~ (*prellen*) alqm percutere *od.* emungere.
Schrot *n* far *n*; *von altem* ~ *und Korn* antiquus, priscae fidei; * (*zum Schießen*) globuli *m/pl.* plumbei.
schrumpfen vietum fieri; corrugari.
schrumpfig vietus, rugosus.
Schub *m* pulsus 4 *m*, ictus 4 *m*.
Schubkarren *m* pabo *m*.
schüchtern timidus, pavidus, verecundus.
Schüchternheit *f* timiditas *f*, verecundia *f*, pudor *m*.
Schuft *m* homo *m* improbus.
Schuh *m* calceus *m*, pedis tegumentum *n*, soccus *m*.
Schuhmacher *m* sutor (*adj.* sutorius).
Schuhnagel *m* clavus *m* calceamenti.
Schuhriemen *m* vinculum *n* calceamenti, corrigia *f* calceamenti.
Schuhsohle *f* solea *f* calcei.
Schuhwerk *n* calceamentum *n*, calcei *m/pl.*
Schul... scholasticus, (*gen.*) scholae (-arum).
Schulbildung *f* eruditio *f*.
Schuld *f* debitum *n*, pecunia *f* debita, *pl.* ~*en* aes *n* alienum [magnum]; ~*en machen* aes alienum contrahere (*haben* habēre, in aere alieno esse); *in* ~*en geraten* in aes alienum incidere (*stecken* aere alieno premi); (*Vergehen*) culpa *f*, vitium *n*, noxa *f*, delictum *n*; *die* ~ *haben* in culpa esse; *ich bin schuld daran* mea culpa est; *außer* ~ *sein* extra culpam esse, culpā vacare; *die* ~ *beimessen* culpam attribuere, conferre in [vicinum]; *sich zuschulden kommen lassen* culpam committere, in se admittere, peccare; (*Veranlassung*) causa *f*; *was ist schuld daran?* quae est causa rei? *was ist schuld daran, dass* quid est, quod (*od.* quare, cur) *m. conj.*; *ich bin schuld, dass nicht* per me stat, quominus.
schuldbewusst culpae sibi conscius.
Schuldbrief *m* chirographum *n*.
Schuldbuch *n* tabulae *f/pl.*; codex *m*.
schulden debēre.
schuldenfrei aere alieno vacuus (*bzw.* solutus); ~ *werden* aere alieno exire.
Schuldenlast *f* aeris alieni magnitudo *f*.
Schuldentilgung *f mit* aes alienum [solvere.]
Schuldforderung *f* nomen *n*.
schuldig (*v. Pers.*) ~ *sein* debēre (gratiam pro beneficio); (*von Sachen*) debitus, qui *od.* debetur, quod quis debet; (*eines Vergehens*) nocens, noxius, sons; *sich* ~ *machen* committere [scelus], noxam contrahere; *des Todes* ~ *sein* capitis poenam meruisse; *nicht* ~ *sein* extra culpam esse, culpā vacare.
Schuldigkeit *f* officium *n*; *seine* ~ *tun* in officio esse, officium praestare, officio suo non deesse.
Schuldklage *f* petitio *f* (pecuniae).
schuldlos insons, culpā vacuus.
Schuldlosigkeit *f durch* extra culpam esse.
Schuldner *m* debitor *m*; qui debet; obaeratus *m*.
Schuldposten *m* nomen *n*, pecunia *f* credita (*od.* debita).
Schuld/schein *m*, ~**verschreibung** *f* syngrapha *f*, chirographum *n*.
Schule *f* (*niedere*) ludus *m* litterarum *od.* litterarius; (*höhere*) schola *f*; (*Unterricht*) disciplina *f*, discipuli *m/pl.* (et magistri *m/pl.*); (*Anhang eines Lehrers*) schola *f*, familia *f*, secta *f*, qui (profecti, orsi) sunt a [Platone]; *die* ~ *des Sokrates* Socratici *m/pl.*
schulen instituere; (*von Tieren*) condocefacere, domare.
Schüler *m* discipulus *m*; (*Zuhörer*) auditor *m*; (*Anfänger*) tiro *m*.
schülerhaft vix tirone dignus, tironum more.
Schülerin *f* discipula *f*.
Schulfreund *m* condiscipulus *m*; *mein* ~ quo a condiscipulatu familiariter utor.
Schulgeld *n* merces *f* (scholastica).
Schulhaus *n* aedes *f* scholarum, schola *f*.
Schulknabe *m* puer *m* de ludo litterario (*od.* de schola), puer tiro *m*.
Schullehrer, ~**meister** *m* ludi magister *m*.
schulmäßig scholasticus; *e-n* ~*en Vortrag halten* scholam habere *od.* explicare.
schulmeistern ad praecipiendi rationem delabi, castigare.

Schulplan *m* scholarum habendarum ordo *m* (*od.* dispositio *f*).
Schulstunde *f* schola *f*.
Schulter *f* umerus *m*; *etwas auf seine* ~*n nehmen* umeris accipere; suscipere, recipere.
Schulterblatt *n* scapula *f*; scapulae *pl.*
Schulübung *f* exercitatio *f* umbratilis; *im Reden*: declamatio *f*.
Schulunterricht *m* institutio *f* puerilis.
Schulvorsteher *m* scholae curator *m*.
Schulwesen *n* res *f* scholastica.
Schulzimmer *n* auditorium *n*, schola *f*.
Schund *m* res *f/pl.* viles.
***Schundliteratur** *f* libri *m/pl.* sordidi.
Schuppe *f* squama *f*.
***Schuppen** *m* receptaculum *n*.
Schuppenpanzer *m* cataphractes, ae *m*.
schuppig squamosus.
Schur *f* tonsura *f*.
schüren excitare [ignem].
Schurke *m* homo *m* scelestus, sceleratus *m*.
Schurkenstreich *m* scelus *n*, flagitium *n*.
schurkisch scelestus, improbus, nefarius.
Schurz *m*, **Schürze** *f* subligaculum *n*.
schürzen cingere, nectere.
Schuss *m* impetus 4 *m*; *im* ~ *sein* impetu (*od.* cursu) ferri; (*e-s Geschosses*) teli iactus 4 *m*, coniectus 4 *m*; (*das Treffen od. Getroffenwerden*) ictus 4 *m*; *konkr.* telum *n*, vulnus *n*.
Schüssel *f* patina *f*, lanx *f*, scutula *f*.
Schuss/linie, ~weite *f* teli iactus 4 *m* (*od.* coniectus 4 *m*).
Schuster *m* sutor *m*.
Schusterwerkstätte *f* officina *f* sutoris.
Schutt *m* rudera, um *n/pl.*
Schütte *f*: e-e ~ *Stroh* fascis *m* stramentorum.
schütteln quatere, quassare, concutere; decutere; *den Kopf* ~ caput concutere; (*um zu verneinen*) renuere.
schütten (ef)fundere.
Schurrhaufen *m* rudera, um *n/pl.*
Schutz *m* praesidium *n*; tutēla *f*; custodia *f*; patrocinium *n*; (*Schutzort*) arx *f*, portus 4 *m*; perfugium *n*; ~ *gewähren* tueri; *in seinen* ~ *nehmen* in fidem recipere; *sich in den* ~ *begeben* in fidem [populi Romani] se committere, ad fidem confugere.
Schutzbefohlene(r) *m* cliens *m*.
Schutzbündnis *n*: *ein Schutz- und Trutzbündnis schließen* in omnia belli pacisque consilia se consociare.
Schutzdach *n* testudo *f*, vinea *f*.
Schütze *m* (*mit dem Speer*) iaculator *m*; (*mit dem Bogen*) sagittarius *m*; (*mit der Schleuder*) funditor *m*.
schützen tueri, defendere.
***Schützengraben** *m* fossa *f*.
schutzflehend supplex (*auch subst.*).
Schutzgeist *m* genius *m*; praesidium *n*; tutēla *f*.
Schutzgenossenschaft *f* clientēla *f*.
Schutzgerechtigkeit *f* patrocinium *n*.
Schutzgott *m* tutēla *f*, deus *m* custos (*od.* praesens), deus qui praesidet loco (*od.* in cuius tutēla locus est); (*Schutzgötter der Familie od. des Hauses*) penates *m/pl. od.* lares *m/pl.*
Schutzherr *m* patrōnus *m*.
Schutzherrschaft *f* patrocinium *n*.
Schützling *m* cliens *m*; qui in tutēla est.
schutzlos sine praesidio, indefensus, intūtus, destitutus.
Schutzmacht *f* praesidia, orum *n/pl.*
***Schutzmann** *m* custos *m* publicus.
Schutzmannschaft *f* praesidium *n*.
***Schutzmarke** *f* signum *n* legitimum.
Schutzmauer *f* propugnaculum *n*.
Schutzmittel *n* tutamentum *n*, praesidium *n*.
Schutzort *m* perfugium *n*; asylum *n*.
Schutzpatron *m* deus *m* praesens.
Schutzrede *f* defensio *f*; e-e ~ *für j-n halten* dicere pro alqo.
Schutzwache *f* praesidium *n*, custodia *f*; custos *m*.
Schutzwaffen *f/pl.* arma *n/pl.* (ad corpus tegendum); *Schutz- und Trutzwaffen* arma ac tela *n/pl.*
Schutzwand *f* pluteus *m*, propugnaculum *n*, munimentum *n*.
Schutzwehr *f* **1.** praesidium *n*, custodia *f*.
schwach (*dünn*) tenuis; (*von geringer Masse*) exilis [vox]; ~*e Weiber* mulierculae *f/pl.*; / (*unbedeutend*)

S

exiguus, parvus, levis, tenuis; *schwächer* inferior [dignitate]; *kraftlos*) infirmus, imbecillus, debilis.
Schwäche *f* tenuitas *f*, exilitas *f*; (*Kraftlosigkeit*) imbecillitas *f*, infirmitas *f*, debilitas *f*; (*Ermattung*) languor *m*.
schwächen debilitare, infirmare, attenuare.
Schwachheit *f* infirmitas *f*; *die ~ haben, zu ...* hoc vitio laborare, quod.
Schwachkopf *m* homo *m* imbecillus (*od.* captus et stupens).
schwachköpfig imbecilli ingenii, tardus, obtusus.
schwächlich infirmus, imbecillus.
Schwächling *m* homo *m* imbecillus (*od.* infirmus).
Schwachsinn *m* animi imbecillitas *f*, acies *f* animi obtusior.
Schwächung *f* debilitatio *f*.
Schwad(en) *m* striga *f*.
Schwadron *f* turma *f*.
schwadronenweise turmatim, per turmas.
Schwager *m* affinis *m*; mariti (*od.* uxoris) frater *m*, sororis maritus *m*.
Schwägerin *f* affinis *f*; (*Mannes Schwester*) glos *f*, *sonst* soror uxoris *f*; uxor fratris *f*.
Schwägerschaft *f* affinitas *f*.
Schwalbe *f* hirundo *f*.
Schwalbenschwanz *m* **1.** (*Schmetterling*) papilio *m* machāon; **2.** (*Zangenart*) securicula *f*.
Schwall *m* ingens vis *f*, turba *f*, flumen *n*.
Schwamm *m* fungus *m*; (*zum Abwischen*) spongia *f*.
Schwämmchen *n* spongiola *f*; (*Auswuchs im Munde*) aphtae *f/pl*.
schwammig fungosus; spongiosus.
Schwan *m* cycnus *m*, olor *m* (*adj.* cycnēus, olorīnus).
Schwang *m*: *im ~e sein* vigēre, ferri, obtineri.
schwanger gravidus, praegnans.
schwängern gravidam facere.
Schwangerschaft *f* graviditas *f*.
schwank lentus; (*dünn, schmächtig*) tenuis, gracilis.
Schwank *m* (lepida) narratiuncula *f*, iocus *m*.
schwanken (*hin und her*) vacillare; nutare; (*taumeln*) titubare; (*zu sinken anfangen*) labare; / haerēre, haesitare, pendēre animi; (*sich nicht gleich bleiben*) sibi non constare; *der Kampf schwankt* pugna anceps stat, incerto Marte pugnatur.
Schwanken *n* vacillatio *f*, nutatio *f* / haesitatio *f*, animus *m* incertus, inconstantia *f*.
schwankend incertus, dubius; inconstans, anceps.
Schwanz *m* cauda *f*; (*e-s Kometen*) crines *m/pl*.
schwänzeln caudam movēre; *~ vor* adulari [principem].
Schwänzeln *n* adulatio *f*.
Schwär(e) *m* (*f*) ulcus *n*.
schwären suppūrare.
Schwären *n* suppuratio *f*.
Schwarm *m* examen *n* [vesparum], turba *f*, vis *f*.
schwärmen (*v. Bienen*) bombum facere, exire; vagari; bacchari; (*lärmend in den Straßen*) comissari; volitare; (*umherrennen*) discursare; (*geistig*) somniare, somnia sibi fingere, insanire, delirare, furere; *~ für* studio [philosophiae] flagrare (*od.* incensum esse).
Schwärmen *n* bacchatio *f*, comissatio *f*, discursus 4 *m*, volitatio *f*; *meist durch Verba*; (*Schwärmerei*) insania *f*, somnia *n/pl.*, furor *m*.
Schwärmer *m* comissator *m*; *meist durch Verba*; somnians, insanus, fanaticus.
schwärmerisch opinionibus inflatus; fanaticus.
Schwarte *f* callum *n*.
schwarz (*glanzlos*) ater; (*glänzend*) niger; (*schmutzig*) pullus; *die ~e Kunst* artes *f/pl.* magicae; *~ werden* nigrescere; *~ gekleidet* atratus; *Schwarzes Meer* Pontus *m* Euxinus.
schwarzbraun fuscus.
Schwarzbrot *n* panis *m* cibarius.
Schwärze *f* color *m* niger; (*als Färbestoff*) atramentum *n*.
schwärzen denigrare, nigro colore inficere; *von der Sonne geschwärzt* fuscus, sole adustus.
schwarzhaarig crinibus nigris.
Schwarzkünstler *m* magus *m* (*f* maga).
schwärzlich fuscus, subniger.
Schwarzwild *n* apri *m/pl.*, sues *m/pl.* silvatici *od.* feri.
schwatzen garrire, blaterare, hariolari, nugari; (*vertraulich plaudern*) (con)fabulari.
Schwätzer *m* homo *m* garrulus (*od.* loquax); nugātor *m*.

schwatzhaft garrulus, loquax.
Schwatzhaftigkeit *f* garrulitas *f*, loquacitas *f*.
Schwebe *f*: *in der ~ halten* librare.
***Schwebebahn** *f* via *f* ferrata pensilis.
schweben pendēre, suspensum esse; librari; (*drohend*) *~ über* imminēre, impendēre [cervicibus, terror omnibus]; *vor Augen ~* versari ante (*od.* ob) oculos, obversari oculis (*od.* animo); *in Gefahr ~* in periculo versari; *in Furcht ~* in timore esse, metu suspensum esse.
schwebend pendens, suspensus; pensilis; *in der Luft ~* sublīmis.
schwedisch Suecicus.
Schwefel *m* sulpur *n*.
schwefelig sulpureus.
schwefeln sulpure inficere; *geschwefelt* sulpuratus.
Schweif *m* cauda *f*; *~stern* stella *f* crinita.
schweifend vagari.
schweigen tacēre; (*keinen Laut von sich geben*) silēre; *~ zu* tacitum ferre (*od.* audire).
Schweigen *n* silentium *n*; (*Verschwiegenheit*) taciturnitas *f*; *~ beobachten* silēre, silentium tenēre; *zum ~ bringen* facere, ut [garrulus] taceat; / opprimere, refutare.
schweigend tacitus.
schweigsam taciturnus.
Schweigsamkeit *f* taciturnitas *f*.
Schwein *n* sus *f*, (*junges*) porcus *m*; (*wildes*) aper *m*.
Schwein... suillus [caro], suarius [forum, negotiator].
Schweinchen *n* porcellus *m*.
Schweinehirt *m* subulcus *m*.
Schweinerei *f* spurcitia *f*, spurcities *f*.
Schweinestall *m* suile *n*, hara *f*.
schweinisch spurcus, obscenus.
Schweinsrüssel *m* rostrum *n* suillum.
Schweiß *m* sudor *m*; *~tuch* *n* sudarium *n*.
schweißen **1.** *trans. Metalle*: ferruminare; **2.** *intr. in der Jägersprache vom Bluten des Wildes*: sanguinem effundere.
schweißig cruorem emittens.
Schweißtuch *n* sudarium *n*.
Schweizer *m*, **schweizerisch** Helveti(c)us.
***Schweizerkäse** *m* caseus *m* Alpinus.
schwelgen helluari, luxuriose vivere; *~ in* diffluere [omnium rerum copiā].
Schwelgen *n*, **Schwelgerei** *f* helluatio *f*, luxuria *f*.
Schwelger *m* helluo *m*, gurges *m*, nepos *m*, ganeo *m*.
schwelgerisch luxuriosus, luxuriā diffluens.
Schwelle *f* limen *n*.
schwellen (in)tumescere [fluctus]; *der Wind schwellt die Segel* ventus vela implet.
Schwellen *n* tumor *m*.
schwellend tumidus.
Schwemme *f* lavatio *f*.
schwemmen lavare (*z.B.* equos).
Schwengel *m* (*der Pumpe*) tollēno *m*.
schwenken circumagere, versare; (*schwingen*) torquēre, vibrare; (*mil.*) se (*od.* signa) convertere, converti, circumagi.
Schwenkung *f* (*mil.*) signa conversa *n/pl.*
schwer (*v. Gewicht*) gravis, magni ponderis; (*schwierig*) difficilis, molestus, arduus; *mit ~em Herzen* suspenso et sollicito animo; *~er Boden* solum *n* pingue; *~er Kampf* pugna *f* acris, proelium *n* grave; *~e Strafe* poena *f* magna.
schwer bewaffnet (*gen.*) gravis armaturae.
Schwere *f* gravitas *f*; (*Gewicht*) pondus *n*, onus *n*.
schwerfällig gravis, tardus; *~er Mensch* homo *m* agrestis.
Schwerfälligkeit *f* gravitas *f*, tarditas *f*; duritas *f*.
schwerhörig surdaster.
Schwerhörigkeit *f* aurium tarditas *f*.
Schwerkraft *f* vis *f* et gravitas *f*, nutus 4 *m* et pondus *n*.
schwerlich haud facile, vix.
Schwermut *f* aegritudo *f* animi, maestitia *f*, tristitia *f*; (*Krankheit*) atra bilis *f*; melancholia *f*.
schwermütig tristis, maestus, aeger animi; *~ sein* confici angoribus.
Schwerpunkt *m* momentum *n* gravitatis.
Schwert *n* gladius *m*; ferrum *n*, (*poetisch*) ensis *m*.
Schwertgehenk *n* balteus *m*.
Schwertgriff *m* capulus *m*.
Schwerthieb *m* ictus 4 *m* gladii.
Schwertklinge *f* lamina *f* gladii.

Schwertscheide *f* vagina *f* gladii.
Schwertspitze *f* mucro *m* gladii.
Schwertstreich *m* ictus 4 *m* gladii; *ohne* ~ sine certamine, sine dimicatione sine caede.
Schwester *f* soror *f*.
Schwestermord *m* caedes *f* sororis, parricidium *n* sororis.
Schwestermörder *m* sororcida *m*, parricida *m*.
Schwesterchen *n* sororcula *f*.
schwesterlich sororius.
Schwibbogen *m* fornix *m*, arcus 4 *m*.
schwibbogenförmig fornicatus, arcuatus; *adv.* fornicatim, arcuatim.
Schwiegereltern: *die* ~ socer *m* et socrus *f*, soceri *m/pl.*
Schwiegermutter *f* socrus *f*.
Schwiegersohn *m* gener *m*.
Schwiegertochter *f* nurus *f*.
Schwiegervater *m* socer *m*.
Schwiele *f* callum *n*.
schwielig callosus.
schwierig difficilis, arduus; *auch* impeditus.
Schwierigkeit *f* difficultas *f*; (*mühevolles Geschäft*) negotium *n*; (*Hindernis*) impedimentum *n*, labor *m*; *mit* ~ (*verknüpft*) non facile; *ohne* ~ nullo negotio, facile; ~*en machen* difficultatem afferre [parentibus]; *die Sache macht* ~*en* res multum difficultatis (magnam difficultatem) habet; (*von Menschen*) cunctari, gravari, tergiversari.
schwimmen nare, natare; *im Überfluss* ~ omnibus copiis circumfluere; *in Freuden* ~ deliciis diffluere.
Schwimmer *m* natator *m*, nans, nandi peritus.
Schwimmfertigkeit *f* natandi usus 4 *m*.
Schwimmhaut *f* membrana *f* natatoria.
Schwimmvogel *m* avis *f* natans.
Schwindel *m* vertigo *f*; ~ *bekommen* vertigine corripi.
Schwindelei *f* temeritas *f*, fraus *f*.
Schwindelgeist *m* temeritas *f*, animus *m* turbulentus.
schwindelig vertiginosus.
Schwindelkopf *m* homo *m* temerarius (*od.* fraudulentus).
schwindeln temeraria consilia agitare; mentiri; mendacium dicere.
schwinden volare [aetas], cedere [anni].
Schwindsucht *f* tabes *f*.
schwindsüchtig tabidus.
Schwinge *f* (*Korb*) vannus *f*, *pl.* (*der Vögel*) pennae *f/pl.*, alae *f/pl.*
schwingen vibrare, torquēre, iactare, *sich auf*~ insilire in [equum]; *sich in die Luft* ~ sublime ferri, sublimem abire.
Schwingung *f* motus 4 *m*.
schwirren stridēre *u.* stridere.
Schwirren *n* stridor *m*.
Schwitz... sudatorius.
Schwitzbad *n* sudatio *f*, sudatorium *n*.
schwitzen sudare [sanguine].
Schwitzen *n* sudatio *f*.
schwören (ius iurandum) iurare [*auf* in verba magistri]; (*milit.*) sacramentum (-to) dicere; *falsch* ~ falsum iurare, peierare; ~ *lassen* iure iurando adigere; *geschworener Feind* inimicissimus *m*.
schwül fervidus, aestuosus.
Schwüle *f* fervor *m*, aestus 4 *m*, tempus *n* (*od.* caelum *n*) fervidum.
Schwulst *m* tumor *m*; inflatum orationis genus *n*.
schwülstig tumidus, turgidus.
Schwung *m* motus 4 *m*, impetus 4 *m*; (*in die Höhe*) nisus 4 *m*; elatio *f*; *e-n* ~ *geben* impellere, incitare; *e-n* ~ *nehmen* altius efferri.
Schwungfeder *f* penna *f*.
schwunghaft: *ein* ~*er Handel* negotiatio *f* optime cedens; *etw.* ~ *betreiben* studiosissime exercēre alqd.
Schwungkraft *f* impetus 4 *m*, vis *f* et impetus 4 *m*.
Schwur *m* ius *n* iurandum.
***Schwurgericht** *n* iudicium *n* (*od.* consilium *n*) curatorum.
sechs sex; *je* ~ seni; ~ *Jahre* sexennium.
Sechseck *n* sexangulum *n*.
sechseckig sexangulus, *hexagonos.
Sechsfache(s) *n* sexies tantum *n*.
sechshundert sescenti; *je* ~ sesceni.
sechshundertster sescentesimus.
sechsmal sexies.
sechsmonatlich semestris.
Sechsruderer *m* hexeris *f*.
sechssaitig hexachordos.
sechsspännig seiugis.
Sechstel *n* sexta pars *f*.
sechster sextus.
Sechszahl *f* numerus *m* senarius.
sechszeilig hexastichos.

***Sechszylinder** *m* (currus 4 *m* elegans) sex cylindrorum.
sechzehn sedecim; *sechzehnter* sextus decimus.
sechzig sexaginta; *sechzigster* sexagesimus; *~mal* sexagies.
Seckel *m* siclus *m*.
See *m* lacus 4 *m*.
See *f* mare *n*.
See... (*in der ~ befindlich*) marinus; (*an oder auf der ~*) maritimus, *sons.* navalis.
Seeaal *m* conger *m*.
Seebad *n* aquae *f/pl.* marinae.
Seebarbe *f* mullus *m* barbatus.
Seefahrt *f* navigatio *f*, cursus 4 *m* maritimus, iter *n* maritimum.
Seegefecht *n* pugna *f* navalis.
Seegras *n* alga *f*.
Seeheld *m* qui mari res magnas (fortiter) gessit.
Seehund *m* phoca *m*.
seekrank nauseans; *~ sein* nauseare.
Seekrankheit *f* nausea *f*.
Seekrieg *m* bellum *n* maritimum (*od.* navale).
Seeküste *f* ora *f* (maritima), litus 3 *n*, acta *f*.
Seele *f* animus *m*, anima *f*; *mit ganzer ~* toto animo; *von Grund der ~* ex animo; / princeps *m* [coniurationis]; homo *m*, caput *n* *eine treue ~* homo *m* fidelis.
Seelenkrankheit *f* animi morbus *m*; animi aegrotatio *f*.
seelenvoll vividus; *~e Statuen* spiranti aera *n/pl.*
Seelenwanderung *f* animorum post mortem ab aliis ad alios transitio *f*.
Seeleute: *die ~* nautae *m/pl.*
Seemacht *f* copiae *f/pl.* navales, classis *f*; civitas *f* maritima *od.* classe multum valens.
Seemann *m* nauta *m*.
seemännisch nauticus.
Seeräuber *m* pirata *m*, praedo *m* maritimus.
Seeräuberei *f* praedatio *f* maritima (*od.* piratica).
seeräuberisch piraticus.
Seereise *f* iter *n* maritimum.
Seeschlacht *f* pugna *f* navalis, proelium *n* navale.
Seesoldat *m* miles *m* nauticus (*od.* classicus); *pl.* classiarii *m*.
seewärts ad mare versum.
Seewesen *n* res *f* navalis, res *f/pl.* maritimae (*od.* nauticae).
Seewissenschaft *f* disciplina *f* navalis.
Segel *n* velum *n*; *die ~ aufziehen* vela facere (*einziehen* contrahere); *unter ~ gehen* navem solvere.
***Segelflugzeug** *n* aëroplanus *m* cum velis.
segeln navigare; *auf etwas zu ~* cursum dirigere (*od.* tenēre) ad.
Segelstange *f* antenna *f*.
Segelwerk *n* armamenta *n/pl.*, vela *n/pl.*
Segen *m* vota *n/pl.* prospera, bona omina *n/pl.*; *seinen ~ geben* omnia laeta et prospera precari; / successus 4 *m*, prosperitas *f*, salus *f*, felicitas *f*; (*Ertrag*) proventus 4 *m*.
segensreich salutaris, prosperus; (*ergiebig*) uber.
Segenswunsch *m* bona omina *n/pl.*
segnen bonis ominibus prosequi, bene precari [filio]; *gesegnet* faustus; (*mit Besitz*) beatus, fortunatus.
Segnung *f* bonum *n*, emolumentum *n*.
sehen vidēre (*trans. u. intr.*), (*deutlich wahrnehmen*) cernere; *gut ~ können* oculos acres habēre, oculorum acie valēre; *~ auf* oculos conicere ad, spectare; (*nach vorn*) prospicere; (*nach oben*) suspicere; (*nach unten*) despicere; (*nach hinten*) respicere; (*geistig*) cognoscere, intellegere; *~ lassen* ostendere; *keine Wolke ist zu ~* nulla nubes conspicitur; *sich ~ lassen* conspici, in conspectum venire; *sich ~ lassen mit* ostentare; *~ auf* rationem habēre [commodi sui], consulere, prospicere, servire [commodis amici]; *gern ~* libenter vidēre; gaudēre, delectari [spectaculis]; cupere, velle [hospiti]. — *sieh da!* ecce! en!
Sehen *n* visus 4 *m*, conspectus 4 *m*.
sehenswert visendus, spectandus, dignus qui spectetur.
Sehenswürdigkeit *f* res *f* visenda (*od.* visu digna).
Seher *m* vates *m*.
Seherblick *m* divinatio *f* quaedam futurorum; *e-n ~ haben* divinare, praesagire.
Seherin *f* vates *f*.
Seherkraft *f* divinatio *f*.
Sehkraft *f* acies *f* (oculorum).
Sehne *f* nervus *m*.
sehnen: *sich ~ nach* desiderare, desiderio [patriae] teneri, sitire.

sehnig nervosus.
sehnlich vehemens, ardens, summus, avidus.
Sehnsucht *f* desiderium *n* [patriae].
sehnsüchtig (*v. Pers.*) desiderio [patriae] flagrans (*od.* incensus).
sehr valde; magnopere; maxime, summe; admodum, perquam (*nur bei adj. u. adv.*); vehementer, graviter; *sehr oft auch durch den sup.*; *durch ein Kompositum mit* per- *od.* prae- [perfacilis, pertimescere, praedīves].
Sehweite *f*: *bis auf* ~ quo longissime oculi conspectum ferunt.
seicht tenuis [aquae]; ~*e Stelle* vadum *n*; / parum subtīlis, ieiūnus, levis.
Seichtheit *f* ieiunitas *f*, levitas *f*.
Seide *f* bombyx *m*; (*Seidenzeug*) serica *n*/*pl*.
seiden sericus, bombycinus.
Seidenraupe *f* bombyx *m*.
***Seidenstrümpfe** *m*/*pl*. tibialia *n*/*pl*. bombycina.
Seife *f* sapo *m*.
seihen (per)colare.
Seiher *m* colum *n*; linteum *n*, quo colatur.
Seil *n* restis *f*; (*dickes*) funis *m*; (*Tau*) rudens *m*.
Seilchen *n* resticula *f*; funiculus *m*.
Seiler *m* restio *m*.
Seiltänzer *m* funambulus *m*.
Seim *m* favus *m*.
sein suus, eius, illius; *die Seinen* sui.
sein esse; (*vorhanden sein*) exstare; (= *verweilen*) versari, commorari; *sei es ... oder* sive ... sive, seu ... seu.
seit *prp.* ex, a, iam inde a, post; *auch durch acc.* (*der Zeitdauer*).
seitdem (*dem.*) ex eo tempore, postea; (*rel.*) ex quo (tempore), postquam, cum.
Seite *f* (*des Papiers*) pagina *f*; (*rechte, linke*) latus *n*; pars *f*, regio *f*; (*Partei*) partes *f*/*pl*.; *die vordere* ~ frons *f*, *hintere* pars *f* aversa, tergum *n*; *dem Feinde in die* ~ *fallen* hostem a latere aggredi; *auf, von beiden Seiten* utrimque, ab utroque latere, ab utraque parte; *vonseiten* ab [consule], nomine *od.* verbis [consulis]; *nach beiden Seiten* utrōque, in utramque partem; *nach allen Seiten* quoquoversus, in omnes partes; / omnibus rebus, omni ex parte; *von dieser* (*jener*) ~ hinc (illinc), ab hac (illa) parte; *an der* ~ *stehen* a latere [ducis]; *zur* ~ *stehen* adesse [consuli]; adiutorem esse [consulis *od.* consuli]; *auf seine* ~ *bringen* ad suam voluntatem perducere; *beiseite gehen* secedere; *beiseite schaffen* auferre, removēre; de medio tollere [captum]; *beiseite lassen* omittere, intermittere; *von der* ~ *ansehen* limis oculis adspicere, despicere; *von der guten* ~ *nehmen* in bonam parten accipere; *die guten* (*schlechten*) *Seiten* virtutes *f*/*pl*. (vitia *n*/*pl*.).
Seitenblick *m* oculi *m*/*pl*. limi (obliqui).
Seitengasse *f* via *f* transversa, semita *f*.
Seitengebäude *n* aedificium *n* alteri adstructum.
Seitengewehr *n* gladius *m*.
Seitenhieb *m*: *einen* ~ *versetzen* oblique plagam inicere; / oblique perstringere, carpere obliquis orationibus.
Seitenlinie *f* **1.** *eig.* latus *n*; (*Querlinie*) linea *f* transversa.
Seitenstoß *m* (~ *v. der Seite her geführt*) ictus 4 *m* obliquus; (*Stoß in die Seite*) ictus 4 *m* lateris; *j-m e-n* ~ *geben* alcs latus fodere.
Seitenstück *n* simillimum esse.
Seitenverwandte(r) *m* cognatus *m*.
Seitenweg *m* iter *n* obliquum (*od.* transversum).
seits: *meiner*~ pro mea parte, per me, a me, meo nomine, meis verbis; *ich meiner*~ ego quidem, equidem.
seitwärts a latere; ex obliquo; ex transverso; (*gegen die Seite*) in obliquum.
Sekretär *m* scriba *m*.
***Sekt** *m* vinum *n* spumans.
Sekte *f* secta *f*, schola *f*, familia *f*.
Sekunde *f* minima pars *f* horae; *keine* ~ ne minimum quidem.
selb: ~*ander* cum altero, unā, copulati; ~*dritt* cum duobus.
selber, selbst *pron.* ipse; *von* ~ ipse, meā (tuā *usw.*) sponte, ultro, per se; (*steigernd*) vel, adeo; ~ ... *nicht* ne ... quidem.
Selbstachtung *f* dignatio *f* sui.
Selbstbeherrschung *f* temperantia *f*, moderatio *f* (animi). [(animi).
Selbstbetrug *m* error *m*, fraus *f*

Selbstbewusstsein *n* conscientia *f*.
selbsteigen ipsīus, sui ipsīus; suus.
Selbsterhaltung *f* sui conservatio *f* (tuitio *f*); salutis suae cura *f*.
Selbsterkenntnis *f* cognitio *f* sui; *Mangel an* ~ ignoratio *f* sui.
Selbsterniedrigung *f* humilitas *f*.
selbstgefällig valde sibi placens, sui admirator.
Selbstgefälligkeit *f* admiratio *f* sui, arrogantia *f*.
Selbstgefühl *n* (*tadelnd*) vana de se opionio *f*, superbia *f*; (*lobend*) pudor *m*; ~ *haben* virtutis suae conscium esse.
Selbstgenügsamkeit *f* tranquillitas *f* animi.
Selbstgespräch *n* sermo *n* intimus.
Selbsthass *m* odium *n* sui.
Selbstherrscher *m* rex *n*, dominus *m*, princeps *m*.
Selbsthilfe *f* contra vim defensio *f*.
Selbstlob *n* de se praedicatio *f*.
selbstlos innocens.
Selbstmord *m* mors *f* voluntaria.
Selbstrache *f* ultio *f* (vindicta *f*) privata; ~ *nehmen* ipsum se ulcisci.
selbstständig **1.** *adj*. liber, sui iuris, suae potestatis; (*geistig*) sui iudicii, sui arbitrii, totus ex se ipso aptus, firmus et constans; ~ *sein* (*als Staat*) suis legibus uti (*od*. vivere); **2.** *adv*. suo iure, suo arbitrio, suo iudicio, sua sponte, suapte ingenii vi.
Selbstständigkeit *f* libertas *f*, liberum arbitrium *n*, libera voluntas *f*; animi constantia *f* (firmitas *f*).
Selbstsucht *f* cupiditas *f*, studium *n* privatae utilitatis.
selbstsüchtig cupidus; *in* ~*er Absicht* utilitatis causa.
Selbsttäuschung *f* error *m*.
Selbstüberwindung *f*, **Selbstverleugnung** *f* temperantia *f*, continentia *f*.
selbstverständlich perspicuus; *adv*. nimirum, scilicet.
Selbstvertrauen *n* fiducia *f* (sui); (*zu großes*) confidentia *f*.
selbstzufrieden valde sibi placens.
***Selfmademan** *m* homo *m* suo Marte elatus.
selig beatus; (*gestorben*) defunctus; *die Seligen* pii *m*/*pl*.
Seligkeit *f* summa felicitas *f*, vita *f* beata.
selten rarus.
Seltenheit *f* raritas *f*; res *f* rara.
seltsam insolitus, insolens, singularis, mirus, novus.
Seltsamkeit *f* novitas *f*, mira ratio *f*.
***Semaphor** *n* semaphorum *n*.
Seminar *n* seminarium *n*.
***Semmel** *f* paniculus *m* e simila factus.
Senat *m* senatus 4 *m*, patres *m*/*pl*.
Senator *m* senator *m*; *pl*. *auch* patres *m*/*pl*.
Senatorenstand *m* ordo *m* senatorius.
senatorisch senatorius.
Senatsbeschluss *m* senatūs consultum *n*, decretum *n*, (*bloßes Gutachten*) senatūs auctoritas *f*.
Senatssitzung *f* senatus 4 *m*.
senden mittere.
Sendschreiben *n* epistula *f*.
Sendung *f* missio *f*, legatio *f*; *mst durch Verba*: dimittere *u*. *Ä*.
Senf *m* sināpi *n*.
sengen (ad)urere, amburere; ~ *und brennen* igni (ferroque) vastare.
Senkblei *n* perpendiculum *n*.
senken demittere, (fasces) submittere; *sich* ~ submitti, desīdere.
Senker *m* (*Ableger*) propago *f*.
Senkung *f* (*der Stimme*) remissio *f*; deiectus 4 *m* [collis].
senkrecht directus (ad perpendiculum).
***Senn** *m* pastor *m* Alpinus.
***Sensation** *f* res *f* magnae famae.
Sense *f* falx (*adj*. falcarius).
Sensenschmied *m* *etwa*: faber *m* falcarius.
Sentenz *f* sententia *f*, dictum *n*.
sentimental mollis.
September *m* (mensis) September *m*.
***Serpentine** *f* iter *n* flexuosum.
Service *n* vasa *n*/*pl*.
servieren ministrare.
Serviette *f* mappa *f*.
Sessel *m* sedīle *n*, sella *f*, solium *n*.
sesshaft qui certum domicilium habet.
Sesterz *m* sestertius (nummus) *m*.
setzen ponere, im-, ap-, ex-, deponere, collocare; (*aufstellen*) statuere, constituere; *sich* ~ considere, resīdere, assīdere; (*zu Tisch*) accumbere, discumbere; (*von Flüssigkeiten*) subsīdere; *in Bewegung* ~ movēre; *an die Stelle* ~ substituere [filium] in locum [patris]; *an die*

Spitze ~ praeficere, praeponere [Hannibalem exercitui]; *den Fall* ~ facere, fingere (*gesetzt den Fall, dass* fac, faciamus *mit a. c. i.*
***Setzer** *m* typotheta *m.*
***Setzkasten** *m* capsula *f.*
Setzling *m* propago *f*, viviradix *f.*
Seuche *f* pestilentia *f.*
seufzen gemere, ingemiscere suspirare; ~ *unter* oppressum teneri [negotiis].
Seufzen *n* gemitus 4 *m*, suspiritus 4 *m.*
Seufzer *m* gemitus 4 *m*, suspirium *n.*
Sibylle *f* Sibylla *f.*
Sichel *f* falx *f.*
sichelförmig falcatus, lunatus.
Sichelmacher *m* falcarius *m.*
Sichelwagen *m* currus *m* falcatus.
sicher (*gefahrlos*) tutus ab, periculi expers; (*unversehrt*) incolumis; (*sorglos*) securus; (*gewiss*) certus; (*vollwichtig*) gravis [auctor, testis]; locuples [testis].
Sicherheit *f* tutum *n*, locus *m* tutus, incolumitas *f*; (*der Existenz*) salus *f*; *in* ~ *sein* in tuto esse; *auf seine* ~ *bedacht sein* saluti suae consulere.
Sicherheitsmaßregeln *f/pl.* custodiae *f/pl.*; ~ *ergreifen* saluti (suae *od.* publicae *u. Ä.*) consulere.
sicherlich certe, profecto, sine dubio; *mit* non dubito (*od.* dubium non est) quin *zu umschreiben.*
sichern tutum praestare, reddere, in tuto collocare.
Sicherstellung *f* cautio *f.*
Sicht *f* conspectus 4 *m.*
sichtbar aspectabilis, qui cerni potest, qui sub aspectum cadit; (*deutlich zu sehen*) conspicuus; (*offen daliegend*) apertus; (*handgreiflich*) manifestus; ~ *machen* oculis subicere, in conspectum dare, aperire; ~ *werden* apparēre, in conspectum venire, oculis subici; ~ *sein* oculis cerni, apparēre, conspici.
sichten conspicere; (*sieben und* ~) cribrare et secernere.
sichtlich apertus, manifestus.
Sieb *n* cribrum *n.*
sieben cribrare, cribro cernere.
sieben septem; *je* ~ septēni.
***siebenfach** septuplus.
Siebenfache(s) *n* septies tantum.
siebenfältig septemplex.
Siebengestirn *n* Vergiliae *f.*
siebenhundert septingenti; *siebenhundertster* septingentesimus.
siebenmal septies.
siebenruderig septiremis *f*, hepteris *f.*
Siebenschläfer *m* (*Zool.*) myoxus *m* glis.
siebenteilig septifariam divisus.
siebenter septimus.
siebentorig heptapylos.
Siebenzahl *f* numerus *m* septenarius.
sieb(en)zehn septendecim; *siebzehnter* septimus decimus.
siebzig septuaginta; *siebzigster* septuagesimus.
siech aeger, morbidus.
Siechtum *n* valetudo *f* infirma, corporis imbecillitas *f.*
***Siedelungsprogramm** *n* coloniarum ratio *f.*
sieden 1. *intr.* fervēre, aestuare; 2. *trans.* coquere; *gesotten* elixus.
Sieden *n* fervor *m*, aestus 4 *m*, *mst durch Verba.*
Sieg *m* victoria *f*; *den* ~ *davontragen* victoriam adipisci *od.* consequi *od.* reportare ab (*über*).
Siegel *n* signum *n*, sigillum *n*; *das* ~ *aufdrücken* signum imprimere.
Siegellack *m u. n* cera *f.*
siegeln (con-, ob)signare.
Siegelring *m* anulus *m.*
siegen vincere, victoriam consequi *od.* assequi *od.* reportare ab, superiorem discedere ab.
Sieger *m* victor *m.*
Siegerin *f* victrix *f.*
Sieges... (*gen.*) victoriae, victor *u.* victrix; (*dem triumphierenden Feldherrn zustehend*) triumphalis.
Siegesdenkmal *n* tropaeum *n.*
Siegeseinzug *m* triumphus *m.*
Siegesfest *n* sollemnia *n/pl.* triumphi, supplicatio *f.*
Siegesgöttin *f* Victoria *f.*
Siegeskranz *m* (corona) *f* laurea.
Siegeslied *n* epinicium *n.*
Siegespalme *f* palma *f.*
Siegespreis *m* praemium *n* victoriae, palma *f.*
Siegeszeichen *n* tropaeum *n.*
sieggewohnt invictus.
siegreich victor, victrix; ~ *kämpfen* rem bene gerere.
siehe ecce, en [hic est ille].
Signal *n* signum *n*, insigne *n*, (*zur Schlacht*) *auch* classicum *n.*

signalisieren significationem facere, signa dare.
Silbe *f* syllaba *f.*
Silbenmaß *n* metrum *n.*
Silbenstecher *m* syllabarum auceps *m.*
Silbenstecherei *f* syllabarum (*od.* verborum) aucupium *n.*
silbenweise syllabātim.
Silber *n* argentum *n*; *von ~* argenteus; *mit ~ beschlagen* argentatus.
Silber... (*gen.*) argenti; argenteus, argentarius [taberna].
Silberarbeit *f* argentum *n.*
Silberarbeiter *m* faber *m* argentarius.
Silbergeld *n* argentum *n.*
Silber/gerät, ~geschirr *n* argentum *n*; supellex *f* argentea.
Silbergrube *f* argentaria *f.*
Silberhaar *n* capillus *m* canus.
silberhaltig argentosus.
silbern argenteus.
***Silberpappel** *f* populus *f* alba.
silberreich argento fertilis *od.* refertas.
silberweiß argenteus.
singen canere, cantare; (*v. Dichter*) vaticinari.
Singen *n* cantus 4 *m.*
Singular *m* (numerus) singularis *m.*
Singvogel *m* avis *f* canōra.
sinken (con-, de-, re-, sub)sidere; (*von der Waage*) deprimi; (*im Wasser*) (de)mergi; (*von der Sonne*) se inclinare; (*fallen*) labi, cadere; *~ lassen* demittere; / imminui [pretium]; labi [disciplina]; inclinari [fortuna]; corruere [opes civitatis]; concidere [auctoritas]; *den Mut ~ lassen* animum demittere, abicere; animo deficere (*od.* cadere).
Sinken *n* lapsus 4 *m.*
Sinn *m* (*körperlich*) sensus 4 *m*; *in die ~e fallen* sub sensus cadere; *~ für Gerechtigkeit* iustitia *f*; *~ haben für* studiosum esse [humanitatis]; *keinen ~ haben für* abhorrēre ab; alienum esse ab; (*Bewusstsein*) mens *f*, animus *m*; *bei ~en sein* mentis compotem esse; *die ~e vergehen* a mente deseritur [vulneratus]; (*Wille, Geist*) mens *f*, animus *m*, voluntas *f*; *in den ~ kommen* in mentem venit; *ich habe im ~* habeo in animo, mihi est in animo; (*Großes*) magna molior; (*Bedeutung eines Wortes*) vis *f*, notio *f*; (*Inhalt von Worten*) sententia *f.*
Sinnbild *n* imago *f*, signum *n*, index *m*, symbolum *n.*
sinnbildlich tectus et opertus, per ambages.
sinnen cogitare, meditari, moliri.
Sinnen *n* cogitatio *f*, meditatio *f*; *mst durch Verba.*
Sinneneindruck *m* pulsus 4 *m* externus; *mst mit* sensūs movēre, impellere, afficere *zu geben.*
Sinnen/genuss *m*, **~lust** *f* (corporis) voluptas *f.*
Sinnentäuschung *f* sensuum mendacia *n/pl.*
Sinnenwelt *f* res *f/pl.* oculis subiectae.
Sinnesänderung *f* animi (*od.* morum *od.* consilii) commutatio *f*; *mst durch Verba.*
Sinnesart *f* mens *f*, animus *m*, ingenium *n.*
Sinngedicht *n* epigramma *n.*
sinnig cogitabundus, sollers [homo], lepidus [versus].
sinnlich 1. (*v. Sachen*) qui sensibus percipitur, sensibus subiectus; *~es Vergnügen* corporis voluptas *f*; *~e Begierde* libido *f*; **2.** (*v. Pers.*) corporis voluptatibus deditus, libidinosus.
Sinnlichkeit *f* voluptas *f*, libido *f*, cupiditates *f/pl.*
sinnlos sensu carens, sensibus orbatus; (*v. Pers.*) amens, mente captus; (*v. Sachen*) inanis, vanus.
Sinnlosigkeit *f* stupor *m* sensūs; amentia *f*; inanitas *f* [verbi].
sinn/reich, ~voll ingeniosus, sollers argutus; callidus [inventum].
Sinnspruch *m* sententia *f*, dictum *n.*
sinnverwandt similis.
Sintflut *f* eluvio *f.*
Sippschaft *f* cognatio *f*, cognati *m/pl.*; (*Sekte*) familia *f*, disciplina *f.*
Sirene *f* Siren *f*, *pl.* Sirenes.
Sitte *f* mos *m*, consuetudo *f*, usus 4 *m*, ritus 4 *m*; *ein Mensch von guten ~n* homo bene moratus; *der ~ gemäß* ex instituto.
Sittenaufsicht *f* praefectura *f* morum.
Sittengesetz *n* lex *f* veri rectique.
Sittenlehre *f* morum praecepta *n/pl.*
sittenlos inhonestus, turpis, dissolutus.
Sittenlosigkeit *f* mores *m/pl.* perditi (*od.* corrupti); morum pravitas *f.*

Sittenreinheit *f* morum probitas *f od.* integritas *f*.
Sittenrichter *m* censor *m*.
Sittenrichteramt *n* morum praefectura *f*.
sittenstreng gravis.
Sittenverfall *m* mores *m/pl.* lapsi ad mollitias.
sittlich honestus, probus.
Sittlichkeit *f* mores *m/pl.*; honestas *f*; probitas *f*, virtus *f*.
sittsam verecundus, pudīcus, castus, modestus.
Sittsamkeit *f* verecundia *f*, pudicitia *f*, pudor *m*, castitas *f*, modestia *f*.
Situation *f* rerum condicio *f*.
Sitz *m* sedes *f*, sella *f*, sedīle *n*; (*Sitzplatz*) sessio *f*; (*Sitze im Theater*) spectacula *n/pl.*; (*im Senat und in Gerichten*) subsellia *n/pl.*; (*Wohnsitz*) sedes *f*, domicilium *n*.
sitzen sedēre (*auch von Kleidern*); ~ *bleiben* residēre, non (as)surgere; ~ *lassen* deesse [supplici], destituere, deserere; *nicht auf sich* ~ *lassen* amoliri, ulcisci [iniuriam]; *sitzende Lebensweise* vita *f* sedentaria.
Sitzen *n* sessio *f*; (*von mehreren*) [consessus 4 *m*.]
sitzend sedens; e-e ~e *Lebensweise führend* sedentarius, sellularius.
Sitzfleisch *n* assiduitas *f*.
Sitzplatz *m* sessio *f*.
Sitzreihen *f/pl.* spectacula *n/pl.*
Sitzung *f* consessus 4 *m*; (*des Senates*) senatus 4 *m*; (*einer beratenden Versammlung*) consilium *n*.
Sitzungstag *m* dies.
Skandal *m* res *f* pessimi exempli *od.* insignis infamiae, flagitium *n*.
skandalös flagitiosus.
skandieren metiri [versum].
Skelett *n* ossa *n/pl.*
Skizze *f* adumbratio *f*.
skizzieren adumbrare; paucis exponere.
Sklave *m* servus *m*; (*als Besitz und Ware*) mancipium *n*; (*im Hause geborener*) verna *m*; famulus *m*, puer *m*; *die Sklaven auch* servitium *n* (*auch pl.*); (*Gesinde*) familia *f*; *ein* ~ *seiner Leidenschaften sein* cupiditatibus parēre (*od.* servire).
Sklaven... servīlis, famularis; (*gen.*) servi (servorum).
Sklavenhändler *m* venalicius *m*, mango *m*.
Sklavenstand *m*, **Sklaverei** *f* servitutis condicio *f*; *in die* ~ *verkaufen* sub corona vendere.
Sklavin *f* ancilla *f*, (serva *f*).
sklavisch servilis.
Skonto *n* deductio *f*.
Skorbut *m* stomacace *f*.
Skorpion *m* scorpio *m*.
skrofulös strumosus, strumaticus.
Skrupel *m* scrupulus *m* et dubitatio *f*.
Smaragd *m* smaragdus *m*.
smaragden smaragdinus.
so 1. *adv.* (*qualitativ*) ita, sic, (*quantitativ*) tam, adeo, tantopere; (*unbetont*) *durch den sup. zu geben* [*das so schöne Korinth* Corinthus, urbs pulcherrima]; ~ *schnell als möglich* quam celerrimus; ~ *aber* (*nach einem irrealen Satze*) nunc autem, nunc vero; (*fragend*) *so?* itane (vero)? ~ *zum Beispiel* ut, velut; **2.** *cj.* (*im Nachsatz*) *bleibt unübersetzt*; (*aufmunternd*) age, agite; (*einräumend*) quamvis, quamquam, licet; (*folgernd*) itaque.
sobald (**als**) simulac, simulatque, ubi, ut primum, ubi primum.
so bald als möglich quam primum, primo quoque tempore.
Socke *f* soccus *m*.
Soda *f* nitrum *n*.
sodann deinde, postea.
soeben modo, commodum.
Sofa *n* lectus *m*, lectulus *m*, lecticula *f*, grabatus *m*.
sofern si; ~ *es passt* quantum commodum est; *nur* [*in*]~ *als* tantum... quantum.
sofort statim, confestim, ilico, extemplo, e vestigio, continuo, protinus.
sogar etiam, vel, ipse; ~ ... *nicht* ne ... quidem; *ja* ~ quin etiam.
so genannt qui dicitur (*od.* vocatur); quem dicunt (*od.* vocant).
so gern tam libenter; **sogern** (**auch**) quamvis libenter (*mit conj.*).
so groß tam magnus, tantus (... quantus); ~ *auch* (*immer*) quantuscunque; *noch einmal* ~ altero tanto maior.
so gut (**als, wie**) paene, prope; quasi; ~ *ich kann* ut possum, pro viribus.
Sockel *m* (*Grund e-r Mauer*) crepido *f*; *an e-r Säule*: podium *n*.
Sohle *f* solea *f*; (*des Fußes*) solum *n*, planta *f*.

S

Sohn *m* filius *m*; *e-n* ~ *bekommen* filio augeri; (*von der Mutter*) filium parere.
Söhnchen *n* filiolus *m*.
so lange tamdiu (... quamdiu, quoad).
solange (als) quamdiu, dum, quoad.
solcher(lei) talis, is, eiusmodi, eius generis.
Sold *m* stipendium *n*; merces *f*; *in* ~ *nehmen* mercede (*od.* pretio) conducere.
Soldat *m* miles *m*; *junger* ~ tiro *m*; *alter* ~ veteranus *m*; *gemeiner* ~ gregarius *m*.
Soldatenart *f* militum mos *m*.
Soldateneid *m* sacramentum *n*.
Soldatenkind *n* puer *m* (*od.* puella *f*) militaris; filius *m* castrorum, alumnus *m* legionum.
Soldatensprache *f* sermo *m* castrensis.
soldatisch militaris, (*gen.*) militis (-tum); castrensis [verbum].
Söldner *m* miles *m* mercennarius.
Sole *f* aqua *f* salsa.
solide solidus; bonus; probus [homo].
sollen debēre; *oft durch imp., auch* iuberi; *bisweilen genügt das fut. I*; (*bei Aufforderungen oder Bezeichnung der Möglichkeit und des Zweifels*) *durch conj.* [*du hättest tun* ~ faceres; *was soll ich tun?* quid faciam?]; (*bei Angabe eines Gerüchtes*) dicunt, ferunt, tradunt *mit a.c.i. od.* dicitur, fertur, traditur *mit n. c. i.*
Söller *m* solarium *n*.
somit itaque, igitur, ergo; hoc modo, ita; ea re, eo.
Sommer *m* aestas *f*.
Sommer... aestīvus, (*gen.*) aestatis.
Sommer/aufenthalt *m*, **~frische** *f* locus *m* (*od.* secessus 4 *m*) aestīvus; *in der Sommerfrische sein* rusticatum abisse.
Sommerfeldzug *m* aestiva *n/pl.*
Sommerhalbjahr *n* aestas *f*, tempora *n/pl.* aestiva.
Sommerlager *n* aestiva *n/pl.*
sommerlich aestīvus.
Sommersprossen *f/pl.*: *die* ~ lenticulae *f/pl.*, lentigo *f* (*sg.*); *voll* ~ lentiginosus.
sonach itaque.
Sonde *f* specillum *n*.
sonderbar merus, mirabilis, novus.
Sonderbarkeit *f* novitas *f* rei.
sonderlich: *nicht* ~ mediocris, non magnus.
Sonderling *m* homo *m* ineptus, mirum caput *n*.
sondern separare.
sondern sed, verum.
sondieren tentare (temptare), degustare [animum]; percontari.
Sonnabend *m* dies *m* Saturni.
Sonne *f* sol *m*.
sonnen in sole ponere; *sich* ~ apricari.
Sonnen: *das Sich*~, **Sonnenbad** *n* apricatio *f*.
Sonnenaufgang *m* solis ortus 4 *m*, sol *m* oriens; *vor* ~ ante lucem.
Sonnenbahn *f* solis orbita *f*.
Sonnenfinsternis *f* solis defectio *f*; *es ist* ~ sol deficit.
Sonnengott *m* Sol *m*.
Sonnenhitze *f* solis ardor *m*.
Sonnenhof *m* corona *f* solis.
Sonnenjahr *n* annus *m* solis *od.* solaris *od.* solstitialis.
sonnenklar luce clarior.
Sonnenlauf *m* solis cursus 4 *m od.* circuitus *m*.
Sonnenschein *m* sol *m*; *im* ~ in sole.
Sonnenschirm *m* umbella *f*, umbraculum *n*.
Sonnenuhr *f* (horologium) solarium *n*.
Sonnenuntergang *m* solis occasus 4 *m*; sol *m* occidens.
Sonnen/weiser, ~zeiger *m* gnomon *m*.
Sonnenwende *f* (*im Sommer*) solstitium *n*; (*im Winter*) bruma *f*.
sonnig aprīcus, soli expositus.
Sonntag *m* dies *m* solis (*od.* dominicus).
***Sonnwendfeier** *f* sollemnitas *f* solstitii.
sonst (*anderswo*) alibi, alio loco; ~ *woher* aliunde; (*zu anderer Zeit*) aliās, alio tempore; (*ehemals*) olim, antea; (*außerdem*) praeterea, *od. durch* alius, ceteri, aliae, ceterae res *auszudrücken*; (*andernfalls*) aliter, aut, sin minus, quod nisi ita est (esset, fuisset *u. a.*), quod nisi factum esset *u. a.*; *auch Finalsatz mit* ne.
sonstig alius, ceteri; pristinus.
so oft tam saepe, toties.
sooft quoties, cum.
Sophist *m* sophistes *m*.

Sophisterei, Sophistik *f* ars *f* sophistica.
sophistisch sophisticus; captiosus, more sophistarum.
Sorge *f* cura *f*; (*Besorgung*) curatio *f*; ~ *machen* sollicitare; curā (*od.* sollicitudine) afficere; *sich* ~ *machen, in* ~ *sein* sollicitudinem sibi struere, laborare de [existimatione].
sorgen *für* curare, curam ponere, adhibēre in [amicorum periculis], conferre (*od.* impendere) in [eas res]; consulere, prospicere, (in-) servire [commodis amici]; *dafür* ~, *dass* (*nicht*) vidēre (*od.* cavēre *od.* operam dare), ut (ne); *sich* ~ sollicitum esse, in sollicitudine esse.
sorgenfrei curis vacuus (*od.* solutus *od.* liber).
Sorgenlast *f* moles *f* curae *od.* curarum.
sorgenvoll sollicitus; (*von Sachen*) sollicitudinis plenus.
Sorgfalt *f* cura *f*, diligentia *f*; ~ *verwenden auf* diligentiam adhibēre.
sorgfältig diligens; (*von Sachen*) accuratus.
sorglos securus, socors, neglegens; imprūdens.
Sorglosigkeit *f* securitas *f*, socordia *f*, neglegentia *f*; imprudentia *f*.
sorgsam prudens, providus.
Sorgsamkeit *f* cura *f*, animus *m*
Sorte *f* genus *n*, nota *f*.
sortieren separare, in genera digerere.
so sehr tam (valde), adeo, tantum, tantopere; ~ *auch* quamvis, quantumvis *mit conj.*
Soße *f* ius *n*.
***Souffleur** *m* monitor *m*.
souverän sui iuris, suae potestatis.
Souverän *m* rex *m*, princeps *m* sui iuris.
Souveränität *f* summa rerum potestas *f*.
so viel tam multus, tantus, (*subst.*) tantum; *so viele* tam multi; tot (... quot) [homines].
soviel quantum, quod; ~ *auch* quantumcunque, (*auch* quantumvis *mit conj.*); *so viele* quotquot, quotcumque, qui quidem; *so viele auch* quamvis multi.
so wahr ita [vivam], ut [facio], ne [vivam], si [facio].
so weit eo (usque); (*bis hierher*) hactenus; ~ *im Übermut gehen* ad eam (tantam) insolentiam procedere.
soweit quo, quod, quantum, quoad; *auch* qui quidem.
so wenig tantulus, tantus; (*subst.*) tantulum, tantum; *so wenige* tam pauci; ~ ... *dass* adeo non, ita non ... ut; ~ *auch* quamvis non *mit conj.*
sowieso *adv.* utique.
sowohl ... als auch et ... et, cum ... tum; *nicht* ~ ... *als vielmehr* non tam ... quam, minus ... quam.
***Sozialdemokrat** *m* socialista *m* popularis.
***Sozialismus** *m* socialismus *m*.
spähen speculari, explorare.
Späher *m* speculator *m*.
Späherin *f* speculatrix *f*.
***Spalier** *n*: ~ *bilden* bipartito fieri.
Spalt *m* fissura *f*, rima *f*.
spalten findere, diffindere; *der Fluss spaltet sich in zwei Arme* flumen in duas partes dividitur (*od.* diffluit).
spaltig fissus.
Spaltung *f* dissensio *f*, discordia *f*, discidium *n*.
Span *m* assula *f*; *feine Späne* scobis *f*; *grobe Späne* ramenta *n/pl.*
Spange *f* fibula *f*.
Spanien *n* Hispania *f*; **Spanier** *m* Hispanus *m*.
spanisch Hispanicus.
Spanne *f* palmus *m*; (*von der Zeit*) tempus *n*, temporis spatium *n*.
spannen tendere, intendere [arcum]; *die Pferde vor den Wagen* ~ equis currum iungere; / movēre, erigere [exspectationem], at-, intendere [animum]; *gespannt sein auf* intentum esse ad, in [occasionem]; *gespannt sein mit* dissidēre (*od.* simultatem exercēre) cum.
spannenlang palmaris.
Spannkraft *f* vis *f*, contentio *f*, impetus 4 *m*, incitatio *f*.
Spannung *f* exspectatio *f*, mentis incitatio *f*, animus *m* suspensus; *in* ~ *sein* exspectatione erectum esse; (*Uneinigkeit*) simultas *f*, discidium *n*.
***Sparbuch** *n* libellus *m* ad parcimoniam.
sparen (*aufbewahren*) servare, reservare, (re)condere, reponere; (*schonen*) parcere [pecuniae].
Spargel *m* asparagus *m*.
Spargut *n* peculium *n*.
***Sparkasse** *f*: *sein Geld auf die* ~

bringen peculium servandum conferre in aerarium.
spärlich angustus, tenuis, exiguus, modicus.
Spärlichkeit *f* tenuitas *f*, angustiae *f/pl.*; paucitas *f*.
Sparren *m* canterius *m*.
Sparrwerk *n* canterii *m/pl.*, contignatio *f*.
sparsam parcus, frugi, diligens; (*tadelnd*) tenax.
Sparsamkeit *f* parsimonia *f*, frugalitas *f*, diligentia *f*; (*tadelnd*) tenacitas *f*.
Spaß *m* iocus *m*; *pl.* iocularia *n*; es *macht mir* ~ delectat (*od.* iuvat) me.
spaßen iocari.
spaßhaft iocosus, lepidus.
Spaßmacher *m* homo *m* iocosus (*od.* multi ioci).
spät 1. *adj.* serus (*meist = zu spät*), tardus, lentus; **später** (*der Ordnung oder der Zeit nach*) posterior, inferior; **2.** *adv.* sero (*meist = zu spät*), tarde, post longum tempus, longo tempore interiecto; ~ *am Tage* (per)vesperi; ~ *in der Nacht* multa nocte; **später** post, postea, posterius; **spätestens** si (cum) tardissime.
Spatel *m od. f* spatha *f*, spathula *f*.
Spaten *m* pala *f*.
Spät/herbst, ~sommer *m* auctumnus *m* (aestas *f*) praeceps.
Spatz *m* passer *m*.
spazieren spatiari (in-, de-, ob-) ambulare; ~ *fahren*, (~ *reiten*) carpento (equo) gestari (*od.* vectari).
Spazierfahrt *f* gestatio *f*, vectatio *f*.
Spaziergang *m* (de)ambulatio *f*; (*als Ort*) ambulatio *f*, ambulacrum *n*, spatium *n*.
Spaziergänger *m* qui ambulat; (*tadelnd*) ambulator *m*.
Specht *m* picus *m*.
Speck *m* lardum *n*.
Speckgeschwulst *f* steatoma *n*.
Speckhals *m* cervix *f* obesa.
Speckseite *f* succidia *f*.
***Speditionsgeschäft** *n* negotium *n* rerum transferendarum.
Speer *m* hasta *f*, iaculum *n*.
Speiche *f* radius *m*.
Speichel *m* saliva *f*; (*ausgeworfener*) sputum *n*.
speichelartig salivosus.
Speichellecker *m* sordidus adulator *m*.
Speichelleckerei *f* sordida adulatio *f*.
Speicher *m* horreum *n*.
speien spuere, vomere [sanguinem]; eructare [flammas].
Speien *n* vomitus 4 *m*, vomitio *f*; *durch* ~ *von Blut* sanguine eiecto *od.* reiecto.
Speier *m* sputator *m*.
Speise *f* cibus *m*; (*zubereitete*) esca *f*; ~ *zu sich nehmen* cibum capere (*od.* sumere).
Speise/anstalt *f*, **~haus** *n* popina *f*.
Speiseeiche *f* aesculus *f*.
Speisekammer *f* cella *f* penaria.
***Speisekarte** *f* index *m* ciborum.
Speisemarkt *m* macellum *n*.
Speisemeister *m* procurator *m* peni.
speisen 1. *intr.* cenare; cibum capere sumere; *wünsche wohl zu* ~ sit felix convivium! bene sit universo coetui! **2.** *trans.* cibum praebēre.
Speiseöl *n* oleum *n* cibarium.
Speiseröhre *f* gula *f*.
Speisesaal *m* cenatio *f*; *bei den Römern*: triclinium *n*.
Speiseschrank *m* armarium *n* promptuarium.
Speisesofa *n* lectus *m*.
Speisevorrat *m* penus, **oris** *n*, penus 4 *m*, penus, -i *m*.
***Speisewagen** *m* cenatorium *n*, currus 4 *m* cenatorius.
Speisewirt *m* popinarius *m*.
Speisezimmer *n* cenatio *f*; (*bei den Römern*) triclinium *n*.
Spektakel *m* clamores *m/pl.*, tumultus 4 *m*.
Spekulant *m* manceps *m*; negotiator *m*.
Spekulation *f* cogitatio *f*, meditatio *f*; quaestūs studium *n*; *auch* negotium *n* [vastum].
spekulieren cogitare de re, studium in rerum contemplatione ponere; (*geschäftlich*) quaestui servire; ~ *auf* captare, appetere.
Spelt *m* far *n*, ador *n*.
spendabel munificus, liberalis.
Spende *f* donum *n*, munus *n*.
spenden dare, donare; libare [deis].
***Sperber** *m* accipiter *m* nisus.
Sperling *m* passer *m*.
Sperre *f* praeclusio *f*.
sperren claudere, praecludere [omnes aditus]; intercludere [iter]; *sich* ~ reluctari, tergiversari.
Spezerei *f* odores *m/pl.*

S

speziell singularis, proprius; **auf Ihr ⁓es!* bene te (valēre iubeo).
Spezies *f* pars *f*, species *f*.
Sphäre *f* sphaera *f*; *die höheren ⁓n* loca *n/pl.* caelestia; / (*Wirkungskreis*) munus *n*, munia *n/pl.*; *in seiner ⁓ bleiben* rerum suarum finibus se continēre; *das geht über meine ⁓* hoc non cadit in meam intelligentiam.
***Sphygmo(mano)meter** *n* sphigmometrum *n*.
spicken illardare.
Spiegel *m* speculum *n*; / imago *f*.
Spiegelbild *n* imago *f* in speculo expressa.
spiegeln: *sich ⁓* in speculo se contemplari; / *sich ⁓ an* exemplum sibi capere de *od.* sumere ex [vita Socratis].
Spiel *n* (*musikalisch*) cantus 4 *m*, sonitus 4 *m od.* soni *m/pl.*; (*leichte Bewegung*) gestus 4 *m*, actio *f*; (*Zeitvertreib*) ludus *m*, lusus 4 *m*; (*Kurzweil*) ludibrium *n*; (*Schauspiel*) spectaculum *n* (*bsd. im Theater*), (*übh.*) ludicrum *n*; (*Festspiele*) ludi *m/pl.*; (*Glücksspiel*) alea *f*; *Olympische ⁓e* Olympia *n/pl.*; *sein ⁓ treiben mit* ludibrio habēre, (e)ludere [advenam]; *aufs ⁓ setzen* in aleam (in discrimen) dare; *etwas steht auf dem ⁓* res agitur; *gewonnenes ⁓ haben* vicisse, victorem esse.
Spielart *f* **1.** *eig.* ratio *f* (*od.* genus *n*) ludendi; *auf dem Theater*: ratio *f* agendi; **2.** (*Art der Spiele*) genus *n* ludorum; **3.** (*durch Naturspiel entstandene Nebenart*) ludentis naturae varietas *f*.
Spielball *m*: *zum ⁓ machen* vexare [rempublicam].
spielen canere [tibiā, fidibus]; (*zum Zeitvertreib*) ludere [pilā, aleā]; (*ein Bühnenstück*) fabulam agere; (*eine Rolle*) personam (*od.* partes) agere; / (*sich stellen*) simulare *mit acc. od. mit a.c.i.*; *den Krieg ⁓ nach* bellum transferre in [Italiam]; *in die Hände ⁓* tradere, prodere; *e-n Betrug ⁓* fraudem facere; *e-n Possen ⁓* ludificari, ludere [senem].
spielend: (*ins Rötliche ⁓*) paene rutilus, subrutilus [capillus]; / ludibundus, per ludum, facillime.
Spieler *m* lusor *m*; aleator *m*; (*Schauspieler*) actor *m*, histrio *m*.
Spielerei *f* lusus 4 *m*, ludus *m*, iocus *m*, ludicra *n/pl.*; (*Possen*) nugae *f/pl.*, ineptiae *f/pl.*
Spielerin *f* canens; fidicina *f*, psaltria *f*; citharistria *f*, citharoeda *f*; tibicina *f*.
Spielgesellschaft *f* ludentes *m/pl.*, lusores *m/pl.*, collusores *m/pl.*, aleatores *m/pl.*
Spielhaus *n* lusorium *n*; aleatorium *n*.
Spielleute: *die ⁓* (*beim Heere*) cornicines tubicinesque *m/pl.*
Spielraum *m* campus *m*, spatium *n*.
Spielschulden *f/pl.*: *die ⁓* damna *n/pl.* aleatoria, aes *n* alienum aleā contractum.
Spieltisch *m* mensa *f* lusoria, abacus *m*.
Spielverlust *m* damnum *n* aleatorium.
Spielzeug *n* lusus 4 *m*, crepundia *n/pl.*, oblectamenta *n/pl.*
Spieß *m* hasta *f*.
Spießbürger *m* homo *m* plebeii generis, paganus *m*; homo *m* pusilli animi, homo *m* plumbeus.
Spießeisen *n* spiculum *n*.
spießen (hastā) transfigere.
Spießgesell *m* satelles *m*, comes *m* [scelerum].
Spießhirsch *m* subulo *m*.
Spindel *f* fusus *m*.
Spinne *f* aranea *f*.
spinnen nēre (stamina), lanam tractare.
Spinnen *n* lanificium *n*.
Spinngewebe *n* (texta) aranea *n/pl.*
Spinnrocken *m* colus *f*.
Spion *m* speculator *m*, explorator *m*.
Spionage *f* exploratio *f*; *durch ⁓ auskundschaften* explorando cognoscere.
spionieren explorare, speculari.
***Spirometer** *n* spirometrum *n*.
***Spital** *n* valetudinarium *n*, perfugium *n* senum.
spitz (prae)acutus; (*in e-e Spitze auslaufend*) fastigatus; *⁓ zulaufen* in acutum exire; / aculeatus [litterae], acerbus [lingua].
Spitzbube *m* fur *m*.
spitzbübisch 1. *adj.* furax, fraudulentus, improbus; **2.** *adv.* furaciter, furto, fraudulenter, improbe.
Spitze *f* acumen *n*, acies *f*; (*e-r Lanze*) cuspis *f*; (*e-s Schwertes, Dolches*) mucro *m*; *mit e-r ⁓ ver-*

S

sehen acuere; *die ~ bieten* obsistere; (*oberster Teil*) fastigium *n*; *die ~ des Berges* summus mons *m*; *j-n an die ~ stellen* praeficere [Hannibalem exercitui]; *sich an die ~ stellen* ducem se offerre, profiteri; *an der ~ stehen* praeesse [exercitui], ducem, principem esse [exercitūs].

***Spitzel** *m* delator *m*.

spitzen acuere (*bzw.* praeacuere); *die Ohren ~* aures erigere; *sich ~ auf* imminēre in [occasionem].

spitzfindig (*lobend*) argūtus; (*tadelnd*) spinosus, captiosus.

Spitzfindigkeit *f* acumen *n*, nimia subtilitas *f*; *pl.* argutiae *f*, spinae *f*; captiones *f*.

Spitzhacke *f* dolabra *f*.

spitzig acutus.

Spitzkopf *m* acutum caput *n*.

Spitzmaus *f* sorex *m*.

Spitzname *m* cognomen *n* ioculare.

Spitzsäule *f* obeliscus *m*, cippus *m*, meta *f*.

***Spleen** *m* ineptae deliciae *f/pl.*, ineptiae *f/pl.*

Splint *m* (*weiche Holzschicht zwischen Rinde u. Kern*) alburnum *n*, torulus *m*, adeps.

Splitter *m* assula *f*.

splittern in tenues asculas findere.

Splitterrichter *m* iudex *m* inimicus, censor *m* (castigatorque), corrector *m*.

Sporn *m* calcar *n*; *die Sporen geben* calcaria equo subdere.

spornen calcaria adhibēre [alteri], incitare ad.

spornstreichs propere, sine mora.

***Sport** *m* exercitatio *f* corporis, ars *f* exercitatrix.

***Sportzeitung** *f* ephemeris *f* gymnastica.

Spott *m* derisio *f*, irrisio *f*, ludificatio *f*, ludibrium *n*, ludus *m*, cavillatio *f*, *konkr.* contumelia *f*; *zum ~* per (*od.* ad) ludibrium; *zum ~ dienen* ludibrio (*od.* irrisui et contemptui) esse [aequalibus]; *zu ~ werden* ludibrio haberi; *seinen ~ treiben mit* (il)ludere, ludificari, ludibrio habēre.

spötteln: *~ über* cavillari [aequalem].

spotten deridēre.

Spötter *m* irrisor *m*, derisor *m*, cavillator *m*.

Spottgeld *n* pretium *n* vilissimum.

spöttisch (*von Pers.*) irridens, deridens, cavillans, per ludibrium; *~e Reden* verborum aculei *m/pl.*, facetiae *f/pl.* contumeliosae.

Spottname *m* (cog)nomen *n* ioculare (*od.* per ludibrium datum).

Sprach... dicendi, loquendi, (*gen.*) sermonis, linguae.

Sprache *f* (*Sprachvermögen*) oratio *f*, loquendi facultas *f*, vox *f*; (*Volkssprache*) lingua *f*; (*Umgangssprache*) sermo *m*; (*Stil*) oratio *f*, dicendi genus *n*, sermo *m*, dictio *f*; *zur ~ bringen* commemorare, mentionem facere [annonae]; *eine hohe* (*stolze*) *~ führen* magnifice (superbe) loqui; *e-e ~ verstehen* linguam scire.

Sprachfehler *m* vitium *n* sermonis (*od.* orationis), barbarismus *m*, soloecismus *m*.

Sprachfertigkeit *f* linguae volubilitas *f*; facundia *f*.

Sprachforscher *m* grammaticus *m*.

Sprachforschung *f* ars *f* grammatica.

Sprachgebrauch *m* consuetudo *f* loquendi (*od.* sermonis), usus 4 *m* loquendi.

Sprach/kunde, ~lehre *f* grammatica *n/pl.*

Sprachlehrer *m* praeceptor *m* grammaticorum, grammaticus *m*.

sprachlich grammaticus; *in ~er Darstellung* in omni genere sermonis.

sprachlos mutus, elinguis; (*vor Erstaunen*) stupidus, stupore oppressus, attonitus.

Sprachorgan *n* lingua *f*, ōs *n*.

Sprachregel *f* dicendi (*od.* loquendi) lex *f*, sermonis regula *f*.

Sprachreiniger *m* emendator *m* sermonis usitati.

sprachrichtig legibus dicendi conveniens, purus, emendatus, rectus.

Sprachunterricht *m* institutio *f* grammatica.

sprachwidrig vitiosus, barbarus.

Sprachwissenschaft *f* grammatica *n/pl.*

sprechen fari, loqui, dicere; (*wissenschaftlich ~ über*) disputare (*od.* disserere) de; *lateinisch ~* Latine (*od.* linguā Latinā) loqui; *~ mit* colloqui cum, convenire [hospitem], obviam fieri [hospiti]; *~ für* loqui, dicere, verba facere pro; *gut zu ~ sein auf* favēre et cupere [sociis]; *zu ~ kommen auf* mentionem facere [belli].

Sprechen *n*: *zum ~ ähnlich* [patris] facie simillimum esse.
sprechend firmis simus, perspicuns [argumentum], agens [imago].
Sprecher *m* orator *n*, interpres *m*, princeps *m* [legationis].
spreizen distendere; (*die Beine*) varicare; *sich ~* insolentius se iactare, magnos spiritus sibi cumere.
sprengen 1. *trans.* diffindere, caedere [saxum]; rumpere [vincula]; effringere, refringere [portam]; disicere [moenia]; **2.** *intr.* equo citato vehi, se immittere [in hostes].
Sprengen *n* **1.** (*Ausstreuen*) sparsio *f*; **2.** (*Besprengen*) adspersio *f*; **3.** (*das ~ des Reiters*) incursus 4 *m*; *des Pferdes*: cursus 4 *m* citatus.
Sprenkel *m* tendicula *f*; (*D^hne*) laqueus *m*, pedica *f*.
sprenkeln maculis variare; *gesprenkelt* maculosus.
Spreu *f* palea *f*.
Sprichwort *n* proverbium *n*; *es ist ein altes ~* vetus est; *zum ~ werden* in proverbium venire (*od.* abire); *zum ~ geworden sein* in proverbio esse, proverbii locum obtinēre, *wie es im ~ heißt* ut est in proverbio, ut aiunt.
sprichwörtlich proverbii loco (celebratus), qui proverbii locum obtinet.
sprießen enasci, (pro)germinare.
Springbrunnen *m* aquae *f/pl.* salientes.
springen salire, emicare [ignis]; (*vor Freude*) exsultare; *über die Klinge ~ lassen* caedere, interficere trucidare; (*zerspringen*) dissilire, (di)rumpi; rimas agere.
***Springer** *m* (*Schach*) caballus *m*.
Spritze *f* sipho *m*.
spritzen 1. *intr.* prosilire, emicare; **2.** *trans.* spargere, conspergere.
spröde fragilis; asper, durus; / asper, saevus, difficilis.
Sprödigkeit *f* fragilitas *f*, asperitas *f*, durities *f*; / asperitas *f*, saevitia *f*.
Sprosse *f* (*an der Leiter*) gradus 4 *m*; (*an Gewächsen*) germen *n*, surculus *m*.
sprossen germinare.
Sprössling *m* proles *f*, progenies *f*, stirps *f*.
Spruch *m* vox *f*, dictum *n*, verbum *n*; *des Richters*) sententia *f*.
spruchreich sententiosus, sententiarum plenus.
Sprudel *m* scatebra *f* (fontis).
sprudeln bullire, scaturire.
Sprudeln *n des Wassers*: bullitus 4 *m*.
sprühen (scintillas) edere, emittere; elucēre.
Sprung *m* saltus 4 *m*; (*vor Freude*) exsultatio *f*; (*Riss*) rima *f*, fissura *f*.
***Sprungschanze** *f* pulpitum *n*, unde desilitur.
sprungweise saltu, saltuatim.
Spucke *f* sputum *n*.
spucken spuere.
Spuk *m* umbra *f*, larva *f*, lemur *m*.
spuken: *hier spukt es* hic homines umbris inquietantur.
Spule *f* caulis *m* pennae, penna *f*.
spülen ēluere, perluere.
Spülicht *n* eluvies *f*, colluvies *f*.
Spund(loch *n*) *m* ōs *n* dolii.
spunden, spünden: *ein Fass ~* os dolii obturare.
Spur *f* vestigium *n*, indicium *n*; *auf die ~ kommen* investigare, indagare; *in die ~en treten* vestigiis [patris] insistere, vestigia (per)sequi; *bis auf die letzte ~ vertilgen* delēre ac tollere; *~en, dass* vestigia, quibus apparet *mit a.c.i.*
spüren odorari [canis]; / sentire, animadvertere.
Spürhund *m* canis *m* sagax (*od.* vestigator).
Spürkraft *f* sagacitas *f*.
sputen: *sich ~* festinare; *spute dich!* move te ocius!
Staat *m* res *f*, respublica *f*, civitas *f*; regnum *n*; imperium *n*; *von Staats wegen* publice; (*Putz*) apparatus 4 *m* magnificus, ornatus 4 *m*, cultus 4 *m*.
Staatenbund *m* civitates *f/pl.* foederatae.
staatlich publicus, (*gen.*) reipublicae.
Staatsakten *f/pl.* acta *n/pl.* publica.
Staatsamt *n* munus *n* publicum *od.* rei publicae; *im engeren Sinne*: magistratus 4 *m*.
Staatsanwalt *m* cognitor *m* civitatis, actor *m* publicus.
Staatsanwaltschaft *f* cognitura *f*.
Staatsbeamte(r) *m* magistratus 4 *m*.
Staatsbeschluss *m* consilium *n* publicum, decretum *n*, populi scitum *n*.
Staatsbürger *m* civis *m*.
staatsbürgerlich publicus; *~e Freiheit* libertas publica.
Staatsdiener *m* magistratus 4 *m*.

Staatsdienst *m* munus *n* rei publicae, *meist bloß* res *f* publica; *sich dem* ~*e widmen* rem publicam capessere, ad rem publicam accedere.

Staatseigentum *n*: *für* ~ *erklären* publicare, in publicum redigere.

Staatseinkünfte: *die* ~ vectigalia *n/pl.* (publica), fructūs *m/pl.* publici.

Staatsfeind *m* hostis *m* (publicus).

Staatsgeschäft *n* negotium *n* publicum; *pl. meist* res *f* publica.

Staatsinteresse *n* utilitas *f* publica, rationes *f/pl.* rei publicae; *dem* ~ *gemäß* e re publica; *gegen das* ~ contra rem publicam; *aus* ~ rei publicae causā.

Staatskasse *f* aerarium *n.*

Staatskleid *n* vestis *f* forensis; (*das Amtskleid der höheren Magistrate*) praetexta *f*; vestis *f* optima.

staatsklug rerum civilium peritus; (*v. Sachen*) prudens; *pl.* prudentes *m*; e re publica.

Staatsklugheit *f* rerum civilium peritia (*od.* prudentia) *f.*

Staatskosten: *auf* ~ sumptu publico, publice.

Staatskunde *f* rerum civilium scientia *od.* cognitio *f*, ratio *f* civilis, ratio *f* et prudentia *f* rei publicae gerendae.

Staatskunst *f* ars *f* rei publicae bene gerendae *od.* admmistrandae, rerum publicarum administrandarum scientia *f.*

Staatskutsche *f* carpentum *n*, pilentum *n.*

Staatsländereien: *die* ~ ager *m* publicus.

Staatsleben *n* vita *f* forensis *od.* civilis; *ins* ~ *treten* ad rem publicam accedere, rem publicam capessere.

Staatsmann *m* vir *m* rerum civilium (*od.* regendae civitatis) peritus; qui in re publica versatur, qui rem publicam administrat.

Staatspächter *m* publicanus *m.*

Staatsrat *m* consilium *n* publicum *od.* rei publicae; (*Mitglied des* ~*s*) consiliarius *m* in negotiis publicis.

Staatsregierung *f* rectio *f* rei publicae, moderatio *f* (*od.* gubernatio *f*) regni, administratio *f* regni (*od.* imperii, rei publicae), procuratio *f* rei publicae, cura *f* rei publicae.

Staatsruder *n* gubernacula *n/pl.* rei publicae; *das* ~ *führen* clavum imperii tenēre, rei publicae praeesse, rem publicam gubernare.

Staatsschuldschein *m* charta *f* publice.

Staatsstreich *m*: *einen* ~ *versuchen*, haec delēre conari.

Staatsumwälzung *f* rerum publicarum commutatio *f* (*od.* conversio *f*).

Staatsverbrechen *n* perduellio *f.*

Staatsverfassung *f* civitatis (*od.* rei publicae) forma *f* (*od.* ratio *f*); genus *n*, status 4 *m.*

Staatsvermögen *n* publicum *n.*

Staatsverwaltung *f* rei publicae administratio *f* (*od.* procuratio *f*).

Staatsweisheit *f* civitatis constituendae sapientia *f.*

Staatswissenschaft *f* scientia *f* (*od.* ratio *f*) civilis, disciplina *f* rei publicae, rei publicae gerendae ratio *f* et prudentia *f*, rerum civilium scientia *f.*

Stab *m* baculum *n*; (*als Zeichen der Würde*) scipio *m*; (*Herrscherstab*) sceptrum *n*; (*Krummstab der Augurn*) lituus *m*; (*Heroldsstab*) caduceus *m*; (*Zauberstab*) virga *f*; (*zum Züchtigen in Schulen*) ferula *f*; (*die höheren Offiziere*) praetorium *n* legati tribunique *m/pl.*

***Stabschef** *m* praefectus *m* praetorio.

Stachel *m* aculeus *m*; (*Spitze*) spiculum *n*; (*Ochsenstachel*) stimulus *m*; *mit einem* ~ *versehen* aculeatus.

***Stacheldraht** *m* ferrum *n* hirsutum (*od.* spinosum).

***Stacheldrahtverhau** *n* concaedes *f/pl.* (ferri spinosi).

stachelig aculeatus, spinosus.

Stachelmuschel *f* murex *m.*

stacheln pungere; (*antreibend*) stimulare, incitare ad.

Stachelschwein *n* hystrix *f.*

Stadium *n* stadium *n*; / momentum *n* [morbi], via *f* [nova vitae].

Stadt *f* urbs *f*; (*Landstadt*) oppidum *n*, municipium *n.*

Stadtbewohner *m* oppidanus *m.*

Städtchen *n* oppidulum *n.*

Städter *m* urbanus *m*, oppidanus *m.*

Stadtgemeinde *f* civitas *f.*

Stadtgespräch *n* fabulae *f/pl.* urbis, pervagatus civitatis sermo *m*; *das* ~ *sein* in ore vulgi esse; ~ *werden* in ora vulgi venire, fabulam fieri.

städtisch urbanus, oppidanus, (*gen.*) urbis.
Stadtrat *m* (*als beratende Versammlung*) senatus 4 *m*, curia *f*; (*Person*) senator *m*, decurio *m*.
Stadtviertel *n* vicus *m*.
Staffel *f* gradus 4 *m*.
Staffelei *f* machina *f* pictoris.
***Staffellauf** *m* cursus 4 *m* alternus.
Stahl *m* chalybs *m*.
stählen firmare, acuere [animum], corroborare.
stählern e chalybe factus; / firmissimus.
Staket *n* sudes *f/pl.*
Stall *m* stabulum *n*.
Stallknecht *m* agāso *m*.
Stallung *f* stabulum *n*, stabulatio *f*.
Stamm *m* stirps *f*; (*im Ggs. zu Wurzeln und Zweigen*) truncus *m*; (*Geschlecht*) stirps *f*, gens *f*, familia *f*; (*Volksabteilung*) tribus 4 *f*.
Stammbaum *m* stemma *n* (gentile).
stammeln balbutire.
stammelnd balbus.
Stammeltern: *die* ~ auctores *m/pl.* gentis (*od.* generis).
stammen ortum (*od.* oriundum) esse.
Stamm/erbe, ~halter *m* stirps *f*.
Stammgenosse *m* eiusdem gentis (*od.* nationis) homo *m*.
Stammgut *n* hereditas *f* gentilicia.
stämmig robustus.
Stammler *m* (homo) balbus *m*.
Stammmutter *f* stirpis auctor *m*.
Stamm/register *n*, **~tafel** *f* stemma *n*.
Stammvater *m* auctor *m* gentis (*od.* generis).
Stammvolk *n* gens *f*.
Stammwort *n* vocabulum *n* primitivum, verbum *n* nativum.
stampfen 1. *intr.* pedem supplodere, terram pede percutere; **2.** *trans.* pinsere, fistucare.
Stampfmühle *f* pistrinum *n*.
Stand *m* status 4 *m*; (*des Wassers*) altitudo *f*; *zustande bringen* con-, ef-, perficere; *der Friede ist zustande gekommen* pax convēnit, composita est; (*Lage, Verfassung*) status 4 *m*; *instand setzen* (ap)parare, instruere, adornare; (*wieder instand setzen*) in integrum (*od.* in melius) restituere; reficere; *imstande sein* posse *mit inf.*; *außerstande sein* non posse; *in den vorigen ~ setzen* in pristinum restituere; *ehelicher ~* matrimonium *n*; *lediger ~* vita *f* caelebs; (*Rang*) locus *m*; (*Herkunft*) genus *n*, stirps *f*; (*äußere Lage*)) fortuna *f*; sors *f*, condicio *f*; *seinem ~e gemäß leben* pro dignitate vivere; *ein Mann von ~* vir *m* nobilis, summo loco natus; (*Klasse, in die j-d gehört*) ordo *m*; (*Korporation*) corpus *n*.
Standarte *f* vexillum *n*.
***Standardwerk** *n* opus *n* gravissimum, exemplar *n*.
Standbild *n* statua *f*, signum *n*.
Standesgenosse *m* eiusdem ordinis homo *m*.
standesmäßig homine nobili dignus, liberalis, dignitati [hominis] conveniens.
Standesperson *f* homo *m* nobilis; *pl. auch* nobilitates *f/pl.*
standfest immobilis.
standhaft stabilis; constans; firmus; fortis; *adv.* constanter, fortiter, aequo animo [perferre labores].
Standhaftigkeit *f* constantia *f*, firmitas *f*, aequus animus *m*.
standhalten locum tenēre, loco non cedere; constantem esse; *~ gegen* sustinēre, excipere [impetum].
Stand/lager, ~quartier *n* (castra) stativa *n/pl.*
Standort *m* statio *f*, locus *m*.
Standpunkt *m* locus *m*; *vom ~ der Billigkeit aus* ex aequo, *vom ~ der Politik aus* e republica, *vom entgegengesetzten ~ aus* e contraria parte]; *das ist nicht mein ~* haec non est mea ratio.
Standrecht *n* iudicium *n* militare.
Standrede *f* oratio *f* subita.
***Standuhr** *f* horologium *n* stativum.
Stange *f* pertica *f*, longurius *m*, contus *m*.
Stängel *m* caulis *m*.
Stänker *m* homo *m* litigiosus (*od.* rixosus, ad rixam promptus).
Stänkerei *f* iurgium *n*, rixa *f*.
stänkern iurgia excitare.
Stapel *m* strues *f* [lignorum], navalia *n/pl.*; *vom ~ lassen* (in aquam) deducere.
Stapelplatz *m* emporium *n*.
Star *m* (*Vogel*) sturnus *m*.
Star *m* (*Augenkrankheit*) glaucoma *n*, suffusio *f* oculorum.
stark crassus, obesus, pinguis; magnus [vox], amplus [exercitus]; validus, robustus [corpus]; *~ sein in*

peritissimum esse [litterarum], excellere [abstinentiā]; ~ *sein an* multum valēre [equitatu].
Stärke *f* crassitudo *f*, obesitas *f*; magnitudo *f*, multitudo *f*, numerus *m*; vires *f/pl.*, robur *n*, opes *f/pl.*; *seine* ~ *haben in* valēre [peditatu].
stärken corroborare, (con)firmare.
Stärkung *f* confirmatio *f*; *nach* ~ *des Körpers durch Speise* corpore cibo refecto.
Stärkungsmittel *n* remedium *n* ad corpus reficiendum aptum.
starr rigidus [capillus], rigens, horridus [barba]; / torpens, stupidus, attonitus; ~ *ansehen* oculos defigere in vultu [hominis]; ~ *dastehen* defixum (*od.* immobilem) stare.
starren rigēre, horrēre; *von Schmutz* ~ ex diutino situ squalēre.
Starrheit *f* rigor *m*.
starrköpfig pertinax, obstinatus.
Starrköpfigkeit *f*, **Starrsinn** *m* pertinacia *f*.
Starrkrampf *m* rigor *m* nervorum.
starrsinnig obstinati animi.
***Start** *m* carceres *m/pl.*
Station *f* statio *f*, mansio *f*; *frei* ~ victus 4 *m* gratuitus.
***Stativ** *n* tripus, odis *m*, ferramentum *n*.
statt pro, (in) loco [fratris]; ~ *zu* ... *vielmehr* tantum abest, ut ... ut, non modo non ... sed.
Statt *f*: *vonstatten gehen* succedere, procedere, prospere cedere; *zustatten kommen* prodesse, usui, adiumento esse [adulescenti].
Stätte *f* locus *m*; (*Wohnsitz*) sedes *f*; *heilige* ~ augustus [locus, templum], sedes *f* sacra.
stattfinden locum habēre, locus est [spectaculo], esse, fieri, intercedere.
statthaft probabilis, iustus.
Statthalter *m* praefectus *m*, proconsul *m*, propraetor *m*, satrapes *m*; ~ *in e-r Provinz sein* provinciae praeesse; *zum* ~ *machen* praeficere [provinciae].
Statthalterschaft *f* praefectura *f*, provincia *f*.
stattlich procerus [statura, habitu], luculentus [patrimonium], splendidus [equus], magnificus [ornatus].
Statue *f* statua *f*.
Statur *f* statura *f*.
Statuten: *die* ~ leges *f/pl.*, instituta *n/pl.*, iura *n/pl.*
statutenmäßig legitimus.
Staub *m* pulvis *m*; *sich aus dem* ~*e machen* furtim digredi, clam se proripere, aufugere.
Stäubchen *n* pulvisculus *m*.
stauben pulvis oritur.
stäuben 1. *trans.* excutere; **2.** *intr.* pulverem excitare *od.* movere.
Staub/fäden *m/pl.* stamina *n/pl.*
staubig pulverulentus.
***Staubsauger** *m* haustor *m* pulveris.
Staubwolke *f* nubes *f* pulveris *od.* pulverea.
Staude *f* frutex *m*.
staunen stupēre, obstupescere, admirari.
stäupen virgis caedere.
Stecheiche *f* ilex *f*.
Stecheisen *n* caelum *n*, scalprum *n*, tornus *m*.
stechen *trans.* pungere, (*von Tieren*) mordēre; (*eine Stichwunde beibringen*) fodere, configere; (*brennenden Schmerz verursachen*) urere; *in die Augen* ~ conspicuum *od.* insignem esse valde arridēre [mihi]; (*durch Stechen eingraben*) incidere, scalpere, sculpere.
Steckbrief *m* praemandata *n/pl.*, libellus *m*.
Stecken *m* baculum *n*, virga *f*
stecken 1. *trans.* praefigere [caput hostis hastae]; inserere [anulum digito]; recondere [gladium in vaginam]; *in Brand* ~ incendere; *ins Gefängnis* ~ in vincula conicere; **2.** *intr.* haerēre, fixum *od.* infixum esse in [tergo]; (*aufbewahrt sein*) reconditum esse; (*versteckt sein*) latēre; (*sich befinden*) esse, inesse in; *in Schulden* ~ aere alieno obrutum esse; *in Not* ~ in angustiis esse; *in Geschäften* ~ negotiis involvi; ~ *lassen* relinquere, deserere, destituere; ~ *bleiben* haerēre; continuandi verba facultate destitui; *es steckt etwas dahinter* alqd subest.
Steckenpferd *n* deliciae *f/pl.*; *jeder hat sein* ~ trahit sua quemque voluptas; *ein* ~ *reiten* equitare in arundine longa.
Steckmuschel *f* pinna *f*.
Stecknadel *f* fibula *f*, acus 4 *f*.
Steckreis *n* surculus (abscisus) *m*.
Steg *m* ponticulus *m*; (*an Saiteninstrumenten*) iugum *n*.
Stegreif *m*: *aus dem* ~*e* **ex tempore**, subito.

stehen stare; (*stille~*) consistere; (*~ bleiben*) subsistere; *~ lassen* suo loco relinquere, non movēre, non auferre; (*sich verhalten*) se habēre, esse *mit adv.*; (*gesundheitlich*) valēre; *unter den Waffen ~* in armis esse; *es steht sehr schlimm* res in summo discrimine est; *es steht zu befürchten, dass* periculum est, ne; *zu ~ kommen* (*v. Preise*) stare, constare [magno (pretio), pluris, tanti]; *es steht geschrieben* est (*od.* scriptum est *od.* scriptum videmus) apud; *freundschaftlich ~ mit* amicitā coniunctum esse cum; *in großem Ansehen ~* auctoritate multum valēre; *~ für* spondēre, sponsorem esse pro; *es steht bei mir, in meiner Macht* res penes me (*od.* in mea potestate) est; *im zehnten Jahre ~* decimum annum (aetatis) agere; *~ über* superiorem esse [iuvene], praeesse [iuveni]]; *~ unter* inferiorem esse [iuvene], subiectum esse [iuveni], imperio [iuvenis] parēre; *~ hinter* stare post, a tergo [patris].

stehend stans; (*aufrecht ~*) erectus; (*beständig*) perpetuus; (*periodisch wiederkehrend*) status; (*vom Wasser*) stagnans; *~es Lager* (castra) stativa *n/pl.*; *~en Fußes* e vestigio, ilico, statim, confestim.

stehlen 1. *intr.* furtum facere; **2.** *trans.* furari, furto subducere, abigere.

Stehler *m* fur *m.*

steif rigidus, immobilis; incompositus [mores]; *ich bleibe ~ und fest dagegen* adversus ea omnia obstinato sum animo; *~ und fest behaupten* firmissime asseverare.

Steife, Steifheit *f* rigor *m.*

***Steigbügel** *m* stapia *f.*

steigen scandere (ad-, e-, conscendere); *vom Pferde ~* ex equo descendere; (*zunehmen*) crescere, augeri; *schnell ~* evolare; *die Waren ~* merces cariores fiunt (*od.* pluris veneunt).

Steigen *n* ascensus 4 *m*; (*Wachstum*) incrementum *n*, *meist durch Verba.*

steigern augēre; accendere [pretium].

Steigerung *f* auctio *f*; auctus 4 *m*, adiectio *f*; *in der Rhetorik*: gradatio *f*, adscensus 4 *m.*

steil arduus, praeruptus, praeceps.

Stein *m* lapis *m*; (*Felsblock*) saxum *n*; (*Kiesel*) silex *m*; (*Stimm-, Rechen-, Brettstein*) calculus *m*; (*Edelstein*) lapillus *m*, gemma *f*; (*Backstein*) later *m.*

steinalt senex, plane grandis, pergrandis natu, senectute confectus.

steinartig saxeus.

Steinblock *m* truncus *m* lapidis, saxum *n.*

Steinbock *m* ibex *m*; (*als Gestirn*) capricornus *m.*

***Steinbrech** *m* saxifraga *f.*

Steinbrecher *m* lapicida *m.*

Steinbruch *m* lapicidinae *f/pl.*, lautumiae *f/pl.*

Steinchen *n* lapillus *m.*

Steineiche *f* robur *n.*

steinern lapideus, saxeus.

steinhart durissimus.

Steinhauer *m* lapicida *m.*

steinig lapidosus, saxosus.

steinigen lapidibus obruere (*od.* percutere).

Steinigung *f* lapidatio *f.*

Steinklippe *f* cautes *f.*

***Steinkohle** *f* lithantrax *m.*

Steinmauer *f* murus *m* lapideus, maceria *f.*

Steinmetz *m* lapicida *m.*

Steinpflaster *n* via *f* strata.

Steinplatte *f* saxum *n* quadratum.

Steinregen *m* imber *m* lapideus.

Steinsalz *n* sal *m* fossilis *od.* e terra effosus.

Steinschneider *m* gemmarius *m*, gemmarum scalptor *m.*

Steinschrift *f* litterae *f/pl.* saxo inscriptae.

Steinwurf *m* lapidis iactus 4 *m* (*od.* ictus 4 *m*); *oft bloß* lapis *m.*

Steiß *m* natis *f*, *pl.* nates; (*After*) anus *m*; podex *m*; (*Bürzel*) orrhopygium *n.*

***Stelldichein** *n* locus *m* ad conveniendum constitutus.

Stelle *f* locus *m*; (*Amt*) *auch* munus *n*; *an die ~ treten* in locum [legati] succedere; *an ~* pro [consule]; *auf der ~* statim, confestim, extemplo; *an der rechten ~* loco.

stellen 1. *trans.* statuere, constituere, ponere; (*vor Gericht*) sistere [se]; mittere [milites], adducere [testes], dare [vadem, obsides]; **2.** *refl. sich ~* consistere, accedere ad; (*sich einstellen*) adesse, praesto esse, se offerre; (*den Schein annehmen*) simulare.

S

Stellung 1. *abst.* collocatio *f*, dispositio *f*; *meist durch Verba*; (*Art zu stehen*) status 4 *m*; (*Körperhaltung*) habitus 4 *m*; **2.** *konkr.* (*Platz, Rang*) locus *m*; (*Lage*) condicio *f*; (*Würde*) dignitas *f*.
***Stellungskrieg** *m* bellum *n* stativum.
Stellvertreter *m* vicarius *m*; (*geschäftlich*) procurator *m*; *~ sein* vice (*od.* partibus) [patris] fungi, negotia procurare.
stemmen: *sich ~ gegen* obniti, resistere [trahentibus].
Stempel *m* (*als Werkzeug*) forma *f*; (*Gepräge*) signum *n*, nota *f*; *den ~ aufdrücken* speciem quandam conciliare.
stempeln signare, formā publicā percutere.
***Stenograph** *m* notarius *m*.
***stenographieren** notis scribere.
***Stenotypistin** *f* puella *f* machinae scriptoriae.
Steppe *f* campi *m/pl.* patentes, regio *f* deserta vastaque.
Sterbebett *n*: *auf dem ~* mories moriturus.
Sterbefall *m* mors *f*.
sterben mori (de-, e-, intermori), e vita cedere, de vita decedere (*od.* migrare *od.* exire); *e-s natürlichen Todes ~* naturae concedere; mortem (*od.* diem supremum) obire; *e-s gewaltsamen Todes ~* morte violentā perire, (*in der Schlacht*) mortem occumbere; *an e-r Krankheit ~* morbo perire.
Sterben *n* mors *f*, obitus 4 *m*.
Sterbeworte *n/pl.* extrema (*od.* suprema) vox *f*.
sterblich mortalis; *alle Menschen sind ~* omnibus hominibus moriendum est.
Sterblichkeit *f* mortalitas *f*, mortalis conditio *f*; *die ~ war groß* permulti homines morte absumpti sunt.
***Sterling:** *ein Pfund ~* nummorum Sterlingicorum libra *f*.
Stern *m* stella *f*; *zu den ~en erheben* ad astra (*od.* caelum) tollere.
Sternbild *n* caeli signum *n*.
Sterndeuter *m* astrologus *m*.
Sternenbahn *f* stellarum orbis *m*.
Sternenhimmel *m* caelum *n* astris distinctum (*od.* ornatum).
sternhell sideribus illustris.
Sternkunde *f* caeli siderumque cognitio *f*.
Sternkundige(r) *m* caeli siderumque spectator *m*, astrologus *m*, * *seit* 450 *n. Chr.*: astronomus *m*.
Sternschnuppe *f* stella *f* transvolans; *das Fallen e-r ~* traiectio *f* stellae.
Sternwarte *f* pergula *f* mathematicorum.
stet, stetig continuus, constans.
Stetigkeit *f* constantia *f*, stabilitas *f*.
stets semper.
Steuer *f* vectigal *n*, tributum *n*.
Steuer *n* gubernaculum *n*, clavus *m*.
Steuereinnahme *f* vectigalium exactio *f*.
Steuereinnehmer *m* vectigalium [exactor *m*.]
steuerfrei (vectigalium) immunis.
Steuerfreiheit *f* immunitas *f*.
Steuermann *m* gubernator *m*.
steuern 1. *trans.* gubernare; **2.** *intr.* navigare, cursum tenēre [Neapolim]; *dem Unrecht ~* iniuriam defendere (*od.* propulsare).
steuerpflichtig vectigalis, tributarius, stipendiarius.
Steuerruder *n* gubernaculum *n*, clavus *m*.
Stich *m* ictus 4 *m*; (*als Wunde*) plaga *f*; | *einen ~ ins Herz geben* animum pungere (*od.* mordēre); *~ halten* (impetum hostium) sustinēre; probari posse; *im ~ lassen* deserere, destituere.
Stichelei *f* cavillatio *f*, oratio *f* obliqua; aculei *m/pl.*
sticheln cavillari, vellicare, carpere (obliquis orationibus).
stichhaltig probabilis, verus, firmus.
stichweise punctim.
Stichwunde *f* plaga *f*, vulnus *n* ictu illatum.
sticken acu pingere.
Sticken *n* ars *f* acu pingendi.
Stickerei *f* opus *n* acu pictum.
Stiefbruder *m* frater *m* ex noverca (*od.* ex vitrico) susceptus.
Stiefel *m* caliga *f*.
Stiefeltern *pl.* vitricus *m* et noverca *f*.
Stiefmutter *f* noverca *f*.
stiefmütterlich novercalis; *~ bedacht sein* minus (*od.* parum) a natura instructum esse.
Stiefschwester *f* soror *f* ex noverca (*od.* ex vitrico) suscepta.

Stiefsohn *m* privignus *m.*
Stieftochter *f* privigna *f.*
Stiefvater *m* vitricus *m.*
Stiege *f* scala *f.*
Stieglitz *m* carduēlis *f.*
Stiel *m* manubrium *n*; (*an Obst und Blättern*) pediculus *m.*
stier trux [oculi].
Stier *m* taurus *m*; (*junger*) iuvencus *m.*
Stift *m* stilus *m* (*zum Schreiben*); (*zum Befestigen*) clavulus *m.*
***Stift** *n* hospitium *n*, coenobium *n.*
stiften condere, constituere [monumentum]; conciliare [amicitiam]; concitare, serere [discordias], conflare [seditionem].
Stifter *m* conditor *m*, auctor *m*, parens *m*, conciliator *m.*
Stiftshütte *f* tabernaculum *n* foederis.
Stiftung *f* *konkr.* institutum *n*; (*Vermächtnis*) legatum *n.*
Stiftungstag *m* dies *m* natalis, dies *m* dedicationis.
Stil *m* genus *n*, ratio *f*; (*rhetor.*) genus *n* scribendi *od.* dicendi, oratio *f*, sermo *m*, elocutio *f.*
Stilist *m* scriptor *m*; *ein guter schlechter* ~ scriptor *m* in compositione elegans (neglegens).
still quietus, tranquillus, placidus, sedatus [animus]; tacitus, silens, silentio; ~ *sein, sich* ~ *verhalten* tacēre, silēre, quiescere; ~*stehen*, ~*halten* consistere, subsistere; equum (*od.* currum) sustinēre; ~ *werden* conticescere, quiescere; *es wurde* ~ silentium factum est.
Stille *f* silentium *n*, tranquillitas *f*, quies *f*; ~ *gebieten* silentium fieri iubēre.
Stillehre *f* bene dicendi (*od.* scribendi) praecepta *n/pl.*, elocutionis ratio *f.*
stillen inhibēre, supprimere, sistere [sanguinem]; sedare, opprimere [seditionem]; restinguere [iracundiam]; explēre, depellere [sitim].
stillschweigend tacitus, silentio [praeterire].
Still/stand *m*, ~**stehen** *n* *konkr.* (*Gerichts*~) iustitium *n*; (*Waffen*~) indutiae *f/pl.*; *es herrscht* ~ *im Handel* mercatura iacet.
Stilübung *f* scribendi exercitatio *f*, scriptio *f*, scriptura *f*; stilus *m.*
Stimme *f* vox *f*; (*musikal.*) cantus *m*; (*Ton*) sonus *m*; *mit lauter* ~ magnā voce; *auf seine* ~ *hören* hominem monentem audire; (*Wahlstimme*) suffragium *n* (*in der Volksversammlung*), (*in beratenden oder richtenden Versammlungen*) sententia *f*; *die meisten* ~*n haben* plurima puncta tulisse.
stimmen **1.** *intr.* concinere, consonare; constare [ratio]; suffragium ferre, sententiam dicere; ~ *für* (*in den Komitien*) suffragiis adiuvare; (*im Senat*) in sententiam [consulis] pedibus ire; (*den Antrag unterstützen*) suffragari [consuli]; censēre [deditionem]; **2.** *trans.* (*ein Instrument*) tendere, contendere; ~ *zu* adducere (*od.* deducere *od.* perducere *od.* impellere) ad; *günstig gestimmt sein für* favēre, studēre [iuveni], *gegen* abhorrēre ab.
Stimmengleichheit *f* aequus numerus *m* sententiarum (*od.* suffragiorum).
Stimmenmehrheit *f* sententiae *f/pl.* longe plurimae.
***Stimmgabel** *f* diapāson (*indecl.*) *f.*
Stimmrecht *n* ius *n* suffragii, suffragium *n.*
Stimmtäfelchen *n* tabella *f*, suffragium *n.*
Stimmung *f* animus *m*, animi affectio *f*, voluntas *f*; *heitere* (*traurige, feindselige*) ~ hilaritas *f* (tristitia *f*, inimicitia *f*).
stinken foetēre, male olēre.
stinkend foetidus, male olens.
Stirn *f* frons *f.*
Stirnband *n* redimiculum *n* frontis; *als Schmuck der Tiere*: frontale *n.*
Stocher *m* dentiscalpium *n*, spina *f*, lentiscus *f.*
Stock *m* stipes *m*, truncus *m*; (*Stab*) baculum *n*; *über* ~ *und Stein* per invia.
stockblind plane caecus.
stockdumm stupidissimus.
stockdunkel tenebris obductus; caecus.
stocken haerēre, cessare; (*stehen bleiben*) consistere; (*im Reden*) haesitare; iacēre [mercatura].
Stockprügel *f*: ~ *geben* (*bekommen*) fuste caedere (caedi).
Stockschnupfen *m* gravēdo *f.*
stocksteif tam rigidus quam cornu.
Stockwerk *n* tabulatum *n*, contabulatio *f*, contignatio *f.*
Stoff *m* materia (-es) *f*, res *f*; (*Thema*) argumentum *n*; (*Ursache*) causa *f.*

S

stöhnen gemere, ingemiscere.
Stöhnen *n* gemitus 4 *m*.
Stollen *m* (*im Bergwerk*) cuniculus *m*.
stolpern pedem offendere, vestigio falli.
stolz superbus; fastidiosus; (*hochmütig*) insolens; (*anmaßend*) arrogans; (*sich überhebend*) elatus; *~ sein auf* superbire, elatum esse [virtute]; splendidus, magnificus [verba].
Stolz *m* superbia *f*; (*Selbstgefühl*) spiritūs *m/pl.*; (*Dünkel*) fastidium *n*; (*Hochmut*) insolentia *f*; (*Anmaßung*) arrogantia *f*; (*edler*) libera contumacia *f*; (*Gegenstand des Stolzes*) decus *n*.
stopfen farcire, refercire; (*mit der Nadel*) acu (re)sarcire; *den Mund ~* sermones (hominum) reprimere.
Stopfwerk *n* tormentum *n*.
Stoppel *f* stipula *f*.
stoppeln 1. *intr.* spicilegium facere; **2.** *trans.* (*zusammen~*) undique congerere.
Stöpsel *m* obturamentum *n*, cortex *m*.
Storch *m* ciconia *f*.
stören (con-, per)turbare; (*durch Reden unterbrechen*) interpellare; impedire.
Störer *m* turbator *m*, interpellator *m*; *meist durch Verba*.
störrig pertinax et obstinatus.
Störrigkeit *f* pervicacia *f*.
Störung *f* (per)turbatio *f* [otii]; impedimentum *n*.
***Störungsstelle** *f* officium *n* impedimentorum amovendorum.
Stoß *m* pulsus 4 *m*, ictus 4 *m*, plaga *f*; *einen ~ geben* plagam infligere (*od.* inferre); *einen ~ bekommen* pulsari, plagam accipere, impelli; *ein ~ Holz* acervus *m*, strues *f* lignorum.
stoßen 1. *trans.* (*unabsichtlich*) offendere [caput] ad [fores]; (*absichtlich*) illidere *od.* impingere [caput foribus]; *sich ~ an* illidi, impingi [parieti]; (*zufällig*) offendere, ferire; (*absichtlich, heftig*) percutere [calce]; ictum (*od.* plagam) infligere [praetereunti]; (*von Tieren*) cornibus petere; *von sich ~* a se amovēre; repudiare, reicere; **2.** *intr.* (*anprallen*) allidi ad, offendere; *~ auf* incidere, incurrere in [rem difficilem]; *~ an* tangere, attingere; adiacēre, finitimum esse [villae]; *~ zu* se (con)iungere cum, venire ad; *~ mit ... nach* petere [gladio hostem].
Stoßen *n* pulsus 4 *m*, pulsatio *f*; *mst durch Verba*.
Stößer, Stoßvogel *m* (*Habicht*) accipiter *m* miluus; accipiter *m* gentilis.
stößig petulcus.
Stoßkraft *f* vis *f*, impetus 4 *m*.
***Stoßtrupp** *m* manus 4 *f* selecta.
stoßweise punctim (*in Zwischenräumen*) per intervalla.
Stotterer *m* linguā haesitans *m*.
stottern linguā haesitare.
Stottern *n* haesitantia *f* linguae.
strafbar poenā (*od.* supplicio) dignus; puniendus, noxius.
Strafe *f* poena *f*; (*Geldstrafe*) multa *f*; (*Leibesstrafe*) supplicium *n*; (*schmerzende*) noxa *f*; (*Ahndung*) animadversio *f*; *~ verhängen, mit ~ belegen* punire, poenā afficere; *~ leiden* poenas dare (*od.* persolvere *od.* luere *od.* pendere); *~ setzen auf* poenam constituere [furto]; *bei ~* poenā propositā.
strafen: *Lügen ~* mendacii coarguere.
straff astrictus, contentus; *~ anziehen* astringere.
straffällig sons, obnoxius; *~ sein* poenā teneri; *~ werden* poenam committere.
Straffälligkeit *f* culpa *f*.
Strafgericht *n* supplicium *n*, animadversio *f*.
***Strafgesetzbuch** *n* codex *m* criminalis.
sträflich: *~er Leichtsinn* temeritas *f* et negligentia *f*; *adv. ~ leichtsinnig* temere ac nulla ratione.
Sträfling *m* noxius *m*, ad opus damnatus *m*.
straflos impunītus (*adv.* impune), poenā vacuus, inultus.
Straflosigkeit *f* impunitas *f*.
Strafpredigt *f* admonitio *f* severa, obiurgatio *f* acerba.
Strafrecht *n* poenae ius *n*.
Strahl *m* radius *m*; (*Blitzstrahl*) fulmen *n*; *~ von Hoffnung* spes *f* aliqua, specula *f*.
strahlen fulgēre.
Strahlenkrone *f* corona *f* radiata.
strahlig radiatus.
stramm firmus ac valens; *~er Dienst* militia *f* durissima.
Strand *m* litus *n*.

stranden in vadum (*od.* ad scopulos) allidi, in litus eici, in terram deferri.
***Strandkorb** *m* sella *f* litoralis.
Strang *m* funis *m*, laqueus *m*; *wenn alle Stränge reißen* ut omnia ad irritum cadant necessitate cogente.
strangulieren strangulare.
Strapaze *f* labor *m*.
strapazieren laboribus exercēre.
Straße *f* via *f*; (*die nach einem Orte führt*) iter *n*; (*Häuserreihe*) vicus *m*; (*breite*) platēa *f*; (*enge*) angiportus *m*; *auf der* ~ foris, in publico; *auf die* ~ foras, in publicum.
Straßenaufseher *m außerhalb der Stadt*: curator *m* viarum; *in der Stadt*: vici magister *m*.
***Straßenbahn** *f* tramvia *f*, electrivěha *f*. [tramviae.]
***Straßenbahnfahrer** *m* auriga *m*
Straßenpflaster *n* silex *m* (*od.* lapides *m/pl.*) viae.
Straßen/raub *m*, **~räuberei** *f* latrocinium *n*; ~ *treiben* latrocinari.
Straßenräuber *m* latro *m*.
Strategie *f* disciplina *f* bellica *od.* militaris, artes *f/pl.* belli *od.* bellicae.
sträuben: *sich* ~ horrēre [capilli]; (*widerstreben*) obnīti, reluctari, repugnare, resistere, recusare, nolle, abhorrēre ab; (*Ausflüchte machen*) tergiversari.
Strauch *m* frutex *m*.
straucheln pedem offendere, vestigio falli; labi [errore], peccare.
Straucheln *n* offensio *f* pedis, lapsus 4 *m*; *meist durch Verba*.
strauchig fruticosus.
Strauchwerk *n* fruticetum *n*.
Strauß *m* fasciculus *m* florum.
Strauß *m* (*Vogel*) struthiocamēlus *m*.
Strebe *f* tignum *n* pronum ac fastigatum.
streben: ~ *nach* niti in [vetitum], petere sequi, sectari; (*zu tun*) studēre *mit inf.*, operam dare (*od.* eniti *od.* contendere *od.* id agere) ut (ne).
Streben *n* appetitio *f*; contentio *f*, studium *n*; *oft durch Verba*.
Strebepfeiler *m* anteris *f*, erisma *n*.
Streber *m* homo *m* cupidus honorum.
strebsam navus, strenuus, industrius.
Strecke *f* spatium *n*.
strecken (ex)tendere; *zu Boden* ~ prosternere; *die Waffen* ~ arma ponere; *sich ins Gras* ~ abicere se in herbā.
Streich *m* dolus *m*, fraus *f*; factum *n*, facinus *n*; *dumme* ~*e* stultitiae *f/pl.*, ineptiae *f/pl.*; *einen* ~ *spielen* dolum nectere, fraudem inferre [aequali], illudere.
streicheln (per)mulcēre; (*liebkosend*) palpare, -ari [mulieri].
streichen 1. *intr.* flare, ferri [ventus], volare [aves]; **2.** *trans.* (per-) mulcēre [barbam manu]; delēre, exstinguere, eximere [nomen de tabulis]; *die Segel* ~ vela deducere; *mit Ruten* ~ virgis caedere.
***Streichholz** *n* lignum *n* flammiferum ramentum *n* sulphuratum.
***Streichholzschachtel** *f* capsula *f* sulphuraria.
Streif, Streifen *m* limes *m*, linea *f*; (*auf dem Zeuge*) virga *f*; (*an der römischen Toga*) clavus *m*; (*Land*~) lacinia *f*, tractus 4 *m*.
streifen 1. *trans.* stringere, (leviter) attingere; **2.** *intr.* vagari per, pervagari [agros]; incursionem facere [in.]
streifig virgatus; striatus.
Streifkorps *n* manus 4 *f* praedatoria (*od.* exploratorum).
Streifwunde *f* vulnus *n* leve.
Streifzug *m* excursio *f*, incursio *f*, expeditio *f*.
***Streik** *m* detrectatio *f* operandi.
Streikbrecher *m* qui operam intermittere recusat.
Streit *m* controversia *f*, altercatio *f*, rixa *f*; (*vor Gericht*) lis *f*, causa *f*.
Streitaxt *f* bipennis *f*.
streitbar bellicosus, fortis; pugnax, ferox.
Streitbarkeit *f* fortitudo *f*, ferocia *f*.
streiten pugnare; rixari cum; disceptare verbis de, disputare.
Streitfrage *f* quaestio *f*, res *f* controversa, controversia *f*.
Streithandel *m* controversia *f*; *vor Gericht*: lis *f*.
streitig controversus; ~ *sein* in controversia esse (*od.* versari); ~ *machen* in controversiam vocare, contendere cum [finitimo] de [agro]; (*zweifelhaft*) dubius, incertus, ambiguus.
Streitigkeit *f* controversia *f*.
Streitkolben *m* clava *f*.
Streitkräfte *f/pl.*: *die* ~ vires *f/pl.*, copiae *f/pl.*, opes *f/pl.*

Streitross *n* equus *m* militaris.
Streitsache *f* controversia *f*, causa *f*, res *f*.
Streitsucht *f* rixandi (*od.* litigandi) studium *n*.
streitsüchtig rixandi cupidus.
Streitwagen *m* essedum *n*.
streng (*sinnlich*) asper, acer, durus [hiems]; (*sittlich*) severus, austērus, acerbus, gravis, saevus.
Strenge *f* asperitas *f*, vis *f*; severitas *f*, austeritas *f*, acerbitas *f*, duritia *f*.
Streu *f* stramentum *n* (*meist pl.*).
streuen spargere.
Strich *m* (*der Vögel*) volatus 4 *m* avium; (*Weg, Richtung*) iter *n*, tractus 4 *m*; *in einem ~* uno tenore, continenter; (*Land*~) regio *f*, tractus 4 *m*; (*Linie*) linea *f*; *einen ~ durch die Rechnung machen* conturbare omnes rationes.
strichweise regionatim, passim.
Strick *m* restis *f*; funis *m*; (*als Schlinge*) laqueus *m*.
stricken texere.
Striegel *f* strigilis *f*.
striegeln strigili (sub)radere.
Strieme *f* vibix, īcis *f*, verberis nota *f*.
Stroh *n* stramentum *n*; *aus ~* stramenticius.
Strohdach *n* tectum *n* stramineum.
Strohdecke *f* storea *f*.
Strohhalm *m* culmus *m*.
Strohhütte *f* casa *f* stramentis tecta.
***Strohmann** *m* homo *m* quasi stramineus.
Strolch *m* homo *m* erraticus, erro *m*; *spätlat.*: vagabundus *m*.
Strom *m abst.* flumen *n*, cursus 4 *m*; *konkr.* flumen *n*, amnis *m*; (*Menge*) magna vis *f*; *~ der Zeit* cursus 4 *m* temporis; * (*elektr.*) vis *f* electrica.
stromab(wärts) secundo flumine.
stromauf(wärts) adverso flumine.
Strombett *n* alveus *m*.
strömen fluere, manare, ferri; (*von Menschen*) (con)currere [in forum].
Strömung *f* flumen *n*, cursus 4 *m*.
Strophe *f* stropha *f*.
strotzen turgēre, distentum esse [lacte], plenum esse [lactis].
strotzend turgidus, tumidus.
Strudel *m* vortex *m*; *sich in den ~ der Vergnügungen stürzen* voluptatibus totum se dedere.
strudeln vortices volvere.
Strumpf *m* tibiale *n*.
Strunk *m* caulis *m*, truncus *m*.
struppig hirtus, hirsutus, horridus.
Stube *f* conclāve *n*, cubiculum *n*, diaeta *f*.
Stubengelehrsamkeit *f* doctrina *f* umbratilis.
Stubengelehrte(r) *m* vir doctus *m* umbraticus.
Stubengenosse *m* contubernalis *m*.
Stubenlampe *f* lucerna *f* cubicularia.
Stuck *m* opus *n* tectorium.
Stück *n* pars *f*; (*abgebrochenes*) fragmentum *n*; *ein ~ Brot* frustum *n*; (*Papier* scida *f*, *Zeug* pannus *m*); *in ~e schneiden* minute concidere (*od.* consecare); *zerreißen* dilacerare discerpere; *ein ziemliches ~* aliquantum; (*einzelnes Ding von mehreren derselben Art*) unus ex, res *f*; (*von Tieren*) caput *n*; *ein ~ Vieh* pecus *f*; (*Wild* fera *f*, *Holz* lignum *n*, *Geld* nummus *m*, *Arbeit* opus *n*); (*Theater*~) fabula *f*; *in diesem ~* hac in re, in eo; *in allen* (*vielen*) *~en* omnibus (multis) in rebus; *in keinem ~* nulla in re, nulla ex parte; *von freien ~en* mea (tua ...) sponte, voluntate; *große ~e halten auf* permagni facere, valde diligere [iuvenem].
Stückchen *n* particula *f*, frustulum *n*; scidula *f*, aliquid *n*.
stückeln consuere.
stückweise minutatim, frustatim, carptim; *die Pferde ~ verkaufen* equos singulos vendere.
Stückwerk *n* rēs *f* manca (*od.* incohata *od.* imperfecta).
Student *m* adulescens *m* litterarum *od.* doctrinae studiosus *m*.
Studien *f/pl.*: *die ~* litterarum studia *n/pl.*
studieren 1. *intr.* litteris studēre, litterarum (*od.* doctrinae) studiis operam dare; **2.** *trans.* studēre, operam dare [iuri civili], discere; studiose legere, cognoscere [librum]; explorare, perscrutari [naturam criminis].
Studieren *n* (*u. Schreiben*) litterae (et scriptio) [mihi arrident].
Studierstube *f* museum *n*, umbra *f*.
studiert (*v. Pers.*) litteratus, doctus, doctrinis artibusque politus; (*v. Sachen*) meditatus, commentatus.
Studium *n* studium *n* (*meist pl.*).
Stufe *f* gradus 4 *m*.

Stufen/folge *f*, **~gang** *m*, **~leiter** *f* gradūs 4 *m/pl*.
Stufenjahr *n* gradus 4 *m* aetatis humanae.
stufenweise gradatim, per gradus.
Stuhl *m* sella *f*; sedes *f*.
stumm mutus; tacitus; ~ *werden* obmutescere; conticescere.
Stümper *m* homo *m* imperitus (*od*. ignarus).
Stümperei *f* inscitia *f*; opus *n* [malum.]
stümperhaft imperitus, ignarus, malus, minime utilis.
stumpf hebes, obtusus, stupidus, tardus; ~ *machen* hebetem reddere, hebetare [hastas]; ~ *werden* hebescere; ~ *sein* hebēre, torpēre.
Stumpf *m* truncus *m*; *mit* ~ *und Stiel* radicitus (*adv*.), (*adj*.) totus.
Stumpfheit *f* hebetatio *f*; (*der Augen*) oculi *m/pl*. hebetes.
Stumpfsinn *m* ingenium *n* hebes (*od*. tardum); stupor *m*.
stumpfsinnig ingenii hebetis.
***stumpfwink(e)lig** angulis obtusis.
Stündchen *n* horae momentum *n*.
Stunde *f* hora *f*; *halbe* ~ semihora *f*; *in einer* ~ in hora; *zur bestimmten* ~ ad horam; *zu jeder* ~ omni tempore; *zur guten* ~ (in) tempore; *von* ~ *zu* ~ in horas; *bis zu dieser* ~ adhuc; (*Unterricht* 2) schola *f*.
stündlich singulis horis, in horas.
***Stundung** *f* prolatio *f*, prorogatio *f* diei.
Sturm *m* procella *f*, tempestas *f*; (*mit Regen*) nimbus *m*; fluctūs 4 *m/pl*., undae *f/pl*.; impetus 4 *m*; (*im Kriege*) oppugnatio *f*, vis *f*, impetus 4 *m*; ~ *laufen* impetum facere; *im* ~ *nehmen* vi (*od*. per vim) expugnare; *den* ~ *abschlagen* impetum hostium propulsare.
Sturmbock *m* aries *m*.
Sturmdach *n* testudo *f*, vinea *f*.
stürmen 1. *intr*. saevire, ventus saevit; (*v. Begierden*) exardescere, furere; **2.** *trans*. oppugnare, adoriri, impetum facere in.
Sturmhaube *f* cassis *f*.
stürmisch procellosus, turbulentus, turbidus, tumultuosus, vehemens.
Sturmlauf *m* cursus 4 *m* properus *od*. magnus.
Sturmleiter *f* scalae *f/pl*.
Sturmregen *m* nimbus *m*.
Sturmschritt *m* gradus 4 *m* plenus (*od*. citatus); cursus 4 *m*.
Sturm/wetter *n*, **~wind** *m* tempestas *f*.
Sturz *m* casus 4 *m*, lapsus 4 *m*; (*Einsturz*) ruina *f*.
Sturzbach *m* torrens *m*.
stürzen 1. *trans*. praecipitare; deicere [de saxo]; expellere, spoliare [regno *od*. principatu *od*. honore] deicere, perdere, opprimere; *sich* ~ se praecipitare, se deicere, se conicere *u. a.* **2.** *intr*. ruere, praecipitem dari, cadere; irruere, irrumpere [in urbem]; erumpere, prorumpere, se proicere [ex oppido].
Stute *f* equa *f*.
Stütze *f* fulcrum *n*, adminiculum *n*; columen *n*, firmamentum *n* [rei publicae], praesidium *n*, subsidium *n*.
stutzen 1. *trans*. detruncare [arbores]; **2.** *intr*. stupēre, obstupescere.
Stutzen *n* stupor *m*.
stützen fulcire, sustinēre, adminiculare, praesidio esse [laboranti]; *sich* ~ *auf* (in)niti [hastā].
Stutzer *m* homo *m* elegans, bellus homunculus *m*.
stutzerhaft elegantior.
stutzig stupens, stupefactus; ~ *machen* obstupefacere; ~ *werden* obstupescere.
Stützpunkt *m* robur *n* ac sedes *f*.
subaltern inferioris ordinis *od*. loci.
Subjekt *n* homo *m*; caput *n*; *gramm*. subiectum *n*.
subjektiv: *~e Meinung* opinio *f*; *dies ist* ~ hoc in opinione, non in naturā (*od*. re) positum est; *dies Wort hat bald ~e, bald objektive Bedeutung* haec vox tum hominis tum rei est.
Subordination *f* obsequium *n*, disciplina *f*, modestia *f*, continentia *f*.
Subsidien: *die* ~ stipendia *n/pl*. subsidiaria.
Subsistenzmittel *n/pl*.: *die* ~ victus 4 *m*, alimenta *n/pl*.
Substantiv(um) *n gramm*. vocabulum *n*.
Substanz *f* natura *f*, corpus *n*, pars *f*.
subtrahieren deducere de.
suchen 1. *trans*. quaerere; **2.** *inf*. ~ *zu* studēre (*od*. conari), cupere *mit inf*., operam dare (*od*. id agere) ut (ne).
Suchen *n* investigatio *f*, indagatio *f*.
Sucht *f* studium *n*, cupiditas *f*.
Süd(en) *m* meridies *f*; regio *f* (*od*. loca *n/pl*.) meridiana.

südlich meridianus, in (*od.* ad) meridiem spectans.
südöstlich inter ortum solis et meridiem spectans.
Südostwind *m* Vulturnus (ventus) *m.*
Südpol *m* axis *m* meridianus.
Südsee mare *n* Indicum.
südwärts in (*od.* ad) meridiem.
südwestlich inter occasum solis et meridiem spectans.
Südwestwind *m* Africus *m.*
Südwind *m* auster *m.*
Suhle *f* volutabrum *n.*
Sühne *f* expiatio *f*, procuratio *f.*
sühnen expiare [scelus], procurare [prodigium], placare.
Sühnmittel *n* piaculum *n*, placamen *n.*
Sühnopfer *n* piaculum *n*, sacrificium *n* piaculare.
Suite *f* comitatus 4 *m*, comites *m/pl.*
Sujet *n* argumentum *n.*
summarisch brevis, in breve contractus, (*adv.*) summatim.
Summe *f* summa *f*; (*Geldsumme*) pecunia *f*; (*Inbegriff*) caput *n.*
summen fremere, murmurare, susurrare.
Summen *n* fremitus 4 *m*, murmur *n*, susurri *m/pl.*
summieren summam facere.
Sumpf *m* palus *f.*
sumpfig paluster.
Sumpfvogel *m* avis *f* palustris.
Sund *m* fretum *n.*
Sünde *f* peccatum *n*, delictum *n*, nefas *n.*
***Sündenfall** *m* defectio *f* a lege divinā; *der erste* ~ defectio *f* prima.
Sünder *m* homo *m* improbus (*od.* impius); *meist durch Verba.*
Sündflut *f s. Sintflut.*
sündhaft pravis cupiditatibus deditus, improbus, impius; flagitiosus pravus.
Sündhaftigkeit *f* improbitas *f*, impietas *f*, pravitas *f*; peccata *n/pl.*, flagitia *n/pl.*
sündigen peccare, delinquere, improbe facere, peccatum admittere, delictum committere.
Superlativ *m* gradus 4 *m* superlativus.
Suppe *f* sorbitio *f.*
Surrogat *n*: ~ *von Brot* panis vice; quod in panis locum substituitur.
süß dulcis.
Süße, Süßigkeit *f* dulcēdo *f*; suavitas *f.*
süßlich dulciculus.
syllabieren verba syllabatim pronuntiare.
Symbol *n* imago *f*, signum *n.*
***symbolisch** symbolicus; *die* ~*en Bücher* libri *m/pl.* symbolici.
Symmetrie *f* convenientia *f* partium.
Sympathie *f* consensus 4 *m*, concordia *f.*
sympathisch iucundus, gratus, suavis.
sympathisieren consentire cum, inter se.
Synode *f* conventus 4 *m.*
synonym cognominatus.
Syrte *f* syrtis *f.*
System *n* ratio *f*, disciplina *f*, forma (*od.* formula *f*, descriptio *f*) disciplinae; ars *f* atque praecepta *n/pl.*; *in ein* ~ *bringen* ad artem redigere, ad artem et praecepta revocare.
systematisch ad artem redactus, ad rationem (*od.* ad praecepta artis) revocatus; *adv.* viā ac ratione, ex artis praeceptis.
Szene *f* scaena *f*; res *f.*
szenisch scaenicus.

T

***Tabak** *m* herba *f* nicotiana, tabācum *n.*
***Tabakhandel** *m* tabacopolium *n.*
***Tabakladen** *m* tabacopolium *n.*
***Tabakspfeife** *f* fumisugium *n.*
Tabelle *f* tabula *f*; index *m.*
***Table d'hote** *f* cena *f* communis.
Tadel *m* reprehensio *f*, (*stärker*) vituperatio *f*, obiurgatio *f*; (*Scheltworte*) convicia *n/pl.*; *sich* ~ *zuziehen* vituperationem subire, reprehendi; (*Fehler*) vitium *n.*
tadellos non reprehendendus, sine vitio, integer, innocens, probus, ab omni vitio vacuus, perfectus.
tadeln reprehendere; (*stärker*) vituperare, obiurgare, accusare, improbare.
tadelnswert reprehendendus, vituperandus, reprehensione dignus, vitiosus.
Tadler *m* reprehensor *m*, vituperator *m*, obiurgator *m.*
Tafel *f* tabula *f.*

Täfelchen *n* tabella *f*; tessera *f*.
Tafeldecker *m* structor *m*.
Tafelfreuden *f/pl.* lautitia *f* epularum, oblectamenta *n/pl.* convivalia, * voluptates *f/pl.* vini et epularum.
Tafelgerät *n* (mensae) vāsa *n/pl.*
tafeln cenare, epulari.
täfeln tesseris struere (*od.* operire); *getäfelte Decke* lacūnar *n*, tectum *n* laqueatum.
Tafelsilber *n* argentum *n* ad vescendum factum, vasa *n/pl.* argentea.
Täfelwerk *n* tesserae *f/pl.*; *e-e Decke mit* ~ lacunar *n*.
Tag *m* dies *m*; (*im Ggs. zur Dunkelheit*) lux *f*; *Zeit von zwei, drei, vier* ~*en* biduum *n*, triduum *n*, quadriduum *n*; ~ *werden* illucescere; *an den* ~ *kommen* in lucem venire (*od.* egredi); patefieri; *an den* ~ *bringen* in lucem proferre, patefacere; *an den* ~ *legen* declarare, aperire, ostendere, prae se ferre, significare; *am* ~*e liegen* patēre, apparēre; *guten* ~! salve! salvete! *guten* ~ *sagen* salvēre iubēre; *vor* ~*e* ante lucem; *bei* ~*e* interdiu; ~ *und Nacht* die et nocte, dies noctesque; *von* ~ *zu* ~ in dies; ~ *für* ~ diem de (ex) die; *einen* ~ *um den anderen* alternis diebus; *tags vorher* pridie; *tags darauf* postridie; *nächster Tage* propediem; *in unsern* ~*en* nostra aetate, hodie; *seine* ~*e in Ruhe hinbringen* vitam in otio degere.
Tageblatt *n* acta *n/pl.* urbana, ephemeris *f* publica.
Tagebuch *n* commentarii *m/pl.* diurni.
Tagedieb *m* homo *m* desidiosus.
Tagegeld *n* conventicium *n*.
Tagelohn *m* merces *f* diurna.
Tagelöhner *m* mercennarius *m*, operarius *m* (operae *f/pl.*).
Tagemarsch *m* iter *n* (unius) diei, iter *n* (*milit. auch* castra *n*) [tribus castris eo pervenit].
tagen: *es tagt* (il)lucescit, dies illucescit, lux oritur; (*Sitzung haben*) consilium habēre.
Tagesanbruch *m* lucis ortus 4 *m*, (prima) lux *f*.
Tagesbefehl *m* edictum *n*, imperium *n*; *einen* ~ *ergehen lassen* edicere, imperare.
Tageslicht *n* lux *f*; *das* ~ *erblicken* in lucem edi.
Tageszeit *f* tempus *n* diurnum, diei tempus; *n bei früher* ~ mane, prima luce.
tageweise in dies singulos.
Tagewerk *n* pensum *n*; labor *m* cotidianus (*od.* diurnus).
täglich cotidianus; (*jeden Tag wiederkehrend*) diurnus; (*vor comp.*) in dies; *adv.* cotidie, singulis diebus.
Tag- und Nachtgleiche *f* aequinoctium *n*.
takeln: *ein Schiff* ~ navem armare.
Takelwerk *n* armamenta *n/pl.* navalia.
Takt *m* numerus *m*, modi *m/pl.*; (*Zusammenspiel*) concentus 4 *m*; ~ *halten* numerum servare; *aus dem* ~*e kommen* a numero aberrare; (*Handlungsweise*) iudicium *n*; recta ratio *f*, moderatio *f*, modestia *f*.
taktfest robustus.
Taktik *f* ars *f* (*od.* res *f*) militaris; ars *f*, artes *f/pl.*, artificium *n*.
taktlos ineptus.
taktmäßig numerosus, modulatus.
taktvoll moderatus.
Tal *n* vallis *f*; (*zwischen Bergen*) convallis *f*.
Talar *m* vestis *f* talaris.
Talent *n* talentum *n*; (*Befähigung*) ingenium *n*, indoles *f*, facultas *f* [eximia].
talentlos ingenii expers, tardi ingenii, tardus.
Talentlosigkeit *f* tarditas *f* ingenii.
talentvoll ingeniosus, magno ingenio (*od.* bonā indole) praeditus.
Talg *m* sebum *n*.
talgig sebosus.
Talisman *m* amulētum *n*.
Talschlucht *f* angustiae *f/pl.* vallis.
Tand *m*, **Tändelei** *f* nugae *f/pl.*
tändelhaft nugax, lascivus.
tändeln nugari, lascivire; ludere.
***Tank** *m* receptaculum *n* benzinae, benzinarium *n*.
***tanken** benzinam supplēre.
***Tankschiff** *n* navis *f* cisternata.
***Tankstelle** *f* taberna *f* benzinaria.
Tanne *f* abies *f*.
tannen abiegnus.
Tante *f* (*Vaters Schwester*) amita *f*; (*Mutters Schwester*) matertera *f*.
***Tantieme** *f* pars *f*, lucri portio *f*.
Tanz *m* saltatio *f*; (*mit Gesang*) chorēa *f*.
Tanz... saltandi, saltatorius.

tanzen saltare, chorēam dare; *nach der Pfeife* ~ vitam suam alieno arbitrio dimittere.
Tanzen *n* saltatio *f*, corporis motus 4 *m*.
Tänzer *m* saltator *m*; *meist durch Verba*.
Tänzerin *f* saltatrix *m*, *meist durch Verba*.
Tapet *n*: *aufs* ~ *bringen* mentionem facere [defectionis], in medium proferre.
Tapete *f* tapēte *n*, tapētum *n*; * charta *f* picta.
tapfer fortis, animosus, strenuus.
Tapferkeit *f* fortitudo *f*, virtus *f*.
tappen (in tenebris) errare.
täppisch minus idoneus; imperitus, rudis.
***Tarif** *m* pretium *n* iustum, statum *n*, constitutum *n*.
***tarnen** celare, dissimulare.
Tasche *f* (*in Kleidern*) sinus 4 *m*; sacculus *m* [nummorum], marsuppium *n*; (*Reise*~) pera *f*.
Taschenbuch *n* pugillares *m/pl*.
Taschenkrebs *m* pugurus *m*; * cancer *m* pagurus.
***Taschenlampe** *f* lanterna *f* (electrica) portabilis.
***Taschentuch** *n* sudarium *n*, mucinnium *n*.
Taschenspiel *n* praestigiae *f/pl*.
Taschenspieler *m* praestigiator *m*.
***Taschenuhr** *f* horologium *n* portabile.
***Tasse** *f* (*Brühe*) aliquid (iuris]; *halbe* ~ semiplenum *n*.
tasten manibus pertemptare; *intr*. errare.
Tat *f* factum *n*; (*Großtat*, *Untat*) facinus *n*; (*kriegerische oder politische*) res *f* (gesta); *mit Rat und* ~ consilio et ope; *in der* ~ (*in der Wirklichkeit*) re(vera), reapse; (*fürwahr*) sane, profecto.
Tatbestand *m* summa *f* rerum gestarum; *den* ~ *untersuchen* in re praesenti cognoscere de.
tatenreich rerum gestarum gloriā insignis.
Täter *m* auctor *m*; (sceleris, facinoris); *meist durch Verba*.
tätig operosus, occupatus [vita]; laboriosus [genus vitae]; acer et industrius [in rebus gerendis]; ~ *sein* agere aliquid.
Tätigkeit *f* hominum operae *f/pl*.; *gerichtliche* ~ opera *f* forensis; *außer* ~ *sein* nihil negotii habēre; *in angestrengter* ~ *sein* occupatum teneri.
Tätigkeitsbetrieb *m* studium *n* (semper) agendi aliquid.
Tatkraft *f* virtus *f*.
tatkräftig acer, strenuus, industrius, promptus.
tätlich corpori illatus [iniuria]; *sich* ~ *vergreifen an* vim (et manus) inferre [vicino].
Tätlichkeit *f* iniuria *f*, vis *f*; (*im Kriege*) hostilia *n/pl*.; ~*en ausüben* vim facere (*od*. afferre) [civi]; *es kommt zu* ~*en* res venit ad manus atque pugnam.
tatlos ignavus, piger, iners.
tätowieren (corpus) notis compungere.
Tatsache *f* factum *n*, res *f* (gesta); *es ist* ~, *dass* constat *mit a.c.i.*
tatsächlich *adv*. reapse (non oratione).
Tatze *f* ungula *f*.
Tau *m* rōs *m*.
Tau *n* funis *m*, rudens *m*.
taub surdus, auribus captus; ~ *werden* obsurdescere; ~*en Ohren predigen* surdis auribus canere, surdo narrare fabulam; (*leer*) inanis, cassus [nux], sterilis.
Taube *f* columba *f*; (*wilde*) palumbes *f*.
Tauben... (*gen*.) columbae (-ārum); *adj*. (= *von Tauben*) columbīnus; (*für Tauben bestimmt*) columbarius.
Taubenhaus *n* columbarium *n*.
Tauber *m* columbus *m*, palumbus *m*.
Taubheit *f* surditas *f*.
taubstumm surdus mutusque.
***Taubstummenanstalt** *f* hospitium *n* surdorum mutorumque.
tauchen *intr*. demergere [in aquā], se mergere in aquam, aquam subire; (*als Taucher*) urinari.
Taucher *m* urinator *m*; *meist durch Verba*; (*Vogel*) mergus *m*.
tauen: *es taut* rorat, ros cadit; (*es wird Tauwetter*) nives (frigora) solvuntur.
Taufe *f* baptisma *n*.
taufen baptizare; *wie ist der Junge getauft?* quod nomen est puero?
Taufname *m* praenomen *n*.
taugen utile (*od*. aptum *od*. idoneum) esse ad.

T

Taugenichts *m* homo *m* nequam (*od.* perditus), homo *m* pistrino dignus.
tauglich utilis, aptus, idoneus ad.
Tauglichkeit *f* utilitas *f*, usus 4 *m.*
tauig roscidus.
Taumel *m* titubatio *f*; ~ *der Freude* laetitia *f* exsultans (effusa); ~ *der Leidenschaften* ardor *m* cupiditatum.
taumeln titubare, vacillare, labi.
Tausch *m* (per)mutatio *f.*
tauschen (per)mutare [equos talentis auri].
täuschen fallere, decipere, (in errorem) inducere; *sich* ~ falli, vehementer errare; *ich täusche mich* animus me fallit; *in einer Hoffnung getäuscht werden* spe deici (*od.* destitui *od.* labi).
täuschend fallax, falsus; ~ *ähnlich* simillimus.
Tauschhandel *m* mercium (per-) mutatio *f*; ~ *treiben* res inter se mutare.
Täuschung *f* fallacia *f*, simulatio *f*, error *m.*
tauschweise mutando, permutando, per commutationem.
tausend mille; (*unzählige*) sescenti; *je* ~ milleni; ~ *Dank sagen* summas gratias agere.
Tausendfuß *m* millepeda *f*; myriopeda *f.*
tausendmal millie(n)s.
Tausendschön *n* amarantus *m.*
tausendster millesimus.
Tauwerk *n* funes *m/pl.*
Tauwetter *n* tabes *f* nivis.
Tauwind *m* ventus *m* tepidus.
Taxation, Taxe *f* aestimatio *f*; (*Preis*) pretium *n.*
taxieren taxare, aestimare, pretium constituere.
Taxus *m* taxus *f.*
Technik *f* ars *f*, artificium *n.*
technisch artis (*gen.*); ~e *Fertigkeit* ars *f*, artificium *n.*
***Tee** *m* tea *f.*
Teer *m* pix *f* liquida.
Teich *m* stagnum *n*, lacus 4 *m*, piscīna *f.*
Teig *m* farīnae massa *f* subacta.
Teil *m* pars *f*; (*des Körpers oder e-r Rede*) membrum *n*; (*Punkt der Erörterung*) locus *m*; *ein gutes* ~ aliquantum [itineris], permulti; *der größte* ~ plerique [Belgae]; *ich für meinen* ~ ego quidem, equidem; (*nach meinen Kräften*) pro mea parte; *jeder für seinen* ~ pro sua quisque parte; *zum* ~ ex parte; *zum großen* (*größten*) ~ magna (maxima) ex parte; *zuteil werden* obtingere, evenire, obvenire; *zuteil werden lassen* (at)tribuere; deferre [praemium]; **teils ... teils** partim ... partim, pars ... pars, et ... et.
teilbar dividuus, qui dividi potest.
Teilchen *n* particula *f.*
teilen dividere, partiri; (*planmäßig*) discribere; ~ *mit* partiri, dividere [praedam] cum, impertire [praedam sociis], socium [praedae] sibi adiungere [contubernatem]; *unter mehrere* ~ partiri, distribuere [praedam sociis, inter se]; *sich* ~ dividi, discedere, distrahi, in diversum abire.
teilhaben: ~ *an* participem esse [praedae].
Teilhaber *m* socius *m.*
teilhaft(ig) particeps, socius; compos [laudis]; consors [laboris]; affinis [culpae]; ~ *werden* affici [beneficio], consequi.
Teilnahme *f* cura *f* animi; dolor *m*; misericordia *f*, humanitas *f.*
teilnahmlos lentus, neglegens.
teilnehmen *an* participem esse; ~ *lassen* participem facere, in societatem vocare, communicare cum, admittere ad consilium, interesse [proelio]; (com)moveri [dolore].
teilnehmend socius aegritudinis (*od.* doloris et gaudii), humanus; misericors.
Teilnehmer *m* socius *m.*
teils ... teils partim ... partim.
Teilung *f* divisio *f*, partitio *f*; (*Verteilung*) distributio *f*; *meist durch Verba.*
teilweise ex parte; (*nicht auf einmal*) per partes; (*stückweise*) carptim; *ein Haus* ~ *einreißen* partem aedificii destruere.
Teint *m* color *m* oris *od.* cutis; *zarter* cutis *f* tenera.
***telefonieren** voce nuntiare per filum aeneum.
***Telegrafenamt** *n* officina *f* telegraphica.
***telegrafieren** filo aeneo nuntiare.
***Telegramm** *n* telegramma, -tis *n.*
***Telepathie** *f* telepathia *f.*

T

Teller *m* catillus *m.*
Tempel *m* aedes *f* (-is) (sacra), templum *n,* fanum *n,* delūbrum *n.*
Tempel/aufseher, ~hüter *m* aedituus *m,* custos *m* templi.
Tempelgut *n* sacrum *n,* res *f* sacra.
Tempelraub *m* sacrilegium *n.*
Tempelräuber *m* sacrilegus *m.*
tempelräuberisch sacrilegus.
Tempelschänder *m* sacrilegus *m.*
Tempelvorsteher(in *f*) *m* antistes *m,* antistita *f.*
Temperament *n* ingenium *n,* indoles *f,* natura *f,* animus *m.*
Temperatur *f* temperatio *f,* temperies *f*; caelum *n,* aër *m.*
***Tempo** (*musik.*) temporum intervalla *n/pl.*
Tendenz *f* consilium *n,* mens *f,* ratio *f.*
tendenziös consulto factus (*od.* dictus *u. a.*).
Tenne *f* area *f.*
***Tennis** *n* pilā ludere more Britannorum.
***Tennisplatz** *m* sphaeristerium *n.*
***Tennisschläger** *m* reticulum *n.*
Tenor *m* vox *f* media.
Teppich *m* vestis *f* (stragula), stragulum *n,* tapete *n.*
Termin *m* dies *f* (certa, praestituta, constituta); (*gerichtlich*) *auch* actio *f*; *Erscheinen zum ~* vadimonium *n* [obire, diem obire]; *zu bestimmten ~en Geld zahlen* certis pensionibus pecuniam solvere.
Terminologie *f* artis vocabula *n/pl.*; *neue ~* novitas *f* nominum.
Terrain *n* locus *m,* loci natura *f.*
Terrasse *f* agger *m*; (*des Hauses*) solarium *n.*
***Terzett** *n* cantus 4 *m* trium vocum.
Testament *n* testamentum *n,* ultima voluntas *f*; *ein ~ machen* testamentum facere (*od.* conscribere); *ohne ~* intestatus (*adv.* -to).
testamentarisch testamento institutus.
Testamentfälschung *f* falsum testamentum *n,* falsae tabulae *f/pl.*
Testamentsverfälscher *m* testamentarius *m,* testamentarum subiector *m.*
teuer carus, magni pretii (*bzw. abl.*); pretiosus; (*kostspielig*) sumptuosus; carus [patria].
Teuerung *f* caritas *f* annonae (*od.* rei frumentariae).
Teufel *m* diabolus *m*; *geh zum ~!* abi in malam rem! *ein ~ in Menschengestalt* homo *m* nefarius, sceleratissimus; *ein armer ~* homo *m* miser, misellus; *der ~ soll mich holen* peream, si [nisi].
teuflisch diabolicus; nefarius, atrox.
Text *m* oratio *f* (verba *n/pl.*) scriptoris; (*e-s Liedes*) carmen *n.*
Theater *n* theatrum *n,* scaena *f.*
Theater... scaenicus.
Theaterpublikum *n* theatra *n/pl.*
Theatersitze *m/pl.* spectacula *n/pl.*
Theaterstück *n* fabula *f.*
theatralisch scaenicus.
Thema *n* id quod quaeritur, propositum est, id de quo agitur, res *f* (proposita), propositum *n,* quaestio *f,* argumentum *n,* causa *f.*
Theogonie *f* deorum generatio *f.*
Theologe *m* theologus *m.*
Theologie *f* theologia *f.*
theologisch theologicus.
***theoretisch** theoreticus; *~es Wissen, ~e Einsicht* scientia *f,* doctrina *f,* cognitio *f* et doctrina *f,* ratio *f,* ratio *f* et doctrina *f*; *~es Studium n* ratio *f*; *~e Untersuchung od. Abhandlung* quaestio *f*; *adv.* ratione, ex artis praeceptis.
Theorie *f* ratio *f,* ars *f,* disciplina *f,* doctrina *f,* artis praecepta *n/pl.*; *~ und Praxis* ratio *f* atque usus 4 *m.*
Therme *f* aquarum calentium fontes *m/pl.*
Thron *m* solium *n*; sedes *f,* sella *f* regia; (*Herrschaft*) regnum *n,* imperium *n*; *nach dem ~e streben* regnum appetere; *den ~ besteigen* regnum occupare (*od.* adipisci), ad regnum pervenire, regno potiri, regnare incipere; *auf dem ~e sitzen* regem esse, regnare; *vom ~e stoßen* regno spoliare (*od.* [ex]pellere).
Thronbesteigung *f* initium *n* regni; *meist durch Verba.*
Thronbewerber *m* regnum appetens *m*; (*als Nebenbuhler*) regni aemulus *m.*
thronen sedēre, residēre [in vultu auctoritas]; regnare.
thronfähig in spem regni natus.
Thronfolge *f* successio *f* regni *od.* imperii.
Thronfolger *m* successor *m* (*od.* heres *m*) regni; *meist durch Verba.*
Thunfisch *m* thynnus *m.*
Thymian *m* thymus *m.*

tief altus; profundus; (*niedrig gelegen*) depressus, demissus, gravis [vox, sonus]; *~er Seufzer* suspirium *n* ex imo ductum; *~er Friede* summa pax *f*; *~er Winter* summa hiems *f*; *~e Nacht* multa nox *f*; *~er Schlaf* artus somnus *m*; *~e Trauer* magnus luctus 4 *m*; *~es Schweigen* magnum silentium *n*; *~e Gelehrsamkeit* doctrina *f* subtīlis *u. a.*; *~ eingewurzelter Hass* odium *n* inveteratum; *~ in sein Herz einprägen* animo suo penitus mandare.
tief betrübt graviter afflictus.
Tiefe *f* altitudo *f*, profunditas *f*, *konkr.* altum *n*, profundum *n*; *oft durch* (*adj.*) tief.
tief gebeugt graviter afflictus.
tief gewurzelt penitus insitus, inveteratus.
Tiefsinn *m* **1.** (*krankhafter Gemütszustand*) summa aegritudo *f od.* tristitia *f*; **2.** (*hervorragender Scharfsinn*) summa ingenii acies *f*, acumen *n* ingenii, subtilitas *f*.
tiefsinnig pertristis, maestissimus; subtilis [oratio].
Tiegel *m* catīnus *m*.
Tier *n* (*lebendes Wesen*) animal *n*, animans *m*; (*im Ggs. zum Menschen*) bestia *f*; (*ungeschlachtes*) belua *f*, (*jagdbares*) fera *f*; (*Haustier*) pecus, udis *f*, (*Vieh*) pecus, oris *n*; (*Zug~*) iumentum *n*.
Tierarzneikunst *f* medicina *f* veterinaria.
Tierarzt *m* veterinarius *m*.
Tierchen *n* bestiola *f*.
Tiergarten *m* vivarium *n*.
Tiergefecht *n* ludus *m* bestiarius; *als Schauspiel*: spectaculum *n* ferarum.
Tierhaut *f* pellis *f* bestiae *od.* ferina.
Tierhetze *f* venatio *f*.
tierisch: *Instinkt* bestiarum *od.* pecudum) ritus 4 *m*; *das ist ~* hoc beluarum est; *~e Lüste* corporis voluptates *f/pl.*; *~e Natur* natura *f* immanis.
Tierkäfig *m* capsus *m*.
Tierkämpfer *m* bestiarius *m*.
Tierkreis *m* orbis *m* signifer.
Tier/reich *n*, **~welt** *f* animalia *n/pl.*, omnia animantium genera *n/pl.*
Tiger *m* tigris *m* (*u. f*).
tilgen delēre, exstinguere; *Schulden ~* aes alienum dissolvere.
Tinte *f* atramentum *n*.
Tintenfass *n* atramentarium *n*.
Tintenfisch *m* sepia *f*.
***Tintenstift** *m* lapis *m* atramentarius.
Tiraden *f/pl.* inanis verborum pompa *f*.
Tisch *m* mensa *f*; *zu ~e gehen* cenatum ire; *zu ~e bitten* ad cenam invitare; *zu ~e sein* cenare apud; *sich zu ~e setzen* accumbere; *bei ~e sitzen* accubare; *bei ~e* inter cenam.
Tischchen *n* mensula *f*.
Tisch/gast, -genoss *m* convīva *m*, (*täglicher*) convictor *m*.
***Tischgebet** *n*: *~ sprechen* consecrare cenam.
Tisch/gerät, ~geschirr *n* supellex *f* cenae, mensae vasa *n/pl.*
Tischgesellschaft *f* convictus 4 *m*; convivae *m/pl.*
Tischgespräch *n* sermo *m* convivalis (*od.* inter cenam habitus).
Tischler *m* (faber) lignarius *m*.
Tischzeit *f* tempus *n* cenandi.
Titanenkampf *m* pugna *f* Titanum, bellum *n* Titanium.
Titel *m* inscriptio *f*; *ein Buch mit dem ~* liber, qui inscribitur [Cato maior]; (*Ehrenbezeichnung*) nomen *n*, titulus *m*, appellatio *f*.
Titelblatt *n* index *m*.
titulieren appellare [Numitorem regem].
***Toast** *m*: *~ ausbringen* lepidissimis verbis propinare.
toben saevire, furere; tumultuari.
Toben *n* furor *m*, tumultuatio *f*, tumultus 4 *m*, aestus 4 *m* [maris].
Tochter *f* filia *f*; *die älteste ~* maxima natu e filiis.
Töchterchen *n* filiola *f*.
Tochterkind *n* ex filia nepos *m* (neptis *f*).
Tochtermann *m* gener *m*.
Tochtersohn *m* ex filia nepos *m*.
Tochterstadt *f* colonia *f*.
Tod *m* mors *f*; (*Hinscheiden*) obitus 4 *m*; discessus 4 *m* e vita; (*Untergang*) interitus 4 *m*; (*gewaltsamer*) nex *f*; *in den ~ gehen, den ~ erleiden* mortem oppetere, mortem occumbere pro; *zum ~e verurteilen* capitis (capite) damnare; *mit dem ~e bestrafen* morte multare, supplicio afficere; *sich den ~ geben* mortem sibi consciscere *od.* inferre; *ich bin des Todes* perii; *ich will des Todes sein, wenn* (*nicht*) peream (*od.* moriar), si (nisi).

T

todbringend mortifer.
Todes... (*gen.*) mortis, mortifer, letalis.
Todesahnung *f* sensus 4 *m* moriendi.
Todesart *f* genus *n* mortis, mortis via *f od.* ratio *f*; mors *f*.
Todesfall *m* mors *f*; *im* ~ si quid mihi acciderit.
Todesgefahr *f* mortis periculum *n*; vitae discrimen *n*.
Todeskampf *m* colluctatio *f* morientis; *Med.* agonia *f*; *im* ~ *sein* animam agere, extremum spiritum ducere.
Todesschlaf *m* sopor *m* aeternus.
Todesstille *f* summum silentium *n*.
Todesstoß *m* plaga *f* extrema; *den* ~ *geben* conficere [gladiatorem].
Todesstrafe *f* poena *f* capitis (*od.* mortis *od.* vitae), supplicium *n* capitis (*od.* ultimum); *die* ~ *leiden* supplicio affici; *die* ~ *verhängen über* supplicio afficere, morte multare [servum]; *die* ~ *vollziehen* securi percutere [damnatum], supplicium sumere de; *von der* ~ *freisprechen* capitis absolvere; *bei* ~ morte propositā.
Todesstunde *f* hora *f* suprema; *in der* ~ moriens.
Todestag *m* supremus vitae dies *m*.
Todesurteil *n* sententia *f*, qua quis capitis damnatur; *das* ~ *sprechen* capitis damnare.
Todesverbrechen *n* res *f* capitalis, facinus *n* capitale.
todeswürdig morte dignus; (*von Sachen*) capitalis.
todfeind infestissimus.
Todfeind *m* inimicissimus *m*, hostis *m* capitalis.
Todfeindschaft *f* odium *n* capitale (*od.* implacabile).
todkrank morbo gravi adfectus; ~ *sein* morbo exitiali aegrotare.
tödlich mortifer; capitalis, implacabilis [odium].
todmüde defessus, defatigatus, lassitudine confectus.
Todsünde *f* (*große Sünde*) nefas *n* (*indecl.*); * *in kirchlichem Sinne*: peccatum *n* mortiferum.
Toga *f* toga *f*; *in der* ~ togatus.
Toilette *f*: ~ *machen* corpus curare; (*Abort*) sella *f* familiarica; *auf die* ~ *gehen* alvum exoneratum ire.
toll insanus; furibundus; rabidus; ~*es Zeug* mira *n/pl.*, ~*e Streiche machen* insanire; *bist du* ~? satin sanus es?
Tollhaus *n* hospitium *n*, quo continentur homines furiosi (*od.* mente capti).
Tollheit *f* insania *f*, furor *m*, rabies *f*.
Tollkopf *m* homo *m* insanus (*od.* cerebrosus *od.* iracundus).
tollkühn stolide ferox, temerarius.
Tollkühnheit *f* stolida audacia *f*, temeritas *f*.
Tollpatsch *m* (*als Schimpfwort*) stipes *m*, caudex *m*.
Tollwut *f* rabies *f*.
tölpelhaft rusticus, agrestis.
Ton *m* sonus *m*; sonitus 4 *m*; vox *f*; *in hohem* (*stolzen, demütigem*) ~*e reden* magnifice (superbe, summisse) loqui; *feiner* ~ elegantia *f*, urbanitas *f*; *den* ~ *angeben* ducem ac principem [aequalium] esse, mores regere.
Ton *m* (*Tonerde*) argilla *f*.
Tonangeber *m* auctor *m*, princeps *m*, dux *m*.
Tonart *f* vocis genus *n*, vox *f*, modi *m/pl.*
tonartig argillaceus.
tönen sonare, resonare.
Tönen *n* sonitus 4 *m*.
Tonerde *f* argilla *f*, terra *f* argillosa *od.* argillacea.
tönern fictilis.
Tonfolge *f* sonorum gradus 4 *m*.
Tongefäß *n* vas *n* fictile; *pl.* fictilia *n/pl.*; testa *f*.
tonig argillosus, argillaceus.
Tonkunst *f* ars *f* musica, musica *n/pl.*
Tonkünstler *m* artis musicae peritus, musicus *m*.
Tonleiter *f* sonorum gradūs *m/pl.*; diagramma *n*.
tonlos sono carens.
Tonmaß *n* numerus *m*; *nach dem* ~ in numerum.
Tonne *f* dolium *n*, (*als Schiffsmaß*) amphora *f*.
tonreich canorus, vocalis.
Tonsur *f* tonsae comae *f/pl.*
Topf *m* olla *f*.
Töpfer *m* figulus *m*.
Töpfer... (*gen.*) figuli, (*adj.*) figlinus.
Töpferei *f* figlina *f*.
Töpfererde *f* argilla *f*.
Töpfergeschirr *n* opus *n* figlinum; *pl.* figularia *n/pl.*

Töpferscheibe *f* rota *f* (figularis).
Topographie *f* locorum descriptio *f*, topographia *f*.
Tor *m* (homo) stultus *m*.
Tor *n* porta *f*; *vor dem* ~*e* ad portam.
Torflügel *m* foris *f* (*pl.* fores) portae.
Torheit *f* stultitia *f*; stulte factum *n*.
Torhüter *m* custos *m* portae.
töricht stultus, stolidus.
Tornister *m* pera *f*; sarcinae *f*.
Torriegel *m* portae obex *m* u. *f od.* repagulum *n*.
***Torte** *f* scriblīta *f*.
Tortur *f* tormenta *n/pl.*; cruciatus [4 *m.*]
Torwache *f* portae custodia *f* (*od.* custos *m od.* custodes *m/pl. od.* excubiae *f/pl.*).
Torweg *m* porta *f*.
tosen strepere; saevire.
Tosen *n* strepitus 4 *m*.
tot mortuus; exanimis (-us); inanimus, vitā et sensu carens; *die Toten in der Unterwelt* inferi *m/pl.*; ~*prügeln* verberibus necare; (*abgestorben*) emortuus; (*matt*) languidus; (*einsam*) desertus; ~*es Kapital* pecuniae *f/pl.* otiosae (*od.* steries).
total totus.
***Totalisator** *m* ubi praemia sponsionum distribuantur.
Toten... (~*schein*) litterae mortis testes *f/pl.*; (~*gerippe*) mortui ossa *n/pl.*
töten interficere; caedere, occīdere, necare; interimere, de medio tollere, trucidare.
Töten *n* caedes *f*, occisio *f*.
Totenbahre *f* feretrum *n*.
totenblass perpallidus, exsanguis.
Toten/blässe, ~farbe *f* pallor *m*.
Totenfackel *f* fax *f* funebris.
Totenfeier *f* parentalia *n/pl.*
Totenfest *n* feralia *n/pl.*
Totengeleit *n* exsequiae *f/pl.*; *j-m das* ~ *geben* exsequias funeris alcs prosequi, exsequias alcs celebrare.
Totengesang *m* cantus *m* lugubris, nenia *f*.
Totenopfer *n* inferiae *f/pl.*
Totenreich *n* orcus *m*; inferi *m/pl.*
Totenschlaf *m* somnus *m* aeternus (*od.* morti simillimus).
Totenstille *f* silentium *n* vastum.
Totschlag *m* caedes *f*.
Tour *f* iter *n*; excursio *f*.
***Tourist** *m* viator *m*.
Trab *m mit* gradus (*od.* equus) citatus *zu geben*.
Trabant *m* satelles *m*; stipator *m* corporis.
traben citato gradu ire; (*v. Reiter*) equo citato vehi.
Tracht *f* onus *n*; sarcina *f*; *eine* ~ *Prügel bekommen* male mulcari; (*Kleidung*) cultus 4 *m*, habitus 4 *m*, vestitus 4 *m*.
trachten studēre, operam dare; *nach dem Leben* ~ vitae [consulis] insidiari (*od.* insidias parare).
Trachten *n* studium *n*.
trächtig praegnans; gravidus.
Tradition *f*: (*mündliche*) fama *f*, sermo *m*; (*schriftliche*) litterae *f/pl.*, litterarum monumenta *n/pl.*
träge ignavus, piger, segnīs, iners.
Tragbahre *f* ferculum *n*.
Tragbett *n* lectīca *f*.
Trage *f* ferculum *n*.
tragen ferre; (*fortschaffen*) portare; (*mit sich führen*) gerere, gestare; (*nicht sinken lassen*) sustinēre, *eine goldene Kette* ~ aureo torque ornatum esse; *nur ein Kleid* ~ una veste uti; (ef)ferre [fruges]; *die Schuld* ~ culpam [erroris] sustinēre; *das Risiko* ~ periculum in se recipere.
Träger *m* (*beim Bau*) trabs *f*.
Trägheit *f* ignavia *f*, segnitia *f*, pigritia *f*.
Tragiker *m* poeta *m* tragicus, tragoediarum scriptor *m*.
tragisch tragicus; *ein* ~*es Ende* exitus 4 *m* tristis (*od.* atrox).
Tragödie *f* tragoedia *f*.
Tragödienspieler *m* tragoedus *m*, actor *m* tragicus.
Tragsattel *m* clitellae *f/pl.*
Tragsessel *m* sella *f* gestatoria.
Train *m* impedimenta *n/pl.*
***trainieren** exercēre.
Tran *m* adeps *m* u. *f* piscium.
Träne *f* lacrima *f*; ~*n vergießen* lacrimas profundere, (*über*) illacrimari [morti]; *zu* ~*n rühren* lacrimas movēre [iuveni]; *unter* ~*n* multis cum lacrimis.
tränen lacrimare.
tränen/leer, ~los sine lacrimis, siccus.
tränenreich lacrimosus.
Tränenstrom *m* lacrimarum vis *f*.
Trank *m* potio *f*, potus 4 *m*.
Tränke *f* aquatio *f*; *zur* ~ *führen* ad aquam (*od.* aquatum) ducere *od.* agere.

tränken (*e-n Menschen*) potum dare; madefacere [terram sanguine].
Trankopfer *n* libatio *f*.
Transport *m* **1.** *abst.* vectura *f*; *zu schwer für den* ~ migratu difficilis; **2.** *konkr.* commeatus 4 *m*; *meist durch Verba.*
transportieren vehere, portare.
Transportkosten: *die* ~ vectura *f*.
Transportmittel *n* vehiculum *n*.
Transportschiff *n* navis *f* oneraria.
***Trappe, Trappgans** *f* otis *f* tarda.
Trappeln *n* (*der Pferde*) quadrupedans sonitus 4 *m*.
Traube *f* uva *f*.
Traubensaft *m* vinum *n*.
trauen credere, fidem habēre, confidere; *nicht* ~ diffidere; *sich* ~ audēre.
Trauer *f* (*innere*) maeror *m*, maestitia *f*; (*äußere*) luctus 4 *m*; (*Trauerkleidung*) squalor *m*; *in* ~ *sein* in luctu esse; atratum (*od.* sordidatum) esse; ~ *anlegen* vestem mutare, vestem lugubrem sumere; ~ *ablegen* luctum (vestem lugubrem) deponere.
Trauer... lugubris, funebris, tristis.
Trauerbote *m* nuntius *m* tristis, nuntius *m* malorum.
Trauerfall *m* luctus 4 *m*; mors *f*.
Trauerhaus *n* domus *f* lugubris; domus *f* funesta.
trauern (*innerlich*) maerēre, dolēre; (*äußerlich*) lugēre, in luctu esse, squalēre.
Trauerspiel *n* tragoedia *f*.
Trauertag *m* dies *m* lugubris (*od.* tristis *od.* ater).
Trauerzug *m* exsequiae *f/pl.* funeris, pompa *f* funeris *od.* funebris.
Traufe *f* stillicidium *n*.
träufeln instillare [oleum lumini].
traulich familiaris, amicus.
Traulichkeit *f* familiaritas *f*.
Traum *m* somnium *n*; *im* ~*e* per somnum, in somnis, somnians.
Traumbild *n* visus 4 *m* nocturnus.
Traumdeuter *m* somniorum interpres (*od.* coniector) *m*.
Traumdeutung *f* somniorum interpretatio (*od.* coniectio) *f*.
träumen somniare [aurum *von Geld*]; in somnis (*od.* per somnum) vidēre.
Träumer *m* homo *m* somniculosus.
Träumerei *f* somnia *n/pl.*
träumerisch somniculosus; tardi ingenii.
Traumgesicht *n* visum *n* somnii (*od.* somniantis), species *f* per somnum oblata.
Traumgott *m* deus *m* somniorum; *der* ~ *der Alten*: Morpheus *m*.
traun mihi crede, profecto, ne[ego, tu].
traurig (*v. Pers.*) tristis, maestus; (*v. Sachen*) tristis, luctuosus, lugubris, miser, acerbus.
Traurigkeit *f* tristitia *f*, maestitia *f*.
traut carus et iucundus.
***Travellerscheck** *m* perscriptio *f* viatoris.
***Travestie** *f* carmen *n* in risus deflexum.
Treber *f/pl.* recrementum *n*.
treffen *trans.* ferire, icere, tangere; percutere; vulnerare; affligere; *sich davon getroffen fühlen* hoc sibi dictum (*od.* ad se pertinēre) putare; (*nach Verabredung*) convenire [amicum]; (*zufällig*) offendere, nancisci; incidere in [amicum], obviam fieri [amico]; obtingere, obvenire, evenire [plaga vehementior ei]; *Anstalten* ~ *zu* (ap)parare; *eine Wahl* ~ delectum habēre; *es trifft sich* accidit, evenit, contingit, fit, ut [*gut* peropportune, quod].
Treffen *n* proelium *n*, pugna *f*; (*Teil der Schlachtordnung*) acies *f* [prima, secunda].
treffend acutus, subtilis, commodus, aptus, verus, optimus.
trefflich egregius, eximius; excellens, praestans.
treiben 1. *trans.* agere, pellere, versare [rotam]; movēre, agitare; adigere [clavum parieti, in parietem]; ferre [quo animus], cogere, urgēre, adducere [necessitas, ut]; facere [mercaturam]; exercēre [artem]; colere [studia litterarum]; studēre [agriculturae]; agere [radices]; emittere [folia]; *getriebene Arbeit* opus *n* caelatum; **2.** *intr.* ferri, iactari, agitari; fluctuare, fluitare [naves]; (*v. Pflanzen*) gemmas agere, germinare, adolescere.
Treiben *n* studium *n*; *rasendes* ~ furor *m*, *leichtfertiges* ~ levitas *f u. a.*
Treiber *m* actor *m* [pecoris]; (*eines Esels*) asinarius *m*; *meist durch Verba.*
Treibjagd *f* indāgo *f*; ~ *halten* feras agitare.

T

trennbar separabilis; dividuus.
trennen *trans.* seiungere, separare, dividere, dirimere; (*scheiden*) discernere, distinēre, disiungere; (*gewaltsam*) distrahere, divellere; (*zerreißen*) discindere; (*auflösen*) dissolvere; (*aussondern*) segregare; **sich** ~ seiungi, dissolvi; discedere, digredi, abire.
Trennung *f* separatio *f*; seiunctio *f*; discessus 4 *m* [animi a corpore]; discidium *n*, discordia *f*.
trepanieren os capitis terebrā perforare.
Treppe *f* scalae *f/pl.*; gradūs *m/pl.*; *die* ~ *hinunterwerfen* per gradus deicere; *die* ~ *hinunterfallen* labi, praecipitem ferri.
Tresse *f* limbus *m*.
Trester *pl.* vinacea *n/pl.*
treten 1. *trans.* pede (calce) percutere; *mit Füßen* ~ calcare, conculcare; obterere, pervertere [iura populi]; **2.** *intr.* ~ *auf* insistere, pedem ponere in [scalā], conscendere [murum]; ~ *an* assistere, consistere ad [mensam]; ~ *in* inire, introire [domum], intrare; *ins Leben* ~ fieri, effici; *ins* 10.*Lebensjahr* ~ decimum aetatis annum ingredi; ~ *unter* subire [tectum]; *vor die Augen* ~ in conspectum [patris] venire (*od.* prodire); ~ *zu* accedere ad; (*Partei*) in partes [plebis] transire.
treu fidus; (*anhänglich*) fidēlis; (*beständig*) constans; verus, fide dignus; ~ *bleiben* fidem servare [populo Romano], in fide (per-) manēre; perstare (per)manēre in [sententiā]; *sich* ~ *bleiben* sibi constare.
Treue *f* fides *f*, religio *f*; (*Anhänglichkeit*) fidelitas *f*; *historische* ~ veritas *f*; *auf Treu und Glauben* cum fide; ~ *halten* fidem servare (*brechen* violare).
treugesinnt fidelis.
***Treuhänder** *m* curator *m*.
treuherzig apertus, simplex, candidus, ingenuus.
Treuherzigkeit *f* animus *m* apertus (*od.* simplex); simplicitas *f*.
treulich fideliter, cum fide, vere, aperte.
treulos perfidus, perfidiosus, infidus, infidelis.
Treulosigkeit *f* perfidia *f*, infidelitas *f*, nulla fides *f*.
Tribun *m* tribunus *m* (plebei *bzw.* militum); *adj.* tribunicius.
Tribunal *n* tribunal *n*; / iudicium *n*.
Tribunat *n* tribunatus 4 *m*.
Tribüne *f* suggestus 4 *m*, rostra *n/pl.*
Tribus *f* tribus 4 *f*.
Tribut *m* tributum *n*, vectigal *n*; *der Natur* ~ *zollen* naturae debitum reddere (*od.* satisfacere).
tributpflichtig vectigalis [provincia], stipendiarius.
Trichter *m* infundibulum *n*.
***Trick** *m* artificium *n*, astutiae *f/pl.*
Trieb *m* appetitus 4 *m*, appetitio *f*, impetus 4 *m*, studium *n*, cupiditas *f*; *aus eigenem* ~e (meā, tuā...) sponte (*od.* voluntate); ultro; (*bei Pflanzen*) germen *n*.
Triebfeder *f* causa *f*, impulsus 4 *m*; *Ruhmsucht ist bei ihm die* ~ gloriae cupiditate impulsus, adductus, incensus ...
Triebsand *m* sabulum *n*.
Triebwerk *n* machina *f*.
Triefauge *n* oculus *m* lippiens.
triefäugig lippus.
Triefäugigkeit *f* lippitudo *f*.
triefen: ~ *von* manare; madēre, madefactum esse [cruore]; redundare [crux sanguine].
Trift *f* ager *m* pascuus, pascua *n/pl.*
Triftgeld *n* scriptura *f*.
Triftgerechtigkeit *f* ius *n* pascendi.
triftig gravis, iustus, probabilis idoneus.
Triftigkeit *f* gravitas *f*, pondus *n*.
trinkbar potulentus; ad potum aptus (*od.* utilis).
trinken bibere; (*saufen*) potare; (*austrinken*) haurire; (*schlürfen*) sorbēre; *zu* ~ *geben* aquam praebēre.
Trinken *n* potio *f*, potus 4 *m*; *beim* ~ inter pocula.
Trinker *m* potor *m*.
Trinkgefäß *n* poculum *n*.
Trinkgelage *n* potatio *f*, comissatio *f*, convivium *n*.
Trinkgeld *n* munusculum *n*, mercedula *f*, corollarium *n*.
Trinkgenosse *m* combibo *m*, compotor *m*; sodalis *m*.
Trinkgeschirr *n* pocula *n/pl.*
Trinkgesellschaft *f* compotores *m*, sodales *m*.
Trinkwasser *n* aqua *f* salubri potu.
trippeln trepidare.
Trippeln *n* trepidatio *f*.
trippelnd trepidus.

Tritt *m* gressus 4 *m*, gradus 4 *m*.
Triumph *m* triumphus *m* (*über* Gallorum), ovatio *f*; *im ~ einziehen* triumphantem invehi (*od.* ingredi, inire) urbem; / (*Sieg*) victoria *f*; (*Frohlocken*) exsultatio *f*, laetitia *f*.
Triumph... triumphalis, (*gen.*) triumphi.
Triumphator *m* triumphans *m*.
triumphieren triumphare; triumphum agere (*od.* ovare) de, ex.
Triumphzug *m* triumphus *m*.
Triumvir *m* triumvir *m*.
Triumvirat *n* triumviratus 4 *m*.
trivial vulgaris, sordidus.
trocken siccus; (*dürr*) aridus; (*ausgetrocknet*) torridus; (*lechzend*) sitiens; aridus [victus], ieiūnus, exilis, exsanguis, frigidus [genus orationis].
Trockenheit *f* siccitas *f*, ariditas *f*; ieiunitas *f*, exilitas *f*.
trocknen 1. *trans.* (ex)siccare, abstergēre [lacrimas]; (*dörren*) torrēre, exurere, arefacere; **2.** *intr.* (ex-)siccari; arescere.
Troddel *f* fimbria *f* (*gew. pl.*); *mit ~n versehen* fimbriatus.
Trödel(kram) *m* scruta *n/pl.*
trödeln scruta vendere; (*zaudern*) cunctari.
Trödeln *n* **1.** (*Handel mit alten Sachen*) scrutaria *f*; **2.** (*Zaudern*) cunctatio *f*.
Trödler *m* scrutarius *m*; institor *m*.
Trog *m* alveus *m*.
Trommel *f* tympanum *n*.
***Trommelfeuer** *n* fragor *m* tormentorum continuus.
trommeln tympanum pulsare.
Trompete *f* tuba *f*.
trompeten tubā canere.
Trompeter *m* tubicen *m*.
Tropenländer *n/pl.*: *die ~* loca *n/pl.* calida, ardores *m/pl.*
Tropf *m* homo *m* stultus (*od.* misellus).
Tröpfchen *n* guttula *f*.
tröpfeln rorare.
Tropfen *m* gutta *f*; stilla *f* [sanguinis].
tropfen stillare.
tropfenweise guttatim, stillatim.
Trophäe *f* tropaeum *n*.
tropisch (*übertragen*) translatus [verbum].
Tropus *m* translatio *f*.
Tross *m* impedimenta *n/pl.*
Tross/bube, ~knecht *m* calo *m*.
Trost *m* solacium *n*; consolatio *f*; *~ finden in* acquiescere in [litteris tuis]; *~ suchen in* [doloris] medicinam petere a [philosophia]; *nicht bei ~e sein* delirare.
Trostbrief *m* litterae *f* consolatoriae.
trösten consolari, (con)firmare de, solacium praebēre (*od.* afferre), solacio esse [amico]; *sich ~ wegen* se consolari de [morte]; *~ mit* [tenui spe]; bono animo esse.
tröstend consolatorius, solacii plenus.
Tröster *m* consolator *m*; *meist durch Verba.*
tröstlich consolabilis [carmen]; solacii plenus.
trostlos desperatus, omni spe destitutus, miserrimus.
Trostlosigkeit *f* desperatio *f*.
Trostmittel *n* solacium *n*, medicina *f*.
trost/reich, ~voll plenus solacii.
Trostschrift *f* consolatio *f*.
Tröstung *f* consolatio *f*, animi confirmatio *f*.
***Trottoir** *n* trames, itis *m*.
trotz *prp. durch Nebensätze mit* quamquam, quamvis, licet *oder part.*
Trotz *m* confidentia *f*, ferocia *f*; (*Widerspenstigkeit*) contumacia *f*, animus *m* contumax.
trotzen contumacem esse, contumacius se gerere [in superiores, adversus plebem]; (contumaciter) resistere; [periculo] obviam ire; [leges] contemnere.
trotzig confidens, ferox, contumax.
Trotzkopf *m* homo *m* contumax (*od.* ferox).
trübe turbidus; nubilus; caliginosus [caelum]; tristis [tempora]; obscurus [vultus].
trüben turbare, obscurare.
Trübsal *f* miseria *f*, calamitas *f*; aerumna *f*.
trübselig miser, luctuosus [exitium]; tristis [vultus].
Trübsinn *m* aegritudo *f* animi, maestitia *f*, maeror *m*, angores *m/pl.*
trübsinnig aeger animi, maestus, morosus.
Trüffel *f* tuber *n*.
Trug *m* fraus *f*, fallacia *f*.
Trugbild *n* imago *f* falsa *od.* vana, species *f* falsa.

trügen fallere.
trügend, trügerisch fallax.
Trugschluss *m* fallax *f* conclusio, captio *f*, sophisma *n*.
Truhe *f* arca *f*.
Trümmer: *die* ~ (*Bruchstücke*) fragmenta *n/pl.*; (*Überbleibsel*) reliquiae *f/pl.*; (*Ruinen*) parietinae *f/pl.*, muri *m/pl.* diruti; (*Schiffstrümmer*) naufragia *n/pl.*; *in* ~ *gehen* frangi, ruinis collabi; *in* ~*n liegen* ruinis stratum esse.
★**Trumpf** *m* charta *f* victrix.
Trunk *m* potio *f*, potus 4 *m*; *sich dem* ~ *ergeben* vini usum immoderate appetere.
trunken vino gravis.
Trunkenbold *m* potator *m*, homo *m* ebriosus, homo *m* nunquam sobrius.
Trunkenheit *f* ebrietas *f*; *in der* ~ ebrius.
Trunksucht *f* ebriositas *f*, vinolentia *f*.
trunksüchtig ebriosus, (vinolentus).
Trupp *m* caterva *f*, turba *f*.
Truppe *f* grex *m*, caterva *f*, (*von Soldaten*) manus 4 *f*; *pl.* **Truppen** milites *m/pl.*, copiae *f/pl.* (*viele* magnae, *wenige* exiguae).
truppweise catervatim.
Trutzbündnis *n* foedus *n* ad bellum inferendum initum.
Trutzwaffen *f/pl.*: *die* ~ tela *n/pl.*
★**Tschako** *m* petasus *m* militaris.
Tuch *n* pannus *m*, pannus *m* laneus, linteum *n*.
tüchtig forbis, strenuus; bonus, probus.
Tüchtigkeit *f* robur *n*, firmitas *f*; bonitas *f*, utilitas *f*, virtus *f*.
Tücke *f* malitia *f*, fraus *f*.
tückisch malitiosus, subdolus.
Tugend *f* virtus *f*; honestas *f*; honestum *n*; (*Eigenschaft*) laus *f*.
tugendhaft probus, honestus, sanctus, integer.
Tugendheld *m* homo *m* virtute mirabilis.
tugendreich virtutibus praeditus *od.* ornatus.
Tugendspiegel *m* exemplar *n* virtutis *od.* ad imitandum propositum.
tummeln agitare [equum]; *sich* ~ festinare.
Tummeln *n* agitatio *f*.
Tummelplatz *m* area *f*, palaestra *f*; harēna *f*; campus *m*.
Tumult *m* motus 4 *m*, tumultus 4 *m*, seditio *f*.
tun facere; (*tätig sein*) agere; *sich* ~ *lassen* fieri (*od.* effici) posse; *zu* ~ *haben* occupatum esse, negotium [in causis] habēre; *viel zu* ~ *haben* multis negotiis distineri; *nichts zu* ~ *haben* otiosum esse negotiis vacare; *genug mit sich selbst zu* ~ *haben* rerum suarum satagere; *es ist mir zu* ~ *um deine Gesundheit* valetudo tua mihi curae est; laboro de, hoc specto, id ago ut [valeas]; meā multum interest [te valēre]; *inf. es tut nichts zur Sache* nihil ad rem pertinet, hoc nihil est; ~ *als ob* (dis)simulare *mit a.c.i.*
Tun *n*: *das* ~ *und Treiben der Menschen* hominum mores *m/pl.* et studia *n/pl.*
Tünche *f* opus *n* tectorium.
tünchen (*mit Kalk*) calce illinere, tectorio inducere.
Tunke *f* ius *n*.
tunlich quod fieri (*od.* effici) potest; [facilis.]
Tunlichkeit *f* facultas *f*, potestas *f*.
Tunnel *m* foramen *n*, specus 4 *m*; ~ *anlegen* specum effodere.
Tüpfel *m*, **Tüpfelchen** *n* punctum *n*, punctillum *n*.
Tür *f* ianua *f*, ostium *n*, (*Türflügel*) fores *f/pl.*; (*am Tempel*) valvae *f/pl.*; *vor der* ~ foris; *vor die* ~ foras; *von* ~ *zu* ~ ostiatim; *vor der* ~ *stehen* imminēre, impendēre; subesse; ~ *und Tor öffnen* patefacere.
Türangel *f* cardo *m*.
Turban *m* tiāra *f*.
Türflügel *m* fores *f/pl.*, valvae *f/pl.*
Türgriff *m* ansa *f* ostii.
Türhüter *m* ianitor *m*, ostiarius *m*.
Turm *m* turris *f*.
türmen montis instar exstruere (*od.* erigere).
Türmer *m* custos *m* turris.
Turmspitze *f* fastigium *n* turris.
turnen corpus exercēre.
Turnen *n* exercitatio *f* corporis, ludi *m/pl.* gymnici.
★**Turngeräte** *n/pl.* instrumenta *n/pl.* gymnastica.
Turnier *n* ludus *m* equester, ludicrum *n* equestre.
Turnplatz *m* palaestra *f*, gymnasium *n*.
Türöffnung *f* ostium *n*.
Türpfosten *m* postis *m*.
Türriegel *m* pessulus *m*.

Türschloss *n* claustrum *n* ianuae.
Türschwelle *f* limen *n*.
Turteltaube *f* turtur *m*.
***Typus** *m* exemplar *n* [hominis scelestissimi].
Tyrann *m* tyrannus *m*, rex *m* (*od.* homo *m*) crudelis (*od.* saevus).
Tyrannei *f* tyrannis *f*, (superba) dominatio *f*, imperium *n* crudele, dominatio *f* impotens, impotentia *f*, crudelitas *f*.
Tyrannenmord *m* tyrannicidium *n*; caedes *f* tyranni.
tyrannisch tyrannicus, regius; superbus, crudelis.
tyrannisieren saevire in [servos]; superbe et crudeliter tractare (*od.* vexare).

U

übel malus; (*verkehrt*) pravus, perversus; (*ungelegen*) incommodus; *mir wird* ~ nauseo; ~ *nehmen* aegre (*od.* moleste) ferre; offendi [facetiis]; *nehmen Sie mir's nicht* ~! pace tua dixerim.
Übel *n* malum *n*, incommodum *n*; pestis *f*.
Übelbefinden *n* valetudo *f* incommoda (*od.* mala *od.* infirma).
übel berüchtigt infamis.
übel gelaunt morosus, difficilis, tristis.
übel gesinnt malevolus, iniquus.
Übelkeit *f* nausea *f*.
übel nehmen: *etw.* ~ alqd aegre (*od.* moleste) ferre, offendi alqā rē.
Übelstand *m* vitium *n*, malum *n*, incommodum *n*.
Übeltat *f* facinus *n*, flagitium *n*, scelus *n*.
Übeltäter *m* homo *m* maleficus (*od.* noxius *od.* sons).
übel wollen: *j-m* ~ alci male velle, alci nolle.
Übelwollen *n* malevolentia *f*.
üben exercēre; *Milde* ~ clementiā uti.
über 1. *prp.* (*örtlich*) a) *auf die Frage „wo?"* super *mit abl.*, (*oberhalb*) supra; (*jenseits*) trans; *eine Brücke* ~ *den Fluss schlagen* pontem facere in flumine; *auf die Frage „wohin?"* super *m. acc.*, trans, ultra; (*über ... hin*) per, (*auch bei Angabe eines Weges*) ~ *die Alpen marschieren* per Alpes proficisci; b) (*zeitl.*, *während*) inter; (*im Verlauf von*) per; *den Tag* ~ interdiu; (*nach*) post, *heute* ~ *acht Tage* post hosce octo dies; ~ *kurz oder lang* aliquando; ~*s Jahr* ad annum; (*zur Angabe des Übertreffens*) supra, *meist* plus *oder* amplius; ~ *200 Schiffe* plus ducentae naves; *Frevel* ~ *Frevel* facinora super facinora; *Sieg* ~ *Sieg davontragen* victoriam super victoriam; (*in Beziehung auf*) de ~ *die Freundschaft schreiben* de amicitia scribere; **2.** *adv.* ~ *und* ~ penitus; *oder Kompos. mit per* [perfundere ~ *und* ~ *begießen*].
überall omnibus locis, ubivis, ubique; (*zerstreut*) passim; ~ *her* undique, ex omnibus partibus; ~ *hin* quoquoversus, in omnes partes.
überantworten tradere.
überarbeiten retractare; *sich* ~ nimio labore frangi.
überaus valde, vehementer, admodum.
überbauen superstruere, contegere.
überbieten plus (*od.* contra) liceri, supra adicere.
Überbleibsel *n* reliquum *n*; quod superest (*od.* restat).
Überblick *m* prospectus 4 *m*; *allgemeinen* ~ *haben über* uno conspectu vidēre; *e-n kurzen* ~ *geben von* in uno (*od.* brevi) conspectu ponere, breviter complecti.
überblicken oculis perlustrare; animo complecti (*od.* comprehendere).
überbringen afferre, perferre, deferre, reddere.
Überbringer *m* nuntius *m*; (*Briefträger*) tabellarius *m*; *meist durch Verba*.
überbrücken ponte (con)iungere.
überbürdet nimio labore fractus.
Überbürdung *f* onus *n* nimium.
überdauern: *viele Jahrhunderte* ~ multa saecula manēre.
überdecken contegere.
überdenken cogitare, secum reputare, considerare.
überdies praeterea, ad hoc; ultro.
Überdruss *m* taedium *n*, fastidium *n*.
überdrüssig pertaesus [ignaviam], satiatus; *ich bin* ~ me taedet (*od.* piget) [ignaviae, ignavum esse].

übereilen praecipitare, festinare; *sich* ~ praepropere (*od.* temere) agere.
übereilt praecipitatus [consilium]; inconsultus, temerarius.
Übereilung *f* (nimia) festinatio *f*; temeritas *f*.
übereinander alius super alium, alter super alterum.
übereinander schlagen: *die Füße* ~ pedes inter se implicare.
übereinkommen convenit [mihi] cum, inter nos.
Überein/kommen *n*, **~kunft** *f* pactum *n*, conventum *n*, condicio *f*; *dem* ~ *gemäß* ut erat constitutum, ex pacto, ex composito, ex convento.
übereinstimmen consentire.
übereinstimmend consentiens, congruens, consentaneus; *~es Urteil* consensus 4 *m*.
Übereinstimmung *f* consensio *f*, consensus 4 *m*, convenientia *f*.
überessen: *sich* ~ cibis obrui.
überfahren curru *od.* plaustro *od.* iumentis obterere.
Überfahrt *f* traiectus 4 *m*, transvectio *f*, transmissio *f*; *meist durch Verba*; *Ort der* ~ transitus 4 *m*, traiectus 4 *m*.
Überfall *m* adventus 4 *m*, impetus *f* repentinus, subita incursio *f*.
überfallen (improviso) opprimere, inopinantem aggredi.
***Überfallkommando** *n* praesidium *n* praesens.
überfeilen retractare.
überfliegen transvolare; oculis (*od.* legendo) percurrere.
überfließen ab-, ex-, redundare.
überflügeln circumvenire [a latere, a cornibus], superare [aequales].
Überfluss *m* abundantia *f*; affluentia *f*; ubertas *f*; copia *f* rerum; ~ *haben an* abundare, circumfluere [omnibus copiis]; *im* ~ *vorhanden sein* abundare, suppeditare.
überflüssig supervacaneus, inutilis.
überfluten inundare.
überführen convincere, coarguere.
Überfülle *f* redundantia *f*, nimia copia *f*.
überfüllen complere.
überfüllt refertus [spectatoribus].
überfüttern cibo implere.
Übergabe *f* traditio *f*; (*im Kriege*) deditio *f*; *meist durch Verba*.
Übergang *m* transitus 4 *m*, transitio *f*, transgressio *f*, traiectio *f*; (*als Ort*) transitus 4 *m*.
übergeben tradere, reddere; dedere [urbem]; *sich* ~ vomere.
ü'bergehen transire, transgredi, transfugere; deficere ad [hostes]; (*verwandelt werden*) transire, abire, converti (terra in freti formam]; *die Augen gingen ihm über* implevit oculos.
überge'hen praeterire; silentio transire, omittere; praetermittere.
Übergehung *f* praetermissio *f*; *mit* ~ *des Zeugen* teste sublato.
Übergewicht *n* maius pondus *n*; / maior auctoritas *f* (*od.* numerus *m*), maiores opes *f/pl.*; ~ *haben* propendēre, praeponderare, plus valēre, superiorem esse.
übergießen perfundere.
Übergriff *m* iniuria *f*.
übergroß praegrandis, pergrandis, maximus, ingens.
überhand nehmen convalescere, increbrescere, inveterascere, gliscere.
überhangen impendēre, imminēre.
überhängen induere [sibi pallium].
überhäufen cumulare, onerare, obruere, complēre.
überhaupt omnino; in summā; (*schließlich*) denique.
überheben: *sich* ~ se efferre, efferri, insolescere; *überhoben sein* supersedēre [proelio; loqui].
Überhebung *f* insolentia *f*; arrogantia *f*.
überhoch praealtus.
überhöflich perurbanus.
überholen antecedere, praeterire.
überhören (*abhören*) iubēre recitare, non audire [preces].
überhüpfen transilire.
überirdisch caelestis, divinus.
Überkleid *n* amiculum *n*.
überkommen: *Angst überkommt mich* metu afficior.
überladen *adj.* putidus [orator].
überladen nimio pondere onerare; *sich den Magen* ~ cibo vinoque se onerare.
Überladung *f des Magens* cruditas *f*.
überlang praelongus.
überlassen *trans.* permittere; (*abtreten*) (con)cedere; *sich* ~ indulgēre [dolori].
überlaufen *intr.* ex-, redundare;

U

(*als Überläufer*) transfugere, perfugere.
überlau'fen crebro interpellare; *ein Schauder überläuft mich* horresco (totus).
Überläufer *m* transfuga *m*, perfuga *m*.
überlaut: *ein ~es Geschrei* vociferatio *f*; *ein ~es Gelächter* cachinnus *m*.
überleben superstitem esse, superesse [liberis].
überlebend superstes.
überlegen *adj*. superior, potior, praestantior [amico].
überlegen secum reputare, considerare; deliberare.
Überlegenheit *f* praestantia *f*; *meist durch* überlegen.
Überlegung *f* deliberatio *f*, consideratio *f*, cogitatio *f*, reputatio *f*, consilium *n*; *oft durch Verba*; *mit ~* consulto, prudenter; *ohne ~* sine consilio, inconsiderate, temere.
überlesen legendo percurrere.
überliefern tradere.
Überlieferung *f* memoria *f*; (*schriftliche*) litterae *f/pl.*; (*mündliche*) fama *f*, sermo *m* (hominum).
überlisten dolo capere.
Überlistung *f* dolus *m*.
Übermacht *f* nimia potentia *f*, opes *f/pl.* nimiae, numerus *m* maior; *die ~ haben* plus posse, plus valēre.
übermächtig praepotens, praevalens.
übermannen opprimere.
Übermaß *n* cumulus *m*, abundantia *f*; *oft mit* nimius *zu geben*.
übermäßig immodicus, immoderatus, nimius, effusus; praeter *od.* supra modum.
übermenschlich plus quam humanus, qui supra hominem est, incredibilis, divinus, immanis.
übermorgen perendie; *auf ~* in perendinum.
übermorgend perendinus.
Übermut *m* insolentia *f*, intemperantia *f*, superbia *f*, spiritūs *m/pl.* [tribunicii].
übermütig superbus, intemperans; *~ sein* superbire.
übernachten pernoctare.
übernächtig semisomnus, somno non satiatus.
Übernahme *f* acceptio *f*, susceptio *f*.
übernatürlich naturam superans; incredibilis, divinus.
übernehmen accipere; (*freiwillig*) suscipere; (*als Verpflichtung*) recipere; (*Lästiges, Schwieriges*) subire, excipere, inire [magistratum]; *sich ~* modum excedere, supra vires se extendere.
Übernehmer *m* curator *m*; conductor *m*, redemptor *m*; (*Vermittler*) manceps *m*.
überragen e-, im-, prominēre, impendēre.
überraschen opprimere; (*ertappen*) deprehendere.
überraschend improvisus, inopinatus, necopinatus, repentinus.
Überraschung *f* adventus 4 *m* (*od.* casus 4 *m*) necopinatus, res *f* improvisa (*od.* nova).
überreden persuadēre.
Überredung *f* persuasio *f*; *meist durch Verba*.
überreich praedives.
überreichen dare, offerre, praebēre.
überreif (*v. Früchten*) fracidus.
überreiten equo prosternere.
überreizt defatigatus, defessus.
überrennen cursu prosternere; cursu vincere.
Überrest *m* quod reliquum est, quod restat.
überrumpeln opprimere, occupare.
übersättigt satietate defessus.
Übersättigung *f* satietas *f*.
überschätzen nimium tribuere [virtuti], nimis admirari.
überschauen oculis perlustrare, animo complecti.
überschicken mittere ad.
Überschlag *m* computatio *f*.
überschlagen transire [multa]; computare; *sich ~* praecipitem cadere (*od.* ruere *od.* dari).
überschreiben inscribere [librum].
überschreien obstrepere [decemviro], voce (*od.* clamore) vincere; *sich ~* vocem ultra vires urgēre.
überschreiten transgredi, transire, superare, migrare [ius civile], egredi, excedere [modum].
Überschreitung *f* transitus 4 *m*, traiectio *f*.
Überschrift *f* inscriptio *f*, titulus *m*.
Überschuss *m* id quod superest de, quod reliquum restat.

überschütten perfundere, obruere.
überschwänglich impotens, summus, maximus, nimius, abunde.
Überschwänglichkeit *f* impotentia *f*, abundantia *f* quaedam; (*in der Rede*) luxuries *f* orationis.
überschwemmen inundare; (*von Menschen*) se effundere [in Italiam].
Überschwemmung *f* eluvio *f*, inundatio *f*.
überschwimmen tranare, transnatare.
überseeisch transmarinus.
übersehen oculis terminare; (*nicht bemerken*) non vidēre, praeterire, neglegere; (*nicht bestrafen*) conivēre [in scelere maximo], praetermittere.
übersenden mittere ad.
ü'bersetzen 1. *trans.* traicere, transportare, transvehere; 2. *intr.* transire, traicere, transmittere, transvehi.
überse'tzen (con)vertere, transferre [in Latinum], reddere [Latine], interpretari.
Übersetzer *m* interpres *m*; *meist durch Verba.*
Übersetzung *f* conversio *f*, translatio *f*, interpretatio *f*; *meist durch Verba*; *konkr.* liber *m* conversus, carmina *n/pl.* conversa.
Übersicht *f* conspectus 4 *m*; *eine kurze ~ geben* brevi in conspectu ponere.
übersichtlich facilis ad perspiciendum; *adv.* uno conspectu, perspicue, summatim, breviter.
übersiedeln de-, transmigrare, transire.
übersinnlich qui sensibus percipi non potest, qui sub sensus non cadit.
überspannen intendere [tabernacula velis]; nimis intendere [vires].
überspannt homo *m* opinionibus inflatus.
Überspanntheit *f* supervacanea desideria *n/pl.*, nimia de se opinio *f*.
überspinnen telā involvere.
überspringen transilire.
überstehen defungi, perfungi [periculis], superare; *glücklich ~* evadere ex.
übersteigbar superabilis, quod superari potest.
übersteigen transcendere; *es übersteigt die menschlichen Begriffe* maius est quam hominum ratio consequi potest.
Übersteigung *f* transitus 4 *m*; *nach ~ der Mauern* muris superatis.
überstimmen sententiis (*od.* suffragiis) vincere.
überstrahlen splendore vincere, obscurare, obruere [nomen].
überstreichen oblinere.
überströmen circumfluens [oratio], uberrimus [verba].
überstürzen festinare.
übersüß praedulcis.
übertäuben obtundere.
überteuern nimis care (*od.* nimis magno pretio) vendare.
übertölpeln circumscribere, circumvenire.
übertönen obstrepere [orationi].
übertragen mandare, committere.
Übertragung *f* translatio *f* (*auch* = *Metapher*).
übertreffen superare, vincere, antecedere, praecedere, praestare [iuveni]; superiorem esse [iuvene].
übertreiben modum excedere *od.* nimium esse in [exerciratione corporis]; verbis augēre, in maius extollere [laudes]; veritatem egredi; *übertrieben* nimius.
Übertreibung *f* res *f* in maius aucta; *als rhetorischer Kunstausdruck*: augendi minuendive causā veritatis superlatio *f* et traiectio *f*.
ü'bertreten *intr.* inundare, super ripas effundi; transire ad.
übertre'ten migrare [ius civile], non servare, neglere.
Übertretung *f* peccatum *n*, delictum *n*.
übertrieben 1. *adj.* nimius, immodestus, immodicus, immoderatus; 2. *adv.* nimir, immodeste, immoderate, effuse, ultra modum.
Übertritt *m* transitio *f*, transitus 4 *m*.
übertünchen dealbare.
***Übervölkerung** *f*: *leiden an ~* pro multitudine hominum angustos fines habēre.
übervoll redundans.
übervorteilen decipere.
Übervorteilung *f* circumscriptio *f*.
überwachen custodiā continēre.
überwachsen contectus, obsitus.
überwallen exundare.
überwältigen superare, vincere, domare, opprimere.

überweisen (*Geld*) pecuniam deferendam curare.
Überweisung *f* delegatio *f.*
überwerfen: *sich* ~ inimicitias suscipere cum [hospite].
überwiegen plus valēre; **überwiegend** maior, gravior, superior.
überwinden superare, vincere, (per)domare; *sich nicht* ~ *können* a se impetrare non posse, ut.
Überwinder *m* victor *m*; expugnator *m*; domitor *m.*
überwintern 1. *trans.* per hiemem servare; **2.** *intr.* hiemare, hibernare, hiberna agere.
Überwinterung *f* hiematio *f*; *meist durch Verba.*
überwölben concamerare.
Überwurf *m* amiculum *n.*
Überzahl *f* numerus iusto maior.
überzählen numerare, dinumerare, numerum *alcs rei* inire, recensere.
überzählig iustum numerum excedens.
überzeugen persuadēre [civibus facile esse]; *sich* ~ sibi persuadēre; *ich bin überzeugt* persuasum mihi est, confido, plane non dubito, pro certo habeo, sentio; **überzeugend** ad persuadendum accommodatus, gravis, certus [argumentum].
Überzeugung *f* persuasio *f*; (*das Überzeugtsein*) fides *f*; (*Ansicht*) sententia *f*; iudicium *n*; *aus (innerer)* ~ ex animi mei sententia, ex animo.
überziehen obducere, inducere [scutum pellibus]; (*bestreichen*) illinere; (*bespannen*) intendere; (*überdecken*) contegere.
Überzug *m* involūcrum *n*, tegumentum *n.*
üblich usitatus, usu receptus.
übrig (*im sg.*) reliquus; (*als Rückstand*) residuus; ~ *sein* reliquum esse, relinqui; (*noch* ~ *sein*) restare, superesse; (*noch vorhanden sein*) exstare, manēre; ~ *lassen* reliquum facere; *nichts* ~ *lassen* nihil reliqui facere; (*im pl.*) ceteri, (als *Rest*) reliqui.
übrig bleiben relinqui, restare.
übrigens praeterea, ceteris (in) rebus, cetera; quod restat, quod reliquum est; (*adversativ*) ceterum, verum, sed; *auch* nam, ac, atque.
Übung *f* exercitatio *f*; (*Erfahrung*) usus 4 *m* [belli]; (*mil.*) exercitium *n.*
Ufer *n* (*des Flusses*) ripa *f*; (*des Meeres*) litus *n.*
Ufermauer *f* crepīdo *f.*
Uhr *f* horologium *n*; (*Stunde*) hora *f*; *wieviel* ~ *ist* es? quota hora est?; *die* ~ *geht richtig* (*immer nach, falsch*) horologium recte metītur (solet retardari, mentītur).
Uhrzeiger *m* gnomon *m.*
Uhu *m* bubo *m.*
Ulme *f* ulmus *f* (*adj.* ulmeus).
Ultimatum *n* extrema condicio *f* (pacis).
um 1. *prp.* (*räumlich*) circum, circa; (*in Begleitung*) cum; (*zeitlich*) circiter, sub *mit acc.*; ~ *welche Zeit?* ad quam horam?; *einer* ~ *den andern* alius post alium; *e-n Tag* ~ *den andern* alternis diebus; (*bei Angabe des Maßes*) *durch abl. mensurae* [~ *drei Fuß größer* tribus pedibus maior]; (*wegen, über*) propter, ob, de *od. durch bloßen abl. causae* (*vgl. Gramm.*); *bisw. ist auch der abl. pretii zu gebrauchen* [~ *Lohn tun* mercede facere]; *bisw. auch* pro, de [pro, de libertate pugnare, sollicitum esse de amico]; ~ *Gottes willen* per deum fidem!; ~ die *Erbschaft bringen* privare hereditate; ~ *die Erbschaft kommen* hereditatem amittere; **2.** *adv.* ~ *und* ~ circum; ~ *und* ~ *stürzen* pervertere; **3.** *cj.* **um zu** *mit inf.* ut (*verneint* ne), *bisw. auch sup. od. gerund. od. causa mit gen.*
umackern aratro subvertere; (*urbar machen*) novare; (*nochmals ackern*) iterare.
umändern immutare, mutare.
umarbeiten retractare, corrigere.
umarmen amplecti, amplexari, complecti.
Umarmung *f* amplexus 4 *m.*
umbauen commutare, denuo aedificare.
umbiegen inflectere; reflectere; incurvare.
umbilden commutare.
Umbildung *f* immutatio *f*, commutatio *f.*
umbinden circumligare.
umblicken: *sich* ~ circumspicere.
umbrausen circumstrepere.
umbrechen infringere; *intr.* fractum corruere.
umbringen necare, interficere.
umdonnern circumtonare.

U

umdrängen stipare.
umdrehen convertere; *sich* ~ circumagi.
Umdrehung *f* circumactio *f*.
umfa'hren *trans.* circumvehi [forum]; (*fahrend vermeiden*) cursu declinare.
u'mfahren curru prosternere; (*Umweg*) maiore circuitu vehi.
umfallen concidere, collabi.
Umfang *m* ambitus 4 *m*; circuitus 4 *m*; *im* ~ in circuitu; *im ganzen* ~ totus, omnes.
umfangen amplecti, complecti.
umfangreich amplus, magno ambitu, magnus [liber].
umfassen complecti, amplecti, cingere [locum]; (*zusammenfassen*) complecti, comprehendere, capere.
umfassend amplus, late patens; magnus [memoria].
umflattern circumvolitare.
umflechten circumplicare.
umfliegen circumvolare.
umfließen, umfluten circumfluere, circumfundere, cingere.
umfüllen transfundere.
umformen denuo fingere; commutare [rem publicam].
Umfrage *f*: ~ *halten* percontari; (*im Senat*) sententias rogare.
umfriedigen saepire.
Umfriedigung *f* saepimentum *n*.
Umgang *m* usus 4 *m*, consuetudo *f*; (*vertrauter*) familiaritas *f*, convictus 4 *m*; ~ *haben* familiariter uti, vivere cum.
umgänglich affabilis, commodus, facilis.
Umgänglichkeit *f* affabilitas *f*, facilitas *f*, humanitas *f*.
Umgangssprache *f* sermo *m* communis (*od.* cotidianus).
umgarnen irretire.
umgeben circumdare, cingere saepire.
Umgebung *f* loca quae circumiacent, loca *n/pl. od.* regio *f* vicina (*od.* propinqua); *in der* ~ *von* circum, circa [Romam]; comites *m/pl.*, comitatus 4 *m*, familiares *m/pl.*, proximi *m/pl.*, domus 4 *f*; mei, tui, sui *m/pl.*
Umgegend *f* regio *f* vicina.
umge'hen circumire [fores aedificii]; vitare, fraudem facere [legi].
u'mgehen longiore circuitu uti; (*Umgang haben*) uti [Cicerone], consuetudine [Ciceronis] uti, est [mihi] consuetudo cum; (*beabsichtigen*) id agere, moliri ut; (*behandeln*) se gerere adversus, habēre [liberaliter], agere cum.
Umgehung *f*: *durch* ~ *des Eides* iuris iurandi fraude.
umgekehrt inversus [consuetudo]; *adv.* contra, ex contrario.
umgestalten immutare.
umgie'ßen circumfundere [mortuum cerā].
u'mgießen transfundere.
umgraben pastinare, (palā) fodere.
umgrenzen terminare.
umgürten cingere.
umhaben amictum (*od.* cinctum) esse [pallio].
umhacken pastinare, rastro fodere.
umhalsen cervices [matris] manibus amplecti.
umhängen inicere [militi torquem].
umhauen caedere; (*unten*) succīdere.
umher = *herum*.
umhin: *ich kann nicht* ~ facere non possum, quin; non possum non *mit inf.*
umhüllen velare, involvere.
Umkehr *f* reversio *f*.
umkehren 1. *trans.* convertere, invertere; (*umändern*) immutare; **2.** *intr.* iter convertere, reverti, redire.
umkippen *trans.* evertere; *intr.* everti.
umklammern amplecti, complecti.
umkleiden aliam vestem induere; *sich* ~ vestimenta mutare.
umknicken *trans.* infringere; *intr. v. Menschen*: in genua (*od.* in poplites) procumbere.
umkommen perire, interire; occīdi, interfici.
umkränzen floribus coronisque redimire.
Umkreis *m* orbis *m*, circuitus 4 *m*, ambitus 4 *m*.
umkreisen circumvolare; (*v. Menschen*) circumire.
umladen: *ein Schiff* ~ merces in aliam navem transferre; *e-n Wagen* ~ merces in aliud plaustrum transferre.
umlagern circumsedēre; circumstare [tribunal].
Umlauf *m* ambitus 4 *m*, circuitus 4 *m*, circumactio *f*, conversio *f*;

U

in ~ bringen circumferre, spargere, dissipare; *das Gerücht ist im ~* fama est.
***Umlaut** *m* mutatio *f* vocalis.
umlegen circumdare, inicere.
umlenken (retro) flectere, circumagere.
umleuchten circumfulgēre.
umliegend vicinus, finitimus.
umnachten caligine circumfundere.
umnähen circumsuere.
umnebelt nubilus.
umpflügen aratro subvertere.
umrauschen circumstrepere.
umreisen circumire, peragrare.
umreißen destruere, diruere.
umrei'ten circumequitare [castra].
u'mreiten equo prosternere.
umrennen prosternere.
umringen cingere, circumdare, circumstare; (*feindlich*) circumvenire.
Umriss *m* extrema lineamenta *n/pl.*; *einen ~ machen* adumbrare.
umrühren permiscere, agitare.
Umsatz *m* venditio *f*, mercatura *f*.
umschaffen denuo fingere.
***Umschalter** (*elektr.*) *m* commutator *m*.
umschanzen circumvallare, circummunire.
Umschanzung *f* circummunitio *f*.
umschatten opacare, obumbrare.
umschattet opacus.
umschauen: *sich ~* circumspicere.
umschiffen circumvehi.
Umschlag *m* involucrum *n*; (*ärztlich*) fomentum *n*; *ein ~ tritt ein* commutatio *f* fit.
umschlagen 1. *trans.* inicere [sibi pallium], amicire [se pallio]; caedere [arborem]; **2.** *intr.* everti, concidere; (*sich ändern*) verti, (se) vertere, mutari; corrumpi [vinum].
umschleichen clam circumire, insidiari [hostibus].
umschließen circumcludere.
umschlingen circumplicare.
umschmelzen recoquere.
umschmieden incūde diffingere.
u'mschreiben rescribere.
umschrei'ben pluribus verbis exponere.
Umschreibung *f* circuitio *f*.
umschwärmen circumvolitare; circumfundi.
umschweben circumvolare, imminēre [mala nobis].
Umschweif *m* ambāges *f/pl.*; (*im Reden*) circuitus 4 *m*.
umschwirren circumstrepere.
Umschwung *m* conversio *f*.
umsegeln circumvehi.
umsehen: *sich ~* circumspicere *und* circumspectare; *~ nach* quaerere, requirere; *sich umgesehen haben in* multum versatum esse in [litteris].
Umsehen *n* circumspectus 4 *m*; *im ~* momento temporis; subito.
um sein: *das Jahr ist um* annus praeteriit; *als zwei Jahre um waren* biennio confecto.
umsetzen aliter disponere, in alium locum transferre (*od.* transponere); vendere [merces].
Umsicht *f* circumspectus *m*; (*Klugheit*) prudentia *f*, diligentia *f*, consilium *n*.
umsichtig circumspectus, consideratus, providus, cautus, prudens, diligens.
umsinken collabi.
umsonst (*unentgeltlich*) gratis, gratuīto, sine mercēde; (*vergeblich*) frustra, nequiquam.
u'mspannen mutare [iumenta].
umspa'nnen am-, complecti.
umspringen: *~ mit* tractare, habēre [male].
umspülen circumluere.
Umstand *m* res *f*, aliquid; causa *f*; *ein ~, welcher* quae res, id quod; *der ~, dass, was den ~ anbetrifft, dass* quod; *dazu kommt noch der ~, dass* accedit, quod; *die* **Umstände:** (*Zeitumstände*) res *f/pl.*, tempora *n/pl.*, condicio *f*, rerum ratio *f*; *der glückliche ~* opportunitas *f*; *geringfügiger ~* parva momenta *n/pl.*; *nach den Umständen* ex re, pro tempore; *unter diesen Umständen* cum res ita se habeant (haberent), quae cum ita sint (essent), (in) hoc tempore; *unter keinen Umständen* nequaquam; *sich nach den Umständen richten* tempori servire; *Umstände machen* moram facere; *ohne Umstände* sine mora, missis ambagibus, sine ulla dubitatione.
umständlich multus, varius, copiosus [oratio], verbosus [orator]; *ich will nicht ~ sein* nolo longus esse.
Umständlichkeit *f* diligentia *f*, ambages *f/pl.*, multa verba *n/pl.*
umstehen circumstare.
***umsteigen** vecturam mutare.

umste'llen cingere, circumdare.
u'mstellen ordinem [librorum] mutare; *sich* ~ rationem vitae mutare.
umstimmen animum flectere; de sententia deducere, a consilio revocare.
umstoßen subvertere; evertere, irritum facere [testamentum]; convellere [statum reipublicae]; abolēre [ritus].
umstrahlen (luce) circumfundere.
umstricken illaqueare, irretire.
umströmen circumfluere.
umstürmen circumstrepere.
Umsturz eversio *f* [rerum publicarum].
umstürzen **1.** *trans.* e-, sub-, pervertere; **2.** *intr.* concidere, corruere.
umtanzen saltare circum.
Umtausch *m* permutatio *f.*
umtauschen permutare.
umtönen circumsonare.
Umtriebe *m/pl.* res *f/pl.* novae; motūs 4 *m*; artes *f/pl.* malae; consilia *n/pl.* nova (*od.* clandestina).
umtun induere [sibi pallium]; amicire [se pallio]; *sich* ~ *nach* circumspicere, quaerere [quaestum honestum].
umwälzen evertere [rempublicam], omnia miscēre.
Umwälzung *f* permutatio *f* rerum, commutatio *f* rerum publicarum.
umwa'ndeln circumire [tentoria].
u'mwandeln com-, immutare.
Umwandlung *f* commutatio *f.*
umwechseln com-, permutare.
Umweg *m* circuitus 4 *m*, ambāges *f/pl.*; *einen* ~ *machen* facere viae dispendium.
umwehen circumflare.
umwenden convertere; *intr.* reverti, redire.
umwerfen prosternere; *intr.* curru effundi.
umwickeln circumvolvere, circumplicare, circumligare.
umwinden redimire.
Umwohner *m*: *die* ~ qui circa habitant.
umwühlen subruere.
Umwurf *m* amiculum *n.*
umzäunen saepire; saepibus cingere, claudere.
Umzäunung *f* saepimentum *n.*
umziehen *intr.* in aliam domum migrare; *sich* ~ vestem mutare; *der Himmel umzieht sich* caelum nubibus obducitur.
umzingeln circumsistere, circumstare, obsidione cingere, circumvenire [hostes].
Umzug *m* pompa *f*; (*Auszug*) demigratio *f*; mutatio *f* domicilii.
unabänderlich ratus, certus, firmus.
unabgenutzt integer.
unabhängig liber, sui iuris, nullius imperio subiectus.
Unabhängigkeit *f* libertas *f*, liberum arbitrium *n.*
unablässig perpetuus; ~ *arbeiten* non intermittere [laborem, laborare].
unabsehbar infinitus, immensus, ingens.
unabsichtlich *adv.* non consulto; forte.
unabweisbar necessarius.
unabwendbar necessarius.
unachtsam parum diligens, neglegens, socors.
Unachtsamkeit *f* neglegentia *f.*
unadelig ignobilis.
unähnlich dissimilis, dispar, diversus.
Unähnlichkeit *f* dissimilitudo *f*, diversitas *f.*
unangebaut incultus.
unangefochten integer, intactus, inviolatus, tutus; ~ *lassen* non temptare (*od.* lacessere, *od.* laedere); abstinēre [captis]; ~ *bleiben* quiescere.
unangemessen alienus ab, ineptus, abhorrens ab.
unangenehm iniucundus, ingratus, insuavis, molestus, gravis.
unangerührt intactus, integer.
unangreifbar inexpugnabilis.
Unannehmlichkeit *f* incommodum *n* malum *n*, molestia *f.*
unansehnlich parvus, exiguus, humilis, tenuis.
Unansehnlichkeit *f* exiguitas *f*, humilitas *f.*
unanständig turpis, indecōrus, illiberalis, indignus.
Unanständigkeit *f* turpitudo *f*, indignitas *f*; turpiter factum (*od.* dictum).
unanstößig probus, honestus.
unantastbar intactus, sanctus, firmus.
Unart *f* vitium *n*, mos *m* pravus, rusticitas *f.*

unartig male moratus, inurbanus, illepidus, rusticus.
Unartigkeit *f* rusticitas *f*, inhumanitas *f*; (*unartige Äußerung*) dictum *n* inurbanum; (*unartige Handlung*) rustice factum *n*.
unaufhalt/bar, ~sam effrenatus, effusus, praeceps, caecus.
unaufhörlich perpetuus, continuus.
unauflöslich indissolubilis, inexplicabilis.
unaufmerksam non attentus, neglegens.
Unaufmerksamkeit *f* animus *m* non attentus, neglegentia *f*.
unausbleiblich necessarius.
unausführbar quod effici non potest.
unausgeführt incohatus, imperfectus; ~ *lassen* omittere.
unausgesetzt perpetuus, continuus.
unausgestattet indotatus.
unauslöschlich indelebilis, insatiabilis, implacabilis, sempiternus.
unaussprechlich infandus.
unausstehlich intolerabilis, non ferendus, odiosus, molestus.
unausweichlich necessarius.
unbändig indomitus, impotens, ferox.
unbarbiert intonsus.
unbarmherzig immisericors; durus, ferreus.
Unbarmherzigkeit *f* animus *m* a misericordiā alienus, inhumanitas *f*, animi duritia *f*.
unbärtig imberbis.
unbeabsichtigt quod non consulto fit.
unbeachtet: ~ *lassen* neglegere, contemnere, non curare, omittere.
unbeantwortet: ~ *lassen* non respondēre (*od.* rescribere) ad.
unbearbeitet incultus; rudis.
unbeauftragt non iussus, iniussu [consulis].
unbebaut incultus, vastus, vacuus.
unbedacht, unbedachtsam temerarius; incautus, improvidus, inconsultus.
Unbedachtsamkeit *f* imprudentia *f*.
unbedeckt non tectus, apertus, nudus; sine praesidio.
unbedenklich sine (ulla) dubitatione, certus, facile; *meist durch* non dubitare *mit inf*.
unbedeutend levis, exiguus, parvus, infirmus, mediocris.
unbedingt absolutus [necessitudo]; simplex, summus [fides]; *adv.* sine exceptione, utique [scire cupio].
unbeendigt infectus, imperfectus.
unbeerdigt inhumatus, insepultus.
unbefahrbar non pervius, impervius.
unbefangen simplex, integer [iudicium], liber, impavidus.
Unbefangenheit *f* animus *m* simplex, integritas *f*.
unbefestigt immunitus.
unbefiedert implūmis.
unbefleckt purus, castus, integer.
Unbeflecktheit *f* integritas *f*.
unbefohlen non imperatus.
unbefolgt neglectus; ~ *lassen* neglegere.
unbefriedigend non idoneus, minus (*od.* parum) bonus.
unbefriedigt non expletus, non satiatus.
unbefugt non iustus; ~ *sein zu etw.* potestatem non habere alqd faciendi.
unbegabt tardi ingenii.
unbegreiflich quod intellegi (*od.* percipi) non potest; incredibilis, mirus, nescio qui.
unbegrenzt infinitus, immensus.
unbegründet incertus; infirmus; inanis.
unbegütert pauper, inops.
unbehaart glaber; calvus.
Unbehagen *n* incommodum *n*, molestia *f*.
unbehaglich molestus, odiosus.
unbehauen non dolatus, rudis.
unbehelligt non turbatus.
unbeherzigt: ~ *lassen* neglegere.
unbeherzt ignavus, timidus.
unbehindert non impeditus, liber, solutus.
unbeholfen rusticus, agrestis; impromptus [linguā], horridus [oratio].
Unbeholfenheit *f* species *f* vasta; / inurbanitas *f*.
unbeirrt haud dubius.
unbekannt *pass.* ignotus, incognitus; inexploratus; ignobilis, obscurus; *act.* ~ *sein mit* ignarum, inscium esse [rei militaris].
Unbekanntschaft *f* inscientia *f* [litterarum].
unbekleidet nudus.
unbekümmert securus de, immemor; *sei* ~! bono es animo!

unbeladen, unbelastet inanis, vacuus.
unbelaubt non foliatus, non frondosus.
unbelauscht sine arbitris.
unbelebt desertus [regio].
unbelehrt non edoctus.
unbelesen in litteris non versatus, litterarum rudis.
Unbelesenheit *f* nullae litterae *f/pl.*
unbeliebt invidiosus apud, ingratus, odiosus [plebi].
Unbeliebtheit *f* invidia *f.*
unbemerkt obscurus; ~ *lassen* praeterire, praetermittere.
unbemittelt pauper, inops.
unbeneidet non invidiosus, ab invidia liber.
unbenutzt *lassen* non uti re, dimittere [occasionem].
unbepflanzt non consitus, incultus.
unbequem incommodus, molestus, iniquus, alienus.
Unbequemlichkeit *f* incommoditas *f*; ~ *machen* molestum esse [patri].
unberaten inops consilii.
unberechenbar inaestimabilis; fortuitus.
unberedt indisertus, infacundus.
unberücksichtigt: ~ *lassen* neglegere, nihil curare, rationem non habēre [precum].
unberühmt ignobilis, obscurus.
Unberühmtheit *f* ignobilitas *f.*
unberührt intactus.
unbeschadet: ~ *der Pflicht* salvo officio; ~ *des Vertrages* integro foedere.
unbeschädigt incolumis.
unbeschäftigt otiosus.
unbescheiden immodestus, insolens.
Unbescheidenheit *f* immodestia *f*, insolentia *f.*
unbeschnitten non circumcisus; *v. Bäumen*: imputatus; *an Fingernägeln*: inresectus.
unbescholten innocens, integer, sanctus.
Unbescholtenheit *f* innocentia *f*, integritas *f*, sanctitas *f.*
unbeschränkt infinitus.
unbeschreiblich incredibilis, mirus, singularis, nescio quid.
unbeschuht nudis pedibus.
unbeschützt indefensus, nudus.
unbesehen non inspectus.
unbeseelt inanimus.
unbesetzt vacuus [munus]; praesidiis nudatus.
unbe/siegbar, ~siegt invictus.
unbesoldet gratuitus.
unbesonnen inconsideratus, temerarius; *adv.* temere.
Unbesonnenheit *f* temeritas *f.*
unbesorgt securus.
unbeständig inconstans, mutabilis, mobilis, infirmus, varius, levis.
Unbeständigkeit *f* inconstantia *f*, mobilitas *f*, varietas *f*, levitas *f.*
unbestechlich integer, incorruptus.
Unbestechlichkeit *f* integritas *f*, innocentia *f.*
unbesteuert immūnis.
unbestimmt incertus, dubius, ambiguus.
unbestraft impunitus (*adv.* impūne), inultus; ~ *bleiben* impune esse; ~ *lassen* impunitum sinere, dimittere.
unbesucht infrequens, desertus.
unbetastet intactus.
unbeteiligt expers [sceleris]; non affinis [rei capitalis].
unbeträchtlich parvulus, exiguus.
unbetreten non tritus.
unbeugsam invictus, rigidus, contumax, obstinatus.
Unbeugsamkeit *f* animus ***m*** invictus, pertinacia *f.*
unbewachsen nudus, vastus, incultus.
unbewaffnet inermis.
unbewährt non spectatus.
unbewaldet silvis non vestitus; nudus.
unbewandert: ~ *in* peregrinus (*od.* non versatus *od.* rudis) in [linguā Graecā].
unbeweglich immobilis, immotus, motu carens.
Unbeweglichkeit *f* stabilitas *f.*
unbewegt immotus.
unbeweibt caelebs.
unbewohnbar inhabitabilis.
unbewohnt desertus, vastus, hominibus vacuus.
unbewölkt serenus.
unbewusst inscius, insciens; *es ist mir nicht* ~ non ignoro, non sum nescius.
unbezahlbar pretio non parabilis.
unbezähmbar, unbezähmt indomitus, invictus.
unbezweifelt non dubius, certus.
unbezwinglich indomitus, invictus; inexpugnabilis.

unbezwungen indomitus, invictus.
unbiegsam rigidus, durus.
Unbill *f* iniuria *f*, contumelia *f*, indignitas *f*.
unbillig inīquus, iniustus, immeritus.
Unbilligkeit *f* iniquitas *f*, iniuria *f*, inique factum *n*.
unblutig incruentus.
unbotmäßig male parens, nullā disciplinā coërcitus, effrenatus.
unbrauchbar inutilis; ~ *machen* corrumpere.
Unbrauchbarkeit *f* inutilitas *f*.
und et, ac *und* atque, -que (*vgl. Gramm.*); ~ *nicht* nec, neque (et non, ac non); ~ *niemand* nec quisquam; ~ *nichts* nec quidquam.
Undank *m* animus *m* ingratus (*od.* beneficiorum immemor); *mit* ~ *lohnen* pro beneficiis meritam debitamque gratiam non referre.
undankbar ingratus, beneficiorum immemor.
undenkbar quod ne cogitari quidem potest.
undenklich: *seit* ~*en Zeiten* inde ab antiquissimis temporibus (post hominum memoriam).
undeutlich minus clarus, obscurus, ambiguus.
Undeutlichkeit *f* obscuritas *f*.
undeutsch quod alienum est a proprietate linguae Germanicae, quod abhorret a more Germanorum.
Unding *n* nihil, (*adj.*) nullus.
unduldsam difficilis; aliorum de rebus divinis opiniones haud leniter ferens.
undurchdringlich impenetrabilis, inexpugnabilis, non pervius.
undurchsichtig non pellucidus.
uneben iniquus, inaequa(bi)lis, asper.
Unebenheit *f* iniquitas *f*, asperitas *f*.
unecht falsus, adulterinus; subditivus, subditus, paelice natus [infans].
unedel illiberalis, humilis, sordidus.
unehelich incerto (*od.* nullo) patre (*od.* non iusta uxore) natus, spurius.
unehrbar inhonestis, turpis.
Unehrbarkeit *f* turpitudo *f*.
Unehre *f* dedecus *n*, ignominia *f*.
unehrenhaft inhonestus, turpis.
unehrerbietig parum reverens, irreverens.
Unehrerbietigkeit *f* irreverentia *f*.
unehrlich improbus; fraudulentus, fallax, perfidus.
Unehrlichkeit *f* improbitas *f*, perfidia *f*, fraus *f*.
uneigennützig innocens, abstinens; ~ *sein* suae utilitatis immemorem esse.
Uneigennützigkeit *f* innocentia *f*, abstinentia *f*.
uneigentlich **1.** *adj.* improprius; ~*e Bedeutung e-s Wortes* improprietas *f* verbi; *als rhetorische Figur*: abusio *f* verbi; **2.** *adv.* improprie; abusive.
uneingedenk immemor, oblitus.
uneingeschränkt infinitus; summus [laus].
uneingeweiht non initiatus, expers; inscius.
uneinig discors, dissidens; ~ *sein* dissentire, dissidēre, discordare.
Uneinigkeit *f* discordia *f*, dissensio *f*, discidium *n*.
uneinnehmbar inexpugnabilis.
unempfänglich rudis ad; ~ *sein* non sentire, non moveri [dolore].
unempfindlich sensu carens [corpus]; lentus, durus [animus].
Unempfindlichkeit *f* torpor *m* [corporis]; lentus animus *m*, duritia *f*.
unendlich infinitus, immensus, vehemens.
Unendlichkeit *f* infinitas *f*, immensitas *f*; *meist durch* infinitus.
unentbehrlich necessarius.
Unentbehrlichkeit *f* necessitas *f*.
unentgeltlich gratuitus; *adv.* gratis.
unenthaltsam intemperans.
Unenthaltsamkeit *f* intemperantia *f*, incontinentia *f*.
unentschieden (*v. Sachen*) nondum diiudicatus, integer, incertus, dubius; ~ *sein* in dubio esse; *die Sache ist* ~ adhuc sub iudice lis est.
unentschlossen dubius, incertus, haesitans.
Unentschlossenheit *f* dubitatio *f*, cunctatio *f*, haesitatio *f*.
unentwickelt confusus et incertus, incohatus.
unerbaulich frigidus, ieiūnus [oratio].
unerbittlich inexorabilis.
Unerbittlichkeit *f* animus *m* inexorabilis.
unerfahren imperitus, ignarus [belli].
Unerfahrenheit *f* imperitia *f*.

U

unerforschlich inexplicabilis.
unerfreulich iniucundus, ingratus.
unerfüllt irritus; ~ *bleiben* eventum non habēre, ad irritum cadere.
unergründet inexploratus.
unergründlich profundus, immensus, infinitus.
Unergründlichkeit *f*: *die* ~ *des Meeres* infinita maris altitudo *f*.
unerheblich levis, parvulus.
unerhört non exauditus [preces]; inauditus, novus.
unerkannt incognitus, ignotus.
unerklärlich inexplicabilis, obscurus.
unerlässlich necessarius.
unerlaubt illicitus, vetitus, turpis; ~ *sein* non licēre.
unermesslich immensus.
Unermesslichkeit *f* immensitas *f*.
unermüdet integer, non defessus.
unermüdlich impiger, assiduus.
uneröffnet non apertus; *v. Briefen*: non resignatus.
unerreichbar remotus.
unerquicklich iniucundus, molestus.
unersättlich insatiabilis, inexplebilis.
Unersättlichkeit *f* cupiditas *f* insatiabilis.
unerschöpflich inexhaustus; ~ *sein* exhauriri non posse.
unerschrocken impavidus, intrepidus, fortis.
Unerschrockenheit *f* animus *m* impavidus *od.* fortis; animi praesentia *f*; fortitudo *f*.
unerschütterlich stabilis, firmus, constans.
Unerschütterlichkeit *f* firmitas *f*, constantia *f*.
unerschüttert immotus, inconcussus.
unerschwinglich maximus, nimius.
unersetzlich irreparabilis; ~ *sein* reparari (*od.* sarciri) non posse.
unersprießlich inutilis.
unersteigbar inexsuperabilis, inaccessus.
unerträglich non ferendus, vix tolerandus.
unerwachsen nondum adultus, impūbes, immaturus.
unerwähnt: ~ *lassen* omittere, praetermittere, silentio praeterire.
unerwartet inexspectatus, inopinatus, necopinatus, improvisus; *adv.* praeter exspectationem (*od.* opinionem *od.* spem), (ex) inopinato.
unerwiesen incompertus.
unfähig iners, hebes, indocilis; ~ *zu* inutilis, non aptus, non idoneus ad.
Unfähigkeit *f* inertia *f*; *meist durch* (*adj.*) *unfähig*.
Unfall *m* casus 4 *m* (adversus), calamitas *f*, incommodum *n*, malum *n*, damnum *n*.
unfehlbar qui errare non potest, ab omni errore liber; *adv.* certe, certo, sine dubio.
Unfehlbarkeit *f* erroris immunitas *f* (* infallibilitas *f*); veritas *f*, fides *f*.
unfein inurbanus.
unflätig spurcus.
Unfleiß *m* pigritia *f*, inertia *f*, desidia *f*.
unfleißig piger, iners.
unfolgsam dicto non audiens, male parens, minus oboediens.
unförmlich deformis, informis, vastus.
Unförmlichkeit *f* deformitas *f*; vastitas *f*.
unfreiwillig invītus, coactus, non voluntarius.
unfreundlich asper, immitis, tristis; ~ *sein gegen* durum se praebēre [liberis].
Unfreundlichkeit *f* asperitas *f*, tristitia *f*.
Unfriede *m* discordia *f*.
unfruchtbar infecundus, sterilis [ager].
Unfruchtbarkeit *f* sterilitas *f*.
Unfug *m* turbae *f*/*pl.*, tumultus 4 *m*; (*Mutwille*) petulantia *f*.
unfügsam contumax.
ungangbar invius.
ungastlich inhospitalis.
Ungastlichkeit *f* inhospitalitas *f*.
ungeachtet **1.** *prp.* in [summo periculo], *meist durch abl. abs.* [periculo contempto, neglecto]; **2.** *cj.* quamvis, licet *mit conj*.
ungeahndet inultus.
ungeahnt inopinatus, necopinatus.
ungebeten non rogatus; invocatus.
ungebildet rudis, incultus, indoctus, ineruditus; rusticus, agrestis, ferus, barbarus.
ungebraten crudus.
ungebräuchlich inusitatus; (*veraltet*) obsoletus.
Ungebühr *f* iniuria *f*; facinus *n* indignum.

ungebührlich inīquus, indecōrus, indignus, turpis.
ungebunden liber, solutus.
Ungebundenheit *f* licentia *f*.
Ungeduld *f* morae impatientia *f*.
ungeduldig morae impatiens, festīnans, temerarius.
ungeeignet non idoneus, parum aptus ad.
ungefähr *adv.* fere, ferme, ad, circiter; (*bei Zeitangaben*) sub *mit acc.*; ~ drei Wochen dies plus minus viginti; von ~ casu, fortuīto, forte.
Ungefähr *n* fors *f*, fortuna *f*, casus 4 *m*.
ungefährdet (a periculo) tutus, innoxius.
ungefällig illiberalis, inhumanus.
Ungefälligkeit *f* illiberalitas *f*, inhumanitas *f*.
ungefeilt impolītus.
ungefiedert implūmis.
ungehalten subiratus; ~ sein iniquo animo (*od.* graviter *od.* moleste) ferre.
ungeheißen non iussus, ultro.
ungeheuchelt verus, sincērus.
ungeheuer immānis, immensus, ingens, vastus.
Ungeheuer *n* monstrum *n*, prodigium *n*, portentum *n*; (*von Tieren*) belua *f* (immanis).
Ungeheuerlichkeit *f* prodigium *n*.
ungehindert 1. *adj.* non impeditus, expeditus, liber, solutus; **2.** *adv.* (*frei, ungebunden*) libere; (*unverzüglich*) sine morā.
ungehobelt agrestis, rusticus [homo].
ungehörig alienus, indignus, non aptus.
ungehörnt non cornutus, mutilus cornibus.
ungehorsam immodestus, dicto non audiens, male parens, contumax.
Ungehorsam *m* immodestia *f*, contumacia *f*.
ungekämmt impexus.
ungekannt ignotus, incognitus.
ungekocht crudus.
ungekränkt inviolatus, salvus, integer.
ungekünstelt simplex.
ungeladen non invitatus.
ungeläutert non purgatus.
ungelegen incommodus, inopportunus, intempestivus.
Ungelegenheit *f* incommodum *n*; ~ machen incommodum afferre, negotium facessere.
ungelehrig indocilis.
Ungelehrigkeit *f* indocilitas *f*.
ungelehrt indoctus, illitteratus.
ungelenk inhabilis.
Ungemach *n* incommoda *n/pl.*, molestiae *f/pl.*
ungemäßigt immoderatus, intemperatus.
ungemein *adv.* egregie [fortis], eximie.
ungenau indiligens, neglegens, parum accuratus.
Ungenauigkeit *f* indiligentia *f*, neglegentia *f*.
ungenügend quod non sufficit; *adv.* non satis.
ungenügsam intemperans, incontinens.
Ungenügsamkeit *f* intemperantia *f*, incontinentia *f*.
ungeordnet inordinatus, incompositus, inconditus, nullo ordine; tumultuarius [manus].
ungepflastert immunitus.
ungeprägt non signatus formā, sed rudi pondere.
ungeprüft inexploratus.
ungerächt inultus.
ungerade impar [numerus].
ungeraten male moratus.
ungerechnet praeter *mit acc.*, sine *mit abl.*
ungerecht iniustus; (*von Sachen*) iniquus; (*unverdient*) immeritus.
ungerechtfertigt non purgatus, non excusatus.
Ungerechtigkeit *f* iniustitia *f*, *konkr.* iniuria *f*.
ungeregelt incompositus, inconditus.
ungereimt inscītus; absurdus, ineptus.
Ungereimtheit *f* res *f* inepta.
ungern invitus (*adj.*); aegre, moleste.
ungerührt immotus; ~ bleiben nihil commoveri [periculo].
ungesagt indictus.
ungesalzen insulsus.
ungesättigt non saturatus.
ungesäuert non fermentatus, sine fermento.
ungesäumt *adv.* sine mora, nullā morā interpositā, haud cunctanter.
ungeschehen infectus.

ungescheut liber, apertus.
Ungeschick(lichkeit *f*) *n* inscitia *f*.
ungeschickt minus idoneus; tardus, rudis, inscitus.
ungeschlacht immanis, incultus [homo].
ungeschliffen impolitus; asper, agrestis, rudis.
Ungeschliffenheit *f* rusticitas *f*.
ungeschmälert illibatus, integer [opes].
ungeschmeidig asper, horridus, durus.
Ungeschmeidigkeit *f* asperitas *f*.
ungeschminkt inornatus, incomptus; *~ die Wahrheit sagen* vera simpliciter dicere, libere profiteri.
ungeschmückt sincērus, simplex, nudus [veritas].
ungeschoren intonsus; *~ lassen* omittere, abstinere (ab).
ungeschwächt integer.
ungesehen invisus.
ungesellig insociabilis; *~ leben* fugere congressūs hominum.
ungesetzlich non legitimus; *es ist ~* contra legem est.
ungesittet male moratus.
ungesprächig inops sermonis.
Ungestalt *f* deformitas *f*.
ungestalt(et) deformis.
ungestattet illicitus, non concessus, inconcessus.
ungestört non interpellatus; liber ab arbitris [locus]; *ich will ~ sein* me conveniri nolo.
ungestraft impunitus, inultus.
Ungestraftheit *f* impunitas *f*.
ungestüm vehemens, violentus, ferox, acer.
Ungestüm *m und n* impetus 4 *m*, vehementia *f*, violentia *f*.
ungesund infirmā valetudine; (*der Gesundheit schädlich*) gravis, non salūber, pestilens.
Ungesundheit *f* valetudo *f* infirma (*od.* tenuis), gravitas *f*, pestilentia *f*.
ungetan infectus.
***ungetauft** non baptizatus.
ungetrübt non turbatus; sincerus, liquidus [voluptas].
Ungetüm *n* monstrum *n*, belua *f*.
ungetreu in-, perfidus.
ungeübt inexercitatus; rudis, tiro [in militia].
Ungeübtheit *f* inscitia *f*.
ungewandt inhabilis, inscitus.
ungewaschen illotus.
ungeweiht profanus.
ungewiss incertus.
Ungewissheit *f* res *f* incerta (*od.* dubia); dubitatio *f*, haesitatio *f*; *in ~ sein* in dubio (*od.* animo suspenso) esse.
Ungewitter *n* tempestas *f*, procella *f*.
ungewöhnlich non usitatus; novus, mirus.
Ungewöhnlichkeit *f* insolentia *f*, novitas *f*.
ungewohnt insuetus, insolitus, insolens.
Ungewohntheit *f* insolentia *f*.
ungezähmt indomitus; effrenatus [libido].
ungezäumt infrenatus; effrenatus.
Ungeziefer *n* bestiolae *f/pl.* molestae (*od.* foedae).
ungeziemend indecōrus.
ungezogen male moratus, immodestus, rusticus.
Ungezogenheit *f* immodestia *f*, rusticitas *f*.
ungezügelt effrenatus.
ungezwungen non coactus, voluntarius; simplex, non affectatus, naturalis [motus].
Ungezwungenheit *f* simplicitas *f* [morum].
Unglaube *m durch* non credere; dubitandi obstinatio *f*; (*religiös*) impietas *f*.
ungläubig qui non facile adducitur ut credat; (*religiös*) impius, a vera doctrina (Christi) alienus.
unglaublich incredibilis.
unglaubwürdig fide indignus.
ungleich (*nicht eben*) inaequalis; (*Beschaffenheit*) impar, dispar, dissimilis, diversus.
ungleichartig diversus, dissimilis.
Ungleichartigkeit *f* dissimilitudo *f*, diversitas *f*.
ungleichförmig inaequabilis.
Ungleichheit *f* inaequalitas *f*.
Unglimpf *m* inclementia *f*, inhumanitas *f*, severitas *f*, asperitas *f*.
Unglück *n* calamitas *f*; malum *n*; (*Unglücksfall*) casus 4 *m* (adversus); (*Unfall*) incommodum *n*; (*widrige Verhältnisse*) res *f/pl.* adversae; fortuna *f* adversa; miseria *f*.
unglücklich infelix; miser, afflictus; *nur von Sachen*: adversus, malus, infaustus [auspicium]; (*bei den Griechen*) sinister [omen].

Unglücksbote *m* nuntius *m* tristis.
unglückselig miser.
Unglücksfall *m* casus 4 *m* adversus (*od.* tristis).
Unglücksprophet *m* magnarum calamitatum praenuntius *m.*
Unglücksstifter *m*, **~in** *f* malorum auctor *m u. f.*
Unglücksstunde *f* hora *f* funesta, tempus *n* funestum.
Unglückstag *m* dies *m* nefastus (*od.* ater).
Unglücksvogel *m* avis *f* infelix *od.* sinistra.
Unglückszeichen *n* omen *n* malum, prodigium *n.*
Ungnade *f* odium *n*, invidia *f*, ira *f*; *in ~ fallen* in odium venire [principi].
ungnädig inclēmens, immītis, inīquus, iratus [iuveni].
ungründlich parum subtīlis, levis.
Ungründlichkeit *f* nulla subtilitas *f*, levitas *f.*
ungültig irritus, vanus.
Ungunst *f* iniquitas *f* [temporum].
ungünstig alienus, iniquo animo; iniquus [locus], adversus [ventus]; *sich ~ treffen* perincommode accidere, quod.
ungut: *für ~ nehmen* in malam partem accipere.
unhaltbar intutus [castra]; infirmus, levis [argumentum].
Unhaltbarkeit *f* infirmitas *f*, levitas *f.*
unhandlich inhabilis.
unharmonisch dissonus, discrepans, discors.
Unheil *n* malum *n*, calamitas *f.*
unheilbar insanabilis; desperatus [morbus].
Unheil bringend perniciosus, pestifer.
unheilig profānus.
Unheilstifter *m* homo *m* perniciosus, homo exitiabilis, pestis *f*, pernicies 5 *f.*
unheilvoll funestus, gravis, fatalis.
unheimlich suspectus, infestus.
unhöflich inurbanus, inhumanus, asper, rusticus.
Unhöflichkeit *f* inurbanitas *f*, inhumanitas *f*, asperitas *f.*
unhold inimicus.
Unhold immane monstrum *n*; pestis *f.*
Uniform *f* vestitus 4 *m* militaris.
uninteressant parum iucundus, frigidus, ieiūnus.
Union *f* societas *f*; civitates *f/pl.*
Universalerbe *m* heres *m* ex asse (*od.* omnium bonorum).
Universität *f* universitas *f* (litterarum).
unkenntlich *machen* aliam speciem induere [sibi].
Unkenntnis *f* inscientia *f*, ignoratio *f.*
unkeusch impudīcus, incestus, libidinosus; obscēnus.
Unkeuschheit *f* impudicitia *f*, libidines *f/pl.*
unkindlich velut praecox, senili [anili] prudentiā; *~ gegen* impius [erga parentes].
unklar turbidus [aqua]; obscurus.
unklug imprūdens; demens, temerarius, stultus.
Unklugheit *f* imprudentia *f*, dementia *f*, temeritas *f*, stultitia *f.*
Unkosten: *die ~* sumptus 4 *m.*
Unkraut *n* herba *f* inutilis (*od.* sterilis *od.* nocens).
unkriegerisch imbellis.
unkundig ignarus, imperitus, rudis.
unlängst nuper, modo; non ita pridem.
unlauter impurus, illiberalis.
unleidlich difficilis, morosus.
Unleidlichkeit *f* mores *m/pl.* difficiles, difficultas *f*; morositas *f*; importunitas *f.*
unlenksam contumax.
unlesbar, unleserlich 1. *adj.* e-e *~e Handschrift* litterae *f/pl.* parum clarae; **2.** *adv.* parum clare.
unleugbar haud dubius, evidens.
unlieb ingratus; *es ist mir ~* aegre fero.
unlösbar indissolubilis.
Unlust *f* taedium *n*, molestia *f*, stomachus *m*; *mit ~* invitus; *er empfindet ~* taedet eum [vitae, vixisse].
unmanierlich inurbanus, agrestis.
unmännlich viro indignus, effeminatus, mollis.
Unmännlichkeit *f* mollitia *f.*
Unmasse *f* multitudo *f*, magna vis *f*, ingens numerus *m.*
unmäßig immodicus, immoderatus, intemperans, incontinens, immodestus, impotens, effrenatus, effusus.
Unmäßigkeit *f* intemperantia *f*, in-

continentia *f*, cupiditas *f* immoderata.
Unmensch *m* homo *m* immanis (*od.* omnis humanitatis expers), belua *f*, monstrum *n* hominis.
unmenschlich inhumanus, immanis, saevus.
Unmenschlichkeit *f* inhumanitas *f*, immanitas *f*, saevitia *f*.
unmerklich *adv.* sensim.
unmittelbar proximus, *meist durch* ipse *zu geben*; ~ *nach* (*zeitl.*) secundum, ex, sub [haec dicta]; (*nach-*) *folgen* subsequi.
unmöglich quod fieri (*od.* effici) non potest; *meist durch* non posse *mit inf.*, facere non possum, fieri non potest, ut (quin); *das* ≗*e erzwingen wollen* inexsuperabilibus vim afferre.
unmoralisch inhonestus, turpis.
unmündig nondum adultus *od.* sui iuris; impubes.
Unmut *m* indignatio *f*, ira *f*.
unmutig indignabundus; iratus.
unmütterlich impius; *adv.* impie.
unnachgiebig obstinatus, pertinax.
Unnachgiebigkeit *f* pertinacia *f*, animus *m* obstinatus.
Unnatur *f* immanitas *f*.
unnatürlich naturae repugnans, quod contra naturam est; monstruosus, portentosus.
unnennbar infandus; mirus.
unnötig non necessarius, supervacaneus, vanus [metus]; *es ist* ~ opus non est, nihil attinet.
unnütz inutilis, inanis; nequam [homo]; ~ *verschwenden* profundere ac pergere.
unordentlich neglegens.
Unordnung *f* perturbatio *f*; *in* ~ *bringen* perturbare, miscēre.
unorthographisch: ~ *schreiben* prave scribere.
unparteiisch aequus, incorruptus, integer; ~ *sein* neutri favēre.
Unparteilichkeit *f* aequitas *f*, iudicium *n* integrum, animus *m* ab omni partium studio alienus.
unpassend non aptus *od.* idoneus ad, alienus ab, abhorrens.
unpässlich invalidus, morbo temptatus.
Unpässlichkeit *f* valetudo *f* incommoda.
unpolitisch 1. *adj.* a prudentiā civili abhorrens *od.* alienus: (*nicht schlau*) non callidus, imprudens; 2. *adv.* prudentiae civili non convenienter; non callide.
unpopulär populo offensus, non acceptus [plebi].
Unpopularität *f* invidia *f*.
unpraktisch (*v. Personen*) nullius usūs; (*v. Sachen*) quod ad usum transferri non potest.
Unrat *m* sordes *f/pl.*, squalor *m*, illuvies *f*.
unrecht (*verkehrt*) pravus; (*unbillig*) iniquus, iniustus; ~ *Gut gedeihet nicht* male parta (partum) male dilabuntur [disperit]; ~ *haben* perperam (*od.* non recte) iudicare.
Unrecht *n* iniuria *f*; ~ *tun* iniuriam facere (*od.* inferre); *mit* ~ iniuria, immerito; male.
unrechtmäßig iniustus, non legitimus, iniquus.
unredlich improbus, malus.
Unredlichkeit *f* improbitas *f*, perfidia *f*, fraus *f*.
unregelmäßig enormis [vicus]; (*ungewöhnlich*) inusitatus; (*sich nicht gleich bleibend*) non constans; dissolutus [vita]; tumultuarius [manus].
Unregelmäßigkeit *f* pravitas *f*.
unreif crudus, immaturus.
Unreife *f* immaturitas *f*.
unrein non purus; asper [vox].
unreinlich immundus, sordidus.
Unreinlichkeit *f* immunditia *f*, *konkr.* sordes *f/pl.*
unrichtig vitiosus, falsus.
Unrichtigkeit *f* pravitas *f*; vitium *n*.
Unruhe *f* turbae *f/pl.*, tumultus 4 *m*, motus 4 *m*, seditio *f*; (*geistig*) animi motus 4 *m*, perturbatio *f*; *in* ~ *geraten* perturbari, commoveri.
unruhig inquietus, tumultuosus, turbidus, sollicitus.
unrühmlich inglorius [vita], turpis, indignus.
Unrühmlichkeit *f* turpitudo *f*, indignitas *f*.
Unruhstifter *m* homo *m* turbulentus *od.* seditiosus, homo *m* rerum novarum cupidus *od.* studiosus.
unsäglich immensus, ingens, maximus.
unsanft gravis, asper, immitis.
unsauber immundus, sordidus.
unschädlich innocens, innoxius; ~ *sein* nihil nocēre (posse); ~ *machen* frangere, comprimere, tollere.

unschätzbar inaestimabilis; eximius, praestans.
Unschätzbarkeit *f* praestantia *f*, excellentia *f*.
unscheinbar invenustā specie, indecorus visu; exiguus.
unschicklich indecōrus, ineptus, turpis, indignus, alienus ab.
Unschicklichkeit *f* indignitas *f*, *pl.* ineptiae *f*.
unschiffbar non patiens navium.
Unschlitt *n* sebum *n*; *aus* ~ sebaceus.
unschlüssig dubius, incertus, haesitans.
unschmackhaft nihil sapiens; (*ungewürzt*) non conditus; (*spätlat.*) insipidus; ~ *sein* nihil sapere, sapore carēre.
unschön deformis, horridus.
Unschuld *f* innocentia *f*; *seine Hände in* ~ *waschen* extra culpam esse, abesse a culpa.
unschuldig innocens, insons, culpā vacuus, criminis expers; ~ *sein* culpā vacare (*od.* carēre).
unselbstständig obnoxius; infirmus, non sui arbitrii, ex alieno arbitrio pendens.
unselig funestus, luctuosus, miser, tristis, infelix.
unser noster, *auch* hic.
unsicher (*nicht gut verwahrt*) intutus; (*gefährdet*) infestus; (*nicht feststehend*) instabilis, lubricus; infirmus [valetudo], incertus [spes], infidus [amicus].
Unsicherheit *f mit unsicher zu geben.*
unsichtbar qui oculis cerni non potest, qui sub oculos non cadit, non aspectabilis; caecus [res]; *sich* ~ *machen* clam se subducere, conspectum hominum fugere, in publicum non prodire.
Unsinn *m* amentia *f*, *konkr.* ineptiae *f/pl.*; *das ist* ~ nihil dicis.
unsinnig amens, demens, insanus.
Unsitte *f* mos *m* pravus (*od.* turpis).
unsittlich inhonestus, turpis.
Unsittlichkeit *f* turpitudo *f*, nihil sancti.
unsorgsam neglegens.
unstatthaft pravus; ~ *sein* locum non habere; non ferendum (*od.* non comprobandum, non accipiendum) esse.
unsterblich immortalis.
Unsterblichkeit *f* immortalitas *f*.
Unstern calamitas *f* quaedam.
unstet vagus, mobilis.
unsträflich innocens, integer.
Unsträflichkeit *f* innocentia *f*, integritas *f*.
unstreitig sein non controversum (*od.* non dubium) esse; *adv.* sine dubio, sine (ulla) controversia; (*beim sup.*) longe, facile.
unstudiert **1.** *adj.* indoctus, illitteratus; (*unvorbereitet*) subitus; **2.** *adv.* subito; ~ *reden* ex tempore dicere.
untadelig integer, honestus, probus; ~*es Leben* morum sanctitas *f*; ~*e Arbeit* opus *n* omnibus numeris absolutum et perfectum.
Untat *f allg.* facinus *n*; (*Missetat*) maleficium *n*; (*Verbrechen*) scelus *n*; (*Frevel*) facinus *n* impium *od.* nefandum, nefas *n* (*indecl.*).
untätig nihil agens, segnis, ignavus, iners, deses.
Untätigkeit *f* segnitia *f*, ignavia *f*, inertia *f*, desidia *f*.
untauglich inutilis, non aptus *od.* idoneus ad.
Untauglichkeit *f* inutilitas *f*, inertia *f*; *meist durch* (*adj.*) *untauglich.*
unteilbar individuus, qui dividi (*od.* dirimi) non potest.
unteilhaft expers, exsors [praedae].
unten infra; *oft durch adj.* inferior, infimus, imus, extremus [in imo monte, in extrema epistula]; ~ *abhauen* subcidere; ~ *liegen* subiacēre.
unter *prp.* **1.** *wo?* (*räumlich*) sub *mit abl.*; (*unterhalb*) infra; (*zeitlich*) *oft durch abl. abs.* ~ *der Regierung des Darius* Dareo regnante; (*bei Angabe der Abhängigkeit*) sub *mit abl.* [sub imperio populi Romani esse]; ~ *Anführung des Konsuls* consule duce; (*bei Angabe des geringeren Maßes*) infra [aequalem], inferiorem [aequali] esse; (*von Menge und Wert*) minus [triginta annos natum esse], minorem [triginta annis esse]; (*das Befinden unter e-r Menge bezeichnend*) inter *od.* ex, de, in *mit abl.*; *auch durch gen. part.* [maximus omnium]; (*unter Begleitung von*) cum [custodibus, praesidio]; ~ *großen Gefahren* magnis cum periculis; (*bei Angabe der Art und Weise*) *meist bloßer abl.* [hac condicione; specie amicitiae]; **2.** *wohin?* sub [iugum mittere]; (*zwischen ... hin-*

ein) inter; (*in ... hinein*) in [medios hostes se immittere]; (*durch ... hin*) per.
Unterabteilung *f* pars *f*.
Unterarm *m* bracchium *n*.
Unterart *f* pars *f*, forma *f*, species *f*.
Unterbau *m* substructio *f*, fundamenta *n*/*pl*.
unterbauen substruere.
Unterbeamte(r) *m* magistratus 4 *m* minor.
Unterbefehlshaber *m* legatus *m*.
Unterbehörde *f* magistratus 4 *m* minor.
Unterbett *n* stragulum *n*.
u'nterbinden subligare.
unterbi'nden substringere fasciā [vulnus].
unterbleiben omitti, intermitti, non fieri.
unterbrechen interpellare, interloqui [oratori], interrumpere; (*eine Zeitlang*) intermittere; (*gänzlich*) dirimere; intervenire [imber exercitationibus].
Unterbrechung *f* interpellatio *f*, intermissio *f*; *meist durch Verba*; *ohne* ~ sine intervallo, uno tenore, sine ulla intermissione, nullā morā interpositā.
unterbreiten substernere.
unterbringen collocare, deponere, condere; hospitium prospicere [advenae].
***Unterbringung** *f* depositio *f*.
unterbrochen interruptus; intermissus.
unterdessen interea; dum haec [geruntur.]
unterdrücken opprimere, comprimere, reprimere, compescere; supprimere [iram]; exstinguere [furorem].
Unterdrücker *m* oppressor *m*; (*Tyrann*) tyrannus *m*, dominus *m*.
untere(r) inferior.
untereinander inter nos, vos, se; ~ *mengen* miscēre.
unterfangen: *sich* ~ audēre.
Unterfeldherr *m* legatus *m*.
Unterfläche *f* basis *f*.
Untergang *m* occasus 4 *m* [solis]; obitus 4 *m* [signorum]; (*Vernichtung*) interitus 4 *m*, exitium *n*; pernicies *f*; *seinen* ~ *finden* perire.
untergeben imperio subiectus.
Untergebene(r) *m* qui *alci* paret, *alcs* imperio subiectus; *die Untergebenen* inferiores.
untergehen (*im Wasser*) aquā mergi; (*von Gestirnen*) occidere; (*umkommen*) perire, interire, exstingui, mori.
untergraben suffodere, subruere; / subruere, evertere, pervertere, labefactare.
Untergrabung *f* **1.** *eig*. suffossio *f*;/ **2.** eversio *f*; *nach* ~ *der Freiheit* libertate subruta.
***Untergrundbahn** *f* ferrovia *f* subterranea.
unterhalb infra.
Unterhalt *m* victus 4 *m*, alimenta [*n*/*pl*.]
unterhalten alere, sustentare, fovēre; (*ergötzen*) delectare, oblectare; *sich* ~ *mit* colloqui cum.
unterhaltend iucundus, ludicrus [sermo].
Unterhaltung *f* delectatio *f*, oblectamentum *n*; sermo *m* familiaris; *zur* ~ voluptatis causa.
unterhandeln agere de; (*mündlich*) colloqui cum.
Unterhändler *m* internuntius *m*, interpres *m* [pacis], conciliator *m* [nuptiarum].
Unterhandlung *f* actio *f* de; (*mündliche*) colloquium *n*; (*Vergleichsvorschläge*) condiciones *f*/*pl*.
***Unterhaus** *n* senatus 4 *m* plebeius (*od*. inferior).
unterhöhlen suffodere.
unterirdisch subterraneus; *die* ~*en Götter* di *m*/*pl*. inferi; ~*er Gang* cuniculus *m*.
unterjochen subigere, (per)domare, in dicionem suam redigere.
Unterkleid *n* tunica *f* (interior); *im* ~ *sein* esse cum tunica.
unterkommen hospitio (*od*. tecto) recīpi; (*eine Anstellung finden*) munus nancisci.
Unterkommen hospitium *n*, tectum *n*; (*Dienst*) munus *n*.
unterkriechen *intr*. se abdere *in alqd*.
Unterlage *f* fundamentum *n*.
Unterland *n* regio *f* inferior.
Unterlass *m*: *ohne* ~ perpetuo, continenter.
unterlassen missum facere, mittere, omittere; (*zeitweilig*) intermittere, neglegere; *ich kann nicht* ~ non possum non *mit inf*., facere non possum, quin.
Unterlassung *f* intermissio *f*, omissio *f*; ~ *e-r Sache* omissa res *f*.

U

unterlaufen: *mit Blut* ~ sanguine suffundi; *mit-*~ intercurrere [exercitationibus nonnunqam dolor], intervenire [his coeptis bellum Sabinum]; ~ *lassen* immittere.
unterlegen supponere, subicere, subdere.
Unterleib *m* alvus *f*; venter *m*.
unterliegen succumbere, cedere [oneri], vinci (*od.* opprimi) ab; inferiorem discedere ex proelio.
Unterlippe *f* labrum *n* inferius.
untermauern substruere.
unter/mengen, ~mischen intermiscēre.
Untermieter *m* inquilinus *m*.
unterminieren cuniculis subruere; *abs.* cuniculos agere.
unternehmen aggredi, incipere, suscipere, recipere; (*mit inf.*) adoriri, conari, audēre.
Unternehmen *n* inceptum *n*, conatus 4 *m* (*pl.* conata *n*), res *f* gerenda (*od.* gesta), facinus *n*, opus *n*; (*kriegerisches*) expeditio *f*, bellum *n*.
unternehmend audax, strenuus, promptus, acer, experiens.
Unternehmer *m* redemptor *m*, conductor *m*, locator *m*.
unterordnen subicere; postponere, posthabēre; *untergeordnet* inferior, secundus; *untergeordnet sein* oboedire debēre.
Unterordnung *f* **1.** (*Dienstgehorsam, Manneszucht*) disciplina *f*; (*das Sichfügen in die Ordnung*) modestia *f*; (*Gehorsam*) obsequium *n*; **2.** (*zweite und dritte Ordnung*) ordo *m* secundus *od.* tertius.
Unterpfand *n* pignus *n*.
unterpflügen subarare.
unterreden: *sich* ~ sermonem conferre, colloqui, sermocinari cum.
Unterredung *f* sermo *m*, colloquium *n*.
Unterricht *m* institutio *f*, eruditio *f*, disciplina *f*; ~ (*v. Lehrer*) doctrina *f*.
unterrichten instituere, erudire, docēre; certiorem facere de.
Unterrichtsanstalt *f* ludus *m* litterarum, schola *f*.
Unterrichtsgegenstand *m* doctrina *f*. [disciplinae.]
Unterrichtsmethode *f* genus *n*
Unterrock *m der Männer*: tunica *f*; *der Weiber*: tunica *f* interior.
untersagen vetare [pueros ludere], interdicere [Romanis omni Galliā].
Untersatz *m* (*logisch*) assumptio *f*, propositio *f* minor.
unterscheiden discernere, distinguere, internoscere; *sich* ~ differre ab, inter se.
Unterscheidung *f* distinctio *f*; *meist durch Verba.*
Unterscheidungszeichen *n* discrimen *n*, insigne *n*, nota *f*.
Unterschenkel *m* crus *n*.
unterschieben subdere, supponere; *untergeschoben* subditus.
Unterschieber *m* suppositor *m*, subiector *m*.
Unterschied *m* discrimen *n*; diversitas *f*, differentia *f*, dissimilitudo *f*, *es ist ein* ~ differt, *meist* interest inter, utrum ... an; *ohne* ~ *der Person* nullius habita ratione; *ohne allen* ~ sine ullo discrimine; *keinen* ~ *machen zwischen* promiscua habēre [divina et humana].
unterschlagen avertere, intervertere, supprimere, intercipere [litteras]; (*abs.*) peculatum facere.
Unter/schlagung *f*, **~schleif** *m* peculatus 4 *m*.
unterschreiben subscribere [nomen litteris]; *nicht* ~ *können* probare non posse.
Unterschrift *f abst.* subscriptio *f*, *konkr.* nomen *n* subscriptum.
***Unterseeboot** *n* submarinum navigium *n*.
untersetzen supponere, subdere.
untersetzt habitu corporis brevis et robustus.
untersiegeln (ob)signare.
untersinken (de-, sub)mergi.
unterspülen subluere.
Unterstadt *f* urbs *f* inferior, inferiores urbis partes *f/pl.*
unterstecken subicere, subdere.
unterste(r) infimus, imus (inferior).
unterstehen inferiorem esse [solo duce]; *sich* ~ audēre.
unterstellen supponere.
unterstreichen lineam ducere subter *alqd.*
unterstreuen substernere.
unterstützen suffulcire [porticum columnis]; (ad)iuvare, auxilium ferre [petenti].
Unterstützung *f* auxilium *n*, subsidium *n*.
untersuchen quaerere, quaestionem habēre de, inquirere in [ea, quae], cognoscere, examinare.

Untersuchung *f* quaestio *f*, inquisitio *f*, cognitio *f*; (*wissenschaftliche*) disputatio *f*.
Untersuchungsrichter *m* quaesitor *m*; ~ *sein* cognoscere.
unter/tan, ~tänig imperi [populi Romani] subiectus, obnoxius, deditícius; ~ *sein* parēre, in [populi Romani] dicione (*od.* potestate) esse.
Untertänigkeit *f* oboedientia *f*, servitus 4 *f*; *in ~ erhalten* in officio retinēre.
untertauchen 1. *trans.* (de-, sub-) mergere; *mit dem Kopfe ~* caput submergere; **2.** *intr.* = P.
Unterteil *m od. n v. zweien*: pars *f* inferior; *v. mehreren*: pars *f* infima.
untertreten *unter* subire [tectum].
unterwärts deorsum.
unterwegs in via, in (ex) itinere.
unterweisen instituere, imbuere, erudire.
Unterweisung *f* disciplina *f*, eruditio *f*.
Unterwelt *f* inferi *m/pl.*, loca *n/pl.* inferna; *in der ~* apud inferos; *in die ~* ad inferos; *aus der ~* ab inferis.
unterwerfen domare, perdomare, subigere, pacare; sub (*od.* in) imperium (*od.* potestatem *od.* dicionem) [populi Romani redigere, dicionis [populi Romani] facere; *sich ~* se subicere [populo Romano], imperio [populi Romani]; *unterworfen* subiectus.
Unterwerfung *f* deditio *f*; *meist durch Verba*; *die ~ annehmen* in deditionem accipere.
unterwühlen suffodere, subruere.
unterwürfig sub-, demissus.
Unterwürfigkeit *f* animus *m* demissus, modestia *f*.
unterzeichnen subscribere.
Unterzeichnung *f* subscriptio *f*, nomen *n* subscriptum.
unterziehen: *sich ~* suscipere, subire [labores].
Untiefe *f* vadum *n*.
Untier *n* monstrum *n*, belua *f* (immanis).
untrennbar inseparabilis, individuus, indissolubilis.
untreu infidelis, infidus, perfidus; ~ *werden* deficere ab; *sich ~ werden* sibi non constare.
Untreue *f* perfidia *f*.
untrinkbar ingustabilis.
untröstlich *sein* consolationem non admittere, omne solacium repudiare.
untrüglich certus; (*v. Sachen*) exploratus.
Untrüglichkeit *f* fides *f* certa.
untüchtig inutilis, ignavus.
Untüchtigkeit *f* inutilitas *f*; (*Unfähigkeit*) inertia *f*.
Untugend *f* vitium *n*.
unüberlegt inconsideratus, inconsultus, temerarius (*adv.* temere), imprūdens.
Unüberlegtheit *f* temeritas *f*, imprudentia *f*, neglegentia *f*.
unübersehbar immensus.
unübersteiglich insuperabilis, quod superari non potest.
unübertrefflich praestantissimus, divinus; omnibus numeris perfectus.
unübertroffen singularis, divinus.
unüberwindlich invictus; inexpugnabilis [urbs], inexplicabilis [continuis imbribus viae].
unumgänglich necessarius; necesse est; [homo] inhumanus, incommodus, asper.
unumschränkt infinitus, summus; qui habet liberum arbitrium.
unumstößlich firmissimus, certissimus.
unumwunden apertus, liber, ingenuus; haud ambiguus [responsum].
ununterbrochen perpetuus, continuus.
unväterlich patre indignus, ab animo paterno abhorrens, impius; *adv.* impie.
unveränderlich immutabilis, constans, stabilis, fixus.
unverändert immutatus.
unverantwortlich iniquus, pravissimus [mos]; ~ *sein* nullam excusationem habēre.
unverbesserlich insanabilis, perditus.
unverbindlich nullis officiis obstrictus; *Versprechen ~ machen* liberare promissa.
unverblümt nudus, apertus.
unverbrüchlich inviolatus, sanctus; *~e Treue* fides summa, integra.
unverbunden non obligatus.
unverbürgt incertus.
unverdaulich difficilis ad concoquendum.

unverdaut crudus.
unverdeckt apertus.
unverderbt incorruptus, integer; sanctus.
unverdient immeritus, falsus [gloria]; *unverdienterweise* immerito.
unverdorben incorruptus, integer.
Unverdorbenheit *f* integritas *f*; sanctitas *f*.
unverdrossen impiger, assiduus, navus.
Unverdrossenheit *f* impigritas *f*, assiduitas *f*, navitas *f*.
unverehelicht caelebs; innupta.
unvereinbar alienus, abhorrens ab, contrarius [legi]; ~ *sein abs.* inter se pugnare.
unverfälscht sincerus, integer.
unverfänglich simplex, non captiosus [interrogatio].
unvergänglich aeternus, immortalis.
unvergesslich sempiternā memoriā dignus, cuius memoriam nulla umquam oblivio delebit, aeternus [tua erga me munera].
Unvergesslichkeit *f* sempiterna memoria *f*.
unvergleichlich non comparabilis, divinus, singularis, unicus.
unverhältnismäßig iusto maior *od.* minor, maior [poena] quam pro [peccati levitate]; ~ *noch* iniquus.
unverheiratet caelebs; innupta.
unverhofft insperatus; *adv.* praeter exspectationem.
unverhohlen apertus, liber.
unverhört indictā causā.
unverhüllt apertus, nudus.
unverkennbar manifestus, evidens, perspicuus.
unverletzlich inviolatus, sanctus; sacrosanctus [tribunus plebis].
Unverletzlichkeit *f* sanctitas *f*.
unverletzt incolumis, integer.
unverloren salvus.
unvermeidlich necessarius; quod evitari non potest.
unvermerkt *adv.* clam, furtim.
unvermischt merus [vinum].
Unvermögen *n* infirmitas *f*, imbecillitas *f*.
unvermögend inops.
unvermutet inopinatus, subitus; *adv.* praeter opinionem, improviso.
unvernehmlich obscurus; *adv.* obscure; ~ *werden* obscurari.
Unvernunft *f* insipientia *f*, dementia *f*, insania *f*.
unvernünftig rationis expers, insipiens, brutus; (*v. Sachen*) demens, insanus, imprūdens, absurdus.
unverpicht non picatus.
unverrichtet: (~*er Sache*) infectā re.
unverrückt loco suo non motus; *mit* ~*en Blicken* oculis contentis.
unverschämt impudens, insolens.
Unverschämtheit *f* impudentia *f*, insolentia *f*.
unverschuldet immeritus.
unversehens *adv.* ex (*od.* de) improviso.
unversehrt inviolatus, integer, intactus, incolumis, salvus.
Unversehrtheit *f* integritas *f*, incolumitas *f*.
unversiegbar perennis.
unversöhnlich implacabilis, inexpiabilis, memor [ira].
Unversöhnlichkeit *f* animus *m* implacabilis, odium *n* implacabile.
unversorgt cui nondum prospectum est; inops; e-e ~*e Tochter* filia *f* non collocata.
Unverstand *m* inscitia *f*, temeritas *f*, imprudentia *f*, stultitia *f*.
unverständig imprūdens, stultus.
unverständlich obscurus.
Unverständlichkeit *f* obscuritas *f*.
unverstellt non (dis)simulatus, apertus, sincērus, verus.
unverstümmelt integer.
unversucht inexpertus; *nichts* ~ *lassen* nihil inexpertum omittere, omnia experiri.
unverträglich importunus, asper; (*v. Sachen*) alienus, abhorrens ab.
Unverträglichkeit *f* importunitas *f*, asperitas *f*; *meist durch* (*adj.*) *unverträglich*.
unverwahrt immunitus, intutus.
unverwandt (*ansehen*) oculis rectis aspicere, oculos defigere in vultu.
unverwehrt *sein* licēre.
unverweilt statim, nullā morā interpositā.
unverwerflich probus, locuples [testis], certus.
unverwundbar invulnerabilis, vulnere intactus, integer; ~ *sein* vulnerari non posse.
unverwundet invulneratus, integer.
unverwüstlich incorruptus, firmissimus.
unverzagt impavidus, fortis, intrepidus.
unverzeihlich quod nihil excusationis habet; inexpiabilis [fraus].

unverzinst sine usuris, otiosus.
unverzollt inscriptus, sine portorio.
unverzüglich nullā morā interpositā.
unvollendet imperfectus, incohatus.
unvollkommen imperfectus, incohatus, mancus; vitiosus.
Unvollkommenheit *f* vitium *n*.
unvollständig non integer, mancus; *~ lassen* incohatum relinquere.
unvollzählig non plenus, non iustus; *v. Versammlungen*: infrequens.
unvorbereitet imparatus.
unvordenklich vetustissimus.
unvorhergesehen improvisus.
unvorsichtig improvidus, incautus, imprūdens, temerarius.
Unvorsichtigkeit *f* imprudentia *f*, temeritas *f*.
unvorteilhaft deterior; iniquus, importunus.
unwahr falsus, vanus, fictus.
unwahrhaftig mendax.
Unwahrhaftigkeit *f* nihil veri.
Unwahrheit *f* falsum *n*, mendacium *n*.
unwahrscheinlich non verisimilis, non probabilis.
unwandelbar immutabilis, stabilis, perennis [fides].
Unwandelbarkeit *f* constantia *f*.
unwegsam invius, impeditus.
unweiblich feminae non conveniens, a mulieris natura (*od.* dignitate) abhorrens.
unweise insipiens, stultus; *adv.* insipienter, stulte.
unweit haud procul ab, prope [urbem].
unwert indignus.
Unwesen *n* consuetudo *f* mala, turbae *f/pl.*, tumultus 4 *m*; *~ treiben* bacchari, comissari.
unwesentlich levis, supervacaneus.
Unwetter *n* tempestas *f*, procella *f*.
unwichtig levis, nullīus momenti.
Unwichtigkeit *f* levitas *f*, nullum momentum *n*.
unwiderleglich certus, firmus.
unwiderruflich irrevocabilis, in perpetuum ratus; *es ist mein ~er Entschluss* certum mihi deliberatumque est.
unwiderstehlich cui nullā vi resisti potest; invictus, intolerabilis.
unwiederbringlich irreparabilis, irrevocabilis.
Unwille *m* indignatio *f*, ira *f*; *~n empfinden über* aegre ferre [iniuriam; quod ...].
unwillig indignabundus, iratus; *~ sein* indignari, irasci, aegre ferre.
unwillkommen ingratus.
unwillkürlich fortuitus; *adv.* nescio quo modo (quo pacto).
unwirksam invalidus, inutilis; vanus.
unwirsch morosus, difficilis.
unwirtlich asper, horridus, incultus.
unwissend insciens, imprūdens; *abs.* rudis, omnium rerum inscius; *~ sein in* nescire, ignorare [linguam Graecam].
Unwissenheit *f* imprudentia *f*; ignoratio *f* rerum, inscientia *f*.
unwissentlich *adv.* non consulto.
unwitzig insulsus, ineptus.
unwohl leviter aegrotus.
unwohnlich inhabitabilis.
unwürdig indignus [laude, qui laudetur]; turpis.
Unwürdigkeit *f* indignitas *f*.
Unzahl *f* multitudo *f* infinita, ingens numerus *m*.
unzählig innumerabilis, sescenti.
unzart parum verecundus, inurbanus.
Unze *f* uncia *f*.
Unzeit *f*: *zur ~* intempestive, alieno tempore, male.
unzeitig intempestivus; (*verfrüht*) immaturus; (*ungelegen*) importunus.
unzerbrechlich infragilis.
unzertrennlich (*eng verbunden*) confusus; *~e Freunde* amici fidissimi.
unziemlich indecorus, turpis.
Unzier, Unzierde *f* indecentia *f*.
unzivilisiert incultus, barbarus, agrestis.
Unzucht *f* impudicitia *f*, libidines *f/pl.*; *konkr.* stuprum *n*; *~ treiben* stupra facere cum.
unzüchtig impudicus, libidinosus.
unzufrieden *abs.* sorte sua non contentus; morosus; *~ sein mit auch* moleste ferre, paenitet [me sortis meae].
Unzufriedenheit *f* animus *m* offensus; taedium *n* [sui].
unzugänglich quod adiri non potest, quo aditus non patet; impeditus, clausus; (*v. Pers.*) rari aditūs; *~ für* impatiens [blanditiarum].
unzulänglich non sufficiens, parum (idoneus), non satis.

U

unzulässig vetitus.
unzurechnungsfähig mentis non compos.
unzusammenhängend non cohaerens, interruptus; dissipatus.
unzuträglich inutilis; insalubris [cibus].
unzuverlässig incertus, dubius; infidus, levis.
Unzuverlässigkeit *f* fides *f* incerta (*od.* dubia); infirmitas *f.*
unzweckmäßig alienus.
unzweideutig non ambiguus, manifestus, apertus; *adv.* non ambigue.
unzweifelhaft non dubius, certus.
üppig luxurians [herbae], laetus [segetes]; luxuriosus, delicatus, exquisitus; *~ leben* luxuriose vivere, luxuriā diffluere.
Üppigkeit *f* luxuria *f,* luxus 4 *m.*
Urahn *m* proavus *m* (*fem.* proavia).
uralt exactae iam aetatis [homo]; vetustissimus.
Uranfang *m* primordium *n,* principium *n*; *~ der Welt* primordia *n/pl.* rerum.
urbar cultus; *~ machen* in arvorum formam redigere.
Urbewohner *m/pl.*: *die ~* primi incolae *m/pl.*
Urbild *n* exemplum *n*; exemplar *n.*
Ureinwohner *m/pl.*: *die ~* primi incolae *m/pl.*
Ureltern: *die ~* atavi *m/pl.*
Urenkel *m* pronepos *m.*
Urenkelin *f* proneptis *f.*
Urgeschichte *f* origines *f/pl.*
Urgroßmutter *f* proavia *f.*
Urgroßvater *m* proavus *m.*
Urgrund *m* causa *f* ultima; principium *n.*
Urheber *m* auctor *m,* parens *m,* inventor *m,* princeps *m.*
Urheberin *f* auctor *f,* parens *f.*
Urheberschaft *f* auctoritas *f.*
Urin *m* urina *f.*
Urkunde *f* litterae *f/pl.,* tabulae *f/pl.*; documentum *n*; (*geschichtliche*) litterarum monumenta *n/pl.*
urkundlich verus, certus; litteris consignatus.
Urlaub *m* commeatus 4 *m.*
Urne *f* urna *f.*
Urquell *m* fons *m,* causa *f.*
Ursache *f* causa *f.*
Urschrift *f* verba *n/pl.* scriptoris [ipsius.
Ursprung *m* origo *f,* ortus 4 *m*; fons *m*; caput *n,* principium *n,* primordium *n*; *seinen ~ herleiten von* originem ducere *od.* repetere ab.
ursprünglich primus, principalis, pristinus; innatus, nativus; *adv.* primo, principio, initio.
Urstoff *m* elementum *n,* principium *n.*
Urteil *n* iudicium *n*; sententia *f*; existimatio *f*; *nach meinem ~* meo (quidem) iudicio, meā sententiā, ut mihi quidem videtur; (*richterliches*) iudicium *n,* sententia *f*; (*Gutachten*) arbitrium *n*; *ein ~ fällen* iudicare.
urteilen iudicare, existimare de; (*richterlich*) iudicare de, iudicium facere, sententiam ferre.
urteilsfähig intellegens; *ein ~er Mensch* homo *m* acris iudicii; *ein ~er Mann* homo *m* sapiens; *~ sein* iudicare posse.
Urteilskraft *f* iudicium *n.*
Urteilsspruch *m* sententia *f,* iudicium *n.*
Urwald *m* silva *f* vetusta *od.* vetustissima.
Urwelt *f* primordia *n/pl.* rerum.
urwüchsig naturalis, rudis.
Urzeit *f* tempora *n/pl.* antiquissima; *Menschen der ~* homines *m/pl.* antiquissimi.
Urzustand *m*: *ein Volk im ~* populus, qui a culta atque humanitate longissime abest.
usurpieren (vi) rerum potiri.
Utensilien: *die ~* utensilia *n/pl.*; supellex *f.*

V

Vagabund *m* homo *m* erraticus.
vakant vacuus.
Vampir *m* hirudo *f.*
Vasall *m* cliens *m.*
Vasallenschaft *f* clientēla *f.*
Vase *f* vas *n.*
Vater *m* pater *m,* parens *m*; *die Väter* (*Vorfahren*) maiores *m/pl.*
Vater... (*gen.*) patris, patrius, paternus.
Vatererbe *n* patrimonium *n.*
Vaterland *n* patria *f.*
vaterländisch patrius, domesticus.
Vaterlands... (*gen.*) patriae.
väterlich paternus [regnum], patrius [potestas, amor, mos].

vaterlos (patre) orbus.
Vatermord *m* parricidium *n*.
Vatermörder *m* parricida *m*.
Vatersbruder *m* patruus *m*.
Vatersschwester *f* amita *f*.
Vaterstadt *f* (urbs) patria *f*.
Vegetation *f* herbarum incrementa *n/pl*.
vegetieren *von Gewächsen*: vivere; *v. Menschen*: sic vivere, quo modo arbores vivere dicuntur.
Veilchen *n* viola *f*.
Veilchenbeet *n* violarium *n*.
veilchenblau violaceus.
***Ventil** *n* claustrum *n*.
verabfolgen tradere, praebēre, exhibēre.
verabreden constituere, condicere [tempus], pacisci cum, convenit [mihi] cum de; *verabredetermaßen* ex composito, ut erat constitutum.
Verabredung *f* constitutum *n*.
verabreichen tradere, praebēre.
verabsäumen praetermittere, amittere [tempus].
verabscheuen aversari, detestari, abhorrēre ab.
verabscheuenswert detestabilis, abominandus.
verabschieden salvēre iubēre; dimittere [milites].
Verabschiedung *f* missio *f*, dimissio *f*; *nach ~ der Versammlung* concilio dimisso.
verachten (*nicht beachten*) contemnere; (*gering schätzen*) despicere; (*verschmähen*) spernere, repudiare; (*nicht leiden mögen*) fastidire.
verächtlich 1. *pass.* contemnendus, contemptus; *~ machen* in contemptionem adducere; **2.** *act.* contemnens (*adv.* contemptim), fastidiosus; *~es Betragen* fastidium *n*, superbia *f*; *sich ~ äußern über* despicere [hostes].
Verächtlichkeit *f* **1.** (*verächtliches Betragen*) fastidium *n*, superbia *f*; **2.** (*Wertlosigkeit*) vilitas *f*.
Verachtung *f* contemptio *f*, contemptus 4 *m*, despicientia *f*; fastidium *n*; *in ~ kommen* in contemptionem venire; *Gegenstand der ~ sein* contemptui esse [nobis].
veralten obsolescere, exolescere; *veraltet* obsoletus, exoletus.
veränderlich mutabilis.
Veränderlichkeit *f* inconstantia *f*, mobilitas *f*.
verändern (com)mutare.
Veränderung *f* commutatio *f*.
veranlassen auctorem esse [legis], occasionem [dimicandi] dare, movēre [seditionem]; efficere; *zu der Meinung ~* opinionem afferre [plebi].
Veranlassung *f* causa *f*, occasio *f*; *~ geben zu* principem (*od.* auctorem) esse [belli gerendi]; *auf ~* auctore [Caesare].
veranschaulichen rem clariorem facere, sub oculos (*od.* sub aspectum) [discipuli] subicere; illustrare, docēre.
veranstalten facere, parare, comparare, instruere, instituere.
Veranstaltung *f* apparatus 4 *m*; *~ treffen* apparare, instituere.
verantworten praestare [culpam, periculum]; *sich ~* purgare, excusare se; (*vor Gericht*) causam dicere.
Verantwortlichkeit *f* (*Risiko*) periculum *n*; (*Möglichkeit, angeschuldigt zu werden*) crimen *n*; *die ~ übernehmen* periculum in se recipere, periculum praestare.
Verantwortung *f*: *zur ~ ziehen wegen* rationem [fugae] reddere iubēre; (*gerichtlich*) in ius vocare; accusare.
verarbeiten facere, effingere, conficere; (*v. Magen*) concoquere.
verargen vitio dare *od.* tribuere *od.* vertere [iuveni].
verarmen ad inopiam redigi; *verarmt sein* in summa egestate esse.
Verarmung *f* egestas *f*; *gänzliche ~* summa paupertas *f* et paene inopia *f*.
veräußern (ab)alienare, vendere.
Veräußerung *f* alienatio *f*, abalienatio *f*; (*Verkauf*) venditio *f*; *nach ~ des Ackers* agro abalienato.
Verband *m* ligamentum *n*, vinculum *n*; (*kaufmännisch*) consociatio *f*.
verbannen ex civitate (ex)pellere, ex patria eicere, exsilio afficere, in exsilium eicere, relēgare, aquā et igni interdicere [civi]; *aus dem Gedächtnis ~* ex memoria deponere (*od.* evellere).
Verbannte(r) *m* exsul *m*, (patria) extorris *m*.
Verbannung *f* exsilium *n*, aquae et ignis interdictio *f*; *in die ~ gehen* in exsilium (ab)ire (*od.* proficisci), exsulatum abire; *in die ~ schicken* ex civitate (ex)pellere, eicere; in ex-

V

silium (ex)pellere, eicere, agere; *in der ~ leben* exsulare, in exsilio esse.
verbarrikadieren inaedificare, intersaepire.
verbauen obstruere [luminibus vicini]; aedificando absumere [pecuniam].
verbeißen supprimere, dissimulare, [dolorem].
verbergen occulere, occultare; abdere, abscondere [praedam]; (*verheimlichen*) celare, dissimulare [aegritudinem animi]; *sich ~* se occultare, se abdere, delitescere.
verbessern corrigere, emendare; reficere.
Verbesserung *f* emendatio *f*; amplificatio *f* [rei familiaris].
verbeugen: *sich ~* corpus (*od.* caput) inclinare; *sich ~ vor* (corpore inclinato) salutare [regem].
Verbeugung *f* corporis inclinatio *f*.
verbiegen depravare; *verbogen* pravus.
verbieten vetare; interdicere [feminis purpurae usu]; *das ist durch Gesetz ausdrücklich verboten* lege ne fieri liceat sanctum est diligenter.
verbilden depravare.
verbinden obligare [vulnus, vulneratum]; (*vereinigen*) iungere, coniungere, copulare, conectere; *verbunden sein mit* coniunctum esse cum, habēre [libido ardorem]; *ich werde dir sehr verbunden sein* gratissimum mihi facies (feceris), amabo de; *sich ~ mit* se coniungere cum, societatem inire cum.
verbindlich (*verpflichtend*) obstringens, obligans; *das ist für mich ~* hoc me tenet, hac re teneor; (*verpflichtet*) obstrictus, obligatus; *sich ~ machen zu* in se recipere; (*gefällig*) humanus, officiosus.
Verbindlichkeit *f* (*verbindende Kraft*) vis *f*, auctoritas *f*; officium *n*.
Verbindung *f* (*als Handlung*) coniunctio *f*, copulatio *f*; (*als Zustand*) societas *f*, necessitudo *f*, foedus *n*; commercium *n*, sodalitas *f*; *geschäftliche ~en eingehen* res rationesque inire; *in ~ treten mit* societatem inire cum; *in ~ stehen mit* coniunctum esse cum, pertinere ad.
verbitten: *sich ~* deprecari, recusare.
verbittern insuavem (*od.* tristiorem) reddere, corrumpere.
verblassen decolorem fieri; evanescere.
verbleiben permanēre, remanēre.
verbleichen decolōrem fieri, pallescere; *verblichen* decolor; / mortuus.
verblenden (oc)caecare, mentis aciem praestringere; *verblendet* caecatus, caecus.
Verblendung *f* mentis caecitas *f*; furor *m*; error *m*.
verblüffen perturbare, obstupefacere; *verblüfft* attonitus; *verblüfft werden* obstupescere.
verblühen deflorescere.
verblümt obscurus, perplexus, tectus.
verbluten animam cum sanguine effundere; *verblutet* exsanguis.
verborgen occultus, abditus; clandestinus [scelus]; *~ sein* latēre; *mir bleibt nicht ~* me non fugit (*od.* fallit *od.* praeterit).
verborgen pecuniam credere *od.* mutuam dare.
Verborgenheit *f*: *in ~* in obscuro, in occulto.
Verbot *n* vetitum *n*, interdictum *n*; *gegen das ~* contra vetitum *n*; *gegen j-s ~* alqo vetante; *ein ~ ergehen lassen* edicto vetare, ne.
verbrämen praetexere.
Verbrauch *m* consumptio *f*; *der ~ von etw. ist groß* multum alcs rei consumitur.
verbrauchen consumere, effundere.
verbrausen defervescere.
Verbrechen *n* scelus *n*; maleficium *n*, nefas *n*; flagitium *n*; facinus *n*; *ein ~ begehen* scelus committere.
verbrechen committere; *was hat er verbrochen?* quid mali meruit?, quid commeruit?
Verbrecher *m* homo *m* maleficus (*od.* scelestus *od.* nefarius).
verbrecherisch sceleratus, scelestus, facinorosus, nefarius.
verbreiten diffundere [lucem]; differre, perferre ad [rumorem]; spargere [nomen]; disseminare [malum]; dissipare [sermonem]; divulgare [rem sermonibus], in vulgus efferre; *sich ~* diffundi *u. Ä.*; serpere, manare, percrebrescere; (*mit Worten*) copiosius dicere, uberius disputare de.
verbrennen 1. *trans.* comburere, (con)cremare [mortuos]; incendio

delēre (*od.* absumere); **2.** *intr.* comburi, conflagrare, deflagrare; *sich* ~ aduri.
Verbrennung *f* **1.** *trans.* crematio *f*, exustio *f*; **2.** *intr.* conflagratio *f*, deflagratio *f*.
verbriefen litteris testari (*od.* firmare).
verbringen agere, consumere [tempus, vitam].
verbrüdern: *sich* ~ fratrem fieri, fraterno foedere iungi; familiaritate coniungi cum.
Verbrüderung *f* foedus *n* fraternum.
verbünden: *sich* ~ foedus facere cum; *verbündet* foederatus, foedere iunctus, socius.
verbürgen: *sein Wort* ~ fidem suam obligare ad.
Verdacht *m* suspicio *f*; *der leiseste* ~ minima suspicio *f*; ~ *hegen* suspicionem habēre de, suspicari, suspectum habēre [captivum] de; ~ *erregen* suspicionem movēre (*od.* excitare); ~ *schöpfen gegen* suspicionem conferre in [hospitem]; *in* ~ *bringen* in suspicionem adducere; *in* ~ *geraten* in suspicionem venire; *in* ~ *stehen* suspicionem habēre (sceleris), suspectum esse de.
verdächtig suspectus, suspiciosus.
verdächtigen in suspicionem adducere, suspicionem conferre in [hominem].
Verdächtigung *f* criminatio *f*.
Verdachtsgrund *m* suspicio *f*.
verdammen damnare, condemnare.
verdammenswert damnandus, condemnandus.
Verdammung *f* damnatio *f*, condamnatio *f*.
Verdammungsurteil *n*: ~ *aussprechen* damnare *od.* condemnare.
verdampfen exhalari.
Verdampfung *f* exhalatio *f*.
verdanken debēre, acceptum referre [consuli], habēre ab [amico] *od.* auxilio [amici]; *zu* ~ *haben* vivere per (*od.* propter) [commilitonem].
verdauen concoquere, conficere.
verdaulich facilis ad concoquendum.
Verdauung *f* concoctio *f*.
Verdeck *n* constratum *n* [navis], tectum *n* [currūs]; *Schiff mit e-m* ~ navis *f* constrata.
verdecken (con)tegere; operire [nubibus]; occultare.
verdenken vitio vertere [homini]; *nicht* ~ *können* non reprehendere.
Verderb *m*: *auf Gedeih und* ~ *zusammenhalten* utique consociatum esse.
verderben **1.** *trans.* corrumpere, depravare, vitiare, perdere, pervertere; es ~ *mit* animum [hominis] a se abalienare; **2.** *intr.* corrumpi; *verdorbener Magen* cruditas *f* stomachi.
Verderben *n* pernicies *f*, pestis *f*, exitium, interitus 4 *m*; *ins* ~ *stürzen* perdere, pessumdare; *sich ins* ~ *stürzen* ad interitum ruere, in perniciem incurrere.
verderblich exitiosus, perniciosus, funestus; ~ *sein* perniciei esse.
Verderbnis *f* corruptēla *f*.
verderbt corruptus, perditus; *stärker*: profligatus.
Verderbtheit *f* mores *m/pl.* corrupti (*od.* depravati *od.* turpes).
verdeutlichen explanare, explicare.
verdeutschen in sermonem Germanicum convertere, Germanice reddere.
verdichten: *sich* ~ augēri, crescere [suspicio].
verdicken crassius facere [medicamentum].
verdienen merēre, quaerere [manu]; pecuniam, lucrum facere; (*würdig sein*) dignum esse [laude, qui laudetur]; mereri [praemia].
Verdienst *m* quaestus 4 *m*, lucrum *n*.
Verdienst *n* dignitas *f*; virtus *f*; *nach* ~ pro merito, pro dignitate; (*verdienstliche Tat od. Eigenschaft*) meritum *n* [*um* in, erga me magnum amici]; laus *f*, virtus *f*; *sich* ~*e erwerben um* bene mereri de.
Verdienstadel *m* ex virtute nobilitas *f*.
verdienstlich praemio (*od.* laude) dignus; *für* ~ *halten* in laude ponere.
verdienstvoll bene (*od.* optime) meritus, omni laude dignus, omni virtute ornatus.
verdient **1.** *pass.* meritus, debitus [poena]; bene meritus de, clarus; **2.** *act.* *sich* ~ *machen um* bene mereri de; ~*ermaßen* merito.
verdingen locare [statuam faciendam].

verdolmetschen interpretari.
Verdolmetschung *f* interpretatio *f.*
verdoppeln duplicare, geminare; *mit verdoppeltem Eifer* acriore studio.
Verdoppelung *f* duplicatio *f,* geminatio *f.*
Verdorbenheit *f* turpitudo *f,* pravitas *f.*
verdorren (ex)arescere; exuri.
verdrängen loco suo movēre (*od.* deicere *od.* depellere *od.* deturbare).
verdrehen detorquēre, distorquēre [oculos]; depravare, perverse interpretari [verba]; *ein verdrehter Mensch* homo *m* ineptus, mirum caput *n.*
Verdrehung *f* distortio *f,* depravatio *f.*
verdreifachen triplicare, triplex reddere.
verdrießen piget *od.* taedet [me vitae, vixisse], aegre ferre.
verdrießlich stomachosus, morosus, tristis [homo]; molestus, ingratus [res].
Verdrießlichkeit *f* morositas *f;* (*Beschwerlichkeit*) molestia *f,* incommodum *n.*
verdrossen piger, segnis, stomachosus, morosus, tristis, invitus.
Verdrossenheit *f* pigritia *f,* segnitia *f.*
Verdruss *m* incommodum *n,* molestia *f; daher der ~!* hinc illae lacrimae!
verduften exhalari [odores]; / clam se subducere.
verdummen mentem obtundere.
verdunkeln obscurare; *sich ~* splendorem amittere.
Verdunkelung *f* obscuratio *f.*
verdünnen diluere [vinum].
verdunsten exhalari.
verdursten siti perire (*od.* exstingui).
verdüstert: *~ sein* occultatum et circumfusum esse crassis tenebris.
verdutzt attonitus, perculsus.
veredeln excolere [vitam per artes], fingere [animos]; inserere [arbutum fetu nucis].
Veredelung *f* cultura *f,* cultus 4 *m.*
verehren colere, observare, (re-)vereri; venerari, adorare [deos]; admirari, donare [coronam].
Verehrer *m* cultor *m,* admirator *m;* amator *m.*
Verehrung *f* cultus 4 *m,* veneratio *f* [deorum]; observatio *f,* admiratio *f* [alterius].
verehrungswürdig venerabilis, venerandus; admirabilis.
vereidigen adigere iure iurando.
Verein *m* societas *f,* collegium *n.*
vereinbar conveniens, non alienus; *~ sein* convenire cum, non alienum esse ab, cadere in [hos mores].
vereinbaren constituere, componere [tempus]; *sich ~ lassen* non alienum esse ab.
vereinen, vereinigen coniungere cum; *sich ~* coniungi, convenire [in unum locum]; coalescere [in unius populi corpus], in unum confluere [duo fluvii]; *mil.* copias coniungere, signa conferre.
Vereinigung *f* coniunctio *f,* consociatio *f,* congregatio *f.*
vereinsamt solus.
vereinzeln dissociare, diducere; *vereinzelt* solus, singularis.
vereiteln irritum facere, ad irritum (*od.* ad nihilum) redigere; turbare [consilia]; *vereitelt* irritus, vanus.
vereitern suppurare.
verenge(r)n coartare; *sich ~* in artius coire.
vererben hereditate relinquere.
***Vererbung** *f* hereditas *f.*
verewigen immortalem facere; immortalitati commendare; *verewigt* mortuus.
verfahren agere cum, consulere [crudeliter] in [captos]; [clementem] esse; se praebēre in [hominem]; versari [ita] in [rebus gerendis].
Verfahren *n* ratio *f,* consilium *n;* (*gerichtlich*) actio *f; strenges ~* severitas *f; hartes ~* asperitas *f,* saevitia *f; mildes ~* clementia *f usw.*
Verfall *m* ruina *f;* interitus 4 *m; ~ der Sitten* mores *m/pl.* corrupti.
verfallen ruinosus [aedes]; commissus [hereditas]; obnoxius [animus libidini].
verfallen collābi, corruere, dilābi; corrumpi, labi, interire, exstingui, frangi [aetas]; *~ in, auf* incidere in, delabi in [idem genus morbi], in animum inducere; *~ sein* obligari, teneri [legum poenis].
verfälschen adulterare, corrumpere, depravare, commutare.
Verfälscher *m* interpolator *m.*
Verfälschung *f* adulteratio *f;* depravatio *f.*

verfangen: *sich in etw.* ~ se induere in alqd, indui alqa re, illigari alqa re, haerere in alqā rē; *sich durch Antworten* ~ interrogationibus inretiri. [fallax.]
verfänglich captiosus, insidiosus,
Verfänglichkeit *f* captio *f*.
verfärben: *sich* ~ colorem mutare; expallescere.
verfassen conscribere, componere.
Verfasser *m* scriptor *m*, auctor *m*; *oft durch Verba.*
Verfassung *f* status 4 *m*, condicio *f*; (*e-s Staates*) instituta *n/pl.* et leges *f/pl.*, forma *f*, disciplina *f*; *dem Staate eine* ~ *geben* rem publicam constituere (*od.* stabilire).
verfassungsmäßig institutis rei publicae conveniens; legitimus; *adv.* legitime, iure.
verfaulen putescere, putrefieri.
verfechten defendere, tueri [sententiam], (pro)pugnare pro.
Verfechter *m* defensor *m*, propugnator *m*.
verfehlen deerrare [itinere], non invenire, non assequi, aberrare [proposito].
Verfehlung *f* aberratio *f*; (*Vergehen*) delictum *n*.
verfeinden odium concitare in [socios], discordias excitare inter [se]; *sich* ~ inimicitias suscipere cum; *verfeindet mit* infestus [Carthaginiensibus]; *verfeindet sein mit* inimicitias gerere cum.
verfeinern (ex)polire, excolere.
Verfeinerung *f* expolitio *f*; *meist durch Verba*; politior humanitas *f*.
verfertigen facere, conficere, fabricari [gladium].
Verfertiger *m* fabricator *m*, opifex *m*, auctor *m*.
Verfertigung *f* confectio *f*; fabricatio *f*; *nach* ~ *des Buches* libro confecto.
verfinstern obscurare, occaecare, tenebris offundere; *sich* ~ deficere.
Verfinsterung *f* obscuratio *f*; defectio *f*, defectus 4 *m*.
verflechten conectere cum; *verflochten sein* versari in [hoc scelere].
verfliegen fugere [tempus].
verfließen fluere; trans-, praeterire [tempus]; *8 Jahre sind verflossen, seit* octo anni sunt, cum ...
verfluchen exsecrari, devovēre, diras imprecari [hostibus].
verflucht devotus, exsecrandus, nefarius, nefandus.
Verfluchung *f* consecratio *f* [capitis].
verfolgen (*feindl.*) persequi, insequi, insectari, consectari; (*bedrängen*) instare [hostibus], vexare, exagitare; exsequi [ius suum]; persequi, tenēre, urgēre; *verfolgt* actus, agitatus.
Verfolger *m* (~ *pl. auch* insequentes, insectantes, instantes); *durch Schmähreden*: insectator *m*.
Verfolgung *f* insectatio *f*; (*gerichtlich*) persecutio *f*.
verfrüht praematurus [hiems].
verfügbar promptus expositusque, liber et solutus, expeditus [pecunia].
verfügen constituere, decernere, iubēre; ~ *über* in potestate habēre; *sich* ~ se conferre [Romam].
Verfügung *f* institutum *n*, iussum *n*; ~ *treffen* constituere, praecipere, ut ..., iubēre; (*Vollmacht*) potestas *f*, copia *f*; *zur* ~ *stellen* copiam [frumenti] facere, arbitrio [Caesaris] permittere, in usum tradere; *zur* ~ *stehen* in potestate [Caesaris] esse, suppetere [Caesari].
verführen inducere, pellicere ad, corrumpere, transversum agere; in stuprum illicere.
Verführer *m* corruptor *m*.
verführerisch corruptor, blandus, captiosus.
Verführung *f* illecebrae *f/pl.*, corruptēla *f*.
vergällen corrumpere [gaudium].
vergangen praeteritus, exactus; superior, prior, proximus.
Vergangenheit *f* tempus *n* praeteritum, *konkr.* praeterita *n/pl.*
vergänglich fluxus, cadūcus, fragilis, brevis.
Vergänglichkeit *f* fragilitas *f*, brevitas *f*.
vergeben tribuere, assignare [agros colonis], deferre [domum aedificandam] ad; *seinem Rechte nichts* ~ ius suum tueri; *sich etwas* ~ de dignitate sua discedere; *ohne seiner Pflicht etwas zu* ~ salvo officio; (*verzeihen*) ignoscere.
vergebens, vergeblich 1. *adj.* irritus, vanus, inanis; **2.** *adv.* frustra, nequīquam.
Vergeblichkeit *f* inanitas *f*, vanitas *f*.
Vergebung *f* venia *f*.

V

vergegenwärtigen repraesentare, oculis (*od.* sub oculos) subicere; *sich* ~ sibi (*od.* animo) proponere; recordari, memoriā repetere, meminisse [Paulum].
vergehen trans-, praeterire [tempus]; dilabi, fluere [voluptas corporis]; *vor Hunger* ~ fame confici; *sich* ~ peccare, delinquere.
Vergehen *n* delictum *n*, peccatum *n*.
vergelten gratiam (parem, malam *u. Ä.*) referre pro, remunerari [beneficia officiis]; *etwas mit etwas* ~ pensare, rependere [beneficia iniuriis].
Vergeltung *f* remuneratio *f*, **gratia** *f*, praemium *n*, merces *f*.
Vergeltungsrecht *n*: *das* ~ *üben* iure suo poenam repetere, par pari referre.
vergessen oblivisci, immemorem esse, neglegere, memoriam abicere, deponere; ~ *werden* in oblivionem venire; *sich* ~ dignitatis suae immemorem esse, sui oblivisci; peccare.
Vergessen *n*, **Vergessenheit** *f* oblivio *f*; *in* ~ *bringen* in oblivionem adducere, oblivione obruere; *in* ~ *geraten* in oblivionem adduci, oblivione obrui.
vergesslich obliviosus.
Vergesslichkeit *f* oblivio *f*.
vergeuden effundere atque consumere.
vergewaltigen vim inferre [mulieri].
Vergewaltigung *f* vis *f* allata.
vergewissern: *sich* ~ *über* cognoscere [sociorum miserias].
vergießen effundere, profundere.
Vergießen *n* effusio *f*; (*v. Blut*) caedes *f*.
vergiften veneno imbuere [cibum], venenum admiscēre; *vergiftet* venenatus; veneno interficere, necare, interimere; *sich* ~ veneno mortem sibi consciscere, venenum sumere.
Vergifter *m* veneficus *m*.
Vergiftung *f* veneficium *n*; *an* ~ *sterben* veneno interimi (*od.* absumi).
vergittern clatrare.
Vergleich *m* comparatio *f*, collatio *f*, contentio *f*; *keinen* ~ *zulassen* nullo modo comparari posse cum; *im* ~ *mit* prae, ad, adversus; (*im Verhältnis zu*) pro; pactum *n*, condicio *f*; *der* ~ *kam nicht zustande* condiciones non convenerunt.
vergleichbar comparabilis; ~ *sein* aliquam comparationem habēre cum.
vergleichen comparare, conferre, contendere; componere [litem], in gratiam reconciliare [rivales]; *sich* ~ pacisci inter se; *sich* ~ *mit* pacisci, transigere cum [vicino].
Vergleichsvorschlag *m* condicio *f*.
Vergleichung *f passivisch*: reditus 4 *m* in gratiam.
vergleichungsweise comparate; ad illum.
verglimmen exstingui.
vergnügen: *sich* ~ delectari, oblectari, voluptatem percipere ex.
Vergnügen *n* delectatio *f*, oblectatio *f*, voluptas *f*; *zum* ~ voluptatis (*od.* animi) causa; *mit* ~ libenter; *ein* ~ *machen* voluptatem parare.
vergnüglich iucundus, festīvus.
vergnügt laetus, iucundus, hilaris.
vergolden inaurare.
vergönnt *sein* licēre.
vergöttern ex homine deum facere; consecrare, inter deos (*od.* in deorum numerum) referre; *vergöttert* divus; ut deum colere [principem], laudibus ad caelum efferre.
Vergötterung *f* consecratio *f*, * apotheosis *f*.
vergraben infodere, defodere; *sich* ~ in se abdere in [litteras], involvere se [litteris].
vergreifen: *sich* ~ manu errare; peccare; *sich* ~ *an* vim et manus inferre [servis]; avertere, abripere [aliena].
vergrößern amplificare, augēre.
Vergrößerung *f* amplificatio *f*, propagatio *f*; *meist durch Verba.*
Vergünstigung *f* permissio *f*, concessio *f*; *mit deiner* ~ pace tua.
vergüten reddere; compensare [damnum].
Vergütung *f* compensatio *f*, pretium *n*; *ohne* ~ sine pretio, gratis.
verhaften comprehendere, in custodiam dare, in vincula conicere.
Verhaftung *f* comprehensio *f*.
verhageln grandine excuti.
verhallen conticescere; *v. Worten, Tönen*: desinere audiri; evanescere.
verhalten: *sich* ~ se gerere [ita, honeste]; *sich ruhig* ~ quiescere, quietum esse; (*v. Sachen*) se habēre, esse [res ita].
Verhalten *n* ratio *f*.

Verhältnis *n* ratio *f*; res *f*, causa *f*; (*Beziehung*) genus *n*; (*Lage*) condicio *f*, locus *m*, status 4 *m*; (*wechselseitiges*) coniunctio *f*, necessitudo *f*; *friedliches* ~ pax *f*; *freundschaftliches* ~ amicitia *f*; *unglückliche Verhältnisse* res *f/pl.* adversae; *in freundschaftlichem* ~ *stehen mit* in amicitia esse, familiariter vivere cum; *im* ~ *zu* pro.
verhältnismäßig pro rata parte, pro portione; *oder* = *im Vergleich zu.*
Verhaltungs/befehl *m*, **~regel** *f* praeceptum *n*, mandatum *n*.
verhandeln agere, disceptare, disputare, disserere cum ... de ...; vendere [merces].
Verhandlung *f abst.* actio *f*, disceptatio *f*, colloquium *n*; *meist durch Verba*; *konkr.* acta *n/pl.*
verhängen (con)tegere velo [fenestram]; *Strafe* ~ *gegen* poenam statuere in [perfugam]; *mit verhängtem Zügel* frenis remissis.
Verhängnis *n* fatum *n*.
verhängnisvoll fatalis.
verharren permanēre, perseverare.
verhärten durare; *sich* ~ obdurescere.
Verhärtung *f* duritia *f*.
verhasst odiosus, invisus; ~ *sein* odio esse [omnibus]; ~ *werden* in odium venire (*od.* incurrere); ~ *machen* in odium vocare (*od.* adducere), odium conflare [optimatibus].
verhätscheln indulgēre [nepoti], indulgentiā corrumpere.
Verhätschelung *f* nimia indulgentia *f*.
Verhau *m* arbores *f/pl.* obiectae, concaedes *f*.
verhauen *j-n* ~ ferire alqm.
verheeren populari, vastare; *verheerende Seuche* morbus *m* perniciosus.
Verheerung *f* populatio *f*, vastatio *f*.
verhehlen celare, dissimulare.
verheimlichen celare; occultare.
verheiraten in matrimonium collocare (*od.* dare), nuptum dare; *sich* ~ (*v. Manne*) uxorem ducere, in matrimonium ducere; (*v. d. Frau*) nubere [nepoti]; *verheiratet sein* (*v. Manne*) in matrimonio habēre, (*v. d. Frau*) nuptam esse cum; *verheiratete Frau* matrōna *f*.
Verheiratung *f* collocatio *f*, nuptiae *f/pl.*
verheißen promittere.
Verheißung *f* promissum *n*.
verhelfen iuvare ad [proficiendum in litteris]; *zu seiner früheren Stellung* ~ in antiquum locum restituere.
verherrlichen illustrare, (ex)ornare.
***Verhetzung** *f* instigatio *f*.
verhindern impedire, prohibēre.
verhöhnen ludibrio habēre, irridēre, cavillari.
Verhöhnung *f* ludibrium *n*.
Verhör *n* interrogatio *f*, quaestio *f*; *ohne* ~ indictā causā.
verhören audire, interrogare; quaerere, quaestionem habēre de; *sich* ~ non (recte) audire.
verhüllen velare, obsolvere; (ob-)tegere [flagitia], obscurare.
verhungern fame perire (*od.* absumi); ~ *lassen* fame necare.
verhunzen corrumpere, depravare.
verhüten cavēre, prohibēre.
verirren: *sich* ~ itinere deerrare, aberrare ab.
Verirrung *f* error *m*; erratum *n*, vitium *n*.
verjagen abigere, fugare; pellere, expellere, exigere, depellere, deturbare.
verjähren vetustate infirmari; obsolescere.
Verjährung *f*: *durch* ~ *rechtskräftig* usu ratus.
verjüngen iuvenilem speciem (*od.* iuveniles annos) reddere; *sich* ~ repuerascere, iuvenescere, florem aetatis recuperare.
Verkauf *m* venditio *f*.
verkaufen vendere (P. venire); (*im Einzelnen*) divendere; (*zu* ~ *haben*) venum dare; *sein Leben teuer* ~ non inultum cadere (*od.* mori).
Verkäufer *m* venditor *m*.
verkäuflich venalis; *leicht* ~ vendibilis.
Verkehr *m* commeatus 4 *m*; commercium *n*; mercatura *f*, negotia *n/pl.*; *lebhafter* ~ negotiorum celebritas *f*, frequentia *f*; *gesellschaftlicher* ~ consuetudo *f*, familiaritas *f*.
verkehren (*geschäftlich*) commercium habēre cum; (*gesellschaftlich*) usu (*od.* consuetudine) coniunctum esse, familiariter uti.
***Verkehrsgesellschaft** *f* societas *f*.

verkehrt inversus [pars]; perversus, pravus, praeposterus [consilium].
Verkehrtheit *f* perversitas *f*, pravitas *f*.
verkeilen **1.** (*mit Keilen versehen*) cuneare; / **2.** *j-n* ~ verberibus caedere alqm, (male fustibus) mulcare alqm.
verkennen ignorare, non perspicere, parum intellegere, non recte iudicare de.
Verkennung *f* ignorantia *f*, inscitia *f*, pravum iudicium *n*.
verketten inter se (co)nectere; *verkettet* apta inter se nexaque.
Verkettung *f* [haec] copulatio *f* [rerum].
verklagen accusare.
Verklagte(r) *m* reus *m*.
verklärt mortuus, divus.
verkleben oblinere.
verkleiden aliena veste (*od.* mutato vestitu) occultare; *sich* ~ alienam vestem sumere (*od.* induere.
Verkleidung *f* aliena vestis *f*, vestitus 4 *m* alienus.
verkleinern minuere; (*herabsetzen*) detrahere de [laude]; detrectare [virtutes], obtrectare [principi].
Verkleinerung *f* imminutio *f*, obtrectatio *f* [laudis].
verklingen conticescere, desinere audiri.
verknüpfen (co)nectere; *verknüpft sein mit* habēre [metus humilitatem].
verkochen: ~ *lassen* decoquere.
verkommen obsolescere, contabescere; exstingui, consenescere.
verkommen perditus, nequam [homo].
verkoppeln copulare.
verkörpern: *in sich* ~ speciem praebēre [virtutis ipsius].
verkriechen: *sich* ~ se abdere in occultum; ~ *vor* fugere [dominum].
verkrüppelt membris debilis, mancus.
verkümmern *intr.* consenescere, (con)tabescere, marcescere, intermori; imminuere [voluptatem].
verkündigen nuntiare; praedicare [laudem].
Verkündiger *m* nuntius *m*.
Verkündigung *f* (*religiös*) nuntiatio *f*; pronuntiatio *f*, edictum *n*.
verkürzen praecīdere, circumcīdere; imminuere [verbum]; (*kurz aussprechen*) corripere; (*einen Abzug*) *machen*) detrahere de.
verlachen irridēre.
verladen: *Waren* (*in e-n Wagen, in ein Schiff*) ~ merces plaustro, navi imponere.
***Verlag** *m*: *erschienen im* ~*e von* apud.
***Verlagsbuchhändler** *m* librorum redemptor *m*.
verlangen **1.** *intr. nach* ap-, expetere, concupiscere [cibum]; desiderare [domum]; **2.** *trans.* poscere, postulare; *die Sache verlangt vielen Fleiß* res magnae industriae est.
Verlangen *n* cupiditas *f*, appetitus 4 *m*, desiderium *n*; *was ist dein* ~? quid vis?
verlängern longiorem facere, extendere; producere [convivium, litteram]; proferre [vitam]; prorogare [imperium].
Verlängerung *f* productio *f*; prorogatio *f*, prolatio *f*.
verlangsamen tardare.
verlassen relinquere; (dis)cedere, decedere, excedere, egredi [ex hibernis]; destituere, deserere [pugnantes], deesse, deficere ab; *sich* ~ *auf* (con)fidere [viribus].
Verlassenheit *f* solitudo *f*.
verlässlich fidus, fidelis, constans.
verlästern maledicere [patri], probris (*od.* conviciis) insectari.
Verlauf *m*: *im* ~ *der Zeit* progrediente tempore, intermisso spatio; *nach* ~ *eines Jahres* anno circumacto, anno post.
verlaufen dilabi [tempus]; (*v. Wasser*) defluere; *sich* ~ (*v. Menschen*) dilābi, digredi, discedere, diffugere; (*auf dem Wege*) itinere deerrare.
verlauten: *es verlautet* dicitur, fertur; fama *od.* rumor est; ~ *lassen* in medium proferre.
verleben agere, degere [vitam].
verlebt **1.** (*durchlebt, zugebracht*) actus; **2.** (*abgelebt*) decrepitus, aetate decrepita, senectute confectus; enervatus.
verlegen (*an einen andern Ort bringen*) transferre, traducere [milites]; collocare [homines in agris]; (*an einen unrechten Ort*) (in) alieno loco ponere [librum]; intercludere [iter hostibus]; * (*vom Verleger*)

V

librum suis sumptibus typis exscribere, edere.
verlegen anxius, sollicitus, perturbatus.
Verlegenheit *f* dubitatio *f*, perturbatio *f*; *in ~ sein* incertum (*od.* dubium) esse [quid faciendum sit]; in angustiis esse, in difficultatibus haerēre; *in ~ kommen* in angustum venire.
verleiden invisum (*od.* molestum) facere, animum [discipuli] abalienare ab.
verleihen mutuum dare [librum]; donare, tribuere, decernere.
verleiten inducere; illicere, pellicere.
verlernen dediscere, oblivisci.
verlesen seligere [fabas]; legere, recitare [edictum], citare [milites nominatim].
Verlesung *f* recitatio *f*; *die ~ des Senats* lectio *f* senatus *od.* senatorum.
verletzen laedere, violare, vulnerare.
verletzlich violabilis.
Verletzung *f* vulnus *n*.
verleugnen infitiari, negare [se novisse hominem]; deserere, repudiare [naturae sensum], abhorrēre, desciscere ab.
verleumden detrahere de fama, invidiam conflare, [dictatori] maledicere, obtrectare, calumniari, criminari.
Verleumder *m* calumniator *m*, obtrectator *m*; *meist durch Verba.*
verleumderisch criminosus, malignus.
Verleumdung *f* crimen *n* falsum, calumnia *f*, maledictum *n*.
verlieben: *sich ~* amore [puellae] capi (*od.* incendi); *verliebt* amans, amatorius [sermo].
Verliebtheit *f* amor *m*; *v. sinnlicher Liebe*: amor *m* venereus, libido *f*.
verlieren amittere, perdere; privari, orbari [patre]; deperdere [bona]; *eine Schlacht ~* proelio vinci, inferiorem discedere, cladem accipere; *den Mut ~* animo deficere, animum demittere; *den Verstand ~* mente capi; *Zeit ~* tempus praetermittere, temporis iacturam facere; *verloren gehen* amitti, perire, effluere; *verloren geben* desperare de; *ich bin verloren* perii, de me actum est; *sich ~* se subducere, sensim discedere [tumultuantes]; defluere, abire [aqua].
verloben despondēre [filiam iuveni]; *sich ~* (*v. Manne*) sibi despondēre; (*v. der Frau*) desponderi [consuli]; *verlobt sein* sponsam habēre, desponsam esse [iuveni].
Verlöbnis *n*, **Verlobung** *f* sponsalia, ium *n/pl.*
Verlobte *m und f* sponsus *m*, sponsa *f*.
verlocken illicere, pellicere.
Verlockung *f* invitamentum *n*, inritamentum; *~ zum Aufstand od. Abfall* sollicitatio *f*.
verlogen mendax.
verlohnen: *sich der Mühe ~* operae pretium esse.
verloren: *~er Posten* statio *f* periculo obiecta; *~e Schlacht* pugna *f* adversa.
verlöschen ex-, restingui.
verlosen sortiri de, ad sortem revocare.
Verlosung *f* sortitio *f*.
Verlust *m* iactura *f* [rei familiaris]; *nach schweren ~en* multis militibus amissis; *ohne ~* sine (aliquo, ullo) vulnere, nulla clade accepta.
verlustig: *~ gehen* amittere, iacturam [gloriae] facere; *~ sein* carēre [munere]; *~ erklären* multare, privare [agris].
vermachen (testamento) legare [bona], heredem instituere [bonorum].
Vermächtnis *n* testamentum *n* legatum *n*.
vermauern muro cingere (*od.* saepire).
vermehren (ad)augēre, amplificare; *sich ~* augeri, crescere.
Vermehrung *f* amplificatio *f*; crescendi accenssio *f*.
vermeiden vitare.
vermeinen putare, credere, opinari, arbitrari.
vermeint(lich) qui videtur, qui putatur; *ein ~es Übel* malum *n* opinionis (non naturae).
vermengen miscēre.
vermerken notare, annotare; *übel ~* moleste ferre, in malam partem accipere.
vermessen (di)metiri; *sich ~* (*falsch messen*) errare in metiendo; (*sich erkühnen*) audēre.

V

vermessen praefidens, confidens, audax, temerarius.
Vermessenheit *f* confidentia *f*, audacia *f*, temeritas *f*.
Vermessung *f* mensura *f*.
vermieten locare, elocare.
Vermieter *m* locator *m*; *meist durch Verbum.*
vermindern minuere, imminuere, levare, deminuere de, detrahere de.
Verminderung *f* imminutio *f*, deminutio *f*, extenuatio *f*, levatio *f*; *nach* ~ *der Schmerzen* doloribus lenitis.
vermischen miscēre cum, admiscēre [vino aquam].
vermischt promiscuus.
Vermischung *f* permixtio *f*; colluvio *f*.
vermissen desiderare, requirere.
vermitteln conciliare [nuptias], componere, efficere [pacem]; *abs.* se interponere, intercedere, dirimere litem.
vermittelt per [nuntium].
Vermittler *m* interpres *m*, intercessor *m*; deprecator *m*, conciliator *m*, auctor *m*.
Vermittlung *f*: *durch* ~ auctore [tribuno], operā [tribuni]; per [tribunum].
vermodern situ corrumpi.
vermöge pro, ex, propter.
vermögen posse, valēre [velocitate ad cursum]; pollēre; *viel* ~ multum valēre (*od.* posse), magnam auctoritatem habēre.
Vermögen *n* (*Fähigkeit*) facultas *f*, potestas *f*, vires *f/pl.*; *nach* ~ pro viribus (meis *u. a.*), pro facultate, ut potero (potui); (*Besitz*) opes *f/pl.*, facultates *f/pl.*, res *f* familiaris, bona *n/pl.*, divitiae *f/pl.*
vermögend locuples, dives.
Vermögenssteuer *f* tributum *n* quotannis ex censu collatum; tributum *n*, quod ex censu confertur *od.* datur.
Vermögensumstände *m/pl.*: *die* ~ facultates *f/pl.*, res *f* familiaris, fortunae *f/pl.*
vermummen velare.
vermuten suspicari; conicere, coniecturā assequi; opinari.
Vermuten *n*: *wider* ~ praeter opinionem.
vermutlich *mit Verbum zu geben*; (*ironisch*) opinor, credo, scilicet.
Vermutung *f* suspicio *f*; *die kühnste* ~ audacissime coniectantium spes *f*.
vermutungsweise quantum conicere licet.
vernachlässigen neglegere, deserere, derelinquere, deesse [officio].
Vernachlässigung *f* **1.** *als Handlung*: neglectio *f*; **2.** *als Zustand*: neglectus 4 *m*; (*Mangel an Sorgfalt*) incuria *f*; *mit* ~ *alles anderen* neglectis omnibus rebus.
vernarben cicatricem ducere, coire [in cicatricem].
vernarrt: ~ *sein in j-n* favere alci ad insaniam.
vernaschen abligurrire.
vernehmen audire, auribus percipere; comperire, certiorem fieri; (*verhören*) quaerere ex.
Vernehmen *n*: *dem* ~ *nach* ut audio; ut fama est.
vernehmlich clarus [vox].
Vernehmung *f* interrogatio *f*, quaestio *f*.
verneigen: *sich* ~ caput inclinare.
Verneigung *f* corporis inclinatio *f*.
verneinen negare, abnuere; *eine* ~*de Antwort geben* (*erhalten*) negare (repulsam ferre).
Verneinung *f* negatio *f*.
vernichten delēre, perdere, pessumdare, tollere, evertere, subvertere, exstinguere; *eine* ~*de Niederlage* exitiabilis clades *f*.
Vernichtung *f* exstinctio *f*; interitus 4 *m*.
Vernichtungskrieg *m* bellum *n* internecivum.
Vernunft *f* ratio *f*; mens *f*; consilium *n*; *gesunde* ~ sana mens *f*, recta ratio *f*; *wieder zur* ~ *kommen* ad sanitatem reverti, ad se redire; *zur* ~ *bringen* ad sanitatem revocare.
vernunftgemäß consentaneus, rationi conveniens; *es ist* ~ ratio (*od.* rationis) est.
vernünftig ratione praeditus, rationis particeps; sapiens, prudens, sanus; ~*er Grund* ratio *f*; ~*er Gedanke* ratio *f* et consilium *n*.
vernunftlos ratione carens, rationis expers.
vernunftwidrig rationi repugnans (*od.* contrarius).
veröden vastari; *verödet* vastus, desertus.
Verödung *f* vastatio *f*; vastitas *f*.

veröffentlichen in medium proferre, divulgare; edere [librum].
verordnen sancire, edicere; sciscere [plebs], constituere, iubēre.
Verordnung *f* edictum *n*, decretum *n*.
verpachten locare, elocare.
Verpächter *m* locator *m*.
Verpachtung *f* locatio *f*.
verpacken condere.
verpalisadieren palis circumdare; vallare, circumvallare, vallo circumdare (*od.* munire, cingere).
verpassen amittere, praetermittere [occasionem].
verpesten vitiare [aera]; *verpestet* pestilens.
verpfänden (op)pignerare, pignori dare; *sein Wort ~* fidem suam interponere.
Verpfändung *f* pigneratio *f*; *durch ~ des Wortes* fide obligatā.
verpflanzen traducere, transponere, transferre.
verpflegen curare, alere, sustentare, victum praebēre.
Verpflegung *f* cura *f*, curatio *f*, victus 4 *m*, res *f* frumentaria.
verpflichten obligare, obstringere; *eidlich ~* sacramento adigere [milites]; sibi obstringere, devincire [socios]; *sich ~ zu* se obligare in [coniurationem]; *sich verpflichtet fühlen, verpflichtet sein* debēre.
Verpflichtung *f* officium *n*; (*amtliche*) munus (*pl.* munia) *n*; (*heilige*) religio *f*; *eine ~ übernehmen* in se recipere ac promittere.
verpfuschen corrumpere.
verpichen pice oblinere.
verplaudern (tempus) sermonibus (con)terere.
verpönen poenā propositā vetare; lege sancire, ne.
verpönt lege sanctus; odiosus.
verprassen profundere [pecuniam], dissipare [rem familiarem].
Verprasser *m* homo *m* prodigus *od.* effusus.
verproviantieren frumentum (*od.* commeatum) providēre [militibus]; *sich ~* rem frumentariam providēre.
Verproviantierung *f* res *f* frumentaria.
verrammeln obstruere, oppilare.
Verrat *m*, *Verräterei f* proditio *f*, perfidia *f*.
verraten prodere, enuntiare, deferre, patefacere; *es verrät Engherzigkeit* angusti animi est; (*dem Feinde*) prodere; tradere [urbem].
Verräter *m* proditor *m*; (= *Angeber*) index *m*.
verräterisch perfidus, dolosus, subdolus; [vox] index [stultitiae].
verrauchen defervescere [ira], considere.
verrechnen in rationes referre; *sich ~* in computando errare; / ratio fefellit [me in hac re].
verreden: *verrede nichts!* noli eierare quidquam!
verreisen peregre abire, excurrere, proficisci, iter facere [in Italiam]; peregrinando consumere [multum pecuniae].
verrenken luxare [membrum].
Verrenkung *f* luxatura *f*, luxatio *f*; depravatio *f* membrorum.
verrennen intercludere [viam].
verrichten agere, gerere, fungi [munere], facere, conficere, exsequi, obire, administrare.
Verrichtung *f* negotium *n*, opus *n*, munus *n*, artificium *n* [sordidum].
verriegeln obserare, pessulum obdere [portae].
verringern minuere.
verrinnen dilabi; effluere [tempus].
verrosten ferrugine (*od.* aerugine) consumi.
verrucht nefarius, scelestus, improbus.
Verruchtheit *f* impietas *f*; scelus *n*, facinus *n* nefarium.
verrücken loco suo movēre.
verrückt insanus, mente captus, vecors, delirus.
Verrücktheit *f* insania *f*.
Verruf *m* infamia *f*; *in ~ bringen* infamiam conflare [iuveni].
verrufen infāmis.
verrunzelt rugosus, corrugatus.
Vers *m* versus 4 *m*.
versagen (de)negare, abnuere; *sich ~* abstinēre, carēre [voluptate]; *intr.* deficere, fugere [vires me].
versalzen nimis salire; *j-m die Freude ~* gaudium alcs corrumpere.
versammeln cogere; colligere, convocare; congregare; contrahere; *versammelte Väter* patres *m/pl.* conscripti; *sich ~* convenire, confluere.
Versammlung *f* coetus 4 *m*, conventus 4 *m*; consessus 4 *m*; (*be-*

V

rufene) concilium *n*; (*e-s Kollegiums*) consilium *n*; (*gesellschaftliche*) circulus *m*.
Versammlungsort *m* conveniendi locus *m*.
versanden harenis obrui.
versauern *eig*. acescere, coacescere; / consenescere, languescere, elanguescere.
versaufen potando consumere [rem familiarem].
versäumen praetermittere, amittere; (*zeitweilig*) intermittere, deesse [officio]; neglegere, deserere [officium].
Versäumnis *f* intermissio *f*, cessatio *f*; *durch ~ der günstigen Gelegenheit* occasione praetermissa.
verschaffen parare, comparare, afferre.
verschämt pudicus.
Verschämtheit *f* pudor *m*.
verschanzen (operibus) munire, munitionibus saepire; *sich an einem Orte ~* locum munitionibus saepire.
Verschanzung *f* munitio *f*, opus *n*.
verschärfen acuere [iram], augēre [poenam].
verscharren obruere, terrā operire; infodere, defodere.
verscheiden animam efflare.
Verschen *n* versiculus *m*.
verschenken dono dare.
verscherzen inter iocos terere [tempus]; effundere, perdere [gratiam]; corrumpere [opportunitatem].
verscheuchen abigere [muscas]; pellere [curas].
verschicken dimittere.
Verschickung *f* missio *f*; ablegatio *f*, amandatio *f*.
verschieben clam transferre [merces]; differre [rem in aliud tempus].
Verschiebung *f* dilatio *f*, procrastinatio *f*.
verschieden (*mannigfaltig*) varius; (*ungleich*) diversus, dispar; dissimilis; (*entgegengesetzt*) contrarius; *~ sein* differre ab, discrepare ab (*od*. cum); *~e Male* saepius.
verschiedenartig diversi generis.
verschiedenfarbig (*bunt*) varius; (*in der Farbe abweichend*) discolor.
Verschiedenheit *f* varietas *f*; diversitas *f*, discrepantia *f*, dissimilitudo *f*.
verschiedentlich *adv*. varie.
verschiffen exportare.
verschilfen arundine tegi.
verschimmeln situ et mucore corrumpi.
verschlafen somno conterere (*od*. consumere) [tempus]; indormire [tempori].
verschlafen somni plenus.
Verschlag *m* saeptum *n*.
verschlagen 1. *trans*. *werden* deferri, deici, tempestate abripi; **2.** *intr*. *es verschlägt* interest, refert [meā nihil].
verschlagen versutus [homo].
Verschlagenheit *f* versutia *f*.
verschlämmen oblīmare.
verschlechtern deteriorem (*od*. peiorem) facere, corrumpere, depravare.
verschleiern velare; occultare, tegere.
verschleimen pituitā obducere; *verschleimt* pituitosus.
verschlemmen abligurrire.
verschleppen auferre; extrahere [dies].
verschleudern abicere [merces]; dissipare, effundere [patrimonium]; lacerare [pecuniam].
verschließen claudere, praecludere.
verschlimmern: *sich ~* deteriorem fieri, in peius mutari; ingravescere [morbus].
verschlingen (*ineinander*) implicare, conectere [bracchia]; *verschlungen* perplexus [itinera]; (*verschlucken*) (de)vorare, haurire.
verschlossen taciturnus; occultus, tectus, obstinatus.
Verschlossenheit *f* altitudo *f* animi.
Verschluss *m*: *unter ~ haben* clausum servare.
verschmachten (fame *od*. siti) confici (absumi).
verschmähen repudiare.
Verschmähung *f* repudiatio *f*; aspernatio *f*.
verschmausen comedere.
verschmelzen 1. *trans*. confundere; **2.** *intr*. confundi, coalescere.
verschmerzen oblivisci; aequo animo (*od*. leviter) ferre.
verschmitzt versutus.
Verschmitztheit *f* calliditas *f*, astutia *f*.
verschnauben, verschnaufen respirare.
Verschnauben *n* respiratio *f*.
verschneiden recidere [capillos], amputare [raborem].

Verschneiden *n* sectio *f*, resectio *f*; putatio *f*, amputatio *f*; castratio *f*.
verschneien nibibus oppleri, obrui.
Verschnittene(r) *m* eunūchus *m*.
verschollen incertus, ubi sit; qui incerta morte periit.
verschonen parcere [templis]; integrum (*od.* incolumen *od.* intactum) relinquere; *verschont geblieben sein von* vacare [malo], integer intactusque.
verschönern exornare, excolere.
***Verschönerungsverein** *m* societas *f* ad regionem aperiendam inita.
verschränken: *die Füße* ~ poplites alternis pedibus imponere; *mit verschränkten Armen* bracchiis inter se implicatis.
verschreiben transcribere, [fundos]; medicinam dare [aegroto]; remedio quodam uti iubēre; *sich* ~ errare in scribendo.
Verschreibung *f* mendum *n* scripturae; (*Schuldschein*) syngrapha *f*.
verschreien infāmare, diffāmare.
verschroben pravus, perversus.
Verschrobenheit *f* pravitas *f*, perversitas *f*, ineptiae *f/pl.*
verschrumpfen (*runzelig werden*) corrugari; (*welk werden*) viescere; *verschrumpft* vietus.
verschulden auctorem esse [belli]; committere [tantum facinus], delinquere [nihil]; *ich habe es verschuldet* mea culpa est; *verschuldet* obaeratus, aere alieno obrutus.
Verschulden *n*: *ein* ~ *auf sich laden* culpam in se admittere.
Verschuldung *f* aes *n* alienum.
verschütten effundere, profundere [vinum]; (*zuschütten*) opplēre, obruere.
verschwägern: *sich* ~ affinitate (con)iungi cum; *verschwägert* affinis.
Verschwägerung *f* affinitas *f*.
verschweigen tacēre, reticēre, celare.
verschwelgen per luxuriam dissipare (*od.* effundere).
verschwenden effundere, profundere, dissipare, consumere, perdere.
Verschwender *m* homo *m* prodigus, helluo *m*, nepos *m*.
verschwenderisch prodigus, profusus [epulae]; effusus [in largitione].
Verschwendung *f* effusio *f*, profusio *f*; luxuria *f*.
verschwiegen tacitus, taciturnus.
Verschwiegenheit *f* taciturnitas *f*.
verschwinden elabi ex oculis, nusquam apparēre; esse desinere [periculum].
verschwistert consanguineus, propinquitate coniunctus; ~ *mit* cognatus [illi].
verschwören: *sich* ~ (*hoch und teuer*) per omnes deos iurare; coniurare, coniurationem facere cum; conspirare.
Verschworener *m* coniuratus *m*; coniurationis socius *m*.
Verschwörung *f* coniuratio *f*; conspiratio *f*, consensus 4 *m*; consensio *f*.
versehen (*fehlen*) committere, peccare, labi per errorem; *es* ~ *bei* offendere [plebem]; providēre [frumentum exercitui], sibi comparare; *sich* ~ peccare, labi, errare; *sich nichts* ~ imparatum esse; *sich nichts Gutes* ~ nihil boni praesagire, nihil laetum opperiri, metuere.
versehen *mit* instructus, exornatus.
Versehen *n* peccatum *n*, error *m*.
versenden (di)mittere.
versengen (ad)urere, amburere, torrēre.
versenken (sub-, de-)mergere, deprimere [navem]; *sich* ~ *in* totum se ponere in [rebus contemplandis].
Versenkung *f* demersio *f*; *nach* ~ *der Schiffe* navibus depressis.
versessen *auf* studiosissimus, cupidissimus [quaestūs].
versetzen loco suo movēre; transponere, traducere, transferre; *unter die Götter* ~ in deorum numerum referre; *in eine höhere Klasse* ~ superiori classi adscribere; *in einen Zustand* ~ redigere [in servitutem], afficere [laetitiā]; *einen Schlag* ~ percutere, plagam inferre *od.* infligere [aequali]; miscēre [aquā]; oppignerare [libros pro vino]; respondēre; *versetzte er* inquit.
Versfuß *m* pes *m* (metricus).
versichern affirmare, confirmare, assevērare; *versichert sein* sibi persuadēre, persuasum est [mihi]; *sich* ~ potiri [monte], comprehendere [reum].
Versicherung *f* affirmatio *f*, asseveratio *f*.
versiegeln (con)signare, obsignare.
versiegen (ex)arescere [fons], exhaùriri [putei]; *nie* ~*d* perennis.

V

versilbern argento inducere.
versinken demergi, opprimi, obrui, redigi ad [inopiam]; *in Nachdenken versunken* in cogitatione defixus.
versinnlichen sensibus subicere.
Versmacher *m* versificator *m*.
Versmaß *n* metrum *n*.
versöhnen placare [deos], expiare [manes]; in gratiam reconciliare.
versöhnlich placabilis.
Versöhnlichkeit *f* placabilitas *f*, animus *m* placabilis.
Versöhnung *f* reconciliatio *f* gratiae.
versorgen *mit* instruere, sublevare, adiuvare [frumento]; suppeditare, providēre, parare [frumentum exercitui]; alere, sustentare.
Versorger *m* altor *m*.
Versorgung *f* victus 4 *m*, munus *n*.
versparen differre [in crastinum diem].
verspäten: *sich ~* morari, sero venire; **verspätet** serus.
Verspätung *f* mora *f*.
verspeisen comedere.
versperren (inter-, ob-, prae-) saepire, claudere, praecludere [portas]; intercludere [hostes commeatu].
verspielen (aleā) perdere.
verspotten illudere, ludibrio habēre.
Verspottung *f* ludificatio *f*, cavillatio *f*.
versprechen promittere; polliceri, profiteri; spem facere; *sich ~* in dicendo labi, errare; *sich Gutes ~* bene sperare de.
Versprechen *n* promissum *n*, fides *f*; *ein ~ halten* promissum facere (*od.* servare); promisso stare, fidem praestare.
versprengen dissipare, disturbare, dispergere.
versprengt dispersus [milites].
verspritzen spargere; profundere [sanguinem pro patria].
verspunden obturare.
verspüren sentire.
***verstaatlichen** publicare.
Verstand *m* mens *f*; intellegentia *f*; prudentia *f*, consilium *n*; iudicium *n*; *bei ~ sein* mentis compotem esse; *nicht bei ~ sein* mente captum (*od.* amentem) esse; *den ~ verlieren* mente capi, alienari; *wieder zu ~ kommen* ad sanitatem reverti.
verständig mente praeditus, mentis compos; *~ sein* sanae mentis esse.
verständigen edocēre [quae fieri velit]; *sich ~ mit* deliberare, colloqui cum, colloquio statuere.
verständlich facilis ad intellegendum; facilis cognitu; *~ sprechen* articulatim proferre verba.
Verständlichkeit *f* perspicuitas *f*; *zu größerer ~* quo res facilior sit ad intellegendum, quo res magis pateat.
Verständnis *n* intellegentia *f*.
verstärken firmare, confirmare, amplificare [sonum]; augēre [exercitum].
***Verstärker** *m* amplificator *m*.
Verstärkung *f* maiores copiae *f/pl.*, supplementum *n*, subsidium *n*, auxilia *n/pl.*
verstauchen convellere, luxare, distorquēre.
Versteck *n* latibulum *n*, latebrae *f/pl.*
verstecken (re)condere, occultare, abstrudere; **versteckt** occultus, tectus.
verstehen auribus percipere, exaudire; (*begreifen*) animo et cogitatione comprehendere; *so ~* ita accipere; *wie ist das zu ~?* quid hoc sibi vult?; *versteht sich* (*eingeschoben*) scilicet, nimirum, nempe; *zu ~ geben* significare; *sich ~ auf* didicisse, scire, peritum esse, non ignarum esse; *das verstehst du unter Bescheidenheit?* hanc interpretaris modestiam?; *sich ~ zu* accedere, descendere ad; *sich ~ mit* consentire cum.
versteigen: *sich ~ /* descendere; *sich zu weit in etw. ~* modum excedere (*od.* transire, non servare) in alqā re.
versteigern auctione constitutā (*od.* hastā positā *od.* sub hasta) vendere.
Versteigerung *f*: *~ halten* auctionem facere (*od.* constituere).
versteinern in lapidem mutare.
verstellen fingere [vocem]; *sich ~* simulare; **verstellt** fictus, (dis-) simulatus.
Verstellung *f* simulatio *f*.
versteuern vectigal pendere pro.
verstimmen: *verstimmt sein* discrepare; molestiā afficere [amicum]; **verstimmt** tristis, stomachosus.
Verstimmung *f* animi offensio *f*, aegritudo *f*, tristitia *f*.
verstocken *intr.* **1.** *eig.* umore vitiari; (*morsch od. faul werden*) pu-

trescere; (*morsch werden*) marcescere; | 2. (*hart od. gefühllos werden*) obdurescere; (*störrisch, starrsinnig werden*) obfirmari.
verstockt offirmatus, obstinatus.
Verstocktheit *f* obstinatio *f*, animus *m* offirmatus.
verstohlen furtīvus (*adv.* furtim, clam).
verstopfen obturare [foramina], obstruere [aditus, aures]; *verstopfter Leib* alvus *f* astricta.
Verstopfung *f* **1.** *als Handlung*: oppilatio *f*; *durch ~ des Loches* caverna obturata; **2.** *~ des Leibes* duritia alvi.
verstört confusus, perturbatus.
Verstoß *m* lapsus 4 *m*.
verstoßen abdicare [liberos]; repudiare, eicere [uxorem]; *es verstößt gegen* abhorret a [naturae legibus].
verstreichen praeterire, abire, intermitti [tempus].
verstricken irretire, obstringere, illaqueare.
verstümmeln mutilare, (de)truncare; *verstümmelt* mutilus, truncus.
Verstümmelung *f* **1.** *als Handlung*: mutilatio *f*, detruncatio *f*; **2.** *als Zustand*: debilitas *f*.
verstummen obmutescere, conticescere.
Verstummen *n* silentium *n*.
Versuch *m* conatus 4 *m*; *erster ~* tirocinium *n*, rudimentum *n* [militare]; *einen ~ machen mit* conandum sibi existimare de.
versuchen conari, tentare, experiri; periclitari (si ob); (*zu verführen suchen*) sollicitare, pellicere; praegustare [cibos].
Versucher *m* temptator *m*.
Versuchung *f* tentatio *f*, sollicitatio *f*, illecebrae *f/pl.*; *in ~ führen* pellicere.
versündigen: *sich ~* peccare erga.
Versündigung *f* peccatum *n*, delictum *n*, nefas *n*.
versüßen dulcem facere; condire, lenire, levare [molestiam].
vertagen prorogare, differre.
vertändeln ludendo (con)terere (*od.* perdere).
vertauschen (per)mutare, commutare [studium bellandi agriculturā].
Vertauschung *f* (per)mutatio *f*.
verteidigen defendere ab, propugnare pro, dicere pro [reo], dicere causam [rei]; tueri, tutari; *~ wegen* defendere, purgare de.
Verteidiger *m* defensor *m*, propugnator *m*, (*vor Gericht*) patronus *m*.
Verteidigung *f* defensio *f*, propugnatio *f*; *vor Gericht*: patrocinium *n*, causae dictio *f od.* actio *f*.
Verteidigungsanstalten: *~ treffen* quae ad rem defendendam usui sunt parare.
Verteidigungskrieg *m* bellum *n* quod defendendo geritur.
Verteidigungsmittel *n* defensio *f*, praesidium *n*, arma *n/pl.*
Verteidigung/srede, ~schrift *f* defensio *f*.
Verteidigungswaffen: *die ~* arma *n/pl.*
verteidigungsweise defendendo.
verteilen dividere, partiri, distribuere; (*planmäßig*) disponere.
Verteilung *f* divisio *f*, partitio *f*; dispositio *f*, discriptio *f*; largitio *f*; *meist durch Verba.*
verteuern pretium augēre.
vertiefen deprimere [fossam]; *sich ~* totum se abdere in [litteras], totum esse in [litteris].
Vertiefung *f* locus *m* depressus.
vertiert immanitate efferatus.
vertikal directus; *adv.* directe.
vertilgen delēre, exstinguere.
Vertrag *m* pactio *f*, pactum *n*, conventum *n*; (*staatlich*) foedus *n*; condicio *f*; *e-n ~ schließen* pacisci, pactionem facere, foedus facere (*od.* icere) cum, convenit [mihi] cum [vicino] de; *den ~ halten* pactum praestare, in pacto manēre; *dem ~ gemäß* ex pacto (*od.* convento *od.* formulā).
vertragen patientem esse [laborum], tolerare, perferre posse; *sich ~ mit* concorditer (*od.* amanter) vivere cum; *sich wieder ~* in gratiam redire cum, reconciliari inter se; *sich nicht ~ mit* alienum esse (*od.* abhorrēre) ab, non cadere in [virum bonum].
verträglich pacis amans, placidus, concors.
Verträglichkeit *f* pacis amor *m*, mores *m/pl.* placidi, animus *m* concors.
vertragsmäßig ex pacto, ex convento, ex foedere.
vertragswidrig contra pactum (foedus).

vertrauen (con)fidere, fidem habēre (*od.* tribuere), credere, spem ponere in [virtute]; *vertrauend auf* (con)fisus, fretus; *nicht* ~ diffidere.
Vertrauen *n* fides *f*, fiducia *f*, spes *f* certa; *im* ~ *auf* (con)fisus, fretus; *im* ~ *sagen* secreto dicere.
vertrauensvoll fiduciae plenus; *adv.* (con)fidenter, animo fidenti.
vertraulich familiaris [sermo].
Vertraulichkeit *f* familiaritas *f*.
verträumen desidiose agere [aetatem].
vertraut familiaris, intimus; ~ *sein mit* didicisse, cognitum habēre.
Vertrautheit *f* familiaritas *f*, intima amicitia , scientia *f*, cognitio *f*; consuetudo *f* [laborum].
vertreiben expellere, exigere, eicere; *die Zeit* ~ tempus fallere (*od.* consumere); (di)vendere, exigere [agrorum fructus].
vertreten: *sich den Fuß* ~ luxare pedem; *den Weg* ~ se obicere, viam intercludere [occurrenti]; (*Stellvertreter sein*) vicarium esse, vice fungi, vices obire; (*so viel gelten als*) esse pro; (*für etwas stehen*) praestare, auctorem esse.
Vertreter *m* vicarius *m*; patronus *m*, defensor *m*; *glänzender* ~ lumen *n*.
Vertretung *f* (*Verteidigung*) patrocinium *n*; (*Einstehen für etw.*) auctoritas *f*.
Vertrieb *m* venditio *f*.
vertrinken potando transigere [diem], potando consumere [rem familiarem]; vino pellere [curas].
vertrocknen exarescere.
vertrödeln divendere; / *die Zeit* ~ tempus terere.
vertrösten iubēre sperare, spem facere [civibus salutis]; *von einem Tage zum andern* ~ falsa spe producere.
Vertröstung *f* spes *f*, promissio *f*; *j-n mit* ~*en hinhalten* alqm falsā spe producere.
vertun consumere male [pecuniam].
vertuschen occultare, tegere.
verübeln vitio vertere.
verüben committere, in se admittere.
verunehren dedecorare, polluere, ignominia adficere; *ein Mädchen*: stuprare, vitium *alci* adferre.
veruneinigen discordiare, discordiam concitare.
Veruneinigung *f* discordia *f*.
verunglimpfen contumelias (*od.* probra) iacere in [hominem]; obtrectare [homini].
Verunglimpfung *f* convicium *n*, contumelia *f*; obtrectatio *f*.
verunglücken adversā fortunā uti; perire; ad irritum cadere.
verunreinigen inquinare, maculare.
Verunreinigung *f* pollutio *f*, inquinatio *f*; *nach* ~ *der Hände mit Blut* manibus sanguine cruentatis.
verunstalten deformare, corrumpere.
veruntreuen avertere, supprimere.
verunzieren deformare, depravare.
verursachen facere, efficere, causam esse; auctorem esse; *Trauer* ~ luctum afferre.
verurteilen damnare.
vervielfältigen multiplicare.
Vervielfältigung *f* multiplicatio *f*.
vervierfachen quadruplicare.
vervollkommnen excolere, emendare.
Vervollkommnung *f* perfectio *f*, emendatio *f*.
vervollständigen consummare; supplēre.
verwachsen coalescere; cicatricem ducere.
verwachsen distortus, distorto corpore; gibber.
verwahren condere, asservare; custodire; *sich ernstlich* ~ *gegen* detestari ac deprecari [probra].
verwahrlost neglectus, neglegentius habitus [puer].
Verwahrung *f* custodia *f*.
verwaisen parentibus orbari; *verwaist* orbus.
verwalten administrare, gerere, fungi [munere]; praeesse [magistratui]; procurare [imperium alienum].
Verwaltung *f* administratio *f*; functio *f*; curatio *f*; procuratio *f*; dispensatio *f*.
Verwalter *m* administrator *m*, procurator *m*; (*als Landwirt*) vilicus *m*.
verwandeln mutare, (con)vertere.
Verwandlung *f* mutatio *f*, transitus 4 *m* in aliam figuram.
verwandt propinquus; (*blutsverwandt*) consanguineus, cognatus; (*verschwägert*) affinis; (*nahestehend*) necessarius; ~ *sein* propinquitate (*od.* consanguinitate *od.* cognatione *od.* affinitate) coniunctum esse cum;

nächster Verwandter proximus; ~*e Künste* artes cognatione quadam inter se coniunctae.
Verwandtenmord *m* parricidium *n*.
Verwandtschaft *f* propinquitas *f*; consanguinitas *f*, cognatio *f*; affinitas *f*; nècessitudo *f*.
verwandtschaftlich cognatus.
verwarnen monēre, ne.
verwässern nervos omnes [orationis] elidere.
verweben intexere, contexere.
verwechseln permutare; sumere aliud [pallium] pro suo.
verwegen audax.
Verwegenheit *f* audacia *f*.
verwehen dissipare; *die Wege sind verweht* viae nive vento cumulata obrutae sunt.
verwehren vetare, non sinere *mit a.c.i.*, prohibēre, arcēre [peregrinos usu urbis], impedire.
verweichlichen mollire, effeminare.
Verweichlichung *f* mores *m/pl.* effeminati.
verweigern recusare, abnuere, renuere, (de)negare; (= *sich entziehen wollen*) detrectare [militiam], nolle [militare].
verweilen (com)morari, esse, versari, manēre, considere [in Italia].
Verweilen *n* commoratio *f*, mora *f*.
Verweis *m* reprehensio *f*, vituperatio *f*; ~ *erteilen* reprehendere, vituperare, verbis castigare.
verweisen relegare, expellere, eicere in exilium; ~ *auf* delegare, reicere, revocare ad.
Verweisung *f* relegatio *f* atque amandatio *f*, exsilium *n*; *meist durch Verba.*
verwelken marcescere; *verwelkt* marcidus.
verwenden insumere [pecuniam]; consumere, collocare, ponere [studium in litteris]; conferre, adhibēre ad; *sich ~ für* deprecari pro, suffragari [petenti]; *mit allen Kräften sich ~ dafür, dass* summa ope niti, ut ...
Verwendung *f* usus 4 *m*; ~ *der Wörter* tractatio *f* verborum; *durch ~* suffragatore [amico], per.
verwerfen reicere [iudicem], antiquare [legem]; improbare.
verwerflich reiciendus, repudiandus, spernendus.
Verwerfung *f* reiectio *f*; improbatio *f*; repudiatio *f*.
verwerten in usum suum convertere, uti alqā re.
verwesen putescere, tabescere.
Verweser *m* vicarius *m*, procurator *m*.
Verwesung *f* putredo *f*, tabes *f*.
verwetten pignori opponere.
verwichen prior, superior; *adv.* nuper, proxime.
verwickeln implicare; irretire.
verwickelt impeditus, contortus, difficilis [res]; *in ein Verbrechen ~* obstrictus scelere, affinis sceleri.
Verwickelung *f* implicatio *f*, nodus *m*.
verwildern efferari, degenerare; silvescere [vitis]; *verwildert* efferatus, ferus, immanis; incultus, desertus, vastus [ager].
Verwilderung *f* feritas *f*, immanitas *f*, vastistas *f*.
verwinden vincere [dolorem].
verwirken commerēre [capitis poenam]; *verwirkt haben* capitis poenā dignum esse.
verwirklichen perficere, ad effectum adducere.
Verwirklichung *f* effectus 4 *m*; *nach ~ des Planes* consilio perfecto.
verwirren (con)turbare, perturbare, (per)miscēre, confundere; *verwirrt* perturbatus, confusus.
Verwirrung *f* perturbatio *f*, confusio *f*; turba *f*, tumultus 4 *m*; *in ~ bringen* perturbare; *in ~ geraten* perturbari.
verwischen diluere [colores]; delēre [maculam], exstinguere, oblitterare [memoriam]; *das Andenken verwischt sich allmählich* memoria sensim obscuratur et evanescit.
verwittern exedi, adedi.
verwitwet viduus.
verwöhnen indulgentiā corrumpere, effeminare; *verwöhnt* delicatus.
verworfen perditus, profligatus.
Verworfenheit *f* animus *m* perditus.
verworren (per)turbatus, confusus; perplexus [oratio].
verwunden vulnerare, vulnere afficere, vulnus inferre [hosti]; (*tödlich*) sauciare; *verwundet* vulneratus, saucius.
verwunderlich mirus.
verwundern: *sich ~* mirari.
Verwunderung *f* (ad)miratio *f*; *in ~ setzen* admiratione afficere, admirationem movēre [patri]; *in ~ geraten* admiratione affici.

Verwundung *f* vulnus *n*.
verwünschen exsecrari, devovēre.
verwünscht devotus, sacer, exsecrandus, exsecrabilis; *~!* malum!
Verwünschung *f* exsecratio *f*, devotio *f*, detestatio *f*.
verwüsten (de)vastare, pervastare; (*mit Feuer und Schwert* ferro ignique) (de)populari.
Verwüstung *f* vastatio *f*, populatio *f*; *~en in e-m Lande anrichten* terram vastare, terrae vastitatem inferre.
verzagen animum abicere (*od.* demittere), animo cadere, spem abicere; *verzagt* demissus, tristis, maestus.
Verzagtheit *f* animus *m* abiectus, desperatio *f*.
verzählen: *sich ~* in numerando errare.
verzärteln mollire, effeminare [animum].
verzaubern 1. (*durch Zaubersprüche verwandeln*) carminibus in aliam naturam convertere; **2.** (*durch Zaubersprüche etw. verderben*) excantare.
verzäunen obsaepire; (*umzäunen*) circumsaepire.
verzehren (com)edere; consumere; *sich ~* (con)tabescere [desiderio].
verzeichnen litteris mandare, referre in tabulas.
Verzeichnis *n* index *m*, tabulae *f/pl.*; libellus *m*.
verzeihen ignoscere, veniam dare [delicti], condonare [vitium].
verzeihlich veniā dignus, quod aliquid excusationis habet.
Verzeihung *f* venia *f*, remissio *f* poenae; *um ~ bitten wegen* veniam petere [erroris].
verzerren distorquēre, depravare.
Verzerrung *f* distortio *f*, depravatio *f*.
verzetteln (*verstreuen*) dispergere; (*auseinander werfen*) dissipare; (*verschwenden*) effundere, profundere.
Verzicht *m* renuntiatio *f*, cessio *f*; *~ leisten auf* renuntiare [societatem hospiti].
verzichten: *auf* renuntiare, remittere, missum facere.
verziehen: 1. *das Gesicht ~* vultum mutare; male educare, indulgentiā corrumpere [pueros]; *sich ~* abire, dilabi [nebula]; **2.** *intr.* manēre [paulisper].
verzieren (ex)ornare.
Verzierung *f* ornamentum *n*.
verzinsen faenus dare pro [pecunia credita]; usuram pendere.
Verzinsung *f* usura *f*.
verzögern morari, (re)tardare; detinēre, differre, prolatare.
Verzögerung *f* retardatio *f*; mora *f*.
verzollen vectigal (*od.* portorium) pendere propter mercem.
verzückt incitatus.
Verzug *m* mora *f*, cunctatio *f*; *ohne ~* sine mora, nullā morā interpositā, statim.
verzweifeln desperare; *verzweifelt* desperatus *~e Lage* desperatio *f* rerum omnium.
Verzweiflung *f* desperatio *f* [omnium rerum].
verzweigen: *sich ~* late diffundi (*od.* patēre).
Vestalin *f* virgo *f* Vestalis.
Veteran *m* miles *m* veteranus.
Vetter *m* (*vom Vater her*) patruelis *m*; (*von Mutterseite*) consobrinus *m*.
Vetterschaft *f* cognatio *f*.
Vieh *n* (*einzelnes Stück*) pecus, udis *f*; (*kollektiv*) pecus, oris *n*, armenta *n/pl.*, iumenta *n/pl.*
Vieh... pecuarius, (*gen.*) pecoris, [pecorum.]
Viehfutter *n* pabulum *n*.
Viehhandel *m* negotiatio *f* pecuaria.
Viehhändler *m* pecuarius *m*.
Viehherde *f* grex *m*; *pl.* pecuaria *n/pl.*
Viehhirt *m* pastor *m*, armentarius *m*; (*Rinderhirt*) bubulcus; (*Schafhirt*) ovium custos *m*; (*Ziegenhirt*) caprarius *m*; (*Sauhirt*) subulcus *m*, suarius *m*.
Viehhof *m* cohors *f*.
viehisch [hoc] beluarum [est]; *~e Lüste* corporis voluptates *f/pl.*
Viehmagd *f etwa*: stabularia *f*, ancilla *f* pecuaria.
Viehstall *m* stabulum *n*.
Viehtränke *f* aquatio *f*.
Viehweide *f* pascuum *n*, ager *m* pascuus; (*Waldweide*) saltus 4 *m*; *gemeinschaftliche ~* ager *m* compascuus.
Viehzucht *f* (res) pecuaria *f*.
Viehzüchter *m* pecuarius *m*.
viel multus; magnus [pecunia, aes alienum, copiae]; *sehr ~* permultus, plurimus; *so ~* tantus; *so viele* tot; *wie viele* quot; *zu ~* nimius; *zu ~ sein* (*haben*) redundare.

vielartig varius.
Vielartigkeit *f* varietas *f*.
viel beschäftigt multis negotiis impeditus, negotiis distentus.
viel besprochen multorum sermonibus celebratus.
viel besucht celeber, frequens.
vieldeutig ambiguus.
Vieldeutigkeit *f* ambiguitas *f*.
Vieleck *n* forma *f* multorum (*od.* plurium) angulorum, polygonum *n*.
vieleckig polygonius, multiangulus.
vielerlei varius, multiplex.
viel/fach, ~fältig multiplex, varius, multi, creber; *adv.* multum, crebro, saepius.
Vielfältigkeit *f* varietas *f*.
Vielfraß *m* **1.** *vom Menschen*: homo *m* vorax; ***2.** gulo *m* borealis.
viel genannt celebratus, nobilis.
vielgestaltig multiformis.
Vielheit *f* magnus numerus *m*, multitudo *f*.
vielleicht fortasse, forsitan (*mit conj.*), forte (*bei* si, nisi, ne), haud scio an, nescio an (*mit conj.*
vielmal(s) saepe, saepenumero, crebro; *so* ~ toties; *wie* ~ quoties.
vielmalig multiplex, creber, frequens; *meist mit* saepe *od.* saepius *zu geben.*
vielmehr potius; (*in viel höherem Grade*) multo magis; (*ja sogar*) quin etiam; (*nein vielmehr*) immo; *nicht sowohl ... als* ~ non tam ... quam.
viel sagend gravis.
vielseitig multiplex, varius, multus, multarum rerum [usus].
Vielseitigkeit *f* varietas *f*.
vielteilig multiplex, multarum partium.
viel vermögend praepotens.
viel versprechend optimae spei.
Vielweiberei *f*: *in* ~ *leben* uxores habēre plures.
vielwink(e)lig multiangulus.
vier quattuor; *je* ~ quaterni; *unter* ~ *Augen* secreto, arbitris remotis.
Viereck *n* quadratum *n*.
viereckig quadratus.
vierfach quadruplex; *das Vierfache* quadruplum *n*.
vierfältig 1. (*vier auf einmal*) quadruplex; **2.** (*viermal geteilt*) quadripartitus; *adv.* quadrifariam.
Vierfürst *m* tetrarches, ae *m*.
Vierfürstentum *n* tetrarchia *f*.
vierfüßig quadrupes.
Viergespann *n* quadrigae *f/pl.*
vierhundert quadringenti.
vierhundertster quadringentesimus.
viermal quater.
***Vierradbremse** *f* frena *n/pl.* quattuor rotarum.
viersaitig tetrachordos.
viersäulig tetrastylos.
vierschrötig vastus, vasti corporis.
vierspaltig quadrifidus.
vierspännig quadriiugus.
Viertel *n* quarta pars *f*; *ein* ~ *nach 2 Uhr* secunda et quadrans; 3 ~ dodrans.
Vierteljahr *n* tres menses *m/pl.*
Viertelpfund *n* quadrans *m*.
vierter quartus.
vierzehn quattuordecim; *vierzehnter* quartus decimus.
vierzeilig tetrastichus.
vierzig quadraginta; *je* ~ quadrageni; *vierzigster* quadragesimus.
Vierzig *f* numerus *m* quadragenarius.
Vikar *m* vicarius *m*.
Viktualien: *die* ~ cibus *m*, cibaria *n/pl.*, victus 4 *m*; *~markt* forum *n* olitorium.
Viktualienhändler *m* caupo *m*.
Viole *f* viola *f*.
violett violaceus.
Viper *f* vipera *f*, (*adj.* viperinus).
Virtuos *m* acroāma *n*; (*in einer Sache*) artifex *m*, magister *m*.
Virtuosität *f* artificium *n*.
***Visier** *n* fenestra *f* galeae.
Vision *f* visum *n*, species *f*.
***Visum** (*eines Passes*) *n* syngraphum *n* comprobatum testimonio.
Vize... vicarius [regis], qui est pro [rege].
Vlies *n* vellus, eris *n*.
Vogel *m* avis *f*, ales *m. u. f*, volucris *f*.
Vogel... *durch gen.* avium.
Vogelbauer *n* cavea *f*.
Vogelbeere *f* sorbum *n*.
Vögelchen *n* avicula *f*.
Vogeldeuter *m* augur *m*, auspex *m*.
Vogeldeutung *f* augurium *n*.
Vogelfang *m* aucupium *n*.
Vogelfänger *m* auceps *m*.
Vogelflug *m* avis volatus 4 *m*; *den* ~ *beobachten zum Zwecke des Wahrsagens*: augurium capere; *aus dem* ~ *weissagen* ex alitis involatu augurari.
vogelfrei proscriptus.

V

Vogelhaus *n* aviarium *n*.
Vogelleim *m* viscus *m*.
Vogelnest *n* avis nidus *m*; * neottia (*od.* ophrys) *f* nidus avis.
Vogelschau *f* auspicium *n*.
Vogelschauer *m* augur *m*, auspex *m*.
Vogelsteller *m* auceps *m*.
Vogt *m* praefectus *m*.
Vokal *m* vocalis *f*; *~musik* cantus 4 *m* vocum.
Volk *n* multitudo *f*, vis *f* [hominum], homines *m/pl.*, (*von Tieren*) grex *m*; (*Völkerschaft*) gens *f*, natio *f*; (*politisch*) populus *m*; (*Bürgerschaft*) civitas *f*, (*im Ggs. zum Adel*) plebs *f*; (*großer Haufe*) vulgus *n*.
Völker... (*gen.*) gentium, populorum.
***Völkerbund** *m* societas *f* nationum.
Völkerrecht *n* ius *n* gentium.
Völkerwanderung *f* migratio gentium.
volkreich frequens; celeber.
Volks... popularis *od.* (*gen.*) *des Volkes*.
Volksauflauf *m* tumultus 4 *m*.
Volksaufwiegler *m* turbator *m od.* concitator *m* vulgi.
Volksbeschluss *m* plebiscitum *n*, populi scitum *n*.
Volksfest *m* ludi *m/pl.*, sollemnia *n/pl.* popularia *od.* publica.
Volksfreund *m* homo *m* popularis.
Volksgedränge *n* turba *f* confluentis populi.
Volksglaube *m* opinio *f* vulgi *od.* imperitorum, opinio *f* vulgata.
Volksgunst *f* favor *m* populi, aura *f* popularis.
Volkshaufe *m* vulgus *n*.
Volksherrschaft *f* dominatus 4 *m* multitudinis; imperium *n* populi.
***Volkskunde** *f* scientia *f* rerum popularium.
Volkspartei *f* populares *m/pl.*
Volksredner *m* orator *m* popularis; (*aufwiegelnder ~*) contionator *m*.
Volkssitte *f* mos *m* (*od.* institutum *n*, disciplina *f*) gentis.
Volksstimme *f* fama *f* (*od.* opinio *f*) popularis, iudicium *n* publicum.
volkstümlich gentis proprius; popularis.
Volkstümlichkeit *f* indoles *f* propria *gentis alcs*; (*Beliebtheit: beim Volke*) gratia *f* popularis.
Volksversammlung *f* contio *f*; (*zum Zweck von Wahlen u. Abstimmungen*) comitia *n/pl.*
Volkszählung *f* populi recensus 4 *m*.
voll plenus [vini], refertus; repletus, completus, abundans, affluens [opibus et copiis]; *die ~e Zahl* iustus numerus *m*; *eine Zahl ~ machen* supplēre, explēre; *~es Vertrauen* summa fides *f*; *mit ~em Rechte* meo, tuo ... iure; *~e hundert Jahre leben* centum annos complēre.
vollauf abunde, affatim; *etwas ~ haben* abundare, affluere [honore].
vollblütig multo sanguine gravis.
Vollblütigkeit *f* sanguinis abundantia *f*.
vollbringen ef-, con-, perficere.
vollenden ad exitum adducere, ad finem perducere; perficere, absolvere, consummare; *er hat vollendet* vivere (*od.* esse) desiit.
Vollender *m* confector *m*, actor *m*.
vollends (*gänzlich*) prorsus; (*steigernd*) vero.
Vollendung *f* finis *m*, exitus 4 *m*; *zur ~ bringen* perpolire.
Völlerei *f* ebriositas *f*, (*im Essen*) gula *f*.
vollführen perficere, exsequi.
voll füllen complēre.
vollgültig probus [nummus], bonus, idoneus; locuples [testis]; gravis.
Vollgültigkeit *f* iustum pretium *n*.
völlig plenus, perfectus, iustus; *adv.* plene, prorsus [assentiri]; *sonst Komposita mit* per [perdomare].
volljährig maturus; sui iuris.
Volljährigkeit *f* aetas *f* iusta.
vollkommen plenus, integer; perfectus, absolutus; *adv.* plane, prorsus, omnino.
Vollkommenheit *f* perfectio *f*, absolutio *f*.
Vollkraft *f* integrae vires *f/pl.*, flos *m* aetatis.
voll machen complēre, explēre.
Vollmacht *f* potestas *f*, auctoritas *f*, arbitrium *n* (liberum *unbeschränkt*).
Vollmond *m* luna *f* plena.
voll pfropfen, voll stopfen refercire.
vollständig **1.** *adj.* integer, plenus, iustus, solidus; **2.** *adv.* prorsus, omnino; *die Worte ~ wiedergeben* omnia verba reddere.
Vollständigkeit *f* iustus numerus *m*.
vollstrecken exsequi, persequi, perficere.
vollwichtig iusti ponderis; gravis.
vollzählig (*von Versammlungen*)

frequens; ~ *machen* complēre, supplēre.
Vollzähligkeit *f* iustus numerus *m*.
vollziehen afficere, exsequi, persequi; *einen Befehl* ~ imperata facere; *die Todesstrafe* ~ *an* supplicium sumere de.
Vollzieher *m* exsecutor *m*, effector *m*, confector *m*.
Volontär *m* voluntarius *m*.
von (*räumlich*) a, ab, abs; (*von* ... *aus*) e, ex; (*von* ... *herab*) de; (*zeitlich*) a, ab, *auch* ex; (*bei Angabe des Urhebers*) a, ab: *ein Buch* ~ *Cicero* liber Ciceronis; (*bei Angabe der Herkunft*) ex, de; *durch adj.*: *Solon von Athen* Solon Atheniensis; (*über*) de [de senectute loqui]; *durch gen. possess., partit., qualit., causae od. adj., vgl. Gramm.*
vonstatten: ~ *gehen* succedere, procedere, prospere cedere.
vor (*räumlich*) ante, pro, prae (*vgl. Gramm.*); (*im Angesicht, in Gegenwart*) coram; *bisw.* in *u.* ad; [*vor Gericht* (*od. vor den Richter*) *fordern* in ius vocare, ad iudicem adducere]; (*zeitlich*) ante; (*heute vor, jetzt vor*) abhinc [annos, annis decem]; (*bei Angabe e-s Vorzugs*) prae [nobis beatus], praeter [ceteros florēre]; (*bei Angabe des Schutzes od. der Abwehr*) a, ab [tueri, defendere]; (*bei Angabe des Grundes*) *durch abl. causae*, propter [gaudio exsultare, propter metum parēre]; (*bei Angabe des hindernden Grundes*) prae, [prae lacrimis loqui non posse]; *nach wie* ~ pariter.
Vorabend *m* dies *m* proximus ante; *am* ~ *seines Todes* pridie quam excessit e vita.
Vorahnung *f* praesagitio *f*.
voraneilen praecurrere *aqlm*.
vorarbeiten praeire in opere faciendo.
voranstehen priore (*od.* primo) loco collocatum esse, priore (*od.* primo) loco stare; *j-m in etw.* ~ praestare alci alqā re.
voranstellen primo loco ponere *od.* collocare; *im Kampfe*: in prima acie collocare.
vorarbeiten praeire in opere faciendo.
voraus..., im Voraus ante, prae-, **~ahnen** praesagire; **~anzeigen** (prae)significare; **~bedenken** praemeditari, ante cogitare; **~bedingen** praestituere; **~bestimmen** praestituere, ante constituere; **~bezahlen** ante tempus (diem) dictum solvere (*od.* numerare); **~eilen** praecurrere; **~empfinden** praesentire; **~fliegen** praevolare; **~freuen,** *sich* gaudium praecipere; **~geben** ante tempus constitutum dare; **~gehen** praeire; **~genießen** praecipere, anticipare; **~lassen** praemittere; **~haben:** *nichts vor einem andern* ~ *haben* eodem loco esse quo alius [est]; **~laufen** praecurrere; **~marschieren** antecedere; primum agmen ducere; **~merken** praesentire; **~nehmen** praecipere, antecapere; **~reisen** praecurrere, priorem iter ingredi; **~reiten** (equo) praevehi; **~sagen** vaticinari; **~schicken** praemittere; (*mit Worten*) praefari, praeponere; **~schreiten** praegredi, priorem incedere; **~segeln** (navi, cum classe) praevehi; **~sehen** (animo) providēre, prospicere; **~ sein** praecessisse, superiorem esse [aequali]; **~setzen** ponere; (*überzeugt sein*) sperare, confidere; **Voraussetzung** *f* opinio *f*; *in der* ~, *dass* ratus, sperans, confisus *mit a. c. i*; modo ut, ne ..., ita ... ut, ne; **~springen** praecurrere; **~tragen** praeferre; **~verkündigen** praenuntiare, significare; *v. Vorbedeutungen*: portendere; **~wissen** praenosse, praecipere; **~ziehen** praeire, praecedere, agmen ducere.
vorbauen praestruere; *der kluge Mann baut vor* sapientis est providēre et praecavēre.
Vorbedacht *m*: *mit* ~ consulto; *ohne* ~ temere.
vorbedeuten portendere.
Vorbedeutung *f* omen *n*; indicium *n*; augurium *n*; prodigium *n*, ostentum *n*; (*grauenhaft*) portentum *n*.
Vorbegriff *m* praenotio *f*, praeceptio *f*.
Vorbehalt *m* condicio *f*, exceptio *f*; *mit dem* ~, *dass* hac lege, ut... ita, ut...
vorbehalten reservare, relinquere; *sich* ~ excipere, differre in aliud tempus.
vorbei praeter; **~eilen** praetervolare; **~fahren** *intr.* praetervehi; **~fliegen** praetervolare; **~fließen** praeterfluere; **~führen** transducere

[milites] praeter; **~gehen** praeterire, praetergredi; **~kommen** praeterire, transire, praetervehi; **~lassen** praetermittere; **~laufen** transcurrere praeter; **~reiten** equo praetervehi; **~segeln** praetervehi [navi promunturium]; **~ sein** praeterisse, transisse, abisse, effluxisse; **~tragen** praeterferre, transvehere; **~ziehen** praeterire.

Vorbemerkung *f* praefatio *f*, prooemium *n*.

vorbereiten (ap)parare, praeparare; instruere; *sich ~ auf* se, animum (prae)parare ad, *mst* (prae)parare [accusationem]; (*studierend*) meditari, commentari [orationem].

Vorbereitung *f* praeparatio *f*, apparatio *f*, apparatus 4 *m*; (*durch Nachdenken*) meditatio *f*, commentatio *f*.

vorbestimmen praestituere, ante constituere.

vorbeten preces *od.* verba praeire.

vorbeugen providēre, praecavēre.

Vorbild *n* exemplum *n*, exemplar *n*.

Vorbildung *f* institutio *f* prima.

vorbinden praeligare.

vorblasen praecinere; (*beim Marsche*: (*ein Lied*) ~ modum praebēre; *j-m die Melodie* ~ praeire alci modulos.

Vorbote *m* praenuntius *adj.* [stellae praenuntiae calamitatum]; omen *n*; *~ sein von* praenuntiare, portendere.

vorbringen proferre [testes], afferre, inferre [crimina], iacere [probra].

Vordach *n* protectum *n*.

vordem olim.

Vorderarm *m* bracchium *n*.

vorderer anticus [*Ggs.* posticus]; (*im Ggs. zu innerer*) exterior; (*im Ggs. zu hinterer*) prior; (*im Ggs. zu*: *am Rücken befindlich*) adversus.

Vorderfinger *m/pl.* primores digiti *m/pl.*

Vorderfuß *m* pes *m* prior.

Vordergrund *m* pars *f* antica, frons *f*; *auf e-m Bilde*: eminentia *f*; *etw. in den ~ stellen* alqd primo loco ponere.

Vorder/haupt *n*, **~kopf** *m* prior pars *f* capitis.

Vorderhaus *n* (*das vordere Haus*) domus *f* prior; (*der vordere Teil des Hauses*) pars *f* prior (*od.* antica) domūs.

Vordermann *m* proximus ante [commilitonem]; *pl.* primores *m*.

Vordersatz *m* quod antecedit; *in der Logik*: propositio *f*, propositum *n*.

Vorderseite *f* pars *f* antica (*od.* adversa *od.* prior); frons *f*.

vorderster primus; (*bei Zweien* prior).

Vorderteil *n des Schiffes* prora *f*.

Vordertreffen *n* prima acies *f*.

Vordertür *f* anticum *n*, ianua *f* antica.

Vorderzähne *m/pl.* dentes *m/pl.* primi *od.* primores.

vordrängen protrudere; *sich ~ eig.* prorumpere; / se venditare.

vordringen progredi, procedere; (*ungestüm*) prorumpere.

voreilen antevertere.

voreilig praeproperus, praeceps; inconsultus et temerarius.

Voreiligkeit *f* praeproperum ingenium *n*, temeritas *f*.

Voreltern: *die ~* maiores *m/pl.*

vorempfinden praesentire, praesagire.

Vorempfindung *f* praesensio *f*, praesagitio *f*.

vorenthalten reddere nolle, fraudare [milites praedā].

vorerst prius, primum; interim.

vorerzählen narrare.

Vorfahr *m* unus e maioribus, *pl.* maiores *m*.

Vorfall *m* res *f*, casus 4 *m*, eventum *n*.

vorfallen fieri, accidere, evenire.

Vorfechter *m* propugnator *m*.

vorfinden invenire; accipere; *sich ~* inveniri, reperiri.

vorfordern vocare, citare, arcessere.

vorführen producere, adducere; proponere [vitam hominis].

Vorgang *m* exemplum *n*, auctoritas *f*; *nach Platos ~* Platone auctore usus; res *f*, casus 4 *m*.

Vorgänger *m* superior *m*, prior *m*; auctor *m*, dux *m*; *~ im Amte* decessor *m*; *meist durch Relativsatz zu umschreiben.*

vorgaukeln praestigiis fallere.

vorgeben simulare.

Vorgeben *n* verba *n/pl.*, simulatio *f*.

Vorgebirge *n* promunturium *n*.

vorgefasst praeiudicatus [opinio], ante conceptus.

Vorgefühl *n*: *~ haben* praesentire, praesagire; *im ~ des Todes* se moriturum sentiens.

V

vorgehen procedere, ocius currere; *zum Angriff* ~ signa inferre [in hostes]; (*sich begeben*) accidere, fieri, geri; *was geht hier vor?* quid hoc rei est?
Vorgericht *n* promulsis *f*.
Vorgeschmack *m*: *einen* ~ *bekommen* (*haben*) gustare (gustasse).
Vorgesetzte(r) *m* qui praeest; *pl.* superiores *m/pl.*, magistratus *m/pl.*
vorgestern nudius tertius.
vorgreifen praeoccupare; *nicht* ~ *wollen* rem integram ac liberam relinquere.
vorhaben agitare (in) animo, parare, moliri; in animo habēre.
Vorhaben *n* consilium *n*.
Vorhalle *f* porticus 4 *f*.
vorhalten obicere [scutum]; proicere [hastam]; obicere, exprobrare [corporis vitia].
Vorhaltung *f*: *j-m* ~*en machen* monere alqm.
vorhanden sein esse; *noch* ~ exstare, manēre; subesse [suspicio].
Vorhang *m* velum *n*; (*prächtiger*) aulaeum *n*.
vorhangen propendēre, prominēre.
vorhängen praetendere.
Vorhaut *f* praeputium *n*.
vorheften praefigere.
vorher ante, antea, antehac; (*in Schriften*) supra.
vorher... = *voraus...*
vorhergehend antecedens, praecedens.
vorherrschen praevalēre, dominari, potiorem esse.
vorhersagen praedicere, vaticinari.
vorherwissen antescire, praenosse.
vorhin ante, antea; (*soeben*) modo.
Vorhof *m* vestibulum *n*, propatulum *n*.
Vorhut *f* primum agmen *n*.
vorig prior, superior; (*letztvergangen*) proximus; (*vormalig*) pristinus; *am* ~*en Tag* pridie.
vorjährig anni prioris (*od.* superioris).
Vorkämpfer *m* propugnator *m*.
vorkauen praemandere.
Vorkehrung *f* apparatus 4 *m*; ~*en treffen* parare, praeparare, praecavēre, ne...
Vorkenntnisse *f/pl.*: *die* ~ initia *n/pl.*
vorkommen esse, inveniri, reperiri; versari [in foro]; nasci, gigni [herbae]; *komisch* ~ mirum videri.
Vorkommnis *n* res *f* (gesta).
Vorkost *f* promulsis *f*.
vorladen vocare [in ius], arcessere [in iudicium], citare.
Vorladung *f* vocatio *f* (in ius).
vorlassen prodire pati [seniores]; (*zulassen*) admittere, aditum dare [petenti]; *nicht vorgelassen werden* excludi.
vorlaufen praecurrere.
Vorläufer *m* praecursor *m*.
vorläufig ad tempus, interim, prius; ~*es Urteil* praeiudicium *n*.
vorlaut (linguā) petulans.
vorlegen obicere, obdere, opponere [pessulum ostio]; proponere [venale]; (*zum Essen*) apponere; *zur Entscheidung* ~ arbitrio [consulis] permittere, deferre ad; *sich* ~ corpus proicere.
Vorlegeschloss *n* claustrum *n*.
vorleiern decantare.
vorlesen legere, recitare; legenti [puero] praeire; *sich* ~ *lassen* audire [litteras].
Vorleser *m* anagnostes *m*, lector *m*, recitator *m*, acroama *n*.
Vorlesung *f* lectio *f*, recitatio *f*; ~*en halten* scholas habēre; ~ *hören bei* audire disputantem de.
vorletzter proximus a postremo, paenultimus.
vorleuchten facem (*od.* lucernam *od.* candēlam) praeferre.
Vorliebe *f* praecipuus amor *m*, studium *n* et amor *m*; favor *m*; ~ *haben für* favēre, indulgēre [iuri civili]; studiosum esse [iuris civilis]; in deliciis habēre [ius civile]; praeter ceteros amare [Platonem].
vorlieb nehmen contentum esse, satis habēre.
vorliegen adesse, subesse, exstare; **vorliegend** *meist* hic.
vorlügen mendacio fallere, verba dare, mentiri apud *mit a. c. i.*
Vormauer *f* propugnaculum *n*.
Vormittag *m* tempus *n* antemeridianum.
vormittägig antemeridianus.
vormittags ante meridiem.
Vormund *m* tutor *m*.
Vormundschaft *f* tutēla *f*.
vormundschaftlich tutelaris.
vorn in, a fronte; (*auf der Brust*) in pectore; (*adj.*) adversus [vulnus]; *von* ~ a fronte; a principio, ab initio, a primo; (*von neuem*) denuo, de integro.

V

Vorname *m* praenomen *n*.
vornehm nobilis, nobili *od.* honesto loco natus; *die Vornehmen* nobiles *m/pl.* (patricii *m/pl.*), optimates *m/pl.*, proceres *m/pl.*, primores *m/pl.*; *der Vornehmste* primus *m*, primarius [femina].
vornehmen: *sich* ~ praecingi [strophio]; velari [levi amictu]; (*hervorlangen*) promere; (*ausfragen, tadeln*) temptare, reprehendere; *etwas* ~ aggredi, suscipere; *ich habe mir fest vorgenommen* stat sententia *od.* mihi.
Vornehmheit *f* generositas *f*.
vornehmlich praecipue, imprimis, maxime.
vornherein: *von* ~ primo, ab initio.
***Vorort** *m* vicus *m* anteurbanus.
Vorplatz *m* propatulum *n*, vestibulum *n*.
Vorposten *m* statio *f*.
Vorrang *m* principatus 4 *m*, priores partes *f/pl.*; *den* ~ *haben* principatum tenēre; *vor dem Vater* loco, dignitate priorem esse patre, praeferri patri.
Vorrat *m* (*im Hause*) penus *m u. n*; (*Proviant*) commeatus 4 *m*; copia *f*, vis *f*.
vorrätig paratus, promptus; ~ *sein* adesse, suppetere.
Vorratskammer *f* cella *f* (penaria).
vorrechnen enumerare, digitis computare.
Vorrecht *n* ius *n* praecipuum ac singulare; condicio *f* [liberorum populorum].
Vorrede *f* prooemium *n*, praefatio *f*.
vorreden mendacio fallere.
vorreiten equo provehi.
Vorrichtung *f* apparatus 4 *m*; ~*en treffen* parare, apparare, instruere.
vorrücken 1. *trans.* promovēre; exprobrare [corporis vitia]; **2.** *intr.* procedere, progredi, castra (pro-) movēre; augeri honore, ascendere ad ampliorem gradum; (*im Alter*) aetate provehi; *im vorgerückten Alter* aetate provectus.
vorrufen provocare.
vorsagen (voce, verbis) praeire [loquenti]; subicere verba.
Vorsänger *m* praecentor *m*.
Vorsatz *m* consilium *n* propositum.
vorsätzlich consulto.
Vorschein *m*: *zum* ~ *kommen* apparēre, conspici, in conspectum venire; *zum* ~ *bringen* in lucem proferre.
vorschicken praemittere.
vorschieben promovēre; agere [turrim ad oppidum]; (*als Sünder*) culpam transferre in [aequalem].
vorschießen (*Geld*) mutuum dare.
vorschimmern praelucēre, praefulgēre.
Vorschlag *m* condicio *f*; (*zu einem Gesetze*) lex *f*, rogatio *f*, consilium *n*; *auf* ~ auctore [consule].
vorschlagen proponere, ferre [legem] commendare, suadēre.
Vorschmack *m* gustus 4 *m*; *einen* ~ *geben* gustum dare [servitutis]; *einen* ~ *bekommen* gustare.
vorschneiden secare.
vorschnell praeproperus.
vorschreiben praeformare litteras [infantibus]; praescribere, praecipere, iubēre.
vorschreiten vadere [ad pontem]; proficere [aliquid in philosophia].
Vorschrift *f* praescriptum *n*, praeceptum *n*, lex *f*; *die* ~, *dass* ... praeceptum [Apollinis], quo monet, ut...
Vorschub *m leisten* opem ferre, favēre, suppeditare.
Vorschuss *m* pecunia *f* promutua.
vorschützen praetendere.
vorschwatzen verba dare.
vorschweben obversari ante oculos (*od.* animo).
vorsehen: *sich* ~ cavēre, cautionem adhibēre.
Vorsehung *f* providentia *f*; mens *f* divina; *die* ~ *leugnen* negare deum curare res humanas.
vorsetzen promovēre, proferre [dextrum pedem]; (*als Aufschrift, Titel*) inscribere; (*zum Essen*) apponere; *sich* ~ proponere sibi, constituere.
Vorsicht *f* providentia *f*; prudentia *f*, cautio *f*; provisus 4 *m*.
vorsichtig prudens, cautus, diligens.
Vorsichtsmaßregel *f* cautio *f*; ~*n treffen* providēre [fugam *für die Flucht*]; occurrere [periculo *gegen die Gefahr*].
vorsingen canere; (*als Vorsänger*) carmen praeire [discipulis].
Vorsitz *m* primus locus *n*; *den* ~ *führen* praeesse, praesidēre [senatui].
Vorsitzende(r) *m* praeses *m*.

V

Vorsorge *f* providentia *f*, cura *f*, tutēla *f*; ~ *treffen* (pro)vidēre, ut, ne ...
vorsorglich diligens; *adv.* diligenter.
vorspannen equos iungere currui.
vorspiegeln verba dare, vanā spe fallere, obicere [spem]; falso promittere.
Vorspiegelung *f* simulatio *f*, vana spes *f*, mendacium *n*, verba *n/pl.*, *meist durch Verba.*
Vorspiel *n* prooemium *n*, prolusio *f*, prologus *m* [fabulae].
vorspielen **1.** *trans.* canere coram [amicis]; (*die Melodie*) praeire modulos; **2.** *intr.* praecinere.
vorsprechen voce praeire; ~ *bei* convenire [avunculum].
vorsprengen (equo) procurrere.
vorspringen prosilire.
Vorsprung *m*: *einen* ~ *gewinnen* iter (aliquantum viae) praecipere [legionibus], antecedere [legiones]; *einen* ~ *haben* antecessisse, praecurrisse; (*hervorspringender Teil*) proiectura *f*; promunturium *n* [agri Regini].
Vorstadt *f* suburbium *n*.
Vorstädter *m* suburbanus *m*.
vorstädtisch suburbanus.
Vorstand *m* princeps *m*.
vorstehen pro-, eminēre; praeesse, praefectum esse [collegio]; administrare [provinciam].
Vorsteher *m* praefectus *m*, magister *m*; (*e-s Tempels*) antistes *m*, praeses *m*.
Vorsteheramt *n* praefectura *f*.
vorstellen obicere, obdere, opponere; ostentare [amicum patri], adducere ad, introducere apud; *sich* ~ adire ad; (*geistig*) docēre; ostendere; monēre, ut, ne ...; *sich* ~ cogitare, (cogitatione) fingere (*od.* complecti); mente concipere, intellegere; *das kann ich mir nicht* ~ hoc credere non possum.
Vorstellung *f* admissio *f*, aditus 4 *m*; (*im Theater*) actio *f*; *eine* ~ *geben* fabulam dare; (*geistig*) ~*en machen* monēre; *sich* e-e ~ *machen von* animo concipere, intellegere; *angeborene* ~*en* notiones *f/pl.* insitae.
Vorstellungsvermögen *n* cogitatio *f*.
vorstrecken protendere, proicere, porrigere; (*leihen*) mutuum dare.
vortanzen chorēam ducere; saltando praeire.
Vortänzer *m* praesul *m*, praesultator *m*; *meist durch Verba.*
Vorteil *m* commodum *n*, emolumentum *n*; ~ *haben von* fructum percipere ex; *im* ~ *sein* superiorem esse.
vorteilhaft commodus, utilis; ~*e Lage* opportunitas *f* loci; *es ist* ~ conducit [mihi, ad me]; in rem est.
Vortrab *m* primum agmen *n*.
Vortrag *m* (*rednerischer*) actio *f*; oratio *f*; (*Deklamation*) pronuntiatio *f*; (*öffentlicher* ~ *zur Unterhaltung*) acroāsis *f*; (*zur Übung*) declamatio *f*; (*im Hörsaal*) schola *f*; (*vor dem Volke od. Heere*) contio *f*; *e-n* ~ *halten* = *vortragen.*
vortragen praeferre; (*berichten*) referre ad; (*zur Entscheidung*) deferre ad; (*über etwas reden*) dicere de, verba facere, orationem habēre, disserere; (*vom Schauspieler*) agere.
vortrefflich egregius, eximius, praeclarus.
Vortrefflichkeit *f* praestantia *f*, excellentia *f*; virtus *f*, laus *f*, bonum *n*.
vortreiben propellere.
vortreten prodire.
vortrinken propinare.
Vortritt *m* prior locus *m*.
vorüber... = *vorbei...*
vorübergehend brevis, ad tempus.
Vorübung *f* meditatio *f*, exercitatio *f*.
Vorurteil *n* opinio *f* (praeiudicata *od.* vana *od.* falsa *od.* prava); *ein* ~ *haben* bene (male) existimare de.
Vorwahl *f* praerogativa *f*.
vorwalten praevalēre, potiorem esse.
Vorwand *m* causa *f* (simulata), species *f*, simulatio *f*; *unter dem* ~ nomine, specie, per causam, per speciem, causā interpositā.
vorwärts protinus, porro; *oft ein Kompositum mit* pro- [promovēre]; ~ *kommen* proficere [in litteris]; ~! perge (-ite)!
vorweg... = *voraus...*
vorweisen ostendere.
Vorwelt *f* aetas *f* prisca.
vorwenden praetendere, causari, causam interponere, simulare.
vorwerfen proicere; obicere [furtum]; exprobrare, crimini dare.
Vorwerk *n* praedium *n* rusticum.

Vorwissen *n*: *mit ~* sciente [patre]; *ohne ~* insciente [patre].
Vorwitz *m* curiositas *f*; immaturitas *f*.
vorwitzig curiosus; *adv.* temere.
Vorwort *n* praefatio *f*.
Vorwurf *m* opprobrium *n*, probrum *n*.
vorwurfsvoll criminosus.
vorzählen numerare.
Vorzeichen *n* omen *n*, portentum *n*.
vorzeichnen: *meine Laufbahn ist mir vorgezeichnet* certum mihi est constitutumque, quam vitae rationem initurus sim.
vorzeigen proferre; ostendere.
Vorzeit *f* prisca aetas *f*; *die Menschen der ~* homines *m/pl.* antiquissimi.
vorzeitig praematurus, ante tempus.
vorziehen obducere [velum fenestrae]; (*höher schätzen*) praeferre, praeponere, anteponere, anteferre, malle *mit inf.*
Vorzimmer *n* procoeton *n*.
Vorzug *m* principatus 4 *m*; priores partes *f/pl.*; *unser größter ~ vor den Tieren besteht darin, dass* hoc uno praestamus vel maxime feris, quod ...; excellentia *f*, praestantia *f*.
vorzüglich praecipuus, egregius, eximius.
Vorzüglichkeit *f* praestantia *f*, excellentia *f*.
vorzugsweise praecipue, praeter ceteros.
Votum *n* sententia *f*, suffragium *n*.
vulgär vulgaris, illiberalis; *stärker*: sordidus, humilis, abiectus.
Vulkan *m* mons *m*, ex cuius vertice flammae erumpunt.
vulkanisch flammas eructans, evomens [mons].

W

Waage *f* libra *f*, trutina *f*; (*Schnellwaage*) statēra *f*; *j-m die Waage halten* parem este, non cedere maiori.
Waagebalken *m* iugum *n*.
waagerecht libratus, aequilibris; *adv.* ad libram, ad libellam.
Waagschale *f* (librae) lanx *f*.
Wabe *f* favus *m*.
wach vigilans, exsomnis; *~ sein* vigilare.
Wache *f* **1.** *abst.* custodia *f*; *~ haben* (*v. Soldaten*) excubare, excubias (*od.* vigilias) agere, in statione, in custodia esse; **2.** *konkr.* custos *m*, custodia *f*, vigil *m*; *meist pl.* custodes *m/pl.*, vigiles *m/pl.*; (*bei Nacht*) vigiliae *f/pl.*; (*bei Tage*) excubiae *f/pl.*; (*Vorposten*) statio *f*; (*Bedeckung*) praesidium *n*; (*Wachthaus*) custodia *f*.
wachen vigilare; *~ über* providēre, ut, ne ...
Wachen *n* vigiliae *f/pl.*
Wacholder(**busch**) *m* iuniperus *f*.
Wachs *n* cera *f* (*adj.* cereus); *mit ~ überzogen* ceratus.
wachsam vigilans, intentus, diligens; *~ sein* vigilare; *ein ~es Auge haben auf* diligenter custodire; observare.
Wachsamkeit *f* vigilantia *f*.
wachsen crescere; adolescere; *~ lassen* alere, promittere [capillos]; / crescere [aquae]; augeri [animus]; ingravescere [malum]; (*nicht*) *gewachsen sein* (imparem) parem esse [aequali]; (*erzeugt werden*) gigni, nasci, provenire.
Wachsen *n* incrementum *n*.
wächsern cereus.
Wachs/fackel, ~kerze *f* cereus *m*.
wachsgelb cerinus.
Wachsscheibe *f* favus *m*.
Wachstafel *f* tabula *f* cerata (*pl. auch* cerae *f*).
Wachstum *n* incrementum *n*.
Wachtel *f* coturnix *f*.
Wächter *m* custos *m*.
Wachtfeuer *n* ignis *m*.
***Wachtparade** *f* sollemnes stationum vices *f/pl.*
Wachtposten *m* statio *f*; praesidium *n*.
Wachtturm *m* specula *f*.
wackeln vacillare, moveri; *wackelnd* vacillans, mobilis.
wacker strenuus, navus, fortis.
Wade *f* sura *f*.
Waffe *f* telum *n*; *pl.* arma *n/pl.*; (*zum Angriff*) tela *n/pl.*; *mit ~n versehen* armatus; *ohne ~* inermis; *zu den ~n greifen* arma capere.
Waffenbeute *f* spolia *n/pl.*

waffenfähig qui arma ferre potest, armorum (*od.* belli) patiens; militaris [aetas]; ~e *Mannschaft* iuventus *f.*
Waffengattung *f* genus *n* armorum, armatura *f.*
Waffengefährte *m* commilito *m.*
Waffengewalt *f* vis *f* et arma *n/pl.*
Waffenkammer *f* armamentarium *n.*
waffenlos inermis.
Waffenrock *m* vestis *f* militaris.
Waffenruhe *f* quies *f* ab armis, otium *n*; indutiae *f/pl.*
Waffenrüstung *f* arma *n/pl.*; (*die dem Feinde abgenommene* ~) spolia *n/pl.*
Waffenstillstand *m* indutiae *f/pl.*
Waffentanz *m* saltatio *f* armata, pyrrhicha *f.*
Waffenträger *m* armiger *m.*
waffnen armare; *sich* ~ se armare, arma capere.
wagehalsig audax, summae audaciae.
Wagehalsigkeit *f* audacia *f* summa *od.* prompta, temeritas *f.*
Wägelchen *n* plostellum *n*, vehiculum *n* manuale.
wagen audēre, conari, periculum facere; *sein Leben* ~ vitam in discrimen dare; *gewagt adv.* audacter; *sich* ~ *in* se inferre in [hostium castra]; *sich* ~ *an* audēre aggredi.
Wagen *m* currus 4 *m*; (*Lastwagen*) plaustrum *n*; (*Fahrzeug*) vehiculum *n*; (= *Zwei-, Viergespann*) bigae *f/pl.*, quadrigae *f/pl.*; (*Streitwagen*) essedum *n.*
wägen pendere, trutinā examinare.
Wagenachse *f* axis *m.*
Wagendeichsel *f* temo *m.*
Wagengeleise *n* orbita *f.*
Wagenkämpfer *m* essedarius *m.*
Wagenlenker *m* qui equos regit (*od.* iumenta agit); (*beim Wettfahren*) auriga *m.*
Wagenrennen *n* curriculum *n* (equorum).
Wagenschmiere *f* axungia *f.*
Wagenspur *f* orbita *f.*
***Wagner** *m* fabricator *m* vehicularius *od.* carpentarius.
Wagnis *n*, **Wagstück** *n* periculum *n*; inceptum *n* (*od.* facinus *n*) audax, res *f* anceps.
Wahl *f* electio *f*, delectus 4 *m*; (*zu einem Amte*) creatio *f*; (*durch Selbstergänzung*) cooptatio *f*; *eine* ~ *treffen* delectum habēre; *die* ~ *von Beamten vornehmen* comitia habēre; (*Wahlfreiheit*) eligendi potestas *f*, optio *f*, arbitrium *n*; *die* ~ *lassen* optionem dare, eligendi arbitrium permittere; ~*en ausschreiben* cives ad suffragium vocare.
wählen eligere, deligere; (*zu einem Amte*) creare; dicere [dictatorem, magistrum equitum]; legere [vestalem virginem; in senatum]; cooptare [collegae collegam]; sufficere [in locum demortui].
Wähler *m* elector *m*, suffragator *m.*
wählerisch elegans, fastidiosus, diligentior.
Wahlkandidat *m* petitor *m.*
Wahlplatz *m* comitium *n.*
Wahlrecht *n* ius *n* suffragii, suffragium *n.*
Wahlspruch *m* sententia *f*, dictum *n.*
Wahlstimme *f* suffragium *n.*
Wahlversammlung *f* comitia *n/pl.*
Wahlverwandtschaft *f* affinitas *f.*
Wahn *m* opinio *f* (falsa, vana), spes *f* (vana); error *m.*
wähnen opinari.
Wahn/sinn, ~witz *m* mens *f* alienata, deliratio *f*, vesania *f*, amentia *f*, dementia *f.*
wahn/sinnig, ~witzig mente captus, delirus, vesanus, amens, demens.
wahr verus; (*eigentlich*) ipse; *der wahre Weise* vere sapiens.
wahren celare, tacēre [commissa].
währen (per)manēre.
während 1. *prp.* inter, per, in *mit abl.*; *auch abl. abs. und* dum *mit ind.*; **2.** *cj.* dum, (*advers.*) cum.
wahrhaft(ig) verax [homo]; ~ *göttliche Weisheit* divina quaedam sapientia *f*; *adv.* (*versichernd*) profecto, sane, certe.
Wahrhaftigkeit *f* veritas *f*; fides *f.*
Wahrheit *f konkr.* verum *n*, vera *n/pl.*; *die* ~ *sagen* verum *od.* vera dicere; *die unverfälschte* ~ *der Tatsachen* incorrupta rerum fides *f*; *der* ~ *gemäß* ex vero.
Wahrheits/liebe *f*, ~**sinn** *m* veritas *f.*
wahrlich profecto, sane, certe.
wahrnehmen sentire, sensibus percipere, accipere [auribus, oculis]; *sein Interesse* (*nicht*) ~ commodis suis (deesse) servire.

W

Wahrnehmung *f* animadversio *f.*
Wahrsagekunst *f* divinatio *f.*
wahrsagen vaticinari.
Wahrsager *m* vates *m.*
Wahrsagung *f* **1.** (*das Wahrsagen*) vaticinatio *f*, divinatio *f*, praedictio *f*; **2.** (*das, was gewahrsagt wird*) oraculum *n*, vaticinium *n.*
wahrscheinlich veri similis, probabilis.
Wahrscheinlichkeit *f* veri similitudo *f*, probabilitas *f.*
Währung *f* pretium *n* pecuniae (*od.* nummorum).
Wahrzeichen *n* nota *f*, signum *n*; *unter günstigen* ~ *opfern* (perlitare [primis hostiis].
Waid *m* vitrum *n.*
Waise *f* orbus *m*, orba *f.*
Waisengeld *n* pecunia *f* pupillaris.
Waisenhaus *n* orphanotrophēum *n.*
Wald *m* silva *f*; saltus 4 *m*, nemus *n.*
Wald... silvestris.
Waldbauer *m* silvicola *m.*
Waldgebirge *n* saltus 4 *m.*
Waldgott *m* Silvanus *m.*
waldig silvestris, silvosus, silvis vestitus.
Waldmaus *f* mus *m* silvaticus.
Waldrebe *f* labrusca *f*; * clematis *f.*
Waldschlucht *f* saltus 4 *m.*
Waldstrom *m* torrens *m.*
Waldweg *m* callis *m.*
Walfisch *m* balaena *f.*
Walfischfänger *m* cetarius *m.*
Walk..., Walker... fullonicus.
walken subigere.
Walker *m* fullo *m.*
Wall *m* vallum *n*; (*Erdwall*) agger *m.*
Wallach *m* equus *m* castratus.
wallen aestuare, fervēre; fluctuare, undare; *auf Erden* ~ in hac terra vivere.
wallfahr(t)en locum *od.* loca sacra *od.* sepulcrum Sancti hominis adire (*od.* visitare).
Wallung *f* aestus 4 *m* [animi]; *in* ~ *geraten* effervescere.
Walnuss(baum *m*) *f* (uglans *f*).
Walstatt locus *m* pugnae.
walten: *schalten und* ~ *lassen* arbitrio [principis] permittere; *das walte Gott!* faxit deus!
Walze *f* cylindrus *m.*
walzen cylindro (co)aequare.
wälzen volvere, volutare; *die Schuld von sich* ~ culpam a se amoliri (*od.* in alium transferre).
walzenartig cylindratus.
***Walzer** *m* saltatio *f* Vindobonensis.
Wampe *f* palear *n.*
Wand *f* paries *m*; *Fels*~ latus *n*; *in seinen vier Wänden* intra domesticos penatos.
Wandbekleidung *f* tectorium *n.*
Wandel *m*: ~ *schaffen* mutare; *ein guter* ~ boni mores *m/pl.*; *einen ehrbaren* ~ *vortäuschen* speciem prae se ferre honeste viventium.
wandelbar mobilis; mutabilis [femina]; inconstans; fragilis, caducus.
Wandelbarkeit *f* mobilitas *f*, inconstantia *f.*
wandeln: *unsträflich* ~ sancte vivere, rectam vitae viam sequi.
Wanderer *m* viator *m*; (*im Ausland*) peregrinator *m.*
wandern vadere, proficisci; *durch viele Länder* ~ multas terras peragrare.
Wanderschaft *f* iter *n*, peregrinatio [*f.*]
***Wandersport** *m*: ~ *treiben* corpus exercēre migrando.
Wanderung *f* discessus 4 *m*; abitus 4 *m*; *eine* ~ *machen* iter facere.
Wange *f* gena *f.*
Wankelmut *m* inconstantia *f*, mobilitas *f* et levitas *f* animi.
wankelmütig inconstans, levis, varius.
wanken labare, nutare, vacillare; *die Schlachtreihe wankt* acies inclinatur; *wankend machen* labefacere, labefactare.
Wanken *n* vacillatio *f.*
wann (*fragend*) quando?, quo tempore?, *cj.* cum; *dann und* ~ interdum, raro.
Wanne *f* alveus *m.*
Wanst *m* abdomen *n.*
Wanze *f* cimex *m.*
Wappen *n* generis insigne *n.*
wappnen armare.
Ware *f* merx *f.*
Waren/haus, ~lager *n* pantopolium *n*; taberna *f* omnibus copiis instructa.
warm calidus; (*lauwarm*) tepidus; ~ *sein* calēre; ~ *werden* calescere, calefieri.
Wärme *f* calor *m*, tepor *m.*
wärmen calefacere, fovēre.
warnen monēre, praemonēre; *sich* ~ *lassen* monentem audire; *warnendes Beispiel* documentum *n*, exemplum *n.*

W

Warner *m* monitor *m*.
Warnung *f abst.* (ad)monitio *f*, *konkr.* monitum *n*; *meist durch Verba.*
Warte *f* specula *f*.
warten 1. *intr.* exspectare, dum, si ...; *~ auf* opperiri [pedites], praestolari [adventum; domino]; manēre; *~ mit* differre [impetum]; *~ lassen* [re-]morari; *warte nur!* non impune feres; **2.** *trans.* fungi [munere], curare, fovēre [infantem].
Wärter *m* custos *m*.
Wärterin *f* custos *f*; (*bei Kindern*) nutrix *f*.
Wartturm *m* turris *f* speculatoria, specula *f*.
warum cur, quare, quamobrem, qua de causa; (*nur in Fragen*) quid?
Warze *f* verrūca *f*; (*an der Brust*) papilla *f*.
warzig verrucosus.
Waschbecken *n* aqualis *f*, trulleum *n*.
Wäsche *f abst.* lavatio *f*; *konkr.* lintea *n/pl.*
waschen lavare.
Waschen *n* lavatio *f*.
Wasser *n* aqua *f*; (*stehendes*) stagnum *n*; *im ~ lebend* aquatilis, aquaticus; *~ holen* aquam petere; (*mil.*) aquari; *unter ~ setzen* inundare, irrigare; *zu ~ werden* ad irritum cadere (*od.* redigi); *zu Lande und zu ~* terrā marique; *Krieg zu ~* bellum *n* maritimum.
Wasserbehälter *m* lacus 4 *m*; labrum *n*.
Wasserblase *f* bulla *f*.
Wasserblume *f* nymphaea *f*.
***wasserdicht** aquis impenetrabilis.
Wassereimer *m* hydria *f*.
Wasserfahrt *f* navigatio *f*.
Wasserfall *m* delectus 4 *m* aquae, aquae *f/pl.* cadentes (*od.* ex edito desilientes).
Wasserfarbe *f* color *m* aquaticus; *zum Malen*: pigmentum *n* aquā dilutum.
Wasserfläche *f* summa aqua *f*, superficies *f* aquae, aequor *n* fluminis (*od.* maris).
***Wasserflugzeug** *n* hydroplanus *m*.
wasserhaltig aquosus.
***Wasserheilkunde** *f* hydrotherapia *f*.
Wasserholen *n* aquatio *f*.
Wasserholer *m* aquator *m*.
Wasserhuhn *n* fulica *f*.
wässerig aquosus; tenuis, ieiūnus [oratio].
***Wasserkante** *f* ora *f* maritima.
Wasserleitung *f* aquae ductus 4 *m*, aqua *f* [Appia].
wasserlos aquā carens, siccus.
Wassermann *m* aquarius *m*.
wässern irrigare.
Wassernixe *f* nympha *f*.
Wassernymphe *f* Nais, Naias *f*.
Wasserorgel *f* hydraulus *m*.
Wasserpflanze *f* herba *f* aquatica.
wasserreich aquosus, fontibus abundans.
Wasserrinne *f* canalis *m*.
Wasserscheide *f* divortia *n/pl.* aquarum *n*.
Wasserscheu *f* aquarum metus 4 *m*.
wasserscheu lymphaticus, aquarum impatiens.
Wasserschlange *f* hydrus *m*, hydra *f*.
Wasserschlauch *m* uter *m*.
Wasserschlund *m* vorago *f*.
Wassersnot *f* intemperies *f* aquarum.
Wasserspiegel *m* aequor *n*, aquae superficies *f*.
***Wasserstoff** *m* hydrogenium *n*.
Wasserstrom *m* flumen *n*.
Wasserstrudel *m* vortex *m*.
Wassersucht *f* aqua *f* intercus, hydrops *m*.
wassersüchtig hydropicus, aquae intercutis morbo implicitus.
Wassertier *n* bestia *f* aquatilis.
Wassertragen *n* (*mil.*) aquatio *f*.
Wasserträger *m* aquarius *m*, (*mil.*) aquator *m*.
Wasseruhr *f* clepsydra *f*.
Wasservogel *m* avis *f* aquatica.
Wasserwirbel *m* gurges *m*, vortex *m*.
***Wasserzeichen** *n* signum *n* translucidum.
waten vado transire.
***Wattenmeer** *n* aestuarium *n*.
weben texere; *leben und ~ in* totum versari in [arte].
Weber *m* textor *m* (*adj.* textorius).
Weberbaum *m* iugum *n* (textorium).
Weberei *f* textus 4 *m*; textrīnum *n*; (*Werkstätte*) textrīna *f*.
Weberschiff *m* radius *m*.
Weberstuhl *m* iugum *n* (textorium).
Weberzettel *m* stamen *n*.
Wechsel *m* vices *f/pl.* (*sg. gen.* vicis, *acc.* vicem, *abl.* vice); commutatio *f*;

~ *der Jahreszeiten* vicissitudines *f/pl.* anniversariae; (*Schuldschein*) syngrapha *f*.
Wechselbank *f* mensa *f*, argentaria *f*.
Wechselfall *m* dubius (*od.* anceps) casus 4 *m*; *die Wechselfälle des Lebens* casūs vitae; *die Wechselfälle des Schicksals* vicissitudines *f/pl.* fortunae, varii casūs *m/pl.*; *die Wechselfälle des Krieges* eventūs (*od.* vicissitudines *f/pl.*) belli.
Wechselfieber *n* febris *f* intermittens.
Wechselgesang *m* cantus 4 *m* alternus, versus 4 *m/pl.* alterni.
Wechselgeschäft *n* argentaria *f*; *ein ~ haben* argentariam facere.
Wechselgespräch *n* sermones *m/pl.* alterni.
wechseln **1.** *trans.* (com)mutare; *Briefe ~* litteras dare et accipere; *grobe Worte ~ mit* altercari cum; **2.** *intr.* mutari, variare; *~ lassen* variare [fortuna eventum].
Wechseln *n* mutatio *f*, permutatio *f*; *das ~ des Geldes* collybus *m*.
wechselnd alternus; mutuus; varius.
Wechselrede *f* sermones *m/pl.* alterni.
wechselseitig **1.** *adj.* (*abwechselnd*) alternus; (*gegenseitig*) mutuus; **2.** *adv.* (*gegenseitig*) mutuo, inter se; (*abwechselnd*) invicem, vicissim.
Wechselseitigkeit *f* vices *f/pl.*, vicissitudo *f*.
Wechseltisch *m* mensa *f*.
Wechselwirkung *f* vis *f* mutua; *in ~ stehen* inter se nexum et iugatum esse.
Wechsler *m* (*Bankier*) argentarius *m*, mensarius *m*; (*Geldmäkler*) nummularius *m*.
Wechslerladen *m* (taberna *f*) argentaria *f*; *e-n ~ haben* argentariam facere.
wecken expergefacere, excitare [dormientem]; *ein andrer Grund weckte in ihm die Hoffnung* alia eum ratio ad spem excitavit.
***Weckeruhr** *f* horologium *n* expergificum.
Wedel *m* flabellum *n*.
wedeln caudam movēre; flabello ventum facere.
weder ... noch neque ... neque, nec ... nec; *und ~* neque aut ... aut; *damit ~* ne aut ... aut.

Weg *m* via *f*; (*der zu einem Ziele führende*) iter *n*; (*Richtung*) cursus 4 *m*; (*der Gestirne*) meatus 4 *m*; *einen ~ bahnen* viam facere (*od.* munire); perrumpere [Apenninum]; *der ~ führt nach* via fert (*od.* ducit) [Romam]; *sich auf den ~ machen* in viam se dare; viam (*od.* iter) ingredi; *aus dem ~e gehen* de via decedere, viam dare; congressum fugere; *in den ~ kommen* obsistere; *im ~e stehen* obstare, officere; *Hindernisse in den ~ legen* impedimentum afferre, impedimento esse; *aus dem ~e schaffen* de medio tollere, interimere; *Mittel und ~e* via *f* ac ratio *f*; *auf dem ~e* per [vim].
weg... = *fort...*
wegbegeben: *sich ~* abire, discedere.
wegbleiben non venire, abesse; non redire.
wegbringen amovēre, removēre, asportare, auferre, avehere, tollere; (*Schwieriges*) amoliri.
wegdenken tollere.
wegdrängeln summovēre.
Wegeaufseher *m* viarum curator *m*.
Wegegeld *n* portorium *n*.
Wegegötter *m/pl.* di (*od.* dei) *m/pl.* viales.
wegeilen se proripere, aufugere; / *über etw. ~* praetervolare alqd.
Wegelagerer *m* viae insidiator *m*; latro *m*.
wegen propter, ob; (*bei Angabe des Zweckes*) causā [salutis causā]; (*um ... willen*) gratiā; (*mit Rücksicht auf*) per; (*beim hindernden Grunde*) prae [lacrimis]; (*betreffend*) de; (*vermöge*) pro.
Wegerich *m* (*Wegebreit*) plantago *f*.
Wegesäule *f* cippus *m*.
Wegezehrung *f* viaticum *n*.
wegfahren proficisci.
wegfallen omitti, praeteriri.
wegfangen intercipere excipere.
wegfeilen delimare.
wegfliegen avolare.
wegführen abducere, deducere (*heimlich*) subducere.
Weggang *m* abitus 4 *m*, decessus 4 *m*.
weggeben (ab)alienare [vectigalia].
weggehen abire, discedere, excedere, digredi, se conferre; (*von e-m Amte*) decedere; abire, evanescere [odor]; *nicht ~ von* premere [forum].

Weggehen *n* abitus 4 *m*, exitus 4 *m*, discessus 4 *m*, decessus 4 *m*.
weggießen profundere.
weghaben accepisse, abstulisse, (iam) tenēre.
weghauen abscidere.
wegjagen abigere, propellere.
wegkehren (*mit dem Besen*) averrere.
wegkommen: *nicht ~ können* haerēre (*od.* habitare *od.* detineri) in (Italia], a latere [philosophi] non discedere, retineri a [philosopho]; *verloren gehen*) amitti, intercidere.
wegkratzen abradere.
wegkriechen prorepere.
weglassen [non] dimittere; omittere, praeterire [silentio].
weglaufen aufugere, se proripere.
weglegen seponere, (de)ponere.
weglocken avocare, devocare.
wegmarschieren proficisci, abire.
wegnehmen auferre, adimere, demere, surripere.
wegraffen abripere, absumere.
wegräumen amovēre.
wegreisen proficisci, abire.
wegreißen abripere, avellere, auferre; (*einreißen*) diruere, destruere.
wegreiten (equo) avehi.
wegrennen citato gradu se proripere.
wegschaffen amovēre, asportare.
Wegscheide *f* compitum *n*, divortia *n/pl.* itinerum.
wegschicken dimittere.
wegschieben amoliri.
wegschleichen clam se subducere.
wegschleppen trahere, abstrahere, rapere, abripere.
wegschnappen hiante ore capere; (*vor der Nase*) praeripere.
wegschneiden resecare, recidere.
wegschütten profundere.
wegschwemmen proluere.
wegschwimmen abnatare; undis auferri.
wegsehen despicere, oculos avertere ab; *~ über* relinquere, neglegere; despicere [istum].
wegsehnen: *sich ~* abire cupere, abesse malle.
weg sein abesse, non adesse; deesse, desiderari, abisse [mortus]; praeterisse [tempus]; *ich bin drüber weg* nil moror.
wegsetzen: *sich ~ von* procul considere ab [inimico]; supersedēre [malo], neglegere, contemnere.
wegspülen proluere.
wegstehlen furto auferre; *sich ~* se subducere.
wegstellen in alio loco ponere *od.* collocare; (*beiseite stellen*) seponere.
wegsterben demori.
wegtragen asportare.
wegtreiben abigere, depellere.
wegwälzen amoliri.
wegwehen auferre.
wegweisen abire iubēre.
Wegweiser *m* pila *f* (*od.* tabula) viae.
wegwenden avertere [oculos] ab.
wegwerfen abicere, proicere; profundere [pecuniam]; *sich ~* se abicere, dignitati suae parum consulere; *wegwerfend adv.* fastidiose.
wegwischen abstergere.
Wegzehrung *f* viaticum *n*.
wegziehen abire, discedere; **emigrare.**
Weh *n* dolor *m*, malum *n*.
weh!, wehe! vae [mihi misero]; *o ~* avertat deus!, prohibeant superi!, bona verba; *Ach und Weh schreien* graviter queri de.
weh, wehe aeger, laesus; *~tun* dolēre; dolorem afferre [vulnerato]; *sich ~tun* corpus laedere.
wehen flare, spirare.
Wehen *n* flatus 4 *m*.
Wehgeschrei *n* clamor *m* plorantis.
Wehklage *f* ululatus 4 *m* flebilis.
wehklagen queri, lamentari.
Wehmut *f* dolor *m*, maestitia *f*.
wehmütig dolens, maestus; flebilis [vox], miserabilis.
Wehmutter *f* obstetrix *f*.
Wehr *f*: *~ und Waffen* arma *n/pl.* et tela *n/pl.*; *sich zur ~ setzen* se defendere ab; vim parare contra.
Wehr *n* saeptum *n*.
wehren reprimere, coercēre, cohibēre; *sich ~* se defendere ab.
Wehrgehänge *n* balteus *m*.
wehrhaft (homo) aetate militari *od.* qui arma ferre potest; *~ machen* arma dare.
wehrlos inermis, armis exutus.
Wehrstand *m* milites *m/pl.*, miles *m*.
Weib *n* femina *f*, mulier *f*; *~ u. Kind* coniux ac liberi, mulieres puerique.
Weibchen *n* muliercula *f*; (*von Tieren*) femina *f*.
Weiber... muliebris, (*gen.*) mulierum.
Weiberfeind *m* mulierum osor *m*.
Weiber/geklatsch, ~geschwätz *n* ineptiae *f/pl.* aniles.

W

Weibersucht *f* mulierositas *f.*
weibisch muliebris.
weiblich muliebris, femineus (*gramm.*) femininus.
Weiblichkeit *f* ingenium *n* muliebre, castitas *f.*
Weibsbild *n* femina *f,* mulier (-cula) *f.*
weich mollis, tener.
Weichbild *n* territorium *n,* fines *m/pl.*
***Weiche** *f* (*bei der Eisenbahn*) cambium *n,* lingua *f* cambii.
weichen cedere, recedere, (*mil.*) loco cedere, pedem referre, se recipere.
Weichen *f/pl.*: *die* ~ inguina *n/pl.*
Weichheit *f* mollitia *f.*
weichherzig mollis, misericors.
Weichherzigkeit *f* animi mollitia *f.*
weichlich mollis, effeminatus.
Weichlichkeit *f* mollitia *f,* vita *f* delicata.
Weichling *m* homo *m* effeminatus.
Weide *f* locus *m* (*od.* ager) pascuus; pascua *n/pl.*; *auf die* ~ *gehen* pastum ire; *auf die* ~ *treiben* pastum agere; (*Futter*) pabulum *n,* pastus 4 *m.*
Weide *f* (*als Baum*) salix *f* (*adj.* saligneus).
Weideland *n* ager *m* pascuus.
Weiden *n* pastio *f.*
weiden 1. *trans.* pascere; **2.** *intr.* pasci.
weiden *adj.* saligneus.
Weiden... saligneus.
Weidengebüsch *n* salictum *n.*
Weidengeflecht *n* viminum textus 4 *m.*
Weidmann *m* venator *m.*
weidmännisch venatorius; *adv.* more venatorum.
Weidwerk *n* res *f* venatoria.
weigern: *sich* ~ retractare, gravari; (*zu tun*) recusare.
Weigerung *f* retractatio *f,* recusatio *f*; *ohne* ~ haud gravate.
Weihe *m u. f* (*als Vogel*) milvus *m.*
Weihe *f* consecratio *f*; (*Heiligkeit*) religio *f.*
weihen consecrare; *geweiht* sacer, consecratus; *sich* ~ totum se dedere [litteris]; *sich dem Tode* ~ ad mortem se offerre; *dem Tode geweiht* moriturus.
Weiher *m* piscina *f.*
Weihgeschenk *n* donum *n,* donarium *n.*
Weihkessel *m* cortina *f.*
Weihnachten *n* sollemnia *n/pl.* natalicia Jesu Christi, dies *m* natalis Christi.
Weihrauch *m* tus *n.*
Weihrauchfass *n* turibulum *n.*
Weihung *f* consecratio *f.*
weil quod, quia, cum (*mit conj.*); *oft durch part. od. abl. abs.*; ~ *ja* quoniam, quandoquidem.
weiland olim; qui mortuus est.
Weilchen *n* breve tempus *n,* paululum (temporis), *adv.* paulisper, parumper; (*einige Zeit hindurch*) aliquamdiu; (*vorübergehend*) ad tempus; *ein* ~ *nachher* paulo post.
Weile *f* tempus *n,* spatium *n,* mora *f*; *eine kleine* ~ paululum; *eine ziemliche* ~ aliquantum temporis; *eine lange* ~ longum tempus *n.*
weilen (com)morari.
Weiler *m* vicus *m,* viculus *m.*
Wein *m* vinum *n.*
Wein... (*gen.*) (vini, vitium, vitis); vinosus [sapor]; vinarius [mercator]; vitigineus [surculus].
Weinbau *m* vitium cultura *f.*
Weinbeere *f* acinus *m.*
Weinbeerhülse *f* vinaceum *n.*
Weinberg *m* vinea *f,* vinētum *n.*
Weinblatt *n* vitis folium *n,* folium *n* vitigenium.
weinen lacrimare, (*laut*) flēre, (*kläglich*) plorare.
Weinen *n* lacrimae *f/pl.,* fletus 4 *m,* ploratus 4 *m.*
weinerlich flebilis, lamentabilis.
Weinessig *m* acetum *n.*
Weinflasche *f* lagena *f*; (*größere* ~) ampulla *f.*
Weingarten *m* vinetum *n.*
Weingärtner *m* vinitor *m.*
Weinhändler *m* (mercator) vinarius *m.*
Weinhaus *n* caupona *f,* taberna *f* vinaria.
Weinkeller *m* cella *f* vinaria, vini horreum *n,* apotheca *f.*
Weinkranz *m* corona *f* pampinea.
Weinlager *n* cella *f* vinaria, apotheca *f.*
Weinlaub *n* pampinus *m*; *adj.* pampineus.
Weinlaube *f* vinea *f.*
Weinlese *f* vindemia *f.*
Weinmet *m* mulsum *n.*
Weinmost *m* mustum *n.*
Weinranke *f* pampinus *m,* clavicula *f.*

W

Weinrebe *f* palmes *m*.
weinreich vini ferax.
Weinsorte *f* vini nota *f*.
Weinstock *m* vitis *f*.
weintragend vinum gignens, vitifer.
Weintraube *f* uva *f*.
Weintreber, Weintrester *pl.* vinacea *n/pl.*, vinacei *m/pl.*
weintrunken vino ebrius, vinolentus.
weis: *~machen* verba dare.
Weise *f* modus *m*, ratio *f*; mos *m*; consuetudo *f*; *auf diese ~* hoc modo, hac ratione; *auf ehrliche (kluge, andere u. Ä.) ~* honeste (prudenter, aliter *u. Ä.*); *auf alle mögliche ~* omnibus rebus.
weise sapiens.
weisen monstrare, ostendere; *die Tür ~* abire *od.* discedere iubēre; *durchaus von sich ~* totum abdicare atque eicere.
Weisheit *f* sapientia *f*.
weislich sapienter.
weismachen: *j-m etw. ~* verba dare alci, imponere alci; ludere alqm, persuadīre alci alqd.
weiß albus; (*glänzend*) candidus; *~ wie Schnee* niveus; *~ sein* albēre, canēre; *~ werden* albescere, canescere.
weissagen vaticinari, augurari.
Weissagen *n* vaticinatio *f*, divinatio *f*, praedictio *f*.
Weissager *m* vates *m*.
Weissagerin *f* vates *f*.
Weissagung *f* vaticinatio *f*; vaticinium *n*.
Weißbrot *n* panis *m* siligineus.
Weiße *f* album *n*, candor *m*.
Weiße *n* album *n* [oculi].
weißen dealbare.
weißgrau canus.
Weißkopf *m Mensch*: homo *m* albo capillo, homo *m* cano capite.
weißlich subalbus, subcandidus.
Weisung *f* praeceptum *n*, mandatum *n*.
weit *adj.* longus; (*entfernt*) longinquus, remotus; latus; *in die ~e Welt gehen* in longinquas terras proficisci; *von ~em* procul, e longinquo, eminus; laxus [toga], amplus [domus], capax [urna]; *adv.* (*räumlich*) procul, longe ab; *~ und breit* longe lateque; (*zeitlich*) longe; multo [melior], longe [optimus; prospicere]; *zu ~ gehen* longius progredi, modum excedere; *so ~* eo; *wie ~?* quo? quousque? quem ad finem? *~ entfernt, dass ... vielmehr* tantum abest, ut ... ut (*vgl. Gramm*).
weitaus multis partibus; longe [optimus].
weit berühmt clarissimus.
Weite *f* longitudo *f*, longinquitas *f* [itineris]; (*Geräumigkeit*) amplitudo *f*, capacitas *f*, laxitas *f*.
weiter **1.** *adj.* longior, amplior; *das Weitere* ulteriora, quae reliqua sunt; *ohne weiteres* sine mora, sine dubitatione, facile, sic; **2.** *adv.* longius, ultra; (*vorwärts*) porro, protinus; **~bestehen** permanēre; **~geben** *v. e-m*: tradere; *v. mehreren*: de manu in manum tradere, e manibus in manus tradere; **~gehen** longius progredi, procedere; **~hin** porro, protinus; **~kommen, es ~ bringen** *in* multum proficere, longius procedere [arte]; (*mehr*) amplius; (*außerdem*) praeterea; **und so ~** et quae sunt reliqua *od.* similia, *meist bloß* (et) ceteri, reliqui, alii (id genus).
Weiterung *f* recusatio *f*, retrectatio *f*.
weit gereist multas per gentes et multa per aequora vectus.
weither *sein* longe venisse.
weithin longe lateque.
weitläufig (*auseinander stehend*) rarus, disiectus [aedificia]; latus, longus, verbosus, copiosus [oratio]; *~er Prozess* causa *f* difficilis (*od.* multiplex); *adv.* raris intervallis; late, longe, verbosius, pluribus verbis.
Weitläufigkeit *f* laxitas *f*, amplitudo *f*.
weit reichend late patens.
weitschichtig latus, longus; diffusus, multiplex.
weitschweifig longus, copiosus [oratio].
weit sehend longe prospiciens; (*scharfsichtig*) acri visu.
Weizen *m* triticum *n* (*adj.* triticeus).
welcher, welch ein (*fragend*) quis, qui; (*v. zweien*) uter; *rel.* (*und im Ausruf*) qui, qualis, quantus; (*bei adj.*) quam.
welk flaccidus; (*verschrumpft*) viētus, (*mürbe*) marcidus; *~ sein* flaccēre, marcēre.

welken flaccescere, marcescere, viescere.
Welle *f* unda *f*, fluctus 4 *m*; (*einer Maschine*) cylindrus *m*.
wellenreich undosus, fluctuosus.
Wels *m* silurus *m*.
Welt *f* mundus *m*, universum *n*, rerum universitas *f*, natura *f*, omnes res *f/pl.*; (*Erde*) orbis *m* terrarum, omnes terrae *f/pl.*, gentes *f/pl.*; *auf die ~ kommen* nasci, in lucem edi; *zur ~ bringen* parere; *diese ~* haec vita; *wo in aller ~* ubi gentium? ubi terrarum? *wer in aller ~* quis tandem; *aus der ~ schaffen* de medio tollere; (*Menschen*) (omnes) homines; *kein Mensch in der ~* nemo (omnium); *die heutige ~* homines qui nunc sunt, hoc saeculum; *die alte ~* aetas *f* vetus, veteres *m/pl.*; *die junge ~* iuventus *f*; *die moderne ~* haec aetas *f*; *alle ~ spricht davon* hoc in omnium ore est; (*die irdischen Dinge*) res *f/pl.* humanae.
Weltall *n* mundi universitas *f*, rerum omnium natura *f*.
Weltalter *n* aetas *f*.
Weltart *f* mos *m* hominum.
Weltbegebenheit *f* res *f* gesta.
welt/bekannt, ~berühmt clarissimus, omnibus notus.
Weltschreiber *m* cosmographus *m*.
Weltbeschreibung *f* cosmographia *f*.
Weltbürger *m* mundanus *m*, qui totius mundi incolam ac civem se arbitratur.
Welterlöser *m* terrarum orbis liberator *m*; * *v. Christus, bei den Kirchenschriftstellern*: mundi redemptor *m*.
Weltfriede *m* pax *f* gentium.
Weltgegend *f* mundi pars *f*.
Weltgeist *m* mens *f* mundi; universa mens *f* divina.
Weltgericht *n* supremum iudicium *n*.
Weltgeschichte *f* res *f/pl.* in orbe terrarum gestae, omnium saeculorum nationumque res *f/pl.* gestae; perpetua rerum, quae sunt in orbe terrarum gestae, historia *f*.
Weltkarte *f* descriptio *f* orbis terrarum.
Weltkind *n* homo *m* voluptatibus deditus.
weltklug rerum humarum peritus.
Weltkörper *m* mundi pars *f*; (*Gestirn*) sidus *n*.
***Weltkrieg** *m* bellum *n* omnium gentium.
Weltlauf *m* rerum humanarum condicio *f*, hominum ingenia *n/pl.*
Weltlehre *f* cosmologia *f*.
weltlich (*irdisch*) humanus; (*nicht geistlich*) profanus, civilis, laicus.
Weltlust *f* (corporis) voluptates *f/pl.*
Weltmann *m* homo *m* rerum humanarum peritus (*od.* urbanus *od.* omni vita expolitus); homo *m* ad unguem factus.
Weltmeer *n* Oceanus *m*.
Weltpol *m* cardo *m* mundi.
***Weltrevolution** *f* toto orbe terrarum rerum mutatio *f*.
Weltschmerz *m* aegritudo *f* animi.
Weltsprache *f* sermo *m* hominum omnium communis.
Weltteil *m* pars *f* orbis terrarum.
Weltweiser *m* philosophus *m*.
Weltweisheit *f* philosophia *f*.
Wendehals *m* iynx *f*.
Wendekreis *m* circulus *m*, orbis *m*.
Wendeltreppe *f* cochlea *f*.
wenden vertere, convertere; dirigere [navem Brundisium]; *den Rücken ~* se vertere, verti; *sich ~* se vertere, se convertere, verti, proficisci; *das Glück hat sich gewandt* fortuna vertit (*od.* mutavit *od.* mutata est); *sich ~ an* se convertere, se conferre ad, adire [consulem], confugere ad.
Wendepunkt *m* cardo *m*, discrimen *n*.
Wendung *f* conversio *f*, flexus 4 *m* [rerum publicarum]; commutatio *f*, conversio *f*; *eine ~ nehmen* (con-) verti, vertere [in melius, in peiorem partem]; (*rhet.*) (sententiarum) conformatio *f*.
wenig **1.** *adj. im pl.* pauci (pauciores, paucissimi); *im sg.* exiguus, parvus (minor, minimus); (*mit gen.*) non multum [pecuniae]; paulum, paululum; (*zu wenig*) parum; *zu ~ sein* praetermitti (*Ggs.* redundare); *äußerst ~* admodum nihil; *ein ~* paulum, paululum; *um ein ~es* (*beim comp.*) paulo; **2.** *adv.* paulum, leviter, mediocriter, non magnopere; *comp.* minus; *sup.* minime; *ebenso ~ als* non magis quam; *so ~ ..., dass* ita non, adeo non ... ut; *wie ~* quam non, quam nihil; *mehr oder ~er* plus minusve.

Wenigkeit *f* paucitas *f*, exiguitas *f*, paululum.
wenigstens certe; (*mindestens*) saltem; (*bei Zahlangaben*) minimum, non minus (quam); *ich* ~ ego quidem; *oder* ~ aut; *so doch* ~ at, at certe.
wenn si *adv.* quod (*vgl. Gramm.*); ~*gleich* quamquam; (*zeitl.*) cum, quo tempore *u. a.* (*vgl. Gramm.*); ~ *doch* utinam.
wer (*fragend*) quis, qui; (*von zweien*) uter, (*rel.*) qui; (*auch immer*) quisquis, quicunque.
werben conquirere, conducere [milites]; ~ *um* petere [virginem].
Werber *m* conquisitor *m* militum.
Werbung *f* conquisitio *f*.
werden fieri, evadere, exsistere; nasci, oriri.
Werder *m* insula *f* in flumina sita.
werfen iacere, conicere; (*schleudern*) iaculari; (*absenden*) mittere; *zu Boden* ~ sternere; ~ *nach dem Kopfe mit einem Stein* caput petere lapide; *Junge* ~ parere; fugare, pellere [hostem]; *sich* ~ *in* se conicere, se inferre in [urbem]; *sich* ~ *auf* invadere [hostes]; incumbere in [litteras], arripere.
Werfen *n* (*des Holzes*) pandatio *f*.
Werft *f* navalia *n/pl.*
Werg *n* stuppa *f* (*adj.* stuppeus).
★**Wergeld** *n* satisfactio *f*.
Werk *n* opus *n*; (*Schrift*) liber *m*; *gute* ~*e* recte facta *n/pl.*; *im* ~*e sein* agi, parari; *ins* ~ *setzen* ad effectum adducere; *ans* ~ *gehen, zum* ~*e schreiten* opus (*od.* rem propositam) aggredi, accedere ad, suscipere.
Werkleute: *die* ~ opifices *m/pl.*, operae *f/pl.*, operarii *m/pl.*
Werkmeister *m* opifex *m*, architectus *m*, fabricator *m*.
Werk/statt, ~stätte *f* officina *f*, fabrica *f*; (*Bude*) taberna *f*.
★**Werkstudent** *m* opifex *m* academicus.
Werktag *m* dies *n* profestus (*od.* negotiosus *od.* rerum agendarum).
werktätig *adj.* re (*od.* factis) probatus, in re positus; *adv.* re, factis.
Werktätigkeit *f* opus *n*.
Werkzeug *n* instrumentum *n*; (*eisernes*) ferramentum *n*; (*v. Pers.*) minister *m*.
Wermut *m* absinthium *n*.
wert: ~ *sein* constare; *viel* (*nichts*) ~ *sein* magni (nullīus) pretii esse; (*teuer*) carus; *es ist der Mühe* ~ operae pretium est; ~ *halten* carum habēre; diligere, amare, colere.
Wert *m* (*äußerer*) pretium *n*; (*innerer*) dignitas *f*, virtus *f*, praestantia *f*; *sittlicher* ~ honestas *f*; honos *m*; *e-n hohen* (*geringen, keinen*) ~ *haben* magni (parvi, nullius) pretii esse; *e-n hohen* ~ *beilegen* multum tribuere [virtuti].
★**wertbeständig** pretii stabilis.
wertlos vilis, nullīus pretii.
Wertlosigkeit *f* vilitas *f*.
wertschätzen magni facere, magni aestimare.
Wertschätzung *f* caritas *f*, observantia *f*.
wertvoll magni pretii, pretiosus; (*teuer*) carus (*eig. u. /*).
Wesen *n* natura *f*, vis *f*; (*Benehmen*) mores *m/pl.*, ingenium *n*, vita *f*; *leichtsinniges* ~ levitas *f*; *sein* ~ *treiben* grassari, versari; *lebendes* ~ animal *n*, animans *m u. n*; *viel* ~*s machen* miris laudibus efferre [victoriam], magno apparatu excipere [hospitem].
wesenlos inanis, vanus.
wesentlich verus, proprius, in natura [hominis] positus; ad rem ipsam pertinens; primus, princeps, praecipuus [condicio]; magnus, gravis; *adv.* vere, praecipue, imprimis; *e-n* ~*en Einfluss haben auf* multum (*od.* plurimum) valēre ad.
weshalb cur?, quare?, quam ob rem?, quā de causā?
Wespe *f* vespa *f*.
Weste *f* thorax *m* [albus], colobium *n*.
Westen *m* occidens *m* [sol], occasus 4 *m* solis; (*Landstrich*) obeuntis solis partes *f/pl.*
westlich ad occidentem vergens (*od.* spectans).
westwärts ad occidentem versus.
Westwind *m* favonius *m*, zephyrus *m*.
Wette *f* sponsio *f*; *e-e* ~ *gewinnen* (*verlieren*) sponsione vincere (vinci); *um die* ~ certatim.
Wetteifer *m* certamen *n*, certatio *f*, aemulatio *f*, studium *n*.
wetteifern certare, contendere cum, aemulari [virtutes maiorum].
wetten sponsionem facere, pignore certare (*od.* contendere) cum.

W

Wetter *n* tempestas *f*, caelum *n*; *schönes* ~ sudum *n*; *verlockendes* ~ blandi soles *m/pl.*

Wetterbeobachter *m* speculator *m* futurae tempestatis, * meteorologus *m.*

***Wetterbericht** *m* praedictio *f* tempestatis.

Wetterfahne *f* vexillum *n* ventorum index.

wetterleuchten fulgurare.

Wetterleuchten *n* fulguratio *f.*

wettern tonare, intonare.

Wetterschaden *m* calamitas *f.*

***Wetterwarte** *f* specula *f* ad aeris motus observandos constructa.

Wetterstrahl *m* fulmen *n.*

wetterwendisch ventosus.

Wetterwolke *f* nimbus *m.*

Wettfahren *n* certamen *n* quadrigarum (bigarum).

Wettfahrer *m bei den Römern*: auriga *m.*

Wettkampf *m* certamen *n*, certatio *f.*

Wettkämpfer *m* athlēta *m*, (*auch* gladiator *m*).

Wettlauf *m* cursūs certamen *n*; *e-n* ~ *machen* cursu certare.

Wettläufer *m* cursor *m.*

Wettrennen *n* cursus *m* equorum.

wetzen acuere.

Wetzstein *m* cos *f.*

Wichse *f* cera *f*, atramentum *n.*

wichsen repurgare caligas.

Wicht *m* homunculus *m*, homo *m* pusillus; homo *m* nequam.

wichtig magnus, gravis; *die* ~*ste Sorge* cura *f* praecipua; ~ *sein* magni momenti esse, interesse [rei publicae].

Wicke *f* vicia *f.*

Wickel *m* glomus *n.*

wickeln (*einen Knäul*) glomerare.

Widder *m* aries *m* (*adj.* arietinus).

wider contra, adversus.

widerfahren accidere [mihi]; *Gerechtigkeit* ~ *lassen* recte iudicare de.

Widerhaken *m* uncus *m.*

Widerhall *m* vocis imago *f*, vox *f* repercussa.

widerhallen resonare, vocem reddere, respondēre.

widerlegen refellere, redarguere, diluere, convincere; (*zum Schweigen bringen*) refūtare.

Widerlegung *f* refutatio *f*; *meist durch Verba.*

widerlich odiosus, putidus; taeter [odor]; *es ist* ~ taedet [me vitae].

Widerlichkeit *f* intolerantia *f*, taedium *n.*

widernatürlich naturae repugnans, a natura discrepans, monstruosus, contra naturam.

Widerpart *m* adversarius *m.*

widerraten dissuadēre [legem], dehortari [plura scribere].

Widerraten *n* dissuasio *f*; *meist durch Verba.*

widerrechtlich iniuriosus, iniustus; *adv.* per iniuriam, contra ius fasque.

Widerrechtlichkeit *f* iniustitia *f*, iniuria *f.* [*durch Verba.*

Widerruf *m* retractatio *f*; *meist*

widerrufen revocare, retractare, irritum esse iubēre, rescindere.

Widersacher *m* adversarius *m.*

Widerschein *m* repercussus 4 *m*, [solis], lux *f* (imago *f*) repercussa.

widerscheinen repercuti, relucēre.

widersetzen: *sich* ~ resistere, obsistere, repugnare [omnibus viribus atque opibus], adversari, reniti, tendere adversus.

widersetzlich, widerspenstig contumax.

Widersetzlichkeit *f*, **Widerspenstigkeit** *f* contumacia *f.*

widersinnig absurdus, ineptus.

widersprechen, widerstreiten obloqui [disputanti]; dicere (*od.* repugnare) contra; (*laut*) reclamare; (*von Volkstribunen*) intercedere; (*von Sachen*) pugnare cum, repugnare [naturae, contra naturam], abhorrēre ab; *sich einander* ~ inter se discrepare; *sich selbst* ~ secum pugnare (*od.* dissentire), sibi non constare.

widersprechend (*v. Sachen*) pugnans, contrarius, diversus, absurdus.

Widerspruch *m*, **Widerstreit** *m* (*e-s Tribunen*) intercessio *f*; *sonst durch Verba*; *ohne* ~ nullo obloquente (*od.* repugnante); libenter; non invitus; sine dubio, facile; repugnantia *f*, discrepantia *f* [maior rerum quam verborum].

Widerstand *m* pugna *f*, certamen *n*, vis *f*; ~ *leisten* resistere, obsistere, repugnare; *ohne* ~ nullo repugnante (*od.* resistente).

widerstehen resistere; (*ekeln*) taedet [me cibi].

widerstrahlen refulgēre.
widerstreben reniti, obniti.
widerwärtig odiosus, molestus.
Widerwärtigkeit *f* molestia *f*, incommodum *n*, odium *n*; *pl.* res *f* adversae.
Widerwille *m* odium *n*, animus *m* alienus ab.
widerwillig invitus.
widmen dicare, consecrare [Iovi templum]; adhibēre [deis cultūs], prosequi [gratā memoriā]; impertire [tempus cogitation]; mittere [librum ad]; conferre [se ad philosophiae studium]; tribuere [tempus litteris]; operam dare, se dedere [iuri civili], incumbere [in id studium, ad laudem].
widrig adversus [ventus]; contrarius; tristis [casus].
widrigenfalls aliter, alioqui(n), sin secus, sin aliter, sin minus.
Widrigkeit *f* molestia *f*, taedium *n*.
wie (*fragend*) qui?, quomodo?, quemadmodum?, (*rhetor.*) quid?, ~ *groß* quantus?, ~ *beschaffen* qualis?; ~ *viel* quantum?; ~ *viele* quot?; ~*lange* quamdiu?, quousque?; ~ *oft* quoties?; ~ *sehr* quantopere?, (*im Ausruf*) quam, quantopere; (*rel.*) quomodo, quemadmodum, qua ratione, quo pacto; (*vergleichend*) ut, sicut, quemadmodum; (*bei einzelnen Wörtern*) ut, velut, tamquam, more, ritu [pecudum], instar [montis]; ~ ... *so ut* ... ita *od.* sic.
Wiedehopf *m* upupa *f*.
wieder rursus, rursum; (*zum zweiten Mal*) iterum; (*von neuem*) denuo; (*von frischem*) de integro; *immer* ~ identidem, etiam atque etiam; (*in Zusammensetzung*) re- [redire, restituere].
Wieder..., wieder...: ≈ **abziehen** abire; ≈ **anbauen** recolere; ≈ **anfangen** redintegrare, renovare; *intr.* renasci, repeti; ≈ **angreifen** impetum redintegrare; ≈ **aufbauen** restituere, reficere; ≈ **aufblühen** reflorescere; renasci; ≈ **aufbrechen** refringere; *intr.* recrudescere [vulnus]; ≈ **aufführen** reficere, restituere [domos]; iterum edere [fabulam]; ~ **aufgehen** *v. Wunden*: recrudescere; *v. Geschwüren*: rumpi; *v. Gestirnen*: (ex)oriri; *sich* ~ *aufheitern vom Wetter*: disserenascere; ≈ **aufkommen** [convalescere ex morbo]; revocari [mos]; ≈ **aufleben** reviviscere, ad vitam redire; animum recipere, ad se redire; ≈ **aufnehmen** restituere, iterum recipere; repetere [vetera consilia]; *den Faden der Erzählung* ~ ad propositum reverti; ≈ **aufreißen** refricare [vulnus]; ≈ **aufrichten** restituere [aedificium]; erigere [animum afflictum]; ≈ **aufsetzen** reponere [pilleum capiti]; ≈ **aufstehen** (re)surgere; ≈ **bekommen** recipere, recuperare; ≈ **beleben** vitam reddere *od.* restituere; *die Hoffnung* ~ ad novam spem excitare; ≈ **bemächtigen:** *sich* ~ recuperare; ≈ **bezahlen** reddere; ≈**bringen** referre, reportare, restituere; ≈ **durchnehmen** retractare; ≈ **einbringen** referre; ≈ **einführen** referre, revocare, reducere, renovare; ≈ **einräumen** reddere, restituere; ≈ **einreißen** rescindere; *intr.* recrudescere [discordia]; ≈ **einrichten** restituere; ≈ **einschlafen** somnum repetere; ≈ **einsetzen** restituere; ≈**empfangen** recipere [amissa]; ≈ **emporkommen** resurgere; ≈ **entstehen** renasci; ≈ **erfahren** resciscere; ≈**erhalten** recipere; ≈ **erholen:** *sich* ~ vires recipere, recreari; ≈ **erinnern:** *sich* ~ reminisci, recordari; ≈ **erkennen** agnoscere, cognoscere; ≈ **ermannen:** *sich* ~ animum erigere, ad se redire; ≈ **erneuern** renovare, restituere, redintegrare; ≈**erobern** recipere, recuperare; ≈**ersetzen** reddere, resarcire [damnum]; ≈ **erstarken** revirescere; ≈ **erwachen** expergisci, ad vitam redire; ≈**erwerben** recuperare; ≈**erzählen** referre; ≈**fordern** reposcere, repetere; ≈**geben** reddere, restituere; ≈ **geboren werden** renasci; ~**geburt** *f* (*kirchl.*) regeneratio *f*; ≈ **genesen** ex morbo convalescere; ≈**gewinnen** recipere, recuperare; (*geistig*) reconciliare; ≈**grüßen** resalutare; ≈ **gutmachen** reparare, resarcire; ≈ **herausgeben** reddere, restituere; denuo edere [librum]; ≈ **herstellen** restituere, reficere, reparare; sanare [aegrotum]; ~**hersteller** *m* restitutor *m*, reconciliator *m* [pacis]; ≈ **hervorsuchen** revocare, repetere; ≈ **holen** reducere, repetere; (*zum zweitenmal tun*) iterare; ≈**holentlich**, ≈**holt** (*adv.*) identidem, non semel,

W

iterum ac saepius, etiam atque etiam; **~holung** *f* repetitio *f*, redintegratio *f*, iteratio *f*; **≗kauen** ruminare; **≗kaufen** redimere; **≗kommen** redire, reverti; **≗ lesen** relegere, iterum legere; **≗lieben** redamare, mutuo amore amplecti; **≗melden** renuntiare; **≗ nachlassen** remittere; **≗ nachsehen** recognoscere; **≗sagen** enuntiare; **≗ schaffen** reparare; **≗schreiben** rescribere; **≗ sehen** vidēre, reperire; (*besuchen*) revisere; *auf Wiedersehen morgen!* bene vale in crastinum!; ***~taufe** *f* anabaptismus *m*; ***≗ taufen** rebaptizare; **≗ überlesen** relegere, retractare; **≗ umkehren** rursus reverti; **≗ vereinigen** denuo iungere; reconciliare [patrem et filium in gratiam]; **~vereinigung** *f* coniunctio *f*; reconciliatio *f*; **≗vergelten** par pari referre; **~vergeltung** *f* talio *f*; **≗verlangen** reposcere, repetere; **≗ verschaffen** restituere, reddere; **≗ versöhnen** reconciliare; **≗ vornehmen** retractare, repetere; **≗ wählen** iterum creare; (*zum Konsul*) continuare consulatum; **≗ zu sich bringen** vitam restituere; **≗ zu sich kommen** ad se redire, se colligere, animum recipere; **≗ zustellen** restituere, reddere.

Wiege *f* cunae *f/pl.*, (in)cunabula *n/pl.*; *das Kind in der ~* puer *m* vagiens.

wiegen 1. *trans.* cunas (*od.* infantem in cunis cubantem) movēre; **2.** *intr.* pondus habēre, pondo pendere, (magni, parvi) ponderis esse.

wiehern hinnire.

Wiehern *n* hinnītus 4 *m*.

***Wiener Café** *n* thermopolium *n* Vindobonense.

Wiese *f* pratum *n* (*adj.* pratensis).

Wiesel *n* mustēla *f*.

wieso quid ita?, cur?

wild ferus; agrestis, silvestris [rosa]; *~ machen* efferare; *~ werden* efferari; incultus [ager]; vastus, desertus [loca]; trux [oculi]; *~e Flucht* fuga *f* effusa; *~es Pferd* equus *m* indomitus.

Wild *n* (*einzelnes Stück*) fera (bestia) *f*.

Wildbraten *m* assum *n* ferinum.

Wildbret *n* ferae *f/pl.*; (*erjagt*) venatio *f*, (caro) ferīna *f*.

Wilddieb *m* praedo *m* ferarum.

Wildfang *m* **1.** *eig.* captura *f* ferarum; **2.** */* homo *m* lascivus; puella *f* lasciva.

wildfremd alienissimus, plane hospes.

Wildheit *f* feritas *f*; ferocia *f*, saevitia *f*, immanitas *f*, barbaria *f*.

Wildlager *n* lustrum *n*.

Wildnis *f* vasta solitudo *f*, regio *f* inculta, loca *n/pl.* deserta.

Wille *m* voluntas *f*, sententia *f*; (*Befinden*) arbitrium *n*; (*als maßgebend*) auctoritas *f*; *letzter ~* testamentum *n*; *zu ~n sein* obsequi, morem gerere [voluntati]; *gegen ~n* invito [patre]; *gegen den (eigenen) ~n* invītus; *aus freiem ~n* (meā, tuā ...) sponte; *mit ~n* datā operā, consulto; *willens sein* velle, cogitare, in animo habēre; *mit* (*wider den*) *~n* probante (nolente) [patre].

willen: *um ... ~* causā, gratiā *mit gen.* (*aber* meā, tuā *usw.*); *um Himmels ~* per deum!, pro deum atque hominum fidem!

Willenlosigkeit *f* abulia *f*.

Willenskraft *f* voluntas *f*, (animi) constantia *f*.

Willensmeinung *f* voluntas *f*, sententia *f*, auctoritas *f*.

willfahren obsequi, morem gerere voluntati.

willfährig oboediens, indulgens; benignus.

Willfährigkeit *f* obsequium *n*, propensa voluntas *f*.

willig promptus ad; *adv.* libenter, animo prompto paratoque.

willkommen acceptus, gratus, exspectatus; *sei ~* salve; *~ heißen* salvēre iubēre.

Willkommen *m* salutatio *f*.

Willkür *f* arbitrium *n*, libido *f*, licentia *f*.

Willkürherrschaft *f* dominatio *f*, tyrannis *f*.

willkürlich (*adv.*) ad arbitrium, ex libidine, arbitratu suo.

wimmeln plenum (*od.* refertum) esse, scatēre [piscibus].

wimmern vagire.

Wimmern *n* vagītus 4 *m*.

Wimpel *m* vexillum *n* nauticum.

Wimper *f* cilium *n*.

Wind *m* ventus *m*; *in ~ und Wetter* sub divo; *in den ~ schlagen* neglegere, nihil curare.

Windbeutel *m* homo *m* vanus (*od.* levis); nebulo *m*.

Windbeutelei *f* vanitas *f*, levitas *f*; *das ist* ~ istaec verba sunt.
Winde *f* trochlea *f*; prehensio *f*; (*Pflanze*) convolvulus *n*.
Windel *f* linum *n* (*pl.* incunabula *n*).
winden torquēre, nectere [coronam]; (*in die Höhe*) trochleā tollere (*od.* elevare); *aus den Händen* ~ de manibus extorquēre; *sich* ~ (*vor Schmerz*) se versare, torqueri; (*sich schlängeln*) in ambitum currere, serpere.
Windhund *m* vert(r)agus *m*.
windig ventosus.
***Windmühle** *f* mola *f* vento versata, ventimola *f*.
Windrose *f* descriptio *f* ventorum.
Windsbraut *f* turbo *m*.
windschnell vento velocior, celerrimus.
windstill tranquillus.
Windstille *f* malacia *f*, tranquillitas *f* (*auch pl.*).
Windstoß *m* venti impetus 4 *m* (*od.* ictus 4 *m*); procella *f*.
Windung *f* nexus 4 *m*; flexus 4 *m*.
Windwolke *f* nimbus *m*.
Windzug *m* flatus 4 *m*.
Wink *m* nutus 4 *m*; *auf den* ~ ad nutum; *e-n* ~ *geben* (ad)monēre, ut ..., adminēre ne...
Winkel *m* angulus *m* [acutus, rectus, obtusus]; abditus locus *m*, recessus 4 *m*, angulus *m*.
winkelig angulatus; (*voll Winkel*) angulosus.
Winkelmaß *n* norma *f*.
winkelrecht normalis, ad perpendiculum, ad normam (respondens).
Winkelzug *m*: ~ *machen* tergiversari, deverticula quaerere; *ohne* ~ missis ambagibus.
winken innuere, signum nutu dare, nutu significare; (*bejahend*) annuere; (*verneinend*) renuere; (*mit den Augen*) nictare.
Winken *n* nutus 4 *m*; (*mit den Augen*) nictatio *f*.
winseln miserabiliter eiulare.
Winseln *n* miserabilis eiulatus 4 *m*.
Winter *m* hiems *f*, tempus *n* hibernum.
Winter... (*gen.*) hiemis, hibernus.
Winterlager *n* (castra) hiberna *n*/*pl.*
winterlich hibernus; (*wie im Winter*) hiemalis.
Winterquartiere: *die* ~ (castra) hiberna *n*/*pl.*, hibernacula *n*/*pl.*; *in den* ~*n liegen* hiemare, in hibernis esse.
Wintersonnenwende *f* bruma *f*.
Wintertag *m* dies *m* hibernus *od.* hiemalis.
Winzer *m* vinitor *m*, vindemiator *m*.
Winzermesser *n* falx *f* vinitoria.
winzig minutus, pusillus, exiguus.
Wipfel *m* cacumen *n*.
Wirbel *m* vortex *m*, turbo *m*; (*auf dem Kopf*) vertex *m*.
Wirbelknochen *m* vertebra *f*.
wirbeln rotare, volvere; *sich* ~ in orbem circumagi.
Wirbelsäule *f* spina *f* dorsi, * columna *f* vertebralis, * rhachis *f*.
Wirbelwind *m* turbo *m*.
wirken *intr.* vim habēre, proficere [medicamentum], movēre [permultum, maxime]; ~ *auf* efficacem esse ad; ~ *bei* valēre apud; ~ *für* operā suā (ad)iuvare; *dahin* ~, *dass* id agere, ut; *wirkend* (*schnell*) praesens [venenum]; (*langsam*) tardus, lentus, lenis.
Wirken *n*: *göttliches* ~ **numen** *n* divinum.
Wirker *m* (*Weber*) textor *m*.
wirklich verus; (*eigentlich*) ipse; *adv.* vere, re(vera), reapse; (*versichernd*) profecto, certe, sane; ~? satin certum?, sic factum?
Wirklichkeit *f* veritas *f*, natura *f*, eventus 4 *m*; res *f* (vera), verum *n*; *zur* ~ *kommen* effici, ad effectum perduci.
wirksam efficax, valens; (*v. Arzneien*) fortis, praesens.
Wirksamkeit *f* efficacitas *f*, efficientia *f*, vis *f*; (*Vermögen*) potestas *f*; *amtliche* ~ muneris officia *n*/*pl.*
Wirkung *f* effectus 4 *m*; vis *f*; appulsus 4 *m* [frigoris]; eventus 4 *m*, exitus 4 *m*; *große* ~ *haben auf* magnam vim habēre ad; *Ursachen und* ~*en* causae *f*/*pl.* rerum et consecutiones *f*/*pl.*
Wirkungskreis *m* campus *m*; (*amtlicher*) provincia *f*, procuratio *f*, munus *n* [amplum].
wirkungslos inutilis, ~ *sein* effectu carēre.
Wirrwarr *m* turbae *f*/*pl.*; tumultus 4 *m*.
Wirt *m* pater *m* familias; hospes *m*; (*Gastgeber*) convivator *m*; (*Gastwirt*) caupo *m*; *ein guter* ~ *sein* rei familiaris rationem habēre.

Wirtin *f* mater *f* familias; hospita *f*; (*Gastwirtin*) copa *f*.
wirtlich hospitalis.
Wirtschaft *f* administratio *f*, cura *f* rei familiaris; res *f* familiaris, res *f/pl.* domesticae, negotia *n/pl.* domestica, res *f* rustica.
wirtschaften rem familiarem (*od.* res domesticas) curare; rem gerere.
Wirtschafter *m* (*Gutsverwalter*) vilicus *m*; (*Rentmeister, Inspektor*) dispensator *m*.
wirtschaftlich frugi, diligens, parcus.
Wirtschaftlichkeit *f* diligentia *f*, parsimonia *f*.
Wirtschafts... domesticus.
Wirtschaftsbuch *n* ephemeris *f*.
Wirtshaus *n* deversorium *n*; (*Schenke*) caupona *f*.
Wissbegierde *f* cognitionis (*od.* scientiae *od.* discendi *od.* audiendi) cupiditas *f* (studium *n*).
wissbegierig cognitionis (*od.* scientiae *od.* discendi *od.* audiendi) cupidus.
wissen scire; nosse, cognovisse, cognitum habēre; tenēre, intellegere, vidēre; accepisse [a maioribus], traditum esse; *das etwa weiß ich zu sagen* haec fere habui dicere [de natura deorum]; *nicht ~* nescire, ignorare, non habēre, dubitare, utrum ... an; *sehr wohl ~* non ignorare, non nescium esse, bene scire, non me fugit; *weiß wohl* memini; *~ um* conscium esse [sceleris]; *nichts ~ wollen von* abnuere, recusare [deditionem]; contemnere, aspernari, repudiare [pacem]; *zu ~ bekommen* audire, discere, comperire.
Wissen *n* scientia *f*, notitia *f*, cognitio *f*; *meines ~s* quantum scio, quod sciam; *mit ~ und Willen* sciens ac prudens; *mit ~* sciente [patre]; *ohne ~* inscio [patre]; *konkr.* artes *f/pl.*, doctrina *f*; *nach bestem ~ und Gewissen* optima fide.
Wissenschaft *f* scientia *f*, doctrina *f*; (*eine einzelne*) ars *f*, disciplina *f*; *pl. die Wissenschaften* litterae *f/pl.*, artes *f/pl.* [optimae, ingenuae, liberales].
wissenschaftlich qui in artibus versatur, qui arte alqa continetur; ad litteras quod pertinet; *meist durch* (*gen.*) artis, artium, doctrinae, litterarum [studia *n/pl.*, scientia *f*]; *~ gebildet* doctus, eruditus.
wissentlich sciens, prudens.
wittern odorari [canis leporem]; praesentire, praesagire [aliquid mali].
Witterung *f* tempestas *f*, caelum *n*; *wechselnde ~* tempestatum moderatio *f* et conversio *f*; (*Geruch*) odoratus 4 *m*; odor *m*.
Witwe *f* vidua *f*.
Witwenstand *m* viduitas *f*.
Witwer *m* viduus *m*.
Witz *m* (*als Anlage*) (ingenii) acumen *n*, sal (*meist pl.*) *m*, facetiae *f/pl.*; (*beißender*) dicacitas *f*, (*heiterer*) lepos *m*, festivitas *f*; *konkr.* facete dictum *n*, iocus *m*, ridiculum *n*.
Witzbold *m* homo *m* dicax.
Witzelei *f* dicacitas *f*.
witzig ingeniosus, salsus, facetus; (*launig*) lepidus, festivus; (*tadelnd*) dicax.
witzigen docēre.
Witzwort *n* facete dictum *n*.
wo ubi, quo loco; *~ nicht* si non, si minus.
wobei qua in re; *~ er sagte* cum diceret.
Woche *f* hebdomas *f*, septem dies *m/pl.*; *alle ~n* octavo quōque die.
Wochenmarkt *m* nundinae *f/pl.*
Wochentag *m* dies *m* negotiosus *od.* profestus.
wöchentlich singulis hebdomadibus, in singulas hebdomades.
Wöchnerin *f* puerpera *f*.
wodurch (*fragend*) qua re?, qua ratione?, quo pacto?, (*rel.*) quo, qua, quibus.
wofern si.
wofür (*rel.*) pro [quo, qua, quibus]; *~ hältst du mich?* qualis tibi videor?
Woge *f* fluctus 4 *m*.
wogen fluctuare.
Wogen *n* fluctus *m* (*meist pl.*).
woher unde; a, ex quo.
wohin quo, quem in locum, quam in partem.
wohinaus quorsum, quo.
wohl bene; (*gehörig*) recte; opinor, credo (*eingeschoben*); *ich befinde mich ~* bene mihi est, satis valeo; *bedenke ~!* diligenter *od.* etiam atque etiam cogita!; *lebe ~!* vale!, fac valeas!; *ich möchte ~ wissen* scire velim; *du irrst ~* haud scio an erres, errare videris.

Wohl *n* salus *f*, incolumitas *f*.
wohlan age(dum), agite(dum).
wohlangebracht opportunus.
wohlanständig decorus.
Wohlanständigkeit *f* decus *n*, decorum *n*.
wohlauf: ~ *sein* salvum esse recte.
wohl bedacht (satis) consideratus.
wohlbefinden: *sich* ~ belle se habēre, bona valetudine uti.
Wohlbefinden *n* salus *f*, bona valetudo *f*.
wohl begründet iustus.
Wohlbehagen *n* voluptas *f*.
wohlbehalten salvus, incolumis.
wohlbeleibt corpore amplo, obēsus, pinguis.
Wohlbeleibtheit *f* corpus *n* amplum, habitus 4 *m* corporis opīmus, obesitas *f*.
wohlbemannt instructus.
Wohlergehen *n* salus *f*, felicitas *f*, prosperitas *f*.
wohlerzogen bene (*od.* ingenue, liberaliter) educatus.
Wohlfahrt *f* salus *f*.
wohlfeil vilis, parvi pretii; ~ *sein* parvo pretio venire.
Wohlfeilheit *f* vilitas *f*.
wohlgeartet bene moratus.
Wohlgefallen *n* voluptas *f*; ~ *haben an* voluptatem capere ex, delectari.
wohlgefällig gratus, acceptus, blandus [oratio].
wohlgehen salvum esse, valēre; bene est [mihi].
wohl gemeint fidelis [consilium]; amoris plenus, benevolus.
wohlgemut hilaris; ~ *sein* bono animo esse.
wohlgeneigt benevolus; propitius [deus].
Wohlgeneigtheit *f* benevolentia *f*, animus *m* propensus.
wohlgeraten laete crescere; *ein* ~*er Sohn* filius *m* bene moratus.
Wohlgeruch *m* odor *m* (suavis).
Wohlgeschmack *m* sapor *m* iucundus.
wohlgesinnt bonus, benevolus.
wohlgestaltet formosus.
wohlhabend fortunatus, beatus; locuples, satis dives.
Wohlhabenheit *f* opulentia *f*, copiae *f/pl.*, vita *f* bonis abundans.
Wohl/klang, ~laut *m* sonus *m* dulcis (*od.* suavis); (*in der Rede*) numerus *m*.
wohlklingend bene sonans, canōrus, dulcis, suavis; (*von der Rede*) numerosus.
Wohlleben *n* vita *f* lautior (*od.* voluptatum plena); luxus 4 *m*; deliciae *f/pl.*
wohlmeinen cupere et favēre [plebi].
wohlmeinend benevolus, benignus; ~*er Freund* amicus *m* fidelis; ~*en Rat geben* fideliter suadēre.
wohlriechend bene olens, odoratus.
wohlschmeckend iucundo sapore esse.
wohlschmeckend iucundo sapore, suavis, dulcis.
wohl sein (bene *od.* recte) valēre, salvum esse, bene se habēre.
Wohlsein *n* salus *f*.
Wohlstand *m* res *f/pl.* prosperae (*od.* florentes), salus *f*.
wohlstehen: *steht alles wohl?* satin salvae (res)?
Wohltat *f* beneficium *n*; e-e ~ *erweisen* beneficium dare (*od.* tribuere).
Wohltäter *m* beneficii auctor *m*; homo *m* beneficus.
wohltätig beneficus, benignus, liberalis.
Wohltätigkeit *f* beneficentia *f*, benignitas *f*, liberalitas *f*.
wohltuend salutaris, salubris; gratus.
wohl tun beneficium conferre in [amicos], beneficio afficere [literos], bene (*od.* benigne) facere [amicis]; suaviter afficere; prodesse, salubrem esse; bene (*od.* prudenter) facere.
wohlweislich sapientissime, prudentissime, magno consilio.
wohl wollen bene velle, favēre, cupere [servis].
Wohlwollen *n* benevolentia *f*.
wohlwollend benevolus, amicus.
wohnbar habitabilis.
wohnen habitare (*intr.*), incolere (*trans.*; *od. mit* cis, trans, inter, prope).
Wohnhaus *n* aedes, ium *f/pl.*, domus 4 *f*, habitatio *f*.
Wohn/platz, ~sitz *m*, **Wohnung** *f* sedes *f*, domicilium *n*.
Wohnzimmer *n* habitatio *f*, cubiculum *n*.
wölben concamerare; *der Himmel wölbt sich* caelum panditur (*od.* extenditur).

Wölbung *f* concameratio *f*.
Wolf *m* lupus *m* (*adj*. lupīnus).
Wölfin *f* lupa *f*.
wölfisch lupīnus.
Wölkchen *n* nubecula *f*.
Wolke *f* nubes *f*.
Wolkenbruch *m* nimborum vis *f* effusa.
wolkenlos nubibus vacuus; *ein* ~*er Himmel* caelum *n* apertum.
wolkig nubilus, nubibus obductus.
Woll... (*gen*.) lanae, laneus.
Wollarbeit *f* lanificium *n*.
Wollarbeiter *m* lanarius *m*.
Wolle *f* lana *f*; *von* ~ laneus; ~ *tragend* lanatus.
wollen *adj*. laneus.
wollen velle, *durch conj*., *fut*., *coniugatio periphrastica u. a.* (*vgl. Gramm*.); *nicht* ~ nolle; *lieber* ~ malle; *wollte Gott, dass* utinam *mit conj*.
Wollgarn *n* lana *f* neta.
wollig lanosus, lanuginosus.
Wollspinnen *n* lanificium *n*.
Wollust *f* libido *f*, voluptas *f*.
wollüstig libidinosus, voluptarius.
Wollüstling *m* homo *m* libidinosus.
womit = *mit was, mit welchem* ...
Wonne(**gefühl** *n*) *f* voluptas *f*.
Wonnemonat *m* mensis Maius.
wonnetrunken laetitiā elatus (*od*. gestiens).
wonnevoll, wonnig voluptatis (*od*. iucunditatis) plenus, laetus.
woran = *an was, an welchem* ...
worauf = *auf was, auf welchem* ...
woraus = *aus was, aus welchem* ...
worfeln ventilare [frumentum].
Worfler *m* ventilator *m*.
Worfschaufel *f* ventilābrum *n*.
worin = *in was, in welchem* ...
Wort *n* (*einzelnes*) vocabulum *n*; (*in Beziehung auf den Sinn*) verbum *n*; (*in Beziehung auf Aussprache und Klang*) vox *f*; (*Benennung*) nomen *n*; *mit einem* ~ uno verbo; (*abschließend*) denique; ~ *für* ~ *übersetzen* verbum verbo reddere; *ins* ~ *fallen* interpellare; *das* ~ *geben* potestatem dicendi facere; ~ *Gottes* libri *m*/*pl*. divini; *sein* ~ *geben* fidem dare (*od*. interponere); *sein* ~ *halten* fidem praestare (*od*. servare), *brechen* frangere (*od*. violare); *aufs* ~ *glauben* fidem habēre.
wortarm inops verborum; indisertus.
Wortarmut *f* inopia *f* verborum.
Wortbedeutung *f* vocabuli significatio *f*.
wortbrüchig perfidus.
Wortbrüchigkeit *f* infidelitas *f*, perfidia *f*.
Wörterbuch *n* index *m* verborum, thesaurus *m*.
Wortfolge *f* ordo *m* verborum.
Wortführer *m* orator *m*, princeps *m*.
Wortfülle *f* copia *f* (*od*. ubertas *f*) verborum.
Wortgepränge *n* verborum magnificentia *f od*. pompa *f*.
wortgetreu *adv*. eisdem verbis [reddere].
wortkarg: ~ *sein* parce uti verbis.
Wortkargheit *f* inopia *f* sermonis.
Wortklauber *m* verborum auceps (*od*. captator) *m*.
Wortklauberei *f* verborum aucupium *n* (*od*. captatio *f*).
Wortlaut *m* verba *n*/*pl*. ac litterae *f*/*pl*., scriptum *n*, scriptio *f* quae in litteris est, exemplum *n* [epistulae].
wörtlich ad verbum, eisdem verbis, (verbum ex verbo, verbum pro verbo reddere).
wortreich verbosus; (*lobend*) copiosus.
Wortreichtum *m* copia *f* verborum.
Wortschwall *m* flumen *n* inanium verborum.
Wortsinn *m* vis *f* et sententia *f* verborum (*od*. vocabuli).
Wortspiel *n* annominatio *f*, lusus 4 *m*.
Wortstreit *m* disceptatio *f*.
Wortwechsel *m* altercatio *f*, iurgium *n*.
worüber = *über was, über welchem*...
worum quā de re.
worunter = *unter was, unter welchem* ...
woselbst = *wo*.
wovon = *von was, von welchem* ...
wovor = *vor was, vor welchem* ...
wozu = *zu was, zu welchem* ...; quo, quorsum.
Wrack *n* navis *f* fracta, navis *f* reliquiae *f*/*pl*.
Wucher *m* feneratio *f*, fenus *n* (*iniquum*); ~ *treiben* fenerari.
Wucherer *m* fenerator *m*.
Wuchergesetz *n* lex *f* fenebris.
wucherisch feneratorius.

wuchern fenus iniquum exercēre, fenerari [pecuniam in provincia]; (*v. Pflanzen*) luxuriari.
Wuchs *m* (*Wachstum*) incrementum *n*; *üppiger* ~ luxuria *f*; (*Körperbau*) statura *f*.
Wucht *f* gravitas *f*, pondus *n*.
wühlen fodere; *im Gelde* ~ pecuniam contrectare; (*Unruhe stiften*) novis rebus studēre.
Wühler *m* homo *f* seditiosus.
Wulst *m* torus *m*; (*im Haar*) nodus *m*.
wund attrītus; saucius, vulneratus; *ein* ~*er Punkt* locus *m* lubricus; malum *n* vitiumque.
Wundarzneikunst *f* chirurgia *f*.
Wundarzt *m* chirurgus *m*.
Wunde *f* vulnus *n*; (*durch stumpfes Instrument*) plaga *f*.
Wundenmal *n* cicatrix *f*.
Wunder *n* res *f* mira, miraculum *n*; *es ist ein* ~ mirum est (*kein* ~ non mirum est, non est quod miremur); *es nimmt mich* ~ miror; *das ist ein* ~ hoc divinitus accidit.
wunderbar mirus, mirificus.
Wundererscheinung *f* miraculum *n*.
wunderlich mirabilis, mirus.
Wunderlichkeit *f* morositas *f*.
wundern: *sich* ~ mirari, admirari, stupēre; *es soll mich* ~ miror.
wunderschön mira pulchritudine, pulcherrimus.
Wundertäter *m* miraculorum auctor *m*.
Wundertier *n* portentum *n*, prodigium *n*; alba avis *f*.
wundervoll mirificus, admirabilis.
Wunderzeichen *n* prodigium *n*, portentum *n*, ostentum *n*.
Wundfieber *n* febris *f*, quae vulneri supervenit.
Wunsch *m* desiderium *n*, voluntas *f*; (*Gewünschtes*) optatum *n*; (*von e-m Gelübde begleitet*) votum *n*; (*als Vorbedeutung*) omen *n*; *nach* ~ ex optato, ex sententia; ad voluntatem [principis].
Wünschelrute *f* virgula *f* divina.
wünschen velle, cupere, petere, desiderare; (*e-n Wunsch aussprechen*) optare, exoptare.
Wünschen *n* optatio *f*.
wünschenswert optabilis, optandus, desiderabilis, expetendus.
Würde *f* dignitas *f*; (*sittliche*) honestas *f*; (*Haltung*) gravitas *f*; (*Ansehen*) auctoritas *f*.
würdevoll plenus dignitatis *od.* auctoritatis; gravis, augustus.
würdig dignus.
würdigen dignum habēre (*od.* iudicare); *gewürdigt werden* dignari [honore]; (*schätzen*) aestimare, existimare, intellegere.
Würdigkeit *f* dignitas *f*, meritum *n*.
Würdigung *f* dignatio *f*, aestimatio *f*.
Wurf *m* iactus 4 *m* (*bsd. beim Würfeln*); coniectus 4 *m*; (*verwundend*) ictus 4 *m*; *in den* ~ *kommen* in teli coniectum venire; / obviam venire, se afferre; incurrere in [adversarium].
Würfel *m* talus *m* (*mit* 4 *Seiten*), tessera *f* (*mit* 6 *Seiten*); *der* ~ *ist gefallen* alea iacta est.
Würfelbecher *m* fritillus *m*, phimus *m*, orca *f*.
würfelförmig tessellatus.
würfeln talos (*od.* tesseras) iacere, talis (*od.* aleā) ludere.
Würfeln *n* iactus 4 *m* talorum (*od.* tesserarum).
Würfelspiel *n* ludus *m* talarius; (*Glücksspiel*) alea *f*.
Wurfgeschoss *n* (telum *n*) missile *n*; *Wurfspieß*) iaculum *n*, hasta *f*, lancea *f*, pilum *n*; (*aus Wurfmaschinen geschleudert*) tormentum *n*.
Wurf/geschütz *n*, **~maschine** *f* tormentum *n*.
Wurfscheibe *f* discus *m*.
Wurfspieß *m* hasta *f*.
würgen suffocare; *intr.* nauseare sine exitu.
Würger *m* trucidator *m*.
Wurm *m* vermis *m*.
Würmchen *n* vermiculus *m*.
wurmen mordēre, pungere; *es wurmt mich* aegre fero.
Wurmstich *m* (*im Holze*) caries *f*; (*im Obst*) vermiculatio *f*.
wurmstichig verminosus; (*vom Holz*) cariosus; (*vom Obst*) verminculosus.
Wurst *f* farcīmen *n*, botulus *m*.
Würstchen *n/pl.* hillae *f/pl.*
Würze *f* condimentum *n*.
Wurzel *f* radix *f*; ~ *schlagen* radīces agere; ~ *fassen* radīces agere; *mit der* ~ radicitus, funditus.
wurzeln in ıtum esse, insidēre, haerēre in [memoria].

würzen condire.
Würzen *n* conditio *f.*
Wust *m* squalor *m,* sordes *f/pl.*; immensus cumulus *m* [legum].
wüst vastus [ab humano cultu mons], turbidus [motus]; dissolutus, libidinosus ac perditus.
Wüste *f,* **Wüstenei** *f* vastitas *f*; solitudo *f,* regio *f* deserta.
wüsten *mit* effundere, profundere; ~ *mit seiner Gesundheit* valetudini non parcere.
Wüstling *m* homo *m* dissolutus (*od.* libidinosus).
Wut *f* rabies *f,* furor *m,* saevitia *f.*
wüten furere, saevire.
wütend rabidus, furibundus, furiosus; irā incensus, furore inflammatus.
wutentbrannt furore incensus, furenter iratus; fervens.
Wüterich *m* homo *m* saevus (*od.* crudelis).
Wutgeschrei *n* clamores *m/pl.* furentium.

X

X: *ein X für ein U machen* (*d. h.* X *statt* V = 10 *statt* 5 *schreiben*) verba dare.
Xanthippe *f*: *sie ist eine* ~ Xanthippes morem imitatur.
X-Beine *n/pl.* crura *n/pl.* vara (*od.* distorta).
Xenie *f* epigramma *n.*

Z

Zacke *f* dens *m*; (*Ast*) ramus *m.*
zackig dentatus; ramosus; serratus.
zagen pavēre, animo abiecto esse.
zaghaft pavidus, timidus, cunctabundus.
Zaghaftigkeit *f* pavor *m,* timiditas *f.*
zäh lentus, tenax.
Zähigkeit *f* lentitia *f*; animus *m* resistens ad, tenacitas *f.*
Zahl *f* numerus *m.*
zahlbar solvendus.
zählbar quod numerari potest.
zahlen solvere, dissolvere, persolvere, pendere, numerare.
zählen numerare, numerum inire; ~ *nach* finire numero [noctium tempus]; ~ *unter* numerare [inter doctos, in doctis]; ducere (*od.* habēre) in numero [hostium]; ~ *auf* spem ponere (*od.* collocare) in [consule]; *du kannst auf mich* ~ tibi non deero.
Zahler *m* qui solvit [pecuniam]; *ein schlechter* ~ malum (*od.* lentum) nomen *n.*
zahllos innumerabilis.
Zahlmeister *m* tribunus *m* aerarius; (*beim Heer*) quaestor *m.*
zahlreich creber, frequens, celeber.
Zahlung *f* solutio *f*; *die erste* ~ prima pensio *f*; *bare* ~ pecunia *f* praesens.
Zählung *f* numeratio *f*; e-e ~ *veranstalten* numerum inire; ~ *des Volkes*: populi recensum agere.
zahlungsfähig: ~ *sein* creditas pecunias solvere posse.
Zahlungsfrist *f* dies *f*; *um* ~ *bitten* de die rogare.
Zahlungstermin *m* dies *f* solvendi *od.* (solvendae) pecuniae.
zahlungsunfähig qui solvendo non est.
zahm cicur; (*gezähmt*) mansuetus, mansuefactus, domitus; placidus, lenis [aqua]; ~ *werden* mansuefieri.
zähmen mansuefacere, domare; coercēre [cupiditates], cohibēre [iracundiam].
Zähmung *f* domitus 4 *m.*
Zahn *m* dens *m*; *mit den Zähnen* mordicus; ~ *der Zeit* vetustas *f.*
***Zahnarzt** *m* medicus *m* dentarius; dentifex *m.*
***Zahnbürste** *f* peniculus *m* (-icillus).
Zähnchen *n* denticulus *m.*
zahnen dentire.
Zahnen *n* dentitio *f.*
Zahnfäule *f* caries *f* dentium.
Zahnfleisch *n* gingiva *f.*
***Zahnheilkunde** *f* ars *f* medendi vitiis dentium.
***Zahnpulver** *m* pulvis *m* cretaceus.
Zange *f* forceps *m u. f.*
Zank *m,* **Zänkerei** *f* rixa *f*; (*Wortwechsel*) altercatio *f,* iurgium *n.*

Zankapfel *m* causa *f* certaminis (*od.* iurgii).
zanken rixari, altercari, iurgio contendere cum, inter se.
Zänker *m* homo *m* rixae cupidus.
zänkisch rixae (*od.* iurgii) cupidus; litigiosus.
Zanksucht *f* rixandi cupiditas *f*.
Zapfen *m* (*zum Zustopfen*) obturamentum *n*; (*in der Baukunst*) cardo *m*; (*im Halse*) uva *f*; (*an der Tanne*) nucamentum *n*.
***Zapfenstreich** *m* sonus *m* tympanorum vespertinus.
zappeln palpitare; (*vor Angst*) trepidare.
Zappeln *n* palpitatio *f*.
zart tener; tenuis; mollis, dulcis.
zartfühlend verecundus, humanus, mollis.
Zartgefühl *n* verecundia *f*, humanitas *f*, pudor *m*.
Zartheit *f* teneritas *f*; mollitia *f*.
zärtlich tener; pius [filius]; amans [uxoris]; amoris plenus [epistola]; blandus [verba].
Zärtlichkeit *f* amor *m*, pietas *f*; *mütterliche* ~ materna in liberos indulgentia *f*.
Zauber *m* venustas *f*, suavitas *f*; dulcedo *f* [orationis].
Zauber... magicus.
Zauberei *f* ars *f* magica; veneficium *n*; venenum *n*.
Zauberer *m* magus *m*, veneficus *m*.
Zauberformel *f* carmen *n*.
Zauberin *f* maga *f*, venefica *f*, saga *f*.
zauberisch magicus; venustissimus, amoenissimus [locus].
Zaubermittel *n* venenum *n*.
zaubern **1.** *intr.* artes magicas tractare; **2.** *trans.* carminibus (*od.* arte magica) efficere.
Zauberrute *f* virgula *f* magica.
Zauberspruch *m* carmen *n*.
Zaubertrank *m* venenum *n*.
Zauderer *m* cunctator *m*, cessator *m*.
zaudern cunctari, cessare, tardare; haesitare, moram facere; *ohne zu* ~ sine mora.
Zaudern *n* cunctatio *f*, haesitatio *f*, cessatio *f*, mora *f*.
Zaum *m* frenum *n* (*pl.* freni *u.* -a); (*Zügel*) habenae *f/pl.*; *den* ~ *anlegen* frenum inicere [equo]; *im* ~*e halten* domare, domitum habēre.
zäumen frenos inicere [equo], frenare.
zaumlos sine freno, freno carens; / *v. Leidenschaften*: effrenatus.
Zaun *m* saepes *f*; *mit e-m* ~*e umgeben* (con)saepire; *e-e Gelegenheit vom* ~*e brechen* arripere occasionem [belli].
Zaunkönig *m* trochilus *m*.
Zaunpfahl *m* palus *m*, sudis *f*.
zausen (con)vellere [barbam].
Zechbruder *m* comissator *m*, potator *m*.
Zeche *f* convivii (*od.* comissationis) sumptus 4 *m*; (*Bergwerk*) puteus *m*, fodina *f* [metallorum].
zechen potare.
Zechen *n* potatio *f*.
Zechgelage *n* convivium *n*, comissatio *f*.
Zechgesellschaft *f* compotores [*m/pl.*]
Zecke *f* ricinus *m*.
Zeder *f* cedrus *f*.
Zedernholz *n* cedrus *f*; *von* ~ cedrinus.
Zehe *f* digitus *m* (pedis); *große* ~ pollex *m* (pedis).
Zehenspitze *f* digitus *m* (pedis) summus.
zehn decem; *je* ~ deni.
Zehner *m* numerus *m* denarius.
zehnfache decemplex; *das Zehnfache* decies tantum; **zehnmal** decies.
Zehnmann *m* decemvir *m*.
Zehnt... decumānus.
Zehnte *m* decuma *f*; *die staatlichen Einnahmen aus dem* ~*n* vectigal *n* ex decumis.
Zehntel *n* decima pars *f*.
zehnten decumam (*od.* decumas) dare *od.* praestare.
zehnter decimus.
Zehntpächter *m* decumānus *m*.
zehren: *die Sorge zehrt an ihm* curis absumitur ille.
Zehr/geld *n*, ~**pfennig** *m* viaticum *n*.
Zehrung *f* victus 4 *m*.
Zeichen *n* signum *n*; (*sichtbares*) nota *f*; *es ist ein* ~ *von Torheit* stulti est.
Zeichenkunst *f* pictura *f* linearis.
Zeichensprache *f* nutus 4 *m* motusque 4 *m* membrorum; (*Fingersprache*) signa *n/pl.* digitorum; *die* ~ *reden* per gestum significare, nutu oculisque signa dare; nutibus uti.

zeichnen delineare, adumbrare, describere; (*mit e-m Zeichen versehen*) signare, notare, signum (*od.* notam) apponere [ovibus].
Zeichnung *f* pictura *f* linearis, imago *f*; *meist durch Verba.*
Zeigefinger *m* digitus *m* index.
zeigen monstrare, demonstrare, ostendere; patefacere [odium]; probare [virtutem]; praestare [fidem]; uti [fortitudine]; *sich* ~ se ostendere, se praebēre, se praestare; reperiri, cerni [fortis animus].
Zeiger *m an der Uhr* index *m* [horarum].
zeihen (co)arguere.
Zeile *f* versus 4 *m* (*dem.* versiculus *m*).
Zeit *f* tempus *n* (*pl. oft = Zeitumstände, Zeitlage*); (*Zeitdauer*) dies *f*; *freie* ~ otium *n*; ~ *haben* vacare (*zu* philosophiae *dat.*); *zur* ~ *des Solon* Solonis temporibus; *zu unserer* ~ his temporibus, nostrā memoriā; *von* ~ *zu* ~ interdum, nonnunquam; *zur rechten* ~ tempore, ad tempus; *vor Zeiten* olim.
Zeitabschnitt *m* tempus *n*, aetas *f*.
Zeitalter *n* aetas *f*, saeculum *n*; *übh.* tempora *n/pl.*
Zeitangabe *f* tempus *n*; (*Zeitrechnung*) temporum ratio *f*; *die* ~ *stimmt nicht* tempus non convenit.
Zeitbestimmung *f* descriptio *f* temporum.
Zeitdauer *f* temporis spatium *n*.
Zeitgeist *m* saeculum *n*, saeculi ingenium *n* (*od.* mores *m/pl.*).
zeitgemäß 1. *adj.* ad hoc (*od.* illud) tempus aptus, his (*od.* illis) temporibus conveniens, quem (*od.* quam, quod) tempus ipsum postulat; (*den Umständen gemäß*) tempestivus; **2.** *adv.* ut tempus ipsum postulat, ad tempus.
Zeitgenosse *m* aequalis *m* eiusdem aetatis.
zeitig (*rechtzeitig*) tempestivus, (in) tempore; (*frühzeitig*) maturus.
zeitigen ad maturitatem perducere.
Zeit lang *f*: *eine* ~ aliquod tempus, aliquamdiu.
Zeitlauf *m* tempus *n* (*meist pl.*).
zeitlebens per omnem vitam, quoad vivam, vixi *u. a.*
zeitlich (*gen.*) temporis (-porum); *~e Güter* bona *n/pl.* externa; fortunae *f*.
Zeitlichkeit *f* res *f/pl.* humanae, haec vita *f*, vita *f* humana.
Zeitmangel *m* angustiae *f/pl.* temporis.
Zeitmaß *n* spatium *n* temporis.
Zeitpunkt *m* tempus *n*.
zeitraubend tardus, molestus.
Zeitraum *m* spatium *n* temporis; ~ *von zwei* (*drei u. a.*) *Jahren* (*od. Tagen*) biennium *n*, triennium *n* (biduum *n*, triduum *n*).
Zeitrechnung *f* temporum ratio *f*, descriptio *f*.
Zeitumstände *m/pl.*: *die* ~ tempora [*n/pl.*]
Zeitung *f* acta *n/pl.* diurna (*od.* publica), commentarii *m/pl.* diurni.
Zeitvertreib *m* lusus 4 *m*, oblectamentum *n*; *zum* ~ animi causa, otii consumendi causa.
zeitweilig 1. *adj.*: e-e *~e Anstellung* munus ad tempus delatum; **2.** *adv.* interim, ad tempus.
Zeitwort *n* verbum *n*.
Zelle *f* cella *f*; (*Gemach*) cubiculum *n*.
Zelt *n* tabernaculum *n*, (*mil.*) tentorium *n* (*pl. bisw. auch* pelles *f/pl.*); (*des Feldherrn*) praetorium *n*.
Zeltgenosse *m* contubernalis *m*.
Zeltgenossenschaft *f* contubernium *n*.
zensieren examinare; iudicare de.
Zensor *m* censor *m*; iudex *m*.
Zensur *f* censura *f*; iudicium *n*, testimonium *n*.
Zentner *m* pondus *n* centenarium, centum pondo *abl.*; e-n ~ *schwer* centenarius; *eine zentnerschwere Last* onus *n* Aetnā gravius.
Zentrum *n* medium *n*; *das* ~ *des Heeres* media acies *f*.
Zenturio *m* centurio *m*.
Zephyr *m* zephyrus *m*.
Zepter *n* sceptrum *n*.
zerbeißen morsu divellere, dentibus lacerare.
zerbersten dirumpi.
zerbrechen confringere; *intr.* frangi, rumpi.
zerbrechlich fragilis.
Zerbrechlichkeit *f* fragilitas *f*.
zerbröckeln conterere, friare.
zerdrücken comprimere.
Zeremonie *f* caerimonia *f*, ritus 4 *m*; officium *n*.
Zeremoniell *n* mores *m/pl.* recepti.
zerfahren *adj. v. Menschen*: dissolutus.

zerfallen dilābi, dissolvi; dividi, divisum esse [in duas partes].
zerfeilen limā exterere.
zerfetzen (di)lacerare, (di)scindere.
Zerfetzen *n* laceratio *f*.
zerfleischen (di)laniare.
Zerfleischen *n* laniatus 4 *m*, laceratio *f*.
zerfließen diffluere, dilābi; liquescere, liquefieri; *in Tränen* ~ in lacrimas effundi.
zerfressen exedere.
zergehen dilabi; (*zerschmelzen*) liquescere; *Fett* ~ *lassen* adipem liquare *od.* liquefacere.
zergliedern (membratim) (dis-)secare; (per partes) explicare.
zerhacken, zerhauen membratim caedere, concīdere.
zerkauen dentibus comminuere, mandere.
zerklopfen contundere.
zerknacken (dentibus) frangere.
zerknicken infringere.
zerknirscht paenitentiā afflictus.
Zerknirschung *f* animus *m* paenitentiā afflictus.
zerkratzen unguibus lacerare.
zerlassen liquefacere.
zerlegen dissolvere, destruere; particulatim consecare; partiri [genus in species].
zerlumpt pannis obsitus.
zermahlen commolere.
zermalmen comminuere, conterere, contundere.
zermalmend exitiosus, funestus.
zernagen corrodere, exedere.
zerpflücken discerpere.
zerplatzen dirumpi.
zerquetschen comprimere.
zerraufen scindere, lacerare.
Zerrbild *n* imago *f* depravata, homo *m* in peius fictus.
zerreiben conterere, friare.
zerreißen 1. *trans.* (di)scindere, discerpere, divellere, rumpere, (di)lacerare; 2. *intr.* (di)rumpi.
zerren trahere.
zerrinnen diffluere, dilabi.
zerrupfen con-, discerpere.
zerrütten conturbare, perturbare; (di)lacerare; labefactare, affligere.
Zerrüttung *f* labefactatio *f*, perturbatio *f*, turbae *f/pl.*; ~ *des Vermögens* naufragium *n* rei familiaris.
zersägen serrā dissecare.
zerschellen *intr.* frangi [fluctus], elidi [naves].
zerschlagen (baculo) frangere (*od.* contundere), comminuere; disicere, discutere; *sich* ~ non convenire [pacis condiciones]; discuti, ad irritum redigi.
zerschmelzen *intr.* liquefieri.
zerschmettern discutere, contundere.
zerschneiden (con)secare, dissecare, persecare; particulatim consecare, (in frusta) scindere.
zersetzen liquefacere, diluere.
zerspalten diffindere, discindere.
zersplittern distrahere [industriam in plura studia]; atterere [vires]; diducere [copias]; *intr.* solvi atque dispergi.
zersprengen dissipare.
zerspringen dirumpi.
zerstampfen contundere, conterere.
zerstäuben *trans.* dissipare, dispergare.
zerstechen compungere; confodere.
zerstieben diffugere.
zerstören diruere, delēre, disicere, demoliri, destruere, dissipare, disturbare.
Zerstörer *m* eversor *m*, confector *m*, exstinctor *m*; *meist durch Verba.*
Zerstörung *f* excidium *n*.
zerstoßen contundere, elidere.
zerstreuen dispergere, dissipare, disicere, dispellere, discutere; *sich* ~ dissipari, diffugere; avocari ab, distineri [multis negotiis]; (*erheitern*) oblectari.
zerstreut multis negotiis (*od.* alienis rebus) distentus (*od.* districtus); aliena agens, non attentus.
Zerstreuung *f* animus *m* aliud agens; animi relaxatio *f*, voluptas *f*.
zerstückeln comminuere, discerpere.
Zerstückelung *f* consectio *f*; *nach* ~ *des Körpers* corpore dissecto.
zerteilen dividere; dissipare.
zertrennen dissuere.
zertreten conculcare, obterere.
zertrümmern concidere, delēre, diruere, destruere.
Zerwürfnis *n* discordia *f*, discidium *n*.
zerzausen lacerare [capillum].
Zetergeschrei *n* clamor *m* insanus.
zetern vociferari.
Zettel *m* scida *f*; (*als Merkzeichen*) tessera *f*.

Zettelchen *n* scidula *f*.
Zeug *n* pannus *m*; (*Gewebtes*) textum *n*; *das ~ haben zu* aptum esse ad; *dummes ~* nugae *f/pl.*, ineptiae *f/pl.*
Zeuge *m* testis *m*; (*Augen-, Ohrenzeuge*) arbiter *m*; (*Gewährsmann*) auctor *m*; *zum ~n anrufen* testari; *ohne ~* arbitris remotis, sine arbitris.
zeugen gignere, procreare.
zeugen testem esse, testimonium dicere.
Zeugenaussage *f* testimonium *n*.
Zeugenverhör *n* interrogatio *f* (testium).
Zeughaus *n* armamentarium *n*.
Zeugin *f* testis *f*.
Zeugnis *n* testimonium *n*; auctoritas *f*; *ein ~ ablegen* testimonium dicere (dare); *zum ~ dienen* testimonio esse.
Zeugung *f* procreatio *f*.
zeugungsfähig: *~ sein* generare posse.
***Zickzackkurs** *m* cursus 4 *m* inconstans.
Ziege *f* capra *f*, capella *f*.
Ziegel *m* (*Mauer*~) later *m*; (*Dach*~) tegula *f*; (*Hohl*~) imbrex *f*.
Ziegel... (*gen.*) laterum; (*zu Ziegeln bestimmt*) laterarius; (*aus Ziegeln*) latericius.
Ziegelbrenner *m* laterarius *m*.
Ziegeldach *n* tegulae *f/pl.*
Ziegen... (*gen.*) caprae (-arum); caprinus; (*für Ziegen bestimmt*) caprarius.
Ziegenbock *m* caper *m*.
Ziegenhirt *m* caprarius *m*.
Ziegenstall *m* caprile *n*.
Ziehbrunnen *m* puteus *m*.
ziehen trahere; ducere; vehere; movēre, ciēre; *das Schwert ~* gladium stringere, (e vagina) educere; *einen Graben ~* fossam ducere (*od.* agere); *Nutzen ~ aus* fructum capere (*od.* percipere) ex; *an sich ~* ad se arripere; arcessere, accire [auxilia]; *intr.* migrare [ex urbe rus]; *es zieht* aura me stringit.
Ziehen *n* **1.** *e-r Mauer, e-s Grabens*: ductus 4 *m* (muri, fossae); **2.** (*Reißen in den Gliedern*) spasmus *m*, convulsio *f*.
Ziehseil *n am Schiffe*: remulcus *m*.
***Ziehung** (*Lotterie*) *f* sortitio *f*.
Ziel *n* destinatum *n*; (*schießen nach dem ~* petere); (*im röm. Zirkus*) meta *f*; (*Absicht*) propositum *n*, consilium *n*, finis *m*; *das ~ aus den Augen verlieren* a proposito discedere; *das ist mein ~* hoc ago (specto, sequor, expeto); (*Maß*) fines *m/pl.*, termini *m/pl.*, modus *m*; *das ~ überschreiten* modum transire (*od.* excedere), ultra terminos egredi.
zielen telum dirigere in [turrim], (telo) petere; *wohin zielt das?* quorsum haec spectat, quorsum pertinet oratio?
ziemen decēre [me].
ziemlich (*nicht wenig*) aliquantus, satis magnus; (*nicht viel*) mediocris; modicus; *adv.* satis, aliquantum *od.* -o, mediocriter; *durch comp.* [*~ geschwätzig* loquacior].
Zier *f*, **Zierde** *f* decus *n*.
Zierat *m* ornamentum *n*.
zieren ornare, decori esse; *sich ~* putide se gerere, mollius incedere; tergiversari; *geziert* putidus, ineptus.
Ziererei *f* ineptiae *f/pl.*
Ziergarten *m* horti *m/pl.*
Ziergärtner *m* topiarius *m*.
zierlich subtīlis, elegans, nitidus, venustus; politus, concinnus, lēvis [oratio]; compositus [litterae].
Zierlichkeit *f* subtilitas *f*, elegantia *f*, venustas *f*, concinnitas *f*.
Ziffer *f* nota *f* numeri.
***Zigarette** *f* papyrus *f* fumifera, cigarulus *m*, fusulus *m* nicotiānus.
***Zigarre** *f* stilus *m*, convolvulus *m* tabaci; cigarus *m*.
***Zigeuner** *m* zingarus *m*.
Zikade *f* cicāda *f*.
Zimmer *n* conclave *n*, cubiculum *n*.
Zimmeraxt *f* ascia *f*.
Zimmerdecke *f* tectum *n*.
Zimmerhandwerk *n* opera *f* fabrilis.
Zimmerholz *n* materia *f*, tigna *n/pl.*
Zimmermann *m* faber *m* tignarius.
zimmern (e)dolare, fabricari.
Zim(me)t *m* cinnamum *n*, cinnamōmum *n* (*adj.* cinnamominus, cinnameus).
Zinke *f* dens *m*; (*zum Blasen*) lituus *m*.
Zinkenbläser *m* liticen *m*.
Zinn *n* plumbum *n* album.
Zinne *f* pinna *f*.
Zinnober *m* minium *n*.
zinnoberrot miniatus, miniaceus.
Zins *m* vectigal *n*, *pl. Zinsen* (*als Leistung des Schuldners*) usura *f*

(*auch pl.*); (*als Gewinn für den Gläubiger*) fenus *n*; *Geld auf ~ legen* pecuniam fenori dare, nummos in fenore ponere.
zinsbar vectigalis, tributarius.
zinsfrei immunis.
Zinsfreiheit *f* immunitas *f*.
Zinsfuß *m* fenus *n*.
Zinsgroschen *m* as *m* vectigalis.
Zinssatz *m* foenus *n*.
Zipfel *m* lacinia *f*.
Zirkel *m* (*als Instrument*) circinus *m*; orbis *m*.
zirkeln circino describere.
Zirkumflex *m* accentus 4 *m* circumflexus.
Zirkus *m* circus *m*.
zirpen stridēre *u*. stridere.
Zirpen *n* stridor *m*.
zischeln susurrare; *ins Ohr ~* insusurrare in aurem.
Zischeln *n* susurrus *m*.
zischen sibilare, stridere.
Zischen *n* sibilus *m*, stridor *m*.
ziselieren caelare.
Zisterne *f* cisterna *f*.
Zitadelle *f* castellum *n*, arx *f*.
Zitat *n* verba *n*/*pl*. allata.
Zitation *f* evocatio *f*.
Zither *f* cithara *f*, fides, ium *f*/*pl*.
Zithersänger *m* citharoedus *m*.
Zitherspiel *n* citharae cantus 4 *m*.
Zitherspieler(**in** *f*) *m* citharista *m*, citharistria *f*.
zitieren citare, vocare [in ius, in iudicium].
Zitrone *f* malum *n* citreum.
Zitronenbaum *m* citrus *f*; *vom ~* citreus.
zittern tremere, contremiscere, horrēre [periculum]; *~ um sein Leben* extimescere mortem.
Zittern *n* tremor *m*, horror *m*.
zitternd tremens, tremebundus.
Zitze *f* papilla *f*, mamma *f*.
Zivilisation *f* cultus 4 *m* humanus civilisque, humanitas *f*, vitae cultus 4 *m*.
zivilisieren ad cultum humanum civilemque deducere, humanitate fingere (*od*. excolere), ad humanitatem informare; *zivilisiert* eruditus, cultior, expolitus, bene constitutus.
Zivilist *m* togatus *m*.
Zivilprozess *m* causa *f* privata.
Zofe *f* famula *f*, cubicularia *f*.
zögern cunctari.
Zögling *m* alumnus *m u*. -a *f*.
Zölibat *n* caelibatus 4 *m*, vita *f* caelebs, (*von der Frau*) viduitas *f*.
Zoll *m* (*als Maß*) digitus *m* (*adj*. digitalis); *keinen ~ breit* ne tantulum quidem [cedere].
Zoll *m* (*Abgabe*) vectigal *n*; (*für Aus-, Eingang*) portorium *n*.
Zoll/**beamte**(**r**), **~einnehmer** *m* portitor *m*.
zollen persolvere, tribuere [gratiam], afficere [laude].
***Zollerklärung** *f* declaratio *f* telonaria.
zollfrei immunis portorii.
Zollfreiheit *f* immunitas *f* portorii.
***Zollhaus** *n* telonium *n*.
zöllig digitalis.
Zöllner *m* portitor *m*.
Zollpächter *m* publicanus *m*.
zollpflichtig vectigalis.
Zone *f* zona *f* [torrida, frigida, temperata], cingulus *m* (terrae).
***Zoologie** *f* descriptio *f* animantium.
Zorn *m* ira *f*; iracundia *f*; *in ~ geraten* irā incendi; *in ~ bringen* iram (*od*. stomachum) movēre [parenti]; *zum ~ geneigt* iracundus.
zornig iratus, irā incensus; (*zornmütig*) iracundus.
Zote *f* obscene dictum *n*.
zotig obscenus.
Zotte *f* villus *m*.
zottig villosus.
zu *prp*. ad, in; *s. Gramm*.
zuackern inarare.
zubauen obstruere.
Zubehör *n* accessio *f*; res *f*/*pl*. necessariae; *mit allem ~* instructus [domus].
zubeißen mordere, commordere.
zubenennen cognominare.
Zuber *m* lacus 4 *m*.
zubereiten (ap)parare.
zubinden stringere; praeligare [os], obligare [vulnus].
zubringen afferre; agere, consumere [tempus, vitam].
Zucht *f* educatio *f* [boum]; cultus 4 *m* [arborum]; (*sittlich*) disciplina *f*, mores *m*/*pl*.; pudor *m*; *in ~ halten* coercēre.
züchten alere.
Zuchtesel *m* asinus *m* admissarius.
Zuchthaus *n* ergastulum *n*.
züchtig pudicus, castus.
züchtigen punire, castigare.

Züchtigung *f* castigatio *f.*
zuchtlos effrenatus, dissolutus; *adv. auch* licenter.
Zuchtlosigkeit *f* licentia *f,* intemperantia *f,* disciplina *f* nulla, libido *f.*
Zuchtrute *f* flagellum *n*; *unter der* ~ *stehen* imperio obnoxium esse.
zucken micare; palpitare.
Zucken *n* palpitatio *f.*
zücken stringere; intentare [gladium].
Zucker *m* saccharum *n.*
Zuckerbäcker *m* crustularius *m.*
Zuckerwerk *n* dulcia *n/pl.*, crustula *n/pl.*
zudämmen obstruere.
zudecken operire, (con)tegere, obtegere [turpitudinem].
zudem ad hoc, praeterea, insuper.
zudenken destinare, parare [donum].
zudrängen: *sich* ~ undique concurrere, frequentes convenire.
zudrehen: *den Rücken* ~ aversum corpus ostendere.
zudringlich importunus, molestus.
Zudringlichkeit *f* importunitas *f.*
zudrücken comprimere, operire, claudere [oculos mortuo]; *ein Auge* ~ conivēre.
zueignen (*dem rechtmäßigen Besitzer*) addicere; mittere [librum] ad; *sich etwas* ~ occupare.
zueilen approperare (*od.* accurrere) ad.
zuerkennen addicere, adiudicare, decernere, tribuere; constituere [poenam]; dicere [multam].
zuerst primus (*bzw.* prior), primum; (*anfangs*) primo.
zufahren iter (*od.* cursum) dirigere ad; ~ *auf* involare ad, corripere, appetere; *fahr zu!* perge!
Zufall *m* casus 4 *m*; res *f* fortuīta, casus 4 *m* fortuītus.
zufallen claudi [porta]; cadere [oculi somno]; (*zuteil werden*) contingere, obtingere, obvenire, cedere.
zufällig fortuītus, *adv.* casu, forte, fortuīto; temere; *ganz* ~ magno casu.
Zufälligkeit *f* casus 4 *m* (fortuitus).
zufliegen advolare ad.
zufließen affluere; defluere ad; ~ *lassen* suppeditare.
Zuflucht *f,* **Zufluchtsort** *m* perfugium *n,* refugium *n*; (*als Ort*) receptus 4 *m,* receptaculum *m*; *seine* ~ *nehmen* confugere ad.
Zufluss *m* affluentia *f*; frequentia *f,* celebritas *f* [virorum].
zuflüstern insusurrare.
zufolge ex, secundum.
zufrieden *abs.* tranquillus, aequus, parvo (sorte sua) contentus; ~ *lassen* (o)mittere; ~ *sein* contentum esse, me non paenitet [quantum profecerim]; acquiescere in [caritate]; satis habēre, satis mihi est; ~ *stellen* satisfacere [patri], placare.
Zufriedenheit *f* aequitas *f* animi; (*Zustimmung*) approbatio *f*; (*Freude*) voluptas *f.*
zufrieren congelari, frigore concrescere.
zufügen afferre, inferre [detrimentum hostibus]; afficere [clade].
Zufuhr *f* commeatus 4 *m.*
zuführen advehere, supportare.
zufüllen affundere.
Zug *m* tractus 4 *m,* ductus 4 *m*; (*beim Trinken*) haustus 4 *m*; *in e-m* ~*e* continenter, uno tenore; (*des Heeres*) agmen *n*; (*mit der Feder oder dem Pinsel*) linea *f*; ductus 4 *m* [litterarum]; *ein trefflicher* ~ *an dem Manne ist, dass ...* praeclarum hoc eius viri, quod ... * (*Eisenbahn*) tractus 4 *m,* currus 4 *m* ferroviarii, curriculorum taenia *f.*
Zugabe *f* additamentum *n*, accessio *f.*
Zugang *m* aditus 4 *m,* accessus 4 *m.*
zugänglich facilis accessu, patens, apertus, ad quem facilis aditus est; ~ *für* patiens [nullius consilii]; *schwer* ~ impeditus; ~ *machen* patefacere locum.
zugeben addere, adicere; *das muss ich* ~ concedo; esto.
zugegen *adv.* praesto; ~ *sein* adesse, praesentem esse.
zugehen claudi posse [porta]; *geh zu!* propera, movete ocius! *wie geht es zu?* qui fit? quo casu accidit?
zugehören esse ex [domesticis], esse in numero, inter.
zugehörig: *dem Vater* paternus; quod pertinet (*od.* refertur *od.* referendum est) ad.
Zügel *m* habenae *f/pl.*, lorum *n*; *den* ~ *anziehen* habenas adducere; *den* ~ *schießen lassen* habenas remittere.
zügellos effrenatus; impotens, intemperans, nimius [libertas]; immodicus [cupiditas]; liberior [vita].

Zügellosigkeit *f* licentia *f*, intemperantia *f*, libido *f*.
zügeln frenos adhibēre, (re)frenare coercēre, reprimere.
Zugemüse *n* olera *n/pl.*
zugesellen addere; *sich* ~ se comitem addere.
Zugeständnis *n* concessio *f*; *mit* ~ concessu [patris].
zugestehen concedere, permittere.
zugetan deditus, addictus [liberis].
Zuggarn, ~netz *n* everriculum *n*.
zugleich (*gleichzeitig*) simul; (*zusammen*) una, *oft auch* idem [vir iustus idemque sapientissimus].
Zugluft *f* afflatus 4 *m*, perflatus 4 *m*.
Zugochse *m* iumentum *n*.
Zugpferd *n* equus *m* vectuarius.
zugraben obruere.
zugreifen (ap)prehendere, cupide arripere.
Zugseil *n* funis *m* ductorius.
Zugtier *n* iumentum *n*.
Zugvieh *n* iumenta *n/pl.*
Zugvogel *m* avis *f* advena.
zugweise agmine [ingredi], singulis ordinibus.
Zugwind *m* adflatus 4 *m*, perflatus 4 *m*.
zuhalten clausum tenēre, comprimere; opprimere [os].
zuhängen velare.
zuhauen caedere [lapides]; (*mit der Axt*) dolare; ferire.
zuheften fibulare.
zuheilen *intr.* coire.
zuhorchen auscultare.
zuhören audire, aures praebēre [loquenti].
Zuhörer *m* auditor *m*; *meist durch Verba.*
zujauchzen laetis vocibus excipere; acclamare [imperatori].
Zujauchzen *n* acclamatio *f*.
zukehren advertere, obvertere.
zuklatschen plaudere [tragoedo], plausibus excipere.
zuklemmen comprimere.
zukommen *auf* obviam ire (*od.* venire); afferri, perferri, mitti, tradi [nuntius]; ~ *lassen* mittere, tradere, transferre ad; (*sich schicken*) meum, tuum ..., sapientis est, decēre.
Zukost *f* (*zum Brot*) obsonium *n*; (*zum Fleisch*) pulmentum *n*.
Zukunft *f* tempus *n* futurum, futura *n/pl.*, res *f/pl.* futurae, postera aetas *f*; *für die* ~ in posterum.
zukünftig futurus.
zulächeln arridēre [matri].
Zulage *f* additamentum *n*; ~ *zum Gehalt* summa *f* salarii aucta.
zulangen sumere, prehendere, admovēre manum patinae; (*bei Tisch*) largiter se invitare; *es langt zu* satis est.
zulänglich quod satis videtur esse.
zulassen clausum tenēre [fenestram]; adeundi potestatem facere; pati, concedere, permittere.
zulässig licitus, concessus; ~ *sein* licēre.
Zulassung *f* (*Vorlassung*) admissio *f*; (*Erlaubnis*) permissio *f*, concessio *f*, permissus 4 *m*; admissura *f*.
Zulauf *m* concursus 4 *m*, frequentia *f*; *od. mit* concurrere (convenire) ad.
zulaufen accurrere, concurrere, incurrere in [hostes].
zulegen addere, adicere; *sich* ~ sibi (com)parare.
zuletzt postremo, postremum, extremo, ad extremum; *er ist* ~ *gekommen* postremus (*od.* ultimus) venit.
zumachen claudere [portam]; explēre [rimas tunicae]; obsignare [litteras]; comprimere [os].
zumal praesertim.
zumauern saxis *od.* opere latericio obstruere.
zumessen admetiri [frumentum]; *die Schuld* ~ culpam conferre in.
zumuten petere, postulare ab, imperare.
Zumutung *f* postulatum *n*, condicio *f*.
zunächst proxime [urbem] *u.* proximus; (*dem Range nach*) secundum [patrem]; primum (deinde, tum, postremo).
zunähen obsuere.
Zunahme *f* incrementum *n*, progressus 4 *m*.
Zuname *m* cognomen *n*.
zünden *intr.* ignem concipere; *der Blitz hat im Hause gezündet* fulmine accensa est domus; *die Rede zündet* oratione animi inflammantur.
Zunder *m* fomes *m*.
***Zündholz** *n* igniarium *n*.
Zündstoff *m* materia *f*, semen *n* [belli].
zunehmen crescere, augeri; proficere, progressus facere; ingravescere [morbus].

zuneigen inclinare ad.
Zuneigung *f* applicatio *f* animi; studium *n*, voluntas *f*, favor *m*.
Zunft *f* collegium *n*, sodalitas *f*, corpus *n*.
Zunge *f* lingua *f*.
züngeln linguam vibrare.
Zungendrescher *m* rabula *m*.
zungenfertig linguā promptus.
Zungenheld *m* linguā fortis.
Zungenspitze *f* prima lingua *f*.
Zünglein *n* (*an der Waage*) examen *n*.
zunichte: ~ *machen* delēre, exstinguere; ad irritum redigere.
zunicken adnuere.
zuordnen attribuere, apponere.
zupfen (per)vellere, vellicare.
zupichen oppicare.
zuraten suadēre, auctorem esse.
Zuraten *n* suasio *f*; *auf sein* ~ eo auctore.
zurechnen: *eine Schuld* ~ culpam conferre in.
zurechnungsfähig mentis compos.
zurecht...: **~bringen** corrigere, sanare; deducere [errantem]; **~finden:** *sich* ~ viam invenire, iter expedire; viam consilii invenire; **~helfen** viam monstrare, in viam deducere; **~kommen** *mit* expedire [negotia]; concorditer vivere cum; **~legen** componere; expedire; **~machen** praeparare, instruere; *das Bett* ~ lectum sternere; **~rücken** componere, disponere; **~setzen** componere; *den Kopf* ~ ad sanitatem revocare; **~weisen** viam monstrare, in viam deducere; edocēre, admonēre; castigare verbis, reprehendere.
Zurechtweisung *f* admonitio *f*, reprehensio *f*.
zureden suadēre, adhortari; consolari.
Zureden *n* adhortatio *f*, consolatio *f*; *auf vieles* ~ multum rogatus.
zureichen satis esse, suppeditare ad.
zureiten condocefacere [equum].
zurichten male mulcare, affligere [adversarium].
zuriegeln obserare, pessulo claudere [portam].
zürnen irasci, iratum esse; suscensēre.
zurück retro, retrorsum; *in Kompositen meist* re-.
zurück...: **~beben** *vor* reformidare [bellum]; **~begeben:** *sich* ~ se referre, redire, reverti; **~behalten** retinēre; **~bekommen** recipere, recuperare; **~berufen** restituere; **~beugen** retro flectere, reflectere, retorquēre; **~binden** religare, revincire; **~bleiben** remanēre, relinqui, restare, residere; parum proficere in [litteris]; ~ *hinter* inferiorem esse [patre]; **~blicken** respicere, oculos referre ad; **~bringen** reducere, referre, reportare, revehere; revocare ad; **~denken** memoriam repetere, reminisci; **~drängen** repellere, reprimere; summovēre; **~drehen** retorquēre; **~eilen** recurrere; **~erhalten** recuperare; **~erstatten** reddere; **~fahren** revehere; *intr.* (curru, navi) revehi; **~fallen** recidere; **~fliegen** revolare; **~fliehen** refugere; **~fließen** retro fluere, refluere, relābi; **~fordern** repetere, reposcere; **~führen** reducere; ~ *auf* referre ad, revocare ad; **~geben** reddere, restituere; **~gehen** regredi, recedere, se recipere, se referre, pedem (*od.* gradum) referre; redire, reverti; ~ *auf* repetere ab [initio]; memoriam [initii] repetere; retro abire [reditus agrorum]; **²gezogenheit** *f* solitudo *f*, vita *f* otiosa, otium *n*; **~halten** tenēre, retinēre, continēre; occulere et retrahere [frumentum] **~haltend** tectus, occultus; modestus; taciturnus; cautus; timidus; difficilis; **~holen** repetere; retrahere [fugientem]; **~jagen** repellere; *intr.* citato cursu, equo redire; **~kaufen** redimere; **~kehren** redire, reverti; **~kommen** referri, reportari, remitti; ~ *von* desistere [sententiā]; **~lassen** relinquere, deserere; **~laufen** recurrere; **~legen** reponere; seponere; asservare; conficere, emetiri [iter]; excedere, egredi, explēre [centum annos]; **~lehnen** reclinare; **~lenken** flectere; *auf das Thema* ~ ad rem propositam redire, a digressione ad rem redire; **~nehmen** recipere, repetere; retractare [dicta], revocare [promissum]; **~prallen** resilire, recellere, repercuti, repelli; **~reiten** equo revehi; **~rollen** revolvere; **~rufen** revocare; **~sagen** (**lassen**) renuntiare; **~schaudern** horrēre, horrescere; **~schauen** respicere; **~scheuchen** proterrēre; **~schicken** remittere;

~schieben removēre; **~schlagen** repellere, repulsare; *intr.* recidere; **~schleudern** retorquēre, reicere; **~schließen** coniecturam facere ex [verbo], *auch* de; **~schnellen** repellere, reicere; *intr.* repercuti, recidere [ramus in vultum]; **~schrecken** deterrēre ab; *intr.* horrēre, exhorrescere, reformidare; **~schreiben** rescribere, respondēre; **~schwimmen** renare; **~sehnen:** *sich* ~ desiderio [patriae] teneri; **~ sein** relictum (*od.* post) esse; parum profecisse in [litteris]; *noch nicht* ~ nondum adesse; **~senden** remittere; **~setzen** reponere, retro ferre, seponere; derelinquere, neglegere; **~sinken** relābi; **~sprengen** equo citato revehi; **~springen** resilire; **~stehen** inferiorem esse, cedere [aequali]; **~steuern** renavigare, navi revehi; **~stoßen** repellere; fastidium movēre; **~strahlen** refulgēre; **~streichen:** *die Haare* ~ capillum retro agere; **~strömen** retro fluere; **~tönen** resonare; **~tragen** referre, reportare; **~treiben** repellere, reicere, propulsare, fugare; **~treten** recedere; se removēre; *von seiner Meinung, Absicht* ~ sententiam mutare, incepto desistere; **~wandern** remigrare; **~weichen** recedere, regredi, pedem referre; **~weisen** reicere, repellere; excludere, ianuā prohibēre; repudiare; deesse [precibus]; **2weisung** *f* reiectio *f*, repudiatio *f*; (*bei Amtsbewerbung*) repulsa *f*; **~wenden** retorquēre; **~werfen** reicere; **~wirken** vim mutuam habēre ad; **~wünschen** optare, ut redeat; revocare, reposcere, desiderare; **~zahlen** reddere, reponere, (dis-)solvere; **~ziehen** retrahere, reducere [manum]; *sich* ~ se recipere; recedere, se removēre ab [a negotiis publicis, in otium]; *intr.* remigrare [Romam].

Zuruf *m* acclamatio *f*, clamor *m*; *einstimmiger* ~ consensus 4 *m*.

zurufen acclamare [duci].

zurüsten (ap)parare, comparare, instruere, adornare.

Zurüstung *f* comparatio *f*; apparatus 4 *m*.

Zusage *f* promissum *n*.

zusagen promittere, polliceri; salutarem esse, utilem esse, prodesse; placēre, probari [mihi].

zusammen coniuncte, coniunctim; simul; unā; *alle* ~(*genommen*) universi.

zusammen/backen 1. *trans.*: *etw. mit etw.* ~ alqd concoquere alci rei; **2.** *intr.* concrescere; **~ballen** comprimere [manum]; *sich* ~ conglobari; **~bauen** construere; **~beißen** collidere [dentes]; **~bekommen** simul accipere; **~berufen** convocare; **~betteln** emendicare; **~biegen** incurvari; **~binden** conectere, colligare, copulare, constringere, coniungere; *die Hände auf dem Rücken* ~ manus post tergum restringere; **~bleiben** unā manēre; **~brechen** *intr.* collābi, concidere, corruere; **~bringen** conferre, comportare, congerere; cogere, colligere, conducere, contrahere; conficere; (*vereinigen*) consociare, coniungere; **~drängen** coartare, confercire, comprimere, conglobare; *sich* ~ conglobari, confluere; **~drehen** contorquēre; **~drücken** comprimere; **~ducken:** *sich* ~ se complicare; **~eilen** concurrere; **~fahren** *trans.* convehere, comportare; *intr.* concurrere, corruere; (*erschrecken*) cohorrescere; **~fallen** *in* collabi, corruere; in idem tempus incidere; **~falten** complicare; **~fassen** comprehendere, complecti; **~fegen** converrere; **~finden:** *sich* ~ convenire, congregari, concurrere [in unum locum]; **~flechten** conectere; **~fliegen** convolare; **~fließen** confluere; **2fluss** *m* confluens (*od. pl.*) *m*; **~fordern** convocare, cogere; **~frieren** frigore concrescere; **~fügen** coniungere; conglutinare, copulare, coagmentare; **~führen** conducere, congregare; **~gehören** coniuncta esse, separari non posse; **~gehörig** quae inter se coniuncta sunt; **~geraten** inter se altercari, rixari, iurgiis certare; **~gesellen** consociare, congregare, coniungere; **~gießen** confundere; **~grenzen** inter se contingere; **~halten** continēre [copias]; bene tueri [rem familiarem]; comparare [similitudines]; *intr.* cohaerēre, cohaerescere; consentire, conspirare cum; **2hang** *m* cohaerentia *f*; perpetuitas *f*, continuatio *f*, ordo *m*, series *f*; contextus 4 *m* [orationis]; **~hangen, ~hängen** cohaerēre, aptum (*od.* conexum) esse cum,

Z

inter se, coniunctum esse cum; **~hangend** cohaerens, continens, continuus, perpetuus; aptus; **~hauen** concidere; **~häufen** coacervare, cumulare; **~heften** conserere, consuere; **~hetzen** committere [omnes inter se]; **~holen** convocare; comportare; **~kaufen** coëmere; **~kehren** converrere; **~ketten** copulare; **²klang** *m* concentus 4 *m*; **~klingen** concinere, consonare; **~knüpfen** conectere; **~kommen** convenire, congredi, coire, confluere; (*v. Sachen*) cogi, conferri; **~koppeln** uno vinculo copulare; **²kunft** *f* congressus 4 *m*; **~lassen** congredi sinere, congrediendi potestatem facere [aequalibus]; non segregare; **²lauf** *m* concursus 4 *m*; concursatio *f*; **~laufen** concurrere, concursare, confluere; concrescere, coire [lac]; **~leben** vivere cum; **²leben** *n* convictus 4 *m*; **~legen** componere, complicare; (in unum) conferre, in eodem hospitio *u. Ä.* collocare; **~leimen** conglutinare; **~lesen** colligere; **~mengen** commiscēre; **~nageln** clavis configere; **~nähen** consuere; **~nehmen** colligere [togam]; *sich* ~ vires intendere, se *od.* animum colligere; **~packen** colligere [sarcinas]; **~passen** aptare; *intr.* congruere cum, inter se; **~prallen** (inter se) collīdi, concurrere; **~pressen** comprimere; **~quetschen** collidere; **~raffen** corripere, corradere [pecuniam]; **~rechnen** computare; **²rechnen** *n* computatio *f*, calculorum subductio *f*; **~reiben** conterere; **~reihen** conserere; **~reimen** conciliare; *sich* ~ congruere, inter se cohaerēre; **~rennen** currendo collidi inter se; **~rollen** convolvere, complicare; *sich* ~ in semet convolvi; **~rücken** propius admovēre, condensare, componere, coniungere; **~rufen** convocare; **~rühren** commiscere, permiscere; **~scharen:** *sich* ~ congregari; **~scharren** corradere, converrere; **~schaudern** cohorrescere; **~schießen** telo conficere, tormentis disturbare [domos]; conferre [pecuniam]; **~schlafen** unā dormire, dormire cum; **~schlagen** clavis configere; complicare [pallium]; componere [togam]; collidere [manus]; *intr.* collidi inter se; **~schleppen** comportare, congerere; **~schmelzen** conflare [statuas argenteas], permiscēre; confundere [duos populos in unum corpus]; *intr.* liquescere, liquefieri; (im)minui; **~schmieren** conscribere; **~schnüren** constringere; **~schreiben** conscribere; **~schrumpfen** corrugari [oliva]; exilem fieri; (im)minui [res familiaris]; **~schütten** confundere; permiscēre; **~ sein** unā esse, (multum) esse cum; **~setzen** componere; unā assīdere iubēre; *sich* ~ unā assīdere; **~gesetzt** factus, conglutinatus [es his vitiis]; **²setzung** *f* compositio *f*, consociatio *f*; verbum *n* compositum; **~sinken** concidere, collabi; **~sitzen** unā sedēre, assidēre apud; **²sitzen** *n* consessus 4 *m*; **~stecken** subnectere [fibulā vestem]; (capita) conferre; **~stellen** componere, conferre; colligere [rationes]; comparare; **²stellung** *f* compositio *f*, collatio *f*; comparatio *f*; **~stimmen** concinere; consentire; **~stopfen** confercire, constipare; **~stoppeln** conquirere, confundere; **²stoß** *m* concursio *f*, concursus 4 *m*; *meist durch Verba*; **~stoßen** (inter se) collidere [navigia]; *intr.* (inter se) collīdi (*od.* concurrere); confligere cum [hoste]; continentes, continuos esse; **~strömen** confluere, concurrere; **²strömen** *n* concursus 4 *m*; **²sturz** *m* ruina *f*; **~stürzen** corruere, concidere; **~suchen** conquirere; **~tönen** consonare; **~tragen** comportare, conferre; **~treffen** convenire, congredi inter se, cum; (*zufällig*) offendere, incidere in [hominem]; (*feindlich*) (signis infestis) concurrere, signa conferre; (*zugleich stattfinden*) concurrere; **²treffen** *n* concursio *f*; **~treiben** cogere, compellere; **~treten** *intr.* unā consistere, coire; *trans.* conculcare [acini vinaceos]; **~wachsen** coalescere; **~wälzen** convolvere; **~weben** contexere; **~wehen** conflare; **~werfen** conicere [in medium sarcinas]; **~wickeln** complicare; **~zählen** computare; **~ziehen** contrahere, astringere [gustu]; **²ziehung** *f* contractio *f*.

Zusatz *m* adiectio *f*, adiunctio *f*; quod additur (*od.* additum *od.* addendum est).

zuscharren defodere, obruere.
zuschauen spectare, spectatorem esse.
Zuschauer *m* spectator *m*.
Zuschauerin *f* spectatrix *f*.
Zuschauerraum *m* cavea *f*, theatrum *n*.
zuschicken mittere ad.
zuschieben admovēre; *die Schuld* ~ culpam transferre in; *einen Eid* ~ ius iurandum deferre.
zuschießen adicere, addere.
Zuschlag *m* addictio *f*.
zuschlagen obicere [portam]; (*dem Meistbietenden*) addicere [fundum]; *intr.* plagam infligere (*od.* imponere).
zuschleppen apportare.
zuschließen claudere.
zuschnappen hiante ore captare [pastum]; firmari [claustrum].
zuschneien nivibus obrui (*od.* oppleri).
Zuschnitt *m* habitus 4 *m*.
zuschnüren constringere; *die Kehle* ~ suffocare.
zuschreiben assignare [equum publicum]; transcribere [fundum]; *sich* ~ assumere sibi; *die dem Longinus zugeschriebene Schrift* qui Longini fertur esse liber.
zuschreien inclamare [nomen].
zuschreiten gradum addere.
Zuschrift *f* litterae *f/pl*.
Zuschuss *m* accessio *f*, subsidium *n*.
zuschütten affundere [venenûm]; obruere [fossam].
zuschwören adiurare.
zusehen spectare, spectatorem esse; vidēre, ut, ne ...; *ruhig* ~ fieri pati.
zusehends aparte, manifesto.
zu sein clausum esse.
zusenden mittere ad.
Zusendung *f* (*Paket*) fasciculus *m*.
zusetzen addere ad; (*einbüßen*) (de-)perdere, consumere; *intr.* fatigare [precibus].
zusichern promittere, confirmare.
zusiegeln obsignare.
zusperren claudere.
zuspitzen praeacuere, cuspidare; *die Verhältnisse haben sich zugespitzt* res in summo discrimine versantur.
zusprechen addicere [agros]; *Mut* ~ animum addere; *Trost* ~ consolari; *Hoffnung* ~ bene sperare iubēre.
zuspringen assilire, accurrere.
Zuspruch *m* consolatio *f*, exhortatio *f*.
zuspunden obturare.
Zustand *m* status 4 *m*, condicio *f*, locus *m* [melior], res *f*; *häusliche Zustände* domestica *n/pl*.
zustande: ~ *bringen* perficere.
zuständig: *er ist* ~ penes eum iudicium et potestas est.
zustatten: ~ *kommen* prodesse, adiumento esse, adiuvare [me].
zustecken clam suggerere, subministrare.
zustehen licēre; *mir steht zu* meum est; mihi debetur [pecunia].
zustellen reddere [epistulam].
zustimmen assentiri.
Zustimmung *f* assensio *f*, plausus 4 *m*; *allgemeine* ~ *finden* omnium consensu probari.
zustopfen resarcire.
zustoßen ferire; (*widerfahren*) accidere.
zustreichen oblinere.
zuströmen confluere, concurrere.
zustutzen fingere, conformare, erudire; acuere.
Zutat *f* additamentum *n*, condimentum *n*.
zuteilen (at)tribuere, addicere, assignare.
zutragen apportare; (*mündlich*) nuntiare; *sich* ~ accidere, fieri.
zuträglich utilis, salutaris.
Zuträglichkeit *f* utilitas *f*; salubritas *f*.
zutrauen arbitrari, putare, credere *mit a.c.i.*; *das ist ihm zuzutrauen* hoc non abhorret ab eius moribus.
Zutrauen *n* fiducia *f*.
zutraulich familiaris.
zutreffen convenire; exitum habēre, evenire.
zutrinken propinare [salutem]; praebibere.
Zutritt *m* aditus 4 *m*, conveniendi copia *f*.
Zutun *n*: *ohne mein* ~ sine mea opera.
zuverlässig certus, fidus; *ein* ~*er Gewährsmann* auctor *m* gravis (*od.* locuples).
Zuverlässigkeit *f* constantia *f*, veritas *f*, fides *f*.
Zuversicht *f* fiducia *f*.
zuversichtlich certus, firmus; *die* ~*e Hoffnung haben* confidere, magnam fiduciam habēre.

Z

Zuversichtlichkeit *f* (con)fidentia *f.*
zuviel nimius.
zuvor ante, prius.
zuvor... = *voraus...*
zuvörderst primo, principio.
zuvorkommen (*abs.*) antevertere; praevenire [hostem]; occupare.
zuvorkommend officiosus, liberalis, facilis.
Zuvorkommenheit *f* officium *n,* liberalitas *f;* mores *m/pl.* commodi.
zuvortun superare, vincere [virtute].
Zuwachs *m* accessio *f,* incrementum *n,* auctus 4 *m,* amplificatio *f;* ~ *bekommen* crescere, augeri.
zuwachsen (*sich durch Wachsen schließen*) coire, coalescere.
zuwägen appendere.
zuwege: ~ *bringen* efficere, ad effectum perducere, conficere.
zuwehen afflare.
zuweilen interdum.
zuweisen mittere ad.
zuwenden advertere; copiam [cibariorum] facere; *sich* ~ se convertere ad.
zuwerfen iacere; obicere [portam]; obruere [fossam].
zuwider *prp.* adversus, contra; *auch* (*adj.*) alienus ab, contrarius [votis tuis]; molestus, ingratus, invisus.
zuwinken annuere.
zuzählen annumerare, (di)numerare.
zuziehen obducere [velum]; adhibēre [medicum]; *sich* ~ contrahere, conflare, incurrere in [odium].
Zwang *m* necessitas *f,* vis *f;* *sich* ~ *antun* vim sibi afferre; *ohne* ~ libere.
zwanglos non vi coactus, liber; simplex.
Zwanglosigkeit *f* libertas *f,* simplicitas *f.*
Zwangsmittel *n* vis *f.*
Zwangsversteigerung *f* auctio *f* invito possessore proscripta.
zwangsweise vi, per vim.
***Zwangswirtschaft** *f* res *f/pl.* oeconomicae legibus circumscriptae.
zwanzig viginti; *je* ~ viceni; ~*mal* vicies; *zwanzigster* vicesimus.
zwar quidem (*vgl. Gramm.*); ~ ... *jedoch* etsi (quamquam) ... tamen; ~ ... *aber auch* ut ... ita, cum ... tum.
Zweck *m* res *f;* id quod volo, cupio, specto, peto, mihi proposui; *zu dem* ~ eo consilio, ad eam rem; *zu welchem* ~? quorsum haec?; *der letzte, höchste* ~ finis *m.*
zweckdienlich idoneus, utilis.
zwecklos inutilis, caecus [exspectatio].
zweckmäßig commodus, conveniens, idoneus, non alienus.
zweckwidrig alienus a proposito *od.* a consilio, parum aptus.
zwei duo; *je* ~ bini; ~ *Tage* biduum *n;* ~ *Jahre* biennium *n.*
zweibeinig bipes.
***Zweidecker** *m* biplanus *m.*
zweideutig ambiguus, anceps [oraculum].
Zweideutigkeit *f* ambiguitas *f.*
zweidrähtig bilix.
zweierlei duo, diversi generis; ~ *zugleich tun* simul sorbēre et flare.
zweifach duplex, duplus.
zweifältig duplex; bipartitus.
zweifarbig bicolor.
Zweifel *m* dubitatio *f,* scrupulus *m;* *im* ~ *sein* dubitare; *in* ~ *lassen* dubium (*od.* in medio) relinquere; *ohne* (*allen*) ~ sine dubio, haud dubie.
zweifelhaft dubius, incertus; ambiguus, anceps [sententia].
zweifeln dubitare de, dubium esse.
Zweifelsucht *f* studium *n* omnia in dubium vocandi, libido *f* dubitandi.
zweiflügelig *v. Türen:* biforis; *v. Häusern:* dipterus; *v. Insekten:* duas alas habens.
zweifüßig bipes; (*zwei Fuß lang*) bipedalis.
Zweig *m* ramus *m;* (*mit dem Laube*) frons *f;* ~ *der Wissenschaft* pars *f* *od.* genus *n* litterarum.
zweigespalten bisulcus.
Zweigespann *n* bigae *f/pl.*
zweigestaltig biformis.
zweihörnig bicornis, bicorniger.
zweihufig ungulis bisulcis.
zweihundert ducenti; ~*mal* ducenties; *zweihundertster* ducentesimus.
Zweikampf *m* certamen *n* singulare.
zweiköpfig biceps.
zweimal bis; ~ *zwei sind vier* bis bina sunt quattuor; ~ *stündlich* bis in hora.
zweipfündig bilibris.
***Zweiröhrenapparat** *m* machina *f* duarum fistularum.
zweiruderig birēmis.
zweischneidig bipennis.

zweispaltig bifidus.
zweispännig biiugus; *~er Wagen* bigae *f/pl.*
zweistöckig (domus) quae duas contabulationes habet.
zweitausend duo milia; *zweitausendster* bis millesimus.
zweiteilig bipartītus (*adv.* -o).
zweitens deinde.
zweiter secundus, alter; *zum zweiten Mal* iterum.
zweizackig bifurcus, bidens.
zweizüngig bilinguis.
Zwerchfell *n* praecordia *n/pl.*
Zwerg *m* pumilio *m*, nanus *m.*
zwergartig pusillus.
Zwetsche *f* prunum *n.*
zwicken vellere, vellicare.
Zwiebel *f* cepa *f.*
Zwiegespräch *n* dialogus *m*, sermo *m.*
Zwielicht *n* lumen *n* incertum; (*morgens*) diluculum *n*; (*abends*) crepusculum *n.*
Zwiespalt *m*, **Zwietracht** *f* discordia *f*, dissensio *f.*
Zwilling *m* (frater) geminus.
Zwillings... geminus.
Zwingburg *f* arx *f*, castellum *n.*
zwingen cogere.
Zwinger *m* praesepe *n.*
Zwingherr *m* dominus *m*, tyrannus *m.*
zwischen inter.
Zwischen... medius, interiectus, interpositus, interiacens.
Zwischenfall *m* casus 4 *m*; *wenn kein ~ eintritt* nisi quid inciderit.
Zwischenkönig *m* interrex *m.*
Zwischenraum *m* intervallum *n*, spatium *n* (interiectum).
Zwischenregent *m* interrex *m.*
Zwischenregierung *f* interregnum *n.*
Zwischenspiel *n zwischen den Akten e-s Stückes*: embolium *n.*
Zwischenwand *f* paries *m* intergerivus.
Zwischenzeit *f* tempus *n* interiectum, (temporis) intervallum *n*, spatium *n*, tempus *n.*
Zwist *m*, **Zwistigkeit** *f* discidium *n*, discordia *f.*
zwitschern fritinnire.
Zwitter *m* hermaphroditus *m*, androgynus *m.*
Zwittergestalt *f* forma *f* ambigua.
zwölf duodecim; *je ~* duodeni.
zwölfmal duodecies.
Zwölftafelgesetze *n/pl.* duodecim tabulae *f/pl.*
zwölfter duodecimus.
Zylinder *m* cylindrus *m.*
Zypresse *f*, **Zypressenholz** *n* cupressus *f*; *von ~* cupresseus.
Zypressenhain *m* cupressētum *n.*

Lateinische unregelmäßige Verben

A

ăb-dō, dĭdī, dĭtŭm 3. *entfernen.*
ăb-ĭcĭō, iēcī, iēctŭm 3. *ab-, wegwerfen.*
ăb-ĭgō, ēgī, āctŭm 3. *weg-, forttreiben.*
ăb-lŭō, lŭī, lūtŭm 3. *abspülen.*
ăb-nŭō, nŭī, nŭĭtūrŭs 3. *abwinken.*
ăbŏlĕō, ēvī, ĭtŭm 2. *vernichten.*
ăbŏlēscō, ŏlēvī, – 3. *verschwinden.*
ăb-rĭpĭō, rĭpŭī, rĕptŭm 3. *wegreißen, -raffen.*
ăbs-cīdō, cīdī, cīsŭm 3. *abhauen, -schneiden.*
ăbs-cŏndō, cŏndī (*selten* cŏndĭdī), cŏndĭtŭm 3. *verbergen.*
ăb-sĭstō, stĭtī, – 3. *weggehen.*
ăbs-tĭnĕō, tĭnŭī, tĕntŭm 2. *abhalten.*
ăb-sŭm, āfŭī, (āfŭtūrŭs), ăbĕssĕ *abwesend, entfernt sein.*
ăc-cĕndō, cĕndī, cēnsŭm 3. *anzünden.*
ăc-cĭdō, cĭdī, – 3. *hin-, niederfallen.*
ăc-cīdō, cīdī, cīsŭm 3. *anhauen, -schneiden.*
ăc-cĭpĭō, cēpī, cĕptŭm 3. *annehmen.*
ăc-cŭmbō, cŭbŭī, cŭbĭtŭm 3. *sich hinlegen.*
ăc-cŭrrō, (cŭ)cŭrrī, cŭrsŭm 3. *herbeilaufen.*
ăcĕō, ŭī, – 2. *sauer sein.*
ăcēscō, ăcŭī, – 3. *sauer werden.*
ăc-quīrō, quīsīvī (*u.* quīsĭī), quīsītŭm 3. *hinzuerwerben.*
ăcŭō, ŭī, ūtŭm 3. *spitzen.*
ăd-dō, dĭdī, dĭtŭm 3. *hinzutun, -fügen.*
ăd-hĭbĕō, bŭī, bĭtŭm 2. *daranhalten.*
ăd-ĭcĭō, iēcī, iēctŭm 3. *etw. an od. auf od. zu etw. (hin)werfen.*
ăd-ĭgō, ēgī, āctŭm 3. *heran-, hinzutreiben.*
ăd-ĭmō, ēmī, ēmptŭm 3. *an sich nehmen, wegnehmen.*
ăd-ĭpīscŏr, ădēptŭs sŭm 3. *erreichen.*
ăd-ŏlēscō, ădŏlēvī, (ădŭltŭm) 3. *heran-, aufwachsen.*
ăf-fĭcĭō, fēcī, fēctŭm 3. *jd. etw. antun.*
ăf-flīgō, flīxī, flīctŭm 3. *etw. an etw. schlagen.*
ăg-grĕdĭŏr, grĕssŭs sŭm 3. *heranschreiten.*
ā-gnāscŏr, ăgnātŭs sŭm 3. *nachgeboren werden.*
ăgnōscō, ăgnōvī, ăgnĭtŭm 3. *erkennen.*
ăgō, ēgī, āctŭm 3. *treiben.*
ălgĕō, ălsī, – 2. *frieren.*
ălgēscō, ălsī, – 3. *sich erkälten.*
ăl-lĭcĭō, lēxī, (lēctŭm) 3. *anlocken.*
ăl-līdō, līsī, līsŭm 3. *gegen etw. anschlagen.*
ăl-lŭō, lŭī, – 3. *etw. anspülen.*
ălō, ălŭī, ăltŭm (*u.* °ălĭtŭm) 3. *(er)nähren.*
ămbĭō, īvī *u.* ĭī, ītŭm 4. *um etw. herumgehen.*
ămĭcĭō, (ĭcŭī *u.* ĭxī), ĭctŭm 4. *(Gewand) umwerfen od. umlegen.*
ăm-plĕctŏr, plĕxŭs sŭm 3. *umschlingen.*
ăngō, (ānxī), – 3. *zusammendrücken, ängstigen.*
ăn-nŭō, ŭī, – 3. *zunicken, -stimmen.*
ăn-quīrō, quīsīvī, quīsītŭm 3. *etw. aufsuchen.*
ăntĕ-grĕdĭŏr, grĕssus sŭm 3. *vorausgehen.*
ăpĕrĭō, rŭī, rtŭm 4. *öffnen.*
ăpīscŏr, ăptŭs sŭm 3. *erreichen.*
ăp-pĕllō, pŭlī, pŭlsŭm 3. *herantreiben.*
ăp-prĭmō, prĕssī, prĕssŭm 3. *andrücken.*
ărcĕō, cŭī, – 2. *einhegen, -dämmen.*
ărcēssō, īvī (*nkl.* -cĕssī), ītŭm 3. *jd. herbeirufen.*
ārdēscō, ārsī, – 3. *entbrennen.*
ārĕō, ŭī, – 2. *trocken od. dürr sein.*
ārēscō, ārŭī, – 3. *vertrocknen.*
ărgŭō, ŭī (°-ūtŭm, °-ŭĭtūrŭs) 3. *klar darstellen.*
ăr-rĭgō, rēxī, rēctŭm 3. *auf-, emporrichten.*
ăr-rĭpĭō, rĭpŭī, rĕptŭm 3. *an sich reißen.*
ă-scĕndō, scĕndi, scēnsŭm 3. *hinauf-, emporsteigen.*
ăscīscō, scīvī, scītŭm 3. *herbeiziehen.*
ă-spĕrgō, spĕrsī, spĕrsŭm 3. *hinspritzen.*
ă-spĭcĭō, spēxī, spēctŭm 3. *erblicken.*
ăs-sĕntĭŏr, sēnsŭs sŭm 4. *zu-, beistimmen.*
ăs-sĭdĕō, sēdī, sĕssŭm 2. *bei jd. od. an etw. sitzen.*
ăs-sĭlĭō, sĭlŭī, – 4. *hinzu-, herbeispringen.*
ă-stĭtŭō, ŭī, ūtŭm 3. *hinstellen.*
ă-stō, stĭtī, – 1. *dabeistehen.*
at-tĕndō, tĕndī, tĕntŭm 3. *hinstrecken, spannen.*

ăt-tĭnĕō, tĭnŭī, tēntŭm 2. *zurück-, auf-, festhalten.*
ăt-tĭngō, tĭgī, tāctŭm 3. *an-, berühren.*
audĕō, ausŭs sŭm 2. *Lust haben.*
au-fĕrō, ăbstŭlī, ăblātŭm, aufĕrre *wegtragen, -bringen.*
augĕō, auxī, auctŭm 2. *wachsen machen, vermehren.*
augēscō, auxī, – 3. *wachsen, zunehmen.*

B

băt(t)ŭō, ŭī, – 3. *schlagen, stoßen.*
bĭbō, bĭbī, - 3. *trinken.*
blăndĭōr, ītŭs sŭm 4. *schmeicheln.*

C

cădō, cĕcĭdī, cāsūrŭs 3. *fallen, stürzen.*
caedō, cĕcīdī, caesŭm 3. *hauen, niederhauen.*
călĕō, ŭī, (călĭtūrŭs) 2. *warm od. heiß sein.*
călēscō, călŭī, – 3. *heiß od. erhitzt werden.*
căllĕō, ŭī, – 2. *Schwielen haben.*
cănděō, ŭī, – 2. *glänzend weiß sein.*
cănděscō, dŭī, – 3. *weiß erglänzen.*
cānēscō, ŭī, – 3. *grau werden.*
cănō, cĕcĭnī, căntātŭm 3. *singen.*
căpĕssō, sīvī *u.* °sīī, sītŭm 3. *hastig ergreifen.*
căpĭō, cēpī, căptŭm 3. *fassen.*
cărĕō, ŭī, (ĭtūrŭs) 2. *frei v. etw. od. ohne etw. sein.*
cărpō, cărpsi, cărptŭm 3. *pflücken.*
căvĕō, cāvī, cautŭm 2. *sich hüten.*
cēdō, cēssī, cēssŭm 3. *gehen, weggehen.*
cēnsĕō, sŭī, sŭm 2. *das Vermögen einschätzen.*
cĕrnō, crēvī, crētŭm 3. *scheiden, sondern.*
cēvĕō, cēvī, – 2. *mit dem Hintern wackeln.*
cĭĕō, cīvī, cĭtŭm 2. *in Bewegung setzen.*
cĭngō, cĭnxī, cĭnctŭm 3. *gürten.*
cĭrcŭm-cīdō, cīdī, cīsŭm 3. *rings(-um) abschneiden.*
cĭrcŭm-clūdō, sī, sŭm 3. *rings umschließen.*
cĭrcŭm-grĕdĭōr, grĕssŭs sŭm 3. *etw. umgehen.*
cĭrcŭm-ĭcĭō, iēcī, iēctŭm 3. *etw. um etw. (herum)werfen.*
cĭrcŭm-sĭlĭō, sĭlŭī, – 4. *herumhüpfen.*
cĭrcŭm-vĕhŏr, vēctŭs sŭm 3. *herumfahren, -reiten.*
clārēscō, rŭī, – 3. *hell werden.*
claudō, clausī, clausŭm 3. *schließen.*
clĕpō, clĕpsī, clĕptŭm 3. *stehlen.*
cŏălēscō, ălŭī, ălĭtŭm 3. *zusammenwachsen.*
coepĭō, coepī, coeptŭm 3. *anfangen, beginnen.*
cŏ-ĕrcĕō, cŭī, cĭtŭm 2. *ein-, umschließen.*
cŏ-gnōscō, gnōvī, gnĭtŭm 3. *erkennen.*
cōgō, cŏēgī, cŏāctŭm 3. *zusammentreiben.*
cŏ-hĭbĕō, bŭī, bĭtŭm 2. *zusammenhalten.*
cŏl-lĭbĕt, lĭbĭtŭm ĕst *u.* lĭbŭĭt 2. *es beliebt od. gefällt.*
cŏl-līdō, sī, sŭm 3. *zusammenstoßen, -schlagen.*
cŏl-lĭgō, lēgī, lēctŭm 3. *zusammenlesen, -sammeln.*
cŏlō, cŏlŭī, cŭltŭm 3. *pflegen.*
cŏmbūrō, ŭssī, ŭstŭm 3. *völlig verbrennen.*
cŏm-mĭnīscŏr, mēntŭs sŭm 3. *ausdenken; sich besinnen.*
cōmō, cōmpsī, cōmptŭm 3. *zusammenfügen.*
cŏm-pĕllō, pŭlī, pŭlsŭm 3. *zusammentreiben.*
cŏm-pĕrcō, pĕrsī, – 3. *zusammen-, ersparen.*
cŏm-pĕrĭō, pĕrī, pĕrtŭm *u.* **cŏmpĕrĭŏr,** pĕrtŭs sŭm 4. *sicher erfahren.*
cŏm-pēscō, cŭī, – 3. *in Schranken halten.*
cŏm-pĭngō, pēgī, pāctŭm 3. *zusammenfügen.*
cŏm-plĭcō, căvī, cătŭm *u.* cŭī, cĭtŭm 1. *zusammenfalten, -wickeln.*
cŏm-plōdō, sī, sŭm 3. *zusammenschlagen.*
cŏmprēndō, prēndī, prēnsŭm 3. *zusammenfassen.*
cŏm-prĭmō, prĕssī, prĕssŭm 3. *zusammendrücken, -pressen.*
cŏm-pŭngō, (pūnxī), pūnctŭm 3. *zerstechen.*
cŏn-cĕrpō, psī, ptŭm 3. *zerpflücken.*
cŏn-cĭdō, cĭdī, – 3. *zusammenfallen.*
cŏn-cīdō, cīdī, cīsŭm 3. *zusammenhauen.*
cŏn-cĭnō, cĭnŭī, cēntŭm 3. *zusammen singen.*

cŏn-cĭpĭō, cēpī, cĕptŭm 3. *zusammenfassen.*
cŏn-clūdō, sī, sŭm 3. *einschließen, -sperren.*
cŏn-cŭmbō, cŭbŭī, cŭbĭtŭm 3. *sich niederlegen.*
cŏn-cŭrrō, cŭrrī *u.* (*selten*) cŭcŭrrī, cŭrsŭm 3. *zusammenlaufen, -stoßen.*
cŏn-cŭtĭō, cŭssī, cŭssŭm 3. *dröhnend zusammenschlagen.*
cŏn-dō, dĭdī, dĭtŭm 3. *zusammenfügen.*
cŏn-dŏlĕō, ŭī, – 2. *Schmerz empfinden.*
cŏn-fĕrcĭō, fĕrsī, fĕrtŭm 4. *vollstopfen.*
cŏn-fĕrō, cŏntŭlī, cŏllātŭm, cŏnfĕrrĕ *zusammentragen, -bringen.*
cōn-fĭcĭō, fēcī, fĕctŭm 3. *zustande bringen.*
cŏn-fĭtĕŏr, fĕssŭs sŭm 2. (*zu*)*gestehen.*
cŏn-flīgō, flīxī, flictŭm 3. *zusammenschlagen.*
cŏn-frĭngō, frēgī, frāctŭm 3. (*zer*)*brechen.*
cŏn-grĕdĭŏr, grĕssŭs sŭm 3. *zusammenkommen.*
cŏn-grŭō, ŭī, – 3. *zusammentreffen.*
cŏn-ĭcĭō, iēcī, iĕctŭm 3. *zusammenwerfen, -tragen.*
cō-nīvĕō, (nīvī *u.* nīxī), – 2. *die Augen schließen.*
cŏn-quĭnīscō, quēxī, – 3. *niederkauern.*
cŏn-quīrō, quīsīvī (*u.* quīsīī), quīsītŭm 3. *zusammensuchen, -bringen.*
cōn-sānēscō, nŭī, – 3. *heilen.*
cŏn-scĕndō, ĕndī, ēnsŭm 3. *etw. ersteigen.*
cŏn-sĕrō, sēvī, sĭtŭm 3. *etw. besäen.*
cŏn-spĕrgō, rsī, rsŭm 3. *bespringen.*
cŏn-stĭtŭō, ŭī, ūtŭm 3. *hinstellen, -setzen, -legen.*
cōn-stō, stĭtī, stātūrŭs 1. *beisammenstehen.*
cōnsŭlō, lŭī, ltŭm 3. (*gemeinsam*) *Rat halten.*
cŏn-tĕndō, tĕndī, tĕntŭm 3. *zusammenspannen.*
cŏn-tĭnĕō, tĭnŭī, tĕntŭm 2. *zusammenhalten.*
cŏn-tĭngō, tĭgi, tāctŭm 3. *be-, anrühren.*
cŏn-tŭndō, tŭdī, tū(n)sŭm 3. *zerschlagen.*
cŏn-vĕrrō, vĕrrī, vĕrsŭm 3. *zusammenfegen.*
cŏn-vīvō, vīxī, vīctŭm 3. *m. jd. zusammenleben.*
cŏquō, cŏxī, cŏctŭm 3. *kochen, backen.*
cŏr-rĭgō, rēxī, rēctŭm 3. *gerade richten.*
cŏr-rĭpĭō, rĭpŭī, rĕptŭm 3. *zusammenraffen.*
crēb(r)ēscō, b(r)ŭī, – 3. *zunehmen, wachsen.*
crēdō, dĭdī, dĭtŭm 3. *anvertrauen; j-m vertrauen.*
crĕpō, ŭī, ĭtŭm 1. (*er*)*schallen.*
crēscō, crēvī, (crētŭm) 3. *wachsen, entstehen.*
crūdēscō, dŭī, – 3. *heftiger werden.*
cŭbō, bŭī, bĭtŭm 1. *auf e-m Lager liegen.*
cūdō, (dī, sŭm) 3. *schlagen, klopfen.*
cŭmbō, cŭbŭī, cŭbĭtŭm 3. *sich legen.*
cŭpĭō, īvī *u.* iī, ītŭm 3. *begehren.*
cŭrrō, cŭcŭrrī, cŭrsŭm 3. *laufen, rennen.*

D

dēbĕō, ŭī, ĭtŭm 2. *schulden.*
dĕcĕō, ŭi, – 2. *zieren.*
dē-cĕrpō, cĕrpsī, cĕrptŭm 3. *abpflücken.*
dē-cĭdō¹, cĭdī, – 3. *herabfallen.*
dē-cīdō², cīdī, cīsŭm 3. *abschneiden.*
dē-cĭpĭō, cēpī, cĕptŭm 3. *hintergehen, täuschen.*
dē-cŭrrō, (cŭ)cŭrrī, cŭrsŭm 3. *hinablaufen, -eilen.*
dē-cŭtĭō, cŭssī, cŭssŭm 3. (*her*)*abschütteln, -schlagen.*
dē-dō, dĭdī, dĭtŭm 3. *hingeben, preisgeben.*
dē-fĕndō, fĕndī, fēnsŭm 3. *abwehren.*
dēfĕrvēscō, fĕrvī *u.* fĕrbuī, – 3. *verbrausen, vergären.*
dē-fĕtīscŏr, fĕssŭs sŭm 3. *ermüden.*
dē-fĭcĭō, fēcī, fĕctŭm 3. *abfallen; fehlen.*
dē-flōrēscō, flōrŭī, – 3. *verblühen.*
dē-frĭngō, frēgī, frāctŭm 3. *abbrechen.*
dē-grĕdĭŏr, grĕssŭs sŭm 3. *hinabsteigen.*
dē-hĭbĕō, ŭī, – 2. *schulden.*
dē-ĭcĭō, iēcī, iĕctŭm 3. (*her*)*abwerfen, -stürzen.*
dē-lĭgō, lēgī, lēctŭm 3. (*ab*)*lesen, pflücken.*
dē-lĭnquō, līquī, lĭctŭm 3. *sich vergehen.*
dē-lĭtēscō *u.* **-lĭtīscō,** lĭtŭī, – 3. *sich verstecken.*
dē-mĕtō, (°mĕssŭī), mĕssŭm 3. *abmähen.*
dēmō, dēmpsī, dēmptŭm 3. *wegnehmen.*
dē-păngō, –, pāctŭm 3. *in die Erde einschlagen.*

dē-pĕcīscŏr, pĕctŭs sŭm 3. *einen Vertrag schließen.*
dē-pĕllō, pŭlī, pŭlsŭm 3. *hinabtreiben, verjagen.*
dē-pĕndō, pĕndī, pēnsŭm 3. *bezahlen.*
dē-pĕrĕō, ĭī, ĭtūrŭs, īrĕ *zugrunde gehen.*
dē-prĭmō, prĕssī, prĕssŭm 3. *niederdrücken, -senken.*
dĕpsō, sŭī, stŭm 3. *kneten.*
dē-rĭpĭō, rĭpŭī, rĕptŭm 3. *wegreißen.*
dē-scĕndō, scĕndī, scēnsŭm 3. *herabsteigen, -kommen.*
dē-scīscō, scīvī *u.* sciī, scītŭm 3. *abtrünnig werden.*
dē-sĭdĕō, sēdī, sĕssŭm 2. *müßig dasitzen.*
dē-sīdō, sēdī *u.* sīdī, – 3. *sich senken.*
dē-sĭlĭō, sĭlŭī (*u.* °sŭlŭī, °sĭlīvī, °sĭlĭī), (sŭltŭm) 4. (*her*)*abspringen.*
dē-sĭnō, sĭī, sĭtŭm 3. *aufhören, enden.*
dē-spĭcĭō, spĕxī, spĕctŭm 3. *von oben* (*herab*)*sehen.*
dē-spŏndĕō, spŏndī, spōnsŭm 2. *förmlich versprechen.*
dē-stĭtŭō, tŭī, tūtŭm 3. *hinstellen; zurücklassen.*
dē-sŭm, dēfŭī, dĕĕssĕ *nicht da sein, fehlen.*
dē-tĕndō, (tĕndī), tēnsŭm 3. *abspannen.*
dē-tĭnĕō, tĭnŭī, tĕntŭm 2. *abhalten, aufhalten.*
dē-tŏndĕō, tŏndī, tōnsŭm 2. *abschneiden.*
dīcō, dīxī, dĭctŭm 3. *zeigen; sagen.*
dī-dō, dīdĭdī, dīdĭtum 3. *verteilen.*
dĭf-fĕrō, dĭstŭlī, dīlātŭm, dĭffĕrrĕ *auseinander tragen, verbreiten.*
dĭf-frĭngō, frēgī, frāctŭm 3. *zerbrechen.*
dĭf-fŭgĭō, fūgī, fŭgĭtūrŭs 3. *auseinander fliehen.*
dī-gnōscō, (*u.* dī-nōscō), (g)nōvī, – 3. *unterscheiden.*
dī-grĕdĭŏr, grĕssŭs sŭm 3. *auseinander gehen.*
dī-lĭgō, lēxī, lēctŭm 3. *hoch achten.*
dī-lŭō, ŭī, ūtŭm 3. *erweichen.*
dĭr-ĭbĕō, –, ĭbĭtŭm 2. *sondern, sortieren.*
dī-rĭgō, rēxī, rēctŭm 3. *geraderichten; hinlenken.*
dĭr-ĭmō, ēmī, ēmptŭm 3. *auseinander nehmen.*
dī-rĭpĭō, rĭpŭī, rĕptŭm 3. *auseinander reißen.*
dĭs-cĕrpō, psī, ptŭm 3. *zerpflücken.*
dĭs-cīdō, cīdī, cīsŭm 3. *zerhauen.*
dĭs-clūdō, sī, sŭm 3. *trennen.*
dĭscō, dĭdĭcī, – 3. *lernen.*
dĭs-crĕpō, āvī, – 1. *nicht übereinstimmen.*
dĭs-cŭrrō, (cŭ)cŭrrī, cŭrsŭm 3. *auseinander laufen.*
dĭs-cŭtĭō, cŭssī, cŭssŭm 3. *zerschlagen.*
dĭs-ĭcĭō, iēcī, iĕctŭm 3. *zerstören.*
dĭs-pāndō, pāndī, pānsŭm 3. *ausbreiten.*
dĭs-pĕllō, pŭlī, pŭlsŭm 3. *auseinander treiben.*
dĭs-pĕndō[1], –, pēnsŭm 3. *abwiegen.*
dĭs-pĕndō[2], –, pĕssŭm 3. *ausbreiten.*
dī-spĕrgō, rsī, rsŭm 3. *zerstreuen.*
dī-spĭcĭō, spĕxī, spĕctŭm 3. *die Augen öffnen; erblicken.*
dĭs-plĭcĕō, ŭī, (ĭtŭm) 2. *missfallen.*
dĭs-plōdō, sī, sŭm 3. *auseinander schlagen.*
dĭs-pŭngō, pūnxī, pūnctŭm 3. *prüfen.*
dĭs-sĕrēnāscĭt, nāvĭt, – 3. *es heitert sich auf.*
dĭs-sĕrō[1], sēvī, sĭtŭm 3. *in Abständen aussäen.*
dĭs-sĕrō[2], sĕrŭī, sĕrtŭm 3. *erörtern.*
dĭs-sĭdĕō, sēdī, – 2. *entfernt sein; uneinig sein.*
dĭs-sĭlĭō, sĭlŭī, sŭltŭm 4. *zerspringen.*
dĭs-tĕndō, tĕndī, tĕntŭm *u.* tēnsŭm 3. *ausdehnen.*
dĭs-tĭnĕō, tĭnŭī, tĕntŭm 2. *auseinander halten, trennen.*
dī-stĭnguō, stīnxī, stīnctŭm 3. *verschieden färben; unterscheiden.*
dī-vĭdō, vīsī, vīsŭm 3. *trennen.*
dō, dĕdī, dătŭm, dărĕ (*über*)*geben.*
dŏcĕō, dŏcŭī, dŏctŭm 2. *lehren.*
dŏlĕō, lŭī, lĭtūrŭs 2. *wehe tun; Schmerz empfinden.*
dŏmō, mŭī, mĭtŭm 1. *zähmen, bändigen.*
dūcō, dūxī, dŭctŭm 3. *ziehen; führen.*
dūrēscō, rŭī, – 3. *hart werden.*

E

ĕdō[1], ēdī, ēsŭm 3. *essen.*
ē-dō[2], dĭdī, dĭtŭm 3. *herausgeben, von sich geben.*
ĕf-fărcĭō, –, fĕrtŭm 4. *vollstopfen.*
ĕf-fĕrcĭō, fĕrsī, fĕrtŭm 4. *vollstopfen.*
ĕf-fĕrō, ĕxtŭlī, ēlātŭm , ĕffĕrrĕ *heraustragen, emportragen.*

ĕf-fĕrvēscō, fĕrbŭī (*u.* fĕrvī), – 3. *aufwallen, sieden.*
ĕf-fĭcĭō, fēcī, fĕctŭm 3. *herausbringen; zu Ende bringen.*
ĕf-flīgō, flīxī, flīctŭm 3. *totschlagen.*
ĕf-flōrēscō, flōrŭī, – 3. *erblühen.*
ĕf-frĭngō, frēgī, frāctŭm 3. (*etw.*) *aufbrechen.*
ĕf-fŭgĭō, fūgī, fŭgĭtūrŭs 3. *entfliehen.*
ĕgĕō, ŭī, – 2. *Mangel leiden; nötig haben.*
ē-grĕdĭŏr, grĕssŭs sŭm 3. *hinausgehen.*
ē-ĭcĭō, iēcī, iĕctŭm 3. *herauswerfen.*
ē-lĭcĭō, lĭcŭī, lĭcĭtŭm 3. *heraus-, hervorlocken.*
ē-līdō, sī, sŭm 3. *herausstoßen; zerschlagen.*
ē-lĭgō, lēgī, lēctŭm 3. *ausjäten; aussuchen.*
ē-lŭō, –, ēlūtŭm 3. *auswaschen;* **ē-lŭō,** ēlāvī, ēlautŭm 3. (*sich*) *baden.*
ē-mĭcō, mĭcŭī (mĭcāvī), mĭcātŭm 3. *hervorzucken, -springen.*
ē-mĭnĕō, ŭī, – 2. *heraus-, hervorragen.*
ē-mĭnīscŏr, mĕntŭs sŭm 3. *aussinnen.*
ĕmō, ēmī, ēmptŭm 3. *kaufen.*
ē-mŭlgĕō, –, mŭlsŭm 2. *abmelken.*
ē-mŭngō, mūnxī, mūnctŭm 3. *sich die Nase putzen.*
ē-nĕcō, nĕcŭī (*u.* nĕcāvī), nĕctŭm 1. *umbringen.*
ē-nĭtēscō, nĭtŭī, – 3. *hervorleuchten.*
ĕō, ĭī *u.* °īvī, ĭtŭm, īrĕ *gehen.*
ē-rĭgō, rēxī, rēctŭm 3. *aufrichten.*
ē-rĭpĭō, rĭpŭī, rĕptŭm 3. *heraus-, wegreißen.*
ē-rŭō, rŭī, rŭtŭm, rŭ(ĭ)tūrŭs 3. (*her*)*ausgraben.*
ē-scĕndō, scĕndī, scēnsŭm 3. *emporsteigen.*
ē-vādō, vāsī, vāsŭm 3. *heraus-, hervorgehen.*
ē-vānēscō, vānŭī, – 3. *verschwinden.*
ē-vĕrrō, (vĕrrī), vĕrsŭm 3. *ausfegen.*
ē-vīlēscō, lŭī, – 3. *wertlos werden.*
ĕx-ălbēscō, bŭī, – 3. *weiß werden.*
ĕx-ārdēscō, ārsī, (ārsŭm) 3. *sich entzünden, sich erhitzen.*
ĕx-cĕllō, – – 3. *u.* **ĕx-cĕllĕō,** ŭī, – 2. *hervor-, emporragen.*
ĕx-cĕrpō, psī, ptŭm 3. *herauspflücken; auslesen.*
ĕx-cĭdō¹, cĭdī, – 3. *heraus-, herabfallen.*
ĕx-cīdō², cīdī, cīsŭm 3. (*her*)*aushauen.*
ĕx-cĭĕō, –, cĭtŭm 2. *u.* **ĕx-cĭō,** cīvī, – 4. *in Bewegung setzen.*
ĕx-cĭpĭō, cēpī, cĕptŭm 3. *herausnehmen; auffangen.*
ĕx-clūdō, sī, sŭm 3. *ausschließen.*
ĕx-cŭrrō, (cŭ)cŭrrī, cŭrsŭm 3. *hinauslaufen.*
ĕx-cŭtĭō, cŭssī, cŭssŭm 3. *heraus-, wegschütteln.*
ĕx-ĕrcĕō, ŭī, ĭtŭm 2. *in Bewegung setzen;* (*aus*)*üben.*
ĕx-hĭbĕō, ŭī, ĭtŭm 2. *herausholen; herausgeben.*
ĕx-ĭgō, ēgī, āctŭm 3. *forttreiben; hereinholen.*
ĕx-ĭmō, ēmī, ēmptŭm 3. *heraus-, wegnehmen.*
ĕx-ŏlēscō, ŏlēvī, (ŏlētŭm) 3. *vergehen.*
ĕx-păvēscō, pāvī, – 3. *sich entsetzen.*
ĕx-pĕllō, pŭlī, pŭlsŭm 3. *heraustreiben.*
ĕx-pĕndō, pĕndī, pēnsŭm 3. *abwiegen.*
ĕx-pĕrgīscŏr, pĕrrēctŭs sŭm 3. *aufwachen.*
ĕx-pĕrĭŏr, pĕrtŭs sŭm 4. *versuchen.*
ĕx-plĭcō, cāvī, cātŭm *u.* cŭī, cĭtŭm 1. *entfalten.*
ĕx-plōdō, sī, sŭm 3. *schlagend forttreiben.*
ĕx-pŏrrĭgō *u.* **ĕxpŏrgō,** rēxī, rēctŭm 3. *hervorstrecken; ausdehnen.*
ĕx-prĭmo, prĕssī, prĕssŭm 3. *ausdrücken, auspressen.*
ĕx-pŭngō, pūnxī, pūnctŭm 3. *ausstreichen.*
ĕx-quīrō, sīvī, sītŭm 3. (*her*)*aussuchen; untersuchen.*
ĕx-sărcĭō, –, sărtūrŭs 4. *ausflicken.*
ĕx-sĭlĭō, sĭlŭī (*od.* °sĭlīvī, °sĭlĭī), sŭltŭm 4. *hinaus-, hervorspringen.*
ĕx-spĕrgō, spĕrsī, spĕrsŭm 3. *über und über bespritzen.*
ĕx-(s)tĭnguō, (s)tīnxī, (s)tīnctŭm 3. *auslöschen.*
ĕx-tĕndō, tĕndī, tĕntŭm *u.* tēnsŭm 3. *ausdehnen.*
ĕx-tĭmēscō, tĭmŭī, – 3. *Angst bekommen.*
ĕx-tŏllō, ĕxtŭlī (°*selten* ĕxsŭstŭlī), – 3. *herausnehmen; emporheben.*
ĕx-tŭndō, tŭdī, (tūsŭm) 3. *herausschlagen.*
ĕx-ŭng(u)ō, –, ūnctŭm *u.* **ĕxŭng(u)ŏr,** – 3. *durch Salben verschmieren.*
ĕx-ŭō, ŭī, ūtŭm 3. *ausziehen.*

F

făcēssō, cēssīvī *u.* cēssī, cēssītŭm 3. *ausrichten, -führen.*
făcĭō, fēcī, făctŭm 3. *tun, machen.*
făllō, fĕfēllī, – 3. *zu Fall bringen.*
fărcĭō, fārsī, fărtŭm 4. (*voll*)*stopfen, füllen.*
fătēŏr, făssŭs sŭm 2. (*ein*)*gestehen.*
făvēō, fāvī, fautŭm 2. *günstig od. gewogen sein.*
fĕrō, tŭlī, lātŭm, fĕrrĕ *tragen.*
fĕrvēō, fĕrbŭī, – 2. *sieden, kochen.*
fĕrvō, fĕrvī, – 3. *sieden, kochen.*
fīdō, fīsŭs sŭm 3. (*ver*)*trauen.*
fīgō, fīxī, fīxŭm 3. (*an*)*heften.*
fīndō, fĭdī, fĭssŭm 3. (*zer*)*spalten.*
fīngō, fīnxī, fĭctŭm 3. *streicheln.*
fīō, făctŭs sŭm, fĭĕrī *u.* fĭĕrī *werden.*
flēctō, ĕxī, ĕxŭm 3. *biegen, beugen.*
flōrēō, ŭī, – 2. *blühen.*
flŭō, flūxī, (flūxŭm) 3. *fließen, strömen.*
fŏdĭō, fōdī, fōssŭm 3. *stochern.*
fŏr, fātŭs sŭm 1. *sprechen, sagen.*
fŏvēō, fōvī, fōtŭm 2. *warm halten.*
frăngō, frēgī, frāctŭm 3. (*zer*)*brechen.*
frĕmō, ŭī, (ĭtŭm) 3. *dumpf tosen.*
frĕndō, –, frē(n)sŭm 3. *mit den Zähnen knirschen.*
frĭcō, cŭī, c(ā)tŭm 1. (*ab*)*reiben.*
frīgēō, (frīxī), – 2. *kalt od. erstarrt sein.*
frīgō, frīxī, frīctŭm 3. *rösten, dörren.*
frŭŏr, (*selten* frūctŭs *u.* °frŭĭtŭs sŭm) 3. *etw. genießen.*
fŭgĭō, fūgī, fŭgĭtŭm 3. *fliehen.*
fŭlcĭō, lsī, ltŭm 4. *stützen.*
fŭlgēō, fŭlsī, – 2. *blitzen.*
fŭndō, fūdī, fūsŭm 3. (*aus*)*gießen.*
fŭngŏr, fūnctŭs sŭm 3. *verwalten.*
fŭō, fŭī, fŭtūrŭs, fŏrē *werden, sein.*
fŭtŭō, tŭī, tūtŭm 3. *geschlechtlich beiwohnen.*

G

gaudēō, gāvīsŭs sŭm 2. *sich freuen.*
gĕmō, ŭī, (ĭtŭm) 3. *seufzen.*
gĕrō, gĕssī, gĕstŭm 3. *tragen.*
gīgnō, gĕnŭī, gĕnĭtŭm 3. (*er*)*zeugen.*
glūbō, (psī, ptŭm) 3. *abschälen.*
grădĭŏr, grĕssŭs sŭm 3. *schreiten.*

H

hăbēō, ŭī, ĭtŭm 2. *halten, besitzen, haben.*
haerēō, haesī, haesŭm 2. *hängen bleiben.*
haurĭō, hausī, haustŭm 4. (*heraus*) [*schöpfen.*]
hŏrrēō, ŭī, – 2. *starr sein.*
hŏrrēscō, rŭī, – 3. *starr werden.*

I

ĭăcēō, ŭī, °ĭtūrŭs 2. (*da*)*liegen.*
ĭăcĭō, iēcī, iăctŭm 3. *werfen.*
īcō, īcī, ĭctŭm 3. *durch Stoß od. Schlag treffen.*
ī-gnōscō, gnōvī, gnōtŭm 3. *verzeihen.*
īl-līcĭō, lēxī, lēctŭm 3. *an-, herbeilocken.*
īl-līdō, sī, sŭm 3. *hineinschlagen, -stoßen.*
īm-bŭō, ŭī, ūtŭm 3. *mit etw. benetzen.*
īm-mūtēscō, mūtŭī, – 3. *verstummen.*
īm-pēllō, pŭlī, pŭlsŭm 3. *etw. anstoßen.*
īm-pēndō, pēndī, pēnsŭm 3. *aufwenden.*
īm-pīngō, pēgī, pāctŭm 3. *hinein-, einschlagen.*
īm-plīcō, āvī (*u.* ŭī) ātŭm (*u.* ĭtŭm) 1. *hinein-, einwickeln.*
īm-plŭō, ŭī, – 3. *hineinregnen.*
īm-prĭmō, prĕssī, prĕssŭm 3. *hinein-, eindrücken.*
īn-cēndō, cēndī, cēnsŭm 3. *anzünden.*
īncēssō, cēssī, – 3. *auf jd. losgehen.*
īn-cīdō, cĭdī, – 3. *hinfallen.*
īn-cīdō, cīdī, cīsŭm 3. *einschneiden.*
īn-cĭpĭō, īncēpī, īncēptŭm 3. *anfangen.*
īn-clūdō, sī, sŭm 3. *einschließen.*
īn-cŭmbō, cŭbŭī, cŭbĭtŭm 3. *sich auf od. an etw. legen, lehnen.*
īn-cŭrrō, cŭrrī *u.* (*selten*) cŭcŭrri, cŭrsŭm 3. *absichtlich od. zufällig laufen gegen*
īn-cŭtĭō, cŭssī, cŭssŭm 3. *etw. an od. gegen etw. schlagen.*
īnd-ĭgēō, gŭī, – 2. *an etw. Mangel haben.*
īnd-ĭpīsŏr, ĕptŭs sŭm 3. *erreichen.*
īn-dō, dĭdī, dĭtŭm 3. *hineintun.*
īn-dŏlēscō, lŭī, – 3. *Schmerz empfinden.*
īndŭlgēō, dŭlsī, dŭltŭm 2. *nachsichtig sein.*
īndŭō, ŭī, ūtŭm 3. *etw. anziehen, anlegen.*
īn-fĕrcĭō, rsī, rsŭm 4. *hineinstopfen.*
īn-fĕrō, īntŭlī, īllātŭm, īnfĕrrĕ *hereintragen, -bringen.*
īn-fĕrvēscō, fĕrbŭī, – 3. *zu sieden beginnen.*
īn-fĭcĭō, fēcī, fēctŭm 3. *versetzen, mischen, vergiften.*
īn-flīgō, flīxī, flīctŭm 3. *hineinschlagen.*

ĭn-frĭngō, frēgī, frāctŭm 3. *etw. umbrechen.*
ĭn-gĕmēscō, mŭī, – 3. *aufseufzen.*
ĭngĕmĭscō, mŭī, – 3. *aufseufzen.*
ĭn-grĕdĭŏr, grĕssŭs sŭm 3. *einherschreiten.*
ĭn-grŭō, ŭī, – 3. *auf jd. od. etw. hereinbrechen.*
ĭnhaerēscō, haesī, haesūrŭs 3. *in od. an etw. festhängen.*
ĭn-hĭbĕō, ŭī, ĭtŭm 2. *zurück-, anhalten.*
ĭn-ĭcĭō, iēcī, iēctŭm 3. *in etw. werfen, hineinwerfen.*
ĭn-nŭō, ŭī, – 3. *zuwinken.*
ĭn-ŏlēscō, ŏlēvī, ŏlĭtŭm 3. *in etw. (hinein)wachsen.*
ĭn-quīrō, sīvī, sītŭm 3. *aufsuchen.*
ĭn-scĕndō, scĕndī, scēnsŭm 3. *hinein-, hinaufsteigen.*
ĭn-sĕrō, sēvī, sĭtŭm 3. *einsäen, -pflanzen.*
ĭn-sĭdĕō, sēdī, sĕssŭm 2. *in od. auf etw. sitzen.*
ĭn-sĭlĭō, lŭī (*u.* °līvī), – 4. *hinein-, hinaufspringen.*
ĭn-spĕrgō, rsī, rsŭm 3. *daraufstreuen, -spritzen.*
ĭn-stĭngŭō, stīnxī, stīnctŭm 3. *anreizen, -feuern.*
ĭn-stĭtŭō, ŭī, ūtŭm 3. *hinein-, hinstellen.*
ĭn-stō, stĭtī (stātūrŭs) 1. *in od. auf etw. stehen.*
ĭn-sŭm (*pf.* fŭī, *altl.* īnfŭī), ĭnĕssĕ *in od. auf etw. sein.*
ĭntĕl-lĕgō, lēxī (*dcht.* lēgī), lēctŭm 3. *wahrnehmen.*
ĭn-tĕndō, tĕndī, tĕntŭm 3. *(an)spannen.*
ĭntĕr-cīdō, cīdī, cīsŭm 3. *in der Mitte durchschneiden.*
ĭntĕr-cĭdō, cĭdī, – 3. *dazwischenfallen.*
ĭntĕr-cĭpĭō, cēpī, cēptŭm 3. *mitten auf dem Weg auf- od. wegfangen.*
ĭntĕr-clūdō, sī, sŭm 3. *jd. etw. versperren.*
ĭntĕr-cŭrrō, (cŭ)cŭrrī, cŭrsŭm 3. *dazwischenlaufen.*
ĭntĕr-ĕō, ĭī, ĭtūrŭs, īrĕ *untergehen.*
ĭntĕr-fĭcĭō, fēcī, fēctŭm 3. *niedermachen, töten.*
ĭntĕr-fĭō, fĭĕrī *umkommen.*
ĭntĕr-ĭcĭō (*u.* **-iăcĭō**), iēcī, iēctŭm 3. *dazwischenwerfen.*
ĭntĕr-ĭmō, ēmī, ēmptŭm 3. *töten, aus dem Weg räumen.*
ĭntĕr-prĭmō, prēssī, prēssŭm 3. *ein-, zerdrücken.*
ĭntĕr-sĕrō, sēvī, sĭtŭm 3. *dazwischensäen.*
ĭntĕr-stĭnguō, –, stīnctŭm 3. *auslöschen.*
ĭntĕr-vīsō, sī, sŭm 3. *nach etw. von Zeit zu Zeit sehen.*
ĭn-tŏnō, ŭī, (°ātŭm) 1. *losdonnern.*
ĭntrĕmīscō, mŭī, – 3. *erzittern, erbeben.*
ĭntrō-grĕdĭŏr, grĕssŭs sŭm 3. *hineingehen.*
ĭntrō- spĭcĭō, spēxī, spēctŭm 3. *in etw. hineinschauen.*
ĭn-vādō, sī, sŭm 3. *hineingehen, -dringen.*
ĭnvĕtĕrāscō, rāvī, – 3. *alt werden.*
ĭn-vīsō, vīsī, (vīsŭm) 3. *nach etw. sehen; etw. erblicken.*
ĭr-raucēscō, rausī, – 3. *heiser werden.*
iŭbĕō, iūssī, iūssŭm 2. *befehlen.*
iŭngō, iūnxī, iūnctŭm 3. *ins Joch spannen.*
iŭvō, iūvī, (*nkl.* iūtŭm, iŭvātūrŭs) 1. *unterstützen, erfreuen.*

L

lābŏr, lāpsŭs sŭm 3. *sich senken; gleiten.*
lăcēssō, īvī *u.* īī, ītŭm 3. *reizen.*
laedō, sī, sŭm 3. *verletzen.*
lămbō, lămbī, lămbĭtŭm 3. *lecken.*
lănguĕō, guī, – 2. *matt sein.*
lănguēscō, guī, – 3. *matt werden.*
lătĕō, ŭī, – 2. *verborgen sein.*
lăvō, lāvī, lautŭm (lōtŭm) *u.* lăvātŭm 1. *waschen.*
lĕgō, lēgī, lēctŭm 3. *lesen.*
lĭbĕt, lĭbŭĭt *u.* lĭbĭtŭm ĕst 2. *es beliebt, es gefällt.*
lĭcĕō, cŭī, – 2. *zum Verkauf stehen.*
lĭcĕŏr, cĭtŭs sŭm 2. *auf etw. bieten.*
lĭcĕt, lĭcŭĭt *u.* lĭcĭtŭm ĕst 2. *es steht frei, es ist erlaubt.*
lĭngō, līnxī, līnctŭm 3. *(be)lecken.*
lĭnō, lēvī *u.* līvī, lĭtŭm 3. *auf etw. schmieren; bestreichen.*
lĭnquō, līquī, – 3. *zurücklassen.*
lĭquĕō, lĭquī *od.* lĭcŭī, – 2. *flüssig sein, klar sein.*
lĭquēscō, lĭcŭī, – 3. *flüssig werden.*
lŏquŏr, lŏcūtŭs sŭm 3. *sprechen.*
lūcĕō, lūxī, – 2. *leuchten.*
lūcēscō *u.* **lūcīscō,** lūxī, – 3. *zu leuchten anfangen.*
lūdō, sī, sŭm 3. *spielen.*
lūgĕō, lūxī, lūctŭm 2. *trauern.*
lŭō, lŭī, lŭĭtūrŭs 3. *büßen, bezahlen.*

M

mācrēscō, crŭī, – 3. *mager werden.*
mădĕō, dŭī, – 2. *nass sein.*
mădēscō, dŭī, – 3. *nass werden.*
maerĕō, rŭī, – 2. *trauern.*
mālō, mālŭī, mālle *lieber wollen, vorziehen.*
măndō, măndī, mānsŭm 3. *kauen.*
mănĕō, mānsī, mānsŭm 2. *bleiben.*
mărcēscō, cŭī, – 3. *welk werden.*
mātūrēscō, rŭī, – 3. *reif werden.*
mĕmĭnī, *inf.* mĕmĭnīssĕ *sich erinnern.*
mĕntĭŏr, mĕntītŭs sŭm 4. *lügen.*
mĕrĕō, rŭī, rĭtŭm *u.* **mĕrĕŏr,** mĕrĭtŭs sŭm 2. *verdienen.*
mĕrgō, mĕrsī, mĕrsŭm 3. (*ein*)*tauchen.*
mētĭŏr, mēnsŭs sŭm 4. *messen.*
mĕtō, (mĕssĕm fēcī), mĕssŭm 3. *mähen*; *ernten.*
mĕtŭō, ŭī, – 3. (*sich*) *fürchten.*
mĭcō, cŭī, – 1. *zucken, zittern.*
mĭngō, mīnxī, mīnctŭm *u.* mĭctŭm 3. *harnen.*
mĭnŭō, ŭī, ūtŭm 3. *zerkleinern*; *vermindern.*
mĭscĕō, mĭscŭī, mĭxtŭm *u.* °mĭstŭm 2. (*ver*)*mischen.*
mĭsĕrĕŏr, ĕrĭtŭs sŭm 2. *bemitleiden.*
mĭttō, mīsī, mĭssŭm 3. *werfen*; *schicken.*
mŏlō, ŭī, ĭtŭm 3. *mahlen.*
mŏnĕō, ŭī, ĭtŭm 2. (*er*)*mahnen.*
mŏrdĕō, mŏmŏrdī, mŏrsŭm 2. *beißen.*
mŏrĭŏr, mŏrtŭŭs sŭm, mŏrĭtūrŭs, mŏrī 3. *sterben.*
mŏvĕō, mōvī, mōtŭm 2. *bewegen.*
mŭlcĕō, mŭlsī, mŭlsŭm 2. *sanft streichen.*
mŭlgĕō, mŭlsī, mŭlctŭm 2. *melken.*

N

năncīscŏr, năctŭs *u.* nănctŭs sŭm 3. *zufällig erreichen, bekommen.*
nāscŏr, nātŭs sŭm 3. *geboren werden.*
nĕctō, nĕxŭī *u.* nĕxī, nĕxŭm 3. *schlingen,* (*ver*)*knüpfen.*
nĕg-lĕgō, lēxī, lēctŭm 3. *vernachlässigen.*
nĕō, nēvī, nētŭm 2. *spinnen.*
nĕquĕō, īvī *u.* ĭī, ĭtŭm, īrĕ *nicht können.*
nĭgrēscō, grŭī, – 3. *schwarz werden.*
nĭngĭt *u.* **nĭnguĭt,** nīnxĭt, – 3. *es schneit.*
nĭtĕō, ŭī, – 2. *fett*(*ig*) *sein.*
nītŏr, nīxŭs *u.* nīsŭs sŭm 3. *sich stemmen, sich stützen.*
nŏcĕō, cŭī, cĭtŭm 2. *schaden.*
nōlō, lŭī, –, nōllĕ *nicht wollen.*
nōscō, nōvī, nōtŭm 3. *kennen lernen, erkennen.*
nōtēscō, tŭī, – 3. *bekannt werden.*
nūbō, nūpsī, nŭptŭm 3. *heiraten.*
nŭō, nŭī, nūtŭm 3. *nicken, winken.*

O

ŏb-brūtēscō, tŭī, – 3. *den Verstand verlieren.*
ŏb-dō, dĭdī, dĭtŭm 3. *entgegenstellen.*
ŏb-dŏrmīscō, mīvī, – 3. *einschlafen.*
ŏbhaerēscō, haesī, haesŭm 3. *stecken bleiben.*
ŏb-ĭcĭō, iēcī, iēctŭm 3. *entgegenwerfen, -stellen.*
ŏb-līdō, sī, sŭm 3. *zusammendrücken.*
ŏb-lĭnō, lēvī, lĭtŭm 3. *bestreichen, beschmieren.*
ŏb-lĭtēscō, lĭtŭī, – 3. *sich verstecken.*
ŏb-līvīscŏr, lītŭs sŭm 3. *vergessen.*
ŏb-mūtēscō, tŭī, – 3. *verstummen.*
ŏb-nītŏr, nīxŭs sŭm 3. *sich entgegenstemmen.*
ŏb-sĕrō, sēvī, sĭtŭm 3. (*aus*)*säen.*
ŏb-sĭdĕō, sēdī, sĕssŭm 2. *sitzen.*
ŏb-sīdō, sēdī, sĕssŭm 3. *besetzen.*
ŏbsŏlēscō, lēvī, – 3. *sich abnutzen.*
ŏb-stō, stĭtī, stātūrŭs 1. *entgegenstehen.*
ŏb-sŭm, ŏbfŭī, ŏbĕssĕ *entgegen sein, hinderlich sein.*
ŏb-sŭrdēscō, dŭī, – 3. *taub werden.*
ŏb-tĕndō, tĕndī, tĕntŭm 3. *davorspannen, -ziehen.*
ŏbtĭcēscō, tĭcŭī, – 3. *verstummen.*
ŏb-tĭnĕō, tĭnŭī, tĕntŭm 2. *festhalten, innehalten.*
ŏb-tĭngō, tĭgī, – 3. *zuteil werden.*
ŏb-tŭndō, tŭdī, tū(n)sŭm 3. (*durch Schlagen*) *stumpf machen.*
ŏb-tŭrgēscō, tŭrsī, – 3. *anschwellen.*
ŏc-căllēscō, căllŭī, – 3. *dickhäutig werden.*
ŏc-cănō, ŭī, – 3. *dazu-, dazwischenblasen.*
ŏc-cĭdō¹, cĭdī, cāsŭm 3. *niederfallen.*
ŏc-cīdō², cīdī, cīsŭm 3. *zu Boden schlagen.*
ŏc-cĭnō, cĭnŭī *u.* cĕcĭnī, – 3. *seine Stimme hören lassen.*
ŏc-cĭpĭō, cēpī, cēptŭm 3. *anfangen.*

ŏc-clūdō, sī, sŭm 3. *verschließen.*
ŏc-cŭlō, cŭlŭī, cŭltŭm 3. *verdecken, verbergen.*
ŏc-cŭrrō, cŭrrī *u.* (*selten*) cŭcŭrrī, cŭrsŭm 3. *entgegenlaufen.*
ōdī, ōdīssĕ, ōsūrŭs *hassen.*
ŏf-fēndō, fēndī, fēnsŭm 3. *anstoßen.*
ŏf-fĕrō, ŏbtŭlī, ŏblātŭm, ŏffĕrrĕ *entgegenbringen, zeigen.*
ŏf-fĭcĭō, fēcī, fēctŭm 3. *in den Weg treten.*
ŏlĕō, ŏlŭī, – 2. *u.* **ŏlō,** ŭī, – 3. *riechen, duften.*
ŏpĕrĭō, ĕrŭī, ĕrtŭm 4. *bedecken.*
ŏpŏrtĕt, ŭĭt, – 2. *es gebührt sich.*
ŏp-pĕrĭŏr, pĕrtŭs sŭm 4. (*er*)*warten.*
ŏp-pīngō, pēgi, – 3. *aufdrücken.*
ŏp-prĭmō, prĕssī, prĕssŭm 3. *herab-, niederdrücken.*
ōrdĭŏr, ōrsŭs sŭm 4. *anfangen.*
ŏrĭŏr, ŏrtŭs sŭm, (ŏrĭtūrŭs) 4. *sich erheben; entstehen.*
ŏs-tĕndō, tĕndi, °tĕntŭm *u.* °tēnsŭm 3. *entgegenstrecken; zeigen.*

P

păcīscŏr, păctŭs sŭm 3. *übereinkommen, verabreden.*
paenĭtĕō, ŭī, – 2. *bereuen.*
păllĕō, ŭī, – 2. *blass sein.*
pāllēscō, lŭī, – 2. *erblassen.*
păndō, păndī, păssŭm *u.* pānsŭm 3. *ausbreiten.*
păngō, pĕpĭgī (*vereinzelt* °pānxī *u.* pēgī), pāctŭm 3. *einschlagen, befestigen.*
părcō, pĕpĕrcī (*u.* °pārsī), °pārsūrŭs 3. *sparen;* (*ver*)*schonen.*
pārĕō, ŭī, (pārĭtūrŭs) 2. *erscheinen.*
părĭō, pĕpĕrī, pārtŭm (părĭtūrŭs) 3. *erzeugen.*
pāscō, pāvī, pāstŭm 3. *weiden.*
pătĕō, ŭī, – 2. *weit offen stehen; sich erstrecken.*
pătēscō, tŭī, – 3. *sich öffnen.*
pătĭŏr, păssŭs sŭm 3. *ertragen,* (*er*)*leiden.*
păvĕō, pāvī, – 2. *beben.*
pēctō, pĕxī, pĕxŭm 3. *kämmen.*
pēdō, pĕpēdī, pēdĭtŭm 3. *furzen.*
pĕl-lĭcĭō, lēxī, lēctŭm 3. *anlocken, verlocken.*
pĕllō, pĕpŭlī, pŭlsŭm 3. *stoßen, schlagen.*
pĕndĕō, pĕpĕndī, – 2. (*herab*)*hängen.*
pĕndō, pĕpĕndī, pēnsŭm 3. *abwiegen.*
pĕrcăllēscō, căllŭī, – 3. *harthäutig werden.*
pĕr-cĕllō, cŭlī, cŭlsŭm 3. *völlig erschüttern.*
pĕr-cīdō, cīdī, cīsŭm, 3. *zerschlagen.*
pĕr-cĭō, –, cĭtŭm 4. *in Bewegung setzen.*
pĕr-cĭpĭō, cēpī, cēptŭm 3. *erfassen; bemerken.*
pĕr-cŭrrō, (cŭ)cŭrrī, cŭrsŭm 3. *hinlaufen; durchlaufen.*
pĕr-cŭtĭō, cŭssī, cŭssŭm 3. *durchbohren; heftig erschüttern.*
pĕr-dō, dĭdī, dĭtŭm 3. *zugrunde richten.*
pĕr-dŏlĕō, ŭī, ĭtŭm 2. *tief schmerzen.*
pĕr-dŏlēscō, lŭī, – 3. *tief bedauern.*
pĕr-ĕō, ĭī, ĭtŭm īrĕ *verloren gehen.*
pĕr-fĭcĭō, fēcī, fēctŭm 3. *vollenden.*
pĕr-frīgēscō, frīxī, – 3. *kalt werden.*
pĕr-frīngō, frēgī, frāctŭm 3. *durchbrechen.*
pĕr-frŭŏr, frūctŭs sŭm 3. *ganz genießen.*
pĕr-fŭgĭō, fūgī, – 3. *fliehen.*
pĕrgō, pĕrrēxī, pĕrrēctŭm 3. *weitergehen.*
pĕr-hĭbĕō, ŭī, ĭtŭm 2. *darbieten.*
pĕr-ĭmō, ēmī, ēmptŭm 3. *ganz wegnehmen, vernichten.*
(**pĕrĭŏr**), pĕrītŭs sŭm 4. *erfahren.*
pĕr-mīscĕō, mīscŭī, mīxtŭm 2. *vermischen.*
pĕr-pĕllō, pŭlī, pŭlsŭm 3. *stark anstoßen; eifrig betreiben.*
pĕr-pĕndō, pĕndī, pēnsŭm 3. *genau abwiegen.*
pĕr-pĕtĭŏr, pĕssŭs sŭm 3. *erdulden.*
pĕr-prĭmō *u.* **-prĕmō,** prĕssī, prĕssum 3. *fort und fort drücken.*
pĕr-quīrō, quīsīvī, quīsītŭm 3. *genau erforschen.*
pĕr-sīdō, sēdī, sĕssŭm 3. *eindringen.*
pĕr-sīstō, stĭtī, – 3. *stehen bleiben, verharren.*
pĕr-spĕrgō, spĕrsī, spĕrsŭm 3. *besprengen, bestreuen.*
pĕr-spĭcĭō, spēxī, spēctŭm 3. *hindurchschauen.*
pĕr-stō, stĭtī, (stātūrŭs) 1. *feststehen, stehen bleiben.*
pĕr-taedĕt, taesŭm ĕst, – 2. *Ekel empfinden.*
pĕr-tĕndō, tĕndī, tĕntŭm (*u. jünger* tēnsŭm) 3. *durchzusetzen suchen.*

pĕrtĭmēscō, mŭī, – 3. *in große Furcht geraten.*
pĕr-tĭnĕō, tĭnŭī, – 2. *sich erstrecken.*
pĕr-trĭbŭō, ŭī, – 3. *von allen Seiten erteilen.*
pĕt-tŭndō, tŭdī, tŭ(n)sŭm 3. *durchstoßen.*
pĕr-vādō, sī, sŭm 3. *hindurchgehen.*
pĕr-vĕllō, vĕllī, – 3. *stark rupfen.*
pĕtō, īvī (*u.* ĭī), ītŭm 3. *aufsuchen*; *zu erlangen suchen.*
pĭgĕt, ŭĭt, – 2. *es verdrießt.*
pĭngō, pīnxī, pĭctŭm 3. *zeichnen, malen.*
pīnsō, pīnsŭī, pĭstŭm 3. *zerstoßen.*
plăcĕō, ŭī (*u. dcht.* plăcĭtŭs sŭm), ĭtŭm 2. *gefallen.*
plăngō, plānxī, plānctŭm 3. *mit Geräusch schlagen*; *(be)trauern.*
plaudō, sī, sŭm 3. *klatschend schlagen.*
plĕctō, x(ŭ)ī, xŭm 3. *flechten.*
plĭcō, ŭī, ātŭm 1. *zusammenfalten.*
plŭĭt, plŭĭt, – 3.; *altl. u. dcht. auch* **plŭvĭt,** plū(v)ĭt, – 3. *es regnet.*
pŏllĕō, (ŭī), – 2. *stark sein.*
pŏl-lūcĕō, lūxī, lūctŭm 2. *als Gericht vorsetzen*; *als Opfer darbringen.*
pŏl-lŭō, lŭī, lūtŭm 3. *besudeln.*
pōnō, pōdŭī (*u.* °pŏsīvī), pŏsĭtŭm (*u.* pŏstŭm) 3. *(weg)legen, setzen, stellen.*
pŏr(r)ĭcĭō, –, pŏr(r)ēctŭm 3. *als Opfer hinwerfen.*
pŏr-rĭgō, rēxī, rēctŭm 3. *ausstrecken, ausbreiten.*
pŏr-tĕndō, tĕndī, tĕntŭm 3. *ankündigen.*
pōscō, pŏpŏscī, – 3. *fordern.*
pŏr-sĭdĕō, sēdī, sĕssŭm 2. *besitzen.*
pŏs-sīdō, sēdī, sĕssŭm 3. *in Besitz nehmen.*
pŏssŭm, pŏtŭī, pŏssĕ *können.*
pŏtĭŏr, pŏtītŭs sŭm 4. *sich bemächtigen*; *besitzen.*
pōtō, pōtāvī, pōtŭm (*selten* pōtātŭm) 1. *viel trinken.*
praebĕō, ŭī, ĭtŭm 2. *hinhalten, darreichen.*
prae-cĕrpō, cĕrpsī, cĕrptŭm 3. *vor der Zeit pflücken.*
prae-cīdō, cīdī, cīsŭm 3. *vorn abschneiden.*
prae-cĭnō, (°cĭnŭī *u.* °cĕcĭnī), – 3. *vorspielen.*
prae-cĭpĭō, cēpī, cĕptŭm 3. *voraus-, vorwegnehmen.*
prae-clūdō, sī, sŭm 3. *zuschließen.*
prae-cŭrrō, (cŭ)cŭrrī, cŭrsŭm 3. *vorauslaufen.*
prae-cŭtĭō, cŭssī, cŭssŭm 3. *(voran)schwingen.*
prae-fĭcĭō, fēcī, fĕctum 3. *an die Spitze stellen.*
prae-frĭngō, frēgī, frāctŭm 3. *vorn abbrechen.*
prae-grĕdĭŏr, grĕssŭs sŭm 3. *vorangehen.*
prae-mŏrdĕō, rdī, rsŭm 2. *(vorn) (ab)beißen.*
prae-pĕndĕō, pĕndī, – 2. *vorn herabhängen.*
prae-rĭpĭō, rĭpŭī, rĕptŭm 3. *weg-, entreißen.*
prae-scīscō, īvī (*u.* ĭī), – 3. *vorher erforschen.*
prae-sĭdĕō, sēdī, (sĕssŭm) 2. *schützen*; *die Oberaufsicht haben.*
prae-stĭtŭō, ŭī, ūtŭm 3. *vorher festsetzen.*
prae-stō, stĭtī, °stĭtŭm, stātūrŭs 1. *voranstehen.*
prae-sŭm, fŭī, (fŭtūrŭs), ĕssĕ *an der Spitze stehen.*
prae-tĕndō, tĕndī, tĕntŭm 3. *(her)vorstrecken.*
praetĕr-fĕrŏr, lātŭs sŭm, fĕrrī *vorübereilen.*
praetĕr-grĕdĭŏr, grĕssŭs sŭm 3. *vorüberziehen.*
praetĕr-vĕhŏr, vĕctŭs sŭm 3. *vorbeifahren.*
prae-vĕhŏr, vĕctŭs sŭm 3. *vorausfahren.*
prăndĕō, prăndī, prānsŭm 2. *frühstücken.*
prĕ-hĕndō, hĕndī, hēnsŭm 3. *(an)fassen, ergreifen.*
prĕmō, prĕssī, prĕssŭm 3. *drücken, pressen.*
prēndō, prēndī, prēnsŭm 3. *(an)fassen, ergreifen.*
prō-cĭdō, cĭdī, – 3. *niederfallen.*
prō-cŭrrō, (cŭ)cŭrrī, cŭrsŭm 3. *(her)vorlaufen.*
prōd-ĭgō, ēgī, āctŭm 3. *hervortreiben.*
prō-dō, dĭdī, dĭtŭm 3. *weitergeben*; *hervorbringen.*
prō-fĭcĭō, fēcī, fĕctŭm 3. *vorwärts kommen.*
prō-fĭcīscŏr, fĕctŭs sŭm 3. *aufbrechen, abreisen.*

prō-fĭtĕŏr, fĕssŭs sŭm 3. *offen bekennen.*
prō-grĕdĭŏr, grĕssŭs sŭm 3. *hervorgehen; vorwärts gehen.*
prō-hĭbĕō, ŭī, ĭtŭm 2. *fern halten, abwehren.*
prō-ĭcĭō, iēcī, iĕctŭm 3. *vor-, hinaus-, niederwerfen.*
prōmō, prōmpsī, prōmptŭm 3. *hervornehmen; herausbringen.*
prō-pĕllō, pŭlī, pŭlsŭm 3. *vorwärts stoßen, - treiben.*
prō-pĕndĕō, pĕndī, pēnsŭm 2. *hervor-, herabhängen.*
prō-rĭpĭō, rĭpŭī, rĕptŭm 3. *hervor-, fortreißen.*
prō-sĭlĭō, sĭlŭī (*u.* °sĭlīvī, sĭlĭī), – 4. *hervorspringen.*
prō-spĭcĭō, spĕxī, spĕctŭm 3. *in die Ferne schauen.*
prō-stĭtŭō, ŭī, ūtŭm 3. *öffentlich hinstellen.*
prō-stō, stĭtī, – 1. *vorn stehen, vorstehen.*
prōsŭm, prōfŭī, prōdĕssĕ *nützlich sein.*
prō-tĕndō, tĕndī, tĕntŭm 3. *hervor-, ausstrecken.*
psăllō, psălli, – 3. *die Zither spielen.*
pūbēscō, bŭī, – 3. *mannbar werden.*
pŭdĕō, pŭdŭī, – 2. *sich schämen.*
pŭngō, pŭpŭgī, pūnctŭm 3. *stechen.*
pūtĕō, ŭī, – 2. *faulig riechen.*
pūtēscō *u.* **pūtīscō,** pūtŭī, – 3. *verfaulen.*

Q

quaerō, sīvī *u.* sĭī, sītŭm 3. *suchen; fragen.*
quătĭō, –, quăssŭm 3. *schütteln.*
quĕō, īvī (*u.* °ĭī, °ĭtŭm), īrĕ *können, vermögen.*
quĕrŏr, quĕstŭs sŭm 3. *klagen.*
quĭēscō, quĭēvī, ētŭm 3. (*aus*)*ruhen.*

R

rādō, sī, sŭm 3. *kratzen.*
răpĭō, răpŭī, răptŭm 3. *an sich raffen; wegreißen.*
rĕ-cĭdō[1], rĕcĭdī, rĕcāsūrŭs 3. *zurückfallen.*
rĕ-cīdō[2], cīdī, cīsŭm 3. *abhauen, abschneiden.*
rĕ-cĭpĭō, cēpī, cĕptŭm 3. *zurücknehmen.*
rĕ-clūdō, sī, sŭm 3. (*wieder*) *aufschließen.*
rĕ-cŭrrō, cŭrrī (*selten* °cŭcŭrrī), cŭrsŭm 3. *zurücklaufen.*
rĕ-cŭtĭō, cŭssī, cŭssŭm 3. *zurückschlagen, erschüttern.*
rĕd-ărgŭō, ŭī, ūtŭm 3. *widerlegen.*
rĕd-dō, dĭdī, dĭtŭm 3. *zurückgeben.*
rĕd-hĭbĕō, ŭī, ĭtŭm 2. *wiedergeben.*
rĕd-ĭgō, ēgī, āctŭm 3. *zurücktreiben, -jagen.*
rĕd-ĭmō, ēmī, ēmptŭm 3. *zurückkaufen.*
rĕ-fĕllō, fĕllī, – 3. *widerlegen.*
rĕ-fĕrcĭō, rsī, rtŭm 4. *vollstopfen.*
rĕ-fĕrō, rĕttŭlī, rĕlātŭm (*u.* rĕllātŭm), rĕfĕrrĕ *zurücktragen, -bringen.*
rĕ-fĭcĭō, fēcī, fĕctŭm 3. *noch einmal machen; wieder herstellen.*
rĕ-frĭcō, cŭī, cātūrŭs 1. *wieder aufkratzen, aufreißen.*
rĕ-frīgēscō, frīxī, – 3. (*wieder*) *erkalten.*
rĕ-frĭngō, frēgī, frāctŭm 3. *aufbrechen, sprengen.*
rĕ-fŭgĭō, fūgī, fŭgĭtūrŭs 3. *zurückweichen, fliehen.*
rĕgō, rēxī, rēctŭm 3. *gerade richten, lenken, leiten.*
rĕ-grĕdĭŏr, grĕssŭs sŭm 3. *zurückgehen, -kehren.*
rē-ĭcĭō, iēcī, iĕctŭm 3. *zurückwerfen.*
rĕ-lĭnquō, līquī, lĭctŭm 3. *zurücklassen.*
rĕ-mŏrdĕō, mŏrdī, mŏrsŭm 2. *wieder beißen.*
rĕ-nītŏr, nīsŭs sŭm 3. *sich entgegenstemmen.*
rĕŏr, rătŭs sŭm 2. *rechnen.*
rĕ-părcō, pĕrcī, – 3. *sparsam sein.*
rĕ-pĕllō, rĕppŭlī, rĕpŭlsŭm 3. *zurückstoßen.*
rĕ-pĕndō, pĕndī, pēnsŭm 3. *zurückwiegen; abliefern; bezahlen.*
rĕ-pĕrĭō, rĕppĕrī, rĕpĕrtŭm 4. *wieder zum Vorschein bringen, auffinden.*
rĕ-plĕō, plēvī, plētŭm 2. *wieder anfüllen.*
rĕ-plĭcō, āvī, ātŭm 1. *zurückbeugen.*
rēpō, rēpsī, rēptŭm 3. *kriechen.*
rĕ-prĭmō, prĕssī, prĕssŭm 3. *zurückdrängen.*
rĕ-quīrō, sīvī *u.* sĭī, sītŭm 3. *wieder aufsuchen; fragen.*
rĕ-sānēscō, nŭī, – 3. *wieder genesen.*
rĕ-scīscō, scīvī *od.* scĭī, scītŭm 3. (*wieder*) *erfahren.*
rĕ-sĭdĕō, sēdī, sĕssŭm 2. *sitzen* (*bleiben*).
rĕ-sĭlĭō, lŭī, sŭltŭm 4. *zurückspringen.*

rĕsīpīscō, pīvī (pīī) *u.* °pŭī, – 3. *wieder zu Verstand kommen.*
rĕ-sīstō, stĭtī, – 3. *stehen bleiben.*
rĕ-spĕrgō, rsī, rsŭm 3. *bespritzen.*
rĕ-spĭcĭō, ĕxī, ĕctŭm 3. *zurückschauen.*
rĕ-spŏndĕō, spŏndī, spōnsŭm 2. *dagegen versprechen*; *antworten.*
rĕ-stīngŭō, stīnxī, stīnctŭm 3. (*aus*)*löschen.*
rĕ-stĭtŭō, ŭī, ūtŭm 3. *wieder hinstellen.*
rĕ-stō, stĭtī, – 1. *zurückbleiben*; *widerstehen.*
rĕ-tĕndō, tĕndī, tĕntŭm *u.* tēnsŭm 3. *abspannen, entspannen.*
rĕ-tĭcĕō, ŭī, – 2. *stillschweigen.*
rĕ-tĭnĕō, tĭnŭī, tĕntŭm 2. *zurückhalten.*
rĕ-tŭndō, rĕt(t)ŭdī, rĕtū(n)sŭm 3. *zurückstoßen*; *abstumpfen.*
rĕ-vĕrtŏr, *pf.* rĕvĕrtī (*unkl.* °rĕvĕrsŭs sŭm, *klass. part. pf.* rĕvĕrsŭs) 3. *zurückkehren, -kommen.*
rĕ-vīsō, vīsī, vīsŭm 3. *wieder sehen nach.*
rĕ-vīvīscō, vīxī, – 3. *wieder aufleben.*
rīdĕō, rīsī, rīsŭm 2. *lachen.*
rĭgĕō, ŭī, – 2. *starren, steif sein.*
rĭgēscō, gŭī, – 3. *erstarren, steif werden.*
rōdō, sī, sŭm 3. *benagen.*
rŭbĕō, ŭī, – 2. *rot sein.*
rŭbēscō, bŭī, – 3. *rot werden.*
rŭdō, īvī, – 3. *brüllen.*
rŭmpō, rūpī, rŭptŭm 3. *gewaltsam* (*zer*)*brechen.*
rŭō¹, rŭī, rŭtŭm *u.* rūtŭm (rŭĭtūrŭs) 3. (*sich*) *stürzen, stürmen.*
rŭō², rŭī, rŭtŭm *u.* rūtŭm 3. *aufwühlen, aufgraben.*

S

saepĭō, psī, ptŭm 4. *umzäunen, einhegen.*
sălĭō, lŭī *u.* °lĭī, – 4. *springen, hüpfen.*
sāncĭō, sānxī, sānctŭm 4. *heiligen, unverletzlich machen.*
săpĭō, (īvī *u.* °ĭī, °ŭī), – 3. *schmecken.*
sărcĭō, sărsī, sărtŭm 4. *flicken, ausbessern.*
scăbo, scābī, – 3. *kratzen, reiben.*
scălpō, psī, ptŭm 3. *kratzen, scharren.*
scăndō, scăndī, (scānsŭm) 3. *hinan-, hinaufsteigen.*
scĭndō, scĭdī, scĭssŭm 3. *schlitzen, spalten.*
scĭō, scīvī *u.* scĭī, scītŭm 4. *wissen.*
scīscō, scīvī, scītŭm 3. *zu erfahren suchen*; *beschließen.*
scrībō, scrīpsī, scrīptŭm 3. (*auf*)*zeichnen, schreiben.*
scŭlpō, psī, ptŭm 3. *schnitzen, meißeln.*
sē-clūdō, sī, sŭm 3. *abschließen.*
sĕcō, sĕcŭī, sĕctŭm (*aber* sĕcātūrŭs) 1. (*ab*)*schneiden.*
sĕdĕō, sēdī, sĕssŭm 2. *sitzen.*
sē-lĭgō, lēgī, lēctŭm 3. *auslesen, -wählen.*
sĕnēscō, sĕnŭī, – 3. *alt werden.*
sĕntĭō, sēnsī, sēnsŭm 4. *fühlen, empfinden.*
sĕpĕlĭō, sĕpĕlīvī, sĕpŭltŭm 4. *begraben.*
sĕquŏr, sĕcūtŭs sŭm 3. (*nach*)*folgen.*
sĕrō, (sĕrŭī), sĕrtŭm 3. *aneinander -, zusammenfügen.*
sĕrō, sēvī, sătŭm 3. *säen, pflanzen.*
sĕrpō, psī, ptŭm 3. *kriechen, schleichen.*
sē-vĕhŏr, vĕctŭs sŭm 3. *wegfahren.*
sīdō, sēdī *u.* sīdī, sĕssŭm 3. *sich setzen.*
sĭlĕō, ŭī, – 2. *still sein, schweigen.*
sĭnō, sīvī *u.* °sĭī, sĭtŭm 3. *zulassen, erlauben.*
sĭstō, stĭtī *u.* stĕtī, stătŭm 3. (*hin*)*stellen,* (*hin*)*bringen.*
sŏlĕō, sŏlĭtŭs sŭm *u.* (*altl.*) °sŏlŭī 2. *pflegen, gewohnt sein.*
sŏlvō, sŏlvī, sŏlūtŭm 3. (*auf*)*lösen, losbinden.*
sŏnō, ŭī, (°sŏnātūrŭs) 1. (*er*)*tönen,* (*er*)*klingen.*
sŏrbĕō, ŭī, – 2. *schlürfen*; *hinunterschlucken.*
sŏrdĕō, ŭī, – 2. *schmutzig sein.*
spărgō, spărsī, spărsŭm 3. *streuen, sprengen.*
spĕcĭō, spĕxī, spĕctŭm 3. (*praes. auch* spĭcĭō) *schauen, sehen.*
spĕrnō, sprēvī, sprētŭm 3. *zurückstoßen.*
splĕndĕō, (ŭī), – 2. *glänzen, strahlen.*
splĕndēscō, dŭī, – 3. *erglänzen, Glanz bekommen.*
spŏndĕō, spŏpŏndī, spōnsŭm 2. *förmlich u. feierlich versprechen.*
spŭō, spŭī, spūtŭm 3. *speien, spucken.*
stătŭō, ŭī, ūtŭm 3. *fest hinstellen.*
stĕrnō, strāvī, strātŭm 3. *auf dem Boden ausbreiten.*
stĕrnŭō, ŭī, – 3. *niesen.*
stō, stĕtī, (stātūrŭs), stătŭm 1. (*da*)*stehen, aufrecht stehen.*
strĕpō, pŭī, (pĭtŭm) 3. *lärmen, toben.*
strīdō, dī, – 3. *zischen, schwirren.*
strĭngō, strīnxī, strīctŭm 3. *streifen, leicht berühren.*

strŭō, strūxī, strūctŭm 3. *aufschichten; erbauen.*
stŭdĕō, ŭī, – 2. *sich um etw. bemühen.*
stŭpĕō, ŭī, – 2. *starr od. steif sein.*
stŭpēscō, pŭī, – 3. *ins Stocken geraten.*
suādĕō, sī, sŭm 2. *raten, zureden.*
sŭb-dō, dĭdī, dĭtŭm 3. *unterlegen.*
sŭb-ĭcĭō, iēcī, iĕctŭm 3. *unter etw. setzen od. werfen.*
sŭb-ĭgō, ēgī, āctŭm 3. *hinauftreiben, -führen.*
sŭb-rĭgō, rēxī, rēctŭm 3. *emporrichten.*
sŭb-sĭlĭō, sĭlŭī, – 4. *emporspringen.*
sŭb-stĭtŭō, ŭī, ūtŭm 3. *etw. darunter od. hinter etw. stellen.*
sŭc-cĕndō, cĕndī, cēnsŭm 3. *anzünden.*
sŭc-cīdō, cīdī, cīsŭm 3. *unten abhauen od. abschneiden.*
sŭc-cĭdō, cĭdī, – 3. *niedersinken, zu Boden fallen.*
sŭc-cŭmbō, cŭbŭī, – 3. *niederfallen, -sinken.*
sŭc-cŭrrō, cŭrrī, cŭrsŭm 3. *sich e-r Sache unterziehen.*
sŭc-cŭtĭō, cŭssī, cŭssŭm 3. *emporschleudern.*
suēscō, suēvī, suētŭm 3. *sich gewöhnen.*
sŭf-fĕrō, sŭstŭlī, sŭblātŭm, sŭffĕrrĕ *darunter halten.*
suf-fĭcĭō, fēcī, fĕctŭm 3. *unter etw. legen.*
sŭf-frĭngō, frēgī, frāctŭm 3. *unten zerschlagen.*
sŭg-grĕdĭŏr, grĕssŭs sŭm 3. *heranrücken.*
sūgō, sūxī, sūctŭm 3. *saugen.*
sŭm, fŭī, ĕssĕ *sein.*
sūmō, sūmpsī, sūmptŭm 3. *etw. für sich nehmen od. ergreifen.*
sŭō, sŭī, sūtŭm 3. *zusammenfügen.*
sŭpĕr-cŭrrō, cŭrrī, cŭrsŭm 3. *darüber laufen.*
sŭpĕr-grĕdĭŏr, grĕssŭs sŭm 3. *überschreiten.*
sŭpĕr-lăcĭō, iēcī, iĕctŭm (*u.* °iăctŭm) 3. *darüber werfen.*
sŭpĕr-ĭnĭcĭō, iēcī, iĕctŭm 3. *darüber -, darauf werfen.*
sŭpĕr-vĕhŏr, vĕctŭs sŭm 3. *über etw. hinausfahren.*
sŭpĕr-vīvō, vīxī, vīctŭm 3. *überleben.*
sŭp-pĭngō, –, pāctŭm 3. *unten anschlagen.*
sŭp-plōdō, sī, sŭm 3. *aufstampfen.*
sŭp-prĭmō, prĕssī, prĕssŭm 3. *hinabdrücken.*
sŭrgō, sŭrrēxī, sŭrrēctŭm 3. *emporrichten.*
sŭr-rĭpĭō, rĭpŭī, rĕptŭm 3. *heimlich wegnehmen, entwenden.*
sŭr-rŭpĭō, rŭpŭī, rŭptŭm 3. *heimlich wegnehmen, entwenden.*
sŭs-cĭpĭō, cēpī, cĕptŭm 3. (*v. unten her*) *auffangen.*
sŭs-pĕndō, pĕndī, pēnsŭm 3. *aufhängen.*
sŭ-spĭcĭō, spĕxī spĕctŭm 3. *aufwärts sehen.*
sŭs-tĭnĕō, tĭnŭī, tĕntŭm 2. *emporhalten.*

T

tăbēscō, bŭī, – 3. *schmelzen, zergehen.*
taedĕt, (°taedŭīt *u.* °taesŭm ĕst) 2. *Ekel empfinden.*
tăngō, tĕtĭgī, tāctŭm 3. *berühren, anrühren.*
tărdēscō, ŭī, – 3. *langsam werden.*
tĕgō, tēxī, tēctŭm 3. (*be*)*decken.*
tĕmnō, mpsī, ptŭm 3. *verachten.*
tĕndō, tĕtĕndī, tĕntŭm 3. (*an*)*spannen.*
tĕnĕō, ŭī, tĕntŭm 2. *halten.*
tĕpĕō, pŭī, – 2. (*lau*)*warm sein.*
tĕpēscō, pŭī, – 3. (*lau*)*warm werden.*
tĕrgĕō, rsī, rsŭm 2. *abwischen, -trocknen.*
tĕrgō, rsī, rsŭm 3. *abwischen, -trocknen.*
tĕrō, trīvī, trītŭm 3. (*ab*)*reiben.*
tĕrrĕō, ŭī, ĭtŭm 2. (*er*)*schrecken.*
tĕxō, xŭī, xtŭm 3. *weben; flechten.*
tĭmĕō, mŭī, – 2. (*sich*) *fürchten.*
tĭngō, tīnxī, tīnctŭm 3. *benetzen, befeuchten.*
tŏllō, sŭstŭlī, sŭblātŭm 3. *empor-, aufheben.*
tŏndĕō, tŏtŏndī, tōnsŭm 2. (*ab*)*scheren.*
tŏnō, ŭī, – 1. *donnern.*
tŏrpĕō, ŭī, – 2. *erstarrt, steif sein.*
tŏrpēscō, pŭī, – 3. *erstarren.*
tŏrquĕō, tŏrsī, tŏrtŭm 2. *drehen, winden.*
tŏrrĕō, tŏrrŭī, tōstŭm 2. *trocknen, dörren.*
trā-dō, dĭdī, dĭtŭm 3. *übergeben.*
trăhō, trāxī, trāctŭm 3. *ziehen, schleppen.*
trā-ĭcĭō, iēcī, iĕctŭm 3. *hinüberwerfen.*
trān-scĕndō, scĕndī, scēnsŭm 3. *hinüberschreiten.*

trāns-cīdō, cīdī, – 3. *verhauen.*
trāns-cŭrrō, cŭrrī *u.* °cŭcŭrrī, cŭrsŭm 3. *hinüber-, hinlaufen.*
trāns-grĕdĭŏr, grĕssŭs sŭm 3. *hinübergehen, -steigen.*
trāns-ĭgō, ēgī, āctŭm 3. *durchbohren.*
trān-sĭlĭō, sĭlŭī (*u.* °sĭlīvī *od.* °sĭlĭī), – 4. *hinüberspringen.*
trāns-ĭnĕō, ĭī, – 2. *hindurchgehen.*
trĕmō, ŭī, – 3. *zittern, beben.*
trĭbŭō, ŭī, ūtŭm 3. *einteilen, austeilen.*
trūdō, sī, sŭm 3. *stoßen, drängen.*
tŭĕŏr, (°tŭĭtŭs *u.*) tūtātŭs sŭm 2. *schauen, blicken.*
tŭmĕō, ŭī, – 2. *geschwollen sein, strotzen.*
tŭmēscō, mŭī, – 3. *anschwellen.*
tŭndō, (°tŭtŭdī, °tū[n]sŭm) 3. *stoßen, schlagen.*
tŭŏr, – 3. *schauen, blicken.*
tŭrgĕō, (°rsī), – 2. *geschwollen sein.*

U

ŭlcīscŏr, ŭltŭs sŭm 3. (*sich für*) *etw. rächen.*
ŭngō, ūnxī, ūnctŭm 3. *salben.*
ŭngŭō, ūnxī, ūnctŭm 3. *salben.*
ŭrgĕō (*u.* ŭrguĕō), ŭrsī, – 2. *drängen, treiben.*
ūrō, ŭssī, ŭstŭm 3. *brennen, verbrennen.*
ūtŏr, ūsŭs sŭm 3. *etw. gebrauchen.*

V

vălĕō, ŭī, ĭtūrŭs 2. *stark od. kräftig sein.*
vălēscō, vălŭī, – 3. *erstarken, zunehmen.*
vĕhō, vēxī, vĕctŭm 3. *fortbewegen, -schaffen.*
vĕllō, vĕllī (*u.* vŏlsī *od.* vŭlsī), vŏlsŭm *u.* vŭlsŭm 3. *rupfen, zupfen.*
vēndō, dĭdī, dĭtŭm 3. *verkaufen.*
vĕnĭō, vēnī, vĕntŭm 4. *kommen, gelangen.*
vĕrĕŏr, vĕrĭtŭs sŭm 2. *sich scheuen, sich fürchten.*
vĕrgō, (rsī?), – 3. *sich neigen od. sich senken.*
vĕrrō, –, vĕrsŭm 3. *kehren, fegen.*
vĕrtō, rtī, rsŭm 3. *wenden, drehen.*
vĕspĕrāscō, rāvī, – 3. *abendlich od. dunkel werden.*
vĕtō, ŭī, ĭtŭm 1. *verbieten.*
vĭdĕō, vīdī, vīsŭm 2. *sehen.*
vĭdĕŏr, vīsŭs sŭm 2. *gesehen werden.*
vĭgĕō, ŭī, – 2. *lebenskräftig sein.*
vĭncĭō, vĭnxī, vĭnctŭm 4. *schnüren, binden.*
vĭncō, vīcī, vĭctŭm 3. *siegen.*
vĭrĕō, ŭī, – 2. *grünen, grün sein.*
vĭrēscō, rŭī, – 3. *grün werden.*
vīsō, vīsī, – 3. *genau ansehen.*
vīvēscō, vīxī, – 3. *zum Leben erwachen.*
vīvō, vīxī, vīctūrŭs 3. *leben.*
vŏlō, vŏlŭī, vĕllĕ *wollen.*
vŏlvō, vŏlvī, vŏlūtŭm 3. (*um*)*wälzen,* (*um*)*drehen.*
vŏmō, ŭī, ĭtŭm 3. *sich erbrechen.*
vŏvĕō, vōvī, vōtŭm 2. *feierlich versprechen, geloben.*

NOTIZEN

NOTIZEN

NOTIZEN

NOTIZEN